लोकसभा

योगी आदित्यनाथ

दृष्टि-संवाद

लोकसभा

योगी आदित्यनाथ

दृष्टि-संवाद

खण्ड-५

संकलन एवं सम्पादन

हृदयनारायण दीक्षित

अध्यक्ष, उत्तर प्रदेश विधानसभा

राकेश कुमार योगी

वाणी प्रकाशन

वाणी प्रकाशन

4695, 21-ए, दरियागंज, नयी दिल्ली 110 002

फ़ोन : +91 11 23273167 फ़ैक्स : +91 11 23275710

शाखाएँ

अशोक राजपथ, पटना 800 004, बिहार

कॉफ़ी हाउस कैम्पस, महात्मा गांधी मार्ग, इलाहाबाद 211 001, उत्तर प्रदेश

महात्मा गांधी अन्तरराष्ट्रीय हिन्दी विश्वविद्यालय, वर्धा 442 001, महाराष्ट्र

सुल्तानिया रोड, मोतिया पार्क, भोपाल 462 001, मध्य प्रदेश

www.vaniprakashan.com
marketing@vaniprakashan.in
sales@vaniprakashan.in

Yogi Adityanath : Drishti-Samvad-5
Compiled and Edited by Hridaynarayan Dikshit
Rakesh Kumar Yogi

ISBN : 978-93-5518-014-8
Speech/Dastavez

प्रथम संस्करण 2021

सम्पूर्ण सेट (पाँच खण्ड) मूल्य : ₹ 3990

थॉमसन प्रेस (इंडिया) लि. में मुद्रित

वाणी प्रकाशन का लोगो मक़बूल फ़िदा हुसेन की कूची से

अनुक्रम

कृषि

राष्ट्रीय चीनी निगम से होगा किसानों का भला 9

चीनी मिलों के साथ किसानों का हित भी सोचें 17

कृषि प्रधान देश अन्न की कमी महापाप है 23

शिक्षा/स्वास्थय

आयुर्वेद को मिले प्रोत्साहन 31

मदरसों में मजहबी कट्टरता का प्रशिक्षण आतंकवाद की बड़ी वजह 37

शिक्षा में भ्रष्टाचार पर अंकुश लगे 51

इंसेफलाइटिस के उपचार नहीं उन्मूलन की जरूरत 57

दवा के अभाव में बच्चे मर रहे हैं और दवा घोटाले हो रहे हैं 65

जनता मर रही है और स्वास्थ्य मंत्रालय से स्वीकृति राशि भी खर्च नहीं करता 75

शिक्षा में अल्पसंख्यक–बहुसंख्यक का भेद समाप्त हो 81

लाखों बच्चों की मौत के प्रति संवेदनहीनता ले डूबी कांग्रेस को 87

भारतीय रेल

चरवाहा विद्यालय ना बनायें रेल मंत्रालय को 103

रेल को लालू मेल ना बनाएं 111

राजनीतिक संकीर्णता में भारतीय रेल को विकास से ना भटकाएं 119

लालू रेलवे में माफिया और अपराधी तत्व हावी 127

दिल्ली के रेल भवन से कोलकाता की राइटर्स बिल्डिंग पहुंचने का रास्ता बना रही हैं रेल मंत्री 135
एक लाख नियुक्तियों के लिए पैसा कहां से लाएगा रेल मंत्रालय 149
सबका साथ–सबका विकास में पूर्वोत्तर रेलवे अछूता नहीं 159

विविध

क्या सदन अपने सदस्य का संरक्षण कर सकता है? 169
बाढ़ की समस्या का स्थाई समाधान निकालें 175
राष्ट्रपति की गरिमा को गिराया यू.पी.ए. सरकार ने 185
आपदा प्रबंधन बचाव के लिए होना मुआवजा देने के लिए 195
वनवासी, निषाद, मांझी, केवर ने राष्ट्र बचाया है, इन्हें अलग न करें 203
बाढ़ और सूखे की समस्या का स्थाई समाधान 209

कृषि

आपको आश्चर्य होगा कि हमने कपड़ा मंत्रालय से इस सम्बन्ध में पिछले 4 वर्षों में ना जाने कितनी बार संपर्क किया और कहा कि कोई फैसला तो आप ले लें, क्यों आप लोग चीनी मिल के मजदूरों और किसानों को अधर में लटकाए हुए हैं? लेकिन सरकार कोई निर्णय नहीं ले पाई। आज उसका परिणाम है कि पिछले कई महीनों से मजदूरों को कोई वेतन नहीं मिल पाया है, वह चीनी मिल बंद है जब कोई चीनी मिल बंद होती है तो उस चीनी मिल में केवल कार्यरत कर्मचारी या मजदूर ही प्रभावित नहीं होते हैं उस क्षेत्र का किसान किसान ही प्रभावित नहीं होता है बल्कि उससे क्षेत्र का व्यापार भी प्रभावित होता है।

राष्ट्रीय चीनी निगम से होगा किसानों का भला

सभापति महोदय, मैं माननीय सांसद डॉक्टर मदन प्रसाद जायसवाल द्वारा चीनी मिलों के जीर्णोद्धार व गन्ना काश्तकारों के भुगतान के सम्बन्ध में जो संकल्प प्रस्तुत किया गया है उसके समर्थन में बोलने के लिए उपस्थित हुआ हूँ। बड़ा आश्चर्य होता है कि इस उच्च सदन में उपस्थित होकर किसानों के बारे में बहुत चिल्लाते हैं और हर पक्ष का हर सदस्य कोशिश करता है कि वही सबसे ज्यादा किसानों का हित चिंतक है। इस देश में उन्हीं किसानों की सबसे ज्यादा दुर्दशा वर्तमान में है यह दुर्दशा केवल आज की नीति से ही नहीं बल्कि आजादी के बाद इस देश में जो नीतियां बनी उन सब का परिणाम हमारे सामने है। मुझे वह दिन भी याद है। जब वर्ष 1998 में इसी उच्च सदन में हमने आंध्र प्रदेश और कर्नाटक के किसानों की व्यथा पर चिंता व्यक्त की थी, जब इस देश के कुछ प्रदेशों में उन 400 से 500 किसानों ने जो कपास उद्योग से जुड़े हुए थे आत्महत्या की थी उस समय सदन चिंतित हुआ था और उन किसानों के प्रति अपनी संवेदना व्यक्त की थी जिनके बारे में देश के पूर्व प्रधानमंत्री स्वर्गीय लाल बहादुर शास्त्री ने 'जय जवान जय किसान' का नारा दिया था। किसानों की जय–जयकार हमने नारों के रूप में तो की लेकिन वास्तव में उसकी वेदना को समझने का कभी प्रयास नहीं किया। आज उसी का परिणाम है कि जब इस सदन का सत्र प्रारंभ होता है तो हर पक्ष के सदस्य किसानों की समस्याओं के बारे में चिल्लाते हैं लेकिन वास्तव में आजादी के बाद कभी भी किसानों की समस्याओं

के समाधान की ओर गंभीरता से प्रयास नहीं किए गए इसलिए आज यह संकल्प एक सदस्य के नाते जयसवाल को प्रस्तुत करना पड़ा। मैं पूर्वी उत्तर प्रदेश के उस क्षेत्र से संबंधित हूँ, जो प्रदेश का सबसे सघन गन्ना क्षेत्र है, सबसे ज्यादा चीनी मिलें उस क्षेत्र में है। मुझसे पूर्व माननीय सदस्य श्री प्रकाश मणि त्रिपाठी ने कहा निश्चित ही गोरखपुर, देवरिया, कुशीनगर, महाराजगंज, बस्ती, संत कबीरनगर, आज जनपद ऐसे हैं जो सघन गन्ना क्षेत्र हैं। हर चीनी मिल में 50 लाख क्विंटल से अधिक गन्ना काश्तकारों द्वारा उनसे मिलों तक पहुंचाया जाता है।

लेकिन आज जो दुर्दशा उन क्षेत्रों की है, किसानों की दुर्दशा है निश्चित ही मुझे वे दिन पुनः याद आते हैं जब 1998 में इसी सदन में हम लोगों ने किसानों की व्यथा पर विचार व्यक्त किए थे। आज किसान उस क्षेत्र में स्थिति तक पहुंच गए हैं। इसके लिए कौन दोषी है? निश्चित ही आज हम लोग इसीलिए इस संकल्प पर बोलने के लिए यहां पर खड़े हुए हैं, कहने के लिए कोई कहेगा कि जो चीनी मिले हैं उत्तर प्रदेश से संबंधित हैं या राज्य सरकार से संबंधित हैं लेकिन हमें एक बात नहीं बोली होगी कि गन्ना उत्पादक का जो मुख्य उत्पाद चीनी है अगर उस पर किसी का वित्तीय नियंत्रण है तो वह भारत सरकार का है। इसलिए भारत सरकार आज अपनी उस जिम्मेदारी से नहीं भाग सकती है।उत्तर प्रदेश की चीनी मिलें आज इस दुर्दशा की ओर जा रही हैं, जो वहां का किसान और वहां का जो उद्योग चौपट हो रहा है उसके लिए निश्चित ही जिस प्रकार से 1961 में तत्कालीन भारत सरकार ने किसानों के व्यापक हित में जनहित को देखते हुए उन सभी चीनी मिलों का अधिग्रहण किया था। वहां पर अपना एक प्रतिनिधि नियुक्त किया था वैसा कदम अब भी उठाना चाहिए। आज आवश्यकता है कि उत्तर प्रदेश में ही नहीं बल्कि बिहार या देश के उन उस हर क्षेत्र में जहां चीनी उद्योग से जुड़े हुए किसानों के साथ इस प्रकार का अन्याय हो रहा है, वहां पर हम इस प्रकार की नीति बनाएं, जिससे किसानों का हित हो सके।

किसानों के व्यापक हित में हम कुछ कदम उठाएं। उत्तर प्रदेश, खासतौर से गोरखपुर और उस क्षेत्र से संबंधित जो चीनी मिलें हैं, पूरे उत्तर प्रदेश में जो चीनी मिले हैं, उन चीनी मिलों में पूर्वी क्षेत्र में जो राज्य चीनी निगम की है, वह 11 चीनी मिले हैं जिन्हें अभी हाल ही में उत्तर प्रदेश सरकार ने बंद करने की घोषणा की थी। इससे पूर्व भी जो पूरे उत्तर प्रदेश की चीनी मिलों की स्थिति है उन चीनी मिलों में अकेले उत्तर प्रदेश में 125 चीनी मिले हैं। इनमें से 35 सार्वजनिक क्षेत्र की है, 58 निजी क्षेत्र की हैं और 32 सहकारी क्षेत्र की है। इन चीनी मिलों में से 1996–97 में उत्तर प्रदेश में 2 मिलें बंद हो गई। 1997 में 82 मिलें बंद की गई 1998–99 में 10 मिलें बंद की गई और 1999–2000 में 6 चीनी मिलें उत्तर प्रदेश सरकार ने बंद की है। यह चीनी मिलें उत्तर प्रदेश के निगम से संबंधित हैं। क्षेत्र की चीनी मिलों की स्थिति उत्तर प्रदेश में जिस प्रकार की है और वहां पर गन्ना किसानों की जो गन्ना मूल्य का भुगतान बकाया है वर्षों से आज भी उन चीनी मिलों में कार्यरत जो श्रमिक मजदूर और कर्मचारी हैं उनको वेतन का भुगतान नहीं हुआ है। इस बार जब पूरा देश 21वीं सदी में प्रवेश कर रहा था और 15 अगस्त को स्वतंत्रता दिवस मना रहा था, उस समय इसी देश के एक क्षेत्र सरैया चीनी मिल सरदार नगर में वहां के मजदूर आत्महत्या करने के लिए विवश हो रहे थे क्योंकि उनको 22–22 महीने से वेतन नहीं मिला है। उस चीनी मिल पर 27 करोड़ रुपए गन्ना किसानों का बकाया है। उसी प्रकार से भारत सरकार से संबंधित गणेश शुगर मिल महाराजगंज है वह पिछले 7 वर्षों से बंद पड़ी हुई है। आपको आश्चर्य होगा कि हमने कपड़ा मंत्रालय से इस सम्बन्ध में पिछले 4 वर्षों में ना जाने कितनी बार संपर्क किया और कहा कि कोई फैसला तो आप ले लें, क्यों आप लोग चीनी मिल के मजदूरों और किसानों को अधर में लटकाए हुए हैं? लेकिन सरकार कोई निर्णय नहीं ले पाई। आज उसका परिणाम है कि पिछले कई महीनों से मजदूरों को कोई वेतन नहीं मिल पाया है, वह चीनी मिल बंद है जब कोई चीनी मिल बंद होती है तो उस

चीनी मिल में केवल कार्यरत कर्मचारी या मजदूर ही प्रभावित नहीं होते हैं उस क्षेत्र का किसान किसान ही प्रभावित नहीं होता है बल्कि उससे क्षेत्र का व्यापार भी प्रभावित होता है।

मेरे संसदीय क्षेत्र में घुघली चीनी मिल अन्यायपूर्वक बंद कर दी गई। वह उस स्थिति में बंद कर दी गई जिन 11 चीनी मिलों को बी. आई.एफ.आर. ने गलत तरीके से सिक यूनिट घोषित किया था, उसमें यह भी थी। उन 11 में से 6 मिलों को बंद किया गया, उसमें यह भी थी, जो कि परफॉर्मेंस की दृष्टि से बहुत अच्छी चीनी मिल थी। उस चीनी मिल की क्षमता 982 टी.डी.सी. गन्ना पेरने की थी। 1998–99 में वहां 68 लाख क्विंटल गन्ने की पेराई की गई। उसकी रिकवरी 8.50 प्रतिशत थी और उसे बंद कर दिया गया। जबकि उससे कम क्षमता की चीनी मिलें आज ही उत्तर प्रदेश में चल रही हैं जिनकी रिकवरी भी उस चीनी मिल से कम है। इस प्रकार राजनैतिक विद्वेष की भावना से चीनी मिलों को बंद किया जाएगा तो पूरे उत्तर प्रदेश में क्या स्थिति होगी हम अनुमान लगा सकते हैं।

पूर्वी उत्तर प्रदेश नेपाल की सीमा से जुड़ा हुआ है। आज वह क्षेत्र आई.एस.आई. की राष्ट्र विरोधी गतिविधियों का केंद्र बनता जा रहा है, पुलिस अब अगर उस क्षेत्र का नौजवान बेरोजगार होगा तो रोजगार की तलाश में कहीं ना कहीं और राष्ट्र विरोधी तत्वों के हाथों का खिलौना बन सकता है। इसलिए वह आई.एस.आई. की राष्ट्र विरोधी ताकतों के हाथों का खिलौना ना बने में भारत सरकार से अनुरोध करना चाहता हूँ कि जो फैसले पूर्व की सरकारों ने लिए और अन्यायपूर्वक इन चीनी मिलों को बंद करने की एक रणनीति चलाई थी उस पर ध्यान दिया जाए। मैं जानता हूँ कि भारत सरकार और राज्य सरकार ने सुप्रीम कोर्ट में एक हलफनामा दाखिल किया था। जबकि निजी क्षेत्र की चीनी मिलों को लिया था वह इस आधार पर लिया था कि इन चीनी मिलों का जीर्णोद्धार किया जाएगा, उसमें मेरे क्षेत्र की पिपराइच चीनी मिल जो गोरखपुर जनपद में है वह भी थी। किसानों की जमीन अधिग्रहित की गई थी, लेकिन उसका नवीकरण

नहीं किया। बाउंड्री वॉल पर लाखों रुपए खर्च कर दिए गए। इसी तरह घुघली चीनी मिल के साथ किया गया वह अभी आज तक चालू नहीं हुई सरकारी नीति किस प्रकार से बनती है, सरकारों के फैसले किस प्रकार से होते हैं यहीं से पता चलता है। अगर उस क्षेत्र से संबंधित जो गन्ना किसानों की समस्याएं हैंउसके बारे में वहां के चुने हुए जन प्रतिनिधियों की राय ली गई होती तो ऐसे गलत निर्णय नहीं होते।

सभापति महोदय, आपको जानकर आश्चर्य होगा कि किस प्रकार से आजादी के बाद से उस क्षेत्र में एकमात्र जो चीनी मिल लगाई गई थी। वह 1979 में नंदगंज गाजीपुर में लगाई थी जबकि वहां गन्ने का उत्पादन नहीं होता फिर भी चीनी मिल लगा दी गई। गोरखपुर जनपद में एक चीनी मिल सहकारी संघ ने लगाई थी और वह धुरियापार में लगाई वहां का किसान गन्ना पैदा नहीं करता फिर भी चीनी मिल लगा दी गई, लगाने के बाद फिर से बंद कर दिया गया उस चीनी मिल में एक महीना भी गन्ना नहीं पेरा गया। मैं कहना चाहता हूँ कि जब सरकार कोई फैसला लेती है तो फैसला लेने से पहले इस बात पर अवश्य ध्यान दें कि उससे पैसे चुने हुए जन प्रतिनिधियों से भी बैठ कर रायले और उनके विचारों को जान लें।

जब किसानों को बैंकों से ऋण दिया जाता है, अगर 1000 रुपए उस किसान पर बकाया होता है तो उसे बेइज्जत कर दिया जाता है पुलिस द्वारा उसका ट्रैक्टर थाने में या तहसील में बंद कर लिया जाता है और उसे जेल में सलाखों के पीछे डाल दिया जाता है। लेकिन उस क्षेत्र के किसानों का आज चीनी मिलों पर करोड़ों रुपए बकाया है, आज आवश्यकता इस बात की है कि भारत सरकार एक राष्ट्रीय चिनी निगम की स्थापना करें उस के माध्यम से जो जर्जर चीनी मिले हैं उनके नवीकरण के लिए एक कार्य योजना तैयार करें और साथ–साथ गन्ना उद्योग से जुड़े काश्तकारों की जो समस्याएं हैं इनका पैसा बकाया है उसका भुगतान कराएं इससे इस क्षेत्र के बेरोजगार नौजवानों को हम काम दे सकेंगे और जो आज भटकाव की स्थिति में है उससे उबर कर वे राष्ट्र निर्माण के कार्य में लग जाएंगे,

इससे ना केवल देश का हित होगा बल्कि क्षेत्र में चीनी उद्योग बंद हो रहा हैवहां के किसानों की फसल थी उनको भी फायदा होगा। अगर पूर्वी उत्तर प्रदेश में गन्ने की तुलना हम खाड़ी देशों के पेट्रोल से करें तो कोई अतिशयोक्ति नहीं होगी जिस जिस प्रकार खाड़ी के देशों में अगर तेल के भंडार समाप्त हो जाएं तो वहां क्या स्थिति होगी वही हालत पूर्वी उत्तर प्रदेश में गन्ना की है।

अगर पूर्वी उत्तर प्रदेश में गन्ना चीनी मिलों को बंद कर दें तो आज आवश्यकता है कि आजादी के बाद से जो स्थिति क्षेत्र में पैदा हुई है एकमात्र उद्योग भारत सरकार ने गोरखपुर में उर्वरक निगम का लगाया था भारतीय उर्वरक निगम लिमिटेड ने एकमात्र उद्योग लगाया था पिछले 10 वर्षों से यह उद्योग बंद पड़ा है और पिछले 2 सालों से यह वह फाइल अंतिम योजना के साथ अपनी स्वीकृति के साथ मंत्रालय के पास पड़ी हुई है। कृभको कारखाने को लगाना चाहता है। लेकिन अभी वह मंजूरी मंत्रालय से नहीं मिल पा रही है। किसानों को समय से खाद नहीं मिलेगी बीज नहीं मिलेगा तो किसानों के उत्थान की बात बेमानी होगी। पूर्वी उत्तर प्रदेश के साथ जो अन्याय होता रहा है हम चाहते हैं कि वह अन्याय बंद होना चाहिए और एक समान नीति पूरे देश में लागू होनी चाहिए। अगर क्षेत्रीय असंतुलन की स्थिति पैदा होगी तो उस क्षेत्रीय असंतुलन का परिण ाम आज देश के पूर्वोत्तर राज्य में देखा जा रहा है। कहीं उत्तर प्रदेश या पूर्वी उत्तर प्रदेश भी उसकी चपेट में न आ जाए उसके लिए हमें सजग रहना पड़ेगा भारत सरकार जिस प्रकार से किसानों के हित में काम कर रही है। किसानों के लिए नई कृषि नीति बनाई गई है उसी के साथ गन्ना क्षेत्र के लिए राष्ट्रीय चीनी निगम की स्थापना करके किसानों का उत्थान करेगी ऐसा मेरा विश्वास है, मैं इसी के साथ आपको धन्यवाद देता हूँ।

–15 दिसंबर, 2000

महोदय, शुगर डेवलपमेंट फंड चीनी मिलों के जीर्णोद्धार, एक्सपेंशन करने और उनके मॉर्डनाइजेशन हेतु बनाया गया था, किंतु ऐसा कुछ भी नहीं हो पाया। उत्तर प्रदेश राज्य चीनी निगम के अंतर्गत चलने वाली जितनी भी चीनी मिलें है, वे या तो पुरानी पड़ चुकी है, बंद पड़ी हुई हैं या फिर उनकी इतनी क्षमता नहीं कि वे प्रतिस्पर्धा में जो आधुनिक चीनी मिलें हैं, उनका मुकाबला कर सकें और इसी का परिणाम है कि चीनी मिलों पर गन्ना किसानों का करोड़ों रुपया वर्षों से बकाया है, फिर वह चाहे सरकारी क्षेत्र की चीनी मिलें हो, सहकारी क्षेत्र की चीनी मिलें हो या निजी क्षेत्र की हों।

चीनी मिलों के साथ किसानों का हित भी सोचें

उपाध्यक्ष महोदय, चीनी विकास निधि संशोधन विधेयक, 2008 माननीय मंत्री जी ने सदन के सम्मुख प्रस्तुत किया है, जिस पर सदन विचार कर रहा है। माननीय मंत्री जी की इच्छा शक्ति या उनकी नियत पर हमें संदेह नहीं है, लेकिन जो हमारे सहयोगी माननीय मोहन सिंह जी ने कहा कि चीनी मिलों पर तो माननीय मंत्री जी कृपा कर रहे हैं, परंतु इस देश के किसान, जिनके संरक्षण के लिए इस प्रकार की नीतियां बनाई गई थीं, वह इसमें कहीं भी नजर नहीं आ रहा है और ना कहीं दिखाई दे रहा है। हम इस बात को बड़े दुख के साथ कहते हैं कि सरकार की इन्हीं गलत नीतियों के कारण पिछले 10 वर्षों में देश के 1.5 लाख से अधिक किसान आत्महत्याएं कर चुके हैं और आज भी वह क्रम लगातार जारी है, फिर चाहे वह विदर्भ का मामला हो जो माननीय कृषि मंत्री जी के गृह राज्य में पड़ता है। उत्तर प्रदेश के बुंदेलखंड में किसान लगातार आत्महत्याएं कर रहे हैं। पूर्वी उत्तर प्रदेश, जहां से हम लोग चुनकर आते हैं, वह सचमुच इस देश का वृहद् गन्ना उत्पादन का क्षेत्र है।

महोदय, आजादी से पहले, 1920 और 1930 के दशक में वहां चीनी मिलें स्थापित हुई थीं। पूर्वी उत्तर प्रदेश के जितने भी छोटे–बड़े कस्बे हैं, उन सब के विकास में चीनी मिलों ने अपना योगदान दिया है। उन चीनी मिलों के नाम पर ही उन कस्बों का नामकरण और उस क्षेत्र का विकास हुआ है। हम आज दुख के साथ कहना चाहते हैं कि क्षेत्र का किसान खून के आंसू बहा रहा है और सरकारें चैन

की नींद सो रही है। गन्ना किसान अपनी खड़ी फसल को खेतों में आग लगाकर जला रहा है, क्योंकि उसे मालूम है कि उसके पिछले गन्ने के मूल्य का भुगतान नहीं हुआ और इस बार के गन्ने के मूल्य का भी भुगतान नहीं होगा।

महोदय, शुगर डेवलपमेंट फंड चीनी मिलों के जीर्णोद्धार, एक्सपेंशन करने और उनके मॉर्डनाइजेशन हेतु बनाया गया था, किंतु ऐसा कुछ भी नहीं हो पाया। उत्तर प्रदेश राज्य चीनी निगम के अंतर्गत चलने वाली जितनी भी चीनी मिलें है, वे या तो पुरानी पड़ चुकी है, बंद पड़ी हुई हैं या फिर उनकी इतनी क्षमता नहीं कि वे प्रतिस्पर्धा में जो आधुनिक चीनी मिलें हैं, उनका मुकाबला कर सकें और इसी का परिणाम है कि चीनी मिलों पर गन्ना किसानों का करोड़ों रुपया वर्षों से बकाया है, फिर वह चाहे सरकारी क्षेत्र की चीनी मिलें हो, सहकारी क्षेत्र की चीनी मिलें हो या निजी क्षेत्र की हों। गोरखपुर में निजी क्षेत्र की एक चीनी मिल है, जिस पर पिछले 6 वर्षों से लगभग 30 करोड़ रुपए, गन्ना किसानों के बकाया हैं और उन 30 करोड़ रुपयों को अभी तक देने का कोई नाम नहीं ले रहा है और ना उस पर कोई ब्याज ही दिया जा रहा है और वह शुद्ध रूप से गन्ना किसानों का बकाया है। उसे देने की अब तक कहीं कोई व्यवस्था नहीं है। सरकार ने अभी तक ऐसी कोई व्यवस्था नहीं की है कि चीनी मिलें गन्ना किसानों के बकाया मूल्य का भुगतान कर सकें। यह आश्चर्यजनक है कि क्यों चीनी मिलों द्वारा पिछले सालों के गन्ना किसानों के बकाया धन का भुगतान नहीं किया जा रहा है? सरकार की गलत नीतियों के कारण पूर्वी उत्तर प्रदेश की अधिकतर चीनी मिलें या तो जर्जर स्थिति में है अथवा बंद पड़ी हैं। गन्ने के उत्पादन के बारे में बताया गया कि पिछले 2 वर्षों में गन्ने का अधिक उत्पादन हुआ। वहां के किसानों ने गन्ना उत्पादन भी किया क्योंकि डिमांड थी, इसलिए वहां किसानों ने डिमांड के अनुसार गन्ना पैदा किया, लेकिन उत्पादन के साथ आज जिस प्रकार की स्थितियां पैदा हुईं, वे ठीक नहीं है। सरकार गन्ने

का मूल्य घोषित करती है, सुप्रीम कोर्ट ने भी कहा कि चीनी मिलों को 125 रुपए प्रति क्विंटल के हिसाब से गन्ना किसानों को भुगतान करना चाहिए, परंतु सच्चाई कुछ और है। अगर आज गन्ना किसान, अपना गन्ना चीनी मिलों तक ले जा रहा है, तो 80 से 82 रुपए प्रति क्विंटल गन्ने के मूल्य का भुगतान बमुश्किल हो रहा है। यह मूल्य भी उन लोगों को मिल रहा है, जिनके पास साधन हैं, शक्ति है और जो समर्थ हैं। सामान्य और गरीब किसान तबाह होता जा रहा है, क्योंकि उसे अपने गन्ने की पर्ची तक नहीं मिल पा रही है। जब उसे गन्ने की पर्ची प्राप्त नहीं होगी, तो वे अपना गन्ना, गन्ना माफियाओं को 35 से 40 रुपए प्रति क्विंटल की दर पर बेचने को मजबूर हो रहा है, क्योंकि शासन ने कहीं कोई व्यवस्था नहीं की है।

उपाध्यक्ष महोदय, सरकार द्वारा गन्ना किसान को उसके गन्ने का मूल्य सरकार और सुप्रीम कोर्ट द्वारा दिए गए निर्देश के अनुसार 125 रुपए प्रति क्विंटल की दर पर खरीदने के लिए कहीं कोई व्यवस्था नहीं है। इसीलिए जो बचा हुआ गन्ना है, उसे वह खेत में ही जलाने के लिए मजबूर हो रहा है। माननीय मंत्री जी ने कुछ प्रावधान किए हैं, लेकिन जब तक इन प्रावधानों से किसान सीधे लाभन्वित नहीं होंगे, तब तक इस प्रकार की नीतियों को परिवर्तित करने और उन्हें संशोधित करने का बहुत ज्यादा मतलब नहीं है। इसलिए मैं माननीय मंत्री जी से अनुरोध करूंगा और जानना चाहूँगा कि हम लोग जब किसानों के हित की नीतियां बनाते हैं, तो किसान हमारी नीतियों के दायरे में सीधे क्यों नहीं आते? आखिर चीनी मिल मालिक ही क्यों, आखिर बड़े कास्तकार ही क्यों उनका लाभ उठाते हैं, जो अपना संरक्षण कर लेते हैं? हम बैंक लोन तो माफ करते हैं, लेकिन बैंक लोन में कौन से व्यक्ति लाभान्वित हो रहे हैं, यही नहीं देखते हैं। बैंक से जो लोग लोन लेते हैं, वे ही लाभान्वित होते हैं। किसी गरीब किसान को बैंकों से लोन कहां मिलता है? यह असंभव है या बहुत ही कठिन है। इन स्थितियों में माननीय मंत्री जी ने जो बात कही थी कि पहले

शुगर डेवलपमेंट फंड में जो 15 रुपए जाते थे, उसे अब वे बढ़ाकर 25 रुपए कर देंगे। इसके अलावा उन्होंने और भी प्रावधान किए हैं उनमें एक यह भी है कि बैंक चीनी मिलों को जो लोन देंगे, उससे उनका जीर्णोद्धार होना चाहिए। हम मानते हैं कि चीनी मिलों का जीर्णोद्धार होना चाहिए, उनका आधुनिकरण होना चाहिए, लेकिन इसके साथ–साथ माननीय मंत्री जी ने यह प्रावधान भी किया है कि जो ऋण वे लें, उससे वे किसानों का भुगतान करें, लेकिन यह हो नहीं रहा है। वास्तविक स्थिति में ऐसा कहीं नहीं हो रहा है और खास तौर से पूर्वी उत्तर प्रदेश में हमने देखा है कि वहां किसानों को चीनी मिलों द्वारा उनके गन्ने के मूल्य का भुगतान नहीं किया जा रहा है।

महोदय, मैं माननीय मंत्री जी से इस बात का पुरजोर अनुरोध करूंगा कि अगर इस प्रकार का प्रावधान करना ही है, तो सामान्य उपभोक्ताओं पर, चाहे 10 पैसे ही 1 किलो ही भार आता होगा, कम से कम उपभोक्ता और किसान को उसके दायरे से मुक्त कर के चीनी मिलें उस भार को वहन करें, क्योंकि अब यह तय है कि चीनी मिलें एक तो किसानों के गन्ने के मूल्य का भुगतान नहीं कर पा रही हैं और दूसरे वहां कम भी तोलती हैं। वहां कोई जांच करने वाला नहीं है। अंततः किसान ही उसका शिकार होता है। फिर चाहे चीनी मिलों के द्वारा उनके साथ जो कदाचार तोल के माध्यम से किया जा रहा है या फिर गन्ना मूल्य का भुगतान ना कर के। जैसा मैंने कहा कि इस बात की क्या गारंटी है कि चीनी मिलें किसानों के गन्ने के मूल्य का भुगतान 125 रुपए प्रति क्विंटल से ही करेंगी, क्योंकि उच्चतम न्यायालय के आदेश के बावजूद अब तक ऐसा नहीं हो रहा है। वहां कोई चीनी मिल गन्ना किसान को इस दर पर भुगतान नहीं कर रही है। इसलिए मैं माननीय मंत्री जी से अनुरोध करना चाहूँगा कि यद्यपि आप अच्छी नियत से इस विधेयक को लाए होंगे, तथापि ऐसी व्यवस्था करें कि उस दायरे में केवल चीनी मिल मालिकों का ही लाभ ना हो, बल्कि चीनी विकास निधि, गन्ने को पेरने के बाद जो चीनी

उत्पादित होती है, आखिर उसके मूल में किसान है, किसान का ही गन्ना है, इसलिए किसान भी उससे सीधे लाभान्वित हो सके। इस प्रकार की व्यवस्था, इसमें संशोधन के माध्यम से लाई जाए। इस बात के लिए मैं माननीय मंत्री जी से अनुरोध करूंगा। इसके साथ–साथ मेरा अनुरोध यह भी होगा कि चीनी मिल मालिकों द्वारा जो ऋण उन्हें शुगर विकास निधि से प्रदान किया जाए, वित्तीय संस्थाओं या बैंकों से उन्हें जो लोन उपलब्ध कराया जाए, वहीं यह व्यवस्था भी की जाए कि किसान को उसके गन्ने के बकाया का भी भुगतान सुनिश्चित किया जाए। इन्हीं शब्दों के साथ, मैं अपने वक्तव्य को समाप्त करता हूँ।

–17 मार्च, 2008

आज यही विषमता का कारण है कि लगातार महंगाई बढ़ी है। यहां केवल आंकड़ों के माध्यम से सदन को और देश को भरमाने का प्रयास किया जा रहा है। इसका सबसे दुखद पहलू तो यह है कि माननीय प्रधानमंत्री और माननीय कृषि मंत्री जब भी यह कहते हैं कि महंगाई और बढ़ेगी, उसके अगले सप्ताह हम देखते हैं कि दाम लगभग 20 से 25 प्रतिशत प्रत्येक वस्तु के बढ़ जाते हैं। चीनी आज से 2 साल पहले 12 रुपये किलो थी, लेकिन आज 40 रुपये किलो चीनी बिक रही है।

कृषि प्रधान देश अन्न की कमी महापाप है

सभापति जी, देश के अंदर आवश्यक उपभोक्ता वस्तुओं की भारी कीमतों के सम्बन्ध में यह बहस प्रारंभ हुई है। मानसून सत्र में भी इस महत्त्वपूर्ण विषय पर चर्चा हुई थी। उस समय भी जो आकड़ें यहां पर रखे गए थे कि देश में हर चौथा व्यक्ति भूखा है। दुनिया के दूसरे सबसे बड़े देश में 21 करोड़ से अधिक जनसंख्या को भोजन नहीं मिल पाता। एक आम आदमी को प्रतिवर्ष मिलने वाली खाद्य सामग्री पिछले 10 वर्षों में 34 किलो कम हुई है। वर्ष 1999 के आस–पास भारत में खाद्य सामग्री की प्रति–व्यक्ति सालाना खपत 186 किलोग्राम थी जो लगातार घटती जा रही है। खाद्य पदार्थों की बढ़ी कीमतों को छिपाने के लिए सरकार ने खाद्य पदार्थों को स्टील धातुओं की कीमतों के आंकलन वाले वर्ग में डाल दिया है और तमाम प्रकार से इस देश की आम जनता की आंखों में धूल झोंकने का कार्य है सरकार कर रही है।

महोदय, रामचरितमानस की एक पंक्ति मुझे याद आती है कि 'जासु राज प्रिय प्रजा दुखारी, सो नृप अवसी नरक अधिकारी'। इस देश की आम जनता भूखों मर रही है, बदहाल स्थिति में है, किसान आत्महत्या कर रहा है, मजदूर हो उसकी मजदूरी नहीं दी जा रही है और जिन आंकड़ों के माध्यम से सत्ताधारी दल और माननीय वित्त मंत्री जी इस सदन को भरमाने का प्रयास कर रहे हैं और देश की आम जनता की आंखों में धूल झोंकने का कार्य कर रहे हैं, वह अत्यंत खतरनाक है। उन्हें लगता है कि महंगाई पर अगर आम जनता नहीं

बोल रही है तो उनके उन आंकड़ों की बाजीगरी को ही आम जनता समझ रही हो, लेकिन ऐसा नहीं है। यह किसी भयंकर तूफान से पूर्व की शांति हमें प्रतीत होती है। भारत जैसे कृषि प्रधान देश में अन्न का उत्पादन भरपूर ना हो, तो यह जिम्मेदारी किसकी है? आखिर भारत का कृषि मंत्रालय क्या कर रहा है? अन्य देशों की तर्ज पर भारत के कृषि उत्पादन को बढ़ाने के लिए हम लोगों ने क्या उपाय किए हैं? पूरी दुनिया के अंदर प्रकृति और परमात्मा से संरक्षित भूमि, उर्वरा भूमि, जिसकी लगभग आधी भूमि कृषि उत्पादन के लिए अत्यंत ही उर्वरा है।

महोदय, आज जो वर्तमान जनसंख्या है, इसका पेट भी सरकार नहीं भर पा रही है, इसलिए सरकार की नीयत पर अवश्य प्रश्नचिन्ह लगना चाहिए। आज भारत में अमीर और गरीब के बीच विषमता बढ़ी है। अमीर ज्यादा अमीर हुआ है और गरीब ज्यादा गरीब हुआ है। यह विषमता जब तक रहेगी, तब तक अराजकता फैलेगी। यह अराजकता अंततः कहीं ना कहीं इस समाज को आतंकवाद की तरफ धकेलेगी, नक्सलवाद की तरफ धकेलेगी तथा उन उपद्रवों की तरफ धकेलेगी, जिसकी हम कल्पना नहीं करते हैं, लेकिन इसे नजरअंदाज किया जा रहा है। यहां एक माननीय सदस्य ने कहा है कि वेतन बढ़े हैं, आखिर कितने सरकारी कर्मचारी हैं, जिन्हें छठे वेतन आयोग की सिफारिशों का लाभ मिला है? क्या निजी क्षेत्र में कार्य करने वाले मजदूरों को, कर्मचारियों को क्या उस प्रकार का लाभांश प्राप्त हुआ है, क्या मजदूरी उस प्रकार से बढ़ाई गई है, जिस प्रकार से सरकारी कर्मचारियों की सैलरी बढ़ी है। 5 प्रतिशत लोगों के लिए क्या पूरे देश की नीतियां बनाई जाएंगी और बाकी सभी लोगों को पूरी तरह से नजरअंदाज कर दें। जब हम आम आदमी की बात करते हैं, तो उन 95 प्रतिशत लोगों की बात कर रहे हैं, जो इस देश के किसान हैं, जो इस देश का मजदूर है। इस देश में जो व्यक्ति झोपड़ी में निवास करता है, गांव में निवास करता है, जिसके पास जमीन का टुकड़ा नहीं है, जो व्यक्ति अपनी आजीविका को किसी तरह से भी

पूर्ण करता है, लेकिन सरकार ने उनके बारे में कभी सोचने का प्रयास नहीं किया है।

आज यही विषमता का कारण है कि लगातार महंगाई बढ़ी है। यहां केवल आंकड़ों के माध्यम से सदन को और देश को भरमाने का प्रयास किया जा रहा है। इसका सबसे दुखद पहलू तो यह है कि माननीय प्रधानमंत्री और माननीय कृषि मंत्री जब भी यह कहते हैं कि महंगाई और बढ़ेगी, उसके अगले सप्ताह हम देखते हैं कि दाम लगभग 20 से 25 प्रतिशत प्रत्येक वस्तु के बढ़ जाते हैं। चीनी आज से 2 साल पहले 12 रुपये किलो थी, लेकिन आज 40 रुपये किलो चीनी बिक रही है। माननीय वित्त मंत्री जी अभी कह रहे थे कि वर्ष 2003–04 में धान का जो समर्थन मूल्य था, वह समर्थन मूल्य 5 रुपये था, लेकिन उस समय जब 5 रुपये समर्थन मूल्य था, उस समय चावल का दाम बाजार में 8 रुपये किलो था। आज धान का समर्थन मूल्य सरकार ने 10 रुपये किया है, लेकिन बाजार में धान की कीमत वह कहीं ज्यादा है। आप कह रहे हैं कि आपके पास आने वाले समय में पर्याप्त मात्रा में खाद्यान्न नहीं होगा। खाद्यान्न पर्याप्त मात्रा में हो भी नहीं सकता है, क्योंकि डिमांड और सप्लाई की खाई कैसे पाट पाएंगे। उत्तर प्रदेश की बात मैं करता हूँ। वहां कहीं भी धान के केंद्र प्रारंभ नहीं हुए हैं। उत्तर प्रदेश में वर्तमान में बदहाल स्थिति है। किसान 10 रुपये समर्थन मूल्य की बजाए वह बिचौलियों को 7 या 8 रुपये में प्रति किलो के हिसाब से अपनी उपज बेचने के लिए विवश है। गन्ना किसान अपने गन्ने को जला रहा है, क्योंकि चीनी मिल मालिकों को जो गन्ना उसे सप्लाई करना है, वह उसका उचित दाम नहीं दे पा रहे हैं, उसकी मजबूरी है, उसे अगली फसल के लिए खेत खाली करना है, इसलिए वह गन्ने की फसल जला रहा है। गेहूं बो सके, अन्य दलहन और तिलहन बो सके इसलिए वह आग लगा रहा है। यह स्थिति उत्तर प्रदेश की है। मैं कृषि मंत्री जी से कहना चाहता हूँ कि नारों के माध्यम से देश को भरमाने का प्रयास हो रहा है, इसे बंद किया जाए। इस देश को अराजकता की

ओर धकेलने से रोका जाए। इस देश में 85 प्रतिशत लोगों के बारे में सोचा जाए जो गरीब हैं, जो बदहाल हैं, जो सरकार से कोई सुविधा प्राप्त नहीं करते हैं। नरेगा के माध्यम से जॉबकार्ड उनके बनाए गए हैं लेकिन उन्हें वहां कार्य करने की गारंटी नहीं दी जाती है अगर किसी ने कार्य किए हैं। हमने देखा है उत्तर प्रदेश में नरेगा के नाम पर इस प्रकार से मजाक हुआ है। सरकार ने कहा, हम 100 रुपये मजदूरी बढ़ाएंगे लेकिन वहां 100 रुपये नहीं आज भी 60 रुपये दिए जा रहे हैं। भारत सरकार ने 40 रुपये बढ़ाने की बात कही थी, वह अब तक नहीं की गई हैं। जब भारत सरकार अपने वायदे के अनुरूप कार्यवाही नहीं करेगी तो हमें नहीं लगता है जो सचमुच नीडी लोग हैं वे लाभ उठा पाएंगे।

महोदय, मैं आपके माध्यम से कृषि मंत्री जी से अनुरोध करना चाहता हूँ कि आप भारत के कृषि मंत्री हैं और दामों के बारे में आपके वक्तव्य आते हैं। चीनी के दामों के बारे में आपने कहा, 30 से 36 रुपये तक यह पहुंच गया और आज खुदरा बाजार में 40 रुपये प्रति किलो के हिसाब से चीनी बिक रही है। यह वही चीनी है जो पहले 15 और 16 रुपये किलो बिक रही थी लेकिन आज 40 रुपये किलो बिक रही है। दालों की कीमतें भी इसी प्रकार आसमान छू रही हैं। आखिर आम आदमी कहां जाएगा? आम आदमी के बारे में इस सदन में सोचा जाना चाहिए। केवल सरकारी कर्मचारी, सत्ता से जुड़े लोगों के बारे में नहीं बल्कि जो व्यक्ति बेकार है, जिनके पास जमीन का टुकड़ा नहीं है, जो मजदूरी करता है, प्राइवेट मिलों में काम करता है, खोमचा और ठेला लगाता है उनके लिए नीति तैयार करनी चाहिए। महंगाई का दावानल तेजी से बढ़ता जा रहा है। हमने जो भ्रम पाल रखा है कि आम जनता कुछ नहीं बोल रही है जब बाजार में लगातार सामान की बिक्री हो रही है लेकिन अब हमें इस भ्रम को तोड़ना होगा। आम जनता बोलती नहीं है, करती है। कहीं यह ना हो कि यह भयंकर भूचाल से पहले की चुप्पी हो। मुझे लगता है कि कहीं यह सुनामी जैसी आपदा की स्थिति पैदा ना कर दे। यह अराजकता

और भ्रष्टाचार दोनों मिलकर देश को तबाह कर रहे हैं। मैं माननीय कृषि मंत्री जी से इस बारे में अवश्य अनुरोध करूंगा। हमें अवश्य ही इस बारे में निश्चय करना होगा–जो तपस्थ हैं, समय लिखेगा उनका भी अपराध। माननीय मंत्री जी, आप महाराष्ट्र के जिस क्षेत्र से आते हैं, वहां बहुत किसानों ने आत्महत्याएं की थीं और उस समय आपने राहत पैकेज घोषित किया था। उत्तर प्रदेश और बुंदेलखंड में भी कई किसानों ने आत्महत्याएं की थी। कर्नाटक में भी काफी किसानों ने आत्महत्याएं की थीं, लगातार ये हो रही हैं। मुझे लगता है सरकार की इस प्रकार की नीतियों के कारण किसानों के सामने आत्महत्या के सिवाय दूसरा चारा नहीं होगा। यह वर्तमान में गन्ना किसानों के साथ हुआ है। जिस प्रकार की बदहाल स्थिति है, मैं इसके बारे में एक बार पुनः महंगाई को पूर्ण रूप से नियंत्रित करने के लिए सरकार से कड़े कदम उठाने के लिए और हर प्रकार की जमाखोरी को पूरी तरह से नियंत्रित करने के लिए अपील करता हूँ। माननीय कृषि मंत्री जी से अनुरोध करूंगा कि महंगाई को सख्ती से नियंत्रित करने की आवश्यकता है इसलिए सरकार सख्ती से कदम उठाए।

–26 नवंबर, 2009

शिक्षा/स्वास्थ्य

आयुर्वेद भी हमारी प्राचीन चिकित्सा प्रणाली है। आयुर्वेद में जो शोध होने चाहिए थे, अंतर्राष्ट्रीय स्तर की चिकित्सा प्रणाली बनाने के लिए जो कार्य उसमें होने चाहिए थे, वे नहीं हो पाए। हम एलोपैथी की तरफ भागे और उसका परिणाम हमारे सामने है कि जहां हम किसी रोग का इलाज तो करते लेकिन उसमें तमाम साइड–इफैक्टस सामने आते हैं। तमाम अनेक प्रकार की बीमारियां भी सामने आती हैं।

आयुर्वेद को मिले प्रोत्साहन

सभापति महोदय, माननीय मंत्री जी ने केंद्रीय परिषद अधिनियम 2002 में संशोधन सम्बन्धी जो विधेयक भारतीय चिकित्सा केंद्रीय परिषद पेश किया है, मैं उसका स्वागत करता हूँ। मैं माननीय मंत्री जी को धन्यवाद देता हूँ कि भारतीय पद्धति की जो चिकित्सा प्रणाली थी, आयुर्वेद सिद्ध यूनानी आदि के क्षेत्र में एक परिवर्तन करने के लिए इन्होने संशोधन पेश किया हैं। निश्चित ही उसके लिए वे धन्यवाद के पात्र हैं।

आयुर्वेद भी हमारी प्राचीन चिकित्सा प्रणाली है। आयुर्वेद में जो शोध होने चाहिए थे, अंतर्राष्ट्रीय स्तर की चिकित्सा प्रणाली बनाने के लिए जो कार्य उसमें होने चाहिए थे, वे नहीं हो पाए। हम एलोपैथी की तरफ भागे और उसका परिणाम हमारे सामने है कि जहां हम किसी रोग का इलाज तो करते लेकिन उसमें तमाम साइड–इफैक्टस सामने आते हैं। तमाम अनेक प्रकार की बीमारियां भी सामने आती हैं। आयुर्वेद के क्षेत्र में भारतीय चिकित्सा प्रणाली के क्षेत्र में उसमें गुणात्मक सुधार के लिए जो कार्य होने चाहिए थे, निश्चित ही इस प्रकार की जो चिकित्सा परिषद का गठन किया गया था, इस प्रकार के संशोधन की आवश्यकता महसूस की जा रही थी। अक्सर यह होता है कि हम लोग कुछ उन संस्थाओं को ऑटोनामी दे देते हैं लेकिन उस ऑटोनोमी का मतलब ये संस्थाएं इनको अपनी उदंडता तक ले जाने का प्रयास करती हैं। यही सब कुछ भारतीय चिकित्सा केंद्रीय परिषद के साथ भी हुआ है। अपने मनमाने आचरण के कारण

भारतीय चिकित्सा प्रणाली में सुधार करने के बजाए ढेर सारी ऐसी संस्थाएं इस क्षेत्र में खुली लेकिन मानक के अनुरूप उनकी गुणवत्ता में जो सुधार होना चाहिए था, वह नहीं हो पाया।

उसका परिणाम यह रहा है कि हम धीरे–धीरे पिछड़ते रहे हैं। माननीय मंत्री जी ने उद्देश्यों और कारणों में बहुत सी बातें कही हैं, जैसे अक्सर होता था की सरकार को यह भी अधिकार नहीं था कि वह केंद्रीय परिषद को निर्देशित कर सके या निर्देश दे सके। मैं अच्छी तरह जानता हूँ और इस प्रकार के कुछ उदाहरण स्वयं मेरे पास आये हैं। मेडिकल काउंसिल ऑफ इंडिया और डेंटल काउंसिल ऑफ इंडिया केंद्रीय स्वास्थ्य मंत्रालय के अधीन आती हैं। अपनी ऑटोनामी का ये संस्थाएं दुरूपयोग करती हैं क्योंकि केंद्र सरकार का सीधा नियंत्रण उन पर नहीं होता है। जिस प्रकार का उनका मनमाना आचरण होता है, यह उनकी कार्य प्रणाली से देखा जा सकता हैं। निश्चित ही चिकित्सा क्षेत्र में गुणवत्ता के लिए सबसे सबसे बड़े सांप इस समय अगर कोई है तो यह संस्थाए हैं जो गुणवत्ता नहीं बल्कि कुकुरमुत्तों की तरह संस्थाओं को उगाने का प्रयास तो करती हैं और ढेर खड़ा हो जाता है। हमारे यहां एक ट्रस्ट ने एक मेडिकल कॉलेज खोलने का प्रस्ताव किया। मेडिकल काउंसिल ऑफ इंडिया कि गाइडलाइं स में है कि जब कोई निरक्षक दल मेडिकल काउंसिल ऑफ इंडिया से जाएगा तो मैनेजमेंट से वार्ता करने के बाद ही वहां पर निरक्षक वर्ग जाएगा। हमारी संस्था ने दो–तीन बार निरक्षण दल भेजने के लिए आवेदन किया और कहा कि जो भी आवश्यक मानक पूरे होने हैं, उनको देख लें। लेकिन उनका निरक्षण दल तब गया जब हमारी संस्था में विंटर वेकेशंस प्रारंभ हो चुके थे। मैं 1999 में तत्कालीन केंद्रीय स्वास्थ्य एवं कल्याण परिवार मंत्री के पास गया। पहले मैंने संस्था के प्रेजिडेंट से बात की। उन्होंने कहा कि ये तो हमारा राइट है और हमारी ऑटोनामी में हस्तक्षेप कर रहे हैं। मैंने केंद्रीय मंत्री से बात–चीत की और कहा कि हमारे यहां जब विंटर

वेकेशन समाप्त हो जाए तब आप अपने निरक्षण दल को भेजिए। जो जाकर के मानकों के अनुसार कार्य करें और अगर कार्य मानक के अनुसार हैं और वे कॉलेज को खोलना चाहते हैं तो उस काम को करने की इजाजत दीजिए। माननीय मंत्री ने अपने तरफ से सहयोग करने का आश्वासन दिया लेकिन एन.सी.आई. के प्रेजिडेंट ने कहा कि यह हमारी ऑटोनामी में सीधे–सीधे हस्तक्षेप है और हम इसे नहीं मानेंगे। वहां पर स्थापित मनमाना आचरण और सीधे–सीधे वहां पर लेन–देन का कार्य चलता है, इसके सिवाए कुछ नहीं है। डेंटल काउंसिल ऑफ इंडिया में भी यही स्थिति है। यही नहीं, इस संस्था के सारे पदाधिकारी एक वर्ष तक अपनी जमानत लेने के लिए फिरते रहे क्योंकि उनका यह आचरण कहीं ना कहीं उच्च न्यायालय दिल्ली के अधीन पहुंच चुका था और उसके बाद अपने आप को बचाने के लिए फिरते रहे। ये संस्थाएं भ्रष्टाचार का एक अड्डा बन चुकी हैं और अगर इन पर नियंत्रण करना है तो आज आवश्यकता है कि केंद्रीय सरकार के पास इस प्रकार की शक्तियां होनी चाहिए जिससे उनके मनमाने आचरण पर अंकुश लगाया जा सके और गुणवत्ता में सुधार हो। यही नहीं, हमारे मेडिकल कॉलेज में भी खराब स्थिति पैदा करते हैं।

महोदय, हमारे गोरखपुर में एक सरकारी मेडिकल कॉलेज है। उत्तर प्रदेश में 7 मेडिकल कॉलेज हैं। मई मानता हुं कि सरकार के मेडिकल कॉलेजों में जो स्थिति है, केवल गोरखपुर मेडिकल कॉलेज में ही नहीं, उत्तर प्रदेश के 6 के 6 मेडिकल कॉलेज एन.सी.आई. के मानकों को पूरा नहीं करते। 1995 से गोरखपुर के एकमात्र मेडिकल कॉलेज को एन.सी.आई. की नोटिस मिल जाती है कि कॉलेज में एक एडमिशन नहीं होनी चाहिए। इस कॉलेज में स्नातकोत्तर की जो सीटें हैं, उनको समाप्त कर देना चाहिए। लेकिन हर बार नोटिस मिलता है और हर बार मुझे मंत्री से मिलकर 6 महीने या 1 साल का समय लेना पड़ता है। अगर एन.सी.आई. से एक मानक बना है कि इतनी नियुक्तियां होनी चाहिए 750 बैड का मेडिकल कॉलेज होना चाहिए,

तो केवल गोरखपुर मेडिकल कॉलेज के लिए ही नहीं, पूरे भारत के जितने मेडिकल कॉलेज हैं, उन सब पर बराबर लागू होना चाहिए। लेकिन एन.सी.आई. को केवल गोरखपुर का मेडिकल कॉलेज दिखाई देता है। डेंटल काउंसिल ऑफ इंडिया को वे संस्थाए दिखाई देती हैं, जो उनके भ्रष्टाचार में अपनी सहभागिता नहीं दिखा पाती हैं। यही स्थिति भारतीय चिकित्सा केंद्र के साथ भी हुई है। इसका एक बहुत बड़ा संकट हमारे सामने आया है। इन संस्थाओं के मनमाने रवैये के कारण तमाम भारतीय जड़ी–बूटियां, तमाम प्रकार की जो औषधियां हैं, उन्हीं के आधार पर आयुर्वेद के क्षेत्र में कार्य हो रहा है।

आयुर्वेद में भी एलोपैथी की तर्ज पर गोलियां बनाकर दी जा रही हैं। जो एक शोध का कार्य होना चाहिए था वह शोध का कार्य बिलकुल समाप्त हो चुका है। गुणवत्ता का जो स्तर होना चाहिए था वह नहीं हो रहा है। नयी संस्थाएं मनमाना आचरण कर रही हैं। अमेरिका तथा अन्य देशों ने 5 लाख से अधिक भारतीय जड़ी–बूटियों का जीन–बैंक बनाकर अपने यहां तैयार किया है। जीन–बैंक के माध्यम से हमारे करेला, नीम और तमाम अन्य जड़ी–बूटियों और औषधियों को पेटेंट कराने का प्रयास किया है।

मैं आपके माध्यम से मंत्री जी से अनुरोध करूंगा की जिस तरह से चाहे नई संस्थाएं खोलने की बात हो या उच्चतर पाठयक्रम की अनुमति लेने की बात हो या सीट बढ़ाने की बात हो, केंद्रीय सरकार की पूर्व अनुमति लेनी आवश्यक है, उसी प्रकार से उनके कार्यों में गुणवत्ता में सुधार हो और औषधियों का स्तर बढ़े, इस ओर प्रयास हमारा होना चाहिए। अमेरिका और अन्य देशों की साजिश हमारी जड़ी–बूटियों को पेटेंट करा कर हमारे आयुर्वेद को पूरी तरह समाप्त करने की है। भारतीय जड़ी–बूटियों का जीन–बैंक चीन, अमेरिका और जर्मनी ने तैयार किया है और इस तरह से भारतीय आयुर्वेद को समाप्त करने की साजिश की जा रही है। भारत सरकार को इस पर भी कार्य करना चाहिए और उनका संरक्षण और संवर्धन करने के लिए

उनको भारतीय चिकित्सा की केंद्रीय परिषद के अधीन लाकर सीधे केंद्रीय सरकार के नियंत्रण में दिया जाए। मंत्री जी को मैं धन्यवाद देता हुं कि उन्होंने कम से कम उन संस्थाओं को जो ऑटोनामी का गलत फायदा उठाकर अपनी उदंडता का परिचय समय–समय पर देती हैं, नियंत्रण करने का प्रयास किया है। उनका यह कदम सकारात्मक और रचनात्मक कदम है। मैं उनको हृदय से धन्यवाद देते हुए इस विधेयक का समर्थन करता हूँ।

–26 नवंबर, 2002

महोदय, भारत के अंदर आतंकवाद के दो कारण हैं। एक मजहबी कट्टरता जिसे हम धार्मिक कट्टरता नहीं कह सकते, धर्म और मजहब में अंतर होता है और जब हम धर्म और मजहब में अंतर महसूस नहीं कर पाते हैं तो भ्रमित हो जाते हैं और वह भ्रम की स्थिति कहीं ना कहीं आतंकवाद को बढ़ाने में, उसे प्रेरित और प्रोत्साहित करने में सहायक होती है।

मदरसों में मजहबी कट्टरता का प्रशिक्षण आतंकवाद की बड़ी वजह

सभापति महोदय, मैं आपको धन्यवाद देता हूँ कि आपने श्रीराम जन्मभूमि अयोध्या पर 5 जुलाई को जो आतंकी हमला हुआ उस पर चल रही बहस में मुझे बोलने का अवसर प्रदान किया। श्री राम जन्मभूमि अयोध्या तथा संपूर्ण देश में आतंकवाद से संबंधित चर्चा को श्री विजय कुमार मल्होत्रा जी ने प्रारंभ किया है। मुझे तमाम वक्ताओं के विचारों को सुनने का अवसर प्राप्त हुआ। मुझे तुलसीदास जी द्वारा रचित रामचरितमानस की कुछ पंक्तियां याद आ गई–

'जासु राज प्रिय प्रजा दुखारी, सो नृप अवसि नरक अधिकारी'

वर्तमान परिप्रेक्ष्य में ये पंक्तियां कितनी सार्थक हैं, हम सबको स्वयं चिंतन करना होगा। हम लोग यहां आतंकवाद पर चर्चा कर रहे हैं। आतंकवाद के लिए हम अमरीका जैसै राष्ट्र की आलोचना करते हैं कि वह आतंकवाद पर दोहरे मानक तैयार कर रहा है। लेकिन जब हम स्वयं भारत के परिप्रेक्ष्य में आतंकवाद की बात करते हैं तो पिछले 15 वर्षों के अंदर जितनी क्षति भारत को आतंकवाद के कारण उठानी पड़ी है, संभवतः विश्व के किसी अन्य देश को उतनी क्षति नहीं उठानी पड़ी है। पिछले 10–12 वर्षों के अंदर 75,000 से अधिक नागरिक, 7,500 हजार से अधिक सैनिक, अर्धसैनिक और पुलिस के जवान जिस देश ने खोए हों, जिस देश में आज भी आतंकवाद अनेक रूपों में मौजूद हो, चाहे वह जम्मू–कश्मीर सहित संपूर्ण देश में पाकिस्तान द्वारा प्रायोजित आतंकवाद हो या फिर पूर्वोत्तर के राज्यों

में विभिन्न उग्रवादी संगठन हों, जिन्हें देश के अंदर और बाहर दोनों तरफ से समर्थन प्राप्त है, उनकी गतिविधियां हो।

चाहे भारत के अंदर फैला हुआ वामपंथी आतंकवाद हो जिसने पिछले एक वर्ष के अंदर भारत के 5 राज्यों में तेजी से अपना विस्तार किया है। मैं यहां यह कहना उचित समझता हूँ कि पिछले एक वर्ष के अंदर वामपंथी आतंकवाद, जो नक्सलवाद के रूप में अपनी गतिविधियों को फैला रहा है, इसकी राष्ट्रविरोधी गतिविधियां, समाज विरोधी गतिविधियां पिछले एक वर्ष में तेजी से फैली हैं। एक वर्ष पहले 8 राज्यों के मात्र 54 जिलों तक जो आतंकवाद सीमित था आज वह आतंकवाद नक्सलवाद के रूप में 15 राज्यों के लगभग 200 से अधिक जिलों के अंदर फैल चुका है। अब तक इस नक्सलवाद की चपेट में आकर भारत के 15,000 से अधिक बेकसूर नागरिक मारे गए हैं और 5,500 से अधिक पुलिस और अर्धसैनिक बलों के जवान इसकी चपेट में आ चुके हैं। यब सब कुछ जब हम अपनी आंखों से देखते हैं तो हमें कहीं ना कहीं अहसास होता है लेकिन जब एक मंच पर एकजुट होकर उसका मुकाबला करने की बात आती है तो कहीं ना कहीं वोट बैंक की राजनीति हम सबकी एकता में बाधक बनती है। ऐसे बहुत से कारण हैं जो आज भी आतंकवाद से मुकाबला करने में हम सबको रोकते हैं।

महोदय, भारत के अंदर आतंकवाद के दो कारण हैं। एक मजहबी कट्टरता जिसे हम धार्मिक कट्टरता नहीं कह सकते, धर्म और मजहब में अंतर होता है और जब हम धर्म और मजहब में अंतर महसूस नहीं कर पाते हैं तो भ्रमित हो जाते हैं और वह भ्रम की स्थिति कहीं ना कहीं आतंकवाद को बढ़ाने में, उसे प्रेरित और प्रोत्साहित करने में सहायक होती है। आज एक तरफ मजहबी कट्टरता को हम प्रेरित और प्रोत्साहित कर रहे हैं और दूसरी तरफ भारत की सांस्कृतिक विरासत को हर प्रकार से नष्ट–भ्रष्ट करने के लिए उस पर चौतरफा हमला भी विभिन्न राजनीतिक दलों द्वारा इस देश में चंद वोटों के लिए, चंद लोगों के तुष्टिकरण के लिए और सत्ता में बने रहने के लिए किया जा

रहा है। आंध्र प्रदेश में कांग्रेस की सरकार ने आंध्र प्रदेश में नौकरियों में मुस्लिमों के लिए 5 प्रतिशत आरक्षण की घोषणा की। हाईकोर्ट ने उस पर रोक लगा दी। ऑर्डिनेंस के माध्यम से 5 प्रतिशत आरक्षण आंध्र प्रदेश के एक वर्ग विशेष को खुश करने के लिए लागू किया गया। हर व्यक्ति जानता है कि भारत के विभाजन का कारण द्वि राष्ट्रवाद रहा है, जो असंवैधानिक काम है। इससे अलगाववाद बढ़ेगा, अराजकता बढ़ेगी। दो वर्गों में आपस में जो समन्वय स्थापित होना चाहिए था वह अलगाववाद की स्थिति को पैदा करेगा, लेकिन आंध्र प्रदेश में मुस्लिम आरक्षण लागू हो गया। केंद्र की यू.पी.ए. सरकार जहां कश्मीर के आतंकवादियों पर किसी प्रकार की लगाम कसने में असफल हुई है, पूर्वोत्तर के राज्यों में उल्फा का आतंकवाद बढ़ा है। मणिपुर में पिछले 45 दिनों से नाकाबंदी है और यह सरकार कुछ नहीं करती है। देश में आई.एस.आई. का जाल फैल रहा है, नक्सलवाद और माओवाद तेजी से फैल रहा है। हमारा पड़ोसी देश नेपाल पूरी तरह से इसकी चपेट में आ गया है लेकिन नेपाल की आर्थिक नाकेबंदी के साथ हर प्रकार की पाबंदी हम नेपाल पर लगा रहे हैं। यहां अलीगढ़ मुस्लिम विश्वविद्यालय में केंद्र सरकार द्वारा 50 प्रतिशत सीटों के रिजर्वेशन की घोषणा करके पुनः अलगाववादी तत्वों को उकसाने का काम किया जा रहा है जो देश के विभाजन के लिए जिम्मेदार रहे हैं। आप कैसे आतंकवाद को नियंत्रित करेंगे, कैसे उस पर नकेल डालेंगे? क्या आप इस मजहबी कट्टरवाद को नहीं रोक सकते हैं? ब्रिटेन पर हमला हुआ तो उसने वहां के मदरसों को स्पष्ट चेतावनी दे दी कि ब्रिटेन में रहना है तो ब्रिटेन के कानून के अनुसार रहना पड़ेगा लेकिन यहां संसद पर हमला होता है, जम्मू–कश्मीर की विधानसभा पर हमला होता है, अक्षरधाम मंदिर पर हमला होता है।

रघुनाथ मंदिर पर हमला होता है, राम जन्मभूमि पर हमला होता है, प्रतिदिन नरसंहार होता है, सैनिक छावनियों पर हमले होते हैं, लेकिन इस सबके बावजूद हम स्वीकार नहीं करते हैं कि आतंकवादी कौन है? हम लोग स्वीकार नहीं करते हैं कि आतंकवादियों का मकसद

क्या है? क्या आतंकवादियों का मकसद सिर्फ रोटी–रोजी और मकान है? क्या ये आतंकवादी किसी सामाजिक क्रांति को लेकर आए हैं या केवल भारत के खिलाफ, भारत की एकता और अखंडता के खिलाफ सशस्त्र संघर्ष के लिए आए हैं। मैं समझता हूँ कि वार्ता से नहीं या शांति से नहीं बल्कि इन सबको कुचलकर हम इसका मुकाबला कर सकते हैं। उसके लिए जिस प्रकार की एकता की आवश्यकता होनी चाहिए थी वह अभी दिखाई नहीं दे रही है क्योंकि जब हम आतंकवाद के खिलाफ बोलते हैं तो कुछ लोगों को लगता है कि हम ओसामा बिन लादेन के खिलाफ बोल रहे हैं, मुल्ला उमर के खिलाफ बोल रहे हैं। उन्हीं लोगों को लगता है कि यह इस्लाम पर प्रहार हो रहा है। यहीं पर हम गलती करते हैं और मजहबी कट्टरवाद को रोकने का प्रयास नहीं हो रहा है बल्कि उसे बढ़ाने का प्रयास हो रहा है। चाहे अलीगढ़ मुस्लिम विश्वविद्यालय में मुस्लिम आरक्षण के कारण ऐसा हुआ हो, चाहे आंध्र प्रदेश में मुस्लिम आरक्षण के नाम पर हो रहा हो, उस कट्टरता को बढ़ाने का प्रयास हो रहा है। इसी का परिणाम है कि ऐसी हरकतें और इस प्रकार की गतिविधियां बढ़ रही हैं।

आतंकवाद बढ़ने का दूसरा कारण विदेशी विचारधारा भी है। भारत के अंदर साम्यवादी विचारधारा विदेशी विचारधारा है। किस लोकतंत्र में इनका विश्वास है? किस प्रकार से इन लोगों के द्वारा नरसंहार हो रहा है? आज यहां पर हमारे माननीय सांसद डी.पी. यादव जी बोल रहे थे, मुझे आश्चर्य होता है कि अभी माओवादियों ने इनके एक सांसद के घर पर हमला किया। क्या इनकी हिम्मत नहीं थी कि संसद में, उस बात को रख सके क्योंकि इनको लगता है कि अगर ये माओवाद के खिलाफ बोलेंगे तो फिर ना जाने इनके कितने वोट खिसक जाएंगे। यही कारण है कि यहां पर किसी मुद्दे पर जब चर्चा होती है तो उसे स्पष्ट रूप से ईमानदारी से स्वीकार करने की क्षमता इन लोगों में नहीं है और आतंकवाद का मुकाबला आप दोहरे मापदंडों से नहीं कर सकते हैं। यह बात हम सबको स्वीकार करनी पड़ेगी, जिस प्रकार की स्थिति अयोध्या के अंदर पैदा हुई, 5 जुलाई को

राम जन्मभूमि पर हमला हुआ। यहां मैं यह भी बताना चाहता हूँ कि महोदय, अयोध्या पर यह पहला हमला नहीं हुआ है। इससे पहले भी अयोध्या पर अनेक हमले हो चुके हैं और उन सब हमलों को अयोध्या ने झेला है। अयोध्या का इतिहास आस्था और प्रतिकार का इतिहास रहा है, इस देश के करोड़ों–करोड़ हिंदुओं की 7 पवित्र जगहों में से एक पवित्र जगह अयोध्या को माना जाता है, ये सातों पवित्र नगरियां अयोध्या, मथुरा, काशी, कांची, अवंतिका, पुरी, द्वारावती चैव सप्तेता मोक्ष दायिका यानी ये सभी 7 नगरियां हिंदुओं की पवित्र नगरियां हैं। शास्त्रों के अनुसार इन 7 नगरों में प्रमुख स्थान अयोध्या का है।

मैंने शास्त्रों की बात कही है। मैंने कांग्रेस की बात नहीं कही है। 7 नगरियों में 3 प्रमुख – अयोध्या, मथुरा और काशी है और तीनों स्थानों से जुड़े हुए सांसदों को हम लोगों ने देखा है। दो सांसदों के विचार हमने सुने हैं और हो सकता है कि तीसरे सांसद के विचार भी सुनने का हमें मौका मिले। उनके विचार किस रूप में आते हैं, यह हर व्यक्ति जानता है, क्योंकि बहुत से लोग ऐसे हैं जिन्हें अपने अंदर की अभिव्यक्ति को स्वतंत्र रुप से अभिव्यक्त करने की इजाजत आज भी स्वतंत्र भारत में नहीं मिली है, क्योंकि यदि वे आंतरिक अभिवयक्ति को व्यक्त कर देंगे तो कहीं उनकी नौकरी न चली जाए, इस बात की आशंका उनको हमेशा रहती है। इसलिए वे हमेशा किसी ना किसी बंधन में बंधे रहते हैं। सच्चाई को वे ना स्वीकार कर सकते हैं और न सच्चाई को उनकी ओर किसी प्रकार की स्वीकार्यता मिल सकती है। काशी के बारे में हमारे माननीय सांसद ने यहां स्पष्ट नहीं किया कि काशी का इतिहास कहां से है। अयोध्या के इतिहास के बारे में भी माननीय सांसद कह रहे थे तथा हमारे मित्र ने पीछे कहा कि इन्होंने सभी प्रमुख धार्मिक स्थलों, मजहबों के नगरों के रूप में अयोध्या को चिन्हित किया है।

उन्होंने पूछा कि ये किस पार्टी से हैं, हमने कहा कि जिस प्रकार विभिन्न धर्मों और नगरों से होते हुए कुछ लोग अंत में अयोध्या में टिक गए और राम से जुड़ गए, वैसे ही विभिन्न पार्टियों से होते हुए

आज ये बहुजन समाज पार्टी में हैं लेकिन कल किस पार्टी में होंगे उस बारे में कुछ नहीं कह सकता हूँ। अपने को सेक्युलर बनाने के लिए हम किसी भी हद तक जा सकते हैं जिससे हमें सच्चाई को भी स्वीकार करने की क्षमता नहीं रहती है। हम इस बात को भी स्वीकार नहीं कर सकते कि वास्तव में अयोध्या में हमले का इतिहास क्या है।

महोदय, बाबर कौन था? बाबर एक विदेशी आक्रांता था और मध्य युग में राम जन्मभूमि के पवित्र स्थल पर जहां रामलला का मंदिर बना था, बाबर के आदेश पर उसके सिपेहसालारों ने मंदिर को तोड़कर वहां एक ढांचा खड़ा कर दिया। ढांचे को खड़ा करने के बाद जिस प्रकार से आस्था और प्रतिकार का लंबा इतिहास हमें अयोध्या में देखने को मिलता है, मैं समझता हूँ कि वर्तमान में उस पर ज्यादा चर्चा करना आवश्यक नहीं है। आज अयोध्या के बारे में जिस प्रकार की स्थितियां सामने आई हैं उनको देखते हुए मैं आपसे केवल यही कहना चाहता हूँ कि सुरक्षा के 3 जोन अयोध्या में हैं। एक ग्रीन जोन है, जिसके अंतर्गत पूरी अयोध्या आती है, दूसरा येलो जोन है, जो अधिगृहित परिसर से प्रारंभ होता है और तीसरा रेड जोन है, जिसमें जहां रामलला विराजमान हैं और उसके आसपास का क्षेत्र आता है।

महोदय, आतंकवादियों ने दो जोन पार कर लिए थे – ग्रीन और येलो। यहां हमारे जो सांसदगण हैं, मैं उनसे कहना चाहता हूँ कि जब आतंकवादी अयोध्या गए थे और उन्होंने ग्रीन जोन पार कर लिया था, येलो जोन पार कर लिया था, उस समय सुरक्षाबलों के जवानों के सामने भ्रामक स्थिति क्यों पैदा हुई। वे किस पार्टी का झंडा जीप पर लगाकर गए थे, किस पार्टी का झंडा लेकर आतंकवादी अंदर गये थे।

महोदय, समाजवादी पार्टी के लोगों का यह कहना कि उत्तर प्रदेश के डी.जी.पी. को एक सप्ताह पहले हिंदू संगठनों ने एक प्रतिवेदन दिया था और मांग की थी कि सुरक्षा बलों में कमी की जाए, बिल्कुल गलत है। मैं आज भी दावे के साथ कहता हूँ कि किसी भी प्रकार का कोई आवेदन किसी भी हिंदू संगठन ने डी.जी.पी. पुलिस को अयोध्या में सुरक्षाबलों में कमी करने का अथवा तलाशी लेने में कमी

करने के सम्बन्ध में नहीं दिया था बल्कि हमने तो एक सप्ताह पहले परिसर की सुरक्षा बढ़ाने की मांग की थी। हिंदू संगठन के लोगों ने उत्तर प्रदेश के प्रमुख अधिकारियों से कहा था और अधिगृहित परिसर के जो रिसीवर हैं उन्हें एक प्रतिवेदन देकर मांग की थी कि अयोध्या परिसर की सुरक्षा बढ़ाई जाए। इस सम्बन्ध में उनका वक्तव्य आया था कि – 'सुरक्षा की जो व्यवस्था है वो अधिक है। इसमें कमी लानी चाहिए'। यह वक्तव्य उत्तर प्रदेश के वरिष्ठ अधिकारी का है।

महोदय, अयोध्या परिसर हमले के बाद दो प्रतिक्रियाएं आईं। जिस दिन हमला होता है, उस दिन माननीय गृह मंत्री वहां जाते हैं लेकिन उत्तर प्रदेश के मुख्यमंत्री को वहां जाने की फुर्सत नहीं मिलती। वे वहां नहीं गए। उन्होंने कहा कि हमले तो होते रहते हैं और इस प्रकार के हमले का जवाब सुरक्षाबलों के जवानों ने दे दिया। उसके बाद विधानसभा में जब चर्चा हुई, जिस चर्चा की बात यहां हमारे समाजवादी पार्टी के माननीय सदस्य ने की। उत्तर प्रदेश के मुख्यमंत्री ने विधानसभा में कहा कि अगर मुख्यमंत्री अयोध्या जाते, तो आतंकवादियों का मनोबल बढ़ता। मैं समझ नहीं पाया कि यदि मुख्यमंत्री महोदय अयोध्या जाते, तो आतंकवादियों का मनोबल कैसे बढ़ता, क्या वे आतंकवादियों से मिले हुए थे, जो उन्हें देखकर आतंकवादियों का मनोबल बढ़ता? जब गृहमंत्री वहां गए, तो क्या आतंकवादियों का मनोबल बढ़ा? जब इस प्रकार की परिस्थितियां पैदा होती हैं.....(व्यवधान)।

महोदय, जब इस प्रकार का व्यक्ति संवैधानिक प्रमुख के पद पर बैठा हुआ हो तो अंदाजा लगाया जा सकता है कि उनकी स्थितियां क्या हैं, ये लोग क्या साबित करना चाहते हैं और किस हद तक जाना चाहते हैं।

महोदय, अयोध्या में राम जन्मभूमि पर हमला पहली बार नहीं हो रहा है। अभी श्रमजीवी एक्सप्रेस में बम विस्फोट हुआ था। उत्तर प्रदेश के मुख्यमंत्री वहां चले गए, क्योंकि श्री लालू प्रसाद रेल मंत्री जी को वह नीचा दिखाना चाहते थे, जिससे कि लालू प्रसाद जी किसी प्रकार

अपने को अपमानित महसूस करें, क्योंकि रेल मंत्री के नाते उनकी नैतिक जिम्मेदारी थी कि रेलों में किसी प्रकार की दुर्घटना न हो।

उत्तर प्रदेश के मुख्यमंत्री वहां पहुंच जाते हैं, लेकिन अयोध्या नहीं पहुंचते हैं क्योंकि करोड़ों–करोड़ हिंदुओं की भावनाओं के साथ यह कुठाराघात हुआ था, उनकी आस्था पर प्रहार हुआ था। बार–बार हिंदुओं को अपमानित करने की जो परंपरा राजनैतिक क्षेत्र में चली हुई है, उसमें कहीं ना कहीं विराम तो लगना ही चाहिए। इसलिए मैं आप से निवेदन करना चाहता हूँ कि केंद्रीय गृह सचिव का एक बयान आया है। केंद्रीय गृह सचिव ने एक बात कही है और बहुत महत्वपूर्ण बात कही है, उसमें उन्होंने कहा था कि हम लोगों ने मई माह में ही इस बात की सूचना उत्तर प्रदेश सरकार को दे दी थी। हमने उत्तर प्रदेश सरकार को सूचना दे दी थी कि प्रमुख मंदिरों पर हमले हो सकते हैं, प्रमुख धार्मिक स्थलों पर हमले हो सकते हैं, श्री वी.के. दुग्गल, गृह सचिव, भारत सरकार ने इस प्रकार की बातें कही हैं। उन्होंने तत्काल कहा था। उस सबके बावजूद अयोध्या, उत्तर प्रदेश में हैं, मथुरा उत्तर प्रदेश में है और काशी उत्तर प्रदेश में है। उसके बाद भी श्रीराम जन्मभूमि अयोध्या की सुरक्षा ना हो पाना केवल हिंदू भावनाओं के साथ खिलवाड़ करना है। उत्तर प्रदेश में श्रीराम जन्मभूमि की व्यवस्था दोहरी है। केंद्र सरकार ने जबसे स्थान अधिग्रहित किया है वहां पर केंद्र और प्रदेश सरकार दोनों की ही सुरक्षा में श्रीराम जन्मभूमि अयोध्या चल रही है। मैं, आपसे केवल यही कहना चाहता हूँ कि उत्तर प्रदेश की जो सुरक्षा व्यवस्था है और श्रीराम जन्मभूमि की जो सुरक्षा व्यवस्था है, वहां पर सी.आर.पी.एफ. रेड जोन की व्यवस्था देखती है, येलो जोन की व्यवस्था पी.ए.सी. के अधीन है और ग्रीन जोन को उत्तर प्रदेश पुलिस देखती है। अब जो लोग यहां पर बधाई देने की बात करते हैं, स्वयं अनुमान लगाया जा सकता है, ग्रीन जोन पार हो गया, उसके लिए कौन जिम्मेदार है, येलो जोन पार हो गया, उसके लिए कौन जिम्मेदार है, रेड जोन पर सी.आर.पी.एफ. के जवानों ने बहादुरी का काम किया था और आतंकवादी जिस सजा

के हकदार थे, वह काम बहादुर जवानों ने करके दिखाया, इसलिए सी.आर.पी.एफ. के जवान तो बधाई के पात्र हैं, लेकिन अनावश्यक रूप से अपनी पीठ थपथपाने का काम जबरदस्ती कुछ लोगों के द्वारा किया जा रहा है। अगर उन व्यक्तव्यों को यहां पर रख दिया जाए, जो वहां पर स्थानीय नागरिकों ने दिए थे तो एक मैं समझता हूँ कि बहुत लोग मुंह दिखाने लायक ये लोग इस सदन में सबके बीच में नहीं बच पाएंगे। इसीलिए मैं कहना चाहता हूँ कि सी.आर.पी.एफ. के जवानों ने बहादुरी से सामना किया था।

हम बधाई देना चाहते हैं सी.आर.पी.एफ. के जवानों को कि सी. आर.पी.एफ. के जवानों ने वहां पर जिस बहादुरी का काम किया था और आतंकवादियों को ऐसी मौत मारा था, जिसके वे सही में हकदार थे। निश्चित ही वे इसके लिए बधाई के पात्र हैं।

इसके साथ ही मैं आपके माध्यम से एक बात और कहना चाहता हूँ कि आज हम लोगों को स्वीकार करना पड़ेगा कि देश में आतंकवाद बढ़ा है। हम यह कहना चाहते हैं कि आतंकवाद का मुकाबला दोहरे मानक से नहीं हो सकता है।

मैं सदन से कहना चाहता हूँ कि एक और प्रकरण सामने आया है, वह सलमान खान से संबंधित, दाऊद इब्राहिम से, अंडरवर्लड से जिसका सम्बन्ध हो ऐसे कितने दोहरे मानक हम तय करेंगे। संजय दत्त के घर से ए.के. 47 की स्प्रिंग मिलती है, लेकिन संजय दत्त टाडा में बंद होते हैं। ऐसा होना चाहिए, क्योंकि मुंबई में बम विस्फोट से संबंधित लोगों के उनसे किसी ना किसी प्रकार के सम्बन्ध थे, तभी वे बंद हुए थे। भरत शाह उसी केस से संबंधित मामले में बंद हुए। भरत शाह, जो फिल्म निर्देशक थे, वे बंद होते हैं तो सलमान खान कौन से खेत के मूली है कि आज उन पर कोई कार्रवाई सरकार नहीं करती है, महाराष्ट्र की सरकार कार्रवाई नहीं करती और केंद्र की सरकार चुप रहती है। आज भी उनके बारे में वहां के गृहमंत्री इस बात को विधानसभा में स्वीकार करते हैं कि सलमान खान के सम्बन्ध अंडरवर्लड से हैं। उनकी जो फोन पर बातचीत हुई है और जो टेप

हुई है, वह सही है। उस सबके बावजूद केवल एक वर्ग विशेष से जुड़े होने के नाते एक प्रिवलेज उसे भारत के अंदर मिल गया कि उसकी हर जायज–नाजायज गतिविधियों को भारत के अंदर जारी रहने दिया जाना चाहिए। आतंकवाद का मुकाबला इन दोहरे मापदंडों से नहीं हो सकता है। जब सब पर एक कानून लागू होगा, यह तभी हो सकता है और जिस प्रकार के बयान विभिन्न आतंकवादी संगठनों को बचाने के लिए वर्तमान में आ रहे हैं, उत्तर प्रदेश सरकार और तत्कालीन एन.डी.ए. की सरकार ने सिमी पर प्रतिबंध लगाया था। एक ए.डी.एम. पाठक की हत्या इस संगठन ने कानपुर के अंदर की थी और तमाम राष्ट्रविरोधी गतिविधियों के मेरे पास आंकड़े हैं। भारत और नेपाल के सीमावर्ती क्षेत्रों में पिछले 10 वर्षों के अंदर मात्र नेपाल की सीमा से 10 किलोमीटर के अंदर 350 से अधिक नए मदरसे और मस्जिदें बनी हैं।

एक अनुमान के अनुसार 290 मदरसे बने हैं और 330 नई मस्जिदें बनी हैं। मैं केवल उत्तर प्रदेश की नेपाल से लगी सीमा के बारे में बोल रहा हूँ। ये सब अवैधानिक तरीके से बिना किसी परमिशन से, बिना किसी रजिस्ट्रेशन के बने हैं। उनकी आय के स्रोत क्या हैं और किस उद्देश्य से बनाए गए हैं?

बिना किसी उद्देश्य के अगर मजहबी कट्टरपंथियों के लिए और प्रशिक्षण केंद्रों के रूप में इन मदरसों का प्रयोग होगा तो इन पर प्रतिबंध लगाना ही चाहिए। एक समान शिक्षा भारत के अंदर लागू की जानी चाहिए। इन पर राष्ट्रीय विचारधारा की शिक्षा को लागू करना चाहिए। चाहे जहां तक सहायता देने की बात है, इनकी गतिविधियां अगर राष्ट्रभक्ति से प्रेरित होगी, भारत के प्रति ईमानदार होंगी और भारत की परंपराओं से जुड़ी हुई होंगी तो मैं समझता हूँ कि इसका समर्थन किया जाना चाहिए, लेकिन अगर इनकी गतिविधियां राष्ट्र विरोधी हों तो इन पर कहीं ना कहीं प्रतिबंध लगाना चाहिए। सिमी के ऊपर तत्कालीन एन.डी.ए. की सरकार ने प्रतिबंध लगाने का प्रयास किया था। उत्तर प्रदेश की सरकार ने जब सिमी पर प्रतिबंध लगाया

था, तब किन लोगों ने इसका विरोध किया था। आज जब श्रमजीवी एक्सप्रेस में विस्फोट हुआ, तब कौन लोग मारे गए थे, मजदूर, किसान लोग मारे गए थे। सिमी के खिलाफ अभी तक वक्तव्य नहीं दिया गया है, सिमी के खिलाफ कोई नहीं बोल सकता और इस सबके बावजूद जब हम लोग आतंकवाद के खिलाफ दोहरे मानक तय करते हैं तो आतंकवाद उससे बढ़ेगा ही, कम नहीं होगा।

मैं आपसे केवल यह कहना चाहता हूँ कि आतंकवादी हमले के पश्चात जिस प्रकार की सूचनाएं आईं उसमें केंद्रीय गृह सचिव कुछ बोल रहे हैं और उत्तर प्रदेश के गृह सचिव और डी.जी.पी. कुछ और कह रहे हैं, प्रधानमंत्री और केंद्रीय गृहमंत्री कुछ और कहते हैं और उत्तर प्रदेश के मुख्यमंत्री कुछ और कहते हैं। उससे पता लगता है कि सेना, अर्धसैनिक बलों, पुलिस और खुफिया एजेंसियों में किसी प्रकार का कोई समन्वय नहीं है। आखिर आतंकवाद का मुकाबला भारत कर रहा है। पूरा भारत आई.एस.आई. की चपेट में है, कट्टर इस्लामिक संगठनों की चपेट में है। पाकिस्तान और बांग्लादेश में प्रशिक्षण केंद्र चल रहे हैं। नेपाल, आई.एस.आई. का अड्डा बन चुका है। भूटान के अंदर उल्फा की गतिविधियों को जिस प्रकार से एन.डी.ए. की सरकार के समय नेस्तनाबूत किया गया था, लेकिन वर्तमान सरकार उस पर नियंत्रण करने का कोई प्रयास नहीं कर रही हैं। अंतरराज्यीय अपराध और माफिया लोग जिस प्रकार से उभर रहे हैं, इन सबके खिलाफ सेना, अर्धसैनिक बलों, पुलिस और खुफिया एजेंसियों के बीच में समन्वय आवश्यक है। केंद्र की पिछली सरकार ने 1 ,000 करोड़ रुपए पुलिस के आधुनिकीकरण पर प्रतिवर्ष खर्च करने की बात कही थी, लेकिन एक भी पैसा खर्च नहीं किया जा रहा है। आतंकवादियों के पास एके–47 और एके–56, मशीनगन, रॉकेट लांचर्स, हैंड ग्रेनेड और आर.डी.एक्स. तथा और भी खतरनाक विस्फोटक हैं लेकिन हमारे सिपाहियों के पास मात्र थ्रीनॉटथ्री (303) की पुरानी राइफलें हैं। उनके पास जंग लगी हुई राइफलें हैं। हमारे सिपाही कैसे उनका मुकाबला कर पाएंगे? कोई नेटवर्क, सेना, अर्धसैनिक बलों, पुलिस और खुफिया

एजेंसियों के बीच नहीं है, जबकि आतंकवादियों या उग्रवादियों तथा माफिया गिरोहों का एक मजबूत नेटवर्क है। उनके पास मादक द्रव्यों और तस्करी के माध्यम से ऊल–जलूल पैसा आ रहा है।

केंद्र सरकार ने पुलिस आधुनिकीकरण पर जो 1,000 करोड़ रुपये खर्च करने की बात कही थी, राज्य सरकारें ईमानदारी से उसे खर्च करें और आतंकवाद के लिए दोहरा मानक तय ना करके हमें अपनी मानसिकता में बदलाव लाना पड़ेगा।.....(व्यवधान) उन्होंने समय–समय पर यह प्रयास किया है। तालिबान के नाम पर जो हो रहा, हम इसे कतई मंजूर नहीं कर सकते। अगर इस्लाम तालिबान के रूप में आता है, तो हम विरोध करेंगे। अगर बाबर जैसे लोग आक्रांताओं के रूप में आएंगे तो हम विरोध करेंगे। अगर इस्लाम, बाबर अन्यायी के रूप में आता है तो उसे नेस्तनाबूत करने के लिए भारत का एक–एक जवान खड़ा होगा। हम इस विश्वास के साथ आतंकवाद का मुकाबला राजनैतिक मतभेदों से ऊपर उठकर करें। मुझे विश्वास है कि रामजन्म भूमि परिसर पर हुए हमले के लिए उन दोषियों के खिलाफ कार्रयवाही होगी जिन्होंने वहां सुरक्षा व्यवस्था में कोताही बरती है। सरकार इसे ईमानदारी करेगी। अब तो सबने स्वीकार कर लिया है कि वह राम जन्मभूमि का स्थल है। अब राम मंदिर का मार्ग भी प्रशस्त करें।

–04 अगस्त, 2005

समान शिक्षा इस देश के किसान के लिए, इस देश के जवान के लिए और इस देश के हर तबके के नागरिक के लिए जब तक हम लागू नहीं करेंगे, तब तक शिक्षा का आधार मजबूत नहीं हो पाएगा। अगर शिक्षा का आधार मजबूत नहीं होगा तो राष्ट्र का आधार भी मजबूत नहीं होगा। यदि हम एक समान शिक्षा नहीं दे सकते हैं तो सामाजिक न्याय की बात, आरक्षण की बात करके आप देश को आगे नहीं बढ़ा सकते हैं।

शिक्षा में भ्रष्टाचार पर अंकुश लगे

महोदय, केंद्रीय विश्वविद्यालय संशोधन विधेयक, 2009 पर हम सदन में चर्चा कर रहे हैं। शिक्षा किसी भी राष्ट्र का एक महत्वपूर्ण आधार स्तंभ है। राष्ट्र निर्माण की दिशा में और राष्ट्र के लिए सुयोग्य नागरिक बनाने की दिशा में एक सबसे महत्वपूर्ण माध्यम शिक्षा है। माननीय मानव संसाधन विकास मंत्री ने जो संशोधन सदन में प्रस्तुत किया है, संभवतः किसी को भी उस पर आपत्ति नहीं हो सकती है, क्योंकि शिक्षा का जितना अधिक प्रचार–प्रसार हो, उतना ही अच्छा है। उच्च शिक्षा के लिए जम्मू में केंद्रीय विश्वविद्यालय दिया, लेकिन समय पर जमीन ना मिलने के कारण विश्वविद्यालय श्रीनगर में हस्तांतरित हो गया और श्रीनगर से वापस जम्मू लाने पर आंदोलन हुआ, तो यह स्वाभाविक है। हम प्रस्ताव करेंगे कि केवल जम्मू और कश्मीर के लिए ही क्यों, बल्कि लद्दाख के लिए भी एक केंद्रीय विश्वविद्यालय होना चाहिए। मुझे लगता है कि सभी लोगों को इससे प्रसन्नता होगी।

मैं माननीय मंत्री जी से कुछ मुद्दों के बारे में अनुरोध करना चाहूँगा। इस देश के अंदर आज भी बहुत से ऐसे क्षेत्र हैं, जो शैक्षणिक रूप से, सामाजिक रूप से और आर्थिक रूप से पिछड़े हुए हैं। आजादी के 62 वर्षों के बाद भी आज तक साक्षरता का प्रतिशत मात्र 65 प्रतिशत है। इसका मतलब कि 35 प्रतिशत लोग आज भी निरक्षर हैं। इसमें से भी एक चौथाई लोग ऐसे हैं, जो हाईस्कूल या इंटर स्कूल पास नहीं कर पाते हैं। अगर हाई स्कूल या इंटर पास करने के बाद जो बच्चे आगे बढ़ते भी हैं, तो उच्च शिक्षा में केवल 25 प्रतिशत लोगों

को ही स्थान मिल पाता है, बाकि लोगों को स्थान नहीं मिल पाता है। राज्य सरकारों के संसाधन सीमित हैं। गोरखपुर में विश्वविद्यालय की स्थापना वर्ष 1955–56 में हुई थी, तब महाराणा प्रताप शिक्षा परिषद, जिसे हम लोग संचालित करते थे, शिक्षा परिषद ने अपना भवन दिया, अपने संसाधन दिए, तब विश्वविद्यालय की स्थापना हुई और विश्वविद्यालय प्रारंभ हुआ। आज विश्वविद्यालय के स्थापना के पीछे मंशा केवल डिग्री बांटने का कारखाना बना देना ही ना हो, बल्कि स्थानीय परंपरा और लोक परंपराओं को सामाजिक, सांस्कृतिक और आर्थिक विकास में महत्वपूर्ण भूमिका का निर्वाह विश्वविद्यालय कर सकें, लेकिन यह तभी संभव होगा, जब भरपूर संसाधन हों। राज्य सरकार संसाधन उपलब्ध नहीं करवा पाती है। अगर संसाधन उपलब्ध नहीं होंगे, तो स्वाभाविक रूप से विकास अवरुद्ध होगा।

मैं माननीय मंत्री जी से अनुरोध करूंगा कि गोरखपुर विश्वविद्यालय 3 करोड़ की आबादी में केवल एक मात्र विश्वविद्यालय है, जो राज्य सरकार द्वारा संचालित है। संसाधनों के अभाव में आज इस स्थिति में है, वहां फैकल्टी आधी भी नहीं है और उससे संबंधित संबद्ध महाविद्यालय में प्रवेश की स्थिति अत्यंत बदतर है। इतनी बड़ी आबादी के लिए उच्च शिक्षा में प्रवेश करने के कोई दूसरे संसाधन नहीं हैं। तीन करोड़ की आबादी के बीच में आई.आई.एम., आई.आई.टी. नहीं है। आखिर केंद्र सरकार द्वारा संचालित उच्च शिक्षा के क्षेत्र में चाहे वह प्रौद्योगिकी संस्थान हो, चाहे वह प्रबंधन संस्थान हो या फिर केंद्रीय विश्वविद्यालय हो, इनकी स्थापना जनसंख्या और क्षेत्रीय विषमता को दूर करने के लिए भी किया जाना चाहिए। मैं आपसे अनुरोध करना चाहूँगा कि देश के अंदर जब तक हम निचली शिक्षा को मजबूत नहीं करेंगे, तब तक उच्च शिक्षा में इस प्रकार के प्रयास मुझे लगता है कि बहुत प्रभावी होना कठिन होगा क्योंकि कमजोर नींव में मजबूत भवन का निर्माण नहीं हो सकता है। अगर मजबूत इमारत हम बनाना चाहते हैं तो हमें आधार मजबूत करना पड़ेगा।

शिक्षा की स्थिति, शिक्षा में विषमता की बात बार–बार इस सदन में कही जाती है। सामाजिक न्याय की बात भी बराबर होती है। लेकिन क्या हम लोग 62 वर्षों में देश को एक समान शिक्षा दे पाए हैं? हम शिक्षा समान नहीं दे पा रहे हैं तो किस सामाजिक न्याय और किस सामाजिक समानता की बात हम करते हैं? गांवों का किसान और इस देश के जवान का बच्चा गांवों के प्राइमरी स्कूल में पढ़ेगा, उस जूनियर हाईस्कूल में पढ़ेगा जहां पर संसाधन नहीं हैं, जहां पर भवन नहीं है, जहां पर अध्यापक नहीं है और जहां पर बुनियादी सुविधाओं का अभाव है, टॉयलेटस नहीं हैं, जहां पर पेयजल की सुविधा नहीं है, वहां पर गांवों के किसान का बच्चा और मजदूर का बच्चा पढ़ेगा, वहां पर एक जवान का बच्चा पढ़ेगा और बाकी अन्य लोग जिनके पास संसाधन हैं, उनके बच्चे कॉन्वेंट और पब्लिक स्कूलों में पढ़ेंगे, महंगी शिक्षा लेकर पढ़ेंगे, मुझे लगता है कि इस विषमता को दूर करने का प्रयास किया जाना चाहिए। अगर आप पर लोग विश्वास जता रहे हैं तो इस विषमता को दूर करना किया जाना चाहिए क्योंकि कोई भी महत्वपूर्ण निर्णय जो आप लेंगे जो देश के हित में लेंगे लेकिन हो सकता है कि बहुत सारे लोगों को बुरा लगेगा। लेकिन अगर वह निर्णय देश के व्यापक हित में है, दूरगामी परिणाम देश के हित में होने हैं तो इस प्रकार के कदम सरकार को उठाने होंगे। शिक्षा का व्यवसायीकरण किसी भी प्रकार से रुकना चाहिए और इस देश के अंदर देश के प्रत्येक नागरिक का शिक्षा पर समान अधिकार है। शिक्षा एक मौलिक नागरिक अधिकार बने, इस दृष्टि से एक सख्त कदम उठाने की आवश्यकता है। समान शिक्षा इस देश के किसान के लिए, इस देश के जवान के लिए और इस देश के हर तबके के नागरिक के लिए जब तक हम लागू नहीं करेंगे, तब तक शिक्षा का आधार मजबूत नहीं हो पाएगा। अगर शिक्षा का आधार मजबूत नहीं होगा तो राष्ट्र का आधार भी मजबूत नहीं होगा। यदि हम एक समान शिक्षा नहीं दे सकते हैं तो सामाजिक न्याय की बात, आरक्षण की बात

करके आप देश को आगे नहीं बढ़ा सकते हैं। मैं आपके इस संशोधन का समर्थन करता हूँ लेकिन आप से अनुरोध करूंगा कि उन क्षेत्रों पर भी ध्यान दें, जैसे मैंने गोरखपुर की बात कही। वर्ष 1956–57 में वहां पर निजी भागीदारी से विश्वविद्यालय की स्थापना होती है और विश्वविद्यालय की स्थापना के 50 वर्षों के बाद भी विश्वविद्यालय संसाधनों के अभाव के लिए रो रहा है। वहां फैकल्टी पूरी नहीं है, छात्रों को एडमिशन नहीं मिल पाते हैं। जो क्वॉलिटी ऑफ एजुकेशन है, वहां वह बिल्कुल सपना बनकर रह गई है। इसलिए मैं आपसे अनुरोध करूंगा कि उन क्षेत्रों की तरफ भी ध्यान देने की आवश्यकता है जहां पर हम लोग उन लोगों की भावना का ध्यान कर सकें, जिन लोगों ने किसी एक विश्वास के साथ विश्वविद्यालय की स्थापना की थी। मैं आपसे अनुरोध करूंगा कि उच्च शिक्षा को अगर केंद्र सरकार अपने स्तर पर ले ले, यद्यपि शिक्षा विभाग आज की तारीख में सबसे भ्रष्ट विभाग बन चुका है चाहे वह जनपद स्तर से लेकर उच्च शिक्षा यू.जी.सी. का भ्रष्टाचार हो, चाहे जिला स्तर पर बेसिक शिक्षा अधिकारी या फिर जिला विद्यालय निरीक्षक के स्तर पर धोर भ्रष्टाचार व्याप्त है। यू.पी. में तो इस समय शिक्षा की स्थिति इतनी खराब है कि वहां पर हर फाइल के रेट बंधे हुए हैं। मुझे स्वयं एक विद्यालय की स्थापना के लिए एन.ओ.सी. लेना था और जब मैंने एन.ओ.सी. लेने के लिए आवेदन किया तो मुझे कहा गया कि 2 लाख रुपए दीजिए। मैंने कहा कि यदि 2 लाख शुल्क है तो उसकी रसीद भिजवा देना। मुझे कहा गया कि यह तो अलग से है।

लेकिन मैं शिक्षा की बात कर रहा हूँ कि शिक्षा में किस तरह से भ्रष्टाचार है और एन.ओ.सी. के लिए 2 लाख रुपये मांगे जाते हैं। आप सी.बी.एस.ई. बोर्ड के लिए एन.ओ.सी. लेने के लिए जाएंगे और राज्य सरकार 2 लाख रुपए आपसे घूस लेगी। आज उच्च शिक्षा में महाविद्यालय यदि कोई अपने संसाधन से खोलना चाहता है और उससे कहा जाता है कि 15 लाख रुपए आप घूस दीजिए, तब हम

महाविद्यालय को मान्यता देंगे। आखिर शिक्षा को आप कहां लेकर जाएंगे? इस भ्रष्टाचार पर अंकुश लगाने के लिए प्रयास किए जाने चाहिए और मैं आपसे अनुरोध करूंगा कि अगर जनता और माननीय सदस्य आप पर विश्वास कर रहे हैं तो सदस्यों की इन भावनाओं का आप अवश्य सम्मान करेंगे। मैं एक बार पुनः इस संशोधन का समर्थन करता हूँ।

—01 दिसंबर, 2009

लोकसभा का कोई भी सेशन नहीं होगा जब मैंने इस बीमारी की ओर सदन का ध्यान आकर्षित ना किया हो। एन.डी.ए. सरकार के समय जब सुषमा जी स्वास्थ्य मंत्री थीं, उस समय मैंने व्यक्तिगत रूप से मिलकर उनसे आग्रह किया था और वैक्सीनेशन उस क्षेत्र के लिए स्वीकृत हुई थी। एन.डी.ए. सरकार जाने के बाद वह कार्यक्रम वहीं तक सीमित रह गया।

इंसेफलाइटिस के उपचार नहीं उन्मूलन की जरूरत

महोदया, पिछले 11 वर्षों से देश और खास तौर से पूर्वी उत्तर प्रदेश की एक महामारी की ओर मैं सदन का ध्यान लगातार आकर्षित करता रहा हूँ। इंसेफलाइटिस के उन्मूलन की स्थिति राजा के उस हाथी की तरह है जो वास्तव में मर चुका है, मगर राजा की नाराजगी के डर से सच बोलने की हिम्मत कोई नहीं कर पा रहा है। स्वस्थ जीवन जीने की आजादी पूर्वी उत्तर प्रदेश के मासूमों को है या नहीं? साल दर साल मासूमों की जो मौतें पूर्वी उत्तर प्रदेश में हो रही है, वे प्रदेश और केंद्र, दोनों सरकारों की उपेक्षा को प्रदर्शित करती है। पिछले 31 वर्षों से पूर्वी उत्तर प्रदेश में प्रतिवर्ष 2000 मासूमों की मौत मस्तिष्क ज्वर से होती है, चाहे वह जेई हो, बीई या अब एईएस हो। अब तक इसके लिए कोई ठोस दीर्घकालिक राष्ट्रीय उन्मूलन कार्यक्रम भारत सरकार ने लागू नहीं किया है। पिछले 31 वर्षों से पूर्वी उत्तर प्रदेश में 50,000 से अधिक मासूम बच्चों की मौत हुई हैं और लगभग इतने ही बच्चे शारीरिक और मानसिक रूप से अपाहिज हुए हैं। यह बीमारी पूर्वी उत्तर प्रदेश के 5 जनपदों में गोरखपुर, कुशीनगर, महाराजगंज, सिद्धार्थनगर, देवरिया और इनसे लगे हुए अन्य 5 से 7 जनपदों में फैली है। माननीय स्वास्थ्य मंत्री ने इस बात को स्वीकार किया है कि 7 दिसंबर, 2009 तक इस बार इस बीमारी के 4,185 मामले आए हैं, जिनमें 666 मौतें हुई हैं। यह केवल इस बात की स्थिति नहीं है। पिछले 31 वर्षों में इस बीमारी से होने वाली मौतों के आंकड़े मेरे पास उपलब्ध हैं। हर वर्ष मौतें हुई हैं। वर्ष 2005 में लगभग 1,500

मौतें हुई हैं। माननीय मंत्री जी का मेरे पास जवाब आया है, जिसमें उन्होंने बताया है कि वर्ष 2005 में 6,061 मरीज भर्ती हुए थे, जिनमें से 1,500 की मौत हुई। वर्ष 2006 में 2,320 मरीज भर्ती हुए जिनमें से 5280 की मौत हुई। वर्ष 2007 में 3,024 मरीज भर्ती हुए जिनमें से 645 की मौत हुई। वर्ष 2008 में 3,012 मरीज भर्ती हुए जिनमें 537 की मौत हुई। कल तक बी.आर.डी. मेडिकल कॉलेज के जो आंकड़े हैं, 2,516 मरीज भर्ती हुए हैं जिनमें से 516 की मौत हो चुकी है।

लोकसभा का कोई भी सेशन नहीं होगा जब मैंने इस बीमारी की ओर सदन का ध्यान आकर्षित ना किया हो। एन.डी.ए. सरकार के समय जब सुषमा जी स्वास्थ्य मंत्री थीं, उस समय मैंने व्यक्तिगत रूप से मिलकर उनसे आग्रह किया था और वैक्सीनेशन उस क्षेत्र के लिए स्वीकृत हुई थी। एन.डी.ए. सरकार जाने के बाद वह कार्यक्रम वहीं तक सीमित रह गया। माननीय मंत्री जी ने जो स्टेटमेंट दिया है, उसने कहा है कि हम लोगों ने टीकाकरण कराया है, लेकिन उसकी स्थिति क्या है? यह वैक्सीन बनाने वाली कंपनी स्वयं कहती है कि 1 से 15 वर्ष की आयु वाले बच्चों को कम से कम 2 या 3 टीके इस बीमारी के लगने चाहिए।

लेकिन 2005 में जो चीजें आए होंगे, 2006 में वहां पहुंचे। वे टीके लगाए गए, मई में, जबकि जनवरी या फरवरी में लगने चाहिए, क्योंकि 3 से 4 महीने इसको एक्टिवेट होने में लगते हैं। मई–जून में टीके लगे और एक टीका लगा, उसके बाद दूसरा नहीं लगाया गया। मंत्री जी ने मुझे जवाब दे दिया कि उत्तर प्रदेश में 34 जिलों में हम लोगों ने टीके लगाए हैं। लेकिन वह टीका एक ही बार लगा है। वर्ष 2006 में टीके गोरखपुर और उसके आसपास 5 से 6 जिलों में लगे थे। उस बार जे.ई. के मरीज कम आए थे। उस समय जापानी इंसेफलाइटिस के कम आए थे, काक्स की वायरस के इंसेफलाइटिस के मरीज ज्यादा आए थे, क्योंकि प्रदूषित जल से जो वायरस होता है, जो इंसेफलाइटिस होता है, उससे ज्यादा मौतें हुई थीं। उस समय जे.ई. के 72 पॉजिटिव मरीज आए थे। लेकिन दोबारा टीका न लगने

के कारण 2007 में सेज 226 मरीज जे.ई. पॉजिटिव के आए, 2008 में 156 मरीज जे.ई. पॉजिटिव के आए और 2009 में 345 मरीज अब तक जे.ई.पॉजिटिव के गोरखपुर में आ चुके हैं। जे.ई. के केसेज की वहां लगातार बढ़ोतरी होती जा रही है। सरकार ने केवल अब तक उस बीमारी को उपचार तक ही सीमित करने का काम किया है, उस बीमारी को पूर्ण रूप से खत्म करने, उसके उन्मूलन के लिए ईमानदारी से कोई भी पहल नहीं की है। नेशनल वेक्टर बोर्न डिसीज कंट्रोल प्रोग्राम 2007 के तहत भारत सरकार ने स्वयं स्वीकार किया है कि जे.ई. देश के 21 प्रदेशों में है। लेकिन अब तक इंसेफलाइटिस को उसके तहत नहीं लिया गया। अभी तक कहीं भी उसके लिए कोई व्यवस्था नहीं की गई। पिछले 31 वर्षों से इस बीमारी से लगातार पूर्वी उत्तर प्रदेश में मौतें हो रही हैं। ऐसा है, फाइलेरिया है, आदि बीमारियों को नेशनल वेक्टर बोर्न डिजीज कंट्रोल प्रोग्राम के तहत लिया गया है, लेकिन इंसेफलाइटिस को अब तक नहीं लिया गया। यही नहीं, एन.आर.एच.एम. के तहत उत्तर प्रदेश को धनराशि उपलब्ध कराई गई थी। मैंने अपनी आंखों से इस चीज को देखा है, बी.आर. डी. मेडिकल कॉलेज में मरीजों ने दम तोड़ा है। एन.आर.एच.एम. के तहत लगभग 800 करोड़ रुपए की राशि वहां से वापस आ जाती है। अगर उसका एक भी हिस्सा जे.ई. बीमारी के उन्मूलन के लिए सरकार ने लगाया होता, तो संभवतः यह नहीं होता।

महोदय, यही नहीं, 2007 में इलाहाबाद उच्च न्यायालय ने प्रदेश और केंद्र दोनों सरकारों को एक निर्देश जारी किया था और कहा था कि जापानी इंसेफलाइटिस से जो वहां पर मौतें हो रही हैं, कुल मौतों के बारे में सेंटर ऑफ एक्सीलेंस पर जे.ई. को गोरखपुर में स्थापित किया जाए। वहां पर एक बॉरोलॉजी सेंटर 2005 के बाद स्थापित तो हुआ, लेकिन वह केवल एक उच्च क्षमता का पैथोलॉजी क्लिनिक जांच तक ही सीमित रह गया है। आज भी वहां पर उस प्रकार के शोध नहीं हो पाते हैं। आश्चर्यजनक तो यह है कि 31 वर्षों में कौन सा वह वायरस है, जो यहां के मासूमों को लील रहा है, वह जे.ई. है,

वी.ई. है, ए.ई.एस. है, क्रॉकसेकी है, इसका पता ना तो अब तक सरकार लगा पाई है, ना एन.आई.वी. पुणे उसका पता लगा पाई है और गोरखपुर में जो बॉरोलॉजी सेंटर स्थापित भी किया गया है, वह भी पता नहीं लगा पाया है। वह सेंटर केवल मात्र हाथी के दांत दिखाने वाले जैसी कहावत को ही चरितार्थ करता है। गोरखपुर में उस सेंटर को खोलने का कोई लाभ नहीं हुआ है। जब सेंटर ऑफ एक्सीलेंस फॉर जे.ई. स्थापित करने की बात आई, तो सर्वाधिक मरीज गोरखपुर में हैं, ईस्टर्न यू.पी. में हैं, उसे स्थापित कर दिया गया एस.जी.पी.जी. आई.लखनऊ में, गोरखपुर में स्थापित नहीं किया उसका जबकि वह गोरखपुर में स्थापित नहीं किया। जबकि वह गोरखपुर में स्थापित होना चाहिए था। इसलिए 27 दिसंबर, 2007 को जब इलाहाबाद उच्च न्यायालय ने भी एक अंतरराष्ट्रीय मानक का शोध केंद्र गोरखपुर में स्थापित करने के बारे में केंद्र सरकार और प्रदेश सरकार को निर्देशित किया था। यह कोर्ट के आदेश की अवमानना भी है।

मैं माननीय मंत्री जी से जानना चाहता हूँ कि क्या स्वास्थ्य मंत्रालय सेंटर ऑफ एक्सीलेंस फॉर जे.ई. गोरखपुर में स्थापित करेगी? क्या सरकार वायरस की पहचान के सही कारक का पता लगाने के लिए तथा पूर्वी उत्तर प्रदेश को इस महामारी से बचाने की किसी कार्य योजना को घोषित करेंगी? वर्ष 2008 में सी.डी.सी. अटलांटा की एक टीम गोरखपुर आई थी। उस टीम ने गोरखपुर में जल के नमूने लिए, रक्त के नमूने लिए, सी.एस.एफ.के नमूने लिए, सीरम क नमूने लिए, लेकिन 1 साल बीत जाने के बाद भी अब तक यह पता नहीं चला कि उन नमूनों का क्या हुआ? अब तक कोई जानकारी सार्वजनिक नहीं हो पाई है, यह पता नहीं चल पाया है कि वहां के मासूमों को हुआ क्या है, किस बीमारी से ये लोग मर रहे हैं? उस बीमारी का अब तक पता नहीं लग पाया है।

महोदया, मैं आपके माध्यम से जानना चाहता हूँ कि बर्ड–फ्लू के मामले में सरकार ने बड़ा प्रचार–प्रसार किया, स्वाइन–फ्लू के मामले में भी बहुत प्रचार किया, लेकिन जापानी इंसेफलाइटिस या मस्तिष्क

ज्वर से जितनी मौतें, पूर्वी उत्तर प्रदेश और देश में हुई हैं, उसकी 10 प्रतिशत मौतें भी स्वाइन–फ्लू या बर्ड–फ्लू से नहीं हुई होंगी। लेकिन जो प्रचार मीडिया के माध्यम से इस बीमारी का होना चाहिए था, वह अब तक नहीं हुआ है। इंसेफलाइटिस से मृत्यु–दर 30 से 50 प्रतिशत है, जबकि स्वाइन–फ्लू से मौत की दर 0.2 से 0.5 प्रतिशत है। लेकिन अब तक सरकार ने उसके बारे में कोई स्वास्थ्य शिक्षा या जनजागरण का कार्यक्रम या अभियान या प्रशिक्षण के किसी कार्यक्रम की घोषणा नहीं की है। वहां पर उपचार की कोई व्यवस्था नहीं है। आपने कुछ चीजें स्टेटमेंट में बताई हैं। आपने स्टेटमेंट में स्वीकार किया है कि पूरे देश में जितनी मौतें हो रही हैं उनमें से 80 प्रतिशत मौतें पूर्वी उत्तर प्रदेश से हैं। नेशनल इंस्टीट्यूट ऑफ वायरोलॉजी पुणे की तर्ज पर एक लेबोरेटरी आपने गोरखपुर में खोल दी है लेकिन वहां पैथोलॉजी लैब के अतिरिक्त कोई जांच नहीं हो रही है। एक वायरोलॉजिस्ट है लेकिन संसाधन नहीं है, स्टाफ नहीं है।

आपने एक रीजनल ऑफिस गोरखपुर में खोलने की बात कही है, लेकिन वह रीजनल ऑफिस कहां काम कर रहा है, यह हम लोगों को भी जानकारी नहीं है। मैं प्रति सप्ताह बी.आर.डी. मेडिकल कॉलेज में जाकर मरीजों का हाल पूछता हूँ। वहां उस ऑफिस का भी कोई अता–पता नहीं है। यही नहीं, जो आपने बी.आर.डी. मेडिकल कॉलेज के बारे में कहा कि वेक्टर–बोर्न डिसीज सर्विलांस यूनिट आपने गोरखपुर में स्थापित किया है वह यूनिट है कहां पर? हम यह जानना चाहते हैं कि यह यूनिट गोरखपुर में है या किसी अन्य जगह आपने स्थापित कर दिया है। हम यह मांग कर रहे हैं कि गोरखपुर में यह सब चीजें होनी चाहिए। इसलिए मैं आपके माध्यम से माननीय मंत्री जी से जानना चाहता हूँ कि क्या पूर्वी उत्तर प्रदेश के बच्चे गिनि–पिग्स हैं, जिनको टेस्ट–एनिमल के रूप में आप प्रयोग करते रहेंगे या इस घातक महामारी के उन्मूलन की दिशा में सरकार किसी कार्य योजना पर कार्य करके, जो माननीय उच्च न्यायालय ने गोरखपुर के बारे में स्पष्ट आदेश दिया था, आदेश की प्रति मेरे पास है, जिसमें उन्होंने

गोरखपुर में एक सेंटर ऑफ एक्सीलेंस फॉर जे.ई. के खोलने के बारे में आदेश दिया था, जिसकी फंडिग प्रदेश और केंद्र दोनों सरकारें करेंगी और संचालन करेंगी। वह या तो ऐसी पी.जी.आई. से संबंधित हो या फिर गोरखपुर में ऑटोनॉमिक बॉडी के रूप में कार्य करे। 90 प्रतिशत मरीज गोरखपुर या आस–पास के 5–7 जिलों से हैं या बिहार और नेपाल से गोरखपुर में आते हैं तो मैं माननीय मंत्री जी से जानना चाहूँगा कि सेंटर ऑफ एक्सीलेंस फॉर जे.ई. को गोरखपुर मैं स्थापित करने की दिशा में आप क्या कदम उठा रहे हैं और साथ ही जो बच्चे इस बीमारी से विकलांग हो जाते हैं।

महोदया, जब आप सामाजिक न्याय और अधिकारिता मंत्रालय में मंत्री थीं, तब मैं आपसे भी मिला था और दो–तीन बार अनुरोध किया था कि बच्चों के पुनर्वास की व्यवस्था होनी चाहिए। पिछले 31 वर्षों में 50,000 से अधिक बच्चे शारीरिक और मानसिक रूप से अपाहिज हैं। उनकी असमय मौत होती है। मानव जिंदगी के रूप में रेंगती हुई जिंदगी हम वहां देखते हैं। उनके पुनर्वास की व्यवस्था आज तक नहीं हो पाई है। उन बच्चों का मुफ्त उपचार, उनका पुनर्वास, क्योंकि सभी गरीब बच्चे हैं, झोपड़ी में रहने वाले लोगों के बच्चे हैं, किसानों के बच्चे हैं, जिन क्षेत्रों में यह बीमारी होती है, वह पिछड़ा है। गरीब होने के कारण उनको यह सजा मिल रही है। इसलिए सरकार के कानों तक ना उनकी आवाज पड़ती है और ना उनकी आवाज राष्ट्रीय और अंतरराष्ट्रीय मीडिया तक पहुंचती है कि जो उनकी आवाज को ऊपर तक पहुंचा सके। इतनी बड़ी संख्या में मौतें हो रही है। इसलिए उनके मुफ्त में उपचार, बीमारी के उन्मूलन की दिशा में सरकार क्या कदम उठा रही है, वायरोलॉजी सेंटर को उच्चकृत करने के लिए, सेंटर ऑफ एक्सीलेंस खोलने के लिए सरकार क्या कदम उठा रही है? वह बच्चे, जो विकलांग हो जाते हैं, उनके पुनर्वास और मुआवजे के लिए सरकार क्या कदम उठा रही है?

–14 दिसंबर, 2009

महोदया, इंसेफलाइटिस, मस्तिष्क ज्वर यानी दिमागी बुखार है, यह इस देश में 1956 में पहली बार आया था और 1978 में पहली बार पूर्वी उत्तर प्रदेश के गोरखपुर में इसके मामले देखने को मिले थे। वर्ष 1998 से लेकर अब तक लगातार ऐसा कोई सत्र नहीं है, जो मैंने इस सदन का और सरकार का ध्यान किसी ना किसी नियम के तहत इस मामले की ओर आकर्षित ना किया हो।

दवा के अभाव में बच्चे मर रहे हैं और दवा घोटाले हो रहे हैं

अध्यक्ष जी, माननीय मंत्री जी ने पिछली बार की तरह यहां पर एक लिखित वक्तव्य, जो मंत्रालय के अधिकारियों ने दिया होगा, वही पढ़कर सुना दिया है और यह लिखित वक्तव्य मैं पिछले 13 वर्षों से इस सदन में सुन रहा हूँ।

महोदया, इंसेफलाइटिस, मस्तिष्क ज्वर यानी दिमागी बुखार है, यह इस देश में 1956 में पहली बार आया था और 1978 में पहली बार पूर्वी उत्तर प्रदेश के गोरखपुर में इसके मामले देखने को मिले थे। वर्ष 1998 से लेकर अब तक लगातार ऐसा कोई सत्र नहीं है, जो मैंने इस सदन का और सरकार का ध्यान किसी ना किसी नियम के तहत इस मामले की ओर आकर्षित ना किया हो। लेकिन मुझे अत्यंत खेद के साथ कहना पड़ रहा है कि पिछले 33 वर्षों से पूर्वी उत्तर प्रदेश में बच्चों की लगातार हो रहे मौतें आखिर क्या प्रदर्शित करती हैं। क्या स्वस्थ जीवन जीने की आजादी पूर्वी उत्तर प्रदेश के मासूमों को नहीं है? साल दर साल वहां हो रही मासूम बच्चों की मौतें क्या प्रदेश और केंद्र सरकारों की उपेक्षा को प्रदर्शित नहीं करती है? जो गैर सरकारी आंकड़े हैं, उनके अनुसार 33 वर्षों में पूर्वी उत्तर प्रदेश के 7 जिलों में 1 लाख से अधिक मौतें हुई हैं और इतने ही बच्चे शारीरिक और मानसिक रूप से अक्षम हुए हैं।

महोदया, पिछले वर्ष भी मैंने 31 अगस्त को एक कॉलिंग अटेंशन के माध्यम से इस सदन का ध्यान इस ओर आकर्षित किया था और माननीय आडवाणी जी ने भी उस चर्चा में हस्तक्षेप करते हुए सरकार

से इस सम्बन्ध में प्रभावी कार्यवाई करने के लिए कहा था। लेकिन अत्यंत दुखद है कि जो आश्वासन 31 अगस्त, 2010 को इसी सदन में माननीय स्वास्थ्य एवं परिवार कल्याण राज्य मंत्री ने दिए थे, उन पर आज तक अमल नहीं हो पाया। पिछले वर्ष इसी मंत्रालय ने मुझे जो पत्र भेजा था, यदि उसके अनुसार में आपके सामने आंकड़े रखूं तो वर्ष 2005 में दिमागी बुखार के 6,061 मरीज भर्ती हुए, जिनमें से 1,500 की मौतें हुई। वर्ष 2006 में 2,320 मरीज भर्ती हुए, जिनमें से 528 की मौतें हुई। वर्ष 2007 में 3,024 मरीज भर्ती हुए, जिनमें से 995 की मौतें हुई। वर्ष 2018 में 3,015 मरीज भर्ती हुए, जिनमें से 684 की मौतें हुई। वर्ष 2009 में 784 बच्चों की मौत हुई और मेरे पास पूर्वी उत्तर प्रदेश के अकेले बी.आर.डी. मेडिकल कॉलेज के आंकड़े हैं, जिनके अनुसार वर्ष 2010 में 3,503 मरीज भर्ती हुए, जिनमें 5,14 की मौतें हुई तथा इस वर्ष अब तक 3,275 मरीज भर्ती हो चुके हैं और कल तक 624 बच्चों की मौतें अकेले बी.आर.डी. मेडिकल कॉलेज में हुई है। मौतों का सिलसिला अभी तक थमा नहीं है। मैं 7 जिलों का आंकड़ा बता रहा हूँ कि कल तक 625 मौतें अकेले बी.आर.डी. मेडिकल कॉलेज गोरखपुर में हुई हैं। ये मौतें तब हो रही हैं जबकि पिछले 13 वर्षों से मैं लगातार इस सदन का ध्यान आकर्षित कर रहा हूँ। मैं इस बीमारी के बारे में लगातार आवाज उठाता रहा हूँ और सरकार का ध्यान आकर्षित करता रहा हूँ। इसे महामारी घोषित किया जाए और इसके उन्मूलन के लिए किसी राष्ट्रीय कार्यक्रम की घोषण ाा की जाए। महोदय, मेरे द्वारा इस बात को सदन में उठाने के बाद एन.डी.ए. सरकार में कुछ कार्यवाही प्रारंभ हुई थी और उसका परिण ााम था कि सन 2004–05 के बाद वहां पर वैक्सीनेशन प्रारंभ हुए। वैक्सीनेशन के परिणाम सामने आए और जे.ई. के केसेज कम हुए हैं। वह आज 36 प्रतिशत से घटकर 6 प्रतिशत पर आ गया है। लेकिन जहां जे.ई. से होने वाली मौतें कम हुई हैं वहीं एंट्रोवायरस से होने वाली मौतें लगातार बढ़ी हैं। हम लोग इस भंवर जाल में फंसे हुए हैं कि वह जे.ई. है, वी.ई. है या ए.ई.एस है। तीन बार लगने वाले टीकों

को सरकार ने सिर्फ एक–दो बार लगा कर छोड़ दिया है। टीकाकरण भी मई–जून में किया गया। इस बार तो देखा जा रहा है कि इस बीमारी से पूरे साल भर मौतें हो रही हैं। अक्सर हम लोग देखते थे कि 15 नवंबर के बाद मौतें नहीं होती थी लेकिन आज भी लगातार वहां मौतें हो रही हैं। लगातार तीन–चार, तीन–चार, मौतें हो रही हैं। इससे पहले जब जे.ई. के केसेजे ज्यादा होते थे तो 15 नवंबर के बाद मौतें होने बंद हो जाती थीं और इंसेफलाइटिस के मरीज आने बंद हो जाते थे। जो टीकाकरण फरवरी–मार्च में होने थे, राज्य सरकार ने उन टीकाकरणों को मई–जून में कराया। बीमारी के केसज 15 जून के बाद से, जुलाई प्रारंभ होने के बाद से, बरसात होने के बाद आने प्रारंभ होते हैं। टीकों को एक्टिवेट होने में 3 से 4 महीनों का समय होता है। लेकिन टीकाकरण भी इमानदारी से नहीं कराए गए हैं। जिन टीकों को तीन बार कराया जाना चाहिए था, उसको एक बार कराकर सरकार ने अपनी इतिश्री कर दी। टीके की निर्माता कंपनी स्वयं कहती है, उसके रेपर में भी लिखा गया है कि इसको कम से कम दो या तीन बार लगाया जाना चाहिए। क्या सरकार का यह रवैया है कि एक बार टीकाकरण करने के बाद अपनी जिम्मेदारी से मुकर जाना नहीं है? क्या वह इस महामारी से मुंह मोड़ने जैसा नहीं है? क्या सरकार इस बीमारी का उपचार मात्र ही चाहती है? क्या बचाव और उन्मूलन सरकार की प्राथमिकता में नहीं होना चाहिए? 33 वर्ष बीत चुके हैं, लेकिन सरकार आज तक यह पता नहीं लगा पाई है कि पूर्वी उत्तर प्रदेश का मासूम किस वायरस का शिकार हो रहा है? वह जे.ई. है, वी.ई. है या ए.ई.एस. है। अगर सरकार के पास ठोस और दीर्घकालीन राष्ट्रीय इंसेफलाइटिस कार्यक्रम होता तो संभवतः यह बीमारी हम सबके सम्मुख ऐसा भयावह दृश्य प्रस्तुत नहीं करती। यह सच है कि यह बीमारी तमिलनाडु में सन 1956 में आई उसके उपरांत आंध्र प्रदेश, पश्चिम बंगाल होते हुए सन 1978 में इसने पहली बार इसने पूर्वी उत्तर प्रदेश में पैर फैलाए थे। अगर महामारी को पूर्वी उत्तर प्रदेश में रोका गया होता तो आज उत्तर प्रदेश के 35 जिले

इससे प्रभावित नहीं होते। माननीय मंत्री जी ने अपने वक्तव्य में कहा है कि देश के 19 राज्य और 171 जिले इससे प्रभावित हैं, लेकिन अगर गैर–सरकारी आंकड़ों को देखा जाए तो 26 राज्य इस बीमारी से कम या ज्यादा रूप से प्रभावित हैं। लगातार यह बीमारी मासूम बच्चों को निगलती जा रही है। मुझे बी.आर.डी. मेडिकल कॉलेज में जाने का अवसर अक्सर मिलता है, उन मासूम बच्चों को देखने के लिए और इस बीमारी से पीड़ित बच्चों का हाल–चाल जानने के लिए अवसर मिलता है। जब मैं बी.आर.डी. मेडिकल कॉलेज में जाता हूँ तो मैंने देखा है कि इस बार भी और पिछली बार भी वहां पर दवा के अभाव में बच्चे मरे हैं।

महोदया, चाहे केंद्र की सरकार हो या उत्तर प्रदेश की सरकार हो, दोनों सरकारें अपनी प्राथमिकताएं गिनाती हैं कि हम गरीबों और किसानों के लिए लड़ेंगे और दलितों की बात करेंगे लेकिन अत्यंत दुर्भाग्यपूर्ण है कि इस बीमारी से मरने वाले 99 प्रतिशत बच्चे दलित, गरीब और किसान परिवार के हैं। यह सरकार उन दलितों के बच्चों को, उन गरीबों और किसानों के बच्चों को मरने से नहीं रोक पाई है। यह इस सरकार के वास्तविक चेहरे को प्रदर्शित करता है, प्रदेश सरकार के वास्तविक चेहरे को प्रदर्शित करता है कि एक तरफ इस देश का गरीब, इस देश का दलित, इस देश का जो अंतिम पंक्ति में बैठा हुआ व्यक्ति है, वह दवा के अभाव में मर रहा है, लगातार दम तोड़ रहा है। केंद्र सरकार के मंत्री वहां गए थे, हमें सूचना नहीं, लेकिन प्रदेश सरकार के मंत्री को तो वहां जाने की भी फुर्सत नहीं हुई। मुख्यमंत्री की बात तो दूर, प्रदेश सरकार का कोई मंत्री वहां नहीं पहुंचा।

महोदया, दवा के अभाव में पूर्वी उत्तर प्रदेश का मासूम दम तोड़ रहा है। राष्ट्रीय ग्रामीण स्वास्थ्य मिशन में लगभग 5,000 करोड़ रुपये का उत्तर प्रदेश में घोटाला होता है, लेकिन एन.आर.एच.एम. के दवा का अगर एक पार्ट उस बीमारी के उपचार के लिए वहां के सी.एस.सी., वहां के पी.एस.सी., डिस्ट्रिक्ट हॉस्पिटल के जीर्णोद्धार और उनके पुनरुद्ध

ार के लिए खर्च किया गया होता, तो दवा के अभाव में पूर्वी उत्तर प्रदेश का मासूम नहीं मरता, लेकिन लगातार मौतें होती जा रही हैं।

महोदया, एक तरफ पूर्वी उत्तर प्रदेश का मासूम दवा के अभाव में लगातार दम तोड़ रहा है और दूसरी तरफ हजारों करोड़ रुपए का दवा का घोटाला, एन.आर.एच.एम. का दवा का घोटाला उत्तर प्रदेश के अंदर हुआ है। यह पूरी सरकारों की कार्यप्रणाली को कटघरे में खड़ा करता है।

महोदया, इसलिए मुझे सरकार की नीति और उसकी नियति पर भी हंसी आती है। माननीय उच्च न्यायालय ने वर्ष 2007 में एक रिट दाखिल हुई थी। इलाहाबाद उच्च न्यायालय ने उत्तर प्रदेश सरकार को और केंद्र सरकार को आदेशित किया था कि इंसेफलाइटिस के पूर्ण उन्मूलन के लिए, इसके बचाव और उन्मूलन के लिए सेंटर ऑफ एक्सीलेंस फॉर जे.ई. को गोरखपुर में स्थापित किया जाए। लेकिन सरकार ने इस सेंटर ऑफ एक्सीलेंस फॉर जे.ई. को एस.जी.पी.जी.आई. लखनऊ में स्थापित किया। सरकार का यह कृत्य ऐसा ही है, जैसे सरकार कुआं तब खोदती है, जब प्यास से लोग मरने लगते हैं और वहां भी वहां नहीं जहां प्यास से लोग मर रहे हैं। जब इंसेफलाइटिस के मरीजों के 75 से 80 प्रतिशत केसज गोरखपुर और उससे सटे हुए 5--7 जिलों में हैं, बिहार और नेपाल से सटे हुए जिलों में है तो सेंटर ऑफ एक्सीलेंस फॉर जे.ई. को लखनऊ में खोलने का औचित्य क्या था। जिन 7 बिंदुओं पर इंसेफलाइटिस उन्मूलन के लिए कार्य होना था, वह किसी भी स्थिति में लखनऊ में संभव नहीं क्योंकि 75 से 80 प्रतिशत रोगी तो गोरखपुर और उसके आसपास के जिलों से हैं। नेपाल और बिहार से हैं। गोरखपुर में जो वायरल रिसर्च सेंटर एन.डी.ए. सरकार की पहल के बाद वर्ष 2007 में स्थापित हो पाया, वह भी संसाधनों के अभाव से जूझ रहा है। वह यह बताने में अभी भी सक्षम नहीं है कि वह कौन सा वायरस है, जिसे पूर्वी उत्तर प्रदेश का मासूम असमय काल के गाल में समा रहा है। माननीय उच्च न्यायालय इलाहाबाद में 27 सितंबर, 2007 को स्पष्ट निर्देश दिया

था कि अंतरराष्ट्रीय मानक का एक शोध केंद्र गोरखपुर में स्थापित किया जाए। जिस केंद्र तथा प्रदेश सरकारें नियमित रूप से आर्थिक सहायता प्रदान करती रहें। प्रदेश और केंद्र सरकार सीधे–सीधे उच्च न्यायालय के आदेश की अवहेलना कर रही है। आज दोनों सरकारों की उपेक्षा के कारण पूर्वी उत्तर प्रदेश में इंसेफलाइटिस की महामारी से वहां का नाम मासूम त्रस्त है, लेकिन सरकार आज भी जे.ई. वायरल इंसेफलाइटिस ए.ई.एस. के भंवर जाल में फंसी है। मौत के आंकड़े लगातार रिकॉर्ड तोड़ रहे हैं।

महोदया, स्वाइन–फ्लू और बर्ड–फ्लू के मामले में सरकार ने अत्यंत सतर्कता बरती थी। इसकी रोकथाम के लिए स्वास्थ्य मंत्रालय ने समाचार पत्रों में, टीवी चैनल्स में बड़े–बड़े विज्ञापन दिए, लेकिन जापानी इंसेफलाइटिस जैसी घातक महामारी के लिए जन–जागरण अभियान क्यों नहीं? जबकि अगर हम विश्व स्वास्थ्य संगठन के मानक को देखें तो बर्ड–फ्लू और स्वाइन–फ्लू से मृत्यु दर मात्र 2 प्रतिशत है और इंसेफलाइटिस से मृत्यु दर 20 प्रतिशत से 30 प्रतिशत है। इंसेफलाइटिस से पूर्वी उत्तर प्रदेश में शारीरिक और मानसिक रूप से अक्षम हुए हजारों मासूम बच्चों के पुनर्वास के लिए स्वीकृत रिहैबिलिटेशन सेंटर, जिनकी घोषणा 2009 में इसी सदन में माननीय मंत्री जी ने मेरे कॉलिंग अटेंशन के जवाब में की थी, अब तक वह बी.आर.डी. मेडिकल कॉलेज गोरखपुर में शुरू नहीं हुआ है। माननीय स्वास्थ्य मंत्री जी ने इसी सदन में मुझे आश्वासन दिया था कि इंसेफलाइटिस के उपचार एवं उन्मूलन के लिए भारत सरकार पूरी मदद करेगी और बी.आर.डी. मेडिकल कॉलेज में रिहैबिलिटेशन सेंटर स्थापित करेगी। संसद में दिया गया सरकार का जो आश्वासन है, वह केवल आश्वासन मात्र बनकर रह गया है। हम लोग जिन मुद्दों को लेकर यहां पर वक्तव्य रखते हैं, एक विश्वास के साथ रखते हैं कि कम से कम सदन में रखे गए वक्तव्य में सरकार बिना किसी पूर्वाग्रह के अमल और कार्यवाई करेगी, लेकिन आज तक उस पर अमल नहीं हो पाया है। यह अत्यंत दुर्भाग्यपूर्ण है कि केंद्र से जो टीमें जाती हैं,

उनके लिए पूर्वी उत्तर प्रदेश का मासूम एक गिनी–पिग बन गया है, प्रयोगशाला बन गया है। उनके लिए वहां के बच्चे प्रयोग करने के नए माध्यम बन गए हैं। कब तक पूर्वी उत्तर प्रदेश के मासूम बच्चों के साथ खिलवाड़ होता रहेगा, कब तक उनके साथ यह प्रयोग होता रहेगा? 33 वर्षों से वहां लोग लगातार मर रहे हैं।

महोदया, पूर्वी उत्तर प्रदेश की 5 करोड़ आबादी के बीच में अकेला बी.आर.डी. मेडिकल कॉलेज एकमात्र सरकारी मेडिकल कॉलेज है। मैं माननीय मंत्री जी से जानना चाहता हूँ कि 5 करोड़ की आबादी के बीच में क्या बी.आर.डी. मेडिकल कॉलेज के उन्नयन के लिए, उसको एम्स की तर्ज पर विकसित करने के लिए क्या सरकार कोई कदम उठाएगी? वह तराई का क्षेत्र है, वहां पर तमाम इस प्रकार की विषाणुजनित बीमारियों से बच्चे ग्रस्त हैं। पूरी दुनिया में आपको कहीं पोलियो नहीं मिलेगा, लेकिन पूर्वी उत्तर प्रदेश में पोलियो है, घेंघा है, फाइलेरिया है, मलेरिया है, डेंगू है, कालाजार है। वहां पर तमाम तरह की विषाणुजनित बीमारियां हैं, लेकिन वहां पर कोई भी ऐसा सेंटर नहीं है जहां लोग उपचार करा सकें और अकेले 5 करोड़ की आबादी के बीच में बी.आर.डी. मेडिकल कॉलेज एकमात्र मेडिकल कॉलेज है। अगर एम्स की तर्ज पर एक केंद्रीय चिकित्सा संस्थान देश के अन्य भागों में खुल सकते हैं तो 5 करोड़ की आबादी के बीच में गोरखपुर में क्यों नहीं खुल सकता? क्या सरकार इस सम्बन्ध में कदम उठाएगी? क्या यह सरकार के लिए केवल एक राजनीतिक मुद्दा मात्र है। वहां के मासूम बच्चों को क्या भारत सरकार अपने गणराज्य के अधीन नहीं समझती है कि उनको मरते हुए देखना चाहती है? लगातार मौत पर मौत होती जा रही है। हम लोग लगातार वहां के आंदोलन को झेल रहे हैं और सरकार मौन बैठी हुई है। इसलिए मैं सरकार से अनुरोध करूंगा कि सरकार एम्स की तर्ज पर बी.आर.डी. मेडिकल कॉलेज को विकसित करने के लिए कोई घोषणा करेगी।

मैं सरकार से अनुरोध करूंगा कि जो महामारी उत्तर प्रदेश के 35 जनपदों में है, अगर माननीय मंत्री जी के ही वक्तव्यों को मैं मानूं तो

देश के 171 जिले, उत्तर प्रदेश के 35 जिले और देश के 19 राज्यों में जो बीमारी कहर बरपा रही है, इसे मात्र राज्य का विषय आपने कैसे मान लिया? आप गोरखपुर गए थे और आपने गोरखपुर में कहा था कि यह राज्य का विषय है। मासूम मर रहे हैं और आप कहते हैं कि राज्य का विषय है। जो बीमारी देश के 19 राज्यों में है, आप उसे राज्य का विषय कैसे मान रहे हैं? इसलिए मैं माननीय मंत्री जी से जानना चाहता हूँ कि क्या सरकार इंसेफलाइटिस उन्मूलन के लिए किसी राष्ट्रीय कार्यक्रम की घोषणा करेगी?

मैं सरकार से जानना चाहता हूँ कि गोरखपुर में स्थापित वायरल रिसर्च सेंटर को उच्चीकृत करके वायरस की पहचान के लिए सही कारक का पता लगाने, गोरखपुर समेत पूर्वी उत्तर प्रदेश को इस महामारी से बचाने के लिए क्या किसी कार्य योजना की घोषणा सरकार करेगी?

महोदया, इस बार वहां पर दवा के अभाव में मासूम मरे हैं। वहां कोई उपचार की व्यवस्था नहीं है। भारतीय जनता पार्टी की सरकार उत्तर प्रदेश में थी तो इंसेफलाइटिस के लिए मुफ्त में उपचार व्यवस्था की गई थी। लेकिन पिछले वर्ष भी और इस वर्ष भी वहां बच्चों को कोई दवा नहीं मिली। वहां मासूम और गरीब बच्चे मरते रहे। एक ओर हजारों करोड़ रुपए का एन.आर.एच.एम.का घोटाला और दूसरी तरफ दवा के अभाव में मासूम मर रहे हैं। इसलिए मैं माननीय मंत्री जी से जानना चाहूँगा कि जो एन.आर.एच.एम. की राशि उत्तर प्रदेश में स्वीकृत हुई है, उसका एक हिस्सा क्या इंसेफलाइटिस के उपचार एवं उन्मूलन पर सरकार खर्च करेगी?

सेंटर ऑफ एक्सीलेंस फॉर जैपनीज इंसेफलाइटिस गोरखपुर में स्थापित करने के लिए सरकार क्या कदम उठा रही है? इंसेफलाइटिस से बचाव और रोकथाम के लिए व्यापक जागरण अभियान स्वाइन–फ्लू और बर्ड–फ्लू की तर्ज पर विज्ञापन, गोष्ठियां, विभिन्न प्रकार के कार्यक्रम, जो लोगों को बचाव के उपाय सिखा सके, आखिर यह जी.ओ.एम. कब तक गठित करेंगे? सरकार को अगर किसी काम

को नहीं करना होता है तो सरकार उसके लिए कोई कमेटी गठित कर देती है। उसे जी.ओ.एम. के नाम पर लटकाती रहती है। आज वहां मासूम मर रहे हैं, आप जी.ओ.एम. की बैठक दिसंबर, जनवरी, फरवरी में करके क्या करेंगे? आखिर सरकार घोषणा क्यों नहीं करती है? यह सच है कि तमाम मंत्रालयों को मिलकर एक साथ कार्यक्रम चलाने पड़ेंगे। उस बीमारी को आज तक केवल स्वास्थ्य मंत्रालय तक सीमित नहीं रखा जा सकता। लेकिन स्वास्थ्य मंत्रालय के निर्देशन में वहां पर स्वच्छ पेयजल के लिए व अन्य तमाम कार्यक्रमों के लिए जी.ओ.एम. की बैठक अब तक कोई निर्णय क्यों नहीं ले पाई है? आप तो वहां अक्टूबर में गए थे। अक्टूबर से दिसंबर तक सरकार निर्णय नहीं ले पाई है। क्या यह सरकार की उदासीनता को प्रदर्शित नहीं करता है? इसलिए मैं सरकार से अनुरोध करना चाहता हूँ कि इंसेफलाइटिस से बचाव एवं रोकथाम के लिए व्यापक जन–जागरण की दृष्टि से सरकार क्या कदम उठा रही है?

इंसेफलाइटिस से प्रभावित क्षेत्रों में साफ–सफाई तथा शुद्ध पेयजल की आपूर्ति एवं कीटनाशकों के छिड़काव के सम्बन्ध में सरकार क्या कदम उठाने जा रही है?

इंसेफलाइटिस से शारीरिक एवं मानसिक रूप से अक्षम हुए मासूम बच्चों के पुनर्वास के लिए सरकार क्या व्यवस्था करने जा रही है?

–29 दिसंबर, 2011

महोदय, एन.आर.एच.एम. को अब शहरी क्षेत्रों में भी लागू करने की बात हुई तो एन.आर.एच.एम. का जो पिछली बार का बजट था, वह 18,115 करोड़ रुपए था, वह बढ़कर मात्र 20,822 करोड़ रुपए हुआ है। हमारे देश की एक तिहाई आबादी शहरी क्षेत्रों में निवास कर रही है। अगर हम उसे भी इस दायरे में लेना चाहते हैं, हम लोग राष्ट्रीय स्वास्थ्य मिशन चलाना चाहते हैं तो यह कैसे संभव होगा?

जनता मर रही है और स्वास्थ्य मंत्रालय से स्वीकृति राशि भी खर्च नहीं करता

सभापति महोदय, स्वास्थ्य विभाग की अनुदान मांगों पर चर्चा करने के लिए आपने मुझे अवसर दिया, इसके लिए मैं आपका आभारी हूँ। भारतीय परंपरा में स्वास्थ्य की व्याख्या की गई है कि – शरीर माद्यम खलु धर्म साधनम् यानी स्वस्थ शरीर से ही सभी प्रकार के धर्म सम्बन्धी कार्यों का संपादन किया जा सकता है। इसलिए एन.डी.ए. की सरकार ने एक नारा दिया था कि स्वस्थ भारत, सशक्त भारत। स्वास्थ्य और शिक्षा दो ऐसे विषय हैं, जो किसी भी सभ्य समाज और सभ्य राष्ट्र के प्रत्येक नागरिक को प्रदान करना सरकार की नैतिक जिम्मेदारी होनी चाहिए। उसी क्रम में यद्यपि माननीय प्रधानमंत्री जी ने इस बात की घोषणा की है कि हम राष्ट्रीय ग्रामीण स्वास्थ्य मिशन की तर्ज पर राष्ट्रीय स्वास्थ्य मिशन पूरे देश में लागू करेंगे। लेकिन स्वास्थ्य मंत्रालय की स्थिति ठीक नहीं है। वर्ष 2011–12 में स्वास्थ्य मंत्रालय का बजट 26,760 करोड़ रुपए था, उसमें से मात्र 24,315 करोड़ रुपए ही खर्च हुए। यानी एक तरफ तो देश की बहुत बड़ी आबादी स्वास्थ्य सुविधाओं के अभाव में दम तोडती है, दूसरी और मंत्रालय को प्रदान की गई धनराशि समय पर खर्च ही नहीं हो पाती है। इससे तो स्वयं ही प्रधानमंत्री जी के दावों की पोल खुल जाती है।

महोदय, आखिर हेल्थ फॉर ऑल के लक्ष्य को कैसे पूरा किया जा सकता है? देश की जीडीपी का केवल 1.4 प्रतिशत ही हम लोग

स्वास्थ्य पर खर्च कर रहे हैं। माननीय प्रधानमंत्री जी ने इस बात की घोषणा की थी कि हम इसे 2.5 प्रतिशत तक पहुंचाएंगे। लेकिन बजट के प्रावधानों को देखा जाए तो वह अभी उससे भी दूर हैं और यह तब है जब पिछले वर्ष जीडीपी का 1.4 प्रतिशत हेल्थ के लिए आवंटित होने के बावजूद भी पूरा पैसा खर्च नहीं हो पाया है। अगर हम दुनिया के हिसाब से देखें तो अमेरिका अपनी कुल जीडीपी का 7 प्रतिशत हेल्थ पर खर्च करता है। तमाम यूरोपीय राष्ट्र हैं जो 6 से 8 प्रतिशत तक खर्च करते हैं और तो और थाईलैंड और श्रीलंका जैसे देश भी भारत से अधिक अपनी जीडीपी का हेल्थ पर खर्च करते हैं।

महोदय, एन.आर.एच.एम. को अब शहरी क्षेत्रों में भी लागू करने की बात हुई तो एन.आर.एच.एम. का जो पिछली बार का बजट था, वह 18,115 करोड़ रुपए था, वह बढ़कर मात्र 20,822 करोड़ रुपए हुआ है। हमारे देश की एक तिहाई आबादी शहरी क्षेत्रों में निवास कर रही है। अगर हम उसे भी इस दायरे में लेना चाहते हैं, हम लोग राष्ट्रीय स्वास्थ्य मिशन चलाना चाहते हैं तो यह कैसे संभव होगा? इतनी कम राशि से हम देश के प्रत्येक नागरिक को स्वास्थ्य की सुविधा उपलब्ध कराना चाहते हैं। उसमें भी स्वास्थ्य मंत्री जी का यह दावा है कि हम दवा फ्री में देंगे। अभी तो ग्रामीण क्षेत्रों में भी नहीं दे पा रहे हैं। अभी मैं माननीय सदस्यों की बातों को सुन रहा था, मुझे आश्चर्य हो रहा था क्योंकि उनके द्वारा कहा जा रहा था कि प्राथमिक स्वास्थ्य केंद्र अच्छा कार्य कर रहे हैं। मैं दावे के साथ इस बात को कहता हूँ कि इस देश के ग्रामीण क्षेत्रों में कार्य करने वाले 90 से 95 प्रतिशत प्राथमिक स्वास्थ्य केंद्र और सामुदायिक स्वास्थ्य केंद्रों में कोई कार्य नहीं हो रहा है। अगर प्राथमिक और सामुदायिक स्वास्थ्य केंद्र ठीक ढंग से संचालित होते, एन.आर.एच.एम. का पैसा ईमानदारी से उन पर खर्च होता तो जो लाखों मौतें दवा के अभाव में होती हैं, डॉक्टर्स के अभाव में होती हैं, उन्हें रोका जा सकता था। इसलिए मैं आपके पास केवल इन बातों को लेकर आना चाहता हूँ कि माननीय प्रधानमंत्री जी

ने अभी यहां पर पिछली बार प्रधानमंत्री स्वास्थ्य सुरक्षा योजना, यह एन.डी.ए. सरकार के समय चली थी, उस समय 6 एम्स की घोषणाएं हुई थीं। क्या भारत में आज की स्वास्थ्य और वह भी अंतरराष्ट्रीय मानक की स्वास्थ्य सुविधा देश के आम नागरिक को प्राप्त हो, क्या यह सपना ही होगा? आज लगभग 10 साल से ऊपर हो चुके हैं, जो 6 एम्स घोषित हुए थे, दुर्भाग्य से उसमें से एक ने भी काम करना प्रारंभ नहीं किया है। वर्ष 1965 में एम्स दिल्ली की स्थापना हुई थी, उसके बाद से देश एक भी नया एम्स नहीं खोल पाया है। 6 एम्स एन.डी.ए. सरकार ने घोषित किए थे, उनमें से एक भी चालू नहीं हुआ। उसके बाद इस सरकार ने दो अन्य एम्स एक उत्तर प्रदेश के रायबरेली में और एक पश्चिम बंगाल के रायगंज में घोषित किया था, वहां भी कार्य प्रारंभ नहीं किया। इस बजट में इन्होंने अन्य स्थानों पर भी एम्स की घोषणा करने की बात की थी, उसमें से एक मेरे संसदीय क्षेत्र गोरखपुर के लिए है। गोरखपुर की जो स्थिति है, महोदय लगभग 6 करोड़ की आबादी अकेले एक राजकीय मेडिकल कॉलेज पर निर्भर करती है और वह भी राज्य सरकार का है। वह संसाधनों के घोर अभाव से जूझ रहा है। वहां पर कोई चिकित्सक नहीं है, वहां पैरामेडिकल स्टाफ नहीं है, उनके पास कुछ भी अन्य सुविधाएं नहीं है। वहां पर इंसेफलाइटिस, मलेरिया, फाइलेरिया, डेंगू, कालाजार और अन्य वैक्टरजनित बीमारियों की चपेट में बहुत बड़ी आबादी वहां पर आती है। वहां हजारों मौतें प्रतिवर्ष होती हैं, हर वर्ष, हर सेशन में वहां पर होने वाली मौतों के आंकड़े के साथ मैं इस सदन में आता हूँ। मैं हमेशा सरकार से केवल यही गुहार करता हूँ कि कम से कम इन मौतों को रोका जाए। 33 वर्षों से वहां पर मौतें हो रही हैं, ऐसा नहीं है कि सरकार ने वहां किया ना हो, वहां पर भारत सरकार ने पिछले 8–10 वर्षों में बहुत कुछ करने का प्रयास किया है, लेकिन जो पैसा यहां से राज्यों को जाता है, उस पैसे का उपयोग क्यों नहीं होता है? मेरा मानना है कि अगर वहां पर हमारे प्राथमिक स्वास्थ्य

केंद्र और सामुदायिक स्वास्थ्य केंद्र ठीक ढंग से संचालित होते, वहां पर ईमानदारी से कार्य होता, उनमें डॉक्टर्स की तैनाती होकर उन्हें वहां पर ईमानदारी से कार्य करने के लिए वहां पर लगाया गया होता तो संभवतः अकेले बी.आर.डी. मेडिकल कॉलेज गोरखपुर पर जो भार है, उसे रोका जा सकता था, लेकिन उसे रोकने का प्रयास नहीं हो रहा है। जहां पर हम लोग एक तरफ इंसेफलाइटिस आदि बीमारियों से जूझ रहे थे, दूसरी तरफ हमारे सामने एक नई समस्या पैदा हुई है। महोदय, मैं आपका ध्यान उस ओर आकर्षित करना चाहूँगा और मैं उसके लिए 2 मिनट का समय लेना चाहूँगा। वहां पर एक समस्या है इंसेफलाइटिस की। इंसेफलाइटिस के दो वायरस चिन्हित हुए हैं। एक जे.ई. है जैपनीज इंसेफलाइटिस का वायरस जो मच्छर से पैदा होता है। दूसरा एक्यूट सिंड्रोम के नाम पर एक नया वायरस चिन्हित हुआ है जो प्रदूषित जल से पैदा होता है। वहां पर प्रशासन ने घोषण ाा कर दी कि जो छोटे हैंड पंप हैं, उनसे पानी पीना बंद करें। यह कहा गया कि ऊपरी तल से पानी लेना बंद करें। लोगों को जबरन इसके लिए रोका गया। लेकिन जब निचले तल के पानी की जांच की गई, तो उसमें आर्सेनिक, फ्लोराइड और अन्य खतरनाक रसायनों की खतरनाक मात्रा पाई गई। वहां एक नई समस्या पैदा हो गई है। इस समय आप देश की राजधानी का एम्स हो या जितने भी सरकार द्वारा संचालित हॉस्पिटल्स हैं, उन्हें देखें या प्राइवेट हॉस्पिटल्स में देखें तो उनमें लगभग 75ः मरीज चाहे वे किडनी फेल्योर के हों या लीवर फेल्योर के हों या इससे संबंधित जितनी भी बीमारी होती हैं, वे आपको पूर्वी उत्तर प्रदेश और बिहार के उस क्षेत्र से मिलेंगे जहां आर्सेनिक, फ्लोराइड और अन्य खतरनाक रसायन जो पानी के अंदर मिले हुए हैं, वहां पर तमाम प्रकार की बीमारियां दे रहे हैं। उन बीमारियों के उपचार के लिए सरकार द्वारा प्रभावी कदम अब तक ना उठाया जाना अत्यंत दुर्भाग्यपूर्ण है। इसलिए मैं आपसे अनुरोध करना चाहूँगा कि यहां पर माननीय स्वास्थ्य मंत्री ने जो घोषणा की है कि

एम्स जैसे संस्थान हम देंगे, तो एम्स जैसे संस्थान देने की बात नहीं है। मेरा माननीय मंत्री जी से अनुरोध होगा कि गोरखपुर एम्स की जो घोषणा उन्होंने की है, उसके लिए धन का आबंटन तत्काल हो, वहां इंसेफलाइटिस के साथ–साथ अन्य वैक्टरजनित बीमारियों से हो रही मौतों की रोकथाम करने के लिए प्रभावी कदम उठाएं और इस दिशा में ईमानदारी से प्रयास करके आवश्यक कार्रवाई की जाए।

–26 अप्रैल, 2012

मैं माननीय मंत्री जी का ध्यान आकर्षित करूंगा, मैंने पिछली बार भी इस बात को कहा था कि बी.एड. और बी.टी.सी. की मान्यता एन.सी.टी.ई. देता है, जिसका केंद्र जयपुर में है। वहां संस्थाओं की मान्यताओं के लिए 10 लाख रुपए बी.टी.सी. और बी.एड. की मान्यता के लिए, अनैतिक रूप से लिया जाता है।

शिक्षा में अल्पसंख्यक-बहुसंख्यक का भेद समाप्त हो

सभापति महोदय, निशुल्क और अनिवार्य बाल शिक्षा अधिनियम 2010 में लागू हुआ था। इसमें संशोधन से संबंधित आज के इस प्रस्ताव पर आपने मुझे बोलने के लिए आमंत्रित किया है, मैं आपका आभारी हूँ। महोदय, शिक्षा के महत्व को भारतीय समाज में बखूबी समझा है और उसके महत्व को जाना है। शिक्षा केवल अक्षर ज्ञान का ही नहीं, बल्कि सभ्य समाज और एक सशक्त राष्ट्र के निर्माण में महती भूमिका का निर्वाह करता है। मुझे केवल दो मुद्दों पर सदन का ध्यान और माननीय मंत्री जी का ध्यान आकर्षित करना है।

महोदय, निशुल्क और अनिवार्य बाल शिक्षा, राइट टू एजुकेशन यद्यपि 2 वर्ष पूर्व पूरे देश में लागू हुआ है, और अभी माननीय उच्चतम न्यायालय ने इस सम्बन्ध में आवश्यक दिशा निर्देश जारी किए हैं जो स्वागत योग्य है। मैं पूछना चाहता हूँ कि शिक्षा का मतलब क्या है? जो शिक्षा समाज में समानता पैदा ना कर सके, राष्ट्रीय एकात्मकता को मजबूती प्रदान ना कर सके, उस शिक्षा का हमारे जीवन में कोई मतलब नहीं है। अच्छा होता अगर निशुल्क एवं अनिवार्य शिक्षा के साथ–साथ एक समान शिक्षा पूरे देश के अंदर लागू करने के लिए कोई प्रावधान माननीय मंत्री जी के द्वारा होता। इसलिए मैं माननीय मंत्री जी से इस बात का अनुरोध करूंगा कि इस देश में यह तो नहीं चलेगा कि गरीब और किसान तथा मजदूर का बेटा उन सरकारी विद्यालयों में पढ़े जिन सरकारी विद्यालयों में बुनियादी सुविधाएं भी नहीं हैं। हमारे एक सहयोगी ठीक कह रहे थे कि कक्षा 1 से कक्षा 5 तक

की कक्षाएं प्राथमिक विद्यालयों में चलती हैं लेकिन वहां दो से तीन क्लासरूम हैं उसमें से एक प्रिंसिपल का रूम भी होगा। स्वाभाविक रूप से 2 कमरों में 5 कक्षाओं का संचालन कैसे होगा? दूसरा, इस अधिनियम के तहत भी आप कह रहे हैं कि कक्षा 1 से 5 तक जो 60 बच्चे होंगे, उनमें 2 शिक्षक देंगे। 2 शिक्षक 5 क्लास कैसे लेंगे, और 60 से अधिक के लिए 3 शिक्षक करेंगे तो स्वयं इस देश के गरीबों का आर्थिक उन्नयन हो, वे स्वावलंबन की जिंदगी गुजर–बसर कर सकें, इस पर सरकार ईमानदारी नहीं है। इसलिए इस देश में चाहे कोई गरीब हो, जवान हो या किसान हो, या एक देश में राजा हो या रंक हो, सबके लिए समान शिक्षा करिए। अगर सामाजिक न्याय की स्थापना करनी है तो सामाजिक न्याय की स्थापना के लिए आवश्यक है कि निशुल्क एवं अनिवार्य शिक्षा के साथ–साथ एक समान शिक्षा, एक समान पाठ्यक्रम को ईमानदारी के साथ लागू किया जाना चाहिए। शिक्षा और स्वास्थ्य को इस देश में मौलिक अधिकार नागरिक के लिए बनाया जाना चाहिए और सरकार का यह दायित्व है कि वह अपनी जी.डी.पी. का कम से कम 10 प्रतिशत शिक्षा पर खर्च करे और इतना ही स्वास्थ्य पर खर्च करे जिससे इस देश में स्वस्थ और सशक्त भारत का निर्माण हो सके।

दूसरा, सरकार की शिक्षा नीति को शादी आप देखें कि केंद्रीय विद्यालय सरकार द्वारा स्थापित हुए हैं। लगभग हर जिले में एक–एक केंद्रीय विद्यालय है। जवाहर नवोदय विद्यालय अलग से हैं। कस्तूरबा बालिका विद्यालय भी बनाए गए हैं और अभी 3–4 वर्ष पूर्व इस सरकार ने 6,000 मॉडल स्कूल बनाने की बात की थी, लेकिन उनकी स्थिति क्या है? 4 वर्ष में मात्र 400 कुछ विद्यालय ही अभी तक बन पाए हैं। शिक्षा और मॉडल शिक्षा के लक्ष्य को पूरा करने की जिम्मेदारी का निर्वहन कितनी इमानदारी से यह सरकार कर पा रही है, यह आप स्वयं अनुमान लगा सकते हैं। इस सरकार के द्वारा अभी तक जो बातें कही गई हैं कि 6 से 14 वर्ष तक के बच्चों को अनिवार्य और मुफ्त शिक्षा की व्यवस्था करेंगे। 13 लाख स्कूलों में से 10 लाख स्कूल

सरकारी और 2.5 लाख निजी क्षेत्र के विद्यालय हैं। उनकी स्थिति यह है कि आज भी आधे सरकारी स्कूलों में खेल का मैदान नहीं है, 40 प्रतिशत स्कूलों में शौचालय की व्यवस्था नहीं है। 25 प्रतिशत स्कूलों में शुद्ध पेयजल की व्यवस्था नहीं है और 20 प्रतिशत स्कूलों में शिक्षकों की शिक्षक के लिए जो न्यूनतम अर्हता होनी चाहिए, वह उसको पूरा नहीं करते हैं। मैं माननीय मंत्री जी का ध्यान आकर्षित करूंगा, मैंने पिछली बार भी इस बात को कहा था कि बी.एड. और बी.टी.सी. की मान्यता एन.सी.टी.ई. देता है, जिसका केंद्र जयपुर में है। वहां संस्थाओं की मान्यताओं के लिए 10 लाख रुपए बी.टी.सी. और बी.एड. की मान्यता के लिए, अनैतिक रूप से लिया जाता है। मैंने माननीय मंत्री जी का ध्यान पिछली बार भी आकर्षित किया था और चेयरमैन के यहां सी.बी.आई. का रेड पड़ा था। वह रंगे हाथ पकड़ा गया था। आखिर यह सरकार जब टीचर ट्रेनिंग के लिए स्थापित संस्थाओं के भ्रष्टाचार को ही नहीं रोक पा रही है तो उस भ्रष्टाचार से पनपे हुए शिक्षक कैसे योग्य छात्र और राष्ट्र के लिए समर्पित नागरिक दे सकेंगे, यह स्वयं में प्रश्न चिन्ह है। मैं माननीय मंत्री जी से चाहूँगा कि इस पर विचार करें।

तीसरा, निजी क्षेत्र के विद्यालयों में 25 प्रतिशत गरीब बच्चों, अनुसूचित जाति, अनुसूचित जनजाति, पिछड़ी जाति और अन्य गरीब बच्चों के लिए जो रिजर्वेशन की व्यवस्था की है, वह स्वागत योग्य है। लेकिन मेरी आपत्ति है कि अल्पसंख्यक विद्यालयों को उससे वंचित क्यों किया गया है? मेरा अनुरोध है कि अल्पसंख्यक और बहुसंख्यक के भेद को यह देश समाप्त करे। अल्पसंख्यक और बहुसंख्यक के आधार पर इस देश को बांटने की प्रवृत्ति कब तक चलती रहेगी? यदि राष्ट्र के हित में संविधान के संशोधन की आवश्यकता पड़ती है तो संविधान में संशोधन किया जाना चाहिए। लेकिन मेरा कहना है कि अल्पसंख्यक संस्थाओं में आप अल्पसंख्यक वर्ग के गरीब बच्चों के लिए अनिवार्य शिक्षा की व्यवस्था क्यों नहीं करते हैं? अनुसूचित जाति–जनजाति और पिछड़ी जाति के बच्चों के लिए वहां शिक्षा की

व्यवस्था क्यों नहीं हो सकती है? यदि वे सरकार के संसाधनों का उपयोग करते हैं और सरकार से सहयोग की अपेक्षा रखते हैं तो उनके लिए व्यवस्था दी ही जानी चाहिए। इसलिए मेरा अनुरोध है कि अल्पसंख्यक और बहुसंख्यक का भेद समाप्त किया जाना चाहिए। यू.एन.ओ. चार्टर का पालन करके 10 प्रतिशत की आबादी के इस देश में जो भी निवासी हैं, उनको अल्पसंख्यक से मुक्त करके बहुसंख्यक के साथ जोड़कर राष्ट्र निर्माण में उनका योगदान लें।

—09 मई, 2012

महोदया, अगर मैं अब तक इस बीमारी से हुई मौतों के आंकड़े दूं तो तो केवल पूर्वी उत्तर प्रदेश में पिछले 36 वर्षों में 1 लाख से अधिक बच्चे इस बीमारी से मरे हैं, और लगभग इतने ही बच्चे शारीरिक और मानसिक रूप से अक्षम हुए हैं। जब हम लोग वहां पर विकलांगता शिविर लगाते हैं तो ऐसा लगता है कि जैसे पूरा का पूरा क्षेत्र ही विकलांग हो गया हो। शारीरिक और मानसिक रूप से विकलांग लोगों की एक लंबी भीड़ दिखाई देती है।

लाखों बच्चों की मौत के प्रति संवेदनहीनता ले डूबी कांग्रेस को

अध्यक्ष महोदया, इंसेफलाइटिस और इस देश के अंदर विषाणु जनित बीमारियों से मरने वाले लाखों बच्चों के प्रति इनकी संवेदनहीनता एक बार पुनः सदन में प्रदर्शित हो चुकी है। यह अत्यंत दुखद है कि हाउस के एजेंडे को भी नकारने का का प्रयास हो रहा है कॉलिंग अटेंशन जैसे मुद्दे को कहा जा रहा है कि यह बिजनेस का हिस्सा नहीं है। यह बहुत दुखद स्थिति है और कांग्रेस की दुर्गति का यही कारण है।

महोदया, मैं आभारी हूँ कि इतने महत्वपूर्ण मुद्दे को आपने नियम 193 के तहत चर्चा के लिए यहां पर स्वीकार किया है। माननीय मंत्री जी ने अपने उत्तर में विस्तार से इंसेफलाइटिस पर अपनी बातों को यहां पर सदन में ले लिया है और मैंने उसको विस्तार से पढ़ा भी है। महोदया, इंसेफलाइटिस को हम मष्तिष्क ज्वर और दिमागी बुखार भी कहते हैं। इस देश में वर्ष 1956 में पहली बार तमिलनाडु में यह बुखार देखने को मिला था। तमिलनाडु से आंध्र प्रदेश, वेस्ट बंगाल होते हुए वर्ष 1978 में यह बीमारी पूर्वी उत्तर प्रदेश में पहली बार देखने को मिली थी। वर्ष 1978 से लगातार मौतें होती रहीं। लेकिन इस सदन में वर्ष 1998 में पहली बार मैंने इस मुद्दे की ओर सदन और सरकार का ध्यान आकर्षित किया था। पहले 16 वर्षों से संसद का कोई सत्र नहीं जब मैंने संसद और सरकार का ध्यान इस मुद्दे पर आकर्षित ना किया हो, क्योंकि जो मरने वाले बच्चे हैं, वे दलितों के हैं, इस देश में अल्पसंख्यक के नाम पर राजनीति करने वाले भूल जाते हैं कि जो

मरने वाले बच्चे हैं उनमें से आधे से अधिक बच्चे अल्पसंख्यक समुदाय के हैं, गरीब और किसानों के बच्चे हैं। राजनीतिक हथकंडा अपनाने वालों ने लोगों ने कभी भी इंसेफलाइटिस से हो रही मौतों के बारे में अपनी संवेदनशीलता का परिचय नहीं दिया। वह संवेदनहीनता इस सदन में आज एक बार पुनः हम सबको देखने को मिली है।

महोदया, मुझे अत्यंत खेद के साथ कहना पड़ रहा है कि पिछले 36 वर्षों से पूर्वी उत्तर प्रदेश का मासूम दम तोड़ रहा है, वहां लगातार मौत का एक लंबा सिलसिला शुरू हुआ है। वहां की मासूम बच्चों की मौत के सिलसिले को देखकर हम लोग यह कह सकते हैं कि केंद्र सरकार और प्रदेश सरकार दोनों सरकारों की अब तक की जो संवेदनहीनता थी वह बताती है कि क्या पूर्वी उत्तर प्रदेश के मासूम को वहां के बच्चों को स्वस्थ जीवन जीने का अधिकार नहीं है। मैं इसीलिए बार–बार आपसे अनुरोध कर रहा था कि एक कॉलिंग अटेंशन इस पर जरूर हो, क्योंकि माननीय मंत्री जी स्वयं चिकित्सक हैं और इस बीमारी के बारे में उन्हें अपनी संवेदनशीलता का परिचय मंत्रालय संभालने के तत्काल बाद दिया था। सदन में चर्चा हो व्यापक रूप से। सभी लोग इस विषय पर चर्चा कर सकें और इस समस्या का एक समग्र समाधान निकल निकल सके। इस दृष्टि से यह महत्वपूर्ण था।

महोदया, अगर मैं अब तक इस बीमारी से हुई मौतों के आंकड़े दूं तो तो केवल पूर्वी उत्तर प्रदेश में पिछले 36 वर्षों में 1 लाख से अधिक बच्चे इस बीमारी से मरे हैं, और लगभग इतने ही बच्चे शारीरिक और मानसिक रूप से अक्षम हुए हैं। जब हम लोग वहां पर विकलांगता शिविर लगाते हैं तो ऐसा लगता है कि जैसे पूरा का पूरा क्षेत्र ही विकलांग हो गया हो। शारीरिक और मानसिक रूप से विकलांग लोगों की एक लंबी भीड़ दिखाई देती है। इसका कारण है कि इंसेफलाइटिस से पीड़ित बच्चे जिनका समय पर उपचार नहीं हो पाता है। अगर चिकित्सकों के प्रयास के बाद से बच जाते हैं तो मानसिक और शारीरिक रूप से वे अक्षम हो जाते हैं। पूरी जिंदगी के लिए बोझ बन जाते हैं, एक गरीब परिवार जो अपने दो जून की

रोटी बमुश्किल कमा पाता है वो कैसे अपने परिवार में एक या दो विकलांग बच्चों की परवरिश कर सकता है। उस पीड़ा को जब हम उनके बीच में जाकर देखेंगे तब वो संवेदनशीलता पैदा होगी। इस प्रकार की संवेदनहीनता जो आज यहां पर कांग्रेस ने दिखाई है, वहां पर अब तक जो मौतें हुई, मैं पिछले 16 वर्षों से इस सदन में इस मुद्दे को उठा रहा हूँ और स्वास्थ्य विभाग के जो आंकड़े है। मैं उन्हीं को ही सदन में एक बार पुनः रखूंगा वर्ष 2005 में दिमागी बुखार के 6061 मरीज भर्ती हुए थे जिनमें से 1500 की मौतें हुई थी। वर्ष 2006 में 2320 मरीज भर्ती हुए थे उनमें से 525 की मौत हुई, वर्ष 2007 में 3024 मरीज भर्ती हुए और उनमें से 995 की मौत हुई। 2008 में 3015 मरीज भर्ती हुए और उनमें से 684 की मौत हुई, वर्ष 2009 में 784 बच्चों की मौत हुई, वर्ष 2010 मैं 3530 मरीज भर्ती हुए थे और उनमें से 514 की मौत हुई, वर्ष 2011 में 3308 मरीज भर्ती हुए उनमें से 627 की मौत हुई, वर्ष 2012 में 2517 मरीज भर्ती हुए उनमें से 527 की मौत हुई। वर्ष 2013 में 2110 मरीज भर्ती हुए और उनमें से 619 की मौत हुई और इस वर्ष अभी मानसून उतनी तेजी के साथ नहीं आया है इन सब के बावजूद 393 नए मरीज भर्ती हुए हैं जिनमें 130 बच्चों की मौत अकेले बी.आर.डी. मेडिकल कॉलेज गोरखपुर में 2 अगस्त तक हो चुकी है। ये मौतें तब हो रही है जब पिछले 16 वर्षों से लगातार सदन का भी और सरकार का भी ध्यान आकर्षित करता रहा हूँ। मैं इस बात की मांग भी करता हूँ कि इसे महामारी घोषित किया जाए केवल उपचार ही नहीं। इसके संपूर्ण उन्मूलन के लिए प्रभावी कदम उठाए जाने चाहिए। इस सदन में बार–बार इस मामले को उठाए जाने के बावजूद यद्यपि एन.डी.ए. की पूर्व सरकार ने इस दिशा में प्रयास किया था और आज भी पूरे देश के अंदर अगर इंसेफलाइटिस के उपचार और उन्मूलन की बात करते हैं तो आपको जो थोड़े बहुत प्रयास दिखाई देते हो गोरखपुर और उसके आसपास के क्षेत्र में आप देख सकते हैं। उस समय इस मुद्दे को उठाने के बाद यह बात आई कि इस देश में वैक्सीनेशन भी हो। वैक्सीनेशन

की प्रक्रिया पहली बार 2005–06 में गोरखपुर से प्रारंभ हुआ था और गोरखपुर पूर्वी उत्तर प्रदेश के 7 जनपदों में हुआ।

उसका परिणाम है कि जे.ई. 36 प्रतिशत से घटकर 4 प्रतिशत पर आ गया। लेकिन वायरस ने अपना नेचर चेंज किया है और आज वायरस के नेचर चेंज करने से वहां पर एक एक्यूट इंसेफलाइटिस सिंड्रोम हो रहा है। माननीय मंत्री जी ने जो स्टेटमेंट यहां ले लिया है उसमें भी इस बात का उल्लेख किया है कि जो मौतें हो रही हैं वो ए.ई.एस. से अधिक हो रही हैं, जे.ई. की मौतें कम हो गई हैं। जापानी इंसेफलाइटिस जो बीमारी है, इसके केसेज 15 जुलाई से 15 नवंबर के बीच में आते थे। लेकिन पिछले 4–5 वर्षों से मैं देख रहा हूँ कि इंसेफलाइटिस के जो मरीज हैं यानी जो एक एक्यूट इंसेफलाइटिस सिंड्रोम हैं इससे वर्षभर मौतें हो रही हैं। वर्षभर इसके मरीज आ रहे हैं और लगातार मौतें होने के कारण जे.ई. का टीका विकसित किया है लेकिन एक्यूट इंसेफलाइटिस का कोई टीका विकसित नहीं हुआ है। उसके सम्बन्ध में कोई कार्यवाही नहीं हुई। माननीय मंत्री जी के 10 जून को यहां बैठक ली थी। उत्तर प्रदेश और बिहार के स्वास्थ्य विभाग के अधिकारियों के साथऔर वेक्टर बोर्न डिजीज से जुड़े अधिकारी वे भी थे और जो प्रमुख सांसद थे उनको भी उन्होंने बैठक में आमंत्रित किया था। लेकिन माननीय मंत्री जी ने उस समय एक बात कही थी कि टीकाकरण होना चाहिए और टीकाकरण के परिणाम भी आए जैसा मैंने बताया। लेकिन जो मुझे आशंका थी, वही हुआ। आप संवेदनशील थे लेकिन राज्य सरकारें संवेदनशील नहीं थी टीकाकरण हुआ। लेकिन टीकाकरण की जानकारी हम लोगों को नहीं दी गई, मैंने स्वयं के अधिकारियों से बातचीत की है, मैंने 3 जनपदों में फोन किया और वहां के सी.एम.ओज. को फोन करके मैंने जानकारी ली, आखिरकार टीकाकरण की क्या तिथि है और कैसे हो रहा है। क्या कोई प्रचार है? ना कोई पोस्टर है, ना कोई बैनर है, ना अखबारों में आ रहा है, ना टेलीविजन में आ रहा है। आखिर आप कैसे कर रहे है? कैसे पता चलेगा कि आप कुछ कार्यक्रम करेंगे।

तो उन्होंने कहा कि हमारे पास एक पत्र आया है। मैंने कहा कि पत्र में क्या है। तो उन्होंने कहा कि 1 से 5 साल के बच्चों को वैक्सीन लगना है। मैंने कहा कि वैक्सीन 1 से 5 नहीं बल्कि 1 से 15 साल के बच्चों को लगेगा। उन्होंने कहा कि 1 से 5 साल के बच्चों को ही लगेगा। 3 लोगों ने मुझे यही जवाब दिया और 3 में से बाद में 1 गोरखपुर के सी.एम.ओ. ने रात्रि में 10 बजे फोन करके मुझे बताया कि साहब, वह 1 से 15 है, आप जो बोल रहे थे वही ठीक है। आप समझ सकते हैं कि सी.एम.ओ., जिले का मुख्य चिकित्सा अधिकारी होता है स्वंय उसको जानकारी नहीं है, किसको लगाया जाना है। मुझे लगता है कि हममें से किसी भी सांसद को अभियान से नहीं जोड़ा गया। जबकि एन.डी.ए. सरकार के बाद पहली बार जो वैक्सीनेशन हुआ था हम लोगों को उसमें बुलाया गया था। हम लोगों ने उसके प्रचार में भाग लिया था। पोस्टर लगाए गए थे, बैनर लगाए गए थे और व्यापक प्रचार के बाद काफी हद वह सफल भी हुआ था। यहां जो दुर्गति होनी थी वह एक बार पुनः 22–23 जून को टीकाकरण का अभियान चलाया था उसकी जो दुर्गति होनी थी वह एक बार पुनः हमने वहां देखी है।

महोदय, आखिर टीकाकरण की औपचारिकता में जो लापरवाही बरती जा रही है, तो क्या महामारी की समस्या का समाधान हम इस तरह की लापरवाही से कर पाएंगे। क्या यह जिम्मेदारियों से मुंह मोड़ने जैसी स्थिति नहीं है? क्या सरकार केवल इस बीमारी का उपचार ही चाहती है उन्मूलन नहीं चाहती। ऐसे बहुत सारे विषय है, बहुत सारे विषय है, हम 36 वर्षों से इस बीमारी के लिए कोई ठोस दीर्घकालीन राष्ट्रीय इंसेफलाइटिस उन्मूलन कार्यक्रम घोषित नहीं कर पाए हैं।

महोदय, स्वास्थ्य विभाग के आंकड़े स्वयं इस बात को बताते हैं कि उत्तर प्रदेश लगभग 36 जिले कम या ज्यादा मात्रा में इस बीमारी से प्रभावित हैं। देश के 19 राज्यों के 171 जिले इस बीमारी की चपेट में है यह बीमारी लगातार देश के मासूमों को निगलती जा रही है इसके कारण अधिकतर मरने वाले बच्चे दलित, अल्पसंख्यक

और उन किसानों के बच्चे हैं। वे उन गरीबों के बच्चे हैं जो किसी प्रकार से अपनी दो जून की रोटी कमा पाते हैं, उस सबके बावजूद 99 प्रतिशत बच्चे उस समुदाय से आने के बावजूद हम लोग उनके प्रति संवेदनशीलता का परिचय नहीं दे पा रहे हैं। इंसेफलाइटिस से अब तक पूरे देश में जो मौतें होती हैं उनमें पूर्वी उत्तर प्रदेश का गोरखपुर है कुशीनगर, देवरिया, महाराजगंज, सिद्धार्थ नगर, संतकबीर नगर, बस्ती इन 7 जनपदों में सर्वाधिक मौतें होती हैं। अगर कहे तो 60–80 प्रतिशत इंसेफलाइटिस से जो मौतें होती हैं, इंसेफलाइटिस से प्रभावित जनपद रहे हैं वो यही जनपद हैं, पश्चिम उत्तर बिहार और नेपाल की तराई यहां के मरीज ही ज्यादा आते हैं और यहीं ज्यादा मौतें होती हैं, जिस उत्तर प्रदेश में राष्ट्रीय ग्रामीण स्वास्थ्य मिशन में हजारों करोड़ों का घोटाला होता है। उस उत्तर प्रदेश में जब इस बीमारी के उपचार के उन्मूलन की बात आती है तो उपचार के लिए दवा नहीं होती है, डॉक्टरों की नियुक्ति के लिए पैसा नहीं होता है और अगर डॉक्टर नियुक्त होते हैं तो संविदा में नियुक्त किए गए उन लोगों को 6–6 महीने और एक वर्ष तक मानदेय नहीं मिल पाता है। उत्तर प्रदेश के अंदर इंसेफलाइटिस की समस्या का समाधान करने के लिए वर्ष 2007 में उत्तर प्रदेश हाईकोर्ट में एक रिट दायर की गई थी। इलाहाबाद उच्च न्यायालय ने एक आदेश दिया था कि इंसेफलाइटिस से बचाव व पूर्ण उन्मूलन के लिए सेंटर ऑफ एक्सीलेंस और जे.ई. को गोरखपुर में स्थापित किया जाए। लेकिन यह सेंटर गोरखपुर में स्थापित नहीं किया गया था। यह बीमारी गोरखपुर आसपास के जनपदों में ज्यादा फैली है। लेकिन सेंटर एस.जी.पी.जी.आई. लखनऊ में स्थापित हो जाता है, स्थिति वही है कि जहां प्यास से मौतें हो रही हैं तो कुआं वहां नहीं खोदा जाता। कुआं तब खोदा जाता है जब लोग प्यासे मरने लगते हैं और वहां नहीं खोदा जाता है जहां लोग प्यासे मर रहे हैं। यानी बीमारी दिल्ली में है और हम लोग उसके इलाज की व्यवस्था चेन्नई में कर रहे हैं। यही स्थिति यहां भी है कि पूर्वी उत्तर प्रदेश का गरीब लखनऊ

के इलाज के लिए नहीं जा सकता है वह बी.आर.डी. मेडिकल तक नहीं पहुंच पा रहा है, वो एस.जी.पी.जी.आई. कैसे जाएगा लेकिन यह कार्य वहां हुआ है। इसके अलावा गोरखपुर में वर्ष 2007 में वायरल रिसर्च सेंटर की स्थापना हुई और माननीय उच्च न्यायालय ने 27 सितंबर 2007 को इस मामले में स्पष्ट निर्देश दिया था कि गोरखपुर में अंतर्राष्ट्रीय मानक का शोध केंद्र स्थापित होना चाहिए जिसे केंद्र और प्रदेश सरकार आर्थिक सहायता प्रदान करें। गोरखपुर में वायरल रिसर्च सेंटर भी स्थापित हुआ है। लेकिन अभी उसके पूरे मानक नहीं है वह अभी तक उस क्षमता से कार्य नहीं कर पा रहा है जनता के साथ उसे कार्य करना चाहिए। मुझे आश्चर्य होता है स्वाइन फ्लू की बीमारी देश में फैलती है तो बहुत प्रचार होता है। टेलीविजन में आता है, अखबारों में आता है, तमाम एजेंसियां सक्रिय हो जाती हैं। देश के सभी चिकित्सालयों में बेड सुरक्षित हो जाते हैं, वर्लड हेल्थ ऑर्गेनाइजेन कहता है कि स्वाइन फ्लू , बर्ड फ्लू से मरने वाले केवल 2 प्रतिशत हैं, लेकिन इंसेफलाइटिस से से मरने वालों का प्रतिशत 20 से 30 प्रतिशत है, इन सबके बावजूद इंसेफलाइटिस के लिए जो अभियान चलना चाहिए वह जीरो के बराबर है।

महोदय, इंसेफलाइटिस से जो मौतें होती हैं उसे यदि कोई बच्चा बच्चे भी जाता है तो शारीरिक और मानसिक रूप से विकलांगता का शिकार हो जाता है। इसके लिए वर्ष 2009 में यहां पर इसी सदन में मैंने कॉलिंग अटेंशन दिया था उसके बाद माननीय स्वास्थ्य और परिवार कल्याण मंत्री ने गोरखपुर में एक पी.एम.आर. सेंटर – फिजिकल, मेंटल रिहैबिलिटेशन सेंटर के लिए अपनी स्वीकृति दी थी, वह खुला भी था। लेकिन स्थिति यह है कि पिछले 2 वर्षों से वहां पर कार्यरत चिकित्सकों और कर्मियों को उनका मानदेय नहीं मिला है। आप अनुमान लगा सकते हैं कि गोरखपुर के पी.एम.आर. सेंटर में कार्य करने वाले कर्मी और चिकित्सक कैसे कार्य कर रहे होंगे जिन्हें 2 वर्षों से मानदेय नहीं मिल पाया है क्या यह संवेदनहीनता नहीं है। पिछले 16 वर्षों से लगातार इस बात को देख रहा हूँ। मैं यहां

मुद्दा उठाता हूँ और केंद्र से एक टीम चली जाती है। केंद्र के दबाव में प्रदेश से एक टीम गोरखपुर चली जाती है। वह पूर्वी उत्तर प्रदेश में भ्रमण करती है और जब टीम वहां जाती है तो मुझे कभी–कभी गुस्सा भी आता है और कभी–कभी हंसी भी आती है ऐसा लगता है कि जैसे पूर्वी उत्तर प्रदेश के मासूम बच्चे केंद्र और प्रदेश सरकार के लिए गिनी पिग्स हो गए हैं या उनकी प्रयोगशाला हो गई है। यह बच्चे उन्हें देश के भविष्य रूप के रूप में दिखाई नहीं देते। उन्हें लगता है कि वह उन बच्चों को अपने प्रयोग का एक नया अड्डा बना रहे हैं। मैं अनुरोध करना चाहूँगा कि आज इस सरकार में यह सब चीजें बंद हो। आज इस देश में एक चिकित्सक मंत्री बना है तो कम से कम यह संवेदनशीलता जो माननीय मंत्री ने मंत्री बनने के तत्काल बाद प्रारम्भ की थी वह दिखनी चाहिए, जमीनी स्तर पर दिखनी चाहिए।

महोदय, मुझे सबके साथ आपके सामने कहना पड़ रहा है कि गोरखपुर यानी पूर्वी उत्तर प्रदेश के साथ साथ पश्चिमोत्तर बिहार और नेपाल की तराई के लगभग 5 करोड़ आबादी की चिकित्सा की एकमात्र केंद्र गोरखपुर में बी.आर.डी. मेडिकल कॉलेज है। यह राज्य सरकार के द्वारा संचालित मेडिकल कॉलेज है जो संसाधनों के अभाव से जूझ रहा है, वहां पर फैकल्टी की कमी है, पैरामेडिकल स्टाफ की कमी है, वहां पर एम.सी.आई. के तमाम मानक अधोमानक है, एम.सी.आई. बार–बार उसे बंद करने की नोटिस भेजती है वहां पर यू.जी. की सीटें कम जी जाती हैं, पी.जी. की तमाम सीटें कम कर दी गई। इस बार केंद्रीय बजट में पूर्वी उत्तर प्रदेश के लिए एक एम्स की घोषणा हुई है।

सभापति महोदय, अगर आप देखेंगे तो वहां पर डेंगू, कालाजार, फाइलेरिया और मलेरिया है। इस समय एक नई समस्या पैदा हो रही है भूगर्भीय जल में आर्सेनिक और फ्लोराइड के कारण लिवर कैंसर और किडनी फेल्योर के बहुतायत मामले यहां देखने को मिलते हैं। इन सब को देखते हुए मैं माननीय मंत्री जी से चाहूँगा कि पूर्वी उत्तर प्रदेश के लिए जो एम्स खुला है, वह एम्स पूर्वी उत्तर प्रदेश

के गोरखपुर में स्थापित हो क्योंकि इस 5 करोड़ की आबादी के बीच एक भी केंद्रीय चिकित्सा संस्थान नहीं है। इस बारे में मैं उत्तर पूर्वी उत्तर प्रदेश के अपने माननीय सांसदों की ओर से और वहां की जनता की ओर से उनसे अनुरोध करना चाहूँगा कि इसको गोरखपुर में स्थापित किया जाए।

महोदय, गोरखपुर में जो वायरल रिसर्च सेंटर बना है उसे रीजनल रिसर्च सेंटर बनाया जाए जो पूर्वी उत्तर प्रदेश की उस 5 करोड़ की आबादी की आवश्यकता की पूर्ति कर सके। मैं माननीय स्वास्थ्य मंत्री का ध्यान आकर्षित करना चाहूँगा कि लखनऊ और पटना के बीच किसी भी मेडिकल कॉलेज और किसी भी चिकित्सालय में डेंगू के उपचार की व्यवस्था नहीं है, ब्लड सेपरेटर यूनिट नहीं है। वहां पर इस प्रकार की कोई व्यवस्था नहीं है अगर धर्मार्थ चिकित्सालयों को छोड़ दिया जाए तो किसी की भी चिकित्सालय में कहीं भी सरकार के स्तर पर कोई व्यवस्था नहीं है जबकि पटना से लेकर लखनऊ के बीच में लखीमपुर खीरी के बीच में यह जो पूरा बेल्ट है डेंगू, मलेरिया, फाइलेरिया, इंसेफलाइटिस आदि तमाम प्रकार की बीमारियों की चपेट में आता है, इसके अलावा वहां पर इंसेफलाइटिस के वार्ड में कार्य करने वाले अकेले बी.आर.डी. कॉलेज में मैं देखता हूँ। इस कॉलेज में इंसेफेलाइटिस के उपचार में जो लोग लगे हैं, इसमें 62 कर्मचारी उत्तर प्रदेश सरकार ने संविदा में रखे हैं, उत्तर प्रदेश सरकार ने इस वर्ष से उन्हें नियमित करने नियमित रूप से संविदा पर वेतन प्रारंभ किया है। लेकिन जो एनआरएचएम के अंतर्गत 164 कर्मचारी रखे गए हैं मंत्री जी उन्हें 6 महीने से वेतन नहीं मिला है। इसलिए मैं आपसे अनुरोध करना चाहूँगा कि हम लोगों को अगर उपचार की दृष्टि से देखना है तो बी.आर.डी. मेडिकल कॉलेज सबसे बड़ा केंद्र वहां पर है। बी.आर.डी. मेडिकल कॉलेज में चिकित्सकों को, पैरामेडिकल के स्टाफ, टेक्नीशियन अन्य कर्मचारियों को 6–6 महीने, 1–1 वर्ष तक वेतन नहीं मिलेगा, पी.एम.आर. के कर्मचारियों को 2–2 वर्ष तक जब वेतन नहीं मिलेगा तो वे कैसे अपनी जिम्मेदारियों का निर्वहन कर

पाएंगे। यह एक महत्वपूर्ण प्रश्न यहां पर है। इसीलिए मैं चाहूँगा कि गोरखपुर में संविदा पर रख गए जो कर्मचारी हैं उनको नियमित किया जाए और केंद्र सरकार अपने स्तर पर की फंडिंग की व्यवस्था करें मैं आपसे अनुरोध करना चाहूँगा इसके लिए नेशनल कार्यक्रम बने।

मैंने जो अनुरोध किया था कि इस विषय को 193 में लिया जाए। इसके पीछे मेरा अनुरोध यही है कि यह बीमारी 19 राज्यों में है, 19 राज्यों के 171 जिलों में है। 19 राज्यों के 171 जिलों में जो बीमारी हजारों मासूम बच्चों को असमय निगल रही हो। उस बीमारी के उपचार और उन्मूलन के लिए एक नेशनल प्रोग्राम बनना चाहिए। माननीय मंत्री जी को इस बारे में अच्छा अनुभव है। पोलियो उन्मूलन देश में हो उसकी अगुवाई में माननीय डॉक्टर हर्षवर्धन जी ने देश के स्वास्थ्य मंत्री हैं उन्होंने एक अभियान चलाया था। उसका परिण ाम था कि देश में पोलियो उन्मूलन हुआ है। आज मैं अनुरोध करना चाहूँगा की स्वास्थ्य मंत्री के रूप में इंसेफलाइटिस के साथ साथ वेक्टर वेक्टर बोर्न डिजीज का पूर्ण उन्मूलन करने से महामारी घोषित करने के लिए एक अभियान आपके नेतृत्व में पूरे देश के अंदर चले और उसको एक नेशनल प्रोग्राम में लेकर केवल उत्तर प्रदेश, बिहार, वेस्ट बंगाल और असम के लिए ही नहीं देश के 19 राज्यों के लिए इस प्रोग्राम को ले करके एक साथ अभियान चले। उस अभियान का नेतृत्व आपके माध्यम से हो इस दृष्टि से मैं आपसे अनुरोध करना चाहूँगा कि इस मामले में आप इस बारे में इस अभियान का नेतृत्व करें। सर्विलांस की व्यवस्था अत्यंत खराब है, मैं जो आंकड़े यहां पर दे रहा था यह केवल एक कॉलेज के आंकड़े हैं।

सभापति महोदय उत्तर प्रदेश के अंदर एक भी सी.एस.सी, पी. एस.सी., एक भी डिस्ट्रिक्ट हॉस्पिटल में उपचार की व्यवस्था नहीं है। आप आश्चर्य करेंगे कि बी.आर.डी. मेडिकल कॉलेज में 3 करोड़ की आबादी के लिए 2 एंबुलेंस मरीज को लाने के लिए हैं, अनुमान कर सकते हैं कि मात्र 2 एंबुलेंस से 3 करोड़ की विशाल आबादी को आप कैसे आच्छादित कर सकते हैं। यह वहां की स्थिति है, इसमें जो

रिपोर्टिंग का सिस्टम है, वह बहुत खराब है। सर्विलांस की व्यवस्था हो। प्राइवेट हॉस्पिटल में जो उपचार करवा रहे हैं जो लोग नहीं आ पाते हैं, इसकी जागरूकता के लिए एक अभियान चले। सर्विलांस की व्यवस्था हो इस बारे में अभियान चले।

सभापति महोदय, मैं आपके माध्यम से सरकार से अनुरोध करना चाहूँगा कि इंसेफलाइटिस के लिए जो अभियान यहां पर प्रारंभ होना है उसमें से कुछ कार्यक्रम होने चाहिए जो अत्यंत महत्वपूर्ण है। अभी तक यह बीमारी छोटे बच्चों में ही देखने को मिलती थी लेकिन इस बीमारी में हम लोगों ने इस बात को देखा है कि अब उम्रदराज लोगों को भी यह बीमारी पर होनी प्रारंभ हुई है। मैंने पिछले 5 वर्षों के दौरान बी.आर.डी. मेडिकल कॉलेज का सघन दौरा किया है मैं उस दौरान इस बात को देखता रहा हूँ कि इंसेफलाइटिस छोटे बच्चों में बहुतायत थी। 1 से 15 साल के बच्चे चपेट में ज्यादातर थे। अब तक जो बातें सामने आई है, माननीय मंत्री जी ने यहां पर जवाब दिया है इस मामले में उन्होंने जो बातें यहां पर कही हैं, उन्होंने 2014 के जो आंकड़े हम सबके सामने प्रस्तुत किए हैं, उसमें उन्होंने इस बात को कहा है कि उत्तर प्रदेश में 123 मौतें हुई हैं, मुझे लगता है कि परसों तक के जो आंकड़े हैं, उसमें 130 मरीज इस बीमारी से गोरखपुर मेडिकल कॉलेज में मरे हैं, बिहार में 159 लोगों की मौतें हुई हैं, पश्चिम बंगाल में 208 और असम में 197 मौतें हुई हैं। ये मौतें अब तक हुई हैं। ये मौतें कुल इंसेफेलाइटिस की हैं। इसमें जे.ई. अलग है और ए.ई.एस. अलग है।

मैं उसी पर आ रहा हूँ महोदय, मैं आपके माध्यम से माननीय मंत्री जी से अनुरोध करना चाहूँगा कि आपने अपने उत्तर में एक बात और कही है और वह यह कही है कि जिला अस्पतालों में 10 बेड का बाल चिकित्सा आई.सी.यू. स्थापित करने के लिए भारत सरकार ने निर्देश जारी किए थे। यह कहीं भी स्थापित नहीं हुए हैं और पूर्वी उत्तर प्रदेश में जो 7 जनपद में हैं, मेरी जानकारी में यह है कि उन 7 जनपदों में आई.सी.यू. स्वीकृत हुआ था। उत्तर प्रदेश सरकार ने

उसके लिए टेंडर जारी किया था। वह टेंडर एक फर्जी एक कंपनी को दे दिया गया। वह पैसा लेकर भाग गई है, उसके बाद वहां पर आई.सी.यू. स्थापित नहीं हुआ है, यह वहां की सच्चाई है।

इसके अलावा टीकाकरण के बारे में मैंने आपके सामने इस बात को कहा कि पी.एम.आर. के बारे में मैं आपके सामने कह ही चुका हूँ कि 2 साल से उन्हें वेतन नहीं मिला है। वायरोलॉजी सेंटर के बारे में मैंने आपको कहा कि वह संसाधनों के लिए जूझ रहा है इसलिए उसको रीजनल वायरोलॉजी सेंटर के रूप में स्थापित किया जाए। इस दृष्टि से और ए.ई.एस. का मुख्य कारण आपने पहले ही कहा कि प्रदूषित जल इसका मुख्य कारण है। शुद्ध पेयजल लोगों को उपलब्ध हो इससे एक अभियान वहां पर प्रारंभ हो इसके लिए मुझे लगता है कि तमाम अन्य मंत्रालयों को भी इसमें आपको लान पड़ेगा और उन मंत्रालयों को साथ में लेकर के काम करना पड़ेगा। इसमें पेयजल और स्वच्छता मंत्रालय है, बाल एवं महिला कल्याण मंत्रालय, शहरी विकास मंत्रालय है और यह सभी मंत्रालय मिलकर कार्य करेंगे तभी इस समस्या का समाधान हो सकता है।

महोदय, आप के नेतृत्व में पोलियो का उन्मूलन हुआ है 1977 में इस देश में स्माल पॉक्स का उन्मूलन करने में सफलता प्राप्त हुई है तो मुझे लगता है कि इंसेफलाइटिस का उपचार संभव है, हां जागरूकता का अभाव, समय पर टीकाकरण, साफ–सफाई शुद्ध पेयजल अगर उपलब्ध हो जाए और इंसेफलाइटिस उन्मूलन के लिए एक अभियान चलाएंगे तो मुझे लगता है कि इसके लिए एक राष्ट्रीय कार्यक्रम की घोषणा माननीय मंत्री जी आज घोषित करें। मैं इस बात का एक अनुरोध करना चाहूँगाय मैं माननीय मंत्री जी से अनुरोध करना चाहूँगा कि जो नेशनल प्रोग्राम बने उनमें प्रिवेंशन, इलाज, निदान, शोध सर्विलांस के साथ–साथ पुनर्वास स्वास्थ्य शिक्षा और इस पूरी वाली को नोटिफायबल डिजीज घोषित करने के साथ–साथ जो मरीज इससे प्रभावित होते हैं उनके पुनर्वास की भी पूर्ण व्यवस्था हो।

जब हम किसी बीमारी को महामारी घोषित करते हैं तो उसमें

एक राष्ट्रीय कार्यक्रम के बाद एक नियमित बजट का प्रावधान होता है। इंसेफलाइटिस में समस्या यह है कि उस कार्यक्रम के कारण वहां पर बजट की समस्या है। इसलिए इसको उसमें लेकर इसके लिए नियमित बजट घोषित किया जाए। मैं माननीय मंत्री जी से कहना चाहूँगा की इंसेफलाइटिस के लिए जो अभियान पर प्रारंभ करने जा रहे हैं इसमें पल्स पोलियो की तर्ज पर टीकाकरण हो। इसके बारे में पूर्वी उत्तर प्रदेश का सबसे बड़ा केंद्र बी.आर.डी. मेडिकल कॉलेज है।

इसी सदन ने 29.12.2011 को माननीय स्वास्थ्य और परिवार कल्याण मंत्री ने कहा कि 12वीं योजना में उत्तर प्रदेश को हम एम्स देंगे। एक गोरखपुर के लिए देंगे एक अन्यत्र देंगे। वहां आज तक उसका कार्य प्रारंभ नहीं हो गया है पाया है। गोरखपुर के लिए एम्स घोषित हो जिससे वहां पर व्यापक शोध के साथ–साथ उपचार की उचित व्यवस्था हो सके। इंसेफलाइटिस, वेक्टर बॉर्न डिजीज के अलावा उन सभी बीमारियों का उपचार हर प्रकार का सुपर स्पेशलिटी की चिकित्सा उपलब्ध हो सके। इस दृष्टि से में माननीय मंत्री जी का संरक्षण इस मामले में चाहूँगा। मैं माननीय मंत्री जी से अनुरोध करना चाहूँगा कि इंसेफलाइटिस के उपचार और उन्मूलन के लिए व्यापक जनजागरण, शुद्ध पेयजल, साफ–सफाई, टीकाकरण, सर्विलांस और वहां के सभी सी.एस.सी., पी.एस.सी. डिस्ट्रिक्ट हॉस्पिटल के अलावा बी.आर.डी. मेडिकल कॉलेज में पुख्ता व्यवस्था करेंगे। इस विश्वास के साथ में एक बार पुनः आपको धन्यवाद दूंगा कि आपने इस विषय को नियम 193 में व्यापक चर्चा के लिए लिया है।

हम विश्वास व्यक्त करते हैं कि नियम 193 में इस विषय पर चर्चा के बाद हम एक ठोस नतीजे पर अवश्य पहुंचेंगे।

–04 अगस्त, 2014

भारतीय रेल

दुर्भाग्य से इस बार का रेल बजट भी इसी प्रकार देखने को मिला है। गोरखपुर पूर्वोत्तर रेलवे का मुख्यालय है लेकिन इस रेल बजट में गोरखपुर और पूर्वोत्तर रेलवे के लिए कोई सुविधा नहीं दी गई है। यह देखकर मन क्षुब्ध होता है। बार–बार संकीर्ण राजनीति और स्वार्थ के तहत निर्णय लिए जा रहे हैं।

चरवाहा विद्यालय ना बनायें रेल मंत्रालय को

उपाध्यक्ष महोदय, माननीय रेल मंत्री जी ने वर्ष 2004–05 का रेल बजट कल सदन में प्रस्तुत किया है। भारतीय रेल एक प्रबंधन के अधीन पूरे विश्व में यातायात के क्षेत्र में सबसे बड़ी परिवहन व्यवस्था है, जिस पर हम सबको गर्व है। पूरे भारत की एकता और एकात्मकता का आधार है। हमने सामाजिक समरसता के एक आदर्श के साथ–साथ पर्यावरण व्यवस्था के लिए भी एक उत्तम साधन के रूप में रेल को स्वीकार किया है। अगर कहा जाए कि भारतीय रेल भारतीय जीवन की लाइफ लाइन है तो इसमें कोई अतिशयोक्ति नहीं है। महोदय, जहां हमने भारतीय रेल को भारतीय जीवन की लाइफ लाइन कहा है, वहीं साथ–साथ माननीय रेल मंत्री ने जो कल रेल बजट प्रस्तुत किया है, उसमें क्षेत्रीय असंतुलन के साथ–साथ राजनीतिक संकीर्णता भी देखने को मिली है। इसलिए मैं यहां माननीय रेल मंत्री द्वारा प्रस्तुत रेल बजट का विरोध करने के लिए खड़ा हुआ हूँ।

देश में दो बजट प्रस्तुत होते हैं। उसमें एक सामान्य बजट होता है और उससे पहले सदन में रेल मंत्री द्वारा रेल बजट प्रस्तुत किया जाता है। भारतीय रेल के प्रति एक विश्वास ने ही उसे जीवन और राष्ट्र की रीढ़ के रूप में स्वीकार किया था लेकिन साथ–साथ इस व्यवस्था को देने वाले देश के उन महापुरुषों ने इस बात का आभास अवश्य किया होगा कि रेल की इस लाइन को संपूर्ण राष्ट्र में व्यवस्थित तरीके से इस तरह फैलाएंगे जिससे संतुलित विकास पूरे राष्ट्र का हो सके लेकिन दुर्भाग्य से आजादी के बाद ऐसा नहीं हो पाया। जिस

प्रदेश या क्षेत्र के रेल मंत्री होते थे उस क्षेत्र विशेष तक वे योजनाएं लागू हुई और अन्य क्षेत्रों को छोड़ दिया। 1998 में पहली बार अटल जी के नेतृत्व में केंद्र में राष्ट्रीय जनतांत्रिक गठबंधन की सरकार बनी थी। उस समय भी हम लोग प्रथम बजट के अवसर पर यहां उपस्थित थे। उस समय भी ये बातें सामने आईं थी कि असंतुलित विकास पूरे देश में केवल रेलवे के क्षेत्र में नहीं अन्य क्षेत्रों में भी हुआ है, उसे दूर करने के लिए क्या किया जाए। उस समय एक दृढ़ इच्छाशक्ति की आवश्यकता थी। हमने निर्णय लिया कि एक यूनिफॉर्म पॉलिसी पूरे राष्ट्र के लिए तय की जाए। हमने स्वर्णिम चतुर्भुज योजनाएं पूरे देश के लिए लागू की। ईस्ट–वैस्ट तथा नॉर्थ–साउथ कॉरीडोर का एक संकल्प लिया गया। पैसा कहां से आएगा? एक सतसंकल्प था। उसके कारण पूरे देश में इसका कार्य प्रारंभ हुआ। 56 हजार करोड़ रुपए एकत्र हुआ और कार्य भी प्रारंभ हुआ। विकास के पथ से जो भारतीय रेल भटक चुकी थी जिसका निजीकरण करने की मांग जोर–शोर से हो रही थी, एक दृढ़ इच्छाशक्ति के कारण तत्कालीन रेल मंत्री ने माननीय प्रधानमंत्री के निर्देश पर जो कार्य प्रारंभ किया, वह विश्वास का प्रतीक बनी थी लेकिन मुझे लगता है कि जो राजनीतिक घोषणाएं वर्तमान में हो रही हैं, ये निश्चित ही रेल को उसके विकास के पथ से पुनः एक बार भटका देंगी और इसके निजीकरण की मांग जो 1998 से पहले बड़े जोर–शोर से चल रही थी, वह एक बार पुनः प्रारंभ हो जाएगी। कभी हमें लगता है कि हम लोग राजनीतिक स्वार्थों के लिए राष्ट्रीय हित और समाज हित को कब तक तिलांजलि देते रहेंगे। हम भूल जाते हैं कि सामाजिक व्यवस्था जिसके माध्यम से रेल को जिस सामाजिक प्रतिबद्धताओं से जोड़ना चाहते हैं, वह अगर इसी प्रकार से जारी रहा तो निश्चित ही रेल अपने पथ से स्वयं भटक जाएगी और सामाजिक प्रतिबद्धताएं भी स्वयं अपने मार्ग से हट जाएंगी। इसलिए रेल मंत्री द्वारा प्रस्तुत बजट दिशाहीन है। क्या वह राष्ट्र और रेल मंत्रालय को नई दिशा दे पाएगा? मुझे इसमें बहुत संदेह है और मुझे ऐसा लगता है कि कहीं भारतीय रेल की स्थिति उसी प्रकार से न

हो जैसे माननीय लालू जी ने बिहार में मुख्यमंत्री के रूप में आते ही चरवाहा विश्वविद्यालय की घोषणा की थी और उसका परिणाम भी देखा। मुझे इसमें संदेह है कि कहीं ना कहीं चरवाहा विश्वविद्यालय का सूत्र रेल पर भी चरितार्थ होकर दिशाहीन होकर भटक ना जाए।

उपाध्यक्ष महोदय, मैं उत्तर प्रदेश के जिस क्षेत्र से आता हूँ, वह देश का सबसे घनी आबादी वाला क्षेत्र है। आजादी के बाद उस क्षेत्र की घोर उपेक्षा हुई है और इस क्षेत्र में आजादी के बाद विकास का कार्य नहीं हुआ है। यह भारत और नेपाल का सीमावर्ती क्षेत्र है। एक तरफ बिहार और दूसरी तरफ नेपाल आता है। प्रतिवर्ष इस क्षेत्र में बाढ़ आती है और विकास के बारे में आज तक नहीं सोचा गया। पिछली एन.डी.ए. की सरकार को छोड़ दिया जाए तो किसी सरकार ने इस क्षेत्र की ओर ध्यान नहीं दिया। दुर्भाग्य से इस बार का रेल बजट भी इसी प्रकार देखने को मिला है। गोरखपुर पूर्वोत्तर रेलवे का मुख्यालय है लेकिन इस रेल बजट में गोरखपुर और पूर्वोत्तर रेलवे के लिए कोई सुविधा नहीं दी गई है। यह देखकर मन क्षुब्ध होता है। बार–बार संकीर्ण राजनीति और स्वार्थ के तहत निर्णय लिए जा रहे हैं। इसे देखकर आदमी विवश हो जाता है कि वास्तव में राजनैतिक विवशता, राजनैतिक संकीर्णता देश और समाज को कहां ले जाएगी? ऐसे बहुत से कार्य हैं जो होने चाहिए थे लेकिन ऐसा नहीं हुआ। अगर पूर्वी उत्तर प्रदेश का विकास नहीं होगा तो माननीय रेल मंत्री बिहार का विकास कैसे कर पाएंगे क्योंकि बिहार के लिए जो भी रेल लाइन है, वह पूर्वी उत्तर प्रदेश से होकर जाती है। माननीय रेल मंत्री जी ने ना जाने किन कारणों से इसकी उपेक्षा की है और विकास का कोई भी कार्य नहीं हुआ है। इसमें सबसे पहले लखनऊ–गोरखपुर विद्युतीकरण का प्रस्ताव हम लोगों ने दिया था। लखनऊ से गोरखपुर जाने के लिए अभी 5–6 घंटे लगते हैं। यदि इस लाइन का विद्युतीकरण हो जाता है तो राजस्व में 17 प्रतिशत की बचत होने के साथ–साथ समय की भी बचत होगी। लेकिन दुर्भाग्य से अन्य क्षेत्रों से प्रस्ताव दिए गए हैं, इस क्षेत्र की उपेक्षा की गई है।

गोरखपुर–गौंडा लूप रेल लाइन के आमान परिवर्तन के लिए माननीय, नीतीश कुमार ने शिलान्यास भी किया था। यह रेल लाइन गोरखपुर–गौंडा लूप लाइव नौतनवां होते हुए जाती है। यह भारत–नेपाल सीमावर्ती क्षेत्र होकर रेल लाइन जाती है। नेपाल में वर्तमान में माओवादी हिंसा से हम लोग परिचित हैं। हमारे देश के 11 प्रांत ऐसे हैं जो नक्सली हिंसा से प्रभावित हैं। सबसे पहले इस लाइन के आमान परिवर्तन का कार्य हम तीव्र गति से प्रारंभ करेंगे, इस बारे में रेल मंत्री जी ने इस बजट में कोई प्रावधान नहीं किया है।

उपाध्यक्ष जी, गोरखपुर–गोंडा के बीच में दोहरीकरण के बारे में एक प्रस्ताव दिया गया था। वर्ष 1996 में डोमिनगढ़ में एक भीषण एक्सीडेंड हुआ था जिसमें सैंकड़ों लोग मारे गए थे। तब से निरंतर यह मांग की जाती रही है कि इस लाइन का दोहरीकरण किया जाये। पिछली सरकार ने गोरखपुर से सहजनवां के बीच 15 किलोमीटर मार्ग के दोहरीकरण का कार्य स्वीकृत किया गया था और 6 किलोमीटर के लिए धन भी उपलब्ध कराया गया था लेकिन इस मार्ग के बारे में इस बजट में कोई प्रावधान नहीं किया गया है।

उपाध्यक्ष महोदय, गोरखपुर में पूर्वोत्तर रेलवे का मुख्यालय है। मुख्यालय के एक भाग को पहले ही हाजीपुर में एक अन्य मुख्यालय बनाकर स्थानांतरित कर दिया गया है तथा महाप्रबंधक का जो पद गोरखपुर में था उसे समाप्त कर दिया गया है। मैं माननीय रेल मंत्री जी ने अनुरोध करूंगा कि महाप्रबंधक के पद को पुनः गोरखपुर में सृजित करने की व्यवस्था की जाए। पिछली सरकार ने गोरखपुर से दिल्ली के लिए एक नई ट्रेन गोरखधाम एक्सप्रेस दी थी। सप्ताह में तीन दिन तक यह ट्रेन चलती है। इसमें यातायात के लोड को देखते हुए मैंने माननीय रेल मंत्री जी अनुरोध किया था कि सप्ताह में इसकी आवर्ती बढ़ा दी जाए और इसे सातों दिन के लिए कर दिया जाए। लेकिन बजट प्रस्ताव में कहीं भी इसकी चर्चा नहीं की गई है। गोरखपुर से श्री राम जन्मभूमि अयोध्या के लिए और अयोध्या से नई दिल्ली के लिए नई एक्सप्रेस ट्रेन की मांग की गई थी। दिल्ली से

फैजाबाद के लिए की है, लेकिन फैजाबाद से गोरखपुर तक जिसकी मांग स्थानीय स्तर और पूरे देश से की गई थी, इस मांग का कोई उल्लेख इस बजट प्रस्ताव में नहीं हुआ है। गोरखपुर से इलाहाबाद के बीच वाया अयोध्या, सुल्तानपुर होते हुए एक इंटरसिटी चलाने की मांग पिछली सरकार के समय में हुई थी और तत्कालीन माननीय रेल मंत्री ने इसे स्वीकार भी किया था। लेकिन इस रेल बजट में उसका कहीं कोई प्रावधान नहीं है। गोरखपुर के दक्षिण में बांसगांव होते हुए दोहरीघाट तक रेल लाइन की मांग वर्षों से होती आई है। इसका सर्वे भी वर्ष 1996–97 में हुआ था, लेकिन सर्वे के बाद कार्य की स्वीकृति और अन्य कार्य आगे नहीं बढ़ पाया है। मैं माननीय रेल मंत्री से अनुरोध करूंगा कि गोरखपुर से दक्षिण बांसगांव होते हुए दोहरीघाट तक रेल लाइन बिछाने का कार्य प्रारंभ हो और साथ ही साथ जनपद महाराजगंज के आनंदनगर से महाराजगंज जिला मुख्यालय होते हुए घुघली रेलवे स्टेशन पर नई रेल लाइन कार्य प्रारंभ हो।

उपाध्यक्ष महोदय, इसके साथ ही पिछली बार माननीय रेल मंत्री ने एक बात की घोषणा की थी कि जो संसद सदस्य रेलवे समपार फाटक पर जिन पर कोई कर्मचारी नहीं है, उन पर चौकीदार नियुक्त करने के लिए या जहां पर लेवल क्रासिंग नहीं बने हैं, वहां लेवल क्रासिंग बनाने के लिए सांसद निधि से धन देगा, वहां पर सांसद के प्रस्ताव पर एक लैवल क्रासिंग जो मानव विहीन है, उसे मानवयुक्त करने के लिए सांसद से 8 से 10 लाख रुपये लिए जायेंगे और उन पैसों से लेवल क्रासिंग को मानवयुक्त करने की व्यवस्था की जाएगी। मैंने अपने संसदीय निर्वाचन क्षेत्र में जो लेवल क्रासिंग मानवयुक्त नहीं था, उसे मानवयुक्त करने के लिए धन की व्यवस्था की थी। लेकिन रेल मंत्रालय ने और रेलवे ने उसमें कोई रुचि नहीं ली। माननीय रेल मंत्री कहते हैं कि 1200 से अधिक ऐसे लेवल क्रासिंग हैं जहां चौकीदार नहीं हैं और यदा–कदा वहां पर दुर्घटनाएं होती रहती हैं। चूंकि रेलवे के सामने आज सबसे बड़ी चुनौती सुरक्षा और संरक्षा के क्षेत्र में हैं। जो लेवल क्रासिंग मानवयुक्त नहीं हैं उन्हें मानवयुक्त

करने के लिए सांसद विकास निधि के पैसे का उपयोग हो सकता है। मैं माननीय रेल मंत्री से अनुरोध करूंगा कि उसमें रियायत देते हुए माननीय संसद सदस्य सांसद विकास निधि के पैसे का भी उसमें उपयोग हो और साथ ही साथ उनके प्रस्ताव को प्राथमिकता के आधार पर उन कार्यों को अगर संपन्न किया जा सके तो मैं समझता हूँ कि रेलवे के उन कार्यों को आगे बढ़ाने में और रेलवे के संसाधनों को आगे बढ़ाने में काफी मदद मिलेगी और सुरक्षा और संरक्षा के क्षेत्र में माननीय संसद सदस्यों का योगदान भी हो पाएगा।

उपाध्यक्ष महोदय, इसके साथ ही एक अन्य कार्य रेलवे की फालतू भूमि के वाणिज्यिक उपयोग से संबंधित था, पिछली बार भी रेलवे मंत्रालय के बजट में इस बात का प्रावधान था, तब माननीय रेल मंत्री ने घोषणा की थी, तमाम लोगों के लिए माननीय रेल मंत्री जी ने घोषणा की है। रेलवे स्टेशन के बाहर पटरी पर जो लोग कार्य करते हैं जैसे ठेला लगाते हैं, खोमचा लगाते हैं, मोची का कार्य करते हैं, उनके लिए कोई व्यवस्था नहीं की गई है। रेलवे स्टेशन के बाहर जो फालतू भूमि है, अगर वहां पर वाणिज्यिक उपयोग के लिए शॉपिंग कांप्लेक्स बनाने की व्यवस्था रेल मंत्रालय द्वारा हो जाए तो मैं समझता हूँ कि उस भूमि का बेहतर उपयोग हो पाएगा। इससे उसका सौंदर्यीकरण भी हो जाएगा और तमाम ऐसे लोगों को रोजगार मिल जाएगा जो लोग रोजगार की तलाश में इधर–उधर भटकते हैं, जिनके पास अपना कोई साधन नहीं होता है, उन्हें उपयोगी दुकानें मिलेंगी और वे रेलवे को किराया भी देंगे।

इस प्रकार की व्यवस्था अगर कर सकें तो मैं समझता हूँ कि वाणिाज्यिक उपयोग के लिए रेलवे की फालतू पड़ी जमीन का उपयोग हो पाएगा।

इसके साथ ही मेरे केवल दो प्रस्ताव हैं, एक गोरखपुर कलकत्ता के बीच में नई ट्रेन चलाई जाए जो बिहार होते हुए जाएगी और बिहार के लोग भी उससे लाभ उठाएंगे। अन्य बातों के साथ मैं अनुरोध करना चाहता हूँ कि खिलाड़ियों के बारे में माननीय रेल मंत्री जी ने कोई

घोषणा नहीं की है। खिलाड़ियों के तीसरे और चौथे दर्जे में नौकरियों के सम्बन्ध में राष्ट्रीय और अंतर्राष्ट्रीय खिलाड़ियों को नियुक्त करने के सम्बन्ध में भी मैं निवेदन करना चाहता हूँ और एक अन्य जो महत्वपूर्ण मुद्दा है वह यह है कि सुरक्षा के सम्बन्ध में सबसे बड़ी चिंता जो वर्तमान में आई है, वह बिहार से आई है। यदा–कदा सुनने में आया और जब मैं कोलकाता गया था तो उत्तर प्रदेश और इधर के काफी लोग मुझसे मिले थे। सबकी चिंता थी कि जिस प्रकार से घटनाएं बिहार में हो रही हैं, कैसे हम सुरक्षित यात्रा कर पाएंगे। मैं माननीय रेल मंत्री जी से अनुरोध करूंगा कि बिहार में आपकी ही सरकार है और आपकी धर्मपत्नी वहां पर मुख्यमंत्री के रूप में हैं। इसलिए दो व्यवस्थाएं आप करा दें। एक सुरक्षा की व्यवस्था और दूसरा बिहार में जो बिना टिकट चलने की प्रवृत्ति चली है, इस पर रोक लगा सकें तो आपकी अति कृपा रेल यात्रियों पर होगी और मंत्रालय पर होगी।

इन्हीं शब्दों के साथ मैं एक बार पुनः माननीय रेल मंत्री द्वारा जो रेल बजट प्रस्तुत किया गया है, उसका विरोध करता हूँ और माननीय रेल मंत्री जी से अनुरोध करूंगा कि जिस प्रकार की व्यवस्था रेल मंत्रालय के अधीन चलाना चाहते हैं, उससे रेल विकास के पथ पर चलकर राष्ट्र की जीवनरेखा को मजबूती प्रदान नहीं करेगी, अपितु बिहार के चरवाहा विश्वविद्यालय की पुनरावृत्ति करेगी। इससे आप खास तौर से इस मंत्रालय को बचाएं।

इन्हीं शब्दों के साथ आपने मुझे बोलने के लिए समय दिया, उसके लिए धन्यवाद।

–07 जुलाई, 2004

यह बात दर्शाती है कि भारतीय जीवन–पद्धति और भारत की लाइफ लाइन इस रेल को हम कहां ले जा रहे हैं। कांग्रेस के सांसद महोदय, जिन्होंने अनुदान की मांगों पर बहस प्रारंभ की थी उनकी बातों को सुनकर मुझे लगता है कि अगर कांग्रेस के भाइयों को लालू जी इतने ही पसंद हैं को क्यों नहीं लालू जी को प्रधान मंत्री बना देते हैं। जैसे रेलवे को लालू जी लालू मेल बनाकर चला रहे हैं।

रेल को लालू मेल ना बनाएं

सभापति महोदय, रेलवे की 2004–05 की अनुपूरक मांगों पर चर्चा करने के लिए आज हम सब एकत्र हुए हैं। भारतीय रेलवे पर हमें निश्चित ही गौरव की अनुभूति होती है। कुछ समय पहले हमने भारतीय रेलवे की 150वीं जयंती मनाई थी। उस वर्ष इस क्षेत्र में बहुत कुछ करने के लिए इसी सदन के माध्यम से एक संकल्प भी लिया गया था। उस समय भी जो सबसे बड़ी चिंता हमारे सामने थी वह रेलवे के क्षेत्र में सुरक्षा और संरक्षा से जुड़ा हुआ महत्वपूर्ण मुद्दा था।

दुर्भाग्य का विषय है कि जिस भारतीय रेल को हम भारतीय जीवन पद्धति की लाइफ लाइन कहते हैं, उस लाइफ लाइन को पिछले कुछ समय से आजादी के बाद से अक्सर हमने देखा है कि जिस क्षेत्र विशेष का रेल मंत्री बनता है, उस क्षेत्र में अधिकांश परियोजनाएं गईं। आज उसका परिणाम यह हुआ कि पूरे देश के अंदर रेलवे के क्षेत्र में जो समानुपात होना चाहिए, उसकी जगह क्षेत्रीय असंतुलन की स्थिति पैदा हो गई है।

पिछली बार जब रेलवे बजट पर चर्चा करने के लिए हम एकत्र हुए थे, उस समय मैंने कहा था कि रेल मंत्री जी ने जो रेल बजट प्रस्तुत किया था, उसमें पूरी तरह से राजनीतिक संकीर्णता देखने को मिली थी।

महोदय, भारतीय रेल ने उत्तर से लेकर दक्षिण तक और पूर्व से लेकर पश्चिम तक भारत को जोड़ने का कार्य किया था और वह समता और एकात्मकता का प्रतीक बन चुकी है। संभवतः लालू जी के रेल

मंत्री बनने के बाद उस समता और समरसता में कमी आई है। आज भारतीय रेल, भारतीय रेल न होकर लालू मेल बनकर रह गई है।

सभापति जी, मुझे बड़े अफसोस के साथ कहना पड़ रहा है कि आज जो सप्लीमेंटरी डिमांड यहां प्रस्तुत की गई है उसमें जो चैप्टर रेलवे संरक्षा और सुरक्षा का है, उसका अनुपात जो यहां दिखाया गया है, उस पर आप एक बार नजर डालें तो ऐसा लगता है कि माननीय रेल मंत्री भारत के रेल मंत्री न रहकर मात्र बिहार के और माननीया राबड़ी देवी के रेल मंत्री बनकर रह गए हैं। अधिकतर उन्होंने बिहार को योजनाओं को ही इसमें लिया है।

इसके कारण बिहार के बारे में सोच में कमी आई है। बिहार की लड़कियां उत्तर प्रदेश में ब्याही जाती हैं लेकिन उत्तर प्रदेश के हित के बारे में माननीय रेल मंत्री जी कभी नहीं सोचते हैं। हो सकता है कि उत्तर प्रदेश के मुख्यमंत्री जी से इनकी राजनीतिक वैमनस्यता होगी, राजनैतिक दुश्मनी होगी लेकिन हम लोगों से किस बात की वैमनस्यता है। इसलिए मैं माननीय रेल मंत्री जी से कहना चाहता हूँ कि अगर दिल्ली का सफर रेल से पूरा करना हो तो उत्तर प्रदेश को इग्नोर नहीं किया जा सकता है। लेकिन माननीय रेल मंत्री जी बार–बार यही त्रुटि किए जा रहे हैं। उत्तर प्रदेश की एक भी योजना इस सप्लीमेंटरी डिमांड में नहीं आई है जबकि इस देश की जनसंख्या का पांचवां हिस्सा उत्तर प्रदेश के अंदर निवास करता है। उसके बावजूद भी उत्तर प्रदेश की जिस तरह उपेक्षा हो रही है और माननीय रेल मंत्री जी भारत के रेल मंत्री न रहकर केवल कूप मंडूक बनकर रह गए हैं, बिहार के बनकर रह गए हैं और हमें उस पर आपत्ति है और हमारी आपत्तियों को यहां पर दर्ज किया जाए।

पिछली बार भी हम लोगों ने कहा था और आज फिर कहते हैं कि माननीय रेल मंत्री जी विकास के प्रति कितने गंभीर हैं, यह बात पिछले 6 महीने की रेल दुर्घटनाओं से और रेलवे की संरक्षा और सुरक्षा में लापरवाही से साफ नजर आती है। जितनी डकैतियां रेलवे

में पड़ी हैं, रेल मंत्री जी यात्रियों की सुरक्षा के प्रति कितने गंभीर हैं और जो सुविधाएं रेल यात्रियों को दी जानी चाहिए, उन्हें देखने से साफ पता चलता है। यह बात दर्शाती है कि भारतीय जीवन–पद्धति और भारत की लाइफ लाइन इस रेल को हम कहां ले जा रहे हैं। कांग्रेस के सांसद महोदय, जिन्होंने अनुदान की मांगों पर बहस प्रारंभ की थी उनकी बातों को सुनकर मुझे लगता है कि अगर कांग्रेस के भाइयों को लालू जी इतने ही पसंद हैं को क्यों नहीं लालू जी को प्रधान मंत्री बना देते हैं। जैसे रेलवे को लालू जी लालू मेल बनाकर चला रहे हैं।

अगर मैं डिमोशन की बात कर रहा था, इनको परेशानी हो रही थी, अब प्रमोशन की बात कर रहा हूँ तो इनको परेशानी है। अगर मैंने गाड़ियों को बिहार तक ले जाने की बात कही तो इनको बुरा लगा। अगर मैं कहता हूँ कि इनको प्रधान मंत्री बना दिया जाए तो भी इनको बुरा लगा।

अभी संसद सत्र प्रारंभ होने से पहले माननीय रेल मंत्री जी ने बार–बार कहा था कि माल भाड़े में कोई वृद्धि नहीं होगी लेकिन संसद सत्र प्रारंभ होने से कुछ दिन पूर्व माल भाड़े में काफी वृद्धि की गई जिसका असर देश के किस वर्ग पर पड़ेगा? देश में महंगाई बढ़ेगी। रेल भाड़े में वृद्धि होने से महंगाई पर असर पड़ेगा और निम्न आय वर्ग और मध्यम आय वर्ग इससे बुरी तरह प्रभावित होने वाला है। कल ही देश के सभी रेलवे स्टेशनों पर जितने भी कुली काम करते हैं, उन सबने अपनी मांगों के लिए आंदोलन किया था। रेल मंत्री बनने के बाद लालू जी ने कहा था कि हम उस तबके के बारे में सोचेंगे। क्या 6 महीने में यही सोच थी? आज उन कुलियों को भी आंदोलन करके सड़कों पर उतरना पड़ा। उनकी वाणिज्यिक मांगों के बारे में 6 महीने में कोई सहानूभूतिपूर्व विचार क्या रेल मंत्री या रेल मंत्रालय द्वारा नहीं हुआ?

इसके अतिरिक्त छठ पूजा के दौरान नई दिल्ली रेलवे स्टेशन पर जो दुर्घटना हुई, वह बहुत दुखद थी। एक सस्ती लोकप्रियता

हासिल करने के लिए हम किस हद तक फैसले करते हैं, यह उसकी जीता–जागता उदाहरण है। नई दिल्ली रेलवे स्टेशन में उस दौरान जो भगदड़ मची, उसके बाद जो निर्दोष लोग मारे गए उनकी कौन भरपाई करेगा, किसकी जवाबदेही तय करेंगे? पिछली बार यह तय हुआ था कि रेलवे की फालतू भूमि का वाणिज्यिक उपयोग किया जाएगा। वाणिज्यिक उपयोग के क्षेत्र में कितना काम अब तक हुआ है, मैं समझता हूँ कि उस दिशा में कोई सोच पैदा नहीं की गई। बहुत सी जगहों में रेलवे की भूमि पर अवैध कब्जा है। स्थानीय नगर निगम, नगरपालिका या स्थानीय पालिकाओं या राज्य सरकार की एजेंसियों के साथ इस बारे में बातचीत हो तो रेलवे से जुड़ी भूमि का बेहतर उपयोग होगा और बहुत से लोगों को रोजगार देकर आगे बढ़ाया जा सकता है। इससे रेलवे की इनकम बढ़ेगी और उस भूमि का बेहतर उपयोग किया जा सकता है लेकिन उस दिशा में कोई सोच अब तक पैदा नहीं की गई है।

देखने को मिला है कि पूर्वोत्तर रेलवे की कई ट्रेनें समय पर नहीं आ रही है। वे 10–12 घंटे लेट आती हैं। मैं कह रहा था कि वे अधिकतर लेट चलती हैं। मेरे दो सुझाव हैं। एक, व्यक्ति किराया दे रहा है तो रेलवे उसे सीट क्यों नहीं देता है? अगर सीट नहीं दे सकता तो उस व्यक्ति से किराया वसूल न किया जाए। अगर आप किराया लेकर समय पर यात्रियों को पहुंचाने का वायदा कर रहे हैं और उतने घंटे में यात्रा को संपन्न करने का दावा करते हैं तो अपने उस दावे के अनुसार वायदे को पूरा करने का प्रयास रेलवे करना चाहिए। अगर रेलवे नहीं करता तो कम से कम उसी मात्रा में रेलवे को अपने किराए को भी कम करना चाहिए।

इसके अतिरिक्त रेल बजट पेश करने के बाद मैंने अपने भाषण में पूर्वोत्तर रेलवे से जुड़ी बातों को रखा था। मैंने उस समय भी माननीय रेल मंत्री जी से अनुरोध किया था कि केवल एक क्षेत्र या प्रदेश विशेष का विकास करके रेलवे के विकास के बारे में नहीं सोचा जा

सकता है। संपूर्ण भारत में रेलवे का विकास करने के लिए विभिन्न योजनाओं को पूरे देश के परिप्रेक्ष्य में, जनसंख्या के अनुपात में और क्षेत्र के अनुपात में लागू किया जाना चाहिए।

दूसरे, उस मामले में यह बात तय हुई थी कि जो योजनाएं लाभकारी हैं या योजनाएं चालू हैं, उन्हें पहले पूरा किया जाए। राजनैतिक लाभ के लिए या मात्र राजनैतिक स्वार्थ के लिए नई योजनाएं बना लेना और फिर कोई नया रेल मंत्री आ जाए, उन योजनाओं को अधूरा छोड़ दिया जाए, यह रेलवे के हित में नहीं है। पुरानी राजनैतिक कारणों से लंबित ढेर सारी योजनाओं को पूरा करने के लिए लगभग 1.5 लाख करोड़ रुपये की आवश्यकता पड़ेगी। उसका परिणाम यह होगा कि कोई भी योजना पूरी नहीं हो पायेगी और न जनोपयोगी कार्य हो सकेगा। इसलिए मैं आपके माध्यम से रेल मंत्री जी से निवेदन करना चाहता हूँ कि पूर्वोत्तर रेलवे की जितनी योजनाएं हैं, उन्हें पूरा करने के लिए मंत्रालय को ईमानदारी से सोचना चाहिए।

सभापति महोदय, पूर्वोत्तर रेलवे का बंटवारा हो चुका है, वहां के उप–महाप्रबंधक का पद रेल मंत्री जी के आने के बाद हाजीपुर स्थानांतरित किया जा चुका है और मंडल कार्यालय को भी हटाने का प्रयास चल रहा है। गोरखपुर मंडल के साथ जो खिलवाड़ किया जा रहा है, वह न किया जाए। जो योजनाएं पूर्वोत्तर रेलवे की पड़ी हुई हैं, जैसे गोंडा–बलरामपुर–नौतनवां–गोरखपुर लूप लाइन का आमान परिवर्तन करने का काम 1999–2002 में लिया गया, इसके लिए भी धन भी आवंटित किया गया था और कार्य भी प्रारंभ हुआ था।

सभापति जी, लखनऊ से गोरखपुर तक रेल लाइन के विद्युतीकरण और रेल लाइन को दोहरा किए जाने के लिए प्रस्ताव रेल विभाग को भेजा गया है। इस कार्य से रेल विभाग को 17 प्रतिशत राजस्व में बचत होगी। इसके अतिरिक्त नेपाल के अंदर माओवादी गतिविधियां बढ़ रही हैं जिसका असर हमारे देश पर भी दिखाई दे रहा है। आनंद नगर से लेकर जनपद महाराजगंज मुख्यालय के घुघली तक

रेल लाइन जोड़ने का प्रस्ताव भेजा गया था। रेल विभाग द्वारा कुछ कार्यवाही प्रारंभ भी हुई है। मैं माननीय रेल मंत्री जी अनुरोध करूंगा कि इस कार्य को प्राथमिकता के आधार पर करने की आवश्यकता है।

मैं रेल मंत्री जी से अनुरोध करना चाहता हूँ कि नेशनल हाइवे पर कूड़ाघाट तथा चार फाटक रेलवे क्रासिंग पर ओवर ब्रिज का निर्माण, गोरखधाम एक्सप्रेस की आवर्ती बढ़ाना, समय में संशोधन करना तथा गोरखपुर में राम जन्मभूमि अयोध्या होते हुए लखनऊ के लिए गाड़ी की व्यवस्था करने की कृपा करें। इसके अलावा.....(व्यवधान)।

–08 दिसंबर, 2004

पूर्वोत्तर रेलवे का मुख्यालय होने के बावजूद, उत्तर प्रदेश, जहां 16 करोड़ की आबादी है, चाहे 2005–2006 का रेल बजट हो या अनुपूरक मांग हो, उसकी अनदेखी हो रही है। उसमें भी सबसे ज्यादा उपेक्षा गोरखपुर की हुई है। तमाम प्रकार के भेदभाव पूर्वोत्तर रेलवे के साथ पहले से चल रहे हैं। इससे पहले पूर्वोत्तर रेलवे का विभाजन हुआ था। उसके बाद उप–महाप्रबंधक का पद समाप्त किया गया। मुख्य राजभाषा अधिकारी का पद समाप्त किया गया।

राजनीतिक संकीर्णता में भारतीय रेल को विकास से ना भटकाएं

मेरा कहना है कि रेल बजट की तरह सप्लीमेंट्री बजट में भी पूरी राजनीतिक संकीर्णता झलकती है। इसलिए मैं रेल मंत्री जी के इस प्रस्ताव का विरोध करते हुए कहना चाहता हूँ कि इस अनुदान की अनुपूरक मांग में कहीं भी रेलवे को विकास के पथ पर आगे बढ़ने की कोई सोच या दिशा परिलक्षित नहीं होती है।

महोदय, रेलवे ट्रैक के आधुनिकरण, जर्जर पुलों की मरम्मत, सिग्नल सिस्टम के आधुनिकरण, बिना लेवल क्रासिंग को इंटर लाकिंग सिस्टम से जोड़ने के लिए कहीं कोई प्रावधान इसमें दिखाई नहीं देता है। मैं मंत्री जी से अनुरोध करना चाहूँगा कि उन्हें क्षेत्रीय असंतुलन, जो भारतीय रेलवे के माध्यम से करने का प्रयास किया जा रहा है, उस संकीर्णता से ऊपर उठकर शुद्ध रूप से एक व्यापक दृष्टि को ध्यान में रखते हुए भारतीय रेलवे के विकास के बारे में सोचना चाहिए। आज हमारे सामने रेलवे में सबसे बड़ा संकट रेलवे की सुरक्षा और संरक्षा का खड़ा है। अभी हाल ही में श्रमजीवी एक्सप्रेस ट्रेन में कट्टरपंथियों द्वारा, आतंकवादियों द्वारा आधुनिक तरीके से बम विस्फोट किया गया, जिससे दर्जनों यात्री मारे गए और 150 से अधिक घायल हुए थे। इसलिए सुरक्षा का गंभीर खतरा हमारे सामने पैदा हो गया है।

मैं रेल मंत्री जी से कहना चाहता हूँ कि अक्सर ट्रेन्स लेट चलती हैं। जब से यह सरकार आई है, यह आम बात हो गई है। अगर आप उचित किराया लेते हैं और समय से यात्री को उसके गंतव्य तक

नहीं पहुंचा पाते हैं, तो फिर उसी अनुपात में किराए में भी कटौती की जाए। आप पैसे लेकर सीट उपलब्ध नहीं करा पा रहे हैं, तो फिर उस स्थिति में जितनी सुविधा आप दे रहे हैं, उसी सुविधा के अनुपात में किराया वसूल किया जाए।

पूर्वोत्तर रेलवे का मुख्यालय होने के बावजूद, उत्तर प्रदेश, जहां 16 करोड़ की आबादी है, चाहे 2005–2006 का रेल बजट हो या अनुपूरक मांग हो, उसकी अनदेखी हो रही है। उसमें भी सबसे ज्यादा उपेक्षा गोरखपुर की हुई है। तमाम प्रकार के भेदभाव पूर्वोत्तर रेलवे के साथ पहले से चल रहे हैं। इससे पहले पूर्वोत्तर रेलवे का विभाजन हुआ था। उसके बाद उप–महाप्रबंधक का पद समाप्त किया गया। मुख्य राजभाषा अधिकारी का पद समाप्त किया गया।

गोरखपुर रेलवे जोन के विभिन्न मंडल कार्यालय को वहां से स्थानांतरित करके, दूसरे मंडल जोन से संबंधित किया गया। तमाम स्टेशनों को गोरखपुर से हटाने और गोरखपुर जोन को समाप्त करने का जो प्रयास चल रहा है, मैं माननीय रेल मंत्री जी से अनुरोध करना चाहता हूँ कि इस मामले को गंभीरता से लेने की आवश्यकता है। अगर आप बिहार का विकास करना चाहते हैं तो आपको गोरखपुर से होकर ही जाना पड़ेगा। पूर्वोत्तर रेलवे के विकास की कुछ योजनाओं को मैं आपके सामने रखता हूँ। गोरखपुर–नौतनवा–गौंडा लूप लाइन का आमान परिवर्तन के लिए। गोरखपुर–लखनऊ रेलवे लाइन के गोरखपुर–गौंडा खंड के रेलवे लाइन का दोहरीकरण। लखनऊ–गोरखपुर के बीच रेलवे ट्रैक के विद्युतीकरण। वर्तमान में गोरखपुर के 4 स्थानों पर रेलवे ऊपरगामी गांधी सेतु की आवश्यकता है। पहला, एन.एच. 28 के कूड़ाघाट पर। दूसरा, चार फाटक पर। तीसरा, हुंमायुपुर रेलवे क्रासिंग पर और चौथा, सूर्यकुंड रेलवे क्रासिंग पर।

आनंद नगर से जनपद महाराजगंज मुख्यालय होते हुए घुघली तक रेलवे लाइन के प्रस्ताव को स्वीकृत किया जाए तथा घुघली रेलवे स्टेशन का उच्चीकरण किया जाए। गोरखपुर–बांसगांव– दोहरीघाट को रेलवे लाइन से जोड़ा जाए।

महोदय, एक नई ट्रेन गोरखपुर से श्री राम जन्मभूमि अयोध्या होते हुए लखनऊ और गोरखपुर से अयोध्या होते हुए इलाहाबाद के लिए प्रारंभ करने के साथ–साथ गोरखधाम एक्सप्रेस को माननीय मंत्री जी ने प्रतिदिन किया है, उस कार्य के लिए धन्यवाद देते हुए उसके समय–सारणी में भी संशोधन किया जाए। जो प्रस्ताव हम यहां दे रहे हैं उसके अनुसार ही संशोधन किया जाए।

मैं माननीय मंत्री जी से एक बार फिर अनुरोध करना चाहता हूँ कि वे राजनीतिक संकीर्णता से ऊपर उठकर देशहित में कार्य करेंगे जिससे देश के विकास के प्रतीक भारतीय रेल को उसके विकास के उद्देश्य से ना भटकने दें। मैं अपने भाषण को यहां 'ले' करना चाहता हूँ।

महोदय, भारतीय रेल के वर्ष 2005–2006 में रेलवे पर केंद्र सरकार के खर्च के लिए अनुदान की पूरक मांगों पर आज के सदन में चर्चा हो रही है। भारत के सामाजिक एवं सांस्कृतिक एकता की जीवन रेखा मानी जाने वाली भारतीय रेल आज यू.पी.ए. सरकार की संकीर्ण राजनीतिक कृत्यों एवं पूर्वाग्रहों का शिकार होती जा रही है। सस्ती राजनीतिक लोकप्रियता हासिल करने की होड़, संपूर्ण देश में बढ़ रही आतंकवादी/उग्रवादी गतिविधियों तथा नक्सलवाद की राष्ट्र विरोधी मानसिकता को हलकेपन से लेने और उसके अंदर भी अपने राजनीतिक स्वार्थों को तलाशने की प्रवृत्ति ने भारतीय रेल के करोड़ों यात्रियों के सम्मुख सुरक्षा और संरक्षा का गंभीर संकट खड़ा किया है। अभी हाल ही में पटना–दिल्ली के बीच चलने वाली श्रमजीवी एक्सप्रेस में जौनपुर, उत्तर प्रदेश में हुआ बम विस्फोट, जिसमें दर्जनों यात्री मारे गए थे एवं 150 से अधिक यात्री घायल हुए थे, आर.डी. एक्स. जैसा खतरनाक विस्फोटक बरामद होने के बाद भी रेल मंत्री द्वारा आतंकवादी घटना मानने में नानुकुर करना, पुराने पड़ चुके रेलवे ट्रैक, 1000 के आसपास जर्जर पुल, 8000 के ऊपर बिना इंटर लाकिंग की सुविधा के रेलवे लेवल क्रासिंग आदि तो कम से कम यही संदेश देती है। पूर्ववर्ती सरकार के समय प्रारंभ की गई भारतीय

रेल के विकास से संबंधित कार्यों एवं योजनाओं की जिस प्रकार से अनदेखी की जा रही है वह भारतीय रेल के कतई हित में नहीं है।

रेलवे ट्रैक के आधुनिकरण, जर्जर पुलों की मरम्मत तथा सिग्नल सिस्टम के आधुनिकरण के साथ–साथ रेलवे लेवल क्रासिंग को इंटर लाकिंग सिस्टम से जोड़ने से संबंधित सभी योजनाएं या तो धीमी कर दी गई हैं अथवा उन्हें रोक दिया गया है। भारतीय रेल का यह सप्लीमेंट्री डिमांड तो कम से कम यही संकेत करता है। इसमें पूरी राजनीतिक भेदभाव एवं संकीर्णता झलकती है। देश के तमाम महत्वपूर्ण क्षेत्रों एवं परियोजनाओं की अनदेखी रेल बजट की तरह ही इसमें भी की गई है।

महोदय, रेल बजट की तरह इस सप्लीमेंट्री डिमांड में पूर्वोत्तर रेलवे गोरखपुर समेत संपूर्ण उत्तर प्रदेश की अनदेखी की गई है। एक ओर रेल मंत्री भारतीय रेल को विश्वस्तरीय बनाने की बात करते हैं, वहीं दूसरी ओर देश की कुल आबादी का 16 प्रतिशत भाग जिस प्रदेश में निवास करता है, उसकी अनदेखी भारतीय रेल की दृष्टि से की जाए, इससे तो विकास की दृष्टि से क्षेत्रीय असंतुलन की स्थिति पैदा होगी। पूर्वोत्तर रेलवे की तमाम परियोजनाओं जिनमें गोरखपुर–नौतनवा–गौंडा लूप लाइन की आमान परिवर्तन, गोरखपुर–सहजनवां रेल लाइन के दोहरीकरण, आनंद नगर, महाराजगंज–घुघली रेल लाइन की प्रस्तावित योजना, गोरखपुर–बांसगांव–दोहरीघाट रेलवे लाइन बिछाने की प्रस्तावित योजना, लखनऊ–गोरखपुर के रेलवे ट्रैक का विद्युतीकरण की योजना तथा गोरखपुर महानगर में प्रस्तावित चार उपरगामी सेतु, जिनमें कूड़ाघाट, चार फाटक, हुंमायुपुर रेलवे क्रासिंग तथा सूर्यकुं के पास आदि का कोई जिक्र नहीं किया गया है। अगर क्षेत्रीय विकास के साथ–साथ राजस्व की दृष्टि महत्वपूर्ण योजनाओं तथा परियोजनाओं की इसी तरह उपेक्षा की जाती रही तो इससे ना तो भारतीय रेल का हित हो पाएगा ना ही देश का तथा विश्वस्तरीय सेवाएं मात्र सपने रह जाएंगे। रेल बजट के समय माननीय रेल मंत्री ने रेल भूमि विकास प्राधिकरण की घोषणा की थी जिसकी मांग पिछले पांच–छः सालों

से हो रही है। अगर इस पर ईमानदारी से अमल होता तो रेलवे की बेकार पड़ी भूमि का जिस पर भूमाफियाओं का कब्जा है, का वाणिज्यिक उपयोग में दिया जा सकता था। इससे ना केवल रेलवे का राजस्व बढ़ता अपितु बेकार भूमि पर वाणिज्य प्रतिष्ठान खुलने, दुकाने बनने तथा शॉपिंग काम्प्लेक्स बनने से लाखों बेरोजगार नौजवानों को रोजगार भी मिलता। लेकिन रेल मंत्री की घोषणा अब तक मात्र घोषणा तक ही सीमित रही है। क्योंकि इससे संबंधित एक प्रस्ताव गोरखपुर रेलवे स्टेशन के बाहर शॉपिंग काम्प्लेक्स का नगर निगम गोरखपुर की ओर से मैंने स्वयं रेल मंत्रालय को भेजा था। लेकिन अभी तक उस पर कोई कार्यवाही नहीं होना घोषणा के प्रति रेल मंत्री की गंभीरता को दर्शाता है। महोदय, आज यातायात के नए–नए साधन उपलब्ध होने से भारतीय रेल के सामने प्रतिस्पर्धा की नई स्थिति पैदा हुई है, इस स्थिति में जबकि हर यात्री समय से अपने गंतव्य तक पहुंचना चाहता है, भारतीय रेल यात्रियों की सुविधा का ख्याल रख पाएगा जबकि सभी महत्वपूर्ण एक्सप्रेस ट्रेनें 3 से 5 घंटे लेट चल रही हैं। मैंने पिछले रेल बजट में भी इस सम्बन्ध में माननीय रेल मंत्री को दो सुझाव दिए थे।

1. अगर भारतीय रेल यात्रियों को उचित किराया लेने के बावजूद समय से उसके गंतव्य तक नहीं पहुंचा पाती है तो किराए में भी उसी अनुपात में कटौती होनी चाहिए।

2. भारतीय रेल में यात्रा करने वाले प्रत्येक यात्री को उसके उचित किराया पर सीट आवश्यक उपलब्ध कराई जाए यदि यात्री किराया देने के बावजूद भी सीट नहीं पाता है तो उसका किराया वापस होना चाहिए अथवा सुविधा के अनुसार ही किराए में कटौती होनी चाहिए।

महोदय, विकास का पैमाना पूरे देश के लिए एक समान होना चाहिए। एकतरफा विकास से हम किसी का भी कल्याण नहीं कर पाएंगे। रेलवे को राष्ट्रीय सुरक्षा, राजस्व की दृष्टि से लाभकारी तथा चालू परियोजनाओं को प्राथमिकता देनी चाहिए। अन्यथा जब भी कोई नया रेल मंत्री आएगा तो अपने पूर्ववर्ती से संबंधित योजनाओं को

छोड़कर नई योजनाएं अपने राजनीतिक हित के लिए बनाएगा। इसी का परिणाम है कि आज की तिथि तक भारतीय रेल के पास 1.5 लाख करोड़ रुपए की चालू परियोजनाएं लंबित पड़ी है। इसलिए मेरा रेल मंत्री से आग्रह है कि राष्ट्रीय सुरक्षा की दृष्टि से देश में सबसे अधिक जनसंख्या घनत्व से जुड़ी हुई लंबित परियोजनाएं जो पूर्वोत्तर रेलवे गोरखपुर से संबंधित है के साथ अन्याय बंद होना चाहिए। पूर्वोत्तर रेलवे के जोन मुख्यालय के विभाजन के साथ ही लगातार महाप्रबंधक का पद, मुख्य राजभाषा अधिकारी का पद समाप्त करना, वैशाली सुपरफास्ट एक्सप्रेस की गोरखपुर से लगने वाली बोगियों को समाप्त करना, छपरा तथा बिहार से जुड़े पूर्वोत्तर रेलवे के मंडल कार्यालयों को गोरखपुर से हटाने की साजिश के साथ हो रहे अन्याय को बंद किया जाए। और राजस्व की दृष्टि से लाभकारी तथा चालू परियोजनाओं के लिए धन की अविलंब व्यवस्था करके उन्हें समय से पूरा किया जाए। पूर्वोत्तर रेलवे मुख्यालय गोरखपुर की महत्वपूर्ण परियोजनाएं इस प्रकार से है –

1. गोरखपुर–नौतनवा–गौंडा लूप लाइन को आमान परिवर्तन–यह रेलवे लाइन भारत और नेपाल के सीमावर्ती क्षेत्रों से होकर जाती है। सीमावर्ती क्षेत्रों में चल रही आई.एस.आई. की राष्ट्र विरोधी गतिविधियां तथा नेपाल में चल रही माओवादी हिंसा के परिप्रेक्ष्य में यह जरूरी परियोजना राष्ट्रीय सुरक्षा और इस क्षेत्र के विकास में सहायक होगी।

2. गोरखपुर–लखनऊ रेलवे लाइन के गोरखपुर गौंडा खंड के रेलवे लाइन का दोहरीकरण – वर्ष 1996 में गोरखपुर के डोमिनगढ़ में भीषण रेल दुर्घटना के बाद 1999–2000 में गोरखपुर– सजनवा तक के 15 किलोमीटर रेलवे लाइन के दोहरीकरण कार्य को पिछली सरकार ने स्वीकृत किया था, जिसमें गोरखपुर से डोमिनगढ़ 6 किलोमीटर कार्य संपन्न भी हो चुका है, शेष कार्य का धन अवमुक्त किया जाए।

3. लखनऊ–गोरखपुर के बीच रेलवे ट्रैक के विद्युतीकरण वर्तमान में लखनऊ से गोरखपुर पहुंचने में 5 से 6 घंटे लगते हैं। रेलवे लाइन का विद्युतीकरण करने पर 3 से 4 घंटे में यात्रा सुलभ होगी साथ ही रेलवे को 17 प्रतिशत राजस्व की बचत भी होगी।

4. गोरखपुर पूर्वोत्तर रेलवे का मुख्यालय होने, गोरखपुर–डोमिनगढ़ तक रेलवे लाइन के दोहरीकरण तथा रेलवे लाइन की व्यवस्था के कारण सामान्य यातायात घंटों बाधित रहता है। वर्तमान में गोरखपुर के 4 स्थानों पर रेलवे उपरगामी सेतु की आवश्यकता है।

5. गोरखपुर एक्सप्रेस से गोरखपुर–दिल्ली के बीच प्रतिदिन चलाया जा रहा है, की समय सारणी में संशोधन करते हुए गोरखपुर से वैशाली एक्सप्रेस से आधा घंटा पूर्व सायंकाल 4:30 पर प्रस्थान किया जाए तथा दिल्ली से सायं 7:00 बजे चलाया जाए। इसमें पैंट्रीकार तथा अन्य सुपरफास्ट गाड़ियों की सुविधाएं उपलब्ध कराई जाए।

6. गोरखपुर से अयोध्या होते हुए लखनऊ तथा इलाहाबाद के लिए रेल सेवा प्रारंभ किया जाए।

महोदय, एक बार पुनः मैं रेल मंत्री से अनुरोध करता हूँ कि राजनीतिक पूर्वाग्रहों से ऊपर उठकर व्यापक जनहित में देश के विकास के प्रतीक भारतीय रेल को उसके विकास के उद्देश्य से ना भटकने दें।

–11 अगस्त, 2005

महोदय, पिछले महीने समझौता एक्सप्रेस में बम विस्फोट हुआ और अनेक निर्दोष नागरिक मारे गए। उससे पहले मुंबई महानगर में भी इसी प्रकार का विस्फोट हुआ था। पिछले वर्ष जौनपुर, उत्तर प्रदेश में श्रमजीवी एक्सप्रेस में बम विस्फोट हुआ था। दर्जनों नागरिक गंभीर रूप से घायल हो गए थे। बम विस्फोट की घटनाओं को हम हल्केपन से लेते हैं। माननीय रेल मंत्री का वक्तव्य आया और उन्होंने रेल बजट में चर्चा करते हुए कहा है कि हम डॉग स्क्वायड बढ़ाकर इसकी सुरक्षा करेंगे।

लालू रेलवे में माफिया और अपराधी तत्व हावी

महोदय, मैं सबसे पहले आपका धन्यवाद करता हूँ कि वर्ष 2007–08 के लिए हो रही चर्चा में मुझे भाग लेने का अवसर प्रदान किया है। मैं पिछले काफी समय से सदन में बैठकर माननीय सदस्यों द्वारा रेल बजट के पक्ष और विपक्ष में जो बातें कही जा रही थीं, उन्हें सुन रहा था। मुझे ताज्जुब हो रहा है कि पिछले चार बार से श्री लालू प्रसाद जी भारत के रेल बजट को प्रस्तुत कर रहे हैं और चमत्कार कहां दिख रहा है, चमत्कार कहां हो रहा है, मुझे स्वयं उनके पक्ष में बोलने वाले माननीय सदस्यों पर आश्चर्य हो रहा था। मैं इस बात को दावे के साथ कहता हूँ कि श्री लालू जी के रेल मंत्री बनने के बाद से भारतीय रेल नें आज अपनी समय सारिणी से चलना बंद कर दिया है। माननीय लालू जी के बिहारीकरण के नक्शेकदम पर चल कर रेल का नुकसान होना प्रारंभ हो गया है। मुझे याद है वर्ष 2003–04 में हम लोगों ने भारतीय रेल की 150वीं वर्षगांठ मनाई थी और उस समय चर्चा हुई थी कि इन 150 वर्षों में भारतीय रेल ने तमाम उतार–चढ़ाव देखे हैं। अगर 150 वर्षों में भारतीय रेल भारत की जनता के विश्वास का पर्याय बनी रही है तो उसके बहुत से कारण थे, जैसे रेल का किराया काफी कम था और पूरे देश के अंदर रेल का जाल बिछा हुआ था। उत्तर से दक्षिण और पूर्व से पश्चिम संपूर्ण राष्ट्र में समतामूलक समाज की स्थापना करके एकता और अखंडता के सूत्र में जोड़ने के साथ–साथ केवल व्यवसायिक दृष्टि से ही नहीं बल्कि सामाजिक सरोकार से भी इसका सम्बन्ध होने के कारण आम

जनमानस इससे लाभांवित होता रहा है। लेकिन पिछले कुछ समय से भारतीय रेल जो भारत के यातायात की रेखा कही जाती थी, वह जिन चुनौतियों से जूझ रही है, सुरक्षा और संरक्षा का मुद्दा हमारे सामने, पूरे देश के सामने चुनौती के रूप में है, उसके बारे में रेल बजट में कोई घोषणा नहीं की गई है। केवल कागजी घोषणाओं के अलावा कुछ भी नहीं किया गया है।

महोदय, पिछले महीने समझौता एक्सप्रेस में बम विस्फोट हुआ और अनेक निर्दोष नागरिक मारे गए। उससे पहले मुंबई महानगर में भी इसी प्रकार का विस्फोट हुआ था। पिछले वर्ष जौनपुर, उत्तर प्रदेश में श्रमजीवी एक्सप्रेस में बम विस्फोट हुआ था। दर्जनों नागरिक गंभीर रूप से घायल हो गए थे। बम विस्फोट की घटनाओं को हम हल्केपन से लेते हैं। माननीय रेल मंत्री का वक्तव्य आया और उन्होंने रेल बजट में चर्चा करते हुए कहा है कि हम डॉग स्क्वायड बढ़ाकर इसकी सुरक्षा करेंगे। जब भी हम इस प्रकार की आतंकी घटनाओं की उपेक्षा करेंगे तो इससे आतंकवादियों का उत्साह बढ़ेगा तथा सुरक्षाबलों के जवानों का मनोबल गिरेगा। मैं समझता हूँ कि सुरक्षा की दृष्टि से भारत की यातायात लाइफलाइन को तोड़ने का ही हम कार्य कर रहे हैं। सुरक्षा के महत्वपूर्ण मुद्दे पर बजट में कहीं कोई ध्यान नहीं दिया गया है।

दूसरा, संरक्षा का मुद्दा है। इस पर बराबर सदन में चर्चा होती रही है। एन.डी.ए. की सरकार के समय भी 17 हजार करोड़ रुपए की लागत से संरक्षा निधि का निर्माण किया गया था। उस समय तय हुआ था कि रेलवे ट्रैक का आधुनिकीकरण इसके माध्यम से किया जाएगा, जर्जर पुलों की मरम्मत की जाएगी, सिग्नल सिस्टमों का आधुनिकीकरण किया जाएगा और रेलवे लेवल क्रासिंग के इंटर लाकिंग सिस्टम को दुरुस्त किया जाएगा। लेकिन हम सबको दुख के साथ कहना पड़ रहा है कि इन सब कार्यों पर ना तो मंत्रालय का ध्यान है और ना ही ईमानदारी से पहल की जा रही है। राजनीतिक घोषणाओं और हितों के लिए राजनीतिक विद्वेष की भावनाओं से रेल

बजट में जो घोषणाएं हो रही हैं, उससे किसी का हित नहीं होने वाला है। क्योंकि राजनीतिक घोषणाओं के तहत अब तक देश में चालू परियोजनाएं पेंडिंग पड़ी हुई हैं, उनकी लागत 2 लाख करोड़ रुपए से ऊपर है। मैं समझता हूँ कि इस प्रकार की घोषणाओं से ना तो देश का हित होने वाला है और ना ही रेल का हित होने वाला है। मैं कहना चाहता हूँ कि माननीय रेल मंत्री द्वारा जो रेल बजट प्रस्तुत किया गया है, वह दिशाहीन है, देश की जनता को स्वप्न दिखाने के अतिरिक्त कुछ नहीं है। जनहित से जुड़ी हुई महत्वपूर्ण परियोजनाएं जो राजस्व की दृष्टि से महत्वपूर्ण हो सकती थीं, सामरिक दृष्टि से महत्वपूर्ण हो सकती थीं, इस रेल बजट में उनकी अनदेखी की गई है। रेल बजट पिछले राजनीतिक पूर्वाग्रह की भावनाओं से प्रेरित है। यह ना तो भारतीय रेल का हित कर पाएगा और ना ही देश के हित में है।

माननीय रेल मंत्री जी ने कहा है कि हम भारतीय रेल को विश्वस्तरीय बनाएंगे। मुझे आश्चर्य होता है कि राजनीतिक द्वेष की भावना से जब क्षेत्रीय असंतुलन की स्थिति किसी बजट में होगी और किसी एक विशेष क्षेत्र में काफी प्रगति होगी और दूसरा क्षेत्र नगण्य हो जाएगा तो विश्वस्तरीय सेवा कैसे प्रदान कर पाएंगे? सुरक्षा और संरक्षा की चुनौतियों से जो पहले ही जूझ रहा हो, उसे विश्वस्तरीय सेवा कैसे दे पाएंगे? यह बहुत बड़ा प्रश्न है। भारतीय रेल में वसूली का सबसे बड़ा माध्यम माल भाड़ा है, अतिरिक्त गाड़ियों की घोषणाएं होती जा रही हैं लेकिन माल भाड़ा, जो राजस्व का सबसे बड़ा साधन है, रेल बजट में इसके बारे में कोई स्पष्ट घोषणा और स्पष्ट दिशा निर्देश नहीं है।

रेलवे की पार्सल सेवा, जो माल भाड़ा और राजस्व वसूली का एक साधन हो सकता था, वह जनमानस की दृष्टि से अच्छी और सुरक्षित नहीं मानी जा रही है। इसके अतिरिक्त वर्ष 2005–06 के रेल बजट में माननीय मंत्री जी ने रेल भूमि विकास प्राधिकरण की घोषणा की थी, एक अच्छी घोषणा उस समय की थी। हम लोग इस बात की

मांग करते रहे थे। रेल भूमि विकास प्राधिकरण से संबंधित मामलों के बारे में हमने पहले भी मांग की थी कि रेलवे की फालतू जमीनें जो भूमाफियाओं के कब्जे में है, जो फालतू पड़ी हुई हैं। अगर उन सबका व्यावसायिक उपयोग किया जाए तो इससे ठेला, खोमचा लगाने वाले और पटरी लगाने वाले व्यावसायियों को रोजगार मिलेगा, रेलवे का राजस्व बढ़ेगा और अवैध रूप से जो कब्जा किया, उसे भी मुक्त करा पाएंगे। इस सम्बन्ध में मैंने एक प्रस्ताव गोरखपुर नगर निगम की तरफ से रेल मंत्रालय को दिया था। लेकिन बहुत दुख की बात है कि अब तक रेल मंत्रालय ने उस पर कोई कार्यवाही नहीं की है। मैं माननीय रेल मंत्री जी से अनुरोध करूंगा कि इस पर पहल करके उन सब बातों को ध्यान में रखें, पटरी व्यावसायियों के हितों को ध्यान में रखें और अन्य मुद्दों का ध्यान रखें ताकि फालतू जमीनों का उपयोग सही रूप में हो, व्यावसायिक हितों में हो। रेलवे का राजस्व बढ़ाने के लिए यह कदम महत्वपूर्ण हो सकता है।

माननीय रेल मंत्री जी ने घोषणा की थी कि रेलवे का माफियाओं और अपराधियों से मुक्त करके रेल के विकास कार्यों की गुणवत्ता बनाए रखेंगे लेकिन मुझे दुख के साथ कहना पड़ रहा है कि कल लखनऊ में रेलवे के टेंडर के दौरान एक पार्षद की हत्या हुई है। आखिर यह क्या साबित करता है? आज भी रेलवे में माफिया और अपराधी तत्व हावी हैं, यह इस बात को साबित करता है।

मैंने माननीय मंत्री जी को एक और बात लिखी थी। मेरे अनुरोध पर गोरखपुर में एन.डी.ए. सरकार के समय वर्ष 2003–04 में एक नया स्टेशन डोमिनगढ़ बना था। इसके बनने के बाद पहली बरसात में पूरा का पूरा स्टेशन ढह गया। मैंने पिछले बजट भाषण में इस बात की चर्चा की थी कि डोमिनगढ़ नया स्टेशन बनने के बाद ध्वस्त हो गया, इसमें संबंधित लोगों के खिलाफ कार्यवाही होनी चाहिए। वहां जिन लोगों ने कार्य किया था, गुणवत्ता विहीन कार्य किया था, वहां घटिया निर्माण कार्य हुआ था। उन लोगों के खिलाफ अब तक कोई कार्यवाही नहीं हुई है और वह स्टेशन टूटा हुआ वैसे का वैसे

पड़ा हुआ है। मैं इस ओर भी माननीय मंत्री जी का ध्यान आकर्षित करना चाहता हूँ।

सभापति महोदय, इसके अतिरिक्त जो अन्य बातें हैं, उसमें मैंने पहले भी कहा कि कोई भी ट्रेन समय से नहीं जा रही है। तीन से पांच घंटे तक ट्रेनें लेट हो रही हैं। इस सम्बन्ध में मेरे दो प्रस्ताव हैं। प्रथम, यह है कि प्रत्येक यात्री, जो रेल यात्रा करे, अगर उसने टिकट लिया है और उसे बर्थ उपलब्ध कराने का रेलवे ने आश्वासन दिया है तो उसे सीट उपलब्ध कराई जाए।

मेरा लंबा भाषण नहीं है, केवल दो–तीन मिनट में खत्म कर दूंगा। मैं कह रहा था कि उचित किराए पर उसे सीट उपलब्ध कराई जाए। अगर यात्री को सीट उपलब्ध नहीं कराई जा रही है तो उसी सुविधा के अनुपात में किराए में कटौती हो। दूसरी बात यह है कि अगर ट्रेन यात्रियों को समय पर उनके गंतव्य तक नहीं पहुंचाती है तो उसी अनुपात में किराए में भी कृपया कटौती कर दी जाए। मेरे ये दो प्रस्ताव हैं। इसके अतिरिक्त मैं कहना चाहता हूँ कि गोरखपुर पूर्वोत्तर रेलवे का मुख्यालय है। पूर्वोत्तर रेलवे का मुख्यालय होने के कारण मैं माननीय मंत्री जी के संज्ञान में लाना चाहता हूँ और उन्हें इस बात के लिए धन्यवाद देना चाहता हूँ कि 4 वर्षों में पहली बार माननीय मंत्री जी ने गोरखपुर की कुछ योजनाओं को इस रेल बजट में समाहित किया है। किन कारणों से किया है, मैं नहीं समझ पाया, लेकिन मैं उन्हें इसके लिए कम से कम धन्यवाद अवश्य देना चाहूँगा। मैं समझता हूँ कि यह उनकी मजबूरी भी थी, क्योंकि बिहार जाने के लिए गोरखपुर से ही होकर उन्हें जाना पड़ेगा। उसी बहाने उन्होंने बाराबंकी, गोरखपुर और छपरा की जो रेलवे लाइन हैं, उसके विद्युतीकरण की घोषणा की। मैं माननीय मंत्री जी से अनुरोध करूंगा कि विद्युतीकरण के साथ–साथ उस रेलवे लाइन के दोहरीकरण का कार्य भी प्राथमिकता के आधार पर लिया जाए, तभी बिहार का विकास हो पायेगा। इसके अतिरिक्त पिछली बार रेल बजट में और उसके बाद जो सप्लीमैन्टरी डिमांड सदन में प्रस्तुत होती हैं उसमें गोरखपुर के अंदर 4 स्थानों पर मैंने रेलवे ओवरब्रिज रेलवे लाइन पर बनाने

की मांग की थी। प्रथम एन.एच.–28 के कूड़ाघाट पर, दूसरा चार फाटक पर, तीसरा हुंमायुपुर रेलवे क्रासिंग और चौथा सूरजकुंड रेलवे क्रासिंग पर हैं। यद्यपि तीन स्थानों पर रेल मंत्रालय ने ओवरब्रिज की स्वीकृत प्रदान की है और टोकन मनी भी उसके लिए अलॉट किया है। मैं अनुरोध करना चाहूँगा कि रेलवे अपने हिस्से की पूरी धनराशि उसके लिए उपलब्ध करवाए और राष्ट्रीय राजमार्ग–28 पर कूड़ाघाट में जो रेलवे ओवरब्रिज का प्रस्ताव भेजा गया है, उसे भी कृपया प्राथमिकता के आधार पर स्वीकृत करके यातायात की भीषण समस्या का समाधान करे। पूर्वोत्तर रेलवे से जुड़े मेरे कुछ प्रस्ताव हैं। राष्ट्रीय सुरक्षा की दृष्टि से भारत और नेपाल की सीमावर्ती क्षेत्र से जो गोरखपुर– नौतनवा–गौंडा लूप लाइन जा रही है। यह भारत और नेपाल की सीमा से जुड़ती है। यह सामरिक दृष्टि से लूप लाइन है। इसके आमान परिवरतन का कार्य वर्ष 2002–03 से प्रारंभ हुआ था, जो अभी तक पूर्ण नहीं हो पाया है। सामरिक दृष्टि से महत्वपूर्ण इस आमान परिवर्तन के कार्य को अविलंब पूरा किया जाए। आनंदनगर से जनपद महाराजगंज मुख्यालय होते हुए घुघली तक रेलवे लाइन का निर्माण और घुघली स्टेशन का उच्चीकरण किया जाए। गोरखपुर से बांसगांव दोहरीघाट को रेलवे लाइन से जोड़ा जाए। गोरखपुर के नकाता कैंट स्टेशनों का उच्चीकरण किया जाए। डोमिनगढ़ स्टेशन पर महत्वपूर्ण एक्सप्रेस गाडियों का ठहराव किया जाए।

मैं अंत में कहना चाहता हूँ कि गोरखपुर से अयोध्या होते हुए लखनऊ और इलाहाबाद के लिए रेल सेवा प्रारंभ की जाए। इन शब्दों के साथ मैं आपके प्रति आभार व्यक्त करता हूँ कि आपने इन महत्वपूर्ण प्रस्तावों को यहां रखने की अनुमति दी। आपके प्रति मैं हृदय से धन्यवाद ज्ञापित करते हुए माननीय रेल राज्य मंत्री से अनुरोध करता हूँ कि इन सब प्रस्तावों पर प्राथमिकता के आधार पर विचार करते हुए, इन्हें स्वीकृत प्रदान करते हुए विकास के क्षेत्रीय असंतुलन को कृपया दूर करने का प्रयास करें।

–08 मार्च, 2007

उपाध्यक्ष महोदय, भारतीय रेल का इतिहास 1507 वर्ष पुराना है। दिल्ली में राजनीतिक रूप से एक कड़वाहट रेल बजट के दिन सदन के अंदर हम सब को देखने को मिलती है लेकिन सामान्यतः पूरे देश के अंदर रेल की यात्रा अत्यंत सस्ती मानी जाती है। साथ ही साथ मेरे देश की सामाजिक और सांस्कृतिक रूप से विद्यालय में एक बड़ी महत्वपूर्ण भूमिका का निर्वाह भारतीय रेल में किया है।

दिल्ली के रेल भवन से कोलकाता की राइटर्स बिल्डिंग पहुंचने का रास्ता बना रही हैं रेल मंत्री

उपाध्यक्ष महोदय, भारतीय रेल की वर्ष 2011–12 के रेल बजट पर प्रारंभ हुई चर्चा के लिए आपने मुझे आमंत्रित किया है इसके लिए मैं हृदय से आपका आभार व्यक्त करता हूँ। साथ में एन.डी.ए. अध्यक्ष माननीय आडवाणी युवा नेता प्रतिपक्ष माननीय सुषमा जी का भी हवा व्यक्त करता हूँ जिन्होंने मुझे यह अवसर प्रदान किया है। मैं माननीय मंत्री जी को भी हृदय से धन्यवाद देता हूँ जिन्होंने भारतीय रेल के 2011 से 12 जनवरी को भारी भूल जाएं और आदिवासियों के माध्यम से कहीं पर निगाहें, कहीं पर निशाना मांग कर के पूरे देश के अंदर दिल्ली की रेल भवन थी एक मैसेज दिया है और कोलकाता की लाइट बिल्डिंग तक पहुंचने का क्या माध्यम हो सकता है मैं इस रेल बजट में स्पष्ट झलक रहा है।

उपाध्यक्ष महोदय, भारतीय रेल का इतिहास 1507 वर्ष पुराना है। दिल्ली में राजनीतिक रूप से एक कड़वाहट रेल बजट के दिन सदन के अंदर हम सब को देखने को मिलती है लेकिन सामान्यतः पूरे देश के अंदर रेल की यात्रा अत्यंत सस्ती मानी जाती है। साथ ही साथ मेरे देश की सामाजिक और सांस्कृतिक रूप से विद्यालय में एक बड़ी महत्वपूर्ण भूमिका का निर्वाह भारतीय रेल में किया है। पूरे देश के अंदर 64,000 किलोमीटर से अधिक लंबाई वाली क्षेत्र में भौगोलिक एवं ग्रामीण क्षेत्रों में भी इसका नेटवर्क फैला हुआ है। देश के 723 रेलवे स्टेशनों को और प्रतिदिन 2 करोड़ से ऊपर यात्रियों

के साथ–साथ 2.5 मिलियन टन माल यातायात की धुलाई भारतीय रेल से होती है। विश्व में सबसे अधिक यात्री वहां, तीसरा सबसे बड़ा रेल नेटवर्क, माल यातायात की दृष्टि से विश्व का सबसे बड़ा चौथे नंबर का जो नेटवर्क है वह भारतीय रेल का है। देश के अंदर भारत के राज्य मार्गों एवं बंदरगाहों को देने के साथ–साथ भारत की परिवहन व्यवस्था कोई शरीर अर्थात लाइक नहीं के रूप में हमने भारतीय रेल को माना है। आज भी 35 प्रतिशत से अधिक रेलवे द्व ारा माल ढोया जाता है।

उपाध्यक्ष महोदय, पावर, कोयला, इस्पात, सीमेंट और उर्वरक जैसे क्षेत्रों में 70 प्रतिशत माल की धुलाई रेलवे द्वारा की जाती है। जी टीवी मध्य प्रदेश में रेल बजट में घोषणा की है कि 1400000 कर्मचारियों को प्रत्यक्ष रुप से नौकरियों के माध्यम से जहां भारतीय रेलवे जुड़ा है वही काफी समय से कई गुना ज्यादा लोगों को अप्रत्यक्ष रूप से रोजगार देने में महत्वपूर्ण भूमिका भारतीय रेल की रही है। इसलिए जींस के इंफ्रास्ट्रक्चर की गुणवत्ता उसकी क्षमता और उसके निष्पादन में राष्ट्र के लिए अत्यंत निर्णायक कथा महत्वपूर्ण भूमिका को हर भारतीय स्वीकार करता है और उसकी इच्छा होती है कि भारतीय रेल अपने इस निर्माण गति को इसी रूप में बनाने में अपना योगदान देती रहे।

महोदय, जी विश्वास के साथ प्रतिवर्ष यह इच्छा होती है कि संसद के अंदर जब रेल बजट आता है तो उस देश के हर कोने से एक आवाज उठती है कि हमारे लिए भी कुछ होना चाहिए, लेकिन अत्यंत दुःख और खेद के साथ हम सब आज सदन में रेल बजट पर बहस की शुरुआत कर रही है कि ईद संकीर्ण राजनीतिक स्वार्थो में सस्ती राजनैतिक लोकप्रियता की होड़ ने रेल ढांचे के आधुनिकीकरण पर समुचित ध्यान नहीं दिया गया है और आधारभूत ढांचे के विकास की उपेक्षा में भारतीय रेल को आज जहां खड़ा किया है वह एक अत्यंत ही खतरनाक दौर से गुजर रही है। मुझे याद है, बस 2009–10 में,...

उपाध्यक्ष महोदय, मुझे याद है वर्ष 2010 में इसी सदन में माननीय रेल मंत्री ने जब रेल बजट प्रस्तुत किया था वह जो बातें कही थी। एक भजन 2020 में भारतीय रेल सेवाओ को विश्वस्तरीय बनाने का लक्ष्य रखा गया था और दूसरी बात उन्होंने कही थी कि भारतीय रेल के विकास के साथ–साथ उसके सामान से उत्तरदायित्व भी है। इन दोनों बातों को एक बार के रेल बजट में भी माननीय रेल मंत्री ने पैरा साथ में उल्लेख करते हुए कहा है कि–हमने अर्थव्यवस्था की मजबूती और मानवीय दृष्टिकोण के साथ–साथ सामाजिक समूह खान को भी समान महत्व दिया है। यह सच है कि भारतीय टीम को अपने व्यावसायिक हितों के संरक्षण के साथ–साथ अपनी सामाजिक प्रतिबद्धताओं और सेवाओं को भी पूरा करना है लेकिन माननीय रेल मंत्री को इस बारे में स्पष्ट करना होगा कि क्या समाधि प्रतिबद्ध ताओं किए जो उनके संकल्प हैं, समुन्नत नहीं होगा तो क्या उन सामाजिक प्रतिबद्धाओं को पूरा किया जा सकता है, जो उन्होंने घोषण ाओं और आश्वासनों के माध्यम से रेल बजट में इस सदन के सामने और पूरे देश के सामने रखी है? जो बातें माननीय रेल मंत्री में ने, व्यवसायिक दृष्टिकोण से रेल के आर्थिक शुद्धीकरण के बारे में कहीं है, वह कैसे पूरी होंगी?

मैं उनको इस बात के लिए बधाई भी दूंगा कि उन्होंने उद्योगों के विकास के बीच बेरुखी इंफ्रास्ट्रक्चर, प्राइवेट फ्रेट टर्मिनल, सोशल फ्रेट टर्मिनल, ऑटोमोबाइल फ्रेट ट्रेन ऑपरेटर, ऑटोमोबाइल और सहायक केंद्र, किसान विजन, नयी खान–पान नीति, कोयला एवं लौह खाने के लिए संपर्क, इन सब घोषणाओं को ही उन्होंने यहां पर किया है लेकिन इशारा क्या करती है? रेलवे के आधुनिकीकरण और आधारभूत ढांचे के विधान के लिए उसे आर्थिक रूप से संबोधित करने के लिए रेल बजट में जो यह प्रावधान किए गए हैं क्या इससे उन लक्ष्यों को प्राप्त किया जा सकता है? माननीय रेल मंत्री ने स्वयं अपने रेल बजट में इस बात को स्वीकार भी किया है कि पिछले रेल बजट भाषण में उन्होंने जिन बातों को कहा था, उनमें से बहुत सारी घोषणाएं अब

तक पूरी नहीं हुई है। कि अभी तक लंबित पड़ी हुई है। रेल नेटवर्क को बढ़ाने और लंबित परियोजनाओं को पूरा करने से संबंधित जो बातें माने रेल मंत्री ने कही है और जो बजट भाषण में भी प्रावधान किए गए हैं जो घोषणा है पूर्व से लंबित हैं और जो पिछले तीन बार के बजट भाषण में घोषणा की गई है, अगर यही रियल्टी रखता रहेगी तो मुझे ऐसा लगता है कि अगले दो दशक तक कई योजनाएं पूरी नहीं हो पाएंगी और दो दशक तक किसी रेल मंत्री को नया बजट प्रस्तुत करने की आवश्यकता ही नहीं पड़ेगी।

विश्वस्तरीय रेल सेवा और विजन 2010 की जो घोषणा माननीय रेल मंत्री ने की थी मुझे याद है कि 2009–10 में रेल मंत्री ने यह भी कहा था कि हम लोग तब तक के लिए 25,000 किलोमीटर रेल नेटवर्क में नई रेलवे लाइन बिछाने का कार्य करेंगे, 30,000 किलोमीटर की दूरी करण और विद्युतीकरण के लक्ष्य को पूरा करेंगे। लेकिन 1 वर्ष की स्थिति क्या है? अगर विजन 2020 को प्राप्त करना है तो 1 वर्ष में कम से कम 2500 किलोमीटर का रेलवे नेटवर्क विछता, लेकिन जो लक्ष्य उन्होंने पिछले साल 1000 किलोमीटर का रखा था वह 1000 किलोमीटर भी अभी तक बमुश्किल पूरा किया जा सका है। और भी तमाम घोषणाएं की गई है। क्या विजन 2020 के लक्ष्य को आप बाजार से ऋण लेकर और बॉन्ड जारी करके इस लक्ष्य को प्राप्त कर सकते हैं? क्या यह इशारा नहीं करता है कि भारतीय रेल को कहीं ना कहीं निजीकरण की ओर धकेलने का प्रयास हो रहा है? माननीय रेल मंत्री के द्वारा विजेंद्र ने 20 की बात करते हैं और लक्ष्य तय करते हैं कि 25000 किलोमीटर का हम नया रेल नेटवर्क बिछाएंगे और लक्ष्य 25 किलोमीटर का भी पूरा नहीं होता, 1 वर्ष में 1000 का भी पूरा नहीं कर पाते हैं। 2500 किलोमीटर 1 वर्ष में होना तय था, लेकिन आप 1000 किलोमीटर भी पूरा नहीं कर पा रहे हैं। रेल मंत्री की इन बातों को देखकर मुझे केवल यह बात लगती है कि यूपीए की सरकार बनने के बाद जो घोषणाओं का एक सिलसिला शुरू हुआ है की घोषणा करते जाओ चाहे जो कुछ भी हो।

मुझे एक दर्शनिक की एक बात याद आती है, 'यावज्जीवेत, सुखम जीवेत, ऋणम् कृत्वा, घृतम् पीवेत'। हम ऋण लेकर इन घोषणाओं को करते जाएं चाहे लक्ष्य की पूर्ति हो ना हो और भारतीय रेल की चाहे जो भी दुर्गति हो। मुझे लगता है कि यह स्थिति कहीं ना कि आज भारतीय रेल के अंदर हम सबको दिखाई दे रही है यानी कुछ भी हो हम घोषणाएं करते जाएं। इन्हीं घोषणाओं से भरा हुआ यह एक दिशाहीन रेल बजट है।

महोदय, मुझे इस बात के लिए अफसोस होता है कि जो बातें वर्ष 2011–12 के रेल बजट में कही गई है भारतीय रेल ने अपनी वार्षिक योजना 57,630 करोड़ रुपए प्रस्तावित की है। पिछले बजट भाषण की तमाम घोषणाएं अभी अधूरी है या प्रारंभ ही नहीं हुई है लेकिन नई फैक्ट्रियां स्थापित करने और तमाम अन्य घोषणाएं की गई हैं जिनमें 114 नई लाइनों के निर्माण के लिए प्रधानमंत्री रेल विकास योजना प्रस्तावित की गई है। वर्ष 2011–12 में 40 नई लाइनों को बताने, 20 खंडों का आमान परिवर्तन करने और 35 खंडों पर दोहरीकरण का कार्य आदि का लक्ष्य भी सामने रखा है।

दो बार के रेल बजट में घोषित नई लाइनों, आमान परिवर्तन कथा दोहरीकरण के लिए 251 परियोजनाओं में से मात्र 175 के सर्वेक्षण का कार्य अब तक पूरा हो पाया है यानी लक्ष्य अभी तक पूरे नहीं हो पा रहे हैं पूर्ण जरा सर्वेक्षण के कार्य भी पूरे नहीं हो पा रहे हैं। सर्वेक्षण पर बहुत ज्यादा खर्च नहीं है लेकिन जो तय किया गया था वह भी पूरा नहीं हो पाया है। इनके लिए फंड की भी कोई व्यवस्था नहीं है। वर्ष 2011–12 में ही 25 नई रेल लाइन परियोजनाओं को प्रारंभ करने, आमान परिवर्तन के लिए चीन ने प्रस्ताव, दोहरीकरण के लिए 28 नए प्रस्ताव, नई लाइन सर्वेक्षण के लिए के साथ नहीं परियोजनाएं, आमान परिवर्तन की 4 नई परियोजनाएं, दोहरीकरण की 16 नई परियोजनाएं और विद्युतीकरण सीपी नई परियोजनाओं को पूरा करने का लक्ष्य इन्होंने पुनः रखा है। उससे पहले दूर रेल बजट में माननीय रेल मंत्री ने 554 रेलवे स्टेशनों को आदर्श स्टेशन बनाने

की बात की थी। अब तक जो बातें कही गई है, बजट के अनुसार बताया जा रहा है कि उनमें 442 रेलवे स्टेशनों का कार्य अपग्रेड हो चुका है। महोदय, बहुत दूर जाने की आवश्यकता नहीं है। जब रेल बजट होगा जब रेल बजट होता है उस समय या संसद के समय हम लोग प्रति सप्ताह आप नहीं आते हैं और नहीं नई दिल्ली रेलवे स्टेशन को देखते हैं देखते हैं। मैं माननीय रेल मंत्री से अनुरोध करूंगा कि और अन्य जगह जाने की आवश्यकता नहीं है ,वे नई दिल्ली रेलवे स्टेशन देखें। नई दिल्ली रेलवे स्टेशन का अपग्रेडेशन कॉमनवेल्थ की दृष्टि और अन्य दृष्टि से भी ठीक नहीं है। वहां आज भी दिखा हुआ सामान, टूटी हुई छते हैं। मैं परसों जब जा रहा था तब वर्षा होने लग गई जिससे यहां से वहां की छते टपक रही थी। ग्रेडेशन का कार्य स्तर पर हुआ है। अभी तक पिछली घोषणाएं पूरी नहीं हुई है और एक बार 236 नए स्टेशनों को अपग्रेड करने की घोषणा भी माननीय रेल मंत्री ने कर दी है। आखिर घोषणाओं पर घोषणाएं होती जा रही है। इन घोषणाओं को पूरा कब लिया जाएगा और इनके लिए धन की व्यवस्था कहां से होगी? क्या यह सस्ती लोकप्रियता और लोकलुभावन रेल बजट भारतीय रेल का है कर पाएगा? पटरी उतर नहीं भारतीय रेल जो गंभीर चुनौतियों से जूझ रही है भारत के उस विश्वास को बहाल कर पाएगी जो आज सुरक्षा और संरक्षा दोनों व्यक्तियों से खतरनाक बनती जा रही है? भारतीय रेल इन दो चुनौतियों से गुजर रही है।

मुझे याद है कि माननीय रेल मंत्री एन.डी.ए. सरकार में भी रेल मंत्री थी। एन.डी.ए. सरकार ने इस देश में सुरक्षा और संरक्षा की चुनौती को स्वीकार किया था। उन्होंने उस समय इसके लिए एक संरक्षा निधि भी बनाई थी। उस संरक्षा निधि ने तय किया था कि रेल ट्रैक का आधुनिकरण होगा, जर्जर फूलों की मरम्मत होगी, सिग्नल सिस्टम का आधुनिकीकरण होगा और साथ ही रेलवे क्रॉसिंग को इंटरलॉकिंग सिस्टम से जोड़ने का कार्य होगा। एनडीए सरकार के समय एक और कार्य हुआ था। पेंडिंग योजनाओं को पूरा करने के

लिए एक सर्वे करवाया गया था और उसके मूल्यांकन भी किए गए थे कि राजस्व दृष्टि से महत्वपूर्ण राष्ट्रीय सुरक्षा और सामाजिक रुप से भी आवश्यक उन योजनाओं को पूरा करने के लिए लगभग डेढ़ लाख करोड़ रुपए की आवश्यकता थी। मैं आज से लगभग 10 वर्ष पूर्व की बात बता रहा हूँ। 10 वर्ष पूर्व यह लक्ष्य रखा गया था कि इन सब योजनाओं को पूरा करने के लिए डेढ़ लाख करोड़ रुपए की आवश्यकता पड़ेगी। एनडीए सरकार में उन योजनाओं को पूरा करने का लक्ष्य रखा गया था। पिछले 7 वर्षों से हम यूपीए सरकार के इस कार्यकाल को देख रहे हैं। मुझे कभी–कभी यह लगता है कि पूरे देश की जनता को किस प्रकार भ्रम में रखने का प्रयास हो रहा है। रेल मंत्री आते हैं या तो लोग उन्हें स्वयं गंभीरता की दृष्टि से नहीं देखते और अगर इच्छा शक्ति है तो कार्य करने का जज्बा भी दिखता है तो मुझे लगता है कि लोग कभी–कभी रेल मंत्री को इस दृष्टि से देखने लगते हैं जिस प्रकार की स्थितियां हैं – उड़ जा रे पंछी यह रेल हुई बेगानी।

यानी रेल को बेगाना बना कर रख दिया है। रेल केवल आश्वासनों और अपनी राजनीति घोषणा हो तक ही सीमित रखो और जब अपने कार्य, राजनीतिक हित पूरे हो गए हो तो फिर यहां से छोड़कर चले जाओ। यह स्थिति आज कहीं ना कहीं दिखाई दे रही है।

उपाध्यक्ष महोदय, मैं आपके माध्यम से माननीय रेल मंत्री जी के समक्ष उन तथ्यों को भी रखना चाहता हूँ कि आखिर यह स्तिथि कैसे हुई? हम लोग जब भारतीय रेल की चर्चा करते हैं तो हमें यह देखना पड़ेगा कि भारतीय रेल की आय का सबसे बड़ा जरिया क्या है? माल भाड़ा जो रेल यातायात की 65 प्रतिशत की आपूर्ति करता है यानी 65 प्रतिशत रियल की आय माल भाड़े से होती है और मात्र 26ः आय यात्री यातायात से होती है।

महोदय, अगर आप देखें तो वर्ष 1950 में यह है रेशियो 88:12 का था यानी 88 पर्सेंट माल यातायात रेल के माध्यम से जाता था। इससे रेल की आय भी बढ़ की थी। लेकिन आज रेल मालभाडे की

स्थिति कहीं न कहीं अविश्वसनीय हुई है। आज वह भी एक परसेंट से घटकर 35 प्रतिशत तक आई है जिससे रेल की आय पर भी असर पड़ा है। अगर देश में माल गाड़ियों की रफ्तार को आप देखेंगे तो मुझे लगता है कि कहीं कहीं पर साइकिल भी उससे तेज दौड़ती है। मात्र 25 किलोमीटर प्रति घंटा देश में माल गाड़ियों की स्थिति है। दूसरा सुरक्षित नहीं और तीसरी जवाबदेही नहीं है।

महोदय, आप रेलवे स्टेशनों पर देखते होंगे कि जब रेलवे पार्सल या किसी अन्य संपर्क से कोई सामान आता है तो उसे उठाकर लावारिस सा दिया जाता है।

उसके लिए कोई जिम्मेदारी नहीं किसी की जवाबदेही नहीं होती है। इन स्थितियों में हम इस लक्ष्य को कैसे पूरा करेंगे? आज आय के स्त्रोत घटते जा रहे हैं और रोज नई–नई घोषणाएं होती जा रही हैं वह जरा अभ आज आय के स्त्रोत घटते जा रहे हैं और रोज नई–नई घोषणाएं होती जा रही हैं। अभी भी हमारे सामने पुराने पड़ चुके,जर्जर पुल और पुरानी पड़ चुकी सिग्नल प्रणाली हजारों किलोमीटर के गेम ट्रक का नवीनीकरण नमूना इंटीग्रेटेड सिक्योरिटी सिस्टम का अभाव आदि तमाम अन्य योजनाएं आज की लंबित पड़ी हुई है।

महोदय, हमें समाचार पत्रों के माध्यम से रेल दुर्घटनाएं सुनने को मिलते हैं। देश में अधिकतर दुर्घटनाएं मानव रहित संपर्क फाटकों पर होती है। आज भी 17000 से ऊपर रेलवे फाटक मानव रहित है। वर्तमान में जैन योजनाओं का कार्य चल रहा है उनमें 109 किलोमीटर लंबी लाइन है। अगर उसे देखा जाए तो 11900 किलो मीटर कुल लंबाई है और उसके लिए 50000 करोड़ रूपया चाहिए। दोहरीकरण के लिए 126 योजनाएं हैं जिनकी लंबाई 4822 किलोमीटर और लागत 11000 करोड रुपए है। डीएसपी की 2 योजनाएं हैं जिनकी लंबाई 3300 किलोमीटर और लागत 50000 करोड़ रुपए है। अगर इन 4 परियोजनाओं की कुल लागत जोड़ी जाए तो उनके लिए 1.2 एक लाख करोड़ रुपए की आवश्यकता पड़ेगी। जिन परियोजनाओं के लिए अभी सर्वे की बात हुई है नई लाइन है आमान परिवर्तन है

दोहरीकरण और उससे जुड़े हुए तमाम अन्य कार्य हैं तो उन पर 4 पॉइंट 100000 करोड रुपए की व्यवस्था रेल मंत्रालय कहां से करेगा यह एक प्रश्न है।

महोदय में माननीय रेल मंत्री जी से जानना चाहूँगा कि उन्होंने वर्ल्ड क्लास ले स्टेशन की घोषणा की थी। आखिर उनका 12 स्टेशनों का क्या हुआ जिन्हें वर्ल्ड क्लास बनाने की घोषणा की थी? पिछले रेल बजट में मेडिकल कॉलेज स्थापित करने की बात की थी तो कितने मेडिकल कॉलेज बने हैं? इस रेल बजट में मंत्री जी ने उनका कोई उल्लेख नहीं किया है। मंत्री जी ने इस बारे में भी घोषणा की है कि वह 2 महापुरुषों की 150 वी जयंती– स्वामी विवेकानंद की वर्ष 2013 में 150वी जयंती है।

उनके अवसर पर विवेक एक्सप्रेस के नाम पर चार एक्सप्रेस गाड़ियां चलाने की बात कही है। इसी तरह गुरुदेव रवींद्रनाथ टैगोर की 150 वी जयंती पर विचार एक्सप्रेस गाड़ियां चलाने की बात की है। मैं रेल मंत्री जी को इसके लिए धन्यवाद देने के साथ ही उनके नाम परिवर्तन के बारे में यह अनुरोध करना चाहूँगा कि उन्होंने विवेक एक्सप्रेस नाम देने जो घोषणा की है उसकी जगह पर पूरा नाम – स्वामी विवेकानंद एक्सप्रेस रखा जाए। विवेक एक्सप्रेस का मतलब कुछ नहीं है उसको स्वामी विवेकानंद के नाम पर किया जाए। इसी तरह कवि गुरु एक्सप्रेस नाम न रखकर उसका पूरा नाम गुरुदेव रविंद्र नाथ टैगोर के नाम पर रखा जाए। अगर आप कवि गुरु की बात करेंगे तो अभी इन लोगों के गुरु अफजल गुरु जेल में सड़ रहे हैं। इस पर हमें अफसोस होता है...

3 साल पूरा होने में लग जाते हैं। इससे अंतर रेलवे को ही राजस्व का नुकसान होता है। मेरा रेल मंत्री जी से निवेदन है कि वह इस भ्रष्टाचार को खत्म करने की लिए सख्ती से कदम उठाए।

उपाध्यक्ष महोदय, मैं आपकी बात का सम्मान करते हुए एक बात और कह कर अपना भाषण समाप्त करुंगा। पूर्वोत्तर रेलवे का मुख्यालय गोरखपुर है जहां का मैं प्रतिनिधित्व करता हूँ। गोरखपुर पूर्वी उत्तर

प्रदेश का एक महानगर है। अपने व्यापार और रोजगार कॉमर्स शिक्षा और चिकित्सा आदि बातों के लिए गोरखपुर में पूर्वी उत्तर प्रदेश और पश्चिमी उत्तर बिहार और हमारे पड़ोसी देश नेपाल के लोग निर्भर करते हैं। गोरखपुर में यातायात की स्थिति क्या है? पूर्वोत्तर रेलवे को पहले तू कई भागों में बांटने का प्रयास किया गया फिर उसके कई मंडल और जून बनाकर उसे तोड़ने का प्रयास और तू बेहतर सेवाएं वहां पर दी जानी चाहिए थी वह भी कार्य वहां नहीं हो पा रहा है। आज भी पूर्वोत्तर रेलवे के अंदर 1450 ऐसे समपार फाटक है जो मानव रहित है और प्रतिदिन वहां दुर्घटनाएं घटनाएं होती हैं।

गोरखपुर में एक टीम लोको कारखाना था उसे बंद कर दिया गया। स्टीम इंजन को बंद कर दिया गया। मैं माननीय रेल मंत्री महोदय से अनुरोध करूंगा कि पूरा इंफ्रास्ट्रक्चर गोरखपुर में मौजूद है तो उसी इंफ्रास्ट्रक्चर का थोड़ा आधुनिकीकरण कर लेंगे तो उसी पर आप नया इलेक्ट्रिक लोको कारखाना कम खर्चे पर स्थापित कर सकते हैं और उस इंफ्रास्ट्रक्चर का बेहतर उपयोग हो सकता है। इसके साथ ही वहां के स्थानीय लोगों को रोजगार भी मिलेगा। आपके पास वहां की पहले से नियुक्तियां भी होंगी कामा आप उनका उपयोग कर सकते हैं।

उत्तर प्रदेश जनसंख्या के हिसाब से देश का सबसे बड़ा प्रदेश है। उत्तर प्रदेश,मध्य प्रदेश और बिहार इन तीन राज्यों को अगर इनसे अलग कर दिया जाए तो पूरे देश की रेल व्यवस्था ठप्प हो जाएगी। लेकिन सर्वाधिक उपेक्षा की शिकार भारतीय राज्य ही हुए हैं। उत्तर प्रदेश की जनसंख्या कितनी है क्या रे सुविधा उस अनुपात में दी गई है। इसी तरह से क्या दिल सुविधा मध्य प्रदेश और बिहार को दी गई है? आज माननीय सुमित्रा महाजन जी अपनी बात को कह भी रही थी। इंदौर और आसपास के क्षेत्रों में आज रेल का चक्का जाम है। लोगों में इस बात का आक्रोश क्यों हो रहा है? उसका कारण साफ है कि इन लोगों को लग रहा है कि उनके साथ अन्याय हो रहा है । एक जगह के लिए तो ढेर सारी घोषणाएं हो रही है लेकिन

दूसरी जगहो की उपेक्षा हो रही। एनडीए सरकार में आप रेल मंत्री जी माननीय अटल जी की जलझूलनी बटेश्वर को जोड़ने के लिए आगरा से इटावा के लिए जो एक रेल लाइन थी उस रेल लाइन का कार्य पूरा हो गया वहां पर कुछ गाड़ियां चलाने की बात होनी थी उसे प्रारंभ करने की बात होनी थी लेकिन आज 10 साल हो गए हैं कार्य वैसा का वैसा पेंडिंग पड़ा हुआ है। मैं कुछ महत्वपूर्ण परियोजनाओं का नाम आपके सामने लूंगा और कुछ महत्वपूर्ण मुद्दों को यहां पर ले करने की अनुमति चाहूँगा खासतौर से पूर्व उत्तर प्रदेश, पश्चिमी उत्तर बिहार और पूर्वोत्तर रेलवे जो गोरखपुर से जुड़ी हुई है उनके बारे में बताना चाहता हूँ।

1. गोरखपुर –लखनऊ के बीच रेलवे लाइन का विद्युतीकरण एवं दोहरीकरण।

2. गोरखपुर– नौतनवा –गोंडा रेल खंड का आमान परिवर्तन।

3. गोरखपुर में लोको– इलेक्ट्रिक का खाना स्थापित किया जाए।

4. गोरखपुर में अयोध्या– इलाहाबाद के बीच यात्री सुविधाओं को ध्यान में रखकर इंटरसिटी चलाई जाए।

महोदय, आप जानते हैं कि गोरखपुर एक धार्मिक स्थल है ,अयोध्या प्रमुख धार्मिक स्थल है और प्रयागराज भी हमारे लिए एक पवित्र धार्मिक स्थल है। वर्ष 2013 में प्रयाग में महाकुंभ का आयोजन होगा। मैं माननीय रेल मंत्री जी से अनुरोध करना चाहूँगा कि गोरखपुर से अयोध्या होते हुए इलाहाबाद के लिए इंटरसिटी की मांग की गई थी लेकिन वह अब तक पूरी नहीं हो पाई है। गोरखपुर पर जितना लोड है,में रेल मंत्री जी से अनुरोध करना चाहूँगा की कभी रेलवे स्टेशन पर जाकर उस लाइन को देखिए कि वहां की क्या स्थिति है? हजारों लोग लाइन लगाकर खड़े रहते हैं और जिस डिब्बे की क्षमता मात्र 70 यात्रियों की है उसमें सांसों से ज्यादा यात्री भरे रहते हैं। उस रूट पर नई गाड़ी चलाने की आवश्यकता है। खासतौर से गोरखपुर के लिए एक नॉन स्टॉप ट्रेन चलाओ सिंदूराम आपने जूतों की घोषण ाएं की है अपने शताब्दी और राजधानी ट्रेनों की घोषणा की है राज्य रानी एक्सप्रेस की घोषणा की है तो फिर इस ग्रुप को क्यों छोड़ दिया

गया है। मैं आपसे अनुरोध करना चाहूँगा कि गोरखपुर से नई दिल्ली के बीच में और आप मुख्यमंत्री बनेंगे तो गोरखपुर से कोलकाता के लिए भी एक ट्रेन से। इसका हम आपसे अनुरोध करना चाहेंगे।

इसके अलावा 21 और है कि ग्रुप गोरखपुर– लखनऊ रेल मार्ग के गोरखपुर सहजनवा के बीच डोमिनगढ़ में रोहिन नदी पर तथा गाहसार्ड में राप्ती नदी पर रेलवे पुल के साथ पैदल और हल्के वाहनों के लिए पटरी का निर्माण किया जाए। इसके बारे में मैंने पत्र पहले भी लिखा था। गोरखपुर से संबंधित जो तमाम रेलवे स्टेशन से उनके अपग्रेड के लिए गोरखपुर से हरिद्वार से देहरादून राप्ती गंगा एक्सप्रेस ट्रेन को प्रतिदिन किया जाए।

गोरखपुर में सहजनवां में वास गांव दोहरीघाट के लिए एक नई रेल लाइन बिछाने के लिए और अन्य योजनाओं में केवल क्रॉसिंग को मानव सहित करने और ओवरी ब्रिज बनाने की बात कही है। गोरखपुर से संबंधित समान कार्य आरके मंत्रालय के पास पेंडिंग है जिनमें दी8 के नंदा नगर पर नकहा रेलवे क्रॉसिंग पर हवाई फाटक रेलवे क्रॉसिंग पर पीपीगंज रेलवे क्रॉसिंग पर पिपराइच रेलवे क्रॉसिंग पर कॉम्पीयर गांव रेलवे क्रॉसिंग पर सहजनवा रेलवे क्रासिंग पर ओवरब्रिज बनाने की मांग की गई है।

इन्हीं शब्दों के साथ भारतीय रेल की वर्ष 2011–12 के रेल बजट पर जिन घोषणा और आश्वासनों को आपने सदन में प्रस्तुत किया है उन संकल्पों की पूर्ति हो सके हम सभी आशीर्वाद की अपेक्षा करते हैं। हम आपसे संरक्षा और सुरक्षा के मुद्दे पर जरूर जानना चाहेंगे प्रोग्राम भारतीय रेल जंक्शन चुनौती से जूझ रही है उस चुनौती का सामना करने के लिए भारतीय रेल क्या कदम उठाए इस बारे में स्पष्ट आवश्यक दिशा निर्देश दें।

उपाध्यक्ष महोदय, आपने मुझे सदन में इस महत्वपूर्ण चर्चा में भाग लेने का अवसर दिया और बहुत शांतिपूर्ण ढंग से बोलने दिया इसके लिए मैं आपके प्रति आभार व्यक्त करता हूँ।

–04 मार्च, 2011

महोदय, माननीय रेल मंत्री जी द्वारा जब सदन में बजट भाषण के दौरान अपनी घोषणाएं की जा रही थीं, उस समय भी जब तत्कालीन रेल मंत्री अपनी उपलब्धियों को नहीं बता पा रहे थे, उन्हें एनेक्सचर के हवाले कर रहे थे, तो हम लोग समझ गए थे कि इसके पीछे कहीं ना कहीं दाल में काला है, क्योंकि जो अपनी उपलब्धियों को नहीं बता सकता कि हम क्या करने जा रहे हैं, उनकी घोषणाएं उन्होंने स्पष्ट रूप से नहीं की।

एक लाख नियुक्तियों के लिए पैसा कहां से लाएगा रेल मंत्रालय

उपाध्यक्ष महोदय, माननीय रेल मंत्री जी द्वारा सदन में प्रस्तुत वर्ष 2012–13 के रेल बजट पर जो चर्चा चल रही है, उस पर आपने मुझे बोलने का अवसर प्रदान किया है, मैं आपके प्रति हृदय से आभारी हूँ। भारत के संसदीय इतिहास में पहली बार हो रहा है कि जिस रेल मंत्री ने सदन में बजट प्रस्तुत किया हो, वे आज सदन में मौजूद नहीं है। वे निवर्तमान हो चुके हैं। यह सदन निवर्तमान और वर्तमान मंत्री जी से भी इस चर्चा के दौरान वंचित हैं।

महोदय, माननीय रेल मंत्री जी द्वारा जब सदन में बजट भाषण के दौरान अपनी घोषणाएं की जा रही थीं, उस समय भी जब तत्कालीन रेल मंत्री अपनी उपलब्धियों को नहीं बता पा रहे थे, उन्हें एनेक्सचर के हवाले कर रहे थे, तो हम लोग समझ गए थे कि इसके पीछे कहीं ना कहीं दाल में काला है, क्योंकि जो अपनी उपलब्धियों को नहीं बता सकता कि हम क्या करने जा रहे हैं, उनकी घोषणाएं उन्होंने स्पष्ट रूप से नहीं की। जैसे ही उन्होंने रेल बजट में यात्री किराया बढ़ाने की घोषणा की तो हम लोग समझ चुके थे कि अब क्या कुछ होने वाला है।

महोदय, भारतीय रेल का लगभग 158 वर्ष पुराना इतिहास है। भारतीय रेल पूरी दुनिया में सबसे बड़े यात्री वाहक के साथ–साथ चौथे मालवाहक के रूप में भी जानी जाती है। भारतीय रेल को परिवहन व्यवस्था की महारानी के रूप में भी जाना जाता है। मैं मुकुल राय

जी को उनकी अनुपस्थिति में बधाई दूंगा कि उन्हें जहाजरानी से महारानी मंत्रालय का दायित्व जो दिया गया है, कम से कम वह इस महारानी मंत्रालय का दायित्व निर्वहन करने के लिए उन घोषणाओं को, जो घोषणाएं पूर्व रेल मंत्री सुश्री ममता बनर्जी और माननीय श्री दिनेश द्विवेदी ने यहां घोषित की थीं, उन सब को यह ईमानदारी से लागू करेंगे।

महोदय, इस बार का रेल बजट कई मायनों में ऐतिहासिक रहा है। रेल यात्रियों की सुरक्षा, आधुनिकरण और उसके आधार–भूत ढांचे के विकास के बारे में, रेलवे को आर्थिक रूप से समुन्नत बनाने के लिए रेल बजट में जो घोषणाएं की गई हैं हमें उसमें संदेह लगता है, क्योंकि स्वयं रेल मंत्री जी ने अपने भाषण में इस बात को कहा है कि पिछले रेल मंत्रियों द्वारा जो घोषणाएं की गई थीं वह अभी तक पूरी नहीं हुई है। तमाम योजनाएं लंबित पड़ी हुई हैं। राजनीतिक कारण ों से जो घोषणाएं हुई, उन पर पैसा दिया जाता है, लेकिन रेलवे के राजस्व को बढ़ाने के लिए जिन घोषणाओं को लागू किया जाना चाहिए था, जिन पर धन का आवंटन होना चाहिए था, वे योजनाएं लंबित पड़ी हुई हैं। रेलवे के आधुनिकरण के लिए भी श्री सैम पित्रोदा की अध्यक्षता में गठित एक्सपर्ट कमेटी ने स्वयं इस बात को माना है कि रेलवे के आधुनिकरण के लिए वर्तमान में 5,60,000 करोड़ रुपए की आवश्यकता पड़ेगी। इतना पैसा कहां से आएगा? रेलवे की जो लंबित परियोजनाएं हैं और जो घोषणाएं की गई हैं, उन सब को लेकर स्वयं रेलमंत्री इस बात को कहते हैं कि उनको 14 लाख करोड़ रुपए की आवश्यकता पड़ेगी।

महोदय, पिछली बार माननीय रेल मंत्री सुश्री ममता बनर्जी मैं इस सदन में विजन 2020 की घोषणा की थी। उस समय उन्होंने इस बात को कहा था कि विजन 2020 के लक्ष्य को प्राप्त करने के लिए हमें 25,000 किलोमीटर रेलवे नेटवर्क के विस्तार और 30,000 किलोमीटर रेल लाइन के दोहरीकरण एवं विद्युतीकरण के लक्ष्य को प्राप्त करना होगा। इस लक्ष्य को प्राप्त करने के लिए प्रति वर्ष

ढाई हजार किलोमीटर रेल लाइन बिछाने का लक्ष्य पूरा करना था, लेकिन आप पिछले 2 वर्षों का ही आंकड़ा उठाकर देखें, तो बमुश्किल प्रतिवर्ष 1,000 किलोमीटर की भी नई रेल लाइन नहीं बिछा पा रहे हैं। जहां तक भारतीय रेल कि आय का प्रश्न है, मुझे लगता है कि भारतीय रेल की आय का महत्वपूर्ण साधन माल भाड़ा था। जिसमें रेल की 65 प्रतिशत आमदनी माल भाड़े से होती थी। वर्ष 1950 में माल भाड़े का प्रतिशत 88 प्रतिशत था, आज यह घटकर 35 प्रतिशत हो गया है। इसका कारण यह है कि मालगाड़ी की औसत रफ्तार मात्र 25 किलोमीटर प्रति घंटा है और यही नहीं, सुरक्षा की गारंटी भी नहीं है। रेलवे की पार्सल सेवाएं आज असुरक्षित मानी जा रही हैं, लोग सामान भेजने में, अपना पार्सल भेजने में असुविधा महसूस कर रहे हैं। माननीय रेल मंत्री ने जो यात्री किराया बढ़ाया है, मुझे लगता है कि उसका औचित्य नहीं था। यह देश पिछले 5–7 वर्षों से भयंकर महंगाई की चपेट में है। अभी लगभग 1 घंटे पूर्व हम लोग इस सदन में बी.पी.एल. सूची पर चर्चा कर रहे थे। सरकार अपनी फिजूलखर्ची को कम नहीं करना चाहती है। रेल मंत्रालय ने अपनी फिजूलखर्ची को कम करने के लिए कोई उपाय नहीं सुझाए हैं और यही नहीं प्रतिवर्ष भारतीय रेल में लगभग 10,000 करोड़ रुपए का घाटा केवल भ्रष्टाचार के कारण होता है। अगर रेलवे में भ्रष्टाचार पर अंकुश लगा ले, तो प्रतिवर्ष 10,000 से 15,000 करोड़ रुपए की बचत भारतीय रेल को हो सकती है। लेकिन भ्रष्टाचार पर अंकुश नहीं लगेगा, फिजूलखर्ची नहीं रुकेगी, एक सीधा सा उपाय है कि भारतीय रेल के यात्रियों पर यदि किराया थोप देंगे, तो उससे हम भारतीय रेल को आर्थिक रूप से समुन्नत कर पाएंगे, भारतीय रेल का आधुनिकीरण कर पाएंगे। मुझे लगता है कि भारतीय रेल एक व्यवसायिक संस्थान मात्र नहीं है, भारतीय रेल की अपनी सामाजिक प्रतिबद्धताएं भी हैं और उनको ध्यान में रखकर यात्री किराए में की गई बढ़ोतरी इस देश के आदमी को तबाह करने की साजिश का एक हिस्सा है। अच्छा होता भारतीय रेल आधुनिकीरण की बात करती,

भारतीय रेल आर्थिक रूप से समुन्नत करने की बात करती और उस दृष्टि से भ्रष्टाचार पर अंकुश लगाने की बात करती, पुराने पड़ चुके रेलवे ट्रैक, जर्जर पुल, पुरानी सिग्नल प्रणाली, हजारों किलोमीटर के रेल ट्रैक के नवीनीकरण का मामला है, इंटीग्रेटेड सिक्योरिटी सिस्टम आदि के बारे में जो बात होनी चाहिए थी, जो कार्य ईमानदारी पूर्वक होना चाहिए था, वह अभी तक नहीं हो पाया है। अभी भी भारतीय रेल में 15,000 समपार फाटक ऐसे हैं, जो मानव रहित हैं। हम लोगों ने देखा, कल ही हाथरस में दुर्घटना हुई जिसमें 16 निर्दोष लोग मारे गए। जिस दिन यहां रेल बजट प्रस्तुत हो रहा था, उस दिन देवरिया जिले के सलेमपुर में एक मानवरहित समपार फाटक पर दुर्घटना हुई जिसमें एक व्यक्ति की मौत हो गई। आखिर इन मौतों का सिलसिला कब तक चलता रहेगा? मैं माननीय रेल मंत्री से जानना चाहूँगा कि नई रेलों का दोहरीकरण, आमान परिवर्तन, रेल के आधुनिकीरण पर होने वाले लाखों–करोड़ रुपए का खर्च कहां से आएगा, उसके लिए मंत्रालय संसाधन कहां से जुटाएगा? पूर्व रेल मंत्री द्वारा घोषित जो वर्लड क्लास स्टेशन हैं, रेलवे की फालतू भूमि में मेडिकल कॉलेज और नर्सिंग कॉलेज स्थापित करने की जो बात हुई थी, उन घोषण ाओं को कहां तक मंत्रालय पूरा कर पाया है, बजट में उसका कोई उल्लेख नहीं किया गया है। रेल बजट में एक घोषणा हुई कि एक लाख नई नियुक्तियां होंगी, यह अच्छी बात है, लेकिन क्या जो वित्तीय भार भारतीय रेल पर पड़ेगा, उसकी भरपाई कहां से होगी?

सचमुच में रेलवे की बड़ी भूमि ऐसी है, जिस पर भू–माफिया ने कब्जा कर रखा है। अगर रेलवे उस जमीन का वाणिज्यिक रूप से उपयोग करती है या लीज पर देकर किराया वसूल करती है, तो रेलवे की आय का यह प्रमुख आय का साधन हो सकता है। हमने गोरखपुर के नगर निगम द्वारा एक प्रस्ताव रेलवे को भेजा था कि वहां रेलवे की भूमि पर हुए अवैध कब्जों को हटाकर पटरी व्यवसायियों और सड़कों पर काम करने वाले जो लोग हैं, उनको पुनः स्थापित

करें। इस प्रस्ताव को भेजे 3 साल हो गए हैं, लेकिन अभी तक रेलवे द्वारा इस पर कोई कार्यवाही नहीं हुई है।

मैं रेल मंत्री जी से अनुरोध करना चाहूँगा कि हम लोग संसद के सत्र के दौरान अधिकतर रेलगाड़ी से यात्रा करते हैं। हम रेलवे के आधुनिकीरण की बात कहते हैं, लेकिन रेल की समयबद्धता, रेलगाड़ी की सफाई व्यवस्था, इन चीजों पर कहीं भी कोई ध्यान नहीं दिया जाता है। भारतीय रेल की जो स्थिति है, उसे देखकर सचमुच बड़ा दुख होता है। जिन ट्रेन से हम सांसद यात्रा करते हैं, उनकी तो स्थिति फिर भी ठीक होती है, लेकिन अन्य रेलगाड़ियों की हालत बहुत खराब है। मैंने पिछले सत्र में भी एक प्रस्ताव रखा था कि रेल से यात्रा करने वाले यात्री को उचित किराए के एवज में एक सीट तो उपलब्ध कराई जाए। अगर आप नहीं कराते हैं तो फिर उसी तर्ज पर उसके किराए में कटौती की जानी चाहिए। इसी तरह अगर समय पर ट्रेन नहीं पहुंचती है तो किराए में उसी अनुपात में कटौती भी की जानी चाहिए।

भारतीय रेल के इस बजट में रेल कर्मियों की सुविधा की बात कही गई है। यह होनी भी चाहिए, जिनके कारण इतने बड़े नेटवर्क का संचालन हो रहा है, उन्हें बेहतर सुविधा मिलनी चाहिए। लेकिन साथ ही उनकी कार्य क्षमता और दक्षता को भी बढ़ाया जाना चाहिए। इस बारे में आपको विचार करना चाहिए और गंभीरता से प्रयास करना चाहिए। रेल बजट में जो घोषणाएं हुई हैं, मैं रेल मंत्री जी को धन्यवाद देना चाहूँगा।

मैं अपने क्षेत्र की कुछ बातों को संक्षेप में कह कर अपना भाषण समाप्त करूंगा। आनंद नगर से महाराजगंज–घुघली बस्ती से बांसी होते हुए कपिलवस्तु जो नई रेल लाइन के मूल्यांकन को योजना आयोग में भेजा है, उस कार्य को अविलंब शुरू किए जाने की तैयारी करनी चाहिए। सहजनवां–बांसगांव, बड़हलगंज–दोहरीघाट, सहजनवां से बखीरा–बांसी के लिए जो नई रेल के सर्वेक्षण का कार्य है, पहले

भी हो चुका है। इस कार्य का सर्वेक्षण करने के साथ–साथ धन का आवंटन करने की भी व्यवस्था की जानी चाहिए। इसके अलावा आनंदनगर से नौगढ़, गौंडा से बढ़नी आमान परिवर्तन की रेल बजट में तो बात कही है, लेकिन पिछले 7 वर्षों से यह आमान परिवर्तन का कार्य चल रहा है। भारत–नेपाल की सीमा के पास यह क्षेत्र है। सुरक्षा की दृष्टि से भी और वहां के आवश्कता की दृष्टि से भी इस कार्य को गोरखपुर से आनंदनगर, आनंदनगर से नौगढ़, नौगढ़ से बढ़नी , बढ़नी से बलरामपुर, बलरामपुर से गौंडा तक का कार्य समयबद्ध ढंग से पूरा हो, ऐसी मैं रेल मंत्री जी से अनुरोध करता हूँ।

मैं माननीय रेल मंत्री का स्वागत करूंगा कि उन्होंने रेल बजट में पूर्वोत्तर के बारे में कम से कम कुछ तो प्रावधान किया है। मैं माननीय रेल मंत्री से अनुरोध करूंगा कि इन बातों को वे यथावत रखें। ऐसा ना हो कि दिनेश द्विवेदी जी ने जो घोषणाएं की थीं, उन्हें मुकुल राय जी खारिज कर दें।

मैं गोरखपुर से लोकसभा का प्रतिनिधित्व करता हूँ। गोरखपुर पूर्वोत्तर रेलवे का मुख्यालय भी है, जोनल मुख्यालय है, मेरा अनुरोध है कि हर जोनल मुख्यालय में एक मंडल मुख्यालय होता है इसलिए गोरखपुर में भी जोनल मुख्यालय में एक मंडल मुख्यालय की स्थापना होनी चाहिए। गोरखपुर में लोको इलेक्ट्रिक कारखाना स्थापित किया जाए। वहां पहले स्टीम कारखाना था, चुंकि अब स्टीम इंजन बनने बंद हो गए हैं, आपके पास वहां पहले से ही इंफ्रास्ट्रक्चर है। थोड़ी सी लागत और सुविधा देकर उस बंद पड़े कारखाने का स्ट्रक्चर सुधारा जा सकता है और वहां लोको इलेक्ट्रिक कारखाना स्थापित हो सकता है। गोरखपुर–गौंडा लखनऊ रेल लाइन के दोहरीकरण और विद्युतीकरण के कार्य को समयबद्ध ढंग से पूरा किया जाए। गोरखपुर से दिल्ली के बीच राजधानी या दुरंतो चलाने की सुश्री ममता बनर्जी ने पिछली बार घोषणा की थी कि दिल्ली–गोरखपुर के बीच में हम लोग संचालित करेंगे और दिल्ली–गोरखपुर–कोलकाता के बीच में

भी एक सुपरफास्ट ट्रेन चलाएंगे। वह रेल मंत्री के रूप में कोलकाता जा चुकी हैं लेकिन आप उनके प्रतिनिधि के रूप में यहां आए हैं और एक अच्छे प्रतिनिधि आप उनके साबित हों और उनकी घोषण ाओं को पूरा करें कि गोरखपुर से दिल्ली के लिए तीन–चार महीने का वेटिंग चलता है, आप मालूम कर लीजिए। मैं अनुरोध करूंगा कि एक शताब्दी या दुरंतो इस रूट पर चले।

दूसरा, गोरखपुर से कोलकाता के बीच एक सुपरफास्ट ट्रेन चले। हमारे पूर्वोत्तर प्रदेशों की बहुत बड़ी आबादी कोलकाता और पूर्वोत्तर के इलाकों में निवास करती है। उन लोगों को आने–जाने में बड़ी असुविधा होती है।

महोदय, अगले वर्ष प्रयाग में महाकुंभ का आयोजन है और उसके लिए आपको पहले से व्यवस्था करनी पड़ती है और पूर्वी उत्तर प्रदेश के लोग पूर्वोत्तर रेलवे गोरखपुर से यात्रा करेंगे। पूर्वोत्तर रेलवे गोरखपुर का जो मुख्यालय है वहां पूर्वी उत्तर प्रदेश, पश्चिमी उत्तर प्रदेश, बिहार और नेपाल की तराई के एक बहुत बड़े भू–भाग का प्रतिनिधित्व करता है। गोरखपुर–इलाहाबाद के बीच एक इंटरसिटी संचालित करने की व्यवस्था करें। गोरखपुर–हरिद्वार–देहरादून जो यात्री सागर एक्सप्रेस है, इसे प्रतिदिन करने और भिवानी–गोरखपुर के बीच चलने वाली गोरखधाम एक्सप्रेस में पैंट्री कार की सुविधा, आनंद विहार से मुजफ्फरपुर तक संचालित सप्तक्रांति सुपरफास्ट जो ट्रेन है, इसकी समय–सारणी में सायं पांच बजे संचालित हो, इस दृष्टि से पूर्वोत्तर रेलवे गोरखपुर के नकहा, कैंट, सूरजकुंड, पीपीगंज, कैंपियरगंज, मानीराम, सहजनवां, पिपराइच तथा जगतबेला स्टेशनों का उच्चीकरण। गोरखपुर से भिवानी संचालित गोरखधाम एक्सप्रेस को भिवानी से नई दिल्ली के आगमन का समय पांच बजे तथा नई दिल्ली से प्रस्थान का समय सायंकाल साढ़े पांच बजे किया जाए और इसके अलावा मेरा आपसे अनुरोध है कि पूर्वोत्तर रेलवे गोरखपुर के अंदर कुछ महत्वपूर्ण स्थानों पर हम लोगों ने सड़क ओवरब्रिज की

मांग की है। इनमें एन.एच.–28 के नंदानगर में नकहा रेलवे क्रॉसिंग पर, पीपीगंज रेलवे क्रॉसिंग पर, मानीराम रेलवे क्रॉसिंग पर, पिपराइच रेलवे क्रॉसिंग पर, कैंपियरगंज रेलवे क्रॉसिंग पर और सहजनवां रेलवे क्रॉसिंग पर। इन रेलवे क्रॉसिंग के प्रस्ताव हमने पहले भी मंत्रालय को दिए हैं।

महोदय, रेल मंत्रालय आप के नेतृत्व में इस देश के रेल यात्रियों को सुरक्षित यात्रा प्रदान कर सके। आप रेल मंत्रालय का आधुनिकीकरण करने के साथ–साथ उसे आर्थिक रूप से समुन्नत कर सकें, इसके लिए मैं आपको अपनी शुभकामनाएं देता हूँ और आशा करता हूँ कि आप के नेतृत्व में दुनिया के अंदर रेलवे का नाम हो।

–21 मार्च, 2012

महोदय, मैं अक्सर दिल से यात्रा करता हूँ। मैं आपके माध्यम से माननीय रेल मंत्री से अनुरोध करना चाहूँगा कि पूर्वोत्तर रेलवे उपेक्षित है। यह नेपाल से जुड़ा हुआ, उसकी सीमा से सटा हुआ रेल मार्ग है और इस दृष्टि से इस पर विशेष ध्यान देने की आवश्यकता है। हमारी यात्रा अधिकतर रेल से ही संभव हो पाती है। मैं माननीय मंत्री जी को धन्यवाद देना चाहूँगा कि आपने यात्री सेवा और ट्रेनों की सफाई के बारे में 40 प्रतिशत खर्च करने की बात कही है।

सबका साथ-सबका विकास में पूर्वोत्तर रेलवे अछूता नहीं

मैंने उस दिन यह बात कही थी कि यू.पी.ए. ने इस देश में संस्थाओं को पिछले 10 वर्षों में बहुत भारी नुकसान पहुंचाया है और 10 वर्षों के बाद पहली बार रेल बजट और जनरल बजट में देखने को मिला है कि इन संस्थानों को पुनर्जीवित करके एक रचनात्मक सहयोग के साथ आगे बढ़ाने का प्रयास हुआ है और उसी रचनात्मक सोच का परिणाम माननीय रेल मंत्री जी के द्वारा प्रस्तुत रेल बजट है। हमारा मानना है कि जहां चाह, वहां राह। अगर मैं कहूँ तो संत तुलसीदास जी ने भी कहा था कि – 'जहां सुमति तहं संपत्ति नाना, जहां कुमति तहं विपति निदाना'। उनकी नकारात्मक सोच थी, इसलिए सारी संस्थाओं को भारी नुकसान हुआ। यहां सकारात्मक सोच है तो संस्थाओं को आगे बढ़ाने और एक रचनात्मक विकास की ओर बढ़ाने का प्रयास हो रहा है। उसी रचनात्मक सोच के साथ यह रेल बजट सदन में प्रस्तुत हुआ है। रेल बजट में बहुत कम समय में अच्छी बातों का समावेश किया गया है। खास तौर से देश के अंदर बुलेट ट्रेन की बात हो, देश के अंदर अन्य तमाम तरीकों से देश की अर्थव्यवस्था को सुदृढ़ करने की दृष्टि से जो प्रावधान किए गए हैं, वे स्वागत योग्य हैं।

महोदय, भारतीय रेल वर्तमान में एक बहुत महत्वपूर्ण चुनौती से जूझ रही है और वह चुनौती भारतीय रेल के समक्ष संरक्षा और सुरक्षा का मुद्दा है। मुझे लगता है कि पिछले 10 वर्षों में भारतीय रेल का अगर राजनीतिक रूप से दुरुपयोग नहीं हुआ होता और राजनीतिक कारणों से केवल घोषणाएं नहीं हुई होती, केवल उतनी ही योजनाएं

घोषित होती, जिन पर पूंजी देकर राजस्व की दृष्टि की लाभकारी योजनाओं को आगे बढ़ाने का कार्य होता, तो भारतीय रेल की यह दुर्गति नहीं हुई होती। लेकिन राजनीतिक करणें से घोषणाएं होती थीं, 600 से अधिक घोषणाएं हुई, पूरी 300 भी नहीं हुई। यह पहली बार हो रहा है कि राजनीतिक कारणों से योजनाएं घोषित नहीं हुई। जितना हम कर सकते हैं, उतना ही घोषित करेंगे और जो नहीं कर सकते हैं या जो राजस्व की दृष्टि से लाभकारी नहीं, भारतीय रेल की दृष्टि से लाभकारी नहीं, वह घोषित नहीं करेंगे और स्पष्ट रुप से रेल बजट में यह प्रावधान देखने को मिल रहा है। उसी दृष्टि से रेल की सुरक्षा और संरक्षा के मुद्दे को लेकर एक महत्वपूर्ण पहल संरक्षा निधि को बढ़ाने, रेल पटरियों के फ्रैक्चर या पटरियों की टूट–फूट का पता लगाने के लिए हो रही है। अभी पूर्वोत्तर रेलवे के गोरखपुर में चुरेब स्टेशन पर रेल पटरी के फ्रैक्चर होने के कारण गोरखधाम एक्सप्रेस का एक्सीडेंट हुआ था। उसमें 30 से अधिक निर्दोष यात्रियों की जान गई थी। सरकार ने पहल की कि हम अल्ट्रासोनिक डिटेक्शन सिस्टम लगाएंगे और रेलवे की सुरक्षा की दृष्टि से हम एक पुख्ता व्यवस्था करेंगे। क्योंकि रेलों में दुर्घटनाओं के दो कारण हैं – प्रथम रेल पटरियों के फ्रैक्चर होने के कारण और दूसरा कारण अनमैंड रेलवे क्रॉसिंग के कारण, बिना चौकीदार के जो रेलवे समपार फाटक पर हैं, पिछले 10 वर्षों से अधिकतर रेल दुर्घटनाएं इन्हीं दो कारणों से हुई हैं। लेकिन जो पिछली यू.पी.ए. की सरकार थी, उसने इसकी अपेक्षा की और इस मामले में ध्यान नहीं दिया। यह पहली बार हुआ है जब सरकार ने कहा है कि हम अल्ट्रासोनिक डिटेक्शन सिस्टम लगाएंगे और रेल पटरियों में फ्रैक्चर के कारण जो दुर्घटनाएं होती हैं, उन्हें रोकेंगे। दूसरा 11,563 जो अनमैंड रेलवे क्रॉसिंग हैं, बिना चौकीदार के समपार फाटक हैं, हम उनको मानवयुक्त करेंगे या फिर वहां पर आर.ओ.बी. बनाएंगे, रेलवे ओवरब्रिज बनाकर इस समस्या का समाधान करेंगे। यह एक स्वागत योग्य पहल है। मुझे लगता है कि अधिकतर दुर्घटनाएं इन्हीं दो कारणों से होती हैं। साथ ही साथ रेलवे सुरक्षा भी

एक चुनौती है। रेलवे सुरक्षा की दृष्टि से बहुत ही महत्वपूर्ण घोषण ा जो यहां पर हुई है कि 17,000 आर.पी.एफ. के जवानों की भर्ती होगी और 4000 महिला जवानों की भी भर्ती होगी। यह एक बहुत महत्वपूर्ण मुद्दा है। एक बात मैं माननीय मंत्री जी से कहना चाहूँगा कि आर.पी.एफ. के जो 21,000 जवान भरे जाएंगे, उससे रेलवे की अर्थव्यवस्था पर कितना असर पड़ेगा? रेलवे में आर.पी.एफ. के पास कोई भी कानूनी अधिकार नहीं होता है। वह केवल रेलवे संपत्ति की सुरक्षा कर सकता है। लेकिन अगर रेलवे में कोई कानून व्यवस्था की समस्या पैदा होती है तो आर.पी.एफ. उसमें मौन होता है, वह मामला फिर जी.आर.पी.एफ. के पास जाता है। मुझे लगता है कि आर.पी.एफ. को अगर आप भर्ती कर रहे हैं तो उनको कुछ अधिकार और दिए जाएं, जिससे वह पूरी जिम्मेदारी के साथ उस समस्या का समाधान कर सकें। जी.आर.पी. और आर.पी.एफ. के बीच का जो यह मामला है, उससे बहुत बार यात्रियों की सुरक्षा के लिए संकट पैदा होता है। इस मुद्दे पर मंत्रालय को अवश्य विचार करना चाहिए कि जो आर.पी.एफ. अभी तक रेलवे संपत्ति की सुरक्षा तक ही सीमित है, अगर इन लॉ एंड ऑर्डर की कोई समस्या होती है, तो हम उसमें क्या कर सकते हैं। आर.पी.एफ. की उसमें क्या जिम्मेदारी हो सकती है। क्योंकि उसमें दो अलग–अलग संस्थाओं की अलग–अलग भूमिका होती है। जी.आर.पी. में वे लोग जाते हैं, जो राज्य सरकार से दंडित हुए लोग होते हैं। यानी उसको यह माना जाता है कि राज्य सरकार की पुलिस व्यवस्था में किसी को दंडित करना हो तो उसको जी.आर. पी. में भेज दिया जाता है। वे पहले ही अपराधबोध से जी रहे होते हैं। ऐसे में उनसे बहुत उम्मीद करना कठिन होता है। अच्छा हो कि आर.पी.एफ. को यह पूरी जिम्मेदारी दें कि वह ना केवल रेलवे से जुड़ी समस्या का समाधान करे, अपितु रेलवे संपत्ति और यात्रियों की सुरक्षा की पुख्ता व्यवस्था भी उनके माध्यम से हो। यह सुनिश्चित करने का प्रयास भी उनके माध्यम से होना चाहिए। एक बहुत अच्छी बात हुई है। हम लोग देखते हैं कि रेलवे में कर्मचारियों की कमी नहीं

है। 13 लाख 10 हजार से ऊपर कर्मचारी रेलवे के पास आज भी हैं। लेकिन उनकी क्षमता पर प्रश्नचिन्ह लगते हैं। यद्यपि एक नेटवर्क के अंतर्गत पूरी दुनिया के अंदर इतने बड़े कार्य का संचालन भारतीय रेल के अंदर होता है। जब हम भारतीय रेल के बजट को देखते हैं और देश के जनरल बजट को देखते हैं तो उनमें बहुत ज्यादा जमीन आसमान का अंतर हो चुका है। मुझे लगता है कि 7–8 प्रतिशत भी भारतीय रेल का बजट नहीं रहा है। सन 1924 तक यह स्थिति थी की कि जब देश का बजट होता था, वह बजट लगभग रेल बजट के बराबर होता था। आज उसमें इतना ज्यादा अंतर आ चुका है कि भारतीय रेल की जो पुरानी परियोजनाएं हैं, उन योजनाओं के लिए भी उनके पास पैसा नहीं है। बजट में माननीय मंत्री जी ने प्रावधान किए हैं कि अगर उन योजनाओं को हम पूरा करना चाहेंगे तो हमें आने वाले 10 वर्षों में हर वर्ष अतिरिक्त 50,000 करोड़ रुपए की आवश्यकता पड़ेगी, तब हम उन योजनाओं को पूरा कर पाएंगे। जो लंबित योजनाएं हैं, उन योजनाओं की दृष्टि से, इस मामले में हम लोगों को देखना पड़ेगा। जो 2–3 घोषणाएं भारतीय रेल की दृष्टि से की गई हैं, वे बहुत महत्वपूर्ण घोषणाएं हुई हैं। उनमें रेलवे कर्मचारियों को प्रशिक्षित करने के लिए रेलवे विश्व–विद्यालय की स्थापना करना है। इंक्यूबेटर सेंटर के माध्यम से उन्हें प्रशिक्षित करना एक बहुत महत्वपूर्ण पहल है। रेलवे कर्मचारी दक्ष होंगे, रेलवे की कार्यप्रणाली में सुधार होगा। हम उसका स्वागत करते हैं। भारतीय रेल की आय बढ़ाने का जो सबसे बड़ा माध्यम है, वह माल भाड़ा है। माल भाड़ा की दृष्टि से हमारे जो कॉरिडोर बन रहे थे, जो फ्रेट कॉरिडोर बनाने की बात हुई थी, उसमें तमाम अन्य देशों ने सहयोग दिया था। उस कार्य में थोड़ी तेजी लानी चाहिए। दूसरा, हीरक चतुर्भुज रेल नेटवर्क की एक महत्वपूर्ण पहल हुई है।

महोदय, देश के अंदर अंतरराष्ट्रीय मानक के राजमार्ग हो सकते हैं इस देश के अंदर स्वर्णिम चतुर्भुज योजना लागू हो सकती है। माननीय अटल बिहारी वाजपेयी जी के नेतृत्व में एन.डी.ए. सरकार

ने उस परिकल्पना को साकार किया था। आज पूरे देश के अंदर अंतरराष्ट्रीय मानक के राजमार्ग बन गए हैं। हर व्यक्ति उस पर चलता है और हर व्यक्ति को उसमें गर्व की अनुभूति होती है। यह एन.डी.ए. सरकार की ही देन है। आज उसी तरीके से हम दिल्ली से मुंबई को, मुंबई को चेन्नई से, चेन्नई को कोलकाता से, कोलकाता को दिल्ली से जोड़कर हीरक चतुर्भुज रेल नेटवर्क के माध्यम से पूरे देश के अंदर जोड़ेंगे। रेल का जो भी टोटल भार है कोमा वह इन्हीं रूटों पर ज्यादा है, 60 प्रतिशत भा धार इनके साथ है भार इनके साथ है। यह इसके साथ तो है ही हम चाहते हैं कि कोलकाता को दिल्ली से जोड़ने के लिए गोरखपुर होते हुए पूर्वोत्तर रेलवे को उसके साथ जोड़ दिया जाए।

दूसरा, उसके माध्यम से बंदरगाहों को जोड़ने का यह एक बहुत महत्वपूर्ण पहल है मुझे लगता है कि भारतीय रेलवे के माध्यम से क्रांतिकारी परिवर्तन देखने को मिलेगा लेकिन मुझे लगता है कि इन योजनाओं के लिए धन के आवंटन के लिए जनरल बजट से मांग की जानी चाहिए और हम सरकार से यह मांग करेंगे कि देश की रेल की अर्थव्यवस्था को मजबूती प्रदान करने में इसकी बड़ी भूमिका हो सकती है।

महोदय, मैं अक्सर दिल से यात्रा करता हूँ। मैं आपके माध्यम से माननीय रेल मंत्री से अनुरोध करना चाहूँगा कि पूर्वोत्तर रेलवे उपेक्षित है। यह नेपाल से जुड़ा हुआ,उसकी सीमा से सटा हुआ रेल मार्ग है और इस दृष्टि से इस पर विशेष ध्यान देने की आवश्यकता है। हमारी यात्रा अधिकतर रेल से ही संभव हो पाती है। मैं माननीय मंत्री जी को धन्यवाद देना चाहूँगा कि आपने यात्री सेवा और ट्रेनों की सफाई के बारे में 40 प्रतिशत खर्च करने की बात कही है। यह एक स्वागत योग्य पहल है। मुझे लगता है कि यह देखने को भी मिल रहा है। आपने अच्छा किस्म का भोजन परोसने की बात कही है। 5 एक्सप्रेस गाड़ियों में घोषणा के बाद यह पहल शुरू हो गई है। ट्रेनों के समय पर पहुंचने की प्रक्रिया प्रारंभ हो चुकी है लेकिन इसमें

और सीधी आनी चाहिए। ट्रेन समयबद्ध रहे, ट्रेन में साफ–सफाई हो, अच्छा भोजन मिले, अच्छा बिस्तर मिले और लोगों को उचित किराए में उन्हें उनके गंतव्य में पहुंचाने की पहल हो यह मैं रेल मंत्री से अनुरोध करना चाहूँगा।

इसके अलावा आपने धार्मिक पर्यटन को बढ़ावा दी ने एक और पहल की है। आपने शक्तिपीठों को जोड़ने, 4 धामों को जोड़ने, बद्रीनाथ केदारनाथ को साथ जोड़ने के लिए जैन बौद्ध हमारे गोरखपुर और आसपास का क्षेत्र बौद्ध सर्किट से जुड़ा हुआ है। बौद्ध सर्किट से जोड़ने के लिए इसकी पहल होनी चाहिए। मैंने आपसे अनुरोध किया था कि कम से कम दिल्ली को गोरखपुर से एक राजधानी ट्रेन तो दीजिए। मैं आपको धन्यवाद दूंगा कि आपने गोरखपुर को एक साप्ताहिक ट्रेन दी है, गोरखपुर से आनंद विहार के लिए लेकिन एक राजधानी ट्रेन भी होनी चाहिए। गोरखपुर 1 जून है जहां के मुख्यालय से दिल्ली के लिए कोई भी राजधानी ट्रेन नहीं है या दूरंतो जैसी ट्रेन नहीं है। मैं आपसे अनुरोध करना चाहूँगा कि इस पहल को आर्ट्स के साथ जोड़े।

महोदय, मैं सेकंड वक्ता हूँ। मैं केवल मुद्दों पर आ रहा हूँ मुझे कुछ पॉइंट रखने हैं। उसको जोड़ने की जो पहल है वह स्वागत योग्य है और हम उसका स्वागत करते हैं। मैंने उसी दृष्टि से आपसे कहा था कि गोरखपुर से इलाहाबाद इंटरसिटी दी जाए। इलाहाबाद हमारा प्रयागराज है, एक प्रमुख धार्मिक स्थल है। उत्तर प्रदेश का हाई कोर्ट भी वहां पर है। पूर्वी उत्तर प्रदेश के लोग वहां आते जाते हैं। वहां पर कुंभ का आयोजन भी होता है, इसलिए प्रयागराज गोरखपुर को एक इंटरसिटी देने के लिए निवेदन करता हूँ।

मैं आपको धन्यवाद देना चाहूँगा कि आपने भ्रष्टाचार पर प्रभावी अंकुश लगाने के लिए बात कही और उस दृष्टि से दोपहर आपने की है कि रेलवे बोर्ड को विभाजित करके प्रबंधन और निगरानी समूह बनाने की दृष्टि से उसकी कार्यप्रणाली में पारदर्शिता लाने और परियोजनाओं को ऑनलाइन लाने के लिए वह स्वागत योग्य है। महोदय 10,000 से 12,000 करोड़ रुपए की राजस्व की हानि रेलवे को प्रतिवर्ष भ्रष्टाचार

के माध्यम से होती है। इस कारण इस भ्रष्टाचार पर प्रभावी अंकुश लगेगा और भारतीय रेल को इससे राजस्व का जो नुकसान होना है उससे हम बचा पाएंगे और उस पैसे को योजनाओं में खर्च करने में सफलता प्राप्त होगी।

महोदय, मैं आपके माध्यम से माननीय रेल मंत्री को धन्यवाद देना चाहूँगा कि उन्होंने गोरखपुर से मुंबई को जोड़ने के लिए जनसाधारण एक्सप्रेस दी। आपने गोरखपुर से दिल्ली आनंद विहार को जोड़ने के लिए इस सप्ताहिक ट्रेन दी। आपने गोरखपुर को नौतनवा से जुड़ने के लिए एक दैनिक ट्रेन दी। मैं साथ–साथ आप के माध्यम से अनुरोध करना चाहूँगा कि पूर्वोत्तर रेलवे पर 5 करोड़ से अधिक आबादी का भार है। यह अकेला रेलवे मुख्यालय है जहां मंडल मुख्यालय नहीं है। मैं आपसे अनुरोध करना चाहूँगा कि गोरखपुर को मंडल मुख्यालय देने का कार्य हो। आप ने आश्वासन दिया है की पेंडिंग योजनाओं को हम पूरा करेंगे। गोरखपुर लखनऊ को जोड़ने के लिए एक लूप लाइन लखनऊ से चलती है। माननीय जगदंबिका पाल जी के संसदीय क्षेत्र से होते हुए नेपाल से होते हुए सामरिक दृष्टि से भी और बहुत सार्किट की दृष्टि सी.बी.एस. का बहुत महत्वपूर्ण योगदान है। लेकिन बढ़नी से लेकर गोंडा के बीच में अभी गेज कनेक्शन का कार्य नहीं हुआ। 100 करोड़ रुपए आबंटित हुए हैं जबकि 160 करोड़ रुपए का प्रोजेक्ट है। 60 करोड़ रुपए और दे देंगे तो 1 वर्ष के अंदर यह कार्य पूरा हो जाएगा हम लूप लाइन का कार्य पूरा करेंगे। बस्ती से लेकर गोरखपुर के बीच इलेक्ट्रिफिकेशन का कार्य पूरा नहीं हो पा रहा है। इस कार्य को कर लेंगे तो गोरखपुर को लखनऊ और दिल्ली से इलेक्ट्रिफिकेशन से जोड़ देंगे और बहुत अच्छी व्यवस्था हो जाएगी।

चौरी चौरा और बेताल पुर के पास रेलवे लाइन दोहरीकरण का कार्य नहीं हो पाया। हम पिछले 30 वर्षों से देख रहे हैं कि गोरखपुर को सहजनवा से लेकर दोहरीघाट तक जोड़ने के लिए.

महोदय, मेरे कुछ पॉइंट है और मैं पॉइंट पर आ गया हूँ। मैं किसी मुद्दे पर नहीं बोल रहा हूँ। उसको जोड़ने के लिए 30 वर्षों सी घोषण

ाएं हो रही है सर्वे हुआ है कि सहजनवां से दोहरीघाट को हम रेलवे लाइन से जोड़ेंगे। यह आज तक नहीं हो पाया है। मैं मांगी मंत्री से अनुरोध करूंगा कि कुछ टोकन मनी उसके लिए दे देते तो कार्य प्रारंभ होता। सहजनवां से दोहरीघाट एक महत्वपूर्ण योजना है, इस योजना को भी इसके माध्यम से अगर जोड़ने का प्रयास करते तो अच्छा होता।

महोदय, गोरखपुर जंक्शन दुनिया का सबसे लंबा जंक्शन है। रेलवे के लिए यह गौरव की बात है कि गोरखपुर का जंक्शन सबसे लंबा जंक्शन है लेकिन वहां बुनियादी सुविधाएं भी नहीं है। वहां के प्लेटफार्म 1 और 2 को छोड़कर बाकी सब प्लेटफार्म खराब पड़े हुए हैं। मैं माननीय रेल मंत्री से कहूँगा कि गोरखपुर जंक्शन के सभी प्लेटफार्म का उन्नयन करने का प्रयास करें।

मैं आपके माध्यम से माननीय रेल मंत्री से अनुरोध करना चाहूँगा कि हमारी दोपहर मांगी थी जो मैंने आप को ज्ञापन के माध्यम से पहले भी उपलब्ध करवाई है हम सब पर आप ध्यान देंगे। इस विश्वास साथ में एक बहुत अच्छे व्यवहारिक और विकास परक सूची रेल बजट को प्रस्तुत करने के लिए आपको बधाई देता हूँ और सब के साथ, सब के विकास में हमारा पूर्वोत्तर रेलवे अछूता नहीं रहेगा फॉर मैं इस विश्वास के साथ आपको धन्यवाद देता हूँ।

—14 जुलाई, 2014

विविध

महोदय, मैं कोर्ट के द्वारा अब तक जिन एफ.आई.आर. को क्वैश किया गया है, जिन मामलों में फर्जी एफ.आई.आर. में स्वयं कोर्ट कहती है। किस प्रकार से मेरे साथ के लोगों को अभियुक्त बनाया गया है, अभी मेरे कुछ कार्यकर्ताओं पर जो गैंगस्टर के तहत कार्यवाही की गई है, महोदय, उसकी पूरी सूची मैं आपके सामने रखना चाहता हूँ कि किस प्रकार से कार्यवाही हो रही है।

क्या सदन अपने सदस्य का संरक्षण कर सकता है?

अध्यक्ष महोदय, मैं तीसरी बार लोकसभा का सदस्य बना हूँ। पहली बार में 25,000 मतों से जीता था दूसरी बार 50,000 मतों से और तीसरी बार लगभग 1,50000 लाख मतों से गोरखपुर से चुन कर के आया हूँ। लेकिन पिछले कुछ समय से राजनीतिक विद्वेष के तहत मुझे राजनीतिक पूर्वाग्रह का शिकार बनाया जा रहा है। मैं केवल आपसे अनुरोध करने आया हूँ कि क्या मैं इस सदन का सदस्य हूँ या नहीं? क्या यह सदन मुझे संरक्षण दे पाएगा या नहीं?

अध्यक्ष महोदय, यह सदन मुझे संगठन नहीं दे सकता है तो मैं आज ही इस सदन को छोड़ कर के वापस जाना चाहता हूँ। मेरे लिए यह सब कोई महत्व नहीं रखता है। मैंने अपने जीवन से समाज के लिए सन्यास लिया है, मैंने अपने मां–बाप को छोड़ा है, लेकिन आज मुझे राजनीतिक पूर्वाग्रह के तहत अपराधी बनाया जा रहा है क्योंकि मैंने वहां भ्रष्टाचार के मामले उजागर किए थे, भारत–नेपाल सीमा पर आई.एस.आई. और राष्ट्र विरोधी गतिविधियों के खिलाफ आवाज उठाई थी और बराबर सदन का ध्यान इस ओर आकर्षित करता रहा। मैं वहां भुखमरी से हो रही मौतों के खिलाफ प्रशासनिक भ्रष्टाचार का मामला उठाता रहा, इसलिए मेरे खिलाफ सारे मामले बनाए गए हैं और बनाए जा रहे हैं।

महोदय, मुझे 28 तारीख को जेल में निरुद्ध किया गया। जिसकी सूचना इस सदन को गोरखपुर जिला प्रशासन ने जो दी है, वह भी मैं आपको बताना चाहता हूँ। उन्होंने लिखा है कि–"श्री योगी

आदित्यनाथ, लोकसभा सदस्य को शांति भंग होने की आशंका में 28 फरवरी 2007 को दोपहर बाद सदर क्षेत्र गोरखपुर उत्तर प्रदेश में गिरफ्तार किया जाता है।''

महोदय, मुझे शांति भंग होने की आशंका के तहत गोरखपुर से 20 किलोमीटर पहले गिरफ्तार किया जाता है तो शांति भंग होने की आशंका से 107, 116 के तहत कोई भी प्रशासन किसी भी व्यक्ति को 24 घंटे से अधिक अभियुक्त बना कर नहीं रख सकता। लेकिन मुझे 11 दिनों तक गोरखपुर जेल में क्यों रखा गया?

यही नहीं जब इस मामले में मेरे अधिवक्ता ने प्रशासन से जानने का प्रयास किया कि आखिर किस मामले में मुझे बंद किया है तो पहले कहा गया कि शांति भंग की आशंका में।

जब 1 फरवरी को मेरे अधिवक्ता ने इस मामले में गोरखपुर डिस्ट्रिक्ट जज के यहां एक निगरानी अपील दायर की तो बैक डेट पर मेरे खिलाफ तमाम मामले दर्ज कर दिए गए और मामले दर्ज करने के बाद मुझे पुनः .....(व्यवधान)। महोदय, कोई भी एफ.आई.आर. होती है तो 24 घंटे के अंदर न्यायालय में उसकी नकल भेजी जाती है, लेकिन मेरे मामले में 7 दिनों तक कोई भी एफ.आई.आर. की प्रति न्यायालय में नहीं भेजी गई। यह साबित करता है कि मेरे खिलाफ बाद में बैक डेट में मामले दर्ज किए गए और उसके बाद.....(व्यवधान)।

महोदय, मैं कोर्ट के द्वारा अब तक जिन एफ.आई.आर. को क्वैश किया गया है, जिन मामलों में फर्जी एफ.आई.आर. में स्वयं कोर्ट कहती है। किस प्रकार से मेरे साथ के लोगों को अभियुक्त बनाया गया है, अभी मेरे कुछ कार्यकर्ताओं पर जो गैंगस्टर के तहत कार्यवाही की गई है, महोदय, उसकी पूरी सूची मैं आपके सामने रखना चाहता हूँ कि किस प्रकार से कार्यवाही हो रही है। अकेले गोरखपुर जनपद में 14 कार्यकर्ताओं को रासुका के तहत निरुद्ध किया गया है, कोई एफ.आई.आर. नहीं है।

मैं आपके सामने रखना चाहता हूँ। जनपद कुशीनगर में ...(व्यवधान) वही कहना चाहता हूँ। बलरामपुर में 2 लोगों पर, जनपद मऊ में 4

लोगों पर और गोरखपुर में 23 लोगों पर गैंगस्टर के तहत कार्यवाही की गई है.....(व्यवधान)।

मैं अपने बारे में ही कहना चाहता हूँ। महोदय, यही नहीं, यह कार्रवाई निरंतर उत्पीड़न की है और किस हद तक एक मामले में, जिसमें उत्तर प्रदेश की ही संस्था सी.आई.डी. ने 5 साल पहले फाइनल रिपोर्ट लगा दी थी और 7 साल पहले उसमें फाइनल रिपोर्ट लग गई थी.....(व्यवधान)।

परसों उस मामले की पुनर्विवेचना का आदेश देकर मेरे खिलाफ 302 और 307 में पुनः मुझे अभियुक्त बनाने का षड्यंत्र उत्तर प्रदेश सरकार कर रही है। मैं अधिकारियों के बयान आपके सामने उद्धृत करना चाहता हूँ, जो मेरे खिलाफ दिए हैं और उन्होंने किस रूप में संसद को भी गुमराह करने का प्रयास किया है, वह बताना चाहता हूँ, मेरे खिलाफ जो उन्होंने किया है।

उस बारे में गोरखपुर के जिस जिलाधिकारी ने मुझे गिरफ्तार किया, मेरी गिरफ्तारी के बाद जब जनता का आक्रोश फूटा तब वह व्यक्ति निलंबित हुआ। उसके बाद उस व्यक्ति का बयान आता है कि अब समाजवादी पार्टी को मुसलमान लोग वोट नहीं देंगे यानी अधिकारी तय करेगा। अब अधिकारी तय करने लग गए हैं कि कौन, किसको वोट दे रहा है। उन्होंने आउटलुक मैगजीन में यह बयान दिया है। इसके अलावा और अधिकारियों ने जो बयान दिए हैं, मैं उन्हें दिखना चाहता हूँ। गोरखपुर जोन के तत्कालीन आई.जी. ने पूछा कि योगी जी को क्यों जेल भेजा गया। जिस दिन मुझे गिरफ्तार किया गया, उस दिन मैं गोरखपुर की समस्याओं को लेकर गोरखपुर के जनप्रतिनिधियों, व्यापारिक संगठनों के नेताओं और अन्य तमाम पदाधिकारियों के साथ ए.डी.जी.पी., लॉ एंड ऑर्डर, उत्तर प्रदेश से मिलने गोरखपुर सर्किट हाउस गया था.....(व्यवधान)।

उसके बाद जिस अधिकारी को वहां उस जोन के आई.जी. के रूप में भेजा गया.....(व्यवधान)।

महोदय, मैं आपसे केवल यह जानना चाहता हूँ कि क्या यह सदन सदस्यों को सुरक्षा प्रदान कर पाएगा?.....(व्यवधान)।

इससे पहले कि हम श्री सुनील महतो जैसे हादसे का शिकार लोग बनें, किसी राजनीतिक षड्यंत्र का शिकार हम लोग बनें .....(व्यवधान)।

क्या यह सदन हम लोगों को संरक्षण दे सकता है, यही जानने के लिए मैं आपके पास आया हूँ। आखिर राजनीतिक षड्यंत्रों का शिकार हम जैसे लोगों को कब तक बनाया जाता रहेगा?.....(व्यवधान)।

कब तक हम लोगों के वोट बैंक का निशाना बनते रहेंगे और कब तक चंद भ्रष्ट अधिकारी अपने भ्रष्ट कारनामों को छुपाने के लिए हम लोगों को अपना मोहरा बनाते रहेंगे? यही जानने के लिए मैं यहां आया हूँ और इस बारे में मैं आपका संरक्षण चाहता हूँ.....(व्यवधान)। मैंने जेल के अंदर और बाहर से भी 6 फरवरी, 12 फरवरी और 27 फरवरी को यहां विशेषाधिकार हनन के नोटिस दिए हैं। मैं इस मामले में आप का संरक्षण चाहता हूँ और अनुरोध करना चाहता हूँ कि इस मामले में जो अधिकारी दोषी है, अगर मैं दोषी हूँ तो सदन मुझे दोषी ठहराए। एक शन नहीं लगेगा, मेरे लिए राजनीति कोई व्यवसाय नहीं है.....(व्यवधान)। मेरे मन में जनता के प्रति सेवा की भावना थी, इसलिए यहां आया हूँ। अगर मैं अपराधी हूँ तो मुझे इस सदन में बैठने का अधिकार कतई नहीं होना चाहिए।.....(व्यवधान)। सदन इसे तय कर ले।.....(व्यवधान)। अगर मैं दोषी नही हूँ तो जिन अधिकारियों ने मुझे फर्जी मामलों में अभियुक्त बनाया, उन अधिकारियों के खिलाफ और आज भी राजनीतिक षड्यंत्रों के तहत, राजनीतिक पूर्वाग्रहों के तहत मेरे खिलाफ जो कार्यवाही हो रही है,.....(व्यवधान)।

आखिर उन लोगों के लिए दूसरा नियम और हमारे लिए दूसरा नियम, यह कहां का न्याय है। इसलिए हमें इस मामले में आप का संरक्षण चाहिए।.....(व्यवधान)। आप हमें संरक्षण प्रदान कीजिए। धन्यवाद।

—12 मार्च, 2007

महोदय, जो लोग अपने घरों से विस्थापित हो चुके हैं, जिनके घर बह गए हैं जिनके गांव पानी में डूब गए हैं। उन लोगों के स्थाई निवास की जब बात आई और जब उन्हें बरसाती देने की बात आई तो शासन ने उन्हें 5 मीटर बरसाती स्वीकृत की। लेकिन देखा गया है कि बहुत से क्षेत्रों में कहीं 3 मीटर और 4 मीटर बरसाती दी जा रही है, और कहीं बिल्कुल भी उपलब्ध नहीं हो पा रही है। उत्तर प्रदेश में चिकित्सा शिविर लगाने की जब बात आई तो मैं बताना चाहता हूँ कि एक भी चिकित्सा शिविर अभी तक नहीं लगा है।

बाढ़ की समस्या का स्थाई समाधान निकालें

उपाध्यक्ष जी, नियम 193 के तहत देश के अंदर बाढ़ की भीषण त्रासदी के बारे में यह सदन आज चर्चा कर रहा है। यह ठीक ही कहा गया है कि प्रतिवर्ष यॉह विषय केवल चर्चा तक ही सीमित रह जाता है। बाढ़ की प्राकृतिक त्रासदी भूकंप या चक्रवात की तरह नहीं है। जिसका पूर्वानुमान ना हो।हमें मालूम है कि देश के मुख्य मुख्य क्षेत्र बाढ़ की चपेट में आएंगे और अमुक क्षेत्र सूखे की चपेट में आएंगे। यह दुखद बात है कि कल हम लोग देश की स्वतंत्रता की 60वीं वर्षगांठ मनाएंगे। लेकिन इन 60 वर्षों में इस देश की जिन प्राकृतिक आपदाओं का पूर्वानुमान हो सकता है उनके बारे में कोई ठोस योजना हम सबके सामने नहीं होगी। हम राष्ट्र को कुछ देने की स्थिति में नहीं होंगे। प्रतिवर्ष हजारों मौतें बाढ़ के कारण होती हैं। प्रतिवर्ष लाखों हेक्टेयर जमीन की फसलें बाढ़ के कारण नष्ट हो जाती हैं। प्रतिवर्ष लाखों पशुधन की हानि इस देश के ग्रामीण क्षेत्रों में होती है इन सब के बावजूद जब हम सदन में पहुंचते हैं तो यह बात केवल चर्चा तक ही सीमित रह जाती है।

उपाध्यक्ष महोदय, मैं पूर्वी उत्तर प्रदेश के गोरखपुर जिले से आता हूँ, यह स्थान नेपाल से आने वाली छोटी–बड़ी नदियों के मुहाने पर स्थित है। प्रायरू यह चर्चा में आता है कि नेपाल से आने वाली पहाड़ी नदियों में वर्षा होती है तो वे बड़े बैग से पानी लाती हैं जिससे वह एक बहुत बड़े भू–भाग को अपनी चपेट में ले लेती हैं। गृह मंत्रालय की रिपोर्ट के मुताबिक वर्तमान बाढ़ की त्रासदी के बारे में जो आंकड़े

हमें अपनी और आकर्षित करते हैं कि उत्तर प्रदेश के 70 जिलों में से 22 जिले नेपाल के सीमावर्ती क्षेत्रों से जुड़े हुए हैं. जो बाढ़ की भीषण त्रासदी का शिकार हुए हैं। इनमें से 2546 गांव पूरी तरह से बाढ़ से प्रभावित हैं और तीस लाख से अधिक की आबादी बाढ़ की चपेट में आई है। 29,55,000 हेक्टेयर भूमि पर फसल बर्बाद हुई। 2,037,00 मकान क्षतिग्रस्त हुए।हजारों पशुधन की हानि हुई। राज्य सरकार द्वारा कुल क्षति का अनुमान 1728 करोड़ रुपए का है। महोदय यह सरकारी आंकड़े हैं यह आंकड़े और बढ़ेंगे क्योंकि यह सरकारी आंकड़े हैं। मैं स्वयं उन क्षेत्रों में गया था और मैंने स्वयं यह देखा भी है कि बहुत सारे ऐसे क्षेत्र थे जहां पर प्रशासनिक मशीनरी और तंत्र नहीं पहुंच पाया था। उनके द्वारा राहत कार्य नहीं पहुंच पाया था और वह पहुंचेगा भी नहीं। मैं समझता हूँ कि जब प्रशासन वहां तक नहीं पहुंचेगा तो वहां आंकड़े इस प्रकार की पुस्तकों में अपना स्थान बना नहीं पाएंगे। प्रतिवर्ष हम चर्चा करते हैं कि पूर्वी पूर्वी उत्तर प्रदेश के उस क्षेत्र के बारे में जो स्वाभाविक रूप से तराई का क्षेत्र है अगर हम उस क्षेत्र के बारे में चर्चा करें तो उत्तर प्रदेश के उस क्षेत्र में आर्थिक निवेश की दृष्टि से भी पूरे प्रदेश का मात्र 2.4 प्रतिशत आर्थिक निवेश अब तक हुआ है। एक करोड़ 36 लाख की जनसंख्या में प्रत्येक एक हजार व्यक्ति पर 6 लोगों को लोगों को औपचारिक रोजगार की व्यवस्था शासन द्वारा दी गई है। प्रति व्यक्ति पूंजी निवेश उस क्षेत्र में मात्र घ300 सेभीकमहै।वहां पर पहले से ही गरीबी है। भूमिहीन लोग अपने पेट की आग को शांत करने के लिए पूर्वी उत्तर प्रदेश से दिल्ली, मुंबई, कोलकाता, पंजाब और देश के अन्य क्षेत्रों में जाकर सात आठ महीने मजदूरी करते हैं और वहां से जब वापस आते हैं और खेती पर जो भी पूंजी लगाने का प्रयास करते हैं तो बाढ़ की त्रासदी का शिकार होकर जो भी उनकी फसल होती है, वह नष्ट हो जाती है। वही लोग विस्थापित होकर विस्थापित होकर दूसरे देशों में गए और मारीशस,फिजी, गुयाना, थाईलैंड मलेशिया आदि देशों के विकास में अपना योगदान दिया। लेकिन अपने ही देश में उपेक्षित रहे और उनकी

ओर ध्यान नहीं दिया गया। गरीबी, भुखमरी, अशिक्षा, कुपोषण और दूसरी तमाम बीमारियों के शिकार वे होते रहे। हम सदन में इसकी चर्चा भी करते हैं। 2005 में बीआरडी मेडिकल कॉलेज गोरखपुर में 3000 से अधिक बच्चे 6 महीने में जापानी इंसेफेलाइटिस से मरे थे। लेकिन तत्कालीन प्रदेश सरकार ने उस क्षेत्र में उन्हें कोई चिकित्सीय सुविधाएं या अन्य सुविधाएं उपलब्ध नहीं कराई थी। आज जिस प्रकार की स्थिति उन क्षेत्रों में है, लगातार वे क्षेत्र बाढ़ की चपेट में आए हैं। प्रदेश सरकार ने स्वयं स्वीकार किया है कि भारत सरकार के संबंधित मंत्रालय ने स्वयं स्वीकार किया है कि 22 जिले बाढ़ की त्रासदी के शिकार हुए हैं।

गोरखपुर से बिहार की तरफ नरकटियागंज मार्ग पर ट्रेन की आवाजाही भी कुछ दिनों के लिए रोकनी पड़ी। भारत को नेपाल से जोड़ने वाला गोरखपुर सोनौली मार्ग बाढ़ के कारण बंद रहा। आज भी बाढ़ पीड़ितों की को जो सहायता सामग्री दी जा रही है वह बहुत कम है। मैं पढ़ रहा था कि जो भारत सरकार उपलब्ध करा रही है उसके अनुरूप भी वहांनहीं मिल पा रहा है। मैंने एक केंद्र का निरीक्षण किया। मैंने पूछा प्रति वर्ष बाढ़ प्रभावित परिवारों को कितना मिल रहा है, कहा कि 10 किलो चावल, 2 किलो आलू और 2 लीटर मिट्टी का तेल चावल तौलवाए तो वो 10 किलो नहीं 7 किलो। 7 किलो को 10 किलो के नाम पर वहां के लोगों को दिया जा रहा था। यह राहत कार्य है इस प्रकार की वहां स्थिति है।

महोदय, जो लोग अपने घरों से विस्थापित हो चुके हैं, जिनके घर बह गए हैं जिनके गांव पानी में डूब गए हैं। उन लोगों के स्थाई निवास की जब बात आई और जब उन्हें बरसाती देने की बात आई तो शासन ने उन्हें 5 मीटर बरसाती स्वीकृत की। लेकिन देखा गया है कि बहुत से क्षेत्रों में कहीं 3 मीटर और 4 मीटर बरसाती दी जा रही है, और कहीं बिल्कुल भी उपलब्ध नहीं हो पा रही है। उत्तर प्रदेश में चिकित्सा शिविर लगाने की जब बात आई तो मैं बताना चाहता हूँ कि एक भी चिकित्सा शिविर अभी तक नहीं लगा है। पशुओं के

चारे की कोई व्यवस्था नहीं है और बाढ़ के पानी के कारण पशुधन को जो बीमारियां हो रही हैं उनसे बचाव के लिए चिकित्सा की कोई व्यवस्था नहीं की गई है।

महोदय, यह सब वर्तमान में वहां की बाढ़ की स्थिति है वह मैं बयान कर रहा हूँ। वहां बाढ़ की त्रासदी से लोग जूझ रहे हैं, वहां लोग इन कठिनाइयों का सामना कर रहे हैं। लेकिन इस पुस्तिका में जो आंकड़े दिए गए हैं वह कुछ और ही बयान कर रहे हैं। मैं आपके माध्यम से जानना चाहता हूँ कि आखिर जब सरकार को मालूम है केंद्र सरकार भी जानती है, प्रदेश सरकार भी जानती है कि बाढ़ आनी है तो उससे बचाने के लिए हम लोग क्या कर रहे हैं? महोदय हम जानते हैं कि नेपाल से निकलने वाली नदियां भारत में बाढ़ की विभीषिका पैदा करती हैं। वर्तमान में नेपाल की जो स्थिति है उसके कारण हम मानते हैं कि नेपाल में भारत सरकार की सहायता से लगने वाली कोई भी परियोजना तब तक सफल नहीं हो सकती जब तक कि वहां की सत्ता में माओवादी हावी रहेंगे। हमारी कहीं ना कहीं रणनीतिक भूल है, कहीं न कहीं हमारी वैदेशिक नीति की असफलता है। नेपाल भारत का एक मित्र राष्ट्र होते हुए भी भारत से दूर होता जा रहा है और हम लोगों की कमजोरी के कारण वे लोग सत्ता में हावी होते जा रहे हैं जोकि ना केवल भारत के धुरविरोधी हैं, अपितु भारत की सभी परियोजनाओं का भी विरोध करते हैं।

महोदय, बाढ़ से संबंधित बहुत से प्रश्न मैंने इस सदन ने किए थे उनमें से एक प्रश्न का उत्तर मेरे पास है। एक प्रश्न का उत्तर दिनांक 19 जुलाई 2004 को सरकार ने दिया है, इसमें उन्होंने लिखा है कि नेपाल के अंदर जो छह प्रमुख परियोजनाएं चल रही हैं। उनमें नंबर 1.पंचेश्वर बहुउद्देशीय परियोजना2. सप्तकोसी उच्च बांध बहुउद्देशीय परियोजना एवं सनकोशी भंडारण सह डायवर्जन स्कीम,3. बूढ़ी गंडक जल विद्युत परियोजना 4. उपरी करनाली जल विद्युत परियोजना 5. कमला बहुद्देशीय परियोजना 6. बागमती बहुउद्देशीय परियोजना इन छह परियोजनाओं को भारत–नेपाल के साथ मिलकर स्थापित कर

सकता है। ऐसा नहीं है कि हमारी एनडीए की सरकार में इनके लिए प्रयास किए गए हैं बल्कि 1954 से इन परियोजनाओं को स्थापित करने की बात चल रही है, तब से लेकर अब तक यानी 1954 से लेकर 2007 तक एक भी परियोजना प्रारंभ नहीं हो पायी है, जब भी कोई परियोजना प्रारंभ होने की स्थिति में आती है तो नेपाल के अंदर माओवादियों द्वारा उसका विरोध प्रारंभ हो जाता है। वर्ष 2001 में एनडीए सरकार ने कार्य प्रारंभ करने का प्रयास किया था। लेकिन माओवादियों के विरोध और स्थानीय राजनीति के कारण यह योजनाएं प्रारंभ नहीं हो पायी। हम आज भी यह मानते हैं कि जब तक नेपाल में शांति नहीं होती और जब तक नेपाल के अंदर माओवादियों का वर्चस्व सत्ता में होगा तब तक नेपाल में भारत की कोई भी परियोजना सफल नहीं हो सकती है।

महोदय, मैं कहना चाहता हूँ कि नेपाल के साथ परियोजनाएं प्रारंभ यदि नहीं हो सकती हैं तो भी हम स्थानीय स्तर पर प्रयास कर ही सकते हैं और बाढ़ को आने से रोक सकते हैं। हम स्थानीय स्तर पर तटबंध बनाकर नदी की ओर से ठोकर लगा कर बॉर्डर पर पीचिंग करके इस व्यवस्था से कर सकते हैं जिससे कि इस समय बाढ़ से भी जो भीषण हानि होती है और जो जलप्लावन की स्थिति आती है उससे गांवों को डूबने से बचाया जा सकता है, अब जिस प्रकार से गांवों के पूरी तरह से डूबने की स्थिति होती है उससे उन्हें बचाया जा सकता है।

महोदय, भारत सरकार ने रोजगार गारंटी योजना प्रारंभ की है इनमें से एक रेश्यो रखा है कि 60 प्रतिशत कच्चा और 40 प्रतिशत पक्का काम कराया जाए अथवा कहीं 80 प्रतिशत कच्चा और 20 प्रतिशत कच्चा काम कराया जाए ताकि लोगों को रोजगार मिले। इस परिप्रेक्ष्य में मैं कहना चाहता हूँ कि जहां गांव में बाढ़ से डूबने की स्थिति आती है वहां उस गांव को मिट्टी से पाटने की व्यवस्था करें और यह काम ही गांव के लोगों से कराया जाए इससे मैं मानता हूँ कि इससे वहां के लोगों को रोजगार भी मिलेगा। मैं मानता हूँ कि

वहां के लोगों को रोजगार भी मिलेगा और उन लोगों को बाढ़ की भीषण त्रासदी से भी बचा पाएंगे।

महोदय, वर्ष 1998 और वर्ष 2000 की बाढ़ में गोरखपुर जिला प्रशासन को चार मोटर बोट उपलब्ध करवाई थी। उनमें से मैंने दो स्वयंसेवी संस्थाओं के माध्यम से और दो सांसद निधि से उपलब्ध करवाई थी। इस बार जब बाढ़ आई तो मैंने जिला प्रशासन से कहा कि मोटर बोट उपलब्ध कराइए क्योंकि हमें राहत सामग्री लेकर प्रभावित गांव में जाना है। लेकिन उस समय एक भी मोटर बोट ठीक नहीं थी। जिन गांवों में बाढ़ आई थी में वोट की व्यवस्था नहीं थी।प्रशासन से जब कहा गया कि उन्होंने कहा कि हमारे पास नहीं है। जब ग्राम सभा क्षेत्र पंचायत, जिला पंचायत, विधायक निधि, सांसद निधि जिला प्रशासन और तमाम तरह की आपदा राहत योजनाओं में पैसा है तब क्यों नहीं हम ऐसी व्यवस्था करते हैं कि जो गांव हर बार बाढ़ की चपेट में आते हैं वहां अस्थाई रूप से बड़ी और छोटी नाव उपलब्ध करवाई जाए। मेरे संसदीय क्षेत्र के बगल के जनपद महाराजगंज में नाव से भीषण दुर्घटना हुई थी। यद्यपि वह मेरे संसदीय क्षेत्र में नहीं था। मेरे संसदीय क्षेत्र के बगल में था। वहां 26 लोगों की डूबने के कारण मरे थे। मैंने उनसे पूछा कि नाव कैसे डूबी उन्होंने कहा कि नाव पुरानी थी और मझोली थी। बड़ी साइज की नाव नहीं थी। तीन साइज की नाव होती है एक छोटी नाव होती है जिसे डोंगी कहते हैं, जिसमें तीन चार लोग जा सकते हैं।लेकिन उसके पलटने का खतरा रहता है दूसरी मझोली नाव होती है जिसमें 10 से 12 लोग जा सकते हैं। तीसरी बड़ी नाव होती है जिसमें 40 से 50 लोग जा सकते हैं। दुर्घटनाग्रस्त नाव मझोली थी उसमें 12 से 15 लोग भी जा सकते थे लेकिन उसमें 50 से60 लोग बैठ गए। जब पूरा गांव पानी से भरा था तो आखिर लोग कहां जाते, वह पुरानी नाव थी बीच में ही गई और डूब गई। 26 लोग उस गांव के उस नाव दुर्घटना में मरे थे। इस तरह की स्थिति हर गांव में हो सकती है इस बार इस तरह की सर्वाधिक दुर्घटनाएं हुई हैं। उत्तर प्रदेश के जनपद महाराजगंज, वाराण

ासी और कुशीनगर की दुर्घटनाएं हो चुकी हैं, बिहार में इस प्रकार की दो बड़ी दुर्घटनाएं हो चुकी हैं, दुर्घटना में 100 से ज्यादा लोगों ने जलसमाधि ले ली। कहीं ना कहीं हम लोगों की मानवीय चूक यह है कि हम लोगों ने बाढ़ आपदा के लिए ठीक व्यवस्था नहीं की है।

महोदय, नेपाल के साथ छह जल कुंडी विद्युत परियोजनाएं हैं इस समय में हम देख रहे हैं कि सांसद आवासों और संसद में भी जब हम बैठते हैं तो अक्सर बिजली गायब हो जाती है। सांसद आवासों में तो इस समय अक्सर बिजली गायब हो रही है इसका कारण यह है कि बिजली की कमी है। ऐसा नहीं है कि बिजली की कमी को दूर करने के लिए हमारे पास योजना नहीं है। नेपाल के जल विद्युत परियोजनाओं की यदि हम पूरा कर दें तो भारत और नेपाल की विद्युत की सभी कमियां दूर हो सकती हैं और साथ ही साथ बाढ़ की त्रासदियों से हम लोगों को बचा सकते हैं। इसलिए मैं माननीय मंत्री जी से अनुरोध करना चाहता हूँ कि नेपाल के साथ हमारी जल विद्युत परियोजनाएं चल रही हैं जिनके माध्यम से हम न केवल विद्युत उत्पादन कर पाएंगे अपितु जलकुंडी के माध्यम से पूर्वी उत्तर प्रदेश और बिहार को बाढ़ की इस भीषण त्रासदी से बचा पाएंगे, साथ ही साथ जिस समय उन क्षेत्रों को जल की आवश्यकता है उस समय उनको जल की आपूर्ति भी कर सकते हैं। पहले हमें नेपाल में शांति बाल करने में सहयोग करना चाहिए। माओवादियों के वर्चस्व को रोकना चाहिए और फिर नेपाल के साथ मिलकर इन योजनाओं को पूरा करने में अपनी पूरी ताकत लगानी चाहिए। अन्यथा उस परिप्रेक्ष्य में हम जितनी भी योजनाएं बना ले मैं समझता हूँ कि बिहार और उत्तर प्रदेश को हम बाढ़ की इन त्रासदियों से नहीं बचा पाएंगे।

महोदय, एनडीए की सरकार ने देश की नदियों को जोड़ने के लिए की एक योजना बनाई थी। मैं जानना चाहता हूँ कि क्यों उस योजना को यूपीए की सरकार ने ठंडे बस्ते में डाल दिया है, तमाम राज्यों ने इस पर प्रस्ताव तैयार किए हैं। मध्य प्रदेश, बिहार, राजस्थान, गुजरात और उत्तर प्रदेश की सरकार भी इसमें रुचि लेना चाहती है।

उत्तर प्रदेश के पूर्वी जिले बाढ़ से प्रभावित हैं और पश्चिम के जिलों में पूरी तरह से सूखा पड़ा हुआ है।

सभी नदियों को जोड़ने की योजना अगर क्रियान्वित होती तो कम से कम इस प्रकार कहीं जल प्लावन की स्थिति और कहीं पर सूखे की स्थिति से बचा जा सकता था। मैं समझता हूँ कि देश के अंदर जो सूखे, जलप्लावन और बाढ़ से जो भीषण समस्याएं सामने आ रही हैं उनका सामना भी हम लोग कर पाएंगे।

इसके अतिरिक्त मैं माननीय मंत्री जी से यह भी जानना चाहूँगा कि नेपाल के साथ जल विद्युत परियोजनाओं पर क्या प्रगति हुई है इस पर अपनी स्थिति स्पष्ट करें। दूसरे जो देश की नदियों को जोड़ने के लिए एनडीए सरकार के समय योजना तैयार हुई थी उन नदियों के बारे में सरकार की क्या नीति है। इसके अतिरिक्त यह भी जानना चाहता हूँ कि बाढ़ के बारे में जब चर्चा होती है तो केवल जनहानि के बारे में ही हमेशा चर्चा होती है। पशुधन के बारे में नहीं यहां पर जो माननीय गृहमंत्री ने बाढ़ से संबंधित पुस्तिका हमें उपलब्ध कराई है उसके लिए मैं माननीय मंत्री जी को धन्यवाद देना चाहूँगा। लेकिन मैं यह भी निवेदन करना चाहूँगा कि सचमुच में जहां भी बाढ़ पीड़ित क्षेत्रों में गया हूँ, राहत कार्यों में सामग्री इस प्रकार से कहीं वितरित नहीं हो रही है। पशुधन की हानि कि जहां भी हुई है, किसी भी पशुपालक को उसके पशु के मरने पर, बहने पर मुआवजा नहीं मिला है।

मैं अपना व्यक्तव्य समाप्ति की ओर ले जा रहा हूँ उपाध्यक्ष महोदय एक महत्वपूर्ण मुद्दा है। उसे मैं रख रहा हूँ। इस देश के किसानों के बारे में कोई नहीं सोचेगा उसके पशुधन के बारे में कोई नहीं बोलेगा अब तक तो मैं अपनी बात समाप्त कर चुका होता। मैं वही कहना चाहता हूँ कि जो पशुधन हानि हो रही है उसकी जो क्षति हो रही है उसके लिए उनको कहीं से भी कोई मुआवजा नहीं दिया जा रहा है। यहां पर माननीय गृह मंत्री जी ने जो यह बात कही है मैं उनसे अवश्य अनुरोध करना चाहूँगा कि माननीय प्रधानमंत्री जी देश के

अन्य क्षेत्रों में गए। लेकिन पूर्वी उत्तर प्रदेश के बाढ़ प्रभावित क्षेत्रों में माननीय प्रधानमंत्री जी या भारत सरकार का कोई भी मंत्री नहीं गया। मैं माननीय गृहमंत्री जी से और माननीय जल संसाधन मंत्री जी से अनुरोध करना चाहूँगा कि वे केंद्रीय प्रतिनिधिमंडल के साथ उन क्षेत्रों का अवश्य दौरा करे और सारे विषयों पर चर्चा करे और जो नुकसान है, घरों की क्षति के बारे में जो चर्चा की गई है, जो घर गिरे हैं वे बाढ़ के समय गिरे होंगे और घर गिरने की स्थिति अब आएगी जब बाढ़ का पानी समाप्त होगा तो मिट्टी के जो कच्चे घर होंगे। यहां पर दो लाख से ऊपर की बात की गई है। लेकिन लेकिन इससे कहीं ज्यादा क्षति अब होगी मैं अनुरोध करना चाहूँगा कि ध25000 उन लोगों को गृह निर्माण के लिए दिया जाता है जो प्रधानमंत्री आवास योजना में है। मैं अनुरोध करना चाहूँगा कि ध25000 की राशि के गृह निर्माण के लिए बहुत कम है इस राशि को बढ़ाया जाए और कम ध50000 किया जाए और उसका पूरा सर्वेक्षण करा कर एक बार में बाढ़राहत के लिए इतनी धनराशि उपलब्ध करवाई जाए जो भी लोग बाढ़ से प्रभावित हैं उन लोगों को भरपूर मदद दी जा सके।

–14 अगस्त, 2007

महोदय, सन 2004 में जब केंद्र में यू.पी.ए. सरकार बनी थी, उस समय देश के 6 राज्यों में मात्र 54 जिलों में नक्सलवाद था। इन 6 वर्षों में 23 राज्यों में 225 से अधिक जिले दुर्भाग्यपूर्ण तरीके से नक्सलवाद की चपेट में आ गए हैं। नक्सलवाद के लिए आज भी सरकार कुछ भी कर सकने की स्थिति में नहीं है।

राष्ट्रपति की गरिमा को गिराया यू.पी.ए. सरकार ने

महोदय, 22 फरवरी को महामहिम राष्ट्रपति ने संसद के समवेत सदन में अभिभाषण किया था, जिस पर आज यह सदन चर्चा कर रहा है। महामहिम राष्ट्रपति का अभिभाषण सरकार की पिछली उपलब्धियों और भावी योजनाओं का एक दस्तावेज माना जाता है। यह परंपरा भी रही है कि सर्वानुमति से, सभी उसका सम्मान करते हुए, पारित करके राष्ट्रपति के प्रति अपना धन्यवाद ज्ञापित करते हैं। लेकिन 22 फरवरी को महामहिम राष्ट्रपति ने जो भाषण संसद में संसद के संयुक्त सत्र में पढ़ा था, आश्चर्य होता है कि राष्ट्रपति जैसे पद की गरिमा को भी यू.पी.ए. सरकार ने गिराया है और महामहिम राष्ट्रपति के मुख से भी असत्य वक्तव्य देने एवं गलतबयानी करने का प्रयास किया है। अभिभाषण पूरी तरह दिशाहीन है। पिछले पौने 6 वर्षों से यू.पी.ए. सरकार केंद्र में शासन कर रही है। इन 6 वर्षों में अभी आर्थिक मोर्चे पर यह सरकार पूरी तरह विफल रही है। भौतिक विकास के नाम पर सरकार ने ओछे आश्वासनों के सिवाय इस देश को कुछ भी नहीं दिया है। आंतरिक एवं बाह्य सुरक्षा के मोर्चे पर इस देश की जनता की आंखों में धूल झोंकने के सिवाए यू.पी.ए. सरकार ने कुछ भी नहीं किया है। वोट बैंक की राजनीति क्षेत्रीय भावनाओं को भड़का कर, राष्ट्रीय सुरक्षा के साथ, आंतरिक एवं बाह्य सुरक्षा के साथ खिलवाड़ कब तक होती रहेगी, आज यह बड़ी चुनौती हम सभी के सम्मुख है। मुझे आश्चर्य हो रहा था कि पिछले सदन में जब हम लोग यहां पर आए थे, तो पहले ही दिन गन्ना मूल्य को लेकर यहां पर पूरे

विपक्ष ने आंदोलन किया था। उसका परिणाम यह हुआ था कि चीनी के दाम, जो भले ही बहुत ज्यादा बढ़े हों, लेकिन सरकार ने गन्ना किसानों को कुचलने के लिए एक साजिश रची थी। विपक्ष की एकता के कारण जब पूरे विपक्ष ने पुरजोर ढंग से आवाज उठाई थी, पहली बार किसानों को उसका वाजिब मूल्य मिल पाया था अन्यथा यह सरकार साजिश कर रही है। इस बार महंगाई के मुद्दे को लेकर हमने देखा है, पूरा देश त्रस्त है। इन 6 वर्षों में महंगाई कई गुना बढ़ी है। किसानों की उपज का दाम नहीं बढ़ा है। किसान जो पैदावार करता है, उसका दाम नहीं बढ़ा है, लेकिन खाद का दाम सदन प्रारंभ होने से पहले बढ़ा दिया गया।

महोदय, खाद और बीज के दाम बढ़े हैं, जिस स्पीड से बढ़े हैं, मुझे लगता है कि उसकी तुलना में किसानों को उसकी उपज का दाम नहीं दिया गया है। महंगाई पर इस सरकार का कोई नियंत्रण नहीं है। प्रधानमंत्री एवं माननीय खाद्य और रसद मंत्री के बयान बार–बार आते रहते हैं। पहली बार हुआ है कि खाद्य मंत्री बयान देते हैं और उसके अगले दिन चीनी के दाम 5 रुपए प्रति किलो बढ़ जाते हैं। पिछले 6 वर्षों में हमने देखा है कि 6 वर्ष पूर्व चीनी 12 रुपए प्रति किलो थी, वही चीनी आज इन सबके घोटालों के कारण 50 प्रति रुपए किलो तक पहुंची है।

दाल के दाम रुपये 28 प्रति किलोग्राम से बढ़कर इन 6 वर्षों में 90–100 रुपए प्रति किलोग्राम तक हो गए हैं। आम आदमी की ये चर्चा लोग करते हैं, लेकिन किस आम आदमी की बात करते हैं। छठे वेतन आयोग की रिपोर्ट लागू हुए, लेकिन उसका लाभ कितने लोगों को मिला होगा। 1 करोड़ नौकरी करने वालों के अगर परिवार को भी जोड़ लें तो करीब 5 करोड़ लोग उसका लाभ ले रहे हैं। देश के बाकी 115 करोड़ लोग क्या कर रहे होंगे, क्या उन्हें हम आम आदमी की श्रेणी में नहीं समझते।

सरकार द्वारा घोषणा की जाती है कि हमारे भंडार अनाज से पर्याप्त मात्रा में भरे पड़े हैं। अगर आप के भंडार भरे हुए हैं तो देश

के लोग भूखे क्यों मर रहे हैं। पिछले 6 सालों में हजारों लोग भूख से मरे हैं। पूर्वी उत्तर प्रदेश, बिहार, वेस्ट बंगाल, उड़ीसा और देश के अन्य हिस्सों से भी काफी लोगों के भूख से मरने की खबरें आती हैं। सरकार उनके लिए अनाज की कोई व्यवस्था नहीं कर पाई। हमारे गोदामों में 10 लाख टन अनाज पड़ा–पड़ा खराब हो गया, उसे चूहे खाकर खराब कर गए, लेकिन गरीबों को वह अनाज उपलब्ध कराने के लिए सरकार के पास कोई योजना नहीं है। इसलिए महामहिम राष्ट्रपति के अभिभाषण के माध्यम से इस सरकार ने जो कुछ भी संसद के संयुक्त अधिवेशन में कहा है, मुझे लगता है कि देश की जनता को गुमराह करने के सिवाए और कुछ काम नहीं किया। महंगाई के मुद्दे पर यू.पी.ए. सरकार देश के सामने कठघरे में खड़ी है। इसी सदन में 25 फरवरी को महंगाई पर चर्चा हुई थी, तब भी सरकार बंगले झांक रही थी, उसके पास कहने को कुछ नहीं था, जिससे वह इस पर सफाई दे सके। लेकिन दुर्भाग्यपूर्ण स्थिति यह है कि पुनः 26 फरवरी को बजट पेश करते हुए बजट में वित्त मंत्री जी ने पेट्रोलियम पदार्थों पर उत्पाद शुल्क लगा दिया, जिसके फलस्वरूप 2.5 रुपए डीजल और 3 रुपये के करीब पेट्रोल के दामों में वृद्धि हो गई, जबकि क्रूड ऑयल के दाम सन 2008 की तुलना में इस समय काफी कम हैं। अब इसका भार भी आम उपभोक्ता पर ही पड़ेगा, क्योंकि ट्रकवालों ने बसवालों ने और सामान्य टैक्सी सेवा देने वालों ने भी किराए बढ़ा दिए हैं। इस तरह से यह सरकार देश की जनता के पेट पर लात मारने का काम कर रही है। आम जनता की उसे कोई चिंता नहीं है। मुझे लगता है कि सरकार यह साबित करना चाहती है कि जमाखोरों और कालाबाजारियों को प्रेरित कर रही है और उनके हाथों कठपुतली बनी हुई है।

पिछले 5 वर्षों में इस देश की सुरक्षा अत्यंत भयावह बनी हुई है। जेहादी आतंकवाद की चपेट में देश आ रहा है। 26 नवंबर, 2008 को मुंबई पर हमला हुआ था। उस समय देश ने संकल्प लिया था और सरकार ने पाकिस्तान के खिलाफ कार्रवाई करने की बात भी

कई बार कही थी। लेकिन अब सरकार ने लगता है घुटने टेक दिए हैं और वह पाकिस्तान को वार्ता के लिए आमंत्रित करती है, जबकि वह इसके लिए तैयार नहीं है, पर सरकार जबरदस्ती वार्ता करना चाहती है। लेकिन इसी बीच पुणे के एक होटल पर हमला होता है। पूरा देश जेहादी आतंकवाद की चपेट में आ गया है। इस देश में कोई महानगर, जनपद या शहर ऐसा नहीं है, जहां जेहादी आतंकवाद का जुनून सवार ना हुआ हो। लेकिन सरकार मौन है और वह इस आतंकवाद को जानने का प्रयास नहीं कर रही है। देश के अंदर लगातार कभी इंडियन मुजाहिदीन, कभी लश्कर–ए–तैयबा के नाम पर ई–मेल आ रहे हैं, धमकियां दी जा रही हैं और सरकार केवल बयान देकर देश की जनता को भय और आतंक के माहौल में जीने के लिए मजबूर कर रही है। वह देश को सुशासन की तरफ ले जाने का दावा करती है, लेकिन हकीकत सबको मालूम है।

महोदय, सन 2004 में जब केंद्र में यू.पी.ए. सरकार बनी थी, उस समय देश के 6 राज्यों में मात्र 54 जिलों में नक्सलवाद था। इन 6 वर्षों में 23 राज्यों में 225 से अधिक जिले दुर्भाग्यपूर्ण तरीके से नक्सलवाद की चपेट में आ गए हैं। नक्सलवाद के लिए आज भी सरकार कुछ भी कर सकने की स्थिति में नहीं है। यह मैं नहीं कह रहा हूँ, यह गृह मंत्रालय के आंकड़े हैं, मेरे नहीं हैं। आप जाकर गृह मंत्रालय से पूछें। आप जब सदन में आएं तो कुछ देखकर या पढ़कर आया करें।

महोदय, पूरा देश आज नक्सलवाद की चपेट में है और तेजी के साथ नक्सलवाद फैलता जा रहा है। सरकार के पास कोई स्पष्ट नीति नहीं है। जो लोग देश के खिलाफ सशस्त्र संघर्ष की धमकी दे रहे हैं, जो लोग भारत के संविधान को नहीं मानते हैं, जो लोग भारत के निर्दोष नागरिकों की हत्याएं कर रहे हैं, जो लोग पुलिस के जवानों को मार रहे हैं, आखिर उनसे किस प्रकार की वार्ता की जाए। अगर वे हथियार डालकर, बिना शर्त बातचीत करते हैं और भारत के संविधान को मानने की बात करते हैं तभी वार्ता होनी चाहिए, अन्यथा सरकार वर्ष 2004 की गलती को पुनः न दोहराए, जिसमें 54 जिलों

से 225 जिलों में फैलने के लिए नक्सलवाद को एक मौका मिला। पहले नक्सलवाद, पी.डब्ल्यू.जी. एम.सी.सी. के नाम पर तथा तमाम अन्य ग्रुप में बंटा हुआ था, इन लोगों ने उन्हें एकजुट होने का मौका दिया। उसी का परिणाम है कि पूरे देश को एक रेड–कॉरिडोर में बदलने का सपना वे भारत के अंदर देख रहे हैं। निश्चित ही उन्हें सत्ता से संरक्षण प्राप्त हुआ है। सत्ता को कुछ घटक दलों ने और सत्ताधारी दलों ने उन्हें प्रश्रय दिया है, अन्यथा इतनी तेजी से 6 वर्षों में 54 जिलों से 225 जिलों में नक्सलवाद नहीं फैल सकता था। मुझे याद है कि वर्ष 2003 में उल्फा की कमर, एन.डी.ए. सरकार ने, असम के अंदर तोड़ कर रख दी थी। भूटान की सरकार ने भूटान में भी उसका सफाया कर दिया था और बांग्लादेश और बर्मा को मजबूर कर दिया था कि उल्फा का उन देशों की धरती पर ठिकाना ना बन पाए। आज उल्फा ने पुनः सिर उठाना प्रारंभ कर दिया है। आज वह असम के अंदर हिंदी भाषियों की हत्या करवाता है और यह सरकार मौन है उस पर कुछ नहीं बोलती है।

क्षेत्रीयता की भावना इस देश के अंदर भड़काने में, वोट बैंक की राजनीति करके नक्सलवाद को वोट बैंक के रूप में प्रयोग करके अलगाववादी और उग्रवादी तत्वों को बैंक के रूप में देखने का जो नजरिया है, उसे किसी पार्टी को चाहे लाभ हुआ हो, लेकिन इस देश की राष्ट्रीय अखंडता को उससे चोट पहुंच रही है, निर्दोष नागरिक मारे जा रहे हैं, सुरक्षा बलों का मनोबल टूट रहा है। सरकार की कोई स्पष्ट नीति नक्सलवाद के प्रति नहीं है, पूर्वोत्तर के अलगाववाद के लिए भी उनके पास किसी प्रकार का कोई वक्तव्य नहीं है।

महोदय, बहुत दिनों से नेपाल और भारत के मैत्री सम्बन्ध रहे हैं। नेपाल और भारत के सम्बन्धों के बारे में कहा जाता था कि दो शरीर और आत्मा एक है। एक साझी विरासत थी और इस साक्षी विरासत को देखते हुए नेपाल और भारत के गहरे सम्बन्ध थे। हमारे संविधान निर्माताओं ने 1751 किलोमीटर की खुली सीमा रेखा को देखा था। इस सरकार की गलत नीतियों के कारण आज चीन ने नेपाल के

अंदर घुसपैठ की है। 1751 किलोमीटर की पूरी सीमा असुरक्षित है। आज चीन, नेपाल के माध्यम से भारत को अस्थिर करने का प्रयास कर रहा है और भारत में नक्सलवादियों को प्रोत्साहित और प्रेरित कर रहा है। चीन केवल 1751 किलोमीटर की सीमा को ही नहीं, आज उसने अरुणाचल प्रदेश के अंदर जिस प्रकार से हस्तक्षेप किया है, आज जिस प्रकार से चीन ने लद्दाख में घुसपैठ की है, वह भारत की संप्रभुता को सीधे–सीधे चुनौती है। इस सरकार द्वारा आस–पास के देशों के साथ सम्बन्धों को बहुत अच्छा नहीं बनाया है। मुझे लगता है कि भूटान को छोड़कर आज के समय में कोई भी पड़ोसी राष्ट्र भारत के समर्थन में खड़ा होने को तैयार नहीं है। यह इस सरकार की वैदेशिक नीति की विफलता को प्रदर्शित करता है। 1950 के दशक में तिब्बत के संदर्भ में हम लोगों ने जो गलती की थी, आज नेपाल के संदर्भ में वही गलती पुनः दोहराने का प्रयास हो रहा है। इस देश की विफल वैदेशिक नीति यह स्पष्ट करती है कि कहीं बाहर से लोगों को संचालित किया जा रहा है और देश की संप्रभुता के साथ खिलवाड़ किया जा रहा है।

मुझे केवल एक बात कहनी है कि महामहिम राष्ट्रपति को देश का हर व्यक्ति सम्मान की दृष्टि से देखता है और देश के सर्वोच्च संवैधानिक पद के प्रति सम्मान का भाव रखता है, लेकिन यह लोग राष्ट्रपति के मुंह से भी झूठ बुलवा देते हैं। एक भाषण में राष्ट्रपति महोदया ने कहा है कि मेरी सरकार गैस और पेट्रोलियम पदार्थों को आम आदमी तक अधिक से अधिक पहुंचाने के लिए प्रतिबद्ध है। राजीव गांधी ग्रामीण एल.पी.जी. वितरक योजना नाम से एल.पी.जी. वितरण की नई योजना प्रारंभ की गई है। यह पूर्णतया असत्य है। सुबह तारांकित प्रश्न आया था, तब भी मैंने इस बात को कहा था। वर्ष 2005 से एल.पी.जी. का कोटा आधा कर दिया गया है। गांवों की बात तो दूर शहरों में भी कई–कई दिनों तक लोग लंबी लाइनें लगा रहे हैं और उन्हें एक सिलेंडर नहीं मिल पा रहा है।

सिलेंडर्स को ब्लैक किया जा रहा है। लगातार दाम भी बढ़ाए हैं और उसकी किल्लत भी है। एन.डी.ए. सरकार के समय में सब फ्री

था। जितना कोई ले सकता, जितनी गैस की जरूरत है, कोई भी ले सकता है। किसी प्रकार की कालाबाजारी नहीं थी। लेकिन आज एल.पी.जी. के नाम से कालाबाजारी को इन्होंने प्रोत्साहित किया है। इन्होंने एक और घोषणा की है कि राष्ट्रीय विद्युत नीति के तहत वर्ष 2012 तक घर–घर में बिजली पहुंचाएंगे। गांवों में तो बिजली है ही नहीं। मैं गोरखपुर महानगर की बात कर रहा हूँ। उत्तर प्रदेश के कुछ महानगर हैं, उनमें से गोरखपुर भी एक है, यहां दिन में 12 से 14 घंटे बिजली मिलती है। बहुत ग्रामीण क्षेत्रों में ऐसे बच्चे हैं, जिन्हें पता ही नहीं है कि बिजली क्या होती है। उनके सोने के बाद बिजली आती है और जब वे जागते हैं, तो पता चलता है कि बिजली नहीं है। उन्होंने बिजली देखी ही नहीं है। यह क्या घर–घर में बिजली पहुंचाएंगे? अरुणाचल प्रदेश में प्रोजेक्ट लगाने की बात थी, चीन धमकाता है और प्रोजेक्ट को वापिस ले लेते हैं। आखिर चीन के सामने हम क्यों दब्बूपन की नीति दिखा रहे हैं। क्यों बिजली उत्पादन के क्षेत्र में भारत प्रयास नहीं कर रहा है। राजीव गांधी विद्युतीकरण योजना थी, आप नामकरण कुछ भी करते, लेकिन उसमें भेदभाव हो रहा है। उत्तर प्रदेश को पैसा नहीं दिया जा रहा है। बहुत से गांव ऐसे थे, जहां विद्युतीकरण नहीं हुआ था। हम लोगों ने कहा कि राजीव गांधी विद्युतीकरण योजना के तहत बिजली दीजिए। उन्होंने कहा कि नहीं, केंद्र सरकार ने इस पर रोक लगा दी है। बहुत सी योजनाएं, जो एन.डी.ए. सरकार के समय थीं, अभी रघुवंश प्रसाद जी ने कुछ बातें कही भी हैं।

महोदय, मैं अपनी बात समाप्त करने जा रहा हूँ। इस देश के अंदर स्वर्णिम चतुर्भुज योजना थी, ईस्ट–वेस्ट और नॉर्थ–साउथ जो कॉरिडोर की योजना थी। गोरखपुर में एक बायपास बन रहा है। उस बायपास का वर्ष 2004 में कार्य प्रारंभ हुआ था और तय हुआ था कि वह कार्य वर्ष 2007 तक पूरा हो जाएगा। दुर्भाग्य से एन.डी.ए. की सरकार गई और यू.पी.ए की सरकार सत्ता में आई। उन्होंने कार्य प्रारंभ नहीं होने दिया। वर्ष 2007 में किसी प्रकार कार्य प्रारंभ हुआ और

उन्होंने कहा कि वर्ष 2009 तक कार्य पूरा हो जाएगा। आज हालात यह है कि गोरखपुर बायपास की जो योजना है ईस्ट–वेस्ट कोरिडोर के अंतर्गत उसे लिया गया है। वह कार्य पूरा होने की बात तो दूर, 30 प्रतिशत कार्य भी पूरा नहीं हो पाया है। प्रधानमंत्री ग्राम सड़क योजना, जो एन.डी.ए. सरकार की महत्वाकांक्षी योजना थी, आज भी वह 3 साल पीछे चल रही है और अन्य तमाम योजनाएं बार–बार ढोल पीटने का काम नरेगा के माध्यम से हो रहा है। मैं ग्रामीण विकास मंत्री को धन्यवाद दूंगा कि उन्होंने उसका नाम मनरेगा कर दिया है। वह मनरेगा नहीं है, बल्कि मरेगा बन गया है। भ्रष्टाचार और लूट–खसोट का एक अड्डा बन गया है। अनावश्यक रूप से देश के लोगों के अंदर भय पैदा करने का काम किया गया है। वह भी वर्ष में 365 दिनों की जगह केवल 100 दिनों का कार्य दिया जाता है। महंगाई की चर्चा के दौरान कहा भी गया कि अगर पूरे साल भर ले लें तो 850 रुपए प्रति माह के हिसाब से होगा।

महोदय, मुझे बनटांगिया मजदूरों के बारे में अनुरोध करना था। मेरे बगल का जनपद कुशीनगर है। वहां 2 लाख आबादी मुसहर जाति के लोगों की है। आजादी के 62 वर्षों के बाद उनके पास ना तो कोई जमीन का टुकड़ा है ना ही कोई मकान है। उनके पास बुनियादी सुविधाओं का घोर अभाव है। उनके पास कुछ भी नहीं है। बनटांगिया मजदूरों के पास कुछ भी नहीं है। उनको पंचायत के चुनावों में भाग लेने का अधिकार भी नहीं है। सरकार केवल घोषणाएं करती जा रही है। बनटांगिया और बनवासी लोगों और थारू जनजाति के लोग, जो बलरामपुर, श्रावस्ती, उत्तर प्रदेश के सोनभद्र, मिर्जापुर, चंदौली में रहते हैं, इनके कल्याण के लिए सरकार को अपनी नीतियां स्पष्ट करनी चाहिए। इनके लिए केवल घोषणा ही नहीं होनी चाहिए बल्कि कल्याण के लिए योजनाएं सामने आनी चाहिए।

अब मैं संचार क्षेत्र में भ्रष्टाचार की बात कहता हूँ। आज बी.एस. एन.एल. सेवाएं सबसे खराब मानी जा रही हैं। इन्होंने स्पेक्ट्रम घोटाले

को जिस रूप में डिल्यूट किया था, मुझे लगता है इससे पूरे देश को सचेत होना पड़ेगा।

राष्ट्रीय गंगा नदी बेसिन प्राधिकरण, न्यायिक भ्रष्टाचार और सबके लिए स्वास्थ्य सुविधा के बारे में सरकार की जो घोषणाएं हैं, मुझे लगता है कि वे केवल कागजी घोषणाएं हैं। महामहिम राष्ट्रपति के माध्यम से जो घोषणाएं हुई हैं, उसे सरकार क्रियान्वित कर सकेगी, मैं यह विश्वास करता हूँ। मैं एक बार पुनः आपको धन्यवाद देता हूँ कि आपने मुझे महामहिम राष्ट्रपति जी के अभिभाषण पर बोलने का अवसर दिया। धन्यवाद।

–04 मार्च, 2010

महोदय, हम पूर्वी उत्तर प्रदेश के आते हैं और वहां हर वर्ष चाहे बाढ़ आए या ना आए, 15 जून के बाद से वहां पर तरह–तरह की बीमारियां जैसे मलेरिया, फाइलेरिया, कालाजार, इंसेफलाइटिस, डेंगू तमाम बीमारियां फैलती हैं और सैकड़ों की संख्या में मौतें होती हैं। इस साल अभी तक गोरखपुर में बी. आर.डी. मेडिकल कॉलेज जो पूर्वी उत्तर प्रदेश का एकमात्र सरकारी मेडिकल कॉलेज है, वहां से 210 से ज्यादा मौतें इंसेफलाइटिस से हो चुकी हैं और लगातार प्रतिदिन 25–30 नए मरीज आ रहे हैं।

आपदा प्रबंधन बचाव के लिए होना मुआवजा देने के लिए

महोदया, आज सदन में एक बार पुनः बाढ़ और सूखे पर चर्चा हो रही है। प्रति वर्ष मानसून सत्र में एक–दो बार इन विषयों पर चर्चा होती है। सदन में हुई चर्चा को सरकार कितनी गंभीरता से लेती है, पिछले 12–14 वर्षों से देख रहे हैं। चर्चा के उपरांत जो क्षेत्र बाढ़ से त्रस्त हुए हैं या सूखे की चपेट में आए हैं, आपदा राहत प्रबंधन द्वारा राहत के जो कार्यक्रम चलाए जा रहे हैं या चलाने की कोशिश होती है, उसमें व्याप्त दुर्व्यवस्था उनके परिणामों से सहज अनुमान लगाया जा सकता है। जल को हमारे जीवन का महत्वपूर्ण स्रोत माना गया है। जल के बिना इस सृष्टि की कल्पना नहीं की जा सकती है, इसलिए जल सृष्टि का आधार भी है। लेकिन जब जल का उचित प्रबंधन ना हो और उचित नियोजन भी ना हो, तो वह जल किस प्रकार से मानव सभ्यता के लिए, इस सृष्टि के लिए खतरनाक हो सकता है, वह बाढ़ की त्रासदी के समय हम सब महसूस कर सकते हैं।

बड़ी अजीब सी विडंबना है कि एक ही समय देश का एक क्षेत्र बाढ़ की चपेट में आ जाता है तो दूसरा क्षेत्र सूखे की चपेट में रहता है। मानसून देर में आया। पहले आशंका उठ रही थी कि मानसून नहीं आएगा, सूखा पड़ेगा। कई क्षेत्रों में सूखा पड़ा हुआ है। मेरे बगल में रमेश जी बैठे हैं, रमेश जी के छत्तीसगढ़ में सावन में वहां पर बारिश नहीं हुई। बिहार का एक बहुत बड़ा भाग है जो आज भी सूखे की चपेट में है। हम लोगों ने देखा कि पहले ही पंजाब और हरियाणा में जिस प्रकार से बाढ़ ने अपना कहर बरपाया, राजस्थान और गुजरात

जहां हमेशा सूखा रहता था, इस बार बाढ़ की त्रासदी से वहां पर लोग काफी हद तक प्रभावित हुए हैं। बाढ़ और सूखे की इस त्रासदी को एन.डी.ए. सरकार ने स्वीकार किया था और एन.डी.ए. सरकार ने इसके लिए योजना भी बनाई थी। कितना अच्छा होता कि पर्यावरण को ध्यान में रखकर जो भी प्रयास हो सकते थे, नदियों को जोड़ने की उस परियोजना को क्रियान्वित किया गया होता तो संभवत संभवत ऐसा नहीं होता कि इस देश का एक बहुत बड़ा भू–भाग एक ही समय में सूखे की चपेट में होता है तो एक बड़ा भू–भाग बाढ़ की चपेट में भी होता है। कहीं ना कहीं प्रबंधन की कमी है और उस कमी के कारण आज यह स्थिति इस देश में आई है। हम लोग पिछले 14 वर्षों से लगातार इस बहस में पड़े हुए हैं। हमेशा जब भी मानसून सत्र प्रारंभ होता है तो कहीं से सूखे की आवाज उठती है तो कहीं से बाढ़ की चर्चा की आवाज उठाई जाती है। चर्चा के बाद मंत्री जवाब देते हैं और उस जवाब के साथ ही आगे की योजनाएं बनती हैं और वह बात वहीं पर ही समाप्त हो जाती है। हम लोग जानते हैं कि घोषणाएं जो यहां पर होती हैं, वे कितनी भी प्रभावी हो पाती हैं। कभी–कभी यह भी प्रश्न उठता है कि संसद इस सरकार के प्रति जवाबदेह है या सरकार इस संसद के प्रति उत्तरदाई है। यह प्रश्न उठने लगता है और इसलिए पार्लियामेंट्री डेमोक्रेसी पर जो एक प्रश्न उभरने लगा है, मुझे लगता है कि उस पर ध्यान देने की आवश्यकता है।

आपदा कोई भी आए, मुझे लगता है कि आपदा कभी भी बता कर नहीं आती है। आपदा प्रबंधन के लिए आपने क्या किया है, सरकार उसके बारे में बताए। आपदा जब आएगी, उसके बाद तब कोई रिलीफ के काम प्रारंभ होते हैं और वह भी देर से होते हैं, यानी 72 घंटे के बाद या 100 घंटे के बाद रिलीफ के कार्य शुरू होते हैं। मुझे लगता है कि वह आपदा प्रबंधन नहीं, वह सरकार की संवेदनहीनता को दर्शाता है और जनमानस की भावनाओं के साथ यह सीधे–सीधे खिलवाड़ है। इस प्रकार का खिलवाड़ हम लोग हर वर्ष देखते हैं। ऐसा नहीं है कि जल के उचित प्रबंधन के माध्यम से या किसी भी

प्रकार की आपदा के लिए अगर हमारे पास प्रशिक्षित स्टाफ है, या प्रशिक्षित टीम है और वह टीम इस आपदा को नियंत्रित करने के लिए प्रभावी ना हो सके। पैसा हर साल खर्च होता है। बाढ़ की जो त्रासदी है, मैं जानता हूँ कि इस बाढ़ से जुड़े हुए जितने भी विभाग हैं, इस देश के भ्रष्टतम विभागों में से है। हर साल बाढ़ के पूर्व आपदा नियंत्रण के लिए जो पैसा जाता है, उस पैसे का कहीं भी उचित उपयोग नहीं होता है। वह पैसा बाढ़ को रोकने के लिए किस रूप में यूज होता है और जब बाढ़ आती है उस समय किस प्रकार से बाढ़ के समय वह पैसा बहाया जाता है, वह हम लोगों ने अपनी आंखों से देखा है। हम लोगों ने पूर्वी उत्तर प्रदेश में गोरखपुर और आसपास के क्षेत्र में 1998 की और 2001 की और उसके बाद की जो सदी की सबसे भीषणतम बाढ़ थी, उसको हम लोगों ने अपनी आंखों से देखा है। हम लोगों ने वहां पर जन और धन की व्यापक क्षति को देखा है। लोगों के उजड़ते हुए घरों को हम लोगों ने देखा है। कराहती हुई मानवता को चिल्लाते हुए उन बच्चों को हम लोगों ने वहां पर अपनी आंखों से देखा है। लेकिन बार–बार वही प्रश्न उठता है कि बाढ़ के समय या किसी भी आपदा के समय मंत्रियों के, माननीय प्रधानमंत्री के, मुख्यमंत्री के दौरे संबंधित क्षेत्रों में होते हैं लेकिन जब आपदा थोड़ी नियंत्रित होती है तो उसके बाद की कार्रवाई सब शून्य हो जाती है। उसके बाद के जो उपाय होने चाहिए, वे सब शून्य हो जाते हैं। इसलिए खास तौर से जब बाढ़ और सूखे के बारे में चर्चा हो रही है तो बाढ़ आने से पूर्व क्या प्रबंधन किए गए हैं, तटबंधों के सम्बन्ध में नदियां जो आज गाद से भर चुकी हैं क्योंकि बाढ़ अचानक नहीं आ रही है। वनों की अंधाधुंध कटाई, भूमि–संरक्षण मृदा–संरक्षण से संबंधित जो उपाय होने चाहिए थे, वे उचित रूप में नहीं किए जा रहे हैं, विकास की अवैज्ञानिक सोच बाढ़ के मुख्य कारणों में से है। मैं इस बात को पिछले 3–4 वर्षों से महसूस कर रहा हूँ। हमारा जो गोरखपुर जनपद है, वहां इस वर्ष भी आधे जनपद में अच्छी बारिश हुई और आधे जनपद में बारिश ही नहीं हुई।

केवल एक जनपद बात नहीं है पूर्वी उत्तर प्रदेश के तमाम जनपदों में इस प्रकार की स्थिति पैदा हुई है। वहां अच्छी बारिश होती है सरकार उसे देखकर बाकी क्षेत्रों को सूखाग्रस्त घोषित नहीं करती है। पिछले वर्ष भी जनपद सूखे की चपेट में आया था, उसके उपरांत फसल बोने का समय समाप्त हो गया और बाद में बाढ़ की चपेट में भी आ गया। इस तरह से दोनों त्रासदियों को वहां का किसान झेलता है। उसे ना तो वहां बाढ़ की त्रासदी में सहयोग मिलता है और ना ही सूखा त्रासदी में सहयोग मिलता है। हम जानना चाहते हैं कि बाढ़ आने से पूर्व क्या प्रबंध किए गए हैं? तटबंधों की मरम्मत का कार्य, मृदा संरक्षण का काम उचित ना होने के कारण उपजाऊ मिट्टी नदियों की गाद से भर चुकी है, पूरी तरह से नदियों के जल में भर चुकी है। जब पानी को बहने की जगह नहीं होगी तो ओवरफ्लो होना ही होना है। उसके लिए हम लोगों ने कोई योजना नहीं बनाई है। अन्य उपाय हो सकते थे, जहां पर जल को रोककर उसका उचित प्रबंधन करके और फिर आवश्यकतानुसार उस जल को सिंचाई के लिए जल विद्युत परियोजना के तहत उपयोग किया किया जाना था लेकिन वर्ष 1954 से जब से आपदा नियंत्रण के लिए योजना चली तब से उस ओर इमानदारी से कोई प्रयास नहीं हो पाया।

महोदय, बाढ़ जब आती है तो आपदा प्रबंधन के लिए जो व्यवस्था बनाई गई है, चाहे वह केंद्रीय सरकार के स्तर पर हो या राज्य सरकार के स्तर पर हो या जनपद स्तर पर हो, कोई काम नहीं कर पाती है। लोग बाढ़ से घिरे होते हैं और वहां से उन्हें निकालने के लिए नावों की व्यवस्था नहीं होती है। एक माननीय सदस्य अभी बता रहे थे कि उन लोगों को राहत के नाम पर 20 रुपए एक परिवार को दिये जाते हैं। क्या 20 रुपए में एक परिवार को भर पेट भोजन मिल पाएगा? उस परिवार के साथ उनके मवेशी हैं, उनके लिए सरकार क्या व्यवस्था कर रही है? क्या सरकार पीने के लिए उचित जल की व्यवस्था कर रही है? कोई भी व्यवस्था बाढ़ आने के बाद नहीं हो पाती

है। बाढ़ आने के बाद जो त्वरित आपदा राहत कार्य होने चाहिए, वे नहीं हो पाते हैं। जब बाढ़ जाती है तो वहां महामारी छोड़ जाती है।

महोदय, हम पूर्वी उत्तर प्रदेश के आते हैं और वहां हर वर्ष चाहे बाढ़ आए या ना आए, 15 जून के बाद से वहां पर तरह–तरह की बीमारियां जैसे मलेरिया, फाइलेरिया, कालाजार, इंसेफलाइटिस, डेंगू तमाम बीमारियां फैलती हैं और सैकड़ों की संख्या में मौतें होती हैं। इस साल अभी तक गोरखपुर में बी.आर.डी. मेडिकल कॉलेज जो पूर्वी उत्तर प्रदेश का एकमात्र सरकारी मेडिकल कॉलेज है, वहां से 210 से ज्यादा मौतें इंसेफलाइटिस से हो चुकी हैं और लगातार प्रतिदिन 25–30 नए मरीज आ रहे हैं। इसका कोई उपाय नहीं है। सरकार के स्तर पर कुछ नहीं किया जा रहा है और ये तो वे लोग हैं जो सरकारी मेडिकल कॉलेज में आ जाते हैं। बहुत बड़ी संख्या ऐसी है जो वहां पहुंच नहीं पाती है। उस महामारी को रोकने के लिए व्यवस्था होनी चाहिए, इसका कोई उपाय नहीं है। जिन लोगों के घर उजड़ चुके होते हैं, उन लोगों के घरों का निर्माण करने के लिए कोई व्यवस्था नहीं होती है। जिनके मवेशी मर जाते हैं, उनको किसी प्रकार की कोई राहत नहीं दी जाती है। पूर्वी उत्तर प्रदेश और बिहार प्रतिवर्ष ये नेपाल की तराई के क्षेत्र में बसा है और ये क्षेत्र प्रतिवर्ष हिमालय से आने वाली नदियों में बाढ़ के कारण भीषणतम त्रासदी से जूझते हैं। वर्ष 1954 से नेपाल के साथ कुछ परियोजनाएं चल रही हैं, चाहे राप्ती आमी रोहनी, ओली, सरयू, घाघरा, नारायणी या किसी अन्य छोटी–बड़ी नदियों के कारण, नेपाल से आने वाली नदियों के कारण बाढ़ आती है। 1954 से नेपाल के साथ वार्ता का क्रम प्रारंभ हुआ था नेपाल से इन नदियों को रोककर नेपाल में उच्च क्षमता के बांध, डैम बनाकर उचित उपयोग करेंगे। नेपाल में शारदा नदी पर महाकाली पंचेश्वर बहुउद्देशीय परियोजना थी।

परंतु अभी तक यह कार्य प्रारंभ नहीं हो पाया। कोसी नदी पर सप्तकोशी उच्च बांध परियोजना थी, वह काम भी नहीं हो पाया। राप्ती नदी पर पश्चिम राप्ती में नौपुरा में बहुउद्देशीय परियोजना थी, लेकिन

वह काम भी अब तक नहीं हो पाया। बागमती नदी, कमला नदी पर भी काम होना था, लेकिन वह काम भी नहीं हो पाया। मेरा कहने का मतलब है कि ऐसी तमाम योजनाएं थीं, जिनके बारे में नेपाल के साथ बातचीत करके हम लोग पूर्वी उत्तर प्रदेश और बिहार को बाढ़ की त्रासदी से बचा सकते थे। लेकिन एक ईमानदार पहल भारत सरकार के स्तर पर नहीं हो पाई। चूंकि हर वर्ष हम लोग बाढ़ से प्रभावित होते हैं, इसलिए हम लोगों ने बाढ़ आने से पहले वहां बाढ़ खंड और सिंचाई विभाग के अधिकारियों के साथ चर्चा की कि आखिर आप बाढ़ आने से पूर्व यहां कार्य क्यों नहीं करते हैं? तब उन्होंने कहा कि केंद्र सरकार के पास हम लोगों ने प्रस्ताव भेजे हैं, लेकिन केंद्र से पैसा नहीं मिला है, इसलिए हम कार्य नहीं कर पा रहे हैं। यह बड़ी अजीब सी बात है। सरकार कहती है कि हम बाढ़ नियंत्रण के लिए, आपदा राहत के लिए, आपदा नियंत्रण के लिए कार्यवाही कर रहे हैं। लेकिन जब राज्य सरकार के पास जाते हैं, उनके तंत्र से जब इस बारे में चर्चा करते हैं तो वह कहते हैं कि इसे रोकने के लिए हमारे पास कोई व्यवस्था नहीं है।

इसलिए मैं आप के माध्यम से सरकार से अनुरोध करूंगा कि जब बाढ़ आती है तो कोई प्रबंधन का कार्य उस समय नहीं हो सकता है। उससे पहले वह कार्य करना पड़ेगा, उसके पहले उसे रोकने की व्यवस्था करनी पड़ेगी। इसका स्थाई समाधान यही है कि आपने मनरेगा की एक योजना चलाई है, यह बहुत अच्छी योजना है। लेकिन इस योजना का उपयोग आप इसमें क्यों नहीं करते हैं। यदि नदियों के उस गाद को हटाने में मनरेगा के पैसे का उपयोग हो सके और नदियों के तल को गहरा किया जाए तो काफी हद तक बाढ़ की त्रासदी को नियंत्रित करने में सफलता मिलेगी और उसी गाद को लाकर यदि आप तटबंधों में जमा कर देंगे तो तटबंध भी ऊंचे, पक्के और मजबूत होंगे और वहां आप बाढ़ की त्रासदी को भी रोक सकते हैं।

दूसरी बात मैं कहना चाहता हूँ कि नेपाल के साथ जो हमारी

परियोजनाएं लंबित पड़ी हुई हैं, सरकार तत्काल उन पर पहल करें क्योंकि यह नेपाल और भारत दोनों के हित में है। अगर यह हो जाता है तो बिहार और उत्तर पूर्वी उत्तर प्रदेश जिसमें गोरखपुर, महराजगंज, कुशीनगर, देवरिया, सिद्धार्थ नगर, बलरामपुर और श्रावस्ती जैसे तमाम जनपद आते हैं। इन सभी जनपदों को बाढ़ की त्रासदी से बचाया जा सकता है और प्रतिवर्ष बाढ़ से होने वाली जन और धन की व्यापक क्षति को रोका जा सकता है। इन्हीं शब्दों के साथ में अपनी बात यहीं समाप्त करता हूँ।

–27 अगस्त, 2010

महोदय, जब मैं इन घुमंतु जातियों को देखता हूँ, उनके बीच में जाकर हम लोगों ने कुछ कार्य भी किया है। आप रामायण काल देखेंगे तो आश्चर्य करेंगे, भगवान राम के जो सहयोगी थे, वे यही वनवासी थे, यही कोल थे, यही भील थे, यही वनवासी थे जिन्हें आज हम अपने से दूर करके जनजाति के रूप में स्थान दिलाना चाहते हैं। भगवान कृष्ण के समय इन्हीं लोगों ने उस समय की व्यवस्था के साथ जुड़कर राष्ट्र को बचाया था।

वनवासी, निषाद, मांझी, केवर ने राष्ट्र बचाया है, इन्हें अलग न करें

महोदय, माननीय जनजातीय कार्य मंत्री ने संविधान (अनुसूचित जनजातियां) आदेश संशोधन विधेयक जो इस सदन में प्रस्तुत किया है, मैं इसका समर्थन करता हूँ। इस देश के अंदर आज भी बहुत सारी जातियां हैं, जो शासन की कल्याणकारी योजनाओं से तो वंचित है हीं, लेकिन समाज और राष्ट्र की मुख्यधारा से भी बहुत दूर हैं। वे उपेक्षा की शिकार हैं, वे निरक्षर हैं और बहुत सारे स्थानों पर तो वे खानाबदोश की सी जिंदगी व्यतीत करती हैं।

महोदय, अगर स्वतंत्र भारत में भी हम इस देश के प्रत्येक नागरिक को उसका उचित हक नहीं दिलाएंगे और सामाजिक न्याय की स्थापना नहीं करेंगे तो स्वाभाविक रूप से राष्ट्र को सशक्त भी नहीं बनाया जा सकता। सामाजिक उपेक्षा के कारण, शासन की लापरवाही के कारण आज उन जातियों के बीच में वृहद स्तर पर धर्मांतरण की राष्ट्र विरोधी गतिविधियां हो रही हैं। नक्सलवादी गतिविधियां इस देश के अंदर उन्हीं क्षेत्रों में ज्यादा प्रभावी हुई हैं, जिन तक शासन की कल्याणकारी योजनाएं नहीं पहुंच पाई हैं या सरकार की उपेक्षा और सामाजिक भेदभाव जिनके साथ हुआ है। वहां पर नक्सलवाद भी चरम पर है। इसलिए मैं आपका ध्यान इस दुखद सच्चाई की ओर आकर्षित करना चाहता हूँ कि शासन की कल्याणकारी योजनाओं का लाभ और समाज की मुख्यधारा के साथ उन सभी जातियों को जोड़ा जाना चाहिए, जो अब तक वंचित रही हैं। अनुसूचित जाति, अनुसूचित

जनजाति में या फिर अन्य पिछड़ी जातियों में जो भी उनका उचित स्थान है, उसमें उन्हें शामिल किया जाना चाहिए। मैं खासतौर से पूर्वी उत्तर प्रदेश की ओर आपका ध्यान आकर्षित करता हूँ।

महोदय, जब मैं इन घुमंतु जातियों को देखता हूँ, उनके बीच में जाकर हम लोगों ने कुछ कार्य भी किया है। आप रामायण काल देखेंगे तो आश्चर्य करेंगे, भगवान राम के जो सहयोगी थे, वे यही वनवासी थे, यही कोल थे, यही भील थे, यही वनवासी थे जिन्हें आज हम अपने से दूर करके जनजाति के रूप में स्थान दिलाना चाहते हैं। भगवान कृष्ण के समय इन्हीं लोगों ने उस समय की व्यवस्था के साथ जुड़कर राष्ट्र को बचाया था। यही नहीं, महाराणा प्रताप और छत्रपति शिवाजी महाराज की सहयोगी भी यही जातियां थीं, जिन्हें आज भी हम जनजाति कहकर इस समाज से अलग किए हुए हैं। अगर कहा जाए तो इस देश की सही मायने में विपरीत परिस्थितियों में, उन विभिन्न समयों में, गुलामी के समय में देश की स्वतंत्रता के लिए जिन्होंने अपना सब कुछ न्योछावर करके वनों में रहकर, पहाड़ों पर रहकर, अन्य उन क्षेत्रों में रहकर देश की स्वाधीनता की रक्षा की थी, उनमें यह सब जातियां आती हैं। बहुत सारी जातियां घुमंतू जातियां हैं, उन घुमंतु जातियों के बीच अगर आप जाएंगे तो भी एक ही बात कहते हैं कि हम तो महाराणा प्रताप के वंशज हैं। गोरखपुर में एक बधिक जाति है, वे समाज से बिल्कुल अलग–थलग पड़े रहते हैं, विकास की कोई भी योजना उन तक नहीं पहुंची है। मैं एक बार अचानक उनके बीच गया, मैंने उनसे पूछा कि आप लोग ऐसे क्यों रहते हैं? उन्होंने कहा कि समाज हमें स्वीकार ही नहीं करता है। मैंने कहा कि आप लोग कौन हैं? वे सब के सब अपना टाइटल सिंह लिखते हैं। सरकार ने आजादी के बाद उन्हें अनुसूचित जाति में शामिल किया तो उन्होंने कहा कि हम लोगों का मूल राजस्थान से है, हम राजस्थान से भाग कर आए हैं। जब हल्दीघाटी के युद्ध के बाद महाराणा प्रताप को जंगलों में जाना पड़ा था तो हममें से कुछ लोग ऐसे थे, जिन्हें भागकर अलग–अलग स्थानों पर जाना पड़ा था। हम

लोग उनमें से हैं। वहां पर वे आज भी खानाबदोश की जिंदगी व्यतीत कर रहे हैं, घुमंतू जातियां हैं। माननीय मंत्री जी कर्नाटक की जिस मेदार जनजाति के बारे में संशोधन लाए हैं और उसको अनुसूचित जनजाति में शामिल करने की बात की है, यह मुख्य रूप से बांस–बेंत का कार्य करने वाली जाति है। उत्तर प्रदेश में भी बांसफोड़ नाम की एक जाति है जो घुमंतू जाति है। उनको किसी सुविधा का लाभ नहीं मिल रहा है। ना उनको अनुसूचित जाति में शामिल किया गया है, ना अनुसूचित जनजाति में शामिल किया गया है, न अनुसूचित जनजाति में शामिल किया गया है। मैं माननीय मंत्री जी से अनुरोध करना चाहूँगा कि बधिक, बांसफोड़, कंजड़ मुसदर और गोंड़ जाति को, अगर आप मध्य प्रदेश में जाएं तो उन्हें अनुसूचित जनजाति का दर्जा प्राप्त है लेकिन पूर्वी उत्तर प्रदेश में आप देखेंगे तो वह अनुसूचित जाति में आता है। इन सभी को अनुसूचित जनजाति को शामिल करके उसका लाभ उन्हें प्रदान किया जाए, समाज की मुख्यधारा में उन्हें लाया जाए। हम अपनी तरफ से उन्हें कोई गिफ्ट नहीं दे रहे हैं, कोई वरदान नहीं दे रहे हैं। यह हमारा राष्ट्रीय दायित्व है कि जिन्होंने देश की और समाज की विभिन्न परिस्थितियों में रक्षा की है, अगर आज वे विपन्न हैं तो हम उनके सहयोग के लिए आगे आएं, उनमें समाजिक न्याय की स्थापना करें और राष्ट्र को सशक्त बनाए।

दूसरा, यहां जो प्रस्ताव आए हैं, कुछ माननीय सदस्यों ने दिया है, हमारे यहां एक जाति है – निषाद। निषाद, केवट, मांझी, धीवर, यह जो जातियां हैं, बिहार में अनुसूचित जातियों में आती हैं। हमारे उत्तर प्रदेश में यह पिछड़ी जाति में आती है। उत्तर प्रदेश सरकार ने इससे संबंधित एक प्रस्ताव भी केंद्र सरकार को भेजा है कि इन्हें भी अनुसूचित जाति में शामिल किया जाए। मैं आपके माध्यम से माननीय मंत्री जी से अनुरोध करना चाहूँगा कि निषाद, केवट, मांझी, धीवर आदि जो जातियां हैं, इन्हें भी आपका मंत्रालय देखे। यहां मंत्री नारायणसामी जी बैठे हैं, वे संबंधित मंत्री तक इस बात को पहुंचाने का कार्य करें कि इन जातियों की स्थिति का अत्यंत बुरा हाल है, अत्यंत पिछड़ी

हैं, बहुत कमजोर हैं। अलग–अलग स्थानों पर अलग–अलग इनकी स्थिति है। दिल्ली में कुछ है, बिहार में कुछ है और है और उत्तर प्रदेश में कुछ है। इसलिए इन सब को अनुसूचित जाति में शामिल करके सही अर्थों में शासन की कल्याणकारी योजनाओं का लाभ इन्हें मिले जिससे सामाजिक न्याय की स्थापना हो और राष्ट्र को सशक्त बनाने में ये जातियां योगदान दे सकें। आपने मुझे बोलने का मौका दिया, इसके लिए मैं आपका धन्यवाद करता हूँ।

–15 मई, 2012

महोदय, जो अवैज्ञानिक सोच है हम लोग देखते हैं कि नदियों में बाढ़ से बचाव के तटबंध बनाए गए। लेकिन नदियों की बाढ़ से बचाने के लिए तटबंध क्या स्थाई समाधान हो सकता है? आजादी के पूर्व भी इस बात पर चर्चा हुई थी कि इस समय देश के अंदर बाढ़ से बचाव के लिए प्रबंध स्थाई समाधान निकाल सकता है या नहीं। जिस समिति ने इस पर चर्चा की थी देश के प्रथम राष्ट्रपति डॉ राजेंद्र प्रसाद जी भी उस समिति में थे। उस समिति ने यह पाया था कि तटबंझ बाढ़ की समस्या के स्थाई समाधान नहीं हो सकते हैं।

बाढ़ और सूखे की समस्या का स्थाई समाधान

माननीय सभापति जी आपने मुझे देश के महत्वपूर्ण विषय पर चर्चा की शुरुआत करने का अवसर दिया। इसके लिए मैं आपका आभारी हूँ। देश में बाढ़ और सूखे की जो स्थिति है कमोवेश हम हर वर्ष इस पर चर्चा करते हैं। चर्चा किसी ठीक नतीजे पर पहुंचे इस अनुरोध के साथ में चर्चा की शुरुआत करना चाहता हूँ। जल जीवन का आधार है। देश में प्रतिवर्ष बाढ़, भूकंप, सूखे या सुनामी तमाम प्राकृतिक आपदाओं से जन– धन की हानि होती है। बाढ़ कोई ऐसी प्राकृतिक आपदा नहीं है जिसके पूर्वानुमान नहीं लगाया जा सकता।पूर्वानुमान लगाकर बार–बार बाढ़ नियंत्रण पर खर्च होने वाले पैसे को एक बार व्यवस्थित रूप से खर्च कर दिया जाए तो बाढ़ की समस्या का स्थाई समाधान निकाला जा सकता है। इसके लिए आवश्यक होगा कि हमें बाढ़ नियंत्रण के बजाय जल प्रबंधन की उचित व्यवस्था करने की दिशा में प्रभावी प्रयास करना चाहिए।

माननीय नरेंद्र मोदी जी के नेतृत्व में इस सरकार ने अभी 2 माह पूरे किए हैं और सरकार के आते ही मानसून कम होने का दबाव इस सरकार पर पड़ा है। मैं धन्यवाद देना चाहूँगा कि सरकार ने इस आवश्यकता को महसूस किया और इस देश में शुरू में ही 500 सूखा प्रभावित जनपदों के लिए क्या प्रभावी योजनाएं बन सकती हैं। अपनी कार्रवाई को उस सम्बन्ध में प्रारंभ की है और इस सम्बन्ध में कई बैठकें भी सरकार के स्तर पर हुई हैं। लेकिन कुछ चीजें हैं जिन पर चर्चा किए जाने की और आवश्यकता है और वह यह कि

देश के अंदर एक ही समय में कुछ भूभाग ऐसे होते हैं, जहां बाढ़ की विभीषिका से व्यापक स्तर पर जन–धन की हानि होती है, खड़ी फसलें नष्ट होती है, लोगों के मकान बह जाते हैं। पशुधन की हानि होती है और कुल मिलाकर व्यापक स्तर पर जनधन की हानि होती है। जब बाढ़ समाप्त हो जाती है तो बाढ़ समाप्त होने के बाद आने वाली तमाम प्रकार की उन संक्रामक बीमारियों को छोड़ जाती है। जिससे बड़े पैमाने पर मौतें होती हैं। लेकिन इनके लिए देश के अंदर हम व्यवस्था तब करते हैं जब कोई विभीषिका आ जाती है।

पहले से नहीं करते हैं इसलिए जो वर्तमान स्थिति है। मुझे लगता है कि प्रोफेसर सौगत राय जी अभी चाय– कॉफी पी कर आए हैं इसलिए लगता है कि अभी गर्मी है। लेकिन हम लोगों ने बजट पास किया है और बजट पास करने में हम लोगों ने जो कुछ एनर्जी दिल्ली को दी है। सौगत राय जी हम लोग वहीं पर आ रहे हैं। महोदय आखिर क्या कारण है कि प्रति वर्ष बाढ़ नियंत्रण के लिए अरबों रुपए खर्च होते हैं। लेकिन जब हम 1950 और 2014 की तुलना करते हैं तो देखते हैं कि बाढ़ का दायरा भी बढ़ता गया है। मैं समझता हूँ कि इसमें कहीं ना कहीं कोई न कोई खामी जरूर रही होगी। क्योंकि प्रतिवर्ष हजारों करोड़ रुपए खर्च करने के बावजूद बाढ़ का प्रकोप और उससे होने वाली क्षति है उसका दायरा बढ़ा है। 1951 में देश का बाढ़ ग्रस्त भू–भाग 1 करोड़ हेक्टेयर था 1960 में यह बढ़कर 2.5 करोड़ हेक्टेयर हो गया 1978 में इसका दायरा 3.4 करोड़ हेक्टेयर, 1980 में 4 करोड़ हेक्टेयर और वर्तमान में लगभग 7 करोड़ हेक्टेयर भू भाग ऐसा है जो प्रतिवर्ष बाढ़ की चपेट में या बाढ़ के बाद भारी जलजमाव की चपेट में आकर वहां की खरीफ फसल को नुकसान पहुंचाता है। यही स्थिति देश में है यदि हम पूर्वोत्तर के राज्यों में देखें तो असम में और उसके आसपास के क्षेत्रों में ब्रह्मपुत्र और उसकी सहायक नदियों की बाढ़ की विभीषिका से नुकसान होता है।

महोदय, देश में बिहार एक ऐसा राज्य है देश के अंदर बाढ़ से कुल प्रभावित भूभाग का 16ः भूभाग बिहार का है जो बाढ़ से प्रभावित

होता है और वहां कोसी, गंडक, बूढ़ी गंडक, बागमती, कमला महानंदा आदि नदियां हैं। यदि हम उत्तराखंड, उत्तर प्रदेश में देखते हैं तो यहां गंगा, यमुना, शारदा, घाघरा, सरयू राप्ती और अन्य नदियां हैं। इसके अलावा अन्य बहुत सी छोटी नदियों के कारण प्रतिवर्ष व्यापक स्तर पर जनधन की हानि देश के अंदर होती है। कुछ चीजें अवश्य है कि क्या एक समय कोई ऐसा प्रबंधन नहीं हो सकता कि देश का एक भू भाग भीषण सूखे की चपेट में है तो उसी समय देश का दूसरा भू भाग बाढ़ से बुरी तरह से जलमग्न होता है, उस क्षेत्र में बाढ़ का तांडव होता है बाढ़ का प्रकोप होता है। इसके लिए क्या व्यवस्था हो सकती है। मुझे लगता है कि सदन में चर्चा के माध्यम से स्थाई समाधान निकालने की व्यवस्था होनी चाहिए और इस दृष्टि से जब बाढ़ से व्यापक जन धन की हानि बात देखते हैं तो मुझे लगता है कि उसमें हम जलवायु परिवर्तन को भी एक कारण मानते हैं. साथ ही साथ मानव जन्म जो वर्तमान मेंअवैज्ञानिक विकास की सोच है यदि उसका एक कारण है।

महोदय, जो अवैज्ञानिक सोच है हम लोग देखते हैं कि नदियों में बाढ़ से बचाव के तटबंध बनाए गए। लेकिन नदियों की बाढ़ से बचाने के लिए तटबंध क्या स्थाई समाधान हो सकता है? आजादी के पूर्व भी इस बात पर चर्चा हुई थी कि इस समय देश के अंदर बाढ़ से बचाव के लिए प्रबंध स्थाई समाधान निकाल सकता है या नहीं। जिस समिति ने इस पर चर्चा की थी देश के प्रथम राष्ट्रपति डॉ राजेंद्र प्रसाद जी भी उस समिति में थे। उस समिति ने यह पाया था कि तटबंझ बाढ़ की समस्या के स्थाई समाधान नहीं हो सकते हैं। तटबंधों में कुछ कारण तो है कि तटबंध कुछ गांवों को कुछ बस्तियों को बाढ़ से बचाते हैं। लेकिन तटबंधों और नदी के बीच में जो बस्तियां आ जाती हैं उनकी समस्या का कोई समाधान इसमें नहीं है दूसरा तटबंधों के निर्माण में जो कार्यदायी संस्थाएं कार्य करती हैं वो भारी भ्रष्टाचार की चपेट में है। बाढ़ कुछ सरकारी विभागों के लिए कमाई का एक साधन बन जाता है, वे व्यापक भ्रष्टाचार के बने हुए हैं।

इन अड्डों के कारण इस देश में प्रतिवर्ष बाढ़ आए वे विभाग का इस इस बात का इंतजार करते हैं। जन धन की हानि या बाढ से होने वाले नुकसान की भरपाई हो यह उनकी चिंता का विषय नहीं बल्कि प्रतिवर्ष तटबंध के नाम पर जनता की आवश्यकता है या नहीं इसको ध्यान में रखकर नहीं बल्कि उनकी स्वयं की कमाई का साधन कैसे बन सके इस दृष्टि से तटबंधों का निर्माण होता है। मुझे लगता है कि तटबंध के बारे में या एक मुख्य कारण इस सम्बन्ध में आया है।

तटबंधों की एक समस्या और उत्तर भारत में आप देखेंगे तो अधिकतर नदियां हिमालय से आती हैं। हिमालय से आने वाली नदियों में व्यापक स्तर पर नदी के साथ गाद बहता है, मिट्टी बहती है नदियों का जो सर्फेस है वह पूरी तरह से गाद से भर चुका है तो स्वाभाविक रूप से कट बंधुओं की ऊंचाई भी हर वर्ष 2 वर्ष में उठाने की बात आती है क्योंकि जब जल स्तर बढ़ेगा तो जल स्तर बढ़ने के साथ–साथ नदियों के स्तर के बढ़ने के साथ–साथ तटबंधों की ऊंचाई बढ़ाना भी एक समस्या है फिर तक बंद जहां पर कूटते हैं वहां पर तो एक व्यापक भीषण विभीषिका होती है। उस गांव में उस व्यक्ति को पूरी तरह बहा करके एक भयंकर तांडव वहां पर देखने को मिलता है, जहां पर तटबंध टूटता है हन लोगों ने अब तक ऐसी कोई व्यवस्था नहीं बनाई है कि नदियों में भरने वाले या कोई अध्ययन इस प्रकार का नहीं किया गया कि नदियों में भरने वाली गाद सन 1950 में क्या थी और आज सन् 2014 में उसका स्तर कितना है। स्वाभाविक रूप से नदी के तल में सिल्ट भर गया है, गाद भर गई है तो नदी में जल का अभाव भी होगाऔर साथ साथ जल का जो स्तर ऊंचा होगा वह आसपास की बरसात के समय सुरक्षा के लिए खतरा पैदा करेगा। बाढ़ नियंत्रण के नाम पर जो कार्य तटबंधों के निर्माण और अवैज्ञानिक सोच के माध्यम से हुआ है या उसका एक प्रमुख कारण है।

दूसरा हम लोगों ने तटबंध बनाने के बाद तटबंध और नदी के बीच में जो गांव फंस जाते हैं, एक बड़ी आबादी होती है। वह किसी

भी नदी में आप देख सकते हैं। चाहे वह घाघरा और सरयू नदी में हो, चाहे वह राप्ती नदी में हो. चाहे वह गंडक में हो, चाहे वह कोसी नदी में हो, चाहे वह शारदा नदी का ही देखें या ब्रह्मपुत्र और उसकी सहायक नदियों को ही देखें तटबंध और नदी के बीच बहुत सारे गांव बसे हुए हैं। उन गांव की सुरक्षा के लिए कोई प्रभावी उपाय नहीं है। लाखों की आबादी है उनको बरसात में मरने के लिए छोड़ दिया जाता है। बरसात में उन लोगों को बाढ़ की विभीषिका के कहर से बचाने के लिए कोई प्रभावी उपाय नहीं हो पाता उसके बारे में हमें विचार करने की आवश्यकता है।

महोदय, जलवायु परिवर्तन भी बाढ़ का एक प्रमुख कारण है। इस बार मानसून कम हुआ है और कहा जा रहा है कि अलनीनो का प्रभाव है। भारत जैसे देश में जिस देश में 60ः आबादी कृषि पर आधारित है उस देश में अगर हम देखें तो कृषि इस देश के विकास के लिए एक महत्वपूर्ण माध्यम है। यद्यपि जीडीपी में उसका अनुपात लगातार कम हुआ है और आज वह मात्र 14ः तक रह गया है। लेकिन आज भी दो तिहाई भारत कृषि पर अपनी आजीविका के लिए निर्भर है। वह आबादी ग्रामीण क्षेत्रों में निवास करती है और ग्रामीण क्षेत्रों में अधिकतर लोगों की कृषि पर निर्भरता है। आज भी इस देश में सिंचाई के साधन 40ः भी नहीं है तो बाकी 60ः अधिक जो लोग हैं उनको कमजोर मानसून के भरोसे नहीं छोड़ सकते हैं।केवल मानसून के भरोसे उनको छोड़कर हम इस देश की बड़ी आबादी को भुखमरी के कगार पर पहुंचाने का प्रयास कर रहे हैं। खासतौर से आज जो स्थिति है, वर्ष 2005 में इस देश को उत्पादन करने के लिए जितने खाद्यान्न की वर्तमान में हमारी आवश्यकता है, वर्तमान में 25 करोड़ टन खाद्यान्न इस देश को 1 वर्ष के लिए चाहिए। सन 2050 में इस देश में खाद्यान्न की जो मांग होगी वह वर्तमान से लगभग दोगुनी हो जाएगी। इस देश में अगर हम लोग सिंचाई के उसी साधन नहीं देंगे अन्य उत्पादन की वर्तमान क्षमता को दोगुना नहीं करेंगे तो कोई कारण नहीं कि 25 करोड़ टन खाद्यान्न की आज की हमारी आवश्यकता है

जब यही आवश्यकता 45 और 50 करोड़ तक पहुंचेगी तब हम इस देश के अंदर उस आवश्यकता की पूर्ति कैसे कर पाएंगे? क्या इस देश की एक बड़ी आबादी को हम भुखमरी के लिए नहीं छोड़ रहे हैं?

मैंने एक बात कही थी कि बाढ़ नियंत्रण के बजाय हम शब्द जल प्रबंधन की बात करें तो मुझे लगता है कि वह महत्वपूर्ण होगा। जल प्रबंधन से न केवल बाढ़ की समस्या का समाधान होता है, अपितु दूसरी ओर इस देश की सूखे की समस्या के समाधान का रास्ता भी निकलता है। इसलिए जल प्रबंधन के उचित तरीके अपनाए जाएं। हम इस पर विचार करने की आवश्यकता है। जल प्रबंधन के माध्यम से जहां नदियों के स्वाभाविक पलों को उसके प्राकृतिक बहाव को बनाए रखने, एकदम बड़े बांध जो भीमकाय हों जिनसे व्यापक छति की संभावनाएं हों। खासतौर से हिमालय की गोद में इस प्रकार के बांध किसी खतरे से कम नहीं हैं। जहां पर हिमालय एक नया पहाड़ है, व्यापक स्तर पर गाद भरा पानी नदियों के साथ बह कर आ रहा है। आप बड़े बांध बनाएंगे एक समय तक ये सबके सब भर जाएंगे उसके बाद फिर क्या स्थिति पैदा होगी। उस क्षेत्र में जल के उस प्रबंधन की दृष्टि से हम क्या उपाय कर सकते हैं। यह अत्यंत महत्वपूर्ण बात है और उस पर इसी दृष्टि से चर्चा अवश्य हो। जब हम नदियों में गाद की स्थिति को देखते हैं, मुझे केदारनाथ त्रासदी के समय वहां जाने का अवसर मिला था और मैंने वहां की स्थिति को देखा था उस त्रासदी को 1 वर्ष से अधिक का समय हो गया है। अब तक केदारनाथ घाटी और आसपास का क्षेत्र उत्तराखंड का वह क्षेत्र उभर नहीं पाया है। तमाम प्रयासों के बावजूद कार्य कार्य अधूरे पड़े हुए हैं। चार धाम की यात्रा 2 दिन के लिए प्रारंभ होती है फिर 10 दिन के लिए बंद हो जाती है। इसका कारण है कि हम लोगों ने प्रकृति के साथ छेड़छाड़ की है, प्रकृति का दोहन किया है। प्रकृति के साथ जो मनमाना पन किया है। प्रकृति के जो अराजकता पैदा की है, वनों का जो विनाश हुआ है अपने स्वयं के विकास के लिए पूरे पहाड़ में विस्फोट कर करके पूरे पहाड़ को जर्जर बना दिया है।आज

उसका दुष्परिणाम हम देख सकते हैं। बार–बार एक ही समाचार हम लोगों को सुनने को मिलते हैं कि बादल फट रहे हैं पहाड़ों में बादल फट रहे हैं बादल फटने के साथ व्यापक स्तर पर वहां की नदियों में जो भीषण बाढ़ आती है पूरे के पूरे पहाड़ नीचे की तरफ धंस रहे हैं, पूरे पूरे के पहाड़ गाद लेकर चल रहे हैं। उव पहाड़ों से सटे हुए जितने नगर है, कस्बे हैं जिस त्रासदी का शिकार वे हो रहे हैं, वह हम सबकी चिंता का विषय होना चाहिए। इसलिए मैंने आप के माध्यम से कहा कि जलवायु बदलाव के कारण हैं विकास की अवैज्ञानिक सोच तो है ही, वनों का विनाश है नदी के प्राकृतिक रूप से प्रति किए जा रहे छेड़छाड़ को लेकर है बड़े बांधों के कारण होने वाली विपरीत परिस्थितियां है। यह तमाम कारण है जब हम बाढ़ और सूखे पर चर्चा कर रहे हैं, तो इन पर हम सबको चर्चा अवश्य करनी चाहिए, अध्ययन करना चाहिए कि बाढ़ और सूखे की समस्या का समाधान करने में नदियों को जोड़ने के लिए महत्वाकांक्षी योजना जिसकी जिसकी परिकल्पना माननीय अटल बिहारी वाजपेई जी ने की थी वह कितनी सहायक हो सकती है, उस दृष्टि से इतना पैसा कहां से और कैसे लगाया जाए। क्योंकि इस देश के अंदर माननीय प्रधानमंत्री जी ने इस बात को कहा भी है और बजट में इस बात का प्रस्ताव हुआ है कि इस देश के हर गांव के लिए प्रधानमंत्री ग्राम सिंचाई योजना प्रारंभ होगी तो यह महत्वाकांक्षी योजना किस प्रकार से सहायक हो सकती है इस पर चर्चा करने की आवश्यकता है कि आखिर हम कैसे इस पर अध्ययन कर सकते हैं।

महोदय जिन विषयों के बारे में मैं यहां अभी बात कर रहा था। हिमालय का यह जो रीजन है जो उत्तर भारत के एक बहुत बड़े भूभाग में अपनी सदानीरा नदियों के माध्यम से शुद्ध मीठा जल उपलब्ध कराती है। पेयजल के लिए शुद्ध जल उपलब्ध कराती है। उन सबमें कितनी बड़ी भूमिका का निर्वाह है इन के माध्यम से हो सकता है इन पर भी इसके माध्यम से चर्चा करने की आवश्यकता है वह हम सबके लिए चिंता का विषय है। वर्तमान में देश का एक बड़ा भूभाग

सूखे की चपेट में भी है, महोदय सूखे की वर्तमान स्थिति क्या है? यदि हम इस पर देखें तो मुझे लगता है कि जो अनुमान लगाया जा रहा है इस बार लगभग 2 करोड़ 61 लाख हेक्टेयर खरीफ फसल की बुवाई का क्षेत्रफल घटा है यदि देश के अंदर हम देखते हैं कि धान है, दलहन है या जो अन्य मोटा अनाज है, तिलहन है इन सब का लगभग 1000 लाख टन हेक्टेयर भू भाग इन फसलों के लिए उपलब्ध होता है। लेकिन इनमें से एक चौथाई मानसून कमजोर होने का मानसून समय पर ना आने के कारण घटा है। स्वाभाविक रूप से इसका असर खाद्यान्न पर पड़ेगा। अनुमान लगाया जाता है कि खाद्यान्न का उत्पादन देश के अंदर प्रतिवर्ष करीब 12 करोड टन होता है जिसमें नौ करोड़ धान होता है, उसमें तीन करोड़ टन कमी का अनुमान लगाया जा रहा है। हम लोग अगर वर्षा की स्थिति देखें तो वह भी सामान्य से कहीं कम है, उत्तर भारत में लगभ 45 फीसद कम बारिश का अनुमान अब तक का है और मुझे लगता है कि देश का लगभग 80 प्रतिशत भू भाग वर्तमान में अभी तक सूखे की चपेट में है। सरकार ने घोषणाएं की है और सरकार के स्तर पर एक प्रयास हुआ है राज्यों के साथ इस सम्बन्ध में बेहतर तालमेल बैठाने का प्रयास किया है लेकिन उन सबके बावजूद एक प्रश्न जरूर है कि जो राज्य सरकारें समय पर बीज और खाद सामान्य मानसून होने के बावजूद किसानों को उपलब्ध नहीं करा पाती हैं, उन राज्य सरकारों से उम्मीद की क्या की जा सकती है कम समय में तैयार किए जाने वाले बीज को और जब किसान की खेती समय निकल चुका है या निकलता जा रहा है तो उस कम समय में वे लोग किसानों के लिए भी उपलब्ध करा पाएंगे।

यह एक बहुत बड़ा प्रश्न है कहने के लिए हम कह सकते हैं कि किसानों को इस प्रकार से अपनी खेती का उपज तैयार करनी चाहिए करना चाहिए लेकिन व्यावहारिक दृष्टि से वह संभव नहीं दिखाई दे रहा है। अंततः इस देश का किसान ही तबाह हो रहा है, सूखे की चपेट में आ रहा है, एक बड़ा भूभाग है और इस विषय में अगर मैं

पूर्वी उत्तर प्रदेश की बात करूं तो पूर्वी उत्तर प्रदेश के जो आंकड़े मेरे सामने आए हैं कि वहां जो बारिश होती है 201.7 मिलीमीटर की सामान्य बारिश होती थी वह मात्र 107 मिलीमीटर हुई है, पश्चिमी उत्तर प्रदेश में जो 153–154 मिलीमीटर की सामान्य बारिश की तुलना में मात्र 50 मिलीमीटर तक हुई है। इसी प्रकार से बुंदेलखंड में मात्र 32 प्रतिशत बारिश अब तक हुई है। लक्षण यह दिखाई देते हैं कि अगर पूर्वी उत्तर प्रदेश में 25 प्रतिशत कम हुई है, पश्चिमी उत्तर प्रदेश में 65 फीसद कम हुई है, बुंदेलखंड में भी 35 प्रतिशत कम हुई है यह साबित करता है कि उस क्षेत्र का किसान किस स्थिति में जी रहा होगा। इस देश के अंदर जलाशयों की जो स्थिति है यह माना जाता है कि इस देश के अंदर जल भंडारण के लिए पचासी बड़े–बड़े जलाशय हैं।इन जलाशयों में भी जल का स्तर पिछले वर्ष की तुलना में और एक दशक की तुलना में सबसे कम स्तर पर है। आज के दिन तक लगभग 3 767 करोड़ घम मीटर पानी वर्तमान में इनके पास मौजूद हैजो इनकी क्षमता का मात्र 24 फीसदी है। यानी आज अगर बारिश या मानसून अभी भी नहीं आया तो इन जलाशयों की स्थिति और भी खराब हो सकती है। मुझे लगता है कि कुछ एजेंसियों ने इस मामले में सर्वे किया है और इस बारे में कहा है कि उत्तर–पश्चिम भारत में 80 फीसदी तक मध्य भारत में 75ः और दक्षिण भारत में 50ः से कम मानसून रहेगा। यानी पूर्वोत्तर भारत एक ऐसा क्षेत्र है जहां मानसून सामान्य रहेगा अन्य क्षेत्रों में कहीं पर 20ः कहीं 25ः और कहीं 50ः है। ये लक्षण साबित करते हैं कि सूखा देश के बड़े भूभाग को अपनी चपेट में ले चुका है और भारत जैसे कृषि प्रधान देश में महोदय अगर देश का किसान सुखी नहीं होगा गांव की अर्थव्यवस्था सुदृढ़ नहीं होगी तो मुझे लगता है कि देश के विकास का जो सपना हम देख रहे हैं वह सपना मात्र सपना बनकर ही रह जाएगा। क्योंकि इस देश के अंदर जो हमारी जीडीपी है उसमें आज भी हमारी कृषि का योगदान 14 फीसदी है यद्यिर यह लगातार घट रहा है। लेकिन दो–तिहाई आबादी आज भी उसी पर निर्भर करती है।

किसानों को कैसे हम समृद्ध कर सकें उन्हें कैसी सुविधाएं दे सकें। हम सूखा और प्राकृतिक आपदाओं से किसानों को बचाने के लिए प्रभावी कार्यक्रम कैसे बना सकते हैं इस पर विचार किए जाने की आवश्यकता है खासतौर से हम विश्वास करते हैं कि जो प्रधानमंत्री ग्राम सिंचाई योजना बनेगी वह इस देश की 60 प्रतिशत असिंचित भूमि को सिंचित करने में वह महत्वपूर्ण होगी।

महोदय, इस देश की विकास दर में कृषि की दर के कम होने के कई कारण हैं उन कारणों में से मुख्य रूप से हम लोगों ने खेती के लिए कोई आधारभूत ढांचा तैयार नहीं किया है। आज भी जब हम गांव में जाते हैं तो देखते हैं कि उनके पास परंपरागत खेती होती है कोई नया बीज नहीं है कोई नई तकनीक नहीं है हमारी जो तकनीकी ज्ञान है वह केवल कुछ विश्वविद्यालयों और उनको अनुसंधान केंद्रों तक सीमित होकर रह गया है जो इस देश के बड़े–बड़े शहरों और कस्बों तक सीमित है।

महोदय, इस आधारभूत ढांचे को हमें किसी की दृष्टि से विकसित करना होगा भंडारण का अभाव मुझे लगता है कि आज लगभग 25 करोड़ टन खाद्यान्न प्रति वर्ष पैदा होता है उसमें से मात्र तीन करोड़ टन खाद्यान्न के भंडारण की व्यस्था हमारे पास है। अन्य के लिए नहीं।

महोदय, कृषि क्षेत्र सरकार की प्राथमिकता का प्राथमिकता क्षेत्र बनना चाहिए इसमें सिंचाई के साधन उपलब्ध कराने की दृष्टि से इस देश की 60: आबादी को केवल मानसून पर निर्भर होने के लिए नहीं छोड़ सकते। उस दृष्टि से इस पर विचार करने की आवश्यकता है यह हम सब के लिए चिंता का विषय है।

महोदय, आज ग्लोबल वार्मिंग की बात हो रही है और यह चिंता का विषय है क्योंकि इससे वर्षा का चक्र बदला है वर्तमान में हमारे मौसम वैज्ञानिक एक बात कह रहे हैं कि वे कह रहे हैं कि ग्लोबल वार्मिंग के कारण वर्षा चक्र बदला है, मानसून एक महीना तो अभी ही लेट है अगर यह ऐसे ही लेट रहा तो हम फसल का चक्र कैसे बदल सकते हैं। इसके बारे में अध्ययन और किसानों के इस प्रकार की

सुविधा और सहुलियतें उपलब्ध कराने की व्यवस्था जब तक सरकार के स्तर पर नहीं होगी तब तक इस देश का किसान इसी प्रकार से आत्महत्या करता रहेगा। जैसी वर्तमान में हुआ है पिछले 10 वर्षों में इस देश के अंदर 5 से अधिक किसानों ने आत्महत्या की है और इस प्रकार की स्थिति लगातार पैदा हो रही है।

महोदय, मैं पूर्वी उत्तर प्रदेश से आता हूँ, हूँ मैं पूरी उत्तर प्रदेश के किस क्षेत्र से आता हूँ नेपाल से आने वाली हिमालय से आने वाली नदियों की बाढ़ की चपेट में प्रतिवर्ष आता है सरयू, रोहिणी, राप्ती, गंडक, नारायणी आदि तमाम नदियों के बाढ़ से यह हमेशा पूरी तरह प्रभावित रहता है। व्यापक जन घन की हानि होती है। आजादी के पहले से लगातार चर्चा चल रही थी और वर्ष 1954 में केंद्रीय जल आयोग की तर्ज पर इस क्षेत्र में गंगा जल आयोग बना था। उसमें तय हुआ था कि नेपाल के अंदर जलाशय नेपाल सरकार की मदद से बनाकर इस क्षेत्र की समस्या का समाधान करने के लिए किया जाना चाहिए। इस दृष्टि से काली, करनाली, पंचेश्वर, कोसी, बागमती, राप्ती और घाघरा नदियों में भी तमाम जल विद्युत परियोजनाओं के साथ–साथ क्षेत्र में यहां पर लोगों की जल आवश्यकता हो उस समय वहां आवश्यकता आवश्यक मात्रा में जल की उपलब्धता को सुनिश्चित करने के लिए विभिन्न योजनाओं को पूरा किया जाए लेकिन दुर्भाग्य की योजनाएं योजनाओं के नाम से प्रसिद्ध है यह प्रभावी नहीं हो पाई है।

महोदय, ने माननीय मंत्री जी से जानना चाहूँगा जब हम यहां पर बाढ़ प्रबंधन और सुधार के बारे में चर्चा करने आए हैं तो मैं आपके माध्यम से कहना चाहूँगा यह योजना केवल कृषि मंत्री ही नहीं जल संसाधन मंत्री के साथ मिलकर पूरे देश के साथ अंदर तैयार होनी चाहिए नेपाल के साथ उसे पूर्वी उत्तर प्रदेश और बिहार की बाढ़ समस्या का समाधान किया जाना चाहिए नेपाल के साथ मिलकर खासतौर से पूर्वी उत्तर प्रदेश और बिहार की बाढ़ समस्या का समाधान किया जाना चाहिए माननीय कृषि मंत्री तो बिहार राज्य से आते हैं वे बिहार की बाढ़ से अच्छी तरह वाकिफ है इसलिए मैं आप के माध्यम से उनसे

और माननीय संसाधन मंत्री से अनुरोध करना चाहूँगा कि पूर्वी उत्तर प्रदेश की योजनाओं पर ध्यान दें पूर्वी उत्तर प्रदेश के अंदर सघन आबादी का एक क्षेत्र है इसके साथ–साथ वहां बाढ़ जैसी प्राकृतिक आपदा के कारण होने वाली तमाम प्रकार की बीमारियों का समाधान आवश्यक है इस दृष्टि से नेपाल की समस्याओं के समाधान का रास्ता निकाला जाना चाहिए वहां की बाढ़ की समस्या के समाधान के साथ–साथ पूरे देश के बंदर बाढ़ और सूखे की समस्या के समाधान के लिए एक समग्र नीति बनाए जाने की आवश्यकता है।

–30 जुलाई, 2014

❏❏

विधानसभा

योगी आदित्यनाथ

दृष्टि-संवाद

खण्ड-२

संकलन एवं सम्पादन

हृदयनारायण दीक्षित

अध्यक्ष, उत्तर प्रदेश विधानसभा

डॉ. अरुण कुमार त्रिपाठी

वाणी प्रकाशन

वाणी प्रकाशन

4695, 21-ए, दरियागंज, नयी दिल्ली 110 002

फ़ोन : +91 11 23273167 फ़ैक्स : +91 11 23275710

शाखाएँ

अशोक राजपथ, पटना 800 004, बिहार

कॉफ़ी हाउस कैम्पस, महात्मा गांधी मार्ग, इलाहाबाद 211 001, उत्तर प्रदेश

महात्मा गांधी अन्तरराष्ट्रीय हिन्दी विश्वविद्यालय, वर्धा 442 001, महाराष्ट्र

सुल्तानिया रोड, मोतिया पार्क, भोपाल 462 001, मध्य प्रदेश

www.vaniprakashan.com
marketing@vaniprakashan.in
sales@vaniprakashan.in

Yogi Adityanath : Drishti-Samvad-2
Compiled and Edited by Hridaynarayan Dikshit
Dr. Arun Kumar Tripathi

ISBN : 978-93-5518-014-8
Speech/Dastavez

प्रथम संस्करण 2021

सम्पूर्ण सेट (पाँच खण्ड) मूल्य : ₹ 3990

थॉमसन प्रेस (इंडिया) लि. में मुद्रित

वाणी प्रकाशन का लोगो मक़बूल फ़िदा हुसेन की कूची से

अनुक्रम

विकास का पर्याय उत्तर प्रदेश	7
युवाओं को रोजगार सरकार की प्राथमिकता	29
सम्भावनाओं को वास्तविकता ने बदलने वाला प्रदेश, उत्तर प्रदेश	35
बुनियादी और ढाँचागत विकास का द्योतक बजट	63
वैश्विक निवेश का नया केन्द्र नया उत्तर प्रदेश	97
प्रदेश के जनजीवन में वृहत्तर परिवर्तन लाने में सफल सतत विकास के लक्ष्य	141
सभी के लिए समान, न्यायपूर्ण और सुरक्षित विश्व की परिकल्पना साकार करने में सक्षम सतत विकास के लक्ष्य	171
भारत का संविधान एक जीवन्त अभिलेख	203

शहरी क्षेत्र में भी और ग्रामीण क्षेत्र में भी जो सफलता प्राप्त की गई, यह अनुपम है। मैं उस आँकड़े में नहीं जाना चाहता कि पिछली सरकारों ने क्या किया, लेकिन उत्तर प्रदेश का परसेप्शन बदलने के लिए यह आवश्यक था। जब मैं इण्टरनेशनल सेमिनार में दिल्ली गया, दुनिया के कई देशों के लोग आए थे और सबके द्वारा एक ही बात कही जाती थी कि उत्तर प्रदेश ने जो यह उपलब्धियाँ हासिल की हैं, यह दुनिया के तमाम उन देशों के लिए एक मिसाल हैं, जो आज भी इसमें बहुत पीछे है। यह उत्तर प्रदेश के बारे में अपने आप में एक उपलब्धि है।

विकास का पर्याय उत्तर प्रदेश

मा० अध्यक्ष जी, मैं आपकी अनुमति से वर्ष 2018-19 के द्वितीय अनुपूरक माँगों पर चर्चा करने के लिए सदन में खड़ा हुआ हूँ। हमारी सरकार ने इस सदन में वित्तीय वर्ष 2018-2019 के लिए 4 लाख 28 हजार 3 सौ 84.52 करोड़ रुपये का बजट प्रस्तुत किया था। अगस्त, 2018 में 34 हजार 8 सौ 37.24 करोड़ रुपये का प्रथम अनुपूरक अनुदान भी इस माननीय सदन से पारित कराया था।

हमारे वित्त मंत्री जी ने अभी 8054.49 करोड़ रुपये की द्वितीय अनुपूरक माँगे इस आदरणीय सदन में प्रस्तुत की हैं। जिस दक्षता के साथ सरकार के सभी मंत्रालयों ने कार्य करके प्रदेश के अन्दर आमजन से जुड़ी हुई योजनाओं को और प्रदेश के इन्फ्रास्ट्रक्चर के डेवलपमेण्ट के लिए जिस त्वरित गति से कार्य किया है, वह अपने आप में एक उदाहरण है। इसलिए आज मैं इस सदन में इस बात को लेकर के खड़ा हूँ कि इस पर माननीय सदन चर्चा करके इसको पारित करने में अपना सहयोग करे। हमारी सरकार को प्रदेश में 23 करोड़ जनता की सेवा करते हुए पौने दो वर्ष पूरे हुये हैं। इन पौने दो वर्षों के अन्दर हम लोगों ने विकास की योजनाओं को बिना भेदभाव के समाज के उस तबके तक पहुँचाने का प्रयास किया है, जिन्हें वर्षों से इन योजनाओं से वंचित किया गया था। अनुपूरक माँगों में भी हमने किसी व्यक्ति, किसी जाति, किसी क्षेत्र, किसी मत और मजहब को केन्द्रित करके नहीं, बल्कि आदरणीय प्रधानमंत्री जी की भावनाओं के अनुरूप जो उन्होंने इस बारे में कहा था कि सरकारें, गाँव, गरीब, किसान, नौजवान, महिलाओं और समाज

के प्रत्येक तबके के हितों के लिए कार्य करने के लिए प्रतिबद्ध होनी चाहिए, उत्तर प्रदेश की हमारी सरकार ने भी इन्हीं भावनाओं को ध्यान में रख करके कार्य किया। स्वाभाविक रूप से जब इस पर कार्य किया तो उसके परिणाम भी देश के सामने, सबके सामने आएँगे और बेहतर परिणाम भी सबके सामने आए हैं।

अलग-अलग क्षेत्र में पूरे देश के अन्दर हर जगह एक ही प्रश्न उठता था कि केन्द्र सरकार की फ्लैक्सी स्कीम में अगर उत्तर प्रदेश सफल होगा तो ही देश सफल हो पाएगा। उत्तर प्रदेश में अगर यह योजना फेल हुई तो देश का मिशन भी फेल हो जाएगा। एक चैलेंज था। हमने इस अनुपूरक माँग में स्वच्छ भारत मिशन के लिए धनराशि की व्यवस्था की है। स्वच्छ भारत मिशन हमारे लिए केवल स्वस्थ भारत मिशन का ही आधार नहीं है। आम नागरिक स्वस्थ हो यह अत्यन्त महत्वपूर्ण है ही, लेकिन साथ ही साथ नारी गरिमा का सम्मान भी हो, इस बात को ध्यान में रखकर के हर परिवार के पास अपना व्यक्तिगत शौचालय हो, इस दिशा में एक लम्बी छलांग उत्तर प्रदेश ने लगाई है। स्वच्छ भारत मिशन जब प्रारम्भ हुआ था तो उत्तर प्रदेश का कवरेज, वह केवल 23 परसेन्ट था। नेशनल एवरेज 44 परसेन्ट था। हर व्यक्ति कहता था कि स्वच्छ भारत मिशन सफल नहीं हो पाएगा। मैं अपने सभी मंत्रिमण्डल के सहयोगियों को, अपने सभी माननीय विधायकों को, जनप्रतिनिधियों को हृदय से धन्यवाद दूँगा, हम लोगों ने इस देश के अन्दर ही नहीं दुनिया के अन्दर सबसे अच्छी छलांग लगाई। आज नेशनल कवरेज 96 परसेन्ट है। उत्तर प्रदेश बेस लाइन सर्वे के अनुसार 100 परसेन्ट कवरेज कर चुका है। दुनिया के अन्दर सबसे अच्छी छलाँग 2 करोड़ 49 लाख परिवारों को एक-एक शौचालय देने का कार्य हमारी सरकार ने प्रदेश के अन्दर किया है। यही नहीं बेस लाइन सर्वे के बाहर छूटे हुए 44 लाख परिवारों को भी कवर करने की योजना हमने बना ली है। हम उनको भी शौचालय उपलब्ध कराने जा रहे हैं। मैंने स्वयं उन गाँवों में जाकर देखा है, मुसहर बस्ती में जाकर, वनटांगिया गाँवों में जाकर, थारू जनजाति के गाँवों में जाकर, कोल जाति से जुड़े हुए गाँवों में जाकर, समाज

के उन वंचित तबकों के बीच में जाकर स्वयं मैंने देखा है कि उनके घर में आज एक-एक शौचालय बना है। जिसमें न केवल स्वस्थ भारत मिशन की भावना निहित है, अपितु नारी गरिमा की भावना भी निहित है। यह वास्तव में उत्तर प्रदेश में एक सामयिक प्रयास है।

शहरी क्षेत्र में भी और ग्रामीण क्षेत्र में भी जो सफलता प्राप्त की गई, यह अनुपम है। मैं उस आँकड़े में नहीं जाना चाहता कि पिछली सरकारों ने क्या किया, लेकिन उत्तर प्रदेश का परसेप्शन बदलने के लिए यह आवश्यक था। जब मैं इण्टरनेशनल सेमिनार में दिल्ली गया, दुनिया के कई देशों के लोग आए थे और सबके द्वारा एक ही बात कही जाती थी कि उत्तर प्रदेश ने जो यह उपलब्धियाँ हासिल की हैं, यह दुनिया के तमाम उन देशों के लिए एक मिसाल हैं, जो आज भी इसमें बहुत पीछे है। यह उत्तर प्रदेश के बारे में अपने आप में एक उपलब्धि है। क्योंकि उससे पहले यह धारणा थी कि उत्तर प्रदेश नहीं एचीव कर पाएगा, लेकिन आज उत्तर प्रदेश ने इसको अचीव किया है। यह इसलिए सम्भव हो पाया क्योंकि टीम भावना के साथ एक कार्य आगे बढ़ाया गया।

उत्तर प्रदेश के अन्दर प्रधानमंत्री आवास योजना में 2015-2016, 2016-2017 में कोई आवास नहीं बन पाया। प्रदेश में क्या कोई गरीब नहीं था कि हम उसको चयन कर सकते। एक लाख बीस हजार रुपये की एक अच्छी राशि प्रधानमंत्री जी ने उसके लिए घोषित की थी। मनरेगा के अन्तर्गत 1500 रुपये उसको अतिरिक्त देना था। एक टॉयलेट भी उसे उपलब्ध कराना था। 12 हजार रुपये भी उस गरीब को मिलता। लेकिन ध्यान नहीं दिया गया। हमारी सरकार ने अब तक प्रदेश के अन्दर ग्रामीण क्षेत्र में 8 लाख 81 हजार आवास प्रधानमंत्री आवास योजना के अन्तर्गत बना कर तैयार कर दिए हैं। कुछ ही महीने के अन्दर एक लाख अतिरिक्त आवास बनाकर हम तैयार कर लेंगे। यह 9 लाख 81 हजार आवास गरीबों के बने हैं, दलितों के बने हैं, वंचितों के बने हैं। उन लोगों के बने हैं जो वास्तव में पात्रता रखते थे। बिना भेदभाव के शासन की योजनाएँ समाज के अन्तिम पायदान पर खड़े व्यक्ति तक पहुँचनी चाहिए।

प्रधानमंत्री आवास योजना ग्रामीण और शहरी क्षेत्र में 2015–2016 जीरो, 2016–2017 जीरो, आज विगत पौने दो वर्ष के दौरान सवा सात लाख से अधिक आवास शहरी क्षेत्र में स्वीकृत हुए। जिसमें से एक लाख आवास पूरी तरीके से उन गरीबों को समर्पित कर उपलब्ध कराए जा चुके हैं। पूरे देश के अन्दर यह एक लम्बी छलांग है। सौभाग्य योजना के अन्तर्गत हर गरीब को विद्युत के कनेक्शन उपलब्ध हो।

मैं गोरखपुर से पाँच बार सांसद भी रहा और मैं इस बात को मानता था कि एक सांसद को एक गाँव में विद्युतीकरण कराने के लिए, देश के अन्दर संसदीय क्षेत्रों में विद्युतीकरण के लिए सांसद निधि का पैसा जाए। मैं पहला सांसद था जिसने विद्युतीकरण के लिए अपनी सांसद निधि की धनराशि देना प्रारम्भ किया था। अब पण्डित दीनदयाल उपाध्याय ग्राम ज्योति योजना और सौभाग्य योजना के अन्तर्गत हर गाँव और मजरे तक विद्युतीकरण का कार्य सरकार स्वयं करके विद्युतीकरण के लक्ष्य को प्राप्त करना चाहती है।

विगत पौने दो वर्ष में अकेले उत्तर प्रदेश के अन्दर हम लोगों ने एक लाख 12 हजार मजरों तक विद्युतीकरण का कार्य पूरा किया। लगभग हम लोगों ने 92 लाख से अधिक परिवारों को 'सौभाग्य योजना' के अन्तर्गत निःशुल्क विद्युत कनेक्शन भी उपलब्ध कराए हैं। यह कार्य केन्द्र की एक फ्लेक्सी स्कीम थी, जिसके अन्तर्गत हमेशा प्रश्न खड़े होते थे कि उत्तर प्रदेश की जो कार्य-पद्धति है, उसमें क्या यह हो पाएगा? उत्तर प्रदेश के अन्दर इतने ज्यादा लोग वंचित हैं इन योजनाओं से, क्या ये कार्य वहाँ पर हो पाएँगे? इन योजनाओं के बारे में हमेशा प्रश्न खड़े होते थे, क्या इसमें कोई सफलता प्राप्त हो पाएगी? मैं कह सकता हूँ कि उत्तर प्रदेश के अन्दर इन योजनाओं ने सबसे अच्छा काम किया है। हमने विद्युत वितरण की जो दुर्व्यवस्था थी, उसको भी दूर किया। हमने जहाँ सब-स्टेशन लगने थे, वहाँ सब-स्टेशन भी लगाए। जहाँ पर फीडर की स्ट्रेन्थिनिंग की आवश्यकता थी, वह कार्य भी किया। ट्रांसफार्मर की क्षमता जहाँ बढ़ानी थी, वह भी कार्य युद्ध स्तर पर किए और कार्य चल रहे हैं। यह निरन्तर चलने वाली प्रक्रिया है। साथ ही साथ प्रदेश में निवेश के लिए अनुकूल

माहौल बने। जब इसकी चर्चा होती थी तो दो-तीन मुद्दे अक्सर उठते थे, क्या उत्तर प्रदेश में सुरक्षा मिल पाएगी? क्या उत्तर प्रदेश में शान्ति से हम अपना निवेश कर पाएँगे? क्या प्रदेश के अन्दर लालफीताशाही और नौकरशाही के मकड़जाल से निवेश के अनुकूल माहौल बनाने में हमें मदद मिल पाएगी? क्या प्रदेश के अन्दर हमें विद्युत मिल पाएगी? दुनिया के अन्दर भारत निवेश का सबसे अच्छा डेस्टिनेशन बना है तो देश के अन्दर उत्तर प्रदेश सबसे अच्छे केन्द्र के रूप में निवेश का जरिया बना है।

यहाँ पर एक साफ-सुथरी पारदर्शी व्यवस्था देने, सुरक्षा की पुख्ता व्यवस्था करने और विद्युत की निरन्तर आपूर्ति उद्योगों को प्रदान करने की प्रतिबद्धता न केवल उद्योगों को अपितु आम नागरिकों को भी देने का एक सफल प्रयास किया गया है, अगर फसल का उत्पादन बढ़ा है, उस पर विद्युत की नियमित आपूर्ति भी एक कारण है। अगर किसान के जीवन में खुशहाली इसके माध्यम से लाने का कार्य किया है तो यह भी उसके पीछे का एक कारण है। क्योंकि जब किसान अपना पम्पिग सेट चलाता था, डीजल खर्च करता था, 25 रुपये प्रति यूनिट उसे डीजल पड़ता था। आज उसे बिजली एक रुपये या 80 पैसे प्रति यूनिट के हिसाब से दे रहे हैं। उत्तर प्रदेश पहला राज्य है, जो ग्रामीण क्षेत्र में भी 18 घण्टे की विद्युत आपूर्ति किसानों को कर रहा है।

यह उत्तर प्रदेश के लिए अपने आप में उपलब्धियाँ हैं। आज आप जाइए उत्तर प्रदेश के अन्दर, पहले हमारी पहचान बनती थी कि जहाँ से अँधेरा शुरू हो उत्तर प्रदेश दिखता था। लोग कहते थे उत्तर प्रदेश आ गया। जहाँ से सड़कों पर गड्ढे शुरू हों, वहाँ से कहते थे कि उत्तर प्रदेश शुरू हो गया। आज प्रदेश के अन्दर युद्ध स्तर पर बन रहे राजमार्ग, प्रदेश के अन्दर स्टेट हाइवे, प्रदेश के अन्दर ग्रामीण क्षेत्रों में जो कार्य किए गए और प्रदेश के अन्दर विद्युत वितरण की व्यवस्था की गई। आज सड़कें जहाँ कोई विवाद होगा उसको छोड़ करके शेष सड़कों को हम लोगों ने चलने लायक बनाया है। जहाँ पर उत्तर प्रदेश के अन्दर बिना भेदभाव के, हमने यह नहीं कहा कि फलां नेता का जनपद है, फलाने से जुड़े लोग हैं। हमने प्रदेश के अन्दर हर जगह, प्रदेश की

राजधानी लखनऊ में 24 घण्टे बिजली मिलेगी तो इटावा और मैनपुरी के जिला मुख्यालयों को भी 24 घण्टे विद्युत की आपूर्ति होगी। कोई भेदभाव इसमें नहीं किया। लोकतंत्र में जाति, मत, मजहब, क्षेत्र और भाषा के आधार पर भेदभाव, यह लोकतंत्र के साथ सबसे बड़ा विश्वासघात है और यह विश्वासघात प्रदेश के अन्दर विगत कई वर्षों से, कई दशकों से लगातार किया जा रहा था। उस विश्वासघात से उबारने का कार्य प्रदेश की हमारी भारतीय जनता पार्टी ने, इस एन०डी०ए० की सरकार ने किया, प्रदेश के अन्दर ऐसा माहौल बनाया आज उसके परिणाम सबके सामने हैं।

अभी मैं किसानों के बारे में चर्चा सुन रहा था। मुझे बहुत अच्छा लगा कि विपक्ष में ही सही, लेकिन हमारे विपक्ष के मित्र किसानों को याद तो कर रहे हैं। प्रदेश में प्रोक्योरमेण्ट की पॉलिसी क्या होनी है यह हमारी सरकार ने तय किया। हमारी सरकार उसको लेकर आई है। विगत वर्ष भी और इस वर्ष भी हमने गेहूँ का क्रय सीधे किसानों से किया है। हमने विगत वर्ष धान भी किसानों से सीधे क्रय किया था। इस वर्ष भी सीधे किसानों से क्रय किया जा रहा है। हमने गन्ना मूल्य का वर्षों से लम्बित भुगतान विगत वर्ष भी दिया है और इस वर्ष भी दिया है। अगर केवल मैं अकेले गन्ने पर ही आऊँ तो उत्तर प्रदेश में हम लोगों ने अब तक लगभग 44 हजार करोड़ रुपये इस वर्ष गन्ना मूल्य का भुगतान कराया है। देश के बहुत सारे राज्य हैं, जिनका बजट ही 44 हजार करोड़ है। अकेले गन्ना किसानों के गन्ना मूल्य का भुगतान प्रदेश सरकार करा रही है। धान क्रय का इस वर्ष जब मा० वर्मा जी कह रहे थे मैं देखकर ताज्जुब कर रहा था। उनके द्वारा कहा जा रहा था कि बिचौलिये इसमें बीच में आ गए हैं। हम लोगों ने तो किसानों का रजिस्ट्रेशन कराया है, पैसा आर०टी०जी०एस० के माध्यम से किसानों के खाते में जा रहा है। अब तक लगभग 2100 करोड़ रुपये से अधिक की धनराशि किसानों के खातों में जा चुकी है। 15 लाख मीट्रिक टन से अधिक धान की खरीद सीधे किसानों से की जा चुकी है। हाइब्रिड धान में रिकवरी के प्रतिशत को 67 प्रतिशत से घटाकर के 64 प्रतिशत भी हमारी सरकार ने किया है क्योंकि बहुत सारी जगह इसकी

माँग हो रही थी। हमने वित्त मंत्री जी की अध्यक्षता में कमेटी गठित करके कहा कि इसमें अविलम्ब निर्णय लिया जाना चाहिए। जिलाधिकारियों को इस बात के लिए अधिकार दिए गए कि वह तय करें कि कोई लघु और सीमांत किसान है, 100 कुन्तल से अधिक उसके पास धान है और वह सचमुच किसान है। धान की उत्पादन क्षमता बढ़ी है, नया बीज आने के कारण ज्यादा उत्पादन हो रहा है, धान अगर 100 कुन्तल से अधिक है, जिलाधिकारी इसकी जाँच करके इसकी छूट भी किसानों को दें।

पूरे प्रदेश में 3 हजार धान क्रय केन्द्र हम लोगों द्वारा स्थापित किए गए हैं। वह अनवरत रूप से चल रहे हैं। किसानों को वहाँ सुविधाएँ दी जा रही है। हर प्रकार की सुविधाएँ देने के बावजूद मुझे लगता है कि हम लोगों को स्वयं भी उन क्रय केन्द्रों का निरीक्षण करना चाहिए। मैं तो सभी मा० जनप्रतिनिधियों को बार-बार आमन्त्रित करता हूँ। क्योंकि आम जनता में यदि जागरूकता होगी तो कहीं पर अगर कोई लीकेज है तो उस लीकेज को हम उसी स्तर पर रोक सकते हैं। उस पर प्रभावी भूमिका का निर्वहन कर सकते हैं। मैं मा० जनप्रतिनिधियों को आमन्त्रित भी करता हूँ। बहुत सारे जनप्रतिनिधि, हमारे मा० मंत्रीगण उन केन्द्रों का निरीक्षण करने जाते हैं, जहाँ कोई कमी दिखती है, वहाँ पर उस प्रकार का कदम उठाने के लिए भी कार्य करते हैं, लेकिन इस दिशा में एक साथ सामयिक प्रयास हों तो मुझे लगता है कि कहीं भी कोई शिकायत की गुंजाइश नहीं हो सकती है। अनुपूरक बजट में गन्ना किसानों के लिए ही हम लोगों ने प्रदेश के अन्दर जहाँ अनुदान की व्यवस्था की थी, वहीं साथ ही साथ सॉफ्ट लोन की 5 हजार 500 करोड़ रुपये के अनुदान की व्यवस्था की थी। अन्तर्राष्ट्रीय बाजार में चीनी के दाम कम होने के बावजूद हम लोगों ने इस कार्यक्रम को आगे बढ़ाया है। प्रदेश के अन्दर किसानों को राहत देने का कार्य किया है।

उत्तर प्रदेश का किसान जानता है कि कौन उसका सही हितैषी है। प्रधानमंत्री फसल बीमा योजना हो, प्रधानमंत्री कृषि सिंचाई योजना हो, ड्रिप इरिगेशन के माध्यम से 'पर ड्रॉप मोर क्रॉप' की भावना को जमीनी धरातल

पर उतारने का हो, यह भारतीय जनता पार्टी की सरकार ने ही किया है। इसको युद्ध स्तर पर हम लोग लागू कर रहे हैं। बाण सागर परियोजना कब की थी? 1973 में योजना आयोग ने बाण सागर की परियोजना को अपनी अन्तिम सहमति दी थी। 1978 में तत्कालीन प्रधानमंत्री श्री मोरार जी देसाई जी ने इसका फाउण्डेशन रखा था और तब से लम्बित थी। किसी को फुर्सत नहीं थी, उसके बाद 10 वर्षों तक प्रदेश में कांग्रेस का शासन था। समाजवादी पार्टी और बहुजन समाजवादी पार्टी की कई बार सरकारें आईं। लेकिन कभी भी इनको फुर्सत नहीं थी कि यह बाण सागर परियोजना पर ध्यान दे सकें। कभी इन लोगों को फुर्सत नहीं थी कि यह लोग सरयू राष्ट्रीय परियोजना पर ध्यान दें, मध्य गंगा पर ध्यान दें या बुन्देलखण्ड में जो विभिन्न प्रकार की योजनाएँ चल रही हैं, उन सिंचाई की परियोजनाओं पर ध्यान देकर के एक बार में इन योजनाओं को लेकर के राष्ट्र के हित में, किसानों के हित में इन योजनाओं को पूरा करें। मैंने स्वयं इन कार्यों की समीक्षा की। समीक्षा करने के बाद मैं इस निष्कर्ष पर पहुँचा था कि अगर हम एक बार में इन योजनाओं को पैसा देते हैं, सारा कार्य टाइम बाउण्ड कराते हैं, तो इसका लाभ किसानों को मिल जाएगा। हमने इन सभी योजनाओं को एक साथ लिया है। चाहे वह बाण सागर परियोजना की बात हो, जिसको प्रधानमंत्री जी ने 15 जुलाई को राष्ट्र को समर्पित किया है।

डेढ़ लाख हेक्टेयर कृषि भूमि को सिंचाई की सुविधा प्राप्त हो रही है और एक लाख सत्तर हजार किसान इससे सीधे–सीधे लाभान्वित होने जा रहे हैं। सरयू नहर परियोजना से सात जनपद सीधे–सीधे लाभान्वित होंगे और 14 लाख हेक्टेयर खेती को इससे सिंचाई की सुविधा प्राप्त होगी। ऐसे ही मध्य गंगा परियोजना से तीन जनपद सीधे–सीधे लाभान्वित होने जा रहे हैं और हमने सबके लिए धनराशि की व्यवस्था की है। हम लोग आगामी 2019 के अन्त तक प्रदेश के अन्दर 20 लाख हेक्टेयर से अधिक भूमि को सिंचन की सुविधा के लिए जल उपलब्ध कराने, सिंचाई की सुविधा उपलब्ध कराने की दिशा में युद्ध स्तर पर कार्य कर रहे हैं। ड्रिप इरिगेशन के मामले में भी हमारी सरकार ने ही किसानों को सब्सिडी देना प्रारम्भ किया है।

प्रयागराज में 2019 में कुम्भ है। जनवरी से कुम्भ का आयोजन होगा। लेकिन इस कुम्भ के पहले भी अनेक प्रकार के कुम्भ हुए। उसमें से एक कुम्भ यहीं लखनऊ में गन्ना संस्थान में कृषि कुम्भ हुआ। हमारे विपक्षी हर मुद्दे को तिल का ताड़ बनाना तो जानते हैं, कटे-छँटे आलू काटकर, सड़े हुए आलू कोल्ड स्टोरेज से लाकर चोरी-चोरी रात्रि में चुपचाप विधान भवन के सामने, राजभवन के सामने डालकर विरोध दिखाने का प्रयास होता है। आलू किसानों के लिए समर्थन मूल्य की घोषणा पहली बार हमारी सरकार ने की है। किसानों को राहत देने का कार्य भी किया है। मक्के का समर्थन मूल्य हमारी सरकार ने किया है।

आजादी के बाद भारतीय जनता पार्टी की सरकार, आदरणीय नरेन्द्र मोदी जी की सरकार ने एम०एस०पी० घोषित करके वर्षों से जो माँग आ रही थी, उसे पूरा किया। एम०एस०पी० घोषित करते समय भारत सरकार ने स्पष्ट कहा कि हम किसानों को लागत का डेढ़ गुना दाम देंगे। एक किसान को हम डेढ़ गुना से अधिक दाम दे रहे हैं। एक किसान जब धान की अपनी उपज लेता है, उसकी जो लागत आती है, लगभग एक हजार रुपये प्रति कुन्तल। हम लोग उसे 1750 रुपए सरकार का न्यूनतम समर्थन मूल्य दे रहे हैं। 20 रुपये बोनस का अतिरिक्त उसे देने का कार्य कर रहे हैं। हमने जो कहा भारतीय जनता पार्टी की सरकार ने उसे किया है। यह किसानों को पहली बार मिल रहा है। अकेले धान के किसानों के समर्थन मूल्य में 200 रुपये प्रति कुन्तल की वृद्धि हुई है। 20 रुपये का हमने उन्हें अतिरिक्त बोनस भी दिया है। ऐसे ही गेहूँ के किसानों को हम लोगों ने इसी प्रकार की सुविधा दी। हमारा प्रयास है कि आने वाले समय में प्रदेश के अन्दर न्यूनतम समर्थन मूल्य में आच्छादित होने वाली हर फसल का दाम प्रदेश के किसानों को प्राप्त हो, लेकिन साथ ही साथ किसानों को अच्छी तकनीकी जानकारी भी मिले। भारत सरकार 2014 से कह रही थी कि हर जनपद में एक कृषि विज्ञान केन्द्र होना चाहिए। पिछली सरकार को फुर्सत ही नहीं थी क्योंकि भारत सरकार सीधे पैसा देती, बीच के बिचौलिए गायब हो जाते इसलिए जो पहले से मौजूद कृषि विज्ञान केन्द्र थे, उन्हीं को

संचालित नहीं होने दिया। कहीं कोई कर्मचारी अटैच कर दिया, कहीं कोई कृषि वैज्ञानिक अटैच कर दिया। 20 कृषि विज्ञान केन्द्र हमारी सरकार के आने के बाद प्रदेश के अन्दर नए खुलने जा रहे हैं। उसके लिए प्रदेश सरकार ने भूमि उपलब्ध कराई है। कृषि विज्ञान केन्द्र किसानों की आय को दोगुना करने के साथ-साथ किसानों के जीवन में आमूल-चूल परिवर्तन करने में बड़ी भूमिका का निर्वहन कर सकते हैं। साथ ही साथ फसलों का विविधीकरण भी हो, इस दिशा में भी किसानों को जागरुक करने, उन्हें उन्नत करने, उन्हें उन्नत तकनीक, उन्नत बीज उपलब्ध कराने की दिशा में भी प्रयास किए गए हैं। परम्परागत खेती के अलावा हार्टीकल्चर में भी चाहे वह वेजिटेबल्स के उत्पादन में जाएँ, वह फिशरीज में जाएँ, वह डेयरी में जाएँ, वह अलग-अलग क्षेत्रों को चुनें, इस उद्देश्य से भी कृषि विज्ञान केन्द्रों की बड़ी भूमिका हो सकती है। कृषि विज्ञान केन्द्रों को कृषि विश्वविद्यालयों से जोड़ते हुए प्रदेश के चारों कोनों में स्थित चार कृषि विश्वविद्यालयों को भी उसके प्रति जवाबदेह बनाने का कार्य भी पहली बार उत्तर प्रदेश के अन्दर हुआ। यही नहीं प्रदेश के अन्दर धान उत्पादन करने वाले किसानों की संख्या पूर्वी उत्तर प्रदेश में ज्यादा है। फिलीपींस की मदद से सेण्टर ऑफ एक्सिलेंस की स्थापना वाराणसी में हो चुकी है। वह बहुत ही महत्वपूर्ण है। दुनिया में सर्वाधिक धान की किस्में फिलीपींस ने अपने यहाँ विकसित की हैं। उत्तर प्रदेश के अन्दर भी यहाँ का किसान उससे लाभान्वित हो सकेगा। अलग-अलग सेण्टर ऑफ एक्सिलेंस जैसे इजरायल की मदद से वेजिटेबल के लिए, सेण्टर ऑफ एक्सिलेंस के लिए हम लोगों ने कन्नौज और बस्ती के अन्दर हार्टीकल्चर ऑफ वेजिटेबल और हार्टीकल्चर के लिए जहाँ इजरायल के साथ एक एम०ओ०यू० हुआ। वह एम०ओ०यू० लागू भी हो चुका है। साथ ही साथ फिलीपींस के साथ मिलकर एक सेण्टर ऑफ एक्सिलेंस वहाँ पर स्थापित करने का कार्य किया है। बड़ी मात्रा में इससे किसानों को लाभ प्राप्त हुआ है।

प्रदेश के अन्दर अन्य कार्यों में भी, चाहे वह प्रधानमंत्री सड़क योजना हो, चाहे वह नदियों की बाढ़ हो, इस सम्बन्ध में सिंचाई विभाग और बाढ़

नियन्त्रण विभाग द्वारा काफी कार्य हुए हैं। इस वर्ष विगत वर्ष की तुलना में ज्यादा बारिश हुई। लेकिन इस वर्ष जो बाढ़ प्रबंन्धन के उपाय पहले से किए गए थे, उसके बेहतर परिणाम आए। कम पैसा खर्च करके बाढ़ नियन्त्रण का कैसे उचित प्रबन्धन किया जा सकता है, यह भी प्रदेश के अन्दर किया गया। हमने घाघरा और सरयू जी में जहाँ पर एल्गिन ब्रिज के पास अक्सर गोण्डा और बाराबंकी दोनों जनपदों में भीषण रूप से जन और धन की हानि होती थी, इस बार हम लोगों ने वहाँ पर ड्रेजिंग का सहारा लिया। विगत वर्ष मुझे बाराबंकी, गोण्डा, श्रावस्ती, बलरामपुर, सिद्धार्थनगर, महाराजगंज, गोरखपुर, कुशीनगर, अम्बेडकरनगर, लखीमपुर खीरी, सीतापुर इन सभी जनपदों में जाना पड़ा। जहाँ पर इस वर्ष ड्रेजिंग के उपाय किए गए थे। बलरामपुर और श्रावस्ती में तो बाढ़ भी आई क्योंकि नदी का जल स्तर बढ़ गया था और बारिश भी तेज हुई थी। लेकिन उसके बहुत अच्छे परिणाम आए। गोण्डा और बाराबंकी में भी ड्रेजिंग के बहुत अच्छे परिणाम आए। हमने इस बार भी अलग-अलग स्थानों पर इसको चिह्नित करके इस कार्य-योजना को आगे बढ़ाने का कार्य किया है। युद्ध स्तर पर जहाँ आवश्यक हो, चाहे वह गंगा जी का हो, यमुना जी का हो, सरयू जी और घाघरा जी का हो, राप्ती का हो, गण्डक का हो, रामगंगा का हो या किसी भी नदी से जुड़े हुए बाढ़ के प्रति संवेदनशील जो क्षेत्र थे, वहाँ पर प्राथमिकता के आधार पर स्थायी समिति की बैठक करवाकर यह कहा गया कि समय पर बाढ़ नियन्त्रण के उपाय युद्ध स्तर पर कराकर जन और धन की हानि को रोका जाए। जो लोग उसके बाद भी बाढ़ की चपेट में आए, उनको राहत प्रदान करने का कार्य किस स्तर पर होना चाहिए, यह आपने युद्ध स्तर पर देखा होगा। पर्याप्त मात्रा में सामग्री हर पीड़ित को बिना भेदभाव देने का कार्य हुआ। यानी सरकार किसी के साथ कोई भेदभाव नहीं करना चाहती है।

मनरेगा आदि योजनाओं का उपयोग किस रूप में हो सकता है, उसमें बहुत अच्छा कार्य हुआ है। उसमें हम इसका कन्वर्जन करके काउज शेल्टर हाउस बना सकते हैं। इसमें व्यक्तिगत किसानों को भी लाभान्वित कर सकते हैं। ऐसी अनेक योजनाएँ हैं। भूमि सुधार के कार्यक्रमों को भी हम इसके साथ

जोड़ सकते हैं, लेकिन साथ ही साथ हम नदियों के स्रोत की पूजा करते रहे हैं और हम गंगा जी के साथ–साथ गौमुख की पूजा करते हैं। गंगोत्री हम जाते हैं, यमुनोत्री में जाकर पूजा करते हैं, क्योंकि यमुनोत्री यमुना जी का उद्‌गम स्थल है। हमारे नगर में, हमारे जनपद में जो पवित्र नदियाँ हैं, इन पवित्र नदियों के उद्‌गम स्थल को भी हम ढूँढ कर उनके स्रोत को ढूँढ सकें, इस दिशा में भी बहुत सारे जनपदों में हमारे जनप्रतिनिधियों के सहयोग से, उनके द्वारा नेतृत्व देने के कारण मनरेगा का बेहतर प्रबन्धन उन क्षेत्रों में हुआ है। गोमती नदी को उसके उद्‌गम स्थल पर पुनः जीवित कर दिया गया है। ऐसे ही अन्य जनपदों में भी कार्य हुए हैं। लगभग 7–8 ऐसी नदियाँ हैं, जिन पर कार्य चल रहा है। उन योजनाओं का भरपूर उपयोग करके, इन नदियों के पुनरुद्धार का कार्य युद्धस्तर पर प्रारम्भ हुआ है।

इस बार कुम्भ का आयोजन 2019 में होना है। कुम्भ के लिए भी हमने धनराशि की व्यवस्था की है। हम सब आभारी हैं, आदरणीय प्रधानमंत्री जी के, जिनके प्रयास से कुम्भ को यूनेस्को ने मानवता की अमूर्त सांस्कृतिक धरोहर के रूप में मान्यता दी है। हजारों वर्षों के इतिहास में पूरा भारत गौरवान्वित होता है, जब उसकी परम्परा और किसी एक धरोहर को यूनेस्को या दुनिया के द्वारा मान्यता प्रदान होती है। इससे पहले योग की परम्परा को दुनिया ने मान्यता दी है। कुम्भ के आयोजन को यूनेस्को के द्वारा मान्यता दिया जाना, भारत की परम्परा और भारत की विरासत के प्रति इससे बड़ी गौरव की बात नहीं हो सकती। हम सब आभारी हैं आदरणीय प्रधानमंत्री जी के, जिनके प्रयास से यह कार्य हुआ है। कुम्भ अलौकिक हो, भव्य हो, दिव्य हो इसको उसी रूप में आगे बढ़ाने का एक प्रयास भी हमारे स्तर पर हो रहा है। सरकार के स्तर पर यह कार्य हुआ है। कुम्भ से जुड़ी हुई चार हजार करोड़ रुपये से अधिक की जो परियोजना है, वह आदरणीय प्रधानमंत्री जी व प्रदेश और केन्द्र सरकार के प्रयास से ही सम्भव हुई है। उनका लोकार्पण भी प्रयागराज में किया गया है। पहली बार दस ओवर ब्रिज और फ्लाई ओवर प्रयागराज की धरती पर बने हैं। छः अण्डर पासेज बने हैं। 264 से अधिक सड़के सिंगल लेन से डबल लेन,

डबल लेन से फोर लेन, फोर लेन से सिक्स लेन बनाने का कार्य प्रयागराज में सम्पन्न हुआ है। उनके चौराहों का सुन्दरीकरण कार्य, पर्याप्त मात्रा में रैन बसेरा बसाने का कार्य, प्रयागराज की पहचान वेणीमाधव का पवित्र स्थल हो या फिर प्रयागराज से जुड़ी हुई भारद्वाज की स्मृति को पुनर्जीवित करने का कार्य हो, इन सभी कार्यों को प्राथमिकता के आधार पर करते हुए प्रयागराज में साढ़े चार सौ वर्षों के बाद पहली बार यह अवसर प्राप्त होगा जब प्रयागराज में श्रद्धालुजनों को वहाँ पर अक्षयवट वृक्ष और सरस्वती कूप के दर्शन करने का अवसर भी प्राप्त होगा।

आजादी के बाद पहले प्रधानमंत्री मोदी जी हैं, जो प्रयागराज के दौरे के समय अक्षयवट वृक्ष का दर्शन करने स्वयं अन्दर गए थे। उन्होंने वहाँ पर श्रद्धालुओं की सुविधा के बारे में पूरी जानकारी ली। उसको फिर से कैसे देश और दुनिया के सामने प्रस्तुत कर सकें कि हम अपनी विरासत के प्रति अपनी आस्था के माध्यम से इतने संवेदनशील हैं, यह भाव प्रकट किया है। देश के प्रथम राष्ट्रपति डॉ० राजेन्द्र प्रसाद जी प्रयागराज में आते थे। कल्पवास भी करते थे। किले में उस दौरान उनके आने के प्रमाण भी हैं, लेकिन उसके बाद से देश का कोई भी संवैधानिक प्रमुख प्रयागराज की धरती पर स्थित किले में मौजूद इन दो महत्वपूर्ण प्रतीकों के दर्शनार्थ वहाँ न आ सकें, न देख सकें और न आम श्रद्धालुओं के लिए इसे खोल सकें। आदरणीय प्रधानमंत्री जी की कृपा से यह कार्य वहाँ पर आज सम्भव हो सका है। इस बार के कुम्भ में यह भी एक अवसर प्राप्त होगा, जब वहाँ पर अक्षयवट के दर्शन करने, साथ ही साथ सरस्वती कूप के दर्शन करने का भी एक अलौकिक अवसर प्राप्त होगा। प्रधानमंत्री जी के साथ पहली बार दुनिया के 70 देशों के राजदूत और उनके जो भारत में मिशन हेड हैं, वे स्वयं प्रयागराज की धरती पर आए थे।

उन्होंने वहाँ की व्यवस्था को देखा कि कैसे एक स्वतः स्फूर्तिभाव के साथ स्वयं एक टाऊनशिप अपने आप में बस जाती है। वास्तव में 12 से 15 करोड़ की आबादी स्वतः स्फूर्तिभाव के साथ प्रयागराज कुम्भ में आती है। यह एक अलौकिक अनुभव है और कौतूहल का विषय है।

लेकिन एक वास्तविकता भी है। इस वास्तविकता को चरितार्थ करने के लिए सरकार अपने स्तर पर कार्य कर रही है। कुम्भ के क्षेत्रफल को 1700 हेक्टेयर से बढ़ाकर 3200 हेक्टेयर करने की व्यवस्था, वहाँ की लाइटिंग की व्यवस्था और कुम्भ के भव्य आयोजन की व्यवस्था के कार्य युद्ध स्तर पर चल रहे है। मैं चाहूँगा कि कुम्भ के आयोजन को और दिव्य तथा भव्य बनाने के लिए हम सबको वहाँ जाना चाहिए। पहले भी हम लोगों ने निमन्त्रण भेजे हैं। हमारे मंत्रिमण्डल के सहयोगीगण देश के अन्दर विभिन्न राज्यों के दौरे पर जा रहे हैं। जिससे वहाँ के मुख्यमंत्री, वहाँ के राज्यपाल, वहाँ के लेफ्टिनेंट गवर्नर, वहाँ के अन्य प्रमुख धर्माचार्यों को भी कुम्भ में आने का निमन्त्रण और आमन्त्रण दे सकें। हम लोगों ने कुम्भ के आयोजन को अपनी सप्लीमेण्ट्री डिमाण्ड में महत्व देने का कार्य किया है।

माननीय अध्यक्ष जी, प्रदेश के अन्दर चिकित्सा एवं स्वास्थ्य और चिकित्सा शिक्षा विभाग ने बेहतर दिशा में कार्य करना प्रारम्भ किया है। भारत सरकार 150 एडवान्स लाइफसपोर्ट एम्बुलेन्सेज उत्तर प्रदेश को देना चाहती थी, लेकिन पिछली सरकार को फुर्सत नहीं थी। वह इन्हें लेना ही नहीं चाहती थी। लाइफसपोर्ट एम्बुलेन्सेज जिसमें किसी व्यक्ति को नया जीवन दान देने के लिए सारे उपकरण मौजूद थे, वहाँ पर वेन्टीलेटर भी थे, वहाँ पर मॉनीटर भी थे, वहाँ पर सारी सुविधाएँ उपलब्ध थीं, लेकिन पिछली सरकार ने उसको महत्व नहीं दिया। हमारी सरकार ने आते ही भारत सरकार को प्रस्ताव भेजा और उत्तर प्रदेश को 150 लाइफसपोर्ट एम्बुलेन्सेज मिलीं। जिससे प्रत्येक जनपद को हमने दो-दो एम्बुलेन्सेज उपलब्ध कराई हैं। साथ ही साथ 108 सेवा के रिस्पॉन्स टाइम को और बेहतर करने तथा प्रत्येक नागरिक तक इसकी अधिकाधिक पहुँच सुनिश्चित करने के लिए हमने लगभग 600 से अधिक नई एम्बुलेन्सेज का एक नया बेड़ा जोड़ने की दिशा में कार्य किया है। बहुत सारी चीजों को प्राथमिकता के आधार पर आगे बढ़ाने का कार्य हुआ है। पूर्वी उत्तर प्रदेश में इन्सेफ्लाइटिस, डेंगू, कालाजार, चिकनगुनियां जैसी तमाम प्रकार की बीमारियों से भारी संख्या में मौतें होती थी। लेकिन किसी को फुर्सत ही नहीं

थी और नजरअन्दाज करते थे। चालीस वर्षों से गोरखपुर और उसके आसपास के जनपदों में जुलाई, अगस्त, सितम्बर, अक्टूबर, नवम्बर और दिसम्बर तक मौतों का लम्बा सिलसिला चलता था। हमारी सरकार ने आकर इस कार्य को आगे बढ़ाया है। आज इसके परिणाम सामने हैं। हमने स्वास्थ्य विभाग को नोडल विभाग बनाया।

स्वास्थ्य विभाग के साथ महिला कल्याण, बाल विकास, नगर विकास, पंचायती राज, ग्राम्य विकास, चिकित्सा शिक्षा इत्यादि विभागों को जोड़ करके एक सामूहिक प्रयास प्रारम्भ किया और उसका परिणाम भी सामने आया। पिछले 25 वर्षों से गोरखपुर के बी०आर०डी० मेडिकल कॉलेज के आँकड़ों को मैंने देखा है। प्रतिवर्ष अगस्त महीने में अकेले बी०आर०डी० मेडिकल कॉलेज में 400 से 500 मरीज आते थे। यह मरीज पूर्वी उत्तर प्रदेश के सभी जनपदों से होते थे, उत्तर-पश्चिम बिहार से होते थे, नेपाल से भी होते थे। प्रतिवर्ष यहाँ पर 100-150 मौतें होती थीं। बड़ी भयावह और वीभत्स स्थिति होती थी। पहली बार वहाँ पर सामूहिक प्रयास के बेहतर परिणाम आए। जहाँ हर वर्ष 400 से 500 पेशेंट आते थे, वहीं इस वर्ष मात्र 86 पेशेंट आए हैं। जहाँ हर वर्ष 100 से 150 मौतें होती थीं, वहीं इस वर्ष मात्र 06 मौतें हुई हैं। हमारा प्रयास होगा कि इसको और न्यूनतम स्तर पर लाया जाएँ, जिसके लिए लगातार प्रयास चल रहे हैं। डेंगू, चिकनगुनिया, कालाजार इन सभी की रोकथाम करने के लिए भी प्रभावी प्रयास प्रदेश के अन्दर हुए हैं।

प्रदेश में चिकित्सा शिक्षा विभाग के अन्दर भी हम बेहतर प्रगति कर सके हैं। लोग बड़े-बड़े नारे देते हैं। बड़ी-बड़ी डींगे हाँकते हैं। आजादी के बाद उत्तर प्रदेश में केवल 13 गवर्नमेण्ट मेडिकल कॉलेजेज बन पाए थे, किन्तु वर्तमान में भारत सरकार के सहयोग से प्रदेश सरकार 15 नए मेडिकल कॉलेज बना रही है। इनमें से 6-7 मेडिकल कॉलेज ऐसे हैं जिनमें इस नए सत्र से क्लासेज भी प्रारम्भ कराएँगे। जिसमें एम०बी०बी०एस० की पढ़ाई प्रारम्भ हो जाएगी। गोरखपुर में एम्स का निर्माण युद्ध स्तर पर चल रहा है। रायबरेली एम्स में ओ०पी०डी० जुलाई माह में प्रारम्भ हो चुकी है। प्रधानमंत्री जी के हाल के ही दौरे में वहाँ के चिकित्सालय और अन्य भवनों के शिलान्यास का कार्य

भी आदरणीय प्रधानमंत्री जी के कर-कमलों से रायबरेली में सम्पन्न हो गया है। ये कार्य युद्ध स्तर पर भारत सरकार के सहयोग से प्रदेश के अन्दर चल रहे हैं। साथ-साथ 4 मेडिकल कालेजेज में सुपर स्पेशिएलिटी ब्लॉक निर्माण का कार्य कम्पलीट हो गया है और 2 मेडिकल कॉलेजों, कानपुर और आगरा में कार्य प्रारम्भ होने जा रहा है। बाकी गोरखपुर, झाँसी, प्रयागराज और मेरठ में कार्य सम्पन्न हो चुका है। सरकारें वही, पैसा वही लेकिन कार्य करने का तरीका कैसे व्यापक परसेप्शन को बदल सकता है।

चिकित्सा शिक्षा के तन्त्र में भी प्रदेश के अन्दर काफी कार्य हुआ है। प्रदेश के अन्दर 1 करोड़ 18 लाख ऐसे परिवार हैं, जिसमें 6 करोड़ लोग ऐसे हैं, जो आयुष्मान भारत से कवर होंगे। हम लोगों ने अभी प्रारम्भिक सर्वे कराया है, जिसमें 10 लाख परिवार ऐसे हैं जो इससे छूटे हुए हैं। हम इन 1 करोड़ 18 लाख परिवारों को कार्ड देने जा रहे हैं। जिससे वह कहीं भी जाएगा, इम्पैनल्ड किसी भी अस्पताल में जाएगा तो उसको 5 लाख रुपये सालाना स्वास्थ्य की सुविधा निःशुल्क उपलब्ध हो सकेगी। आदरणीय प्रधानमंत्री जी ने आयुष्मान भारत में 60 और 40 के अनुपात की व्यवस्था की है। केन्द्र सरकार 60 प्रतिशत सहयोग करेगी और प्रदेश सरकार 40 प्रतिशत सहयोग करेगी। हमने बचे हुए लोगों को कवर करने का भी कार्य प्रारम्भ कर दिया है। प्रदेश के अन्दर आयुष्मान भारत योजना और प्रधानमंत्री जन आरोग्य अभियान के अन्तर्गत काम होने जा रहा है। इसके अन्तर्गत हम लोग प्रदेश के अन्दर एक बड़ी छलाँग लगाने जा रहे हैं। साथ ही साथ प्रदेश के अन्दर डायलिसिस की सुविधा हर जिला अस्पताल में उपलब्ध हो सके। अब आठ मण्डल स्तरीय जिला चिकित्सालयों में से पाँच जिला चिकित्सालयों में यह सुविधा उपलब्ध कराई जा चुकी है। आने वाले समय में हमारा यह प्रयास है कि हर जिला अस्पताल में 10-10 यूनिट के डायलिसिस की सुविधा निःशुल्क गरीबों को उपलब्ध हो सके। भारत सरकार के सहयोग से इस कार्य को हम आगे बढ़ाने का कार्य कर रहे हैं। परिवहन के क्षेत्र में भी परिवहन विभाग ने एक बड़ा कार्य किया है। जो 14 हजार 561 गाँव अब तक बस सेवा से असेवित थे, उनको भी बस सेवा से जोड़ने का कार्य किया गया है। साथ ही साथ हम लोगों ने

कुम्भ के लिए भी 500 से अधिक शटल बसेज की व्यवस्था पहले ही कर दी है। जिससे कुम्भ में आने वाले श्रद्धालुओं को कोई असुविधा न हो और साथ ही साथ कुछ अन्य ऐतिहासिक कार्य भी हुए हैं। जैसे—जनकपुर को अयोध्या से जोड़ने के लिए आदरणीय प्रधानमंत्री जी ने बस सेवा प्रारम्भ की थी। उत्तर प्रदेश परिवहन निगम इस बस सेवा को आगे बढ़ा रहा है। इसी प्रकार से हम लोगों ने गोरखपुर-काठमाण्डू, लखनऊ एवं नेपालगंज इन सभी कार्यों को भी आगे बढ़ाने का कार्य प्रदेश के अन्दर युद्ध स्तर पर प्रारम्भ किया है। हर क्षेत्र में हमने कार्य को आगे बढ़ाने का कार्य किया है। मैं जब यहाँ पर निवेश की सम्भावनाओं की बात कर रहा था। निवेश के लिए तीन बातें आवश्यक होती हैं एक तो प्रदेश के अन्दर आम नागरिक के सामने या जो निवेशक हैं उसके सामने सुरक्षा की एक वृहत्तर व्यवस्था हो। वह इस बात को महसूस कर सके कि प्रदेश के अन्दर सुरक्षा का एक माहौल है। दूसरा अनावश्यक लालफीताशाही की चपेट में उसे परेशान नहीं होना पड़े। तीसरा विद्युत की निर्बाध आपूर्ति उसको प्राप्त हो सके। प्रदेश ने इन तीनों में ही सफलता प्राप्त की है। हम लोगों ने इसके लिए टेक्नोलॉजी का भी उपयोग किया है। साथ ही साथ इस पर कार्य भी किए हैं।

प्रदेश के अन्दर अपराध नियन्त्रण में ऑर्गेनाइज क्राइम पर प्रदेश सरकार ने प्रभावी नियन्त्रण किया है। प्रदेश के अन्दर होने वाली घटनाओं को, खासतौर पर महिला सम्बन्धी अपराधों को रोकने लिए सरकार पूरी प्रतिबद्धता के साथ इस बात के लिए प्रदेश की जनता को आश्वस्त करती है कि हम लोग किसी भी प्रकार के अपराध को कभी स्वीकार नहीं करेंगे। महिला सम्बन्धी अपराध के प्रति प्रदेश सरकार पूरी संवेदनशीलता के साथ कार्य करेगी। पूरी सख्ती के साथ ऐसे तत्वों के खिलाफ कार्रवाई करेगी जो महिला सम्बन्धी अपराध में लिप्त हैं। चाहे वह वीमेन पावर लाइन 1090 का हो या फिर हेल्प लाइन 181 को और प्रभावी बनाने का हो या फिर हम लोगों के द्वारा प्रारम्भ की गई उन सभी योजनाओं को और तेजी के साथ आगे बढ़ाने का हो, इस पर पूरी प्रतिबद्धता के साथ कार्य करेंगे। उसका आज परिणाम भी सामने आया है। जिसमें डकैती में अगर आप विगत वर्ष की तुलना में देखें तो 2016 की

तुलना में 2017 में काफी कमी आई थी और 2017 की तुलना में 2018 में भी काफी कमी आई है। लूट की घटनाओं में 2017 की तुलना में 2018 में 21.48 प्रतिशत की कमी आई है, हत्या के मामले में 6.26 प्रतिशत की कमी आई है, बलवा में 3.76 प्रतिशत की कमी आई है, गृहभेदन में 10.57 प्रतिशत की कमी आई है, रोड होल्ड अप में भी काफी कमी आई है, फिरौती आदि के मामले में 30.23 प्रतिशत की कमी आई है। दहेज मृत्यु में 3.32 प्रतिशत की कमी आई है। बलात्कार की घटनाओं में 8.12 प्रतिशत की कमी आई है। यह स्थिति तब है जब हर हाल में हर प्रकार की एफ०आई०आर० को दर्ज करने के निर्देश हर पुलिस थानों को प्रदेश सरकार के द्वारा दिए गए हैं। प्रदेश के अन्दर हम लोगों ने पूरे युद्धस्तर पर इस कार्य को किया है।

यहाँ पर चर्चा हो रही थी कि किसानों का गेहूँ और धान नहीं खरीदा जाता है। वर्ष 2013–14 में केवल 6.83 लाख मी० टन गेहूँ का क्रय हुआ था। 2014–15 में 6.28 लाख मी० टन का हुआ। 2016–17 में 7.97 लाख मी० टन गेहूँ का ही क्रय हुआ है। विगत वर्ष यानी 2017–18 में 37 लाख मी० टन और वर्ष 2018–19 में 53 लाख मी० टन गेहूँ का क्रय हमारी सरकार ने किया था। सीधे किसानों के खाते में आर०टी०जी०एस० के माध्यम से धनराशि दी गई थी। धान का क्रय अगर देखेंगे तो धान के प्रिक्योरमेण्ट की जो स्थिति है कल सायं काल तक हमारी सरकार 15 लाख मी० टन धान का क्रय सीधे किसानों से कर चुकी है। लेकिन अगर वर्ष 2013–14 में आप देखेंगे तो 9.05 लाख मी० टन गेहूँ का क्रय केवल हुआ था, वह भी आढ़तियों के माध्यम से। 2014–15 में 18.18 लाख मी० टन का प्रिक्योरमेण्ट आढ़तियों के माध्यम से किया गया, किसानों से सीधे नहीं किया गया। 2017–18 में अगर आप देखेंगे तो 43 लाख मी० टन का क्रय किसानों से सीधे किया गया। इस वर्ष अब तक 15 लाख मी० टन का क्रय किया जा चुका है। इसके बारे में मैं पहले ही आपको बता चुका हूँ कि आगे हम लोगों ने कदम उठाए हैं।

गन्ने के बारे में यह लोग चर्चा कर रहे थे। वर्ष 2016–17 में इनके द्वारा केवल 14 हजार 297 करोड़ रुपये का भुगतान किसानों को किया गया था। हमारी सरकार ने आज के दिन तक 33 हजार 214 करोड़ रुपये का भुगतान

किया है। 14 हजार और 33 हजार करोड़ में कोई अन्तर ही नहीं है क्या? इस वर्ष अब तक गन्ना किसानों का 01 हजार 63 करोड़ रुपये के गन्ना मूल्य का भुगतान भी हम लोग कर चुके हैं। 2.28 करोड़ स्वायल हेल्थ कार्ड प्रदेश के अन्दर किसानों को उपलब्ध कराए गए हैं।

हमने राजस्व को भी बढ़ाने का काम किया है। राजस्व में यदि हम जी०एस०टी० में देखेंगे तो नवम्बर, 2018 तक लगभग 10 हजार करोड़ रुपये से अधिक के राजस्व की वृद्धि प्रदेश को हुई है। आबकारी विभाग में 4 हजार 895 करोड़ रुपये का, स्टाम्प और निबन्धन विभाग में 1594 करोड़ रुपये का और परिवहन विभाग लगातार घाटे में चलता था। विगत डेढ़ वर्ष से लगातार उसमें लाभ आ रहा है। इस वर्ष अब तक 400 करोड़ रुपये से अधिक का लाभांश परिवहन विभाग ने कमाया है। खनन में 658 करोड़ रुपये की अतिरिक्त वृद्धि हुई है और 218 करोड़ रुपये की अतिरिक्त आय राज्य में मंडी समिति को हुई है। यह तब हुआ है जब किसानों को सुविधाएँ दी गई हैं। मण्डी समितियों का आधुनिकीकरण करने, उनका सुन्दरीकरण करने तथा उनको स्ट्रेन्थनिंग करने का कार्य हुआ है। प्रदेश के अन्दर सभी 240 मंडियों के साथ-साथ जहाँ जनप्रतिनिधियों ने मण्डी की डिमांड की थी वहाँ के लिए भी धनराशि देने के साथ-साथ मण्डी समिति के ही पैसे से प्रदेश के अन्दर 2 हजार किलोमीटर से अधिक की सड़कों की स्ट्रेन्थनिंग करने का कार्य भी प्रदेश के अन्दर किया गया है।

यहाँ पर अक्सर चर्चा होती है कि बहुत भेदभाव हो रहा है। बहुत सारे ऐसे मा० सदस्य हैं जिन लोगों ने मुख्यमंत्री राहत कोष से उन परिवारों को जिनकी आय कम है के लिए धनराशि उपलब्ध करवाने की संस्तुति की है और मुझे बताते हुए प्रसन्नता है कि इसमें हर दल के सदस्य हैं। उन सभी सदस्यों का नाम मैं पढ़ना नहीं चाहता हूँ। लेकिन इसमें बहुत सारे सदस्य ऐसे हैं, जैसे- फिरोजाबाद से हमारे मा० सदस्य मनीष असीजा जी हैं, इनके 334 केस ऐसे थे जिसमें इन्होंने गरीबों को मुख्यमंत्री राहत कोष से अनुदान दिलाने का कार्य किया है। कुल 3 करोड़ 62 लाख 82 हजार रुपये की धनराशि इन्होंने गरीबों को स्वास्थ्य अनुदान की दृष्टि से दिलाई है। मुझे लगता है कि मेरे पास जो

आँकड़े हैं इसमें 375 ऐसे मा० सदस्य हैं जिनकी संस्तुति पर 11 हजार 636 ऐसे प्रकरण हैं जिसमें यह धनराशि पूरे प्रदेश के अन्दर उपलब्ध कराई गई। अगर आप देखेंगे तो मंत्रियों ने इसका सर्वाधिक लाभ लिया है। सुहेलदेव भारतीय समाज पार्टी के नेता श्री ओम प्रकाश राजभर जी ने 175 प्रकरण में यह राशि उपलब्ध कराई है। मा० अध्यक्ष जी की भी संस्तुति पर 45 प्रकरणों में धनराशि उपलब्ध कराई गई है। जब गरीबों की सारी आस समाप्त हो जाती है लेकिन जब आप लोग उनके लिए संस्तुति करते हैं और उनके पास जब पैसा पहुँच जाता है। स्वस्थ होकर जब वह वापस चला आता है तो उसके परिवार में कितनी खुशहाली होती होगी? मान्यवर बिना भेदभाव के जिसकी भी संस्तुति आई है वहाँ पर धनराशि उपलब्ध कराई गई है। हमारे कई विभाग हैं जिसमें पिछली बार की तुलना में बहुत अच्छे ढंग से बजट का जो पैसा है उसको समय पर खर्च करने की स्थिति और प्रदेश के अन्दर अब तक की जो प्रोग्रेस है वह बहुत अच्छी है। ऊर्जा का जो कुल बजट 35 हजार 4 सौ 39 करोड़ रुपये का था जिसमें 22 हजार 103 करोड़ रुपये अब तक व्यय किए हैं। इसी प्रकार से पंचायती राज में 20 हजार 8 सौ 56 करोड़ में 13 हजार 930 करोड़ रुपये उन्होंने व्यय किए हैं। इनके पास अभी भी धनराशि की जो बचत है उसमें इनके द्वारा कार्य किया जा रहा है। युद्ध स्तर पर जो बेस लाइन सर्वे के बाहर के 44 लाख परिवार हैं उनको भी टॉयलेट उपलब्ध करवाने की कार्रवाई कर रहे हैं। इसी प्रकार से लोक निर्माण विभाग में हम लोगों ने 22 हजार 78 करोड़ रुपये का बजट दिया था जिसमें 8 हजार 430 करोड़ रुपये खर्च हुए है, शेष पर युद्ध स्तर पर कार्य चल रहा है और यथा समय सारे कार्य हम लोग पूरे करेंगे।

नगर विकास विभाग के 14 हजार 363 करोड़ रुपये में से 5 हजार 676 करोड़ रुपये खर्च हो चुके हैं। शेष कार्यों को भी प्राथमिकता के आधार पर पूरा कराया जा रहा है। अन्य सभी विभागों ने अपने-अपने स्तर पर लग करके युद्धस्तर पर इन कार्यों को आगे बढ़ाया है। यह अनुपूरक बजट 8 हजार 54 करोड़ रुपये का है, ये प्रदेश की खुशहाली के लिए है। आमजन के जीवन में खुशहाली लाने के लिए एक वृहत्तर प्रयास प्रदेश सरकार द्वारा किया गया है। आजादी के बाद से हमारा मूल बजट और फिर अनुपूरक बजट को जोड़

देंगे तो अब तक का सबसे बड़ा बजट उत्तर प्रदेश के इतिहास में है। शायद ही किसी भी राज्य का इतना बड़ा बजट होगा। मुझे लगता है कि यह बढ़कर लगभग 4 लाख 71 हजार करोड़ रुपये का होगा। यानी बजट भी हमारा वैसे बढ़ रहा है जैसे प्रदेश के अन्दर निवेश हो रहा है। जब हमारा बजट आया था तो उस समय हम लोगों ने 4 लाख 28 हजार करोड़ रुपये का बजट प्रस्तुत किया था और ऐसा संयोग था कि उसी दिन इन्वेस्टर्स समिट हुआ था। उस दिन 4 लाख 28 हजार करोड़ रुपये के एम०ओ०यू० हमें प्राप्त हुए थे। आज हम इसको बढ़ा करके 4 लाख 71 हजार करोड़ रुपये तक अपने बजट को लेकर चले गए हैं तो 4 लाख 41 हजार के आस-पास ही हमारा निवेश भी आ रहा है। यह एक शुभ लक्षण है, प्रदेश बदल रहा है। प्रदेश का परसेप्शन बदल रहा है, प्रदेश में विकास आज दिखाई दे रहा है। गाँव, गरीब, किसान, महिलाएँ, नौजवान इन सबके जीवन में व्यापक परिवर्तन देखने को मिल रहे हैं। आम नागरिक इस परसेप्शन को स्वीकार कर रहा है। मुझे लगता है कि यह अनुपूरक बजट उसी बदलते हुए उत्तर प्रदेश, समृद्धि की ओर अग्रसर हो रहे उत्तर प्रदेश, आमजन के विश्वास के उत्तर प्रदेश के रूप में प्रस्तुत करने का एक प्रयास हुआ है। मैं अपने वित्त मंत्री जी को हृदय से धन्यवाद दूँगा कि उन्होंने अनुपूरक बजट को यथासमय पूरा करने का प्रयास किया। हमारा प्रयास रहेगा कि फरवरी में हम नया बजट प्रस्तुत करने का कार्य करें, जिससे प्रदेश के विकास को एक लम्बी छलाँग के साथ आगे बढ़ाया जा सके। मैं आप सबसे अपील करूँगा कि आप सभी इस अनुपूरक बजट को पास करने में अपना योगदान दें। माननीय अध्यक्ष जी, आपने मुझे बोलने का मौका दिया है इसके लिए मैं आपको धन्यवाद देता हूँ। हमारे मित्रगण इस पूरी कार्यवाही का हिस्सा बन सकें, वे अपनी बातों को भी रख सकें और साथ-साथ सत्तापक्ष के जवाब को भी सुन सकें, इस दृष्टि से मैं बहुत ज्यादा समय न लेते हुए समाप्त करता हूँ। बहुत-बहुत धन्यवाद!

सन्दर्भ : दिनांक 20 दिसम्बर, 2018, वित्तीय वर्ष 2018-19 के द्वितीय अनुपूरक माँगों पर साधारण चर्चा।

विश्वविद्यालयों में पिछले 15 वर्षों से भर्तियाँ नहीं हुई थीं। अधिकतर विश्वविद्यालयों में सभी भर्तियाँ पूरी हो चुकी हैं, पूरे पारदर्शी तरीके से भर्ती प्रक्रिया सम्पन्न हुई है। मैं कह सकता हूँ कि एक लाख से अधिक भर्तियाँ विगत डेढ़ वर्ष के दौरान हमारी सरकार ने प्रदेश के अन्दर की हैं। इसके साथ ही वर्तमान में 69000 शिक्षकों की भर्ती की प्रक्रिया चल रही है। 50000 पुलिस की नई भर्ती की प्रक्रिया को प्रारम्भ किया गया है। अधीनस्थ सेवा चयन आयोग, उ०प्र० लोक सेवा आयोग, माध्यमिक शिक्षा चयन आयोग, उच्चतर शिक्षा चयन आयोग हो या फिर पुलिस भर्ती बोर्ड हो इसमें एजेन्सी चयन करना, पारदर्शी तरीके से, पूरी ईमानदारी के साथ परीक्षाओं को सम्पन्न कराना इसमें सरकार का कोई हस्तक्षेप नहीं है। पहले इण्टरव्यू में धाँधली होती थी। इसीलिए ग्रुप थ्री, ग्रुप फोर और ग्रुप टू (जो गज़ेटेड पद नहीं है) से जुड़ी हुई भर्तियों में इण्टरव्यू की व्यवस्था को हम पहले ही समाप्त कर चुके हैं।

युवाओं को रोजगार सरकार की प्राथमिकता

मा० अध्यक्ष जी, मा० सदस्य काफी वरिष्ठ हैं और महत्वपूर्ण पदों पर रहे हैं। यह उम्मीद की जाती है कि महत्वपूर्ण पदों पर रहने वाला व्यक्ति जब किसी महत्वपूर्ण सदन में बोले तो तथ्यपरक बातें बोले, तर्कसंगत बातें बोले जो जनता के सामने सकारात्मक रूप से जा सके। एक झूठ को सौ बार बोलने पर वह सच नहीं हो सकता, यह एक सिद्धान्त आप लोगों ने बना लिया है।

उच्चतर शिक्षा चयन आयोग हो या माध्यमिक शिक्षा चयन आयोग हो या पुलिस भर्ती बोर्ड हो या फिर किसी भी प्रकार की भर्तियाँ हों। विगत वर्षों के दौरान जितने पारदर्शी तरीके से वर्तमान सरकार के समय में भर्तियाँ हो रही हैं कभी नहीं हुई हैं। विगत डेढ़ वर्ष के दौरान एक लाख से अधिक नियुक्तियाँ प्रदेश के अन्दर हुई हैं और उन्हें नियुक्ति-पत्र भी प्रदान किए गए हैं। उत्तर प्रदेश लोक सेवा आयोग जो एक संवैधानिक बॉडी है, हमारा या शासन का उस पर सीधे कोई हस्तक्षेप नहीं होता है। अधीनस्थ सेवा चयन आयोग या किसी भी आयोग को परीक्षाएँ कैसे करानी हैं, कौन सी फर्म या एजेन्सी का चयन करना है, यह अधिकार उन्हें होता है, सरकार का इसमें कोई हस्तक्षेप नहीं होता है। उत्तर प्रदेश लोक सेवा आयोग में जिन लोगों को पिछली सरकारी ने बिठाया था, जिसमें एक बार अध्यक्ष को मा० उच्च न्यायालय को ही बर्खास्त करना पड़ा था। ऐसे लोग जो अर्हता न रखते हों, उन्हें अध्यक्ष बनाया गया था। पहले क्या होता था, कोई भर्ती निकलती थी और पार्टी से जुड़े हुए पदाधिकारी, एक परिवार से जुड़े हुए लोग झोला लेकर पूरे प्रदेश में पैसा वसूली में लग जाते थे।

आज किसी भी भर्ती पर कोई प्रश्न नहीं उठा सकता है। यही कारण है कि पुलिस की एक भर्ती, जिसमें 42000 प्रशिक्षु वर्तमान में हमारे विभिन्न ट्रेनिंग सेण्टर्स में प्रशिक्षण ले रहे हैं। दूसरी भर्ती वर्तमान में प्रचलित है, जिसके पेपर के लीक होने की बात कर रहे हैं वह पेपर लीक नहीं हुआ था। तीन सेण्टर पर दूसरी पाली का पेपर पहली पाली में खुल गया था। इसलिए उस पूरी प्रक्रिया को हम लोगों ने वहीं पर रोक दिया था। वह पेपर फिर सफलतापूर्वक सम्पन्न किया गया। जगह-जगह सॉल्वर गैंग जो पहले से मौजूद हैं, जिनके शुभचिन्तक आप लोगों के साथ पहले से जुड़े रहे हैं, जिनके शुभ चिन्तक के रूप में आज भी बहुत सारे लोग आप लोगों के इर्द-गिर्द घूमते हैं। उन लोगों को आज जब एस०टी०एफ० और हमारी एजेन्सियाँ गिरफ्त में लेती हैं और कार्यवाही करती हैं तो सब कुछ सामने आता है। आज पहली बार हो रहा है कि पूरे पारदर्शी तरीके के साथ भर्ती हो रही है। चाहे बेसिक शिक्षा में 41500 से अधिक शिक्षकों की नियुक्ति की प्रक्रिया रही हो, चाहे पुलिस की भर्ती की प्रक्रिया हो, चाहे ग्राम विकास अधिकारियों की नियुक्ति का मामला हो या फिर माध्यमिक शिक्षा तथा उच्च शिक्षा में शिक्षकों के चयन की प्रक्रिया हो।

विश्वविद्यालयों में पिछले 15 वर्षों से भर्तियाँ नहीं हुई थीं। अधिकतर विश्वविद्यालयों में सभी भर्तियाँ पूरी हो चुकी हैं, पूरे पारदर्शी तरीके से भर्ती प्रक्रिया सम्पन्न हुई है। मैं कह सकता हूँ कि एक लाख से अधिक भर्तियाँ विगत डेढ़ वर्ष के दौरान हमारी सरकार ने प्रदेश के अन्दर की हैं। इसके साथ ही वर्तमान में 69000 शिक्षकों की भर्ती की प्रक्रिया चल रही है। 50000 पुलिस की नई भर्ती की प्रक्रिया को प्रारम्भ किया गया है। अधीनस्थ सेवा चयन आयोग, उ०प्र० लोक सेवा आयोग, माध्यमिक शिक्षा चयन आयोग, उच्चतर शिक्षा चयन आयोग हो या फिर पुलिस भर्ती बोर्ड हो इसमें एजेन्सी चयन करना, पारदर्शी तरीके से, पूरी ईमानदारी के साथ परीक्षाओं को सम्पन्न कराना इसमें सरकार का कोई हस्तक्षेप नहीं है। पहले इण्टरव्यू में धाँधली होती थी। इसीलिए ग्रुप थ्री, ग्रुप फोर और ग्रुप टू (जो गज़ेटेड पद नहीं है) से जुड़ी हुई भर्तियों में इण्टरव्यू की व्यवस्था को हम पहले ही समाप्त कर चुके हैं।

आप लोगों के समय में जो पहले झोला लेकर वसूली की एक व्यवस्था बना दी गई थी वह व्यवस्था ही समाप्त हो जाए और उसको पूरी मजबूती के साथ लागू किया गया है। जहाँ तक प्रश्न है बेसिक शिक्षा विभाग की भर्ती में एक मा० न्यायाधीश के द्वारा सी०बी०आई० जाँच के आदेश देने का, तो मा० हाईकोर्ट ने ही उनके आदेश को स्टे भी किया है क्योंकि आदेश बहुत बार, बहुत तरीके से होते हैं, इसीलिए उस मामले में स्वयं पूर्वाग्रह झलकता था जिस तरीके से वह आदेश किया गया था। कतिपय शिकायतें आई थीं।

68500 शिक्षकों की भर्ती हमने निकाली थी। 68500 पदों के लिए 1 लाख 5 हजार अभ्यर्थियों ने आवेदन किया था तथा 41500 पास हुए थे। बहुत सारे लोगों ने आकर कहा था कि हमारे जितने अच्छे पेपर हुए थे, उतने अच्छे अंक मिलने चाहिए थे। हमने कहा कि जो भी आवेदनकर्ता हैं इन सबकी फिर से कापियाँ चेक करा दी जाएँ। वह सुविधा हमने दी है। इतनी पारदर्शी तरीके से क्या हो सकता है। हमने न्यायालय को इस बारे में कहा भी। लेकिन जो कतिपय शिकायतें आई थीं इसमें बेसिक शिक्षा अधिकारी, जो भर्ती की व्यवस्था से जुड़े हुए लोग थे यदि उनकी लापरवाही कहीं पर भी नजर आई है तो उनके खिलाफ भी सख्त कार्रवाई इसी सरकार ने की है। वह लोग इस सरकार के द्वारा वहाँ पर नियुक्त नहीं थे, पिछली सरकार के समय से नियुक्त चले आ रहे थे। प्रक्रिया में अगर कहीं भी लापरवाही दिखाई दी तो उस लापरवाही पर सख्त कार्रवाई भी हमारी सरकार ने की है। जहाँ तक अधीनस्थ सेवा चयन आयोग के अध्यक्ष के इस्तीफे की बात है तो सचिव–अध्यक्ष के आपसी विवाद के कारण उन्होंने अपने पारिवारिक विवाद का विषय बनाकर सरकार को अपना इस्तीफा दिया था जिसको स्वीकार भी कर लिया गया। अधीनस्थ सेवा चयन आयोग हो या फिर जितने भी आयोग हों मैंने इन सबको सरकार की तरफ से सख्त हिदायत दी है कि कहीं भी कोई पेपर लीक होगा, कहीं पर भी कोई शिकायत आएगी तो सम्बन्धित बोर्ड का चेयरमैन उसके लिए पूरी तरह जवाबदेह होगा।

उत्तर प्रदेश के किसी भी युवा के साथ खिलवाड़ करने वाला कोई भी व्यक्ति हो तो फिर उसके आगे के भविष्य के साथ खिलवाड़ सरकार करने

लग जाएगी। प्रदेश के अन्दर पूरी पारदर्शी तरीके से भर्तियाँ चल रही हैं। मुझे लगता है कि आपने जो यह आरोप लगाए हैं वह तथ्यपरक नहीं हैं वास्तविकता से दूर हैं। प्रदेश के अन्दर पूरे पारदर्शी तरीके के साथ भर्ती की प्रक्रिया युद्धस्तर पर चल रही है। हर भर्ती के बारे में सेण्टर का चयन हो यह काम एजेन्सी और सम्बन्धित संस्था का है। लेकिन सुरक्षा और इस पूरी प्रक्रिया में क्या मदद हो सकती है, सरकार इसमें भरपूर मदद करेगी और पूरे पारदर्शी तरीके से सभी प्रक्रियाओं को सम्पन्न करेगी। चाहे वह बेसिक शिक्षा, माध्यमिक शिक्षा और उच्च शिक्षा का हो, अधीनस्थ सेवा चयन आयोग का हो, पुलिस भर्ती का हो या फिर अन्य विश्वविद्यालयों से जुड़े हुए अन्य प्रकरण हों पूरी ईमानदारी और पूरे पारदर्शी तरीके से इस पूरी प्रक्रिया को सम्पन्न किया जा रहा है। मुझे पता है कि आपके इन आरोपों में कोई भी तर्कसंगत नहीं है, कोई तथ्यपरक नहीं है।

सन्दर्भ : दिनांक 21 दिसम्बर, 2018 को कार्य-स्थगन प्रस्ताव की सूचनाओं पर चर्चा।

आजादी के बाद किसी भी कुम्भ में जल की अविरलता और निर्मलता इस रूप में नहीं थी, जितनी इस बार के कुम्भ में है। परसेप्शन कैसे चेंज होता है, 2013 में महाकुम्भ था मॉरीशस के माननीय प्रधानमंत्री जी कुम्भ दर्शन के लिए आए थे। हृदय में अभिलाषा लेकर आए थे कि कुम्भ में जाएँगे, संगम में डुबकी लगाएँगे, पुण्य के भागीदार बनेंगे लेकिन वहाँ गन्दगी देखी, अव्यवस्था थी, बदबू थी और वे दूर से प्रणाम करके चले गए। उन्होंने कहा क्या यही गंगा है? ये स्थिति केवल 2013 में नहीं थी, 2017 में भी थी, लेकिन जब 2017 में हम लोग आए, हमारी सरकार बनी हम लोगों ने कार्य प्रारम्भ किया और आज 15वें प्रवासी भारतीय दिवस के उद्घाटन कार्यकम में मुख्य अतिथि के रूप में मॉरीशस के प्रधानमंत्री आए थे।

सम्भावनाओं को वास्तविकता में बदलने वाला प्रदेश, उत्तर प्रदेश

मान्यवर, मैं आपका आभारी हूँ कि आपने मुझे श्री राज्यपाल जी के अभिभाषण पर श्री राज्यपाल जी के प्रति आभार व्यक्त करने के लिए इस सदन में अपनी बात रखने का अवसर प्रदान किया है। संसदीय लोकतंत्र की परम्परा है कि विधायिका का कोई भी सत्र वर्ष में प्रारम्भ होने के अवसर पर देश की संसद में महामहिम राष्ट्रपति जी द्वारा समवेत सदन को सम्बोधित करके सरकार की उपलब्धियों और भावी योजनाओं को सदन के सामने और पूरे राष्ट्र के सामने रखा जाता है। राज्य की विधायिका में इस परम्परा को राष्ट्रपति के प्रतिनिधि के रूप में श्री राज्यपाल जी के द्वारा अपनी सरकार की उपलब्धियों और भावी योजनाओं को समवेत सदन में रखा जाता है। हम सब आभारी हैं हमारे प्रदेश के श्री राज्यपाल आदरणीय श्री राम नाईक जी के, जिन्होंने 5 फरवरी को बजट सत्र का शुभारम्भ अपने अभिभाषण से करके सरकार की उपलब्धियों और सरकार की भावी योजनाओं को देश के सबसे बड़े प्रदेश की 23 करोड़ जनता के सामने रखा है। तमाम व्यवधानों के बावजूद श्री राज्यपाल जी ने जिस प्रखरता के साथ पूरे अभिभाषण का वाचन किया है हम सब आदरणीय राज्यपाल जी के प्रति आभार व्यक्त करने के लिए आज यहाँ पर बैठे हैं। सदन पर धन्यवाद का जो प्रस्ताव हमारे मा० सदस्य श्री सुनील शर्मा जी ने रखा और इसका अनुमोदन मा० सदस्य श्री शीतल पाण्डेय जी ने यहाँ पर किया। मुझे प्रसन्नता है कि सत्तापक्ष के 42 और विपक्ष के हमारे 16 मा० सदस्यों ने इस पूरी चर्चा में भाग लिया है। मैं इस पूरी चर्चा में भाग लेने वाले या इस पूरी

चर्चा में प्रत्यक्ष या अप्रत्यक्ष रूप से भागीदार बनने वाले सभी मा० सदस्यों के प्रति भी आभार व्यक्त करता हूँ। श्री राज्यपाल जी का अभिभाषण सरकार की उन ठोस उपलब्धियों पर आधारित था जो विगत एक वर्ष के दौरान इस सरकार ने हासिल की हैं या फिर आगामी वर्षों के लिए सरकार ने अपनी योजनाएँ तैयार की हैं।

आश्चर्य होता है कि हमारे विपक्ष के मित्रों को हमारी सरकार की उपलब्धियाँ और प्रदेश की जनता की खुशहाली अच्छी नहीं लगती है। यही कारण है कि किसी भी अच्छे कार्य को नैतिक समर्थन देने के बजाय उस अच्छे कार्य का भी विरोध करना, यह हमारे विपक्ष के मित्रों की एक प्रवृत्ति बन चुकी है। उत्तर प्रदेश विकास के नए-नए कीर्तिमान स्थापित कर रहा है। देश के अन्दर आज सम्भावनाओं को हकीकत में बदल रहा है। श्री राज्यपाल ने अपने अभिभाषण में भी इस बात का उल्लेख किया कि विगत 22 महीनों के दौरान कौन-कौन से ऐसे सेक्टर हैं जिसमें प्रदेश बहुत पीछे चला गया था, फिर से अग्रणी स्थान प्राप्त किया है। उन स्थानों का स्पष्ट उल्लेख श्री राज्यपाल ने अपने अभिभाषण में किया। प्रथम स्थान उत्तर प्रदेश को जिन विभिन्न योजनाओं में प्राप्त हुआ है उनमें प्रधानमंत्री आवास योजना ग्रामीण, प्रधानमंत्री आवास योजना शहरी, स्वच्छ भारत मिशन में शौचालय निर्माण, सूक्ष्म एवं लघु एवं मध्यम उद्योगों की स्थापना आदि हैं। सौभाग्य योजना में पूरे देश के अन्दर कुल पौने तीन करोड़ परिवारों को निःशुल्क विद्युत कनेक्शन उपलब्ध कराए गए हैं। उनमें से लगभग एक करोड़ कनेक्शन अकेले उत्तर प्रदेश ने देकर पहला स्थान प्राप्त किया है। गेहूँ उत्पादन में, गन्ना उत्पादन में, दुग्ध एवं दुग्धजन्य उत्पाद में भी उत्तर प्रदेश ने पुनः प्रथम स्थान प्राप्त किया है।

कौशल विकास की नीति को लागू करने वाला और कौशल विकास के माध्यम से सबसे अधिक रोजगार और प्लेसमेण्ट देने वाला राज्य भी उत्तर प्रदेश बना है। कृषि निवेश में डी०बी०टी० के माध्यम से अनुदान के भुगतान में देश के अन्दर पहला राज्य उत्तर प्रदेश बना है। जिन लोगों ने उत्तर प्रदेश में अराजकता फैलाई, उत्तर प्रदेश में गुण्डागर्दी फैलाई, उत्तर प्रदेश को लूटा ही नहीं

बल्कि नोच डाला उन लोगों को उत्तर प्रदेश का यह उत्थान, यह उभरता हुआ उत्तर प्रदेश, सम्भावनाओं को हकीकत में बदलने वाला यह उत्तर प्रदेश और यहाँ के चेहरों पर खुशहाली कैसे अच्छी लग सकती है। वह लोग तो भागेंगे ही और मैं ईश्वर से प्रार्थना करता हूँ कि ऐसे लोग हमेशा के लिए हाउस से बाहर ही रहें तो अच्छा रहेगा, प्रदेश के हित में रहेगा। ग्रामीण विकास मंत्रालय भारत सरकार ने जो केन्द्र सरकार की ग्रामीण विकास से जुड़ी हुई योजनाएँ हैं उनके सफल क्रियान्वयन के लिए जो प्रथम 12 राष्ट्रीय पुरस्कार घोषित किए थे, उनमें से 05 पुरस्कार अकेले उत्तर प्रदेश ने हासिल किए हैं। उत्तर प्रदेश को तिलहन का सर्वश्रेष्ठ उत्पादकता और उत्पादन के लिए कृषि कर्मण पुरस्कार से सम्मानित किया गया है। ई-टेण्डरिंग में सर्वोत्तम परफॉरमेंस के लिए भी बेस्ट परफॉरमेंस अवार्ड उत्तर प्रदेश को ही प्राप्त हुआ है। स्टार्टअप रैंकिंग में उत्तर प्रदेश ने जो उपलब्धि हासिल की है उसके लिए भी उत्तर प्रदेश को सम्मानित किया गया है।

मा० अध्यक्ष जी, स्किल डेवलपमेण्ट के साथ-साथ अन्य जो तमाम महत्वपूर्ण योजनाएँ थीं उनमें उत्तर प्रदेश की जो उपलब्धियाँ हैं अगर यह उपलब्धियाँ हमारे विपक्ष के मित्रों को उपलब्धियाँ नहीं लगती हैं तो स्वाभाविक रूप से उनकी मंशा को हम स्पष्ट रूप से समझ सकते हैं। हम आभारी हैं श्री राज्यपाल जी के जिन्होंने अपने अभिभाषण में सरकार की उपलब्धियों से जुड़े सभी मुद्दों को रखा है। 5 फरवरी को आदरणीय राज्यपाल महोदय ने अपने अभिभाषण से इस समवेत सदन को सम्बोधित किया है। जनवरी महीने में प्रदेश के अन्दर दो बड़ी घटनाएँ घटित हुई हैं। उत्तर प्रदेश में पहली बार 21 से 23 जनवरी तक प्रवासी भारतीय दिवस का आयोजन हुआ है। देश की राजधानी के बाहर प्रवासी भारतीय दिवस आयोजन का होना अपने आप में एक चुनौती होती है। प्रदेश की राजधानी के बाहर भी हम लोगों ने देश की सबसे प्राचीन आध्यात्मिक एवं सांस्कृतिक नगरी वाराणसी में पूरी भव्यता के साथ 15वें प्रवासी भारतीय दिवस का आयोजन किया। वर्ष 2003 में श्रद्धेय श्री अटल बिहारी वाजपेयी जी की सरकार के समय जब प्रवासी भारतीय

दिवस कार्यक्रम का आयोजन प्रारम्भ हुआ था, तब यह प्रवासी भारतीय दिवस सिर्फ एक दिन का होता था।

वर्ष 2015 में आदरणीय प्रधानमंत्री मोदी जी ने इस कार्यक्रम को दो दिवसीय बनाया और उत्तर प्रदेश में आने के बाद यह प्रवासी भारतीय दिवस तीन दिवसीय हो गया है। अब तक का सबसे सफलतम, सबसे भव्य आयोजन था। जिसमें 7 हजार से अधिक अप्रवासी भारतीयों ने भाग लेकर के भारत की सम्भावनाओं, निवेश की सम्भावनाओं, विकास की सम्भावनाओं और भारत हर क्षेत्र में विकास की जिन बुलन्दियों को छू रहा है, दुनिया की एक महाशक्ति के रूप में उभर रहा है, इन सबको उन्होंने न केवल सराहा है बल्कि मुक्त कण्ठ से उसकी प्रशंसा करते हुए वह स्वयं इस कार्यक्रम के साथ भावनात्मक रूप से जुड़े हुए हैं। बड़ी संख्या में अप्रवासी भारतीय ऐसे हैं जिनके मन में भारत की तस्वीर को बड़े खराब ढंग से प्रस्तुत किया गया है। जिनके पूर्वज 200, 250 एवं 300 वर्ष पूर्व ही भारत छोड़ चुके थे। उनके मन में भारत के प्रति जो भाव भरा गया है वह अच्छा नहीं था। लेकिन जब उन्होंने काशी के अन्दर परिवर्तन देखा, व्यापक परिवर्तन देखा, वहाँ पर पुलिस के व्यवहार को देखा, प्रशासन के व्यवहार को देखा तो वह स्वयं अभिभूत थे और स्वयं उन लोगों ने इस पर कमेण्ट किए हैं यह अपने आप में उत्तर प्रदेश के लिए एक उपलब्धि तो है ही, क्योंकि उत्तर प्रदेश एक पार्टनर के रूप में इस प्रवासी भारतीय दिवस के कार्यक्रम के साथ जुड़ा हुआ था। सफलतम आयोजन के साथ ही जो सभी अप्रवासी भारतीय थे, उनमें से एक बड़ा जत्था 3 हजार से अधिक अप्रवासी भारतीय कुम्भ दर्शन के लिए प्रयागराज आएँ। हम सब जानते हैं कि 15 जनवरी से प्रयागराज कुम्भ प्रारम्भ हुआ है और आदरणीय प्रधानमंत्री जी की प्रेरणा से जिसे यूनेस्को ने 'मानवता की अमूर्त सांस्कृतिक धरोहर' के रूप में मान्यता दी। आज दुनिया के अन्दर उत्तर प्रदेश एक नया ब्राण्ड बन गया है। कुम्भ की भव्यता एवं दिव्यता जिस रूप में प्रस्तुत हुई है मुझे आश्चर्य होता है कि जब दुनिया सराह रही है कि कुम्भ में बहुत अच्छी व्यवस्था है, सचमुच अच्छी व्यवस्था है। मेरे कैबिनेट की पूरी टीम ने बहुत

अच्छा काम किया है। मित्रों ने, प्रशासन ने, स्थानीय जनता ने, स्वयंसेवी संगठनों ने धार्मिक–सामाजिक संगठनों ने, आदरणीय प्रधानमंत्री जी का मार्गदर्शन था, जिनकी अनुकम्पा से 450 वर्षों के बाद किले में कैद अक्षयवट का दर्शन करने का सौभाग्य श्रद्धालुओं को प्राप्त हो रहा है। सरस्वती कूप के दर्शन का सौभाग्य प्राप्त हुआ है।

आजादी के बाद किसी भी कुम्भ में जल की अविरलता और निर्मलता इस रूप में नहीं थी, जितनी इस बार के कुम्भ में है। परसेप्शन कैसे चेंज होता है, 2013 में महाकुम्भ था मॉरीशस के माननीय प्रधानमंत्री जी कुम्भ दर्शन के लिए आए थे। हृदय में अभिलाषा लेकर आए थे कि कुम्भ में जाएँगे, संगम में डुबकी लगाएँगे, पुण्य के भागीदार बनेंगे लेकिन वहाँ गन्दगी देखी, अव्यवस्था थी, बदबू थी और वे दूर से प्रणाम करके चले गए। उन्होंने कहा क्या यही गंगा है? ये स्थिति केवल 2013 में नहीं थी, 2017 में भी थी, लेकिन जब 2017 में हम लोग आए, हमारी सरकार बनी हम लोगों ने कार्य प्रारम्भ किया और आज 15वें प्रवासी भारतीय दिवस के उद्घाटन कार्यक्रम में मुख्य अतिथि के रूप में मॉरीशस के प्रधानमंत्री आए थे। हम लोगों ने मॉरीशस के प्रधानमंत्री को ऑफर किया कि वे संगम में स्नान करें। चूँकि पिछली बार उनके पिताजी उस समय प्रधानमंत्री थे तो उनको वही स्मृतियाँ थीं। इसलिए उन्होंने इस पर सहमति नहीं दी। लेकिन जब प्रयागराज में इस बार आए, बदले हुए माहौल को देखा तो उन्होंने कुम्भ में संगम तट पर न केवल स्वयं बल्कि 400 लोगों के मॉरीशस के डेलीगेशन के साथ डुबकी लगाई। प्रदेश के परसेप्शन को बदलने के लिए सरकार चाहे तो क्या नहीं हो सकती है और आखिर क्यों नहीं हो सकता है। कभी–कभी मुझे इस बात को लेकर बड़ा आश्चर्य होता है कि क्या हम लोग लकीर के फकीर ही बने रहेंगे या कुछ परिवर्तन करके भी दिखाएँगे। इस बात को लेकर विचार होता था जब हम लोग अपनी टीम के साथ बातचीत करते थे कि क्या हम परिवर्तन दे पाएँगे। हर एक के चेहरे पर एक चमक होती थी और मैं उस चमक को देखकर यह कह सकता था कि हम सफल होंगे। हम कुम्भ में गंगाजी को अविरल भी बनाएँगे और निर्मल

भी बनाएँगे। कुम्भ में ये चीज देखने को भी मिली है क्योंकि ये चेंज ऑफ परसेप्शन सरकार पर निर्भर करता है, चुने हुए जन-प्रतिनिधियों पर निर्भर करता है, जनता द्वारा चुनी गई सरकार पर निर्भर करता है।

चुनी हुई सरकार का आचरण, उसका व्यवहार, उसका कृतित्व जिस प्रकार का होगा उस प्रकार का वह माहौल दे पाएगा, उस प्रकार का वातावरण दे पाएगा, उस प्रकार की स्थिति बना पाएगा। इसीलिए मैं कह सकता हूँ कि जब नेतृत्व करने वाला ही दिशाहीन हो, भ्रष्ट हो, तो उसका नेतृत्व भी उसी प्रकार का होगा और 2013 में ही ये स्थिति इन्होंने पैदा की थी। पिछला जो महाकुम्भ था, उसमें छः स्नान हुए थे और 12 करोड़ लोग आए थे। महोदय, मुझे बताते हुए प्रसन्नता हो रही है कि छः में से चार स्नान पूरे हो चुके है और अब तक साढ़े सोलह करोड़ श्रद्धालुओं ने संगम में स्नान कर लिया है। देश और दुनिया का जो भी व्यक्ति प्रयागराज में आया है, उसे लगता है कि अच्छा हुआ कुम्भ के आयोजन से पहले ही आपने इलाहाबाद का नाम बदलकर प्रयागराज कर दिया है। ये परिवर्तन का परिणाम है। ये परिणाम जिसकी हकदार उत्तर प्रदेश की जनता है जिसने ये परिवर्तन करके दिखाया है कि जो लोग आस्था का सम्मान नहीं कर सकते, उन्हें सत्ता में रहने का भी अधिकार नहीं होना चाहिए। जो लोग आस्था का अपमान करते थे पिछले कुम्भ में कितनी बड़ी दुर्घटना घटित हुई थी। इस बार अकेले मौनी अमावस्या के दिन 5 करोड़ श्रद्धालु एक साथ प्रयागराज में आए थे।

दुनिया के अन्दर इतना बड़ा समागम पहले कभी नहीं हुआ लेकिन 5 करोड़ के समागम में एक तिनका तक नहीं हिला। यह समागम अपने आप में इस बात को साबित करता है कि भारत की सनातन परम्परा कितनी अनुशासित है, कितनी संस्कारित है। अन्य जगह होता तो ठेला, खोम्चा, दुकानों में लूट मच गई होती, तम्बू उखड़ गए होते। लेकिन आस्था का अनुशासन है और आस्था का सम्मान जब भी होगा उसके परिणाम अच्छे होंगे। इसलिए हम कह सकते हैं मुझे इस बात को ले करके महाभारत का एक छोटा सा श्लोक याद आता है। जिसमें शान्तिपर्व में शरशैय्या पर पड़े हुए भीष्म ने कहा था, उन्होंने

पूछा, 'काल' का कारण क्या है? 'काल' राज्य के संचालन का कारण बनेगा या राज्य के संचालन की व्यवस्था 'काल' का कारण बनेगी? तो युधिष्ठिर के सामने भीष्म पितामह ने जो उपदेश दिया था उन्होंने इसी बात को कहा था-''कालो वा कारणम् राग्यो राजा वा काल कारणम्, इति ते संशयो मा भूत राजा कालस्य कारणम्।'' ''उन्होंने कहा कि काल राज्य की व्यवस्था का कारण नहीं हो सकता। वहाँ की राज-व्यवस्था, राजा उस व्यवस्था का कारण होता है, नेतृत्व उस व्यवस्था का कारण होता है।

आज जो लोग कुम्भ पर उँगली उठा रहे हैं, मुझे लगता है कि उन्हें कॉमनवेल्थ गेम्स की बात याद आ रही होगी। जब कॉमनवेल्थ का पैसा इंग्लैण्ड में फ्लैट खरीदने पर खर्च हो जाता है। लगता है यह स्मृतियाँ कभी-कभी खो जाती हैं, जब लोग किसी बीमारी के शिकार होते हैं तो पुरानी स्मृतियाँ उभरती हैं। हमने पूरी व्यवस्था की, उत्तर प्रदेश को बेस्ट अवार्ड मिलता है ई-टेण्डरिंग में। हमारे यहाँ सारे कार्य ई-टण्डरिंग से हो रहे हैं और केवल ई-टेण्डरिंग ही नहीं, थर्ड पार्टी इन्सपेक्शन की व्यवस्था हम लोगों ने की है। क्यों हमारे मित्र यहाँ से भागे हैं, क्योंकि उन्हें मालूम है कि अभिभाषण का जवाब देते समय, हम लोग जो रहस्योद्घाटन करेंगे, उसका मुकाबला करने का नैतिक साहस उनके पास नहीं है। आप किस पर आरोप लगा रहे हैं, जिस टीम का अभिनन्दन किया जाना चाहिए, जिसका स्वागत किया जाना चाहिए, जिन्हें प्रोत्साहित किया जाना चाहिए, आप उसे हतोत्साहित करते हैं। अपनी उस चोर प्रवृत्ति से अभी भी बाज नहीं आ पा रहे हैं। लूट-खसोट की अपनी उस प्रवृत्ति से अभी भी बाहर नहीं निकल पा रहे हैं और अनावश्यक आरोप लगाते हैं। मुझे याद है, प्रयागराज की पूरी टीम ने बहुत अच्छे ढंग से काम किया है। मैंने रात्रि में 4:00 बजे भी उनको फोन किया है, तब भी लोग अपनी ड्यूटी पर थे। रात्रि 12:00 बजे फोन किया है, तो भी लोग अपनी ड्यूटी पर थे। जिनका अभिनन्दन किया जाना चाहिए उनको आप कठघरे में खड़ा कर रहे हैं। यह कोई खनन के ठेके नहीं थे जो 2007 से ले करके 2017 के बीच में हुए थे, किसी को भी दे दो। ये कोई टेण्डर स्मारक के नहीं थे कि अपने-परायों

सबको ठेका-पट्टा बाँट दो और 10 रुपये के पत्थर पर एक हजार रुपया ले लो। लेकिन जिन लोगों ने प्रदेश को लूटा है, जिन लोगों ने प्रदेश में अराजकता और दंगों के माध्यम से यहाँ की पब्लिक को तबाह किया है, आज वे लोग हमसे सर्टिफिकेट माँग रहे हैं, हमको कठघरे में खड़ा करने का प्रयास कर रहे हैं। प्रदेश की उपलब्धियों पर गौरव की अनुभूति करने के बजाय अपने कुकृत्यों पर शर्मसार हो रहे हैं और उस शर्मसार होने पर सरकार को कठघरे में खड़ा करने का प्रयास कर रहे हैं, लेकिन सत्य तो सत्य होता है। सत्य को आप पराजित नहीं कर सकते। ये सत्य को मौन रखने के लिए प्रेरित करने का प्रयास करते हैं, हल्ला करेंगे, दंगा करेंगे।

मैं उस दिन देख रहा था जब श्री राज्यपाल यहाँ पर अभिभाषण देने के लिए आए थे। उनका मार्गदर्शन सदैव आगे बढ़ने की प्रेरणा प्रदान करता है। हमारे यहाँ हमारे संस्कार हैं कि हम अपने बुजुर्गों का और अपने से बड़ों का वैसे भी सम्मान करें। लेकिन जिनके पास संस्कार ही नहीं, जो लोग जबरन पुरानी मुगलकाल की परम्परा का अनुसरण करते हुए गद्दी से उतारने के आदी हो चुके हों। उनके फॉलोअर कैसे इस बात को कर सकते हैं कि वे किसी बड़े का सम्मान करें। एक मा० सदस्य उस दिन उछल-कूद करते हुए बेहोश हो गए और तब भी वह हो-हल्ला बन्द नहीं हुआ। यह लोकतंत्र को तार-तार करने वाला था। ये लोकतंत्र नहीं लूट तंत्र पर विश्वास करने वाले लोग हैं। जिन लोगों ने लोकतंत्र के नाम पर सारी व्यवस्था को हमेशा समाप्त करने और बर्बाद करने के लिए कोई भी ऐसे यत्न नहीं छोड़े हैं, जिसके कारण यह समाज, यह व्यवस्था अपने ट्रैक से न हटी हो। ये लोग आज यहाँ पर हमें लोकतंत्र के सर्टिफिकेट के बारे में बताते हैं। किस प्रकार का अभद्र आचरण किया गया, श्री राज्यपाल जी पर कागज के गोले छोड़े गए। यहाँ से किस प्रकार की नारेबाजी हो रही है। इस प्रकार का आचरण पूरी विधायिका को कठघरे में खड़ा करता है। उन लोगों से यह उम्मीद करना कि वे उस सच्चाई को सुन सकें उनकी हिम्मत नहीं है। उनमें हिम्मत नहीं कि वे सच्चाई का सामना कर सकें। इसलिए सिर्फ आरोप लगा करके फिर बैकफुट से भाग जाना है,

स्थिति का सामना नहीं कर सकते और इसीलिए उन्होंने कभी भी इन स्थितियों का सामना करने का साहस नहीं किया। पिछली सरकारों में प्रदेश के अन्दर जिस प्रकार का कॉरिडोर बनाने का प्रयास किया गया था वह भ्रष्टाचार का कॉरिडोर था, अराजकता का कॉरिडोर था। इस प्रदेश का कोई ऐसा माफिया, कोई ऐसा गुण्डा, कोई ऐसा समाज विरोधी, कोई ऐसा तत्व नहीं था जो पिछली सरकारों में उन सरकारों का हमदर्द न रहा हो। प्रदेश की सुरक्षा और राष्ट्र की सुरक्षा के साथ खिलवाड़ करने वाले तत्वों का एक कॉरिडोर बनाकर के प्रदेश को भ्रष्टाचार, दंगा और अराजकता में धकेलने वाले लोग इस प्रदेश को कहाँ पहुँचा रहे थे। हम लोगों ने विगत 22 महीनों के दौरान प्रदेश के अन्दर एक कॉरिडोर दिया है। हमने सुरक्षा का कॉरिडोर दिया है, हमने विकास का कॉरिडोर दिया है। हम लोग अभी 15 फरवरी को आदरणीय प्रधानमंत्री जी से झाँसी में डिफेन्स कॉरिडोर का भी शिलान्यास कराने जा रहे हैं। हम रक्षा का कॉरिडोर दे रहे हैं, हम विकास का कॉरिडोर दे रहे हैं और हम आस्था के सम्मान का कॉरिडोर उत्तर प्रदेश को दे रहे हैं। लेकिन उन्होंने भ्रष्टाचार का कॉरिडोर दिया था, अराजकता का दिया था, अव्यवस्था का दिया था, दंगों का दिया था। कोई सप्ताह ऐसा नहीं होता था, जिसमें दो-तीन दंगे न होते हों। ऐसे दंगाइयों की आज भी यह लोग पैरवी करते हैं।

पूरे देश और पूरी दुनिया के आस्था का प्रतीक अयोध्या में श्री राम जन्मभूमि पर 2005 में जब आतंकी हमला हुआ था। समाजवादी पार्टी की पिछली सरकार ने आने के बाद सबसे पहला काम क्या किया था कि राम जन्मभूमि पर हमला करने वाले उन आतंकियों के मुकदमों को वापस लेने का कुत्सित प्रयास किया था। आज वे लोग बोलते हैं कि राम जन्मभूमि पर मन्दिर क्यों नहीं बन रहा है? हमने तो अपना काम किया है और हम आज भी कर रहे हैं। मैंने तो पहले भी कहा, हमसे यह पूछा गया कि एक लाख पेज का अनुवाद कितने दिनों में हो जाएगा तो हमने कहा कि जितने दिन में कहेंगे हम उतने दिन में करके दे देंगे और हम लोगों ने छः महीने के अन्दर एक लाख पेज का अनुवाद करके दिया। मैं बार-बार इस बात को कहता हूँ

कि न्यायालय को जन आस्था का सम्मान करना चाहिए। जब इलाहाबाद उच्च न्यायालय की तीन सदस्यीय विशेष पीठ ने इस बात को कहा है कि जहाँ रामलला विराजमान हैं वहीं राम-जन्मभूमि है। मेरा यह मानना है और पूरे देश का यह मानना है कि विवाद तो वहीं पर समाप्त हो चुका है। बँटवारे का तो कहीं विवाद ही नहीं है, विवाद में केवल यह तय होना था कि यह राम-जन्मभूमि है या नहीं है। जब यह तय हो चुका है तो मुझे यह लगता है कि इस विवाद का समाधान करने में 24 घण्टे से 25वाँ घण्टा लगना ही नहीं चाहिए। इस आस्था का सम्मान तो किया ही जाना चाहिए। इसीलिए जब लोग यह कहते हैं कि हम लोग गए थे, हमारी पूरी सरकार गई थी। दीपावली के उत्सव को मनाने के लिए हम अयोध्या गए थे, विगत वर्ष भी गए थे, इस वर्ष भी गए थे और हम लोग प्रत्येक वर्ष जाएँगे।

देश और दुनिया अयोध्या को श्री राम के नाम पर जानती है, किसी विदेशी आक्रान्ता के नाम पर नहीं जानती है। हमें इस बात पर गौरव की अनुभूति है कि दुनिया की आस्था के साथ भारत की आस्था के तीन महत्वपूर्ण स्तम्भ अयोध्या, मथुरा और काशी ये तीनों हमारे उत्तर प्रदेश में हैं। डॉ० राम मनोहर लोहिया ने एक बात कही थी। डॉ० राम मनोहर लोहिया आस्तिक नहीं थे, मन्दिरों में नहीं जाते थे लेकिन जब उनसे पूछा गया कि राम, कृष्ण और शिव के बारे में आपकी क्या धारणा है तो उन्होंने कहा कि ये तीनों भारत के आदि राष्ट्र पुरुष हैं। भारत राष्ट्र की आधारशिला हैं, आधार स्तम्भ हैं, भारत को जोड़ने की आत्मा हैं। यानी भारत को एक रखने में उत्तर से दक्षिण तक भगवान श्री राम की यात्रा है जिन्होंने त्रेता युग में इसकी नींव डाली थी। भारत से पहले देश का नाम आर्यावर्त था, आर्यावर्त पुण्य भूमि मध्ये विन्ध्य-हिमालयो। हिमालय और विन्ध्याचल के बीच का भाग आर्यावर्त था लेकिन आर्यावर्त की सीमाओं को लाँघ करके सुदूर दक्षिण तक ले जाने का और भारत की इस सांस्कृतिक सीमा को राजनीतिक सीमा के रूप में बदलने का श्रेय अगर किसी को जाता है तो वह मर्यादा पुरुषोत्तम भगवान श्री राम को जाता है।

मुझे एक बार मणिपुर जाने का अवसर प्राप्त हुआ था। मैं उस समय संसद सदस्य था। मणिपुर में उस समय बड़ा उपद्रव था। हमारी एक टीम वहाँ गई थी,

संसदीय समिति वहाँ गई थी। वहाँ आगजनी हो रही थी और खूब उपद्रव हो रहा था। हम लोगों को रोक दिया गया था कि नहीं, आप लोग बाहर नहीं निकलेंगे। क्योंकि उस समय जो आन्दोलन था उस आन्दोलन को देखते हुए हमसे कहा गया कि सुरक्षा कारणों से आप बाहर नहीं जा सकते। हमने कहा कि हम एक सांसद के रूप में नहीं जाएँगे लेकिन एक नागरिक के रूप में तो हम बाहर जा ही सकते हैं। मुझे देखकर वहाँ का एक आन्दोलनकारी बोला और कहा कि आप मथुरा से आए हैं, मैंने कहा कि हाँ, मथुरा से ही हूँ। लेकिन बाद में मेरे कानों में कुण्डल देखकर कहा कि आप तो, मैंने कहा कि नहीं, जो तुम समझ रहे हो मैं वही हूँ। संयोग से उसका परिवार हमारे सम्प्रदाय का अनुयायी था। मैंने उससे पूछा, भाई ये आगजनी क्यों है? उसने कहा, लेकिन आप यहाँ कैसे आए? मैंने कहा मैं तो अपनी समिति में आया था। उनके मामले छोटे थे और उसके बाद भारत सरकार ने उनका समाधान किया था। लेकिन भगवान कृष्ण के प्रति उनकी आस्था देखिए। आप अरुणांचल में चले जाइए, आप मणिपुर में चले जाइए, एक-एक व्यक्ति की स्मृति में यह बात है कि रुक्मणी यहीं से वहाँ गई थीं। वही सम्पर्क, वही संवाद लोगों के मन में है। वे आज भी उसी भाव से जुड़े हुए हैं तो पूरब से पश्चिम को जोड़ने का आधार कृष्ण हैं। इस देश के द्वादश ज्योतिर्लिंगो के माध्यम से हिमालय में केदारनाथ से लेकर के सुदूर दक्षिण में रामेश्वरम् तक आप चले जाइए। हिमालय से रामेश्वरम् को जोड़ने का आधार हमारे बारह ज्योतिर्लिंग हैं। इस बात को डॉ० राम मनोहर लोहिया समझ सकते थे। लेकिन लोहिया के नाम पर राजनीति करने वाले आज के उनके चेले इसको समझने में पूरी तरह असमर्थ हैं। समझने के लिए बुद्धि चाहिए लेकिन उनका बुद्धि पर विश्वास नहीं है, उनका बल पर विश्वास है। वह केवल बाहुबल के आधार पर सब कुछ हड़पना चाहते हैं और बाद में फिर दुम दबाकर गिड़गिड़ाते हुए दिखाई देते हैं। जैसा इस समय हो रहा है।

स्मारक घोटाले में बड़ी मजेदार बात आयी। पाँच वर्षों तक स्मारकों की जाँच और जो लोग कहते थे कि इन स्मारकों को तोड़कर यहाँ मैरिज हॉल बनाएँगे, जिन्होंने वहाँ की बिजली काट दी, सारे पत्थर हट रहे थे, टूट रहे

थे। इन लोगों ने उनको बर्बाद करने के लिए, इन स्मारकों को तोड़ने के लिए कोई ऐसी शरारत नहीं छोड़ी थी जिसको न किया हो। बहुजन समाज पार्टी का एक डेलीगेशन एक दिन मेरे पास आया था तो उन्होंने कहा कि साहब, हम ऐसा चाहते हैं। मैंने कहा कि भाई देखिए, आप नहीं आए थे तब भी मैंने इसके लिए पहले ही कह दिया कि ये स्मारक उत्तर प्रदेश की जनता के पैसे से बने हैं इसलिए इसमें बिजली फिर से जलनी चाहिए और इनकी मरम्मत होनी चाहिए। आपके कहने से नहीं उत्तर प्रदेश की जनता का पैसा लगा है तो इनका संरक्षण उत्तर प्रदेश के पैसे से होगा चूँकि उसके लिए इन्होंने पहले से धनराशि भी जमा करके रखी हुई थी तो हमने कहा उस पैसे का उपयोग करो। अलग से हम पैसा नहीं दे रहे हैं लेकिन जो कॉरपस फण्ड बना हुआ है उस कॉरपस फण्ड का उपयोग करते हुए इन स्मारकों का संरक्षण तो होना ही चाहिए। उन्होंने कहा कि हमें जानकारी मिली इसलिए धन्यवाद देने के लिए आए हैं। मैंने कहा कि यह तो आप पहले भी बोल सकते थे कि हम धन्यवाद देना चाहते हैं यह तो हम पहले ही कर चुके हैं। गोमती रिवरफ्रण्ट में आप देख रहे हैं 3 सौ 47 करोड़ रुपये का कुल डी०पी०आर० था जिसमें 14 सौ 37 करोड़ रुपये खर्च हो गए और तब भी कार्य अधूरा था। पूर्वांचल एक्सप्रेस-वे में बिना जमीन के जो बिड्स निकाली गई वह 15 हजार 2 सौ करोड़ रुपये की थी। हम लोगों ने जब 96 फीसदी जमीन अधिग्रहीत की या क्रय कर ली। उसके बाद बिड्स निकाली तो वही लोग फिर से आए थे और वही 15 हजार 2 सौ करोड़ आया। मैंने कहा कि इसमें कुछ दाल में काला है, यह नहीं चलेगा। टेक्निकल और फाइनेंशियल बिड एक साथ मँगाओ। एक साथ बिड मँगायी गई और उसमें अन्य लोगों ने भी भाग लिया। वह बिड्स 11 हजार 8 सौ करोड़ रुपये में आई। 11 हजार 8 सौ करोड़ रुपये में उससे चौड़ा, उससे अच्छा एक्सप्रेस-वे बन रहा है। यह बाकी पैसा कहाँ जा रहा था? कौन मिडिल मैन था? तो पैसे की कमी कहाँ होगी, बहुत आएगा। 3 हजार 4 हजार करोड़ रुपये आएगा। प्रदेश के अन्दर एक सुरक्षा का वातावरण हमारी सरकार ने दिया है। राजनीतिक प्रतिशोध और राजनीतिक पूर्वाग्रह से कोई

पीड़ित न हो, प्रत्येक व्यक्ति इस बात को जानता है। गाँव के एक कॉमन मैन से लेकर गाँव की कोई बहन-बेटी, किसी बुजुर्ग महिला से, किसी माता से पूछो कि कैसा वातावरण है तो वह कहती हैं कि हम सुरक्षित हैं। हमें सुरक्षा की गारण्टी सरकार ने दी है। कई वर्ष पहले जिले बना दिए गए परन्तु उन जिलों की पुलिस लाइन नहीं बनाई गई। ऐसे 6 जिले हैं जिनकी पुलिस लाइन नहीं थी, हम वहाँ के लिए पैसा दे रहे है। हमने तो कहा है कि आज कोई कैराना और कांधला से किसी को भगाने का दुस्साहस नहीं कर सकता है। सरकार ने व्यवस्था की है कैराना और कांधला के बीच में पी०ए०सी० की एक कम्पनी हम लोग स्थापित करने जा रहे हैं, बटालियन भी वहाँ स्थापित कर देंगे। प्रदेश के हर नागरिक को सुरक्षा की गारण्टी, यह सरकार का दायित्व है। सरकार इस दायित्व का निर्वहन करेगी। लेकिन ओछे आरोप और अपने समय के उन कृत्यों पर इन लोगों को स्वयं विचार करना चाहिए। क्या-क्या नहीं होता था, उस समय। कैसे-कैसे गुल नहीं खिलाते थे ये लोग, किस प्रकार से प्रदेश की सुरक्षा के साथ खिलवाड़ करते थे ये लोग, ये कौन नहीं जानता है। इसीलिए जब आप दंगाइयों, अराजक तत्वों, पेशेवर माफियाओं को प्रश्रय देंगे तो वे मस्त हो करके अपनी लूट-खसोट तो बढ़ाएँगे ही बढ़ाएँगे और यही होता था। हमारी सरकार आई, चाहे वह भ्रष्टाचारी हो, चाहे वह दंगाई हो, चाहे वह कोई भी अराजक तत्व हो, आज वह पस्त है। गले में तख्ती लटका कर मारा-मारा फिरता है कि एक बार बख्श दो। जान बची तो उसके बाद आगे हम कुछ कर लेंगे, ठेला लगा लेंगे। उसको हम स्वावलम्बन की ओर अग्रसर कर रहे हैं। ठेला लगा करके मेहनत से, अपने श्रम से स्वावलम्बन की ओर बढ़ो। हमारी सरकार हर व्यक्ति को स्वावलम्बन की ओर अग्रसर कर रही है और इसीलिए हम लोगों ने नई-नई योजनाएँ भी दी हैं।

अनेक योजनाएँ हमने दी हैं। वन डिस्ट्रिक, वन प्रोडेक्ट की योजना देश के अन्दर एक अभिनव योजना है। आज तमाम प्रदेश इसको एडॉप्ट कर रहे हैं। कह रहे हैं कि बहुत अच्छी योजना है। परम्परागत उद्यमी आज उससे प्रेरित हो रहा है। अकेले एक वर्ष से कम समय में 78000 से अधिक लोगों को तो

हम लोगों ने मुद्रा योजना के अन्तर्गत सीधे बैकों से लोन उपलब्ध कराया है। 4 लाख से अधिक उद्यमी इससे सीधे–सीधे लाभान्वित हुए हैं। साथ–ही–साथ हम लोगों ने उत्तर प्रदेश स्थापना दिवस में भी 'विश्वकर्मा श्रम सम्मान' योजना को लागू किया है। गाँव में रहने वाला एक सामान्य व्यक्ति, गाँव का नाऊ है, गाँव का मोची है, गाँव का बढ़ई है, गाँव का कुम्हार है या गाँव में इस प्रकार के कार्यों में लगे हुए ऐसे 15 अलग–अलग क्षेत्र में कार्य करने वाला भारत का हमारा वह उद्यमी जिसने गाँधी जी के ग्राम स्वावलम्बन को आगे बढ़ाया था वह गाँव में रहता है उसके श्रम का सम्मान हो। वह स्वावलम्बन की ओर अग्रसर हो। इसके लिए विश्वकर्मा श्रम सम्मान के नाम पर हम लोगों ने उसकी ट्रेनिंग, ट्रेनिंग के दौरान उसको मानदेय देना और फिर टूलकिट निःशुल्क उपलब्ध कराना, फिर बैकों से उसे जोड़ना और फिर उसको सम्मान के साथ आगे बढ़ाने के लिए कार्य करना। 15 हजार लोगों को एक ही दिन में सम्मान दिया गया। मैं चाहूँगा कि हर जनपद में, हर विधानसभा क्षेत्र में इस प्रकार के आयोजन हों, उनके ट्रेनिंग के कार्यक्रम हों। यह कार्य आज पूरी मजबूती के साथ हो रहा है। जब मैं पहली बार उत्तर प्रदेश इन्वेस्टर्स समिट के पहले देश के टॉप के उद्योगपतियों से बातचीत करने के लिए मुम्बई गया था। वहाँ पर हमारी टीम ने एक रोड–शो का आयोजन किया था। उसमें सभी प्रमुख उद्यमी व उद्योगपति आए थे। जब मैं उनसे बातचीत करता था तो अधिकतर का यह कहना था कि साहब, हम संकल्प ले लिये थे कि हम उत्तर प्रदेश में कभी नहीं जाएँगे। लेकिन आज उत्तर प्रदेश के बारे में जो बातें सुनने को मिल रही हैं। हम भी चाहते हैं कि 10 हजार करोड़ का निवेश हम करें, 25 हजार करोड़ का निवेश हम करें, 35 हजार करोड़ का निवेश हम करें। हमारी सरकार ने इन्वेस्टर्स समिट के 5 महीने के अन्दर ही 62 हजार करोड़ रुपये के निवेश के लिए हाँ करवाया। फिर 62 हजार करोड़ के बाद इससे ज्यादा निवेश अभी हमारा प्रस्तावित है, जिनको हम बहुत शीघ्र करने जा रहे है। ये निवेश रोजगार की सम्भावनाओं को बढ़ा रहा है। नौकरियों की सम्भावनाओं को बढ़ा रहा है। राज्य सरकार ने भी इस स्तर पर कार्य को आगे बढ़ाया है। पूरी मजबूती

के साथ आगे बढ़ाया है। हम इस बात को कह सकते है कि सरकार इन सब कार्यों के लिए पूरी संवेदनशील है और पूरी प्रतिबद्धता के साथ इन कार्यों को करेगी। इन कार्यों को करने के साथ ही हम आगे भी इसको और तेजी के साथ बढ़ाएँगे। हमारा डिफेन्स कॉरिडोर का कार्यक्रम इसी का हिस्सा है। बुन्देलखण्ड एक्सप्रेस-वे इसी का हिस्सा है, मेरठ से लेकर प्रयागराज तक गंगा एक्सप्रेस-वे इसी का हिस्सा है। यानि यह जितने भी कार्यक्रम होने जा रहे हैं यह सब इसी के हिस्से हैं कि प्रदेश के अन्दर विकास की सम्भावनाएँ बढ़ें।

प्रदेश के अन्दर सिंचाई के सम्बन्ध में कहना चाहता हूँ कि पता ही नहीं हमारे विपक्ष के मित्र कहाँ रहते हैं। क्षेत्र में जाते भी हैं कि नहीं। कह रहे थे कि बाणसागर परियोजना में पानी नहीं जा रहा है। मैं कहना चाहता हूँ कि बाणसागर परियोजना को रोकने का कार्य इन लोगों ने जरूर किया था, पैसा ही नहीं दिया। हमारी सरकार ने भारत सरकार के साथ मिलकर एक साथ एकमुश्त पैसा दिया है। आज मिर्जापुर जनपद की डेढ़ लाख हेक्टेयर लैण्ड इससे सिंचित हो रही है और प्रयागराज की भी 02 हजार हेक्टेयर भूमि को बाणसागर परियोजना से जल मिल रहा है। अगर इन लोगों ने जमीन पर देखने का प्रयास किया होता तो बाणसागर परियोजना की हकीकत इनके दिलो-दिमाग में होती, लेकिन कभी भी जानने का प्रयास ही नहीं किया। चाहे वह सरयू नहर परियोजना हो, चाहे वह मध्य गंगा परियोजना हो, चाहे वह अर्जुन सहायक परियोजना हो इन सभी के लिए एक साथ पैसा देने जा रहे हैं। एक साथ पैसा देकर हम लोगों का प्रयास है कि दिसम्बर, 2019 तक उत्तर प्रदेश के अन्दर 20 लाख हेक्टेयर के अतिरिक्त भूमि हम सिंचाई के योग्य बनाएँगे। हम लोग किसानों के जीवन में खुशहाली लाने का कार्य फिर से करने जा रहे है। यह पैसा हमारी सरकार ने एकमुश्त दिया है।

हम आभारी हैं आदरणीय प्रधानमंत्री जी के, जिन्होंने लघु और सीमान्त किसानों को प्रतिवर्ष 06 हजार रुपये देने की घोषणा की। उससे पूरे देश का 12 करोड़ किसान लाभान्वित होने जा रहा है। 12 करोड़ का मतलब 60 करोड़ लोग सीधे-सीधे इस योजना से लाभान्वित होंगे। कोई किसान लघु

सीमान्त किसान है, उसका आधा एकड़ है, एक एकड़ खेत है, उसकी फसल नष्ट हो जाती है, सरकार का कम्पन्सेशन मिले न मिले। संवदेनशील सरकारें होगीं तो समय पर कम्पन्सेशन भी देंगी। लेकिन मोदी जी ने यह गारण्टी दे दी है कि किसान के 06 हजार रुपये साल में उसके खाते में स्वयं चले जाएँगे। इस योजना से उत्तर प्रदेश के लगभग 02 करोड़ किसान लाभान्वित होने जा रहे हैं। इस प्रकार किसानों के चेहरे पर खुशहाली लाने का कार्य हम लोग कर रहे हैं। मैं याद दिलाना चाहता हूँ कि किसानों के साथ इन लोगों ने क्या किया था। वर्ष 1994 में किसकी सरकार थी, तब भी सपा-बसपा गठबन्धन की सरकार थी। इन्होंने प्रदेश के 200 विकासखण्डों को डार्क जोन में बदल दिया था। डार्क जोन का मतलब वहाँ बिजली का कनेक्शन ही नहीं मिलता था। किसान वहाँ पर अपना पम्पिग सेट लगाता था। डीजल से पम्पिग सेट चलाता था और अपने खेत में पानी लगाता था। डीजल से पम्पिग सेट चलाने पर एक यूनिट उसको 24-25 रुपये का पड़ता था। आज हमने उन्हें कनेक्शन देना प्रारम्भ किया है। आज जब उस किसान को ट्यूबवेल के कनेक्शन मिल रहे हैं, वहाँ ट्यूबवेल लग रहे हैं तो एक रुपये से भी कम में उस व्यक्ति को लाभ मिल रहा है। यानि जिसका 24-25 रुपये प्रति यूनिट डीजल से चलने वाले पम्पिग सेट पर खर्च होता था। आज हम उसे एक रुपये से भी कम में यह सुविधा उपलब्ध करवा रहे है तो किसान के हितैषी हम लोग हैं या वे लोग हैं।

पिछली सरकारों में प्रोक्योरमेण्ट नहीं होता था न धान का, न गेहूँ का। 5-5 वर्षों का गन्ना किसानों का गन्ना मूल्य बकाया था। हमारी सरकार ने पिछले वर्ष से अब तक 52 हजार करोड़ रुपये से अधिक गन्ना किसानों के गन्ना मूल्य का भुगतान किया है। इसमें से 10 हजार करोड़ रुपये से अधिक पैसा वह है जो पिछली सरकारों का बकाया था। हमने फिर भी किया। उसका भुगतान भी किया और हम पूरी प्रतिबद्धता के साथ इस कार्य को आगे बढ़ा रहे हैं। किसान के पैसे पर कोई डकैती नहीं डाल सकता। प्रोक्योरमेण्ट, इनके समय में 2011-12, 2012-13, 2013-14 में धान क्रय की स्थिति आप देख लीजिए। वह आढ़तियों के माध्यम से होता था और 5 लाख, 7 लाख,

15 लाख मीट्रिक टन मुश्किल से होता था। इस बार 45 लाख मीट्रिक टन धान का क्रय हम लोगों ने किया है। उनके समय में गेहूँ किसानों से कभी प्रोक्योरमेण्ट नहीं होता था। इस साल हम लोगों ने 53 लाख मीट्रिक टन गेहूँ का क्रय सीधे किसानों से किया है। दलहन और तिलहन का प्रोक्योरमेण्ट हमारी सरकार कर रही है। आलू के लिए मूल्य समर्थन योजना में समर्थन मूल्य घोषित करके उन्हें एक्सपोर्ट की सब्सिडी देने की व्यवस्था हमारी सरकार ने की है। किसानों को समय पर कम्पन्सेशन मिले या बाढ़ आने पर प्रभावित परिवारों को सहायता मिले। पहली बात, कोई बाढ़ पीड़ित शिकायत नहीं करता। आज कोई व्यक्ति बीमारी से पीड़ित है तो उसको शिकायत के अवसर नहीं मिलते। हम लोगों ने मुख्यमंत्री राहत कोष में यह नहीं देखा कि सपा का है, बसपा का है, कांग्रेस का है, किसका है। जो भी पीड़ित व्यक्ति है, वह प्रदेश का नागरिक है, उसका अधिकार है, उसको पैसे लेने का अधिकार है। जिसने भी सिफारिश की या किसी ने सिफारिश नहीं भी की, वह स्वयं भी आया है। हम लोगों ने जिलाधिकारी से रिपोर्ट माँगी और उसको पैसा उपलब्ध कराया है। कोई भेदभाव नहीं किया है। प्रधानमंत्री जी का 'सबका साथ, सबका विकास' का जो नारा है उसको साकार रूप से उतारने का कार्य किया गया।

प्रदेश के अन्दर 20 लाख से अधिक परिवारों को आवास उपलब्ध कराए गए। क्या यह कार्य नहीं है? 1 करोड़ से अधिक लोगों को हम लोगों ने उज्ज्वला योजना के कनेक्शन उपलब्ध कराए हैं। 1 करोड़ से अधिक लोगों को विद्युत के निःशुल्क कनेक्शन उपलब्ध कराए गए हैं। 2 करोड़ 7 लाख लोगों को स्वच्छ भारत मिशन में एक-एक शौचालय उपलब्ध हुआ है। क्या यह कार्य नहीं है? किसानों को दी गई रियायत क्या यह कार्य नहीं है? मुझे अफसोस होता है कि आज भी लोग इस बात को कहते हैं कि कोई कार्य नहीं हो रहा है। आज भी इस प्रकार की बातें होती हैं कि सरकार कुछ नहीं कर रही है निराश्रित गोवंश के बारे में। कल मैं पश्चिमी उत्तर प्रदेश में था। रात्रि को मैं वहीं था और उसी नोएडा में था जिस नोएडा के बारे में कहा जाता था कि मुख्यमंत्री जाएगा तो फिर दोबारा नहीं आएगा। मैं तो कल पाँचवी बार चला

गया। मैं उस मिथक को बार -बार तोड़ता हूँ। लोग कहते थे कि एक बार जाएँगे दोबारा नहीं आ पाएँगे। मैंने कहा कि दूसरी बार फिर आऊँगा। जिन लोगों ने नोएडा को बार-बार अपनी लूट-खसोट का अड्डा बनाया, जरिया बनाया है। नोएडा, ग्रेटर-नोएडा, यमुना एक्सप्रेस-वे में जब हम लोग आए थे तो 3 लाख से अधिक ऐसे बायर्स थे जिनका पैसा 10 साल, 12 साल, 15 साल पहले जमा हो गया था, लेकिन उनको मकान नहीं मिला। हमारी सरकार ने एक साल में एक लाख लोगों को आवास उपलब्ध कराया है और शेष को समयबद्ध तरीके से हम लोग मकान दिलाने के लिए पूरी तरह प्रतिबद्ध हैं। हम लोग जब आए थे तो नोएडा, ग्रेटर नोएडा, यमुना एक्सप्रेस-वे सब-के-सब व्यापक घाटे में थे। एक व्यवस्था वहाँ बनाई गई, अभी 30 कि०मी० लम्बे मेट्रो का उद्घाटन हम लोग करके आए हैं नोएडा को ग्रेटर नोएडा से जोड़ने के लिए। उसी ग्रेटर नोएडा और जेवर के पास हम लोग एक अन्तर्राष्ट्रीय एयरपोर्ट देने जा रहे हैं। देश का सबसे बड़ा एयरपोर्ट होगा, इण्टरनेशनल एयरपोर्ट होगा। क्या यह विकास नहीं है? हम लोग दिल्ली को मेरठ के साथ, रैपिड रेल के साथ जोड़ने जा रहे हैं। 32 हजार करोड़ रुपये की यह योजना है। मेरठ को प्रयागराज के साथ जोड़ने जा रहे है, गंगा एक्सप्रेस-वे से माँ गंगा के प्रति श्रद्धा और सम्मान का भाव रखते हुए, 36 हजार करोड़ रुपये की लागत से यह कार्य होगा। लेकिन आज लोग कहते हैं कि साहब, कुछ कार्य नहीं हुआ है। क्या यह सब डेवलपमेण्ट के कार्य नहीं हैं?

मार्च, 2017 के पहले बिजली की कितनी दुर्व्यवस्था थी। बिजली पाँच जिलों में मिलती थी और पाँच के अलावा 70 जिले अँधेरे में डूबे रहते थे। हमने तो तब भी कहा था कि बाबा साहब भीमराव अम्बेडकर जी ने सामाजिक असमानता के खिलाफ आवाज उठाई थी। भारतीय जनता पार्टी की सरकार बाबा साहब भीमराव अम्बेडकर का अनुसरण करते हुए राजनीतिक असमानता के खिलाफ भी आवाज उठा रही है और उसको एक सिरे से खारिज करते हुए विद्युत वितरण समान रूप से करेगी। 24 घण्टे, 20 घण्टे और 18 घण्टे विद्युत की आपूर्ति समान रूप से प्रदेश के अन्दर हो रही है। कोई शिकायत

नहीं कर सकता है कि विद्युत मंत्री के जनपद में ही बिजली मिल रही है बाकी अन्य जगह नहीं मिल रही है। सभी जगह विद्युत आपूर्ति समान रूप से हो रही है। हमने विद्युत कनेक्शन देने में कोई भेदभाव नहीं किया, हमने जाति नहीं देखी, मत और मजहब नहीं देखा, सम्प्रदाय नहीं देखा, क्षेत्र नहीं देखा, हमने आवास देने में कोई भेदभाव नहीं किया, विकास की योजनाओं में कोई भेदभाव नहीं किया।

जो लोग सामाजिक न्याय का ढिंढोरा पीट-पीट करके अपनी पीठ थपथपाते थे उनसे पूछा जाना चाहिए कि प्रदेश के अन्दर बड़ी संख्या में मुसहर जाति रहती है। उस मुसहर जाति के लिए पिछली सरकारों ने कुछ नहीं किया और मुझे इस बात पर गौरव की अनुभूति है कि हमारी सरकार ने उस मुसहर जाति के प्रत्येक परिवार को राशनकार्ड भी दिया और प्रत्येक को आवास देने के लिए मुख्यमंत्री आवास योजना भी लागू की। हमारी सरकार ने वनटांगिया गाँवों को, जिनकी 54 बस्तियाँ थीं जो आजादी के पहले से बसी थीं, 1910 से लेकर 1920 के बीच में अंग्रेजों ने जिन्हें बसाया था। आजादी के बाद कभी उन्हें मान्यता नहीं मिल पाई, खानाबदोश की तरह रहते थे उन 54 बस्तियों में एक भी राशनकार्ड नहीं था, न उनके पास पक्का मकान था, उनके पास स्कूल नहीं थे, पेयजल की व्यवस्था नहीं थी, स्वास्थ्य की कोई सुविधा नहीं थी। आज हम लोगों ने उनमें से 5-7 को छोड़ दिया जाए तो शेष सभी बस्तियों को राजस्व ग्राम के रूप में मान्यता दे दी है और वहाँ हमने कनेक्टिविटी भी दी है। बिजली जहाँ नहीं जा सकती थी वहाँ सोलर लाइट हमने उपलब्ध कराई है। उनके लिए राशनकार्ड बनवाए, पेंशन सुविधाएँ दीं, वृद्धावस्था पेंशन, विधवा पेंशन, दिव्यांग पेंशन हम लोगों ने उन्हें दी। स्कूल की सुविधा और अन्य सारी सुविधाएँ हम लोग उनको दे रहे हैं। थारू जनजाति के लोगों के लिए हमारी सरकार ने व्यवस्था की है, कोल जाति के लोगों के लिए हमारी सरकार व्यवस्था कर रही है कि इन सबके पास मकान होने चाहिए, क्यों नहीं होना चाहिए उनके पास, यदि उस जाति का वोट कम है तो क्या आप उनकी आवाज को दबा देंगे। ऐसी तमाम जातियाँ जिनकी कोई वाइस नहीं थी, उनकी वाइस को

वाइस देने का कार्य हमारी सरकार कर रही है। इसीलिए मैं कह सकता हूँ कि यह कार्य हम लोगों ने पूरी तन्मयता के साथ किया है।

हमारे विपक्ष के मित्र पुरानी पेंशन के बारे में कह रहे थे। मान्यवर, उत्तर प्रदेश में पुरानी पेंशन समाप्त करके नई पेंशन स्कीम वर्ष 2005 में लागू हुई थी। मैं पूछना चाहता हूँ कि 2005 में किसकी सरकार थी समाजवादी पार्टी की सरकार थी। वर्ष 2007 में बहुजन समाज पार्टी की सरकार आई और 2012 में फिर समाजवादी पार्टी की सरकार आई। आखिर इन सरकारों ने उस समय कोई कार्य क्यों नहीं किया? न्यू पेंशन स्कीम में तो इन लोगों ने उन कर्मचारियों के खाते तक नहीं खोले और उस खाते में दिया जाने वाला शासन का अंशदान भी नहीं दिया। हमारी सरकार प्रदेश में अपने प्रत्येक कर्मचारी के हितों को संरक्षित करने के लिए प्रतिबद्ध है। हमारी सरकार ने तय किया है कि पिछला जो पैसा होगा जिस पर सपा, बसपा के लोग और केन्द्र में कांग्रेस के लोग डकैती डाले थे, पैसा हड़प गए थे, वह सारा का सारा पैसा 10 हजार करोड़ रुपये से अधिक धनराशि हमारी सरकार देने जा रही है। प्रत्येक कर्मचारी के खाते में वह पैसा हम लोग देने जा रहे हैं। उनके एकाउण्ट खुलवा करके उसमें पैसा हम लोग देंगे और साथ ही साथ उनका अंशदान जो स्टेट का शेयर था उसको 10 प्रतिशत से बढ़ा करके 14 प्रतिशत करने का निर्णय भी हमारी कैबिनेट ने लिया है। हम पूछना चाहते हैं कि ये लोग आखिर इतने वर्षों से क्यों चुप बैठे हुए हैं, क्यों सपा, बसपा और कांग्रेस सब मौन बने थे। आप कर्मचारियों के हितों पर कुठाराघात करोगे और उसके बाद जब जनता बेदखल कर देगी तो चिल्लाने लग जाओगे। सरकार कर्मचारियों के हितों को संरक्षण देने के लिए पूरी तरह प्रतिबद्ध है। इसीलिए सरकार ने किसी भी प्रकार से बिना कोई संकोच किए अपनी एक टीम को कर्मचारी नेताओं के साथ दिल्ली भेजा। भारत सरकार से बातचीत की और भारत सरकार ने भी संशोधन करके 'न्यू पेंशन स्कीम' में अपना शेयर 10 प्रतिशत से बढ़ाकर 14 प्रतिशत करने का निर्णय लिया है। कर्मचारियों के हितों को ध्यान में रखकर यह उत्तर प्रदेश सरकार की पहल है लेकिन उसके लिए भी वे लोग सरकार

को कटघरे में खड़ा कर रहे हैं। यानी जो कार्य स्वयं किए हों उस चोरी के लिए भी इस सरकार को कटघरे में खड़ा करना। सरकार जब उस पर कार्य कर रही है तो इनको बोलने का कोई हक नहीं बनता है।

प्रदेश के अन्दर एक दुःखद घटना घटित हुई है। घटना अत्यन्त दुःखद है, मैंने उस दिन भी कहा था कि चाहे कुशीनगर जनपद में, चाहे सहारनपुर जनपद में या हरिद्वार में, जहाँ भी इस शराब काण्ड से मौतें हुई हैं हमारी पूरी संवेदना उन पीड़ित परिवारों के प्रति है। यह घटना दुःखद है और दुःखद घटना होने के नाते हमने तत्काल इस बारे में कहा। हम पहले भी इस बारे में पूरी तरह से कहते रहे हैं कि प्रदेश के परसेप्शन को खराब करने और माहौल को खराब करने का कुछ लोग षड्यंत्र कर रहे हैं। जब यह हर तरीके से हार चुके हैं, पस्त हो गए हैं तो वही लोग हर स्तर पर षड्यंत्र कर रहे हैं। ऐसी-ऐसी शरारतें करते हैं जो मानवता को भी शर्मसार कर देती हैं। इससे पहले मैं देख रहा था कि समाजवादी पार्टी के अध्यक्ष के द्वारा बात कही जा रही थी कि इस बात को साबित करें। चूँकि इस सदन में मुद्दा उठा था इसलिए मैं कहूँगा कि पिछली चार घटनाएँ ऐसी घटित हुई हैं, जिसमें समाजवादी पार्टी के लोग उन षड्यंत्रों में शामिल रहे हैं। मैंने पहले ही इस बारे में कहा था। इससे पहले दिनांक 07 जुलाई, 2017 में आजमगढ़ में जो घटना घटित हुई थी, उस घटना का जो मुख्य अभियुक्त रहा है उनमें एक का नाम मुलायम यादव है और दूसरे का नाम कनिका यादव है। ये दोनों व्यक्ति समाजवादी पार्टी से जुड़े हुए लोग हैं। ये लोग इस मामले में लिप्त पाए गए थे और इस पर कार्रवाई भी हुई है। हमारी सरकार ने इस प्रकार का प्रावधान किया है कि ऐसे मिलावटखोरों को फाँसी की सजा मिले और हम आगे भी कार्रवाई करेंगे। इसके बाद हरदोई में घटना घटित हुई थी। वह पूर्व ब्लॉक प्रमुख और वर्तमान ब्लॉक प्रमुख के पति हैं। ये दोनों समाजवादी पार्टी से जुड़े हुए हैं। इन लोगों के पास से जहरीली शराब बरामद हुई थी। बाराबंकी में भी समाजवादी पार्टी से जुड़े हुए लोग थे। कानपुर में भी उस समय के न्यूज, समाचार-पत्रों और मीडिया में भी यह मामला उठा था। इसीलिए लोगों ने कुशीनगर और सहारनपुर की घटना को

बहुत ही गम्भीरता से लिया है। यद्यपि सहारनपुर में जो मौतें हुई थीं, शराब की जो दावत हुई थी, जो भोज हुआ था, वह उत्तराखण्ड के हरिद्वार जनपद में हुई थीं। उत्तराखण्ड के मा० मुख्यमंत्री जी से मैंने बातचीत की है। हमने एक एस०आई०टी० गठित की है।

पीड़ित परिवारों को दो-दो लाख रुपये की सहायता, जिनका उपचार चल रहा है उनको 50-50 हजार रुपये की सहायता हमने पहले ही घोषित की है। घटना दुःखद है, लेकिन हम इसकी तह में जायेंगे। कौन लोग हैं, जो उन गरीबों और उन नागरिकों के जीवन के साथ खिलवाड़ कर रहे हैं? उसकी तह में जा करके जो भी दोषी होगा उसे कटघरे में खड़ा करेंगे और ऐसी सजा दिलाएँगे कि आने वाले समय में इस प्रकार के षड्यंत्रकारियों के लिए वह एक मानक बन सके। बहुत सख्त से सख्त कार्रवाई हमारी सरकार इस मामले में करने जा रही है। इस मामले को ले करके हम एक बार फिर कह सकते हैं, ऐसा नहीं है कि यह घटना इसी समय उत्तर प्रदेश में हो रही हो। ये घटनाएँ रुकनी चाहिए। उस प्रकार की व्यवस्थाएँ की जाएँगी, की भी गई हैं, फिर भी षड्यंत्रकारी सफल हुए हैं। कैसे हुए हैं, हम इसकी तह में भी जाएँगे। इसके पहले भी उत्तर प्रदेश के अन्दर इस प्रकार की घटनाएँ घटित हुई हैं और इस मामले में 2008 में सीतापुर में 16 लोगों की मौत हुई थी, 2009 में 53 लोगों की मौत हुई थी, 2010 में 82 लोगों की, 2011 में 13, 2012 में 18, 2013 में 52, 2014 में 05, 2015 में 59, 2016 में 41 और 2017 में 18 मौतें हुई थीं। ये मौतें इससे पहले अलग-अलग वर्षों में हुई हैं। लेकिन हमारी सरकार पूरी प्रतिबद्धता के साथ ऐसे तत्वों के खिलाफ, जो लोगों के जीवन के साथ, कॉमन मैन के जीवन के साथ खिलवाड़ कर रहे हैं, बहुत सख्ती के साथ ऐसे तत्वों से निपटने का कार्य भी करेगी। आज के दिन पर हर एक क्षेत्र में काफी नई प्रगति हुई है। नई योजनाओं के साथ हम लोग आए हैं। अभी हाल ही में प्रदेश के अन्दर जितने भी वृद्धजन थे, जितनी भी विधवा महिलाएँ थीं, जितने भी दिव्यांगजन थे उन सब में जो बचे हुए लोग थे जिनको कभी पेंशन की सुविधा का लाभ नहीं मिल पाया था। हमारी सरकार ने निर्णय लिया कि

उन सबको पेंशन दो। हम लोगों ने पेंशन के कैम्प लगा करके पेंशन उपलब्ध कराने का कार्य किया है। वृद्धावस्था पेंशन में धनराशि बढ़ाई गई। दिव्यांग पेंशन में हम पहले ही रुपये 300 से 500 कर चुके थे और वृद्धावस्था पेंशन में हम लोगों ने यह राशि 400 रुपये से 500 रुपये की है।

अन्य क्षेत्रों में भी इन कार्यों को आगे बढ़ाने का कार्य जहाँ सरकार के स्तर पर पूरी मुस्तैदी के साथ किया जा रहा है, वहीं निराश्रित गौ-वंश के मामले को ले करके भी। जब मैं पश्चिमी उत्तर प्रदेश में था तो मैंने वहाँ इस बात की चर्चा लोगों से की। मैंने लोगों से पूछा कि आखिर कैसे ये सब चीजें आईं? उन्होंने कहा कि पहले जितने अवैध बूचड़खाने चलते थे, गौ-वंश चोरी करके उन अवैध बूचड़खानों में पहुँचाए जाते थे और फिर वहाँ काटे जाते थे। सरकार ने अवैध बूचड़खानों को रोका है तो स्वाभाविक रूप से अब शरारतन भी यह गौ-वंश सड़कों पर हैं या खेतों पर हैं। लेकिन हम लोगों ने एक अभियान चलाया है। हमने पहले भी इसके लिए काफी बड़ी मात्रा में धनराशि रिलीज की है। अलग-अलग जनपदों में धनराशि दी है। नगर निकायों में भी धनराशि दी है। गौ-वंश के चारे के लिए भी अतिरिक्त धनराशि दी है और इस धनराशि के माध्यम से गौ-वंश के संरक्षण के साथ-साथ उसके संवर्द्धन की व्यवस्था हो, उन्नत नस्ल का गौ-वंश आ सके, लोग अपने घरों में रहकर के इसकी सेवा कर सकें, इसका कार्य भी सरकार कर रही है। अब तक लगभग 03 लाख गौ-वंश को जो निराश्रित था को अलग-अलग जनपदों में अलग-अलग आश्रय स्थलों पर हमारी सरकार के द्वारा रखने का कार्य भी हुआ है। हम लोग पूरी तरह से प्रतिबद्ध हैं। किसान के साथ हमारा भावनात्मक सम्बन्ध है और हमारी पूरी संवेदना उनके साथ है। उनकी फसल को, उनकी पूरी मेहनत को एक झटके में जा करके ये निराश्रित गोवंश नुकसान पहुँचाए यह नहीं चल सकता। हम लोग किसान के हितों को संरक्षण देने के लिए पूरी तरह से प्रतिबद्ध हैं। बड़ी मात्रा में प्रदेश के अन्दर फेक राशन कार्ड थे। फर्जी लोगों ने राशन कार्ड बनाए हुए थे। राशन कार्ड धारक कहीं हैं ही नहीं लेकिन उसके नाम पर राशन कार्ड बने थे। ऐसे सभी फर्जी राशन कार्ड समाप्त करते हुए हर

एक व्यक्ति को राशन कार्ड उपलब्ध कराए। वर्तमान में 3 करोड़ 55 लाख परिवारों को हम राशन कार्ड उपलब्ध करा रहे हैं। राशन कार्ड में अन्त्योदय और पात्र गृहस्थी के राशन कार्ड जिसमें 2 रुपये प्रति किलो चावल और 3 रुपये किलो गेहूँ प्रत्येक परिवार को उपलब्ध कराने की व्यवस्था की गई है। यह व्यवस्था भी युद्ध स्तर पर की गई है। कोई भी लाभार्थी इससे वंचित नहीं रहने पाएगा। ऐसे ही अन्य तमाम कार्यों को ले करके सरकार आमजनों के हितों को संरक्षण देने के लिए पूरी तरह प्रतिबद्ध है। प्रदेश के अन्दर हर एक क्षेत्र में विगत 22 महीनों के दौरान विभाग ने अपनी नई प्रगति की है। मैं इस बात को कह सकता हूँ कि कुम्भ का आयोजन जिस भव्यता और जिस दिव्यता के साथ आगे बढ़ रहा है। हमारी पूरी कैबिनेट वहाँ पर गई थी। वहाँ पर अलौकिक आनन्द का अनुभव पूरी कैबिनेट ने भी किया। प्रयागराज जाने वाला हर व्यक्ति इस आनन्द की अनुभूति कर रहा है। पूरा देश और दुनिया का हर श्रद्धालु प्रयागराज आ रहा है आज बदलते हुए उत्तर प्रदेश और अपने सुशासन के माध्यम से प्रदेश की छवि को बदलने का जो एक प्रयास प्रारम्भ हुआ है उस बदलते हुए उत्तर प्रदेश को देश और दुनिया देख रही है, उसको महसूस कर रही है। देखने के लिये दृष्टि चाहिए और समझने के लिए विवेक भी चाहिए। अब ईश्वर ने यह दोनों चीजें किसी को न दी हों तो उसमें हमारी क्या गलती है। हम उसके लिए कर भी क्या सकते हैं। इसीलिए अध्यक्ष जी, हम लोग आदरणीय राज्यपाल महोदय के आभारी हैं कि उनका अभिभाषण सरकार के लिए, प्रदेश के लिए एक मार्गदर्शक बना है। समय-समय पर विभिन्न आयोजनों के माध्यम से, विभिन्न कार्यक्रमों के माध्यम से भी श्री राज्यपाल जी का मार्गदर्शन प्रदेशवासियों को प्राप्त होता रहा है। उत्तर प्रदेश स्थापना दिवस का कार्यक्रम हो या फिर तिलक जी ने उत्तर प्रदेश में 1916 में 'स्वराज हमारा जन्मसिद्ध अधिकार है, मैं इसे ले करके रहूँगा' यह उद्घोष लखनऊ में कांग्रेस अधिवेशन में किया था। कांग्रेस के लोग भूल गए क्योंकि तिलक जी एक परिवार से नहीं जुड़े थे इसलिए तिलक जी को भुला दिया।

लेकिन गर्वनर साहब के निर्देश पर प्रदेश सरकार ने एक भव्य आयोजन किया था और तिलक जी के परिवार के लोगों को भी आमन्त्रित किया था। देश के महान स्वतन्त्रता संग्राम सेनानियों के परिवारजनों को भी हमने बुला करके एक भव्य आयोजन प्रदेश के अन्दर किया था।

प्रदेश के अन्दर एक और कार्य इस समय चल रहा है और वह काशी की पहचान से जुड़ा है। 1916 में काशी हिन्दू विश्वविद्यालय के उद्घाटन में राष्ट्रपिता महात्मा गाँधी जी भी आए थे। पूज्य बापू उस समय काशी में भगवान विश्वनाथ के मन्दिर में दर्शन करने के लिए गए थे। काशी विश्वनाथ मन्दिर में दर्शन करने के दौरान उन्होंने वहाँ गन्दगी देखी थी, सँकरी गलियाँ देखी थीं। 1916 में गाँधी जी ने काशी के बारे में और काशी विश्वनाथ मन्दिर के बारे में और वहाँ पर गन्दगी के बारे में दुर्व्यवस्था-अव्यवस्था के बारे में जो बातें कही थीं उसका ऑडियो हम लोगों के पास है। क्योंकि बापू की 150वीं जयन्ती का वर्ष चल रहा है। देश के अन्दर महामहिम राष्ट्रपति जी की अध्यक्षता में और प्रदेश के अन्दर आदरणीय राज्यपाल महोदय की अध्यक्षता में एक कमेटी गठित हुई है। पूरे प्रदेश के अन्दर अनेक कार्यक्रम चल रहे हैं। अभी प्रदेश के अन्दर हमारी कैबिनेट ने यह भी निर्णय लिया है कि आदरणीय राज्यपाल जी की हार्दिक अभिलाषा थी कि कुष्ठ रोगियों को किसी योजना का लाभ नहीं मिल पाता है उन्हें एक-एक आवास उपलब्ध हो जाए। हमारी सरकार ने 3700 से अधिक कुष्ठरोगी परिवारों को एक-एक आवास देने का निर्णय लिया है।

गाँधी जी की 150वीं जयन्ती के अवसर पर यह सारे कार्यक्रम हो रहे हैं। हर कुष्ठ रोगी को एक-एक आवास मिलेगा। यह कार्य हम आदरणीय राज्यपाल महोदय के कर-कमलों से आगे बढ़ाएँगे, लेकिन काशी विश्वनाथ मन्दिर के बारे में 1916 में गाँधी जी ने यह बात कही थी, गन्दगी के बारे में और सँकरी गलियों के बारे में कि भीड़ आती है आस्था का क्या सम्मान है? कभी कोई घटना-दुर्घटना हो जाए। 100 वर्षों तक किसी ने गाँधी जी की बात पर ध्यान नहीं दिया लेकिन देश के प्रधानमंत्री जी ने आज काशी हेरिटेज जोन के नाम पर

काशी विश्वनाथ मन्दिर के सुन्दरीकरण की वृहद् योजना तैयार की है। बहुत ही अच्छे ढंग से आज आप जाएँगे तो पाँच फिट की गली नहीं, काशी विश्वनाथ मन्दिर में जाने के लिए पचास फिट चौड़ा रास्ता मिलेगा। गंगाजी तक जाने के लिए पूरा एक हेरिटेज जोन मिलेगा। वहाँ पर अब तीन सौ, चार सौ, पाँच सौ, सात सौ वर्ष पुराने 41 मन्दिर मिले हैं, जो मकानों के अन्दर दबे हुए थे। उन मन्दिरों को संरक्षित करने का कार्य, उसे हेरिटेज जोन में विकसित करने का कार्य वहाँ पर सरकार करने जा रही है। एक वृहद् कार्य हो रहा है। गाँधी जी के नाम पर, गाँधी जी के टाइटिल के आधार पर लोग राजनीति कर रहे हैं, लेकिन गाँधी जी की बातों पर विश्वास नहीं करेंगे, गाँधी जी के विचारों का अनुसरण नहीं करेंगे। विडम्बना है कि गाँधी जी के उन विचारों को किसी ने सौ वर्षों तक आत्मसात करने का प्रयास नहीं किया। काशी विश्वनाथ मन्दिर के पुनरुद्धार का कार्य काशी में हेरिटेज जोन बनाकर के तथा प्राचीन मन्दिरों के संरक्षण का कार्य हृदय योजना, स्वदेश दर्शन, प्रसाद योजना के अन्तर्गत किया जा रहा है। आज काशी की बदली हुई तस्वीर देखकर जो लोग पाँच साल, दस साल पहले काशी गए थे और प्रवासी भारतीय दिवस के कार्यक्रम में आए थे, वह अभिभूत थे। काशी, बदलती हुई काशी, एक नई पुरातन आत्मा को रखते हुए नई काया में उभरती हुई काशी, एक विकसित होती हुई काशी, अपनी आध्यात्मिक और सांस्कृतिक परम्परा को सँजोए रखते हुए बढ़ रही काशी, वह काशी आज उसी रूप में हमारे बीच में है। मैं आज के इस अवसर पर एक बार पुन: आभार व्यक्त करता हूँ आदरणीय राज्यपाल महोदय का, जिन्होंने इस सत्र का शुभारम्भ अपने महत्वपूर्ण अभिभाषण से किया, समवेत सदनों को सम्बोधित किया, तमाम व्यवधानों के बावजूद उन्होंने पूरा अभिभाषण न केवल पढ़ा, अपितु समय-समय पर उसके बारे में आवश्यक निर्देश भी दिए। यह सदन आदरणीय राज्यपाल महोदय के प्रति आभार व्यक्त करता है। अध्यक्ष जी, मैं एक बार पुन: पूरे सदन से, अपने सभी मित्रों से अपील करूँगा कि वह सर्वसम्मति से मा० राज्यपाल महोदय के धन्यवाद

प्रस्ताव को यहाँ से पास करके आदरणीय राज्यपाल महोदय तक पहुँचाने का कार्य करें। मैं आपका भी आभारी हूँ कि आपने मुझे बोलने का अवसर दिया है। मैं आभारी हूँ उन सभी सहयोगियों का, माननीय सदस्यों का, ऐसे लगभग 58 सदस्यों का जिन्होंने इस चर्चा में भाग लिया और प्रदेश की उपलब्धियों के साथ-साथ भावी योजनाओं पर चर्चा करके आदरणीय राज्यपाल महोदय के प्रति आभार व्यक्त किया है। मैं इसके साथ ही पुनः एक बार आदरणीय राज्यपाल महोदय को यहाँ पर उनके अभिभाषण के लिए धन्यवाद देता हूँ। आभार व्यक्त करता हूँ। धन्यवाद!

सन्दर्भ : दिनांक 11 फरवरी, 2019, श्री राज्यपाल के अभिभाषण पर धन्यवाद के प्रस्ताव पर चर्चा।

मैं बहुत आश्चर्य के साथ सुन रहा था, देख रहा था। जब इनके पास सरकार के खिलाफ कोई मुद्दा नहीं होता है तो हर असंसदीय कार्य को करने या यहाँ पर बोलने के लिए उतावले दिखाई देते हैं। संसदीय मर्यादाओं का उल्लंघन करना, मैं देख भी रहा था। श्री राज्यपाल के अभिभाषण के दौरान एक माननीय सदस्य गिरकर गम्भीर रूप से घायल होते हैं, लेकिन उदण्डता कम नहीं हुई। संसदीय मर्यादाओं को कैसे तार-तार किया जाता है, उसका उदाहरण भी यह सदन बना है। हमारे एक माननीय मंत्री जी, ठीक बोल रहे थे, जब सपा के नेता बोल चुके तो बसपा को बोलने की आवश्यकता क्या है?

बुनियादी और ढाँचागत विकास का द्योतक बजट

माननीय अध्यक्ष जी, मैं आपका आभारी हूँ कि आपने वर्ष 2019–2020 के इस सामान्य बजट पर मुझे बोलने का अवसर दिया है। प्रदेश के अन्दर एक कल्याणकारी और विकासोन्मुखी बजट प्रस्तुत करने, प्रदेश के अन्दर व्यापक रोजगार और औद्योगिक विकास की सम्भावनाओं को विकसित करने, समाज के विभिन्न तबकों के हितों को संरक्षित करने के उद्देश्य से तथा प्रदेश के वित्तीय अनुशासन को ध्यान में रखकर, प्रदेश का सामान्य बजट प्रस्तुत करने के लिए मैं अपने सहयोगी वित्त मंत्री और उनकी पूरी टीम को हृदय से बधाई देता हूँ। देश के सबसे बड़े प्रदेश के इस बजट की पूरे देश और समाज के विभिन्न तबकों ने सराहना की है। मैं इस अवसर पर वित्त मंत्री जी को खासतौर पर अच्छे बजट को प्रस्तुत करने के लिए, समाज के विभिन्न तबके के हितों को ध्यान में रखते हुए रोजगार को बढ़ावा देने वाले प्रदेश के औद्योगिक और बुनियादी ढाँचागत विकास को ध्यान में रखकर और अपने वित्तीय अनुशासन को ध्यान में रखकर एक अच्छे बजट को प्रस्तुत करने के लिए हृदय से साधुवाद देता हूँ।

सरकार ने बजट की सीमा को बढ़ाया। विगत वर्ष 4 लाख 28 हजार करोड़ रुपये का बजट प्रस्तुत किया था और इस वर्ष हमारी सरकार ने 4 लाख 79 हजार 701 करोड़ रुपये का बजट इस सदन में प्रदेश के सर्वांगीण विकास को ध्यान में रखकर प्रस्तुत किया है। स्वाभाविक रूप से एफ०आर०बी०एम० की जो सीमा होनी चाहिए, उस वित्तीय अनुशासन का पालन किया गया है। इससे पहले प्रदेश के अन्दर क्या होता था, यह किसी से छुपा हुआ नहीं है। प्रदेश के

अन्दर विकास का क्या बंदरबाँट होता था, यह भी किसी से छुपा हुआ नहीं है। प्रदेश की वित्तीय स्थिति किस कदर चरमरा चुकी थी, यह भी किसी से छुपा हुआ नहीं है। उत्तर प्रदेश में कोई निवेश नहीं करना चाहता था। व्यापक अराजकता का जो एक लम्बा दौर चला है वह भी किसी से छुपा हुआ नहीं है। चार्वाक के सिद्धान्त को ध्यान में रखकर के पिछले 15 वर्षों तक प्रदेश के अन्दर जिस प्रकार की अराजकतापूर्ण सरकारें चलीं। **यावत जीवेत सुखम् जीवेत, ऋणं कृत्वा घृतं पिबेत् भस्मिभूतस्य देहस्य पुनरागमनं कुतः** के इस भाव को ध्यान में रखकर के इन लोगों ने जिस तरीके से प्रदेश को लूटा, भ्रष्टाचार ही नहीं बल्कि संस्थाओं को इंडीविजुएल्स के लिए जिस प्रकार से नष्ट किया उसकी कीमत इस प्रदेश ने चुकाई है। जो आप चाहते थे कि लूट लो दोबारा आना नहीं है। जनता ने उसका जवाब भी दिया है। चिन्ता मत करिए फिर देने जा रही है।

मैं बहुत आश्चर्य के साथ सुन रहा था, देख रहा था। जब इनके पास सरकार के खिलाफ कोई मुद्दा नहीं होता है तो हर असंसदीय कार्य को करने या यहाँ पर बोलने के लिए उतावले दिखाई देते हैं। संसदीय मर्यादाओं का उल्लंघन करना, मैं देख भी रहा था। श्री राज्यपाल के अभिभाषण के दौरान एक माननीय सदस्य गिरकर गम्भीर रूप से घायल होते हैं, लेकिन उदण्डता कम नहीं हुई। संसदीय मर्यादाओं को कैसे तार-तार किया जाता है, उसका उदाहरण भी यह सदन बना है। हमारे एक माननीय मंत्री जी, ठीक बोल रहे थे, जब सपा के नेता बोल चुके तो बसपा को बोलने की आवश्यकता क्या है? जब गले मिलकर चलना है तो एक ने बोल दिया बहुत हो गया। एक-दूसरे का समर्थन करना ही है उनको, चाहे सच बोलें चाहे झूठ बोलें। सच-झूठ में सब एक साथ भागीदार हैं। लेकिन संसदीय परम्पराओं का पालन होना चाहिए। इस भाव को लेकर के सरकार ने विगत 22 महीनों के दौरान प्रदेश के अन्दर कार्य भी किया है। विगत 15 वर्षों के अन्दर एक कुप्रथा चली आई थी कि पैसा समय पर खर्च नहीं करना और पी०एल०ए० में डाल देना। उसके बाद अपने अनुसार उसका बंदरबाँट करना, उस प्रवृत्ति को हमने बन्द किया

है। पी०एल०ए० में 31 मार्च के बाद कोई पैसा नहीं जाएगा। बजट का पैसा जिस कार्य के लिए है उसी पर खर्च होगा।

इसके लिए हिम्मत चाहिए थी और वह हिम्मत हमारी सरकार ने दिखाई है और उस कार्य को हम पूरी प्रतिबद्धता के साथ कर रहे हैं। प्रदेश के अन्दर विकास की स्थिति कैसे होनी चाहिए, उसको करने का प्रयास किया गया। पटरी से उतरी व्यवस्था को फिर से पटरी पर लाकर के दौड़ाने का प्रयास किया। आज उत्तर प्रदेश जो देश के अन्दर विगत 15 वर्षों में सबसे निचले पायदान की ओर जा रहा था आज देश के अन्दर हर प्रतिस्पर्धा में नम्बर एक और नम्बर दो की उस लड़ाई में फिर से स्थापित हो रहा है जिसका वह हकदार था। 15 वर्षों के भ्रष्ट और अकर्मण्य राजनीतिज्ञ नेतृत्व ने प्रदेश के पूरे परसेप्शन को खराब किया था और उस परसेप्शन को हमारी सरकार ने पुनः स्थापित किया है, उसको लाने का प्रयास किया है। उसको लाकर के हम लोगों ने प्रदेश के सम्मान को, प्रदेश की 23 करोड़ जनता के सम्मान को, देश के सामने एक बार फिर से प्रस्तुत किया। एक समय ऐसा भी आया था 2017 के पहले, जब उत्तर प्रदेश का नौजवान उत्तर प्रदेश के बाहर अपनी पहचान को बताने से कतराता था, उसे संकोच होता था। बहुत जगह ऐसी स्थिति आती थी कि उत्तर प्रदेश का जवान कहीं जाता था तो होटल में कमरे उसे नहीं मिलते थे। किसने इस प्रकार की स्थिति पैदा की थी? कौन वह लोग थे? यह अराजकता की स्थिति पैदा करने वाला कौन था? उसको किसी प्रतिष्ठित संस्थान में नौकरी नहीं मिलती थी। आज मैं कह सकता हूँ कि उत्तर प्रदेश का नौजवान कहीं भी जाएगा देश और दुनिया के अन्दर बड़े सम्मान के साथ उसको ऑफर मिलता है, अच्छे-अच्छे ऑफर मिल रहे हैं। हम प्रदेश के अन्दर नौकरी दे रहे हैं, रोजगार दे रहे हैं। विभिन्न संस्थानों में उनके सम्मानजनक प्लेसमेण्ट की व्यवस्था हमारी सरकार ने विगत 22 महीनों के अन्दर करने का प्रयास किया है। आज उसी का परिणाम है एक विश्वास जगा है। उस विश्वास को एक नई गति देने के लिए ही यह बजट इस सदन में प्रस्तुत किया गया है। इस बजट को प्रस्तुत करते समय बहुत सारी बातों का उल्लेख किया है। हमारे वित्त मंत्री उसकी चर्चा भी करेंगे।

माननीय अध्यक्ष जी, मैं सबसे पहले देश के उन सभी शहीदों के प्रति नमन करता हूँ जो पुलवामा में आतंकी घटना में शहीद हुए। आतंकी घटना के बाद पूरे देश के अन्दर आतंकवाद के खिलाफ अपने पड़ोसी राष्ट्र पाकिस्तान के प्रति जिस प्रकार का आक्रोश देखने को मिला है। यह एक बार पुनः इस देश के अन्दर हर चुने गए जनप्रतिनिधि की आँखों को खोलने वाला है। अपने स्वार्थों के लिए तुष्टीकरण की राजनीति पर चलकर आतंकवाद, किसी भी प्रकार के उग्रवाद और अराजकता को बढ़ावा देंगे तो यह आक्रोश उन्हें ले डूबेगा। तुष्टीकरण के खिलाफ, आतंकवाद के खिलाफ यह आक्रोश आज सड़कों पर दिखाई दे रहा है। हम उन सभी शहीदों के प्रति विनम्र श्रद्धांजलि अर्जित करते हैं। प्रदेश के 12 जवान पुलवामा में आतंकी घटना के शिकार हुए। आतंकवाद के खिलाफ वहाँ पर जो मुहिम चली उस एनकाउण्टर में पुनः हमारे प्रदेश की आर्मी का एक जवान शहीद हुआ है। हम उनके प्रति विनम्र श्रद्धांजलि अर्पित करते हैं। हमारी सरकार ने यह तय किया है कि यह बलिदान देश की सुरक्षा के लिए है, देश की सम्प्रभुता के लिए है, इस देश की अखण्डता के लिए है इसलिए प्रत्येक परिवार को सम्बन्धित संस्था चाहे वह पैरामिलिट्री हो, मिलिट्री हो या फिर केन्द्रीय पुलिस बल हो यह संस्थाएँ अपनी ओर से जो अनुमन्य सहयोग होगा, वह तो देंगी ही, लेकिन प्रदेश सरकार की ओर से हमने प्रत्येक शहीद परिवार के सदस्यों को रु० 25 लाख की अनुग्रह धनराशि, परिवार के एक सदस्य को प्रदेश सरकार में सम्मानजनक नौकरी और जो जवान शहीद हुआ है, उनके गाँव का पहुँच मार्ग उनके नाम पर करने और उसके निर्माण की कार्रवाई को प्राथमिकता के आधार पर आगे बढ़ाया है। हमने पहले भी इसकी घोषणा की।

मैं अपने सभी मा० सदस्यों से कहना चाहूँगा कि प्रदेश सरकार सभी मा० सदस्यों को इसका चयन करने की प्राथमिकता देगी कि वह अपनी-अपनी विधानसभा से एक गाँव, आदर्श गाँव के रूप में विकसित करें और उस गाँव को प्राथमिकता दें, जिस गाँव से जवान शहीद हुआ है। उस गाँव को अगर प्राथमिकता दें तो उसे आदर्श गाँव के रूप में विकसित कर लें। उस गाँव की

सड़कों को, उस गाँव की जल-निकासी को, उस गाँव की पेयजल की व्यवस्था को, उस गाँव की स्ट्रीट लाइट को, उस गाँव में पब्लिक एड्रेस सिस्टम को, उस गाँव में कॉमन सर्विस सेण्टर को या उस गाँव में जो भी अन्य सुविधाएँ हो सकती हैं, इस दृष्टि से विकसित करेंगे तो राज्य सरकार इसमें सहयोग करेगी। अच्छा होगा कि एक साथ प्रदेश के अन्दर 403 गाँव इस रूप में विकसित करके हम आगे बढ़ा सकेंगे तो वह आदर्श गाँव के रूप में विकसित होकर के अन्य के सामने मॉडल बन सकता है। आज गाँवों में विकास के लिए पैसे की कमी नहीं है। पर्याप्त धनराशि भारत सरकार की ओर से भी और राज्य सरकार की ओर से भी गाँवों को सीधे दी जा रही है। इसका हम सही ढंग से उपयोग कर लें तो हर गाँव को एक आदर्श गाँव के रूप में विकसित किया जा सकता है। अच्छे ढंग से विकसित किया जा सकता है। हम चाहेंगे कि इस बारे में जरूर कार्य किया जाना चाहिए जिससे भारत की प्रतिष्ठा बढ़े, भारत का सम्मान बढ़े, भारत के नागरिकों का सिर गर्व के साथ ऊँचा हो इस सबसे अगर आपको अपमान महसूस होता है तो यह आपका दुर्भाग्य है, इस देश का नहीं।

इस देश का हर नागरिक अपनी उन परम्पराओं पर गौरव की अनुभूति करता है। इसीलिए भारत की परम्परा इस बात को कहती है।

धन्यम् हि भारतवर्षम्, धन्यः भारतसंस्कृति।
भारतीय जनः धन्यः, धन्यः अस्माकम् परम्पराः।।

हमारी परम्पराएँ, भारत की संस्कृति इन सब पर गौरव की अनुभूति करने का प्रयास अगर किया होता तो सम्भवतः कांग्रेस को अपने न्यूनतम स्तर पर केन्द्र में भी नहीं आना पड़ता और प्रदेश के अन्दर अर्थी लगाने की स्थिति नहीं आती। अगर यह स्थिति आई है तो इसलिए आई है क्योंकि इस देश की परम्परा और संस्कृति का अपमान करने से यह आज भी बाज नहीं आ रहे हैं। यानी जब आवश्यकता पड़ती है, वोट लेना होता है तो जनेऊ दिखाते हैं। एक्सीडेण्टल हिन्दू से लेकर जनेऊधारी हिन्दू बनने में अपने को कहते हैं कि हम जनेऊधारी हिन्दू हैं। गोत्र भी बताने लग गए हैं। सही है या गलत है यह तो ऊपर वाला जानता होगा लेकिन ऐसे लोगों को कुम्भ की परम्परा पर गौरव

की अनुभूति नहीं हो रही है। 21 करोड़ से ज्यादा श्रद्धालुजन कुम्भ की परम्परा में स्नान कर चुके हैं। संगम तट पर स्नान कर चुके हैं। जिस कुम्भ की परम्परा पर कह रहे थे कि पर्यटन विभाग ने पैसा नहीं दिया। बिना पैसे के भी कार्य हो सकता है, बहुत अच्छा कार्य हो सकता है। बिना पैसे के भी बहुत अच्छे कार्य हो सकते हैं। यह कार्य कोई कर सकता है तो हमारी सरकार कर सकती है।

यह कार्य हो सकते हैं और हमने किया है। यह लोग सत्रह नम्बर पर उत्तर प्रदेश के पर्यटन के स्तर को ले गए थे। उत्तर प्रदेश कुम्भ के बाद नम्बर एक पर पूरे देश में आने वाला है। 21 करोड़ श्रद्धालु अकेले कुम्भ में आए। कल फिर स्नान है माघी पूर्णिमा का, संत रविदास जी की जयन्ती भी है और माघी पूर्णिमा के लिए अभी से प्रयागराज में डेढ़ करोड़ श्रद्धालु हैं। सारे आँकड़े टूटते हुए दिखाई दे रहे हैं। कैसे शान्तिपूर्ण ढंग से जनता की एक-एक पाई का किस तरीके से सदुपयोग करके भव्य और दिव्य कुम्भ का आयोजन किया जा सकता है, भारतीय जनता पार्टी की सरकार ने आस्था का सम्मान करते हुए यह किया है। आप भी जाइए वहाँ पर सारी व्यवस्थाएँ होंगी। वहाँ पर गए होंगे, चोरी छिपे गए होंगे कोई दो राय नहीं। यह बोलते कुछ और हैं और करते कुछ और हैं। यह गए होंगे या नहीं गए होंगे लेकिन इनके परिवार के लोग गए होंगे। जाना भी चाहिए वह किसी व्यक्ति का नहीं है, किसी पार्टी का भी नहीं है, सबका है। हमारी नीति तो सबका साथ, सबका विकास की है। लेकिन आपकी तो सबका साथ, सबका विनाश की है।

महोदय, प्रदेश के अन्दर विभिन्न क्षेत्रों में विकास के नए आयाम स्थापित किए गए हैं। पर्यटन के साथ ही हम लोगों ने अनेक क्षेत्रों में भी कार्य किया है। प्रधानमंत्री आवास योजना में हमारे प्रदेश ने उल्लेखनीय कार्य किया है। प्रधानमंत्री आवास योजना ग्रामीण और शहरी दोनों क्षेत्रों में उत्तर प्रदेश ने देश के अन्दर प्रथम स्थान प्राप्त किया है। प्रधानमंत्री आवास योजना का लाभ किसी गरीब, किसी किसान, किसी दलित, किसी वंचित, किसी अति पिछड़े और समाज के अन्तिम पायदान पर खड़े किसी व्यक्ति को ही मिला है। बीस लाख से अधिक परिवारों को प्रधानमंत्री आवास योजना ग्रामीण और शहरी से

आच्छादित करने वाला उत्तर प्रदेश देश का पहला राज्य है। हमने बहुत बड़ी संख्या में प्रधानमंत्री आवास उपलब्ध कराए हैं। प्रधानमंत्री आवास योजना जून, 2015 में चली है और जून, 2015 से लेकर मार्च, 2017 तक प्रदेश के अन्दर केवल 20000 प्रधानमंत्री आवास स्वीकृत हुए थे। इसके बाद हम लोगों की सरकार आई और पौने दो वर्ष की इस कालावधि में हमारी सरकार ने आठ लाख छियासठ हजार परिवारों को आवास उपलब्ध कराए हैं। क्या यह कार्य नहीं है? प्रधानमंत्री आवास योजना जब ग्रामीण क्षेत्र में 2014 में प्रारम्भ हुई थी तो मार्च, 2017 तक केवल 63000 परिवारों को यह लाभ मिला था। हमारी सरकार आई तो आज साढ़े ग्यारह लाख परिवारों को ग्रामीण क्षेत्र में हम लोगों ने आवास उपलब्ध कराए हैं।

स्वच्छ भारत मिशन के अन्तर्गत हर गरीब और हर नारी की गरिमा तथा सम्मान को बनाए रखने का कार्य किया गया है। हम सबको आभार व्यक्त करना चाहिए देश के यशस्वी प्रधानमंत्री श्री नरेन्द्र मोदी जी का, जिन्होंने प्रत्येक व्यक्ति के जीवन में व्यापक परिवर्तन लाने के लिए स्वच्छ भारत मिशन की घोषणा की। माननीय प्रधानमंत्री जी ने केवल घोषणा ही नहीं की बल्कि उसे आन्दोलन बनाया। अब यह एक जन आन्दोलन बन चुका है। उत्तर प्रदेश में स्वच्छ भारत मिशन में अब तक दो करोड़ साठ लाख से अधिक शौचालय उपलब्ध कराए गए हैं। यह किसी गरीब को, किसी किसान को, किसी मजदूर को, किसी दलित को, किसी वंचित को, किसी अति पिछड़े को ही मिले होंगे।

अब मैं विद्युत कनेक्शन पर आता हूँ। मैं सोचता था कि वर्मा जी अपने जनपद के विधानसभा क्षेत्र के दौरे पर जाते होंगे, लेकिन आज मैं उनके भाषण को देखकर जान चुका हूँ कि उनमें वास्तविक धरातल की जानकारी का अभाव है। उनको इसके बारे में सीखना चाहिए, देखना चाहिए और क्षेत्र में जाने की आदत डालनी चाहिए। वैसे इन लोगों की विकास में बहुत रुचि नहीं है और विकास के बारे में इनकी कोई सोच भी नहीं है। यह लोग विकास करना भी नहीं चाहते हैं। अब तक डेढ़ लाख से अधिक मजरों के विद्युतीकरण का कार्य पं० दीनदयाल उपाध्याय योजना और सौभाग्य योजना के माध्यम से भारत

सरकार के सहयोग से उत्तर प्रदेश सरकार ने किया है। एक करोड़ परिवारों को निःशुल्क विद्युत कनेक्शन उपलब्ध कराने का कार्य भी किया गया है। कैम्प लगाए गए हैं। हम लोगों ने कहा था कि माननीय विधायकगण भी जाकर कैम्प में भागीदार बनें। हमने उनको पार्टी के अन्दर नहीं बाँटा था। हम कहते हैं कि योजनाओं में सभी लोग जाएँ क्योंकि जनप्रतिनिधि जनता का प्रतिनिधि होता है। चूँकि आपकी विकास कार्यों में रुचि नहीं है, इसलिए आप लोग नहीं जाते हैं। लेकिन इधर के सभी माननीय विधायकगण जाते हैं, कैम्पों में भाग लेते हैं, कार्यक्रमों में जाते हैं। कुछ लोग कह रहे हैं कि हम गए थे, तो जो लोग गए अच्छी बात है।

1 करोड़ परिवारों को आखिर बिजली क्यों नहीं मिल पाई थी? यह लोग 2003 से लेकर 2017 तक क्या कर रहे थे? डेढ़ लाख मजरों में विद्युतीकरण नहीं हो पाया था। श्रीमान् जी, यह लोग क्या कर रहे थे? 20 लाख परिवारों को आवास नहीं मिल पाया था। 2 करोड़ 60 लाख परिवारों के टॉयलेट नहीं बन पाए थे। यह लोग क्या कर रहे थे? अगर किसानों की बात करेंगे तो किसानों की स्थिति इन्होंने कहाँ तक पहुँचा दी थी? मैं जिस दिन इस सदन में आया था उसके बाद से मैंने वर्मा जी का पहली बार जो भाषण सुना था उसके बाद आज भी किसानों के बारे में वही भाषण है। यानी जो मार्च, 2017 में था वही 2018 में भी था और दुर्भाग्य से मैं 2019 में भी उनके वही भाषण सुन रहा था कि किसानों का धान नहीं खरीदा गया है। किसानों का गेहूँ नहीं खरीदा गया है। किसानों का गन्ना नहीं खरीदा गया है। मुझे आश्चर्य होता है इसीलिए मैं कह रहा था कि यह बहुत गम्भीर हैं, सीनियर हैं और इनको जमीनी धरातल की जानकारी होगी। अब मैं जान गया हूँ कि यह जमीनी धरातल से उखड़े हुए लोग हैं और जमीन से उजड़े हुए लोग हैं। इसलिए किसी को बसाने की बात नहीं कर सकते हैं। इस वर्ष धान विगत वर्ष की तुलना में लगभग 4 लाख मीट्रिक टन ज्यादा सरकार खरीद चुकी है। 46 लाख मीट्रिक टन से अधिक धान का क्रय इस बार हुआ है और न्यूनतम समर्थन मूल्य एम०एस०पी० से अधिक दाम उत्तर प्रदेश ने प्रत्येक किसान को दिया है। लागत का डेढ़ गुना

दाम इस देश के नागरिकों को अन्नदाता किसानों को सम्मान देने के लिए पहली बार देश के अन्दर किया गया है। मान्यवर, यह सभी लोग केन्द्र में थे। यानी कांग्रेस की सरकार 2004 से लेकर के 2014 तक चली थी। सपा और बसपा दोनों अपने भ्रष्टाचार को बचाने के लिए अघोषित रूप से और घोषित रूप से उस सरकार का समर्थन कर रहे थे। भ्रष्टाचार की पराकाष्ठाएँ और रोज एक न एक नया भ्रष्टाचार निकलता था, लेकिन फिर भी उसमें फेवीकोल की तरह चिपके हुए थे। कभी उससे बाहर निकलने का नाम नहीं लेते थे और उस दौरान कभी भी किसी ने यह बात नहीं कही कि इन किसानों को न्यूनतम समर्थन मूल्य स्वामीनाथन कमेटी के अनुसार लागू होना चाहिए। उसके अनुसार किसानों को उसकी उपज का दाम मिलना चाहिए।

हम स‌ब आदरणीय मोदी जी के आभारी हैं कि जिन्होंने लागत का डेढ़ गुना दाम किसानों को दिया है। प्रदेश सरकार ने इसी साल 1750 और 1770 रुपये धान की कीमत एम०एस०पी० के रूप में तय की थी। हमने 20 रुपये प्रति कुन्तल अतिरिक्त दिया। प्रोक्योरमेण्ट की 2017 के पहले कोई पॉलिसी नहीं थी। मा० राजनाथ सिंह जी जब चीफ मिनिस्टर थे तो वह प्रोक्योरमेण्ट की एक पॉलिसी लेकर यहाँ आए थे जिसको उन्होंने लागू किया था लेकिन भारतीय जनता पार्टी के जाने के बाद यहाँ पर नहीं हो पाया था। मुझे इस बात पर अत्यन्त प्रसन्नता होती है कि हमारी सरकार आने के बाद विगत वर्ष हम लोगों ने 37 लाख मीट्रिक टन गेहूँ खरीदा था और इस वर्ष गेहूँ 53 लाख मीट्रिक टन खरीदा। विगत वर्ष हमारी सरकार ने प्रदेश के अन्दर गेहूँ का क्रय किया और किसानों से 42 लाख मीट्रिक टन धान का क्रय किया था तथा इस वर्ष कल तक 46 लाख मीट्रिक टन का आँकड़ा पार हो चुका है। आर०टी०जी०एस० के माध्यम से पैसा किसानों के खाते में भी आ रहा है, ऐसा भी नहीं कि आढ़तियों के माध्यम से। आढ़ती की व्यवस्था अब समाप्त हो गई है। हमने किसान के एकाउण्ट में पैसा सीधे भेजा है। यह भी इन लोगों को दिखाई नहीं देता है। दलहन और तिलहन का समर्थन मूल्य पहली बार दिया गया है। आलू के लिए समर्थन मूल्य योजना के अन्तर्गत किसानों को जो राहत देनी थी वह हमारी सरकार के आने के बाद दिया गया है।

गन्ना किसानों को मार्च, 2017 से लेकर के अब तक 53 हजार करोड़ रुपये से अधिक की राशि उनके खाते में सीधे-सीधे देने का कार्य हुआ है। इतनी बड़ी धनराशि देने का कार्य कभी नहीं हुआ है। हम लोग इसको लेकर प्रतिबद्ध हैं। अन्तर्राष्ट्रीय बाजार में चीनी के दाम कम हैं, बहुत कम हैं। एक्सपोर्ट होने की स्थिति नहीं है। फिर भी प्रदेश ने और केन्द्र सरकार ने भी एक्सपोर्ट सब्सिडी भी मिलों को दी। जिससे यहाँ की चीनी अन्तर्राष्ट्रीय बाजार में जा सके। लेकिन इस सबके बावजूद हमारी सरकार ने सॉफ्टलोन की व्यवस्था पिछली सप्लीमेण्ट्री में की थी। किसानों को राहत देने के लिए चीनी मिल गन्ना किसानों के गन्ना मूल्य का समय से भुगतान कर सकें, इस विषयक प्रक्रिया लगातार चल रही है, लेकिन किसानों के गन्ने का दायरा भी बढ़ा है। पिछले साल अकेले प्रदेश के अन्दर 120 लाख मी०टन चीनी का उत्पादन हुआ था। इस बार यह संख्या बढ़ने की सम्भावना है, लेकिन प्रदेश सरकार पूरी तरह प्रतिबद्ध है। किसानों के हितों के साथ किसी भी प्रकार का कोई खिलवाड़ नहीं होगा। जहाँ हमने यह कार्य किया है वहीं हमने चीनी मिलों के पुनरूद्धार की कार्रवाई भी की है। यह चीनी मिल बेचते थे। 21 चीनी मिलों को यह लोग बेच चुके थे। मामला सुप्रीम कोर्ट में चल रहा है। एक-दूसरे के साथ मिलकर भ्रष्टाचार में सब लिप्त थे। मुझे लगता है कि प्रदेश के किसानों का कितना बड़ा अहित किया। औने-पौने दाम पर चीनी मिलों को बेच देना। आप पूर्वी उत्तर प्रदेश में चले जाइए या पश्चिमी उत्तर प्रदेश में चले जाइए। हमारे पूर्वी उत्तर प्रदेश में गोरखपुर कमिश्नरी में कभी 42 चीनी मिलें थी और आज मात्र 09 चीनी मिलें वहाँ कार्य कर रही हैं। चालू स्थिति में हैं। इन लोगों ने एक-एक करके बेचा। एक-एक चीनी मिल एक-एक कस्बे का आधार थी। कल मैंने बस्ती के मुण्डेरवा और गोरखपुर के पिपराइच की जो चीनी मिलें हैं इनका दौरा किया था। मैं वहाँ पर किसानों के साथ बैठा था बातचीत कर रहा था। अकेले मुण्डेरवा में जो चीनी मिल हम लोग लगा रहे हैं वह 50 हजार क्विन्टल गन्ने की पेराई करेगी और अगले महीने से हम उसको चालू करने जा रहे हैं। नई चीनी मिल हम लोगों ने वहाँ पर लगाई है। यह लोग बेच रहे थे, हम नई

चीनी मिल लगा रहे हैं। 500 कर्मचारी रखे जाएँगे। 5000 लोग अप्रत्यक्ष रूप से रोजगार पाएँगे और 35 से 40 हजार किसान जिनके जीवन में खुशहाली आएगी एक चीनी मिल के आधार पर। एक-एक चीनी मिल व्यापक रूप से लोगों के जीवन में खुशहाली ला सकती है। 50 हजार परिवार सीधे-सीधे एक चीनी मिल पर आधारित थे। यह लोग बेचते गए। अलग-अलग रूप से बेचते गए। बेचते नहीं तो शराब लॉबी के सामने यह लोग नाक क्यों रगड़ते। नाक रगड़ने की स्थिति थी। आप प्रदेश के अन्दर राजस्व की बात कर रहे थे। प्रदेश के अन्दर कुल 14 हजार करोड़ रुपये इनके एक्साइज से आते थे और हमारी सरकार उससे 29 हजार करोड़ पिछले साल लेकर आई है और हम 33 हजार करोड़ तक इसको पहुँचाने जा रहे हैं।

मुझे बहुत अच्छा लगा कि जब यह संसदीय परम्पराओं की बात कर रहे हैं और मैं आपसे ही विनम्र अनुरोध करूँगा कि आप इस सदन के लिए संसदीय परम्परा का एक मानक तय करवा दें। आप व्यक्तिगत आरोप-प्रत्यारोप किसी पर भी लगा सकते हैं लेकिन क्या दूसरा उसका जवाब नहीं देगा? यानी आप सत्तापक्ष के हमारे किसी भी मंत्री या सदस्य को कुछ भी बोल देंगे। यह चीजें नहीं हो सकती हैं। आप लोग मानक तय करें, यह सदन मानक तय करे। हम तो बोल रहे हैं कि एक मानक सदन को तय करना चाहिए। इसी आचरण के कारण प्रतिनिधि कठघरे में खड़ा है। नेता प्रतिपक्ष आप अपने स्वास्थ्य की चिन्ता कीजिए, हमें आपके स्वास्थ्य की ज्यादा चिन्ता है। आपके द्वारा जिस भाषा का प्रयोग किया गया है मुझे लगता है कि वह स्वयं भी शोभा नहीं देती है। आप एक वरिष्ठ सदस्य हैं। इस सदन में आने वाला हर सदस्य समान है और प्रत्येक को संसदीय मर्यादाओं का, संसदीय आचरण का पाठ स्वयं सीखना चाहिए और उस प्रकार का आचरण स्वयं उतारना भी चाहिए। इसीलिए भाषा का प्रयोग कैसे होना चाहिए, आप लोग स्वयं भी आचरण करें और अपने सदस्यों को भी सिखाएँ। सत्तापक्ष उसका अनुसरण स्वयं कर लेगा। यहाँ का हर सदस्य अनुशासित है।

हम लोग बार-बार इस बारे में कह रहे हैं। क्यों जनप्रतिनिधि कठघरे में खड़ा है? क्या आज हर जनप्रतिनिधि को लोग सन्देह की निगाहों से देख रहे हैं?

क्यों बार-बार न्यायिक टिप्पणियाँ हो रही हैं, क्यों न्यायालय बार-बार इस प्रकार की टिप्पणी कर रहा है कि विधायक-सांसद कुछ करते नहीं। उन्हें वेतन-पेंशन क्यों दिया जा रहा है? यही आचरण है कोई और नहीं, इसलिए इस बात को अवश्य ध्यान रखना होगा कि अगर व्यक्तिगत आक्षेप करेंगे, टिप्पणी करेंगे तो फिर जैसे को तैसे का जवाब तो मिलेगा ही मिलेगा। अगर हमें लगता है कि व्यक्तिगत टिप्पणी नहीं होनी चाहिए तो हमें खुद व्यक्तिगत टिप्पणी करना बन्द करना चाहिए। हमें कोई दिक्कत नहीं है हम लोग परहेज करते हैं और करते रहे हैं। लेकिन हम फिर इस बात को कहेंगे कि आप लोग तय कर लें और जैसा चाहेंगे उस प्रकार से आपको जवाब भी मिलेगा और सम्मान भी मिलेगा, इसमें कोई सन्देह नहीं है। लेकिन ये चीजें नहीं चल सकतीं कि जो कुछ भी आपके मुँह में आएगा वो बोल लेंगे। यदि सत्तापक्ष की तरफ से कोई बोलने के लिए खड़ा होगा तो आप लोग अपने अनुसार बीच में डिस्टर्ब करेंगे। संसदीय मर्यादाओं का पालन हमें स्वयं करना पड़ेगा और इसकी शुरूआत सदन की कार्यवाही जब पहले दिन शुरू होती है श्री राज्यपाल के अभिभाषण से, उस दिन के बारे में अपने सदस्यों को पहले सिखाइए कि किस प्रकार का आचरण श्री राज्यपाल के प्रति होना चाहिए। हम अच्छी चीजों को अंगीकार करें, बुरी चीजों को छोड़ें। हमारा अन्नदाता किसान हमारे लिए सर्वोच्च प्राथमिकता रखता है। हमारी सरकार ने किसानों का कर्ज माफ भी किया, हर जिले में आप जाइए एवरेज साठ हजार रुपये किसान का प्रदेश के अन्दर माफ हुआ है। यही नहीं देश के अन्दर प्रधानमंत्री किसान सम्मान निधि लागू होने जा रही है। हम सभी आदरणीय प्रधानमंत्री जी के प्रति अपना आभार व्यक्त करते हैं। लघु और सीमान्त किसानों के लिए एक क्राइटेरिया तय किया गया है। छः हजार रुपये प्रत्येक किसान के खाते में भारत सरकार स्वयं देगी और हर वर्ष देगी। 01 मार्च से यह योजना लागू होने जा रही है। इस योजना को लागू करने की दिशा में बहुत शीघ्र ही प्रधानमंत्री जी के द्वारा एक कार्यक्रम आयोजित होने जा रहा है। हमारा प्रयास है कि इसकी पहली किश्त फरवरी माह में ही प्रत्येक किसान के खाते में चली जाए। किसान का इससे ज्यादा

सम्मान और क्या हो सकता है कि उसका हक उसे दे देना, एम०एस०पी० से अधिक उसको दाम देना, उसके लिए अधिक से अधिक हर क्षेत्र में व्यवस्था कराना। हम लोगों ने 35 लाख किसानों को अब तक 53 हजार करोड़ रुपये से अधिक का गन्ना मूल्य का भुगतान कराया है। ये हमारी सरकार ने किया है। ये गन्ना मूल्य का भुगतान 2011-12 से लम्बित पड़ा हुआ था और हमारी सरकार जब विगत वर्ष आई थी तब गन्ना मूल्य का विगत वर्ष का भुगतान कराया है। विगत वर्ष से लेकर अब तक का चल रहा है। चालू सीजन के गन्ना मूल्य का भुगतान युद्धस्तर पर चल रहा है।

गेहूँ खरीद में 53 लाख मीट्रिक टन गेहूँ की रिकॉर्ड खरीद की गई है। 72 घण्टे के अन्दर आर०टी०जी०एस० के माध्यम से उनके खाते में भुगतान भी किया गया है। 11 लाख से अधिक किसान इस योजना से लाभान्वित हुए हैं। धान की खरीद अब तक 46 लाख मीट्रिक टन हो चुकी है, जिसमें पाँच लाख छियासी हजार किसान लाभान्वित हुए हैं। मक्का खरीद की शुरूआत पहली बार प्रदेश में हुई है। हमने मण्डी का जो शुल्क होता था उसे एक लाख से घटाकर दस हजार रुपये किया है। जिससे पूरे देश की मण्डी उत्तर प्रदेश बन सके। यूनिफाइड लाइसेन्स की एक फीस हम लोगों ने यहाँ पर लागू की है, तो किसानों के लिए अन्तर्राष्ट्रीय कृषि कुम्भ का आयोजन भी उत्तर प्रदेश की राजधानी लखनऊ में हुआ है। प्रदेश के दो किसानों को इस बार पद्म पुरस्कार भी प्राप्त हुए हैं, जिन्होंने खेती के क्षेत्र में कुछ विशिष्ट योगदान दिया है। जागरूकता पैदा की है, उसमें बाराबंकी के एक किसान हैं और बुलन्दशहर के दूसरे किसान हैं। हम अभिनन्दन करेंगे इन सब किसानों का जिन्होंने अपनी मेहनत से विपरीत परिस्थितियों में भी खेती-किसानी को आजीविका का माध्यम बना करके लाखों लोगों के सामने एक नई रोशनी देने का कार्य किया।

यह नई रोशनी एक नए भविष्य की ओर हमें लेकर चलती है। अन्नदाता किसान का इससे बड़ा सम्मान, ई-नैम पोर्टल पर 100 मण्डियों को इससे लिंक करने की व्यवस्था हो, चाहे वह कृषि निवेश पर डी०बी०टी० के माध्यम से 32 लाख 47 हजार कृषि अनुदान के 657 करोड़ 19 लाख के सीधे भुगतान

की कार्रवाई का मामला हो, यह सरकार के आने के बाद हुआ। निजी नलकूपों के ऊर्जाकरण के लिए भी आओ और पाओ योजना लागू करने का कार्य भी हमारी सरकार के द्वारा किया गया। कितना अन्याय होता था, प्रदेश के किसानों के हित की यह लोग बात कर रहे हैं। 1994 में 200 से अधिक विकास खण्ड डार्क जोन घोषित कर दिए गए थे। उनमें नलकूप के कनेक्शन नहीं मिलते थे किसानों को किसी प्रकार की सुविधा नहीं मिलती थी। वह जबरदस्ती अपने इंजन लगा करके पम्पिंग सेट से अपने खेतों में डीजल से पानी ले जाने के लिए मजबूर होते थे। लेकिन हमारी सरकार आई हम लोगों ने डार्क जोन की व्यवस्था को समाप्त किया। वहाँ पर उन्हें कनेक्शन देना प्रारम्भ किया। किसानों को बिजली देनी प्रारम्भ की। उत्तर प्रदेश के किसानों को 18-18 घण्टे बिजली मिल रही है, यह सरकार के आने के बाद हुआ है। पाँच जिलों में बिजली मिले और बाकी 70 जिले अँधेरे में रहें उस व्यवस्था को भी हमारी सरकार ने समाप्त किया और बाबा साहेब अम्बेडकर जयन्ती के दिन से किया। 14 अप्रैल, 2017 को हमारी सरकार ने व्यवस्था की हर जनपद मुख्यालय को 24 घण्टे, हर तहसील मुख्यालय को 20 घण्टे और हर ग्रामीण क्षेत्र में 18 घण्टे की विद्युत की आपूर्ति सरकार कर रही है। हमने यह भी घोषणा की है कि जिन ग्रामीण क्षेत्रों में लाइन लॉस 10 प्रतिशत से कम आएगा, हम 24 घण्टे की विद्युत आपूर्ति वहाँ भी करेंगे। इससे स्पष्ट घोषणा और कुछ नहीं हो सकती। मुझे लगता है यह कार्य प्रदेश के अन्दर युद्ध स्तर पर किया गया है।

बजट में बहुत सारी घोषणाएँ हुई हैं और बहुत सारे कार्य हुए हैं। अटल आवासीय विद्यालयों की स्थापना यह बहुत महत्वपूर्ण योजना है इस देश के श्रमिकों के लिए, प्रदेश के श्रमिकों के लिए। श्रमिक आज इस कस्बे में हैं, कल दूसरे कस्बे में कार्य करने के लिए जाते हैं। अपनी आजीविका के लिए भटकते हैं, जगह-जगह उसके लिए कोई कार्य नहीं होता। लेकिन श्रमिकों के प्रति हमारे विपक्ष के मित्रों के पास थोड़ी भी संवेदना होती तो इन्हें इस योजना का स्वागत करना चाहिए था। यह जो आवासीय विद्यालय होंगे 18 कमिश्नरी स्तर पर, ये श्रमिकों के बच्चों के लिए होंगे। जितने भी रजिस्टर्ड

श्रमिक हैं, उनके बच्चों के लिए हम आवासीय व्यवस्था के तहत विद्यालय बनाएँगे, उनको लाएँगे, उनके पढ़ाने की सारी व्यवस्था सरकार उठाएगी। उन 18 कमिश्नरी में जो हमारे 18 विद्यालय स्थापित होने जा रहे हैं। इन अटल आवासीय विद्यालयों की व्यवस्था भी इस बजट में की गई है। युवाओं के लिए दो योजनाएँ हम लोग चलाने जा रहे हैं एक युवक मंगल दल की, विगत वर्ष भी हम लोगों ने पैसे दिए थे और इस वर्ष फिर पैसे की व्यवस्था की है। हर गाँव में, हर ग्राम पंचायत में युवक मंगल दल का गठन हो। युवक मंगल दल का गठन, उसको स्पोर्ट्स के किट उपलब्ध कराने की कार्यवाही प्रत्येक ग्राम पंचायत में हो, इसके लिए भी व्यवस्था हम लोगों ने इस बजट में की है। ग्रामीण क्षेत्र में मिनी स्टेडियम भी स्थापित हों, इसके लिए भी इस बजट में व्यवस्था की गई है। विश्वकर्मा श्रम सम्मान योजना के अन्तर्गत गाँव का बढ़ई है, गाँव का लोहार है, गाँव का दर्जी है, गाँव का टोकरी बुनकर है, गाँव का सोनार है, कुम्हार है, हलवाई है, नाई है, मोची है, राजमिस्त्री है, इस प्रकार के जिस भी कार्य से लोग जुड़े हैं इन सबके स्वावलम्बन के लिए भी विश्वकर्मा श्रम सम्मान की योजना हमारी सरकार ने लागू की है। विश्वकर्मा श्रम सम्मान योजना के अन्तर्गत इन लोगों की ट्रेनिंग, ट्रेनिंग के दौरान उन्हें निश्चित मानदेय और मानदेय के साथ ही फिर उन्हें प्रधानमंत्री मुद्रा योजना, मुख्यमंत्री स्वरोजगार योजना या फिर अन्य किसी योजना के साथ जोड़ करके उनके स्वावलम्बन के लिए कार्य करना।

यह कार्य जहाँ हम लोग इसके माध्यम से करने जा रहे हैं, वहीं हमारे पास एक लाख 58 हजार शिक्षक प्राइमरी और अपर प्राइमरी विद्यालय/पूर्व माध्यमिक विद्यालय के अन्दर कार्यरत हैं। जिसमें एक करोड़ 77 लाख बच्चे अध्ययन कर रहे हैं। कायाकल्प योजना के अन्दर मैं वही देख रहा था। मा० सदस्य अभी बोल रहे थे कि विद्यालयों में अलग-अलग टॉयलेट होना चाहिए तो कायाकल्प योजना में हम 91 हजार विद्यालयों में यह सुविधा उपलब्ध करा चुके हैं। हमारे मा० जनप्रतिनिधियों ने, प्रशासनिक अधिकारियों ने, समाज के अन्य गणमान्यों ने भी उन विद्यालयों को गोद लिया है। गोद ले करके उनका

कायाकल्प करने का काम किया गया है। उनकी फ्लोरिंग बनाना, बालक-बालिकाओं के लिए अलग-अलग टॉयलेट बनाना, पेयजल की व्यवस्था, स्ट्रीट लाइट की व्यवस्था, स्मार्ट क्लास वहाँ बने, लाइब्रेरी बने ये सारी प्रक्रिया वहाँ पर की गई है। उसका परिणाम है कि संख्या बढ़ी है। प्राथमिक में और अपर प्राथमिक विद्यालयों में पूरे प्रदेश के अन्दर एक करोड़ 77 लाख बच्चों को वर्तमान में दो यूनीफॉर्म, बैग, बुक्स, शूज-सॉक्स, स्वेटर ये सारी चीजें उन्हें उपलब्ध कराने का कार्य सरकार के द्वारा प्रारम्भ हुआ है। साथ ही साथ युद्ध स्तर पर प्रदेश के अन्दर छात्रवृत्ति और शुल्क प्रतिपूर्ति की कार्यवाही भी अनुसूचित जाति और अनुसूचित जनजाति के छात्रों के लिए हुई है। पहले प्रदेश के अन्दर वर्ष 2016-17 की ही अनुसूचित जाति-जनजाति की स्कॉलरशिप नहीं दी गई थी क्योंकि उस समय की सरकार को यह लगता था कि एस०सी०, एस०टी० का वोट नहीं है तो उन छात्रों को स्कॉलरशिप ही नहीं दी गई। वर्ष 2016-17 की स्कॉलरशिप भी हमारी सरकार ने वर्ष 2017-18 में एक साथ दी। 21 लाख छात्रों को उस समय उनकी स्कॉलरशिप दी और शुल्क प्रतिपूर्ति भी की।

वर्ष 2017-18 में 23 लाख छात्रों को स्कॉलरशिप दी गई। इस वर्ष 25 लाख छात्रों को यह सुविधा हम लोगों के द्वारा उपलब्ध कराई जा रही है। हम लोगों ने इसमें आय की सीमा को भी ठीक किया है। पहले यह सुविधा मिलती थी कि 2 लाख रुपये तक की आय जिनकी होगी, उनको यह सुविधा देंगे। लेकिन हमने यह सीमा बढ़ाई कि 2.50 लाख रुपये तक हम इसको करेंगे। आज प्रदेश के अन्दर अनुसूचित जाति-जनजाति के सभी छात्र-छात्राओं को यह सुविधा जहाँ इस आय सीमा के अन्दर उपलब्ध कराई जा रही है, साथ-साथ समय सीमा भी हम लोगों ने तय की है। समय सीमा 2 अक्टूबर और 26 जनवरी है। पहले पहली किश्त का पैसा दिसम्बर तक जाता था दूसरी किश्त का पैसा जून-जुलाई तक जाता था। बहुत बार नहीं भी जाता था, लैप्स हो जाता था। तमाम प्रकार से छात्रों को परेशान होना पड़ता था। इस बार से यह व्यवस्था कर दी गई कि पहली किश्त का पैसा 2 अक्टूबर, 2018 को जा चुका है दूसरी किश्त का पैसा भी 26 जनवरी, 2019 को उनके खाते में उपलब्ध

करा दिया गया है। युद्ध स्तर पर इस कार्य को आगे बढ़ाने का कार्य जहाँ हुआ है वहीं ओ०बी०सी०, सामान्य और अन्य अल्पसंख्यक जाति से जुड़े हुए जो हमारे छात्र-छात्राएँ हैं उनकी छात्रवृत्ति की राशि को भी बढ़ा करके उनके लिए भी इस कार्य को पूरा करने का कार्य किया गया है। साथ-साथ प्रदेश के अन्दर तमाम प्रकार के कार्यक्रमों को हम लोगों ने आगे बढ़ाने का कार्य किया है।

प्रदेश के अन्दर बहुत दिनों से माँग होती थी कि सहारनपुर में विश्वविद्यालय नहीं है। हम लोगों ने बजट में सहारनपुर में विश्वविद्यालय की व्यवस्था की। सहारनपुर के साथ ही हम लोगों ने आजमगढ़ में भी एक राज्य विश्वविद्यालय बनाने का निर्णय लिया है कि आजमगढ़ में भी एक विश्वविद्यालय प्रदेश सरकार अपना बनाएगी। श्रद्धेय अटल बिहारी वाजपेयी जी के नाम पर प्रदेश के अन्दर एक चिकित्सा विश्वविद्यालय बनेगा। लखनऊ में अटल बिहारी वाजपेयी चिकित्सा विश्वविद्यालय बनेगा। जितने भी हमारे मेडिकल कॉलेजेज होंगे इन सबको हम उस मेडिकल कॉलेज से ही सम्बद्ध करेंगे। लेकिन साथ ही साथ श्रद्धेय अटल बिहारी वाजपेयी जी की पहली कर्मभूमि जनपद बलरामपुर में के०जी०एम०यू० का एक सैटेलाइट सेण्टर स्थापित करने एवं आगे उसे मेडिकल कॉलेज के रूप में विकसित करने का निर्णय भी इस सरकार ने लिया है। बजट में उसकी व्यवस्था भी हम लोगों ने की है। इसके अलावा प्रदेश के अन्दर भारतीय सूचना प्रौद्योगिकी संस्थान की स्थापना के लिए हमने लखनऊ में व्यवस्था की है। आयुष विश्वविद्यालय की प्रदेश के अन्दर स्थापना होगी। आयुर्वेद है, होम्योपैथ है, यूनानी है, योग एण्ड नैचुरोपैथी है, इन सबको मिलाकर एक आयुष विश्वविद्यालय बनाना है। आयुष विश्वविद्यालय के लिए भी हम लोगों ने इस बजट में व्यवस्था की है। प्रत्येक क्षेत्र में अच्छी और गुणवत्ता युक्त शिक्षा प्राप्त होनी चाहिए। शिक्षा की स्थिति प्रदेश के अन्दर क्या हो चुकी थी? नकल माफिया हावी हो चुके थे, इतनी सख्ती के बाद भी आज भी किस कदर बहुत सारी जगहों पर कुछ लोग दुस्साहसिक प्रयास कर रहे हैं। लेकिन फिर भी शिक्षा की गुणवत्ता और प्रदेश के नौजवानों के साथ किसी को भी खिलवाड़ करने की छूट सरकार

नहीं देगी, चाहे वह शिक्षा के क्षेत्र में हो या रोजगार और नौकरी के क्षेत्र में हो। प्रदेश के अन्दर इसको युद्ध स्तर पर जहाँ लागू करने का कार्य किया जा रहा है।

साथ ही साथ प्रदेश के अन्दर कन्या सुमंगला योजना, बेटी बचाओ, बेटी-पढ़ाओ की तर्ज पर आदरणीय प्रधानमंत्री जी ने जो योजना लागू की थी प्रदेश के अन्दर कन्या भ्रूण हत्या को रोकने के लिए, बालिकाओं की अच्छी शिक्षा के लिए, उनके स्वावलम्बन के लिए और हम इस प्रक्रिया को आगे बढ़ा सकें इस दृष्टि से हम लोगों ने इस बजट में इसकी व्यवस्था की है। लगभग 12 सौ करोड़ रुपये की एक योजना हम लोगों ने दी है, जो कन्या के पैदा होने पर एक निश्चित राशि उसके खाते में जमा होगी। पहली क्लास में जाएगी एक निश्चित राशि उसके खाते में जमा होगी, छठी क्लास में जाएगी तो एक निश्चित राशि उसके खाते में जमा होगी और स्नातक में जाएगी तो एक निश्चित राशि उसके खाते में जमा होगी। जब वह बालिका बालिग होगी तो परिवार के सामने शादी-ब्याह के लिए या उस बालिका के स्वावलम्बन के लिए एक अच्छी राशि उस बालिका को प्राप्त हो सके इसके लिए हम लोगों ने 12 सौ करोड़ रुपये की राशि की व्यवस्था कन्याओं के स्वावलम्बन के लिए, उनके सम्मान के लिए इस बजट में की है। साथ ही साथ महिलाओं और शिशुओं के स्वास्थ्य और उनके रक्षण और संवर्धन के लिए भी पुष्टाहार कार्यक्रम में 4,004 करोड़ की व्यवस्था, नेशनल न्यूट्रिशन मिशन हेतु 335 करोड़ रुपये की व्यवस्था, शबरी संकल्प अभियान हेतु 200 करोड़ रुपये की व्यवस्था और किशोरी बालिका योजना के अन्तर्गत 156 करोड़ रुपये की व्यवस्था का भी प्रावधान इस बजट में किया गया है।

पेंशन की जो विभिन्न प्रकार की स्कीम है जैसे-दिव्यांग पेंशन की राशि 300 से 500 हमने विगत वर्ष की थी। वृद्धावस्था पेंशन की राशि को भी बढ़ाने का काम हुआ है। पहले 37 लाख वृद्धजन प्रदेश के अन्दर इस योजना से लाभान्वित होते थे। आज के दिन पर यह संख्या लगभग 46 लाख पहुँच रही है। इस राशि को भी 400 रुपये से बढ़ाकर 500 रुपये करने का कार्य हमारी सरकार ने किया है। निराश्रित महिलाओं के लिए भी एक व्यवस्था दी

गई है कि उनके लिए पहले एक आयु सीमा थी हम लोगों ने इस सीमा को समाप्त किया है और इस सीमा को समाप्त करते हुए कहा गया है कि प्रत्येक निराश्रित महिला निराश्रित है। उसको पेंशन की सुविधा का लाभ मिलना चाहिए और यह सुविधा उनको उपलब्ध करा दी गई है। यह व्यवस्था जहाँ लागू की गई है वहीं हम आयुष्मान भारत में प्रदेश के 1 करोड़ 18 लाख परिवारों को आच्छादित करने के लिए प्रधानमंत्री जी का आभार व्यक्त करते हैं। यानी यह संख्या 6 करोड़ से अधिक पहुँचती है। 6 करोड़ लोग प्रतिवर्ष 5 लाख रुपये की स्वास्थ्य बीमा की सुविधा प्राप्त करेंगे और स्वास्थ्य बीमा का यह कवर जहाँ भारत सरकार आयुष्मान भारत में कर रही है इसमें भारत सरकार और प्रदेश सरकार मिलकर इस कार्यक्रम को आगे बढ़ा रही है। लेकिन जो अन्य लोग बचे हुए थे, लगभग 56 लाख लोग प्रदेश के अन्दर ऐसे बचे हुए थे जो इस आयुष्मान भारत में ए०सी०सी० के जो पिछले डाटा थे उसमें उनका नाम नहीं था। उन 56 लाख लोगों को भी हम लोगों ने प्रदेश सरकार की ओर से मुख्यमंत्री जन आरोग्य योजना के अन्तर्गत कवर किया है। यानी 56 लाख लोग भी 5 लाख रुपये की स्वास्थ्य बीमा की सुविधा प्राप्त करेंगे। यह सुविधा भी हम लोगों ने उन्हें उपलब्ध कराने का कार्य इस योजना के माध्यम से किया है।

शहरी क्षेत्र के बारे में चर्चा हो रही थी। शहरी क्षेत्र में देश के अन्दर 100 स्मार्ट सिटी की योजना वर्तमान में चल रही है जिसमें 10 उत्तर प्रदेश के अन्दर हैं। इन 10 स्मार्ट सिटी के विकास के लिए भारत सरकार पैसा दे रही है। प्रदेश सरकार भी उसमें अपना योगदान दे रही है। स्थानीय नगर निकाय भी उसमें योगदान दे रही है। हमारे 7 नगर निगम जो अवशेष थे इन 7 नगर निगमों को भी हम प्रदेश सरकार की ओर से स्मार्ट सिटी की योजना के साथ जोड़ना चाहते हैं। हम लोग चाहते हैं कि स्मार्ट सिटी की योजना के साथ ये भी जुड़ें। एक प्रतिस्पर्धा हो राज्य सरकार भी पैसा दे, कुछ नगर निकाय भी योगदान दें। वहाँ पर अच्छी सड़कें बनें, वहाँ पर मल्टीलेवल पार्किंग की व्यवस्था हो, वहाँ पर इन्ट्रीग्रेटेड ट्रैफिक मैनेजमेण्ट की व्यवस्था लागू हो। वहाँ पर वाटर लागिंग न हो, अच्छे ड्रैनेज की, सीवरों के सिस्टम की वहाँ पर

व्यवस्था हो सके। लोगों को शुद्ध पेयजल एवं अन्य सुविधाएँ प्राप्त हो सकें। मूलभूत बुनियादी सुविधाएँ नगरीय क्षेत्रों में प्राप्त होनी चाहिए। इस दृष्टि से हम लोगों के जो 7 महानगर बचे थे, इन महानगरों को भी हम लोग स्मार्ट सिटी योजना के अन्तर्गत, प्रदेश सरकार की व्यवस्था के अन्तर्गत लेना चाहते हैं। यहाँ पर अभी बात हुई कि बुन्देलखण्ड एक्सप्रेस-वे या पूर्वांचल एक्सप्रेस-वे या गंगा एक्सप्रेस-वे इन सब चीजों के बारे में। वही पूर्वांचल एक्सप्रेस-वे है जो पहले भी 340 किलोमीटर का था और 340 किलोमीटर के पूर्वांचल एक्सप्रेस-वे पर तब खर्च हो रहा था 15,200 करोड़ रुपये। आज 11,800 करोड़ रुपये मात्र में उससे अच्छा पूर्वांचल एक्सप्रेस-वे हमारी सरकार बनाने जा रही है। उसके साथ बलिया को जोड़ने के लिए भी हमने सर्वे प्रारम्भ किया है और साथ-ही-साथ बुन्देलखण्ड को भी इस एक्सप्रेस-वे के साथ जोड़ने की कार्रवाई भी हम करने जा रहे हैं।

21-22 फरवरी, 2018 को उत्तर प्रदेश के अन्दर हम लोगों ने उत्तर प्रदेश का पहला इन्वेस्टर्स समिट आयोजित किया था। हमारी सरकार ने अपना पहला इन्वेस्टर्स समिट किया था। प्रधानमंत्री जी ने उत्तर प्रदेश के अन्दर व्यापक रोजगार और प्रदेश के विकास की दृष्टि से डिफेन्स मेनुफैक्चरिंग कॉरिडोर की घोषणा की थी और मुझे बताते हुए प्रसन्नता है कि डिफेन्स मेनुफैक्चरिंग कॉरिडोर का शिलान्यास आदरणीय प्रधानमंत्री जी ने अभी झाँसी में 15 फरवरी को किया है। व्यापक पैमाने पर रोजगार के साथ-साथ विकास का एक नया आयाम उत्तर प्रदेश के अन्दर स्थापित करने की दिशा में यह बड़ा कार्य है। बुन्देलखण्ड एक्सप्रेस-वे, बुन्देलखण्ड की लाईफलाइन बनेगा। बुन्देलखण्ड का व्यापक स्तर पर औद्योगीकरण, उसके माध्यम से रोजगार सृजन की व्यवस्था और उसके बाद रोजगार सृजन के माध्यम से वहाँ के पलायन को रोकना, वृहद् कार्यक्रम वहाँ के लिए बनाए जा रहे हैं, उसके लिए भी हम लोगों ने धनराशि की व्यवस्था की है। जमीन अधिग्रहण की कार्रवाई युद्ध स्तर पर चल रही है और उसके बाद इस कार्य को भी, समयबद्ध ढंग से बुन्देलखण्ड एक्सप्रेस-वे को भी करेंगे।

जहाँ पर मेरठ में यह मिलेगा वहाँ से लेकर पैरलल गंगा जी के इको सिस्टम को बनाए रखते हुए, उसको बचाए रखते हुए गंगा मैय्या का पूरी तरह संरक्षण करते हुए हम लोग 600 कि०मी० के एक्सप्रेस-वे के सर्वे की कार्रवाई को यूपीडा को दे चुके हैं। यूपीडा एक विभाग है, यूपीडा के पास पैसे की कमी नहीं है। यूपीडा अपने खर्चे से सर्वे का कार्य प्रारम्भ कर चुका है। वित्त मंत्री जी के बजट भाषण में इसका उल्लेख है जिसके लिए धनराशि की अलग से व्यवस्था नहीं है, यूपीडा अपने स्वयं के खर्चे से इसके सर्वे के कार्य को बढ़ा रहा है। सर्वे और डी०पी०आर० होने के साथ ही सप्लीमेण्ट्री में हम इसकी व्यवस्था भी देंगे और फिर जब हमें बनाना होगा 36 हजार करोड़ नहीं 3 लाख 60 हजार करोड़ रुपये भी लगेंगे तो भी सरकार उसकी व्यवस्था कर लेगी, उसकी कमी नहीं है।

गंगा एक्सप्रेस-वे से सचमुच पश्चिमी उत्तर प्रदेश, मध्य उत्तर प्रदेश और प्रयागराज जोड़ने का कार्य होगा। व्यापक रूप से इन सभी क्षेत्रों के विकास की दृष्टि से बहुत महत्वपूर्ण होगा। यह एक बड़ा कार्य होगा और प्रदेश के लिए एक उपलब्धि होगी। यह ठीक बात है कि हमारी सरकार को यह कार्य करने का अवसर प्राप्त हुआ, यह सौभाग्य प्राप्त हुआ। लेकिन यह इस प्रदेश की 23 करोड़ जनता की उपलब्धि होगी और प्रदेश देश के अन्दर सबसे अच्छे एक्सप्रेस-वे देने वाला राज्य भी बनेगा। अच्छी कनेक्टिविटी वाला राज्य भी बनेगा और इस दृष्टि से हम लोग यह कार्य भी करने जा रहे हैं। बुन्देलखण्ड के लिए पाईप पेयजल योजना हम लोग देने जा रहे हैं, बजट में इसकी व्यवस्था है। प्रधानमंत्री ने इसकी आधारशिला भी रख दी है।

बुन्देलखण्ड में 4500 ग्राम पंचायतें हैं उसमें 1800 में यह सुविधा है। 200 में सुविधाएँ वर्तमान में चालू स्थिति में हैं जो विगत वर्षों में हम लोगों ने प्रारम्भ की थीं, जो कार्य चल भी रहा है। 2500 ग्राम पंचायतें अभी बुन्देलखण्ड की ऐसी थीं जहाँ पर पेयजल की कोई व्यवस्था नहीं है, टैंकर लगाने पड़ते हैं। हम लोगों ने एक समग्र योजना बुन्देलखण्ड के लिए पाईप पेयजल की बनाई है और एक पेयजल की योजना हर ग्राम पंचायत तक विशुद्ध पेयजल

की आपूर्ति करने को लेकर है। उसके लिए हम लोगों ने धनराशि की व्यवस्था इस बजट में की है। साथ-साथ हम विन्ध्य क्षेत्र को भी इसके बाद लेंगे। हम लोग आर्सेनिक, फ्लोराइड और इन्सेफ्लाइटिस से प्रभावित गाँवों और उन बस्तियों को भी इसमें लेंगे। चरणबद्ध तरीके से हम लोग इस कार्यक्रम को आगे लेंगे लेकिन राष्ट्रीय ग्रामीण पेयजल कार्यक्रम के लिए भी हम लोगों ने 2954 करोड़ रुपये की अतिरिक्त व्यवस्था इस बजट में की है ।

वन्य अधिनियम की बात हमारे माननीय सदस्य कर रहे थे। वनटांगिया गाँव आजादी के बाद से बदहाल स्थिति में थे। राजस्व गाँवों के रूप में मान्यता हम लोगों ने उन्हें दी है। राजस्व गाँव के रूप में मान्यता देते हुए उन गाँवों के कल्याण के लिए, उन गाँवों के विकास के लिए, उन गाँवों में आवास के लिए, उन गाँवों में विद्युतीकरण के लिए, उन गाँवों में राशनकार्ड, वृद्धा पेंशन, विधवा पेंशन या दिव्यांग पेंशन या अन्य जितनी भी सुविधाएँ हो सकती हैं उसको किया जा रहा है। स्कूलों की व्यवस्था के लिए ही 5 करोड़ की व्यवस्था इस बजट में की गई है। यह व्यवस्था वनटांगिया गाँवों में प्राथमिक और उच्च विद्यालयों की स्थापना के लिए की जा रही है। मुसहर जाति है, थारू जनजाति है, कोल जाति से जुड़े हुए लोग हैं और फिर ट्राइब्स हैं। वनटांगिया गाँव से जुड़े हुए लोग हैं। उन्हें किसी भी जनगणना में कहीं आधार नहीं बनाया गया था। मुख्यमंत्री आवास योजना में हम इन्हें आच्छादित कर रहे हैं। साथ ही साथ 3700 से अधिक कुष्ठ रोगियों को भी मुख्यमंत्री आवास योजना में एक-एक आवास उपलब्ध कराने की कार्रवाई हमारी सरकार ने की है। उसके लिए हम लोगों ने इस बजट में व्यवस्था की है।

मुख्यमंत्री सामूहिक विवाह योजना के अन्तर्गत अभी 9 फरवरी को 10 हजार से अधिक कन्याओं की शादी, 10 हजार के आँकड़े थे और 15 हजार की संख्या पड़ी। मुझे बताते हुए प्रसन्नता है कि हमारी सरकार ने इसकी अनुदान की राशि को 35 हजार से बढ़ाकर 51 हजार किया है। जब पिछले वर्ष हम लोगों ने यह योजना लागू की थी, नेता प्रतिपक्ष ने इस पर आपत्ति की थी। गरीबों की इनको चिन्ता नहीं थी। उन्होंने उस समय विरोध किया था।

1500 कन्याएँ एक साथ वैवाहिक कार्यक्रम से जुड़ रही हैं, मांगलिक कार्यक्रम के साथ जुड़ रही हैं। मैं अभिनन्दन करूँगा अपने समाज कल्याण मंत्री जी का, उनके प्रमुख सचिव और उनकी पूरी टीम ने एक दिन में 15000 कन्याओं का विवाह सम्पन्न कराया। कितनी गरीबी है, गरीबी केवल नारेबाजी से दूर नहीं होगी, यह गरीबी केवल बोलने से, भाषण से दूर नहीं होने वाली है। उन कन्याओं की स्थिति तो देखिए मैं गया था स्वामी प्रसाद मौर्या जी ने श्रमिक कन्याओं की शादी का कार्यक्रम अपनी योजना के माध्यम से किया था। मैं उनके कार्यक्रम में मिर्जापुर में गया था।

हम लोगों ने पर्यटन विकास की दृष्टि से भी बहुत सारे स्थानों को लिया है और विकास के लिए पैसे की कमी नहीं है। हम लोगों ने प्रयागराज में कुम्भ का आयोजन किया है। प्रयागराज में महर्षि भारद्वाज का आश्रम और पार्क के सौन्दर्यीकरण का कार्य और उनकी दिव्य प्रतिमा की स्थापना प्रयागराज में हो चुकी है। मैं चाहूँगा कि एक बार प्रयागराज हो करके आइए, कुम्भ में डुबकी लगाकर आइए। नेता प्रतिपक्ष को भी जाना चाहिए, अच्छा मौका है। सरयू जी के किनारे उनका गाँव पड़ता है और उनका स्नान करना बहुत आवश्यक है। प्रयागराज में बहुत अच्छी सुविधा है, बहुत अच्छी व्यवस्था है। आप देखिए महर्षि भारद्वाज के आश्रम को, वहाँ की भव्यता को, कितनी भव्य प्रतिमा लगी है। प्रयागराज का पूरा कायाकल्प हो गया है। प्रयागराज के हमारे जो सदस्य होंगे वह तो जानते होंगे। उज्ज्वल रमण जी, आपको तो जानकारी होगी आपने वहाँ नजदीक से देखा भी होगा कि प्रयागराज में बदलाव हुआ है या नहीं हुआ है। सही मायने में स्वीकार करिए। डेढ़ वर्ष से कम समय में हमारी इस टीम ने, इसी प्रशासन ने 9 फ्लाईओवर, 6 अण्डरपास, 264 से अधिक सड़कों का चौड़ीकरण, सिंगल लेन से डबल लेन, डबल लेन से फोरलेन ये सारा कार्य वहाँ किया है। इको-फ्रेण्डली टॉयलेट कैसे बनते हैं और कुम्भ का इतना बड़ा आयोजन कैसे शान्तिपूर्ण तरीके से हो सकता? मौनी अमावस्या के दिन साढ़े पाँच करोड़ श्रद्धालुओं ने वहाँ स्नान किया था। कैसे पीसफुली तरीके से सारा कार्यक्रम हो सकता है? अगर हम पश्चिमी उत्तर प्रदेश में कांवड़ यात्रा

शान्तिपूर्ण तरीके से निकाल सकते हैं तो कुम्भ का आयोजन भी शान्तिपूर्ण ढंग से कर सकते हैं। मैं चाहूँगा कि आप कांवड़ यात्रा में तो हो सकता है कि न जाएँ क्योंकि आपको कपड़े बदलने पडेंगे, लेकिन कुम्भ में तो स्नान करने के लिए सब लोग आ सकते हैं।

प्रदेश के अन्दर कैसे व्यापक परिवर्तन हुआ है, कुम्भ ने उसका एक उदाहरण प्रस्तुत किया है। आस्था का सम्मान हम लोग ही कराएँगे चिन्ता मत कीजिए बहुत सारी जगह करने जा रहे हैं। हर जगह करने जा रहे हैं, प्रयागराज में भी करेंगे, अयोध्या में भी करेंगे, विन्ध्यवासिनी में भी करने जा रहे हैं। सन्त रविदास जी की जन्मभूमि के सौन्दर्यीकरण का कार्य भी हमारी सरकार ने लिया है, आपको बुरा लग रहा होगा। क्योंकि आपकी सरकार ने विरोध किया था। महर्षि बाल्मीकि के आश्रम के सौन्दर्यीकरण का कार्य, उसे भव्य स्वरूप देने का कार्य हमारी सरकार करने जा रही है। निषादराज के श्रृंगवेरपुर के सौन्दर्यीकरण का कार्य हमारी सरकार करने जा रही है। पैसा महत्वपूर्ण नहीं होता है बल्कि इच्छाशक्ति होनी चाहिए। 34 करोड़ रुपये हम दे चुके हैं, खर्च हो रहा है, कार्य चल रहा है युद्ध स्तर पर। नैमिषारण्य में कार्य चल रहा है, शुक्रताल और जितने भी ऐसे स्थल होंगे, महाराज सुहेलदेव का भव्य स्मारक बनाने की कार्रवाई हमारी सरकार करने जा रही है। लखनऊ में बिजली पासी के किले और उसके आसपास के क्षेत्र का विकास कार्य हमारी सरकार करने जा रही है। यह सारे कार्य प्राथमिकता के आधार पर हमारी सरकार करने जा रही है। विकास के इन कार्यों को प्राथमिकता के आधार पर आगे बढ़ाने के लिए हम लोगों ने पर्याप्त मात्रा में व्यवस्था भी की है, व्यवस्था करने भी जा रहे हैं। पर्यटन का हो या किसी भी क्षेत्र का विकास का हो, कहीं उसमें पैसे की कमी आड़े नहीं आ पाएगी। इसके साथ ही हम लोगों ने एक व्यवस्था और भी की है, पिछले दिनों यहाँ पर सदन बाधित किया गया था और हमारे विपक्ष के मित्रों ने कुछ बातें यहाँ पर कही थीं।

केन्द्र में वर्ष 2004 से लेकर 2014 तक कांग्रेस पार्टी की सरकार थी। प्रदेश के अन्दर वर्ष 2005 में समाजवादी पार्टी की सरकार थी। वर्ष 2007 में

बहुजन समाज पार्टी की सरकार आई। वर्ष 2012 में फिर समाजवादी पार्टी की सरकार आई और इस कालखण्ड के दौरान किसी भी कर्मचारी का खाता भी नहीं खोला गया। 'न्यू पेंशन स्कीम' के अन्तर्गत राज्य सरकार का जो 10 प्रतिशत शेयर जमा होना चाहिए था वह भी जमा नहीं हुआ था। आपने पैसा भी उनका नहीं दिया, खाते भी नहीं खुलवाए तो फिर कहाँ से आप कर्मचारियों के हितैषी हुए? कर्मचारी यूनियन से जुड़े हुए लोग हमारे पास आए थे। हमने अपने अधिकारियों को उनके साथ भारत सरकार से बातचीत करने के लिए भेजा। भारत सरकार ने प्रदेश की समस्या को सुनकर सभी कर्मचारियों के लिए चाहे वह केन्द्रीय कर्मचारी हो या राज्य कर्मचारी हो, केन्द्र के कर्मचारियों को केन्द्र सरकार देगी और राज्य के कर्मचारियों को राज्य सरकार देगी। प्रदेश सरकार की पहल पर आज प्रदेश के अन्दर हमने कर्मचारियों के खाते युद्ध स्तर पर खुलवाने प्रारम्भ किए हैं। प्रत्येक कर्मचारी का खाता हमारी सरकार खुलवा रही है। पिछले 10 प्रतिशत शेयर को ब्याज सहित देने जा रही है, यही नहीं शेयर की राशि को 10 प्रतिशत से बढ़ाकर 14 प्रतिशत हमारी सरकार ने किया है। जिन लोगों ने कर्मचारियों का शोषण किया है वह लोग आज बोलते हैं कर्मचारियों के साथ अन्याय हो रहा है। जिन लोगों ने कर्मचारियों के पैसे को ही हजम कर लिया, वे लोग आज यह दिखाने का काम कर रहे है कि कर्मचारियों के साथ अन्याय हो रहा है। कर्मचारियों को उनका हक मिले, हमारी सरकार ने कर्मचारियों को हक देने का काम किया, क्योंकि वह उसके हकदार थे और सरकार ने सम्मानजनक हक उन्हें उपलब्ध कराने का कार्य किया है। यह कार्य हमारी सरकार कर रही है।

आपके सरकार में शिक्षामित्रों को रु० 3500/- मिलता था, हमारी सरकार ने उस मानदेय को बढ़ाकर रु० 10000/- कर दिया। आँगनबाड़ी कार्यकत्रियों को रु० 4000/- मिलता था, भारत सरकार ने परफॉरमेन्स बेस्ड करते हुए रु० 2000/- और बढ़ा दिया। रु० 1500/- मानदेय बढ़ाया और रु 500/- परफॉरमेंस बेस्ड करते हुए रु० 2000/- की राशि बढ़ाई। इसी प्रकार अन्य सहायकों की राशि बढ़ाने पर भी कार्रवाई हुई। यह अभी हाल ही में हुआ है।

इन सबके बावजूद आँगनबाड़ी कार्यकत्रियों और आशा बहुओं का मानदेय भारत सरकार ने ही बढ़ाया है, राज्य सरकार का उसमें भी शेयर है। राज्य सरकार फिर से आँगनबाड़ी कार्यकत्रियों और आशा बहुओं के मानदेय को बढ़ाने जा रही है। ग्राम प्रहरियों के मानदेय को भी बढ़ाने जा रही है। प्रांतीय रक्षक दल (पी०आर०डी०) के जवानों का भी मानदेय बढ़ाने जा रही है और 'मिड-डे-मिल' में जो रसोईयाँ हैं, उनके मानदेय को भी सरकार बढ़ाने जा रही है। आपने कर्मचारियों का ही पैसा खा लिया और हम कर्मचारियों का पैसा भी ब्याज सहित देने जा रहे हैं। साथ ही साथ सभी प्रकार के कर्मचारियों के हितों को संरक्षित करने के साथ ही विभिन्न क्षेत्र में कार्य करने वाले जो विभिन्न समूह हैं, उनके मानदेय को भी सम्मानजनक ढंग से आगे बढ़ाने का कार्य भी हमारी सरकार करने जा रही है।

बाण सागर परियोजना 1978 से प्रारम्भ हुई थी और 1978 से कितने वर्ष लग गए? 1978 से ले करके 2017, 2018 में सरकार में आने के बाद हम लोगों ने एकमुश्त पैसा दिया तब यह योजना पूरी हो पाई। आप जो बोल रहे हैं कि पानी नहीं मिल रहा है तो प्रयागराज में भी दो हजार हेक्टेयर लैण्ड में बाण सागर परियोजना का शुद्ध जल पहुँच रहा है, किसानों को मिल रहा है। बाकी जो बचा है उसके लिए भी इस बजट में धनराशि की व्यवस्था की गई है। उज्ज्वल रमण सिंह जी इसके लिए पैसे की व्यवस्था की गई है। थोड़ा क्षेत्र में भ्रमण किया करें। अब पिताजी को थोड़ा आराम दीजिए अब आपको थोड़ा सक्रिय होना चाहिए। सम्माननीय रेवती रमण सिंह जी बहुत भ्रमण करते हैं तो कम से कम पुत्र को उनका अनुसरण करना चाहिए। क्षेत्र में जाना चाहिए कि कहाँ-कहाँ क्या हो रहा है? क्षेत्र भ्रमण करेंगें तो अच्छा रहेगा इसलिए मैंने उनको कहा। चूँकि उनका प्रश्न था, मुझे याद था कि आपका प्रश्न था इसलिए मैंने आपका उल्लेख किया है कि 2000 हेक्टेयर में प्रयागराज में भी जल दे रहे हैं। कुल 01 लाख 50 हजार हेक्टेयर लैण्ड उससे सिंचित हो रही है और 01 लाख 70 हजार किसान उससे लाभान्वित हो रहे हैं। सरयू नहर परियोजना के लिए, मध्य गंगा नहर परियोजना के लिए, अर्जुन सहायक के लिए, कनहर

सिंचाई परियोजना के लिए और बाण सागर का जो शेष है उसके लिए भी 122 करोड़ रुपये दिए हैं। इन सभी कार्यों के लिए भी एकमुश्त राशि की व्यवस्था हमने की है और हम लोगों का पूरा प्रयास है कि दिसम्बर, 2019 में हम प्रदेश के अन्दर 30 लाख हेक्टेयर अतिरिक्त कृषि लैण्ड के सिंचन की सुविधा उपलब्ध कराने का कार्य प्रदेश के अन्दर करवाएँगे। प्रदेश के अन्दर पुलिस के लिए क्या स्थिति बना दी थी? अपराध का कॉरिडोर बना दिया था। कोई आतंकवादियों के मुकदमे वापस ले रहा है, यही अन्तर होता है सरकारें बदलने पर। सपा की सरकार आई तो सबसे पहला कदम श्री राम जन्मभूमि पर हमला करने वाले आतंकवादियों के मुकदमों को इन्होंने वापस लेने का कार्य किया था। हमारी सरकार आई तो हमने सबसे पहला कदम उठाया किसानों की फसल ऋण माफी का। फिर हमने अवैध बूचड़खानों पर सख्ती के साथ रोक लगाने का कार्य किया। यही अन्तर होता है। सरकारें तो वही हैं, आदमी बदले हैं, पार्टियाँ बदली हैं, एजेण्डा बदल जाता है और उस कार्य को हम लोगों ने यहाँ पर लागू किया है।

पुलिस के आधुनिकीकरण के साथ-साथ पुलिस बल का मनोबल बढ़ा रहे हैं। उनके हितों को संरक्षित करने के लिए हम लोगों ने उनकी अवस्थापना निधि की धनराशि को भी बढ़ाया है। भरपूर पैसा उसके लिए उपलब्ध कराया है। हम लोगों का प्रयास है कि हर जिले में पुलिस लाइन हो। 6 तो ऐसे जिले थे जिसमें पुलिस लाइन ही नहीं थी। घोषणाएँ कर दी गई लेकिन पुलिस लाइन का पैसा, कलेक्ट्रेट का पैसा, तहसील का पैसा अपने व्यक्तिगत एजेण्डे में खर्च कर दिया गया। ऐसे ही होगा जब 157 करोड़ रुपये की परियोजना में 1500 करोड़ रुपये खर्च होंगे तो जनता का पैसा तो ऐसे ही लूट ले गए और पता नहीं स्मारक वाले मामले को ले करके अखिलेश जी उस पैसे में सहयोगी बनेंगे कि नहीं बनेंगे। जब सुप्रीम कोर्ट आदेश करेगा कि मूर्ति का पैसा जमा कराओ तो पता नहीं उस समय गठबन्धन की क्या स्थिति होती है। मुझे तो उस समय के लिए चिन्ता हो रही है कि वह पैसा कहाँ से आएगा। इन्हें थोड़ी चिन्ता करनी चाहिए कि कैसे होगा। लेकिन हम लोगों ने पर्याप्त पैसा इसके लिए उपलब्ध कराया है। 6 जिलों की पुलिस लाइन के लिए हम पैसा देने जा रहे हैं।

पश्चिमी उत्तर प्रदेश में पहले कैराना, कान्धला से पलायन होता था। आज पलायन नहीं हो रहा है। अपराधी आज पलायन कर रहे हैं। आज वहाँ का व्यापारी और वहाँ का नागरिक पलायन नहीं कर रहा हैं। आज वहाँ का माफिया और अपराधी पलायन कर रहा है। साथ ही साथ हम लोगों ने यह भी तय किया है कि कैराना और कान्धला के बीच में कहीं पर पी०ए०सी० का एक सेण्टर स्थापित होगा। पी०ए०सी० की एक वाहिनी वहाँ पर स्थापित होगी। यह एक बड़ा कार्य हम लोग वहाँ के लिए करने जा रहे हैं। प्रदेश के अन्दर जो पेशेवर अपराधी, गुण्डे और माफिया हैं उनकी नकेल कसने के लिए तीन महिला पी०ए०सी० वाहिनी भी हम गठित करने जा रहे हैं। तीन अलग-अलग स्थानों पर हमने इसके लिए धनराशि की भी व्यवस्था की है। पुलिस बल के आधुनिकीकरण के साथ-साथ उनकी जो आवश्यक सुविधाएँ हैं जैसे-हर पुलिस लाइन में 200 पुलिसकर्मियों की आवासीय सुविधा की व्यवस्था, बैरक बनाना, हर थाना, हर चौकी में हर जगह सुविधा उपलब्ध कराने के लिए व्यवस्था हम लोगों ने की है और अन्य जिलों में भी की है। पूरे प्रदेश के अन्दर जहाँ यह कार्य हमने किया है वहीं पर पुलिस के आधुनिकीकरण के कार्य को भी आगे बढ़ाया जा रहा है। वर्तमान परिस्थिति में जैसी चीजें चल रही हैं आर्टिफिशियल इन्टेलीजेन्स की आवश्यकता पड़ेगी या इन्टीग्रेटेड कमाण्ड सेण्टर की स्थापना के लिए हम लोगों ने इस कार्य को लागू किया है। कुम्भ के उद्घाटन में प्रधानमंत्री जी जब आए थे तो प्रदेश सरकार के द्वारा इन्टीग्रेटेड कमाण्ड सेण्टर स्थापित किया गया। एक जगह से बैठ करके पूरे कुम्भ का अवलोकन कर सकते हैं, एक-एक गतिविधि पर नजर रखी जा सकती है। यह आज की आवश्यकता बन गई है। हमें समय के साथ अपने पुलिस बल का आधुनिकीकरण भी करना पड़ेगा। आधुनिक साजो- सामान से उसे सुसज्जित करना पड़ेगा। हर प्रकार की सम-विषम परिस्थिति में अपने पुलिस बल को तैयार करना पड़ेगा और उस दृष्टि से सरकार ने इसकी पूरी व्यवस्था की है चाहे ए०टी०एस० के स्ट्रैन्थनिंग का हो, एस०टी०एफ० का हो, एस०डी०आर०एफ० का हो।

तीन वाहिनियाँ हम लोग पहले ही गठित कर चुके हैं। इस वर्ष बाढ़ में उन्होंने बहुत अच्छा काम किया था। एन०डी०आर०एफ० के साथ एस०डी०आर०एफ० ने भी प्रदेश के अन्दर कार्य किया था। पहले इतने बड़े प्रदेश में एस०डी०आर०एफ० था ही नहीं, केवल पी०ए०सी० की फ्लड यूनिट कार्य कर पाती थी। हमने अलग से गठन की प्रक्रिया प्रारम्भ की। आज ए०टी०एस० के हमारे कमाण्डो हर परिस्थिति का सामना करने को तैयार हैं। हर प्रकार की गतिविधियों का मुकाबला करने को तैयार हैं और विपरीत से विपरीत परिस्थितियों में भी प्रदेश की 23 करोड़ जनता को सुरक्षा की गारण्टी देने को हमारा पुलिस बल तैयार है। इस उद्देश्य से हमने बजट में भी इसकी व्यवस्था की है। अलग-अलग कार्यों के लिए पर्याप्त धनराशि की व्यवस्था प्रदेश के अन्दर हम लोगों ने की है। अभी 25 जनवरी को नोएडा को ग्रेटर नोएडा के साथ जोड़ने के लिए ग्रेटर नोएडा तक लगभग 30 किलोमीटर का मेट्रो का उद्घाटन का कार्य हम लोगों ने सम्पन्न किया है। लखनऊ मेट्रो का फेज़ 2 का कार्य पूरा हो चुका है। उसके लोकार्पण की हम बहुत शीघ्र तैयारी करने जा रहे हैं। कानपुर और आगरा में नई मेट्रो के प्रस्ताव अन्तिम चरण में हैं और उसके लिए धनराशि की व्यवस्था हम लोगों ने अपने इस बजट में की है। साथ ही साथ वाराणसी, मेरठ, गोरखपुर, प्रयागराज और झाँसी में भी मेट्रो के लिए उसके डी०पी०आर० आदि की कार्यवाही को आगे बढ़ाने के लिए भी धनराशि की व्यवस्था हम लोगों ने इसमें की है। 32 हजार करोड़ रुपये की रैपिड रेल परियोजना है। दिल्ली को मेरठ के साथ जोड़ने के लिए, प्रदेश सरकार ने अपनी सहमति दी है। उसमें भी हमने धनराशि की व्यवस्था इस बजट में की है।

एयर कनेक्टिविटी जब हम लोग लाए थे तो दो एयरपोर्ट फंक्शन में थे आज 6 एयरपोर्ट फंक्शन में हैं। नौ एयरपोर्ट पर काम चल रहा है। कुशीनगर के एयरपोर्ट को इण्टरनेशनल एयरपोर्ट के रूप में विकसित करने की कार्रवाई हम लोग भारत सरकार के साथ मिलकर करने जा रहे हैं। दिल्ली के पास जेवर में भी हम लोगों ने एक इण्टरनेशनल ग्रीन फील्ड एयरपोर्ट के निर्माण

की कार्रवाई प्रारम्भ की है। उसके लिए भी हमने इस बजट में व्यवस्था की है। अयोध्या में भी एयरपोर्ट की कार्रवाई आगे बढ़ रही है। अलग-अलग क्षेत्र में व्यापक पैमाने पर कार्य प्रदेश के अन्दर हुआ है। बन्द चीनी मिलों के पुनरुद्धार की कार्यवाही के अन्तर्गत विगत वर्ष हम लोगों ने रमाला चीनी मिल के पुनरुद्धार के लिए धनराशि की व्यवस्था की थी। इस वर्ष भी हम लोगों ने कुछ चीनी मिलों के पुनरुद्धार की व्यवस्था की है। मामला अभी सुप्रीम कोर्ट में होने के नाते कुछ चीनी मिलों को हम उसमें ले नहीं पा रहे हैं। हम लोग मानते हैं, नेशनल मार्केट में चीनी का दाम काफी कम है। केवल चीनी बनाने को लेकर के चीनी मिल नहीं चल सकती है। हम उसको एथेनॉल के साथ जोड़ सकते हैं। हम आभारी हैं आदरणीय प्रधानमंत्री जी के जिन्होंने उत्तर प्रदेश सरकार के इस प्रस्ताव को स्वीकार किया कि शुगर केन से सीधे एथेनॉल बनाने की व्यवस्था हो सके और इसकी धनराशि भी उन्होंने बढ़ाकर 59 रुपये की है जबकि पहले यह केवल 46 रुपये थी। सामान्य मोलासेस से जब हम लोग एथेनॉल बनाते थे, केवल 46 रुपये उसके मिलते थे। इसमें 59 रुपये प्रति लीटर प्राप्त होगा तो आसानी से जितनी चीनी की आवश्यकता है उतनी चीनी बनाएँगे। शेष को एथेनॉल में बदलकर हम लोग बहुत बड़ी विदेशी मुद्रा बचा सकते हैं। देश के अन्दर जो राशि अब तक पेट्रो डॉलर के रूप में बाहर जाती है, उस राशि को बचाने का कार्य इसके माध्यम से होगा। जो बन्द चीनी मिलें हैं उनमें कुछ को हम लोग प्रदेश सरकार शुगर कॉरपोरेशन या फेडरेशन के माध्यम से चलवाएँगे, कुछ को पी०पी०पी० मोड में लेकर के उन चीनी मिलों को आगे बढ़ाने जा रहे हैं, उसके लिए भी धनराशि की व्यवस्था की जाएगी। अन्य तमाम कार्यों के लिए भी जो मैंने पहले भी बताया है, हर तबके का हित संरक्षित करने का प्रयास किया गया है।

अध्यक्ष जी, बजट में हर एक तबके का हित संरक्षित करने का प्रयास किया गया है। व्यापारी कल्याण बोर्ड के 5 लाख रु० की बीमा राशि को बढ़ाकर के 10 लाख रु० करने का कार्य किया है। इसके साथ ही पूर्वांचल विकास बोर्ड और बुन्देलखण्ड विकास बोर्ड का गठन और इसके माध्यम से

इन क्षेत्रों का समग्र विकास हो, थारू संस्कृति को एक नई पहचान देने के लिए, विकास की समग्र सोच को आगे बढ़ाने के लिए इस कार्यक्रम को हम लोगों ने आगे बढ़ाया है। यद्यपि हर जिले की अपनी एक पहचान है, अपनी एक विशेषता है 'वन डिस्ट्रिक्ट, वन प्रोडक्ट' की अपनी अभिनव योजना के साथ हमने इसे जोड़ने का प्रयास किया था। इसके साथ तो हम जोड़ ही रहे हैं, लेकिन जो थारू जनजाति का बाहुल्य जनपद है, वह जनपद बलरामपुर और श्रावस्ती है। इसमें व्यापक रूप से थारू जनजाति की आबादी है। थारू जनजाति की संस्कृति को संरक्षित करने के लिए, उनका एक म्यूजियम बनाने के लिए हम लोगों ने बजट में प्राविधान भी किया है। एक व्यापक कार्य-योजना हम लोगों ने इस बजट में प्रदेश के अन्दर बनाई है। आजादी के बाद से लेकर के जिन लोगों ने देश के अन्दर शासन किया है, प्रदेश के अन्दर शासन किया है, उनसे पूछा जाना चाहिए कि प्रदेश की स्वास्थ्य सुविधा को सुदृढ़ करने के लिए उनके क्या प्रयास थे? आजादी के बाद से लेकर के 2016 तक प्रदेश के अन्दर केवल 13 राजकीय मेडिकल कॉलेज बने थे और 2016 से लेकर के 2019 तक हम लोग इस समय 13 नए राजकीय मेडिकल कॉलेजेज पर काम कर रहे हैं। 02 जगह एम्स के निर्माण का कार्य युद्ध स्तर पर चल रहा है। रायबरेली एम्स की ओपीडी प्रारम्भ हो चुकी है। गोरखपुर एम्स की ओपीडी प्रारम्भ होने जा रही है।

बीएचयू में इण्टरनेशनल कैंसर का जो एक इंस्टीट्यूट बन रहा है, कल आदरणीय प्रधानमंत्री जी उसका लोकार्पण करेंगे। 1 हजार करोड़ रुपये की लागत से कैंसर इंस्टीट्यूट टाटा ट्रस्ट के सहयोग से बनकर तैयार हो चुका है। पूर्वांचल के साथ-साथ प्रदेशवासियों को जिन्हें इस बीमारी के उपचार के लिए दिल्ली या मुम्बई जाना पड़ता था, आज वाराणसी में बिहार के लोगों को, उत्तर भारत के लोगों को, एक बड़ी आबादी को यह सुविधा प्राप्त होने जा रही है। साथ-साथ अन्य बहुत-सी चीजें हैं, जिनको हम लोगों ने बजट में प्राथमिकता के आधार पर लेने का प्रयास किया है। मैं कुल मिलाकर कह सकता हूँ कि यह बजट प्रदेश के अन्दर एक समग्रता वाला बजट है।

सर्वजन्य हितों को संरक्षित करने वाला बजट है। विकास को एक नई गति देने वाला बजट है। प्रदेश के अन्दर प्रत्येक चेहरे पर एक खुशहाली लाने वाला बजट है। खुशहाली लाने वाले इस बजट को हम लोगों ने इस कार्यक्रम के साथ जोड़ने का कार्य किया है। मैं इस कार्य के लिए प्रदेश के अपने मा० वित्त मंत्री जी को, उनकी पूरी टीम को हृदय से धन्यवाद दूँगा कि बड़ी मेहनत के साथ उन्होंने समाज के प्रत्येक तबके के हित को संरक्षित करते हुए इस बजट को बनाया और इस बजट को बनाने के साथ उन्होंने प्रदेश के हितों को आगे बढ़ाने का कार्य पूरी तत्परता के साथ किया है। मैं चाहूँगा कि जिस रचनात्मकता के साथ बजट सदन में प्रस्तुत हुआ, वही रचनात्मक सहयोग हमारे विपक्ष के मित्रगण भी इस बजट के प्रति देते तो मुझे लगता है कि एक अच्छी दिशा में संसदीय परम्पराएँ आगे बढ़ेंगी। उन संसदीय परम्पराओं को आगे बढ़ाने की दिशा में यह एक नजीर बन सके। विगत वर्षों की बजट की जो परम्परा रही है, चूँकि बजट के अन्त में यह घोषणा होती है, लेकिन हमारे संसदीय कार्यमंत्री जी चाहते हैं कि बजट के अन्त में मैं इस बात को भी कहूँ।

यहाँ पर जो कर्मचारीगण हैं, अधिकारीगण हैं जिनके द्वारा यहाँ पर यह कार्य पूरी तन्मयता के साथ, पूरी मेहनत के साथ यहाँ पर किया जाता है उन सबको यहाँ पर जो पुरस्कार की राशि उपलब्ध कराई जाती है मुझे लगता है कि नेता प्रतिपक्ष तैयार नहीं है। महोदय, जिस प्रकार से विगत वर्ष इस कार्यक्रम के लिए यहाँ पर पुरस्कार की राशि बढ़ाई गई थी उसमें एक हजार रुपये और अतिरिक्त बढ़ाकर वह पुरस्कार की राशि भी इसके साथ बढ़ाने की कृपा की जाए। इसके साथ ही आपने मुझे अवसर दिया है आपका, पूरे सदन का, खासतौर पर अपने विपक्ष के मित्रों का हृदय से धन्यवाद ज्ञापित करता हूँ कि वह यहाँ पर बैठे रहे। मैं पूरे सदन के प्रति और आपके प्रति आभार व्यक्त करता हूँ। धन्यवाद!

सन्दर्भ : दिनांक 18 फरवरी, 2019, वित्तीय वर्ष 2019-2020 के आय-व्ययक पर साधारण चर्चा।

सचमुच लोग बड़ी-बड़ी घोषणाएँ करते थे, बड़े-बड़े दावे करते थे। आज तो मुझे लगता है कि देश की संसद में भी तलाक पर कोई प्रस्ताव आने वाला है, लेकिन गठबन्धन का तलाक पहले ही हो चुका है। हम तब भी कहते थे कि आसान नहीं है। उत्तर प्रदेश में सरकार ने पूरी ईमानदारी तथा पूरी प्रतिबद्धता के साथ कार्य किया है। 5 वर्षों में आदरणीय प्रधानमंत्री जी के नेतृत्व में भारत सरकार ने देश और दुनिया के अन्दर भारत की छवि को सुधारने के साथ-साथ एक नई कार्य संस्कृति को जन्म दिया है।

वैश्विक निवेश का नया केन्द्र नया उत्तर प्रदेश

मा० अध्यक्ष जी, वित्तीय वर्ष 2019-2020 के प्रथम अनुपूरक माँगों को कल मेरे मंत्रिमण्डल के सहयोगी वित्त मंत्री श्री राजेश अग्रवाल जी ने इस सम्मानित सदन के सम्मुख रखा है। मुझे बताते हुए अत्यन्त प्रसन्नता की अनुभूति हो रही है कि उत्तर प्रदेश जैसे राज्य के लिए बजट का जो आकार होना चाहिए, विगत दो वर्ष के दौरान वह आकार एक निश्चित स्वरूप लेता हुआ दिखाई दे रहा है। हमने जब फरवरी में वित्तीय वर्ष 2019-2020 का बजट इस सदन में प्रस्तुत किया था उस समय उसका आकार रु० 4,79,701.10 करोड़ का था और उसका प्रथम अनुपूरक रु० 13,594,87 करोड़ का था। यहाँ पर कल हमारे सहयोगी ने इस सदन में रखा है, कुल मिलाकर के रु० 4,93,295.97 करोड़ का यह बजट हो गया यानि लगभग 5 लाख करोड़ का इस वर्ष का बजट है। आगे रु० 5 लाख करोड़ की सीमा को भी उत्तर प्रदेश का बजट लाँघेगा। यह एक शुभ संकेत है। मुझे प्रसन्नता है कि विभिन्न विभागों ने अपनी कार्य-योजना को समयबद्ध ढंग से आगे बढ़ाना भी प्रारम्भ किया है।

महोदय, यह वर्ष उत्तर प्रदेश के लिए कई मायनों में बहुत महत्वपूर्ण रहा है। खासतौर पर जब हम बात करते हैं तो वर्ष 2019 के प्रारम्भ में ही दुनिया का सबसे बड़ा आयोजन 'कुम्भ' आयोजित करने का अवसर उत्तर प्रदेश की जनता को प्राप्त हुआ था। मुझे प्रसन्नता है कि आदरणीय प्रधानमंत्री श्री नरेन्द्र मोदी जी के प्रयास से हजारों वर्षों की इस विरासत ने एक अन्तर्राष्ट्रीय मान्यता प्राप्त की है। 'यूनेस्को' ने कुम्भ को मानवता की अमूर्त सांस्कृतिक धरोहर के रूप में मान्यता दी। कुम्भ के इस आयोजन में तैयारियों को ले करके हमारे

नगर विकास मंत्री श्री सुरेश कुमार खन्ना जी के नेतृत्व में जो कार्य-योजना वहाँ के लिए बनी थी, उन्होंने प्रभारी मंत्री के रूप में कुशलतापूर्वक वहाँ पर कार्य किया और सभी सम्बन्धित विभागों ने मिलकर एक टीम वर्क के रूप में उसे नई ऊँचाइयाँ दीं। कुम्भ के इस आयोजन ने अपने आपको एक यूनिक इवेण्ट के रूप में उत्तर प्रदेश के परसेप्शन को देश और दुनिया के सामने प्रस्तुत करने में एक बड़ी भूमिका का निर्वहन किया। कुम्भ के आयोजन के साथ बहुत सारे रिकॉर्ड जुड़ गए। खासतौर से कुम्भ का 'लोगो' पहली बार जारी हुआ। कुम्भ के आयोजन के साथ 72 देशों के राजदूतों ने अपने-अपने देशों के राष्ट्रीय ध्वज को कुम्भ परिक्षेत्र में स्थापित करके इसे वैश्विक मान्यता दी। यू०एन०ओ० से जुड़े हुए 193 देशों में से 187 देशों के प्रतिनिधियों ने कुम्भ के आयोजन में अपनी सहभागिता सुनिश्चित की। साथ ही साथ भारत के भी 6 लाख से अधिक गाँवों से 24 करोड़ से अधिक श्रद्धालुओं ने कुम्भ के आयोजन में भागीदारी सुनिश्चित की। महोदय, यह पहला आयोजन था कि मौनी अमावस्या के दिन 24 करोड़ श्रद्धालु किसी आयोजन में सहभागी बने। हमारे मंत्रीगण या जो भी पदाधिकारी वहाँ गए उन्होंने प्रोटोकॉल नहीं लिया। जो भी व्यक्ति वहाँ गया, वह चुपचाप एक सामान्य श्रद्धालु के रूप में डुबकी लगाते हुए, अपनी श्रद्धा को व्यक्त करते हुए, आस्था का प्रदर्शन करते हुए अपने घर में आया।

अकेले मौनी अमावस्या के दिन प्रयागराज में साढ़े पाँच करोड़ श्रद्धालुजनों ने प्रयागराज कुम्भ में संगम के पवित्र तट पर स्नान किया। यह पहला कुम्भ था, जिसमें कहीं कोई गन्दगी नहीं थी, कोई दुर्व्यवस्था नहीं थी, कोई भगदड़ नहीं थी। प्रशासन ने, पुलिस ने आधुनिक तकनीक का उपयोग करते हुए इस पूरे आयोजन को नई ऊँचाइयों तक पहुँचाया। हमारे पास कुम्भ के आयोजन को ले करके लगभग डेढ़ वर्ष का समय था और उस डेढ़ वर्ष के समय के दौरान प्रयागराज में 9 फ्लाई ओवर बने, 6 अण्डर पास बने, 264 से अधिक सड़कों के चौड़ीकरण और सुदृढ़ीकरण का कार्य हुआ। कुम्भ के क्षेत्रफल को भी 1700 हेक्टेयर से बढ़ाकर के 3200 हेक्टेयर करने और ईको फ्रेण्डली

टॉयलेट्स दे करके स्वच्छता का एक मानक, स्वास्थ्य और परिवार कल्याण मंत्रालय, नगर विकास मंत्रालय इन सभी लोगों ने प्रस्तुत किया। 1,22,500 से अधिक टॉयलेट्स बना करके स्वच्छता की एक नई मिसाल प्रस्तुत की। सैकड़ों वर्षों के बाद प्रयागराज में, प्रयागराज की पहचान से जुड़ी उसकी बातों को देश और दुनिया के सामने लाना, महर्षि भारद्वाज के आश्रम और उनके पार्क के पुनरूद्धार का कार्य, उनकी भव्य प्रतिमा की स्थापना, अक्षयवट के दर्शन को सैकड़ों वर्षों के बाद फिर से श्रद्धालुजनों के लिए खोलना, आदरणीय प्रधानमंत्री मोदी जी की प्रेरणा से फिर से इस कार्य को आगे बढ़ाना, एक बड़ा आयोजन करने का अवसर उत्तर प्रदेश को प्राप्त हुआ था। उत्तर प्रदेश की 23 करोड़ जनता ने इसमें सहभागिता की। प्रदेश सरकार उनके साथ खड़ी रही। उसका परिणाम था कि कुशलतापूर्वक इस भव्य आयोजन को करने में हमें सफलता प्राप्त हुई। सुरक्षा के लिहाज से, स्वच्छता के लिहाज से, व्यवस्था के लिहाज से, हर एक दृष्टि से अगर आप देखेंगे तो कुम्भ ने एक नए मानक स्थापित किए हैं। यह प्रदेश सरकार की और प्रदेश के परसेप्शन को बदलने की एक पहल जो प्रारम्भ हुई, कुम्भ के आयोजन को भी कुशलतापूर्वक सम्पन्न करने का अवसर हमको प्राप्त हुआ।

इस दौरान पहली बार उत्तर प्रदेश के अन्दर प्रवासी भारतीय दिवस भी सम्पन्न हुआ 21, 22 और 23 जनवरी को दुनिया की सबसे पुरानी नगरी, हमारी आध्यात्मिक नगरी काशी में। महोदय, काशी का आयोजन अपने आप में दिव्य था, भव्य था। प्रवासी भारतीय दिवस का आयोजन, पन्द्रहवाँ प्रवासी भारतीय दिवस का आयोजन उत्तर प्रदेश में हो, हम लोगों ने जब यह प्रस्ताव आदरणीय प्रधानमंत्री जी के सामने रखा, भारत सरकार के सामने रखा तो बहुत सारे लोग इस बात को कहते थे कि कुम्भ के आयोजन के लिए सरकार के मंत्रीगण देश के अलग-अलग राज्यों में क्यों आमन्त्रण देने के लिए जा रहे हैं। कैसे आप सम्भालेंगे ऐसी व्यवस्था को। उसी प्रकार की बात प्रवासी भारतीय दिवस के दौरान भी कही कि कुम्भ भी हो रहा है और उसी दौरान प्रवासी भारतीय दिवस का आयोजन भी हो रहा है। इतने बड़े आयोजन को उत्तर प्रदेश

कैसे आयोजित कर पाएगा। क्योंकि प्रवासी भारतीय दिवस का आयोजन अब तक या तो देश की राजधानी में हुआ है या फिर किसी स्टेट कैपिटल में। आप उससे बाहर उसको ले जाना चाहते है, कैसे हो पाएगा। लेकिन मुझे बताते हुए प्रसन्नता है कि पन्द्रहवाँ प्रवासी भारतीय दिवस का आयोजन काशी में बहुत भव्यता के साथ में और अब तक के सफलतम आयोजन के रूप में उत्तर प्रदेश में सम्पन्न हुआ। जिसमें 76 देशों के 7 हजार से अधिक अप्रवासी भारतीयों ने भागीदारी सुनिश्चित की। यह भव्य आयोजन सम्पन्न हुआ, इस वर्ष के प्रारम्भ में और उसके बाद लोकतंत्र का महापर्व भी हम सबके सामने आया।

माननीय अध्यक्ष जी, लोकतंत्र के इस महापर्व ने देश और दुनिया के सामने एक बार पुनः साबित किया है। उत्तर प्रदेश के अन्दर 1,63,000 बूथों पर चुनाव हुए। 1,63,000 बूथों में से एक भी बूथ पर रिपोल नहीं हुआ। उत्तर प्रदेश के अन्दर लोकतंत्र के प्रति आमजन की भावनाओं को प्रदर्शित करने का इससे बड़ा और कोई दूसरा माध्यम नहीं हो सकता है। क्योंकि लोकतंत्र में जनता, जनार्दन का रूप होती है। उसने इस बात को साबित किया है। उसने सारी दीवारों को तोड़ा है। उसने जातिवाद की दीवारों को तोड़ा, उसने क्षेत्र और भाषा की दीवारों को तोड़ा, उसने मत और मजहब की दीवारों को तोड़ा और उसने लोकतंत्र को सही मायने में उत्तर प्रदेश के अन्दर स्थापित किया। 1,63,000 बूथों पर कुशलतापूर्वक 7 चरणों में चुनाव सम्पन्न हुए। उत्तर प्रदेश में 7 चरणों में चुनाव हुए थे और वेस्ट बंगाल में भी 7 चरणों में चुनाव हुए थे। हमारे यहाँ 7 चरणों के चुनाव में कहीं कोई हिंसा नहीं हुई, एक भी बूथ पर दोबारा मतदान की नौबत नहीं आई और वेस्ट बंगाल में हर चरण में भीषण हिंसा हुई। भीषण हिंसा के साथ-साथ वहाँ पर व्यापक रूप से नरसंहार भी होते हुए लोगों ने देखा है। यही अन्तर है।

मुझे लगता है कि उत्तर प्रदेश की आम जनता और आम मतदाता के मन में लोकतंत्र के प्रति जो विश्वास जगा, उस विश्वास के साथ-साथ प्रशासनिक मशीनरी की कुशलता भी इस अवसर पर हम सबको देखने को मिली है। लोकतंत्र के महापर्व का क्या परिणाम सबके सामने आया है, देश और दुनिया

ने इसको देखा है। वास्तव में नेतृत्व अगर ईमानदारी के साथ, जनभावनाओं का सम्मान करते हुए योजनाओं का लाभ उन लोगों तक पहुँचाने का कार्य कर रहा है तो जनता फिर पीछे नहीं हटती है। वह हर प्रकार की दीवारों को तोड़ने में कोई संकोच नहीं करती है। यह लोकतंत्र के इस पर्व ने साबित कर दिया है। उत्तर प्रदेश में गठबन्धन, महागठबन्धन, पता नहीं क्या-क्या गठबन्धन बन रहे थे, सब ध्वस्त हुए, सब टूटे। भारतीय जनता पार्टी ने अपने सहयोगियों के साथ 80 में से 64 सीटें प्राप्त कीं और अपने सहयोगियों के साथ 353 सीटों को जीतने में सफल हुई। यह लोकतंत्र है। इस लोकतंत्र की ताकत को हम लोगों को समझना होगा। लोकतंत्र की ताकत को वही समझेगा, जिसने विकास को समझा है। यह जो हमारा बजट है, हमारी जो अनुपूरक माँग है, हमारी जो सप्लीमेण्ट्री डिमाण्ड्स हैं, यह भी उसी ताकत का अहसास कराने के साथ-साथ जनता की उस ताकत का प्रतिनिधित्व इस सदन में कर रही है। जो हमारे मा० वित्त मंत्री जी ने कल इस सदन में सबके सामने रखा है।

सचमुच लोग बड़ी-बड़ी घोषणाएँ करते थे, बड़े-बड़े दावे करते थे। आज तो मुझे लगता है कि देश की संसद में भी तलाक पर कोई प्रस्ताव आने वाला है, लेकिन गठबन्धन का तलाक पहले ही हो चुका है। हम तब भी कहते थे कि आसान नहीं है। उत्तर प्रदेश में सरकार ने पूरी ईमानदारी तथा पूरी प्रतिबद्धता के साथ कार्य किया है। 5 वर्षों में आदरणीय प्रधानमंत्री जी के नेतृत्व में भारत सरकार ने देश और दुनिया के अन्दर भारत की छवि को सुधारने के साथ-साथ एक नई कार्य संस्कृति को जन्म दिया है। मुझे लगता है कि इसके सामने कोई ठहर नहीं पाएगा। तब भी हमने कहा था कि "चिराग जिसे आँधियों ने पाला हो, उसे हवा के झोंके बुझा नहीं सकते।" मैंने तब भी इस बात को बार-बार कहा था कि हमें परवाह इस बात की नहीं होनी चाहिए कि कौन गठबन्धन कर रहा है, कौन महागठबन्धन कर रहा है। कौन किस रूप में आ रहा है। पण्डित दीनदयाल उपाध्याय जी ने जिस बात को कहा था, जिस अन्त्योदय की बात की थी, समाज के अन्तिम पायदान पर खड़े हुए व्यक्ति के बारे में जो बात, जो सोच हमें प्रदान की थी, उस सोच को अमली जामा हमें पहनाना

है। यह केवल एक व्यक्ति नहीं कर सकता है, केवल मंत्रिमण्डल नहीं करेगा। एक-एक सदस्य जो इस सदन में बैठा है, इस सदन में, उच्च सदन में या फिर निचले स्तर पर भी त्रिस्तरीय पंचायत से जुड़े हुए लोगों की, समाज के प्रत्येक तबके की, शासन-प्रशासन से जुड़े हुए प्रत्येक अधिकारी, प्रत्येक कर्मचारी और प्रदेश से जुड़ी हुई 23 करोड़ जनता की भी सहभागिता उसी रूप में है। इस दौरान अगर कार्य नहीं होते तो यह परिणाम इस रूप में हम सबके सामने नहीं आते। जब कभी मुझे अन्य प्रदेशों में जाने का अवसर प्राप्त होता था तो लोग हमसे पूछते थे, बंगाल में पूछते थे कि हम बी०जे०पी० को यहाँ वोट देंगे, लेकिन उत्तर प्रदेश में क्या हो रहा है। मैंने कहा कि उत्तर प्रदेश की चिन्ता मत करिए, आप जितना देंगे हम उससे ज्यादा उत्तर प्रदेश से लेकर आ जाएँगे। हम लोग अन्य राज्यों में जाते थे, यही प्रश्न हमसे होता था। मुझे लगता है कि उत्तर प्रदेश की जनता ने विकास की लाज को बचाया है। उस लोक-लाज को एक बार पुनः लोकतंत्र के सामने स्थापित किया और कह दिया कि जो विकास करेगा, उसके साथ जनता होगी। उसे झूठी घोषणाओं से मतलब नहीं, उसे नारों से मतलब नहीं, उसे फालतू के धरने प्रदर्शन और राजनीतिक प्रकार के किसी भी प्रोपेगण्डा से मतलब नहीं है। उसने करके दिखाया है। उसने अपना फैसला सुना दिया है। मुझे लगता है कि इस फैसले को सभी को अपने सिर माथे पर रखकर शिरोधार्य करना चाहिए, स्वीकार करना चाहिए। उत्तर प्रदेश के विकास के प्रति अपनी इन भूमिकाओं को आगे बढ़ाना चाहिए।

प्रधानमंत्री जी ने भारत को दुनिया की एक महाशक्ति के रूप में स्थापित करने का बहुत बड़ा लक्ष्य इस देश की जनता के सामने रखा है। इस रूप में रखा है कि भारत आने वाले कुछ वर्षों में 'फाइव ट्रिलियन डॉलर' की इकोनॉमी कैसे बनेगा। यह एक बहुत बड़ा लक्ष्य है। यह केवल भारत सरकार की जिम्मेदारी नहीं है। यह केवल भारत सरकार के मंत्रिमण्डल की ही जिम्मेदारी नहीं है। 130 करोड़ लोगों को भी इस अभियान के साथ जुड़ना पड़ेगा। हमारा देश समृद्ध होगा, हमारा देश खुशहाल होगा, तब जब भारत की इकोनॉमी दुनिया की इकोनॉमी के साथ कदम से कदम मिलाकर आगे बढ़ते हुए एक नेतृत्व करती

हुई दिखाई दे। फाइव ट्रिलियन डॉलर एक बड़ा लक्ष्य है। इस बड़े लक्ष्य को प्राप्त करने की दिशा में उत्तर प्रदेश की क्या भूमिका हो सकती है। उत्तर प्रदेश अपने को कहाँ पा रहा हैं, आज हम कहाँ पर हैं। हम याद करेंगे कि हमारी सरकार का दो वर्ष चार माह का कार्यकाल 19 जुलाई को सम्पन्न हुआ है। 21-22 फरवरी, 2018 को प्रधानमंत्री जी उत्तर प्रदेश के इन्वेस्टर्स समिट के उद्घाटन कार्यक्रम में उत्तर प्रदेश में आए थे। इसी राजधानी में आए थे और इन्वेस्टर्स समिट के समय प्रधानमंत्री जी ने इस लक्ष्य को हमारे सामने रखा था कि यू०पी० वन ट्रिलियन डॉलर की इकोनॉमी कब बनेगा। इसको एक चैलेन्ज के रूप में लो। मुझे लगता है कि चैलेन्ज इस सदन को स्वीकारना चाहिए। इस चैलेन्ज के साथ अपने को सम्बद्ध करना चाहिए क्योंकि वन ट्रिलियन डॉलर की इकोनॉमी उत्तर प्रदेश बने। यह उत्तर प्रदेश के विकास के साथ-साथ उत्तर प्रदेश की 23 करोड़ जनता या आने वाले समय में इस आबादी को बढ़ना है, इनकी समृद्धि के लिए, इनकी खुशहाली के लिए, आने वाली पीढ़ी के भविष्य के लिए आवश्यक भी है।

हम लोगों के हर एक बजट में आपने देखा होगा, उसी लक्ष्य को आगे बढ़ाने के लिए हम लोगों ने जो प्रयास प्रारम्भ किए हैं, उसी की कड़ी में हमारा बजट रहा है। यह अनुपूरक माँगें भी किसी न किसी रूप में उसी का प्रतिनिधित्व करती हैं। लेकिन इस दिशा में अभी बहुत प्रयास किए जाने बाकी हैं। अगर हमें सचमुच उत्तर प्रदेश को वन ट्रिलियन डॉलर की इकोनॉमी बनाना है तो उस दिशा में बड़ा प्रयास करना पड़ेगा। क्योंकि आज की जो स्थिति है उसमें उत्तर प्रदेश उस लक्ष्य से अभी बहुत पीछे है। जो हमारी रफ्तार है अगर हम इसी रफ्तार से चलेंगे तो इसमें कम से कम 12 से 15 वर्ष लग जाएँगे। मुझे लगता है कि वक्त किसी का इंतजार नहीं करता है। हमें वक्त की रफ्तार से तेज अपनी रफ्तार करनी पड़ेगी। उस रफ्तार से जब हम लोग अपने आपको आगे बढ़ाएँगे तो वह रफ्तार उत्तर प्रदेश के प्रत्येक नागरिक को उस रफ्तार के साथ आगे बढ़ने के लिए प्रेरित करेगी।

आज हम लोग जहाँ पर हैं, पिछले पाँच वर्षों में भारत सरकार ने अपनी इकोनॉमी को, भारत की इकोनॉमी को वन ट्रिलियन डॉलर बढ़ाया है। इस प्रकार

के सुधारात्मक कदम उठाए गए हैं। हम छोटी-छोटी चीजों पर राजनीति करने लगते हैं। हर एक चीज में खैरात बाँटने की हमारी प्रवृत्ति हो चुकी है। हम हर एक चीज को राजनैतिक नजरिये से देखने लगते हैं। कम से कम अपनी सोच को बदलने की आवश्यकता है। समाज के सुखद भविष्य के लिए एक स्थायी और सुनियोजित विकास हो सके, समेकित विकास हो सके, उस दिशा में हमारे द्वारा क्या प्रयास किए जाने हैं, इस पर की जाने वाली पहल को आगे बढ़ाने की आवश्यकता है। उस दिशा में आज के दिन अगर हम लोग देखेंगे तो उत्तर प्रदेश की जो इकोनॉमी है, हमारी जो जी०डी०पी० है, वह केवल 15 लाख 42 हजार 432 करोड़ रुपये की है। हमें अगर इसे बढ़ाना है तो मुझे लगता है कि इसके लिए हमें बहुत सारे प्रयास करने पड़ेंगे। उन प्रयासों में जिन क्षेत्रों का बहुत बड़ा योगदान हो सकता है, जिसको लेकर के हम लोग अभी बहुत सारे प्रयास कर रहे हैं, कुछ प्रयास प्रारम्भ हुए हैं, कुछ क्षेत्रों में अनेक नए सुधारात्मक उपाय करते हुए हम लोगों ने उस दिशा में प्रयास प्रारम्भ किए हैं और उसके काफी अच्छे परिणाम भी सामने आए हैं। हम लोग तो यह मानते हैं कि उत्तर प्रदेश में यह सारे कार्य सम्भव हैं।

उत्तर प्रदेश की इकोनॉमी को देश की सबसे अच्छी इकोनॉमी बनाने में अच्छा योगदान दिया जा सकता है। हर एक व्यक्ति का उसमें कण्ट्रीब्यूशन हो सकता है। खासतौर पर इस सदन की तो सबसे बड़ी भूमिका इसमें है। लेकिन इसके लिए हम सबको अपने स्तर पर एक नए सिरे से प्रयास करने की आवश्यकता है। अगर हम चाहते हैं कि बहुत शीघ्र आगामी पाँच वर्ष के दौरान उत्तर प्रदेश वन ट्रिलियन डॉलर की इकोनॉमी बने तो हमारा प्रयास होना चाहिए कि इस दौरान अलग-अलग सेक्टर में, चाहे वह रियल इस्टेट का हो, ट्रेड ट्रान्सपोर्ट का हो, होटल का हो, स्टोरेज का हो, वित्तीय सेवाओं का हो या फिर प्रोफेशनल सर्विसेज का हो, यह सभी जो क्षेत्र हैं, इन सबके साथ-साथ एग्रीकल्चर है, लाईट सेक्टर है, माइनिंग है, उद्योग है, बिजली है, वाटर सप्लाई है, कन्स्ट्रक्शन है, इन सभी सेक्टर में हम लोगों को आने वाले पाँच वर्ष के लिए एक लक्ष्य तय करना पड़ेगा कि सत्तर हजार करोड़ रुपये

से लेकर के एक लाख करोड़ रुपये तक अलग-अलग सेक्टर में अतिरिक्त निवेश की व्यवस्था हमें करनी पड़ेगी, तब जाकर भारत इतने कम समय में उस लक्ष्य को प्राप्त कर सकता है। लक्ष्य बड़ा है लेकिन असम्भव नहीं है। वह सम्भव है। उसे प्राप्त किया जा सकता है।

मुझे याद है कि जब उत्तर प्रदेश के अन्दर 'यू०पी० इन्वेस्टर्स समिट' का हम लोगों ने आयोजन किया था, उससे पहले हमारी जो टीम यहाँ पर आई थी उन्होंने इसका नाम रखा था 'ग्लोबल इन्वेस्टर्स समिट'। नाम तो अच्छा था। मैंने टीम से पूछा कि इसमें कितने का निवेश होगा?

उन्होंने कहा कि पचास हजार करोड़ रुपये का निवेश होगा। तो मैंने कहा कि सबसे पहले यह नाम बदल दिया जाए। अगर इसका नाम 'ग्लोबल इन्वेस्टर्स समिट' रखना है तो इसके लिए हमारा प्रयास कम से कम दस लाख करोड़ रुपये के निवेश का हो तो ही हम यह नाम रखें और अगर नहीं हो सकता है तो फिर हम लोग इस नाम को अभी यू०पी० के लिए ही लोकल स्तर पर 'यू०पी० इन्वेस्टर्स समिट' ही रखें। फिर मैंने कहा कि यह पचास हजार करोड़ रूपये तो बहुत कम हैं; तो उन्होंने कहा कि यू०पी० में कोई आएगा ही नहीं, यू०पी० में लोग आना ही नहीं चाहते हैं, तो मैंने कहा कि आप इन चीजों से उभरिए। हमें इससे उभरना होगा। कौन नहीं यू०पी० में आना चाहता है। देश के अन्दर जितनी अच्छी कनेक्टीविटी हमारे पास है, जितना जल संसाधन हमारे पास है, जितना मैनपावर हमारे पास है और जितनी बेहतर सुविधा हम दे सकते हैं कोई और नहीं दे सकता है। आप यह मान कर चलिए और हम लोग सबसे अच्छी सुरक्षा भी देंगे।

महोदय, जब हम लोग मार्च, 2017 में सत्ता में आए थे तो हमने देखा कि सैमसंग कम्पनी भाग रही थी, टी०सी०एस० भाग रही थी तथा तमाम अन्य कम्पनियाँ भी यहाँ से पलायन का रास्ता अपना रही थीं। हम लोगों ने उन लोगों को बुलाया और पूछा कि क्यों पलायन कर रहे हो, तो उन्होंने कहा कि हमें यहाँ का वातावरण ठीक नहीं लग रहा है। मैंने कहा कि वातावरण का मतलब क्या है, आप पॉलिटिकल एटमॉसफेयर की बात कर रहे हैं या

फिर यहाँ के सामान्य मौसमी वातावरण की बात कर रहे हैं, तो उन्होंने कहा कि पॉलिटिकल वातावरण ठीक नहीं है इसलिए हमारी कम्पनी ने वाइंडप करने का निर्णय लिया है। हमने उनसे कहा कि आपकी कम्पनी ने क्या निर्णय लिया है, आपके हेडऑफिस ने क्या निर्णय लिया है, आपके डायरेक्टर्स ने क्या निर्णय लिया है। यह पुरानी बात हो गई है। आपसे पहले उत्तर प्रदेश की जनता निर्णय ले चुकी है। अब हम लोग सत्ता में आ चुके हैं। हम लोग पिक एण्ड चूज़ तो नहीं करेंगे, लेकिन हाँ, फोकस सेक्टर की हमारी पॉलिसी होगी और पिछली सरकारों ने भी अगर उस पॉलिसी के अन्तर्गत कोई कार्य किया होगा तो सरकार उस पॉलिसी को लागू करेगी। आप निश्ंचित होकर यहाँ पर समय दीजिए और काम करिए। आज सैमसंग, जिसने तीन हजार करोड़ रुपये का यहाँ पर निवेश किया था, पाँच हजार करोड़ रुपये का निवेश कर चुकी है। सैमसंग मोबाइल फोन बनाने की दुनिया की सबसे बड़ी फैक्ट्री आज उत्तर प्रदेश के अन्दर है।

टी०सी०एस० जो लखनऊ से भाग रही थी, वह आज लखनऊ के साथ-साथ प्रदेश के अन्दर अन्य स्थानों पर भी अपना बड़ा निवेश कर रही है। ऐसे ही अलग-अलग क्षेत्रों से जुड़े हुए लोगों ने कहा कि हमें विश्वास है और इस विश्वास का सम्मान भी होना चाहिए, इसको प्रोत्साहित भी करना चाहिए। इस विश्वास की कड़ी को आगे बढ़ाने के लिए जब बातचीत हुई। हमारी टीम देश के अन्दर अलग-अलग राज्यों में गई, वहाँ पर उन्होंने उद्यमियों के साथ रोड-शो किए, निवेशकों के साथ बैठकें कीं, अलग-अलग सेक्टर से जुड़े हुए स्टेप होल्डर्स के साथ वह लोग बैठे और उसके परिणाम इतने अच्छे आए, जब यू०पी० में इन्वेस्टर्स समिट हुआ तो उस समय लगभग पौने पाँच लाख करोड़ रुपये के एम०ओ०यू० उत्तर प्रदेश में हुए हैं। पहली बार इतनी बड़ी संख्या में एम०ओ०यू० हुए हैं। लोग बोलते थे कि एम०ओ०यू० होते रहते हैं, यह एक औपचारिकता है, तो हमने कहा कि केवल होते ही नहीं हैं यह जमीन पर भी उतरेंगे। हम लोगों ने जुलाई, 2018 में 62 हजार करोड़ रुपये के कार्यों का शुभारम्भ आदरणीय प्रधानमंत्री जी के कर कमलों से राजधानी

लखनऊ में कराया है। मैं पूरे सदन को आमन्त्रित करूँगा कि इसी 28 जुलाई को 65 हजार करोड़ रुपये से अधिक की योजनाओं को फिर से हम एक नए निवेश के दूसरे चरण की योजना के अन्तर्गत अमली जामा पहनाने जा रहे हैं। पिछले वर्ष प्रधानमंत्री जी ने जिन योजनाओं का यहाँ पर शिलान्यास किया था, उसमें बहुत सारे उद्यम जो शुरू हुए थे, उसमें उत्पादन प्रारम्भ हो गया है। बहुत तेजी से कार्य चल रहा है और 65 हजार करोड़ रुपये का अभी परसों यहाँ पर कार्य प्रारम्भ होने जा रहा है।

इसके अलावा सार्वजनिक क्षेत्र के अन्य निवेश अलग हैं। एक नई कार्य संस्कृति जब प्रारम्भ होती है तो उस कार्य संस्कृति के साथ हर एक व्यक्ति को जुड़ना चाहिए। मुझे लगता है कि यह संस्कृति उत्तर प्रदेश के लिए है। देश की इकोनॉमी को 5 बिलियन डॉलर की इकोनॉमी बनाने में उत्तर प्रदेश का भी योगदान है, क्योंकि देश का हर छठां व्यक्ति उत्तर प्रदेश का निवासी है। अगर दुनिया के अन्दर भारत सबसे युवा राष्ट्र है, तो भारत के अन्दर उत्तर प्रदेश सबसे युवा प्रदेश है। इस युवा प्रदेश की ऊर्जा का लाभ देश की इकोनॉमी को भी आगे बढ़ाने में किया जा सके, इस दिशा में प्रयास प्रारम्भ होने हैं। उन प्रयासों के क्रम में दिनांक 28 जुलाई, 2019 को भारत सरकार के माननीय गृह मंत्री आदरणीय अमित शाह जी का यहाँ पर आगमन होगा। देश के बड़े-बड़े उद्यमी और निवेशक इस अवसर पर आएँगे और 65000 करोड़ रुपये से अधिक की योजनाओं के शिलान्यास का कार्यक्रम एक साथ-एक जगह पर प्रारम्भ होगा। हम पूरे प्रदेश के विकास को एक नई गति के साथ आगे बढ़ाने का कार्य करेंगे।

महोदय, इसके साथ ही अलग-अलग क्षेत्रों में दो वर्ष के दौरान जो कार्य प्रारम्भ हुए सचमुच उसकी बहुत अच्छी प्रोग्रेस रही है। उस प्रोग्रेस को आप देखेंगे तो पाएँगे कि हम लोगों ने कुछ क्षेत्रों में इस काम को बहुत अच्छे ढंग से आगे बढ़ाया है। ऐसा नहीं है कि हम लोगों ने प्रदेश के अन्दर डेवलपमेण्ट की योजनाओं को फोकस किया हो और उसमें वित्तीय अनुशासन का ध्यान न रखा हो। मुझे बताते हुए बड़ी प्रसन्नता हो रही है कि उत्तर प्रदेश की हमारी

सरकार ने वित्तीय अनुशासन का पालन पूरी तरीके से किया है। हम लोगों ने एफ०आर०बी०एम० की जो हमारी सीमा है, वह तीन प्रतिशत से नीचे ही रखी है। वह सीमा 2.97 पर आज भी टिकी हुई है। वित्तीय अनुशासन का एक नया उदाहरण उत्तर प्रदेश ने प्रस्तुत किया है। कल माननीय सदन में बहुत सारे मुद्दों पर चर्चा हो रही थी और चर्चा के दौरान अनेक बातें उठी। कल यहाँ पर नेता प्रतिपक्ष और हमारे ग्राम्य विकास मंत्री के बीच में कुछ तीखी झड़पें भी हुई। इन झड़पों को हमें व्यक्तिगत रूप में नहीं लेना चाहिए। यह सब लोकतंत्र की शोभा होती है। अगर मर्यादित तरीके से बहस होती है, तो उस बहस को भी हमें लोकतंत्र का हिस्सा मानना चाहिए। इसे व्यक्तिगत आरोप-प्रत्यारोप के रूप में नहीं लेना चाहिए। आरोप-प्रत्यारोप व्यक्तिगत होने भी नहीं चाहिए। हमें इस बात को ध्यान में रखना होगा। हर एक व्यक्ति की मर्यादा है, हर एक व्यक्ति का सम्मान है। लोकतंत्र में कोई छोटा और कोई बड़ा नहीं होता है। लेकिन एक-दूसरे की मर्यादा का ख्याल तो हम सबको रखना ही होगा। इस मर्यादा का पालन करते हुए हर व्यक्ति कार्य करता है।

मुझे यह बताते हुए बहुत प्रसन्नता हो रही है कि ग्राम्य विकास विभाग ने विगत दो वर्ष के दौरान देश के अन्दर बहुत अच्छी प्रगति की है, बहुत अच्छा कार्य किया है। माननीय अध्यक्ष जी, मैं आपके माध्यम से बताना चाहूँगा कि प्रधानमंत्री आवास योजना के अन्तर्गत उत्तर प्रदेश में 12,81000 गरीबों को प्रधानमंत्री आवास स्वीकृत किए गए हैं जिसमें 12,43000 आवास बनकर तैयार हो गए हैं और गरीबों को उपलब्ध भी करा दिए गए हैं। एस०ई०सी०सी० के सर्वे के बाद बहुत सारे परिवार ऐसे थे जो आपदा के कारण, कहीं अग्निकाण्ड की घटना घटित हो गई, कहीं बाढ़ के कारण या किसी अन्य आपदा के कारण या फिर एस०ई०सी०सी० के सर्वे में छूट गए थे और बहुत विपन्न परिवार थे, तो हमारी सरकार ने यह निर्णय लिया था कि आपदा प्रभावित परिवारों में या फिर वनटांगिया गाँवों में निवास करने वाले परिवारों को, जिन्हें आजादी के बाद कभी किसी भी योजना का लाभ नहीं मिल पाया है, थारू ट्राइब्स हैं, मुसहर जाति से जुड़े हुए लोग हैं, कोल जाति से जुड़े हुए लोग हैं या फिर

अन्य ट्राइब्स हैं जिनको सुविधा का लाभ अब तक नहीं मिल पाया है। उनके लिए भी हमने मुख्यमंत्री आवास योजना स्वीकृत की थी।

मुख्यमंत्री आवास योजना में मुझे बताते हुए प्रसन्नता है कि ग्राम्य विकास विभाग ने 50 हजार से अधिक परिवारों को एक-एक आवास उत्तर प्रदेश के अन्दर उपलब्ध करवाया है। उन गरीबों को आवास की राशि उपलब्ध करवाने के साथ-साथ उन्हें प्राथमिकता के आधार पर बनाने की कार्यवाही भी तेजी के साथ प्रदेश के अन्दर सम्पन्न हुई है। यह कार्य जहाँ ग्रामीण क्षेत्रों में बहुत अच्छे ढंग से आगे बढ़ा है, यानी ग्रामीण क्षेत्रों में प्रधानमंत्री आवास योजना में उत्तर प्रदेश जो कभी 17वें-18वें नम्बर पर था, आज मुझे बताते हुए प्रसन्नता है कि उत्तर प्रदेश पूरे देश में नम्बर एक स्थान पर है। मा० अध्यक्ष जी, उसी प्रकार से शहरी क्षेत्रों में भी हर गरीब के पास, जिसके पास अपना आवास नहीं है, उसे आवास मिले विगत दो वर्ष के दौरान इस अभियान को आगे बढ़ाया गया है। नगर विकास विभाग ने शहरी क्षेत्र में 12 लाख 89 हजार 243 परिवारों को एक-एक आवास उपलब्ध करवाया है। जिसमें से 2 लाख 52 हजार आवास अब तक बनकर तैयार हो चुके हैं। मुझे बताते हुए प्रसन्नता है कि पूरे देश के अन्दर प्रधानमंत्री आवास योजना में शहरी विकास मंत्रालय भी प्रधानमंत्री आवास निर्माण में फिर से पूरे देश के अन्दर नम्बर एक पर आया है। पहले हमारा कहीं स्थान नहीं था। देश के अन्दर अलग-अलग राज्यों ने इसमें प्रोग्रेस की थी। जब हम लोग वर्ष 2017 में आए थे तो किसी ने 2 लाख आवास बना दिए थे, किसी ने 3 लाख आवास बना दिए थे, किसी ने 4 लाख बना दिए थे, किसी ने 50 हजार बना दिए थे, किसी ने 25 हजार बना दिए थे। उत्तर प्रदेश के अन्दर यह केवल फाइलों में ही चलता रहा। आज मुझे बताते हुए प्रसन्नता है कि 12 लाख 89 हजार से अधिक परिवारों को एक-एक आवास स्वीकृत किया जा चुका है। इन आवासों के साथ कुल 2 लाख 52 हजार आवास बनकर तैयार भी हो गए हैं।

स्वच्छ भारत मिशन में भी उत्तर प्रदेश ने बहुत अच्छी छलाँग लगाई है। मुझे बताते हुए प्रसन्नता है कि उत्तर प्रदेश के अन्दर अगर हम देखेंगे तो विगत दो

वर्षों के दौरान हम लोगों ने 2 करोड़ 21 लाख 62 हजार से अधिक ग्रामीणों को एक-एक शौचालय ग्रामीण क्षेत्रों में उपलब्ध करवाया है, जिसमें वर्ष 2017-18 में 44 लाख 10 हजार 903, वर्ष 2018-19 में 1 करोड़ 41 लाख 51 हजार 599 और इस वर्ष अब तक 36 लाख से अधिक शौचालय ग्रामीण क्षेत्रों में निर्मित किए जा चुके हैं। स्वच्छ भारत मिशन में इन शौचालयों की बड़ी भूमिका है। खासतौर पर यह योजना इसलिए भी महत्वपूर्ण है कि शहरी क्षेत्रों में भी इस दिशा में बहुत अच्छे कार्य हुए हैं।

डॉ० राम मनोहर लोहिया जी ने एक बात कही थी और देश के लोकतंत्र का परिणाम उसका प्रतिनिधित्व भी करता है। उन्होंने आज से 50 वर्ष पहले एक बात कही थी कि जो सरकार इस देश के गरीबों को, इस देश की माताओं को दो चीजों की व्यवस्था कर देगी, एक चूल्हे के लिए ईंधन की व्यवस्था और दूसरा खुले में शौच से मुक्ति के लिए शौचालय की व्यवस्था कर देगी, उस सरकार को 50 वर्षों तक आने से कोई रोक नहीं सकता है। मुझे लगता है कि डॉ० राम मनोहर लोहिया जी के उस स्वप्न को इस देश के यशस्वी प्रधानमंत्री आदरणीय श्री नरेन्द्र मोदी जी ने साकार किया है ।

कौन सोचता था कि किसी गरीब के घर में रसोई गैस का चूल्हा जलेगा। अकेले उत्तर प्रदेश के अन्दर 1 करोड़ 31 लाख परिवारों को प्रधानमंत्री उज्ज्वला योजना में एक-एक रसोई गैस का सिलेण्डर मिला। स्वच्छ भारत मिशन के प्रारम्भ होने से लेकर अब तक ग्रामीण क्षेत्र में 2 करोड़ 90 लाख से भी अधिक शौचालय निर्मित हुए हैं। जिसमें से 2 करोड़ 21 लाख शौचालय बनाने का कार्य विगत 02 वर्षों के दौरान हमारी सरकार ने सम्पन्न किया है। यह वह तस्वीर है जो किसी को संकुचित दायरे में कैद करके नहीं रखती है। डॉ० लोहिया के नाम पर राजनीति करने वाले बहुत सारे लोग होंगे, उनकी विरासत को भुलाने वाले बहुत सारे लोग होंगे। लेकिन डॉ० लोहिया की भावनाओं का प्रतिनिधित्व सही मायने में कौन कर रहा है? केन्द्र में मोदी जी की सरकार ने साबित कर दिया है कि वास्तव में जन भावनाओं का सम्मान किस रूप में होना चाहिए, क्या उसके भाव होने चाहिए और उस भाव को आगे बढ़ाने का

कार्य सफलतापूर्वक ग्रामीण और शहरी दोनों क्षेत्रों में बहुत कुशलतापूर्वक उत्तर प्रदेश में किया है।

मुझे बताते हुए प्रसन्नता हो रही है कि स्वच्छ भारत मिशन में भी व्यक्तिगत शौचालय के निर्माण में उत्तर प्रदेश देश के अन्दर नम्बर-1 पर फिर से आ गया है। वर्ष 2017 से पहले देश में उत्तर प्रदेश का स्थान 23वाँ व 24वाँ था। इस बात को लोग कहते थे कि क्या उत्तर प्रदेश इस लक्ष्य को पूरा कर पाएगा। आज आप गाँवों में चले जाईए। हमारे लिए शौचालय बनाना एक कार्य नहीं है, यह शौचालय हमारे लिए नारी गरिमा के सम्मान एवं रक्षा का दायित्व भी है। यह शौचालय उन तमाम प्रकार की बीमारियों से, जो बीमारियाँ असमय तमाम प्रकार की जल-जनित और विषाणु-जनित बीमारियों से तमाम लोगों को निगल जाती थीं, मुक्ति का भी माध्यम बना है। कितना सशक्त माध्यम बना है, कितना बेहतर माध्यम बना है। स्वच्छ भारत मिशन के अन्तर्गत जब स्वच्छता पर ध्यान दिया गया तो उसके परिणाम सामने आए। उपचार के लिए 5 लाख रुपये की स्वास्थ्य बीमा योजना, आयुष्मान भारत के अन्दर 1 करोड़ 18 लाख परिवारों को उत्तर प्रदेश के अन्दर आदरणीय प्रधानमंत्री मोदी जी ने उपलब्ध कराया है। साढ़े 10 लाख परिवारों को उत्तर प्रदेश सरकार ने मुख्यमंत्री जन-आरोग्य योजना के अन्तर्गत स्वयं उपलब्ध कराने में सफलता प्राप्त की है। हम लोग इस बारे में कह रहे हैं कि गरीबी रेखा से नीचे जीवन-यापन करने वाला कोई भी परिवार इन सुविधाओं से वंचित नहीं रहेगा। आने वाले समय में यदि कोई छूटा होगा तो उसको बोलिए कि इंतजार करिए, उसका भी नम्बर आएगा, उसको भी हम अवश्य कवर करेंगे, किसी को भी हम वंचित नहीं रहने देंगे। सरकार भेदभाव नहीं करती है, हम चेहरा देखकर सेलेक्शन नहीं करते हैं। गरीब, गरीब है। गरीब को योजनाओं का लाभ मिलना चाहिए, लेकिन योजनाओं में राजनीति नहीं होनी चाहिए। ईमानदारी के साथ गरीब तक योजनाओं को पहुँचाने का कार्य करना चाहिए।

योजनाओं का प्रचार-प्रसार हो। जिससे हम इन योजनाओं के बारे में सही ढंग से प्रदेश की जनता के सामने इस बात को रख सकें। स्वच्छ भारत

मिशन के साथ-साथ आयुष्मान भारत ने, मुख्यमंत्री जन आरोग्य योजना ने इन योजनाओं को आगे बढ़ाया है। कोई सोचता था कि एक गरीब के घर में भी बिजली का लट्टू जलेगा, कोई सोचता था, बड़े-बड़े नारे लगते थे। बड़ी-बड़ी घोषणाएँ होती थीं। लोगों को नई-नई उपाधियाँ मिलती थीं। किसी ने सोचा नहीं। विगत दो वर्ष में 01 लाख 21 हजार मजरों तक विद्युतीकरण का कार्य सम्पन्न हुआ है।

मुझे बताते हुए प्रसन्नता है कि एक करोड़ आठ लाख परिवारों को निःशुल्क विद्युत कनेक्शन उपलब्ध कराने का काम ऊर्जा विभाग ने उत्तर प्रदेश के अन्दर किया है। अभी मजरों से बाहर भी एक मकान, दो मकान, चार मकान जहाँ-तहाँ बिखरे पड़े हैं, उस पर हमारी कार्य-योजना चल रही है, उसको भी आच्छादित करेंगे। कल यहाँ पर विद्युतीकरण के बारे में चर्चा हो रही थी कि सरकार ने क्या किया है। हमारे माननीय नेता प्रतिपक्ष कल राजीव गाँधी विद्युतीकरण योजना के बारे में कह रहे थे। पण्डित दीनदयाल उपाध्याय ग्राम ज्योति योजना और राजीव गाँधी विद्युतीकरण योजना में यही अन्तर है कि राजीव गाँधी विद्युतीकरण योजना में एक गाँव में दस मजरे होते थे तो मुख्य एक मजरे में विद्युतीकरण का काम होता था, बाकी नौ मजरों को छोड़ दिया जाता था और यह मान लिया जाता था कि यह संतृप्त हो गया है। पं० दीन दयाल उपाध्याय ग्राम ज्योति योजना और सौभाग्य योजना के माध्यम से यह तय किया गया कि मुख्य मजरा ही नहीं, उससे जुड़े हुए एवं ग्राम पंचायत से जुड़े हुए जितने भी मजरे होंगे सभी आच्छादित होंगे। इन सबको लेकर दो वर्ष में एक लाख इक्कीस हजार से अधिक मजरों में विद्युतीकरण का कार्य कुशलतापूर्वक उत्तर प्रदेश पावर कॉरपोरेशन ने किया है। आप जो कह रहे थे कि हम बिजली के तारों को जमीन के अन्दर दबाकर लेकर गए, आप नहीं लेकर गए, ये आई०पी०डी०एस०(इन्टीग्रेटेड पावर डेवलपमेण्ट स्कीम) योजना के अन्तर्गत, शहरी क्षेत्रों में ऊपर जो बिजली के तार चल रहे हैं उसको किसी भी घटना-दुर्घटना से बचाने के लिए अण्डरग्राउण्ड केबिलिंग के कार्य के लिए भारत सरकार ने, सौभाग्य योजना तो बाद में आई, पं० दीन दयाल उपाध्याय

ग्राम ज्योति योजना और आई०पी०डी०एस० के अन्तर्गत इस योजना का पैसा शहरी क्षेत्रों में उपलब्ध कराने का कार्य किया था। मुझे लगता है कि यह बात जानकारी में आनी चाहिए और इस बात की जानकारी हो तो अच्छा रहेगा। इसलिए मैं आपके संज्ञान में इस बात को ला रहा हूँ।

महोदय, गरीबों के लिए कितनी बड़ी-बड़ी घोषणाएँ होती थीं। मुझे देखकर ताज्जुब हो रहा था कि जब कोई किसान आन्दोलन करने के लिए नहीं मिला तो राजभवन और विधान भवन के सामने एक पार्टी के लोगों ने कटे हुए आलू, यानी कोल्ड स्टोरेज में जो आलू सड़ जाता है, उन आलुओं को ट्रॉली में भरकर और कन्नौज से लाकर यहाँ पर गिराने का काम किया। दिखाने का कार्य किया कि लोग कितने परेशान हैं। खैर, कन्नौज की जनता ने जवाब दे ही दिया है। लेकिन विगत दो वर्ष चार माह के दौरान आपने देखा होगा की किसान कोई भी आन्दोलन नहीं कर रहा है। क्योंकि पहली बार किसान को उसकी उपज का दाम दिया जा रहा है। ये प्रयास किया गया है कि उसका भरपूर लाभ किसानों को मिले। अगर हम गन्ना किसानों की ही बात करें तो वर्ष 2007 से 2012 और 2012 से 2017 तक देखेंगे तो कुल पचास से पचपन हजार करोड़ रुपये का भुगतान इन वर्षों में गन्ना किसानों का हो पाया था। लेकिन महोदय, मुझे बताते हुए प्रसन्नता है कि विगत दो वर्ष चार माह के दौरान गन्ना किसानों का सत्तर हजार करोड़ रुपये के गन्ना मूल्य का भुगतान हुआ है। बन्द पड़ी चीनी मिलों को चलाने का काम प्रारम्भ हुआ है। निजी क्षेत्र की जो चीनी मिलें बन्द थीं, वे भी प्रारम्भ हुईं एवं इसके साथ ही साथ, अन्य कार्यक्रमों को भी उसके साथ जोड़ने का कार्य प्रारम्भ हुआ है। एक चीनी मिल बन्द होती है, तो वहाँ का किसान या कर्मचारी ही नहीं तबाह होता, बल्कि वहाँ का पूरा मार्केट प्रभावित होता है। छोटे-छोटे व्यापारियों, ठेला-खुमचा आदि लगाने वाले एवं समाज का एक अन्य बड़ा तबका उससे प्रभावित होता है। लेकिन हम लोग कभी भी इसको समझने का प्रयास नहीं करते कि उद्योग बन्द न हों, उसको चलाने के लिए एक सकारात्मक माहौल बनाने की आवश्यकता है। लेकिन अपनी छोटी, संकीर्ण राजनीति के चलते

कूछ लोग अनावश्यक रूप से उन चलते हुए उद्योगों को बन्द करते हैं। उस उद्योग में कार्य करने वाला कर्मी तो तबाह होता ही है, परेशान होता ही है, इन झूठे नारों में चल करके वह अपने आपको, अपने परिवार को तो बर्बाद करता ही है, समाज का एक बड़ा तबका भी उससे बेहाल होता है। प्रदेश सरकार ने उन निजी क्षेत्र की भी कई चीनी मिलों को चलाया है, गन्ना विभाग ने इस दौरान चलाने का कार्य किया। इसके साथ हमने कोऑपरेटिव की चीनी मिलों को भी आगे बढ़ाने का कार्य किया है। उसके बहुत अच्छे परिणाम इस दौरान हम लोगों को देखने को मिले हैं। बहुत अच्छे परिणाम इस दौरान हम लोगों ने गन्ना मिलों के साथ देखे हैं।

दूसरा हम आभारी हैं आदरणीय प्रधानमंत्री जी के, अब केवल मॉलिसिस से ही एथेनॉल नहीं बनेगा, बल्कि आपको जितनी चीनी की आवश्यकता है, आप उतनी चीनी बनाइए, अगर चीनी की आवश्यकता नहीं है तो शुगरकेन से सीधे एथेनॉल बनाने की भी सुविधा आपको दी जा रही है। इसकी परमिशन भी हमें मिल गई है। उसका पैसा भी ज्यादा दिया जा रहा है। उस पैसे के क्रम में इस कार्यक्रम को आगे बढ़ाने की दिशा में बहुत अच्छा प्रयास प्रारम्भ हुआ है। मुझे बताते हुए प्रसन्नता है कि वर्तमान में देश ने उत्तर प्रदेश को सबसे बड़ा एथेनॉल आपूर्तिकर्ता के रूप में चयनित किया है। 40 चीनी मिलें और उससे जुड़ी हुई जो डिस्टिलरी हैं, कुल 48 ऐसे एथेनॉल उत्पादन डिस्टिलरी वर्तमान में उत्तर प्रदेश के अन्दर हमारे पास हैं जिनसे हम लोग प्रतिवर्ष 119.89 करोड़ लीटर वार्षिक एथेनॉल का उत्पादन करने की क्षमता रख सकते हैं। मुझे लगता है कि उत्तर प्रदेश की इकोनॉमी में एक बहुत बड़ा अंश आने वाला है, जो किसानों के जीवन के लिए बहुत लाभदायक होगा। साथ-साथ खांडसारी उद्योग से जुड़े हुए जो लोग थे, पिछली सरकारों ने लाइसेन्स बन्द कर दिए थे, वह परेशान थे, मेरे पास पश्चिमी उत्तर प्रदेश में कश्यप समाज से जुड़े हुए लोग आए थे, जब गन्ना विभाग ने खांडसारी उद्योग के बारे में निर्णय लिया था कि हम इनको लाइसेन्स फ्री करेंगे। खांडसारी का उद्योग कोई लगाना चाहता है, उसको हम लाइसेन्स फ्री करेंगे, वहाँ ऑनलाइन लाइसेन्स की पूरी सुविधा

उपलब्ध कराएँगे। मुझे बताते हुए प्रसन्नता है कि लाइसेन्स फ्री करने के साथ पिछले 25 वर्षों में खांडसारी इकाइयों के केवल 86 लाइसेन्स स्वीकृत हुए थे और विगत दो वर्ष के दौरान हम लोगों ने लाइसेन्स को पूरा फ्री किया। एक खांडसारी उद्योग में 8, 10, 15, 20 तक लोग कार्य कर सकते हैं। इतने लोगों को रोजगार मिलता है। हम लोगों ने प्रदेश के अन्दर इसे तेजी के साथ आगे बढ़ाने का कार्य किया।

महोदय, अगर हम इन सभी सेक्टर्स में देखेंगे, तो किसानों ने आन्दोलन नहीं किया। बहुत सारे लोगों के लिए यह चीजें बहुत चौकाने वाली हैं कि उत्तर प्रदेश में किसान आन्दोलन न करें। किसान को लगा कि वास्तव में उनकी स्वयं की सरकार आई है, उनकी हितैषी सरकार आई है। गेहूँ, धान, दलहन, तिलहन, आलू इन सबका समर्थन मूल्य, जगह-जगह क्रय-केन्द्र स्थापित करना, पर्याप्त मात्रा में उनकी उपज को न्यूनतम समर्थन मूल्य से अधिक दाम पर खरीदने की व्यवस्था करना और इस कार्य को सरकार ने सफलतापूर्वक इस दौरान प्रदेश के अन्दर लागू किया। उसके परिणाम भी हम सबको देखने को मिले हैं कि किसान आज खुशहाल है। किसान तेजी के साथ आगे बढ़ रहा है। किसान को जो नई-नई सुविधाएँ मिलनी प्रारम्भ हुई हैं, उन सुविधाओं का परिणाम भी आज हम सबको देखने को मिल रहा है। इसके साथ ही बहुत बड़े-बड़े नारे लगते थे, जब हम लोग दिसम्बर, 2016 और जनवरी, 2017 के प्रारम्भ में आए थे। दिसम्बर, 2016 और जनवरी, 2017 के प्रारम्भ में कुशीनगर जनपद में भूख से कुछ मौतें हुई थीं। यह समाचार यदा-कदा प्रदेश के अन्य क्षेत्रों से भी देखने को मिलता था। मैं उस समय गोरखपुर से सांसद था, मुझे उन क्षेत्रों में जाने का अवसर प्राप्त हुआ था और मैं गया था। मैं देखता था और पूछता था उन लोगों से कि आप लोगों के पास राशन कार्ड नहीं है क्या? वह कहते थे कि हमारे पास राशन कार्ड नहीं है। हमने पूछा कि कहाँ गया आपका राशन कार्ड, तो उन्होंने कहा कि कुछ लोगों को मिलता ही नहीं था। कुछ लोगों को मिला भी था तो किसी पार्टी विशेष से जुड़े हुए दबंगों को, दिखाते थे कि सामने जो घर है, हमारा राशन कार्ड उनको उपलब्ध करा दिया है। यह चीजें

लोग करते थे। हम लोगों ने जब इसकी जाँच करवाई तो 36 लाख राशन कार्ड फेक पाए गए थे। फिर हम लोगों ने अभियान चलाया था कि जिन गरीबों के पास राशन कार्ड नहीं है, उनको हम राशन कार्ड उपलब्ध कराएँगे। राशन कार्ड उपलब्ध कराने की मुझे प्रसन्नता है। 3 करोड़ 55 लाख 67 हजार 895 परिवारों को राशन कार्ड प्रदेश सरकार ने इस दौरान उपलब्ध कराए। इसमें 40 लाख 92 हजार 531 अन्त्योदय के हैं और 3 करोड़ 14 लाख 75 हजार 364 पात्र गृहस्थी के राशन कार्ड हैं। अगर आप इनको यूनिट में देखेंगे, तो यूनिट में 13 करोड़ 82 लाख 42 हजार 104 यूनिट जिसमें 2 रुपये किलो गेहूँ, 3 रूपये किलो चावल इन सभी परिवारों को उपलब्ध कराने की व्यवस्था प्रदेश सरकार ने प्रदेश के अन्दर प्रारम्भ किया है। लेकिन समस्या थी कि कोटेदारों से मुक्ति कैसे मिले क्योंकि सारी चीजें वहीं से तो प्रारम्भ होती हैं। हम लोगों ने टेक्नोलॉजी का प्रयोग किया। ई-पॉश मशीनें लगाईं और ई-पॉश मशीन आज प्रदेश के अन्दर सभी 80 हजार कोटे की दुकानों में लग चुकी हैं। उसके सफलतापूर्वक सम्पादन का कार्य भी प्रारम्भ हुआ है। प्रदेश के अन्दर हम यह व्यवस्था भी देने जा रहे हैं और कुछ जनपदों में हमने प्रारम्भ भी कर दिया है कि लाभार्थी चाहे जिस भी दुकान से अपना राशन ले सकता है, क्योंकि राशन कार्ड को उसके आधार के साथ जोड़ने और फिर उसको सुविधा उपलब्ध कराने की व्यवस्था की गई है। दूसरी यह भी व्यवस्था दी गई है कि वह लाभार्थी जहाँ राशन लेगा, अन्त्योदय परिवारों से जुड़े हुए बहुत सारे परिवार ऐसे होंगे जो राशन की दुकान तक नहीं जा सकते, प्रत्येक माह के अन्तिम सप्ताह में उन परिवारों तक राशन पहुँचाने की व्यवस्था किसी नोडल अधिकारी के माध्यम से या कोटे की दुकान के माध्यम से सम्पन्न किया जाना चाहिए। यह कार्य सफलतापूर्वक प्रदेश के अन्दर कुछ परिवारों में प्रारम्भ भी हुआ है।

टेक्नोलॉजी पर फोकस जो प्रधानमंत्री मोदी जी करते हैं, वैसे ही नहीं करते। टेक्नोलॉजी बड़ा आधार है, भ्रष्टाचार पर प्रहार करने के साथ-साथ एक गरीब को उसका हक दिलाने में और साथ-साथ राजस्व की बचत करने में। ई-पॉश मशीन 13 करोड़ 82 लाख 42 हजार 104 लोगों को राशन उपलब्ध

करा रही है। लेकिन साथ-साथ हमने इस दौरान ई-पॉश मशीन लगाने के बाद 657 करोड़ रुपये की बचत भी की है। इतना खाद्यान्न दूसरे देशों में बिक जाता था या काला बाजारी का शिकार हो जाता था। यह टेक्नोलॉजी का उपयोग है।

इसी प्रकार से प्रदेश के अन्दर अन्य क्षेत्रों में भी बहुत सारे कार्य इस रूप में देखने को मिले। खासतौर पर किस तरीके से हम लोग नया कार्य कर सकते हैं। एल०ई०डी० स्ट्रीट लाईट प्रदेश के अन्दर जितनी भी लगी हैं, इसमें प्रदेश सरकार ने या नगर विकास ने एक भी पैसा अपनी तरफ से नहीं लगाया, लेकिन इन्होंने ई०एस०एल० के साथ एक समझौता-दस्तावेज पर हस्ताक्षर करके इस कार्यक्रम को आगे बढ़ाया। मुझे बताते हुए प्रसन्नता है कि दो वर्ष में 7 लाख 95 हजार 443 स्ट्रीट लाईट को रिप्लेस किया। उसकी जगह एल०ई०डी० स्ट्रीट लाईट लगाई। इसके कारण 280 मिलियन यूनिट प्रतिवर्ष बिजली की बचत भी हो रही है और 3 सौ करोड़ रुपये प्रतिवर्ष राजस्व की बचत भी नगर विकास विभाग को एल०ई०डी० स्ट्रीट लाईट लगवाने से हो रही है।

महोदय, उन तमाम योजनाओं का लाभ लोगों को कैसे मिल सकता है, मैं इसकी एक छोटी सी झाँकी प्रस्तुत करना चाहता हूँ। वृद्धावस्था पेंशन, निराश्रित महिला पेंशन, जिसे हम विधवा पेंशन भी कहते है और दिव्यांग जन पेंशन। पेंशन की योजनाओं में आज हम लोग कुल 40 लाख 71 हजार 158 वृद्धजनों को वृद्धावस्था पेंशन का लाभ दे रहे हैं। 21 लाख 69 हजार निराश्रित महिलाओं को निराश्रित महिला पेंशन उपलब्ध करा रहे हैं। 09 लाख 84 हजार 709 दिव्यांगजनों को भी पेंशन की सुविधा का लाभ हम लोग उपलब्ध करा रहे हैं। इसमें अगर आप देखेंगे तो अभियान चला करके लोगों की पात्रता का चयन करना और पात्रता के आधार पर उनको पेंशन देना है। हमने इन तीन प्रकार की पेंशन की योजनाओं पर फोकस किया। हमने पार्टी के नाम पर या जाति के नाम पर पेंशन की योजना नहीं चलाई। हमने इसको वृद्धावस्था पेंशन, निराश्रित महिला पेंशन और दिव्यांगजन पेंशन के साथ ही जोड़ा है। दिव्यांगजन की पेंशन को 300 रुपये से बढ़ाकर 500 रुपये किया, वृद्धावस्था पेंशन को 400 रुपये से बढ़ाकर 500 रुपये किया एवं निराश्रित महिला पेंशन के लिए

हमने आयु सीमा समाप्त कर दी क्योंकि निराश्रित महिला तो निराश्रित महिला ही है, उसको पेंशन का लाभ मिलना ही चाहिए। आज इतने लोगों को पेंशन की सुविधा का लाभ वर्तमान में सरकार करा रही है।

जब हमने मुख्यमंत्री सामूहिक विवाह योजना लागू की थी तो इसी सदन में बहुत सारे लोग हँस रहे थे। प्रतिपक्ष के हमारे बहुत सारे मित्र हँस रहे थे, यह गरीब का अपमान है। लेकिन महोदय, मुझे बताते हुए बहुत प्रसन्नता है कि इस दौरान 68 हजार 108 गरीब कन्याओं की शादी मुख्यमंत्री सामूहिक विवाह योजना के माध्यम से कराई गई है। हमने इसकी राशि को बढ़ाकर 35000 रुपये से 51000 रुपये किया है। साथ ही साथ श्रम विभाग के द्वारा भी 10,316 बालिकाओं की शादी कराई गई है। श्रम विभाग ने भी अपने स्तर पर प्रत्येक शादी के लिए 55,000 रुपये की राशि दे करके इस कार्यक्रम को बहुत सफलतापूर्वक सम्पन्न किया था। मैंने स्वयं भी श्रम विभाग के कुछ कार्यक्रमों में भागीदारी की थी। उन्होंने बहुत अच्छे ढंग से उन आयोजनों को वहाँ पर सम्पन्न किया था। प्रदेश के अन्दर अगर हम समाज कल्याण विभाग के अनुदान की राशि के बारे में देखेंगे, तो दो वर्षों में 38,729 कन्याओं को शादी के लिए अनुदान अलग से उपलब्ध कराया गया। इसके अलावा छात्रवृत्ति भी दी गई है।

अगर आप छात्रवृत्ति का ही देखें तो विगत दो वर्षों के दौरान वर्ष 2016-2017 में पूर्वदशम् छात्रवृत्ति के अन्तर्गत पिछड़ी जाति से जुड़े हुए बच्चों में कुल 05 लाख 19 हजार 596 छात्र-छात्राओं को यह स्कॉलरशिप मिलती थी। यानी पूर्वदशम् छात्रवृत्ति के अन्तर्गत और दशमोत्तर छात्रवृत्ति में यह सुविधा 13 लाख 64 हजार 70 छात्र-छात्राओं को उपलब्ध होती थी। हमें यह बताते हुए बहुत प्रसन्नता है कि पूर्वदशम् छात्रवृत्ति में वर्ष 2017-2018 में 05 लाख 19 हजार 596 से बढ़ा करके हम लोगों ने 07 लाख 58 हजार 520 छात्र-छात्राओं को छात्रवृत्ति उपलब्ध कराई है। ऐसे ही दशमोत्तर छात्रवृत्ति में 13 लाख 64 हजार 70 से बढ़ करके आज 18 लाख 78 हजार 452 पिछड़ी जाति के छात्र-छात्राओं को लाभ प्राप्त हो रहा है। अगर आप अनुसूचित जाति-जनजाति के बारे में

देखेंगे, तो यह संख्या और भी बढ़ती है। हम लोगों ने काफी बड़ी संख्या में ऐसे छात्र-छात्राओं को इस सुविधा का लाभ उपलब्ध कराने का कार्य किया है।

महोदय, किसानों के लिए सिंचाई की सुविधा बहुत आवश्यक है। सिंचाई को अगर हम आधुनिक तकनीक के साथ जोड़ने का कार्य करेंगे तो बहुत बड़ा कार्य हो सकता है। ड्रिप इरिगेशन के साथ जोड़ेंगे तो क्षेत्रफल में ज्यादा बढ़ोत्तरी हो सकती है। विगत दो वर्ष के अन्दर बाणसागर परियोजना, पहाड़ी बाँध परियोजना, पथरई बाँध परियोजना, गुढ़ा बाँध परियोजना, जमरार बाँध परियोजना, मौदहा बाँध परियोजना, पहुज बाँध परियोजना और लहचूरा बाँध परियोजना, इन सभी परियोजनाओं का कार्य हमारी सरकार ने सम्पन्न किया है। जिसमें 2,16,666 हेक्टेयर अतिरिक्त सिंचन की क्षमता इसके माध्यम से किसानों को प्राप्त हुई और 1,86,545 कृषक इससे लाभान्वित हुए। महोदय, साथ ही साथ इस वर्ष के अन्त तक, यानि इस वित्तीय वर्ष में जिन योजनाओं को हम पूरा करने जा रहे हैं, जिनका लक्ष्य हमने निर्धारित किया है उसमें सरयू नहर राष्ट्रीय परियोजना, अर्जुन सहायक परियोजना, मध्य गंगा नहर परियोजना, रसिन बाँध परियोजना, चौधरी चरण सिंह लखेरी बाँध परियोजना, भावनी बाँध परियोजना, जाखलौन पम्प नहर की क्षमता पुर्नस्थापित, ललितपुर की रतौली बेयर परियोजना, बंडा बाँध परियोजना, मसगाँव एवं चिल्ली स्प्रिकलर सिंचाई योजना, कुलपहाड़ स्प्रिकलर सिंचाई परियोजना, शहजाद बाँध स्प्रिकलर सिंचाई परियोजना, उत्तर प्रदेश वाटर सेक्टर रिस्ट्रेक्चरिंग परियोजना जो रामगंगा, बेतवा, शारदा संगठन आदि से सम्बन्धित है, इन सबके माध्यम से अगर आप देखेंगे तो हम लोग इन परियोजनाओं के माध्यम से 10,30,312 हेक्टेयर अतिरिक्त सिंचन की क्षमता प्रदेश के अन्दर उपलब्ध कराने जा रहे हैं। 18,37,899 कृषक सीधे-सीधे इन योजनाओं के पूरा होने पर इसका लाभ प्राप्त कर लेंगे। यह प्रक्रिया प्रदेश के अन्दर हम लोगों ने प्रारम्भ की है।

महोदय, इसके साथ ही यदि आप कनेक्टिविटी की बात करें तो प्रदेश के अन्दर जब हम लोग 2017 में आए थे, केवल तीन एयरपोर्ट लखनऊ, वाराणसी और गोरखपुर फंक्शन में थे। मुझे बताते हुए प्रसन्नता है कि आज

के दिन 6 एयरपोर्ट फंक्शन में हैं, यानि लखनऊ, वाराणसी और गोरखपुर तो हैं ही साथ-साथ कानपुर, आगरा और प्रयागराज ये नए एयरपोर्ट फंक्शन में आए हैं। इसके साथ ही बरेली, हिण्डन, अलीगढ़, आजमगढ़, मुरादाबाद, श्रावस्ती, म्योरपुर, चित्रकूट, झाँसी, कुशीनगर और अयोध्या में 11 नए एयरपोर्ट वर्तमान में निर्माणाधीन हैं, जिस पर हम लोग कार्य कर रहे हैं। हमारा प्रयास है कि तेजी के साथ इसको आगे बढ़ाएँ, साथ ही गाजीपुर, मेरठ और सरसांवा (सहारनपुर) इन तीन एयरपोर्ट के विकास के लिए भी हमें जैसे ही क्लीनचिट मिलेगी, इस पर भी काम करने में हम लोग रूचि दिखाएँगे, ताकि हमारा ये कार्यक्रम आगे बढ़ सके।

महोदय, मुझे बताते हुए प्रसन्नता है कि जेवर, नोएडा में इण्टरनेशनल एयरपोर्ट के कार्य के लिए 20 वर्ष से बातचीत चल रही थी, लेकिन कार्य-योजना फिक्स नहीं हो पा रही थी। हमारी सरकार आई तो हम लोगों ने पूरे पारदर्शी तरीके से इस कार्यक्रम को आगे बढ़ाया है। मुझे बताते हुए प्रसन्नता है कि आज भूमि अधिग्रहण के साथ-साथ ग्लोबल बिडिंग की कार्यवाही हम लोगों ने तेजी के साथ आगे बढ़ा दी है। मुझे बताते हुए प्रसन्नता है कि पहले उत्तर प्रदेश में लखनऊ से केवल 15 शहर जुड़े हुए थे, आज 21 शहर लखनऊ से जुड़े हैं। वाराणसी में पहले 8 शहर जुड़े थे और अब 19 शहर एअर कनेक्टिविटी से जुड़ चुके हैं। गोरखपुर में पहले केवल एक सिटी से कनेक्टिविटी थी और अब 5 सिटी के साथ इसकी कनेक्टिविटी हो चुकी है। आगरा तीन शहरों से जुड़ चुका है। प्रयागराज में 5 नई उड़ानें चल रही हैं। कानपुर में 2 उड़ानें यानि कि 25 शहरों की जो हमारी कनेक्टिविटी थी दो वर्षों में यह बढ़कर 55 शहरों की हुई है। उड़ान योजना के अन्तर्गत प्रदेश को यह सफलता भी प्राप्त हुई है। प्रदेश के अन्दर हर एक व्यक्ति का योगदान है।

मुझे लगता है कि उस प्रत्येक व्यक्ति के श्रम को सम्मान मिले और हम उसके कार्य की प्रशंसा करने की भी थोड़ी आदत डाल सकें, जो अच्छा कार्य कर रहा है, उसकी प्रशंसा हो। उसको हम प्रोत्साहित कर सकें। उस प्रोत्साहन के ही क्रम में मुझे बताते हुए प्रसन्नता है कि हमारी सरकार ने इस

दौरान आँगनबाड़ी, आशा वर्कर, ग्राम चौकीदार, जिसे हम ग्राम प्रहरी कहते हैं, रसोइया, होमगार्ड, पी०आर०डी० जवान इन सबके मानदेय में भी वृद्धि की है। वित्तीय अनुशासन को बनाए रखते हुए हम लोगों ने इस कार्यक्रम को भी सफलतापूर्वक प्रदेश के अन्दर प्रारम्भ किया। रसोइया कुल 1 हजार रुपये पाता था, हमने उसमें और वृद्धि करते हुए उसको 15 सौ रुपये किया। होमगार्ड 375 रुपये प्रतिदिन पाता था हमने उसे 500 रुपये प्रतिदिन किया। उनका प्रशिक्षण भत्ता 200 रुपये था, हमने उसको 260 रुपये किया। ऐसे ही प्रत्येक क्षेत्र में कुछ न कुछ हमने किया है। सबसे बड़ा कार्य प्रदेश के राज्य कर्मचारियों के लिए किया गया है। हमारे 14 लाख कर्मचारी हैं जिनकी प्रदेश के विकास में अपनी भूमिका है, उस भूमिका को पहले नजरअंदाज करते थे।

वर्ष 2004 में न्यू पेंशन स्कीम लागू हुई। महोदय, न्यू पेंशन स्कीम लागू होने के बाद स्कीम से जुड़े हुए कर्मचारियों का जो अंशदान राज्य सरकार के स्तर पर जाना था वह वर्ष 2004 से लेकर वर्ष 2017 तक किसी ने दिया ही नहीं। उनके खाते भी नहीं खोले गए। उनको कोई सुविधा प्राप्त हो इसके बारे में किसी ने सोचा ही नहीं। यह तो अच्छा हुआ कि समय रहते सब कुछ सामने आ गया। वही कर्मचारी अगर रिटायर होता, तब पता लगता तो रिटायरमेण्ट के समय उसको कुछ भी नहीं मिलता, क्योंकि सरकार ने तो अपना शेयर दिया ही नहीं। हमारी सरकार ने ही यह शेयर दिया, यानि उनका शेयर 10 प्रतिशत से बढ़ाकर सरकार ने 14 प्रतिशत कर दिया है। इसमें सरकार पहले 10 प्रतिशत शेयर देती थी, अब 14 प्रतिशत देगी। उत्तर प्रदेश की इस पहल पर भारत सरकार ने भी यह संशोधन किया और उत्तर प्रदेश पहला राज्य है जो अपने कर्मचारियों को 10 प्रतिशत से बढ़ाकर 14 प्रतिशत शेयर देने जा रहा है और जिसने वह शेयर दे दिया है। साथ ही साथ पूरे देश के अन्दर उत्तर प्रदेश पहला राज्य है जिसने अपने कर्मचारियों के एकाउण्ट भी खोलने प्रारम्भ कर दिए हैं। इसमें युद्धस्तर पर कार्यवाही चल रही है। साथ ही साथ सरकार का अंशदान वर्ष 2004 से लेकर वर्ष 2017 तक का भी और वर्ष 2019 तक का भी, इन सभी के लिए 10 हजार करोड़ रुपये का अतिरिक्त बोझ हमारी

सरकार पर पड़ा, लेकिन हमारी सरकार ने निःसंकोच इस बोझ को लिया है। हमने कर्मचारियों का एक-एक पाई उनके एकाउण्ट में देने की कार्यवाही को किया है। एन०पी०एस० से आच्छादित इस प्रक्रिया को हम लोगों ने तेजी के साथ आगे बढ़ा दिया है।

महोदय, इस दौरान प्रदेश के अन्दर विश्वविद्यालयों में भी अच्छा काम हुआ है। नकलविहीन परीक्षा की कार्यवाही माध्यमिक और उच्च शिक्षा में तो की ही गई, लेकिन साथ ही साथ जिन क्षेत्रों में विश्वविद्यालय बनाने की माँग थी, उसमें प्रदेश में श्रद्धेय अटल बिहारी वाजपेयी जी के नाम पर लखनऊ में एक मेडिकल यूनिवर्सिटी बनाने की कार्यवाही वर्तमान में प्रचलित है। इस कार्यवाही को हम आगे बढ़ा रहे हैं। साथ ही साथ श्रद्धेय अटल बिहारी वाजपेयी जी की जो पहली कर्मभूमि रही है-जनपद बलरामपुर, वहाँ एक सैटेलाइट सेण्टर, जिसे हम लोग मेडिकल कॉलेज के रूप में विकसित करेंगे, इस कार्यवाही को भी हम लोगों ने आगे बढ़ा दिया है और शीघ्र ही उसके शिलान्यास की कार्यवाही भी सरकार प्रारम्भ करने जा रही है। दो नए विश्वविद्यालय, एक विश्वविद्यालय जनपद सहारनपुर में और दूसरा आजमगढ़ में, इन दो विश्वविद्यालयों के लिए भूमि चयनित करने की प्रक्रिया चल रही है। भूमि चयन की कार्यवाही प्रारम्भ होने के साथ ही हमने उसके लिए बजट की व्यवस्था भी अपने मूल बजट में की है। हम इस कार्यवाही को आगे बढ़ाने के लिए जहाँ पूरी तरह तैयार हैं, वहीं मुझे बताते हुए प्रसन्नता है कि इस दौरान प्रदेश के अन्दर 51 नए महाविद्यालयों के निर्माण की स्वीकृति हम लोगों ने प्रदान की है। जिसमें 23 महाविद्यालयों के लिए भवन निर्माण की राशि को, जहाँ जमीन की सारी औपचारिकताएँ पूर्ण हो गई है, वहाँ पर भवन की राशि भी रिलीज कर दी गई।

193 इण्टर कॉलेज और 01 हाईस्कूल की स्थापना इन दो वर्षों के दौरान हुई। 21 नवीन पॉलिटेक्निक और 26 नवीन पॉलिटेक्निक की स्थापना अभी प्रक्रिया के अन्तर्गत है। इस कार्यवाही को भी आगे बढ़ाया जा रहा है। 64 नए आई०टी०आई० को स्थापित किया गया है, जिसमें से 43 नए आई०टी०आई०

संचालित भी कर दिए गए हैं। सामुदायिक स्वास्थ्य केन्द्र को वर्ष 2017-18 में 26 सी०एच०सी०, वर्ष 2018-19 में 31 सी०एच०सी० और मार्च, 2017 से अब तक 04 नए सी०एच०सी० अतिरिक्त स्वीकृत किए गए हैं, जिसमें हमारी कार्यवाही आगे बढ़ चुकी है। वर्ष 2017-18 में 25 प्राथमिक स्वास्थ्य केन्द्र, वर्ष 2018-19 में 27, ये कार्य हमारे पूरे हो चुके हैं। महोदय, इसके साथ ही अगर आप मेडिकल एजुकेशन में देखेंगे तो बहुत बड़ा कार्य हुआ है। आप अनुमान करेंगे, हमने सप्लीमेण्ट्री डिमाण्ड में भी 14 नए मेडिकल कॉलेज के लिए धन की व्यवस्था, टोकन मनी की व्यवस्था कर दी और भारत सरकार के पास हमने अपना प्रस्ताव भेज दिया है। उत्तर प्रदेश पहला राज्य है जो 14 नए मेडिकल कॉलेज गवर्मेण्ट मेडिकल कॉलेज के रूप में स्थापित करने जा रहा है। भारत सरकार के पास इसके बारे में हम प्रस्ताव भेज चुके हैं। वर्ष 1947 से 2016 के बीच प्रदेश में कुल 12 राजकीय मेडिकल कॉलेजों की स्थापना हुई। वर्ष 2017 से अब तक हम लोगों ने 13 मेडिकल कॉलेजों की स्थापना के साथ-साथ राजकीय आयुर्विज्ञान संस्थान, नोएडा और राजकीय मेडिकल कॉलेज, बदायूँ को भी क्रियाशील किया है।

राजकीय आयुर्विज्ञान संस्थान, ग्रेटर नोएडा और राजकीय मेडिकल कॉलेज, बदायूँ में प्रवेश की प्रक्रिया इस सत्र में प्रारम्भ कर दी गई है। 08 राजकीय मेडिकल कॉलेज एटा, हरदोई, प्रतापगढ़, फतेहपुर, देवरिया, सिद्धार्थनगर, गाजीपुर, मिर्जापुर में निर्माणाधीन हैं और 14 नए मेडिकल कॉलेजों की स्थापना के लिए हम लोग अपना प्रस्ताव भेज चुके हैं। महोदय, साथ ही वर्ष 2019-20 में प्रदेश में 10-10 एम०बी०बी०एस० की नई सीटों में बढ़ोत्तरी की गई क्योंकि इन सभी मेडिकल कॉलेजेज को हम सक्रिय कर चुके हैं। इनको फंक्शन में ला चुके हैं। इन सभी में प्रवेश हो रहे हैं तो 10-10 सीटें नई बढ़ेंगी। इसके साथ ही एम्स, गोरखपुर और एम्स, रायबरेली पर भी तेजी के साथ कार्य चल रहा हैं और 50-50 सीटों पर प्रवेश की प्रक्रिया इस सत्र में इन दोनों एम्स में भी प्रारम्भ हो चुकी हैं। एक बड़ा कार्य मेडिकल एजुकेशन के क्षेत्र में और स्वास्थ्य के क्षेत्र में हुआ है। क्योंकि जो छात्र प्रवेश लेने जा रहे हैं,

उन्हें हमारे साथ बॉण्ड के रिमोट एरिया में अपना कुछ समय देना पड़ेगा, जिससे गाँव की पी०एच०सी० में, सी०एच०सी० में वह कुछ समय दे सकें। पी०जी० करने की अनुमति भी इसी आधार पर उनको मिलेगी और पी०जी० के बाद भी उनका कुछ समय प्रदेश को प्राप्त होगा। जिसे हम रिमोट एरिया में जहाँ पर स्वास्थ्य की सुविधाओं की अभिवृद्धि में कुछ योगदान किया जाना है, उसमें भी इसको किया जा सकता है। महोदय, मुझे बताते हुए प्रसन्नता है कि प्रदेश के अन्दर जो हमारी नियति की स्थिति थी, इतना बड़ा प्रदेश, भारत की आबादी का हर छठा व्यक्ति उत्तर प्रदेश में निवास करता है। लेकिन वर्ष 2016-17 में निर्यात हमारा कितना था 3.77 प्रतिशत, कैसे हमारी इकोनॉमी सुदृढ़ होगी? केवल 3.77 प्रतिशत का निर्यात था और आज मुझे बताते हुए प्रसन्नता है कि सरकार की कार्य-पद्धति, कार्य की पारदर्शिता और ईमानदारी का परिणाम है कि आज यह बढ़कर 28.18 प्रतिशत हुआ है।

हम लोगों ने 2018-2019 में 1 लाख 14 हजार करोड़ रुपये का निर्यात प्रदेश से किया है। साथ ही साथ 25 हजार करोड़ रुपये से अधिक की वृद्धि एक वर्ष में प्रदेश ने हासिल की है। देश के अन्दर निर्यात करने वाले राज्यों में उत्तर प्रदेश नम्बर एक पर आ गया है। यानि इसके साथ ही उत्तर प्रदेश इस क्षेत्र में नम्बर एक पर आया है। निवेश और रोजगार में भी प्रदेश के अन्दर अच्छे कार्य हुए हैं। अगर हम 2016-17 की तुलना में 2018-19 के सार्वजनिक क्षेत्र में निवेश को देखें तो हमारा 1,01600 हजार करोड़ रुपये का निवेश इस दौरान प्रदेश के अन्दर हुआ। साथ ही साथ रोजगार सृजन की दृष्टि से अगर हम देखेंगे, तो इसमें काफी वृद्धि हुई है। निजी क्षेत्र में 2016-17 में कुल 23 हजार करोड़ का तथा 2018-19 में 50 हजार करोड़ का निवेश हुआ है। रोजगार सृजन भी 16 लाख से बढ़कर 28 लाख हुआ है यानि 28 लाख लोगों को इस निवेश के माध्यम से रोजगार की सुविधा प्राप्त हुई है।

महोदय, विभिन्न कार्यक्रमों के माध्यम से, खासतौर पर यू०पी० स्किल मिशन के माध्यम से प्रदेश के अन्दर 1 लाख 71 हजार 36 लोगों को रोजगार की सुविधा उपलब्ध हुई, उनका सेवायोजन यानि प्लेसमेण्ट हुआ। वन

डिस्ट्रिक्ट, वन प्रोडक्ट की योजना, उत्तर प्रदेश का स्थापना दिवस, जो हमारे आदरणीय राज्यपाल श्री राम नाईक जी की प्रेरणा से हम लोगों ने 24 जनवरी, 2018 से प्रारम्भ किया। 24 जनवरी, 2018 को हम लोगों ने एक जनपद, एक उत्पाद की अपनी इस अभिनव योजना को प्रारम्भ किया। मुझे प्रसन्नता है कि वन डिस्ट्रिक्ट, वन प्रोडक्ट की इस योजना का शुभारम्भ हम लोगों ने अपने महामहिम राष्ट्रपति जी के कर-कमलों से किया। समिट के माध्यम से हम लोगों ने 4 हजार 95 लाभार्थियों को एक हजार करोड़ रुपये से अधिक का ऋण उपलब्ध करवाया। इसके बाद मुरादाबाद, वाराणसी, गोरखपुर, आगरा और मेरठ में ओ०डी०ओ०पी० की समिट आयोजित की गई और इसके माध्यम से कुल 1 लाख 91 हजार 191 लाभार्थियों को 18 हजार 344.87 करोड़ का ऋण वितरित किया गया और दस लाख लोगों को रोजगार प्रदान किया गया। 16 हजार 965 लाभार्थी इनके माध्यम से लाभान्वित हुए हैं। यानि एक बड़ा माध्यम मिला है नौजवानों को रोजगार और आर्थिक स्वावलम्बन की ओर अग्रसर करने के लिए। इसके साथ ही हम लोगों ने प्रदेश के अन्दर विभिन्न नौकरियाँ, जो प्रदेश के अन्दर सरकारी क्षेत्र की थीं, जैसे-पुलिस की भर्ती में पुलिस कॉन्स्टेबल की हो, सब-इंस्पेक्टर की हो, बेसिक शिक्षा परिषद् है, माध्यमिक शिक्षा है, उच्च शिक्षा है, विश्वविद्यालयों का है, हमारे तकनीकी संस्थानों का है, इन सभी में अगर आप देखेंगे तो हम लोगों ने इस दौरान प्रदेश के अन्दर लगभग सवा दो लाख से अधिक प्रदेश के नौजवानों को नौकरी भी उपलब्ध करवाने का कार्य सफलतापूर्वक सम्पन्न किया है। पूरे पारदर्शी तरीके से इस काम को सम्पन्न किया गया है।

प्रदेश ने अपने राजस्व की स्थिति को भी बहुत सुदृढ़ बनाने की दिशा में अच्छे कदम बढ़ाए हैं। हमारे यहाँ का राजस्व 2016-17 में कुल 85 हजार 966 करोड़ का था। यह आज बढ़कर 1 लाख 20 हजार 227 करोड़ रुपये तक पहुँचा है। अगर हम लोग विभिन्न वर्षों में देखेंगे और वाणिज्य कर को देखेंगे तो वाणिज्य कर 49 हजार करोड़ रुपये से बढ़कर आज 70 हजार करोड़ तक पहुँचा है। एक्साइज में 14 हजार करोड़ से लगभग 24 हजार करोड़ तक

पहुँचा है। स्टाम्प और निबन्धन में 11 हजार 500 करोड़ रुपये से बढ़कर 15 हजार 700 करोड़ रुपये तक पहुँचा है। परिवहन में 5 हजार करोड़ से बढ़कर लगभग 7 हजार करोड़ पहुँचा है। भूतत्व एवं खनिकर्म में 1500 करोड़ रुपये से बढ़ करके 3165 करोड़ तक पहुँचा है। मण्डी में भी काफी वृद्धि देखने को मिली है। सरकार के कार्यक्रमों को आगे बढ़ाने के लिए राजस्व में भी वृद्धि आवश्यक है। प्रदेश के अन्दर इस दिशा में काफी अच्छे प्रयास हुए हैं। देश के अन्दर अगर हम जी०एस०टी० की बात देखेंगे तो एस०जी०एस०टी० में उत्तर प्रदेश ने बहुत अच्छी उपलब्धियाँ हासिल की हैं।

महोदय, वास्तव में पर्यटन विकास की दिशा में बहुत सम्भावनाएँ उत्तर प्रदेश के अन्दर हैं। मेरा शुरू से मानना रहा है कि जितनी सम्भावनाएँ उत्तर प्रदेश के अन्दर पर्यटन के क्षेत्र में हैं, वह स्प्रिचुअल टूरिज्म का हो, ईको टूरिज्म का हो, वाइल्ड लाईफ टूरिज्म का हो, हेरिटेज टूरिज्म का हो या किसी भी प्रकार का हो, आप देखेंगे कि बहुत सम्भावनाएँ उत्तर प्रदेश के अन्दर हैं। हमने उन सम्भावनाओं को कभी पहचानने का प्रयास नहीं किया। वास्तव में उत्तर प्रदेश के हित में उन सम्भावनाओं को आगे बढ़ाने का कार्य अगर ईमानदारीपूर्वक किया गया होता तो लाखों नौजवानों को इसके माध्यम से रोजगार और इसके माध्यम से प्लेसमेण्ट की सुविधाएँ हम उपलब्ध करा सकते थे। आज वाराणसी में काशी विश्वनाथ धाम के सुन्दरीकरण और उस क्षेत्र के पर्यटन विकास की दृष्टि से आदरणीय प्रधानमंत्री जी की प्रेरणा से बहुत अभिनव कार्यक्रम चल रहे हैं। उत्तर प्रदेश पर्यटन में बहुत कुछ कर सकता है। प्रयागराज कुम्भ उसका एक उदाहरण है। प्रयागराज कुम्भ के बाद जो कार्यक्रम प्रारम्भ हुआ है, आज वाराणसी, काशी अपनी पुरातन काया को रखते हुए एक नए कलेवर के रूप में देश और दुनिया के सामने आई है, वही स्थिति अन्य क्षेत्रों में भी है। हम लोगों ने एक विकास बोर्ड मथुरा-वृन्दावन का बनाया है। मथुरा-वृन्दावन को विकास बोर्ड के माध्यम से और उस विकास बोर्ड ने वहाँ के आध्यात्मिक और सांस्कृतिक परम्परा को अक्षुण्य बनाये रखते हुए वहाँ के समग्र विकास की जो कार्य-योजना ले करके कार्य प्रारम्भ किया है उसी तर्ज पर हम लोग

प्रदेश के अन्दर अयोध्या के लिए, विन्ध्यवासिनी देवी धाम के लिए, इसके साथ-साथ शुक्रतीर्थ, मुजफ्फरनगर के लिए, चित्रकूट के लिए, नैमिषारण्य के लिए, अन्य ऐसे जो भी प्रमुख क्षेत्र हैं, उन सभी के लिए इस प्रकार के विकास बोर्ड बनाने की एक प्रक्रिया प्रारम्भ की है।

बजट में और इस अनुपूरक बजट में भी जहाँ इसके लिए प्रावधान किया गया है, वहीं साथ ही साथ एक नई पर्यटन संवर्धन की योजना हम लोग चाहते हैं, हर एक जगह सम्भावनाएँ हैं, यह सम्भावना यहाँ पर जो मौजूद माननीय विधायकगण हैं, इनकी अपनी विधानसभा सीटों पर भी होगी। वहाँ पर भी कोई न कोई ऐसा केन्द्र जरूर होगा जिसके थोड़े-बहुत विकास करने से वहाँ पर पर्यटन की सम्भावनाओं को आगे बढ़ाया जा सकता है। मुख्यमंत्री पर्यटन संवर्धन की एक नई योजना की आज हम यहाँ पर घोषणा कर रहे हैं, इसमें सभी माननीय विधायकगण अगर अपना प्रस्ताव देंगे, तो मुझे प्रसन्नता होगी कि इस पर्यटन संवर्धन की योजना के माध्यम से आपके गाँव में, आपकी विधानसभा सीट में, किसी एक पयर्टन केन्द्र को विकसित करके, कुछ पैसा सरकार देगी, कुछ आपकी निधि होगी, कुछ जन सहयोग से, कुछ सी०एस०आर० से, अलग-अलग योजना से ले करके, क्योंकि किसी भी योजना की सफलता के लिए जन-सहभागिता का बहुत बड़ा रोल होता है। उस जन-सहभागिता को अगर हम उसके साथ जोड़ेंगे तो हमें व्यापक सफलता उसके माध्यम से प्राप्त हो सकती है। हम लोग उसके माध्यम से उस कार्यक्रम को बहुत तेजी के साथ आगे बढ़ा सकते हैं। बहुत सम्भावनाएँ हैं।

हम लोगों ने 2017 में दीपोत्सव का कार्यक्रम अयोध्या में किया था। विगत वर्ष दीपोत्सव के कार्यक्रम में कोरिया गणराज्य की फर्स्ट लेडी अपने पूरे एक बड़े डेलीगेशन के साथ सहभागी हुई थीं। आज कोरिया तक बहुत अच्छे सम्पर्क और संवाद इन सांस्कृतिक सम्बन्धों के माध्यम से बने हैं। इस बार भी हमारा प्रयास है कि कोई एक देश अयोध्या के दीपोत्सव के कार्यक्रम के साथ जुड़े। ऐसे ही बरसाना की होली के साथ, होलिकोत्सव का कार्यक्रम बरसाना में होता है, उन तीर्थ स्थलों का भी विकास हो सके। देश और दुनिया उसके

साथ जुड़ना चाहती है, हम उन सम्भावनाओं को आगे कैसे बढ़ा सकते हैं। देव दीपावली काशी के अन्दर कितनी भव्यता के साथ सम्पन्न होता है। कुम्भ का आयोजन अपने आप में एक यूनिक इवेन्ट प्रयागराज की धरती से बनकर के पूरे देश और दुनिया के अन्दर उत्तर प्रदेश की एक नई छाप दे चुका है। हमारे पास इस प्रकार के अनेक अवसर हैं, इको टूरिज्म को विकसित करने के लिए भी और अन्य क्षेत्रों में भी। मैं इस बात के लिए आश्वस्त करता हूँ कि सरकार इस मामले में भरपूर सहयोग इस पूरे आयोजन के साथ करने जा रही है।

महोदय, खन्ना जी बहुत चिन्तित हैं और खासतौर पर उनके द्वारा एक बात कही जा रही है और मुझे भी वास्तव में सदन के सामने वह बात रखनी भी है, उन्होंने याद दिला दिया, इसके लिए मैं उनको हृदय से धन्यवाद देता हूँ। देश के अन्दर 100 शहरों को स्मार्ट सिटी के रूप में विकसित किया जा रहा है और उन 100 शहरों के विकास के लिए बहुत अच्छी योजना बनी है, जिसमें 10 सिटी उत्तर प्रदेश की भी हैं, लेकिन अगर हम उत्तर प्रदेश के अन्दर नगर निगमों की संख्या देखें तो यह 17 है, चयन 10 का होना था, 10 का हो गया, लेकिन 7 अभी छूटे हैं। हम लोगों ने इस सप्लीमेण्ट्री डिमाण्ड में इस बात का प्रावधान किया है कि जो 7 छूटे हुए हमारे शहर हैं इनको हम स्मार्ट सिटी के रूप में विकसित करने के लिए प्रदेश सरकार के द्वारा भी धनराशि देंगे। उस नगर निकाय के साथ मिलकर कार्यक्रम बनाएँगे और उसके लिए धनराशि का प्रावधान इसके साथ किया जा रहा है। इससे इन शहरों में बेहतर नागरिक सुविधाओं के साथ ही मल्टीलेवल पार्किंग की व्यवस्था, इण्टीग्रेटेड ट्रैफिक कण्ट्रोल सिस्टम की व्यवस्था स्थापित करना, वहाँ पर नगरीय क्षेत्रों में पेयजल की व्यवस्था, सीवरेज की व्यवस्था, जल-निकासी की व्यवस्था, इन सारे कार्यों को हम आगे बढ़ाना चाहते हैं और इसके लिए हम लोगों ने अनुपूरक बजट में प्रावधान भी किया है।

महोदय, अभी यूनियन बजट में भारत सरकार ने हर घर नल की एक योजना प्रारम्भ की है। यानी कि पाईप पेयजल योजना से शुद्ध पेयजल की आपूर्ति हर एक घर तक हो सके। यह एक बड़ा कार्य भारत सरकार प्रारम्भ

करने जा रही है। हम लोगों ने इसकी शुरूआत पहले ही बुन्देलखण्ड से कर दी है। बुन्देलखण्ड और विन्ध्य क्षेत्र में, पहले चरण में अपने इस कार्यक्रम को बढ़ाने के लिए मूल बजट में 9 हजार करोड़ रुपये की व्यवस्था की थी, जिसमें से 3 हजार करोड़ रुपये पहले ही हम लोग स्वीकृत कर चुके हैं। बुन्देलखण्ड के प्रत्येक गाँव में शुद्ध पेयजल की आपूर्ति पाईप पेयजल योजना के माध्यम से होगी। इस योजना को आगे बढ़ाने की कार्यवाही हम लोग प्रारम्भ कर चुके हैं। साथ-साथ अन्य योजनाओं के माध्यम से भी इन कार्यक्रमों को आगे बढ़ाने का कार्यक्रम चल रहा है। भारत सरकार के जलशक्ति मंत्री को मैंने यहाँ पर आमन्त्रित किया था। उनके साथ हमारी बैठक भी हो चुकी है। हम लोगों ने चार चरणों में इस योजना को तैयार किया है। पहले चरण में बुन्देलखण्ड, दूसरे चरण में विन्ध्य क्षेत्र में सोनभद्र और मिर्जापुर जनपद, तीसरे चरण में आर्सेनिक, फ्लोराइड से प्रभावित क्षेत्र और चौथे चरण में जापानी इन्सेफ्लाइटिस और एक्यूट इन्सेफ्लाइटिस सिन्ड्रोम से प्रभावित जो क्षेत्र हैं, इन क्षेत्रों में पाईप पेयजल के माध्यम से शुद्ध पेयजल की आपूर्ति सुनिश्चित करना है। इस कार्यक्रम को हम मिशन मोड के साथ लेने जा रहे हैं। इस कार्यक्रम को तेजी के साथ आगे बढ़ाने की कार्यवाही प्रारम्भ होने जा रही है। यह कार्यक्रम प्रदेश के अन्दर एक बड़ा अभियान होगा। खासतौर पर उन सभी लोगों के लिए जिनकी बीमारियों का आधा कारण जल प्रदूषण है। अगर हम शुद्ध पेयजल की आपूर्ति हर घर तक कर लें, तो हम आधी बीमारियाँ दूर कर सकते हैं। यह आवश्यक भी है। इस दृष्टि से प्रदेश सरकार इसमें पहले पहल कर चुकी है। इसके साथ-साथ हम लोग अपना प्रस्ताव भी भारत सरकार के पास सबमिट कर चुके हैं कि किन कार्यक्रमों को आगे बढ़ाने की आवश्यकता है।

महोदय, मैं इन चीजों को हमेशा देखता हूँ। हम एक नई योजना प्रारम्भ करना चाहते हैं और वह योजना प्रदेश के लिए बहुत महत्वपूर्ण है। खासतौर पर उत्तर प्रदेश जैसे राज्य के लिए और भी महत्वपूर्ण है। यहाँ पर अभी भी कुछ क्षेत्रों में भ्रूण हत्या की शिकायतें सुनने को मिलती हैं। यह बहुत दुःखद स्थिति है कि बालक और बालिका के बीच अभी भी इस युग में लोग भेद कर रहे हैं।

इस भेद से मुक्त करने के लिए सरकार ने पहले एक 'मुख्यमंत्री सामूहिक विवाह' की योजना प्रारम्भ की थी। 'मुख्यमंत्री सामूहिक विवाह योजना' के आँकड़े मैंने आपको उपलब्ध भी कराए थे। अभी तक इस योजना के तहत 68 हजार से अधिक विवाह हुए हैं। लोग बहुत उत्साह के साथ इसमें शामिल होते हैं। मुझे कई ऐसे आयोजनों में शामिल होने और उसे देखने का अवसर भी प्राप्त हुआ है। मैंने देखा कि लोगों की हिचक दूर हुई है। सामूहिक रूप से लोग सामने आये हैं। समाज स्वयं सामने आकर दहेज मुक्त विवाह अभियान के साथ जुड़ रहा है। यह बहुत ही अच्छी स्थिति है। सरकार ने इस योजना के तहत जो राशि दी, उस राशि को कन्या के नाम पर जमा करके बाकी का खर्चा समाज ने स्वयं उठाना प्रारम्भ कर दिया है। समाज में यह एक अच्छा भाव पैदा हुआ है। 'बेटी बचाओ, बेटी पढ़ाओ' के इस अभियान को एक नई गति मिली है। अगस्त महीने में हम एक तिथि तय करने जा रहे हैं, मैं चाहूँगा कि उस तिथि में सभी मा० विधायकगण 'मुख्यमंत्री कन्या सुमंगला योजना' कार्यक्रम के साथ जुड़ें। हम इस कार्यक्रम को लॉन्च करने जा रहे हैं, जिसमें 1200 करोड़ रुपये हमने मूल बजट में योजना के लिए रखे हैं। जिसमें बालिका के जन्म होने पर एक निश्चित राशि उसके नाम पर जाएगी। बालिका जब एक वर्ष की होगी, तब उसके पूर्ण टीकाकरण का सर्टिफिकेट दिखाने पर एक निश्चित धनराशि उस परिवार को उपलब्ध होगी या बालिका के नाम पर जमा हो जाएगी। पहली कक्षा में प्रवेश करने पर एक निश्चित राशि उस बालिका के नाम पर उपलब्ध कराएँगे। छठवीं कक्षा में जाने पर हम एक निश्चित राशि उस बालिका के एकाउण्ट में फिर देंगे। नौवीं कक्षा में जाने पर एक निश्चित राशि उस बालिका के एकाउण्ट में फिर देंगे और बारहवीं कक्षा पास होने पर फिर एक निश्चित राशि यानी रू०15000 बालिका के नाम पर अलग-अलग चरणों में देने का काम करेंगे।

मुझे लगता है कि 'बेटी बचाओ, बेटी पढ़ाओ', 'मुख्यमंत्री सामूहिक विवाह योजना' ये सारे कार्यक्रम जब सही ढंग से चलाएँगे, तो पूरी समग्रता के साथ उन सभी योजनाओं को जिसमें बालिका के समग्र विकास के साथ-साथ

बालक और बालिका के साथ होने वाले भेदभाव को भी हम दूर कर सकेंगे। साथ ही उन सभी कार्यक्रमों को इसके माध्यम से सफलता मिलेगी, जैसे- 'पुष्टाहार कार्यक्रम' है, 'नेशनल न्यूट्रिशियन मिशन' है, 'सबरी संकल्प अभियान' है और 'किशोरी बालिका योजना' है इन सभी योजनाओं को भी इसके माध्यम से एक नई गति प्राप्त होगी और इसको आगे बढ़ाने की दिशा में सरकार ने कार्यक्रम प्रारम्भ किए हैं। मैं चाहूँगा इस पूरे अभियान के साथ पूरा मा० सदन और सभी मा० सदस्य अगर जुड़ सकेंगे तो इसके माध्यम से एक बड़ा कार्यक्रम आयोजित होगा। हम लोगों को एक बड़ी सफलता प्राप्त होगी।

महोदय, इसके साथ ही प्रदेश के अन्दर आधारभूत ढाँचे के निर्माण के लिए, संरचना की अभिवृद्धि के लिए जो कार्यक्रम प्रारम्भ हुए हैं, 'सबका साथ, सबका विकास' योजना के अन्तर्गत 7948 किलोमीटर लम्बाई की ग्रामीण सड़कों के मार्ग का निर्माण कार्य पूर्ण किया जा चुका हैं। दो लेन मार्ग से जुड़ी हुई 26 तहसील मुख्यालयों में से 07 तहसील मुख्यालयों का कार्य पूर्ण किया गया है। इसी प्रकार दो लेन मार्ग से जुड़े विकास खण्डों को जोड़ने के लिए प्रथम फेज़ में 81 विकास खण्डों में से 31 विकास खण्डों का कार्य पूर्ण किया जा चुका है। 9722 कि०मी० लम्बाई के मार्गों के चौड़ीकरण-सुदृढ़ीकरण का कार्य पूर्ण किया जा चुका है। 79 दीर्घ सेतु, 26 रेलवे ऊपरगामी सेतु और 92 लघु सेतुओं का निर्माण कार्य भी अब तक पूर्ण किया जा चुका है। एशियन डेवलपमेण्ट बैंक के साथ मिल करके 08 मार्गों के सापेक्ष 06 मार्गों का कार्य प्रारम्भ किया जा चुका है और जो शेष बचे 02 मार्ग हैं, उन पर भी कार्य तेजी के साथ आगे बढ़ाया जा रहा है। इसी प्रकार से विश्व बैंक परियोजना के 04 मार्ग, जिसमें 01 पर कार्य प्रारम्भ कर दिया गया है, शेष में निविदा की कार्यवाही अन्तिम चरण में चल रही है। केन्द्रीय सड़क निधि के माध्यम से भी 54 मार्गों में से 09 मार्गों का कार्य पूर्ण किया जा चुका है। 117 प्रमुख जिला मार्ग और अन्य जिला मार्गों को दो लेन के मार्गों से जोड़ने की कार्यवाही, 52 कार्य इसमें भी पूर्ण किए जा चुके हैं। हाईस्कूल एवं इण्टरमीडिएट में, जो हम लोगों ने, मेरिट के टॉप 10 छात्र-छात्राएँ थे, यानी प्रदेश के प्रतिभावान बच्चों

के लिए भी एक योजना प्रारम्भ की थी, इस योजना में 2017 में 24 मेधावी छात्र-छात्राओं और 2018 में 89 मेधावी छात्र-छात्राओं के निवास स्थलों को तथा 2019 में 174 मेधावी छात्र-छात्राओं के गाँवों को इस योजना के अन्तर्गत लिया गया है। 2017-18 में 37 हजार कि०मी० लम्बाई के, 2018-2019 में 20110 कि०मी० के मार्गों के गड्ढामुक्त या उनके नवीनीकरण के कार्य को भी इस दौरान सम्पन्न किया गया है।

महोदय, प्रदेश के अन्दर आधारभूत इकाई हमारे अच्छे मार्ग हैं और उन अच्छे मार्गों के साथ ही हम समय के साथ उन्हें विकास की योजनाओं के साथ जोड़ सकें। खासतौर पर जैसे यू०पी० इन्वेस्टर्स समिट के समय प्रधानमंत्री जी ने प्रदेश के अन्दर डिफेन्स मैन्युफैक्चरिंग कॉरिडोर की घोषणा की थी। मुझे बताते हुए प्रसन्नता है कि पूर्वांचल एक्सप्रेस-वे पर कार्य युद्धस्तर पर चल रहा है। हमारा प्रयास है कि अगस्त, 2020 में पूर्वांचल एक्सप्रेस-वे के मूल एक्सप्रेस-वे को यातायात के लिए उपलब्ध करा देंगे। हाँ, लिंक एक्सप्रेस-वे भी बनने जा रहा है। आपको धन्यवाद। बुन्देलखण्ड को भी हम एक्सप्रेस-वे के साथ जोड़ रहे हैं। महोदय, मुझे बताते हुए प्रसन्नता है कि 90 फीसदी लैण्ड बुन्दलेखण्ड एक्सप्रेस-वे के लिए हम लोग क्रय कर चुके हैं और हमारी प्रक्रिया आगे बढ़ चुकी है। हमारा प्रयास है कि आगामी दो-ढाई महीने के अन्दर हम इस कार्य के शिलान्यास आदि की प्रक्रिया पूरी करते हुए इसके दोनों ओर औद्योगिक विकास की प्रक्रिया को आगे बढ़ाएँगे। डिफेन्स कॉरिडोर के लिए भी तीन हजार हेक्टेयर से भी अधिक लैण्ड हम लोग अब तक ले चुके हैं। एक प्रक्रिया तेजी के साथ आगे बढ़ती हुई दिखाई दे रही है। मुझे बताते हुए प्रसन्नता है कि प्रदेश के अन्दर पश्चिम को मध्यांचल और पूरब तक जोड़ने के लिए गंगा एक्सप्रेस-वे के निर्माण के सर्वे के कार्य को भी हमारी सरकार ने अपनी स्वीकृति दे दी है। हमने बजट में भी इसका प्राविधान किया है और इन कार्यक्रमों को हम लोग तेजी के साथ आगे बढ़ाने का कार्य करने जा रहे हैं।

मुझे यह बताते हुए प्रसन्नता है कि हम लोगों ने प्रदेश के अन्दर कानून-व्यवस्था की स्थिति को सुदृढ़ करने के साथ-साथ एक नया परसेप्शन देश

के अन्दर दिया है। कुम्भ, चुनाव और प्रवासी भारतीय दिवस के आयोजन का कुशलतापूर्वक सम्पन्न होना, उसी कड़ी का हिस्सा है। बहुत अच्छे ढंग से सारे आयोजन हुए। प्रवासी भारतीय दिवस के आयोजन में जब मीडिया के एक रिपोर्टर ने एक प्रवासी भारतीय से पूछा कि काशी में आपको अच्छा क्या लगा? उन्होंने कहा कि मैं काशी में आकर तो अभिभूत हूँ क्योंकि जो सुना था उसके विपरीत मुझे यहाँ अच्छा देखने को मिला। विगत 5 वर्षों में काशी कितना बदला है। काशी की सड़कें, काशी के झूलते हुए तारों से मुक्ति, काशी के घाटों की सुन्दरता, गंगा की अविरलता, काशी विश्वनाथ मन्दिर, स्वदेश दर्शन और प्रसाद-योजना में यहाँ के जितने भी धार्मिक स्थल हैं, उनके सुन्दरीकरण की योजना जिस तत्परता के साथ आगे बढ़ी है, यह चीजें तो वास्तव में हम सभी अप्रवासी भारतीयों के लिए और भारतवंशी परिवारों के लिए प्रेरणादायी हैं ही, लेकिन उसने कहा कि यह सब चीज तो अच्छी थी, लेकिन मुझे यहाँ पर सबसे अच्छा लगा पुलिस का व्यवहार। उनसे पूछा गया कि क्या? तो उसने कहा कि बाहर जो मैं सुनता था, उसके ठीक विपरीत हमने यहाँ पर देखा। जब भी हम कहीं किसी भी रूट से जाते थे, तो पुलिस ने जिस तरह का व्यवहार हमारे साथ किया था, जिस तरह का उनका शिष्टाचार था, वह अभिनव था। कुम्भ के आयोजन में भी जो लोग गए, उन लोगों ने इस बात की चर्चा की कि वास्तव में यह एक परसेप्शन है। यह परसेप्शन किस रूप में सामने आ रहा है, एक-एक व्यक्ति की भावनाएँ उसके साथ जुड़ी होती हैं और उन भावनाओं का प्रतिनिधित्व हम किस रूप में कर रहे हैं, यह चीजें इस रूप में की गईं। प्रदेश के अन्दर इस दौरान कुशलतापूर्वक कार्यक्रम बढ़े हैं। उन कार्यक्रमों का परिणाम है कि हमने उस दौरान अपने कुछ जवानों को खोया है, कुछ पुलिस अधिकारियों को भी खोया है।

मुझे यह बताते हुए प्रसन्नता है कि उस दौरान 9549 अपराधियों को गिरफ्तार किया गया, जिसमें 6214 वो दुर्दान्त अपराधी थे, जिन पर पहले से बहुत बड़े-बड़े पुरस्कार घोषित हुए थे। इसमें 1384 अपराधी पुलिस कार्यवाही में घायल भी हुए हैं और लगभग 90 दुर्दान्त अपराधी जो पुरस्कार घोषित

अपराधी थे, जो समाज की सुरक्षा के लिए खतरा बने हुए थे, पुलिस मुठभेड़ में मारे भी गए। इसके साथ ही एक बड़ी संख्या में 1 अरब 95 करोड़ 54 लाख 7 हजार 688 रुपये की जो सम्पत्ति थी, इन अपराधियों से जब्त भी की गई। इतनी बड़ी सम्पत्ति को जब्त करने में भी सफलता प्राप्त हुई है। इसके अलावा 16,165 अभियुक्त, जिन्होंने अपनी जमानतें निरस्त करवा करके आत्म-समर्पण भी किया है। इसके अलावा प्रदेश के अन्दर उन विभिन्न कार्यक्रमों में, चाहे वह एस०टी०एफ० की कार्यवाही रही हो, ए०टी०एस० की कार्यवाही रही हो या फिर प्रदेश के अन्दर सिविल पुलिस के द्वारा चुनाव को सकुशल सम्पन्न करवाने में दिए जाने वाले योगदान का रहा हो या फिर प्रदेश के अन्दर कानून-व्यवस्था के साथ-साथ साम्प्रदायिक सौहार्द की स्थिति को भी सुदृढ़ बनाए रखने के लिए जो कार्यक्रम किए गए, उन सभी कार्यक्रमों को सफलतापूर्वक प्रदेश में लागू किया गया। इसके साथ ही प्रदेश के अन्दर चाहे वह डकैती की घटना रही हो, लूट, हत्या, बलवा, गृह-भेदन, रोड होल्ड-अप, फिरौती, अपहरण, दहेज हत्या, बलात्कार की जितनी भी घटनाएँ हों इन सभी में उल्लेखनीय कमी भी इस दौरान देखने को मिली है। स्वाभाविक रूप से प्रदेश के अन्दर इन सभी कार्यक्रमों को सम्पन्न करने और उस कार्यक्रम को आगे बढ़ाने के लिए आवश्यक है, पुलिस की भर्ती की प्रक्रिया, क्योंकि उत्तर प्रदेश पुलिस देश का सबसे बड़ा पुलिस बल है। अपने स्वार्थों के लिए उत्तर प्रदेश की पी०ए०सी० की कई कम्पनियाँ समाप्त कर दी गईं। हमने फिर से उनको पुनर्जीवित करने की प्रक्रिया प्रारम्भ की।

माननीय अध्यक्ष जी, हमने फिर से उसको पुनर्जीवित करने की प्रक्रिया प्रारम्भ की है। इस दौरान हम लोगों ने 71 हजार 520 पदों पर आरक्षियों की और 3 हजार 156 पदों पर सब-इंस्पेक्टर की नियुक्तियों की प्रक्रिया पूरी की है। 59,000 आरक्षियों की भर्ती की प्रक्रिया वर्तमान में चल रही है। मुझे यह बताते हुए प्रसन्नता हो रही है कि अगर हम अपराधों की स्थिति को देखेंगे तो डकैती में 32.93 प्रतिशत, हत्या में 32.21 प्रतिशत, लूट में 32.21 प्रतिशत, बलवा में 31.93 प्रतिशत की कमी आई है। महिला सम्बन्धी अपराधों में बलात्कार

की घटनाओं में 32.59 प्रतिशत, दहेज मृत्यु में 6.71 प्रतिशत, शीलभंग में 13.51 प्रतिशत, अपहरण में 29.25 प्रतिशत, छेड़खानी की घटनाओं में 20.37 प्रतिशत की कमी देखने को मिली है। अनुसूचित जाति, जनजाति की उत्पीड़न, हत्या से सम्बन्धित मामलों में 22.90 प्रतिशत, आगजनी में 31.58 प्रतिशत, बलात्कार में 21.89 प्रतिशत, गम्भीर चोट में 11.18 प्रतिशत की कमी आई है और अन्य मामलों में भी जो अनुसूचित जाति, जनजाति से जुड़े होते हैं, उनमें 9.73 प्रतिशत की कमी देखने को मिली है। स्वाभाविक रूप से इस कार्यक्रम को आगे बढ़ाने के लिए पुलिस बल का उपयोग बेहतर तरीके से करने के लिए 'इको फ्रेण्डली' पुलिस की स्थापना की जा सके। इसके लिए उस प्रकार के संसाधनों की आवश्यकता है। इस पर कार्यवाही आगे बढ़ाने की प्रक्रिया हम लोगों ने प्रारम्भ की है। इसमें हम लोगों ने विगत दो वर्षों में 2 हजार 568 उप-निरीक्षकों और 9 हजार 293 मुख्य आरक्षी और 35 हजार 35 पदों पर हम लोगों ने प्रमोशन की कार्यवाही को सम्पन्न किया है। मुख्य आरक्षी से निरीक्षक स्तर पर 46 हजार 896 कर्मियों को प्रमोशन दिया गया है। अग्निशमन की व्यवस्था को सुदृढ़ करने के लिए 2 हजार 65 कर्मियों की भर्ती के लिए ऑनलाइन आवेदन आमन्त्रित किए गए हैं। कारागार विभाग में भी 3 हजार 638 पदों पर ऑनलाइन आवेदन आमन्त्रित किए गए हैं। प्रदेश के अन्दर राज्य का अपना आपदा मोचन बल हो, इसके लिए एस०टी०आर०एफ० के गठन की प्रक्रिया हम लोगों ने पूरी कर दी है। दो चरणों में हम लोगों ने इस कार्य को किया है। पहले चरण में तीन कम्पनियों का गठन हम लोग पूरा कर चुके हैं, दूसरे चरण में तीन कम्पनियों के गठन की प्रक्रिया के लिए भी हम लोगों ने इस कार्यवाही को आगे बढ़ा दिया है। 36 नवीन थानों और 13 नवीन चौकियों की प्रक्रिया को आगे बढ़ाने, 2 साइबर थाने, 75 विद्युत और 10 सतर्कता थाने, 4 महिला थाने और 4 ई०ओ०डब्ल्यू० थानों की स्थापना भी इस दौरान प्रदेश के अन्दर की गई है। 4 जनपदों हापुड़, सम्भल, अमेठी और शामली में महिला थाने नहीं थे, इनमें एक-एक महिला थाने की स्थापना की गई है। 68 नए अग्निशमन केन्द्रों की स्थापना की कार्यवाही भी इस दौरान

आगे बढ़ाई गई है। साथ ही साथ पी०ए०सी० की 3 महिला बटालियन, जिसमें लखनऊ, गोरखपुर और बदायूँ में महिला बटालियन की स्थापना और शामली के कांधला और कैराना के मध्य एक पी०ए०सी० वाहिनी की स्थापना की कार्यवाही के लिए भी इस बजट में हम लोगों ने धनराशि की व्यवस्था की है। 7 जनपद जिनमें अब तक पुलिस लाइन नहीं है, अमरोहा, औरैया, अमेठी, शामली, हापुड़ और सम्भल आदि जनपदों में पुलिस लाइन स्थापित करने की कार्यवाही हम लोगों ने आगे बढ़ा दी है और इसके लिए भी धनराशि की व्यवस्था हम लोगों ने यहाँ पर की है। वाराणसी में आर०ए०एफ० की एक नई वाहिनी की स्थापना के लिए भी हम लोगों ने वित्तीय स्वीकृति प्रदान की है।

महोदय, इस दौरान हम लोगों ने अन्य कार्यवाही प्रारम्भ की है जिसमें खासतौर पर हेड कॉन्स्टेबल, कॉन्स्टेबल एवं उसके समतुल्य पदधारक हैं उनके लिए वर्दी भत्ता 2250 से बढ़ाकर 3 हजार रुपये करने और चतुर्थ श्रेणी और उसके समतुल्य पदधारकों के लिए 1500 से बढ़ाकर 2 हजार करने की कार्यवाही भी प्रदेश सरकार ने की है। साइकिल भत्ता 100 रुपये से बढ़ाकर 200 रुपये किया गया है। जो पुलिसकर्मी ड्यूटी के दौरान कोमा में चले जाते हैं उनकी असाधारण पेंशन की व्यवस्था में संशोधन किया गया है। साथ-साथ सभी पुलिसकर्मियों के परिजनों की अनुग्रह राशि को 20 लाख से बढ़ाकर 40 लाख करने और माता-पिता को दी जाने वाली राशि को भी 5 लाख से बढ़ाकर 10 लाख करने की कार्यवाही हम लोगों ने प्रदेश के अन्दर अपने पुलिस बल के लिए की है। इसके साथ ही यह भी निर्णय लिया गया है कि पुलिसकर्मियों के अपंग या दिव्यांग होने पर अग्निसेवा कर्मियों के राहत एवं बचाव के दौरान उनके दिव्यांग होने पर उन्हें भी दी जाने वाली राशि में काफी बढ़ोत्तरी प्रदेश सरकार ने की है। इस दौरान हम लोगों ने डायल-100 के रिस्पॉन्स टाइम को 34 मिनट से घटाकर 12.12 मिनट करने में सफलता प्राप्त की है। साथ-साथ यू०पी० 100, 112 इमरजेन्सी नम्बर, 102 एम्बुलेन्स सेवा, 101 अग्निशमन सेवा एवं जी०आर०पी० सेवा के साथ एकीकरण का कार्य इन सबको जोड़ने की प्रक्रिया को आगे बढ़ाया गया है।

महोदय, इसके साथ ही एण्टी रोमियो स्क्वायड ने 20 लाख 13 हजार 8 30 स्थानों पर 69 लाख 24 हजार 26 लोगों को चेक किया, 3639 अभियोग पंजीकृत किए, 13,855 लोगों के विरुद्ध कार्यवाही की और 24 लाख 30 हजार 658 लोगों को चेतावनी देकर छोड़ा गया। इसके साथ ही वांछित अपराधियों के खिलाफ भी कार्यवाही करने में पुलिस ने इस दौरान काफी सफलता प्राप्त की है। मुझे बताते हुए प्रसन्नता है कि यू०पी० ट्रैफिक पुलिस ने अपना एक ऐप लॉन्च किया है, जो प्रदेश के अन्दर इन सभी कार्यक्रमों जैसे–ट्रैफिक की व्यवस्था को आगे बढ़ाने और सड़क सुरक्षा से सम्बन्धित कार्यक्रमों को आगे बढ़ाने में मदद करेगी। इसके माध्यम से ई–चालान की व्यवस्था, जिसमें लखनऊ, गाजियाबाद, गौतमबुद्ध नगर, अयोध्या, वाराणसी, प्रयागराज, आगरा, मथुरा, गोरखपुर, मेरठ इन सब जगह ई–चालान को लागू करने की व्यवस्था प्रारम्भ की जा चुकी है। प्रदेश के अन्दर अन्य तमाम कार्यक्रमों को आगे बढ़ाने के लिए हम लोगों ने जहाँ सफलता प्राप्त की वहीं साथ ही साथ उत्तर प्रदेश पुलिस के आधुनिकीकरण और सुदृढ़ीकरण के लिए एक आयोग का गठन किया गया है। कुम्भ के आयोजन को हम इसलिए सफलतापूर्वक सम्पन्न कर पाए क्योंकि वहाँ पर हम लोगों ने इण्टीग्रेटेड कमाण्ड एण्ड कण्ट्रोल सेण्टर की स्थापना के साथ–साथ आर्टिफिशिएल इन्टेलीजेन्स का भी प्रयोग करते हुए पूरे आयोजन में टेक्नोलॉजी का भरपूर उपयोग किया।

सरकार ने पहले अपने मूल बजट में भी पुलिस लाइन में रहने वाले आरक्षियों या पुलिस के इंस्पेक्टर और सब–इंस्पेक्टर स्तर के अधिकारी, थाने में रहने वाले आरक्षी महिला हों या पुरुष इन सबके लिए आवासीय सुविधा की न्यूनतम स्थिति थी। इसको सुदृढ़ करने की दिशा में पहले से धनराशि की व्यवस्था की है। साथ ही साथ हम लोग इस कार्यक्रम को आगे बढ़ा सके, इसके साथ–साथ हम लोगों ने प्रदेश के अन्दर 1535 थानों में से 1348 थानों में सी०सी०टी०वी० कैमरे लगा दिए हैं। 185 थानों में यह कार्यवाही इस समय प्रचलित है। इसके साथ ही सी०सी०टी०एन०एस० योजना के अन्तर्गत, भारत सरकार की योजना है, थानों और वरिष्ठ अधिकारियों के कार्यालयों को

कम्प्यूटराइज कर नेटवर्किंग के माध्यम से आपस में जोड़ने की व्यवस्था की गई है। इस योजना में डाटा फीडिंग थाना स्तर पर होगी तथा शिकायतकर्ता को एफ०आई०आर० की कम्प्यूटरीकृत प्रति दी जाएगी। इस प्रक्रिया को भी हमने तेजी के साथ आगे बढ़ाया है। भारतीय दण्ड संहिता यानि उत्तर प्रदेश दण्ड संहिता की धारा में आवश्यक संशोधन करते हुए 06 जून, 2019 को अग्रिम जमानत यानि एण्टीसिपेट्री बिल की व्यवस्था का प्राविधान भी उत्तर प्रदेश के अन्दर हो गया है, जिसको इमरजेन्सी के दौरान लोगों ने जबरदस्ती ले लिया था। मुझे लगता है कि वह व्यवस्था भी हम लोगों ने उत्तर प्रदेश के अन्दर लागू कर दी है। साथ ही साथ प्रदेश के अन्दर अन्य कार्यक्रम भी सरकार ने आगे बढ़ाए हैं। मुझे विश्वास है कि इन सभी कार्यक्रमों के माध्यम से प्रदेश के अन्दर एक बेहतर व्यवस्था देने का कार्य प्रारम्भ हुआ है।

महोदय, मुझे यह बताते हुए बड़ी प्रसन्नता है कि इस दौरान प्रदेश सरकार ने अन्य तमाम क्षेत्रों में भी कार्य किए हैं, खासतौर पर किसानों से जुड़े हुए, निराश्रित गौ-वंश के संरक्षण के लिए भी हमारी कार्य-योजना बहुत तेजी के साथ आगे बढ़ी है। किसी समय उत्तर प्रदेश में 69 डेरियाँ हुआ करती थीं, लेकिन कुप्रबन्धन और कुशासन के कारण वह एक समय बन्द हो गई थीं, उन डेरियों को पुनर्जीवित करने की प्रक्रिया तेजी के साथ आगे बढ़ी है। 14 डेरियों पर कार्य तेजी के साथ आगे बढ़ा है। इसके अलावा प्रदेश के अन्दर अन्य सामान्य प्रक्रिया को बहाल करने की दिशा में भी बेहतर प्रयास प्रारम्भ हुए हैं। मैं इस सदन के माध्यम से इस बात के लिये आश्वस्त करता हूँ कि प्रदेश के अन्दर आवश्यक कार्यों के लिए कहीं भी धनराशि की कमी नहीं है। प्रदेश सरकार प्रदेश की 23 करोड़ जनता की भावनाओं के अनुरूप प्रदेश के अन्दर विकास कराने के लिए और प्रदेश को देश की एक सुदृढ़ इकोनॉमी के रूप में स्थापित करने के लिए पूरी तरह प्रतिबद्ध है। मैं चाहूँगा कि पूरा सदन और खासतौर पर प्रतिपक्ष के हमारे मित्रगण भी अगर एक सकारात्मक सोच के साथ प्रदेश के विकास की इस पहल में अपना योगदान दे सकेंगे तो एक बेहतर स्थिति हमें प्रदेश के अन्दर बनाने में और उत्तर प्रदेश को दुनिया

के सामने स्थापित करने में, देश के सामने स्थापित करने में व्यापक सफलता प्राप्त हो सकती है। अलग-अलग सेक्टर में बहुत सारे कार्य हुए हैं। मैं इस बात के लिए आश्वस्त करता हूँ कि प्रदेश सरकार इन सभी कार्यक्रमों को तेजी के साथ आगे बढ़ाने के लिए पूरी तरह से प्रतिबद्ध है।

मैं अपने सहयोगी वित्त मंत्री श्री राजेश अग्रवाल जी को वित्तीय वर्ष 2019-20 की प्रथम अनुपूरक माँगों को सदन के पटल पर रखने के लिए और प्रत्येक तबके के हितों का ध्यान रखने, उन भावनाओं को आगे बढ़ाने के लिए, प्रदेश की भावनाओं के अनुरूप उत्तर प्रदेश को देश की एक अच्छी अर्थव्यवस्था के रूप में स्थापित करने के लिए उन्होंने जिन अच्छी अनुपूरक माँगों को यहाँ पर रखा है, बजट को इससे पहले प्रस्तुत किया था, उसके लिए मैं उनको और उनकी पूरी टीम को हृदय से धन्यवाद देता हूँ। मा० अध्यक्ष जी, मैं आपका आभार व्यक्त करता हूँ कि आपने मुझे इस महत्वपूर्ण विषय पर इस सदन में अपनी बातों को रखने और सरकार की उपलब्धियों के साथ-साथ भावी योजनाओं के बारे में भी बात रखने का अवसर प्रदान किया है, इसके लिए मैं आपका भी आभारी हूँ।

धन्यवाद!

सन्दर्भ : दिनांक 24 जुलाई, 2019, वित्तीय वर्ष 2019-2020 के अनुपूरक अनुदानों की माँगों पर चर्चा एवं मतदान।

महात्मा गाँधी जी की 150वीं जयन्ती के अवसर पर संयुक्त राष्ट्र संघ के द्वारा 2015 में सस्टेनेबल डेवलेपमेण्ट्स गोल्स यानी सतत् विकास लक्ष्य को लेकर जो 17 गोल्स तय किए गए थे, जिनमें से उत्तर प्रदेश जैसे राज्य में 16 गोल्स के 169 लक्ष्यों को लेकर कार्य किया जाना है, इसलिए इन सभी लक्ष्यों को प्राप्त करने के लिए आपने विशेष रूप से सदन को आहूत किया है। सदन को 2030 तक जो लक्ष्य सस्टेनेबल डेवलेपमेण्ट्स गोल्स को प्राप्त करने के लिए, यू०एन०ओ० ने निर्धारित किए है, उस पर चर्चा करने और समयबद्ध ढंग से कार्य-योजना बनाने तथा उसे क्रियान्वित करने के लिए एक महती जिम्मेदारी इस हाउस को दी है।

प्रदेश के जनजीवन में वृहत्तर परिवर्तन लाने में सफल सतत विकास के लक्ष्य

मा० अध्यक्ष जी, मैं सबसे पहले आपका आभार व्यक्त करता हूँ कि इस युग के महानायक और देश के स्वतन्त्रता आन्दोलन के अग्रदूत राष्ट्रपिता महात्मा गाँधी जी की 150वीं जयन्ती के उपलक्ष्य में सर्व समावेशी विकास लक्ष्यों को प्राप्त करने के लिए आपने सदन को आहूत किया और इस सदन के सम्मुख माननीय सदस्यों और सरकार को भी अपनी बात रखने का एक अवसर प्रदान किया है। सचमुच आज का दिन बहुत महत्वपूर्ण है। भारत माता के दो महान सपूत राष्ट्रपिता महात्मा गाँधी और देश के द्वितीय प्रधानमंत्री श्री लालबहादुर शास्त्री जी की जयन्ती का दिन है। राष्ट्रपिता महात्मा गाँधी जी ने इस देश के स्वाधीनता आन्दोलन को उस समय नेतृत्व प्रदान किया था, जब देश के अन्दर एक हताशा थी, एक निराशा थी। लोग इस बात को मान चुके थे कि पराधीनता हम सबके साथ अब सदियों के लिए जुड़ चुकी है इसलिए इसे अपनी नियति का हिस्सा मानकर जब इस देश ने विदेशी दासता की उस पराधीनता को स्वीकार-सा कर लिया था, उस कालखण्ड में एक यशस्वी नेतृत्व महात्मा गाँधी जी का इस देश को प्राप्त हुआ था। जिन्होंने सादगी, स्वच्छता, स्वदेशी, ग्राम-स्वराज और स्वावलम्बन के माध्यम से देश की आजादी की इस लड़ाई में एक नई जान फूँकी थी। देखते ही देखते जिन अंग्रेजों के बारे में यह कहा जाता था कि इनके काल में सूर्यास्त नहीं होता है। गाँधी जी के नेतृत्व में चले स्वाधीनता के उस आन्दोलन के कारण न केवल अंग्रेजों के शासन का सूर्यास्त हुआ, बल्कि भारत स्वाधीन भी हुआ। गाँधी जी के नेतृत्व में चले इस

पूरे आन्दोलन ने दुनिया को कौतूहल और आश्चर्य से भरकर रख दिया कि वास्तव में विचारों की क्रान्ति के माध्यम से भी लोगों के मन में एक व्यापक भावना जाग्रत की जा सकती है। उसके माध्यम से भी लोकतान्त्रिक मूल्यों और आदर्शों का पालन करते हुए शान्तिपूर्ण तरीके से भी दुश्मन के दाँत खट्टे किए जा सकते हैं। उस अभियान से दुनिया के तमाम देशों ने प्रेरणा प्राप्त की है।

हमें याद है जब दक्षिण अफ्रीका अपनी स्वाधीनता की लड़ाई लड़ रहा था, रंगभेद के खिलाफ अपनी लड़ाई लड़ रहा था, तो उन्होंने अपने आदर्श के रूप में महात्मा गाँधी को रखा। भारत को इस बात पर गौरव की अनुभूति होनी चाहिए कि महात्मा गाँधी जैसा महामानव इस धरती ने पैदा किया। दुनिया के अन्दर जब भी सत्य और अहिंसा की बात होगी, जब भी सादगी और स्वच्छता की बात होगी, जब भी स्वदेशी और स्वावलम्बन की बात होगी, महात्मा गाँधी जी का स्मरण न केवल भारतीय मानस अपितु दुनिया का मानव सदैव एक प्रेरणापुँज के रूप में महात्मा गाँधी और भारत की ओर देखेगा। इस दृष्टि से आज का दिन हम सबके लिए अत्यन्त महत्वपूर्ण दिन है। जहाँ महात्मा गाँधी जी ने देश के स्वाधीनता आन्दोलन के माध्यम से भारत की सुप्त चेतना को जाग्रत करते हुए भारत की स्वाधीनता की लौ को आगे बढ़ाने के लिए एक यशस्वी नेतृत्व देश को दिया, वहीं आजादी के बाद भारतमाता के महान सपूत एवं महान स्वतन्त्रता संग्राम सेनानी और देश के द्वितीय प्रधानमंत्री श्री लालबहादुर शास्त्री जी ने भी आजादी के बाद एक यशस्वी नेतृत्व दिया। प्रधानमंत्री के रूप में भले ही उनका कालखण्ड बहुत छोटा रहा हो, लेकिन विशुद्ध गाँधीवादी मूल्यों के प्रति समर्पित उस दर्शन को अपने जीवन का हिस्सा बनाने वाले और इस देश के अन्दर शान्ति और कान्ति दोनों के प्रेरणा-पुँज लालबहादुर शास्त्री जी की भी जयन्ती आज है। भारत अपने इन दो महान सपूतों को, जो एक युगदृष्टा महामनीषी थे, जिन्होंने युग की धारा को बदल दिया था, आज याद कर रहा है।

लालबहादुर शास्त्री जी के बारे में कहा जाता है कि वे जितने सहज और सरल थे उतने ही कठोर भी थे। इस देश में खाद्यान्न के क्षेत्र में आत्मनिर्भरता के

लिए आज भी लालबहादुर शास्त्री जी को याद किया जाता है। 1962 के चीन युद्ध के बाद, जब देश के अन्दर निराशा थी, उसके तीन वर्ष के अन्दर ही भारत पर थोपे गये पाकिस्तान युद्ध में पाकिस्तान को करारी हार देकर लालबहादुर शास्त्री जी का यशस्वी नेतृत्व इस देश ने उस रूप में अंगीकार करते हुए देखा है। आज इन दो महापुरुषों की जयन्ती के अवसर पर मैं सर्वप्रथम इन दोनों महापुरुषों के चरणों में कोटि-कोटि नमन करता हूँ। उनके प्रति अपनी विनम्र श्रद्धांजलि अर्पित करता हूँ।

महात्मा गाँधी जी की 150वीं जयन्ती के अवसर पर संयुक्त राष्ट्र संघ के द्वारा 2015 में सस्टेनेबल डेवलेपमेण्ट्स गोल्स यानी सतत् विकास लक्ष्य को लेकर जो 17 गोल्स तय किए गए थे, जिनमें से उत्तर प्रदेश जैसे राज्य में 16 गोल्स के 169 लक्ष्यों को लेकर कार्य किया जाना है, इसलिए इन सभी लक्ष्यों को प्राप्त करने के लिए आपने विशेष रूप से सदन को आहूत किया है। सदन को 2030 तक जो लक्ष्य सस्टेनेबल डेवलेपमेण्ट्स गोल्स को प्राप्त करने के लिए, यू०एन०ओ० ने निर्धारित किए है, उस पर चर्चा करने और समयबद्ध ढंग से कार्य-योजना बनाने तथा उसे क्रियान्वित करने के लिए एक महती जिम्मेदारी इस हाउस को दी है। इस हाउस के माध्यम से सरकार को प्राप्त होगी। मैं इसके लिए आपका आभारी हूँ। ये अत्यन्त महत्वपूर्ण गोल्स हैं। इन महत्वपूर्ण सतत् विकास के लक्ष्यों को प्राप्त करने की दिशा में आज जब यह सदन चर्चा कर रहा है, जो ये 17 गोल्स हैं उन पर संयुक्त राष्ट्र संघ ने एक विस्तृत चर्चा करने के लिए आदरणीय प्रधानमंत्री श्री नरेन्द्र मोदी जी के प्रेरणादायी नेतृत्व में वर्ष 2015 के बाद वर्ष 2016 में भारत सरकार ने इन्हें अंगीकार किया और इसके अनुरूप अपनी कार्य-योजना बनाकर लागू भी किया। मुझे बताते हुए प्रसन्नता है कि जब हम इन पर चर्चा करेंगे तो ये जो 16 गोल्स उत्तर प्रदेश जैसे राज्य में लागू होने हैं इनमें से ज्यादातर पर कार्य भारत सरकार वर्ष 2014 में आदरणीय प्रधानमंत्री जी के नेतृत्व में प्रारम्भ कर चुकी है। मार्च, 2017 में उत्तर प्रदेश में हम लोगों की सरकार आने के बाद सरकार ने इस पर जो कार्य किए हैं, उसके बारे में भी मैं अपने विचार सदन में रखूँगा।

उत्तर प्रदेश में जो 16 गोल्स तय होने हैं, उनमें मुख्य रूप से सबसे पहला गोल है, गरीबी की पूर्णता समाप्ति। दुनिया के हर देश में अत्याधिक गरीबी को समाप्त करना। अमेरिकन डॉलर के हिसाब से माना जाए तो जिन लोगों की प्रतिदिन आय 1.25 डॉलर से कम है, उन लोगों को गरीबी रेखा के अन्दर जीवनयापन करने वाला मान करके, इस दृष्टि से गरीबी की पूर्णता समाप्ति की दिशा में क्या कार्य-योजना बन सकती है, चर्चा करने के लिए यह पहला विषय है। दूसरा विषय है, भुखमरी की समाप्ति, जिसे खाद्य सुरक्षा की गारण्टी के अन्तर्गत रखा गया है। तीसरा है, अच्छा स्वास्थ्य और बेहतर जीवन स्तर। चौथा है, गुणवत्तापूर्ण शिक्षा। पाँचवा है, लैंगिक समानता। छठा है, स्वच्छ पानी एवं स्वच्छता के मिशन को पूर्ण करना। सातवाँ है, सस्ती एवं स्वस्थ ऊर्जा। आठवाँ है, अच्छा काम और आर्थिक विकास के लक्ष्य को प्राप्त करना। नौवाँ है, उद्योग और नवोन्मेष बुनियादी ढाँचे के विकास की दृष्टि से कार्य करना। दसवाँ है, असामनता में कमी। ग्यारहवाँ है, टिकाऊ शहरी और सामुदायिक विकास के लिए ठोस कार्य-योजना बनाना। बारहवाँ है, जिम्मेदारी के साथ उपभोग और उत्पादन के लक्ष्यों को प्राप्त करना। तेरहवाँ है, जलवायु परिवर्तन। चौदहवाँ है, भूमि पर जीवन एवं सतत् उपभोग को बढ़ावा देने वाले स्थलीय पारिस्थिति की प्रणालियों, सुरक्षित जंगलों, भूमि संरक्षण और जीव विविधता के बढ़ते नुकसान को रोकने के लिए निरन्तर प्रयास और उसके लिए ठोस कार्य-योजना बनाना। पन्द्रहवाँ है, शान्ति एवं न्याय की स्थापना और सोलहवाँ है, लक्ष्य प्राप्ति में सामूहिक साझेदारी। ये 16 गोल्स उत्तर प्रदेश जैसे राज्य की दृष्टि से यहाँ पर लिए गए हैं।

देश के अन्दर वर्ष 2014 में जब युग-परिवर्तन का समय आया था, जब प्रधानमंत्री के रूप में श्री नरेन्द्र मोदी जी ने देश की कमान अपने हाथों में ली थी, तब उन्होंने इस बारे में कहा था कि देश के अन्दर विकास का एजेण्डा किसी व्यक्ति, किसी परिवार, किसी जाति, किसी मत, किसी क्षेत्र और भाषा तक सीमित नहीं रहेगा, बल्कि इस देश के अन्दर, इस देश के गाँवों के लिए, गरीब के लिए, किसान के लिए, नौजवान के लिए, महिलाओं के लिए और

समाज के प्रत्येक तबके तक हम इसे समान रूप से ले जाने का कार्य करेंगे। किसी के साथ भेदभाव नहीं, विकास सबका लेकिन तुष्टीकरण किसी का नहीं, यह भाव वर्ष 2014 में व्यक्त किया गया। आज हम सस्टेनेबल गोल्स के माध्यम से देख सकते हैं कि सस्टेनेबल गोल्स में जो गोल्स तय किए गए हैं, वे सभी वही हैं, जिन पर सतत् विकास के लक्ष्य निर्धारित करते हुए भारत सरकार ने और प्रदेश की सरकार ने भी पिछले ढाई वर्ष के अन्दर प्रदेश में लक्ष्यों को प्राप्त करने के लिए अपनी ठोस कार्य-योजना बनाई है और कार्य प्रारम्भ किया है।

ये सभी उन्हीं के इर्द-गिर्द या उन्हीं लक्ष्यों को प्राप्त करने की दिशा में किए जा रहे प्रयास हैं। लेकिन मुझे आश्चर्य होता है कि जब सस्टेनेबल गोल्स की बात हुई, मुझे याद है जब भी सदन की कार्यवाही प्रारम्भ होती है तो सदन की कार्यवाही होने के पहले अक्सर हमारे विपक्ष के मित्र एक बात को लेकर चर्चा करते थे और कहते थे कि कुछ मुद्दे ऐसे होने चाहिए जिसमें हम गरीबों के मुद्दे पर चर्चा कर सकें। उन मुद्दों पर पार्टी लाइन से ऊपर उठकर कार्य कर सकें। मैंने उनके सामने एक ही सुझाव रखा था कि गाँधी जी की 150 वीं जयन्ती है। गाँधी जी की 150वीं जयन्ती से अच्छा अवसर कोई दूसरा नहीं हो सकता कि गाँधी जी ने जिन मूल्यों, आदर्शों के लिए कहा था और जैसा जीवन जिया था, जिसके कारण वे महात्मा कहलाए और पूरे देश और दुनिया ने उन्हें अपने आदर्श के रूप में स्वीकारा। गाँधी जी के उन्हीं मूल्यों और आदर्शों से प्रेरणा प्राप्त करके इस कार्य का संकल्प लिया। अगर हम सतत् विकास के लक्ष्यों को लेकर सदन में चर्चा करें, फिर उसके लिए ठोस कार्य-योजना बनाएँ और उस कार्य-योजना को फिर हम वास्तविक धरातल पर उतारने की दिशा में प्रयास करेंगे, तो प्रदेश के अन्दर बिना भेदभाव के प्रत्येक व्यक्ति के विकास में बहुत बड़ी भूमिका सदन की हो सकती है।

मुझे आश्चर्य होता है कि सबने अपनी सहमति भरी और सहमति भरने के बाद जब इन मुद्दों पर चर्चा कराने की बात आई, तो सबने कहा कि इस पर खूब चर्चा होनी चाहिए और हम चाहते हैं कि इस पर चर्चा होने के बाद कोई

ठोस प्रस्ताव भी तैयार हो। जब आज इस पर ठोस प्रस्ताव के साथ सरकार यहाँ पर आई है। यहाँ पर तीन–चौथाई से अधिक माननीय सदस्य भी अपनी पूरी तैयारी के साथ आए हैं। उन स्थितियों में विपक्ष का गरीबों के लिए, प्रदेश के विकास के लिए, विकास के लक्ष्यों को प्राप्त करने की दिशा में किए जाने वाले किसी भी सार्थक चर्चा से अपने आपको अलग करना, न केवल सदन की अवमानना है अपितु बापू का भी अपमान है और गरीबों का भी, प्रदेश के किसानों का भी और आमजन का भी अपमान इसको कहा जा सकता है।

मुझे आश्चर्य होता है कि जो चीज आज यहाँ पर हम लोग देख रहे हैं। महाभारत में भी यह बात सामने आई थी। महाभारत में किस रूप में आई थी, मैं उसी से इस चर्चा को प्रारम्भ करूँगा। महाभारत में दुर्योधन ने एक बात कही थी। उन्होंने कहा था कि "जानामि धर्मं न च मे प्रवृर्तिः।। जानाम्यधर्मं न च में निवृत्तिः।।" उन्होंने कहा था कि "मैं जानता हूँ धर्म और अधर्म को। ऐसा नहीं है कि मैं नहीं जानता लेकिन मेरी मजबूरी है कि धर्म को जानते हुए भी मेरी प्रवृत्ति ऐसी नहीं कि मैं उसको स्वीकार कर सकूँ और अधर्म को जानते हुए भी मेरी प्रवृत्ति ऐसी नहीं है कि मैं उससे मुक्त हो सकूँ।" दुर्भाग्य है कि हमारा विपक्ष, उत्तर प्रदेश का विपक्ष दुर्योधन की इस उक्ति को ही सार्थक कर रहा है। उससे अपने आपको अलग नहीं कर पाया है। वह इससे तनिक भी अलग नहीं हट पाया है। जिन लोगों ने प्रदेश में 14–15 वर्षों तक जंगलराज स्थापित किया, अराजकता पैदा की, गुण्डागर्दी पैदा की, प्रदेश के संसाधनों को लूट–खसोट का जरिया बनाया, आखिर उनको गरीबों के, प्रदेश की 23 करोड़ जनता के हितों के बारे में चर्चा करना कहाँ अच्छा लगता है। कैसे उन्हें अच्छा लग सकता है कि वास्तव में प्रदेश के अन्दर विकास होना चाहिए। किसी गरीब का हित होना चाहिए। क्योंकि यह उनकी प्रवृत्ति नहीं है। विकास उनकी प्रवृत्ति नहीं है। वंशवाद और जातिवाद से वह निवृत्त नहीं हो सकते हैं। इसलिए मुझे लगता है कि उनका आपके सामने और दलीय नेताओं की बैठक में कही गई बातों से अपने आपको मुक्त करते हुए बिना कुछ कहे इस सदन से वॉक आउट कर जाना या सदन की कार्यवाही का हिस्सा न बनना, यह इस

बात को प्रमाणित करता है। दूसरा जिन लोगों ने गाँधी जी के नाम पर देश की सत्ता में सर्वाधिक दिनों तक शासन किया, उन लोगों का यह कहना कि हम सदन की कार्यवाही का बहिष्कार कर रहे हैं। मुझे आश्चर्य होता है कि गाँधी जी का इससे बड़ा अपमान, गाँधी जी के नाम पर सत्ता हथियाने वाले लोगों के द्वारा हो, यह तो अपने आप में बहुत ही अशोभनीय कार्य है। मैं आश्चर्यचकित हूँ कि गाँधी जी ने जीवन पर्यन्त जिन मूल्यों और आदर्शों को देश और दुनिया के सामने रखा, जो देश की स्वाधीनता का मंत्र बना, आज कांग्रेस पार्टी उसका बहिष्कार कर रही है। उन्हें सादगी से मतलब नहीं है, क्योंकि हम स्वदेशी की बात करते हैं तो कांग्रेस विदेशी की बात करती है। हम राष्ट्रीयता की बात करते हैं, तो वह आतंकवाद की बात करते हैं। हम लोग भारत के अन्दर स्वावलम्बन की बात करते हैं, तो वह देश को परावलम्बी बनाना चाहते हैं।

आज जब हम सतत् विकास के लक्ष्यों को प्राप्त कर रहे हैं। मैं इसकी शुरुआत स्वच्छता के इस अभियान से ही करना चाहूँगा। मुझे बताते हुए प्रसन्नता है कि जब हम लोग यहाँ पर सतत् विकास के लक्ष्यों को प्राप्त करने की दिशा में आगे बढ़ रहे हैं, तब देश के आदरणीय प्रधानमंत्री जी के द्वारा उत्तर प्रदेश को स्वच्छ भारत मिशन में सर्वाधिक सहभागिता के लिए प्रथम पुरस्कार भी प्रदान किया जा रहा होगा। इसके लिए मैं उत्तर प्रदेश की 23 करोड़ जनता को हृदय से बधाई देता हूँ, उनका अभिनन्दन करता हूँ। आदरणीय प्रधानमंत्री जी का अभिनन्दन इस बात के लिए करता हूँ कि आज से ठीक 5 वर्ष पहले 2 अक्टूबर, 2014 को उन्होंने स्वच्छ भारत मिशन की घोषणा की थी। वह स्वच्छ भारत मिशन आज इस देश में जनान्दोलन बन गया है। स्वच्छ भारत मिशन आज इस देश के अन्दर स्वस्थ भारत की आधारशिला बन गया है। यह स्वच्छ भारत मिशन आज प्रत्येक बच्चे का एक अभियान बन गया है। उसके जीवन का हिस्सा बन गया है। हर नागरिक के अभियान का हिस्सा बन गया है। आज हम इस अभियान को लेकर इस कार्यक्रम को आगे बढ़ा रहे हैं। मुझे सदन को बताते हुए प्रसन्नता है कि यहाँ पर हमारे जितने भी माननीय सदस्यगण हैं, आज इन सबने स्वच्छ भारत मिशन की अगली कड़ी में, यानि

अभी तक हमने ओ०डी०एफ० किया था, खुले में शौच से प्रदेश को मुक्त किया था। उससे ओ०डी०एफ० प्लस की दिशा में बढ़ रहे हैं।

आदरणीय प्रधानमंत्री जी की प्रेरणा से इस देश का हर नागरिक, हर जनप्रतिनिधि, हर मंत्री, हर ब्यूरोक्रेट, समाज के हर तबके का व्यक्ति, हर जागरूक व्यक्ति, जिसने समाज के जीवन के साथ अपने जीवन को जोड़ा है, उस व्यक्ति ने स्वच्छ भारत मिशन को अपने जीवन का हिस्सा बनाया है। अपनी आदत का हिस्सा बनाया है। अपनी दिनचर्या का हिस्सा बनाया है। अपनी आदत और दिनचर्या का हिस्सा बनाने के क्रम में वह इस अभियान के साथ जुड़ा है। आज लखनऊ में प्लास्टिक मुक्त उत्तर प्रदेश हो, प्रदेश की राजधानी लखनऊ के सभी 110 वार्डों में हमारे माननीय विधायकों ने जो अभियान चलाया है, मैं उनका अभिनन्दन करता हूँ। प्लास्टिक मुक्ति के लिए अभियान केवल राजधानी तक ही सीमित नहीं रहना चाहिए। अपनी-अपनी विधानसभाओं में जाकर भी एक प्रतिस्पर्धा खड़ी की जानी चाहिए। स्वच्छ सर्वेक्षण में जब यह कार्यक्रम आगे बढ़ें, तो माननीय विधायक के नेतृत्व में उनकी विधानसभा में स्वच्छता के लक्ष्यों को प्राप्त करने की दिशा में कितना सार्थक प्रयास हुआ है। हमारा प्रयास होना चाहिए कि विधानसभा स्तर पर पूरे प्रदेश के अन्दर इसका भी सर्वे कराकर उस विधायक को भी सम्मानित किया जाना चाहिए, जो विधायक अपनी विधानसभा को स्वच्छ भारत मिशन के अन्तर्गत अग्रणी स्थान पर खड़ा करता है क्योंकि यह प्रयास केवल यहीं तक सीमित नहीं है। यह एक बड़ा कार्यक्रम है। मैं कुछ आँकड़े सदन के सम्मुख रखूँगा कि स्वच्छ भारत मिशन का प्रभाव कैसे स्वास्थ्य पर पड़ा है। इस स्वास्थ्य पर पड़ने वाले प्रभाव का असर किस रूप में रहा है। स्वच्छ भारत मिशन का इसमें क्या योगदान रहा है। हम इन कार्यों को इसके साथ जोड़कर भी देख सकते हैं। लेकिन स्वच्छ भारत मिशन में उत्तर प्रदेश के अन्दर जो सहभागिता सुनिश्चित हुई, उस सहभागिता का परिणाम किस रूप में हम सबके सामने है। यह आज किसी से छुपा हुआ नहीं है। विगत पाँच वर्ष के दौरान स्वच्छ भारत मिशन में जो कार्यक्रम तय हुए, वह कार्यक्रम जिन परिवारों के पास

अपने शौचालय नहीं थे उन परिवारों को शौचालय उपलब्ध कराने की दिशा में किए गए बहुत सार्थक प्रयास थे।

ग्रामीण क्षेत्र में उत्तर प्रदेश के अन्दर 2 करोड़ 61 लाख गरीबों को एक-एक शौचालय उपलब्ध कराया गया। ढाई वर्ष के दौरान उत्तर प्रदेश के अन्दर हम लोग 2 करोड़ 60 लाख से अधिक शौचालय बनाने में सफल हुए हैं। आज स्वच्छ भारत मिशन के अन्तर्गत पूरा प्रदेश और पूरा देश ओ०डी०एफ० घोषित हो रहा है। सर्वाधिक जन सहभागिता के माध्यम से उत्तर प्रदेश देश का पहला पुरस्कार प्राप्त कर रहा है, उस अवसर पर मैं आप सभी मा० सदस्यों का भी, सभी स्वेच्छाग्रहियों का भी, सभी अन्य जन प्रतिनिधियों का भी, निगरानी समितियों का भी और निर्माण करने वाले राजमिस्त्रियों का भी अभिनन्दन करता हूँ। उन सबको बधाई देता हूँ।

शहरी क्षेत्र में साढ़े 8 लाख से अधिक शौचालय इस दौरान बनें। केवल शौचालय ही नहीं बने, इसके माध्यम से रोजगार का भी सृजन हुआ। रोजगार सृजन के माध्यम से लोगों को स्वच्छ जीवन जीने और खुले में शौचमुक्ति के माध्यम से स्वच्छता की ओर अग्रसर करने की दिशा में एक बहुत सार्थक प्रयास प्रारम्भ हुआ है। इस सार्थक प्रयास का परिणाम किस रूप में हम सबके सामने आया है, उसकी एक छोटी सी झलक आपके सामने अगर मैं दूँ तो मुझे लगता है कि बहुत सारी चीजें ऐसी होंगी जो हम सबके लिए चौकाने वाली होंगी। यह इसलिए भी महत्वपूर्ण है कि अगर अगल-बगल के राज्यों में आप देखेंगे, कहीं पर इन्सेफ्लाइटिस है, कहीं डेंगू है, कहीं मलेरिया है, कहीं कालाजार है, कहीं पर फाइलेरिया है, हर जगह कोई-न-कोई विषाणुजनित बीमारी है। वैक्टर बॉर्न डिजीज़ किसी-न-किसी राज्य में, आस-पास के क्षेत्रों में है। उत्तर प्रदेश देश का सबसे बड़ा राज्य है। सबसे अधिक आबादी उत्तर प्रदेश के अन्दर है और ईश्वर की कृपा है, आदरणीय प्रधानमंत्री मोदी जी की प्रेरणा है और एक टीम वर्क है, उस टीम वर्क का परिणाम है। मैं इस बात को कह सकता हूँ कि उत्तर प्रदेश में न इन्सेफ्लाइटिस है, न डेंगू है, न मलेरिया है, न फाइलेरिया है, न चिकनगुनिया है और न ही कोई इस प्रकार

की विषाणुजनित बीमारी है। इसमें सबसे बड़ी भूमिका अगर किसी अभियान की है तो वह स्वच्छ भारत मिशन की है।

स्वच्छ भारत मिशन में, मैं एक अभियान के साथ जुड़ा रहा हूँ। मैंने वर्ष 1997–98 से गोरखपुर समेत पूर्वी उत्तर प्रदेश में इन्सेफ्लाइटिस से मरते हुए बच्चों को देखा है। हमारे विपक्ष के जिन मित्रों ने जाति को आधार बनाकर अपना वोट बैंक बनाया था। मत और मजहब के आधार पर सामाजिक ताने-बाने को छिन्न-भिन्न किया था। इन लोगों ने उन गरीबों के हितों को कितना संरक्षण दिया है? इन्सेफ्लाइटिस के खिलाफ लड़ी गई लड़ाई में इन सबके शून्य योगदान के महत्व से हम समझ सकते हैं। इन्सेफ्लाइटिस से मरने वाली 75 से 90 फीसदी आबादी या तो अल्पसंख्यक समुदाय से थी या फिर दलित समुदाय से थी। इतनी बड़ी आबादी प्रतिवर्ष इन्सेफ्लाइटिस से मरती थी। वर्ष 1977–78 में पहली बार गोरखपुर में मस्तिष्क ज्वर के मरीज देखे गए थे। 1977–78 से लेकर 1997–98 तक सरकार के स्तर पर कोई भी प्रयास गोरखपुर, देवरिया, कुशीनगर, महाराजगंज, सिद्धार्थनगर, बस्ती, संत कबीर नगर, बलरामपुर, गोण्डा, श्रावस्ती, बहराइच, लखीमपुर खीरी, पीलीभीत या फिर रायबरेली, जो वी०आई०पी० क्षेत्र हैं उसमें भी या फिर आगे बढ़ते-बढ़ते आप सहारनपुर तक चले जाईए 38 जनपदों में सरकार के स्तर पर कोई भी कार्यवाही नहीं हो पाई है। वर्ष 1977 से लेकर 1997–98 तक इस अभियान और कार्यक्रम का कोई संज्ञान भी नहीं लेता था। कोई पुरसाहाल नहीं था। कोई पूछना नहीं चाहता था। वर्ष 1998 में मैं सांसद बना था। सांसद बनने के बाद मेरे संज्ञान में जब यह बात आई थी, मैंने बी०आर०डी० मेडिकल कॉलेज, गोरखपुर का दौरा किया। एक-एक बेड पर चार-चार, पाँच-पाँच मरीज थे। तीसरी मंजिल पर इस बीमारी से जुड़े हुए मरीजों का वार्ड था। तीसरी मंजिल का वार्ड और उसका टॉयलेट चोक हो तो वहाँ की दुर्व्यवस्था का आप सहज अनुमान लगा सकते हैं। इन्सेफ्लाइटिस और विषाणुजनित बीमारियों के उन्मूलन की दिशा में राज्य और केन्द्र की सरकारों की यह स्थिति उस समय थी। इसके बाद इस मुद्दे को मैंने समय-समय पर उठाना शुरू किया। पहले गोरखपुर स्तर

पर, फिर पूर्वी उत्तर प्रदेश के स्तर पर, देश की संसद में, सड़क से संसद तक निरन्तर लड़ाई लड़ी गई। यह लड़ाई मैं वर्ष 2017 तक, तब तक लड़ता रहा, जब तक मैं सांसद था।

मार्च, 2017 में जब मुझे उत्तर प्रदेश के मुख्यमंत्री का दायित्व हमारी पार्टी और आदरणीय प्रधानमंत्री जी ने सौंपा, तो उसके बाद प्रदेश के अन्दर उसकी व्यापक कार्य-योजना क्या हो सकती है, इसको लेकर हम लोगों ने कार्य प्रारम्भ किया। लेकिन वर्ष 1977-78 से लेकर वर्ष 2017 तक, इन 40 वर्षों में गोरखपुर के बी०आर०डी० मेडिकल कॉलेज समेत पूर्वी उत्तर प्रदेश के 38 जनपदों में लगभग 50 हजार बच्चे इस बीमारी से काल के गाल में समाये हैं। 1 से 15 वर्ष तक के 50 हजार बच्चों की बड़ी संख्या में मौत हुई। सरकारों की संवेदना तब भी नहीं पिघली थी।

अगर मैं वर्ष 2015, 2016, 2017, 2018 और 2019 इन वर्षों के मौत के आँकड़े आपके सामने रखूँ तो आप देखेंगे कि कितनी बड़ी मात्रा में इन्सेफ्लाइटिस से प्रदेश के अन्दर मौतें होती थीं। सरकारें उस सम्बन्ध में क्या कर रही थीं? आप देखेंगे कि वर्ष 2015 में एक्यूट इन्सेफ्लाइटिस से ग्रसित बच्चे थे 2900, मौत होती है 491 की, वर्ष 2016 में इन्सेफ्लाइटिस से प्रभावित बच्चे है 3911, मौत होती है 641 की, वर्ष 2019 में आज जब हम इस विषय पर चर्चा कर रहे हैं। यह आँकड़ा बताना मैं आवश्यक समझता हूँ कि 30 अगस्त तक के जो आँकड़े मेरे पास हैं। वहीं वर्ष 2019 में मरीजों की संख्या होती है 938 और मौत होती है कुल 35, यह आँकड़े चौंकाने वाले हैं। जापानी इन्सेफ्लाइटिस के मुद्दे को भी मैं आपके सामने रखता हूँ। जापानी इन्सेफ्लाइटिस से वर्ष 2015 में, रोगियों की संख्या थी 355, मृतक थे 47, वर्ष 2016 में मरीजों की संख्या थी 442, मौत होती है 74 की और अगर वर्ष 2019 में आप देखेंगे तो मरीजों की संख्या है 18 और मौत होती है 4 बच्चों की। ये आँकड़े हैं, जो हम सबको सोचने के लिए मजबूर करते हैं कि आखिर इन बच्चों के हक पर डकैती कौन डालता था? इनको स्वस्थ जीवन जीने से वंचित किसने किया? असमय काल के गाल में जाने के लिए कौन-सी अव्यवस्था थी जिसने उन्हें मजबूर किया होगा।

आदरणीय प्रधानमंत्री जी ने पूरे देश के अन्दर 'प्लास्टिक मुक्त भारत' का अभियान चलाया। प्लास्टिक मुक्त उत्तर प्रदेश की दिशा में भी हम सब आगे बढ़कर कार्य कर सकें, यह उसी का हिस्सा है कि आज हमारे सभी माननीय सदस्य उसका हिस्सा बने हैं। मैं इसके लिए हर एक माननीय सदस्य का हृदय से अभिनन्दन करता हूँ। उनका स्वागत करता हूँ। गाँधी जी ने स्वच्छता को अपने जीवन का हिस्सा बनाया था। उन्होंने कहा था कि स्वस्थ जीवन जीने के लिए स्वच्छता आवश्यक है। मुझे आश्चर्य होता है कि वर्ष 1916 में गाँधी जी काशी हिन्दू विश्वविद्यालय के उद्घाटन में वाराणसी आए थे। वाराणसी में उस समय भगवान काशी विश्वनाथ जी के मन्दिर में दर्शन करने के लिए गए थे। मन्दिर में जब दर्शन करने के लिए गए थे, तो वहाँ पर मन्दिर के बाहर और गली को देखकर उन्होंने तीखी टिप्पणियाँ की थीं। उन्होंने कहा कि कैसा समाज है, मन्दिर के बाहर गन्दगी है, सकरी गलियाँ हैं। भगदड़ से जन-हानि हो सकती है। कुछ किया जाना चाहिए। समाज को जागरूक होना चाहिए।

वर्ष 1916 में बापू ने यह बात कही थी। वर्ष 1916 से ले करके यह देश वर्ष 1947 में आजाद हुआ। वर्ष 1947 से लेकर वर्ष 2014 तक बीच में 12-15 वर्षों के कालखण्ड को छोड़ दें तो शेष में कांग्रेस ने देश के अन्दर शासन किया था। कभी उनको गाँधी जी की बात याद नहीं आई। आज मेरा सौभाग्य है कि आज उत्तर प्रदेश में हमारी सरकार है। आज काशी विश्वनाथ धाम में आदरणीय प्रधानमंत्री जी की प्रेरणा और उनकी अनुकम्पा से काशी में भगवान विश्वनाथ जी के मन्दिर में जाने के लिए 05 फुट का रास्ता नहीं बल्कि 50 फुट का चौड़ा रास्ता श्रद्धालुओं को प्राप्त होगा।

आज वहाँ पर गन्दगी नहीं है। आज वहाँ पर बापू के सपने को साकार करने के लिए काशी विश्वनाथ धाम के रूप में आदरणीय प्रधानमंत्री जी की अनुकम्पा से, उनकी प्रेरणा से एक वृहद् कार्य-योजना बनी है कि काशी दुनिया की सबसे प्राचीन नगरी है और काशी की पहचान काशी विश्वनाथ मन्दिर से है। भगवान काशी विश्वनाथ का मन्दिर उस भव्य रूप में देश और दुनिया के सामने एक बार पुनः सबसे प्राचीन नगरी की गौरव गाथा को लेकर

अपने-आपको स्थापित कर सके, उस भाव के साथ सरकार ने कार्य-योजना को आगे बढ़ाया है। मुझे प्रसन्नता है कि हमारी कैबिनेट ने उसे अपनी मंजूरी भी दी है कि उस पूरी कार्य-योजना को आगे बढ़ाया जा सके। इस बार बहुत अच्छी कार्य-योजना हमारे खादी ग्रामोद्योग, सूक्ष्म, लघु और मध्यम उद्यम विभाग ने बनाई है। खादी के व्यापक प्रचार-प्रसार और उसको अपने जीवन का हिस्सा हम बना सकें, इसके लिए व्यापक रूप से उस कार्य-योजना को लेकर विभाग आगे बढ़ रहा है। खादी की ब्राण्डिंग कैसे होनी चाहिए? खादी हम सबके जीवन का हिस्सा कैसे बन सके? हम उसे एक टेक्नोलॉजी के साथ जोड़कर लोगों को स्वावलम्बन की ओर अग्रसर कैसे कर सकें।

शहरी क्षेत्र में प्रधानमंत्री आवास योजना की जब हम बात करते हैं, मैं धन्यवाद दूँगा अपने नगर विकास मंत्री को, वर्तमान को भी और पूर्व में भी जिन्होंने इसका नेतृत्व किया था। जो शहरी क्षेत्र में प्रधानमंत्री आवास योजना के लक्ष्यों को प्राप्त करने की दिशा में प्रदेश को पूरे देश के अन्दर नम्बर एक पर लेकर गए। आज लगभग 13 लाख गरीबों को शहरी क्षेत्र में प्रधानमंत्री आवास योजना से लाभान्वित किया गया है। महोदय, यह पिछले ढाई वर्ष के अन्दर हमारी सरकार ने किया है। यदि वर्ष 2014 से 2017 के बीच में अगर मैं आँकड़ा दूँ तो 13 लाख तो हमारी सरकार ने किया है और पिछली सरकार ने 10 हजार 262 किया है। अब 13 लाख और 10 हजार में आप अन्तर करिए। उनके पास ढाई वर्ष का कार्यकाल था। उन्होंने ढाई वर्ष के अन्दर केवल 10 हजार 262 परिवारों को दिए। हमारी सरकार के पास भी ढाई वर्ष का समय था, परन्तु हमने 13 लाख लोगों को दिया है।

प्रधानमंत्री मोदी जी ने इस देश के अन्दर सस्टेनेबल डेवलपमेण्ट बेस को प्राप्त करने की दिशा में उन सभी 169 लक्ष्यों को देश के अन्दर लागू किया है और उस एक-एक कार्य-योजना को लागू करने की दिशा में प्रयास प्रारम्भ हुए है। यू०एन० ने 2030 तक लक्ष्य प्राप्त करने के लिए कहा, लेकिन भारत के अन्दर हमारे यशस्वी प्रधानमंत्री मोदी जी के कारण स्वच्छ भारत मिशन में आज पूरा भारत ओ०डी०एफ० घोषित हो रहा है। मुझे लगता है कि भारत

ने दुनिया के अन्दर सबसे बड़ी आबादी का लोकतान्त्रिक देश होने के नाते सबसे पहले यह लक्ष्य भी प्राप्त कर लिया है। सचमुच मैं प्रधानमंत्री मोदी जी का अभिनन्दन करता हूँ जिनके कारण स्वच्छ भारत मिशन का यह लक्ष्य प्राप्त करने की दिशा में सफलता प्राप्त हुई। 2022 तक हर गरीब के पास सिर ढ़कने के लिए छत हो, इस दृष्टि से प्रधानमंत्री आवास निर्माण की योजना वृहत पैमाने पर हो रही है। आश्चर्य होता है, उत्तर प्रदेश के अन्दर 2014–2017 के बीच प्रधानमंत्री आवास योजना की प्रगति न्यूनतम थी, लगभग जीरो थी और 2017 से लेकर अब तक ग्रामीण क्षेत्र में भी लगभग 13 लाख गरीबों को एक–एक आवास, प्रधानमंत्री आवास योजना के अन्तर्गत उपलब्ध कराया गया है। यह भी एक अभिनन्दनीय कार्य हुआ है।

स्वास्थ्य विभाग में आज हमारे पास 250 लाइफसपोर्ट एम्बुलेन्स हैं, जिनमें से बड़े जनपदों में चार और छोटे जनपदों में दो लाइफसपोर्ट एम्बुलेन्स दिए गए हैं। सी०एच०सी०, पी०एच०सी०, डिस्ट्रिक्ट हॉस्पिटल की स्ट्रैन्थनिंग की कार्यवाही हो या प्रदेश के अन्दर जो भी कार्य–योजनाएँ आगे बढ़ीं, हम उन कार्य–योजनाओं को आगे बढ़ाने में सफल हुए हैं। हमें आश्चर्य होता है कि पिछली सरकारें कर क्या रही थीं। आज 108 की क्षमता को इन्होंने बढ़ाया है, 102 की क्षमता को इन्होंने बढ़ाया है। सी०एच०सी०, पी०एच०सी० नए बने हैं। प्रदेश के अन्दर 170 मेडिकल मोबाइल यूनिट्स विभिन्न जनपदों में भेजे गए और टीकाकरण की स्थिति क्या है? 2014 तक 61 फीसदी थी और आज हम 86 फीसदी को क्रॉस कर रहे हैं, टीकाकरण के लक्ष्यों को प्राप्त करने के लिए। क्या हम यह चाहते हैं कि हमारा कोई नवजात शिशु पैदा हो वह किसी ऐसी बीमारी का शिकार हो जाए कि पूरा जीवन उसका रेंगते हुए बीते। नहीं, कोई विश्वस्तसमाज इस बात को नहीं देख सकता। इसके लिए मिशन इन्द्रधनुष के तहत सात प्रकार की बीमरियों से बचाव के लिए टीकाकरण का लक्ष्य रखा गया था। पिछली सरकार रुचि नहीं लेती थी। उन्होंने इसको 61 फीसदी से ऊपर बढ़ने ही नहीं दिया। गरीब का बेटा स्वस्थ हो जाएगा, तो कहीं इनकी सत्ता न कोई हथिया ले। इस दृष्टि से यह लोग नहीं चाहते थे कि टीकाकरण

का लक्ष्य आगे बढ़े। लेकिन आज स्वास्थ्य विभाग ने सभी विभागों के साथ मिलकर अन्तर्विभागीय समन्वय के माध्यम से इस लक्ष्य को 86 फीसदी से ऊपर तय करने में सफलता हासिल की है। यही नहीं मातृ–मृत्यु दर उत्तर प्रदेश के अन्दर सर्वाधिक है। यानी हमारे यहाँ मातृ–मृत्यु दर 285 प्रति लाख थी। हम इसे घटाते हुए 2019 में 201 तक लाने में सफल हुए। हमारा प्रयास है कि इसको न्यूनतम स्तर पर, वर्ल्ड हेल्थ ऑर्गेनाइजेशन के मानक पर ला सकें। इस दिशा में प्रयास हो रहे हैं। शिशु–मृत्यु दर जो पिछली सरकारों के समय 48 तक था, आज इसे न्यूनतम स्तर पर लाने का हम प्रयास कर रहे हैं। हमारा प्रयास है कि यह एक न्यूनतम स्तर पर हो। हम 40 के आस पास आ चुके हैं लेकिन इससे और न्यूनतम स्तर पर लाने की दिशा में यह कार्यक्रम आगे बढ़ रहे हैं।

प्रदेश के अन्दर 6 करोड़ 47 लाख लोगों को आयुष्मान भारत में 5 लाख रुपये की स्वास्थ्य बीमा का कवर भारत सरकार के साथ मिलकर प्रदेश सरकार उपलब्ध करा रही है। लेकिन 56 लाख से अधिक लोग ऐसे थे जो इससे वंचित हो गए थे। उसके लिए भी प्रदेश सरकार ने मुख्यमंत्री जन–आरोग्य योजना प्रारम्भ की है। 5 लाख रुपये उन लोगों को भी हम देंगे, जो इन योजनाओं से वंचित हो गए थे। उसके लिए भी एक वृहत कार्य–योजना पूरे प्रदेश के अन्दर बनाई गई है। स्वास्थ्य के लिए अच्छी दवा मिले। हर व्यक्ति को स्वस्थ जीवन जीने अधिकार मिलना चाहिए। इस लक्ष्य को प्राप्त करने के लिए प्रदेश ने कुछ अच्छे कार्यक्रम किए। स्वास्थ्य के क्षेत्र में नवाचार, इसी को आप कह सकते हैं। प्रदेश के अन्दर हम लोगों ने जो अभियान प्रारम्भ किया उस अभियान के अन्तर्गत ही प्रदेश के अन्दर आज दवाओं की आपूर्ति मेडिकल कॉरपोरेशन के माध्यम से इसको आगे बढ़ाया। उसी का परिणाम है कि पहले जो प्रदेश के अन्दर दवा की उपलब्धता थी, 2017 के पहले वह किसी से छिपी हुई नहीं है। सत्ताधारी दल का एम०एल०ए० या एम०पी० जाता था, उनके परिवार के लोग जाते थे, उनके सहयोगी जाते थे, उनके साथ के लोग जाते थे। उनको दवा मिलती थी। लोकल परचेज के नाम पर करोड़ों रुपये वारे–न्यारे होते थे, लेकिन किसी कॉमन मैन को दवा नहीं मिलती थी।

प्रधानमंत्री जी ने 2025 तक पूरे देश से ट्यूबर क्लौसिस यानि टी०बी० को समाप्त करने का लक्ष्य रखा है। मुझे लगता है कि इस लक्ष्य को प्राप्त करने की दिशा में हर व्यक्ति को, जो हमारे प्रदेश की आदरणीया राज्यपाल महोदया हैं, उन्होंने एक अभियान चलाया है कि हर स्वस्थ व्यक्ति एक टी०बी० ग्रसित बच्चे को गोद ले और फिर उसे सुपोषित करते हुए टी०बी० से मुक्त करने के इस लक्ष्य को आगे बढ़ाए। मैं भी इस हाउस का आह्वान करूँगा कि हाउस के हमारे प्रत्येक सदस्य अपनी-अपनी विधानसभा क्षेत्र में 5-10 बच्चों को गोद ले करके निःशुल्क दवा दें। हमें केवल दवा के लिए जागरूक करना और उसे प्रेरित करना है। अगर हम इस कार्य का हिस्सा बन सकेंगे, तो सचमुच 2025 से एक वर्ष पहले जैसे स्वस्थ भारत मिशन में उत्तर प्रदेश ने लक्ष्य प्राप्त कर लिया था, ऐसे ही उत्तर प्रदेश को टी०बी० मुक्त यानी ट्यूबर क्लौसिस मुक्त बनाने के लक्ष्य को भी हम पहले प्राप्त कर सकते हैं।

पूर्व में स्वास्थ्य सेवाओं की स्थिति क्या थी? वर्ष 1947 से लेकर के 2016 तक प्रदेश के अन्दर कितने मेडिकल कॉलेज बने थे? सन् 1947 से लेकर वर्ष 2016 तक 12 मेडिकल कॉलेज बने थे। आज वर्ष 2016 से लेकर वर्ष 2019 के बीच हम लोग 15 मेडिकल कॉलेज बना रहे हैं। 15 में से 7 में इस सत्र में नए प्रवेश प्रारम्भ हुए हैं, जिसमें प्रति मेडिकल कॉलेज में सौ-सौ छात्रों ने प्रवेश लिया है। यह केवल सरकार नहीं करती है। इन कॉलेज में प्रवेश के लिए भारत सरकार और मेडिकल काउन्सिल ऑफइण्डिया के रास्ते से होकर गुजरना पड़ता है, जब इनकी संस्तुति, इनकी सहमति और इनकी सम्बद्धता मिलती है तब जाकर हम यह मेडिकल कॉलेज संचालित कर सकते हैं। मुझे प्रसन्नता है कि उत्तर प्रदेश ने इस वर्ष 7 नए मेडिकल कॉलेजों में 700 नए बच्चों को प्रवेश दिलाया है। साथ ही प्रदेश के अन्दर दो नए एम्स में भी प्रवेश प्रारम्भ हुए हैं। गोरखपुर एम्स में प्रवेश के साथ ओ०पी०डी० प्रारम्भ हुई है तथा रायबरेली एम्स में भी ओ०पी०डी० और प्रवेश प्रारम्भ हुआ है। 8 नए मेडिकल कॉलेजों में अगले सत्र तक हम लोग पढ़ाई के लक्ष्य को लेकर कार्य कर रहे हैं कि अगले सत्र में उनमें भी प्रवेश कराया जा सके। मुझे बताते हुए

प्रसन्नता है कि 14 नए मेडिकल कॉलेजों का प्रस्ताव प्रदेश सरकार ने भारत सरकार को भेजा है। जिनमें 11 तो कल ही हमारी कैबिनेट ने स्वीकृत किए हैं। तीन अन्य को लेकर कुल 14 नए मेडिकल कॉलेजों का प्रस्ताव हम लोग भेज रहे हैं। सन् 1947 से लेकर के वर्ष 2016 तक कुल 12 गवर्नमेण्ट मेडिकल कॉलेज और 2016 से लेकर वर्ष 2019 तक 15 नए मेडिकल कॉलेज तथा दो एम्स के साथ-साथ 14 नए मेडिकल कॉलेजों का प्रस्ताव, यह अपने आप में स्वास्थ्य क्षेत्र के एक क्रान्तिकारी अभियान को आगे बढ़ाने और स्वास्थ्य की गुणवत्ता को भी आगे बढ़ाने की दिशा में उठाए जा रहे कदम का हिस्सा है।

जब मार्च, 2017 में हमारी सरकार आई थी, तो ठीक उससे पहले दिसम्बर, 2016 में और जनवरी, 2017 में प्रदेश के अन्दर कुछ जनपदों में भूख से मौतें हुई थीं। मैं उस दौरान उन क्षेत्रों में गया था। मैं सांसद था इसलिए देखने के लिए गया था। पूछने के लिए भी गया था कि किसलिए मौतें हो रही हैं? हम लोगों ने उसके बाद सर्वे कराया था, जिसमें 60 लाख परिवार ऐसे थे जिनके पास राशन कार्ड नहीं था, लेकिन रिकॉर्ड में उनके पास राशन कार्ड बने हुए थे और उन 60 लाख परिवारों के लिए राशन कार्ड की व्यवस्था के साथ-साथ, हमने नया सर्वे प्रारम्भ किया तो प्रदेश के अन्दर लगभग 67 लाख परिवारों को राशन कार्ड प्रदेश सरकार ने अतिरिक्त उपलब्ध करवाएँ। आज मुझे बताते हुए प्रसन्नता है कि 3 करोड़ 55 लाख परिवारों को, जिसमें 15 करोड़ यूनिट हैं, इन्हें अन्त्योदय और पात्र गृहस्थी के राशन कार्ड हमने उपलब्ध करवाए हैं। अन्त्योदय और पात्र गृहस्थी इन राशन कार्डों में 2 रुपये किलो गेहूँ और 3 रुपये किलो चावल गरीब परिवारों को उपलब्ध कराने की दिशा में जो कार्य प्रारम्भ हुआ है, यह भुखमरी का सर्वथा अन्त तो है ही, लेकिन साथ-साथ सुपोषण के लक्ष्य को प्राप्त करने के लिए प्रदेश का पहला राज्य उत्तर प्रदेश है, जिसने प्रदेश के अन्दर सुपोषण मेले की शुरुआत की है। आँगनबाड़ी कार्यकत्रियों के मानदेय को बढ़ाया है। आशा वर्कर के मानदेय को बढ़ाया है। इन सभी को इन योजनाओं के साथ जोड़कर जगह-जगह इस कार्यक्रम को आगे बढ़ाने की दिशा में एक बेहतर प्रयास किया है।

प्रदेश के अन्दर किसानों के लिए सरकार ने कई योजनाएँ प्रारम्भ की हैं। बन्द पड़ी चीनी मिलों को फिर से रिवाइव करना और उन्हें संचालित करने की दिशा में कार्यवाही हो, गन्ना किसानों का वर्षों के गन्ना मूल्य पर कार्यवाही हो, बन्द पड़ी चीनी मिलों को चलाकर आधुनिक तकनीक के साथ उन्हें जोड़ने और चीनी की उपलब्धता के बावजूद चीनी की माँग नहीं तो चीनी नहीं बनाएँगे, बल्कि शुगरकेन से हम सीधे एथेनॉल बनाकर किसान के चेहरे पर खुशहाली लाने का कार्य करें। इस दिशा में भी बेहतर प्रयास हुए हैं। प्रदेश के अन्दर ऋण माफी की कार्यवाही हो, कृषि सिंचाई योजना के माध्यम से किसानों के खेत तक पानी पहुँचाने की कार्यवाही हो या फिर प्रदेश के अन्दर प्रधानमंत्री किसान सम्मान निधि के माध्यम से किसानों के जीवन में खुशहाली लाने या प्रिक्योरमेण्ट के माध्यम से किसान को लागत का डेढ़ गुना दाम देने की कार्यवाही हो, मण्डियों को ई-नाम से जोड़ने की कार्यवाही हो। यह प्रदेश की सरकार ने प्रदेश के किसानों के जीवन में खुशहाली लाने के साथ-साथ भुखमरी का सर्वथा अन्त करने की दिशा में, सुपोषण के लक्ष्य को प्राप्त करने की दिशा में भी प्रयास प्रारम्भ किए हैं।

प्रदेश के अन्दर लैंगिक असमानता को समाप्त करने के लिए जो प्रयास प्रारम्भ हुए हैं, इसके लिए हमारी सरकार ने शुरुआत में ही कार्य-योजना बनाई थी। इस योजना में एण्टी रोमियो स्क्वायड के माध्यम से बालिका सुरक्षा को सुनिश्चित करने की एक कार्यवाही थी, जो आज भी सक्रिय है। बड़े पैमाने पर इस कार्य-योजना को आगे बढ़ाया गया है। सरकार ने इस दिशा में बेहतर प्रयास करते हुए स्नातक तक बालिकाओं की शिक्षा को मुफ्त करने की व्यवस्था या फिर भेदभाव को समाप्त करके हर बालिका को स्कूल तक पहुँचाने की कार्यवाही रही हो, स्कूल चलो अभियान में बालिकाओं की संख्या अब बालकों से ज्यादा है, क्योंकि बालक तो पहले भी स्कूल जाते थे, लेकिन बालिकाएँ स्कूल नहीं जा पाती थीं, जिसमें परिवार की कुछ मान्यताएँ होती थीं, कुछ परिवार की अपनी समस्याएँ होती थीं। प्रदेश को लैंगिक असमानता को दूर करने के लिए हमारे दो जनपद, इटावा और फर्रुखाबाद को भारत सरकार के

दो पुरस्कार अभी पिछले महीने प्राप्त हुए हैं, जिसमें लैंगिक असमानता को दूर करने के लिए इन दो जनपदों ने बेहतर प्रयास प्रारम्भ किए हैं। वह प्रदेश सरकार की लैंगिक असमानता को दूर करने की दिशा में किए गए प्रयास का हिस्सा है। इसके साथ-साथ महिलाओं का प्रतिनिधित्व हर क्षेत्र में हो, इसमें हमने पुलिस की कुल भर्तियों में 20 प्रतिशत महिला कॉन्स्टेबल भरने की प्रक्रिया प्रारम्भ की है। हम यहीं पर नहीं रूके हैं। हमने पी०ए०सी० की तीन महिला बटालियन के गठन की प्रक्रिया को आगे बढ़ाया है। प्रदेश के अंदर कन्या प्रोत्साहन के लिए प्रदेश सरकार मुख्यमंत्री कन्या सुमंगला योजना पर भी कार्य कर रही है। हमारा प्रयास है कि दीपावली के आसपास हम लोग इस योजना को लॉन्च करेंगे, जिसमें कन्या के जन्म से लेकर के कन्या की स्नातक तक की पढ़ाई के लिए एक पैकेज, कन्या जन्म ली, तो एक पैकेज उसके परिवार को नगद धनराशि के रूप में मिल जाएगा। जब कन्या एक वर्ष की होगी तो मिशन इन्द्रधनुष के अन्तर्गत जब वह सभी प्रकार के टीकों से आच्छादित होगी, तो एक निश्चित धनराशि उसके परिवार को कन्या के नाम पर मिलेगी। जब कन्या पहली क्लास में जाएगी, तो भी उस परिवार को नगद धनराशि मिलेगी। जब कन्या छठी क्लास में जाएगी, तो भी उसके परिवार को नगद धनराशि मिलेगी। जब कन्या नौवीं क्लास में जाएगी, तो भी उसके परिवार को नगद धनराशि मिलेगी। जब कन्या स्नातक में जाएगी तो भी उसके परिवार को नगद धनराशि मिलेगी। कन्या के जन्म से लेकर स्नातक तक के प्रवेश के लिए सरकार 15 हजार रुपये की धनराशि प्रत्येक कन्या को उपलब्ध कराने जा रही है। कन्या सुमंगला योजना के माध्यम से कन्याओं को प्रोत्साहित करने तथा कन्याओं को समाज की मुख्य धारा के साथ उनके योगदान को और अच्छे ढंग से परिभाषित करने की दिशा में भी यह प्रयास आगे बढ़ा है। स्वच्छ जल आपूर्ति की दिशा में भी जल संरक्षण के लिए एक वृहद् कार्य-योजना बनी है। प्रदेश के अन्दर बड़े-बड़े कार्यक्रम संचालित हो रहे हैं।

प्रदेश में बड़े-बड़े कार्यक्रमों को आगे बढ़ाने की कार्य-योजना भी बनी है। मुझे बताते हुए प्रसन्नता है कि आदरणीय प्रधानमंत्री जी ने हर घर नल

की योजना प्रारम्भ की है। यानी शुद्ध जल की आपूर्ति हर एक परिवार तक हम उपलब्ध करा सकें, इसके लिए प्रदेश की सरकार ने बुन्देलखण्ड को और विंध्य क्षेत्र को पहले चरण में लिया है। हमने बुन्देलखण्ड की पाईप पेयजल योजना के लिए 9 हजार करोड़ रुपये की कार्य-योजना पहले स्वीकृत कर दी है और बजट में इसके लिए धनराशि की व्यवस्था भी कर दी है। 9 हजार करोड़ रुपये की लागत से बुन्देलखण्ड के सभी सातों जनपदों में शुद्ध पेयजल की आपूर्ति करने के लक्ष्य के साथ जहाँ यह कार्य-योजना बन रही है, इसमें जहाँ पर सर्फेस वाटर होगा, हम उसका उपयोग करेंगे और जहाँ ग्राउण्ड वाटर होगा, हम वहाँ पर भी उसका उपयोग करेंगे। लेकिन हर घर नल की योजना के माध्यम से शुद्ध पेयजल के साथ-साथ जल संरक्षण की कार्यवाही को भी वृहद् योजना के रूप में प्रदेश सरकार आगे बढ़ा रही है, क्योंकि भूगर्भीय जल हम.री एक अक्षय निधि है। इस अक्षय निधि को भी हमें संरक्षित करना है। इसके लिए रेन वॉटर हार्वेस्टिंग की व्यवस्था, चेक डैम की व्यवस्था, इसकी कार्यवाही भी प्रदेश सरकार आगे बढ़ा रह। है। स्वच्छता के मिशन को अब ओ०डी०एफ० से ओ०डी०एफ० प्लस और ओ०डी०एफ० प्लस-प्लस की ओर बढ़ाने की दिशा में एक नया कार्य प्रदेश ने प्रारम्भ किया है।

प्रदेश के अन्दर सस्ती और स्वच्छ ऊर्जा की दिशा में भी बेहतर कार्य ऊर्जा विभाग ने प्रारम्भ किया है। लोगों को पहली बार लगा है कि प्रदेश के अन्दर बिजली भी होती है। 24 घण्टे, 20 घण्टे और 18 घण्टे की विद्युत की आपूर्ति प्रदेश के अन्दर प्रारम्भ हुई है। पिछले 70 वर्षों के इन्फ्रास्ट्रक्चर के बावजूद विद्युत विभाग इस योजना को प्रभावी ढंग से लागू कर रहा है, क्योंकि हम नए मजरों तक विद्युतीकरण की योजना लेकर जाते हैं, तो पता लगता है कि पुराने मजरे का तार दग गया है, ट्रांसफार्मर फुक गया है। जिस-जिस प्रकार की धाँधलेबाजी होती थी। जिस प्रकार की हरकतें इस मामले में पिछली सरकारों ने पावर परचेस एग्रीमेण्ट के माध्यम से प्रदेश की जनता के हितों के साथ कुठाराघात करके किया है, इससे बड़ा दूसरा अन्याय हो ही नहीं सकता है, लेकिन विगत ढाई वर्ष के दौरान 1 लाख 67 हजार से अधिक मजरों में

विद्युतीकरण पहुँचाना तथा 1 करोड़ 10 लाख परिवारों को निःशुल्क विद्युत कनेक्शन उपलब्ध करवाना, पर्याप्त मात्रा में फीडर और सब-स्टेशन की स्थापना करना, नए पावर स्टेशन की स्थापना करने की दिशा में कार्य-योजना बनाकर के उस पर इम्पलीमेण्ट करना। पूरे देश के अन्दर सबसे चुनौतीपूर्ण कार्य होने के बावजूद उस कार्य-योजना को मजबूती के साथ लागू करने के साथ ही सस्ती और सस्टेनेबल, जो पावर की उपलब्धता है, इसको उपलब्ध कराने की दिशा में प्रयास करना, इस सम्बन्ध में सराहनीय प्रयास हुए हैं। इसके साथ-साथ ग्रीन एनर्जी के लिए हम लोगों ने प्रदेश के अन्दर एक कार्य-योजना तैयार की है कि कैसे हम दस हजार मेगावट की ग्रीन एनर्जी को उपलब्ध कराने की, सोलर एनर्जी को उपलब्ध कराने की दिशा में प्रयास कर सकते हैं। इस पर कार्य-योजना चल रही है। बहुत सारे कार्य आगे बढ़े भी हैं। नई टेक्नोलॉजी आई है और उसको बहुत अच्छे ढंग से उपलब्ध करा रहे हैं। शुगरकेन से एथेनॉल बनाने में भी विदेशी मुद्रा की बचत भी हमारी ग्रीन एनर्जी की दिशा में किए जाने वाले प्रयास का हिस्सा है। बायोफ्यूल की यूनिट प्रदेश के अन्दर लगाने की दिशा में किए जाने वाला प्रयास भी उसी का हिस्सा है। बायोफ्यूल किसानों की आमदनी को भी बढ़ाएगा, गौ-वंश के संरक्षण की दिशा में भी कार्य करेगा और साथ-साथ विदेशी मुद्रा की बचत के माध्यम से लोगों के घरों में ग्रीन ऊर्जा की आपूर्ति की व्यवस्था को भी सुनिश्चित करेगा। जगह-जगह गैस पाईप लाईन, पी०एन०जी० के माध्यम से उपलब्ध कराना, सी०एन०जी० के माध्यम से उपलब्ध कराने की दिशा में कार्य-योजना बनना, यह सारे कार्य उसी दिशा में प्रारम्भ हुए हैं।

आजादी के बाद आर्थिक विकास के लक्ष्यों को प्राप्त करने की दिशा में भी जो प्रयास प्रारम्भ हुए हैं या फिर उद्योगों के साथ ही नवाचार और बुनियादी ढाँचे के विकास के लिए भी जो प्रयास प्रारम्भ हुए, इसमें उत्तर प्रदेश के अन्दर प्रति व्यक्ति आय, देश के प्रति व्यक्ति आय से ज्यादा है। आज जब प्रदेश के अन्दर हम आजादी के सात दशक पूरे कर चुके हैं। मुझे आश्चर्य होता है कि आज देश की प्रति व्यक्ति आय से आधी हमारे उत्तर प्रदेश की प्रति व्यक्ति

आय है। हमारे लिए सबसे बड़ा चैलेन्ज है कि हम प्रदेश के प्रति व्यक्ति आय को देश के एवरेज आय के बराबर कैसे लेकर जाएँ और फिर देश की प्रति व्यक्ति आय की एवरेज आय से अधिक हम कैसे इसको आगे बढ़ा सकते हैं। यह हमारे सामने चैलेन्ज है। इसके लिए हमें हर एक क्षेत्र में कार्य करना है। मेरे मंत्रिमण्डल, सभी सहयोगी, सभी प्रशासनिक अधिकारीगण लखनऊ आएँ और साथ मिलकर के ठोस कार्य-योजना बनाएँ। कार्य-योजना को लागू करने के लिए भी हम लोगों ने निश्चित समय सीमा तय की है। उसको आगे बढ़ाने की दिशा में ही प्रदेश में निवेश की सम्भावनाओं को आगे बढ़ाने के लिए सम्बन्धित फोकस सेक्टर की अपनी पॉलिसी तैयार की। व्यापक निवेश की सम्भावनाओं को आगे बढ़ाया और निवेश की इन सम्भावनाओं को ध्यान में रखकर के विगत ढाई वर्ष के दौरान बड़े पैमाने पर निवेश की सम्भावनाएँ, निवेश से रोजगार की सम्भावनाएँ और उससे विकास की सम्भावनाओं को आगे बढ़ाने की दिशा में किए गए प्रयास, एक सार्थक दिशा लेते हुए दिखाई दें तो इन्फ्रास्ट्रक्चर डेवलपमेण्ट के लिए भी प्रदेश के अन्दर व्यापक कार्य हुए। प्रदेश के अन्दर सत्तर वर्षों में दो एक्सप्रेस-वे पर कार्य हुआ है। पिछले ढाई वर्ष के अन्दर पूर्वांचल एक्सप्रेस-वे का कार्य काफी आगे बढ़ चुका है। अगस्त, 2019 और 2020 में हम मुख्य पूर्वांचल एक्सप्रेस-वे के मुख्य हाईवे एक्सप्रेस-वे को यातायात के लिए खोलेंगे, उसकी सर्विस लेन को बनाने में कुछ समय और लगेगा, लेकिन मुख्य एक्सप्रेस-वे बनकर के तैयार होगा। बुन्देलखण्ड एक्सप्रेस-वे पर हम दो महीने के अन्दर कार्य प्रारम्भ करने जा रहे हैं। साथ-साथ देश के सबसे बड़े एक्सप्रेस-वे, जो मेरठ से प्रयागराज को जोड़ेगा, छः सौ चालीस किलोमीटर लम्बे इस एक्सप्रेस-वे पर भी सरकार कार्य कर रही है।

प्रदेश के इन्फ्रास्ट्रक्चर डेवलपमेण्ट के साथ ही यहाँ की अर्थव्यवस्था को नई ऊँचाइयों तक पहुँचाने में, चाहे वह इन्फ्रास्ट्रक्चर में एक्सप्रेस-वे का हो, इण्टर स्टेट कनेक्टिविटी का हो, जिला तहसील और ब्लॉक मुख्यालय को जोड़ने का अभियान हो, ग्रामीण क्षेत्र की सड़कों का हो या फिर एयर

कनेक्टिविटी के लिए किए जाने वाले प्रयास हों, प्रदेश सरकार ने बेहतर कार्य किया है। सत्तर वर्षों में वायु सेवा से दो शहर हमारे जुड़ पाए थे और ढाई वर्ष में हमारी छः सिटी जुड़ी हैं। आज देश और दुनिया के 55 शहरों से जुड़े हुए ग्यारह नए एयरपोर्ट पर प्रदेश सरकार कार्य कर रही है। दो इण्टरनेशनल ग्रीन फील्ड एयरपोर्ट का निर्माण प्रदेश सरकार कुशीनगर और नोएडा में कर रही है। नोएडा के जेवर में ग्रीन फील्ड-एयरपोर्ट का निर्माण हो रहा है। यह दुनिया का सबसे बड़ा एयरपोर्ट बनने जा रहा है। यह कार्य उत्तर प्रदेश की वर्तमान सरकार भारत सरकार के सहयोग से कर रही है। इन्फ्रास्ट्रक्चर डेवलपमेण्ट का ही परिणाम है कि आज प्रदेश के अन्दर हमारे तीन शहर मेट्रो से जुड़ चुके हैं। हमने आगामी अपने बजट में कानपुर और आगरा के लिए मेट्रो का प्राविधान कर दिया है। लेकिन साथ ही साथ अन्य शहरों के अन्दर भी मेट्रो का संचालन हो, एक व्यापक कार्य-योजना के साथ प्रदेश सरकार कार्य कर रही है। प्रदेश के अन्दर फ्रेड कॉरिडोर इस्टर्न और वेस्टर्न फ्रेड कॉरिडोर उत्तर प्रदेश से होकर के जाता है। दोनों का जंक्शन भी उत्तर प्रदेश के दादरी में हो रहा है। एक लॉजस्टिक हब के रूप में उस क्षेत्र को विकसित करना और उसके माध्यम से रोजगार और विकास की सम्भावनाओं को आगे बढ़ाने की दिशा में किया जाने वाला कार्य हो, डिफेन्स कॉरिडोर का कार्य हो, वन डिस्ट्रिक्ट, वन प्रोडक्ट का प्रयास हो या फिर इस दिशा में किए जाने वाले जितने भी प्रयास हों, रोजगार और व्यापक सम्भावनाओं को आगे बढ़ाने की दिशा में यह कार्य हमने तेजी के साथ आगे बढ़ाए हैं। प्रदेश के अन्दर हमने क्षेत्रीय आर्थिक विषमता को दूर करने की दिशा में भी बेहतर प्रयास प्रारम्भ किए हैं। टिकाऊ शहरी और सामुदायिक विकास की योजनाओं को आगे बढ़ाने के लिए भी हमने बेहतर प्रयास किए हैं। हमें प्रसन्नता है कि देश के अन्दर दस सिटी हमारी स्मार्ट सिटी के रूप में विकसित हुई हैं। जो भारत सरकार के सहयोग से विकसित हो रही थी। हमारी सरकार में सात अन्य शहर, जो नगर निगम हैं, उन्हें प्रदेश सरकार के संसाधन से और नगर निकाय के संसाधन से स्मार्ट सिटी के रूप में विकसित करने का लक्ष्य रखा है और उस कार्य-योजना को आगे बढ़ाया है।

दीनदयाल उपाध्याय नगर विकास योजना के अन्तर्गत कुछ टाउन एरिया को आदर्श टाउन एरिया के रूप में विकसित करने या अमृत योजना के माध्यम से बुनियादी सुविधाओं को मजबूत करने का कार्य हो या फिर अन्य बुनियादी सुविधाओं को तेज करने की दिशा में किए जाने वाले प्रयास या शहरी जीवन को बेहतर बनाने की दिशा में सरकार के स्तर पर किए जाने वाले प्रयास का ही हिस्सा है। उस अभियान को आगे बढ़ाने की दिशा में एक नया प्रयास सरकार के द्वारा प्रारम्भ हुआ है।

जलवायु परिवर्तन के लक्ष्य को प्राप्त करने की दिशा में बेहतर प्रयास हुए हैं। मैं धन्यवाद दूँगा पूरे सदन को और खासतौर पर वन विभाग को, वन विभाग ने 9 अगस्त को अगस्त क्रान्ति दिवस के अवसर पर प्रदेश के अन्दर 22 करोड़ 59 लाख वृक्षारोपण के वृहद् कार्यक्रम को सफलतापूर्वक सम्पन्न किया। बहुत बड़ा कार्य था। हम लोगों के लिए चैलेन्ज था, 9 अगस्त को यह कार्यक्रम था और 10, 11 अगस्त को मुझे रूस के भ्रमण पर जाना था। जब मैं रूस गया, तो रूस के डिप्टी प्राइम मिनिस्टर के साथ मेरी बातचीत हो रही थी, तो उन्होंने सबसे पहला प्रश्न मुझसे यही किया। उन्होंने कहा कि आपके स्टेट ने 22 करोड़ से अधिक वृक्षारोपण एक दिन में कैसे कर दिए। मैंने कहा कि एक कार्य-योजना बनाकर के टीमवर्क का परिणाम है। नेतृत्व वन विभाग का था, लेकिन इसमें सहयोग सभी विभागों का था। प्रदेश की 23 करोड़ जनता का सहयोग था। मैंने कहा, हमारे लिए तो 22 करोड़ बहुत छोटी संख्या है। हम एक साथ प्रदेश के अन्दर इससे कहीं ज्यादा वृक्षारोपण करने की क्षमता रखते हैं इसीलिए हम लोगों ने प्रदेश के अन्दर अगले वर्ष के लिए 25 करोड़ वृक्षारोपण का लक्ष्य रखा है। जैव विविधता पर हमारा नियन्त्रण हो और प्रदेश के अन्दर चाहे वह भारी पैमाने पर वृक्षारोपण की कार्यवाही हो, प्लास्टिक के खिलाफ चल रहे अभियान का हो, जल संचयन के लिए जगह-जगह चैक डैम, तालाब बनाने की कार्य-योजना हो या नदियों के ड्रेजिंग के माध्यम से उनको चैनलाइज करने की प्रक्रिया का हिस्सा हो, नदियों की अविरल और निर्मलता का कार्यक्रम हो, इन सभी को हमने इसके साथ जोड़कर के इस

कार्य-योजना को बेहतर तरीके से आगे बढ़ाने का कार्य किया। भूमि पर जीवन और इन सभी को इसके साथ जोड़ने के साथ ही शान्ति और न्याय की स्थापना के लिए भी प्रदेश ने वृहत्तर दिशा में प्रयास प्रारम्भ किए हैं।

हमारा प्रयास है कि न्याय हर एक को सबल हो, सरल हो और सुलभ हो। कुछ घटनाएँ बहुत दुःखद होती हैं, लेकिन सरकार की मंशा सही हो और सरकार अगर उन लक्ष्यों को प्राप्त करने की दिशा में न्याय दिलाने के लिए प्रतिबद्ध हो, तो फिर हर एक व्यक्ति न्याय पा सकता है। खासतौर पर हम लोग अबोध बालिकाओं के साथ होने वाले अपराधों के बारे में सदैव चिन्तित होते रहे हैं। सदन चिन्तित होता रहा है। प्रदेश और देश चिन्तित होता रहा है। लेकिन पॉक्सो-एक्ट बनने के बाद उसका प्रभावी क्रियान्वयन हो, इसके बारे में जब ठोस कार्य-योजना बनाने की बात आती थी, तो लोगों के बयान किस-किस प्रकार के आते थे। पास्को एक्ट के अन्तर्गत प्रदेश के अन्दर दो त्वरित कार्यवाही हुई है, इसमें औरैया में पहली ऐसी घटना थी जिसमें अगस्त प्रथम सप्ताह में एक अबोध बालिका के साथ दुष्कर्म की घटना घटित होती है और अपराधी पकड़ा जाता है। अपराधी के पकड़े जाने पर बीस दिन के अन्दर चार्जशीट दाखिल होती है और फिर फास्ट ट्रैक कोर्ट के माध्यम से सात दिन के अन्दर अपराधी को आजीवन कारावास की सजा भी सुनाई जाती है। दूसरे मामले में एक बालिका की हत्या एक ऐसे ही दरिंदे के द्वारा जब की जाती है तो उस मामले में एक महीने के अन्दर उसे फाँसी की सजा सुनाई जाती है। प्रदेश के अन्दर न्याय सरल भी है, सस्ता भी है।

प्रदेश में पुलिस की भर्ती की प्रक्रिया को पारदर्शी तरीके से आगे बढाने की प्रक्रिया रही हो, पुलिस की बेहतरीन ट्रेनिंग हो, ट्रेनिंग की क्षमता को हम लोगों ने इस दौरान दोगुना किया। प्रदेश के अन्दर अपराधी के मन में कानून का भय हो। ढाई वर्ष में कोई दंगा न होना, प्रदेश के अन्दर किसी भी प्रकार का भय का माहौल पैदा न होना, हर जाति-मजहब से जुड़े हुए पर्व और त्यौहारों का शान्तिपूर्ण ढंग से सम्पन्न होना और साथ ही साथ पूरे प्रदेश के अन्दर हम लोगों के द्वारा एक ठोस कार्य-योजना बनाना, अक्सर एक समस्या होती थी

कि कहीं कोई जहरखुरानी की घटना होती थी या कोई ऐसी घटना होती थी जिसमें हमें फॉरेन्सिक लैब की सहायता लेनी होती थी, तो उसकी रिपोर्ट आने में छः-छः महीने, एक-एक साल और दो-दो साल लग जाते थे। हमारी सरकार ने तय किया है, हम लोग पहले चरण में जो फॉरेन्सिक लैब हैं, इस वित्तीय वर्ष में उन्हें पूरा करेंगे और साथ-साथ हर रेंज स्तर पर, यानि कि हर कमिश्नरी स्तर पर हम एक-एक फॉरेन्सिक लैब को स्थापित करेंगे। जिससे फॉरेन्सिक लैब से जुड़े हुए जो भी मामले होंगे उन सब में तत्काल उसकी रिपोर्ट उपलब्ध हो सके और अपराधी के खिलाफ हम कार्यवाही भी कर सकें।

समय के बदलते स्वरूप के अनुरूप अपराध की प्रकृति बदली है। हर रेंज स्तर पर भी सरकार ने तय किया है कि हम एक-एक साइबर थाना स्थापित करेंगे। अभी हमारी सरकार ने प्रदेश में दो साइबर थाने, एक लखनऊ में, एक नोएडा में स्थापित किया है, लेकिन सरकार इस बात को मानती है कि साइबर थाने रेंज स्तर पर होने चाहिए और रेंज स्तर पर साइबर थाने स्थापित करके हम इस प्रकार के अपराध में संलिप्त तत्वों पर भी प्रभावी अंकुश लगा सकें। पुलिस के आधुनिकीकरण के साथ-साथ हम प्रदेश के पुलिस बल, जो देश का सबसे बड़ा पुलिस बल है, उसके आधुनिकीकरण की दिशा में कार्य कर सकें।

हमने प्रयागराज कुम्भ में इसका वृहत्तर उदाहरण प्रस्तुत किया था। वहाँ पर आर्टिफिशियल इंटेलिजेन्स, कमाण्ड एण्ड कण्ट्रोल सेण्टर के माध्यम से प्रभावी रूप से पूरे आयोजन को कुशलतापूर्वक सम्पन्न करने की योजना रही हो, प्रदेश सरकार ने सफलतापूर्वक इस कार्य-योजना को लागू किया। साथ ही साथ हमने इसी कार्य-योजना को वृहद् रूप से आगे बढ़ाने के लिए उत्तर प्रदेश की राजधानी लखनऊ में एक निर्णय लिया है कि यहाँ पर पुलिस आधुनिकीकरण और फॉरेन्सिक यूनिवर्सिटी की भी स्थापना करेंगे। जिससे प्रदेश के नौजवानों को एक नई डिग्री के साथ आधुनिक अपराध विज्ञान से अवगत कराने के साथ-साथ इस पर प्रभावी अंकुश लगाने की दिशा में भी हम कार्य कर सकें। यह भी शान्ति और न्याय की स्थापना की दिशा में इस सरकार के द्वारा किए गए प्रयास का एक हिस्सा है। लक्ष्य प्राप्ति में सामूहिक

साझेदारी के साथ जो कार्यक्रम प्रारम्भ हुए हैं, उसमें एक लक्ष्य प्राप्ति की दिशा में आमजन की सहभागिता है। हमने हर कार्यक्रम के साथ आमजन को जोड़ा है। आज प्लास्टिक के खिलाफ अभियान में हमारे मा० जनप्रतिनिधि भी गए और साथ-साथ आम जनता भी उसके साथ जुड़ी। स्वच्छ भारत मिशन के लक्ष्य को प्राप्त करने की दिशा में आमजन की सहभागिता उसी का एक परिणाम है। आमजन की सहभागिता का ही परिणाम है कि हम लोग इस मिशन में देश के अन्दर अग्रणी स्थान प्राप्त कर पाए। आमजन की सहभागिता का ही परिणाम है कि हमने इस दिशा में वृहत्तर लक्ष्य प्राप्त करने की दिशा में और अच्छे कदम बढ़ाए हैं। आमजन जब किसी एक कार्यक्रम के साथ जुड़ता है, तो उसकी ताकत कई गुना बढ़ जाती है। वह एक जनान्दोलन बन जाता है। लेकिन साथ-साथ इन्फ्रास्ट्रक्चर के क्षेत्र में पी०पी०पी० मोड को भी आगे बढ़ाने की यह वृहत्तर कार्य-योजना हो सकती है। स्वाभाविक रूप से सरकार के पास अपने सीमित साधन होते हैं। सरकार को भी अपने एफ०आर०बी०एम० की लिमिट को नियन्त्रित करना है। इसको नियन्त्रित करने के लिए वह एक सीमा के अन्दर ही कर्ज भी ले सकती है। लेकिन अगर आप कर्ज की सीमा के बाहर गए, तो प्रदेश डिफाल्टर होगा। प्रदेश के लिए अपमानजनक स्थिति होगी। इस दिशा में हम पी०पी०पी० मोड को भी अपनाकर प्रदेश के अन्दर इन्फ्रास्ट्रक्चर डेवलपमेण्ट के साथ-साथ आमजन की सुविधाओं को विकसित करने की दिशा में कार्य-योजना बना सकें, इस दिशा में प्रदेश सरकार ने वृहत्तर प्रयास प्रारम्भ किए हैं। इस सम्बन्ध में बहुत अच्छे प्रस्ताव आए हैं और आ रहे हैं। मुझे लगता है कि आज हमने रोड के सेक्टर में इस कार्य-योजना को आगे बढ़ाया है। इंडस्ट्री के क्षेत्र में इस कार्य-योजना को आगे बढ़ाने में काफी हद तक हमें मदद मिली है। मेट्रो आदि की दिशा में भी हम इस क्षेत्र में प्रयास कर रहे हैं। अन्य इन्फ्रास्ट्रक्चर के लिए भी प्रदेश ने जो विश्वसनीयता पिछले ढाई वर्ष के अन्दर अर्जित की है, इसमें यह सम्भावना काफी आगे बढ़ी है कि प्रदेश सरकार इस दिशा में जो कार्य करेगी उसके साथ आमजन का विश्वास जुड़ा है। निवेशकों का विश्वास उसके साथ जुड़ा है।

निवेशकों के विश्वास के माध्यम से हम इस कार्य–योजना को बेहतर तरीके से आगे बढ़ाने में सफल हो सकते हैं।

मैं आपका आभारी हूँ कि आपने सतत् विकास के लक्ष्यों को प्राप्त करने की दिशा में भारत सरकार ने यू०एन० के साथ मिलकर जो कार्य–योजना पूरे देश के लिए लागू की है, उस दिशा में ही आगे बढ़ते हुए हम लोगों ने यहाँ पर अपने साथ, विभिन्न योजनाओं के साथ, सिंचाई की योजनाएँ, जो बहुत लम्बे समय से लम्बित थीं, उन योजनाओं के साथ हमने कहीं पर विश्व बैंक को जोड़ा है, कहीं पर एशियन डेवलपमण्ट बैंक को जोड़ा है, कहीं पर अन्य अन्तर्राष्ट्रीय वित्तीय संस्थाओं को भी हमने अपने साथ जोड़ा है। हमारे प्रदेश के अन्दर सिविल सोसायटी है। स्वैच्छिक संगठन है। साथ–साथ सी०एस०आर० के माध्यम से भी हमने वृहद् स्तर पर इस कार्य–योजना को भी आगे बढ़ाने के लिए कार्य किया है। मुझे विश्वास है कि सतत् विकास के लक्ष्यों को प्राप्त करने की दिशा में जो वृहत्तर कार्य–योजना, प्रदेश सरकार, जो आज इस सदन के माध्यम से तय करेगी, उसको इम्प्लीमेण्ट करेगी। जो लक्ष्य निर्धारित किए गए हैं, चाहे वह स्वास्थ्य के क्षेत्र में हों, चाहे वह शिक्षा के क्षेत्र में हों, चाहे वह उद्योग के क्षेत्र में हों, चाहे वह इन्फ्रास्ट्रक्चर के क्षेत्र में हों, चाहे वह आमजन के जीवन में खुशहाली के लिए हों इन सभी 16 गोल्स से जुड़े हुए 169 उन लक्ष्यों को प्राप्त करने की दिशा में प्रदेश सरकार समयबद्ध ढंग से एक कार्य–योजना बनाकर लागू भी करेगी। प्रदेश की 23 करोड़ जनता के जीवन में खुशहाली लाने के साथ ही प्रदेश को देश के अन्दर बेहतरीन अर्थव्यवस्था के रूप में स्थापित करके प्रदेश की प्रति व्यक्ति आय को भी पहले चरण में नेशनल एवरेज के समकक्ष लाना और दूसरे चरण में नेशनल एवरेज से आगे बढ़ाकर प्रदेश के प्रत्येक नागरिक के जीवन में खुशहाली लाने की दिशा में कदम बढ़ाने के लिए यह चर्चा बहुत महत्वपूर्ण भूमिका का निर्वहन करेगी। प्रदेश के आम नागरिक के जीवन में वृहत्तर परिवर्तन लाने में सफल होगी।

मुझे विश्वास है कि हमारे सभी सहयोगी मंत्रीगण और मा० विधायकगण भी अपनी विधानसभा को लेकर, विभाग को लेकर और अपनी–अपनी कार्य–योजना

को यहाँ पर रखकर इसे वृहत्तर दिशा में आगे बढ़ाने में अपना सहयोग प्रदान करेंगे। मैं एक बार पुनः सतत् विकास लक्ष्य पर सदन में चर्चा कराने के लिए आपका हृदय से आभार व्यक्त करता हूँ। भारत माता के उन दो महान सपूतों को अपनी विनम्र श्रद्धांजलि अर्पित करता हूँ। प्रथम राष्ट्रपिता महात्मा गाँधी जी की 150वीं जयन्ती, जो इस युग के एक महामानव थे जिन्होंने एक दृष्टा के रूप में पूरे देश और पूरी दुनिया को एक दृष्टि दी है। उन्हें इस अवसर पर कोटि-कोटि नमन करता हूँ। उनकी स्मृतियों को कोटि-कोटि नमन करता हूँ। उन्हें अपनी विनम्र श्रद्धांजलि अर्पित करता हूँ। प्रदेश की 23 करोड़ जनता की ओर से मैं विनम्र श्रद्धांजलि अर्पित करता हूँ। दूसरे भारत के द्वितीय प्रधानमंत्री श्री लाल बहादुर शास्त्री जी की स्मृतियों को कोटि-कोटि नमन करता हूँ। इन महामानवों के श्रीचरणों में प्रदेश की 23 करोड़ जनता की ओर से विनम्र श्रद्धांजलि अर्पित करते हुए आपका आभार व्यक्त करता हूँ। बहुत-बहुत धन्यवाद!

सन्दर्भ : दिनांक 2 अक्टूबर, 2019, महात्मा गाँधी की 150वीं जयन्ती के अवसर पर संयुक्त राष्ट्र संघ के 17 सतत् विकास लक्ष्यों की पूर्ति हेतु आहूत विशेष सत्र [प्रारम्भ]।

लोकतंत्र संवाद से चलता है। लोकतंत्र का सबसे सशक्त हथियार हमारा संवाद है। हम जब संवाद को बाधित करते हैं तो वह किसी उपद्रव व अराजकता का कारण बनता है। यह संवाद एक समन्वय और शान्ति का भी प्रतीक होता है। इसीलिए दुनिया के अन्दर शासन की सबसे अच्छी पद्धति के रूप में लोकतंत्र को स्वीकार किया गया है। लोकतंत्र की इस ताकत का ही एहसास कराने के लिए हम सब इस प्रकार की चर्चा, परिचर्चा में भाग लेते हैं, उसका हिस्सा बनते हैं।

सभी के लिए समान, न्यायपूर्ण और सुरक्षित विश्व की परिकल्पना साकार करने में सक्षम सतत विकास के लक्ष्य

माननीय अध्यक्ष जी, मैं आभारी हूँ उत्तर प्रदेश विधान मण्डल के अपने दोनों पीठासीन अधिकारियों का और दोनों सदनों का, जिन्होंने पिछले 36 घण्टों से एक ज्वलन्त मुद्दे को चर्चा का विषय बनाया और राष्ट्रपिता महात्मा गाँधी जी के प्रति इस संवाद के माध्यम से अपनी श्रद्धांजलि दी है। किसी भी संसदीय लोकतंत्र में और विधान मण्डल दल के अन्दर इस प्रकार की घटना बहुत कम देखने को मिली होगी। देश के सबसे बड़े राज्य के विधान मण्डल में प्रातः 11.00 बजे से जो कार्यवाही प्रारम्भ हुई, वह विधानसभा और विधान परिषद् में अनवरत चलती रही। विधानसभा में कुल 149 माननीय सदस्यों ने अपने विचारों को सस्टेनेबल डेवलपमेण्ट गोल्स को एचीव करने की दिशा में किए जाने वाले प्रयासों की दृष्टि से यहाँ पर रखा और उच्च सदन विधान परिषद् में 67 मा० सदस्यों ने भी अपने विचारों को रखा है। वास्तव में यह लोकतंत्र की एक अद्‌भुत घटना है। मैं सभी मा० सदस्यों को हृदय से धन्यवाद देता हूँ। उन सबका अभिनन्दन करता हूँ। वे लोग जो खासतौर से अपनी अन्तर्रात्मा की आवाज पर इस सदन की कार्यवाही का हिस्सा बने, उन मा० सदस्यों का मैं हृदय से धन्यवाद करता हूँ, जिनमें प्रगतिशील समाजवादी पार्टी के नेता श्री शिवपाल यादव जी, श्री नितिन अग्रवाल जी, कांग्रेस पार्टी की सुश्री अदिति सिंह जी, श्री राकेश सिंह जी, बहुजन समाज पार्टी के मो० असलम 'राईनी', श्री अनिल सिंह और अन्य कुल सात ऐसे सदस्यों ने भी इस सदन की चर्चा में भाग लेकर लोकतान्त्रिक मूल्यों के

प्रति अपनी प्रतिबद्धता को दोहराया है। मैं उन सबका हृदय से अभिनन्दन करता हूँ और सबके प्रति आभार व्यक्त करता हूँ।

दोनों सदनों की चर्चा रात्रि भर निरन्तर चलना लोकतंत्र के प्रति हम सबके विश्वास को भी प्रदर्शित करता है। यह सचमुच अद्‍भुत घटना इसलिए भी है, क्योंकि जब जनप्रतिनिधि समाज के सामने अपने विश्वास के संकट से गुजर रहा हो और जब हर आक्षेप का शिकार बनता हो, उन स्थितियों में वह जनता से जुड़ी हुई समस्याओं पर दिन-रात एक करके चर्चा करे। फिर उसका ठोस समाधान निकालने की दिशा में सार्थक पहल करें, तो वह आमजन की रुचि का विषय भी बनता है और आमजन की उन संवेदनाओं के साथ भी अपने आपको जोड़ता है। मैं धन्यवाद दूँगा उन सभी संस्थाओं को, जिन्होंने लोकतंत्र की इस अद्‍भुत घटना का साक्षी बनकर इसे प्रोत्साहित किया। मीडिया ने इसको बहुत अच्छे ढंग से हाथों-हाथ लिया और विपक्ष के नकारात्मक रवैये की न केवल निन्दा की, अपितु उन्हें कटघरे में भी खड़ा करने में कोई कोताही नहीं बरती। यह सचमुच एक सकारात्मक पहल है।

लोकतंत्र संवाद से चलता है। लोकतंत्र का सबसे सशक्त हथियार हमारा संवाद है। हम जब संवाद को बाधित करते हैं तो वह किसी उपद्रव व अराजकता का कारण बनता है। यह संवाद एक समन्वय और शान्ति का भी प्रतीक होता है। इसीलिए दुनिया के अन्दर शासन की सबसे अच्छी पद्धति के रूप में लोकतंत्र को स्वीकार किया गया है। लोकतंत्र की इस ताकत का ही एहसास कराने के लिए हम सब इस प्रकार की चर्चा, परिचर्चा में भाग लेते हैं, उसका हिस्सा बनते हैं।

मैं रात्रि दो बजे तक सदन में मौजूद था और देख रहा था कि संवाद में बहुत अच्छे इनोवेटिव आइडियाज आए हैं। जिन मा० सदस्यों को हम लोग यह मानते थे कि ये लोग बोलते नहीं हैं। मैंने देखा कि उन्होंने भी खुलकर जब अपनी बातें रखीं, तो उनकी वह प्रतिभा भी हम सबको देखने को मिली, जो हम सबके लिए भी बहुत मूल्यवान थी। मेरी हार्दिक इच्छा थी कि सदन के सभी 403 सदस्य अपने विचार रखें। वह अपने आप में एक दस्तावेज बने।

आने वाली पीढ़ी के लिए वह एक ऐसा दस्तावेज बने कि लोग जानें, उनके बारे में सुनें। बहुत सारे सदस्य बोलना चाहते थे, लेकिन उनको बोलने का मौका नहीं मिल पाया। मैंने इसीलिए शुरू में जब दलीय नेताओं की बैठक हुई थी, तो उस समय प्रस्ताव रखा था कि सस्टेनेबल डेवलपमेण्ट गोल्स पर हम लोग चर्चा करेंगे। उस पर नॉन स्टॉप 48 घण्टे की यह चर्चा होनी चाहिए। उस समय हमारे विपक्ष के मित्रों ने कहा था कि 48 घण्टे तक हमारे लिए बैठना कठिन होगा, लेकिन उनके लिए एक मिनट भी बैठना कठिन हो गया। उन लोगों ने सदन की पूरी कार्यवाही का ही बहिष्कार कर दिया। ये सभी चेहरे बेनकाब हुए हैं।

सस्टेनेबल डेवलपमेण्ट गोल्स पर जो चर्चा यहाँ पर हुई है, इस चर्चा में जब हम यहाँ पर सदन में भाग ले रहे हैं, सचमुच एक बार फिर से उस विश्वसनीयता के प्रतीक के रूप में सभी मा० सदस्यों को स्थापित किया है, जिसके लिए लोकतंत्र जाना जाना चाहिए। अगर इस सदन में गरीबों के मुद्दे पर चर्चा नहीं होगी, इस सदन में हम बेकारी के बारे में चर्चा नहीं करेंगे, इस सदन में अगर हम भुखमरी के बारे में चर्चा नहीं कर सकते, गुणवत्तापूर्ण शिक्षा के बारे में, उत्तम स्वास्थ्य के बारे में, इसके डेवलपमेण्ट के बारे में, इन्फ्रास्ट्रक्चर के बारे में तो फिर लोकतंत्र के मायने ही बदल जाते हैं। इन्हीं सब मुद्दों के लिए सदन बना हुआ है, विगत 36 घण्टों के दौरान दोनों सदनों में बहुत अच्छी चर्चा हुई है। मैं विधान परिषद् के बारे में चिन्तित था कि विधान परिषद् में कैसे चर्चा बनेगी, लेकिन उस सदन के नेता डॉ० दिनेश शर्मा जी ने और उनके सभी सहयोगियों ने, सभी सदस्यों के साथ मिलकर जैसे वहाँ की चर्चा को आगे बढ़ाया और अब इस चर्चा में भाग लेने के लिए समेकित सदन के हिस्से बने हैं। मैं सचमुच उच्च सदन से जुड़े हुए अपने सभी मित्रों और सहयोगियों का भी हृदय से अभिनन्दन करता हूँ। उनका स्वागत करता हूँ। सचमुच इस चर्चा ने एक बार पुनः यह साबित कर दिया है कि कहाँ सुमति है और कहाँ कुमति है। तुलसीदास जी ने इस बारे में कहा भी है कि–

"जहाँ सुमति तहाँ सम्पति नाना। जहाँ कुमति तहाँ बिपति निदाना।।"

तुलसीदास जी बहुत दूरदृष्टि वाले सन्त थे। आज से सैकड़ों वर्ष पहले

उन्होंने जो बातें कहीं, वह आज भी अक्षरशः सत्य बैठती हैं। जब हमारे मित्रों की सरकार थी, तब वे बाढ़ पीड़ितों को कितना राहत देते थे। यह हर व्यक्ति जानता है। बाढ़ पीड़ितों के नाम पर आने वाली राहत को हड़पना वे अपना जन्मसिद्ध अधिकार मानते थे। यह पूरा सदन जानता है कि वर्ष 2003 से लेकर 2017 के बीच में प्रदेश के अन्दर जब भी कोई आपदा आई होगी, तो किसी भी पीड़ित को समय पर कोई राहत नहीं मिली। मैं वर्ष 2017 में जब बाढ़ पीड़ित क्षेत्रों में पहली बार गया, तो मैंने प्रशासन से पूछा कि बाढ़ पीड़ितों को क्या राहत दी जा रही है? सूखा ब्रेड का एक पैकेट लेकर एक अधिकारी मेरे सामने आया। मैंने उनसे प्रश्न किया कि यह सूखा ब्रेड कैसे लोग खाएँगे, इसके अलावा और कुछ नहीं है? उन्होंने कहा कि अब तक इसी प्रकार से ही दिया जाता रहा है। मैंने कहा कि अगर तीन दिन आपको यहाँ रहना पड़े और यही सूखा ब्रेड खाने के लिए आपको कहा जाए, तो क्या आप यहाँ रह पाएँगे? ये लोग इतने दिनों तक बाढ़ में रहेंगे, तो राहत का अच्छा पैकेज इन्हें मिलना चाहिए।

गाँधी जी के नाम पर बहुत सारे लोगों ने सत्ता हथियायी है, लेकिन गाँधी जी के विचारों का, गाँधी जी के दर्शन का कितना अनर्थ उन्होंने किया है। मैं देखकर ताज्जुब कर रहा था। मैं मानता था कि कम से कम कांग्रेस तो इस सदन में आएगी। गाँधी जी और शास्त्री जी की जयन्ती है। गाँधी जी का 150वाँ और शास्त्री जी का 117वाँ जयन्ती वर्ष है, इसलिए कांग्रेस तो जरूर आएगी ही, लेकिन नहीं आई।

लोकतंत्र संवाद से चल सकता है। भगवान बुद्ध ने भी एक बात कही थी कि इस दुनिया में दुःख हैं। उन्होंने कहा कि दुःख का कारण भी है और उसका निवारण भी है। लोकतंत्र में समस्याएँ भी हैं, उन समस्याओं का कारण भी है, और उन समस्याओं का निवारण भी है। प्रदेश मंत्रिमण्डल और हमारी सभी टॉप की ब्यूरोक्रेसी 03 दिनों तक आई०आई०एम० लखनऊ के साथ जिस मंथन के कार्यक्रम के साथ जुड़े, निवारण की उस कला को आगे बढ़ाने की दिशा में एक नया प्रयास हम लोगों का था। कैसे हम चर्चा-परिचर्चा के

इस अभियान को आगे बढ़ा सकते हैं, उस दिशा में हम लोग आगे बढ़े थे। जब हम सस्टेनेबल डेवलपमेण्ट गोल्स पर चर्चा कर रहे हैं तो मुझे पण्डित दीनदयाल उपाध्याय जी की एक बात याद आती है। उन्होंने एक बात कही थी कि "आर्थिक योजनाओं तथा आर्थिक प्रगति की माप समाज के ऊपर की सीढ़ी पर पहुँचे हुए व्यक्ति से नहीं हो सकती है, बल्कि सबसे नीचे के स्तर पर विद्यमान व्यक्ति से ही हम इसकी माप कर सकते हैं।" यानी पण्डित दीनदयाल उपाध्याय जी ने आज से 60 वर्ष पहले जो विचार दिए हैं, वह आज भी प्रासंगिक हैं।

आदरणीय प्रधानमंत्री जी ने संयुक्त राष्ट्र के सम्मेलन में अपने उद्‌बोधन में इस बात का उल्लेख किया था कि मानवता तब-तब आगे बढ़ी है, जब-जब सामूहिक रूप से दुनिया के प्रति अपने दायित्व और भविष्य की जिम्मेदारी के लिए ईमानदारी से एक नई पहल की गई है। एक सामूहिकता जिसको लेकर के बार-बार उन पर फोकस होता है कि जब तक समाज में कहीं भी गरीबी है, बदहाली है, अव्यवस्था है, कुप्रथा है, तब तक समाज प्रगति नहीं कर सकता है। हमें उसके खिलाफ खड़ा होना ही पड़ेगा। उसके खिलाफ समाज को जागरूक करना ही पड़ेगा। समाज को उन मुद्दों के साथ अवगत कराना ही पड़ेगा। लगातार इन बातों को लेकर उन्होंने उस कार्यक्रम को आगे बढ़ाया। हमारा यह शरीर है और अगर कोई अंग कमजोर हो जाए, तो हम सर्वांग नहीं माने जाते हैं। एक अंग विशेष के कमजोर होने से यह शरीर दिव्यांग हो जाता है। समाज का कोई तबका कमजोर है, वह गरीबी में है, बदहाली में है, अशिक्षा का शिकार है, बेरोजगारी का शिकार है। आप विकास की किन बुलन्दियों की बात कर रहे हैं। क्या यह सामूहिक जिम्मेदारी नहीं है कि जो कमजोर है, उसको भी हाथ देकर हम उठाने का प्रयास करें। जो बदहाल है, उसके जीवन में भी खुशहाली लाने का प्रयास करें। जो अशिक्षित है, उसे शिक्षित करने की दिशा में एक बेहतर प्रयास करें। जिसके पास आज तक साधन नहीं पहुँच पाया है, उसके पास साधन पहुँचा कर उसे भी एक समय के बाद संसाधन युक्त करने की दिशा में हम प्रयास कर सकें। यह लक्ष्य प्राप्त

किया जा सकता है। सस्टेनेबल डेवलपमेण्ट गोल्स उन लक्ष्यों को प्राप्त करने की दिशा में एक बेहतर प्रयास है।

इसी कड़ी को आगे बढ़ाने के लिए सतत् विकास के लक्ष्य का एजेण्डा 2030 एक महत्वाकांक्षी विजन के रूप में, जिसके व्यापक उद्देश्य हैं उनको लेकर 01 जनवरी, 2016 से बड़े प्रयास के बाद पूरी दुनिया के अन्दर लागू किया गया। इन कार्यक्रमों को आगे बढ़ाने की दिशा में हर एक देश की अपनी-अपनी जिम्मेदारी है और फिर हम इसको केवल देश की सरकार के ही ऊपर न छोड़ें, हमारी भी तो कोई जिम्मेदारी है, राज्यों की भी तो कोई जिम्मेदारी होगी। राज्य के बाद हमारी अन्य संस्थाओं की भी तो कोई जिम्मेदारी होगी। उन सबको इसके साथ जोड़ने के लिए ही उत्तर प्रदेश विधानमण्डल के दोनों सदनों में हम लोगों ने इस महत्वपूर्ण विषय को चर्चा का विषय बनाया है, क्योंकि उत्तर प्रदेश के स्तर पर जो कुछ भी प्रयास हम करेंगे, अखिल भारतीय स्तर पर उसका प्रभाव हमें देखने को मिलेगा।

स्वच्छ भारत मिशन में आदरणीय प्रधानमंत्री जी ने उत्तर प्रदेश को सर्वाधिक जन भागीदारी के माध्यम से इज्जतघर निर्माण के लक्ष्य को पूरा करने में अपना योगदान देने के लिए पुरस्कार दिया है। उत्तर प्रदेश को यह सम्मान लगातार दूसरे वर्ष मिला है। अगर उत्तर प्रदेश 02 करोड़ 61 लाख शौचालय नहीं बनाता, तो स्वच्छ भारत मिशन में सबसे बड़ा बाधक उत्तर प्रदेश बन जाता। आज उत्तर प्रदेश भी कह सकता है कि हमने बेसलाइन सर्वे और बेसलाइन सर्वे के बाहर ओ०डी०एफ० के लक्ष्य को यानी खुले में शौच से मुक्त करने के लक्ष्य को प्राप्त किया है। संयुक्त राष्ट्र के सम्मेलन में जो उद्घोषणा हुई थी, उस घोषणा में जब इन लक्ष्यों को प्राप्त करने की दिशा में किए जाने वाले प्रयास की बात रही होगी, तो स्वाभाविक रूप से भारत की सरकार के पास सबसे बड़ा चैलेन्ज तो उत्तर प्रदेश ही रहा होगा, लेकिन आज हम यह कह सकते हैं कि उत्तर प्रदेश अपने इस लक्ष्य को पूरा कर चुका है। उस कार्यक्रम के साथ हम आगे बढ़े हैं और सस्टेनेबल डेवलपमेण्ट गोल्स को लेकर भी हम उन कार्यक्रमों को आगे बढ़ा सकते हैं।

राष्ट्रपिता महात्मा गाँधी की 150वीं जयन्ती के अवसर पर हमने इस चर्चा की शुरुआत की थी। उन्होंने इस बात को कहा था। एक बहुत महत्वपूर्ण बात बापू ने कही थी कि हम उस भावी विश्व के लिए चिन्ता करें जिसे हम देख नहीं पाएँगे। यानी हम भावी पीढ़ी के लिए क्या देना चाहते हैं और यह भावी पीढ़ी किस रूप में आगे बढ़ सकती है। उसके लिए हम कैसा भविष्य चाहते हैं, यह हम पर निर्भर करेगा। जनता के द्वारा चुने गए इन जनप्रतिनिधियों पर निर्भर करेगा और जनता के द्वारा चुने गए इन जनप्रतिनिधियों को सस्टेनेबल डेवलपमेण्ट गोल्स को प्राप्त करने के लिए जो लक्ष्य दिए गए हैं, उनको अगर आप देखेंगे, तो पाएँगे कि इसके जो मुख्य सिद्धान्त हैं। वह 'फाईव पी' पर निर्भर करते हैं। यह पाँच पी-पीपुल्स, प्रॉस्पैरिटी, पीस, पार्टनरशिप और प्लैनेट हैं। यानी लोग हैं, सम्पन्नता है, शान्ति है, साझेदारी है और यह पृथ्वी है। मुझे लगता है कि भारत जैसे देश में सतत् विकास के इन लक्ष्यों को प्राप्त करने की मंशा आदिकाल से रही है। पहले से ही इस लक्ष्य को प्राप्त करने की दिशा में भारतीय मनीषा निरन्तर प्रयास करती रही है। उसने 'वसुधैव कुटुम्बकम्' की बात की है। यह भारतीय संस्कृति का एक आधारभूत वाक्य है, एक संदेश है और जब हम सतत् विकास लक्ष्य की बात करते हैं तो उसके तीन सिद्धान्त भी उसमें महत्वपूर्ण हो जाते हैं। एक 'वसुधैव कुटुम्बकम्' का, दूसरा प्रकृति के साथ तालमेल का और तीसरा प्रत्येक वस्तु के साथ सन्तुलन रखने का। यह एक बहुत महत्वपूर्ण प्रयास है और उस प्रयास की कड़ी को आगे बढ़ाने के लिए हम लोगों ने जो कार्यक्रम आगे बढ़ाए हैं, उन कार्यक्रमों की श्रृंखला में यहाँ पर विस्तार से दोनों सदनों में इन सभी 16 गोल्स पर, जो उत्तर प्रदेश के अन्दर लागू होने हैं, उन पर पिछले 36 घण्टों से सभी मा० सदस्यों ने अपने विचारों को रखा और विभिन्न विभागों में कौन-कौन से कार्य हो रहे हैं, हमारे सभी मंत्रियों ने भी विस्तार से अपनी बातों को दोनों सदनों के फ्लोर पर रखने का प्रयास किया और बताने का काम किया कि हम वर्तमान में क्या कर रहे हैं और हमारी भावी योजनाएँ क्या हो सकती हैं।

प्रदेश सरकार में सतत् विकास के लक्ष्यों को पूरा करने के लिए हम अधिक से अधिक संसाधन जुटाने के लिए पूरी तरह प्रतिबद्ध हैं। इस सम्बन्ध

में सरकार के द्वारा लगातार हर स्तर पर कार्यवाही की जा रही है। चाहे वह राज्य सरकार के द्वारा स्वयं के स्तर पर राजस्व की वृद्धि का हो या फिर केन्द्र के द्वारा मिलने वाले सहयोग की शत-प्रतिशत प्राप्ति का हो या फिर इससे जुड़ी हुई जन-भागीदारी का हो या फिर पी०पी०पी० मोड पर उस योजना को आगे बढ़ाने का हो। इन सभी कार्यों को निरन्तर आगे बढ़ाने के लिए सरकार ने पहले ही अपनी प्रतिबद्धता को व्यक्त किया है।

प्रदेश के अन्दर निर्यात को आगे बढ़ाने की कार्यवाही हो या फिर इस दिशा में किए जाने वाले कोई भी अन्य प्रयास। यह प्रदेश सरकार निरन्तर उन लक्ष्यों को प्राप्त करने की दिशा में कार्य कर रही है। मैं यह बताना चाहता हूँ कि यह जो सतत् विकास के लक्ष्य हैं, यह न केवल समसामयिक हैं, बल्कि जनसामान्य के भविष्य की बेहतरी के लिए इन गोल्स के लक्ष्यों को प्राप्त कर प्रदेश सर्वांगीण विकास की ओर तेजी के साथ अग्रसर हो सकता है, क्योंकि इसमें जुड़े हुए प्रत्येक गोल्स एक-दूसरे के साथ जुड़े हुए हैं। एक का प्रभाव दूसरे पर पड़ेगा। जैसे-हम लोग गरीबी उन्मूलन और बेहतर स्वास्थ्य के बीच तालमेल की बात करें। हम सबका मानना है कि सतत् विकास का लक्ष्य प्राप्त करना एक ऐसे समाज का सृजन करना है, जो गरीबी से और भुखमरी से मुक्त हो, लैंगिक समानता हो, सभी स्वस्थ और शिक्षित हों तथा जहाँ पर प्रत्येक व्यक्ति अपने-आपको सुरक्षित महसूस करता हो, उसे अवसर उपलब्ध हों और उसे सम्मान भी मिले।

हम सबका मानना है कि सतत् विकास के लक्ष्यों को प्रास करने में पूरा देश उत्तर प्रदेश की ओर देख रहा है, क्योंकि आबादी के हिसाब से देश का हर छठा व्यक्ति उत्तर प्रदेश में है। पूरी दुनिया भारत की ओर देख रही है, क्योंकि भारत दुनिया का सबसे बड़ा लोकतंत्र है। अगर दुनिया का हर छठा व्यक्ति भारतीय है तो भारत का हर छठा व्यक्ति उत्तर प्रदेश का है। इसलिए उत्तर प्रदेश के अन्दर सतत् विकास के लक्ष्यों को प्राप्त करने की दिशा में जो प्रयास होंगे, उसके परिणाम भी उसी रूप में आते हुए दिखाई देने चाहिए। इस दिशा में अब तक जो कार्यक्रम सरकार ने बनाए हैं, इन गोल्स के बारे

में जो कार्य-योजना बनाई है, इनमें खासतौर पर हम लोगों ने 16 समितियों का गठन किया है। मुख्य सचिव की अध्यक्षता में प्रदेश के अन्दर सतत् विकास के लक्ष्यों को प्राप्त करने की दिशा में इसमें से बहुत सारी ऐसी बातें हैं, जिसमें यू०एन० ने 2030 का लक्ष्य रखा है। आदरणीय प्रधानमंत्री जी ने 2022, 2024, 2025 अलग-अलग वर्षों में उन लक्ष्यों को प्राप्त करने के लिए भी एक टारगेट पहले से तय किया है। उत्तर प्रदेश सरकार भी उन लक्ष्यों के साथ अपने-आपको जोड़ेगी। उस दिशा में जो बेहतर प्रयास हुए हैं, उसी में मुख्य सचिव की अध्यक्षता में पूरे प्रदेश के अन्दर निरन्तर सस्टेनेबल डेवलपमेण्ट गोल्स की प्रगति और लक्ष्यों को प्राप्त करने की दिशा में किए जाने वाले प्रयास के बारे में, उनकी अध्यक्षता में एक कमेटी गठित की गई है। यह जो टास्क फोर्स होगी, निरन्तर इन सब कार्यों की निगरानी करेगी। सभी 16 के 16 गोल्स को अचीव करने के लिए विभिन्न विभागों के स्तर पर किए जाने वाले प्रयासों की न केवल समीक्षा करेगा, अपितु उसे तेजी के साथ आगे बढ़ाने में भी अपना योगदान देगा। जिसमें मुख्य सचिव हैं और सदस्य सचिव के रूप में अपर मुख्य सचिव, नियोजन उनके साथ में हैं। विभिन्न विभागों के सदस्यगण जो अन्य अपर मुख्य सचिव और प्रमुख सचिवगण हैं, जिनमें ग्राम्य विकास हैं, औद्योगिक विकास आयुक्त हैं, कृषि हैं, स्वास्थ्य एवं परिवार कल्याण हैं, माध्यमिक शिक्षा हैं, महिला कल्याण हैं, सिंचाई हैं, ऊर्जा हैं, सूक्ष्म, लघु एवं मध्यम उद्यम हैं, बेसिक शिक्षा हैं, समाज कल्याण हैं, नगर विकास हैं, पर्यावरण एवं वन हैं, गृह हैं, वित्त एवं पंचायती राज विभाग हैं, यह सभी विभाग उनके साथ इस सूची में सदस्य के रूप में जुड़े हुए हैं। जितने भी अपर मुख्य सचिव या फिर प्रमुख सचिव हैं, वह इनके साथ इस समिति में हैं। टास्क फोर्स को जो कार्य दिया गया है। इसमें एस०डी०जी० के क्रियान्वयन की प्रगति एवं विश्लेषण की समीक्षा करना है। जनपद एवं निचले स्तर पर सस्टेनेबल डेवलपमेण्ट गोल्स के क्रियान्वयन के लिए सुझाव व संस्तुति देना है। एस०डी०जी० की अवधारणा को निचले स्तर तक ले जाने के लिए कैपेसिटी बिल्डिग एवं प्रचार-प्रसार के लिए आवश्यक कार्यवाही और दिशा-निर्देश जारी करना।

प्रदेश के विकास में 16 लक्ष्यों की प्राप्ति के लिए आवश्यक धनराशि के विषय में चर्चा कर निर्णय लेना और तदनुसार बजटीय व्यवस्था सुनिश्चित करना केवल गोल्स ही बनाना नहीं, बल्कि उसके लिए बजटीय प्राविधान भी करने की दिशा में प्रयास करना, एस०डी०जी० के विभिन्न गोलों के टारगेट के सापेक्ष भारत सरकार द्वारा चिह्नित इंडीकेटर्स को प्रदेश के लिए लागू करना एवं राज्य सरकार की योजनाओं के लिए इंडीकेटर्स विकसित कर उन्हीं इंडीकेटर्स के आधार पर आगे बढ़ने के लिए डेस्क बोर्ड बनाकर लगातार उसका अनुश्रवण करना। प्रदेश में एस०डी०जी० के क्रियान्वयन को लोकल सेल्फ गवर्नेन्स में व जिला योजना बनाने में भी आवश्यक कार्यवाही करना, नीति आयोग द्वारा बनाए गए इण्डिया एस०डी०जी० इंडेक्स के आधार पर प्रदेश के लिए एस०डी०जी० इंडेक्स तैयार करना, भारत व प्रदेश स्तर पर हो रहे गैप को कम करने के लिए समुचित निर्देश जारी करना, प्रदेश में अन्य राज्यों के सापेक्ष राष्ट्रीय स्तर पर प्रदेश की स्थिति को सुधारने के लिए गैप एनालिसिस करना एवं इसकी पूर्ति के लिए देश-विदेश के विख्यात राजनीतिज्ञों, विशेषज्ञों, उद्योगपतियों, वैज्ञानिकों की व्याख्यानमाला आयोजित करना एवं उसके निष्कर्ष को विकास की मुख्यधारा में समावेशित करना, विभिन्न राज्यों में हो रहे बेस्ट प्रैक्टिसेस का संकलन अपने-अपने गोलों के आधार पर आंकलित करना व प्रदेश के विकास के लिए आवश्यकतानुसार उसे समाहित करने के लिए समुचित दिशा-निर्देश जारी करना, समय-समय पर सरकार द्वारा लिए गए नीतिगत निर्णयों को प्रदेश के विजन में समाहित करना। वर्ष 2024 के विजन को प्राप्त करने के लिए रणनीति तैयार करना, प्रदेश की आवश्यकतानुसार एवं नीति आयोग द्वारा समय-समय पर एस०डी०जी० के क्रियान्वयन के सम्बन्ध में दिए गए निर्देशों को सुनिश्चित कराने के लिए आवश्यक कार्यवाही हेतु समुचित निर्देश भी जारी करना। प्रदेश स्तर पर सस्टेनेबल डेवलपमेण्ट गोल्स को अचीव करने के लिए अब तक जो कार्यवाही हम लोगों ने प्रारम्भ की है, वह मुख्य सचिव के स्तर पर, राज्य स्तर पर जो कमेटी बनी है, वह इस रूप में अनुश्रवण करेगी।

इसमें अलग-अलग गोल्स के लिए जो लक्ष्य निर्धारित किए गए हैं, इसमें सबसे पहला जो गोल है, वह गरीबी-उन्मूलन से है। गरीबी-उन्मूलन यानी सब जगह से गरीबी को इसके सभी रूपों में अन्त करना है। इस लक्ष्य को प्राप्त करने की दिशा में प्रदेश सरकार द्वारा उसमें जो सार्थक व ठोस कदम उठाए जा रहे हैं, वह ग्रामीण क्षेत्रों में प्रधानमंत्री आवास योजना है। प्रदेश के अन्दर ए०सी०सी०सी० का जो डाटा है, उसके अनुसार 14 लाख 60 हजार ऐसे परिवार हैं, जिनके पास अपना स्वयं का आवास नहीं है और इसमें से 12 लाख 47 हजार को अब तक प्रधानमंत्री आवास योजना के अन्तर्गत एक-एक आवास प्रदेश सरकार दे चुकी है।

पहले चरण में ए०सी०सी०सी० के सर्वे के अनुसार जो लोग आए हैं, हम उनको प्रधानमंत्री आवास देंगे। इसके अलावा प्रदेश के अन्दर इस सूची के बाहर छूटे हुए लोग या किसी आपदा के शिकार या वन्य गाँव वनटांगिया गाँव, मुसहर, कुष्ठरोगी या फिर इससे जुड़े हुए ऐसे परिवार थे, जो इससे वंचित रह गए थे, उनके लिए मुख्यमंत्री आवास की भी एक योजना प्रदेश सरकार ने अलग से चलाई है। हमने तय किया है कि 2022 तक प्रधानमंत्री आवास योजना के लक्ष्यों को हम पूरा कर लेंगे और प्रधानमंत्री आवास योजना में प्रदेश के अन्दर हर गरीब को, उसके सिर को ढ़कने के लिए एक छत उपलब्ध कराने की कार्यवाही करेंगे। इसके अलावा प्रदेश सरकार ने वनटांगिया, मुसहर, कोल और थारू जनजाति के 38 वन्य गाँव जो आजादी के बाद बदहाल स्थिति में थे। राज्य सरकार ने उन्हें पहले ही राजस्व गाँव के रूप में घोषित करते हुए सभी योजनाओं से आच्छादित किया है।

प्रदेश के अन्दर मनरेगा में 2016 तक कुल 14 करोड़ रुपये से मानव दिवस सृजित हो पाते थे। मुझे बताते हुए प्रसन्नता है कि इस वर्ष मनरेगा में हमने इस बजट को बढ़ाकर 7 हजार 500 करोड़ रुपये भारत सरकार के सहयोग से किया है। अब यह 14 करोड़ से बढ़कर रोजगार के जो मानव दिवस सृजन होंगे, इसके माध्यम से 25 करोड़ से होंगे। 25 करोड़ रुपये से मानव दिवस के रूप में हम इसे सृजित करने जा रहे हैं। इसमें शत-प्रतिशत निराश्रित

महिलाओं को वर्ष 2022 तक मनरेगा व ग्रामीण आजीविका मिशन से जोड़ा जाना, किसानों की आय को दोगुना करना, ग्रामीण क्षेत्रों में क्रिटिकल गैप से सम्बन्धित मिशन अन्त्योदय सर्वे के आधार पर विकास कर क्षेत्रीय विषमता को दूर करना, राष्ट्रीय ग्रामीण आजीविका मिशन, मनरेगा, कौशल विकास आदि योजनाओं से निर्धनतम व निर्धन परिवारों की आय में वृद्धि करना, समाज की व नगरीय क्षेत्रों की झुग्गी-झोपड़ियों में रहने वाले, कूड़ा बीनने वाले, रिक्शा चलाने वाले, भिक्षावृत्ति करने वाले, निर्धनतम व निर्धन परिवारों की पहचान कर विकास की मुख्यधारा से जोड़ने के लिए कार्यवाही करना है। इसी कार्यवाही को आगे बढ़ाने के लिए सरकार ने प्रदेश में चाहे वह विश्वकर्मा श्रम सम्मान की योजना हो, माटी कला बोर्ड हो, कौशल विकास के क्षेत्र में आठ लाख चौंतीस हजार युवाओं को प्रशिक्षित करके तीन लाख से अधिक युवाओं को विभिन्न योजनाओं में सेवायोजित कराना हो, जैसे महत्वपूर्ण कार्य किए जा रहे हैं। मुख्यमंत्री युवा स्वरोजगार योजना गरीबी-उन्मूलन की दिशा में किया जाने वाला महत्वपूर्ण प्रयास और गोल को एचीव करने की दिशा में प्रदेश सरकार द्वारा भारत सरकार के साथ मिलकर की गई एक कार्य-योजना है। इस गोल को निरन्तर आगे बढ़ाने और इस क्षेत्र में देश और दुनिया के अन्दर कहीं भी कोई अच्छा कार्य किया जा रहा हो और कहीं भी गरीबी-उन्मूलन की दिशा में बेहतर प्रयास हो रहा हो, तो इसके लिए प्रमुख सचिव, ग्राम्य विकास विभाग की अध्यक्षता में एक कमेटी का गठन किया जा रहा है। ग्राम्य विकास विभाग को इसका नोडल विभाग बनाया जा रहा है, जिसमें पंचायती राज विभाग, कृषि विभाग, संस्थागत वित्त विभाग, नगर विकास विभाग, चिकित्सा एवं स्वास्थ्य विभाग, सूक्ष्म, लघु और मध्यम उद्यम विभाग, समाज कल्याण विभाग, राजस्व विभाग के अपर मुख्य सचिव/प्रमुख सचिव इस कमेटी में सदस्य के रूप में रहेंगे। गरीबी उन्मूलन की दिशा में अन्तर्विभागीय समन्वय के माध्यम से इस प्रयास को आगे बढ़ाने और सम्बन्धित विभाग के जो हमारे मंत्री होंगे वह भी हर तीसरे महीने स्वयं इसकी समीक्षा करेंगे और दूसरे महीने इस अन्तर्विभागीय समन्वय के माध्यम से गरीबी-उन्मूलन की दिशा में प्रदेश के अन्दर हम लोगों ने टारगेट तय किया है।

दूसरा गोल है, शून्य भुखमरी यानी कि भुखमरी को समाप्त करना, खाद्य सुरक्षा और बेहतर पोषण हासिल करना तथा सतत् कृषि को बढ़ावा देना। इस दिशा में अब तक प्रदेश सरकार ने बहुत कार्य किए हैं। मार्च, 2017 में सत्ता में आने के बाद चाहे 86 लाख सीमान्त और लघु सीमान्त किसानों के एक लाख रुपये तक के कर्ज माफी की कार्यवाही रही हो, चाहे फिर उन सभी योजनाओं को प्रदेश के साथ जोड़ने का कार्य हो, चाहे वह किसान सम्मान निधि हो, स्वायल हेल्थ कार्ड का कार्य हो, प्रधानमंत्री कृषि बीमा योजना का कार्य हो या फिर प्रधानमंत्री कृषि सिंचाई योजना हो, प्रदेश के अन्दर इन सभी कार्यों को आगे बढ़ाने की कार्यवाही हुई है और मुझे बताते हुए प्रसन्नता हो रही है कि जब हम आज इस महत्वपूर्ण मुद्दे पर चर्चा कर रहे हैं, तब हमारी सरकार गन्ना किसानों के 75 हजार करोड़ रुपये से अधिक गन्ना मूल्य के बकाये का भुगतान कर चुकी है। प्रदेश के अन्दर प्रधानमंत्री किसान सम्मान निधि में एक करोड़ बासठ लाख किसानों को अब तक इस योजना से आच्छादित किया जा चुका है। प्रदेश सरकार प्रदेश के अन्दर एक पॉलिसी लाकर लागत से डेढ़ गुना दाम किसान को देने की कार्यवाही भारत सरकार के सहयोग से निरन्तर आगे बढ़ा रही है। गेहूँ, धान, दलहन, तिलहन, मकई, आलू इन सबका भी एम०एस०पी० पहली बार प्रदेश के अन्दर हुआ है। बीच के आढ़तियाँ-दलालों को मुक्त करते हुए सीधे किसानों से प्रोक्योरमेण्ट की कार्यवाही प्रदेश सरकार ने प्रारम्भ की है और युद्धस्तर पर यह कार्य प्रदेश के अन्दर चल रहा है। प्रदेश के अन्दर 100 मण्डियों को विशेष योजना के तहत जोड़ा गया है। इसके साथ ही किसानों को आधुनिक तकनीकी सुविधा उपलब्ध कराने के लिए 20 नए कृषि विज्ञान केन्द्र भी प्रदेश के अन्दर स्वीकृत किए गए हैं। प्रदेश के अन्दर कुल 83 कृषि विज्ञान केन्द्र किसानों को आधुनिक तकनीक उपलब्ध करा रहे हैं। शेष 06 कृषि विज्ञान केन्द्रों पर भी कार्य प्रगति पर है। हमने भविष्य की योजना के लिए वर्ष 2030 तक सुरक्षित और पोषण पर्याप्त मात्रा में उपलब्ध कराने के लिए प्रदेश में राष्ट्र का अन्न भण्डार विकसित किया जाना, राष्ट्रीय खाद्य सुरक्षा अधिनियम के अन्तर्गत खाद्यान्न, तिलहन, दूध, दाल, सब्जी,

अण्डा, मांस और मछली के उत्पादन को बढ़ावा देना, मोटे अनाज अर्थात् ज्वार, बाजरा आदि जो कम वर्षा या प्रतिकूल मौसम में भी उगने वाली खेती को भी उन क्षेत्रों में बढ़ावा देना, नवीनतम सिंचाई की पद्धतियों को ड्रिप और स्प्रिन्कलर सिंचाई को बढ़ावा देना, जैव विविधता की रक्षा के लिए जीन बैंकों की स्थापना की दिशा में भी कार्यवाही करना, इसके अलावा प्रदेश के अन्दर भुखमरी के साथ–साथ पोषण मिशन को भी सफल बनाना, कुपोषण से सुपोषण के लक्ष्य को प्राप्त करना। गोल को एचीव करने के लिए और शून्य भुखमरी के लक्ष्य को प्राप्त करने के लिए प्रमुख सचिव, खाद्य और रसद विभाग की अध्यक्षता में एक समिति बनाई गई है। जिसमें सह अध्यक्ष के रूप में प्रमुख सचिव, कृषि विभाग को रखा गया है। इस समिति में पंचायती राज, ग्राम्य विकास, महिला एवं बाल विकास पुष्टाहार, सहकारिता के अपर मुख्य सचिव और प्रमुख सचिव को रखा गया है। इन विभागों के अन्तर्विभागीय समन्वय के माध्यम से कार्यवाही आगे बढ़ेगी।

तीसरा गोल है, उत्तम स्वास्थ्य और खुशहाली, इसमें भी प्रदेश सरकार ने विगत ढाई वर्षों के अन्दर काफी प्रगति की है, लेकिन अभी बहुत प्रयास किए जाने की आवश्यकता है। वर्ष 2014 में प्रदेश के अन्दर जो मातृ–मृत्यु दर थी, वह प्रति लाख 285 प्रति व्यक्ति थी। लेकिन वर्ष 2019 में यह घटकर प्रति लाख 201 प्रति व्यक्ति हुई है। प्रदेश के अन्दर ऐसे ही अन्य क्षेत्रों में एक अच्छी प्रगति करने का कार्य यहाँ पर किया गया है। जिसमें प्रदेश के अन्दर शिशु मृत्यु दर वर्ष 2014 में 48 प्रति हजार थी, जिसे वर्ष 2019 में 41 प्रति हजार करने में सफलता प्राप्त हुई है। टीकाकरण 61 फीसदी से बढ़ाकर 8 4 फीसदी करने में सफलता प्राप्त हुई है। प्रधानमंत्री जन आरोग्य योजना में 6,47,00,000 लाभार्थी वर्तमान में प्रदेश के अन्दर आच्छादित हैं और 56 लाख परिवार जो इस योजना से आच्छादित नहीं हो पाए थे उन्हें मुख्यमंत्री जन आरोग्य योजना के अन्तर्गत आच्छादित करने की कार्यवाही प्रदेश सरकार ने अपने स्तर पर की है। इस दिशा में वृहत्तर दिशा में कार्य प्रारम्भ हुए हैं। चाहे वह 108 या 102 एम्बुलेन्स सेवाओं के रिस्पॉन्स टाइम को कम करना हो,

चाहे 250 एडवान्स लाइफ सपोर्ट एम्बुलेन्स प्रदेश के अन्दर हर बड़े जनपद में 04 और छोटे जनपद में 03 देने की कार्यवाही हुई हो, चाहे निजी क्षेत्र के सहयोग से प्रधानमंत्री सुरक्षित मातृत्व अभियान को प्रत्येक माह की 09 तारीख को संचालित करने की कार्यवाही हो या फिर प्रधानमंत्री मातृत्व वन्दना योजना के अन्तर्गत गर्भवती महिलाओं और स्तनपान कराने वाली महिलाओं को अब तक 701 करोड़ रुपये के वितरण का हो। संस्थागत प्रसव को बढ़ावा देने के लिए इसे 44 फीसदी से बढ़ाकर अब तक 80 फीसदी तक करने में सफलता प्राप्त हुई है।

उत्तर प्रदेश मेडिकल सप्लाई कॉरपोरेशन के माध्यम से दवाओं को सस्ते में खरीदने के साथ-साथ प्रत्येक चिकित्सालय में इसकी पर्याप्त मात्रा में उपलब्धता भी हो और अधिक से अधिक लोग इससे आच्छादित हो सकें इसके लिए भी कार्यवाही की जा रही है। 780 उपकेन्द्र, 955 प्राथमिक स्वास्थ्य केन्द्र और 392 नगरीय स्वास्थ्य केन्द्र उच्चीकृत किए गए हैं और साथ ही 2127 सेण्टर भी वर्तमान में संचालित किए जा रहे हैं। साथ ही साथ प्रदेश के अन्दर 1,87,997 आँगनबाड़ी केन्द्रों के माध्यम से इन सेवाओं का विस्तारीकरण करने की जो कार्यवाही चल रही है, उस कार्यवाही को आगे बढ़ाने के लिए एक लक्ष्य रखा गया है। भारत देश के अन्दर मातृ-मृत्यु दर वर्तमान में 130 है लेकिन उत्तर प्रदेश के अन्दर यह अभी 201 है। हमारा लक्ष्य है इस दिशा में तेजी के साथ कार्यवाही करना। डाक्टरों की पर्याप्त मात्रा में उपलब्धता सुनिश्चित करने के लिए व्यापक प्रयास किए गए हैं। आजादी के बाद से लेकर वर्ष 2016 तक प्रदेश में कुल 12 राजकीय मेडिकल कॉलेज बने हैं। वर्ष 2016 से वर्ष 2019 के बीच प्रदेश सरकार 15 नए मेडिकल कॉलेजेज बना रही है। हमने इस वर्ष 07 नए मेडिकल कॉलेजेज में एडमिशन कराए हैं और 08 नए मेडिकल कॉलेजेज में अगले वर्ष प्रवेश की प्रक्रिया प्रारम्भ होगी। मुझे यह बताते हुए भी प्रसन्नता हो रही है कि जो ऐसे जनपद थे, जो अब तक असंतृप्त थे, उन ऐसे 14 जनपदों में भी नए मेडिकल कॉलेज बनाने की कार्यवाही की जा रही है। इसके साथ ही जिन छात्रों को हम इन मेडिकल कॉलेजेज में प्रवेश दे रहे हैं,

उन छात्रों से एक बॉण्ड भी भराया जा रहा है, जो अपनी डिग्री लेने के बाद प्रदेश सरकार द्वारा ग्रामीण क्षेत्र में सेवायोजित किए जाएँगे। वहाँ पर कम से कम उन्हें दो वर्षों तक उन ग्रामीण क्षेत्रों में अपनी सेवाएँ देनी होंगी। इस गोल को एचीव करने के लिए हमने यह सब आगामी लक्ष्य रखे हैं और इसके लिए इस गोल के उत्तम स्वास्थ्य और खुशहाली को प्राप्त करने के लिए नोडल विभाग चिकित्सा और स्वास्थ्य विभाग को रखा गया है। इस विभाग के जो प्रमुख सचिव हैं, उन्हें इस गोल को एचीव करने के लिए बनाई गई कमेटी का अध्यक्ष बनाया गया है। कमेटी के सह अध्यक्ष चिकित्सा शिक्षा विभाग के प्रमुख सचिव हैं तथा आयुष विभाग, नगर विकास विभाग, महिला तथा बाल विकास एवं पुष्टाहार विभाग तथा पंचायती राज विभाग के अपर मुख्य सचिव एवं प्रमुख सचिवगण सदस्य के रूप में इस गोल को एचीव करने की दिशा में सहयोग प्रदान करेंगे।

चौथे गोल को एचीव करने की दिशा में जो कार्य प्रारम्भ किया है, वह इस रूप में आगे बढ़ेगा। क्वालिटी एजुकेशन के लिए भी प्रदेश सरकार ने कार्यवाही प्रारम्भ की है। चाहे बेसिक शिक्षा विभाग हो, माध्यमिक शिक्षा विभाग हो, उच्च शिक्षा विभाग हो, प्राविधिक शिक्षा विभाग हो या फिर व्यवसायिक शिक्षा विभाग हो यह सभी एक व्यवस्थित कार्य-योजना के साथ कार्य को आगे बढ़ा रहे हैं। बेसिक शिक्षा विभाग में वर्ष 2016 तक कुल 1,34,00,000 बच्चे ही विद्यालय में पढ़ने जाते थे। मुझे बताते हुए प्रसन्नता हो रही है कि पिछले ढाई वर्षों में 45 लाख नए बच्चों का नामांकन बेसिक शिक्षा विभाग के विद्यालयों में हुआ है। उन बच्चों को दो यूनीफॉर्म, बैग, बुक्स, शूज, स्वेटर उपलब्ध कराने की कार्यवाही करने के साथ ही आप सबको इस बात के लिए भी मैं धन्यवाद दूँगा कि ऑपरेशन कायाकल्प में इन विद्यालयों के सुदृढ़ीकरण की दिशा में किस प्रकार अच्छी फ्लोरिंग हो। टॉयलेट अलग-अलग हों, पेयजल की व्यवस्था हो, बच्चों के लिए फर्नीचर की व्यवस्था हो और साथ ही साथ स्मार्ट क्लासेज की भी व्यवस्था हो।

हम लोगों ने पूरे प्रदेश के अन्दर ऐसे 91000 विद्यालयों के सुदृढ़ीकरण करने में अब तक ऑपरेशन कायाकल्प के अन्तर्गत कार्यवाही करने में सफलता

प्राप्त की है। माध्यमिक शिक्षा, बेसिक शिक्षा में पाठ्यक्रम को बेहतर बनाने की दिशा में भी एक सार्थक पहल प्रारम्भ हुई है। चाहे वह माध्यमिक शिक्षा में शिक्षकों की तैनाती की कार्यवाही हो, जब तक नए शिक्षक आते हैं, तब तक मानदेय के आधार पर रिटायर्ड शिक्षकों को उन विद्यालयों में मैथ, साइंस, इंग्लिश या कम्प्यूटर से जुड़े हुए पाठ्यक्रम को पढ़ाने के लिए एक निश्चित मानदेय के आधार पर उस कार्यवाही को आगे करने का हो या फिर नकल-विहीन परीक्षा का हो, प्रदेश के अन्दर इस कार्यवाही को तेजी के साथ आगे बढ़ाने की कार्यवाही प्रदेश सरकार ने आगे बढ़ाई है। साथ-साथ बहुत सारे ऐसे नए प्रयोग इस क्षेत्र में किए गए हैं, जो शिक्षा की गुणवत्ता को आगे बढ़ाने में एक महत्वपूर्ण योगदान हो सकता है और इन्हीं कार्यक्रमों को आगे बढ़ाने की दिशा में प्रदेश सरकार ने अलग-अलग कार्य-योजनाएँ इस दिशा में शिक्षा की गुणवत्ता की दृष्टि से प्रारम्भ की हैं। चाहे वह प्राविधिक शिक्षा में या एन०सी०टी०ई० के मानक के अनुसार 2022 तक समस्त राजकीय और अनुदानित संस्थाओं को एन०वी०ए० एकीडिएशन से आच्छादित करने की कार्यवाही हो, छात्रों को व्यावहारिक कौशल प्रशिक्षण देने की कार्यवाही हो, चाहे अन्य जो कार्यवाही हो, इन सब पर भी एक बेहतर प्रयास प्रदेश के अन्दर हुआ है। उच्च शिक्षा के लिए भी प्रदेश सरकार 03 नए विश्वविद्यालयों को जहाँ बनाने जा रही है, उसमें एक सहारनपुर, दूसरा अलीगढ़ और तीसरा आजमगढ़ है। इसके अलावा प्रदेश के अन्दर निजी क्षेत्र में भी उच्च शिक्षा के कुछ अच्छे केन्द्र स्थापित हों, अच्छे विश्वविद्यालय स्थापित हों। एक स्वस्थ प्रतिस्पर्धा इस दिशा में बने। पहली बार उच्च शिक्षा के लिए निजी विश्वविद्यालयों का एक एक्ट बनाने में प्रदेश सरकार ने सफलता प्राप्त की है तथा कार्यवाही को आगे बढ़ाया है। जिसमें बेसिक शिक्षा विभाग के अपर मुख्य सचिव की अध्यक्षता में कमेटी है। प्रमुख सचिव, माध्यमिक शिक्षा इसके सह अध्यक्ष हैं। उच्च शिक्षा, तकनीकी शिक्षा, व्यावसायिक शिक्षा, विज्ञान एवं प्रौद्योगिकी तथा महिला कल्याण और बाल विकास एवं पुष्टाहार विभाग, यह सभी इसके सदस्य होंगे।

पाँचवे गोल के अन्तर्गत लैंगिक समानता के लिए भी प्रदेश के अन्दर विभिन्न प्रकार की कार्य-योजनाएँ चल रही हैं, जिसमें वन स्टॉप सेण्टर, जिसमें हिंसा से पीड़ित महिला की सहायता हेतु एक ही छत के नीचे-महिला हेल्प लाइन, पुलिस सहायता, कानूनी सहायता, मनोवैज्ञानिक एवं अल्पावास गृह आदि की सेवाएँ, इस सेण्टर के माध्यम से देने की कार्यवाही की जा रही है। 2014-15 में प्रदेश के अन्दर जो लिंगानुपात था, यह 885 था, जो कि 2018-19 में 913 हुआ है। मानव देह व्यापार से पीड़ित महिलाओं हेतु 02 उज्ज वला गृह संचालित हैं। प्रदेश में एण्टी रोमियो स्क्वायड का गठन, महिलाओं और बालिकाओं के विरूद्ध हो रही हिंसा में बचाव के लिए वूमेन पावर लाइन 1090, गुमशुदा बच्चों की सुरक्षित वापसी के लिए ऑपरेशन आत्मरक्षा, 35 जनपदों में मानव तस्करीरोधी इकाइयों की स्थापना और महिला उद्यमियों हेतु सब्सिडी की विशेष व्यवस्था। जहाँ यह कार्यवाही अब तक सम्पन्न हुई है, वहीं आगे की कार्यवाही में प्रदेश के अन्दर मुख्यमंत्री सुमंगला योजना, जिसे हम बहुत शीघ्र लागू करने जा रहे हैं, जिसके बारे में पहले ही बताया गया है। बेटी बचाओ-बेटी पढ़ाओ योजना, 2020 में 68 जनपदों में तथा 2022 तक सभी 75 जनपदों में क्रियान्वित करने की कार्यवाही है। साथ-साथ लिंगानुपात में सुधार हेतु 2020 में 915, 2022 में 925 और 2024 तक 935 का लक्ष्य निर्धारित किया गया है। पॉक्सो अधिनियम के तहत हर जिले में विशेष अदालतें स्थापित कर दी गई हैं। इसके अलावा प्रदेश के अन्दर 07 लाख महिला समूह हैं। बैंकों के माध्यम से वित्त पोषण की कार्यवाही का लक्ष्य भी उनके लिए रखने की कार्यवाही आगे बढ़ी है। इस दिशा में इस दृष्टि से कार्यवाही के लिए हम लोगों ने महिला कल्याण और बाल विकास एवं पुष्टाहार विभाग को इसका नोडल विभाग बनाया है। जिसमें प्रमुख सचिव, महिला कल्याण एवं बाल विकास पुष्टाहार विभाग अध्यक्ष हैं। प्रमुख सचिव, ग्राम्य विकास, प्रमुख सचिव, गृह, प्रमुख सचिव, व्यावसायिक शिक्षा, प्रमुख सचिव, चिकित्सा एवं स्वास्थ्य विभाग, प्रमुख सचिव, राजस्व विभाग, प्रमुख सचिव, संस्थागत वित्त, प्रमुख सचिव, सूचना विभाग, प्रमुख सचिव, वित्त इसके सदस्य हैं।

इन लक्ष्यों को प्राप्त करने की दिशा में सभी अन्तर्विभागीय समन्वय के माध्यम से लक्ष्य को प्राप्त करेंगे।

छठा गोल है, स्वच्छ जल और स्वच्छता--इस दिशा में जैसे कि पहले भी बताया गया है कि प्रदेश के अन्दर हम लोगों ने अब तक हर घर नल की योजना को आच्छादित करने की दिशा में जो बेहतर प्रयास भारत सरकार के द्वारा प्रारम्भ किया है उस दिशा में एक बेहतर पहल प्रदेश सरकार प्रारम्भ कर चुकी है। बुन्देलखण्ड के 07 जनपदों में पहले चरण में शुद्ध पेयजल की आपूर्ति की कार्यवाही हम लोगों ने बजट में 09 हजार करोड़ रुपये की व्यवस्था करके पहले ही कर दी है। विन्ध्य क्षेत्र को, इन्सेफ्लाइटिस से प्रभावित क्षेत्रों को, आर्सेनिक और फ्लोराइड से प्रभावित क्षेत्रों को हम लोगों ने इसके साथ ही जोड़ा है। हमारा प्रयास है कि 2024 तक जल-जीवन मिशन के अन्तर्गत प्रदेश के हर घर में नल से जल उपलब्ध कराने की दिशा में हम लोग सफल होंगे और यह एक व्यापक कार्य-योजना प्रदेश के अन्दर बनाई गई है। इस विभाग में जल शक्ति विभाग को हमने नोडल विभाग तय किया है। प्रमुख सचिव, इसके अध्यक्ष होंगे। ग्राम्य विकास और पंचायती राज्य के प्रमुख सचिव इसके सह अध्यक्ष होंगे। प्रमुख सचिव, नगर विकास, चिकित्सा एवं स्वास्थ्य, पर्यावरण एवं वन इसके सदस्य के रूप में कार्य करेंगे। इस लक्ष्य को प्राप्त करने की दिशा में यह कार्यवाही आगे बढ़ेगी। स्वच्छता के लक्ष्य को प्राप्त करने के लिए उत्तर प्रदेश ने सफलता प्राप्त की है। प्रदेश के सभी 652 नगर निकाय ओ०डी०एफ० घोषित हुए हैं और प्रदेश के सभी ग्राम पंचायतें भी ओ०डी०एफ० घोषित हुई हैं। 02 करोड़ 61 लाख शौचालय ग्रामीण क्षेत्रों में और लगभग साढ़े आठ लाख शौचालय नगरीय क्षेत्रों में, इस दौरान बनाने में प्रदेश सरकार को विभिन्न योजनाओं के माध्यम से, भारत सरकार के सहयोग से और जन सहभागिता के माध्यम से सफलता प्राप्त हुई है। इस विभाग में हम लोगों ने इस गोल को एचीव करने के लिए जल शक्ति विभाग को इसका नोडल विभाग बनाया है और इसमें इन सभी विभागों को इसके साथ जोड़ा है।

सातवें गोल के अन्तर्गत सस्ती और प्रदूषण मुक्त ऊर्जा की पूर्ति की दिशा में प्रदेश के अन्दर प्रयास प्रारम्भ हुए हैं। हम सब जानते हैं कि प्रदेश में विद्युत की आपूर्ति पहले किस रूप में थी। आज 24 घण्टे, 20 घण्टे और 18 घण्टे का रोस्टर प्रदेश के अन्दर जिला मुख्यालयों में, तहसील मुख्यालय और बुन्देलखण्ड क्षेत्र के लिए और ग्रामीण क्षेत्र के लिए निर्धारित किया गया है। इसके साथ ही प्रदेश के अन्दर हम लोगों ने एथेनॉल निर्माण के साथ ही बायोफ्यूल की कार्यवाही को आगे बढ़ाया है। सोलर एनर्जी के क्षेत्र में एक नई प्रक्रिया हम लोगों ने आगे बढ़ाई है, वह तेजी के साथ आगे बढ़ रही है। अच्छी, सस्ती और प्रदूषण मुक्त ऊर्जा की उपलब्धता के लिए भी प्रमुख सचिव, ऊर्जा की अध्यक्षता में, नोडल विभाग ऊर्जा विभाग को बनाकर प्रमुख सचिव, वैकल्पिक ऊर्जा, प्रमुख सचिव, उद्योग, प्रमुख सचिव, नगर विकास, प्रमुख सचिव, कृषि, इन सभी ने सदस्य के रूप में इस गोल को एचीव करने की दिशा में एक कार्यवाही आगे बढ़ाई है।

आठवें गोल के अन्तर्गत उत्कृष्ट कार्य और आर्थिक वृद्धि के लिए डिसेन्ट वर्क एण्ड इकोनॉमिक ग्रोथ, इसके लिए भी प्रदेश के अन्दर एक कार्य-योजना आगे बढ़ी है। जिसमें ईज ऑफ डूइंग बिजनेस रैंकिंग में प्रदेश को देश में प्रथम स्थान पर लाने का प्रयास, इस हेतु सिंगल विंडो सिस्टम और निवेश मित्र पोर्टल पहले से लागू है, जो देश के अन्दर किसी भी राज्य की तुलना में बेहतर कार्य कर रहा है। एक जनपद-एक उत्पाद की योजना, प्रदेश के अन्दर कृषि निर्यात नीति को हम लोग लागू कर चुके हैं। प्रदेश के अन्दर कृषक उत्पादक कम्पनियों के गठन की प्रक्रिया तेजी के साथ आगे बढ़ रही है। प्रदेश के अन्दर एम०एस०एम०ई० सेक्टर को बढ़ावा देने के लिए नई कार्य-योजना आगे बढ़ी है। हमारे पास एम०एस०एम०ई० के लगभग 42 लाख के आसपास लघु, सूक्ष्म उद्यम होंगे। आगामी वर्ष के लिए इसे 70 लाख तक पहुँचाने और इस दिशा में बेहतर कार्य-योजना को आगे बढ़ाने की दिशा में भी एक कार्य-योजना हम लोगों ने आगे बढ़ाई है। इस दृष्टि से सूक्ष्म, लघु और मध्यम उद्योग विभाग को इसका नोडल विभाग बनाते हुए, प्रमुख सचिव, सूक्ष्म, लघु और

मध्यम उद्योग को इसके अध्यक्ष के रूप में, प्रमुख सचिव, श्रम, प्रमुख सचिव, आई०टी०, प्रमुख सचिव, कौशल विकास, प्रमुख सचिव, पर्यावरण, प्रमुख सचिव, ग्राम्य विकास, प्रमुख सचिव, बाल विकास और महिला कल्याण, इन सभी को सदस्य के रूप में इस योजना के साथ जोड़ने की कार्यवाही को आगे बढ़ाया है।

नौवें गोल के अन्तर्गत उद्योग, नवाचार और बुनियादी सुविधाएँ—इस दिशा में भी हम सब जानते हैं कि प्रदेश के अन्दर बेहतर प्रयास हुए हैं। प्रदेश के पहले इन्वेस्टर्स समिट में प्रदेश के अन्दर लगभग 05 लाख करोड़ रुपये के प्रस्ताव प्राप्त हुए हैं। पिछले 20 वर्षों में इतने प्रस्ताव पहली बार उत्तर प्रदेश को प्राप्त हुए हैं और इनमें भी ढाई वर्ष के दौरान 02 लाख करोड़ रुपये से अधिक का निवेश प्रदेश के अन्दर होना, इन्फ्रास्ट्रक्चर डेवलपमेण्ट के लिए प्रदेश के अन्दर एक्सप्रेस-वे, चाहे वह पूर्वांचल एक्सप्रेस-वे की कार्यवाही को तेजी से आगे बढ़ाने की कार्यवाही हो, बुन्देलखण्ड एक्सप्रेस-वे पर कार्यवाही हो या फिर अगले वर्ष गंगा एक्सप्रेस-वे को आगे बढ़ाने की कार्यवाही, इन पर तेजी के साथ कार्य बढ़ा है। वहीं कुशीनगर और आगरा में दो अन्तर्राष्ट्रीय हवाई अड्डों के विकास की कार्यवाही, साथ ही जेवर में एक इण्टरनेशनल ग्रीन फील्ड एयरपोर्ट के निर्माण की कार्यवाही भी प्रदेश सरकार ने आगे बढ़ाई है। बोडा का ग्रेटर नोएडा में मल्टी मॉडल ट्रान्सपोर्ट हब का विकास, क्षेत्रीय कनेक्टीविटी में उड़ान योजना में 08 वायु सेना के हवाई अड्डों और 16 हवाई पट्टियों तथा 03 सिविल हवाई अड्डों के विकास की कार्यवाही वर्तमान में चल रही है। कानपुर व आगरा में मेट्रो के विकास की कार्यवाही के लिए पहले ही धन उपलब्ध करा दिया है। इसके अलावा दोनों इन्वेस्टर्स समिट के बाद जो ग्राउण्ड ब्रेकिंग सेरेमनी हमारी फर्स्ट और सेकेण्ड हुई है, इनमें क्रमशः 62 हजार करोड़ और 65 हजार करोड़ रुपये का निवेश प्रदेश के अन्दर करने में हमें सफलता प्राप्त हुई है। औद्योगिक विकास के प्रमुख सचिव को इस गोल को एचीव करने के लिए अध्यक्ष के रूप में नामित किया गया है और उनके साथ प्रमुख सचिव, लोक निर्माण, प्रमुख सचिव, संस्थागत वित्त,

प्रमुख सचिव, परिवहन, प्रमुख सचिव, लघु उद्योग, प्रमुख सचिव, खाद्य प्रसंस्करण, प्रमुख सचिव, आई०टी०, प्रमुख सचिव, विज्ञान एवं प्रौद्योगिकी को सदस्य के रूप में रखा गया है। इस दिशा में सभी अन्तर्विभागीय समन्वय के माध्यम से इस गोल को एचीव करने की दिशा में कार्य को आगे बढ़ाएँगे।

दसवाँ लक्ष्य है असमानताओं में कमी लाना—इस दिशा में भी एक बेहतर पहल हुई है और मुझे बताते हुए प्रसन्नता है कि प्रदेश सरकार ने निराश्रित वृद्धजनों की पेंशन की राशि को बढ़ाने का कार्य किया है। अब प्रदेश के अन्दर लगभग 42 लाख वृद्धजनों को इस पेंशन की सुविधा से आच्छादित किया गया है। दिव्यांगजनों की पेंशन भी 300 रुपये से बढ़ाकर 500 रुपये करने और इस राशि को हमने उन सभी पात्रता की श्रेणी में आने वाले दिव्यांगजनों के साथ जोड़ने की कार्यवाही की है। अनुसूचित जाति, जनजाति के छात्रों को छात्रवृत्ति-2016 तक कुल 14 लाख छात्र इससे आच्छादित थे और मुझे बताते हुए प्रसन्नता है कि आज 25 लाख छात्र एवं छात्राएँ एस०सी०/एस०टी० यानी अनुसूचित जाति-जनजाति से जुड़े हुए छात्र इस योजना से लाभान्वित हो रहे हैं। साथ-साथ उनकी छात्रवृत्ति की राशि को भी बढ़ाने की कार्यवाही प्रदेश सरकार ने की है। इस कार्य के लिए हम लोगों ने समाज कल्याण विभाग को इसका नोडल विभाग बना कर प्रमुख सचिव, समाज कल्याण को इसका अध्यक्ष, प्रमुख सचिव, पिछड़ा वर्ग, प्रमुख सचिव, अल्पसंख्यक कल्याण, प्रमुख सचिव, दिव्यांगजन, प्रमुख सचिव, महिला कल्याण, प्रमुख सचिव, ग्राम्य विकास, प्रमुख सचिव, कृषि, प्रमुख सचिव, पंचायतीराज, प्रमुख सचिव, लघु, सूक्ष्म एवं मध्यम उद्यम, प्रमुख सचिव, विधि एवं न्याय, प्रमुख सचिव, कौशल विकास, प्रमुख सचिव, संस्थागत वित्त और प्रमुख सचिव, गृह, सरकार ने इन सभी को सदस्य के रूप में इस असमानता में कमी लाने की दृष्टि से किए जाने वाले प्रयास के साथ जोड़कर अन्तर्विभागीय समन्वय के माध्यम से इन सभी लक्ष्यों को प्राप्त करने की दिशा में कार्यवाही को आगे बढ़ाया है।

इसके साथ ही साथ 11वाँ गोल है, 'संवहनीय शहर और समुदाय'। जिसमें प्रदेश के अन्दर पहले से ही चल रही योजनाओं में हम सब जानते हैं

कि प्रधानमंत्री आवास योजना शहरी में प्रदेश के अन्दर 13 लाख 43 हजार आवास अब तक स्वीकृत हुए हैं। हमारा लक्ष्य है कि प्रधानमंत्री आवास योजना के इस लक्ष्य को वर्ष 2022 तक हम लोग प्राप्त कर लें। साथ ही साथ प्रदेश के अन्दर जितनी भी स्ट्रीट लाइटें थीं, उन्हें एल०ई०डी० स्ट्रीट लाइटों में बदलने की कार्यवाही प्रदेश के अन्दर तेजी के साथ आगे बढ़ी है। देश के अन्दर जो 100 स्मार्ट सिटी हैं, उनमें से 10 स्मार्ट सिटी प्रदेश के अन्दर भारत सरकार के सहयोग से बन रही हैं। साथ ही हमारे जो 07 नगर निगम थे, उन्हें प्रदेश सरकार के संसाधनों से स्मार्ट एण्ड सेफसिटी के रूप में विकसित करने की कार्यवाही कर रहे हैं। 08 नए शहरों को अमृत योजना के अन्तर्गत आच्छादित करने और पं० दीन दयाल उपाध्याय आदर्श नगर पंचायत योजना के अन्तर्गत भी प्रदेश के नगर निकायों को बेहतर सुविधाओं से आच्छादित करने की कार्यवाही इस योजना के अन्तर्गत प्रारम्भ हुई है। साथ ही साथ प्रदेश के अन्दर प्लास्टिक पॉलीथीन से निर्मित सिंगल यूज डिस्पोजिबल सामग्री और थर्माकोल को पूर्णतया प्रतिबन्धित करने की कार्यवाही भी इस योजना से प्रदेश के अन्दर प्रारम्भ हुई है और इन लक्ष्यों को प्राप्त करने की दिशा में भी एक बेहतर कार्य प्रारम्भ हुआ है। इसमें नोडल विभाग के रूप में नगर विकास विभाग को नामित किया गया है। प्रमुख सचिव, नगर विकास को इसका अध्यक्ष, प्रमुख सचिव, आवास एवं शहरी नियोजन, प्रमुख सचिव, परिवहन, प्रमुख सचिव, लोक निर्माण, प्रमुख सचिव, पर्यटन, प्रमुख सचिव, संस्कृति, प्रमुख सचिव, राजस्व, प्रमुख सचिव, खाद्य सुरक्षा एवं औषधि प्रशासन, इन सभी को सदस्य के रूप में इस कार्य-योजना को आगे बढ़ाने के लिए और अन्तर्विभागीय समन्वय के माध्यम से इस लक्ष्य को प्राप्त करने के लिए यह जिम्मेदारी सौंपी गई है।

इसी क्रम में 12वाँ गोल है 'संवहनीय उपभोग और उत्पादन'— इस दिशा में जो प्रयास प्रारम्भ हुए हैं। इसमें चाहे वह खनन नीति 2017 (प्रख्यापित) अवैध खनन के विरुद्ध कठोर कार्यवाही, भूजल अधिनियम 2019 को विज्ञापित करने की कार्यवाही, जल शक्ति अभियान तथा राज्य भूजल संरक्षण मिशन

के माध्यम से जल संरक्षण के क्षेत्र में तालाबों का जीर्णोद्धार, नए तालाबों का निर्माण, चेक डैम का निर्माण, रेन वॉटर हार्वेस्टिंग आदि का क्रियान्वयन, इन सभी कार्यों के साथ ही प्रदेश के अन्दर प्राकृतिक संसाधनों की मैपिंग, सर्कुलर इकोनॉमी अर्थात् एक उद्योग के अपशिष्ट को दूसरे उद्योग के संसाधनयुक्त प्रयुक्त करने वाली इकाइयों के प्रोत्साहन हेतु नीति, मृदा संसाधन के विकल्प के रूप में फ्लाई ऐश के प्रयोग को बढ़ावा देना, ऊर्जा के वैकल्पिक स्त्रोत में सौर ऊर्जा, पवन ऊर्जा इत्यादि के उपयोग को बढ़ावा देना, अपशिष्ट रिसाइकलिंग प्लाण्टों की संख्या में वृद्धि करना, नदियों में पर्यावरणीय बहाव को सुनिश्चित करना, उत्पादों के पुनरूपयोग को बढ़ावा देने हेतु एक तन्त्र को प्रोत्साहित करना, इसके साथ ही उद्योगों में ऊर्जा दक्षता ब्यूरो का प्रमाणीकरण सुनिश्चित करना और व्यावसायिक भवनों, होटलों आदि में एनर्जी कन्जर्वेशन बिल्डिंग कोड लागू करना, यह कार्य इस दिशा में आगे बढ़ाया गया है। पर्यावरण विभाग को इसका नोडल विभाग बनाते हुए प्रमुख सचिव, पर्यावरण को अध्यक्ष, प्रमुख सचिव, औद्योगिक विकास, प्रमुख सचिव, सूक्ष्म, लघु एवं मध्यम उद्योग, प्रमुख सचिव, वन, प्रमुख सचिव, कृषि, प्रमुख सचिव, वैकल्पिक ऊर्जा, प्रमुख सचिव, माध्यमिक शिक्षा और प्रमुख सचिव, विज्ञान एवं प्रौद्योगिकी को इसमें सदस्य के रूप में नामित करते हुए अन्तर्विभागीय समन्वय के माध्यम से इस लक्ष्य को प्राप्त करने की दिशा में कार्य-योजना को आगे बढ़ाया गया है।

गोल संख्या-13 है जलवायु परिवर्तन—इसके लिए भी एक ठोस ऐक्शन प्लान बनाकर एक कार्य-योजना आगे बढ़ाई गई है। जिसमें प्रदेश के अन्दर आपने देखा होगा कि वर्ष 2018-19 में 11.77 करोड़ वृक्षारोपण हुआ था। वर्ष 2019-20 में 22.59 करोड़ वृक्षारोपण किया गया और वर्ष 2020-21 में प्रदेश ने 25 करोड़ वृक्षारोपण का लक्ष्य रखा है। प्लास्टिक कैरी बैग, सिंगल यूज प्लास्टिक तथा थर्माकोल उत्पादन को पूर्णतया प्रतिबन्धित करना, विभिन्न परियोजनाओं का पर्यावरणीय दृष्टिकोण से इस पर आगे कार्यवाही बढ़ाना और ऊर्जा खपत को कम करने हेतु एल०ई०डी० बल्ब आदि को प्रोत्साहित करने की दिशा में कार्यवाही करना और इस दिशा में भी जो कार्य-योजना हमारी आगे

चली है, इसमें नोडल विभाग के रूप में पर्यावरण विभाग को रखा गया है। प्रमुख सचिव, पर्यावरण अध्यक्ष के रूप में, प्रमुख सचिव, औद्योगिक विकास, प्रमुख सचिव, राजस्व, प्रमुख सचिव, बेसिक शिक्षा, माध्यमिक शिक्षा, वन, नगर विकास, पंचायती राज, वैकल्पिक ऊर्जा, सूक्ष्म, लघु एवं मध्यम उद्यम को इसमें सदस्य के रूप में नामित करते हुए इस कार्यवाही को आगे बढ़ाने की कार्यवाही की गई है।

गोल संख्या-14 व 15 जलीय जीवों से सम्बन्धित हैं, समुद्री जीवों से सम्बन्धित हैं। यह प्रदेश में लागू नहीं होता है, लेकिन गोल संख्या-15 यह थलीय जीवों की सुरक्षा से सम्बन्धित है। प्रदेश के अन्दर जो कार्यवाही आगे चली है, इस पर बेहतर प्रयास प्रारम्भ हुए हैं। इसमें थलीय जीवों की सुरक्षा के लिए इस दिशा में जो प्रयास प्रारम्भ हैं, उनमें नोडल विभाग वन विभाग को बनाया गया है। इसमें अध्यक्ष, प्रमुख सचिव, वन के साथ प्रमुख सचिव, कृषि, प्रमुख सचिव, पंचायती राज, प्रमुख सचिव, ग्राम्य विकास, प्रमुख सचिव, सिंचाई, प्रमुख सचिव, पर्यावरण, प्रमुख सचिव, खनन, प्रमुख सचिव, विज्ञान एवं प्रौद्योगिकी, प्रमुख सचिव, औद्योगिक विकास को अन्तर्विभागीय समन्वय के रूप में सदस्य के रूप में नामित करते हुए इस कार्यवाही को आगे बढ़ाया गया है। मुझे इस बारे में बताते हुए प्रसन्नता है कि एक वृहत्तर कार्य-योजना इसमें केवल वनीय जीवों के लिए ही नहीं बल्कि प्रदेश के अन्दर बड़ी संख्या में निराश्रित गौ-वंश के बारे में भी एक ठोस कार्य-योजना प्रदेश सरकार ने प्रारम्भ की है। हर जनपद में गौ-आश्रय स्थल के निर्माण के साथ ही प्रदेश सरकार के द्वारा निराश्रित गौवंश को अगर कोई किसान अपने घर में लाकर उसकी सेवा करता है और उसके भरण-पोषण की व्यवस्था करता है तो प्रति गौ-वंश 900 रुपये उसके बैंक एकाउण्ट में जिलाधिकारी और मुख्य पशु चिकित्साधिकारी की सहमति से प्रदान करने की कार्यवाही हेतु जो कार्य प्रारम्भ हुआ है, यह कार्य इस दिशा में आगे बढ़ाने की कार्यवाही है।

16वाँ गोल है शान्ति, न्याय एवं सतत संस्थाएँ यानी पीस, जस्टिस एण्ड स्ट्राँग इन्स्टीट्यूशन्स। इस दिशा में प्रदेश सरकार द्वारा जो कार्य अब तक हुए हैं,

इसमें महिला सम्मान प्रकोष्ठ की स्थापना, वूमेन पावर लाइन-1090, वन स्टॉप सेण्टर, मानव तस्करी विरोधी इकाइयों की स्थापना, गुमशुदा बच्चों को सुरक्षित घर वापसी के लिए ऑपरेशन मुस्कान, एण्टी रोमियो स्क्वायड का गठन, डायल-100, लड़कियों को आत्मरक्षा में प्रशिक्षित करने हेतु ऑपरेशन आत्मरक्षा, साइबर अपराधों की प्रभावी रोकथाम हेतु प्रत्येक जनपद में साइबर सेल का गठन। ये सब कार्यवाही इसमें आगे बढ़ी है और इन कार्यवाहियों को आगे बढ़ाने के लिए प्रदेश के अन्दर अब तक जो कार्यवाही आगे बढ़ी है, इस सम्बन्ध में प्रमुख सचिव, गृह की अध्यक्षता में प्रमुख चिकित्सा--स्वास्थ्य, प्रमुख सचिव, महिला कल्याण एवं बाल विकास पुष्टाहार, प्रमुख सचिव, श्रम, प्रमुख सचिव, विधि एवं न्याय, प्रमुख सचिव, पंचायती राज, प्रमुख सचिव, नगर विकास, प्रमुख सचिव, सतर्कता, इन सबको सदस्य के रूप में रखते हुए एक अन्तर्विभागीय समन्वय के माध्यम से इन कार्यों को आगे बढ़ाने की दिशा में एक बेहतर प्रयास प्रारम्भ हुआ है।

गोल संख्या-17— इस लक्ष्य हेतु भागीदारी के लिए, एस०डी०जी० के लक्ष्यों को पूरा करने के लिए अधिक से अधिक संसाधन जुटाने के लिए सरकार की प्रतिबद्धता और इन कार्यक्रमों को आगे बढ़ाने के लिए राजस्व बचत हेतु प्रदेश के अन्दर मितव्ययता सम्बन्धी उपाय लागू किए गए हैं। उपलब्ध संसाधनों का विभिन्न योजनाओं में आवंटन इस प्रकार से हो कि हमें ज्यादा से ज्यादा सकारात्मक परिणाम प्राप्त हो सकें। संसाधनों का अनुकूलतः उपयोग भी सुनिश्चित कराया जा रहा है और इन सभी कार्यक्रमों को आगे बढ़ाने के लिए भी नोडल विभाग के रूप में वित्त विभाग को नोडल विभाग बनाया गया है। अपर मुख्य सचिव, वित्त को अध्यक्ष के रूप में नामित करते हुए प्रमुख सचिव, वाणिज्य कर, प्रमुख सचिव, आबकारी, प्रमुख सचिव, संस्थागत, प्रमुख सचिव, सूचना एवं प्रौद्योगिकी, प्रमुख सचिव, सिंचाई, प्रमुख सचिव, नियोजन इसमें सदस्य के रूप में नामित किए गए हैं।

इस प्रकार से इन सभी 17 गोल को एचीव करने के लिए प्रदेश सरकार ने अपनी एक ठोस कार्य-योजना बनाई है। पूरे प्रदेश स्तर पर इन सभी को

आगे बढ़ाने के लिए इसमें वर्ष 2022, 2024 और 2030 तक एक ठोस कार्य-योजना भौतिक और वित्तीय लक्ष्यों के साथ प्रत्येक माह मुख्य सचिव, उत्तर प्रदेश और स्वयं मुख्यमंत्री कार्यालय के अनुश्रवण में यह कार्यवाही आगे बढ़ेगी और इन लक्ष्यों को प्राप्त करने की दिशा में मेरा यह मानना है कि जो ये सभी समितियाँ गठित हुई हैं, ये स्टेट इण्डीकेटर फ्रेमवर्क तैयार करेंगी और तैयार किए गए इण्डीकेटर्स को नीति आयोग द्वारा तैयार किए गए डैश बोर्ड के साथ लिंक करने का कार्य भी करेंगे। महोदय, यह व्यापक कार्य-योजना है। प्रदेश सरकार द्वारा 36 घण्टे चली इस मैराथन चर्चा-परिचर्चा के बाद जो सुझाव मा० सदस्यों के द्वारा उपलब्ध कराए गए थे, उसके अनुसार यहाँ पर हमें इस कार्य-योजना को बनाने में सफलता प्राप्त हुई है। मेरा यह मानना है कि संवाद के माध्यम से हम लोग इस कार्य-योजना को तेजी के साथ आगे बढ़ाकर उत्तर प्रदेश के सामने जो लक्ष्य हैं, उनको प्राप्त कर सकेंगे। आदरणीय प्रधानमंत्री जी ने देश को 05 ट्रिलियन डॉलर की इकोनॉमी के रूप में स्थापित करने की जिस कार्य-योजना को आगे बढ़ाया है, उत्तर प्रदेश की उसमें क्या भूमिका हो सकती है? उत्तर प्रदेश को 01 ट्रिलियन डॉलर की इकोनॉमी बनाने की दिशा में अगर हमें प्रयास करना है तो हमें इन सभी गोल्स को आपस में जोड़कर अन्तर्विभागीय समन्वय के माध्यम से हम इस ठोस कार्य-योजना को आगे बढ़ाने में सफल हो सकते हैं और प्रदेश के अन्दर गरीबी, भुखमरी अशिक्षा आदि को बाहर कर एक बेहतर दिशा में आगे बढ़ सकते हैं।

मुझे बहुत प्रसन्नता है कि मा० सदस्यों ने बहुत रुचि के साथ इन सभी विषयों पर व्यापक चर्चाएँ कीं, अपने बहुमूल्य सुझाव दिए। मैं मा० अध्यक्ष जी से इस बारे में अनुरोध भी करूँगा कि जिन मा० सदस्यों ने 36 घण्टे की इस मैराथन चर्चा में भाग लिया है उन्हें भी और जिन्हें बोलने का अवसर नहीं मिल पाया उन्होंने समय से अपना भाषण इस सदन में देने का प्रयास किया था, लेकिन नहीं दे पाए। उन्होंने अपना लिखित भाषण उपलब्ध कराया है। इन सबको लेकर वास्तव में एक दस्तावेज तैयार होना चाहिए, विधानसभा का भी और विधान परिषद् का भी। सामूहिक रूप से हो तो अच्छा होगा। फिर मुझे

लगता है कि यह पहला विधानमण्डल होगा जिसने इस प्रकार की एक सार्थक चर्चा को आगे बढ़ाया है। अब तक तो हम चर्चा ही नहीं करते थे, अब तक हम जानना ही नहीं चाहते थे कि ये सस्टेनेबल डेवलपमेण्ट गोल्स हैं क्या। हमारी इसमें क्या भूमिका हो सकती है। हमारी जिम्मेदारियाँ क्या हैं, लेकिन मैं कल देख रहा था कि कुछ मा० सदस्यों को विषय भी दिए गए थे कि उन्हें इस पर बोलना है, तो वह मा० सदस्य पहले महात्मा गाँधी जी के प्रति अपना श्रद्धा भाव व्यक्त करते थे, फिर अपने विषय पर बोलते थे और फिर अपने विधानसभा क्षेत्र को भी यहाँ पर रखते थे। यह एक अच्छी शुरूआत हुई है। जनप्रतिनिधि के विधानसभा क्षेत्र के प्रति भी और साथ ही साथ पूरे प्रदेश के अन्दर सस्टेनेबल डेवलपमेण्ट गोल्स को एचीव करने की दिशा में क्या प्रयास उनके स्तर पर हो सकता है, उन्होंने उस पर भी अपने बेहतर और अच्छे सुझाव देकर इस पूरी चर्चा को बहुत सार्थक दिशा में ले जाने का कार्य किया।

इस अवसर पर मैं आप सबका एक बार पुनः हृदय से अभिनन्दन करता हूँ। मेरा विश्वास है कि सम्बन्धित विभाग जो नोडल विभाग बनाए गए हैं उन विभागों के मंत्रीगण भी इसमें रुचि लें। हर दूसरे महीने इसके बारे में एक बार चर्चा कर इस कार्यक्रम को आगे बढाएँगे और हर तीसरे महीने में मैं स्वयं इसकी समीक्षा करूँगा, तो यह चीजें बहुत तेजी से आगे बढ़ती हुई दिखाई देंगी। इसका लाभ प्रदेश के अन्दर हर एक व्यक्ति को उसी रूप में प्राप्त होगा जैसे आपने चर्चा के दौरान सुना होगा कि हमने प्रदेश के अन्दर सभी लोगों को बिना भेदभाव के मकान दिए हैं। बहुजन समाज पार्टी के एक व्यक्ति द्वारा यह कहा जाना कि उनके छोटे-से नगर निकाय में केवल 509 मुस्लिम समुदाय के परिवारों को प्रधानमंत्री आवास योजना में आवास मिलना, इस बात को साबित करता है कि बिना भेदभाव के शासन की योजनाएँ समाज के प्रत्येक तबके तक पहुँची हैं। यह इस बात को साबित करती हैं कि बिना भेदभाव के इन योजनाओं का लाभ सभी को दिया गया। गरीबी, बेकारी, भुखमरी, अशिक्षा या स्वास्थ्य की उत्तम व्यवस्था न होना, उसका दुष्परिणाम समाज को किसी-न-किसी रूप में भुगतना ही होगा। समाज के ऊपर ही उसका दुष्प्रभाव

पड़ेगा। हम उस दुष्प्रभाव से अपने आपको मुक्त कर सकें, हम इस दिशा में एक बेहतर प्रयास प्रारम्भ कर सकें। मुझे बहुत प्रसन्नता है कि यह कार्य यहाँ पर पिछले 36 घण्टों के अन्दर बेहतर तरीके से आगे बढ़ा है। यहाँ पर समवेत सदन इस समारोह के अवसर पर बैठा है। यहाँ पर भले विपक्ष ने वॉक आउट किया हो, लेकिन उसकी प्रतिपूर्ति हमारे विधान परिषद् के मा० सदस्यों ने कर दी है और वह लोग यहाँ पर आए हैं। मैं उनका भी हृदय से अभिनन्दन करता हूँ और विश्वास करता हूँ कि यह एक ठोस कार्य-योजना आने वाले समय के लिए एक दस्तावेज बने।

हमारे मा० अध्यक्ष जी भी स्वयं एक बहुत अच्छे लेखक, पत्रकार एवं विद्वान अध्यक्ष हैं। उन्होंने स्वयं भी इस पूरी चर्चा का बहुत बेहतर तरीके से सम्पादन किया। सम्पादन के माध्यम से उस पुस्तिका को सभी देश के मा० सांसदों के पास, सभी विधानसभाओं के पास, सभी विधायकों के पास भिजवाने की कृपा कर सकेंगे। सभी जनपदों के चुने गए जन प्रतिनिधियों तक अगर भिजवाने की कार्यवाही कर सकेंगे, तो इससे सभी लोगों को भी उसके बारे में पता लगेगा। यह चर्चा केवल विधानसभा में ही नहीं होनी चाहिए, यह चर्चा जिला पंचायत, क्षेत्र पंचायत, ग्राम पंचायत में होनी चाहिए। यह चर्चा नगर निकायों में भी होनी चाहिए। इस चर्चा को हर स्तर पर आगे बढ़ाकर हम एक निष्कर्ष पर पहुँचें और फिर हर व्यक्ति अपनी-अपनी जिम्मेदारियों के साथ आगे बढ़ना प्रारम्भ करेगा, तो एक बेहतर पहल को आगे बढ़ाने में सफल होंगे। मैं इस अवसर पर एक बार पुनः हृदय से अभिनन्दन करता हूँ।

आदरणीय अध्यक्ष जी का हृदय से आभार व्यक्त करता हूँ, सभापति विधान परिषद् का भी हृदय से अभिनन्दन करता हूँ। इस पूरी कार्यवाही में लगे हुए विधानसभा एवं विधान परिषद् के उन सभी अधिकारियों का, प्रदेश सरकार के अधिकारियों का जो इस पूरी कार्यवाही का हिस्सा बने हैं, अपने पत्रकार मित्रों का भी मैं हृदय से आभार व्यक्त करता हूँ। उन सबको हृदय से धन्यवाद देता हूँ कि उन्होंने एक सार्थक कार्यक्रम को आगे बढ़ाया और हमारी विधायिका एक सार्थक चर्चा का मंच बनी और वह लोकतान्त्रिक मूल्यों

और आदर्शों को पूरी मजबूती के साथ, पूरी प्रतिबद्धता के साथ उन मंचों का उपयोग उसी रूप में कर रही है और करने के लिए प्रतिबद्ध है। यह साबित करके आप सबने दिखाया है। मैं आप सबका हृदय से अभिनन्दन करता हूँ। शारदीय नवरात्रि और विजयदशमी की आप सबको मंगलमय शुभकामनाएँ देता हूँ और विश्वास व्यक्त करता हूँ कि चर्चा निरन्तर आगे बढ़ती रहेगी। एक बार पुनः आपको मा० अध्यक्ष जी और दोनों सदनों से जुड़े हुए जितने भी अधिकारीगण हैं, इन सबको भी हृदय से धन्यवाद देता हूँ।

सन्दर्भ : दिनांक 3 अक्टूबर, 2019, विशेष सत्र समापन भाषण।

अच्छे विषयों को ले करके जब विशेष सत्र आहूत हो तो आरोप-प्रत्यारोप की बजाय उस समय सहजता के साथ उनको स्वीकार करना है। अच्छे कार्यों को स्वीकार करना, जहाँ पर लगता है कि इसकी आवयश्यकता नहीं है, वहाँ के लिए एक रचनात्मक सुझाव भी अपना दे देना, यह अच्छे प्रतिपक्ष की भूमिका हो सकती है। लेकिन हर कार्य को नकारात्मक भाव से देखना, मुझे लगता है कि यह उनकी भूमिका को कम कर देता है और साथ-साथ आगे के रास्तों को बाधित करने की एक कुत्सित चेष्टा होती है।

भारत का संविधान एक जीवन्त अभिलेख

माननीय अध्यक्ष जी, मैं आपका आभारी हूँ कि आपने हम सबके अनुरोध को स्वीकार करते हुए संविधान दिवस पर इस विशेष सत्र को आहूत करने की प्रक्रिया को आगे बढ़ाया। आज कई ऐतिहासिक रिकॉर्ड इस सत्र के नाम पर बनने जा रहे हैं। मा० राज्यपाल महोदया के द्वारा आज पूर्वाह्न में समवेत सदन में जो अभिभाषण प्रस्तुत किया गया, कई दशकों के बाद इतने शान्तिपूर्ण तरीके से, इतनी सहजता और संसदीय मर्यादा की गरिमा के अनुरूप यहाँ पर सभी मा० सदस्यों ने उस अभिभाषण को स्वयं में अंगीकार किया है। मैं अभिभाषण के लिए मा० राज्यपाल जी का हृदय से आभार व्यक्त करता हूँ। समवेत सदन के सभी माननीय सदस्यों का हार्दिक अभिनन्दन करता हूँ।

आज देश का संविधान दिवस है। प्रधानमंत्री मोदी जी ने बाबा साहब भीमराव अम्बेडकर जी के स्मारक के शिलान्यास कार्यक्रम के अवसर पर वर्ष 2015 में इस बात का उल्लेख किया था कि हम सभी दिवस मानते हैं, लेकिन संविधान सभा ने जिस तिथि को संविधान को अंगीकार किया था उस दिवस को हम नहीं मना पाते हैं। दुनिया के सबसे बड़े लोकतंत्र में सबसे बड़े लिखित दस्तावेज के रूप में संविधान हमारे पास है। अनेकता में एकता का सन्देश देने वाला संविधान हमारे पास है, लेकिन इस संविधान के शिल्पी बाबा साहब भीमराव अम्बेडकर को स्मरण करने के लिए संविधान दिवस है। इस संविधान के निर्माण में अपना योगदान देने वाले संविधान सभा के अध्यक्ष डॉ० राजेन्द्र प्रसाद जी और उन सभी महान स्वतन्त्रता संग्राम सेनानियों को, जिनमें कि 55 अकेले उत्तर प्रदेश के थे और उत्तर प्रदेश के 55 सदस्यों में से 5 सामान्य

महिला सदस्य थीं, इन सबके योगदान से जो संविधान बना उस संविधान के अंगीकार की तिथि 26 नवम्बर को ही हम संविधान दिवस के रूप में मना सकें। इस दृष्टि से यह विशेष सत्र आहूत किया गया है। मा० राज्यपाल ने इस सदन को सम्बोधित किया है और अपना अभिभाषण दिया, उनके प्रति आभार व्यक्त करते हैं। मैं विशेष रूप से इस पीठ के प्रति भी आभारी हूँ, जिन्होंने इस पूरी प्रक्रिया को आगे बढ़ा करके आज उत्तर प्रदेश विधानमण्डल के नाम से इन सभी रिकॉर्ड के आँकड़ों को आगे बढ़ाने की प्रक्रिया को आगे बढ़ाया है।

यह एक अच्छा प्रयास है कि सदन ने अपने परम्परागत कार्यों से हटकर, जिस संविधान के बल पर हम सब अलग-अलग पृष्ठभूमि के होने के बावजूद इस सदन में आए हैं, उस संविधान की उद्देशिका और उस संविधान में निहित नागरिकों के मूल कर्तव्य, इन मुद्दों पर, इसके लिए आहूत इस विशेष सत्र में चर्चा की है। साथ ही साथ इससे पहले 2 अक्टूबर और 3 अक्टूबर को लगातार 36 घण्टे तक सस्टेनेबल डेवलपमेण्ट गोल्स पर पूज्य बापू की 150वीं जयन्ती के अवसर पर विधानमण्डल की विशेष कार्यवाही देश और दुनिया के लिए आश्चर्य और कौतूहल का विषय थी। क्योंकि तलवार सज्जनों के हाथों में होगी तो सबको सुरक्षा देगी, दुर्जनों के हाथों में होगी तो लूटपाट ही करेगी। यह साबित हुआ है कि आज सत्ता लोक कल्याण के लिए समर्पित है, राष्ट्र कल्याण के लिए समर्पित है।

आज सरकार गरीबी के मुद्दे पर, भुखमरी के मुद्दे पर, बेरोजगारी के मुद्दे पर, उत्तम शिक्षा के मुद्दे पर, बेहतर स्वास्थ्य सुविधा के मुद्दे पर, अच्छे पर्यावरण के मुद्दे पर और विकास के समग्र स्वरूप को ध्यान में रख करके इस प्रकार की चर्चा को आगे बढ़ा रही है। लेकिन यही सदन रहा है जिसकी चर्चा शुरू में संसदीय कार्यमंत्री श्री सुरेश कुमार खन्ना जी ने की है कि यहाँ पर माइक भी चलते थे और भी बहुत कुछ चलता था। आज अन्तर यही है कि केवल पात्र बदल जाने से व्यवस्थाएँ अपने आप बदलती हुई दिखाई देती हैं। बाबा साहेब डॉ० भीमराव अम्बेडकर जी ने यही कहा था कि भारत का संविधान दुनिया का सबसे अच्छा संविधान है। लेकिन केवल इतना भर कह देने से सब कुछ

नहीं हो जाता है। महत्वपूर्ण यह है कि संविधान किन लोगों के द्वारा लागू किया जा रहा है। लागू करने वालों की पात्रता क्या है? देश, काल और परिस्थिति इसी बात को लेकर के है, पात्रता का निर्णय इसी बात को ले करके होता है।

हम संविधान की उद्देशिका पर चर्चा कर रहे हैं, संविधान के मूल कर्तव्यों पर चर्चा कर रहे हैं। हम केवल अधिकार की बात नहीं कर रहे हैं, हम अपने कर्तव्यों की बात भी कर रहे हैं। हम केवल एक जनप्रतिनिधि के अधिकारों की बात नहीं कर रहे हैं, हम लोग तो भुखमरी को सर्वदा समाप्त करने की बात कर रहे हैं। गरीबी को पूरी तरह समाप्त करने की बात कर रहे हैं। हम लोग बेहतर स्वास्थ्य और बेहतर शिक्षा की व्यवस्था के बारे में चर्चा करना चाहते हैं। हम उसके लिए ठोस कार्य-योजना को आगे बढ़ाना चाहते हैं। जब इन सब कार्यों को हम आगे बढ़ा रहे हैं, इन पर चर्चा कर रहे हैं, तो सबसे बड़ी मजेदार बात यह है कि इस सदन में जिन महापुरुषों ने इस संविधान की पूरी रचना में अपना योगदान दिया था, हम सब, पूरा राष्ट्र कृतज्ञतापूर्वक उनके प्रति विनम्रता और श्रद्धा का भाव व्यक्त करता है।

आज सभी माननीय सदस्यों ने यहाँ पर प्रत्यक्ष/अप्रत्यक्ष रूप से उन सभी महापुरुषों का स्मरण किया है तब इस देश के अन्दर उन महापुरुषों के नाम पर सर्वाधिक दिनों तक शासन करने वाली कांग्रेस इस सदन से आज भी नदारद है, पूरी तरह गायब है। यानी कांग्रेस का सदन से गायब रहना, पूज्य बापू की 150 वीं जयन्ती के अवसर पर इस सदन से गायब रहना, सस्टेनेबल डेवलपमेण्ट गोल्स पर 36 घण्टे की चर्चा में भी उनके द्वारा भाग न लिया जाना और सदन का बहिष्कार करना, आज संविधान दिवस के अवसर पर विशेष सत्र के कार्यक्रम का भी बहिष्कार करना इस बात को साबित करता है कि इनके मन में न तो संविधान के प्रति सम्मान का भाव है और देश के महान स्वतन्त्रता संग्राम सेनानियों के प्रति भी इनके मन में कोई सम्मान का भाव नहीं है। इनके लिए सत्ता ही सब कुछ है। सत्ता देश की कीमत पर, सत्ता सुरक्षा की कीमत पर, सत्ता संविधान की कीमत पर और जब भी इन्हें अवसर मिला है इन्होंने वह करके दिखाया है। आज फिर से इस सदन में उन लोगों की भूमिका इस रूप में सामने आई है।

उद्देशिका में जो बातें सामने आई हैं, उसमें बहुत स्पष्ट है। देश के संविधान की उद्देशिका, जो प्रिएम्बल है, उसके चार शब्द पूरे संविधान की आत्मा हैं। ये चार शब्द हैं न्याय, स्वतन्त्रता, समता और बन्धुता। इन चार शब्दों पर स्थापित भारत के संविधान की उद्देशिका और इस उद्देशिका पर आधारित भारत का संविधान दुनिया का सबसे बेहतरीन और सबसे बड़ा संविधान है। न्याय, सामाजिक, आर्थिक और राजनैतिक सभी रूपों में स्वतन्त्रता, विचार की, अभिव्यक्ति की, विश्वास की, धर्म और उपासना की, समता, प्रतिष्ठा एवं अवसर की और बन्धुता व्यक्ति की गरिमा और राष्ट्र की एकता और अखण्डता को सुनिश्चित करने वाले ये चार शब्द भारत के संविधान की आत्मा के रूप में, जैसे चार दिशाएँ हैं, जैसे ब्रह्मा जी चतुर्भुज रूप में, पालक के रूप में, सृष्टा के रूप में उनकी मान्यता है। वही चार शब्द, चार मुँह के रूप में देश के अन्दर चतुर्भुज के रूप में चार दिशाओं का प्रतिनिधित्व भी करते हुए दिखाई देते हैं। उस रूप में हम सबने अपने संविधान को अंगीकार किया। संविधान की मूल भावनाओं का सम्मान किया और उन भावनाओं को आगे बढ़ाने के लिए हम सब पूरे दृढ़ प्रतिज्ञ भाव के साथ आज भी कार्य कर रहे हैं।

आमजन से जुड़े हुए मुद्दों को लेकर हमने केन्द्र की सरकार के विगत पाँच–साढ़े पाँच वर्ष के कार्यकाल को देखा है। ढाई वर्ष का कार्यकाल प्रदेश के अन्दर हमारी सरकार का भी हुआ है। केन्द्र सरकार ने पिछले साढ़े पाँच वर्ष में 10 करोड़ परिवारों को एक–एक शौचालय उपलब्ध कराया है। 4 करोड़ परिवारों को एक–एक आवास उपलब्ध कराया है। 4 करोड़ परिवारों को निःशुल्क विद्युत के कनेक्शन उपलब्ध कराए हैं। 8 करोड़ परिवारों को निःशुल्क रसोई गैस के कनेक्शन पूरे देश के अन्दर उपलब्ध कराए हैं। देश के अन्दर 50 करोड़ लोगों को आयुष्मान भारत के अन्तर्गत 5 लाख रुपये की निःशुल्क स्वास्थ्य की सुविधा उपलब्ध कराई है। देश के अन्दर हमने जो सुविधाएँ केन्द्र में श्री नरेन्द्र मोदी जी के नेतृत्व की सरकार ने उपलब्ध कराई हैं इसमें व्यक्ति, जाति, मत, मजहब, क्षेत्र, भाषा किसी को नहीं देखा गया है। सबका साथ और सबका विकास की भावनाओं के साथ इन योजनाओं को लागू किया गया है। हमने उन संकीर्णताओं से ऊपर उठकर काम किया है।

उत्तर प्रदेश के अन्दर आदरणीय प्रधानमंत्री जी के मार्गदर्शन में यही कार्य हम लोगों ने भी ढाई वर्ष में किया है। शहरी और ग्रामीण क्षेत्र में प्रधानमंत्री और मुख्यमंत्री आवास योजना में 28 लाख से अधिक परिवारों को अब तक एक-एक आवास हमारी सरकार उपलब्ध करा चुकी है। 2 करोड़ 61 लाख परिवारों को एक-एक शौचालय उपलब्ध करा चुकी है। 1 करोड़ 45 लाख लोगों को रसोई गैस के कनेक्शन उपलब्ध करा चुकी है। 1 करोड़ 16 लाख लोगों को निःशुल्क विद्युत कनेक्शन उपलब्ध करा चुकी है। 6 करोड़ 56 लाख लोगों को आयुष्मान भारत में या मुख्यमंत्री जन आरोग्य योजना में 5-5 लाख रुपये की निःशुल्क स्वास्थ्य की सुविधा उपलब्ध करा रही है। 3 करोड़ 55 लाख परिवारों को अन्त्योदय और पात्र गृहस्थी के अन्तर्गत राशन की सुविधा 2 रुपये किलो गेहूँ और 3 रुपये किलो चावल उपलब्ध कराने की व्यवस्था कर रही है। हमने किसी की जाति नहीं देखी, किसी का क्षेत्र नहीं देखा, किसी का मत और मजहब नहीं देखा, पात्रता को ध्यान में रखकर कार्य किया। गाँव के लिए, गरीब के लिए, किसान के लिए, महिलाओं के लिए, नौजवान के लिए, समाज के प्रत्येक तबके के लिए कार्य किया और उन योजनाओं को उस रूप में आगे बढ़ाया है। जिन लोगों का एजेण्डा सीमित था, व्यक्ति था, जाति था, मत और मजहब था, उससे ऊपर यह लोग उभर ही नहीं पाए। वह लोग आज उपदेश देते हैं और इन सब पर बड़े-बड़े उपदेश देने का कार्य करते हैं।

अच्छे विषयों को ले करके जब विशेष सत्र आहूत हो तो आरोप- प्रत्यारोप की बजाय उस समय सहजता के साथ उनको स्वीकार करना है। अच्छे कार्यों को स्वीकार करना, जहाँ पर लगता है कि इसकी आवयश्यकता नहीं है, वहाँ के लिए एक रचनात्मक सुझाव भी अपना दे देना, यह अच्छे प्रतिपक्ष की भूमिका हो सकती है। लेकिन हर कार्य को नकारात्मक भाव से देखना, मुझे लगता है कि यह उनकी भूमिका को कम कर देता है और साथ-साथ आगे के रास्तों को बाधित करने की एक कुत्सित चेष्ठा होती है। मुझे लगता है कि इस प्रकार की नकारात्मकता को हर हाल में रोकने का प्रयास होना चाहिए। उत्तर प्रदेश की कानून व्यवस्था के बारे में प्रश्न खड़ा करने का भी कुछ लोगों

ने प्रयास किया। उत्तर प्रदेश की कानून व्यवस्था, मैं समझ पा रहा हूँ कि बहुत दूर मत जाइए, हम आज 26 नवम्बर को यहाँ पर एकत्र हैं, पूरे देश के अन्दर, पूरी दुनिया के अन्दर हर व्यक्ति इस बात को लेकर शंकित था कि जब राम जन्मभूमि का फैसला होगा, तब पता नहीं क्या होगा? लोग मुझसे पूछते थे कि क्या होगा। मैं कहता था कि कुछ नहीं होने वाला, एकदम शान्ति रहेगी। उत्तर प्रदेश में हर व्यक्ति शान्ति और सौहार्द का पक्षधर है। ऐसा नहीं है कि पिछली सरकारों में जब दंगों की श्रृंखला खड़ी होती थी तो दंगाई किसी मंत्री के घर में या तो प्रश्रय पाते थे या किसी मंत्री के द्वारा उन्हें शरण दे करके उकसाया जाता था। लेकिन आज ऐसा नहीं है। आज कानून का राज है। कानून का राज हर हाल में अपना काम करेगा। हम लोगों ने इस कार्य को 9 नवम्बर, 2019 को किया। माननीय उच्चतम न्यायालय का ऐतिहासिक फैसला, 500 वर्षों के विवाद का पटाक्षेप। 500 वर्षों से जिस विवाद को लटकाया जाता था, भटकाया जाता था, उलझाया जाता था, जिसकी आड़ में तमाम लोग तमाम प्रकार के अन्य कृत्य करते थे। उस मामले को किस-किस प्रकार से लोग बोलते थे कि फैसला ऐसा आएगा तो यह हो जाएगा। हम लोग तब भी कहते थे कि कुछ नहीं होगा और आज मैं फिर से इस बात को कह सकता हूँ कि उत्तर प्रदेश के अन्दर, उत्तर प्रदेश की जनता ने शान्ति और सौहार्द की एक नई सीख दी है।

आज हम सब बाबा साहेब डॉ० भीमराव अम्बेडकर जी को स्मरण कर रहे हैं। जब 26 जनवरी, 1950 को देश का संविधान लागू हुआ था, तो संविधान लागू होने के मात्र दो वर्ष के अन्दर ही देश के संविधान में एक नया आर्टिकल जोड़ दिया गया। उस आर्टिकल के अन्तर्गत कश्मीर को विशेष प्रावधान दे दिया गया। तब भी बाबा साहेब डॉ० भीमराव अम्बेडकर ने इसका विरोध किया था। उन्होंने कहा था कि धारा 370 अलगाववाद का कारण बनेगी। उन्होंने तब भी कहा था कि यह विषबेल है, इस पर मैं अपनी सहमति नहीं दे सकता। यह इस देश की एकता और अखण्डता के लिए चैलेन्ज है और तब भी उन्होंने अपनी असहमति व्यक्त की थी। डॉ० श्यामा प्रसाद मुखर्जी जी ने इसके खिलाफ अभियान चलाया था, आन्दोलन चलाया था और कहा था कि

एक देश में दो प्रधान, दो निशान और दो विधान नहीं चलेंगे, वह बलिदान हो गए। 1952 से लेकर 2019 तक इन 67 वर्षों में पूरे देश के अन्दर इसको हटाने की माँग तो होती थी लेकिन इस कार्य को करेगा कौन, 1952 में ही संविधान लागू होते समय जब सरदार पटेल जी से इस बारे में पूछा गया। उनके निजी सहायक थे वी० शंकर, उन्होंने अपनी आटोबायोग्राफी में इस बात का उल्लेख किया है कि जब मैंने सरदार पटेल जी से इस बारे में पूछा कि आखिर धारा 370 जब देश की अखण्डता के लिए चैलेन्ज पेश करेगी, अलगाववाद का कारण बनेगी, कश्मीर के विकास के लिए बाधक होगी तो फिर इसको हटाया क्यों नहीं जा रहा है। तब उन्होंने कहा था कि नेहरू की जिद के कारण यह हट नहीं पा रही है। इसको हटाने के लिए जिसके कलेजे में दम होगा, वही इसको हटा पाएगा। प्रधानमंत्री मोदी जी ने और गृह मंत्री अमित शाह जी ने साबित कर दिया है कि किसके कलेजे में दम है। आज जम्मू-कश्मीर में पूरी शान्ति है और धारा 370 सदैव के लिए समाप्त हो चुकी है।

लद्दाख एक नए भविष्य की ओर देखकर विकास की नई-नई योजनाओं को आगे बढ़ा रहा है। जम्मू-कश्मीर के लिए एक नए पैकेज के साथ विकास की योजनाओं को आगे बढ़ाया जा रहा है। जैसे जम्मू-कश्मीर और लद्दाख के नागरिकों को शेष भारत के साथ अलग-अलग राज्यों पर जो अधिकार उन्हें प्राप्त है वही अधिकार शेष भारत के लोगों को भी जम्मू-कश्मीर के अन्दर अब प्राप्त हो गया है। यह एक ऐतिहासिक अवसर, संविधान के 70वें वर्ष में इस देश के नागरिकों को मिला है। सरदार बल्लभ भाई पटेल जी, जिन्होंने भारत की अलग-अलग रियासतों को भारत गणराज्य का हिस्सा बनाया था, उनकी उसी कड़ी को आगे बढ़ाने का कार्य प्रधानमंत्री मोदी जी ने और गृह मंत्री अमित शाह जी ने किया है, मैं इसके लिए उनका अभिनन्दन करता हूँ।

अन्तर्राष्ट्रीय जगत में भी, वैश्विक मंच पर भी भारत को दुनिया का समर्थन इन सब मुद्दों पर प्राप्त हुआ है। यह चीजें इस बात को साबित करती हैं कि वैश्विक मंच पर भारत की प्रतिष्ठा पहले से कई गुना ज्यादा बढ़ी है। आज जब भारत के प्रधानमंत्री जी दुनिया के अन्दर कहीं जाते हैं तो भारत दुनिया का

नेतृत्व करता हुआ दिखाई देता है। अब भारत पिछलग्गू राष्ट्र नहीं है। आज भारत दुनिया को नेतृत्व प्रदान करने वाला भारत है, एक नया भारत है। एक भारत और श्रेष्ठ भारत की उन्हीं परिकल्पनों को साकार करने के लिए, जो देश के संविधान निर्माताओं ने देखा था, उन संविधान निर्माताओं की भावनाओं को मूर्त रूप प्रदान करने के लिए ही भारत की सरकार उस दिशा में प्रयास कर रही है। बेहतरीन रूप से भारत को आगे बढ़ा रही है। चाहे वह भारत को 5 ट्रिलियन यू०एस० डॉलर की इकोनॉमी बनाने की दिशा में किए जाने वाले प्रयास हों और चाहे उस तर्ज पर उत्तर प्रदेश को 1 ट्रिलियन डॉलर की इकोनॉमी के रूप में बदलने की प्रदेश सरकार की कार्य-योजनाएँ हों। यह सब एक-दूसरे के साथ जोड़कर हम लोग प्रत्येक नागरिक के जीवन में बिना भेदभाव के खुशहाली लाना चाहते हैं। इस दिशा में जो प्रयास प्रारम्भ हुए हैं, उन प्रयासों की ही यह श्रृंखला है कि आज हम सब यहाँ पर केवल अधिकारों की ही चर्चा नहीं करेंगे, बल्कि अपने उन मूल कर्तव्यों की भी चर्चा करेंगे जो भारत के प्रत्येक नागरिक के लिए अनिवार्य होने चाहिए। क्योंकि अधिकार और कर्तव्य अलग-अलग नहीं हो सकते। अधिकार विहीन कर्तव्य कोई मायने नहीं रखता, लेकिन कर्तव्य विहीन अधिकार एक निरंकुश सत्ता को ही जन्म देता है। एक प्रकार की तानाशाही को जन्म देता है। हम लोग लोकतंत्र के प्रति पूरी तरह प्रतिबद्ध हैं। सबका साथ और सबके विकास की बात हमने की है। हमने जाति की बात नहीं की, क्षेत्र की बात नहीं की, भाषा की बात नहीं की, सामाजिक ताने-बाने को छिन्न-भिन्न करने की बात नहीं की। हमने सबकी सभी योजनाओं को एक साथ जोड़ करके उन कार्यक्रमों को आगे बढ़ाने की बात की। भारत का संविधान जिस कार्य के लिए हम सबसे अपेक्षा करता है, उसी कार्यक्रम को यू०एन० ने सस्टेनेबल डेवलेपमेण्ट गोल्स के रूप में दुनिया को दिया है।

वर्ष 2015 में मा० प्रधानमंत्री मोदी जी ने जब यू०एन० एसेम्बली को सम्बोधित किया था तो उस समय भी उन्होंने इस बात का उल्लेख किया था कि आतंकवाद एक देश की समस्या नहीं है। भुखमरी को हम एक देश की

समस्या नहीं मान सकते। बेकारी एक देश की समस्या नहीं हो सकती। गरीबी किसी एक देश की समस्या नहीं हो सकती। वैश्विक स्तर पर इसका प्रभाव पड़ता है। इसलिए वैश्विक स्तर पर अलग-अलग देश अपने-अपने अन्दर तो इन समस्याओं के लिए कुछ कार्य-योजना बनाए ही, वैश्विक स्तर पर भी इसके लिए ठोस कार्य-योजना बने। इसके लिए यू०एन० के मंच का प्रयोग पहली बार हुआ है और सस्टेनेबल डेवलपमेण्ट गोल्स को ले करके प्रधानमंत्री जी के आह्वान पर यू०एन० ने जो कार्य-योजना तैयार की, उस कार्य-योजना पर ही इस सदन ने 2 और 3 अक्टूबर को 36 घण्टे की एक अनवरत चर्चा को आगे बढ़ा करके एक इतिहास उस समय भी रचने का कार्य किया। उसमें भी आपने देखा होगा, चर्चा का विषय कोई जाति नहीं थी, कोई क्षेत्र नहीं था, कोई भाषा नहीं थी। उस समय भी उस चर्चा का विषय यू०एन० के 17 गोल्स थे।

मैं पूछना चाहता हूँ, गरीबी का सर्वथा अन्त हो, इसमें कौन-सा जातिवाद है, कौन सा क्षेत्रवाद है, कौन सा भाषावाद है। अगर जीरो हंगर की बात करते हैं, शून्य भुखमरी की बात करते हैं, भुखमरी का सर्वथा अन्त होना चाहिए, अगर हम खाद्य की बात करते है, खाद्य सुरक्षा और बेहतर पोषण हासिल करना, स्वास्थ्यप्रद कृषि को बढ़ावा देना, इन सब कार्यों पर सरकार कार्य कर रही है तो इसमें कहाँ से जाति, क्षेत्र, भाषा, मत और मजहब की बात आती है, यह तो सबके लिए है। यह सरकार उत्तम स्वास्थ्य और खुशहाली की बात करती है। हम मेडिकल कॉलेजेज बना रहे हैं, लाइफसपोर्ट एम्बुलेन्सेज दे रहे हैं। एम्स का निर्माण हो रहा है। टेक्नोलॉजी का उपयोग करते हुए दूरदराज के क्षेत्रों में भी लोगों को बेहतर सुविधाएँ उपलब्ध कराने की दिशा में प्रयास प्रारम्भ हुए हैं। कहाँ से जाति की बात आती है, कहाँ क्षेत्र और कहाँ भाषा है। यही स्थिति क्वालिटी एजुकेशन के लिए भी है, गुणवत्तायुक्त शिक्षा और इस शिक्षा के लिए सरकार के द्वारा किए जा रहे प्रयास, बेसिक शिक्षा परिषद् में 1 लाख 58 हजार विद्यालय, वर्ष 2016 तक जिनकी स्थिति खण्डहर जैसी थी, उनमें बुनियादी सुविधाएँ उपलब्ध कराई है। 1 लाख 58 हजार में से 92 हजार ऐसे विद्यालय हैं जिनमें ऑपरेशन कायाकल्प के तहत फर्नीचर लगे हैं,

फ्लोरिंग हुई, टॉयलेट बालक-बालिकाओं के लिए बने हैं, पेयजल की व्यवस्था हुई है, स्मार्ट क्लासरूम बने हैं और छात्रों की संख्या भी बढ़ी है। जनसहयोग और जनसहभागिता के माध्यम से 92 हजार विद्यालय इस रूप में आगे बढ़े हैं।

माध्यमिक शिक्षा में नकलविहीन परीक्षा हो सकती है। प्रदेश के अन्दर कुछ लोगों का नारा था कि सत्ता में आएँगे नकल कराएँगे। हमने तो यह नहीं कहा, हम प्रदेश के नौजवानों के भविष्य के साथ खिलवाड़ नहीं कर सकते, एक तरफ नकल कराएँगे और दूसरी तरफ नौकरी के नाम पर पैसा लेंगे। हमने तो प्रदेश के अन्दर जितनी भर्तियाँ की हैं, अभी 50 हजार पुलिस की भर्ती निकली है, 75 हजार पुलिस की भर्ती कर चुके हैं, एक व्यक्ति नहीं कह सकता है कि किसी से पैसा लिया गया है। ट्रेनिंग की क्षमता को बढ़ाया गया है, व्यवस्थाएँ उत्तम की गई हैं। पारदर्शी तरीके के साथ पूरी प्रक्रिया को आगे बढ़ाने का कार्य किया गया है।

नए-नए विश्वविद्यालय दिए जा रहे हैं। सहारनपुर में नया विश्वविद्यालय दिया जा रहा है। अलीगढ़ में नया विश्वविद्यालय देने जा रहे हैं। आजमगढ़ में एक नया विश्वविद्यालय दे रहे हैं। तमाम निजी क्षेत्र के विश्वविद्यालय उच्च शिक्षा के क्षेत्र में स्वस्थ प्रतिस्पर्धा को आगे बढ़ाने के लिए आ रहे हैं। एम्स जैसी संस्थाएँ आ रही हैं। 1947 से लेकर 2016 तक कुल 12 राजकीय मेडिकल कॉलेज बनते हैं और 2016 से 2019 के बीच 15 मेडिकल कॉलेज बन करके तेजी के साथ आगे बढ़ रहे हैं। 14 के नए प्रस्ताव जा चुके हैं। यह है कार्य करने की स्पीड। इसी प्रकार से लैंगिक समानता, हमने कोई भेदभाव नहीं किया, हमने कभी इस बात को नहीं कहा, अगर कहीं पर किसी बालिका के साथ कभी दुष्कर्म हुआ है, तो हमने कठोरता के साथ कार्रवाई की है। हमने उस बालिका की कभी खिल्ली नहीं उड़ाई है। हम उस पृष्ठभूमि से हैं जहाँ पर यह मान्यता रही है कि गाँव की बेटी सबकी बेटी। हम इस बात को मानते हैं।

'बेटी बचाओ, बेटी पढ़ाओ' प्रधानमंत्री मोदी जी का आह्वान हो या फिर प्रदेश के अन्दर अभी हाल ही में लागू की गई 'मुख्यमंत्री कन्या सुमंगला योजना'। बेटी के पैदा होने से लेकर बेटी के द्वारा डिप्लोमा या डिग्री का कोर्स

लेने तक धनराशि रु० 15000/- का पैकेज बेटी के नाम पर प्रदेश सरकार देगी। बेटी के शादी योग्य होने पर धनराशि रु० 51000/- प्रदेश सरकार की तरफ से दी जाएगी। 96 हजार बालिकाओं की शादी इस योजना के अन्तर्गत अब तक सम्पन्न हुई है। हमारी सरकार ने मुखबिर की योजना प्रारम्भ की है। अगर कहीं पर कोई व्यक्ति भ्रूण हत्या करने का प्रयास करेगा, तो उसके खिलाफक्या कार्यवाही होनी है, इसमें भी प्रभावी ढंग से कार्यवाही को हमारी सरकार ने आगे बढ़ाने का कार्य किया है।

इसी प्रकार से प्रदेश के अन्दर स्वच्छ जल और स्वच्छता (क्लीन वाटर एण्ड सेनीटेशन) की दिशा में कार्य प्रारम्भ हुआ है। इसका सबसे बड़ा उदाहरण 'प्रयागराज कुम्भ' है। मैंने पिछली बार भी इस बात को कहा था कि वर्ष 2013 में 'महाकुम्भ' का आयोजन हुआ था। उस समय मॉरीशस के प्रधानमंत्री जी 'कुम्भ' में स्नान करने के लिए आए थे। गंगा जी में जब उन्होंने गन्दगी देखी तो दूर से ही प्रणाम करके वापस चले गए। वर्ष 2019 में 'कुम्भ' का आयोजन करने का सौभाग्य हम लोगों को प्राप्त हुआ। इस बार कुम्भ के आयोजन में अविरल गंगा, निर्मल गंगा के दर्शन सबको हुए थे। मॉरीशस के प्रधानमंत्री जी भी आए थे। उनके साथ चार सौ लोगों का डेलीगेशन भी था। सभी ने गंगा जी में डुबकी लगाई और यहाँ से जाने के बाद धन्यवाद भी भेजे कि हमें बहुत अच्छा लगा कि जीवन का हमने एक पुण्य प्राप्त कर लिया। ये सरकारों की कार्य-पद्धति है।

स्वच्छ जल और स्वच्छता का जो कार्यक्रम चल रहा है, इसी उद्देश्य से जल शक्ति मंत्रालय का गठन भी हमारी सरकार ने किया है। हर घर नल पहुँचाने की हमारी योजना है। बुन्देलखण्ड के लिए हम पैसा दे चुके हैं। लगभग नौ हजार करोड़ रुपये की योजना बुन्देलखण्ड के लिए स्वीकृत हो चुकी है। हम वहाँ का कार्य प्रारम्भ करने जा रहे हैं। विंध्य क्षेत्र में सोनभद्र और मिर्जापुर में हम पेयजल उपलब्ध कराने का डी०पी०आर० तैयार कर चुके हैं। इस पर भी हम लोग बहुत शीघ्र पैसा देने जा रहे हैं। इन्सेफ्लाइटिस, आर्सेनिक और फ्लोराइड से प्रभावित क्षेत्रों में भी हम लोग शुद्ध पेयजल की आपूर्ति कराने

के लिए प्रतिबद्ध हैं। हर घर में शुद्ध पेयजल पहुँचाने के लिए सरकार की जो प्रतिबद्धता है, प्रधानमंत्री मोदी जी का जल–जीवन मिशन उसी का हिस्सा है। इसके लिए जल संरक्षण करना, हर व्यक्ति को उसकी आवश्यकता के अनुरूप शुद्ध पेयजल की आपूर्ति करना, दोनों दिशा में सरकार ने प्रयास प्रारम्भ किए हैं। इस पर कार्य प्रारम्भ हुआ है।

यह वही प्रदेश है जहाँ दो–चार जिलों में 22–23 घण्टे बिजली मिलती थी। शेष 70–72 जिले अँधेरे में रहने के लिए मजबूर होते थे। आज प्रदेश के सभी 75 जनपदों में बिजली आपूर्ति है। आज सुबह एक सज्जन कह रहे थे कि आपने एक भी यूनिट बिजली नहीं दी। मैंने कहा कि ये तो हमारी खूबी है कि बिना एक यूनिट बिजली पैदा किए 75 के 75 जनपदों में 23 करोड़ जनता को समान बिजली दे रहे हैं। प्रदेश के अन्दर एक करोड़ छियालिस लाख परिवारों को 'उज्ज्वला योजना' में रसोई गैस का निःशुल्क कनेक्शन मिलना भी इसी स्वच्छ ईंधन का ही आधार बना है।

'वन डिस्ट्रिक्ट, वन प्रोडक्ट' की योजना के अन्तर्गत जिन उद्यमियों ने वहाँ पर वर्षों से अपनी मेहनत, अपनी कर्मठता के साथ उद्यम स्थापित किया था, वे सभी उद्यमी आज इस बात को लेकर खुशहाल हैं कि उन्हें आज बिजली भी मिल रही है और बिजली के साथ–साथ उन सभी उद्यमियों को वहाँ पर पी०एन०जी० भी मिल चुकी है। आज ही मैंने गाजियाबाद एन०सी०आर० में सुप्रीम कोर्ट के आदेश के बाद कोयले से चलने वाले जो उद्योग थे, उन उद्योगों को पी०एन०जी० या सी०एन०जी० उपलब्ध कराने के लिए भारत के पेट्रोलियम मंत्री को स्वयं पत्र लिखा है। हमें विकास भी चाहिए, लेकिन शुद्ध पर्यावरण भी चाहिए। अब हमें इसमें सन्तुलन बिठाना है। हम टेक्नोलॉजी का उपयोग करेंगे। विकास को बाधित भी नहीं होने देंगे। लेकिन साथ–साथ टेक्नोलॉजी का उपयोग करते हुए हम आमजन के जीवन में खुशहाली लाने का प्रयास भी करेंगे। पर्यावरण की रक्षा भी करेंगे। पर्यावरण की उसी रक्षा को आगे बढ़ाने की दिशा में सरकार ने यह प्रयास प्रारम्भ किए हैं।

इसी प्रकार से सरकार ने जो सस्टेनेबल डेवलपमेण्ट गोल्स की चर्चा की थी, इस दिशा में भी सरकार ने अलग–अलग सेक्टर पॉलिसीज बनाई थीं।

फोकस सेक्टर में पॉलिसीज बना करके वहाँ पर निवेश की व्यापक सम्भावनाओं को आगे बढ़ाया। प्रदेश के अन्दर बेहतरीन कानून व्यवस्था का परिणाम है कि ढाई वर्ष में कोई दंगा नहीं हुआ। सभी कार्यक्रम सफलतापूर्वक सम्पन्न हुए। ढाई लाख करोड़ रुपये से अधिक का निवेश इस दौरान प्रदेश के अन्दर हुआ है। लाखों नौजवानों के लिए नौकरी की सम्भावनाएँ उससे बढ़ी हैं। 'वन डिस्ट्रिक्ट, वन प्रोडक्ट' की कार्य-योजना ने प्रदेश के एक्सपोर्ट को देश के अन्दर सर्वाधिक रूप में आगे बढ़ाने का कार्य किया है। वर्षों से बन्द रमाला चीनी मिल, तीस वर्षों से किसान चिल्लाते थे इस चीनी मिल का क्षमता विस्तार होना चाहिए। नई चीनी मिल लगनी चाहिए, कोई नहीं कर पाया। मैं पिछले महीने ही रमाला में नई चीनी मिल का उद्घाटन करके आया हूँ। पिपराइच में नई चीनी मिल का उद्घाटन करके आया हूँ। मुण्डेरवा में नई चीनी मिल का उद्घाटन करके आया हूँ। पिछली सरकारें बन्द करती थीं, बेचती थीं। हम उन्हें फिर से, नए सिरे से चलाने की कार्यवाही कर रहे हैं।

गोरखपुर में खाद कारखाना 1990 में बन्द हो गया था। प्रधानमंत्री मोदी जी की अनुकम्पा से नया खाद कारखाना नई टेक्नोलॉजी के साथ लग रहा है। अब वह खाद कारखाना नवम्बर, 2020 में बनकर तैयार हो जाएगा। किसानों को आसानी से सस्ते में खाद मिलेगी। इन्फ्रास्ट्रक्चर, आज पूर्वांचल एक्सप्रेस-वे का निर्माण तेजी से चल रहा है। बुन्देलखण्ड एक्सप्रेस-वे की सभी औपचारिकताएँ पूर्ण हो चुकी हैं। एक महीने के अन्दर हमारा प्रयास होगा कि इसका शिलान्यास करके इस कार्य को भी हम आगे बढ़ाएँ। गंगा एक्सप्रेस-वे, मेरठ को प्रयागराज से जोड़ने के लिए युद्धस्तर पर उसके सर्वे के कार्य को आगे बढ़ाया गया है। इण्टरस्टेट कनेक्टिविटी को फोर लेन के साथ जोड़ने के लिए, हर डिस्ट्रिक्ट हेड क्वार्टर को फोर लेन के साथ जोड़ने, तहसील और विकास खण्ड को टू लेन के साथ जोड़ने की कार्यवाही युद्धस्तर पर चल रही है। एयर कनेक्टिविटी बेहतर हुई है। पहले प्रदेश के अन्दर केवल दो एयरपोर्ट थे। आज 7 एयरपोर्ट प्रदेश के अन्दर फंक्शन में हैं। देश और दुनिया के 55 शहरों के साथ उत्तर प्रदेश की कनेक्टिविटी हुई है। बेहतरीन 11 एयरपोर्ट का

काम चल रहा है। जेवर में देश का सबसे बड़ा एयरपोर्ट उत्तर प्रदेश सरकार बनाने जा रही है। यह नई कार्य-योजना, अयोध्या में एक बड़ा एयरपोर्ट बनाने की कार्यवाही युद्धस्तर पर आगे बढ़ रही है। यह कार्य-योजना, प्रदेश के बुनियादी ढाँचे के विकास के साथ आगे बढ़ाने की कार्यवाही, असमानताओं में कमी, रास्तों के अन्दर और उनके बीच असमानताओं को कम करना, कश्मीर में धारा 370 को समाप्त करना उसी कड़ी का हिस्सा है। भेदभाव नहीं होगा। अगर जम्मू-कश्मीर का नागरिक उत्तर प्रदेश में कहीं आ-जा सकता है, यहाँ जमीन खरीद सकता है तो उत्तर प्रदेश के नागरिक को भी यह अधिकार जम्मू-कश्मीर में मिलना चाहिए।

असमानता किसी भी स्तर पर हो, हम लोग उसे हर स्तर पर ठीक करने की दिशा में कार्य कर रहे हैं। संवहनीय शहर और समुदाय भी उसी दिशा में किया गया प्रयास है। प्रदेश के अन्दर 60 शहर अमृत योजना के अन्तर्गत, 10 शहर स्मार्ट सिटी के अन्तर्गत, जो 07 हमारे नगर निगम बच गए थे, उन्हें राज्य सरकार के द्वारा स्मार्ट सिटी के रूप में और सेफसिटी के रूप में विकसित करने की कार्यवाही इसी योजना के अन्तर्गत हो रही है।

आज जब हम इस विशेष सत्र में आए हैं तो उन सभी नागरिकों के मूल अधिकारों के साथ-साथ उन कर्तव्यों के बारे में आभास कराने के लिए, जो देश के अन्दर रहने वाले प्रत्येक नागरिक के लिए आवश्यक हैं। इस दिशा में आज जब महामहिम राज्यपाल महोदया ने अपने अभिभाषण के माध्यम से इन सब बातों की चर्चा सदन में की है तो हम सब अधिकारों और कर्तव्यों को एक-दूसरे के पूरक के रूप में देखें, इससे एक बेहतर व्यवस्था आगे बढ़ सकती है। उस बेहतर व्यवस्था को आगे बढ़ाने के लिए ही सरकार ने प्रयास प्रारम्भ किए हैं। मैं इस अवसर पर यह बताना चाहूँगा कि यह कार्यक्रम आज से प्रारम्भ हुए हैं। प्रधानमंत्री जी ने जो कार्य-योजना पूरे देश के लिए दी है कि संविधान दिवस से लेकर के समरसता दिवस पर बाबा साहेब डॉ० भीमराव अम्बेडकर की जयन्ती तक, अलग-अलग कार्य-योजनाएँ अलग-अलग स्तर पर तैयार होनी हैं। आज हम इस अवसर पर यहाँ उपस्थित हैं। आज प्रदेश के

अन्दर इस सदन में हम लोग इस संकल्प के साथ बँधे हैं। अभिभाषण के बाद आज एक संकल्प भी यहाँ पर पूरे सदन के साथ करवाएँगे, लेकिन इसके साथ ही संविधान का संकल्प हर एक स्तर पर अलग-अलग विभागों के द्वारा भी पूरे प्रदेश के अन्दर आज लिया गया है कि संविधान के प्रति हम सब अपने कर्तव्यों का पालन कर सकें। संविधान के प्रति हमारे क्या दायित्व हैं, हमारे अपने मूल कर्तव्य क्या हैं? देश के प्रतीकों के प्रति, देश के विधान के प्रति, देश के उन पवित्र प्रतीकों के प्रति हमारा दायित्व क्या होना चाहिए? इन सभी को आगे बढ़ाने की कार्यवाही के साथ-साथ उन सभी मूल कर्तव्यों को ध्यान में रखकर के आज इस सदन में हम चर्चा को आगे बढ़ा रहे हैं। यह संकल्प, यह शपथ प्रदेश के अन्दर हर एक संस्थाओं में, कॉलेजेज में, स्कूलों में और सरकारी कार्यालयों में, अन्य निगमों में, हर जगह इसका संकल्प भी दोहराने का कार्य हुआ है। 03 दिसम्बर को संविधान सभा के अध्यक्ष डॉ० राजेन्द्र प्रसाद जी की जयन्ती है। इस दिन जितने भी बार एसोसिएशन्स हैं, अन्य ऐसी संस्थाएँ हैं, वहाँ पर भी विशेष कार्य-योजना पहले से ही बनाने की कार्य-योजना न्याय विभाग के द्वारा बनाई गई है। इस पर शिक्षण, प्रशिक्षण संस्थाओं में, देश के अन्दर अलग-अलग संस्थाओं में डिबेट हों। देश के संविधान के प्रिएम्बल को लेकर के, फण्डामेन्टल ड्यूटीज को लेकर के डिबेट को आगे बढ़ाने के साथ-साथ विभिन्न प्रकार की क्विज प्रतियोगिताएँ जो सामान्य ज्ञान से जुड़ी हों। प्रतियोगिताओं को आगे बढ़ाने का कार्यक्रम, इस पर चलने वाली डिबेट और अन्य तमाम प्रकार की खेलकूद की प्रतियोगिताओं को इसके साथ जोड़कर प्रदेश के अन्दर अलग-अलग विभागों के द्वारा अलग-अलग कार्यक्रम करते हुए बाबा साहब डॉ० भीमराव अम्बेडकर की जयन्ती के दिन, 14 अप्रैल के दिन इन सभी कार्यक्रमों को समारोह के रूप में हम लोग इस योजना को वहाँ तक लेकर जाएँगे।

उत्तर प्रदेश के अन्दर कई अन्य कार्यक्रम होंगे और खासतौर पर 12 से 16 जनवरी के बीच उत्तर प्रदेश के अन्दर देश का युवा महोत्सव भी होने जा रहा है। जिसमें देश के हर राज्य से लगभग 6 हजार यूथ उत्तर प्रदेश की

राजधानी लखनऊ में आएँगे। उत्तर प्रदेश के अन्दर एक अवसर होगा जब इतने बड़े आयोजन को करने का श्रेय उत्तर प्रदेश को प्राप्त होगा। युवा महोत्सव उत्तर प्रदेश के अन्दर होने जा रहा है। इसके साथ ही 16–17 जनवरी को उत्तर प्रदेश के अन्दर कॉमनवेल्थ पार्लियामेण्ट्री एसोसिएशन की बैठक होने जा रही है। यही नहीं देश के आदरणीय प्रधानमंत्री जी ने देश के अन्दर दो डिफेन्स प्रोडक्शन कॉरिडोर के निर्माण की घोषणा की थी। उसमें से एक उत्तर प्रदेश में है। चार से नौ फरवरी के बीच में उत्तर प्रदेश की राजधानी में डिफेन्स एक्सपो का भव्य कार्यक्रम होने जा रहा है, जो प्रदेश में डिफेन्स प्रोडक्शन के क्षेत्र में इन्वेस्टमेण्ट के लिए भी व्यापक सम्भावनाओं को आगे बढ़ाएगा और साथ–साथ प्रदेशवासियों को देश के अन्दर रक्षा क्षेत्र में भारत की आधुनिकता और प्रगति के बारे में जानकारी लेने का एक अवसर प्रदान करेगा। अनेक ऐसे कार्यक्रम इस दौरान प्रदेश के अन्दर चलने जा रहे हैं। चाहे नेताजी सुभाष चन्द्र बोस की जयन्ती के कार्यक्रम हों या फिर इस दौरान होने वाले अनेक ऐसे आयोजन, जिन आयोजनों के साथ एक कार्य–योजना यहाँ पर लागू होने जा रही है, उस कार्य–योजना को पूरी प्रतिबद्धता के साथ प्रदेश सरकार लागू करने के लिए यहाँ पर संकल्पित है।

मैं सचमुच मा० राज्यपाल महोदया का आभार व्यक्त करता हूँ जिन्होंने इस सदन के विशेष सत्र में आकर अपने अभिभाषण के माध्यम से इस सदन की गरिमा को बढ़ाया है। समवेत सदन की गरिमा को आगे बढ़ाया है। समवेत सदन की गरिमा को आगे बढ़ाकर उन्होंने इस बात को साबित किया कि वास्तव में इस सदन ने भी उसी गरिमापूर्ण तरीके से इस कार्यक्रम को यहाँ पर आगे बढ़ाया। मैं अभिनन्दन करूँगा सभी माननीय सदस्यों का, दोनों सदनों का कि इतने शान्तिपूर्ण ढंग से यहाँ पर सदन की कार्यवाही पूर्वाह्न में सम्पन्न हुई थी। उस सदन के बाद जब यहाँ पर चर्चा प्रारम्भ हुई तो चर्चा में माननीय सदस्यों ने भाग लेकर इस पूरी चर्चा की गरिमा को आगे बढ़ाया। मैं जानता हूँ बहुत सारे माननीय सदस्य थे, जो लोग इसमें भाग लेना चाहते थे, बोलने के इच्छुक थे, अवसर भी मिलना चाहिए था। लेकिन हम सब लोग जानते हैं कि सस्टेनेबल

डेवलपमेण्ट गोल्स पर होने वाली चर्चा पर पहले हम लोगों ने 48 घण्टे का सत्र रखा। हमारे प्रतिपक्ष में बैठे हुए मित्रों ने इस बारे में उस समय कहा कि इस चर्चा को 48 घण्टे नहीं 36 घण्टे करना चाहिए। हमने उनके अनुसार इसे 36 घण्टे में किया, तो उसके बाद लोग वॉक आउट कर गए। यह विशेष सत्र था। एक विशेष प्रयोजन के लिए आहूत किया गया था। इस आहूत सत्र में सबने अपनी बातों को यहाँ पर रखा। संसदीय कार्यमंत्री के प्रस्ताव के बाद श्रम मंत्री स्वामी प्रसाद मौर्य जी ने, नेता प्रतिपक्ष श्री राम गोविन्द चौधरी जी ने, नेता बहुजन समाज पार्टी, श्री लाल जी वर्मा जी ने, नेता अपना दल, श्री नील रतन पटेल जी ने, श्री सिद्धार्थ नाथ सिंह जी ने, श्री संजय गर्ग जी ने, श्री सतीश द्विवेदी जी ने, श्री सुखदेव राजभर जी ने, श्रीमती सुषमा पटेल जी ने, श्री पंकज सिंह जी ने, श्रीमती तंजीम फातिमा जी ने, श्रीमती नीलिमा कटियार जी ने, इन सभी माननीय सदस्यों ने इस सदन में अपनी बात को रखा और स्वाभाविक रूप से उनके बहुमूल्य विचार थे। उनके जो बहुमूल्य विचार थे, संविधान के प्रति, कर्तव्यों के प्रति और मूल कर्तव्यों के प्रति उन्होंने इस सदन में अपनी बात को रखा। मैं उन सभी माननीय सदस्यों को जिन्होंने इस चर्चा में भाग लिया, हृदय से धन्यवाद देता हूँ। मैं साथ ही साथ पूरे सदन के सभी माननीय सदस्यों का जो प्रातःकाल से यहाँ पर बैठकर इस चर्चा में भाग लेने के इच्छुक होने के बावजूद समय न मिलने के कारण अपने विचारों को रख तो नहीं पाए हैं लेकिन इस पूरी चर्चा को इन्होंने ध्यानपूर्वक सुना, उसे अंगीकार किया, उन सभी के प्रति मैं हृदय से धन्यवाद देता हूँ।

अध्यक्ष जी, आपने पूरी सहजता और सरलता के साथ इस विशेष सत्र का आयोजन किया, अभी जुलाई में रुटीन सत्र आपने चलाया था। जुलाई के सत्र के बाद इस दौरान दो विशेष सत्र आपके मार्गदर्शन में आयोजित हुए हैं। एक गाँधी जी की 150वीं जयन्ती के अवसर पर जब हम लोगों ने 36 घण्टे के सदन को यहाँ पर सस्टेनेबल डेवलेपमेण्ट गोल्स को लेकर आयोजित करके गोल्स कार्य-योजना को आगे बढ़ाया। आज संविधान के प्रियम्बल और फण्डामेंटल ड्यूटीज को लेकर के विशेष सत्र आहूत किया गया है। आपके मार्गदर्शन में

यह कार्य–योजना बहुत अच्छे ढंग से आगे बढ़ रही है। सचमुच आज का दिन हम सबके लिए एक संकल्प का दिन है। एक संकल्प का दिवस है। भारत के संविधान ने हम सबको जो गौरव दिया है कि अलग–अलग पृष्ठभूमि से होने के बावजूद हम सब एक साथ मिलकर न केवल स्वयं इस गौरव और गरिमा को बढ़ाने का कार्य कर सकते हैं बल्कि अपने स्वयं के प्रयास से समाज के निर्माण में, राष्ट्र के निर्माण में हम सबकी भी एक भूमिका हो सकती है। 'एक भारत, श्रेष्ठ भारत' की जो प्रधानमंत्री मोदी जी की परिकल्पना है, उस परिकल्पना के साथ जुड़कर हम भी उसमें अपना योगदान दे सकते हैं। इस दृष्टि से आज का यह विशेष सत्र अत्यन्त महत्वपूर्ण सत्र है। मैं इसके लिए आपके प्रति हृदय से आभार व्यक्त करता हूँ और विश्वास व्यक्त करता हूँ कि हम न केवल संविधान के प्रियम्बल को लेकर बल्कि फण्डामेंटल राईट एण्ड फण्डामेंटल ड्यूटीज को भी ध्यान में रखकर निश्चित ही अपने संवैधानिक दायित्वों का निर्वहन करने में सफल होंगे।

मैं इस बात को मान सकता हूँ कि विधायिका का स्तर अगर कम हुआ है तो इसके लिए विधायिका में बैठे हुए लोगों को स्वयं भी सोचने के लिए मजबूर होना चाहिए कि वास्तव में इसका कारण क्या है? अगर हम स्वयं अपने उन दायित्वों को समझ करके जो चर्चा का विषय हमने सदन को बनाना प्रारम्भ किया है, अगर यह चर्चा आगे बढ़ेगी तो विधायिका में बैठे हुए जितने भी माननीय सदस्यगण हैं इनके गौरव और गरिमा में अवश्य वृद्धि होगी। इसमें कोई सन्देह नहीं होना चाहिए। मैं एक बार पुनः आप सबके प्रति हृदय से आभार व्यक्त करता हूँ। मा० महामहिम राज्यपाल के प्रति आभार व्यक्त करता हूँ। बहुत–बहुत धन्यवाद!

सन्दर्भ : दिनांक 26 नवम्बर, 2019, संविधान दिवस के अवसर पर आहूत विशेष सत्र।

❏❏

लोकसभा

योगी आदित्यनाथ

दृष्टि-संवाद

लोकसभा

योगी आदित्यनाथ

दृष्टि-संवाद

खण्ड-४

संकलन एवं सम्पादन

हृदयनारायण दीक्षित

अध्यक्ष, उत्तर प्रदेश विधानसभा

राकेश कुमार योगी

वाणी प्रकाशन

वाणी प्रकाशन

4695, 21-ए, दरियागंज, नयी दिल्ली 110 002

फ़ोन : +91 11 23273167 फ़ैक्स : +91 11 23275710

शाखाएँ

अशोक राजपथ, पटना 800 004, बिहार

कॉफ़ी हाउस कैम्पस, महात्मा गांधी मार्ग, इलाहाबाद 211 001, उत्तर प्रदेश

महात्मा गांधी अन्तरराष्ट्रीय हिन्दी विश्वविद्यालय, वर्धा 442 001, महाराष्ट्र

सुल्तानिया रोड, मोतिया पार्क, भोपाल 462 001, मध्य प्रदेश

www.vaniprakashan.com
marketing@vaniprakashan.in
sales@vaniprakashan.in

Yogi Adityanath : Drishti-Samvad-4
Compiled and Edited by Hridaynarayan Dikshit
Rakesh Kumar Yogi

ISBN : 978-93-5518-014-8
Speech/Dastavez

प्रथम संस्करण 2021

सम्पूर्ण सेट (पाँच खण्ड) मूल्य : ₹ 3990

थॉमसन प्रेस (इंडिया) लि. में मुद्रित

वाणी प्रकाशन का लोगो मक़बूल फ़िदा हुसेन की कूची से

प्राक्कथन

हम भारत के सौभाग्यशाली नागरिक हैं कि हम 2014 से प्रारम्भ हुआ एक ऐसा कालखण्ड देख पा रहे हैं जिसमें एक राष्ट्र के रूप में चेतना एवं ऊर्जा के स्वर्णिम अवसर निर्मित हुए हैं। भारतीय इतिहास में लगभग गुप्त–काल के अवसान के पश्चात हमारी पुरानी पीढ़ियाँ सम्भवतः इस तरह के समय की कल्पना–मात्र ही कर पायी होंगी। विदेश आक्रान्ताओं ने न केवल देश की सीमाओं पर प्रहार किया बल्कि भारतीयता को भी निशाना बनाया। इसके फलस्वरूप भारतीय जनमानस से राष्ट्र–गौरव को विस्मृत किये जाने का प्रयास काफ़ी हद तक सफल हुआ और इसकी समस्त पुण्य विरासत को मिथक के रूप में प्रस्तुत करना आधुनिकता की निशानी बन गया। सर्वाधिक विडम्बना का विषय तो यह रहा कि अंग्रेज़ी साम्राज्य से स्वतन्त्रता के पश्चात यह रोग अधिक संक्रामक होता चला गया। इसका कारण समझना अधिक कठिन नहीं है। आवश्यकता इस बात की थी कि एक हज़ार वर्षों से अधिक समय से रक्तरंजित प्रहार झेल रहे राष्ट्र–वृक्ष की जड़ों में निज–गौरव तथा भारतीय दृष्टि का खाद–पानी डाला जाये किन्तु हुआ इससे बिल्कुल उलट। पाश्चात्य संस्कृति की सीमित आधुनिक दृष्टि से प्रभावित नेतृत्व की भारतीयता के प्रति स्वाभाविक उदासीनता तथा बीसवीं सदी की शुरुआत में सत्ता से शक्तिशाली हुए राष्ट्र–विरोधी वामपन्थी विचार के अनैतिक गठजोड़ ने एक ऐसी भूमिका तैयार की जिससे आत्मगौरव–विहीन दुर्बल समाज के निर्माण की कुचेष्टा सफल होने लगी। राष्ट्रीय चेतना के समूल विनाश के

लिए इस अनैतिक गठबन्धन ने तीन स्तर पर तेज़ी से कार्य किया जिसका प्रतिकूल प्रभाव समाज जीवन के प्रत्येक क्षेत्र पर दिखाई देता है। सबसे पहला वार किया गया शिक्षा व्यवस्था पर जिसमें भारतीय मूल्यों तथा इतिहास बोध को विस्मृत करने का षड्यन्त्र सफल हुआ और एक ऐसी पीढ़ी तैयार हुई जो भारतीय परम्परा एवं संस्कृति का उपहास कर गर्व अनुभव करती है। इस पीढ़ी के प्रतिनिधियों को आज भी आप "सौ में अस्सी बेईमान फिर भी मेरा देश महान" या हर नकारात्मक परिस्थिति में "इस देश का कुछ नहीं हो सकता" जैसे जुमले बोलकर खिसियाते हुए अपने आसपास देख सकते हैं। किसी राष्ट्र को यदि समाप्त करना है तो उसकी भौगोलिक सीमाओं पर नहीं उसकी राष्ट्रीय बौद्धिक चेतना पर हमला करना फलदायी होता है और भारत के साथ ऐसा ही हुआ है। इस हमले का शिकार दूसरा क्षेत्र रहा साहित्य, कला, संस्कृति और सामाजिक कार्य का। भारत की प्राचीन एवं विशद ज्ञान परम्परा को पूरी तरह नज़रअन्दाज़ कर साहित्य और कला में एक नयी धारा को पुष्पित–पल्लवित किया गया जिसने समाज में असन्तोष, विद्वेष जनित प्रतिक्रिया, बेचैनी, सन्त्रास के वातावरण को निरन्तर भड़काया। सामाजिक कार्य के नाम पर ग़ैर–सरकारी संस्थाओं के माध्यम से एक ऐसा जाल निर्मित किया गया जो विदेशी पैसे से संचालित है और जब भी राष्ट्रीय अस्मिता, सुधार अथवा प्रगति से जुड़ा कोई महत्त्वपूर्ण विषय आता है तो यह वर्ग समाज के एक हिस्से को देश के विरुद्ध खड़ा कर देता है। इसके बाद जो महत्त्वपूर्ण षड्यन्त्र हुआ वह हुआ पत्रकारिता और आज के सन्दर्भ में कहें तो मीडिया के क्षेत्र में। आप सरलता से कल्पना कर सकते हैं कि पाठ्यपुस्तकों में पाश्चात्य दृष्टि से विचारित भारत के बारे में पढ़कर आये लोग मीडिया में भारत का किस प्रकार का चित्रण करेंगे। स्वतन्त्रता के बाद से ही भारतीय पत्रकारिता पर अवांछित वामपन्थी प्रभाव ने समाज को आत्मगौरव से च्युत करने का काम किया। समाज जीवन के इन तीन मूल आधारों पर विषैले हमले का

असर राजनीति, प्रशासन सहित सभी क्षेत्रों पर दिखाई दिया। लगभग सभी क्षेत्रों से मूल्यों का ह्रास हुआ, अनैतिकता का महिमामण्डन हुआ और निराश–हताश जनमानस किसी प्रकार घिसटता रहा। इन विषम परिस्थितियों में समाज का एक बड़ा हिस्सा भारतीय मूल्यों के निरन्तर कार्य करता रहा, स्वयं को गलाकर दधिचि जैसे व्यक्ति निर्माण से राष्ट्र निर्माण के महायज्ञ में जुटा रहा और तब आशा–निराशा के कई दौर देखने के बाद वर्तमान समय आया है। राष्ट्र के पुनर्जागरण एवं पुनर्निर्माण में सदैव संन्यासियों ने महत्त्वपूर्ण भूमिका निभायी है और आज भी वह समय है जिसमें देश का शीर्ष नेतृत्व एक अघोषित संन्यासी के हाथ में है जबकि देश के सबसे बड़े राज्य का दायित्व एक भारतीय सन्त परम्परा से निकले संन्यासी के पास है। मानसिक परतन्त्रता की ऊपर वर्णित तमाम परिस्थितियों को एक चैतन्य आत्मा के रूप में जिसने भी देखा–समझा है वह निश्चित ही आज के इस युग को रामराज्य से कम नहीं मानेगा।

जिस बौद्धिक षड्यन्त्र की मैंने यहाँ संक्षिप्त चर्चा की है उसके वातावरण में यह कल्पना करना भी असम्भव था कि एक भगवा वस्त्रधारी संन्यासी राजनीति के शीर्ष पर दिखेगा। मेरे विचार में यह अध्यात्म की ही शक्ति है कि इतने गहरे दीर्घकालिक षड्यन्त्र के बावजूद भी भारतीय जनमानस राष्ट्र–चेतना के प्रवाह से कभी पृथक् नहीं हो पाया। सन्तों ने इस आध्यात्मिक चेतना को समाज के भीतर प्रवाहमान रखा तथा इसको राष्ट्र चेतना से जोड़ने का कार्य किया अटल बिहारी वाजपेयी, नरेन्द्र मोदी तथा योगी आदित्यनाथ जैसे नेतृत्वकर्ताओं ने। इस प्रकार के महानायक सदैव ही कठिन तपस्या की अग्नि से तपकर ही खरा सोना बनकर निकलते हैं। प्रसिद्ध साहित्यकार कन्हैयालाल मिश्र 'प्रभाकर' का एक प्रसिद्ध निबन्ध है जिसका शीर्षक है "पाप के चार हथियार"। इसका सार यह है कि जब सत्य और समाजहित के मार्ग पर निकले महापुरुषों को सदैव ही दुराचारी शक्तियाँ चार हथियार से पराजित करने का प्रयास करती हैं। जिसमें पहला

हथियार है उपेक्षा, फिर निन्दा, इसके बाद हत्या और फिर श्रद्धा का आडम्बर। इन महानायकों, विशेष रूप से नरेन्द्र मोदी और योगी आदित्यनाथ के साथ भी ऐसा ही किया गया। योगी आदित्यनाथ जी बहुत कम आयु से निरन्तर चुनाव जीतकर देश के एक महत्त्वपूर्ण लोकसभा क्षेत्र का प्रतिनिधित्व करते रहे किन्तु प्रारम्भ से उनको वेशभूषा से लेकर अनेक कारणों से उपेक्षित करने का प्रयास हुआ, इसमें सफल न होने पर मिथ्या आरोपों से उनकी निन्दा का भरपूर प्रयास किया गया। उनकी जीवन को भी हर समय ख़तरा रहा किन्तु इस संन्यासी योद्धा ने आध्यात्मिक प्रेरणा और परोपकार की नीति से हर षड्यन्त्र को असफल किया। आज वे दुनिया के अनेक देशों से बड़े भारतीय राज्य के मुख्य नेतृत्व के रूप में सफलता के कीर्तिमान स्थापित कर रहे हैं। कोविड जैसी सदी की सबसे बड़ी महामारी से लेकर गली–गली में विष–बेल की तरह फैल चुके अपराध से प्रदेश को मुक्ति दिलाने में उनके नेतृत्व ने ऐतिहासिक कार्य किया है। एक आध्यात्मिक साधक से राजनीति के नेतृत्व के शिखर पर पहुँचे योगी आदित्यनाथ की वर्तमान सफलता तो सबके समक्ष है किन्तु वह यात्रा, वह संकल्प–शक्ति, वह संघर्ष, वह अथक मेहनत शायद ही लोगों को पता है जिसके कारण वे इस जनहित के अपने लक्ष्य को प्राप्त कर रहे हैं।

भारतीय ज्ञान परम्परा में संवाद का अत्यधिक महत्त्व है, यहाँ ऋषियों ने संवाद के माध्यम से ही कालजयी साहित्य एवं दर्शन को अभिव्यक्त किया है। ऋषि–मुनियों का कोई व्यक्तिगत और गोपनीय जीवन नहीं होता इसलिए उनको जानने–समझने के लिए उनके जीवन की घटनाओं को जानने से अधिक महत्त्वपूर्ण है उनके संवाद को समझना। मेरे विचार में इसी प्रकार पारदर्शी, परोपकारी, समाज–समर्पित जीवन जीने वाले योगी आदित्यनाथ जी के संकल्प, समर्पण तथा संघर्ष को समझने के लिए भी उनके संवाद को ही उपयुक्त साधन मानना चाहिए। इस विचार के साथ ही उत्तर प्रदेश

विधानसभा–अध्यक्ष श्री हृदयनारायण दीक्षित जी की प्रेरणा से, बनारस हिन्दू विश्वविद्यालय के पूर्व कुलपति प्रो. गिरीशचन्द्र त्रिपाठी जी के मार्गदर्शन में, वाणी प्रकाशन के प्रबन्ध निदेशक अरुण माहेश्वरी के सद्प्रयास से इस संवाद–संकलन का कार्य प्रारम्भ हुआ। मैं विशेष रूप से प्रो. गिरीश चन्द्र त्रिपाठी, अध्यक्ष, उच्च शिक्षा परिषद्, उत्तर प्रदेश, प्रो. रविशंकर सिंह, ओएसडी, महायोगी गुरु श्री गोरक्षनाथ शोधपीठ, दीनदयाल उपाध्याय गोरखपुर विश्वविद्यालय, गोरखपुर, डॉ. प्रदीप कुमार, प्रधानाचार्य, महाराणा प्रताप पी.जी. कॉलेज, गोरखपुर एवं एल. उमाशंकर, वरिष्ठ साहित्यकार का आभार व्यक्त करता हूँ जिनके बहुमूल्य सहयोग से इस पुस्तक को पूर्ण किया जा सका। वाणी प्रकाशन के साथ पिछले ही वर्ष संसदीय संवाद विषय पर मैं एक पुस्तक पर काम कर चुका था अतः संयोग बना कि लोकसभा सांसद के रूप में संसद में योगी आदित्यनाथ जी के संवाद का संकलन तथा सम्पादन कार्य मेरा दायित्व हुआ। व्यक्तिगत जीवन में भी मैं इस विचार का मानने वाला और व्यवहार में इसे अनुभव करने वाला व्यक्ति हूँ कि प्रकृति स्वयं हमारे लिए उपयुक्त भूमिका तय करती है बस हमारे प्रयास उसकी दिशा में पहुँचने के लिए हो सकते हैं। एक सन्त और राजनेता के रूप में योगी आदित्यनाथ जी का व्यक्तित्व प्रत्येक व्यक्ति के मन में स्वाभाविक जिज्ञासा उत्पन्न करता है। यह जिज्ञासा मेरे मन में भी थी जो इस कार्य के माध्यम से बहुत सीमा तक शान्त हुई है। 2017 के शपथ ग्रहण से पूर्व ही यह संवाद–संकलन प्रकाशित होता तो इसको पढ़ने मात्र से यह स्पष्ट हो जाता कि एक मुख्यमन्त्री के रूप में योगी आदित्यनाथ जी क्या–क्या करने वाले हैं। एक व्यक्ति के संकल्प, संवाद और कर्म में इतनी दृढ़ इच्छाशक्ति, स्पष्टता तथा निरन्तरता मिलना दुर्लभ है। इस संकलन में संकलित उनके संभाषणों से यह गंगोत्री के जल की भाँति साफ़ दिखता है कि वे सिर्फ़ भगवा वस्त्र धारण नहीं करते बल्कि वे जीवन की प्रत्येक भूमिका में हर क्षण भगवा संकल्प को जीते हैं। गौरक्षा,

गौसेवा से लेकर समाज–संस्कृति के प्रत्येक महत्त्वपूर्ण एवं प्रासंगिक विषय पर उनके संवाद से यह संकल्प शक्ति स्वतः प्रकट होती है। एक सन्त का जीवन समग्र समाज के हित के लिए समर्पित होता है और जनहित से उनका कितना संवेदनशील सरोकार है, यह संसद में उनकी वाणी में व्यक्त एक–एक शब्द से सिद्ध होता है। यह एक स्वाभाविक प्रश्न है कि वे इस समय युवा हैं और ईश्वर कृपा से शतायु होकर अनेक महत्त्वपूर्ण कार्य उनके द्वारा सम्पन्न होने हैं तो फिर अभी इस संकलन की शीघ्रता क्या है? इस संकलन के सम्पादक के रूप में मैं पूरी विनम्रता से यह कहना चाहता हूँ कि समाज में विशेष रूप से सार्वजनिक जीवन में सरोकारों का एवं संवेदना के संवाद का लोप हो रहा है उसमें प्रेरणा की महती आवश्यकता है और मुझे पूरा विश्वास है कि यह संवाद–संकलन इस आवश्यकता के लिए सर्वथा प्रासंगिक सिद्ध होगा।

राकेश कुमार योगी

अनुक्रम

गौरक्षा

गौरक्षा हेतु क़ानून बने 15
गौरक्षा 17
गौरक्षा 21
गौसंवर्धन एवं गौरक्षा अत्यंत आवश्यक 23
गौरक्षा 35
गौरक्षा और गौसंवर्धन पर गंभीरता दिखाये सरकार 37

धर्म/संस्कृति

धर्म की गलत व्याख्या ना हो 41
धार्मिक स्थलों का दुरुपयोग न हो 47
धर्म संसद की मांगें पूरी करे सरकार 51
भारतीय संस्कृति पर प्रश्न उठाने वालों की मानसिकता गुलामी की 55
भगवान राम का तुलना आक्रांता बाबर से करना पाप 63
धर्मांतरण राष्ट्रीय सुरक्षा के लिए खतरा 69
बांग्लादेश में हिन्दू हत्या पर मौन है यू.पी.ए. सरकार 77
असम में अली और कुली का नारा देने वाले सांप्रदायिक 87
यह राष्ट्र 1947 में नहीं बना है, हजारों वर्षों से है 97

माँ गंगा

गंगा की प्राकृतिक धारा बाधित ना हो 107
अविरल गंगा–पवित्र गंगा 111

गंगा के नाम पर सिर्फ लूट और भ्रष्टाचार 117

देश हित

योजनाएं बनती हैं क्रियान्वयन नहीं होता 129
अनुभवहीन अधिकारी नाकाम करते हैं सार्वजनिक क्षेत्र के उपक्रमों को 135
समान नागरिक संहिता लागू हो 139
स्वतंत्रता के दशकों बाद भी राष्ट्रीय प्रतीकों का अपमान दुखदायक 149
बेरोजगारी, बदली जनसंख्या का परिणाम 155
देश को बांटने का षड्यंत्र करती है कांग्रेस 159
आंतरिक सुरक्षा पर गंभीर नहीं सरकार 165
राष्ट्रीय सुरक्षा पर गंभीर हो सरकार 169
जनसंख्या नियंत्रण अत्यंत आवश्यक है 183
एक भारत–श्रेष्ठ भारत 191

लोकतंत्र

यह भारी जनादेश की सरकार नहीं 205
लोकतांत्रिक मूल्यों की हत्या कर रही है सरकार 211

आतंकवाद/नक्सलवाद/माओवाद

माओवादियों का लोकतंत्र में विश्वास नहीं 219
नक्सलियों और माओवादियों के बीच गठजोड़ 225

गौरक्षा

मैं इस विषय में कुछ आंकड़े आपके सामने रखना चाहूँगा। वर्ष 1951 में गौवंश की 1000 व्यक्तियों पर आनुपातिक दर 426 थी जो 1982 में 278, 1992 में 216 और 1999 में घटकर मात्र 176 रह गयी है। एनीमल वेलफेयर बोर्ड ने इस बारे में एक सर्वेक्षण कराया था, जिसके अनुसार अगर इसी तरह से गौवंश पर अत्याचार होता रहा और गौकशी होती रही तो सन 2010 तक गौवंश इस देश से समाप्त हो जाएगा।

गौरक्षा हेतु क़ानून बने

सभापति जी, इस देश में बहुत बड़ी संख्या में गौ–तस्करी और गौकशी हो रही है जिसकी ओर मैं आपके माध्यम से भारत सरकार का ध्यान आकर्षित करना चाहता हुं। गौवंश भारत की धार्मिक और आर्थिक व्यवस्था का आधार है, लेकिन पिछले कुछ समय से लोभ–लालच और दुर्भावनावश जिस तरह से गौवंश की तस्करी हो रही है और जगह–जगह गौकशी की जा रही है उससे हमारी राष्ट्रीय संपदा का बहुत बड़ा नुकसान हो रहा है। मैं इस विषय में कुछ आंकड़े आपके सामने रखना चाहूँगा। वर्ष 1951 में गौवंश की 1000 व्यक्तियों पर आनुपातिक दर 426 थी जो 1982 में 278, 1992 में 216 और 1999 में घटकर मात्र 176 रह गयी है। एनीमल वेलफेयर बोर्ड ने इस बारे में एक सर्वेक्षण कराया था, जिसके अनुसार अगर इसी तरह से गौवंश पर अत्याचार होता रहा और गौकशी होती रही तो सन 2010 तक गौवंश इस देश से समाप्त हो जाएगा। अब तक गौवंश की 6 भारतीय नस्लें समाप्त हो चुकी हैं और 3 नस्लें समाप्त होने की कगार पर है। मैं आपके माध्यम से सरकार से मांग करता हुं कि गौकशी और गौवंश की तस्करी पर प्रतिबंध लगाने के लिए एक केंद्रीय कानून बनाया जाए जिससे इस राष्ट्रीय संपदा को बचाया जा सके।

–22 जुलाई, 1998

भारत जैसे धर्म परायण और कृषि प्रधान देश में इसकी महत्ता जन्य और जन्मभूमि के सामान लोकवंदनीय रही है। इस सभी को देखते हुआ हमारे संविधान निर्माताओं ने अनुछेद 48 में यह व्यवस्था की थी कि राज्य कृषि और पशुपालन को आधुनिक और वैज्ञानिक प्रणाली में शिफ्ट करने का प्रयास करेगा और गाय, बछड़े और दूधारू पशुओं की नस्लों में सुधार लाने का प्रयास करेगा।

गौरक्षा

अध्यक्ष जी, गाय भारतीय संस्कृति और धर्म का प्रमुख आधार रहा है। आपकी सरलता और उपयोगिता के कारण गौवंश की महत्ता पराया सभी सभ्य देशों में न्यूनाधिक रूप से विद्यमान है। भारत जैसे धर्म परायण और कृषि प्रधान देश में इसकी महत्ता जन्य और जन्मभूमि के सामान लोकवंदनीय रही है। इस सभी को देखते हुआ हमारे संविधान निर्माताओं ने अनुछेद 48 में यह व्यवस्था की थी कि राज्य कृषि और पशुपालन को आधुनिक और वैज्ञानिक प्रणाली में शिफ्ट करने का प्रयास करेगा और गाय, बछड़े और दूधारू पशुओं की नस्लों में सुधार लाने का प्रयास करेगा।

पहले मैं भूमिका रख रहा हूँ। गायों, बछड़ों और अन्य दूधारू पशुओं की नस्लों के संरक्षण और सुधार तथा उनका वध निषेध करने के लिए आवश्यक कदम उठाएगा। अध्यक्ष महोदय, पिछले 52 वर्षों में देश के 100 करोड़ लोगों की भावनाओं का अनादर करते हुए, उनकी भावनाओं को आघात पहुंचाते हुए

.....(व्यवधान)

अध्यक्ष महोदय, मैं जवाब दे रहा हूँ। इस देश में तुष्टिकरण की नीति पर चलकर बराबर इस देश में गौहत्या होती रही है। इस सदन में इससे पहले भी चर्चा हो चुकी है। संविधान के भाग 4 में उल्लिखित राज्य के नीति–निर्देशक तत्वों के कार्यान्वन के लिए बनाया गया कानून इस आधार पर असंवैधानिक घोषित नहीं किया जाएगा कि वह सरकार द्वारा 14वीं, 19वीं और 21वीं धाराओं में दिए गए अधिकारों

का उल्लंघन करता है। अतः यदि कोई कानून बनता है जिसके द्वारा गाय, बछड़ा और अन्य दूधारू अथवा कृषि उपयोगी पशुओं की हत्या पर प्रतिबंध लगता है तो प्रदत्त अधिकारों के प्रतिबंध के नाम पर उसे असंवैधानिक घोषित नहीं किया जा सकता है और इस प्रकार 42वें संशोधन के अलोक में गौवंश वध बंधित विधेयक कोई भी माकूल कानून बनाने का मार्ग प्रशस्त हो गया है तथापि सरकार अभी तक कोई अभीष्ट रूप से विचार करने वाला कानून नहीं बना पाई है।

क्योंकि विभिन्न करणों से ऐसा करने का कोई साहस जुटा नहीं पाया।...(व्यवधान)

अतः आवश्यक है कि इस महत्त्वपूर्ण और संवेदनशील प्रकरण के लिए केंद्रीय कानून बनाया जाए।

—17 दिसंबर, 1999

2 अगस्त, 2001 को माननीय प्रधानमंत्रीजी की संस्तुति पर राष्ट्रीय गौवंश आयोग का गठन किया गया था। आयोग ने अपनी रिपोर्ट माननीय प्रधानमंत्री और माननीय कृषि मंत्री को देश के धार्मिक, सांस्कृतिक एवं आर्थिक महत्व को ध्यान में रखकर गौवंश की हत्या पर पूर्ण प्रतिबंध लगाने की सिफारिश के साथ दिया है।

गौरक्षा

महोदय, कृपया अगले सप्ताह की कार्यसूची में निम्न विषय को सम्मिलित करने का कष्ट करें।

भारत धर्म एवं कृषि प्रधान देश है। देश की धर्म और कृषि पर आधारित व्यवस्था की आधार भारतीय नस्ल की गोवंश है। 2 अगस्त, 2001 को माननीय प्रधानमंत्रीजी की संस्तुति पर राष्ट्रीय गौवंश आयोग का गठन किया गया था। आयोग ने अपनी रिपोर्ट माननीय प्रधानमंत्री और माननीय कृषि मंत्री को देश के धार्मिक, सांस्कृतिक एवं आर्थिक महत्व को ध्यान में रखकर गौवंश की हत्या पर पूर्ण प्रतिबंध लगाने की सिफारिश के साथ दिया है। अतः अनुरोध है कि व्यापक जनहित में राष्ट्रीय गौवंश आयोग की सिफारिशों को स्वीकार किया जाए।

—02 अगस्त, 2002

हमारी पौराणिक कथाओं के अनुसार, एक बार, त्रेता युग में, राक्षसों ने पृथ्वी पर लोगों को आतंकित करना शुरू कर दिया, धरती माता गाय के भेष में भगवान विष्णु के पास गई और प्रार्थना की कि वह पृथ्वी को राक्षसों से बचाएं। और फिर, भगवान विष्णु ने भगवान राम के रूप में अवतार लिया और राक्षसों का सफाया किया। पृथ्वी गाय के रूपों में से एक है। इन्द्रियां भी गाय का ही रूप हैं।

गौसंवर्धन एवं गौरक्षा अत्यंत आवश्यक

उपाध्यक्ष महोदय, माननीय सदस्य श्री प्रहलाद सिंह पटेल जी द्वारा लाए गए देश भर में गौहत्या पर प्रतिबंध लगाने के लिए सरकार से आग्रह करने वाले निजी सदस्यों के विधेयक का मैं स्वागत करता हूँ और इसके लिए उन्हें धन्यवाद देता हूँ क्योंकि उन्होंने इस तरह के प्रस्ताव को लाकर बहुत अच्छा काम किया है। महत्वपूर्ण मुद्दा और पूरे सदन के साथ–साथ पूरे देश का ध्यान आकर्षित किया है।

महोदय, भारतीय संस्कृति की नींव वेद है। वेदों में कहा गया है कि–अध्याने ते रूपाय नमः अर्थात हे पवित्र गाय मैं आपको प्रणाम करता हूँ। वेदों ने गाय और उसके बछड़े को हर तरह से पूजा के योग्य घोषित किया है। ऐसा इसलिए है क्योंकि भारतीय संस्कृति के संदर्भ में धार्मिक, सामाजिक, आर्थिक दृष्टिकोण से गाय के महत्व और उपयोगिता को नकारा नहीं जा सकता है। यह अतिश्योक्ति नहीं होगी यदि यह कहा जाए कि गाय ही धर्म और कृषि आधारित भारतीय संस्कृति का एकमात्र मजबूत कारक है। गौवंश को उचित स्थान न देकर भारत जैसा देश जहां 70 से 75 प्रतिशत जनसंख्या कृषि पर निर्भर है, भौतिकवादी जीवन शैली और उन विकसित देशों के दृष्टिकोण का अनुसरण कर रहा है, जिनकी केवल 2–5 प्रतिशत जनसंख्या कृषि के माध्यम से अपनी आजीविका कमाती है। यह कुछ और नहीं बल्कि एक मूर्खता है। सभी संस्कृतियों, सभी धर्मों और सभी वर्गों का सम्मान करते हुए, भारत, एक धर्म प्रधान देश ने "सर्व धर्म समभाव" और उस धर्म की नींव का पालन किया है, वह संस्कृति गाय,

गाय संतान और माता के सम्मान के अलावा और कुछ नहीं है। हमारे जीवन में गाय की ऐसी विशेषताओं को देखते हुए आर्य संस्कृति में गाय को "गावो विश्वस्या मातरः" घोषित किया गया है। हमारे शास्त्र में कहा गया है कि–"सर्व देव स्थिति देहे सर्व देव माही ही गौ" अर्थात जो सभी देवी–देवताओं का आशीर्वाद प्राप्त करने का मार्ग है, केवल गाय की सेवा और पूजा करने से ही संभव हो सकता है, इसके गुणों को देखते हुए। ऐसा हमारे शास्त्र कहते हैं। यदि भारत जैसा कृषि प्रधान देश, जिसकी 70–75 प्रतिशत जनसंख्या कृषि पर निर्भर है, पश्चिम के विकसित देशों के भौतिकवादी दृष्टिकोण का अनुसरण करती है जहां सिर्फ 2–5 प्रतिशत लोग कृषि पर निर्भर हैं, तो यह अपनी पहचान खो देगा। यदि हम पश्चिमी देशों का अनुसरण करें तो जल्द ही हम दुनिया के पिछड़े देशों में होंगे। आजादी के बाद से हम प्रगति और विकास के वांछित स्तर को प्राप्त नहीं कर पाए हैं क्योंकि हम अपनी संस्कृति और अपनी परंपराओं को भूल चुके हैं। ऐसे कई उदाहरण हमारे सामने हैं। हमारे देश में गाय माता के लिए आत्म बलिदान करने के कई उदाहरण और कहानियां उद्धृत की जाती हैं।

उपाध्यक्ष महोदय, श्रीमान, राजा दिलीप सूर्यवंशी के सबसे महान वंश में थे, जिसके भगवान राम थे। राजा दिलीप के कोई पुत्र नहीं था। वे अपने गुरु वशिष्ठ के पास गए और उन्हें बताया कि उन्हें पुत्र की प्राप्ति नहीं हो रही है। गुरु वशिष्ठ ने तब कहा कि उनके पास कामधेनु गाय है जिसका नंदिनी नाम का एक बछड़ा है। यदि राजा दिलीप नंदिनी की सेवा करेंगे, तो उन्हें एक पुत्र की प्राप्ति होगी। राजा ने उस गाय की रक्षा के लिए सब कुछ किया। स्वयं भगवान भी राजा की परीक्षा लेने आए और राजा सफल हुआ। जब एक शेर ने गाय का शिकार करने की कोशिश की, तो राजा दिलीप ने शेर से गाय के स्थान पर शिकार करने के लिए खुद को अर्पित करके गाय को छोड़ने का अनुरोध किया। राजा ने स्वयं को अर्पण करके यज्ञ की एक महान परंपरा की स्थापना की। मेरे कहने का तात्पर्य यह है कि भारत ने गाय की रक्षा के मामले में एक महान परंपरा की स्थापना की है।

श्रीमान उपाध्यक्ष महोदय, समुद्र मंथन के दौरान प्राप्त 14 रत्नों में से देवताओं और राक्षसों के बीच संघर्ष में एक कामधेनु गाय भी थी। आज भी हम उनकी पूजा करते हैं। उसी परंपरा का पालन किया जा रहा है। ऐसे देश में जहां समुद्र से कामधेनु की प्राप्ति हुई, वहां राजा दिलीप ने अपना बलिदान दिया और भगवान राम का जन्म हुआ। इस प्रकार गाय को गाय माता के रूप में माना जाने लगा।

हमारी पौराणिक कथाओं के अनुसार, एक बार, त्रेता युग में, राक्षसों ने पृथ्वी पर लोगों को आतंकित करना शुरू कर दिया, धरती माता गाय के भेष में भगवान विष्णु के पास गई और प्रार्थना की कि वह पृथ्वी को राक्षसों से बचाएं। और फिर, भगवान विष्णु ने भगवान राम के रूप में अवतार लिया और राक्षसों का सफाया किया। पृथ्वी गाय के रूपों में से एक है। इन्द्रियां भी गाय का ही रूप हैं। अनुकरणीय परंपराओं वाले देश में जो हो रहा है, वह हर दिन बूचड़खाने खोले जा रहे हैं। प्रत्येक सूर्योदय के साथ प्रतिदिन 29,500 गायों को बूचड़खानों में भेजा जाता है। जब तक गायों का वध किया जाएगा, तब तक इस देश में न शांति होगी, न सदभाव और न ही कोई विकास होगा।

उपाध्यक्ष महोदय, हमारा धर्म निर्देशित और कृषि प्रधान देश है। हमने अपने जीवन को चार भागों में बांटा है धर्म, अर्थ, काम और मोक्ष। सभी धर्मों की नींव गाय है। उसकी सेवा करने से हमें बहुत सी उपयोगी चीजें मिलती हैं, जैसे गाय का दूध, गौमूत्र और आजीविका के साधन। हमारे देश में कृषि प्रधान देश में गाय का हमेशा से ही महत्व रहा है। हम गाय की सेवा कर धर्म की सेवा कर रहे हैं। गाय का गोबर, गाय का दूध और उसके बछड़े कृषि कार्यों के लिए साधन हैं।

हम उसके माध्यम से पैसा कमा रहे हैं और उस पैसे से हम अपनी इच्छाओं को पूरा करने में सक्षम हैं। हम गाय के माध्यम से चौथा पुरुषार्थ मोक्ष प्राप्त कर सकते हैं।

उप सभापति महोदय, हिन्दू धर्म में जन्म से लेकर मृत्यु तक 16 संस्कार होते हैं। ऐसा कहा जाता है कि मनुष्य ने अपने जीवन में चाहे कुछ भी किया हो या कुछ भी नहीं किया हो, जाने अनजाने में

उसने कोई पाप किया हो, लेकिन जब उसका अंत आता है तो वह गौ–दान करता है, उसे मोक्ष मिलता है जो उसे मिलता है। जीवन और पृथ्वी की बेड़ियों से मुक्त। और गाय माता इसका मार्ग प्रशस्त करती है। चारों पुरुषार्थ – धर्म, अर्थ, काम और मोक्ष गाय के माध्यम से ही प्राप्त किए जा सकते हैं।

इसके अलावा, गौ माता ने हमारी संघर्ष की स्वतंत्रता में भी महत्वपूर्ण भूमिका निभाई है। 1857 के विद्रोह के पीछे के कारणों को कौन नहीं जानता। भारतीय सैनिकों ने गाय और सुअर की चर्बी से बने कारतूस के इस्तेमाल से साफ इनकार कर दिया। परिणामस्वरूप, गदर हुआ और इसने अंततः स्वतंत्रता का मार्ग प्रशस्त किया। आज हमारा क्या हाल है, आज हम कहां खड़े हैं? ऐसा नहीं है कि प्रयास नहीं किए गए। हमारे धर्मगुरुओं धर्म आचार्यों ने 1946–47 के बाद एक आंदोलन शुरू किया और मांग की कि गोहत्या पर पूरी तरह से प्रतिबंध लगा दिया जाए, एक कानून पेश किया जाए। परिणामस्वरूप, सरदार दातार सिंह की अध्यक्षता में एक समिति का गठन किया गया। समिति ने देश में गोहत्या पर पूर्ण रूप से प्रतिबंध लगाने की सिफारिश की। समिति ने सिफारिश की कि जब तक भारत में गायों का वध किया जाता है, भारत की आत्मा को कहीं भी कोई सांत्वना या मोक्ष नहीं मिलेगा। अतः आवश्यक है कि इस उपयोगी पशु के वध पर तत्काल प्रतिबंध लगाया जाए और सभी राज्य सरकारों को गौशालाएं खोलनी चाहिए और बूढ़ी गायों को वहां भेजा जाना चाहिए और निश्चित रूप से 2 वर्ष के भीतर गोहत्या पर प्रतिबंध लगाया जाना चाहिए।

उसके बाद 1966–67 में गौरक्षा के लिए आंदोलन शुरू हुआ जिसमें देश के धर्म आचार्यों सहित 25 लाख लोगों ने संसद के समक्ष प्रदर्शन किया। यह देश के ज्ञात इतिहास में सबसे बड़ा आंदोलन था। इन आंदोलनों ने उस समय इस घटना में लाठियों और गोलियों का प्रहार जारी रखा और परिणामस्वरूप 1967 में तत्कालीन माननीय राष्ट्रपति ने एक रेडियो संदेश के माध्यम से देश की जनता को

आश्वासन दिया कि नवगठित सरकार गौहत्या पर पूर्ण प्रतिबंध लगाने के लिए कानून बनाएगी। लेकिन आज तक नहीं किया गया। 1977 में जनता पार्टी की सरकार थी।

उस समय आचार्य विनोबा भावे ने गौहत्या पर पूर्ण प्रतिबंध लगाने के लिए आमरण अनशन किया था। आंदोलन के परिणामस्वरूप तत्कालीन सरकार ने 42वें संविधान संशोधन के माध्यम से गोहत्या पर पूर्ण प्रतिबंध लगाने का मार्ग प्रशस्त किया।

लेकिन, श्रीमान, दृढ़ इच्छाशक्ति की कमी के कारण ऐसा नहीं हो सका। आजादी के बाद से यह देखा गया है कि हमारी संस्कृति, राष्ट्र और समाज के प्रति सरकार के भीतर दृढ़ इच्छाशक्ति की कमी के कारण कोई कानून नहीं बनाया जा सका।

1996 में माननीय अटल बिहारी वाजपेयी के नेतृत्व में भाजपा सरकार 13 दिनों के लिए सत्ता में आई और 1996 में तत्कालीन माननीय अध्यक्ष डॉक्टर शंकर दयाल शर्मा ने संसद के दोनों सदनों को संबोधित करते हुए एक घोषणा की थी कि यह सरकार एक विधेयक लाएगी। गौहत्या पर पूर्ण प्रतिबंध लगा दिया, लेकिन सरकार गिरने के साथ आश्वासन समाप्त हो गया।

श्रीमान, अब मुझे याद आया कि कांचीपुरम के आचार्य ने आमरण अनशन पर जाने की घोषणा की थी। सरकार और माननीय प्रधान मंत्री ने तब महसूस किया कि गौहत्या पर पूर्ण प्रतिबंध लगाने के लिए उनके आमरण अनशन की घोषणा के परिणामस्वरूप राष्ट्र की एकता प्रभावित हो सकती है और स्थिति बिगड़ सकती है। इसीलिए माननीय प्रधानमंत्री जी के निर्देश पर 1 अगस्त 2001 को राष्ट्रीय पशु आयोग का गठन किया गया। श्रीमान, न्यायमूर्ति गुमनमल की अध्यक्षता में आयोग ने अपनी रिपोर्ट माननीय प्रधान मंत्री और माननीय कृषि मंत्री को 31 जुलाई 2002 को प्रस्तुत की। आयोग की पूरी रिपोर्ट 1500 पृष्ठों की है। रिपोर्ट में तमाम तरह के कारणों का जिक्र किया गया है। धार्मिक, आर्थिक और सामाजिक कारणों का उल्लेख किया गया है और उन सभी कारणों को बताते हुए, राष्ट्रीय पशु आयोग ने भारत

सरकार से अपेक्षा की है और अनुरोध किया है कि गोहत्या पर पूर्ण प्रतिबंध लगाया जाना चाहिए। महोदय, निश्चित रूप से उस भावना को समझने के लिए कुछ प्रयास होने चाहिए।

महोदय, आजादी के बाद हमारे देश में भारतीय नस्ल की गायों की संख्या में लगातार कमी आई है। भारत एक कृषि प्रधान देश है जहां बड़ी संख्या में गायें हैं। भारत में गौवंश की संख्या अन्य देशों की तुलना में कम है। 1991 में प्रति 1000 जनसंख्या पर 436 गायें थीं। 1961 में यह 400, 1971 में 328, 1981 में 271 और 1991 में 216 और 1996–97 में 156 थी। यह भारतीय पशु कल्याण बोर्ड की रिपोर्ट है। इसमें बताया गया है कि किस प्रकार गौवंश में निरंतर कमी हो रही है और यदि यही स्थिति रही तो भारतीय नस्ल की पूरी गोवंश विलुप्त हो जाएगी। भारतीय गाय की 22 प्रजातियों में से 6 पहले ही विलुप्त हो चुकी हैं और 3 विलुप्त होने के कगार पर हैं। हम शोध नहीं करना चाहते हैं। सरकार नए बूचड़खाने खोलने के लिए 100 प्रतिशत तक अनुदान देती है, लेकिन आश्चर्य की बात यह है कि अगर कोई किसान गाय संतान के शोध के लिए ऋण लेना चाहता है तो उसे ऋण नहीं दिया जाता है। गौशाला की दयनीय स्थिति एक खुला रहस्य है। भू–माफियाओं ने घास के मैदानों पर कब्जा कर लिया है। यहां तक कि कई सरकारों ने अपने वोट बैंक के लिए घास के मैदान आवंटित किए हैं।

ये सारे काम हो रहे हैं लेकिन गौवंश के बारे में कुछ नहीं सोचा। भारत जैसे देश में इस तरह की स्थिति पैदा हो गई है। हम केवल जर्सी गाय के लिए ऋण प्रदान करते हैं जो अधिकतम 40 किलो दूध देती है। सौराष्ट्र के गिरनार में गीर नस्ल की गाय पाई जाती है। इस खास गाय को ब्राजील ले जाया गया। ब्राजील में गीर प्रजाति की गाय 100 लीटर दूध दे रही है। हम शोध नहीं कर सकते, हम अन्य संबंधित कार्य नहीं कर सकते। हम दूसरों पर निर्भर हैं। हम बेकार हो गए हैं। हमारी दृढ़ता समाप्त हो गई है। हम तपस्या नहीं करना चाहते, हम शोध कार्य नहीं करना चाहते। जब हम दूसरों पर निर्भर रहेंगे तो ऐसी स्थिति उत्पन्न होगी।

ब्राजील में गीर नस्ल की गाय 100 लीटर दूध दे सकती है। उसी से यहां गीर नस्ल का उत्पादन नहीं किया जा सकता है? आप संरक्षण और विकास द्वारा इसकी नस्ल में सुधार क्यों नहीं कर सकते? हमारे अनुसंधान केंद्र क्या कर रहे हैं जिस पर सरकार ने अरबों रुपये खर्च किए हैं। साईवाल गाय की संतान भारतीय नस्ल की है। हरियाणवी नस्ल भारतीय गायों की नस्ल है, सिंधी, घाटपाकर और काफ्रेच नस्ल की गायें देशी नस्ल की हैं। आज भी हम ग्रामीण क्षेत्रों में देखते हैं कि किसान उन्हें चरने के लिए स्वतंत्र छोड़ देते हैं। ऐसे में भी गाय की यह नस्ल 2–4 लीटर दूध में रहती है। हम बिना श्रम के सब कुछ पाना चाहते हैं।

हम भगवान कृष्ण की पूजा करते हैं। उन्होंने उपदेश दिया था कि भारत जैसे कृषि प्रधान देश में आपकी संतान की पूजा की जानी चाहिए। गाय की पूजा करनी चाहिए। उन्होंने उपदेश दिया था कि राजा और इंद्र की पूजा करने के बजाय हमें गाय की पूजा करनी चाहिए जो हमें दूध, घी, दही देती है और आपके पापों का निवारण करती है। पंचागव्य पाप का निस्तारण है। हमारे पास गंगाजल की तरह सिर्फ पंचगव्य है। यदि कोई कुश जल के साथ गोमूत्र, गोबर, गाय का घी और गाय का दूध आदि का सेवन करता है तो उसके सभी पापों से मुक्ति मिल जाती है। कृपया पंचगव्य देने वाली गौ माता की रक्षा करें। हमें गोवर्धन की पूजा करनी चाहिए।

हम दिवाली के बाद गोपाष्टमी मनाते हैं। हर हिंदू इसे मनाता है। ऐसे देश में गाय का वध किया जा रहा है और नए बूचड़खाने खोले जा रहे हैं। यदि योजना आयोग इस देश में गौमांस निर्यात करने के लिए रिपोर्ट प्रस्तुत करता है या कोई योजना बनाता है। हम गौमांस निर्यात करके विदेशी मुद्रा अर्जित करने का प्रयास कर रहे हैं। वे भारत में गोवंश के संरक्षण और विकास के लिए कोई योजना नहीं बनाना चाहते। इन दिनों हमारे कुछ संस्थान गोमूत्र से तरह–तरह की दवाएं बना रहे हैं। गौमूत्र से 36 से ज्यादा तरह की दवाएं बनाई जा रही हैं।

अब, माननीय पाण्डेय जी ने अभी–अभी कहा है कि हमारे एक निजी संस्थान को गौमूत्र से कैंसर जैसी लाइलाज बीमारी ठीक करने का पेटेंट मिल गया है। मुझे याद है कि 1998 में मैं काठमांडू में एक कार्यक्रम में भाग ले रहा था। जब मेरा कार्यक्रम समाप्त हुआ तो मुझे काठमांडू के पशुपति क्षेत्र में एक गौशाला के बारे में बताया गया। देशी नस्ल की गाय वहां पाले जाते हैं। वहां एक नेपाली नौकर काम करता था। उसे अल्सर था जो पेट में फट गया। डॉक्टरों ने कैंसर का निदान किया और कहा कि वह लंबे समय तक जीवित नहीं रहेंगे। गौमूत्र पर हमारा शोध नागपुर में संपन्न हो रहा था। वहां गौमूत्र और गोबर से कई दवाएं बनाई जा रही हैं। मेरे एक कार्यकर्ता ने नागपुर में फॉर्मूला सीखा है। वह वहां से गौमूत्र के कुछ पैकेट अपने साथ ले गया।

जब डॉक्टर ने उसका इलाज करने से इनकार कर दिया तो नागपुर से गौमूत्र की गोलियां लाने वाले कार्यकर्ता ने सोचा कि अगर मौत अपरिहार्य है तो मैं कोशिश कर सकता हूँ और गोलियां खा सकता हूँ। उन्होंने 2 महीने तक गौमूत्र की दो गोलियां लेना शुरू किया और इन 2 महीनों के भीतर ही उनका अल्सर, जो कि कैंसर में विकसित हो चुका था, पूरी तरह से गायब हो गया, वह ठीक हो गया। जब मैंने उनसे पूछा कि क्या यह सच है तो उन्होंने पुष्टि की कि यह चमत्कार गौ माता की कृपा से और गोमूत्र से बनी औषधि की सहायता से संभव हुआ है। डॉक्टरों ने उसे बताया कि वह जीवित नहीं रहेगा लेकिन वह सबसे पहले जीवित था और स्वस्थ था। इसका पेटेंट हमें इसी साल मिला है। इतनी बड़ी उपलब्धि हमें गौमूत्र और गाय से मिली है। हम काम नहीं करना चाहते, सीधे देखना चाहते हैं। निश्चय ही माननीय सदस्य ने माननीय प्रधानमंत्री जी के कहने पर एक महत्वपूर्ण प्रस्ताव पेश किया है, राष्ट्रीय पशु आयोग ने अपनी रिपोर्ट प्रस्तुत कर दी है। इसने गौहत्या पर पूरी तरह से प्रतिबंध लगाने के लिए एक केंद्रीय कानून की सिफारिश की तो इसका महत्त्व और भी बढ़ जाता है।

निश्चित रूप से ऐसे महत्वपूर्ण विषय पर एक केंद्रीय कानून बनाया जाना चाहिए। विभिन्न राज्यों में बनाए गए कानून सफल नहीं रहे हैं। विभिन्न राज्यों ने कानून बनाए हैं उदाहरण के लिए पश्चिम बंगाल ने ऐसा कानून बनाया था। लेकिन पश्चिम बंगाल में क्या हो रहा है। आज भी सड़कों पर गायों का वध किया जा रहा है। पश्चिम बंगाल और बांग्लादेश में बड़े पैमाने पर गाय की तस्करी हो रही है।

मैं तमिलनाडु और कर्नाटक गया था। कांचीपुरम के संत भूख–हड़ताल पर बैठे थे। मैं भी वहां गया था। सभी गायों को तमिलनाडु, आंध्र प्रदेश, कर्नाटक से केरल ले जाया जाता है जहां गौहत्या पर कोई प्रतिबंध नहीं है और परिणामस्वरूप गायों को दिन के उजाले में सड़कों पर मार दिया जाता है। देश के बहुसंख्यक समुदाय की धार्मिक भावनाएं सीधे तौर पर आहत हुई हैं। नतीजा यह है कि अकाल और सूखा नियमित रूप से हो रहा है।

दिल्ली विश्वविद्यालय के भौतिकी के एक प्रोफेसर ने अपना शोध पत्र दिया था। यह तथ्यों से भरा है। मैं पूरी तरह से धार्मिक हूँ और गाय, हमारी संस्कृति और धर्म में मेरी गहरी आस्था है। भौतिकी के प्रोफेसर ने अपने शोध पत्र में उल्लेख किया है कि ब्रह्मांड ध्वनि तरंगों से बना है। ध्वनि तरंग की पहली ध्वनि "ओंकार" होती है जब एक गाय रोती है, यह "ओंकार" की ध्वनि उत्पन्न करती है। बूचड़खाने में बड़ी संख्या में गायों का वध किया जा रहा है। गायों के वध की चिलचिलाती चीख ध्वनि तरंगों में अशांति का कारण है और यही भूकंप का कारण है। यह निष्कर्ष दिल्ली विश्वविद्यालय के प्रोफेसर की थीसिस में निकाला गया है।

अगर आज के हालात में भौतिक विज्ञान इस बात को स्वीकार कर रहा है, तो निश्चित रूप से इसके पीछे कोई न कोई कारण रहा होगा। हमारे शास्त्रों ने बहुत पहले गाय को ब्रह्मांड की "मां गावो विश्वस्या मातरः" के रूप में पूजा की है। ब्रह्मांड के अन्य के रूप में, यह कहा गया है कि–"सर्व देव स्थिति देहे, सर्व देवः माही ही गौ"। अगर इसे मां के रूप में पूजा जाता है तो इसके पीछे कोई न कोई

कारण जरूर रहा होगा। हम सामाजिक कारण, इसके पीछे के वैज्ञानिक कारण को भूल गए। लेकिन एक–एक कर ये हमारे सामने खुल रहे हैं। लेकिन जब तक सब कुछ स्पष्ट होता है तब तक बहुत देर हो चुकी होगी। जैसा कि मैंने कहा है कि भारतीय प्रजातियों की 6 नस्लें विलुप्त हो चुकी हैं और 22 प्रजातियों में से वे विलुप्त होने के कगार पर हैं। गाय के मांस के निर्यात के लिए बड़े पैमाने पर तस्करी और योजना आयोग द्वारा की गई नई व्यवस्था निश्चित रूप से खतरनाक है। यह अच्छा संकेत नहीं है। इसलिए जरूरी है कि धार्मिक, आध्यात्मिक, आर्थिक और पारिस्थितिक दृष्टि से गाय की पूजा की गई हो और उसे भी उसी तरह सम्मान दिया जाना चाहिए।

मुगल काल में भी गौहत्या पर प्रतिबंध था। मैं बादशाह अकबर के दरबार की एक कविता सुनाना चाहूँगा। उस समय कई जगहों पर गायों का वध किया जाता था। श्री नरहरि जी जो अकबर के दरबार के रत्नों में से एक थे, एक गाय को गले में कागज का एक टुकड़ा लटकाकर दरबार में ले गए। एक ऐतिहासिक दोहे के माध्यम से उन्होंने कुछ पंक्तियों को उद्धृत किया जो उस कागज के टुकड़े पर लिखी गई थीं।

अरिहउँ दंत तृण धरै, ताहि, मारत न सबल कोई,
हम संतत तृण चरहिं, बचन उच्चरहिं दिन होई,
हिंदुतिन मधुर न देखि, कटुक नहीं तुर्कहिं पावहिं,
पाय विशुद्ध अति सरबाहीं, बच्चामती थाम न लावहिं,
सुनहु शाह अकबर अरज, करत गौ जोव कारन,
कवन चुक मोहिं मरियत, मुएहुं चरण सेरत चरण

अर्थात, यदि कोई दुश्मन अपने मुंह में घास रखता है तो वो इस बात का सूचक है कि वो अपने प्रतिद्वंदी के शरण में जाना चाहता है, ऐसी स्थिति में कोई भी शक्तिशाली शख्स उसे हानि नहीं पहुंचाता है। गायें हमेशा घास खाती हैं, फिर उन्हें क्यों मारा जाता है। फिर ऐसा नहीं है कि वे हिंदुओं को मीठा दूध और मुसलमानों को खट्टा दूध देते हैं। सबको मीठा दूध पिलाते हैं। हिंदू, मुस्लिम और ईसाई

समान रूप से वे अपने बछड़ों के लिए दूध तक नहीं बचाते हैं। इस स्थिति में, हे राजा अकबर, वे आपसे हाथ जोड़कर अनुरोध करते हैं कि ये किस अपराध में मारे जा रहे हैं, जब उनकी मृत्यु के बाद भी वे सभी के जूते को चमड़ा प्रदान करते हैं।

इस ऐतिहासिक दोहे के साथ, मैं आपके माध्यम से यह बताना चाहता हूँ कि राष्ट्रीय पशु आयोग ने भी भारत सरकार को अपनी 1500 पृष्ठों की रिपोर्ट में सिफारिश की थी कि गौहत्या पर पूर्ण प्रतिबंध होना चाहिए। ऐसी स्थिति में भारत जैसे देश में और राम, कृष्ण, बुद्ध, महावीर, अशोक और गांधी की भूमि पर गौहत्या पर पूर्ण प्रतिबंध के लिए एक केंद्रीय कानून बनाया जाना चाहिए ताकि भारतीय संस्कृति और उसकी आत्मा को बचाया जा सके। बर्बाद किया जा रहा है।

इन्हीं शब्दों के साथ, मैं फिर से माननीय सदस्य को हृदय से धन्यवाद देना चाहता हूँ।

—29 नवंबर, 2002

भारतीय जीव-जंतु कल्याण बोर्ड ने भारतीय नस्ल की गौवंश के सम्बन्ध में जो आंकड़े दिए हैं-गौवंश के निरंतर समान दुखद स्तिथि की और हमारा ध्यान आकर्षित करता है। गौवंश की 22 प्रजातियों में से 6 प्रजातियां समाप्त हो चुकी हैं।

गौरक्षा

महोदय, अपनी सरलता और उपयोगिता के कारण गौवंश की महत्ता प्रायः सभी देशों में न्यायिक रूप में विद्यमान है। भारत जैसे धर्मपरायण एवं कृषि देश में तो जननी अनादिकाल से लौकिक और परलौकिक सभी दृष्टियों से सुप्रतिष्ठित है, जिसकी झलक धर्म, अर्थ, काम और मोक्ष जैसे चारों पुरुषार्थों में सेवा से सफलता देने वाली गौ की विशेषताओं में देखी जा सकती है। यह कितनी विडंबनापूर्ण बात है कि राम, कृष्ण, बुद्ध, महावीर और गांधी के देश में प्रतिदिन 29500 गौवंश विभिन्न बूचड़खानों में या कसायों के हाथों तथा अन्य स्थानों में मौत के घाट उतार दिए जाते हैं। भारतीय जीव–जंतु कल्याण बोर्ड ने भारतीय नस्ल की गौवंश के सम्बन्ध में जो आंकड़े दिए हैं– गौवंश के निरंतर समान दुखद स्तिथि की और हमारा ध्यान आकर्षित करता है। गौवंश की 22 प्रजातियों में से 6 प्रजातियां समाप्त हो चुकी हैं। 3 प्रजाति समाप्ति की ओर है। 1951 में जहां 1000 व्यक्तियों पर गौवंश का अनुपात 426 था, वहीं 1991 तक पहुंचते–पहुंचते यह संख्या मात्र 216 रह गयी है।

अतः मैं आपके माध्यम से माननीय प्रधानमंत्री से अनुरोध करता हूँ कि देश की संसदी संपूर्ण गौवंश की हत्या पर प्रतिबंध लगाने वाले सार्वदेशिक प्रभाव वाला कानून बनाएं।

–13 मार्च, 2003

मैं आपके माध्यम से केंद्र सरकार से अनुरोध करता हूँ कि दिल्ली सरकार के इस प्रकार के अनैतिक कृत्य को रोका जाए। दिल्ली के अंदर विभिन्न स्वयंसेवी संस्थाओं के द्वारा गौसदनों को संचालित करने पहले से प्रयास हो रहे हैं, उसमें दिल्ली सरकार सहयोगी बने। दिल्ली राज्य सरकार ने यह व्यवस्था दी है कि एक एकड़ में 100 गौवंश रखा जाये, यह अव्यवहारिक है जो किसी संस्था के लिए संभव नहीं है।

गौरक्षा और गौसंवर्धन पर गंभीरता दिखाये सरकार

अध्यक्ष महोदय, मैं आपके माध्यम से सरकार का ध्यान देश के विभिन्न भागों में गौ–चर की भूमि पर हो रहे अवैध कब्जों और भूमाफियाओं द्वारा किये गए कब्जों की और आकृष्ट करना चाहता हूँ। इसके साथ ही, इसी से संबंधित दिल्ली सरकार द्वारा गौसदनों की भूमि का जबरन अधिग्रहण करने सम्बन्धी प्रस्ताव की और भी आपका ध्यान दिलाना चाहता हूँ। महोदय गौवंश भारतीय धर्म और संस्कृति के साथ–साथ भारत की कृषिप्रधान अर्थव्यवस्था का भी आधार स्तंभ है। जननी और जन्मभूमि से बढ़कर, गौवंश की पूजा संपूर्ण भारत में होती आयी है। आज राजनैतिक स्वार्थों के चलते पूरे देश में गौहत्या और गौवंश की तस्करी को बढ़ावा दिया जा रहा है।

महोदय, दिल्ली सरकार ने हाल ही में एक प्रस्ताव पारित किया है जिसके तहत दिल्ली के अंदर कुछ स्वयंसेवी संस्थाओं द्वारा चलाये जा रहे गौसदनों, जिनमें गोपाल गौसदन, कृण गौशाला, भारत गौसदन, सुशील गौसदन आदि हैं, से संबंधित 75 से 80 प्रतिशत भूमि का जबरन अधिग्रहण करने का प्रयास दिल्ली सरकार द्वारा राजनैतिक विद्वेष और दुराग्रह से ग्रसित होकर किया जा रहा है। महोदय, पूरे देश के तमाम नगर और महानगरों में पहले से ही गौवंश सड़कों पर लावारिस स्तिथि में घूमने के लिए मजबूर है।

अगर कुछ स्वयंसेवी संस्थाएं अपनी और से पहल करके उन आवारा और लावारिस घूमने वाले गौवंश को ले जाकर सेवा और सुरक्षा का दायित्व निभाने का प्रयास करता है तो दिल्ली सरकार

उसमें बाधक बानी हुई है। मैं आपके माध्यम से केंद्र सरकार से अनुरोध करता हूँ कि दिल्ली सरकार के इस प्रकार के अनैतिक कृत्य को रोका जाए। दिल्ली के अंदर विभिन्न स्वयंसेवी संस्थाओं के द्वारा गौसदनों को संचालित करने पहले से प्रयास हो रहे हैं, उसमें दिल्ली सरकार सहयोगी बने। दिल्ली राज्य सरकार ने यह व्यवस्था दी है कि एक एकड़ में 100 गौवंश रखा जाये, यह अव्यवहारिक है जो किसी संस्था के लिए संभव नहीं है।

महोदय, एक एकड़ में केवल 10 गौवंश ही रखे जा सकते हैं और उसके तहत जितनी क्षमता गौशालाओं की है तथा एक एकड़ में 10 गौवंश के हिसाब से उनको जो जमीन दी जानी है, उसी के हिसाब से उनको भूमि आवंटित की जाये और गौशालाओं की भूमि अधिग्रहण से संबंधित दिल्ली सरकार के अनैतिक कृत्य पर लगाम लगाई जाये।

–21 मार्च, 2005

धर्म/संस्कृति

मैं निवेदन करूंगा कि धार्मिक भावनाओं को भड़काकर वोट मांगने पर निश्चित रूप से प्रतिबंध लगाया जाना चाहिए। इस सम्बन्ध में एक प्रावधान पहले से मौजूद है। धर्म क्या है? अगर हम देश के लोगों के बीच आत्म–गौरव की भावना पैदा करते हैं तो हमें सांप्रदायिक या धार्मिक कट्टरपंथी करार दिया जाता है। लेकिन कुछ दल ऐसे भी हैं जिनके घोषणापत्र जातिवाद पर आधारित हैं और वे जातिगत भावनाओं को भड़काते हैं। क्या वे अधर्म में लिप्त नहीं हैं? क्या उन पर प्रतिबंध नहीं लगाया जाना चाहिए?

धर्म की गलत व्याख्या ना हो

महोदय, मैं श्री मोहन सिंह द्वारा पेश किए गए संविधान संशोधन विधेयक, 1998 का समर्थन करने के लिए कहा है। विधेयक में यह प्रावधान किया गया है कि धर्म या जातियों के आधार पर वोट मांगने वाले राजनीतिक दलों या उम्मीदवारों पर और धार्मिक भावनाओं को भड़काने पर प्रतिबंध होना चाहिए। इसमें कोई संदेह नहीं है कि यह एक प्रशंसनीय कदम है। हालांकि मैं कहना चाहूँगा कि जिस तरह से इस सभा में धर्म की व्याख्या की जा रही है, उससे लोगों में गलत संदेश जाता है। एक सदस्य ने धर्म की सही व्याख्या की है। मैं कहूँगा कि धर्म की कोई निश्चित परिभाषा नहीं हो सकती। अनेकता में एकता हमारे राष्ट्र की पहचान है। निम्नलिखित मंत्र की उत्पत्ति देश वेद विभिन स्मृति से भी हुई थी, जिसमें –

वेदः विभिन्न स्मृतियों विभिन्न
नासो मुनियास्याह मताम विभिन्नम
धर्ममास्य तत्वाम निहितिम गुहायम
महाजन एन गत सह पंथ।

लेकिन दुर्भाग्य से, हम धर्म के लिए है कि विशेषताओं को समझने की कोशिश कभी नहीं। संविधान में 42वें संशोधन के तहत भी हम धर्मनिरपेक्ष शब्द की व्याख्या धर्म के रूप में करते रहे हैं। अगर हम उस धर्म को अलग कर दें जिसने हमें ईमानदारी और कर्तव्य के नाम पर नैतिकता का पाठ पढ़ाया है तो समाज की क्या स्थिति होगी? मैं महसूस करता हूँ कि आज हम धार्मिक कार्ड और अन्य भावनाओं को भड़काकर राजनीतिक लाभ उठा रहे हैं।

इस सभा में अल्पसंख्यकों की समस्याओं को भी छुआ गया। क्या अल्पसंख्यकों में वे लोग शामिल हैं जो हिंदू बहुल क्षेत्र में कम संख्या में हैं? क्या कश्मीर में हिंदू अल्पसंख्यक नहीं हैं? क्या माननीय सदस्यों ने कभी इस सभा में कश्मीर के अल्पसंख्यक हिंदुओं के बारे में सोचने के लिए समय पाया है, जिनकी संख्या लगभग 3–3.5 लाख है और वे शरणार्थी के रूप में और पूर्वोत्तर राज्यों में मामलों की स्थिति के बारे में भी जगह–जगह भटक रहे हैं। मिजोरम में रियांग जनजातियों से संबंधित 51000 से अधिक शरणार्थियों को मिजोरम से निष्कासित कर दिया गया है। क्या यहां बैठे माननीय सदस्यों ने कभी अपनी दुर्दशा के बारे में सोचा? राजनीतिक लाभ पाने के लिए केवल मुसलमानों को ही अल्पसंख्यक माना गया है। पूर्वोत्तर और कश्मीर के अल्पसंख्यकों पर चर्चा क्यों नहीं होती? 1984 में सांप्रदायिक दंगे हुए थे। क्या इस देश में सिख अल्पमत में नहीं हैं? क्या हम इस देश के लोगों की भावनाओं के साथ नहीं खेलते हैं जब हम यहां उच्च चल रही भावनाओं को देखते हैं? जब कोई सदस्य यहां कोई समस्या उठाना चाहता है तो लोगों की भावनाओं से खिलवाड़ न करें लेकिन उसे बोलने नहीं दिया जाता और उसका भाषण बाधित होता है? हमें निश्चित रूप से इस सम्बन्ध में सोचना होगा।

समय की मांग है कि इस सभा के माध्यम से देश की जनता के बीच एक संदेश जाए कि इस संसद से जो कुछ भी पारित हो रहा है, वह फायदेमंद होगा।

सभापति महोदय, मैं भी जल्दबाजी में हूँ। मुझे 7 बजे ट्रेन छोड़नी है और पकड़ना है। मैं केवल इस मुद्दे पर बोलने के लिए उठा हूँ।

मैं निवेदन करूंगा कि धार्मिक भावनाओं को भड़काकर वोट मांगने पर निश्चित रूप से प्रतिबंध लगाया जाना चाहिए। इस सम्बन्ध में एक प्रावधान पहले से मौजूद है। धर्म क्या है? अगर हम देश के लोगों के बीच आत्म–गौरव की भावना पैदा करते हैं तो हमें सांप्रदायिक या धार्मिक कट्टरपंथी करार दिया जाता है। लेकिन कुछ दल ऐसे भी हैं जिनके घोषणापत्र जातिवाद पर आधारित हैं और वे जातिगत

भावनाओं को भड़काते हैं। क्या वे अधर्म में लिप्त नहीं हैं? क्या उन पर प्रतिबंध नहीं लगाया जाना चाहिए? हम उन दलों पर प्रतिबंध लगाने के लिए हैं जो लोगों की भावनाओं को भड़काते हैं। लेकिन, इसे कौन थोपेगा? इसके बारे में कौन सोचेगा? यह देखा गया है कि कुछ राजनीतिक नेता जामा मस्जिद का दौरा कर वहां से फतवा जारी कराने के लिए भुगतान करते हैं। क्या यह गलत नहीं है? क्या वे धर्म के आधार पर दोनों की मांग नहीं करते?

हम इस देश में महिलाओं को समान अधिकार देने की बात करते हैं। लेकिन हमने शाह बानो मामले में अपने संविधान के प्रावधानों को अलग क्यों रखा? संविधान के अनुच्छेद 44 में प्रावधान है कि देश के हर नागरिक के लिए समान अधिकार और कॉमन सिविल कोड होना चाहिए लेकिन देश में इस तरह की कॉमन सिविल कोड फिलहाल हमारे पास नहीं है। हालांकि हम इसकी बात करते हैं लेकिन हम केवल एक तरफा बात करते हैं। हमने समाज और देश को ध्यान में रखते हुए धर्म का सार जानने के लिए कभी गंभीर प्रयास नहीं किए। इसलिए हमें इस मुद्दे पर विस्तार से चर्चा करनी चाहिए और निश्चित रूप से इसे संविधान में शामिल करना चाहिए। लेकिन इसे ईमानदारी से लागू किया जाना चाहिए। इस देश में लोग हमारी आजादी के 50 साल बाद भी हठधर्मी तरीके से व्यवहार कर रहे हैं। हम भूल गए हैं कि इस देश का बंटवारा क्यों हुआ। हम अल्पसंख्यकों को केवल अपने राजनीतिक अंत तक प्राप्त करने के लिए उनकी रक्षा करने की बात करते हैं । लेकिन हम कभी भी कश्मीर, पूर्वोत्तर या देश के अन्य भागों में रहने वाले अल्पसंख्यकों की बात नहीं करते हैं। इस देश ने हमेशा आदर्श वाक्य में विश्वास किया है—सर्व भावतु सुखिन (सभी लोगों को खुश रहने दें)। इसी देश ने दुनिया को वसुधैव कुटुंबकम (पूरा विश्व परिवार है) का नारा दिया है। इस नारे को इस सभा के माध्यम से और सभा के प्रत्येक सदस्य द्वारा फिर से फैलाया जाए। हालांकि, सबसे पहले हमें आत्मनिरीक्षण की जरूरत है। हमें पहले खुद में सुधार करना होगा और संकीर्ण राजनीतिक सिरों से ऊपर

उठकर काम करना होगा। निश्चित रूप से जब हम इन चीजों को पहले अपने आप पर लागू करने के बारे में सोचते हैं तो केवल हम सफल हो पाएंगे अन्यथा हम कानूनों के बाद कानून बनाने पर आगे बढ़ेंगे और उन्हें गरीब, असहाय और कमजोर पर लागू किया जाएगा। संविधान के साथ खिलवाड़ करने वालों के खिलाफ ऐसे कानून कभी लागू नहीं किए जाएंगे। महोदय, मुझे इस चर्चा में भाग लेने का अवसर देने के लिए मैं आपको धन्यवाद देता हूँ। इस विषय पर पूरी बहस होनी चाहिए जिसमें हर सदस्य अपने विचार व्यक्त कर सके और धर्म के मर्म पर भी घिसा–पिटा चर्चा की जाए। इन शब्दों के साथ, मैं विधेयक का समर्थन करता हूँ और अपना भाषण समाप्त करता हूँ।

–12 जून, 1998

सभापति महोदय, मैं भारत–नेपाल सीमा से लगे कुछ क्षेत्रों के बाए में बताना चाहता हूँ। पिछले दो वर्षों में जिस प्रकार से अनियंत्रित निर्माण हुए हैं और जिस प्रकार से उन धार्मिक स्थलों का दुरूपयोग हुआ है, उससे पता चलता है कि नेपाल सीमा से लगे जनपदों में 121 नए मदरसे बने हैं और 146 नई मस्जिदें बनी हैं। मेरे संसदीय क्षेत्र से लगे महराजगंज जनपद में 24 नए मदरसे, 32 नई मस्जिदें बनी है, सिद्धार्थनगर जनपद में 22 नए मदरसे, 26 नई मस्जिदें, बलरामपुर में 25 नए मदरसे और 27 नई मस्जिदें, बहराइच में 26 नए मदरसे और 22 नई मस्जिदें और लखीमपुर में 17 नए मदरसे और मस्जिदें बनी हैं।

धार्मिक स्थलों का दुरुपयोग न हो

सभापति महोदय, मैं इस विधेयक का विरोध करता हूँ। यह विधेयक जिन दो अधिनियमों का निरसन करने के संबंधित है वह संविधान की मूल भावना के बिलकुल विपरीत है। संविधान के अनुछेद 26 में साफ तौर पर लिखा है कि लोक व्यवस्था, सदाचार और स्वास्थ्य के अधीन रहते हुए प्रत्येक धार्मिक संप्रदाय या उसके किसी अनुभाग को धार्मिक और पूर्व प्रयोजनों के लिए संस्थाओं की स्थापना और पोषण का अधिकार है।

माननीय सदस्य ने इस विधेयक को यहां इंट्रोडयूस करना चाहा। मैं उन्हें बताना चाहता हूँ कि बहुत से ऐसे उदाहरण आए जहां 2 राज्यों में ही नहीं बल्कि 3 राज्यों में यह विधेयक बना। राजस्थान में 1954 में, मध्य–प्रदेश में 1984 में और पश्चिम बंगाल में 1985 में यह अधिनियम बना था। इसके पीछे कारण महत्वपूर्ण है। मुझ जैसा व्यक्ति जो संयासी हो और ऐसे विधेयक का विरोध कर रहा हो तो सब जगह इसका विरोध होना चाहिए। निश्चित रूप से यह बात इसलिए महत्त्वपूर्ण हो जाती है कि बहुत सी जगहों पर धार्मिक स्थलों का दुरुपयोग हुआ, उनकी संपत्ति का दुरुपयोग हुआ जिसे रोका जाना चाहिए। अभी उत्तर प्रदेश में इस प्रकार का एक अधिनियम विधान मंडल से पास करके भेजा गया लेकिन कुछ गलतफहमी फैलाई गयी। यह अधिनियम केवल एक संप्रदाय विशेष के लिए नहीं है यानि भारत में रहने वाले किसी भी धर्म, संप्रदाय या किसी भी पूजा पद्धति को मानने वाले व्यक्ति पर यह बराबर लागू होगा। इस विधेयक से एक

वर्ग विशेष को क्यों आपत्ति हो रही है? ऐसे में बहुत से उदाहरण है जब सार्वजनिक और धार्मिक सथलों पर अनियंत्रित निर्माण और उपयोग के कारण कानून और व्यवस्था की स्तिथि उत्पन्न हुई। जो कानून राजस्थान, मध्य प्रदेश और पश्चिम बंगाल में बने हैं, उसके पीछे कोई न कोई कारण रहे हैं। विधि में विद्यमान कानून के अंतर्गत उन गतिविधियों पर प्रभावी अंकुश लगाने के लिए कोई इस प्रकार का कानून नहीं है, इसलिए उन राज्यों ने ऐसे कानून बनाए। जिस प्रकार से मध्य प्रदेश, राजस्थान और पश्चिम बंगाल ने कानून बनाए, उसी प्रकार अन्य राज्यों को भी ऐसे कानून बनाने चाहिए।

बहुत से क्षेत्रों में हबीब बैंक द्वारा मदरसों के निर्माण के लिए पैसा दिया जा रहा है। खास तौर से भारत–नेपाल सीमा के आसपास के क्षेत्रों में दिया जा रहा हैं। इन मदरसों का काम इस्लामी तालीम देना है लेकिन वास्तविकता यह नहीं है। वस्तुतः मदरसे इस्लामी आतंकियों के संरक्षण, प्रशिक्षण के अड्डे हैं। अनेक मदरसों में आतंकवादी बनाने के कारखाने चल चल रहे हैं। वहां लश्कर–ए–तोइबा, हरकत–उल अंसार, अल वर्क तंजीम, तंजीम–उल–जेहाद, जम्मू–कश्मीर लिबरेशन फ्रंट और हिजबुल मुजाहिदीन जैसे खूंखार आतंकवादी पैदा हो रहा हैं। वहां इन संगठनों के सदस्यों को प्रशिक्षित किया जाता है किया जाता है।

सभापति महोदय, मैं भारत–नेपाल सीमा से लगे कुछ क्षेत्रों के बाए में बताना चाहता हूँ। पिछले दो वर्षों में जिस प्रकार से अनियंत्रित निर्माण हुए हैं और जिस प्रकार से उन धार्मिक स्थलों का दुरूपयोग हुआ है, उससे पता चलता है कि नेपाल सीमा से लगे जनपदों में 121 नए मदरसे बने हैं और 146 नई मस्जिदें बनी हैं। मेरे संसदीय क्षेत्र से लगे महराजगंज जनपद में 24 नए मदरसे, 32 नई मस्जिदें बनी है, सिद्धार्थनगर जनपद में 22 नए मदरसे, 26 नई मस्जिदें, बलरामपुर में 25 नए मदरसे और 27 नई मस्जिदें, बहराइच में 26 नए मदरसे और 22 नई मस्जिदें और लखीमपुर में 17 नए मदरसे और मस्जिदें बनी हैं। इसी प्रकार से अन्य सीमवर्ती क्षेत्रों में इस प्रकार की

स्थिति पैदा हुई है। माननीय सदस्य श्री बनातवाला ने जो विधेयक यहां पेश किया है, मैं इसलिए पुरजोर विरोध करता हूँ क्योंकि यह केवल एक धर्म संप्रदाय के लिए नहीं बल्कि इस देश में रहने वाले हर व्यक्ति के लिए, हर संप्रदाय पर बराबर लागू होता है जबकि इस विधेयक से ईसाई, सिख और हिन्दू, संप्रदाय को कोई आपत्ति नहीं है तो केवल किसी एक वर्ग विशेष को इस पर आपत्ति निश्चित रूप से आश्चयजनक है। जिस प्रकार से धार्मिक स्थलों का दुरुपोग हो रहा है, ऐसी स्थिति में इस विधेयक का पुरजोर विरोध करता हूँ।

—28 जुलाई, 2000

1 फरवरी, 1986 को जिला न्यायाधीश फैजाबाद के आदेश पर वहां रामजन्म भूमि का ताला खुलवाया गया। 27 अक्टूबर 1989 को सर्वोच्च न्यायालय की अनुमति से 17 नवंबर 1989 को अयोध्या में श्रीरामजन्म भूमि में उत्तर प्रदेश के तत्कालीन मुख्यमंत्री और केंद्रीय गृहमंत्री की मौजूदगी में रामजन्म भूमि मंदिर का शिलान्यास हुआ। हिन्दूओं की भावनाओं के साथ लगातार खिलवाड़ करने का दुष्परिणाम 6 दिसंबर, 1992 को सामने आया, जब गुलामी के ढांचे को हिन्दूओं ने तोड़ दिया उसके बाद 7 फरवरी, 1993 को विवादित स्थल और उसके आसपास की 67 एकड़ जमीन केंद्र सरकार ने अधिग्रहण कर ली थी।

धर्म संसद की मांगें पूरी करे सरकार

अध्यक्ष महोदय, माननीय सदस्य धर्म संसद की बात कर रहे हैं। आज पूरे देश के पूज्य धर्माचार्य देश की संसद के बाहर प्रदर्शन कर रहे हैं। जब देश के धर्माचार्य सड़कों पर उतरे हैं तो देश और समाज के हित में उतरे हैं ना कि अपने व्यक्तिगत स्वार्थों के लिए और जब वह सड़कों पर उतरते है तो उन्हें किसी राष्ट्र और समाज की महत्त्वपूर्ण समस्या से जोड़ा जा सकता है। आज जिस प्रकार से धर्म संसद में प्रस्ताव पारित किये गए हैं, उन्हें दुर्भाग्यपूर्ण तरीके से भड़का ठहराने का प्रयास किया जा रहा है। यह उस विकृत मानसिकता का प्रदर्शन करता है जो गुलामी की मानसिकता का द्योतक है। यह रामराज्य भूमि का एक महत्त्वपूर्ण मुद्दा है जो पिछले 20 वर्षों से संपूर्ण देश के आम जनमानस को उद्वेलित करता रहा है। अगर हम इतिहास के अतीत में जाएं तो स्पष्ट होता है की 1528 में रामजन्म भूमि में भगवान श्रीराम के मंदिर को एक विदेशी आक्रांता बाबर के सिपेहसालार मीरबाकी ने तोड़ दिया था, तब से लगातार हिन्दू जनमानस रामजन्म भूमि को पाने के लिए संघर्ष करता रहा है।

महोदय, 1857 में अवध के तत्कालीन नवाब बेगम हजरत महल ने रामजन्म भूमि का वह स्थान हिन्दूओं को सौंप दिया था, लेकिन अंग्रेजों की कूटनीति के कारण यह सफल नहीं हो पाया। सन 1905 में प्रकाशित फैजाबाद गजेटियर में स्पष्ट लिखा हुआ है कि जन्म स्थान रामकोट में था, जिसे राम की जन्मभूमि माना जाता है। उसी स्थान पर 22 और 23 दिसंबर 1949 को भगवान रामलला का प्रकटीकरण

हुआ था, लेकिन विवाद की स्थिति होने के बाद तत्कालीन सरकार ने उस पर ताला लगा दिया था। 1 फरवरी, 1986 को जिला न्यायाधीश फैजाबाद के आदेश पर वहां रामजन्म भूमि का ताला खुलवाया गया। 27 अक्टूबर 1989 को सर्वोच्च न्यायालय की अनुमति से 17 नवंबर 1989 को अयोध्या में श्रीरामजन्म भूमि में उत्तर प्रदेश के तत्कालीन मुख्यमंत्री और केंद्रीय गृहमंत्री की मौजूदगी में रामजन्म भूमि मंदिर का शिलान्यास हुआ। हिन्दूओं की भावनाओं के साथ लगातार खिलवाड़ करने का दुष्परिणाम 6 दिसंबर, 1992 को सामने आया, जब गुलामी के ढांचे को हिन्दूओं ने तोड़ दिया उसके बाद 7 फरवरी, 1993 को विवादित स्थल और उसके आसपास की 67 एकड़ जमीन केंद्र सरकार ने अधिग्रहण कर ली थी।

पूज्य धर्माचार्य आज यह मांग कर रहे है कि अयोध्या में दो प्रकार की जमीन है – एक विवादित और एक अविवादित। विवादित जमीन का 40 बाई 60 का चबूतरा है, जिसमें राम लला विराजमान हैं और विवादित जमीन 67 एकड़ है। इस 67 एकड़ विवादित जगह को पूज्य धर्माचार्य रामजन्म भूमि न्यास को सौंपने की और विवादित मामले को केंद्र सरकार से अविलंब निस्तारण की मांग कर रहे हैं।

–24 फरवरी, 2003

यही नहीं सुरक्षा के क्षेत्र में भी वर्तमान सरकार ने काम किया है। महामहिम राष्ट्रपति जी ने अपने अभिभाषण में उस बात को रखा है। आज हमारा राष्ट्र बाह्य और आंतरिक खतरों से जूझ रहा है। दोनों खतरों से जूझने के लिए जिस प्रकार के कार्यक्रम चलने चाहिए थे, आज तक उनका अभाव था। पहली बार भारत सरकार ने वह कार्य किया है कि आंतरिक सुरक्षा के लिए विभिन्न राज्यों की पुलिस के आधुनिकीकरण के लिए 1000 करोड़ रुपए प्रति वर्ष राज्य सरकारों को देने की व्यवस्था की है।

भारतीय संस्कृति पर प्रश्न उठाने वालों की मानसिकता गुलामी की

सभापति महोदया, महामहिम राष्ट्रपति के दोनों सदनों में समवेत अभिभाषण पर माननीय सदस्य डॉ. विजय कुमार मल्होत्रा के धन्यवाद प्रस्ताव पर बोलने के लिए मैं खड़ा हुआ हूँ। किसी भी राष्ट्र को एकता और अखंडता के सूत्र में बांधने के लिए कुछ बातें महत्वपूर्ण होती हैं। हमारे देश की संस्कृति विश्व की प्राचीनतम संस्कृतियों में से एक है। अपनी इस प्राचीन संस्कृति और इसकी परंपराओं का सम्मान करते हुए प्राचीन काल से संपूर्ण राष्ट्र को एकता और अखंडता के सूत्र में बांधने के लिए एकाग्रता के सूत्र में बांधने के लिए हमारे महापुरुषों ने चार बातें सूत्र के रूप में हमें दी थीं। वे चार बातें निम्न प्रकार से हैं – शिक्षा, सुरक्षा, अर्थव्यवस्था और उस राष्ट्र के नागरिकों के अंदर जन सेवा की भावना।

मुझे बताते हुए प्रसन्नता हो रही है कि पिछले 5 वर्षों में देश को विकसित राष्ट्रों की श्रेणी में पहुंचाने के जो प्रयास हुए हैं, महामहिम राष्ट्रपति जी के अभिभाषण में वे स्पष्टतः झलकते हैं। अगर कहा जाए कि महामहिम राष्ट्रपति जी का अभिभाषण सरकार की उपलब्धियों और भविष्य की योजनाओं का एक दस्तावेज है तो मैं समझता हूँ कि इसमें कोई अतिशयोक्ति नहीं हो सकती।

पिछले 5 वर्षों में सरकार ने बहुत कुछ किया है। 5 वर्षों के कार्य की पिछले 50 वर्षों के कार्य से की जाए तो 50 वर्ष का कार्य इन 5 वर्षों के कार्य के आगे कहीं नहीं ठहरता है और इसी सबको लेकर

आज यहां पर मैं विजय कुमार मल्होत्रा जी के प्रस्ताव के समर्थन में खड़ा हुआ हूँ। माननीय प्रधान मंत्री जी ने स्वतंत्रता दिवस के अवसर पर संकल्पना 2020 हम सबके सामने रखा। कोई भी राष्ट्र जब तक अपना कोई लक्ष्य तय नहीं करता तब तक उस लक्ष्य तक पहुंचने की कल्पना कैसे की जा सकती है और यह संकल्पना जिसे महामहिम राष्ट्रपति जी ने अपने भाषण में ही स्पष्ट व्यक्त की है कि सन 2020 में भारत विश्व के विकसित राष्ट्रों की श्रेणी में होगा, भारत विश्व की एक महाशक्ति के रूप में खड़ा होगा। पूरे भाषण में पिछले 5 वर्षों के कार्य में स्पष्ट झलकता है। मैं एक–एक करके कुछ महत्वपूर्ण क्षेत्रों में जो कार्य इस सरकार ने किए हैं और जिनका उल्लेख महामहिम राष्ट्रपति जी ने अपने भाषण में किया है तथा शिक्षा के क्षेत्र में पहली बार प्राथमिक शिक्षा को मौलिक अधिकारों की श्रेणी में लाकर इस देश के प्रत्येक नागरिक को निःशुल्क शिक्षा की व्यवस्था वर्तमान सरकार ने की है क्योंकि कोई भी राष्ट्र अगर विकास की बुलंदियों को छूना चाहता है तो वहां के नागरिकों का शिक्षित होना आवश्यक है। हमारे यहां श्रीमद्भगवद्गीता में भी शिक्षा को ही पवित्र माना गया है। श्रीमद्भगवद्गीता कहती है – "न हि ज्ञानेन सदृश्यम पवित्रम न हि विज्ञते"। अर्थात् संसार में ज्ञान से बढ़कर पवित्र और कुछ भी नहीं है और उस ज्ञान रूपी पवित्रता को लाने का कार्य पहली बार, पिछले 50 वर्षों तक जिसका अभाव रहा है, वह पहली बार इस सरकार ने शिक्षा को प्राथमिक शिक्षा को मौलिक अधिकारों में रख कर 6 वर्ष से 14 वर्ष तक की आयु के प्रत्येक बच्चे को निःशुल्क शिक्षा देने का संकल्प किया है। यही नहीं, भारतीय मूल की उस अंतरिक्ष यात्री के प्रति श्रद्धांजलि व्यक्त करते हुए जिससे नौजवानों को उससे कुछ प्रेरणा प्राप्त हो सके, अपने जो भी उपग्रह हैं, वह कल्पना चावला के नाम पर रखने का संकल्प किया है तो उससे निश्चित ही नौजवानों को उस कार्य में करने के लिए प्रेरित करके भारतीय संस्कृति के गौरव को पुनः स्थापित करने का काम पहली बार हुआ है। वर्ना कोई भी राष्ट्र एकता और अखंडता के सूत्र के बगैर अपनी संस्कृति को बचाए नहीं

रख सकता है लेकिन पहली बार अपने महापुरुषों के प्रति श्रद्धांजलि और आस्था रखते हुए वर्तमान सरकार ने यह किया है। चाहे उन तीर्थ स्थलों के विकास के लिए जो हमारे राष्ट्र के प्रतीक हैं और चाहे एन.सी.ई.आर.टी. की उन पुस्तकों में जहां पर महापुरुषों को अपमानजनक शब्दों से नवाजा गया था, उनमें संशोधन करके अपने महापुरुषों के प्रति सम्मानजनक टिप्पणियों को रखकर और उनको पाठ्यक्रम में शामिल कराने का कार्य किया गया है। कभी–कभी आश्चर्य होता है कि हम राम जन्मभूमि मंदिर के विवाद में बार–बार न्यायालय की दुहाई देते हैं लेकिन एन.सी.ई.आर.टी. के उन संशोधनों में माननीय उच्चतम न्यायालय ने सरकार के उन संशोधनों को, सुझावों से सहमति व्यक्त करते हुए जायज ठहराया था।

लेकिन माननीय उच्चतम न्यायालय की अवहेलना कौन कर रहा है, आज यह सबके सामने है। कई राज्य सरकारों ने कहा है कि हम इस बात को नहीं मानेंगे। इस प्रकार की बातें इससे पहले भी हुई हैं। इसी प्रकार से जब विश्वविद्यालय अनुदान आयोग की स्वर्ण जयंती वर्ष में विश्वविद्यालय आयोग गठित करने का सुझाव देना, उसको पुनर्गठित करना और विश्वविद्यालय की शिक्षा में आमूलचूल परिवर्तन करने का जो संकल्प लिया गया है, यह निश्चित ही एक शुभ लक्षण है। साथ ही साथ पूरे देश के 14 क्षेत्रीय इंजीनियरिंग कॉलेजों को आई.आई.टी. के समक्ष रखने का जो प्रस्ताव शिक्षा के क्षेत्र में क्रांतिकारी परिवर्तन के रूप में रखा है, वह अभिनंदनीय है।

यही नहीं सुरक्षा के क्षेत्र में भी वर्तमान सरकार ने काम किया है। महामहिम राष्ट्रपति जी ने अपने अभिभाषण में उस बात को रखा है। आज हमारा राष्ट्र बाह्य और आंतरिक खतरों से जूझ रहा है। दोनों खतरों से जूझने के लिए जिस प्रकार के कार्यक्रम चलने चाहिए थे, आज तक उनका अभाव था। पहली बार भारत सरकार ने वह कार्य किया है कि आंतरिक सुरक्षा के लिए विभिन्न राज्यों की पुलिस के आधुनिकीकरण के लिए 1000 करोड़ रुपए प्रति वर्ष राज्य सरकारों को देने की व्यवस्था की है। आंतरिक शांति के लिए पहले ऐसा

होता था कि हम सेना को बुलाते थे। सेना का बार–बार आतंरिक मामलों में हस्तक्षेप करना कतई राष्ट्रहित में नहीं है। लेकिन पुलिस की आधुनिकीकरण के लिए पहली बार प्रयास हुआ, जिससे आंतरिक रूप से शांति बनायी रखी जा सके और सभी नागरिक एकजुट होकर रहें। यही नहीं देश के 13 राज्यों में बहुउद्देशीय पहचान पत्र देने की व्यवस्था भी पहली बार हुई है। महोदया, जम्मू–कश्मीर राज्य में पहली बार शांतिपूर्ण तरीके से चुनाव हुए हैं। जिस गुजरात के बारे में तमाम प्रकार की आशंकाएं न केवल विभिन्न राजनीतिक दलों के द्वारा और चुनाव आयोग के द्वारा व्यक्त की जा रही थीं वहां भी शांतिपूर्ण तरीके से चुनाव संपन्न हुए हैं। गुजरात का जनता ने ऐतिहासिक विजय इस परंपरागत भारतीय संस्कृति में अपनी आस्था व्यक्त करते हुए और राष्ट्रवादी शक्तियों को मजबूत करते हुए संदेश भी दे दिया है कि आने वाले समय में हम क्या करने जा रहे हैं। इसी तरह हमने बाह्य सुरक्षा के लिए भी कार्य किया है।

आंतरिक सुरक्षा के बारे में मैं एक और निवेदन करना चाहूँगा। मैं जिस क्षेत्र से चुनकर आता हूँ, वह क्षेत्र भारत और नेपाल से जुड़ा हुआ है। हर व्यक्ति जानता है कि पिछले 25–30 वर्षों में सीमावर्ती क्षेत्रों में एक वर्ग विशेष का जमावड़ा, उनके कुछ मदरसों की अचानक बढ़ती हुई संख्या, वहां पर एक वर्ग विशेष के धर्म स्थानों की बढ़ती हुई जनसंख्या एक खतरे की घंटी थी। मैं जानता हूँ पिछले 2 सालों में ही भारत–नेपाल सीमा पर ऐसी गतिविधियां लगातार चल रही हैं। मैंने पिछले 6 महीने के आंकड़े उन क्षेत्रों के लिए हैं। गोरखपुर, महाराजगंज, देवरिया, कुशीनगर, बस्ती, सिद्धार्थनगर और संत कबीर नगर, इन 7 जनपदों के आंकड़े मैंने लिए थे। पिछेल 6 महीनों में इन क्षेत्रों में 150 से अधिक नाबालिग बालिकाओं के साथ बलात्कार की घटनाएं घटित हुई हैं। ये सारी की सारी घटनाएं अल्पसंख्यक युवकों के द्वारा की गई थीं। यही नहीं उन क्षेत्रों में वहां चाहे किसी की भी सरकार हो, लेकिन वहां ये घटनाएं घटित हो रही हैं।

महोदया, मैं बोल रहा था कि जो घटनाएं घटित हुई हैं, उनके बारे में हम लोगों ने मांग की थी कि स्थानीय पुलिस सीमावर्ती क्षेत्रों

की सुरक्षा नहीं कर सकती है। भारत नेपाल के राजनैतिक सम्बन्ध उस तरह के नहीं हैं। भारत नेपाल सांस्कृतिक, धार्मिक, राजनैतिक और सामाजिक रूप से बंधे हुए हैं। इस कारण भारत और नेपाल की सीमा खुली हुई है। उसका दुरुपयोग माफिया संगठन, एक वर्ग विशेष के लोग, कुछ राजनैतिक दलों के लोग बराबर करते थे। मैं केंद्रीय गृह मंत्री जी को बधाई देना चाहता हूँ कि पहली बार भारत नेपाल सीमा पर स्पेशल सर्विस ब्यूरो को लगाकर पूरा भारत नेपाल सीमा को सुरक्षित करने का प्रयास हुआ है। जैसा वहां हुआ है वैसा ही प्रत्येक सीमावर्ती क्षेत्र में होना चाहिए और इस बात की जांच होनी चाहिए कि क्या कारण है कि एक वर्ग–विशेष का जमावड़ा वहां होता जा रहा है।

वहां पर जो घटनाएं घटित हुई हैं। उनको ध्यान में रखकर सीमावर्ती क्षेत्र में एस.एस.बी. को लगाकर सुरक्षा बढ़ाने का प्रयास हुआ है। आप जानते हैं पहले इस प्रकार से सीमावर्ती क्षेत्रों में घुसपैठ को रोकने का प्रयास नहीं हुआ था। यह व्यवस्था सभी सीमावर्ती क्षेत्रों में होनी चाहिए। इसी बात को ध्यान में रखकर उत्तर प्रदेश सरकार द्वारा भारत नेपाल सीमावर्ती क्षेत्रों के लिए धर्मस्थल विधेयक लाया गया था, लेकिन एक वर्ग विशेष द्वारा उस विधेयक का विरोध किया गया। यह विधेयक प्रदेश के लिए था कि कोई भी बिना अनुशासन की आज्ञा के मंदिर, मस्जिद, गुरुद्वारा, चर्च आदि का निर्माण नहीं करेगा। उसका परिणाम यह हुआ कि वहां पर जो घटनाएं हुई उससे उस क्षेत्र में आक्रोश है। इतना ही नहीं मैं कहना चाहता हूँ कि भारत–चीन के क्षेत्र आपस में मिलते हैं, बांग्लादेश से मिलते हैं, बर्मा से मिलते हैं और पाकिस्तान से मिलते हैं, इन सभी सीमावर्ती क्षेत्रों में इस प्रकार की व्यवस्था होनी चाहिए। यदि इसका विरोध किसी एक वर्ग के द्व ारा किया जाता है तो निश्चित ही राष्ट्र के लिए अच्छा संकेत नहीं है। इस बार में सरकार को विचार करना चाहिए।

महोदया, इसके साथ ही बाह्य सुरक्षा के क्षेत्र में भी सरकार ने काम किया है। बाह्य सुरक्षा के क्षेत्र में अग्नि–1 का सफल परीक्षण किया

गया है। एरिया वैपन सिस्टम रूस के साथ सुपर सोनिक मिसाइल का भी परीक्षण किया गया है। राष्ट्र की बाह्य सुरक्षा को ध्यान में रखते हुए एक महत्वपूर्ण कार्य किया गया है। यही नहीं 15–20 वर्षों से बांग्लादेशी घुसपैठ की आवाज आ रही थी कि वे किस प्रकार से पूरे देश में फैलकर जनसंख्या के साथ–साथ कानून व्यवस्था के लिए भी एक समस्या खड़ी कर रहे हैं। इस दिशा में पहली बार भारत सरकार ने बांग्लादेशी घुसपैठियों को खदेड़ने का प्रयास किया है। यह प्रयास अभिनंदनीय है। आधिकारिक तौर पर उनकी जनसंख्या 1.5 करोड़ स्वीकार की गई है, जबकि एक सर्वे के अनुसार उनकी जनसंख्या 2.5 करोड़ के करीब है। इन लोगों की वजह से पूर्वोत्तर राज्यों, जैसे पश्चिम बंगाल और बिहार आदि में कानून व्यवस्था की स्थिति खराब हो गई है। अभी दो साल पहले लाल किले पर हमला किया गया था। उसके बाद बांग्लादेशी घुसपैठियों को पुलिस ने पकड़ा था, जो वहां झुग्गी–झोपड़ी में रहते थे, लेकिन पुलिस पर हमला कर दिया गया। आई.एस.आई. गतिविधियों में लिप्त रहने के साथ–साथ ये राष्ट्र विरोधी गतिविधियों में भी सक्रिय हैं।

महोदया, यही नहीं, इन बांग्लादेशी घुसपैठियों ने अलग मुस्लिम लैंड की मांग की है, जिससे राष्ट्र की एकता और अखंडता के लिए भी खतरा पैदा हो गया है। बिहार राज्य में पूर्णिया, किशनगंज, अररिया, कटिहार, जोगीबन, सहरसा और सुपौल आदि क्षेत्र में फैले हुए हैं।

पश्चिम बंगाल के मुर्शिदाबाद और उत्तरी दीनाजपुर बांग्लादेशी घुसपैठियों के कारण मुस्लिम बहुल इलाके हो चुके हैं। असम की स्थिति अत्यंत विस्फोटक है। कांग्रेस के लोगों ने असम के 125 विधानसभा क्षेत्रों में से 36 विधानसभा क्षेत्रों में बांग्लादेशी घुसपैठियों के राशन कार्ड बना दिए हैं और वह इन जगहों में निर्णायक स्थिति में हैं। वे ये तय करते हैं कि वहां कौन विधायक बनेगा। इनके कारण नॉर्थ ईस्टर्न के असम सहित त्रिपुरा, मणिपुर, मेघालय, नागालैंड, अरुणाचल प्रदेश, मिजोराम आदि में पिछले 10 वर्षों में जनसंख्या 19 फीसद से बढ़कर 31 फीसद तक बढ़ी यानी जनसंख्या की बढ़ोतरी अपने आप

यह बताती है कि देश के अन्य क्षेत्रों में जहां जनसंख्या में 10 से लेकर 19 प्रतिशत की बढ़ोतरी हुई है वहीं इन क्षेत्रों में 19 से लेकर 31 प्रतिशत तक की बढ़ोतरी हुई है। इन बांग्लादेशी घुसपैठियों के कारण पूरे देश में 20 लोकसभा क्षेत्र और 125 विधानसभा क्षेत्र प्रभावित हो रहे हैं जो चिन्ता का विषय है।

सभापति महोदया, हमारे देश में अवैध रूप से लाखों बांग्लादेशी आ रहे हैं, मैं कांग्रेस की चिन्ता से अच्छी तरह से अवगत हूँ। जब इनकी नेता विदेश से आई हैं तो इसमें कोई संदेह नहीं बांग्लादेश भी इन्हें अपना नेता दे सकता है। सभापति जी, ये कांग्रेस के लोग हैं जिन्होंने कल भारतीय संस्कृति पर प्रश्नचिन्ह लगाया था। इन लोगों द्वारा बार–बार कहा जा रहा है और कल भी इनके एक माननीय सदस्य ने देश के धर्माचार्यों के बारे में प्रश्नचिन्ह लगाया था।

मैं जानना चाहता हूँ कि जिस तरह से कल इन लोगों ने देश के धर्माचार्यों पर प्रश्नचिन्ह लगाया था, आने वाले समय में महर्षि वाल्मीकि, गुरु वशिष्ठ, गुरु विश्वामित्र, वेद व्यास पर प्रश्नचिन्ह लगाया जाएगा। इन लोगों से ज्यादा क्या अपेक्षा की जा सकती है। ये लोग देश बांटने के लिए जिम्मेदार हैं। इन लोगों की मानसिकता हमेशा गुलामी की रही है, इसलिए इन लोगों से क्या अपेक्षा की जा सकती है कि ये राष्ट्र हित के बारे में सोचें?

मैं कहना चाहता हूँ कि अयोध्या के बारे में महामहिम राष्ट्रपति जी ने जो कहा है, अयोध्या के बारे में ऐसी कौन सी बुरी बात राष्ट्रपति जी ने कही है। उन्होंने कहा है कि न्यायालय से इस बात का आग्रह किया था कि जल्दी से जल्दी इस मामले का निस्तारण होना चाहिए और उस पर विरोध किया गया। यहां जब पहले ही दिन सत्ता पक्ष इस बात के लिए तैयार हो गया था कि इस मामले पर बहस हो जाए तो ये लोग भाग गए थे। क्योंकि ये लोग देश के मुसलमानों को केवल वोट बैंक तक ही सीमित रखना चाहते हैं और अयोध्या के नाम पर बार–बार हिंदुओं की भावना को भड़का कर इस देश में हिंदुओं की भावनाओं और आस्थाओं पर कुठाराघात करने का प्रयास इनके द्वारा किया जाता है।

सभापति महोदया, 1949 में जब रामलला प्रकट हुए थे, उस समय देश के प्रधानमंत्री कौन थे और उत्तर प्रदेश का मुख्यमंत्री कौन था। उस समय देश के प्रधानमंत्री पंडित जवाहर लाल नेहरू और उत्तर प्रदेश के मुख्यमंत्री श्री गोविंद वल्लभ पंत थे। 1986 में जब राम जन्मभूमि का ताला खुला था, उस समय स्वर्गीय राजीव गांधी देश के प्रधानमंत्री और उत्तर प्रदेश के मुख्य मंत्री श्री वीर बहादुर सिंह थे जी थे।

यही नहीं 1989 में जब शिलान्यास हुआ था उस समय स्वर्गीय राजीव गांधी देश के प्रधान मंत्री और श्री एन.डी. तिवारी उत्तर प्रदेश के मुख्यमंत्री थे। 1992 में जब गुलामी का प्रतीक ढांचा तोड़ा गया था उस समय देश के प्रधान मंत्री श्री नरसिंह राव जी थे जो कांग्रेसी ही थे। ये लोग उस पर क्यों भाग जाते हैं। ये लोग हिंदुओं को सांप्रदायिक कहते हैं, जो इस देश के राष्ट्रीय तत्व हैं।

यह तय हो चुका है कि जो विवादित जमीन है वहां लेजर परीक्षण किया गया है, उससे यह साबित हुआ है और दुनिया को मालूम हो गया है कि वहां पर मंदिर है। आने वाले समय में अगर हिंदू भावनाओं को ठेस पहुंचाई जाती रहेगी तो हम देश की प्रत्येक प्राचीन मस्जिद की जांच लेजर रेज से कराएंगे और उनकी खुदाई कराएंगे और कहेंगे कि ये हमारे मंदिरों को तोड़कर बनाई गई हैं। इसलिए आज आवश्यक है कि देश की संसद में राम जन्मभूमि निर्माण का विधेयक लाया जाना चाहिए, गौहत्या पर प्रतिबंध का विधेयक लाया जाना चाहिए।

सभापति महोदया, मैं इन्हीं शब्दों के साथ राष्ट्रपति जी के अभिभाषण पर डॉ. विजय कुमार मल्होत्रा जी द्वारा जो धन्यवाद प्रस्ताव सदन में प्रस्तुत किया गया है, मैं उसका समर्थन करते हुए एक बार सामने बैठे हुए अपने साथियों से कहना चाहता हूँ कि कम से कम संस्कृति के साथ द्रोह न करें क्योंकि संस्कृति के साथ किया गया द्रोह राष्ट्र के साथ द्रोह करने के समान है।

—25 फरवरी, 2003

भगवान राम की तुलना आक्रांता बाबर से करना पाप

मैं आपको सबसे पहले धन्यवाद देना चाहता हूँ कि इस महत्वपूर्ण विषय पर आपने मुझे बोलने का अवसर दिया। आज चर्चा प्रारंभ हुई है और यह चर्चा मुख्य रूप से 3 बिंदुओं पर केंद्रित होनी चाहिए थी।

उनमें से एक बिंदु यह था कि सरकार कोर्ट क्यों गई? दूसरा, महामहिम राष्ट्रपति जी के भाषण में अयोध्या का जिक्र क्यों हुआ और तीसरे, हिमाचल प्रदेश में माननीय प्रधानमंत्री जी द्वारा दिया गया भाषण का जिक्र था। इसको लेकर 18 से लेकर अब तक बहुत बार संसद की कार्यवाही को भंग करने का प्रयास किया गया, कार्यवाही में व्यवधान डालने का प्रयास किया गया और जब सरकार ने उस पर चर्चा को स्वीकार किया तो जब विपक्ष चर्चा से भागी थी तो विपक्ष के चर्चा से भागने से ही स्वयं अंदाजा लगाया जा सकता था कि केवल अपने राजनैतिक स्वार्थों के लिए, अयोध्या के मुद्दे को ये लोग उलझाना चाहते हैं, सर्वसम्मति बनाने के लिए नहीं चाहते हैं। प्रश्न उठता है कि बार–बार अयोध्या का मुद्दा ही क्यों उठता है? हर व्यक्ति जानता है कि अयोध्या हिंदुओं की पवित्र स्थली है। हमारे शास्त्रों में 7 पवित्र नगरों के नाम दिए हैं उनमें अयोध्या, मथुरा, काशी, काशी, अवंतिका, पुरी, द्वारावतीचेव सप्तेता मोक्षदायिका। 7 पवित्र नगरियां हैं जो व्यक्ति को जन्म–मरण के बंधन से मुक्त करने के लिए और जिनके दर्शन मात्र से, उनकी यात्रा करने से मनुष्य को मोक्ष प्राप्त हो जाता है, ऐसा हमारा विश्वास है, हमारी मान्यताएं है कि व्यक्ति को उनके दर्शन मात्र से मोक्ष मिल जाता है। धर्म, अर्थ, काम और

मोक्ष की पूर्ति वहां से होती है और उनमें सबसे पहला नाम अयोध्या का आता है और अयोध्या की पहचान राम जन्मभूमि के मंदिर से है। आज इस पर प्रश्न चिन्ह लगाया जाता है। मैं 2 बजे से जब से चर्चा प्रारंभ हुई है, तभी से ही मैं यहां पर बैठा हूँ, सुन रहा हूँ। हमारे विनय कटियार जी ने मक्का की कुछ मस्जिदों के बारे में चर्चा की थी।

यानी वहां की मस्जिदों की चर्चा होने से कुछ सदस्य उत्तेजित होते थे। अगर वहां के बारे में सही तथ्य पेश किए जाते हैं, तो उससे उत्तेजित होने की कोई बात नहीं होनी चाहिए। लेकिन जब बार–बार अयोध्या के मुद्दे को, राम जन्मभूमि के मुद्दे को यहां उठाकर करके इस देश के हिंदुओं की भावना के साथ जिस तरह से खिलवाड़ किया जाता है, क्या उस समय यहां बैठे हुए माननीय सदस्यों ने इसके बारे में सोचा है। आज भगवान राम की तुलना एक विदेशी आक्रांता बाबर से की जा रही है। भगवान राम के जन्म स्थल की तुलना की जाती है। भगवान राम ने लंका पर चढ़ाई करने के लिए रामेश्वरम के पास धुनाकोटि से लंका के लिए जो सेतुबंध का निर्माण किया था, उसको अमेरिका की नासा ने भी स्वीकार किया है। यह बात समाचार पत्रों में छपी है और इस बात को स्वीकार किया गया है कि आज से 17.5 लाख वर्ष पहले वे वहां गए थे। उस समय से वे सारे के सारे प्रमाण हमारे पास हैं। चाहे वाल्मीकि रामायण हो चाहे, चाहे उसके उपरांत साहित्यिक प्रमाण हों, चाहे शास्त्रीय प्रमाण हों, वे सब हमारे पास मौजूद हैं। वहां की भौगोलिक स्थिति के बारे में बताया गया है, यह नासा ने कहा है और 17.5 लाख वर्ष पहले इसकी स्थिति के बारे में बताया है।

यही नहीं, महर्षि वाल्मीकि ने रामायण में और उसके उपरांत समय–समय पर रामायण का जो विभिन्न भाषाओं में अनुवाद हुआ है, विभिन्न कवियों ने राम की गाथा गाई है, उनमें अयोध्या का जिक्र हुआ है, राम जन्म भूमि का जिक्र हुआ है। उसके बाद भी अयोध्या में सबसे पहला आक्रमण 10–वीं और 11–वीं शताब्दी में सालार मसूद के द्वारा हुआ था। हर व्यक्ति जानता है कि सालार मसूद ने सबसे

पहले अयोध्या में भगवान श्रीराम के ऐतिहासिक मंदिर को तोड़ा था, जो जन्मभूमि में स्थित था। उसके बाद गढ़वार के महाराजा ने वहां पर मंदिर का निर्माण किया था, जिसे 1528 में बाबर के एक सिपहसालार मीर बाकी के द्वारा तोड़ा गया था। वहां के ऐतिहासिक प्रमाण, वहां के पुरातात्विक प्रमाण, वर्तमान में जी.पी.आर. का जो सर्वे हुआ है, ये सब इस बात के सबूत हैं। इस बात को कोई झुठला नहीं सकता। हम आपसे अनुरोध करेंगे कि संसद के पटल पर उस रिपोर्ट को मंगाया जाना चाहिए। इस तरह से जो प्रमाण मिले हैं, उस विवादित और अविवादित भूमि का प्रश्न आया है। जिस धर्म संसद की बात यहां उठाई गई है, उस धर्म संसद ने मांग की थी कि अयोध्या के बारे में, वहां दो प्रकार की भूमि है, एक विवादित और दूसरी अविवादित। विवादित भूमि जो केवल 60 बाई 40 का चबूतरा है, जिसमें राम लला विराजमान हैं और जहां कोर्ट के आदेश पर हिंदू पूजन और दर्शन करते हैं, उसको विवादित बना दिया गया। एक वह है जो अविवादित है, जो 67 एकड़ अविवादित भूमि है, उसको वापस लेने की मांग इस देश के धर्माचार्य कर रहे हैं। यह समझ में नहीं आता है कि अयोध्या में राम जन्मभूमि का मुद्दा जब आता है, तो बाबर को अपना आदर्श मानकर माननीय सदन के कुछ माननीय सदस्य क्यों चल पड़ते हैं। क्या इस देश का आदर्श बाबर हो सकता है, बाबर एक बर्बर आक्रांता था, दुष्ट था। बाबर का कोई स्मारक अयोध्या तो क्या भारत के अंदर में स्वीकार स्वीकार नहीं होगा, इस बात के बारे में हम भी आज कह सकते हैं। औरंगजेब ने क्या किया था, उसने वही किया था, बार–बार हिंदुओं के स्थानों को तोड़ा था। किसी ने राम जन्मभूमि का मंदिर तोड़ा, तो किसी ने मथुरा में श्रीकृष्ण जन्मभूमि का मंदिर तोड़ा और किसी ने काशी विश्वनाथ का मंदिर तोड़ा। यही नहीं, कुतुब मीनार के पास जो मस्जिद खड़ी हुई है, वहां पर आज भी पुरातात्विक विभाग की ओर से बोर्ड लगा हुआ है। उसमें लिखा है कि उस क्षेत्र के 27 हिंदू और जैन मंदिरों को तोड़कर उस मलबे से इस मस्जिद का निर्माण किया गया है। कौन नहीं जानता है कि

एक इस्लाम का स्वरूप वह था जो केरल के तट पर आया था और केरल के राजाओं ने वहां इस्लाम के अनुयायियों को मस्जिद बनाने के लिए मुफ्त में जगह दी थी। दूसरा इस्लाम का स्वरुप वह था जब 1026 में सोमनाथ मंदिर को तोड़ने से लेकर...।

महोदय, मैं किसी धर्म के बारे में नहीं कह रहा हूँ। जो सच्चाई और तथ्य हैं मैं उन तथ्यों को यहां पर रख रहा हूँ। मैं किसी इतिहास को तोड़–मरोड़ कर पेश नहीं कर रहा हूँ। जो हमारी संस्कृति के साथ, हमारी भावनाओं के साथ खिलवाड़ किया गया था, मैं उन्हीं बातों को रख रहा हूँ। जब केरल के तट पर इस देश के हिंदू राजाओं ने उन्हें मुफ्त में जमीन देकर मस्जिद का निर्माण का काम स्वयं किया था। दूसरा स्वरूप वह भी आया था जो 10–वीं शताब्दी से इस देश में प्रारंभ हुआ था। महोदय, हम इस्लाम के उस स्वरूप को स्वीकार करते हैं जिसने इस देश में शरण लेकर लेकर यहां की मान्यताओं के अनुसार चलना प्रारंभ किया था। लेकिन 10–वीं शताब्दी के बाद मोहम्मद गजनवी के रूप में या गौरी, खिलजी, बाबर और औरंगजेब के रूप में जो स्वरूप आया था वह हमें कतई पसंद नहीं है। उसके खिलाफ आज भारत का धर्माचार्य, विश्व हिंदू परिषद, बजरंग दल या आर.एस.एस. कहता है तो गलत नहीं कहता है। वे राष्ट्रवाद की बात कहते हैं। महोदय, जिस हिंदुत्व की ये बात करते हैं, उसकी परिभाषा हमारे शास्त्रों में की गई है। 'आ सिंधु–सिंधु पर्यंता, यस्य भारत भूमिका, पितृ–भू पुण्य भूश्चैव सः वे हिंदू रीति समृत'। यानी सिंधु नदी से लेकर समुद्र पर्यंत तक का भू–भाग जिसे वहां के नागरिक अपनी मातृभूमि, पितृभूमि एवं पुण्य भूमि मानते हैं वही हिंदू है। हिंदू की परिभाषा कैसी बुरी है। अगर देश के मुसलमानों ने देश में जन्म लिया है और भारत माता को माता कहने में उसे परेशानी होती है, इसे अपनी मातृभूमि और पितृभूमि नहीं मानता है तो चाहे वह इस्लाम का, चाहे ईसाइयत का अनुयायी हो या स्वयं हिंदू हो, क्या उसे इस देश में रहने का अधिकार होना चाहिए। आज यह प्रश्न हमारे सामने है। हम हिंदुत्व का प्रश्न लेकर सामने आए हैं। जब हिंदू संगठन

इसी बात को कहते हैं तो क्या गलत कहते हैं। हिंदुत्व कोई धर्म नहीं है, यह एक संस्कृति है। इसमें ना जाने कितने मत और संप्रदाय हुए होंगे और आज भी हैं। लेकिन जो इस भूमि को माता मानता है, पुण्य भूमि मानता है उसे इस देश का नागरिक होने का अधिकार है। अगर इंग्लैंड का निवासी सब कुछ होते हुए वह वहां का नागरिक है और पंथनिरपेक्ष होने का प्रयास करता है तो कोई बुराई नहीं है।

हिंदू इस देश में बहुसंख्यक हैं, इसी कारण यह देश पंथ निरपेक्ष है। अगर हिंदू यहां अल्पसंख्यक होता तो बांग्लादेश और पाकिस्तान में जो कुछ हुआ है, वही यहां होता। कश्मीर से जिस तरह से हिंदू भगाए गए, फिर सिखों की सामूहिक हत्या हुई और आज बहुत बौद्ध काटे जा रहे हैं।

उपाध्यक्ष महोदय, 1528 से लेकर 1934 तक 76 बार हिंदुओं ने राम जन्मभूमि के लिए संघर्ष किया, आंदोलन किया। 77–वीं बार 6 दिसंबर, 1992 को गुलामी के उस ढांचे को गिरा दिया। 3.5 लाख से ज्यादा हिंदू शहीद हुए। हम इतनी संख्या में शहीद हुए हिंदुओं को वैसे ही जाने नहीं देंगे। अयोध्या में राम मंदिर का मार्ग प्रशस्त हो। अयोध्या में राम मंदिर का राजनीतिकरण कांग्रेस ने किया और उसके लिए वह दोषी है। 1986 और 1989 में कांग्रेस के प्रधानमंत्री और मुख्यमंत्री थे।

–27 फरवरी, 2003

महोदय, मैं धर्मांतरण की गतिविधियों के बारे में कुछ कहना चाहता हूँ। पूर्वोत्तर राज्यों में अगर अलगाववाद है तो उसके पीछे बहुत बड़ी भूमिका धर्मांतरण की राष्ट्रविरोधी गतिविधियों की है। इस पर चर्चा ही नहीं होनी चाहिए बल्कि प्रभावी कानून बनना चाहिए कि अगर धर्मांतरण असंवैधानिक है तो गृह मंत्रालय को धर्मांतरण की राष्ट्रविरोधी गतिविधियों पर प्रभावी अंकुश लगाने के लिए कार्यवाही करनी चाहिए।

धर्मांतरण राष्ट्रीय सुरक्षा के लिए खतरा

सभापति महोदय, गृह मंत्रालय की अनुदान मांगों पर चर्चा में आपने मुझे बोलने का मौका दिया है, इसके लिए मैं आपका आभारी हूँ। देश की आंतरिक सुरक्षा अर्ध सैनिक बलों के प्रबंधन, सीमा प्रबंधन, केंद्र और राज्यों के सम्बन्ध, आपदा प्रबंधन जो महत्वपूर्ण जिम्मेदारियां हैं, वह गृह मंत्रालय के अधीन हैं। गृह मंत्रालय अपने कार्यों का प्रभावी ढंग से संपादन कर सके, पुलिस और सुरक्षा एजेंसियों को आधुनिक ढंग से प्रशिक्षित और आवश्यक संसाधनों से भी लैस किया जा सके, इसके लिए बजट में जो भी प्रावधान हो, उसमें किसी को आपत्ति नहीं है। लेकिन पिछले 5 वर्षों के अंदर हमने इस बात को महसूस किया है कि आंतरिक सुरक्षा की स्थिति और सीमा प्रबंधन की स्थिति बदहाल हुई है। साढ़े तीन वर्षों से माननीय चिदंबरम जी गृह मंत्री हैं। जब चिदंबरम जी गृह मंत्री बने थे, तब देश को इनसे बहुत आशाएं थी। प्रारंभ में 1 वर्ष तक इन्होंने कुछ काम करने का प्रयास भी किया था, लेकिन अचानक उनकी धार कुंद होती गई और आज तो गृह मंत्रालय की स्थिति ना केवल बदहाल है, बल्कि हमारे गृह मंत्री भी बदहाल स्थिति में ही जीवन यापन कर रहे हैं। जब मंत्रालय का मुखिया ही अपने दुर्दिन में जी रहा हो, तो स्वाभाविक रूप से आंतरिक सुरक्षा की स्थिति कैसे अच्छी होगी, इसका हम सहज ही अनुमान लगा सकते हैं।

महोदय, पिछले दो दशकों से देश के अंदर आतंकी हमले जिस तेजी के साथ बढ़े हैं, मुझे लगता है कि उन पर प्रभावी अंकुश लगाने के

लिए कोई भी ईमानदार प्रयास और पहल नहीं हो पाई है। कम–से–कम इस तरह की पहल दिखनी ही चाहिए थी। लेकिन मुझे लगता है कि सितंबर 2001 में अमेरिका में हमला हुआ था और दिसंबर 2001 में देश की संसद पर हमला हुआ था। उससे पहले भी हमले हुए थे लेकिन देश की संसदीय लोकतंत्र के सबसे बड़े आधार संसद पर हमले के अभियुक्तों को अब तक सजा नहीं हो पाई। अभी यहां पर जब शिवसेना के माननीय सदस्य के द्वारा प्रश्न उठाया गया, माननीय गृहमंत्री ने कसाब के मुद्दे पर सफाई देने का प्रयास किया लेकिन यह देश जानना चाहता है कि आखिर अफजल को क्यों अब तक फांसी नहीं हुई और जब आतंकवादियों के प्रति हम लोग इतने नरम होंगे तो देश की आंतरिक सुरक्षा की स्थिति को चरमराएगी ही और वर्तमान में यही हो रहा है। इसलिए देश और दुनिया के अंदर एक मैसेज जाता है कि भारत एक नरम देश है। आतंकवाद को वोट बैंक के नजरिए से देखा जाता है। इस तरह से यह सरकार आतंकवाद के प्रति मौके ना केवल सुस्त है बल्कि लापरवाह बनी हुई है और यही लापरवाही इस देश की आंतरिक सुरक्षा के लिए खतरा बनती जा रही है।

महोदय, कौन नहीं जानता कि 1993 में मुंबई में सीरियल विस्फोट हुए थे। सरकार बार–बार पाकिस्तान से मांग करती है कि दाऊद इब्राहिम को दीजिए क्योंकि इसके खिलाफ कार्रवाई होनी चाहिए। लेकिन क्या यह सच नहीं है कि दाऊद इब्राहिम और उसकी गैंग का अंडरवर्ल्ड का पूरा साम्राज्य देश के अंदर फल–फूल रहा है। मुंबई और देश के अंदर उनकी सारी अनैतिक और राष्ट्रविरोधी गतिविधियां संचालित हो रही हैं। गृह मंत्रालय और राज्य सरकारें इस पर मौन क्यों हैं? अंडरवर्ल्ड की इन राष्ट्रविरोधी गतिविधियों पर कोई अंकुश लगाने के लिए सरकार कोई प्रभावी कार्यवाही क्यों नहीं करती? जहां तक माओवाद का प्रश्न है, मैं कहना चाहूँगा कि माओवादी और नक्सलवादी गतिविधियां देश में तेजी से बढ़ी हैं। मुझे याद है कि 2004 में इस देश के 54 जिलों में नक्सलवाद था। आज सरकार स्वयं स्वीकार करती है

कि इस देश के 230 जिले नक्सलवाद और माओवाद से प्रभावित हैं। 90 जिलों में वह चरम पर है। चरम की स्थिति इस प्रकार है कि विधायकों का अपहरण हो रहा है। जिलाधिकारी का अपहरण हो रहा है और फिर माओवादियों से नेगोशिएट करके किसी प्रकार से हम लोग उनके सामने यानी राज्य यह दिखाने का प्रयास कर रहा है कि जैसे माओवादियों के द्वारा इस देश की सत्ता का संचालन हो रहा है। यह बहुत ही दुर्भाग्यपूर्ण है। देश की सत्ता का संचालन माफिया, अपराधी, नक्सलवादी और माओवादी कर रहे हैं या कोई एक सशक्त सरकार कर रही है, यह तय नहीं हो पा रहा है और इसलिए जब गृह मंत्रालय की अनुदान मांगों पर हम चर्चा कर रहे हैं तो माओवाद और नक्सलवाद की स्थिति भी अत्यंत खतरनाक स्थिति में हम सबके सामने यहां पर हैं। इसलिए मैं कहना चाहूँगा कि आखिर वोट बैंक की राजनीति के लिए हम इस देश की आंतरिक सुरक्षा के प्रति कब तक इस प्रकार का लचर रवैया अपनाते रहेंगे?

महोदय, मैं बहुत ज्यादा इस पर नहीं कहना चाहता क्योंकि मुझे लगता है कि आप घंटी बजाएंगे। मैं अभी 3 दिन पहले की घटना आपको बताता हूँ। मैं उत्तर प्रदेश के गोरखपुर जनपद से प्रतिनिधित्व करता हूँ। हमारा लगभग सीमावर्ती जनपद है। भारत और नेपाल की 1,751 किलोमीटर सीमा की सीमा पूरी खुली सीमा है। आज पाकिस्तान से किसी भी आतंकवादी को अगर भारत के अंदर घुसना है तो कराची से काठमांडू, काठमांडू से खुली सीमा से और फिर वह भारत के अंदर सीमावर्ती क्षेत्र में शरण लेता है। फिर वहां से भारत के अंदर कभी भी एंटर करता है। 29 अप्रैल की घटना है। सुनौली बॉर्डर जो जनपद महाराजगंज का नेपाल से सटा हुआ कस्बा है, वहां पर 40 हिजबुल मुजाहिदीन से जुड़े हुए आतंकवादी पकड़े जाते हैं, 48 घंटे तक उनसे पूछताछ होती है। 48 घंटे के बाद उन्हें ससम्मान छोड़कर वापस कहा जाता है कि यह जम्मू कश्मीर के हैं। उनके द्वारा स्वीकार किया जाता है कि 1986 में वे लोग भारत छोड़कर पाक

अधिकृत कश्मीर चले गए थे। पी.ओ.के. में रहकर उन्होंने आतंकवादी प्रशिक्षण लिया। प्रशिक्षण लेने के बाद आतंकवादी गतिविधियों में पिछले 25 वर्षों से वे लिप्त रहे हैं।

कितने दुर्भाग्य की बात है कि पुनर्वास के नाम पर आतंकवादियों का पुनर्वास हो रहा है। इस देश में पुनर्वास और मानवाधिकार के नाम पर आतंकवादियों और नक्सलवादियों के लिए तो मानवाधिकार है लेकिन सामान्य नागरिकों और सुरक्षा बलों के जवानों के लिए कोई मानवाधिकार नहीं है। उनके पुनर्वास की कोई व्यवस्था नहीं है। आप देखें कि जम्मू–कश्मीर में वर्ष 1990 में 58,697 परिवार विस्थापित हुए थे और आज तक मंत्रालय पुनर्वास की कोई व्यवस्था नहीं कर पाया है, सरकार नहीं कर पाई है। पूर्वोतर राज्यों में मिजोरम में वर्ष 1997 में 36,000 रियांग जनजाति के लोगों को धर्मांतरण ना करने की कीमत चुकानी पड़ी और उन्हें वहां से विस्थापित कर दिया गया। वे त्रिपुरा में शरणार्थी शिविरों में रह रहे हैं। आज तक उनके पुनर्वास की कोई व्यवस्था नहीं हो पाई है। 36,000 रियांग जनजाति के लोग आज भी त्रिपुरा में शरणार्थी शिविरों में रहने के लिए मजबूर हैं। इतने वर्षों से वे लोग शरणार्थी शिविरों में रह रहे हैं और हम कहते हैं कि इस देश में कानून का राज है। कौन से कानून का राज है? सरकार कौन सी सुरक्षा, कौन सी शांति और किस सदभावना की बात कह रही है? मैं आपके माध्यम से सरकार से अनुरोध करना चाहता हूँ कि सरकार आतंकवादियों के लिए पुनर्वास की नीति तो घोषित करती है, मैं पूछना चाहता हूँ कि गृह मंत्रालय ईमानदारी से अपने ही देश के नागरिकों के लिए, जो भारत की राष्ट्रीयता और परंपरा के साथ जुड़े हुए हैं, जो भारत के हित के साथ अपना हित देखते हैं, कोई पुनर्वास की नीति बनाकर मूल भूमि पर बसाने की कोई कार्यवाही क्यों नहीं करता है? हमें आपत्ति गृह मंत्रालय की अनुदानों पर नहीं है, हम अनुदान की मांगों का समर्थन करते हैं। हम मांग करते हैं कि पुलिस और अर्धसैनिक बलों को उचित प्रशिक्षण दिया जाए, आधुनिक

हथियार दिए जाएं। उन्हें आधुनिक संसाधन उपलब्ध कराए जाएं। उन्हें आधुनिक सुविधाओं से लैस किया जाए। सरकार इस देश में आतंकवाद, राष्ट्रविरोधी और समाज विरोधी गतिविधियों में लिप्त तत्वों को संरक्षण देने की बात कहती है, अधिकारों की बात कहती है, लेकिन इस देश के नागरिकों को सुरक्षा की गारंटी देने के लिए किसी प्रकार की प्रभावी कार्यवाही नहीं कर पा रही है।

महोदय, मैं सरकार से मांग करता हूँ कि गृह मंत्रालय कश्मीर और मिजोरम से निकाले गए मूल निवासियों के लिए पुनर्वास की व्यवस्था करे। क्या सरकार को इस बात की जानकारी है कि यू.पी.ए. के आने के बाद पी.डब्ल्यू.जी. और एम.सी.सी. का पुनर्गठन होकर सी.पी.आई. माओवादी के नाम पर एक नया संगठन गठित किया गया है? मैं पूछना चाहता हूँ कि क्या उनके पास इतने संसाधन हो गए हैं कि वे भारत के सुरक्षा बलों, अर्धसैनिक बलों और सेना को चुनौती दे रहे हैं? जिन्हें भारत के संविधान पर विश्वास नहीं है, भारत की परंपरा विश्वास नहीं है, जो वार्ता से समस्या का समाधान नहीं करना चाहते, जो संवाद स्थापित नहीं करना चाहते, क्यों नहीं सरकार उनके साथ सख्ती से कार्यवाही करती है? क्यों आज सरकार अपनी धार को कुंद करना चाहती है? मैं सरकार से मांग करता हूँ कि ऐसे तत्व जो भारत के संविधान के विरुद्ध आचरण करते हैं, भारत के साथ सशस्त्र संघर्ष करना चाहते हैं, उनके खिलाफ सख्ती से निपटने की कार्यवाही प्रारंभ करें।

महोदय, मैं धर्मांतरण की गतिविधियों के बारे में कुछ कहना चाहता हूँ। पूर्वोत्तर राज्यों में अगर अलगाववाद है तो उसके पीछे बहुत बड़ी भूमिका धर्मांतरण की राष्ट्रविरोधी गतिविधियों की है। इस पर चर्चा ही नहीं होनी चाहिए बल्कि प्रभावी कानून बनना चाहिए कि अगर धर्मांतरण असंवैधानिक है तो गृह मंत्रालय को धर्मांतरण की राष्ट्रविरोधी गतिविधियों पर प्रभावी अंकुश लगाने के लिए कार्यवाही करनी चाहिए। कश्मीर के बारे में बराबर चर्चा हो रही है कि सशस्त्र

बल विशेषाधिकार अधिनियम को सरकार समाप्त करने जा रही है। मैं अनुरोध करना चाहता हूँ कि कश्मीर में अगर शांति है तो इसमें सशस्त्र सेना बल विशेषाधिकार अधिनियम की बहुत बड़ी भूमिका है। हे अपराधी जिन्हें राष्ट्र के संविधान और मर्यादा पर विश्वास नहीं है, उनके लिए सख्ती आवश्यक है। इस विशेषाधिकार अधिनियम को वापस ना लिया जाए इससे सेना और बलों के जवानों का मनोबल टूटेगा जिससे देश की सुरक्षा के सामने गंभीर खतरा पैदा हो जाएगा। भगवान इन्हें सद्बुद्धि दें जो वे किसी प्रकार का कोई ऐसा कार्य ना करें जो राष्ट्र की सुरक्षा के लिए खतरा बन जाए।

—02 मई, 2012

महोदय, यू.पी.ए.–2 सरकार वर्ष 2009 में आई थी, उस समय महामहिम राष्ट्रपति जी के अभिभाषण में एक बात की चर्चा हुई थी। मुझे याद है उन्होंने कहा था कि 100 दिन के अंदर महंगाई नियंत्रित की जाएगी। महामहिम राष्ट्रपति जी को कैसे लोग असत्य बोलने के लिए मजबूर कर देते हैं? मैं पूछना चाहता हूँ कि 2009 से अब तक कितने 100 दिन आ गए हैं? महंगाई कितनी गुना बढ़ी है? अब तो इन्होंने डीजल और पेट्रोल को भी फ्री कर दिया है और तेल कंपनियों को लूटने की पूरी छूट दे दी है।

बांग्लादेश में हिन्दू हत्या पर मौन है यू.पी.ए. सरकार

सभापति महोदय, महामहिम राष्ट्रपति जी द्वारा 21 फरवरी, 2013 को संसद के संयुक्त अधिवेशन को संबोधित किया गया था। उस धन्यवाद प्रस्ताव पर आपने मुझे बोलने का अवसर दिया है, इसके लिए मैं आपका आभारी हूँ।

यह संसद की परंपरा रही है कि वर्ष की शुरुआत महामहिम राष्ट्रपति जी के अभिभाषण से होती है और उस अधिवेशन के माध्यम से महामहिम राष्ट्रपति जी केंद्र सरकार के आगामी कार्यक्रमों की घोषणा करते हैं और अगर वह सरकार पहले से कार्य कर रही है तो पिछले कार्यक्रमों की उपलब्धियों की चर्चा करते हैं। अगर देखा जाए तो पिछले 9 वर्षों से केंद्र में यू.पी.ए. गठबंधन की कांग्रेस नेतृत्व की सरकार है। महंगाई, भ्रष्टाचार, आंतरिक और बाह्य सुरक्षा की विफलता, विफल विदेश नीति, आत्महत्या कर रहे किसान और बेरोजगार नौजवान। इनमें से किसी भी समस्या के समाधान करने में सरकार पूरी तरह से विफल रही है और इसलिए राष्ट्रपति जी द्वारा जब असत्य भाषण सरकार करवाती है तो मन खिन्न होता है कि कम से कम देश और दुनिया जो कुछ देख रही है, उसके अनुरूप ही अभिभाषण भी होना चाहिए। इसलिए इस अभिभाषण के माध्यम से महामहिम राष्ट्रपति जी ने जो कुछ संयुक्त अधिवेशन में कहा है, उसके अंतिम पैरों से से ही मैं प्रारंभ करता हूँ। उन्होंने कहा है कि एक ऐसे उदास और बहुलवादी लोकतंत्र के रूप में हमें देखा जाता है जिसने अत्यंत विषम परिस्थितियों का सम्मान किया है और उन पर विजय प्राप्त की है।

भारत की प्रत्यक्ष लोकतांत्रिक और पंथ निरपेक्ष परंपराओं की एक बड़ी उपलब्धि है अपनी राष्ट्रीयता और इस राष्ट्रीयता को परिभाषित करने वाले लोकतांत्रिक मूल्यों के निरंतर नवीकरण की रक्षा हमें करनी होगी। राष्ट्रीयता के मोर्चे पर अगर कह सकें तो इस सरकार ने भारत की राष्ट्रीयता को अपूर्णनीय क्षति पहुंचाई है। सरकार ने आतंकवाद को वोट बैंक के साथ जोड़कर देश की आंतरिक और बाह्य सुरक्षा के साथ विश्वासघात किया है जो अत्यंत खतरनाक है। अभी देखा गया कि कसाब और अफजल को फांसी दी जाती है। यह देश के दुश्मन थे, आतंकवाद के सामने एक मैसेज जाना चाहिए था कि देश के खिलाफ कोई युद्ध छेड़ेगा तो उसका अंत क्या होगा? उन्हें सरेआम चौराहे पर फांसी दी जानी चाहिए थी, आतंकवाद को इसके माध्यम से चेतावनी दी जानी चाहिए थी लेकिन दुर्भाग्य है कि सरकार देश के दुश्मनों को सदा भी चुपचाप देती है और मैसेज देने में विफल रहती है। जब सरकार मजहबी आरक्षण की बात कहती है तो देश की स्वाधीनता के सामने चुनौती पेश करती है, समाज को जाति, क्षेत्र और पंथ के नाम पर बांटने का प्रयास करती है। इसीलिए मैं कह रहा हूँ कि सरकार ने भारत की राष्ट्रीयता के सामने चुनौती पेश की है। सरकार स्वयं भारत की राष्ट्रीयता को चुनौती दे रही है। मैंने इसलिए इस पैरे को सबसे पहले चुना है क्योंकि राष्ट्रीयता के बगैर कोई राष्ट्र अपनी संपुभता बता को बचा सके, इसकी कल्पना भी नहीं की जा सकती है। दुर्भाग्य है कि अगर आज भारत की राष्ट्रीयता को खतरा किसी से है तो वह उन लोगों से है, जिन लोगों को राष्ट्रीयता को मजबूती प्रदान करनी चाहिए थी। दुर्भाग्य है कि सब कुछ हो रहा है और हम सब तमाशबीन बने हुए हैं।

महोदय, यू.पी.ए.–2 सरकार वर्ष 2009 में आई थी, उस समय महामहिम राष्ट्रपति जी के अभिभाषण में एक बात की चर्चा हुई थी। मुझे याद है उन्होंने कहा था कि 100 दिन के अंदर महंगाई नियंत्रित की जाएगी। महामहिम राष्ट्रपति जी को कैसे लोग असत्य बोलने के लिए मजबूर कर देते हैं? मैं पूछना चाहता हूँ कि 2009 से अब तक

कितने 100 दिन आ गए हैं? महंगाई कितनी गुना बढ़ी है? अब तो इन्होंने डीजल और पेट्रोल को भी फ्री कर दिया है और तेल कंपनियों को लूटने की पूरी छूट दे दी है। हर महीने दाम बढ़ रहे हैं। इस देश में जब एन.डी.ए. की सरकार थी तब एल.पी.जी. फ्री था। किसी उपभोक्ता को कितनी भी घर में उपयोग की जाने वाली रसोई गैस लेनी होती थी, मिलती थी। आज आप उत्तर से दक्षिण तक और पूर्व से पश्चिम तक किसी भी गैस एजेंसी में चले जाइए, हर एजेंसी के बाहर एक लंबी लाइन दिखाई देगी। सुबह 4 बजे से रात के 12 बजे तक लोगों की लाइन रसोई गैस सिलेंडर के लिए लगी होगी। आखिर कौन सा प्रलय आ गया है? एन.डी.ए. सरकार 200 रुपए में सिलेंडर दे सकती थी और आज सब्सिडी समाप्त करने के बाद भी उपभोक्ताओं को गैस सिलेंडर नहीं मिल रहा है। सरकार आम उपभोक्ताओं के पेट पर लात मारने का काम कर रही है। ब्लैक हो रहा है। डीजल और पेट्रोल के दाम बढ़ेंगे तो स्वाभाविक है कि आम उपभोक्ता वस्तुओं के दाम बढ़ेंगे और आम आदमी प्रभावित होगा। सरकार महंगाई नियंत्रित नहीं कर पाई है।

महोदय, सरकार द्वारा बातें कही जा रही हैं कि महंगाई को नियंत्रित करेंगे, देश में कल्याणकारी योजनाओं का सृजन किया गया है। मुझे लगता है कि यह गुमराह करने के सिवा और कुछ नहीं है। देश का दुर्भाग्य है कि जो किसान 125 करोड़ लोगों का पेट भरने के लिए अन्न उत्पन्न करते हैं, सरकार की गलत नीतियों के कारण आत्महत्या करने के लिए मजबूर हैं, वे आत्मदाह कर रहे हैं। किसानों को उनकी उपज का दाम नहीं मिलता है, समय पर बीज और खाद नहीं मिलता है। देश में धान और गेहूँ क्रय केंद्रों की स्थिति क्या थी, हर यह यह हर व्यक्ति जानता है। इस देश में किसान आत्महत्या नहीं करेंगे तो क्या करेंगे? सबने देखा है कि एक तरह किसान आत्म क्या कर रहे हैं और दूसरी तरफ जवानों के साथ सीमाओं पर क्या हो रहा है। अब तो हम पाकिस्तान को चेतावनी भी नहीं दे पा रहे हैं और ना ही इस देश के उन भ्रष्ट तंत्र को कंट्रोल कर पा रहे हैं।

पाकिस्तान ने कभी भारत के सामने आत्मसमर्पण किया था। भारत के बहादुर जवानों ने पाकिस्तान की 93,000 जवानों को आत्मसमर्पण करने को मजबूर किया था, आज उसी पाकिस्तान के कुछ कायर सैनिक भारत के जवानों का सिर काट कर ले जाते हैं और तब भी भारत सरकार मौन बनी रहती है। आज यह स्थिति आ चुकी है। सरकार हर मोर्चे पर देश को अपमानित कर रही है, किसानों को आत्महत्या करने के लिए मजबूर कर रही है, सेना के मनोबल को तोड़ने का काम कर रही है। महोदय, राष्ट्रपति के अभिभाषण में रोजगार सृजन की बात हुई थी। 10 महीने से उत्तर प्रदेश में मनरेगा का एक पैसा भी नहीं गया है। ऐसे कौन से 5 करोड़ लोग हैं, जिन्हें इस सरकार ने रोजगार दिया है। महात्मा गांधी के नाम पर चलाई जाने वाली इस स्कीम का बड़ा ढोल पीटा गया था और जब इसकी सही मायने में जांच होगी तो आज जैसे कर्ज माफी योजना की पोल सी.ए.जी. ने खोली है, उसी प्रकार से मनरेगा के मामले में भी यही भ्रष्टाचार सामने आएगा। मनरेगा में भ्रष्टाचार की बातें बहुत दिनों से हो रही हैं और 10 महीने से उत्तर प्रदेश में इसका पैसा ही नहीं गया। जिन लोगों को रोजगार देने की बात थी, जो लोग केवल मनरेगा के आधार पर थे कि मनरेगा आएगा और हमें रोजगार देगा, क्या वे लोग अब तक भूखा नहीं मर गए होते, अगर वे मनरेगा के ही भरोसे रहते।

इन्होंने विद्युतीकरण की बात की। इस देश के अंदर 30 प्रतिशत ऐसे गांव है, जहां विद्युतीकरण नहीं हुआ। इस देश के अंदर 50 प्रतिशत ऐसे गांव हैं, जहां 5 घंटे भी बिजली नहीं मिलती है। फिर सरकार आत्मनिर्भर बनाने की बात क्यों कर रही है। देश के मुश्किल से 2–3 राज्य ऐसे हैं, जिनमें बिजली की आपूर्ति ठीक है, बाकी देश की स्थिति क्या है। आप अपने राष्ट्रीय राजधानी क्षेत्र दिल्ली को ही देख लीजिए, यहां भी बिजली की बड़ी खराब स्थिति है। उत्तर प्रदेश के अंदर 8 से 10 घंटे बमुश्किल बिजली मिलती है। आज बिजली लोगों के जीवन का एक महत्वपूर्ण हिस्सा हो गई है। यदि बिजली नहीं होगी तो विकास की अन्य संभावनाओं के बारे में कैसे कहा जा सकता है।

इसी प्रकार से इस सरकार ने अभिभाषण के पैरा 5 में डायरेक्ट बेनिफिट ट्रांसफर सिस्टम की बात की है और उसके लिए आधार कार्ड की बात की है। एन.डी.ए. सरकार में यू.आई.डी. की बात हुई थी। मैं समझता हूँ कि ऐसा हमारे देश में होना भी चाहिए। भारत दुनिया का जितना बड़ा लोकतंत्र है, जितनी बड़ी भारत की आबादी है और इस देश में जिस प्रकार से हमारे पड़ोसी देशों के द्वारा जो घुसपैठ हो रही है, बांग्लादेश के लगभग 3 करोड़ घुसपैठिए भारत में रह रहे हैं। पाकिस्तान से लगातार घुसपैठ हो रही है। नेपाल और भारत की खुली सीमा का लाभ उठाकर देश में लगातार घुसपैठ हो रही है। घुसपैठ की इस समस्या का समाधान करने के लिए आवश्यक था कि भारत के हर नागरिक के लिए एक पहचान पत्र बनता और उस पहचान पत्र के आधार पर भारत की लोकतांत्रिक प्रणाली के आधार पर देश की मतगणना सूची को बनाया जाता। आज भारत की मतगणना सूची 50 प्रतिशत फर्जी हैं, उसमें फर्जी मतदाता हैं। उसके लिए चुनाव आयोग कुछ नहीं कर रहा है। उसको मतलब भी नहीं है, क्योंकि वह चुनाव के समय जागता है। उसी प्रकार से सरकार को भी उसकी कोई चिंता नहीं है। होना यह चाहिए था कि जब तक भारत का पहचान पत्र और आधार कार्ड नहीं होगा, तब तक आप जो सुविधा देने का प्रयास कर रहे हैं, जो सब्सिडी का लाभ देंगे, जो पेंशन का लाभ देंगे, जो मातृत्व का लाभ देंगे या अन्य सुविधाएं चाहे वह एल.पी.जी. की सब्सिडी हो, खाद्यान्न की हो, उनका लाभ आप उस अंतिम व्यक्ति, आम आदमी तक कैसे पहुंचाएंगे इसलिए मैं मांग करूंगा कि आधार कार्ड पहले पूरे देश में प्रत्येक नागरिक को दीजिए। उसमें किसी भी प्रकार की धांधली की कोई गुंजाइश ना हो, इस प्रकार की व्यवस्था कीजिए और फिर एक पहचान पत्र प्रत्येक नागरिक को देकर उसके आधार पर सब्सिडी का लाभ इस देश के आम आदमी को मिलेगा तो वह लाभ उन्हें प्राप्त हो सकता है, अन्यथा यह सपना सपना ही बना रहेगा। आपने अभी तक केवल 20 लाख लोगों को कार्ड दिए हैं, जबकि भारत की आबादी 120 करोड़ है, फिर बाकी लोग क्या करेंगे,

आप उन तक सब्सिडी का लाभ कैसे पहुंचाएंगे। इसलिए सरकार अनावश्यक सपने दिखाने की बजाय वास्तविकता पर उतरे, वास्तविक धरातल पर रहकर काम करे तो अच्छा रहता।

महोदय, विदेश मंत्री यहां मौजूद है। भारत की अन्य नीतियों की विफलता के साथ–साथ विदेश नीति के मोर्चे पर भी भारत पूरी तरह से विफल रहा है। आज भारत के अपने पड़ोस के किसी भी देश से अच्छे सम्बन्ध नहीं है। पाकिस्तान और बांग्लादेश भारत के जन्मजात दुश्मन हैं। स्वाभाविक रूप से इनसे मित्रता की कल्पना नहीं की जा सकती है। लेकिन चीन भी हमें बराबर धमकी देता रहता है, चीन–भारत की सीमाओं का अतिक्रमण करता है हम मौन हो जाते हैं। श्रीलंका में क्या हुआ, अभी मालदीव में क्या हुआ। अभी हाल ही की मालदीव की घटना है। इसके अलावा एक सांझी विरासत का दुनिया का एकमात्र हिंदू राष्ट्र नेपाल आज हम सबकी और मैं कहता हूँ कि यू.पी.ए. सरकार की कमियों और इसकी विफल और भारत विरोधी गलत नीतियों के कारण, विफल विदेश नीति के कारण वह भारत का एक विरोधी राष्ट्र बन चुका है। भारत विरोधी गतिविधियों का अड्डा बन चुका है।

सर, मैं केवल 2–3 मिनट और बोलूंगा। विदेश मंत्री जी, मैं कहना चाहूँगा कि आज नेपाल के अंदर क्या हो रहा है? अप्रैल से लेकर फरवरी तक हिज्बुल मुजाहिदीन के 75 आतंकवादी 4 अलग–अलग खेपों में भारत के अंदर घुसते हैं। हिज्बुल मुजाहिदीन या फिर लश्कर–ए–तैयबा के आतंकवादियों के लिए आज नेपाल और नेपाल के माध्यम से भारत में घुसना एक आसान रास्ता हो चुका है। वे आतंकवादी भारत के अंदर घुस रहे हैं। जब उन्हें सीमा के अंदर पकड़ा जाता है, तब उन्हें जेल के अंदर बंद नहीं किया जाता है, बल्कि उनका पुनर्वास करने के लिए कश्मीर में भेज दिया जाता है। यह बहुत दुर्भाग्यपूर्ण है, बहुत दुखद स्थिति है। इस देश में आतंकवादियों का पुनर्वास किया जा रहा है। यू.पी.ए. सरकार द्वारा आतंकवादियों का पुनर्वास किया जाता है और कश्मीरी पंडित पिछले 23–24 वर्षों

से देश के अंदर खानाबदोश की जिंदगी जीने को मजबूर है। उनके पुनर्वास के बारे में सरकार कुछ भी नहीं कर रही है। इसलिए मैं आप के माध्यम से कहना चाह रहा हूँ कि महामहिम राष्ट्रपति जी के अभिभाषण के माध्यम से जो बातें इन्होंने कही हैं, उनमें सत्यता का जरा भी अंश नहीं है। बांग्लादेश के अंदर क्या हो रहा है? महोदय, बांग्लादेश के अंदर पिछले 10–15 दिनों से क्या कुछ हो रहा है? वहां पर अल्पसंख्यक हिंदू मारा जा रहा है। भारत सरकार मौन है। वहां मंदिर तोड़े जा रहे हैं और भारत सरकार मौन है। महामहिम राष्ट्रपति जी बांग्लादेश में है और तब वहां पर हिंदू मारे जा रहे हैं। तब भी भारत सरकार मौन है, आखिर इसको आप क्या कहेंगे? क्या हिंदुओं को इस दुनिया में जीने का अधिकार नहीं है? पाकिस्तान में मारे गए, बांग्लादेश में मारे जा रहे हैं, भारत सरकार की तरफ से जो प्रतिक्रिया व्यक्त होनी चाहिए, वह नहीं हो रही है। श्रीलंका के अंदर तमिल मूल के नागरिकों के साथ जो व्यवहार हो रहा है, भारत सरकार उसमें भी कड़ी प्रतिक्रिया व्यक्त करने में पूरी तरह से विफल है। इसलिए मैं आप के माध्यम से कहना चाहूँगा कि जहां बांग्लादेश की घुसपैठ को रोकने की प्रभावी कार्यवाही होनी चाहिए, पूर्वोत्तर के राज्यों में जनसांख्यकीय असंतुलन की स्थिति पैदा हो चुकी है। जो घुसपैठिए भारत के अंदर आ चुके हैं, जहां उन्हें वापस करने की व्यवस्था होनी चाहिए, वहीं साथ ही साथ बांग्लादेश, पाकिस्तान और श्रीलंका या दुनिया में कहीं भी भारतीय मूल के प्रत्येक नागरिक की सुरक्षा की गारंटी होनी चाहिए। यह किसी भी सरकार को सुनिश्चित करना चाहिए। यह अपेक्षा भारत की जनता करना चाहती है।

महोदय, सीमा प्रबंधन के क्षेत्र में भारत सरकार पूरी तरह लापरवाही बरत रही है। हम लोग भारत और नेपाल के सीमावर्ती क्षेत्र में निवास करते हैं। आप चले जाइए, पिछले 18 वर्षों से नेपाल माओवादी हिंसा को झेल रहा है और तब भी नेपाल की सड़कें भारत से अच्छी हैं। आप भारत के अंदर देखिए। लगभग 14 नाके हैं, जो नेपाल के अंदर भारत की ओर से जाते हैं और एक भी सड़क ठीक

नहीं है। आप नेपाल सीमा से 50 किलोमीटर की दूरी को देखिए, चलने लायक सड़के नहीं हैं। यह सीमा प्रबंधन है। यह नेपाल के साथ है। चीन, पाकिस्तान और बांग्लादेश तथा अन्य जगह जुड़ी हुई सीमाओं की क्या स्थिति होगी? हमारा सीमा प्रबंधन अत्यंत खतरनाक है, खराब है और राष्ट्रीय सुरक्षा के साथ खिलवाड़ करने वाला है। महामहिम राष्ट्रपति जी के प्रति हम धन्यवाद ज्ञापित करते हैं, उनके प्रति आभार निवेदित करते हैं लेकिन सरकार ने महामहिम राष्ट्रपति जी के मुंह से भी असत्य भाषण संसद के अधिवेशन में करवाया है। इसलिए इस सरकार के इन कार्यों को किसी भी बारे में भी समर्थन करना हम लोगों के लिए अत्यंत कठिन होगा। इन्हीं बातों के साथ अपनी बात समाप्त करता हूँ।

–06 मार्च, 2013

महोदय, चर्चा का विषय होना चाहिए कि आखिर सांप्रदायिक कौन है? कौन है सांप्रदायिक? मुझे लगता है कि इस पर चर्चा होना बहुत आवश्यक है। महोदय, हम लोगों ने जो जाना है, हम लोगों ने जो समझा है कि सांप्रदायिक वह होता है, जो कहता है कि मेरा इष्ट, मेरा देव या मेरा पैगंबर ही सर्वश्रेष्ठ है, उसके मानने वालों को तो जीवित रहने का अधिकार है, शेष को जीवित रहने का अधिकार नहीं है।

असम में अली और कुली का नारा देने वाले सांप्रदायिक

उपाध्यक्ष महोदय, आपने मुझे नियम 193 के तहत एक महत्वपूर्ण विषय पर बोलने का अवसर दिया है, इसके लिए मैं आपका आभारी हूँ। मैं कांग्रेस के नेता माननीय खड़गे जी की बातों को यहां पर सुन रहा था। मुझे उनकी बात सुनकर बहुत आश्चर्य हुआ। वह अपना लिखित स्टेटमेंट पढ़ रहे थे तो कह रहे थे कि 113 घटनाएं घटित हुईं, लेकिन जब भी मौखिक बोल रहे थे तो कह रहे थे कि 600 से अधिक घटनाएं घटित हुईं। इसमें सत्य क्या है? मुझे लगता है कि यह पूरा देश जानता है।

26 मई को श्री नरेंद्र मोदी जी के नेतृत्व में भारतीय जनता पार्टी नेतृत्व की सरकार ने शपथ ग्रहण किया था। इस देश के अंदर इस सरकार के आने के बाद आम जनता में विश्वास बहाली हुई है। यह शासन और प्रशासन में देखा जा सकता है। खड़गे जी जो आंकड़े यहां पर कह रहे थे, मैं उसके पीछे के आंकड़े आपको बताता हूँ। मुझे लगता है कि अगर यह आंकड़े वास्तव में स्वीकार करेंगे और सचमुच इस देश की संप्रदायिक हिंसा से चिंतित हैं तो सांप्रदायिक आधार पर इन्होंने जो घोषणाएं की हैं तो इनको पूरे देश से माफी मांगनी पड़ेगी।

महोदय, जिन प्रदेशों की घटनाओं का मैं जिक्र कर रहा हूँ, वर्ष 2011 में ना वहां पर और ना ही केंद्र में ही भारतीय जनता पार्टी की सरकार थी । इस देश में 580 घटनाएं घटित हुईं। इनमें 91 लोग मारे गए और 1899 घायल हुए। इनमें सबसे अधिक उत्तर प्रदेश के

अंदर 84 घटनाएं घटित हुईं, 12 लोग मारे गए और 347 लोग वर्ष 2011 में घायल हुए थे। खड़गे जी, आपने कहा है, आप सुन तो लें। आप सुन लीजिए।

महोदय, दूसरे नंबर पर महाराष्ट्र है। वहां 88 घटनाएं घटित हुईं। वहां कांग्रेस नेतृत्व की सरकार है। वहां 88 घटनाएं घटित हुईं, जिनमें 15 लोग मारे गए। तीसरे स्थान पर कर्नाटक है, यहां पर भी कांग्रेस की सरकार है, वहां 70 घटनाएं घटित हुईं। केरल में 30 घटनाएं घटित हुईं। मैं वर्ष 2011 की बात कर रहा हूँ। वर्ष 2012 में 668 घटनाएं घटित हुईं, जिनमें 94 लोगों की मौतें हुईं और 2,117 घायल हुए। वर्ष 2013 में केंद्र में कांग्रेस नेतृत्व की सरकार थी, तब 823 से अधिक सांप्रदायिक हिंसा की घटनाएं पूरे देश के अंदर घटित हुईं।

यद्यपि कानून व्यवस्था राज्य का विषय है और राज्य सरकार की जैसी मंशा होती है, वहां का राजनीतिक नेतृत्व जैसा होता है, वहां का प्रशासन उसी प्रकार की कार्यवाही करता है। मुझे लगता है कि ईमानदारी से इन लोगों ने विश्लेषण किया होता और अपनी केंद्र सरकार या अपने से जुड़े हुए अपने सहयोगी दलों के द्वारा जो संचालित सरकारें हैं, उन सरकारों के सांप्रदायिक एजेंडे पर ध्यान दिया होता कि आखिर यह पोलराइजेशन क्यों हो रहा है, पोलराइजेशन के कारण क्या हैं? पोलराइजेशन के पीछे के कारणों को ईमानदारी से विश्लेषण करिए, क्योंकि एक तरफ आप कहते हैं कि हम सेक्युलर हैं और दूसरी तरफ जो एजेंडा लागू करते हैं, उसको सांप्रदायिक रूप से कम्युनल आधार पर लागू करते हैं। इस देश में 12 लाख से अधिक साधु–संत और पुजारी रहते हैं। ये लोग इमामों के लिए वेतन की घोषणा करते हैं, एकपक्षीय कार्यवाही करते हैं, क्या यही सेक्यूलर एजेंडा है? इसे दिल्ली की सरकार ने किया, पश्चिम बंगाल की सरकार ने किया, महाराष्ट्र की सरकार ने किया, क्या यही सेक्यूलर एजेंडा है? ये लोग समाज को सांप्रदायिक आधार पर बांटते है।

महोदय, मैं उत्तर प्रदेश की बात करता हूँ। वहां पर जो योजनाएं हैं, उनमें 20 प्रतिशत मुस्लिम आबादी के लिए आरक्षित कर दिया गया।

कब्रिस्तान की बाउंड्री वॉल के नाम पर गांव–गांव में विवाद खड़ा कर के 300 करोड़ रुपए उसके लिए आवंटित किए जाते हैं और गांव–गांव में उसके माध्यम से विवाद खड़ा किया जाता है। सुप्रीम कोर्ट कहता है कि किसी भी सार्वजनिक संपत्ति पर, मंदिर के नाम पर, मस्जिद के नाम पर, किसी भी अन्य उपासना विधि के नाम पर, मदरसों के नाम पर और मजारों के नाम पर कब्जा मत करने दो। लेकिन, उत्तर प्रदेश में कब्रिस्तान की बाउंड्री वॉल के नाम पर धड़ल्ले से काम चल रहा है। उस पर कोई रोक–टोक नहीं है, क्योंकि शासन की यह मंशा है इसलिए प्रशासन उसमें बोलता नहीं है, क्या सांप्रदायिक ध्रुवीकरण नहीं होगाध? उसी प्रकार से उससे भी खतरनाक स्थिति आतंकवादियों पर दायर मुकदमे वापस लिए जाते हैं। इस देश में जो लोग राष्ट्रीय सुरक्षा के लिए खतरा बने हुए हैं, जिन लोगों ने राष्ट्र की संप्रभुता को चुनौती दी है, जो लोग भारत की संप्रभुता को लगातार चुनौती दे रहे हैं और देश में हिंसा को बढ़ावा दे रहे हैं, उन लोगों पर दायर मुकदमे, चाहे वह राम जन्मभूमि पर आंतकी हमले का मामला हो या संकट मोचन मंदिर काशी में सी.आर.पी.एफ. रामपुर का मामला हो, या गोरखपुर का सीरियल ब्लास्ट का मामला हो, ये जितने भी मामले हैं इन सभी मामलों में जिन आतंकवादियों के खिलाफ मुकदमे दर्ज हुए थे, उत्तर प्रदेश की सरकार ने वोट बैंक के लिए उन मुकदमों को वापस लेने का कुत्सित प्रयास किया है। अगर न्यायालय बीच में नहीं होता तो संभवतः आतंकवादी बाहर छूट कर नरसंहार कर रहे होते, जिस प्रकार से उत्तर प्रदेश के अंदर हुआ है और पूरे देश के अंदर हुआ है। उसके बाद भी यह कहते हैं कि सांप्रदायिक सौहार्द बना रहे है?

महोदय, चर्चा का विषय होना चाहिए कि आखिर सांप्रदायिक कौन है? कौन है सांप्रदायिक? मुझे लगता है कि इस पर चर्चा होना बहुत आवश्यक है। महोदय, हम लोगों ने जो जाना है, हम लोगों ने जो समझा है कि सांप्रदायिक वह होता है, जो कहता है कि मेरा इष्ट, मेरा देव या मेरा पैगंबर ही सर्वश्रेष्ठ है, उसके मानने वालों को तो

जीवित रहने का अधिकार है, शेष को जीवित रहने का अधिकार नहीं है। मुझे लगता है कि वह संप्रदायिक है। हिंदू जीवन दर्शन कभी इस बात की इजाजत नहीं देता। हमने 'कृण्वन्तो विश्वमार्यम' का संदेश दिया था। हमने 'सर्वे भवंतु सुखिनः' का संदेश दिया था। हमने तो इस देश के अंदर एक 'संद्विप्रा बहुधा वदंती' की बात कही है। हमारा दर्शन 'जियो और जीने दो' में विश्वास करता है। दुनिया की कौन सा ऐसा मजहब और कौम है जिसको विपरीत परिस्थितियों में इस हिंदू दर्शन ने अपने यहां शरण ना दी हो, उसको फलने–फूलने का अवसर ना दिया हो। दुनिया के अंदर ऐसा कौन सा कौम है? लेकिन जिस हिंदू दर्शन ने सबको शरण दी, सबको फलने–फूलने का भरपूर अवसर दिया, आज जब उसी के खिलाफ षड्यंत्र होना प्रारंभ होता है तो उसे एकजुट होना तो पड़ेगा ही और मुझे लगता है कि इन लोगों के कर्मों का फल है कि पूरे देश का हिंदू जनमानस आज इस बात के लिए तैयार हो रहा है कि आज उसके खिलाफ शासन तंत्र से जो षड्यंत्र हो रहें हैं, उसका जवाब अपने स्तर पर देना ही पड़ेगा। आज वही स्थिति सामने आई है।

महोदय, मैं पूछना चाहता हूँ। मैं इन लोगों से पूछना चाहता हूँ। जब भारत के मुसलमान हज यात्रा पर जाते हैं तब उनकी पहचान भारतीय के नाम पर नहीं, पाकिस्तानी के नाम पर नहीं, बांग्लादेशी के नाम पर नहीं...भारतीय उपमहाद्वीप के जो भी मुसलमान हज यात्रा के लिए जाते हैं उनकी पहचान हिंदुस्तानी के नाम पर होती है। उनकी पहचान भारतीय, पाकिस्तानी या बांग्लादेश के नाम पर नहीं, लेकिन अगर हम यहां हिंदू पहचान उनके ऊपर लागू करने का प्रयास करते हैं तो इनको बुरा लगता है। हिंदू सांप्रदायिकता नहीं, हिंदू राष्ट्रीयता का प्रतीक है। भारत की राष्ट्रीयता के प्रति इस हिंदुत्व को बदनाम करेंगे तो उसकी कीमत इन लोगों को चुकानी पड़ेगी।

महोदय, मैं आपके माध्यम से एक बार कहना चाहता हूँ, गुरुदेव रवीन्द्र नाथ टैगोर ने कहा था कि अगर भारत को समझना है, उन्होंने कहा था अगर भारत को समझना है तो भारतीय अस्मिता को पहचानना

पड़ेगा। भारतीय अस्मिता को पहचानना है तो स्वामी विवेकानंद के बारे में आप जान लीजिए। स्वामी विवेकानंद ने एक बात कही थी – गर्व से कहो हम हिंदू हैं। स्वामी विवेकानंद संप्रदायिक नहीं थे, स्वामी विवेकानंद किसी पार्टी के नहीं थे, स्वामी विवेकानंद ने पूरी दुनिया के अंदर भारत का प्रतिनिधित्व किया था। पूरी दुनिया के अंदर हिंदू अपनी सहिष्णुता के लिए पहचाना जाता था। आज उस हिंदू के साथ किसी प्रकार का व्यवहार किया जा रहा है। वह कश्मीर से विस्थापित होता है। उसे कश्मीर से निकाला जाता है। उस बारे में इस सदन में एक बार भी चर्चा नहीं होती। तब इन लोगों का मुंह नहीं खुलता जब कश्मीर से 3.5 लाख की संख्या में कश्मीरी पंडित निकाले जाते हैं। तब ये लोग नहीं बोलते। वर्ष 2012 में असम के अंदर 3 महीनों तक बोडो जनजाति के लोगों को मारा जाता रहा। कोई नहीं बोला। जम्मू–कश्मीर के हिंदुओं के मारने पर कश्मीरी पंडितों को उनके घरों से बेदखल कर दिया गया। ये लोग एक बार भी नहीं बोल, इन्हें पीड़ा नहीं हुई। यह दुनिया के अंदर अपने आप में बिरला उदाहरण था जहां आपने अपने ही देश में अपने ही जानने वाले लोग विस्थापित होकर खानाबदोश की जिंदगी जी रहे हैं। उस शर्मनाक घटना की निंदा एक बार भी इन लोगों ने नहीं की। मुंबई के दंगों पर यह लोग मौन रहे। जमशेदपुर और भागलपुर के दंगे कांग्रेस के समय में हुए थे। इन लोगों ने उस पर एक बार भी चिंता व्यक्त नहीं की। और तो और, जिन सिख गुरुओं का योगदान इस देश को बचाने, इस देश की धर्म और संस्कृति और समाज को बचाने में बहुत महत्वपूर्ण था, वर्ष 1984 में उन सिखों के कत्लेआम पर भी इन्हें शर्म महसूस नहीं होती। यहां ये लोग इस देश के अंदर सांप्रदायिक सौहार्द की बात करते हैं। इनका पूरा चेहरा सांप्रदायिक हिंसा से रंगा हुआ है, सांप्रदायिक एजेंडे से रंगा हुआ है। असम में क्या हो रहा है? बांग्लादेशी घुसपैठिए इन लोगों के अपने हो गए। इस देश में लाखों वर्षों से रहने वाला समुदाय पराया हो गया। असम में बांग्लादेशी घुसपैठियों के कारण कोकराझार...।

उपाध्याक्ष महोदय, सच्चाई कड़वी होती है और कड़वी सच्चाई ये लोग स्वीकार करने को तैयार नहीं है, क्योंकि ये लोग उस बीमारी से स्वयं त्रस्त हो चुके हैं जो बीमारी इन्होंने पूरे देश को दी है। इसीलिए ये लोग उस सच्चाई को स्वीकार नहीं कर सकते। कश्मीरी पंडितों के निष्कासन और कश्मीर पर हुए अत्याचार पर ये लोग मौन थे। मैं वर्ष 2011–2012 में असम में देख रहा था। 3 महीनों तक लगातार दंगे होते रहे। इन्होंने सदन में एक बार भी चर्चा नहीं करवाई। असम जलता रहा। इसके साथ–साथ एक बार कांग्रेस के लोगों ने असम के ही मुख्यमंत्री को कठघरे में खड़ा कर दिया कि उन्होंने बोडो लोगों के बारे में कैसे बोल दिया। अरे, बोडो वहां का नागरिक है। उसके बारे में नहीं बोलेंगे, तो किसके बारे में बोलेंगे? लेकिन ये लोग बांग्लादेशियों, घुसपैठियों की वकालत करते हैं, बांग्लादेशी घुसपैठियों की वकालत करते हुए इन लोगों ने पूरे पूर्वोत्तर भारत का समीकरण बदला है। असम में आज कोकराझार, धुबरी, चिराग और बरपेटा जिले, जो हिंसा की सर्वाधिक चपेट में हैं, वे इसलिए हैं क्योंकि बंगलादेशी घुसपैठियों ने वहां आकर जमीनों पर कब्जा कर लिया है। इन लोगों ने वर्क परमिट के साथ–साथ उनके राशन कार्ड बनाए हैं और इन्होंने देश के साथ खिलवाड़ उन के माध्यम से करवाया है।

महोदय, हम किसी और बात में नहीं जाना चाहते। मैं कांग्रेस और कम्युनिस्टों से कहना चाहता हूँ कि कोयंबटूर और बेंगलुरु धमाके का जो अभियुक्त है, उस दुर्दांत आतंकवादी के लिए विधानसभा का स्पेशल सत्र बुलाया जाता है । दोनों दल एक साथ अपील करते हैं कि उसे छुड़वाओ। क्या यही सेक्युलर है? क्या इनका यही सेक्युलर एजेंडा है? क्या इस देश में यही सेक्युलरिज्म है? इस देश में क्या हुआ था? इस देश में जो हुआ था, उसे हम भूले नहीं हैं। 11 अगस्त, 2012 को मुंबई के आजाद मैदान में जो कुछ हुआ, आजाद मैदान की घटना क्या थी? आजाद मैदान में रोहिंग्या मुस्लिम जो बर्मा में रहते हैं, उनके और वहां के बौद्धों के बीच में हिंसा हुई, दंगे हुए। यह मामला भारत का ना होकर म्यंमार का है, लेकिन म्यंमार की घटना

में दंगा कहां होता है – आजाद मैदान मुंबई में। ये लोग मौन रहते हैं। वहां शहीद स्मारक तोड़ा जाता है, पुलिस के जवानों को मारा जाता है, मीडिया कर्मियों को मारा जाता है। उनके साथ–साथ पुणे में दंगे हुए। उनके साथ उत्तर प्रदेश में बरेली, लखनऊ, कानपुर और इलाहाबाद में दंगे हुए। ये लोग मौन रहे। इन लोगों में कभी उस पर आवाज नहीं लगाई। ये लोग उस घटना पर मौन रहे। ये वही लोग हैं, जो आजाद मैदान की घटना पर मौन थे और बाबा रामदेव और उन सत्याग्रहियों पर यह लोग रामलीला मैदान में लाठीचार्ज करते हैं। बेशर्मी के साथ वंदे मातरम का गान करने वाले देश भक्तों पर लाठीचार्ज करते हैं। ये लोग देश के अंदर सांप्रदायिक हिंसा की बात करते हैं। सांप्रदायिक हिंसा किसने फैलाई है? कौन देश में फैला रहा है? कौन इस देश में सच्चर कमेटी के नाम पर समाज को बांटने का कार्य कर रहा है?

महोदय, उत्तर प्रदेश की जो घटनाएं आई हैं, उन घटनाओं पर अगर आप नजर डालेंगे, जो घटनाएं हुई हैं, उन घटनाओं को अगर मैं आपके सामने रखूं, तो घटनाएं अपने आप में चौंकाने वाली घटनाएं हैं। ये चौंकाने वाली घटनाएं कितनी खतरनाक है।

उपाध्यक्ष महोदय, सांप्रदायिक एजेंडा इन लोगों का है, हमारा नहीं। हम लोगों ने पूरे देश को एकजुट करने का वायदा किया था। हम लोगों ने तो नारा भी दिया था – 'सबका साथ और सबका विकास'। लेकिन असम में 'अली और कुली' का नारा इन लोगों ने दिया था। असम को ये लोग बांटने का प्रयास कर रहे हैं, इस देश से अलग करने की साजिश कर रहे हैं। इसलिए मैं आप के माध्यम से कहना चाहता हूँ, क्या यही सेक्युलरिज्म है?

महोदय, मैं उत्तर प्रदेश के बारे में चर्चा करना चाहता हूँ। उत्तर प्रदेश में वर्ष 2012 में 118 घटनाएं घटित हुईं, वर्ष 2013 में 247 और मार्च से मई तक 65 घटनाएं घटित हो चुकी हैं। सहारनपुर का दंगा इसलिए हो जाता है, क्योंकि हाईकोर्ट के आदेश पर सहारनपुर में एक गुरुद्वारा का निर्माण हो रहा था। न्यायालय के आदेश को शासन नहीं

मानेगा, उत्तर प्रदेश सरकार नहीं मानेगी। कांठ में इसलिए विवाद होता है क्योंकि उस गांव में 4 धर्मस्थल हैं, 3 मस्जिद और 1 मंदिर। मंदिर हिंदू समुदाय का है। 3 मस्जिदों पर माइक रहेगा, लेकिन मंदिर से माइक उतार दिया जाता है। क्या यही इन लोगों का सेक्युलर एजेंडा है? क्या यही सेक्युलरिज्म है? क्या इसे आप सेक्युलरिज्म कहेगे?

महोदय, मेरठ में एक घटना घटित हुई। मेरठ में एक बालिका का अपहरण होता है और इसके बाद उसके साथ जो घटना घटित होती है, वह कितनी शर्मनाक थी? महिला हिंसा पर हम चर्चा कर रहे हैं। उस महिला पर हुए हिंसा की हम बात कर रहे हैं, उसके बावजूद ये लोग मौन हो जाते हैं। उस मामले में इन लोगों की जुबान नहीं खुलती। न्याय का तराजू तभी चलेगा, जब इस देश के अंदर सबके लिए कानून समान रूप से लागू होगा। इस देश में कानून मात्र संप्रदाय और मजहब के आधार पर लागू नहीं हो सकता। इसलिए मैं आपके माध्यम से माननीय गृह मंत्री जी से अनुरोध करूंगा, कांग्रेस ने मौका दिया है, अच्छा होगा कि पूरे देश के अंदर और उत्तर प्रदेश में यह जो घटनाएं घटित हुई हैं, उनकी एस.आई.टी. द्वारा जांच करवा दी जाए। सुप्रीम कोर्ट के किसी सीटिंग जज से इन सांप्रदायिक दंगों की जांच करवाने के साथ–साथ, अंतरराष्ट्रीय तत्वों से किनके सम्बन्ध हैं, इसकी भी जांच करवा दी जाए, तो दूध का दूध और पानी का पानी सबके सामने आ जाएगा। यही मांग करते हुए, मैं अनुरोध करना चाहूँगा कि ये लोग सांप्रदायिक एजेंडे के साथ देश के सामने आए हैं, देश के खिलाफ इनके खरतनाक मंसूबों के खिलाफ हम सबको लड़ना पड़ेगा।

–13 अगस्त, 2014

इस अभिभाषण में महामहिम राष्ट्रपति जी ने जिस बात का उल्लेख किया है कि इस देश की सरकार के संसाधनों पर देश के गरीब का अधिकार है, इस देश के अंतिम व्यक्ति का अधिकार है। यह सरकार कभी अल्पसंख्यक या बहुसंख्यक के आधार पर, कभी जाति या मजहब के आधार पर, अगड़े–पिछड़े के आधार पर समाज को बांटने का कार्य नहीं कर रही है।

यह राष्ट्र 1947 में नहीं बना है, हजारों वर्षों से है

सभापति महोदय, महामहिम राष्ट्रपति जी द्वारा 23 फरवरी को संसद के समवेत सदन में दिए गए अभिभाषण पर श्रीमती मीनाक्षी लेखी जी द्वारा प्रस्तुत धन्यवाद प्रस्ताव का समर्थन करने के लिए मैं यहां खड़ा हुआ हूँ।

सभापति महोदय, महामहिम राष्ट्रपति जी का अभिभाषण सरकार की उपलब्धियों एवं भावी योजनाओं का एक दस्तावेज होता है। महामहिम राष्ट्रपति जी का यह अभिभाषण इस सरकार की उपलब्धियों के साथ–साथ भावी योजनाओं का भी दिग्दर्शन करा रहा है। इसलिए मैं इस अभिभाषण के अंतिम पैरा से अपनी बात की शुरुआत करुंगा, जिसमें नेताजी सुभाष चंद्र बोस को उद्धृत करते हुए महामहिम राष्ट्रपति जी ने इस बात को कहा कि राष्ट्रीयता का उल्लेख मानव जाति के उच्चतम आदर्शों – सत्यम शिवम सुंदरम के साथ जोड़ते हुए बहुत ही सुंदर शब्दों में इसकी व्याख्या करते हुए कहा कि सत्य जहां है, वहीं शिव है। शिव का मतलब कल्याण और कल्याणकारी व्यवस्था से है और जहां पर कल्याणकारी व्यवस्था है, वहीं पर सुंदरता का भी दर्शन होता है।

महोदय, जब हम राष्ट्रीयता की बात करते हैं तो बगैर राष्ट्रीयता के किसी राष्ट्र की कल्पना नहीं की जा सकती है। किसी भी राष्ट्र की राष्ट्रीयता उसकी आत्मा होती है, राष्ट्रीयता के अभाव में कोई राष्ट्र बहुत लंबी यात्रा नहीं कर सकता। आजादी के बाद हमारा सबसे बड़ा दुखद पहलू रहा है–राष्ट्रीयता की भावना का लोप होना। किसी भी देश को विकसित करने के लिए, आगे बढ़ने के लिए उसका एक

राष्ट्रीय चरित्र होता है। उस राष्ट्रीय चरित्र के बगैर व राष्ट्र आगे नहीं बढ़ सकता है। यहां पर बार–बार जे.एन.यू. की बात हो रही है। मैं कल जंतर–मंतर पर गया था, वहां पर गौरक्षा का एक अभियान चल रहा है। वहां पर देश की संतो द्वारा, एक बड़े समुदाय द्वारा गौ माता को राष्ट्रमाता घोषित किया जाए, इस बात को लेकर क्रमिक अनशन का कार्यक्रम चल रहा था। उसी के बगल में कुछ छात्रों द्व ारा एक क्रमिक अनशन का कार्यक्रम चल रहा था, जिसमें खुलेआम भारत विरोधी नारे लग रहे थे। जे.एन.यू. की जिस स्वतंत्रता और स्वायत्तता की लोग बात करते हैं, उस स्वायत्तता को किस प्रकार से उच्चश्रृंखलता और उद्दंडता का पर्याय बना कर रख दिया गया है, कल जंतर–मंतर जैसे सार्वजनिक स्थल पर बड़ी बेशर्मी के साथ उस प्रकार के नारे लगाए जा रहे थे। इसलिए कोई कल्पना भी नहीं कर सकता है कि अगर राष्ट्रीयता की भावना का लोप नहीं होता तो जे. एन.यू. जैसे उच्च शिक्षण संस्थानों में अध्ययनरत छात्र राष्ट्रमाता को भी क्षत–विक्षत करने का कुत्सित प्रयास करें, उसके खिलाफ नारेबाजी करें, यह दृश्य भी देश देख रहा है। हम सभी को नहीं भूलना चाहिए कि द्वितीय विश्व युद्ध में, वर्ष 1945 में पूरी तरह नष्ट हो चुके जापान ने अपने राष्ट्रीय चरित्र के कारण ही आज दुनिया के विकसित देशों में अपना स्थान बनाया है और भारत कहां खड़ा है। इस सदन के प्रत्येक सदस्य के साथ–साथ, उन लोगों को भी विचार करना चाहिए जो आज स्वायत्ता की बात कर रहे हैं, आजादी की बात कर रहे हैं। बहुत से लोगों को यह भ्रम है कि भारत राष्ट्र की परिकल्पना तब प्रारंभ हुई, जब इस देश में डिस्कवरी ऑफ इंडिया लिखी गई।

महोदय, यह देश 1947 में नहीं बना है। हजारों वर्षों से इस देश की यात्रा चल रही है। हम सभी को इस बात को नहीं भूलना चाहिए कि अथर्ववेद में भारत को माता के समान पूज्य कहा गया है – माता भूमः पूत्रोहं, पृथिव्या का यह भाव व्यक्त करते हुए कहा गया है। यजुर्वेद में वयं राष्ट्रे जाग्रयाम पुरोहिता की बात कही गई है, लेकिन कुछ लोग इस गलतफहमी के शिकार हैं कि जब पंडित

नेहरू ने डिस्कवरी ऑफ इंडिया लिखी, तब भारत का निर्माण हुआ। कुछ लोग, हमारे साम्यवादी भाई यहां भाषण कर रहे थे और मुझे देखकर आश्चर्य होता है। वर्ष 1920 में भारत में कम्युनिस्ट पार्टी की स्थापना होती है। कम्युनिस्टों ने 1920 से चलने वाले अपने उस आंदोलन में कभी भारत को एक राष्ट्र के रूप में नहीं माना। भारत को राष्ट्रीयता का एक समूह कहा है। आज भी अपने उन्हीं संस्कारों के नाते कभी जे.एन.यू. में, कभी किसी अन्य स्थान पर इस प्रकार के नारे लगाकर पूरी भारतीय राष्ट्रीयता को चुनौती देने का कार्य कर रहे हैं। पहली बार यहां महामहिम राष्ट्रपति ने राष्ट्रीयता के जिस भाव का उल्लेख किया है, मुझे विश्वास है कि कम से कम इस सदन का प्रत्येक सदस्य राष्ट्रीयता के उस भाव को पुराणकालीन उस राष्ट्र के बारे में, जिसके बारे में हमारे पौराणिक साहित्य ने हजारों वर्षों पहले कहा था। विष्णु पुराण में कहा गया है।

उत्तरम यत्समुद्रस्य, हिमाद्रेचैव सेव दक्षिणम,
वर्षम तद् भारतम नामः, भारती यत संतति।
जो भाव भारत के बारे में, यह अत्यंत महत्वपूर्ण है।

महोदय, इस अभिभाषण के दूसरे पैरा में लोकतंत्र के जिस भाव के बारे में उल्लेख किया गया है। लोकतंत्र समता, बंधुता और न्याय का पर्याय होता है लोकतंत्र सहमति और असहमति के बीच में समन्वय होता है। आ नो भद्रा कृत्वोयंतु विश्वतः का यह भाव जिसमें अभिव्यक्ति की स्वतंत्रता की सीमाएं, उस भाव का सम्मान करते हुए की जाती हैं। लेकिन लोकतंत्र के इस अभियान को, इस भाव को किस रूप में इन लोगों ने विभाजित किया है, अल्पसंख्यक और बहुसंख्यक के आधार पर।

इस अभिभाषण में महामहिम राष्ट्रपति जी ने जिस बात का उल्लेख किया है कि इस देश की सरकार के संसाधनों पर देश के गरीब का अधिकार है, इस देश के अंतिम व्यक्ति का अधिकार है। यह सरकार कभी अल्पसंख्यक या बहुसंख्यक के आधार पर, कभी जाति या मजहब के आधार पर, अगड़े–पिछड़े के आधार पर समाज

को बांटने का कार्य नहीं कर रही है। सबका साथ–सबका विकास की बात यह सरकार करती है। इस लोकतंत्र में जब हम अल्पसंख्यक और बहुसंख्यक के आधार पर समाज को बांटने का प्रयास करते हैं, तो यह प्रयास लोकतंत्र पर एक प्रकार का आघात होता है।

लोग कह रहे हैं कि पिछले 19–20 महीनों में कुछ नहीं हुआ है। जन–धन योजना में किसके खाते खुले हैं! 21 करोड़ से भी ज्यादा खाते अब तक इस योजना के तहत खुल चुके हैं, उसमें से 15 करोड़ खाते चालू हालत में हैं, 35 हजार करोड़ रुपए की जमा पूंजी वहां पर आज के दिन मौजूद है, गरीबी उन्मूलन और समाज के अंतिम व्यक्ति को वित्तीय सेवा और सुरक्षा मुहैया कराने में। मतलब यह है कि जन–धन योजना में जिस व्यक्ति का खाता खुल गया है, उसमें 5,000 रुपए के क्रेडिट के साथ–साथ यह भी व्यवस्था की गई है कि अगर दुर्भाग्य से वह किसी दुर्घटना का शिकार होता है तो 2 लाख रुपए के बीमा की सुविधा का उसमें प्रावधान है। सुरक्षा की गारंटी जन–धन योजना में वे खाते इस देश के प्रत्येक व्यक्ति को दे रहे हैं, वह भी बिना किसी भेदभाव के। हमने यह नहीं कहा कि फलाना अल्पसंख्यक हो या फलानी जाति का ही केवल इस खाते पर अधिकार है। हमने समाज के प्रत्येक व्यक्ति के लिए घोषणाएं की हैं। उसी दृष्टि से वे योजनाएं चल रही हैं। अन्य कल्याणकारी घोषणाएं जो घोषित हुई हैं, जैसे प्रधानमंत्री सुरक्षा बीमा योजना, प्रधानमंत्री बीमा ज्योति योजना, अटल पेंशन योजना अत्यंत महत्वपूर्ण और समाज के अंतिम व्यक्ति को एक नया जीवनदान देने का प्रयास है।

महोदय, मैं प्रधानमंत्री मुद्रा योजना की बात कहना चाहता हूँ। इस देश के 6 करोड़ लोगों को ध्यान में रखकर ठेला, खोमचा, रेहड़ी, सब्जी बेचने वाला, पटरी पर व्यवसाय करने वाला, रिक्शा चलाने वाला, देश के बेरोजगारों को स्वावलंबन की ओर अग्रसर करने के लिए तीन प्रकार की योजनाएं सरकार ने प्रधानमंत्री मुद्रा योजना में प्रारंभ की है। जिनमें शिशु, किशोर और तरुण नाम की योजनाएं हैं। इनमें शिशु योजना में 50,000 रुपए की योजना है। किशोर योजना

में 50,000 से 5,00,000 रुपए तक का प्रावधान है और तरुण योजना में 5,00,000 से 10,00,000 रुपए तक का प्रावधान है। बिना किसी गारंटी के लोगों को लाभांवित करने की बात इन तीनों योजनाओं में की गई है। शिशु योजना में लोगों को लोन देने की सुविधा आसान किस्तों पर देने की व्यवस्था है।

महोदय, पहली बार भारत का कोई प्रधानमंत्री 'स्वच्छ भारत अभियान' की शुरुआत करता है। एक साथ करोड़ों लोग पूरे देश के अंदर उस सफाई अभियान में जुड़ते हैं। स्वच्छ भारत को सशक्त भारत के साथ जोड़ने की परिकल्पना को साकार करते हैं। देश के प्राथमिक विद्यालयों में जहां पर बुनियादी सुविधाएं नहीं थीं, वहां पर शौचालयों की स्थापना होगी। पहली बार यह देखने को मिला है और लगभग 5,00,000 से अधिक शौचालय अब तक प्राथमिक विद्यालयों में बन चुके हैं।

ग्रामीण क्षेत्रों में भी अनेक प्रकार के इस प्रकार के कार्यक्रम बने हैं। वर्ष 2022 तक सभी को आवास प्रदान करने के लिए प्रधानमंत्री आवास योजना के अंतर्गत अब तक 2 करोड़ घर बनाने के प्रस्ताव सरकार ने जारी किए हैं, जो अत्यंत महत्वपूर्ण है। साथ ही, प्रधानमंत्री फसल बीमा योजना, इस देश की 14 करोड़ खेतिहर जोतों को मृदा स्वास्थ्य कार्ड और प्रधानमंत्री कृषि सिंचाई योजना इस देश के किसानों को ध्यान में रखकर बनाई गई है। किसानों को ध्यान में रखकर माननीय वित्त मंत्री जी ने महत्वपूर्ण बजट प्रस्ताव सदन में प्रस्तुत किया था, उसमें कुछ महत्वपूर्ण घोषणाएं की गई हैं। 5 लाख एकड़ में देश में जैविक खेती को बढ़ावा देने की यह अत्यंत महत्वपूर्ण योजना है। प्रधानमंत्री कृषि बीमा योजना इस देश के किसानों को जो आत्महत्या कर रहा है, पिछली सरकारों की गलत नीतियों के कारण, उस किसान को समृद्धि की ओर अग्रसर करने और वर्ष 2022 तक इस देश के किसानों की आय को दुगुना करने का प्रस्ताव इस सरकार का है। इस देश में पहली बार गन्ना किसानों के बारे में, जब माननीय मोदी जी की सरकार सत्ता में आई थी तब इस देश के

गन्ना किसानों का चीनी मिलों पर 21 हजार करोड़ रुपए बकाया था। लेकिन सरकार के प्रयास से आज यह मात्र 1800 करोड़ रुपए ही बाकी है, बाकी सारा पैसा किसानों का भुगतान हुआ है। यह पहली बार देखने को मिला है।

महोदय, इस सरकार ने आगामी 5 वर्षों के लिए देश के ग्राम पंचायतों में गांधी जी के ग्राम स्वराज की परिकल्पना साकार हो, इसके लिए 2,00,000 करोड़ रुपए देश के गांवों के विकास के लिए आवंटित किए हैं। साथ ही साथ देश के नौजवान के लिए रोजगार और स्वालंबन के लिए मेक इन इंडिया, स्टार्ट अप इंडिया, स्किल इंडिया आदि योजनाओं के माध्यम से एक नई राह दिखाने का प्रयास हुआ है। स्किल इंडिया के अंतर्गत अब तक इस देश में 76 लाख से अधिक नौजवानों को प्रशिक्षित किया गया है। उच्च शिक्षा के क्षेत्र में भी सरकार ने दो भारतीय प्रौद्योगिकी संस्थान की स्थापना, 6 भारतीय प्रबंधन संस्थानों की स्थापना, 1 इंडियन इंस्टीट्यूट ऑफ साइंस, एजुकेशन एंड रिसर्च और 1 इंडियन इंस्टीट्यूट ऑफ टेक्नोलॉजी अब तक कार्य प्रारंभ किए हैं।

महोदय, जल ही जीवन है। इस देश की ग्राम पंचायतों को आधार बनाकर जल के संरक्षण और प्रबंधन के लिए एक व्यापक जागरूकता का अभियान सरकार ने चलाया है। मनरेगा के अंतर्गत अब तक का सबसे अधिक आवंटन करने के साथ–साथ आगामी वर्षों में देश के अंदर 5 लाख कुएं खोदे जाएंगे। इस सरकार ने इस कार्य को पहली बार प्रारंभ किया है। नमामि गंगे इस देश में मां गंगा के प्रति सभी भारतीयों की भावना से जुड़ी हुई है। 20 हजार करोड़ रुपए का आवंटन गंगा की निर्मलता और अविरलता को बनाए रखने के लिए सरकार ने दिया है और साथ ही गंगा के किनारे बसे हुए 188 शहरों और 1649 ग्राम पंचायतों के लिए संपूर्ण स्वच्छता समाधान के लिए भी सरकार ने अपनी योजनाएं लागू की हैं।

महोदय, ऊर्जा की बात मैं करना चाहता हूँ। मैं उत्तर प्रदेश से आता हूँ। उत्तर प्रदेश में बिजली नहीं है। जब यह सरकार आई थी

तो उसके 1 वर्ष में सबसे अधिक रिकार्ड बिजली का उत्पादन हुआ है। इस सरकार ने लक्ष्य निर्धारित किया है कि हम मई 2018 तक दीन दयाल उपाध्याय ग्राम ज्योति योजना के माध्यम से देश के हर गांव के हर घर तक बिजली पहुंचाएंगे और पावर इंटीग्रेटेड डेवलपमेंट स्कीम के अंतर्गत शहरी क्षेत्रों में विद्युतीकरण करने के साथ–साथ जहां जर्जर पोल और तार होंगे, उनको बदलने का कार्य करेंगे। यह कार्य 24 घंटे विद्युत की आपूर्ति ग्रामीण और शहरी क्षेत्रों में हो, इसके लिए सरकार ने कार्य किया है। वहीं, साथ ही साथ सरकार ने आस्था का सम्मान करते हुए 4 धामों को सड़क मार्गों से जोड़ने, स्वदेश दर्शन योजना, प्रसाद योजना के अंतर्गत 13 सर्किटों और 13 तीर्थ स्थलों पर कार्य प्रारंभ हुआ है।

देश के अंदर सैनिकों के प्रति सरकार ने भाव प्रदर्शित किया है। वन रैंक, वन पेंशन की बात की उधर के लोग भी करते थे, लेकिन उसको इस प्रकार से लागू किया है और आज इस देश का सैनिक इस बात के लिए गर्व की अनुभूति करता है कि कोई सरकार उनके बारे में सोचने वाली तो आई और इसीलिए जब जे.एन.यू. का प्रकरण आया तो देश के पूर्व सैनिकों ने लाखों की संख्या में आकर दिल्ली के जे.एन.यू. में किए गए उस उच्श्रृंखल और उद्दंड कार्रवाई का विरोध किया था और साथ ही साथ जे.एन.यू. को इस बात की चेतावनी दी कि अगर इस प्रकार की गतिविधियां बंद नहीं होगी तो हम जे.एन.यू. के द्वारा प्रदत्त की गई अपनी डिग्रियों को वापस करने का कार्य करेंगे।

महोदय, मैं सरकार की विदेश नीति की ओर भी ध्यान दिलाना चाहता हूँ, क्योंकि बार–बार विदेश नीति के मोर्चे पर चर्चा हो रही थी। नेपाल हमारा पड़ोसी देश है। इन लोगों ने नेपाल के साथ किस प्रकार का व्यवहार किया था। दुनिया का एकमात्र हिंदू राष्ट्र नेपाल तड़प रहा था। लेकिन आज नेपाल के प्रधानमंत्री ने स्वयं यहां आकर इस बात का अनुभव किया कि भारत के बारे में जो गलतफहमी मुझमें भरी गई थी, वह गलतफहमी भरने वाले कौन लोग हैं, वे यही लोग हैं, जो लोग कभी अमरीकी राजदूत के सामने भारत की किस प्रकार

की टिप्पणियां करते हैं और यहां आकर राष्ट्रभक्ति का अपना प्रमाण प्रस्तुत करते हैं, लेकिन जब अमेरिका के राजदूत के सामने जाते हैं तो वहां पर भारत के प्रति विषवमन करते हैं। उन्हीं लोगों ने नेपाल के अंदर भी उसी प्रकार का वातावरण बनाया था। लेकिन नेपाल के प्रधानमंत्री ने भारत में आने के बाद जब दृश्य देखा था तो आज वह इस बात को महसूस करते हैं कि भारत के प्रति जो मेरा भाव था, वह गलत था और नेपाल जाकर उन्होंने कहा कि मैं भारत के प्रति जो भाव रखता था, मुझे उस पर कहीं ना कहीं इस बात का अफसोस है कि आज भारत के अंदर नेपाल के प्रति जो भाव है, हमें उसे देखकर नेपाल को आगे बढ़ाना चाहिए, यह भारत की नीति है और नेपाल के प्रति, भूटान के प्रति, म्यांमार के प्रति, बांग्लादेश के साथ जो ऐतिहासिक संधि हुई है और श्रीलंका के साथ जिस प्रकार के सम्बन्ध स्थापित हुए हैं। आज पूरी दुनिया में ऐसा पहली बार हुआ है कि प्रधानमंत्री जी का विदेश का कार्यक्रम लगने के लिए दुनिया का हर देश उतावला दिखाई देता है। अमेरिका, रूस, जापान, चीन और दुनिया के हर उस देश ने भारत के प्रधानमंत्री की जिस प्रकार से आवभगत की, सम्मान किया, मैं समझता हूँ कि कम से कम इन सब लोगों के लिए वह प्रेरणादाई होना चाहिए।

महोदय, देश की सुरक्षा और संप्रभुता के प्रति यह सरकार पूरी तरह समर्पित है, राष्ट्र की आंतरिक और बाह्य सुरक्षा पहले से सुदृढ़ हुई है। सरकार के द्वारा किए गए इन सभी प्रयत्नों की हम लोग सराहना करते हैं और इन शब्दों के साथ कि महामहिम राष्ट्रपति जी के प्रति जो धन्यवाद प्रस्ताव यहां श्रीमती मीनाक्षी लेखी जी के द्वारा प्रस्तुत किया गया है, इसकी समर्थन करता हूँ। धन्यवाद।

–02 मार्च, 2016

माँ गंगा

माननीय मंत्री जी ने एक दूसरी बात कही है कि विभिन्न महानगरों का अपशिष्ट जल, सीवेज का जल गंगा नदी में चला जाता है। उसके लिए कहीं फ़िल्टर या ट्रीटमेंट प्लांट्स नहीं लगाए गए हैं। आज के दिन गंगा की अविरल धारा, जो प्राकृतिक धारा है, उसे टिहरी में रोक दिया गया है। जब गंगा जल ही उस प्रवाह में नहीं आएगा तो औद्योगिक इकाइयों का जो कचरा, अपशिष्ट जल और नालों का गंदा पानी होगा, क्या उससे गंगा के अस्तित्व पर संकट नहीं आएगा। विभिन्न धर्माचार्यों ने अपना आक्रोश भी व्यक्त किया है। अगले वर्ष कुंभ का पवित्र पर्व हरिद्वार में होने जा रहा है।

गंगा की प्राकृतिक धारा बाधित ना हो

सभापति महोदय, माननीय मंत्री जी ने अपने वक्तव्य में जो बातें कही हैं और गंगा प्रदूषण के बारे में जिन बातों की ओर ध्यान दिलाया है, उनमें से उन्होंने औद्योगिक प्रदूषण और वे महानगर, जो गंगा के किनारे स्थित हैं, उनके अवशिष्ट जल द्वारा जो प्रदूषण होता है, उसकी ओर ध्यान आकृष्ट किया है, वह भी पूरी तरह संतोषजनक नहीं है। गंगा प्रदूषण के कारणों में एक प्रमुख कारण गंगा के विभिन्न स्तरों पर बनाये गए बांध है जिन्होंने गंगा की प्राकृतिक धारा को रोक दिया है।

सभापति महोदय, दूसरा कारण यह है कि गंगा के विभिन्न किनारों पर औद्योगिक इकाइयां हैं, उन इकाइयों का कचरा जिन पर अब तक ट्रीटमेंट प्लांट नहीं लगा पाए हैं। उन्हें नदी में गिरा देने से प्रदूषण पैदा हुआ है। तीसरा कारण यह है कि विभिन्न महानगरों के गंदे नालों का दूषित जल, सीवेज का जल है। उस गंदे जल को बगैर फिल्टर किए हुए गंगा में बहाने से यह स्थिति पैदा हुई है।

माननीय मंत्री जी ने गंगा के प्रदूषण के लिए मुख्य रूप से जिम्मेदार 187 उद्योगों का यहां जिक्र किया है। जब की अकेले कानपुर को देखा जाए तो वहां 300 से अधिक चमड़ा उद्योग हैं। इसके अलावा कानपुर में पेपर मिलें हैं। ऋषिकेश से लेकर गंगा सागर तक गंगा के प्रवाह में हजारों औद्योगिक इकाइयां हैं जिनमें आज तक ट्रीटमेंट प्लांट्स नहीं लगे हैं। केंद्रीय प्रदूषण नियंत्रण बोर्ड और प्रदेश प्रदूषण नियंत्रण बोर्ड की बात माननीय मंत्री ने कही है, लेकिन कहीं भी प्रदूषण नियंत्रण के लिए जो बोर्ड गठित हुए है और जो उनका कार्य

है, उसमें कहीं भी पारदर्शिता नहीं है। इनका कार्य कहीं दिखाई नहीं देता। इसलिए मैं माननीय मंत्री जी से जानना चाहता हूँ कि उन्होंने मात्र 187 उद्योगों के बारे में बताया है, यह उन्होंने किस और कब के अध्ययन पर बताया है, अभी वह 1985 के बारे में बता रहे हैं, 1985 से लेकर 2003 तक काफी प्रगति हुई है और आप किस गंगा एक्शन प्लान की बात करते है, मैं समझता हूँ कि उसका कार्य कहीं भी इस रूप में है नहीं हो पाया है, जो वास्तव में जनता के हित में हो या जिस उद्देश्य को लेकर इसका गठन किया गया है, वह अपने उस उद्देश्य को पूरा नहीं कर पाया है। इन सभी औद्योगिक इकाइयों का चयन किस रूप में किया गया है। अकेले कानपुर में ही 300 से अधिक चमड़ा उद्योग है, इसके अलावा वहां पेपर मिल्स भी हैं तथा ऋषिकेश से लेकर गंगा सागर तक चाहे उत्तरांचल हो, उत्तर प्रदेश हो, बिहार हो या पश्चिम बंगाल हो, यहां पर औद्योगिक इकाइयों का कचरा गंगा में जाता है और इन औद्योगिक इकाइयों में कहीं भी ट्रीटमेंट प्लांट्स नहीं लगाए गए हैं। मैं जानना हूँ कि इस सम्बन्ध में वन एवं पर्यावरण मंत्रालय क्या करने जा रहा है।

माननीय मंत्री जी ने एक दूसरी बात कही है कि विभिन्न महानगरों का अपशिष्ट जल, सीवेज का जल गंगा नदी में चला जाता है। उसके लिए कहीं फ़िल्टर या ट्रीटमेंट प्लांट्स नहीं लगाए गए हैं। आज के दिन गंगा की अविरल धारा, जो प्राकृतिक धारा है, उसे टिहरी में रोक दिया गया है। जब गंगा जल ही उस प्रवाह में नहीं आएगा तो औद्योगिक इकाइयों का जो कचरा, अपशिष्ट जल और नालों का गंदा पानी होगा, क्या उससे गंगा के अस्तित्व पर संकट नहीं आएगा। विभिन्न धर्माचार्यों ने अपना आक्रोश भी व्यक्त किया है। अगले वर्ष कुंभ का पवित्र पर्व हरिद्वार में होने जा रहा है। उस अवसर पर क्या स्थिति पैदा होगी। मैं माननीय मंत्री जी से जानना चाहता हूँ कि जब टिहरी बांध बना था तो क्या वन एवं पर्यावरण मंत्रालय से राय ली गई थी। दूसरी बात कोटेश्वर में और अन्य स्थानों पर खूनी

और लक्ष्मण झूला आदि प्रस्तावित बांध हैं, क्या उनके लिए वन एवं पर्यावरण मंत्रालय से राय ली गयी है।

इसके साथ मैं जानना चाहता हूँ कि एक बार इसके पूर्व भी गंगा के अविरल प्रवाह को रोकने का प्रयास हुआ था। 1916 में गंगा के अविरल प्रवाह, जो प्राकृतिक प्रवाह है, उसे ना रोकने के लिए एक एग्रीमेंट हिन्दू समाज के साथ हुआ था। क्या उसकी ओर भी मंत्रालय का ध्यान आकर्षित किया गया है।

—09 मई, 2003

स्वतंत्र भारत में जब हम पवित्र गंगा की बात करते हैं, अविरल गंगा की बात करते हैं तो हम सभी के लिए चुनौती है कि जितनी भी पवित्र नगरी गंगोत्री से लेकर गंगा सागर तक हैं, ऋषिकेश है, हरिद्वार है, गढ़मुक्तेश्वर है, प्रयाग है, काशी है, वहां की जनता और पूरा समाज तो इससे उद्वेलित है ही, लेकिन पर्यावरण और पारिस्थितिकी पर जो इसका बुरा असर पड़ रहा है, उससे भी माननीय मंत्री जी अच्छी तरह से अवगत होंगे।

अविरल गंगा-पवित्र गंगा

महोदया, सन 1985 में गंगा एक्शन प्लान की घोषणा हुई थी। जैसा कि मंत्री जी ने कहा कि उस पर 8,16 करोड़ रुपए से अधिक व्यय हो चुके हैं। लेकिन गंगा मैली की मैली रही। उत्तर प्रदेश प्रदूषण नियंत्रण बोर्ड और बी.एच.यू. की गंगा अनुसंधान प्रयोगशाला के आंकड़े बताते हैं कि गंगा में पानी बहुत खतरनाक स्थिति में है। पीने के लिए जो योग्य पानी होना चाहिए, उसमें फिकल कॉलीफोर्म की स्थिति कतई नहीं होनी चाहिए। नहाने के पानी में उसी संख्या 50,000 से ज्यादा नहीं होनी चाहिए और खेती योग्य पानी में उसकी संख्या 5 लाख से कम नहीं होनी चाहिए। लेकिन हिंदुओं की धार्मिक, सांस्कृतिक और पवित्र नगरी वाराणसी के आंकड़े बताते हैं कि गंगा नदी के बेसिन में जल प्रदूषण के कारण फिकल कॉलीफोर्म की संख्या 5 लाख से 21 लाख तक है। गंगोत्री से लेकर गंगासागर तक जितने भी नगर और कस्बे पवित्र गंगा के किनारे पड़ते हैं, उनका सीवरेज लोड और साथ–साथ औद्योगिक इकाइयों का जितना भी कचरा है, बिना ट्रीटमेंट के ही इस पवित्र नदी में पहुंच जाता है। जहां वह इस नदी के पॉल्यूशन का कारण है। माननीय मंत्री महोदय ने इस बारे में बताया कि गंगा जैसी पवित्र नदियों के प्रदूषण के पीछे एक अन्य कारण भी है। गंगा और उसकी सहायक नदियों पर बनी या प्रस्तावित पन–विद्युत परियोजनाएं भी एक कारण है। ग्लोबल वार्मिंग और जलवायु परिवर्तन के कारण ही गंगा का मूल स्रोत गंगोत्री–ग्लेशियर बहुत तेजी से सिकुड़ रहा है और इस देश के पर्यावरणविदों ने इस पर काफी चिंता व्यक्त की है।

पूरी दुनिया उससे चिंतित है। छोटी–बड़ी पन–विद्युत परियोजनाओं के कारण, पहाड़ी क्षेत्रों में जो विस्फोट हुए हैं, उन विस्फोटों ने भी भागीरथी के प्राकृतिक प्रवाह के साथ जुड़ने वाले छोटे–बड़े स्रोतों को पूरी तरह नष्ट किया है। माननीय मंत्री जी इस बात को जानते होंगे कि आज भी गंगा और उसकी सहायक नदियों पर, अकेले उत्तराखंड में, भारत सरकार की मदद से, प्रदेश सरकार की मदद से, लगभग 250 से ऊपर पन–विद्युत परियोजनाएं बन रही हैं या प्रस्तावित हैं।

इस बार गंगा–दशहरे के अवसर पर हरिद्वार में बहुत बड़ी संख्या में लोग गए थे। पिछले दशहरे के अवसर पर, हरिद्वार में गंगाजल का जो स्तर था वह वह 43,000 क्यूबिक था लेकिन 1 साल के बाद, इस बार देखा गया कि गंगा–दशहरे के दिन वहां का जल स्तर 8,000 क्यूबिक था। टिहरी जैसे डैम बनाते समय हम सबको आश्वासन दिया गया था कि ये डैम बनेंगे, लेकिन भागीरथी का जो प्राकृतिक प्रवाह है उसे अवरुद्ध नहीं किया जाएगा, उस प्राकृतिक प्रवाह को अनवरत बनाए रखने का प्रयास होगा। लेकिन यह नहीं हो पाया। उसका मूल प्रवाह, पहले टिहरी डैम के कारण अवरुद्ध हुआ और अब उसी टिहरी में मलेरीभाली बांध के कारण पूरी तरह से अवरुद्ध हो रहा है। मैं स्वयं गंगोत्री गया था, मैंने देखा कि एन.टी.पी.सी. की बहुत सारी परियोजनाएं टिहरी से लेकर गंगोत्री तक बन रही हैं और बहुत सारी जगह भागीरथी का प्रवाह पूरी तरह से सूखा हुआ है, वहां कोई नदी नहीं है, कोई प्रवाह नहीं है। यह स्थिति वहां पर है।

स्वतंत्र भारत में जब हम पवित्र गंगा की बात करते हैं, अविरल गंगा की बात करते हैं तो हम सभी के लिए चुनौती है कि जितनी भी पवित्र नगरी गंगोत्री से लेकर गंगा सागर तक हैं, ऋषिकेश है, हरिद्वार है, गढ़मुक्तेश्वर है, प्रयाग है, काशी है, वहां की जनता और पूरा समाज तो इससे उद्वेलित है ही, लेकिन पर्यावरण और पारिस्थितिकी पर जो इसका बुरा असर पड़ रहा है, उससे भी माननीय मंत्री जी अच्छी तरह से अवगत होंगे।

इसके साथ–साथ दो अन्य चीजें जो आई हैं, उन चीजों के कारण गंगा जैसी पवित्र नदी अपने अस्तित्व के लिए जूझ रही है और अब

उत्तर प्रदेश में गंगा–एक्सप्रेस–वे के नाम पर एक नई परियोजना प्रारंभ हुई है, पर्यावरण के मानकों की धज्जियां उड़ाकर इस योजना को प्रारंभ किया जा रहा है। अगर यह परियोजना प्रारंभ होती है तो गंगा जैसी पवित्र नदी का अस्तितव पूरी तरह से समाप्त हो जाएगा, दिल्ली के गंदे नाले की तरह गंगा की शक्ल होगी, जो हम सबकी चिंता का विषय है।

माननीय मंत्री जी ने यहां पर तथ्य रखे कि गंगा एक्शन प्लान अब तक पूरी तरह से फ्लॉप रहा है, उसी तरह से यमुना एक्शन प्लान में भी लगभग 682 करोड़ रुपए खर्च होने के बाद भी यमुना मैली की मैली हैं। यह बात केवल गंगा और यमुना की नहीं है, हम लोगों को बचपन में श्लोक याद कराया जाता था कि – 'गंगे च यमुनेचैव गोदावरी सरस्वती, नर्मदे सिंधु कावेरी जलस्मिन सनि म कुरु'। यानी इनको स्मरण करके ही हम अपनी दिनचर्या प्रारंभ करते थे। देश की पवित्र नदियों का स्मरण करके ही हम अपनी दिनचर्या प्रारंभ करते थे। हम ना केवल इन नदियों की पवित्रता और इनकी अविरलता को अक्षुण्ण बनाएंगे, अपितु हम लोग इन नदियों के माध्यम से राष्ट्र की एकता और अखंडता को भी सुनिश्चित रखेंगे। हम लोग राष्ट्रीय नदियों के माध्यम से राष्ट्र की एकता और अखंडता को भी सुनिश्चित रखेंगे। अपितु हम लोग राष्ट्रीय नदियों के माध्यम से राष्ट्र की एकता और अखंडता को भी सुनिश्चित रखेंगे। लेकिन आज देश की सभी पवित्र नदियां अपवित्र हो चुकी हैं। मैं गोरखपुर से आता हूँ। गोरखपुर में एक नदी है जो गोरखपुर जिले को दो भागों में बांटती है, उसे आमी नदी कहते हैं। यह सच है कि अधिकतर बड़ी नदियां सीवेज लोड के कारण प्रदूषित हुई हैं।

मैडम, मुझे केवल 2 से 3 क्लेरिफिकेशन पूछने हैं। उसके बाद मैं समाप्त ही करूंगा। आमी नदी जहां से शुरुआत होती है, सिद्धार्थनगर जनपद से, संतकबीर नगर जनपद और फिर गोरखपुर जनपद में वहां राप्ती नदी में मिल जाती है। शुरुआत से ही वहां पर औद्योगिक इकाइयों का सारा कचरा डाल दिया गया है और आज वह नदी

लगती ही नहीं है कि वह नदी है। ऐसा लगता है कि सीवेज का कोई नाला बह रहा हो और उसके चारों तरफ कई किलोमीटर तक भयंकर बदबू आती रहती है।

महोदया, साथ–साथ प्राकृतिक झीलों के संरक्षण के बारे में भी एक प्रस्ताव गोरखपुर का था। गोरखपुर में 1700 एकड़ क्षेत्र में एक रामगढ़ ताल है। उस रामगढ़ ताल जैसी प्राकृतिक झीलों को बचाए रखने के सम्बन्ध में भी मंत्री जी ने अपने उत्तर में यद्यपि विस्तार से कहा है लेकिन मैं माननीय मंत्री जी से इस प्रस्ताव के माध्यम से जानना चाहता हूँ कि गंगा नदी के महत्व और भारतीय आस्था को देखते हुए माननीय प्रधानमंत्री जी ने गंगा नदी को राष्ट्रीय नदी घोषित किया है और उन्होंने एक गंगा बेसिन अथॉरिटी बनाने की घोषणा भी की थी। मैं मंत्री जी से जानना चाहूँगा कि क्या इस सम्बन्ध में कोई विधेयक इस सदन में आएगा और उसका क्रियान्वयन कब तक प्रारंभ हो जाएगा?

दूसरे, मैं, माननीय मंत्री जी से जानना चाहता हूँ कि वर्ष 1985 में जब गंगा एक्शन प्लान प्रारंभ हुआ था, उस समय गंगा जी में जल की स्थिति क्या थी और प्रदूषण की स्थिति क्या थी और आज जल और प्रदूषण की स्थिति क्या है? इसी का दूसरा भाग है कि यमुना एक्शन प्लान प्रारंभ होते समय इतना पैसा खर्च होने के बाद भी यमुना जी में जल की स्थिति उस समय क्या थी और प्रदूषण की स्थिति क्या थी और आज की तारीख तक इस योजना के अंतर्गत करोड़ों रुपए खर्च होने के बाद भी, इतना पैसा बर्बाद होने के बाद भी यमुना जी में जल का स्तर क्या है और उसमें प्रदूषण का स्तर क्या है?

तीसरे, गंगा और अन्य नदियों के प्राकृतिक प्रवाह को रोक कर जो बांध बनाए जा रहे हैं, उनके कारण बहुत सारी जगहों पर तमाम समस्याएं पैदा हुई हैं जो पर्यावरण के लिए बहुत खतरनाक है। इसलिए मैं जानना चाहता हूँ कि उस सम्बन्ध में पर्यावरण मंत्रालय क्या करने जा रहा है? मैंने जो बताया कि विभिन्न जनपदों में बहुत सारी नदियां हैं जो उन जनपदों के लाखों लोगों के जीवन से जुड़ी

हुई हैं। मैंने गोरखपुर की आमी नदी की बात कही। उस आमी नदी के प्रदूषित होने से ढाई लाख मछुआरे बेरोजगार हुए हैं। गोरखपुर का उन्नत पशुधन और उन्नत खेती उस नदी के दोनों तटों पर होती थी लेकिन आज वह पूरी तरह से नष्ट हो गई है, लोग आज भुखमरी के कगार पर पहुंच गए हैं, लोग बेरोजगार हो चुके हैं और उनके भूखों मरने की स्थिति आ चुकी है। इसलिए मैं माननीय मंत्री जी से अनुरोध करना चाहूँगा कि आमी नदी जैसी नदियों के प्रदूषण को दूर करने के लिए और रामगढ़ जैसे प्राकृतिक झीलों का संरक्षण करने के लिए माननीय मंत्री जी द्वारा क्या कदम उठाए जा रहे हैं?

—17 जुलाई, 2009

महोदया, मुझे आपको बताते हुए बहुत अफसोस हो रहा है कि गंगोत्री से लेकर उत्तरकाशी तक, जो भागीरथी की मूल धारा है, लगभग 103 किलोमीटर की, जिसे पर्यावरण एवं वन मंत्रालय ने हाई–इको जोन भी घोषित किया है। माननीय श्री जयराम रमेश जी ने किया था और मैं उसके लिए उन्हें धन्यवाद भी दूंगा।

गंगा के नाम पर सिर्फ लूट और भ्रष्टाचार

माननीय अध्यक्ष महोदया, मैं आपका आभारी हूँ कि आपने मुझे इस महत्वपूर्ण विषय पर बोलने का मौका दिया। मैं इसलिए भी आपका आभारी हूँ कि आप की उपस्थिति में इस मुद्दे की गंभीरता और बढ़ी है और केवल गंगा रक्षा के लिए नहीं बल्कि गंगा के माध्यम से भारतीय संस्कृति और भारतीयता पर संकट वर्तमान में आया है, उससे उभरने के लिए सरल स्वभाव के कारण हम सब को एक नई ताकत प्राप्त हुई है। गंगा की पवित्र धारा की निर्मलता और अविरलता को लेकर देश के विभिन्न भागों में आंदोलन चल रहा है। अगले वर्ष प्रयागराज में महाकुंभ भी है। यह अनुमान है कि 8 से 10 करोड़ लोग देश और दुनिया से श्रद्धालुजन इस अवसर पर आकर प्रयागराज में स्नान करेंगे और दर्शन करके आस्था तो प्रकट करेंगे ही साथ ही राष्ट्र की एकात्मता को मजबूती प्रदान करने में योगदान भी देंगे। पवित्र गंगा नदी और सहायक नदियों की वर्तमान स्थिति को देखिए, दिल्ली में यमुना की स्थिति को देखिए। मुझे दिल्ली से गोरखपुर अक्सर ट्रेन से जाने का अवसर प्राप्त होता है। मैं रास्ते मे उन नदियों की दुदर्शा देखता हूँ कि जो नदी प्राकृतिक जल की शुद्ध धारा होकर जीव और जगत के अस्तित्व का आधार बन सकती थी उसे अवैज्ञानिक और अनियोजित विकास ने गंदे नाले के रूप में बदल कर भारत की नदी संस्कृति पर ही बल्कि राष्ट्र की संस्कृति और भविष्य पर गंभीर प्रश्न खड़ा कर दिया है, संकट खड़ा कर दिया है। प्रत्येक देशभक्त, राष्ट्रभक्त और भारतीय का चिंतित होना स्वाभाविक है क्योंकि भारतीय

मनीषा ने जल को जीवन का आधार माना है लेकिन आप देखिए की जीव और जगत के आधार जल को किस प्रकार से प्रदूषित कर दिया गया है। गंगा एक माध्यम हो सकती है।

हम देश में कहीं भी जाते हैं तो देखते हैं कि स्थानीय निवासी अपने गांव की छोटी नदियों को गंगा का नाम देकर पूजा करते हैं। पूर्वी उत्तर प्रदेश और बिहार की काफी आबादी मॉरीशस में निवास करती है, उन्होंने एक नदी का नाम गंगा रखा है, ताल का नाम गंगा के नाम पर रखा है। गंगा भारतीयता की प्रतीक है इसलिए गंगा के खिलाफ किया जाने वाला षड्यंत्र और साजिश भारतीय संस्कृति और भारतीयता के खिलाफ साजिश है। मुझे कभी–कभी इकबाल की वह पंक्तियां याद आती हैं – "यूनान, मिश्र और रोमा मिट गए जहां से, कुछ बात है कि हस्ती मिटती नहीं हमारी"। यूनान, मिश्र और रोम भौगोलिक रूप से नहीं मिटे, उनकी संस्कृति मिटी थी और सैकड़ों वर्षों की गुलामी में जो कार्य विदेशी आक्रांता नहीं कर पाए, दुर्भाग्य से आज देश के अंदर विकास के नाम पर साजिश हुई, भारत की नदी संस्कृति, भारत की इन पवित्र नदियों के साथ षड्यंत्र करके उन्हें अवरुद्ध करके उस षड्यंत्र को एक अमलीजामा पहनाने का प्रयास हो रहा है, इसलिए इस महत्वपूर्ण मुद्दे पर इस देश की संसद चर्चा नहीं करेगी और उसके समाधान का कोई ठोस रास्ता नहीं निकालेगी तो मुझे नहीं लगता है कि किसी और से कोई उम्मीद की जा सकती हैं। इसलिए मैं आपका हृदय से धन्यवाद देना चाहूँगा कि आपने इस महत्वपूर्ण मुद्दे को स्वीकार भी किया बल्कि स्वयं उपस्थित होकर इसकी गंभीरता को स्वीकार किया और इस पूरी चर्चा में हम कोई ठोस नतीजे पर पहुंचे, इस दृष्टि से इस पर विचार करने के लिए आप स्वयं भी उपस्थित होकर अपना मार्ग निर्देशन दे रही हैं।

महोदया, सन 1985–86 में इस देश की गंगा नदी को प्रदूषण से मुक्त करने के लिए गंगा एक्शन प्लान की घोषणा हुई थी। लेकिन गंगा एक्शन प्लान पर मुझे लगता है कि प्रथम और द्वित्तीय चरण में 1,045 करोड़ रुपए खर्च हुए, लेकिन गंगा की धारा गंगा एक्शन प्लान

की परियोजना प्रारंभ होने से पहले जितनी प्रदूषित थी, दूसरे और तीसरे चरण के कार्य को संपन्न करने के बाद भी गंगा का प्रदूषण तब से ज्यादा आज है और यह स्थिति यमुना नदी की भी है। दिल्ली में यमुना नदी बहुत सारे स्थानों पर गंदे नाले के रूप में बदल चुकी है और इसकी स्थिति बड़ी खराब है। गंगा के बारे में सदन में एक प्रश्न पूछा गया था, जिसमें माननीय मंत्री जी ने स्वयं इस बात को स्वीकार किया था, यानी गंगा एक्शन प्लान और यमुना एक्शन प्लान लागू होने के बाद की स्थितियां क्या हैं कि पहले और द्वितीय चरण के कार्य पूरे होने के बाद भी जो नदियों में सीवेज का गंदा पानी गिरता है, उसमें 38,254 मिलियन लीटर प्रतिदिन जो अनुमानित सीवेज गिरता है, उसमें मात्र 11,787 मिलियन लीटर प्रतिदिन के ही ट्रीटमेंट की व्यवस्था है, बाकी की व्यवस्था नहीं है। आखिर नदी शुद्ध कैसे रहेगी। हम यह सब जिम्मेदारियां प्रदेश के ऊपर डालना चाहते हैं कि यह प्रदेश की जिम्मेदारी है और प्रदेश की सरकारें धन का रोना रोकर अपनी जिम्मेदारियों से बचना चाहती हैं और यह सब इसलिए हो रहा है कि अगर गंगा माता वोटदायिनी होती तो संभवतः मोक्षदायिनी गंगा इस प्रकार से आज भारत की वर्तमान पीढ़ी से अपने अस्तित्व के लिए नहीं रो रही होती, जो वर्तमान में इसकी दुर्दशा है, इस प्रकार की त्रासदी वह झेल नहीं रही होती। हम पूरे देश में देखें तो देश का जो 40 प्रतिशत सिंचित क्षेत्र है, वह केवल गंगा का जो दोआब है, गंगा का जो क्षेत्र है, यही 40 प्रतिशत सिंचित क्षेत्र पूरे देश में है और इसमें देश की लगभग 47 प्रतिशत जनसंख्या निवास करती है। लेकिन उस सबके बावजूद आज तक कोई भी प्रभावी कार्यवाही नहीं हो पाई है। गंगा एक्शन प्लान की जो घोषणाएं हुई थीं, जिनमें 270 परियोजनाएं बनी थीं, उनमें उत्तर प्रदेश में 43, पश्चिम बंगाल में 170 और उत्तराखंड में 37 में से एक भी परियोजना आज तक पूरी नहीं हुई। इसी प्रकार से इस देश के अंदर गंगा की अविरल और निर्मलता के लिए जो आंदोलन हुए, उन्हें लेकर फरवरी 2009 में माननीय प्रधानमंत्री जी ने राष्ट्रीय गंगा नदी बेसिन प्राधिकरण का

गठन किया। प्रधिकरण की तीन बैठकें हुई, लेकिन प्रधिकरण अभी तक किसी भी ठोस नतीजे पर नहीं पहुंच पाया है। इसी अकर्मण्यता की नाते पूरे देश में आंदोलन हो रहा है। वाराणसी में पिछले कई दिनों से भूख हड़ताल पर इस देश के धर्माचार्य बैठे हुए हैं, संतगण बैठे हुए हैं और आमजन बैठे हुए हैं। वाराणसी के अंदर लगातार भूख हड़ताल चल रही है लेकिन सरकार ने अभी तक कोई ठोस कार्य योजना तैयार नहीं की है और सरकार इस पर कुछ करना भी नहीं चाहती है। माननीय रेवती रमन जी कैग की चर्चा कर रहे थे। यमुना सफाई की जो योजना है उसके बारे में कैग ने अपनी जो रिपोर्ट दी है, उसमें भी उन्होंने इस बात को कहा है कि 19 सालों में 1,300 करोड़ रुपए खर्च हुए, लेकिन नतीजा जीरो। केंद्र सरकार ने यह बात यमुना सफाई और सुप्रीम कोर्ट में दाखिल अपने ताजा शपथ–पत्र में भी कही है।

महोदया, माननीय उच्चतम न्यायालय 18 वर्षों से यमुना सफाई की निगरानी स्वयं देख रही है, तब तो यह दुर्गति दिल्ली के अंदर यमुना जी की है तो अन्य जगह क्या स्थिति होगी।

महोदया, कैग की रिपोर्ट और भी गंभीर संकट हम सबके सामने प्रस्तुत करता है कि सन 2011–12 में कैग ने उत्तर प्रदेश में कानपुर, गाजियाबाद और लखनऊ की परियोजनाओं को नाकाम बताया है। गोमती, गंगा और हिंडन के पानी को बीमारियों का एक अड्डा बताया है। गाजियाबाद शहर में प्रतिदिन 290 मिलियन लीटर सिवर निकलता है। जिसमें से मात्र 129 मिलियन लीटर के ही शोधन की व्यवस्था है बाकी जैसे है वैसे ही नदी में उंडेल दिया जाता है। इसी प्रकार से लखनऊ शहर में प्रतिदिन 410 मिलियन लीटर सीवेज निकलता है, उसमें से 300 मिलियन मीटर के शोधन की ही व्यवस्था है, बाकी 110 गोमती नदी में वैसे ही उड़ेल दिया जाता है। लखनऊ शहर के जो 26 नाले हैं, उनमें केवल 9 में ही शोधन संयंत्र लगे हुए हैं। यह केवल लखनऊ और गाजियाबाद का ही हाल नहीं है। गंगोत्री से लेकर गंगा सागर तक या फिर गंगा की जितनी सहायक नदियां हैं,

उन सभी नदियों के अंदर प्रदूषण की स्थिति इसी प्रकार है। महोदया, इसलिए देश के अंदर वर्तमान में जो आंदोलन चल रहा है, इसमें स्वाभाविक रूप से आम जनता में बड़ा भारी आक्रोश है। जब हम लोग गंगा या गंगा की सहायक नदियों के बारे में देखते हैं, गंगा या गंगा की सहायक नदियों के प्रवाह को वर्तमान में अवरुद्ध करा दिया गया है। गंगा की निर्मलता और अविरलता के बारे में जो प्रश्न और शंकाएं उठ रही हैं, उसके दो प्रमुख कारण हैं। एक तो नदियों में बना स्थानीय परिस्थिति की का अध्ययन किए बगैर बन रही और प्रस्तावित पनविद्युत परियोजनाएं। दूसरा, अपने उद्यम स्थल से लेकर के गंगा सागर तक छोटे–बड़े नगर और कसबों का सीवेज और औद्योगिक इकाइयों का कचरे का बिना शोधन के ही नदियों में गिराना। ये दो प्रमुख कारण इसके है। यहां पर अभी माननीय रेवती रमन जी कह रहे थे और मैं माननीय सदस्य सतपाल महाराज को भी सुन रहा था। मुझे ताज्जुब होता है।

महोदया, माननीय सतपाल महाराज उत्तराखंड की बात कह रहे थे। मेरा जन्म भी उत्तराखंड में हुआ है और मेरा बचपन भी उत्तराखंड में बीता है। मुझे लगता है कि उत्तराखंड को, वहां की नदियों को, वहां के घाटों को और वहां की पूरी परिस्थितियों को मैंने बहुत नजदीक से देखा है। गंगा की निर्मलता और अविरलता को लेकर सन 2009 में जब आंदोलन शुरू हुए थे, मैंने इलेक्शन के बीच में ही उत्तराखंड का दौरा प्रारंभ किया था और उत्तराखंड में मैं चुनावों की वजह से नहीं गया था। मैं केवल इस बात को देख रहा था कि गंगा की निर्मलता और अविरलता पर जो प्रश्न उठा रहे हैं, आखिर यह कितने सच हैं।

महोदया, मुझे आपको बताते हुए बहुत अफसोस हो रहा है कि गंगोत्री से लेकर उत्तरकाशी तक, जो भागीरथी की मूल धारा है, लगभग 103 किलोमीटर की, जिसे पर्यावरण एवं वन मंत्रालय ने हाई–इको जोन भी घोषित किया है। माननीय श्री जयराम रमेश जी ने किया था और मैं उसके लिए उन्हें धन्यवाद भी दूंगा। आपको आश्चर्य होगा कि बहुत सारे स्थान ऐसे थे, जहां पर भागीरथी में एक बूंद पानी

नहीं था। पूरे नदी को सुंगो के अंदर डाल दिया गया था और सुंगो के अंदर डाल कर फिर अगर, महाराज जी तो कम से कम एक धार्मिक व्यक्ति हैं और उनका आज का जो साफा है, वह तो स्वयं उनकी धार्मिकता को और भी प्रदर्शित करता है। मैं इस बार के लिए माफी चाहूँगा कि गंगा की शुद्धता, गंगाजल में अमृत का जो गुण है, वह एक दैवीय नदी तो है ही, इसमें कोई संदेह नहीं, लेकिन उसके साथ–साथ, नदी की धारा के साथ–साथ नदी के उस गुण के लिए दो बातें बहुत आवश्यक होती हैं। वह होती है एक भूमि और दूसरी भूमा। नदी की धारा जब तेजी के साथ चलती है तो भूमि उसकी गंदगी को अवशोषित करती है। हम धरती मां को मां अचानक नहीं कहते हैं क्योंकि मां अपने बच्चे के साथ जिस प्रकार से बचपन से ही उसकी गंदगी के साथ किसी प्रकार का भेदभाव नहीं करती, यह धरती माता उस जल के साथ करती है। उस जल के शोधन में जब आसमान से ऑक्सीजन का उसमें, जब वह नदी का जल पत्थरों से, चट्टानों से टकराता हुआ आगे बढ़ता है, ऑक्सीजन के साथ उसका एक साथ समन्वय होता है, तो वह जल के प्रदूषण को दूर करके उसकी शुद्धता को बढ़ाता है, उसमें ऑक्सीजन की मात्रा को बढ़ाता है। इसलिए भूमि और भूमा नदी के प्रदूषण को मुक्त करने के लिए अत्यंत आवश्यक हैं। जब हम नदी के सुंगों के अंदर डालने का प्रयास करते हैं तो हम भूमि से उसका सम्बन्ध तोड़ देते हैं और भूमा से भी उसका सम्बन्ध तोड़ देते हैं। इससे तो वह स्वाभाविक रूप से प्रदूषित होगा ही होगा और आज यही उत्तराखंड में हो रहा है। सुंगो के अंदर पूरी गंगा को उड़ेल दिया गया, अब भागीरथी में एक बूंद पानी नहीं। इससे गंगा प्रदूषित होगी।

दूसरी, बात मैं कहना चाहता हूँ कि बांध बनाए जा रहे हैं, एक बांध नहीं, महोदया, कुछ बांधों की चर्चा यहां पर हुई, मैं बांधों की चर्चा आपके सामने करूंगा। जो कार्यरत परियोजनाएं हैं, उसमें चिल्ला है, टिहरी की है , मनेरीभाली–1 है, मनेरीभाली–2 है और विष्णु प्रयाग है। ये 5 कार्यरत परियोजनाएं हैं। जो निर्माणाधीन परियोजनाएं हैं,

उनमें कालीगंगा–1, काली गंगा–2, कोटश्वर, कोटली भेल–1ए, कोटली भेल–1बी, कोटली भेल–2, तपोवन विष्णुगाड, पाला–मानेरी, माहेश्ववर, लोहारीनाग–पाला, शीनगर और सिंगोली–भटवाड़ी हैं। जो प्रमुख प्रस्तावित परियोजनाएं हैं, जो 10 मेगावाट से ऊपर की हैं, उनमें अलकनंदा है, अस्सीगंगा–1 है, अस्सीगंगा–2 है, अस्सीगंगा–3, उत्यासू बांध, ऋषि गंगा, ऋषि गंगा–1, ऋषि गंगा–2, ककोरागाड, करमोली, कोसा, गौरीकुंड, गोहाना ताल, चुन्नी सेंमी, जाडगंगा, जालनधरीगाड, झेलम–तमक, टिहरी पीएसएस, देवली, देवसारी बांध, दुना गिरी, तमक–लता, नंदप्रयाग लंगासू, न्यार, फाटा, बुआरा, बोवाला नंदप्रयाग, बगरी, भिलंगना–1, भिलंगना–2, भिलंगना–3, भुंदर गंगा, भैंरोघाटी, मलारी, मांदनीगंगा, मिंग–नलगांव, मेलखेत, रामबारा , लता–तपोवन, वनाला और विष्णुगाड–पीपलकोटी परियोजनाएं हैं।

महोदया, इतनी परियोजनाएं प्रस्तावित हैं और ये तो मैंने कुछ 10 मेगावाट से ऊपर की बताई हैं। 350 अन्य प्रस्तावित परियोजनाएं हैं, जिन्हें टेलीविजन चैनल ने एक बार दिखाया भी था कि किस प्रकार से इनमें भ्रष्टाचार है। यानी गंगा मैया को केवल उसके मायके में ही कैद करके और रेवती रमन सिंह जी ने ठीक कहा कि उसकी भ्रूण हत्या करने का प्रयास हो रहा है। इस देश की संस्कृति की भ्रूण हत्या करने का प्रयास हो रहा है। विकास के नाम पर यह सब हो रहा है। विकास के नाम पर इस प्रकार की स्थिति को बंद किया जाना चाहिए।

महोदया, शरारत किस रूप में है, श्रीनगर के पास एक योजना बन रही है, धारी देवी प्रोजेक्ट श्रीनगर के पास बन रहा है। वहां पर सिद्धदेवी का स्थान है धारी देवी। मैं तो उम्मीद करता था कि महाराज जी इस बारे में बोलेंगे। 1986 में उस प्रोजेक्ट को स्वीकृति मिली थी और मात्र 63 मीटर ऊंचा उठाने के लिए मिली थी। लेकिन उनका मनमानापन देखिए कि उसको 95 मीटर ऊंचा कर दिया। आस–पास के दर्जनों गांव और सैकड़ों हेक्टेयर भूमि को उसमें डुबा दिया गया और ऐतिहासिक सिद्धदेवी के स्थान को भी डुबाने की कोशिश हो रही है। जब इस मामले को यहां संसद में मैंने उठाया था, तो अगले

दिन उस प्रोजेक्ट का एक अधिकारी मेरे पास गोरखपुर में पहुंच गया था। मैंने कहा कि कैसे आए, तो उसने कहा कि मैं वहां से आया हूँ। मैंने कहा क्या मामला है? मैंने सुना कि वह उत्तराखंड से आया है। उत्तराखंड मेरी जन्मभूमि है। मैंने उसे बड़े प्यार से बैठाया। उसने कहा कि मैं धारी देवी के प्रोजेक्ट से आया हूँ, उस पर कुछ बात करनी है। मैंने पूछा कि क्या बात है। उन्होंने कहा कि धारी देवी का जो प्रोजेक्ट है, हम चाहते हैं कि धारी देवी के उस स्थान पर हम किसी पिलर से ऊंचा उठा देंगे और स्थान तो वैसे ही रहेगा, पिंडी स्थापित होनी है धारी देवी की, उसमें कौन सी बड़ी बात है? आप लोग आंदोलन बंद करवा दीजिए, हम लोग वहां पर जैसे लोग कहेंगे, उस ढंग से वहां की योजनाओं को बना देते हैं। मैंने कहा कि मुझे एक बात बताइए। अगर तुम्हारे सिर को तुम्हारे धड़ से अलग करके तुम्हारे सिर को एक बड़े से डंडे पर टांग कर खड़ा कर दिया जाए तो क्या यह कहा जाएगा कि तुम यही हो? उसने कहा कि क्या बात कर रहे हैं? मैंने कहा, यही बात है। वह स्थान धारी देवी का सिद्धपीठ पिंडी है, जिसकी पूजा होती है और वह पूजा वहीं पर होगी, स्थान नहीं बदला जा सकता है। तुम अनावश्यक रूप से विकास के नाम पर यहां विनाश लाना चाहते हो। इसलिए मैं आपसे अनुरोध करना चाहूँगा कि यह आंदोलन अचानक नहीं हो रहा है।

महोदया, मुझे केवल यह कहना है कि जिस कार्य को अंग्रेज नहीं कर पाए थे, हरिद्वार में 1916 में अंग्रेजों ने गंगा की धारा को मोड़ने और रोकने का प्रयास किया था। लेकिन उस समय देश के धर्माचार्यों ने आंदोलन किया था, देश के राजा–महाराजाओं ने उस आंदोलन में सहयोग किया था और पंडित मदन मोहन मालवीय जी के नेतृत्व में अंग्रेजों को बातचीत करने के लिए सामने आना पड़ा था और यह तय हुआ था कि गंगा की अविरलता और निर्मलता को बाधित नहीं किया जाएगा, लेकिन आज गंगा की अविरलता और निर्मलता को क्यों खंडित किया जा रहा है? क्या इसके पीछे कोई साजिश नहीं हैं? इसलिए मैं आपसे अनुरोध करना चाहूँगा कि गंगोत्री से लेकर

गंगा सागर तक जितने भी हमारे तीर्थ स्थल हैं, इन सारे तीर्थ स्थलों की महत्ता गंगा के कारण है। गंगा नहीं रहेगी तो ये तीर्थ स्थल नहीं रहेंगे, भारत नहीं बचेगा, भारत की संस्कृति नहीं बचेगी।

मैं आपसे अनुरोध करना चाहूँगा कि यह नदी केवल हमारे लिए जल का ही स्रोत नहीं है, अपितु इससे हमारा एक आत्मीय सम्बन्ध है। यह हमारी आस्था है, हमारी संस्कृति है, हमारे जीवन और इस देश की आजीविका का आधार भी है। आज गंगा का अस्तित्व संकट में है। देश का धार्मिक जगत ही नहीं, देश का कृषि जगत भी इसके लिए आंदोलन कर रहा है, इसके खिलाफ लगातार आंदोलन हो रहे हैं। हम माननीय प्रधानमंत्री से इस सम्बन्ध में प्रभावी कदम उठाने की अपील करते हैं। हमारी मांग है कि हम विकास की किसी योजना के विरोधी नहीं हैं, लेकिन गंगा की अविरलता और गंगा की निर्मलता या उसकी सहायक नदियों की अविरलता और निर्मलता में जो भी विकास बाधक बनेगा, हम उस विकास के विरोधी हैं। इसलिए हम अनुरोध करना चाहेंगे कि सरकार प्रभावी कदम उठाकर इस सदन को और देश को अवगत कराए कि गंगा की अविरलता और निर्मलता में किसी भी प्रकार की छेड़छाड़ की अनुमति सरकार किसी को नहीं देगी। इस विश्वास के साथ में एक बार पुनः आपका आभार व्यक्त करता हूँ कि आपने इस विषय को यहां पर चर्चा के लिए लिया और इस महत्वपूर्ण विषय पर अपने मार्गदर्शन में ही चर्चा कर रही हैं। मैं यह आशा करता हूँ कि इस विषय का ठोस परिणाम सामने आएगा, इस विश्वास के साथ मैं आपका धन्यवाद करता हूँ।

—14 मई, 2012

देश हित

सभापति महोदय, हमने सभी प्रकार के कार्यक्रम तैयार किए हैं। मैं राष्ट्रीय परिवार कल्याण कार्यक्रम के लिए सबसे पहले सभा का ध्यान आकृष्ट करना चाहूँगा। आपको इस बात की जानकारी हो सकती है कि कार्यक्रम किसी विशेष अनुभाग के लिए लागू किया गया था। इसलिए, यह केवल उस धारा तक ही सीमित रहा। क्या देश का कानून सभी नागरिकों पर लागू नहीं होना चाहिए? इस सम्बन्ध में भेदभाव क्यों किया जा रहा है? देश की जनसंख्या 21 प्रतिशत की दर से बढ़ रही है जिसका अर्थ है कि हर साल 2 करोड़ लोगों का योग है और इसलिए परिवारों की संख्या में हर साल 40,000 की वृद्धि होती है।

योजनाएं बनती हैं क्रियान्वयन नहीं होता

परिवार नियोजन कार्यक्रम सिर्फ एक वर्ग के लिए

माननीय अध्यक्ष महोदय, सबसे पहले मैं माननीय चिकित्सक लक्ष्मीनारायण पाण्डेय को धन्यवाद देना चाहूँगा कि उन्होंने इस महत्वपूर्ण मामले की ओर सदन का ध्यान आकृष्ट किया है जो इस राष्ट्र के लिए अत्यंत महत्वपूर्ण है। पिछले 50 वर्षों में इस देश में सभी सरकारें और जो भी सरकार बनी, इस देश के लोगों को भोजन, कपड़ा और आश्रय देने का नारा बुलंद किया लेकिन ये वही रहे जो वे मात्र नारे और वादे थे, औद्योगिक नीति और देश में समय–समय पर तमाम तरह की नीतियां बनाई गईं लेकिन आवास नीति कभी नहीं बनाई गई। गरीबी उन्मूलन के लिए एक आंदोलन शुरू किया गया था लेकिन इस तथ्य की ओर ध्यान नहीं दिया गया कि आश्रय इस देश के सभी नागरिकों की बुनियादी आवश्यकताओं में से एक है और उसके जीवन में इसकी महत्वपूर्ण भूमिका है। जिस तरह भोजन मनुष्य के लिए आवश्यक है और कपड़े एक स्वस्थ व्यक्ति के लिए आवश्यक हैं इसी तरह एक सभ्य मानव समाज के लिए एक सुरक्षित आवास एक आवश्यक आवश्यकता है।

महोदय, सभापति, दिल्ली और लखनऊ में बैठकर इस बात पर ध्यान दिए बिना देश के कल्याण के लिए विभिन्न नीतियां तैयार करें कि इस देश की 75 प्रतिशत आबादी के लिए ऐसी नीतियां किस हद तक कारगर साबित होंगी और उन लोगों को लाभ होगा या नहीं। जब हम गांवों का दौरा करते हैं तो हम ऐसी नीतियों के परिणाम देख

सकते हैं कि ग्रामीणों को लाभ नहीं हुआ है। हम दुनिया के नेताओं की स्थिति को हासिल करने का सपना देखते हैं, लेकिन क्या हमने कभी इस देश की अर्थव्यवस्था में सुधार लाने या इस देश में रहने वाले गरीबों की स्थिति में सुधार लाने की दिशा में ध्यान दिया है। क्या हमने कभी उनकी मदद की है? इसीलिए, मैं स्वतंत्रता की 50वीं वर्षगांठ के अवसर पर कुछ आंकड़े प्रस्तुत करना चाहूँगा जिसे स्वतंत्रता की स्वर्ण जयंती के रूप में मनाया जा रहा है। ये आंकड़े किसी निजी संस्थान द्वारा नहीं बल्कि भारत सरकार के नेशनल काउंसिल ऑफ एप्लाइड एंड इकोनॉमिक रिसर्च द्वारा प्रस्तुत किए गए हैं। इस डेटा से एक बहुत ही भयानक तस्वीर का पता चलता है। देश की सर्वोच्च पंचायत के माननीय सदस्यों, जो संसद है, शायद यह विश्वास करना मुश्किल हो सकता है कि इस आंकड़ों के अनुसार, हमारे देश के 43 प्रतिशत लोग गरीबी रेखा से नीचे रह रहे हैं। 13 प्रतिशत प्रतिदिन 3 रुपये कमाते हैं और 18 प्रतिशत को प्रतिदिन 5 रुपये की आय होती है। 61 फीसद महिलाएं अभी भी निरक्षर हैं। गांवों में साक्षरता दर 20 फीसद है और देश के अधिकांश लोगों के पास स्वच्छ पेयजल की सुविधा नहीं है, 45 फीसद लोगों के पास सुरक्षित आवास नहीं है।

सभापति महोदय, हमने सभी प्रकार के कार्यक्रम तैयार किए हैं। मैं राष्ट्रीय परिवार कल्याण कार्यक्रम के लिए सबसे पहले सभा का ध्यान आकृष्ट करना चाहूँगा। आपको इस बात की जानकारी हो सकती है कि कार्यक्रम किसी विशेष अनुभाग के लिए लागू किया गया था। इसलिए, यह केवल उस धारा तक ही सीमित रहा। क्या देश का कानून सभी नागरिकों पर लागू नहीं होना चाहिए? इस सम्बन्ध में भेदभाव क्यों किया जा रहा है? देश की जनसंख्या 21 प्रतिशत की दर से बढ़ रही है जिसका अर्थ है कि हर साल 2 करोड़ लोगों का योग है और इसलिए परिवारों की संख्या में हर साल 40,000 की वृद्धि होती है। 40,000 परिवारों के लिए आवास कैसे उपलब्ध कराया जा सकता है? यह मुद्दा हम सभी के लिए सबसे महत्वपूर्ण है और हमें इस पर गंभीरता से विचार करना चाहिए।

महोदय, सभापति, स्पष्ट रूप से, पिछली सरकार द्वारा तैयार किए गए सभी कार्यक्रम तैयार किए गए हैं। समाज के एक विशेष वर्ग के हितों को ध्यान में रखते हुए और उस वर्ग को उन सभी नीतियों से लाभ हुआ है। हमें एक राष्ट्रीय आवास नीति बनानी चाहिए, इसे राष्ट्र की आर्थिक और औद्योगिक नीति से जोड़ना चाहिए और गांवों में यह काम करना चाहिए। जब तक गांवों में विकास नहीं होगा, तब तक गांवों से शहरों की ओर पलायन की जांच नहीं होगी। इसके अलावा यहां कई मुद्दे उठाए गए हैं। उनमें से एक यह था कि शहरी भूमि सीमा अधिनियम लागू किया गया था। माननीय मंत्री यहां उपस्थित हैं। मैंने पहले भी बताया था कि महानगरों में जमीन, सीलिंग के तहत जमीन और स्टेट लैंड (नजूल जमीन) पर शहरी भूमि सीलिंग एक्ट के तहत राजनेताओं और अधिकारियों की मिलीभगत से कब्जा कर लिया गया और यहां तक कि गांवों में तालाबों पर भी कब्जा कर लिया गया। अगर ऐसी ही स्थिति है तो आप गरीबों को जमीन कैसे आवंटित कर पाएंगे। गांवों में सरप्लस जमीन पर भू–माफियाओं ने जबरन कब्जा कर लिया। यहां इंदिरा आवास योजना पर चर्चा हुई। इंदिरा आवास योजना के तहत एक परिवार को 20,000 रुपये दिए जाते हैं। इन 20,000 रुपये में से 10,000 रुपये कमीशन के रूप में खर्च होते हैं। अब आप खुद ही गणना कर सकते हैं कि 10,000 रुपये में एक कमरे का निर्माण कैसे किया जा सकता है। निश्चित रूप से यह अच्छा चलन है कि वर्तमान सरकार ने इसके लिए बजट में प्रावधान किया है।

जाहिर है, देश की आवास नीति उच्च वर्ग और मध्यम वर्ग के लोगों के हितों को पूरा करती है। निम्न वर्ग के लोगों के लिए कोई प्रावधान नहीं किया गया है। लोग रिक्शा चालक, ठेला चालक या मजदूर के रूप में काम करने के लिए गांवों से शहरों की ओर पलायन करते हैं और प्रतिदिन 50 से 100 रुपये कमा पाते हैं, लेकिन मैंने ऐसे लोगों के लिए रहने की कोई उचित व्यवस्था कभी नहीं देखी। मजबूरन उन्हें फुटपाथ पर सोना पड़ रहा है। आजादी मिलने के बाद

से 50 साल से ज्यादा हो गए हैं। हमें निश्चित रूप से इस पर विचार करना होगा कि हमारे देश के प्रत्येक नागरिक के पास एक घर होना चाहिए। भाजपा के नेतृत्व वाली गठबंधन सरकार ने प्रावधान किया है कि 20 लाख परिवारों के लिए अतिरिक्त आवास बनाए जाएंगे। जिसमें से 13 लाख यूनिट गांवों में और 7 लाख शहरी क्षेत्रों में बनाए जाएंगे। इंदिरा आवास योजना के तहत मिलने वाली राशि को 1144 करोड़ रुपये से बढ़ाकर 1600 करोड़ रुपये करने का प्रावधान किया गया है। इसके अलावा शहरी भूमि सीमा अधिनियम को निरस्त कर दिया गया है और भू–माफियाओं के चंगुल से मुक्त कराने का आश्वासन दिया गया है जो सराहनीय कदम है। हम इस सभा से आशा करते हैं कि माननीय सदस्य के रूप में श्री लक्ष्मीनारायण पाण्डेय ने देश के सभी नागरिकों के लिए सुरक्षित आवास की व्यवस्था के लिए एक संकल्प प्रस्तुत किया है और इस सभा के माध्यम से इस देश के सभी नागरिकों को एक घर उपलब्ध कराया जाना चाहिए और उनकी बुनियादी जरूरतों को पूरा किया जाना चाहिए। मैं इस विधेयक को सदन में पेश करने के लिए उन्हें धन्यवाद देता हूँ। मुझे बोलने के लिए समय देने के लिए मैं आपको बहुत--बहुत धन्यवाद देता हूँ। जय हिंद।

–05 जून, 1998

ऐसे सार्वजनिक क्षेत्र के कुछ उपक्रम मेरे संसदीय क्षेत्र में भी पड़ते हैं। इससे पूर्व भी एक माननीय सदस्य ने कहा था कि गोरखपुर में फर्टिलाइजर कॉरपोरेशन ऑफ इंडिया का एक उपक्रम था। वह उपक्रम 1969 में लगाया गया था और 1990 में साधारण दुर्घटना के कारण वह बंद कर दिया गया। 1995 में इस कारखाने में कार्यरत जो अधिकारी और कर्मचारी थे उन्होंने भारत सरकार से मात्र 65 करोड़ रुपये की मांग की थी कि अगर 65 करोड़ रुपये भारत सरकार दे देगी तो यह कारखाना पुनः प्रारंभ हो जाएगा

अनुभवहीन अधिकारी नाकाम करते हैं सार्वजनिक क्षेत्र के उपक्रमों को

सभापति महोदय, आज यहां सार्वजनिक क्षेत्र के रूग्ण उपक्रम के सम्बन्ध में डॉक्टर असीम बाला ने जो संकल्प पेश किया है, उस पर चर्चा कर रहे हैं। निश्चित ही औद्योगिक क्रांति के क्षेत्र में सार्वजनिक और निजी क्षेत्र के जो उपक्रम रहे हैं उनकी भूमिका को नकारा नहीं जा सकता है। यहां जो संकल्प असीम बाला जी द्वारा प्रस्तुत किया गया है वह निश्चित रूप से विचारणीय है कि किन परिस्थितियों में सार्वजनिक क्षेत्र के उपक्रम बराबर घाटे में चल रहे हैं और एक स्थिति ऐसी आती है कि उनको रूग्ण घोषित कर दिया जाता है। जबकि उन्हीं के साथ के जो निजी क्षेत्र के उपक्रम हैं वे लाभांश दे रहे हैं। इतना बड़ा राजस्व का घाटा हमें दे रहा है, जिसमें कार्यरत लाखों कर्मचारी हैं, उससे जुड़े हुए लाखों व्यवसायी हैं तथा लाखों किसान और मजदूर उससे प्रभावित होते हैं, निश्चित रूप से कहीं न कहीं उनकी भावनाओं का हमें सम्मान करना चाहिए।

आज अगर हम सार्वजनिक क्षेत्र के उपक्रमों के बारे में देखें तो वहां जो कुप्रबंधन की स्तिथि है, वहां ऐसे अधिकारी भेज दिए जातें हैं जिनको उस क्षेत्र में कोई अनुभव नहीं होता है और ना ही वे कोई जानकारी हासिल करने की कोशिश करते हैं तथा ना ही अपनी जिम्मेदारी समझते हैं, क्योंकि उन्हें मालूम है कि अगर उपक्रम बंद होता है तो उन्हें कहीं अन्यत्र ट्रांसफर कर दिया जाएगा। उनका किसी भी प्रकार से कोई भावनात्मक लगाव उस उपक्रम से नहीं होता है।

इसके साथ ही भ्रष्टाचार होता है, चोरी होती है और जो आधुनिक तकनीक की मांग उस उपक्रम के लिए होनी चाहिए, वह समय पर न होना भी एक बहुत बड़ा कारण रहा है। आज जो ट्रेड यूनियंस है, उनकी यह मानसिकता बन गयी है, उनका केवल एक ही नारा होता है कि हमारी मांगे पूरी हो चाहे कोई भी मजबूरी हो। वास्तव में उनका कर्तव्य उस उपक्रम के प्रति, अपने समाज के प्रति जो होना चाहिए उसके बारे में शायद उन्होंने कभी सोचने की कोशिश नहीं की। ऐसे सार्वजनिक क्षेत्र के कुछ उपक्रम मेरे संसदीय क्षेत्र में भी पड़ते हैं। इससे पूर्व भी एक माननीय सदस्य ने कहा था कि गोरखपुर में फर्टिलाइजर कॉरपोरेशन ऑफ इंडिया का एक उपक्रम था। वह उपक्रम 1969 में लगाया गया था और 1990 में साधारण दुर्घटना के कारण वह बंद कर दिया गया। 1995 में इस कारखाने में कार्यरत जो अधिकारी और कर्मचारी थे उन्होंने भारत सरकार से मात्र 65 करोड़ रुपये की मांग की थी कि अगर 65 करोड़ रुपये भारत सरकार दे देगी तो यह कारखाना पुनः प्रारंभ हो जाएगा लेकिन भारत सरकार इतने रुपये उस उर्वरक संयंत्र को नहीं दे पाई। जिस उर्वरक संयंत्र ने पूर्वी उत्तर प्रदेश के 2.5 लाख टन उर्वरक की मांग को पूरा करना था, वह मांग आज तक पूरी नहीं हो पाई। प्रत्येक वर्ष उस क्षेत्र के किसानों की 2.5 लाख टन उर्वरक की मांग है और वहां मात्र 30,000 टन सप्लाई होता है।

वहां पर 65 करोड़ रुपया ना देकर उस समय जो सरकार थी उन्होंने मात्र 133 करोड़ रुपया यूरिया घोटाले के नाम पर इस देश का खर्च किया। इसी तरह से उत्तर प्रदेश की तमाम चीनी मिलें है जो भारत सरकार के मंत्रालयों के अधीन चल रही हैं। अगर भारत सरकार उन पर ध्यान दे तो उन्हें पुनः चालू किया जा सकता है और अगर उनका आधुनिकीकरण कर दिया जाए तो वे पुनः लाभ अर्जित कर सकती हैं। उनसे जुड़े हुए जो तमाम कर्मचारी हैं, किसान हैं उनकी भावनाओं से हमने अवगत होने की कोशिश नहीं की। इसीलिए सार्वजनिक क्षेत्र के उपक्रमों में निरंतर घाटा चल रहा है। इस पर

भी विचार करने की आवश्यकता है। बी.आई.एफ.आर. की जहां तक बात है, गोरखपुर में ही एक सरयाम शुगर मिल है जोकि एक निजी शुगर मिल है। इसमें तीन साल से काश्तकारों को एक पैसा भुगतान के रूप में नहीं दिया गया है। वहां के किसान बर्बादी के कगार पर है। मिल का मालिक मिल को बी.आई.एफ.आर. के पास ले गया और उसने उसे बीमार घोषित कर दिया, जिसके कारण वहां के किसान बर्बादी के कगार पर हैं। इसी तरह से गणेश शुगर मिल, आनंद नगर 7–8 साल से बंद चल रही है। अगर मंत्रालय उस ओर ध्यान देता तो उसे पुनः चालू किया जा सकता था। इसके चालू होने से जो किसान और कर्मचारी प्रभावित हो रहे हैं, उनकी स्तिथि में सुधार आता और मिल की आर्थिक स्तिथि में भी सुधार लाया जा सकता था। डॉक्टर असीम बाला जी ने सार्वजनिक क्षेत्र के रूग्ण उपक्रमों के विषय में जो यह संकल्प पेश किया है, इस पर विचार होना चाहिए और जो भी राष्ट्रीय हित में और उन उपक्रमों से जुड़े हुए कर्मचारियों, व्यापारियों और काश्तकारों के हित में हो, उस पर ठोस कार्यवाही होनी चाहिए।

–05 मार्च,1999

पिछले 15 वर्षों में 3–3 बार देश के सर्वोच्च न्यायालय ने केंद्र सरकार से अपेक्षा की थी कि देश के प्रत्येक नागरिक के लिए एक समान नागरिक संहिता लागू की जाए लेकिन इस मामले में अभी तक कोई भी इस प्रकार का प्रयास नहीं हो पाया जिसके बारे में कहा जाए कि ईमानदारी से प्रयास किया गया और संविधान की मूल भावनाओं का आदर किया गया।

समान नागरिक संहिता लागू हो

सभापति महोदय, मैं प्रस्ताव करता हूँ कि–'भारत के संविधान में और संशोधन करने वाले विधेयक पर विचार किया जाए'।

सभापति महोदय, आज जिस विषय पर संविधान संशोधन करने के लिए मैंने निजी विधेयक प्रस्तुत किया है वह बहुत ही महत्वपूर्ण विषय है। यह देश की एकता, एकात्मकता और अखंडता से जुड़ा हुआ एक ऐसा विषय है जो पिछले 50 वर्षों से इस देश की प्रत्येक सरकार से संविधान में संशोधन कर के देश के प्रत्येक नागरिक के लिए एक समान नागरिक संहिता बनाने की अपेक्षा करता है। इसके बहुत सारे कारण है।

महोदय, देश के सभी नागरिक इस बात को जानते हैं कि इस देश का बंटवारा किस आधार पर हुआ। अगर हम अपने देश के पुराने इतिहास को देखें तो विदित होगा कि किसी भी सभ्य समाज में यह आवश्यक है कि यदि देश की व्यवस्था को अनंत समय तक बनाए रखना है, तो हमें इतिहास से कुछ सबक सीखना चाहिए। लेकिन यह दुर्भाग्य हम सबके साथ इस प्रकार से जुड़ा हुआ है कि हम लोगों ने इतिहास को अनदेखा किया है। हर व्यक्ति इस बात को जानता है कि किस आधार पर देश का बंटवारा हुआ और उस बंटवारे को स्वीकार करने के बाद जो भारत बचा हुआ है उसमें देश के संविधान की उन मूल भावनाओं का आदर आज तक किसी सरकार ने नहीं किया जब कि देश के संविधान की धारा 44 बार–बार इस बात का आह्वान करती है कि भारत देश के विभिन्न राज्यों के लिए समान नागरिक संहिता प्राप्त करने का प्रयास करेगा।

महोदय, किसी भी देश के लिए आवश्यक है कि जिस प्रकार उसका एक झंडा होना चाहिए, उसी प्रकार देश की एकता और अखंडता को बनाए रखने, विभिन्न समुदायों में परस्पर सौहार्द का माहौल बनाने के लिए यह आवश्यक है कि प्रत्येक नागरिक के लिए एक समान नागरिक संहिता बनाई जाए और इसी अपेक्षा के साथ मैंने संविधान में संशोधन करने का अपना प्रस्ताव प्रस्तुत किया है। इसके बहुत से कारण है। पहला कारण यह है कि यदि देश के बंटवारे के आधार को देखा जाए, तो क्या यह सत्य नहीं है कि द्विराष्ट्रवाद को बनाए रखने का प्रयास हो रहा है, देश में 1947 से पहले जैसा किया गया, और हर व्यक्ति जानता है कि देश के बंटवारे के बाद भी, उस अंग को काटकर अलग करने के बाद भी, वहां चाहे कोई भी व्यवस्था रही हो, लेकिन भारत ने कभी उसको मान्यता नहीं दी। द्विराष्ट्रवाद और त्रिराष्ट्रवाद को मान्यता नहीं दी। जनहित में यह आवश्यक क्यों नहीं है कि हम देश के प्रत्येक नागरिक के लिए समान नागरिक संहिता बनाकर देश की एकता और अखंडता को मजबूती प्रदान करें।

महोदय, हमारे देश की बढ़ती हुई जनसंख्या हमें किधर ले जा रही है – आज प्रत्येक का इससे चिंतित होना स्वाभाविक है। हमारे देश में लोकतंत्रीय व्यवस्था है और लोकतंत्र में जनसंख्या का महत्व है। देश के विभिन्न समुदायों में शादी–विवाह के अलग–अलग कानून होंगे, तो क्या यह ठीक लगता है कि किसी समुदाय के लोग एक शादी करें और दूसरे समुदाय के लोगों को 4–4 शादी करने की छूट दी जाए और इस प्रकार से जनसंख्या असंतुलन पैदा किया जाए। यदि ऐसा होगा तो यह देश को कहां ले जाएगा, इस तरफ ध्यान देने की जरूरत है।

महोदय, हर व्यक्ति जानता है कि देश की जनसंख्या 2.1 प्रतिशत के अनुपात से प्रतिवर्ष बढ़ रही है। प्रतिवर्ष देश में 2 करोड़ 10 लाख से ज्यादा मेहमान आ जाते हैं। हमारा देश प्रतिवर्ष एक नया ऑस्ट्रेलिया पैदा कर रहा है। अगर समान नागरिक संहिता लागू कर दी जाए, तो कहीं न कहीं, किसी ना किसी रूप में उसका असर देश

की बढ़ती हुई जनसंख्या पर रोक लगाने हेतु हो सकता है। इसके अलावा पिछले दो दशकों से एक महत्वपूर्ण मुद्दा देश के जनमानस को उद्वेलित किए हुए है। वह मुद्दा राम जन्मभूमि का था। राम जन्मभूमि के मुद्दे को लेकर देश के बहुसंख्यक समाज ने अपनी भावनाओं का सम्मान करने की अपेक्षा केंद्र सरकार और प्रदेश सरकारों से की थी लेकिन उस मुद्दे को आपस में बातचीत करके सुलझाने की बात चलती रही। उस समय तमाम लोगों ने यह बात कही कि इस पर न्यायालय जो भी फैसला करेगा, उसे हम मानेंगे लेकिन ऐसा कुछ नहीं हो पाया। इसमें कौन सी गारंटी है कि जो लोग एक तरफ राम जन्मभूमि के मामले में न्यायालय की दुहाई देते हैं, वही लोग दूसरी तरफ शाहबानो के प्रकरण में न्यायालय के फैसले को उलट देते हैं। सुप्रीम कोर्ट ने एक बार नहीं, 3–3 बार देश के व्यापक हित में, देश की एकता, एकात्मकता और अखंडता के हित में, देश में एक समान नागरिक संहिता की अपेक्षा केंद्र सरकार से की लेकिन आज तक किसी भी सरकार ने इस सम्बन्ध में कोई भी पहल नहीं की।

मेरा कहना है कि ये स्थितियां हमें कहां ले जाने का प्रयास कर रही हैं, आज निश्चित ही यह प्रश्न हम सबके सामने है। देश के व्यापक हित में इस पर विचार किया जाना चाहिए क्योंकि जिस समान नागरिक संहिता की अपेक्षा माननीय न्यायालय ने की है, उसमें तमाम पक्ष सामने आए हैं। पिछले 15 वर्षों में 3–3 बार देश के सर्वोच्च न्यायालय ने केंद्र सरकार से अपेक्षा की थी कि देश के प्रत्येक नागरिक के लिए एक समान नागरिक संहिता लागू की जाए लेकिन इस मामले में अभी तक कोई भी इस प्रकार का प्रयास नहीं हो पाया जिसके बारे में कहा जाए कि ईमानदारी से प्रयास किया गया और संविधान की मूल भावनाओं का आदर किया गया।

मैं कहना चाहता हूँ कि सबसे पहले 1985 में शाहबानो का मामला सामने आया था। तत्कालीन सरकार ने सर्वोच्च न्यायालय के उस आदेश को कुछ कट्टरपंथियों के दबाव में आकर बदल दिया। उस समय एक कानून बनाकर, मुस्लिम महिला सुरक्षा कानून बनाकर उस

महत्वपूर्ण मुद्दे की अनदेखी करने का प्रयास किया था। उसी वर्ष एक और मामला आया था। उसमें जाडर्न डेन डेक बनाम एस.एस. चोपड़ा के मुकदमे में यही बात सामने आई थी। उसके बाद 1995 में सुप्रीम कोर्ट का वह मामला भी सामने आया जिसमें सुप्रीम कोर्ट द्वारा कुछ याचिकाओं पर सुनवाई के बाद, जिन्हें एक स्वयंसेवी संस्था कल्याणी की ओर से अपील दायर की गई थी, कुछ महत्वपूर्ण तथ्य लाए गए थे, जो विभिन्न प्रकार के थे। एक था कि यह किसी समाज या देश के हित में होगा कि एक वर्ग को कानून बनाकर एक से अधिक शादी करने पर रोक लगा दी गयी और दूसरे वर्ग विशेष को 4–4 शादियां करने की छूट देकर समाज में अन्य लोगों को भी धर्म परिवर्तन करने पर मजबूर किया। इस प्रकार का प्रकरण 1995 में सामने आया था। माननीय सुप्रीम कोर्ट ने उस समय यह फैसला दिया था और उस समय की सरकार से अपेक्षा की थी कि वह देश के हित में एक समान नागरिक संहिता बनाये।

आज हम उसी महत्वपूर्ण मुद्दे को लेकर इस माननीय सदन में आए हैं। निश्चित ही हर व्यक्ति जानता है कि विवाह एक सभ्य समाज का आधार है। समाज ही नहीं, समाज से छोटी इकाई परिवार का भी आधार है, उसकी नींव है, सभ्य विवाह की परंपरा है, सभ्य समाज की नींव है, उसमें किसी प्रकार की कोई आपस में विषमता न हो। समाज में सौहार्द का माहौल हो। विभिन्न संप्रदायों में आपस में सौहार्द का माहौल पैदा हो, इसके लिए आवश्यक है कि सभ्य देश के जितने संप्रदाय हैं, उन सभी संप्रदायों में देश की व्यवस्था को चलाने के लिए एक समान नागरिक संहिता बनाई जाए। इसी अपेक्षा के साथ आज हम यहां आए हैं कि संविधान की उस मूल भावना को जो संविधान की धारा 44 में है और जिसके बारे में सुप्रीम कोर्ट को यहां तक कहना पड़ा कि सरकार की बार–बार की उपेक्षा के कारण यह धारा लगभग मृतप्राय हो गई है।

ऐसी स्थिति क्यों हो गई है जबकि समान नागरिक संहिता देश की राष्ट्रीय एकता और अखंडता के लिए मददगार हो सकती थी। आज

आवश्यक है कि हम संविधान की संपूर्ण बदली हुई भावना को समझने का प्रयास करें जिसके तहत इस प्रकार की भावनाएं हैं। कहने का आवश्यकता नहीं कि केवल भारत में ही इस प्रकार की व्यवस्था की बात नहीं की जा रही है बल्कि विश्व के तमाम देशों में ऐसी स्थितियां आई हैं। मैं कहना चाहता हूँ कि इस बारे में अगर आप देखें तो आज विश्व के तमाम ऐसे देश हैं जहां देश की एकता और अखंडता के लिए, उस देश की संप्रभुता को बनाए रखने के लिए इस प्रकार की व्यवस्था दी गई है जिससे वह देश एकता और अखंडता के मजबूत सूत्र में बंध सके। आज तमाम ऐसे इस्लामिक देश भी हैं, चाहे इराक, सीरिया, मोरक्को, ट्यूनीशिया, टर्की, सऊदी अरब, यमन या पाकिस्तान हों, जहां पर्सनल लॉ में बदलाव करके बहु–विवाह का खंडन किया गया है, उस पर सख्त पाबंदियां लगाई गई हैं और कानूनी रूप से रोक लगाई गई है, फिर भारत में अगर सर्वोच्च न्यायालय सरकार से इस प्रकार की अपेक्षा करता है तो उसके लिए अनावश्यक बवंडर क्यों खड़ा कर दिया जाता है। देश की एकता और अखंडता से महत्वपूण र्ा कुछ भी नहीं हो सकता है। देश के व्यापक हित में इस प्रकार की स्थिति से हिंदू, बौद्ध, सिख, जैन और पारसियों ने अपनी व्यक्तिगत भावनाओं को तिलांजलि दी है, उसका परित्याग किया है, फिर अन्य संप्रदायों से इस बात की अपेक्षा क्यों नहीं की जा सकती। देश का संविधान इस बात की अपेक्षा करता है क्योंकि देश की एकता और अखंडता उसमें रची–बसी है। आज देश ने उन तमाम बुराइयों पर रोक लगाई है चाहे सती प्रथा हो, चाहे बाल विवाह हो, चाहे मानव बलि हो, चाहे तमाम वे कुप्रथाएं हों जो समाज के लिए एक कलंक थीं। मैं समझता हूँ कि थोड़े–बहुत विरोध के बाद समाज ने उसे स्वीकार किया है। समाज ने विधवा विवाह की मान्यता को स्वीकार किया है तो आज हम ऐसी स्थितियां क्यों नहीं पैदा करें जिससे देश की एकता को मजबूती प्रदान किया जा सके।

हर व्यक्ति जानता है कि द्वि–पति या द्वि–पत्नी विवाह को इसाईयों के 1872 के 15–वें अधिनियम द्वारा, पारसियों के 1936 के

तीसरे अधिनियम द्वारा और हिंदुओं के 1955 के 25–वें अधिनियम द्वारा अपराध बनाया जा चुका है, फिर यह स्थिति पूरे देश के लिए क्यों नहीं लागू हो सकती। यह दोहरी व्यवस्था कब तक चल सकती है। एक तरफ जब देश की एकता और अखंडता की बात आती है, देश के प्रत्येक नागरिक के लिए समान नागरिक संहिता बनाने की बात आती है, उस समय कुछ कट्टरपंथी, कुछ मुस्लिम संगठन खड़े हो जाते हैं और कहते हैं कि इससे इस्लाम खतरे में पड़ जाएगा, वे उस समय शरीयत की दुहाई देते हैं। अगर कोई मुस्लिम व्यक्ति चोरी करते हुए पकड़ा जाता है तो क्या उस पर शरीयत का कानून लागू होगा, अगर कोई मुस्लिम व्यक्ति बलात्कार करते हुए पकड़ा जाता है तो क्या उस पर शरीयत का कानून लागू होगा? इसी शरीयत के कानून के तहत अगर कोई व्यक्ति चोरी करते हुए पकड़ा जाता है तो उसके हाथ–पैर काट दिए जाएं, अगर शरीयत कानून के तहत कोई व्यक्ति बलात्कार करते हुए पकड़ा जाता है तो चौराहे पर ले जाकर पत्थरों से मारकर उसकी हत्या कर दी जाए। अगर उस दिशा में उस पर समान नागरिक संहिता की अन्य धाराएं लागू होती हैं तो समान नागरिक संहिता के मामले में भी पूरे देश के लिए जो कानून लागू है, देश के उन संप्रदायों में, जो अपने पर्सनल लॉ की बात इसमें करते हैं, उन पर यह कानून क्यों न लागू हो, आज इस बात पर विचार करना आवश्यक हो गया है। इसलिए मैं सदन में बैठे हुए सब माननीय सदस्यों से अनुरोध करना चाहता हूँ कि निश्चित ही आज इतने वर्षों के बाद भी हम संविधान की उन मूल भावनाओं का सम्मान नहीं कर पाए। हम हर व्यक्ति को केवल वोट बैंक तक सीमित रख रहे हैं। क्या हमारे लिए वोट बैंक की राजनीति देश की एकता और अखंडता से ज्यादा महत्वपूर्ण हो गई है। क्या हमारे व्यक्तिगत स्वार्थ इतने प्रबल हो गए हैं कि हमें समाज के व्यापक हित, देश के व्यापक हित नजर नहीं आ रहे हैं। इन सब बातों को ध्यान में रखते हुए मैं आपसे अनुरोध करना चाहता हूँ कि सब बातों पर विचार हो और इस पर निश्चित ही चर्चा हो।

आज आवश्यकता देश की एकता और अखंडता की है, इसे ध्यान में रखकर देश के विभिन्न संप्रदायों में आपस में सौहार्द का माहौल बनाए रखने के लिए हम संविधान की उस मूल भावना का सम्मान करें, जिसके तहत संविधान ने यह अपेक्षा की है कि राज्य प्रत्येक नागरिक के लिए एक समान नागरिक संहिता बनाए। संविधान की धारा 14 भी यही कहती है और कानून की दृष्टि से देश के किसी भी नागरिक के साथ किसी प्रकार के भेदभाव की बात नहीं उठती। कानून की दृष्टि से किसी प्रकार का कोई भेदभाव किसी के साथ ना हो, संविधान की धारा 14 का सम्मान भी हो, यह आवश्यक है कि हम संविधान की धारा 14 को पूरे देश के परिप्रेक्ष्य में एक समान नागरिक संहिता बनाकर संविधान की मूल भावना का सम्मान करते हुए देश की एकता और अखंडता की रक्षा करें। देश में जो सौहार्द का माहौल बनना चाहिए, उस माहौल को बनाने में हम लोग सहयोगी बनें।

मैं सदन से और माननीय सदस्यों से यह अपेक्षा करुंगा और अनुरोध भी करुंगा कि इस पर सम्यक रूप से विचार किया जाए। हमारे व्यक्तिगत स्वार्थों से महत्वपूर्ण किसी एक संप्रदाय के व्यक्तिगत हितों से महत्वपूर्ण देश और समाज का हित है। अगर यह देश रहेगा, देश की एकता और अखंडता सुरक्षित रहेगी तो निश्चित ही हम अपने स्वार्थों की बात उसके अंदर कर सकते हैं। लेकिन जब देश और समाज के ऊपर ही संकट के बादल गहराते जा रहे हैं, देखे जा रहे हैं तो उस स्थिति में आवश्यक है कि हम लोग देश की एकता और अखंडता के लिए जो विभिन्न संप्रदायों के अपने पर्सनल लॉ हैं, उनको बदल कर आज की व्यवस्था के अनुसार, देश की आवश्यकता के अनुसार, समाज की आवश्यकता के अनुसार, उसमें तब्दीली करें। उस व्यवस्था को बदलें और उसके अनुसार हम देश के संपूर्ण नागरिकों के लिए एक समान नागरिक संहिता देश के व्यापक हित में, समाज के व्यापक हित में बनाएं। मुझे पूरा विश्वास है, क्योंकि इसमें दोनों चीजें हैं, एक महिला के प्रति, जिसको मातृ शक्ति के रूप में हमारे यहां पूजा गया है, उसको सम्मान दिया गया है। हमारे यहां मातृ शक्ति

को इतना सम्मान दिया गया है कि ज्ञान की अधिठात्री देवी के रूप में देखें तो मां सरस्वती की हम पूजा करते हैं। अगर हम शक्ति की अधिठात्री के रूप में किसी की पूजा करते हैं तो मां दुर्गा की पूजा करते हैं और अगर हम धन और ऐश्वर्य की देवी की रूप में किसी की पूजा करते हैं तो मां लक्ष्मी की पूजा करते हैं—यानी हर दृष्टि से मातृ शक्ति की पूजा हमने की है। देश के लिए भी जब आवश्यकता पड़ी तो भारत देश का भी जब एक स्वरूप देना पड़ा तो भारत माता के स्वरूप में हमने उसकी पूजा की है। उस मातृ शक्ति को यदि एक संप्रदाय विशेष के अंदर, जब मर्जी आए उपभोग करके, मात्र उपभोग की वस्तु समझकर तलाक–तलाक–तलाक कह कर छोड़ दिया और उसके बाद वह दर–दर की ठोकरें खाए इस प्रकार की स्थिति किसी भी सभ्य समाज के लिए शोभा नहीं देती। सभ्य समाज के लिए यह आवश्यक है कि हम इस प्रकार की स्थितियों को बदलें। हमने हमेशा हिन्दू परंपरा में मातृ शक्ति को बड़ा सम्मान दिया है। हमारे यहां 16 संस्कारों में से एक संस्कार विवाह को माना गया है। उस विवाह को समाज की नींव और परिवार की नींव माना गया है। वह नींव समाज के लिए, राष्ट्र के लिए मजबूती प्रदान कर सके, इसके लिए यह आवश्यक है कि प्रत्येक संप्रदाय में आपस में सौहार्द का माहौल पैदा हो। आपस में सौहार्द का माहौल राष्ट्रीय एकता और अखंडता को मजबूती प्रदान कर सके, इसके लिए यह आवश्यक है कि देश के व्यापक हित में हम इस पर चिंतन करें, मनन करें और संविधान में आवश्यक संशोधन करके देश के प्रत्येक नागरिक के लिए एक समान नागरिक संहिता यहां पर लागू करें।

इसके लिए मैं अपना यह निजी विधेयक प्रस्तुत करता हूँ, इस अपेक्षा के साथ कि इससे निश्चित ही एक समान नागरिक संहिता के माध्यम से हम समाज को मजबूत नींव प्रदान कर सकेंगे। मैं प्रत्येक सदस्य से अपेक्षा करुंगा कि वे इस सम्बन्ध में रचनात्मक सहयोग दें। वर्तमान में जो कानून समाज के सौहार्द को बिगाड़ने का काम कर रहे हैं, मातृशक्ति को कमजोर और असहाय करने का काम कर

रहे हैं उसके लिए न्याय और मानवीय तथा पारिवारिक मूल्यों को मजबूती प्रदान करने के लिए एक समान नागरिक कानून देश के प्रत्येक नागरिक को दें। मैं यह अपेक्षा प्रत्येक माननीय सदस्य से करुंगा कि वे इस विधेयक पर अपने विचार व्यक्त करें और अपना मत देकर संविधान में इस महत्वपूर्ण संशोधन वाले विधेयक को पारित करने में सहयोग दें।

इन्हीं शब्दों के साथ मैं अपने विचारों को यहीं समाप्त करता हूँ।

—19 जुलाई, 2002

मैं माननीय मंत्री जी से कहूँगा कि राष्ट्रीय गान के साथ–साथ इसमें राष्ट्रीय गीत को भी शामिल किया जाए क्योंकि राष्ट्रीय गीत भी इस देश की, भारत माता की परंपरा को आगे ले चलने का गीत है। वह गीत है वंदे मातरम। जिस वंदे मातरम को गाते–गाते अनगिनत देशभक्त फांसी के फंदे पर हंसते–हंसते झूल जाते थे, उस राष्ट्रीय गीत का भी अपमान क्षेत्रों में होता है। अभी 2 वर्ष पहले आजमगढ़ में सांप्रदायिक सौहार्द इसलिए बिगड़ा था क्योंकि वहां पर अखिल भारतीय विद्यार्थी परिषद अपने कार्यक्रम की शुरुआत वंदे मातरम से करना चाहती थी, लेकिन एक वर्ग उसको पसंद नहीं करता था। आज संसद का सत्र समाप्त होता है तो समापन के समय वंदे मातरम गाया जाता है।

स्वतंत्रता के दशकों बाद भी राष्ट्रीय प्रतीकों का अपमान दुखदायक

सभापति महोदय, माननीय मंत्री जी द्वारा राष्ट्र गौरव अपमान निवारण संशोधन विधेयक 2003 सदन में प्रस्तुत किया गया है, मैं उसका स्वागत करते हुए पूर्ण समर्थन करता हूँ। निश्चित ही या आज हम सबके सोचने के लिए कुछ प्रश्न हमारे सामने प्रस्तुत करता है कि आजादी के इतने वर्षों के बाद भी ऐसी कौन सी परिस्थितियां बनी है कि राष्ट्रीय ध्वज, राष्ट्रगीत, राष्ट्रगान और राष्ट्रीय गौरव के प्रतीक महापुरुषों का जो अपमान होता है उसके लिए भी हमें विधेयक लाना पड़ रहा है। यह एक स्वागत योग्य कदम है। जिस प्रकार की परिस्थितियां पैदा हुई हैं, कुछ इस प्रकार के तत्व देश के अंदर सक्रिय हुए हैं जिन्होंने समय–समय पर राष्ट्रीय ध्वज, राष्ट्रगीत, राष्ट्रगान का अपमान करने की परंपरा प्रारंभ की है। जिस राष्ट्रीय गीत और राष्ट्रीय ध्वज के सम्मान के लिए, उस की आन बान और शान की रक्षा के लिए अनगिनत चीज झुक पड़ते थे, अनगिनत शीश फांसी के फंदे पर झूलने के लिए तैयार हो जाते थे, आज उस राष्ट्रीय ध्वज, राष्ट्रगीत और राष्ट्रगान के प्रति जिस प्रकार के प्रश्न चिन्ह लगाने की परंपरा कुछ क्षेत्रों में कुछ लोगों के द्वारा पैदा की गई है यह एक शुभ लक्षण नहीं है और किसी भी संप्रभुता संपन्न राष्ट्र के लिए यह सोचना आवश्यक है कि उसकी पहचान उसके राष्ट्रीय ध्वज से होती है, उसके राष्ट्रगीत से होती है, उसके राष्ट्रगान से होती है और उसके राष्ट्रीय गौरव के प्रतीक उन महापुरुषों से होती है जिन्होंने देश की

आजादी के लिए उसके निर्माण में अपना सर्वस्व न्योछावर कर दिया था। आज हम सबके सामने यह प्रश्न है कि राष्ट्रीय परिचय के सामने किसी व्यक्ति का, किसी महापुरुष का, किसी पंथ का परिचय महत्वपूर्ण नहीं हो सकता, राष्ट्रीय परिचय महत्वपूर्ण है। उस राष्ट्र की एकता और अखंडता महत्वपूर्ण है। राष्ट्र की संप्रभुता उसकी एकता और अखंडता का प्रतीक देश का राष्ट्रीय ध्वज हो सकता है, उस देश का राष्ट्रीय गीत और राष्ट्रगान हो सकता है और उसके वे महापुरुष हो सकते हैं जिन्होंने उस देश की एकता और अखंडता, स्वतंत्रता और उसकी संप्रभुता की रक्षा के लिए अपना वर्चस्व न्योछावर किया है।

सभापति महोदय, कुछ सालों में ऐसी परिस्थितियां पैदा हुई हैं जो देश में इस प्रकार की स्थितियां पैदा कर रही हैं। मुझे इस सम्बन्ध में कविवर महावीर प्रसाद द्विवेदी जी की पंक्तियां याद आती हैं, जिनमें उन्होंने कहा था –

जिसको न निज गौरव तथा निज देश का अभिमान है,
वह नर नहीं नरपशु निरा है और मृतक समान है।

मैं कहना चाहता हूँ कि इस विधेयक के माध्यम से माननीय मंत्री जी ने जो बातें यहां पर रखी हैं, राष्ट्रीय गौरव के सम्बन्ध में दो बातें उसमें हैं – एक राष्ट्रीय ध्वज के बारे में है और दूसरा राष्ट्रीय गान के बारे में लिखा है। मैं माननीय मंत्री जी से कहूँगा कि राष्ट्रीय गान के साथ–साथ इसमें राष्ट्रीय गीत को भी शामिल किया जाए क्योंकि राष्ट्रीय गीत भी इस देश की, भारत माता की परंपरा को आगे ले चलने का गीत है। वह गीत है वंदे मातरम। जिस वंदे मातरम को गाते–गाते अनगिनत देशभक्त फांसी के फंदे पर हंसते–हंसते झूल जाते थे, उस राष्ट्रीय गीत का भी अपमान क्षेत्रों में होता है। अभी 2 वर्ष पहले आजमगढ़ में सांप्रदायिक सौहार्द इसलिए बिगड़ा था क्योंकि वहां पर अखिल भारतीय विद्यार्थी परिषद अपने कार्यक्रम की शुरुआत वंदे मातरम से करना चाहती थी, लेकिन एक वर्ग उसको पसंद नहीं करता था। आज संसद का सत्र समाप्त होता है तो समापन के समय वंदे मातरम गाया जाता है। लेकिन भारत के अंदर कुछ संस्थाएं

आज भी इस बात का प्रयास करती हैं कि वंदे मातरम का विरोध हो और वंदे मातरम का विरोध करके इस देश के सांप्रदायिक सौहार्द को बिगाड़ने का जहां प्रयास होता है, वहीं साथ ही साथ देश की संप्रभुता के साथ, उस की एकता और अखंडता के ऊपर प्रश्नचिन्ह लगाने का भी प्रयास होता है।

दूसरा अनुरोध मैं यह भी करूंगा कि जिस प्रकार से विधेयक राष्ट्रीय ध्वज और राष्ट्रीय गान के अपमान के प्रति आया है, यह राष्ट्रीय गौरव के प्रतीक हैं, इसमें कोई संदेह नहीं है, राष्ट्रीय गौरव के प्रतीक हमारे वे महापुरुष भी हैं, हमारे देश का संविधान भी है, इस देश ग्रंथ भी हैं जिनसे हमें प्रेरणा मिलती है, जिनको हम अपना आदर्श मानते हैं। जिनके माध्यम से हमें उन मार्गों पर चलने की प्रेरण ा मिलती है, जिनके व्यक्तित्व और कृतित्व के माध्यम से हमें आगे बढ़ने की प्रेरणा मिलती है, वे भी हमारे गौरव के प्रतीक हैं। उनका अपमान अगर किसी भी स्थिति में या किसी भी स्तर पर होता है तो निश्चित ही वह एक दंडनीय अपराध घोषित किया जाना चाहिए और बार–बार देश की आजादी के लिए जिन्होंने अपना सर्वस्व न्योछावर कर दिया था, ऐसे महापुरुषों का अपमान बार–बार कुछ लोगों के द्वारा इस देश के बहुसंख्यक समाज को अपमानित करने के लिए बार–बार किया जाता है, इस पर भी प्रतिबंध लगना चाहिए। इसको संज्ञेय अपराध के रूप में लिया जाना चाहिए जिससे उन विघटनकारी तत्वों पर अंकुश लगाया जा सके।

इसके साथ ही माननीय मंत्री जी ने जो बातें इस विधेयक को लाने के सम्बन्ध में यहां रखी हैं, निश्चित ही उनका पूरी तरह से सम्मान करते हुए और समर्थन करते हुए मैं माननीय मंत्री जी से अनुरोध करना चाहता हूँ कि अभी हाल ही में कुछ चीजें पैदा हुई हैं। उड़ीसा में अभी दंगा हुआ था। वहां कर्फ्यू की स्थिति पैदा हो गई थी। वहां तिरंगे में अशोक चक्र की जगह चांद–तारा बना दिया गया था। यह सीधे–सीधे अपने राष्ट्रीय ध्वज का अपमान है। इस प्रकार की स्थिति केवल उड़ीसा के अंदर ही पैदा नहीं हुई अपितु गोरखपुर

और आस–पास के क्षेत्रों में भी इस प्रकार की स्थिति पैदा करने का प्रयास हुआ था। वहां विदेशी झंडे लगाए गए और विदेशी झंडों को सार्वजनिक भावना और सार्वजनिक स्थलों पर लगाकर वहां बहुसंख्यक समाज की भावनाओं के साथ खिलवाड़ करने का प्रयास हुआ, राष्ट्रीय ध्वज का अपमान करने का प्रयास हुआ और यही नहीं, इसके पीछे कुछ वरिष्ठ पुलिस अधिकारियों का समर्थन भी उस कार्यक्रम में मिला। हम लोगों को विरोध करना पड़ा था। लेकिन इस प्रकार की स्थिति पैदा ही क्यों होती है? जो अधिकारी संविधान की शपथ लेकर उस कुर्सी पर बैठता है, वह व्यक्ति ही संविधान की सरासर अवहेलना कर रहा हो, राष्ट्रीय ध्वज का इस प्रकार से अपमान कर रहा हो तो निश्चित रूप से इस प्रकार के लोगों को चिन्हित करके उन पर कार्रवाई होनी चाहिए। माननीय मंत्री जी ने जो विधेयक यहां प्रस्तुत किया है, मैं उसका एक बार पुनः स्वागत करते हुए अनुरोध करूंगा कि राष्ट्रीय ध्वज और राष्ट्रीय गान के साथ राष्ट्रीय गीत वंदे मातरम को भी, तथा अपने गौरव के प्रतीक उन महापुरुषों को भी जिन्होंने देश की आजादी के लिए सर्वस्व न्योछावर किया था और हमारे देश की महानतम सांस्कृतिक परंपरा के जो आदर्श रहे हैं, जो ध्वजवाहक रहे हैं, उन महापुरुषों का भी अपमान भी, संविधान का अपमान भी या जिससे भी हम प्रेरणा लेते हैं, उनके अपमान को भी संज्ञेय अपराध के रूप में शामिल करके इस विधेयक में शामिल किया जाए जिससे किसी को भी देश की संप्रभुता के साथ खिलवाड़ करने की, देश की एकता और अखंडता के साथ खिलवाड़ करने की छूट न दी जाए।

–08 अप्रैल, 2003

भारत में अगर वर्तमान सरकार कुछ कर रही है और जिस आर्थिक विकास की दर पर देश को ले जाने का प्रयास कर रही है तो मैं समझता हूँ कि पहली बार विदेशी मुद्रा का जो भंडार इस देश में वर्तमान में आया है, अभी आपने पढ़ा है कि 100 अरब डॉलर को पार कर दिया है, मैं कहूँगा की रोजगार की तमाम संभावनाएं इस देश में हैं। माननीय प्रधान मंत्री जी ने और इस सरकार ने विभिन्न योजनओं के माध्यम से रोजगार की सुविधाएं लोगों को उपलब्ध कराई हैं।

बेरोजगारी, बदली जनसंख्या का परिणाम

सभापति महोदय, रोजगार की तलाश में भटकते–भटकते एक सीमा ऐसी आती है, जब वे राष्ट्र की मुख्य धारा से भटककर उन अराजक तत्वों और राष्ट्र विरो गतिविधियों में लिप्त संगठनों के हाथों के खिलौने बन जाते हैं और आज हमारे सामने, इस देश के सामने जो सबसे बड़ी चुनौती है, वह यही है कि इस देश में भटके हुए जो बेरोजगार नौजवान हैं, उन्हें हम समाज और राष्ट्र की मुख्य धारा में जोड़कर कैसे उनकी रचनात्मक शक्ति का उपयोग राष्ट्र की रचनात्मक भूमिका में कर सकें।

निश्चित ही जो महत्वपूर्ण तथ्य है, हमें उससे इंकार नहीं करना चाहिए कि रोजगार और बढ़ती हुई जनसंख्या एक दूसरे के पूरक है। आजादी के बाद से लगातार घोषणाएं तो हुई हैं, लेकिन कभी भी इस देश में बढ़ती हुई जनसंख्या पर नियंत्रण करने पर कोई प्रभावी अंकुश नहीं लगाया गया। आप जानते हैं की इस देश में आबादी 2.1 प्रतिशत की दर से प्रतिवर्ष बढ़ रही है, यानी प्रतिवर्ष इस देश में 2.15 करोड़ से लेकर 2.25 करोड़ की दर से जनसंख्या बढ़ती है। जब जनसंख्या बढ़ेगी तो निश्चित ही रोजगार के अवसर कम होंगे और आज जब देश सबसे बड़ी चुनौती का सामना कर रहा है, हम बार–बार चीन से अपने देश की तुलना करते हैं, आज चीन ने अपनी जनसंख्या को नियंत्रण किया है और वहां पर उसने उस पर प्रभावी अंकुश लगाया है और प्रभावी अंकुश लगाने के साथ–साथ जब उसने अपने राष्ट्र की योजनाओं के अनुरूप, वहां की परिस्थित के अनुरूप

नीति बनाई हैं तो आज उनके आधार पर काफी हद तक वह ना केवल रोजगार उपलब्ध कराने में सफल हुआ है, अपितु जनसंख्या का जो एक विस्फोट है, उस पर प्रभावी अंकुश में भी उसे सफलता प्राप्त हुई है। आज इसी का परिणाम है जब हम कहते हैं कि आने वाले 50 वर्षों में भारत की आबादी वर्तमान आबादी की चार गुनी होगी, वहीं पर एक प्रश्न भी हमारे सामने आता है कि आने वाले 50 वर्षों में चीन की आबादी वर्तमान आबादी की 50 प्रतिशत होगी। यानी वर्तमान आबादी से भी 50 प्रतिशत कम हो जाएगी और मैं समझता हूँ कि किसी भी राष्ट्र को अगर विकास के पथ पर आगे बढ़ना है तो उसको सबसे पहला कार्य अपनी बढ़ती हुई आबादी पर अंकुश लगाने का करना होगा। भारत में अगर वर्तमान सरकार कुछ कर रही है और जिस आर्थिक विकास की दर पर देश को ले जाने का प्रयास कर रही है तो मैं समझता हूँ कि पहली बार विदेशी मुद्रा का जो भंडार इस देश में वर्तमान में आया है, अभी आपने पढ़ा है कि 100 अरब डॉलर को पार कर दिया है, मैं कहूँगा की रोजगार की तमाम संभावनाएं इस देश में हैं। माननीय प्रधान मंत्री जी ने और इस सरकार ने विभिन्न योजनओं के माध्यम से रोजगार की सुविधाएं लोगों को उपलब्ध कराई हैं। पिछली बार भी जब माननीय प्रधान मंत्री जी ने एक करोड़ लोगों को रोजगार देने की बात कही थी और उसमें प्रतिवर्ष जिन विभिन्न क्षेत्रों में रोजगार दिया गया था, पिछले 3 वर्षों में 84 लाख, 79 लाख और 73 लाख रोजगार प्रतिवर्ष के हिसाब से दिए गए थे और केवल नौकरी देने की बात नहीं थी, संगठित और असंगठित क्षेत्रों में जो रोजगार के अवसर सरकार द्वारा उपलब्ध कराए गए थे, उनसे संबंधित बात थी और मैं समझता हूँ।

अध्यक्ष महोदय, मैं आपके माध्यम से उत्तर प्रदेश और बिहार के अंदर भारत–नेपाल सीमा क्षेत्रों में चल रही राष्ट्रविरोधी माओवादी गतिविधियों की ओर सदन का ध्यान आकर्षित करना चाहता हूँ। इसके कारण भारत–नेपाल सीमा भी अति संवेदनशील हो चुकी है। पूरे सीमावर्ती क्षेत्र में बड़ी मात्रा में विस्फोटक पदार्थों की तस्कारी और

अत्याधुनिक हथियारों की तस्कारी भारत के अंदर नेपाल के माध्यम से हो रही है। साथ ही साथ उत्तर प्रदेश और बिहार के अंदर तमाम क्षेत्रों में हुए दंगे और वहां पर कुछ जनप्रतिनिधियों के द्वारा राष्ट्रविरोधी तत्वों को प्रश्रय देने के कारण पूरा क्षेत्र अत्यंत संवेदनशील हो चुका है। अभी यहां पर बिहार के पूर्व डी.जी.पी. की रिपोर्ट के बारे में एक माननीय सदस्य ने बताया है, जिसमें सदन के एक माननीय सदस्य पर गंभीर आरोप लगाए गए है और तमाम आपराधिक गतिविधियों के साथ–साथ पकिस्तान की गुप्तचर एजेंसी आई.एस.आई. के साथ उनके सम्बन्धों के बारे में उन्होंने बिहार सरकार को भी अपनी रिपोर्ट दी है। सदन के एक सदस्य के ऊपर पाकिस्तान की गुप्तचर एजेंसी के साथ सम्बन्ध होने का आरोप बिहार के पुलिस महानिदेशक के द्वारा लगाया जाता हो तो यह अत्यंत गंभीर मामला है, यह राष्ट्र की सुरक्षा से जुड़ा हुआ मामला है। इस सब के बारे में निश्चित ही भारत सरकार को ही जांच करानी चाहिए और अगर सदन से जुड़ा हुआ कोई सदस्य राष्ट्रविरोधी गतिविधियों में लिप्त हैं...।

महोदय, साथ–साथ ऐसे तत्वों को प्रश्रय देने के कारण आज उत्तर प्रदेश और बिहार के अंदर तमाम क्षेत्रों में स्थितियां अत्यंत संवेदनशील हुई हैं, इसलिए इस बात का नोटिस लिया जाए लिया जाए और उन तत्वों के खिलाफ कार्यवाही की जाए।

–23 दिसंबर, 2003

भारत में सामाजिक व्यवस्था पर सबसे अधिक प्रहार और सामाजिक दुर्व्यवस्था पर, रूढ़िवाद पर सबसे अधिक प्रहार जिसने किया था और उस आर्य समाज को देश में अपने आप को नॉन हिन्दू घोषित करने के लिए न्यायालय की शरण में जाना पड़ा था। राम कृष्ण मिशन जैसी संस्थाओं को अपनी शिक्षण संस्थाओं को बचाने के लिए सरकारी दखल अंदाजी से दूर रखने के लिए और सरकारी हस्तक्षेप से बचाने के लिए अपने आप को अल्पसंख्यक घोषित करने के लिए न्यायालय की शरण में जाना पड़ा था। देश में पुनः भारत की परंपरागत संस्कृति को नष्ट करने के लिए कांग्रेस द्वारा प्रयास हो रहा है।

देश को बांटने का षड्यंत्र करती है कांग्रेस

माननीय उपाध्यक्ष जी, मानव संसाधन विकास मंत्री जी ने राष्ट्रीय अल्पसंख्यक शैक्षणिक संस्था आयोग विधेयक, 2004 यहां प्रस्तुत किया है। यह विधेयक भारत जैसे पंथ निरपेक्ष देश की व्यवस्था के विपरीत है और भारत के अंदर द्विराष्ट्र की उस भावना को पुनः पैदा करना वाला है जिसके कारण 1947 में इस देश का विभाजन हुआ था। इसलिए में इस विधेयक का पुरजोर विरोध करता हूँ।

महोदय, देश के अंदर बहुत सारी समस्याएं हैं। माननीय मंत्री जी जी को भारत के अंदर साक्षरता के प्रतिशत की जानकारी होगी। आज़ादी के 57 साल के बाद भी, भारत के अंदर 35 प्रतिशत से अधिक लोग ऐसे हैं जो पूरी तरह से निरक्षर है। उस निरक्षरता को दूर करने के लिए, जो किसी एक वर्ग या जाति विशेष में नहीं, अपितु देश के विभिन्न भागों में निवास करती है, बिना किसी जाति, मजहब, वर्ग या संप्रदाय के, इस विधेयक को भारत के शिक्षा मंत्री लाते, तो मैं समझता हूँ कि एक मत से, सबका समर्थन, इस विधेयक को मिलता। लेकिन अल्पसंख्यक, बहुसंख्यक के आधार पर इस देश को बांटने का कार्य इस देश के अंदर कांग्रेस ने किया इसकी बेल को भी स्थापित किया।

यू.पी.ए. की सरकार के आने के बाद इसे और तेजी के साथ पूरे देश में फैलाने का प्रयास हो रहा है। इसमें जो महत्त्वपूर्ण मुद्दे हैं, उनमें मुख्य रूप से एक महत्त्वपूर्ण पक्ष की तरफ सब को ध्यान देना होगा की सबसे पहले अल्पसंख्यक कौन है? संयुक्त राष्ट्र संघ के चार्टर के अनुसार ध्यान दें तो किसी भी देश की कुल आबादी का 10 प्रतिशत

से कम समुदाय ही अल्पसंख्यक कहलाया जा सकता है। स्वाभाविक रूप से भारत के अंदर अन्य समुदायों को भले अल्पसंख्यक मानें लेकिन मुस्लिम समुदाय भारत में अल्पसंख्यक नहीं है। उसे अल्पसंख्यक के रूप में राजनैतिक कारणों से जिस प्रकार इसका दुरुपयोग आज यू.पी.ए. की सरकार करने जा रही है उससे बचने का प्रयास होना चाहिए। आज उसकी गलत व्याख्या हो रही है। उससे भी बचने की आवश्यकता है। इस विधेयक की कोई आवशयकता नहीं थी क्योंकि पहले ही आर्टिकल 30 इस बात के लिए हम सबको मजबूर करता है कि कोई भी अल्पसंख्यक समुदाय चाहे वह धार्मिक रूप से अल्पसंख्यक हो या भाषाई रूप से अल्पसंख्यक हो, उनके लिए आर्टिकल 30 इस बात का गवाह है कि धर्म या भाषा पर आधारित सभी अल्पसंख्यक वर्गों को अपनी रुचि की शिक्षा संस्थाओं की स्थापना और उसकी व्यवस्था को संचालित करने का अधिकार पहले से यह आर्टिकल देता है। इन सबके बावजूद भी पहले से आर्टिकल 30 ने इस व्यवस्था को दिया है तो फिर संबद्धता से संबंधित विधेयक को लाने की आवश्यकता नहीं थी। इसका मतलब यह है कि कोई भी संस्था किसी विश्वविद्यालय में संबद्धता लेने के लिए जाती है और उस विश्वविद्यालय के मानक को वह संस्था पूरा नहीं करती है तो उस संस्था को अगर मान्यता लेनी है तो उसे लेने के लिए वह अल्पसंख्यक बनने के लिए प्रयास करे, जैसे पूर्व में हो भी चुका है। भारत में सामाजिक व्यवस्था पर सबसे अधिक प्रहार और सामाजिक दुर्व्यवस्था पर, रूढ़िवाद पर सबसे अधिक प्रहार जिसने किया था और उस आर्य समाज को देश में अपने आप को नॉन हिन्दू घोषित करने के लिए न्यायालय की शरण में जाना पड़ा था। राम कृष्ण मिशन जैसी संस्थाओं को अपनी शिक्षण संस्थाओं को बचाने के लिए सरकारी दखल अंदाजी से दूर रखने के लिए और सरकारी हस्तक्षेप से बचाने के लिए अपने आप को अल्पसंख्यक घोषित करने के लिए न्यायालय की शरण में जाना पड़ा था। देश में पुनः भारत की परंपरागत संस्कृति को नष्ट करने के लिए कांग्रेस द्वारा प्रयास हो रहा है। इस निंदनीय प्रयास का पुरजोर विरोध करने के लिए हम लोग यहां खड़े हुए हैं। भारत की

परंपरागत व्यस्था को ध्वस्त और नष्ट करने के लिए विदेशी साजिश के तहत इस विधेयक के माध्यम से कांग्रेस द्वारा, यू.पी.ए. सरकार द्वारा इस सदन में लाया गया इसलिए यह विधेयक सदन में विरोध करने लायक है। इसका हमारी पार्टी के माननीय सदस्य द्वारा जो निरनुमोदन का संकल्प प्रस्तुत किया गया है, हम उसका समर्थन करते हैं। निश्चय ही यू.पी.ए. सरकार का इस विधेयक को लाने का उद्देश्य यह है कि किसी भी तरह अअल्पसंख्यक समुदाय को खुश किया जाए। इसमें जो 6 विश्वविद्यालय नामित किए हैं, उनमें से 4 विश्वविद्यालय पूर्वोत्तर के राज्यों में हैं।

महोदय, आप जानते हैं कि आजादी के बाद देश के पूर्वोत्तर राज्यों में वहां के जन–जातीय समुदाय की परंपरागत संस्कृति को मिशनरीज द्वारा नष्ट करने का प्रयास हुआ। आज से 6 वर्ष पहले रियांग जन–जाति के साथ जो बीता है, उसके बारे में सब जानते हैं। उन्हें ईसाई बनने के लिए मजबूर किया गया। जब वह ईसाई नहीं बने तो उन्हें राज्यों से निकाल दिया गया। आज भी वे शरण ाार्थी कैंपो में रह रहे हैं। वहां की परंपरागत संस्कृति को नष्ट करने का प्रयास हो रहा है। इस तहत इन मिशनरियों की संस्थाओं को चाहे वे मानक पूरे करते हों या ना करते हों, उन सबको, पूर्वोत्तर के 4 विश्वविद्यालयों को उससे संबद्ध करने का षडयंत्र है चाहे पूर्वोत्तर पहाड़ी विश्वविद्यालय हो, चाहे असम विश्वविद्यालय हो, चाहे नागालैंड या मिजोरम के विश्वविद्यालय हों। ऐसे 4 पूर्वोत्तर के विश्वविद्यालय हैं।

एक दिल्ली विश्वविद्यालय है और एक पांडिचेरी विश्वविद्यालय है। इन्होंने 6 विश्वविद्यालयों की संबद्धता प्राप्त करने के लिए लिखा है। इसका मुख्य कारण यह है कि इस देश के पूर्वोत्तर के राज्यों में, आजादी के बाद जो धर्मांतरण हुआ है, उस धर्मांतरण के नाम पर राष्ट्रांतरण और उसके बाद जो उग्रवाद की स्तिथि पैदा हुई है, कांग्रेस उसे और बढ़ावा देने के लिए यह काम कर रही है। इसके अतिरिक्त कांग्रेस द्वारा जो वर्तमान में साजिश रची जा रही है, यह आपसी प्रतिद्वंदिता का ही परिणाम है। आज हर व्यक्ति जानता है कि

उत्तर प्रदेश के मुख्यमंत्री और कांग्रेस की केंद्र सरकार के बीच नूरा कुश्ती चल रही है, लुका–छिपी का खेल चल रहा है।

उत्तर प्रदेश के मुख्यमंत्री कभी उर्दू विश्वविद्यालय का प्रस्ताव लेकर आते हैं, कभी उत्तर प्रदेश के सभी महानगरों में अल्पसंख्यक कॉलोनी बनाने की बात करते हैं, कभी जुम्मे की नमाज के दिन छुट्टी की घोषणा करते हैं। इस तरह की निरर्थक घोषणाएं आज उत्तर प्रदेश में की जा रही हैं। इन्हीं की तर्ज पर अगर उत्तर प्रदेश में उर्दू विश्वविद्यालय बनता है तो हम भी यहां कोई ऐसा आयोग बना देंगे जिससे कम से कम वोट बैंक के रूप में उसका उपयोग किया जा सके। इसलिए मैं इस बात को कहना चाहता हूँ कि आज हमारे सामने ढेर सारे प्रश्न हैं।

कितना अच्छा होता यदि माननीय मंत्री जी इस देश में मुस्लिम पर्सनल लॉ में बदलाव करने का कोई विधेयक लाते। भारत का उच्चतम न्यायालय इस देश के अंदर समान नागरिक संहिता लागू करने के लिए एक बार नहीं तीन–तीन बार केंद्र को निर्देशित कर चुका है। तीन–तीन बार उसने केंद्र सरकार से इसके लिए आग्रह किया है कि भारत में एक समान नागरिक कानून बनाया जाना चाहिए। मुस्लिम समाज में महिलाओं में जो निरक्षरता है, मुस्लिम समाज में जो तमाम प्रकार की अवस्थाएं हैं, मुस्लिम समाज में जो महिलाओं के साथ कई प्रकार का अन्याय हो रहा है, उनमें जो अशिक्षा है, इस प्रकार में जो तमाम प्रकार की दुर्व्यवस्थाएं हैं, आज उन सब के खिलाफ कदम उठाने की आवश्यकता है।

इसलिए मैं आज इस अवसर पर माननीय मंत्री जी से अनुरोध करना चाहता हूँ कि इनकी अशिक्षा के खिलाफ मुस्लिम समाज में जनसंख्या वृद्धि के खिलाफ उन्हें आधुनिक शिक्षा प्राप्त हो सके, इस दृष्टि से उन्हें आगे बढ़ाने की आवश्यकता है। बहुविवाह की जो परंपरा मुस्लिम समाज के अंदर है, इसे दूर करने के लिए कोई विधेयक वह इस सदन में लेकर आते या फिर जो उनकी स्वास्थ्य से संबंधित समस्याएं हैं उन्हें दूर करने के लिए कोई विधेयक यू.पी.ए. सरकार द्वारा लाया जाता तो संभवतः उसका समर्थन किया जा सकता था।

लेकिन इस विधेयक का कतई समर्थन नहीं किया जा सकता है, क्योंकि यह विधेयक द्विराष्ट्रवाद के आधार पर एक बार फिर भारत के विभाजन की तैयारी करने का षड्यंत्र सरकार द्वारा प्रारंभ किया गया है। इसलिए वर्तमान में कांग्रेस द्वारा जो षड्यंत्र किया जा रहा है इसका विरोध केवल हम ही नहीं कर रहे हैं, बल्कि दारुल उलूम ने भी इसका विरोध किया था। माननीय मंत्री जी ने जुलाई में जो सम्मेलन किया था उसका दारुल उलूम नदवातुल ने भी विरोध किया था।

उपाध्यक्ष महोदय, इसके अतिरिक्त आज देश में जो मुस्लिम समाज की स्थिति है, उनमें जो अशिक्षा है, यदि उत्तरी भारत के करीब 20 विश्वविद्यालयों के आंकड़े देखे जाएं तो वहां पर मुस्लिम विद्यार्थियों का मात्र 1.5 प्रतिशत है। दिल्ली, उत्तर प्रदेश और राजस्थान के 10 मैडिकल कॉलेजों के अंदर कुल कितने मुस्लिम लड़कों ने प्रवेश लिया है, वह मात्र 2 प्रतिशत है। इसका क्या कारण है? मुख्य रूप से इसका यही कारण है कि आज मुस्लिम समाज में जो मदरसों के जरिए शिक्षा दी जा रही है, वह शिक्षा मुख्य रूप से मजहबी शिक्षा है और मजहबी शिक्षा से इस देश के अंदर आज तक कोई वैज्ञानिक पैदा नहीं किया जा सका है, कोई चिकित्सक पैदा नहीं किया जा सका है। इससे देश के अंदर मजहबी कट्टरवाद को पैदा कर सकते हैं। इस देश के अंदर मदरसों द्वारा जो मजहबी कट्टरता फैलाई जा रही है अगर माननीय शिक्षा मंत्री द्वारा उसकी रोकथाम के लिए कोई विधेयक लाया जाता तो उसका समर्थन किया जा सकता था। लेकिन भारत के विभाजन की नींव रखने वाले किसी भी ऐसे विधेयक का, जो अल्पसंख्यकवाद और बहुसंख्यकवाद के आधार पर भारत को बांटता हो उस विधेयक का हम पुरजोर विरोध करते हैं। मैं माननीय मंत्री जी से कहना चाहूँगा कि आपका नाम श्री अर्जुन सिंह है। द्वापर में अर्जुन ने अधर्म के खिलाफ, अन्याय के खिलाफ लड़ाई की थी। आप कम से कम भारत की परंपरागत संस्कृति और धर्म को समाप्त करने का षड्यंत्र ना करें, इस विश्वास के साथ एक बार पुनः माननीय मंत्री जी द्वारा प्रस्तुत इस विधेयक का मैं पुरजोर विरोध करता हूँ।

—16 दिसंबर, 2004

उस दृष्टि से जो प्रभावी कार्यवाही होनी चाहिए थी, वह नहीं हो पाई। यह साफ उजागर करता है कि कहीं ना कहीं राजनीतिक इच्छा शक्ति की कमी है और साथ–साथ उन तत्वों से राजनीतिक लाभ अर्जित करने की जो तमन्ना भारत के राजनीतिक मानस पटल पर आज भी व्याप्त है, कहीं ना कहीं यही कारण है कि हम आतंकवाद और उग्रवाद का मुकाबला नहीं कर पा रहे हैं।

आंतरिक सुरक्षा पर गंभीर नहीं सरकार

सभापति महोदय, माननीय गृह मंत्री ने पिछले 3 महीनों के अंदर जिन महत्वपूर्ण आतंकवादी घटनाओं के बारे में यहां पर अपनी स्टेटमेंट दी थी, उस पर हम यहां बहस कर रहे हैं। उनमें मुख्य रूप से पिछले 4 महीनों के अंदर जम्मू–कश्मीर में आतंकवादी, दीपावली के 2 दिन पूर्व दिल्ली में हुए बम विस्फोट, झारखंड के गिरिडीह में नक्सलवादियों ने होमगार्ड प्रशिक्षण केंद्र पर हमला तथा बिहार के जहानाबाद जिला मुख्यालय पर नक्सलवादियों और उग्रवादियों के कब्जे से संबंधित घटनाएं हैं। माननीय गृह मंत्री जी ने कुछ महत्वपूर्ण मुद्दों को अपनी स्टेटमेंट से अछूता रखा है जैसे असम के अंदर सितंबर महीने में एक प्रायोजित ढंग से आतंकी हमला हुआ है। पूर्वोत्तर भारत को अलगाव की आग में डालने का प्रयास हो रहा है। उस जातीय हिंसा का कहीं कोई उल्लेख नहीं किया है। यही नहीं जम्मू–कश्मीर के अंदर जब वहां पर प्राकृतिक त्रासदी से लोग पीड़ित थे, उसी समय राज्य के अंदर 12 हिन्दुओं का गाला रेंत कर नृशंस हत्या कर दी गई थी। इस स्टेटमेंट में कहीं भी उस घटना का उल्लेख नहीं है। विभिन्न घटनाओं के बारे में, चाहे वह उत्तर प्रदेश के मऊ जनपद की घटना हो या विभिन्न क्षेत्रों में जो घटनाएं घटित हुई हैं जो किसी आतंकवादी और उग्रवादी घटना से काम नहीं हैं, उन सबके बारे में भी चर्चा होनी चाहिए थी। लेकिन मंत्री जी किन कारणों से वह चर्चा नहीं हो पाई है, यह हम अच्छी तरह से जानते हैं और इसलिए आज जब हम इस पर चर्चा कर रहे हैं तो मुझे बड़ा कष्ट और दुख के साथ कहना पड़ रहा है

कि इस चर्चा का मतलब इस प्रकार से होगा जैसा हमने मानसून सत्र में आतंरिक सुरक्षा पर चर्चा का हुआ था। जुलाई 5, 2005 को श्री राम जन्मभूमि पर हुए आतंकी हमले और देश के विभिन्न क्षेत्रों में हुए आतंकी हमलों के बारे में उस समय भी चर्चा की थी। उस चर्चा का कोई मतलब नहीं हुआ और जितनी गंभीरता के साथ सरकार ले रही है जैसे सत्ता पक्ष की उपस्थति और और माननीय गृह मंत्री जी की अनुपस्थिति, यह सब इस चर्चा की गंभीरता को स्वयं उजागर कर रहे हैं। मुझे लगता है कि गधे के सर पर सींग ढूंढ़ने के समान ही इस चर्चा का भी कोई मतलब नहीं होगा।

पिछले 4 महीनों के अंदर जो घटनाएं घटित हुई हैं, वे बड़ी दुर्भाग्यपूर्ण हैं। जब हम आतंरिक सुरक्षा के बारे में चर्चा करते हैं, तो 4 बातें सबके सामने छनकर आती हैं –

एक, जिस जम्मू–कश्मीर के बारे में माननीय गृह मंत्री जी ने अपनी स्टेटमेंट दी हैं, उस जम्मू–कश्मीर के साथ–साथ पकिस्तान द्वारा प्रायोजित और आई.एस.आई., जो इसकी ख़ुफ़िया एजेंसी है, उसके द्वारा पूरे देश के अंदर जिस इस्लामिक आतंकवादी का बहुत तेजी से विस्तार हुआ है, आज लगभग पूरा देश उसकी चपेट में आ गया है। वह एक आतंकवाद है।

दो, इस देश के अंदर वह साम्यवादी उग्रवाद है, जिसे आप माओवाद के रूप में, नक्सलवाद के रूप में मान सकते हैं। पिछले 1.5 वर्षों में बहुत तेजी से एक–तिहाई भारत उसकी चपेट में आ गया है। मार्च 2004 के जो आंकड़े हम सबके पास हैं, उनमें 8 राज्यों के 54 जिलों तक ही सीमित जो नक्सलवाद था, वह पिछले 1.5 वर्षों में बढ़कर 15 राज्यों के 200 से अधिक जनपदों तक फैला है। उसे जिस तेजी से राजनीतिक संरक्षण मिल रहा है, जिस प्रकार राजनीतिक स्वार्थों के लिए उसे संरक्षण दिया जा रहा है, उसकी गतिविधियों के प्रचार के लिए राजधानी और देश के विभिन्न क्षेत्रों में उसके अड्डे स्थापित करवाए जा रह हैं, उसमें कमी आने की संभावना नहीं है। जहानाबाद की घटना हम सबके सामने एक उदाहरण मात्र है कि

लगातार दस घंटे तक जहानाबाद जिला मुख्यालय नक्सलवादियों और उग्रवादियों के कब्जे में रहता है। जहानाबाद बिहार की राजधानी पटना से मात्रा 45 किलोमीटर की दूरी पर है। उन उग्रवादियों के खिलाफ एक रणनीति बननी चहिए थी, वहां सशस्त्र बलों को पहुंचकर उनका मुकाबला किया जाना चाहिए था, उन्होंने जिस तरह जेल पर हमला किया, वहां के विभिन्न पुलिस अधिकारियों को बंधक बनाया, उस दृष्टि से जो प्रभावी कार्यवाही होनी चाहिए थी, वह नहीं हो पाई। यह साफ उजागर करता है कि कहीं ना कहीं राजनीतिक इच्छा शक्ति की कमी है और साथ–साथ उन तत्वों से राजनीतिक लाभ अर्जित करने की जो तमन्ना भारत के राजनीतिक मानस पटल पर आज भी व्याप्त है, कहीं ना कहीं यही कारण है कि हम आतंकवाद और उग्रवाद का मुकाबला नहीं कर पा रहे हैं।

तीन, इस देश के पूर्वोत्तर राज्यों का मामला है। हम कश्मीर की चर्चा करते हैं, देश के विभिन्न भागों में जो बम विस्फोट हुए, जो निर्दोष नागरिक मारे जा रहे हैं, उनकी चर्चा भी करते हैं, लेकिन पता नहीं क्यों हम पूर्वोत्तर राज्यों को भूल रहे हैं। मैंने असम की चर्चा की थी कि वहां सितंबर में जातीय हिंसा हुई थी। माननीय गृह मंत्री जी ने उसका कहीं उल्लेख नहीं किया। उसमें 100 से ऊपर लोग मारे गए थे और वह हिंसा कई दिनों तक चलती रही। उससे पहले 17 जून से जुलाई के अंत तक मणिपुर में नागा उग्रवादी संगठनों ने जो आर्थिक नाकेबंदी की थी, 45 दिनों तक केंद्र सरकार ने वहां कोई प्रभावी कार्यवाही नहीं की।

इन संवेदनशील मुद्दों पर सरकार कितनी गंभीर है? पूर्वोत्तर राज्यों की बड़ी अनदेखी की जा रही है। असम के राज्यपाल भारत सरकार को.....(व्यवधान)।

–01 दिसंबर, 2005

जहां तक आंकड़ों की बात है, कश्मीर के बारे में गृहमंत्री जी ने बताया है कि वहां पर घटनाएं कम हुई हैं। अगर आप आंकड़ों के माध्यम से देखेंगे तो स्वाभाविक रूप से जैसा ट्रेंड चला है कि जब कहीं पर कोई घटना घटित हो तो उसके मामले ही दर्ज नहीं होंगे तो आंकड़े कम हो जाएंगे। इस प्रकार की स्थितियां हुई हैं। पूर्वोत्तर के राज्यों में उल्फा ने तेजी के साथ सिर उठाया है, इसमें कहीं कोई संदेह नहीं।

राष्ट्रीय सुरक्षा पर गंभीर हो सरकार

माननीय अध्यक्ष जी, आपने मुझे गृह मंत्रालय की अनुदानों की मांगों पर चर्चा में बोलने का अवसर दिया, इसके लिए मैं आपका आभारी हूँ।

माननीय गृह मंत्री जी ने गृह मंत्रालय से संबंधित विभिन्न आंकड़े पुस्तकों के माध्यम से हम सबके सामने प्रस्तुत भी किए हैं लेकिन यह आंकड़े जमीनी हकीकत से बहुत दूर हैं। गृह मंत्रालय की अनुदानों की मांगों का हम विरोध तो नहीं करेंगे लेकिन मैं माननीय गृहमंत्री जी से अनुरोध अवश्य करना चाहूँगा कि इस देश की आंतरिक सुरक्षा की स्थिति अत्यंत खराब है, अत्यंत संवेदनशील है और एक खतरनाक मोड़ पर आकर खड़ी है। जिस प्रकार से गृह मंत्रालय देश की आंतरिक स्थिति को देख रहा है, उस पर इस देश के नागरिकों के पास खून के आंसू बहाने के अतिरिक्त कोई दूसरा चारा नहीं है।

महोदय, जब हम मुख्य रूप से इस देश की नागरिक सुरक्षा की बात करते हैं तो स्पष्ट है कि घोषणाएं तो बहुत होती हैं, लेकिन उनका क्रियान्वयन कितना हो पाता है और कितनी ईमानदारी हम उसमें बरत पाते हैं, इस पर भी सदन में चर्चा आवश्यक है। चाहे आप कश्मीर की स्थिति देखें, देश के पूर्वोत्तर राज्यों की, नक्सलवाद की समस्या हो, देश के दक्षिण–भारत में एक बार पुनः सिर उठा रही अलगाववादी और उग्रवादी संगठनों की गतिविधियां हो, ये अत्यंत खतरनाक मोड़ पर हैं।

अध्यक्ष महोदय, यह अत्यंत दुखद बात है कि कश्मीर के अंदर आज भी हम घोषणाएं कर रहे हैं, 18 वर्ष हो चुके हैं, कश्मीर से जो

नागरिक विस्थापित किए गए थे, उन लोगों के लिए केवल घोषणाओं के सिवाय अब तक कुछ भी वहां पर जमीनी तौर पर ईमानदारी से नहीं कर पाए हैं। उन लोगों को वापस कश्मीर में बसाने के लिए जो प्रयास होने चाहिए थे, वे भी नहीं हुए हैं। सबसे दुखद बात यह है कि अपने ही देश में 15 से 18 वर्षों से लोग विस्थापित हों, खानाबदोश जैसी जिंदगी व्यतीत कर रहे हों, इससे दुखद अन्य कोई स्थिति नहीं हो सकती है।

जहां तक आंकड़ों की बात है, कश्मीर के बारे में गृहमंत्री जी ने बताया है कि वहां पर घटनाएं कम हुई हैं। अगर आप आंकड़ों के माध्यम से देखेंगे तो स्वाभाविक रूप से जैसा ट्रेंड चला है कि जब कहीं पर कोई घटना घटित हो तो उसके मामले ही दर्ज नहीं होंगे तो आंकड़े कम हो जाएंगे। इस प्रकार की स्थितियां हुई हैं। पूर्वोत्तर के राज्यों में उल्फा ने तेजी के साथ सिर उठाया है, इसमें कहीं कोई संदेह नहीं। चाहे वह असम हो, त्रिपुरा हो, नागालैंड, मणिपुर या अरुणाचल प्रदेश हो, इन सभी प्रदेशों की स्थिति, कानून–व्यवस्था और आंतरिक सुरक्षा की दृष्टि से भी अत्यंत संवेदनशील हुई है। पिछले 1 वर्ष के अंदर उल्फा के द्वारा जिस प्रकार से वहां के स्थानीय नागरिकों और उत्तर भारतीय नागरिकों को, खासतौर से हिंदीभाषी नागरिकों को निशाना बनाया गया, उसमें कोई कमी नहीं आई। केवल घोषणाएं होती रहीं कि हम वहां उनके खिलाफ कार्यवाही कर रहे हैं। उल्फा ने एक बार फिर पुनः कैसे सिर उठाना प्रारंभ किया है। नागालैंड में एन.एस.सी.एन. का मामला, त्रिपुरा एवं अरुणाचल प्रदेश की स्थिति भी खतरनाक है, ये भी खराब स्थिति में पहुंच रही हैं। इस देश के अंदर सबसे दुखद स्थिति नक्सलवादी गतिविधियों की है। माननीय गृह मंत्री जी ने इस बात को ईमानदारी से स्वीकार भी किया है कि नक्सलवाद की घटनाओं में पूरे देश के अंदर वृद्धि हुई है। दुर्भाग्यपूर्ण स्थिति यह है कि जिस प्रकार से भारतीय राजनेताओं ने नेपाल के अंदर हिंसा, लूटपाट और अराजक गतिविधियों में लिप्त माओवादियों को समर्थन किया, उन्हें शुभकामनाएं दीं, जिस रास्ते

से नेपाल में माओवादी सत्ता में पहुंचे हैं, अगर उनके प्रति हमारी शुभेच्छाएं उनके इस कृत्य के प्रति होंगी तो स्वाभाविक रूप से भारत के अंदर नक्सलवाद की समस्या का समाधान आप नहीं कर पाएंगे और भारत का नक्सलवादी भी उसी प्रकार से सिर उठाने की स्थिति में पहुंचेंगा, जैसे नेपाल के अंदर उन्होंने किया। पिछले 2 वर्षों के अंदर हम लोग नेपाल की स्थिति को बहुत नजदीक से देख रहे थे और हम लोग इस बात को महसूस भी कर रहे थे कि नेपाल के अंदर, जब नेपाल राजा के द्वारा सत्ता 7 दलों के गठबंधन तथा माओवादियों को सौंपी गई थी, वहां पर लोकतांत्रिक प्रक्रिया बहाल करनी थी। लेकिन इन 2 वर्षो के अंदर एक भी दिन नेपाल के अंदर शांति नहीं हुई। लूटपाट एवं हिंसा में कोई कमी नहीं आई। आप आंकड़े भले ही छुपा दें, लेकिन वहां की वास्तविक सच्चाई क्या है और जिस प्रकार से वहां की स्थितियों को हल्केपन से लेकर हम लोगों ने देखा है, हम उन स्थितियों में भारत के अंदर, उन्हीं नजरिए से अगर हम भारत के अंदर नक्सलवाद की समस्या को देखने का प्रयास करेंगे तो संभवतः नक्सलवाद की समस्याओं पर कोई अंकुश नहीं लग पाएगा और आज यही हो रहा है। नेपाल के अंदर जैसे ही संविधान सभा के चुनाव हुए, वहां माओवादियों ने जैसे बढ़त हासिल की तो भारत के अंदर नक्सलवादियों ने किस तरह जश्न मनाने प्रारंभ किए, यहां के सैनिकों पर, कहीं पैरामिलिट्री पर और कहीं छावनियों पर हमले प्रारंभ हुए। सामूहिक रूप से नरसंहार की घटनाएं प्रारंभ हुईं, कहीं पर रेलवे लाइन उड़ाई जा रही है। कई जगहों पर इस प्रकार की घटनाएं घटित हो रही हैं। यही नहीं, पिछले 4 वर्षो के अंदर नक्सलवाद की घटनाओं में पूरे देश के अंदर वृद्धि हुई है।

अध्यक्ष महोदय, वर्ष 2003–04 में देश में बमुश्किल 6 से 7 राज्यों के 56 जिले ऐसे थे, जो नक्सलवाद से आंशिक रूप से या पूरी तरह से प्रभावित थे, लेकिन 4 वर्षों में इस देश के आधे से अधिक राज्यों में नक्सलवाद फैला और अब लगभग 175 जिले ऐसे हैं, जो आंशिक या पूरी तरह से नक्सलवादी गतिविधियों से प्रभावित हैं। उत्तर प्रदेश

जिसके अंदर नक्सलवादी गतिविधियां पूरी तरह से बंद हो चुकी थीं, लेकिन आज सोनभद्र में नक्सलवादी गतिविधियां फिर से सिर उठा रही हैं, स्थिति यह है कि सोनभद्र, मिर्जापुर और चंदौली जनपदों में जैसे ही सूर्यास्त होता है, उसके बाद आम नागरिक को घर से निकलना बंद ही कर देते हैं, बल्कि अब तो पुलिस के जवान भी बाहर निकलने में डरते हैं। आखिर ऐसी स्थिति कैसे पैदा हुई, आखिर नक्सलवादियों के पास इतने संसाधन कहां से आ गए, आखिर वे इतने ताकतवर कैसे बनते जा रहे हैं, यह हम सबकी चिंता का विषय है? जब तक यह हमारी चिंता का विषय नहीं बनेगा और जब तक हम अपने दुश्मन को सही दृष्टि से पहचानने का प्रयास नहीं करेंगे, जब तक हम रोग को पहचानने का प्रयास नहीं करेंगे, तब तक रोग का उपचार कैसे होगा? केवल घोषणाओं से तो उसका उपचार नहीं होगा। इस दृष्टि से बार–बार बातें यहां आती रही हैं।

माननीय केंद्रीय मंत्री जी ने बार–बार कहा कि हम एक ऐसी केंद्रीय जांच एजेंसी गठित करेंगे, जो पूरे देश में समान रूप से कार्य करेगी। बहुत सारे मामलों में समस्याएं हो सकती हैं। राज्य सरकार कानून–व्यवस्था की स्थिति को देखती है। केंद्र सरकार अपने विषय को देखती है, लेकिन उन स्थितियों में भी जिस प्रकार की एक केंद्रीय जांच एजेंसी होनी चाहिए या उस एजेंसी का कार्य पूरे देश के अंदर नक्सलवादी गतिविधियों को, आतंकवादी गतिविधियों को समाप्त करने हेतु होना चाहिए, वह नहीं हो रहा है। जिस प्रकार इस्लामिक आतंकवादी गतिविधियों का वर्चस्व पूरे देश में छा रहा है, उत्तर प्रदेश जिस प्रकार से उसका केंद्र बनता जा रहा है और आतंकवादी गतिविधियां उत्तर प्रदेश को केंद्र बनाकर की जा रही हैं और उत्तर प्रदेश के माध्यम से जिस प्रकार से पूरे देश को आतंक की चपेट में लाने का प्रयास किया जा रहा है, यह अत्यंत खतरनाक है और उसे समाप्त करने के लिए जब तक हम कठोर कार्रवाई नहीं करेंगे, तब तक वह समाप्त नहीं होगा।

महोदय, जब एन.डी.ए. की सरकार थी, तब घोषणा की थी कि हम राज्यों की पुलिस के आधुनिकरण के कार्य को आगे बढ़ाएंगे,

लेकिन यह घोषणा भी यू.पी.ए. सरकार आने के बाद घोषणा तक ही सीमित रही। कुछ क्षेत्रों में थोड़ा बहुत प्रयास हुआ, लेकिन जिस ईमानदारी से प्रयास होना चाहिए था, वह इमानदारी उसमें नहीं बरती गई। उसी प्रकार से आपस में सूचना तंत्र को मजबूत करने के लिए जो प्रयास होने चाहिए थे, वे प्रयास भी उस इमानदारी से नहीं हुए।

हर राज्य की लोकल इंटैलिजेंस होती है। उसकी सूचनाएं या फिर आई.बी. की सूचनाओं का किस प्रकार से मेल हो, आपस में दोनों सूचनाओं का किस प्रकार से आदान–प्रदान हो, इनमें आपस में कहीं कोई तालमेल नहीं। आर्मी की जो इंटैलिजेंस है, उसमें किस प्रकार से तालमेल हो, कहीं कोई इस प्रकार की व्यवस्था नहीं है, जिससे देश के अंदर आतंकवाद की समस्या, देश के अंदर उग्रवाद की समस्या, देश के अंदर अलगाववाद या नक्सलवाद की समस्या पर अंकुश लगाया जा सके। इसके लिए हम लोगों ने कहीं भी खुफिया तंत्र को आपस में जोड़ने का, एक–दूसरे के प्रति सूचनाओं का आदान–प्रदान करने का, ना तो कोई ईमानदारी से प्रयास किया है और ना ही इसमें सफलता मिली है। केवल मुख्या सचिवों और महानिदेशकों की बैठक कर के घोषणाएं कर देने से या फिर पुलिस के आधुनिकीकरण की घोषणा कर देने से, मैं समझता हूँ कि हम देश की आंतरिक सुरक्षा को सुदृढ़ नहीं कर पाएंगे। मैं समझता हूँ कि हम अनुदान की मांगों पर चर्चा कितनी भी कर लें, लेकिन जब तक देश के अंदर पनप रही अलगाववादी शक्तियों पर सख्ती से अंकुश नहीं लगेगा, जब तक देश में, देश–विरोधी गतिविधियों और समाज–विरोधी गतिविधियों में लिप्त तत्वों पर सख्ती से अंकुश लगाने का कोई कार्यक्रम सरकार नहीं बनाएगी, तब तक सफलता नहीं मिल सकती है।

महोदय, हम केवल अपने देश के अंदर ही नहीं, बल्कि आसपास के देशों के अंदर जो अस्थिरता है जब तक हम उसे गंभीरता से नहीं लेंगे, तब तक भारत के अंदर पूर्ण रूप से शांति नहीं बना पाएंगे और ना ही आंतरिक सुरक्षा की स्थिति को मजबूत बना पाएंगे, हम सबके सामने सबसे दुखद तो यही है कि पहले हम लोग आतंकवाद के लिए

पाकिस्तान को दोषी ठहराते थे। पाकिस्तान के बाद, पाकिस्तान को देखते–देखते आज बांग्लादेश भी भारत–विरोधी गतिविधियों का सबसे बड़ा अड्डा बन चुका है। आखिर सिमी और हूजी के आतंकवादियों को भारत में कौन शरण देता है, क्या सरकार के पास इस प्रकार की सूचनाएं नहीं हैं? आतंकवादी पकड़ा जाता है। पकड़ने के बाद उससे पूछताछ होती है और उसे जेल में डाला जाता है। फिर कुछ ही दिनों के बाद सूचना आती है कि आतंकवादी पुलिस कस्टडी से भाग गया या जेल से भाग गया। आखिर ऐसा क्यों हो रहा है? क्या भारत इतना कमजोर हो गया है कि अपने देश में आतंकवादी गतिविधियों को रोकने हेतु बांग्लादेश पर दबाव नहीं बना सकता है? जैसे एन.डी.ए. सरकार के समय भूटान पर एक दबाव बनाया गया था कि वहां पर जितने भी उल्फा के उग्रवादी होंगे, उनके खिलाफ सख्त कार्रवाई होनी चाहिए। उसी तर्ज पर हम बांग्लादेश पर दबाव क्यों नहीं बना पा रहे हैं?

सभापति महोदय, गृह मंत्री जी ने गृह मंत्रालय की अनुदान से संबंधित जो मांगें प्रस्तुत की हैं, उसके बारे में मैं अपने वक्तव्य को आगे बढ़ाते हुए आपके माध्यम से गृह मंत्री जी से अनुरोध करना चाहूँगा कि हम देश की आंतरिक सुरक्षा के मुद्दे को बाह्य सुरक्षा से कहीं कम ना समझे। लेकिन दुर्भाग्य है कि उसे लगातार कम आंकने का प्रयास किया जा रहा है। हर मुद्दे पर उसके प्रति लापरवाही बरती जा रही है। गृह मंत्री जी ने जो मांगें प्रस्तुत की हैं, हम कहते हैं कि आप उन्हें लीजिए, उसमें कहीं कोई रोक–टोक नहीं है, पूरा सदन एकमत से देश के सुरक्षा तंत्र को मजबूत करने के लिए उनकी सुविधाओं को बढ़ाने का पक्षधर है। लेकिन आतंकवाद के खिलाफ, उग्रवाद के खिलाफ, अलगाववाद या नक्सलवाद के खिलाफ देश की जो ठोस रणनीति होनी चाहिए, वह कमी अक्सर दिखाई देती है। उस प्रकार की दृढ़ इच्छा शक्ति की कमी देश के नेतृत्व के अंदर दिखाई देती है और मैं उस सम्बन्ध में कहना चाहता हूँ कि इस देश के अंदर अवैध रूप से बांग्लादेशी घुसपैठियों की संख्या जिस रूप से बढ़ी है,

बांग्लादेश में सन 2001 के अपने सेंसस में इस बात को स्वीकार किया कि उसके 3 करोड़ नागरिक बांग्लादेश से गायब हैं। स्वाभाविक रूप से वे 3 करोड़ लोग गायब नहीं हुए हैं। यदि असम के राज्यपाल की रिपोर्ट पर ध्यान दिया जाए तो उन्होंने इस गंभीर खतरे की ओर भारत का ध्यान आकर्षित भी किया भी है कि 5,000 से 6,000 लोग प्रतिदिन बांग्लादेश से भारत आ रहे हैं। पूर्वोत्तर के कई राज्यों में जनसांख्यिककीय असंतुलन की स्थिति पैदा हुई है। कौन नहीं जानता कि बांग्लादेशी घुसपैठिए भारत के अंदर हूजी के सबसे बड़े नेटवर्क के रूप में काम कर रहे हैं। आई.एस.आई. ने पूरे देश के अंदर अपना जो नेटवर्क फैलाया है, बांग्लादेशी घुसपैठिए उनके लिए सबसे महत्वपूर्ण भूमिका का निर्वाह कर रहे हैं। वे दिनभर विभिन्न क्षेत्रों में जाएंगे, गलियों में घूमेंगे और पुनः उन क्षेत्रों में जाकर कहीं का बम विस्फोट करवाते हैं, कहीं निर्दोष नागरिकों की हत्या करवाते हैं। ना केवल कानून–व्यवस्था के लिए अपितु राष्ट्र की आंतरिक सुरक्षा के लिए भी खतरनाक स्थिति बांग्लादेशी घुसपैठियों ने की है। लेकिन दुर्भाग्य है कि इस सब के बावजूद बांग्लादेशी घुसपैठियों के बारे में गृह मंत्री जी का जिस प्रकार का वक्तव्य आता है, वह अत्यंत खेदजनक है। दूसरा, 2 घटनाएं घटित होती हैं, उत्तर प्रदेश के अंदर जो 2 दुर्भाग्यपूर्ण घटनाएं घटित हुई थीं, लखनऊ, फैजाबाद और वाराणसी में सीरियल बम ब्लास्ट हुए थे। उसके बाद सी.आर.पी.एफ. के कैंप पर रामपुर में आतंकी हमला हुआ था। दोनों में राज्य सरकार केंद्र सरकार पर जिम्मेदारी थोप रही थी और केंद्र सरकार राज्य सरकार पर थोप रही थी, यानि आतंकवाद के खिलाफ राष्ट्रीय सुरक्षा और आंतरिक सुरक्षा के प्रति हम सबमें बेहतर तालमेल हो। जब राज्य सरकार और केंद्र सरकार के बीच ही तालमेल नहीं होगा तो स्वाभाविक रूप से खुफिया तंत्र के बीच तालमेल होने की संभावना या पुलिस और अर्धसैनिक बलों में किसी प्रकार का तालमेल हो, इसकी संभावनाएं स्वयं ही समाप्त हो जाती हैं। यह देश के लिए चिंताजनक है। इससे राष्ट्रीय एकता और अखंडता प्रभावित हो रही है यही कारण है कि कई क्षेत्रों

में राष्ट्र की एकता को चुनौती देने की मुद्रा में तमाम वे संगठन उठ खड़े हुए हैं जिनकी पूर्व सरकारों ने कमर तोड़ दी थी। वे लोग फिर से सिर उठाकर चुनौती दे रहे हैं और उसी संदर्भ में नेपाल की घटना भी है। आज इसमें कोई संदेह नहीं है। हम लोग पाकिस्तान को कहते थे कि वह हमारे देश में आतंकवादी गतिविधियों को बढ़ा रहा है। हम बांग्लादेश को हमेशा हल्केपन से लेने का प्रयास कर रहे हैं, लेकिन आज पूर्वोत्तर राज्यों में जितने भी आतंकवादी संगठन हैं, देश में हुजी, सिमी, लश्कर–ए–तैयबा और जैश–ए–मोहम्मद जैसे जितने भी आतंकवादी संगठन हैं, उन सब की गतिविधियों का केंद्र वहां है।

मुझे आश्चर्य होता है कि लश्कर–ए–तैयबा या जैश–ए–मोहम्मद जैसे आतंकवादी संगठनों से इनका क्या सम्बन्ध है? अगर कोई सदस्य इस सदन में रहकर आतंकवादी संगठनों की हिमायत करता है तो उसे धक्के मारकर इस सदन से बाहर किया जाना चाहिए, उसे अपमानजनक तरीके से सदन से बाहर निकाला जाना चाहिए। अगर देश के सर्वोच्च सदन में रहकर कोई सदस्य आतंकवादी संगठनों को खुलेआम प्रश्रय देता है तो यह शर्मनाक स्थिति होगी। ऐसे लोगों के चेहरे देश की जनता के सामने आने चाहिए। बांग्लादेश पहले ही इन सब गतिविधियों में लिप्त था, लेकिन आज हमारा सहोदर और मित्र राष्ट्र नेपाल जिस दुर्गति को प्राप्त हुआ है, वहां माओवादियों ने जिस प्रकार से चुनाव के माध्यम से बढ़त हासिल की है, वह दुखद है।

पिछले 2 वर्षों में माओवादियों ने जबरन वहां पर भारत विरोधी आतंकवादी गतिविधियों का गढ़ बनाया है। हमारी नेपाल से लगने वाली 1751 किलोमीटर सीमा आज अत्यंत संवेदनशील एवं खतरनाक हो चुकी है। एन.डी.ए. सरकार के काल में वहां सशस्त्र सीमा बल की तैनाती की गई, लेकिन सशस्त्र सीमा बल के पास संसाधनों की कमी है। मैंने इसके बारे में आपको एक पत्र गत 31 मार्च को लिखा था। सशस्त्र सीमा बल का मुख्यालय और ग्रुप सेंटर एफ.सी. आई. कैंपस में बना हुआ है। वहां की स्थिति यह है कि कुछ समय पहले जब मैंने वहां का दौरा किया था तो उस समय वहां पिछले

5 दिनों से विद्युत सप्लाई नहीं आ रही थी। वहां इसकी वजह से बहुत खराब स्थिति बनी हुई थी, बगावत की स्थिति बन गई थी, तो उस समय मैं वहां मौके पर गया। वहां मैंने उत्तर प्रदेश पावर कारपोरेशन के अधिकारियों को बुलाया था। स्थानीय अधिकारियों ने वहां विद्युत सप्लाई बहाल करने से बिल्कुल मना कर दिया। मैंने उनसे कहा कि ये लोग सीमा पर सुरक्षा का दायित्व निभा रहे हैं, आखिर इनको क्यों वंचित किया जा रहा है, तो मुझे बताया गया कि उनके ऊपर 3 करोड़ रुपए का विद्युत बिल बकाया है, जिसकी वजह से लखनऊ के आदेश पर विद्युत सप्लाई रोकी गई है। इसके बारे में मैंने पावर कारपोरेशन के एम.डी. से भी बात की। मैंने उनसे कहा कि 1 महीने के लिए वहां बिजली सप्लाई चालू कर दी जाए और इस समयावधि में हम लोग इसके बारे में गृह मंत्री जी और गृह मंत्रालय से बकाया बिल का भुगतान करने के लिए अनुरोध करेंगे।

महोदय, जब इस क्षेत्र में एस.एस.बी. की तैनाती की गई तो हम लोग आश्वस्त थे कि भारत–नेपाल सीमा पर जो तस्करी होती थी, मादक द्रव्यों और असलहों की तस्करी होती थी उन पर अंकुश लगेगा। एस.एस.बी. को इस काम में काफी हद तक सफलता भी मिली थी, लेकिन अकेले गत फरवरी महीने में गोरखपुर से होते हुए सोनौली सीमा को पार करके कई ट्रक नेपाल के अंदर गए, जब वे भैरहवा में पकड़े गए, वहां के स्थानीय नागरिकों ने जब उन ट्रकों को पकड़ कर उनसे असलहे बरामद किए, तो काफी दिनों तक नेपाल के अंदर भी इस बात के लिए उपद्रव होता रहा कि इस प्रकार के असलहे कैसे उस पार गए। यह जांच का विषय होना चाहिए कि अगर वहां पर एस.एस.बी. है तो क्या उसे इन वाहनों की या किसी प्रकार आवागमन पर रोक–टोक लगाने, जांच करने की शक्ति प्राप्त है। अगर यह शक्ति प्राप्त नहीं है तो उन्हें शक्ति प्रदान की जानी चाहिए जिससे कि वाहन जांच के बाद ही सीमा के पार जा सकें या हमारी सीमा के भीतर आ सकें। कौन नहीं जानता है कि इस देश की संसद पर हुए हमले का एक षड्यंत्रकारी गाजी बाबा, जिसे कश्मीर

में बी.एस.एफ. ने मार गिराया, वह बार–बार कराची से काठमांडू और काठमांडू से होते हुए कश्मीर में घुसता था। इस तरह आज नेपाल भारत विरोधी गतिविधियों का केंद्र बन चुका है। चाहे वह नक्सलवाद हो या नॉर्थ–ईस्ट के आतंकवादी संगठन हों, सभी के अड्डे नेपाल में बन चुके हैं। इन सबका एक अड्डा आज नेपाल बन चुका है। इसलिए नेपाल की स्थिति पर हम उतने ही गंभीर हों, जितना की हम उसे अब तक हल्केपन से लेते रहे हैं। मैं गृहमंत्री जी से अनुरोध करना चाहूँगा कि आखिर क्या कारण है कि भारत में नक्सलवादी हैं, आतंकवादी हैं और उग्रवादी हैं। नेपाल के माओवादियों को हम लोगों ने पहले आतंकवादी क्यों नहीं माना? नेपाल का माओवादी कैसे राष्ट्रवादी हो सकता है। नेपाल के माओवादियों को किन कारण ों से सत्ता में हावी होने के लिए हम लोग मौका देते रहे और किस प्रकार से उन्हें प्रेरित करते रहे? इस देश के कुछ राजनीतिक दलों के लोग खुलेआम उन्हें प्रश्रय देते रहे हैं, यह अत्यंत ही दुर्भाग्यपूर्ण है। इस पर भी चर्चा होनी चाहिए कि आखिर वे कौन लोग हैं, जो राजनीति के केंद्र में बैठकर राजनीतिक दलों के नाम पर लोकतांत्रिक प्रक्रियाओं पर अपना विश्वास जताने के बावजूद भी इस प्रकार के आतंकी समूहों को सरेआम संरक्षण देते हैं। नेपाल की स्थिति वही है।

माननीय प्रधानमंत्री जी ने एक बार मुख्यमंत्रियों के सम्मेलन में इस बात को कहा था कि नक्सलवाद देश की आंतरिक सुरक्षा के लिए खतरनाक है। अगर नक्सलवाद खतरनाक है तो फिर मैं जानना चाहता हूँ कि आखिर बिहार में एम.सी.सी. से चुनावी गठबंधन करने का प्रयास कौन करता है? आंध्र प्रदेश में पी.डब्लयू.जी. से समर्थन कौन लोग लेते हैं? इस देश के विभिन्न भागों में इस प्रकार की दुर्भाग्यपूर्ण स्थिति क्यों हुई हैं? केंद्र में यू.पी.ए. सरकार आने के बाद उल्फा ने असम और पूर्वोत्तर के राज्यों में सिर उठाना शुरू कर दिया है। ये सब ऐसे विषय हैं, जिन पर विचार किया जाना चाहिए।

सभापति महोदय, मैं आपके माध्यम से गृहमंत्री जी से अनुरोध करना चाहूँगा कि पाकिस्तान और बांग्लादेश से ज्यादा खतरनाक

नेपाल बनने जा रहा है। माओवादियों ने माओलैंड की बात कही है। उनका माओलैंड नेपाल तक ही सीमित नहीं है, उसकी सीमा हिमालय के उत्तंग शिखर से लेकर आपके दक्षिण भारत तक जाती है। इस माओलैंड से भारत को आप कैसे बचा पाएंगे, इसके लिए गृह मंत्रालय ने अभी से कोई प्रयास शुरू किया है या नहीं? अब तक माओवादी डर कर और छिपकर हमला करते थे, लेकिन नेपाल में जिस दिन से वह सत्ता में आएंगे वह दिन भारत के लिए दुर्भाग्यपूर्ण होगा। भारत की आंतरिक सुरक्षा के साथ–साथ भारत की एकता और अखंडता के लिए भी खतरनाक होगा, क्योंकि नक्सलवादियों का दुस्साहस बढ़ेगा और देश में आतंवादी गतिविधियों में लिप्त संगठनों का भी दुस्साहस बढ़ेगा।

पुलिस के लिए कुछ सुझाव दिए गए थे। आखिर पुलिस के आधुनिकरण का क्या हुआ? उसके आधुनिकीकरण के नाम पर जो पैसा विभिन्न राज्यों को दिया गया, क्या उसकी मॉनिटरिंग की व्यवस्था हुई? आखिर इस मद का पैसा कहां खर्च हुआ? हमें जो जानकारी मिली है, उसके अनुसार कई राज्यों ने उस पैसे को दूसरी मदों में खर्च किया है। पुलिस की स्थिति विभिन्न राज्यों में क्या है, मैं इस बारे में थोड़ी सी जानकारी देना चाहता हूँ। बिहार में 1262 नागरिकों पर एक पुलिस कांस्टेबल है और उत्तर प्रदेश जैसे राज्य में 1060 नागरिकों पर एक पुलिस कांस्टेबल है। यह स्थिति इसलिए है कि आप लोगों को रोजगार नहीं दे पा रहे हैं, उन्हें नौकरी नहीं दे पा रहे हैं। इसलिए स्वाभाविक रूप से पुलिस में इतने पद खाली हैं। उन पदों को भरने के लिए निर्देश देना, जो भी उनकी बुनियादी सुविधाएं हैं, उन्हें प्रदान करना, आतंकवादी और नक्सलवादियों की तर्ज पर पुलिस को आधुनिक हथियार दिए जाने की बात भी थी और उन हथियारों की आपूर्ति सुनिश्चित करके उनकी मॉनिटरिंग करने की बात भी थी। लेकिन यह सब कुछ नहीं हो पाया है। केवल हम पुलिस को 303 की गन देकर कहें कि वह ए.के.–47, का मुकाबला करें 9 एम.एम. की पिस्टल का मुकाबला पुलिस करे, तो यह संभव

नहीं हो पाएगा। इसलिए सुरक्षा बलों को अत्याधुनिक हथियार देने होंगे और उन्हें अन्य सुविधाएं भी देनी होंगी।

एक नई परिपाटी चली है, रामपुर की घटना ने देश की आंखें खोल दी है। अभी तक जम्मू–कश्मीर में ही इस प्रकार की घटना घटी थी। आतंकवादियों को अर्धसैनिक बलों और पुलिस में भर्ती करने की प्रक्रिया शुरू की गई है, इसे तुरंत रोका जाए। जब तक उन लोगों की पूरी जांच–पड़ताल ना हो जाए, आप उन्हें सिविल कार्य दे दें। लेकिन अगर आप उन्हें पुलिस या अर्धसैनिक बलों में भर्ती करेंगे तो उनके हाथ में जो हथियार आएंगे वे कहां जाएंगे, बंदूक की नाल किधर जाएगी, इसका प्रमाण हमें रामपुर में मिल गया है। जम्मू में एक उग्रवादी की भर्ती सी.आर.पी.एफ. में की गई, वह रामपुर में जाता है और वहां जाकर उस व्यक्ति के द्वारा कृत्य किया गया, मैं समझता हूँ उसे छिपाने का काम किया जा रहा है। इसलिए इस पर विशेष ध्यान देने की आवश्यकता है।

मैं यही अनुरोध करना चाहूँगा कि आपने जो गृह मंत्रालय की मदें यहां पेश की हैं, किसी का उस पर विरोध नहीं होना चाहिए। देश की आंतरिक सुरक्षा के प्रति देश का हर नागरिक चिंतित है। देश में भयमुक्त वातावरण हो, लेकिन भयमुक्त वातावरण के साथ–साथ इस राष्ट्र के हर नागरिक को सुरक्षायुक्त वातावरण प्रदान करना भी सरकार का दायित्व होना चाहिए। सरकार इसे गंभीरता से ले। राज्यों और केंद्र के बेहतर सम्बन्ध बनें, खुफिया एजेंसियों में आपस में बेहतर तालमेल बने और पुलिस, गृह मंत्रालय और सेना की एजेंसियों के बीच में बेहतर तालमेल बने और राष्ट्र की आंतरिक सुरक्षा के प्रति हम जिम्मेदारी का निर्वहन कर सकें।

इसी आशा और विश्वास के साथ, आपने यहां पर जो गृह मंत्रालय की अनुदान मांगें प्रस्तुत की हैं, ना चाहते हुए भी मैं उनका समर्थन करता हूँ।

–21 अप्रैल, 2008

सभापति महोदय, परिवार नियोजन व्यवस्था में बहुत सारे मतभेद हैं। हो सकता है कि कुछ लोग संजय गांधी के मामले का समर्थन नहीं करते हों लेकिन उनके फैसले स्वयं के हित में नहीं रहे होंगे। उन्होंने उस समय समाज और राष्ट्र की समस्या को जानकर ही उस तरह की व्यवस्था लागू करने का प्रयास किया। लेकिन उस फैसले को एक नकारात्मक दृष्टि से देखा गया। हम लोग हर कार्य को नकारात्मक दृष्टि से क्यों लेते हैं, हम उसे सकारात्मक दृष्टि देने का प्रयास क्यों नहीं करते हैं?

जनसंख्या नियंत्रण अत्यंत आवश्यक है

सभापति महोदय, जनसंख्या स्थिरीकरण सम्बन्धी माननीय स्वास्थ्य एवं परिवार परिवार कल्याण मंत्री जी ने जो प्रस्ताव सदन के सम्मुख रखा है, मैं इस साहसिक कदम के लिए उन्हें धन्यवाद देता हूँ और इस प्रस्ताव का स्वागत भी करता हूँ। लेकिन उनके द्वारा जो प्रस्ताव आया है, सरकार ने अब तक जो उपाय प्रारंभ किए थे, यह उन्हीं में थोड़े बहुत संशोधन से संबंधित है। इसलिए आने वाले समय में हम लोग जनसंख्या को प्रभावी रूप से नियंत्रित कर पाएंगे, मुझे इस पर अभी भी संदेह है। लेकिन निसंदेह यह अच्छा प्रयास है, इसलिए इसका स्वागत किया जाना चाहिए। जनसंख्या विस्फोट की इस समस्या को कम से कम सरकार ने स्वीकार किया, वरना अब तक इस समस्या को ये लोग स्वीकार ही नहीं कर रहे थे।

जनसंख्या विस्फोट है लेकिन इस देश के लिए संसाधन नहीं है जो एक समस्या बनती जा रही है। आज भी इस देश में बहुत बड़ी जनसंख्या निरक्षर है जिन्हें बुनियादी सुविधाएं प्राप्त नहीं हो पाती हैं। हम ग्रामीण क्षेत्रों में जाते हैं और देखते हैं कि उन लोगों के लिए सड़क नहीं, शुद्ध पेयजल की व्यवस्था नहीं है। वहां विद्यालय नहीं हैं, चिकित्सालय की उचित व्यवस्था नहीं है। किसी भी बुनियादी सुविधा से वंचित लोगों से समाज के निर्माण में या राष्ट्र के विकास में योगदान करने की अपेक्षा मुझे लगता है कि यह अत्यंत अव्यावहारिक होगी। इसलिए सरकार ने अगर इस समस्या को सुना और इस समस्या का समाधान करने के लिए एक प्रस्ताव के माध्यम से प्रयास किया है तो

मैं विश्वास कर सकता हूँ कि वह एक संकल्प के रूप में भी सदन में आ जाएगा और पूरा देश उस संकल्प के साथ जुड़कर इस बीमारी के उपचार में अपना योगदान देगा। जनसंख्या विस्फोट के देश में बहुत से कारण हैं। जिनमें कुछ रुढ़िवादी कारण हैं। मुझे आश्चर्य होता है कि जब पल्स पोलियो अभियान चलते हैं तो कुछ मजहबी वर्ग उसे स्वीकार नहीं करते हैं। वे कहते हैं कि पल्स पोलियो ड्रॉप्स हम लोगों की जनसंख्या रोकने के लिए एक षड़यंत्र हो रहा है।

सभापति महोदय, मुझे याद है कि पूर्वी उत्तर प्रदेश में इंसेफलाइटिस एक बीमारी है और इससे पिछले 25–30 वर्षों में बहुत बड़ी संख्या में मौतें हो रही हैं। एन.डी.ए. सरकार के समय वहां के क्षेत्रों में टीकाकरण की व्यवस्था की गई थी। वर्ष 2005–06 में पहली बार वहां टीकाकरण का प्रयास प्रारंभ हुआ था। मैं विभिन्न क्षेत्रों में देखने के लिए गया था कि 1 से 15 वर्ष के बच्चों पर कहां–कहां टीकाकरण हो रहा है। मुझे आश्चर्य हो रहा था कि उस समय भी पल्स पोलियो की तर्ज पर बहुत सारे मजहबी समूह टीकाकरण का बहिष्कार कर रहे थे। उन्होंने कहा कि हम टीकाकरण नहीं लेंगे, यह हमारे खिलाफ बहुत बड़ी साजिश है। मुझे लगता है कि यह रूढ़िवादिता है, इसे या तो जागरूकता के माध्यम से या प्रभावी कानून बनाकर या फिर समाज के उन मजहबी समूहों के जो धार्मिक नेता हैं, उनके माध्यम से रूढ़िवादिता को समाप्त करने का प्रयास होना चाहिए था लेकिन वह नहीं हुआ। अब मुझे लगता है कि जब हिंदू परंपरा में भी किसी को आशीर्वाद देते थे तो 100 पुत्र होने का आशीर्वाद देते थे। लेकिन वह परंपरा हटी, लोग उससे हटे। एक शुद्ध हिंदू परंपरा में चार आश्रमों की व्यवस्था की गई है। 1 से 25 वर्ष तक ब्रह्मचर्य आश्रम, 25 से 50 वर्ष तक गृहस्थ आश्रम, 50 से 75 वर्ष तक वानप्रस्थ आश्रम और 75 वर्ष के बाद अगर आदमी जीता है तो संन्यास आश्रम की परंपरा का विधान किया गया था। मेरे विचार में समाज की सभी समस्याओं का एक आदर्श समाधान प्रस्तुत करता था। आज यहां जो बातें हो रही हैं कि बाल विवाह होते हैं, कुपोषण की समस्या आती है। इन समस्याओं

के समाधान का उचित माध्यम आश्रम व्यवस्था थी। बालिका की आयु 18 वर्ष और बालक की आयु 21 वर्ष विवाह के लिए किस प्रकार से की गई है? मेरे विचार से यह मेडिकल साइंस के अनुसार भी नहीं है और यह सामाजिक व्यवस्था के अनुरूप भी नहीं है। अगर आपको करना था तो एक आदर्श आश्रम परंपरा थी, आप विवाह की आयु 25 साल क्यों नहीं कर रहे हैं, 21 वर्ष ही क्यों करना चाहते हैं? आप 25 साल तक कर सकते हैं। अगर आप 18 और 21 वर्ष कर सकते हैं तो 23 से 25 साल से पहले हम शादी नहीं होने देंगे, अगर यह भी एक कानून बने और देश में सभी लोगों पर समान रूप से लागू हो तो उसमें किसी को आपत्ति नहीं होगी।

सभापति महोदय, परिवार नियोजन व्यवस्था में बहुत सारे मतभेद हैं। हो सकता है कि कुछ लोग संजय गांधी के मामले का समर्थन नहीं करते हों लेकिन उनके फैसले स्वयं के हित में नहीं रहे होंगे। उन्होंने उस समय समाज और राष्ट्र की समस्या को जानकर ही उस तरह की व्यवस्था लागू करने का प्रयास किया। लेकिन उस फैसले को एक नकारात्मक दृष्टि से देखा गया। हम लोग हर कार्य को नकारात्मक दृष्टि से क्यों लेते हैं, हम उसे सकारात्मक दृष्टि देने का प्रयास क्यों नहीं करते हैं?

हम उसमें सकारात्मक दृष्टिकोण क्यों नहीं अपनाते हैं? मुझे लगता है कि अगर समाज की इन सभी दुर्वयस्थाओं का समाधान करना है तो हमें इस समस्या पर कहीं ना कहीं कोई प्रभावी कानून बनाने के लिए तैयार होना पड़ेगा। एक बात तो यह है।

महोदय, दूसरी बात, हम लोगों के सामने एक समस्या और आई है। आज देश की आबादी लगभग 120 करोड़ है। इसमें से 4 से 6 करोड़ विकलांग बच्चे हैं, जो शारीरिक और मानसिक रूप से विकलांग हैं। मैं माननीय मंत्री जी से कहना चाहूँगा कि आने वाले समय में उनकी भी संख्या बढ़ेगी। वेक्टरजनित बीमारियां बढ़ रही है, इंसेफलाइटिस बढ़ रहा है, डेंगू है, कालाजार आदि के प्रभावी उपचार की कोई व्यवस्था आज तक नहीं हो पाई है। आप कुछ भी कहें, आपके

आंकड़े कुछ भी कहते हों कि देश के अंदर इतने प्राथमिक स्वास्थ्य केंद्र हैं, इतने सामुदायिक स्वास्थ्य केंद्र हैं, लेकिन क्या सचमुच वे प्राथमिक स्वास्थ्य केंद्र, सामुदायिक स्वास्थ्य केंद्र उन ग्रामीण क्षेत्रों में स्वास्थ्य की सुविधा दे पा रहे हैं। स्वास्थ्य की उचित सुविधा तो दूर क्या वे प्राथमिक स्वास्थ्य की सुविधाएं भी वहां उपलब्ध करा पा रहे हैं, कोई उपलब्ध नहीं करा रहा है। आंगनबाड़ी की जो कार्यकर्तियां ग्रामीण क्षेत्रों में कार्य करती हैं, क्या वे ईमानदारी से कार्य कर रही हैं? क्या बाल–पुष्टाहार जो उनके द्वारा वितरित होना है, वह सचमुच वहां तक जाता है, वह वहां तक नहीं जाता है। वह ब्लॉक स्तर पर बिक जाता है। ब्लॉक स्तर पर ही उस सारे बाल–पुष्टाहार को कुछ लोग बेच देते हैं। क्या आप यह कल्पना करेंगे कि हम उनके माध्यम से ग्रामीण क्षेत्रों में फैमिली प्लानिंग की योजना को पहुंचाएंगे। जो बाल–पुष्टाहार उन तक नहीं पहुंच रहा है, आप इसकी ईमानदारी से जांच कराएंगे तो इस मामले में बहुत सारे आंकड़े आपके पास आएंगे। आपको एक विभत्स दृश्य देखने को मिलेगा। जिस प्रकार से पब्लिक डिस्ट्रीब्यूशन सिस्टम में तमाम प्रकार की विसंगतियां हैं, वैसे ही इस मामले में लूट–खसोट चरम पर है। जब लूट–खसोट होगी और आप उनके माध्यम से इस योजना को लागू करने की बात कर रहे हैं तो मुझे संदेह पैदा होता है। आपने उन विकलांग, वृद्ध लोगों के पुनर्वास की क्या व्यवस्था की है? उनके लिए कोई व्यवस्था नहीं है। एक समय भारत में संयुक्त परिवार की परंपरा थी। यह ठीक बात थी, लेकिन जैसे–जैसे आधुनिकरण और पाश्चात्य संस्कृति का प्रभाव पड़ता जा रहा है, वैसे–वैसे संयुक्त परिवार टूटते जा रहे हैं, समाप्त होते जा रहे हैं। चूंकि हम लोग आश्रमों में रहते हैं, हम इस बात को देखते हैं। हमारे पास बुजुर्ग आते हैं और कहते हैं कि हमारे लड़के ने हमें घर से निकाल दिया। आप हमारे लिए कोई व्यवस्था कीजिए, हम भी यहीं रहना चाहते हैं। उन वृद्ध लोगों की एक बहुत बड़ी संख्या है। आप उन लोगों के लिए क्या व्यवस्था कर रहे हैं, सरकार उनके लिए क्या कदम उठाने जा रही है? महिला और पुरुष के अनुपात

में बहुत सारे राज्यों में जो विसंगतियां आई हैं, उस विसंगति को दूर करने के लिए महिला सशक्तिकरण का अभियान चलना चाहिए। यह अभियान बिल्कुल चलना चाहिए और हर व्यक्ति इसका समर्थन करेगा। भारतीय मातृशक्ति का पाश्चात्यीकरण ना हो, मुझे लगता है कि यह भी एक खतरा है, संकेत है, हम लोगों को इस पर भी अवश्य ध्यान देना पड़ेगा।

महोदय, बहुत सारी चीजें हैं। जनसंख्या विस्फोट का कारण गरीबी और अशिक्षा है। गरीबी होगी तो अशिक्षा होगी ही। इसके साथ–साथ बाहर से आने वाले लोग भी कम जिम्मेदार नहीं हैं। आज के दिन बांग्लादेश की लगभग 5 करोड़ की आबादी भारत में रह रही है, वे झुग्गी–झोपड़ियों में जगह–जगह रह रहे हैं। सुप्रीम कोर्ट का ऑर्डर होने के बावजूद भी हम उन्हें वापस भेजने के लिए तैयार नहीं हैं, हम उन्हें केवल राजनीतिक दृष्टिकोण से देखने का प्रयास कर रहे हैं। मुझे लगता है कि जब तक हम राजनीतिक दृष्टिकोण से ऊपर उठकर, राष्ट्र के हित को सर्वोपरि मानकर कोई प्रभावी कदम नहीं उठाएंगे, मुझे लगता है कि तब तक हम जनसंख्या विस्फोट को नियंत्रित नहीं कर पाएंगे। इसके साथ–साथ आपने जो कुछ बातें यहां पर कहीं हैं, खासतौर से फैमिली प्लानिंग के बारे में, हम लोगों को यह करना चाहिए कि अगर कोई राष्ट्रीय कार्यक्रम है तो वह कार्यक्रम राष्ट्र के प्रत्येक नागरिक पर समान रूप से लागू होना चाहिए। अगर राष्ट्र का हर व्यक्ति राष्ट्र की सभी सुविधाओं का उपभोग समान रूप से कर रहा है तो राष्ट्र के कार्यक्रम को या राष्ट्र के कानून को उस पर समान रूप से लागू क्यों नहीं किया जा सकता है। मैं आपसे अनुरोध करूंगा कि इसके लिए एक प्रस्ताव नहीं, एक बिल लेकर आना चाहिए। एक समान जनसंख्या नीति को पूरे देश के अंदर लागू करने के लिए इस प्रकार का एक बिल इस सदन में आना चाहिए। इस पर प्रभावी अंकुश लगाने के लिए इस प्रकार के कड़े कदम उठाने की आवश्यकता है। आपने अपने प्रस्तावना भाषण

में उत्तर प्रदेश, बिहार, मध्य प्रदेश और राजस्थान राज्य के बारे में इस बात का उल्लेख किया था कि इन राज्यों में जनसंख्या की दर अन्य राज्यों की तुलना में बहुत ज्यादा है।

हम मानते हैं कि प्रदेशों की जनसंख्या पहले से ही बहुत ज्यादा है। जनसंख्या का सघन अनुपात इसी क्षेत्र में भी है। प्रकृति और परमात्मा की ऐसी कृपा भी इस क्षेत्र विशेष पर है, ये क्षेत्र वैसे भी अपने आप में प्राकृतिक दृष्टि से फर्टाइल है ही, जनसंख्या की दृष्टि से फर्टाइल होगा इसमें कोई संदेह नहीं है।

सभापति महोदय, मैं आपके माध्यम से मंत्री जी से यह भी जानना चाहूँगा कि क्या सरकार ने कोई सर्वे करवाया कि इन क्षेत्रों में जनसंख्या का जो सघन घनत्व है, उस सघन घनत्व के साथ–साथ ऐसे कौन से वे समूह है जिनकी जनसंख्या की दर ज्यादा पाई गई है। क्या सरकार इस बात को सदन के सामने रखेगी? जनसंख्या स्थिरीकरण के बारे में, सरकार ने अभी तक जो बातें फैमिली प्लानिंग से संबंधित की हैं या रखी हैं, मुझे उसमें संदेह है। मैं आपसे अनुरोध करना चाहूँगा कि सरकार इस पर ईमानदारी से प्रयास करे। राष्ट्र के व्यापक हित में, राष्ट्रीय परिप्रेक्ष्य में उस पर ध्यान देने के लिए एक समान जनसंख्या निति पूरे देश के अंदर बने। इसके लिए आवश्यकता पड़ती है तो जनसंख्या नियंत्रण के लिए एक प्रभावी कानून भी बनाया जाना चाहिए। जो लोग शासन की उस नीति को नहीं मानते हैं या नेशनल प्रोग्राम में भागीदार नहीं होते हैं, उन पर बहुत सारे अंकुश लगाएं। उसे सरकारी सुविधा से वंचित किया जा सकता है, आप उसे मताधिकार से वंचित कर दीजिए। बहुत सारे राज्यों में यह व्यवस्था है कि वहां पर पंच, प्रधान नहीं बन सकता या फिर वहां पर चेयरमैन नहीं हो सकता। क्या आप यह नहीं कह सकते कि जिसके दो से ज्यादा बच्चे होंगे, उसे हम सांसद और विधायक नहीं बनने देंगे। अगर यह भी आप लागू करेंगे और सरकारी नौकरी से वंचित करेंगे तो मुझे लगता है कि काफी हद तक इसे नियंत्रित करने में सफल होंगे।

आप इस प्रस्ताव को लाए हैं, इसलिए मुझे लगता है कि इस पर कोई फतवा भी जारी नहीं कर पाएगा। दिनेश जी या कोई अन्य मंत्री अगर इस प्रस्ताव को यहां रखते तो मुझे भय था कि इस पर फतवा जारी हो सकता था। आप इस प्रस्ताव को यहां लेकर यहां आए हैं, आपने एक साहसिक कदम उठाया है, जिसके लिए मैं आपको धन्यवाद देता हूँ और आपके इस प्रयास की सराहना करता हूँ।

—04 अगस्त, 2010

महोदय, इस सरकार ने अपना विजन सबके सामने रखा है। आप 5 वर्षों तक इंतजार कीजिए हम ने घोषणापत्र में जो बातें कही हैं वे सारी की सारी बातें आपके सामने होंगी। महोदय, इसके बारे में मुझे स्पष्ट करना है कि सरकार के शपथ ग्रहण समारोह के साथी हम लोगों ने कुछ बातें देखी होंगी। हमारी विदेश नीति में जंग लग चुकी थी। 10 वर्षों में हमारा पड़ोसी मित्र राष्ट्र नेपाल अपने अस्तित्व के लिए जूझ रहा था। नेपाल को इस बात की सजा दी गई कि वह हिंदू क्यों लिखता है? नेपाल को केवल इस बात की सजा दी गई। नेपाल से सम्बन्ध खराब, भूटान से सम्बन्ध खराब, पाकिस्तान बांग्लादेश से सम्बन्ध खराब, अफगानिस्तान से सम्बन्ध खराब और मालदीव जैसा छोटा सा देश भी भारत को चुनौती दे रहा था।

एक भारत-श्रेष्ठ भारत

सभापति महोदय, मैं आपका आभार व्यक्त करता हूँ कि आपने महामहिम राष्ट्रपति जी के अभिभाषण पर माननीय सदस्य श्री राजीव प्रताप रूडी जी द्वारा प्रस्तुत धन्यवाद प्रस्ताव और जिसका अनुमोदन श्री रामविलास पासवान जी ने किया है, उस पर मुझे बोलने का अवसर दिया है। महामहिम राष्ट्रपति जी के द्वारा संसद के संभावित सदन में जो अभिभाषण होता है वह सामान्यतः किसी भी सरकार की उपलब्धियों और भावी योजनाओं का एक दस्तावेज माना जाता है। यह नई सरकार है माननीय मोदी जी के नेतृत्व में इस सरकार ने कार्य प्रारंभ किया है तो स्वाभाविक रूप से ही सरकार की भावी योजनाएं क्या हैं? यह अभिभाषण में स्पष्ट दिखाई देता है जो देश को एक साथ लेकर सबका साथ–सबका विकास के लक्ष्य को लेकर के आगे बढ़ रहा है। उपलब्धियां स्वभाविक रूप से 1 वर्ष के बाद और 5 वर्ष के बाद जो हम चुनाव में जाएंगे सरकार पुनः जनता के बीच में लेकर के जाएगी। लेकिन यह सुयोग्य प्राप्त कैसे हुआ है? पहली बार हुआ है कि कोई सरकार जनता के बीच जा रही है तो उसके पास जनता को बताने के लिए अपनी कोई उपलब्धि नहीं थी एक नकारात्मक सोच के साथ यू.पी.ए. सरकार जनता के बीच में गई थी और उस नकारात्मक सोच के साथ हम लोग लगातार पिछले 10 वर्षों तक उस नकारात्मक सोच को देखते रहे और हम यह महसूस करते थे कि जनता को इनको अवश्य इसका सबक सिखाएगी और अंततः वही हुआ। आज कांग्रेस अपने आजादी के बाद की इतिहास

की सबसे कम संख्या पर आकर सिकुड़ गई है। मुझे लगता है कि अगर उन्होंने अपनी नकारात्मक भूमिका को नहीं छोड़ा तो कहीं यह स्थिति ना पैदा हो जाए कि उत्तर प्रदेश में बहुजन समाज पार्टी या समाजवादी पार्टी की हुई है। राष्ट्रीय स्तर पर कांग्रेस की वैसी स्थिति ना हो जाए। जब हम लोग इस बात को यहां पर कह रहे हैं तो मुझे उनसे इस बात को कहना है कि भारत माता के महान सपूत देश के पूर्व प्रधानमंत्री माननीय अटल बिहारी बाजपेयी ने एक बात कही थी कि छोटे मन से कोई बड़ा नहीं होता और टूटे दिल से कोई खड़ा नहीं होता। मुझे लगता है कि अपने मन को अब तो इनको बड़ा कर देना चाहिए, इस हार को स्वीकार करना चाहिए। मुझे लगता है कि यही कांग्रेस के हित में होगा और यही विपक्ष में बैठे हमारे साथियों के हित में होगा कि इन्हें अपने मन को बड़ा करना पड़ेगा और दिल को भी बड़ा करना पड़ेगा, जिससे देश के बारे में एक सही सोच को हम लोग लेकर आगे बढ़ सकें।

महोदय, इस सरकार ने अपना विजन सबके सामने रखा है। आप 5 वर्षों तक इंतजार कीजिए हम ने घोषणापत्र में जो बातें कही हैं वे सारी की सारी बातें आपके सामने होंगी। महोदय, इसके बारे में मुझे स्पष्ट करना है कि सरकार के शपथ ग्रहण समारोह के साथी हम लोगों ने कुछ बातें देखी होंगी। हमारी विदेश नीति में जंग लग चुकी थी। 10 वर्षों में हमारा पड़ोसी मित्र राष्ट्र नेपाल अपने अस्तित्व के लिए जूझ रहा था। नेपाल को इस बात की सजा दी गई कि वह हिंदू क्यों लिखता है? नेपाल को केवल इस बात की सजा दी गई। नेपाल से सम्बन्ध खराब, भूटान से सम्बन्ध खराब, पाकिस्तान बांग्लादेश से सम्बन्ध खराब, अफगानिस्तान से सम्बन्ध खराब और मालदीव जैसा छोटा सा देश भी भारत को चुनौती दे रहा था। लेकिन शपथ ग्रहण समारोह में दक्षेस देशों से जुड़े हुए सभी राष्ट्राध्यक्षों की उपस्थिति के साथ–साथ मारीशस के राष्ट्रपति की उपस्थिति इस सरकार की सफल विदेश नीति को प्रदर्शित करती है और जिस प्रकार के आमंत्रण आने प्रारंभ हुए हैं, दुनिया के तमाम राष्ट्राध्यक्षों की ओर

से जो संदेश मिले हैं वे संदेश स्पष्ट करते हैं कि एक सफल विदेश नीति को लेकर माननीय मोदी जी चल रहे हैं और यह सरकार विदेश नीति के मोर्चे पर अपनी पूर्ववर्ती एन.डी.ए. सरकार के उन कार्यक्रमों को लेकर आगे बढ़ेगी जहां पर माननीय अटल बिहारी वाजपेयी जी ने इसे छोड़ा था।

महोदय, यह सरकार आई थी और इस सरकार ने अपना कार्य प्रारंभ कर दिया था। विदेशों में रखा गया काला धन एक अनुमान है कि विदेशी बैंकों में लगभग 85 लाख करोड़ रुपए इस देश का काला धन रखा गया है। इस देश का 1 वर्ष का बजट 14 लाख करोड़ है और 85 लाख करोड़ रुपए विदेशी बैंकों में रखा है। इस सरकार ने आते ही एस.आई.टी. का गठन करके एक समयबद्ध ढंग से उस कार्यक्रम को आगे बढ़ाने के लक्ष्य के साथ आगे बढ़ी है। सरकार ने स्पष्ट किया है कि विदेशी बैंकों में रखा गया काला धन वापस देश में आएगा। देश की अर्थव्यवस्था को सुदृढ़ता प्रदान करेगा और हम भारत को आगे बढ़ाएंगे। इस लक्ष्य को साथ लेकर सरकार चली है।

महोदय, इस सरकार ने गंगा के बारे में गंगा की अविरल और गंगा की निर्मलता को लेकर गंगा पुनरुद्धार मंत्रालय गठित किया है और उस पर कार्य भी प्रारंभ हुआ है। इन्होंने भी कार्य प्रारंभ किया था। गंगा एक्शन प्लान लेकर के आए थे। लेकिन गंगा एक्शन में वर्ष 1986 में जो कार्य प्रारंभ हुआ था, मैंने वर्ष 2009 में अपना एक कॉलिंग अटेंशन यहां पर दिया था और तत्कालीन पर्यावरण और वन मंत्री से पूछा था कि गंगा एक्शन प्लान की सफलता क्या है ? उन्होंने कहा कि प्रथम चरण और द्वितीय चरण संपन्न हो गया है। वर्ष की 1986 की तुलना में वर्ष 2009 में पहले से ज्यादा प्रदूषित हो गई हैं।

दिल्ली में आप यमुना की स्थिति देखिए दिल्ली की तत्कालीन मुख्यमंत्री यमुना को साफ करती रह गईं और यमुना पहले से ज्यादा प्रदूषित हो गई। क्योंकि नीयत साफ नहीं थी उसकी सजा जनता ने उन्हें दी। गंगा की अविरलता को केवल बनाएंगे नहीं गंगा की निर्मलता और गंगा के साथ–साथ हिमालय क्षेत्र की जैव पारिस्थितिकी

को भी ध्यान में रखकर हिमालयन विश्व विद्यालय की स्थापना करेंगे। इस लक्ष्य के साथ सरकार ने अपने विजन को देश के सामने रख दिया है। देश की जनता के सामने रख दिया है। गंगा हमारे लिए एक नदी नहीं है, गंगा हमारे लिए एक आस्था है। यह भारत के कोटि–कोटि लोगों की जीवन आस्था का प्रतीक है। इस देश का कोई ऐसा सनातन धर्मावलंबी नहीं है जो गंगा जल को अपने घर में पवित्र रूप में रखकर इस्तेमाल न करता हो। मैं हूँ या अपने आपको लिबरल कहने वाले पप्पू यादव हो यदि गंगाजल को अपने घर में रखता होगा, भले ही यहां स्वीकार कर रहा है स्वीकार न कर रहा हो। लेकिन एक सच्चाई है कि बगैर गंगाजल में स्नान के और गंगा जल में अपने पूर्वजों का शुद्ध किए बगैर ये लोग भी अपने आपको धन्य नहीं मानते हैं। इसलिए महोदय गंगा के बारे में यह संकल्पना भी सरकार की थी।

महोदय, पिछले 5 वर्षों में सदन में नेपाल को लेकर बहुत चिंतित था। नेपाल हम लोगों के लिए चिंता का विषय इसलिए था कि चीन और भारत के बीच में एक बफर स्टेट के रूप में नेपाल और भूटान का अस्तित्व अत्यंत महत्वपूर्ण है। नेपाल और भूटान दोनों हमारे मित्र रास्ते हैं वहां पूरी व्यवस्था के संचालन में भारत का योगदान एक बड़े भाई के रूप में होता है। लेकिन नेपाल के साथ जिस प्रकार का व्यवहार हुआ उसका दुष्परिणाम नक्सली और माओवादी गतिविधियां भारत के अंदर तेज होने लगी और पिछले 5 वर्षों के दौरान जितने भी खूंखार और खतरनाक आतंकवादी पकड़े गए हैं, चाहे वे इंडियन मुजाहिदीन से जुड़े हुए हो या लश्कर–ए–तैयबा से जुड़े हुए हों या पाकिस्तान परस्त किसी भी आतंकवादी संगठन से जुड़े हुए हैं नेपाल के रास्ते भारत में प्रवेश किए थे और वे लगातार प्रवेश किए। पिछले तीन वर्षों में 300 से अधिक आतंकवादियों ने भारत में प्रवेश किया। हम लोग चिल्लाते थे। यहां सदन में कहते थे। हम लोग सड़क पर आंदोलन करते थे। लेकिन सरकार सुनने को तैयार नहीं थी। जब भी होता था वे नेपाल के रास्ते भारत में घुसते थे और उन्हें भारत

नेपाल बॉर्डर से लेकर के जम्मू–कश्मीर में पुनर्वास करने की बात होती थी। वर्ष 1990 में कश्मीर से निकाले गए कश्मीरी पंडितों के बारे में कोई नहीं कहता था। कश्मीर से निकाले गए सिखों के बारे में कोई नहीं कहता था। आखिर यही सदन है, यही राजनीतिक दल है, कश्मीरी पंडितों के बारे में कभी कोई नहीं बोला। वर्ष 1990 में जो जुल्म उन पर ढाए गए थे जो अमानवीय अत्याचार उन पर हुए थे उसके बारे में कभी कोई नहीं बोला था तब कहां धर्मनिरपेक्षता चली गई थी। तब किसी को धर्मनिरपेक्षता याद नहीं आ रही थी जब वहां पर हिंदुओं की निर्मम हत्या हो रही थी। उन्हें भगाया जा रहा था उनके घरों पर कब्जा किया जा रहा था तब कोई नहीं बोल रहा था। पहली बार हुआ है सरकार बनते ही नेपाल से भारत में घुसने वाली इंडियन मुजाहिदीन और लश्कर–ए–तैयबा के आतंकवादियों पर रोक लग गई है और अब एक भी आतंकवादी भारत के अंदर नहीं घुस सकता है और साथ साथ यह भी तय हो गया है कि पुनर्वास जम्मू कश्मीर के अंदर किसी का होगा तो उन कश्मीरी पंडितों का होगा जिन्हें वर्ष 1990 में उन्हीं के घर से उन्हीं की मातृभूमि से बेदखल कर दिया गया था। 25 वर्षों के बाद आज भी वे खानाबदोश की जिंदगी जी रहे हैं। उनका पुनर्वास होगा। आज भी सम्मान के साथ अपने घरों में जाएंगे तब कश्मीर के अंदर सांप्रदायिक सौहार्द बनेगा। तब भारत में एकता और अखंडता का एक नया स्वरूप सामने आएगा। सही मायने में वही भारत की सच्ची तस्वीर होगी यह सरकार की संकल्पना है और सरकार उस रूप में कार्य भी करेगी।

महोदय, मैं महंगाई के बारे में कहना चाहता हूँ। महोदय, महंगाई और भ्रष्टाचार एक दूसरे के पूरक हैं इस देश में यू.पी.ए.–1 और यू.पी.ए.–2 भ्रष्टाचार का एक प्रतीक बन गया था। भ्रष्टाचार के एक एक नये कारनामे सामने आते गए महंगाई बढ़ती गई। मुझे याद है कि वर्ष 2009 में तत्कालीन प्रधानमंत्री जी ने इसी सदन में घोषणा की थी कि 100 दिन के अंदर ही महंगाई को नियंत्रित कर लेंगे कितने 100 दिन निकल गए महंगाई नियंत्रित नहीं हुई। देश के लोग भूख

से मरते रहे हमारी मंत्री जो पंजाब से चुनकर आई हैं, वह बैठी हुई हैं यह बराबर चिल्लाती थी कि देश का अन्न सड़ रहा है, सरकार के पास कोई व्यवस्था नहीं थी। सरकार उन्हें खरीदफरोख्त करने में पूरी तरह विफल थी और हर मोर्चे पर अपनी विफलता साबित करती जा रही थी। आज इस सरकार ने अपनी इच्छाशक्ति से घोषित किया है कि हम महंगाई को भी नियंत्रित करेंगे, जमाखोरी और कालाबाजारी के खिलाफ कड़ी कार्रवाई करेंगे। मानसून के बारे में अभी से अटकलें लगाई जा रही हैं। सरकार ने पहले से अपना एजेंडा तय कर दिया है कि अगर खराब मानसून होता है किसानों की फसलों पर उसका कोई गलत प्रभाव पड़ता है। यह सरकार उसके लिए सहायता दी करेगी इसके लिए तैयार होगी। इस बात को लेकर सरकार पहले से ही अपनी तैयारी प्रारंभ कर चुकी है।

इस देश में जय जवान जय किसान एक नारा लगा था। देश के दूसरे प्रधानमंत्री माननीय श्री लाल बहादुर शास्त्री ने यह नारा दिया था जवानों की स्थिति क्या है, इस देश के एक जनरल अगर इस देश के रक्षा मंत्री से कहते हैं कि देश में सुरक्षा तैयारियां होनी चाहिए क्योंकि वर्ष 1999 के बाद हम लोगों ने कोई भी महत्वपूण र्ा उपलब्धि हासिल नहीं की थी। उसके बारे में तैयारी की जानी चाहिए कोई ध्यान नहीं दिया जाता। देश के आर्मी जनरल को देश के प्रधानमंत्री को पत्र लिखने के लिए मजबूर होना पड़ता है कि पाकिस्तान और चीन जैसे पड़ोसियों को देखते हुए हमारी रक्षा तैयारियां मजबूत होनी चाहिए। अगर युद्ध होता है तो हमारे पास मात्र 3 दिन का गोला बारूद है। उस जनरल को समय से पहले अवकाश पर भेज दिया जाता है। उनकी जन्मतिथि गलत ठहरा कर उन्हें अवकाश पर भेज दिया जाता है। और देश की सेना को हतोत्साहित किया जाता है। उनके मनोबल को तोड़ा जाता है दूसरी तरफ पिछले 10 वर्षों से इस देश में 5 लाख से भी ज्यादा किसानों ने आत्महत्या की है। यह सरकार किसानों के बारे में कोई ठोस रणनीति तय नहीं कर पाई है।

हमने सम्मान किया है, हम जवानों को भी सम्मान देंगे हम देश के किसानों को भी सम्मान देंगे। हम लोगों ने इस बात को तय किया है हम इस देश के गरीबों को सम्मान देंगे, जवानों को सम्मान देंगे, किसानों को भी सम्मान देंगे। इसलिए इस देश के जवानों को सम्मान देने के लिए जो लोग उस समय जनरल वी.के. सिंह के बारे में कहते थे कि जनरल वी.के. सिंह यह कर रहे हैं यह कह रहे हैं। वे लोग आज कहां है, गायब हो गए सदन से कहीं भी दिखाई नहीं देते हैं। लेकिन लेकिन जनरल वी.के. सिंह एक सम्मानित वरिष्ठ मंत्री के रूप में देश की सेवा के लिए हैं और माननीय प्रधानमंत्री जी ने देश के पूर्वोत्तर राज्यों की सुरक्षा और विकास के लिए उन्हें महत्वपूर्ण मंत्रालय का दायित्व भी दिया है यह देश के जवानों का सम्मान है।

मुझे इस देश में आश्चर्य होता है कि हम कृषि की बात करते हैं। यहां हुड्डा जी बैठे हुए है, हुड्डा जी कहते थे कि हम लोग 18 इंच का आलू पैदा कर रहे हैं। इनकी कृषि नीति ऐसी थी कि 24 इंच का आलू पैदा कर रहे थे। लेकिन किसान आत्महत्या कर रहा था। पिछले 10 वर्षों के अंदर 5 लाख किसानों ने आत्महत्या की है, इस देश में पहली बार कृषि को आर्थिक रूप से आत्मनिर्भर बनाने, किसानों को उन्नत करने और देश की नदियों को जोड़ने के बारे में भी सरकार ने अपनी संकल्पनाओं को दोहराया है, क्योंकि इस देश में एक साथ बहुत सारे क्षेत्र होते हैं जहां बाढ़ आती है उसी समय हम देखते हैं कि देश का दूसरा क्षेत्र होता है जहां सूखा पड़ा रहता है। हम उसके बीच में समन्वय कैसे बना सकें। अगर देश की नदियों को जोड़ने से उस समस्या का समाधान हो सकता है तो हम वह भी करेंगे। माननीय प्रधानमंत्री जी के बारे में कई बार कह चुके हैं और महामहिम राष्ट्रपति जी का अभिभाषण भी इस बात को यहां दोहराता है। उन्होंने इस बात को कहा है कि अब इस देश के किसान आत्महत्या नहीं करेगा। किसान इस देश में कितना उपेक्षिता हम इस बात को देख सकते हैं कि जब किसानों की खेती का समय आता था तो बाजार से बीज गायब, खेतों के लिए खाद गायब,

जब किसानों की फसल तैयार होती थी तबकिसानों की फसल को कोई खरीदने वाला नहीं होता था। खाद्यान्न बाहर सड़ता था और सरकार यहां पर रहकर मौज करती थी। किसानों के बारे में नहीं सोचती थी इस सरकार ने कहा कि ऐसा कुछ नहीं होगा सरकार किसानों के बारे में सोचेगी कि जैसे कि भारतीय जनता पार्टी के नेतृत्व वाली सरकारें इस प्रकार कार्य कर रही हैं मध्य प्रदेश सरकार, गुजरात सरकार इन सरकारों ने किसानों के हित के बारे में इस प्रकार का कार्यक्रम बनाया है अगर सरकार समर्थन मूल्य घोषित करती है तो समर्थन मूल्य से अधिक बढ़ाकर वहां की सरकारे वहां के किसानों को देती है जिससे किसान आत्मनिर्भर होकर आत्महत्या न करने पर इस प्रकार की स्थिति भारतीय जनता पार्टी ने देश में की है।

महोदय, इस देश के संघीय ढांचे को बनाए रखने के लिए राष्ट्रपति जी के अभिभाषण में उल्लेख है। संघीय ढांचा किस रूप में होना चाहिए। जैसे भारतीय टीम में इंडिया टीम की तर्ज पर इस देश का संघीय ढांचा होगा केंद्र और राज्यों के सम्बन्धों को चाहे वह इन सम्बन्धों को विकसित करने के लिए राष्ट्रीय विकास परिषद हो, अंतरराष्ट्रीय परिषद हो इन मंचों का का बेहतर उपयोग करके उन्हें पुनर्जीवित करके हम केंद्र और राज्यों के बीच बेहतर सम्बन्ध बनाकर देश को विकास के पथ पर अग्रसर करेंगे। देश के आम नागरिकों को आत्मनिर्भर बनाएंगे। इस देश के नौजवानों के लिए रोजगार का सृजन करेंगे। इस संकल्पना के साथ यह सरकार अपना कार्य प्रारंभ कर रही है और राष्ट्रपति जी का अभिभाषण इन सब बातों का उल्लेख भी करता है।

महोदय, राष्ट्रपति के अभिभाषण में एक और बात का उल्लेख किया गया है कि वह यह है कि इस देश में आतंकवाद, नक्सलवाद, अलगाववाद के साथ हम लोग सख्ती से निपटेंगे। उनके लिए एकीकृत कार्यक्रम तैयार करना होगा। हम आतंकवाद, नक्सलवाद या किसी प्रकार के अलगाववाद के सामने किसी प्रकार का समझौता नहीं करेंगे। सरकार ने स्पष्ट कर दिया है हम लोगों ने आतंकवाद को

वोट बैंक के साथ जोड़कर नहीं देखा। पूर्ववर्ती सरकारों ने इस प्रकार का कार्य किया था आतंकवाद को वोट बैंक के साथ जोड़कर मजहब के आधार पर देश को विखंडन की ओर अग्रसर करने के लिए इस प्रकार की साजिशें रची थी। हम लोग इस प्रकार के किसी भी मुहिम का कतई समर्थन नहीं करेंगे। इस देश में भेदभाव के साथ किसी के साथ नहीं होगा। आतंकवाद, नक्सलवाद या अलगाववाद को हम जाति और मजहब के आधार पर नहीं। लेकिन भारत के संविधान भारत की व्यवस्था के विरुद्ध अगर कोई उठाने का प्रयास करेगा तो उसे बर्दाश्त नहीं किया जाएगा।

महोदय, भारत की परंपरा के खिलाफ भारत के खिलाफ अगर कोई सशस्त्र संघर्ष करने की स्थिति में होता है तो फिर उसका उसी रूप में मुकाबला भी करेंगे और उसे शक्ति के साथ कुचलेंगे। इस संकल्पना के साथ सरकार ने अपने लक्ष्य के सामने रख दिया है। सांप्रदायिक दंगों के खिलाफ भी सरकार ने अपना रुख सख्त दिखाया है।

महोदय, हम लोग उत्तर प्रदेश से आते हैं। उत्तर प्रदेश में 2 वर्षों के दौरान 150 से अधिक दंगे हुए हैं। अगर आप सांप्रदायिक छोटी–बड़ी झड़पें देखें, तो यह लगभग 250 से अधिक झड़पें होती हैं। वहां पर बड़ी खराब स्थिति है। जंगलराज है, अराजकता है, वहां पर कोई किसी की बात सुनने के लिए तैयार नहीं है। किसी के साथ न्याय करने को तैयार नहीं है। इस प्रकार की अराजकता को वहां पर जहां सरकार स्वयं दंगाइयों के साथ खड़ी हो। जो लोग वहां पर किसी भी धार्मिक जुलूस पर हमले कर सकते हो किसी भी धार्मिक आयोजनों को जबरदस्ती रोकने का दुस्साहस कर सकते हो और जब सरकार उनके साथ खड़ी होती हुई दिखाई देती है तो वहां पर पुनः बहुसंख्यक समुदाय को किस प्रकार से प्रताड़ित किया जा सकता है, मुजफ्फरनगर का दंगा, बरेली का दंगा कानपुर का दंगा, लखनऊ का दंगा, फैजाबाद का दंगा और प्रदेश के अंदर हुए तमाम ऐसे स्थलों पर 150 से अधिक स्थानों पर भी दंगे हुए इस बात को

प्रदर्शित करते हैं कि प्रदेश में वर्तमान में जो कुछ चल रहा है। आपने बदायूं में देखा होगा कि किस प्रकार की घटनाएं हुई हैं। पहली बार केंद्र सरकार ने संज्ञान लेना प्रारंभ किया है।

इस देश में मातृशक्ति का सम्मान होना चाहिए, इस देश की बेटियों का सम्मान होगा, उनकी रक्षा होगी सरकार ने उन सब बातों पर संज्ञान देना प्रारंभ किया है। गृह मंत्रालय की ओर से लगातार इन बातों पर नजर रखी जा रही है। देश के नागरिकों को पहली बार अहसास हो रहा है कि इस देश में कोई सरकार है अन्यथा लगता ही नहीं था कि कोई सरकार है क्योंकि केंद्र सरकार की मजबूरी थी। उत्तर प्रदेश में जंगलराज हो वहां अराजकता हो। लोग मरे चाहे कुछ हो लेकिन यहां पर कोई बात सुनने वाला नहीं था।

आज यह हो रहा है। इस सरकार ने कहा है कि हम इस देश के अंदर आने वाले समय में इस प्रकार की व्यवस्था करेंगे कि शहर हो या गांव दोनों के भेदभाव समाप्त करेंगे। 100 स्मार्ट सिटी देंगे। देश में गांव से शहरों में पलायन इसलिए होता है क्योंकि गांव में बुनियादी सुविधाएं नहीं हैं, सड़क नहीं है, बिजली नहीं है, पानी नहीं है अन्य सुविधाएं नहीं हैं। इसलिए हम इस भेदभाव को समाप्त करेंगे और भेदभाव को समाप्त करने के साथ हम लोग 24 घंटे बिजली देंगे। उत्तर प्रदेश में हमें बिजली इसलिए नहीं मिलेगी क्योंकि वहां पर समाजवादी पार्टी नहीं जीती है। यह स्थिति वहां पर है। 2 घंटे, 4 घंटे 5 घंटे वहां पर बिजली मिल रही है। हम किस भारत के निर्माण की बात कर रहे हैं। इसलिए सरकार ने यह बातें कहीं हैं। मुझे केवल 2 बिंदुओं को रखना है एक स्वास्थ्य पर दूसरी सामाजिक विषमता पर। इस देश में सामाजिक समानता तब तक नहीं आ सकती जब तक एक समान शिक्षा इस देश के अंदर नहीं देंगे। इस देश के अंदर अमीर का बच्चा किसी बड़े पब्लिक स्कूल में पढ़ेगा जहां लाखों की फीस है उस देश का गरीब बच्चा उस विद्यालय में पड़ेगा जहां पर बुनियादी सुविधाएं नहीं हैं, जहां पर भवन हैं तो शिक्षक नहीं यदि शिक्षक हैं तो अन्य बुनियादी सुविधाएं नहीं हैं। इस देश की विषमता

आप शिक्षा से प्रारंभ कर रहे हैं, एक राष्ट्रीय शिक्षा नीति लाने की बात कही गई है। उस राष्ट्रीय शिक्षा को पूरे देश के परिप्रेक्ष्य में लाने की आवश्यकता है। आई.आई.टी. केवल 5 या 6 जगहों पर नहीं बल्कि हर राज्य में आई.आई.टी. होंगे, हर राज्य में आई.आई.एम. होंगे और हर राज्य में स्वास्थ्य की दृष्टि से एम्स होंगे। माननीय अटल बिहारी वाजपेयी जी ने कार्य किया था प्रधानमंत्री ग्राम सड़क योजना लाई गई थी। गांव–गांव को सड़क से जोड़ने के लिए। 6 राज्यों में एम्स दिए थे। वर्ष 2004 में सरकार नहीं आई एम्स बंद हो गए। हमने फिर कहा है कि हम हर राज्य में एम्स देंगे और साथ–साथ एक राष्ट्रीय स्वास्थ्य नीति पुनः तैयार करेंगे। मुझे विश्वास है कि मैं इस बात को कह सकता हूँ कि सरकार ने 26 मई को शपथ लिया था और उसके बाद मैं इंसेफलाइटिस की समस्या को लेकर माननीय मंत्री से एक बार मिला था। मैं इस बात को कह सकता हूँ कि पिछले 26 मई से अब तक इंसेफलाइटिस और वेक्टर बोर्न डिजीज को लेकर माननीय स्वास्थ्य मंत्री तीन–तीन बैठकें कर चिंतन बैठक कर चुके हैं उनके अंदर कार्य करने की एक तड़पन है। देश में इंसेफलाइटिस से, डेंगू से, कालाजार से, चिकनगुनिया से मलेरिया से या वेक्टर बोर्न डिजीज से मरने वालों उन लोगों के लिए उन बच्चों के लिए उनके अंदर एक तड़पन हैं हम उनके लिए कुछ कर सकें। आज सुबह जब लोग सोते होंगे, जब पप्पू यादव वगैरह सोते होंगे, तो 9 बजे स्वास्थ्य मंत्री, स्वास्थ्य सचिवों के साथ बैठक करने के लिए मशहूर थे कि कैसे इस समस्या का समाधान होगा। यह तड़पन केवल प्रधानमंत्री में ही नहीं बल्कि पूरे मंत्रिपरिषद के अंदर देखी जा सकती है।

इस देश के अंदर उस स्वास्थ्य नीति के साथ काम कर रहे हैं। अंत में मुझे केवल एक बात कहनी है। देश में एक प्रधानमंत्री वह भी थे जिन्होंने कहा था कि देश के संसाधनों पर अल्पसंख्यकों का हक है। लेकिन एक सरकार है जिसने कहा था कि देश के संसाधनों और देश के विकास पर इस देश के गरीबों का हक है। देश के गरीबों के लिए यह सरकार समर्पित है। उस संकल्पना के साथ ही सरकार कार्य

कर रही है। मैं आज इस अवसर पर माननीय रूडी जी द्वाराप्रस्तुत इस प्रस्ताव का समर्थन करता हूँ, एक जीवंत गतिशील और समृद्ध भारत बनाने के लिए 'एक भारत–श्रेष्ठ भारत' की संकल्पना के साथ महामहिम राष्ट्रपति जी ने अपना अभिभाषण प्रस्तुत किया है। मैं उसका समर्थन करता हूँ और विश्वास व्यक्त करता हूँ कि यह लोग धैर्य से देखें आने वाले कम से कम 15 वर्षों तक अपनी राजनीति को बचाने का इंतजाम करें इनको कभी नहीं मिलने वाला है।

–10 जून, 2014

लोकतंत्र

इस देश में आज भूख के कारण मौतें हो रही हैं। किसान आत्महत्याएं कर रहे हैं, तो इसके लिए दोषी कौन है? आजादी के बाद इस देश में सर्वाधिक शासन कांग्रेस ने किया और उस सबके बावजूद आज तक केवल वायदों से हम लोगों को केवल यह बताने का प्रयास कर रहे हैं कि हम यह कार्य करेंगे, हम वह कार्य करेंगे, लेकिन वायदों और घोषणाओं से ना राष्ट्र का कल्याण होने वाला है और ना भूख से होने वाली मौतों को ही हम रोक पाएंगे और इस देश के अंदर लाखों किसानों ने सरकार की गलत नीतियों के कारण जो आत्महत्याएं की हैं, उन्हें भी हम रोक नहीं पाएंगे।

यह भारी जनादेश की सरकार नहीं

सभापति महोदया, सबसे पहले मैं आपको धन्यवाद देना चाहता हूँ कि आपने मुझे भारतीय जनता पार्टी की ओर से बोलने का अवसर दिया। मैं महामहिम राष्ट्रपति जी के अभिभाषण पर बोलने के लिए खड़ा हुआ हूँ। भारतीय जनता पार्टी के नेता प्रतिपक्ष माननीय आडवाणी जी ने कहा भी है की सदन की परंपरा रही है कि पूरा सदन समवेत स्वर में महामहिम राष्ट्रपति जी के अभिभाषण पर धन्यवाद ज्ञापित करता है। इसलिए हम अभिभाषण का समर्थन करते हुए, जिन बिंदुओं पर महामहिम राष्ट्रपति जी ने इस सरकार की नीतियों और कार्यक्रमों के बारे में उल्लेख किया है, उनके बारे में बोलना चाहूँगा। मैं मुख्य रूप से कहना चाहता हूँ कि महामहिम राष्ट्रपति जी ने कहा कि इस सरकार को भारी जनादेश प्राप्त हुआ है, यू.पी.ए. सरकार पुनः सत्ता में आई है। लेकिन इसे जन समर्थन या जनादेश प्राप्त हुआ है, पूर्ण बहुमत प्राप्त हुआ है, यह कहकर हम संभवतः अंकगणित को झुठलाने का प्रयास कर रहे हैं। यह सच्चाई नहीं है। लोकसभा के 543 सदस्यों का चुनाव हुआ और कांग्रेस को 206, यू.पी.ए. को 264 सदस्यों का समर्थन प्राप्त हुआ और उनके सदस्य जीते जबकि पूर्ण बहुमत सरकार के लिए 271 या 272 सदस्य आवश्यक थे। सत्ता और सी.बी.आई. का दुरुपयोग किस रूप में होता है, यह हमने सरकार बनाते समय समर्थन की जो झड़ी लगी थी, उसमें देखा है। इसलिए इसे भारी जनादेश नहीं कहा जा सकता। यह जनता को झुठलाने का पुलिंदा है, इसके सिवाय कुछ नहीं है।

इसके अलावा बहुत सी बातें हैं जिन्हें इस अभिभाषण में समाविष्ट किया जाना चाहिए था लेकिन फिर भी हम यह मानकर चलते हैं कि कुछ बातों को कांग्रेस के नेतृत्व में बनी सरकार यह दावा नहीं कर सकती कि उसे मौका नहीं मिला। वर्ष 1952 से लेकर अब तक या आजादी के बाद से अब तक जो सरकारें बनी है, इसमें बहुत कम कार्यकाल अन्य दलों को मिला है या विपक्ष को प्राप्त हुआ है अन्यथा इस देश में कांग्रेस के नेतृत्व की सरकारें रही हैं। अगर देश इन 62 वर्षों में विकास की मुख्यधारा से नहीं जुड़ पाया है, एक महाशक्ति के रूप में उभर कर सामने नहीं आया है, इसका पूरा दारोमदार और दोष अगर किसी को दिया जा सकता है तो मैं कांग्रेस को दिया जा सकता है, किसी और को नहीं। यह पूरी तरह से इसके लिए जिम्मेदार हैं। पिछले 50 वर्षों से इस देश को सिर्फ नारों और वायदों से ही चलाया जाता रहा है। ये वायदे और नारे इस भाषण में भी स्पष्ट झलकते दिखाई देते हैं। वे नारे इस रूप में हैं। बहुत सारी बातें यहां पर कही गई हैं, मेरे पूर्व वक्ताओं ने बेबाकी से उन पर टिप्पणी भी की हैं और बहुत कुछ बातें कही हैं। इसमें मुख्य रूप से दो बातों का समावेश करने के लिए मैं धन्यवाद देना चाहूँगा। प्रथम एक रैंक, एक पेंशन की जो बात कही गई है और उसके लिए एक समयबद्ध कार्यक्रम भी तय किया है की जून 2009 के अंत तक उसे पूरा कर लिया जाएगा। मुझे लगता है कि सैनिकों के प्रति इस सरकार और इस राष्ट्र के सम्मान को प्रदर्शित करने वाला एक स्वागतयोग्य कदम इसे कहा जाएगा और दूसरा इस देश के प्रत्येक नागरिक को एक विशिष्ट पहचान पत्र बनाने के सम्बन्ध में है। इस देश के अंदर बहुत बड़ी संख्या में बांग्लादेशी घुसपैठिए हैं। वे ना केवल इस देश के रोजगार पर ही, बल्कि आर्थिक रूप से भारत के लिए समस्या पैदा कर रहे हैं, बल्कि राष्ट्रीय सुरक्षा और कानून व्यवस्था के लिए भी बहुत सारी जगहों पर समस्या खड़ी कर रहे हैं। मुझे लगता है कि विशिष्ट पहचान पत्र बनाने और इस कार्यक्रम को समयबद्ध तरीके से यदि सरकार पूरा कर सकेगी, जिसमें मुझे संदेह है, क्योंकि जब

वोट बैंक की बात आएगी तो सरकार उसे पूरा कर पाएगी, हमें इस पर संदेह है, लेकिन 100 दिनों का इन्होंने जो कार्यक्रम तय किया है, उन 100 दिनों के बाद 5 वर्षों तक इस सदन में हमें भी रहना है और यह सरकार 5 वर्षों तक चले, ऐसी हमारी शुभकामनाएं हैं। लेकिन इन 5 वर्षों में बहुत बार ऐसे अवसर आएंगे, जब यह अभिभाषण इस सरकार के सम्मुख रखा जाएगा और उनके वायदे और उन नारों के बारे में सदन में आवाज अवश्य उठेगी।

महोदया, बहुत सारी चीजें हैं, जिन पर चर्चा होनी चाहिए थी। इस देश में आर्थिक विपन्नता की बात होती है, लेकिन कभी भी आर्थिक विपन्नता के कारकों पर विचार नहीं किया जाता है। जनसंख्या नियंत्रण के लिए एक समान नीति पूरे देश में बने, इसके बारे में सदन विचार क्यों नहीं करता है। मुझे लगता है कि जनसंख्या बढ़ेगी तो उसके लिए स्वाभाविक रूप से उतने संसाधन जुटाने ही पड़ेंगे। लेकिन हमारे जितने भी आर्थिक संसाधन हैं, अगर आज वे आज पूरी तरीके से फेल होते हुए दिखाई दे रहे हैं तो उसमें एक समान जनसंख्या नीति का ना होगा भी एक मुख्य कारण के रूप में हमारे सामने आया है। मैं अनुरोध करना चाहूँगा हूँ कि महामहिम राष्ट्रपति जी के अभिभाषण में जनसंख्या नियंत्रण और इस राष्ट्र को स्वावलंबन की ओर अग्रसर करने की दिशा में सरकार कोई कदम उठाएगी, उसका कोई उल्लेख नहीं किया गया है। इस देश में आज भूख के कारण मौतें हो रही हैं। किसान आत्महत्याएं कर रहे हैं, तो इसके लिए दोषी कौन है? आजादी के बाद इस देश में सर्वाधिक शासन कांग्रेस ने किया और उस सबके बावजूद आज तक केवल वायदों से हम लोगों को केवल यह बताने का प्रयास कर रहे हैं कि हम यह कार्य करेंगे, हम वह कार्य करेंगे, लेकिन वायदों और घोषणाओं से ना राष्ट्र का कल्याण होने वाला है और ना भूख से होने वाली मौतों को ही हम रोक पाएंगे और इस देश के अंदर लाखों किसानों ने सरकार की गलत नीतियों के कारण जो आत्महत्याएं की हैं, उन्हें भी हम रोक नहीं पाएंगे।

पड़ोसी राष्ट्रों से सम्बन्ध के बारे में भी यहां पर बातें आई थीं। महामहिम राष्ट्रपति के अभिभाषण में भी इस बात का उल्लेख किया

गया है। यहां श्रीलंका और पाकिस्तान की बात आई, लेकिन भारत का सबसे नजदीकी और मित्र राष्ट्र, जिसके साथ भारत के सांस्कृतिक सम्बन्ध थे, मजबूत सम्बन्ध थे, उस नेपाल के सम्बन्ध में आज तक गंभीरता से कोई चर्चा नहीं हो पाई।

सभापति महोदया, आज भारत के अंदर जितनी आतंकवाद की वारदातें हो रही हैं, कहीं ना कहीं नेपाल उसका केंद्र बनता जा रहा है। नेपाल से लगी 1751 किलोमीटर की सीमा पूरी तरह से खुली हुई है। नेपाल के साथ हमारे प्राचीन सांस्कृतिक सम्बन्ध रहे हैं। नेपाल और भारत की खुली सीमा के कारण वह हम सबके लिए एक प्रकार से सुरक्षित था लेकिन आज नेपाल के अंदर माओवादियों को हम लोगों ने हावी होने दिया। भारत सरकार को नेपाल सरकार को जो मदद करनी चाहिए थी, वह नहीं करने के कारण वहां माओवाद हावी हुआ। पिछले 1 सप्ताह से नेपाल के अंदर जो स्थितियां है, लगातार भारतीय वाहन फूकें जा रहे हैं, भारतीय सिनेमा पर प्रतिबंध लगा दिया है, कोई भारतीय वहां जाए तो उन पर हमला हो रहा है, यहां ऑस्ट्रेलिया की बात ही नहीं है। नेपाल के साथ हमारे प्राचीन सम्बन्ध हैं, फिर भी ऐसी घटनाएं घटित हो रही हैं। यही नहीं, नेपाल से आने वाली नदियां बाढ़ के समय भारत के अंदर आकर विभीषिका पैदा कर रही हैं।

नेपाल में माओवादी गतिविधियों के कारण हमारी आंतरिक सुरक्षा को खतरा बना हुआ और साथ ही प्राकृतिक आपदा बाढ़ से बचाने के उपाय किए जाने चाहिए। पिछले साल पूर्वी उत्तर प्रदेश और बिहार में सप्तकोशी नदी की बाढ़ की विभीषिका से लाखों लोगों के घर उजड़ गए लेकिन आज तक ईमानदारी से इस सम्बन्ध में कोई प्रयास नहीं किए गए। नेपाल सरकार से बातचीत करके जल परियोजनाओं – पंचेश्वर, सप्तकोशी और करनाली, भालू आदि के कार्यक्रम प्रारंभ किए जाने चाहिए। इस सम्बन्ध में पूर्व में कोई उपाय नहीं किए जाने से प्रतिवर्ष लाखों लोग इस त्रासदी के शिकार हाते रहे हैं। बाढ़ की चपेट में आने से बीमारियों के शिकार होते रहे हैं...इसलिए मैं आपके

द्वारा सरकार से अनुरोध करना चाहता हूँ कि जब भी भारत सरकार नेपाल सरकार से बातचीत करे, आंतरिक सुरक्षा के साथ–साथ नेपाल की धरती पर आतंकवादियों की गतिविधियों को प्रोत्साहन ना दें, उन पर कढ़ाई से नियंत्रण करें। नेपाल की नदियों से जो बाढ़ आती है, उसे कैसे नियंत्रित किया जाए और उस पानी को राष्ट्रहित में ऊर्जा के रूप में कैसे उपयोग में ला सकते हैं, इन सब बातों पर विचार किया जाना चाहिए। राष्ट्रपति जी के अभिभाषण में ना सही लेकिन सरकार इन बातों पर आवश्यक कार्यवाही करें।

सभापति महोदया, यहां आंतरिक सुरक्षा के बारे में चर्चा हुई। पिछले आंकड़े बताते हैं कि 2004 से लेकर आज तक पिछले 5 वर्षों में, जब से यह सरकार आई है, नक्सलवाद पहले 56 जिलों में था, जो बढ़कर 200 जिलों तक पहुंच गया है। नक्सलवाद हावी होकर इस देश की संप्रभुता को चुनौती दे रहा है...।

—08 जून, 2009

महोदय, सिविल सोसाइटी को मिल रहे समर्थन के पीछे कहीं ना कहीं सरकार की विफलता है, इसमें अब कोई संदेह नहीं रह गया है। यह सरकार अपने कृत्यों से आम जनता का विश्वास तो खो ही चुकी है, लेकिन उसके साथ ही इसने देश की संवैधानिक संस्थाओं को भी अविश्वास के घेरे में ला खड़ा किया है। आज बाहर आम जनता के द्वारा इस संसद के ऊपर, देश की न्यायपालिका के ऊपर और कार्यपालिका के ऊपर जो प्रश्न लगाए जा रहे हैं, वे अचानक नहीं लगाए जा रहे हैं।

लोकतांत्रिक मूल्यों की हत्या कर रही है सरकार

अन्ना हजारे की गिरफ्तारी यूपीए की हताशा

सभापति महोदय, माननीय प्रधानमंत्री जी के स्टेटमेंट पर यह संसद उस बहस को आगे बढ़ा रही है, जो एक सामाजिक कार्यकर्ता श्री अन्ना हजारे जी की गिरफ्तारी के बाद देश में उत्पन्न हुई है। अगर सचमुच संपूर्ण घटनाक्रम को देखा जाए तो यू.पी.ए. सरकार की पूर्ण विफलता को यह घटनाक्रम प्रदर्शित करता है। इसमें कोई संदेह नहीं है कि सरकार हर मोर्चे पर विफल हुई है। सिविल सोसायटी को आज अगर जनसमर्थन मिल रहा है तो उस जनसमर्थन के पीछे इस सरकार की विफलता है। अगर इसके पीछे आर.एस.एस. भी है तो यह इस बात को साबित करता है कि आर.एस.एस. के साथ जन समर्थन है। इस देश के ज्वलंत मुद्दे चाहे वह महंगाई, भ्रष्टाचार, आतंकवाद, नक्सलवाद, आंतरिक या बाह्य सुरक्षा के मुद्दे हों, इन सब मुद्दों को डायल्यूट करके एक जन लोकपाल बिल पर केंद्रित करने की जो एक साजिश हुई, कहीं ना कहीं उस साजिश के पीछे यह सरकार थी। लेकिन आज यह सरकार अपने ही जाल में फंस कर शीर्षासन की स्थिति में आ खड़ी हुई है और इसलिए इस सदन के सामने गुहार कर रही है। इस सरकार के कल के इस कृत्य को, जिसमें श्री अन्ना हजारे जी और उनके सहयोगियों को जिस प्रकार अवैधानिक तरीके से, अलोकतांत्रिक तरीके से गिरफ्तार किया गया था और उन्हें तिहाड़ जेल में भेजा था, मैं समझता हूँ कि कोई भी लोकतंत्र समर्थक व्यक्ति उसका समर्थन नहीं कर सकता है,

बल्कि उसकी निंदा करता है और इसलिए इस सरकार के उस कृत्य की निंदा करते हुए प्रधानमंत्री जी एक इस व्यक्तव्य को हम एक सिरे से खारिज करते हैं।

महोदय, सिविल सोसाइटी को मिल रहे समर्थन के पीछे कहीं ना कहीं सरकार की विफलता है, इसमें अब कोई संदेह नहीं रह गया है। यह सरकार अपने कृत्यों से आम जनता का विश्वास तो खो ही चुकी है, लेकिन उसके साथ ही इसने देश की संवैधानिक संस्थाओं को भी अविश्वास के घेरे में ला खड़ा किया है। आज बाहर आम जनता के द्वारा इस संसद के ऊपर, देश की न्यायपालिका के ऊपर और कार्यपालिका के ऊपर जो प्रश्न लगाए जा रहे हैं, वे अचानक नहीं लगाए जा रहे हैं। यह लोकतंत्र को कुचलने वाली सरकार है, यह लोकतंत्र को रौंदना चाहती है। लोकतंत्र का सबसे बड़ा हथियार सहमति और असहमति होते हैं, जहां दोनों के लिए स्थान हो, वही लोकतंत्र है। लेकिन यह असहमति होने पर जहां कोई इस सरकार की हां में हां नहीं कहेगा, यह उसे लाठी और गोली के बल पर दफन कर देना चाहती है, उसे कुचल देना चाहती है। यह बात इस वर्ष की पिछली घटित तमाम घटनाओं के माध्यम से प्रदर्शित होती है। बाबा रामदेव जी के साथ उन्होंने जो किया, उसे कौन नहीं जानता है। इन लोगों ने गंगा रक्षा के एक अभियान को इस देश के सामाजिक संगठनों से और बाबा रामदेव जी के किस प्रकार से हाईजैक किया था। पहले बाबा रामदेव जी को इन्होंने उसके माध्यम से खूब हाईलाइट किया, आगे बढ़ाया। बाबा रामदेव जी ने जब विदेश में जमा काले धन को वापस लाने की वकालत की और उसे लेकर सरकार को ज्ञापन दिए, हस्ताक्षर अभियान चलाए, देश के अंदर लगभग 1 लाख किलोमीटर की यात्रा की, जनसभाएं की व्यापक जन जागरण के अभियान चलाए और सरकार को बताने के बाद रामलीला मैदान में जब अपना कार्यक्रम प्रारंभ किया तो वह इस सरकार की सहमति से किया था। सरकार ने परमिशन दी थी। सरकार के मंत्री उन्हें एयरपोर्ट पर लेने गए थे। इसे कौन नहीं जानता है?

लेकिन उनके साथ जो व्यवहार किया, जो व्यवहार पुलिस उनके साथ कर रही थी अगर उसी प्रकार व्यवहार वहां पर आए हुए समर्थक करते तो इस देश के सामने क्या स्थिति होती? सरकार देश और दुनिया के सामने क्या मुंह दिखाती? लेकिन इस सरकार ने लोकतंत्र को कुचल कर इस देश के संविधान प्रदत्त उन मौलिक अधिकारों को भी कुचलने का प्रयास किया, जो इस देश के प्रत्येक नागरिक को इस देश के संविधान ने दिया है। उस मौलिक स्वतंत्रता के अधिकार को, अभिव्यक्ति की स्वतंत्रता के अधिकार को इस सरकार ने कुचलने का प्रयास किया था। 4 जून की रात्रि को बाबा रामदेव जी और उनके समर्थकों के साथ जो व्यवहार किया था, उसे भी किसी ने स्वीकार नहीं किया था। उसके बाद तो फिर यह उन सब घटनाओं की आदी हो चुकी है। 9 अगस्त को, अगस्त क्रांति के दिन भारतीय जनता युवा मोर्चा के कार्यकर्ताओं के साथ जिस प्रकार का व्यवहार इन लोगों ने जंतर–मंतर पर किया था, पुलिस ने किया था, सरकार हर मुद्दे से मुकरने का प्रयास कर रही है कि हमारा कोई मतलब नहीं है। क्या पुलिस इस देश को संचालित करेगी? अगर आपने पुलिस को इतनी स्वतंत्रता दी है तो मॉडर्न पुलिस लॉ को लागू करने में आखिर आपको क्या दिक्कतें है? इसको लागू क्यों नहीं करते हैं? एक तरफ पुलिस के आधुनिकीकरण की बात नहीं करेंगे, मॉडर्न पुलिस लॉ को लागू करने की बात नहीं करेंगे और दूसरी तरफ अपने गलत राजनीतिक स्वार्थों के लिए पुलिस का इस्तेमाल भी करेंगे। पुलिस का दुरूपयोग करने के बाद जब बात हाथ से निकलेगी तो फिर उस मामले को पुलिस के हाथों में डाल कर केवल पुलिस को बदनाम कर पुलिस को अविश्वास का प्रतीक बनाना चाहते हैं। जो पुलिस इस देश की रक्षा का दायित्व निभाती है, जिस पुलिस को आंतरिक सुरक्षा और देश की कानून व्यवस्था की जिम्मेदारी दी गई है और जिसको जनता के मित्र के रूप में प्रस्तुत करना चाहिए, उसे स्वयं सरकार अविश्वास के प्रतीक के रूप में प्रस्तुत करना चाहती है। सरकार का यह कृत्य अत्यंत ही निंदनीय है।

महोदय, आज जन लोकपाल की बात और इस सरकार पर विश्वास की बात अचानक नहीं हुई है। सरकार के लोकपाल बिल पर आज सिविल सोसाइटी और इस देश की आम जनता को विश्वास क्यों नहीं है? क्योंकि लोग जानते है कि इसी सरकार ने सी.वी.सी. की नियकुति की थी। सी.वी.सी. की नियकुति में जिस प्रकार की धांधली हुई थी, जिस प्रकार के दागदार छवि के व्यक्ति को वहां बिठा दिया गया था, लोग जानते हैं की इसी सरकार ने सी.वी.सी. की नियकुति की थी। सीबीएसई की नियकुति इमेजिस प्रकार की धांधली हुई थी, जिस प्रकार के दादा सभी के व्यक्ति को वहां बिठा दिया गया था, लोग जानते हैं कि यह सरकार अगर लोकपाल बनाएगी तो इस सरकार के उस कृत्य में भी जरूर कोई शरारत छुपी होगी। इसीलिए उस शरारत को दरकिनार करने के लिए, उस शरारत को हटाने के लिए सिविल सोसाइटी की ओर से जन लोकपाल के बिल को यहां पर प्रस्तुत करने की मांग हो रही है। जन लोकपाल के बहुत सारे मुद्दों पर हम लोग भी सहमत नहीं हैं। हमने कहा है कि लोकतंत्र में सहमति और असहमति दोनों के लिए बराबर का स्थान है लेकिन यह मान लेना कि जो कुछ सिविल सोसाइटी देगी हम लोग उसको स्वीकार कर लेंगे, यह कतई संभव नहीं है, होना भी नहीं चाहिए। संसद की सर्वोच्चता है लेकिन हम यह भी नहीं चाहते कि लोकतंत्र के जो 3 आधार हैं, लालू जी ने अभी यहां अपने भाषण में भी कहा और हम उनकी बातों से सहमति भी व्यक्त करते हैं। मुझे बहुत अच्छा लगा जब लालू जी यहां पर अपनी बातों को रख रहे थे और जब उन्होंने लोकतंत्र की बात की, क्योंकि वे व्यवहारिक व्यक्ति हैं, इसलिए उन्होंने उन बातों को कहा कि इस देश में लोकतंत्र के 3 ही आधार हैं – विधायिका, कार्यपालिका और न्यायपालिका। विधायिका का प्रतीक यह संसद है, न्यायपालिका का प्रतीक सुप्रीम कोर्ट है और कार्यपालिका का प्रतीक प्रधानमंत्री है। क्या आप लोकतंत्र के इन तीनों प्रतीकों को लोकतंत्र के इतर किसी ऐसी व्यवस्था के हवाले गिरवी रखेंगे जो अपने तरीके से पूरी व्यवस्था को ब्लैकमेल कर पाए।

यह हमारी सहमति और असहमति का प्रशन हो सकता है। लेकिन सहमति और असहमति के बीच क्या यह संभव है कि सहमति और और असहमति के बीच हम किसी की मौलिक स्वतंत्रता को अपनी राजनीतिक स्वार्थों के लिए कुचल कर रख देंगे। यह कतई संभव नहीं है और इसीलिए इस सरकार के इस कृत्य को जिसने लगातार किया है, 4 जून को किया है, 9 अगस्त को किया, 16 अगस्त को किया है, जो कृत्य यह सरकार लगातार करती जा रही है उन कृत्यों की हम लोग यहां पर निंदा करते हैं।

महोदय , यह सरकार भ्रष्टाचार में आकंठ डूबी हुई है, अब इसमें कोई संदेह नहीं रहा है। कॉमनवेल्थ गेम्स में जिस प्रकार से धांधली हुई, वह सब ने देखा है। मुझे लगता है कि कैग की रिपोर्ट को यद्यपि ये खारिज कर रहे हैं। पिछली बार दिल्ली के अंदर एक तरफ कॉमनवेल्थ गेम्स हो रहे थे और दूसरी तरफ डेंगू यहां के लोगों को निगल रहा था। जिस प्रकार से डेंगू की चपेट में पूरी दिल्ली आई थी, वह किसी से छिपा हुआ नहीं है।

दिल्ली तमाम अन्य बीमारियों की चपेट में आई थी, यह किसी से छिपा नहीं है। डकैती कोई और डाल रहा था और मर दिल्ली के लोग रहे थे। फिर दिल्ली के अंदर जो कुछ भी स्थिति पैदा हुई, उसके बाद सरकार का जो व्यवहार था वह भी किसी से छिपा हुआ नहीं है। चाहे कॉमनवेल्थ गेम्स की बात हो, 2जी स्पेक्ट्रम का हो, इसके अलावा अभी आने वाले समय में केजी बेसिन का एक नया महाघोटाला सामने आने वाला है। एयर इंडिया का है ही, एयर इंडिया को इन्होंने पूरी तरह से समाप्त कर दिया है। आदर्श सोसायटी, तमाम घोटालों की यह सरकार है।

इसीलिए इस सरकार के इस भ्रष्टाचार को देकर आम जनता में गुस्सा है। आप जनता के उस गुस्से को यह सरकार समझे, आम जनता की भावनाओं को समझे। मैं यू.पी.ए. सरकार और खास तौर से कांग्रेस पार्टी से इस बारे में कहूँगा कि कांग्रेस पार्टी दुनिया के अंदर हो रहे परिवर्तन को भी समझने का प्रयास करे। यद्यपि भारत

में लोकतंत्र है, लोकतंत्र इसके जड़ें मजबूत हैं, लोकतंत्र और मजबूत होगा, लेकिन दुनिया के इन परिवर्तनों को समझकर तानाशाही और निरंकुश रवैया अपनाने से बाज आए। हम इस सरकार को एक बार पुनः चेतावनी देना चाहेंगे कि पुलिस का दुरूपयोग करके यह संवैधानिक संस्थाओं को जिस प्रकार से कुचल देना चाहती है, लोकतांत्रिक मूल्यों और विचारों की अभिव्यक्ति को जिस प्रकार से कुचलना चाहती है, उसे यह रोके और अभिव्यक्ति की स्वतंत्रता पर, जिस पर लगातार इसके द्वारा प्रहार किया जा रहा है, बाबा रामदेव का मामला हो, भारतीय जनता युवा मोर्चा के कार्यकर्ताओं पर किया गया प्रहार हो, चाहे कल अन्ना हजारे और उनके सहयोगियों पर किये गए हमले का मामला हो, इन सब मुद्दों को गंभीरता से लिया जाना चाहिए। इस सरकार के इन सभी कृत्यो की जांच की जानी चाहिए कि कौन सी बाहरी ताकत है जो लोकतांत्रिक मूल्यों को इस सरकार के माध्यम से कुचलने के लिए बाध्य कर रही है।

—17 अगस्त, 2011

आतंकवाद/नक्सलवाद/ माओवाद

यह व्यवस्था भी नेपाल में सफल नहीं हो पाई। उसके उपरांत 1989 में बहुदलीय प्रजातंत्रीय व्यवस्था आरंभ हुई जिसमें मुख्यतः भारत की प्रजातंत्रीय प्रणाली की तरह व्यवस्था कायम की गई और एक निम्न सदन और उच्च सदन की व्यवस्था की गई। महाराजा को संवैधानिक प्रमुख के रूप में अधिकार संविधान में दिए गए। पिछले 15 सालों से बहुदलीय प्रजातंत्र नेपाल में है। वहां पर राजनेताओं की सत्ता के प्रति लिप्सा और उनके आपसी फूट ने ना केवल नेपाल में अव्यवस्था पैदा कर दी है, बल्कि भारत विरोधी गतिविधियों का भी नेपाल को अड्डा बना दिया है।

माओवादियों का लोकतंत्र में विश्वास नहीं

सभापति महोदय, 9 मार्च को विदेश राज्य मंत्री ने नेपाल, अफगानिस्तान और पाकिस्तान के सम्बन्ध में अपना जो वक्तव्य सदन में पढ़ा था, उस सम्बन्ध में एक चर्चा आज इस सदन में प्रारंभ हुई है। उसी चर्चा में भाग लेने के लिए मैं यहां खड़ा हुआ हूँ।

तमाम माननीय सदस्यों ने, जिन्होंने अपने विचार इस महत्वपूर्ण विषय पर रखे हैं, मैं सबको ध्यान से सुन रहा था। मुझे आश्चर्य भी हो रहा था कि नेपाल के बारे में और पाकिस्तान के बारे में, क्योंकि दोनों हमारे पड़ोसी राष्ट्र हैं, जब हम चर्चा करते हैं तो दोनों के लिए एक समान दृष्टि, जिसे कुछ मायनों में जिस प्रकार रखनी चाहिए थे, क्यों नहीं रख पाते हैं और जिन मायनों में नहीं रखनी चाहिए थे, उनमें क्यों रखना चाहते हैं।

नेपाल के इतिहास और भूगोल के बारे में जिन लोगों को कोई पता नहीं है, नेपाल की ऐतिहासिक और धार्मिक परंपरा के बारे में जिन्हें कोई जानकारी नहीं, वह लोग आज नेपाल के बारे में चर्चा कर रहे हैं। नेपाल के अंदर मानवाधिकारों के हनन की बात कर रहे हैं, नेपाल के अंदर लोकतंत्र की बात कर रहे हैं और उन लोगों के द्वारा ही नेपाल के अंदर वर्तमान की व्यवस्था पर प्रहार करके एक प्रकार से पिछले 10 वर्षों के अंदर नेपाल के अंदर जो माओवादी हिंसा प्रारंभ हुई है, उसे किसी न किसी प्रकार से समर्थन देने का प्रयास हो रहा है।

महोदय, हम नेपाल के इतिहास के बारे में अच्छी तरह से जानते हैं कि वर्तमान नेपाल की नींव आज से लगभग 250 वर्ष पहले रखी

गई थी, उसके बाद वर्तमान नेपाल स्वरूप में आया। तब से एक राजा के अधीन जो महाराजा पृथ्वी नारायण शाह जी से जो परंपरा प्रारंभ हुई थी, वही परंपरा सन 1951 तक चली। वहां पर राजतंत्र के तहत ही पूरी व्यवस्था चली। जिसमें महाराजाधिराज के रूप में राज करते थे। वहां पर प्रधानमंत्री को श्री तीन महाराजा कह कर पुकारा जाता था। सन 1951 में प्रथम बार वहां पर प्रजातंत्र का आरंभ हुआ और प्रजातांत्रिक देश के रूप में सामने आया। आज भी उनके जन्मदिन को महाराजा त्रिभुवन के नाम पर प्रजातंत्र दिवस के रूप में मनाया जाता है। नेपाल में यह व्यवस्था बहुत दिनों तक नहीं चल पाई। 1960 में पुनः नेपाल में एक नई व्यवस्था की गई थी जिसे नेपाली पंचायत प्रजातंत्र कहा गया था।

यह व्यवस्था भी नेपाल में सफल नहीं हो पाई। उसके उपरांत 1989 में बहुदलीय प्रजातंत्रीय व्यवस्था आरंभ हुई जिसमें मुख्यतः भारत की प्रजातंत्रीय प्रणाली की तरह व्यवस्था कायम की गई और एक निम्न सदन और उच्च सदन की व्यवस्था की गई। महाराजा को संवैधानिक प्रमुख के रूप में अधिकार संविधान में दिए गए। पिछले 15 सालों से बहुदलीय प्रजातंत्र नेपाल में है। वहां पर राजनेताओं की सत्ता के प्रति लिप्सा और उनके आपसी फूट ने ना केवल नेपाल में अव्यवस्था पैदा कर दी है, बल्कि भारत विरोधी गतिविधियों का भी नेपाल को अड्डा बना दिया है। जो लोग आज भारत में आकर नेपाल के लोकतंत्र की दुहाई देते हैं, नेपाल में जब चुनाव होते थे तो भारत विरोध वहां के चुनाव का एक प्रमुख मुद्दा होता था। पिछले 10 सालों से नेपाल माओवादी हिंसा से प्रभावित है और वहां का 60 से 70 प्रतिशत भाग पूरी तरह से माओवादी हिंसा की चपेट में भी है।

जब हम नेपाल में माओवादी हिंसा की बात करते हैं तो माओवादी हिंसा केवल नेपाल की समस्या नहीं है, भारत के 12 राज्यों के 150 जनपद भी इससे प्रभावित हैं। हमारे पड़ोसी राष्ट्र पाकिस्तान और बांग्लादेश भी हैं। हमारी सीमा चीन से भी लगी है तथा 1751 किलोमीटर की सीमा नेपाल से लगी है। एकमात्र हिंदू राष्ट्र होने के

नाते नेपाल से हमारी खुली सीमा है। इससे हमें हर प्रकार से सुरक्षा प्राप्त होती है। इसलिए मैं आप के माध्यम से निवेदन करना चाहता हूँ कि आज नेपाल के अंदर हम लोकतंत्र की हिमायत कर रहे हैं लेकिन हमें ऐसा नेपाल नहीं चाहिए जिसका लोगों की हत्या, लूट, अपहरण, बलात्कार, अन्य आपराधिक और राष्ट्र विरोधी गतिविधियों के अड्डों के रूप में इस्तेमाल किया जाए, इस प्रकार का लोकतंत्र नहीं चाहिए। हमें ऐसा लोकतंत्र चाहिए जो प्रत्येक नागरिक को सुरक्षा प्रदान कर सके। नेपाल में शांति स्थापित करना भारतीय की प्राथमिकता होनी चाहिए। 1 फरवरी 2005 को वहां के महाराज ने नेपाल में वहां की आंतरिक स्थिति में जो व्यवधान पैदा हुए थे, उनको सुधारने के लिए जो आपातकाल लागू किया है, यह एक तात्कालिक कदम है। जो नाकेबंदी का प्रयास भारत सरकार ने किया है उसे तत्काल भारत के हित में वापस लिया जाना चाहिए। भारत सरकार ने नेपाल पर जो आर्थिक और सैनिक सहायता पर प्रतिबंध लगाए हैं, उसे तत्काल वापस लेने की आवश्यकता है। नेपाल को माओवादी हिंसा से निपटने के लिए प्रयास करने होंगे क्योंकि माओवादी हिंसा में जो लोग लिप्त है उनका लोकतंत्र में विश्वास नहीं है। क्या माओवादियों का लोकतंत्र में विश्वास है? अगर उनका लोकतंत्र में विश्वास होता, तो पिछले 10 वर्षों में नेपाल के अंदर 15000 नागरिक क्यों मारे जाते। इतने अधिक लोग माओवादी हिंसा की चपेट में आए हैं और 10 से 12 लाख नागरिक माओवादी हिंसा के कारण नेपाल से विस्थापित हुए हैं। यही नहीं, आज भी सीमावर्ती क्षेत्रों में हजारों की संख्या में माओवादी हिंसा से प्रभावित लोग आए हैं। नेपाल में, जो लोग आपातकाल लागू होने के बाद बात करते हैं कि वहां सेंसरशिप लागू हुआ है उन्हें संभवतः वास्तविक स्थिति की जानकारी नहीं है। हमें नजदीक से देखा है कि वहां की जनता माओवाद के खिलाफ उठ खड़ी हुई है और आज वह किसी भी राजनेता के साथ नहीं है। आज जन–मानस ना तो माओवाद के पक्ष में हैं और ना ही लोकतंत्रवादियों के साथ क्योंकि पिछले 15 वर्षों के अंदर वहां के राजनेताओं ने जिस तरह उनका

विश्वास खोया है, यह उसी का परिणाम है कि आज नेपाल में जनता माओवादियों के खिलाफ उठ खड़ी हुई है। आज हर क्षेत्र में जनता द्वारा माओवादियों को मारा जा रहा है, भगाया जा रहा है। नेपाल में पुनः लोकतंत्र की बहाली की मांग विभिन्न क्षेत्रों से प्रारंभ हुई है लेकिन उससे महत्वपूर्ण माओवादी हिंसा से निपटना प्राथमिकता में होना चाहिए। भारत सरकार ने वहां जो आर्थिक एवं शैक्षिक सहायता की नाकेबंदी करने का प्रयास किया है, हथियार उपलब्ध कराने की भारत सरकार की जो 1950 की ट्रीटी है, जिस प्रकार भारत सरकर ने उसे एक तरफा समाप्त करने का प्रयास किया है, मैं विदेश मंत्री जी से अनुरोध करूंगा कि इस पर भारत सरकार को पुनः विचार करना चाहिए, क्योंकि नेपाल की सुरक्षा को सर्वोच्च प्राथमिकता देनी चाहिए। भारत और चीन के बीच एक बफर स्टेट के रूप में है नेपाल का अस्तित्व भारत के हित में है।

पाकिस्तान ने नेपाल को हथियार देने के बारे में पहल की है। चीन की गिद्ध दृष्टि नेपाल पर तिब्बत की तरह लगी हुई है। सामरिक दृष्टि से अमेरिका ने भी भारत और चीन को घेरने के लिए नेपाल को अपने केंद्र के रूप में विकसित करने का सपना संजोया है। उस दृष्टि से भी हमें इस पर ध्यान देना होगा। हमारी विदेश नीति अपने देश के हित को ध्यान में रखकर बनाई जानी चाहिए, किसी और देश को लेकर नहीं।

नेपाल के बारे में जहां मुझे ये बातें रखनी थीं, वहीं दो–तीन अन्य मुद्दों के बारे में कुछ कहना चाहता हूँ। यहां अफगानिस्तान के बारे में चर्चा हुई। मैं विदेश मंत्री जी से अनुरोध करना चाहता हूँ कि जब आप अफगानिस्तान से वार्ता करते हैं, अफगानिस्तान को मदद करते हैं, तो आज से 6 वर्ष पहले बामियान की पहाड़ियों पर भगवान बुद्ध की जिन मूर्तियों को तोड़ा गया था, उन्हें वहां पुनः स्थापित करने के लिए क्या आप अफगानिस्तान से बातचीत करेंगे। साथ ही हिन्दू सम्राट पृथ्वीराज चौहान की कांधार में जो समाधि है, उसका अपमान किया जाता है, क्या भारत सरकार उसे वापस लाने के बारे में अफगानिस्तान से बात करेगी?

इसके अतिरिक्त मैं पाकिस्तान के बारे में कहना चाहता हूँ कि अगर हमें लोकतंत्र की बहाली की मांग करनी है, तो पाकिस्तान के साथ होनी चाहिए और भारत सरकार को स्पष्ट करना चाहिए कि जब तक पाकिस्तान के अंदर लोकतंत्र नहीं आता, जब तक पाकिस्तान भारत के अंदर आतंकवाद को प्रश्रय और संरक्षण देना बंद नहीं करता, तब तक उसके साथ कोई वार्ता नहीं होनी चाहिए। मैं अनुरोध करना चाहता हूँ कि श्रीनगर–मुजफ्फराबाद के बीच जो बस सेवा प्रारंभ करने का निर्णय भारत सरकार ने किया है, उसे तत्काल वापिस लिया जाना चाहिए। जम्मू कश्मीर के बारे में जो बगलीहार हाइड्रो इलेक्ट्रिक पावर प्रोजेक्ट के बारे में पाकिस्तान के एक वरिष्ठ अधिकारी का वक्तव्य आया था कि युद्ध से ही इस समस्या का समाधान हो सकता है।

मैं मंत्री जी से अनुरोध करूंगा कि वार्ता का क्रम समाप्त करें। पाकिस्तान से युद्ध करके पाकिस्तान ने जो अधिकृत कश्मीर पर जबरन कब्जा किया हुआ है उस समस्या का निपटारा हो। उसे खाली कराने के बारे में भारत सरकार को कड़ाई के साथ कदम उठाने चाहिए।

इन्हीं शब्दों के साथ एक बार पुनः मैं मंत्री जी से अनुरोध करूंगा कि नेपाल के बारे में भारत सरकार अपनी नीतियों पर पुनः विचार करे।

—21 मार्च, 2005

महोदय, आज कौन से देश के साथ हमारे अच्छे सम्बन्ध हैं? हम लोगों ने लोकतंत्र के नाम पर म्यांमार के साथ अपने पूरे सम्बन्ध विच्छेद कर दिए, समाप्त कर दिए। वह चीन के पास चला गया। चीन तेजी के साथ वहां पर अपना इंफ्रास्ट्रक्चर विकसित कर रहा है। चीन ने वहां पर अपने केंद्र स्थापित किए हैं। चीन की सेना का पूरा हस्तक्षेप आज म्यांमार में है। बांग्लादेश में सरकार के आने–जाने पर निर्भर करता है कि भारत के अंदर सम्बन्ध किस रूप में होने चाहिए। लेकिन बांग्लादेश में कोई भी सरकार हो, आतंकवादी कैंपस आज तक समाप्त नहीं हुए।

नक्सलियों और माओवादियों के बीच गठजोड़

सभापति महोदय, विदेश मंत्रालय की अनुदान मांगों पर चर्चा, जिसे माननीय जी ने प्रारंभ किया, उस बहस को आगे बढ़ाने के लिए मैं खड़ा हुआ हूँ। विदेश मंत्रालय एक आम मंत्रालय हैं और यह अपेक्षा होती है कि हमारी विदेश नीति जहां अपने विचारों से जुड़े सांस्कृतिक सम्बन्धों को आस–पास के क्षेत्र में मजबूती के साथ प्रस्तुत करे, वहीं अपनी राजनीतिक और कूटनीतिक सफलता के माध्यम से विश्व धरातल पर अपनी मजबूत उपस्थिति भी दर्ज करे। यू.पी.ए. सरकार की विदेश नीति हम लोग पिछले 6 वर्षों से अनुभव कर रहे हैं। यह लगता है कि उन्होंने विदेश नीति को केवल एक वैचारिक कल्पना तक सीमित रखा है। आस–पास के क्षेत्रों में जो घटनाएं घटित हो रही हैं और इस देश में जो घटित हो रहा है, उससे कभी नहीं लगता कि यू.पी.ए. सरकार की विदेश नीति एक संप्रभुता संपन्न और विश्व के उभरते हुए शक्तिशाली भारत की विदेश नीति है। डिमांड्स फॉर ग्रांट्स, जिस पर हम चर्चा कर रहे हैं, अगर उसका अवलोकन करें, तो कहीं नहीं लगता कि यह सरकार अपने आस–पास के जो पड़ोसी मित्र राष्ट्र हैं, जो सांस्कृतिक रूप से भारत के साथ बहुत मजबूती के साथ जुड़े हुए हैं, उन सांस्कृतिक सम्बन्धों को मजबूत करने के लिए सरकार कहीं भी प्रतिबद्ध दिखाई नहीं देती।

महोदय, नेपाल हम सबका एक निकटतम पड़ोसी राष्ट्र रहा है। आज भी है। नेपाल के बारे में कहते हैं कि शरीर दो है लेकिन आत्मा दोनों के अंदर एक है। एक सांझी सांस्कृतिक विरासत,

एक सांझी परंपरा है। लेकिन इन सबके बावजूद आज नेपाल भारत से दूर क्यों? नेपाल का भारत से दूर होना इस सरकार की विदेश नीति की विफलता है। चीन को हस्तक्षेप करने का यह सरकार पूरा अवसर दे रही है। यह वही यू.पी.ए. सरकार है जिसने नेपाल के मूल चरित्र के साथ खिलवाड़ करके नेपाल के अंदर उन माओवादियों को, जिसका दंश आज भारत सर्वाधिक झेल रहा है, उन माओवादियों के हाथों में वहां की सत्ता सौंपी थी। वे माओवादी आज भी भारत को लगातार चुनौती दे रहे हैं। भारत के अंदर नक्सलवादियों को सीधे–सीधे प्रेरित और प्रोत्साहित कर रहे हैं। भारत के नक्सलवादियों और नेपाल के माओवादियों में एक सम्बन्ध हैं। लेकिन केवल इस बात कि चिढ़ कि नेपाल दुनिया का एकमात्र हिंदू राष्ट्र है और हिंदू अधिराज्य के रूप में उसे इस बात की सजा दी जाए, संभवतः और अपना एक नया दुश्मन वहां आने के लिए प्रेरित किया जाए, नेपाल उसका एक उदाहरण हो सकता है।

महोदय, भारत की 1751 किलोमीटर की सीमा नेपाल से लगी हुई है। उस सीमा की स्थिति बारूद के ढेर जैसी है जो कभी भी सुलग जाए। वहां कोई सुरक्षा की स्थिति नहीं है, क्योंकि दोनों की सीमाएं खुली हैं। लेकिन सरकार ने उसे कभी भी गंभीरता से नहीं लिया है। चीन लगातार वहां हस्तक्षेप कर रहा है। चीन को वहां पर अपनी हर प्रकार की गतिविधियों को चलाने की पूरी छूट सरकार दे रही है। लेकिन अनुदान की मांगों में नेपाल के साथ अपने सांस्कृतिक सम्बन्धों को और मजबूती प्रदान करने के साथ–साथ हम नेपाल को हर प्रकार की सहायता दे सकें, इसके बारे में बहुत स्पष्ट नहीं है। यह केवल नेपाल ही नहीं, मुझे लगता है कि आज के दिन भूटान को छोड़ दिया जाए, तो कोई भी देश भारत के साथ मजबूती से नहीं जुड़ा है। उतने मधुर सम्बन्ध किसी भी देश के साथ नहीं है। भूटान की बहुत बड़ी व्यवस्था भारत द्वारा संचालित होती है। भूटान में उल्फा के जो कैंपस थे, उन्हें एन.डी.ए. सरकार के समय नष्ट किया गया। एक शुरुआत हुई थी कि पड़ोसी देशों के अंदर आतंकवादियों के, उग्रवादियों के

जो कैंपस चल रहे हैं, उन्हें नष्ट किया जाए, लेकिन भूटान तक सीमित रहा। बांग्लादेश ने उन्हें समाप्त नहीं किया। नेपाल के अंदर नए–नए कैंपस प्रारंभ हो गए हैं। आज भारत में नेपाल–भारत विरोधी गतिविधियों के एक नए केंद्र के रूप में उभरा है। चाहे जाली करेंसी को भारत में लाने का मामला हो, चाहे चीन के इलेक्ट्रॉनिक आइटम्स को भारतीय बाजार में लाने का मामला हो, चाहे मादक द्रव्यों की तस्करी का मामला हो या इस देश के अंदर जेहादी आतंकवादियों को भारत में किसी भी स्थान पर पहुंचाने का मामला हो, भारत और नेपाल की इस खुली सीमा के माध्यम से वे तेजी के साथ भारत में घुस रहे हैं। वे कराची से काठमांडू और काठमांडू से भारत के अंदर किसी भी सीमा में कहीं भी घुस सकते हैं और उनकी शरणस्थली भारत और नेपाल के सीमावर्ती क्षेत्र में जो कुछ केंद्र उगे हुए हैं, जिनके प्रति आज भी सरकार मौन बनी हुई है, मूक बनी हुई है, उन जेहादी आतंकवादी केंद्रों में वे सीधे से शरण पाते हैं। लेकिन कभी भी उनको रोकने का कोई प्रयास ना भारत सरकार ने किया और ना ही नेपाल पर इस बात के लिए दबाव बनाया गया कि वह उसे रोके। इसका कभी भी प्रयास नहीं हुआ।

महोदय, आज कौन से देश के साथ हमारे अच्छे सम्बन्ध हैं? हम लोगों ने लोकतंत्र के नाम पर म्यांमार के साथ अपने पूरे सम्बन्ध विच्छेद कर दिए, समाप्त कर दिए। वह चीन के पास चला गया। चीन तेजी के साथ वहां पर अपना इंफ्रास्ट्रक्चर विकसित कर रहा है। चीन ने वहां पर अपने केंद्र स्थापित किए हैं। चीन की सेना का पूरा हस्तक्षेप आज म्यांमार में है। बांग्लादेश में सरकार के आने–जाने पर निर्भर करता है कि भारत के अंदर सम्बन्ध किस रूप में होने चाहिए। लेकिन बांग्लादेश में कोई भी सरकार हो, आतंकवादी कैंपस आज तक समाप्त नहीं हुए। हूजी के कैंपस समाप्त नहीं हुए। लश्कर–ए–तैयबा के कैंपस वहां समाप्त नहीं हुए। लगभग 3.5 करोड़ की संख्या में जो बांग्लादेशी शरणार्थी भारत में रह रहे हैं, उन्हें वापस बांग्लादेश भेजा जा सके, इन मुद्दों को विदेश मंत्रालय ने कभी भी मजबूती के साथ बांग्लादेश के सामने नहीं रखा या बांग्लादेश को कभी भी इस बारे में

अवगत नहीं कराता कि वह अपने इन अनचाहे मेहमानों को अपने देश वापस ले जाओ। कभी भी इस बारे में नहीं रखा गया। उसी प्रकार से श्रीलंका की स्थिति है। श्रीलंका के साथ हमारे सम्बन्ध आज से नहीं रामायण काल से हैं। लेकिन श्रीलंका ने जब लिट्टे के आतंकवादी मंसूबों को ध्वस्त करना चाहा, तो उसने भारत से मदद नहीं मांगी। वह चीन की मदद के लिए लालायित था, वह पाकिस्तान से मदद के लिए लालायित था। वह भारत से पूछता नहीं है। आज श्रीलंका के अंदर हजारों की संख्या में तमिल भारतीय मूल की महिलाएं विधवा हैं। उनके पुनर्वास की कोई व्यवस्था यह सरकार नहीं कर पा रही है, ईमानदारी से नहीं कर पा रही है। उसी प्रकार से पाकिस्तान और चीन, ये दो भारत के जग–जाहिर दुश्मन हैं और दुश्मन के रूप में उन्होंने हमेशा अपनी भूमिका का उसी रूप में निर्वाह भी किया है। लेकिन लगातार भारत को अस्थिर करने की पाकिस्तान और चीन की हर साजिशों को, हर उन गतिविधियों को नजरअंदाज करने का प्रयास यह सरकार कर रही है।

राष्ट्र की सुरक्षा और संप्रभुता के साथ यह सरकार खिलवाड़ कर रही है। दक्षिण पूर्वी एशिया के देशों में बहुत से ऐसे देश थे जहां भारत सांस्कृतिक सम्बन्धों के माध्यम से उनके साथ एक आत्मिक सम्बन्ध स्थापित कर सकता था। मैं थाईलैंड गया था, वहां भारतीय मूल के बहुत से लोग रहते हैं। मुझे आश्चर्य हुआ कि थाईलैंड के राजा आज भी अपने को भगवान राम के वंशज मानते हैं। हो सकता है कि इस सरकार को राम से परहेज हो, लेकिन मुझे लगता है कि राम के बगैर राष्ट्र नहीं चल सकता है। थाईलैंड के अंदर, उन्होंने अपने सभी नेशनल हाईवेज के नाम राम के नाम पर रखे हैं। वहां के राजा ने अपनी ग्रैंड पैलेस को रामायण को डोनेट किया, रामायण की चौपाई से, रामायण के चित्रों से पूरा भवन भरा हुआ है। थाईलैंड की पुरानी राजधानी, जिसे आज भी वे अपनी सांस्कृतिक राजधानी मानते हैं, उसका नाम अयोध्या रखा गया था। यह मान्यता भारत के प्रति उनके सम्मान के भाव को दर्शाती है। हम इसके माध्यम से उनको अपने साथ जोड़ सकते थे, लेकिन ऐसा नहीं हुआ।

कंबोडिया में अंकोरवाट का विश्व प्रसिद्ध मंदिर है। वहां अंकोर कांप्लेक्स में हजारों मंदिर हैं, उन मंदिरों के जीर्णोद्धार का काम हो सकता था, इसके लिए मदद देकर भारत अपने सांस्कृतिक सम्बन्धों के माध्यम से आत्मीय सम्बन्ध स्थापित कर सकता था। हमें दुख हुआ कि जापान की मदद से बनने वाला मंदिर वहां पर तेजी के साथ बन रहा है, कोरिया की मदद से बनने वाला मंदिर वहां पर तेजी से बन रहा है, लेकिन भारत की सहायता से बनने वाले मंदिरों के जीर्णोद्धार की स्थिति अत्यंत दयनीय है। उनकी अत्यंत खराब स्थिति थी। हम लोगों को यह देखकर दुख हो रहा था कि जिसके लिए भारत को वहां मदद देनी चाहिए, जिसके मदद से अपने सांस्कृतिक सम्बन्धों को यहां स्थापित किया जा सकता था, भारत सरकार उसके प्रति पूरी तरह अनभिज्ञ है। इसी प्रकार से मलेशिया में, इसी सरकार के समय में भारतीय मूल के, तमिल मूल के तमाम नागरिकों पर अत्याचार हुए, उनके पुराने धर्मस्थल वहां तोड़े गए, उनको वहां से अपमानित करके भगाने का प्रयास हुआ, लेकिन सरकार मौन बनी रही। इस सरकार ने तब भी कुछ नहीं किया। मलेशिया से हम अपने सम्बन्ध स्थापित कर सकते थे, इंडोनेशिया के साथ सम्बन्ध स्थापित कर सकते थे, सिंगापुर के साथ उन सांस्कृतिक सम्बन्धों के माध्यम से अपनी एक मजबूत उपस्थिति दर्ज करा सकते थे, लेकिन हमारे विदेश नीति की विफलता आज चीन को मजबूती के साथ उन देशों में हावी होने का अवसर दे रही है। वहां चीन मजबूती के साथ हावी हो रहा है।

यह सरकार विदेश नीति के माध्यम से इस राष्ट्र की संप्रभुता के साथ खिलवाड़ कर रही है अमेरिका का पिछलग्गू बनकर। विदेश मंत्रालय की अनुदान की मांगों में यहां कुछ बातें आई हैं। हज के नाम पर पैसा दिया गया है। मैं मंत्री जी से अनुरोध करना चाहूँगा कि इस देश के बहुत बड़ी संख्या में लोग मानसरोवर की यात्रा करने के लिए जाते हैं। अगर हज सब्सिडी आप देते हैं, हज यात्रियों को हज यात्रा के लिए अनुदान देते हैं, सहायता देते हैं, उनके लिए स्पेशल टर्मिनल बनाए जाते हैं, तो कैलाश–मानसरोवर की यात्रा के लिए जो

तीर्थ यात्री जाना चाहते हैं, उन्हें इस प्रकार की सुविधाएं क्यों प्राप्त नहीं हो सकती है।

इसलिए मैं आपसे अनुरोध करूंगा कि अगर हज यात्रियों को आप अनुदान प्रदान करते हैं तो कैलाश–मानसरोवर के साथ–साथ इस देश के अंदर तमाम यात्राएं चलती हैं, उनके लिए अनुदान और सहायता देकर इस देश के बहुसंख्यकों की भावनाओं के साथ न्याय होना चाहिए।

इसी तरह जो सिख बंधु तीर्थ यात्रा के लिए जाते हैं, जैसे अभी बैशाखी के अवसर पर ननकाना साहिब गए थे, उन लोगों को अनुदान क्यों नहीं प्रदान किया गया जाता है? उन्हें भी इस तरह से अनुदान प्रदान किया जाना चाहिए। सरकार इस तरह के दोहरे मानक ना बनाए। एक विदेश नीति की उपस्थिति मजबूती के साथ हो, उसमें यह दोहरापन पर किसी भी स्थिति में ना प्रस्तुत हो, यही मैं आपसे अनुरोध करना चाहूँगा।

महोदय नेपाल हमारे लिए महत्वपूर्ण है। नेपाल के साथ गोरखपुर से काठमांडू को जोड़ने के लिए इंडो–नेपाल कनेक्टिविटी में यह तय हुआ था कि नेपाल को, काठमांडु को गोरखपुर और लखनऊ के साथ जोड़ेंगे। यह बात एन.डी.ए. सरकार के समय तय हुई थी, लेकिन अब इन बातों को भुला दिया गया है, समाप्त कर दिया गया है।

सभापति महोदय, मैं यही कहना चाहता था कि इंडो–नेपाल कनेक्टिविटी में हम अपने विकास की यात्रा को नेपाल तक ले जाएं, उन देशों तक ले जाएं, जो गरीब हैं और हमारे साथ मजबूती के साथ खड़े हो सकते हैं। जब भारत और नेपाल एक आत्मा और दो शरीर हैं वाली बात है तो क्या कारण है कि नेपाल भारत से दूर जा रहा है। इसलिए इस विषय पर सरकार को विचार करना चाहिए। अभी एक सूचना आई थी कि नेपाल में पुनः माओवादियों को सत्ता सौंपने की तैयारी हो रही है। मेरा भारत सरकार से अनुरोध है कि इस मामले में वह अवश्य हस्तक्षेप करें।

–20 अप्रैल, 2010

❑❑

विधानसभा

योगी आदित्यनाथ

दृष्टि-संवाद

विधानसभा

योगी आदित्यनाथ

दृष्टि-संवाद

खण्ड-३

संकलन एवं सम्पादन

हृदयनारायण दीक्षित

अध्यक्ष, उत्तर प्रदेश विधानसभा

डॉ. अरुण कुमार त्रिपाठी

वाणी प्रकाशन

वाणी प्रकाशन

4695, 21-ए, दरियागंज, नयी दिल्ली 110 002

फ़ोन : +91 11 23273167 फ़ैक्स : +91 11 23275710

शाखाएँ

अशोक राजपथ, पटना 800 004, बिहार

कॉफ़ी हाउस कैम्पस, महात्मा गांधी मार्ग, इलाहाबाद 211 001, उत्तर प्रदेश

महात्मा गांधी अन्तरराष्ट्रीय हिन्दी विश्वविद्यालय, वर्धा 442 001, महाराष्ट्र

सुल्तानिया रोड, मोतिया पार्क, भोपाल 462 001, मध्य प्रदेश

www.vaniprakashan.com
marketing@vaniprakashan.in
sales@vaniprakashan.in

Yogi Adityanath : Drishti-Samvad-3
Compiled and Edited by Hridaynarayan Dikshit
Dr. Arun Kumar Tripathi

ISBN : 978-93-5518-014-8
Speech/Dastavez

प्रथम संस्करण 2021

सम्पूर्ण सेट (पाँच खण्ड) मूल्य : ₹ 3990

थॉमसन प्रेस (इंडिया) लि. में मुद्रित

वाणी प्रकाशन का लोगो मक़बूल फ़िदा हुसेन की कूची से

अनुक्रम

अनुसूचित जाति एवं जनजाति के हितों की रक्षा में उत्तर प्रदेश अग्रणी	7
श्री राज्यपाल का अभिभाषण प्रदेश सरकार का मन दर्पण	17
एक अच्छा बजट समाज के प्रत्येक तबके के हितों का संवर्धक होता है	57
रचनात्मक, विवेकवान और चिन्तनशील संवाद विकास का द्योतक	101
स्पष्टवादी, सौम्य और मृदुभाषी नेता थे 'प्रणव दा'	111
कोरोना वॉरियर्स की सेवा अविस्मरणीय	115
लोकतंत्र की शक्ति है संवाद	129
समग्र और समावेशी विकास, स्वावलम्बन से सशक्तीकरण	181

आजादी के बाद अगर हम देखेंगे तो वास्तव में बाबा साहब भीमराव अम्बेडकर के उस सपने को साकार करने का कार्य ईमानदारी से किसी सरकार ने किया है तो बेझिझक और निःसंकोच कहा जा सकता है कि नरेन्द्र मोदी जी के नेतृत्व में भारतीय जनता पार्टी की सरकार ने इस कार्य को किया है। बिना भेदभाव के किया है। किस रूप में किया है, मैं इसकी शुरूआत करता हूँ। बाबा साहब भीमराव अम्बेडकर से जुड़े हुए पंचतीर्थों के विकास हेतु पवित्र स्थलों को वैश्विक मानचित्र प्रस्तुत करने के लिए किया गया कार्यक्रम। बाबा साहब भीमराव अम्बेडकर का जन्म स्थान, मऊ, मध्य प्रदेश है। बाबा साहब भीमराव अम्बेडकर का भव्य स्मारक, यह भारतीय जनता पार्टी की सरकार ने बना करके बाबा साहब भीमराव अम्बेडकर के जन्म स्थान को एक तीर्थ के रूप में विकसित किया।

अनुसूचित जाति एवं जनजाति के हितों की रक्षा में उत्तर प्रदेश अग्रणी

मा० अध्यक्ष महोदय, मैं सबसे पहले आपका आभार व्यक्त करता हूँ कि आज यह सदन एक बहुत महत्वपूर्ण विषय को लेकर यहाँ पर चर्चा करते हुए देश की संसद द्वारा पारित एक संविधान संशोधन विधेयक को अपना अनुसमर्थन कर रहा है और इस दृष्टि से विशेष सत्र आपने यहाँ पर आहूत किया है। वर्ष 2019 कई मायनों में महत्वपूर्ण रहा है। खासतौर पर उत्तर प्रदेश विधानमण्डल ने इन विशेष सत्रों के माध्यम से समाज से जुड़े हुए और राष्ट्र से जुड़े हुए उन महत्वपूर्ण मुद्दों पर चर्चा की है, जो सपना इस देश के संविधान निर्माताओं का था, जो सपना बाबा साहब डॉ० भीमराव अम्बेडकर जी का था। तीसरी बार इस वर्ष में हम लोग विशेष सत्र के रूप में बैठ रहे हैं। तीनों बार विधायिका की चर्चा के मुद्दे वही थे, जो पूज्य बापू राष्ट्रपिता महात्मा गाँधी जी ने या इस देश के संविधान निर्माताओं ने या बाबा साहब डॉ० भीमराव अम्बेडकर जी ने जो अपेक्षा इस देश की विधायिका से की थी। इस देश के संविधान के माध्यम से उन भावनाओं का प्रतिनिधित्व प्रत्येक व्यक्ति कर सके। वर्ष 2019 का जब यह अन्तिम दिवस है और इस अवसर पर हम विधायिका में अनुसूचित जाति-जनजाति के प्रतिनिधित्व को फिर से 10 वर्ष के लिए बढ़ाने के लिए अपना समर्थन दे सके, इस दृष्टि से वर्ष 2019 उत्तर प्रदेश विधानमण्डल के लिए अत्यन्त महत्वपूर्ण और समृद्ध माना जाएगा। मैं आपका हृदय से आभार व्यक्त करता हूँ और विधायिका से जुड़े हुए, विधानमण्डल से जुड़े हुए सभी माननीय सदस्यों का हृदय से अभिनन्दन भी करता हूँ।

देश का संविधान जब बन रहा था, उस समय इस बात पर चर्चा हुई थी कि देश, धर्म के आधार पर, मत या मजहब के आधार पर किसी को आरक्षण नहीं देगा। लेकिन सैकड़ों वर्षों से जिन लोगों की आवाज को दबाया गया था, जिन लोगों की भावनाओं को समाज और राष्ट्र की मुख्य धारा के साथ नहीं जुड़ने दिया गया था, उन लोगों को विधायिका में प्रॉपर स्थान प्राप्त हो सके, इस दृष्टि से देश के अन्दर 1959 में संविधान का आठवाँ संशोधन अधिनियम अनुच्छेद-334 के माध्यम से अनुसूचित जाति-जनजाति के लिए आरक्षण को, जो संविधान द्वारा प्रदत्त था, उसको 10 वर्ष के लिए बढ़ाया गया था। क्योंकि महसूस किया गया था कि जितना अपेक्षित विकास और प्रतिनिधित्व इस तबके को प्राप्त होना चाहिए, वह नहीं हो पाया था। आजादी के बाद इस देश के संविधान के अनुरूप प्रत्येक तबके को शासन की योजनाओं का लाभ देने, समाज में और राष्ट्र में विकास की मुख्य धारा के साथ बिना भेदभाव के सबको जोड़ने का एक सार्थक प्रयास भी प्रारम्भ हुआ।

हर एक स्तर पर योजनाएँ आगे बढ़ीं, उन योजनाओं को आगे बढ़ाने के लिए फिर यह महसूस होता रहा कि हर 10 वर्ष में हम विधायिका में अनुसूचित जाति और जनजाति से जुड़े हुए समुदायों का उचित प्रतिनिधित्व देने के लिए इस विषय पर चर्चा कर सकें। आज संविधान का 126वाँ संशोधन, जो विधेयक है, जिसके अनुसमर्थन में आज हम सब यहाँ पर इस विशेष सत्र के माध्यम से इसे अपना समर्थन देने के लिए उपस्थित हुए हैं यह उन्हीं भावनाओं को आगे बढ़ाने का कार्य है कि आगामी 10 वर्ष के लिए आगे बढ़ाया जाए। क्योंकि विधायिका में यह समर्थन, यह जो रिजर्वेशन है यह 25 जनवरी, 2020 तक ही है। 25 जनवरी, 2020 से इसे आगामी 10 वर्ष तक बढ़ाने के लिए उत्तर प्रदेश विधानमण्डल भी अपना अनुसमर्थन देश की संसद के इस संविधान संशोधन के अधिनियम को दे सके, इसलिए यह विशेष सत्र यहाँ पर आहूत किया गया है। हम सब जानते हैं कि जब यह देश आजाद हुआ था, उस समय अनुसूचित जाति की आबादी 5 करोड़ 13 लाख थी और अनुसूचित जनजाति की आबादी 1 करोड़ 91 लाख थी। 2011 की जनगणना में अनुसूचित जाति

की आबादी 20 करोड़ 13 लाख और अनुसूचित जनजाति की आबादी 10 करोड़ 45 लाख, यह जनगणना के आँकड़ों के अनुसार प्राप्त हुई। संसद में अनुसूचित जाति के 84 और अनुसूचित जनजाति के 47 सदस्य पूरे देश से चुने जाते हैं। राज्य विधानसभाओं में भी 614 अनुसूचित जाति के और 554 अनुसूचित जनजाति के सदस्यगण पूरे देश के अन्दर से अपने-अपने राज्यों की विधायिका में भी चुन करके जाते हैं। स्वाभाविक रूप से इस संविधान संशोधन विधेयक को राज्यों की विधानमण्डल का समर्थन भी चाहिए। इस दृष्टि से उत्तर प्रदेश विधानमण्डल के स्तर पर भी यह समर्थन हमें यहाँ से भेजना है। इस दृष्टि से विधायिका में अनुसूचित जाति-जनजाति के प्रतिनिधित्व से सम्बन्धित यह संसद का संविधान संशोधन विधेयक है, जिसके अनुसमर्थन में आज उत्तर प्रदेश विधानमण्डल की विशेष कार्यवाही यहाँ पर आयोजित की गई है। आजादी के बाद अगर हम देखेंगे तो वास्तव में बाबा साहब भीमराव अम्बेडकर के उस सपने को साकार करने का कार्य ईमानदारी से किसी सरकार ने किया है तो बेझिझक और निःसंकोच कहा जा सकता है कि नरेन्द्र मोदी जी के नेतृत्व में भारतीय जनता पार्टी की सरकार ने इस कार्य को किया है। बिना भेदभाव के किया है। किस रूप में किया है, मैं इसकी शुरूआत करता हूँ। बाबा साहब भीमराव अम्बेडकर से जुड़े हुए पंचतीर्थों के विकास हेतु पवित्र स्थलों को वैश्विक मानचित्र प्रस्तुत करने के लिए किया गया कार्यक्रम। बाबा साहब भीमराव अम्बेडकर का जन्म स्थान, मऊ, मध्य प्रदेश है। बाबा साहब भीमराव अम्बेडकर का भव्य स्मारक, यह भारतीय जनता पार्टी की सरकार ने बना करके बाबा साहब भीमराव अम्बेडकर के जन्म स्थान को एक तीर्थ के रूप में विकसित किया। बाबा साहब भीमराव अम्बेडकर से जुड़े हुए इंग्लैण्ड के उस भवन को, जहाँ पर उन्होंने रह करके अपनी उच्च शिक्षा अर्जित की थी, भारत सरकार ने और महाराष्ट्र में भारतीय जनता पार्टी की सरकार ने मिल करके उस भवन को क्रय किया, बाबा साहब भीमराव आम्बेडकर का स्मारक बनाने के साथ-साथ उच्च शिक्षा के लिए इंग्लैण्ड जाने वाले छात्र-छात्राओं के लिए उस भवन में निवास की व्यवस्था और साथ-साथ उनके लिए स्कॉलरशिप की व्यवस्था भी वर्तमान में प्रधानमंत्री नरेन्द्र मोदी जी के द्वारा की गई है।

बाबा साहब भीमराव अम्बेडकर ने दिल्ली में रह करके अन्तिम साँस ली थी, उसे श्रद्धेय अटल बिहारी वाजपेयी जी के नेतृत्व की सरकार ने क्रय किया और आज आदरणीय नरेन्द्र मोदी जी के नेतृत्व की भारतीय जनता पार्टी की सरकार ने वहाँ पर एक अन्तर्राष्ट्रीय केन्द्र बना करके बाबा साहब भीमराव अम्बेडकर की भावनाओं के अनुरूप उसे एक पवित्र तीर्थ के रूप में विकसित किया। बाबा साहब भीमराव अम्बेडकर की दीक्षा भूमि नागपुर में एक भव्य स्मारक बनाया गया। इस कार्य को प्रधानमंत्री श्री नरेन्द्र मोदी जी के नेतृत्व में और तत्कालीन महाराष्ट्र की भारतीय जनता पार्टी के मुख्यमंत्री श्री देवेन्द्र फडणवीस की सरकार ने सम्पन्न किया। मुम्बई के चैत्य भूमि में भी बाबा साहब भीमराव अम्बेडकर से जुड़े हुए उस पवित्र स्थल को भव्य स्वरूप दे करके दुनिया के वंचितों के लिए एक आशा की किरण जाग्रत करने का कार्य भी अगर किसी ने किया तो प्रधानमंत्री मोदी जी के नेतृत्व की भारतीय जनता पार्टी की सरकार ने किया है। यह हमारे लिए केवल नारे नहीं हैं। हमने उन नारों को हकीकत में बदलने का भी काम किया है। सही मायने में इस कार्य को किया है। यह कहा जा सकता है कि प्रधानमंत्री नरेन्द्र मोदी जी ने जब 26 मई, 2014 को प्रधानमंत्री पद की शपथ ली थी, तब उस समय उन्होंने इस बात का आह्वान किया था कि हमारी सरकार किसी व्यक्ति, किसी जाति, किसी मत, किसी मजहब, किसी क्षेत्र, किसी भाषा के लिए नहीं बल्कि भारत के लिए, भारतीयता के लिए, भारत के गाँवों के लिए, भारत के गरीबों के लिए, भारत के दलितों के लिए, भारत के आदिवासियों के लिए, भारत के वनवासियों के लिए, भारत की महिलाओं के लिए और भारत के प्रत्येक तबके के विकास के लिए कार्य करेगी। उन्होंने अपने साढ़े पाँच वर्ष के शासनकाल के दौरान इसे करके दिखाया भी है। जब प्रधानमंत्री पद की शपथ मोदी जी ने ली थी, तब देश के अन्दर तीन करोड़ परिवार ऐसे थे जिनके पास अपने आवास नहीं थे और मुझे यह बताते हुए प्रसन्नता है कि ऐसे दो करोड़ परिवारों को एक-एक आवास देने का कार्य 'प्रधानमंत्री आवास योजना' में किया गया। यह कार्य सफलतापूर्वक पूरे देश के अन्दर लागू करने का कार्य हुआ। दस करोड़ परिवार

ऐसे थे जिन परिवारों के पास अपने घर में शौचालय नहीं था, उन परिवारों को एक–एक शौचालय देने का कार्य भी अगर किसी ने किया तो 'स्वच्छ भारत मिशन' के अन्तर्गत प्रधानमंत्री मोदी जी ने इस कार्यक्रम को आगे बढ़ाया। तीन करोड़ परिवार ऐसे थे जिन परिवारों के पास अपना विद्युत कनेक्शन नहीं था, 'सौभाग्य योजना' के अन्तर्गत उन परिवारों को विद्युत कनेक्शन देने का भी कार्य किया गया। आठ करोड़ परिवार ऐसे थे, जिन परिवारों के पास अपने लिए ऊर्जा का कोई साधन नहीं था, रसोई गैस नहीं थी, उन्हें केरोसिन नहीं मिल पाता था, उनके पास ईंधन की सर्वसुलभता नहीं थी, उन आठ करोड़ परिवारों को रसोई गैस का कनेक्शन देने का कार्य अगर किसी ने किया तो वह प्रधानमंत्री मोदी जी ने उज्ज्वला योजना के अन्तर्गत किया।

यह इनका असली चेहरा है। यह असली चेहरा सामने आ रहा है क्योंकि किसी गरीब को, किसी वंचित को शासन की योजनाएँ मिलें, उसमें जो सबसे बड़ी बाधा थी, ये चेहरे अपने आप सामने दिखाई दे रहे हैं। ये चाहते ही नहीं हैं कि गरीब को इन सुविधाओं का लाभ मिले। यह सच्चाई सामने आ सके, इस दृष्टि से ये लोग किस तरीके से शासन की योजनाओं में बाधक बनते हैं और गरीब तथा वंचितों के लाभ में डकैती डालते हैं, इस बात का उदाहरण ये लोग हैं, जो नमूने के रूप में सामने दिखाई दे रहे हैं। आयुष्मान भारत, 50 करोड़ लोगों को आयुष्मान भारत योजना के तहत 5 लाख रुपये की स्वास्थ्य बीमा का कवर दिया जा रहा है। यह गरीबों के लिए, वंचितों के लिए प्रधानमंत्री मोदी जी के द्वारा दिया गया स्वास्थ्य बीमा का एक कवर है जो आजादी के बाद पहली बार हुआ है और दुनिया की सबसे बड़ी स्वास्थ्य बीमा की योजना है। हर गरीब को शासन की योजनाओं का लाभ बिना भेदभाव के दे सकें।

वर्मा जी, इसका सम्बन्ध है। इसलिए सम्बन्ध है, क्योंकि आप लोगों ने वोट बैंक बनाया है। यहाँ वोट बैंक नहीं बनाया गया है, बल्कि शासन की योजनाओं को उन तक पहुँचाने का कार्य किया गया है। इसलिए इसके बारे में सरकार को कहने का पूरा अधिकार है। मुझे इनसे केवल दो विषय पूछने हैं और मैं पूछना चाहता हूँ कि ये जो '**सबका**' बनते हैं, '**स**' से '**सपा**', '**ब**' से

'**बसपा**', '**का**' से '**कांग्रेस**'। ये प्रदेश के दलितों और वंचितों के सबसे बड़े विरोधी रहे हैं। मैं इनसे पूछना चाहता हूँ कि बाबा साहब भीमराव अम्बेडकर और कांशीराम जी के नाम पर बने हुए स्मारक और उनके नाम पर प्रदेश के पैसे से बने हुए स्थलों का नाम बदलने का काम किसने किया था। बसपा इस पर क्यों मौन है? सपा से इसके बारे में पूछें, ये हमने नहीं किया है। ये काम आपके ही पार्टनर, समाजवादी पार्टी ने किया था। आप उनसे यह प्रश्न कभी नहीं पूछ सकते हैं। अनुसूचित जाति, अनुसूचित जनजाति के छात्रों की छात्रवृत्ति समाजवादी पार्टी ने वर्ष 2016-17 में दी ही नहीं। जब मार्च, 2017 में हमारी सरकार आई, तब हमने पूरी की पूरी छात्रवृत्ति अनुसूचित जाति, अनुसूचित जनजाति के छात्रों को देने का काम किया, तो क्या इन्हें इस पर बोलने का अधिकार है? ये लोग इस पर उपदेश देते हैं। यानी सच्चाई स्वीकार भी नहीं करेंगे। अगर गरीब को आवास, शौचालय, रसोई गैस कनेक्शन मिल रहे हैं, तो इनको बुरा लग रहा है। अगर हम किसी अन्य योजना का लाभ दे रहे हैं, स्वास्थ्य बीमा का कवर दे रहे हैं, तो भी इन्हें बुरा लग रहा है। जब इनकी असलियत खोल दी जाती है, तब ये अपना मुँह दिखाने लायक स्थिति में नहीं रहते हैं। महोदय, यही स्थिति इन्होंने पैदा की है। भारतीय जनता पार्टी की सरकार जो कहती है, वह करके दिखाती है। हमने जो कहा है, वह करके दिखाया है। हमने कभी योजना के नाम पर, जाति, क्षेत्र, मजहब, भाषा के नाम पर भेदभाव नहीं किया, लेकिन बिना भेदभाव के संविधान प्रदत्त अधिकार लोगों को प्राप्त हों, यह सरकार इसके लिए पूरी तरह प्रतिबद्ध है। देश की संसद के द्वारा जो प्रस्ताव पारित किया गया है, उस संविधान संशोधन विधेयक को पारित करने के लिए ही, समर्थन देने के लिए ही हम सब यहाँ पर एकत्र हैं। मैं पूरे सदन से अपील करूँगा कि संसद ने सर्वसम्मति से इस प्रस्ताव को पारित किया है। उत्तर प्रदेश विधानसभा भी सर्वसम्मति से इसको पारित करे और गरीबों, वंचितों, दलितों, आदिवासियों और वनवासियों के लिए भी हम लोग अपनी उस प्रतिबद्धता को, जो भारत के संविधान के द्वारा पारित प्रस्ताव है, उसके साथ अपने आप को सम्बद्ध कर सकें, इस दृष्टि से मैं पूरे सदन से

अपील करूँगा कि सर्वसम्मति से यह प्रस्ताव पारित होना चाहिए। इसमें किसी प्रकार की राजनीति नहीं होनी चाहिए। यह अपील मुझे यहाँ पर करनी थी। मैं एक बार पुनः आपका बहुत आभार व्यक्त करता हूँ कि आपने इस वर्ष 2019 को उत्तर प्रदेश विधायिका की दृष्टि से महत्वपूर्ण वर्ष बनाया है। कई विशेष सत्र प्रारम्भ किए। एस०डी०जी० गरीबों के लिए ही था। सबको स्वास्थ्य की सुविधा, सबको शिक्षा की व्यवस्था और अन्य बुनियादी सुविधाओं को उपलब्ध कराया जा सके, इसकी एस०डी०जी० के माध्यम से, इस सदन के माध्यम से चर्चा हुई। जिन लोगों ने चर्चा में भाग नहीं लिया, स्वाभाविक रूप से वह स्वयं भी उन गरीबों, दलितों और वंचितों के विरोधी थे। हम लोगों ने बापू की 150वीं जयन्ती के अवसर पर 02 अक्टूबर को विशेष सत्र आहूत किया था। बापू जी को उस सत्र के माध्यम से, एस०डी०जी० के माध्यम से श्रद्धांजलि दी। इसके उपरान्त भी विशेष सत्र अन्य मुद्दों पर बुलाए गए और संविधान दिवस पर बाबा साहब डॉ० भीमराव अम्बेडकर जी के प्रति श्रद्धांजलि स्वरूप 26 नवम्बर को विशेष सत्र आहूत किया गया।

वर्ष 2019 का यह अन्तिम कार्य-दिवस है। इस अन्तिम कार्य-दिवस पर भी यह विशेष सत्र आहूत करके उत्तर प्रदेश विधानमण्डल ने एक नया रिकार्ड बनाया है। इसके लिए मैं आपका भी अभिनन्दन करता हूँ। विधानमण्डल से जुड़े हुए हमारे जितने भी अधिकारीगण हैं, विधानसभा और विधान परिषद् से जुड़े हुए जितने अधिकारी/कर्मचारी हैं सभी ने जिस मनोयोग के साथ इस पूरे कार्यक्रम के साथ जुड़कर इसे सफल बनाया है, उन सबको भी हृदय से धन्यवाद देते हुए मैं चाहूँगा कि पूरा सदन की सर्वसम्मति से अनुसूचित जाति, अनुसूचित जनजाति के उन समुदायों का समुचित प्रतिनिधित्व विधायिका में दिया जा सके, इस दृष्टि से जो एक प्रस्ताव संसद के द्वारा पारित किया गया है, इसको हम सब अपना समर्थन दें। मुझे यही कहना था, धन्यवाद।

अध्यक्ष जी, प्रख्यात समाजवादी नेता स्व० राजनारायण जी की आज पुण्यतिथि है, जिन्होंने अपना पूरा जीवन सही मायने में समाजवाद के दर्शन को अंगीकार करते हुए जिया हो, उत्तर प्रदेश की विधानसभा हो या इस देश

की संसद, देश के स्वास्थ्य मंत्री रहे हो या फिर विभिन्न महत्वपूर्ण दायित्वों का निर्वहन करते हुए जिस साफगोई के साथ, जीवन के जिस शुचिता और पारदर्शिता का पालन करते हुए उन्होंने जीवन जिया, आज उनका पुण्य स्मरण प्रत्येक जनप्रतिनिधि के साथ-साथ उन सबके लिए अत्यन्त आवश्यक है, जिन्होंने सार्वजनिक जीवन में अपने आप को समर्पित किया है। मैं उस पुण्यात्मा को आज के इस अवसर पर, उनकी पुण्यतिथि के अवसर पर हमारे नेता प्रतिपक्ष के द्वारा प्रस्तुत इस प्रस्ताव का समर्थन करते हुए उन्हें विनम्र श्रद्धांजलि अर्पित करता हूँ। आपसे अपील करता हूँ कि स्व० राजनारायण की इस पुण्यतिथि के अवसर पर पूरे सदन की ओर से भी उस महान नेता का स्मरण हो। एक अच्छा प्रस्ताव है और मुझे लगता है कि अच्छी शुरूआत हुई है।

सन्दर्भ : दिनांक 31 दिसम्बर, 2019 को एक सौ छब्बीसवाँ संशोधन विधेयक, 2019 का अनुसमर्थन।

महोदय, 19 दिसम्बर, 2019 को कांग्रेस, समाजवादी पार्टी और अन्य दलों के साथ-साथ ऐसे संगठन भी इस पूरे महाबन्दी में शामिल हुए थे, जो भारत के संविधान में विश्वास नहीं करते। जो सुरक्षा को तार-तार करना चाहते हैं। जो संविधान की आड़ लेकर, तिरंगे की आड़ लेकर पूरी व्यवस्था को ध्वस्त करना चाहते हैं, जिनकी फण्डिंग राष्ट्रीय सुरक्षा के लिए खतरनाक संकेत कर रही है, टेरर फण्डिंग है। उन लोगों के प्रति हमारे विपक्ष के मित्रों की सहानुभूति, यह सहानुभूति माननीय दलीय नेताओं की, हमारे विपक्ष में बैठे नेताओं की सहानुभूति इस प्रदेश के गरीब के प्रति, इस प्रदेश के नौजवान के प्रति, प्रदेश की महिलाओं के प्रति, प्रदेश के किसान के प्रति होती तो हमें प्रसन्नता होती, लेकिन इनकी उनके प्रति कोई सहानुभूति नहीं है।

श्री राज्यपाल का अभिभाषण प्रदेश सरकार का मन दर्पण

माननीय अध्यक्ष जी, मैं आपका आभारी हूँ कि आपने मा० राज्यपाल जी के द्वारा समवेत सदन को 13 फरवरी को अपना जो सम्बोधन दिया गया था उस पर मुझे बोलने का अवसर दिया। सबसे महत्वपूर्ण अभिभाषण जिसे माननीय सदस्य डॉ० मंजू शिवाच जी ने इस सदन में प्रस्तुत किया था और माननीय सदस्य योगेन्द्र उपाध्याय जी ने इसका अनुमोदन किया था। नेता प्रतिपक्ष समेत सभी दलीय नेताओं के साथ ही इस सदन के 63 माननीय सदस्यों ने इस पूरी चर्चा में भाग लिया और अपने महत्वपूर्ण सुझाव दिए। इसमें 40 सदस्यों ने अभिभाषण के समर्थन में, 23 सदस्यों ने विपक्ष में, जिनमें 9 महिला सदस्यों ने पक्ष में और 3 महिला सदस्यों ने विपक्ष में इस पूरी चर्चा में प्रतिभाग किया। मैं इन सबके प्रति भी आभार व्यक्त करता हूँ।

राज्यपाल प्रदेश की व्यवस्था का संवैधानिक प्रमुख होता है। यह परम्परा रही है कि विधानमण्डल की कार्यवाही वर्ष में राज्यपाल जी के अभिभाषण से प्रारम्भ हो। सत्र का शुभारम्भ उसके साथ ही शुरु होता है। इस परिपाटी के माध्यम से ही मा० राज्यपाल जी का अभिभाषण सदन में आता है। वह एक शासकीय दस्तावेज होता है, जो सरकार की पिछली उपलब्धियों के साथ-साथ भावी योजनाओं को भी सदन के माध्यम से प्रदेशवासियों के सामने प्रस्तुत करने का एक महत्वपूर्ण शासकीय दस्तावेज है। इसलिए अपनी उपलब्धियों पर गौरव की अनुभूति होना और उन उपलब्धियों के माध्यम से हम प्रदेश की उपलब्धियों और भावी योजनाओं के बारे में बता सकें, उस संवैधानिक व्यवस्था के प्रति सम्मान भी व्यक्त कर सकें, इसका एक सशक्त माध्यम होता है।

लोकतंत्र में प्रत्येक व्यक्ति को अपनी बात कहने का पूरा अधिकार है, लेकिन संवैधानिक मर्यादाओं के दायरे में रह करके, क्योंकि अगर उन संवैधानिक मर्यादाओं के गौरव की रक्षा इस सदन में बैठा हुआ माननीय सदस्य नहीं कर सकता तो इसकी उम्मीद किसी और से नहीं की जा सकती है कि वह इसके गौरव और इसकी गरिमा की रक्षा कर सके। जो लोग संविधान की दुहाई देते हैं, संविधान को तार-तार करने का कार्य वही लोग अक्सर जाने-अनजाने में करते हुए दिखाई देते हैं। यह पहली बार नहीं हुआ है। इस बार तो भी गनीमत थी। अन्यथा यहाँ पर प्रदेश के संवैधानिक प्रमुख पर कागज के गोले फेंके जाते हैं और इसमें बहादुरी समझी जाती है। जिन लोगों ने संविधान को तार-तार करके संविधान का गला घोंटने की समय-समय पर शरारत की है, वह लोग संविधान की दुहाई देते है। जिन लोगों ने इसी सदन में विधायकों को चोटिल किया था, वह विधायकों के सम्मान की बात करते हैं। जिन लोगों ने तन्दूर जैसी घटनाओं को अंजाम दिया था, वह महिला सशक्तीकरण की दुहाई देते हैं। प्रदेश की बालिकाओं के साथ हुए बर्बर और अमानवीय कृत्य पर जिन लोगों ने यह कहा था कि बच्चों से गलती हो जाती है, वह लोग यहाँ पर प्रदेश में महिला सुरक्षा की बात कर रहे हैं। जिन लोगों ने अयोध्या में राम भक्तों पर गोली चला करके अयोध्या की मान्यता को ही धूल-धूसरित करने का कार्य किया था, वह आज उपद्रवियों पर होने वाली कार्रवाई पर हमसे जवाब-तलब करने का प्रयास कर रहे हैं। यही तो अभिभाषण की शुरुआत में मा० राज्यपाल जी ने कहा था कि 'हमारी सरकार रामराज्य की अवधारणा को प्रस्तुत करने के लिए पूरी तरह प्रतिबद्ध है'। रामराज्य को तुलसीदास जी ने बहुत स्पष्ट किया है, रामराज्य कोई धार्मिक राज्य नहीं है। रामराज्य की परिभाषा को इसके माध्यम से स्पष्ट भी किया है- **'दैहिक दैविक भौतिक तापा। राम राज नहिं काहुहि ब्यापा।। सब नर करहिं परस्पर प्रीति। चलहिं स्वधर्म निरत श्रुति नीति।।'** यानी हर प्रकार के दुःखों चाहे वह आदि दैविक हो, आदि भौतिक हो या आध्यात्मिक हो। इन तीनों प्रकार के दुःखों से सर्वथा मुक्ति का उपाय किसी भी लोक कल्याणकारी शासन का दायित्व बनता है।

हमने इस दायित्व को ही धर्म के साथ जोड़ा है। किसी उपासना विधि को नहीं जोड़ा है। यही दायित्व, यही कर्तव्य हमारे लिए धर्म है कोई उपासना विधि नहीं। सिर पर टोपी पहन लेने से धर्म नहीं हो जाता है। हमने धर्म को कर्तव्य और दायित्व के साथ जोड़ करके देखा है। इसीलिए तो तुलसीदास जी ने यह बात भी कही थी कि–'प्रसंग जानइ कोउ–कोऊ'। यानी कोई–कोई ही जान पाइगा इस प्रसंग को, यह हर व्यक्ति की समझ से बाहर है।

हर व्यक्ति समझ भी नहीं पाएगा कि वास्तव में रामराज्य है क्या? आखिर जिस कार्य के लिए 1990 में रामभक्त अयोध्या में जा रहे थे, जिन रामभक्तों को गोली मारी गई थी, जो लोग कहते थे कि परिन्दा भी पर नहीं मार सकता, आखिर उन रामभक्तों की बात को देश के सर्वोच्च न्यायालय ने मुहर लगाई। अयोध्या में वर्षों से दबी हुई उन भावनाओं को एक मंच मिला और इस मंच के माध्यम से यह चीजें सामने आई हैं कि वास्तव में भारत का लोकतंत्र दुनिया का एक सशक्त लोकतंत्र है। इसने भारत के लोकतंत्र की ताकत का एहसास भी कराया है और भारत की न्यायपालिका की ताकत का भी एहसास कराया है। सचमुच 30 अक्टूबर, 1990 और 02 नवम्बर, 1990 को परिन्दा नहीं, लाखों रामभक्त अयोध्या में थे। लेकिन यह सचमुच 09 नवम्बर, 2019 को साबित हुआ है कि परिन्दा भी कहीं कानून–व्यवस्था में पर नहीं मार सकता है। यह उत्तर प्रदेश ने 09 नवम्बर, 2019 को साबित किया है।

यह इस देश की विजय है कि जो रामभक्त जब अयोध्या में राम मन्दिर की माँग कर रहे थे, वह सही थे और जो गोली चलाने वाले थे, वह गलत थे, यह साबित किया है। जो लोग रामभक्तों पर गोली चलाना उचित मानते हैं और आतंकवादियों के मुकदमों को वापस लेते हैं, उनसे पूछा जाना चाहिए। आखिर अयोध्या में राम जन्मभूमि पर हमला हुआ था, तत्कालीन फैजाबाद जनपद जो आज का अयोध्या जनपद है, वहाँ की कचहरी में, लखनऊ की कचहरी में, वाराणसी की कचहरी पर हमले हुए थे। आतंकी हमले हुए थे, संकटमोचन मन्दिर, काशी में आतंकी हमला हुआ था। बम विस्फोट हुए थे। गोरखपुर में सीरियल ब्लास्ट हुए थे। यह चेहरे कौन थे, जिन्होंने इन आतंकवादियों और

इन देशद्रोहियों के साथ अपना सम्बन्ध जोड़कर उनके मुकदमों को वापस लेने का कुत्सित प्रयास किया था। उसी ढर्रे को फिर अपनाना चाहते हैं, जो लोग कानून को रौंदने का कार्य करते हैं उनकी पैरवी, मुझे ताज्जुब होता है। हम लोगों ने पहले से ही इस बारे में स्पष्ट किया है कि लोकतांत्रिक तरीके से होने वाले किसी भी आन्दोलन को हम समर्थन देंगे, उसको पूरी स्वतन्त्रता देंगे, पूरी सुरक्षा देंगे। लेकिन लोकतंत्र की आड़ लेकर कोई कानून की धज्जियाँ उड़ाएगा, निर्दोष लोगों पर हमला करेगा, बहन-बेटियों की इज्जत से खिलवाड़ करेगा या फिर वह व्यापारिक प्रतिष्ठानों में लूटपाट और आगजनी की घटनाओं को अंजाम देगा तो फिर वह जिस भाषा में समझेगा, उस भाषा में उसको समझाएँगे भी।

महोदय, 19 दिसम्बर, 2019 को कांग्रेस, समाजवादी पार्टी और अन्य दलों के साथ-साथ ऐसे संगठन भी इस पूरे महाबन्दी में शामिल हुए थे, जो भारत के संविधान में विश्वास नहीं करते। जो सुरक्षा को तार-तार करना चाहते हैं। जो संविधान की आड़ लेकर, तिरंगे की आड़ लेकर पूरी व्यवस्था को ध्वस्त करना चाहते हैं, जिनकी फण्डिग राष्ट्रीय सुरक्षा के लिए खतरनाक संकेत कर रही है, टेरर फण्डिग है। उन लोगों के प्रति हमारे विपक्ष के मित्रों की सहानुभूति, यह सहानुभूति माननीय दलीय नेताओं की, हमारे विपक्ष में बैठे नेताओं की सहानुभूति इस प्रदेश के गरीब के प्रति, इस प्रदेश के नौजवान के प्रति, प्रदेश की महिलाओं के प्रति, प्रदेश के किसान के प्रति होती तो हमें प्रसन्नता होती, लेकिन इनकी उनके प्रति कोई सहानुभूति नहीं है। क्योंकि जब गाँधी जी की 150वीं जयन्ती पर सस्टेनेबल डेवलपमेण्ट गोल्स पर 36 घण्टे की चर्चा दलीय नेताओं की बैठक के बाद, सहमति के आधार पर इस सदन ने प्रारम्भ की तो विपक्ष यहाँ से वॉक आउट कर गया था। यानी उनकी गरीबों की शिक्षा के प्रति कोई सहानुभूति नहीं है। चिकित्सा के प्रति कोई सहानुभूति नहीं है। किसानों का विकास हो, उनकी आय दोगुनी हो, इसके प्रति कोई सहानुभूति नहीं है। नौजवान, बेरोजगार अगर आर्थिक स्वावलम्बन की ओर अग्रसर होता हो, इसके बारे में इनकी कोई सहानुभूति नहीं है। प्रदेश के अन्दर इन्फ्रास्ट्रक्चर डेवलपमेण्ट की दिशा में हम कुछ प्रयास कर सकें। आखिर

जिन सस्टेनेबल डेवलेपमेण्ट गोल्स पर हमने चर्चा की थी, वह तो सब प्रदेश के गरीबों के लिए था, महिलाओं के लिए था, प्रदेश के विकास के लिए था, बुनियादी सुविधाओं के लिए था। अगर विपक्ष की सहानुभूति सचमुच प्रदेश की 23 करोड़ जनता के प्रति होती तो यह लोग हाउस से बहिर्गमन नहीं करते। इस सदन में उन सभी सदस्यों की तरह वह भी चर्चा करते, पूरा सदन यहाँ बैठा था, 36 घण्टों तक चर्चा करता रहा और 36 घण्टों की चर्चा के बाद भी जब आपने इस बात को कहा कि 36 घण्टे की चर्चा तय है और इसके साथ ही समेटना चाहिए। अन्यथा मेरा यह मानना था कि 36 घण्टे और इस सदन में बैठे हुए सभी माननीय सदस्य इस चर्चा को आगे बढ़ा सकते थे। हर सदस्य बोल सकता था। मैं उन सभी माननीय सदस्यों का बहुत आभारी हूँ, कितनी अच्छी और कितनी सार्थक बहस हुई थी। कितनी गम्भीर चर्चा हुई थी। सदन के सही मायने 2 अक्टूबर, 2019 और 3 अक्टूबर, 2019 को देखने को मिले थे कि वास्तव में देश के इस विधानमण्डल में और देश की संसद में इसी प्रकार की चर्चा होनी चाहिए थी। उसकी गवाह उत्तर प्रदेश की यह विधानसभा बनी थी। उत्तर प्रदेश विधानमण्डल बना था। तब विपक्ष के हमारे माननीय नेतागण यहाँ से बहिर्गमन कर गए थे। वहाँ पर भी जो थोड़े स्वाभिमानी लोग थे, उन्होंने कहा कि हम चर्चा में भाग लेंगे। क्योंकि गरीब का प्रश्न था। प्रदेश का प्रश्न था। उन लोगों ने भाग लिया और मैं उनको धन्यवाद दूँगा। लेकिन बाकी हर एक चीज में उनकी सहानुभूति गरीबों के प्रति नहीं है। किसानों के प्रति नहीं है। नौजवानों के प्रति नहीं है। महिलाओं के प्रति नहीं है और किसी भी ऐसे ठोस मुद्दे पर कभी भी वह लोग सार्थक चर्चा करने को तैयार नहीं हैं। उस पर बहस करने को तैयार नहीं हैं। तर्कसंगत तरीके से किसी बहस को आगे बढ़ाने को तैयार नहीं हैं।

तथ्यों को तोड़–मरोड़ करके प्रस्तुत करने की बात, अभी मैं सोच रहा था, जब यहाँ पर संसदीय कार्य मंत्री ने इस बात को कहा। मैं पूरे डँके की चोट पर कह सकता हूँ कि प्रदेश के अन्दर ढाई लाख से अधिक नियुक्तियाँ हुई हैं। ढाई लाख से अधिक सरकारी नौकरियों में आरक्षण का पूरी तरह पालन किया गया है।

अनुसूचित जाति, अनुसूचित जनजाति, पिछड़ी जाति और उन सभी वर्गों को पूरा सम्मान दिया गया है, जिन्हें इस व्यवस्था का लाभ मिलना चाहिए। यही नहीं हमने मेडिकल और अन्य तकनीकी संस्थानों में भी इस सुविधा का लाभ दिया है। गरीबी रेखा के नीचे जीवनयापन करने वाले उन लोगों को भी हम लोगों ने 10 प्रतिशत आरक्षण के लाभ की सुविधा उपलब्ध कराई है, जो पूरे देश ने स्वीकार किया है। वह लाभ उत्तर प्रदेश के अन्दर समान रूप से दिया जा रहा है। कोई एक व्यक्ति इसके नाम पर बन्धक नहीं बना सकता है, किसी को, किसी गरीब को, किसी पिछड़े को, किसी अनुसूचित जाति, जनजाति या किसी भी उस समुदाय के व्यक्ति को, जो संविधान के द्वारा उसका प्रदत्त अधिकार है और जिसमें संसद ने मुहर लगाई है, कोई उससे वंचित नहीं कर सकता है। किसी को हम इसकी इजाजत भी नहीं देंगे।

छात्रवृत्ति की बात करते हैं, इस वर्ष हम लोगों ने अभी 26 जनवरी को 56 लाख छात्रों को छात्रवृत्ति वितरित की है। 56 लाख छात्रों को एक साथ छात्रवृत्ति दी गई है और 56 लाख में से 28 लाख बच्चे पिछड़ी जाति के हैं। कुछ जो बच्चे बचे हैं, हमने स्पष्ट कहा है कि इन सभी की छात्रवृत्ति के लिए अतिरिक्त पैसा दिया जाए और उन सभी बच्चों को देने की व्यवस्था अविलम्ब करने की तैयारी करें। हमने देना प्रारम्भ किया है लेकिन सपा, बसपा की सरकारों में क्या हो रहा था। सपा की सरकार आती थी तो अनुसूचित जाति/जनजाति को रोकती थी और बसपा की सरकार आती थी तो पिछड़ी जाति को रोक देती थी। यह प्रतिस्पर्धा चलती थी, लेकिन पिसता कौन था, प्रदेश का गरीब बच्चा पिसता था। प्रदेश का नौजवान पिसता था। इनकी आपसी लड़ाई में यहाँ का नौजवान पिसता था। हमारा छात्र पिसता था इसलिए इसके बारे में ये लोग हमें न ही बताएँ।

मुझे लगता है कि भारतीय जनता पार्टी भारत के प्रत्येक नागरिक का प्रतिनिधित्व करने वाली पार्टी है। सरकार प्रदेश के नागरिकों के साथ अन्याय नहीं होने देगी, किसी के साथ नहीं। हमने इस बात को सीखा है कि दल से बड़ा देश होता है। हम उस परम्परा को मानने वाले हैं। हमने सत्ता को साध्य

नहीं माना है बल्कि एक साधन माना है और साधन लोक कल्याण का माध्यम बनाने के लिए माना है। यह हमारे लिए साध्य नहीं हो सकता है। यह हमारे लिए अन्तिम लक्ष्य नहीं हो सकता है कि सत्ता प्राप्त कर लिया, लेकिन वर्षों से दबी हुई उन भावनाओं को एक मंजिल देना, उसको उस मंजिल तक पहुँचाने का रास्ता देना, यह सरकार का दायित्व है। सरकार इस कार्य को कर रही है। क्या कर रहे थे आप, सपा को, बसपा को, कांग्रेस को सबको मौका मिला है। विपक्ष में बैठे हुए जो चारों दलीय नेतागण हैं इनसे पूछा जाना चाहिए, सबकी किसी न किसी रूप में सत्ता में भागीदारी थी, किसी को जनता ने हटाया तो किसी को सरकार ने हटाया। लेकिन सभी को मौका मिला था। कोई यह नहीं कह सकता कि हम सत्ता में नहीं थे। लेकिन सत्ता में रहने के दौरान क्या किए। हम तो बोल सकते हैं, हम दावे के साथ कह सकते हैं। मैं अगर उन आँकड़ों में आता हूँ तो फिर वे आँकड़े और मैं इन आँकड़ों के साथ आप सबको बहस के लिए चुनौती देता हूँ, आप इन आँकड़ों को नोट कीजिए। बजट पर चर्चा होगी, चर्चा के दौरान इस पर बहस कीजिए। लेकिन किसी भी मुद्दे का तार्किक समाधान निकलना चाहिए, बहस तर्कसंगत होनी चाहिए, तथ्यों पर आधारित होनी चाहिए, बहस का मुद्दा गाली-गलौज तक नहीं उतरना चाहिए। आप इसे अपनी उस परिपाटी के अनुसार मत उतारिए जब आप इस हाउस को लहूलुहान करते थे। आप उसके अनुसार मत कीजिए, जब आप सदन और संविधान की मर्यादाओं को तार-तार करते थे।

आखिर सिटिजनशिप एमेण्डमेण्ट ऐक्ट पर किस बात का विरोध है, कौन सा विरोध है, आखिर कोई एक बात तो बोले कि कौन सी चीज इसमें गलत है। यह कानून भारतीय जनता पार्टी ने नहीं बनाया है, यह 1955 में बना कानून है। नेहरू-लियाकत पैक्ट के अनुसार यह कानून बाद में बनाया गया। देश के दु:खद विभाजन की त्रासदी से कौन ऐसा भारतीय है जो वास्तव में उस समय पीड़ित न हुआ हो। कौन ऐसा भारतीय है जिसके मन में पीड़ा नहीं है कि हजारों वर्षों से जो देश एक था, 1947 में उस देश को दो टुकड़ों में बाँट दिया गया। कौन ऐसा सच्चा भारतीय होगा जिसको विभाजन की त्रासदी

की पीड़ा न हो, लेकिन उस सबके बावजूद सत्ता-स्वार्थ के लिए हम देश का विभाजन करा दें, इससे निम्नस्तरीय हरकत दूसरी हो नहीं सकती। वर्ष 1947 में इस देश के साथ यही हुआ था।

मैं पुनः इस सदन में अपने विपक्ष के मित्रों को, जो जाति-जाति की रट लगाते हैं, बताना चाहता हूँ कि आजादी की लड़ाई में इस देश के अन्दर दो दलित नेता थे। एक बाबा साहब डॉ० भीमराव अम्बेडकर और दूसरे श्री जोगेन्द्र नाथ मण्डल थे। मा० नेता प्रतिपक्ष, आप इसको नोट करें और इन दोनों की कथा को सुनें। क्योंकि उम्र के साथ आपको प्रवचन सुनने का अभ्यास हो रहा है, यह मुझे बहुत अच्छा लगा। यह एक अच्छी शुरुआत है। मैं आपके पूरे भाषण के दौरान बैठा रहा और इसलिए बैठा रहा, क्योंकि एक तो आप हमारे बलिया के हैं और दूसरा कि बीच में कहीं ऐसा न हो कि हमारे यहाँ से सुरेन्द्र सिंह उठ खड़े हों। इसलिए मैंने सोचा कि मैं स्वयं ही यहाँ बैठा रहूँ। मैं इसलिए भी बैठा रहा, क्योंकि पिछली बार आपके भाषण के दौरान नहीं बैठ पाया था। इसलिए इस बार मैं स्वयं आपके लिए बैठूँगा। हमें इन चीजों को जानना पड़ेगा। सत्ताएँ आएँगी, जाएँगी, इसलिए महत्वपूर्ण यह नहीं है, महत्वपूर्ण देश है। हमारे लिए इस देश से बढ़कर कुछ नहीं हो सकता है। इसीलिए इन दोनों नेताओं की कथा को हर भारतवासी को सुनना चाहिए। तब सी०ए०ए० पर अपना जवाब भी तलाशना चाहिए। वर्ष 1946 में जब नेशनल असेम्बली के इलेक्शन हो रहे थे तो कांग्रेस ने बाबा साहब डॉ० भीमराव अम्बेडकर को मुम्बई से हरवा दिया था। बाबा साहब डॉ० भीमराव अम्बेडकर के लिए कोलकाता से वर्ष 1946 में अपनी सीट छोड़ने वाले यदि कोई नेता थे तो वह जोगेन्द्र नाथ मण्डल थे। वर्ष 1940 के दशक में देश के दलितों, वंचितों और देश ही नहीं, बल्कि दुनिया की आवाज ये दोनों नेता बने थे। लेकिन वर्ष 1946 में एक तरफ बाबा साहब डॉ० भीमराव अम्बेडकर को जिन्ना, हैदराबाद के निजाम, जूनागढ़ के नवाब द्वारा प्रलोभन दिए जा रहे थे, लेकिन बाबा साहब अपने मुद्दे से टस से मस नहीं हुए। उन्होंने कहा था कि मैं जानता हूँ कि भारत के दलितों और वंचितों का हित कहाँ सुरक्षित है और इन्होंने पाकिस्तान बनाने

का पुरजोर विरोध किया था, लेकिन जोगेन्द्र नाथ मण्डल जिन्ना के बहकावे में आ गए। देश-विभाजन का समर्थन कर दिए और पाकिस्तान चले गए। बाबा साहब डॉ० भीमराव अम्बेडकर आजाद भारत में भारत के कानून मंत्री बनते हैं। जोगेन्द्र नाथ मण्डल पाकिस्तान में कानून मंत्री बनते हैं। बाबा साहब डॉ० भीमराव अम्बेडकर भारत के संविधान के शिल्पी बने और वर्ष 1950 आते-आते श्री जोगेन्द्र नाथ मण्डल पाकिस्तान में दलितों, हिन्दुओं और सिखों पर होने वाले अत्याचार से इतने व्यथित हो गए कि अक्टूबर, 1950 को वे वापस भारत भागकर आ गए और कोलकाता में एक शरणार्थी की तरह जीवनयापन करने लगे। वर्ष 1950 से लेकर 1966 तक जोगेन्द्र नाथ मण्डल ने भारत के अन्दर गुमनाम जीवन जिया और अन्त में उनकी गुमनाम मौत हो गई। वर्तमान की कोई पीढ़ी जोगेन्द्र नाथ मण्डल के बारे में नहीं जानती होगी। देश के साथ गद्दारी करने वालों को इसी प्रकार गुमनाम मौत मरनी पड़ती है।

दूसरी तरफ बाबा साहब डॉ० भीमराव अम्बेडकर भारत के संविधान के शिल्पी बनें।

भारत के अन्दर किसी भी राष्ट्रीय नेता के इतने स्मारक स्थल नहीं होंगे, जितने बाबा साहब डॉ० भीमराव अम्बेडकर के हैं। प्रधानमंत्री मा० मोदी जी ने बाबा साहब डॉ० भीमराव अम्बेडकर से जुड़े हुए पाँच स्थानों को पंच-तीर्थ के रूप में भी विकसित कर दिया। महोबा छावनी (मध्य प्रदेश) जहाँ उनका जन्म हुआ, वहाँ पर बाबा साहब का भव्य स्मारक बना है। इंग्लैण्ड के जिस भवन में रहकर के उन्होंने उच्च शिक्षा अर्जित की, भारत सरकार और महाराष्ट्र की तत्कालीन भारतीय जनता पार्टी की सरकार ने उस भवन को खरीदा। अनुसूचित जाति, अनुसूचित जनजाति के बच्चों को वहाँ जाने की व्यवस्था व स्कॉलरशिप की व्यवस्था कॉर्पस फण्ड बनाकर की और बाबा साहब डा० भीमराव अम्बेडकर का स्मारक इंग्लैण्ड में बनवाया। दिल्ली में जिस भवन में रह करके उन्होंने अपना सार्वजनिक जीवन जिया, वहाँ पर एक भव्य इण्टरनेशनल अम्बेडकर स्मारक बना है। कभी वहाँ जाकर के देखें तो इनकी आँखें चौंधिया जाएँगी। नागपुर में दीक्षा भूमि और चैत्य-भूमि, मुम्बई

में उनका भव्य स्मारक विकसित हो रहा है। यह है सम्मान। यही नहीं स्वतन्त्र भारत ने उन्हें भारत-रत्न की उपाधि देकर सम्मानित किया। यह है दो लोगों की कथा। एक राष्ट्र-पुत्र बन करके भारत-रत्न बना, एक ने देश के साथ गद्दारी की और गुमनाम मौत मरा। अब तय कर लें, कौन क्या करना चाहता है।

सी०ए०ए० के खिलाफ हुई हिंसा हमें एक बार फिर से इस बारे में सोचने के लिए मजबूर करती है। इसलिए भी मजबूर करती है, यह हर व्यक्ति जानता है कि इस पूरे आन्दोलन की आड़ में जो लोग पीछे से हिंसा कर रहे थे, प्रत्यक्ष या अप्रत्यक्ष रूप से, इन लोगों ने कहीं न कहीं राजनीतिक संरक्षण, कुछ राजनीतिक दलों में पाया है। उसकी आड़ में उन्होंने हिंसा की। मुझे बोलने में कोई संकोच नहीं है। 15 दिसम्बर, 2019 को जब जामिया मिलिया में हिंसा हुई। जैसे हिंसा की खबर आई, मैंने तत्काल अलीगढ़ के प्रशासन को अलर्ट किया। मैंने कहा कि देखो जामिया में हिंसा हुई है, आप लोग ए०एम०यू० में देखें कि क्या हो रहा है? 15 हजार छात्र सड़क पर उतर करके, कुछ लोगों की घुसपैठ करके वे अलीगढ़ को जलाना चाहते थे। फोर्स वहाँ पर थी परन्तु बाहर थी, वह अन्दर नहीं गई। वहाँ पर डी०आई०जी० को चोट लगी, तमाम पुलिसकर्मी घायल हुए। अन्दर से पहले पत्थर फेंके गए, फिर पेट्रोल बम फेंके गए, उसके बाद अवैध अस्त्रों से हमला किया गया। उस सबके बावजूद पुलिस ने धैर्य का परिचय दिया और पुलिस तब तक कैम्पस के अन्दर नहीं गई, जब तक वहाँ के कुलपति ने लिखित रूप से फोर्स को कैम्पस के अन्दर नहीं बुलाया। लेकिन कहीं कोई हताहत नहीं हुआ। पुलिस को हल्का बल प्रयोग करना पड़ा था। अलीगढ़ पूरी तरह से सुरक्षित है और आगे भी रहेगा। अगर कोई अच्छा काम कर रहा है तो हम उसकी सराहना भी करेंगे। हमने बन्दी के पहले सबसे संवाद बनाया था। प्रशासन में, प्रदेश में मुख्य सचिव हों, पुलिस महानिदेशक हों, अपर मुख्य सचिव, गृह हों, सचिव, गृह हों, अपर पुलिस महानिदेशक, लॉ-एण्ड-ऑर्डर हों, जोनल अपर पुलिस महानिदेशक हों, रेंज स्तर पर पुलिस महानिरीक्षक, उप पुलिस महानिरीक्षक या जनपद स्तर पर डी०एम०, एस०एस०पी० या एस०पी० हों या फिर कमिश्नरी स्तर पर

कमिश्नर हों, जितने भी अधिकारी थे, यहाँ तक कि थाना स्तर और तहसील स्तर पर तैनात जो हमारे ज्वाइण्ट मजिस्ट्रेट या एस०डी०एम० हैं इन सभी स्तर के अधिकारियों ने अलग-अलग लोगों से संवाद स्थापित करके सबसे कहा कि देखो लोकतांत्रिक तरीके से आप लोग अपना धरना-प्रदर्शन कर सकते हैं, ज्ञापन दे सकते हैं, लेकिन आगजनी मत करना, तोड़-फोड़ मत करना। धारा-144 लागू थी, 09 नवम्बर के पहले भी थी और समय-समय पर लागू भी की गई। जो परमीशन लेता है या परम्परागत पर्व-त्यौहार इस दौरान हुए हैं, उस पर धारा-144 लागू नहीं होती है। इसके बाद बार-बार कहने के बावजूद सरेआम किस प्रकार प्रायोजित तरीके से ये कार्य किए गए।

मुझे आश्चर्य होता है। मैं अब तक यह सोचता था कि अपराधी भी अपने पुत्र और पुत्री को अपराधी नहीं बनाना चाहता, लेकिन यहाँ बड़े-बड़े राजनेता अपनी-अपनी पुत्रियों को भेजते हैं उन लोगों के बीच में जो भारत विरोधी नारे लगा रहे हैं। आप देख सकते हैं आचरण, कहाँ ले जाना चाहते हैं, हम देश को। कहाँ इस देश को ले जाना चाहते हैं, कैसी पीढ़ी हम देना चाहते हैं देश को। कैसी वारदातें हम करवाना चाहते हैं। जो भारत के खिलाफ नारेबाजी कर रहे हों। आजादी के नारे लगाए जा रहे हों। कैसी आजादी ? यानी किस प्रकार की आजादी के नारे लगाए जा रहे थे। भाइयों और बहनों, हमें इन्हीं चीजों को देखना होगा। क्या जिन्ना के सपने को साकार करना है या बापू के सपने को साकार करना है। यह तय करना होगा। यह जो 19 और 20 दिसम्बर को घटना हुई, पुलिस और प्रशासन के कार्यों की तारीफ की जानी चाहिए कि उत्तर प्रदेश में दंगा नहीं हुआ। एक भी दंगा नहीं हुआ और इसलिए अगर कोई मरने के लिए आ ही रहा है, तो वह जिन्दा कहाँ से हो जाएगा। लेकिन पुलिस की गोली से कोई नहीं मरा। जो उपद्रवी मरे हैं, उपद्रवियों की ही गोली से मरे हैं।

अगर कोई व्यक्ति किसी निर्दोष को मारने के लिए निकला है अवैध असलहा ले करके और वह यह चाहता है कि मैं किसी निर्दोष को शिकार बना दूँ, किसी व्यापारी को शिकार बना दूँ और वह पुलिस की चपेट में आता है तो पुलिस का कर्मी मरे या फिर वह मरे, दोनों में से किसी एक को तो मरना होगा।

लेकिन एक भी मामले में पुलिस की गोली से कोई नहीं मरा है। यह उपद्रवी आपसी रंजिश में मारे गए हैं। एक बहुत बड़े षड्यन्त्र का पर्दाफाश इसके साथ होता है। इसके साथ पी०एफ०आई० के बहुत बड़े टेरर फण्डिग के ट्रांजेक्शन का खुलासा भी होता है। यह पी०एफ०आई० हमारा हितैषी है क्या? यह सिमी जैसे संगठन का नाम है पी०एफ०आई० (पॉपुलर फण्ड ऑफइण्डिया)। इन उपद्रवियों के साथ किसी भी प्रकार की सहानुभूति का मतलब सिमी और पी०एफ०आई० के साथ सहानुभूति। यह कभी नहीं करना चाहिए। जोगेन्द्र नाथ मण्डल बनने की गलती मत करिए। यह देश है और यह देश रहेगा, लेकिन देश के साथ गद्दारी करने वाले लोगों को गुमनाम मौत के सिवाय कुछ नहीं मिलने वाला। कुछ नहीं होने वाला। महोदय, इसलिए मैं अपने नेता प्रतिपक्ष और जो हमारे दलीय नेता थे, जिन्होंने यहाँ पर बड़े अच्छे सम्बोधन के माध्यम से इस बात को कहा, लेकिन मैं एक बात के लिए धन्यवाद दूँगा कि इन्होंने राज्यपाल महोदया पर इस बार कागज के गोले नहीं फेंके। कुछ तो परिवर्तन हुआ है। वर्षों की जकड़न को सुधरने में कुछ तो समय लगता है। यह सुधार की एक नई प्रक्रिया है। सुधार की इस नई प्रक्रिया का हिस्सा यह विपक्ष बना है। मैं चाहूँगा कि अगली बार हमारा विपक्ष और अच्छा-ठीक हो जाएगा। उत्तर प्रदेश के विकास में इनका सार्थक योगदान भी मिल पाएगा। बहुत अच्छा योगदान मिल पाएगा। हम सबको इस बात के लिए गौरव की अनुभूति होनी चाहिए कि प्रदेश आज एक सही दिशा की ओर बढ़ रहा है। बहुत अच्छी दिशा में बढ़ रहा है। उन लक्ष्यों को प्राप्त करने की दिशा में जो कार्य हुए हैं स्वाभाविक रूप से राज्यपाल महोदया को इन सब चीजों को कहना चाहिए क्योंकि वह सरकार की उपलब्धियों के साथ-साथ भावी योजनाओं के बारे में बताती हैं।

माननीय अध्यक्ष महोदय, मा० राज्यपाल महोदया ने अपने अभिभाषण के माध्यम से, सदन के माध्यम से प्रदेश की जनता को यही सब बातें बताई हैं कि हमारी सरकार अच्छा कार्य कर रही है। अच्छा कार्य नहीं करती तो मैं जानना चाहता हूँ कि सरकार को जो तमाम प्रकार के पुरस्कार प्राप्त हुए हैं, यह 2017 के पहले क्यों नहीं मिलते थे। 2017 के पहले तो प्रदेश सबसे निचले

पायदान पर था। आखिर यह जो परिवर्तन 2017 के बाद से हुआ है, उसमें एक अच्छे विपक्ष के रूप में आपकी भूमिका है। भगवान चाहें आपकी विपक्ष में रहने की मनोकामनाएँ हमेशा पूरी होती रहें। लेकिन सत्तापक्ष से जुड़े हुए हर एक व्यक्ति ने मनोयोग से काम किया, उसका परिणाम है कि 2017-18 में ग्रामीण विकास मंत्रालय द्वारा ग्राम स्वराज्य अभियान के अन्तर्गत 02 पुरस्कार, मनरेगा के तहत 01 पुरस्कार, एन०आई०आर०डी० के अन्तर्गत 01 पुरस्कार प्रदेश को प्राप्त होता है। 2018-19 में प्रधानमंत्री आवास योजना, ग्रामीण के अन्तर्गत 09, मनरेगा के अन्तर्गत 07, रूलर-अर्बन मिशन में 02, राज्य ग्रामीण आजीविका मिशन में 01, केन्द्रीय ग्रामीण विकास मंत्रालय के पुरस्कार उत्तर प्रदेश को प्राप्त हुए हैं।

यह लोग महिला सशक्तीकरण की बात करते थे। मातृ-मृत्युदर को 30 फीसदी कम करने में प्रदेश सरकार ने जो सफलता प्राप्त की है, उसमें भी भारत सरकार का अवार्ड उत्तर प्रदेश सरकार को प्राप्त हुआ है। पोषण मानव उत्कृष्ट कार्यों के लिए उत्तर प्रदेश को सोशल मीडिया कैटेगरी में भारत सरकार द्वारा सर्वोच्च पुरस्कार प्रदान किया जाता है। आँगनबाड़ी कार्यकत्रियों के द्वारा, महिला एवं बाल विकास मंत्रालय द्वारा राष्ट्रीय पुरस्कार उत्तर प्रदेश को प्राप्त होता है। दिव्यांगजन सशक्तीकरण में भी 02 राष्ट्रीय पुरस्कार उत्तर प्रदेश को प्राप्त होते हैं। ई-मार्केट प्लस, जेम पोर्टल में जेम टॉप बायर पुरस्कार उत्तर प्रदेश को प्राप्त होता है। 2019-20 में स्वच्छता सर्वेक्षण, 2019 में राष्ट्रीय स्तर पर हमारे 14 निकाय सम्मानित होते हैं। स्वच्छता सर्वेक्षण, 2019 में राज्यों की रैंकिंग में उत्तर प्रदेश का 10वाँ स्थान जबकि इससे पहले यह 23वें नम्बर पर था। सर्वाधिक तिलहन उत्पादन के लिए केन्द्रीय कृषि और किसान कल्याण मंत्रालय द्वारा उत्तर प्रदेश को कृषि कर्मण पुरस्कार उपलब्ध होता है। देश में सर्वाधिक खाद्यान्न उत्पादन के लिए भारत सरकार द्वारा प्रदेश को पुरस्कार उपलब्ध कराया जाता है। 'बेटी बचाओ-बेटी पढ़ाओ' के अन्तर्गत उत्कृष्ट प्रदर्शन करने के लिए उत्तर प्रदेश के जनपद फिरोजाबाद को सम्मानित किया जाता है। प्रदेश के अन्दर ही सेक्स रेशियो में एक सन्तुलन बनाए रखने का जो

उत्कृष्ट कार्य इटावा जनपद ने किया है, उस जनपद को इसका सम्मान मिला है। वन स्टॉप सेण्टर को महिला सशक्तीकरण के लिए उत्कृष्ट कार्य करने पर नारी शक्ति पुरस्कार प्राप्त होता है। राष्ट्रीय ई–गवर्नेंस पुरस्कार, 2018–19 के अन्तर्गत राजस्व विभाग द्वारा लागू डिजिटल भूमि का स्वर्ण पुरस्कार उत्तर प्रदेश को प्राप्त होता है। सौभाग्य योजना में सर्वाधिक विद्युत संयोजन उपलब्ध कराने में उत्तर प्रदेश सरकार को पुरस्कार प्राप्त होता है। दिव्यांगजन सशक्तीकरण के कार्यक्रम में 03 राष्ट्रीय पुरस्कार भी उत्तर प्रदेश को इस वर्ष उपलब्ध हुए। माइक्रो एण्ड स्मॉल इण्टरप्राइजेज फैसिलिटेशन काउन्सिल का जो पुरस्कार है वह भारत सरकार को या फिर द्वितीय पुरस्कार उत्तर प्रदेश को प्राप्त होता है। यानी महामहिम राज्यपाल जी ने जिन क्षेत्रों में प्रदेश की उपलब्धियों को यहाँ पर बताया। मैं इसके साथ ही उन बातों को भी कह रहा था कि यह चीजें यहाँ पर हुई हैं। हर एक क्षेत्र में उत्तर प्रदेश ने कुछ नया किया है। वह प्रगति हर क्षेत्र में दिखती है। हर एक व्यक्ति स्वीकार करता है।

उत्तर प्रदेश के बाहर जाइए आप, वहाँ पर सपा, बसपा या कांग्रेस के नेता के रूप में मत जाइए। आप वहाँ पर एक कॉमन मैन बनकर जाइए। बातचीत करिए। लोग उत्तर प्रदेश के नाम पर सम्मान देंगे। इससे पहले जाते थे, क्या होता था। लोग होटल में कमरा नहीं देते थे। यह स्थिति बना दी गई थी, यानी एक भय, एक ऐसा भय कि ऐसा होगा, आज आप जाइए, उत्तर प्रदेश के नाम पर देश के अन्दर ही नहीं देश के बाहर दुनिया के अन्दर कहीं भी जाएँगे यू०पी० का नाम लीजिए, हर व्यक्ति सम्मान के साथ, बहुत अच्छा व्यवहार करेगा। परसेप्शन चेंज हुआ है। इसी परसेप्शन को बदलने के लिए हम लोगों ने प्रदेश के अन्दर कानून का राज होगा, यह साबित किया है। नेता प्रतिपक्ष परसों एक एन०सी०आर०बी० का डाटा दिखा रहे थे कि उनके आँकड़े क्या कहते हैं। यानी उत्तर प्रदेश में डकैती, लूट, हत्या, हत्या का प्रयास, बलात्कार, शीलभंग, पॉक्सो अधिनियम महिला सम्बन्धी अपराध इन सबको लेकर देखा जाए, तो उत्तर प्रदेश के बारे में कैसा पढ़ रहे थे, कैसे वह तोड़–मरोड़कर प्रस्तुत करते हैं। अध्यक्ष जी, कभी–कभी आश्चर्य होता है एक उम्र के बाद व्यक्ति

को सच बोलने की आदत डाल लेनी चाहिए। मैं देख रहा था, यानी क्राइम रेट जो उत्तर प्रदेश का दिखा रहा है। नेशनल क्राइम ब्यूरो; वह कहता है कि उत्तर प्रदेश डकैती के मामले में 31 वें स्थान पर है। यानी 30 राज्य या केन्द्र शासित प्रदेश ऐसे हैं जहाँ डकैती की घटनाएँ उत्तर प्रदेश से ज्यादा हो रही हैं। लेकिन उसको एप्रीसिएट करने के बजाय कह रहे हैं कि इतना ज्यादा अपराध हो गया है, इसको लेकर हाय-तौबा मचाए हैं। हम लोगों ने उसको कण्ट्रोल किया है। कण्ट्रोल नहीं करते तो जिसको आप लोग सम्मानित करते थे, वह अपनी गलियों में तख्ती लगाकर घूमते हैं कि भैया ठेला लगाकर रह लेंगे, लेकिन हमारी जान बक्श दीजिए। यह वैसे ही नहीं हुआ है। आदत सुधारने के लिए थोड़ा बहुत तो माहौल देना पड़ता है। यज्ञ में आहुति देनी पड़ती है। आहुति में तो स्वाहा होता ही है। 2016 से तुलना कर लो, 2016 और 2019 के बीच में डकैती 59.7 प्रतिशत कम हुई है, लूट 47.09 प्रतिशत कम हुई है। आपने जो डकैती के मामले में बोला था, डकैती में क्राइम रेट यू०पी० का 0.1 प्रतिशत है। 31वाँ स्थान देश में है, यह हमारे आँकड़े नहीं हैं, नेशनल क्राइम ब्यूरो के अपने आँकड़े हैं। 31वाँ स्थान उत्तर प्रदेश का, इसका मतलब 30 राज्य और केन्द्र शासित प्रदेश ऐसे हैं, जहाँ उत्तर प्रदेश से ज्यादा डकैती है। हत्या में 26वाँ स्थान उत्तर प्रदेश का है। 25 राज्य ऐसे हैं, जहाँ पर अपराध उत्तर प्रदेश से ज्यादा है। लूट 47.09 प्रतिशत कम हुई है, 2016 की तुलना में हत्या के मामलों में 21.71 प्रतिशत की कमी आई है। बलवा 27.20 प्रतिशत कम हुआ है। रोड होल्डअप यह 100 प्रतिशत कम हुआ है। फिरौती के लिए अपहरण 37.74 प्रतिशत कम हुआ है।

मान्यवर, बलात्कार की घटनाओं में 17.90 प्रतिशत की कमी आई है। दहेज मृत्यु में 2.62 प्रतिशत की कमी आई है। इन्हीं सबको लेकर ही तो प्रदेश सरकार ने स्मार्ट पुलिसिंग की परिकल्पना को आगे बढ़ाया है। जिसमें हम लोगों ने हर रेंज स्तर पर साइबर थाना तथा फॉरेंसिक लैब की स्थापना की कार्यवाही को आगे बढ़ाया है। लखनऊ और गौतमबुद्ध नगर में हम लोगों ने पुलिस कमिश्नरी सिस्टम लागू कर दिया है। बहुत अच्छे ढंग से इस प्रक्रिया

को आगे बढ़ाकर के 85 हजार पुलिस के नए रिक्रूट पारदर्शी तरीके से भर्ती करके प्रदेश के नौजवानों को पुलिस में भर्ती का पूरा अवसर भी दिया गया है। 54 कम्पनी पी०ए०सी० की थीं जिन्हें यह समाप्त कर चुके थे, हमने उनको बहाल किया। 03 महिला पी०ए०सी० की कम्पनियाँ अनिवार्य रूप से की हैं। महिला सशक्तीकरण भाषणों से नहीं होगा। वास्तविक धरातल पर जब महिलाओं के सशक्तीकरण के लिए कार्य होगा, उससे महिला सशक्तीकरण आएगा। हमने इस बात को कहा कि पुलिस में जो भर्तियाँ हों, उसमें 20 फीसदी महिला रिक्रूट जाएँ, इसकी दिशा में हमारा प्रयास होना चाहिए। यह सरकार 03 महिला पी०ए०सी० वाहिनियों का गठन भी कर रही है। इन तीनों को हम लोगों ने आगे बढ़ा दिया है। यही नहीं, अभी तो हम लोग कैराना और कांधला के बीच में भी पी०ए०सी० का गठन करने जा रहे हैं। एक वाहिनी का वहीं गठन करने जा रहे है। अभी बिजनौर और सम्भल में भी एक-एक वाहिनी का गठन करेंगे।

बलिया में तो हम मेडिकल कॉलेज देने जा रहे हैं, चिन्ता मत करिए। हमने बिजनौर को भी मेडिकल कॉलेज दिया है। मेरठ में आर०आर०टी०एस० दे रहे हैं 32 हजार करोड़ रुपये की लागत से। मा० नेता प्रतिपक्ष इसीलिए डाँट रहे हैं कि कहीं वास्तविक चीज सबके सामने न आ जाए। मेरठ में बैठिए और 45 मिनट में दिल्ली। बजट में इसके लिए पैसा भी दिया है, देखा है न आपने, तो कम से कम इसके लिए धन्यवाद तो कर दो भाई और अब तो बता दो कि कितनी अच्छी चीज मिल रही है। हर एक जिले को कुछ न कुछ हर एक जगह दिया जा रहा है, लेकिन समस्या यह है कि आप लोगों के विजन में विकास है ही नहीं, एजेण्डे में विकास है ही नहीं। सम्भल भी हमारे राज्य का ही पार्ट है, एक जनपद है, इसलिए वहाँ पर पी०ए०सी० दे रहे हैं। पहले सुरक्षा का माहौल देंगे फिर विकास उसके पीछे देंगे। आप देखेंगे कि 1947 से लेकर के 2016 तक भारतीय जनता पार्टी तो बहुत कम समय के लिए प्रदेश में सत्ता में रही है। पीरियड बहुत कम था। कहने के लिए तो मुलायम सिंह जी

04 बार यहाँ चीफमिनिस्टर रहें, लेकिन पीरियड कम था। ज्यादा समय कांग्रेस रही, सपा, बसपा रही।

आप देखें कि 1947 से लेकर 2016 तक कुल 12 गवर्नमेण्ट मेडिकल कॉलेज प्रदेश के अन्दर खुले थे। वर्तमान में हम 28 गवर्नमेण्ट मेडिकल कॉलेजेज स्तर पर काम कर रहे हैं। इसी बजट में आपने देखा होगा कि 13 नए मेडिकल कॉलेजेज के लिए पैसे की व्यवस्था की गई है और फैकेल्टी की समस्या का समाधान हो, इसके लिए हम लोगों ने एम०सी०आई० के साथ मिलकर के एक बेहतर प्रयास किया है। जो पी०एम०एस० में तैनात डाक्टर हैं उनके अनुभव के आधार पर भी हम उन्हें प्रोफेसर, ऐसोसिएट प्रोफेसर और असिस्टेण्ट प्रोफेसर के रूप में वहाँ पर मान्यता दे सकें। आज के दिन हमारे 16 ऐसे जिले हैं जहाँ पर कोई सरकारी या निजी क्षेत्र का मेडिकल कॉलेज नहीं है, हम उसके लिए भी पॉलिसी लेकर आ रहे हैं और हमारा प्रयास यह है कि आगामी एक वर्ष के दौरान हम उन जनपदों में पी०पी० मोड में ही सही, लेकिन एक मेडिकल कॉलेज जरूर दें। उत्तर प्रदेश देश का सबसे बड़ा राज्य है और हर जनपद में एक-एक मेडिकल कॉलेज होगा, इस दिशा में सरकार ने अपनी कार्यवाही को आगे बढ़ा दिया है। इसलिए हमारे लिए सभी जनपद एक जैसे हैं। आपको तो इस बात से समझ जाना चाहिए कि सरकार के कार्य करने का तरीका क्या है? बिजली का ही क्या हाल था? आप पाँच जनपद में बिजली देते थे, हम 75 के 75 जनपदों में बिजली दे रहे हैं। कोई भेदभाव नहीं कर रहे हैं। कनेक्शन में हमने कोई भेदभाव नहीं किया है। 1 करोड़ 25 लाख से अधिक गरीबों को विद्युत के कनेक्शन दिए गए हैं, इसके लिए विद्युतीकरण के इन्फ्रास्ट्रक्चर का विस्तार हुआ है। कहीं पर विद्युतीकरण की लाईन बिछाई गई, कहीं सब-स्टेशन बनाए गए, कहीं फीडर चेंज किए गए, बहुत सारी चीजें इसमें हुई हैं, लेकिन बिना भेदभाव के हुई हैं। हमने जाति के आधार पर, क्षेत्र के आधार पर, भाषा के आधार पर या किसी अन्य आधार पर नहीं बाँटा है। मत और मजहब के आधार पर हम नहीं बाँटते हैं। हमें तो प्रधानमंत्री मोदी जी ने एक ही बात बताई है कि 'सबका साथ, सबका विकास' और सबका

साथ, सबका विकास होगा तो सबका विश्वास भी होगा। अयोध्या में राम मन्दिर का निर्माण सबके विश्वास का ही प्रतीक है। इसी दिशा में हम लोग इस कार्यक्रम को आगे बढ़ा रहे है।

महोदय, इसके अलावा पुलिस विभाग में और भी कार्य किए गए हैं, जैसे–महिला सम्बन्धी अपराधों को रोकने के लिए 218 नए कोर्ट बनाने की प्रक्रिया को आगे बढ़ाया गया, जिसमें 74 कोर्ट तो स्पेशली केवल स्फैसिफिक कोर्ट हैं फास्टैक कोर्ट। पॉक्सो सम्बन्धी अपराधों की सुनवाई करने के लिए हम लोगों ने बड़ी संख्या में जिले स्तर पर एक समन्वय बनाते हुए हर जनपद स्तर पर हर महीने के लिए एक टारगेट फिक्स कर दिया है। बालिकाओं के साथ होने वाले अपराधों की समयबद्ध विवेचना करना और उस प्रक्रिया को आगे बढ़ा करके अपराधी को सजा दिलवाना, प्रॉसीक्यूशन में तेजी लाकर इस प्रक्रिया को आगे बढ़ाने का कार्य हुआ। इसका परिणाम है कि वर्ष 2019 में उत्तर प्रदेश में तीन अपराधियों को मृत्युदण्ड की सजा सुनाई गई है। बड़ी संख्या में आजीवन कारावास की सजा भी सुनाई गई है। अन्य अपराधियों को भी, जो भी कानून के दायरे में सख्त से सख्त सजा हो सकती थी, उनको सजा दिलाई गई है। हमने उन नेताओं की तरह नहीं बोला है कि बच्चे हैं अपराध हो जाता है, गलती कर देते हैं। यह अक्षम्य अपराध है इसको स्वीकार नहीं किया जा सकता है। इस पर लगातार कार्यवाही चल रही है। प्रदेश के अन्दर अलग–अलग प्रकार के थाने खोलने की प्रक्रिया को भी आगे बढ़ाया गया और इस प्रक्रिया का हिस्सा बना करके इन चीजों को तेजी के साथ हम लोग आगे बढ़ा रहे हैं। इसके अलावा उनकी अवस्थापना सुविधाओं के लिए भी कार्य हुआ है। पुलिस बैरक, पुलिस लाईन भी बना रहे हैं। 7 जनपद बन गए थे और उन्हें 10–10, 12–12 वर्ष हो गए थे, परन्तु उन जनपदों में पुलिस लाईन नहीं थी, पुलिस लाईन के लिए जमीन खरीदी गई है और वहाँ पर पुलिस लाईन बनानी है। पुलिसकर्मियों के लिए वहाँ पर बैरक बनाना, आवासीय सुविधाएँ देना, जिला मुख्यालयों का निर्माण करने का काम कर रहे हैं। नए जनपद बने 8–8, 10–10 वर्ष हो चुके थे लेकिन जिला मुख्यालयों का निर्माण ही नहीं हुआ

था। सरकार के आने के बाद इस प्रक्रिया को तेज किया गया। इसके अलावा जो थाने व पुलिस चौकियाँ हैं उनमें भी पुलिसकर्मियों के लिए आवासीय सुविधा हो सके, इसके लिए बैरक का निर्माण करना, ये सारी चीजें युद्धस्तर पर की गई हैं। प्रदेश के अन्दर 30 नए अग्निशमन केन्द्र भी इस दौरान बनाने की कार्यवाही को आगे बढ़ाया गया है। जहाँ पुलिस चौकी आवश्यक थी, जहाँ थाने आवश्यक थे, उन सबके लिए भी इस प्रकार की व्यवस्था यहाँ पर देने की प्रक्रिया को आगे बढ़ाने का कार्य प्रदेश के अन्दर युद्धस्तर पर किया गया।

देश के अन्दर किसानों की समस्या के समाधान के लिए भी भारत सरकार ने जो कार्यक्रम प्रारम्भ किए, उसके साथ प्रदेश सरकार भी कदम से कदम मिलाकर चलने को पूरी तरह तत्पर है। 3 करोड़ में से 1 करोड़ 87 लाख किसानों को प्रधानमंत्री किसान सम्मान निधि का लाभ अकेले उत्तर प्रदेश के अन्दर मिला है। इसमें 11690 करोड़ रुपये डी०बी०टी० के माध्यम से किसानों के खाते में पैसा सीधे गया है। यानी किसान कर्ज माफी से लेकर किसान सम्मान निधि तक अगर आप देखेंगे तो बहुत बड़ा कार्य किसानों के लिए हुआ है। मृदा स्वास्थ्य कार्ड 3 करोड़ 70 लाख किसानों को उपलब्ध कराए गए और 1 करोड़ 31 लाख किसानों को किसान क्रेडिट कार्ड भी प्रदेश के अन्दर उपलब्ध करवाने का कार्य किया गया है। गन्ने की बात हो रही थी, पिछले 18–19 वर्षों में प्रदेश के अन्दर चीनी मिलों की बन्दी की प्रक्रिया प्रारम्भ हुई थी। 21 चीनी मिलें बन्द हुई थीं। पूर्वी उत्तर प्रदेश में देवरिया, कुशीनगर, महाराजगंज, गोरखपुर, बस्ती, सन्त कबीर नगर, मऊ, आजमगढ़, बलिया इन सभी क्षेत्रों को अगर आप देखेंगे, यानी जो गोरखपुर पुराना मण्डल था, गोरखपुर बस्ती मण्डल आज के दिन हैं, चीनी का कटोरा कहा जाता था, यहाँ का हर एक कस्बा किसी न किसी चीनी मिल पर आधारित था, हजारों नौजवान वहाँ नौकरी पाता था, रोजगार के साथ उनकी व्यवस्था जुड़ती थी। चीनी मिलें बेच दी गईं, औने–पौने दाम पर बेच दी गईं, बन्द कर दी गईं। किसानों के पेट पर लात मारा गया, तमाम चीनी मिलों को बन्द करके।

आज मैं इस बात को कह सकता हूँ कि हमने 3 साल बहुत चुनौतीपूर्ण झेले हैं। बहुत चुनौतीपूर्ण वर्ष हमारे लिए थे, अन्तर्राष्ट्रीय बाजार में चीनी का

दाम एकदम कम था। हमारे देश के अन्दर ही कुछ राज्यों से हमारी प्रतिस्पर्धा चल रही थी, लेकिन हम कहीं रूके नहीं, कहीं झुके नहीं, किसानों के साथ हमने खिलवाड़ नहीं होने दिया। आज हम इस बात को कह सकते हैं कि प्रदेश के अन्दर अब तक गन्ना मूल्य का भुगतान 88 हजार करोड़ रुपये से अधिक का हुआ है। अगर 5 वर्ष के सपा या बसपा के कार्यकाल को आप देखेंगे तो यह कुल मिलाकर, दोनों को मिला दिया जाए तो 88 हजार करोड़ मिलेगा। लेकिन इनका 05 वर्ष का कार्यकाल देख लें और हमारी सरकार का केवल 03 वर्ष का भी देख लें तो भी हमारी सरकार के 03 वर्ष का कार्यकाल इन पर भारी पड़ता है। 88 हजार करोड़ रुपये के गन्ना मूल्य का भुगतान हुआ है और हम पूरी तरह इस बात को लेकर प्रतिबद्ध हैं। आगे फील्ड हमारे पास है क्योंकि वह पिच अब हमारे द्वारा बनाई जा चुकी है। बहुत सारे राज्य जो प्रतिस्पर्धा में थे, उनकी आधी चीनी मिलें बन्द हो चुकी हैं हमने अपने यहाँ किसी चीनी मिल को बन्द नहीं होने दिया। हमने उसको सपोर्ट किया। किसी प्रकार का हस्तक्षेप नहीं करने दिया और आज वह तेजी के साथ आगे बढ़ रहा है। प्रदेश में पहली बार हुआ जब तीन वर्षों में किसी किसान को अपने गन्ने के खेत में आग लगाने की आवश्यकता नहीं पड़ी। हमने कहा, जब तक गन्ना किसी किसान के खेत में होगा, चीनी मिलें चलेंगी और चलाई गईं। खांडसारी उद्योग में लाइसेन्स के नाम पर उनसे मनमाना पैसा लिया जाता था। हमने उन्हें मनमाना नहीं होने दिया, आज किसान खुशहाल है।

हमने एथेनॉल में बदलने की प्रक्रिया प्रारम्भ की है और उसके बहुत अच्छे परिणाम आए हैं। आज प्रदेश देश का सबसे बड़ा एथेनॉल आपूर्तिकर्ता बन चुका है। हमने 126.10 करोड़ लीटर वार्षिक एथेनॉल बनाने की प्रक्रिया के साथ अपनी चीनी मिलों को जोड़ दिया है। यानी इसका पैसा सीधे-सीधे किसानों को मिलेगा। किसानों को गारण्टी दे दी है कि चीनी मिलें अब आपका पैसा लेकर भाग नहीं सकती हैं। माननीय अध्यक्ष जी, जैसे प्रोक्योरमेण्ट की पॉलिसी वर्ष 2017 के पहले तो नहीं थी, हमने धान के लिए, गेहूँ के लिए, दलहन के लिए, तिलहन के लिए, मकई के लिए, आलू के लिए इन सबके

लिए प्रोक्योरमेण्ट की पॉलिसी जारी की है। समर्थन मूल्य से ज्यादा दाम किसान को देना प्रारम्भ किया है। इसी का परिणाम है कि वर्ष 2017-18 में हमने सीधे किसानों से 42.90 लाख मीट्रिक टन धान का क्रय किया। वर्ष 2018-19 में 48.25 लाख मीट्रिक टन धान का क्रय किया। वर्ष 2019-20 में 53.47 लाख मीट्रिक टन धान का क्रय करने का कार्य प्रदेश सरकार ने किया है। हम लोग समर्थन मूल्य से सीधे 20 रुपये अधिक दे रहे हैं। पहले समर्थन मूल्य भी नहीं मिलता था। ऐसे ही गेहूँ में वर्ष 2017-18 में 36.99 लाख मीट्रिक टन, वर्ष 2018-19 में 52.92 लाख मीट्रिक टन, वर्ष 2019-20 में 56.25 लाख मीट्रिक टन गेहूँ का क्रय सीधे किसानों से किया गया है। ऐसे ही तिलहन और दलहन के साथ प्रदेश के अन्दर लगातार इसकी क्षमता बढ़ी है। यह कार्य प्रदेश के अन्दर युद्धस्तर पर चल रहा है। प्रदेश के अन्दर जो वर्षों से चल रही सिंचाई की परियोजनाएँ थीं, उन पर कोई ध्यान ही नहीं देता था। इनमें लड़ाई ठेके-पट्टों को लेकर होती थी कि फलां परियोजना का ठेका फलां नेता लेगा, फलां परियोजना को फलां व्यक्ति करेगा। सत्तापक्ष इसी में उलझा रहता था और प्रदेश का किसान तबाह होता रहता था। आज हम लोगों ने सफलतापूर्वक योजनाएँ लागू कर दी हैं। साथ ही आगे आने वाले समय में भी कई योजनाओं को हम लोग ला रहे हैं। सरयू नहर राष्ट्रीय परियोजना, मध्य गंगा नहर परियोजना, अर्जुन सहायक परियोजना इत्यादि हमारी जो परियोजनाएँ चल रही हैं, उनमें हमने पूरी धनराशि की व्यवस्था की है। हमारा प्रयास है कि समयबद्ध ढंग से इनको पूरा करें। प्रदेश के अन्दर वर्षों और दशकों से जितनी हमारी लम्बित सिंचाई की परियोजनाएँ थीं, उन सभी परियोजनाओं को आगे बढ़ाने का कार्य हम लोगों ने किया है। हमारा प्रयास है कि इसी वित्तीय वर्ष अथवा अगले वित्तीय वर्ष के अन्त तक इन सभी परियोजनाओं को जब हम पूरा करेंगे तो 20 लाख हेक्टेयर से अधिक लैण्ड की सिंचाई की क्षमता प्रदेश को मिलेगी। यह हम प्रदेश को देने जा रहे हैं। इससे किसान की आमदनी अपने आप ही कई गुना बढ़ेगी। ऐसे ही दुग्ध उत्पादन के क्षेत्र में और मण्डी समिति में आमूल-चूल परिवर्तन करने का कार्य हुआ है। यह सभी प्रयास

प्रदेश सरकार के स्तर पर प्रारम्भ हुए हैं। प्रदेश सरकार ने पूरी मजबूती के साथ इन कार्यों को प्रदेश के अन्दर आगे बढ़ाने का कार्य किया है। महोदय, समाज के अन्तिम पायदान पर बैठे हुए व्यक्ति को शासन की योजनाओं का लाभ मिलना चाहिए, एक जनप्रतिनिधि का सबसे अच्छा जुड़ाव हो सकता है।

प्रधानमंत्री जी के निर्देश पर नीति आयोग ने देश के अन्दर जिन 112 एस्पिरेशनल डिस्ट्रिक्ट का चयन किया था उनमें 08 जनपद उत्तर प्रदेश के भी थे। यह महत्वाकांक्षी जनपद जो एक सुनिश्चित पैरामीटर पर देश के एवरेज से काफी कम थे, शिक्षा में, स्वास्थ्य में, कृषि में, जल संसाधन में, वित्तीय समावेशन में, स्किल डेवलपमेण्ट और रोजगार में, इन्हें एवरेज तक लाना और फिर एवरेज से आगे बढ़ाने में सहायता देना इस योजना का लक्ष्य है। मुझे बताते हुए प्रसन्नता है कि प्रदेश के जो 08 जनपद थे जिन्हें 2018 में नीति आयोग ने महत्वाकांक्षी जनपद घोषित किया, इनमें चित्रकूट, बलरामपुर, बहराइच, सोनभद्र, श्रावस्ती, चन्दौली, सिद्धार्थनगर और फतेहपुर जनपद थे। इसमें रैंकिंग में नीति आयोग ने 2019 में जब अपनी रिपोर्ट दी तो पूरे देश के अन्दर उत्तर प्रदेश का चंदौली जनपद नम्बर-1 पर आया। दिसम्बर, 2018 में बहराइच को इन्फ्रास्ट्रक्चर डेवलपमेण्ट में पूरे देश के अन्दर पहला स्थान प्राप्त हुआ। तीन करोड़ रुपये का उसे पुरस्कार भी प्राप्त हुआ। सोनभद्र जिले को पूरे देश में शिक्षा के लिए पहला स्थान प्राप्त हुआ। ऐसे ही बलरामपुर जनपद को फरवरी, 2019 में शिक्षा के क्षेत्र में प्रथम पुरस्कार प्राप्त हुआ और धनराशि भी उपलब्ध हुई। ऐसे ही फतेहपुर, चित्रकूट इन सभी जनपदों को नेशनल एवरेज के बराबर ले जाने के लिए हम लोगों ने जो प्रयास किए हैं उसको नीति आयोग ने भी स्वीकार्य किया है। नेशनल रैंकिंग जो आई है, उसमें उत्तर प्रदेश 51 प्रतिशत अंक प्राप्त करके दूसरे स्थान पर था। केरल में एक जनपद था, जो नम्बर-1 पर रहा। हमारे आठ जनपद थे, यानी हमारा केवल दो अंकों का अन्तर रहा, लेकिन हम लोग प्रयास कर रहे हैं कि उत्तर प्रदेश के सभी आठ जनपद नेशनल एवरेज से आगे जाकर के विकास की प्रक्रिया का भाग बनें। इसके लिए हम लोगों को अपनी कार्य-योजना बनानी पड़ी है।

महोदय, प्रदेश के अन्दर आजादी के बाद से लेकर के जिन लोगों के नाम से राजनीति की गई। वनटांगिया, मुसहर, थारू, कोल और कमजोर तथा अन्य पिछड़ी जातियों को जो वास्तव में समाज की मुख्य धारा से वंचित थे, उनके राशन कार्ड नहीं हैं। वनटांगिया गाँव में उनके पास एक भी मकान नहीं है। मुझे लगता है कि इसमें जो माननीय सदस्य उन जनपदों से होंगे या उनके विधानसभा क्षेत्रों में वनटांगिया गाँव रहे होंगे तो उन लोगों को एक बार नेता प्रतिपक्ष को ले जाकर के दिखाना चाहिए कि पहले क्या था और आज क्या हुआ है? आज वहाँ पर वनटांगिया गाँव को राजस्व गाँव का दर्जा हमारी सरकार ने दिया है। 38 ऐसे गाँव राजस्व गाँव में बदल गए हैं। आज वहाँ विद्यालय भी है। पहली बार आजादी के बाद हम लोगों ने उन लोगों को पक्के मकान दिए, उनके लिए सड़क दी, उनके लिए बिजली दी, उनके लिए पेयजल की व्यवस्था कराई, उनके लिए स्कूल की व्यवस्था कराई, उन्हें वृद्धावस्था पेंशन दिया, निराश्रित महिलाओं को पेंशन दिया। स्वरोजगार के लिए, उनके लिए अनेक कार्यक्रम वहाँ पर प्रारम्भ किए। क्या कर रही थी सरकारें? उत्तर प्रदेश के अन्दर या देश के अन्दर सामाजिक आर्थिक सर्वेक्षण में तब तो भारतीय जनता पार्टी न तो केन्द्र में थी और न ही प्रदेश में थी, किसने किया था यह? एक बड़ी आबादी को इससे वंचित किसने रखा? लेकिन जब हम लोग आए हम लोगों ने जो प्रधानमंत्री आवास योजना में नहीं आ रहे थे, उनके लिए मुख्यमंत्री आवास योजना स्पेशली बनाई, जिसमें हर वनटांगिया, हर मुसहर, हर थारू, हर कोल जाति से जुड़े हुए लोगों के पास, हर गरीब के पास अपना मकान हो, चाहे वह कुष्ठ रोगी हो या कोई भी ऐसा व्यक्ति जो अपने को उपेक्षित महसूस करता है। जिसका कोई नहीं यह सरकार उसके साथ खड़ी होगी। 50 हजार से अधिक मकान अकेले मुख्यमंत्री आवास योजना में उन्हें उपलब्ध कराए। अभी यहाँ लखनऊ में कुष्ठ रोगियों के लिए आवास देने की योजना प्रारम्भ की गई। हमारे वर्तमान राज्यपाल, पूर्व राज्यपाल महोदय दोनों लोग उस कार्यक्रम में आए थे। पूरे प्रदेश के अन्दर उन सभी लोगों को इस योजना से आच्छादित किया गया। आखिर उनका भी तो अधिकार बनता है।

आखिर उसे उपेक्षित क्यों किया गया था? महोदय, जो वनटांगिया गाँव हैं इन वनटांगिया गाँव में जो लोग निवास करते हैं सभी अनुसूचित जाति, जनजाति और अति पिछड़ी जाति के लोग हैं। वर्मा जी, आखिर वहाँ आपकी सरकार की दृष्टि क्यों नहीं गई? आप बार-बार जाति-जाति की बात करते हैं, उपेक्षा की बात करते हैं लेकिन इन लोगों पर आपकी नजर क्यों नहीं पड़ी? आप कुशीनगर, महराजगंज या फिर वाराणसी से लेकर चन्दौली होते हुए सोनभद्र तक चले जाइए मुसहर जाति के लोगों की बदहाल स्थिति देखिए। हैण्ड टू माउथ है। उनके पास कुछ नहीं है। राशन कार्ड से भी आप लोगों ने वंचित कर दिया था। उनको पेंशन की सुविधा का लाभ भी नहीं मिल पाया और आज हर एक का मकान है, हर एक के पास जमीन का अपना पट्टा है। हर एक व्यक्ति शासन की हर योजना से जुड़ रहा है। यह है व्यवस्था। जब मैं आपकी बात को इन चीजों को लेकर सुन रहा था। इतना भ्रम पैदा मत करिए। यह सदन है। आप मंचों पर जो बोलते हैं वह बोलते रहिए, लेकिन सदन में सदन की मर्यादा और गरिमा को बनाए रखिए। इस सदन में कोई भी ऐसी बात नहीं होनी चाहिए जो असत्य हो। तथ्यों से परे हो। सदन की गरिमा और सदस्य की गरिमा को भी तार-तार करता हो। नहीं बोला जाना चाहिए। क्योंकि जो बात हम बोलते हैं वह सदन के रिकार्ड का हिस्सा बनती है। अगर हम गलत बोलते हैं तो इसको लेकर कल प्रिविलेज हो सकता है। हमें हमेशा इस बात का ध्यान रखना होगा। हम पूरे तथ्यों को रखें। आप लोग अक्सर एक लाईन को लेकर उसी को मुद्दा बनाने का प्रयास करते हैं। भ्रम की स्थिति पैदा करने का प्रयास करेंगे। कृपया यह भ्रम की स्थिति बन्द करिए।

समाज को आगे बढ़ने के लिए सरकार के जो प्रयास हैं। प्रधानमंत्री आवास योजना भी हम दे रहे हैं। शहर और गाँवों को मिलाकर अगर हम देखें इस समय 30 लाख लोगों तक हम प्रधानमंत्री आवास योजना की स्वीकृति और उन तक पहुँचाने की प्रक्रिया को हम पूरा कर चुके हैं। आप लोग क्या कर रहे थे? समाजवादी पार्टी पाँच वर्षों तक क्या कर रही थी? क्यों दस हजार लोग भी यह लोग चिह्नित नहीं कर पाए? पाँच वर्ष में दस हजार लोगों को

भी प्रधानमंत्री आवास नहीं दिए गए। आज तीस लाख लोगों को प्रधानमंत्री आवास हमारी सरकार उपलब्ध करा रही है। दो करोड़ 61 लाख गरीबों को एक-एक शौचालय उपलब्ध कराने का कार्य हमारी सरकार ने ढाई-तीन वर्ष के अन्दर किया। आखिर आप क्या कर रहे थे? पाँच वर्ष में 43 लाख लोगों को भी नहीं दे पाए। यह उनको बुरा लगता है। शौचालय इनके घर में हो, लेकिन किसी गरीब के घर में कैसे है, यह इनकी नाराजगी का कारण है। उन गरीबों को मिल गया, उसके घर में बिजली का लट्टू जल रहा है तो इनको बुरा लग रहा है। उनके घर में रसोई गैस का कनेक्शन आ गया और रसोई गैस के माध्यम से गरीब की आँखों को एक नई ज्योति मा० प्रधानमंत्री जी ने दे दी है तो इनको यह बुरा लग रहा है कि यह कैसे हो गया। उन लोगों के साथ में यह लोग किस प्रकार का व्यवहार करते थे। उन चीजों को लेकर मत बोलिए।

मैं फिर इस बात को कहूँगा कि हमने ओ०डी०एफ० के लक्ष्य को, 2012 की सामाजिक आर्थिक सर्वेक्षण की रिपोर्ट है, उसको हमने पूरा किया है। इसके बाद भी सर्वेक्षण में जो आए हैं, उनके शौचालय बनाए जा रहे हैं। और मैं सबका आह्वान करूँगा कि हर ग्राम पंचायत में एक-एक सामुदायिक शौचालय हम बनाना चाहते हैं। आप ग्राम सभा के साथ बैठिए, वहाँ पर जमीन चिह्नित करिए और एक-एक सामुदायिक शौचालय का निर्माण वहाँ कर देंगे। मुझे प्रसन्नता होगी अगर आप इस प्रक्रिया के साथ जुड़ेंगे। 60 हजार ग्राम पंचायतें हैं, अगर आप सभी मा० सदस्यगण जुट जाएँगे तो हम आगामी 6 महीने के दौरान उत्तर प्रदेश में हर ग्राम पंचायत में एक सामुदायिक शौचालय बना देंगे। आपका प्रस्ताव होगा, आप जमीन का प्रस्ताव दीजिए और पैसा सरकार देगी। एक गरीब खुले में शौच क्यों करेगा, यह उसको बीमार करती है, यह नारी-गरिमा के प्रतिकूल है, यह बन्द होना चाहिए और हम लोग चाहते हैं कि यह चीजें इसके साथ जुड़ें। मैं आपका भी सहयोग चाहूँगा, आप भी इसके साथ जुड़ें, आप बाद में मत बोलिएगा कि हमें यह प्रस्ताव नहीं मिला, क्योंकि आप लोग अक्सर शिकायत करते हैं। यहाँ से पहले वॉक आउट करेंगे, जब विकास पर चर्चा होगी और जब वित्तीय वर्ष समाप्त होगा तब कहेंगे कि हमें

05 करोड़ रुपये नहीं मिले। चौराहे पर चर्चा करेंगे, प्रस्ताव नहीं देंगे, लेकिन समय पर प्रस्ताव देंगे, जैसे यहाँ पर मैंने कहा कि आप भी प्रस्ताव दीजिए। हर ग्राम पंचायत में एक-एक सामुदायिक शौचालय बनना चाहिए। हर गरीब के सम्मान की रक्षा होनी चाहिए और यही नहीं पूर्वी उत्तर प्रदेश में जाकर देखिए कि स्वच्छता का कितना प्रभाव है। इन्सेफ्लाइटिस की बीमारी के सम्बन्ध में स्वच्छ भारत मिशन ने कितना बड़ा लक्ष्य प्राप्त किया है, बीमारी 56 फीसदी कम हुई है, मौत के आँकड़े 81 फीसदी कम हुए हैं, यह स्वच्छ भारत मिशन का परिणाम है। स्वच्छता के प्रति थोड़ी-सी जागरूकता कैसे लोगों को इस प्रकार की बीमारियों से मुक्ति दिला सकती है। वह मासूम बच्चे हैं और दुर्भाग्य से इन्सेफ्लाइटिस के कारण मरने वाले बच्चों में 90 से 95 फीसदी मौतें अनुसूचित जाति, अनुसूचित जनजाति एवं अल्पसंख्यक समुदाय के बच्चों की होती थीं, लेकिन उन बच्चों की रक्षा के लिए हम लोग लड़ाई लड़ रहे थे, क्योंकि हमने वोट बैंक नहीं बनाया है। हमने तो उन्हें अपना माना है क्योंकि जैसे यह मान्यता रही है, भारतीय संस्कार रहा है कि गाँव की बेटी सबकी बेटी और गाँव का बेटा सबका बेटा, वैसे ही हमने माना है कि यह बच्चा प्रदेश का बच्चा है, इसकी रक्षा होनी चाहिए, इसको स्वास्थ्य की सुविधा मिलनी चाहिए और इसलिए हम लोगों ने इसको किया है। महोदय, हम लोगों ने 2 फरवरी से एक कार्यक्रम मुख्यमंत्री आरोग्य मेले को प्रारम्भ किया है और मैं सभी मा० सदस्यों से चाहूँगा कि यह आरोग्य मेला अन्तिम पायदान तक बैठे हुए व्यक्ति तक बेहतर स्वास्थ्य की सुविधा, पोषण मिशन का लाभ, केन्द्र और प्रदेश सरकार की स्वास्थ्य सम्बन्धी सभी योजनाओं को पहुँचाने का सबसे बड़ा माध्यम हो सकता है। प्रदेश में 4300 से अधिक सामुदायिक केन्द्र हैं। एवरेज एक विधानसभा क्षेत्र में 10 प्राथमिक स्वास्थ्य केन्द्र आ जाते हैं। किसी विधानसभा में 8 या 12 भी हो सकते हैं, लेकिन एवरेज 10 मानकर चलिए। अभी तीन स्वास्थ्य मेले हुए हैं, अपेक्षित प्रचार नहीं हो पाया है। तीन स्वास्थ्य मेले में 12 लाख लोग आए हैं, 90 हजार आयुष्मान भारत के गोल्डन कार्ड भी बने हैं। इसमें हमने स्वास्थ्य विभाग, चिकित्सा शिक्षा विभाग, इण्डियन मेडिकल

एसोसिएशन, बाल विकास एवं महिला कल्याण विभाग को साथ में जोड़ा है। स्वास्थ्य सम्बन्धी, पोषण सम्बन्धी हर योजना के बारे में भी जानकारी देने की व्यवस्था है। मैं चाहूँगा कि हर जनप्रतिनिधि हर रविवार को 10 बजे से 02 बजे तक एक स्वास्थ्य मेला लगवाए। पहले से सूचना दें कि मैं फलां-फलां मेले में रहूँगा। वहाँ जाना चाहिए और मेले का उद्घाटन करना चाहिए। यह हर रविवार को होगा और मैंने इस बात के लिए स्वास्थ्य विभाग से स्पष्ट कहा है कि मा० विधायक एवं मा० सांसद को ले जाकर उद्घाटन कराईए, क्योंकि स्वाभाविक रूप से 10 जगह एक मा० विधायक नहीं जा सकता। इसलिए प्रत्येक मा० विधायक अपने-अपने क्षेत्र में जाएँ। हर जनप्रतिनिधि को इसके साथ स्पष्ट रूप से इनवॉल्व किया गया है। यह मानवता के कल्याण के लिए बहुत बड़ा कार्य है और अच्छी दवा दी जा रही है।

मैं एक और प्रक्रिया के साथ इसको जोड़ रहा हूँ। यहाँ पर मेडिसिन का ए०टी०एम० देने की प्रक्रिया को आगे बढ़ाया जा रहा है। ताकि कोई भी व्यक्ति जिसका पर्चा बने, वह उसे ए०टी०एम० में लेकर जाए, वहाँ से दवा और आवश्यक जाँच उसी के माध्यम से उसको प्राप्त हो सके। ये सभी 4300 प्राथमिक स्वास्थ्य केन्द्र आपके समय में बन्द हो चुके थे, हमारे समय में फिर आबाद हो गए हैं, यही अन्तर है कि हमने उसको आबाद कर दिया है। तीन-तीन, चार-चार डॉक्टर बैठाने की व्यवस्था की गई है, क्योंकि इतने डॉक्टर नहीं हैं, लेकिन उस प्रक्रिया से जोड़ने का प्रयास किया गया है। इस आरोग्य मेले के माध्यम से ट्यूबरक्लोसिस के खिलाफअभियान चलाने की व्यवस्था हो, पोषण मिशन का लाभ उन जरूरतमन्दों तक पहुँचाने की बात हो या फिर आयुष्मान भारत तथा मुख्यमंत्री जन आरोग्य योजना के गोल्डन कार्ड उन लोगों तक पहुँचाने की कार्यवाही हो। स्वास्थ्य सम्बन्धी सभी प्रकार की योजनाओं को, टीकाकरण की सभी प्रकार की योजनाओं को, कन्या सुमंगला योजना इन सभी को इस आरोग्य मेले के माध्यम से इन जरूरतमन्दों तक पहुँचाने की प्रक्रिया का हिस्सा हमें बनाना चाहिए। मैं चाहूँगा इस प्रक्रिया के साथ अगर हम सब जुड़ जाएँ तो यह एक बहुत बड़ा कार्य प्रदेश के अन्दर हो

सकता है। इतनी क्षमता प्रदेश में है कि हम इस प्रक्रिया को बहुत अच्छे ढंग से आगे बढ़ाना चाहेंगे। मैं अपने सभी मा० सदस्यों का इसमें भी सहयोग चाहूँगा।

महोदय, यहाँ पर अन्य मुद्दों को लेकर भी बात हो रही थी। वृद्धावस्था पेंशन में अगर आप देखेंगे तो 2016–17 तक कुल 17 लाख 31 हजार वृद्धजनों को वृद्धावस्था पेंशन मिलती थी और आज ये संख्या बढ़कर 24 लाख 75 हजार हो गई है। हमने राशि भी बढ़ाई है। पहले 400 रुपये मिलते थे, हमने 500 रुपये किया है और इन सभी को पैसा इनके एकाउण्ट में दिया जा रहा है। इसी प्रकार से दिव्यांगजनों के पेंशन की राशि को अगर आप देखेंगे तो वर्तमान में 10 लाख 55 हजार 513 दिव्यांगजनों को भी दिव्यांग पेंशन का लाभ दिया जा रहा है। इसी प्रकार से प्रदेश के अन्दर निराश्रित महिला पेंशन की योजना का लाभ भी 23 लाख 49 हजार ऐसी महिलाओं को दिया जा रहा है जो निराश्रित हैं। यही नहीं, कन्या सुमंगला योजना में 2 लाख 60 हजार से अधिक बालिकाओं को इस योजना से अब तक आच्छादित किया जा चुका है। 01 लाख गरीब कन्याओं की शादी मुख्यमंत्री सामूहिक विवाह योजना के माध्यम से प्रदेश में पिछले ढाई वर्षों के अन्दर हुई है। जिसमें हर कन्या के लिए 51 हजार रुपये की राशि शासन स्तर से उपलब्ध कराने की कार्यवाही की जा रही है। इसमें श्रम विभाग ने अलग से अपनी कार्यवाही शुरु की है, अभी कल मैं आगरा में था, 1260 श्रमिकों के विवाह की कार्यवाही वहाँ पर एक साथ सम्पन्न हुई है। प्रत्येक बालिका को 65 हजार रुपये की राशि उनके एकाउण्ट में सीधे दी गई, 5 हजार रुपये बालक और 5 हजार रुपये बालिका को (वर–वधू) उसके कपड़ों के लिए अलग से दिया गया, इस प्रकार 75 हजार रुपये की राशि इस योजना में दी गई और 17 हजार 121 लाभार्थियों को इस योजना से श्रम विभाग ने लाभान्वित किया है। महोदय, अगर मैं देखूँ तो प्रदेश के प्रधानमंत्री मुद्रा योजना में 34 लाख 53 हजार 760 लोगों को अब तक योजना का लाभ दिया गया है। प्रधानमंत्री जीवन ज्योति योजना के माध्यम से अब तक 58 लाख 87 हजार से अधिक लोगों को इस योजना से लाभान्वित किया गया है। पूरे देश में उत्तर प्रदेश द्वितीय स्थान पर है। जन–धन

योजना में उत्तर प्रदेश देश के अन्दर पहले स्थान पर है। अटल पेंशन योजना में भी 30 लाख 55 हजार 615 लोगों को इस योजना का लाभ दिया गया है और इसमें भी उत्तर प्रदेश, देश के अन्दर पहले नम्बर पर है।

महोदय, स्कूल चलो अभियान, बेसिक शिक्षा परिषद् के स्कूल, 01 करोड़ 80 लाख बच्चों को 02 यूनीफॉर्म, बैग है, बुक्स हैं, उनके जूते, मोजे, स्वेटर यह सब देने की कार्यवाही सरकार कर ही रही है। साथ-साथ ऑपरेशन कायाकल्प में 01 लाख 20 हजार से अधिक विद्यालयों के सुन्दरीकरण की योजना को भी अब तक सफलतापूर्वक प्रदेश के अन्दर लागू किया जा चुका है। नवोदय विद्यालय की तर्ज पर 18 कमिश्नरी हेड क्वार्टर पर, पहले चरण में 18 आवासीय विद्यालय रजिस्टर्ड श्रमिकों के लिए और अनाथ बच्चों के लिए सरकार बनाने जा रही है, इस बजट में उसका प्रावधान भी कर दिया गया है कि प्रदेश में कोई अनाथ नहीं है। सरकार उनके साथ में है, जब सरकार का साथ तो कोई अनाथ कैसे। प्रदेश में 49 नए राजकीय महाविद्यालयों की स्थापना का कार्य तेजी के साथ आगे बढ़ा है। इसी प्रकार से पॉलीटेक्निक, व्यावसायिक शिक्षा के लिए भी तेजी के साथ इस कार्यवाही को आगे बढ़ाने की कार्यवाही हम लोगों ने प्रदेश के अन्दर की है। प्रदेश के अन्दर इन्फ्रास्ट्रक्चर डेवलपमेण्ट का भी कार्य बहुत बेहतर तरीके से आगे बढ़ रहा है। खासतौर पर अगर हम देखते हैं तो इन्फ्रास्ट्रक्चर में उत्तर प्रदेश अगर पिछड़ा था तो इन्हीं सब मुद्दों को ले करके। क्योंकि कोई भी व्यक्ति आता था तो पूछता था कि आपके पास क्या इन्फ्रास्ट्रक्चर है? आज हमारे पास अच्छे एक्सप्रेस-वे का एक जाल बिछ रहा है। पूर्वांचल एक्सप्रेस-वे के मुख्य मार्ग को इस वर्ष के अन्त तक हम लोग यातायात के लिए खोलेंगे। बुन्देलखण्ड एक्सप्रेस-वे का शिलान्यास इसी 29 फरवरी को आदरणीय प्रधानमंत्री जी के द्वारा चित्रकूट में होगा। 296 कि०मी० लम्बा एक्सप्रेस-वे बनने के बाद बुन्देलखण्ड क्षेत्र जो आजादी के बाद से लगातार उपेक्षित था, आज उस बुन्देलखण्ड क्षेत्र में भी हम लोग पेयजल की स्कीम दे रहे हैं। 10 हजार करोड़ रुपये की पेयजल की स्कीम का इसी महीने के अन्त तक कार्य प्रारम्भ हो जाएगा। भगवान राम

अपने वनवास के कार्यकाल के दौरान सर्वाधिक समय तक चित्रकूट में रहे थे। चित्रकूट को पर्यटन की दृष्टि से विकसित करने के लिए भी और बुन्देलखण्ड के विकास के लिए भी यह एक्सप्रेस-वे हमारे लिए बहुत महत्वपूर्ण है और चित्रकूट में बुन्देलखण्ड एक्सप्रेस-वे बनने के बाद आप चित्रकूट में बैठिए, 05 घण्टे में दिल्ली की यात्रा आपकी पूरी हो जाएगी। प्रदेश के अन्दर हम लोग गंगा एक्सप्रेस-वे का निर्माण भी करने जा रहे हैं। गोरखपुर लिंक का निर्माण भी होने जा रहा है। जमीन के अधिग्रहण की प्रक्रिया पूरी होते ही उस पर भी शिलान्यास का काम जल्दी करने जा रहे हैं। यह अम्बेडकर नगर जनपद से भी होकर जाएगा, आप चिन्ता मत करिए। हमने विकास को संकीर्ण निगाहों से नहीं देखा है। हमने बलिया के सर्वे का भी आदेश दिया है। नेता प्रतिपक्ष हो सकता है, न चाहते हों बलिया तक जाना, लेकिन हम लोग कर रहे हैं। हम लोग सबको जोड़ना चाहते हैं। गंगा एक्सप्रेस-वे की भी हम लोग मेरठ से लेकर प्रयागराज तक सर्वे की कार्यवाही पूरी कर चुके हैं। डी०पी०आर० बनते ही जमीन अधिग्रहण की कार्यवाही हमारी प्रारम्भ हो जाएगी। एयरपोर्ट की कनेक्टिविटी भी हम लोगों ने बहुत बेहतर की है। पहले हमारे 2 से 3 एयरपोर्ट फंक्शन में रहते थे, आज 07 एयरपोर्ट फंक्शन में हैं, 11 पर कार्य चल रहा है। एशिया का सबसे बड़ा एयरपोर्ट जेवर में हम लोग बनाने जा रहे हैं। यह सबसे बड़ा और इतना बड़ा एयरपोर्ट है कि आगामी 30 वर्ष के दौरान 01 लाख करोड़ रुपये का रेवेन्यू उत्तर प्रदेश सरकार को केवल एक एयरपोर्ट देगा। इतनी बड़ी प्रक्रिया के साथ हमने इस कार्यक्रम को जोड़ा है। मेट्रो की परियोजनाओं को भी उत्तर प्रदेश के अन्दर युद्धस्तर पर आगे बढ़ाया जा रहा है। लेकिन आज लखनऊ, गाजियाबाद, नोएडा, ग्रेटर नोएडा मेट्रो से जुड़े हैं। कानपुर में उच्च स्तर पर कार्य प्रारम्भ हो चुका है। आगरा के लिए सुप्रीम कोर्ट की स्वीकृति की प्रतीक्षा है, हमारी पूरी तैयारी है और धनराशि हम उसके लिए उपलब्ध करा चुके हैं। दिल्ली, मेरठ को आर०आर०टी०एस० के साथ जोड़कर युद्धस्तर पर कार्य प्रारम्भ हो चुका है। एक्सप्रेस-वे के साथ-साथ प्रदेश के अन्दर इण्टर स्टेट की कनेक्टिविटी को बेहतर बनाने की प्रक्रिया

को भी तेजी के साथ आगे बढ़ाया गया है। हर घर नल की योजना प्रदेश के अन्दर उन सभी क्षेत्रों में पहुँचाने की प्रक्रिया है, जो अब तक इन सब चीजों से वंचित थे, इनको जोड़ने की प्रक्रिया भी इसी के साथ हम लोग कर रहे हैं।

बहुत सारे नेता तो देश के अन्दर ऐसे हैं, जिनको भैंस और गाय में अन्तर ही नहीं महसूस होता है। उन्होंने एक ट्वीट किया था जिसमें उन्होंने एक भैंसा को दिखाया है कि वह दुधारू गाय है, जो सड़क पर चर रही है और हमने ट्वीट करके जवाब दिया कि यह दुधारू गाय नहीं यह आपका भैंसा है, इसको गाय नहीं बोलते हैं। उनको पता ही नहीं है कि गाय और भैंस कैसे होते हैं। यह वह लोग हैं, जब पब्लिक ने उनके सामने कहा था कि साहब चीनी का दाम ज्यादा हो गया तो उन्होंने कहा कि चीनी की फैक्ट्री क्यों नहीं लगा लेते हैं, यानी लगता है कि गन्ना उनको मालूम ही नहीं है कि कहाँ होता है। आम के पेड़ पर आलू ढूढ़ते हैं। उस पार्टी के नेता बड़े अजीब हैं। एक बार संसद में भी खड़े हुए थे और बोलते-बोलते उन्होंने कहा सर, हम लोगों ने छः इंच लम्बा आलू उगा दिया। तब तत्कालीन केन्द्रीय मंत्री श्रीमती सुषमा स्वराज जी खड़ी हुईं तो उन्होंने कहा वह आलू नहीं है उसको लौकी कहते हैं। जिनको आलू और लौकी में अन्तर महसूस न हो, वह गौ-वंश की बात कर रहे हैं। भैंस को गाय बना रहे हैं।

महोदय, हम लोग बहुत चिन्तित हैं दो प्रकार से, एक जो संकल्प है कि गाय को किसी बूचड़खाने में कटने नहीं देंगे। अवैध बूचड़खाने चलने नहीं देंगे। साथ-साथ संकल्प यह भी कि किसान की फसल को नष्ट नहीं होने देंगे। हमने निराश्रित गौ आश्रय स्थल की अपनी एक पॉलिसी तैयार की है और चार लाख गौ-वंश वर्तमान में हमारे पास निराश्रित गौ आश्रय स्थल में हैं। लेकिन साथ-साथ हमने किसानों को भी इसके साथ जोड़ा है। इसमें हमने इस बात को कहा है कि गौ-वंश को ईयरटैग किया जाए क्योंकि जब तक आप उसको ईयरटैग नहीं करेंगे तब तक पता ही नहीं लगेगा कि कौन पालतू है और कौन निराश्रित है। पर्याप्त मात्रा में ईयरटैग हम लोगों ने हर जनपद में उपलब्ध करवा दिए हैं। ईयरटैगिंग के साथ ही हम लोग इस बात को भी

सुनिश्चित कर रहे हैं कि निराश्रित और पालतू गौ-वंश को अलग-अलग करके अब इस बात को आगे बढ़ाने की प्रक्रिया, जो निराश्रित हैं वह गौ-वंश पहले एक गौ आश्रय स्थलों पर आएँ। यहाँ से फिर उसे जो किसान अपने घर में उस गौवंश को पालना चाहेगा इस शर्त के साथ कि उसे अपने घर में रखकर के उसका पालन करना होगा और हर महीने उसके स्वास्थ्य का परीक्षण पशुपालन विभाग के द्वारा करवाना होगा और हम हर महीने प्रत्येक गौ-वंश पर नौ सौ रुपये उस परिवार और उस किसान परिवार को उपलब्ध कराने का काम करेंगे। 49 हजार गौ-वंश अब तक हम लोग प्रदेश के अन्दर किसान परिवारों तक पहुँचा चुके हैं। महोदय, इसकी सबसे अच्छी प्रक्रिया जो होने जा रही है वह है निराश्रित गौ-वंश और किसानों को दिए जाने वाले निराश्रित गौ-वंश के साथ एक बेहतर तालमेल बैठाने की प्रक्रिया।

महोदय, प्रदेश के अन्दर इस दौरान बहुत सारे कार्यक्रम हुए हैं, अभी जनवरी महीने में ही 12 से लेकर 16 जनवरी तक नेशनल यूथ फेस्टिवल नाम का कार्यक्रम अच्छे ढंग से सम्पन्न हुआ। प्रदेश में इतना भव्य आयोजन हुआ जिसमें देश का लगभग 7 हजार से अधिक यूथ आया था और शासन ने, स्थानीय प्रशासन ने, विभाग ने जिस प्रकार से उनकी व्यवस्थाएँ कीं इसकी सबने सराहना की। इसके साथ ही प्रदेश के अन्दर इस दौरान कॉमनवेल्थ पार्लियामेण्ट्री एसोसिएशन का कार्यक्रम कुशलतापूर्वक सम्पन्न हुआ। लोकसभा के माननीय अध्यक्ष जी स्वयं इस कार्यक्रम के उद्‌घाटन में आए थे। प्रदेश के अन्दर हम लोगों ने गंगा की अविरलता और निर्मलता को लेकर गंगा यात्रा का सफल आयोजन सम्पन्न किया। कल मैं एक ट्वीट देख रहा था, एक सज्जन कह रहे हैं कि 'साहब गंगा जी का कुछ नहीं हुआ'। पता नहीं लोग कहाँ रहते हैं? महोदय, गंगा जी का जल आज आचमन करने लायक है और मैं कह सकता हूँ कि इसको कोई भी व्यक्ति जाकर देख सकता है। कानपुर में सीसामऊ नाले से प्रतिदिन 14 करोड़ लीटर सीवर गंगा जी में गिरता था। 140 एम०एल०डी० सीवर प्रतिदिन गंगा जी में गिरता था। 128 वर्षों से जो पाप हो रहा था, मुझे प्रसन्नता है कि प्रधानमंत्री मोदी जी के नमामि गंगे

मिशन के परिणामस्वरूप हमारी सरकार इस सीवर लाईन को पूरी तरह बन्द करने में सफल हुई है। आज एक भी बूँद सीसामऊ सीवर से गंगा जी में नहीं जा रही है। टेनरीस्काइफ्लेण्ड यह जाजमऊ में गिरता था। जाजमऊ के नीचे कोई भी जलीय जीव नहीं बचा था, सब मर चुके थे। पानी क्रोमियम युक्त था और बहुत जहरीला था लेकिन आज उसमें व्यापक सुधार हुआ है। आज फिर से वहाँ मछलियाँ आ चुकी हैं। यह एक नया परिवर्तन देखने को मिला है। अभी प्रयागराज में माघ मेला सम्पन्न हुआ। मैं कानपुर भी गया था और बसन्त पंचमी के दिन मैं स्वयं प्रयागराज गया था। मैंने स्वयं संगम में गंगा जी में डुबकी लगाई है और आचमन किया है। लाखों की संख्या में वहाँ श्रद्धालु आए थे। यह एक व्यापक परिवर्तन है। गंगा यात्रा, उस जागरूकता के कार्यक्रम में प्रत्येक नागरिक की सहभागिता सुनिश्चित करने के उद्देश्य से ही प्रदेश के अन्दर जहाँ लागू की गई थी, वहीं माँ गंगा के प्रति अपने दायित्व का निर्वहन करने और प्रधानमंत्री मोदी जी के प्रति आभार व्यक्त करने का एक माध्यम गंगा यात्रा को हमने बनाया।

प्रदेश के अन्दर डिफेन्स एक्सपो का भी सफल आयोजन 05 फरवरी से 09 फरवरी के बीच में आयोजित हुआ। कितना सफल आयोजन था! 70 देशों के रक्षामंत्री और वहाँ के डिफेन्स चीफ इस आयोजन में सहभागी बने। इस आयोजन में 130 से अधिक देशों के प्रतिनिधियों ने भाग लिया। 3 हजार से अधिक विदेशी डेलीगेट्स आए थे। 10 हजार से अधिक विदेशी और कुछ देश के भी अलग-अलग क्षेत्रों के लोग आए थे। इसके साथ ही 4 से लेकर 9 फरवरी के बीच 12 लाख से अधिक लोग डिफेन्स एक्सपो के साक्षी बनें। प्रदेश में 50 हजार करोड़ रुपये के निवेश के प्रस्ताव उपलब्ध हुए और 5 लाख से अधिक नौजवानों को नौकरी की गारण्टी वहाँ पर डिफेन्स एक्सपो के माध्यम से मिली और प्रदेश का परसेप्शन इसके माध्यम से देश और दुनिया में गया। उत्तर प्रदेश के बारे में लोगों की धारणाएँ बदलीं और उत्तर प्रदेश एक निवेश का बेहतर गन्तव्य हो सकता है। मैं देख रहा हूँ कि उसके बाद से लोग लगातार इस चीज को कर रहे हैं। मैं तो इस बात को मानता हूँ कि हमारे आगामी ग्लोबल

इन्वेस्टर्स समिट के लिए एक आधार का काम डिफेन्स एक्सपो ने किया है। जिसमें उत्तर प्रदेश की इकोनॉमी को 1 ट्रिलियन यू०एस० डॉलर की इकोनॉमी बनाने की दिशा में जो प्रयास प्रदेश सरकार के द्वारा प्रारम्भ होने जा रहे हैं, उस दिशा के लिए एक आधार हमें डिफेन्स एक्सपो के माध्यम से मिला है। मैं प्रधानमंत्री जी के प्रति और रक्षामंत्री जी के प्रति आभार व्यक्त करता हूँ कि उन्होंने उत्तर प्रदेश में इस डिफेन्स एक्सपो का आयोजन आयोजित करने का एक अवसर उत्तर प्रदेश सरकार को दिया और पार्टनर स्टेट के रूप में उत्तर प्रदेश इस आयोजन के साथ जुड़ा। एक सफलतम आयोजन था। जो लोग बाहर से थे वह लोग इस बात को मानते थे कि उत्तर प्रदेश में इस प्रकार के आयोजन नहीं हो सकते। वह इस बात को मानते ही नहीं थे लेकिन जब उन्होंने यहाँ आकर देखा तो वह भी इस बात को लेकर आश्चर्यचकित थे कि वास्तव में उत्तर प्रदेश के बारे में जो हमारी धारणाएँ थीं, वह बदली हैं। उन धारणाओं को बदलने का एक माध्यम हमें मिला। हमने उत्तर प्रदेश के पोटैन्शियल को दुनिया के सामने रखा है। वह भी एक अवसर था।

सूक्ष्म, लघु और मध्यम इकाई के क्षेत्र में भी कहना चाहूँगा कि मुझे प्रसन्नता है कि उत्तर प्रदेश 90 लाख इकाईयों के साथ आज प्रदेश के अन्दर बहुत अच्छी प्रगति के साथ आगे बढ़ रहा है।

वन डिस्ट्रिक्ट, वन प्रोडेक्ट की पॉलिसी ने उत्तर प्रदेश को एक्सपोर्ट का एक नया हब बनाया है। लाखों नौजवानों को हम लोगों ने फाइनेन्शियल इन्क्लूजन के साथ जोड़ा है, लोग इसके साथ बढ़ चले हैं और निरन्तर इस दिशा में कार्यक्रम आगे बढ़ रहे हैं। विश्वकर्मा श्रम सम्मान को इस दिशा में आगे बढ़ाने का कार्य प्रदेश सरकार ने तेजी के साथ किया है। स्मार्ट सिटी मिशन और अमृत योजना के माध्यम से शहरी क्षेत्रों की बुनियादी सुविधाओं को आगे बढ़ाने के लिए सरकार की बहुत स्पष्ट नीति है। शहरीकरण की प्रक्रिया में तेजी लाने की दिशा में हम लोगों ने नए-नए नगर-निकायों का गठन भी किया है। नगर-निकायों के लिए आवश्यक बुनियादी सुविधाओं के लिए धनराशि की कमी न हो इसके लिए बजट में उसका प्राविधान कराया है। लोगों को शहरी

जीवन का अहसास हो सके इसके लिए उन सुविधाओं से उनको जोड़ने का कार्य भी किया जा रहा है और प्रदेश के अन्दर पर्यटन की सम्भावनाओं को भी हम प्रदेश के पक्ष में जोड़ सकें, अधिक-से-अधिक नौजवानों को रोजगार के साथ जोड़ सकें, इन चीजों को भी हम लोगों ने प्रदेश के अन्दर आगे बढ़ाया है और मुझे लगता है कि कुम्भ के आयोजन के बाद अयोध्या में दीपोत्सव के आयोजन के साथ, बरसाना में रंगोत्सव के कार्यक्रम के साथ या प्रदेश के अन्दर अलग-अलग टूरिज्म डेस्टीनेशन के जो केन्द्र बिन्दु बन सकते हैं, वह चाहे विंध्यवासिनी धाम के विकास की योजना हो, चाहे वह नैमिषारण्य के विकास की योजना हो, सुखतीर्थ के विकास की योजना हो, चित्रकूट के विकास की या अन्य पर्यटन विकास की योजनाएँ हों या फिर आपके उन्नाव के पक्षी विहार के बारे में ही, क्योंकि आप बोलेंगे कि उन्नाव के बारे में नहीं बोला गया, तो उन्नाव भी विकास और पर्यटन के क्षेत्र में आगे बढ़ सके इस दिशा में भी सरकार पूरी तत्परता के साथ कार्य करने को तैयार है। इसीलिए मा० राज्यपाल महोदय ने इस बात को कहा कि सरकार रामराज्य की इस अवधारणा को लागू कर रही है। इस देश में रामराज्य ही चाहिए, समाजवाद नहीं चाहिए। क्योंकि जो अस्वाभाविक है, अप्राकृतिक है और अमानवीय है वह समाजवाद का चेहरा देश के सामने आया है। लेकिन जो सार्वभौमिक, सार्वदेशिक और सार्वकालिक है, काल परिस्थितियों से परे शाश्वत है, वह रामराज्य है। उस रामराज्य की अवधारणा को ही लागू करने के लिए सरकार कार्य कर रही है। मैं मा० राज्यपाल जी के प्रति आभार व्यक्त करता हूँ कि उन्होंने 13 फरवरी को इस सदन में आ करके समवेत सदन को सम्बोधित किया है। सरकार की उपलब्धियों के साथ-साथ भावी योजनाओं को सदन के सामने रखा है। प्रदेश के संवैधानिक प्रमुख होने के नाते उनका मार्गदर्शन प्रदेश के लिए अत्यन्त महत्वपूर्ण है और इस दृष्टि से मैं मा० राज्यपाल जी के प्रति आभार व्यक्त करता हूँ। मैं धन्यवाद देता हूँ अपने सभी माननीय सदस्यों को जो इस चर्चा में भागीदार बनें। हम लोग तो चाहेंगे कि अधिक-से-अधिक सदस्यों को अवसर मिलना चाहिए। कैसे हम इसमें एक समन्वयय बना सकें

कि अधिक-से-अधिक सदस्य भागीदार बन सकें, उनको बोलने का मौका मिल सके, यह हमारा प्रयास होना चाहिए। सदन में अगर हम चर्चा को नहीं बढ़ाएँगे तो फिर सदन और लोकतंत्र की मर्यादा आहत होगी। इसमें और भी सदस्यों को बुलाए जाने की प्रक्रिया को आगे बढ़ाना चाहिए। मैंने कल इसीलिए कहा था कि कैसे हम लोग प्रयास करें कि मूल बजट पर चर्चा करने के साथ-साथ विभागीय बजटों पर भी हमारी चर्चा की प्रक्रिया आगे बढ़नी चाहिए। इस प्रक्रिया को आगे बढ़ाने की आवश्यकता है और हमने इस बात को हमेशा कहा है कि सदन में अगर सार्थक चर्चा होती है तो सरकार भरपूर सहयोग करेगी, चर्चा में भाग लेगी और अच्छा होगा अगर आप सभी लोग अपनी पूरी तैयारी के साथ सदन में आएँगे।

मैं एक बात कहूँगा सभी के लिए, इधर हो या उधर हो सभी के लिए। संवैधानिक प्रमुख व्यक्ति संवैधानिक प्रमुख होता है उसकी पृष्ठभूमि में मत जाइए। आज वह किस पद पर है हमें उस पद की गरिमा को ध्यान में रखना होगा। खासतौर पर इस बारे में देखना होगा कि राज्यपाल जी आए हैं, यह हमें देखना चाहिए। संसद हमारा मार्गदर्शक है जब वहाँ राष्ट्रपति जी का अभिभाषण होता है तो सत्तापक्ष या विपक्ष, कोई भी माननीय सदस्य वेल में नहीं आता है, हो-हल्ला नहीं करता, बीच में किसी प्रकार का व्यवधान नहीं डालता। राष्ट्रपति जी के अभिभाषण के आधे घण्टे पहले प्रत्येक माननीय सदस्य, प्रत्येक नेता, दलीय नेता सेण्ट्रल हॉल में आ जाते हैं। राष्ट्रपति जी के जाने के बाद सभी लोग जाते हैं या किसी राष्ट्राध्यक्ष के आने के पहले या आने के बाद भी इसी प्रक्रिया का पालन करना होता है। हमें अपने किसी भी आचरण से ऐसा संदेश नहीं देना है जो हम लोगों की छवि को ही एक अनुशासनहीन, उच्छृंखल और उद्दंडता के रूप में प्रस्तुत करता हो। क्योंकि इन संवैधानिक संस्थाओं की मर्यादा हम सबसे जुड़ी है और हम ही इसकी रक्षा नहीं कर पाएँगे तो फिर किसी और से इसकी उम्मीद कतई मत करिए और इसकी रक्षा का दायित्व हम सबका समान रूप से होना चाहिए। राज्यपाल जी आई हैं आपके पास पूरा अवसर होता है कटमोशन देने का, आप दीजिए, चर्चा कराइए, अभिभाषण में बोलिए

लेकिन विधायिका की परम्परा रही है संसद में राष्ट्रपति जी का, विधानमण्डल में राज्यपाल जी का अभिभाषण सर्वानुमति से पास होकर जाना चाहिए। हम किसी बात से सहमत हों या नहीं हों उसे हम अपने भाषण में कहें लेकिन जब राज्यपाल जी के प्रति हो, राष्ट्रपति जी के प्रति हो, संवैधानिक प्रमुख के प्रति हो तो उनका सम्मान देश के सम्मान से जुड़ा होता है। प्रधानमंत्री का सम्मान देश के साथ जुड़ता है, देश का सम्मान प्रधानमंत्री के साथ जुड़ता है। राष्ट्रपति जी का सम्मान देश के साथ जुड़ता है, देश का सम्मान उनके साथ जुड़ता है हम उससे अपने को अलग नहीं कर सकते। व्यक्ति आएँगे, जाएँगे लेकिन हम इस आधार पर किसी व्यक्ति विशेष को कठघरे में खड़ा करें, यह अच्छी परम्परा नहीं है और मैं चाहूँगा कि जैसे संविधान दिवस पर पूरी शालीनता का परिचय सभी माननीय सदस्यों ने दिया पक्ष या विपक्ष सबने। एक अच्छा मैसेज गया था, देश की संसद के बाद देश की उम्मीदें उत्तर प्रदेश विधानसभा से होती हैं। हम एक मैसेज तो यहाँ से दे सकें, बता तो सकें कि वास्तव में हम करेंगे। हम बोले थे इस बात को। मर्यादित तरीके से तीखे से तीखे शब्दों का हम प्रयोग करें, कोई दिक्कत नहीं है लेकिन हम इस चीज को ध्यान में रखें कि अगर हमारे किसी आचरण से संवैधानिक संस्था की मर्यादा आहत होती है तो उसमें कोई भी उससे बचता नहीं है। मैं आप सबसे अपील करूँगा कि राज्यपाल जी का अभिभाषण समवेत सदन में हुआ, हमें उनके अभिभाषण के प्रति आभार व्यक्त करते हुए सर्वानुमति से अपना प्रस्ताव यहाँ से भेजना चाहिए कि नहीं। हमको जो अपनी बात कहनी थी, कह दी। लेकिन अभिभाषण सर्वानुमति से पास होकर जाए और संवैधानिक संस्था और व्यवस्था के प्रति हमारी आस्था इसके माध्यम से झलकती हुई दिखाई देनी चाहिए। मैं आभारी हूँ आप सभी का, जिन्होंने इस पूरे सदन की प्रक्रिया में भाग लेकर, इस पूरी चर्चा को आगे बढ़ाया है। हम लोगों ने पहले भी कहा था कि हमें सदन की कार्यवाही को अधिक दिनों तक चलाने में कोई आपत्ति नहीं है बशर्ते उसके लिए हम लोग चर्चा करके, तैयारी करके आएँ। विधानसभा की लाइब्रेरी में जाकर देखें कि चर्चा के स्तर को और गम्भीर बना करके कैसे हम इसको और मजबूत कर

सकते हैं। इसके बारे में देखें लेकिन छोटी-छोटी चीजों को लेकर, रोज एक ही इश्यू को लेकर आज एक बोल रहा है, दूसरे दिन भी अगला व्यक्ति उसी को लेकर सदन बाधित कर रहा है, तीसरे दिन भी उसी बात को लेकर कर रहा है और उसके बाद वेल में बैठ जाना, नारेबाजी कर देना, इस प्रकार की स्थिति पैदा कर देना कि कोई कार्य ही न हो, यह ठीक नहीं है। उत्तर प्रदेश का सदन अगर इस प्रकार का मैसेज दे सकता है कि हम इन संवैधानिक और उत्तर प्रदेश की विधायिका के माध्यम से बेहतर परिणाम देने की स्थिति में हैं, क्योंकि जवाबदेही सत्तापक्ष की भी है और विपक्ष की भी है। प्रदेश की 23 करोड़ जनता के प्रति। प्रदेश की सुरक्षा के लिए, प्रदेश की समृद्धि के लिए। प्रदेश के सम्मान के लिए तो सामूहिक जिम्मेदारी का पालन करते हुए सदन के माध्यम से इस प्रकार का मेसेज जाना भी चाहिए और मैं चाहूँगा कि हम तो हर एक मुद्दे पर चर्चा करने को तैयार हैं। अब सदन की मर्यादा के अनुरूप उस पर चर्चा करने के लिए प्रस्ताव दें, सरकार हर एक मुद्दे पर चर्चा करने को भी तैयार है, उसका जवाब देने को भी तैयार है, उस बहस में भाग लेने को भी तैयार है। मैंने तो पहले दिन, फर्स्ट सिटिंग में ही इस बात को कहा था कि हम चाहते हैं कि अधिक से अधिक बैठकें हों, अधिक से अधिक कार्य दिवस हों और अधिक से अधिक कार्य करने के अवसर प्राप्त हों। अधिक से अधिक मुद्दों पर चर्चा होनी चाहिए, हर एक व्यक्ति को जानकारी मिलनी चाहिए कि वास्तव में क्या है, किन मुद्दों पर हम चर्चा कर रहे हैं? नहीं तो विधेयक पास हो जाते हैं, किसी को पता ही नहीं चलता। विभागीय बजट पास होते हैं, किसी को पता ही नहीं होता।

इन चीजों को ले करके मैं नेता प्रतिपक्ष और सभी दलीय नेताओं को एक बार फिर से हृदय से धन्यवाद देता हूँ, सभी माननीय सदस्यों को हृदय से धन्यवाद देता हूँ और महामहिम राज्यपाल के प्रति भी आभार व्यक्त करता हूँ, धन्यवाद!

सन्दर्भ : दिनांक 19 फरवरी, 2020, श्री राज्यपाल के अभिभाषण पर धन्यवाद के प्रस्ताव पर चर्चा।

महोदय, दूसरा बजट हम लोगों ने समर्पित किया, प्रदेश के बुनियादी ढाँचागत विकास और प्रदेश के औद्योगिक निवेश और साथ-साथ प्रदेश की शिक्षा और चिकित्सा को ध्यान में रख करके। इन सभी मुद्दों को ध्यान में रख करके हमने यहाँ पर कार्य किया और बजट को ध्यान में रख करके हमने कार्य-योजना को आगे बढ़ाया है। बुनियादी ढाँचागत विकास के अभाव में आप किसी भी बड़े लक्ष्य को प्राप्त नहीं कर सकते हैं। हमारे सामने के मित्रों को यह बुरा लगता है कि जब हम इनकी पूर्वांचल एक्सप्रेस-वे की कहानी को इस समाज के सामने प्रस्तुत करते हैं, क्योंकि बहुत बार होता है कि जब ये लोग उधर से बोलते हैं तो उनको देखकर लगता है कि जैसे ये सत्यवादी हरिश्चन्द्र के नए अवतार के रूप में प्रस्तुत हो चुके हैं।

एक अच्छा बजट समाज के प्रत्येक तबके के हितों का संवर्धक होता है

अध्यक्ष जी, आपका आभारी हूँ कि इस माननीय सदन में मेरे सहयोगी, वित्त मंत्री श्री सुरेश खन्ना जी ने 18 फरवरी को वर्ष 2020-2021 का उत्तर प्रदेश का बजट प्रस्तुत किया था और पिछले तीन दिनों से इस माननीय सदन में इस बजट पर चर्चा आगे बढ़ी है। मुझे प्रसन्नता है कि दोनों पक्षों के माननीय सदस्यों ने इस पर पूरी गम्भीरता से चर्चा की और उत्तर प्रदेश के विकास के बारे में जो सरकार का विजन है, जो सरकार की कार्य-योजना है, सरकार की जो रणनीति है उसको आगे बढ़ाने के लिए अपने बहुमूल्य सुझाव भी दिए हैं। मैं देख रहा था कि नेता प्रतिपक्ष समेत इस पूरे बजट में अब तक 49 माननीय सदस्यों ने भाग लिया है। एक अच्छे और समृद्ध संवाद का माध्यम है यह चर्चा। क्योंकि बजट के माध्यम से सभी माननीय सदस्यगण न केवल अपने विधानसभा क्षेत्रों के बारे में अपितु जिस जनपद से जुड़े होते हैं उस जनपद के बारे में और प्रदेश के समग्र विकास के बारे में जो शासन की कार्य-योजनाएँ हैं उन सबको आगे बढ़ाने के लिए अपने बहुमूल्य सुझाव भी देते हैं। निःसन्देह कहा जा सकता है कि जो बजट इस सदन में वित्त मंत्री जी ने प्रस्तुत किया है वह विकास को गति प्रदान करने वाला, प्रदेश की युवा ऊर्जा के कौशल संवर्धन और उनके लिए रोजगार का सृजन करने वाला, एक अत्यन्त सन्तुलित और प्रदेश के सर्वांगीण विकास को गति देने वाला बजट है। मैं इसके लिए वित्त मंत्री जी को, वित्त राज्य मंत्री जी को और उनकी पूरी टीम को हृदय से बधाई देता हूँ। जब हम बजट पर चर्चा कर रहे हैं तो स्वाभाविक रूप से हम लोग

इस बजट के दायरे को यहाँ तक पहुँचाने में सफल हुए हैं। इसके पीछे कहीं न कहीं भारत की उस प्राचीन विरासत और परम्परा का मार्गदर्शन भी है। मैं देखता हूँ वर्ष 2015-2016 में प्रदेश का बजट 3,02,687.32 करोड़ रुपये का था और आज हम लोगों ने कुल 5 वर्ष के दौरान ही एक नेक नियति के कारण प्रदेश के इस बजट के दायरे को 5,12,860.72 करोड़ रुपये तक पहुँचा दिया। यह सरकारों का विजन है, सरकार की सोच है एक सकारात्मक सोच, विकास की एक सकारात्मक सोच बिना भेदभाव के समाज के प्रत्येक तबके तक शासन की कल्याणकारी योजनाओं को पहुँचाने, बुनियादी ढाँचागत विकास और औद्योगिक निवेश के साथ-साथ समग्र विकास की उन परिकल्पनाओं को आगे बढ़ाने की दिशा में जो कार्य प्रारम्भ हुए हैं, उसका परिणाम है कि हम लोगों को हर एक क्षेत्र में, प्रदेश में पिछले तीन वर्षों के दौरान नयापन देखने को मिला है। लोगों के मन में विश्वास जाग्रत हुआ है। सही मायने में उत्तर प्रदेश का यह बजट सबका साथ, सबका विकास और सबके विश्वास का प्रतीक बन करके देखने को मिला है। इसके पीछे रामचरितमानस का भाव भी स्पष्ट दिखता है कि 'जहाँ सुमति तहाँ सम्पत्ति नाना, जहाँ कुमति तहाँ विपत्ति निदाना'। पिछली सरकारें विपत्ति का कारण थीं, क्योंकि वहाँ पर प्रदेश के लिए सकारात्मक सोच नहीं थी, एक नकारात्मकता थी, एक संकीर्णता थी, एक स्वार्थ था। स्वाभाविक रूप से जहाँ स्वार्थ होगा वहाँ परमार्थ नहीं हो पाएगा, संकीर्णता होगी तो विराटता नहीं आ पाएगी और एक संकुचित दायरे में कैद करके पिछली सरकारों ने प्रदेश को रख दिया था, उसका दुष्परिणाम प्रदेश को भुगतना पड़ा था। 23 करोड़ की आबादी का प्रदेश और बजट केवल 3 लाख करोड़ का, 3 लाख करोड़ में भी अगर हम विभागीय आवंटन की स्थिति देखेंगे तो बहुत कम राशि मिल पाती थी, इसीलिए सड़कें नहीं थीं, बिजली नहीं थी, पानी नहीं था, सिंचाई के साधन नहीं थे, किसान बदहाल था, नौजवान परेशान था। आज हम कह सकते हैं कि उत्तर प्रदेश उस एक नई प्रतिस्पर्धा में खड़ा हो चुका है जहाँ पर समाज के प्रत्येक तबके के नागरिकों को ध्यान में रखकर के शासन ने अपनी योजनाएँ बनाई हैं। कोई तबका आज

के दिन यह नहीं कह सकता कि जाति, मत, मजहब, क्षेत्र, भाषा के आधार पर उसके साथ कोई भेदभाव हुआ हो, क्योंकि हम लोगों ने तो प्रारम्भ ही सबका साथ और सबके विकास के साथ किया है और उसके माध्यम से सबके विश्वास को अर्जित करने की रणनीति के तहत सरकार ने कार्य किए हैं। हर एक बार के बजट की अपनी एक थीम लाईन है। उसको लेकर के हमने अपना कार्य प्रारम्भ किया है। मुझे इस अवसर पर अन्त्योदय के प्रणेता एकात्म मानव दर्शन पुरोधा पण्डित दीनदयाल उपाध्याय जी की बात याद आती है, जिसमें उन्होंने इस बात को कहा था कि आर्थिक योजनाओं तथा आर्थिक प्रगति की माप समाज के ऊपर की सीढ़ी पर पहुँचा हुआ व्यक्ति नहीं, बल्कि समाज के नीचे स्तर पर विद्यमान व्यक्ति होगा। मुझे लगता है कि यही सरकार की इस कार्य-योजना का और इस बजट का आधार भी बना है। आप याद करिए जब हमने 2017-18 में पहला बजट प्रस्तुत किया था तो वह बजट हम लोगों ने प्रदेश के अपने किसानों को समर्पित किया था। बजट को इसी सदन में प्रस्तुत करते हुए तब भी हम लोगों ने कहा था कि ''हे ग्राम देवता नमस्कार, सोने-चाँदी से नहीं किन्तु तुमने मिट्टी से किया प्यार, हे ग्राम देवता नमस्कार!'', किसानों को समर्पित करते हुए। मैं खन्ना जी की तरह शेरो शायरी नहीं जानता, लेकिन मैंने कहा कि कुछ कविताएँ तो आपको बता ही दूँ, जिससे आसानी से समझ में आ जाए। बहुत दिनों से जो मन की जकड़न है वह इसी से खुल पाएगी। किसानों को समर्पित करते हुए और किसानों को समर्पित करने के लिए हम लोगों ने उस समय जो व्यवस्था की थी हर व्यक्ति जानता है जब हम लोग आए थे तो खजाना खाली था, सेवेन्थ पे कमीशन की रिपोर्ट को लागू करना था, 14 लाख कर्मचारियों के वेतन-भत्ते आदि की भी व्यवस्था करनी थी इससे पहले 12-15 साल सरकारें जिस तरह से चली थीं उस अंदाजे को देखकर उत्तर प्रदेश का परसेप्शन पूरे देश के अन्दर खराब हो चुका था। किसान बदहाल था, आत्महत्या कर रहा था जब विपक्ष में बैठे हुए हमारे मित्रगण किसानों की चर्चा करते हैं तो मुझे कभी-कभी उन पर हँसी आती है। यह लगता है कि इनके पुराने समय की कारगुजारियाँ इनके मन-मस्तिष्क

में होंगी जो कभी-कभी उनके मुँह से निकलती हैं क्योंकि सच को कभी न कभी निकलना है। जब यह बोलते हैं कि किसान आत्महत्या कर रहा है, किसान बदहाल है मुझे लगता है कि वास्तविक स्थिति से वह वंचित हैं। इसीलिए पहला ही निर्णय सरकार ने लिया था और वह निर्णय था सरकार ने प्रदेश के लघु और सीमान्त किसानों के एक लाख तक के कर्ज को माफ करने का निर्णय। देश के अन्दर विभिन्न राज्य सरकारों ने कर्जमाफी की योजना लागू की है सबसे अधिक किसान उत्तर प्रदेश में हैं सबसे पारदर्शी तरीके से, सबसे व्यवस्थित तरीके से किसी प्रदेश के किसानों के लिए ऋणमाफी की योजना सफलतम रूप से सम्पन्न हुई है तो उत्तर प्रदेश की योजना लागू हुई है। इसमें किसान भी लाभान्वित हुआ है साथ ही साथ देश के अन्दर किसानों के मन में जो उत्तर प्रदेश के बारे में परसेप्शन खराब था वह चेंज हुआ है। आज उत्तर प्रदेश में हर एक किसान खुशहाली की ओर अग्रसर हो रहा है और आदरणीय प्रधानमंत्री मोदी जी की भावनाओं के अनुरूप 2022 तक किसानों की आय को दोगुना करने की जो रणनीति है उस दिशा में हम लोग आगे बढ़े हैं। किसानों की कर्जमाफी के साथ ही अनेक उन योजनाओं को प्रदेश के अन्दर लागू किया गया है चाहे वह किसानों के लिए प्रधानमंत्री की फसल बीमा योजना हो, चाहे प्रधानमंत्री कृषि सिंचाई की योजना हो या फिर समर्थन मूल्य से ज्यादा दाम किसान को मिल सके इस दृष्टि से जो कदम उठाए गए प्रोक्योरमेण्ट की नीति उत्तर प्रदेश के अन्दर हम लोग लेकर आए। 2017-18 में मुझे याद है 19 मार्च को सरकार ने शपथ ग्रहण किया था और पहली अप्रैल से हमारी सरकार ने प्रदेश के अन्दर तीन हजार केन्द्रों में गेहूँ क्रय केन्द्र स्थापित करके गेहूँ की क्रय प्रक्रिया को आढ़तियों से मुक्त करके सीधे किसानों से खरीदने की प्रक्रिया को आगे बढ़ा दिया था। पहले ही वर्ष में लगभग 37 लाख मीट्रिक टन गेहूँ का क्रय सीधे किसानों से किया गया था। यह हर एक व्यक्ति के लिए अविश्वसनीय था कि क्या यह उत्तर प्रदेश में सम्भव है, हमने किया। वर्षों से लम्बित सिंचाई की परियोजनाओं को सरकार ने पूरा किया । वर्तमान में भी हमारी योजनाएँ चल रही हैं पहले चरण में बाण सागर का था,

अर्जुन सहायक का था, अन्य तमाम परियोजनाएँ थीं छोटी–बड़ी परियोजनाओं को पहले चरण में, पहले वर्ष में पूरा करने का कार्य किया। दूसरे चरण में सरयू नहर का है, मध्य गंगा का है, अर्जुन सहायक का है। लगभग एक दर्जन बड़ी परियोजनाएँ हमारे समय में पूरी हो रही हैं। वित्तीय वर्ष के अन्त में पूरा होने के बाद जब योजनाएँ सम्पन्न होंगी तो उत्तर प्रदेश में 20 लाख हेक्टेयर से अधिक क्षेत्र को सिंचन की सुविधा उत्तर प्रदेश के किसानों को प्राप्त होगी। यह कार्य पहले भी हो सकता था, लेकिन नहीं किया गया। इसलिए हमारी सरकार ने किसानों को ध्यान में रखकर के पहला बजट किसान को और देश के जवान को समर्पित किया था। क्योंकि वह जवान जिसके कारण देश सुरक्षित है, वह देश की सीमाओं की रक्षा करते हुए स्वयं जब वह जागता है तब देश आराम की नींद सोता है, चाहे वह देश की सीमाओं की रक्षा करने वाला हमारा मिलिट्री का जवान हो, पैरामिलिट्री का जवान हो, चाहे हमारा पुलिस का जवान हो, इन सबकी सक्रियता और सचेतता के कारण हम लोग देश के अन्दर भी सुरक्षित महसूस करते हैं और देश की बाह्य सीमाओं के सुरक्षित होने से हम लोगों को सुरक्षा का एक महौल मिलता है। पहला बजट हम लोगों ने इन सबको समर्पित किया था। उस बजट के माध्यम से उनके लिए इस प्रकार की योजनाएँ हैं। शहीद परिवारों के बारे में सरकार की योजनाएँ हैं। 2017 से पहले ऐसा नहीं था। हम लोगों ने इस बात को तय किया कि पहली अप्रैल, 2017 के बाद से हमारे प्रदेश का कोई भी जवान चाहे प्रदेश के अन्दर वह पुलिस का जवान हो, उसको सरकार पहले से सुविधा देती थी, लेकिन उसको मिलने वाली जो धनराशि थी, अगर वह शहीद होता है या किसी घटना–दुर्घटना में सेवा के दौरान घायल होता है तो शासन के स्तर पर उसके लिए सहायता की इस प्रकार की कोई भी योजना नहीं थी जिससे वह निर्भीकतापूर्वक, निःसंकोच होकर के अपनी सेवा प्रदेश की जनता को दे सके। कहीं न कहीं उसके मन में एक संकोच होता था कि मैं अगर किसी अपराधी से, किसी आतंकवादी से मुठभेड़ करते हुए घायल हो गया, गम्भीर रूप से घायल हो गया अथवा मुझे लम्बे समय तक कोमा में जाना पड़ गया तो मेरे परिवार की देखभाल

कौन करेगा, इसके लिए कोई योजना नहीं थी। सरकार ने उनको मिलने वाली कम्पन्शेसन की राशि को दोगुना किया। मिलिट्री, पैरामिलिट्री का जवान जो देश की सीमा की सुरक्षा करने या देश की आन्तरिक सुरक्षा में आतंकवाद से, उग्रवाद से, नक्सलवाद से लड़ता हुआ शहीद होता है उसको स्टेट गवर्नमेण्ट की तरफसे मिलने वाली मुआवजे की राशि को हम ने दोगुना भी किया और यह व्यवस्था की कि उस जवान के परिवार के एक सदस्य को उत्तर प्रदेश सरकार अपने यहाँ नौकरी देगी। हम लोगों ने सफलतापूर्वक इस कार्यक्रम को आगे बढ़ाया। अपने उत्तर प्रदेश की पुलिस और पी०ए०सी० की क्षमता को बढ़ाया। पिछले तीन वर्ष के दौरान उत्तर प्रदेश में हमने 01 लाख 37 हजार से अधिक पुलिस और पी०ए०सी० की सफलतापूर्वक भर्ती करने में सफलता प्राप्त की है और उनके लिए हमने इन्फ्रास्ट्रक्चर भी डेवलप किया है। उनकी ट्रेनिंग की क्षमता को दोगुना किया है। सात जगह ऐसी थीं जहाँ पर पुलिस लाईन ही नहीं थीं, पहले जिले बन गए, लेकिन पुलिस लाईन ही नहीं थी। हम ने वहाँ पर उनके लिए पुलिस लाईन बनाने की प्रक्रिया को आगे बढ़ाया। उनके लिए बैरक बनाए, उनको आवासीय सुविधाएँ दी हैं। यह प्रदेश कहाँ जा रहा था, क्या कर रहे थे? उस पुलिस के जवान के लिए हम लोगों ने यह व्यवस्था की है। 'जय जवान और जय किसान' के लिए हमारा 2017–18 का पहला बजट समर्पित था और उस बजट को उस रूप में प्रस्तुत करते हुए इसी प्रक्रिया के साथ जुड़ते हुए आज पुलिस के आधुनिकीकरण की दिशा में सरकार ने कदम बढ़ाए हैं। उत्तर प्रदेश के अन्दर उत्तर प्रदेश राज्य सरकार की अपनी पुलिस एण्ड फॉरेन्सिक यूनिवर्सिटी होगी। उत्तर प्रदेश सरकार बजट में इसका प्रावधान कर चुकी है। वर्तमान बजट में इसका प्रावधान कर चुकी है और हर एक रेंज स्तर पर एक साइबर तथा एक फॉरेन्सिक लैब की स्थापना, साइबर थाने की स्थापना होगी। इस प्रक्रिया को भी सरकार आगे बढ़ा चुकी है। साथ–साथ प्रदेश के अन्दर प्रदेश के उन सभी क्षेत्रों के बारे में खासतौर पर ग्रामीण अर्थव्यवस्था के बारे में, याद करिए जब हम लोगों ने कहा था कि प्रदेश के अन्दर हम गड्ढामुक्त सड़कें देंगे तो लोग हँसते थे कि अरे, यह कैसे होगा।

एक लाख बीस हजार किलोमीटर से ज्यादा सड़कें ऐसी हैं जो गड्ढों में बदल चुकी हैं और स्वाभाविक रूप से आपकी आदत थी, विपक्ष की आदत थी, पिछली सरकारों की आदत थी कि उनको गड्ढे ज्यादा प्यारे होते थे, लेकिन हमने गड्ढामुक्ति का जो अभियान चलाया आज उसका परिणाम है कि प्रदेश के अन्दर सड़कें देखने लायक बन गई हैं। अन्तर्राज्यीय और अन्तर्राष्ट्रीय जो हमारी कनेक्टिविटी है उन सबको फोर लेन की कनेक्टिविटी के साथ जोड़ने की कार्यवाही हमने प्रारम्भ की है। हर जिला मुख्यालय को हम फोर लेन की कनेक्टिविटी से जोड़ रहे हैं।

हर तहसील मुख्यालय को, हर ब्लॉक मुख्यालय को हम इनके साथ जोड़ेंगे, ग्रामीण सड़कों के निर्माण के कार्यक्रम को आगे बढ़ाएँगे। पी०डब्लू०डी० नोडल विभाग सड़क का है लेकिन बहुत सारी सड़कें सिंचाई विभाग की थीं, गन्ना विभाग की थीं, मण्डी की थीं। 20-20 वर्षों से इन सड़कों पर कोई काम ही नहीं हुआ था लेकिन बिना किसी संकोच के, कौन विधायक है, कौन सांसद है इसकी चिन्ता किए बगैर हर एक जगह इन सड़कों को गड्ढामुक्त करके या उनका नवीनीकरण करने का काम प्रदेश के अन्दर सफलतापूर्वक किया गया। ग्रामीण अर्थव्यवस्था को एक नई जान देने का कार्य किया था। यह प्रदेश का पहला बजट 2017-18 में हमारी सरकार का था।

महोदय, दूसरा बजट हम लोगों ने समर्पित किया, प्रदेश के बुनियादी ढाँचागत विकास और प्रदेश के औद्योगिक निवेश और साथ-साथ प्रदेश की शिक्षा और चिकित्सा को ध्यान में रख करके। इन सभी मुद्दों को ध्यान में रख करके हमने यहाँ पर कार्य किया और बजट को ध्यान में रख करके हमने कार्य-योजना को आगे बढ़ाया है। बुनियादी ढाँचागत विकास के अभाव में आप किसी भी बड़े लक्ष्य को प्राप्त नहीं कर सकते हैं। हमारे सामने के मित्रों को यह बुरा लगता है कि जब हम इनकी पूर्वांचल एक्सप्रेस-वे की कहानी को इस समाज के सामने प्रस्तुत करते हैं, क्योंकि बहुत बार होता है कि जब ये लोग उधर से बोलते हैं तो उनको देखकर लगता है कि जैसे ये सत्यवादी हरिश्चन्द्र के नए अवतार के रूप में प्रस्तुत हो चुके हैं। यह लोग जो सदन में

बोल रहे हैं बिल्कुल सत्य बोल रहे हैं, लेकिन उसका उससे कोई भी किसी भी प्रकार का समन्वय नहीं होता है। अब इन्फ्रास्ट्रक्चर डेवलपमेण्ट पर इसी बात को लेकर फोकस किया गया है, क्योंकि पहले किसान और जवान उत्तर प्रदेश की आधारशिला हैं किसान उत्तर प्रदेश जैसे ग्रामीण अर्थव्यवस्था से जुड़ी हुई व्यवस्था को एक मजबूती प्रदान करने के लिए उसका आधार बन सकता है। हमने पहले चरण में उसके मन में विश्वास भरा, क्योंकि किसान इस धरती पर सोना उगाने का काम करता है। जवान सुरक्षा का एक वातावरण बनाता है। इन दोनों के समन्वय से हमने जो वातावरण चेंज किया, अब उसके लिए उस प्रकार का इन्फ्रास्ट्रक्चर, एक्सप्रेस–वे, इण्टर स्टेट कनेक्टीविटी, मेट्रो, एयर कनेक्टीविटी है। 20 वर्षों से सरकारें निर्णय नहीं ले पा रही थी कि जेवर में एयरपोर्ट बनना है या नहीं बनना है? हमने कहा अब इसमें न शब्द तो होगा ही नहीं, हम लोग इसको बनाएँगे और हर हाल में बनाएँगे। आज एशिया का सबसे बड़ा एयरपोर्ट हम जेवर में बना रहे हैं। एशिया का सबसे बड़ा एयरपोर्ट उत्तर प्रदेश के नाम का और यह एयरपोर्ट 2023 में जब फंक्शन में आएगा तो 2023 से लेकर के आगामी मात्र 30 वर्ष के दौरान ही एक लाख करोड़ से अधिक का रेवेन्यू उत्तर प्रदेश सरकार को देगा। यानी सरकार ने अपनी योजनाओं को इस रूप में बनाया है कि हम प्रदेश के इन्फ्रास्ट्रक्चर को देखेंगे। हमारे जेवर के माननीय विधायक या नोएडा से जुड़े हुए हमारे जो जनप्रतिनिधिगण थे, बुलन्दशहर और अलीगढ़ से जुड़े हुए माननीय जनप्रतिनिधिगण थे ये अक्सर कहते थे कि क्या होगा? हमने कहा देखिए, वहाँ पर हम लोग क्या करने जा रहे हैं। याद करिए जेवर वही क्षेत्र है जहाँ पर आप लोगों की सरकार के समय भट्टा पारसोल की घटना घटित होती है। जहाँ पर तमाम ऐसी वारदातें घटित होती रही हैं जो पूरी मानवता के लिए अत्यन्त शर्मनाक हैं, लेकिन आज हमारी सरकार ने विकास का एक विजन दिया है, और मैं अभिनन्दन करूँगा जेवर क्षेत्र के उन सभी किसानों का, मैं गया था एक बार मैंने जनप्रतिनिधियों के साथ, उन किसानों के साथ सीधे संवाद किया था और मैंने उनके सामने इसी बात को कहा कि देखो, हम आपको उतना मुआवजा देंगे जो वास्तव

में एक बार तय हो जाएगा। आप एक हाथ से मुआवजा लीजिए और दूसरे हाथ से जमीन की रजिस्ट्री कर दीजिए और पहली बार हुआ कि जब किसान अपनी भूमि को सरकार को सौंपने के लिए अपने दस्तावेजों के साथ मुख्यमंत्री आवास पर आते हैं और जेवर के सभी किसानों ने इस बात को सौंपा कि हम लोग यह जमीन जेवर एयरपोर्ट के लिए देना चाहते हैं। सरकार ने कम्पनसेशन दिया है, हमने जमीन अपनी दी है और हम चाहते हैं कि एशिया का सबसे बड़ा एयरपोर्ट हमारे यहाँ बने। यह सरकार की सोच है। पहले क्यों नहीं होता था, क्योंकि नियत खराब थी। किसान का मुआवजा कुछ और ही लोग हड़प जाते थे वह बेचारा देखते रह जाता था। आज ऐसा नहीं है। यह इन्फ्रास्ट्रक्चर डेवलपमेण्ट है। 21-22 फरवरी, 2018 में उत्तर प्रदेश का पहला इन्वेस्टर्स समिट 5 लाख करोड़ रुपये के एम०ओ०यू० के साथ सम्पन्न हुआ। लोग मानते ही नहीं थे कि उत्तर प्रदेश में इतना निवेश भी आएगा और आज भी लोग कहते हैं कि क्या हुआ? जब जमीन पे जाओगे तब दिखाई देगा कि क्या हुआ है। कार्यालयों में बैठ करके, सरकारी बगलों में बैठ करके सब दिखाई नहीं देता है। इसके लिए जमीन पे जाना पड़ेगा, देखना पड़ेगा। सरकार के आने के बाद से लेकर अब तक ढाई लाख करोड़ से अधिक का निजी निवेश हम लोगों ने उत्तर प्रदेश के अन्दर करवाया है और प्रदेश में इसके माध्यम से 33 लाख से अधिक यूथ को स्वरोजगार के साथ, रोजगार के साथ और नौकरियों के साथ भी जोड़ा है। प्रदेश के अन्दर सफलतापूर्वक इस कार्यक्रम को आगे बढ़ाने का कार्य किया गया है। एक विश्वास जो जनता ने भारतीय जनता पार्टी पर व्यक्त किया था, प्रधानमंत्री मोदी जी पर व्यक्त किया था उसको इसके माध्यम से यहाँ पर प्रस्तुत करने का प्रयास हुआ है। 24 जनवरी, 1950 को उत्तर प्रदेश की स्थापना का नोटिफिकेशन जारी होता है लेकिन हम सब अपना जन्मदिन मनाते हैं लेकिन जिस प्रदेश में रह रहे हैं उस प्रदेश की स्थापना दिवस को नहीं मनाते हैं। हमारी सरकार ने पूर्व राज्यपाल आदरणीय राम नाईक जी के प्रस्ताव पर सहर्ष अपनी सहमति दी और उत्तर प्रदेश ने 24 जनवरी, 2018 को पहली बार 68 वर्षों के बाद अपना स्थापना दिवस मनाया है

और स्थापना दिवस में जिस उत्तर प्रदेश की इन्कम 1947 में जब यह देश आजाद होता है, इसकी प्रति व्यक्ति आय राष्ट्रीय औसत से अधिक थी। वह उत्तर प्रदेश आज राष्ट्रीय औसत से नीचे क्यों आया? अगर हम पूरे प्रदेश का एवरेज लें तो राष्ट्रीय औसत से आधा पिछले दो वर्ष के दौरान थोड़ा बढ़ा है आधे से कुछ ज्यादा हो गया है लेकिन 1950, 1947 में क्या स्थिति थी? लगातार यह डिटोरेट क्यों होता गया? क्या नहीं था उत्तर प्रदेश में? सब कुछ तो था। लेकिन प्रति व्यक्ति आय यहाँ लगातार घटती गई। लोगों की इन्कम घटती गई, पलायन होता गया। हम केवल लोगों को उलझाते गए, झूठे नारों में उलझाते गए और झूठे नारों में उलझा-उलझा करके हम लोगों ने पूरे प्रदेश को इतना खराब कर दिया कि दंगे, लूट-पाट, पेशेवर अपराधियों को सरकारी बंगलों में बुलाकर के सम्मानित करना यह उत्तर प्रदेश की पहचान बन गई थी, कोई निवेशक आना नहीं चाहता था। हमने तस्वीर बदली है, उस मिथक को तोड़ा है। उत्तर प्रदेश में शान्ति है, सुरक्षा है। प्रदेश में निवेश सुरक्षित होगा तो देखते-देखते देश और दुनिया भर के निवेशक यहाँ आने को तत्पर रहेंगे। अभी आपने डिफेन्स एक्सपो देखा होगा। दुनिया के 70 देशों के रक्षा मंत्री और डिफेन्स चीफ लखनऊ आए थे और उन्होंने कहा कि कितना चेंज हो गया है। यह चेंज, यह परसेप्शन यह बोलने से नहीं दिखना चाहिए। वास्तविक धरातल पर भी दिखना चाहिए और यह चीजें निवेश के माध्यम से हो सकती हैं। पहले स्थापना दिवस में हम लोगों ने उत्तर प्रदेश की जो पहचान थी जिसने उत्तर प्रदेश को उत्तर प्रदेश बनाया था, यहाँ की प्रति व्यक्ति आय को नेशनल एवरेज से अधिक ले जाने में मदद की थी, वह था प्रदेश का एम०एस०एम०ई० सेक्टर।

लघु, सूक्ष्म और मध्यम उद्यम। हमने इसके लिए एक यूनिक योजना चलाई है और उसका नाम दिया 'एक जनपद, एक उत्पाद'। हम लोगों ने इसके साथ ही शिक्षा पर फोकस किया। बेसिक शिक्षा परिषद्, इस सदन में बैठे जितने हमारे सदस्य हैं, हो सकता है आपमें से बहुत सारे लोग कैम्ब्रिज और हार्वर्ड में पढ़े होंगे, लेकिन हममें से ज्यादातर लोग प्राइमरी स्कूलों में ही पढ़े हैं। आप लोग ज्यादा विश्वास करते हैं। जानने के लिए कहीं भी जाएँगे,

टेक्नोलॉजी के लिए हर व्यक्ति जाता है। मैं स्वयं बोलता हूँ अपने सदस्यों से और मैं चाहूँगा माननीय अध्यक्ष जी से, मैं इस बात का अनुरोध करने वाला हूँ कि हमारे सदस्यों के डेलिगेशन को दुनिया के अन्दर अलग-अलग क्षेत्र में भेजा जाना चाहिए टेक्नोलॉजी के लिए। मैंने अपने एम०एस०एम०ई० मिनिस्टर से कहा है कि आप तैयार करिए, दुनिया के अन्दर अब एक समय आया है, उत्तर प्रदेश अपनी पहचान को आगे बढ़ा सकता है। लोगों के मन में विश्वास जगा है लोग उत्तर प्रदेश के बारे में बहुत कुछ जानने के इच्छुक हैं। दुनिया के अन्दर ट्रेड के लिए, टेक्नोलॉजी के लिए और टूरिज्म के लिए हम दुनिया से बहुत कुछ आदान-प्रदान कर सकते हैं। अपने लाखों यूथ को वहाँ भेज सकते हैं और वहाँ से बहुत कुछ आदान-प्रदान कर सकते हैं। हमारे पास बहुत कुछ होगा। उत्तर प्रदेश में अलग-अलग जगह अलग-अलग प्रकार का चावल है, गुड़ भी हमारे पास मौजूद है, दलहन हमारे पास है, आम हमारे पास है, आलू हमारे पास है कोई भी फल बागवानी का हो, साग-भाजी का हो या फिर खाद्यान्न का हो, क्या चीज नहीं है हमारे पास, हम इसको भेज सकते हैं। मोटा चावल आप अफ्रीकन देशों में भेजिए, बासमती की गल्फ में और यूरोप में बहुत डिमाण्ड है। अभी मैं चन्दौली गया था उन्होंने ब्लैक राइस वहाँ पर लाया हैं। बड़े क्षेत्रफल में उसका उत्पादन शुरू किया, 300 रुपये प्रति किलो डिमाण्ड है दुनिया में। हम उत्तर प्रदेश को एक्सपोर्ट का हब बना सकते हैं। हम लोगों ने इण्टरनेशनल राइस इन्स्टीट्यूट काशी में खुलवाया है। मनीला की मदद से उस इन्स्टीट्यूट ने काम करना प्रारम्भ किया है। मुजफ्फरनगर में वन डिस्ट्रिक्ट, वन प्रोडक्ट में गुड़ की 118 वैरायटी बनाकर हमने आपको दिखा दिया कि हाँ, हम भी अपने यहाँ कुछ पैदा कर सकते हैं। लोग कहते थे कि गोरखपुर में केवल टेराकोटा है, हमने कहा कि टेराकोटा बहुत लम्बी छलाँग मारेगा। अभी आपको जो दिखता है न टेराकोटा, आने वाले समय में गोरखपुर का टेराकोटा हर घर में गणेश-लक्ष्मी को पहुँचाने का काम करेगा। क्यों हम चीन से लेकर आएँगे? यहीं बनेगा। जब दीपोत्सव का पहला कार्यक्रम हम लोगों ने 2017 में किया था, 51 हजार दीप जलाने थे मुझे पूरे प्रदेश से दीप

इकट्‌ठा करने पड़े थे और पिछले वर्ष जब हम लोगों ने दीपोत्सव का कार्यक्रम किया 5 लाख 51 हजार दीप जलाए थे और सभी दीप अयोध्या में बने थे। यह है प्रोग्रेस, यह है प्रगति। क्यों हम चीन से मँगाएँगे? अब मँगाएँगे तो उसके साथ कोरोना वायरस भी आएगा। इसलिए बच के रहिएगा लेकिन हम लोग तो उस विजन के साथ कार्य कर रहे हैं। दुनिया में कहाँ अच्छी टेक्नोलाजी है, अगर उपयोगी है, जो यहाँ की ग्रोथ को बढ़ा सकता है, यहाँ की यूथ को ज्यादा इम्प्लाइमेण्ट दे सकता है हम इसको जोड़ेंगे। दुनिया का कौन ऐसा हिन्दू होगा, कौन ऐसा बौद्ध होगा जो उत्तर प्रदेश के अन्दर न आना चाहता होगा। कौन ऐसा पर्यटक होगा जो ईको टूरिज्म और हेरिटेज टूरिज्म के लिए उत्तर प्रदेश में नहीं आना चाहता होगा। क्या नहीं है आपके पास। हम दुनिया से उनको यहाँ आमन्त्रित करें।

अलग-अलग देशों में डेलीगेशन भेजे जाने चाहिए, इण्डियन डायस्पोरा के साथ हम बैठें, बातचीत करें, संवाद करें, आमन्त्रित करें। इससे लाखों यूथ को एक साथ इस क्षेत्र में नया कार्य मिलेगा। एक नया स्टार्ट अप स्थापित करने में मदद मिलेगी। हमारी सरकार ने इसकी भूमिका वर्ष 2018 में बनाई है। इस प्रक्रिया को हम आगे बढ़ा रहे हैं। हमारे समय में कुम्भ का आयोजन हुआ और लगभग 25 करोड़ श्रद्धालु कुम्भ में आएँ। इस बार यहाँ आने वाला हर व्यक्ति इस बात को कह गया कि वाह! क्या कुम्भ है। यह है हमारी कार्य करने की पद्धति। लेकिन जो व्यक्ति वर्ष 2013 में आया होगा वह उस समय असन्तुष्ट होकर गया होगा। यह अन्तर है कि कृत्य आपके थे और गाली उत्तर प्रदेश खा रहा था, लेकिन इस बार कार्य हमारे और वाहवाही पूरा उत्तर प्रदेश ले रहा था। यह है कार्य-पद्धति में अन्तर। इस कार्य-पद्धति को आगे बढ़ाने की दिशा में कार्य प्रारम्भ हुए हैं। वर्ष 2018 में दूसरे बजट में इस पर फोकस करते हुए हम लोगों ने अपने कार्यक्रम को आगे बढ़ाया है। बेसिक शिक्षा परिषद् के 158000 विद्यालयों की बहुत खराब स्थिति थी। इन विद्यालयों में शिक्षकों की भारी कमी थी और साथ-साथ बुनियादी सुविधाएँ भी नहीं थीं। वहाँ पर ना पेयजल की व्यवस्था, ना शौचालय की व्यवस्था, ना वहाँ पर बैठने

की व्यवस्था, ना वहाँ पर कोई कनेक्टिविटी थी। वहाँ बच्चों की यूनीफॉर्म इस प्रकार की थी कि बच्चे नंगे पैर जाते थे, न बैग, न बुक, न स्वेटर और भीषण सर्दी में गरीब बच्चा ठण्ड से मरता था। आपने जाति-पाति के नाम पर बाँटने के सिवाय और क्या किया है? वह गरीब बच्चा जो बेसिक शिक्षा परिषद् के स्कूलों में पढ़ता है क्या वह इस प्रदेश का बच्चा नहीं था? क्या उसकी कोई जाति नहीं थी? आप उसको दो अच्छी यूनीफॉर्म दे दिए होते, उसके पैरों में जूते नहीं थे। उसको पैरों में पहनने के लिए जूते-मोजे दिए जाने चाहिए। सर्दी में भीषण ठण्ड से गरीब का बच्चा क्यों मरेगा, उसको भी स्वेटर मिलना चाहिए था, लेकिन आप वह नहीं दे पाए क्योंकि आपकी सोच ही नहीं थी क्योंकि आपको भय लगता था कि गरीब का बच्चा अगर उठ जाएगा तो आपका सिंहासन डोलने लग जाएगा। यह है आपकी कथा। अरे, कथा कहाँ से प्रारम्भ होती है। माननीय अध्यक्ष जी, तीन भाई थे और तीनों ने भगवान की बड़ी आराधना की। एक ने कहा कि मुझे शक्ति मिल जाए, दूसरे ने कहा मुझे भक्ति मिल जाए, तीसरे ने कहा कि मुझे सत्ता मिल जाए। सत्ता का प्रतीक इन्द्रासन था तो बेचारा इन्द्रासन बोलने की बजाय निद्रासन बोल गया तो निद्रासन में पहुँचा ही दिया जनता ने। माननीय अध्यक्ष जी, यह यहाँ पर होता था। हम विकास की बात करेंगे, वह जाति की बात करेंगे। हम बुनियादी सुविधाओं की बात करेंगे, वह जाति की बात करेंगे। हम लोगों की सुरक्षा की बात करेंगे, वह जाति की बात करेंगे। हम लोग प्रदेश के अन्दर प्रधानमंत्री आवास देने की बात करते हैं तो वह जाति की बात करते हैं। हमने कहा 'सबका साथ और सबका विकास', हमने कोई भेद किया क्या किसी के साथ? कोई नहीं कह सकता। यह सोचिए कि वर्ष 2011 की सेन्सस सूची हमने नहीं बनाई है तब न केन्द्र में बीजेपी थी और न प्रदेश में बीजेपी थी लेकिन हमने कहा कि उस सूची के अनुसार देंगे लेकिन जो बचेंगे उनको भी देंगे। किसी को वंचित नहीं रखेंगे। कार्य करने के लिए संवेदनशीलता चाहिए, कार्य करने के लिए विजन चाहिए जो आप में नहीं था। सभी माननीय जनप्रतिनिधियों के सहयोग से, समाज के गणमान्य नागरिकों के सहयोग से,

शिक्षा विभाग, पुलिस और प्रशासनिक अधिकारियों के सहयोग से हम लोग बेसिक शिक्षा परिषद् के 158000 विद्यालयों में से 120000 विद्यालयों को बुनियादी सुविधाओं से आच्छादित कर चुके हैं।

फ्लोरिंग बन चुकी है। टॉयलेट बन चुके हैं। लाईट का कनेक्शन दिया जा चुका है। पेयजल की व्यवस्था हो चुकी है और वहाँ पर स्मार्ट क्लास की व्यवस्था बहुत सारी जगहों पर हो चुकी है। फर्नीचर की व्यवस्था भी बहुतायत में हो चुकी है। हमने एक सिस्टम के साथ जोड़ा है। मैं आप में से सभी माननीय सदस्यों से चाहूँगा कि हमारा विजन होना चाहिए सप्ताह में एक दिन कम से कम एक दिन किसी एक प्राथमिक विद्यालय में जाकर उन बच्चों के साथ कुछ समय गुजारें और उनको हम कुछ बताएँ क्योंकि वह बच्चा उपेक्षित नहीं होना चाहिए। दूसरा हमारा यह संकल्प होना चाहिए कि कोई भी बच्चा ऐसा न हो जो स्कूल जाने से वंचित रह जाए। आखिर वह प्रदेश का बच्चा है। प्रदेश का बालक है। उस बालक और बालिका के मन में यह भाव दिखना चाहिए कि आज कोई हमारे पास आया तो है, कोई पूछ तो रहा है। उसके मन में एक विश्वास जगना चाहिए और एक करोड़ अस्सी लाख बच्चों को यह सुविधा प्रदेश की सरकार आज के दिन दिला रही है और निरन्तर दिलाएगी भी। वर्ष 2018 में स्वास्थ्य को भी हम लोगों ने ध्यान में रखा था। हमारे कार्य पहले से प्रारम्भ हो चुके थे। इन्सेफ्लाइटिस स्वास्थ्य विभाग को नोडल विभाग बनाने के बाद हमारी जो कार्य-योजना आगे बढ़ी थी आज यह उसी का परिणाम है। तीस जनपद, जहाँ पर इन्सेफ्लाइटिस कम या ज्यादा मात्रा में थी। इन्सेफ्लाइटिस हर वर्ष हजारों बच्चों को लील जाती थी। पिछली सरकारों को फुर्सत ही नहीं थी। उनको पता ही नहीं था कि इन्सेफ्लाइटिस भी कोई बीमारी है। जिनकी फाईव स्टार की प्रवृत्ति हो चुकी थी वह लोग गरीब की पीड़ा को क्या सुनेंगे। उन्हें किसी गरीब की, किसी दलित की पीड़ा से मतलब ही क्या था, क्योंकि जब वह बीमार होता था तो उसकी वाईस नहीं होती थी। आपने इसके बारे में उसकी पीड़ा को नहीं सुना। चालीस वर्षों से बच्चे मर रहे थे। 38 जनपदों में मर रहे थे। कुशीनगर से लेकर के और आप इधर आ जाइए लखीमपुर

खीरी से लेकर के सहारनपुर तक, यह पूरी तराई की बेल्ट इन्सेफ्लाइटिस से प्रभावित थी। कोई संवेदना नहीं थी क्योंकि आपके नारे थे, वे नारे जो केवल लोगों में भ्रम पैदा करते हैं। आज भी तो आप यही कर रहे हैं। आज भी तो आप इन सब चीजों से सुधरने का नाम नहीं ले रहे हैं कि कुछ तो सुधार हो। एक बार ठोकर लगी है। देखिए बुद्धिमान व्यक्ति की निशानी होती है कि वह बार-बार ठोकर नहीं खाता है। एक बार ठोकर खाकर सम्भल जाता है या फिर दूसरे को देखकर सम्भल जाता है। मैं आपको बोलूँगा कि बार-बार ठोकर खाना बुद्धिमानी की निशानी नहीं है। उन लोगों के साथ किस प्रकार की स्थिति है कि आज भी जो वह कर रहे हैं, कहीं सी०ए०ए० के नाम पर, कहीं एन०पी०आर० के नाम पर और एन०आर०सी० के नाम पर प्रदेश में और देश में भ्रम की स्थिति पैदा कर रहे हैं। मुझे लगता है कि आप समाज की अपूर्णीय क्षति कर रहे हैं। आने वाली पीढ़ी इस कृत्य के लिए आपको कभी माफ नहीं करेगी। देश के संविधान के साथ धोखा कर रहे हैं। देश की आने वाली पीढ़ी की सुरक्षा के साथ खिलवाड़ कर रहे हैं। कोई संवेदना गरीब के लिए नहीं है, आखिर वह गरीब तो किसी जाति का होगा तब आपकी जाति कहाँ गई थी? तब आप क्या कर रहे थे? ऐसा ही स्वास्थ्य के क्षेत्र में था। इन्सेफ्लाइटिस से मरने वाले जो बच्चे थे वह 40 वर्षों से मर रहे थे। इसमें 90 फीसदी बच्चे दलित और अल्पसंख्यक समुदाय से थे। कोई नहीं बोलता था। जब मैं सांसद था तब भी मैं ही बोलता था और मुख्यमंत्री बनने के बाद भी मैं ही बोल रहा हूँ। तब भी आप हमें ही कहते हैं, हमारी पार्टी को कहते हैं, हम गरीब विरोधी हैं। हम फलाना विरोधी हैं। तब भी आप यही आरोप लगाते हैं। इन्सेफ्लाइटिस को विगत वर्ष तक हम लोग 56 फीसदी कम कर चुके हैं और मौत के आँकड़ों को 81 फीसदी नीचे ला दिए हैं। मैं आप सबको आमन्त्रित करता हूँ कि पहली मार्च से संचारी रोग नियन्त्रण का, इन्सेफ्लाइटिस, फाइलेरिया, मलेरिया, डेंगू, काला ज्वर इन सबके लिए एक विशेष अभियान चल रहा है और इसमें इन्सेफ्लाइटिस के खिलाफवैक्सीनेशन को भी एक नए प्रोग्राम के रूप में जोड़ा गया है। मैं चाहूँगा, पहली मार्च को रविवार है हर एक

प्राथमिक स्वास्थ्य केन्द्र पर, अन्य सार्वजनिक स्थलों पर यह कार्यक्रम चलेंगे और आप सब उसमें भागीदार बनें। अभी पिछले 16 फरवरी को फाइलेरिया के खिलाफअभियान का शुभारम्भ हुआ। हमें चलाना चाहिए। जब तक सबकी सहभागिता नहीं होगी तब तक हम इस प्रकार के रोगों को नियन्त्रित नहीं कर पाएँगे। प्रधानमंत्री जी ने 2025 तक भारत को ट्यूबरक्लोसिस से मुक्त करने के अभियान को आगे बढ़ाया है। हम सबका दायित्व है कि हम ट्यूबरक्लोसिस के खिलाफ इस अभियान का हिस्सा बनें। कोई भी बच्चा, कोई भी गरीब, कोई भी पीड़ित इससे मौत का शिकार न बने। सरकार की योजना उस तक पहुँचाएँ। टी०बी० मुक्त भारत के इस अभियान में हम भी सहभागी बनेंगे यह हमारा लक्ष्य होना चाहिए। यहाँ पर ए०एल०एस० देने की बात हो रही थी। मुझे याद है जब सिद्धार्थ नाथ सिंह जी मंत्री बनें। 10-12-15 दिन के अन्दर ही वह फाइल लेकर आएँ। उन्होंने कहा कि भारत सरकार हमें कुछ कार्डियेक वैन देना चाहती है। तो मैंने कहा कि क्या दिक्कत आ रही है। उन्होंने कहा कि पिछली सरकार ने मना कर दिया हम क्या करें। मैंने कहा कि नहीं, आप तुरन्त भारत सरकार के पास जाइए और यह स्वयं वहाँ गए। एक साथ एक महीने के अन्दर 150 कार्डियेक एम्बुलेन्स यहाँ लेकर आ गए। जो वेल इक्युप्ट थी। जिसमें मॉनीटर भी है, वेंटीलेटर भी है, हर प्रकार की सुविधाएँ हैं और आज प्रदेश के अन्दर हर जनपद में दो-दो कार्डियेक एम्बूलेन्स हम लोगों ने दी है। ए०एल०एस० दी है। हर जनपद में पहले चरण में दे चुके हैं और दूसरे चरण में भी 100 और दी हैं जिसमें चार बड़े जनपदों में और छोटे जनपदों में तीन-तीन है। यह सिस्टम कैसे कार्य करता है? एस्प्रेशनल डिस्ट्रिक्ट में भी स्वास्थ्य है, शिक्षा है, कृषि है, जल संसाधन है, वित्तीय समावेशन है, स्किल डेवलपमेण्ट है इन सभी क्षेत्रों में भी बेहतर कार्य होना चाहिए। पूरे देश के अन्दर टॉप की रैंकिंग में उत्तर प्रदेश चल रहा है। यह ऐसे ही नहीं हुआ। इसके लिए प्रयास करने पड़े हैं यह चीजें तब आई हैं। स्वास्थ्य के लिए 108, 102 के रिस्पॉन्स टाइम को कम करने का कार्य किया गया है। नहीं तो कोई दिन ऐसा नहीं था जिस दिन शिकायत नहीं आती थी। रोज शिकायत, रोज कुछ न

कुछ होता था। आज वह तरीके से आगे बढ़ रहा है। मेडिकल कॉलेजेज के क्षेत्र में गोरखपुर, रायबरेली एम्स का निर्माण कार्य भी युद्धस्तर पर चल रहा है और एम्स में ओ०पी०डी० भी दोनों जगह प्रारम्भ हो चुकी है। उत्तर प्रदेश के अन्दर मेडिकल कॉलेज की एक श्रृंखला बिछी है। हमने तो पॉलिसी तैयार करने के लिए कहा है कि जो हमारे 16 जिले बचे हैं इन 16 जनपदों में भी आगामी एक वर्ष के दौरान एक पॉलिसी बनाइए, वहाँ पर भी पी०पी०पी० मोड में एक मेडिकल कॉलेज बन जाए जिससे विशेषज्ञ, चिकित्सा सुविधा हम हर जनपद में उपलब्ध करा सकें। हमने तो भेदभाव नहीं किया। बिजली यहाँ आएगी यहाँ नहीं आएगी। बलदेव सिंह औलख हमारे मंत्री आए, कहा कि रामपुर में बिजली आएगी कि नहीं आएगी। मैंने कहा कि जैसे पहले आती थी वैसे ही आएगी। वहाँ बिजली जा रही है।

मान्यवर, वायरस वैसे नहीं पैदा होते हैं, कोरोना वायरस गन्दगी में ही पैदा होते हैं, अन्धकार में ही पैदा होते हैं और हम उसी को दूर कर रहे हैं। उस प्रकार की सभी चीजों की एक साथ सफाई करने का अभियान चल रहा है। स्वच्छ भारत मिशन शौचालय देने के साथ-साथ गन्दगी को साफ करने का भी एक अभियान है। किसी भी रूप में गन्दगी हो उसका सफाया होना चाहिए। यह उसी का हिस्सा है और इसीलिए हम लोगों ने मेडिकल कॉलेजों की एक श्रृंखला खड़ी की है। आखिर प्रदेश में गरीब बच्चे को पढ़ने का अधिकार होना चाहिए। क्यों नहीं यहाँ पर मेडिकल कॉलेज की सुविधा मिलेगी, क्यों वह पढ़ने के लिए दूसरे स्टेट में जाएगा? इतना बड़ा प्रदेश है। हम वर्ष 1947 से लेकर वर्ष 2016 तक सिर्फ12 मेडिकल कॉलेज ही बना पाए थे। वर्ष 2016 से वर्ष 2020 के बीच 29 मेडिकल कॉलेजेज पर एक साथ काम चल रहा है। शेष 16 मेडिकल कॉलेजों के लिए कार्य-योजना बनाने के लिए कह दिया गया है। हम लोग यहाँ पर भी मेदांता बना चुके हैं। आयुष्मान भारत योजना आने के बाद सारे भेद समाप्त हो चुके हैं। आप जाईए, आपको पैसा दिया जा रहा है, गरीब भी मेदांता में उपचार करा सकता है, एस०जी०पी०जी०आई० में उपचार करा सकता है। यह कार्य सिर्फ बीजेपी करा सकती है, आप नहीं

करा सकते हैं क्योंकि आपको बुरा लगता था। हर एक चीज को लेकर एक गाँव में डालते थे लेकिन आज ऐसा नहीं है। हमने 07 विश्वविद्यालय दिए हैं और सभी जगहों पर दिए हैं। अभी हमने सहारनपुर एवं अलीगढ़ में एक-एक विश्वविद्यालय दिया है। आप लोगों ने एक महान स्वतन्त्रता संग्राम सेनानी को भुला दिया है। हमने उनके नाम पर एक विश्वविद्यालय अलीगढ़ में दिया है, हमने आजमगढ़ में विश्वविद्यालय दिया है। जनपद आजमगढ़ में, मा० मुलायम सिंह यादव जी सांसद थे लेकिन वह एक भी विश्वविद्यालय नहीं दे पाए। हमने एक्सप्रेस-वे से भी जोड़ दिया है और वहाँ पर एयरपोर्ट भी दे रहे हैं। यह सारी चीजें बताती हैं कि आपका विकास का विजन था ही नहीं। हम प्रयागराज में नेशनल लॉ यूनिवर्सिटी देने जा रहे हैं और स्वर्गीय अटल जी के नाम पर मेडिकल यूनिवर्सिटी लखनऊ में देने जा रहे हैं। आयुष यूनिवर्सिटी गोरखपुर में देने जा रहे हैं। एक नई स्पोर्ट्स यूनिवर्सिटी के लिए मेरठ में जमीन का चयन कर रहे हैं। हर एक ओर, कोई भी क्षेत्र छूटेगा नहीं।

मान्यवर, जनपद मुरादाबाद में एक गन्ना संस्थान दिया गया है। जनपद बिजनौर में भी एक मेडिकल कॉलेज दिया गया है। हर एक जगह के लिए कुछ-न-कुछ किया जा रहा है। यह सरकार के उस विजन का हिस्सा है जो आदरणीय प्रधानमंत्री मोदी जी ने सबका साथ, सबके विकास के साथ देश के, सब के विश्वास को अर्जित किया है और हम उसी भाव के साथ इस कार्यक्रम को आगे बढ़ा रहे हैं।

तीसरा बजट विगत वर्ष 2019-2020 में महिला सशक्तीकरण और उन कल्याणकारी योजनाओं को समर्पित किया गया था। प्रदेश के अन्दर वास्तव में जिनको योजनाएँ होने के बावजूद भी वंचित रखा गया था। महिला सशक्तीकरण, मुख्यमंत्री कन्या सुमंगला योजना प्रदेश सरकार ने लागू किया है। इससे दो लाख साठ हजार से अधिक बालिकाओं को लाभान्वित किया जा चुका है और अलग-अलग चरणों में, बालिका के जन्म लेने से लेकर किसी सर्टिफिकेट, डिप्लोमा या डिग्री कोर्स तक का 15 हजार का पैकेज सरकार देने जा रही है। अगर बालिका शादी-विवाह योग्य हो गई है, उसको मुख्यमंत्री

सामूहिक विवाह योजना के साथ जोड़ने की कार्यवाही हुई है। मुझे बताते हुए प्रसन्नता है कि जब सरकार ने पहली बार मुख्यमंत्री सामूहिक विवाह योजना की घोषणा की थी तो सामने के मित्रों ने कहा कि यह बालिकाओं का अपमान है क्योंकि वह जब जमीन पर उतरेंगे नहीं तो उनको गरीबी दिखाई नहीं देगी।

एक लाख से अधिक बालिकाओं का विवाह मुख्यमंत्री सामूहिक बीमा योजना के अन्तर्गत हुआ है। हर जनप्रतिनिधि उसमें शामिल भी हुआ है। शासन की कल्याणकारी योजनाओं का लाभ कैसे उन लोगों को मिले, यह सरकार का विजन होना चाहिए। सरकार ने उस कार्यक्रम को उसी रूप में आगे बढ़ाने का कार्य भी किया है। खासतौर पर, मुख्यमंत्री सामूहिक विवाह योजना उसी की अगली कड़ी थी। बेटी बचाओ-बेटी पढ़ाओ से कार्यक्रम प्रारम्भ हुआ, मुख्यमंत्री कन्या सुमंगला योजना, सामूहिक विवाह योजना, स्नातक तक बालिकाओं को मुफ्त शिक्षा की व्यवस्था, प्रदेश में पुलिस बल में 20 फीसदी बालिकाओं की भर्ती अनिवार्य की जाए, तीन पी०ए०सी० वाहिनियों का गठन किया जाए। इसी के साथ-साथ न्यायिक प्रक्रिया के साथ जोड़ने के लिए भी काम प्रारम्भ हुआ है। महिला सम्बन्धी अपराधों को रोकने के लिए एण्टी रोमियो स्क्वायड का गठन हम ही लोगों ने किया था, 218 फास्ट ट्रैक कोर्ट का गठन भी हम ही लोगों ने किया है, 74 पाक्सो कोर्ट का गठन भी सरकार ने महिलाओं एवं बालिकाओं की सुरक्षा को ध्यान में रखकर किया है। प्रदेश के अन्दर स्वच्छ भारत मिशन में 2 करोड़ 61 लाख शौचालयों का निर्माण करके नारी-गरिमा की रक्षा इसके माध्यम से करने का काम भी हमारी सरकार ने किया है। यह महिला सशक्तीकरण के प्रति समर्पण का एक भाव है। ये कार्यक्रम उसी के हिस्से के रूप में आगे बढ़े हैं, पोषण मिशन को तेजी के साथ आगे बढ़ाने की कार्यवाही हुई है। यह कार्यक्रम उसी का एक हिस्सा है। हम लोग उन्हीं कार्यक्रमों को आगे बढ़ाने के साथ-साथ प्रदेश के अन्दर विभिन्न प्रकार की योजनाओं को आगे बढ़ाने का कार्य कर रहे हैं। अगर मैं चर्चा करूँ कि प्रदेश के अन्दर पिछले तीन वर्षों के दौरान वृद्धावस्था पेंशन, दिव्यांगजन पेंशन और निराश्रित महिला पेंशन की स्थिति क्या थी, मुझे बहुत आश्चर्य होता है।

निराश्रित महिला पेंशन 2016–17 में केवल 17 लाख 31 हजार 941 निराश्रित महिलाओं को मिल पाती थी और आज 24 लाख 75 हजार 224 निराश्रित महिलाओं को इस पेंशन की सुविधा से हमने जोड़ दिया। त्रैमासिक रूप से पैसा उनके एकाउण्ट में पहुँच जाता है। इसी प्रकार से, दिव्यांगजन पेंशन का वर्ष 2016–17 तक कुल 08 लाख 75 हजार दिव्यांग जन लाभ पाते थे, लेकिन आज 10 लाख 55 हजार 500 से अधिक लाभार्थी इस योजना के साथ सीधे–सीधे जुड़े हुए हैं, जिसमें पहले 300 रुपये पेंशन थी, हमारी सरकार ने सत्ता में आने के बाद इसे 500 रुपये किया है और सभी दिव्यांगजनों को इस पेंशन सुविधा का लाभ दिया जा रहा है। वृद्धावस्था पेंशन, पहले कुल 36 लाख 52 हजार लोगों को यह सुविधा मिलती थी लेकिन आज 46 लाख 96 हजार वृद्धजनों को यह पेंशन मिल रही है और इसे 400 रुपये से बढ़ाकर 500 रुपये तक करने का काम प्रदेश के अन्दर हमारी सरकार ने किया है। इन कल्याणकारी योजनाओं को इसके साथ जोड़ने का काम भी प्रदेश के अन्दर हम लोगों ने किया है। महोदय, महिला सशक्तीकरण की जब बात आती है तो स्वाभाविक रूप से एक सम्मान का भाव होना चाहिए और उस सम्मान के भाव को लेकर ही हम लोगों ने इस बात को समर्पित किया था, उस समय भी हम लोगों ने यही कहा था–

"नारी! तुम केवल श्रद्धा हो
विश्वास–रजत–नग पग तल में।
पीयूष–स्त्रोत–सी बहा करो
जीवन के सुन्दर समतल में।।"

महिला सशक्तीकरण को समर्पित प्रदेश सरकार का यह तीसरा बजट था। चौथा बजट, जो अभी 18 फरवरी को खन्ना जी ने इसी सदन में प्रस्तुत किया है वह प्रदेश की युवा ऊर्जा को समर्पित है। हम सभी सौभाग्यशाली हैं कि हमारा देश दुनिया का सबसे युवा देश है।

सबसे अधिक युवा हमारे देश में हैं और उसमें भी हम और सौभाग्यशली हैं कि सबसे ज्यादा युवा उत्तर प्रदेश के हैं। उसके लिए हम लोगों ने कार्यक्रम

तैयार किए हैं। ध्यान तो सभी वर्गों के लिए दिया है, सभी प्रकार के विषयों को ध्यान में रख करके इस कार्यक्रम को आगे बढ़ाया है। लेकिन युवाओं को ले करके अनेक योजनाओं को इस बजट में देने की व्यवस्था की गई है और बजट के माध्यम से उन योजनाओं का लाभ उन लोगों तक पहुँचे, इसको भी हम लोगों ने ध्यान में रखा है। क्योंकि हम जानते हैं, हमारा युवा, जहाँ भी उसको अवसर मिला, उसने अपनी प्रतिभा और अपनी ऊर्जा की कैसी धाक जमाई है, लेकिन उसको सुविधाओं से वंचित किया गया, अवसरों से वंचित किया गया। नौकरी की बात आती थी, तब जाति सामने आ जाती थी। जाति के नाम पर भी लोग झोला लेकर वसूली के लिए निकल पड़ते थे। उस समय भी फिर परिवार की बात आ जाती थी। जाति के लोग ही लाभान्वित नहीं होते थे, बेचारा पैसा दे करके भी टुकुर-टुकुर देखता था। आज यह सब समाप्त हुआ है। अकेले उत्तर प्रदेश पुलिस में 01 लाख 37 हजार भर्तियाँ हम लोगों ने की हैं। एक भी भर्ती पर कोई व्यक्ति उँगली नहीं उठा सकता है। पारदर्शी तरीके से पूरी भर्तियाँ हुई हैं और यही नहीं लगभग पौने तीन लाख से अधिक सरकारी नौकरियों में हम लोगों ने प्रदेश के युवाओं को नौकरी में जगह दी है, प्रदेश के अन्दर नौकरी दी है और इस प्रक्रिया को तेजी के साथ आगे भी बढ़ाया जा रहा है। पहली बार दिखता है कि वास्तव में उत्तर प्रदेश के युवाओं के साथ कोई भेदभाव नहीं हो रहा है। मुझे याद है, जो परिपाटी बन चुकी थी, आज उसको बदला है, चेंज किया है, उत्तर प्रदेश ने उसको बदलने का कार्य किया है। हमने नौकरी भी दी, जगह-जगह रोजगार मेले के माध्यम से प्लेसमेण्ट की व्यवस्था भी अपने उन यूथ के लिए किया, जिन्होंने वोकेशनल एजुकेशन और स्किल डेवलपमेण्ट के सेण्टर से सर्टिफिकेट प्राप्त किया है, उसके लिए हमने रोजगार मेलों का आयोजन भी किया है। साथ-साथ भारी निवेश और इन्फ्रास्ट्रक्चर के माध्यम से हम लोगों ने रोजगार सृजन की ढेर सारी सम्भावनाओं को आगे बढ़ाया है। हम लोग जिस दिशा में आगे बढ़े हैं, अभी डिफेन्स एक्सपो में आपने देखा होगा, लोगों में क्या उत्साह था। मैंने तो आपको भी आमन्त्रित किया था कि आप सब लोग भी डिफेन्स एक्सपो

में आइए। उसमें सभी को जाना चाहिए क्योंकि वह देश के रक्षा शौर्य का प्रदर्शन था। देश की सेना के पराक्रम को देखने का भी एक अच्छा अवसर था। यह अवसर बाहर के लोगों को उत्तर प्रदेश के बारे में जानने का अवसर था। लेकिन साथ-साथ इसके माध्यम से निवेश, इन सम्भावनाओं को आगे बढ़ा करके रोजगार के साथ इसको जोड़ना है। ये कार्यक्रम सफलतापूर्वक उत्तर प्रदेश में हम लोगों ने पिछले 03 वर्ष के दौरान किए हैं। इस बजट में भी हम लोगों ने इसीलिए दो स्कीम स्पेशली युवाओं को फोकस करते हुए दी है। एक-हमारा नौजवान कोई पॉलीटेक्निक करता है, कोई आई०टी०आई० करता है, कोई स्किल डेवलपमेण्ट के किसी सेण्टर से किसी सर्टिफिकेट का कोर्स करता है, 600 से ज्यादा इंजीनियरिंग कॉलेजेज हमारे पास हैं, डिग्री लेता है या फिर हमारे राज्य विश्वविद्यालय, उससे सम्बद्ध महाविद्यालयों में जो छात्र डिग्री के किसी पाठ्यक्रम में, वह साइंस हो, कामर्स हो, मानविकी के किसी पाठ्यक्रम से अध्ययन कर रहा है, डिग्री ले रहा है, एक समय के बाद वह अपने को हताश और निराश पाता था। आज सरकार उनके लिए योजना लेकर आई है और उसे टेक्निकल इन्स्टीट्यूशन्स के साथ हम जोड़ने जा रहे हैं, हर कॉलेजेज के साथ जोड़ने जा रहे हैं। अप्रेन्टिसशिप की जो योजना है, हर नौजवान जिसका चयन होगा, उसको आगामी एक वर्ष तक पहले चरण में 2500 रुपये महीने इस योजना के माध्यम से सरकार उपलब्ध कराएगी और सरकार इसके माध्यम से लाखों नौजवानों को जोड़ना चाहती है।

हमारे यहाँ का यूथ बाहर क्यों जाएगा। मैंने इस बारे में कहा कि हम देखें ट्रेड दुनिया के इण्डियन डायस्कोरा के साथ, हमारा ट्रेड मैनपावर के साथ भी हो सकता है। हमारे पास योग्य स्नातक हैं, हमारे पास योग्य टेक्नोक्रेट हैं, हमारे पास योग्य स्किल्ड डेवलपमेण्ट से निकले हुए नौजवान हैं। दुनिया के अन्दर माँग है प्लम्बर की, हम यहाँ से सरकार के स्तर पर भेजेंगे उसको। सरकार उसके लिए साधन मुहैया कराएगी, उसके साथ चीटिंग नहीं हो पाएगी। नहीं तो क्या होता था आप लोगों के समय में, बेचारा जाता था वहाँ पर प्लम्बर बनने के लिए, वहाँ बेचारे से बकरी, भेड़ चरवाया जाता था, यही होता था न?

बेचारे परिवार के लोग परेशान होते थे, लोग कहते थे अरे, काम करो कुछ तो मिल गया। आज ऐसा नहीं है, चीटिंग बन्द है, पूरी तरह बन्द है। हमारा यह यूथ जाएगा प्रदेश के बाहर स्थान पर, दुनिया के अन्दर, देश के अन्दर जहाँ कहीं होगा, हम उसको उसके लिए पारंगत करेंगे। इसके लिए इंटर्नशिप की स्कीम हम लोग लेकर के आए हैं और यह स्कीम प्रदेश के अन्दर युद्धस्तर पर लागू होती है और दूसरा युवा हब, युवा उद्यमिता विकास की दृष्टि से, वह सेण्टर हमारे खुलने जा रहे हैं, युवा हब के रूप में और हर जनपद में हम खोलने जा रहे हैं। 12 सौ करोड़ रुपये केवल इस कार्य के लिए हैं। इस 12 सौ करोड़ का मतलब आप लाखों यूथ को इसके माध्यम से रोजगार और सेल्फ इम्प्लॉयमेण्ट के साथ जोड़ सकते हैं। यह चीजें आगे बढ़ेंगी, क्योंकि हम लोगों ने दूसरे स्थापना दिवस के कार्यक्रम के दौरान विश्वकर्मा श्रम सम्मान को भी इसके साथ जोड़ा था। इसी बात को लेकर के कहा था कि "नए युग का सृजन युवकों, तुम्हारे हाथ में है, समूचा जग युवा पीढ़ी, तुम्हारे साथ में है। प्रबल फौलाद सच मानो तुम्हारे दाँत में है, नए युग का सृजन, युवकों तुम्हारे हाथ में है। सफलता तो तुम्हारी बात में, जज्बात में है, नए युग का सृजन युवकों, तुम्हारे हाथ में है।" यह है अपने यूथ को समर्पित हमारा बजट। महोदय, बजट की अपनी थीम जो हम लोगों ने उत्तर प्रदेश के अपने युवाओं को समर्पित की है और मैं विश्वास के साथ कह सकता हूँ, अब हमारे विश्वविद्यालय, हमारे महाविद्यालय, हमारे इंजीनियरिंग कॉलेज, हमारे पॉलिटेक्निक, हमारे आई०टी०आई०, हमारे मेडिकल कॉलेज यह केवल शासन की योजनाओं को लेने के माध्यम नहीं बनेंगे, बल्कि समाज को देने के माध्यम बनेंगे। समाज ने उनको अवसर दिया, यह समाज को देंगे और इस दृष्टि से इनकी उपयोगिता को उस रूप में जोड़ने की कार्यवाही को हम आगे बढ़ाएँगे। अपने युवाओं के लिए इन चीजों को आगे बढ़ाने के लिए हम लोगों ने इस बजट को इस रूप में आगे बढ़ाने का कार्य किया और इस दृष्टि से बजट के दायरे को हमें बढ़ाना था, उसके लिए प्रदेश के अन्दर हमने अपने लिए आय के स्त्रोत बढ़ाए, अगर मैं आय के स्त्रोत में आऊँ तो मुझे लगता है कि बहुत सारी चीजें देखने को मिलेंगी।

महोदय, अगर मैं देखूँ तो जी०एस०टी० हमारी सरकार के आने के बाद लागू हुआ, लेकिन जी०एस०टी० के पहले वैट था और जी०एस०टी० से पहले वैट के दौरान प्रदेश का जो राजस्व था, वह कुल 51 हजार करोड़ के आस-पास था, यानी उसमें कोई बढ़ोत्तरी आप लोग नहीं कर पाए थे। उस राशि से आप बहुत कुछ आगे बढ़ा भी नहीं सकते थे, वह 51882 करोड़ रुपये था। महोदय, आज मुझे बताते हुए प्रसन्नता है कि हमारा जी०एस०टी० इस वित्तीय वर्ष में 76000 करोड़ रुपये को पार करेगा और अगले वर्ष के लिए इस बजट में हमने जो लक्ष्य रखा है, वह 91000 करोड़ रुपये का रखा है। टैक्स पेयर का पैसा शासन के खाते में ही आना चाहिए और जब यह पैसा रहेगा तब ही योजनाएँ बनेंगी। इस दृष्टि से स्टैम्प एण्ड रजिस्ट्रेशन में वर्ष 2016-17 में कुल 11564 करोड़ रुपये मिलता था और इस समय 19179 करोड़ रुपये मिल रहा है। आबकारी विभाग की पॉलिसी लागू होने के बाद आप में से बहुत सारे लोगों को परेशानी हुई होगी, लेकिन हम लोगों ने लागू की। इनके समय में इन्होंने इसके कुल राजस्व का लक्ष्य 14273 करोड़ रुपये रखा था और इस समय हमारे पास जो पैसा आ रहा है, वह 31517 करोड़ रुपये आ रहा है। आखिर यह बीच का पैसा कहाँ जा रहा था? वाहन एवं यात्री कर वर्ष 2016-17 तक 5148 करोड़ रुपये था और हमारे समय में 7863 करोड़ रुपये आ रहा है। यह पैसा भी कहाँ जाता था? विद्युत कर और शुल्क वर्ष 2016-17 तक 1555 करोड़ रुपये था, इस समय इस वित्तीय वर्ष में हमारे पास 3130 करोड़ रुपये आ रहा है।

खनन में वर्ष 2016-17 में 1548 करोड़ रुपये थे और वर्ष 2019-20 में यही लक्ष्य 4400 करोड़ रुपये का रखा गया है। महोदय, यह है तस्वीर और यह तस्वीर तब है, जब हमने चारों बजट में कोई टैक्स पब्लिक पर नहीं लगाया है। जनता पर कोई भार नहीं डाला है। हाँ, चोरी जरूर रोकी है, यह सरकार का दायित्व है। हम लोगों ने चोरी रोकी है, बहुत मजबूती के साथ रोकी है और तब ही हम लोग 05 लाख 12 हजार 860.72 करोड़ रुपये का बजट इस सदन में प्रस्तुत करने में सफल हुए हैं। महोदय, अगर हम देखेंगे तो हम लोगों

ने बजट में वित्तीय अनुशासन का पूरा पालन किया है। एफ०आर०बी०एम० की जो 03 प्रतिशत की सीमा है उसके अन्दर ही हमारा बजट है, यह 2.97 प्रतिशत है। हम लोगों ने प्रदेश के अन्दर हर एक स्तर पर कहीं भी चाहे प्रदेश के विकास का हो, बुनियादी सुविधाओं का हो, गरीब कल्याणकारी योजनाओं का हो, किसी भी सेक्टर की किसी भी योजना में कटौती नहीं की। बल्कि उस सब में कुछ न कुछ बढ़ोत्तरी की है। इसी बढ़ोत्तरी का परिणाम है कि आज भारत की आर्थिक स्थिति में भी उसका बहुत असर पड़ा है। अब एक नए विजन के साथ नया उत्तर प्रदेश है। आदरणीय प्रधानमंत्री जी की जो एक भारत, श्रेष्ठ भारत की परिकल्पना है, उसमें नए भारत का यह नया उत्तर प्रदेश है। इस नए उत्तर प्रदेश का यह नया बजट 05 लाख करोड़ रुपये से अधिक की सीमा को पार करते हुए दिखाई दे रहा है।

1947 से 1950 के बीच में उत्तर प्रदेश की प्रति व्यक्ति आय नेशनल एवरेज से थोड़ा-सा अधिक था। उसके आधे से अधिक आपके समय में हो गया था अब आधे से ज्यादा हमने इसको बढ़ाया है वह आपके समय में 42267 रुपये था और इस समय यह 64330 रुपये प्रति व्यक्ति आय उत्तर प्रदेश की बढ़ी है। ये है उत्तर प्रदेश की स्थिति, उत्तर प्रदेश किस दिशा में बढ़ रहा है, ये तस्वीर आपके सामने आनी बहुत आवश्यक है। वर्ष 2016-17 में जो राष्ट्रीय निर्यात में वृद्धि दर थी वह 8 फीसदी थी, जिसमें उत्तर प्रदेश का निर्यात 3.8 प्रतिशत था, नोट करिए मेरे आँकड़ों को उस समय उत्तर प्रदेश का निर्यात 3.8 प्रतिशत था। वर्ष 2017-18 में हम लोग आए थे तो इसको बढ़ाकर 5.7 प्रतिशत तक लेकर गए। यह राष्ट्रीय औसत 5.7 प्रतिशत था और उत्तर प्रदेश का 5.6 प्रतिशत था। वर्ष 2018-19 में जब 'वन डिस्ट्रिक्ट, वन प्रोडेक्ट' अपना पूरा रूप ले चुका था, तब यह 18 फीसदी बढ़ा था। आज की डेट में यह 28.2 प्रतिशत है, जो कि प्रदेश के अन्दर सबसे ज्यादा है। सबसे ज्यादा देश के अन्दर यह 28.2 फीसदी है। फाइनेन्शियल इंक्लूजन में स्वरोजगार सृजन करने में, आर्थिक स्वावलम्बन में और ग्रामीण अर्थव्यवस्था को एक नया वूम देने में जिसकी बहुत बड़ी भूमिका है, वित्तीय समावेशन,

जिसे आप कह सकते हैं इसमें प्रदेश के अन्दर क्या स्थिति है, पहले बैंकों की कुल 16264 शाखाएँ थीं। आज 18869 बैंक की शाखाएँ पूरे प्रदेश के अन्दर हैं। आपके समय में 8 करोड़ 62 लाख बैंक के खाते थे। हमारे समय में ये संख्या 16 लाख 36 हजार हो चुकी है। एवरेज हर परिवार में एक-दो परिवार के सदस्यों और कहीं तीन सदस्यों के बैंक एकाउण्ट खुल चुके हैं यानी डी०बी०टी० के माध्यम से हम उसको पैसा दे सकते हैं। आज यह चीजें इसके माध्यम से देखी जा सकती हैं, इसको हम इसके माध्यम से बता सकते हैं। यह वह परिवर्तन है, जो उत्तर प्रदेश के अन्दर आया है। अब इन सबके बावजूद भी आप प्रश्न करते हैं, प्रदेश के बारे में बहुत सारे प्रश्न खड़े करते हैं, यानी किस रूप में प्रदेश के अन्दर यह सब कार्य हुए हैं। यह एक सामान्य स्थिति नहीं है, हरेक का प्रयास है, सामूहिक प्रयास है, इसको हम किसी संकीर्णता के दायरे में नहीं लेकर जा रहे हैं। लेकिन महोदय, इस बजट में हरेक विभाग के लिए कुछ न कुछ देने का प्रयास किया गया है। खासतौर पर आप देखेंगे कि अभी इस बजट में हमने बुन्देलखण्ड के लोगों के लिए कार्य किया है, अभी 29 फरवरी को आदरणीय प्रधानमंत्री जी, बुन्देलखण्ड एक्सप्रेस-वे का शिलान्यास करेंगे। बुन्देलखण्ड सदैव उपेक्षित था, पूर्वांचल सदैव उपेक्षित था। मध्य का यह क्षेत्र उपेक्षित रहता था। अब कहीं कोई उपेक्षित नहीं रहेगा। हम सबको साथ लेकर चले हैं। सबको सुरक्षा दे रहे हैं।

आज इस तरह की घटनाएँ घटित नहीं हो सकती हैं कि जबरन किसी बालिका को कार में बिठाकर लेकर चले गए, अपहरण कर लिया। उन अपहरणकर्ताओं को मालूम है कि किसी बालिका को लेकर जाएँगे तो उसके बाद उनका क्या हाल होने जा रहा है और ये चीजें आज नहीं हो सकती हैं। सुरक्षा के वातावरण के साथ एक विश्वास जगा है। एक विश्वास जगाने का कार्य हुआ है। प्रदेश के अन्दर एक नया माहौल देने का कार्य हुआ है। जहाँ आवश्यकता पड़ रही है हम लोगों ने व्यवस्था की है। हम लोग पुलिस के आधुनिकीकरण के साथ-साथ हरेक व्यक्ति तक सुरक्षा पहुँचाएँगे। सुरक्षा सबको देंगे, लेकिन तुष्टिकरण किसी का नहीं करेंगे। किसी का तुष्टिकरण नहीं,

सुरक्षा सबको। सारे पर्व-त्यौहार लोग अपनी-अपनी परम्परा के अनुसार मनाएँ, लेकिन एक-दूसरे के पर्व और त्यौहारों में व्यवधान डालोगे तो फिर उसका खामियाजा भी भुगतना पड़ेगा। हम लोगों ने इसी प्रक्रिया को आगे बढ़ाने का कार्य किया। आज एक नया परसेप्शन उत्तर प्रदेश का जगा है। बड़े से बड़े आयोजन को हम सम्पन्न कर सकते हैं। वह काँवड़ यात्रा हो या फिर दीपोत्सव का उत्सव, रंगोत्सव हो या देव दीपावली, प्रयागराज कुम्भ हो या फिर उन सभी पर्व और त्यौहारों को जिनको आप लोगों ने बन्द करवा दिया था, यानी थानों में जन्माष्टमी नहीं मनेगी, काँवड़ यात्रा नहीं जाने देंगे, डी०जे० नहीं बजने देंगे।

कोर्ट का कोई आदेश नहीं था। आपके समय में कोर्ट का आदेश था, हमारे समय में क्यों नहीं लागू हो पाया। कोर्ट का आदेश तो हमने लागू कराया है। कोर्ट ने कहा है कि डी०जे० बजाने पर कहीं कोई प्रतिबन्ध नहीं होना चाहिए। ऐसा कोई आदेश नहीं था लेकिन आपका मनमानापन था क्योंकि आपको हिन्दू आस्था के साथ खिलवाड़ करना था, चिढ़ाना था, क्योंकि जो काँवड़ भक्त थे उनकी ड्रेस से आपको चिढ़ थी, लेकिन हमने सम्मान दिया है। हमने कहा कि कोई भेदभाव नहीं होगा, आप देखेंगे और यह एक उदाहरण है कि 25 करोड़ श्रद्धालु प्रयागराज कुम्भ में आए थे और 25 करोड़ श्रद्धालुओं में एक ठेले वाला भी यह नहीं कह सकता कि किसी श्रद्धालु ने किसी ठेले वाले से जबरन एक मूँगफली का दाना भी ले लिया हो, कोई नहीं बोल सकता। गाजियाबाद से हरिद्वार के बीच 4 करोड़ काँवड़ यात्री निकलते हैं। एक भी काँवड़ यात्री पर कोई आरोप नहीं लगा सकता कि उसने किसी के साथ जबरन कुछ किया हो। अयोध्या में दीपोत्सव के कार्यक्रम में साढ़े 5 लाख श्रद्धालु आए थे और पर्यटक भी आए थे, परन्तु कोई नहीं कह सकता। लाखों की संख्या में रंगोत्सव के कार्यक्रम में बरसाना में श्रद्धालु आते हैं, एक भी आरोप न महिला सुरक्षा से सम्बन्धित है और न ही किसी व्यापारी, किसी आम नागरिक से, किसी भी जाति, मत और मजहब को मानने वाला व्यक्ति हो, किसी के साथ कोई भेदभाव नहीं है। देव दीपावली काशी में होती है, जहाँ 25 लाख श्रद्धालु आते हैं, परन्तु कोई शिकायत नहीं है। पूरे श्रद्धाभाव के साथ लोग आते हैं।

कहीं कोई समस्या नहीं है। अभी माघ मेला प्रयागराज में हुआ, जिसमें ढाई से 3 करोड़ श्रद्धालु आए थे, कहीं कोई तिनका नहीं हिल रहा है, लेकिन कुछ लोग हैं कि 12–15 लोग जाएँगे और हाथों में तलवार लेकर जो दिखेगा, ऐसे मारेंगे–ऐसे मारेंगे और तब भी उम्मीद करते हैं कि सरकार उन पर लाठी न बरसाए, उम्मीद करते हैं कि हम शान्ति से उनकी आरती उतारें। यह नहीं हो सकता। कानून को हाथ में लेने की छूट किसी को नहीं देंगे। कानून सबको सुरक्षा देगा, लेकिन कानून के साथ खिलवाड़ करने की छूट हम किसी को नहीं देंगे। हम इसीलिए कह रहे हैं क्योंकि हम सुरक्षा का वातावरण प्रदेश के अन्दर दे रहे है। महोदय, इसीलिए हमें इस बारे में आपसे स्पष्ट करना है। प्रदेश के अन्दर जो एक बेहतर वातावरण बनाने का प्रयास हुआ है, उस बेहतर वातावरण को ही आगे बढ़ाने की प्रक्रिया का परिणाम है कि प्रत्येक दिशा में प्रदेश का परसेप्शन तेजी के साथ आगे बढ़ा है। आज उत्तर प्रदेश के प्रति एक विश्वास जगा है। मैं इस बात को कह सकता हूँ चूँकि मैं एक मुख्यमंत्री हूँ, लेकिन आज से 3 वर्ष पहले प्रदेश के बारे में परसेप्शन क्या था, आपके बारे में लोग क्या सोचते थे, आज आप देश के अन्दर कहीं भी जाएँगे तो आप चाहे सत्ताधारी दल के हों, विपक्ष के हों, केवल उत्तर प्रदेश विधानसभा के सदस्य हों, इस नाम से ही आपको पूरे देश के अन्दर सम्मान मिलना प्रारम्भ होगा। यह प्रदेश का परसेप्शन है। प्रदेश के बारे में लोगों की धारणाएँ बदली हैं और उस धारणा का यह बजट है। यह बजट केवल सरकार का नहीं है, यह बजट प्रदेश की उस धारणा का है, जिसको चेंज करने के लिए प्रयास शुरू से प्रारम्भ हुए हैं। आप चाहे सत्तापक्ष के हों, विपक्ष के हों, सबका योगदान हो, सब लोग मिलकर इस कार्यक्रम को आगे बढ़ा रहे हैं। आप असहमति के लिए बैठाए गए हैं तो आपको असहमति व्यक्त करनी ही करनी है, भगवान करें हमेशा आपकी मनोकामना पूर्ण होती रहे, आप वहाँ रहें।

ये सहमति के जो स्वर हैं, वह हमने आगे बढ़ाने प्रारम्भ किए हैं। सी०ए०ए० के मुद्दे पर हमने कभी ये नहीं कहा कि हम धरना–प्रदर्शन नहीं करने देंगे। हमने कहा भाई, आप शान्तिपूर्ण तरीके से ज्ञापन दे दीजिए,

लेकिन आगजनी करेंगे तो प्रॉपर्टी से वसूली भी करेंगे क्योंकि ये मेरे घर की प्रॉपर्टी नहीं है। हमने इसी बात को कहा। हमने कहा सबको स्वतन्त्रता है, सरकार संवाद बनाने पर विश्वास करती है। संवाद की भाषा में विश्वास करती है। किसी के लोकतांत्रिक अधिकार सरकार लेने नहीं जा रही है। हर व्यक्ति लोकतांत्रिक तरीके से अपने कार्यक्रमों को आयोजित कर सकता है, लेकिन लोकतांत्रिक अधिकारों की आड़ में आगजनी करने की छूट सरकार नहीं देगी। तोड़-फोड़ करने की छूट सरकार नहीं देगी और जिसने किया है, उससे वसूली भी करेगी। आप काहे परेशान हो रहे हैं।

अध्यक्ष जी, हमने इसी चीज को लेकर कहा है कि आखिर नागरिकता संशोधन कानून को ले करके इतना बवाल क्यों? मैं यही तो पूछ रहा हूँ आप लोगों से। आप लोग जो समर्थक बैठे हुए हैं, उनसे मैं यहीं पूछना चाहता हूँ कि आखिर देश की छवि को खराब करके आप क्या प्राप्त करना चाहते हैं? देश की छवि में आगजनी करके, तोड़-फोड़ करके, निर्दोष लोगों को निशाना बना करके आखिर आप इसके माध्यम से साबित क्या करना चाहते हैं? हम सुरक्षा सबको देंगे, लेकिन तोड़-फोड़ करके, आगजनी करके, व्यापारिक प्रतिष्ठानों में लूट-पाट करके अगर कोई किसी गलतफहमी का शिकार हो चुका हो तो उस गलतफहमी का हम बहुत अच्छे ढंग से समाधान भी कर सकते हैं। इसलिए सी०ए०ए० के नाम पर विरोध-प्रदर्शन अनावश्यक है। ये नागरिकता देने का कानून है। आदरणीय प्रधानमंत्री जी बार-बार कह चुके हैं कि किसी की नागरिकता इससे नहीं जाने वाली है। ये नागरिकता का कानून 1955 में कांग्रेस की सरकार ने ही बनाया था, इसमें केवल एक संशोधन किया है, 11 वर्ष की बजाय 5 वर्ष की समय सीमा तय कर दी गई है और उस सबके बावजूद वह बनाएँगे ठीक और हम बना देंगे तो बुरा। कोई जगह नहीं मिली तो इसी के नाम पर भ्रम पैदा करो। जगह-जगह अव्यवस्था पैदा करके, जिस प्रशासनिक मशीनरी को डेवलपमेण्ट के कार्य के साथ जुड़ना चाहिए था, आज आप लोग जबरदस्ती उसकी ऊर्जा को दूसरी तरफ डायवर्ट कर रहे हैं। प्रदेश के विकास को अवरुद्ध कर रहे हैं। देश की छवि को खराब करने का कुत्सित

प्रयास किया जा रहा है। जब देश, दुनिया की आर्थिक ताकत बनने की ओर अग्रसर है, तब विपक्ष का इस प्रकार का रवैया अत्यन्त ही गैर-जिम्मेदाराना है, बहुत गैर-जिम्मेदाराना है। एक स्वस्थ लोकतंत्र के लिए इसे शुभ लक्षण नहीं माना जा सकता है। इसीलिए मैं इस बारे में कहना चाहता हूँ कि हम लोग गलतफहमी पैदा करना बन्द करें। हम सही तथ्यों को रखना प्रारम्भ करें। विरोध हम आमन्त्रित करेंगे और सदन से अच्छा विरोध आप कहाँ दर्ज कर सकते हैं। इस सदन से बड़ा कौन-सा मंच हो सकता है, लेकिन सदन में चर्चा नहीं करना चाहेंगे, रोज वेल में आना चाहेंगे, रोज एक ही मुद्दे को उठाना चाहेंगे और इसलिए मैं कहना चाहता हूँ कि यह चीजें नहीं हो सकती हैं। हम लोग आपका पूरा सम्मान करेंगे, पूरी तरह सम्मान देंगे, लेकिन प्रदेश के अन्दर 23 करोड़ जनता की सुरक्षा, यह हमारा दायित्व है।

आप उत्तर प्रदेश विधानसभा में बैठे हैं और उत्तर प्रदेश में वह हर कानून लागू होगा, भारत की संसद जिस कानून को बनाएगी। भारत की सम्प्रभुता के प्रति हमारा पहला दायित्व है। नेशन फर्स्ट, हम उस बात को मानने वाले लोग हैं। हमारे लिए कोई परिवार और कोई व्यक्ति नहीं, देश पहला होता है। देश में योग्य नेतृत्व है और उसके सान्निध्य में पूरी व्यवस्था भारत को एक भारत, श्रेष्ठ भारत बनाने और भारत को दुनिया की एक ताकत बनाने की ओर अग्रसर है। हम सब उनके साथ पूरी मजबूती के साथ खड़े होकर कार्य करेंगे और उत्तर प्रदेश में हम लोग केन्द्र सरकार के द्वारा लोक-कल्याण के लिए, इन्फ्रास्ट्रक्चर के लिए, भारत को दुनिया की एक महाताकत के रूप में स्थापित करने के लिए जो कार्य-योजना बनाई गई है, हम उसको प्रदेश में भी लागू करेंगे और इसके लिए प्रधानमंत्री जी का अभिनन्दन भी करेंगे।

महोदय, प्रदेश के अन्दर हम लोगों ने फोकस सेक्टर की जो अलग-अलग पॉलिसी बनाई हैं, इसमें निवेश आ रहा है और इसमें सरकार की तरफ से जो इन्सेन्टिव देने थे, उस प्रक्रिया को भी हम लोगों ने तेजी से किया है। हम लोगों ने इस बात को कहा है कि पॉलिसी किसी भी समय में बनी होंगी, पिछली सरकारों के समय में भी अगर कोई एम०ओ०यू० हुआ है तो सरकार

उसका पालन करेगी, उसको लागू करेगी। हम उसको भी लागू कर रहे हैं। एयरपोर्ट डेवलप हो रहे हैं, नए सिरे से हम लोग कर रहे हैं। मैंने अभी कहा था आजमगढ़ में भी एयरपोर्ट बन रहा है, एयर कनेक्टिविटी, यानी देश का पहला स्वदेशी विमान हम उत्तर प्रदेश में उड़ाने जा रहे हैं, एच०ए०एल० की मदद से। यह स्वदेशी विमान उत्तर प्रदेश का 19 सीटर विमान है, अब तक एयरफोर्स और कोस्टगार्ड इसका इस्तेमाल करती थी अब उत्तर प्रदेश सरकार इसका इस्तेमाल करेगी, अपनी यात्री सेवाओं की अभिवृद्धि के लिए। हम जोड़ेंगे उत्तर प्रदेश के अलग-अलग क्षेत्रों को, मुरादाबाद भी उससे जुड़ेगा, आप चिन्ता मत करिए। असल में कुछ लोग ताली बजाने के पहले इधर-उधर देखते हैं कि कहीं बजा लें और कहीं ऐसा न हो कि कोई दूसरा देख ले और फिर उसको वहाँ पर लाइन हाजिर न होना पड़े। इसलिए हम लोग हर जगह इसको जोड़ने जा रहे हैं। अब तक जो विमान फोर्स में इस्तेमाल हो रहा था, वह विमान अब हमारी यात्री सेवाओं के लिए इस्तेमाल होगा। सस्ता किराया, जैसा प्रधानमंत्री जी ने कहा था कि हवाई चप्पल पहनने वाला भी हवाई जहाज की यात्रा करेगा। उत्तर प्रदेश में स्वेदशी विमान के माध्यम से यह साकार हो चुका है, उड़ान योजना से साकार हो चुका है।

उत्तर प्रदेश में देश का पहला स्वदेशी विमान हमारी दो सिटीज को कनेक्ट करे, वाराणसी-लखनऊ को, गोरखपुर-लखनऊ को, लखनऊ- मुरादाबाद को, लखनऊ-आगरा को, लखनऊ-मेरठ को, लखनऊ-हिण्डन को, झाँसी को, प्रयागराज को जोड़े, उत्तर प्रदेश के अन्दर हम लोग इस दिशा में आगे बढ़ रहे हैं। अयोध्या में आपने देखा होगा, इस बजट में हम लोगों ने अयोध्या के लिए भी एक बड़े एयरपोर्ट के निर्माण की कार्यवाही को आगे बढ़ा दिया है, एक इण्टरनेशनल एयरपोर्ट, क्योंकि हमारे लिए आस्था के साथ-साथ टूरिज्म का एक बहुत बड़ा सेण्टर अयोध्या बनने जा रहा है। अयोध्या की कनेक्टिविटी देश और दुनिया से हो, इण्डोनेशिया को देखिए, आपको कुछ तो सीखना चाहिए, दुनिया का सबसे बड़ा मुस्लिम देश राम को अपना पूर्वज मानता है। क्या हो गया है, हम इस देश में रोटी खाएँ, इस देश में रहें और श्री राम से दुराव करें,

यह बड़ी अजीब-सी स्थिति है। मुझे याद है दीपोत्सव का आयोजन पहली बार जब अयोध्या में हुआ था, तो हमारी इच्छा थी कि भाई दुनिया में राम की संस्कृति कहाँ-कहाँ है, वहाँ के कलाकारों को बुलाओ। संस्कृति विभाग ने बुलाया था, चौधरी लक्ष्मी नारायण जी यहाँ बैठे हैं, इन्होंने इण्डोनेशिया के कलाकारों को बुलाया। इण्डोनेशिया के कलाकार जब यहाँ आए थे तो वह मुझसे मिलने के लिए आए थे, अयोध्या में उनका मंचन मैंने देखा, बहुत अच्छा मंचन था। यहाँ पर वह मुख्यमंत्री आवास में मुझसे मिलने के लिए आए, जब मैंने नाम पूछा तो सभी नाम मुस्लिम नाम थे। जो राम बना था वह भी मुस्लिम, जो हनुमान बना था वह भी मुस्लिम, जो सीता बनी थी वह भी मुस्लिम, तो मैंने कहा कि भाई, यहाँ तो राम के नाम पर बहुत सारे लोगों को करण्ट लगता है, आप मुस्लिम होने के बावजूद राम को मानते हैं। तो उन्होंने कहा कि अरे साहब, राम हमारे पूर्वज थे, हमने उपासना-विधि बदली है, अपने पूर्वज नहीं बदले हैं। मैं आपसे कहूँगा कि क्या आप लोग बोल पाएँगे।

हमने तो पाँच एकड़ जमीन दे दी है अयोध्या में। याद करना, एक बात बताऊँ आपको, आपको भारत के इतिहास को देखना चाहिए। केरल में पहली मस्जिद एक हिन्दू राजा ने बनवाई थी।

हम उत्तर प्रदेश को बना रहे हैं। मेरी जिम्मेदारी उत्तर प्रदेश के लिए है, किसी जाति और मजहब के लिए नहीं, बल्कि पूरे उत्तर प्रदेश की 23 करोड़ जनता के लिए मुझे कार्य करना है, इसके लिए इस टीम को काम करना है और 23 करोड़ जनता के लिए हमारी प्रतिबद्धता है, जाति और मजहब के लिए नहीं और हम लोग उस दिशा में काम कर रहे हैं।

महोदय, इस दिशा में एयरपोर्ट के निर्माण के लिए बड़े कार्यक्रम को हम लोगों ने आगे बढ़ाया है, अयोध्या भी उसी का पार्ट बन रहा है। मैं इसीलिए कहना चाहूँगा कि यह प्रक्रिया उसी का हिस्सा है। इन्फ्रास्ट्रक्चर डेवलपमेण्ट, बुन्देलखण्ड एक्सप्रेस-वे, गंगा एक्सप्रेस-वे, गोरखपुर और बलिया लिंक-वे, एक-एक करके पूरे प्रदेश की बेहतर कनेक्टिविटी के माध्यम से प्रधानमंत्री जी की जो कल्पना है 2024 तक देश की इकोनॉमी को 5 ट्रिलियन यू०एस०

डॉलर की इकोनॉमी बनाना, यू०पी० भी 1 ट्रिलियन यू०एस० डॉलर की उस इकोनॉमी को अचीव कर सके, इसके लिए कार्य-योजना को हम लोगों ने अलग-अलग चरणों में आगे बढ़ाया है।

महोदय, अभी हम लोगों ने नगर निकायों की तमाम ग्राम पंचायतों को, जो नगर निकाय बनने की प्रक्रिया के साथ जुड़ी थीं, उनको नगर निकाय के साथ जोड़ने की कार्यवाही हमने प्रारम्भ कर दी है, यानी नगरीय विकास के माध्यम से इन्फ्रास्ट्रक्चर डेवलपमेण्ट की कार्यवाही को आगे बढ़ाना है, बुनियादी सुविधाओं को आगे बढ़ाना है। जहाँ पर बिजली नहीं थी, एक करोड़ बीस लाख लोग ऐसे थे, जिनके पास विद्युत कनेक्शन नहीं था, आप क्या कर रहे थे कि वहाँ तक विद्युतीकरण नहीं पहुँच पाया। आप कैसे कार्य कर रहे थे, बिजली देने में भेदभाव कर रहे थे। कहते थे कि हमने इतना पावर जेनरेट कर दिया है। अगर ये सभी एम०ओ०यूज०, जो समाजवादी पार्टी की सरकार के समय में पावर परचेज एग्रीमेण्ट हुए हैं, अगर ये सब उजागर हो जाएँगे, तो बहुत सारे लोग बेनकाब हो जाएँगे। ये प्रदेश की व्यवस्था को पूरी तरह बर्बाद करने की साजिश के हिस्से थे, ये सभी समाजवादी पार्टी की सरकार के समय हुए थे। कार्रवाई हो रही है, फेज़ वाईज़ कार्रवाई होगी। अभी बहुत सारी कार्रवाई होने जा रही है। इससे उत्तर प्रदेश की प्रति व्यक्ति आय पर असर नहीं पड़ा है, ये नोएडा में लूटा गया है। अभी हमने सी०ए०जी० से नोएडा की 10 वर्ष की ऑडिट कराई है। 10 वर्ष में केवल नोएडा में 30 हजार करोड़ रुपये का घोटाला आया है। जब मैं वर्ष 2002-2003 के बाद से प्रारम्भ करूँगा, तो क्या हाल होंगे। ग्रेटर नोएडा में भी यही स्थिति है, इसका भी करा रहे हैं। अगर करने शुरू कर देंगे, तो बहुत सारे लोग यह बोलने लग जाएँगे कि देखिए साहब, यह पैसा मेरा नहीं था, लेकिन प्रदेश की 23 करोड़ जनता का पैसा है और प्रदेश की 23 करोड़ जनता को उस पैसे को प्राप्त करने का अधिकारी बनना ही चाहिए। इन्फ्रास्ट्रक्चर के लिए हमारी प्रतिबद्धता है, इसलिए नोएडा, ग्रेटर नोएडा, यमुना एक्सप्रेस-वे, इन सभी क्षेत्रों में जो परिवर्तन आपको दिखाई दे रहा है, इसी का परिणाम है। वर्षों की गन्दगी एक झटके में साफ,

उसी प्रक्रिया के तहत किया जा रहा है। ये एक्सप्रेस-वे का जाल भी प्रदेश के अन्दर इसीलिए बिछाया जा रहा है। गंगा एक्सप्रेस-वे, पश्चिमी उत्तर प्रदेश का कनेक्श्न, देश का पहला वाटर-वे आदरणीय प्रधानमंत्री जी ने उत्तर प्रदेश को दिया है, हल्दिया से वाराणसी के बीच। वाटर-वे का उपयोग हम कर सकेंगे। पश्चिमी उत्तर प्रदेश का बासमती चावल, गुड़, आलू, मकई भी हम यूरोप में भेज सकेंगे। एक-एक प्रोडक्ट की हम मार्केटिंग और ब्राण्डिग कर सकें, इस दृष्टि से, इस प्रक्रिया से इन्फ्रास्ट्रक्चर पर फोकस करके 60 फीसदी से अधिक हम लोगों ने बजट में प्रावधान किया है। इसके अलावा प्रदेश में उड्डयन के क्षेत्र के लिए मैंने आपको बताया है कि जेवर में एशिया का सबसे बड़ा एयरपोर्ट बनने जा रहा है। उससे उत्तर प्रदेश को क्या लाभ होने जा रहा है? क्योंकि आप में से बहुत सारे लोग यह बोल सकते हैं कि एयरपोर्ट बन रहा है तो इससे उत्तर प्रदेश को क्या लाभ होगा? इसके अलावा और भी प्रश्न हो सकते हैं, लेकिन मैंने आपको पहले ही बता दिया कि उसके बारे में भी हमने धनराशि की व्यवस्था की है।

ऊर्जा के क्षेत्र में भी कहीं सब-स्टेशन बनने हैं, कहीं फीडर के सेप्रेशन की कार्यवाही होनी है, कहीं अन्य छूटे हुए क्षेत्रों में विद्युतीकरण के कार्य को आगे बढ़ाना है और भी अन्य कार्यों को आगे बढ़ाने के लिए हम लोगों ने 34 हजार 5 सौ 43 करोड़ रुपये की व्यवस्था ऊर्जा विभाग के लिए इसमें की है।

लोक-निर्माण विभाग में ग्रामीण सड़क हो, स्टेट हाइवे हो, इण्टर स्टेट कनेक्टिविटी हो, डिस्ट्रिक्ट हेडक्वार्टर, ब्लॉक/तहसील हेडक्वार्टर हों, इन सबको जोड़ने के लिए, पुलों के निर्माण के लिए, डेडीकेटेड फ्रेट कॉरिडोर इस्टर्न, डेडीकेटेड फ्रेट कॉरिडोर वेस्टर्न में आर०ओ०बीज के निर्माण के लिए भी हम लोगों ने धनराशि की व्यवस्था की है और इसमें 29 हजार 4 सौ 48 करोड़ रुपये की व्यवस्था लोक-निर्माण के मद में की है। इसके अलावा सिंचाई विभाग की परियोजनाओं, बाढ़ नियन्त्रण, जल निकासी और इससे सम्बन्धित योजनाओं के लिए भी 17 हजार 121 करोड़ रुपये की व्यवस्था इस बजट में करने की कार्रवाई की है।

हमारा यह मानना है कि पिछली बार हम लोगों ने जिन योजनाओं को पहले चरण में पूरा किया था, बाण सागर, पहुज बाँध, पथरई बाँध, पहाड़ी बाँध, लहचूरा बाँध, गुंटा बाँध, मौदहा बाँध, जमरार बाँध इन परियोजनाओं को पूरा करके हमने 2 लाख 66 हजार हैक्टेयर लैण्ड को सिंचन की सुविधा दी है। सरयू नहर राष्ट्रीय परियोजना, मध्य गंगा की जो सिंचाई की परियोजना है, अर्जुन सहायक नहर परियोजना है, इससे सम्बन्धित जितनी भी अन्य योजनाएँ हैं, इसमें चाहे वह कचनौदा बाँध परियोजना है, भौरट बाँध परियोजना है, उमरहट पम्प नहर परियोजना है, इन सभी योजनाओं को अगर लेंगे तो लगभग 20 लाख हैक्टेयर अतिरिक्त लैण्ड को सिंचन की क्षमता हम इसके माध्यम से देने जा रहे हैं। प्रदेश में एक अटल भू-जल योजना को भी इसके साथ हमने जोड़ने का प्रयास किया है।

महोदय, 2017 तक कोई भी मेट्रो की योजना उत्तर प्रदेश के अन्दर नहीं चल रही थी। कोई भी चालू नहीं हो पाई थी। हम लोग आए इसके बाद लखनऊ, आगरा और नोएडा, ग्रेटर नोएडा को मेट्रो के साथ जोड़ने की कार्यवाही हुई। आज कानपुर में कार्य प्रारम्भ हो चुका है। आगरा में कार्य प्रारम्भ होने जा रहा है। सुप्रीम कोर्ट की एक परमिशन उसमें ली जा रही है। शेष अन्य शहरों में भी हम लोगों ने इस योजना को रखने की कार्यवाही की है। प्रदेश के अन्दर मेरठ को आर०आर०टी०एस० रैपिड रेल से जोड़ने के लिए, दिल्ली, गाजियाबाद, मेरठ को जोड़ने की कार्यवाही के लिए धनराशि की व्यवस्था बजट में की है। प्रदेश के अन्दर नगरीय क्षेत्र के विकास के लिए 10 सिटीज स्मार्ट सिटी में चयनित हुई थीं। 7 अन्य को हम स्मार्ट सिटी में चयन कर रहे हैं। उनकी बुनियादी सुविधाओं के लिए, सॉलिड वेस्ट मैनेजमेण्ट के लिए, लिक्विड वेस्ट के लिए हमारे यहाँ क्या कार्य-योजना बन सकती है इसमें बनाने के साथ ही आवासीय योजना के लिए प्रधानमंत्री आवासीय योजना, स्वच्छ भारत मिशन योजना, इन सबके लिए भी पर्याप्त मात्रा में धनराशि की व्यवस्था हम लोगों ने इस बजट में की है। महोदय, प्राथमिक, माध्यमिक और उच्च शिक्षा और प्राविधिक शिक्षा के लिए भी 77,599 करोड़ रुपये की व्यवस्था

इस बजट में, इन सभी क्षेत्रों में की गई है। आपने देखा होगा कि इसमें हम लोग चाहे वह सहारनपुर, अलीगढ़ और आजमगढ़ में राज्य विश्वविद्यालयों की स्थापना का हो, प्रयागराज में एक नेशनल लॉ यूनिवर्सिटी का हो, अटल आवासीय विद्यालयों के लिए भी 18 कमिश्नरी में 18 ऐसे आवासीय विद्यालय जो श्रमिकों के बच्चों के लिए और निराश्रित बच्चों के लिए हों, व्यवस्था हम लोग करने जा रहे हैं। एक अतिरिक्त सैनिक स्कूल के लिए हम लोगों ने बजट में व्यवस्था की है। प्रदेश में पुलिस एण्ड फॉरेन्सिक यूनिवर्सिटी के साथ-साथ एक मेडिकल यूनिवर्सिटी और एक आयुष यूनिवर्सिटी के लिए भी हम लोगों ने बजट में व्यवस्था की है।

मान्यवर, प्रदेश के अन्दर गन्ना किसानों के लिए, पिछले तीन वर्ष के अन्दर आपने देखा होगा कोई भी किसान आत्महत्या करने को मजबूर नहीं हुआ। किसी भी किसान को अपने खेत में फसल जलाने की नौबत नहीं आई। प्रदेश के अन्दर गन्ना मूल्य का रिकार्ड भुगतान हुआ है। अब तक हम लोग 89 हजार करोड़ रुपये के गन्ना मूल्य का भुगतान कराने में सफल हुए हैं। यह व्यापक परिवर्तन देखने को मिला है। उसके लिए भी बजट में 300 करोड़ की व्यवस्था की गई है। आपने अगर बजट पूरा पढ़ा होता तो आप यह प्रश्न मुझसे पूछते ही नहीं, मैं क्या कह रहा हूँ। सुप्रीम कोर्ट के डायरेक्शन पर यह हो रहा है, लेकिन हमने इसके लिए व्यवस्था की है। गौ आश्रय स्थल, मैं देखकर आश्चर्य करता हूँ कि पिछले सत्र में मैंने कहा था बार-बार, उसी प्रश्न को बार-बार दोहराया जाता है कि निराश्रित गौ-वंश घूम रहा है, आवारा गौ-वंश घूम रहा है। सरकार ने उसके लिए पॉलिसी बनाई है। सरकार ने उस कार्य-योजना को आगे बढ़ाया है। निराश्रित गौ-वंश के लिए आश्रय स्थल बने, सरकार ने इस पर पूरी तत्परता के साथ कार्य करना प्रारम्भ किया। आज हमारे पास साढ़े चार लाख गौ-वंश निराश्रित गौ आश्रय स्थलों में रह रहे हैं। माननीय अध्यक्ष महोदय, सरकार उनके लिए चारे की व्यवस्था कर रही है। हमने सभी जिलों को और सभी निकायों को इस बारे में कहा है कि जनपद स्तर पर मनरेगा की धनराशि का उपयोग गौ-वंश के लिए केयरटेकर के रूप

में कर सकते हैं। हम लोगों ने इस बारे में कहा है कि जो पराली खेत में आती है, उस पराली को किसान आग न लगाएँ, बल्कि मनरेगा के माध्यम से मजदूर लगाकर के उस पराली को एकत्र करके इन सभी निराश्रित गौ आश्रय स्थलों पर पहुँचाने की व्यवस्था करवा लें, यह एक बड़ा कार्य होगा। यह भी व्यवस्था कर दी गई है कि अगर कोई किसान या कोई नागरिक किसी निराश्रित गौ-वंश को अपने घर में रखकर पालना चाहता है तो हम उस किसान को 900 रुपये प्रति गौ-वंश प्रतिमाह देने की कार्यवाही करेंगे। 900 रुपये प्रति गौ-वंश हर महीने हम लोग दे रहे हैं और लगभग 50,000 गौ-वंश निराश्रित गौ आश्रय स्थलों से निकलकर उन किसान परिवारों के पास हैं, जो पशुपालन के रूप में उन गौ-वंश की देखभाल कर रहे हैं। इसके अलावा निराश्रित गौ-वंश के साथ-साथ नस्लसुधार की दिशा में भी कार्यवाही तेजी के साथ सफलतापूर्वक आगे बढ़ रही है। पराली की समस्या का समाधान भी होगा और इसको हम वित्तीय व्यवस्था के साथ जोड़ने का कार्य भी करेंगे। मुझे लगता है कि यह कार्यक्रम सरकार का ही नहीं, विपक्ष का और इस सदन के प्रत्येक सदस्य के अभियान का हिस्सा बनना चाहिए। जो लोग पहले गौ-वंश की तस्करी करवाते थे, गौ-वंश को कटवाते थे, जब हम गौ आश्रय स्थल बनाते हैं तो स्वाभाविक रूप से उनको बुरा लगेगा, लेकिन मैं सबसे अपील करूँगा कि प्रदेश में हम गौ-तस्करी भी नहीं होने देंगे, अवैध बूचड़खाने भी नहीं चलने देंगे और गौ माता को किसी कसाईखाने भी नहीं जाने देंगे। हम उसकी सुरक्षा भी करेंगे, उसका संरक्षण भी करेंगे। यह सरकार उसके संवर्धन की दिशा में भी कदम उठाएगी और हमारी यह कार्यवाही प्रदेश के अन्दर चल रही है।

चीनी मिलों की दिशा में भी कार्यवाही प्रारम्भ हुई है। नई चीनी मिलें, रमाला चीनी मिल, हमारे पूर्व प्रधानमंत्री स्व० चौधरी चरण सिंह जी की कर्मभूमि की मिल थी, एक्सपेंशन नहीं हो पा रहा था, नए सिरे से और नए सत्र में इस मिल को चलाया गया। 30 वर्षों से माँग हो रही थी, क्या कर रहे थे? 10 वर्षों में 21 चीनी मिलें बेची गईं। हमारी सरकार के समय चीनी मिलें बेची नहीं गईं, बल्कि बन्द चीनी मिलों को चलाया गया या उनके स्थान पर

नई चीनी मिलों को लगाया गया। खांडसारी उद्योग के लाइसेन्स के नाम पर लोगों से जबरन वसूली होती थी, हम लोगों ने उनको लाइसेन्स फ्री करके दिया है। 6 चीनी मिलों के बराबर लोगों को रोजगार और चीनी मिलों के बराबर वहाँ पर खांडसारी और अन्य उत्पाद बनने प्रारम्भ हुए हैं। यह चीजें वहाँ पर देने की कार्यवाही प्रारम्भ की गई है। प्रदेश के अन्दर हम लोगों ने प्रोक्योरमेण्ट की अपनी नीति को भी तेजी के साथ आगे बढ़ाने की कार्यवाही की है। धान, गेहूँ, दलहन, तिलहन, मकई, आलू इन सबको आगे बढ़ाने के साथ-साथ मण्डियों के सुन्दरीकरण और ई-नाम के साथ मण्डियों को जोड़ने की कार्यवाही युद्धस्तर पर प्रारम्भ हुई है। प्रदेश के अन्दर किसानों की समृद्धि के लिए और भी जो कदम उठाए जा सकते हैं, इस दिशा में सरकार ने अपने स्तर पर कार्यक्रम तेजी के साथ आगे बढ़ाए हैं। अभी कल ही हमारी कैबिनेट ने 15000 करोड़ रुपये की लागत से बुन्देलखण्ड और विन्ध्य क्षेत्र में पाईप पेयजल की योजना को स्वीकृति दी है। बुन्देलखण्ड के सातों जनपदों में इसी मार्च महीने में हम लोग कार्य प्रारम्भ कर देंगे। हर घर नल की योजना के माध्यम से हर घर तक शुद्ध पेयजल पहुँचाने की कार्यवाही भी हम लोग कर रहे है। बुन्देलखण्ड में और उसके साथ ही विन्ध्य क्षेत्र में भी हम लोग मिर्जापुर और सोनभद्र को इसके साथ जोड़ रहे हैं। 15000 करोड़ रुपये स्वीकृत कर चुके हैं। इस बजट में भी हम लोगों ने 3300 करोड़ रुपये इस योजना के लिए उपलब्ध कराए हैं। 3000 करोड़ रुपये विगत वर्ष भी हम इसके लिए उपलब्ध करवा चुके हैं।

प्रदेश के अन्दर ग्रामीण क्षेत्र की महिलाओं की आजीविका के लिए राष्ट्रीय ग्रामीण आजीविका मिशन के लिए भी, जिसमें महिला स्वयं सेवी समूह गठित करके उन्हें आर्थिक स्वावलम्बन की ओर अग्रसर किया जा सके, इसके लिए भी 1 हजार 672 करोड़ रुपये की व्यवस्था इस बजट के माध्यम से करने की तैयारी की गई है। महोदय, चिकित्सा एवं परिवार कल्याण के माध्यम से 17,8 21 करोड़ रुपये की व्यवस्था की गई है, चिकित्सा शिक्षा के लिए 6 हजार 916 करोड़ रुपये की व्यवस्था इस बजट में की गई है, यह व्यवस्था करने

की तैयारी हुई है। इसमें बलरामपुर में, के०जी०एम०यू० का एक सैटेलाइट सेण्टर, श्रद्धेय अटल बिहारी वाजपेयी जी की प्रथम कर्मभूमि थी, वहाँ पर हम इस कार्यक्रम को एक नए मेडिकल कॉलेज के रूप में विकसित करेंगे। के०जी०एम०यू० के सैटेलाइट सेण्टर के उस कार्यक्रम को हम लोग आगे बढ़ाने की कार्यवाही करने जा रहे हैं। यह कार्य प्रदेश के अन्दर हर एक क्षेत्र में हुआ है। इसी दृष्टि से महिला एवं बाल विकास कल्याण के लिए भी 19,934 करोड़ रुपये की व्यवस्था की गई है, विभिन्न वर्गों के छात्रों की छात्रवृत्ति के लिए भी धनराशि की व्यवस्था हम लोगों ने इस बजट में की है। मुझे बताते हुए प्रसन्नता है कि छात्रों की छात्रवृत्ति के मद में धनराशि की कमी न पड़ने पाए, इसके लिए सरकार ने पहले से ही विभिन्न विभागों को स्पष्ट हिदायत दी है। अनुसूचित जाति-जनजाति, पिछड़ी जाति के सभी बच्चों के साथ जो एक पात्रता की प्रक्रिया बनाई है, उस प्रक्रिया और पात्रता के अनुसार 2 अक्टूबर और 26 जनवरी, छात्रवृत्ति या शुल्क प्रतिपूर्ति की तिथि तय करते हुए उनके खाते में हम इस धनराशि को पहुँचा सकें, इस बात की पूरी व्यवस्था की गई है। इस बजट में उन सभी मदों को करने का कार्य भी किया गया है, जिसमें उन लोगों को यह सुविधा यहाँ पर प्राप्त हो सकती है। मुझे लगता है कि हर एक विभाग के लिए अलग-अलग मदों के लिए व्यापक कार्य-योजना के साथ इस बजट में प्राविधान करने का कार्य किया गया है। इसमें संस्कृत के लिए भी हम लोगों ने कार्य किया है। सम्पूर्णानन्द संस्कृत विश्वविद्यालय के लिए 21 करोड़ 51 लाख रुपये, काशी विद्यापीठ के लिए 21 करोड़ रुपये और अन्य विश्वविद्यालयों के लिए भी इस प्रकार की व्यवस्थाओं को यहाँ पर करने का कार्य बजट के माध्यम से किया गया है। मैं इस बात को कह सकता हूँ कि बजट में प्रत्येक तबके का पूरा ध्यान रखा गया है। चाहे वह गाँव का हो, गरीब हो, किसान हो, महिलाएँ हों या फिर समाज के किसी भी तबके का हो उन सबके हितों को ध्यान में रखकर इस बजट को वित्त मंत्री जी ने यहाँ पर इस सदन में प्रस्तुत किया था। मुझे बहुत प्रसन्नता है कि इस बजट के माध्यम से प्रदेश के विकास की एक नई उड़ान हम प्रारम्भ करने जा रहे हैं। उस उड़ान में आप सबके सहयोग की आवश्यकता है।

हम लोगों ने कभी भी इस बात को नहीं कहा कि सदन का मतलब, सरकार को हम लोगों ने नहीं माना, हमारा मानना है कि सत्तापक्ष और विपक्ष दोनों मिलकर व्यवस्था को आगे बढ़ाएँगे, यह दोनों लोकतंत्र के स्तम्भ हैं। दोनों मिलकर इस प्रक्रिया को, संवाद की भाषा को जिसमें सहमति और असहमति होती है, इन दोनों के बीच में संवाद बनाना और संवाद के माध्यम से समस्या का समाधान करना यही सदन का कार्य है। सदन इसी कार्य को आगे बढ़ाता है। हमारी विभिन्न मुद्दों पर असहमति हो सकती है, लेकिन उस असहमति का मतलब यह नहीं होता है कि हम लोग देश की सम्प्रभुता को चुनौती दें। हम लोग नागरिक सुरक्षा के साथ खिलवाड़ करने उठ जाएँ। हम कानून को बन्धक बना लें, ये चीजें नहीं हो सकती हैं। मैं फिर भी आपकी भावनाओं का सम्मान करता हूँ। असहमति के स्वरों पर कहीं रोक नहीं है, कहीं विराम नहीं है, लेकिन संविधान के दायरे में रहकर हमें एक लक्ष्मण रेखा तय करनी पड़ेगी। लक्ष्मण रेखा के अन्दर अगर हम किसी कार्यक्रम को आगे बढ़ाते हैं तो मुझे लगता है कि किसी को भी परेशानी नहीं होगी।

यह बजट उत्तर प्रदेश की 23 करोड़ जनता की भावनाओं का प्रतिनिधित्व करने वाला बजट है। यह बजट उत्तर प्रदेश को विकास की एक नई ऊँचाइयों की ओर पहुँचाने वाला बजट है। यह बजट 2024 तक वन ट्रिलियन यू०एस० डॉलर की इकोनॉमी बनने की प्रक्रिया का हिस्सा बनेगा। उत्तर प्रदेश उस दिशा में एक लम्बी छलाँग लगाएगा। याद करिए, आदरणीय प्रधानमंत्री जी ने 21 फरवरी, 2018 को यू०पी० इन्वेस्टर्स समिट के उद्घाटन के दौरान इस बात का एक लक्ष्य हमें दिया था कि क्या उत्तर प्रदेश वन ट्रिलियन यू०एस० डॉलर की इकोनॉमी को प्राप्त कर पाएगा। यह हमारे लिए एक अवसर है जब आदरणीय प्रधानमंत्री जी का मार्गदर्शन, देश को फाईव ट्रिलियन यू०एस० डॉलर की दृष्टि से आगे बढ़ाने की प्रक्रिया का हिस्सा बना है। भारत दुनिया की सबसे बड़ी आर्थिक महाताकत के रूप में तेजी से उभरता हुआ एक अर्थव्यवस्था के रूप में आगे बढ़ रहा है। उन स्थितियों में उत्तर प्रदेश अपनी इस भूमिका के साथ आगे बढ़े, यह केवल सत्तापक्ष का ही दायित्व नहीं है, यह आपका भी

दायित्व बनता है। यह बजट उसी वन ट्रिलियन यू०एस० डॉलर की इकोनॉमी का प्रतिनिधित्व करने वाला बजट है जहाँ पर तीन लाख करोड़ से बढ़ाकर पाँच लाख करोड़ की सीमा पार कराने की दिशा में आगे बढ़ाने की प्रक्रिया गतिमान है। जिसमें इन्फ्रास्ट्रक्चर के साथ-साथ जनता की बुनियादी सुविधाएँ, गाँव के लिए, गरीब के लिए, किसान के लिए, नौजवान के लिए, महिलाओं के लिए और समाज के प्रत्येक तबके के लिए कार्य करने का कार्य किया गया है। हर एक के लिए कार्य हुआ है। कार्य की प्रक्रिया को तेजी के साथ आगे बढ़ाने का कार्य हुआ है। चाहे वह 'प्रधानमंत्री आवास योजना' का हो, 'शौचालय' का हो, 'सौभाग्य योजना' में बिजली के कनेक्शन का हो, 'आयुष्मान भारत' में या 'मुख्यमंत्री जन आरोग्य योजना' में पाँच लाख रुपये का लाभ देने का हो, पशुपालन विभाग में नई डेयरियों की स्थापना के साथ-साथ खुरपका और मुँहपका को पूरी तरह समाप्त करके दुग्ध उत्पाद को हम दुनिया के अन्दर भी भेज सकें और इस प्रक्रिया का हिस्सा बना सकें, यह सब उसी दिशा में किए जाने वाले प्रयास हैं।

माननीय अध्यक्ष जी, मैं आपका आभार व्यक्त करता हूँ। एक सन्तुलित, विकासोन्मुख, समाज के प्रत्येक तबके के हितों का संवर्धन करने वाले और सबका साथ-सबके विकास का प्रतिनिधित्व करके सबके विश्वास पर खरा उतरने वाले इस बजट को प्रस्तुत करने के लिए वित्त मंत्री जी को, वित्त राज्य मंत्री जी को, अपर मुख्य सचिव और वित्त आयुक्त श्री संजीव मित्तल जी को तथा उनके साथ प्रमुख सचिव के रूप में उस समय सचिव के रूप में कार्य करने वाले श्री भुवनेश कुमार जी और उनकी पूरी टीम को, वित्त विभाग की पूरी टीम को मैं हृदय से धन्यवाद दूँगा, क्योंकि उत्तर प्रदेश के बजट की चर्चा पूरे देश के अन्दर हुई है, लोगों ने इसको सराहा है। मोना जी को भले ही अच्छा नहीं लग रहा होगा, लेकिन उन्होंने उसकी तारीफ की थी और मैं विश्वास करूँगा कि यह लोग यहाँ सदन में दल से ऊपर उठकर के प्रदेश के हित में सही बात बोलने का साहस करेंगे। मैं एक बार फिर से उन सभी दलीय नेताओं को, सभी माननीय सदस्यों को जिन्होंने इस बजट में

भाग लिया और अपने सुझाव दिए हैं, उन सबका अभिनन्दन करता हूँ, उन्हें धन्यवाद भी देता हूँ और विशेष तौर पर वित्त मंत्री जी को धन्यवाद देता हूँ, जिन्होंने पूरी तन्मयता के साथ बजट को बनाने और सदन में प्रस्तुत करने में योगदान दिया। आज बजट पर उनका अन्तिम भाषण भी यहाँ पर होना है और उसके साथ ही बजट पास होगा। इसके लिए मैं फिर से उनको धन्यवाद देता हूँ और विश्वास करता हूँ कि हम सब मिलकर के उत्तर प्रदेश को भारत की सबसे बड़ी इकोनॉमी बनाने में सफल होंगे। आप सबको मैं एक बार फिर से धन्यवाद देता हूँ। धन्यवाद!

सन्दर्भ : दिनांक 26 फरवरी, 2020, वित्तीय वर्ष 2020-2021 के आय-व्ययक पर साधारण चर्चा।

जनता को आप बता पाएँगे कि सरकार ने यह किया, जनपद में यह हुआ और विधानसभा में ये कार्य हुए हैं। जनपद स्तर पर भी और विधानसभा स्तर पर भी इन उपलब्धियों की जानकारी मिलेगी, इसके प्रस्ताव यद्यपि हम लोगों ने जनपद स्तर से तो माँगे हैं लेकिन फिर भी यदि आप लोग उसमें कुछ संशोधन करना चाहेंगे तो इसको लेकर जितनी जल्दी कर लें, ये चीजें जल्दी मिल जाएँगी तो 15 मार्च तक हम लोग पत्रिकाओं को प्रकाशित करके आप तक पहुँचाने का कार्य कर लेंगे।

रचनात्मक, विवेकवान और चिन्तनशील संवाद विकास का द्योतक

माननीय अध्यक्ष जी, बजट सत्र में जो रोचक चर्चा हुई है और बहुत सारे माननीय सदस्यों ने अपनी बात को बहुत मजबूती के साथ, अच्छे सुझावों के साथ इस सदन में रखा है, मैं उन सबका हृदय से अभिनन्दन करता हूँ। यह सदन संवाद का सबसे सशक्त माध्यम है लेकिन संवाद को कौन लोग बाधित करने वाले हैं पूरा प्रदेश आज उनके वास्तविक चेहरे को जान गया है। दलीय नेताओं की बैठक में जब हम लोगों ने सस्टेनेबल डेवलपमेण्ट गोल्स पर चर्चा कराने की बात की थी उस समय भी हम लोगों ने इस बात को कहा था कि देश का पहला विधानमण्डल उत्तर प्रदेश का होगा जिसमें प्रदेश के गरीबों पर, प्रदेश के नौजवानों पर, प्रदेश की बुनियादी सुविधाओं पर, प्रदेश के बुनियादी ढाँचागत विकास के मुद्दों पर, प्रदेश के युवाओं, प्रदेश के किसानों इन सब के मुद्दे पर चर्चा करने का हम लोगों के लिए एक मंच विधानमण्डल है। इस पर हम लोग एक ऐसी चर्चा प्रारम्भ करें जो लगातार 48 घण्टे तक चले। सभी दलीय नेताओं ने बैठक में अपनी सहमति भी व्यक्त की लेकिन जब बापू की 150वीं जयन्ती के अवसर पर यह आयोजन यहाँ पर प्रारम्भ हुआ तो गरीबों के मुद्दे पर चर्चा न होने पाए, बुनियादी सुविधाओं पर चर्चा न होने पाए, नौजवानों के मुद्दे पर, महिलाओं के मुद्दे पर ये चर्चा न होने पाए इसलिए हमारे विपक्ष के मित्रों ने सदन का ही बहिष्कार कर दिया था। आप जब गरीबों पर चर्चा नहीं करना चाहते, प्रदेश के विकास पर चर्चा नही करना चाहते, प्रदेश के अन्दर जो कुछ नयापन हो रहा है या जो माननीय सदस्य अलग–अलग

पृष्ठभूमि से आकर अपने अमूल्य सुझावों से सदन के माध्यम से सरकार को और प्रदेश को लाभान्वित करना चाहते हैं तब आप स्वयं उससे वंचित रहना चाहते हैं और सदन की कार्यवाही में बाधा डालते हैं तो कौन-से सदन को आप चलाने की बात कर रहे हैं। 2 अक्टूबर और 3 अक्टूबर को पूरे प्रदेश और पूरे देश ने देखा है विपक्ष के उस आचरण को जहाँ पर उन्होंने इस सदन के कार्य का पूरी तरह बहिष्कार किया था। सस्टेनेबल डेवलपमेण्ट गोल्स पर चर्चा यह किसी पार्टी के एजेण्डे को आगे बढ़ाने तथा सरकार के एजेण्डे को आगे बढ़ाने की कार्यवाही नहीं थी। यह तो प्रदेश के अन्दर उन लक्ष्यों को प्राप्त करने की दिशा में किए जाने वाले प्रयास का हिस्सा था और हम लोगों ने पहले ही दिन सरकार का गठन होने के बाद जब दलीय नेताओं की बैठक हो रही थी, तभी हम लोगों ने इस बारे में कहा था।

हम चाहते हैं कि सदन की कार्यवाही अधिक समय तक चलनी चाहिए। अध्यक्ष जी, मैं आपसे अनुरोध करूँगा कि दलीय नेताओं की एक कमेटी गठित होनी चाहिए। संसद की तर्ज पर विधानसभा की कार्यवाही को भी हम लोग कैसे और समृद्ध बना सकते हैं, कैसे हम नियमों के अन्दर यदि आवश्यकता पड़ती है तो संशोधन करते हुए इसको और व्यवस्थित तरीके से आगे बढ़ा सकते हैं, हमें इस पर विचार करना चाहिए। यह देश का सबसे बड़ा विधानमण्डल है और यहाँ का अपना एक मैसेज है, अपना एक सन्देश है, देश के लिए भी और दुनिया के लिए भी। वह हम कैसा देना चाहते हैं, यह हम पर तय करेगा। मुझे लगता है कि इस सदन के दलीय नेताओं की बैठक के माध्यम से उसकी एक कमेटी गठित करके मैं आपसे अनुरोध करूँगा कि इस पर हमें प्रयास करना चाहिए कि यदि आवश्यकता पड़े तो नियमों में संशोधन करके संसद की तर्ज पर सदन की कार्यवाही को भी व्यवस्थित रूप से आगे बढ़ाने की प्रक्रिया को हमें आगे बढ़ाना चाहिए। चूँकि होता यह है कि दलीय नेता तो बोलते हैं लेकिन जो नए सदस्य हैं, उनको बहुत बार मौका नहीं मिल पाता है। उनमें एक एनर्जी है, उनके पास कुछ कर गुजरने की तमन्ना है। वह अपने अमूल्य सुझावों से, जिस अलग-अलग पृष्ठभूमि से वह लोग आए हैं,

उनके पास उसका भी अनुभव है। प्रदेश उन अनुभवों से वंचित रह जाता है। इसलिए हम लोग प्रयास कर रहे हैं कि कैसे उन सब लोगों को भी सदन की कार्यवाही में भाग लेने का अवसर प्राप्त हो सके, इसके लिए हमें एक व्यवस्था यहाँ पर बनाने का प्रयास करना चाहिए। मुझे लगता है कि इसका जो मैसेज होगा वह बहुत बड़ा मैसेज होगा। विपक्ष का यह आरोप है कि सरकार सदन नहीं चलने देना चाहती है। यह बजट सेशन है, बजट सेशन बजट तक सीमित होता है परन्तु अन्य मुद्दों को भी माननीय सदस्यों ने इस दौरान रखा है और जिस पर चर्चा भी हुई। हम लोगों ने किसी भी कार्य से अपने आप को अलग नहीं किया है। सरकार ने हमेशा कहा है कि किसी भी मुद्दे पर सार्थक बहस के लिए हम तैयार हैं। सरकार प्रत्येक मुद्दे पर चर्चा करने को तैयार है। सदस्यों की चर्चा का स्तर गम्भीर था और समृद्ध था तो उत्तर प्रदेश का स्तर भी उसी प्रकार गम्भीर और उतना ही समृद्ध रहा है। पूरे सदन के दौरान मंत्रियों के द्वारा दिए गए वक्तव्य और सदस्यों के द्वारा उठाए गए मुद्दे इन सबका प्रमाण हैं। हम लोग चुने गए जनप्रतिनिधि हैं। जनता के प्रति हमारी भी प्रतिबद्धता है। मैं आप सबसे कहना चाहता हूँ कि आप 15 वर्षों की उत्तर प्रदेश विधानमण्डल की कार्यवाही को उठाकर देखें। हमने एक सत्र में जितना सदन चलाया है, आपने पूरे वर्ष में उतना सदन नहीं चलाया है। आपको प्रश्न करने का कोई अधिकार इसमें नहीं होना चाहिए क्योंकि इसमें हम लोगों ने तो अधिक से अधिक दिनों तक सदन को चलाने की कार्यवाही की है और हम लोग आगे भी करेंगे। इस सत्र को केवल हम सत्रावसान की ओर नहीं ले जा रहे हैं, हम बीच में फिर उस प्रकार की परम्परा को आगे बढ़ाना चाहते हैं जैसी विगत वर्ष में हमने तीन अलग-अलग अवसरों पर सत्र को आहूत करके विशेष मुद्दों को लेकर सदन की चर्चा को और समृद्ध बनाने की कार्यवाही को आगे बढ़ाया था। सस्टेनेबल डेवलपमेण्ट गोल पर इस सदन में चर्चा हुई थी। संविधान दिवस पर इस सदन में विशेष चर्चा हुई थी। एक अन्य मुद्दे पर भी हम लोगों ने विशेष चर्चा को आगे बढ़ाने की कार्यवाही की थी। रिजर्वेशन से जुड़े हुए मुद्दे को लेकर विशेष सत्र हमने यहाँ पर आहूत किया था। यह तीन विशेष सत्र सामान्य चलने वाले सत्रों के बाद अतिरिक्त रूप से भी यहाँ पर

पिछले वर्ष चले थे और मैं उम्मीद करता हूँ कि इस वर्ष का यह पहला सत्र है। मा० राज्यपाल के अभिभाषण से सत्र का शुभारम्भ हुआ था। इसके उपरान्त बजट पर चर्चा करते हुए आज यहाँ पर बजट पारित हुआ है। मैं सबसे पहले पूरे सदन के सभी दलीय नेताओं का और सभी माननीय सदस्यों का हृदय से आभार व्यक्त करते हुए सबको धन्यवाद भी देता हूँ कि सबने राज्यपाल जी के अभिभाषण को भी और बजट को भी यहाँ पर पारित किया है।

अलग-अलग मुद्दों पर भी चर्चा हुई है, अलग-अलग विभागों के बजट पर भी चर्चा हुई है और काफी अच्छी चर्चा हुई है। मैंने आपको पहले भी कहा था कि संसद में अगर 16 मंत्रालय हैं तो 16 पर चर्चा नहीं होती है। 4 पर लोकसभा में चर्चा होती है, 4 पर राज्यसभा में चर्चा होती है शेष अन्य विभागों के बजट को कमेटी की बैठक में चर्चा करके उनके ठोस सुझावों को उसमें शामिल करके फिर उसे सदन में रखा जाता है। सदन उसको स्वीकार करता है। कमेटी की बैठकें भी बहुत समृद्ध होती हैं, बहुत अच्छी होती हैं, बहुत सार्थक होती हैं और मुझे लगता है कि कहीं-न-कहीं हमें विधानमण्डल की कार्यवाही को भी उस समृद्ध परम्परा की ओर आगे बढ़ाना चाहिए। हम लोग चाहेंगे कि अभी आने वाले समय में बहुत सारे ऐसे अवसर आएँगे, जिस अवसर पर हम लोगों को बैठने की आवश्यकता पड़ेगी। हम लोग तो चाहेंगे कि प्रदेश से जुड़े हुए अलग-अलग मुद्दों पर, अलग-अलग समय में यहाँ पर सदन की विशेष बैठकें आयोजित हों। सदन को हम सार्थक चर्चा का विषय बनाएँ। मैं जो बोल रहा हूँ, नेता विरोधी दल इसलिए इधर देखना नहीं चाहते क्योंकि वह आज मजबूर हैं, उन्होंने अपने मुँह पर एक ऐसी पट्टी बाँध ली है जो अब निकलने का नाम नहीं ले रही है। इसलिए अब उनकी मजबूरी समझ में आ सकती है लेकिन मैं चाहूँगा कि उन्होंने मुँह पर पट्टी बाँधी है, कान पर पट्टी न बाँधे, वे सुनें। इस कार्यक्रम को हमें आगे बढ़ाना चाहिए और हम लोग चाहते हैं कि सदन में अलग-अलग मुद्दों पर, जैसे पिछले वर्ष इस सदन में सस्टेनेबल डेवलपमेण्ट गोल्स पर चर्चा हुई थी, जिसे सबने सराहा था। जो लोग नहीं आए थे उनको पश्चाताप हुआ था और मुझे लगता है कि जिन्होंने आज अपने मुँह पर पट्टी बाँधी है, उनको भी जरूर पश्चाताप होगा।

इसके बाद, जैसे ही सदन की कार्यवाही पीठ के द्वारा अनिश्चित काल के लिए स्थगित होगी, तो उसके साथ ही इनको इस बात का पश्चाताप होगा। महोदय, हम यह भी चाहते हैं कि अलग-अलग विषयों को ले करके सदन में चर्चा हो, परसों आपने विधायक निधि के मुद्दे पर भी यहाँ चर्चा की थी और उससे जुड़ी हुई जो गाइडलाईन है उसमें आज के अनुरूप क्या संशोधन होने हैं, इसको ले करके भी मैं चाहूँगा कि इस पर दलीय नेताओं की एक कमेटी बना करके वे सभी सुझाव ले करके एक समय सीमा के अन्दर अगर प्राप्त हो जाते हैं तो हम लोगों को दोनों प्रकार से मदद मिलेगी। एक मदद आज के कार्य के अनुरूप, क्योंकि एक समय था विधायक निधि जब आई थी तब गाँव में इस बात को ले करके चर्चा होती थी कि हमें खड़न्जे का कार्य करना है, विद्युतीकरण का कार्य करना है, तब उस समय की आवश्यकता कुछ और थी, आज की आवश्यकता कुछ और है। आज विकास के कुछ नए मानक और कुछ नए प्रतिमान तैयार हुए हैं। लोगों की विकास के प्रति सोच बदली है। उसके अनुरूप विधायक निधि का उपयोग हो सके, उस मुद्दे को ले करके, गाईडलाइन में जो संशोधन करने हैं, उस दृष्टि से हमें कार्यक्रम को आगे बढ़ाना चाहिए। विधायक निधि बढ़े मुझे लगता है कि नेता विरोधी दल इससे सहमत नहीं हैं इसलिए वह सदन से वाक ऑउट करके चले गए हैं। मैं चाहता हूँ कि विधायक निधि के बारे में भी एक कमेटी बनाई जाए जो विधायकों की निधि को बढ़ाने के बारे में व्यापक चर्चा कर सके और यह बता सके कि विधायक निधि को किस हद तक हमें बढ़ाना है। किन-किन योजनाओं को इसके साथ मर्ज करना है कि विधायक सम्मानजनक ढंग से अपना प्रस्ताव भी दे सकें और उनके अनुरूप विभागीय कार्यों का सम्पादन विभिन्न विभागों के द्वारा भी किया जा सके। यह दोनों चीजें एक साथ होनी चाहिए क्योंकि विभागीय बजट भी हम लोगों ने सभी विभागों का पर्याप्त मात्रा में बढ़ाया है और अगर उससे सम्बन्धित विभिन्न प्रकार के प्रस्ताव भी, अन्य विधायकों के प्रस्ताव के साथ जोड़ करके इन कार्यों को सामयिक रूप से हम आगे बढ़ाते हैं तो यह मान करके देखा जा सकता है कि प्रत्येक विधायक अपनी-अपनी विधानसभा में एक ही वर्ष में 50 करोड़ से ले करके 100 करोड़ तक का कार्य

विभिन्न प्रकार की योजनाओं में करके अपनी उपलब्धियों को जब प्रकाशित करेगा तो पाँच वर्ष के बाद उसके सामने एक लम्बा-चौड़ा लेखा-जोखा होगा कि विधायक निधि के साथ-साथ उसके प्रस्ताव पर इतने ज्यादा कार्य उसके विधानसभा क्षेत्र में हुए हैं। यह उस विधायक के साथ जुड़ेगा और मुझे लगता है कि इसमें किसी के साथ कोई भेदभाव भी नहीं होना चाहिए और सभी को समान रूप से अवसर प्राप्त हो, इसके बारे में ठोस कार्य-योजना उस कमेटी के माध्यम से बननी चाहिए। मैं चाहूँगा कि संसदीय कार्य मंत्री और वित्त मंत्री की ही अध्यक्षता में अगर इस प्रकार की कमेटी बनती है तो मुझे लगता है कि अच्छा होगा। वह समय से इस कार्यक्रम को, उसकी पूरी रूप-रेखा को तैयार करके आगे बढ़ा दें जिससे इसको आगे बढ़ाने में हमें मदद मिल सके। इसके साथ ही एक बात की चर्चा जो अक्सर होती है, जो पूर्व विधायकगण और वर्तमान के कुछ विधायकगण भी, पता नहीं हमारे प्रतिपक्ष के नेतागण उसके लिए सहमत हैं, नहीं हैं, मैं नहीं जान सकता कि वेतन और भत्तों के बारे में भी चर्चा होनी चाहिए। सम्भवतः नेता प्रतिपक्ष इसके लिए सहमत होते हैं कि नहीं होते हैं, क्योंकि अगर कल सरकार कोई घोषणा करती है, ये कल तुरन्त जाकर कहेंगे कि साहब, हम तो सहमत थे ही नहीं और इसलिए मेरा प्रस्ताव होगा, इसके बारे में भी वित्त मंत्री की अध्यक्षता में एक कमेटी गठित हो, इस पर चर्चा हो और दलीय नेता इसके साथ बैठें और बैठ करके व्यापक चर्चा हो।

महोदय, मैं प्रस्ताव देता हूँ कि माननीय सदस्यों के लिए विधायक निधि 3 करोड़ कर दी जाए। साथ ही साथ विभिन्न विभागों से जुड़े हुए प्रस्ताव, हमारा प्रयास होना चाहिए कि माननीय सदस्यों को, जो सहमत हैं, उन सदस्यों की राय लेनी चाहिए, जो असहमति व्यक्त कर रहे हैं, उनके प्रस्ताव न लिए जाएँ, भले ही वह न सहमत हों, लेकिन बाकी सदस्यों के प्रस्ताव लेकर के उन कार्यक्रमों को आगे बढ़ाया जाना चाहिए। सरकार तीन वर्ष की उपलब्धियों पर एक पत्रिका छाप रही है। उसमें कोई दलीय भेद नहीं होगा, उसमें सभी माननीय सदस्यों की अपनी विधानसभा क्षेत्र की उपलब्धियों को लेकर के वह पत्रिका होगी। आप भी अगर अपनी विधानसभा की उपलब्धियों को एक बार चेक कर लेंगे और उसको भेज देंगे तो हमारा प्रयास होगा कि 15 मार्च

तक हम वह पत्रिका छाप करके आपको उपलब्ध करवा दें। अगर यह चीजें होंगी तो आपकी तीन वर्ष की उन उपलब्धियों को लेकर के जनता के बीच में जाने का एक अवसर प्राप्त होगा।

जनता को आप बता पाएँगे कि सरकार ने यह किया, जनपद में यह हुआ और विधानसभा में ये कार्य हुए हैं। जनपद स्तर पर भी और विधानसभा स्तर पर भी इन उपलब्धियों की जानकारी मिलेगी, इसके प्रस्ताव यद्यपि हम लोगों ने जनपद स्तर से तो माँगे हैं लेकिन फिर भी यदि आप लोग उसमें कुछ संशोधन करना चाहेंगे तो इसको लेकर जितनी जल्दी कर लें, ये चीजें जल्दी मिल जाएँगी तो 15 मार्च तक हम लोग पत्रिकाओं को प्रकाशित करके आप तक पहुँचाने का कार्य कर लेंगे। सभी माननीय सदस्यों को पूरी मात्रा में इसको उपलब्ध कराने की कार्यवाही कर दी जाएगी। इसके अलावा माननीय सदस्यों ने कहा तो वास्तव में वेतन और भत्तों के बारे में एक चर्चा होनी चाहिए और इसके बारे में एक ठोस व्यवस्था, कि क्या इसमें पेंशन की व्यवस्था होनी है, क्या वेतन के बारे में, अन्य भत्तों के बारे में, ट्रेविलिंग भत्ते के बारे में क्योंकि जो कूपन का सिस्टम है क्या हमें किसी स्मार्ट कार्ड की तरफ जाना है, क्या करना है इन सभी चीजों के बारे में मुझे लगता है कि वित्त मंत्री की अध्यक्षता में एक कमेटी दलीय नेताओं की बन जाए, वह कमेटी इस पर चर्चा कर ले और चर्चा करके अपना प्रस्ताव दे दे, सरकार इस पर आपकी भावनाओं के साथ में है लेकिन पारदर्शी तरीके के साथ यह सारी चीजें दिखनी चाहिए, जिससे कहीं भी किसी को बोलने का मौका न मिले।

अब तो हम पाईप पेयजल योजना पहुँचा रहे हैं। घर–घर नल, हर घर नल के लिए 15 हजार करोड़ रुपये अभी इस सरकार ने बुन्देलखण्ड और विन्ध्य क्षेत्र में दे दिए हैं। हम लोग हर एक गाँव में आगामी दो वर्ष के दौरान इस सुविधा को उपलब्ध कराने के लिए पूरी तैयारी के साथ कार्य कर रहे हैं। भारत सरकार इसमें पर्याप्त धनराशि दे रही है, यहाँ कोई भेदभाव नहीं है लेकिन बुन्देलखण्ड सबसे प्रभावित क्षेत्र था, विन्ध्य क्षेत्र सबसे प्रभावित क्षेत्र था इसलिए पहले चरण में सरकार ने अपने स्तर पर इस कार्यवाही को आगे बढ़ा दिया है। जिसमें भारत सरकार भी सहयोग कर रही है। मैं चाहूँगा

कि हर एक सदस्य को, जैसे बिजली के लिए आपको बोलना नहीं पड़ा, हर एक गाँव में, हर एक मजरे तक बिजली पहुँचा दी गई, जैसे सड़क के लिए किसी को बोलने की आवश्यकता नहीं पड़ी, लगातार सरकार की कार्रवाई उस तक पहुँच रही है। आपने देखा होगा, पहले भी सरकारें रही हैं, कोई बीमार होता था तो मुख्यमंत्री राहत कोष से पैसा देने के लिए चेहरे और दल देखे जाते थे, आज चेहरा और दल देख करके नहीं, पीड़ित व्यक्ति को देख करके सरकार तीन दिन के अन्दर रिपोर्ट मँगा करके सीधे उसके खाते में पैसा देने का कार्य करती है, उसका प्रस्ताव सरकार के पास आ जाए। आयुष्मान भारत में पाँच लाख रुपये तक के स्वास्थ्य बीमा का कवर प्रत्येक नागरिक को मिला, बिना भेदभाव के मिला। ऐसी ही स्थिति हमें पेयजल के लिए भी देनी है। हम जो मॉडल तैयार कर रहे हैं वह 10 वर्ष से 15 वर्ष तक के लिए कर रहे हैं, जो संस्था उस कार्य को करेगी उसको उसकी मरम्मत और मेण्टीनेन्स आदि की व्यवस्था भी अपने जिम्मे लेनी पड़ेगी जिससे कि हम उस परियोजना को सस्टेनेबल बना सकें और लोगों को लम्बे समय तक इस सुविधा का उपयोग दे सकें। यह कार्य सरकार के स्तर पर प्रारम्भ हुआ है। जहाँ पर सर्फेस वाटर होगा, हम सर्फेस वाटर को ट्रीट करके, ट्रीटमेण्ट के माध्यम से हम वहाँ पर शुद्ध पेयजल की आपूर्ति कराएँगे और जहाँ पर सर्फेस वाटर नहीं होगा, ग्राउण्ड वाटर की मौजूदगी होगी, वहाँ पर ग्राउण्ड वाटर ले करके हम इस योजना को पूरी तरह से उन तक पहुँचाने का कार्य करेंगे। सरकार इसके लिए पूरी तरह से तैयार है, हर प्रकार का सहयोग करने को तैयार है, इन चीजों को ले करके हमारी कार्यवाही आगे बढ़ेगी। इसके अलावा पूरे सदन की कार्यवाही, आज सदन का सोलहवाँ दिन है, कार्य-दिवस में देखेंगे तो दसवाँ दिन है लेकिन सदन की कार्यवाही का सोलहवाँ दिन है। सदन की कार्यवाही 13 फरवरी से प्रारम्भ हुई थी और यह कार्यवाही निरन्तर चली, बहुत महत्वपूर्ण प्रस्ताव आए उस पर हमने चर्चा को आगे बढ़ाया। सदन की इस कार्यवाही में सभी माननीय सदस्यों ने बड़ी रुचि के साथ भाग लिया, अपने विचारों को दिया, उनके बहुमूल्य सुझाव सरकार के पास आएँ, विभिन्न मंत्रालयों के पास गए, उससे लोगों को कार्य करने और एक नई स्थिति उनके सामने पैदा हुई है।

महोदय, इस दौरान हमारे यहाँ पर विधानसभा सचिवालय से जुड़े जो अधिकारी/कर्मचारी हैं, देर रात्रि तक यहाँ पर सदन की कार्यवाही चली है, उसमें उन्होंने पूरी तन्मयता के साथ सदन का कार्य किया है, इसलिए उनकी मेहनत, उनकी लगन और निष्ठापूर्वक कार्य करने के लिए पुरस्कार स्वरूप उन्हें ग्यारह हजार पाँच सौ रुपये की पुरस्कार राशि उपलब्ध कराई जा रही है। इसके बारे में मैं इस सदन में एक प्रस्ताव रखता हूँ। मैं सभी के प्रति हृदय से धन्यवाद देता हूँ। नेता प्रतिपक्ष और अपने सभी दलीय नेताओं के साथ ही सभी मा० सदस्यों को, जिन्होंने सदन की गरिमा को बनाए रखते हुए एक समृद्ध चर्चा का मंच उत्तर प्रदेश विधानमण्डल को बनाया है। विधानमण्डल में भी इतनी समृद्ध चर्चा आगे बढ़ सकती है, सम्भवतः कई वर्षों के बाद यह चीज देखने को मिली है। हमें इसको और समृद्ध बनाने की दिशा में प्रयास करना चाहिए। मैं उन सबके सभी बहुमूल्य सुझावों का समर्थन करूँगा, जो प्रदेश के अन्दर एक लोकतांत्रिक माहौल को सुखद और समृद्ध बनाने में सहायक होगा और मुझे उसमें बहुत प्रसन्नता होगी। मा० अध्यक्ष जी, आपके प्रति, प्रमुख सचिव, विधानसभा के प्रति और सचिवालय के सभी अधिकारियों/कर्मचारियों के प्रति भी हृदय से धन्यवाद और आभार व्यक्त करता हूँ, जिन्होंने इस पूरे कार्यक्रम को, इस पूरी व्यवस्था को बहुत सफलतापूर्वक शानदार तरीके से आगे बढ़ाया है और उत्तर प्रदेश विधानमण्डल की गरिमा को आगे बढ़ाने का कार्य किया है, क्योंकि विधानमण्डल की गरिमा हमारी लोकतांत्रिक परम्परा और मूल्यों की गरिमा होती है। विधानमण्डल में चर्चा का स्तर लोकतांत्रिक मूल्यों के चर्चा को और समृद्ध बनाता है, इससे लोकतांत्रिक मूल्यों पर आमजन का विश्वास और सुदृढ़ होता है और वह आज यहाँ पर देखने को मिला है। मैं एक बार फिर से आपका, सभी दलीय नेताओं का, सभी मा० सदस्यों का हृदय से आभार व्यक्त करते हुए बजट सत्र में शानदार चर्चा और कार्य के लिए हृदय से धन्यवाद देता हूँ। बहुत-बहुत धन्यवाद!

सन्दर्भ : दिनांक 28 फरवरी, 2020 वित्तीय वर्ष 2020-21 के आय-व्ययक पर साधारण चर्चा।

माननीय अध्यक्ष जी, इसके साथ ही मैं अपनी पार्टी की ओर से, सरकार की ओर से और पूरे सदन की ओर से इस सदन के पूर्व माननीय सदस्यों के प्रति, जो आज भौतिक रूप से हमारे बीच में नहीं हैं, जिनके नामों का आपने उल्लेख किया है, उन सभी 33 माननीय पूर्व सदस्यों के प्रति भी अपनी विनम्र श्रद्धांजलि अर्पित करता हूँ और आपसे प्रार्थना करता हूँ कि सदन की संवेदना को शोक-संतृप्त परिजनों तक पहुँचाने की कृपा करें।

स्पष्टवादी, सौम्य और मृदुभाषी नेता थे 'प्रणव दा'

अध्यक्ष जी, मैं आपकी अनुमति से भारत के पूर्व राष्ट्रपति एवं भारत रत्न श्री प्रणव मुखर्जी के दुःखद निधन पर इस संवेदना प्रस्ताव को इस सदन में रख रहा हूँ। भारत के पूर्व राष्ट्रपति एवं भारतरत्न श्री प्रणव मुखर्जी का 31 अगस्त, 2020 को लगभग 84 वर्ष की आयु में निधन हो गया। भारतीय राजनीति में श्री प्रणव मुखर्जी का दीर्घ अनुभव और योगदान रहा है। वे एक वरिष्ठ और सर्वमान्य राजनेता थे। सभी उन्हें 'प्रणव दा' कहकर सम्बोधित किया करते थे। वे पाँच बार राज्यसभा तथा 14वीं एवं 15वीं लोकसभा के सदस्य रहें। इस दौरान उन्होंने केन्द्रीय मंत्रिमण्डल में विभिन्न विभागों सहित, रक्षा मंत्रालय, विदेश मंत्रालय तथा वित्त मंत्रालय जैसे महत्वपूर्ण विभागों के मंत्री पद के दायित्वों का कुशलतापूर्वक निर्वहन किया। वे राज्यसभा में विभिन्न संसदीय समितियों के सभापति रहें तथा राज्यसभा और लोकसभा में नेता, सदन भी रहें। उन्हें 25 जुलाई, 2012 को देश के सर्वोच्च संवैधानिक पद, राष्ट्रपति पद पर आसीन होने का गौरव प्राप्त हुआ। वे इस पद पर 25 जुलाई, 2017 तक रहें। राष्ट्रपति के रूप में उन्होंने राष्ट्रपति पद का बखूबी निर्वहन करते हुए, इस पद की गरिमा और सम्मान में वृद्धि किया। श्री प्रणव मुखर्जी सार्वजनिक जीवन में स्पष्टवादी, सौम्य एवं मृदुभाषी नेता थे। उन्हें जटिल राष्ट्रीय मुद्दों पर आम सहमति बनाने व समन्वय स्थापित करने में व्यापक कूटनीतिक अनुभव प्राप्त था। इसके साथ–साथ अन्तर्राष्ट्रीय सम्बन्धों एवं वित्तीय मामलों की भी गहरी समझ थी। वह विश्व बैंक, अन्तर्राष्ट्रीय मुद्रा बैंक, एशियाई विकास बैंक सहित विभिन्न महत्वपूर्ण अन्तर्राष्ट्रीय संस्थाओं के संचालक मण्डल के सदस्य रहें।

वे भारतीय योजना आयोग के उपाध्यक्ष भी रहें। विभिन्न उच्च पदों पर रहते हुए उन्होंने अपने दायित्वों का कुशलतापूर्वक निर्वहन किया। एक सांसद, मंत्री और अनुभवी नेता के रूप में उनका संसदीय मूल्यों एवं परम्पराओं को मजबूत करने में महत्वपूर्ण योगदान रहा। राष्ट्र के प्रति श्री प्रणव मुखर्जी की सेवाओं का सम्मान करते हुए, उन्हें पद्म विभूषण, सर्वोच्च आदर्श सांसद, सर्वोत्तम प्रशासक सम्मान प्रदान किए गए तथा वर्ष 2019 में देश का सर्वोच्च सम्मान 'भारत रत्न' भी उन्हें प्रदान किया गया। श्री प्रणव मुखर्जी जी का राजनीतिक जीवन एवं व्यक्तित्व सबके लिए प्रेरणादायी है। उनके निधन से भारतीय राजनीति की अपूर्णीय क्षति हुई है। मैं उनके प्रति श्रद्धा–सुमन अर्पित करते हुए ईश्वर से उनकी आत्मा की शान्ति की कामना करता हूँ और आपसे विनम्र अनुरोध करता हूँ कि हम सबकी ओर से दुःखी परिजनों के प्रति हार्दिक संवेदना उन तक पहुँचाने की कृपा करें।

अध्यक्ष जी, उत्तर प्रदेश के पूर्व राज्यपाल श्री मोती लाल वोरा का 21 दिसम्बर, 2020 को निधन हो गया। वे लगभग 92 वर्ष के थे। श्री मोती लाल वोरा का जन्म 20 दिसम्बर, 1928 को राजस्थान के नागौर जिले में हुआ था। वे सरल एवं मृदुभाषी नेता थे। पत्रकारिता और समाजसेवा करते हुए उन्होंने राजनीति में प्रवेश किया और राजनीतिक क्षेत्र में अपनी अलग पहचान बनाई। श्री मोती लाल वोरा वर्ष 1972 से 1992 तक मध्य प्रदेश विधानसभा के सदस्य रहें। वे 13 मार्च, 1985 को पहली बार तथा 25 जनवरी, 1989 को दूसरी बार मध्य प्रदेश के मुख्यमंत्री पद पर आसीन हुए।

श्री मोती लाल वोरा बारहवीं लोकसभा के सदस्य भी रहें। वे चार बार राज्यसभा सदस्य तथा राज्यसभा की विभिन्न समितियों के सदस्य रहें, उन्होंने केन्द्रीय मंत्रिमण्डल में विभिन्न विभागों के मंत्री पद के दायित्वों का भी कुशलतापूर्वक निर्वहन किया है। श्री वोरा 26 मई, 1993 को उत्तर प्रदेश के राज्यपाल के पद पर आसीन हुए और इस पद पर 03 मई, 1996 तक आसीन रहें। राज्यपाल रहते हुए उन्होंने अपने दायित्वों का कुशलतापूर्वक निर्वहन किया। भारतीय राजनीति और सामाजिक जीवन में उनके योगदान का सदा स्मरण

रखा जाएगा। श्री मोती लाल वोरा के निधन से देश ने कुशल राजनीतिज्ञ एवं कुशल समाजसेवी को खोया है। मैं उनके प्रति श्रद्धा-सुमन अर्पित करते हुए ईश्वर से उनकी आत्मा की शान्ति की कामना करता हूँ और आपसे प्रार्थना करता हूँ कि हम सब की ओर से इस शोक-संवेदना को उनके घर-परिवार तक पहुँचाने की कृपा करें। माननीय अध्यक्ष जी, इसके साथ ही मैं अपनी पार्टी की ओर से, सरकार की ओर से और पूरे सदन की ओर से इस सदन के पूर्व माननीय सदस्यों के प्रति, जो आज भौतिक रूप से हमारे बीच में नहीं हैं, जिनके नामों का आपने उल्लेख किया है, उन सभी 33 माननीय पूर्व सदस्यों के प्रति भी अपनी विनम्र श्रद्धांजलि अर्पित करता हूँ और आपसे प्रार्थना करता हूँ कि सदन की संवेदना को शोक-संतृप्त परिजनों तक पहुँचाने की कृपा करें।

सन्दर्भ : पूर्व राष्ट्रपति भारतरत्न श्री प्रणव मुखर्जी के निधन पर मा० मुख्यमंत्री द्वारा संवेदना प्रस्ताव।

कोरोना संक्रमण को भी रोकना था और मैं यह कह सकता हूँ कि हमारी टीम ने फिर चाहे वह हमारे मंत्रिमण्डल के सहयोगी हों या हमारी प्रशासनिक टीम हो, पुलिस की टीम हो, हमारे स्वास्थ्यकर्मी हों, स्वच्छताकर्मी हों या कोरोना वॉरियर्स हों, इन सबने मिलकर जो कार्य किया, उसका परिणाम है कि उत्तर प्रदेश ने कोरोना प्रबन्धन में सबसे अच्छा परिणाम दिया है। किसानों के हितों के लिए कार्य करने में भी सबसे अच्छा परिणाम दिया है और आगे भी उत्तर प्रदेश सरकार किसानों के हित के लिए हर प्रकार से कार्य करने के लिए पूरी तरह प्रतिबद्ध है। केन्द्र सरकार और राज्य सरकार के समन्वय से किसानों के लिए, नौजवानों के लिए, महिलाओं के लिए, मजदूरों के लिए, व्यापारियों के लिए, समाज के प्रत्येक तबके के लिए पूरी प्रतिबद्धता के साथ कार्य करने के लिए हम लोग पूरी तरह ईमानदारीपूर्वक लगे हुए हैं।

कोरोना वॉरियर्स की सेवा अविस्मरणीय

अध्यक्ष जी, आपकी अनुमति से आज का यह जो शोक प्रस्ताव है पिछले एक वर्ष के दौरान पूरे देश ने आदरणीय प्रधानमंत्री जी के नेतृत्व में कोरोना के खिलाफ एक बहुत अच्छी लड़ाई लड़ी है। कोरोना प्रबन्धन के कार्य में स्वयं की चिन्ता न करते हुए हमारे स्वास्थ्यकर्मियों ने और कोरोना वॉरियर्स ने अविस्मरणीय और सराहनीय योगदान दिया है। हमारे कई स्वास्थ्यकर्मी और कोरोना वॉरियर्स इस दौरान इस वायरस की चपेट में आएँ और असमय उन्हें अपनी जान से हाथ धोना पड़ा। यह अवसर हमारे सामने है जब पूरा देश कोरोना के खिलाफ इस लड़ाई में अन्तिम चोट इस वायरस पर कर रहा है, दुनिया के अन्दर भारतवर्ष एकमात्र देश है जिसने दो-दो वैक्सीन लॉन्च की है और तेजी के साथ टीकाकरण की कार्यवाही पूरे देश के अन्दर चल रही है। उन स्थितियों में एक तरफ पूरे देश को जहाँ सुरक्षा का एक माहौल माननीय प्रधानमंत्री जी के माध्यम से उनके नेतृत्व में प्राप्त हुआ है वहीं साथ ही साथ अपने उन सभी कोरोना वॉरियर्स को, स्वास्थ्यकर्मियों को भी हम स्मरण करें।

माननीय अध्यक्ष महोदय, जिन्होंने देश और प्रदेश को बचाने के लिए अपनी जान की परवाह किए बगैर इस महामारी के खिलाफ देश की लड़ाई को मजबूती से आगे बढ़ाने में अपना योगदान दिया है। मैं इस अवसर पर पूरे सदन की ओर से कोराना के खिलाफ इस लड़ाई में योगदान देने वाले सभी स्वास्थ्यर्मियों और कोरोना वॉरियर्स को नमन करता हूँ, उनका अभिनन्दन करता हूँ और जिन लोगों ने इस पूरी लड़ाई में अपनी जान गँवाई है, उनके प्रति विनम्र श्रद्धांजलि अर्पित करते हुए उनके शोक-संतप्त परिजनों के प्रति मैं अपनी

ओर से, पार्टी की ओर से और पूरे सदन की ओर से विनम्र श्रद्धांजलि अर्पित करता हूँ और आपसे प्रार्थना करता हूँ कि उन सभी शोक-संतृप्त परिजनों के प्रति हमारी संवेदना को पहुँचाने की कृपा करें। अभी हाल ही में उत्तराखण्ड के एक स्थल पर ग्लेशियर के फटने से भीषण त्रासदी हुई है, जिसमें काफी बड़ी संख्या में जनहानि और धनहानि हुई है। जनहानि में उत्तर प्रदेश के भी काफी लोग थे, जो वहाँ पर जल विद्युत की परियोजनाएँ चल रही थीं, उस प्रोजेक्ट से जुड़े हुए थे। कुछ लोगों के शव प्राप्त हुए हैं, कुछ के शव अभी तक प्राप्त नहीं हो पाए हैं, कुछ लापता हैं। प्रदेश सरकार की ओर से एक मंत्री समूह की टीम बनाई गई है, जो उसकी निगरानी कर रही है। गन्ना मंत्री श्री सुरेश राणा जी के नेतृत्व में इस टीम ने उत्तराखण्ड का दौरा किया है। वहाँ के मा० मुख्यमंत्री जी के साथ इन्होंने बैठक भी की है। वहाँ की सरकार के साथ संवाद बनाए हुए हैं और साथ ही साथ अपर मुख्य सचिव, गृह के नेतृत्व में एक प्रशासनिक टीम यहाँ से लगातार उत्तराखण्ड सरकार के साथ और वहाँ के प्रशासन के साथ संवाद बनाकर उत्तर प्रदेश के पीड़ित परिवारों को राहत देने के लिए हर सम्भव प्रयास कर रही है। जो पीड़ित परिवार हैं, उनको सकुशल उनके घरों तक पहुँचाने का काम यह टीमें कर रही हैं और जो लोग उत्तराखण्ड जाना चाहते हैं, उनको वहाँ के प्रशासन के साथ संवाद बनाने में निरन्तर यह टीमें काम कर रही हैं। मैं आज के इस अवसर पर उत्तराखण्ड त्रासदी के शिकार हुए उन सभी लोगों के प्रति जिन्होंने इस त्रासदी में अपनी जान गँवाई है, उन सबके प्रति भी अपनी विनम्र श्रद्धांजलि अर्पित करता हूँ। जो लोग लापता हुए हैं, हमारा पूरा प्रयास है कि उन्हें उत्तराखण्ड सरकार और एन०डी०आर०एफ० के साथ या वहाँ पर जो भी राहत कार्य में लगी हुई एजेन्सियाँ हैं, उनके साथ संवाद बनाकर उन्हें सुरक्षित ढूँढने में उत्तर प्रदेश सरकार क्या योगदान दे सकती है, इसके लिए निरन्तर हमारा संवाद वहाँ पर बना हुआ है और पीड़ित परिवारों की मदद करने के लिए राज्य सरकार पूरी तरह प्रतिबद्ध है। जिन लोगों ने अपनी जान उत्तराखण्ड की इस त्रासदी में गँवाई है, ऋषिगंगा के पास ग्लेशियर के फटने से हुई इस त्रासदी में जान

गँवाने वाले जितने भी प्रदेश के हमारे नागरिक हैं, उन सभी के प्रति मैं विनम्र श्रद्धांजलि अर्पित करता हूँ और शोक-संतृप्त परिजनों के प्रति अपनी संवेदना भी व्यक्त करता हूँ। सभी को इस बात के लिए आश्वस्त भी करता हूँ कि राज्य सरकार पूरी तरह उनके साथ है। राज्य सरकार उन सभी परिवारों की हर सम्भव मदद करेगी। आपसे यही प्रार्थना है कि इस सदन की संवेदना को उन पीड़ित परिवारों तक पहुँचाने की कृपा करें। धन्यवाद!

किसान आन्दोलन पर मा० मुख्यमंत्री योगी आदित्यनाथ जी का वक्तव्य, श्री योगी आदित्यनाथ- मा० अध्यक्ष जी, यह है वास्तविकता, यह है सच्चाई। यह सच्चाई इस बात को बताती है कि प्रतिपक्ष के हमारे इन मित्रों को अन्नदाता किसानों से कोई लेना-देना नहीं है। इन्हें केवल हर एक कार्य को राजनीतिक चश्मे से देख करके अपने राजनीतिक स्वार्थों के लिए उसका दुरुपयोग करना है और यही होता रहा है। दुर्भाग्य से आजादी के बाद से ले करके वर्ष 2014 तक यही हुआ। मुझे आश्चर्य होता है लेकिन मुझे पता नहीं कि प्रतिपक्ष के हमारे मित्रगण, मा० सदस्यगण सदन में कोई नोटिस देने से पहले उस विषय का अध्ययन करते हैं या नहीं करते हैं। मैं इस बारे में बताना चाहता हूँ कि वर्ष 2018 में प्रदेश सरकार ने गन्ना के मूल्य में वृद्धि की थी और किन परिस्थितियों में उत्तर प्रदेश अपनी 119 चीनी मिलों का संचालन कर रहा है, वह भी तब जबकि हम सब जानते हैं कि कोरोना काल खण्ड में देश के अधिकतर राज्यों में आधे से अधिक चीनी मिलें बन्द हो चुकी थीं लेकिन तब भी उत्तर प्रदेश सभी 119 चीनी मिलों का संचालन कर रहा था। अगर वर्ष 2004 से ले करके वर्ष 2017 के बीच में गन्ना मूल्य के पूरे भुगतान को जोड़ लिया जाए तो पिछले 13-14 वर्षों में जितने गन्ना मूल्य का भुगतान नहीं हुआ, उतना भुगतान पिछले 3.5 वर्ष के अन्दर हमारी सरकार ने गन्ना किसानों के खातों में सीधे भेजने का कार्य किया है। चिन्ता अन्नदाता किसान नहीं व्यक्त कर रहा है लेकिन हाँ, अन्नदाता किसान को धोखा दे करके दलाली करने वाले लोग आज जरूर इस बात को लेकर चिन्तित हैं कि यह पैसा सीधे किसानों के खातों में क्यों जा रहा है? आज तो पर्ची भी उनके स्मार्ट फोन पर प्राप्त हो

जा रही है तो यह जो दूषित दलाली का जरिया था, वह भी अब समाप्त हुआ है। इसलिए उसमें इनकी चिन्ता ज्यादा दिखती है, इसके पीछे सद्‌भावना नहीं, दुर्भावना ज्यादा है। इसलिए दुर्भावना वाली बात पर चूँकि इनके अन्दर सच स्वीकार करने की हिम्मत नहीं थी, इसलिए ये लोग भाग खड़े हुए, ये भाग खड़े हुए और समाजवादी पार्टी, मुझे आश्चर्य होता है जब समाजवादी पार्टी किसान के बारे में बोली, युवा के बारे में बोली, महिलाओं के बारे में बोली, मुझे बहुत आश्चर्य होता है। हम लोगों ने प्रदेश के अन्दर एण्टी भू-माफिया टास्क फोर्स चलाई, उसे बनाया हुआ है। अब तक हमने 67000 हेक्टेयर से भी ज्यादा लैण्ड इन भू-माफियाओं के कब्जों से मुक्त कराया है। इन लोगों ने सत्ता में रहने के दौरान ज्यादातर जमीनें किसानों की ही जबरन दबाई थीं या सार्वजनिक जमीनों पर कब्जा किया था। जिन्हें आज कब्जों से मुक्त करा करके कहीं डिफेन्स कॉरिडोर में उसका उपयोग किया जा रहा है तो कहीं प्रदेश में नए निवेश को आमन्त्रित करने के लिए उन पर कार्य किया जा रहा है।

...और कहीं पर किसानों के हितों के लिए निराश्रित गौ-वंश आश्रय स्थल भी उसी भूमि पर बनाने का काम हो रहा है जिसमें 6 लाख से अधिक गौ-वंश के संरक्षण का कार्य वर्तमान में प्रदेश सरकार कर रही है। अन्नदाता किसान के लिए एम०एस०पी० की जो बात की जा रही है। एम०एस०पी० वास्तव में प्रधानमंत्री मोदी जी ने देश के किसानों को दिया है और प्रदेश के अन्दर प्रोक्योरमेण्ट की पॉलिसी हमारी सरकार 2017 में लेकर आई है, नहीं तो वर्ष 2003 से लेकर वर्ष 2017 के बीच में आप लोग देखेंगे कि 3 लाख, 5 लाख या 6 लाख क्विंटल तक का ही प्रोक्योरमेण्ट होता था। इस वर्ष धान के क्रय की बात आप कर रहे हैं। कोरोना के बावजूद 66 लाख मीट्रिक टन धान का क्रय इस बार एम०एस०पी० के आधार पर धान के किसानों से किया गया। चीनी मिलें हमारी संचालित हो रही हैं केवल चीनी मिल ही नहीं, खांडसारी के लाइसेन्स भी फ्री कर दिए गए। अब उनको ऑनलाइन लाइसेन्स मिलेंगे। यह सब किसानों के हितों को ध्यान में रखकर सारी कार्यवाही सरकार ने की। कोरोना कालखण्ड के दौरान गेहूँ की फसल तैयार की, गेहूँ की फसल के लिए

केन्द्र बनाने थे, उस समय भी प्रदेश सरकार ने जगह-जगह क्रय केन्द्र स्थापित किए। हमें अतिरिक्त व्यवस्था देनी पड़ी लेकिन किसी भी किसान को हम लोगों ने निराश नहीं होने दिया। प्रिक्योरमेण्ट जितना पिछले साढ़े तीन, पौने चार वर्ष के दौरान हुआ है उसके लिए महोदय मैं दावे के साथ कह सकता हूँ कि किसी भी सरकार की, चाहे वह समाजवादी पार्टी की दोनों बार की सरकार रही हो, वर्ष 2003 से लेकर वर्ष 2017 के बीच में और चाहे बहुजन समाज पार्टी की सरकार रही हो यह सभी अपने सरकार के कार्यकाल को देखें और तुलना करेंगे इन साढ़े तीन वर्षों के कार्यकाल से तो इनके पाँच वर्ष के कार्यकाल पर यह तीन वर्ष का कार्यकाल कई बार हावी होता हुआ दिखाई देता है, भारी पड़ता है। जहाँ तक केन्द्र सरकार के द्वारा बनाए गए तीन कृषि कानून हैं उनके लिए मैं विनम्रता के साथ कहना चाहूँगा कि केन्द्र सरकार ने इसके लिए किसान संगठनों को बड़े सम्मान के साथ वार्ता के लिए आमन्त्रित किया। कई दौर की बातचीत हुई और हर एक स्तर पर केन्द्र सरकार ने इस समस्या का संवाद के माध्यम से समाधान करने के लिए पूरी ईमानदारी और पूरी प्रतिबद्धता दिखाई। हर स्तर पर संवाद बनाए रखा गया लेकिन जब देश अपना राष्ट्रीय पर्व मना रहा था, गणतंत्र दिवस के दिन जो कुछ लाल किले पर हुआ है, तिरंगे का अपमान हुआ, भारत की आन-मान, सम्मान का अपमान हुआ और यही नहीं जब हम संवैधानिक प्रतीकों का अपमान करते हैं तो भारत के संविधान का भी अपमान करते हैं। भारत के संविधान के अपमान का मतलब बाबा साहब डॉ० भीमराव अम्बेडकर का भी अपमान करते हैं। कौन वह लोग हैं जो इस आन्दोलन की आड़ में आकर भारत की छवि को देश के अन्दर भी और दुनिया के अन्दर भी खराब करने का प्रयास कर रहे हैं। क्या यह साजिश नहीं है, जब भारत दुनिया के अन्दर अपनी एक धमक के साथ आगे बढ़ रहा है। दुनिया के अन्दर भारत एकमात्र देश है जिसने दो-दो कोरोना की वैक्सीन बनाई हैं। इन वैक्सीन को लॉन्च किया है और न केवल अपने देशवासियों को दे रहा है बल्कि दुनिया के अपने मित्र देशों को भी पहुँचाने का काम कर रहा है। वह दिन आप भूले नहीं होंगे जब भारत की वैक्सीन ब्राजील में जाती है तो

ब्राजील के राष्ट्रपति ने संजीवनी बूटी से उसकी तुलना की थी। जैसे हनुमान जी संजीवनी बूटी को लेकर आए थे लक्ष्मण जी के प्राण बचाने के लिए, ऐसे ही यह कोरोना वैक्सीन जो भारत ने विकसित की है वह हमारे देशवासियों के लिए संजीवनी बूटी का कार्य करेगी। जब यह देश दुनिया के अन्दर अपनी धमक को बना रहा है, जब दुनिया के अन्दर भारत की एक नई पहचान बन रही है और जब दुनिया का सबसे ज्यादा निवेश भारत के अन्दर आ रहा है और सबसे अच्छे निवेश के गन्तव्य के रूप में भारत एक नई धमक के साथ दुनिया में जा रहा है, दुनिया में अपनी एक नई पहचान बना रहा है, तब भारत की छवि को धूमिल करने के लिए कुत्सित प्रयास किस रूप में हो रहे हैं यह किसी से छुपा हुआ नहीं है। यहाँ घड़ियाली आँसू बहा देने से किसानों की समस्या का समाधान नहीं होने वाला है। किसानों के लिए प्रधानमंत्री फसल बीमा योजना हो, प्रधानमंत्री कृषि सिंचाई की योजना हो, स्वॉयल हेल्थ कार्ड की योजना हो या फिर एम०एस०पी० लागत का डेढ़ गुना दाम स्वामी नाथन कमेटी की रिपोर्ट के अनुसार अगर यह 2018 में 24 जींस का किसी ने घोषित किया है तो प्रधानमंत्री मोदी जी ने किया है। मैं उनका अभिनन्दन करता हूँ और पूरे सदन को, पूरे देश को प्रधानमंत्री मोदी जी का अभिनन्दन करना चाहिए। यही नहीं, देश के 12 करोड़ किसानों को प्रधानमंत्री किसान सम्मान निधि का लाभ भी देने का काम, 6 हजार रुपये सालाना देने का काम किसी ने किया है तो वह प्रधानमंत्री मोदी जी ने किया है। किसानों के हित के लिए इतने बड़े-बड़े काम हो रहे हैं। यह तीन कृषि कानून भी उसी श्रृंखला का हिस्सा है। मैं केवल एक उदाहरण आपके सामने देना चाहता हूँ, इसमें से एक कानून मण्डी से सम्बन्धित है-ए०पी०एम०सी० ऐक्ट। यह मण्डी की बाध्यता को समाप्त करता है। मैं किसान हूँ अगर मेरी मर्जी आएगी तो मैं मण्डी समिति में जाऊँगा और मेरी मर्जी आती है कि मैं मण्डी में नहीं जाना चाहता तो मैं कहीं भी अपनी उपज को बेच सकता हूँ, अपने खेत में, अपने खलिहान में या फिर मुझे लगता है कि यू०पी० में अच्छा दाम नहीं मिल रहा है, मुझे यू०पी० के बाहर अच्छा दाम मिलेगा तो मैं ले कर जाऊँगा। मेरी उपज पर कोई टैक्स नहीं

लगेगा, यह गारण्टी देश के किसानों को यह कानून देता है। लेकिन जो बीच के दलाल हैं, उनको बुरा लग रहा है कि यह लाभ किसान को क्यों मिलेगा? यह लाभ किसान को क्यों देने का प्रयास हो रहा है? एक छोटा-सा उदाहरण मैं देता हूँ कि अभी डेढ़ महीने पहले उद्यान विभाग ने एक कार्यक्रम के लिए मुझसे अनुरोध किया कि एक स्ट्रॉबेरी फेस्टिवल झाँसी में है, उसका उद्घाटन आपको करना है। स्ट्रॉबेरी फेस्टिवल के उद्घाटन के लिए मैं वहाँ पर प्रदेश के अन्दर चल रहे इस आन्दोलन के कारण फिजिकली उपस्थित नहीं हो पाया तो मैंने उनसे आग्रह किया कि मैं वर्चुअली इसका उद्घाटन कर लूँगा। उन्होंने कहा कि हाँ, हम चाहते हैं कि केवल आप उद्घाटन कर लें तो मैंने वर्चुअली उद्घाटन किया। बुन्देलखण्ड में स्ट्रॉबेरी का उत्पादन! एक नया प्रयोग, एक नया अनुभव! आदरणीय प्रधानमंत्री जी ने अपने मन की बात में उसकी चर्चा भी की। मैंने उस परिवार को बुलाया। झाँसी में सिख परिवार, चावला की एक युवती ने पहले घर की छत के ऊपर स्ट्रॉबेरी का उत्पादन शुरू किया और बाद में डेढ़ एकड़ खेती में उन्होंने स्ट्रॉबेरी की खेती प्रारम्भ की। एक सामान्य किसान जब अपनी डेढ़ एकड़ की खेती में धान या गेहूँ की फसल पैदा करता है तो साल में उसको मुश्किल से यदि दोनों फसलों को मिलाकर हम देखेंगे तो उसका कुल लाभ वह 30 से 40 हजार रूपये का ही कमा सकता है, इससे ज्यादा नहीं कमा सकता। डेढ़ एकड़ की खेती में इस परिवार ने चार महीने के अन्दर 36 लाख का मुनाफा कमाया। यही 36 लाख प्रधानमंत्री मोदी जी हर किसान की जेब में डलवाना चाहते हैं कि स्ट्रॉबेरी खेती के माध्यम से एक किसान झाँसी के अन्दर लाभांश पैदा कर सकता है और यह स्ट्रॉबेरी कहाँ जा रहा है? कुछ यू०पी० के मार्केट में और कुछ दिल्ली के मार्केट में। इस पर कोई टैक्स नहीं है। इस कानून ने उस किसान को एक सुरक्षा दी है, एक संरक्षण दिया है और यही बुरा लग रहा है, हमारे विपक्ष के मित्रों को जो वॉक आउट करके भाग कर चले गए हैं जिनको इससे कोई मतलब नहीं है। क्योंकि कानून क्या है, यह उनको स्वयं भी मालूम नहीं है लेकिन विरोध में बोलना है, इसलिए विरोध में बोलेंगे। गन्ना किसानों को 1 लाख 23 हजार करोड़

रुपये के गन्ना मूल्य का भुगतान हुआ, इसकी चर्चा नहीं करेंगे। खांडसारी को लाइसेन्स फ्री कर दिया गया, इसकी चर्चा नहीं करेंगे। गन्ना किसानों की पर्ची में और घटतौली में पूरी तरह पाबन्दी लग गई है। पूरी प्रतिबद्धता के साथ आज किसान चीनी उत्पादन भी कर सकता है, एथेनॉल उत्पादन भी होगा, खांडसारी उत्पादन भी होगा। उत्तर प्रदेश के अन्दर पूरी मजबूती के साथ हो रहा है और किसान को उसका दाम मिल रहा है। यह इनको बुरा लग रहा है कि कैसे हो पा रहा है? क्योंकि पहले तो पर्ची में दलाली होती थी, इसके बाद खांडसारी उद्योग में लाइसेन्स के नाम पर पैसे ऐंठे जाते थे, फिर चीनी मिलों में अपना खेल अलग से प्रारम्भ होता था। आज जब यह सारी चीजें समाप्त हो गई हैं तो विपक्ष के कुछ मित्रों को स्वाभाविक रूप से जो इस खेल में पहले से रमे हुए खिलाड़ी हैं तो उनको कहाँ से अच्छा लगेगा? उनकी जो खीझ है, उस खीझ को वह कहीं न कहीं तो उतारने का प्रयास करेंगे ही।

दूसरा, महोदय, प्रधानमंत्री जी ने बार-बार कहा है कि एम०एस०पी० जारी रहेगी, एम०एस०पी० पर हम आज भी धान का क्रय कर रहे हैं। 28 फरवरी तक धान का क्रय हर उस केन्द्र पर होगा जो धान क्रय के लिए खोले गए हैं, उन सब पर धान का क्रय लगातार चल रहा है कहीं कोई समस्या नहीं है। वृहद् पैमाने पर धान का क्रय प्रदेश के अन्दर हो रहा है। उत्तर प्रदेश में, मैं कहता हूँ कि जितना हम एक साल में क्रय कर रहे हैं बहुजन समाज पार्टी और समाजवादी पार्टी के 5-5 सालों का रिकार्ड आप देख लीजिए जितना इन्होंने 5 सालों में नहीं खरीदा, हमने एक साल में उतना धान किसानों से सीधे खरीदा है। सीधे उनके खाते में एम०एस०पी० भेजा है। एम०एस०पी० का लाभ किसानों को देने की गारण्टी भी प्रधानमंत्री जी बार-बार दे रहे हैं, एम०एस०पी० जारी रहेगी। अगर एम०एस०पी० से ज्यादा दाम किसान को मार्केट के बाहर मिलता है तो किसान को यह स्वतन्त्रता क्यों नहीं मिलनी चाहिए कि किसान अपनी उपज को सीधे बेचे और उसका मुनाफा कमाए। तीसरा कॉन्टेक्ट फार्मिंग की जो बात है, यह कॉन्टेक्ट फार्मिंग म्युचुअल अण्डरस्टैण्डिग से होती है और उसमें किसान के पक्ष में म्युचुअल अण्डरस्टैण्डिग होना चाहिए। इसके लिए

तो अब एफ०पी०ओ० बनाने की दिशा में भी प्रयास प्रारम्भ हुए हैं। देश के अन्दर 10,000 नए एफ०पी०ओ० के गठन के लिए भारत सरकार सहयोग कर रही है। प्रदेश के अन्दर हमने इस प्रक्रिया को आगे बढ़ाना प्रारम्भ किया है। हर विकास खण्ड में एक किसान उत्पादक संगठन बना करके किसान को अधिक-से-अधिक मुनाफा देने की कार्रवाई प्रारम्भ हो रही है। एफ०पी०ओ० का मतलब या कॉन्टेक्ट फार्मिंग का मतलब ही यही है, आप देखेंगे कि पश्चिम में बड़ी जोत के किसान हैं। लेकिन अगर आप पूरब में जाएँगे तो पूरब में छोटी जोत के किसान हैं। सभी लोग छोटी-छोटी खेती का काम करते हैं। अगर इसी में कुछ किसान खेती के साथ जुड़ें, कुछ फूड प्रोसेसिंग के साथ जुड़ जाएँ, कुछ एथेनॉल के साथ जुड़ जाएँ, कुछ लोग बायोफ्यूल के साथ जुड़ जाएँ, उसी एक खेती को व्यवस्थित रूप से संचालित करके आगे बढ़ा दिया जाए, मैकेनाइज खेती उसमें प्रारम्भ कर दी जाए, मुनाफा तो हर एक किसान को होगा। जितना रुपया होगा उसके अनुसार जहाँ वह 10,000 रुपये कमा रहा है अपने खेत के छोटे से टुकड़े में साल में अगर उसी में उसको 1,00,000 रुपये या 5,00,000 रुपये सालाना मिल जाए तो यह किसान के चेहरे पर खुशहाली लाने का प्रयास है। ये किसान की आमदनी को कई गुना बढ़ाने की प्रक्रिया के हिस्से हैं जिससे उसके चेहरे पर खुशहाली आए। अन्नदाता के हित के लिए बनाए गए कानून का देश के सभी प्रगतिशील किसानों ने सम्मान किया है, स्वागत किया है। लेकिन उसकी आड़ में कुछ निहित तत्वों के द्वारा देश में अराजकता पैदा करने का जो कुत्सित प्रयास हो रहा है, ये मुझे लगता है कि स्वीकार्य नहीं होना चाहिए और कोई भी स्वाभिमानी समाज इसको स्वीकार नहीं कर सकता है। हमें तथ्यों पर बात करनी चाहिए। तर्कपूर्ण तरीके से अपनी बात को रखना चाहिए, गुमराह करके नहीं, अराजकता पैदा करके नहीं, तोड़-फोड़ करके नहीं, भारत के संवैधानिक प्रतीकों का अपमान करके नहीं और कॉमन मैन के आवागमन को, सामान्य जन के आवागमन को बाधित करके यह सब कार्य नहीं हो सकते हैं। हम इस समस्या का समाधान, अगर कहीं कोई कन्फ्यूजन है समाधान संवाद से होगा, लोकतंत्र संवाद की

सबसे बड़ी ताकत है। यह लोकतंत्र की ताकत है संवाद में सहमति, असहमति होगी, लेकिन सहमति-असहमति के बीच में समन्वय स्थापित करना यही तो लोकतंत्र का काम है और बार-बार इस चीज के लिए केन्द्र सरकार कह रही है। आदरणीय प्रधानमंत्री जी ने भी इस बात को कहा कि ये तो विकल्प है इस विकल्प पर आप विचार करिए। हर प्रकार के आश्वासन दिए गए हैं और उस आश्वासन के साथ मैं तो फिर भी अपील करूँगा उन सभी संगठनों से जो लोग अराजकता फैलाने पर उतारू हैं, वह पक्ष अलग है, वह तो हर परिस्थिति में करेगा। वह तो तब भी करते थे, तब अयोध्या के लिए भी कहते थे कि परिन्दा पर नहीं मार सकता। अब तो अयोध्या में राम का भव्य मन्दिर बन ही रहा है, काम तो हो ही रहा है अयोध्या में। कौन सच था यह सबके सामने है, हम लोग जो बात उस समय कहते थे, 1990 में कहते थे, 1992 में कहते थे, आज भी हम अपनी बात पर अडिग हैं। हम उससे तनिक भी इधर-उधर नहीं हुए हैं। मैं फिर इस बात को कहूँगा कि किसानों के हित के लिए हमारी पूरी प्रतिबद्धता है।

अगर यह लोग प्रतिबद्ध होते तो बाणसागर परियोजना का समयबद्ध ढंग से काम पूरा क्यों नहीं कर पाए थे? जनता पार्टी की सरकार में स्वर्गीय मोरारजी देसाई जी ने उस योजना का शिलान्यास किया था और पूरा तो हमने किया 2018 में। इन लोगों ने कभी पूरा क्यों नहीं किया? किसान के लिए उसको तकनीक चाहिए, उसको मार्केट चाहिए, उसको खेत के लिए पानी चाहिए, मनरेगा के माध्यम से, कन्वर्जन के माध्यम से उसको शासन का सम्बल चाहिए, हर स्तर पर उसको समर्थन मूल्य की गारण्टी मिलनी चाहिए। हमारे क्रय केन्द्र इसकी गारण्टी उसको उपलब्ध करा रहे हैं। लेकिन इन सबसे इतर जिन लोगों ने किसानों के हकों पर डकैती डालने का काम किया, जिन लोगों ने अपनी सरकार के समय किसानों पर जुल्म ढाए। उस समय गन्ना किसान कितना हतप्रभ हो चुका था। 2017 में जब हम आए थे तो 2010-11 से किसान का गन्ना मूल्य का बकाया बाकी था। किसकी सरकार थी 2010-11 में? 2012-17 के बीच में किसकी सरकार थी और उसके बाद हमारी सरकार

आई और गन्ना मूल्य का भुगतान करना प्रारम्भ किया गया। हम यह भी जानते हैं कि अन्तर्राष्ट्रीय मार्केट की स्थिति बहुत अच्छी नहीं है। कोरोना के दौरान जब महाराष्ट्र की आधे से अधिक चीनी मिलें बन्द हो गईं, कर्नाटक की चीनी मिलें बन्द हो गईं, तब भी उत्तर प्रदेश के अन्दर गन्ना विभाग एक-एक चीनी मिल के साथ खड़ा होकर चीनी मिलों को चला रहा था और इस बात की गारण्टी दे रहा था। 25 मार्च से लॉकडाउन प्रारम्भ हुआ लेकिन चीनी मिलें जून तक यहाँ चली हैं। लॉकडाउन के दौरान भी हमने उस प्रकार के उपाय किए कि चीनी मिलें भी चलें और किसान को गन्ना पहुँचाने में दिक्कत भी न हो। पहली अप्रैल से हमने गेहूँ के लिए प्रोक्योरमेण्ट की कार्रवाई प्रारम्भ कर दी थी, जब लॉकडाउन था। उत्तर प्रदेश पहला राज्य था जहाँ पर गेहूँ क्रय केन्द्र स्थापित हो गए थे और किसानों को गेहूँ वहाँ तक पहुँचाने, वहाँ तक लाने की आवश्यकता पड़ती थी तो खेत में जाकर ही हमारे अधिकारी, कर्मचारी किसानों से क्रय करते थे ताकि आपको कोई परेशानी न हो। कोरोना संक्रमण को भी रोकना था और मैं यह कह सकता हूँ कि हमारी टीम ने फिर चाहे वह हमारे मंत्रिमण्डल के सहयोगी हों या हमारी प्रशासनिक टीम हो, पुलिस की टीम हो, हमारे स्वास्थ्यकर्मी हों, स्वच्छताकर्मी हों या कोरोना वॉरियर्स हों, इन सबने मिलकर जो कार्य किया, उसका परिणाम है कि उत्तर प्रदेश ने कोरोना प्रबन्धन में सबसे अच्छा परिणाम दिया है। किसानों के हितों के लिए कार्य करने में भी सबसे अच्छा परिणाम दिया है और आगे भी उत्तर प्रदेश सरकार किसानों के हित के लिए हर प्रकार से कार्य करने के लिए पूरी तरह प्रतिबद्ध है। केन्द्र सरकार और राज्य सरकार के समन्वय से किसानों के लिए, नौजवानों के लिए, महिलाओं के लिए, मजदूरों के लिए, व्यापारियों के लिए, समाज के प्रत्येक तबके के लिए पूरी प्रतिबद्धता के साथ कार्य करने के लिए हम लोग पूरी तरह ईमानदारीपूर्वक लगे हुए हैं। मुझे लगता है और आपसे भी मैं विनम्र अपील करूँगा कि अध्यक्ष जी, माननीय सदस्यों को बताएँ कि अगर कोई मुद्दा उठाते हैं तो सुनने की आदत भी उसमें डालें। देखिए, उस बिगड़ैल खिलाड़ी की तरह हम लोगों को आदत बन्द करनी चाहिए जो खेल की शुरूआत करके अधूरे

में छोड़कर भाग खड़े होते हैं, यह समाजवादी पार्टी की आदत है। हमेशा जब उनको लगता है कि अब उनके पास कोई मुद्दा नहीं बचा हुआ है। यह लोग तो वैसे भी इस फील्ड के बहुत वैसे खिलाड़ी हैं, जिन लोगों ने प्रदेश के किसानों की कितनी क्षति की है, किसी ने चीनी मिलें बेच दीं, किसी ने कभी किसानों के लिए प्रोक्योरमेंट सेण्टर चलाए ही नहीं। बाढ़ की समस्या के समाधान के लिए इनके पास कोई योजना ही नहीं थी। जन की भी हानि होती थी, धन की भी हानि होती थी। हम लोगों ने तो दलहन के लिए, तिलहन के लिए, मकई के लिए, आलू के लिए समर्थन मूल्य घोषित किया। आज हर किसान खुशहाल है और अच्छी दिशा में आगे बढ़ रहा है। परेशानी किसानों को नहीं, विपक्ष के उन मित्रों को है जिनकी दलाली का पैसा अब सीधे किसानों के खाते में जा रहा है उनको जरूर परेशानी है। सामान्य किसान को कोई परेशानी नहीं है और किसान संगठनों ने इसकी घोषणा बहुत पहले भी की है और आगे भी करेंगे और मैं फिर इस बात के लिए आश्वस्त करता हूँ कि सरकार किसानों के हितों के प्रति पूरी तरह प्रतिबद्ध होकर समर्पित भाव के साथ कार्य करेगी। संवाद से अगर कहीं कोई कन्फ्यूजन होगा तो उस समस्या का समाधान करने के लिए हम लोग पूरी तत्परता के साथ कार्य करने को तैयार हैं।

कहीं भी किसी पर कोई प्रतिबन्ध नहीं लगाया गया है। किसी भी प्रकार की कोई भी रोक-टोक किसी कार्यक्रम में नहीं है। लेकिन हाँ, कानून को हाथ में ले करके आगजनी, तोड़-फोड़ या फिर संवैधानिक प्रतीकों का अपमान करने की छूट भी हम किसी को नहीं दे सकते हैं। प्रदेश की 24 करोड़ जनता की सुरक्षा हमारी जिम्मेदारी है और उस 24 करोड़ जनता की सुरक्षा के साथ किसी को भी खिलवाड़ करने की छूट सरकार नहीं देगी। मुझे आपसे यही विनम्र प्रार्थना करनी थी। मुझे लगता है कि अच्छा होगा अगर विपक्ष के हमारे मित्रगण सच्चाई को स्वीकार कर सकेंगे, धन्यवाद!

सन्दर्भ : कोरोना वॉरियर्स और उत्तराखण्ड त्रासदी में मारे गए लोगों पर मा० मुख्यमंत्री का शोक प्रस्ताव।

महोदय, कोविड के दौरान लखनऊ की एक वृद्ध महिला हमारे पास कोविड में दान देने के लिए आना चाहती थी। महिला की उम्र ज्यादा थी, हाई रिस्क कैटेगरी में होने के नाते मैंने उनको 2–3 बार मना किया कि माता जी, आप अभी मत आइए। जब आप स्वस्थ हो जाएँ, तब आप दान दे जाइएगा। उन्होंने कहा कि मुझे अभी दान देना है। मैंने उनके लिए एक स्पेशल व्यवस्था की। वह मुझसे मिलने के लिए आईं। आप आश्चर्य करेंगे कि उन्होंने कहा कि मेरे पास एक मकान है और मेरे जीवन भर की एक पूँजी है। मैं पूरे जीवन भर की पूँजी और मकान को कोरोना पीड़ितों के उपचार के लिए दान देना चाहती हूँ।

लोकतंत्र की शक्ति है संवाद

मा० अध्यक्ष जी, मा० राज्यपाल जी के अभिभाषण पर माननीय सदस्य श्री योगेन्द्र उपाध्याय जी के द्वारा प्रस्तुत धन्यवाद प्रस्ताव जिसका समर्थन मा० सदस्य श्री विक्रम सिंह जी ने यहाँ पर किया था। नेता प्रतिपक्ष, नेता बहुजन समाज पार्टी, नेता कांग्रेस समेत सत्तापक्ष और विपक्ष के 48 मा० सदस्यों ने इस पूरी चर्चा में भाग लिया। मैं सबसे पहले इन सभी मा० सदस्यों को हृदय से धन्यवाद देता हूँ। राज्यपाल महोदय के इस अभिभाषण प्रस्ताव पर विधानसभा में चली इस महत्वपूर्ण चर्चा में लोगों ने रूचि से भाग लिया और सभी मा० सदस्यों ने अपने दल की भावनाओं के अनुरूप अपने विचारों को व्यक्त करते हुए लोकतंत्र के इस मन्दिर को संवाद का एक महत्वपूर्ण मंच प्रदान किया है। वास्तव में लोकतंत्र की हमारी सबसे बड़ी ताकत ये संवाद है। आपस में सहमति-असहमति हम सब के बीच हो सकती है लेकिन संवाद का यह सिलसिला चलता रहना चाहिए, बना रहना चाहिए और 48 मा० सदस्यों का इसमें भागीदार बनना बल्कि मेरी तो इच्छा थी कि और भी मा० सदस्य इसमें भागीदार बनें क्योंकि श्री राज्यपाल का अभिभाषण विधानमण्डल के लिए सरकार का एक दस्तावेज होता है वैसे ही जैसे संसद के लिए महामहिम राष्ट्रपति का अभिभाषण होता है। शासन की उपलब्धियाँ और भावी योजनाएँ इस अवसर पर अभिभाषण के माध्यम से रखी जाती हैं और एक दिशा, एक दृष्टि न केवल सरकार के लिए बल्कि प्रदेश के लिए सदन में हुई चर्चा-परिचर्चा के माध्यम से प्राप्त होती है। मैं इसके लिए श्री राज्यपाल जी के प्रति हृदय से आभार व्यक्त करते हुए जिन सभी मा० सदस्यों ने इसमें भागीदार बनकर

इस चर्चा में भाग लिया या इस चर्चा में उनकी प्रत्यक्ष या अप्रत्यक्ष रूप से उपस्थिति रही है, कुछ मा० सदस्य वर्चुअली भी जुड़े हुए हैं, उन सभी को भी मैं हृदय से धन्यवाद देता हूँ लेकिन महोदय, परिपाटी अच्छी चीजों की बनती है और मैं विनम्र आग्रह करूँगा अपने विपक्ष के मित्रों को, खासतौर पर हमारे नेता प्रतिपक्ष को वे काफी सहज हैं और सरल हैं लेकिन गलत पार्टी में होने के कारण अक्सर भटक जाते हैं, अन्यथा वह व्यक्तिगत रूप से बहुत अच्छे आदमी हैं और अच्छा करने का प्रयास भी करते है।

राज्यपाल जी अभिभाषण करने के लिए आई थीं, राष्ट्रपति देश का संवैधानिक प्रमुख होता है, राज्यपाल प्रदेश का संवैधानिक प्रमुख है। यदि अपने संवैधानिक प्रमुखों का सम्मान यह चुना हुआ सदन नहीं करेगा तो लोकतांत्रिक प्रणाली के सामने स्वयं एक गम्भीर संकट खड़ा होगा। इसलिए संवैधानिक प्रतीकों, संवैधानिक प्रमुखों का सम्मान चुने गए जनप्रतिनिधियों का दायित्व होना चाहिए।

और कहीं न कहीं इस मामले में हम लोग चूक करते हैं। परिपाटी अच्छी होनी चाहिए। अच्छी परिपाटी, जैसे इस विधानसभा में वर्ष 2019 में और वर्ष 2020 में हम लोग इस प्रकार की चर्चा को वैश्विक महामारी कोरोना के कारण आगे नहीं बढ़ा पाए लेकिन वर्ष 2019 में इस मामले में काफी अच्छे काम हुए थे। जैसे सस्टेनेबल डेवलपमेण्ट गोल्स पर 36 घण्टे की डिबेट हुई। देश का पहला कोई लोकतांत्रिक मंच था, खासतौर पर उत्तर प्रदेश विधानमण्डल ने इस पर चर्चा की और माननीय सदस्यों ने इसमें भागीदार बनकर चर्चा की। गरीबी–उन्मूलन के लिए, शिक्षा के लिए, बेहतर स्वास्थ्य के लिए यानी आप देखेंगे कि जो चर्चा इस विधानमण्डल में हो रही थी, कोविड के दौरान उस चर्चा ने उस क्षेत्र में कार्य करने के लिए हमें एक बल दिया या फिर अन्य मुद्दों पर भी यहाँ पर चर्चा हुई। जैसे संविधान दिवस के अवसर पर भी 26 नवम्बर, 2019 को इस सदन ने बैठकर एक चर्चा की थी। हम फण्डामेण्टल राइट की बात तो करते हैं लेकिन हमारे संवैधानिक कर्तव्य क्या हैं, क्या इस पर भी सदन चर्चा करेगा? पहली बार किसी सदन में अपने संवैधानिक कर्तव्यों पर

भी चर्चा हुई थी और वह उत्तर प्रदेश विधानसभा है। उत्तर प्रदेश विधानसभा में सभी पक्षों के माननीय सदस्यों ने अपनी बातों को भी रखा था और साथ-साथ अपने उन दायित्वों का बोध भी करते हुए समाज के सामने एक बहुत पॉजिटिव सन्देश भी दिया था। अनुसूचित जाति-जनजाति से सम्बन्धित बिल पर भी एक स्पेशल सेशन बैठा था और तब भी इस सदन में चर्चा हुई थी। हमने टालने की रणनीति नहीं अपनाई। एक चर्चा जिसके लिए विधायिका का यह मंच बना हुआ है, उसका बेहतर उपयोग। मा० राज्यपाल भी जब आती हैं तो मा० राज्यपाल का सम्मान करना सत्तापक्ष और विपक्ष, सबका सामूहिक दायित्व है। राज्यपाल पार्टी का नहीं है, प्रदेश का है और प्रदेश के संवैधानिक प्रमुख के प्रति सम्मान का भाव होना, उसी प्रकार से जैसे संवैधानिक प्रतीकों के प्रति हम लोग सम्मान का भाव व्यक्त करते है। विधायिका के मंच पर राष्ट्रपति जी के लिए, राज्यपाल जी के लिए, न्यायपालिका के प्रति कोई भी विपरीत और प्रतिकूल टिप्पणी नहीं हो सकती है। परिपाटी तो यह है कि नहीं करनी चाहिए, लेकिन उन सबके बावजूद भी जिस प्रकार का आचरण देखने को मिल रहा है, वास्तव में वह पीड़ादायक है और चिन्ताजनक है। मैं किसी व्यक्ति के लिए नहीं बोल रहा हूँ, लेकिन महोदय, मुझे इस बात पर वास्तव में कभी-कभी चिन्ता अवश्य होती है। मैं बार-बार इस बात को कहता हूँ कि हमें अपने सदन को इस बारे में तैयार करना होगा। क्यों जनता के मन में एक जनप्रतिनिधि, जो इतनी सेवा करता है, दिन-रात कार्य करता है, हर एक के सुख-दुःख में सहभागी बनता है लेकिन उन सबके बावजूद जिस विश्वास का प्रतीक उसे बनना चाहिए, वह नहीं बन पाता है। कारण क्या है? क्योंकि हम लोग ही एक-दूसरे को छोटा दिखाने के लिए, एक-दूसरे को भ्रष्ट और बेईमान बनाने के लिए हर प्रकार की रणनीति अपनाते हैं और इस प्रकार के वक्तव्यों को देते हैं। मुझे याद है कि आज से लगभग 18 साल पहले की घटना है। उस समय प्रधानमंत्री श्रद्धेय अटल बिहारी वाजपेयी जी थे। हम लोगों की एक बैठक चल रही थी, उस समय एक मात्र सांसद दौड़े-दौड़े आए और उन्होंने एक बात का जिक्र किया। उन्होंने कहा कि 'साहब! हम लोगों

को लेट हो गया। हम लोग ट्रेन से आ रहे थे, तब तक एक सज्जन आए और उन्होंने कहा कि मैं फलानी पार्टी का नेता हूँ और नेता शब्द सुनते ही पब्लिक उस पर टूट पड़ी, पब्लिक उसको मारने लग गई, बड़ा विवाद हुआ है, किसी प्रकार से हम बचाकर लेकर आए हैं।' यह स्थिति क्यों पैदा हो रही है? यह क्षरण क्यों हुआ है? कोई बात तो होगी। महोदय, मैं उस आचरण के लिए, कृपया कोई इसको व्यक्तिगत रूप से नहीं लेगा लेकिन मुझे अज्ञेय की कुछ पंक्तियाँ याद आई हैं।

आप साहित्यकार हैं, साहित्यिक विधा में पारंगत हैं। अज्ञेय एक यथार्थवादी चिन्तक थे, उन्होंने एक बहुत अच्छी बात कही, उन्होंने कहा कि 'सर्प तुम नगर नहीं गए, नहीं सीखा वहाँ बसना, फिर कहाँ से तुने विष पाया और कहाँ से सीखा डँसना।' क्या हम अपने आचरण से इन संवैधानिक व्यवस्थाओं को क्षति नहीं पहुँचा रहे हैं? राज्यपाल जी के बारे में यहाँ पर टिप्पणी करना यह इस प्रदेश के संवैधानिक प्रमुख का अपमान नहीं था, वास्तव में हम विधायिका को एक अविश्वसनीयता के दायरे में खड़ा कर रहे हैं। पब्लिक हमें सन्देह की नजरों से इसीलिए देखती है क्योंकि हममें से हर व्यक्ति कहीं-न-कहीं उसके दायरे में आ जाता है। फोटो तो सबका आ जाता है इसमें। आखिर हम लोग यहाँ पर एक तरफयह माँग करते हैं कि जितनी भी व्यवस्था हो उसका लाईव हो, उसके बाद हमारे भाषण क्या होते हैं? यह राज्य क्या सत्तापक्ष का ही है, यह राज्य आपका नहीं है क्या? इस राज्य के प्रति क्या केवल इसी पक्ष का दायित्व है आपका कोई दायित्व नहीं है क्या? जब आप लोग बोलते हैं कि उत्तर प्रदेश में सर्वाधिक अपराध हो रहे हैं, उत्तर प्रदेश में सर्वाधिक ऐसी घटनाएँ घटित हो रही हैं और एन०सी०आर०बी० की घटनाओं को तोड़-मरोड़ करके जब हम प्रस्तुत करते हैं तो देश और दुनिया के अन्दर हम मैसेज क्या देते हैं, सन्देश क्या देते हैं और वही स्थिति थी, वह बड़ी पीड़ादायक स्थिति थी। राज्यपाल महोदया एक संवैधानिक प्रमुख और दूसरा महिला, अगर आप इसको परिपाटी मान लेते कि संवैधानिक प्रमुख का हमें सम्मान करना है, तो यह बहुत अच्छी बात होती, लेकिन अगर वह नहीं होता है तो कम-से-कम

महिला के नाते तो सम्मान कर लेते, तब भी नहीं किया। एक नई परिपाटी बन गई है और महोदय, मैं तो आपसे भी इस बात का अनुरोध करूँगा, इस बात की अपील करूँगा कि कभी हमारी इस विधायका को लोग ऐसा न मान लें कि ये कोई ड्रामा कम्पनी है, जहाँ कोई लाल टोपी, कोई नीली टोपी, कोई पीली टोपी या कोई हरी टोपी पहन करके आता है। एक नई परिपाटी शुरू हो गई है, ऐसा तो कभी नहीं होता था, ड्रामा पार्टी में हम लोग यह देखते थे लेकिन यहाँ पर एक नई परिपाटी शुरू हो जाती है पता नहीं ये लोग घर में पहनते हैं कि नहीं पहनते हैं। एक बार एक घटना हुई और मैं सही बता रहा हूँ, नेता प्रतिपक्ष जी आप भी ये सुनते होंगे, मैं एक कार्यक्रम में गया था, आप जानते होंगे कि मैं फील्ड में कहीं जाता हूँ तो कुछ चीजें कार्यक्रम का हिस्सा होती हैं, जैसे बेसिक शिक्षा परिषद् के स्कूल तो नहीं खुले हैं लेकिन मैं अक्सर बेसिक शिक्षा परिषद् के स्कूल में जाता हूँ क्योंकि बेसिक शिक्षा परिषद् के स्कूल में गरीब का बच्चा, किसान का बच्चा, मजदूर का बच्चा पढ़ता है, अन्तिम पायदान पर बैठे हुए व्यक्ति का बच्चा पढ़ता है और इसीलिए हम लोगों ने ऑपरेशन कायाकल्प के अन्तर्गत लगभग 93000 से अधिक विद्यालयों में आमूल-चूल परिवर्तन कर उन्हें बुनियादी सुविधाओं से आच्छादित किया है। इसमें मेरा अकेले योगदान नहीं है, इस पूरे सदन के हर एक सदस्य का उसमें योगदान है, हर प्रशासनिक और शिक्षा विभाग के अधिकारियों का उसमें योगदान है। कुछ लोगों ने विद्यालय एडॉप्ट किए, कुछ लोगों ने अन्य तरीके से वहाँ पर उसमें योगदान दिया और उसके बाद ये सब परिवर्तन हुए, बच्चों की संख्या बढ़ी। मैं अक्सर आँगनबाड़ी में भी जाता हूँ, उसी में कुछ लोग अन्नप्राशन का कार्यक्रम रख लेते हैं, तो मैं एक अन्नप्राशन के कार्यक्रम में गया था। छोटा-सा 6 महीने का बच्चा था उसको अन्नप्राशन के लिए मैंने उठाया, जिस महिला का वह बच्चा था उसके साथ लगभग ढाई-तीन साल का एक बच्चा और था। इधर मैं उसको अन्नप्राशन करा रहा था, तब तक वहाँ एक पार्टी के कुछ लोग विरोध करने के लिए आ गए।

उन्होंने टोपी पहनी हुई थी। वह ढाई साल का बच्चा क्या कहता है, मम्मी-मम्मी देखो, वह गुण्डा-गुण्डा। आप देखिए कि दो साल, ढाई साल

के एक बच्चे के मन में टोपी पहन करके आने वाले व्यक्ति के बारे में क्या धारणा है? वह अपनी माँ से चिपक करके कहता है कि मम्मी-मम्मी देखो, गुण्डा-गुण्डा। यानी यह धारणा सामान्य रूप से बन चुकी है। इसलिए मैं अपील करूँगा, नेता प्रतिपक्ष आप पगड़ी पहन करके आते तो अच्छा लगता, गाँव का साफा पहन करके आते तो मैं उसका और अभिनन्दन करता। लेकिन कम से कम आप तो वास्तव में यथार्थवादी परम्परा के बहुत सशक्त हस्ताक्षर रहे हैं, जिसने समाजवादी आन्दोलन को ईमानदारी के साथ आगे बढ़ाने का कार्य किया था। स्वर्गीय चन्द्रशेखर जी ने उस अभियान को बहुत अच्छे ढंग से आगे बढ़ाने का प्रयास किया था। बलिया की धरती उसके लिए जानी जाती है। आपको कम से कम इन प्रकार की चीजों से परहेज करना चाहिए। बाकी अन्य लोग क्या कर रहे हैं, उनकी सोच है और इस उम्र में यह सब शोभा नहीं देता है। अध्यक्ष जी, लेकिन फिर भी यहाँ पर हम लोगों ने राज्यपाल जी के अभिभाषण को, कोविड के प्रबन्धन के दौरान, उसके प्रोटोकॉल का पालन करते हुए, 48 सदस्यों ने इसमें भागीदार बन करके इस चर्चा को आगे बढ़ाया है और माननीय राज्यपाल जी के प्रति धन्यवाद के इस प्रस्ताव का समर्थन किया या अपने तरीके से इस चर्चा में भागीदारी की है। मैं इसके लिए सभी माननीय सदस्यों को हृदय से धन्यवाद देता हूँ और सबका आभार भी व्यक्त करता हूँ। कई मुद्दे आए हैं। नेता प्रतिपक्ष जब बोलते हैं तो उनकी अपनी एक वो होती है, वह बलिया यहाँ से सीधे नहीं जाना चाहते हैं। वह बलिया का रास्ता भी अपनाते हैं कि यहाँ से आगरा, आगरा से फिर जयपुर, जयपुर से घूम करके आएँगे दिल्ली और दिल्ली से फिर वाराणसी और वाराणसी से पटना (बिहार) हो करके फिर आते हैं। उनका सीधा रास्ता नहीं है। सीधे रास्ते से वह गोरखपुर होते हुए जा सकते थे, यहाँ से मऊ होते हुए भी जा सकते हैं, लेकिन नहीं जाएँगे। पता नहीं बीच में अयोध्या जाने में डर लगता होगा, लेकिन सीधे नहीं जाते हैं। तो स्वाभाविक रूप से जब सीधे चलेंगे नहीं, तो सीधे बोलने में भी थोड़ा संकोच करते हैं। मैं उस प्रकार की बहुत चीजों को देख करके, कल यहाँ पर जब नेता प्रतिपक्ष बोल रहे थे, बहुत सारी चीजें

उन्होंने सही बोलीं, जैसे अस्वस्थ हुए। हमारा दायित्व बनता था, एक तो बुजुर्ग हैं और दूसरा नेता प्रतिपक्ष हैं। वह हमारी विरासत का पार्ट हैं तो इसलिए उनको हमें सम्मान देना था, तो हम लोगों को चिन्ता हुई। मैंने स्वयं भी फोन किया था। मैंने खन्ना जी से भी कहा, खन्ना जी ने कहा कि मैंने बातचीत कर ली है। मैंने कहा कि हाल-चाल लेते रहिए और जो भी माननीय सदस्य या कोई भी व्यक्ति बीमार होता है। बीमारी है, कोई जबर्दस्ती बीमारी को पकड़ कर लेकर आया नहीं, लेकिन हम हालचाल जरूर लेते रहें, पूछे, कहीं ऐसी कोई बात न होने पाए क्योंकि बहुत बार होता है कि वी०वी०आई०पी० होना भी अपने आप में एक वो हो जाता है। लोग ट्रीटमेण्ट करने में संकोच करते हैं, डरते हैं। तो हमने कहा कि बराबर एक संवाद होना चाहिए, तय करो कि क्या उन्होंने उसके लिए ट्रीटमेण्ट का भी प्रोटोकाल अपनाया है, सब चीजों को देख करके, उन्होंने इस चीज को यहाँ पर व्यक्त भी किया कि हाँ, उनका उपचार हुआ। क्योंकि हमारे लिए चिन्ता का विषय था, सामान्यतः कोविड का पेशेंट, 12 दिन, 14 दिन के अन्दर वापस आ जा रहा था और उनको उम्र के नाते 42 दिन लगे और इसीलिए जब वह बोलते हैं तो मैंने उनसे पहले ही दिन दलीय नेताओं की बैठक में कहा था कि अगर आप कम बोलेंगे तो अच्छा रहेगा। लेकिन उसको वह गलत अर्थों में न लें, लेकिन मैंने फिर भी उनके ऊपर सौंपा था कि जो आपकी मर्जी है, आप जिस तरीके से करना चाहेंगे।

क्योंकि हम बोलते हैं तो उससे ऊर्जा तो निकलती है, व्यक्ति की ऊर्जा एग्जास्ट होती है और फिर नेता प्रतिपक्ष जब बोलते हैं वह अपने बलियाटिक भाषा में बोलते हैं तो वह अपनी एक निराली भाषा होती है। मान्यवर, वह एक अजीब-सा वह था लेकिन जो तथ्य उन्होंने रखे हैं महोदय, उसी पर हम लोग आने का प्रयास करेंगे और खासतौर पर कोरोना के बारे में। इस सदन का हर सदस्य इसके बारे में चिन्तित रहा है, कोविड प्रबन्धन में सहभागी रहा है, प्रत्यक्ष तथा अप्रत्यक्ष रूप से उसने इसमें सहयोग किया है। सबसे पहले मैं इस पूरे सदन का इस बात के लिए आभार व्यक्त करूँगा कि जब हमारे पास पैसे की कमी पड़ी तो हर एक सदस्य ने स्वेच्छा से सहभागी बन करके

उसमें योगदान दिया है। अपने पास से, अपनी निधि से और जब सरकार ने कहा कि हर एक माननीय सदस्य अपने वेतन से भी कटौती करेगा, मंत्रीगण अपने वेतन से कटौती करेंगे और अपनी निधि से भी कटौती करेंगे या निधि को सरेण्डर करेंगे तो किसी ने विरोध नहीं किया, सबने कहा कि प्रदेश को बचाना पहली प्राथमिकता होनी चाहिए। एक भाव है हमारा, हम अपने लिए नहीं जिएँगे, इस प्रदेश की 24 करोड़ जनता को बचाने के लिए हमें कार्य करना है और कोविड प्रबन्धन का कार्य वहाँ से प्रारम्भ हुआ। आपने देखा होगा, किसी चीज की कमी नहीं होने दी। आप देखेंगे जब पहला पेशेंट आया था, उत्तर प्रदेश में मार्च के प्रथम सप्ताह में आगरा और गौतमबुद्धनगर में, टेस्टिंग की क्षमता हमारे पास उस समय जीरो थी। हमने मरीज को सफदरगंज, दिल्ली भेजा था, फिर हमने टेस्टिंग की क्षमता बढ़ानी प्रारम्भ की, हमारी पहली लैब के०जी०एम०यू० में प्रारम्भ हुई 60 टेस्ट से और 60 से बढ़ाकर हम उसको 2 लाख प्रतिदिन ले करके गए हैं। तीन करोड़ से ज्यादा टेस्ट अब तक हम लोग कर चुके हैं, कोविड-19 के तीन करोड़ से अधिक टेस्ट अब तक सम्पन्न हो चुके हैं और यह देश के अन्दर सर्वाधिक है, सबसे ज्यादा है। आज भी सबसे अधिक टेस्ट हम कर रहे हैं, सवा लाख से डेढ़ लाख टेस्ट हमारे आज भी चल रहे हैं, फोकस टेस्टिंग लगातार चल रही है। एक प्रक्रिया कि कैसे कार्य होना है, मुझे याद है जब कोविड प्रारम्भ हुआ था तो सबसे पहले जनता कर्फ्यू के दिन मेरे पास आदरणीय राष्ट्रपति जी का और आदरणीय उप-राष्ट्रपति जी का फोन आया। उन्होंने कहा कि योगी जी कोविड आ चुका है, अब तो बहुत कठिन हो गया है, हम चिन्तित हैं यू०पी० के लिए कि यू०पी० कैसे बचेगा, इतनी घनी आबादी का प्रदेश है। मैंने कहा कि आप चिन्ता मत कीजिए, हम लोग मिल करके यहाँ पर अच्छा कार्य करेंगे। हम लोगों ने उसी दौरान ही अपने मंत्रिपरिषद् की एक कमेटी बना दी, मंत्रियों का एक समूह बना दिया, अलग-अलग समूह को अलग-अलग काम सौंपे गए, वे वहाँ से अपने सुझाव देते थे फिर टीम-11 का गठन हम लोगों ने किया, वरिष्ठ प्रशासनिक और पुलिस अधिकारियों की टीम बनाई, प्रतिदिन नियमित रूप से हम इसकी बैठक करते

थे और नियमित रूप से बैठक करने का सिलसिला हमारा निरन्तर चल रहा है। आप देख रहे होंगे, उत्तर प्रदेश में ऐक्टिव केस केवल 2000 तक बचे हैं और हॉस्पिटल में संख्या 500 से भी कम है, मेडिकल कॉलेजेज में उससे भी कम संख्या है, रिकवरी रेट देश के अन्दर सबसे अच्छी है। मौत एक भी बुरी होती है लेकिन अगर मौत के आँकड़े देखेंगे तो पिछली बार मैंने दिल्ली का उदाहरण आपके सामने दिया था। हेल्थ इन्फ्रास्ट्रक्चर दुनिया में सबसे अच्छा अमेरिका के पास है और यूरोप के पास है अगर आप इसकी तुलना करेंगे तो उसकी तुलना में उत्तर प्रदेश का हेल्थ इन्फ्रास्ट्रक्चर कहीं नहीं ठहरता। हम आभारी हैं प्रधानमंत्री मोदी जी के, जिनके मागदर्शन में कोविड–19 की इस लड़ाई को आगे बढ़ाया गया। हमने भारत सरकार से जो माँग की, भारत सरकार हमें देती रही, एक–एक चीज में सहयोग करती रही। अलग–अलग विभाग, अलग–अलग मंत्रालय, अलग–अलग मंत्री अपने स्तर पर उस कार्यक्रम को आगे बढ़ाते थे। प्रशासनिक अधिकारी अपने तरीके से काम करते थे, सबकी समीक्षा में स्वयं करता था लेकिन हर एक पूरी जवाबदेही के साथ काम करता था। कोविड–19 के दौरान भी हमारी बैठकों का सिलसिला नहीं समाप्त हुआ, विजिट का वह सिलसिला समाप्त नहीं हुआ, हम निरन्तर कार्य करते रहे, निरन्तर चलते रहे और उसका परिणाम था कि....

विश्व स्वास्थ्य संगठन (डब्ल्यू०एच०ओ०) दुनिया की सबसे बड़ी स्वास्थ्य संस्था है। इस संस्था को भी उत्तर प्रदेश के कोरोना प्रबन्धन की सराहना करनी पड़ी।

कोरोना प्रबन्धन के लिए उत्तर प्रदेश की सराहना उत्तर प्रदेश के 24 करोड़ लोगों के लिए सम्मान है। उनके दिए गए योगदान का सम्मान है। उन सभी दानदाताओं का, जिन्होंने कोविड प्रबन्धन में अपना योगदान किया, सदन के मा० सदस्यों ने किया, तमाम व्यापारिक/औद्योगिक संगठनों ने किया और सामान्य नागरिकों ने भी किया।

महोदय, कोविड के दौरान लखनऊ की एक वृद्ध महिला हमारे पास कोविड में दान देने के लिए आना चाहती थी। महिला की उम्र ज्यादा थी,

हाई रिस्क कैटेगरी में होने के नाते मैंने उनको 2–3 बार मना किया कि माता जी, आप अभी मत आइए। जब आप स्वस्थ हो जाएँ, तब आप दान दे जाइएगा। उन्होंने कहा कि मुझे अभी दान देना है। मैंने उनके लिए एक स्पेशल व्यवस्था की। वह मुझसे मिलने के लिए आईं। आप आश्चर्य करेंगे कि उन्होंने कहा कि मेरे पास एक मकान है और मेरे जीवन भर की एक पूँजी है। मैं पूरे जीवन भर की पूँजी और मकान को कोरोना पीड़ितों के उपचार के लिए दान देना चाहती हूँ। मैंने कहा कि माता जी, आप पैसा तो दे दीजिए, लेकिन मकान अपने पास रखिए। सरकार मकान लेकर क्या करेगी? मैंने कहा, उस मकान में आप रहिए, मकान आपके ही नाम रहेगा। उन्होंने अपनी पूरी पूँजी को इस प्रबन्धन के लिए दान दे दिया। ऐसे अनगिनत लोग थे, जिन्होंने हमें कोरोना पीड़ितों के उपचार के लिए दान दिया। जिसका परिणाम था कि हमने उत्तर प्रदेश जैसे राज्य में 0 से लेकर 2 लाख तक टेस्टिंग क्षमता को बढ़ाया। हमारे पास आई०सी०यू० बेड नहीं थे, वेंटीलेटर्स नहीं थे, एम्बुलेन्सेस पर्याप्त मात्रा में नहीं थे। 36 जिले ऐसे थे, जहाँ पर कोई वेंटीलेटर नहीं था। हमारे पास कोविड के उपचार के लिए आइसोलेशन बेड्स की कमी थी। हम उसको बढ़ाते–बढ़ाते डेढ़ लाख तक लेकर गए।

महोदय, कोविड हॉस्पिटल में हर जिले में वेंटीलेटर्स, एच०एच०एन०सी० उपलब्ध कराए गए। यहाँ पर हम चर्चा कर रहे थे कि पी०पी०ई० किट्स का घोटाला हुआ। पल्स–ऑक्सीमीटर को लेकर ऊँगली उठाने का प्रयास कर रहे हैं। महोदय, मुझे लगता है कि एक आरोप आप लगा सकते हैं, लेकिन एक पाप होगा, जब हम एक महामारी से जूझ रहे हैं और तब कोई धक्का दे दे।

महोदय, पी०पी०ई० किट्स की अधिकतर सप्लाई भारत सरकार की संस्था एच०एल०एल० ने की है और यहाँ पर हम उनकी गुणवत्ता की जाँच कराते थे। जाँचोपरान्त हम उसको हॉस्पिटल में उपलब्ध कराते थे और इसमें भी हम लोगों ने तमाम संस्थाओं को जोड़ा था कि कहीं ऐसा न हो कि हमारा जो डॉक्टर है, हमारा हेल्थ वर्कर है, अगर हम घटिया पी०पी०ई० किट देंगे, तो वह कोरोना कैरियर का काम कर लेगा। इसलिए हम लोगों ने इसको बहुत

सख्ती के साथ रोका कि हम हर स्तर पर इसकी जाँच करेंगे। जाँच करवाने के बाद ही हम लोगों ने इस कार्य को आगे बढ़ाया।

महोदय, अलग-अलग संस्थाओं से हम लोगों ने इसकी जाँच कराई। खासतौर पर यहाँ जो हमारी जाँच करने वाली संस्थाएँ थीं, उसमें हमने एस०जी०पी०जी०आई०, आई०आई०टी०, कानपुर और के०जी०एम०यू० के विशेषज्ञों को इसके साथ जोड़ा था। इसके साथ ही हम लोगों ने प्रदेश के अन्दर अन्य जो कार्य होने थे, उन सभी कार्यक्रमों को आगे बढ़ाने के लिए एक-एक पी०पी०ई० किट, ऑक्सीमीटर या फिर अन्य जिस भी प्रकार के थर्मामीटर का उपयोग होना था, उन सभी चीजों की हर एक स्तर पर जाँच कराई।

लेकिन हमें एक चीज और देखनी पड़ेगी, दिल्ली में शासन करने वाले राजनीतिक दल के भी एक व्यक्ति ने आकर यहाँ पर यह आरोप लगाया था कि पल्स-ऑक्सीमीटर में किसी एक जनपद में घोटाला हुआ है। हम लोगों ने जाँच कराई। महोदय, पल्स-ऑक्सीमीटर या इससे सम्बन्धित जो थर्मामीटर थे या पी०पी०ई० किट थे, पी०पी०ई० किट के पहले जब कोरोना आया था तो उस समय उसकी कीमत क्या थी, 5000 से लेकर 15,000 रुपये तक, इसी पी०पी०ई० किट का जब हम लोगों ने प्रदेश के अन्दर उत्पादन करना प्रारम्भ किया और लगभग 200 से अधिक यूनिट हम लोगों ने इसके लिए तैयार किए तो यही पी०पी०ई० किट हमें 250 रुपये से लेकर 500 रुपये में पड़ने लगा। यह मार्केट के डिमाण्ड और सप्लाई का नियम भी है, अगर डिमाण्ड ज्यादा है और सप्लाई कम है तो दाम ज्यादा होगा, लेकिन सप्लाई ज्यादा हो जाए और डिमाण्ड कम हो तो दाम अपने-आप कम होगा। यही चीज इन सभी चीजों के साथ भी जुड़ी रही। हम लोगों ने दिल्ली के रेट मँगाए, उन्होंने यहाँ के रेट को कोट किया था कि 1800 से लेकर 4900 रुपये में पल्स-ऑक्सीमीटर-थर्मामीटर खरीदे गए। हम लोगों ने दिल्ली के रेट मँगाए थे, दिल्ली के रेट 10,000 से लेकर 50,000 रुपये तक थे और इस रेट पर दिल्ली सरकार ने प्लस-ऑक्सीमीटर-थर्मामीटर खरीदे थे। जब मीडिया के एक प्रतिनिधि ने उनसे पूछा कि आप यू०पी० के बारे में कह रहे थे कि घोटाला हो रहा है

लेकिन यह दिल्ली में आप क्या कर रहे हैं? आपने देखा होगा कि उसके बाद से दूसरी बार कभी उनकी जुबान नहीं खुली। क्योंकि 'जैसी दृष्टि वैसी सृष्टि'। जैसे जीवन भर किया है तो वैसे से वह व्यक्ति बोलेगा और वही उनके द्वारा यहाँ पर व्यक्त किया गया। पूरी ईमानदारी, पूरी प्रतिबद्धता के साथ एक टीम ने काम किया है और टीम वर्क हुआ है और कोरोना प्रबन्धन के अन्दर वह सभी कार्य हर एक स्तर पर देखने को मिले हैं। यह जितना कार्य कर पाए हैं, केवल सरकारी पैसा इसमें नहीं लगा। हमारी लैब्स वगैरह बनाने में सरकार के पास से पैसा बहुत कम लगा, यह हमें सी०एस०आर० (Corporate Social Responsibility) से जो पैसा मिला, जनप्रतिनिधियों ने जो पैसा दिया, विभिन्न संगठनों व संस्थाओं ने जो पैसा दिया है उस पैसे से हमने लैब्स बनाए हैं, हेल्थ इन्फ्रास्ट्रक्चर हमने डेवलप किया, भारत सरकार ने हमें सहयोग किया, उसका परिणाम था कोरोना प्रबन्धन ठीक से हुआ। उस दौरान जो चीजें आईं, मंत्रिपरिषद् की कमी थी, वित्त मंत्री की अध्यक्षता में जो कमेटी बनी थी, उस कमेटी ने जो रिकमेण्ड किया श्रमिकों के लिए, पहले अनुमान नहीं था कि लॉकडाउन इतने दिन चलेगा। हम मानते थे कि दो दिन, चार दिन या एक सप्ताह चलेगा। इतनी बड़ी संख्या में पलायन होगा इसके लिए कोई तैयार नहीं था। हमारे प्रदेश के बच्चे अन्य जगहों पर हैं उनके सामने संकट आएगा, यह कोई भय नहीं था, लेकिन उत्तर प्रदेश पहला राज्य है, जिसने श्रमिकों के लिए, स्ट्रीट वेण्डर के लिए, कुली, पल्लेदार, रिक्शा चालक के लिए, रिक्शा चलाने वाले जितने भी रिक्शाचालक हैं इन लोगों के लिए भरण-पोषण भत्ते की घोषणा ही नहीं की बल्कि उनको ऑनलाइन देना भी प्रारम्भ किया। नेता प्रतिपक्ष जी महत्वपूर्ण यह नहीं होता है कि आप उसको कितना भरण-पोषण भत्ता दे रहे हैं, महत्वपूर्ण राशि नहीं होती है, 'डूबते को तिनके का सहारा'। आप बेसिक शिक्षा मंत्री रहे हैं और आपने यह कहावत सुनी होगी। उनके लिए राशि नया जीवन देने वाली राशि थी और यह पैसा उत्तर प्रदेश सरकार ने देना प्रारम्भ किया। उत्तर प्रदेश ने पहला राहत पैकेज घोषित किया संगठित क्षेत्र के रजिस्टर्ड श्रमिकों के लिए, उन्हें दो-दो बार यह पैसा दिया गया।

असंगठित क्षेत्र के जो लेबर थे, जो उत्तर प्रदेश में आए थे उन्हें एक बार पैसा दिया गया, लेकिन साथ-साथ राशन-किट भी उपलब्ध कराई गई। राशन कार्ड की बाध्यता समाप्त कर दी गई कि राशन कार्ड आज बनेगा तो दो महीने तक इसकी जाँच होगी कि दो महीने तक वह व्यक्ति वहाँ रह रहा है कि नहीं रह रहा है। जब रहेगा तब उसके बाद राशन मिलेगा। हमने यह किया कि अगर आज उसको राशन-किट मिल गई है तो राशन-किट के साथ ही उसे राशन कार्ड भी मिलेगा और राशन कार्ड के साथ उसे राशन मिलना प्रारम्भ हो जाएगा। महीने में दो-दो बार राशन। प्रधानमंत्री गरीब कल्याण पैकेज के अन्तर्गत भी और उत्तर प्रदेश पब्लिक डिस्ट्रिब्यूशन सिस्टम के माध्यम से भी मुफ्त में राशन देने की व्यवस्था प्रदेश ने की, हर एक स्तर पर की। मेरे पास पूरा डाटा है एक-एक को बताऊँगा कि कितने लोगों को कहाँ पर क्या दिया गया। यह कोई हम लोगों ने अपने पास से नहीं दिया। यह जनता का पैसा, जनता के हित के लिए, उनके कल्याण के लिए, उनके संकट के समय में उन्हें उपलब्ध कराने के लिए इस राशि का उपयोग किया गया, हर एक स्तर पर। कोटा में फँसे हुए छात्र प्रदेश के ही थे, 12 हजार छात्र थे। बहुत जगह विरोध हो रहा था। नहीं लाना है, नहीं लाना है। हमने राजस्थान सरकार से भी अनुरोध किया था कि हमें अपना वाहन उपलब्ध करवा दीजिए। आप लोग उन बच्चों को आगरा तक और झाँसी तक पहुँचा दीजिए वहाँ से हम अपने वाहन से ले लेंगे। उन्होंने कहा कि हमारे पास साधन नहीं है, हम नहीं दे पाएँगे। हमने कहा कि फिर हमें परमिशन दे दीजिए और उत्तर प्रदेश सड़क परिवहन निगम की बसेस से उनको लाया गया। मैं अभिनन्दन करूँगा उन चालकों, परिचालकों, होमगार्ड के जवानों का, जब हर व्यक्ति कोरोना से डर रहा था, भाग रहा था उन स्थितियों में वे साहस के साथ उन लोगों को लेकर आने के लिए कोटा जाते थे। उत्तर प्रदेश परिवहन निगम की बसेस, कोटा से उन्हें सुरक्षित ले करके उनके घरों तक पहुँचाती हैं। केवल उत्तर प्रदेश ही नहीं उत्तराखण्ड के बच्चों को, मध्य प्रदेश के बच्चों को और उत्तर प्रदेश में रह रहे हरियाणा के बच्चों को भी उनके घर तक पहुँचाने का कार्य उत्तर प्रदेश परिवहन निगम

की बसों ने किया था। प्रयागराज में 14 हजार बच्चे थे। उनको भी हम लोगों ने सुरक्षित घर तक पहुँचाने का काम किया था। हर एक बच्चे को घर तक पहुँचाने का काम किया। जहाँ भी जिसने राहत की माँग की, पूरी मशीनरी लगी हुई थी हर एक स्तर पर। कम्युनिटी किचन की व्यवस्था, कोई कल्पना करता है, कभी जा करके देखिए राहत आयुक्त कार्यालय में, स्क्रीन लगी है, एक-एक जिले की। जैसी स्क्रीन यहाँ सामने लगी है इससे भी बड़ी डबल स्क्रीन लगी है। हर एक जिले के अन्दर कहाँ पर किचन के अन्दर क्या हो रहा है, लखनऊ में बैठे-बैठे हम लोग देख सकते हैं। टेक्नोलॉजी का बेहतर उपयोग करते हुए कम्युनिटी किचन के माध्यम से करोड़ों फूड पैकेट पूरे कोरोना कालखण्ड के अन्दर वितरित करने का कार्य किया गया। वितरण निरन्तर होता रहा। डोर स्टेप डिलीवरी लॉकडाउन के दौरान करवाने का कार्य हुआ। यानी हर एक स्तर पर इस अभियान को आगे बढ़ाने का काम हुआ। स्वच्छताकर्मी अपना कार्य करते थे, सफाईकर्मी अपना कार्य करते थे, स्वास्थ्यकर्मी अपना कार्य करते थे। परिवहन निगम की बसेस के माध्यम से उन्हें सुरक्षित पहुँचाने का कार्य होता था। पुलिसकर्मी अपना कार्य करते थे। पुलिस का मानवीय चेहरा भी सामने आया। जब लॉकडाउन प्रारम्भ हुआ कौन करेगा डोर स्टेप डिलीवरी, पी०आर०वी०-112 ने किया। घर-घर तक खाद्यान्न पहुँचाना, दवा पहुँचाना, आवश्यक वस्तुओं को पहुँचाना यह पुलिसकर्मियों ने किया, पुलिस की पी०आर०वी०-112 ने किया। यह सभी कार्य हुए और पूरी प्रतिबद्धता के साथ हुए। निरन्तर मैं स्वयं इसकी समीक्षा करता था। यह कार्यक्रम निरन्तर किए गए। हर व्यक्ति अपने स्तर पर लगा हुआ था। हर एक स्तर पर यह भाव था कि प्रदेश को बचाना है, हर हाल में बचाना हैं। यह जो भाव था, उसका परिणाम था कि कोरोना प्रबन्धन में उत्तर प्रदेश देश के अन्दर अग्रणी रहा, बेहतर परिणाम देने में सफल रहा।

40 लाख माइग्रेट लेबर के बारे में कोई सोच सकता है। 40 लाख यू०पी० के थे और 60 लाख अन्य राज्यों के थे। बिहार का हर व्यक्ति उत्तर प्रदेश से उतर कर गया। झारखण्ड, छत्तीसगढ़, वेस्ट बंगाल, असम, उड़ीसा, नार्थ ईस्ट

से जुड़े हुए जितने भी लोग थे, सभी उत्तर प्रदेश से होते हुए गए थे। किसी और जगह उनको भोजन मिला हो या न मिला हो, यह मैं नहीं कह सकता, यह तो वह लोग स्वयं व्यक्त करते हैं, उन राज्यों में जब कभी उनसे पूछो तो वह स्वयं इस बात को कहते हैं कि अगर हमें भोजन कहीं मिला है तो उत्तर प्रदेश में मिला है। ऐसा नहीं है कि उत्तर प्रदेश में भोजन केवल हमने सरकारी मद से दिया है, आपमें से ज्यादातर जनप्रतिनिधियों ने अलग-अलग लंगर लगाए थे, कहीं पर शासन का कम्युनिटी किचन लगाया था, कहीं पर स्वयंसेवी संगठनों ने लगाया था, कहीं पर अलग-अलग राजनीतिक दलों ने अपने तरीके से कार्यक्रम बनाए थे। जो भी आता था, भोजन, पेयजल उसको उपलब्ध कराया जाता था। अगर उसके पैर में चप्पल नहीं है तो चप्पल और जो भी उसको आवश्यक सुविधाएँ उपलब्ध करानी थीं, वह उसको उत्तर प्रदेश में उपलब्ध होती थीं। अन्य जगह क्या हुआ, यह हर व्यक्ति जानता है। लॉकडाउन प्रारम्भ होते ही दिल्ली के अन्दर क्या हो गया था यह हर कोई जानता है। यू०पी०, बिहार के बिजली, पानी के कनेक्शन काट दिए गए थे। जबरदस्ती उन्हें बाहर करने का प्रयास हो रहा था, लेकिन हम लोगों ने कभी नहीं कहा कि हम नहीं आने देंगे। मैंने कहा कि यह तो हमारी ऊर्जा है, यह हमारे लोग हैं, हमें जो भी करना होगा हम करेंगे। हम इन्हें सुरक्षा देंगे। मुझे प्रसन्नता है इस बार बजट में 40 लाख प्रवासी कामगारों/श्रमिकों, उनके लिए भी प्राविधान हुआ है। असंगठित क्षेत्र के लोगों को भी भरण-पोषण भत्ता दिया गया है। 15 दिन की राशन-किट दी गई है और 15 दिन की राशन-किट के साथ ही हम मा० प्रधानमंत्री मोदी जी के आभारी हैं, जिन्होंने 'वन नेशन, वन राशन कार्ड' यानी नेशनल पोर्टिबिलिटी के अन्तर्गत उत्तर प्रदेश का मजदूर अगर देश के अन्दर कहीं भी है और उसके पास उत्तर प्रदेश का राशन कार्ड है तो उस राशन कार्ड से वह देश के अन्दर कहीं भी राशन की सुविधा प्राप्त कर सकता है। उसके तहत भी हम लोगों ने यह सुविधा प्रदेश के सभी लोगों को देनी प्रारम्भ की है। बजट में तो उन्हें सामाजिक और आर्थिक सुरक्षा की गारण्टी मिल ही चुकी है। मुझे लगता है कि अब उत्तर प्रदेश के अन्दर कोई भी मजदूर संगठित क्षेत्र

का हो या असंगठित क्षेत्र का हो, सभी को भरण-पोषण भत्ता देने का कार्य किया गया है। दुर्भाग्य से हम लोग कभी भी नहीं चाहेंगे कि इस प्रकार की कोई भी आपदा कभी आए, लेकिन फिर भी आपदा किसी के नियन्त्रण में नहीं होती है। हम लोग इसके लिए मानसिक रूप से तैयार हैं। उत्तर प्रदेश का कोई भी मजदूर, जिसको हम रजिस्टर्ड करेंगे, वह देश या दुनिया में कहीं होगा, सामाजिक सुरक्षा भी हम उसको देंगे और स्वास्थ्य बीमा का कवच भी हम उसको उपलब्ध कराने जा रहे हैं। यह चीजें पहले भी हो सकती थीं, कोविड प्रबन्धन हमारे सामने एक नया अनुभव था।

कोविड प्रबन्धन के कार्य को बेहतरीन तरीके से आगे बढ़ाया गया। कोविड प्रबन्धन का कार्य जो इस प्रदेश के अन्दर हुआ है, इसके बारे में भी जो चीजें की गई हैं, मैं इस बारे में कह सकता हूँ। ठीक है समाचार-पत्रों में छपने के लिए, मीडिया में छपने के लिए, मीडिया की सुर्खियों को बनाए रखने के लिए आप किसी पर भी कोई टिप्पणी कर सकते हैं, लेकिन मुझे लगता है कि यह अन्याय और अनर्थ होगा। अगर हम लोग इस मामले में कोई गलत टिप्पणी करके इस बारे में चर्चा करें कि पल्स-ऑक्सीमीटर, किसी पी०पी०ई० किट को लेकर या किसी अन्य लॉजिस्टिक को लेकर किसी भी प्रकार की कोई अन्य बातें आती हैं तो मुझे लगता है, क्योंकि वह चाहे पी०पी०ई० किट हो, ग्लव्स हो, मास्क हो, सेनेटाइजर हो, शुरूआत में जो सेनेटाइजर 100 मिली० का था, वह 500-600 रुपये तक पहुँच गया था। बाद में गन्ना विभाग ने सभी डिस्टलरीज में, सभी चीनी मिलों को इस बारे में कहा कि वहाँ पर सेनेटाइजर पर्याप्त मात्रा में बनाया जाए और सेनेटाइजर इतने बड़े पैमाने पर उत्तर प्रदेश में बना कि 27 राज्यों को हमने सेनेटाइजर उपलब्ध कराया। जहाँ तक पी०पी०ई० किट की बात है इसमें हम लोगों ने भारत सरकार द्वारा जो अधिकृत प्रयोगशालाएँ हैं स्मॉल आर्म फैक्ट्री, कानपुर, आर्डीनेन्स फैक्ट्री, कानपुर, मुरादनगर, मेट्रा गाजियाबाद, सिट्रा कोयम्बटूर से इसकी निरन्तर जाँच कराई गई और जाँच कराने के बाद ही पी०पी०ई० किट को या ग्लव्स को, मास्क को हम लोगों ने उपयोग के लिए स्वास्थ्यकर्मियों

को उपलब्ध करवाया। इसमें ज्यादातर जो पी०पी०ई० किट थी पहले चरण में तो यह भारत सरकार के द्वारा ही उपलब्ध कराई जाती रही। बाद में मेडिकल कॉरपोरेशन के द्वारा ई-टेण्डरिंग के माध्यम से भी यह सारी चीजें खरीदी गईं। इसमें किसी भी प्रकार के भ्रष्टाचार की गुंजाइश नहीं है।

हम लोगों ने ग्रामीण क्षेत्रों में भी हर एक गाँव पंचायत को बड़े पैमाने पर, जब प्रवासी और कामगार श्रमिक आने लग गए तो उन प्रवासी कामगारों, श्रमिकों के लिए भी हम लोगों ने जाँच की व्यवस्था की। हर ग्राम पंचायत से कहा गया कि आप पल्स ऑक्सीमीटर, थर्मामीटर या अन्य जो भी आवश्यक चीजें हैं इनको आप अपने स्तर पर गाँव में खरीदें। क्योंकि इतने लार्ज स्केल में यह मिल नहीं सकता है हमें तत्काल इसकी आवश्यकता पड़ेगी। स्थानीय स्तर पर एक तो ग्राम पंचायत निधि से यह चीजें खरीदी गईं जहाँ पर सामूहिक रूप से ला सकते थे। उन्होंने सामूहिक रूप से उसको मँगाया, जिला प्रशासन ने मँगाया होगा। लेकिन रेट जो भी थे वह अगर आप देखेंगे तो जैसा कि मैंने बताया, पल्स-ऑक्सीमीटर 1100 रुपये का भी मिल सकता है और 50 हजार रुपये का भी मिलेगा। वह तो जैसा आप चाहेंगे। स्मार्ट मोबाइल फोन जैसे दो हजार का भी आता है और दो लाख का भी आता है। आप जिसको पसन्द करेंगे जो आपकी क्षमता है उसके अनुरूप आप उसका क्रय कर सकते हैं, उसको ले सकते हैं। यह चीज हम लोगों को देखने को मिली। बहुत सारी संस्थाओं ने, बैंकों ने, अन्य संस्थाओं ने हमें लाइफसपोर्ट एम्बुलेन्स उपलब्ध कराई जिसका हम लोगों ने प्रदेश के अन्दर बेहतर उपयोग किया। कॉन्टेक्ट ट्रेसिंग का कार्य बेहतर तरीके से हुआ। प्रदेश में एन्टीग्रेटेड कमाण्ड एण्ड कण्ट्रोल सेण्टर हर जनपद में बनाए गए। सी०एम० हेल्पलाइन का बेहतरीन उपयोग किया गया जो भी पेशेंट हॉस्पिटल में भर्ती होता था या होम आइसोलेशन में था सी०एम० हेल्पलाइन से उसके पास फोन जरूर गए होंगे। क्योंकि उसकी मैं स्वयं भी समीक्षा करता था कि सी०एम० हेल्पलाइन से कितने लोगों को फोन किया गया। मेडिकल कॉलेज में कितने लोग थे, चिकित्सा शिक्षा मंत्री खन्ना जी स्वयं उसकी निगरानी करते थे, समीक्षा करते थे स्वास्थ्य केन्द्रों में

कितने लोग हैं, स्वास्थ्य मंत्री, स्वास्थ्य राज्यमंत्री स्वयं उसकी समीक्षा करते थे। अगले दिन मैं स्वयं इसकी समीक्षा करता था, मैं हर दिन समीक्षा करता था। इसलिए महोदय, महामारी के खिलाफ प्रदेश के द्वारा चलाए गए एक वृहद् अभियान को आदरणीय प्रधानमंत्री जी के मार्गदर्शन में हम लोगों ने सफल बनाया। मैं आभारी हूँ आदरणीय प्रधानमंत्री जी का प्रबन्धन में मार्गदर्शन करने के लिए, दो स्वदेशी वैक्सीन भारत में उपलब्ध करवाने के लिए। दुनिया के तमाम बड़े–बड़े देश हैं एक वैक्सीन बमुश्किल बना पाए, भारत ने दो स्वदेशी वैक्सीन बना दिए। दो स्वदेशी वैक्सीन ही नहीं दिए, दो नए और आने वाले हैं। उत्तर प्रदेश में अब तक लगभग 15 लाख लोगों को वैक्सीन लग चुकी है। फेज़वाइज सबको वैक्सीन देने की प्रक्रिया चल रही है। अनुशासित ढंग से कहीं कोई दिक्कत नहीं है, किसी प्रकार की किसी के सामने कोई समस्या नहीं है। यह वैक्सीन भारत सरकार निःशुल्क उपलब्ध करा रही है। यह भारत के लिए ही नहीं, दुनिया के अपने मित्र देशों को वैक्सीन देने का काम भारत कर रहा है, यह है नया भारत।

कुछ लोगों को भारत की प्रगति बहुत अच्छी नहीं लगती मैं राष्ट्रीय पार्टी के एक नेता का वक्तव्य सुन रहा था।

उत्तर प्रदेश ने उनको कई बार सांसद बनाया और आज वह केरल में जाकर के उत्तर प्रदेश के लोगों की खिल्ली उड़ा रहे हैं, बाँटने का कार्य कर रहे हैं और किससे, अमेरिकन छात्रों से बातचीत करते हुए। वह इससे पहले भी कर चुके हैं।

मैंने किसी का नाम तो नहीं लिया, लेकिन फिर यह कहावत चरित्रार्थ हो गई कि 'चोर की दाढ़ी में तिनका'। साबित हो गया न? उत्तर प्रदेश के लोगों को और अमेठी के लोगों को कौन लोग अपमानित कर रहे हैं? कैसी तस्वीर प्रस्तुत की जा रही है, क्या कहा जाता है। आप आश्चर्य करेंगे कि उत्तर प्रदेश के बारे में हमने तो कभी नहीं कहा। हम तो केरल को सनातन आस्था की केन्द्र भूमि मानते हैं। अभी मैं तीन दिन पहले ही केरल गया था। मैंने उस धरती को नमन किया था। भारत की सनातन परम्परा में आदि शंकराचार्य केरल में ही

जन्मे थे। देश के चार कोनों में उन्होंने चार पीठों की स्थापना की थी। भारत की सांस्कृतिक एकता का सन्देश आज से सैकड़ों वर्ष पहले आदि शंकराचार्य ने इन चार पीठों के माध्यम से दे दिया था। कांग्रेस पार्टी क्या करना चाहती है? यह विभाजनकारी राजनीति है। आप कभी अमेरिकी राजदूत के सामने भारत की निन्दा करते हैं। भारत के अन्दर भारत के संगठनों से कहते हैं कि हमें लश्कर-ए-तैय्यबा और अन्य संगठनों से खतरा नहीं है, हमें तो भारत के संगठनों से खतरा हो गया है। फिर आप इस प्रकार की टिप्पणी कर रहे हैं।

श्री अजय कुमार 'लल्लू'- मा० अध्यक्ष जी, यह इस प्रकार दुष्प्रचार नहीं कर सकते। मान्यवर, हमें आश्चर्य होता है, यह क्या है, कैसी राजनीति है, यह कैसी विभाजनकारी राजनीति है? यह कैसा राजनीतिक संस्कार है कि आप उत्तर प्रदेश में जब आएँगे तब मन्दिर भी याद आने लगता है, तब कहेंगे कि वृन्दावन को बचाओ। वृन्दावन को आप क्या बचाएँगे, अरे वह तो भगवान कृष्ण की लीला भूमि है। वह सनातन भूमि है। उसका कंस बाल बाँका नहीं कर पाया तो आज कोई क्या कर पाएगा। लेकिन भारत की इस प्रकार की छवि को खराब तो मत करिए। यह देश हमारा है, लेकिन भारत की छवि को इस रूप में प्रस्तुत करना, विदेशी राजदूतों के सामने भारत के संगठनों को कठघरे में खड़ा करना, भारत को अपमानित करना, जब सेना सीमा पर लड़ रही हो और दुश्मन देशों को मुँहतोड़ जवाब दे रही हो तब सेना के जवानों को हतोत्साहित करना, यह कौन सी मानसिकता है? हम इसी पर तो आपत्ति करना चाहते हैं।

यही मैं कहना चाहता हूँ कि यही मानसिकता है जिसने हमेशा राष्ट्रीय सुरक्षा के सामने गम्भीर संकट खड़ा किया है। आखिर आप बोलना क्या चाहते हैं? अमेठी की जनता ने तो आपको बहुत बार मौका दिया है। आपके पास इटली जाने का समय है, लेकिन अमेठी जाने का समय नहीं है तो फिर आपको जनता क्यों चुनेगी?

लोकतंत्र में हम किसी को बाध्य नहीं कर सकते कि आप किसको वोट दें। यही भारत के लोकतंत्र की ताकत है। एक गरीब, झोपड़ी में रहने वाले इन्सान को भी, देश के अन्दर बड़े-से-बड़ा व्यक्ति या बड़े-से-बड़ा उद्योगपति

क्यों न हो, बड़े-से-बड़ा राजनेता क्यों न हो उसके समकक्ष ही वोट देने का अधिकार उसे भी है। उसकी ताकत, उसके बारे में आपके ये भाव, विभाजनकारी मानसिकता आप कहाँ जाकर इस बात को कह रहे हैं। ये जो मानसिकता है यही हम सबको चिन्ता में डालती है और ये मजाक उत्तर प्रदेश के लोगों के साथ में कोविड के दौरान भी हुआ था। कोविड के दौरान हमसे कहा गया कि हम एक हजार बसें देंगे। मैं बहुत खुश हुआ, अरे कोई तो बोल रहा है। मेरे पास लखनऊ की एक माता जी आई थीं और जहाँ तक मुझे जानकारी है कि वह उत्तर प्रदेश पुलिस में ही थीं, अब रिटायर होकर अकेले लखनऊ में रहती हैं। उन्होंने कोविड-19 के लिए अपनी जीवन भर की कमाई दान कर दी। मैं उनका अभिनन्दन और वन्दन करता हूँ। मेरे पास कांग्रेस महासचिव का पत्र आया कि जो मजदूर बाहर से आ रहे हैं, उन मजदूरों को लाने के लिए हम गाड़ी देना चाहते हैं। मैं खुश हुआ मैंने कहा कि यह तो अच्छी बात है। लेकिन मैंने इन वाहनों की जाँच करने के लिए कहा, अब कोई हमसे कहेगा कि हम दिल्ली से या राजस्थान से बस देंगे तो मैंने कहा कि अगर आप इतनी दूर से बसें दे रहे हैं तो वहीं कहीं नजदीक ही उन बसों को लगाया जाए, उन गाड़ियों को मैं बिहार बॉर्डर पर लगाकर क्या करूँगा? मैंने इसमें जाँच करवाने के लिए कहा कि ये वाहन कहाँ के हैं और इन वाहनों की नजदीकी सेण्टर से जाँच करा ली जाए। जब जाँच कराई गई तो पता चला कि जिस नम्बर पर बस लिखा था वह स्कूटर निकला, जिस नम्बर पर डबल डेकर बस लिखा था जाँच कराने पर पता चला कि वह थ्री-व्हीलर है और जब इसकी और जाँच कराई गई तो पता लगा कि इसमें से आधे वाहन ऐसे हैं जो स्क्रैब में जा चुके हैं, कंडम हो चुके हैं। यह उत्तर प्रदेश के लोगों के साथ मजाक नहीं है तो क्या है? किसी व्यक्ति को, किसी परिवार को इस रूप में ये छूट कौन दे रहा है? राजनीति में महामारी के समय जब कोविड प्रबन्धन हो रहा हो तब भी हम गम्भीरता नहीं बरत सकते हैं? हर एक चीज में राजनीति करना क्या आवश्यक है? हर एक चीज के लिए राजनीति नहीं होती है। किसी के घर में कोई दुःखद घटना घटित हो जाए और हम जाकर वहाँ पर डी०जे० बजाने

लग जाएँ तो कैसा लगेगा? वहाँ पर मारमीट तो होगी ही, अगर वह परिवार स्वाभिमानी होगा तो पटक कर मारेगा और कहेगा कि यह एक दु:खद घटना है और तुम मेरे घर के सामने फिल्मी गाना बजा रहे हो, डी०जे० बजा रहे हो, यह कैसा मजाक है। यही स्थिति उत्तर प्रदेश के लोगों के साथ करने का प्रयास हुआ है। कोरोना के दौरान भी, इससे पहले भी और अब केरल के अन्दर जाकर भी यही हो रहा है। वहाँ पर भी ये चीजें हो रही हैं।

अगर सचमुच कांग्रेस व राजस्थान सरकार हमें बस देना चाहती थी तो कोटा में फँसे हुए बारह हजार बच्चों के लिए इन्होंने बस क्यों नहीं उपलब्ध कराई? उस समय असमर्थता क्यों व्यक्त कर दी गई और यह तो प्रमाणित तथ्य है कि जो बसों के नम्बर दिए गए थे, स्कूटर के नम्बर थे, थ्री-व्हीलर के नम्बर थे और महोदय, इस प्रकार का भद्दा मजाक कभी भी नहीं होना चाहिए और यह महामारी के खिलाफ में रोड़े अटकाने जैसा था और इसीलिए मैं सदन के संज्ञान में इस बात को लाना चाहता हूँ कि इन लोगों की जो प्रवृत्ति थी उसे देश ने भी देखा है, दुनिया ने भी देखा है।

माननीय अध्यक्ष जी, कोविड के दौरान कोरोना के खिलाफ लड़ाई लड़ी गई और सबने मिलकर लड़ी, सामयिकता का परिणाम भी अच्छा आता है, टीम वर्क का परिणाम भी अच्छा आता है और मुझे लगता है बहुत सुखद अनुभूति सभी लोगों को हुई थी। दुनिया से, देश से लाखों-करोड़ों लोगों ने जब हम लोगों को बधाई सन्देश दिए थे अयोध्या में राम जन्मभूमि पर भव्य मन्दिर निर्माण का शिलान्यास कार्यक्रम जब 5 अगस्त को सम्पन्न हुआ था। हम लोगों ने कोरोना के दौरान यह सब कार्य किए थे, कोरोना का प्रबन्धन भी था लेकिन साथ-साथ हम भगवान राम की उस उक्ति को भी चरित्रार्थ कर रहे थे जो सन्त तुलसीदास जी ने रामचरितमानस के माध्यम से कही और जिसको हम बार-बार कहते थे, उस समय लोग विश्वास नहीं करते थे कि

"अवधपुरी सम प्रिय नहिं सोऊ। यह प्रसंग जानइ कोउ कोऊ।।"

अवधपुरी के उस महत्व के बारे में देश ने और दुनिया ने समझ लिया। हम आभारी हैं उच्च न्यायालय के और अगर राज्यपाल जी के अभिभाषण में

इसका जिक्र हुआ है तो इसमें कौन-सी बुरी बात है। यह तो राष्ट्रीय गौरव का विषय है हमारे लिए, अयोध्या के बारे में कहा जाता है कि यह दुनिया की पहली नगरी है, सूर्यवंश की राजधानी है। महाराज मनु दुनिया के पहले शासक थे, वह अयोध्या के ही शासक थे और एक समृद्ध परम्परा दुनिया के अन्दर जहाँ कहीं लेकर जाएँगे, दुनिया ने राम को अपनाया लेकिन मुझे आश्चर्य होता है कि अभी भी कुछ लोग राम नाम से इतना विद्वेष करते हैं। पता नहीं रामायण के उस कालखण्ड में राक्षस लोग क्या करते थे? आज भी कुछ लोगों को उससे परहेज है। मैं धन्यवाद दूँगा कांग्रेस की माननीया विधायक, श्रीमती अदिति सिंह को इन्होंने अच्छी राशि राम जन्मभूमि मन्दिर निर्माण के लिए दान में दी है और भी माननीय सदस्य हैं, सत्तापक्ष के बहुत थे। संसदीय परम्परा का पालन करना चाहिए और हम भी सहमत हैं कि बीच में किसी को नहीं बोलना चाहिए, लेकिन आपने जो कहा तो टोका-टोकी बराबर होती है, जो नहीं होनी चाहिए।

अयोध्या में श्री राम जन्मभूमि मन्दिर निर्माण का शुभारम्भ भारत की न्यायपालिका और लोकतांत्रिक प्रणाली की बहुत बड़ी विजय भी है। आस्था के साथ-साथ भारत की न्यायपालिका की ताकत और भारत की लोकतांत्रिक पद्धति की भी विजय है और लोग सहर्ष उसमें सहयोग कर रहे हैं। अपनी-अपनी आस्था के साथ लोग इस अभियान के साथ जुड़े हुए हैं। इसके साथ ही हम लोगों ने अयोध्या में दीपोत्सव कार्यक्रम को लगातार इस बार भी बहुत अच्छे ढंग से सम्पन्न किया। उसकी सर्वत्र सराहना हुई। अयोध्या में और काशी में देव-दिपावली का कार्यक्रम और अन्य कार्यक्रम हमने कितनी भव्यता के साथ सारे नियमों का पालन करते हुए सम्पन्न किया।

अभी प्रयागराज में माघ मेला चल रहा है। लाखों की संख्या में कल्पवासी आए हैं। कहीं कोई समस्या नहीं है। सारी सुविधाएँ उपलब्ध कराई गई हैं। हर प्रकार की व्यवस्थाएँ हैं। हरिद्वार कुम्भ के पहले वृन्दावन में कुम्भ पूर्व वैष्णव बैठक होती है। वहाँ पर भी मैं गया था। बहुत भव्यता के साथ सारे कार्यक्रम अच्छे से चल रहे हैं। मथुरा, वृन्दावन, बरसाना जितने भी पवित्र तीर्थ

हैं एक नए स्वरूप में अपनी प्राचीन, आध्यात्मिक और सांस्कृतिक विरासत को संरक्षित करते हुए आगे बढ़ रहे हैं। हम सबको इस पर गौरव की अनुभूति करनी चाहिए। यह उत्तर प्रदेश की विरासत है। देश की विरासत है। यहाँ तो सत्तापक्ष और विपक्ष का भेद होना ही नहीं चाहिए। इसमें सबको एक साथ जुड़ना चाहिए। इसमें भेद का कोई प्रश्न ही नहीं होना चाहिए। यह हम लोगों की समृद्ध परम्परा है। हमारे पूर्वजों की समृद्ध परम्परा है।

विभाजनकारी राजनीति जो लोग आज कर रहे हैं वह पहले भी करते थे। याद रखना, यही इस देश के विभाजन की त्रासदी का कारण रहा है। यह विभाजनकारी राजनीति रही है और आज भी पाकिस्तान का कोई व्यक्ति, बांग्लादेश का कोई व्यक्ति जब दुनिया के अन्दर कहीं जाता है। आप अमेरिका में जाइए, यूरोप में जाइए यह लोग अपनी पहचान छुपाकर, अपने को इण्डियन क्यों कहते हैं, भारतीय क्यों कहते हैं? क्योंकि इन लोगों को मालूम है कि भारत के नागरिक के प्रति सामान्य सम्मान का भाव होगा और प्रधानमंत्री मोदी जी के बाद से यह सम्मान और बढ़ा है, लेकिन पाकिस्तान के अन्दर रहने वाले व्यक्ति के प्रति इस तरह का भाव क्यों नहीं है? क्योंकि कोई पाकिस्तानी कहेगा या पता चल जाएगा तो लात-घूसे चलने लग जाएँगे अगर वह दुनिया के अन्दर कहीं भी जाएगा। हर व्यक्ति छिपाता है। उस मानसिकता को हमें पहचानना होगा। दूसरा हज करने के लिए जब भारत का कोई भी नागरिक जाता है या इस अखण्ड भारत का जो नागरिक है उसकी पहचान भारत, पाकिस्तान या बांग्लादेश के रूप में नहीं होती है, एक हिन्दू के रूप में ही उसकी पहचान होती है। यह एक पहचान है, यह कोई धर्म नहीं है। धर्म सनातन धर्म है। उपासना-विधियाँ अलग-अलग हो सकती हैं, लेकिन हिन्दू शब्द से इतनी चिढ़, पता नहीं, समझ की बात है, यह तो। जो भी है। इसमें हिन्दुओं को जो साम्प्रदायिक कहते हैं, उन सबसे मैं यह कहना चाहता हूँ कि यह वही लोग हैं जो हमारी विरासत के प्रतीकों का अपमान करते हैं, जो अयोध्या, मथुरा और काशी को अपनी पहचान के रूप में स्वीकार नहीं करते हैं। प्रयागराज पर गौरव की अनुभूति नहीं करते हैं। शक्ति पीठों का सम्मान नहीं करते हैं। वही

लोग हैं। इसको अपनी विरासत के साथ हर प्रदेशवासी और हर भारतवासी जोड़कर देखे। मुझे डॉ० राम मनोहर लोहिया की बात बहुत पसन्द आती है और मुझे लगता है कि लोहिया के वर्तमान के शिष्य और उनकी विरासत को आगे बढ़ाने वाले लोग इस चीज का ध्यान जरूर रखेंगे। उन्होंने जो रामकृष्ण और शंकर के बारे में कहा है उस परम्परा का अनुपालन भी करेंगे। कर सकेंगे तो अच्छा होगा और नहीं तो जनता तो जवाब दे ही रही है। जनता तो उसके लिए तैयार है ही। महोदय इस दौरान काफी अन्य कार्य हुए हैं। यहाँ पर नेता प्रतिपक्ष ने, हमारे दलीय नेताओं ने किसानों के मुद्दों पर चर्चा की है।

उत्तर प्रदेश को प्रधानमंत्री किसान सम्मान निधि योजना के अन्तर्गत देश के अन्दर सर्वश्रेष्ठ प्रदर्शन करने वाले राज्य के रूप में भारत सरकार ने सर्टिफिकेट दिया है। इस योजना को लागू किए हुए आज ठीक दो वर्ष हो रहे हैं। आज ही के दिन आदरणीय प्रधानमंत्री जी ने गोरखपुर से प्रधानमंत्री किसान सम्मान निधि योजना को लॉन्च किया था और आज दो वर्ष में उत्तर प्रदेश ने देश के अन्दर इसका सर्वश्रेष्ठ प्रदर्शन किया है। उत्तर प्रदेश के अन्दर दो करोड़ 37 लाख से अधिक किसान इस योजना के लाभार्थी हैं। स्वाभाविक रूप से यह भारत का वही अन्नदाता किसान है जिस किसान को लेकर कुछ लोग राजनीति करने का प्रयास करते हैं। गुमराह करने का कार्य कर रहे हैं। कैसी–कैसी बातें कही जा रही हैं। तथ्यों पर आधारित बातों पर चर्चा हो सकती है। विधायिका का मंच तर्कसंगत बातों पर चर्चा आगे बढ़ाने के लिए होना चाहिए। यह जो आँकड़े हैं हर व्यक्ति के लिए उपलब्ध हैं पब्लिक डोमेन में हैं। आप इसको ले सकते हैं, कहाँ पर क्या कार्य हुआ है। हमने किसान के बीच में भेद नहीं किया। हमने फिरकों में नहीं बाँटा। हमने क्षेत्र और भाषा के आधार पर भी नहीं बाँटा। किसान, किसान है वह कहीं का भी हो, पूरे देश के अन्दर लागू कर दिया। अब आप जबरदस्ती कहेंगे कि हम यह कानून लागू नहीं होने देंगे। हम यह चीज नहीं होने देंगे। सफर कौन कर रहा है, पब्लिक कर रही है, किसान कर रहा है या वह लोग करेंगे जो इससे होने वाले फायदे से वंचित हो रहे हैं। मैं आभारी हूँ प्रधानमंत्री मोदी जी का जिन्होंने प्रधानमंत्री

किसान सम्मान निधि, प्रधानमंत्री फसल बीमा योजना, प्रधानमंत्री कृषि सिंचाई योजना आदि तमाम प्रकार की योजनाएँ घोषित की हैं और उन योजनाओं के माध्यम से अब किसानों के जीवन में भारी परिवर्तन भी होता हुआ दिखाई दिया है। व्यापक परिवर्तन हुआ है। यहाँ पर एम०एस०पी० की चर्चा हो रही थी। एम०एस०पी० की घोषणा करने से ही एम०एस०पी० नहीं मिल जाती है। उसके लिए क्रय केन्द्र स्थापित करने पड़ते हैं। मेरे पास कुछ डाटा है और यह आप भी उपलब्ध करा देंगे। मैं जानता हूँ कि नेता प्रतिपक्ष भी डाटा लिए होंगे। वर्ष 2014-15 में गेहूँ का समर्थन मूल्य था 1400 रुपये प्रति कुन्तल और क्रय किया गया था 6.28 लाख मी०टन। यह नोट करते रहिए। वर्ष 2016-17 में समर्थन मूल्य हुआ 1525 रुपये, क्रय किया गया 7.97 लाख मी०टन और पिछले 19 मार्च, 2017 को हमारी सरकार आई। सरकार गठन के तत्काल बाद मैंने उस समय भारतीय जनता पार्टी के राष्ट्रीय अध्यक्ष और आज के मा० गृह मंत्री श्री अमित शाह जी से सम्पर्क किया था और मैंने कहा था कि उत्तर प्रदेश में प्रोक्योरमेण्ट किसानों से सीधे नहीं होता है। हम चाहते हैं कि वहाँ इसके बारे में कुछ कार्य किया जाए। प्रोक्योरमेण्ट की पॉलिसी के लिए आप कुछ राज्यों का दौरा करने के लिए कुछ मंत्रियों को भेजें। तो मैंने चौधरी लक्ष्मी नारायण जी और आपके साथ कुछ लोगों को भेजा था। तीन सदस्यीय कमेटी मैंने अलग-अलग राज्यों में भेजी थी। यह लोग गए थे, अध्ययन करके आए। यानी यह 20-22 के आसपास ही हो गया था और पहली अप्रैल से प्रदेश के अन्दर हमारे प्रोक्योरमेण्ट के केन्द्र स्थापित हो गए थे। वर्ष 2016-17 में तो समाजवादी पार्टी की सरकार थी, 7.97 लाख मी०टन गेहूँ का क्रय किसानों से होता है और इससे 1 लाख 66 हजार किसान लाभान्वित होते हैं और वर्ष 2017-18 में ठीक एक साल के बाद, नई सरकार एक महीने का भी कार्यकाल पूरा नहीं हुआ हम लोगों के समय में समर्थन मूल्य 100 रुपये बढ़ गया था। 1625 रुपये में क्रय किया गया, 36.99 लाख मी०टन, यानी 37 लाख मी०टन।

और 07 लाख 67 हजार 380 किसान लाभान्वित हुए हैं। वर्ष 2018-19 में समर्थन मूल्य 110 रुपये बढ़ा और किसानों को 1737 रुपये प्रति क्विंटल

समर्थन मूल्य मिला है, 52.92 लाख मीट्रिक टन क्रय गया है और 11 लाख 27 हजार 195 किसान लाभान्वित हुए हैं। वर्ष 2019–20 में समर्थन मूल्य 1840 रुपये प्रति क्विंटल हुआ है, 37 लाख मीट्रिक टन क्रय किया गया और 07 लाख 53 हजार 411 किसान लाभान्वित हुए हैं। वर्ष 2020–21 में जब लोग कोविड से जूझ रहे थे तब हमारे अधिकारीगण/कर्मचारीगण किसानों की मदद करने के लिए आगे बढ़े, जिससे गन्ना किसान को अपने खेत में एक भी डण्ठल गन्ना नहीं छोड़ना पड़ा। 119 चीनी मिलें चलाई गईं। 25 मार्च से लॉकडाउन प्रारम्भ हुआ और हम लोगों ने 01 अप्रैल से गेहूँ क्रय केन्द्र स्थापित कर दिए। किसानों को 1925 रुपये प्रति क्विंटल समर्थन मूल्य दिया गया, 35.67 लाख मीट्रिक टन का क्रय किया गया और इससे 06 लाख 63 हजार 810 किसान लाभान्वित हुए हैं। वर्ष 2014 की तुलना में वर्ष 2019 में समर्थन मूल्य में 525 रुपये की वृद्धि हुई है, यह मा० प्रधानमंत्री मोदी जी के कारण हुआ है। मैं केवल गेहूँ की बात कर रहा हूँ और मैं धान का भी डाटा दे रहा हूँ। वर्ष 2014–15 में कुल धान 18.8 लाख मीट्रिक टन यानी 18 लाख मीट्रिक टन धान का क्रय किया गया और 1360 रुपये समर्थन मूल्य था। वर्ष 2016–17 में 35.14 लाख मीट्रिक टन धान का क्रय किया गया और 1470 रुपये समर्थन मूल्य था और यदि मैं इस वर्ष की बात करूँ, पिछले तीन वर्ष से लगातार बढ़ोत्तरी में है। वर्ष 2020–21 में 1868 रुपये प्रति क्विंटल धान का समर्थन मूल्य दिया गया है, अब तक 66 लाख मीट्रिक टन धान का क्रय हुआ है और इससे 12 लाख 78 हजार 900 किसान लाभान्वित हुए हैं। यह है कि किसान के बारे में कौन ज्यादा हितैषी है और यह डाटा वहीं का नहीं है। हमने मकई का भी दाम दिया है। हमने वर्ष 2018–19 में सीधे किसान से 5116 लाख मीट्रिक टन मकई खरीदी है, हमने वर्ष 2020–21 में सीधे किसान से 01 लाख 06 हजार 412 क्विंटल मकई खरीदी है। दलहन और तिलहन में भी लगातार वृद्धि हुई है। वर्ष 2020–21 में 38,162.96 मीट्रिक टन दलहन का क्रय किया गया है और 6788.78 मीट्रिक टन तिलहन का क्रय किया गया है। मैं गन्ना किसानों की ही बात करूँ तो यहाँ पर गन्ना किसानों के बारे में

बार–बार चर्चा उठती है और इसके बारे में तमाम प्रकार के बयान दिए जाते हैं। मैं दोनों के बारे में बता देना चाहता हूँ। वर्ष 2014–15 में कुल 1389.02 लाख मीट्रिक टन गन्ने का उत्पादन हुआ था, वर्ष 2017–18 में 1820.75 लाख मीट्रिक टन गन्ने का उत्पादन हुआ था और इस वर्ष अब तक हमारा जो अनुमानित है वह है 2203.00 लाख मीट्रिक टन गन्ने का उत्पादन हुआ है।

गन्ने की पेराई और वर्ष 2012 से 2014 के बीच में कुल गन्ना मूल्य के 44,193 करोड़ रुपये का भुगतान होता है। नोट भी करते जाओ और सुनते भी जाओ। 2017–21 के बीच 45 लाख गन्ना किसानों का 1 लाख 23 हजार 995 करोड़ रुपये का गन्ना मूल्य का रिकॉर्ड भुगतान हुआ है। अगर बहुजन समाज पार्टी इस बात को भी सुनना चाहती है तो 2007 से 2012 के बीच कुल 52 हजार 131 करोड़ रुपये का भुगतान हुआ था। अकेले पिछले तीन–साढ़े तीन वर्षों के दौरान 1 लाख 23 हजार करोड़ रुपये से अधिक गन्ना मूल्य का भुगतान हुआ है। जब हम बोलते हैं तो बोलने से पहले इन सभी के बारे में भी अगर हम चर्चा कर लें तो मुझे लगता है कि बहुत–सारे तथ्य अपने आप ही अच्छे ढंग से सामने आ सकते हैं। अन्नदाता किसानों के बारे में सरकार की नीति बहुत स्पष्ट है और मोदी जी पहले प्रधानमंत्री हैं जिन्होंने किसान पर फोकस करते हुए शासन की नीतियों को उस रूप में आगे बढ़ाया है। पहली बार इस तरीके से देखने को मिला है। एम०एस०पी० 1968 से जारी हुई होगी, लेकिन किसानों को मिला कहाँ था। आप केवल घोषणा करते रहिए, क्रय केन्द्र मत स्थापित करिए, बड़ी–बड़ी घोषणाएँ कर लीजिए, आप लोग ये भी बोल सकते हैं कि हम लोग मंगल तक यात्रा कर लेंगे, वास्तविकता क्या है? केवल घोषणा कर देने से कोई व्यवहारिक चीज सामने नहीं आ जाएगी, व्यवहारिकता क्या है, ये हमें देखना पड़ेगा। उस व्यवहारिकता की दृष्टि से ही हम लोगों को इस बारे में देखना होगा। जिन तीन कृषि कानूनों की यहाँ पर चर्चा हो रही थी, कितना गुमराह करने वाला वक्तव्य था। मा० नेता प्रतिपक्ष जी, मैं आपसे जानना चाहता हूँ, कल उन्होंने यहाँ पर कहा कि किसानों की खेती पर कब्जा कर लिया जाएगा। यानी जो कृषक सशक्तीकरण और संरक्षण

कीमत, आश्वासन और कृषि सेवा पर करार अधिनियम, कॉन्ट्रेक्ट खेती, जिस बिल के माध्यम से आगे बढ़ाना है। रामगोविन्द जी आपके क्षेत्र में सहतवार कस्बा है न? वहाँ पर एक राम रतन गाजर का हलवा बनाता है, काली गाजर का हलवा बनाता है, बहुत विख्यात है। वह आज से नहीं, वर्षों से काली गाजर का हलवा बनाते हैं और कॉन्ट्रैक्ट खेती के माध्यम से वह फसल का अनुबन्ध करते हैं, खेती का नहीं और आज तक किसी किसान की खेती को बन्धक नहीं बनाया गया है। उनके पास भी है, लेकिन वह किसानों से भी खरीदते हैं, किसानों से उनका एग्रीमेण्ट होता है। पहले से एग्रीमेण्ट होता है कि हम आपसे खरीदेंगे और उस एग्रीमेण्ट के तहत लोग गाजर की खेती करते हैं। अभी हम लोगों ने वन्य गाँवों में यानी वनटांगिया गाँव, जिन्हें हमारी सरकार ने आने के बाद राजस्व गाँव के रूप में मान्यता दी है, गोरखपुर, महराजगंज, बलरामपुर, गोण्डा, बहराइच, लखीमपुर खीरी इन सभी जनपदों में ये गाँव स्थित हैं। महराजगंज में इस कॉन्ट्रैक्ट खेती को वन्य गाँवों में प्रारम्भ करने के लिए कहा गया और उनसे कहा गया कि आप शलजम उगवाने की तैयारी करिए। एक कॉन्ट्रैक्ट फार्मिंग वहाँ पर हो रही है, कई गुना मुनाफा किसानों को देना है और ये तो आपके ही कस्बे में होता है, आपके यहाँ ही होता है। लेकिन आप जो हैं, कल यहाँ पर ऐसा गुमराह करने वाला वक्तव्य दे रहे थे कि किसानों की खेती को बन्धक बना दिया जाएगा। ये जो एग्रीमेण्ट है वह खेती का नहीं होना है, फसल का एग्रीमेण्ट होना है। दूसरा, आप एम०एस०पी० की बात कर रहे थे, प्रदेश के अन्दर मकई का कभी भी एम०एस०पी० घोषित नहीं हुआ है। मकई का किसान मकई 1100–1200 रुपये में देने को मजबूर होता था। यहाँ पर बहुत–सारे माननीय सदस्य होंगे, जो उस क्षेत्र से आते होंगे जो मकई के साथ प्रत्यक्ष–अप्रत्यक्ष रूप से जुड़े हुए हैं। हम लोगों ने खरीदना शुरू किया, बाजार में एक प्रतिस्पर्धा खड़ी करवाई। हमारा जो एम०एस०पी० था, वह 1800 रुपये था और मार्केट में उसी किसान को 2200 रुपया मिलना प्रारम्भ हुआ, उसी मकई का। बुन्देलखण्ड में बहुत सारी जगह इस प्रकार के एग्रीमेण्ट हुए, बैजनाथ ग्रुप के द्वारा कई जगह इस प्रकार की खेती होती है।

एग्रीमेण्ट फसल का होता है और प्रधानमंत्री जी ने इस बारे में पहले ही कहा कि हम तो किसान को एक विकल्प दे रहे हैं, बाध्यता नहीं है, विकल्प है। आपकी मर्जी, आप करना चाहते हैं, ठीक है, नहीं मर्जी, मत करिए।

सिंचाई की योजनाएँ चलीं, बहुत सारी जगह माननीय सदस्य प्रोएक्टिव होकर अपने यहाँ काम करवाए। एक सदस्य ऐसे भी थे, जिन्होंने कहा साहब, मेरे यहाँ काम नहीं होना चाहिए और बाद में डण्डा, झण्डा लेकर बोलते थे कि साहब, हमारे यहाँ बाढ़ के काम क्यों नहीं हुए? जब मंत्री वहाँ मौके पर जाकर कहें कि आपके यहाँ तो आपका विधायक ही काम नहीं होने देता है तो पब्लिक जब दौड़ाई, तब जाकर वहाँ इस साल काम हो पाया है। मैंने वही कहा कि 'चोर की दाढ़ी में तिनका', निकल ही जाता है। देखिए, मैंने किसी का नाम नहीं लिया, लेकिन कौन है, वह स्वयं ही बोल पड़े। अगर असत्य भी है तो जो असत्य बोल रहा था, वह स्वयं ही बोल पड़ रहा है। दूसरा है, मण्डी से सम्बन्धित। मण्डी का कोई टैक्स किसान की उपज पर नहीं लगेगा। पहले कमाण्ड एरिया होता था, हर एक जिले की मण्डी का कि उस मण्डी के बाहर आप कहीं भी जाएँगे, वहाँ मण्डी के लोग जाते थे और जबरदस्ती शुल्क लेते थे, चालान करते थे, तमाम प्रकार की कार्यवाही करते थे। आज वन नेशन, वन मण्डी के तहत उत्तर प्रदेश का किसान या लखनऊ का किसान देश के अन्दर कहीं भी जा करके, जहाँ उसको अच्छा दाम मिलेगा, वहाँ पर अपनी उपज को जाकर बेच सकता है। खुली प्रतिस्पर्धा खड़ी करने के लिए किसानों के हित में यह लाया गया कानून है। मण्डी शुल्क हमें कम करना पड़ा, जो 2 प्रतिशत था, उसे हमने 01 प्रतिशत किया। मण्डी एक भी समाप्त नहीं हुई। जून, 2020 से कानून लागू हुआ, एक भी मण्डी आज तक बन्द नहीं हुई, हमारी मण्डियाँ चल रही हैं। हम अपनी सुविधाएँ उसी प्रकार से दे रहे हैं। किसान को इतनी स्वतन्त्रता मिल गई कि यदि वह अपनी उपज को खेत में बेचना चाहेगा तो बेच सकता है, खलिहान में बेचना चाहेगा तो बेच सकता है, नजदीक के मार्केट में बेचना चाहता है, वहाँ बेच सकता है। उसको लगता है कि नहीं, उसकी उपज का दिल्ली में ज्यादा दाम मिलेगा या मुम्बई में ज्यादा दाम मिलेगा या कोलकता

में ज्यादा दाम मिलेगा या सूरत में ज्यादा दाम मिलेगा, वहाँ जाकर अपनी उपज को बेचने के लिए वह स्वतंत्र होगा, जहाँ उसको अच्छा मुनाफा मिलेगा। एक स्वस्थ प्रतिस्पर्धा जब खड़ी होगी तो दाम मिलेगा और यही बात कही थी, आपने एम०एस०पी० और एम०आर०पी० की। एक उद्योग में जब कोई सामान बनता है तो उसका एम०आर०पी० तय हो जाता है कि मैक्सिमम रिटेल प्राइज उसका क्या होगा, इससे ज्यादा नहीं बढ़ सकता। किसान को यही सहूलियत दी गई है, एम०एस०पी०, मिनिमम सपोर्ट प्राइज में। कम से कम आपको यह देना है, इससे कम पर नहीं और उससे ज्यादा जितना भी मुनाफा कमा सकता है किसान, यह उस पर निर्भर करता है। उस मुनाफे को कमाने के लिए एक प्रतिस्पर्धा मार्केट में होनी आवश्यक है, सरकारी क्षेत्र में, सहकारी क्षेत्र में और निजी क्षेत्र में। सरकार अच्छा दाम देगी, सरकार खरीदेगी। क्योंकि यह तो तय है कि खाद्य सुरक्षा कानून के तहत पी०डी०एस० की दुकानों के माध्यम से खाद्यान्न उपलब्ध कराना, यह सरकार का दायित्व है। हम लोग प्रदेश के अन्दर 14 करोड़ लोगों को निःशुल्क खाद्यान्न उपलब्ध करा रहे हैं। पी०डी०एस० के माध्यम से कम दाम पर करा रहे हैं, अन्त्योदय वालों को फ्री में करा रहे हैं। हम लोगों ने इस प्रकार की व्यवस्था की है। देश के अन्दर खाद्य सुरक्षा कानून के बाद तो यह आवश्यक है। अन्त्योदय कार्डधारकों को आप राशन देंगे, पर यूनिट आपको 35 किलो खाद्यान्न उनको देना ही देना है। पात्र गृहस्थी में हर यूनिट में 5 किलो खाद्यान्न उपलब्ध कराना ही कराना है तो सरकार को इसके लिए खरीदना पड़ेगा। यह सरकार का हो गया। कोऑपरेटिव भी अपने तरीके से इस कार्यक्रम को करती है और जब निजी क्षेत्र में एक खुली प्रतिस्पर्धा होगी तो यह किसानों के जीवन में आमूल-चूल परिवर्तन करेगी, उसके जीवन को नए मुनाफे की ओर आगे बढ़ाएगी। जहाँ जिसको जिस फसल में मुनाफा मिलेगा किसान वह फसल बोएगा। जो मैंने यहाँ कहा पिछले दिनों, सुना भी नहीं मेरे वक्तव्य को। हमारे स्वास्थ्य मंत्री एक दिन मेरे पास सुल्तानपुर के एक किसान को लेकर के आए थे। झाँसी में एक बालिका ने डेढ़ एकड़ के खेत में स्ट्रॉबेरी का उत्पादन किया और डेढ़ एकड़ खेती में उसने मुनाफा कमाया

36 लाख रुपये का, यानी कि एक सीजन में 36 लाख रुपये का मुनाफा हुआ। हम कितनी भी मेहनत करेंगे एक साल में धान और गेहूँ से डेढ़ एकड़ खेती में आप 25 से 50 हजार रुपये से ज्यादा नहीं कमा सकते। आप तो किसान हैं आप तो समझ सकते हैं, लेकिन झाँसी की एक बालिका ने स्ट्रॉबेरी में 42 लाख का उत्पादन किया। 6 लाख रुपये की उसकी लागत आती है और 36 लाख रुपये का उसका नेट प्रॉफिट होता है, इस पर कोई टैक्स भी नहीं है। ऐसे ही ड्रैगन फ्रूट का उत्पादन सुल्तानपुर में एक किसान ने किया। मुनाफा कमाने वाले जो लोग हैं और मेहनत करेंगे, परिश्रम करेंगे, वह लोग उस फील्ड में अच्छा कार्य भी करते हैं। उसके लिए मार्केट उपलब्ध कराना और मार्केट में फिर उसको पहुँचाने की व्यवस्था कराना, हमारी सरकार उस पर काम कर रही है और सरकार उसके लिए सहयोग करेगी। एक चेन उसके लिए तैयार होनी चाहिए और यह व्यवस्था इसके तहत की गई, लेकिन इसके बारे में भी किस-किस प्रकार के वक्तव्य यहाँ पर दिए गए और मुझे आश्चर्य होता है कि आज भी कहा जा रहा है कि इतने किसान यह हो गए।

आज मैं सुबह यह देख रहा था कि एक मा० सदस्य बोल रहे थे कि बुन्देलखण्ड में तमाम लोगों ने आत्महत्याएँ कर ली हैं। हमारे समय में कोई आत्महत्या नहीं हो रही है, बुन्देलखण्ड अब तो धरती का स्वर्ग बन रहा है। एक्सप्रेस-वे वहाँ बन रहा है, डिफेन्स कॉरिडोर में बुन्देलखण्ड की तोप जब पाकिस्तान बॉर्डर पर गरजेगी तो दुश्मन के छक्के छूटते हुए दिखाई देंगे। यह चाईना के बॉर्डर पर भी गरजेगी। चाईना कि इतनी चिन्ता मत करो, गरज रहे हैं उसमें भी, इतने हितैषी न बनो भाई। मैं इसलिए कह रहा था नेता प्रतिपक्ष को क्योंकि अपने लोगों को समझा पाते कम-से-कम, लोहिया जी के विचारों को कुछ तो आत्मसात करो। चाईना के बारे में लोहिया जी बहुत पहले आगाह कर चुके हैं। बुन्देलखण्ड में हर घर नल योजना सातों जिलों में प्रारम्भ हो चुकी है। इसी सरकार ने और इसी सदन ने पहले चरण में दस हजार करोड़ रुपये का कहा कि नहीं जैसे होगा बुन्देलखण्ड की प्यास को बुझाएँगे। माँ विन्ध्यवासिनी के धाम बिन्दु क्षेत्र के लिए भी हमने उसको लागू कर दिया है। मैं आभारी हूँ

प्रधानमंत्री मोदी जी का, जिनके कारण आज दोनों क्षेत्रों में पेयजल की स्कीम बहुत शीघ्र शुरू हुई। मैं तो आप सभी को कहूँगा कि पेयजल की स्कीम हर एक क्षेत्र में हम लोग अब ला रहे हैं। हर एक गाँव में जहाँ पेयजल की कोई स्कीम नहीं है, विशुद्ध पेयजल की स्कीम वहाँ पर जा रही है। 30 हजार गाँवों के लिए स्कीम हम एक साथ पूरे प्रदेश के अन्दर बना रहे हैं और हमारा प्रयास होगा कि अगले दो महीनों के दौरान एक बड़े कार्यक्रम के माध्यम से हम इसको लागू कराएँगे। हमारे नेता प्रतिपक्ष का जो जनपद है आर्सेनिक से प्रभावित है, लेकिन उन्होंने कभी नहीं कहा, उनको चिन्ता ही नहीं है और आर्सेनिक की उन्होंने कभी चिन्ता ही नहीं की।

मैं आपकी बात को पूरा सुनता हूँ, मैं आपका बहुत सम्मान करता हूँ, लेकिन मैं आपसे फिर कहूँगा अगर आप गाँव का साफा लगाकर के आएँगे तब आप जमेंगे यहाँ पर। आर्सेनिक, फ्लोराइड, खारे पानी की जो समस्या आगरा, फिरोजाबाद, मथुरा-वृन्दावन, अलीगढ़, एटा, कासगंज, हाथरस आदि के हमारे क्षेत्रों में है या इनके आस-पास के क्षेत्र जहाँ खारा पानी है या जहाँ कम पानी है तो हम इसके लिए एक साथ योजना बना रहे हैं। सरकार ने इस बारे में तय किया है। प्रधानमंत्री जी ने जल जीवन मिशन दिया, हर एक क्षेत्र के अन्दर देश को पहली बार एक नया विजन दिया है। वर्ष 2022 तक हर गरीब को छत देनी है। 40 लाख आवास हम इस समय उत्तर प्रदेश के ग्रामीण और शहरी क्षेत्रों में बना रहे हैं। 40 लाख आवास उत्तर प्रदेश के अन्दर पिछले मात्र तीन, साढ़े तीन साल के दौरान बन रहे हैं। 01 करोड़ 38 लाख लोगों को विद्युत के कनेक्शन निःशुल्क उपलब्ध कराए गए। 01 लाख 20-21 हजार गाँवों में विद्युतीकरण का कार्य सम्पन्न हुआ है। ये राजस्व गाँव थे जहाँ कभी बिजली नहीं आई थी। वहाँ पर बिजली दी गई है, बिजली पहुँचाने का काम चल रहा है, युद्धस्तर पर चल रहा है और अब मैं कहूँगा इस बारे में कि जहाँ जो गाँव छूटे हैं, आपके लिए एक अवसर है, आप उन गाँवों के प्रस्ताव दीजिए। हम हर गाँव में विद्युत पहुँचाने का काम करेंगे। हर गाँव को हम शुद्ध पेयजल की आपूर्ति के लिए जोड़ेंगे, हमने तय किया है। बजट में भी प्रावधान किया

गया है। बजट में चर्चा होगी, हम इसको करेंगे। जल जीवन मिशन है और इस जल जीवन मिशन के कारण, स्वच्छ भारत मिशन के कारण बहुत सुधार है। पूर्वी उत्तर प्रदेश में इन्सेफ्लाइटिस था, पूर्वी उत्तर प्रदेश का एक जनपद जो सर्वाधिक प्रभावित था, लेकिन कभी यहाँ पर उसकी चर्चा उस पार्टी से जुड़े हुए मा० सदस्य ने की ही नहीं, कभी कोई चर्चा ही नहीं की। आप देखें मैं फिर बोल रहा हूँ न, इन्होंने फिर साबित कर दिया कि उन्होंने नहीं किया। महोदय, कुशीनगर जनपद सर्वाधिक प्रभावित था जापानी इन्सेफ्लाइटिस से और एक्यूट इन्सेफ्लाइटिस से। कुशीनगर, महाराजगंज, गोरखपुर, सिद्धार्थ नगर, देवरिया, बस्ती और सन्त कबीर नगर, ये सात जिले सर्वाधिक प्रभावित थे। इन्सेफ्लाइटिस से आंशिक रूप से प्रभावित 38 जिले थे।

स्वच्छ भारत मिशन, हर घर में शौचालय बनाने का कार्य, हर गाँव में शुद्ध पेयजल की आपूर्ति हुई है। स्वास्थ्य मंत्रालय के द्वारा दस्तक अभियान प्रारम्भ हुआ है, वैक्सीनेशन के कार्यक्रम व्यापक रूप से चले हैं। एक अन्तर्विभागीय कमेटी बनाई गई, स्वास्थ्य विभाग उसका नोडल विभाग बनाया गया। उसमें ग्राम्य विकास, नगर विकास, पंचायती राज, बेसिक शिक्षा, महिला कल्याण एवं बाल विकास इन सभी विभागों को जोड़ा गया और फिर एक साथ अभियान चलाया गया। आज परिणाम क्या है, बीमारी पर 75 फीसदी नियन्त्रण, मौत पर 95 फीसदी नियन्त्रण हुआ है। यह हमारा मॉडल है। यह स्वच्छ भारत मिशन और शुद्ध पेयजल की आपूर्ति प्रतिबद्धता के साथ वहाँ पर करने का परिणाम है। कल आदरणीय प्रधानमंत्री जी ने देश के हेल्थ इन्फ्रास्ट्रक्चर पर चर्चा करते समय इस कार्य के लिए उत्तर प्रदेश की सराहना भी की। यह हमारे लिए एक उपलब्धि है, मार्गदर्शन मा० प्रधानमंत्री जी का है, इम्प्लीमेण्ट हम लोग कर रहे हैं। परिणाम उत्तर प्रदेश के लोगों को प्राप्त हो रहे हैं तो यह है कार्य, जैसे मुसहर जाति के लोगों को आवास उपलब्ध कराना। क्या कर रहे थे लोग पहले? मुसहर वोट बनेंगे इनके, कांग्रेस के नेता के क्षेत्र में सर्वाधिक मुसहर जाति के लोग रहते हैं। इस सदन में पता नहीं आप लोगों ने सुना ही नहीं कभी। इन्होंने कभी मुसहर जाति के लोगों का मुद्दा नहीं उठाया। महोदय,

मैं एक सांसद था और एक सांसद के रूप में, जब भुखमरी से इनके क्षेत्र में मौत होती थी तो लड़ाई लड़ने के लिए कुशीनगर में वहाँ पर मैं जाता था।

इनके वहाँ के गरीबों को वहाँ का सांसद रहते हुए भी और मुख्यमंत्री बनने के बाद भी मैंने राशन कार्ड उपलब्ध करवाए हैं, हमारी सरकार ने उपलब्ध कराए हैं और आवास भी उपलब्ध करवाए हैं। आवास के साथ-साथ पेंशन की सुविधा भी दी है। वृद्धावस्था पेंशन, निराश्रित महिला पेंशन, दिव्यांगजन पेंशन, जॉब कार्ड ये सारी चीजें उपलब्ध कराने के बाद, आच्छादन के बाद, मुसहर, थारू और वनटांगिया इनको हमने पहले चरण में लिया। दूसरे चरण में हम कोल और कुछ जातियाँ झाँसी के आस-पास की हैं इन लोगों को हमने लिया है और कुष्ठ रोगियों को लिया है। प्रधानमंत्री आवास योजना में आच्छादित होंगे तो उसमें लेंगे, नहीं तो मुख्यमंत्री आवास योजना इसके लिए चलाएँगे यह भी हमने व्यवस्था और विकल्प दिया है।

हर एक फील्ड में काम हो, एक व्यापक परिवर्तन का भाव कि ये योजनाएँ बनें इसीलिए क्योंकि शासन की प्राथमिकता है। हम आदमी-आदमी में भेद नहीं कर सकते। हमने तो योजना का नाम प्रधानमंत्री और मुख्यमंत्री के नाम पर ही दिया है ये किसी व्यक्ति की नहीं हो सकती है। हमने यह नहीं कहा कि यह समाजवादी मकान होगा। योजना प्रदेश के नाम से जुड़नी चाहिए। वह कोई व्यक्ति नहीं होता है वह संस्था होती है और संस्था के नाम पर उसको आगे बढ़ाना चाहिए और इसलिए योजनाओं को उन लोगों तक पहुँचाना यह सरकार की प्राथमिकता रही है। सरकार उसी आधार पर कार्य को कर रही है। हर एक व्यक्ति तक इन योजनाओं का लाभ पहुँच रहा है आज व्यक्ति उन चीजों को महसूस भी करता है और जो योजनाएँ दी जा रही हैं उन्हीं योजनाओं के क्रम में किसानों की चर्चा हो रही है। इसमें किसान भी है, बटाईदार को कभी हक नहीं मिला, वह काम तो करता था लेकिन उसे कभी हक नहीं मिला। मुख्यमंत्री कृषक दुर्घटना बीमा योजना के अन्तर्गत 5 लाख रुपये की दुर्घटना योजना का लाभ किसान के परिवार को और किसान के साथ बटाईदार को देने का कार्य सरकार कर रही है। बटाईदार को भी अब सरकार लाभ देने जा रही है।

यह योजनाएँ किसान के हित के लिए हैं। किसान से सर्वाधिक परेशान होते थे नेता प्रतिपक्ष जी, जो लोग दूध तो पीते थे लेकिन गायों को छोड़ देते थे और किसान की खेती का सर्वाधिक नुकसान होता था और गाली हम खाते थे। हम लोगों ने इसमें तीन स्कीम चलाई है। ये भी किसान के लिए ही है और किसान के हित में ही है। अन्नदाता किसान के लिए ही सब काम किए जा रहे हैं। तीन प्रकार की स्कीम है निराश्रित गौ आश्रय स्थल सरकार ने बनाए हैं और इसको हम लोग पूरे प्रदेश के अन्दर चला रहे हैं जिसमें हमारे पास अब तक प्रदेश के अन्दर लगभग साढ़े 5 लाख गौ-वंश सरकार के द्वारा संचालित गौ आश्रय में हैं। दूसरी है सहभागिता योजना इसमें कोई भी किसान अपने घर में केयरटेक किए हुए है, जो गौ-वंश निराश्रित श्रेणी का है, यदि उसे अपने पास रखता है तो एक गौ-वंश पर 900 रुपये हर माह सरकार उसको उपलब्ध कराएगी। एक किसान को हमने 4 गौ-वंश को रखने की अनुमति दी है। यानी एक किसान यदि 4 गौ-वंश रख रहा है तो उसे हर महीने 3600 रुपये सरकार के द्वारा उपलब्ध कराया जाएगा। यह योजना भी प्रदेश के अन्दर चल रही है और तीसरा है कुपोषित बच्चों के लिए, जो हमारे निराश्रित गौ आश्रय स्थल सरकार के हैं उसमें से कोई गाय जो दूध देने वाली है। कुपोषित माता को या कुपोषित बच्चे के लिए यदि उसके पास जगह है तो उसको हम एक गाय उपलब्ध करा रहे हैं और साथ ही साथ 900 रुपये हर महीने भी उपलब्ध करा रहे हैं जिससे कुपोषण की समस्या का समाधान भी हो सके और गौ-वंश को भी बचाया जा सके। इन तीनों को पहले से सरकार चला रही है और बजट में भी हमने इस बार प्रावधान किया है। बहुत बड़ी घोषणा कर दी है। स्थायी समाधान करेंगे। वाराणसी में गोकुल ग्राम बन रहा है, गौ-वंश के संरक्षण के साथ ही। कैसे उसकी नस्ल सुधार के साथ ही गाय के गोबर से जो गोबर गैस प्लांट बनेगा तो उसमें मीथेन और सी०एन०जी० को अलग-अलग करते हुए रिफिलिंग करके फिर से लोग अपने घरों में एल०पी०जी० सिलेण्डर के माध्यम से उसका उपयोग कर पाएँगे। इस प्रकार की व्यवस्था का कार्य वहाँ पर चल रहा है और सफलतापूर्वक एक मॉडल लागू होने के बाद फिर हम

लोग जो योजना इस बार के बजट में है, उसके साथ जोड़ेंगे। बजट में चर्चा होगी तो उस समय हम इसके बारे में व्यापक रूप से कहेंगे।

यह सभी किसानों के हित के लिए की गई योजनाएँ हैं, जिसके माध्यम से किसानों के जीवन में खुशहाली आ सके और किसानों के जीवन की यह खुशहाली प्रदेश की खुशहाली का आधार बन सके। सरकार ने पूरी प्रतिबद्धता के साथ इसको आगे बढ़ाने का कार्य किया है और मैं इस बात को कह सकता हूँ। इसमें किसी को भी कोई सन्देह नहीं होना चाहिए कि किसान के मुद्दे को लेकर हम लोग किसी भी प्रकार का अनावश्यक कोई विवाद खड़ा करें। तमाम प्रकार की बातें कही गईं कि इतने किसान मर गए, इतने किसानों का यह हो गया। महोदय, उत्तर प्रदेश के अन्दर लोकतांत्रिक तरीके से, शान्तिपूर्ण तरीके से कोई भी व्यक्ति अपनी बात को रखना चाहता है, इसमें कोई दिक्कत नहीं। लेकिन कानून को हाथ में नहीं लेंगे, तोड़-फोड़ नहीं करेंगे, भारत के प्रतीकों का अपमान नहीं करेंगे। हम संवाद से समाधान का रास्ता निकालेंगे और अन्नदाता किसानों को तो जब कहेंगे तब। चूँकि बातचीत ही समस्या के समाधान का रास्ता है। हर प्रकार की सुविधा सरकार देने को तैयार है। आज बीज की किल्लत नहीं है, आज सेण्टर ऑफ एक्सीलेन्स प्रत्येक विश्वविद्यालय में बनाए जा रहे हैं। हमारे पास जो क्लाइमेटिक जोन है, इन एग्रीक्लाइमेटिक जोन में भी सेण्टर ऑफ एक्सीलेन्स विकसित करने का प्रयास किया जा रहा है। जिससे किसान खेती के विविधीकरण की तरफ जा सकें और अधिक से अधिक मुनाफा किसान कमा सकें। लेकिन इस प्रयास के साथ हम सबको भी सहभागी बनना पड़ेगा। लेकिन अपने राजनीतिक स्वार्थ के लिए हम किसान को गुमराह करने का कार्य करें मुझे लगता है कि यह पाप है, यह अपराध है। हम अन्नदाता किसान को अनावश्यक रूप से गुमराह करने का कार्य कर रहे हैं। यह तो किसानों के हित में है। प्रधानमंत्री गरीब कल्याण पैकेज के साथ ही आत्मनिर्भर भारत पैकेज के अन्तर्गत जो प्राविधान हुआ है, उसमें 1 लाख करोड़ रुपये का केवल कृषि इंफ्रास्ट्रक्चर फण्ड प्रधानमंत्री मोदी जी ने घोषित किया है। हर विकास खण्ड में गोदाम बनाए जा सकें, कोल्ड स्टोरेज बनाए

जा सकें इसके लिए फण्ड हैं। इसका उपयोग होना चाहिए और इसके लिए प्रस्ताव जाना चाहिए। लेकिन कोविड के दौरान जो कार्य हुआ उसके बाद आत्मनिर्भर भारत की दिशा में, भारत के लोकल उत्पाद को और किसानों के उत्पाद को जो मान्यता मिली, उन सबको देखते हुए भी किसान को गुमराह करके कैसे किसान के हित से जुड़े हुए मुद्दे पर ऐसे वक्तव्य दिए जा रहे हैं, जो आपस में विभाजनकारी रेखा को खींचते हैं। यह अच्छी बात नहीं है। हमें किसानों की आमदनी को दोगुने से अधिक करने की दिशा में सामरिक प्रयास करने हैं। हम और आप सभी किसानों के बीच से आए हैं। किसानों के हितों के बारे में हमें इन कार्यक्रमों को आगे बढ़ाने का प्रयास करना चाहिए और सरकार यह कार्य पूरी प्रतिबद्धता के साथ आगे बढ़ाने के लिए तत्पर है। मैं इसी बारे में कहना चाहूँगा कि नेता प्रतिपक्ष जी, इसके बारे में पूरी ईमानदारी के साथ सरकार कार्य कर रही है और जिस भी प्रकार के कार्यक्रम कृषि सिंचाई योजना के माध्यम से चलाने पड़ेंगे, उसमें वर्षों से पड़ी हुई जो पेण्डिग योजनाएँ हैं, पिछली सरकारों को फुर्सत नहीं थी या उनके पास पैसा नहीं था या क्या था? सरकार तो वही है, कुछ अलग तो है नहीं। रिसोर्सेज भी वही हैं, ऐसा तो है नहीं कि हम लोगों ने दूसरे लोक से कुछ अतिरिक्त स्त्रोत तय कर दिए हों तब पैसा आ रहा हो। क्योंकि राज्य तो वही है, प्रशासनिक तंत्र वही है, मशीनरी भी वही है, सब कुछ वही है लेकिन पहले कार्य नहीं हो पाते थे। वर्षों से लम्बित योजनाएँ हैं। हम लोग इस वर्ष के अन्त तक पिछले चार वर्षों के दौरान जो कार्य हैं, उसमें 20 लाख हेक्टेअर से अधिक सिंचन की क्षमता उपलब्ध कराने जा रहे हैं। यह किसानों की आमदनी की बढ़ोत्तरी का ही एक माध्यम है। यही नहीं, इससे तो उनकी आमदनी में बढ़ोत्तरी होनी है। खेती के विविधीकरण की तरफ जाएगा तो और अच्छी स्थिति में जाएगा। आमदनी को कई गुना बढ़ाने में इससे मदद मिलेगी।

किसानों के हित में इस फील्ड में तो कार्य हुए ही है, अन्य क्षेत्रों में भी काम तेजी के साथ हुए हैं। उत्तर प्रदेश में कानून-व्यवस्था के बारे में नेता प्रतिपक्ष कुछ बात कर रहे थे। मैं देख रहा था कैसी-कैसी बातें कर रहे थे।

कानून-व्यवस्था में पता नहीं वह कहाँ से डाटा दे रहे थे, एन०सी०आर०बी० की चर्चा की थी। मैं एन०सी०आर०बी० के ही डाटा को यहाँ पर उनके सामने प्रस्तुत करूँगा और बताऊँगा कि पहले की तुलना में आज स्थिति क्या है। हम लोगों ने प्रदेश के अन्दर पिछले साढ़े तीन वर्षों के दौरान 59 नए थाने बनाए हैं, 29 नई चौकियाँ बनाई हैं, 4 नए महिला थाने बनाए हैं, आर्थिक अपराध शाखा के 4 थाने बनाए हैं, विजिलेन्स के 10 थाने बनाए हैं, साइबर क्राइम के 16 थाने बनाए हैं और अग्निशमन के नए केन्द्र बनाए गए हैं। यह सब प्रदेश के अन्दर पिछले साढ़े तीन वर्ष के दौरान हुआ है। भर्ती पारदर्शी तरीके से की गई है, 1,37,640 पुलिस की भर्तियाँ प्रदेश के अन्दर कुशलतापूर्वक सम्पन्न हुईं, कोई इसके बारे में शिकायत नहीं कर सकता है। इसमें न जात-पात, न क्षेत्र, न भाषा है, यू०पी० का जवान है उसकी ऊर्जा का उपयोग उत्तर प्रदेश के अन्दर हमें करना है। 218 पाक्सो न्यायालयों का गठन किया है। प्रदेश में बहुत सारे नए कार्य भी हुए हैं, गैंगेस्टर अधिनियम के अन्तर्गत 12032 अभियोग पंजीकृत किए गए हैं और 37511 अभियुक्त गिरफ्तार हुए हैं। लगभग एक हजार करोड़ रुपये की सम्पत्ति जब्त की गई है और ध्वस्तीकरण का कार्य भी सम्पन्न हुआ है। जिन माफियाओं और अपराधियों को पहले सत्ता अपने बगल में बैठा करके गौरव की अनुभूति करती थी और प्रदेश के माहौल को डरावना बनाती थी, आज का दृश्य भी सबके सामने है और व्यक्ति देख रहा है कि आज क्या स्थिति है, आज तो कोई संगठित अपराधी या माफिया इस तरीके से नहीं कर सकता है कि कहीं जा करके किसी सार्वजनिक सम्पत्ति पर जबरदस्ती कब्जा कर लेगा। जबरदस्ती कब्जा नहीं कर पाएगा और इसकी छूट भी नहीं दी जा सकती है, ये कार्यक्रम इसी रूप में हो रहे हैं। लेकिन मैं इन दलों से यह जानना चाहूँगा कि उन माफियों के साथ इन लोगों के रिश्ते क्या हैं, क्यों बचाने का प्रयास कर रहे हैं? थोड़ा अपने नेतृत्व से पूछ लिया कीजिए कि क्या रिश्तेदारी निभानी है? उत्तर प्रदेश की 24 करोड़ जनता इन लोगों से पूछना चाहती है कि इन अपराधियों के प्रति, इन माफियाओं के प्रति किस प्रकार की दरियादिली, अरे, दरियादिली दिखानी है तो उत्तर प्रदेश की

जनता के साथ दिखाइए। ये 24 करोड़ की जनता है, जिस जनता ने आपको सम्मान दिया है। बार-बार एक परिवार को उत्तर प्रदेश के अन्दर आगे बढ़ाने में योगदान देती रही है लेकिन उनके प्रति क्या भाव है, हर व्यक्ति देख सकता है। अभी सुप्रीम कोर्ट में एक मामला लगा हुआ था क्या स्थिति है यह, सरेआम एक माफिया और अपराधी को संरक्षण देने का काम हो रहा है, यह क्या तरीका है? लेकिन उत्तर प्रदेश के अन्दर अपराधियों और माफियाओं के लिए कोई जगह नहीं होगी। कानून अपने तरीके से इनसे निपटने का काम भी करेगा। अगर किसी ने किसी गरीब, किसी मजबूर, किसी नागरिक, किसी किसान और किसी व्यापारी का अपहरण या उससे जबरन चौथ वसूलने का काम किया है फिर तय कर ले कि उनको कहाँ रहना है।

हम लोग उत्तर प्रदेश में इसकी कोई छूट नहीं दे सकते हैं, किसी भी स्थिति में नहीं देंगे। उत्तर प्रदेश के अन्दर यह चीजें नहीं हो पाएँगी और मैं इसीलिए पूछना चाहता हूँ कि आप अपने नेताओं से पूछें, राष्ट्रीय नेतृत्व से पूछिए कि उत्तर प्रदेश का गुनहगार पंजाब में क्यों शरण पाया हुआ है, एक बार पूछ तो लीजिए। क्यों उसको शरण देने का प्रयास हो रहा है, यह सब क्या हो रहा है?

अभी आपने देखा होगा कि किस तरीके से देश की छवि और भारत की आस्था पर प्रहार करने का प्रयास एक वेब-सीरीज के माध्यम से हो रहा था। एफ०आई०आर० करके कार्रवाई जब प्रारम्भ हो चुकी है, सबको अब अपनी नानी याद आ रही है। आस्था के साथ खिलवाड़ करेंगे, उत्तर प्रदेश इसको स्वीकार नहीं करेगा, किसी अपराधी और किसी माफिया को संरक्षण देना, उसके हर कुकृत्यों में शामिल होने जैसा है और उत्तर प्रदेश की जनता यही जवाब कांग्रेस पार्टी से माँगना चाहती है। हमारे एक विधायक की हत्या हुई थी, सात-सात लोग एक साथ मारे गए। इस सबके बावजूद भी यह लोग नैतिकता का लबादा ओढ़ करके देश के सामने आते हैं, इस प्रकार की स्थितियाँ पैदा करने का प्रयास करते हैं। न्यायालय के कार्य में हर प्रकार से हस्तक्षेप करने का प्रयास किया जा रहा है। यह चीजें व्यवस्था को कहाँ ले जाएँगी, राजनीतिक दलों को कहाँ खड़ा कर रही हैं, इन सबको ले करके इसीलिए जो

कार्रवाई हो रही है, वह इसी आधार पर हो रही है। महोदय, अगर 2017 और 2020 के बीच में मैं तुलनात्मक रूप से बताऊँ तो शस्त्र अधिनियम में 27.55 प्रतिशत अधिक कार्रवाई हुई है। एन०डी०पी०एस० अधिनियम के अन्तर्गत 52.94 प्रतिशत, गैंगेस्टर अधिनियम के अन्तर्गत 31.09 प्रतिशत, रासुका के तहत 19.57 प्रतिशत, यह कार्रवाई हुई है और अगर आप जानना ही चाहते हैं तो वर्ष 2016-17 की तुलना में वर्ष 2019-20 के अन्दर डकैती, लूट, हत्या, बलवा, बलात्कार के मामलों को अगर आपको देखना है तो नोट करें। डकैती में 65.72 प्रतिशत की कमी आई है, लूट में 66.15 प्रतिशत की कमी आई है, हत्या में 19.80 प्रतिशत की कमी आई है, बलवा में 40.20 प्रतिशत की कमी आई है और बलात्कार की घटनाओं में 45.43 प्रतिशत की कमी आई है। यह उत्तर प्रदेश का डाटा है। इसके अलावा हम लोगों ने जो कार्य किए हैं, उसमें महत्वपूर्ण प्रतिष्ठानों की सुरक्षा के लिए एक स्पेशल सिक्योरिटी फोर्स का गठन भी उत्तर प्रदेश ने किया है। वी०वी०आई०पी० की सुरक्षा के लिए, जनप्रतिनिधियों की सुरक्षा के लिए, मेट्रो और एयरपोर्ट की सुरक्षा के लिए, हम लोग बहुत बड़ा काम कर रहे हैं। इनकी सुरक्षा के लिए अन्य एजेन्सियों पर निर्भर नहीं रहना पड़ेगा। हम एस०एस०एफ० के माध्यम से इसकी सुरक्षा करेंगे। उत्तर प्रदेश उस प्रकार का प्रशिक्षण, उस प्रकार के कार्यक्रम को आगे बढ़ा रहा है, बढ़ा चुका है। गणतंत्र दिवस की परेड में भी आपने देखा होगा कि गणतंत्र दिवस की परेड में हमारे उन जवानों ने अपना प्रदर्शन किया था। उनका यहाँ पर मार्च-पास्ट हुआ था। इसके साथ ही प्रदेश में एस०डी०आर०एफ० का गठन, तीन कम्पनियों का गठन हमारी सरकार ने आने के बाद किया। अपराध की प्रकृति को ध्यान में रखते हुए, प्रदेश के अन्दर यू०पी० स्टेट इंस्टीट्यूट ऑफ फॉरेन्सिक साइंस की स्थापना की कार्रवाई लखनऊ में चल रही है और हम यहाँ पर एक सेण्टर ऑफ एक्सीलेन्स की स्थापना की कार्रवाई को भी आगे बढ़ा रहे हैं। सेण्टर ऑफ एक्सीलेन्स भारत सरकार के सहयोग से हम लोगों ने प्रस्तावित किया है, लेकिन यू०पी० स्टेट इंस्टीट्यूट ऑफ फारेन्सिक साइंस की स्थापना उत्तर प्रदेश अपने रिसोर्सेस से करेगा।

प्रदेश में 'मिशन सत्य' का एक अभियान भी प्रदेश सरकार ने प्रारम्भ किया है। बलिकाओं की सुरक्षा, महिलाओं का सशक्तीकरण हमारी शीर्ष प्राथमिकता है। मैं अनुरोध करना चाहूँगा पूरे सदन से भी, माननीय सदस्यों से भी कि इस संवेदनशील प्रकरण में हम सभी लोगों को जागरूक होना पड़ेगा और जो अनावश्यक एक निगेटिव वातावरण को प्रस्तुत करने का प्रयास होता है, हम उसको देखें। अभी हाल ही में उन्नाव के अन्दर जो घटना घटी थी, पूरे मामले का पर्दाफाश हो चुका है, लेकिन कुछ शरारती तत्वों ने उसको क्या रूप देने का प्रयास किया था, क्या यह शोभा देता है, क्या हम ऐसे गलत मोड़ देकर किसी पीड़ित को न्याय दे पाएँगे? जब हम किसी घटना को गलत मोड़ देते हैं और हर मामले में राजनीति करनी प्रारम्भ कर देते हैं तो वह सबसे सुरक्षित माहौल होता है किसी अपराधी के बचने के लिए और यह अपराधियों को बचने और बचाने का एक शरारतपूर्ण प्रयास है। हाथरस के मामले में हो या उन्नाव के मामले में, अगर आप ट्वीट देखेंगे, मैंने सोशल मीडिया के पूरे ट्वीट को देखा है, 85 फीसदी ट्वीट उत्तर प्रदेश के बाहर के थे और दुनिया के उन तमाम देशों से भी थे जो भारत के हितैषी नहीं हैं। आखिर कौन लोग हैं ये, पाकिस्तान उत्तर प्रदेश की घटना को लेकर ट्वीट करे, बांग्लादेश के अन्दर से ट्वीट आए, वे लोग वहाँ से बैठ करके तय करेंगे और वहाँ से व्यवस्था संचालित होगी और उसके अनुरूप यहाँ पर नेता और राजनीतिक दलों के लोग अपना मानस तय करेंगे। सच्चाई को सही रूप में हम क्यों नहीं प्रस्तुत कर पाते, क्यों हम बहन-बेटियों के चित्र को बहुत निगेटिव तरीके से प्रस्तुत करने का प्रयास करते हैं। क्या हर मामले में राजनीति होती है, राजनीति के बहुत सारे मुद्दे हैं लेकिन क्या बहन-बेटियों को दाँव पर लगाकर राजनीति होगी, यह बहुत शर्मनाक है। इस तरह के मामलों को राजनीति से हट करके देखना पड़ेगा, यह बहुत शर्मनाक है। एक राजनीतिक दल है दिल्ली में बैठ करके उसकी नेत्री ट्वीट करती हैं हर एक मुद्दे को लेकर। उनको पता ही नहीं है, एक बार उन्होंने लखीमपुर के एक किसान के बारे में ट्वीट कर दिया, किसान ने कहा कि साहब मैं तो संतुष्ट हूँ योगी सरकार से और मोदी सरकार

से। मेरे गन्ना मूल्य का भुगतान हो चुका है, अब मेरा नाम क्यों जबरदस्ती इसमें डाल रहे हैं? अगर उनसे पूछ लिया जाए कि बहन जी जाकर देखो कि गन्ना कहाँ होता है तो आम का पेड़ बताने लग जाएँगी कि इसी आम के पेड़ पर गन्ना पैदा होता है। ये लोग गन्ना किसानों की बात करते हैं, बाद में ट्वीट भी करते हैं, फिर माफी भी माँगते हैं, तो ये जो प्रवृत्ति है इससे बचना चाहिए। कार्य हुआ है और कार्य करने के साथ ही पुलिसकर्मियों के लिए आवासीय सुविधा व्यापक पैमाने पर करने का प्रयास किया जा रहा है। सरकार इन सभी कार्यों को पूरी मजबूती के साथ आगे बढ़ाने का कार्य कर रही है। बहुत सारी चीजें थीं जिन पर अभी आगे चर्चा होगी, बजट पर भी हम लोग बोलेंगे, अन्य चीजों पर भी चर्चा होगी। इस दौरान आपने देखा होगा पूर्वांचल एक्सप्रेस-वे पर, बुन्देलखण्ड एक्सप्रेस-वे पर, गोरखपुर लिंक एक्सप्रेस-वे पर, गंगा एक्सप्रेस-वे पर लगातार कार्य चल रहे हैं। लगातार एयर कनेक्टिविटी को बढ़ाया जा रहा है। बरेली के हमारे माननीय सदस्य आए थे पूछ रहे थे कि दिल्ली के लिए वायु-सेवा कब शुरू होगी तो मैं बता दूँ कि 8 मार्च से दिल्ली और बरेली के बीच में वायु-सेवा प्रारम्भ करने जा रहे हैं। बहुत सारी जगहों को जोड़ा जा रहा है, बहुत कार्य इसमें युद्धस्तर पर चल रहे हैं। कुशीनगर के बारे में आपने कल ही देखा होगा कि वहाँ पर इण्टरनेशनल और डोमेस्टिक दोनों प्रकार की फ्लाइट के लिए भारत सरकार ने अपनी सहमति दे दी है, बहुत शीघ्र हम इस कार्य को प्रारम्भ करने जा रहे हैं। इसमें आजमगढ़ भी है, श्रावस्ती भी है, अलीगढ़ भी है, मुरादाबाद भी है, चित्रकूट भी है, सोनभद्र भी है, सहारनपुर भी है। हम लोग तो पूर्वांचल एक्सप्रेस-वे और बुन्देलखण्ड एक्सप्रेस-वे में भी एयर-स्ट्रिप दे रहे हैं। अगर कभी इमरजेन्सी में लैण्ड करने की आवश्यकता पड़ेगी तो यह एक्सप्रेस-वे तैयार रहेगा हर प्रकार की परिस्थिति के लिए, राष्ट्रीय सुरक्षा के लिए भी और इन क्षेत्रों की समृद्धि के लिए भी, इन क्षेत्रों की समृद्धि के साथ-साथ प्रदेश की इकोनॉमी को एक नई ऊँचाई तक पहुँचाने के लिए भी। सभी कार्यक्रमों को आगे बढ़ाएँगे और ये सभी चीजें बहुत सफलतापूर्वक आगे बढ़ रही हैं।

प्रदेश कोविड से परेशान था। हर व्यक्ति लगा हुआ था। हम अपने कोरोना योद्धाओं, स्वास्थ्यकर्मियों को नमन करते हैं, उन लोगों ने बहुत बड़ा कार्य किया है। बहुत सारे लोग ऐसे थे, जो असमय काल के गाल में समा गए। हमारे दो–दो मंत्रियों की मौत हो गई, विधान परिषद् के एक मा० सदस्य की भी दुःखद मौत हुई। हम लोगों ने उन्हें खोया है। मैं उन सबको विनम्र श्रद्धांजलि अर्पित करता हूँ। मौत दुःखद होती है, लेकिन उस दौरान भी हमारी टीम काम कर रही थी। औद्योगिक विकास के लिए, एम०एस०एम०ई० सेक्टर में काम करने के लिए कोई सोच ही नहीं सकता। पहले चीन हर प्रकार का निवेश हड़पता था और आज उत्तर प्रदेश चीन से तीन–तीन निवेश लेकर वापस आया है। भारत में लेकर आया और भारत में उत्तर प्रदेश में लेकर आया। देश का पहला डिस्प्ले यूनिट उत्तर प्रदेश के अन्दर लग रहा है और उस पर युद्धस्तर पर काम चल रहा है। इसी तरह से उत्तर प्रदेश में डाटा सेण्टर के ऊपर भी काम युद्धस्तर पर चल रहा है। उसमें छः हजार करोड़ रुपये का निवेश होने जा रहा है। डिस्प्ले यूनिट में भी लगभग पाँच हजार करोड़ रुपये का निवेश होने जा रहा है। आई०आई०टी०टी०एम० ने नोएडा में अभी एक नया निवेश प्रारम्भ किया है। उन्होंने नोएडा में साढ़े आठ सौ करोड़ रुपये की लैण्ड ली, जिसका लगभग 56 करोड़ रुपये स्टाम्प शुल्क दिया है। प्रदेश में साढ़े पाँच हजार करोड़ रुपये का निवेश करने जा रहे हैं। चाहे आगरा हो या हरदोई, हर स्तर पर कई निवेश चल रहे हैं और सभी काम युद्धस्तर पर चल रहे हैं। डिफेन्स कॉरिडोर में ये सभी कार्य चल रहे थे। कोविड के दौरान ही कानपुर में मेट्रो का कार्य युद्धस्तर पर चल रहा है। हमारे मा० प्रधानमंत्री जी ने आगरा मेट्रो का शुभारम्भ कर दिया है और ये सभी कार्य युद्धस्तर पर चल रहे हैं।

विश्वविद्यालयों के शिक्षा के क्षेत्र में व्यापक परिवर्तन हुए हैं। मा० नेता प्रतिपक्ष ने शिक्षा के विषय को टच नहीं किया, क्योंकि शिक्षा से समाजवादी पार्टी की वैसे भी दूरी रही है। ये शिक्षा मंत्री थे, तो मैं सोचता था कि शिक्षा के बारे में जरूर बोलेंगे, लेकिन उन्होंने इससे दूरी बना रखी है। उन्होंने पक्के समाजवादी पार्टी के नेता होने का उदाहरण दिया। उन्होंने कहा कि शिक्षा से

हमारा कोई सम्बन्ध नहीं है, इसलिए हम उस पर नहीं बोलेंगे। कोविड के दौरान शिक्षा के क्षेत्र में स्कूल, कॉलेजेज ज्यादातर बन्द रहे। बेसिक शिक्षा परिषद् के स्कूल 1-5 तक के अभी भी खुल नहीं पाए हैं, लेकिन फिर भी प्रयास किया गया कि उनको बैग, बुक्स और स्वेटर आदि मिले, कुछ इन्ट्रैक्शन उनके साथ होता रहे। उनको कोविड से बचाना हमारे सरकार की पहली प्राथमिकता थी। कक्षा 6 से लेकर ऊपर के सभी क्लासेज प्रारम्भ हो चुके हैं। 'आपरेशन कायाकल्प' के अन्तर्गत काफी अच्छा काम हुआ है, माध्यमिक शिक्षा परिषद् ने अपने कार्यक्रमों को तेजी के साथ आगे बढ़ाया है। पंचायत चुनाव के बाद बोर्ड की परीक्षाओं को भी कराने की पूरी तैयारी माध्यमिक शिक्षा परिषद् कर रही है। माध्यमिक शिक्षा परिषद् कोविड/लॉकडाउन से पहले ही अपनी सारी परीक्षाओं को सम्पन्न भी करा चुका था। उच्च शिक्षा ने भी काफी हद तक इस कार्यक्रम को आगे बढ़ाया है। इन सभी क्षेत्रों में बहुत परिवर्तन हुए हैं। टेक्निकल, वोकेशनल, मेडिकल एजुकेशन में व्यापक परिवर्तन हुए हैं। आज ये चीजें प्रदेश के अन्दर दिखती हैं तो हर व्यक्ति प्रदेश के अन्दर आने के लिए आकर्षित होता है। जब वह प्रदेश में आता है तो उसको लगता है कि उत्तर प्रदेश सबसे अच्छा गंतव्य है। अगर प्रदेश में अपराध, अपहरण और गोली-बारी का माहौल होता, तो यहाँ कौन आता? आज सुरक्षा का एक वातावरण है, कानून-व्यवस्था बेहतर स्थिति में है। प्रदेश के अन्दर हर व्यक्ति पर्व और त्यौहार बहुत शान्तिपूर्ण ढंग से मना रहा है। अगर दंगा होता तो एक ही पक्ष का थोड़े मरता। अगर उस पक्ष का मरेगा, तो इस पक्ष का भी मरेगा। उधर की सम्पत्ति नष्ट होगी, तो इधर की सम्पत्ति भी नष्ट होगी। सरकार अगले माह अपना चार वर्ष का कार्यकाल पूरा करने जा रही है, लेकिन 4 वर्ष में कोई दंगा उत्तर प्रदेश में नहीं हुआ। वही प्रदेश था कि महीने, दो महीने में दंगा जरूर होता था, महीनों-महीनों तक कर्फ्यू रहता था। अव्यवस्था होती थी, लूटपाट होती थी, लोगों को टेण्टों में रहने के लिए मजबूर होना पड़ता था। आज यह स्थिति नहीं है, आज उपद्रवियों की सम्पत्ति जरूर जब्त की जाती है, वसूली जरूर होती है। कानून का भय तो होना ही चाहिए। हम कानून पर विश्वास

करने वाले हैं तो कानून का भय होना चाहिए। हर एक व्यक्ति में कानून का सम्मान करने का भय भी होना चाहिए।

न्यायपालिका अच्छा कार्य कर रही है। फास्ट-ट्रैक के अन्तर्गत कितनी मजबूती के साथ काम प्रारम्भ हुए हैं। उन दुराचारियों को सजा देने के काम हो रहे हैं। अनेक स्तर पर, व्यापक स्तर पर काम प्रारम्भ हुए हैं। पर्यटन के क्षेत्र में उत्तर प्रदेश ने एक लम्बी छलाँग लगाई है और व्यापक सम्भावनाएँ हैं। अयोध्या, काशी, प्रयागराज, वृन्दावन, माँ विन्ध्यवासिनी धाम, शाकुम्भरी धाम, नैमिष तीर्थ, शुक्रताल तीर्थ, इन सभी के अलावा उत्तर प्रदेश में पर्यटन का व्यापक क्षेत्र है। थोड़ा भी इसमें प्रयास किया होता। कतर्निया और चूका के पास जा करके देखिए! दुनिया का अपार प्राकृतिक सौन्दर्य देखने को मिलेगा। आप कभी सोनभद्र जाकर देखिए, दुनिया को आकर्षित करने की क्षमता सोनभद्र रखता है। इसको पर्यटन के रूप में विकसित करके वहाँ के रोजगार को आगे बढ़ाने का प्रयास किया जा सकता है। बुन्देलखण्ड में जाईए तो जैसे लगता है कि प्रकृति का सारा सौन्दर्य यहीं पर उतार करके ईश्वर ने प्रस्तुत कर दिया है परन्तु कभी उसको आगे बढ़ाने का प्रयास नहीं हुआ। इनके समय में डकैतों को प्रश्रय दिया जाता था, चुनाव लड़वाया जाता था, उन्हें विधायिका तक पहुँचाया जाता था। जब मैं चित्रकूट गया तो वहाँ मैंने लोगों से कहा कि चित्रकूट के लिए कुछ करो, तो उन्होंने कहा कि साहब, करेंगे कहाँ पहले डकैतों से मुक्ति तो हो। आज पूरा बुन्देलखण्ड और चित्रकूट डकैत मुक्त हो चुका है, पूरे बुन्देलखण्ड में कहीं कोई समस्या नहीं है। बुन्देलखण्ड का हर व्यक्ति बहुत भोला-भाला है और जहाँ लगा दो मजबूती से देश के लिए काम करने वाला व्यक्ति है। प्रकृति के साथ जूझने वाला व्यक्ति है। 42 और 45 डिग्री के टेम्परेचर में भी वहाँ की धरती से सोना उगलवाने का सामर्थ्य रखता है। यह काम आज वहाँ पर निवेश के नए तरीके से सम्पन्न होने जा रहा है। आज आप देख सकते हैं और चित्रकूट जाइए तो अन्तर महसूस हो सकता है।

2017 तक आपने देखा होगा कि मध्य प्रदेश एक नई आभा के साथ दिखता था और उत्तर प्रदेश की स्थिति आभाहीन लगती थी। आज आप देखिए

हर व्यक्ति उत्तर प्रदेश की तरफआकर्षित जरूर होता है। यह परिवर्तन हुआ है। इण्टरस्टेट कनेक्टिविटी में देखें तो हमारे उत्तर प्रदेश की कनेक्टिविटी जिससे भी जुड़ी है, नेपाल है, नेपाल हमारा मित्र राष्ट्र है। नेपाल के साथ जितने मार्ग होंगे वे फोर-लेन के साथ जुड़ेंगे। बिहार के साथ जितने मार्ग होंगे वे फोर-लेन के साथ जुड़ेंगे। झारखण्ड के साथ जितने मार्ग होंगे फोर-लेन के साथ जुड़ेंगे। छत्तीसगढ़ व मध्य प्रदेश के साथ जितने मार्ग होंगे वे फोर-लेन के साथ जुड़ेंगे। राजस्थान के साथ जो मार्ग होंगे वे फोर-लेन के साथ जुड़ेंगे। हरियाणा, उत्तराखण्ड और दिल्ली के साथ हमारी फोर-लेन की कनेक्टिविटी है। जिला मुख्यालयों को फोर-लेन की कनेक्टिविटी, तहसील और विकास खण्ड मुख्यालयों को टू-लेन की कनेक्टिविटी दी गई है। ये परिवर्तन हुआ है। कोरोना कालखण्ड के दौरान वन विभाग 25 करोड़ से अधिक वृक्ष लगाता है एक दिन में, सभी जनप्रतिनिधि-माननीय सांसद, माननीय विधायक उसमें सहभागी बने थे। सभी विभाग उसके साथ सहभागी बने थे और उत्तर प्रदेश ने एक अभूतपूर्व प्रदर्शन करके दिखाया है। ये सभी कार्य इसलिए हुए जिससे हम प्रदेश के बारे में एक नया सन्देश दे सकें। हमने अपने पर्यावरण के संरक्षण के लिए काम किया है। मनरेगा और कन्वर्जन स्कीम के माध्यम से पिछले 04 वर्ष के दौरान 25 नदियों को पुनर्जीवन दिया गया। वे अपने उद्गम स्थल पर सूख-सी गई थीं, उस पर काम हुआ है और एक नया परिवर्तन उसमें देखने को मिला है। यह एक चेंज है और इस चेंज को लाने के लिए सरकार पूरी तरह से प्रतिबद्ध है। भावी योजनाओं के बारे में भी महामहिम राज्यपाल जी ने अभिभाषण में जिक्र किया है।

चाहे वो योजनाएँ हेल्थ के सेक्टर में हों, युवाओं के लिए हों, महिलाओं के लिए हों, अन्य तमाम सेक्टर में अपने युवाओं के लिए हमने अभी हाल ही में एक अभ्युदय योजना प्रारम्भ की है। क्यूँ उत्तर प्रदेश के यूथ को बाहर जाना पड़ेगा। राज्यपाल जी ने इसका जिक्र अपने अभिभाषण में किया, हम उनके आभारी हैं। उत्तर प्रदेश के कार्यों को उन्होंने सराहा कि बहुत अच्छा काम हुआ है, काम अच्छा होगा, मैं धन्यवाद दूँगा। मैं आभारी हूँ राज्यपाल जी

का, मैं आभारी हूँ माननीय नेता प्रतिपक्ष का। इन्होंने भी इस बात को अन्ततः स्वीकार कर ही लिया कि हाँ, सरकार ने अच्छा कार्य किया इस दौरान। हर स्तर पर सराहा गया इसलिए उन्होंने भी स्वीकार किया। मैंने कहा कि अगर वह अपने विवेक से बोलेंगे तो हर चीज को स्वीकार कर लेंगे। महापुरुषों के प्रति भी सम्मान का भाव। देश की स्वाधीनता के लिए गोरखपुर के किसानों ने, मजदूरों ने एक आन्दोलन लड़ा, आगे बढ़ाया था जो चौरी-चौरा की घटना के नाम से इतिहास में विख्यात है। शताब्दी वर्ष चौरी-चौरा का पड़ा। प्रधानमंत्री जी का आर्शीवाद प्राप्त हुआ। प्रदेश में बहुत अच्छे ढंग से कार्यक्रम हुआ, हर एक स्थल पर। हर एक शहीद स्थल के पुनरूद्धार और उसके सुन्दरीकरण की कार्य-योजना को हम लोगों ने आगे बढ़ाया। यह चीजें आगे बढ़ेंगी, इसी स्तर पर, इसी आधार पर इसको आगे बढ़ाने का कार्य सरकार का चल रहा है। 987 वर्ष पहले महान पराक्रम और शौर्य का प्रदर्शन हुआ था बहराइच की धरती पर, जो महाराजा सुहेलदेव के द्वारा किया गया था। मैं देख करके ताज्जुब करता हूँ। मुझे कभी-कभी आश्चर्य होता है कि महापुरुषों को भी कैसे लोग किस रूप में जोड़ने का प्रयास करते हैं। महाराजा सुहेलदेव देश के लिए लड़े थे, मातृभूमि के लिए लड़े थे। उनके शौर्य और पराक्रम को नमन है। उनकी स्मृतियों को नमन है। महाराजा सुहेलदेव के शौर्य और पराक्रम के सामने आक्रान्ता पूरी तरह परास्त हो गए थे। 150 वर्षों तक भारतवर्ष पर कोई विदेशी हमला करने का दुस्साहस नहीं कर पाया। मुझे महाकवि दिनकर की यह पंक्तियाँ भी याद आने लगती हैं जिसे बहुत पवित्रता के साथ कहा था—

मूल जानना बड़ा कठिन है नदियों का, वीरों का,
धनुष छोड़कर और गोत्र क्या होता रणधीरों का,
पाते हैं सम्मान तपोबल से भूतल पर शूर,
जाति-जाति का शोर मचाते केवल.....कायर क्रूर।

मैंने कहा ना कि हर व्यक्ति पढ़ा-लिखा है। हर व्यक्ति जानता है। कविता के भाव उस रूप में प्रस्तुत कर दिया हमने। बाकी आप तो शिक्षा मंत्री रहे हैं तो तब आप जोड़ते। आप तो महाकवि दिनकर के समय रहे हैं। उस आन्दोलन

के साक्षी रहे हैं जिस आन्दोलन में उन्होंने अपनी कविताओं के माध्यम से गर्जना की थी। उसके एक मजबूत सिपाही के रूप में आप खड़े रहे हैं इसलिए महाकवि दिनकर को सम्मान देना चाहिए। मुझे लगता है कि यह जो बात उन्होंने कही बहुत बड़ी बात कही। हम बहुत आभारी हैं आदरणीय प्रधानमंत्री जी के, जिनकी प्रेरणा और मार्गदर्शन से 987 वर्ष के बाद भारत माता के इस महान सपूत को सम्मान देने का सौभाग्य हमें प्राप्त हुआ और उनका भव्य स्मारक हम लोग बहराइच में बना रहे हैं चित्तौड़ा में उसी स्थान पर। वहाँ पर उनका भव्य स्मारक भी बनेगा। जो चित्तौड़ा झील है, उसके सौन्दर्यीकरण का कार्य भी होगा। पूरी भव्यता के साथ उस कार्यक्रम को आगे बढ़ाएँगे। हर उस क्षेत्र को हम टच करने का प्रयास कर रहे हैं, जो अब तक किन्हीं कारणों से अछूते रह गए थे। जो प्रदेश के गौरव को, प्रदेश की विरासत को आगे बढ़ाने में, प्रदेश के सर्वांगीण विकास में, प्रदेश के युवाओं के लिए, प्रदेश के किसानों के लिए, प्रदेश के मजदूरों के लिए और प्रदेश के हर क्षेत्र की प्रतिभा के लिए एक नई दिशा और नई दृष्टि हो सकती है, उसको आगे बढ़ाने के लिए सरकार कार्य कर रही है। श्री राज्यपाल जी ने अपने अभिभाषण में इन सबका जिक्र किया है। प्रदेश सरकार के कार्यों की सराहना करते हुए एक नई दृष्टि अपने अभिभाषण के माध्यम से दी है, जिसके बारे में कुछ चीजों का मैंने जिक्र भी किया है। बहुत सारी चीजें बजट का पार्ट बनी हैं, बजट में भी उन सबकी चर्चा करेंगे। मैं आज के इस अवसर पर एक बार फिर से मा० राज्यपाल जी का समवेत सदन में अभिभाषण देने के लिए हृदय से आभारी हूँ। मैं धन्यवाद दूँगा मा० नेता प्रतिपक्ष श्री रामगोविन्द चौधरी जी को, मा० नेता बहुजन समाज पार्टी श्री लालजी वर्मा जी को, मा० कांग्रेस की नेता श्रीमती आराधना मिश्रा जी को, अपने अन्य दलीय नेताओं के साथ ही इस प्रस्ताव के प्रस्तावक श्री योगेन्द्र उपाध्याय जी, जिन्होंने इस प्रस्ताव का समर्थन किया मा० सदस्य श्री विक्रम सिंह जी और उन सभी मा० सदस्यों का जिन मा० सदस्यों ने इस पूरी चर्चा में भागीदार बनकर के लोकतंत्र की समृद्ध परम्परा को आगे बढ़ाया है। हम चर्चा-परिचर्चा के माध्यम से, संवाद के माध्यम से विधायिका के मंच को

पुष्ट करेंगे जिसने गाँव को, गरीब को, किसान को, नौजवान को, महिलाओं को, समाज के प्रत्येक तबके को जीवन की एक नई आस दिखाई है। यह भाव यहाँ पर व्यक्त करने का प्रयास किया है। मैं एक बार फिर से आपका हृदय से आभारी हूँ, आपने मा० राज्यपाल जी के इस अभिभाषण पर मुझे जवाब देने के लिए यहाँ पर समय उपलब्ध कराया है। यहाँ पर सामान्य चर्चाओं में एक-दूसरे के प्रति शब्द दण्ड बाण बोले जाते हैं, लेकिन यह सभी मर्यादा के अन्दर ही रहे हैं। फिर भी अगर किसी को बुरा लगा हो तो मैं उससे इस बारे में कहूँगा कि मेरी कोई इच्छा किसी की भावनाओं को ठेस पहुँचाने की नहीं है। यह सभा केवल एक सामान्य गम्भीर चर्चा का विषय न बने बल्कि कभी-कभी हास-परिहास का विषय भी बने, क्योंकि मुझे मा० खन्ना जी की तरह शेर-ओ-शायरी नहीं आती है। मैं चाहूँगा कि आप कभी खन्ना जी के साथ जाइए आपके पुराने मित्र हैं। इनके यहाँ होली पर एक नवाब साहब की यात्रा निकलती है। मैं चाहूँगा कि आप उस यात्रा को एक बार देखने जरूर जाएँ। उनको शेर-ओ-शायरी का बड़ा शौक है। मैं यह सब नहीं जानता हूँ, लेकिन यहाँ पर यह सब जो कुछ हुआ है मेरी उसमें कोई उस प्रकार की इच्छा नहीं है। मैं एक बार फिर से हृदय से अभिनन्दन करता हूँ।

आप सभी कोरोना कालखण्ड में मजबूती से लड़े हैं। मैं आपके माध्यम से सबसे अपील करूँगा कि कोरोना का खतरा अभी टला नहीं है। मैं देखता हूँ कि बहुत सारे मा० सदस्य मास्क धारण नहीं कर पाते हैं, करना पड़ेगा, क्योंकि आप नेता हैं, आपको देखकर एक बड़ी आबादी सीखती है। जैसे मा० नेता प्रतिपक्ष हमेशा मास्क धारण करके रहते हैं, मा० वर्मा जी भी, अन्य सभी मा० सदस्य इसको धारण करते हैं, मैं भी स्वयं हमेशा मास्क रखता हूँ, उतारना न पड़े क्योंकि उतारना भी अपने आप में खतरनाक है। जब हम मास्क पहनकर कहीं पर रखते हैं, अगर कहीं कोई वायरस हमारे ऊपर आ गया है तो जहाँ हमारा मास्क पड़ेगा, वह क्षेत्र उससे संक्रमित होगा। हमें इसको भी ध्यान में रखना होगा, इसलिए इसको बाँधकर ही अपने पास रखते हैं। अगर मुझे कभी दूसरा मास्क लगाने की आवश्यकता पड़ती है तो इसको जेब में

ही रखता हूँ, नीचे रखने की आवश्यकता न पड़े, यह प्रयास करता हूँ, लेकिन मास्क हमें लगाना पड़ेगा। आप देख रहे होंगे कि बहुत सारे राज्यों में एक बार फिर से केसेज बढ़ने प्रारम्भ हो गए हैं। वह राज्य असमंजस की स्थिति में हैं कि क्या करना चाहिए। चूँकि आवागमन अब फ्रीक्वेंट हो चुका है इसलिए बहुत कुछ कहा नहीं जा सकता है। हमें मास्क का ध्यान रखना पड़ेगा, सोशल डिस्टेंसिंग का पालन करने का प्रयास करना पड़ेगा। नियमित जाँच करानी पड़ेगी। जाँच फ्री है, उपचार फ्री है, लेकिन ईश्वर से प्रार्थना करें कि किसी को उपचार की नौबत ही न आने पाए। बचाव सर्वोत्तम उपाय हो सकता है सर्वोत्तम उपाय में मास्क को धारण करना, सोशल डिस्टेंसिंग का पालन अगर हम लोग कर सकेंगे क्योंकि आपकी देखा-देखी हजारों लोग उसको फॉलो करते हैं, आप क्या कर रहे हैं इसको हजारों लोग फॉलो करेंगे। यह चीजें हम आदत में रखें, कोरोना समाप्त होगा। यू०पी० में आप देख रहे होंगे आज से चार माह पूर्व नवम्बर में 68 हजार एक्टिव केस थे आज लगभग दो हजार की संख्या रह गई है। टेस्टिंग लगातार चल रही है। फोकस्ड टेस्टिंग चल रही है लेकिन सावधानी और सतर्कता आवश्यक है। मैं सदन से अपील करूँगा कि कहीं पर भी हमें गलतफहमी का शिकार नहीं होना है। वैक्सीन अपने समय पर लगेगी, वैक्सीन लगने के बाद भी हमें सतर्कता बरतनी पड़ेगी। उसके बाद भी अगर हम सावधानी रखेंगे तो वह स्वयं के बचाव के लिए महत्वपूर्ण होगा। मैं आज सदन में सभी माननीय सदस्यों से और प्रदेश की जनता से भी अपील करूँगा कि सोशल डिस्टेंसिंग का पालन करें, मास्क को हर हाल में लगाए रखना, घर के अन्दर आप अकेले हैं तब मास्क उतार दीजिए, लेकिन अगर आप सार्वजनिक स्थान पर जा रहे हैं एक-दूसरे से बातचीत कर रहे हैं मास्क का प्रयोग उस समय अनिवार्य रूप से करें। अगर कोई बाहर से आ रहा है तो कॉन्टेक्ट ट्रेसिंग का कार्य जरूर हो। क्योंकि प्रदेश में सुरक्षित है लेकिन फ्रीक्वेंट आवागमन है। बहुत सारे राज्यों में केसेज बढ़े हैं उत्तर प्रदेश के अन्दर उनका आवागमन है तो हर जिले में कमाण्ड एण्ड कण्ट्रोल सेण्टर बना हुआ है यह लगातार सक्रिय है उसकी मॉनीटरिंग की जा रही है। मैं स्वयं

भी उसकी समीक्षा कर रहा हूँ, स्वास्थ्य मंत्री भी कर रहे हैं, चिकित्सा शिक्षा मंत्री भी कर रहे हैं। लेकिन फिर भी अगर कोई बाहर से आता है तो उसकी सूचना समय पर प्रशासन को उपलब्ध कराना, उनके सम्पर्क में कौन-कौन लोग आए हैं सबकी जाँच समय पर करा देना, समय पर उपचार करा देना, जब भी कोई व्यक्ति गलतफहमी का शिकार होगा वह कोरोना की चपेट में खतरनाक रूप में आएगा। हम तो ईश्वर से प्रार्थना करेंगे कि इस महामारी की चपेट में किसी को न आना पड़े। कोरोना ही नहीं इस प्रकार की कोई महामारी न आए, अगर हम उस दौर से गुजर रहे हैं तो सतर्कता और सावधानी आवश्यक है। मास्क लगाने और सोशल-डस्टेंसिंग का पालन करने की मैं जरूर अपील करूँगा। कॉन्टेक्ट ट्रेसिंग और अगर कहीं कोई संक्रमित होता है तो हॉस्पिटलाइज जरूर हो जाएँ, घर में कतई न रहें। एसिम्टोमैटिक हैं तो विशेषज्ञों की राय लेकर कार्य करें और प्रोटोकॉल का पालन करें। तभी प्रदेश और देश कोरोना पर विजय प्राप्त करने की ओर अग्रसर होगा। हम इस पर अवश्य विजय प्राप्त करेंगे। आप सबने मुझे सुना मैं आप सभी के प्रति हृदय से आभार और धन्यवाद व्यक्त करता हूँ। जयहिन्द!

सन्दर्भ : दिनांक 24 फरवरी, 2021, श्री राज्यपाल के अभिभाषण पर धन्यवाद का प्रस्ताव।

सरकार ने जो बेहतर हो सकता था वह किया है और पिछले वर्ष की तुलना में 7.2 प्रतिशत की बढ़ोत्तरी भी एक प्रशंसनीय कार्य है। बच्चों में कुपोषण की समस्या के निदान के लिए शुरू की गई मुख्यमंत्री सुपोषण योजना माँ और बच्चे दोनों की सेहत को सुधारेगी। इसके अलावा मुख्यमंत्री कन्या सुमंगला योजना और मुख्यमंत्री सामूहिक विवाह योजना भी मील का पत्थर साबित हुई। ऐसे बहुत सारे अलग-अलग तबके के लोगों ने बजट पर अपनी प्रतिक्रिया व्यक्त की। ये प्रतिक्रियाएँ इस बात को बताती हैं कि सरकार की कार्य-योजना एक सकारात्मक दिशा में आगे बढ़ रही है।

समग्र और समावेशी विकास, स्वावलम्बन से सशक्तीकरण

अध्यक्ष जी, मैं आपका आभारी हूँ कि प्रदेश के 2021-22 के आय-व्ययक पर जो वित्त मंत्री जी ने सदन में प्रस्तुत किया उस पर विस्तृत चर्चा यहाँ पर माननीय सदस्यों ने की और उस चर्चा के माध्यम से अपने विचारों को प्रदेश के इस महत्वपूर्ण लोकतांत्रिक सदन में रखकर प्रदेश के विकास की कार्य-योजना को आगे बढ़ाने का कार्य किया है। काफी रूचि के साथ सभी पक्षों के माननीय सदस्यों ने अपनी बात रखी और मैं खासतौर पर आभारी हूँ माननीय नेता प्रतिपक्ष श्री राम गोविन्द चौधरी जी का, यद्यपि मेरी हार्दिक इच्छा थी कि उनका जब भाषण हो तो मैं सदन में रहूँ। लेकिन उसी समय मेरा विधान परिषद् में कार्यक्रम था तो उच्च सदन में रहने के कारण मैं यहाँ सदन में नहीं रह पाया, लेकिन उनके भाषण को मैंने बहुत ध्यान से पढ़ा मैंने पूरी प्रति मँगाई थी। मैंने उनके भाव को भी जाना और समझने का प्रयास किया है। अन्य दलीय नेताओं के, बहुजन समाज पार्टी, कांग्रेस, सुहेलदेव भारतीय समाज पार्टी और हमारे सहयोगी अपना दल से जुड़े हुए सभी नेताओं ने भी इस सदन में जो विचार रखे हैं मैं उन सभी को हृदय से धन्यवाद देता हूँ। जो मेरे सहयोगी हैं, भारतीय जनता पार्टी के सदस्यों ने भी यहाँ पर अपनी बातों को रखा, विकास का एक नया एजेण्डा प्रदेश को दिया। इन सभी के साथ ही अपना दल से जुड़े माननीय तीन सदस्यों ने, समाजवादी पार्टी के 10, बहुजन समाज पार्टी के पाँच, कांग्रेस के 3, सुहेलदेव भारतीय समाज पार्टी के 2 कुल 62 सदस्यों ने इस पूरी चर्चा में भाग लिया है और एक स्वस्थ लोकतांत्रिक प्रणाली का

सृजन प्रदेश का विधानमण्डल कर रहा है यह हम सबके लिए बहुत गौरव का विषय है। मैं इसके लिए सभी माननीय सदस्यों का हृदय से अभिनन्दन करता हूँ। महोदय, हम सब जानते हैं कि जब प्रदेश के अन्दर हमारे सहयोगी मा० वित्तमंत्री श्री सुरेश खन्ना जी यहाँ पर बजट प्रस्तुत कर रहे थे उस समय देश के अन्दर भी बहुत सारी बातें उत्तर प्रदेश के बारे में आ रही थीं। खासतौर पर बजट पर हम चर्चा करें इससे पहले उन मुद्दों पर चर्चा होनी बहुत आवश्यक हो जाती है इसलिए हो जाती है क्योंकि बजट से उसका सम्बन्ध है। कहीं न कहीं बजट के दायरे के बारे में या कोरोना कालखण्ड के दौरान मुझे लगता है कि हर एक तबके ने अगर राजनीतिक पूर्वाग्रह उनके साथ नहीं जुड़ा है वह अलग विषय है कि घर के अन्दर उन्होंने बजट की सराहना की होगी लेकिन सार्वजनिक रूप से छोड़ दिया जाए तो हर तबके ने मा० वित्तमंत्री जी द्वारा प्रस्तुत बजट की यहाँ पर भूरि-भूरि प्रशंसा की है। प्रदेश ही नहीं बल्कि देश स्तर पर की है। हमारे पास फिक्की से, सी०आई०आई० से या अन्य उस फील्ड में काम करने वाले लोगों ने फोन या आपसी बातचीत में अपने जो वक्तव्य दिए हैं, हर एक ने उसकी सराहना की है। इसीलिए मा० नेता प्रतिपक्ष जी ने जो बातें यहाँ पर कहीं और जैसा कि मैंने कहा कि मैं सचमुच उनके भाषण को सुनना चाहता था और मैंने उनके पूरे भाषण का प्रिंट निकाला और उसको देखा। यद्यपि मैंने अनुरोध किया था कि अगर वह अपने बजट-भाषण को साढ़े बारह बजे की बजाय तीन बजे के आसपास अपनी रखेंगे तो मैं सदन में मौजूद रहूँगा और उनके मित्र खन्ना जी ने उनको यह बात बताई भी होगी, लेकिन जब भी वह खन्ना जी की बात को नहीं मानते हैं तो उनके साथ धोखा हो जाता है।

हम लोग बजट ऐसे समय में लेकर आए हैं जब वैश्विक महामारी कोरोना है। लोग कोरोना से भयभीत हैं, लेकिन भारत ने कोरोना का प्रबन्धन भी बेतहर तरीके से किया। कोरोना प्रबन्धन के साथ ही अब कोरोना से बचाव के लिए भी जो कार्यक्रम प्रस्तुत किए हैं उसके तहत अभी पहली मार्च से 60 साल से ऊपर के सभी नागरिकों को तथा विभिन्न प्रकार की बीमारियों से ग्रसित लोगों को भी वैक्सीन देने का कार्यक्रम प्रारम्भ हो चुका है। यानी भारत की अपनी

एक उपलब्धि है। भारत के साथ कुछ-न-कुछ नई उपलब्धियाँ जुड़ती जा रही हैं। भारत के लोगों को इस महामारी से बचाने के साथ-साथ आरोग्यता प्रदान करने के बारे में आदरणीय प्रधानमंत्री जी के नेतृत्व में कार्यक्रम चल रहे हैं। पहली मार्च से फेज़ सेकेण्ड का जो कार्यक्रम चला है और मैंने स्वयं भी लखनऊ के सिविल हॉस्पिटल में जाकर के देखा कि जो वरिष्ठ नागरिकजन थे और वैक्सीन लेने के लिए आए थे, अलग-अलग तबके के थे और अपनी लाइन में बैठकर के पूरे धैर्य के साथ वैक्सीन लगाने के साथ वह अपने को जोड़े हुए थे। यह प्रक्रिया तेजी के साथ आगे बढ़ रही है, अद्‌भुत अनुशासन है। कोई भी देश अगर अपने नेतृत्व के इस अनुशासन-भाव के साथ जुड़ करके कार्य करता है तो उसको दुनिया की महाताकत बनने से कोई रोक नहीं सकता है। यह एक शुभ स्थिति वर्तमान में भारत के साथ जुड़ रही है। कोविड से प्रदेश भी प्रभावित हुआ है, हमारा राजस्व भी प्रभावित हुआ है, आम जनमानस पर भी इसका प्रभाव पड़ा है, लेकिन इन सबके बावजूद प्रदेश ने अपनी सारी व्यवस्था को, वित्तीय अनुशासन को बनाए रखते हुए सारे कार्यक्रमों को व्यवस्थित रूप से आगे बढ़ाने का कार्य किया है। मैं मा० नेता प्रतिपक्ष से कहना चाहूँगा कि बजट पर उन्होंने जो बातें कहीं और खन्ना जी को कुछ शेर-ओ-शायरी भी सुनाई थी, पता नहीं खन्ना जी ने उस शेर-ओ-शायरी का जवाब आपको दिया कि नहीं दिया। वह जवाब देने को तैयार हैं और मैं अपील करूँगा कि वह जरूर खन्ना जी की बातों को सुनें। लेकिन महोदय,

'सच है, विपत्ति जब आती है
कायर को ही दहलाती है,
सूरमा नहीं विचलित होते,
क्षण एक नहीं धीरज खोते,
विघ्नों को गले लगाते हैं,
काँटों में राह बनाते हैं,
मुँह से न कभी उफ कहते'

यह पंक्तियाँ रामधारी सिंह दिनकर जी की हैं जो देश के लिए भी और प्रदेश के लिए भी अक्षरशः सही बैठती हैं। बजट के परिप्रेक्ष्य में अगर आपको

देखना हो तो बिना विचलित हुए हम लोगों ने इसका अनुसरण किया है। हम लोग उन बातों को लेकर आगे बढ़े हैं लेकिन जब मैं आपकी बात सुन रहा था और आपकी बातों को इसमें देख रहा था तो मुझे लग रहा था कि आप बजट को उस रूप में चाहते हैं जो समाजवादी पार्टी के समय में होता था क्योंकि आप लोगों का वास्तव में भारतीय परिप्रेक्ष्य में कोई ऐसा दृष्टिकोण नहीं होता था जो सर्वसमावेशी हो, सर्वकल्याणकारी हो, प्रदेश के विकास को एक नई ऊँचाईयों तक पहुँचाने वाला हो। किन्तु वह भाव न होने के नाते मुझे लगता है कि आपकी अपनी पार्टी, जो पिछली सरकार में थी वह केवल एक बात पर विश्वास करती थी और वह थी चार्वाक का वह सिद्धान्त "यावत् जीवेत् सुखं जीवेत् ऋणं कृत्वा घृत्वा पिवेत्।" यह इनका एक भाव होता था तात्कालिक रूप से मिल जाए और मुझे लगता है कि तात्कालिक रूप से न उसमें कोई भाव होता था, न उसमें प्रदेश की भावनाएँ होती थीं, न विकास का कोई एजेण्डा होता था और न ही प्रदेश के लिए कोई दूर-दृष्टि का एजेण्डा छपा होता था। इसलिए हर एक तबका नाराज होता था और हर तबके ने उसका जवाब भी दिया है। बजट को लेकर अगर आप देखेंगे तो अलग-अलग तबके के लोगों ने बजट पर टिप्पणी की है। हमें मालूम है तात्कालिक आवश्यकता के लिए बनाई जाने वाली योजनाएँ न पार्टी का और न प्रदेश का हित कर सकती हैं। हमने एक विजन के साथ विकास के रोडमैप को तैयार किया है और उस रोडमैप के अनुसार हम लोगों ने विकास के इस एजेण्डे को लागू किया है। यही पार्टी को और प्रदेश को भी एक नई ऊँचाई देगा, पार्टी को लम्बे समय तक शासन करने के लिए और प्रदेश को विकास की एक नई अर्थव्यवस्था के साथ जोड़ने का कार्य करेगा। स्वास्थ्य क्षेत्र के विशेषज्ञ ने भी इस बात को कहा है कि बजट को सभी वर्गों के उत्थान को ध्यान में रखते हुए तैयार किया गया है। यह बजट युवाओं को समर्पित है। पेपरलेस बजट के लिए उत्तर प्रदेश सरकार को विशेष बधाई। डॉक्टर अरोड़ा ने सरकार द्वारा कोविड-19 टीकाकरण के लिए विशेष रूप से जो प्रावधान किया है इसके लिए उन्होंने आभार व्यक्त करने के साथ ही सुपोषण पर ध्यान देने के लिए भी इसको एक

सराहनीय कदम माना है। इस सम्बन्ध में स्वास्थ्य क्षेत्र के विशेषज्ञ की राय हम सबके सामने आती है। चेयरमैन सी०आई०आई० ने कहा कि यह बजट प्रदेश को आत्मनिर्भर, स्वस्थ और सुरक्षित बनाने वाला है। ये उस फील्ड से जुड़े हुए लोग हैं जिनको राजनीति से कोई लेना-देना नहीं है। लेकिन हाँ, अर्थव्यवस्था और बजट के मुद्दे को लेकर के चेयरमैन पी०एच०डी०, चैम्बर ऑफ कॉमर्स, उत्तर प्रदेश ने इतिहास में अब तक का सबसे बड़ा बजट बताया है। किसानों, युवाओं और महिलाओं के विकास पर विशेष ध्यान केन्द्रित किया गया है। कोरोना संक्रमण की आपदा ने सभी उद्योगों को बुरी तरह नुकसान पहुँचाया है। अनेक समस्याओं का सामना करना पड़ा, इस बजट से उद्योगों को एक नई राहत दिखती है ये पी०एच०डी० चैम्बर के चेयरमैन का बयान है। इसी प्रकार प्रेसिडेण्ट एसोचैम के द्वारा भी कहा गया कि प्रदेश सरकार के द्वारा प्रस्तुत बजट कोरोना की विपरीत परिस्थितियों के बाद भी समाज के हर वर्ग के लिए अच्छा है।

सरकार ने जो बेहतर हो सकता था वह किया है और पिछले वर्ष की तुलना में 7.2 प्रतिशत की बढ़ोत्तरी भी एक प्रशंसनीय कार्य है। बच्चों में कुपोषण की समस्या के निदान के लिए शुरू की गई मुख्यमंत्री सुपोषण योजना माँ और बच्चे दोनों की सेहत को सुधारेगी। इसके अलावा मुख्यमंत्री कन्या सुमंगला योजना और मुख्यमंत्री सामूहिक विवाह योजना भी मील का पत्थर साबित हुई। ऐसे बहुत सारे अलग-अलग तबके के लोगों ने बजट पर अपनी प्रतिक्रिया व्यक्त की। ये प्रतिक्रियाएँ इस बात को बताती हैं कि सरकार की कार्य-योजना एक सकारात्मक दिशा में आगे बढ़ रही है। सरकार सकारात्मक माहौल में कार्य कर रही है और सकारात्मक माहौल के परिणाम भी स्वाभाविक रूप से सकारात्मक ही होंगे।

महोदय, पिछले चार वर्ष के दौरान जो कार्य किए गए हम सब जानते हैं कि प्रदेश के अन्दर जो कार्य वर्षों में नहीं हो पाए विगत चार वर्षों के दौरान सभी रास्ते पर आते हुए दिखाई दिए। हम लोगों ने इस बारे में कहा था जब 2017-18 में प्रदेश सरकार ने अपना पहला बजट प्रस्तुत किया था कि हम

इसे किसानों को समर्पित कर रहे हैं। 2018–19 का बजट हम लोगों ने प्रदेश के औद्योगिक विकास को समर्पित किया था। ओ०डी०ओ०पी० की योजना देश की लोकप्रिय योजना है वह उसी समय हम लोगों ने फरवरी, 2018 में आदरणीय प्रधानमंत्री जी के कर–कमलों से प्रदेश के अन्दर लागू की थी। आज उसके बेहतर परिणाम आए हैं, प्रदेश का एक्सपोर्ट बढ़ा है, परम्परागत उद्योग एक बार फिर से पुनर्जीवित होता हुआ दिखाई दिया है। एक नई सम्भावना रोजगार की और विकास की प्रदेश के अन्दर उसके माध्यम से देखने को मिली है। वर्ष 2019–2020 का बजट हम लोगों ने प्रदेश की मातृशक्ति को समर्पित किया था और वर्ष 2020–21 का युवाओं, उनकी शिक्षा, उनके कौशल विकास, रोजगार के मूल–भूत आधार, इन्फ्रास्ट्रक्चर डेवलपमेण्ट से जुड़े हुए जो कार्य थे उनको एक नई गति देने के लिए समर्पित किया था। वर्ष 2021–22 के बजट का थीम भी प्रदेश सरकार ने बहुत स्पष्ट भाव के साथ रखा कि प्रदेश के समग्र और समावेशी विकास को ध्यान में रखकर यह बजट प्रदेश के विभिन्न तबके के स्वावलम्बन और सशक्तीकरण को समर्पित है और इस बजट को इसी रूप में पूरे प्रदेश ने और पूरे देश ने लिया है। मैं इसके लिए वित्त मंत्री जी को, अपर मुख्य सचिव, वित्त, वित्त आयुक्त को और वित्त विभाग की पूरी टीम को, वित्त के हमारे राज्यमंत्री और पूरी टीम को, विभिन्न विभागों ने, सभी मंत्रियों ने समय से अपने विभाग की योजनाओं को इसमें शामिल करवाया है इसके लिए इन सबको हृदय से बधाई देता हूँ। महोदय, बजट प्रस्तुत करने के साथ इससे पहले वह उपलब्धियाँ, जो अलग–अलग समय में अलग–अलग थीम के साथ कार्य किया गया उसके परिणाम भी हमारे सामने हैं। हम सब जानते हैं कि प्रदेश कहाँ था। मैं बार–बार इस बात को कहता हूँ कि पहला बजट जब सदन में प्रस्तुत किया गया था तभी मैंने कहा था कि उत्तर प्रदेश की आबादी के हिसाब से बजट बहुत छोटा है। हमें इसके दायरे को बढ़ाना होगा, लेकिन बजट के दायरे को बढ़ाने से काम नहीं चलेगा, अपनी आय को भी बढ़ाना पड़ेगा। वित्तीय अनुशासन को ध्यान में रखना पड़ेगा, फिजूल खर्ची को रोकना पड़ेगा। लीकेजेज जहाँ भी होंगे उसको हर हाल में नियन्त्रित

करना पड़ेगा और उस दिशा में पूरी सरकार, पूरा तंत्र एक साथ जुटा है, उसके परिणाम भी सामने आए हैं। आज से चार साल पहले देश और दुनिया उत्तर प्रदेश को बीमारू राज्य के रूप में मानती थी। उत्तर भारत के जिन चार-पाँच राज्यों को बीमारू राज्य कहा जाता था उसमें उत्तर प्रदेश पहले नम्बर पर था। मैं आँकड़ों पर आ रहा हूँ। उत्तर प्रदेश चार साल पहले बीमारू राज्य था और इतनी बड़ी आबादी के राज्य का बजट केवल दो लाख करोड़ रुपये का था। उत्तर प्रदेश में उस समय 20-22 करोड़ की आबादी थी और बजट दो लाख करोड़ रुपये का था। यह ऊँट के मुँह में जीरा था। इतने बड़े प्रदेश के लिए, गाँव के विकास के लिए, नगरों की बुनियादी सुविधाओं के लिए, युवाओं के लिए, मजदूरों के लिए, किसानों के लिए, महिलाओं के लिए, अलग-अलग तबके के लिए योजनाएँ बनानी थी, लेकिन जब बजट ही नहीं होगा तो कैसे कर पाएँगे। इन्होंने इन्कम बढ़ाने पर जोर नहीं दिया और जोर क्यों नहीं दिया जाता था, हम उस पर भी आना प्रारम्भ करेंगे। इन्कम कहाँ-कहाँ से और कैसे-कैसे बढ़ी है, मैं इस पर भी चर्चा करने का प्रयास करूँगा, तो बहुत सारी चीजें सामने आ जाएँगी। लेकिन यह सच है कि वर्ष 2015-2016 में ईज ऑफ डूइंग बिजनेस में उत्तर प्रदेश चौदहवें स्थान पर था। यदि ईज ऑफ डूइंग बिजनेस में आपकी स्थिति अच्छी नहीं है तो कोई बाहरी निवेशक आपके यहाँ पर नहीं आ सकता। आज उत्तर प्रदेश दूसरे नम्बर पर है। शासन के चेहरे बदले हैं लेकिन तंत्र वही है। सब कुछ वही है, सोर्स ऑफ इन्कम भी वही है लेकिन हमने कार्य-पद्धति बदली है। हमने लोगों के मन में एक विश्वास पैदा किया है। आप लोग कह रहे थे कि कुछ नहीं हो रहा है तो सुन लीजिए। मुझे आश्चर्य होता है कि उत्तर प्रदेश आबादी में नम्बर एक पर है। वर्ष 2015-2016 में उत्तर प्रदेश की आबादी 20 से 22 करोड़ थी, लेकिन राज्य की अर्थव्यवस्था देश में पाँचवी-छठी अर्थव्यवस्था मानी जाती थी। हमारे यहाँ उस समय जब कोई बाहर से आता था, विदेशी राजदूत आते थे, कोई राष्ट्र प्रमुख आता था या कोई निवेशक आता था और जब हमारी उनसे बातचीत होती थी तो हम लोग उनसे किस बारे में चर्चा करते थे? हम कहते थे कि भारत का सबसे

बड़ा स्टेट है। यह सुनकर वह मानते थे और उनकी उत्सुकता यह सुनने की होती थी कि सबसे बड़ा प्रदेश होने के नाते यहाँ की अर्थव्यवस्था भी सबसे बड़ी होगी, लेकिन हम कहते थे कि नहीं, हम पाँचवे-छठे नम्बर पर हैं तो वह थोड़ा बैक होता था। प्रदेश की कुल जी०डी०पी० 10,90,000 करोड़ रुपये के आस-पास थी। ज्यादा समय नहीं हुआ और चार वर्ष के अन्दर उत्तर प्रदेश देश की दूसरी सबसे बड़ी अर्थव्यवस्था बन गया है। जी०डी०पी० 10,90,000 करोड़ रुपये से बढ़कर 21,73,000 करोड़ रुपये हो गई है। अगर यह चार वर्ष में दोगुने से ज्यादा हुई है तो इंतजार करिए जब हम वर्ष 2022 में पाँच वर्षों के लिए फिर से आएँगे तो उत्तर प्रदेश की इकोनॉमी देश की पहली इकोनॉमी बनेगी। हमारी यह टीम उसी इकोनॉमी के लिए कार्य कर रही है।

आप लोगों ने यू०पी० को क्या बना दिया था? यहाँ पलायन हो रहा था। लोग भाग रहे थे। लोगों के पास कोई सहारा नहीं था। सब लोग चिन्तित थे। यू०पी० के बारे में एक परसेप्शन बन चुका था। लोग कहते थे कि अब क्या होगा? मैं कहता था कि निश्चिंत रहिए यू०पी० चेंज हो चुका है। यह नए भारत का नया यू०पी० है। घबराइए मत यू०पी० में हम लोग अच्छा करेंगे। मैंने कोरोना के आँकड़े आप लोगों के सामने प्रस्तुत किए थे न, वह आँकड़े मेरे नहीं थे, वह भारत सरकार के आँकड़े थे। दुनिया के विशेषज्ञों के आँकड़े थे। मैं अपने आँकड़ों को प्रस्तुत नहीं कर रहा हूँ, जो आँकड़े प्रस्तुत कर रहा हूँ वह भारत सरकार के हैं और देश के सभी प्रमुख वित्तीय संस्थाओं के आँकड़े दे रहा हूँ। प्रति व्यक्ति आय 2015-16 में कितनी थी, 45 हजार और आज लगभग यह 95 हजार है, यह परिवर्तन है। क्या कुछ हुआ नहीं है उत्तर प्रदेश में। यह आँकड़े मेरे नहीं हैं यह दुनिया के वित्तीय संस्थाओं के आँकड़े हैं। प्रदेश के अन्दर ईज ऑफ डूइंग बिजनेस ही नहीं, ईज ऑफ लीविंग को भी बेहतर करने का कार्य हुआ है। हर एक फील्ड में जो कार्य हुआ है यह उसका परिणाम है। वित्त मंत्री जी ने जो बजट प्रस्तुत किया है, नेता प्रतिपक्ष जी कम-से-कम आप इसके बारे में मानकर चल देते, देख लेते। कुछ तो सोचा होता कि अपने मित्र की बात को आप कैसे काट रहे हैं। ईज ऑफ लीविंग

में कितना परिवर्तन हुआ है। हम देश को कहाँ ले जाना चाहते हैं? 1947 से लेकर के 2014 तक अगर अटल जी के छः वर्ष के उस कालखण्ड को छोड़ दें तो ईज ऑफ लीविंग के बारे में पिछली सरकारों ने देश के अन्दर क्यों नहीं सोचा था? मैं पूछना चाहता हूँ कि प्रदेश के अन्दर भी क्यों नहीं सोचा? आज तो बजट में ईज ऑफ लीविंग के बारे में भी चर्चा हुई है। प्रधानमंत्री जी ने 2022 तक लक्ष्य तय किया है कि गरीबी रेखा के नीचे जीवनयापन करने वाला एस०ई०सी०सी० सर्वे के अन्तर्गत जो भी व्यक्ति 2012 में आया है 2022 तक हर हाल में उसको एक आवास उपलब्ध करवाएँगे। चार वर्ष में 40 लाख लोगों को आवास मिल जाए यह प्रदेश के अन्दर हुआ है। चार वर्ष में 1 करोड़ लोगों को विद्युत के नि:शुल्क कनेक्शन मिल जाए, यह प्रदेश के अन्दर हुआ है। हर गाँव की कनेक्टिविटी अच्छी हो जाए, यह प्रदेश के अन्दर हुआ है। इण्टर स्टेट कनेक्टिविटी हमारी बेहतर हो जाए। हम लोगों ने प्रदेश के भावों का सम्मान किया। हम लोग पहले दिन से कह रहे थे कि उत्तर प्रदेश सम्भावना वाला प्रदेश है। लोग कहते थे कि यहाँ कुछ नहीं हो सकता है। यहाँ तो जो समाजवादी पार्टी का नेतृत्व तय करेगा हम लोग वही करेंगे। मैं तो देखकर ताज्जुब कर रहा था।

जब मैं मुख्यमंत्री कार्यालय बैठने के लिए जाने लग गया, मुख्यमंत्री कार्यालय में क्या स्थिति थी। शास्त्री भवन की क्या दुर्गति कर रखी थी। मैंने वहाँ पर पूछा कि श्रीमान् जी, यहाँ पर पूर्व मुख्यमंत्रीगण आते थे कि नहीं आते थे। सभी लोगों के चेहरे झुके हुए थे। सभी लोग मौन थे। बाद में एक सज्जन मुझे बोले कि वह तो कभी-कभार। मैंने कहा कि कभी-कभार का मतलब? कहा कि साल में एक-आध बार, तो मैंने कहा कि अगर मुख्यमंत्री साल में एक-दो बार ही कार्यालय आएगा तो प्रदेश का बेड़ा तो गर्क होना ही होना है और यही होता था। कुछ लोग तो ऐसे थे जो दस मिनट के लिए कैबिनेट की बैठक के लिए जाते थे, बाकी गायब। फिर बड़ा सपना देखते थे कि हम उत्तर प्रदेश को यूरोप बना देंगे। उसका कोई रोडमैप नहीं। योजनाएँ बनती थीं स्वयं के लिए, परिवार के लिए आप लोग दायरा कभी बढ़ा नहीं पाएँ।

उस सोच से बाहर नहीं निकल पाएँ। आपने ठीक कहा और मैं मानता हूँ कि कभी इसमें बहुत अच्छे महापुरुष पैदा हुए थे। आचार्य नरेन्द्र देव का कौन सम्मान नहीं करता है, जय प्रकाश जी का सम्मान कौन नहीं करता है, डॉ० लोहिया का सम्मान कौन नहीं करता है।

हाथरस में भी अभी कल साबित हुआ है। कल सोशल मीडिया में दिन भर चल रहा था कि टोपी वाला कौन? हाथरस की घटना ने कल इस टोपी को फिर से कटघरे में खड़ा किया है। कल हाथरस में जो दुर्भाग्यपूर्ण घटना घटित हुई, क्या समाजवादी पार्टी का उस अपराधी से कोई सम्बन्ध नहीं है? और हर अपराधी के साथ समाजवादी शब्द क्यों जुड़ जाता है? मैं यही पूछना चाहता हूँ। यह कौन सी स्थिति है, यह कौन-सी मजबूरी है? मैं यही पूछना चाहता हूँ कि आज वहाँ पर समाजवादी पार्टी की एक रैली है और रैली के पोस्टर उस अपराधी के द्वारा लगाए गए हैं और समाजवादी पार्टी के नेताओं के साथ लगाए गए हैं। यह क्या साबित करता है?

महोदय, यह जो होर्डिंग और पोस्टर वहाँ अलीगढ़ में लगे हुए हैं यह किसके हैं और क्यों लगाए गए? कैसे लगा दिए गए? यह एक दिन में नहीं लगे हैं, आज इनका वहाँ पर सम्मेलन है।

माननीय अध्यक्ष जी, उस सम्मलेन में पीड़ित बालिका चिल्ला-चिल्लाकर कह रही थी कि उस अपराधी का सम्बन्ध किससे है? हम सच को एकदम झूठलाना चाहते हैं यानी धूल झोंकना चाहते हैं। आपने समाजवादी आन्दोलन को एक अस्वाभाविक, अव्यवहारिक और एक अमानवीय आन्दोलन बना दिया है। इसीलिए इसके बारे में लोग अलग-अलग चर्चाएँ करते हैं, वह ऐसे ही चर्चा नहीं करते हैं। इन लोगों में सच को स्वीकार करने की हिम्मत नहीं है। इन लोगों में न सच को स्वीकार करने की क्षमता है और न ही आदत है क्योंकि इन लोगों ने प्रदेश को अलग-अलग तरीके से चलाने का प्रयास किया है। मैं इसीलिए कहना चाहता हूँ कि हम लोगों ने प्रदेश के अन्दर बजट के जो प्राविधान किए हैं, ईज ऑफ लिविंग के तहत प्रदेश के अन्दर जो व्यवस्थाएँ विगत चार वर्षों में हुईं, यह केवल व्यक्ति के जीवन की सुगमता का ही आधार

नहीं बना, सुगमता के साथ-साथ उसकी प्रति व्यक्ति आय को बढ़ाने का भी आधार बना है। आवास के माध्यम से, विद्युत कनेक्शन के माध्यम से या फिर उसको राशन की पोर्टेबिलिटी की सुविधा देने के माध्यम से, आयुष्मान भारत में पाँच लाख रुपये की स्वास्थ्य बीमा कवर के माध्यम से या फिर किसी भी फील्ड में हो या इन्फ्रास्ट्रक्चर डेवलपमेण्ट को लेकर भी हर व्यक्ति को आशंका थी। कोरोना के दौरान बड़ी संख्या में माईग्रेटेड लेबर आएँगे तो इनका क्या होगा? हमने कहा कि आप चिन्ता मत कीजिए। उत्तर प्रदेश के हैं तो उत्तर प्रदेश उनको सम्मान के साथ लेगा भी और उनकी सम्मान के साथ व्यवस्था भी की जाएगी। हम लोगों ने दोनों काम किए हैं और मुझे प्रसन्नता है कि हमारा जो प्रवासी कामगार और श्रमिक आया, किन्हीं मजबूरियों के कारण उसको प्रदेश के बाहर जाना पड़ा होगा, लेकिन आज वह प्रदेश के अन्दर ही रोजी-रोजगार के साथ जुड़ चुका है और प्रदेश के विकास में अपना योगदान दे रहा है। उनका योगदान ही प्रदेश की अर्थव्यवस्था को मजबूती प्रदान कर रहा है। ये प्रदेश की अर्थव्यवस्था का आधार बन रहे हैं। हम लोगों ने इन कार्यों को आगे बढ़ाया है। गाँव-गाँव को सड़कों के साथ जोड़ने का कार्य हो रहा है।

पेयजल की स्कीम 'हर घर नल की योजना', जल जीवन मिशन के अन्तर्गत कितना बड़ा कार्य होने जा रहा है। अब यह कहेंगे कि यह तो समाजवादी पार्टी भी करना चाहती थी। माननीय अध्यक्ष जी, वर्ष 1947 से लेकर 2017 तक प्रदेश में केवल 02 फीसदी से कम ग्रामीण क्षेत्रों के लोगों को 'हर घर नल की योजना' से जोड़ा गया था और वर्ष 2017 से लेकर अब तक हम उसको 10 फीसदी तक पहुँचा चुके हैं और मैं इसको बोल रहा हूँ याद रखना। हम एक साल के अन्दर चुनाव में जा रहे हैं, अगले नौ महीने के अन्दर देखना कि बुन्देलखण्ड क्षेत्र में, विन्ध्य क्षेत्र में और अभी कुछ ही दिनों के अन्दर हम लोग 30 हजार राजस्व गाँवों की एक व्यापक कार्य-योजना को लेकर आ रहे हैं। एक साथ पाईप पेयजल की स्कीम इन सभी में लागू करने जा रहे हैं। यह जो योजना लागू होगी वह एक दिन के लिए नहीं होगी, 10 वर्षों तक उसके रख-रखाव की जिम्मेदारी कार्यदायी संस्था को निभानी पड़ेगी।

जल जीवन मिशन, 'हर घर नल की योजना' पहले यह ग्रामीण क्षेत्र में थी, हम आभारी हैं मा० प्रधानमंत्री जी के कि उन्होंने यूनियन बजट में जल जीवन मिशन को शहरी क्षेत्रों के साथ भी जोड़ने का काम किया है। हमारी शहरी क्षेत्र की भी कार्य-योजना तैयार हो चुकी है, हम उसको भी तेजी के साथ आगे बढ़ा रहे हैं। यह है विकास का रोड मैप, ईज ऑफ लिविंग का। आखिर लोग अच्छी सड़क चाहते हैं, बिजली चाहते हैं, उनको शुद्ध पेयजल मिल जाए।

शुद्ध पेयजल आपके लिए एक एजेण्डा हो सकता है, हमारे लिए उसके जीवन की सुगमता के साथ-साथ उसके उत्तम स्वास्थ्य के लिए भी यह चीजें आवश्यक हैं। नेता प्रतिपक्ष जी, आप भी पूर्वी उत्तर प्रदेश से आते हैं। पूर्वी उत्तर प्रदेश में इन्सेफ्लाइटिस की बीमारी के बारे में आप सभी जानते हैं। यह अलग विषय है कि आपने चिकित्सा शिक्षा मंत्री का दायित्व सम्भाला है, लेकिन उन बच्चों के प्रति आपने कभी संवेदना नहीं व्यक्त की, जबकि मरने वाले 90 प्रतिशत बच्चे दलित और अल्पसंख्यक समुदाय के थे। आप वोट बैंक की बात करते थे, कभी आप लोगों ने उस बारे में चिंता नहीं की। गोरखपुर और बस्ती कमिश्नरी के साथ-साथ 38 जनपद ऐसे थे, जहाँ पर इन्सेफ्लाइटिस से बड़े पैमाने पर मौतें होती थीं। 1998 में मैं पहली बार सांसद बना था, हम लोगों ने इसके लिए कार्यक्रम प्रारम्भ किए, आन्दोलन किए, संसद में भी कई बार इस मुद्दे को रखा। मुझे लगता है कि संसद के हर सत्र में मैं इस मुद्दे को भी रखता था। हम लोगों ने व्यापक रूप से सरकार के संज्ञान में इन सब बातों को रखने का प्रयास भी किया। लेकिन इन्सेफ्लाइटिस की समस्या दूर करने में आज हम सफल हुए हैं और 95 फीसदी मौतों को रोकने में हमें सफलता प्राप्त हुई है। दो योजनाओं ने इसमें बहुत बड़ी भूमिका का निर्वहन किया है।

स्वच्छ भारत मिशन, हर घर तक शौचालय पहुँचाने का कार्य है। इज्जतघर उसका नाम ही रखा गया है। यह उस परिवार की महिला की गरिमा की रक्षा का भी आधार बना, साथ-साथ गरीब के स्वास्थ्य को भी आरोग्यता प्रदान करने का भी एक आधार बना है और स्वच्छ भारत मिशन में हम लोगों ने स्वच्छता और शुद्ध पेयजल दोनों पर फोकस किया था। अन्तर्विभागीय समन्वय उसी

का एक कारण था। उस कार्यक्रम को हम लोगों ने उसी रूप में आगे बढ़ाने का काम किया। यह काम पिछली सरकारें भी कर सकती थीं, लेकिन जब गरीब के लिए सोच हो, तब न। जब गरीब के बारे में कोई एजेण्डा हो, तब न। चालीस लाख गरीबों को पहले भी आवास मिल सकता था। एक करोड़ अड़तीस लाख लोगों को पहले भी विद्युत कनेक्शन मिल सकते थे। इन लोगों को पहले भी अन्य सुविधाएँ मिल सकती थीं। रसोई गैस के कनेक्शन इन गरीबों को पहले भी मिल सकते थे। प्रदेश के जिन 56 लाख गरीबों को रसोई गैस के सिलेण्डर मिले हैं, वह पहले भी दिए जा सकते थे। हर परिवार के पास राशन कार्ड पहले भी उपलब्ध कराया जा सकता था, लेकिन जब एजेण्डे का हिस्सा हो, तब न। जब उसके बारे में एक सोच हो, तब न, लेकिन वह नहीं था। आज हर क्षेत्र में बैंक की सुविधा है और अब तो हर ग्राम पंचायत में हम लोग बी०सी० सखी (बैंकिंग कॉरेस्पॉन्डेण्ट सखी) की नियुक्ति की प्रक्रिया को अन्तिम चरण में लेकर आ गए हैं। अब गाँव के व्यक्ति को अपना पैसा निकालने, पैसा जमा करने, गाँव के 5 कि०मी० दूर बैंक में नहीं जाना पड़ेगा बल्कि अपने ग्राम पंचायत के अन्दर ही बी०सी० सखी उसको यह सुविधा उपलब्ध कराएगी। यह सभी कार्य ईज ऑफ लिविंग में हैं। यानी केवल व्यवसाय की सुगमता नहीं होगी बल्कि हर व्यक्ति को जीवन को सुगमता के साथ जोड़ने का काम भी ईज ऑफ लिविंग के माध्यम से हम लोग करेंगे। ईज ऑफ लिविंग का आधार है वर्ष 2021-22 का प्रदेश सरकार का यह बजट, जिसे हमारे वित्त मंत्री जी ने यहाँ प्रस्तुत किया है। किसानों के बारे में बड़ी चर्चा होती है और पहले दिन से हम लोग चर्चा सुन रहे हैं, अलग-अलग चीजें, अलग-अलग बातें सामने आईं। मैं सोचता था कि नेता प्रतिपक्ष इस दौरान हम सबको राम रतन का हलवा खिला ही देंगे लेकिन लगता है कि खिलाने की उनकी आदत है नहीं। मैंने खन्ना जी से कहा कि आप संसदीय कार्यमंत्री भी हैं, आपको दलीय नेताओं के घर जाकर कभी-कभी उनका हाल-चाल लेना चाहिए, कभी-कभी भोजन आदि करके आना चाहिए तो उन्होंने कहा कि नेता प्रतिपक्ष एक बार हमें भोजन पर बुलाए थे, बाटी-चोखा की दावत देने के बाद

कहने लगे कि बर्तन साफ करते हुए तो जाइए। तो कहा कि जब ऐसा कार्य करने लग जाएँगे तो कैसे काम चलेगा? यानी कुछ देंगे नहीं।

नहीं, हर सरकार की बात नहीं है। यह औपचारिकता से भी हट करके जाता है। राम रतन का हलवा अगर नेता प्रतिपक्ष, सभी मा० सदस्यों को खिलाए होते तो सम्भवत: कान्ट्रैक्ट फार्मिंग के बारे में वे प्रश्न सदन में नहीं उठाते, क्योंकि इनके विधानसभा क्षेत्र में ही सहतवार कस्बे में यह सब होता है। वास्तव में यह तो हम दो लोगों की आपसी सहमति के आधार पर होता है। पुराने समय में कोई भी कान्ट्रैक्ट, किसी लिखित दस्तावेज के आधार पर नहीं होता था। यह तो बाद में समय के अनुरूप बदला है, लोग मॉर्डन होते गए, नई तकनीक आती गई। पहले केवल बड़े-बुजुर्गों के सामने सारी बातें हो जाती थीं, बाद में कागज के टुकड़े में लिखकर सहमति हो जाती थी, फिर स्टैम्प पेपर में हो गया, अब ई-स्टैम्प आ गया है। तकनीक बदली है, समय बदलता है। यह परम्परा दशकों से चली आ रही है। किसी किसान की आज तक खेती नहीं ली गई है लेकिन किसान की आमदनी जरूर बढ़ी है। वैद्यनाथन जी ने ऐसी ही क्रान्ति बुन्देलखण्ड क्षेत्र में की है। उन्होंने ढिंढोरा नहीं पीटा है जबकि इसका खूब प्रचार होना चाहिए था जिससे हम अन्य लोगों की आमदनी को भी उसके साथ जोड़ करके उनको भी इसके लिए प्रेरित कर सकते। यह किसानों के हित में होगा लेकिन यह सब भी नहीं हुआ। आज जब उसको कानूनी स्वरूप देकर के किसानों की आमदनी को बढ़ाने की दिशा में एक नया प्रयास प्रारम्भ हुआ है तो उसको हमें गुमराह करने का प्रयास नहीं करना चाहिए, गलत मोड़ नहीं देना चाहिए। फिर किसानों को एक विकल्प दिया गया है, बाध्यता नहीं है। आपकी मर्जी आप करिए, नहीं मर्जी मत करिए। लेकिन इसके नाम पर किसी को टारगेट करना, यह अन्याय है। किसानों के साथ भी है और मुझे लगता है कि देश के साथ भी है। भारत के अन्नदाता किसानों को भारत की सरकार ने और प्रदेश की सरकार ने पूरा महत्व दिया है। हमारी सरकार जब आई तो हमने पहली कैबिनेट तब तक नहीं की, जब तक हम लोग प्रदेश के अन्दर लघु और सीमान्त किसानों के 01 लाख रुपये

तक के कर्जे को माफ करने की कार्य–योजना नहीं तैयार कर पाए। पहली कैबिनेट में हम लोग वही प्रस्ताव ले करके आए। प्रदेश के अन्दर हम लोगों ने इस कार्यक्रम को आगे चलाया है। अब उस किसान के बारे में कोई हमसे कहे, हमें सर्टिफिकेट देने लग जाए कि साहब, किसान यह कर रहा है, किसान वह कर रहा है, किसान के साथ यह हो रहा है। मण्डियों को ई–नाम से जोड़ने व वन नेशन, वन मार्केट की व्यवस्था है। ई–नाम से जोड़ने की यह कार्यवाही प्रधानमंत्री मोदी जी ने ही की है। यह अपने आप में एक नया परिवर्तन है, समय के साथ सबको जोड़ने का प्रयास है। कैसे हम उनके जीवन में परिवर्तन ला सकते हैं, ये कार्य इस सरकार के दौरान यहाँ पर मजबूती के साथ आगे बढ़ाए गए हैं। उसी दिशा में सरकार ने यह योजना बनाई। वह खाद्यान्न के प्रोक्योरमेण्ट की हो या उन योजनाओं के साथ किसानों को जोड़ने की हो, सॉयल हेल्थ कार्ड हो, प्रधानमंत्री फ़सल बीमा योजना हो या प्रधानमंत्री कृषि सिंचाई योजना हो तो कितना व्यापक परिवर्तन इस क्षेत्र में हो रहा है। दशकों से लम्बित परियोजनाओं को एक साथ पैसा दे करके पूरा कराया जा रहा है। यह किसानों की लागत को कम करेगा, आमदनी को बढ़ाएगा। किसान की आमदनी तब बढ़ेगी, जब उसकी लागत कम होगी। हम एम०एस०पी० के लिए क्रय केन्द्र स्थापित करेंगे, हमारी मण्डियाँ चलेंगी, लेकिन मण्डी के साथ–साथ हम किसान को बाध्य नहीं कर सकते कि आपको सरकारी मण्डी में ही फसल लेकर आनी है। अगर कृषि मण्डी में उसे दाम एम०एस०पी० के बराबर मिल रहा है, 1975 रुपये गेहूँ का दाम अगर मण्डी में 1975 रुपये है और मार्केट में कोई व्यापारी उसको 2500 रुपये देना चाहता है तो किसान स्वतन्त्र होगा कि वह 2500 रुपये में अपना गेहूँ बेच करके आ जाए। कोई उसको रोकेगा नहीं। मण्डी के अधिकारी, मण्डी का कोई कर्मचारी वहाँ छापामारी करने के लिए नहीं जाएगा। कोई वहाँ अतिरिक्त टैक्स लेने के लिए नहीं जाएगा। आज तो यह सुविधा किसानों को दी जा रही है लेकिन किसानों को गुमराह किया जा रहा है। किसानों को तमाम प्रकार से गुमराह करने का काम हो रहा है।

यहाँ पर चीनी मिलों की भी चर्चा हो रही थी। महोदय, प्रदेश के अन्दर मुझे सदन को बताते हुए बहुत प्रसन्नता की अनुभूति है कि अब तक हम लोग

01 लाख 25 हजार 261 करोड़ रुपये के गन्ना मूल्य का भुगतान गन्ना किसानों को कर चुके है। यह 19 मार्च तक का डाटा है। 01 लाख 25 हजार 261.48 करोड़ रुपये का प्रदेश के अन्दर गन्ना किसानों के गन्ना मूल्य का भुगतान हुआ है। पेराई सत्र वर्ष 2020–21 में हम सब जानते हैं कि कोविड–19 का प्रकोप था तब भी हमने चीनी मिलें चलाईं। 119 चीनी मिलें चलीं, जून तक चीनी मिलें चलीं। हम भी जानते थे कि गन्ने में अब रस कम है, चीनी मिलों के लिए घाटे का सौदा है लेकिन अन्नदाता किसान को परेशानी न हो। किसान हमारी शीर्ष प्राथमिकता पर है। किसान के साथ कोई भेदभाव नहीं होना चाहिए। हमारी प्राथमिकता है कि चीनी मिलें चलेंगी तो इससे रोजगार का भी सृजन होगा और किसान का गन्ना भी चीनी मिल में जाएगा तो किसान के पास पैसा आएगा। यह कार्य पहली प्राथमिकता है कि गन्ने की फसल की सुरक्षा हो और उसको उसका भुगतान हो। अगर हम केवल वर्ष 2019–20 के आँकड़े देखेंगे तो अब तक 98.5 फीसदी गन्ना मूल्य का भुगतान गन्ना किसानों का हो चुका है, मात्र 538 करोड़ रुपये का बकाया है। अभी करेण्ट सत्र में जब गन्ना मूल्य का भुगतान हो रहा है इसमें 10757 करोड़ रुपये के गन्ना मूल्य का भुगतान हो चुका है। 52.5 प्रतिशत का भुगतान हो चुका है यानी कोविड–19 के बावजूद एक्सपोर्ट की सम्भावनाएँ कम दिखती हैं इन सबके बावजूद भी करेण्ट सीजन में 10757 करोड़ रुपये का भुगतान हुआ है। 9700 करोड़ रुपये गन्ना किसानों का करेण्ट सीजन का बाकी है। जिसको तेजी के साथ भुगतान करने के साथ जोड़ने की कार्यवाही हो रही है। यह है किसानों के जीवन में परिवर्तन लाने का आधार। जब हम लोग 2017 में आए थे तो उस समय वर्ष 2011–12 से गन्ना मूल्य का भुगतान बाकी था और जहाँ तक आप पूछ रहे थे कि क्या किया गन्ना किसानों के लिए, अगर मैं एक तरफ से आपको बताने लगऊँगा कि रामकोला की चीनी मिल वर्ष 2007–08 में बन्द हुई, लक्ष्मीगंज की वर्ष 2008–09 में, देवरिया की वर्ष 2007–08, भटनी वर्ष 2007–08, बैतालपुर वर्ष 2008–09, शाहगंज वर्ष 2007–08, बुढ़वल वर्ष 2007–08, घाटमपुर वर्ष 2009–10, छाता वर्ष 2009–10, औराई वर्ष 2007–08, घुरियापार वर्ष

2007–08, कमलापुर वर्ष 2009–10, सठियाव वर्ष 2007–08, मझौला वर्ष 2010–11, दरियापुर वर्ष 2009–10, कांगलहेड़ी वर्ष 2011–12, मंझावली वर्ष 2011–12, पिपराइच वर्ष 2008–09 और पुआया वर्ष 2011–12 में बन्द हुई और वर्ष 2012 से लेकर वर्ष 2017 के बीच में जो चीनी मिलें बन्द हुईं उनमें पडरौना, टोडरमल, सहारनपुर, अमरोहा, बघौली, सरदारनगर, खलीलाबाद, रसड़ा, बस्ती, गोपीगंज, बुलन्दशहर आदि हैं जो चीनी मिलों को बन्द कर रहे हैं वह किसानों के हितैषी हो गए और जो चीनी मिलों को चला रहे हैं। हम लोगों ने तो चीनी मिलों को चलाया भी है। महोदय, कांगलहेड़ी चीनी मिल हम लोगों ने वर्ष 2017–18 में संचालित कर दी है, मंझावली में वर्ष 2017–18 में, बुलन्दशहर में वर्ष 2017–18, पिपराइच और मुण्डेरवा में वर्ष 2018–19 में नई चीनी मिलें लगाकर इनका पुनःसंचालन भी कर दिया गया है। यानी हम चीनी मिलों को चला रहे हैं तो हम किसान विरोधी हैं और कोई चीनी मिलों को बेच रहा है, कोई बन्द कर रहा है, वह किसान हितैषी हो गया। ये कहाँ का अर्थशास्त्र है और यह कहाँ से हितैषी हो गए। मुझे आश्चर्य होता है।

विकास का जब एजेण्डा होता है, तो व्यक्ति विकास पर बोलता है और विकास के अनुरूप कार्य भी करता है, लेकिन जब विकास का कोई एजेण्डा ही नहीं होता है, तो फिर व्यक्ति के मन में जो आता है, वह अपने अनुसार उसको बांचता रहता है। परन्तु जब तथ्य सामने आते हैं, तो उनके पास कोई जवाब नहीं होता है और यह तथ्य उस जवाब का ही परिणाम है, जो आज मैं आपके सामने रख रहा हूँ और जो मैंने आपको बताया है कि किस रूप में यह हुआ है। वर्ष 2020–21 में रबी की फसल के लिए गेहूँ क्रय केन्द्र स्थापित करने थे परन्तु लॉकडाउन प्रारम्भ हो गया था। इन सबके बावजूद हम लोगों ने प्रदेश के अन्दर 5 हजार 8 सौ 96 क्रय केन्द्र स्थापित किए। 35 लाख 76 हजार मिट्रिक टन गेहूँ का क्रय किसानों से सीधे किया और 6 हजार 8 सौ 85 करोड़ रुपये का ऑनलाइन भुगतान भी किया। खरीफ विपणन, जो वर्ष 2020–21 का ही था, 'समर्थन मूल्य योजना' के अन्तर्गत धान क्रय केन्द्रों के लिए अब तक 66 लाख मिट्रिक टन से अधिक धान का क्रय किया गया और

11 हजार 2 सौ करोड़ रुपये से अधिक का ऑनलाइन भुगतान भी किसानों को सीधे किया गया है। अब भुगतान ऑनलाइन हो रहा है। ऐसा नहीं है कि पहले जैसे चेक के माध्यम से या अन्य कारणों से होता था, आज तो वह नहीं है। अब सीधे भुगतान किसानों के खाते में जा रहा है, तो आप कैसे कह सकते हैं कि यह पैसा दलालों को जा रहा है या अन्य लोगों को जा रहा है। यह तो किसानों को देने का कार्य है। इसी दौरान खरीफ विपणन वर्ष 2020-21 में 108 मक्का क्रय केन्द्र स्थापित किए गए, जिसमें 1 लाख 6 हजार मिट्रिक टन मक्के की खरीद की गई और 197 करोड़ रुपये का भुगतान डी०बी०टी० के माध्यम से किसान के खाते में किया गया है। 'प्रधानमंत्री किसान सम्मान निधि योजना', अभी मैंने पिछले दिनों ही सदन में ही अवगत कराया था कि बेस्ट परफॉर्मेन्स के लिए भारत सरकार ने उत्तर प्रदेश को पुरस्कार दिया है। आज के दिन पर 2 करोड़ 42 लाख किसान, प्रधानमंत्री किसान सम्मान निधि की पात्रता रखते हैं। एक ही दिन में प्रदेश के किसानों के खाते में 27 हजार 123 करोड़ रुपये सीधे डी०बी०टी० के माध्यम से में गए हैं।

'मुख्यमंत्री कृषक दुर्घटना कल्याण योजना' का दायरा बढ़ाया गया है। 5 लाख रुपये का बीमा, जिसमें किसी भी आपदा में किसान, किसान का परिवार, उसका सहयोगी या उसका बटाईदार, यह सभी उसके दायरे में आएँगे। यह सामाजिक सुरक्षा किसानों के लिए है। यह किसान को दिया जा रहा है और यह सुरक्षा देने के साथ ही इसके दायरे को बढ़ाने का कार्य किया गया है। वर्ष 2011-12 में जो राज्य की सरकारें थीं, जिनको वास्तव में गरीबों की चिन्ता नहीं थी, हर किसान को 'आयुष्मान भारत योजना' के अन्दर लाने और जो नहीं आ पाया है, उसको हम 'मुख्यमंत्री जन आरोग्य योजना' से आच्छादित करने के लिए भी इस बजट में उसका प्रावधान कर रहे हैं। वर्ष 2021-22 के इस बजट में किसानों के लिए ही 'आत्मनिर्भर कृषक समन्वित विकास योजना' के लिए भी धनराशि की व्यवस्था की गई है। यह किसानों के हित के लिए की जा रही योजनाएँ हैं। किसानों को खेती के साथ-साथ समय पर बीज उपलब्ध हो जाएँ, उन्नत तकनीक के बीज मिल जाएँ, खाद उपलब्ध हो

जाए, यह व्यवस्था तो लागू की जा रही है। हम लोगों ने प्रदेश के अन्दर एक व्यवस्था बनाई है। खासतौर पर कृषि विज्ञान केन्द्रों की एक श्रृंखला प्रदेश के अन्दर खड़ी की है। कृषि विज्ञान केन्द्र बहुत बड़ा कार्य करते हैं। कृषि विज्ञान केन्द्रों की भूमिका बहुत अच्छी और बहुत सकारात्मक है। तकनीकी ज्ञान से किसान को जोड़ने के लिए, खेती के विविधीकरण के लिए भारत सरकार कृषि विज्ञान केन्द्र देना चाहती थी, राज्य सरकार लेना ही नहीं चाहती थी। वर्ष 2016 के बाद वर्ष 2017 में जब हमारी सरकार आई तो वर्ष 2017–18 में हम लोगों ने प्रदेश के अन्दर 20 नए कृषि विज्ञान केन्द्र अतिरिक्त लियें। आज प्रदेश के अन्दर हर जनपद में लगभग एक कृषि विज्ञान केन्द्र है और बड़े जनपदों में 02 कृषि विज्ञान केन्द्र हैं। कृषि विज्ञान केन्द्रों को कृषि विश्वविद्यालयों के साथ जोड़ करके तकनीकी ज्ञान से किसानों को आच्छादित करने के सम्यक् प्रयास प्रारम्भ हुए हैं लेकिन साथ-साथ प्रदेश में किसानों को मुफ्त पानी भी मिले इसके लिए 700 करोड़ की अतिरिक्त व्यवस्था भी इस बजट में की गई है। सूक्ष्म खाद्य उद्योग उन्नयन योजना के अन्तर्गत भी बजट में 400 करोड़ रुपये की व्यवस्था की गई है। खाद्य प्रसंस्करण उद्योग के क्रियान्वयन के लिए, जो अब फंक्शनल हो चुके हैं उसमें सरकार के द्वारा किसान को इंसेन्टिव दिए जाने हैं या फिर उद्योगों के लिए धनराशि की व्यवस्था की गई है। केमिकल और फर्टिलाइजर के भण्डार के लिए, स्टोरेज के लिए बजट की व्यवस्था का प्राविधान किया गया है। किसानों को नाबार्ड से रियायती दर पर ऋण उपलब्ध कराने के लिए भी ब्याज अनुदान योजना के अन्तर्गत 400 करोड़ रुपये की योजना का प्राविधान किया गया है। एकीकृत सहकारी विकास के माध्यम से भी सहकारी समितियों के समन्वित विकास हेतु जो संचालित योजना है उसके लिए भी बजट में प्राविधान किए गए हैं। यह सब कार्य किसानों के लिए ही किए जा रहे हैं। ये किसान की लागत को कम करने और उसकी आमदनी को कई गुना बढ़ाने की शासन की योजना का हिस्सा है और इसको समझने की आवश्यकता है, लेकिन उसको समझने की बजाय हम उसको नकारात्मक दृष्टि से लेने का प्रयास कर रहे हैं। मैं प्रधानमंत्री आवास योजना, ग्राम्य विकास

की तरफ देख रहा था, प्रधानमंत्री आवास योजना के अन्तर्गत 04 वर्ष के दौरान ग्रामीण और शहरी क्षेत्रों को मिला करके 40 लाख गरीबों को आवास उपलब्ध कराने का काम हुआ और साथ-साथ मुख्यमंत्री आवास योजना में भी बहुत सारे गरीब परिवारों को आवास उपलब्ध कराया गया। लगता है कि इनके एजेण्डे में बहुत सारे लोग नहीं थे। कुशीनगर, महाराजगंज, गोरखपुर कमिश्नरी और काशी कमिश्नरी में मुसहर जाति काफी बड़ी मात्रा में है और मुझे लगता है कि बहुत हैण्ड-टू-माउथ है। प्रदेश सरकार ने पहले चरण में निर्णय किया कि मुसहर जाति का जो व्यक्ति जहाँ पर रह रहा है उस जमीन का पट्टा उसको कर दिया जाए। एक गरीब को जीने का अधिकार मिलना चाहिए और अगर वह आरक्षित श्रेणी की भूमि है तो उस आरक्षित श्रेणी की भूमि पर व्यवस्थित पुनर्वास करने के लिए कोई सुरक्षित भूमि उसको उपलब्ध कराने का कार्य किया जाए। यह कार्य युद्धस्तर पर किया जा रहा है। हम लगभग आच्छादन की तरफ बढ़ चुके हैं। देश के अन्दर वर्ष 1910 और वर्ष 1920 के बीच में मुसहर जाति, वनटांगिया गाँव बसाए गए थे। महाराजगंज, गोरखपुर, कुशीनगर, सिद्धार्थनगर, बलरामपुर, गोण्डा, बहराइच, श्रावस्ती, लखीमपुर, पीलीभीत ऐसे तमाम जिलों में 1947 से ले करके 1952 में देश ने पहला आम चुनाव किया। 1950 में अपना संविधान अंगीकार किया। मतदाता सूची में भी उनका नाम नहीं चढ़ाया गया। उनके लिए न बिजली, न पानी, न सड़क, न स्कूल, न स्वास्थ्य की सुविधा, न राशन कार्ड की व्यवस्था और न ही उन्हें पेंशन की सुविधा मिलती थी। वे सब गरीब थे, सुविधाओं से वंचित थे। हम लोगों ने संसद में वर्ष 2007-08 में उसकी लड़ाई लड़ी थी, भारत सरकार ने कानून भी बना लिया था लेकिन इम्प्लीमेण्ट तो राज्य को करना था और मुझे बताते हुए प्रसन्नता है कि वर्ष 2017-18 में वनटांगिया गाँव के विकास के लिए हमने योजना बनाकर उन्हें राजस्व गाँव का दर्जा देना प्रारम्भ किया। आज आप जाईए, जहाँ पर एक भी पक्का मकान नहीं था, जहाँ बिजली नहीं थी, पानी नहीं था, आज वहाँ सारी सुविधाएँ मिलती हुई दिखाई दे रही हैं। आज उनके पक्के मकान बन रहे हैं आज उनके चेहरे की चमक तो देखिए।

आज जो व्यापक परिवर्तन हुआ है, उस तबके को टच करने का प्रयास हुआ है, जो अब तक वंचित था। यह भी दलित ही थे, अति पिछड़ी जाति के थे। आखिर वह आपके एजेण्डे का हिस्सा क्यों नहीं बन पाए, क्यों नहीं वनटांगियों के लिए काम हुआ? वे प्रदेश के नागरिक थे, वनों के संरक्षण के लिए उन्हें बसाया गया था लेकिन नहीं हुआ। थारू, आज भी उनकी कनेक्टिवटी की वही स्थिति है। बलरामपुर, श्रावस्ती, बहराइच, लखीमपुर-खीरी, पीलीभीत, महाराजगंज इन जनपदों में कुछ गाँव हैं, हमने उनको वहाँ पर सुविधाएँ देना प्रारम्भ किया। मुख्यमंत्री आवास योजना, यानी जब एस०ई०सी०सी० का सर्वे हुआ, उस समय इन लोगों को छोड़ दिया गया था। इस बार हम लोगों ने बुन्देलखण्ड की एक-दो जातियाँ जो हमेशा से वंचित रही हैं क्योंकि उसकी कोई वॉयस नहीं थी, इसलिए उन्हें वंचित किया गया था हम लोग उसको जोड़ रहे हैं। हमने इसमें कोल जाति को भी लिया है। कोल और अन्य जितनी भी जातियाँ बुन्देलखण्ड की हैं उन जातियों को भी हम लोगों ने अब इस योजना से आच्छादित करने का निर्णय लिया है कि मुख्यमंत्री आवास योजना इन लोगों को आवास उपलब्ध कराएगी। शर्त और नियम वही हैं। शर्त तो प्रदेश सरकार ने तय की है लेकिन नियम है कि जिन लोगों के पास आवास नहीं है, जो उस प्रधानमंत्री आवास योजना के अन्तर्गत वंचित रह गए हैं, हम उन्हें आवास की सुविधा उपलब्ध कराएँगे। यह आवास की सुविधा उन्हें उपलब्ध कराई जा रही है। मुझे प्रसन्नता है वर्ष 2017-18 में 16,700 लाभार्थियों को, 2019-20 में 34,040 लाभार्थियों को और 2020-21 में 30,250 लाभार्थियों को इस योजना से लाभान्वित किया गया। वर्ष 2021-22 के बजट में 369 करोड़ रुपये की व्यवस्था मुख्यमंत्री आवास योजना में इन गरीबों को आवास उपलब्ध कराने के लिए की गई है। गाँव की कनेक्टिविटी को बेहतर करने के लिए प्रधानमंत्री आवास योजना के अन्तर्गत 8,847 कि०मी० कार्य को हम लोगों ने एक नई योजना के तहत लिया है और इसमें भी 2021-22 में 5 हजार करोड़ रुपये का विशेष प्रावधान इसके लिए कर दिया गया है। गाँव की स्थिति, गाँव हमारे मिनी सचिवालय हैं, गाँव हमारे विकास के आधार स्तम्भ

हैं। गाँव के विकास के बगैर हम प्रदेश के और देश के विकास की कल्पना ही नहीं कर सकते। उत्तर प्रदेश के अन्दर 2017 में हमारी सरकार आने के बाद हम लोगों ने कुछ जो गाँव बड़े कस्बों में तब्दील हो गए थे उन्हें नगर निकाय के रूप में बदलने का काम किया। लेकिन आज भी उत्तर प्रदेश की 80 फीसदी आबादी गाँव में निवास करती है और हमारी अर्थव्यवस्था का सबसे बड़ा आधार, अगर हमारे पास अच्छी खेती नहीं होती, जल संसाधन नहीं होते तो कोरोना में हमारी अर्थव्यवस्था लुढ़क गई होती। हमारा आधार बना था खेती-किसानी, गाँव और हमारा युवा। इस दौरान भी उसने अपनी खेती को सम्भाला। उसकी नौकरी कटी तो वह गाँव में आकर अपनी खेती में जुट गया, अपना पसीना बहाया और आज उसका परिणाम है कि आज उत्तर प्रदेश मजबूती से इस लड़ाई को लड़ रहा है। हम लोगों ने कहीं भी इस प्रकार की कोई स्थिति नहीं आने दी, जहाँ पर किसी को कहने की आवश्यकता पड़ी हो और कोई यह कहे कि उत्तर प्रदेश लाचार हो चुका है, हताश हो चुका है। नहीं, हम लोगों ने तो कभी नहीं इस चीज को माना है। हम लोग तो इस बात को मानकर चलते रहे हैं कि—

सागर की अपनी क्षमता है
पर मांझी भी कब थकता है
जब तक साँसों में स्पन्दन है
उसका हाथ नहीं रूकता है

इसके बल पर कर डाला सातों सागर पार और महोदय, यही उत्तर प्रदेश के विकास का है आधार। यही है हमारा आधार। उस जगह ग्राम पंचायतों में जहाँ पंचायत भवन नहीं है हमारी सरकार द्वारा पंचायत भवन को ग्राम सचिवालय के साथ-साथ गाँव के सार्वजनिक कार्यक्रमों की व्यवस्था के लिए भी एक बड़ी व्यापक कार्य-योजना के साथ कार्य प्रारम्भ हुआ है। प्रयास किया जा रहा है कि हर एक न्याय पंचायत में कम-से-कम इससे छूटे हुए जो गाँव बचते हैं, उनमें से कोई दो गाँव हम लोग लेंगे, जिसमें महान क्रान्तिकारी चन्द्रशेखर आजाद जी के नाम पर ग्रामीण विकास सचिवालय के निर्माण की कार्य-योजना को

हम उसके साथ जोड़ेंगे। मुख्यमंत्री पंचायत प्रोत्साहन योजना के अन्तर्गत भी हम लोग एक व्यवस्था बनाने जा रहे हैं। उत्कृष्ट ग्राम पंचायतों को प्रोत्साहित करने के लिए भी हम लोगों ने बजट में प्रावधान किया है। उत्कृष्ट ग्राम पंचायतें, क्या यह हो सकता है कि हम गाँव की पंचायत को गाँव के विकास के साथ जोड़ें। अब तो बहुत सारे कार्य हो सकते हैं। कॉमन सर्विस सेण्टर गाँव में हो चुके हैं। गाँव के लोगों को, गाँव के किसी भी व्यक्ति के आय प्रमाण-पत्र, जाति प्रमाण-पत्र, मूल निवास प्रमाण-पत्र, यह सभी गाँव में ही बन सकते हैं। हम उन्हें बैंकिंग सुविधा के साथ जोड़ रहे हैं, बिजली के बिल को उसके साथ जोड़ रहे हैं कि वह बिजली के बिल के लिए वहाँ दफ्तर या कार्यालय में न जाएँ, वहीं पर अपना बिजली का बिल जमा कर लें और बिजली के बिल जमा करने के लिए हम लोगों ने महिला स्वयंसेवी समूह को भी यह व्यवस्था दी है कि वह जमा कराएँगे तो इसके बदले में 12 से ले करके 20 रुपये प्रति बिल उसको प्राप्त हो जाएँगे। यह भी सुविधा दे दी गई है। कितने व्यापक स्तर पर कार्य हो रहा है। ये प्रोत्साहन की व्यवस्था है और इसी प्रकार से ग्राम पंचायतों में बहुउद्देशीय पंचायत भवनों के निर्माण के लिए भी व्यवस्था की गई है। राष्ट्रीय ग्राम स्वराज अभियान के अन्तर्गत भी जो ग्राम सचिवालय के निर्माण यानी ग्राम पंचायत भवनों के निर्माण की कार्यवाही हो रही है, इसके लिए भी 653 करोड़ रुपये की व्यवस्था अलग से की गई है। एक गाँव के विकास की धुरी, ये केन्द्र-बिन्दु बनें और ई-गवर्नेंस के लिए भी पंचायत सशक्तिकरण के तहत धनराशि की व्यवस्था बजट में कर दी गई है। महिलाओं के सशक्तिकरण की बात चल रही थी और इसमें अनेक चर्चाएँ होती हैं और मुझे लगता है कि पूरे सदन को इसके बारे में विचार करना चाहिए। 8 मार्च को अन्तर्राष्ट्रीय महिला दिवस भी है और मैं पूरे सदन से अपील करूँगा कि 8 मार्च के दिन हर विधानसभा स्तर पर, हर जनपद स्तर पर, महिला सशक्तिकरण से सम्बन्धित कार्यक्रम होने चाहिए। राज्य सरकार इसके लिए कार्य-योजना बना रही है और ये कार्यक्रम करने चाहिए। आधी आबादी को सम्मान मिलना ही चाहिए, हर स्तर पर मिलना चाहिए। उस व्यापक कार्य-योजना के साथ हमें

जुड़ना चाहिए। हम लोगों ने इसके लिए एक व्यवस्था की है। वर्ष 2019-20 में मुख्यमंत्री कन्या सुमंगला योजना के अन्तर्गत 6 विभिन्न श्रेणियों में 15,000 रुपये उन बालिकाओं को उपलब्ध कराने की व्यवस्था का कार्य इस सरकार ने प्रारम्भ किया था। बजट में 1200 करोड़ रुपये की व्यवस्था इस बार भी की गई है कि इसको कैसे और बेहतर तरीके से प्रस्तुत किया जा सकता है, जिससे किसी भी प्रकार से कन्याओं के प्रति भेदभाव को समाप्त किया जा सके। मुख्यमंत्री सामूहिक विवाह योजना, इसी सदन में जब हम लोग इस योजना की घोषणा किए थे तो नेता प्रतिपक्ष नाराज हुए थे। उन्होंने कहा कि यह तो गरीबों का अपमान है और आज डेढ़ लाख से अधिक कन्याओं की शादी मुख्यमंत्री सामूहिक विवाह योजना के अन्तर्गत हुई है और मुझे लगता है कि सदन सहमत होगा कि सबसे अधिक डिमाण्ड इस योजना की है। यानी इसका मतलब गरीबों से आपको कोई मतलब नहीं है। गरीब कन्याओं के बारे में आपके मन में कोई सम्मान नहीं है, लेकिन राज्य सरकार ने अपनी कार्य-योजना को मजबूती के साथ आगे बढ़ाया है। कुछ योजनाएँ नई भी हैं, मुख्यमंत्री सक्षम सुपोषण योजना, कुपोषण की समस्या से निपटने के लिए भारत सरकार की योजनाएँ तो थीं, भारत सरकार की योजनाओं के साथ ही राज्य सरकार अपने स्तर पर भी ऐसे लोगों को चिह्नित करके मुख्यमंत्री सक्षम सुपोषण योजना को भी इसके साथ जोड़ेगी, जिसमें 6 माह से 5 वर्ष तक के चिह्नित कुपोषित बच्चे और एनीमिया से ग्रसित जो बालिकाएँ हैं, 11 से 14 वर्ष की जो किशोर बालिकाएँ हैं उनके लिए अतिरिक्त पोषण उपलब्ध कराने के लिए भी प्रदेश सरकार ने बजट में इसका प्रावधान किया है। यह भारत का भविष्य हैं, यह जो कुपोषित बच्चे हैं, उन कुपोषित बच्चों को सुपोषित करना पूरे समाज का दायित्व बनता है। इस दायित्व का बोध सरकार करा रही है, उसी के साथ उन बच्चों को जोड़ रही है। वह बच्चा इस धरती पर आया है उसने कोई अपराध नहीं किया है। अगर किन्हीं कारणों से किसी ऐसे परिवार में उसने जन्म लिया है जहाँ पर उसके पास उस प्रकार की सुविधा नहीं है तो उसे कुपोषित से सुपोषित करने का दायित्व सरकार निभाएगी, सरकार उस

दायित्व के साथ अपने आपको जोड़ेगी। किशोरियों के साथ जो भेदभाव होता था उस भेदभाव को दूर करने के लिए हम लोगों ने व्यवस्था की है। पहले से कुछ व्यवस्थाएँ चल भी रही हैं, भारत सरकार के स्तर पर प्रधानमंत्री जी ने इस पर बहुत फोकस किया है। ये योजनाएँ सफल होंगी तो प्रदेश के अन्दर मातृ मृत्यु दर और शिशु मृत्यु दर के जो रेट हैं वह अपने आप न्यूनतम स्तर तक पहुँच जाएँगे, जो अभी कभी-कभी डरावने लगते हैं। राष्ट्रीय पोषण अभियान के लिए धन की व्यवस्था की गई है। इस बार हम लोग एक ऐसी नई योजना को भी महिलाओं के लिए चलाना चाहते हैं जिसका एक उदाहरण बुन्देलखण्ड में है। ग्राम्य विकास विभाग और भारत सरकार के सहयोग से एक कार्य-योजना वहाँ पर प्रारम्भ हुई थी बलिनी मिल्क प्रोड्यूसर के माध्यम से। महिलाओं ने कितना जबरदस्त काम किया है, बहुत अभिनन्दनीय कार्य किया है। एक वर्ष में 46 करोड़ का टर्नओवर और 2 करोड़ का नेट प्रॉफिट, 2019 में हमने इसे प्रारम्भ किया था। इस प्रकार की कुछ अच्छी योजनाएँ प्रदेश के अन्दर न्याय पंचायत स्तर पर, ग्राम पंचायत स्तर पर हम लागू कर सकें, इसके लिए भी बजट में हमने 2 सौ करोड़ रुपये की व्यवस्था की है। सरकार महिला सामर्थ्य योजना के अन्तर्गत ऐसे महिला स्वयंसेवी संगठनों को प्रोत्साहित करने और एन०जी०ओज को प्रोत्साहित करने का कार्य करें। आप समझ सकते हैं 100 महिलाओं का समूह किसी एक कार्य के साथ जुड़ा हुआ है और एक साल का उनका टर्नओवर 46 करोड़ तक पहुँच जाए और प्रॉफिट 2 करोड़ का हो जाए तो यह अभिनन्दनीय कार्य है, महिलाएँ इस कार्य को कर रही हैं और महिला सशक्तिकरण का यह उदाहरण है, इस कार्य को उस रूप में हमने जोड़ने का कार्य किया है। महोदय, इसके साथ ही निराश्रित पेंशन की योजनाएँ, प्रदेश के अन्दर इसके दायरे को भी बढ़ाने का कार्य हुआ है। मुझे लगता है कि इसमें काफी बड़े पैमाने पर कार्य हुए हैं, हम लोगों ने प्रदेश के अन्दर जो कार्य-योजनाएँ इसकी बनाईं इसमें भी अभूतपूर्व वृद्धि की गई है। आज प्रदेश के अन्दर चाहे वह वृद्धावस्था पेंशन हो, दिव्यांगजन पेंशन हो या फिर निराश्रित महिला पेंशन हो, इन पेंशन की योजनाओं के साथ जोड़ने

का कार्य भी हम लोगों ने अच्छे ढंग से प्रदेश के अन्दर किया है। काफी बड़ी संख्या में, इस समय प्रदेश के अन्दर 87 लाख लाभार्थी हैं, जो निराश्रित महिला पेंशन, वृद्धावस्था पेंशन योजना और दिव्यांगजन पेंशन योजना से आच्छादित हैं। कोविड कालखण्ड के दौरान राज्य सरकार ने एडवांस में इनको पेंशन की राशि उपलब्ध करवाई तो 1 हजार रुपये उन पेंशनधारकों को अतिरिक्त देने का कार्य भी हुआ। यानी कि ये सभी कार्य प्रदेश के अन्दर इन तीनों पेंशन योजनाओं के माध्यम से हुए। प्रदेश के अन्दर बालिकाओं और महिलाओं की सुरक्षा के लिए 1535 थानों में, साढ़े तीन सौ तहसीलों में महिला हेल्प डेस्क के निर्माण की कार्रवाई की गई और उसको वहाँ पर चालू भी कर दिया गया है।

प्रदेश के अन्दर कुछ कार्य आगे बढ़ने थे जिस पर हम लोगों फोकस किया है। प्रदेश के अन्दर पिछले चार वर्ष के अन्दर चार लाख से अधिक नौजवानों को सरकारी नौकरियाँ दी गई हैं। आज उत्तर प्रदेश लोक सेवा आयोग, उत्तर प्रदेश अधीनस्थ चयन सेवा आयोग, पुलिस भर्ती को कोई कठघरे में नहीं खड़ा कर सकता है। जितनी भर्ती हुई है, ट्रांसपेरेन्ट तरीके से हुई हैं। उसमें पूरी पारदर्शिता लाने का प्रयास हुआ है। किसी के साथ कोई भेदभाव नहीं हुआ है।

हर एक स्तर पर, जहाँ भी किसी ने कोई गड़बड़ी करने का प्रयास किया है, तो उस व्यक्ति के साथ-साथ पूरा खानदान जेल के अन्दर सड़ता हुआ दिखाई दे रहा है। भर्तियों में अब कोई वसूली का धन्धा नहीं बना सकता। नौजवान युवकों के साथ कोई खिलवाड़ नहीं कर सकता है, लेकिन चार लाख सरकारी नौकरियाँ उत्तर प्रदेश के नौजवानों के लिए पर्याप्त नहीं हैं। हमारे बहुत सारे नौजवान अन्य विकल्पों की तलाश में काम करते हैं, खासतौर पर उन्होंने निजी क्षेत्र में भी सम्भावनाएँ तलाशीं। जब प्रदेश के अन्दर निवेश हुआ, सम्भावनाएँ बढ़ीं, तो आज बहुत सारे फील्ड में नौजवानों को नौकरी मिली है, रोजगार मिले हैं।

महोदय, कोविड के दौरान लोगों को इसी बात का आश्चर्य था कि आखिर यू०पी० में जो 40 लाख प्रवासी लोग आएँगे, वह कहाँ जाएँगे? हमने कहा कि यू०पी० अपने एक करोड़ प्रवासी कामगारों और श्रमिकों को अपने

यहाँ रखकर उनकी ऊर्जा का उपयोग करने के लिए पूरी तरह तैयार हो चुका है। ये हमारे 40 फीसदी ही अभी आए हैं, अभी 60 लाख और हैं, उनके लिए भी भूमिका तैयार हो चुकी है। जिस दिन वे आएँगे, उत्तर प्रदेश की इकोनॉमी 'वन ट्रिलियन यू०एस० डॉलर' के बराबर होगी, इसमें कोई दो राय नहीं है। इन युवाओं के बल पर। नौजवानों की ऊर्जा और दक्षता को आगे बढ़ाने के लिए राज्य सरकार ने एक अभिनव योजना प्रारम्भ की है जिसका नाम है 'मुख्यमंत्री अभ्युदय योजना'। पहले चरण में प्रत्येक मण्डल स्तर पर इनके लिए निःशुल्क कोचिंग की व्यवस्था की गई है। जो लोग उपस्थित हो सकते हैं, वह फिजिकली वहाँ जाएँगे, वहाँ पर साक्षात जाकर इसका लाभ लेंगे और जो लोग साक्षात उपस्थित नहीं हो सकते, उनके लिए वर्चुअली व्यवस्था दी गई है। अब तक लाखों यूथ उसके साथ जुड़ चुके हैं और अन्य राज्यों में इसकी माँग हो रही है कि यू०पी० की 'अभ्युदय योजना' के तर्ज पर हमारे राज्यों में भी इस प्रकार की योजना लागू करिए। ये यू०पी० मॉडल बनता जा रहा है। 'अभ्युदय योजना' अपने युवाओं के लिए यू०पी०एस०सी०, यू०पी०पी०एस०सी०, यू०पी०एस०एस०एस०सी०, रेलवे और बैंक की तैयारी के लिए या किसी भी भर्ती के लिए भूमिका तैयार करने, गाइड देने के लिए हर प्रकार के लोग जा रहे हैं। हमारे सीनियर ऑफिसर्स, आई०ए०एस०, आई०पी०एस०, आई०एफ०एस० भी जा रहे हैं, प्रशिक्षु आई०ए०एस०, आई०पी०एस०, आई०एफ०एस० और पी०सी०एस० भी जा रहे हैं और साथ-साथ उस फील्ड के विशेषज्ञों की सेवाएँ भी ली जा रही हैं। दुनिया के इस फील्ड के जो विशेषज्ञ हैं, उनकी भी सेवाएँ इसके साथ फिजिकली और वर्चुअली, दोनों प्रकार से ली जा रही हैं। ये 'अभ्युदय योजना' उत्तर प्रदेश के नौजवानों को समर्पित है। उत्तर प्रदेश के नौजवानों को योजना समर्पित करते हुए हम लोगों ने इस बात को कहा कि बहुत सारी जगह होगा, लेकिन हम लोग हमेशा इस बात को मानते रहें कि किसी भी ऐसे समाज को जो सक्षम और दूसरों के लिए आदर्श बनना चाहता है, उसको अपने को उसी रूप में तैयार भी करना होगा। इसीलिए हमारे यहाँ कहा गया है कि "आ नो भद्राः क्रतवो यन्तु विश्वतो"। यानी ज्ञान प्राप्ति जिस

भी दिशा से हो, उसके लिए सदैव अपने मस्तिष्क को खुला रखो। उत्तर प्रदेश का युवा आज अपने मस्तिष्क को ज्ञान प्राप्ति के माध्यम के रूप में 'अभ्युदय योजना' को लेकर आ रहा है और 'अभ्युदय योजना' के साथ जुड़ रहा है। श्री योगी आदित्यनाथ–....और बदले में सरकार ने पात्रता की श्रेणी तय की है। यूथ को टैबलेट देने की सुविधा भी उसके साथ जोड़ी है, बजट में उसका प्राविधान कर दिया है। उसको बजट के साथ जोड़ करके इन कार्यक्रमों को आगे बढ़ा रहे हैं।

उत्तर प्रदेश का सम्पूर्णानन्द संस्कृत विश्वविद्यालय कभी देश का एकमात्र संस्कृत विश्वविद्यालय था, अब विभिन्न राज्यों में संस्कृत विश्वविद्यालय बन चुके हैं। अनदेखी और भेदभाव के कारण संस्कृत की स्थिति लगातार खराब होती गई, विद्यालय बन्द होते गए, छात्रों की संख्या नगण्य हो गई, शिक्षकों की संख्या समाप्त हो गई। प्रदेश सरकार ने दो निर्णय लिये, एक–जब तक परमानेंट शिक्षक संस्कृत विश्वविद्यालयों में आते हैं तब तक हम लोग संस्कृत के विद्यालयों में एक निश्चित मानदेय के साथ शिक्षकों की तैनाती की व्यवस्था करेंगे। बाद में आयोग से या जो भी व्यवस्था उसकी बनती है उस व्यवस्था के साथ वहाँ पर परमानेंट शिक्षकों की तैनाती करेंगे। संस्कृत को अपनी पुरातन परम्परा के साथ–साथ अर्वाचीन व्यवस्था के साथ जोड़ने का काम भी करेंगे, तकनीक के साथ भी जोड़ने का काम करेंगे, लेकिन साथ ही साथ हम संस्कृत के माध्यम से अपने गुरुकुल की पद्धति को फिर से पुनर्जीवित करने का काम करेंगे और गुरुकुल की इस परम्परा को आगे बढ़ाएँगे। संस्कृत पढ़ने वाले छात्रों में, अगर कोई छात्रा भी है जो संस्कृत पढ़ना चाहती है, क्योंकि हमारे वेदों की बहुत सारी ऋचाएँ जो विदुषी महिलाओं ने रची हैं तो जो भी इस फील्ड में आना चाहती हैं उनके लॉजिंग–फूडिंग की व्यवस्था का प्राविधान भी, गुरुकुल पद्धति से इस परम्परा को आगे बढ़ाने के लिए हम लोगों ने किया है और यह व्यवस्था यहाँ पर प्रस्तुत की है। इस बात को ले करके की है कि उनका भाव ही लोक–कल्याण है। लोक–कल्याण का यह भाव हर एक स्तर पर हो और उस लोक–कल्याण के भाव को वे विश्व कल्याण के साथ जोड़ सकें।

'वसुधैव कुटुम्बकम्' के उस भाव को हम एक बार फिर से पुनर्जीवित कर सकें। यह कार्य इस योजना के माध्यम से यहाँ पर गुरुकुल पद्धति से प्रारम्भ किया जा रहा है। प्रदेश के अन्दर करियर काउन्सलिंग कार्यक्रम के आयोजन के माध्यम से भी प्रदेश के यूथ के बारे में, 13 लाख युवाओं का पंजीकरण जिसमें से 9 लाख 48 हजार युवाओं को प्रशिक्षित किया गया और 3.50 लाख युवाओं को विभिन्न सेक्टर्स में रोजगार दिए गए, यह प्रदेश के अन्दर जो सरकार की कार्य-योजनाएँ चल रही हैं उसका एक हिस्सा है।

युवा और खेल विकास के प्रोत्साहन के लिए भी सरकार ने बजट में प्राविधान किया है। प्रदेश के अन्दर महिला मंगल दल, युवक मंगल दल के गठन के लिए भी धनराशि की व्यवस्था और भी अन्य कार्यक्रमों जैसे-ग्रामीण क्षेत्रों में स्टेडियम, ओपेन जिम के निर्माण के लिए, खेल के मैदान के लिए, ये सभी कार्य युद्धस्तर पर आगे बढ़ सकें इसके लिए भी हम लोगों ने बजट में व्यवस्था की है। स्पोर्ट्स के लिए मेरठ में एक स्पोर्ट्स विश्वविद्यालय के लिए भी धनराशि का प्राविधान हम लोगों ने बजट में किया है। मेरठ में 'वन डिस्ट्रिक्ट, वन प्रोडक्ट' की अपनी कार्य-योजना है। मेरठ खासतौर पर इसलिए महत्वपूर्ण है क्योंकि स्पोर्ट्स आइटम के लिए मेरठ के ही प्रोडक्ट को हम लोगों ने 'वन डिस्ट्रिक्ट, वन प्रोडक्ट' का पार्ट बनाया है वहाँ पर स्पोर्ट्स यूनिवर्सिटी प्रदेश के अन्दर खेल की सम्भावनाओं को कई गुना आगे बढ़ाने में बहुत बड़ी भूमिका का निर्वहन करेगा, इसका भी प्राविधान इसके साथ किया जा रहा है।

इसी के साथ ही प्रदेश के अन्दर विश्वकर्मा श्रम सम्मान योजना के अन्तर्गत भी काफी बड़े पैमाने पर कार्य-योजनाओं को आगे बढ़ाया गया है। जो हमारे हस्तशिल्पी हैं, परम्परागत कारीगर हैं, उनके प्रशिक्षण, उन्हें वित्तीय संस्थाओं के साथ जोड़ना और वित्तीय समावेशन के साथ, स्वावलम्बन के साथ उन्हें जोड़ने के साथ ही राज्य सरकार के द्वारा उन्हें टूल-किट उपलब्ध कराने की कार्यवाही युद्धस्तर पर सफलतापूर्वक आगे बढ़ रही है। बेसहारा गौ-वंश सहभागिता योजना के अन्तर्गत मुझे बताते हुए प्रसन्नता है कि प्रदेश के अन्दर साढ़े पाँच लाख से अधिक गौ-वंश अब तक शासन के द्वारा संचालित

निराश्रित गौ-स्थलों में हैं। लगभग 78 हजार गौ-वंशों को अब तक हम लोग सहभागिता योजना के अन्तर्गत गौ-पालकों को सौंप चुके हैं, जिसमें 900 रुपये हर महीने शासन उन्हें उपलब्ध करा रहा है। कुपोषित माँ हो या कुपोषित बच्चा जिस परिवार में है, वहाँ पर एक दुधारू गाय निराश्रित गौ-आश्रय स्थल से देने का कार्य भी प्रदेश सरकार के द्वारा प्रारम्भ किया गया है और बहुत ही सफलता के साथ यह योजना आगे बढ़ रही है। उन परिवारों को भी 900 रुपये प्रतिमाह, इस योजना के साथ जोड़ने का कार्य प्रदेश सरकार के द्वारा किया गया लेकिन बजट में एक नई घोषणा हम लोगों ने की है। जब कहा जा रहा था कि किसानों के लिए क्या किया गया है तो मैं बताना चाहता हूँ कि यह भी किसानों से ही जुड़ी हुई योजना है जिसमें न्याय पंचायत स्तर पर निराश्रित गौ-आश्रय स्थल खोलने की व्यवस्था हम इसके साथ जोड़ने जा रहे हैं। प्रदेश के अन्दर ग्रामीण क्षेत्र में न्याय पंचायत स्तर पर और नगर निकाय के स्तर पर भी कान्हा उपवन के रूप में इस कार्य-योजना को बहुत तेजी के साथ आगे बढ़ाया जा रहा है। सर्वाधिक टीकाकरण करने वाला राज्य उत्तर प्रदेश है और हमने बजट में भी उसका अलग से प्राविधान किया है। यद्यपि राज्य सरकार जो टीका लगा रही है वह भारत सरकार फ्री में उपलब्ध करा रही है। सारे टीके फ्री में हैं, लेकिन एक विकल्प भी दिया गया है क्योंकि संक्रमण की चेन को तोड़ना है। इसलिए यदि कोई चाहे कि वह क्यू में नहीं लगना चाहता है, वह अलग से अपनी व्यवस्था चाहता है तो उसके लिए उनको निजी क्षेत्र में भी यह व्यवस्था दे दी गई है और उसके रेट भी तय कर दिए गए हैं। यही वैक्सीन जो 250 रुपये में यहाँ के मार्केट में मिल रही है अगर आप बाहर जाएँगे तो इसकी कीमत 5 हजार रुपये से लेकर 15 हजार रुपये के बीच में है। जो लोग शासन की योजना के अन्तर्गत फ्री में लगवाने के इच्छुक हैं वह लोग अपनी बारी का इंतजार करें, सावधानी रखें, उन्हें फ्री में वैक्सीन मिल जाएगी। लेकिन जो चाहते हैं कि नहीं, हम पहले बिना क्यू के साथ चलना चाहते हैं, हम पहले वैक्सीन लगवाना चाहते हैं उनके लिए एक विकल्प भी उपलब्ध करा दिया गया है और यह व्यवस्था प्रदेश के अन्दर पूरी तरह लागू

हो चुकी है। प्रदेश में टीकाकरण के लिए जो इन्फ्रास्ट्रक्चर डेवलप होना है, अन्य सुविधाएँ उपलब्ध करानी हैं, लॉजिस्टिक आदि की व्यवस्था देनी है इसमें केन्द्र और राज्य सरकार मिल करके उसे आगे बढ़ाने का कार्य कर रही हैं। इसके लिए भी बजट की व्यवस्था यहाँ पर कर दी गई है और यह कार्यक्रम बहुत अच्छे ढंग से आगे बढ़ रहा है।

युवा अधिवक्ताओं/अधिवक्ताओं के लिए भी व्यवस्था की गई है। मैं यहाँ पर दलीय नेताओं के भाषणों को सुन रहा था। उनके भाषणों को जब मैंने मँगाया तो मैंने उसको देखा। उनके द्वारा अपनी-अपनी दलीलें दी जा रही थीं, लेकिन अधिवक्ताओं के चेम्बर के लिए भी जनपद स्तर पर और युवा अधिवक्ताओं के लिए भी कॉरपस फण्ड का हो या फिर उनकी पत्रिका, पुस्तकों के क्रय के लिए धनराशि की व्यवस्था का हो यह सभी कार्य यहाँ पर प्रदेश के बजट के पार्ट बने हैं, प्रदेश ने इसको आगे बढ़ाया है। एक बहुत बड़ा जो हमारे सामने सबक था कोविड-19 के दौरान कामगारों, श्रमिकों का प्रदेश के अन्दर या देश के अन्दर पलायन की स्थिति, एक त्रासदी जैसी थी और मुझे बताते हुए प्रसन्नता है कि प्रदेश सरकार ने तय किया है, यद्यपि हम पहले से इसके आयोग का गठन कर चुके हैं।

मुझे बताते हुए प्रसन्नता हो रही है कि हम पहले से इसका आयोग गठित कर चुके हैं। प्रदेश के अन्दर हमारा श्रमिक और कामगार, रोजगार व सेवायोजन आयोग का गठन पहले से हो चुका है। उसने तेजी से कार्य करना प्रारम्भ भी कर दिया है। उसके सॉफ्टवेयर डेवलप भी हो चुके हैं, वह आगे काम कर रहा है, लेकिन हमने तय किया है निवासी हो या प्रवासी, संगठित क्षेत्र हो या असंगठित क्षेत्र हमारा अनुमान है कि लगभग 2 करोड़ लेबर प्रदेश के अन्दर रहते हैं, 1 करोड़ संगठित क्षेत्र का और 1 करोड़ असंगठित क्षेत्र का। संगठित क्षेत्र को श्रम विभाग के द्वारा अपनी योजना के अन्तर्गत आच्छादित करने की व्यवस्था की जा रही है और जो असंगठित क्षेत्र के स्ट्रीट वेण्डर, ठेला, खुमचा, रेहड़ी लगाने वाले हैं या विभिन्न ऐसे तबके से जुड़े हुए लोग हैं, जिनकी अब तक सामाजिक सुरक्षा की कोई गारण्टी नहीं थी, जो पिछली

सरकारों के शासन के एजेण्डे के पार्ट नहीं थे, उन लोगों को न सामाजिक सुरक्षा थी और न एस०ई०सी०सी० के सर्वे में उनका नाम आया था। प्रदेश सरकार ने निर्णय लिया है कि इन सभी 2 करोड़ श्रमिकों को हम प्रदेश के अन्दर सामाजिक सुरक्षा की गारण्टी के साथ 2 लाख रुपये के स्वास्थ्य बीमा का कवर भी उपलब्ध कराएँगे। एस०ई०सी०सी० के सर्वे में जो लोग छूट गए हैं, उन सबको भी हम लोग 5 लाख रुपये की आयुष्मान भारत की या मुख्यमंत्री जन आरोग्य योजना की सुविधा से कवर करने का कार्य करेंगे। 2 करोड़ मजदूर स्ट्रीट वेण्डर या यहाँ का कोई कामगार और श्रमिक देश और दुनिया में जहाँ कहीं होगा, हमारे पोर्टल से वह जुड़ जाएगा। उसको पहले ही प्रधानमंत्री जी ने नेशनल पोर्टिबिलिटी के माध्यम से राशन की सुविधा उपलब्ध करवा दी है, लेकिन अब हमें सामाजिक सुरक्षा के साथ-साथ अगर दुर्भाग्य से कल उसके साथ कोई घटना-दुर्घटना होती है तो परिवार असहाय नहीं रहेगा, उस परिवार को इस योजना के अन्तर्गत 2 लाख रुपये की सहायता तत्काल उपलब्ध हो जाएगी। उस परिवार को किसी के सामने हाथ फैलाने की नौबत नहीं आएगी। यह सुविधा उसको प्राप्त होगी, लेकिन साथ-साथ उसके सामने अगर कोई स्वास्थ्य का संकट आया है तो स्वास्थ्य के संकट के लिए भी हम उस परिवार को 5 लाख रुपये के स्वास्थ्य बीमा का कवर देने जा रहे हैं। वह देश में हो, विदेश में हो, प्रदेश में हो हमारे पोर्टल पर वह रजिस्टर्ड होगा। इसके साथ ही यह सुविधा उसको उपलब्ध कराने की व्यवस्था की गई है। यह व्यवस्था जो पल्लेदार हैं, श्रमिक परिवार हैं, असंगठित क्षेत्र के कारीगर हैं, इन सबको यह सुरक्षा इन दोनों योजनाओं के माध्यम से उपलब्ध कराने का कार्य इसमें किया जा रहा है। प्रदेश सरकार ने पहले ही संगठित क्षेत्र के जो श्रमिक हैं, उनके बच्चों के लिए अटल आवासीय विद्यालय की व्यवस्था प्रारम्भ की है। हमारा प्रयास है कि इस सत्र में वह विद्यालय प्रारम्भ हों। श्रमिक जो आज एक कस्बे में है अगले दिन किसी दूसरे शहर में चला जाता है, हर तीन महीने, चौथे महीने उनका अपना ठिकाना बदलता है। उनके बच्चे पढ़ नहीं पाते हैं, उन बच्चों की समुचित शिक्षा व्यवस्था, एन०सी०आर०टी० की तर्ज पर उन

बच्चों को आधुनिक शिक्षा दे सकें, इसके लिए अटल आवासीय विद्यालय प्रदेश के अन्दर 18 कमिश्नरी में निर्माणाधीन हैं। इन कार्यक्रमों को उसके साथ जोड़ रहे हैं। इसके साथ ही प्रदेश के ऐसे युवा जो इस फील्ड में काम करना चाहते हैं, मुख्यमंत्री युवा रोजगार योजना के अन्तर्गत उन शिक्षित युवाओं के लिए भी सूक्ष्म एवं लघु उद्योग के माध्यम से 100 करोड़ की व्यवस्था इस बजट में अलग से की गई है। सरकार उन्हें कैसे वित्तीय समायोजन के साथ जोड़ सकती है, कैसे उन्हें आर्थिक उन्नयन के साथ जोड़ सकती है, यह कार्य प्रदेश के अन्दर मजबूती के साथ आगे बढ़ता हुआ दिखाई दे रहा है। इसके साथ ही प्रदेश के अन्दर स्वदेशी गौ-वंश के संरक्षण और उसके संवर्धन दोनों की दिशा में प्रदेश ने गोकुल मिशन योजना को आगे बढ़ाने का निर्णय लिया है। प्रदेश के बजट में इसका प्राविधान है और वाराणसी में इसका कार्य पहले से ही भारत सरकार के सहयोग से आगे बढ़ रहा है। हमारा प्रयास होगा कि हम इसको फेज़ वाइज़ हर एक स्तर पर लेकर जाएँगे, जिससे हर एक स्तर पर किसानों को राहत मिले, गौ-पालकों को, पशुपालकों को एक नई राहत मिले। इस फील्ड में जो व्यापक सुधार होगा वह उनकी अतिरिक्त आय के साथ जुड़ पाएगा। हम सब जानते हैं प्रदेश का व्यापारी हमारे प्रदेश की इन्कम को बढ़ाने में बहुत बड़ी भूमिका निभाता है। प्रदेश के अन्दर जहाँ तक राजस्व की बात है मैं देखकर ताज्जुब कर रहा था कि वर्ष 2016-17 में वाणिज्य कर, उस समय जी०एस०टी० नहीं था लेकिन वैट था। कुल 51 हजार 800 करोड़ रुपये की प्राप्ति प्रदेश में हो पाती थी। आज प्रदेश सरकार ने केवल इसमें पारदर्शिता लाने का काम किया है कोई टैक्स नहीं बढ़ाया है, मैं बजट भाषण देख रहा था परसों जब नेता प्रतिपक्ष कह रहे थे कि भगवान राम ने भरत से पूछा कि राज-काज कैसे चल रहा है? कैसे कर लेते हो? भरत चुप थे लेकिन वह यहीं तक सीमित नहीं रहें उन्होंने इसको अपने तरीके से विस्तार दिया, लेकिन बिना किसी अतिरिक्त टैक्स के, अतिरिक्त कर के प्रदेश सरकार ने इसे 91 हजार 568 करोड़ तक पहुँचाने का काम किया है। आप चिन्ता न करिए इसके लिए राज्य सरकार सक्षम है। सपना देखना अच्छा है। सपना देखना अच्छी बात होती है।

आबकारी में वर्ष 2016–17 में लगभग 14 हजार करोड़ रुपये लक्ष्य था, वह भी नहीं पहुँचा था। सुप्रीम कोर्ट का एक निर्णय आ चुका था उसके बाद यहाँ पर कुछ नई व्यवस्थाएँ थीं और वह आज बढ़कर पहुँच रहा है लगभग 37 हजार करोड़ रूपये तक। यह परिवर्तन है। स्टाम्प और रजिस्ट्रेशन में 11 हजार 564 करोड़ रुपये से बढ़कर यह पहुँच रहा है 23 हजार 500 करोड़ तक। कोई अतिरिक्त कर नहीं, बल्कि रियायत दी गई, इसमें और छूट दी गई है। परिवहन में 5148 करोड़ से बढ़कर यह पहुँचता है 12,515 करोड़ तक। भूतत्व और खनन में यानी कोई फील्ड ऐसा नहीं है जिसमें परिवर्तन और बढ़ोत्तरी के साथ उसको सामने प्रस्तुत न किया गया हो। बिना किसी टैक्स के, बिना किसी अतिरिक्त कर के मण्डी समिति में भी इसी प्रकार का परिवर्तन हुआ है। मण्डी समिति के इन व्यापक परिवर्तनों को हमने बहुत पॉजिटिव–वे में लिया है। निगेटिव–वे में नहीं लिया। किसी प्रकार की नकारात्मकता नहीं आने दी। हमने प्रदेश के अन्दर व्यापारियों को सामाजिक सुरक्षा की गारण्टी भी दी और कानून व्यवस्था को बेहतर करके लोगों के मन में एक विश्वास पैदा किया कि प्रदेश के अन्दर सुरक्षित हैं। चाहे वह किसी भी फील्ड का व्यक्ति हो हर व्यक्ति प्रदेश के अन्दर यह मानकर चल सकता है कि वह प्रदेश के अन्दर सुरक्षित है। निवेश के लिए प्रदेश सुरक्षित गन्तव्य है।

लेकिन हमने साथ–साथ यह भी व्यवस्था की है कि जी०एस०टी० में जो भी व्यापारी रजिस्ट्रेशन करवाएगा, ठीक है उसका टर्नओवर 40 लाख का नहीं होगा, अगर वह रजिस्ट्रेशन कराता है और अपने रिटर्न में यह भरकर दे देता है कि उसका टर्नओवर नहीं है तो कोई समस्या नहीं है। लेकिन रजिस्ट्रेशन के साथ ही उस व्यापारी को 10 लाख रुपये की सामाजिक सुरक्षा की गारण्टी राज्य सरकार उपलब्ध करा रही है। व्यापारी को सुरक्षा की गारण्टी भी प्रदेश सरकार के स्तर पर उपलब्ध कराने की व्यवस्था की गई है, तो यह कार्य प्रदेश के अन्दर किस रूप में हो रहे हैं। मुझे लगता है कि नेता प्रतिपक्ष ने और हमारे दलीय नेताओं ने अगर इसको थोड़ा भी ध्यान से देखने–समझने का प्रयास किया होता, उपलब्धियों को नजदीक से समझने का प्रयास किया होता तो

जिस प्रकार की दलीलें वह यहाँ पर दे रहे थे मुझे लगता है कि उस प्रकार की दलीलें देने की आवश्यकता यहाँ पर नहीं पड़नी चाहिए थी। इसके साथ ही प्रदेश के अन्दर अन्य क्षेत्रों में भी व्यापक सुधार के कार्य हुए हैं। हम लोग देख सकते हैं कि प्रदेश के अन्दर 2017 तक जितने भी प्राथमिक स्वास्थ्य केन्द्र थे वह एक प्रकार से बन्दी की कगार पर पहुँच चुके थे। हर जगह से शिकायत आती थी। लेकिन आज आप देखिए, हर प्राथमिक स्वास्थ्य केन्द्र में हर रविवार को आरोग्य मेला लग रहा है। नेता प्रतिपक्ष, आप सम्भवत: कभी गए नहीं, एक बार आप जाकर के देखें, केवल निरीक्षण करने के लिए जाएँ। भगवान न चाहें कि किसी को आरोग्य मेले में भेजने की नौबत आए, लेकिन आप एक जनप्रतिनिधि के नाते भी और नेता प्रतिपक्ष के नाते भी एक बार केवल देखने के लिए जाएँ। अगर आप जाएँगे तो हम लोगों को अच्छा लगेगा। आपको निरीक्षण करना चाहिए कि क्या यह भी होता है। पूरे प्रदेश के अन्दर 4,600 से अधिक प्राथमिक और सामुदायिक स्वास्थ्य केन्द्रों में लोगों की जो संख्या आती है अब लगभग 3 लाख प्रतिदिन की संख्या आ रही है। उसमें केवल आरोग्यता की ही जाँच नहीं होती है, उनको केवल दवाई ही नहीं मिलती है, बल्कि आरोग्यता के साथ-साथ पोषण तथा केन्द्र और प्रदेश सरकार की जितनी भी स्वास्थ्य सम्बन्धी योजनाएँ हैं उन सबको भी इसके साथ जोड़ने का कार्य किया जा रहा है। किसी के पास यदि आयुष्मान भारत का गोल्डन कार्ड नहीं है तो उसका वहीं पर रजिस्ट्रेशन कराकर उसको वहीं पर कार्ड उपलब्ध कराने की व्यवस्था है। यह सभी सुविधाएँ भी उसको उपलब्ध कराई जा रही हैं। आयुष्मान भारत योजना के अन्तर्गत भी बजट में प्राविधान किया गया है। साथ-साथ टेली-मेडिसिन और टेली-कन्सल्टेशन के लिए भी जिन क्षेत्रों में विशेषज्ञ चिकित्सकों की उपलब्धता के लिए भी कठिनाई हो, यद्यपि प्रदेश सरकार ने उसको तेजी के साथ आगे बढ़ाया है, लेकिन फिर भी टेक्नोलॉजी के माध्यम से हम प्रदेश की 24 करोड़ जनता को बेहतर स्वास्थ्य सुविधा देंगे। कोरोना के दौरान हमने उसका एक मॉडल भी खड़ा किया है। स्वाभाविक रूप से हमारे पास विशेषज्ञ चिकित्सक एस०जी०पी०जी०आई०

में, के०जी०एम०यू० में, आर०एम०एल० में थे, यहाँ से वर्चुअल आई०सी०यू० का एक नया कॉन्सेप्ट दिया गया है कि अगर किसी अन्य मेडिकल कॉलेज में भी उनकी सेवाएँ चाहिए तो प्रतिदिन 5 से 6 बजे के बीच में वर्चुअल आई०सी०यू० चलता था, इस टेक्नोलॉजी का व्यापक लाभ हुआ है। हम लोग कोरोना प्रबन्धन वैसे ही नहीं कर पाए, इसके पीछे यह सभी कार्य इसके साथ जोड़कर के देखे गए। हेल्थ इन्फ्रास्ट्रक्चर के लिए भी कार्य हो रहा है। डिस्ट्रिक्ट हॉस्पिटल में, सामुदायिक स्वास्थ्य केन्द्रों में, प्राथमिक स्वास्थ्य केन्द्रों में और मेडिकल कॉलेजेज के लिए तो हम लोगों ने यहाँ पर पूरे बजट की व्यवस्था की है। 1947 से लेकर के वर्ष 2016–17 तक कुल 12 गवर्नमेण्ट मेडिकल कॉलेज, 2016–17 के बाद से 2020–21 के बीच में 30 नए गवर्नमेण्ट मेडिकल कॉलेज बनने की प्रक्रिया के साथ जुड़ चुके हैं। यह परिवर्तन नहीं है क्या? बलरामपुर में भी एक मेडिकल कॉलेज खोला जा रहा है।

श्रद्धेय अटल जी की वह कर्मभूमि रही है, वहाँ पर भी मेडिकल कॉलेज की स्थापना, मेडिकल कॉलेज के ऐफिलिएशन के लिए मेडिकल विश्वविद्यालय, लखनऊ में अटल जी के नाम पर एक विश्वविद्यालय की स्थापना की जा रही है। जो 16 असेवित जनपद हैं उन 16 असेवित जनपदों में जहाँ पर अब तक हम कोई भी मेडिकल कॉलेज किसी भी योजना से नहीं दे पाए हैं। चाहे गवर्नमेण्ट हो या प्राइवेट किसी भी क्षेत्र में वहाँ पे मेडिकल कॉलेज नहीं बनाए हैं। राज्य सरकार इस बार उसकी भी एक पॉलिसी लेकर आ चुकी है और हमने बजट में उसका प्राविधान कर दिया है। अब वहाँ पर भी एक-एक मेडिकल कॉलेज पी०पी०पी० मोड में हम लोग खोलेंगे। वर्ष 2022 के पहले-पहले उत्तर प्रदेश का हर जनपद एक मेडिकल कॉलेज से आच्छादित होगा और वहाँ पर विशेषज्ञ एवं चिकित्सीय सुविधाएँ लोगों को उपलब्ध होती हुई दिखाई देंगी। ये व्यवस्था, ये स्वास्थ्य क्षेत्रों में की गई उपलब्धियाँ हैं। एस०जी०पी०जी०आई० के लिए, के०जी०एम०यू० के लिए या फिर अन्य संस्थाओं में आयुष मिशन के अन्तर्गत भी, आयुष विश्वविद्यालय प्रदेश के अन्दर स्थापित करने की कार्रवाई युद्धस्तर पर आगे बढ़ रही है। इसके साथ-साथ एक वायरोलॉजी

सेण्टर एन०आई०बी० पुणे की तर्ज पर स्थापित कर सकें, हम राज्य के अन्दर इस प्रक्रिया को तेजी के साथ बढ़ा रहे हैं। उसके लिए धन की व्यवस्था हम लोगों ने यहाँ पर प्रारम्भ की है। जो भी विशेषज्ञ, स्वास्थ्य सुविधाएँ प्रदेश के अन्दर हम उपलब्ध करा सकते हैं उनको उपलब्ध कराने का कार्य भी प्रदेश के अन्दर किया गया है। सरकार की नीति और नियत में किसी भी प्रकार का कोई सन्देह न होने के पीछे का उद्देश्य भी यही है। हम लोगों ने जो कुछ कहा वह करके दिखाया है। हम लोगों ने वर्ष 2017 में विधानसभा चुनाव के दौरान एक लोक कल्याण संकल्प पत्र बनाया था। मा० नेता प्रतिपक्ष कह रहे थे कि आप संकल्प-पत्र बनाते हैं हम घोषणा-पत्र बनाते हैं। इसी घोषणा ने ही तो प्रदेश का बेड़ागर्ग किया है, घोषणा-पे-घोषणा करते रहे लेकिन करते कुछ नहीं थे और हर बार एक नई घोषणा के साथ आ जाते थे। हमारा संकल्प-पत्र था और संकल्प का कोई दूसरा विकल्प नहीं होता है।

कबीरदास जी ने एक बात कही थी कि "कहहिं कबीर सुनो नर लोई भुतवा के पुजले, भुतवा होई" कबीरदास जी ने ये ऐसे ही नहीं कहा है। नेता प्रतिपक्ष कभी लोक कल्याण की बात नहीं करते हैं और करना भी नहीं चाहते हैं। क्योंकि लोक कल्याण इनके एजेण्डे का पार्ट ही नहीं है इसीलिए कभी उस मुद्दे को लेकर वह आगे नहीं बढ़ना चाहते हैं। संकल्प जब होता है तो वह स्वयं के लिए नहीं होता है लोक कल्याण के लिए होता है, राष्ट्र कल्याण के लिए होता है।

भारत की परम्परा क्या सोचती है? मुझे लगता है कि अगर आपने उसको सुनने का प्रयास किया होता कि "स्वस्ति प्रजाभ्यः परिपालयन्तां न्यायेन मार्गेण महीं महीशाः। गोब्राह्मणेभ्यः शुभमस्तु नित्यं लोकाः समस्ताः सुखिनो भवन्तु।।" मुझे लगता है कि अगर भारत के संकल्प को, भारत के प्रत्येक नागरिक के संकल्प को आपने देखा होगा वह व्यक्ति का नहीं गाँव का ही नहीं 'लोकाः समस्ताः सुखिनो भवन्तु' की बात करता है। समस्त लोक सुखी हो और हर व्यक्ति, हर भारतीय नागरिक सुखी हो यही हमारा संकल्प है। संकल्प अपने लिए नहीं होता है। हमारा संकल्प आपकी घोषणा होती है, आपकी घोषणा

आपके अनुरूप ही होती थी क्योंकि आप संकल्प की बात कर रहे हैं तो घोषणा भी तो आपके अपने लिए ही होती थी, व्यक्ति और परिवार के लिए जनता के लिए तो कभी नहीं। लेकिन हमारा संकल्प व्यक्ति के लिए नहीं होता है, लोक के लिए होता है और हमने संकल्प लोक के लिए लिया है। लोक कल्याण संकल्प-पत्र हमारा आधार बनता है और लोक कल्याण संकल्प-पत्र में हम लोगों ने जो बातें कहीं, एक-एक कार्य को हम लोगों ने प्रदेश के अन्दर लागू भी किया। चार वर्ष के अन्दर किया है और प्रभावी ढंग से किया है। हर तबका इसको महसूस भी कर रहा है। किसी को कहीं कोई समस्या नहीं है इस मामले में, लेकिन कुछ चीजें जिसको जानना आपके लिए मुझे लगता है पूरे सदन के लिए बहुत आवश्यक है और जो कार्य आप भी कर सकते थे। खासतौर पर यह जानते हुए जो बातें आप लोग यहाँ पर बजट में कह रहे थे।

नेता विरोधी दल ने कहा कि बजट का कोई थीम नहीं था, हमने तो कहा कि समग्र और समावेशी विकास स्वावलम्बन से सशक्तीकरण यह बजट का थीम था अगर आपने बजट की पहली लाइनों को पढ़ा होता तो प्रस्तावना में भी चीजों का स्पष्ट उल्लेख किया गया था। मुझे लगता है कि फिर उसके अन्दर आप लोग आए होते तो बहुत कुछ जानने-सीखने के लिए मिलता वहाँ पर, लेकिन आपने कहा कि किसान, युवा, कर्मचारी, व्यापारी, बेरोजगार किसी के लिए भी कुछ व्यवस्था नहीं की गई। हमने तो जो अब तक बोला है इन्हीं सबके लिए बोला है। मुझे लगता है इसमें से कोई भी नहीं छूटा है। न किसान छूटा है, न युवा छूटा है, न कर्मचारी छूटा है। कोविड के दौरान हर कर्मचारी को समय से वेतन मिला है, समय से सारे भुगतान हो गए, कोई कटौती नहीं की गई। लेकिन कोरोना वॉरियर्स ने, हेल्थ वर्कर्स ने बेहतर कार्य भी किया, सबने टीम वर्क किया लेकिन राज्य सरकार ने समय से वेतन देने का काम किया। आप कैसे कह सकते हैं और बेरोजगारों के लिए भर्ती की प्रक्रिया जिस पारदर्शी तरीके से चल रही हैं उसमें भी कोई ऐसी स्थिति नहीं है जहाँ पर किसी को कहने का अवसर मिले। मैं एक बात जरूर बताना चाहता हूँ माननीय नेता प्रतिपक्ष को और वह इस बात को लेकर कि जो इन्होंने प्रदेश

के अन्दर राजकोषीय घाटा और ऋण ग्रस्तता का उल्लेख किया है। इस बात को नेता प्रतिपक्ष ने भी कहा है और मुझे लगता है कि बहुजन समाज पार्टी के नेता माननीय वर्मा जी ने भी कहा है। मैं बताना चाहता हूँ कि उत्तर प्रदेश में हमारी सरकार बनने के बाद स्थिति बदली है। अगर हम राजकोषीय घाटे की बात करते हैं तो वित्तीय वर्ष 2016-2017 में यह 3.3 प्रतिशत था, वित्तीय वर्ष 2014-15 में यह 3.4 प्रतिशत था, वित्तीय वर्ष 2016 में यह 3.3 प्रतिशत था जिसे हमने एफ०आर०बी०एम० की सीमा के अन्दर लाने में सफलता प्राप्त की है और हम इसे 2.9 प्रतिशत तक लाने में सफल रहे हैं। वित्तीय वर्ष 2017-18 में भी, वित्तीय वर्ष 2018-2019 में भी और वित्तीय वर्ष 2019-20 में भी यह वही बना रहा है। वैश्विक महामारी कोरोना के दौरान भारत सरकार ने एफ०आर०बी०एम० की सीमा को कुछ शर्तों के साथ 4.5 प्रतिशत तक बढ़ाया है। मैं देख रहा हूँ कि बहुत सारे राज्य इसे 5 फीसदी या 6 फीसदी तक बढ़ाने की माँग कर रहे हैं, लेकिन हमारे उत्तर प्रदेश की सरकार ने अपने वित्तीय अनुशासन को ध्यान में रखकर राजकोषीय घाटे को 4.17 परसेण्ट तक ही सीमित करके रखा है। यह तब है जब भारत सरकार ने इसे 4.5 प्रतिशत तक बढ़ाया है और इतनी सुविधा राज्य सरकार को दी है कि राज्य सरकार उस सीमा के अन्तर्गत ऋण ले सकती है। उसके अन्तर्गत अपनी योजनाओं को आगे बढ़ा सकती है। राज्य सरकार को इसकी आवश्यकता नहीं पड़ी और हमने अपनी सीमा के अन्तर्गत इसको बढ़ाया है। हाँ, बदले में हमने राज्य की आय को बढ़ाकर इसको रोका है। प्रदेश के अन्दर अनावश्यक फिजूलखर्ची को रोकने का काम भी प्रदेश सरकार ने किया है। आप ऋण ग्रस्तता की बात कर रहे हैं तो वित्तीय वर्ष 2016-17 में यह लगभग 30 फीसदी थी। आपने स्वयं ही यहाँ पर आँकड़े उपलब्ध कराए हैं। कोविड-19 के बावजूद हम इसे 28.1 प्रतिशत तक लाने में सफल हुए हैं। वित्तीय वर्ष 2020-21 में यह इतना है और वर्तमान वित्तीय वर्ष में भी इसी सीमा के अन्दर रहने का अनुमान है। यह बेहतर वित्तीय अनुशासन का एक प्रस्तुतीकरण है और राज्य सरकार इन सभी चीजों को लेकर आगे बढ़ रही है। केन्द्रीय वित्त आयोग की सिफारिशों

के अनुसार प्रदेश के अन्दर जो भी प्राविधान होते थे और जो राज्यांश होता है उसके अन्तर्गत तय होता है। राज्य उसका लाभ भी ले रहा है। राज्य सरकार ने उसके अन्तर्गत सभी कार्यक्रमों को आगे बढ़ाने का कार्य किया है। जो बात यहाँ पर कही गई कि बजट में विभिन्न विभागों के लिए धनराशि में कटौती की गई है तो मुझे लगता है कि इसमें भी कोई सच्चाई नहीं है। आप देखेंगे तो पाएँगे कि कृषि और कृषि शिक्षा विभाग के लिए वित्तीय वर्ष 2020-21 के लिए बजट 6648 करोड़ रुपये था जो वित्तीय वर्ष 2021-22 में बढ़कर 6819 करोड़ रुपये हो गया है। उद्यान, खाद्य प्रसंस्करण और रेशम विभाग के लिए वित्तीय वर्ष 2020-21 में 855 करोड़ रुपये का प्राविधान था और वित्तीय वर्ष 2021-22 के लिए 1278 करोड़ रुपये की व्यवस्था की गई है। पशुपालन विभाग में वित्तीय वर्ष 2020-21 में 2092 करोड़ रुपये का प्राविधान था जिसे वित्तीय वर्ष 2021-22 के लिए 2135 करोड़ रुपये किया गया है। लोक निर्माण विभाग में वित्तीय वर्ष 2020-21 में 29448 करोड़ रुपये था जिसमें 4346 करोड़ रुपये की धनराशि की ऋण अदायगी की थी। इस वर्ष अगर आप देखेंगे कि 29454 करोड़ रुपये का बजट है जिसमें ऋण अदायगी केवल 469 करोड़ रुपये की है।

अगर पी०डब्ल्यू०डी० का पूरा बजट देखेंगे तो यह 28 हजार 9 सौ 50 करोड़ रुपये का बजट है जो विगत वर्ष की तुलना में 3 हजार 8 सौ 83 करोड़ रुपये बढ़ाया गया है। प्रदेश के अन्दर बहुत सारी ऐसी स्थितियाँ हैं जिनको बेहतर तरीके से आगे बढ़ाने का कार्य किया गया है। इस दृष्टि से आकांक्षात्मक जनपदों के लिए प्रदेश सरकार ने जो काम किए हैं यानी देश के अन्दर विकसित और सामान्य जनपदों की तर्ज पर अगर हम उनके पैरामीटर्स देखते थे तो वह एकदम पिछड़े हुए थे, लेकिन प्रदेश ने उसमें बहुत बेहतर प्रगति की है। अतिरिक्त बजट की नहीं, कन्वर्जन के माध्यम से। योजनाएँ पहले से थीं, लेकिन उस बजट का बेहतर प्रयोग करने का वहाँ पर काम किया। आज उसका परिणाम है कि रिजल्ट सामने आ रहे हैं। नीति आयोग स्वयं उसकी मॉनीटरिंग कर रही है इसलिए आपके माध्यम से हमारे लिए बजट पर चर्चा

केवल सरकार का लेखा-जोखा मात्र नहीं है। यह प्रदेश के विकास का एक रोडमैप भी है। जिस रोडमैप को लेकर के माननीय सदस्यों ने इस सदन में अपनी चर्चाएँ कीं और वह चर्चा पक्ष और विपक्ष दोनों ओर से की गई है। उस चर्चा में बहुत सारी चीजें ऐसी थीं जिन पर और भी अच्छे विचार आते और भी अच्छे ढंग से उनको आगे बढ़ाया जा सकता है। सभी पक्षों ने इस पर चर्चा की, सभी पक्षों ने इस पर विचार रखे। जिस भाव के साथ रखे उस भाव के साथ हम उसका स्वागत करते हैं। महोदय, एक बेहतर विकासोन्मुखी प्रदेश के सर्व समावेशी और समग्र विकास को ध्यान में रखकर के जो बजट प्रस्तुत किया गया है इस बजट के लिए वित्त मंत्री जी को, वित्त राज्य मंत्री जी को, वित्त विभाग के हमारे अधिकारीगण, अपर मुख्य सचिव और वित्त आयुक्त के साथ जितने भी अधिकारीगण हैं उन सबकी प्रदेश का बेहतर रोडमैप खींचने के लिए सर्वत्र सराहना हुई है। हर एक तबके ने सराहना की है। क्या गाँव, क्या गरीब, क्या युवा, क्या नौजवान, क्या महिलाएँ, क्या उद्यमी हर एक तबके ने इसका स्वागत किया है। ऐसे बजट के लिए आज मैं एक बार फिर से वित्त मंत्री जी को और उनकी पूरी टीम को हृदय से बधाई देता हूँ। अपनी शुभकामनाएँ देता हूँ। विश्वास व्यक्त करता हूँ कि यह बजट प्रदेश के समग्र और समावेशी विकास को आगे बढ़ाने में निर्णायक भूमिका निभाएगा। आपने, नेता प्रतिपक्ष ने और पूरे सदन ने इस पूरे बजट को बहुत सकारात्मक भाव के साथ लेकर आगे बढ़ाया है। मैं इसके लिए उन सभी का हृदय से आभारी हूँ। मैं एक बार फिर से पूरे सदन को होली और रामनवमी की अग्रिम शुभकामनाएँ देता हूँ। होली और रामनवमी का पर्व बहुत शीघ्र आने वाला है। हम लोगों ने यहाँ पर कोविड-19 के बावजूद जब मैं यहाँ पर उपस्थित हुआ तो कुछ चर्चा माननीय वित्त मंत्री जी यहाँ कर रहे थे और उन्होंने खासतौर पर जो बात कही थी कोविड-19 के बावजूद बहुत सारी चीजें थीं जिस पर हमें कार्य और घोषणाओं को करना चाहिए था। पब्लिक परसेप्शन और साथ-साथ प्रदेश की वित्तीय स्थिति को ध्यान में रखकर, बहुत सारी चीजों को अभी नहीं, लेकिन हम समय के साथ लेंगे। विधायक निधि के बारे में 3 करोड़ रुपये

का प्रस्ताव जो बजट में किया गया, हम लोगों ने इसके बारे में बात की है। इसे हम आगे बढ़ाने का प्रयास कर रहे हैं कि विधायक निधि की तर्ज पर इस फण्ड का विधायक अपने प्रस्ताव पर उपयोग करेंगे और इसको हम उसी रूप में ही आगे बढ़ाने की कार्य-योजना के रूप में कार्य कर रहे हैं। यह इस सदन में मेरा प्रस्ताव था। मैं एक बार फिर से आपका हृदय से आभार व्यक्त करते हुए पूरे सदन का अभिनन्दन करता हूँ कि उन्होंने इस बजट में एक सकारात्मक चर्चा की और इसे आगे बढ़ाने का कार्य किया है। धन्यवाद!

सन्दर्भ : दिनांक 03 मार्च, 2021, वित्तीय वर्ष 2021-22 की आय-व्ययक साधारण चर्चा।

❑❑

विधानसभा

योगी आदित्यनाथ

दृष्टि-संवाद

विधानसभा

योगी आदित्यनाथ

दृष्टि-संवाद

खण्ड-१

संकलन एवं सम्पादन

हृदयनारायण दीक्षित

अध्यक्ष, उत्तर प्रदेश विधानसभा

डॉ. अरुण कुमार त्रिपाठी

वाणी प्रकाशन

वाणी प्रकाशन

4695, 21-ए, दरियागंज, नयी दिल्ली 110 002

फ़ोन : +91 11 23273167 फ़ैक्स : +91 11 23275710

शाखाएँ

अशोक राजपथ, पटना 800 004, बिहार

कॉफ़ी हाउस कैम्पस, महात्मा गांधी मार्ग, इलाहाबाद 211 001, उत्तर प्रदेश

महात्मा गांधी अन्तरराष्ट्रीय हिन्दी विश्वविद्यालय, वर्धा 442 001, महाराष्ट्र

सुल्तानिया रोड, मोतिया पार्क, भोपाल 462 001, मध्य प्रदेश

www.vaniprakashan.com
marketing@vaniprakashan.in
sales@vaniprakashan.in

Yogi Adityanath : Drishti-Samvad-1
Compiled and Edited by Hridaynarayan Dikshit
Dr. Arun Kumar Tripathi

ISBN : 978-93-5518-014-8
Speech/Dastavez

प्रथम संस्करण 2021

सम्पूर्ण सेट (पाँच खण्ड) मूल्य : ₹ 3990

थॉमसन प्रेस (इंडिया) लि. में मुद्रित

वाणी प्रकाशन का लोगो मक़बूल फ़िदा हुसेन की कूची से

भूमिका

भगवान शिव के उपदेश पर आधारित नाथ पन्थ ने भारत की सनातन संस्कृति के माध्यम से लोक कल्याण का मार्ग प्रशस्त किया है। नाथ योग परम्परा में आदिनाथ भगवान शिव, योगीन्द्र मत्स्येन्द्रनाथ, महायोगी गोरक्षनाथ से प्रारम्भ करके योगीराज बाबा गम्भीरनाथ, युगपुरुष महन्त दिग्विजय नाथ तथा राष्ट्र सन्त महन्त अवैद्यनाथ तक के सभी योग पुरुषों ने अपने जीवन दर्शन के समन्वयात्मक आत्मबोध के धरातल पर लोक कल्याण करते हुए अपनी योग विभूति से जगत को आश्चर्यचकित कर दिया। लोक कल्याण की इन्हीं भावनाओं को आत्मसात किये गोरक्षपीठाधीश्वर श्री योगी आदित्यनाथ जी भी अपने विचार दर्शन एवं कार्यों के द्वारा अपने गुरुजनों के कृत कार्यों को आगे बढ़ाने के क्षेत्र में अग्रसर हैं।

अपने गुरु राष्ट्र सन्त महन्त अवैद्यनाथ जी के जीवन दर्शन से प्रभावित श्री योगी आदित्यनाथ जी का जीवन हिन्दू धर्म-संस्कृति और भारत माता की सेवा में समर्पित है। लौकिक जीवन का एक-एक क्षण जनकल्याण में व्यतीत हो रहा है। श्री राम जन्मभूमि के उद्धार के लिए समर्पित रहने वाले अपने गुरु के पद चिन्ह्रों पर चलते हुए भव्य राम मन्दिर निर्माण का कार्य प्रारम्भ करा कर मानो गुरु जी को गुरु दक्षिणा प्रदान कर दी है। श्री योगी आदित्यनाथ जी ने विरासत में प्राप्त राजनीतिक शुचिता की परम्परा को आगे बढ़ाया है तथा गुरु जी श्री महन्त अवैद्यनाथ जी से प्राप्त देशभक्ति, आध्यात्मिक चेतना और संघर्षपूर्ण कर्मण्यता अपने में समाहित करके गुरु का प्रतिरूप बनकर जनमानस की हृदयस्थली में विशिष्ट स्थान बनाकर उत्तर प्रदेश के यशस्वी मुख्यमन्त्री के रूप में जनता द्वारा प्रतिष्ठित किया गया है।

प्रस्तुत पुस्तक में उत्तर प्रदेश के कर्मठ, ईमानदार और संवेदनशील यशस्वी मुख्यमन्त्री श्री योगी आदित्यनाथ जी के मुख्यमन्त्री बनने के पश्चात विधानसभा में दिये गये भाषणों का संकलन किया गया है। इस पुस्तक के माध्यम से जिज्ञासुओं को माननीय मुख्यमन्त्री योगी आदित्यनाथ जी के विधानसभा में दिये गये भाषणों के माध्यम से उनके द्वारा किये गये क्रियाकलापों का ज्ञान हो जायेगा। इसलिए यह पुस्तक एक ऐतिहासिक दस्तावेज़ सिद्ध होगी। भविष्य में लोग इस पुस्तक के माध्यम से योगी आदित्यनाथ जी के क्रियाकलाप के बारे में जान सकेंगे।

इस पुस्तक के प्रथम अध्याय में माननीय मुख्यमन्त्री जी ने उत्तर प्रदेश विधानसभा के नवनिर्वाचित माननीय अध्यक्ष श्री हृदयनारायण दीक्षित जी को बधाई देते हुए उनके गुणों का वर्णन किया है। उन्होंने कहा उत्तर प्रदेश विधानसभा ने सदैव उच्च संसदीय मर्यादाओं और मापदण्डों को स्थापित किया है। विधानसभा अध्यक्ष श्री हृदयनारायण दीक्षित के लेखों की प्रशंसा करते हुए मुख्यमन्त्री जी ने कहा कि आपका स्तम्भ लेखन विभिन्न पत्र-पत्रिकाओं में इस समाज के न केवल प्रबुद्ध जनों का बल्कि वर्तमान पीढ़ी का भी मार्गदर्शन करता है। इसी अध्याय में मुख्यमन्त्री श्री योगी जी कहते हैं कि हम लोग चुनाव लड़ करके आते हैं, चुनावी मंच पर हम लोग एक-दूसरे के प्रति अनेक प्रकार के वाक्य बाणों से प्रहार करते हैं, लेकिन सदन कम-से-कम इस प्रकार की बातों से दूर रह करके उत्तर प्रदेश की 22 करोड़ जनता के बारे में सोच सके, इस दृष्टि से सत्ता पक्ष और विपक्ष लोकतन्त्र के दो महत्त्वपूर्ण स्तम्भ हैं और दोनों मिल करके कार्य कर सकें, हमारा लक्ष्य एक ही हो कि हम उस उद्देश्य को प्राप्त करने के लिए कार्य कर सकें जिसके लिए जनता ने हमें चुना है और उस दृष्टि से लोकतन्त्र में कहीं भी यह न लगे कि हमारे साथ भेदभाव है क्योंकि हम विपक्ष के हैं।

दूसरे अध्याय में माल एवं सेवा कर विधेयक 2017 पर चर्चा करते हुए मुख्यमन्त्री जी ने कहा है कि जी.एस.टी. लागू होना व्यापक आर्थिक सुधार का एक क्रान्तिकारी क़दम है। आगे इसका वर्णन करते हुए उन्होंने कहा कि भले ही हम लोगों में मतभेद हो परन्तु वह मतभेद राष्ट्र के विकास में कहीं आड़े नहीं आना चाहिए। तीसरे अध्याय में राज्यपाल महोदय के

अभिभाषण पर प्रस्तुत धन्यवाद प्रस्ताव पर चर्चा करते हुए मुख्यमन्त्री जी ने कहा है कि स्वस्थ लोकतन्त्र वही है जहाँ सहमति और असहमति के बीच एक समन्वय स्थापित हो सके। अपने वक्तव्य में उन्होंने यह भी कहा कि हम लोग इन महापुरुषों को पाठ्यक्रम का हिस्सा बनायेंगे क्योंकि महापुरुष तो महापुरुष होता है। उस महापुरुष को हम आने वाली पीढ़ी के सामने रखेंगे। उनके गौरवशाली इतिहास को रखेंगे। उनके व्यक्तित्व और कृतित्व को आने वाली पीढ़ी के सामने आदर्श रूप में रखेंगे। वह कार्य प्रारम्भ हो रहा है। हमने छुट्टियाँ निरस्त कीं, और मैं आभारी हूँ प्रदेश की जनता का कि उन्होंने सहर्ष इस बात को स्वीकार किया कि हाँ, यह छुट्टियाँ निरस्त हो ही जानी चाहिए। उत्तर प्रदेश सरकार की तर्ज़ पर अन्य प्रदेशों की सरकारों ने भी इसका अनुसरण करना प्रारम्भ कर दिया है। उन्होंने ग़रीबों तथा दलितों के लिए आबादी ज़मीन के बारे में दी गयी। हिदायत का वर्णन करते हुए कहा कि गाँव में आबादी की ज़मीन किसी के नाम पर नहीं होती है। अगर कोई ग़रीब, दलित, कमज़ोर वहाँ पर पहले से मकान और झोंपड़ी बनाकर रह रहा है तो उस ज़मीन को उसके नाम से पट्टा करिये और उसका कब्ज़ा भी उसे दिलाने का काम करिये। तब प्रदेश में सुशासन स्थापित होगा, जब अन्तिम पायदान पर खड़ा हुआ व्यक्ति इसका अहसास कर सके। इसी अध्याय में उनके इस मन्तव्य का भी वर्णन है जिसमें उन्होंने कहा है कि प्रदेश का प्रत्येक नागरिक इस सरकार का है और यह सरकार उसके प्रति जवाबदेह है, यह सरकार जनता के प्रति जवाबदेह है। इसलिए हम किसी के साथ जाति, मत, पन्थ, लिंग के आधार पर कोई भेदभाव नहीं कर सकते और आने वाले समय में यह कार्य होगा और पारदर्शी तरीक़े से होगा। किसी के साथ कोई भेदभाव नहीं करने देंगे, कहीं भी नहीं होने देंगे। इसी अध्याय में वे हिन्दू धर्म के बारे में बोलते हुए कहते हैं कि हिन्दू धर्म ही है जो सर्वे भवन्तु सुखिनः, सर्वे सन्तु निरामया की बात करता है। राष्ट्रीय स्वयंसेवक संघ ही दुनिया का मात्र ऐसा संगठन है जो सरकार से किसी प्रकार की सहायता नहीं लेता है लेकिन देश और दुनिया के अन्दर अपनी मातृभूमि के लिए, अपनी संस्कृति और परम्परा के लिए अपने प्रचार द्वारा स्वयंसेवकों के माध्यम से निःस्वार्थ भाव से काम कर रहा है।

अपने एक अन्य वक्तव्य में मुख्यमन्त्री जी ने कहा है कि पवनहंस भारत सरकार का एक उपक्रम है और उन्होंने इस सम्बन्ध में हमको एक प्रस्ताव दिया है। उत्तर प्रदेश के सभी बड़े शहरों को आपस में वायु सेवा के साथ जोड़ने के लिए हम लोग प्रयास करेंगे। लखनऊ को वाराणसी से जोड़ने के लिए, लखनऊ को इलाहाबाद से जोड़ने के लिए, लखनऊ को गोरखपुर से जोड़ने के लिए, लखनऊ को मुरादाबाद या लखनऊ को आगरा से जोड़ने के लिए कार्य किया जायेगा। हर सिटी को एक-दूसरे के साथ जोड़ेंगे। इस पर हम कार्य प्रारम्भ करने जा रहे हैं। माननीय मुख्यमन्त्री जी ने अपने इस उद्देश्य को पूरा किया। आज मैं महसूस करता हूँ कि मुझे प्रयागराज से गोरखपुर जाना हो अथवा प्रयागराज से दिल्ली जाना हो या मुम्बई जाना हो, तो हमें वायुयान की सुविधा उपलब्ध है। मुझे प्रयागराज से गोरखपुर की यात्रा का सौभाग्य प्राप्त हुआ जो यात्रा मैं 7 घण्टे में पूरा करता था, अब मैं 55 मिनट में वायुयान के द्वारा पूरा कर पा रहा हूँ। यह है माननीय मुख्यमन्त्री की कथनी और करनी में एकता। माननीय योगी आदित्यनाथ जी की कथनी और करनी में कोई अन्तर नहीं दिखाई देता है। वे जो कहते हैं उसे करते हैं। एक कर्मठ योगी को उत्तर प्रदेश का मुख्यमन्त्री बनाकर देश के प्रधानमन्त्री श्री नरेन्द्र मोदी जी तथा गृहमन्त्री श्री अमित शाह जी ने जो आशा की थी। वह उससे भी आगे निकले।

वैश्विक महामारी कोरोना काल में मुख्यमन्त्री योगी आदित्यनाथ जी ने उत्तर प्रदेश की जनता का जिस तरह से ख़याल रखा उसकी तारीफ़ भारत ही नहीं पूरे विश्व के पटल पर की गयी। एक योगी ने जिस तरह से पूरे विश्व में फैले हुए अपने लोगों की चिन्ता की तथा उनको घर वापसी की व्यवस्था की वह क़ाबिले तारीफ़ थी। इस सन्दर्भ में स्वयं योगी आदित्यनाथ ने अपने भाषण में कहा कि केन्द्र सरकार और हमारी सरकार की सर्वोच्च प्राथमिकता कोरोना वायरस के संक्रमण के फैलाव को रोककर लोगों की जान बचाना है। हमें यह बताते हुए खुशी हो रही है कि हमारी सरकार के प्रयास फलीभूत हो रहे हैं। हमने हज़ारों लोगों की ज़िन्दगियों को बचाया है। कोरोना संक्रमण के बारे में केन्द्र सरकार से मार्च के प्रथम सप्ताह में अलर्ट मिलते ही हमने लोगों की जान बचाने के लिए कार्य योजना बनानी शुरू कर दी। हमने होली के सभी कार्यक्रम स्थगित कर दिये। हमने होली

के अवसर पर अपना गोरखपुर का प्रस्तावित दौरा रद्द करके लखनऊ में रहने का फ़ैसला किया। लॉकडाउन के दौरान देश के विभिन्न राज्यों में फँसे उत्तर प्रदेश के 35 लाख से अधिक श्रमिकों को हम 2,000 श्रमिक स्पेशल ट्रेनों और 15,000 बसों से प्रदेश में वापस ले आये। देश में सबसे ज़्यादा श्रमिक के लिए स्पेशल ट्रेनें उत्तर प्रदेश की हमारी सरकार ने चलवायीं। हमने देश के दूसरे राज्यों में फँसे उत्तर प्रदेश के सभी कामगारों को विश्वास दिलाया कि वे धैर्य रखें। हमारी सरकार हर किसी को वापस लाने के लिए कृत संकल्पित है। हमने मज़दूरों से जो वादा किया था उसे पूरा किया। इस प्रकार से उत्तर प्रदेश के कर्मठ मुख्यमन्त्री के कार्यों को विधानसभा के भाषणों के माध्यम से आप लोगों के समक्ष रखते हुए मुझे अत्यन्त हर्ष का अनुभव हो रहा है ।

उत्तर प्रदेश के माननीय यशस्वी मुख्यमन्त्री योगी आदित्यनाथ जी के विधानसभा के भाषणों का संकलन इस पुस्तक के माध्यम से प्रस्तुत कर रहा हूँ। इस पुस्तक के प्रथम वॉल्यूम में कुल 17 अध्याय, द्वितीय वॉल्यूम में 8 अध्याय तथा तृतीय वॉल्यूम में 8 अध्यायों में विधानसभा के प्रमुख भाषणों का संकलन किया गया है।

इस पुस्तक लेखन की योजना वाणी प्रकाशन, दिल्ली के प्रबन्ध निदेशक अरुण माहेश्वरी जी ने मेरे समक्ष रखी थी। श्री माहेश्वरी जी के इस आशय को मैंने सम्पादक मण्डल में उल्लिखित सभी सदस्यों के समक्ष एक मीटिंग के द्वारा निवेदन किया। सभी विद्वानों ने इस पुनीत कार्य के लिए अपनी सहमति प्रदान की और हम लोग इस कार्य को आगे बढ़ाने में लग गये। इस कार्य में सभी का अभूतपूर्व सहयोग प्राप्त हुआ। सभी के आपसी सामंजस्य एवं सहयोग से आज हम लोग आप सभी पाठकों के समक्ष इस पुस्तक को प्रस्तुत कर पा रहे हैं। इसके लिए प्रो. गिरीश चन्द्र त्रिपाठी, अध्यक्ष, उच्च शिक्षा परिषद्, उत्तर प्रदेश एवं पूर्व कुलपति, काशी हिन्दू विश्वविद्यालय का विशेष आभार जिनके सान्निध्य में इस पुस्तक को अन्तिम रूप दिया गया। मैं आभारी हूँ, प्रो. रविशंकर सिंह, ओएसडी, महायोगी गुरु श्री गोरक्षनाथ शोधपीठ, दीनदयाल उपाध्याय गोरखपुर विश्वविद्यालय, गोरखपुर का जिनके अथक प्रयासों से पुस्तक को समय पर पूर्ण किया जा

सका। मैं आभार व्यक्त करता हूँ, डॉ. प्रदीप कुमार, प्रधानाचार्य, महाराणा प्रताप पी.जी. कॉलेज, गोरखपुर का जिनका इस पुस्तक को पूर्ण करने में मुझे निरन्तर सहयोग मिला। मैं, अपने सहयोगी एल उमाशंकर, वरिष्ठ साहित्यकार का विशेष आभार व्यक्त करता हूँ जिन्होंने इस पुनीत कार्य में मेरी हर सम्भव सहायता की।

साथ ही वाणी प्रकाशन के सभी सहयोगियों को हार्दिक धन्यवाद।

अरुण कुमार त्रिपाठी

अनुक्रम

उत्तर प्रदेश विधानसभा ने सदैव उच्च संसदीय मर्यादाओं और मापदण्डों को स्थापित किया है	15
जी०एस०टी० लागू होना व्यापक आर्थिक सुधार का एक क्रान्तिकारी कदम	21
स्वस्थ लोकतंत्र वही है जहाँ सहमति और असहमति के बीच एक समन्वय स्थापित हो सके	33
आतंकवाद के खिलाफ लड़ाई किसी एक राज्य, किसी एक सरकार की नहीं बल्कि पूरे देश की है	71
विधानभवन की सुरक्षा केवल सरकार की जिम्मेदारी नहीं है बल्कि सर्वसहमति से सामूहिक प्रयास किए जाने की आवश्यकता है	75
उ०प्र० के सपूत को देश के सर्वोच्च संवैधानिक पद पर निर्वाचन हेतु शुभकामनाएँ	83
सर्वजन की सुरक्षा सरकार की सर्वोच्च प्राथमिकता	87
सकारात्मक दृष्टिकोण हमारी पीढ़ी के भविष्य को उज्ज्वल बनाएगा	107
जनप्रतिनिधियों और प्रदेश के प्रत्येक नागरिक की सुरक्षा हम सबका नैतिक दायित्व	111
बजट : प्रदेश सरकार की पारदर्शी कार्यशैली का प्रतीक	119
पर्यावरण के साथ खिलवाड़ का परिणाम–प्रदूषण	157
भयमुक्त प्रदेश, सरकार का संकल्प	163
लोकतंत्र में शासन की कार्य–पद्धति में पारदर्शिता और शुचिता आवश्यक	183
जनता की सुरक्षा सरकार की प्रतिबद्धता	215

दलीय भावना से ऊपर उठकर विकास कार्यों में जनप्रतिनिधियों की सहभागिता आवश्यक 227
देश में सुशासन की आधारशिला के प्रतीक अटल जी 235
लोकतंत्र में संवाद हर समस्या का समाधान 239

मैं मानता हूँ कि सार्वजनिक जीवन में कार्य करने वाले व्यक्ति के लिए लेखन एक अत्यन्त दुरूह कार्य हो जाता है, लेकिन उस सबके बावजूद सार्वजनिक जीवन के साथ सक्रिय रूप से जुड़े होने के बावजूद लेखन के प्रति आपकी रुचि, आपकी रचनात्मकता आपकी सकारात्मकता और भारत की उन उच्च परम्पराओं के प्रति आपकी संवेदनशीलता को प्रदर्शित करती है। जो आज के दिन पर इस देश की संसदीय परम्पराओं के लिए और उन उच्च मर्यादाओं को स्थापित करने के लिए आवश्यक है, सचमुच वह प्रतिभा आज आपके अन्दर देख करके सदन गौरवपूर्ण तरीके से आपको अध्यक्ष के रूप में पा करके गर्व की अनुभूति कर रहा है।

उत्तर प्रदेश विधानसभा ने सदैव उच्च संसदीय मर्यादाओं और मापदण्डों को स्थापित किया है

माननीय अध्यक्ष जी, उत्तर प्रदेश की इस सम्मानित विधानसभा के गरिमामयी अध्यक्ष पद पर सर्वसम्मति से आपके निर्वाचन पर मैं अपनी ओर से, अपनी पार्टी की ओर से और इस सम्पूर्ण सदन की ओर से आपका हृदय से अभिनन्दन करता हूँ और बधाई देता हूँ। मैं साथ ही अपने साथियों विपक्ष में बैठे हुए समाजवादी पार्टी, बहुजन समाज पार्टी, कांग्रेस पार्टी समेत अपने निर्दलीय मित्रों ने जो सर्वसम्मति बनाने में अपना योगदान दिया है, उन सबके प्रति भी आभार व्यक्त करता हूँ।

उत्तर प्रदेश विधानसभा के अध्यक्ष का यह गरिमामयी पद भारत जैसे दुनिया के सबसे बड़े लोकतंत्र के देश में, सबसे बड़ा लोकतंत्र होने का सौभाग्य प्राप्त करता है। इस पद को राजर्षि श्री पुरुषोत्तम दास टण्डन जी ने और उत्तर प्रदेश विधानसभा के अध्यक्ष के रूप में हमारे अनेक वरिष्ठ मनीषियों ने सुशोभित करके इस सदन की गरिमा, उच्च संसदीय मर्यादाओं और मापदण्डों को स्थापित किया है। उनके निर्णयों से, उनकी संसदीय कार्य-प्रणाली से न केवल उत्तर प्रदेश विधानसभा बल्कि पूरे देश की संसदीय प्रणाली ने एक नये मापदण्ड की स्थापना करने में मार्गदर्शन प्राप्त किया है। हमें विश्वास है कि अब आपके मार्गदर्शन में उत्तर प्रदेश विधानसभा आपके इस लम्बे संसदीय अनुभव का लाभ ले करके इस सदन की गरिमा के साथ-साथ इस सदन को संसदीय उच्च परम्पराओं और मर्यादाओं का, संवाद का एक सशक्त माध्यम बना करके आगे बढ़ाने का कार्य करेगा। आप इस सदन के वरिष्ठ सदस्य हैं,

1985 से ले करके 1993 तक चार बार और वर्तमान में पाँचवीं बार इस सदन के लिए आप चुने गये हैं। उत्तर प्रदेश विधान परिषद के लिए भी 2010 से ले करके 2016 तक आप चुने गए। साथ ही पार्टी के विधायक दल के नेता भी रहे हैं। विधान मण्डल के सदस्य के रूप में सदन की कार्यवाही में सक्रिय सहभागिता, जनसमस्याओं और जनता से जुड़े हुए विभिन्न मुद्दों को प्रश्नों के माध्यम से, संकल्पों के माध्यम से और सूचनाओं के माध्यम से प्रमुखता के साथ आप उठाते रहे हैं। जनता के हितों के साथ-साथ जनप्रतिनिधियों के संसदीय विशेषाधिकारों और उनकी विभिन्न समस्याओं, आमतौर पर जो मुद्दे सदन में नहीं उठ पाते हैं उनको भी प्रखरता के साथ आपने इस सदन में उठाने का कार्य किया है और हम विश्वास के साथ कह सकते हैं कि लोकतांत्रिक व्यवस्था के प्रति आपके द्वारा समय-समय पर सदन को जिन मुद्दे को उठाने के लिए एक मंच के रूप में प्रयोग किया गया था वह आपकी संवेदनशीलता को प्रदर्शित करता है। संसदीय विषयों और लोकमहत्व के विधेयकों पर आपके द्वारा रखे गए तर्कऔर आपके दृष्टिकोण ने इस सदन की चर्चा की गम्भीरता में महत्वपूर्ण भूमिका का निर्वाह किया है। विधायी कार्यों में आपका अनुभव निश्चित रूप से इस सदन के मार्गदर्शन में हम सबके लिए उपयोगी होगा। आप दोनों सदनों की विभिन्न समितियों में रहे, उस अनुभव का लाभ अब इस सदन को मिलेगा। साथ ही साथ आपने पंचायती राज और संसदीय कार्य मंत्री के रूप में भी अपने उत्तरदायित्वों का निर्वहन किया है। शासन तथा प्रशासन एवं दोनों सदनों का जो अनुभव है उसको गौरवपूर्ण तरीके से संचालित करने के लिए आपके निर्देशन में उन संसदीय प्रक्रियाओं का अनुपालन, उन मर्यादाओं के माध्यम से सदन को हम चर्चा का एक मंच बना सकें। इस दृष्टि से हम विश्वास के साथ कह सकते हैं कि उत्तर प्रदेश विधानसभा देश के लोकतंत्र के सर्वोच्च सदन के रूप में, एक मार्गदर्शक भूमिका के रूप में, अपने आपको प्रस्तुत करने में सफल होगा। आपको अध्यक्ष के रूप में पा करके हम सब आश्वस्त हैं कि आपके संरक्षण में इस सदन का प्रत्येक सदस्य और खासतौर पर जो हमारे चुने गए नए सदस्य हैं, एक बड़ी संख्या में हमारे नए सदस्य इस सदन में आए हैं जिनकी संख्या 238 के आसपास है।

इन नए सदस्यों को भी सदन में अपनी प्रतिभा को रखने और साथ-साथ हमारे वरिष्ठ सदस्यों के अनुभव का लाभ प्रदेश की 22 करोड़ जनता को प्राप्त हो सके, इस दृष्टि से यह अवसर आपके माध्यम से, इस सदन के माध्यम से बिना किसी लाग-लपेट के, बिना किसी भेदभाव के प्रत्येक सदस्य को प्राप्त होगा, यह मैं विश्वास के साथ कह सकता हूँ। अध्यक्ष जी, आप बहुमुखी प्रतिभा के धनी हैं। जनजागरण, लेखन, पत्रकारिता और सामाजिक कार्यों के प्रति आपकी रुचि है, आप समता आन्दोलन के संस्थापक रहे हैं, विभिन्न सामाजिक आन्दोलनों के अगुवा भी रहे हैं। आपने अनेक बार जनता के हितों के लिए संघर्ष किया है। जिसके कारण आपको जनहित से जुड़े हुए उन मुद्दों को ले करके जेल के अन्दर भी जाना पड़ा है। एक लेखक के रूप में आपका संसदीय ज्ञान, संवैधानिक ज्ञान, धर्म एवं दर्शन के प्रति आपकी रुचि सहित जनमानस से जुड़े हुए विभिन्न मुद्दों पर आपकी लेखनी ने समाज का जो मार्गदर्शन किया है, निश्चित ही यह सदन उससे लाभान्वित होगा। आपके इन विषयों पर दो दर्जन से अधिक पुस्तकें सामने आयी हैं। आपका स्तम्भ-लेखन विभिन्न पत्र-पत्रिकाओं में, इस समाज के न केवल प्रबुद्धजनों का, बल्कि वर्तमान पीढ़ी का भी मार्गदर्शन करता है। कहीं भी जब जाते हैं तो लोग इस बात की अवश्य चर्चा करते हैं, आपका आलेख पढ़ करके, आपकी पुस्तकों को देख करके, इस बात का अनुभव करते हैं कि क्या हृदय नारायण दीक्षित जी यही हैं। लोगों के अन्दर एक जिज्ञासा होती है। मैं मानता हूँ कि सार्वजनिक जीवन में कार्य करने वाले व्यक्ति के लिए लेखन एक अत्यन्त दुरूह कार्य हो जाता है, लेकिन उस सबके बावजूद सार्वजनिक जीवन के साथ सक्रिय रूप से जुड़े होने के बावजूद लेखन के प्रति आपकी रुचि, आपकी रचनात्मकता आपकी सकारात्मकता और भारत की उन उच्च परम्पराओं के प्रति आपकी संवेदनशीलता को प्रदर्शित करती है। जो आज के दिन पर इस देश की संसदीय परम्पराओं के लिए और उन उच्च मर्यादाओं को स्थापित करने के लिए आवश्यक है, सचमुच वह प्रतिभा आज आपके अन्दर देख करके सदन गौरवपूर्ण तरीके से आपको अध्यक्ष के रूप में पा करके गर्व की अनुभूति कर रहा है।

महोदय, मैं विश्वास के साथ कह सकता हूँ कि हम लोग चुनाव लड़ करके आते हैं, चुनावी मंचों पर हम लोग एक-दूसरे के प्रति अनेक प्रकार के वाक्य-बाणों से प्रहार करते हैं, लेकिन सदन कम से कम इस प्रकार की बातों से दूर रह करके उत्तर प्रदेश की 22 करोड़ जनता के बारे में सोच सके, इस दृष्टि से सत्तापक्ष और विपक्ष लोकतंत्र के दो महत्वपूर्ण स्तम्भ हैं और दोनों मिल करके कार्य कर सकें, हमारा लक्ष्य एक ही हो कि हम उस उद्देश्य को प्राप्त करने के लिए कार्य कर सकें जिसके लिए जनता ने हमें चुना है और उस दृष्टि से लोकतंत्र में कहीं भी यह न लगे कि हमारे साथ भेदभाव है, क्योंकि हम विपक्ष के हैं। इस प्रकार की स्थिति न होने पाए। इस बात के लिए, मैं पूरी मजबूती के साथ पूरे सदन को आश्वस्त करता हूँ कि यह सरकार इस दृष्टि से आपके मार्गदर्शन में कहीं भी इस प्रकार की बातों को सामने नहीं आने देगी। भारत की लोकतांत्रिक परम्पराओं के प्रति, उन मूल्यों, उन आदर्शों के प्रति जिनको ले करके हम सब आज यहाँ पर उपस्थित हुए हैं उनको स्थापित करने में हम पूरी मजबूती के साथ कार्य करेंगे और इस दृष्टि से हम चाहेंगे कि आम जन की समस्याओं के समाधान करने में हमें अपने विपक्षी बन्धुओं का भरपूर सहयोग मिले। हमें विश्वास है कि जो कार्य आज यहाँ पर अध्यक्ष के सर्वसम्मत निर्वाचन के माध्यम से प्रस्तुत हुआ है, यह लोकतंत्र की सर्वोच्च और आदर्श परम्पराओं में से एक है कि सबने मिल करके एक साथ, जब हम लोग कल नामांकन कर रहे थे तो सभी लोग एक साथ मिल करके वहाँ पर गए थे और हम लोगों ने एक साथ नामांकन भरवाने में योगदान किया था। हम लोग इस बात को मानते थे कि आने वाले समय में भी जब वह सदन चले उत्तर प्रदेश की विधानसभा अगर उत्तर प्रदेश की बात हम करेंगे तो मुझे लगता है कि दुनिया में अगर हम देखेंगे तो देशों की तुलना में दुनिया के छठे नम्बर का देश उत्तर प्रदेश होता है। 22 करोड़ की आबादी, लेकिन जब हम विकास की दर को देखते हैं, उत्तर प्रदेश की आम जन की समस्या को देखते हैं, हम लोगों को लगता है कि हम लोग बहुत पीछे हैं। क्या यह हो सकता है कि जनता ने अगर हमें चुना है तो सदन यहाँ पर चर्चा-परिचर्चा का एक मंच

बन सके। उच्च लोकतांत्रिक मूल्यों का एक आदर्श बन सके। जन विश्वास जो इस देश की लोकतांत्रिक प्रणाली पर, जो अविश्वास के दायरे में लगातार इस भंवर जाल में डूबती हुई दिखाई दे रही है क्या हम एक बार उस जन विश्वास पर खरा उतरने का प्रयास कर पायेंगे। यह एक उत्तरदायित्व आपके मार्गदर्शन में उत्तर प्रदेश की इस नवगठित विधानसभा के ऊपर आने जा रहा है और इस पर आपका मार्गदर्शन पूरे सदन के लिए काफी होगा। इस दृष्टि से मैं एक बार पुनः आपका अभिनन्दन कर रहा हूँ।

इस गौरवपूर्ण पद पर आपके सर्वसम्मत से निर्वाचन पर मैं एक बार पुनः अपनी ओर से, इस विधान मण्डल दल की ओर से, पूरे सदन की ओर से आपका अभिनन्दन करता हूँ आपको कोटि–कोटि बधाई देता हूँ और अपने उन सभी बन्धुओं को जिन्होंने इस सर्वसम्मत निर्वाचन में सदन की उच्च परम्पराओं को ध्यान में रख करके अपना योगदान दिया है, मैं उन सबके प्रति भी आभार व्यक्त करते हुए आपका अभिनन्दन करता हूँ और विश्वास करता हूँ कि आपके मार्गदर्शन में उत्तर प्रदेश विधानसभा देश की एक आदर्श विधानसभा के रूप में अपना स्थान बनाएगी और उत्तर प्रदेश को हम देश के अग्रणी राज्यों में स्थापित करने में सफल होंगे। बहुत–बहुत धन्यवाद।

सन्दर्भ : दिनांक 30 मार्च, 2017 को उत्तर प्रदेश विधानसभा के नवनिर्वाचित मा० अध्यक्ष श्री हृदयनारायण दीक्षित जी को बधाई

मान्यवर, हम उसकी प्रस्तावना रख रहे हैं और प्रस्तावना रखने के बाद माननीय सदस्य उस पर विचार कर लें और उसके बाद हम चाहेंगे कि जिस प्रकार से अब तक जी०एस०टी० काउन्सिल में प्रदेश की पूर्ववती सरकार ने भी भाग लेकर और प्रदेश सरकार ने जो भी प्रस्ताव काउन्सिल में प्रस्तुत किया था उन सबको जी०एस०टी० काउन्सिल ने स्वीकार किया है। मुझे लगता है कि सर्वसम्मति से संसद ने इस जी०एस०टी० बिल को पास किया है। उत्तर प्रदेश विधानसभा जो देश के लोकतंत्र की सबसे बड़ी प्रतीक है, अगर उसमें भी यह विधेयक सर्वानुमति से पारित होता है तो एक अच्छा संदेश देश के अन्दर जाएगा इसलिए मैं इस प्रस्ताव पर अपनी बात रखने के लिए यहाँ पर खड़ा हुआ हूँ।

जी०एस०टी० लागू होना व्यापक आर्थिक सुधार का एक क्रान्तिकारी कदम

माननीय अध्यक्ष जी, देश की आजादी के बाद अप्रत्यक्ष करों की बाहुल्यता और उनकी विसंगति सदियों से इस देश के अन्दर चिन्ता का विषय रही है। न केवल व्यापारी और उपभोक्ता इससे परेशान रहा है, अपितु शासन के पास, चाहे वह केन्द्र सरकार रही हो या प्रदेश सरकार, इन सबको अप्रत्यक्ष करों से राजस्व का जो हिस्सा आना चाहिए था वह न आ पाने की भी एक चिन्ता हमेशा से बनी रही है। इस विषय को ध्यान में रखकर सन् 2003 में केन्द्र सरकार ने वस्तु और सेवाओं पर विभिन्न प्रकार के करों में एक समरूपता लाने के लिए केलकर समिति का गठन किया था। केलकर समिति की रिपोर्ट के उपरान्त यह तय हुआ था कि विभिन्न प्रकार के जो अप्रत्यक्ष कर हैं उनमें एक समरूपता आ सके, इसके बारे में समग्रता से विचार किए जाने की आवश्यकता है। हमें प्रसन्नता है कि मई, 2014 में देश के अन्दर आदरणीय श्री नरेन्द्र मोदी जी के नेतृत्व में भारतीय जनता पार्टी की सरकार बनने के बाद व्यापक आर्थिक सुधारों को ध्यान में रखकर अप्रत्यक्ष करों में समरूपता लाने की दृष्टि से जो प्रयास प्रारम्भ हुआ, वस्तु एवं सेवा कर यानी जी०एस०टी० उसका प्रतिफल है। आज उत्तर प्रदेश विधानसभा में इस महत्वपूर्ण विधेयक पर चर्चा प्रारम्भ हो रही है। मैं सबसे पहले आपका आभार व्यक्त करता हूँ और साथ ही साथ इस सदन में मैं प्रश्नकाल से ही पर बैठकर सुन रहा हूँ। तमाम गर्माहट के बाद भी प्रदेश के हित के बारे में सभी माननीय सदस्य बैठकर चिन्ता कर रहे हैं। यह हम सब के लिए प्रसन्नता का विषय है। हम विश्वास करते हैं कि प्रदेश

सरकार की पहले से ही जिस प्रकार की मंशा रही है जी०एस०टी० के प्रति आज हम सब बहस करके उस प्रस्ताव को सर्वसम्मति से पास करके यहाँ से भेजेंगे। इसीलिए मैं यहाँ पर आप सबसे अनुरोध करने के लिए आया हूँ। महोदय, 2014 में केन्द्र में सरकार बनने के बाद केन्द्र सरकार ने जी०एस०टी० अधिनियम को सर्वसम्मति से पारित किया था सर्वसम्मति से इस सदन में भी हम सबके सामने चर्चा हो सके, इस दृष्टि से मैं आपकी अनुज्ञा से प्रस्ताव रखता हूँ कि उत्तर प्रदेश माल और सेवा कर विधेयक, 2017 पर इस सदन में विचार किया जाए।

मान्यवर, हम उसकी प्रस्तावना रख रहे हैं और प्रस्तावना रखने के बाद माननीय सदस्य उस पर विचार कर लें और उसके बाद हम चाहेंगे कि जिस प्रकार से अब तक जी०एस०टी० काउन्सिल में प्रदेश की पूर्ववती सरकार ने भी भाग लेकर और प्रदेश सरकार ने जो भी प्रस्ताव काउन्सिल में प्रस्तुत किया था उन सबको जी०एस०टी० काउन्सिल ने स्वीकार किया है। मुझे लगता है कि सर्वसम्मति से संसद ने इस जी०एस०टी० बिल को पास किया है। उत्तर प्रदेश विधानसभा जो देश के लोकतंत्र की सबसे बड़ी प्रतीक है, अगर उसमें भी यह विधेयक सर्वानुमति से पारित होता है तो एक अच्छा संदेश देश के अन्दर जाएगा इसलिए मैं इस प्रस्ताव पर अपनी बात रखने के लिए यहाँ पर खड़ा हुआ हूँ। महोदय, यह देश के अन्दर आर्थिक सुधार का एक बहुत महत्वपूर्ण आधार है और इस दृष्टि से आज जो एक अवसर हम सबके सामने आया है देश के अन्दर और प्रदेश के अन्दर भी, जो विभिन्न प्रकार के कर अब तक हैं, अगर हम उन सबको देखेंगे तो चाहे वह व्यापारी हो, चाहे उपभोक्ता हो, ये दोनों तो परेशान हैं ही। व्यापारी को अनेक प्रकार के करों के लिए अलग–अलग एकाउण्ट बनाने पड़ते हैं। वह इंस्पेक्टर राज से त्रस्त रहता है तो उपभोक्ता महँगाई से परेशान रहता है।

एक अत्यन्त क्रान्तिकारी कदम है जिसे हम जी०एस०टी० के रूप में जान सकते हैं। उसी रूप में केन्द्र के जो कर अब तक इसमें थे, जैसे सेण्ट्रल एक्साइज ड्यूटी थी, उत्पाद शुल्क, दवाई और प्रसाधनों पर अतिरिक्त उत्पाद

शुल्क, विशेष महत्व की वस्तुओं पर अतिरिक्त उत्पाद शुल्क, कपड़ों पर और कपड़े की वस्तुओं पर अतिरिक्त सीमा शुल्क आमतौर पर सी०बी०डी० के रूप में जो जाना जाता है विशेष सीमा शुल्क, सेवा कर, केन्द्रीय एवं राज्य अधिशुल्क और उपकर और राज्य के अन्दर भी जो तमाम प्रकार के टैक्स थे, जैसे राज्य वैट है, केन्द्रीय बिक्री कर है, सुख-साधन कर हैं, प्रवेश कर हैं, मनोरंजन कर स्थानीय निकाय द्वारा जो लगाये जाते हैं उनको छोड़ करके, विज्ञापन पर कर, परचेज टैक्स, लॉटरी, सट्टेबाजी और जुए पर कर, राज्य अधिशुल्क और उपकर यानी जो वस्तुओं और सेवाओं से सम्बन्धित हैं। ये विभिन्न प्रकार के जो कर हैं, इन सब में एकरूपता लाई जा सके, एक टैक्स लागू हो सके। व्यापक सहमति के बाद जी०एस०टी० काउन्सिल और उत्तर प्रदेश सरकार, उत्तर प्रदेश की पूर्ववर्ती सरकार ने भी जी०एस०टी० काउन्सिल की 11 मीटिंगों में भाग लेकर जो अपने वृहद् प्रस्ताव प्रस्तुत किए थे, उनको जी०एस०टी० काउन्सिल ने भी अपनी सहर्ष सहमति दी और उसके उपरान्त आज एक अवसर हम सबके सामने आया है कि हम उत्तर प्रदेश विधानसभा से भी जी०एस०टी० बिल को पास करके भेजें और देश के अन्दर आर्थिक सुधार की दृष्टि से एक महत्वपूर्ण प्रस्ताव हम सबके सामने आया है क्योंकि हम सामाजिक समता की बात करते हैं, लेकिन सामाजिक समता के साथ-साथ आर्थिक समता तब तक नहीं आएगी जब तक यह भेदभाव इसी प्रकार से बना रहेगा। चाहे इसकी चपेट में व्यापारी आए, चाहे इसकी चपेट में उपभोक्ता आए या समाज का कोई भी तबका आए। इस दृष्टि से अत्यन्त महत्वपूर्ण है और इस पर 101वां संविधान संशोधन अधिनियम आपसी सहमति के साथ पास हो चुका है। अब प्रदेश की विभिन्न विधायिकाओं द्वारा इस पर अपना अधिनियम पारित करके देश के अन्दर इस आर्थिक सुधार के कार्यक्रम को आगे बढ़ाने का एक गुरुतर दायित्व उनके ऊपर आ चुका है, इस दृष्टि से आज हम उत्तर प्रदेश विधानसभा में भी इस प्रस्ताव को लेकर आए हैं।

महोदय, कर प्रणाली की एकरूपता को बनाए रखने के लिए संविधान संशोधन द्वारा अनुच्छेद 229-ए के माध्यम से जी०एस०टी० काउन्सिल के गठन

की जो व्यवस्था की है, उसमें जी०एस०टी० काउन्सिल को जी०एस०टी० से सम्बन्धित विभिन्न विषयों पर संस्तुति करने के अधिकार प्रदान किए गए हैं। इसकी संस्तुति पर ही केन्द्र और राज्य की जो अग्रिम कार्यवाही होनी है वह निर्भर करेगी। इसमें जो संवैधानिक प्राविधान हैं, इसमें जो मॉडल जी०एस०टी० कानून जी०एस०टी० काउन्सिल की संस्तुति के आधार पर तैयार किया गया है और जिसको भारत की संसद ने 101वें संविधान संशोधन के माध्यम से देश में एक आर्थिक संघवाद की एक नई और प्रभावशाली अवधारणा प्रस्तुत की है। जिससे पूरे देश के अन्दर एक समान कानून जी०एस०टी० कौंसिल की संस्तुति के आधार पर लागू किया जा सके। जी०एस०टी० कौंसिल में देश के वित्त मंत्री की अध्यक्षता में राज्यों के वित्त मंत्रियों और सदस्यों के रूप में प्रतिभाग की जो व्यवस्था है उसमें केन्द्र का जो अधिकार है वह एक-तिहाई है और जो विभिन्न राज्यों के सदस्यगण हैं, मा० वित्त मंत्रीगण हैं दो-तिहाई अधिकार उनके पास हैं। कोई भी प्रस्ताव जो जी०एस०टी० कौंसिल पारित करती है, उसमें तीन-चौथाई बहुमत के साथ उन प्रस्तावों को पारित करने की व्यवस्था है। यह हम सबके लिए सुखद अनुभूति है कि अब तक जी०एस०टी० कौंसिल की जितनी भी बैठकेंहुई हैं, कुल 13 बैठकें हुई हैं और 13 में से 11 में पूर्ववर्ती सरकार के जो प्रतिनिधि थे, उन्होंने भाग लिया था और उन्होंने जितने भी प्रस्ताव वहाँ दिए थे, जी०एस०टी० कौंसिल ने लगभग सभी को स्वीकार किया है। मुझे लगता है कि आज एक अवसर आया है क्योंकि एक जुलाई से पूरे देश के अन्दर जी०एस०टी० लागू होना है। जी०एस०टी० लागू तभी हो पायेगा जब देश की सभी विधानसभाओं के द्वारा इसे पारित करके भेज दिया जाएगा। उस दृष्टि से अब इस प्रस्ताव पर किसी भी अन्य प्रकार का प्रश्न खड़ा न हो, इस दृष्टि से हम लोग चाहेंगे कि वस्तु और सेवाओं के समव्यवहार पर कर आरोपित किए जाने हेतु सी०जी०एस०टी० व आई०जी०एस०टी० एक्ट जो संसद के द्वारा पारित किए गए हैं, राज्य के अन्दर भी वस्तुओं और सेवाओं की आपूर्ति पर राज्य द्वारा आरोपित किए जाने वाले एस०जी०एस०टी० एक्ट राज्य की विधायिका से भी अब पारित किया जाना समीचीन होगा क्योंकि यह

एक महत्वपूर्ण विधेयक है और आर्थिक सुधार की दृष्टि से अत्यन्त महत्वपूर्ण है। मैं आपका आभारी हूँ। कल आपने उत्तर प्रदेश विधान मण्डल के सभी माननीय सदस्यों के लिए इस दृष्टि से एक कार्यशाला का आयोजन भी किया था। अनेक महत्वपूर्ण सुझाव उसमें आए थे। मुझे लगता है कि जब इस प्रस्ताव का हम लोग अन्त में जवाब देंगे, चर्चा के बाद तो उन सबको हम बता भी देंगे, लेकिन हम इस बात को मान सकते हैं कि यह प्रस्ताव देश के व्यापक हित में है। आर्थिक सुधार की दृष्टि से, एकरूपता लाने की दृष्टि से अत्यन्त महत्वपूर्ण है। उपभोक्ताओं के हित में है और व्यापारियों के हित में भी है।

इस विधेयक के पारित होने से बहुत सारी चीजें ऐसी हैं जिनमें प्रदेश को कुछ क्षेत्रों में राजस्व का घाटा अवश्य होगा, क्योंकि कल एक माननीय सदस्य ने इस बात पर वहाँ चर्चा जरूर की थी। उन्होंने कहा था कि जो फूड ग्रेन है गेहूँ, चावल और दाल है इन सब पर भी क्या हम जी०एस०टी० लागू करेंगे? मुझे लगता है कि अब तक प्रदेश को जितने भी इस प्रकार के जो फूड ग्रेन थे जैसे कि गेहूँ, दाल और चावल आदि पर 4 प्रतिशत की दर से जो कर था, उससे 700 करोड़ का राजस्व प्राप्त होता था। चारकोल पर 10 करोड़ का मिलता था, कोल और कोक पर 250 करोड़ प्राप्त होता था और अन्य इस प्रकार के उत्पाद थे जिन पर प्रदेश को राजस्व का लाभ होता था। खाद्य तेल और वनस्पति पर भी 300 करोड़ का राजस्व मिलता था। जी०एस०टी० लागू होने के बाद ये सब इससे मुक्त हो जाएँगे। यानि आम जनता को उससे राहत होने वाली है। उपभोक्ताओं को राहत होने वाली है। केन्द्र सरकार ने इस बात की गारण्टी दी है। जी०एस०टी० लागू होना व्यापक आर्थिक सुधार का एक बहुत महत्वपूर्ण क्रान्तिकारी कदम है और इतना महत्वपूर्ण कदम होने के बाद पूरे देश को देश के यशस्वी प्रधानमंत्री श्री नरेन्द्र मोदी जी के प्रति आभार व्यक्त करना चाहिए कि उन्होंने देश के अन्दर आर्थिक एकरूपता लाने के लिए एक महत्वपूर्ण कदम उठाया है। राज्यों को होने वाले राजस्व की हानियों की भरपाई करने के लिए केन्द्र सरकार ने, जी०एस०टी० कौंसिल ने इस बात के लिए आश्वस्त किया है कि पाँच वर्ष तक जब तक की राजस्व की वह भरपाई राज्य सरकार उन संसाधनों से पुनः कर नहीं पाएगी, तब तक

केन्द्र सरकार उन राजस्व की होने वाली हानियों की भरपाई स्वयं करेगी। यह एक महत्वपूर्ण कदम है। उत्तर प्रदेश के अन्दर एक महत्वपूर्ण दायित्व हम सबके ऊपर आ चुका है। पूरा देश एक मार्केट होगा। अब तक क्या होता है कि उत्तर प्रदेश के अन्दर से यदि कोई सामान हमें बिहार भेजना है तो बार्डर पर बैरियर होते हैं और वहाँ पर क्या हो रहा है हर व्यक्ति जान रहा है। मध्य प्रदेश से कोई सामान उत्तर प्रदेश के अन्दर आ रहा है, वहाँ बॉर्डर पर बैरियर के माध्यम से व्यापारियों का जो उत्पीड़न होता है, ट्रान्सपोर्ट्स का जो उत्पीड़न होता है उसके बाद उनके साथ जिस प्रकार की आगे की स्थितियाँ पैदा होती हैं, वह अत्यन्त ही अमानवीय होती हैं। जो भी स्थितियाँ जी०एस०टी० कौंसिल के माध्यम से प्रारम्भ होने वाली हैं, वह अत्यन्त महत्वपूर्ण हैं। जैसे एक तो वस्तुओं की आवाजाही के बैरियर को समाप्त करना, दूसरा जो महत्वपूर्ण है कि इसमें मानव हस्तक्षेप कम से कम हो। एक ऐसे मैकेनाइज ढंग से सारी व्यवस्था को प्रारम्भ करने जा रहे हैं कि न कर की चोरी हो पाएगी और न कर इतना अधिक होगा कि व्यापारी भरने से डरेगा, न उसको दस जगह चक्कर लगाने पड़ेंगे। स्वाभाविक रूप से यदि कोई भी व्यापारी कर भरना चाहता है तो वह इंस्पेक्टर राज से सबसे ज्यादा त्रस्त होता है। कितने एकाउण्ट वह भरे, कितने एकाउण्ट को वह अख्तियार करे, इससे भी वह भयभीत होता है और उसके कारण कर की चोरी अन्त में होती है। राज्य को राजस्व का घाटा होता है। व्यापारी हमेशा भयभीत होता है कि मैं टैक्स नहीं भर पा रहा हूँ। वह भरना चाहता है लेकिन वह दस जगह जाना नहीं चाहता है और अन्ततः जो महँगाई बढ़ती है एक ही उत्पाद पर, एक ही वस्तु पर कई स्थानों पर लगने वाले टैक्स, इन सबको समाप्त करने की व्यवस्था है, क्योंकि टैक्स से आप मैन्युफैक्चर तैयार करेंगे, लेकिन उसका उपभोक्ता जहाँ होगा, वहाँ अन्तिम स्टेज पर जा कर उस पर टैक्स लगने की व्यवस्था है। मुझे लगता है कि उत्तर प्रदेश देश का सबसे बड़ा राज्य है और सबसे बड़ा उपभोक्ता प्रदेश भी है। उत्तर प्रदेश इससे सबसे ज्यादा लाभान्वित होने वाला स्टेट होगा। इस दृष्टि से उत्तर प्रदेश की जो स्थिति है, उसको ध्यान में रखते हुए हम लोगों को उत्तर प्रदेश विधानसभा से और उत्तर प्रदेश विधान मण्डल से इस प्रस्ताव को अगर

हम पारित करके भेजते हैं तो देश के अन्दर एक अच्छा संदेश जाएगा। मैं अपने सभी सदस्यों से इस बारे में अनुरोध करूँगा कि यह एक महत्वपूर्ण प्रस्ताव है और पूर्व में भी पूर्ववर्ती सरकारों ने जो सहमति और प्रतिबद्धता इस के पहले व्यक्त की है समय आ गया है कि अब हम इस प्रस्ताव के माध्यम से इस विधेयक को पारित करके अपनी प्रतिबद्धता को दोहरायें और देश के अन्दर आर्थिक एकरूपता लाने के लिए आदरणीय प्रधानमंत्री जी के द्वारा जो जी०एस०टी० कानून देश के अन्दर लागू करने की व्यवस्था 01 जुलाई से पूरे देश के अन्दर लागू होनी है, उसमें उत्तर प्रदेश सरकार भी उस एकरूपता के साथ अपने आप को दिखा सके इसलिए मैं पूरे सदन से अनुरोध करूँगा कि वह इस प्रस्ताव पर विचार करें और इसको पारित करने में अपना सहयोग देने की कृपा करें। धन्यवाद!

माननीय अध्यक्ष जी, मैं आभारी हूँ नेता प्रतिपक्ष समेत उन सभी मा० सदस्यों का जिन्होंने उत्तर प्रदेश के अन्दर माल एवं सेवा कर से सम्बन्धित इस विधेयक पर चर्चा में भाग लिया है और अपने बहुमूल्य सुझाव यहाँ इस सदन में रखे हैं। मुझे लगता है कि अपनी राजनीतिक मजबूरी से हम थोड़ा ऊपर उठें तो हर व्यक्ति चाहता है कि अब बिल पास हो। देश के हित में हो हम सब भी देश के हित में ही सदन में आये हैं तो स्वाभाविक रूप से हर व्यक्ति की इच्छा है कि यह बिल पास होना ही चाहिए, लेकिन फिर भी जो कुछ बातें यहाँ पर आयी हैं सरकार की ओर से, उन सब पर स्थिति स्पष्ट होना भी आवश्यक है। जो बातें यहाँ पर आयीं उनमें से सबसे पहले इस बात को लेकर कि कम्प्यूटर का प्रशिक्षण न होने से इसमें लोगों को दिक्कतें होंगी। मुझे लगता है कि हमारे मा० सदस्य श्री सतीश द्विवेदी जी ने पहले ही इस बारे में कह भी दिया कि जब मोबाइल फोन नहीं था तो लोगों के मन में यह बातें आती थी कि लोग कैसे इसको ऑपरेट करेंगे। लेकिन आज ऐसी कोई स्थिति नहीं है और स्मार्ट फोन ने तो पूरी एक क्रान्ति ला दी है। दूसरा आदरणीय प्रधानमंत्री जी का फोकस डिजिटल इण्डिया पर है। डिजिटल इण्डिया के इस कार्यक्रम में आप सबने देखा है कि प्रदेश के अन्दर हम लोगों ने भी लगभग 45 हजार ई-सुविधा केन्द्र स्थापित किए हैं। डिजिटल इण्डिया के अन्तर्गत

ट्रेनिंग देकर साइबर केन्द्र खोले जा रहे हैं। इसके माध्यम से हम ऑनलाइन सुविधा व्यापारियों को उपलब्ध करवाने के लिए पूरी तरह कृत संकल्पित हैं इसलिए कोई आशंका रहनी ही नहीं चाहिए कि कम्प्यूटर के प्रशिक्षण आदि की जहाँ आवश्यकता है, वहाँ अविष्कार भी हो जाते हैं। लोग फिर उसका उपयोग भी कर लेते हैं। यह हम लोगों को समझना चाहिए। दूसरी बात जो 20 लाख सालाना व्यापारियों के बारे में थी कि इसको बढ़ाकर 01 करोड़ किया जाना चाहिए।

मैं माननीय सदस्य, नितिन अग्रवाल जी को इस बारे में बताना चाहूँगा कि अब तक 05 लाख तक की राशि पर वैट है। मुझे लगता है कि राशि तो बढ़ा दी यानी 20 लाख से नीचे के लोग इससे पूरी तरह मुक्त रहेंगे। इससे तो छोटे–छोटे व्यापारियों को लाभ ही होना है। इससे लगता है कि आपकी जो आशंका थी, वह निर्मूल साबित होती है कि इस प्रकार की कोई स्थिति पैदा हुई है। 50 लाख रुपये वार्षिक कारोबार करने वाले व्यापारियों के लिए एक समाधान योजना जी०एस०टी० में लागू की जा रही है। व्यापारी के लिए केवल 01 प्रतिशत और उद्योगों के लिए 02 प्रतिशत टैक्स अपने वार्षिक टर्नओवर पर देना है। यह एक सुविधाजनक स्थिति है और उन्हें 03 महीने में 01 बार रिटर्न भरना होगा। मैं देखकर आश्चर्य में हूँ कि कैसे इस बारे में कहा जा रहा है कि महीने में 03 बार रिटर्न भरना होगा। महीने में 03 बार नहीं, 03 महीने में लोगों को 01 बार रिटर्न भरना होगा। दूसरी बात, जो सामान्य व्यापारी हैं, महीने में उनको केवल 01 बार रिटर्न भरना होगा, 03 बार नहीं। मुझे लगता है कि वह भी ऑनलाइन सब फीड होना है। इसलिए इसके बारे में कोई भी भ्रान्ति नहीं रहनी चाहिए। पहले केन्द्र सरकार का सेन्ट्रल एक्साइज टैक्स था, सर्विस टैक्स है, कस्टम विभाग, राज्य के वाणिज्य कर, मनोरंजन कर, पर्यटन आदि के अलग–अलग विभिन्न जो फार्म्स थे, रिटर्न्स थे, उसके माध्यम से देना होता था। अब यह सभी टैक्स एक जगह, एक साथ ऑनलाइन भरे जा सकते हैं। इसमें किसी भी प्रकार की कोई समस्या नहीं है। इस दृष्टि से रिटर्न भरने के लिए जी०एस०टी० प्रैक्टिशनर की सेवा कोई भी व्यापारी ले सकता है। यह प्रैक्टिशनर, कोई भी सी०ए०, कोई रिटायर्ड अधिकारी, कम्पनी सेक्रेटरी,

एम०बी०ए० पास ग्रेजुएट और अधिवक्ता हो सकते हैं। मुझे लगता है कि अभी भी टैक्स रिटर्न भरने के लिए लोग उनकी सेवाएँ लेते हैं। अब 10 का 10 बार में अलग-अलग नहीं लेना पड़ेगा, बल्कि एक बार में यह सारी सुविधा ऑनलाइन हो जाएगी। मुझे लगता है कि यह भी व्यापारियों के व्यापक हित में है। जो गिरफ्तारी की बात कही गयी है, उसमें बहुत सारी भ्रान्तियाँ हैं। पहले सेन्ट्रल एक्साइज के कानून में सन्देह में गिरफ्तारी हो सकती थी और अब जी०एस०टी० काउन्सिल ने बहुत सोच-समझ कर यह निर्णय लिया है कि जब टैक्स चोरी के कोई सबूत अगर प्राप्त होते हैं तो कम से कम 02 करोड़ रुपये के टैक्स चोरी का केस बनेगा और कमिश्नर की लिखित अनुमति से ही गिरफ्तारी हो सकेगी। इसमें भी 02 करोड़ से 05 करोड़ रुपये तक की टैक्स चोरी में जिस व्यक्ति को गिरफ्तार किया जाएगा, उसको सीधे बाण्ड पर जमानत देने की भी एक व्यवस्था की गयी है। इसलिए इसमें भयभीत होने की आवश्यकता नहीं है। सभी जनपदों, कस्बों में व्यापारियों के लिए प्रशिक्षण केन्द्र भी स्थापित किये गये हैं। अब तक 550 से भी अधिक ऐसे कार्यक्रम आयोजित किये जा चुके हैं और आगे भी इस प्रकार के प्रशिक्षण प्रारम्भ होंगे।

महोदय, जहाँ तक राज्य की क्षतिपूर्ति के लिए संविधान में व्यवस्था की बात है। एक माननीय सदस्य इस बात को कह रहे थे कि जब इसको संसद में पहली बार रखा गया था तो उस समय आदरणीय मोदी जी ने इसका विरोध किया था। उस समय मोदी जी गुजरात के मुख्यमंत्री थे। गुजरात एक मेन्युफेक्चरिंग स्टेट है, इससे उनको जो टैक्स की चोरी होती है, उसके कम्पनसेशन की कोई भी व्यवस्था सेण्ट्रल की ओर से नहीं थी। जी०एस०टी० काउन्सिल ने इस बात का प्राविधान किया है कि पहली बार किसी स्टेट को अगर उनके टैक्स में किसी प्रकार का राजस्व का नुकसान होता है तो उसकी भरपाई पाँच वर्ष तक सेण्ट्रल गवर्नमेण्ट करेगी। मुझे लगता है कि यह चीज अगर पहले भी होती तो कहीं कोई समस्या नहीं थी। आज इस बात को लेकर हम लोग इसे लाये हैं। जो बात एक माननीय सदस्य ने रखी कि सी०जी०एस०टी० है, आई०जी०एस०टी० है, एस०जी०एस०टी० है, इन सभी के बीच में तालमेल कैसे हो पायेगा? आखिर जी०एस०टी० काउंसिल तो इसीलिए बनाई गयी है।

जी०एस०टी० काउंसिल में केन्द्र सरकार का प्रतिनिधित्व वन थर्ड है, टू थर्ड तो उसमें राज्यों का अधिकार है और कोई भी प्रस्ताव पास होना हो तो उसके लिए तीन–चौथाई बहुमत आवश्यक है। इसलिए इस प्रकार की कोई भी शंका हम लोगों को नहीं होनी चाहिए। ये जो भी व्यवस्था यहाँ पर दी जा रही है, व्यापक जनहित में यह फैसला लिया जा रहा है, व्यापक राष्ट्रहित में यह फैसला लिया गया है। 'वन नेशन–वन टैक्स' की अवधारणा पर आधारित आर्थिक सुधार का एक बहुत महत्वपूर्ण क्रान्तिकारी कदम है।

मैं पूरे सदन से इस बात की अपील करूँगा कि देश के अन्दर, एक माननीय सदस्य ने यह बात भी रखी थी कि प्रदेश में तो भाजपा की सरकार है केन्द्र में भी भाजपा की सरकार है, लेकिन जहाँ भाजपा की सरकारें नहीं हैं, वहाँ क्या होगा? मुझे लगता है कि ऐसे सभी राज्यों, तमिलनाडु ने पास किया है, वेस्ट बंगाल ने पास किया है, आन्ध्र प्रदेश ने, तेलंगाना ने पास किया है, बिहार ने पास करके भेजा है और भी सभी स्टेट इसको पास कर के भेज चुके हैं और पास करने के लिए सब लोग इस पर पूरी तैयारी के साथ आगे जा रहे हैं। मुझे लगता है कि इसमें कहीं कोई इस प्रकार की आशंका नहीं रखनी है और फिर उसके लिए जी०एस०टी० काउन्सिल बना है। किसी भी समस्या के समाधान करने के लिए जी०एस०टी० काउन्सिल तत्पर है। जी०एस०टी० काउन्सिल की 17 से लेकर 20 तक बैठक भी इस बारे में होने जा रही है, प्रदेश का भी इसमें प्रतिनिधित्व होगा। मैं इसलिए आप सब से अनुरोध करूँगा कि प्रदेश के व्यापक हित में, देश के व्यापक हित में, व्यापारी, उपभोक्ता के हित में भी यह जी०एस०टी० बिल पास होना आवश्यक है। आप सब इस बिल का समर्थन करें। यह अपील करते हुए मैं विश्वास करता हूँ कि आप सबका समर्थन इस बिल को पास करने में प्राप्त होगा।

माननीय नेता प्रतिपक्ष ने जो बातें कही हैं, जो आशंकायें व्यक्त की हैं, मुझे लगता है कि वे सब निराधार हैं। जी०एस०टी० कानून बनना चाहिए इस देश के अन्दर, एक कर प्रणाली होनी चाहिए इस देश के अन्दर। 2003 में पहली बार आदरणीय अटल बिहारी वाजपेयी जी की सरकार के समय यह बात सामने आयी थी। बाद में कांग्रेस ने इस प्रक्रिया को आगे बढ़ाया था।

लेकिन राज्यों पर होने वाली, मैनुफैक्चरिंग स्टेट को होने वाली क्षति थी, राजस्व की हानि थी उसकी भरपाई कैसे हो, इसके बारे में कोई प्राविधान उसमें नहीं हो पाया था। इसलिए कुछ स्टेट उसका विरोध कर रहे थे। व्यापक सहमति के बाद सभी विपक्षीय शासित राज्यों ने भी इस पर चर्चाएँ कीं। सभी 28 जो हमारे राज्य हैं, दो केन्द्र शासित ऐसे राज्य हैं जिनकी अपनी विधानसभा है। उन सबके प्रतिनिधियों ने अपने-अपने सुझाव दिए। इसके बाद ही जी०एस०टी० काउन्सिल की इस प्रकार की बातें सामने आईं। कम्पनसेशन की बात यहाँ पर कही है। इसके बाद सबने अपनी सहमति व्यक्त की। दूसरा आप खाद्यान्न की बात कर रहे हैं। मैंने प्रारम्भ में इस बात को कहा है कि प्रदेश सरकार को तो खाद्यान्न के मामले में 700 करोड़ रुपये राजस्व की हानि हो रही है। जो हम केन्द्र सरकार से प्राप्त करेंगे। खाद्यान्न को इससे मुक्त रखा गया है। शेष कुछ अन्य मुद्दों के बारे में जी०एस०टी० काउन्सिल कल से बैठने जा रही है। जी०एस०टी० काउन्सिल की बैठक में सभी राज्यों के प्रतिनिधि, उसमें केवल भारतीय जनता पार्टी शासित राज्य नहीं होंगे, देश के सभी राज्यों के माननीय वित्त मंत्री होंगे और माननीय केन्द्रीय वित्त मंत्री श्री अरुण जेटली जी की अध्यक्षता में बैठक होगी, जिसमें इन सभी प्रस्तावों पर चर्चा होनी है। इसलिए मुझे लगता है कि व्यापक जनहित से जुड़े हुए, उपभोक्ता हित से, व्यापारिक हित से जुड़े हुए इस विधेयक को पारित किया जाना चाहिए। उत्तर प्रदेश अगर इसको सर्वसहमति से पारित करेगा तो देश के अन्दर भी एक सन्देश जाएगा। अगर वेस्ट बंगाल पास कर सकता है, बिहार पास कर सकता है, तमिलनाडु पास कर सकता है, कर्नाटक पास कर सकता है, आंध्र प्रदेश और तेलंगाना पास कर सकता है तो मुझे लगता है कि उत्तर प्रदेश से भी एक सन्देश जाए कि देश के अन्दर आर्थिक एकरूपता के लिए हम लोग एकजुट हैं। भले ही हम लोगों में मतभेद हों, लेकिन वो मतभेद राष्ट्र के विकास में कहीं आड़े नहीं आना चाहिए। इस विशेष विधेयक को पारित होना चाहिए, जिसके लिए मैं आप सबका समर्थन चाहता हूँ।

सन्दर्भ : दिनांक 16 मई 2017, उत्तर प्रदेश माल और सेवा कर विधेयक, 2017 पर चर्चा

जब मैं उत्तर प्रदेश के बारे में सोचता हूँ प्रकृति और परमात्मा की कितनी बड़ी कृपा है उत्तर प्रदेश पर, गंगा जी एक हजार किलोमीटर उत्तर प्रदेश के अन्दर बहती हैं, यमुना जी उत्तर प्रदेश में बहती हैं, सरयू जी उत्तर प्रदेश में बहती हैं, राप्ती उत्तर प्रदेश में है, गण्डक हमारी सीमा से होकर निकलती है। ऐसी अनेक नदियाँ, इतनी उर्वरा भूमि और तब भी यहाँ का किसान आत्महत्या करे? कहीं न कहीं सरकारों की नीति में खोट था, कहीं न कहीं हमारी योजनाओं की कमी थी। मैं किसानों के बारे में बहुत सोचता था और इसीलिए हमारी पार्टी ने, आदरणीय प्रधानमंत्री जी ने, हमारे राष्ट्रीय अध्यक्ष जी ने कहा, पहली बार उन्होंने यह बात स्पष्ट कही कि सरकार का पहला फैसला किसानों के बारे में होना चाहिए। किसानों के बारे में सरकार को कोई योजना बनानी चाहिए। हम लोग बैठे अपनी मंत्रिपरिषद् के साथ, हम लोगों ने विचार किया।

स्वस्थ लोकतंत्र वही है जहाँ सहमति और असहमति के बीच एक समन्वय स्थापित हो सके

मा० अध्यक्ष जी, श्री राज्यपाल के अभिभाषण पर मा० नेता प्रतिपक्ष, मा० नेता बहुजन समाज पार्टी, मा० नेता कांग्रेस पार्टी समेत कुल 74 मा० सदस्यों ने अपने बहुमूल्य सुझाव इस मा० सदन में रखे। यह सभी सुझाव अत्यन्त महत्वपूर्ण थे। सदन की परम्परा के अनुसार किसी भी वर्ष में सत्र की शुरुआत श्री राज्यपाल जी के अभिभाषण से होती है। श्री राज्यपाल जी के अभिभाषण के प्रति धन्यवाद प्रस्ताव के माध्यम से जहाँ मा० सदस्यों को अपनी बात रखने का अवसर प्राप्त होता है, वहीं अनेक सदस्यों को भी अपने सुझाव को भी रखने का अवसर प्राप्त होता है। मुझे अच्छा लगा कि चार दिनों से लगातार धन्यवाद प्रस्ताव पर इस मा० सदन में चर्चा हुई। बहुत अच्छे सुझाव आए हैं और स्वस्थ लोकतांत्रिक मूल्यों और परम्पराओं की शुरुआत उत्तर प्रदेश के इस सदन के माध्यम से एक बार पुनः प्रारम्भ होती हुई दिखाई देती है। मैं आपका आभारी हूँ कि आपने नये सदस्यों को बोलने में प्राथमिकता दी है। हमारे बहुत सारे नये सदस्यों ने भी धन्यवाद प्रस्ताव पर अपने विचारों को रखा, अपनी समस्याओं को रखा। समाज की ज्वलंत समस्याओं पर उन्होंने ध्यान आकर्षित किया है। एक अच्छी शुरुआत है और स्वस्थ लोकतंत्र तो वही है जहाँ पर हम सहमति और असहमति के बीच में एक समन्वय स्थापित कर सकें। क्योंकि लोकतंत्र में हम अपनी बात को जबरन किसी पर थोप नहीं सकते। स्वस्थ लोकतांत्रिक मूल्यों की स्थापना आपसी सहमति से, आपसी समन्वय से एक दूसरे की भावनाओं का सम्मान करते हुए ही आगे बढ़ सकती है।

मुझे लगता है कि उसका सर्वोच्च मंत्र विधायिका होती है। इस विधायिका ने उस स्वस्थ परम्परा को एक बार पुनः पुनर्जीवित किया है। मैं पीठ के प्रति हृदय से आभार व्यक्त करता हूँ। श्री राज्यपाल जी का जो अभिभाषण होता है, वह सरकार का एक विजन डॉक्यूमेंट होता है। सरकार ने क्या किया है और सरकार आगे क्या करने जा रही है। विजन डॉक्यूमेंट महत्वपूर्ण होता है। सरकार की चल रही योजनाओं और भावी योजनाओं का एक जीवन्त दस्तावेज होता है।

वह अलग विषय है कि हमारे माननीय विपक्ष के सदस्यों ने यहाँ पर श्री राज्यपाल जी द्वारा जो अभिभाषण प्रस्तुत किया गया था उस दिन उसमें बहुत रूचि नहीं ली। उस दिन का जो दृश्य था, मैंने अपने जीवन में पहली बार देखा कि सदस्य इस सदन में सीटी बजा रहे थे। महोदय मैं यह देखकर आश्चर्यचकित था, क्योंकि मैं सबसे आगे की पंक्ति में ही था। तो सीटी अब तक बजाते हुए मैंने दो ही प्रकार के लोगों को देखा है एक तो ट्रैफिक पुलिस को, लेकिन उनकी एक निर्धारित यूनिफॉर्म है। दूसरों के लिए हमने एंटी रोमियो स्क्वायड गठित कर दिया है। लेकिन इस सदन में सीटी की गूँज बहुत अजीब सी लगी और मुझे लगता है कि सदन ने स्वयं उसका संज्ञान भी लिया है। 19 मार्च को भारतीय जनता पार्टी की सरकार ने शपथ ग्रहण किया था और आज ठीक दो महीने इस सरकार को हो गये हैं। साथ ही हम लोग उत्तर प्रदेश के इस सदन में आकर श्री राज्यपाल जी के अभिभाषण पर उनके धन्यवाद प्रस्ताव पर चर्चा करते हुए उसका जवाब भी दे रहे हैं। हम लोगों के सामने, प्रदेश के सामने जो स्थितियाँ हैं, जो समस्याएँ हैं, जो चुनौतियाँ हैं हम सबने उनको स्वीकार किया है।

हम सबके सामने यह स्पष्ट है कि सरकार भारतीय जनता पार्टी और सहयोगी दलों की है। लेकिन यह सरकार किसी जाति, किसी मत या किसी सम्प्रदाय या किसी मजहब का प्रतिनिधित्व नहीं करती। बल्कि आदरणीय प्रधानमंत्री जी के उस उद्घोष को जो उन्होंने हमें मंत्र रूप में दिया है 'सबका साथ सबका विकास' उस भाव का प्रतिनिधित्व करती हुई दिखाई दे रही है। जिन लोगों ने 5–5 वर्षों तक, 10–10 वर्षों तक प्रदेश में लगातार शासन किया है

वह लोग आज हमसे दा महीने के कार्यकाल का पूरा लेखा–जोखा एक साथ पूछना चाहते हैं। बात–बात पर वॉकआउट करना, मैं मानता हूँ प्रदेश के अन्दर कुछ घटनाएँ घटित हो रही हैं, लेकिन अक्सर होता है कि जब किसी चीज को मरना होता है तो तेजी के साथ साँस लेता है। हम तय कर चुके हैं कि अपराध के लिए उत्तर प्रदेश में कोई जगह नहीं होगी। अपराधी के लिए भी कोई जगह नहीं होगी। अपराधी के संरक्षणदाता के लिए भी प्रदेश में कोई जगह नहीं होगी। बहुत सख्ती के साथ हम निपटेंगे, पूरी निर्ममता के साथ निपटेंगे ऐसे तत्वों से। यह तय है कि अगर किसी ने किसी गरीब, किसी निरीह, किसी कमजोर, किसी व्यापारी का उत्पीड़न किया तो फिर उसको अपने भविष्य के बारे में स्वयं सोचना पड़ेगा। बहुत हो चुका है, क्योंकि आदतें कुछ खराब हो चुकी हैं। 12–15 वर्षों की बातें आसानी से छूटने वाली नहीं हैं, उन्हें छूटने में कुछ समय लग रहा है। इसलिए वह कहीं न कहीं हरकतें दिखाने का प्रयास कर रहे हैं। लेकिन मैं सदन के माध्यम से इस बात का विश्वास दिलाता हूँ कि सरकार ने अगर प्रदेश में एक सर्वांगीण विकास और सुशासन की बात कही है तो सर्वांगीण विकास और सुशासन एक भय–रहित समाज के माध्यम से स्थापित होगा। यह सरकार करके रहेगी यह हमारा विश्वास है। इन दो महीनों में इस सरकार ने कुछ कार्य प्रारम्भ करने के प्रयास किए हैं और राज्यपाल महोदय के अभिभाषण में उन मुद्दों का उल्लख भी किया गया है। दो महीने का कार्यकाल है, बहुत बड़ा नहीं है। लेकिन हाँ, ये दो महीने का कार्यकाल हमारे नेता प्रतिपक्ष और उनके सहयोगी दूसरे बहुजन समाज पार्टी के सरकार के 15 वर्ष के कार्यकाल पर भारी पड़ता हुआ दिखायी पड़ता है।

जब मैं उत्तर प्रदेश के बारे में सोचता हूँ प्रकृति और परमात्मा की कितनी बड़ी कृपा है उत्तर प्रदेश पर, गंगा जी एक हजार किलोमीटर उत्तर प्रदेश के अन्दर बहती हैं, यमुना जी उत्तर प्रदेश में बहती हैं, सरयू जी उत्तर प्रदेश में बहती हैं, राप्ती उत्तर प्रदेश में है, गण्डक हमारी सीमा से होकर निकलती है। ऐसी अनेक नदियाँ, इतनी उर्वरा भूमि और तब भी यहाँ का किसान आत्महत्या करे? कहीं न कहीं सरकारों की नीति में खोट था, कहीं न कहीं हमारी योजनाओं की

कमी थी। मैं किसानों के बारे में बहुत सोचता था और इसीलिए हमारी पार्टी ने, आदरणीय प्रधानमंत्री जी ने, हमारे राष्ट्रीय अध्यक्ष जी ने कहा, पहली बार उन्होंने यह बात स्पष्ट कही कि सरकार का पहला फैसला किसानों के बारे में होना चाहिए। किसानों के बारे में सरकार को कोई योजना बनानी चाहिए। हम लोग बैठे अपनी मंत्रिपरिषद् के साथ, हम लोगों ने विचार किया। किसान प्रतिदिन आता था हम लोगों के पास कि साहब हम पर इतना कर्जा है? बुन्देलखण्ड क्षेत्र में और कुछ अन्य क्षेत्रों में भी किसानों ने आत्महत्याएँ करनी प्रारम्भ की इन 12–15 वर्षों में, क्योंकि किसान के सामने कोई दूसरा विकल्प नहीं था। हम लोगों ने यह आवश्यक समझा कि किसानों के हित के लिए आवश्यक है कि उसके फसली ऋण को माफकिया जाए और इस सरकार ने निर्णय लिया। एक साथ 86 लाख किसान उससे लाभान्वित हुए हैं। 01 लाख की ऋण की सीमा को हम लोगों ने, इस सरकार ने माफकिया है। लेकिन इस सरकार ने यह भी तय किया है कि फसली ऋण का बोझ जो सरकार पर आएगा, प्रदेश सरकार पर आएगा, यह हम प्रदेश की जनता पर नहीं पड़ने देंगे, बल्कि अपने खर्चों से उस कमी को पूरा करेंगे। यह बोझ प्रदेश की जनता पर नहीं आयेगा। हम कोई अतिरिक्त टैक्स नहीं लगायेंगे लेकिन हाँ किसान के हित में हमने यह कदम उठाया है। आगे भी किसान के हित के लिए जो भी कदम उठाने पड़ेंगे, यह सरकार किसानों के हित के लिए उस प्रकार का कदम उठाएगी और उठाए हैं सरकार ने। यहाँ पर पिपरमिण्ट की कोई पॉलिसी नहीं थी, किसानों से सीधे उनकी उपज को खरीदा नहीं जाता था, किसान चिल्लाता रहता था, उसके यहाँ कोई क्रय केन्द्र स्थापित नहीं होते थे। हमारी मंत्रिपरिषद् ने निर्णय लिया हम किसानों से उसकी फसल का क्रय सीधे करेंगे, बताया गया कि यहाँ कोई ऐसा सिस्टम नहीं है। हम लोगों ने कहा सिस्टम तो हम तय करेंगे, सिस्टम तय करने का काम सरकार का है। सरकार चुनी ही इस बात के लिए जाती है कि वह सिस्टम तैयार करे और वह हम लोगों ने तय किया।

01 अप्रैल से प्रदेश के अन्दर हम लोगों ने गेहूँ क्रय केन्द्र प्रारम्भ करवाए और गेहूँ क्रय लिए पूरे प्रदेश के अन्दर 5027 क्रय केन्द्र स्थापित करवाए हम लोगों ने। पूरे प्रदेश के अन्दर पहली बार किसान को समर्थन मूल्य से कुछ

ज्यादा पैसा मिलना प्रारम्भ हुआ। बहुत सारे लोग आए मेरे पास, उन लोगों ने कहा, साहब, यहाँ तो आढ़तियों से और दलालों से खरीदा जाता है, आप इस चक्कर में क्यों पड़ रहे हैं। हमने कहा, पहले क्या होता था मैं नहीं कह सकता, लेकिन आज क्या होना है, हमें किसान को ध्यान में रखकर के अपनी योजना तैयार करनी है इसलिए हम लोगों ने कहा कि नहीं 1,625.00 रुपये गेहूँ का समर्थन मूल्य है। 10 रुपये हम उसमें अतिरिक्त लदाई-ढुलाई का देंगे। यानी 1,635.00 रुपये और वह पैसा भी एक सप्ताह के अन्दर आर०टी०जी०एस० के माध्यम से किसान के खाते में सीधे जाना चाहिए। अध्यक्ष जी मुझे यह बताते हुए प्रसन्नता है कि अब तक प्रदेश सरकार 18 लाख 50 हजार मीट्रिक टन गेहूँ का क्रय कर चुकी है। अभी 15 जून तक यह क्रय लगातार किसानों से होगा, जबकि पिछले वर्ष पूरे सीजन में केवल 07 लाख 20 हजार टन आढ़तियों के माध्यम से खरीदा गया था।

हम लोग अब तक किसानों को 03 हजार करोड़ रुपये का भुगतान सीधे उनके खातों में करवा चुके हैं। किसानों के लिए यह योजनाएँ तैयार की गयीं और इसीलिए किसान हमारी प्राथमिकता में हैं। किसान की कोई जाति नहीं है, उसमें सभी लोग हैं, हर जाति, हर वर्ग, हर मत, हर मजहब के लोग हैं और उसके बाद भी हम पर साम्प्रदायिकता का लेबल आप लगाये हैं, मुझे इस पर अफसोस होता है। उत्तर प्रदेश देश के अन्दर सर्वाधिक गन्ना उत्पादन का केन्द्र माना जाता था। यहाँ पर चीनी मिलें बेची गयीं, औने-पौने दामों पर बेची गयीं, वह चीनी मिलें प्रदेश की अर्थव्यवस्था का आधार थीं। गन्ना किसानों के हितों को चीनी मिल मालिकों के सामने रौंद दिया जाता था। इस सरकार ने कहा हम ऐसा नहीं होने देंगे। सरकार गठित हुई, मंत्रिपरिषद् बैठा और यह तय हुआ कि नहीं, किसी भी स्थिति में गन्ना किसानों के गन्ना मूल्य का भुगतान होना ही चाहिए। बताते हुए प्रसन्नता है कि अब तक गन्ना किसानों के 21,570 करोड़ रुपये का भुगतान हम लोग करवा चुके हैं। जो पिछले वर्ष की तुलना में दोगुने से ज्यादा है और यह लगातार चलेगा। मुझे लगता है कि इधर हम लोग 15 जून के अन्दर-अन्दर प्रयास कर रहे हैं कि जो बकाया है,

लगभग 03 हजार करोड़ रुपये का बकाया रह गया है, इसका भुगतान भी अविलम्ब हो। इस बात के लिए लगातार दबाव बनाया जा रहा है। पहली बार प्रदेश में आलू किसानों के लिए एक पैकेज लेकर यह सरकार आई। आलू किसानों के बारे में कुछ किया जाना चाहिए था, नहीं हो पाया। हम लोगों ने केन्द्र सरकार से अनुरोध किया, किसान एक रुपये में अपना आलू फेंक रहा था, उसको लागत भी नहीं मिल पा रही थी। प्रदेश सरकार ने तय किया कि अगर आलू का उचित दाम किसान को नहीं मिल पा रहा है, तो हम उससे खरीदेंगे। 01 लाख मीट्रिक टन आलू खरीदने का निर्णय लिया। आलू का दाम बढ़ा, किसान ने हमें दिया, हमने 13 हजार मीट्रिक टन उसके बाद भी खरीदा है, लेकिन किसान को राहत देने के लिए जहाँ भी जो योजना बन सकती है, सरकार उसमें कभी पीछे नहीं हटेगी। मुझे लगता है कि श्री राज्यपाल जी ने भी अपने अभिभाषण के माध्यम से इस बात को स्पष्ट कहा है। आज जब इस पर सदन की भावनाओं को जानने के बाद जवाब देने का आपने मुझे अवसर दिया है, मैं फिर इसके लिए कह सकता हूँ कि यह सरकार इसके लिए पूरी तरह से प्रतिबद्ध है कि हम किसान के हित के साथ किसी प्रकार का समझौता किसी भी स्तर पर नहीं होने देंगे, यह मैं आपसे कहना चाहता हूँ।

प्रदेश में एक वी०आई०पी० संस्कृति थी। वह संस्कृति कैसी थी, 5 जिलों में बिजली मिलेगी, बाकी 70 जिले अँधेरे में रहेंगे। प्रात:काल कुछ यहाँ बहस भी हो रही थी। मुझे लगता है जब लोग कुछ बोलते हैं तो उनको अपना अतीत भी देख लेना चाहिए। लोग भूल जाते हैं कि हमने क्या किया। मैंने पहले भी कहा कि हम लोग जब आए तो हम लोगों ने कहा कि हम लोग भेदभाव किसी के साथ नहीं करेंगे। भारत के संविधान पर जिसका विश्वास होगा, भारत की परम्परा को जो मानेगा, उत्तर प्रदेश में कानून के राज्य को स्थापित करने के लिए, भ्रष्टाचार मुक्त व्यवस्था देने के लिए, प्रदेश के सर्वांगीण विकास और प्रदेश के सुशासन में जो भी सहयोग करेगा हम उन सबको साथ लेकर चलेंगे और सबका साथ सबका विकास की सद्‌भावना को पुष्ट करेंगे, लेकिन उस वी०आई०पी० संस्कृति को समाप्त करेंगे। हम लोग आए, पहले

दिन मंत्रिमण्डल में बैठे, मेरे सहयोगी मेरे साथ बैठे, हम लोगों ने कहा कि यह काम होना चाहिए कि प्रदेश के अन्दर बिजली मिले तो सबको मिले, नहीं तो सब जगह वी०आई०पी० संस्कृति समाप्त हो जाए। जैसे प्रधानमंत्री जी ने कहा कि लाल बत्ती समाप्त करो, प्रदेश के सभी मंत्रियों ने अपनी बत्तियाँ उतार कर रख दी। प्रदेश में हूटर संस्कृति को भी हम समाप्त कर रहे हैं और करेंगे। बिजली के मामले में भी हम लोगों ने काम किया, लेकिन मैं बोलना चाहता हूँ अपने प्रतिपक्ष में बैठे साथियों से कि उन्होंने विरासत में एक जर्जर व्यवस्था हम लोगों को दी हैं। हम लोग इसको सम्भालने का प्रयास कर रहे हैं। इन दो महीनों में हमने कार्य किया है। 'पॉवर फॉर ऑल पर' हम लोगों ने हस्ताक्षर किए हैं। 75 के 75 जिला मुख्यालयों में 24 घण्टे बिजली दी है। माननीय राम गोविन्द जी आप सदैव लखनऊ में नहीं रहते हैं और आप जमीन से जुड़े हैं। आप भी जब बाहर जाते रहे होंगे, तो आपको भी दिक्कतें झेलनी पड़ रही होगी लेकिन आज जब आप बाहर जायेंगे हर जिला मुख्यालय पर 24 घण्टे बिजली आपको मिलेगी। हर तहसील मुख्यालयों में 20 घण्टे बिजली मिलेगी। हर ग्रामीण क्षेत्र में 17-18 घण्टे बिजली की आपूर्ति मिलेगी। ट्रान्सफॉर्मर जलने पर भी हमने व्यवस्था दी है कि ग्रामीण क्षेत्रों में ट्रान्सफार्मर जलेगा तो 48 घण्टे के अन्दर और शहरी क्षेत्र में ट्रान्सफार्मर खराब होता है तो 24 घण्टे में उसको बदलने की व्यवस्था होनी चाहिए। हमने कहाँ भेदभाव किया हमने तो सबके लिए कहा, पूरे प्रदेश के लिए कि यह सरकार पूरे प्रदेश की सरकार है। प्रदेश के 22 करोड़ लोगों की सरकार है। भारतीय जनता पार्टी के कार्यकर्ताओं ने चुनी जरूर है, लेकिन भेदभाव किसी के साथ नहीं। फिर 'सबका साथ, सबका विकास' की सद्‌भावना को हमने आगे बढ़ाया। हमने तो नहीं कहा कि केवल कुछ चुने हुए जिलों में बिजली रहनी चाहिए, सबको मिलना चाहिए और मैंने यह देखने के लिए दो-तीन दिन स्वयं रात्रि में यात्रा की। इससे पहले जब मुझे हवाई जहाज से यात्रा करनी पड़ती थी तो मैं देख लेता था कि जहाँ से अँधेरा शुरू होता था तो मैं सोच लेता था कि उत्तर प्रदेश की सीमा शुरू हो गयी है, लेकिन अध्यक्ष जी मैं इस बात को बहुत गर्व से

कह सकता हूँ कि मैंने सत्र प्रारम्भ होने के तीन दिन पहले लगातार यात्रा की है और तीन दिन अँधेरे में रात्रि में हेलीकॉप्टर से यात्रा की है और मुझे बताते हुए प्रसन्नता है कि उत्तर प्रदेश के हर गाँव में रात्रि में मुझे बिजली जलती हुई दिखाई दी है। हम लोगों ने यह भी व्यवस्था दी है कि हम गरीबी रेखा से नीचे जीवनयापन करने वाले हर परिवार को निःशुल्क विद्युत कनेक्शन दिलवायेंगे, मीटर लगवायेंगे और उसके बाद जो कम से कम विद्युत का बिल होता है, वह भुगतान वे करेंगे। हम ग्रामीण क्षेत्र में अक्टूबर, 2018 से 24 घंटे बिजली देना प्रारम्भ कर देंगे, बशर्ते लाइन लॉस कम होना चाहिए। जहाँ भी 15 प्रतिशत से नीचे लाइन लॉस आएगा, हम लोग वहाँ 24 घण्टे बिजली की आपूर्ति करेंगे।

हमारे सभी सहयोगी पूरी मजबूती के साथ अपने कार्यों को आगे बढ़ाने का कार्य कर रहे हैं। उसी क्रम में हम लोगों ने कहा है कि प्रदेश के अन्दर जितने भी विकास के कार्य होंगे, जितनी भी योजनाएँ बनेंगी, उनको ई-टेण्डरिंग के माध्यम से करेंगे। प्रक्रि या प्रारम्भ हो चुकी है, उसके सार्थक परिणाम आ रहे हैं। अभी हाईकोर्ट ने उत्तर प्रदेश के अन्दर खनन पर रोक लगाई थी। खनन पर रोक के बाद प्रदेश के डेवलपमेण्ट के कार्यों पर असर पड़ रहा था। हमारे बड़े-बड़े प्रोजेक्ट रुक गए थे। केन्द्र सरकार के जितने भी नेशनल हाई-वे के प्रोजेक्ट थे, उन पर प्रभाव पड़ रहा था। गड्ढामुक्त सड़कों के हमारे अभियान पर कहीं-न-कहीं से विराम लग रहा था। हम लोगों ने न्यायालय से अनुरोध किया। न्यायालय ने कहा कि अपने प्रस्ताव के साथ आप लोग आइए। हम लोगों ने ई-टेण्डरिंग की बात उनके सामने रखी। हम लोगों ने कहा कि हमें इस समय तो तात्कालिक रूप से मौरंग चाहिए, बालू चाहिए, गिट्टी चाहिए। हमें तत्काल ई-टेण्डरिंग के माध्यम से इसकी अनुमति दें। आने वाले समय में हम इसको सैटेलाइट मैपिंग से जोड़ेंगे, जिससे कहीं भी किसी प्रकार की कमी न हो, कहीं चोरी की सम्भावना ही न हो। ई-टेण्डरिंग हम लोगों ने शुरू की, मा० राम गोविन्द जी मुझे आपको बताते हुए प्रसन्नता हो रही है कि इस समय ई-टेण्डरिंग के जो परिणाम आ रहे हैं, उससे 7 से 10 गुना राजस्व की वृद्धि होने वाली है। जब हम इस कार्य को सेटेलाइट मैपिंग से जोड़ेंगे, यह और तेज होगा।

हमारे प्रदेश के अन्दर एक मानसिकता बन चुकी थी। महापुरूषों को जातीय दायरों में बाँटने की जो परम्परा है, बहुत खराब है। महापुरुष तो महापुरुष हैं, आप उनको किसी जाति के दायरे में क्यों कैद कर रहे हैं, आप उनके महत्व को कम कर रहे हैं, बच्चों को पता ही नहीं। सरकार सस्ती लोकप्रियता हासिल करने के लिए छुट्टी घोषित करती थी। हम लोगों ने कहा कि नहीं, छुट्टी घोषित नहीं करेंगे। जो छुट्टियाँ हैं, उनको भी रद्द करेंगे। महापुरुषों के नाम पर हम लोग कार्यक्रम करेंगे और इससे भी हमें लाभ हो रहा है। महोदय, उत्तर प्रदेश की कुल जी०डी०पी० लगभग साढ़े 12 लाख करोड़ की है। यानी एक महीने में अगर आप देखेंगे, ईमानदारी से कार्य करें तो प्रदेश की इनकम एक लाख करोड़ बढ़ती है। अगर हम एक महीने ईमानदारी से कार्य करेंगे, 15 छुट्टियाँ हम लोगों ने निरस्त की हैं, यानी 50 हजार करोड़ रुपये के राजस्व का लाभ हम प्रदेश को देने जा रहे हैं। इन छुट्टियों को निरस्त करने के साथ ही और प्रदेश के अन्दर उन महापुरुषों के साथ-साथ हम लोगों ने देश के जितने भी क्रान्तिकारी थे, जितने भी वे महापुरुष थे, जो आज भी गुमनामी का जीवन जी रहे हैं। इतिहास में महाराज सुहेलदेव का नाम आया, झलकारी बाई का नाम आया, लाखन पासी का नाम आया। ऐसे तमाम महापुरूष हैं। प्रदेश के अन्दर जिस जिले में आप जायेंगे उन महापुरुषों के बारे में पाठ्यक्रम में कुछ भी नहीं है। कोई संगठन कार्यक्रम मना लेगा तो ठीक, कोई जाति विशेष कभी मना लेगी तो ठीक, अगर महाराज सुहेलदेव के बारे में आदरणीय ओम प्रकाश राजभर नहीं बोलते तो सम्भवतः लोग भूल गए होते। ये कम से कम उनका नाम लेकर के कार्यक्रम तो करवा लेते हैं। लेकिन विद्यालयों के पाठ्यक्रम में इन महापुरुषों का नाम न होना दुर्भाग्यपूर्ण है। हम लोगों ने कहा कि हम लोग इन महापुरुषों को पाठ्यक्रम का हिस्सा बनायेंगे क्योंकि महापुरुष तो महापुरुष होता है। उस महापुरुष को हम आने वाली पीढ़ी के सामने रखेंगे। उनके गौरवशाली इतिहास को रखेंगे। उनके व्यक्तित्व और कृतित्व को आने वाली पीढ़ी के सामने आदर्श के रूप में रखेंगे। वह कार्य प्रारम्भ हो रहा है। हमने छुट्टियाँ निरस्त कीं और मैं आभारी हूँ प्रदेश की जनता का कि उन्होंने सहर्ष इस बात को स्वीकार किया

कि हाँ, ये छुट्टियाँ निरस्त हो ही जानी चाहिए। उत्तर प्रदेश सरकार की तर्ज पर अन्य प्रदेशों की सरकारों ने भी इसका अनुसरण करना प्रारम्भ कर दिया कि छुट्टियाँ अब निरस्त होनी ही चाहिए। नहीं तो बच्चों को पता ही नहीं होता था। स्कूल जाइए, पूछिए, क्यों छुट्टी है? वह कहता था, साहब इतवार है। आज तो इतवार नहीं है मंगलवार है। कहता है साहब छुट्टी है इसलिए हमने समझ लिया कि इतवार है। आने वाली पीढ़ी को हम क्या देना चाहते हैं? कौन-सा आदर्श उनके सामने रखना चाहते हैं?

आप लोगों ने हमें प्रदेश को गड्ढायुक्त दिया है, गड्ढायुक्त सड़कें दी हैं। यदि आप लोगों ने कार्य किया होता तो प्रदेश के अन्दर लाख किलोमीटर से अधिक सड़कें गड्ढायुक्त नहीं होती लेकिन यह सरकार कह रही है कि हम इन्हें गड्ढामुक्त करेंगे। गड्ढामुक्त सड़कें उत्तर प्रदेश के अंदर होंगी और यह बरसात से पहले होगा। हम लोग लगे हैं और पूरी मजबूती के साथ कार्य करने का प्रयास कर रहे हैं। प्रदेश के अंदर दिव्यांगों की बात आयी थी, मैंने कल भी सदन में कहा था। हमारे माननीय सदस्यों ने प्रश्न पूछा था कि दिव्यांगों के बारे में सरकार क्या करने जा रही है। इसमें भी ओम प्रकाश राजभर हमारे माननीय मंत्री जी ने ही इस बात को कहा कि दिव्यांगों के बारे में कुछ होना चाहिए, तो सरकार ने निर्णय लिया, मंत्रिपरिषद् ने निर्णय लिया कि दिव्यांगों की पेंशन जो 300 रुपये है, उसको हम बढ़ाकर 500 रुपये करने जा रहे हैं। 500 रुपये पेंशन हो गयी है। प्रदेश के 9 लाख दिव्यांग उससे लाभान्वित होने वाले हैं। इसके अलावा हम उनके लिए जगह-जगह सी०आर०सी० खोलने जा रहे हैं। कम्बाइन्ड रिहेबिलिटेशन सेन्टर खोलने जा रहे हैं। एलिम्को कानपुर की तर्ज पर और भी केन्द्र हम प्रदेश के अन्दर खोलेंगे। उनको हम ऐसी व्यवस्था देंगे जिसके लिए माननीय सदस्यों ने यहाँ सदन में चिंता व्यक्त की है। आदरणीय प्रधानमंत्री जी ने उनका नाम ही दिव्यांग रखा है। आप देखेंगे कि दुनिया का जो सबसे बड़ा भौतिकविद् है हॉकिन्स, यानि वह अष्टावक्र का ही एक नया रूप है। लेकिन ब्रह्माण्ड के रहस्य के बारे में उनकी जो थ्योरी है, पूरी दुनिया उसका लोहा मानती है। यह प्रतिभा हर दिव्यांग के अंदर छिपी हुई है,

इसलिए आदरणीय प्रधानमंत्री जी ने उन्हें दिव्यांग कहा है और उसका सम्मान हो यह आवश्यक है। सरकार इसके बारे में पूरी तरह प्रतिबद्ध है। महोदय, मुझे अफसोस होता है, इस बात को सुनकर और देखकर कि लाइफ सपोर्ट एम्बुलेन्सेस थीं, सेन्ट्रल गवर्मेंट एन०आर०एच०एम० के अन्तर्गत उत्तर प्रदेश सरकार को देना चाहती थी। 2014 में जब भारतीय जनता पार्टी की सरकार बनी, आदरणीय श्री नरेन्द्र मोदी जी प्रधानमंत्री बने तो उन्होंने उत्तर प्रदेश के लिए 150 लाइफ सपोर्ट एम्बुलेन्स, जिसको आप कार्डियेक एम्बुलेन्स भी कहते हैं, उत्तर प्रदेश को देनी चाही। उत्तर प्रदेश सरकार ने कहा कि हमें नहीं चाहिए। यानि एक इतने बड़े महापुरूष थे कि भारत सरकार फ्री में दे रही है, लेकिन लेना ही नहीं चाहते। हमारी सरकार आई, हमारे स्वास्थ्य मंत्री ने पहल की और इन दो महीने में हम प्रदेश को 150 लाइफसपोर्ट एन्बुलेन्सेस उपलब्ध करवा चुके हैं, जिन सबमें मॉनीटर, सबमें वेंटीलेटर लगे हुए हैं। हर जनपद को हम ऐसी दो-दो लाइफसपोर्ट एम्बुलेन्सेस दे चुके हैं। 100 और हम लोगों ने डिमाण्ड की हैं, वह भी हमें अतिशीघ्र मिलने वाली हैं। यह कार्य भी इस दौरान हम लोगों ने किया है।

महोदय, चुनाव के दौरान लोग जहाँ-कहीं जाते थे तो हम लोगों के पास एक बात आती थी, शिकायत। किसी परिवार में बैठते थे तो उस परिवार की कोई बेटी, कोई बहन इस बात की शिकायत करती थी कि इन बच्चियों को स्कूल भेजना बड़ा दूभर हो गया है। जो बातें वह लोग करते थे, उसको देखकर सिर शर्म से झुकता था कि प्रदेश में कैसी स्थिति है, क्या स्थितियाँ हैं? हम लोगों ने कहा कि नहीं, ऐसे नहीं होने देंगे। प्रदेश में हर बेटी, हर बहन की सुरक्षा होगी। प्रदेश के अन्दर हम कहीं भी अराजकता को फैलने नहीं देंगे। 21 मार्च को इस सरकार के आने के साथ ही हम लोगों ने फैसला किया कि हम एण्टी रोमियो स्क्वायड गठित करेंगे। हमने एण्टी रोमियो स्क्वायड का कार्य प्रारम्भ किया। हम लोगों ने 1,74,437 मामले पूरे प्रदेश के अन्दर पकड़े। विद्यालयों के बाहर, बाजारों में, पार्कों में, बस स्टेशनों के बाहर, रेलवे स्टेशनों के बाहर, मॉल के बाहर और इस मामले में हम लोगों ने इस बात को कहा

कि जो पकड़े जा रहे हैं, प्रारंभिक रूप से इनके खिलाफ एकदम कार्यवाही करने के बजाए इनके अभिभावकों को इनको सौंपो। इनकी फोटो लेकर तैयार रखो, अगर यह बार-बार अपनी आदतों से बाज नहीं आता है तब इसके चालान की तैयारी करो। इस क्रम में हम लोगों ने प्रदेश के अन्दर 6,38,990 अलग-अलग स्पॉट पर चेकिंग की। इसमें 509 अभियोग पंजीकृत किए गए जो इस प्रकार के कुकृत्यों को करने के लिए हैबिचुअल हो चुके थे, आदी हो चुके थे। 1061 लोगों के खिलाफ कार्यवाही की और बाकी शेष अन्य लोगों को भविष्य में इस प्रकार का अपराध न करें, इस बात के लिए सख्त हिदायत के साथ इनको छोड़ा गया है।

किस समाज में हम लोग जी रहे हैं, कैसा समाज हम देना चाहते हैं? एण्टी रोमियो स्क्वायड जब गठित किया गया तो कहा गया कि इसका नाम रोमियो क्यों रख दिया है? मैं ताज्जुब कर रहा था कि रोमियो के नाम पर भी अब लोगों को परेशानी है, लेकिन अगर प्रदेश के हित में है, प्रदेश की बहन-बेटियों को सुरक्षित करने के लिए अगर इस प्रकार के नाम का भी उपयोग करना पड़े, तो मुझे लगता है कि संकोच नहीं करना चाहिए। हमें सुरक्षा का वातावरण देना ही चाहिए। यह सुरक्षा प्रदेश के अन्दर मिलनी ही चाहिए। इस सुरक्षा को देने के लिए हम पूरी तरह से प्रतिबद्ध हैं। प्रदेश के अन्दर एन०जी०टी० बहुत बार प्रदेश के अधिकारियों को बुलाकर कठघरे में खड़ा करती है। एन०जी०टी० दो ही प्रकार के मामलों में, नेशनल ग्रीन ट्रिब्युनल विभिन्न निकायों को और प्रदेश के अधिकारियों को कठघरे में खड़ा करती थी। उनमें से एक स्लॉटर हाउसेस के मामले और दूसरा जो सारे सीवेज और ड्रेनेज हम सीधे नदियों में उड़ेलते हैं। इन्हीं मामलों को लेकर एन०जी०टी० के साथ-साथ सुप्रीम कोर्ट ने भी मुझे लगता है कि फरवरी, 2017 में प्रदेश सरकार को अवैध बूचड़खानों के मुद्दे को लेकर एक निर्देश भी जारी किया था, लेकिन कभी कार्यवाही नहीं हो पायी। ऐसा लगता था कि जैसे अवैध बूचड़खाना और इल्लीगल स्लॉटर हाउसेस जो संचालित करते थे यह सरकार से ऊपर हैं, किसी कानून से ऊपर हैं। हम लोगों ने कहा ऐसा नहीं होगा। प्रदेश में अगर कानून का राज होगा तो

सबके लिए समान होगा। एन०जी०टी० और सुप्रीम कोर्ट ने कुछ कहा है, उस गाइडलाइन को प्रत्येक दशा में फॉलो किया जाना चाहिए। प्रदेश के अन्दर हम लोगों ने उसे लागू किया है। हम लोगों ने इस बात को कहा है कि प्रदेश सरकार ने अपने स्तर पर कोई आदेश नहीं दिया, लेकिन सुप्रीम कोर्ट और एन०जी०टी० की गाइडलाइन को आप फॉलो करिए। उन्होंने जो मानक तय किए हैं, उसका आप पालन करिए और उसका जो पालन नहीं करेगा, उसको हम प्रदेश के अन्दर नहीं चलने देंगे, बन्द करेंगे। हम लोगों ने पूरी सख्ती के साथ उसको रोकने का कार्य भी किया है। इसमें कार्यवाही हुई है। मेरे पास स्लॉटर हाउस को संचालित करने वाले लोग भी आए थे। मैंने कहा, मुझे एक बात तो बताइए, प्रदेश सरकार के किसी आदेश को तो मुझे बताइए। क्या हम किसी न्यायिक बॉडी के द्वारा दिए गए आदेश को प्रदेश में लागू न करें, क्या हम प्रदेश में अराजकता की स्थिति पैदा करने दें? हर कार्रवाई के दो पक्ष होंगे, उसका सही पक्ष भी होगा, उसका बुरा पक्ष भी होगा, उसका समर्थन करने वाले भी होंगे, उसका विरोध करने वाले भी होंगे, लेकिन हम प्रदेश के अन्दर इस प्रकार की इजाजत नहीं दे सकते कि नेशनल ग्रीन ट्रिब्युनल कोई आदेश दे रहा है, सुप्रीम कोर्ट कुछ कह रहा है और माननीय न्यायालय के आदेश का पालन प्रदेश की मशीनरी न करा पाए। क्या इतनी कमजोर हो चुकी है मशीनरी, क्या शासन इतना कमजोर हो चुका है, क्या प्रशासन इतना कमजोर हो चुका है कि हम उस पर कोई प्रभावी कार्रवाई न कर सकें।

महोदय, जवाहर बाग की घटना, प्रदेश की जमीन पर कोई अपराधी कब्जा कर ले, सत्ता का संरक्षण प्राप्त हो जाए, सत्ता मौन बनी रहे, बहुत खराब स्थिति है। अराजकता, जंगलराज की पराकाष्ठा प्रदर्शित करता है। हम लोगों ने कहा कि हम यह नहीं स्वीकार करेंगे। एन्टी भू-माफिया टास्क फोर्स प्रदेश के अन्दर गठित हो रही है और एन्टी भू-माफिया टास्क फोर्स को इस बात का स्पष्ट निर्देश दे दिया गया है कि दो महीने के अन्दर ऐसी सभी भूमि को चिह्नित करो प्रदेश के अन्दर, जो सरकारी हो या गैर सरकारी हो, जिस पर किसी माफिया ने किसी दबंग ने सत्ता के संरक्षण में, राजनीतिक संरक्षण में,

कोई भी हो अगर कब्जा किया है उसको चिह्नित करो, फिर दो महीने के बाद अगर वह छोड़ता नहीं है, तो उस पर कार्रवाई करने की तैयारी भी हो। पूरी मजबूती के साथ हम कार्रवाई करने जा रहे हैं। इसलिए एन्टी भू-माफिया टास्क फोर्स प्रदेश के अन्दर गठित हो रहा है। लेकिन साथ-साथ यह भी हिदायत दे दी गई है गाँवों में आबादी की जमीन किसी के नाम पर नहीं होती है। अगर कोई गरीब, कोई दलित, कोई कमजोर वहाँ पर पहले से मकान और झोपड़ी बनाकर रह रहा है, तो उस जमीन को उसके नाम से पट्टा करिए और उसका कब्जा भी उसे दिलाने का काम करिए। तब प्रदेश में सुशासन स्थापित होगा, जब अंतिम पायदान पर खड़ा हुआ व्यक्ति इसका एहसास कर सके।

अध्यक्ष जी, प्रदेश के अन्दर किसानों की बदहाली का एक कारण यह भी है, किसानों के पास नई तकनीक नहीं है। परम्परागत तकनीक है। मैं देखकर ताज्जुब करता हूँ अभी भी हमारे यहाँ उत्तर प्रदेश के अन्दर 4 विश्वविद्यालय हैं। केन्द्रीय विश्वविद्यालय वह तकनीक दे पाने में कहीं न कहीं विफल रहे हैं या जागरूकता का अभाव रहा है। कृषि विज्ञान केन्द्र यहाँ पर पहले से चल रहे थे, भारत सरकार के निर्देशन में। लेकिन विश्वविद्यालय का ऐसा शिकंजा था उस पर कि वह कुछ भी कार्य नहीं कर पा रहे थे। हम लोग बैठे, हम लोगों ने कहा, अगर किसान को नई तकनीक नहीं मिलेगी, नया बीज नहीं मिलेगा तो वह उन्नति कैसे कर पाएगा? हमें उसको आधुनिक तकनीक देनी पड़ेगी। हम लोगों ने यह निर्णय लिया कि जितने भी कृषि विज्ञान केन्द्र प्रदेश के अन्दर संचालित हो रहे हैं, विश्वविद्यालयों के अधीन, उन्हें उनकी वित्तीय ताकत दें। फाइनेंशियल पावर कृषि विज्ञान केन्द्रों को ट्रांसफर करें और फिर उनकी मॉनीटरिंग करके उनसे रिपोर्ट लें कि वह अपने ठोस रोडमैप के साथ सामने आएँ और बताएँ कि उन्होंने किसानों के हित के लिए क्या किया है? साथ-साथ 20 नए कृषि विज्ञान केन्द्र खोलने का भी निर्णय प्रदेश की सरकार ने लिया है। भारत सरकार इसमें पूरा पैसा दे रही है। हम लोगों ने जमीन का आवंटन उनके लिए कर दिया है। हम किसान को आधुनिक तकनीक के साथ जोड़ेंगे। जो किसान एक एकड़ में 200 क्विंटल गन्ने की बजाय 400 क्विंटल

गन्ना पैदा करेगा तो उसको 200 क्विंटल का अतिरिक्त लाभ है। हम उसको तकनीक क्यों नहीं देते हैं? इसलिए एक तकनीक हम लोग देंगे और स्वायल टेस्टिंग की लैब हम लोग स्थापित करने जा रहे हैं। हर किसान को हम बतायेंगे कि आपके खेत में किस तत्व की आवश्यकता है। किसान उसके अनुरूप अपनी खेती में उस प्रकार के तत्वों को डालेगा।

एक बड़ा भू-भाग प्रदेश का ऐसा हो गया है, जो डार्क जोन हो रहा है। बुन्देलखण्ड एक ही फसल ले पाता है, पानी नहीं है। सर्फेस वाटर का उपयोग करने की हम लोगों ने कोशिश ही बन्द कर दी और ग्राउण्ड वाटर लेने का प्रयास कर रहे हैं, लेकिन अगर बैंक में पैसा न हो और हम बैंक में पैसा लेने के लिए जायेंगे तो क्या बैंक हमें पैसा देगा? नहीं, वही स्थिति है ग्राउण्ड वाटर का दोहन किस सीमा तक किया जाए। आखिर उसकी एक सीमा होगी। हम लोगों ने बुन्देलखण्ड को पहले चरण में इसके लिए लिया है। केन और बेतवा को जोड़ने जा रहे हैं। केन-बेतवा की योजना को जोड़कर सम्पूर्ण बुन्देलखण्ड को आने वाले दो वर्ष के दौरान हम लोग इस प्रकार की व्यवस्था करेंगे कि वहाँ पेयजल के साथ-साथ सिंचाई के लिए जल की उपलब्धता हो, लेकिन साथ ही साथ प्रकृति के द्वारा जो अमृत, जल के रूप में प्राप्त होता है, उसका भी संचयन हो सके, इसके लिए हम लोग खेत-तालाब योजना के साथ-साथ चेक डैम आदि के माध्यम से वहाँ की व्यवस्था को सुधारने का कार्य करेंगे। मध्य और पश्चिम यू०पी० में बहुत खराब स्थिति है। अगर हम समय रहते इसको रोकेंगे नहीं, तो यह पूरा क्षेत्र रेगिस्तान हो जाएगा। रेगिस्तान बनने से रोकना होगा हमें। पिछले दिनों मैं आगरा गया, मुझे बहुत दुःख हुआ देखकर। यमुना जी में जल ही नहीं है। सूखी पड़ी हैं। गंगा जी की भी वही स्थिति है। गंगा-यमुना हमारी पहचान हैं। क्या दुर्गति कर दी है हमने। मैं पूरे सदन से अनुरोध करूँगा कि हम लोग अपने-अपने क्षेत्रों में इसके लिए कार्य प्रारम्भ करें। मनरेगा के माध्यम से, खेत-तालाब योजना के माध्यम से, सरकार इसमें सहयोग करेगी, यह काम जन-सहयोग से होना चाहिए। हर काम के लिए सरकार के भरोसे रहने की जो आदत हो चुकी है, इस आदत से उबरना पड़ेगा।

समाज को स्वावलम्बन की ओर अग्रसर करना पड़ेगा, आत्मनिर्भर बनाना पड़ेगा। यह पहल अगर हो जाएगी तो सचमुच जिस सुशासन की बात आप कर रहे हैं, वह सुशासन स्थापित हो जाएगा। उस सुशासन को स्थापित करने के लिए मैं आप सबका सहयोग चाहूँगा क्योंकि गंगा मरेगी तो पूरा प्रदेश मरेगा, पूरा देश मरेगा। यमुना मरेगी तो पूरा देश मरेगा, पूरी संस्कृति मरेगी। हम अपनी संस्कृति को नष्ट करके क्या तय करना चाहते हैं? बड़ी खराब स्थिति है। जहाँ देखो हर शहर में गन्दे नाले को नदी में डाल दिया गया है। कहते हैं कि एस०टी०पी० लगाएँगे। एस०टी०पी० का जो रनिंग खर्चा होगा वह कहाँ से आएगा? मैंने अपने नगर विकास मंत्री को स्पेशल भेजा था गोवा, बंगलौर, नागपुर। यह लोग गए हैं और एक नई तकनीक के साथ आ रहे हैं। हम लोग इस तकनीक से नदी संस्कृति को बचायेंगे। 2019 में उत्तर प्रदेश को एक सौभाग्य प्राप्त होने वाला है, अर्द्धकुम्भ का आयोजन प्रयाग में होने वाला है। उस अवसर पर हम लोगों की तैयारियाँ अभी से प्रारम्भ हो चुकी हैं, लेकिन हम लोग तब तक प्रयास करेंगे कि गंगा जी की एक अविरल धारा प्रयागराज होते हुए आगे बढ़ सके और वह स्थिति हम लोग तैयार करेंगे। उसके लिए व्यापक स्तर पर हम लोगों को खेत–तालाब योजना के साथ रेनवाटर हार्वेस्टिंग के लिए अपने आपको तैयार करना होगा। हम शहरी क्षेत्र में तो इस बात को अनिवार्य करने जा रहे हैं कि मकान का नक्शा इस शर्त के साथ पास होना चाहिए कि रेनवाटर हार्वेस्टिंग की क्या व्यवस्था उसमें की गई है। हर सरकारी विभाग में इस बात को लागू किया जाएगा, लेकिन ग्रामीण क्षेत्र में भी हम लोग छोटी–छोटी चीजों को तैयार करेंगे। इस प्रकार से बड़ा कार्य हो सकता है। आने वाली पीढ़ी को हम बहुत कुछ दे सकते हैं। केवल दो, तीन, चार वर्ष के अन्दर आप देखेंगे कि उत्तर प्रदेश के अन्दर जो डार्क जोन हैं, ये सब अपनी नई किस्मत के साथ सामने आ जाएँगे और उसको बदलने के लिए मुझे लगता है कि एक बार पूरे सदन को आगे बढ़ना चाहिए। प्रत्येक सदस्य को आगे आने की आवश्यकता है और हम लोगों ने एक प्रयास प्रारम्भ किया है। मुझे बताते हुए प्रसन्नता है और जिसमें मैं मा० सदन का सहयोग भी

चाहूँगा, हम लोगों ने 15 मई को गंगा जी के किनारे 1685 गाँवों को खुले में शौच से मुक्त कर दिया है। हम लोग 31 दिसम्बर तक प्रदेश के 30 जनपदों को खुले में शौच से मुक्त करेंगे। हम लोगों ने तय किया है कि गाँधी जी की जयन्ती पर, यद्यपि 2019 में गाँधी जी की जयन्ती के डेढ़ सौ वर्ष होने जा रहे हैं। यह एक अद्भुत अवसर होगा हम सबके सामने, लेकिन 2018 से 2019 के बीच 02 अक्टूबर, 2018 को हम लोग प्रयास करें कि उत्तर प्रदेश को, यह एक बड़ा प्रदेश है, 22 करोड़ की आबादी है, इतनी बड़ी आबादी है कि पूरा यूरोप समा जाए उत्तर प्रदेश के अन्दर। उत्तर प्रदेश को हम खुले में शौच से मुक्त करें और इसमें मैं आपसे सहयोग चाहूँगा। जनसहयोग चाहिए, सरकार सहयोग करेगी, सरकार पैसा अपने स्तर पर देगी। भारत सरकार भी पर्याप्त पैसा दे रही है। जन सहयोग और जनसहभागिता हो सके तो मुझे लगता है कि अच्छा होगा। केवल शौचालय बनाना ही नहीं, लोग उसका उपयोग भी करें।

कहाँ देखते हैं। हमारे एक केन्द्रीय मंत्री जी इस बात को बताने लग गए कि हमारा एक किसान अमेरिका चला गया। वहाँ जाकर उसने सब कुछ देखा। उससे पूछा गया कि भाई आप अमेरिका गए हैं वहाँ आपने क्या देखा और क्या सीखा? उसने कहा बाकी तो सब ठीक है, लेकिन जो लोग कहते थे कि अमेरिका में बड़ी स्वतन्त्रता है, अमेरिका में बड़ी खुशहाली है, लेकिन कौन सी खुशहाली और कौन-सी स्वतन्त्रता, हमें पेशाब लगी लेकिन सड़क के किनारे कर नहीं सकते। यहाँ तो यह है कि व्यक्ति की जहाँ मर्जी आए, बहुत सारे लोग ऐसे होंगे कि उनकी मर्जी आएगी तो वह विधानसभा भवन में करने लग जायेंगे। यह आवश्यक है कि प्रदेश को हम खुले में शौच से मुक्त करें और लोग शौचालयों का उपयोग करना प्रारम्भ कर दें। बहुत सारी बीमारियाँ हैं, हमारे पूर्वी उत्तर प्रदेश में जो इंसेफ्लाइटिस की बीमारी है इस बीमारी के पीछे एक कारण है गन्दगी। मुझे बताते हुए अफसोस हो रहा है कि गोरखपुर और पूर्वी उत्तर प्रदेश में इस समय उत्तर प्रदेश के 38 जिले इससे प्रभावित हैं, लेकिन पूर्वी उत्तर प्रदेश के जो 07 जिले हैं, वह सर्वाधिक प्रभावित हैं। बिहार का एक बड़ा तबका, वेस्ट बंगाल का, उड़ीसा का, असम का, आन्ध्र प्रदेश का एक क्षेत्र इस बीमारी से पीड़ित है।

1977-78 में ये बीमारी आई और जब 1977-78 में यह बीमारी आई तो इसका नाम रख दिया नव की बीमारी, उसके बाद यह होता था कि बच्चे आते थे और मरते थे। मैं आपको बताऊँ इसमें मरने वाले 95 फीसदी बच्चे अल्पसंख्यक समुदाय और दलित परिवारों के थे लेकिन कभी किसी ने इस मुद्दे को उठाया नहीं, न कभी विधानसभा में उठा, न कभी लोकसभा में उठा। मैं 1998 में सांसद बना, मुझे एक कार्यकर्ता ने फोन किया कि मेडिकल कॉलेज में बहुत सारे लोग भर्ती हैं। मैं मेडिकल कालेज में उन्हें देखने के लिए चला गया। जब मैं बी०आर०डी० मेडिकल कालेज, गोरखपुर में देखने के लिए गया तो आप आश्चर्य करेंगे कि मेडिकल कॉलेज में एक-एक बेड पर चार-चार बच्चे थे। वहाँ लाइट नहीं थी, भयंकर बदबू थी। किसी प्रकार से नाक को बन्द नहीं कर पा रहा था, नाक को कितनी देर तक बन्द किया जा सकता है आखिर साँस तो लेना ही है। मैं दूसरे रास्ते से भागना चाहता था, लेकिन वहाँ पर पानी लगा हुआ था। मैंने कहा कि यह अन्दर पानी कहाँ से आ रहा है, तो पता चला कि शौचालय है। मैंने कहा कि शौचालय में आधा फुट पानी क्यों? मुझसे वहाँ का स्वीपर कहता है कि साहब पिछले 10-12 वर्षों से शौचालय में पानी भरा है। मैंने कहा कि पानी में लोग जाते हैं क्या? उसने कहा कि इसका उपयोग ही नहीं होता है। मैंने प्रिंसिपल से मिलने का प्रयास किया, प्रिंसिपल मुझे मिला नहीं, दूसरी तरफ चला गया। मैं उनके पीछे भागा, मैंने उनको रोका। उन्होंने कहा कि आप कार्यालय में आईए, मैं कार्यालय में आ रहा हूँ। मैं कार्यालय में गया, थोड़ी देर में प्रिंसिपल पहुँचते हैं और मुझे एक सूची बनाकर दे देते हैं। कहते हैं कि देखिए हमारे पास बेड नहीं हैं, हमारे पास गद्दे नहीं हैं, हमारे पास बेडशीट नहीं हैं हमारे पास ये-ये सामान नहीं है। उन्होंने कहा कि सामान उपलब्ध करवा देंगे तो हम कोई व्यवस्था देंगे। इसके बाद मैं गया उस समय मा० कल्याण सिंह जी प्रदेश के मुख्यमंत्री थे। मैंने उनसे सम्पर्क किया। मैंने उनसे माँग की कि आप केवल दवा दे दीजिए क्योंकि दवा नहीं है और वहाँ पर सब गरीब मरीज हैं। उन्होंने दवा दी और मुझे बताते हुए प्रसन्नता है कि 1998 से लगातार इन्सेफ्लाइटिस के मरीजों के मुफ्त में उपचार की व्यवस्था

बी०आर०डी० मेडिकल कॉलेज में है। सभी सरकारों ने इसको कमोवेश आगे बढ़ाया है लेकिन एक सप्ताह के अन्दर प्रिंसिपल ने जो मुझे सूची दी मैं गया माँग कर लाया, उनको बेड, गद्दे वगैरह उपलब्ध करवाया। उपलब्ध करवाने के बाद मैंने उनसे कहा कि कुछ कार्य प्रारम्भ करो। खैर, बहुत सारे लोग होते हैं जो सुधरने का नाम नहीं लेते हैं। वही स्थिति वहाँ पर भी थी। संसद में मैं मुद्दे को उठाने के लिए गया। मैंने जीरो ऑवर में नोटिस दी। सत्तापक्ष का होने के नाते मैं उठा नहीं सकता था, कैसे उठाऊँ? हमारे संसदीय कार्यमंत्री हमारे पास आए और कहा कि कैसे उठा देंगे सरकार के खिलाफ? मैंने कहा कि मुझे तो उठाना है कहा कि अरे! कैसे होगा? मैंने कहा कि देखो मुझे उठाना है, मुझे केवल एक मिनट का समय चाहिए। मैं किसी के खिलाफ नहीं बोल रहा हूँ, मुझे मुद्दा उठाना है, लोग मर रहे हैं। उसके बाद उन्होंने मुझे समय दिलाया, एक मिनट का ही समय मिला लेकिन जब मैं खड़ा हुआ तो मैंने लक्षण बताना शुरू किया तो एक-एक सांसद खड़े होने लग गए और उसी समय 25-30 सांसद खड़े हो गए कि साहब, यह बीमारी तो हमारे यहाँ भी है। उत्तर प्रदेश से, बिहार से, वेस्ट बंगाल से और फिर यह क्रम चालू हुआ। आज इन्सेफ्लाइटिस के उपचार की व्यवस्था गोरखपुर में है और पूरे देश के अन्दर अकेले बी०आर०डी० मेडिकल कॉलेज है जिसमें वायरोलॉजी सेण्टर है। जहाँ पर इन्सेफ्लाइटिस का एक अलग वार्ड है, एपेडमिक वार्ड है, उपचार की व्यवस्था है लेकिन एक निष्कर्ष पर मैं पहुँचा हूँ। पिछले 20-22 वर्षों में हम लोगों ने जो देखा है, यह वास्तव में बीमारी नहीं है। इसका उपचार कम, इसका बचाव महत्वपूर्ण है और बचाव के लिए आवश्यक है स्वच्छता, क्योंकि जे०ई० का तो हम लोगों ने वैक्सीनेशन करा दिया है और मैं आपसे चाहूँगा कि जो 38 जिले हैं हमारे स्वास्थ्य मंत्री इस बारे में सभी माननीय जनप्रतिनिधियों से सम्पर्क कर लेंगे, 25 मई से हम स्पेशल वैक्सीनेशन का कैम्पेन प्रारम्भ करने वाले हैं। जनपद कुशीनगर में 25 तारीख को मैं स्वयं जाऊँगा इस वैक्सीनेशन के कैम्पेन में। जापानी इन्सेफ्लाइटिस का वैक्सीनेशन विधि से होगा। बाकी अन्य जनपदों के लिए मैं उनसे इस बात का आग्रह करूँगा कि सभी माननीय

विधायकों को भी इसमें शामिल करें। सभी प्रकार के जनप्रतिनिधियों से मैं इस बात को कहूँगा कि विकास की सभी योजनाओं में बिना भेदभाव के सभी जनप्रतिनिधियों को शामिल किया जाना चाहिए। उनको बैठकों में बुलाया जाना चाहिए। उनको आप शामिल करवा देंगे तो विकास की योजना और तेजी के साथ आगे बढ़ सकती है। 25 तारीख को मैं स्वयं कुशीनगर में इसका शुभारम्भ भी करूँगा। जापानी इन्सेफ्लाइटिस को हम वैक्सीन से नियंत्रित करेंगे। इससे खतरनाक एक नया वायरस हो चुका है एक्यूट इन्सेफ्लाइटिस। इसका कोई उपचार नहीं है, इसका उपचार केवल है स्वच्छता। खुले में शौच से मुक्ति और शुद्ध पेयजल। आपको जो भी निधि मिल रही है, हैण्डपम्प मिल रहे हैं। मैं अनुरोध करूँगा कि इन्सेफ्लाइटिस जैसी विषाणु जनित बीमारियाँ जितनी भी हैं, इन वैक्टर बाउन्ड डिसीज से जो प्रभावित क्षेत्र हैं, वहाँ पर शुद्ध पेयजल के लिए हैण्डपम्प लगवाने में आप सहयोग करें। विकास योजनाओं में हमें राजनीति नहीं करनी चाहिए। निःसंकोच अपनी योजना बतानी चाहिए। मैं सभी से कहूँगा, माननीय मंत्रियों से भी कहूँगा कि जनहित में जो आवश्यक हो, उसमें हमको यह नहीं देखना चाहिए कि वह फलां पार्टी का है। हम विकास की योजना का लाभ जनता को ध्यान में रखकर बनाएँ। जनता को ध्यान में रखकर बनाएँगे तो प्रदेश की 22 करोड़ जनता के साथ हम अपने आप को जोड़ पाएँगे और उस दृष्टि से हम लोग प्लान तैयार करें। ग्राउन्ड वॉटर का उपयोग कब तक आप करेंगे? सर्फेस वाटर की प्लानिंग कैसे बन सकती है? शुद्ध पेयजल हम उसके माध्यम से पहुँचाने की व्यवस्था कैसे कर सकते हैं? क्योंकि आप चाहेंगे तो यह योजना वहीं पर समाप्त नहीं होती है।

इसके साथ एक नई बीमारी उत्तर प्रदेश के अन्दर होने जा रही है और वह आर्सेनिक और फ्लोराइड से। आप बलिया से लेकर लखीमपुर खीरी तक चले आइए पूरा क्षेत्र आर्सेनिक प्रभावित है। आगरा से लेकर कानपुर से होते हुए मथुरा चले जाइए पूरा क्षेत्र फ्लोराइड से प्रभावित है। अगर आप सर्फेस वाटर का उपयोग नहीं करेंगे तो फिर कैंसर और तमाम प्रकार के लिवर कैंसर से सम्बन्धित, किडनी फेल्योर से सम्बन्धित यह जितनी बीमारियाँ हैं, यह

लगातार एक महामारी का रूप लेती जाएँगी। हमें इनको नियंत्रित करना होगा। योजना बनाते समय इस बात को ध्यान में रखें कि इनको प्राथमिकता दें। वहाँ पर हम पैसा लगाएँ और स्वच्छता अभियान के साथ हम अधिक से अधिक अपने ओ०डी०एफ० के लक्ष्य को प्राप्त करें। सभी लोग सहभागी बन जाएँगे तो एक बहुत बड़ा कार्य हम प्रदेश के हित में कर सकते हैं। आगे आने वाली पीढ़ी को हम बहुत अच्छा माहौल देने में सफल हो सकते हैं। इस दृष्टि से मैं चाहूँगा कि आप सभी लोग इस मामले में अगर सहयोग कर सकें तो एक अच्छी शुरूआत होगी।

हम लोगों ने प्रदेश में परिवहन निगम में भी एक व्यवस्था लागू की है और हमारे परिवहन मंत्री ने विशेष रूप से इस पर रूचि ली है। डग्गामार बसें बिना परमिट के चलती हैं। इससे प्रदेश को तो राजस्व का लॉस होता ही है, लेकिन वह पब्लिक को भी रौंदते हुए चलती हैं। यह सब बन्द होना चाहिए और इसे रोका गया। परिवहन विभाग का राजस्व भी बढ़ा है, लेकिन हम सबके सामने एक चैलेंज है कि हम लोग प्रदेश के अन्दर, हर गांव के अन्दर बस की सेवा दे सकें। बस की बेहतर सेवा हम कैसे उपलब्ध करा सकें। इस दृष्टि से भी हम लोगों ने कार्य प्रदेश के अन्दर प्रारम्भ किया है। एक अच्छा प्रयास इसमें हुआ है। ग्रामीण क्षेत्र के लिए भी सेवा हो। इसके अलावा हम लोगों ने 27 ऐसी उच्चकोटि की नवीन बसेस को प्रारम्भ किया है और आने वाले समय में प्रदेश के अन्दर 38 से 40 हजार ऐसी नई बस सेवा हम लोग ग्रामीण क्षेत्र के लिए भी प्रारम्भ करने जा रहे हैं, जिससे प्रदेश की जनता को आवागमन में किसी प्रकार की कोई दिक्कत न होने पाए।

प्राइमरी स्कूल और जूनियर हाई स्कूलों में बच्चों की यूनीफॉर्म को आप देखिए, क्या यूनीफॉर्म है। राम गोविन्द जी, पता नहीं आपने ध्यान दिया कि नहीं दिया। यानि आपने उन बच्चों की मानसिकता को पहले ही होमगार्ड बनाने की रख दी है। कैसी यूनीफॉर्म है? दया आती है कि गरीब के बच्चे के साथ इस तरह का न्याय। हम लोगों ने यूनीफॉर्म बदलने का निर्णय लिया है। पब्लिक स्कूल और कॉन्वेन्ट स्कूलों की तरह ही वहाँ का बच्चा भी उस प्रतिस्पर्धा के

साथ शामिल हो सकेगा। हम उसको जूता भी देंगे, यूनीफॉर्म भी देंगे, बुक्स भी देंगे, बैग भी देंगे और हम लोगों ने प्रयास किया है कि 15 जुलाई के अन्दर-अन्दर यह सब चीजें उन बच्चों को प्राप्त हो जाएँ। अब मनमानी नहीं चलने देंगे और बच्चों को हम यूनीफॉर्म देने जा रहे हैं, जो अच्छी यूनीफॉर्म होगी। दो-दो यूनीफॉर्म देंगे और आने वाले समय में पाठ्यक्रम भी बदलने जा रहे हैं। नये पाठ्यक्रम के साथ, इस वर्ष कठिन है, लेकिन आने वाले समय में नए पाठ्यक्रम के साथ हमारे यहाँ का बच्चा भी प्रतिस्पर्धा के योग्य अपने को तैयार कर सके, बता सके, यह चीजें बनाने का प्रयास हो रहा है। प्राथमिक का हो, माध्यमिक का हो, उच्च का हो आमूल-चूल परिवर्तन किए जाने की आवश्यकता है। उत्तर प्रदेश का ब्रेन, इसका लोहा दुनिया मानती है लेकिन आज यहाँ का बच्चा कहीं जाता है तो हीन भावना से ग्रसित होता है। वह चुप बैठा रहता है, जाने में संकोच करता है, उत्तर प्रदेश का बताने में संकोच करता है। यह सरकार ऐसा माहौल बनाएगी कि उत्तर प्रदेश का एक-एक बालक, एक-एक नौजवान अपने को कह सके कि हम उत्तर प्रदेश के वासी हैं।

हम शिक्षा में आमूल-चूल परिवर्तन करेंगे। शिक्षा को उसके आत्मनिर्भरता के साथ, उसके स्वावलम्बन के साथ जोड़ेंगे। व्यवसायिक शिक्षा और स्किल डेवलपमेंट के क्षेत्र में हम लोग एक नया कार्य करने जा रहे हैं। हम लोगों ने एक लक्ष्य रखा है। हमारा लोक कल्याण संकल्प इस बात को कहता है कि हम पाँच साल में सत्तर लाख नौजवानों को नौकरी और रोजगार देंगे। व्यवसायिक शिक्षा और स्किल डेवलपमेंट को हमने इस रूप में प्रस्तुत करना शुरू कर दिया है। हम आने वाले समय में इस लक्ष्य को प्राप्त करेंगे और प्रदेश के अन्दर हम उन बच्चों को आत्मनिर्भर और स्वावलम्बन का जीवन देने के लिए आगे बढ़ायेंगे। हमारी पूर्ववर्ती सरकार ने हम लोगों के ऊपर बहुत सारी ऐसी कृपा की हैं जिनको हम लोगों को झेलना पड़ रहा है। आबकारी नीति भी उसमें से एक है। पहली सरकार है जो जाने के पहले दो साल आगे का ठेका देकर जा रही है। दो साल का आगे का ठेका दे दिया है। सुप्रीम कोर्ट ने कहा कि हाई-वे से दुकानों को हटाओ तो उन महापुरुषों ने क्या काम कर दिया, उन

सबको बस्तियों में खोल दिया। जगह–जगह तोड़–फोड़ हुई, पूछा भई क्या है यह सब अचानक क्यों तोड़–फोड़ हो रही है? कहा, पिछली सरकार ने निर्णय लिया था। अरे! सरकार हम हैं आज, हमें कोई पूछ नहीं रहा है। कहा, यह निर्णय सब पहले ही हो चुके हैं। मैं ताज्जुब करता हूँ हम लोग तय कर चुके हैं हाई–वे पर ही नहीं, स्टेट हाई–वे पर भी शराब की दुकान नहीं खुलेगी और आने वाले समय में हम लोग नई आबकारी नीति के साथ आयेंगे। प्रदेश को राजस्व की हानि भी नहीं होगी। हमारे आबकारी मंत्री जी उसके लिए पूरी व्यवस्था बना रहे हैं। आबकारी मंत्री हमारे उसका सेवन करते नहीं हैं क्योंकि इसके दो भाग हैं एक आबकारी है दूसरा मद्यनिषेध है, तो दूसरे का पालन करते हैं लेकिन पहले के लिए नीति बनाते हैं। हम लोग राजस्व में भी बढ़ोत्तरी करेंगे लेकिन यह भी हम अभी तय करने जा रहे हैं कि किसी भी बस्ती में, किसी भी शिक्षण संस्थान के आस–पास किसी भी धर्मस्थल के पाँच सौ मीटर के दायरे में हम शराब की दुकान नहीं खोलने देंगे, लेकिन राजस्व की हानि भी रोकेंगे और कुछ तरीके भी हम निकाल चुके हैं और तरीके मुझे लगता है आप लोगों को भी बताएँगे बहुत जल्दी। रैपिड रेल परियोजना प्रदेश के अन्दर भी होनी चाहिए। पहले चरण में दिल्ली से मेरठ को जोड़ने के लिए एक बहुत बड़ी योजना है। 32 हजार करोड़ रुपये इसमें पूँजी निवेश होने वाला है और दिल्ली से मेरठ की दूरी मात्र एक घण्टे में पूरी की जा सकती है। इसके लिए प्रदेश सरकार ने अपनी सहमति और शेयर देने का निर्णय लिया है। उस पर भी कार्य प्रारम्भ होने जा रहा है। लखनऊ में तो मेट्रो का उद्घाटन हो गया है, लेकिन अभी चली नहीं है। हमारे चिकित्सा शिक्षा मंत्री जी हैं, एक दिन कैंसर का पेशेन्ट मेरे पास आया, उसने कहा कहीं कोई उपचार नहीं हो रहा, मुझे याद आया एक कैंसर इंस्टीट्यूट का लखनऊ में भी तो उद्घाटन हुआ था। मैंने टंडन जी को फोन किया कि इनको भर्ती करवाइए इनका क्या मामला है। टंडन जी भागे–भागे कैंसर इंस्टीटयूट में देखने गए कि क्या है। पता लगा कि वहाँ पर कुछ है ही नहीं। यानी बेड भी नहीं हैं तो उन्होंने कहा कि उद्घाटन में क्या लगा था तो उन्होंने कहा कि साहब उद्घाटन में के०जी०एम०यू० से बेड

लाए गये थे दिखाने के लिए। ऐसे ही ट्रामा सेन्टर का भी है। ढांचे खड़े कर दिये गए हैं, कुछ भी नहीं है और ढाँचे की क्वालिटी के बारे में बात करेंगे तो बात बहुत आगे बढ़ जाएगी इसलिए इसको वहीं पर रोक रहे हैं।

हम लोग मेट्रो नई तरह से ला रहे हैं। कानपुर, इलाहाबाद, मेरठ, गाजियाबाद, वाराणसी, झाँसी, गोरखपुर यह सभी शहर हम लोग मेट्रो के साथ जोड़ने का काम करेंगे। हम सिटी के अन्दर बहुत अच्छी सेवा देने जा रहे हैं। उसके लिए कुछ जगह उनका डी०पी०आर० बन चुका है। कुछ जगह डी०पी०आर० बनने की कार्यवाही चल रही है। इस प्रक्रिया को आगे बढ़ाकर हम लोग कार्य करेंगे। मुझे उस दिन बहुत अच्छा लगा जब हमारे नेता प्रतिपक्ष इस बात को कह रहे थे कि अयोध्या में मंदिर इसलिए नहीं बना क्योंकि हम लोग नहीं चाहते हैं। मैं तो चाहूँगा कि प्रस्ताव आप ही रख दीजिए। स्वाभाविक रूप से आप प्रस्ताव रख देंगे तो हम आपका विरोध कहाँ कर पाएँगे, लेकिन हमने इतना जरूर किया है कि अयोध्या को नगर निगम बना दिया है। अयोध्या के नाम पर हमारे नगर विकास मंत्री जी ने प्रस्ताव दिया और अयोध्या नगर निगम होगा उसका नए सिरे से विकास होगा। पंचकोसी परिक्रमा, 14 कोसी परिक्रमा और 84 कोसी परिक्रमा का भी हम विकास करने जा रहे हैं। एक धार्मिक पर्यटन केन्द्र के रूप में विकसित करने जा रहे हैं। आधुनिक म्यूजियम वहाँ देने जा रहे है। भगवान राम से जुड़ी हुई उनकी पूरी लीला को उकेरकर वहाँ पर रखेंगे। आधुनिक तरीके से अयोध्या के अन्दर हम लोग जगह चिह्नित कर चुके हैं। 25 एकड़ क्षेत्रफल में वहाँ पर पूरा कार्यक्रम होने जा रहा है। इसके साथ ही मुझे लगता है कि आप मथुरा के बारे में तो विरोध नहीं करेंगे। मथुरा, वृंदावन भगवान कृष्ण की लीला भूमि और उनकी जन्म भूमि को भी हम लोगों ने नगर निगम के साथ जोड़ने जा रहे हैं। पूरे परिक्रमा मार्ग को भी हम आधुनिकता के साथ जोड़ रहे हैं क्योंकि यह हमारी पहचान है, उस पहचान को हम जोड़ने का कार्य करेंगे। काशी में भी हम लोग पंचकोसी परिक्रमा को और अन्य विकास की योजनाओं को जोड़ने का कार्य करने जा रहे हैं। भगवान राम के वन गमन का मार्ग सीतामढ़ी से भगवान राम, माता सीता को लेकर

जिस मार्ग से आए थे उस मार्ग को बनाने का कार्य, बौद्ध परिपथ को जोड़ने के साथ-साथ अन्य उन सभी को जो आध्यात्मिक और सांस्कृतिक दृष्टि से उत्तर प्रदेश को अन्तर्राष्ट्रीय पहचान दिलाते हैं, उन सभी के विकास के लिए एक कार्य-योजना के साथ हम लोग आगे आ रहे हैं।

बुन्देलखण्ड का विकास हम सबकी चिन्ता का विषय सदैव से रहा है। देखकर मुझे अफसोस होता है कि बुन्देलखण्ड का किसान साल में एक फसल लेता है और उसकी भी जो तकनीक है, उसको देखते हुए उत्पादन की क्षमता बहुत अच्छी नहीं है। हम लोगों ने तय किया है कि हम लोग तिरवा से उरई होते हुए झाँसी और झाँसी से चित्रकूट-इलाहाबाद इन सबको एक्सप्रेस-वे के साथ जोड़कर एक बहुत बड़ा लैण्ड बैंक बनायेंगे और एक औद्योगिक वातावरण हम बुन्देलखण्ड का बदलेंगे। एक नया औद्योगिक क्षेत्र वहाँ स्थापित करेंगे। वहाँ का पलायन रुकेगा। लोगों के सामने रोजगार उपलब्ध होंगे। पूर्वी उत्तर प्रदेश को भी हम लोग जोड़ने जा रहे हैं पूर्वांचल एक्सप्रेस-वे की मजबूती के साथ। हम लोग इस कार्य को भी करेंगे, कुछ छोड़ेंगे नहीं लेकिन इसमें जो भ्रष्टाचार हुआ है, उन भ्रष्टाचारियों को भी एक्सपोज करने जा रहे हैं। बलिया को हम लोग जोड़ेंगे आपका सहयोग भी लेंगे। हम पूर्वांचल एक्सप्रेस-वे को अयोध्या से भी जोड़ेंगे और काशी से भी जोड़ेंगे। एक अच्छी योजना के साथ जा रहे हैं और दोनों ओर हम लोग चाहेंगे कि विकास का एक औद्योगिक क्षेत्र डेवलप हो उसको भी हम लोग इस रूप में लेने जा रहे हैं।

मैं पहले ही अर्द्धकुम्भ के बारे में बोल चुका हूँ। 'नमामि गंगे' के बारे में मैंने इस बात को कहा है कि एक नई औद्योगिक नीति के साथ हम लोग प्रदेश के अन्दर आ रहे हैं। प्रदेश के अन्दर अब तक वातावरण नहीं था। लोग डरते थे कि पता नहीं क्या हो जाएगा, लोग भयभीत होते थे और वातावरण ही ऐसा बना दिया था। प्रदेश के अन्दर डेढ़ लाख पुलिस कर्मियों को जगह खाली है और प्रदेश सरकार की भर्ती की गलत परम्परा को देखते हुए, गलत नीति को देखते हुए सुप्रीम कोर्ट ने रोक लगायी थी। हम लोग जब गृह मंत्रालय का रिव्यू कर रहे थे तो हम लोगों ने पूछा कि आखिर यह सब कैसे होगा।

मैंने कहा कि मुझे बताओ कि पिछली सरकार की भर्ती की कमियाँ क्या थीं? खैर नौकरशाही तो नौकरशाही है। हमने कहा कि आखिर रिटेन क्यों समाप्त कर दिया। मैंने कहा कि मेरे सामने अपना एफिडेविट तैयार करो और इसमें रिटेन जोड़ो कि हम लिखित परीक्षा करवाएँगे। फिर इस आधार पर हम लोग मेरिट तय करेंगे। सुप्रीम कोर्ट में गए और सुप्रीम कोर्ट ने हम लोगों को भर्ती प्रक्रिया की अनुमति दे दी। इस वर्ष हम लोग कुल 32 हजार, जिसमें 30 हजार पुलिस कांस्टेबल की और 02 हजार सब इंस्पेक्टर की भर्ती करेंगे और लगातार पाँच वर्ष तक हम करेंगे। हम लोग पाँच वर्ष के अन्दर एक लाख पचास हजार पुलिस की भर्ती की प्रक्रिया को पूरा कर देंगे और पूरी प्रक्रिया पारदर्शी होगी। ऐसा नहीं होगा कि आप 86 भरेंगे और 86 में 56 एक जाति विशेष को भर देंगे, यह नहीं हो सकता। एकदम पारदर्शी भर्ती प्रक्रिया होगी। प्रदेश का प्रत्येक नागरिक इस सरकार का है और यह सरकार उसके प्रति जवाबदेह है, यह सरकार जनता के प्रति जवाबदेह है। इसलिए हम किसी के साथ जाति, मत, पंथ, लिंग के आधार पर कोई भेदभाव नहीं कर सकते और आने वाले समय में यह कार्य होगा और पारदर्शी तरीके से होगा। किसी के साथ कोई भेदभाव नहीं करने देंगे, कहीं भी नहीं होने देंगे।

प्रदेश के प्रत्येक नौजवान को आगे बढ़ने का अधिकार है। उसके हक को मारने का मौका हम किसी को नहीं देंगे और यह निर्णय हम लोग कर चुके हैं। प्रदेश सरकार पुलिस में डेढ़ लाख भर्तियाँ करेगी। अन्य तमाम विभागों में भी भर्तियाँ प्रारम्भ होगी। आज तो विधानसभा की भर्ती पर भी कोर्ट ने कुछ कहा है। मुझे लगता है कि बहुत सारी चीजें हैं इन सबको देखने की आवश्यकता है। प्रदेश का माहौल इतना खराब कर दिया था कि लोग बोलते थे कि अरे उत्तर प्रदेश जायेंगे नहीं। मा० अध्यक्ष जी मुझे बताते हुए प्रसन्नता है कि आज अनेक उद्योगपतियों ने सम्पर्क किया है। वह प्रदेश में पूँजी निवेश के लिए आना चाहते हैं। हर क्षेत्र में आना चाहते हैं, टेक्सटाइल के क्षेत्र में आना चाहते हैं, इलेक्ट्रॉनिक्स के क्षेत्र में आना चाहते हैं, मैन्यूफैक्चरिंग के क्षेत्र में आना चाहते हैं। हम लोगों की एक नयी औद्योगिक नीति आने वाली है। सिंगल

विन्डो सिस्टम हम लोग इसमें लेकर आ रहे हैं। हम इस बात के लिए विश्वास व्यक्त करते हैं कि हम स्किल डेवलपमेंट को अपनी औद्योगिक नीति के साथ जोड़कर प्रदेश के अन्दर एक नया माहौल देने जा रहे हैं। एन०एच०एम० के अन्तर्गत केन्द्र की योजनाओं को हमारी पूर्ववर्ती सरकार ने लिया ही नहीं। प्रधानमंत्री आवास योजना के अन्तर्गत आदरणीय प्रधानमंत्री जी ने तय किया है कि 2022 तक इस देश के अन्दर हर परिवार, हर व्यक्ति के सिर पर छत होनी चाहिए। इस लक्ष्य को प्राप्त करना है और प्रदेश सरकार के पास कोई रोडमैप नहीं था, कुछ भी नहीं। आप सोचिए कि एक गरीब को अगर छत मिल जाए तो इससे अच्छी क्या बात हो सकती है। हम लोगों ने तय किया है कि इस वर्ष और मुझे लगता है कि इस महीने के ही अन्त में हम लोग ग्रामीण क्षेत्र में लगभग पौने छः लाख लोगों के लिए आवास की एक नयी योजना के साथ आ रहे हैं। शहरी क्षेत्र के लिए भी हम आवास की एक नयी योजना लाने जा रहे हैं। प्रधानमंत्री आवास योजना के माध्यम से हम प्रदेश के लोगों को आवास देंगे और हमारा प्रयास होगा कि हम लोग 2019 के अन्त तक प्रदेश के अन्दर हर परिवार को आवास देने का प्रयास करेंगे।

वर्ष 2002 में बी०पी०एल० सर्वे हुआ और 2002 के बाद यह सर्वे वर्ष 2007 में होना चाहिए था, 2012 में होना चाहिए था, जो नहीं हो पाया। इसलिए बी०पी०एल० सर्वे न होने के नाते वास्तव में कौन पात्र है, कौन गरीब है इसको तय कर पाना एक बड़ा चैलेन्ज है। हम लोगों ने एक सर्वे प्रारम्भ किया है। हमारे मित्र बोल रहे थे कि उनकी समाजवादी पेंशन योजना है। अगर हम जाँच करवा देंगे तो क्या हो जाएगा, बड़ी वैसी स्थिति आपके सामने आ जाएगी और मैं इस बात को कहूँगा कि मुर्दों को दबे ही रहने दीजिए। अगर वह दबा ही रहे तो बहुत अच्छा रहेगा क्योंकि अगर वह खुल जाएगा तो बहुत सारे चेहरे एक्सपोज हो जाएँगे। एक-एक परिवार में पाँच-पाँच लोगों को समाजवादी पेंशन मिल रही है। यह कौन-सा न्याय है। आप उस गरीब को दीजिए जिसके लिए डा० लोहिया कहते थे अंतिम पायदान पर खड़े हुए उस व्यक्ति को। पण्डित दीन दयाल उपाध्याय जी ने जिस अन्त्योदय की बात

की है, उस व्यक्ति को मिलता तो सरकार उसका अनुसरण करती। पात्रता का ध्यान नहीं रखा गया है। आपकी गलती नहीं है, आपने संगठन को सौंप दिया कि वह तय कर लें। उनको जो लगा उसने वह बना कर भेज दिया और फिर जो होता था, वह तो हर व्यक्ति जान रहा है कि कैसे और कहाँ पर और किस रूप में कार्य होता था। हम लोगों ने सत्ताइस लाख लोगों को वर्ष 2019 तक आवास देने की योजना बनाई है और इस योजना को तेजी के साथ आगे बढ़ाने की कार्यवाही प्रारम्भ हुई है। यहाँ पर ग्रामीण क्षेत्र से हमारे विधायक भी है और शहरी क्षेत्र से भी हैं। ग्रामीण क्षेत्र से जो हमारे विधायक हैं उनको विधायक निधि के साथ-साथ अन्य निधियाँ भी मिल जाती हैं, लेकिन शहरी क्षेत्र के विधायक अक्सर यह कहते थे कि देखिए हमारे यहाँ तो मुख्य योजना पेय जल की है और सीवेज की है। सीवेज में आप क्या करेंग? उत्तर प्रदेश के 61 शहरों को केन्द्र सरकार ने अमृत योजना के अन्तर्गत लिया है और स्मार्ट सिटी के अन्तर्गत उत्तर प्रदेश के ही 13 नगर आ गए हैं।

अभी केन्द्रीय शहरी विकास मंत्री जी आए थे। उत्तर प्रदेश में एक बैठक हमारी उनके साथ हुई थी। एक ठोस योजना के साथ उन्होंने कार्य की योजना को आगे बढ़ाने के लिए कहा है। हम लोग उसको यहाँ तेजी के साथ आगे बढ़ा रहे हैं। नगर विकास मंत्रालय उस पर तेजी के साथ कार्य कर रहा है। शहरी क्षेत्र में एक नया माहौल हम लोग देंगे और यहाँ पर तेजी से कार्य प्रारम्भ होने जा रहा है। हम लोग अगर लखनऊ से इलाहाबाद जाना चाहेंगे तो हमारे पास कोई इस प्रकार स्थिति है नहीं कि हम तत्काल पहुँच सकें या तो बाई रोड जाइए या फिर ट्रेन का इंतजार कीजिए। उसमें बहुत समय लगता है। रीजनल कनेक्टिविटी की बात आई, हम लोग एक ज्वाइंट वेंचर बनाने जा रहे हैं। पवन हंस भारत सरकार का एक उपक्रम है और उन्होंने इस संबंध में हमको एक प्रस्ताव दिया है। उत्तर प्रदेश के सभी बड़े शहरों को आपस में वायु सेवा के साथ जोड़ने के लिए हम लोग प्रयास करेंगे। लखनऊ को वाराणसी से जोड़ने के लिए, लखनऊ को इलाहाबाद से जोड़ने के लिए, लखनऊ को गोरखपुर से जोड़ने के लिए, लखनऊ को मुरादाबाद या लखनऊ को आगरा से जोड़ने के

लिए कार्य किया जाएगा। हर सिटी को एक-दूसरे के साथ जोड़ेंगे। इस पर हम कार्य प्रारम्भ करने जा रहे हैं। एक नई ज्वाइंट वेंचर हम लोगों की बनने जा रही है और इस पर हम लोग कार्य करेंगे। एक नई योजना के साथ हम लोग इसको आगे बढ़ाने जा रहे हैं। यहाँ पर हमारे मित्र कह रहे थे कि संवेदनशीलता। अच्छा लगा मुझे मनोज जी की बात पर जब उन्होंने संवेदनशील शब्द का उपयोग किया। आज के दिन किसी समाजवादी के मुँह से संवेदनशील शब्द निकले तो यह तो बहुत अच्छी बात हो गई। लेकिन संवेदनशीलता सही मायने में आप में रहती तो ठीक था। हम लोगों की सरकार ने किया है, हम लोग एक नई फेरी नीति के साथ आ रहे है। यह फेरी नीति ठेला, खोमचा, रेहड़ी और सड़क पर सब्जी बेंचने वाले के व्यवस्थित पुनर्वास की दृष्टि से है। अब उसको कोई उजाड़ नहीं पाएगा, हम उसका रजिस्ट्रेशन कर रहे हैं और उसका व्यवस्थित पुनर्वास करने जा रहे हैं। क्या यह गरीबों के लिए लिया गया निर्णय नहीं है? आप क्या चाहते हैं कि रिक्शा वाला हमेशा रिक्शा ही चलाता रहे। क्या उसको ई-रिक्शा नहीं मिलना चाहिए। प्रधानमंत्री जी ने काशी से इसकी शुरूआत की है और मैं चाहूँगा कि आप सभी लोग अपने-अपने शहरों में रिक्शा की परम्परागत प्रथा को समाप्त करके ई-रिक्शा को अपने-अपने यहाँ स्थापित करने को आगे बढ़े। आपका भी मैं सहयोग चाहूँगा, आप भी चलें। उसको आगे बढ़ाए सरकार उसमें सब्सिडी देगी। जनप्रतिनिधि का दायित्व है कि अगर कहीं कोई कमजोर है तो हम जो मजबूत है उसको आगे बढ़ाकर सपोर्ट करें। सेस और फण्ड से कुछ सहयोग करवाने में योगदान दें। किसी प्रतिष्ठित व्यक्ति के नाम पर दो-चार रिक्शा, पाँच रिक्शा दान कराने की भी कला को विकसित करें। आप अपने चुनाव में तो चंदा भी ले लेते हैं, किसी गरीब के लिए क्यों नहीं ले लेते हैं? अगर यह कर सकेंगे तो बड़ा पुण्य होगा। पता नहीं पुण्य और पाप में आपका विश्वास है कि नहीं है, लेकिन मैं तो विश्वास करता हूँ। अगर यह कर सकेंगे तो बहुत अच्छा होगा। मुझे लगता है कि ई-रिक्शा उसका विकल्प हो सकता है और अगर यह कार्य हो सके तो यह एक अच्छा कार्य होगा।

हमारी सरकार लोक कल्याण के लिए समर्पित है। इस सरकार ने अपनी योजनाओं को श्री राज्यपाल जी के अभिभाषण के माध्यम से सदन में रखा है। बहुत सारी चीजें इस सदन में आई हैं। मैं पिछले तीन दिनों से देख रहा हूँ कि हर मुद्दे पर वॉक आउट। वैसे एक बात के लिए मैं आपका आभारी हूँ। लोकतंत्र में सहमति और असहमति के बीच में समन्वय है, हमें यह करना चाहिए। केवल सबका स्वर एक ही होगा तो कौन-सा वाद? विरोध का भी स्वर होना चाहिए लेकिन तार्किक होना चाहिए, तथ्यों पर आधारित होना चाहिए। आपने जो बिगड़ी हुई व्यवस्था हमें दी है उसको सुधारने में कुछ तो समय लगेगा। कांग्रेस के नेता तो ऐसे नए जोश के साथ आए हैं, अगर आप लोगों का यह नया स्वरूप नहीं होता, तो आप 'अपना दल' से नीचे नहीं जाते। एक राष्ट्रीय पार्टी का चौथे नंबर पर चले जाना। उससे भी पीछे पाँचवें नंबर पर चले जाना और मुझे लगता है कि अगली बार आपको राजभर जी से भी नीचे जाना है। विरोध तथ्यों पर होना चाहिए। मैं आपसे पूछना चाहता हूँ कि अपनी अंतर्रात्मा पर विश्वास करके बोलिए, क्या बिजली में सुधार हुआ है कि नहीं पहले की तुलना में? क्या पहले की तुलना में लोग अपने आपको सुरक्षित महसूस करते हैं या नहीं करते हैं। हर व्यक्ति इस बात को महसूस कह रहा है। कुछ घटनाएँ घटित हुई हैं। दुःखद है और हम सख्ती के साथ ऐसे कृत्यों को रोकेंगे। मैं इस बात को कहे देता हूँ लेकिन यह जो चीजें आई हैं मैं पूछना चाहता हूँ कि उत्तर प्रदेश का राजनीतिक अपराधीकरण किसने किया है? कौन इस अपराधीकरण के लिए जिम्मेदार है? इन अपराधियों का राजनीतिकरण भी किसने किया है? कौन इनको लेकर के घूमता है? प्रशासन का जातिकरण किसने किया है? यह जो अभिशाप उत्तर प्रदेश के अंदर लगा हुआ है, इसकी सफाई करने में कुछ तो समय लगेगा ही इसीलिए मैं इस बात को कह सकता हूँ हर अपराधी इस बात को जान चुका है, जैसे मारीच को मालूम था कि कंचन मृग बनकर उसकी क्या दुर्गति होने वाली है? रावण भी जानता था कि अपहरण करके मैं किस दुर्गति को प्राप्त होने वाला हूँ। उत्तर प्रदेश का हर माफिया और अपराधी इस बात को महसूस कर चुका है कि भारतीय जनता पार्टी की सरकार आने

के बाद उनकी क्या दुर्गति होने वाली है। उन पर क्या गुजरने वाली है, यह भी तय है। वह जिस भाषा में समझेंगे हम उन्हें उस भाषा में समझाएँगे। इसमें कोई समझौता नहीं होगा।

हमने प्रशासन को खुली छूट दी है। कानून का राज स्थापित करने के लिए जो भी आड़े आता है, उसके साथ सख्ती के साथ निपटो। उसके बाद जवाबदेही तय होगी। यहाँ पर न कोई अपना है, न कोई पराया है। मेरे बारे में तो हर व्यक्ति जानता ही है। किसी प्रकार से कोई संकोच नहीं होना चाहिए, यह तय है। हम लोग इस बात को तय कर चुके हैं। यह चीज हम लोग प्रदेश के अंदर किसी भी स्थिति में नहीं होने देंगे, लेकिन बहुत सारी चीजें यहाँ पर आयीं। हमारे नेता प्रतिपक्ष ने भी कहा, बहुजन समाज पार्टी के नेता वर्मा जी ने भी कहा अजय कुमार जी ने भी कहा। अध्यक्ष जी बहुत सारी चीजें यहाँ पर आईं और मुझे देखकर यह लगा कि वास्तव में नई टेक्नोलॉजी को बेरोजगारी से कैसे जोड़ा जा रहा है। अगर हम नई टेक्नोलॉजी लेकर आ रहे हैं तो इसको बेरोजगारी से कैसे जोड़ा जा रहा है। वह तो नए सृजन का एक नया माध्यम है। एक अच्छी स्थिति पैदा करेगा। इसके अलावा यह कहना कि हम लोग केवल मुद्दे उठा देते हैं गाय का, गंगा का। क्या यह मुद्दे उठाने गलत हैं? क्या गंगा माता की अविरलता, निर्मलता के लिए हमें कुछ करना नहीं चाहिए? क्या पहली बार कार्य नहीं हुआ कि देश का कोई प्रधानमंत्री गंगा की अविरलता और निर्मलता के लिए 20 हजार करोड़ रुपये का पैसा उसके लिए रिजर्व रखकर उस कार्य-योजना को आगे बढ़ाने का कार्य करता है? हम सबको तो आदरणीय श्री नरेन्द्र मोदी जी का आभारी होना चाहिए कि उन्होंने गंगा की अविरलता और निर्मलता के लिए कार्य आगे बढ़ाया है। हमें इस बात के लिए आभारी होना चाहिए, क्योंकि गंगा हमारी माँ है, गाय हमारी माता है। आज प्रातः मेरे पास शिया धर्मगुरू कल्वे जव्वाद जी आए थे। उन्होंने इस बात को कहा कि गौ-हत्या और गौ-तस्करी तो रुकनी ही चाहिए। मुझे लगता है कि आप लोगों का भी समर्थन इस बारे में मिल जाता तो प्रदेश में यह पूरी तरह से रूक ही जाता। आपसे तो मैं उम्मीद इसलिए करता हूँ क्योंकि आप यदुवंशी हैं,

आप तो इस पर और संवेदनशील होंगे। यह मैं जरूर विश्वास कर सकता हूँ, यह होना चाहिए। मैं यह भी कहूँगा कि मातृशक्ति का सशक्तीकरण केवल वोट बैंक बनाने से नहीं होता है। तीन तलाक की कुप्रथा को भी रोकने पर होगा। प्रत्येक को इसके लिए आगे आना चाहिए। जहाँ शोषण हो, जहाँ अन्याय हो, जहाँ अत्याचार हो अगर आप सही मायने में डॉ० लोहिया की विरासत का प्रतिनिधित्व करते हैं तो हर समाजवादी को इस कुप्रथा का विरोध करना चाहिए क्योंकि जो गलत है, वह गलत है। हम लोगों को गलत को सही नहीं बोलना चाहिए। सत्य को सत्य बोलने का साहस होना चाहिए और वही राजनेता हो सकता है और वही नेता होने का हकदार भी होता है। यह कौन-सा तरीका है कि हम हर जगह वोट बैंक तलाशें। प्रतिदिन जनता दर्शन का कार्यक्रम मुख्यमंत्री आवास में लगता है। अगर मीटिंग से मुझे फुर्सत मिलती है तो मैं एक घण्टे का समय देने का प्रयास करता हूँ। 25-30 मुस्लिम महिलाएँ इस बात को लेकर आती हैं। क्या है, कहाँ हम जा रहे हैं? क्या उनको न्याय नहीं मिलना चाहिए? क्या उनको अत्याचार का शिकार इसी प्रकार से बने रहना चाहिए? हम कौन-सा समाज देना चाहते हैं? आने वाली पीढ़ी के सामने हम किस प्रकार की स्थिति रखना चाहते हैं? कब तक हम जाति के नाम पर, मत और मजहब के नाम पर समाज को बाँटते रहेंगे? अन्याय और अत्याचार कहीं भी हो हमें उसके खिलाफबोलने में संकोच कतई नहीं करना चाहिए। मैं इस बारे में आप सबसे आग्रह करूँगा। गाय और गंगा के बारे में भी आपने अपनी बात कही, खाद और बीज के बारे में कही। मुझे लगता है कि केन्द्र में आदरणीय मोदी जी के नेतृत्व में सरकार आने के बाद ही खाद और बीज की सुलभता हो पाई है।

हिन्दू धर्म के बारे में भी बहुत सारी बातें और राष्ट्रीय स्वयं सेवक संघ के बारे में भी बहुत सारी बातें यहाँ रखी गयीं लेकिन मैं बोलना चाहूँगा कि हिन्दू धर्म ही है जो 'सर्वे भवन्तु सुखिनः, सर्वे सन्तु निरामया' की बात करता है। राष्ट्रीय स्वयं सेवक संघ ही मात्र ऐसा संगठन दुनिया का है जो सरकार

से किसी प्रकार की सहायता नहीं लेता है लेकिन देश और दुनिया के अन्दर अपनी मातृभूमि के लिए, अपनी संस्कृति और अपनी परम्परा के लिए, अपने प्रचारकों, अपने स्वयं सेवकों के माध्यम से निःस्वार्थ भाव से काम कर रहा है। आज ही नहीं, स्वतंत्रता आन्दोलन के इतिहास को उठाकर आप देखेंगे तो बहुत कुछ मिल जाएगा और इसलिए मैं आपसे इस बारे में कहूँगा, डॉ० श्यामा प्रसाद मुखर्जी किसने दिए? आज वेस्ट बंगाल आपके पास बचा हुआ है, यह किसकी देन है? आज कश्मीर में आपका आवागमन इस रूप में है किसकी देन है? अगर राष्ट्रीय स्वयं सेवक संघ और डॉ० श्यामा प्रसाद मुखर्जी नहीं होते तो बंगाल भी और अन्य तमाम क्षेत्र, पंजाब भी पाकिस्तान के कब्जे में होते। निःस्वार्थ भाव के साथ देश के अन्दर राष्ट्रीयता की भावनाओं के साथ-साथ मातृभूमि के प्रति सम्मान का भाव होना चाहिए। देशभक्ति की भावना होनी चाहिए। मुझे बहुत अच्छा लगा, जब यहाँ पर कार्यक्रम में मुझे 'वन्देमातरम्' सुनने को मिला और बहुत सस्वर। इस राष्ट्रगीत को हम साम्प्रदायिकता में कैद करके रखेंगे? जिस गीत ने देश की आजादी के लिए हजारों क्रान्तिकारियों को फाँसी के फन्दे पर झूलने में और देश की आजादी के लिए अपना सर्वस्व न्यौछावर करने के लिए प्रेरित किया था, उस गीत को हम अपने राजनीतिक स्वार्थ के लिए संकीर्णता के दायरे में कैद करके रख देंगे? राष्ट्रीय स्वयं सेवक संघ नहीं होता तो इस देश के अन्दर विद्यालयों में और तमाम संस्थाओं में वन्दे मातरम् गीत और अन्य तमाम राष्ट्रीय गीत गाने की परम्परा ही लोग भूल गए होते। शिक्षा के क्षेत्र में सरकार का कोई सहयोग नहीं है, तब भी 54 हजार से अधिक शिक्षण संस्थाओं का संचालन राष्ट्रीय स्वयं सेवक संघ कर रहा है। 01 लाख से अधिक सेवा के प्रकल्पों का कार्य राष्ट्रीय स्वयं सेवक संघ कर रहा है। जब नागालैण्ड उग्रवाद से ग्रसित था, तब वहाँ पर सेवा के कार्य के लिए राष्ट्रीय स्वयं सेवक संघ के प्रचारक गए इसलिए नहीं कि उन्हें चुनाव लड़ना है, इसलिए गए क्योंकि वह भारत का हिस्सा है और उस हिस्से को भारत के साथ जोड़ कर रखना है। तब भी हम उसे कठघरे में

खड़ा करेंगे? यानी जिस संगठन को इन सब चीजों से कोई संबंध नहीं है। मैं कहता हूँ आप राम जन्मभूमि की बात करना शुरू कर दीजिए, आप गौ-हत्या को पूर्ण प्रतिबन्धित करने की बात करना शुरू कर दीजिए, आप इस देश के अन्दर भारत की राष्ट्रीयता से जुड़े हुए उन मुद्दों को स्वीकार करना प्रारम्भ कर दीजिए, आपको भी उसी प्रकार का भाव, सम्मान राष्ट्रीय स्वयं संघ से प्राप्त होगा, जैसा भारतीय जनता पार्टी को आशीर्वाद प्राप्त होता है। आप आइए न आगे, हम तो चाहेंगे कि सभी लोगों को इस बारे में बोलना चाहिए, सोचना चाहिए। सब लोग करेंगे तो बहुत अच्छा होगा। जिन संगठनों का इससे कोई लेना-देना नहीं, राजनीति से कोई लेना-देना नहीं, हमारे कार्यों में कोई हस्तक्षेप नहीं कर रहे हैं, उनका नाम क्यों हम बार-बार ले लेते हैं? मुझे लगता है कि उसको कहीं न कहीं रोकना होगा। मुझे लगता है कि उत्तर प्रदेश के अन्दर कहीं भी दलितों को मन्दिरों में जाने पर प्रतिबन्ध नहीं है और होना भी नहीं चाहिए। यह पहली सरकार होगी अगर कहीं होगा तो मैं जाकर स्वयं उनका प्रवेश मन्दिर में करवाऊँगा।

हमें संविधान बाबा साहब भीमराव अम्बेडकर ने दिया है, हमें रामायण वाल्मीकि जी ने दी है। इस देश के अन्दर "जाति-पाति पूछे नहीं कोई, हरि को भजे सो हरि के होई" यह भाव भी ऋषि रामानन्द जी ने दिया है और उन्हीं के शिष्य थे सन्त रविदास। कैसे हम कह देते हैं, इन छोटी-छोटी बातों को हम उत्तर प्रदेश के परिप्रेक्ष्य में क्यों कह देते हैं? उत्तर प्रदेश के अन्दर तो कहीं यह भाव नहीं है। लेकिन क्या किसी को आप यह अनुमति दे सकते हैं कि वह जाति विशेष में पैदा होकर तोड़-फोड़ करें, कानून की धज्जियाँ उड़ाएँ यह अनुमति नहीं दी जा सकती है। किसी को नहीं दी जा सकती है। मैं इस बात का विरोध करूँगा। कुछ मुद्दों को जहाँ पर समाज में वैमनस्यता बढ़ती हो, हमारे वक्तव्यों से उत्तेजना बढ़ती हो, हम सबको उसको थोड़ा बैलेन्स करना होता है। हम लोगों ने लाईव टेलीकास्ट इसलिए करवाया है कि आप लोगों का एक्सपोजर हो सके लोगों के सामने, जनता आपको देख सके, जान सके

कि हमारा प्रतिनिधि हमारी बातों को मंच पर रख रहा है कि नहीं रख रहा है, किस रूप में रख रहा है, इस रूप में हल्ला करने से कुछ नहीं होने वाला है। मैसेज बाहर खराब जाता है। आम जनता में, एक विश्वसनीयता का संकट है, राजनेताओं के बारे विश्वसनीयता के संकट के दौर से हमें उबरना होगा इसलिए हम लोग चाहेंगे कि लाईव टेलीकास्ट लगातार चलता रहे, बना रहे। मुझे लगता है कि थोड़ा-बहुत विरोध तो होना ही चाहिए। आपने एक बार अपनी बात रख दी मजबूती से। जब बार-बार आप कहेंगे एक ही मुद्दे को तो लोग कहेंगे कि अरे ये तो इसका आदी हो चुका है। अन्त में लोग यह भी कहने लगते हैं कि एक झूठ को सौ बार बोल देंगे तो सच थोड़े हो सकता है। कानून व्यवस्था में आपका वॉक आउट पहले दिन ठीक था, लेकिन हर घण्टे आप वॉक आउट करेंगे तो लोग बोलेंगे कि लगता है कोई बीमारी है। उसको बीमारी मत बनने दीजिए, मजबूती के साथ अपनी बातों को रखिए आपकी सही बातों को सरकार स्वीकार करेगी, सरकार स्वागत करेगी, लेकिन जब हम बात-बात पर वॉक आउट करने लग जाएँगे, एक ही मुद्दे को बार-बार उठाएँगे, सदन की कार्यवाही को बाधित करेंगे, अन्य तरीके से प्रभावित करेंगे। इसका मतलब यह है कि कुछ ही लोग पूरे सदन के सदस्यों के हक को मार देंगे। यह चीजें न हों, अच्छा होगा और मुझे लगता है कि ऐसी कोई स्थिति प्रदेश के अन्दर नहीं है। हम प्रदेश के अन्दर इस स्थिति को बदल देंगे। कहीं कोई इस प्रकार की स्थिति जातीय विद्वेष की स्थिति पैदा की गई हो, पूर्ववर्ती सरकारों ने हमें विरासत में इस प्रकार की स्थिति दी है, हम उसको बदलेंगे। इसीलिए हम आए हैं, जनता ने हमें चुनकर भेजा ही इस बात को लेकर है।

श्री राज्यपाल जी के इस अभिभाषण पर बोलने वाला मैं 75वां सदस्य हूँ 74 सदस्यों ने बोला है। अध्यक्ष जी मैं आपका आभारी हूँ कि आपने सभी नए सदस्यों को मौका दिया है और सभी लोगों ने बहुत अच्छी-अच्छी बातें कही हैं। मैं पूरे सदन में कुछ दिन रह नहीं पाया, लेकिन मैंने प्रोसीडिंग भी मँगा कर देखी है जब मुझे वक्त मिलता था। मैं टेलीविजन पर भी जो यहाँ से लाईव

टेलीकास्ट हो रहा था, उसको भी देख रहा था और मैंने इस बात को महसूस किया, बहुत अच्छे लोग आए हैं चुनकर के। नए सदस्यों में एक तमन्ना है, कार्य करने का एक जज्बा है। नए तरीके से भी आगे बढ़ना चाहते हैं, कुछ करके दिखाना चाहते है। उनकी ऊर्जा का लाभ अगर हम लें। मा० राज्यपाल महोदय ने यही सब तो हम लोगों को अभिभाषण के माध्यम से कहा है, यही उनका आह्वान है और उसमें मैं चाहूँगा कि समवेत सदन में मा० राज्यपाल महोदय ने जो अपना अभिभाषण दिया है, मुझे लगता है कि धन्यवाद ज्ञापित करने की इस परम्परा का हम निर्वहन करें। उनके प्रति अपनी कृतज्ञता ज्ञापित करें और एक स्वस्थ लोकतांत्रिक परम्परा का केन्द्र हमारी विधानसभा बने। मुझे लगता है कि इसके लिए हम लोगों को पहल करनी होगी, एक प्रयास करना होगा।

मैं सरकार की तरफ से इस बात के लिए आश्वस्त कर सकता हूँ कि सरकार किसी राजनीतिक पूर्वाग्रह के तहत कार्य नहीं करेगी, कोई भेदभाव नहीं करेगी, लेकिन हाँ कानून का राज प्रदेश में हो, गाँव, गरीब, किसान, नौजवान, व्यापारी और समाज के हर तबके की आवाज सुनी जा सके, उसकी आवाज को कोई दबाने न पाए, यह काम सरकार का है, सरकार इसको देखेगी। किसी के साथ अन्याय नहीं होने देगी। लोकतंत्र में सत्तापक्ष और विपक्ष दोनों मिलकर, जब साथ-साथ चलेंगे तब लोकतंत्र चल पाएगा। स्वस्थ लोकतंत्र की परम्परा का आधार उत्तर प्रदेश बने, यह जिम्मेदारी हम सबके ऊपर है। मा० राज्यपाल महोदय इन्हीं सब बातों को हम सबके सामने रखना चाहते हैं। मुझे लगता है कि यह बहुत लम्बी संख्या है 75 सदस्यों की। हमारे सम्मानित श्री राम गोविन्द चौधरी जी हैं, बहुजन समाज पार्टी के नेता, श्री लालजी वर्मा जी हैं, हमारे कांग्रेस के नेता श्री अजय कुमार जी हैं। लल्लू जी मेरे पड़ोसी भी हैं। लल्लू जी और भी बहुत से लोगों ने अपनी बातों को यहाँ पर रखा है। अध्यक्ष जी, मैं आपका आभारी हूँ कि आपने इस विषय पर हम लोगों को और पूरे सदन को बहुत धैर्य के साथ सुना और यह विश्वास प्रदान किया है कि प्रदेश में लोकतंत्र की जड़े बहुत मजबूत हैं, आपने बहुत कुशलता के साथ

यहाँ संचालन किया है। आपकी विद्वत्ता की चर्चा तो होती थी, एक लेखक की चर्चा होती थी, लेकिन आप एक कुशल प्रशासक के रूप में भी संचालन करने में बड़े सिद्धहस्त हैं। जो भी हम लोगों ने यहाँ पर इस दौरान देखा है मैं तो केवल यही कहूँगा कि यह सरकार विपरीत परिस्थितियों में प्रदेश की जनता ने परिवर्तन की वाहक के रूप में चुनी है। श्री राज्यपाल महोदय का अभिभाषण इसी बात को घटित करता हुआ दिखाई दे रहा है और सदन की जो परम्परा है उसके अनुसार हम लोगों को श्री राज्यपाल जी के प्रति कृतज्ञता ज्ञापित करते हुए इस प्रस्ताव का समर्थन करना चाहिए। यह अपील मैं आप सबसे करूँगा। बहुत-बहुत धन्यवाद!

सन्दर्भ : दिनांक 19 मई, 2017 को श्री राज्यपाल के अभिभाषण पर प्रस्तुत धन्यवाद प्रस्ताव पर चर्चा।

मैं आज के इस अवसर पर एक बार पुनः अमरनाथ जी की, पवित्र यात्रा करके लौट रहे श्रद्धालुजनों पर जो एक कायराना हमला कल रात्रि को एक आतंकी समूह के द्वारा किया गया है, इस घटना की भर्त्सना करता हूँ, इसकी निन्दा करता हूँ और पूरे सदन से इस बात की अपील करता हूँ कि वह इस प्रकार की किसी भी आतंकी घटना को किसी अन्य एंगिल से जोड़ने के बजाय इस प्रकार की घटना की पुरजोर शब्दों में निन्दा करें। आतंकवाद के खिलाफ देश की लड़ाई में इस देश के प्रत्येक नागरिक को मिलकर के इस लड़ाई में सहयोग करना चाहिए। इस अवसर पर मैं जो श्रद्धालुजन कल की आतंकी घटना के शिकार हुए हैं, उनके प्रति विनम्र श्रद्धांजलि अर्पित करता हूँ।

आतंकवाद के खिलाफ लड़ाई किसी एक राज्य, किसी एक सरकार की नहीं बल्कि पूरे देश की है

माननीय अध्यक्ष जी, मुझे इस सदन को कल जम्मू-कश्मीर में अमरनाथ जी की यात्रा से लौट रहे कुछ श्रद्धालुओं पर हुए आतंकी हमले की जानकारी देनी है। हम सब जानते हैं कि जम्मू-कश्मीर में स्थित अमरनाथ जी की पवित्र यात्रा के लिए पूरे देश के श्रद्धालुजन बड़ी संख्या में जाते हैं। यात्रा से लौट रहे एक समूह पर कल रात्रि को कुछ आतंकी समूह ने एक कायराना हमला किया है। यह घटना अनन्तनाग के पास घटित हुई। हम सब इस आतंकी घटना की पुरजोर निन्दा करते हैं। आतंकवाद के खिलाफदेश की लड़ाई में हम सबको मिलकर इस लड़ाई को सफल बनाने में अपना योगदान देना चाहिए। इस आतंकी हमले में 07 श्रद्धालुओं के मारे जाने की सूचना है, कुछ श्रद्धालु घायल भी हैं। हमारे सुरक्षाबल के जवान पूरी मुस्तैदी के साथ पूरी यात्रा को सुरक्षित सम्पन्न कराने के लिए वहाँ पर लगे हैं। आदरणीय प्रधानमंत्री जी ने भी, आदरणीय गृह मंत्री जी ने भी इस पूरी घटना की समीक्षा स्वयं की है और सभी श्रद्धालुजनों को सुरक्षा प्रदान करने के लिए आवश्यक हिदायत भी दी है। यह एक कायराना कृत्य है और पूरे देश को इस प्रकार की कायराना हरकतों की पुरजोर निन्दा करनी चाहिए क्योंकि आतंकवाद के खिलाफयह लड़ाई किसी एक राज्य की नहीं, किसी एक सरकार की नहीं बल्कि पूरे देश की लड़ाई है और पूरे देश की इस लड़ाई में हम सबको इस राष्ट्र के एक नागरिक के रूप में सहयोग करना चाहिए। जिससे इस देश से आतंकवाद का नामो-निशान मिट सके और इस देश का हर नागरिक अपने आपको सुरक्षित महसूस कर सके। इस घटना

के तत्काल बाद हम लोगों ने उत्तर प्रदेश के गृह मंत्रालय की एक आवश्यक बैठक रात्रि में ही की है। सावन का महीना वैसे भी काफी महत्वपूर्ण महीना है, एक पवित्र मास है। बड़ी संख्या में श्रद्धालुजन इस अवसर पर शिवालयों में, पवित्र ज्योतिर्लिंगों में जलाभिषेक करते हैं। उत्तर प्रदेश में भी इस अवसर पर लाखों की संख्या में श्रद्धालुजन इस धार्मिक आयोजन में सम्मिलित होते हैं। उत्तर प्रदेश सरकार ने इस सम्बन्ध में पूरी व्यवस्था तय की है और रात्रि में ही पूरे प्रदेश में अलर्ट जारी करते हुए श्रद्धालुजनों की सुरक्षा के साथ-साथ हर सम्भव मदद प्रदान करने की व्यवस्था की है। हम लोगों ने इस सम्बन्ध में कांवड़ यात्रा पर जाने वाले श्रद्धालुओं से भी अपील की है। खासतौर पर यह देखा जाता है कि जहाँ पर भीड़-भाड़ होती है, समूह इकट्ठा होता है तो वहाँ पर कुछ शरारती तत्व उसका लाभ उठा करके कोई भी ऐसी घटना घटित कर सकते हैं, जिससे वह न केवल सुरक्षा के लिए अपितु कानून-व्यवस्था के लिए भी गम्भीर संकट पैदा कर सकता है। इसके बारे में अलर्ट जारी किया गया है और सावधानी बरतने के लिए भी कहा गया है। इससे पहले भी उत्तर प्रदेश, उत्तराखण्ड समेत अन्य संबंधित राज्य जो उत्तर प्रदेश में कांवड़ यात्रा में शामिल होते हैं उनके अधिकारियों के साथ लखनऊ में मैंने स्वयं भी बैठक की थी। पश्चिमी उत्तर प्रदेश में प्रदेश के डी०जी०पी० और प्रमुख सचिव, गृह ने भी जा करके उन राज्यों के अधिकारियों के साथ बैठक करके इस बात को सुनिश्चित किया है कि कहीं भी किसी भी प्रकार की कोई अप्रिय घटना न घटित हो।

हम लोगों ने दोनों प्रकार की व्यवस्था की है। एक तरफ कांवड़ यात्रा में जाने वाले श्रद्धालुओं से इस सम्पूर्ण व्यवस्था में सहयोग की अपील की है। उनको इस यात्रा के दौरान क्या करना चाहिए, क्या नहीं करना चाहिए, लेकिन साथ-साथ उनकी भावनाओं का भी सम्मान रखते हुए इस बात की व्यवस्था की गई है कि पहले से चली आ रही उन जबरन की घटनाओं पर रोक भी हम लोगों ने लगाई है कि ऐसा कुछ न हो जिससे किसी श्रद्धालु की भावना आहत हो। कांवड़ यात्रा में जाने वाले श्रद्धालुओं के लिए एक व्यवस्था बनाई गई है कि वह प्रातः 6:00 बजे से लेकर रात्रि 10:00 बजे तक लाउडस्पीकर का

इस्तेमाल कर सकते हैं। यात्रा के दौरान इसको प्रशासन जबरन नहीं रोकेगा, उन्हें उसकी परमीशन, कांवड़ यात्रा में जाने वाली समितियों को इसकी परमीशन, संबंधित जिला प्रशासन से लेनी होगी। साथ ही साथ उनसे यह भी आग्रह किया गया है कि सभी कांवड़ यात्रा में जाने वाले श्रद्धालु अपना आई०डी० प्रूफ अपने साथ रखें, जिससे किसी भी प्रकार की पहचान का संकट न हो, क्योंकि सुरक्षाबलों को अगर कहीं पर कोई तुरंत कार्यवाही करनी हो तो उस समय पहचान का संकट किसी के सामने न आने पाए। इस तरह की अपील उनसे की गई है। खासतौर पर यह यात्रा पूरे प्रदेश के अन्दर पश्चिमी उत्तर प्रदेश में भी, पूर्वी उत्तर प्रदेश में भी और प्रदेश के अन्य भागों में भी हर जगह लाखों की संख्या में श्रद्धालुजन शिवालयों में जलाभिषेक करने के लिए जा रहे हैं, पवित्र ज्योतिर्लिंगों में जलाभिषेक करने के लिए जा रहे हैं। उनकी सुरक्षा और पूरी सर्तकता प्रदेश सरकार द्वारा बरती जा रही है।

मैं आज के इस अवसर पर एक बार पुनः अमरनाथ जी की, पवित्र यात्रा करके लौट रहे श्रद्धालुजनों पर जो एक कायराना हमला कल रात्रि को एक आतंकी समूह के द्वारा किया गया है, इस घटना की भर्त्सना करता हूँ, इसकी निन्दा करता हूँ और पूरे सदन से इस बात की अपील करता हूँ कि वह इस प्रकार की किसी भी आतंकी घटना को किसी अन्य एंगिल से जोड़ने के बजाय इस प्रकार की घटना की पुरजोर शब्दों में निन्दा करें। आतंकवाद के खिलाफ देश की लड़ाई में इस देश के प्रत्येक नागरिक को मिलकर के इस लड़ाई में सहयोग करना चाहिए। इस अवसर पर मैं जो श्रद्धालुजन कल की आतंकी घटना के शिकार हुए हैं, उनके प्रति विनम्र श्रद्धांजलि अर्पित करता हूँ। जो घायल हुए हैं, उनके प्रति और पीड़ित परिवारों के प्रति हमारी पूरी संवेदना है। उत्तर प्रदेश सरकार पुरजोर ढंग से इस बात को कह सकती है कि देश की आतंकवाद के खिलाफलड़ाई में हम पूरी मजबूती के साथ भारत सरकार के इस अभियान के साथ खड़े हैं। धन्यवाद!

दिनांक 11 जुलाई, 2017 आतंकियों द्वारा अमरनाथ यात्रियों पर किये गये कायराना हमले में मारे गए श्रद्धालुओं के प्रति शोकोद्‌गार।

यह गम्भीर प्रकरण हैं, इसलिए मेरा आग्रह होगा कि इसकी गम्भीरता को समझते हुए इस सम्बन्ध में सुरक्षा के निर्देश जारी होने चाहिए। यह तय होना चाहिए कि हम लोग किसी एक व्यक्ति विशेष के लिए या किसी एक को खुश करने के लिए या कुछ लोगों की स्वयं की तुष्टि के लिए 503 अपने माननीय जनप्रतिनिधियों, यहाँ सेवा कर रहे, वर्षों से सेवा कर रहे अधिकारियों और यहाँ के कर्मियों की सुरक्षा के साथ खिलवाड़ करने की छूट किसी को नहीं दे सकते हैं। इसमें हम सबका सहयोग चाहेंगे क्योंकि यह जो विस्फोटक है यह विस्फोटक सामान्य रूप से पता नहीं लग सकता।

विधानभवन की सुरक्षा केवल सरकार की जिम्मेदारी नहीं है बल्कि सर्वसहमति से सामूहिक प्रयास किए जाने की आवश्यकता है

अध्यक्ष जी, उत्तर प्रदेश विधानसभा देश की सबसे बड़ी विधानसभा है और पूरे देश की जनता उत्तर प्रदेश विधानसभा की कार्य प्रणाली पर बहुत नजदीक से नजर गड़ाए रहती है। उसे लगता है कि देश के सबसे बड़े लोकतंत्र से देश के लिए कुछ नयापन और कुछ अच्छा देखने को मिलेगा, सुनने को मिलेगा। पिछले कुछ समय से विधानसभा की कार्यवाही प्रारम्भ हुई है तो उसमें विधानसभा, जो विधायिका का एक सर्वोच्च मंच है, जिसने अच्छी चर्चाओं को आगे बढ़ाया है। प्रदेश के विकास को ध्यान में रख करके अच्छे कार्यों को आगे बढ़ाने का उसने प्रयास किया है। लेकिन जहाँ हम लोग प्रदेश के विकास के बारे में और रचनात्मक चर्चा को आगे बढ़ाने के लिए कार्य कर रहे हैं वहीं हमें इस विधानसभा और इस विधानभवन की सुरक्षा के बारे में भी चिन्ता अवश्य करनी चाहिए। मैंने कई बार अपनी इस चिन्ता से अवगत भी कराया है और इस सम्बन्ध में हम लोगों ने बार-बार सुरक्षा एजेंसियों से भी इस बारे में कहा है, आग्रह किया है एवं आवश्यक निर्देश भी दिए हैं। इस सम्बन्ध में मैं आपका मार्गदर्शन चाहूँगा कि अध्यक्ष पीठ को इस सम्बन्ध में पूरे सदन की सहमति से सुरक्षा की एक सहमति बननी चाहिए। यह इसलिए भी आवश्यक है क्योंकि जिस प्रकार की परिस्थितियाँ पैदा हुई हैं और जिस प्रकार की स्थितियाँ चल रही हैं, उन स्थितियों में सुरक्षा के साथ कोई समझौता नहीं किया जा सकता है।

यह हम सबको स्वीकार करना होगा कि सुरक्षा केवल सरकार की जिम्मेदारी नहीं है, बल्कि सबकी सहमति से एक सामूहिक प्रयास किए जाने की आवश्यकता है। खासतौर पर जो चीजें इधर दो-तीन दिन के अंदर डेवलप हुई हैं उनको देखते हुए 11 जुलाई से हमारा बजट सत्र प्रारम्भ हुआ है और 11 जुलाई से बजट सत्र प्रारम्भ होने के बाद जब 12 जुलाई को बजट सत्र के दौरान सदन जब चलता है उस समय सभी माननीय विधायकगण यहाँ रहते हैं। माननीय विधायकों के अलावा अन्य किसी को भी यहाँ पर आने की अनुमति नहीं होती है। मार्शल को छोड़ दिया जाए और विधानभवन से जुड़े हुए कर्मी होंगे, उनको छोड़कर के कोई तीसरा यहाँ पर नहीं आ सकता है लेकिन यह एक बड़ी विचित्र स्थिति है कि हमारे नेता प्रतिपक्ष की सीट के ठीक तीसरी सीट पर 12 जुलाई को जब यहाँ पर प्रातःकाल विधानभवन के कर्मी सफाई करने आए होंगे, उनके साथ मार्शल और सुरक्षाकर्मी आए होंगे तो वहाँ पर एक पुड़िया में कुछ सामग्री प्राप्त हुई थी। वह सामग्री एफ०एस०एल० को भेजी गई थी। फॉरेन्सिक लैब के पास जब यह सामग्री गई थी तो आशंका यह व्यक्त की गयी थी कि हो सकता है कोई ऐसा पाउडर हो, कोई ऐसा रसायन हो जो किसी कारण से उपयोग करने के लिए लाया गया हो लेकिन हम कल शाम को भी बैठे थे, उस समय भी इसकी चर्चा हुई थी। लेकिन जब देर शाम को यह बात सामने आई कि यह एक हाई एक्सप्लोसिव था, जो एक खतरनाक विस्फोटक है। वह खतरनाक विस्फोटक, यद्यपि उसकी मात्रा कम थी डेढ़ सौ ग्राम ही थी। इस पूरे विधानभवन को उड़ाने के लिए 500 ग्राम पीटीएन विस्फोटक पर्याप्त है। आखिर कौन लोग यहाँ पर लेकर आए हैं उसको, एक प्रश्न यह उठता है?

हम जनप्रतिनिधियों को अगर कोई विशेषाधिकार दिया गया है तो क्या हम इस प्रकार की सुरक्षा के साथ चूक करने की छूट किसी को दे देंगे? यह एक खतरनाक प्रवृत्ति है। इस प्रकार की खतरनाक प्रवृत्ति पर रोक लगनी चाहिए। हम लोग अब तक बाहर की सुरक्षा के प्रति चिन्तित थे। जब हम लोग इसके बारे में चर्चा कर ही रहे थे तो उस दौरान कल जो चीजें सामने आई हैं, वह

और भी गम्भीर हो जाती हैं इसलिए मेरा आपसे विनम्र आग्रह, अनुरोध होगा एक तो जो इस विधानभवन में लगे हुए कर्मी हैं, उनका पुलिस वेरीफिकेशन होना बहुत आवश्यक है। हमें जानकारी होनी चाहिए कौन लोग यहाँ पर कार्य कर रहे हैं। किस प्रकार के लोग हैं और कोई भी व्यक्ति जब अन्दर आए, इस विधानभवन के इस बारे में शुरू के दिन से जबसे मुझे इस सदन में आने का अवसर मिला था तबसे भी इस बारे में चिन्तित था। जब मैं यहाँ देखता था कि सदस्य लोग उतने बैठे हुए नहीं थे जितने यहाँ पर कैमरे ले करके और जगह-जगह फोटोग्राफी करने और यह सब चीजें चल रहीं थीं। कोई भी व्यक्ति घुस आ रहा था। तभी मैंने आग्रह किया था। आपने उसके लिए एक अलग व्यवस्था बनवाई। पहले से व्यवस्थाएँ बदली हुई दिखीं लेकिन क्या हम किसी एक व्यक्ति को इतनी छूट दे देंगे कि वह 403 विधायक और माननीय सदस्यों की सुरक्षा के साथ खिलवाड़ करे। क्या हम इस पूरे विधानभवन की सुरक्षा में लगे हुए या यहाँ पर कार्यरत सभी अधिकारी, सभी कर्मचारियों के साथ में या पूरे विधानभवन में जो भी हमारे माननीय विधायकगण हैं, माननीय विधान परिषद् के सदस्यगण हैं 503 उनकी संख्या है, क्या उनकी सुरक्षा के साथ खिलवाड़ करने की छूट हम किसी एक उस व्यक्ति विशेष को दे दें? जो इस प्रकार की शरारत करने पर उतर आया है कि वह विधानभवन के अन्दर विस्फोटक ले आ करके पुलिस व्यवस्था को चुनौती दे।

यह गम्भीर प्रकरण हैं, इसलिए मेरा आग्रह होगा कि इसकी गम्भीरता को समझते हुए इस सम्बन्ध में सुरक्षा के निर्देश जारी होने चाहिए। यह तय होना चाहिए कि हम लोग किसी एक व्यक्ति विशेष के लिए या किसी एक को खुश करने के लिए या कुछ लोगों की स्वयं की तुष्टि के लिए 503 अपने माननीय जनप्रतिनिधियों, यहाँ सेवा कर रहे, वर्षों से सेवा कर रहे अधिकारियों और यहाँ के कर्मियों की सुरक्षा के साथ खिलवाड़ करने की छूट किसी को नहीं दे सकते हैं। इसमें हम सबका सहयोग चाहेंगे क्योंकि यह जो विस्फोटक है यह विस्फोटक सामान्य रूप से पता नहीं लग सकता। जब तक फिजिकली अधिकारी उसको चेक नहीं करेंगे तब तक उसका पता नहीं लग सकता।

आपको याद होगा, आप देख रहे होंगे कि जब डॉग स्क्वायड वहाँ तक पहुँचा था तो डॉग स्क्वायड भी उस विस्फोटक को सूँघने में विफल रहा, क्योंकि उसमें किसी प्रकार की खुशबू या बदबू नहीं है और वह जब लैब में पहुँचा तो उसके बाद पता लगा कि यह तो पी०ई०टी०एन० है, एक खतरनाक विस्फोटक है। यह खतरनाक आतंकी साजिश को अंजाम देने की साजिश का हिस्सा है। कौन लोग इस साजिश में लगे हैं, इसका पर्दाफाश होना आवश्यक है इसलिए मेरा अनुरोध होगा कि सभी जो भी कर्मी यहाँ पर कार्यरत हैं, उनका पुलिस वेरीफिकेशन जरूर हो जाए। दूसरा, इस पूरे प्रकरण की जाँच एन०आई०ए० से जरूर हो। एन०आई०ए० जैसी संस्था को इसकी जाँच करनी चाहिए। हम लोग इस सम्बन्ध में अनुरोध करें क्योंकि यह प्रकरण प्रदेश के 22 करोड़ लोगों की भावनाओं से जुड़ा हुआ है। यह सीधे-सीधे सुरक्षा के साथ खिलवाड़ है। प्रदेश की 22 करोड़ जनता के साथ में खिलवाड़ है और जिसने भी यह शरारत की है उसके खिलाफकार्यवाही अवश्य होनी चाहिए।

कुछ चीजें हैं जिनमें वास्तव में यहाँ एक व्यवस्था दिए जाने की आवश्यकता है और मैं अनुरोध करूँगा सभी माननीय विधायकों से, सभी माननीय सदस्यों से कि हम सब इसमें सहयोग करें, क्योंकि अल्टीमेटली आपकी सुरक्षा से जुड़ा हुआ मुद्दा है। हम लोग एयरपोर्ट पर जाते हैं तो हम लोग यह नहीं कह सकते कि हम जाँच नहीं करवायेंगे। हम लोगों को सुरक्षा तंत्र से होकर जाना पड़ता है और अगर विधानभवन के अंदर हम लोग आ रहे हैं तो यह सुरक्षा जाँच कराने में हमें कोई संकोच नहीं होना चाहिए बशर्ते कि वह हम लोगों की सुरक्षा करने से जुड़ा हुआ हो। जिस विधानसभा में हम लोगों को पब्लिक से जुड़ी समस्याओं पर चर्चा करनी चाहिए, विकास के मुद्दों पर चर्चा करनी चाहिए, आज वहाँ पर हमें स्वयं की सुरक्षा पर लग रहे सेंध के बारे में चर्चा करने के लिए मजबूर होकर खड़ा होना पड़ रहा है। लेकिन यह सेंध लगाने वाले लोग कौन हैं, ऐसे लोग एक्सपोज किये जाने चाहिए। इसलिए मैं आपसे अनुरोध करूँगा कि सुरक्षा के बारे में एक विस्तृत

गाइडलाइन आपके द्वारा जारी हो और सभी माननीय सदस्य उसका पालन करें। दूसरा इस पूरे प्रकरण को एन०आई०ए० को सौंपे। एन०आई०ए० इसकी जाँच जरूर करे और यह तथ्य सामने आने चाहिए कि जो भी इस मामले में दोषी हो, कोई भी हो, उसके खिलाफ बहुत सख्त कार्रवाई होनी चाहिए। इस चेयर के द्वारा इस प्रकार के डायरेक्शन जारी होने चाहिए।

एक अन्य अनुरोध अन्त में मैं करना चाहूँगा। यद्यपि यह इससे जुड़ा नहीं है, लेकिन वह यह है कि जब विधानसभा की कार्यवाही चलती है तो उस समय माननीय विधायकगण अपने फोन को लेकर अंदर न आएँ और अगर मोबाइल फोन लेकर आते हैं तो उसको साइलेंट मोड में रख दें या बंद कर दें, क्योंकि विधानसभा में जब हम किसी चर्चा में भाग लेते हैं, तब तक किसी का फोन बज जाता है, जो पूरी गंभीरता को भंग कर देता है। आवश्यक होगा कि हम बाहर कोई ऐसा सिस्टम बना दें जहाँ पर हम उन लोगों के बैग को रखने की भी व्यवस्था करें। विधानभवन में यदि किसी को आना है तो वह अपनी नोटबुक लेकर आएँ, भाषण देना हो तो उसी नोटबुक में देखकर जो भी प्वाइंट नोट करने हो, उसके अनुसार अपना भाषण लेकर आएँ। अपना बैग, अपना मोबाइल फोन सभी कुछ बाहर रखने की कोई व्यवस्था हम लोगों को देनी चाहिए। सुरक्षा की पुख्ता व्यवस्था, केवल विधानभवन के बाहर नहीं अपितु विधानभवन के अंदर भी हम लोगों को करनी होगी। अब तक जो व्यवस्था है वह त्रिस्तरीय व्यवस्था है। सचिवालय की अलग है, विधानभवन के बाहर की व्यवस्था अलग है और अंदर के लिए मार्शल के द्वारा की जाने वाली व्यवस्था अलग है। इनमें कोई साम्यता भी नहीं है, साम्यता का अभाव है। इसमें कोई समन्वय नहीं है, हर कोई एक–दूसरे के ऊपर जिम्मेदारी डालना चाहता है। हम लोगों के पास इस प्रकार की कोई व्यवस्था नहीं है कि अगर दुर्भाग्य से कोई आतंकी हमला हो जाए तो हम लोगों के पास कोई ऐसी क्विक रिस्पॉन्स टीम नहीं है कि वह तत्काल उसका मुकाबला कर सके। आश्चर्य होता है कि देश की सबसे बड़ी विधानसभा होने के बावजूद हम लोग सुरक्षा

के प्रति कितने लापरवाह हैं कि हम लोगों ने इसे कभी गम्भीरता से नहीं लिया है। यह प्रायर्टी तो बहुत पहले तय हो जानी चाहिए थी। नहीं भी हो तो भी हम लोगों को इसके बारे में पहले से आवश्यक सावधानी बरतनी चाहिए। प्रायर्टी के बारे में यह होना चाहिए कि हर गेट पर सुरक्षा हो। जिन लोगों के फालतू पास हैं, मा० विधायकों, मा० मंत्रियों के भी वाहनों की इंट्री बिना पास के बन्द होनी चाहिए। अन्य सावधानियाँ भी बरती जानी चाहिए। बिना पास के इंट्री बैन होनी चाहिए। कोई आ रहा है तो उसके बारे में जानकारी होनी चाहिए कि वह कौन व्यक्ति है और जिम्मेदार, जवाबदेह लोगों को ही तैनाती का अवसर विधानभवन के अन्दर और विधानभवन के बाहर दिया जाना चाहिए। एक यूनिफॉर्म सिक्योरिटी हम लोगों को खड़ा करना चाहिए, जो वास्तव में इस विधान भवन को सुरक्षित रख सके और फिर इसी प्रकार की व्यवस्था हम लोग अन्य सरकारी कार्यालयों में भी दे सकें, जिससे की अनावश्यक भीड़-भाड़ न हो और जो इस प्रकार के तत्वों की घुसपैठ हो जाती है व्यवस्था में, उसको भी सख्ती के साथ हम लोग रोक सकें। इसके बारे में हम लोगों को तय करना होगा। यह एक गम्भीर प्रकरण है जो चीजें आ रही हैं, मुझे लगता है कि इसके बारे में हम लोगों को, सबको विचार करना होगा। इस विधानभवन की सुरक्षा में यह सीधे-सीधे सेंध है और इस प्रकार की शरारत करने की छूट हमें किसी को नहीं देनी चाहिए चाहे वह कोई भी हो इसलिए मैं आप सबसे अपील करूँगा कि लोग मिल करके इस प्रकार की साजिश रचने वाले तत्वों के खिलाफएक स्वर से न केवल निन्दा प्रस्ताव पारित करें अपितु साथ-साथ अध्यक्ष पीठ से इस बात का अनुरोध करें कि इस विधानभवन की सुरक्षा की पुख्ता व्यवस्था हो क्योंकि यह आपके आदेश से ही हो पाएगा। विधानभवन के अन्दर जो भी गतिविधि होगी, जो भी कार्रवाई होगी, इसमें आपका हस्तक्षेप और आपका मार्गदर्शन आवश्यक है। इसलिए मैं चाहूँगा कि पी०ई०टी०एन० का इस विधानभवन के अन्दर पाया जाना इस बात को साबित करता है कि कुछ लोग शरारत पर उतर आए हैं, उनकी शरारत का मुँहतोड़

जवाब दिए जाने की आवश्यकता है इसलिए इस प्रकरण की एन०आई०ए० से जाँच होनी आवश्यक है। एन०आई०ए० से इसकी जाँच करा करके ऐसे तत्वों को बेनकाब किए जाने की आवश्यकता है। मुझे यही आपसे अनुरोध करना था। यह प्रकरण मुझे लगता है कि 12 तारीख को मॉर्निंग में ये सारी चीजें पाई गई और कल शाम तक ये सारी चीजें सामने आ गईं और इसलिए मुझे आपके सामने वक्तव्य रखना था। इस पर आपका जो भी मार्गदर्शन हो, मुझे लगता है कि पूरे सदन की इसमें सहमति मिले, यह मैं आप सबसे अपील करूँगा। धन्यवाद!

सन्दर्भ : दिनांक 14 जुलाई, 2017 को विधानसभा की सुरक्षा के सम्बन्ध में माननीय मुख्यमंत्री जी का वक्तव्य

श्री रामनाथ कोविंद जी की पहचान कानून के एक बड़े जानकार, एक प्रखर सांसद के साथ-साथ एक कुशल समाजसेवी के रूप में भी है। चाहे वह छात्र जीवन रहा हो या फिर एक सांसद के रूप में, वह उपेक्षित और वंचित वर्गों के लिए काम करते रहे हैं। एक छोटे से गाँव से निकल कर देश के सर्वोच्च पद पर आसीन होने जा रहे श्री रामनाथ कोविंद जी श्री के०आर० नारायणन के बाद वंचित वर्ग के दूसरे राष्ट्रपति होंगे। उत्तर प्रदेश के एक सपूत को देश के सर्वोच्च संवैधानिक पद पर आसीन होने के लिए, उन्हें राष्ट्रपति पद हेतु निर्वाचित होने पर यह सदन उन्हें हार्दिक बधाई और शुभकामनाएँ देता है।

उ०प्र० के सपूत को देश के सर्वोच्च संवैधानिक पद पर निर्वाचन हेतु शुभकामनाएँ

अध्यक्ष जी, भारत के राष्ट्रपति निर्वाचन में 7 लाख 2 हजार 44 वोट प्राप्त कर माननीय श्री रामनाथ कोविंद जी भारत के राष्ट्रपति के रूप में निर्वाचित हुए हैं। इस अवसर पर हम सब उन्हें हार्दिक शुभकामनाएँ देते हैं। एक साधारण परिवार में जन्मे श्री रामनाथ कोविंद जी का सम्बन्ध उत्तर प्रदेश के कानपुर देहात के एक छोटे से गाँव परौख से है, जहाँ इनका जन्म हुआ। जमीन से जुड़े व्यक्ति के रूप में इनका व्यक्तित्व बहुआयामी रहा है। एक प्रखर समाजसेवी, एक कुशल अधिवक्ता और एक कुशल सांसद के रूप में उपेक्षित और वंचित वर्ग के लोगों के प्रति संवेदनशीलता उनके व्यक्तित्व में स्पष्ट रूप से झलकती है। कानपुर विश्वविद्यालय से एल०एल०बी० की शिक्षा ग्रहण करने के पश्चात् श्री कोविंद जी आई०ए०एस० बनने की प्रेरणा लिए दिल्ली आए और उसके लिए निरन्तर परिश्रम किया उन्हें सफलता भी मिली। उन्होंने नौकरी की जगह दिल्ली हाईकोर्ट में वकालत प्रारम्भ की। दिल्ली हाईकोर्ट में 16 वर्षों तक प्रैक्टिस करने के बाद वर्ष 1977 से 1979 तक केन्द्र सरकार के वकील रहे। बाद में वर्ष 198० से 1993 तक सुप्रीम कोर्ट में केन्द्र सरकार के स्टैंण्डिग काउंसिल के रूप में भी उन्होंने अपनी सेवाएँ दीं। वर्ष 1991 में वह भारतीय जनता पार्टी से जुड़े और थोड़े ही समय के पश्चात् वर्ष 1994 में उत्तर प्रदेश से राज्यसभा के लिए निर्वाचित हुए। वर्ष 2000 में वह पुनः उत्तर प्रदेश से राज्यसभा के लिए निर्वाचित हुए। वे राज्यसभा के गृह मंत्रालय, प्राकृतिक गैस और पेट्रोलियम, सामाजिक न्याय तथा अन्य विभिन्न महत्वपूर्ण संसदीय

समितियों के सदस्य भी रहें। वे राज्यसभा की हाउस कमेटी के चेयरमैन भी रहें। उन्होंने पार्टी संगठन में विभिन्न महत्वपूर्ण पदों पर भी कार्य किया।

उन्होंने संयुक्त राष्ट्र संघ में भारत का प्रतिनिधित्व किया और अक्टूबर, 2002 में संयुक्त राष्ट्र महासभा को संबोधित भी किया। वह कई सामाजिक संस्थाओं से जुड़े रहे हैं। 08 अगस्त, 2015 को बिहार के राज्यपाल के रूप में उनकी नियुक्ति हुई और 16 अगस्त, 2015 से 20 जून, 2017 तक बिहार के राज्यपाल के रूप में उन्होंने उल्लेखनीय कार्य किया। अपने इस कार्यकाल के दौरान राज्य सरकार से मधुर और गरिमापूर्ण सम्बन्ध बनाए रखना, यह उनकी निष्पक्ष कार्यशैली का प्रमाण था। वह सत्ता और विपक्ष दोनों के ही प्रिय थे। उनकी स्वच्छ छवि और कार्यकुशलता उनके रापष्ट्रति पद के उम्मीदवार का परिणाम थी।

श्री रामनाथ कोविंद जी की पहचान कानून के एक बड़े जानकार, एक प्रखर सांसद के साथ-साथ एक कुशल समाजसेवी के रूप में भी है। चाहे वह छात्र जीवन रहा हो या फिर एक सांसद के रूप में, वह उपेक्षित और वंचित वर्गों के लिए काम करते रहे हैं। एक छोटे से गाँव से निकल कर देश के सर्वोच्च पद पर आसीन होने जा रहे श्री रामनाथ कोविंद जी श्री के०आर० नारायणन के बाद वंचित वर्ग के दूसरे राष्ट्रपति होंगे। उत्तर प्रदेश के एक सपूत को देश के सर्वोच्च संवैधानिक पद पर आसीन होने के लिए, उन्हें राष्ट्रपति पद हेतु निर्वाचित होने पर यह सदन उन्हें हार्दिक बधाई और शुभकामनाएँ देता है।

सन्दर्भ : दिनांक 21 जुलाई, 2017 को श्री रामनाथ कोविंद के माननीय राष्ट्रपति पद पर निर्वाचित होने पर माननीय मुख्यमंत्री द्वारा बधाई का प्रस्ताव

मैं यह समझ नहीं पाता हूँ कि हमारे प्रतिपक्ष में बैठे हुए माननीय सदस्य आखिर किन मुद्दों को उठाना चाहते हैं? वह हर गलत कार्य का समर्थन करते हैं। अगर कहीं पर बालिकाओं के साथ, बेटी और बहनों के साथ उनकी सुरक्षा के सामने कोई खतरा है, उनके सम्मान की रक्षा के लिए प्रदेश सरकार एन्टी रोमियो स्क्वाएड का गठन करती है तो उनको इस पर भी आपत्ति है।

सर्वजन की सुरक्षा सरकार की सर्वोच्च प्राथमिकता

मा० अध्यक्ष जी, गृह विभाग और सामान्य प्रशासन विभाग से सम्बन्धित जो अनुदान माँगें हैं, उनसे सम्बन्धित इस विषय पर मुझे कुछ महत्वपूर्ण मुद्दे इस सदन में रखने हैं। अच्छा होता यदि प्रदेश की सुरक्षा और प्रदेश के अन्दर विकास के लिए किए जा रहे प्रयासों में हमारे विपक्षी सदस्य भी सहभागी बनते तो अच्छा संदेश जाता, लेकिन सत्य हमेशा कटु होता है और उस कटु सत्य को स्वीकार करने की क्षमता प्रत्येक के अन्दर नहीं होती है। दुर्भाग्य से हमारे प्रतिपक्ष के जो साथी हैं, उन्होंने उस कटु सत्य को स्वीकार करने की क्षमता समाप्त कर ली है इसलिए अब वह इस सदन की गरिमा और मर्यादा के प्रतिकूल आचरण करने में भी किसी प्रकार का कोई संकोच नहीं कर रहे हैं। 19 मार्च, 2017 को भारतीय जनता पार्टी के नेतृत्व में बनी प्रदेश की यह सरकार प्रदेश के अन्दर बिना भेदभाव के प्रदेश के प्रत्येक नागरिक को सुरक्षा प्रदान करने के लिए प्रतिबद्ध है। उस प्रतिबद्धता को दोहराते हुए बजट में भी इस प्रकार के प्रावधान किए गए हैं। गृह विभाग से सम्बन्धित जो महत्वपूर्ण विषय हैं जिन पर आज हम लोगों ने माननीय सदन में चर्चा की और जो कार्यवाही अब तक हुई है, उस पर कहने के लिए मैं यहाँ पर खड़ा हूँ। मुख्य रूप से गृह विभाग के अंतर्गत वित्तीय वर्ष 2017-18 में 16116.75 करोड़ रुपये की व्यवस्था की गई है, जो गत वर्ष के बजट प्रावधान की तुलना में 7.3 प्रतिशत अधिक है।

पुलिस बल के आधुनिकीकरण हेतु वित्तीय वर्ष 2017-18 में 17.19 करोड़ रुपये की व्यवस्था की गई है। इसी प्रकार से डायल 100 सिस्टम हेतु

जिसमें सुधार की अत्यन्त गुन्जाइश है और जिसके बारे में हमारे माननीय सदस्य बार-बार अपनी चिन्ताओं से अवगत कराते रहे हैं। जो पूर्ववर्ती सरकार थी उसकी मंशा अच्छी नहीं थी, इसलिए यू०पी० डायल-100 की जो गाड़ियाँ थीं, वह बहुत सारी जगह वसूली के अड्डे बन चुकी थी। प्रदेश के अन्दर कानून-व्यवस्था को सुधारने के बजाय निहित स्वार्थों के लिए उनका दुरुपयोग होने लग गया था इसीलिए उसमें जवाबदेही तय हो इस दृष्टि से डायल-100 की इन गाड़ियों के लिए एक नया सॉफ्टवेयर विकसित करके यह व्यवस्था सुनिश्चित की जा रही है कि जो कॉल किसी फिरयादी या किसी शिकायतकर्ता के द्वारा की जाएगी तो उस कॉल के लिए वह केवल डॉयल-100 की गाड़ी को ही निर्देश जारी करने के लिए नहीं बल्कि उसके साथ ही थानाध्यक्ष को भी, सर्किल के डिप्टी एस०पी० को भी और साथ ही साथ उस जनपद के एस०पी० और एस०एस०पी० को भी इस बारे में जानकारी दी जाएगी। वह एक पूरी व्यवस्था के साथ जवाबदेह बना दिया जाएगा। इसके लिए डायल-100 सिस्टम हेतु वित्तीय वर्ष 2017-18 में 296.40 करोड़ रुपये की व्यवस्था की गई है। जिसमें 1600 मोटरसाइकिल खरीदी जानी हैं, जिससे टाइम पीरियड और कम किया जा सके। किसी भी फरियादी और किसी भी शिकायतकर्ता के द्वारा कॉल किए जाने के उपरान्त कम समय में वहाँ पर उपस्थिति हो सके, इसलिए यह व्यवस्था की जा रही है।

एकीकृत प्रबन्धन प्रणाली हेतु वित्तीय वर्ष 2017-18 में 26.43 करोड़ रुपये की व्यवस्था की गई है। सी०टी०, सर्विलांस सिस्टम हेतु वर्ष 2017-18 में 51 करोड़ रुपये की व्यवस्था की गई है। पुलिस विभाग में आवासीय भवनों के निर्माण हेतु 50 करोड़ रुपये की व्यवस्था तथा निर्माणाधीन पुलिस भवन हेतु 50 करोड़ की व्यवस्था की गई है। विधि विज्ञान प्रयोगशालाओं में उपकरण क्रय के लिए 40 करोड़ रुपये की व्यवस्था इस बजट में की गई है। इसी प्रकार से पुलिस विभाग में अग्निशमन केन्द्रों के निर्माण के लिए 25 करोड़ रुपये की व्यवस्था, नवसृजित जनपदों में पुलिस आवासीय और अनावासीय भवनों के निर्माण हेतु 18.48 करोड़ रुपये की व्यवस्था, सी०सी०टी०एन०एस० योजना

के अन्तर्गत वित्तीय वर्ष 2017-18 में 10 करोड़ की व्यवस्था, अग्निशमन सेवाओं के सुदृढ़ीकरण के लिए 10 करोड़ रुपये की व्यवस्था और प्रदेश में आने वाली किसी भी आपदा से निपटने के लिए एन०डी०आर०एफ० की तर्ज पर उत्तर प्रदेश में एस०डी०आर०एफ० का भी गठन हो सके इस दृष्टि से प्रदेश के अन्दर 34.68 करोड़ रुपये की व्यवस्था गृह विभाग के इस अनुदान माँगों में बजट के माध्यम से की गई है। हर व्यक्ति जानता है कि प्रदेश की सरकार की मंशा साफहै और नीयत भी स्पष्ट है, इसलिए सच्चाई सामने न आ जाए, मुझे कभी-कभी एक युक्ति याद आती है कि "चाँदनी रात चोरों को अच्छी नहीं लगती है"। यह स्थिति, मुझे लगता है कि उन लोगों को भी अच्छी नहीं लग रही है, जो इस सरकार की कार्यपद्धति से सकपका से गए हैं। वह पहले ही अपनी हार मान चुके हैं। यद्यपि जनता उनको पहले ही सबक सिखा चुकी है। महोदय, उनकी गलती नहीं है क्योंकि उन्होंने इतनी गलतियाँ कर दी हैं कि अब उसमें सुधार की गुंजाइश तो नहीं रही है इसीलिए उनके द्वारा बार-बार उन बातों का उल्लेख किया जाता है। मैं यह समझ नहीं पाता हूँ कि हमारे प्रतिपक्ष में बैठे हुए माननीय सदस्य आखिर किन मुद्दों को उठाना चाहते हैं? वह हर गलत कार्य का समर्थन करते हैं। अगर कहीं पर बालिकाओं के साथ, बेटी और बहनों के साथ उनकी सुरक्षा के सामने कोई खतरा है, उनके सम्मान की रक्षा के लिए प्रदेश सरकार एन्टी रोमियो स्क्वाएड का गठन करती है तो उनको इस पर भी आपत्ति है।

प्रदेश में अगर एन०जी०टी० और सुप्रीम कोर्ट के आदेश के आलोक में पूर्ववर्ती सरकार जिन आदेशों का पालन नहीं करवा पाई थी, अगर इस नवगठित सरकार ने 24 घण्टे के अन्दर प्रदेश के तमाम अवैध बूचड़खानों को सख्ती के साथ बन्द किया तो उनको उस पर भी आपत्ति थी कि क्यों बन्द कर दिया? लेकिन उनकी कुछ भी नहीं चल पाई, क्योंकि जनता ने कोई सहयोग नहीं दिया। हम लोगों ने तो यह चुनाव के पहले भी कहा, चुनाव के बाद भी कहा हम लोग उन मुद्दों को आगे बढ़ा रहे हैं। उस पर पूरी सख्ती के साथ जनता के हित में आगे बढ़ाते हुए प्रदेश के हित में, लोक हित में, प्रदेश के

गाँव गरीब, किसान, नौजवान और महिलाओं, व्यापारियों इन सबकी सुरक्षा के लिए प्रदेश सरकार पूरी प्रतिबद्धता के साथ कार्य कर रही है। हमारे सहयोगियों को इस पर भी आपत्ति है कि हम कार्रवाई क्यों कर रहे हैं। एण्टी रोमियो स्क्वाएड द्वारा 22 मार्च से ले करके 22 जुलाई तक कुल 3 लाख 43 हजार 345 स्थलों में चेकिंग की कार्रवाई हुई है। इसमें जिन लोगों को चेक किया गया है, उसमें जिस प्रकार के लोग थे उसमें 11 लाख 21 हजार 338 लोगों को उस दौरान चेक किया गया, उनकी गतिविधियों को चेक किया गया, 763 अभियोग पंजीकृत हुए, 1 हजार 580 व्यक्तियों के विरुद्ध कार्रवाई की गई और 4 लाख 69 हजार 144 लोगों को सचेत करते हुए उनके परिजनों को भी सौंपा गया कि आगे से यह इस प्रकार की गतिविधि न करने पाएँ, इसके बारे में भी सचेत किया गया। हम सबके लिए चिन्ता का विषय रहा है प्रदेश के अन्दर कि राजनैतिक संरक्षण में जो अवैध रूप से जमीनों पर, सरकारी भूमि पर, ग्राम समाज की भूमि पर, धर्मस्थलों की भूमि पर कब्जे की जो शिकायतें आती थीं पहले प्रशासन कोई कार्रवाई नहीं करता था क्योंकि सत्ता का संरक्षण ऐसे तत्वों को प्राप्त होता था। हम लोगों ने प्रदेश के अन्दर एन्टी भू-माफिया टास्क फोर्स का गठन किया और एन्टी भू-माफिया टास्क फोर्स ने प्रदेश के अन्दर पूरी सक्रियता के साथ कार्य करना प्रारम्भ किया है। उसने पहले चरण में जो भूमि चिह्नित की है, मुझे इस सदन को बताते हुए प्रसन्नता है कि ग्राम समाज की भूमि पर जो अवैध कब्जे थे इनमें से 17 हजार 97.839 हेक्टेयर लैण्ड चिह्नित हुई है। इसमें राज्य में धारा 67 राजस्व संहिता में दर्ज कुल वादों की संख्या 14,453 है। 5773.765 हेक्टेयर लैण्ड अब तक अवैध कब्जे से मुक्त भी कराई गई है। इस सरकार के आने के बाद बहुत सारे ऐसे लोग थे जो सत्ता के संरक्षण में पलते-फलते थे। लेकिन उनको पता लगा कि अब भाजपा आ गई है तो बहुत सारे लोगों ने ऐसे ही जमीन के कब्जे छोड़ने शुरू कर दिए। मुझे लगता है कि दो महीने के बाद जब यह अभियान चलेगा तो बाकी लोग भी कब्जा छोड़ेंगे। उसके बाद उस भूमि को खाली कराने में जो खर्चा आएगा, इसकी रिकवरी भी हम उन लोगों से करने वाले हैं।

इसी प्रकार से शासकीय भूमि जिस पर अवैध कब्जा था, 30 जून तक जो स्थिति है, इसमें 5395.805 हेक्टेयर लैण्ड अवैध कब्जे में चिह्नित की गई है। अभी तक हम लोगों ने 1020.744 हेक्टेयर लैण्ड अवैध कब्जे से मुक्त करवाई है। शेष भूमि भी मुक्त कराने की कार्यवाही आगे चलने जा रही है। जो चिह्नित भू-माफिया हैं, 1035 ऐसे भू-माफिया हैं, जिनमें अब तक 42 पर गुण्डा एक्ट की कार्यवाही हुई है, 17 पर गैंगस्टर एक्ट की कार्यवाही की गई है और 371 जिन पर अन्य आपराधिक कानून के अन्तर्गत कार्यवाही की गई है। इसके अलावा इन भू-माफियों के कब्जे में तमाम प्रकार की जो भूमि है चाहे वह ग्राम समाज की हो या शासकीय हो, इन सबको मुक्त करवाने की कार्यवाही प्रारम्भ की गई है। यह लोग कानून व्यवस्था पर प्रश्न उठाते हैं। बार-बार इस बात को कहते हैं कि कानून व्यवस्था की स्थिति खराब हो गई है। एक सरकार जिसने चार महीने का कर्यकाल पूरा किया हो, उस सरकार को यह लोग कठघरे में खड़ा करते हैं। जिन लोगों ने 12-15 वर्षों तक पूरे प्रदेश को एक चरागाह बना दिया था। जिन लोगों ने प्रदेश की राजनीति का अपराधीकरण किया और जिन लोगों ने अपने स्वार्थों के लिए दंगों की आग में प्रदेश को झोंका है। भारत सरकार के गृह मंत्रालय के आँकड़ों को आप देंखे तो अकेले उत्तर प्रदेश में इस सरकार के आने के पहले विगत तीन वर्ष के दौरान 450 से अधिक दंगे हुए हैं। मैं कह सकता हूँ कि सरकार के आने के बाद चार महीने में प्रदेश में एक भी दंगा नहीं हुआ है। हत्या में 5.16 प्रतिशत की कमी इस सरकार के आने के बाद आई है। अनुसूचित जाति- जनजाति की हत्याओं में 16.67 प्रतिशत की कमी आई है। अनुसूचित जाति जनजाति समुदाय से जुड़े हुए लोगों के ऊपर जो अमानवीय अत्याचार होते थे उसमें भी 13.33 प्रतिशत की कमी आई है इस सरकार के बनने के बाद।

इस दौरान विभिन्न प्रकार की आपराधिक घटनाएँ प्रदेश के अंदर घटित हुईं। इससे पहले प्रदेश में चाहे वह सपा की सरकार रही हो, चाहे वह बहुजन समाज पार्टी की सरकार रही हो, एफ०आई०आर० दर्ज ही नहीं होता था। अपराध के आँकड़ों को छुपा करके यह लोग वाहवाही लूटने का कार्य करते थे।

यह सरकार आई, हम लोगों ने कहा कि एक फरियादी के साथ थानों में सही व्यवहार होना चाहिए। शिष्टता के साथ पेश आना चाहिये। दूसरा, शत-प्रतिशत एफ०आई०आर० दर्ज की जानी चाहिए। पहले हत्या और गैंगरेप जैसी घटनाओं पर भी पूर्ववर्ती सरकारों में मंत्रियों के कितने गैरजिम्मेदाराना और शर्मनाक बयान आया करते थे। दंगों के घोषित अपराधियों को कैसे सत्ता का संरक्षण प्राप्त होता था? घोषित दंगाइयों को स्टेट प्लेन से लाकर लखनऊ में मुख्यमंत्री के आवास में उनका महिमामंडन होता था। किस प्रकार से मुजफ्फरनगर के दंगों में पूर्ववर्ती सरकार के मंत्रियों की संलिप्तता थी, यह जगजाहिर है। लेकिन इस सरकार ने पहले ही कहा है कि अगर चुनाव के पूर्व आदरणीय प्रधानमंत्री जी ने 'सबका साथ, सबका विकास' की बात कही तो सबका साथ सबके विकास का नारा सार्थक होता हुआ तब दिखाई देता है, जब बिना भेदभाव के प्रदेश के अन्दर प्रत्येक व्यक्ति को न्याय प्रदान करने के लिए सरकार कृत संकल्पित है। उस दिशा में हम लोगों ने जो प्रयास किया है, इस दौरान जो आपराधिक घटनाएँ घटित भी हुईं उन आपराधिक घटनाओं को हम लोगों ने पूरी तरह से वर्क आउट करने का प्रयास किया है। पुलिस ने अच्छा कार्य किया है। उसके अच्छे परिणाम सामने आए हैं। उस परिणाम के अन्तर्गत डकैती, लूट, हत्या जैसे गम्भीर अपराधों में लिप्त जो अपराधी थे, उनके विरुद्ध 87 प्रतिशत डकैती में उनको वर्क आउट किया गया। 87.42 प्रतिशत लूट की घटनाओं को वर्क आउट किया गया और हत्या जैसे जघन्य मामलों में भी 73.60 प्रतिशत कार्यवाही करते हुए वर्क आउट करके लूट और डकैती में जो सम्पत्तियाँ ले गए थे, उन सबकी बरामदगी पुलिस ने प्रदेश के अन्दर की है। यह एक स्थापित तथ्य है और राष्ट्रीय पुलिस आयोग की चतुर्थ रिपोर्ट है। द्वितीय प्रशासनिक सुधार आयोग की रिपोर्ट और उत्तर प्रदेश पुलिस रेगुलेशन में भी स्पष्ट रूप से इस बात का उल्लेख किया गया है कि आँकड़ों के माध्यम से हम पुलिस कार्यों का मूल्यांकन नहीं कर सकते। लेकिन आँकड़ों को दबा करके हम आमजन की शिकायतों को ही थाने में दर्ज न करें इस प्रकार का पाप पूर्ववर्ती सरकारों में होता रहा है। इस कारण से प्रदेश में जंगलराज जैसी

स्थिति पैदा हुई है। सत्ता संभालते ही सरकार ने इस बात का संकल्प लिया कि प्रत्येक फरियादी की एफ०आई०आर० दर्ज होगी। फिर दोषी अपराधियों के खिलाफबिना भेदभाव के कार्रवाई सरकार करेगी। इस तर्ज पर हम लोग प्रदेश के अन्दर कार्रवाई कर रहे हैं। इसके लिए हम लोगों ने टेक्नोलॉजी का भी प्रयोग किया है। हम लोगों ने एक व्यवस्था की है कि आमजन को किसी प्रकार की कोई समस्या न हो।

प्रथम सूचना रिपोर्ट को इलेक्ट्रॉनिकली दर्ज कराने के लिए लास्ट आर्टिकल ऐप और लास्ट आर्टिकल ऐप वर्जन को भी हम लोग अधिकाधिक प्रोत्साहित कर रहे हैं। जन सामान्य अपने मोबाइल नम्बर एवं ई–मेल आई०डी० के माध्यम से अपनी सूचना का पंजीकरण करा सकते हैं। किसी सामान के खोने या गुमशुदगी की जानकारी देने में भी इनका प्रयोग किया जा सकता है। मैंने पहले भी इस बात को कहा है कि घटनाएँ प्रदेश के अन्दर जो घटित भी हुईं, हमारे विपक्ष के मित्रों को आपत्ति किस बात की है, उन्हें आपत्ति इस बात की है कि पुलिस इन अपराधों में वर्क आउट क्यों कर रही है। आपने कल पूर्व मुख्यमंत्री का बयान भी पढ़ा होगा कि पुलिस जल्दबाजी में कर दे रही है। यानी उनके लिए सपना है कि पुलिस ऐसे भी कार्रवाई कर सकती है। यह सपना उनके लिए इसलिए है क्योंकि उन्होंने पुलिस की कार्यपद्धति को पूरी तरह से पंगु बना दिया था। पुलिस और प्रशासन की कार्यपद्धति को इन लोगों ने अवरुद्ध करने का प्रयास किया था। ये लोग नहीं चाहते थे कि एक अच्छी पुलिसिंग हो, पुलिस का व्यवहार सामान्य पब्लिक के साथ फ्रैन्डली हो, पुलिस का व्यवहार आमजन के प्रति दोस्ताना हो, पूर्ववर्ती सरकार यह नहीं चाहती थी। पुलिस उनके राजनैतिक हथियार के रूप में कैसे कार्य कर सके, जब मंशा यह हो तो उस दूषित मंशा से आप प्रदेश के अन्दर कानून का राज स्थापित नहीं कर सकते। पूर्ववर्ती सरकार ने यह पाप किया था इसलिए पूर्व मुख्यमंत्री का यह बयान भी इस मामले में आता है कि पुलिस जो वर्क आउट कर रही है वह जल्दबाजी में कर दे रही है। मुझे आश्चर्य होता है कि पिछले एक सप्ताह के अन्दर दो बड़ी कामयाबियाँ उत्तर प्रदेश को मिली हैं, जेवर

में गैंगरेप की घटना घटित हुई थी। गैंगरेप की घटना के तत्काल बाद आपने पीड़ितों के बयान को भी देखा होगा। उसमें एक बयान यह भी आया था कि उन्होंने अपने एक पड़ोसी पर भी आरोप लगाया था। मैंने स्वयं अपने मा० विधायक जेवर श्री धीरेन्द्र सिंह जी के माध्यम से पीड़ित परिवार से सम्पर्क किया था। फिर मैंने पीड़ित परिवार को स्वयं भी यहाँ बुलवाया था और मैंने उनसे कहा कि देखो, हम यह चाहते हैं कि सही अपराधी के खिलाफकार्रवाई हो। यह अपराधी कोई भी हो, उनको छोड़ा नहीं जाना चाहिए और सख्ती से ऐसे अपराधियों के साथ निपटा जाना चाहिए। इसलिए मैं चाहूँगा कि आप लोग इस मामले में सही बयान दें। आप लोगों के साथ जो घटना घटित हुई है, हमारी पूरी संवेदना आपके साथ है। अगर उन बयानों के आधार पर या उस समय कही गई बातों के आधार पर हम लोग कार्रवाई करते तो दूसरे दिन ही, क्योंकि नाम जो बोले जा रहे थे उसके आधार पर हम कार्रवाई करते तो सही अपराधी नहीं पकड़े जाते। जेवर की घटना का अभी पिछले सप्ताह ही हमारी पुलिस ने और एस०टी०एफ० ने वर्क आउट किया है।

पिछली सरकार के कार्यकाल में दो वर्ष के दौरान जेवर में इस प्रकार की 15 घटनाएँ घटित हुई हैं और उन 15 घटनाओं में इन्होंने झूठे आँकड़ें दे करके प्रदेश की जनता को गुमराह करने का कार्य किया है। आज घटना का वर्क आउट पूरी तरह से हुआ है, सही अपराधी जेल में गए हैं। उन अपराधियों को पीड़ितों ने भी पहचाना है और आवश्यकता पड़ेगी तो हम उसमें आगे की कार्यवाही भी करने जा रहे हैं। बहुत सख्त कार्रवाई इस मामले में होगी, जेवर की घटना आपके सामने है। इसी प्रकार से झाँसी में दो व्यापारियों का अपहरण हुआ था, अपहरण की वारदात होती है और फिर उस पर उत्तर प्रदेश पुलिस और एस०टी०एफ० ने कार्यवाही प्रारम्भ की और मुझे बताते हुए प्रसन्नता है, मैं धन्यवाद दूँगा पीड़ित परिवार को और वहाँ के व्यापारियों को, नागरिकों को, जिन्होंने बड़े धैर्य के साथ पुलिस पर विश्वास करते हुए एस०टी०एफ० की कार्रवाई पर विश्वास करते हुए धैर्य रखा। हम लोग उन दोनों व्यापारियों को सकुशल उन अपराधियों, अपहरणकर्ताओं के चंगुल से मुक्त करा चुके हैं

और अब उन अपराधियों के खिलाफ कार्रवाई करने के लिए टीमें लगाई गई हैं। हम लोगों ने इस बात को तय कर दिया है कि प्रदेश के अन्दर अपराध कोई भी करेगा, उसको हम बख्शेंगे नहीं। कानून के दायरे में ला करके उसके खिलाफ सख्त कार्रवाई हम लोग करेंगे। जेवर की घटना ने, झाँसी की घटना ने इस बात को साबित कर दिया है, लेकिन हमारे प्रतिपक्ष में बैठे हुए साथियों को आपत्ति इस बात की है कि आजमगढ़ की घटना में सही अभियुक्त को क्यों गिरफ्तार कर लिया? आखिर आजमगढ़ में 21 लोग जहरीली शराब पीने से मरे और ये घटनाएँ इससे पहले भी घटित हो चुकी थीं क्योंकि वह अपराधी एक राजनैतिक दल का संरक्षण प्राप्त करता था और सरेआम अपनी गतिविधियों को वहाँ पर अंजाम देता था। 2009 और 2013 में भी 10 और 40 लोगों की मौत उसी आजमगढ़ जनपद में हुई थी। इस बार प्रभावी कार्रवाई हुई है और प्रभावी कार्रवाई करने पर विपक्ष में बैठे हुए हमारे साथियों को आपत्ति थी कि कार्रवाई क्यों हो रही है? या अगर हम कार्रवाई कर ही रहे हैं तो उन अपराधियों का नाम क्यों बता रहे हैं? यानी उन अपराधियों का नाम नहीं बताया जाना चाहिए। उन अपराधियों का किस राजनीतिक दल से सम्बन्ध है ये भी नहीं बताया जाना चाहिए। अभी एक अपराधी अम्बेडकरनगर से गिरफ्तार हुआ है। बहुत शातिर अपराधी गिरफ्तार हुआ है। इसको भी यू०पी० एस०टी०एफ० ने गिरफ्तार किया है, कार्रवाई की है। वह किसी बड़ी घटना को अंजाम देने की प्रक्रिया में था। अगर मैं उसके राजनीतिक सम्बन्धों का खुलासा करूँगा तो बहुत सारे लोग एक्सपोज हो जाएँगे और वह समाज के सामने चेहरा दिखाने के लायक नहीं होंगे। यानी राजनीतिक संरक्षण में प्रदेश के अन्दर अपराध फल-फूल रहा है। आजमगढ़ इसका उदाहरण है, सीतापुर की घटना इसका उदाहरण है, अम्बेडकरनगर के अंदर पकड़ा गया वह अपराधी इसका उदाहरण है। अन्य तमाम घटनाओं को, जिन्हें पुलिस ने वर्क आउट किया है, ये सब घटनाएँ इसके उदाहरण हैं कि कैसे इन लोगों को राजनीतिक संरक्षण में पाला-पोसा गया और फिर ये लोग अपनी गतिविधियों को कैसे आगे बढ़ाते रहें, ये घटनाएँ इस बात को साबित करती हैं। इसी प्रकार से उत्तर

प्रदेश के अंदर अधिकतर घटनाओं में चाहे वह सीतापुर, रायबरेली या फिर मथुरा की घटना रही हो इन सबका सफलतापूर्वक पुलिस ने पर्दाफाश किया है। इन चार महीनों में पुलिस ने प्रदेश के अन्दर तमाम दुर्दान्त आतंकवादियों को और अपराधियों को भी गिरफ्तार करके जेल भेजा है। इनामी अपराधी भी थे। इसमें नोएडा में 50 हजार का एक इनामी अपराधी, अलीगढ़ में भी 50 हजार का इनामी अपराधी यूनुस आलम, गाजियाबाद में हैदर खान 50 हजार का इनामी अपराधी था। इसके साथ ही सागर उर्फभीम सी०बी०आई० द्वारा 2015 के बहुचर्चित अंकित चौहान हत्याकांड का अपराधी है। जिस पर 5 लाख का इनाम भी घोषित किया गया था, उसको भी यू०पी० पुलिस और एस०टी०एफ० की संयुक्त कार्रवाई में गिरफ्तार किया गया है। इस दौरान जो उत्तर प्रदेश के अन्दर ए०टी०एस० ने और एस०टी०एफ० ने यू०पी० पुलिस के साथ जो संयुक्त कार्यवाही की है, इसमें कानपुर में 5 आतंकवादियों को गिरफ्तार किया गया। उसमें एक मारा भी गया था। बिजनौर में 4 आतंकी गिरफ्तार किए गए। जिसमें 4 राज्यों की पुलिस ने केन्द्रीय एजेन्सियों के साथ संयुक्त ऑपरेशन के माध्यम से गिरफ्तार किया था।

अभी 8 जुलाई को कबीर नामक एक आतंकवादी को बिजनौर से गुजरात पुलिस के संयुक्त ऑपरेशन में यू०पी० ए०टी०एस० ने गिरफ्तार किया है। इसी प्रकार से लश्कर–ए–तैय्यबा का जो आंतकी है मुस्लिम खान, उसे मुम्बई एयरपोर्ट से गिरफ्तार करने में सफलता प्राप्त की है। यह जो लश्कर–ए–तैय्यबा का आतंकी है, यह एक हार्ड कोर आतंकी है और पाकिस्तान में एक साल तक आतंकी प्रशिक्षण भी ले चुका है। इस दौरान आई०एस०आई० यानि पाकिस्तानी गुप्तचर एजेन्सी से जुड़े हुए 4 अन्य ऐसे गुप्तचरों को जो आई०एस०आई० से जुड़े थे, उनको भी यू०पी० ए०टी०एस० ने गिरफ्तार किया है।

पासपोर्ट कार्यालयों में जो धोखाधड़ी की घटनाएँ हैं, उनका भंडाफोड़ भी यू०पी० एस०टी०एफ० ने किया। 07 लोगों को इस मामले में गिरफ्तार किया है। साथ–साथ प्रदेश के अन्दर पेट्रोल पम्पों में जो चोरी होती थी। दो वर्षों से चोरी हो रही है और दो वर्ष की चोरी में पर लीटर लगभग 6 से 8 रुपये की

चपत प्रत्येक ग्राहक, प्रत्येक जो भी उपभोक्ता है, उसको लगती थी प्रति लीटर पर। यू०पी० एस०टी०एफ० की कार्यवाही में इस पूरे रैकेट का भंडाफोड़ हुआ है। इस पर कार्यवाही हुई है। प्रदेश के अंदर 6745 कुल पेट्रोल पम्प हैं। इनमें से सभी का निरीक्षण किया गया जिनमें से 345 में घटतौली पाई गई, 194 में टैम्परिंग हुआ, यानि चिप उसमें पाई गई है और 539 ऐसे पेट्रोल पम्प थे जिसमें कम पेट्रोल देने की बात सामने आई थी। इसमें 45 पेट्रोल पम्प अब तक सील हुए हैं और यह कार्यवाही अभी आगे चल रही है। पूरे प्रदेश के अन्दर सघन कार्यवाही हो रही है इसमें यू०पी० एस०टी०एफ० की यह बड़ी कार्रवाई है। मैं माननीय सदन से इस बारे में भी अनुरोध करना चाहूँगा कि हम सबके सामने एक बड़ी चुनौती है, सड़क दुर्घटनाओं में होने वाली मौतें। हम लोगों ने कई बार इस बारे में बैठक की है, सड़क सुरक्षा से जुड़े हुए प्रदेश के सभी मंत्रालयों के साथ भी हम बैठे हैं। डी०जी० ट्रैफिक के साथ भी बैठकर हम लोगों ने विस्तृत वार्ता की है, बैठक की है और मुझे लगता है कि कोई दिन ऐसा नहीं जिस दिन सड़क दुर्घटना में 10, 15, 20, 25 लोगों की मौत के समाचार न आते हों। मुझे लगता है केवल सरकार के भरोसे यह नहीं हो सकता है। माननीय जनप्रतिनिधि भी इस मामले में थोड़ा प्रयास अपने स्तर पर प्रारम्भ करें। थोड़ी कार्यवाही प्रारम्भ करवा दें और ट्रैफिक के नियमों का पालन करने की दिशा में एक प्रयास प्रारम्भ हो तो हम बहुत सारी जानों को बचा सकते हैं। इस मामले में हम लोगों ने सड़क सुरक्षा से जुड़े हुए सभी विभागों से भी कहा है। साथ ही यू०पी० ट्रैफिक के जो ए०डी०जी० हैं उनसे भी इस बारे में स्पष्ट कहा गया है कि इस बात को सुनिश्चित करें। बाइक पर चलने वाले कोई भी हों, बाइक सवारों से यह आग्रह किया जाए, इस बात को उनके लिए बाध्यकारी बनाया जाए कि हेलमेट पहनकर ही चलें, बिना हेलमेट के न चलें। जब बाइक पर बैठे हों या रेलवे ट्रैक पार कर रहे हों तो इयर फोन कान पर न लगाएँ। आप देखते होंगे अधिकतर दुर्घटनाओं का कारण क्या है? पता लगा रेलवे ट्रैक पर चल रहे हैं और कान में इयर फोन है और उसके बाद वह रेल की चपेट में आते हैं या बाइक से चल रहे हैं कान पर इयर फोन है

पीछे से कौन हॉर्न बजा रहा है उनको सुनाई नहीं देता है। इनको तो जो इयर फोन में सुन रहे हैं वही सुनाई देता है। उसका परिणाम होता है कि बहुत बार झगड़ा होता है, विवाद होता है और फिर बड़ी घटनाएँ घटित हो जाती हैं या फिर पीछे वाला वाहन उन पर ठोकर मार देता है। वह लोग उससे सचेत नहीं हो पाते हैं। एक जनजागरण हो। अगर हम लोग नहीं करेंगे, वह नौजवान हैं उनको हम लोग नहीं बताएँगे तो कौन बताएगा? हमारी शिक्षा पद्धति की यह विसंगति है कि हमने पाठ्यक्रम से इन सब सामग्रियों को हटा दिया है कि ट्रैफिक सेन्स जो होना चाहिए लोगों में, यह सब चीजें उसका हिस्सा नहीं रहीं। बहुत बार आप देखते होंगे आप अपनी साइड चल रहे हैं, आप गाड़ी चला रहे हैं और किसी ने बीच में आकर जबरदस्ती सड़क काट दिया। अगर आपका ड्राइवर या आप स्वयं सचेत न हों तो दुर्घटना हो जाएगी। उसके बाद माननीय मंत्री या माननीय विधायक अपराधी हो जाएँगे कि देखिए साहब यह किसी को भी ठोकर मारकर चल रहे हैं। लोगों को इस बारे में बताना पड़ेगा। मेरा आग्रह होगा कि दोपहिया वाहन से चलने वाले जो भी सवार हैं उनसे कहा जाए कि वाहन चलाते समय हेलमेट का इस्तेमाल करें। जब घर में बैठें तब इयर फोन भले ही सुन लें, लेकिन वाहन चलाते समय या बाइक चलाते समय इयर फोन न सुनें। तब इयर फोन का इस्तेमाल न करें। इसके बारे में एक व्यवस्था अनिवार्य की जानी चाहिए।

जो हमारे फोर व्हीलर्स हैं, उनमें दो चीजें अक्सर देखने को मिलती हैं। मैं सभी माननीय विधायकों से भी इस बात को कहूँगा कि वाहनों से हूटर हम लोग भी उतारें और लोगों से भी उतरवाएँ, बोलें, पुलिस को कहें, कि सभी लोगों से आग्रह करके इसको उतरवाने की व्यवरथा करें। काली फिल्म वाहनों से उतारें, काली फिल्म भी उतारने की कार्यवाही हो। जो मोटरसाइकिल से स्टंट करते हैं, इन लोगों पर भी सख्ती से लगाम लगाए जाने की आवश्यकता है। स्टंट करते हुए स्वयं तो मरते हैं और दूसरों को भी मारते हैं। इनको भी रोके जाने की आवश्यकता है। इस पर एक सघन अभियान उत्तर प्रदेश के अन्दर चलाने की कार्यवाही प्रारम्भ हुई है। इसके अलावा हम लोगों ने प्रदेश

के अन्दर एक व्यवस्था प्रारम्भ की है। जन समस्याओं के निस्तारण के लिए मुख्यमंत्री कार्यालय में एक पोर्टल काम कर रहा है। लेकिन साथ ही साथ व्यवस्था को और प्रभावी बनाने का प्रयास किया जा रहा है कि ब्लॉक दिवस, थाना दिवस, तहसील दिवस के माध्यम से जन समस्याओं के निस्तारण को एक समय सीमा के अन्दर समाधान करने की दिशा में प्रभावी कार्यवाही प्रारम्भ हो। अगर हमें विकास की योजनाओं को देखना है या आम जन से जुड़ी हुई समस्याओं का समाधान करना है तो सबसे छोटी इकाई ब्लाक हो सकती है, जिसके माध्यम से इसकी मॉनीटरिंग की जा सकती है और ब्लॉक दिवस को एक प्रभावी कार्यरूप प्रदान करने का प्रयास हो रहा है। थाना दिवस के अन्दर भी इस बात का प्रयास हो रहा है कि थाना दिवस के अन्दर उस थाने से जुड़े आपराधिक मामले हों या राजस्व से जुड़ी हुई समस्याओं का एक साथ बैठकर वहाँ समाधान हो। थाना दिवस के दिन थानाध्यक्ष के साथ-साथ उस थाने से जुड़े सभी लेखपाल उपस्थित हों और उन समस्याओं का समाधान करें। उस दिन नहीं हो सकता, समय लें एक दिन, दो दिन, तीन दिन, लेकिन एक समय सीमा के अन्दर इन समस्याओं का समाधान हो। तहसील दिवस को सम्पूर्ण समाधान दिवस के रूप में हम मनाएँ। तहसील दिवस के दिन जनता से जुड़ी उन हर समस्याओं का समाधान होता हुआ दिखाई देना चाहिए। जिसके लिए जनता को दर-दर की ठोकरें खानी पड़ती हैं। यह चीजें न देखने को मिलें इसलिए इसको प्रभावी बनाने का प्रयास प्रदेश सरकार कर रही है और शीघ्र ही इसके परिणाम भी सामने आएँगे।

हम सबके सामने एक बहुत बड़ी चुनौती है, वह है पुलिस बल में जन शक्ति का अभाव। लगभग डेढ़ लाख पुलिस के पद प्रदेश में खाली हैं। यह डेढ़ लाख जो पद खाली हैं यह इसलिए खाली हैं क्योंकि पूर्ववर्ती सरकार की नीयत साफ नहीं थी। उन्होंने प्रत्येक भर्ती को विवादित बना दिया था। प्रत्येक नियुक्ति की प्रक्रिया को इतना विवादित बना दिया था कि माननीय न्यायालय को उस पर रोक लगानी पड़ी थी। उत्तर प्रदेश में पुलिस भर्ती पर माननीय उच्चतम न्यायालय को रोक लगानी पड़ी थी। हम लोग नए तर्कों के

साथ माननीय न्यायालय के सामने गए हैं और माननीय उच्चतम न्यायालय ने प्रदेश के अन्दर पुलिस की भर्ती की प्रक्रिया को नए सिरे से प्रारम्भ करने व उसकी नई नियमावली तैयार करने के लिए कहा है। इस दिशा में हम लोगों ने प्रयास प्रारम्भ किया है जिसमें 3307 सब-इंस्पेक्टर और सब-इंस्पेक्टर स्तर की 600 महिला और 2400 पुरुष अभ्यर्थियों सहित 3 हजार उप-निरीक्षक व 21 प्लाटून कमाण्डर पी०ए०सी० और 97 फायर सर्विस सेकेण्ड अफसर सम्मिलित हैं। इनकी भर्ती की प्रक्रिया को हम लोगों ने प्रारम्भ किया है। इसके साथ ही हम लोगों का प्रयास है कि आगामी 3 वर्ष के दौरान प्रदेश में जो पुलिस कांस्टेबल के पद खाली पड़े हैं, हम इनको भी भरेंगे। इस दिशा में इस वर्ष हम लोग लगभग 30 हजार पुलिस कांस्टेबल की भर्ती करने जा रहे हैं। इस संख्या को हम लोग आने वाले वर्ष में बढ़ाएँगे। इस प्रक्रिया को हम लोगों ने प्रारम्भ कर दिया है। इस पर पूरी तत्परता के साथ सरकार कार्य करने जा रही है। यू०पी० 100 जो एक विवादास्पद सेवा बन चुकी थी, जिसको पिछली सरकार के समय यह कहा जाता था कि सरकार ने इसको अपनी वसूली का जरिया बनाया है, तो उसके लिए हमने पहले कहा कि हम लोग एक नया सॉफ्टवेयर लाने जा रहे हैं उसके माध्यम से उस पर प्रभावी नियंत्रण हो। अवैध वसूली की प्रक्रिया पर पूरी तरह लगाम लगाकर व ऐसे दोषी लोगों के खिलाफ कार्यवाही की जाएगी। साथ-साथ यू०पी० 100 सेवा को हम 108 एम्बुलेंस सेवा के साथ भी जोड़ने का कार्य कर रहे हैं। साथ-साथ यू०पी० 100 का हम लोग अग्निशमन सेवा के साथ भी एकीकरण कर रहे हैं। अगर किसी को कहीं पर फायरबिग्रेड के लिए भी सूचना देनी हो अगर यू०पी० 100 पर भी डायल करेंगे तो यू०पी० 100 से भी यह जानकारी उस जिले और कौन-सा वह क्षेत्र है जहाँ पर आपको फायर टेंडर की आवश्यकता है वहाँ पर भी हम इसका उपयोग कर पाएँगे। इसके साथ उसको जोड़ने की कार्यवाही प्रारम्भ हो रही है। इसके अलावा हम लोगों ने एक प्रयास प्रारम्भ किया है कि प्रत्येक जनपद में एक मॉडल थाने का निर्माण हो। मुझे लगता है कि वैसे माननीय सदस्यों में से ज्यादातर लोग थाना अपने यहाँ स्वीकार नहीं करते होंगे बहुत कम लोग होंगे जो कहते होंगे कि हमारे यहाँ थाने का निर्माण हो।

मुझे खुशी है कि आप लोग हाँ कह रहे हैं। आप लोग सत्तापक्ष के हैं इसलिए स्वीकार करेंगे। लेकिन मुझे लगता है कि प्रतिपक्ष के लोग तो स्वीकार नहीं करते, उनको किसी भी अच्छे कार्य की आवश्यकता नहीं है, लेकिन हम लोग हर जनपद में यह देने जा रहे है। इसके लिए कार्यवाही प्रारम्भ हुई है। इसके अलावा 75 जनपदों में क्राइम ब्रांच की स्थापना एवं सुदृढ़ीकरण वाहन उपकरण और संचार साधन आदि की व्यवस्था इसमें हम लोग कार्यवाही प्रारम्भ करने जा रहे हैं। 6 नई विधि विज्ञान प्रयोगशालाओं के निर्माण का कार्य हम लोग इस साल करने जा रहे है। जो 8 विधि विज्ञान प्रयोगशालाओं का निर्माण कार्य चल रहा है उसके लिए जो आवश्यक धनराशि होगी, वह धनराशि हम लोग इस समय प्रदान कर रहे हैं। पुलिसकर्मियों की आवासीय समस्याओं के समाधान के लिए भी श्रेणी ए० व बी० के 350 आवासों के निर्माण की कार्यवाही हम लोग करने जा रहे हैं। इस वर्ष 10 तहसील मुख्यालयों पर अग्निशमन केन्द्र के निर्माण कार्य के लिए भी इस वित्तीय वर्ष में हम लोगों ने धन का प्राविधान किया है। जिससे फायर टेंडर, उसकी बिल्डिग, उसके लिए वाहन इन सबकी कार्यवाही हम लोग करने जा रहे हैं। महोदय, अलीगढ़ परिक्षेत्र में पुलिस उप-महानिरीक्षक के आवास का निर्माण, आगरा जोन में अपर पुलिस महानिदेशक जोन के प्रशासनिक भवन का निर्माण और 04 नवसृजित जनपदों में पुलिस अधीक्षक के कार्यालयों को भी इस वित्तीय वर्ष में पूर्ण कराने का प्राविधान हम लोगों ने इस बजट में किया है। इसके अलावा प्रदेश के अन्दर किसी भी प्रकार की आतंकी घटना से निपटने के लिए उत्तर प्रदेश के अन्दर ए०टी०एस० के सुदृढ़ीकरण के लिए हम लोगों ने एक कार्य योजना को मंजूरी दी है। साथ ही एस०टी०एफ० जो प्रदेश के अन्दर अपराधों पर प्रभावी नियंत्रण करने के लिए कार्य कर रही है, एस०टी०एफ० के सुदृढ़ीकरण के लिए भी यहाँ पर कार्य प्रारम्भ हो रहा है।

पुलिस आधुनिकीकरण की योजना के अन्तर्गत भी हम लोगों ने बजट में इसका प्राविधान किया है। तीन जनपदों में ट्रांजिट हॉस्टल के निर्माण की कार्यवाही जिसमें निरीक्षकीउप-निरीक्षक स्तर के अधिकारियों की विवेचना

आदि की व्यवस्था हेतु एक अस्थायी निवास की व्यवस्था के लिए भी कार्यवाही प्रारम्भ की गई है। पुलिस की कार्यप्रणाली में पारदर्शिता एवं गतिशीलता लाने के लिए हम लोग पुलिस रिकार्ड का डिजिटलीकरण करने जा रहे हैं। विधि विज्ञान प्रयोगशालाओं में आधुनिक उपकरणों की व्यवस्था को हम लोग आगे बढ़ा रहे हैं। इसके साथ-साथ प्रदेश में कुल 1525 थाने हैं, 75 जनपद हैं, 26 जोन और परिक्षेत्र हैं, 06 पुलिस अधीक्षक रेलवे और रेलवे मुख्यालय हैं। पुलिस महानिदेशक मुख्यालय, तकनीकी सेवाएँ मुख्यालय तथा सी०सी०टी०एन०एस० डाटा सेन्टर आदि की पारस्परिक डाटा कनेक्टिविटी को स्थापित करने के लिए भी हम लोगों ने बजट में प्राविधान किया है। जिससे प्रदेश के अन्दर किसी भी कोने में घटित होने वाली किसी भी घटना के सम्बन्ध में पूरी जानकारी सबके पास एक साथ पहुँच सके। इस दृष्टि से हम लोग एक साथ यह कार्य करने जा रहे हैं। इसके साथ ही पुलिस के आधुनिकीकरण के लिए उन्हें आधुनिक शस्त्रों, आयुधों और वाहनों की उपलब्धता सुनिश्चित हो सके और जनशक्ति की कमी को भी पूरा किया जा सके। इस वर्ष सरकार इस पर पूरे प्रभावी तरीके से कार्य प्रारम्भ करने जा रही है।

इलाहाबाद में वर्ष 2019 में अर्द्धकुम्भ का आयोजन भी हुआ है और अर्द्धकुम्भ के आयोजन की दृष्टि से भी प्रदेश सरकार ने अपनी पूरी तैयारी प्रारम्भ कर दी है। स्वाभाविक रूप से करोड़ों की संख्या में आने वाले श्रद्धालुओं की सुविधा और उनकी सुरक्षा इस सरकार की सर्वोच्च प्राथमिकता है। उस दृष्टि से हम लोगों ने जो कार्य प्रारम्भ किया है। उसमें अन्य जो वहाँ पर निर्माण के कार्य होने हैं, आधारभूत ढाँचें के विकास के साथ-साथ जनसुविधाओं के विकास और संगम में जो लोग स्नान करते हैं, श्रद्धालुजन स्नान करते हैं, उनको वहाँ पर उस प्रकार का वातावरण दे सकें। इसके लिए जहाँ कार्य होगा, वहीं साथ ही साथ हम लोगों ने सुविधा और सुरक्षा हेतु जल पुलिस, अग्नि सेवाएँ, पुलिस दूरसंचार, मेले के दौरान बड़ी संख्या में स्थापित किए जाने वाले पुलिस बल की आवासीय सुविधाओं हेतु बैरकों के निर्माण आदि की अवस्थापना, सुविधाओं के लिए भी अर्द्धकुम्भ की दृष्टि से प्रयागराज कुम्भ के लिए हम लोग अलग से 60 करोड़ की व्यवस्था करने जा रहे हैं।

प्रदेश सरकार की मंशा साफ है और उस दृष्टि से जो बातें सामने आई हैं, वह तथ्य मैं पहले ही यहाँ पर माननीय सदन के सामने रख चुका हूँ। मैं सदन को इस बात के लिए आश्वस्त कर सकता हूँ कि प्रदेश के अन्दर आम जनमानस बदलाव को महसूस कर रहा है। हमें इसे और प्रभावी बनाना है। आम जन के प्रति पुलिस संवेदनशील बने, लेकिन उतनी ही कठोर वह अपराधियों और घोषित अपराधियों के प्रति बने। इस दृष्टि से हम लोग पुलिस बल को आधुनिकीकरण की दिशा में ले जाने का प्रयास कर रहे हैं। प्रदेश के अन्दर आम नागरिक को सुरक्षा प्रदान करना, प्रदेश के अन्दर कानून का राज स्थापित हो यह हमारी प्रतिबद्धता है। हम इस प्रतिबद्धता के साथ पूरी तरह जुड़े हुए हैं। प्रदेश सरकार के गृह विभाग की अनुदान माँगों से जो जुड़े हुए प्रस्ताव थे वह इस प्रकार थे।

अब मैं सामान्य प्रशासन से जुड़ी हुई जो कार्य योजनाएँ हैं उनका भी विवरण माननीय सदन के समक्ष रखना चाहूँगा। सामान्य प्रशासन से जुड़े हुए जो प्रस्ताव थे और उसमें सामान्य प्रशासन से जुड़ी हुई जो कुल माँगे थीं उनके लिए वित्तीय वर्ष 2017-18 में 76.50 करोड़ रुपये की व्यवस्था की गई है। बजट व्यवस्था गत वर्ष की तुलना में लगभग चार गुना अधिक है। कैलाश मानसरोवर यात्रा पर जाने वाले तीर्थ यात्रियों को सहायता अनुदान देने हेतु वित्तीय वर्ष 2017-18 में 5.50 करोड़ रुपये की व्यवस्था की गई। जो पिछले वर्ष से 50 लाख रुपये अधिक है। गाजियाबाद में पहली बार हम लोग कैलाश मानसरोवर भवन का निर्माण करने जा रहे हैं। जिसके लिए हम लोगों ने बजट में 20 करोड़ रुपये की व्यवस्था की है। वरिष्ठ नागरिकों को निःशुल्क तीर्थ यात्रा कराने हेतु हम लोगों ने वित्तीय वर्ष 2017-18 में 14 करोड़ रुपये की व्यवस्था की है, जो पिछले वर्ष की तुलना में 6 करोड़ रुपये अधिक है। चित्रकूट में भजन सन्ध्या एवं परिक्रमा स्थल के विकास तथा निर्माण के लिए वित्तीय वर्ष 2017-18 में 8.25 करोड़ रुपये की व्यवस्था की गई है।

हमारे एक माननीय सदस्य बोल रहे थे कि अयोध्या की बात कर रहे हैं, लेकिन चित्रकूट की बात नहीं कर रहे हैं तो वो भी व्यवस्था इसमें कर दी गई है। अयोध्या में रामलीला और भजन सन्ध्या स्थल के निर्माण हेतु हम लोगों ने

वित्तीय वर्ष 2017–18 में 9.78 करोड़ रुपये की व्यवस्था की है और काशी में एक बौद्धिक शोध संस्थान की स्थापना के लिए इस वर्ष बजट में 15 करोड़ रुपये की व्यवस्था हम लोगों ने की है। इसके अलावा अन्य तमाम प्राविधान हैं जिनमें अशोक चक्र श्रृंखला के अंतर्गत उल्लिखित पुरस्कारों से विभूषित किए जाने वाले उत्तर प्रदेश के निवासियों को जो नकद पुरस्कार की राशि है, इसमें अशोक चक्र, कीर्ति चक्र और शौर्य चक्र हैं, इनसे जो उत्तर प्रदेश से सम्बन्धित हमारे जो सैनिक या पुलिस के जवान सम्मानित होते हैं, उनके लिए एकमुश्त राशि और वार्षिकी राशि भी इसमें प्रदान की जाती है। जिसमें 25 लाख, 15 लाख और 10 लाख रुपये की व्यवस्था की गई है। साथ-साथ वार्षिकी के रूप में भी 1.20 लाख, 1.00 लाख और 50 हजार की राशि का इसमें प्राविधान कर रखा है। रामलीला के मंचन, मन्दिरों तथा अन्य धार्मिक संस्थाओं के प्रबन्ध के लिए ऑल इण्डिया काशीराज ट्रस्ट, वाराणसी को जो अनुदान मिलता है उसकी व्यवस्था हम लोगों ने इस बजट में की है। महारानी अहिल्याबाई होल्कर पुरस्कार दिया जाता है ऐसे नागरिकों को जिन्होंने वीरता के क्षेत्र में विशिष्ट कार्य किया हो और उनकी वीरता के लिए जिला स्तर से संस्तुति हो। उस आधार पर उन्हें पाँच लाख रुपये की मदद राशि प्रदान की जाती है। अन्य कार्यों के लिए इस सम्बन्ध में प्रदेश सरकार धनराशि उपलब्ध कराती है। महोदय, यह सामान्य बजट से जुड़े हुए प्रस्ताव थे, जिन्हें माननीय सदन के समक्ष मुझे रखना था। बहुत सारे ऐसे मुद्दे थे बजट में उन सबका उल्लेख हो चुका है। हमारे संसदीय कार्यमंत्री ने अपने प्रस्तावना भाषण में भी उसका उल्लेख किया है। मैं इस अवसर पर माननीय सदन से चाहूँगा कि गृह विभाग और सामान्य प्रशासन विभाग से जुड़ी हुई अनुदान माँगों को पारित करें और इस सरकार के प्रदेश के 'सबका साथ, सबका विकास' के अभियान में हम सहभागी बनकर विकास की इस प्रक्रिया को आगे बढ़ाएँ। बहुत-बहुत धन्यवाद!

सन्दर्भ : दिनांक 27 जुलाई, 2017 वित्तीय वर्ष 2017–2018 के आय-व्ययक पर अनुदान की माँग संख्या-84-सामान्य प्रशासन विभाग तथा अनुदान संख्या-26 गृह विभाग (पुलिस पर चर्चा)

मुझे याद आ रहा था कि जब यह लोग बोल रहे थे और संविधान पर प्रश्न उठा रहे थे तो मुझे लग रहा था कि सचमुच इनके प्रश्नों से दो महानुभावों की आत्मा अवश्य आहत हो रही होगी, एक तो बाबा साहब डा० भीमराव अम्बेडकर जी की और दूसरा डा० लोहिया जी की। यह लोग कैसे-कैसे तर्क और कुतर्क दे रहे थे। यह जो विधानभवन बना है, संसद भवन बना है, राष्ट्रपति भवन बना है। वह इंग्लैण्ड के पैसे से नहीं बना है, वह इस देश के पैसे से बना है। इस देश के खून और पसीने का पैसा है। हमारे मजदूरों का पसीना उसमें लगा है, उनकी मेहनत लगी है, उनका परिश्रम लगा हुआ है और उसको उजाड़ने की बात पुनः आपके नकारात्मक दृष्टिकोण को प्रदर्शित करता है।

सकारात्मक दृष्टिकोण हमारी पीढ़ी के भविष्य को उज्ज्वल बनाएगा

माननीय अध्यक्ष जी, मैं आपके माध्यम से आदरणीय प्रधानमंत्री जी तथा गुजरात और हिमाचल प्रदेश की जनता को धन्यवाद देता हूँ कि भारतीय जनता पार्टी इन दोनों प्रदेशों में विजय हासिल कर रही है। गुजरात में भारतीय जनता पार्टी लगातार छठी बार विजय हासिल कर रही है। भारतीय जनता पार्टी ने ऐतिहासिक विजय हासिल की है। लोकतांत्रिक तरीके से भारत के अंदर चुनावी प्रक्रिया में भाग लेकर और मिलकर हम सब लोकतंत्र को कैसे मजबूती प्रदान कर सकते हैं यह चुनाव उसके उदाहरण हैं। सबकी दृष्टि गुजरात के चुनाव पर लगी थी। लोग जानना चाहते थे कि वास्तव में विकास के प्रति लोगों का रूझान वही रहता है या फिर समाज को जाति के आधार पर बाँटने की जो प्रवृत्ति है या अन्य तमाम प्रकार से मुझे लगता है कि गुजरात के चुनाव ने एक बार पुनः इस बात की ओर संकेत किया है कि नकारात्मक राजनीति से उभर करके विकास के प्रति और देश के अंदर रचनात्मक दृष्टिकोण को लेकर चले तो अच्छा होगा। यह बधाई आदरणीय प्रधानमंत्री जी को इसलिए भी क्योंकि देश के अंदर आर्थिक सुधार के क्षेत्र में जो प्रभावशाली कदम पिछले साढ़े तीन वर्षों में केन्द्र सरकार ने उठाए हैं, देश में सर्वत्र उसकी सराहना हुई है, लेकिन कुछ राजनीतिक दलों ने उसको मुद्दा बनाने का प्रयास किया। हरेक दल मुद्दा बनाने के लिए स्वतंत्र होता है। जैसे कि इस सदन में हर व्यक्ति अपने अनुसार अपनी बातों को कह देता है। पीठ की बातों की भी अवहेलना हो जाती है।

लोग अपने तरीकों से अपनी बातों को कहते हैं। मैं सोच रहा था कि जब पीठ ने सत्ता पक्ष और प्रतिपक्ष लिखा तो उसको लेकर जो हाँ और ना लोग कह रहे थे, इस जवाब को गुजरात और हिमाचल प्रदेश की जनता ने दे दिया है। अगर हाँ के साथ मिलकर चलोगे तो सफल रहोगे और अगर अपने साथ न जोड़ोगे तो फिर जनता इसी प्रकार फिर जवाब देगी। नकारात्मक दृष्टिकोण छोड़ना पड़ेगा और विकास का एक सकारात्मक दृष्टिकोण हमें बनाना पड़ेगा। प्रधानमंत्री जी बार-बार इसी बात को कहते हैं कि सकारात्मक दृष्टिकोण न केवल हमें आगे बढ़ाएगा, बल्कि हमारे समाज को और हमारी पीढ़ी के भविष्य को उज्ज्वल बनाएगा, मंगलमय बनाएगा। मुझे लगता है कि हम सब लोग इसी उद्देश्य के साथ इस सदन में आए हैं।

भारत के अंदर संविधान की परम्परा बहुत प्राचीन है, हमारी जो स्मृतियाँ हैं अलग-अलग कालखण्डों की हैं, यही सब इस देश का संविधान हैं। इस देश की व्यवस्था उनके अनुसार चली है। भारतीय संविधान भारत के महापुरुषों के योगदान का परिणाम है जिन्होंने देश की आजादी के लिए अपना सब कुछ न्यौछावर किया है। अभी नेता विरोधी दल और बहुजन समाज पार्टी के हमारे नेता बोल रहे थे। मुझे याद आ रहा था कि जब यह लोग बोल रहे थे और संविधान पर प्रश्न उठा रहे थे तो मुझे लग रहा था कि सचमुच इनके प्रश्नों से दो महानुभावों की आत्मा अवश्य आहत हो रही होगी, एक तो बाबा साहब डा० भीमराव अम्बेडकर जी की और दूसरा डा० लोहिया जी की। यह लोग कैसे-कैसे तर्क और कुतर्क दे रहे थे। यह जो विधानभवन बना है, संसद भवन बना है, राष्ट्रपति भवन बना है। वह इंग्लैण्ड के पैसे से नहीं बना है, वह इस देश के पैसे से बना है। इस देश के खून और पसीने का पैसा है। हमारे मजदूरों का पसीना उसमें लगा है, उनकी मेहनत लगी है, उनका परिश्रम लगा हुआ है और उसको उजाड़ने की बात पुनः आपके नकारात्मक दृष्टिकोण को प्रदर्शित करता है।

मैं आप सबको भी इस खुशी में शामिल करता हूँ और आपको भी बधाई देता हूँ। खासतौर पर आदरणीय प्रधानमंत्री जी को, भाजपा के राष्ट्रीय अध्यक्ष

को, साथ ही साथ गुजरात और हिमाचल की जनता को भी। जब चुनाव होते हैं तो बहुत हिंसा होती हैं। उ०प्र० के अंदर नगर निकाय के चुनाव हुए और वह शांतिपूर्ण ढंग से सम्पन्न हुए। जब लोग पूछते थे कि नगर निकाय में कितने लोग भाग ले रहे हैं तो मैंने कहा लगभग पाँच करोड़ की आबादी है जहाँ नगर निकाय चुनाव हमारे उ०प्र० में हो रहे हैं तो लोग कहते थे कि नगर निकाय में पाँच करोड़ जनता भाग ले रही है। मैंने कहा कि हमारी आबादी ही 22 करोड़ है तो 22 करोड़ में पाँच करोड़ जनता नगर निकाय में भागीदार बन रही है, जो जीत रहा है वही सिंकदर है क्योंकि जीत का कोई विकल्प नहीं हो सकता है। इसलिए मैं बार-बार इस बात को कहता हूँ कि नकारात्मक दृष्टिकोण को अगर आप लोग छोड़ देंगे तो प्रदेश का भी भला होगा और आप लोगों का भी भला होगा। देश एक सकारात्मक दिशा की ओर बढ़ा रहा है। प्रधानमंत्री जी का यशस्वी नेतृत्व देश को मिल रहा है। आज आप दुनिया में कहीं भी चले जाइए प्रधानमंत्री जी के नेतृत्व में देश का सम्मान बढ़ा है क्योंकि उनकी दृष्टि सकारात्मक है। जब दृष्टि नकारात्मक होती है तो व्यक्ति अपना हित नहीं कर पाता है और अपनी कुण्ठाओं से ग्रसित होकर फिर वह अपने आप के लिए एक बोझ बन जाता है। हम बोझ न बनें बल्कि समाज को कुछ देने के लिए बनें। यह एक सकारात्मक जीत है और इसके लिए मुझे लगता है कि मैं अपनी ओर से और अपनी पार्टी की ओर से विकास और राष्ट्रवाद के इस विजयी अभियान के लिए प्रधानमंत्री जी का अभिनन्दन करता हूँ। गुजरात और हिमाचल प्रदेश की जनता का जिन्होंने शांतिपूर्ण ढंग से इस लोकतांत्रिक पर्व में हिस्सेदारी लेकर, भागीदारी निभाकर, भेद-मतभेदों से ऊपर उठ कर भाग लिया। उ०प्र० में नगर निकाय के चुनाव में यहाँ की जनता को भी हृदय से साधुवाद देता हूँ, बधाई देता हूँ, शुभकामनाएँ देता हूँ और उनका अभिनन्दन करता हूँ। धन्यवाद!

सन्दर्भ : दिनांक 18 दिसम्बर, 2017 गुजरात और हिमाचल प्रदेश में भारतीय जनता पार्टी की ऐतिहासिक विजय पर बधाई प्रस्ताव

मुझे लगता है कि कम से कम सही तथ्यों को हमें बोलने का साहस भी करना चाहिए। सत्य को स्वीकार करना और सच को बोलने का भी साहस होना चाहिए। सरकार ने जो विधानसभा के हित में, विधानभवन के हित में और प्रदेश के हित में हो सकता था, चेयर के निर्देश पर, इस प्रकार की कार्रवाई की है। आगे भी मैं इस बात की अपील करूँगा आप सब से कि सुरक्षा के मुद्दे पर अगर हम राजनीति से उबरें तो अच्छा होगा, क्योंकि राजनीति के बहुत सारे मुद्दे हैं। दूसरा जब आप सदन में रहते हैं तो आप उम्मीद करते हैं कि सत्ता पक्ष आपसे शिष्ट व्यवहार करे।

जनप्रतिनिधियों और प्रदेश के प्रत्येक नागरिक की सुरक्षा हम सबका नैतिक दायित्व

मैं कांग्रेस विधायक दल के नेता की स्थिति को समझ सकता हूँ। हार बड़ी बुरी होती है और यह लोग जब सभी उपायों से पार नहीं पाए तो अब कहीं न कहीं बोलेंगे। मैं नेता विरोधी दल से भी कहूँगा और सभी दलों के नेताओं से भी कहूँगा कि सदन की मर्यादा के अनुरूप अगर आप लोग बोलेंगे तो अच्छा होगा, क्योंकि जो जीभ होती है, वह व्यक्ति को सम्मान भी दिलाती है और अपमान भी कराती है। आप लोग जो बोल रहे हैं, जो कुछ कर रहे हैं, यह बाहर भी जा रहा है। जनता इसका जवाब उसी रूप में देती भी है। दूसरा, कोई एक संदिग्ध पाउडर यहाँ पाया गया है, इसकी सूचना मुझे माननीय अध्यक्ष जी ने दी और संसदीय कार्य मंत्री ने भी दी। माननीय अध्यक्ष जी के ही चैम्बर में सभी दलीय नेताओं की बैठक हुई थी और दलीय नेताओं की बैठक में यह बात सामने आई थी। तब तक एफ०एस०एल० के डायरेक्टर से मेरी कोई वार्ता नहीं हुई थी। लेकिन हाँ, माननीय अध्यक्ष जी की भी और संसदीय कार्य मंत्री की उनके साथ बातचीत हो चुकी थी। उन्होंने कहा था कि यह पी०ई०टी०एन० है तो मैंने तब भी इन लोगों की बात पर विश्वास नहीं किया। मेरे कार्यालय एनेक्सी में मैंने स्वयं एफ०एस०एल० के डायरेक्टर को बुलाया था। मैंने उनसे पूछा, मैंने कहा कि आप कैसे कह सकते हैं कि यह पी०ई०टी०एन० है और अगर पी०ई०टी०एन० है तो यह एक बहुत खतरनाक विस्फोटक है। उन्होंने कहा कि मैं इसकी जाँच कर चुका हूँ और उस रिपोर्ट के आधार पर इस बात को कह रहा हूँ। उन्होंने लिखित रूप से इस बारे में प्रमुख सचिव, गृह को

अवगत कराया था और मुझे लगता है मा० अध्यक्ष विधानसभा को भी। मा० अध्यक्ष, विधानसभा बड़े आहत थे, मर्माहत थे। यहाँ पर किसी व्यक्ति का सम्मान इस सदन से बड़ा नहीं दो सकता है। इस बात का हम सबको ध्यान रखना होगा और फिर सुरक्षा के मुद्दे पर हम किसी को खिलवाड़ करने की छूट भी नहीं दे सकते हैं। सुरक्षा सर्वोच्च है इस सदन के प्रत्येक सदस्य की भी और इस प्रदेश की जनता की भी। यह हमारा न केवल राजकीय दायित्व है, बल्कि नैतिक दायित्व भी बनता है। अपने इसी दायित्व का निर्वहन करने के लिए हम काम कर रहे हैं। हम सब जानते हैं कि क्या देश की संसद पर 2001 में हमला नहीं हुआ था? क्या हम भूल जाते हैं कि इस देश के अंदर विधायिका में सबसे अधिक संवेदनशील संसद के बाद कोई विधानसभा है तो वह जम्मू-कश्मीर की विधानसभा और उत्तर प्रदेश विधानसभा है। तब भी हम हर कार्य को जो सुरक्षा की दृष्टि से अति संवेदनशील हो, उसमें भी अपनी राजनीति ढूढ़ने का प्रयास कर रहे हैं। यह आपकी गलतफहमी हो सकती है। मुझे नहीं लगता है कि इसके बारे में कोई भी या एक भी व्यक्ति आपके पक्ष में बोल रहा हो। मैं मानता हूँ कि प्रदेश विधानसभा के लिए वह पाउडर ही सही, लेकिन हम सबको सतर्क रहने का एक संदेश भी है। 404 विधायकों जिनमें एक मनोनीत भी हैं में से किसी को इस विधानसभा के साथ खिलवाड़ करने और इस सदन की मर्यादा के साथ किसी को भी खिलवाड़ करने की छूट नहीं दी जानी चाहिए। आपका सम्मान ज्यादा बड़ा है क्या इस सदन से? क्या 404 विधायकों की सुरक्षा से ज्यादा आपका व्यक्तिगत सम्मान बड़ा है? क्या आपके विशेषाधिकार का उल्लंघन हुआ है? क्या यह महत्वपूर्ण है कि हर मुद्दे पर राजनीति ढूढ़ने का आप प्रयास कर रहे हैं? दलीय नेताओं की बैठक में जो बात तय हुई थी, उसी प्रस्ताव को मैंने इस सदन में रखा था। फिर उसी आसन से अपने निर्देश जारी किए थे। सरकार ने कार्यवाही आगे बढ़ाई। हमने एक जगह से जाँच नहीं कराई, एफ०एस०एल० के डायरेक्टर ने जो रिपोर्ट दी थी, उस रिपोर्ट के बाद हम लोगों ने अलग-अलग लैबों में नमूने भेजे थे।

अलग-अलग लैब से रिजल्ट सामने आए। फिर उससे अंतिम निष्कर्ष तक हम पहुँचे और आज आप इस मुद्दे को उठा रहे है, लेकिन सरकार इससे पहले ही एफ०एस०एल० के डायरेक्टर को बर्खास्त कर चुकी है।

सरकार ने इस मुद्दे पर कोई लापरवाही नहीं बरती है और हमारी सरकार जीरो टॉलरेन्स की नीति पर कार्य करने की बात कर रही है। अगर तथ्य पुष्ट होंगे, प्रमाणित होंगे, तो सरकार कार्यवाही करने में कोई हिचक नहीं दिखाएगी। कोई व्यक्ति चाहे कितना भी बड़ा क्यों न हो, कितनी भी बड़ी पहुँच वाला क्यों न हो, किसी को बख्शेगी नहीं, किसी को छोड़ेगी नहीं। अगर वह कहीं खिलवाड़ कर रहा है, लापरवाही कर रहा है, जानबूझकर के शरारतन कोई ऐसा कार्य कर रहा है, जिससे मर्यादाएँ आहत हो रही हों, जिससे सम्मान को ठेस पहुँच रही हो और जिससे सुरक्षा के साथ खिलवाड़ हो रहा हो, तो यह सरकार पूरी तरह उस मामले में जीरो टॉलरेन्स की अपनी नीति पर कार्य करेगी लेकिन एक बात मुझे बताइए कि एक विवादित व्यक्ति को एफ०एस०एल० का डायरेक्टर बनाया किसने? जो प्रश्न आप यहाँ सरकार से कर रहे हैं, हमारे पास जो मौजूदा तंत्र होगा हम प्रारम्भिक रिपोर्ट उसी से लेंगे। क्या आप लोगों ने कोई जगह छोड़ी है? मैं मानता हूँ इस बात को, यह पीड़ा इस बात की नहीं है कि सरकार ने त्वरित कार्यवाही की। आपको सरकार के कार्य के लिए सराहना करनी चाहिए क्योंकि सरकार ने त्वरित कार्यवाही की। अगर वह सच में विस्फोटक होता तो क्या आप इंतजार करते, कि विस्फोटक है तब उसके बाद हम जाँच कराएँगे। विस्फोट किसी का इंतजार नहीं करता है। इसलिए मैं विनम्र अपील करूँगा कि सुरक्षा से खिलवाड़ हम लोग न होने दें। मुझे लगता हैं आप इस प्रकार की बात को दलीय नेताओं की बैठक में भी रख सकते थे। सुरक्षा का जब इश्यू आता है तो इस सदन में भाजपा के ही सदस्यों की, अपना दल के सदस्यों की या सुखदेव राजभर की पार्टी के सदस्यों की ही बात नहीं की जा रही है इस सदन से जुड़े हुए प्रत्येक मा० सदन के सदस्यों की सुरक्षा की बात हो रही है और फिर उ०प्र० विधानसभा में इस प्रकार का

कोई संदिग्ध पाउडर मिला है तो उसमें हमारी प्राथमिक जो भी प्रतिक्रिया होनी चाहिए थी, हम लोगों ने उसके अनुसार कार्य किया है। वह कार्य न चेयर ने अपने हिसाब से किया, न सरकार ने अपने हिसाब से किया है। पहले हम लोग दलीय नेताओं के साथ बैठे थे। फिर चर्चा के बाद विधानसभा में इस बात को रखा गया। उसके बाद आगे चेयर के निर्देश पर कार्यवाही हुई है।

मुझे लगता है कि कम से कम सही तथ्यों को हमें बोलने का साहस भी करना चाहिए। सत्य को स्वीकार करना और सच को बोलने का भी साहस होना चाहिए। सरकार ने जो विधानसभा के हित में, विधानभवन के हित में और प्रदेश के हित में हो सकता था, चेयर के निर्देश पर, इस प्रकार की कार्रवाई की है। आगे भी मैं इस बात की अपील करूँगा आप सब से कि सुरक्षा के मुद्दे पर अगर हम राजनीति से उबरें तो अच्छा होगा, क्योंकि राजनीति के बहुत सारे मुद्दे हैं। दूसरा जब आप सदन में रहते हैं तो आप उम्मीद करते हैं कि सत्ता पक्ष आपसे शिष्ट व्यवहार करे। मुझे लगता है कि पहले आप भी इस प्रकार का व्यवहार करना सीखें, अच्छा होगा, बहुत अच्छा होगा। अन्यथा यह लोकतंत्र है आप सत्ता पक्ष के लिए चाहे कुछ भी कह दें और दूसरी तरफयह उम्मीद करेंगे कि सत्ता पक्ष का हर सदस्य आप लोगों के लिए सम्मानजनक भाषा का प्रयोग करेगा तो मुझे लगता है कि फिर उसकी भी उम्मीद बहुत कम हो जाती है। आप लोगों ने दो दिन सदन बाधित किया था। हम लोगों ने कुछ भी नहीं किया। हम लोग तब भी मौन थे। कल से सदन चल रहा है और किस–किस भाषा का प्रयोग हो रहा है, किस–किस प्रकार की शब्दावली का प्रयोग हो रहा है। यानी मुद्दों पर बोलने की बजाय हम व्यक्तिगत आक्षेप करने लग जाएँगे तो मुझे लगता है कि इधर तो इतना नहीं होगा, लेकिन उधर हमाम में नंगे वाली स्थिति पैदा हो जाएगी और उस स्थिति को पैदा मत होने दीजिए, अच्छा होगा।

मैं इस बात की भी अपील करूँगा कि आप जब हल्के शब्दों का प्रयोग कर रहे हैं, व्यक्तिगत रूप से कीचड़ उछालने का प्रयास कर रहे हैं तो इस

सदन की मर्यादा उससे भी तार-तार हो जाती है। उससे आपका सम्मान बढ़ नहीं जाता है। क्यों राजनीतिज्ञों को आज बाहर गलत निगाहों से देखा जा रहा है? लोग चर्चा करते हैं कि साहब हमें सम्मान नहीं मिल रहा है। सम्मान मिलेगा कैसे? आप स्वयं अपनी वेशभूषा उस रूप में बनाकर चलते हैं, उस प्रकार का व्यवहार करते हैं। जो गरिमामय व्यवहार होना चाहिए, जो मर्यादापूर्ण हमारा व्यवहार होना चाहिए हम जब स्वयं उसको भूल जाते हैं तो फिर क्यों उम्मीद करते हैं कि लोग हमें उस रूप में अच्छे ढंग से सम्मान दें। प्रयास तो हम करते हैं कि हमें सर्वोच्च स्थान मिले। हर एक से वरीयता मिले। क्या वरीयता वाला कार्य कर भी पा रहे हैं? उस प्रकार का आचरण कर भी पा रहे हैं। यह सम्मान और अपमान दोनों हमारे हाथ में है और संसदीय लोकतंत्र में यह अधिकार आपके पास है तो इस अधिकार का दुरूपयोग मत करिए। इस सदन की गरिमा को बनाए रखने में आप योगदान देंगे तो सत्तापक्ष आपका सहयोग करेगा। लेकिन अगर उस गरिमा को तार-तार करेंगे और प्रयास करेंगे कि सत्ता के भरोसे ही सत्तापक्ष के सदस्य चुपचाप आपकी बातों को सुनकर और हँसी में आपकी हर बात को उड़ाते रहेंगे तो यह चीजें नहीं हो पाएँगी। बहुत देर तक नहीं हो पाएँगी, बहुत दूर तक नहीं हो पाएँगी। एक साथ सबको चलना पड़ेगा। सदन की मर्यादाएँ तार-तार कथित पी०ई०टी०एन० से नहीं हुई। सदन की मर्यादाएँ तार-तार तब होती हैं, जब सदन में मा० राज्यपाल पर कागज के गोले फेंके जाते हैं। तब सदन की मर्यादाएँ तार-तार होती हैं, तब इस सदन के विशेषाधिकारों का हनन होता है। जब यहाँ पर असंसदीय और अशिष्ट भाषा का प्रयोग कोई सदस्य करता है और जिम्मेदार सदस्य करता है, तब इस सदन की मर्यादाएँ तार-तार होती हैं। जब इस सदन में सीटियाँ बजायी जाती हैं, तब इस सदन की मर्यादाएँ तार-तार होती हैं। हम सबको इस बारे में सोचना पड़ेगा कि व्यवस्थाएँ एक पक्ष से नहीं चलेंगी। पहले दिन से ही हम लोगों ने इस बात की अपील की है कि हम सभी लोग प्रदेश के हित में कार्य करने के लिए आए हैं। अगर मिलकर इस व्यवस्था को चलाएँगे तो अच्छा

होगा। हम लोग चाहते थे कि साल में 90 दिन विधानसभा चले। पिछली बार आप लोगों ने उसको 15 दिन भी नहीं चलने दिया। बाधित कर दिया, वॉकआउट कर दिया, यानी सत्य कड़वा होता है। अगर आप असत्य बोलेंगे तो हम सत्य से जवाब देंगे। अगर आप बोल रहे हैं तो आपको सुनना भी पड़ेगा, कहीं न कहीं एक व्यवस्था तो बनानी पड़ेगी। पी०ई०टी०एन० के बारे में जो भी बातें सामने आई हैं, उस कथित पी०ई०टी०एन० के बारे में दलीय नेताओं की बैठक में बातें तय हुई थीं। मुझे उसी दिन सुबह जानकारी मिली और मा० अध्यक्ष जी ने जैसे ही मुझे बताया मैं स्वयं दस बजे यहाँ आ गया था। सभी नेता वहाँ मौजूद थे। जो बातें वहाँ तय हुई थीं, उसके अनुसार फिर आगे की कार्यवाही हुई। उस सबके बाद भी प्रश्न उठाना, यह तो सीधे-सीधे विशेषाधिकार का हनन है। जो आप लोग उठा रहे हैं कि दलीय नेताओं की बैठक में कुछ और कहते हैं, यहाँ आचरण कुछ और होता है, यह चीजें ठीक नहीं हैं। जो चीजें हम तय करते हैं उसके अनुसार आचरण भी करें। ऐसा नहीं हो सकता कि दलीय नेताओं की बैठक में आप कुछ और बातें करें फिर यहाँ आकर विधानसभा में उसको दूसरे तरीके से उठाना प्रारम्भ कर दें।

मैं कह सकता हूँ कि विधानसभा अध्यक्ष जी की ओर से भी और सरकार की ओर से भी जो भी आवश्यक कदम उठाए जाने चाहिए थे, हम लोगों ने उठाए। हमें उठाना भी चाहिए था। यह हमारा राजकीय दायित्व भी था क्योंकि अगर वह पी०ई०टी०एन० ही होता और तब भी अगर हम इंतजार करते कि जब विस्फोट होगा तब हम करेंगे तो मुझे लगता है कि दुर्भाग्यपूर्ण देरी न जाने कितने लोगों के लिए काल बन जाती। हम किसी के सामने इस प्रकार की चुनौती नहीं आने देना चाहते हैं। हम मानते हैं कि पी०ई०टी०एन० नहीं निकला, लेकिन हम लोग सुरक्षा के प्रति सजग तो हैं। अगर कोई प्रदेश के लिए षडयंत्र करना चाहता है, प्रदेश की जनता के खिलाफ, हमारे जनप्रतिनिधियों के खिलाफ उसको भी इस बात की जानकारी होनी चाहिए कि सरकार भी उतनी ही सतर्क है, विधायिका भी उतनी ही सतर्क है और मुझे लगता है कि

हमारी यह सतर्कता बहुत सारे लोगों को सुरक्षा प्रदान कर सकती है, प्रदेश को सुरक्षा प्रदान कर सकती है और मैं फिर से अपील करूँगा कि इस प्रकार के मुद्दों में राजनीति करने के बजाय हम लोगों को मंथन करना चाहिए कि क्यों इस प्रकार की स्थितियाँ पैदा होती हैं। लोकतंत्र है अभिव्यक्ति की स्वतंत्रता का अधिकार आपको मिला है लेकिन यह अभिव्यक्ति की स्वतंत्रता असीमित नहीं है, इसके भी कुछ दायरे हैं। उन दायरों में रहकर हम अपनी बात को कहेंगे तो मुझे लगता है कि सबके हित में होगा और हमारी विधानसभा की मर्यादा उसी में होगी। अध्यक्ष जी, मुझे यही बात कहनी थी। सरकार ने उसके बाद भी कार्रवाई की है और जो कार्रवाई की है वह सबके सामने है।

सन्दर्भ : दिनांक 19 दिसम्बर, 2017, दिनांक 12 जुलाई, 2017 को सदन में प्राप्त कथित विस्फोटक की जाँच सक्षम एजेन्सी से कराये बिना ही दोनों माननीय सदस्यों से पूछताछ कर अपमानित करने के सन्दर्भ में औचित्य के प्रश्न पर चर्चा।

पूरे प्रदेश के अन्दर बहुत पारदर्शी तरीके से कार्यवाही चल रही हैं। इसमें कोई बिचौलिया आ ही नहीं सकता क्योंकि किसान बही के आधार पर उससे धान खरीदा जाना है और फिर उसके एकाउण्ट में आर०टी०जी०एस० से धनराशि का भुगतान होता है। धान के दो रेट हैं 1550 रुपये और 1590 रुपये प्रति क्विंटल। हम लोगों ने अतिरिक्त 15 रुपये किसान को उपलब्ध करवाए हैं। आप लोग नहीं देते थे, लेकिन हमारी सरकार ने किसान को धान के लिए 15 रुपये और गेहूँ के लिए 10 रुपये प्रति क्विंटल अतिरिक्त उपलब्ध करवाए। जो आँकड़े यहाँ पर अभी खरीद के प्रस्तुत किए गए हैं, सैंतीस लाख मीट्रिक टन गेहूँ हमारी सरकार ने रिकार्ड समय में खरीदा है।

बजट : प्रदेश सरकार की पारदर्शी कार्यशैली का प्रतीक

अध्यक्ष जी, हमारी सरकार का यह पहला अनुपूरक बजट है। हमारे वित्त मंत्री जी ने अभी इस सदन में इस बजट को कल ही प्रस्तुत किया है। यद्यपि हमारी सरकार जुलाई में 3 लाख 84 हजार 659 करोड़ रुपये का अपना बजट प्रस्तुत कर चुकी है। पहली बार हो रहा है जब सरकार के बजट प्रस्तुत करने के बाद चूँकि बजट देर में प्रस्तुत हुआ था, क्योंकि मार्च में सरकार बनी थी जुलाई में बजट सत्र प्रारम्भ हुआ और बजट सत्र प्रारम्भ होने के बाद सरकार के विभिन्न विभागों ने जो कार्य प्रारम्भ किया, मुझे यह बताते हुये प्रसन्नता है कि लगभग 50 प्रतिशत तक जो राशि है वह व्यय हो चुकी है। तेजी के साथ कार्य प्रारम्भ हुए हैं। सरकार के द्वारा जो लक्ष्य निर्धारित किए गए हैं, समय से उन सब कार्यों को सम्पादित करने का प्रयास किया जा रहा है। यानी जब हम नए बजट के साथ आएँगे तो उस समय यह नौबत न आने पाए कि धनराशि पी०एल०ए० खाते में जा रही है, इस प्रकार की कोई स्थिति न रहे, इसके लिए यह सरकार पूरी संजीदगी के साथ कार्य कर रही है। युद्ध स्तर पर विभिन्न विभागों ने जनोपयोगी, लोक कल्याणकारी परियोजनाओं के साथ-साथ विकास की योजनाओं को आगे बढ़ाना प्रारम्भ किया है। यह अनुपूरक बजट 11,388 करोड़ रुपये का है और इस बजट में जो प्राविधान किए गए हैं, जो हमारे फोकस प्वाइंट हैं कि गाँव को, गरीब को, किसान को, नौजवान को, महिलाओं को सरकार के एजेण्डे का हिस्सा बनना चाहिए। उसी को केन्द्रित करते हुए यह अनुपूरक बजट हमारी सरकार ने यहाँ प्रस्तुत किया है। मैं कह सकता हूँ कि जो नारा हमारी पार्टी ने दिया था 'सबका साथ, सबका विकास'

का, हमारा जनरल बजट भी और उसके बाद आज जिस अनुपूरक बजट पर यहाँ चर्चा हो रही है वह भी उसका प्रतिनिधित्व करता हुआ दिखाई देता है।

किसानों की बड़ी चर्चा हो रही है। एक पार्टी के नेता तो कहते हैं कि आलू की फैक्ट्री लगा दो। उनको पता ही नहीं कि आलू जमीन में पैदा होते हैं। वह कहते हैं कि आलू फैक्ट्री से पैदा होंगे। वह लोग यहाँ पर किसानों की बात कर रहे हैं, गन्ना किसानों की बात कर रहे हैं। उनको पता ही नहीं होता कि गन्ना कहाँ होता है और कैसे होता है। वह लोग इसके इर्द-गर्द घूमते हैं। पहली बार प्रदेश की जातिवादी और परिवारवादी राजनीति से उभरकर किसी सरकार ने किसान को राजनीतिक एजेण्डे का हिस्सा बनाया है। देर से ही सही हमारे बी०एस०पी० के नेता श्री लालजी वर्मा को और माननीय श्री सुखदेव राजभर जी को भी इस बात का अहसास हुआ है कि सरकार ने गेहूँ क्रय अच्छा किया है। मैं कह सकता हूँ कि जब अगला सत्र चलेगा तो उस समय यही सदस्य कहेंगे कि धान अच्छा हुआ था, अब धान के लिए भी उसी प्रकार व्यवस्था करवा दीजिए। हम लोगों ने प्रदेश के अन्दर इस सरकार में आते ही संकल्प पत्र के अनुरूप प्रदेश के किसानों के कर्ज माफी के कार्य प्रारम्भ किए हैं। पहली बार हुआ है कि किसानों का कर्ज माफहुआ और हमें मालूम था कि आप लोग अच्छे कार्यों को स्वीकार नहीं करेंगे, इसलिए हम लोगों ने सभी माननीय सदस्यों से कहा था कि मंच लगा करके ऋण वितरण के सर्टिफिकेट वितरित किए जाएँ। मुझे लगता है कि यह सफलतम कार्यक्रम रहा है। किसान खुशहाल है, किसान प्रसन्न है। आपकी यह प्रसन्नता जगजाहिर है क्योंकि किसान अगर प्रसन्न है तो स्वाभाविक रूप से जिनके कन्धे पर बंदूक तानकर आप लोग सरकार को घेरना चाहते थे जब वह प्रसन्न है तो स्वाभाविक रूप से आप लोगों के रोजगार पर असर तो पड़ेगा। उस रोजगार पर प्रभाव न पड़े इसलिए आप लोगों को कहीं न कहीं सरकार को घेरना है। अच्छे कार्यों को भी कटघरे में खड़ा करना है, वह आप लोगों ने किया, बखूबी किया है और करेंगे भी। लेकिन थोड़ा अपने-अपने जनपदों में जाकर देखिए कि कितने किसानों की कर्जमाफी हुई, कितनी बड़ी संख्या में किसान खुशहाल हुआ।

मुझे बताते हुये प्रसन्नता है कि किसानों की ऋण माफी का जो कार्यक्रम हमारी सरकार ने प्रारम्भ किया, यह देश की अब तक की सफलतम योजना है। तमाम राज्यों ने इसे अपने यहाँ प्रारम्भ करने का प्रयास किया, परन्तु उनको वापस लेना पड़ा। लेकिन प्रदेश के अंदर सफलतापूर्वक इस योजना को हम लागू कर चुके हैं। एन०पी०ए० से जुड़े हुये जो किसान है उनके लिए बैंकर्स के साथ हमारी जो बैठक हो रही है उसके लिए हमारी कार्यवाही चल रही है और हम लोग उस कार्यवाही को भी बहुत शीघ्र पूरा करने जा रहे हैं। प्रदेश के अंदर 86 लाख किसानों के कर्ज माफी के कार्यक्रम को सफलतापूर्वक एक वर्ष के अंदर इस सरकार ने पूरा किया है। मुझे आश्चर्य हो रहा था जब हमारे साथी कह रहे थे कि आढ़तियों के माध्यम से और बिचौलियों के माध्यम से धान खरीदा जा रहा है। मुझे लगता है कि इन लोगों के पास पिछले भाषण का रिकार्ड रहा होगा। ज्यादा समय नहीं हुआ है जब समाजवादी पार्टी की सरकार थी तो जनवरी, फरवरी तक धान का जो क्रय हुआ है वह पिछली सरकार में बिचौलियों के माध्यम से हुआ है। पिछले साल इनकी सरकार थी। अगर आप आँकड़े देखेंगे तो ज्यादातर धान पिछली बार जनवरी और फरवरी में खरीदा गया है जबकि धान क्रय उस समय नहीं होता हैं। हम लोगों ने गेहूँ क्रय के लिए पाँच हजार से अधिक केन्द्र स्थापित किए थे और धान खरीद के लिए लगभग 3300 सेण्टर प्रदेश के अंदर स्थापित किए हैं।

पूरे प्रदेश के अन्दर बहुत पारदर्शी तरीके से कार्यवाही चल रही हैं। इसमें कोई बिचौलिया आ ही नहीं सकता क्योंकि किसान बही के आधार पर उससे धान खरीदा जाना है और फिर उसके एकाउण्ट में आर०टी०जी०एस० से धनराशि का भुगतान होता है। धान के दो रेट हैं 1550 रुपये और 1590 रुपये प्रति क्विंटल। हम लोगों ने अतिरिक्त 15 रुपये किसान को उपलब्ध करवाए हैं। आप लोग नहीं देते थे, लेकिन हमारी सरकार ने किसान को धान के लिए 15 रुपये और गेहूँ के लिए 10 रुपये प्रति क्विंटल अतिरिक्त उपलब्ध करवाए। जो आँकड़े यहाँ पर अभी खरीद के प्रस्तुत किए गए हैं, सैंतीस लाख मीट्रिक टन गेहूँ हमारी सरकार ने रिकार्ड समय में खरीदा है। यही नहीं पाँच

वर्ष में आप लोग जितना क्रय नहीं कर पाए थे, अकेले एक वर्ष में हमारी सरकार ने सैंतीस लाख मीट्रिक टन गेहूँ का क्रय किसानों से किया और पैसा आर०टी०जी०एस० के माध्यम से किसानों के खातों में गया। बिचौलिए इस मामले में नहीं आ सकते और धान क्रय के लिए भी हमारे संसदीय कार्य मंत्री ने आपके सामने जो बात कही कि अब तक 2082622 मीट्रिक टन धान का क्रय किया जा चुका है। गत वर्ष इसी समय केवल 528784 मीट्रिक टन धान का क्रय हो पाया था, यानी उसकी तुलना में यह जो राशि है वह लगभग चार गुना है। लाभान्वित होने वाले 244085 किसान हैं। यह रिकार्ड है। जो किसानों के बैंक एकाउण्ट में आर०टी०जी०एस० के माध्यम से पैसा गया है, वह 3232 करोड़ रुपये गया है, जबकि गत वर्ष इस समय तक केवल 777 करोड़ रुपये गया था। आप इसको भी देख सकते हैं। यही नहीं जो यह कह रहे हैं कि केन्द्रीय पूल में गोदाम नहीं हैं, कहाँ इसको रखेंगे। अभी तक राइस मिलर्स जो हम लोगों से धान लेकर गए हैं उसमें से 610288.29 मीट्रिक टन चावल केन्द्रीय पूल में भी उपलब्ध कराया जा चुका है। यह सरकार की किसानों के प्रति संवेदनशीलता को प्रदर्शित करता है। किसानों के प्रति जो हम लोगों ने घोषणाएँ की थी, संकल्प पत्र में हम लोगों ने जो संकल्प लिया था, उस संकल्प के प्रति हमारी प्रतिबद्धता को भी यह प्रदर्शित करता है।

राइस मिलर्स के साथ अकेले मैं तीन बार बैठा हूँ और इसलिए बैठा हूँ जिससे किसी किसान को परेशानी न हो। आप लोगों ने क्या स्थिति पैदा की थी। राइस मिलर्स पर स्टेट गवर्नमेण्ट का पिछले वर्षों में चार सौ करोड़ से अधिक का बकाया था। उनकी माली हालत कितनी खराब की थी आप लोगों ने, आप लोग उस पर चर्चा नहीं करेंगे। आपके समय में प्रदेश के अंदर राइस मिल बंद होती गई, लेकिन हम लोग उनके साथ बैठे। हमारे लिए किसानों का हित सर्वोपरि है, साथ-साथ राईस मिले भी चलें इन सबके बीच समन्वय बनाते हुए एक प्रक्रिया के तहत हम लोगों ने आर०टी०जी०एस० से धनराशि भेजने का काम किया है। आप लोगों ने तो कभी किसानों का एकाउण्ट तक नहीं खोला। इस देश के अंदर 55 वर्षों तक कांग्रेस की सरकार रही,

लेकिन कभी गरीब के भी एकाउण्ट हो सकें, किसानों के भी एकाउण्ट हो सकें इसके लिए कुछ नहीं किया। जब मोदी जी प्रधानमंत्री बनें और मोदी जी के प्रधानमंत्री बनने के बाद 30 करोड़ गरीबों के जनधन एकाउण्ट खुल पाए और आज हम डायरेक्ट ट्रांजेक्शन के माध्यम से उनके खाते में इसलिए पैसा भेज पा रहे हैं क्योंकि प्रधानमंत्री जी ने गरीबों को उनका हक और उनका अधिकार मिल सके, इसलिए प्रत्येक गरीब का बैंक में एकाउण्ट खोल दिया। इसलिए सरकार किसानों के पैसे का भुगतान सीधे आर०टी०जी०एस० के माध्यम से करने में सफल हुई है, इसलिए उसका श्रेय भारतीय जनता पार्टी को जाता है।

कांग्रेस ने 55 सालों तक शासन किया। उसने गरीबों के नारे तो दिए, लेकिन वास्तव में गरीबों का उत्थान हो, किसानों की आय में वृद्धि हो इसके बारे में कभी ईमानदारी से कोई प्रयास नहीं किया। मगर किसानों की आय को दोगुना करने के लिए हमारी सरकार ने कार्य प्रारम्भ किए हैं। इस दिशा में अभी पिछले दिनों हमारे कृषि मंत्री ने प्रदेश के अंदर विभिन्न स्थानों पर एक किसान पाठशाला का भी आयोजन किया है। हमारा मानना है कि उ०प्र० के अंदर कृषि के क्षेत्र में आपार संभावनाएँ हैं। जब उ०प्र० की भूमि को हम देखते हैं, इसकी उर्वरता को देखते हैं, इसकी क्षमता का देखते हैं तो हमें लगता है कि उ०प्र० की इस धरती द्वारा वास्तव में सोना उगला जा सकता है। सोना उगलने का कार्य हमारा किसान कर सकता है, अगर उसको शासन के स्तर पर उचित सहयोग दिया गया होता। ईमानदारी के साथ इस पर कभी प्रयास नहीं किया गया और उसका परिणाम रहा कि उन किसानों के बारे में कोई योजना नहीं बनी। केन्द्र में मा० मोदी जी प्रधानमंत्री बने और उनके प्रधानमंत्री बनने के बाद देश के अंदर किसानों की आय को दोगुना करने के लिए जो कार्य प्रारम्भ हुए और उसके जो रोडमैप बनने थे उसमें उ०प्र० के अंदर तीन वर्ष तक कोई रोडमैप तैयार नहीं किया गया। कृषि सिंचाई योजना में उ०प्र० का किसान लाभान्वित हो उसके लिए कोई योजना यहाँ से नहीं गई।

प्रधानमंत्री फसल बीमा योजना में उ०प्र० का किसान लाभान्वित हो, इसके बारे में यह लोग कोई योजना नहीं बना पाए। लेकिन जब हमारी सरकार

आई हम लोगों ने उसके लिए रोडमैप तैयार किया। किसानों की पाठशालाएँ आयोजित कीं और यही नहीं भारत सरकार उ०प्र० के अंदर किसान को आधुनिक तकनीक के साथ जोड़ने के लिए कृषि विज्ञान केन्द्र देना चाहती थी। उ०प्र० को सर्वाधिक 20 कृषि विज्ञान केन्द्र मिल रहे थे, लेकिन समाजवादी की पिछली सरकार लेने को तैयार नहीं थी कि कहीं मोदी जी को श्रेय न मिल जाए, कहीं भाजपा को श्रेय न मिल जाए। यानी किसान का हित इनके लिए महत्वपूर्ण नहीं था, बल्कि स्वयं अपनी पार्टी का हित महत्वपूर्ण था। इस दृष्टि से इन लोगों ने 20 कृषि विज्ञान केन्द्र प्रदेश में नहीं आने दिए यह प्रस्ताव तब गए थे जब हमारी सरकार यहाँ पर आई और फिर हमारे कृषि विभाग ने इन 20 कृषि विज्ञान केन्द्रों के प्रस्ताव भारत सरकार को भेजे हैं। इस समय 10 लाख किसानों के लिए किसान पाठशाला का पाँच दिवसीय कार्यक्रम, जिसमें 200 क्षेत्रों में कृषि है, उद्यान है, पशुपालन है, मत्स्य पालन है और कृषि सम्बन्धित अन्य कार्यों की दृष्टि से भी यह अभियान पूरे प्रदेश में सफलतापूर्वक प्रारम्भ हुआ। लखनऊ में तो मैं स्वयं कृषि पाठशाला कार्यक्रम में था। पहली बार इस तरह के कार्यक्रम हो रहे हैं, जो किसानों को आधुनिक कृषि के बारे में बता सकें। जब किसानों को मंत्री जानेगा, जनप्रतिनिधि उसके बारे में जानेंगे तो फिर कोई नेता यह नहीं बोलेगा कि आप आलू की फैक्ट्री लगा लो, गन्ने की फैक्ट्री लगा लो।

एक बार हमारे एक मित्र जो कांग्रेस के ही नेता हैं, लोकसभा में भाषण दे रहे थे। उन्होंने कहा कि हमारी सरकार ने इतनी मेहनत कर ली है कि हमारी सरकार ने लगभग डेढ़ फुट लम्बा आलू पैदा कर दिया है। हमारी पार्टी की एक नेता खड़ी हुईं उन्होंने कहा कि बेटा, वह आलू नहीं है, उसको लौकी कहते हैं। इनको आलू और लौकी में अंतर महसूस नहीं होता है। यह लोग किसानों की बात कर रहे हैं। लौकी को यह लोग आलू कहते हैं। आम के पेड़ पर जो फल लगते हैं उसको यह गन्ना कहते हैं। यह किसानों के हितैषी हैं। इनकी बातों से मुझे अच्छा लगा कि किसी बहाने यह किसानों के बारे में बात तो उठा पाते हैं। भले अपने समय में किए हों या न किए हों और उस दिशा में

आज इस सरकार ने कार्य करना प्रारम्भ किया है। हम लोग 'वन ड्रॉप-मोर क्रॉप' के माध्यम से पूरे प्रदेश में और खास करके बुन्देलखण्ड क्षेत्र में एक बड़ी योजना लेकर आए हैं। इसी प्रकार से प्रदेश के अंदर सॉयल टेस्टिंग का, जैसे हम लोग हेल्थ कार्ड बनाते हैं। उसी प्रकार से धरती माता की सेहत के बारे में जानकारी ले सकें। आप याद करिए 26 मई 2014, जब आदरणीय नरेन्द्र मोदी जी ने देश के प्रधानमंत्री के रूप में शपथ ग्रहण की थी। उन्होंने सॉयल टेस्टिंग कार्ड के बारे में एक बात कही थी। ये बुनियादी मुद्दे हैं जिन पर किसानों को अवगत कराकर जागृत किए जाने की आवश्यकता है लेकिन जिनको बाँटने से फुर्सत न रही हो वह किसानों की बात कर ही कैसे सकते थे। दुर्भाग्य से यही हुआ। उत्तर प्रदेश में सॉयल टेस्टिंग के कार्ड बनें, इसके लिए जगह-जगह लैब स्थापित हुए। यह लोग यह कार्य नहीं कर पाए।

आजादी के बाद से मार्च, 2017 तक यू०पी० में केवल 30 लैब स्थापित थीं। मार्च, 2017 से दिसम्बर, 2017 तक हम लोगों ने 43 नए लैब स्थापित किए हैं। यही नहीं प्रदेश के अंदर जो हमारे 02 करोड़ 33 लाख 25 हजार किसान हैं इन किसानों में से अब तक एक करोड़ 40 लाख 88 हजार का सॉयल टेस्टिंग कार्ड हम लोग बना चुके हैं। बाकी के लिए भी उस कार्य को तेजी के साथ हम लोग आगे बढ़ा रहे हैं। यही नहीं प्रदेश के अंदर वर्मी कम्पोस्ट को प्रोत्साहित करने के लिए भी हमारी सरकार ने कार्य किया है। लगभग 97 हजार 814 वर्मी कम्पोस्ट के पूरे प्रदेश में यूनिट स्थापित हों, इसके लिए केन्द्र सरकार और प्रदेश सरकार मिलकर ऐसे लोगों को प्रोत्साहित करने के लिए अनुदान की व्यवस्था करने जा रही है। प्रधानमंत्री फसल बीमा योजना उत्तर प्रदेश के अंदर तीन वर्षों तक लागू नहीं हो पाई। किसानों के लिए यह कितनी लाभकारी योजना है, लेकिन पिछली सरकार ने लागू नहीं होने दिया था। जब हमारी सरकार आई तो हम लोगों ने अब तक लगभग 25 लाख किसानों का 9 हजार 713 करोड़ रुपये का बीमा कराया है। इस योजना को प्रोत्साहित करने के लिए हम लोग आगे भी कार्य करने जा रहे हैं। साथ ही साथ किसानों को सोलर पम्प उपलब्ध कराने की कार्रवाई करने जा रहे हैं। मा० अध्यक्ष जी,

मुझे आश्चर्य हो रहा था 1994 में प्रदेश के अंदर बहुत सारे विकास खण्ड ऐसे थे जहाँ पर किसानों को ट्यूबवेल के कनेक्शन देने बंद हो गये थे। डार्क जोन के आधार पर किसानों को ट्यूबवेल के कनेक्शन नहीं मिल पाते थे। ट्यूबवेल के कनेक्शन न मिलने के कारण वह व्यक्ति पम्पिंग सेट लगाकर फिर डीजल से अपना पम्पिंग सेट चलाता था। उसके माध्यम से अपने खेतों तक पानी पहुँचाने का कार्य करता था। मुझे देख करके आश्चर्य हो रहा था, जब मैंने इस बारे में पूछा कि आखिर क्यों कनेक्शन नहीं मिल पा रहा है? पश्चिमी उत्तर प्रदेश की तरफ जब भी मैं गया, आगरा मण्डल की तरफ गया, कानपुर की तरफ गया, मिर्जापुर में गया, हर जगह की शिकायत कि डार्क जोन है, इसलिए कनेक्शन नहीं मिल रहा है। मैंने कहा कि लाओ, डार्क जोन के रिकार्ड कब के हैं। सभी फाइलों का अवलोकन जब किया गया, पता लगा कि 1994 में आदेश हुआ था कि बड़े-बड़े उद्योगों को जो पानी बहुत ज्यादा लेते हैं, उन लोगों को कनेक्शन इस आधार पर न दिया जाए जिससे लोगों को होने वाली पेयजल की आपूर्ति में बाधा पहुँचे लेकिन उसको किसानों पर इन्होंने लागू कर दिया। यह अपने को धरती-पुत्र कहते हैं, यह अपने को किसान कहते हैं, लेकिन किसानों के साथ कितना बड़ा अन्याय हुआ? आज हम लोगों ने ट्यूबवेल कनेक्शन फ्री किया है कि आपको ट्यूबवेल के कनेक्शन हम लोग देंगे और उससे कहा गया कि आपको एक रुपये दस पैसे पर यूनिट के हिसाब से भुगतान करना होगा, वह सहर्ष तैयार है, क्योंकि जब वह डीजल से अपना पम्पिंग सेट चलाता है तो उसको 25 रुपये पड़ता है, प्रति यूनिट। हम उसको कनेक्शन दिला करके 25 रुपये नहीं, एक रुपये दस पैसे में हम बिजली उपलब्ध कराएँगे। उसको ले करके दो दिन इन लोगों ने सदन नहीं चलने दिया। किसानों का हित हो, इनकी चिन्ता का विषय नहीं है। चिन्ता इस बात की है कि कहीं इनके स्वयं के रोजगार पर कहीं कोई दिक्कत न आए, खतरा न आ जाए। इस दृष्टि से विपक्ष के मित्रों ने दो दिनों तक इस सदन की कार्यवाही ही नहीं चलने दी थी। आज मैं फिर कहना चाहता हूँ कि सरकार अपने संकल्प-पत्र के अनुरूप अपनी सभी योजनाओं को प्रदेश के अन्दर लागू करने के लिए पूरी तरह प्रतिबद्ध है

और उस दिशा में जो कार्य प्रारम्भ हुए हैं, इसी में प्रधानमंत्री आवास योजना है। प्रधानमंत्री आवास योजना में ग्रामीण क्षेत्र में और शहरी क्षेत्र में लगभग 11 लाख आवास गरीबों को अब तक हमारी सरकार उपलब्ध करा चुकी है। इन 11 लाख आवासों के सर्टिफिकेट हम लोगों ने कैम्प लगा करके वितरित किए हैं। यहाँ जो कार्य होगा, पूरी ट्रासपैरेंसी के साथ होगा, पूरी पारदर्शिता के साथ होगा, किसी भी प्रकार से ऊँगली उठाने का अवसर किसी को नहीं प्राप्त होगा। ग्रामीण क्षेत्र में 8 लाख 73 हजार लाभार्थियों की प्रथम किश्त जारी की जा चुकी है, 40 हजार की प्रथम किश्त है। 7 लाख 25 हजार जो लाभार्थी हैं, उनकी दूसरी किश्त भी जारी की जा चुकी है, 70 हजार रुपये की। अब तीसरी किश्त केवल 10 हजार रुपये की है, मकान का कार्य छत लगने के बाद, पूरा होने के बाद उस 10 हजार रुपये की किश्त भी उन सभी लाभार्थियों के खातों में उपलब्ध करा दी जाएगी। इसी प्रकार से लगभग 1 लाख 61 हजार आवासों को नगर विकास विभाग ने भी गरीबों के लिए आवंटन की व्यवस्था की है। यानी इतनी बड़ी संख्या में ये लोग 05 वर्षों में इतने आवास नहीं बना पाए, गरीबों की बात करते हैं।

हमारी सरकार का संकल्प है, आदरणीय प्रधानमंत्री जी का संकल्प है कि 2022 तक इस देश के अन्दर एक भी ऐसा व्यक्ति न रहे, जिसके सिर को ढकने के लिए छत न हो और हमारी सरकार प्रधानमंत्री जी के संकल्प के साथ अपने आप को सम्बद्ध करती है कि 2022 तक उत्तर प्रदेश के अन्दर हर गरीब को हम आवास उपलब्ध कराएँगे। सपा और बसपा की 4-4 बार प्रदेश में सरकारें रही हैं। बहुत अफसोस के साथ कहना पड़ रहा है, हमारी सरकार ने जब सर्वे किया है, लगभग 1625 ऐसे गाँव अब तक चिह्नित हुए हैं, आजादी के बाद जिन गाँवों में कोई भी कार्य नहीं हो पाया। वन्य ग्राम के लोगों को तो कोई राइट तक नहीं, वोटिंग का राइट तक नहीं। ये लोग गरीबों की बात करते हैं। उनको मतदान करने तक का अधिकार नहीं था, शासन की किसी योजना में नहीं, उन वन्य ग्रामों में किसी भी परिवार के पास अपना पक्का घर नहीं। दीपावली के दिन गोरखपुर के अन्दर हम लोगों ने 05 गाँवों

को पुनः राजस्व गाँव के रूप में मान्यता दे करके उन लोगों को सभी सुविधाएँ दी हैं और अभी इसी महीने के अन्त में जनपद महराजगंज के 18 ऐसे गाँव हैं, जिन्हें हम इस योजना से आच्छादित कर रहे हैं। ऐसे लगभग 65 गाँव हैं जिनको चरणबद्ध तरीके से अन्य क्षेत्रों में जाकर के इन कार्यों को हम पूरा करेंगे। यहाँ पर कार्यवाही बाधित करने से नहीं, सचमुच एक जनप्रतिनिधि के रूप में उनकी आवाज को इस सदन में ईमानदारी के साथ उठाने और सरकार रहने के दौरान उन समस्याओं का समाधान अगर आप लोगों ने किया होता, तो यह स्थिति नहीं होती।

आश्चर्य होता है कि आजादी के 70 वर्षों के बाद भी किसी एक बड़े समुदाय को वोटिंग का राईट न हो, राशन न मिलता हो, सड़क न हो, पेयजल की कोई व्यवस्था न हो, उन लोगों को कोई सुविधा नहीं मिल रही हो, यह एक हकीकत है। 1625 ऐसे गाँव चिह्नित किए गए हैं पूरे प्रदेश में, जिनको इन लोगों की विभाजनकारी, जातिवादी और परिवारवादी राजनीति ने बुनियादी सुविधाओं से वंचित किया था। उन लोगों को मुख्य धारा से जोड़ने का कार्य हमारी सरकार कर रही है। एक-एक कर हम उन प्रत्येक गाँवों में जा रहे हैं, हमारे विधायकगण जा रहे हैं, हमारे मंत्रिगण जा रहे हैं, हम उसके लिए व्यापक कार्य-योजना लेकर के आए हैं। इस योजना को आगे बढ़ाने की दिशा में कार्य प्रारम्भ हुआ है, कोई यह मान सकता था स्वच्छ भारत अभियान में रेटिंग हुई थी, कहाँ उत्तर प्रदेश था, मार्च, 2016 के पहले उत्तर प्रदेश की रैंकिंग क्या थी, देश के सौ सबसे गन्दे शहरों में 50 उत्तर प्रदेश के, देश का सबसे गन्दा शहर उत्तर प्रदेश का। किसके कारण, आप लोगों के कारण। उत्तर प्रदेश के 50 गन्दे शहर, सबसे गन्दा शहर उत्तर प्रदेश का, सड़क पर, गाँव में आप जाइए, शहर में जाइए, जगह-जगह गन्दगी, सफाई की कोई योजना नहीं, क्योंकि सफाई के ठेके लखनऊ से होते थे, हर निर्माण कार्य का ठेका मंत्री की पसंद का होगा, इनकी हिम्मत नहीं थी ई-टेण्डरिंग करने की।

हमारी सरकार आई। पहला कार्य हम लोगों ने किया, ई-टेण्डरिंग का। उसके लिए साहस चाहिए और उस साहस, उस प्रयास के लिए, उसी प्रकार

की दृढ़ इच्छा शक्ति भी चाहिए। प्रदेश के अन्दर सफाई का अभियान चल रहा है। प्रदेश खुले में शौच से मुक्त हो, उत्तर प्रदेश में इसके लिए जो अभियान चला उसका परिणाम है कि शौचालय का नाम इज्जत घर दिया गया तो प्रधानमंत्री जी ने उसको कोट करके पूरे देश के अन्दर कहा कि उत्तर प्रदेश के इज्जत घर को हर गरीब के घर तक पहुँचाने का कार्य होना चाहिए। आखिर यह कार्य पिछली सरकारें भी कर सकती थीं। गंगा के किनारे के गाँवों तक को इन्होंने साफनहीं किया, जितने भी 1627 गाँव थे, हमारी सरकार आने के बाद हम लोगों ने खुले में शौच से उनको मुक्त किया। प्रदेश के अन्दर पर्याप्त बजट की व्यवस्था की। हम लोग इस वित्तीय वर्ष में लगभग 05 हजार करोड़ रुपये इसके लिए खर्च कर रहे हैं। यह विषय केवल इस बात को लेकर नहीं। एक मिशन बनना चाहिए, हर गरीब के पास एक-एक इज्जत घर हो। आपने देखा नहीं अम्बेडकरनगर में वर्मा जी के ही जनपद में एक बालिका धरने पर इसलिए बैठी, उसने कहा कि जब तक घर में शौचालय नहीं होगा, तब तक मैं अन्न ग्रहण नहीं करूँगी। हम लोगों ने वहाँ के जिला प्रशासन से भी कहा कि यह बालिका अपने घर में अनशन पर बैठी हुई है, आप लोग जाइए उसको शौचालय उपलब्ध करवाइए। एक इज्जत घर उस परिवार में होना चाहिए, यह सरकार का दायित्व है। 05 हजार करोड़ रुपये पहली बार हम लोगों ने इस मद में उपलब्ध करवाएँ हैं और 05 हजार करोड़ रुपये के साथ-साथ इसमें 60-40 का रेशियो है, भारत सरकार 60 प्रतिशत इसमें अंशदान दे रही है, 40 प्रतिशत उत्तर प्रदेश सरकार दे रही है। हर गरीब के पास अपना एक इज्जत घर हो जाए यह प्रयास केवल सरकार का नहीं, उत्तर प्रदेश के प्रत्येक जनप्रतिनिधि का होना चाहिए, प्रदेश के प्रत्येक नागरिक का होना चाहिए। मुझे लगता है कि इस अभियान को आगे बढ़ाने की आवश्यकता थी। मुझे बताते हुए प्रसन्नता है कि अब तक हमारी सरकार ने लगभग पैंतीस लाख पन्द्रह हजार नौ सौ अट्ठानबे जो इज्जत घर बनवाए हैं, उसकी फोटोग्राफी की है, उसकी जियोटैगिंग की है और भारत सरकार की वेबसाइट पर उसको अपलोड भी कर दिया है। यानी हम लोगों ने जो कुछ भी किया फोटोग्राफी के साथ,

जियोटैगिंग के साथ भारत सरकार की वेबसाइट पर उसको अपलोड किया है। इससे भी ज्यादा संख्या में इज्जत घर बने हैं, लेकिन जिनका सर्वे हो चुका है वह इस आधार पर हम लोगों ने किया है।

अभी तक प्रदेश के अन्दर हम 15653 गाँवों को ओ०डी०एफ० घोषित कर चुके हैं। यह पिछले नौ महीनों के दौरान प्रदेश के अन्दर हुआ है। शहरी क्षेत्रों में भी हम लोगों ने ओ०डी०एफ० के लक्ष्य को प्राप्त करने के लिए पर्याप्त मात्रा में धनराशि दी है। धनराशि का आवंटन पिछली सरकारों की रुचि नहीं थी, शहरी क्षेत्र में गरीबों को कहते कि चार हजार रुपया लीजिए और अपना एक शौचालय बना दीजिए। हमारी सरकार आई, शहरी क्षेत्र में चार हजार रुपये में कोई शौचालय नहीं बन सकता। हम लोगों ने उसको बढ़ाकर 20 हजार रुपये किया है। 20 हजार रुपये प्रत्येक लाभार्थी को हम लोग उपलब्ध करवा रहे हैं। 20 हजार की इस राशि के साथ इस कार्य को हम लोगों ने आगे बढ़ाया है। मैं इस सम्बन्ध में इस सदन के सभी माननीय सदस्यों का पक्ष और प्रतिपक्ष सभी मित्रों का सहयोग चाहूँगा कि उत्तर प्रदेश अक्टूबर, 2018 तक पूरी तौर पर ओ०डी०एफ० घोषित हो जाए। प्रदेश में खुले में शौच से मुक्ति मिल सके, मुझे लगता है कि अगर हम हम सब इसको एक अभियान के रूप में ले लें तो उत्तर प्रदेश के लिए यह गौरव की बात होगी। मैं चाहूँगा कि इस दिशा में सभी लोग लगें। सरकार पर्याप्त मात्रा में बजट की व्यवस्था कर रही है। भारत सरकार पूर्ण सहयोग कर रही है, लेकिन शहर और गाँव दोनों जगह इस लक्ष्य को प्राप्त करने के लिए सभी को लगना पड़ेगा, तब इस लक्ष्य को प्राप्त कर पाएँगे।

ऊर्जा के क्षेत्र में बहुत बड़ा कार्य प्रदेश के अन्दर हुआ है। स्वाभाविक रूप से हमारे विपक्ष के मित्रों के चेहरे पर भी ऊर्जा के नाम पर हँसी आ जा रही है। समाजवादी पार्टी की सरकार रही हो या बहुजन समाज पार्टी की सरकार, मुझे लगता है कि दोनों सरकारों के समय जो भेदभाव हुआ, जो पक्षपात हुआ वह किसी से छुपा नहीं है। 24 घण्टे, जिला मुख्यालय को बिजली हम लोग दे रहे हैं। तहसील मुख्यालयों, और बुन्देलखण्ड को बिजली हम लोग दे रहे हैं।

ग्रामीण क्षेत्रों में 18 घण्टे की विद्युत की आपूर्ति हम दे रहे हैं। अगर कहीं नहीं पहुँच पा रही है तो फीडर की कमी के कारण, कमजोर फीडर होने के नाते। वह दोष इस सरकार का नहीं, आप लोगों का है। मेरे पास कुछ जिलों से शिकायत आई, कुशीनगर से आई, जाँच की गई, फीडर कमजोर है। कार्य चल रहा है। मुझे लगता है कि 10–15 दिन के अन्दर यह सारा कार्य पूरा होगा। वहाँ के जिला मुख्यालय को भी 24 घण्टे बिजली मिलेगी। विद्युत वितरण में जो अभूतपूर्व कार्य हुआ है, मुझे लगता है आप आँकड़े से चौकेंगे, लेकिन आपके लिए, बहस करने के लिए कुछ आँकड़े आपको जरूर दूँगा। उत्तर प्रदेश में लगभग 65 हजार ऐसे मजरे हैं, जिनमें अब तक विद्युतीकरण नहीं हुआ था। आजादी के बाद से जो विद्युतीकरण से मुक्त थे और उन मजरों तक विद्युतीकरण के लक्ष्य को प्राप्त करने के लिए भारत सरकार ने पं० दीनदयाल उपाध्याय ग्राम ज्योति योजना भी चलाई है। शहरी क्षेत्र में आई०पी०डी०एस० योजना भी चलाई थी। पिछली सरकार लाभ नहीं ले पाई, लेना भी नहीं चाहती थी क्योंकि विकास में जब रुचि हो तब तो। यह तो आम चर्चा का विषय है। प्रदेश में अपराध पर हम लोग कल इस विधानसभा में यूपीकोका पर चर्चा करेंगे। मेरा यह मानना है कि समाजवादी पार्टी और बहुजन समाज पार्टी दोनों शिक्षा विरोधी भी हैं, उजाले के विरोधी भी हैं। इसके कारण प्रदेश के अन्दर शिक्षण संस्थाओं की स्थिति देखी जा सकती है। उनको अँधेरा ज्यादा पसन्द था, क्योंकि उनके ऑपरेशन रात्रि में ज्यादा होते थे इसलिए बिजली का कार्य नहीं कराया। पूरे प्रदेश के अन्दर बिजली देते ही नहीं थे। चार से पाँच जिलों में बिजली मिलती थी। बाकी 70 जिले अँधेरे में रहते थे। 19 मार्च को शपथ लेने के बाद मैं अपने ऊर्जा मंत्री को लेकर चल रहा था और उस समय अधिकारी मुझ पर दबाव बनाते थे कि हम गोरखपुर को 24 घण्टे बिजली दे दें। मैंने कहा कि जब अब तक नहीं मिली तो अब क्यों देना चाहते हो। मत दीजिए, जैसे चल रहा है वैसे चलने दो। आश्चर्यचकित होते थे कि कैसे होगा? मैंने एक–दो बार अँधेरे में अपने ऊर्जा मंत्री को भी घुमाया। मैंने कहा देखिए प्रदेश के अन्दर क्या स्थिति है? यह बाउण्ड्री वॉल साफ दिखाई

दे रही है, उधर मध्य प्रदेश है, उजाला है। यह उत्तर प्रदेश है, यहाँ अँधेरा है, क्योंकि सपा की सरकार थी, उससे पहले बसपा की सरकार थी। यानी रात्रि को जहाँ से अँधेरा शुरू हो जाए समझ लीजिए कि उत्तर प्रदेश की बाउण्ड्री शुरू हो जाती है। हमारे ऊर्जा मंत्री अब तक दो बार मेरे साथ चले हैं। मैं एक बार आगरा से आ रहा था तब और दूसरी बार अन्य समय में। मैंने कहा नीचे देखिए, जब ऊर्जा मंत्री जी ने नीचे देखा तो उन्होंने कहा कि हाँ, अब सब जगह उजाला है। मैंने कहा कि 14 अप्रैल, 2017 से पहले क्या स्थिति थी। हम लोगों ने जानबूझकर 14 अप्रैल, 2017 की तिथि रखी इसलिए रखी कि बाबा साहब डॉ० भीमराव अम्बेडकर के विचारों से व्यक्तिगत रूप से लोग लाभान्वित हुए होंगे। लेकिन सचमुच बाबा साहब डॉ० भीमराव अम्बेडकर का सामाजिक भेदभाव के खिलाफजो अभियान था, उस अभियान की पूर्ति पिछली सरकारें नहीं कर पाईं। इस कार्य को हम लोग करेंगे। 14 अप्रैल, 2017 से प्रदेश के अन्दर समान विद्युत वितरण की व्यवस्था हमारी सरकार ने की है। यह व्यवस्था पूरे प्रदेश के अन्दर है। आप कहीं भी चले जाइए। चौधरी जी, हम लोगों ने आपके बलिया को भी बिजली दी है। अम्बेडकर नगर को भी बिजली दी है। मुझे लगता है कि कुशीनगर को भी बिजली दे रहे हैं और भी जगह दे रहे हैं। लल्लू जी की परेशानी है कि वे बिहार से ज्यादा प्रभावित रहते हैं और इसीलिए उनकी समस्या वहीं से शुरु हो जाती है लेकिन हम लोगों ने कोई भेदभाव नहीं किया।

उत्तर प्रदेश में विद्युत वितरण की व्यवस्था बाबा साहब डॉ० भीमराव अम्बेडकर के प्रति हमारी श्रद्धांजलि है। हमारी सरकार की तरफसे श्रद्धांजलि है। हम लोगों ने इस दिशा में जहाँ कार्य प्रारम्भ किया, वहीं साथ ही साथ अब तक 45 हजार मजरों में विद्युतीकरण का कार्य हमारी सरकार ने पूरा किया है। यही नहीं हम लोगों ने यह भी तय किया है कि पहले बिजली के कनेक्शन नहीं मिलते थे, लोग परेशान होते थे। शहर हो या गाँव हम लोगों ने दोनों जगह समान रूप से व्यवस्था की है। शहरी क्षेत्रों में लोग आते थे सस्ती जमीन लेकर कहीं तीन-चार घर उनके बन जाते थे। उनको कोई सुविधा नहीं

मिलती थी। बिजली तो वर्षों-वर्षों नहीं मिल पाती थी, पैसा देने के बाद भी नहीं मिल पाती थी। हमारी सरकार आई हम लोगों ने कहा कि हम सभी जगह बिजली देंगे और हमारा विद्युत विभाग वहाँ तक पोल लेकर जाएगा, मुफ्त में कनेक्शन भी उपलब्ध कराएगा। शर्त एक ही है कि बिजली का मीटर लगेगा और बिजली का मीटर लगाने के साथ हमने उनको व्यवस्था दी है।

मुझे यह बताते हुए प्रसन्नता है कि पिछले 9 महीने के दौरान हमारी सरकार ने लगभग 22 लाख से अधिक लोगों को प्रदेश में नि:शुल्क विद्युत कनेक्शन उपलब्ध करवाए हैं। यह लक्ष्य बड़ा है। मुझे लगता है कि आपके सान्निध्य में हम लोगों ने आदरणीय प्रधानमंत्री जी की हर घर तक बिजली पहुँचे, हर गरीब के घर तक बिजली पहुँचे, गरीब का नारा देने वाले और दलित का नारा देने वाले सब बेनकाब होते हैं, जब प्रधानमंत्री के द्वारा सौभाग्य योजना प्रारम्भ होती है। हर गरीब और हर दलित को नि:शुल्क विद्युत कनेक्शन देने के साथ ही महोदय आप आँकड़े देखेंगे कि देश के अंदर चार करोड़ लोग हैं, जिनके पास विद्युत कनेक्शन नहीं हैं। 01 करोड़ 57 लाख से अधिक परिवार केवल उत्तर प्रदेश के अंदर हैं, जिनके पास विद्युत कनेक्शन नहीं हैं। यानी आजादी के बाद कांग्रेस की सरकारें सर्वाधिक दिनों तक थीं। एस०पी० और बी०एस०पी० दोनों की सरकारें प्रदेश में थीं, ज्यादा समय तक इन्होंने शासन किया। प्रदेश के अंदर कुल एक करोड़ साठ लाख परिवारों को ये लोग पिछले 70 वर्षों में बिजली दे पाएँ और बाकी जो बचे हुए हैं, अगर 22 लाख हम लोग घटा दें या इसको भी हम जोड़ेंगे तो आप मानकर चलिए कि 01 करोड़ 80 लाख परिवारों को बिजली देने का दायित्व हमारे ऊपर है और एक वर्ष के भीतर हम इसको पूरा करने जा रहे हैं। 70 वर्षों में ये लोग 01 करोड़ 60 लाख लोगों तक भी बिजली नहीं पहुँचा पाए। इसके लिए लोगों को क्या-क्या पापड़ नहीं बेलने पड़ते थे। हमारे तमाम सदस्य, तमाम मंत्री इसके भुक्तभोगी हैं, कि ट्यूबवेल के कनेक्शन के लिए कितनी परेशान होती थी, कितना लम्बा चौड़ा पत्रक होता था। अलग से पैसे लिए जाते थे। पहली बार ऑनलाइन व्यवस्था के साथ उसको हम जोड़ने जा रहे हैं। कहीं लीकेज की कोई संभावना नहीं है।

आप भी आइए और हर सप्ताह में एक दिन कैम्प लगाइए और हर गरीब को विद्युत का निःशुल्क कनेक्शन दीजिए।

एक वर्ष के अंदर 1 करोड़ 80 लाख परिवारों को विद्युत के निःशुल्क कनेक्शन हमारी सरकार देने जा रही है और वह भी पूरे प्रदेश में। अब हम लोगों ने कह दिया है और हम लोगों ने विद्युत वितरण की व्यवस्था बना दी है। उसको हम लागू करेंगे और बहुत मजबूती के साथ लागू करेंगे, लेकिन बिजली की चोरी रोकेंगे। हर एक परिवार को सम्मानजनक जीवन जीने के लिए आगे बढ़ाएँगे। इज्जत के साथ, स्वाभिमान और सम्मान के साथ आगे बढ़ने के लिए प्रेरित करेंगे। हम लाइन लॉस 10 प्रतिशत से कम करने के लक्ष्य के साथ कार्य करना प्रारम्भ कर रहे हैं। मेरा मानना है कि जिस दिन उत्तर प्रदेश के अंदर हम लोग लाइन लॉस 10 प्रतिशत से कम पर ला देंगे, उस दिन मैं कह सकता हूँ कि हमारी सरकार 24 घण्टे बिजली गाँव में भी देने जा रही है। हम उस दिन गाँवों में भी 24 घण्टे बिजली उपलब्ध करवा देंगे। हर जगह बिना भेदभाव के बिजली देंगे। लोकतंत्र में इसका क्या मतलब है कि कोई वी०आई०पी० जिला हो जाए और कोई गैर वी०आई०पी० हो जाए। यह भेदभाव नहीं होना चाहिए। इस दृष्टि से जो यह कार्य प्रारम्भ हुआ है, मुझे लगता है कि सौभाग्य योजना का लाभ हम सबको लेना चाहिए।

आज जब अनुपूरक बजट पर चर्चा हो रही है, तो मैं कुम्भ मेले के बारे में भी आपको बताना चाहता हूँ मैं इस सदन के सामने प्रस्ताव भी रखूँगा कि हम आदरणीय प्रधानमंत्री जी के प्रति आभार व्यक्त करें, जिन्होंने कुम्भ को यूनेस्को की अमूर्त सांस्कृतिक धरोहर के रूप में मान्यता दिलवायी है। पहली बार यह हुआ है। जो लोग 55 वर्षों तक शासन किए और गुजरात का चुनाव देखते ही जिनको मन्दिरों की याद आने लग गई थी, उन लोगों को कभी चिन्ता नहीं थी, योग के बारे में चिन्ता नहीं थी, कुम्भ के बारे में चिन्ता नहीं थी परन्तु जब श्री नरेन्द्र मोदी जी देश के प्रधानमंत्री बनते हैं, तब कुम्भ को यूनेस्को की अमूर्त सांस्कृतिक धरोहर के रूप में मान्यता मिल सके यह कार्य तभी होता है। इसलिए मैं आदरणीय प्रधानमंत्री जी का आभार व्यक्त करता हूँ,

उनका अभिनन्दन करता हूँ, क्योंकि जो महाकुम्भ होता है, वह उत्तर प्रदेश में होता है, प्रयागराज की धरती पर होता है। देश के अंदर जिन चार स्थानों पर कुम्भ होता है, सभी जगहों का महत्व है लेकिन उनमें सबसे बड़ा महत्व प्रयागराज का है। इस दृष्टि से जहाँ कुम्भ को अंतर्राष्ट्रीय मान्यता मिल रही है, वहीं हमारी सरकार अपनी पूरी कार्य-योजना के साथ इसको आगे बढ़ा रही है। पहली बार कुम्भ का 'लोगो' भी हमने जारी किया है। मुझे लगता है कि हमारे जो प्रतिपक्ष के मित्रगण हैं, उनको संभवतः अच्छा नहीं लग रहा होगा कि यह सब काम क्यों हो रहे हैं। मैं उनको भी कुम्भ स्नान करने के लिए आमंत्रित करता हूँ, क्योंकि हमने स्लोगन ही दिया है 'सर्वसिद्धि ततः कुम्भः' यानी हर प्रकार की सिद्धि की कामना के लिए, हर प्रकार के पाप को, हर प्रकार के ताप को धुलने का माध्यम कुम्भ है।

प्रदेश की जनता को बुनियादी सुविधाओं से वंचित करने का जो पाप है, भ्रष्टाचार का जो पाप है, राजनीति के अपराधीकरण का जो पाप है, प्रदेश को अराजकता और दंगों में झोंकने का जो पाप है, 2019 का यह कुम्भ इस पाप को धुलने का एक माध्यम होगा। मैं आमंत्रित करूँगा कि आप सब लोग भी कुम्भ के इस आयोजन में आएँ। हमारी सरकार बेहतर व्यवस्था कर रही है। अगर आप चाहेंगे तो आप लोगों के लिए स्विस कॉटेज हम वहाँ स्थापित करेंगे। वैसे हम लोग इसकी शुरूआत इसी माघ मेले में करने जा रहे हैं। माघ मेले में आप जाइए। मुझे तो कुम्भ के अनेक अवसरों पर जाने का अवसर प्राप्त हुआ, प्रयागराज में जाने का अवसर प्राप्त हुआ। सरकार कितनी उपेक्षा प्रयागराज की करती थी, आज आप जाइए, वहाँ की व्यवस्था देखिए। अभी हमारे राष्ट्रपति जी आए थे, वह स्वयं वहाँ के दृश्य को देखकर, वहाँ की व्यवस्था को देखकर आह्लादित थे। राष्ट्रपति जी ने हमारे जिलाधिकारी को पाँच हजार रुपये का पुरस्कार भी दिया क्योंकि उन्होंने वहाँ कुम्भ की दृष्टि से बेहतर व्यवस्था की है। राष्ट्रपति जी ने स्वयं हमारे जिलाधिकारी का वहाँ सम्मान किया। यह पहली बार हो रहा है। हम भूल जाते थे कि देश और दुनिया के करोड़ों लोग प्रयागराज में आते हैं। उत्तर प्रदेश के सामने एक अवसर होता है

जब हम कुम्भ के माध्यम से देश और दुनिया के सामने अपने आप को प्रस्तुत कर सकें और दिखा सकें। लेकिन यह सब आयोजन तो कुछ लोगों के लिए अपने घर भरने के माध्यम हो जाया करते थे, लूट-खसोट के जरिए हो जाया करते थे, लेकिन अब ऐसा नहीं होगा। हमने जो व्यवस्था प्रारंभ की है, जो 'लोगो' जारी किया है, यह 'लोगो' हर सरकारी पैड पर, हर सरकारी विज्ञापन पर और मैं तो चाहूँगा कि हर सदस्य अपने पैड पर भी इस 'लोगो' को बनाए और व्यापक प्रचार-प्रसार करे। यह आपकी धरोहर है। आप देश और दुनिया को बता सकेंगे कि यह कुम्भ का जो 'लोगो' है यह हमारी धरोहर है, हम इसके आयोजक हैं और जो भी अतिथि उत्तर प्रदेश में आएँगे, हम सब उनका स्वागत करेंगे, अभिनन्दन करेंगे। अतिथि धर्म का पालन हम लोग करेंगे। इसका एक अवसर कुम्भ हमें दे रहा है। इससे वहाँ पर जितनी भी सुविधाएँ होनी हैं उन सुविधाओं के लिए कार्य एक वर्ष पहले ही प्रारम्भ हो चुका है, हमारी कार्य-योजना प्रारम्भ हो चुकी है। व्यापक कार्य-योजना के साथ हम इस कार्य को आगे बढ़ा रहे हैं। मुझे लगता है कि उत्तर प्रदेश में पर्यटन की अपार संभावनाएँ हैं। उत्तर प्रदेश के अंदर पर्यटन की इन अपार संभावनाओं को ध्यान में रखकर हम लोगों ने प्रदेश के अंदर अपनी एक कार्य-योजना तैयार की है और मुझे बताते हुए प्रसन्नता है कि भारत सरकार ने इस सम्बन्ध में उत्तर प्रदेश को भरपूर मदद करने का आश्वासन भी दिया है और भरपूर मदद भी हो रही है। हम लोग विरासत बचा रहे हैं और कुम्भ को यूनेस्को की अमूर्त सांस्कृतिक धरोहर के रूप में प्रस्तुत कर रहे हैं। लेकिन मुझे बताते हुए दु:ख हो रहा है कि पिछली सरकार ने अयोध्या में रामलीला के आयोजन को बंद करवा दिया था। चित्रकूट का कीर्तन बंद हो गया था। इस देश के अंदर या उत्तर प्रदेश के अंदर नदी संस्कृति बच सके, इसके बारे में तो उनको चिन्ता ही नहीं थी। हमारी सरकार ने फिर से व्यवस्था प्रारम्भ की है।

अयोध्या में फिर से अखण्ड रामलीला का आयोजन होगा। यही नहीं, इस बार तो देश और दुनिया ने देखा है कि दीपावली का सम्बन्ध उत्तर प्रदेश से है और वह भी अयोध्या से है। पर्यटन विभाग ने कितना अच्छा कार्यक्रम वहाँ

आयोजित किया था। पूरे देश और दुनिया से आज भी लोग हमारे पास आते हैं और कहते हैं कि अयोध्या की दीपावली के फोटोग्राफहैं तो हमें दीजिए। उन फोटोग्राफको लेने के लिए लोग आते हैं। यानी भगवान राम का 14 वर्ष के बाद अयोध्या आगमन का दृश्य कैसा रहा होगा। हम दीपावली के रूप में तो उसको अपने घरों में मनाते हैं, लेकिन अयोध्या के माध्यम से पुनः एक बार दुनिया के अंदर वह दृश्य जाए और हम पर्यटन की संभावनाओं को विकसित कर सकें। पहले प्रयास नहीं हो पाया, लेकिन हमारी सरकार ने वह प्रयास प्रारम्भ किया है। यही नहीं, इस योजना के अन्तर्गत हम लोगों ने बड़ी कार्य-योजना प्रारम्भ की है। अयोध्या में भी हम लोगों की लगभग 137 करोड़ रुपये की कार्य-योजना अयोध्या की दृष्टि से बन करके प्रारम्भ हो चुकी है। टेण्डर की प्रक्रिया चल रही है और बहुत शीघ्र वहाँ पर सारे कार्य प्रारम्भ होने जा रहे हैं। भारत सरकार की प्रसाद-योजना में काशी और मथुरा के पर्यटन विकास के लिए भी अब तक लगभग 45 करोड़ रुपये काशी हेतु और लगभग 18 करोड़ रुपये मथुरा के लिए अवमुक्त किए जा चुके हैं।

स्वदेश दर्शन में रामायण पथ की दृष्टि से श्रृंगवेरपुर निषादराज की धरती को भी पर्यटन की दृष्टि से हम लोग विकसित कर सकें, उस पर भी हमारा कार्य प्रारम्भ हो चुका है। चित्रकूट, अयोध्या के साथ-साथ जो कार्य हम लोगों ने प्रारम्भ किया है, उसमें लगभग 202.76 करोड़ रुपये की हमारी योजना है। जिसमें पहली किश्त 40 करोड़ 55 लाख की अवमुक्त भी की जा चुकी है। इसके साथ-साथ हम लोगों ने उत्तर प्रदेश के अंदर कपिलवस्तु, कुशीनगर, श्रावस्ती के पर्यटन विकास के लिए भी स्वदेश दर्शन योजना में लगभग 100 करोड़ रुपये की योजना स्वीकृत की है। जिसमें 20 करोड़ रुपये अवमुक्त भी हो चुके हैं। स्वदेश दर्शन स्कीम में हेरीटेज सर्किट और स्प्रिचुअल सर्किट के लिए उत्तर प्रदेश के 34 जनपदों के 55 स्थलों पर पर्यटन विकास के लिए लगभग 180 करोड़ 45 लाख रुपये की योजनाएँ स्वीकृत की जा चुकी हैं। प्रसाद-योजना में ही वाराणसी में क्रूज बोट संचालन हेतु 10 करोड़ 71 लाख रुपये स्वीकृत किए गए हैं। उत्तर प्रदेश के अंदर पर्यटन के विकास की

दृष्टि से विन्ध्यवासिनी धाम है, पाटेश्वरी शक्तिपीठ, देवीपाटन बलरामपुर है, नैमिषारण्य है। प्रदेश के अन्य स्थलों के विकास के साथ-साथ हम लोगों ने आगरा के विकास के लिए बड़ी कार्य-योजना तैयार की है और उस पर हम लोगों ने कार्य प्रारम्भ किए हैं, क्योंकि पर्यटन की उत्तर प्रदेश के अन्दर अपार सम्भावनाएँ हैं। इसमें स्प्रिचुअल या इको या फिर हेरिटेज टूरिज्म के लिए अपार सम्भावनाएँ हैं। ये अपार सम्भावनाएँ प्रदेश में रोजगार सृजन की दृष्टि से भी अत्यन्त महत्वपूर्ण हैं। इस पर हमारी सरकार पूरे प्रदेश के अन्दर कार्य कर रही है। इस कार्य-योजना को हम बहुत मजबूती के साथ प्रदेश के अन्दर लागू कर रहे हैं।

शिक्षा के बारे में उत्तर प्रदेश के अन्दर जब हमारी सरकार आई थी तो बेसिक शिक्षा में उस समय लगभग 1 करोड़ 36 लाख बच्चे अध्ययन कर रहे थे और उसमें भी नियमितता नहीं थी। स्कूल चलो अभियान चलाया गया। विशेष रूप से पूरे प्रदेश के अन्दर हमने सभी माननीय जनप्रतिनिधियों से और सभी प्रशासनिक अधिकारियों से कहा कि एक-एक स्कूल गोद ले लें और स्कूल चलो अभियान को आगे बढ़ाएँ। मुझे बताते हुए प्रसन्नता है कि स्कूलों में बच्चों की संख्या 1 करोड़ 54 लाख पहुँची है। पहली बार उन बच्चों को समय पर दो-दो यूनिफॉर्म मिले हैं, बैग और बुक्स समय पर मिले हैं, उनके जूते और मोजे की कार्यवाही लगभग अन्तिम चरण में चल रही है। चूँकि कार्य की पारदर्शिता और कार्यपद्धति पर कोई भी ऊँगली न उठा सके, इस तरह की कार्यवाही की जा रही है। सरकार ने सभी बच्चों की स्वेटर की व्यवस्था के लिए भी धनराशि उपलब्ध करा दी है, लेकिन एक व्यवस्था दी है कि बन्दरबाँट नहीं होना चाहिए, जो पिछली सरकारों में होता था। इसके लिए प्रयास कीजिए कि पूरी ईमानदारी के साथ आप पहले गवर्नमेंट ई-मार्केट यानी कि जेम पोर्टल पर आप जाइए, वहाँ से अगर यह सक्सेसफुली लागू हो सकता है तो लागू कीजिए। अन्यथा ई-टेण्डरिंग के माध्यम से पूरे पारदर्शी तरीके से इसको दीजिए। इस प्रकार से हर बच्चे को सरकार स्वेटर भी उपलब्ध कराने जा रही है, जो इससे पहले नहीं होता था। आपके समय में यूनिफॉर्म भी समय

से नहीं मिलती थी। नवम्बर-दिसम्बर में यूनिफॉर्म मिलती थी और बुक्स तो फरवरी में मिलती थी। जब बेचारे बच्चों की परीक्षाएँ होती थीं तब भी नहीं दे पाते थे। पहली बार हो रहा है कि समय पर यह सारी चीजें हुई हैं। स्वेटर टेण्डरिंग की प्रक्रिया लेट हुई है, चूँकि तीन बार पूरी प्रक्रिया को निरस्त करना पड़ा है। मेरा मानना है कि उन मासूम बच्चों के साथ किसी भी प्रकार का कोई खिलवाड़ नहीं होना चाहिए। पूरी ईमानदारी के साथ योजनाओं का लाभ पारदर्शी तरीके से प्रत्येक व्यक्ति तक पहुँचना चाहिए। इस प्रक्रिया के लिए हम लोगों ने पर्याप्त धनराशि की व्यवस्था की है। हमारी यह प्रक्रिया इस समय चालू है और इसके लिए पर्याप्त धनराशि 390 करोड़ रुपये की व्यवस्था हम लोग पहले ही कर चुके हैं।

प्रदेश के अन्दर सचमुच हम लोग यह मानते थे कि लोगों ने थोड़ा बहुत लूट-खसोट और चोरी की होगी, लेकिन यह भ्रष्टाचार और पाप के गड्ढे इतने लम्बे-चौड़े होंगे कि यह कठिनाई हम लोगों को भी हो जाएगी, यह देखकर मैं ताज्जुब कर रहा हूँ। पूरे प्रदेश के अन्दर गड्ढामुक्त सड़कों के अभियान में ढेर सारी परेशानियाँ थीं क्योंकि इन लोगों ने ऐसी कृपा की थी प्रदेश के अन्दर कि खनन की पूरी प्रक्रिया को ही हाईकोर्ट ने रोका था, एन०जी०टी० ने भी रोका था और हर जगह से उस पर तलवारें लटक रही थीं। पूरी प्रक्रिया को एक बार पुनः हमें लाइन पर लाने में समय लगा। लेकिन मुझे बताते हुए प्रसन्नता है कि गड्ढामुक्त सड़कों का हमारा लक्ष्य अन्तिम चरण में चल रहा है और हम समय पर इसको पूरा करेंगे। अन्यथा सबकी जवाबदेही तय करने जा रहे हैं। जो भी इसके लिए जिम्मेदार होगा, उसमें से किसी भी व्यक्ति को हम बख्शने वाले नहीं हैं। इसके साथ-साथ प्रदेश के अन्दर जिला मुख्यालयों को, तहसील मुख्यालयों को, विकासखण्ड मुख्यालयों को हम अच्छी सड़कों के साथ फोर-लेन, टू-लेन, सेवेन मीटर सड़कों के साथ जोड़ सकें। इस दृष्टि से हम लोग कार्य करने जा रहे हैं। केन्द्रीय सड़क निधि से भी पर्याप्त मात्रा में धनराशि उत्तर प्रदेश को हम लोगों ने दिलाने में सफलता प्राप्त की है। इससे पहले नहीं मिलती थी, ये लोग प्रस्ताव ही नहीं भेजते थे। प्रदेश के अन्दर

तीन वर्ष से केन्द्रीय सड़क निधि के प्रस्ताव ही नहीं भेज पाए। कारण था कि उससे पहले का जो इन लोगों को प्रदेश से कार्य-सम्पादन का जो सर्टिफिकेट प्रस्तुत करना था, ये लोग नहीं कर पाए थे क्योंकि कार्य में पारदर्शिता नहीं थी, ईमानदारी नहीं थी। पैसा किसी मद के लिए है और उस पैसे को खर्च कहीं और किया जा रहा है, उसमें भी बंदरबाँट हो रहा है। मुझे बताते हुए प्रसन्नता है कि हम लोगों ने भारत सरकार से लगभग 3055 करोड़ रुपये की लागत से 117 सड़कें, जो लगभग 1843 कि०मी० लम्बी हैं प्रदेश के अंदर, इसके लिए धनराशि अवमुक्त करा दी है। शेष 3000 करोड़ रुपये की योजना का प्रस्ताव हम भारत सरकार को भेज चुके हैं। इसमें भी हम लोगों को पर्याप्त मात्रा में धनराशि मिलने जा रही है। सड़क के लिए पैसे की कमी नहीं है और न होने दी जाएगी। पर्याप्त मात्रा में धनराशि दे दी गई है। बाकी जहाँ कहीं भी कमी पड़ेगी, हम उसको भी पूरा करेंगे।

चीनी और गन्ना से संबंधित जो बातें यहाँ पर हमारे मा० सदस्यों ने की, मुझे देखकर ताज्जुब हो रहा था। हमारी सरकार जब आयी उसके बाद 25 हजार करोड़ रुपये के गन्ना मूल्य का भुगतान हमारी सरकार ने किया है। यह एक वर्ष का नहीं था, हम लोगों ने कहा था कि 14 दिन के अंदर हम गन्ना मूल्य का भुगतान करेंगे। करेण्ट में, जो सीजन चल रहा है, इसमें हम लोगों ने यह व्यवस्था प्रारम्भ कर दी है। कुल 119 चीनी मिलें उत्तर प्रदेश में हैं, 119 में से 116 चीनी मिलें अब तक प्रारम्भ हो चुकी हैं और 03 चीनी मिलें जो प्रारम्भ होनी हैं। उनमें एक 20 दिसम्बर को प्रारम्भ होने जा रही है, दूसरी 25 दिसम्बर और तीसरी 15 जनवरी से प्रारम्भ हो रही है। प्रदेश के अंदर 18 दिसम्बर, 2017 तक चीनी मिलों ने 252 लाख टन गन्ने की पेराई की है, जिसमें 25 लाख टन से अधिक चीनी का उत्पादन किया जा चुका है। पिछले वर्ष तक जो गत वर्ष की पेराई की स्थिति थी वह मात्र 185 लाख टन थी और चीनी का जो उत्पादन था, वह मात्र 18 लाख टन ही हुआ था और इस बार जो भुगतान की स्थिति है हम लोग अब तक 5260 करोड़ रुपये का भुगतान 14 दिन के अंदर किसानों के खाते में सीधे कर चुके हैं। चीनी मिलों के द्वारा

यह भुगतान किया जा चुका है और आगे भी हम इसको बहुत तेजी के साथ करने जा रहे हैं। मुझे लगता है कि किसानों के गन्ने के दाम में आप लोगों ने 4 वर्षों तक एक भी पैसा नहीं बढ़ाया था। हम लोगों ने 10 रुपये प्रति क्विंटल बढ़ाया है। हम लोग केवल इसी साल नहीं बढ़ाए हैं, हम हर साल बढ़ाने जा रहे हैं। नितिन जी, थोड़ा खेतों में जा करके देखिए कि गन्ना कैसे होता है, कहीं ऐसा न हो कि आप ऐसे ही बोल दें, थोड़ा किसान के बीच में भी जाया करें। यह जो गन्ना होता है यह खेत में उगता है। आम के फल को गन्ना मत कहिए, क्योंकि जब मैंने पूछा तो आपके एक नेता कहने लगे कि गन्ना भी मीठा होता और आम भी मीठा होता है तब तो फिर वही स्थिति हो गई, यानी आम और गन्ना दोनों मीठा होता है इसलिए आम के फल को ही आप गन्ना कहने लग जाएँगे तो यह बड़ी अफसोसजनक स्थिति होगी।

उत्तर प्रदेश के अन्दर चिकित्सा, स्वास्थ्य एवं परिवार कल्याण विभाग की तरफसे बेहतरीन कार्य करने का प्रयास हुआ है। जैसा कि मैंने पहले भी कहा कि बड़ी भारी चुनौती थी, डॉक्टर्स नहीं थे, 7 हजार डॉक्टर्स के पद खाली थे। पहली बार डॉक्टर्स के उन पदों को भरने और प्रत्येक चिकित्सक को जवाबदेह बनाने की प्रक्रिया प्रारम्भ हुई है। अभी भी लगभग 1000 के आसपास जगह खाली हैं। लेकिन हम लोग इस बात के लिए प्रतिबद्ध हैं कि पी०एच०सी०, सी०एच०सी० में और डिस्ट्रिक्ट हास्पिटल में योग्य डाक्टर बैठें। लोगों को स्वास्थ्य की सुविधाएँ प्राप्त हों, 1000 से अधिक जन औषधि केन्द्र के माध्यम से जो मार्केट में दवा के दाम हैं, उससे आधे से भी कम दाम में आम जनमानस को दवाईयाँ उपलब्ध हो सकें, जेनेरिक दवाएँ उपलब्ध हो सकें। इसके लिए पूरी कार्यवाही प्रारम्भ हो रही है। बहुत सारी चीजें लम्बित पड़ी हुई थीं, हो नहीं रही थीं। भारत सरकर एन०एच०एम० के अन्तर्गत 150 लाइफसपोर्ट एम्बुलेंस देना चाहती थी, आपकी सरकार नहीं लेना चाहती थी। प्रत्येक जनपद को दो-दो एम्बुलेंस हमारी सरकार के आने के बाद दी गई हैं। हर जिले में बेहतरीन कार्य इस दिशा में प्रारम्भ हुए हैं। मेरा यह मानना है कि किडनी से सम्बन्धित जो पेशेन्ट हैं जिनको होमो डायलिसिस की सुविधा

प्राप्त होनी चाहिए थी, पहली बार 18 मण्डलीय चिकित्सालयों में यह सुविधा प्रारम्भ कर दी गई है, आपके समय में नहीं हो पाई। आप लोग इसके इच्छुक भी नहीं थे। हम मानते हैं यह 18 पर्याप्त नहीं हैं। लेकिन हम लोगों ने पिछले 9 महीनों के दौरान 18 मण्डलीय चिकित्सालयों में सुविधा उपलब्ध कराई है और शेष अन्य जिला चिकित्सालयों में प्रथम चरण में इसको लागू करने के लिए भी प्रतिबद्ध हैं। जिससे प्रत्येक गरीब को यह सुविधा प्राप्त हो सके। हम लोगों ने पर्याप्त मात्रा में चिकित्सा शिक्षा के लिए भी बजट में व्यवस्था की है। हम लोगों ने 5 नए मेडिकल कॉलेज स्थापित किए हैं। डिस्ट्रिक्ट हॉस्पिटल को मेडिकल कॉलेज के रूप में स्थापित कर सकें इस दिशा में भी प्रयास प्रारम्भ किया है। अपने प्रस्ताव यहाँ से भेजे हैं। प्रस्ताव स्वीकृत होते ही हम लोग उस पर भी कार्य प्रारम्भ करेंगे। हम लोगों ने बजट में उसकी व्यवस्था भी की है। हम लोगों ने विकास की दृष्टि से पूर्वांचल को और बुन्देलखण्ड को भी एक्सप्रेस-वे से जोड़ने के लिए कार्यवाही प्रारम्भ की है। हमारा प्रयास है कि पर्याप्त मात्रा में लैण्ड बैंक इन एक्सप्रेस-वे के साथ हम लोग बनाएँ। यह लैण्ड बैंक क्षेत्र के औद्योगिक विकास में सहायक होंगे। उत्तर प्रदेश में रोजगार के सृजन में बड़ी भूमिका का निर्वहन इसके माध्यम से हम लोग नौजवानों के भविष्य के लिए कर सकते हैं। एक बेहतर प्रयास इस दिशा में प्रारम्भ हुआ है। पूर्वांचल एक्सप्रेस-वे के लिए अब तक 83 प्रतिशत भूमि का हम लोग अधिग्रहण कर चुके हैं। हमारा प्रयास है कि एक महीने के अंदर 90 फीसदी से भी अधिक भूमि का अधिग्रहण करने के साथ हम इस कार्य को भी प्रारम्भ कर देंगे। हमारी सरकार आने के बाद हम लोगों ने लखनऊ में मेट्रो का संचालन किया है। 25 दिसम्बर को आदरणीय प्रधानमंत्री जी के हाथों नोएडा तक मेट्रो के कार्य का शुभारम्भ भी हो जाएगा। दिल्ली मेट्रो के साथ मिलकर इस योजना को लागू किया गया है। हमारा प्रयास है कि जब हमारी सरकार का एक वर्ष का कार्यकाल पूरा हो उससे पहले ही हम लोग कानपुर और आगरा में मेट्रो का कार्य प्रारम्भ करा दें। भारत सरकार के साथ हम लोग इसके बारे में लगातार सम्पर्क में हैं और एक विस्तृत कार्य-योजना

इसके साथ बन चुकी है। उत्तर प्रदेश के अन्दर यू०पी० मेट्रो रेल कॉरपोरेशन का गठन होने की प्रक्रिया अंतिम चरणों में है। उस प्रक्रिया को लागू करने के साथ ही हम लोगों का प्रयास होगा कि हम लोग जनवरी माह में आगरा और कानपुर में मेट्रो कार्य का शुभारम्भ करें।

प्रदेश के अन्दर समाजवादी पार्टी की सरकार थी। ईमानदारी से कहूँ कि यह गौ-भक्त तो नहीं थे लेकिन श्रेय जरूर लेना चाहते थे। लगातार चिल्लाते हैं कि आवारा पशु हो गए हैं, तो मैंने एक दिन खन्ना जी से पूछा कि शाहजहाँपुर में आप आवारा पशु पैदा करते हैं क्या? उन्होंने कहा, यह हमारे समय से नहीं यह तो पहले से ही समस्या है। यानी जैसे कि हमारी सरकार आने के बाद नील गाय भी पैदा हो गई। हमारी सरकार आने के बाद सभी आवारा पशु हो गए हैं, लेकिन हमारी सरकार इसका समाधान भी निकाल रही है। रामगोविन्द जी अगर आप तैयार होंगे तो बलिया में एक जमीन ढूँढिए, एक बड़ा गौ-अभ्यारण्य वहाँ बना देंगे। हम हर जगह बनाने जा रहे हैं। इलाहाबाद में हम करने जा रहे हैं। इलाहाबाद में तो हम लोग 100 एकड़ जमीन एक भू-माफिया से मुक्त कराने जा रहे हैं। हम लोगों ने शाहजहाँपुर में भी करीब चार सौ एकड़ लैण्ड मुक्त कराई है। पीलीभीत में कराई है। 16 नगर निगम हैं, इन नगर निगमों से जुड़े हुए जनपदों में और फिर बुन्देलखण्ड को उसके साथ जोड़ रहे हैं। बुन्देलखण्ड के सातों जिलों में हम गौ-अभ्यारण्य बनाने जा रहे हैं। मैं इसमें भी आप सबका सहयोग चाहूँगा। सभी सदस्य मिलकर सहयोग दें, स्थानीय कमेटियाँ गठित हो जाएँ। हम लोग इन्फास्ट्रक्चर दे देंगे, बाउन्ड्रीवॉल दे देंगे, शेड दे देंगे, वहाँ पर भूसा रखने के लिए गोदाम बनवा देंगे लेकिन लोकल कमेटी या जिला स्तर की कोई स्थानीय कमेटी उसका संचालन करे। लोगों के अन्दर एक भाव पैदा हो। मुझे लगता है आपके पास अनुभव है तो आप बताइए फिर हम लोग इस प्रक्रिया को आगे बढ़ा करके इस गौ-अभ्यारण्य को गौ नस्ल के सुधार की तरफ बढ़ा सकेंगे। फिर लोग अपने घरों में भी गाय रखना प्रारम्भ करेंगे। हम इसे पूरे स्तर पर लागू करेंगे और हमारी सरकार इसके लिए पूरी तरह प्रतिबद्ध है। गौ सेवकों को इसके बारे में पूरी तरह से कार्य करने के लिए

कहा गया है। कभी-कभी मैं सोचता हूँ कि सपा की सरकार में तो हर जिले के हर ब्लॉक में एक डेरी होनी चाहिए थी, लेकिन जो पहले से चली आ रही 59 डेरियाँ थीं, उनको भी इन्होंने बन्द करा दिया था। सभी डेरियाँ बन्द हो गईं ओर डेरियों की जगह पर इन लोगों के द्वारा या तो इन जमीनों को बेचने का प्रयास हुआ या फिर इनकी मानसिकता थी वहाँ पर शराब की दुकानें खोल दी जाएँ। हमारी सरकार ने कहा कि शराब की दुकानें नहीं खुलने देंगे और इन डेरियों को भी पुनर्जीवित करेंगे। 14 डेरियाँ हम लोग मार्च से लेकर जून के बीच में लाने जा रहे हैं। देश के अन्दर जिन राज्यों में अच्छा कार्य डेरी के क्षेत्र में हुआ है, हमारी उनके साथ बातचीत चल रही है। बातचीत के कई दौर चल चुके हैं। हमारा प्रयास है डेरी को आगे बढ़ाना, क्योंकि किसान की आय को अगर दोगुना करना है तो उसे तकनीक के साथ भी जोड़ना पड़ेगा।

हर किसान अपने घर में दो-चार-पाँच गौ-वंश रख सकता है। कामधेनु परियोजना, यह परियोजना कैसी थी आप जाकर देख सकते हैं। जिन लोगों ने कामधेनु परियोजना ली उनका कितना शोषण हुआ। इस पर अगर मैं बोलने लग जाऊँगा तो बहुत ज्यादा समय हो जाएगा। मैंने गोरखपुर में कामधेनु की गौशाला के संचालक को एक बार बुलाया था। मैंने पूछा कितने गौ-वंश हैं, उसने कहा साहब गौ-वंश कहाँ होता है, केवल ढाँचा खड़ा था। गौ-वंश की एक भी गाय नहीं थी। मैंने कहा गाय कहाँ चली गई। उसने कहा, गौ हैं नहीं, इसलिए नहीं है, क्योंकि यह पैसा तो सब बीच में खा गए। मैंने कहा तो फिर? उसने कहा कि हमें बोलना पड़ रहा है कि गौ बीमारी से मर गई। यह सच्चाई है आपकी कामधेनु योजना की, जाकर देखिए जहाँ कहीं भी है और आप लोगों के द्वारा जिस प्रकार का न्याय किया गया, उत्तर प्रदेश के अन्दर। उत्तर प्रदेश से जुड़े हुए गौ-वंश के संवर्धन के लिए कार्य होता, एक कार्य-योजना उसको लेकर के बनती, तो इन ग्वालों का हित हो गया होता। मुझे लगता है सबसे ज्यादा पाप तो उन्हीं लोगों को लगा है, क्योंकि उन बेचारों का शोषण भी होना शुरू हुआ, उत्पीड़न भी शुरू हुआ और साथ ही साथ जो उनका रोजी-रोजगार था, उसको भी छीन लिया इन लोगों ने, बदनाम भी हो गए।

कहीं कोई भर्ती निकलती है लोगों के आँख कान चौकन्ने हो जाते हैं यह स्थितियाँ पैदा कर दीं थीं आप लोगों ने। डेरी उद्योग के नाम पर आपने प्रदेश के किसानों के साथ बहुत अत्याचार किया।

मैं एक और उदाहरण दूँगा, वह पूरे प्रदेश का है, लेकिन ज्यादातर नोएडा, ग्रेटर नोएडा, यमुना एक्सप्रेस-वे का है, बिल्डर्स और बायर्स का। तीन लाख से भी ज्यादा ऐसे परिवार हैं, जिन लोगों ने वर्षों पहले 10 साल पहले, 12 साल पहले, पाँच साल पहले पैसा जमा कर दिया। पैसा जमा हो गया, बिल्डर को पैसा जमा कर दिया गया। जो भी पिछली सरकारें आईं, पिछले 10-12 वर्षों के दौरान इन लोगों ने इतना मनमानापन किया और कराया कि तीन लाख परिवार ऐसे हैं, जिन लोगों को आज तक आवास नहीं मिल पाए हैं। कुछ परिवार तो ऐसे हैं, जिन्होंने पूरी जिन्दगी भर की अपनी कमाई किसी बिल्डर को दे दी। मकान के लिए पूरी पूँजी उनकी डूब गई। किराए के मकान पर आज भी रह रहे हैं। बहुत सारे लोग मर गए हैं। यह मामला जब हमारे संज्ञान में आया, हम लोगों ने मंत्रिपरिषद् का एक समूह गठित किया और आज वहाँ कार्य प्रारम्भ हुआ। इस महीने हम लोग 32 हजार आवासों के पहले चरण में कम्प्लीशन सर्टिफिकेट जारी कर चुके हैं। शेष 18 हजार को करने जा रहे हैं। हमारा लक्ष्य है कि एक महीने के अन्दर हम 50 हजार बायर्स को आवास उपलब्ध कराएँ। प्रत्येक बिल्डर को बता दिया गया है कि पिछली सरकारों ने जो किया है वह आपके और उनके बीच की बात हो सकती है। सरकार के स्तर पर नियम के अन्दर जो भी सहयोग चाहिए, कमेटी के सामने अपनी बात को रख लीजिए। सरकार के स्तर पर बायर्स के हितों को हम सर्वोच्च प्राथमिकता देंगे, लेकिन इस बात को ध्यान में रखना होगा कि आपको इन सभी लोगों को आवास देने ही होंगे। पहले चरण में हमारी सरकार लगभग 50 हजार बायर्स को आवास उपलब्ध करवा रही है। शेष को फेजवाइज हम लोग देने जा रहे हैं। एक बड़ी समस्या है, नोएडा, ग्रेटर नोएडा, यमुना एक्सप्रेस-वे में उन बिल्डर्स ने जिस तरीके से इन्हें लूटा था, जिस तरीके से नोचा था आज उनकी कैटेगरी तय की जा रही है। कैटेगरी तय करके हम लोगों ने कह दिया

कि पहली श्रेणी में वह बिल्डर होंगे जो समय पर आवास उपलब्ध कराएँगे। दूसरी श्रेणी में वे बिल्डर होंगे जो आवास उपलब्ध कराने में स्वयं सक्षम नहीं हैं लेकिन डेवलपर दे देंगे तो वह सहयोग से उसको पूरा कर सकता है और तीसरी श्रेणी में जो हर जगह से करप्ट हैं इनको हम लोगों ने रख लिया है। आडिट कराई जा रही है। मैं विश्वास के साथ कह सकता हूँ सरकार बायर्स के हितों को सर्वोच्च प्राथमिकता देगी। एक समय सीमा के अन्दर प्रत्येक बायर्स को उसका हक उपलब्ध कराएगी। जो समस्या सपा और बसपा दोनों ने इस प्रदेश को दी, उस समस्या का समाधान भी हमारी सरकार कराने जा रही है। उसको युद्धस्तर पर करने जा रहे हैं। प्रदेश के विकास के लिए एक माहौल बने, प्रदेश के अन्दर किसानों के साथ-साथ युवाओं के लिए भी रोजगार हो, स्किल डेवलपमेंट के माध्यम से हम उसकी स्किल का लाभ उठा सकें, उसकी प्रतिभा का लाभ उठा सकें, यह कार्य प्रदेश के अन्दर हम लोगों ने प्रारम्भ किया है। प्रदेश के अन्दर निवेश की अपार सम्भावनाओं को देखते हुए हम लोग फरवरी महीने में यू०पी० इन्वेस्टर्स समिट करने जा रहे हैं। बड़े उत्साहजनक समाचार जो पूरे देश से हमें मिल रहे हैं और मुझे बताते हुए प्रसन्नता है कि यू०पी० इन्वेस्टर्स समिट में हम लोगों ने लक्ष्य निर्धारित किया है। रोजगार का सृजन हो इस पर एक वृहद् कार्य-योजना हमारी सरकार ने तैयार कर ली है। अब ऐसा नहीं होगा कि केवल लखनऊ से दिल्ली जुड़ेगा या फिर अगर आपको यहाँ से इलाहाबाद जाना है तो हम लोग एयर कनेक्टविटी लखनऊ से इलाहाबाद के लिए देने जा रहे हैं, लखनऊ से वाराणसी के लिए देने जा रहे हैं, लखनऊ से आगरा के लिए देने जा रहे हैं, लखनऊ से मेरठ के लिए देने जा रहे हैं, मुरादाबाद के लिए देने जा रहे हैं। प्रदेश के हर कमिश्नरी हेड क्वार्टर को एयर कनेक्टीविटी से हम जोड़ने जा रहे हैं। मुझे लगता है कि राम गोविन्द चौधरी जी को यह अच्छा नहीं लगेगा, क्योंकि यह बैलगाड़ी में चलना पसन्द करते हैं। लेकिन एयर कनेक्टीविटी होगी इसका लाभ आप भी लेंगे। अगर बैलगाड़ी के खानदान का आपने सम्मान देखा होता तो यह बेड़ियाँ बन्द नहीं किए होतींयही तो समस्या है।

आपको बैलगाड़ी पसन्द है, हवाई जहाज की यात्रा पसन्द नहीं है। आप विकास नहीं चाहते हैं। यह तय हो गया कि आप विकास नहीं चाहते हैं। हम लोग गौ-अभ्यारण्य भी बनाने जा रहे हैं और एयर कनेक्टीविटी के माध्यम से पूरे देश के अन्दर विकास की इन अपार सम्भावनाओं को भी आगे बढ़ाने जा रहे हैं। उन अपार सम्भावनाओं के माध्यम से पर्यटन को भी बढ़ावा देंगे। प्रदेश के हर नागरिक के लिए, चप्पल पहनकर जाने वाला व्यक्ति भी हवाई जहाज की यात्रा कर पाएगा, यह उत्तर प्रदेश के अन्दर सम्भव होगा। हमारी सरकार इस कार्य को करने जा रही है।

उत्तर प्रदेश के अन्दर एक कार्य जो परम्परागत उद्योग के बारे में है वह अब तक नहीं हुआ था। उत्तर प्रदेश के अन्दर परम्परागत उद्योग को बहुत क्षति पहुँचाई गई और मुझे लगता है कि नौजवानों के लिए और ग्रामीण स्वावलम्बन के लिए प्रदेश के आम नागरिकों के स्वावलम्बन के साथ यह बहुत अच्छी योजना थी। हम लोग 22 से 24 जनवरी के बीच उत्तर प्रदेश स्थापना दिवस मनाने जा रहे हैं। 22 से 24 जनवरी के बीच जब उत्तर प्रदेश स्थापना दिवस मनाया जाएगा तो उस समय हम उत्तर प्रदेश के नागरिकों के सामने 'वन डिस्ट्रिक्ट, वन प्रोडक्ट' के आधार पर एक नया कॉन्सेप्ट रखने जा रहे हैं। हर जिले के साथ उसके उत्पाद को जोड़कर उसको प्रमोट करने की योजना को हम प्रदेश के अन्दर लेकर आ रहे हैं। यह एक बड़ी महत्वपूर्ण योजना है। इसमें वाराणसी की साड़ी को भी प्रोत्साहित किया जाएगा, लखनऊ के चिकन को भी प्रोत्साहित किया जाएगा तो मुरादाबाद के पीतल उद्योग को भी, अलीगढ़ के ताले को भी, फर्रूखाबाद के काँच उद्योग को भी प्रोत्साहित किया जाएगा। उसमें हम लोग अलग-अलग जिले के खाने का भी स्टॉल लगाएँगे। वहाँ पर हम नेता प्रतिपक्ष के जिले का लिट्टी-चोखा का भी एक स्टॉल लगाने जा रहे हैं और आगरा का पेठा भी होगा, दाल-बाटी का होगा, हर जगह का स्टॉल होगा। अलग-अलग जगह के स्टॉल भी लगेंगे। उत्तर प्रदेश को एक नई पहचान देंगे। उत्तर प्रदेश की इस पहचान को हम लोग साथ लेकर चलेंगे।

हम लोगों ने प्रदेश की गरीब कन्याओं की शादी के लिए, उनके सामूहिक विवाह के लिए पर्याप्त धन की व्यवस्था कर दी है। मैं आमंत्रित करूँगा।

बिना भेदभाव के जो पहले से चले आ रहे शादी–ब्याह के कार्यक्रम हैं, अनुसूचित जाति–जनजाति, पिछड़ी जाति, अल्पसंख्यकों के, उनके कार्यक्रम तो चलेंगे ही, लेकिन सामूहिक विवाह के कार्यक्रम, दहेज रहित विवाह प्रदेश के अन्दर हों। मैं चाहूँगा हमारा हर जनप्रतिनिधि, हर विधायक उस कार्यक्रम में सहभागी बने। कन्यादान में अपना योगदान कर सके तो यह बहुत अच्छी बात होगी। इसके लिए भी हमारी सरकार ने पर्याप्त धनराशि की व्यवस्था इसमें कर दी है। मैं चाहूँगा कि इस दिशा में भी सभी लोगों को प्रसन्नता होनी चाहिए कि हर तबके का यह सरकार ख्याल रख रही है। हर एक के उत्थान के लिए कार्य कर रही है। इसमें मैं सभी का सहयोग चाहूँगा कि इसको हम लोग कर सकें। महिला कल्याण विभाग ने बहुत अच्छा काम प्रारम्भ किया है। उत्तर प्रदेश के सभी जिलों में रेस्क्यू वैन प्रारम्भ की हैं। 181 की हेल्पलाइन जारी की है। 1090 की उत्तर प्रदेश पुलिस की हेल्पलाइन भी इस दिशा में बड़ी कारगर साबित हो रही है। हर तबके के हित को ध्यान में रखकर के, बिना भेदभाव के हमारे लिए कोई जाति, कोई मत, कोई मजहब राजनीतिक एजेण्डे का हिस्सा नहीं हो सकता। प्रदेश की 22 करोड़ जनता को ध्यान में रख कर हमारी सरकार ने कार्य–योजना बनाई है। इस दिशा में यह अनुपूरक बजट भी आज इस सदन में प्रस्तुत हो रहा है।

एक मुद्दा आया आँगनबाड़ी कार्यकत्रियों का। मुझे बड़ा अफसोस होता है कि जब यहाँ पर बहुत सारी ऐसी बातें रख दी जाती हैं, बोल दी जाती हैं। आँगनबाड़ी कार्यकत्रियों के दोनों जो गुट हैं, वह दोनों लोग स्वयं मुझसे मिले थे। दोनों गुटों ने अपना प्रतिवेदन मुझे प्रस्तुत किया था। विभागीय मंत्री स्वयं उनसे मिली थीं और उसके बाद उन्होंने मुझसे मिलने के लिए समय माँगा था। अक्टूबर मध्य का समय था, जब यह लोग मुझसे मिले थे। मैंने उनका ज्ञापन लिया और ज्ञापन लेने के साथ ही मैंने उन्हीं के सामने कृषि उत्पादन आयुक्त की अध्यक्षता में एक कमेटी गठित करते हुए उनसे इस बारे में कहा था कि आप इसमें सभी तथ्यों पर विचार करके सरकार को अपनी रिपोर्ट उपलब्ध कराएँ। दोनों गुटों से इस बारे में कहा गया कि आपको जो भी बात कहनी है,

आप कृषि उत्पादन आयुक्त के सामने जाकर कहिए। लोकतांत्रिक तरीके से जब आपकी बात सरकार सुन रही है तो सड़क जाम करना, इमरजेन्सी सेवाओं को बाधित करना कितना उचित है? स्कूली बच्चों के वाहनों को रोक कर तोड़–फोड़ करना कितना उचित है? अगर किसी बच्चे को चोट आती तो क्या करते आप? इमरजेन्सी सेवाओं को रोक करके, एम्बुलेन्स को रोक करके एक मरीज के जीवन के साथ खिलवाड़ करना कितना उचित है। मैंने पूछा भी कि यह सब क्यों? उन्होंने कहा कि साहब फलां संगठन आंदोलन कर रहा है, इसलिए हम भी आंदोलन कर रहे हैं। हमें अब सरकार से नहीं बल्कि हमें अपने प्रतिद्वन्दी संगठन की बराबरी करनी है। यानी आपसी प्रतिद्वन्दिता में आप प्रदेश के गरीब और निरीह व्यक्ति को पीसें, यह स्वीकार्य नहीं हो सकता है। सरकार तो आपकी बात सुन रही है। मैं स्वयं उनसे मिल रहा हूँ। मैंने उनकी बात सुनी उनके ज्ञापन को लिया और उन्हें कृषि उत्पादन आयुक्त के पास भेजा। कृषि उत्पादन आयुक्त से उन्हें समय भी उपलब्ध करवाया कि आप मिलकर इनकी बात सुनकर और फिर समय–समय पर उनके साथ बैठक करेंगे। लेकिन अगर आप कहेंगे कि साहब, हम काम नहीं करेंगे, आप कहेंगे कि किसी किस्म की वार्ता नहीं करेंगे तो इसका क्या मतलब है। आप विभागीय मंत्री से क्यों वार्ता नहीं करेंगे? अगर कोई कमेटी सरकार ने गठित की है, तो उस कमेटी के साथ आप क्यों नहीं बैठेंगे?

अगर लोकतंत्र में विश्वास है तो लोकतांत्रिक तरीके से ही अपनी बात कहनी पड़ेगी, अलोकतांत्रिक तरीके से नहीं। अगर आपका भारत के संविधान पर विश्वास है तो संविधान के दायरे के अन्दर ही हम लोगों को अपनी बात भी रखनी होगी। उन मूल्यों और उन आदर्शों को सम्मान देना होगा, जो लोकतंत्र के लिए महत्वपूर्ण हैं। मैं फिर कह सकता हूँ कि जितना समय मैं दे रहा हूँ, जितना हमारे मंत्रीगण दे रहे हैं, हमारे जनप्रतिनिधि दे रहे हैं, हर मंत्री अगर किसी विभागीय कार्य से बाहर दौरे पर नहीं हैं तो लखनऊ में बैठकर आम जनता की समस्या को सुनते हैं, मिलते हैं, जनप्रतिनिधियों से मिलते हैं। मंगलवार को जनप्रतिनिधियों से मिलने का कार्यक्रम उनका है। अगर मैं

लखनऊ में हूँ तो स्वयं सोमवार और बृहस्पतिवार को माननीय विधायकों से मिलता हूँ। लखनऊ में बिना किसी प्रकार का टाइम लिए आप आ सकते हैं, मैं प्रत्येक व्यक्ति से मिलता हूँ। इसमें किसी प्रकार का अलग से समय लेने की कोई आवश्यकता नहीं है। कोई इमरजेन्सी है तो आप टेलीफोन से सीधे बात भी कर सकते हैं। किसी की भी कोई समस्या है तो जब सरकार लोकतांत्रिक तरीके से उनको सुलझाने में विश्वास कर रही है, संवाद के माध्यम से उसका समाधान हम निकालना चाहते हैं तो मुझे लगता है कि हर व्यक्ति को अपनी जिम्मेदारियों का निवर्हन करना चाहिए। अगर हर व्यक्ति अपनी जिम्मेदारियों का निवर्हन करेगा तो सबकी जवाबदेही प्रदेश की 22 करोड़ जनता के प्रति होगी। 22 करोड़ जनता की सेवा अकेले एक मुख्यमंत्री नहीं कर सकता है, अकेले एक मंत्रिपरिषद् नहीं कर सकती। सभी जनप्रतिनिधियों को मिलकर, सभी प्रशासनिक अधिकारी, सभी कर्मचारी, सभी विभागों के लोग मिल करके जब सब मिल कर आयेंगे तो एक ताकत होगी। वह ताकत अपना असर दिखाएगी। आम जनता को राहत देगी, आम जनता आपके साथ सहयोगी बनेगी तो प्रदेश वास्तव में अपने गौरव को प्राप्त करेगा। इस दृष्टि से उस संवाद को बहाल करने में हमारी सरकार हर सम्भव सहयोग करने को तैयार है, हर एक की बात सुनने को तैयार है। हमारी सरकार हर एक से संवाद स्थापित करने को तैयार है, लेकिन उसके बाद में भी अगर किसी का लोकतंत्र में विश्वास नहीं है, किसी का तोड़–फोड़ में विश्वास है, अराजकता फैलाने में, आगजनी फैलाने में विश्वास है तो सरकार इस प्रकार की अराजकता को बिल्कुल नहीं स्वीकारेगी। मुझे अन्ततः अपनी सरकार को प्रदेश के अन्दर 22 करोड़ जनता के प्रति जवाबदेह बनाना है। 22 करोड़ जनता के प्रति जवाबदेह बनाने के लिए हम लोगों ने अनुपूरक बजट में भी हर तबके का ख्याल रखा है।

मुझे लगता है कि अनुपूरक बजट में अगर आप लोगों ने देखा होता तो इसमें पावर–लूम बुनकरों की विद्युत दरों में रियायत की बातें भी कही गई हैं। पिछड़ा वर्ग कल्याण की छात्रवृत्ति आप लोगों के समय में बन्द हो गई थी। हम लोगों ने फिर से उसको चालू किया है। साथ ही साथ प्रदेश में पहली बार

25 हजार होमगार्डों को विभिन्न व्यवस्थाओं में लगाया है। उनको सम्मान के साथ आगे बढ़ने के लिए प्रेरित किया है। हमारे होमगार्ड मंत्री पूरी ताकत के साथ इस योजना के साथ जुड़े हुए हैं। सहायकों के मानदेय से सम्बन्धित व्यवस्था भी इसमें कर दी गई है। अनुपूरक बजट में भी यह व्यवस्था की गई है। लग रहा है कि श्री अजय कुमार 'लल्लू' जी पढ़ते नहीं हैं। सदन में तो पढ़कर आना चाहिए, पूरी गरिमा के साथ आना चाहिए। अनुपूरक बजट यदि आपने थोड़ा पढ़ लिया होता तो यह सवाल नहीं करते कि आँगनबाड़ी के लिए कुछ नहीं है। 100 करोड़ की व्यवस्था सिर्फ आँगनबाड़ी के लिए ही की गई है। इससे पहले भी हम लोगों ने आँगनबाड़ी के लिए 295 करोड़ 24 लाख रुपये की व्यवस्था जनरल बजट में भी की है। यानी आप मानकर चलिए 395 करोड़ 24 लाख रुपये की व्यवस्था केवल आँगनबाड़ी के लिए हमारी सरकार ने की है। उनकी व्यवस्था के लिए एक समिति गठित हुई है। यहाँ तक की जिनको आप लोग उपेक्षित कर देते थे होमगार्डों को भी और जो रिटायर्ड कर्मचारी थे उनके लिए भी हम लोगों ने व्यवस्था की है। आप सोचिए कि रिटायर्ड कर्मचारियों के लिए हम लोगों ने 34 हजार 966 करोड़ 68 लाख रुपये की व्यवस्था जनरल बजट में की थी। 1800 करोड़ रुपये की व्यवस्था इस अनुपूरक बजट में उन लोगों के लिए की है। यह लोग वही हैं, जिन्होंने अपनी अमूल्य सेवाएँ प्रदेश को दी हैं। उनके हितों के लिए यह सरकार कितनी संवेदनशील है। उसके बाद भी आप लोग इस प्रकार का आरोप लगा रहे हैं तो मुझे लगता है कि यह आपका विषय हो सकता है।

एक जो अन्य विषय था, वह बहुत ही महत्वपूर्ण विषय है। वह है राशन कार्ड का और यह राशन कार्ड का विषय इसलिए भी बहुत महत्वपूर्ण है, क्योंकि इस राशन कार्ड की व्यवस्था में हमारे इन मित्रों ने बहुत दुर्व्यवस्था फैला दी थी। श्री अजय कुमार 'लल्लू' जी का जनपद है कुशीनगर, जहाँ दिसम्बर के अंत में और जनवरी के प्रथम सप्ताह में भूख से तीन मौतें हुईं। लल्लू जी नहीं गए थे वहाँ, लेकिन मैं वहाँ गया था। तीनों परिवारों के पास मैं स्वयं गया था। इनके जनपद में सर्वाधिक मुसहर जाति के लोग रहते हैं।

उस जनपद में उन मुसहर जाति के लोगों को राशन कार्ड उपलब्ध कराने के लिए, मकान दिलाने के लिए एक लम्बी लड़ाई मैंने लड़ी थी। मैं गोरखपुर से सांसद था कुशीनगर से नहीं था, लेकिन लड़ाई लड़ने के लिए मुझे कुशीनगर जाना पड़ा था। जब मैं जाता था, तब उनके राशन कार्ड वहाँ पर अपने सामने बनवाता था। वर्ष 2004-2007 तक लगातार तीन वर्ष तक उनके लिए वहाँ पर मैं लड़ाई लड़ा था। उस समय यहाँ प्रदेश के तत्कालीन जो राज्यपाल थे श्री राजेश्वर राव जी उनके पास मैं एक ज्ञापन के साथ मिलने के लिए आया था। मैं राष्ट्रपति जी से भी मिला था। देश के उस समय के नेता प्रतिपक्ष आदरणीय आडवाणी जी से भी मिला था, प्रधानमंत्री डॉ० मनमोहन जी से भी मिला था। उन लोगों के पास कोई सुविधा नहीं थी। मैं अभी जिन 1625 गाँवों की चर्चा कर रहा था, वही स्थिति कुशीनगर जनपद में मुसहर जाति के लोगों की भी थी। 2004-2007 के बीच में हम लोगों ने लगभग हर गाँव में मुसहर जाति के लोगों को राशन कार्ड उपलब्ध करवाए थे। अन्त्योदय व बी०पी०एल० के कार्ड उपलब्ध करवाए थे। उनको राशन देना प्रारम्भ भी हुआ था लेकिन जब सरकार समाजवादी पार्टी की थी, दिसम्बर के अंतिम सप्ताह में 25 दिसम्बर से लेकर 03 जनवरी के बीच में तीन मौतें कुशीनगर जनपद में भूख से हुई थीं। तीनों जगह मैं गया तो मैंने देखा कि इन लोगों के कार्ड समाप्त कर दिए गए। उनके घर में कुछ भी नहीं था। एल्युमिनियम का बर्तन मात्र था। मैंने पूछा कि राशन कार्ड कहाँ चले गए? मैंने उस समय 45 हजार मकान उस जनपद के लिए भारत सरकार से स्वीकृत कराए थे। वह सारे मकान अधूरे पड़े थे। मैंने पूछा राशन कार्ड कहाँ चला गया, राशन कार्ड से राशन नहीं मिलता है क्या? तो मुझे बताया गया कि हमारा राशन कार्ड छीनकर सामने समाजवादी पार्टी का नेता है उनके परिवार को दे दिया गया है। उसकी बड़ी सी हवेली थी, पक्का मकान था। उसको अन्त्योदय का कार्ड दे दिया गया। गरीब मुसहर के राशन कार्ड को समाप्त कर दिया गया था।

जब मैं मुख्यमंत्री बना तो प्रमुख सचिव जो उस समय भी प्रमुख सचिव थे, संयोग से एक दिन मैं जब दिल्ली से आ रहा था तो मुझे फ्लाइट में मिल गए।

मैंने कहा कि कुशीनगर जिले में भूख से मौतें हुई हैं। उन्होंने कहा कि नहीं, कोई भूख से मौत नहीं हुई हैं। मैंने कहा कि नहीं, मैं होकर आया हूँ आप एक बार जाँच कराइए। इसमें कार्रवाई हो जाए, कोई कार्रवाई तब तक नहीं हुई थी। जब मैं आया और मुख्यमंत्री के रूप में संयोग से वह विभाग मेरे पास ही है तो मैंने फिर इसका रिव्यू किया। फिर मैंने उनसे पूछा कि जब मैं उस समय जहाज से आ रहा था तो आपने कहा था कि मैं इसकी जाँच कराकर भेजूँगा। आपने मेरा मोबाइल नम्बर भी लिया था, लेकिन आपने आज तक फोन करके बताया नहीं। आज तो तीन महीने हो चुके हैं और यह कब हो रहा है? एक गरीब का, एक दलित का, एक कमजोर का, एक किसान का हक मारकर चंद लोगों में रेवड़ी बाँटने का काम करेंगे। यह नहीं होगा। राशन कार्ड के जो कोटेदार होते थे एक-एक कोटेदार के नाम पर चार-पाँच सौ कार्ड किसी गरीब के नाम पर बनता था। हम लोगों ने प्रदेश में सत्यापन करवाया और सत्यापन करवाने के बाद प्रदेश के अंदर हम लोगों ने अन्त्योदय कार्ड निरस्त किए हैं, अगर आपको उनकी उसकी संख्या बताऊँ तो यह एक बहुत बड़ी संख्या है। जो अन्त्योदय के कार्ड हैं, जो सत्यापन के बाद आए हैं, इसमें 98,881 ऐसे परिवार पाए गए, जिनके राशन कार्ड उठा करके या तो पार्टी विशेष के पदाधिकारियों को दे दिए गए थे या उनके माध्यम से किसी कोटेदार को दे दिए गए थे। पात्र गृहस्थी के 36,15,846 ऐसे राशन कार्ड थे, यानी ये बी०पी०एल० श्रेणी के कार्ड थे जो गरीबों को मिलने चाहिए थे, लेकिन उन्हें भी हजम किया था। लल्लू जी, आपके जिले में सर्वाधिक खाद्यान्न घोटाला होता था, कभी आवाज नहीं उठाई होगी, कभी नहीं बोले होंगे, बोलेंगे भी नहीं। मैं जानता हूँ दूध में काला है। यहीं से मैं बोल रहा हूँ। ये आँकड़े इस बात को बताते हैं कि हमारी सरकार के आने के बाद हम लोगों ने जो कुल 37,14,727 नए राशन कार्ड उपलब्ध कराए हैं। पूरे प्रदेश के अन्दर सत्यापन की प्रक्रिया अभी चल ही रही है, यानी 37 लाख परिवारों को राशन से वंचित करने का कार्य पिछली सरकार ने किया है। मुझे लगता है कि कभी भी उनके खिलाफआप लोग नहीं बोले होंगे। ये गरीबों के हक पर डकैती थी, इस डकैती का पर्दाफाश हमारी सरकार ने किया है।

आज हम लोगों ने एक व्यवस्था बनाई है और वह व्यवस्था किस रूप में है, आपको मैं थोड़ा उसके बारे में बता दूँ तो आपको थोड़ा सा अन्दाजा लग जाएगा कि आगे इसमें क्या होना है। हम लोग प्रदेश के अन्दर नगरीय क्षेत्रों में सफल हुए हैं। नगरीय क्षेत्रों में हम लोगों ने अब तक जो कार्य प्रारम्भ किया है, हम लोग आधार बेस्ड ट्रान्जेक्शन की ओर बढ़ रहे हैं। ये राशन की जो पूरी चोरी है, खाद्यान्न की पूरी चोरी है, गरीबों के हक पर डकैती डालने वाले जो लोग हैं, उस दृष्टि से हम लोगों ने अब तक नगरीय क्षेत्रों में लगभग 13 हजार से अधिक ई-पॉस मशीनें लगा दी हैं। राशन कार्ड को हम लोगों ने आधार के साथ जोड़ करके उसके माध्यम से राशन वितरण की व्यवस्था प्रारम्भ की है। नगरीय क्षेत्रों में जो कुल लाभार्थियों की संख्या है, उसमें माह नवम्बर में ई-पॉस मशीनों से 54,18,558 ट्रान्जेक्शन इस मशीन के माध्यम से हुए हैं। वह स्वतंत्र हैं कि उस नगर में किसी भी दुकान में जा करके वह अपना राशन खरीद सकते हैं। हम लोग तैयार करने जा रहे हैं कि क्या हम यह व्यवस्था लागू कर सकते हैं कि ग्रामीण क्षेत्र हो या शहरी क्षेत्र, सब्सिडी का जितना पैसा है, राशन वितरण की व्यवस्था करने के बजाय सीधे लाभार्थी के खाते में ही पैसा दे दिया जाए। जब लाभार्थी के खाते में सीधे पैसा जाएगा तो बहुत सारे लोगों की दुकानें बन्द हो जाएँगी। कोटेदारों का दुरुपयोग किस रूप में होता था, किसी से छिपा हुआ नहीं है। मुझे लगता है कि उस दिशा में सरकार कदम बढ़ा रही है। हम लोगों ने इस प्रक्रिया पर तेजी से कार्य करना प्रारम्भ कर दिया है। वह टेक्नोलॉजी इसीलिए अपनाई जा रही है।

हमारी सरकार ने 22 विभागों को ई-ऑफिस के साथ जोड़ दिया है। हम लोगों का प्रयास है कि नए सत्र से हम लोग पूरे प्रदेश को ई-ऑफिस के साथ जोड़ेंगे। तब आप यह नहीं कह पाएँगे कि इतने पत्र हम लोगों ने लिखे थे, इतने का जबाब नहीं मिल पाया है। यह तो 03 दिन का समय है, 03 दिन से अधिक यदि किसी के यहाँ देर होगी तो कार्रवाई तय है। यहाँ तो जो गलत करेगा, उसमें पूरी तरह कार्रवाई करने के लिए रास्ते खुले हुए हैं, फील्ड खुले हुए हैं। इसलिए मैं कहना चाहता हूँ कि ट्रांजेक्शन की व्यवस्था, टेक्नोलॉजी

की व्यवस्था है। हमारे प्रधानमंत्री जी ने इसीलिए इस पर जोर दिया है और उस पर जोर देते हुए मैं एक बार पुन: कह सकता हूँ कि हमारी यह सरकार पूरे तरीके से गाँव, गरीब, किसान, नौजवान, मजदूर, व्यापारी और प्रदेश की 22 करोड़ जनता के प्रति प्रतिबद्ध है। सबका साथ और सबका विकास की भावना का प्रतिनिधित्व करते हुए इन योजनाओं को लागू कर रही है इसीलिए अनुपूरक बजट लाए हैं क्योंकि हम 02 महीने के बाद ही जनरल बजट लेकर आने वाले हैं। अब लेट नहीं करेंगे कि आप अप्रैल में लेकर आएँगे, फरवरी में इन्वेस्टर्स समिट होने के साथ ही हम लोग बजट को लेकर के आएँगे। जिससे प्रदेश की जनता को शत-प्रतिशत बजट का लाभ मिल सके, ऐसी विषयक कार्यवाही हम लोग प्रारम्भ करने जा रहे हैं।

आज के इस अवसर पर जिन मुद्दों को हमारे विपक्ष के मित्रों ने यहाँ पर उठाया है, मैं एक बार पुन: उनसे इस बारे में अपील करूँगा कि सरकार हर मुद्दे पर चर्चा करने को तैयार है। आपके हर प्रश्न का जवाब देने को तैयार है। आपके द्वारा जिन भी मुद्दों को सार्थक ढंग से, तर्कसंगत ढंग से रखा जाएगा, उसी तर्कसंगत ढंग से हम लोग यहाँ पर आपको जवाब भी देंगे। इस विश्वास के साथ वित्त मंत्री जी ने 11388 करोड़ रुपये का जो अनुपूरक बजट प्रस्तुत किया है, मैं उन्हें हृदय से धन्यवाद देता हूँ और विश्वास व्यक्त करता हूँ कि जिस प्रकार से मीडिया ने इस बात को देखा है, आज पूरे बजट पर फोकस किया है कि किन-किन सेक्टर में हम लोगों ने फोकस किया है और समाज का गाँव का है, गरीब का है, किसान का है, नौजवानों का है, महिलाओं का है और जो उपेक्षित सेक्टर थे, उन सभी का ख्याल इसके माध्यम से रखकर उनके हितों को आगे बढ़ाने का कार्य किया गया है। इसको मैं सर्वसम्मति से पास करने में आप सबके सहयोग की भी अपेक्षा करता हूँ। बहुत-बहुत धन्यवाद!

सन्दर्भ : दिनांक 19 दिसम्बर, 2017 वित्तीय वर्ष 2017-2018 के अनुपूरक अनुदानों की माँग पर चर्चा।

उसके अलावा हम लोगों ने प्रदेश के अन्दर चार बायो डीजल से सम्बन्धित संयंत्र लगाने के प्रस्ताव भारत सरकार के पास भेज दिए हैं। जिससे एक तो प्रदेश में निवेश भी होगा, लोगों को रोजगार भी मिलेगा और किसान जो पराली को जला देता था, इसका अतिरिक्त दाम भी किसानों को मिलने से किसानों के जीवन में खुशहाली आएगी। लेकिन यह समस्या एक दिन की नहीं है।

पर्यावरण के साथ खिलवाड़ का परिणाम-प्रदूषण

अध्यक्ष जी, माननीय सदस्यों ने बहुत गम्भीर मुद्दे की ओर ध्यान आकृष्ट किया है। यह बहुत ज्वलन्त मुद्दा है और गम्भीर भी है। पूरा देश इससे चिन्तित है और पर्यावरणविदों ने खासतौर पर जो चिन्ता इस बारे में व्यक्त की है, उत्तर प्रदेश के अन्दर इसको देखते हुए मैंने स्वयं प्रदूषण नियन्त्रण से सम्बन्धित जितने भी जुड़े हुए विभाग हैं, जिम्मेदार विभाग हैं, उन सबके साथ बैठक भी ली है। उत्तर प्रदेश शासन ने अपनी ओर से सभी जिला प्रशासन को एक गाइडलाइन जारी की है। यह पॉल्यूशन एक दिन में नहीं बढ़ा है। क्रमिक रूप से इसका स्तर बढ़ता हुआ दिखाई दिया है। एक खतरनाक लेविल पर जाने के बाद जब लोगों को साँस लेने में दिक्कतें हुईं, बहुत सारी जगह इस तरह की परेशानियाँ आई हैं, जैसे कि आँखों में जलन होने लग गई, तब इसके बारे में चिन्ता देखने को मिली है। उत्तर प्रदेश के अन्दर गाजियाबाद में यह समस्या पहले देखने को मिली और गाजियाबाद के जिला प्रशासन ने तत्काल वहाँ के सभी स्कूलों को बन्द करने के साथ-साथ पॉल्यूशन पैदा करने वाले सभी कारकों को चिह्नित किया और उन पर कार्यवाही भी की गई। लखनऊ में मैंने स्वयं राज्य स्तरीय एक बैठक इस सम्बन्ध में ली थी। इस बैठक में जो निर्णय लिए गए, उनके अनुसार एक गाइडलाइन भी जारी हुई। खासतौर पर खुले वाहन में बालू, मिट्टी, मौरंग को न लेकर जाएँ। उसको ढक कर लेकर जाएँ या पराली जलाने पर रोक लगाना। जो बहुत पुराने वाहन हैं, डीजल के जो पुराने वाहन हैं, उनके कारण भी पॉल्यूशन का स्तर और ज्यादा बढ़ा है। उनको रोकने पर भी कार्यवाही प्रारम्भ हुई है। हम लोग जब सड़कों पर चलते हैं तो

आप देखते होंगे कि अक्सर धूल बहुत ज्यादा उड़ती है। सभी नगर पालिकाओं, महापालिकाओं को नगर पंचायतों को इस बारे में कहा गया है कि नगरीय क्षेत्रों में जल छिड़काव की व्यवस्था मकानों पर, पौधों पर जो धूल की एक परत जम जाती है, उसको पानी से साफ करने की व्यवस्था हो और व्यापक स्तर पर हो। पॉल्यूशन की यह स्थिति जो एक मानक स्तर से ऊपर है इस प्रकार की स्थितियाँ देखने को मिल रही हैं। अब एन०जी०टी० ने इस पर जो गम्भीर चिन्ता व्यक्त की थी, उत्तर प्रदेश सरकार ने पहले ही इसको गम्भीरता से लिया। सभी जिला प्रशासन को इस सम्बन्ध में आवश्यक गाइडलाइन जारी की जा चुकी हैं। हम लोग स्वयं इस बात से चिन्तित हैं और मुझे लगता है कि व्यापक जागरूकता इस बारे में पैदा किए जाने की आवश्यकता है। जो लोग पराली जला देते हैं, उसी को ध्यान में रख करके अब एक कार्यवाही प्रारम्भ हो रही है। एन०टी०पी०सी० ने भी इस बारे में कहा है और भारत सरकार के पेट्रोलियम मंत्रालय ने भी बायो फ्यूल के बारे में कहा कि जितना भी फसल पैदा करने के बाद खेतों में वेस्ट होता है, उसको भी वह किसानों से खरीद लेंगे। किसान को उसको जलाने की आवश्यकता नहीं पड़ेगी। शहरी क्षेत्रों में अधिकतर सॉलिड वेस्ट मैनेजमेण्ट काम नहीं कर रहे हैं या नहीं हैं। कूड़े में लोग आग लगा देते थे, इकट्ठा किया और कहीं भी किसी चौराहे पर वहीं आग लगा देते थे। इसको पूरी तरह से प्रतिबन्धित किया गया है। प्रदेश के अन्दर यह व्यवस्था नगर विकास मंत्रालय ने भी जारी की है कि नगरीय क्षेत्रों में छिड़काव हो, सॉलिड वेस्ट मैनेजमेण्ट की बेहतर व्यवस्था सभी नगर निकायों में स्थापित की जाए और उसका बेहतर प्रबन्ध किया जाए।

एक सीमा के बाहर यानी दस वर्ष पुराने डीजल के जितने भी ऐसे वाहन हैं जिनके कारण पॉल्यूशन पैदा हो रहा है, उनको भी प्रतिबन्धित करना है, फेजवाइज हम उसको लेंगे। चरणबद्ध तरीके से हम उनको लेंगे, जिससे सामान्य लोगों के आवागमन में भी किसी प्रकार की कोई परेशानी न आने पाए। इसको भी ध्यान में रखकर यह कार्यवाही प्रारम्भ की गई है। साथ ही साथ अन्य जो भी आवश्यक उपाय इस मामले में हो सकते थे, उत्तर प्रदेश सरकार ने इस

सम्बन्ध में आदेश जारी किए हैं। हम लोगों ने स्वयं इस बारे में देखा है कि वायु की गुणवत्ता का मानक जो लखनऊ में था, वह बहुत ज्यादा था, उस पर जो यहाँ आवश्यक उपाय प्रारम्भ किए गए तो काफी तेजी के साथ वह घटा। यह चिन्ता का विषय है। सरकार द्वारा अपने स्तर पर इस सम्बन्ध में जो भी ठोस कदम उठाने थे, उनको उठाया गया है। आगे भी जो ठोस कदम उठाने होंगे सरकार उन्हें उठाने में कहीं कोई संकोच नहीं करेगी। लेकिन मुझे लगता है कि इसमें आमजन की सहभागिता आवश्यक है क्योंकि बार-बार पराली को जलाने पर रोक लगाने के बावजूद भी बहुत-सी जगह आग लगती हुई दिखाई दे रही है। यह किसानों के लिए भी खतरनाक है। वह खेत में जब वेस्ट को जलाता है तो जो खेत के जैविक तत्व होते हैं वह भी उसके साथ नष्ट हो जाते हैं। लेकिन उसको अगली फसल के लिए अपने खेत को तैयार करना होता है, इसलिए वह किसान एक शॉर्टकट का रास्ता अपना लेता है कि आग लगाकर खेत को जलाकर उस पर पानी डालकर उसको नष्ट करता है। यानी हर तरीके से जो रास्ते हैं उनको जागरूक करने के, साथ-साथ भारत सरकार ने भी कदम उठाए हैं। उसके अलावा हम लोगों ने प्रदेश के अन्दर चार बायो डीजल से सम्बन्धित संयंत्र लगाने के प्रस्ताव भारत सरकार के पास भेज दिए हैं। जिससे एक तो प्रदेश में निवेश भी होगा, लोगों को रोजगार भी मिलेगा और किसान जो पराली को जला देता था, इसका अतिरिक्त दाम भी किसानों को मिलने से किसानों के जीवन में खुशहाली आएगी। लेकिन यह समस्या एक दिन की नहीं है। एक लम्बे समय से की गई लापरवाही, पर्यावरण के साथ किया गया खिलवाड़, वनों की अन्धाधुन्ध कटान, खनन माफियाओं के द्वारा जिस तरीके से नदियों को काट करके पूरे अवैध तरीके से खनन हुए हैं यह सब इसके कारण हैं और वैज्ञानिक विकास की सोच भी इसका एक कारण है। इन सभी को ध्यान में रखकर गाइडलाइन शासन के स्तर पर प्रत्येक जिला प्रशासन को जारी की जा चुकी है। सरकार इसके बारे में पूरी तरह चिन्तित है और मैं धन्यवाद दूँगा अपने दोनों माननीय सदस्यों को, जिन्होंने इतने महत्वपूर्ण विषय के बारे में अपनी चिन्ता से सदन को अवगत कराया और समाज से

जुड़ी हुई इन समस्याओं के प्रति अपनी जागरूकता को प्रदर्शित किया। शासन इस पर गम्भीर है और सरकार आगे भी कोई कदम उठाने में नहीं हिचकेगी।

अध्यक्ष जी, हमारे डिप्टी सी०एम० ने सारी स्थिति आपके सामने स्पष्ट कर दी और उद्यान मंत्री ने भी स्पष्ट कर दिया कि सरकार किसानों, वह किसान कोई भी हो बिना भेदभाव के उसके हितों को संरक्षण देने, उनके हितों का संवर्धन करने के लिए पूरी तरह तत्पर है। पहली बार प्रदेश में आलू के किसानों के लिए समर्थन मूल्य जारी हुआ, यह कभी नहीं हुआ था। जब आलू किसानों की समस्या सरकार गठन के तत्काल बाद हम लोगों के सामने आई थी तो डिप्टी सी०एम० की अध्यक्षता में तीन सदस्यीय कमेटी मंत्रियों की गठित हुई थी। इस समिति ने भारत सरकार के कृषि मंत्री व अन्य मंत्रियों के साथ वार्ता करने के अलावा देश के अन्य राज्यों के कृषि मंत्रियों के साथ और राज्य सरकारों के साथ बातचीत की। पहली बार आलू का समर्थन मूल्य प्रदेश के अन्दर घोषित हुआ। पहली बार मण्डी शुल्क में किसानों को छूट मिली। एक्सपोर्ट की छूट मिली। प्रदेश के अन्दर भी अन्य स्थानों पर ले जाने के लिए भी उनको छूट मिली। यह कहना गलत है कि प्रदेश सरकार ने जो आलू क्रय किया उसकी कोई उपयोगिता नहीं है। डिप्टी सी०एम० ने पहले ही इस बात को बता दिया कि मिड-डे मील में उसका उपयोग करने के लिए आदेश जारी हो चुके हैं। सरकार फिर भी इसके बारे में गम्भीर है। अगर कहीं भी कोई ऐसी शिकायत है तो सरकार उन किसानों के प्रति पूरी तरह से संवेदनशील है और उसका समाधान निकालेगी। किसी भी किसान को चाहे वह गन्ना किसान होगा, चाहे वह धान उत्पादन करने वाला किसान है या फिर आलू उत्पादक किसान है। प्रत्येक किसान के हित के लिए, उनके हितों को संरक्षित करने के लिए और उनको उनकी उपज का उचित दाम बिना किसी बिचौलिए के हमारी सरकार दिलाएगी इस मामले को हमारी सरकार पूरी गम्भीरता से देख रही है और किसानों के हितों को हर स्तर पर संरक्षण देगी।

सन्दर्भ : दिनांक 20 दिसम्बर, 2017, कार्य-स्थगन की सूचनाओं पर चर्चा।

एक बिगड़ी हुई व्यवस्था है तो बेहतर परिणाम आने में समय लग सकता है। पिछले नौ महीनों के दौरान लगभग 8 लाख 2 हजार 810 स्थानों पर प्रदेश के अन्दर फुट पेट्रोलिंग विभिन्न स्तर के अधिकारियों के द्वारा की गई। उस दौरान पुलिस स्तर पर जो कार्यवाही हुई लगभग एक लाख 26 हजार 662 शरारती तत्वों को पुलिस ने हिरासत में लिया। 66 हजार 151 अभियोग दर्ज भी हुए और लगभग 74 हजार 40 अभियुक्तों की गिरफ्तारी इस दौरान हुई। प्रदेश के अन्दर बहुत सारे स्थानों पर हम लोगों ने देखा कि इस अपराध के पीछे कुछ शरारतन साजिशें भी नजर आई थीं।

भयमुक्त प्रदेश, सरकार का संकल्प

माननीय अध्यक्ष जी, उत्तर प्रदेश के अन्दर प्रत्येक नागरिक को सुरक्षा प्रदान करने, प्रदेश के अन्दर अपराधमुक्त, भ्रष्टाचारमुक्त, अन्याय और अत्याचारमुक्त व भयमुक्त वातावरण बनाना किसी भी लोक कल्याणकारी संकल्प के लिए प्रतिबद्ध सरकार की प्राथमिकता होनी चाहिए। उसी को ध्यान में रख करके पिछले 9 महीनों के दौरान हमारी सरकार ने प्रदेश के अन्दर इस प्रकार का वातावरण बनाने का हर सम्भव प्रयास किया। हमें काफी हद तक सफलता भी मिली। प्रशासन और पुलिस के टूटे मनोबल को बहाल करने, आमजन के मन में शासन-प्रशासन के प्रति विश्वास का एक माहौल पैदा हो, इस पर बहुत सारे प्रयास पिछले नौ महीनों के दौरान किए गए। लेकिन उस सबके बावजूद यह महसूस हुआ कि प्रदेश के अन्दर सक्रिय संगठित अपराध के खिलाफ मौजूदा कानून के अतिरिक्त और भी प्राविधान किए जाने की आवश्यकता है। क्योंकि किसी भी सभ्य समाज में हर व्यक्ति को जीने का पूरा अधिकार है। हर बहन-बेटी को इज्जत के साथ, सम्मान के साथ जीने का अधिकार होना चाहिए, लेकिन दुर्भाग्य से पिछले कुछ वर्षों के दौरान उत्तर प्रदेश के अन्दर जो मकड़जाल पैदा हुआ था, जिस प्रकार की राजनीतिक गतिविधियाँ चली थी, उसने उत्तर प्रदेश की राजनीति का अवमूल्यन भी किया। प्रदेश के अन्दर आमजन के विश्वास को भी तोड़ा है। साथ ही साथ प्रदेश की एक बहुत खराब तस्वीर देश और दुनिया के सामने प्रस्तुत हुई। उत्तर प्रदेश की जो प्रति व्यक्ति आय आजादी के समय देश के अन्दर सर्वाधिक हुआ करती थी, आज वह देश की प्रति व्यक्ति आय की आधी के आस-पास आ करके रुक गई है

क्योंकि प्रदेश में कोई निवेश करने को तैयार नहीं था। उन स्थितियों में हम लोगों को प्रदेश में मार्च, 2017 में सत्ता प्राप्त हुई थी। सभी पर्व और त्योहार शान्तिपूर्ण ढंग से सम्पन्न करने, बिना भेदभाव के हर एक मत, पंथ, मजहब के जो अनुयायी हैं, उन सबको अपने पर्व और त्यौहार मनाने की कानून के दायरे में पूरी छूट मिले। हमारी सरकार ने इसके लिए पूरी व्यवस्था की। मुझे यह बताते हुए प्रसन्नता है कि चाहे वह अयोध्या में श्रावण झूला मेला रहा हो या फिर सावन के महीने में ही प्रदेश के विभिन्न स्थलों पर निकलने वाली कांवड़ यात्रा रही हो, श्री कृष्ण जन्माष्टमी या ईद-उल-जुहा रहा हो, नवरात्रि, विजयादशमी, मोहर्रम, दीपावली, छठ पूजा, चेहल्लुम, बारावफात आदि जितने भी पर्व और त्यौहार थे प्रदेश के अन्दर शान्तिपूर्ण ढंग से मनाने का एक प्रयास हुआ। कुछ पर्व और त्यौहार में कुछ छिट-पुट घटनाएँ घटित हुईं। वहाँ पर आवश्यक कार्यवाही भी की गई और भविष्य के लिए वहाँ सतर्कता बरतने के लिए एक रोड मैप तैयार हुआ है। अभी हाल में प्रदेश के अन्दर नगर निकाय के चुनाव सम्पन्न हुए। प्रदेश के अन्दर नगर निकास का चुनाव हुआ, लगभग साढ़े चार करोड़ की आबादी इन चुनावों में प्रभावित होती है इसलिए किसी भी अन्य चुनाव की तुलना में इस बार का नगर निकाय का चुनाव शान्तिपूर्ण ढंग से प्रदेश के अन्दर सम्पन्न हुआ। आमजन के स्तर पर जब देखते हैं तो वास्तव में वह शान्ति चाहता है, विकास चाहता है। शासन से, प्रशासन से, जनप्रतिनिधियों से सुरक्षा की गारण्टी चाहता है। कहीं न कहीं इस मोर्चे पर जो खामियाँ थीं उनको पूरा करने का प्रयास हुआ। विश्वास बहाली के लिए ही हम लोगों ने पुलिस स्तर के अधिकारियों को, चाहे वह ए०डी०जी० स्तर के अधिकारी हों, या फिर थाने में इंस्पेक्टर या सब-इंस्पेक्टर स्तर के अधिकारी हों, प्रतिदिन उनके द्वारा व्यापक पैमाने पर फुट पेट्रोलिंग हो और उसके बड़े सकारात्मक परिणाम सामने आए।

एक बिगड़ी हुई व्यवस्था है तो बेहतर परिणाम आने में समय लग सकता है। पिछले नौ महीनों के दौरान लगभग 8 लाख 2 हजार 810 स्थानों पर प्रदेश के अन्दर फुट पेट्रोलिंग विभिन्न स्तर के अधिकारियों के द्वारा की गई। उस

दौरान पुलिस स्तर पर जो कार्यवाही हुई लगभग एक लाख 26 हजार 662 शरारती तत्वों को पुलिस ने हिरासत में लिया। 66 हजार 151 अभियोग दर्ज भी हुए और लगभग 74 हजार 40 अभियुक्तों की गिरफ्तारी इस दौरान हुई। प्रदेश के अन्दर बहुत सारे स्थानों पर हम लोगों ने देखा कि इस अपराध के पीछे कुछ शरारतन साजिशें भी नजर आई थीं। आमजन पर जिस तरीके से हमले हो रहे थे, पुलिस कर्मियों के ऊपर जिस दुस्साहसिक तरीके से हमले हो रहे थे, उन सबको देखते हुए हम लोगों ने इस बात को कहा कि प्रदेश सरकार, प्रदेश के अन्दर 22 करोड़ जनता की सुरक्षा के प्रति पूरी तरह प्रतिबद्ध है। यह सरकार का एक राजकीय दायित्व ही नहीं बल्कि एक नैतिक दायित्व भी है। हमारी सरकार किसी के साथ इस मामले में भेदभाव नहीं करेगी। लेकिन किसी माफिया को, किसी अपराधी को सरेआम गोली चलाने की छूट, किसी निरीह नागरिक, किसी व्यापारी या किसी बहन और बेटी की इज्जत के साथ खिलवाड़ करने की छूट नहीं दे सकती है। उसके परिणाम सामने आए। मुझे बताते हुए प्रसन्नता है कि 800 से अधिक मुठभेड़ हुई। पूरे प्रदेश के अन्दर दो हजार से ऊपर अपराधी मुठभेड़ में गिरफ्तार भी हुए। इसमें 1445 अपराधी वे थे जिन पर पुरस्कार घोषित थे, दुर्दान्त अपराधी थे। 114 अपराधियों पर एन०एस०ए० की कार्यवाही भी करनी पड़ी। 139 अपराधियों के विरुद्ध गैंगस्टर एक्ट के अन्तर्गत कार्यवाही हुई। करोड़ों की सम्पत्तियाँ भी जब्त की गई हैं। पुलिस के साथ आमने-सामने की मुठभेड़ में 25 दुर्दान्त अपराधी मारे भी गए। उसका एक सकारात्मक प्रभाव न केवल प्रदेश के अन्दर अपितु पूरे देश के अन्दर देखने को मिला।

उत्तर प्रदेश में हम लोगों ने 21-22 फरवरी को इन्वेस्टर्स समिट आहूत किया है। पूरे देश में और दुनिया में जो सकारात्मक प्रभाव है निवेश करने के लिए, आज हर व्यक्ति प्रदेश के अन्दर निवेश करने के लिए लालायित हो रहा है। मैं इसे प्रदेश के लिए एक शुभ लक्षण मानता हूँ कि प्रदेश के भविष्य के प्रति, प्रदेश के नौजवानों को रोजगार और नौकरी के प्रति जो एक आशा की किरण इस निवेश के माध्यम से देखने को मिल रही है। मुझे लगता है

कि उसकी सबसे पहली गारण्टी होती है, प्रदेश में सुरक्षा की। सुरक्षा का वातावरण जो प्रदेश के अन्दर प्रारम्भ हुआ है इसको और पुख्ता करने के लिए सरकार निरन्तर प्रयास कर रही है। अगर आप देखें तो अपराध की जो घटनाएँ हैं वर्ष 2016 की तुलना में 2017 में काफी कम हुई हैं। डकैती, लूट, हत्या, रोड होल्ड अप, फिरौती, अनुसूचित जाति और जनजाति से जुड़े हुए अपराध, आगजनी की घटनाओं में 2015–16, 2016–17 और 2017–18 के दौरान अगर आप देखेंगे तो पिछले 9 महीनों के दौरान इसमें काफी गिरावट आई है। इस गिरावट को और कम करने के लिए हम लोग पूरी तरह प्रतिबद्ध हैं। इस दृष्टि से पहली बार प्रदेश के अन्दर यह व्यवस्था हुई कि पुलिस अधीक्षक कार्यालय में भी एफ०आई०आर० काउण्टर खुले। यह व्यवस्था हम लोगों ने प्रदेश के अन्दर लागू की।

पुलिस की प्रभावी कार्यवाही का परिणाम है कि बड़ी संख्या में लगभग 2700 से ऊपर ऐसे अपराधी थे, जिन्होंने न्यायालयों में जाकर समर्पण किया या फिर अपनी जमानतें निरस्त करवाकर वे लोग जेलों में गए। प्रदेश के अन्दर किसी भी प्रकार का अपराध न हो इस दृष्टि से उनका प्रदेश के बाहर भी पलायन करना प्रारम्भ हुआ है। यह स्थिति देखने को मिली। प्रदेश के अन्दर महिलाओं की सुरक्षा से सम्बन्धित जो मामले थे, प्रदेश में नई सरकार के गठन होने के साथ ही हम लोगों ने एण्टी रोमियो स्क्वायड का गठन करने और उसके माध्यम से जो कार्यवाही प्रारम्भ की 22 मार्च से लेकर 18 दिसम्बर तक 7 लाख 95 हजार 77 स्थानों पर, 21 लाख 59 हजार 890 स्थानों पर रोमियो स्क्वायड ने अपनी कार्रवाई के दौरान तलाशी ली और इस मामले में 1714 अभियोग पंजीकृत हुए। 3022 व्यक्तियों के विरुद्ध वैधानिक कार्यवाही भी हुई। 09,67,000 व्यक्तियों को चेतावनी देकर के छोड़ा भी गया। एक बड़ी कार्यवाही इसके माध्यम से भी प्रारम्भ हुई। इसके अलावा महिला हेल्पलाईन 1090 को और सक्रिय किया गया। जिससे महिलाएँ उनसे जुड़े हुए किसी भी अपराध को निःसंकोच और आत्मविश्वास के साथ अपनी शिकायतों को इस वूमेन पावरलाईन के साथ दर्ज भी करा सकें। 04 दिसम्बर से 10 दिसम्बर

के बीच महिला सुरक्षा का एक विशेष सप्ताह भी महिलाओं की सुरक्षा के प्रति जागरूकता के लिए मनाया गया। महिला उत्पीड़न से जुड़ी हुई घटनाओं में पिछले वर्षों की तुलना में काफी कमी आई है। इस पर और भी कार्यवाही करते हुए प्रशासन ने निरोधात्मक कार्यवाही की।

गुण्डा एक्ट के अन्तर्गत, गैंगेस्टर एक्ट के अन्तर्गत, एन०एस०ए० और अन्य एन०डी०पी०एस० अधिनियम के अन्तर्गत जो कार्यवाही होनी थी, इस पर पुलिस ने प्रभावी कार्यवाही करते हुए इन सभी को आगे बढ़ाया। प्रदेश के अन्दर आतंकवाद से निपटने के लिए गठित जो सेल है ए०टी०एस०, इसकी स्ट्रैन्थनिंग के लिए हम लोगों ने कार्यवाही प्रारम्भ की है। इसमें 316 नए पद सृजित किए गए। ए०टी०एस० के अन्तर्गत 'स्पॉट' स्पेशल पुलिस ऑपरेशन टीम, जिसकी आधुनिक-अत्याधुनिक ट्रेनिंग के साथ-साथ जो भी आवश्यक अत्याधुनिक शस्त्र-अस्त्र उपलब्ध करवाने थे, वह उपलब्ध करवाए गए। ए०टी०एस० ने इस दौरान अच्छा कार्य भी किया। जिसमें असरवा बांग्ला टीम के एक आतंकी को मुजफ्फरनगर से और इसके 03 अन्य जो सहयोगी आतंकी थे, उनको लखनऊ में चारबाग रेलवे स्टेशन से ए०टी०एस० ने गिरफ्तार किया। इस दौरान ए०टी०एस० ने बब्बर खालसा के दो कुख्यात आतंकियों को भी लखनऊ और उन्नाव से गिरफ्तार किया। नाभा जेल से जो 02 आतंकी भागे थे, पंजाब पुलिस के सहयोग से, उनको भी गिरफ्तार किया गया। सेना में गलत नाम और पते से भर्ती होने वाले एक रैकेट को भी, जिसमें 03 अभियुक्त थे, उनको भी गिरफ्तार किया। जो बिजनौर मॉड्यूल है, उसमें अभियुक्त मोहम्मद अबु जैद को भी गिरफ्तार किया गया।

लखनऊ से 03 ऐसे अभियुक्त जो सिम बॉक्स के माध्यम से बी०एस०एन०एल० और अन्य एजेन्सियों के साथ बहुत बड़ी चीटिंग कर रहे थे, उसमें भी एक बहुत बड़ा रैकेट गिरफ्तार हुआ। अन्य जो इस प्रकार के आतंकी गतिविधियों में लिप्त तत्व थे और आतंकी मॉड्यूल थे, उनके खिलाफभी एस०टी०एफ० ने बहुत प्रभावी कार्यवाही की है। एस०टी०एफ० को भी प्रदेश के अन्दर सुदृढ़ करने की कार्यवाही हम लोगों ने प्रारम्भ की है।

एस०टी०एफ० में 267 अतिरिक्त पदों का सृजन करने के साथ-साथ उनके कमाण्डो की ट्रेनिंग पर ध्यान दिया गया है। इस दौरान एस०टी०एफ० ने भी बेहतर कार्य करते हुए प्रदेश के अन्दर कुख्यात अपराधियों के खिलाफअभियान चलाया है। लगभग 228 कुख्यात अपराधियों को एस०टी०एफ० ने गिरफ्तार किया है। ईनामी अपराधी इसमें से 18 थे, दुर्दान्त अपराधी 45 थे, संगठित अपराध में सम्मिलित तत्व 94 थे, मादक द्रवों की अवैध तस्करी से जुड़े हुए 19 लोग थे। साइबर क्राइम से जुड़े हुए अपराधी 52 थे।

इस दौरान बड़ी मात्रा में मादक पदार्थ जिसमें चरस है, गाँजा है, पोस्ता है जो क्रमशः दो कुन्तल उन्तालीस किलो कीमत लगभग दो करोड़ तीस लाख, 1343.7 किलो ग्राम लगभग कीमत 69 लाख और 2600 किलो ग्राम लगभग कीमत एक करोड़ का पोस्ता था। एस०टी०एफ० ने इस दौरान अवैध शस्त्र 180, अवैध कारतूस 378, अवैध शराब 3748 पेटी बरामद की है। वाहन भी इस दौरान एस०टी०एफ० ने बरामद किए हैं। उसमें ट्रक 09, चार पहिया वाहन 13, दो पहिया वाहन 18, कैश जो बरामद और सीज किया है वह लगभग सात लाख छब्बीस हजार और ढाई करोड़ रुपये जो बैंको में सीज कराए गए।

दस से अधिक ऐसी घटनाएँ जिसमें अपराधियों द्वारा गम्भीर अपराध घटित होने वाले थे, एस०टी०एफ० की पूर्व में की गई कार्यवाही के कारण वह रुकी है। इस दौरान चित्रकूट मण्डल में जो तीन डकैत गिरोह सक्रिय थे उनके खिलाफ कड़ी कार्यवाही एस०टी०एफ० के द्वारा की गई है। प्रदेश के अन्य स्थानों में भी प्रभावी कार्यवाही करने में एस०टी०एफ० को बड़ी सफलता प्राप्त हुई है।

हमारे पास पुलिस फोर्स में मैन पावर की बड़ी कमी है और भर्ती की विसंगतियों को देखते हुए मा० उच्चतम न्यायालय ने इस पर रोक लगाई थी। नई सरकार के आने के बाद हम लोगों ने नियमावली में संशोधन किया है। सुप्रीम कोर्ट में हम लोगों ने नया शपथ-पत्र दाखिल किया है। सुप्रीम कोर्ट से हम लोगों को भर्ती की नई प्रक्रिया को आगे बढ़ाने के लिए अनुमति मिली है। सरकार ने इस पर कार्यवाही प्रारम्भ की है। मुझे बताते हुए प्रसन्नता है कि 3307 उप-निरीक्षक और उप-निरीक्षक स्तर के लगभग 600 महिला, 2400

पुलिस अभ्यर्थियों के साथ 3000 उप-निरीक्षक नागरिक पुलिस के लिए, 210 प्लाटून कमाण्डर पी०ए०सी० तथा 97 फायर सर्विस अफसर, इनकी भर्ती वर्तमान में गतिमान है। इसी महीने 12 दिसम्बर को इनकी ऑनलाइन लिखित परीक्षा सम्पन्न हो चुकी है। इसी के साथ पिछली बहुत पुरानी भर्ती की प्रक्रिया न्यायालय में लम्बित है। फैसला रिजर्व है। अब तक हम लोगों की तीस हजार आरक्षी और बत्तीस सौ सब इंस्पेक्टर की भर्ती की प्रक्रिया पुनः चालू होने वाली है और मुझे लगता है कि इस महीने में ही हम इसको आगे बढ़ा देंगे। हम लोगों का प्रयास है कि आगामी तीन वर्ष के दौरान, चार वर्ष के दौरान हम लोग प्रदेश के अन्दर पुलिस विभाग में जितने भी पद खाली पड़े हुए हैं इन सबको भरते हुए प्रदेश के अन्दर पुलिस के पास जो मैन पावर का अभाव है उसको हम लोग पूरा करेंगे। प्रदेश में हमारे पास कॉन्स्टेबल बल कम हैं। पुलिस स्तर के विभिन्न अधिकारियों की कमी भी है। सपोर्टिंग स्टाफ के लिए 25 हजार होमगार्डों की सहायता ली गई है यानी अतिरिक्त 25 हजार होमगार्ड इस दौरान पुलिस के सहयोग के लिए विभिन्न क्षेत्रों में दिए गए हैं। वर्षों से जो पुलिसकर्मियों के प्रमोशन लम्बित थे, जो आरक्षियों के थे, नागरिक पुलिसकर्मियों के लगभग पाँच हजार से ऊपर के जो प्रमोशन वर्षों से लम्बित पड़े थे, 2387 उप-निरीक्षक पद के और 829 नागरिक पुलिस में जो इंस्पेक्टर पद के प्रमोशन वर्षों से लम्बित पड़े हुए थे जिनमें प्रमोशन ड्यू था, पिछली सरकारें नहीं कर पा रही थीं, हम लोगों ने उस कार्य को सफलतापूर्वक आगे बढ़ाया है। हम लोगों ने पुलिस कर्मियों के मनोबल को बढ़ाने के लिए, उनको समय पर प्रमोशन भी मिले, वह पूरी दक्षता के साथ अपनी सेवाएँ जनता के लिए कर सकें, इस विशेष कार्य को भी आगे बढ़ाया गया। मुझे बताते हुए बड़ी प्रसन्नता है कि इस दौरान हमारी सरकार ने प्रदेश के अन्दर एस०डी०आर०एफ० का भी गठन किया है। प्रदेश के अन्दर अगर कहीं कोई आपदा आती थी तो पहले पी०ए०सी० यहाँ पर अच्छा काम करती थी। यह बड़ा दुर्भाग्यपूर्ण था कि प्रदेश के अन्दर लगभग 73 कम्पनियाँ पी०ए०सी० की समाप्त कर दी गई। हम लोग पुनः उसको बहाल कर रहे हैं। उसको समाप्त कर दिया गया था।

जिसको हम लोग अब बहाल करने जा रहे हैं। उस पर कार्य करने जा रहे हैं। पी०ए०सी० के ही उन कमाण्डों को लेकर के हम लोगों ने एस०टी०एफ० में भी उन लोगों को दिया है और साथ ही साथ एस०डी०आर०एफ० उसको भी हम लोग इसके माध्यम से आगे बढ़ा रहे हैं।

एक अच्छा कार्य आपदा प्रबन्ध की दृष्टि से इस प्रदेश के अन्दर हुआ है। चूँकि हमारा प्रदेश 22 करोड़ की आबादी का प्रदेश है जहाँ आपदा प्रबन्धन के लिए हमारे पास कोई भी फोर्स नहीं थी। हमें एन०डी०आर०एफ० की ओर देखना पड़ता था। इस वर्ष बाढ़ आई थी। बाढ़ के दौरान 24 जिले बाढ़ से प्रभावित हुए थे। एन०डी०आर०एफ० और पी०ए०सी० की फ्लड यूनिट ने बहुत अच्छा कार्य किया है। उस दौरान चूँकि मुझे उन सभी जनपदों में जाने का अवसर मिला था तो मैंने नजदीक से भी उनके कार्य को देखा था। इस दृष्टि से हम लोगों ने प्रदेश के अन्दर राज्य आपदा मोचन बल के रूप में एस०डी०आर०एफ० के गठन की कार्यवाही प्रारम्भ की है। इसके लिए हम लोगों ने 535 पदों का सृजन कर दिया है। यह कार्यवाही प्रारम्भ भी हो गई है। इसके लिए हम लोगों ने लगभग 40 करोड़ 96 लाख रुपये की धनराशि भी एस०डी०आर०एफ० को प्रदान कर दी है। जिससे वह अपने इक्यूपमेण्ट आदि खरीद सकें और किसी भी आपदा में आमजन के सहयोग के लिए वह अपने आपको तैयार कर सकें।

पुलिस का मनोबल बना रहे और आमजन के साथ उसका व्यवहार सौहार्दपूर्ण हो। पीपुल फ्रेण्डली पुलिस इस रूप में बनाने के लिए जहाँ कार्यवाही प्रदेश के अन्दर प्रारम्भ हुई, वहीं साथ-साथ उनके वर्षों से लम्बित जो मामले थे प्रदेश के अन्दर ड्यूटी के दौरान देश की सेवा करते हुए उ०प्र० के जो मूल निवासी थे, ऐसे लगभग 97 सैनिक शहीद हुए हैं। हम लोगों ने उन सबके परिवारजनों को सहयोग राशि के रूप में लगभग 16 करोड़ 75 लाख रुपये का अनुदान प्रदेश सरकार की ओर से वितरित किया है। प्रदेश के अन्दर हमारे पुलिस के जवान जनता की सेवा करते हुए कहीं शहीद होते हैं, प्रदेश की सुरक्षा में कहीं वीरगति को प्राप्त होते हैं तो उसके लिए उन्हें पहले जो अनुग्रह राशि

20 लाख रुपये की मिलती थी, उसको बढ़ाकर हम लोगों ने 40 लाख रुपये भी किया है। उनके माता-पिता को दी जाने वाली 5 लाख रुपये की सहायता जो थी, उसको बढ़ाकर हम लोगों ने 10 लाख रुपये किया है। पौष्टिक आहार भत्ते को भी हम लोगों ने इस दौरान बढ़ाया है। पिछले 15 से 20 वर्षों में इस दिशा में कोई कार्य नहीं हुआ था। हम लोगों ने 950ी- से बढ़ाकर 1350ी- पौष्टिक आहार भत्ता जो चतुर्थ श्रेणी के कर्मी फोर्स में हैं उनके लिए, मुख्य आरक्षी और आरक्षियों के लिए 1000ी- से बढ़ाकर 1500ी- और उप-निरीक्षक और निरीक्षक स्तर पर 900ी- से बढ़ाकर 1200ी- हम लोगों ने किया है। फोर्स के मनोबल को बनाए रखने के लिए प्रदेश के अन्दर पुलिस महानिदेशक की अनुशंसा पर जो चिह्न दिए जाते हैं, पदक जो दिए जाते हैं, हम लोगों ने इसे 200 से बढ़ा करके 950 किया है। इसमें 250 रजत, 150 स्वर्ण और 75 हीरक है। जिससे इस बड़े प्रदेश में जो भी जहाँ अच्छा काम करेगा, उसको हम यहाँ पर सम्मानित भी कर सकेंगे। इस दृष्टि से यह कार्य प्रारम्भ हुआ है।

पहली बार हुआ है कि पुलिस फोर्स में, प्रशासन के कार्य में किसी प्रकार का कोई राजनैतिक हस्तक्षेप नहीं है। जनता के प्रति जवाबदेही की नीति पर पुलिस फोर्स कार्य कर रही है। जहाँ भी जवाबदेही से मुकरने की बात देखने को मिल रही है, वहाँ पर प्रभावी कार्रवाई शासन के स्तर पर भी ऐसे कर्मियों के खिलाफ, अधिकारियों के खिलाफकरने में कोई संकोच नहीं किया गया है। प्रत्येक व्यक्ति को सुरक्षा की गारण्टी यह शासन दे सके, शासन की इस जवाबदेही को तय करने के लिए ही हम लोगों ने हर स्तर पर प्रयास किया है। पूरा मंत्रिपरिषद्, हमारे सभी जनप्रतिनिधियों का जब सामूहिक प्रयास होगा तो उसके परिणाम उतने ही अच्छे और सार्थक होंगे। आज भी प्रदेश के अन्दर बहुत सारे क्षेत्रों में देखने को मिल रहा है कि कुछ जगह तो अपराध क्रिएट किए जा रहे हैं, सरकार को बदनाम करने की दृष्टि से। उस जगह अपराधी कहीं न कहीं संरक्षण पा रहा है। बहुत सारी जगह जब उसे भय हुआ है तो वह प्रदेश छोड़ करके भागने के लिए मजबूर भी हुआ है। अपराधियों के अन्दर यह भय आवश्यक है। कानून का राज प्रदेश के हर व्यक्ति और प्रदेश की

22 करोड़ जनता के हित में है, प्रदेश की सुरक्षा के हित में है। प्रदेश में निवेश का माहौल बनाने की दृष्टि से आवश्यक है। उत्तर प्रदेश को दंगों से, अराजकता से, गुण्डागर्दी से, माफियाराज से उबारने की दृष्टि से अत्यन्त आवश्यक है। इस दृष्टि से हमारी सरकार ने यह आवश्यकता महसूस की है कि उत्तर प्रदेश के अन्दर जो ऑर्गनाइज्ड क्राइम है, इसकी आड़ में जो भ्रष्टाचार है, उसके माध्यम से जो अवैध और अनैतिक तरीके से कमाए गए पैसे से समाज की व्यवस्था को भंग करने, समाज के सभ्य लोगों के जीने के अधिकार को छीनने, बहन-बेटियों की इज्जत के साथ खिलवाड़ करने की एक जो दुरभि सन्धि दिखाई देती है, उस दृष्टि से हमारी सरकार ने निर्णय लिया है कि उत्तर प्रदेश में 'उत्तर प्रदेश कण्ट्रोल ऑफऑर्गनाइज्ड क्राइम बिल 2017' यानी उत्तर प्रदेश में संगठित अपराध निवारण के लिए 'उत्तर प्रदेश संगठित अपराध नियन्त्रण विधेयक-2017' इस माननीय सदन में प्रस्तुत करके, चर्चा करके उसको पारित करें, इसलिए मैं इसको चर्चा के लिए इस सदन में रख रहा हूँ। जिस दिन से यह चर्चा आई है, कैबिनेट ने जिस दिन इस विधेयक के प्रारूप को अपनी मन्जूरी दी है, बहुत सारी टिप्पणियाँ देखने को मिल रही थी। पक्ष में भी और विपक्ष में भी होता है। लोकतंत्र में सब चीजें चलेंगी, चलनी भी चाहिए, लेकिन मैं अपने विपक्ष में बैठे हुए मित्रों से इस बारे में कहूँगा, कानून व्यवस्था पर आप सबसे अधिक वॉक आउट करते हैं, ऊँगली उठाते हैं, तो फिर यू०पी० कोका का विरोध क्यों हो रहा है? मैं आपको इस बात की गारण्टी दे सकता हूँ कि भारतीय जनता पार्टी ने कभी भी किसी भी कानून का दुरुपयोग नहीं किया है, कभी नहीं करेगी।

हम लोगों को जनता ने प्रतिशोध की भावना से यहाँ नहीं भेजा है। हम लोग यहाँ पर प्रदेश का विकास करने के लिए आए हैं, प्रदेश की आम जनता को सुरक्षा प्रदान करने के लिए आए हैं। बिना किसी भेदभाव के हमारे प्रधानमंत्री जी ने यह नारा दिया है, 'सबका साथ और सबका विकास' की उस भावना को आगे बढ़ाने के लिए हम लोग आए हैं। जब मैं विपक्ष में बैठे हुए अपने मित्रों के इन बयानों को सुन रहा हूँ, देख रहा हूँ तो मुझे याद आ रहा है कि

''जब सावन ही आग लगाए, तो उसे कौन बचाए।'' जिम्मेदार राजनीतिक दलों के नेता ही जब इस भूमिका में आ जाएँ और कहने लग जाएँ कि नहीं, अपराधियों के खिलाफ संगठित अपराधियों के खिलाफ कार्यवाही नहीं होनी चाहिए। मैं आश्वस्त करूँगा, मुझे लगता है आप में से अधिकतर लोग इसके प्राविधान को पढ़े होंगे, कोई इसका दुरूपयोग नहीं कर सकता है। अन्य राज्यों में भी संगठित अपराध को रोकने के लिए कानून बने हैं या फिर उत्तर प्रदेश के अन्दर ही जो गैंगस्टर एक्ट, 1986 बना हुआ है, अगर आप उससे भी तुलना करेंगे तो उससे भी बेहतर यह कानून है। यह केवल अपराधी ही नहीं, संगठित अपराध में जो भी लिप्त है, उसकी कमर को तोड़ करके रख देगा। केवल उसकी कमर न टूटने पाए, अगर इसके लिए आप उसका बचाव कर रहे हैं तो यह बहुत अफसोसजनक है। मैं इसलिए आपसे कह रहा हूँ कि अगर पूरा हाउस मिलकर के इस विधेयक को पास करता तो बहुत अच्छा सन्देश प्रदेश के अन्दर जाएगा, जनता के मन में भी जाएगा और साथ ही साथ पूरे प्रदेश के अन्दर यह विश्वास पैदा होगा कि सचमुच राजनीति के अपराधीकरण, जिस पर बार-बार न्यायालय हम लोगों को टारगेट करता है, एक मैसेज जाना चाहिए कि यह हाउस किसी भी प्रकार के आपराधिक कृत्यों के खिलाफ है और संगठित अपराध को रोकने के लिए है। हम लोग एक दूसरा विधेयक भी लेकर आने वाले हैं कि जितने भी राजनीतिक मुकदमें हैं जो आप लोगों के समय में हुए होंगे या इधर के समय में हुए होंगे, किसी के भी समय में हुए होंगे उनमें ज्यादातर 107/16 के मुकदमें हैं। आप देखते होंगे अक्सर सी०जे०एम० कोर्ट से किसी मा० विधायक को, कभी किसी मंत्री को वारण्ट जारी होता है। हम लोगों ने तय किया 20 हजार ऐसे मुकदमों को हम सब समाप्त करने जा रहे हैं। यह सब राजनीतिक मामले हैं। आप जाएँगे, धरना प्रदर्शन करेंगे, आपको पता भी नहीं आपके खिलाफ एक मुकदमा दर्ज कर दिया। मुकदमा दर्ज होने के बाद आपको पता ही नहीं। वारण्ट निकला, उसे कोई दबा देता है। अन्त में गैर-जमानती वारण्ट निकलता है। पेपरों में निकलता है कि फलां व्यक्ति के खिलाफ गैर-जमानती वारण्ट जारी। हम राजनीति में प्रतिशोध की भावना

से नहीं आए हैं। यह कहना कि यह विधेयक इसलिए लाया जा रहा है जिससे किसी को दबाया जा सके, यह तो अपमान है। बिल की मंशा स्पष्ट है, इसके माध्यम से आप लोग सदैव अपनी ईमानदारी, अपनी निष्ठा, अपने समर्पण और अपने पुरुषार्थ के लिए इस देश का दलित, इस देश का पिछड़ा, इस देश का हर तबके का व्यक्ति दुनिया के अन्दर सम्मान पाता और जब इस प्रकार का विधेयक हम लोग लेकर के आते हैं तो आप लोग टारगेट करते हैं कि दलित और पिछड़ों को टारगेट करने के लिए किया जा रहा है। यह अपमान है उन लोगों का, क्योंकि जो व्यक्ति अपने पुरुषार्थ से अपना सम्मान अर्जित कर रहा है, आप लोग उसको विधेयक के दायरे में कैद करके दिखाने का प्रयास कर रहे हैं कि वह लोग इस प्रकार का क्राइम करते हैं।

अपराध कोई गरीब नहीं करता है, अपराध कोई कमजोर व्यक्ति नहीं करता है, यह अपराध वे लोग करते हैं, जो चेहरे सबके सामने पहले से तय हैं। इसलिए हम लोग इस विधेयक को आपके पास लेकर आए है। मैं आप सबसे आग्रह करूँगा और मैं इस बारे में आश्वस्त भी करता हूँ कि इस विधेयक का दुरुपयोग करने की सम्भावना न के बराबर है। फिर भी विधेयक है, हमारी सरकार किसी भी स्थिति में इसका दुरुपयोग नहीं होने देगी, न करने देगी, न की है। इन नौ महीनों में एक भी व्यक्ति नहीं बोल सकता कि राजनीतिक विद्वेष की भावना से किसी के खिलाफकार्यवाही हुई है। कोई नहीं कह सकता। कोई व्यक्ति इस बात की सिफारिश लेकर न मेरे पास आ सकता है, न हमारे किसी मंत्री के पास जा सकता है, क्योंकि सरकार की कार्यपद्धति एकदम ट्रान्सपेरेन्ट है। किसी को उसमें हस्तक्षेप करने का अधिकार नहीं है। हर व्यक्ति अपने कार्यों से जब फुर्सत पाए तब इस प्रकार के फिजूल कार्यों में अपना दिमाग लगाए। इसलिए मैं आप सबको इस बारे में कह सकता हूँ कि कोई भी इस प्रकार की स्थिति नहीं है। आखिर आप किस का विरोध करना चाहते हैं, क्या आप चाहते हैं कि जो हमने इसमें प्राविधान किए हैं, किन लोगों पर यह होगा? किस प्रकार की श्रेणी के लोग इसके दायरे में आएँगे? जो फिरौती के लिए किसी को अगवा कर सकें, क्या आप उसका बचाव करना चाहते हैं?

किसी सरकारी अथवा केन्द्र सरकार के ठेके, स्थानीय निकाय, सरकारी उपक्रम या सार्वजनिक क्षेत्र की कम्पनियों या सरकारी निकाय या अन्य प्राधिकरण या निजी कम्पनी, फर्म या संगठन के ठेके में बोली लगाने या हिस्सा लेने से, किसी अन्य अवैध साधनों द्वारा सख्ती से या सख्त प्रदर्शन से रोकना, यह कहाँ गलत है? अगर कोई व्यक्ति रजिस्टर्ड ठेकेदार है, कोई माफिया, कोई अपराधी, कोई संगठित गिरोह कैसे उसको उसमें बोली लगाने से रोक सकता है। धन लेकर किसी की हत्या कर देना, क्या आप चाहते हैं कि इस प्रकार का विधेयक न बनें। पैसा लेकर किसी की हत्या करने के इस अवैध कारोबार को पिछले 12-15 वर्षों में प्रदेश के अन्दर खूब फलने-फूलने का अवसर दिया गया, उसी प्रकार से फलता-फूलता रहे। रिक्त सरकारी या निजी भूमि या विवादित भूमि पर या भवन पर सख्तीपूर्वक जाली दस्तावेज लेकर कब्जा कर लेना, भवन बनाया कोई और है भूमि किसी और की है, किसी गरीब की है, सरकार की है और जबरदस्ती असलहों के बल पर उस पर कब्जा करना, गुण्डों के बल पर कब्जा करना। भवन या भूमि या उसके किसी भाग के उसके विधिक अध्यासियों से अवैध रूप से हटाने के आशय से क्रय करना या जाली दस्तावेज बनाना, बाजारों, फुटपाथ विक्रेताओं, मण्डियों, ठेकेदारों और अन्य व्यवसाय करने वालों से अवैध रूप से वसूली करना, क्या ये आपको उचित लगता है? मुझे एक बात बताएँ कि पटरी व्यवसायी से ज्यादा गरीब, उससे ज्यादा दलित कौन है? सबसे अधिक दलित तो फुटपाथों पर कार्य करने वाले व्यवसायी हैं। उनसे जो अवैध वसूली होती है, क्या आप चाहते हैं कि इसी प्रकार से उनसे वसूली होती रहे।

प्रदेश के अन्दर बड़ी संख्या में ऐसे लोग हैं, उन सबके व्यवस्थित पुनर्वास के लिए हम लोग एक नई फेरी नीति भी लेकर आए हैं। हम लोग उनका व्यस्थित पुनर्वास भी करेंगे, लेकिन उनसे अवैध रूप से कोई वसूली करेगा तो हम उसको भी बख्शेंगे नहीं। जितने भी पटरी व्यवसायी हैं, मैं दावे के साथ कह सकता हूँ कि इसमें 75 प्रतिशत दलित और अति पिछड़ी जातियों से जुड़े हुए लोग हैं। हमारी सरकार उनके लिए कार्य कर रही है। इसलिए उनकी

सुरक्षा के लिए भी हम लोग इस कानून को लेकर आए हैं। अवैध खनन करना, वन्य जीवों की अवैध तस्करी करना, वन उपज का अवैध दोहन करना, मनी लॉड्रिंग से जुड़े हुए जो अपराध हैं, नकली और जाली दवा, अवैध मदिरा यानी इससे जुड़े हुए जितने भी अपराध हैं, आप लोग जब विधेयक का विरोध कर रहे हैं तो इसका मतलब इस प्रकार के संगठित अपराध में लिप्त तत्वों का आप बचाव कर रहे हैं। इसलिए मैं आप सबसे यह विनम्र अपील कर रहा हूँ कि प्रदेश के हित में हम लोग इस कानून को लेकर आए हैं, इस विधेयक को लेकर आए हैं। प्रदेश की 22 करोड़ जनता में बिना भेदभाव के हर एक व्यक्ति को सुरक्षा प्राप्त हो सके, इसमें हम लोगों ने बहुत सारे प्राविधान किए हैं। त्रिस्तरीय व्यवस्था इसमें दे दी गई। कहीं कोई समस्या नहीं आने वाली है।

कर्नाटक में भी इस प्रकार का कानून काम कर रहा है और महाराष्ट्र में भी काम कर रहा है। कर्नाटक में जो कर्नाटक कोका है, उसके अन्तर्गत एफ०आई०आर० दर्ज करने के लिए डी०आई०जी० का अनुमोदन चाहिए। विवेचना पुलिस उप–अधीक्षक द्वारा होगी और चार्जशीट ए०डी०जी० स्तर के अधिकारी द्वारा स्वीकृत होगी। मकोका में भी यही स्थिति है, लेकिन उत्तर प्रदेश में हम लोगों ने एक व्यवस्था और अच्छी की है। हम लोगों ने कहा है कि रेंज स्तर के अधिकारी डी०आई०जी० हों या आई०जी० हों। वह और कमिश्नर, इन दोनों के अनुमोदन से ही एफ०आई०आर० दर्ज होगी। दूसरी विवेचना इंस्पेक्टर स्तर का अधिकारी करेगा और ए०डी०जी० स्तर का जो अधिकारी, जोन स्तर का जो अधिकारी होगा, ए०डी०जी० आई०जी० जोन इनके द्वारा चार्जशीट को स्वीकृति दी जाएगी, उसके बाद ही यह कोर्ट में जाएगी। कर्नाटक और महाराष्ट्र में जो कानून बना हुआ है, उसमें अपराध करने वाला कौन–सा व्यक्ति इसके दायरे में है। उसमें उन्होंने लिखा है कि 10 वर्ष के अन्दर जिन्होंने यह अपराध किया हो, उन लोगों को उसमें लिया गया है। हम लोगों ने लिखा है कि 5 वर्ष के अन्दर अगर किसी व्यक्ति ने कोई अपराध किया है, उसके खिलाफ कोर्ट में चार्जशीट दाखिल हुई है, कोर्ट ने उसको आरोपी माना है तो उस दृष्टि से उसको हम लोग इस कानून के दायरे में ले लेंगे। हम

लोगों ने इसमें एक व्यवस्था और की है कि अगर कोई सजायाफ्ता अपराधी पुनः अपराध करता है तो उसकी सजा मृत्युदण्ड या फिर न्यूनतम आजीवन कारावास होना चाहिए। इसमें हम लोग यह व्यवस्था करने जा रहे हैं। इसमें एक अच्छी व्यवस्था दे दी गई है कि राज्य में संगठित अपराध नियन्त्रण के लिए प्राधिकरण बनाए गए हैं, जो एक बहुत अच्छी व्यवस्था इसमें दे दी गई है। मुझे लगता है कि जनपद स्तर में महाराष्ट्र और कर्नाटक में दोनों जगह नहीं है, लेकिन हम लोगों ने जनपद स्तर पर भी दिया है, राज्य स्तर पर भी दिया है। एक राज्य अपीलीय प्राधिकरण भी हम लोगों ने इसके लिए गठित करने की बात इसमें की है। जनपद स्तर पर जिलाधिकारी और पुलिस अधीक्षक एवं एक अपर पुलिस अधीक्षक तथा उस जनपद के ज्येष्ठ अभियोजन अधिकारी की समिति इसके बारे में जनपद स्तर पर सुनवाई करेगी। राज्य स्तर पर प्रमुख सचिव, गृह की अध्यक्षता में पुलिस महानिदेशक कानून-व्यवस्था और अपर पुलिस महानिदेशक अपराध की एक समिति इसकी सुनवाई करेगी और जो राज्य अपीलीय प्राधिकरण होगा उसमें सेवानिवृत्त हाईकोर्ट के जज, एक पुलिस महानिदेशक स्तर के और एक प्रमुख सचिव स्तर के अधिकारी इस समिति में होंगे। यानी बचाव के लिए पर्याप्त माध्यम इसमें जिले स्तर पर भी, राज्य स्तर पर भी, फिर राज्य स्तरीय प्राधिकरण के स्तर पर भी, इसमें हम लोगों ने विशेष व्यवस्था कर दी है। गवाहों की सुरक्षा की व्यवस्था भी की गई है। इसमें जब सुनवाई होगी वह बन्द कमरे में होगी, गवाह की पहचान गोपनीय रखने की बात है। इन सबका वीडियो कॉन्फ्रेसिंग के माध्यम से फोटो, डिजिटल या वीडियो पिक्चर से भी अभियुक्त की शिनाख्त का प्राविधान हम लोगों ने इसके साथ किया है।

न्यायिक प्रक्रिया से जैसे कोई अपराधी भाग जाता है, महाराष्ट्र और कर्नाटक में इसके लिए कोई प्राविधान नहीं है कि इसके बाद क्या होना है? हम लोगों ने कहा कि उसको फिर सजा होगी, उसको हम लोग डेढ़ गुना सजा करने की व्यवस्था हम इस कानून में करने जा रहे हैं। अन्य बहुत सारी ऐसी चीजें हैं जो बचाव भी करती हैं। लेकिन साथ-साथ किसी भी प्रकार के

संगठित अपराध के लिए हम लोग छूट नहीं दे सकते। इसलिए इस कानून में इस बात का प्राविधान किया गया है। एक व्यवस्था जरूर कर दी गई है इसमें कि कोई भी ऐसा अपराधी उसको किसी भी प्रकार की सुरक्षा नहीं प्राप्त हो सकती है जो कि यू०पी० कोका के दायरे में आएगा और उसकी पूरी सुरक्षा समाप्त कर दी जाएगी। कोई भी किसी भी प्रकार की सुरक्षा, वह कहीं से भी नहीं ले पाएगा लेकिन जेल में जिस प्रकार के संगठित अपराधी अक्सर होते हैं जो जेल से बाहर साठ–गाँठ करके हास्पिटलों में पड़े रहते हैं, उनके लिए भी हम लोगों ने इसमें व्यवस्था की है। खासतौर पर इसमें जिला मजिस्ट्रेट की अनुमति के बिना विशेष इलाज के लिए जेल सेवक, उसको बाहर नहीं ले जा सकता। दूसरा यह है कि 36 घण्टे से अधिक भर्ती के लिए आवश्यक होगा कि जिला मजिस्ट्रेट चिकित्सा बोर्ड का गठन करने के बाद फिर उसकी संस्तुति के आधार पर ही अस्पताल में वह भर्ती के लिए जा सकेगा। यह व्यवस्था हम लोग इसमें करने जा रहे हैं। मुझे लगता है कि इसके बाद भी इस पर कोई आपत्ति है तो आप लोग अपनी बात को कह सकते हैं कोई दिक्कत नहीं है। लेकिन प्रदेश के हित में यह कानून बहुत आवश्यक है और इस दृष्टि से आप कह सकते हैं कि जो प्रदेश में गैंगस्टर एक्ट है वर्ष 1986 का, इसके दायरे में भी पहले से कानून मौजूद हैं, लेकिन बहुत सारे ऐसे उपबन्ध थे जो उसमें नहीं थे, लेकिन इसमें हम लोग करने जा रहे हैं। इस दृष्टि से यह अत्यन्त महत्वपूर्ण कानून है, जो अपराध के सिंडिकेट को पूरी तरह प्रदेश के अन्दर ध्वस्त कर सके और इसके लिए मैं चाहूँगा कि जो व्यवस्था इसमें की गई है, जैसे गैंगस्टर एक्ट में भी बहुत सारे ऐसे प्रावधान नहीं थे, जिसकी हम लोगों ने यू०पी० कोका में व्यवस्था की है। खासतौर पर अगर आप देखें कि गैंगस्टर एक्ट के अन्तर्गत जो अपराधी होते हैं। 107।16 में जो सामान्य यानी शान्ति भंग के लिए किसी ने धरना प्रदर्शन किया था उसी का दुरुपयोग करके पहले गुण्डा एक्ट लगा देते थे फिर उसी को गैंगस्टर में निरुद्ध कर देते थे।

हम लोगों ने व्यवस्था कर दी है कि यू०पी० कोका लगाने के लिए आवश्यक होगा कि पहले उस पर 110 की कार्यवाही हो चुकी हो यह व्यवस्था

इसके अन्दर आबद्ध है। दो वर्ष के भीतर उसको उस जिले से बाहर निरुद्ध किया गया हो। इस प्रकार की व्यवस्था की गई है। लोक अभियोजक के लिए भी गैंगस्टर एक्ट में न्यूनतम 07 वर्ष अधिवक्ता का कार्य और 07 वर्ष की संघ या राज्य के अधीन विधि के ज्ञान की अपेक्षायुक्त राजकीय सेवा उसमें थी लेकिन इसमें 10 वर्ष की व्यवस्था की गई है। 10 वर्ष तक अधिवक्ता के रूप में वह कार्य कर चुका हो या 07 वर्ष उत्तर प्रदेश राज्य अभियोजन सेवा में वह सेवा दे चुका हो। इसमें जो महत्वपूर्ण हैं, ऐसे संगठित अपराध में लिप्त तत्वों की सम्पत्ति को जब्त करने का प्राविधान हम लोगों ने इसके अन्दर रखा है। इसके साथ-साथ रिमाण्ड पर लेने के लिए यू०पी० गैंगस्टर एक्ट में पुलिस कस्टडी रिमाण्ड 60 दिन के दौरान उपलब्ध है। लेकिन यू०पी० कोका में हम लोग देने जा रहे हैं कि सम्पूर्ण विवेचना के दौरान कभी भी पुलिस एक अभिरक्षा रिमाण्ड प्राप्त कर सकती है। इसके लिए विशेष रूप से इसमें व्यवस्था दी जा रही है। जिससे समय पर और त्वरित ढंग से इन सब मामलों का निस्तारण किया जा सके। जमानत के सम्बन्ध में भी व्यवस्थाएँ की गई हैं। यू०पी० गैंगस्टर में बिना अभियोजन के अवसर के जमानत नहीं दी जायएगी। यू०पी० कोका में अभियोजक को अवसर दिए बिना जमानत नहीं दी जाएगी। यदि अभियुक्त द्वारा घटना पूर्व में जमानत पर रहते हुए की गई है, तब तो उसको जमानत कतई नहीं दी जाएगी, इस बात का भी इसमें प्राविधान किया गया है। यू०पी० गैंगस्टर एक्ट में न्यूनतम कारावास 2 वर्ष है और अधिकतम 10 वर्ष है। यू०पी० कोका में हमने इसको थोड़ा और व्यवस्थित किया है। कारावास या तो मृत्युदण्ड होगा या आजीवन कारावास होगा या न्यूनतम 25 लाख रुपये तक जुर्माना यदि संगठित अपराध में किसी व्यक्ति की मृत्यु हुई हो।

किसी अन्य संगठित अपराध के मामले में न्यूनतम 7 वर्ष कारावास एवं अधिकतम आजीवन कारावास का दण्ड और न्यूनतम 15 लाख रुपये का अर्थदण्ड। संगठित अपराध करने का षड्यन्त्र करने वाले के लिए कम से कम 7 साल का कारावास एवं अधिकतम आजीवन कारावास का दण्ड और न्यूनतम 15 लाख रुपये के अर्थदण्ड की व्यवस्था इसमें की गई है।

संगठित अपराध करने का प्रयास करने वाले के लिए कम से कम 7 साल का कारावास, अधिकतम आजीवन कारावास या दण्ड और न्यूनतम 15 लाख रुपये के अर्थदण्ड की व्यवस्था भी इसमें है। संगठित अपराध करने वाले का समर्थन करने वाले के लिए कम से कम 7 साल का कारावास और अधिकतम आजीवन कारावास का दण्ड और न्यूनतम 15 लाख के अर्थदण्ड की इसमें व्यवस्था की गई है। संगठित अपराध में जानबूझकर सुविधा देने वाले के लिए कम से कम 7 साल का कारावास और अधिकतम आजीवन कारावास का दण्ड और न्यूनतम 15 लाख का अर्थदण्ड भी इसमें किया गया है। संगठित अपराध के किसी सदस्य को आश्रय देने वाले या छुपाने वाले के लिए कम से कम 5 साल एवं अधिकतम आजीवन करावास और न्यूनतम 15 लाख का अर्थदण्ड भी इसमें दिया गया है। यदि कोई व्यक्ति संगठित अपराध या सिंडिकेट का सदस्य मात्र होता है तो भी उसे कम से कम 5 साल का कारावास तो होगा ही और उसे आजीवन कारावास तक की सजा हो सकती है। इसके अतिरिक्त कम से कम 15 लाख रुपये तक का जुर्माना उसको देना होगा। जो कोई इस संगठित अपराध के द्वारा कोई सम्पत्ति अर्जित करेगा, उसे 3 वर्ष का कारावास तो होगा ही, साथ ही उसे अर्थदण्ड भी देना होगा और उसकी अवैध अर्जित सम्पत्ति को कुर्क करने, राज्य के पक्ष में जब्त कर लेने की व्यवस्था इस कानून में होगी। धारा 25 यह भी व्यवस्था करती है कि यदि कोई व्यक्ति जिसे इस अधिनियम के तहत अपराधी घोषित कर दिया गया हो, वह ऐसी घोषणा के बाद अगले 30 दिन के भीतर यदि न्यायालय के अभिवेचना अधिकारी के समक्ष उपस्थित नहीं होता है। जिस अपराध के लिए उसका विचारण हो रहा था, उस अपराध के लिए तय दण्ड को कम से कम आधा दण्ड अधिकतम 7 वर्ष अवश्य मिलेगा भले ही वह मूल अपराध के लिए दोषमुक्त ही क्यों न कर दिया गया हो। इस अधिनियम की धारा 24(3) में यह व्यवस्था की गई है कि इस अधिनियम के तहत कुर्क की गई सम्पत्ति का यदि किसी भी प्रकार से अन्तरण किया जाता है तो ऐसी सम्पत्ति को अन्तर्निहित करने वाले, ऐसे अन्तरिम सम्पत्ति को प्राप्त करने वाले व्यक्ति को कम से कम 3 वर्ष का कारावास होगा और उसे बढ़ाकर 5 वर्ष भी किया जा सकता है। यह इसमें

एक व्यवस्था की गई है। वैसे इसमें चिन्तित होने की आवश्यकता नहीं है। मुझे लगता है कि प्रदेश के हित में अगर आप सभी सचमुच चिन्तित हैं तो प्रदेश की आवश्यकता इस प्रकार के कानून की है। इस प्रकार के कानून की आवश्यकता को ध्यान में रखकर ही हमारी सरकार उत्तर प्रदेश संगठित अपराध नियन्त्रण अधिनियम 2017 को इस सदन में लेकर आई है।

मैं मा० सदन से इस बारे में पुरजोर अपील करूँगा कि सचमुच अगर आप चाहते थे कि प्रदेश में कानून का राज होना चाहिए, हर व्यक्ति को सुरक्षा मिलनी चाहिए, अपराध को अपना व्यवसाय बनाने वाले तत्वों पर सख्ती होनी चाहिए। बोरा कमेटी की रिपोर्ट को अगर आप देखेंगे तो जो नेक्सेस प्रदेश की दृष्टि से देखने को मिला है, वह बहुत खतरनाक रहा है। इससे प्रदेश का नौजवान बेरोजगार हुआ है, प्रदेश के व्यापारी ने पलायन किया है। जो हमारी प्रति व्यक्ति आय थी, वह प्रति व्यक्ति आय आजादी के समय क्या थी और आज हम कहाँ पर खड़े हैं। मुझे लगता है कि उत्तर प्रदेश जैसे राज्य में इस प्रकार की स्थिति है तो हम लोगों को अवश्य इस पर विचार करना चाहिए। मैं आप सबसे अपील करूँगा कि उत्तर प्रदेश में कानून का राज स्थापित हो। बिना भेदभाव के हर व्यक्ति को सुरक्षा प्राप्त हो सके और प्रदेश के अन्दर, आमजन के अन्दर सुरक्षा का एक माहौल पैदा हो। इस दृष्टि से हम लोग इस विधेयक को इस सदन में लेकर आये हैं। मैं तो आप सबसे अपील करूँगा कि आप सभी इस विधेयक का समर्थन करें और इसको पास करने में अपना योगदान दें। प्रदेश के अन्दर एक भयमुक्त वातावरण, अपराधमुक्त, भ्रष्टाचारमुक्त, किसी भी प्रकार की अराजकता से मुक्त वातावरण देने के लिए हमारी सरकार ने जो संकल्प लिया है, उस संकल्प में अगर आप सभी सहयोगी बन सकेंगे तो मुझे लगता है कि प्रदेश की जनता सचमुच आपको इस बात के लिए साधुवाद देगी। इस दृष्टि से मैं इस विधेयक को इस सदन में प्रस्तुत कर रहा हूँ और इसको सर्वानुमति से पास कराने की अपील भी इस माननीय सदन से कर रहा हूँ। धन्यवाद!

सन्दर्भ : दिनांक 21 दिसम्बर, 2017 को उत्तर प्रदेश संगठित अपराध नियन्त्रण विधेयक, 2017 पर चर्चा।

मुझे प्रसन्नता है कि एक वर्ष में जो बजट पिछली बार में खर्च हुआ था, अगर उसका हम तुलनात्मक अध्ययन करें तो मात्र नौ-दस महीने के दौरान सरकार ने बजट पारित होने के बाद जो कार्य किया है, उसमें आवंटन के साथ-साथ खर्च की जो राशि है, वह पिछले वर्ष से गत वर्षों की तुलना में चौदह फीसदी ज्यादा है। प्रदेश के अनुसार ही हम लोगों ने बजट का स्वरूप भी रखा। हमारी सरकार जब आई थी, तब भी मैंने कहा था कि उत्तर प्रदेश जैसे बड़े राज्य के लिए, जो देश का सबसे बड़ा राज्य है आबादी के हिसाब से, इसका बजट भी इसी हिसाब से होना चाहिए।

लोकतंत्र में शासन की कार्य-पद्धति में पारदर्शिता और शुचिता आवश्यक

माननीय अध्यक्ष जी, विधानसभा में हमारे वित्त मंत्री जी द्वारा वर्ष 2018-19 का जो बजट प्रस्तुत किया गया था, उस पर सामान्य चर्चा चल रही है। मैंने बजट प्रस्तावों पर जो चर्चा यहाँ पर अब तक हुई है, उसमें माननीय नेता प्रतिपक्ष के भाषण को बड़ी तन्मयता के साथ सुना। मुझे लगता है कि पहली बार इस सदन की तीन दिन की छुट्टी करवाकर अच्छी भावना के साथ उन्होंने तैयारी करने का प्रयास किया था, लेकिन वह आधी-अधूरी रह गई। जो आँकड़े उन्होंने दिए हैं, वह सत्य से परे हैं और वास्तविकता से कोसों दूर हैं। हर व्यक्ति जानता है कि हमारी सरकार ने 19 मार्च को शपथ ग्रहण किया था और वर्ष 2017-18 का जो बजट प्रस्तुत हुआ था इस सदन में, वह जुलाई में हुआ था। उस सबके बावजूद एक वर्ष के अन्दर, एक वर्ष से भी कम समय में लगभग आठ-नौ महीने के दौरान जो कार्य बजट पारित होने के बाद जिस तत्परता के साथ सरकार आने के बाद प्रदेश के अन्दर हुआ है, उसकी जो प्रगति है वह काफी सन्तोषजनक है। पिछले वर्ष 2016-17 के दौरान सरकार को एक वर्ष का पूरा कार्यकाल बजट प्रस्तुत होने के बाद मिलने के बावजूद उन्होंने जो धनराशि विकास के लिए या गरीब कल्याण की जो योजनाएँ थीं, विभिन्न प्रकार की शासन की जो योजनाएँ होती हैं, विभागों से सम्बन्धित जो मद होते हैं, अनुदान होते हैं, उन सब में खर्च करने के बजाय पी०एल०ए० में ज्यादा डालने की व्यवस्था होती थी। बन्दरबाँट करने की गलत परम्पराओं की शुरुआत हो गई थी। पहली बार हुआ है कि बजट समय से पहले प्रस्तुत

हुआ और हम लोगों ने यही आग्रह किया था कि हमारा प्रयास होना चाहिए कि किसी भी स्थिति में मार्च के अन्दर ही बजट और उसकी अनुदान माँगों को पारित करवाकर विभिन्न विभागों को बजट का आवंटन हो जाए।

मुझे प्रसन्नता है कि एक वर्ष में जो बजट पिछली बार में खर्च हुआ था, अगर उसका हम तुलनात्मक अध्ययन करें तो मात्र नौ–दस महीने के दौरान सरकार ने बजट पारित होने के बाद जो कार्य किया है, उसमें आवंटन के साथ–साथ खर्च की जो राशि है, वह पिछले वर्ष से गत वर्षों की तुलना में चौदह फीसदी ज्यादा है। प्रदेश के अनुसार ही हम लोगों ने बजट का स्वरूप भी रखा। हमारी सरकार जब आई थी, तब भी मैंने कहा था कि उत्तर प्रदेश जैसे बड़े राज्य के लिए, जो देश का सबसे बड़ा राज्य है आबादी के हिसाब से, इसका बजट भी इसी हिसाब से होना चाहिए। उत्तर प्रदेश राज्य का बजट दो लाख करोड़, ढाई लाख करोड़ का नहीं हो सकता। अगर 22 करोड़ जनता को समग्र विकास की ओर अग्रसर करना है तो हमें विकास की योजनाओं के साथ–साथ गरीब कल्याण की उन योजनाओं को उसी त्वरित गति से आगे बढ़ाना होगा। गत वर्ष हम लोगों ने जो बजट इस सदन में प्रस्तुत किया था वह 3 लाख 84 हजार करोड़ रुपये से अधिक का था। मुझे प्रसन्नता है कि उसमें जो धनराशि खर्च हुई है, जो विभिन्न विभागों के मद हैं, इस 17–18 मार्च तक कृषि में जो धनराशि खर्च हुई है वह 97.53 प्रतिशत, पंचायती राज में 77.96 प्रतिशत, ऊर्जा में 93.99 प्रतिशत, लोक निर्माण विभाग में 63.36 प्रतिशत, गृह विभाग में 99.54 प्रतिशत, ग्राम्य विकास में 74.18 प्रतिशत, चिकित्सा स्वास्थ्य एवं परिवार कल्याण में 78.88 प्रतिशत, खाद्य एवं रसद विभाग में 100 फीसदी धनराशि खर्च हो चुकी है और वह विभिन्न मदों में जारी भी हो चुकी है। वन विभाग में 98.13 फीसदी, आयुष में 92.43 प्रतिशत, पशुपालन में 85.68 प्रतिशत, महिला कल्याण में 99.71 प्रतिशत, यह विभिन्न विभागों की धनराशि विभिन्न मदों में सरकार ने जारी की है। मेरा विश्वास है कि 31 मार्च तक पहली बार हो रहा है कि जब सरकार ने यह व्यवस्था दे दी है कि कोई भी धनराशि पी०एल०ए० में जमा नहीं होगी और शत–प्रतिशत जिन

कार्यों के लिए आवंटित हुई है, वहाँ पर खर्च होगी, नहीं तो वापस आ जाएगी, हम उसे लैप्स मान लेंगे। शासन की कार्य पद्धति कैसी होनी चाहिये, यह हम लोगों ने इसके माध्यम से दिखाने का प्रयास किया है। इसलिए मैं कह सकता हूँ कि माननीय नेता प्रतिपक्ष थोड़ा आँकड़ों को सही कर लेते और सही तथ्यों को सदन में रखते तो मुझे लगता है कि उनकी भी गरिमा बढ़ती और लोग उनके भाषण को विश्वसनीय भी मानते, लेकिन मुझे लगता है कि जो आँकड़े दिए गए हैं, इन सभी आँकड़ों को अगर एक बार वह पुनः देख लेंगे तो अच्छा होगा। वैसे हमारे नेता प्रतिपक्ष माननीय राम गोविन्द जी बोलते ज्यादा हैं, लेकिन करते कम हैं। इसलिए उनकी जो बोलने की आदत है, कभी-कभी उनको इन आदतों के कारण आइना दिखाना पड़ता है कि वास्तविक और सही तथ्य क्या हैं, इसलिए मैंने, सदन के समक्ष यह बातें रखी हैं।

सरकार ने बजट प्रस्तुत करते समय अपने आय-व्यय को प्रदेश की जनता के सामने रखते समय सही बातों का ध्यान रखा है। खासतौर पर हमें प्रसन्नता है कि हम लोगों ने प्रदेश के अन्दर वित्तीय अनुशासन को बनाये रखते हुए अपनी सभी कार्य योजनाएँ बनाई हैं। हम अपने स्वार्थों के लिए उत्तर प्रदेश को बैंककरप्ट स्टेट नहीं बना सकते और इसलिए एफ०आर०बी०एम० की जो सीमा उत्तर प्रदेश की है उसके अन्दर ही हम लोगों ने अपने सभी आय-व्यय को लिया है। अगर विकास की योजनाओं को ऋण की आवश्यकता पड़ी है तो हम लोगों ने उस एक्ट का पूरा पालन किया है और उस अनुशासन को बनाए रखते हुए ही इस कार्य को किया है। राज्य के सकल घरेलू उत्पाद का 2.96, 29.8 प्रतिशत जो हमारी एफ०आर०बी०एम० एक्ट के अन्तर्गत प्रदेश की लोन लेने की जो सीमा है, वह भी 20.5 प्रतिशत के अन्दर ही है। उससे काफी नीचे अभी भी हम लोग हैं। माननीय नेता प्रतिपक्ष का यह कहना कि हम लोगों ने भारी ऋण लिया है, हम लोगों ने विकास की योजनाओं को बाधित कर दिया हैं। मुझे लगता है कि यह कपोल कल्पना मात्र है। मुझे लगता है कि यह भी सच नहीं है। हमारे जो फोकस एरियाज थे, उनको ले करके हमने पर्याप्त धनराशि दी है। मैं उसकी तरफअगर बताऊँ तो हम लोगों ने पहले ही

इस बात को कहा था कि हमारी सरकार प्रदेश के अन्दर किसी व्यक्ति, किसी परिवार, किसी जाति, किसी मत और मजहब को सन्तुष्ट करने के लिए नहीं आई है, बल्कि हम लोग प्रदेश की 22 करोड़ जनता की सेवा करने के लिए आए हैं। इसलिए योजना का जो केन्द्र बिन्दु है, वह प्रदेश का किसान है, प्रदेश का नौजवान है, प्रदेश की बहन-बेटियाँ हैं, प्रदेश का हर तबका है। इसलिए विकास के भी फोकस प्वाइण्ट हम लोगों ने तय किए हैं। फोकस सेक्टर के अनुसार हम लोगों ने धनराशि भी आवंटित की है।

विद्युत विभाग की तरफदेखें, मुझे लगता है कि बिजली से इन लोगों को ज्यादा चिढ़ है, क्योंकि जब इनकी सरकार थी तो यह लोग प्रदेश में बिजली नहीं देते थे। उत्तर प्रदेश को इन्होंने विद्युत से वंचित करके रखा था। हम लोगों ने बाबा साहब भीमराव अम्बेडकर जी की जयन्ती के अवसर पर प्रदेश के अन्दर विद्युत वितरण की एक समान व्यवस्था प्रारम्भ की। इस दौरान प्रदेश के अन्दर जिला मुख्यालयों पर अगर वहाँ का फीडर विद्युत आपूर्ति करने में सक्षम है, तो हम लोगों ने वहाँ पर 23 से 24 घण्टे की विद्युत की आपूर्ति, तहसील मुख्यालयों और बुन्देलखण्ड में 19 से 20 घण्टे की विद्युत आपूर्ति और शेष प्रदेश के ग्रामीण क्षेत्रों में 17 से 18 घण्टे की विद्युत आपूर्ति करने की जो वचनबद्धता दोहराई थी, मुझे प्रसन्नता है कि हमारी सरकार अपनी उस वचनबद्धता पर पूरी प्रतिबद्धता के साथ पूरे प्रदेश के अन्दर बिना भेदभाव के विद्युत की आपूर्ति कर रही है। हम लोगों ने इस दौरान प्रदेश के अन्दर लगभग 62 हजार मजरों तक विद्युतीकरण का कार्य सम्पन्न किया है। मुझे बताते हुए प्रसन्नता है कि देश के यशस्वी प्रधानमंत्री आदरणीय नरेन्द्र मोदी जी की सौभाग्य योजना के अन्तर्गत हर गरीब परिवार को बिजली के निःशुल्क कनेक्शन मिले हैं। विद्युत विभाग ने अब तक इसके लिए 32 लाख से अधिक परिवारों को निःशुल्क विद्युत कनेक्शन देने का कार्य भी पूरे प्रदेश में किया है।

लोकतंत्र में शासन की कार्य-पद्धति पारदर्शी तरीके से दिखनी चाहिए। उसमें शुचिता होनी चाहिए और हमारी सरकार ने इस कार्य को किया है। हम लोगों ने कैम्प लगा करके विद्युत कनेक्शन बाँटे हैं। कैम्प लगा करके

एक व्यवस्था दे दी गई है। सप्ताह में अब हर फीडर में, सब-स्टेशन में भी इस प्रकार की कैम्प की व्यवस्था है। लेकिन हम लोगों ने सभी माननीय जन प्रतिनिधियों को इस बारे में कहा और इसलिए अभी प्रदेश के अन्दर बहुत बड़ा लक्ष्य हमारे सामने है। 62 हजार से अधिक मजरें अभी भी ऐसे हैं, जिनमें विद्युत नहीं पहुँची है। हम लोगों ने लक्ष्य निर्धारित किया है और इसलिए जो 2018-19 का हमारा बजट है, इसमें हम लोगों ने 29,883.05 करोड़ रुपये की व्यवस्था विद्युत विभाग के लिए की है। इसमें खासतौर पर जो गत वर्ष की तुलना में 54 फीसदी अधिक है। यानी 54 फीसदी अतिरिक्त हम बजट दे रहे हैं, बढ़ोत्तरी कर रहे हैं। तब भी आरोप लग रहा है कि हमने कटौती की है। लोक निर्माण विभाग में 22 प्रतिशत अधिक हम लोगों ने बजट बढ़ाया है। सिंचाई की परियोजनाओं में सिंचाई की ढेर सारी ऐसी योजनाएँ हैं, जो वर्षों से लम्बित पड़ी हुई हैं। आदरणीय प्रधानमंत्री जी बार-बार इस बात को कहते हैं कि डब्लिंग फार्मर्स इन्कम के जिन महत्वपूर्ण मुद्दों को प्रधानमंत्री जी उठाते हैं, उसमें सिंचाई एक कम्पोनेण्ट है। गत वर्ष की तुलना में 54 फीसदी की बढ़ोत्तरी सिंचाई के मद में भी की है जिससे हर खेत तक पानी पहुँचाने की व्यवस्था की जा सके।

कृषि और उससे सम्बद्ध क्रियाकलापों पर जैसे- उद्यान है, खाद्य प्रसंस्करण है, पशुधन है, डेयरी विकास है, सहकारिता है इन सब पर हम लोगों ने गत वर्ष की तुलना में 17.5 प्रतिशत की बढ़ोत्तरी इस बजट में की है। ग्राम्य विकास के लिए गत वर्ष की तुलना में 28.80 प्रतिशत की बढ़ोत्तरी की गई है। पंचायती राज में भी गत वर्ष की तुलना में 16 फीसदी से अधिक की बढ़ोत्तरी हुई है। चिकित्सा और स्वास्थ्य में 17.30 प्रतिशत और नगर विकास में भी हम लोगों ने गत वर्ष की तुलना में बढ़ोत्तरी की है। मुझे बताते हुए प्रसन्नता है कि देश के अन्दर 99 सिटी का चयन स्मार्ट सिटी के रूप में किया गया है। उन 99 सिटी में से 10 सिटी अकेले उत्तर प्रदेश की हैं। जिनको स्मार्ट सिटी के रूप में हम विकसित करेंगे और वह कार्य-योजना हमारी लागू हो चुकी है। शिक्षा विभाग में हम लोगों ने 68 हजार 263.20 करोड़ रुपये का प्रावधान किया है।

महिला एवं बाल कल्याण विभाग के लिए भी गत वर्ष की तुलना में 15 प्रतिशत से अधिक की बढ़ोत्तरी हम लोगों ने की है। अनुसूचित जाति का जो स्पेशल कम्पोनेण्ट प्लान है इसमें गत वर्ष की तुलना में हम लोगों ने 1824 करोड़ रुपये अधिक इस मद में दिए हैं। जिसमें छात्रों के लिए विशेष प्रावधान है। उनकी स्कॉलरशिप इत्यादि के लिए है। अनुसूचित जनजाति के लिए भी 73.83 करोड़ रुपये अधिक धनराशि की व्यवस्था हम लोगों ने इस बजट में की है। यानी कि कटौती कहीं नहीं हुई है, हाँ, कटौती वहाँ जरूर हुई होगी जिसमें सरकार का धन कुछ चन्द लोगों की जेब में चला जाता था और वह लोग कौन हैं इसे हर व्यक्ति जानता है। उस मद में कटौती जरूर की है और उस पर प्रहार करने में हम लोगों ने कोई संकोच भी नहीं किया है। करप्शन और क्राइम दोनों पर हम लोगों ने जीरो टालरेन्स की नीति के तहत कार्य करना प्रारम्भ किया है। हमारी सरकार इसमें कोई कोताही नहीं बरतेगी। हम लोग इस अभियान को आगे भी जारी रखेंगे। मा० नेता प्रतिपक्ष का यह कहना कि केन्द्र की योजनाओं को ही आपने अपने साथ जोड़ा है, राज्य ने अपनी तरफसे कोई भी योजना लागू नहीं की। मुझे बड़ा अफसोस है उनके इस भाषण को सुनकर, मुझे आश्चर्य भी हो रहा था कि जो भाषण वह पढ़ रहे थे उसको उन्होंने स्वयं ही लिखा है या कहीं से लिखवा कर लाए थे। हो सकता है कि लिखवा करके लाए हों और अचानक यहाँ देखा हो और बोलने में भूल गए होंगे। उन्होंने कहा कि राज्य ने कोई योजना घोषित ही नहीं की है। भारत का जो फेडरल स्ट्रक्चर है, केन्द्र और प्रदेश मिल करके व्यवस्था का संचालन बेहतर तरीके से कर सकते हैं। हमें उत्तर प्रदेश की 22 करोड़ जनता को धन्यवाद देना चाहिए कि उन्होंने इस बात को स्वीकार किया और भारतीय जनता पार्टी की सरकार 2017 में प्रदेश में आई और प्रचण्ड बहुमत के साथ आई। आज केन्द्र और प्रदेश सरकार की योजनाएँ एक साथ मिल करके चल रही हैं तो उसका लाभ कैसे मिल रहा है, प्रधानमंत्री आवास योजना इसका एक उदाहरण है। प्रधानमंत्री आवास योजना में 2014 से 2017 तक आप लोग 50 हजार आवास भी नहीं बना पाए और अकेले एक वर्ष के दौरान मा० अध्यक्ष जी मुझे बताते हुए प्रसन्नता है

कि प्रधानमंत्री आवास योजना के अन्तर्गत 31 मार्च तक हमारी सरकार 8 लाख 85 हजार गाँव के गरीबों को एक-एक आवास देने में सफल रही है। मैं चाहूँगा कि हमारे ग्राम्य विकास मंत्री नेता प्रतिपक्ष को प्रधानमंत्री आवास के अन्तर्गत ग्रामीण आवास का उद्घाटन कराने के लिए जरूर लेकर जाएँ।

माननीय नेता प्रतिपक्ष के विधानसभा क्षेत्र में कुछ गरीबों की झोपड़ियाँ आग से जल गई थीं। मुझे समाचार मिला, तो मैंने प्रयास किया और वहाँ के जिला प्रशासन से कहा कि वहाँ के लोकल विधायक को लेकर जाइए जिससे वहाँ गरीबों में राहत और सहायता कार्य हो जाए। सरकार की तरफसे सख्त हिदायत दी गई है कि प्रशासन अपने हाथों से फोटो खिंचवाने के लिए नहीं जाएगा, बल्कि जनप्रतिनिधियों के हाथों जनता को अनुदान मिलना चाहिए। जनप्रतिनिधियों के हाथों उद्घाटन होना चाहिए। जनप्रतिनिधि कोई भी हो, उसका सम्मान होना चाहिए। हम लोगों ने भेदभाव नहीं किया है। हम लोग अपने-पराये में नहीं बाँटते। जनप्रतिनिधि के सम्मान का मतलब है, लोकतांत्रिक प्रणाली का सम्मान, लेकिन वह जाते ही नहीं हैं। मैं बाढ़ के समय भी गया था उनके क्षेत्र में, तब भी नेता जी गायब थे। उस समय मैं सोचता था कि नेता जी अपने ह्वाइट हाऊस में मुझे भी लेकर जाएँगे, कुछ जलपान कराएँगे, लेकिन वह गायब हो गए। खैर हमें गरीबों को राशन वितरित करना था, वहाँ पर राहत सामग्री देनी थी। राहत सामग्री दे करके मैं चला गया था क्योंकि मुझे दूसरे कार्यक्रमों में जाना था। प्रधानमंत्री आवास योजना शहरी क्षेत्र में भी हम लोगों ने 3 लाख 60 हजार से अधिक आवास उपलब्ध कराने की स्वीकृति जारी कर दी हैं। मैं चाहूँगा कि अगर जहाँ कहीं भी कोई माननीय विधायक और खासतौर पर नेता प्रतिपक्ष जाना चाहेंगे तो उनके हाथों कुछ गरीबों के आवासों का उद्घाटन जरूर हो जाए क्योंकि इससे जनता में एक अच्छा सन्देश जाएगा। बहुत सारी योजनाएँ हैं, इतना बड़ा प्रदेश है, स्वच्छ भारत अभियान में, इसमें भी नेता प्रतिपक्ष कहेंगे कि गरीबों का अपमान हो रहा है। वह बोल सकते हैं, क्योंकि आप किसी की जिह्वा को पकड़ नहीं सकते हैं और वे बोलेंगे, लेकिन यह पहली बार हो रहा है जब स्वच्छ भारत अभियान इस देश के स्वस्थ भारत

अभियान का हिस्सा बन रहा है। एक स्वस्थ भारत का अभियान, एक समृद्ध भारत का अभियान बनेगा। आदरणीय प्रधानमंत्री जी के इस लक्ष्य को आगे बढ़ाने के लिए उनके सपने को साकार करने के लिए हमारी सरकार ने केन्द्र सरकार के साथ मिल करके कार्य-योजना तैयार की है। पहली बार हो रहा है प्रदेश के अन्दर एक वर्ष के दौरान 37 लाख से अधिक गरीबों के शौचालय बनाए गए हैं।

शौचालय का भी उद्घाटन करेंगे क्या? हम तो चाहेंगे, हमारे पंचायतीराज मंत्री अगर होंगे तो मैं कहूँगा कि लोगों को लेकर जाएँ, एक फंक्शन कराकर कुछ गाँवों में एक साथ उद्घाटन करवा दें। यह तो अच्छा कार्यक्रम है, बहुत अच्छा कार्यक्रम है। हर जनप्रतिनिधि को प्रोत्साहित किया जाना चाहिए। 37 लाख से भी अधिक गरीबों को एक-एक शौचालय बनाकर दिया गया है। 8 जिले हमारे अब तक खुले में शौच से मुक्त हो चुके हैं। 19 हजार से भी अधिक गाँव पूरी तरह खुले में शौच से मुक्त हो चुके हैं। यह केन्द्र सरकार के साथ राज्य सरकार की योजनाओं को मिलाने के बाद ही हो पाया है। जो 8 लाख 85 हजार आवास प्रधानमंत्री आवास योजना के अन्तर्गत ग्रामीण विकास मंत्रालय ने बनाए हैं। इन सबमें एक-एक शौचालय भी हम मनरेगा के अन्तर्गत दे रहे हैं। यह सब उसी योजना के हिस्से हैं। इसलिए हम लोगों ने केन्द्र की योजनाओं को प्रदेश में लागू किया है।

पहले गरीबों को बिजली का कनेक्शन 20-25 हजार रुपये देने पर भी नहीं मिलता था। शहर हो या गाँव, हमारी सरकार ने इसको लागू किया है। आज हर जगह हम लोग हर गरीब को कैम्प लगा करके विद्युत कनेक्शन दे रहे हैं। भारत सरकार पैसा दे रही है। पं० दीन दयाल उपाध्याय ग्राम ज्योति योजना के माध्यम से हर मजरे, हर गाँव तक, जितने हमारे राजस्व गाँव थे उन सबको हम लोगों ने विद्युतीकरण से आच्छादित कर दिया है। अब हमारे जो छोटे-छोटे मजरे पड़े हुए हैं, 62 हजार से भी अधिक मजरे अभी भी ऐसे हैं जहाँ पर आजादी के बाद से कभी विद्युतीकरण नहीं हो पाया है। उन तक विद्युतीकरण के एक लक्ष्य को लेकर के हम लोग चल रहे हैं। भारत सरकार

की योजना नहीं होती तो क्या राज्य सरकार के पास इतना पैसा था कि राज्य सरकार अपने बल पर करती, लेकिन अगर हो रहा है तो वह भारत सरकार के सहयोग से हो रहा है। प्रदेश के अन्दर 8 ऐसे क्षेत्र थे जहाँ माननीय विधायकगण लगातार माँग करते थे कि मेडिकल कॉलेज होना चाहिए और मुझे प्रसन्नता है कि इस वर्ष 06 मेडिकल कॉलेज को हम पूरा करेंगे और 08 मेडिकल कॉलेज हम प्रदेश की जनता को दे रहे हैं। जिसमें डिस्ट्रिक्ट हॉस्पिटल हमारा होगा, जमीन हमारी होगी, 20 प्रतिशत धनराशि हम देंगे बाकी 80 प्रतिशत धनराशि भारत सरकार उसमें देने जा रही है। उसकी कार्य-योजना स्वीकृत हो चुकी है। बहुत शीघ्र उस कार्य-योजना को भी हम लागू करने जा रहे हैं। अगर हम भारत सरकार की योजना को प्रदेश की योजनाओं के साथ नहीं जोड़ेंगे तो विकास अधूरा रह जाएगा और फिर वही स्थिति होगी जो इससे पहले होती रही है, क्योंकि पहले ये लोग केन्द्र की योजनाओं को नहीं लेते थे इसीलिए प्रधानमंत्री आवास योजना में इतने आवास नहीं बन पाए। प्रदेश को खुले में शौच से मुक्त करने के लिए जो इज्जतघर के निर्माण होने थे इसलिए नहीं बन पाए थे क्योंकि प्रदेश सरकार को संकोच होता था कि हम भारत सरकार की योजनाओं को ले लेंगे, कहीं ऐसा न हो कि हमें नुकसान हो जाए। ढ़ेर सारी ऐसी योजनाएँ हैं जिन योजनाओं में हम भारत सरकार की योजनाओं को साथ में जोड़ करके और अधिक से अधिक लोगों को उससे लाभान्वित कर सकते हैं। मुझे प्रसन्नता है कि हमने वो किया है। राज्य सरकार ने भी अपनी योजनाएँ घोषित की हैं।

हम लोगों ने अवस्थापना और औद्योगिक निवेश नीति बनाई है, प्रदेश के अन्दर। आज अगर निवेशकों और उद्योगपतियों का विश्वास बढ़ा है तो इस बात को ले करके कि सरकार जो कहेगी, उसको करेगी। हम लोगों ने 1400 करोड़ रुपये की राशि की इसके लिए अलग से व्यवस्था करके रखी है। नए बजट में इसका प्राविधान हुआ है। पहले से शासन की जो नीतियाँ थीं, हम लोगों ने नहीं कहा कि बहुजन समाज पार्टी ने या समाजवादी पार्टी ने यह पॉलिसी बनाई थी, हम इसको लागू नहीं करेंगे। हम लोगों ने कहा कि पॉलिसी अगर

स्टेट गवर्मेण्ट की थी तो स्टेट गवर्मेण्ट की पॉलिसी मानी जाएगी और इस पॉलिसी के अन्तर्गत अगर किसी उद्योगपति ने हमारी सरकार से एम०ओ०यू० किया था और उसको लागू करना है तो हम उसको लागू करेंगे। इन्क्यूबेटर्स को बढ़ावा देने के लिए यानि स्टार्टअप के लिए पहली बार उत्तर प्रदेश में, हमारा जो युवा है अपना स्वयं का कार्य करना चाहता है उसको बढ़ावा देने के लिए कोई व्यवस्था नहीं थी, कोई तैयारी नहीं थी। सरकार का विजन ही नहीं था, सरकार उधर सोचती भी नहीं थी। मैं आई०आई०टी०, कानपुर में गया था वहाँ के युवाओं से मिला। उनके पास आईडियाज हैं। अलग-अलग सेक्टर्स में अच्छा काम कर सकते हैं। छोटी-सी पूँजी में प्रदेश में बेहतर कार्य उनके द्वारा किया जा सकता है। उनकी ऊर्जा और प्रतिभा का लाभ लिया जा सकता है, लेकिन कभी इस पर ध्यान नहीं दिया गया। 250 करोड़ रुपये स्टार्टअप के लिए पहले से हम लोगों ने व्यवस्था यहाँ पर की है। 'वन डिस्ट्रिक्ट, वन प्रोडक्ट' में हम लोगों ने प्रदेश के स्थापना दिवस के अवसर पर अपने नेता प्रतिपक्ष और उनके नेता को, विपक्ष के सभी साथियों को, अपने मा० सदस्यों को भी आमन्त्रित किया था, सबको बुलाया था लेकिन इन लोगों को अन्य कार्यों से फुर्सत नहीं होती, इसलिए इस प्रकार के किसी रचनात्मक कार्यों में बहुत रुचि नहीं लेते हैं।

उत्तर प्रदेश के स्थापना दिवस से इनको कोई मतलब नहीं था। कहते थे कि वह कोई अपने घर में मनाता था, वह पर्याप्त है। उनको प्रदेश से मतलब नहीं है। सरकार करे यह उनको अच्छा नहीं लगा। कहा, वह तो पहले से मनाया जाता था। सरकार के स्तर पर क्या पहल हो पाई? आपने सरकार के स्तर पर क्या किया? हम लोगों ने 24 जनवरी को प्रदेश के स्थापना दिवस को मनाया। 68 वर्षों के बाद पहली बार उत्तर प्रदेश ने अपना स्थापना दिवस मनाया और स्थापना दिवस केवल एक औपचारिकता न बन जाए, हम लोगों ने 'वन डिस्ट्रिक्ट, वन प्रोडक्ट' की एक विशिष्ट योजना उत्तर प्रदेश में लागू की। वर्षों से, आजादी के समय, आजादी के पहले उत्तर प्रदेश देश के अन्दर एम०एस०एम०ई० सूक्ष्म, लद्यु एवं मध्यम उद्यम में नम्बर एक पर था।

उत्तर प्रदेश के अन्दर लोगों को, यहाँ के नौजवानों को, यहाँ के सामान्य नागरिकों को अपने ही जनपद में, अपने ही गाँव में रोजगार मिल जाता था, लेकिन समय के साथ उन्हें प्रोत्साहित नहीं किया गया, हतोत्साहित किया गया। कम पूँजी में ज्यादा रोजगार। हमें केवल उसकी नैटिंग करनी थी, उसकी डिजाइनिंग करनी थी, उनको तकनीक देनी थी और उसकी ब्रांडिंग करनी थी। उसकी मार्केटिंग के लिए सपोर्ट करना था, सरकारों ने नहीं किया और इसलिए हम लोगों ने यह योजना चलाई कि औद्योगिक विकास के लिए जो एम०एस०एम०ई० में छोटे-छोटे क्लस्टर होने चाहिए, वह उत्तर प्रदेश में पहले से मौजूद हैं। मुरादाबाद का पीतल का उद्योग, अलीगढ़ में हार्डवेयर का कार्य कितना अच्छा होता है। पूरे देश और दुनिया के अन्दर कहीं भी अलीगढ़ के ताले मिलेंगे। लोग अपनी ब्रांडिंग करते हैं, बनता है अलीगढ़ में। भदोही का कालीन और केवल आप अपने बलिया के ही लिट्टी-चोखा को ही थोड़ा ब्रांडिंग कर दिए होते लेकिन आपने नहीं किया, फुर्सत ही नहीं थी आपको। कन्नौज का इत्र, उसकी भी ब्रांडिंग नहीं कर पाए। फिरोजाबाद की चूड़ी की ब्रांडिंग नहीं कर पाए। कितना अच्छा काँच का उद्योग है फिरोजाबाद में और ऐसे ही हर जनपद में कुछ न कुछ है, लखनऊ की चिकन की कारीगरी। हमारी सरकार ने उसके लिए 250 करोड़ रुपये की व्यवस्था भी 'वन डिस्ट्रिक्ट, वन प्रोडक्ट' के लिए प्रदेश के अन्दर पहली बार की है। मुख्यमंत्री युवा स्वरोजगार योजना के लिए अपने युवाओं को स्वावलम्बन की ओर अग्रसर करने के लिए, आत्मनिर्भर बनाने के लिए 100 करोड़ रुपये की व्यवस्था भी हम लोगों ने की है।

लखनऊ, कानपुर, आगरा, वाराणसी, मेरठ, गोरखपुर, इलाहाबाद, झाँसी मेट्रो रेल परियोजना के लिए भी हम लोगों ने, क्योंकि अब अलग-अलग मेट्रो नहीं बनेगी, अब यू०पी० मेट्रो कॉरपोरेशन को गठित कर चुके हैं और इसकी डी०पी०आर० आदि के लिए भी धनराशि की व्यवस्था हम लोगों ने बजट में की है। दिल्ली, गाजियाबाद, मेरठ कॉरिडोर रीजनल रेपिड ट्रांजिट सिस्टम, यानी जो रेपिड रेल की योजना है एक घण्टे में आप दिल्ली से मेरठ पहुँच सकते हैं। 32000 करोड़ रुपये की योजना है। प्रदेश सरकार ने अपनी

सहमति दी है कि मेरठ को इसके साथ जोड़ा जाना चाहिए। हम लोगों ने इसके लिए धनराशि की व्यवस्था बजट में की है। रीजनल कनेक्टिविटी, एयर कनेक्टिविटी हवाई जहाज से जोड़ने की व्यवस्था है। आजमगढ़ को भी जोड़ रहे हैं हम लोग, सभी को आपस में जोड़ रहे हैं, इलाहाबाद को भी जोड़ रहे हैं। हर कमिश्नरी मुख्यालय को पहले चरण में जोड़ने की व्यवस्था है, इसके लिए भी हम लोगों ने प्रदेश सरकार की तरफसे रीजनल कनेक्टिविटी के लिए भी धनराशि की व्यवस्था की है। एक्सप्रेस-वे, बड़ा ढोल पीटते हैं कि हम लोगों ने आगरा, लखनऊ एक्सप्रेस-वे बनाया, अब तक पूरा नहीं हो पाया। धनराशि हम लोग दे रहे हैं। पाँच सौ करोड़ रुपये हम लोगों ने इस बजट में दिया है तब वह एक्सप्रेस-वे बनकर तैयार होगा। पिछले वर्ष भी धनराशि दी थी, कुछ भी सुविधा नहीं, कोई जन-सुविधा नहीं। यही आधे-अधूरे कार्य इन लोगों ने किए हैं। केवल ढोल पीटने का कार्य करते हैं बाकी कुछ नहीं किए हैं। पूर्वांचल एक्सप्रेस-वे के लिए भी धनराशि की व्यवस्था हम लोगों ने अपने स्तर पर की है। कहते हैं इतनी कम धनराशि क्यों की है? आप लोग चिन्ता मत करिए पूरा पूर्वांचल एक्सप्रेस-वे बनाएँगे, बलिया को भी जोड़ रहे हैं, वाराणसी-बलिया भी जुड़ेगा। इलाहाबाद को भी जोड़ने जा रहे हैं, इलाहाबाद को हम लोग दोनों एक्सप्रेस-वे से जोड़ने जा रहे हैं पूर्वांचल से भी और बुन्देलखण्ड से भी।

बुन्देलखण्ड एक्सप्रेस-वे के लिए भी हम लोगों ने धनराशि की व्यवस्था की है। अध्यक्ष जी, कितना बड़ा अनर्थ किया इन लोगों ने 15 वर्षों में थोड़ा भी ध्यान दिया होता तो प्रदेश का किसान खुशहाल होता। सिञ्चाई की जिन योजनाओं के लिए धनराशि हम लोग अपने बजट में दे रहे हैं, मध्य गंगा नहर योजना द्वितीय चरण की जो योजना है इसमें 1701 करोड़ रुपये हम लोगों ने इसके लिए उपलब्ध कराए हैं। सरयू नहर राजकीय परियोजना के लिए 1614 करोड़ रुपये, अर्जुन सहायक परियोजना के लिए 741 करोड़ रुपये, कनहर सिंचाई परियोजना के लिए 500 करोड़ रुपये, बाण सागर परियोजना के लिए 127 करोड़, सिंचाई की जो अन्य योजनाएँ हैं, उसमें 2215 करोड़ और बाढ़

नियन्त्रण एवं जल निकासी के लिए भी एक हजार चार करोड़ की व्यवस्था हम लोगों ने बजट में अपने राज्य सरकार के मद से की है। जो हमारी राज्य सरकार की योजनाएँ हैं, उनसे हमने की है। सिंचाई विभाग की और बाढ़ नियन्त्रण की स्थायी समिति की बैठक 11 वर्षों के बाद दो बार हमने की है। 11 वर्षों तक किसी सरकार को इतनी फुर्सत नहीं थी कि वह प्रदेश के अन्दर बाढ़ नियन्त्रण से सम्बन्धित स्थायी समिति की बैठक ले सके।

रोज एक्सीडेण्ट से मौतें हो रही हैं। टेक्निकल फाल्ट सड़क बनाने में है या लोगों को ट्रैफिक के रूल्स की सही जानकारी नहीं है। किन कारणों से यह होता है? इसके लिए पिछली सरकारों को कभी फुर्सत नहीं हुई। अभी बैठक की है। एक सप्ताह के अन्दर हम लोग फिर से बैठक लेने जा रहे हैं। मौतें किसी की भी हों, वह कोई भी हो, व्यापक जनहानि है। हम सबकी संवेदना उनके साथ जुड़नी चाहिए और प्रयास होना चाहिए कि सड़क दुर्घटना में होने वाली मौतों को रोका जाए। कौन से सुधार हो सकते हैं, कौन से कार्यक्रम बन सकते हैं, उसके लिए उस प्रकार की कार्य-योजना हम बना रहे हैं। गरीबों की बात बहुत करते हैं। बहुत ज्यादा बातें होती हैं, लेकिन लोग गरीबों के खाद्यान्न को ही हड़प जाते हैं। जब पहले चरण में सत्यापन की कार्यवाही हुई तो 30 लाख राशन कार्ड फर्जी पाए गए थे। 37 लाख ऐसे परिवार पहले चरण में पाए गए, जिनके पास अपना राशन कार्ड नहीं था जिसमें एक लाख अन्त्योदय और 36 लाख पात्र गृहस्थी के थे। मुझे बताते हुए प्रसन्नता है कि सभी को हम लोगों ने राशन कार्ड उपलब्ध करा दिए हैं। अभी जो वनटांगिया गाँव की चर्चा हो रही थी, हम लोगों ने मान्यता दी है, 23 गाँव को दे चुके हैं, 5 गाँव गोण्डा के हैं वहाँ भी मैं इस महीने के अन्त में जाने वाला हूँ या फिर अप्रैल प्रथम सप्ताह में जाकर उनको भी राजस्व गाँव का दर्जा देंगे। अग्निकाण्ड से जो गरीबों की झोपड़ियाँ जल जाती थीं, उन गरीबों के लिए आवास की कोई व्यवस्था नहीं होती थी, सरकार एक सामान्य अनुदान दे देती थी। यदि किसी गरीब की झोपड़ी उजड़ जाती थी तो मात्र 4 हजार रुपये का उसको अनुदान मिलता था। हम लोगों ने व्यवस्था की है, एक नई आवास योजना प्रदेश के

अन्दर लेकर आ रहे हैं 'मुख्यमंत्री आवास योजना'। उन सभी गरीबों को जो किसी प्राकृतिक आपदा की चपेट में आ जाते हैं, जो किसी अग्निकाण्ड के शिकार हो जाते हैं या फिर जिनको कभी भी आवास योजना का लाभ नहीं मिल पाया है, ऐसे सभी गरीबों को प्रदेश सरकार की तरफसे एक लाख 20 हजार रुपये आवास के लिए हम लोग उपलब्ध कराएँगे। उसके लिए धनराशि की व्यवस्था भी हम लोगों ने की है। यह लोग बहुत छिपे हुए रुस्तम हैं, अपने घर के सारे छुट्टा पशुओं को सड़कों पर छोड़कर किसानों की फसलों को नुकसान पहुँचा रहे हैं। इस समस्या का समाधान हम लोग निकालेंगे और मुझे प्रसन्नता है कि हमारे तमाम मा० विधायकों ने इसमें रुचि ली। निराश्रित गौ-वंश के लिए हम लोगों ने बजट में भी व्यवस्था की है। हम लोग एक-एक गौ-अभ्यारण हर जनपद में बनाने की कार्रवाई करेंगे। विभिन्न जनपदों में यह कार्य प्रारम्भ भी हो गया है। पण्डित दीनदयाल उपाध्याय लघु डेयरी योजना के लिए हम लोगों ने धनराशि की व्यवस्था की है। मत्स्य पालन कल्याण फण्ड के लिए हम लोगों ने इस बजट में धनराशि की व्यवस्था की है। डेयरी विकास के लिए भी हम लोगों ने व्यवस्था की है, चीनी उद्योग के लिए भी। हमारा प्रदेश, देश और दुनिया में चीनी उद्योग के लिए जाना जाता था। मुझे उस दिन सुनकर अफसोस हो रहा था, मा० राम गोविन्द जी कहते थे कि हम लोग सम्पत्ति को बेच रहे हैं। हम लोगों के रहते प्रदेश की कोई सम्पत्ति नहीं बिकेगी। मैं इस बात को कह सकता हूँ। हम सम्पत्ति बेचने नहीं आए हैं, लेकिन हाँ, यह सच है कि आप लोगों ने प्रदेश की चीनी मिलों को बेचा है। क्या यह सच नहीं है?

आपने कई चीनी मिलों को बन्द किया है और औने-पौने दामों में बेचा हैं। प्रदेश के किसानों के साथ इससे बड़ा विश्वासघात हो ही नहीं सकता। हम लोग प्रदेश के अन्दर चीनी मिलें लगा भी रहे हैं। पिपराइच में एक चीनी मिल लग गई है और मुण्डेरवा में 29 तारीख को चीनी मिल का शिलान्यास करने जा रहे हैं। मोहद्दीनपुर की चीनी मिल के बारे में हम लोगों ने कार्यवाही प्रारम्भ की है। अन्य चीनी उद्योग के बारे में भी जो कुछ हो सकता है, हम लोगों ने भी इस बात की परमिशन लेने के लिए गन्ना-विभाग से कहा है।

डिसीजन बहुत क्रिटिकल है, गन्ना किसानों के हित से और चीनी मिलों के हित से भी। लेकिन उस सबके बावजूद रिकार्ड मात्रा में हम लोगों ने गन्ना मूल्यों का भुगतान किया है। जहाँ पर नहीं हो पाया है, वहाँ पर लगातार इस बात के लिए दबाव बनाया जा रहा है कि हर हाल में गन्ना किसानों के जमा मूल्य का भुगतान हो। पहली बार प्रदेश का चीनी मिल मालिक कह सकता है कि प्रदेश के अन्दर सरकार के स्तर पर उनका कोई भी उत्पीड़न नहीं हुआ है। पहले क्या होता था कि एक-एक कुन्तल में और मॉलेसिस में, तो एक-एक लीटर में आप लोग दाम बाँध देते थे। यह पहली बार हो रहा है कि वह पूरी तरीके से स्वतन्त्र हो करके प्रदेश के विकास की तरफअपने ध्यान को फोकस कर रहा है। लगभग 27 हजार करोड़ रुपये के गन्ना मूल्य का भुगतान पिछले वर्ष से लेकर अब तक हम लोगों ने इस सरकार में कराया है और पैसा किसानों के खाते में गया है। किसानों को उन्नत किस्म का गन्ना उपलब्ध कराया जा रहा है। नई चीनी मिलें भी लगाई जा रही हैं।

हम लोगों ने प्रदेश के अन्दर बहुत सारे अन्य कार्यक्रम चिकित्सा स्वास्थ्य में भी किए हैं। हर जनपद में पं० दीनदयाल उपाध्याय जी की स्मृति में एक नगर पंचायत को हम आदर्श नगर पंचायत बना सकें, इस कार्य-योजना को भी हम लोगों ने अपने हाथों में लिया है। उसके लिए हमने अलग से धनराशि की व्यवस्था की है। साथ ही साथ बिना भेदभाव के अन्त्येष्टि स्थलों के लिए भी धनराशि दी जा सके, इसके लिए भी हम लोगों ने बजट में प्रस्ताव किया है। महिला एवं शिशु कल्याण योजना में 'शबरी संकल्प योजना' के लिए भी हम लोगों ने 524 करोड़ रुपये दिए हैं। कुपोषण से मुक्ति बहुत आवश्यक है और इस दृष्टि से भी हमने धनराशि की व्यवस्था की है। मुख्यमंत्री सामूहिक विवाह योजना के अन्तर्गत गरीब कन्याओं की शादी, प्रदेश के अन्दर कोई भी गरीब कन्या दहेज के अभाव में शादी के बगैर न रहे, परिवार के लोग चिन्तित न हो, इसके लिए 35 हजार रुपये प्रति शादी प्रदेश सरकार उपलब्ध करा रही है। प्रदेश के तमाम जनपदों में हमारे जनप्रतिनिधियों ने यह कार्य सफलतापूर्वक सम्पन्न किया है और शेष जनपदों में भी यह कार्यवाही चल रही है।

समाज कल्याण विभाग ने बहुत अच्छा काम इस मामले में किया है। काफी बड़ी संख्या में शादियाँ हो चुकी हैं और काफी बड़ी संख्या में आगे भी होंगी।

प्राथमिक और उच्च प्राथमिक विद्यालयों में अवस्थापना सुविधा के लिए भी हम लोगों ने व्यवस्था की है। पहली बार यह व्यवस्था की गई है। मा० राम गोविन्द जी, आप तो बेसिक शिक्षा विभाग के मंत्री रहे हैं। क्या कारण थे कि आपके मंत्री रहते हुए बच्चे स्कूल छोड़ने लग गए थे और क्या कारण है कि हमारी सरकार आने के बाद बच्चे बड़ी संख्या में स्कूल आने प्रारम्भ हो गए हैं। कुछ तो कारण होगा कि बच्चों की संख्या में एक वर्ष में ही 18 लाख की वृद्धि हो जाए। समय पर यूनीफॉर्म मिली, समय पर बैग और बुक्स मिले। पहली बार गरीब का बच्चा भी जूता पहन सकता है। वह मोजा और जूता पहन करके जा सकता है। आप लोगों ने भी तो अपने क्षेत्र में यह किया होगा। यही नहीं, इस वर्ष हम लोगों ने स्वेटर भी दिया है। पहली बार गरीब का बच्चा भी स्वेटर पहन सकता है और यह प्रदेश में पहली बार हुआ है। नए सत्र में 02 अप्रैल से 'स्कूल चलो अभियान' चलेगा। मैं तो आप सभी को भी आमन्त्रित करता हूँ, क्योंकि पक्ष तो जाएगा ही जाएगा, लेकिन मैं आप सभी को आमन्त्रित करूँगा। बेसिक शिक्षा विभाग द्वारा जो 'स्कूल चलो अभियान' चलाया जाएगा, तो उसमें यह प्रयास होना चहिए कि कोई बच्चा ऐसा न रहे जो स्कूल जाने से वञ्चित रह जाए। हम हर बच्चे को स्कूल भेजेंगे और सरकार इस बात को कह सकती है कि हर बच्चे को हम दो यूनीफॉर्म देंगे, बैग देंगे, बुक्स देंगे और सभी सुविधाएँ उपलब्ध कराएँगे और एन०सी०ई०आर०टी० के नए पाठ्यक्रम के साथ हम लोग उन बच्चों को पढ़ाने जा रहे हैं। इससे पब्लिक और कॉन्वेन्ट स्कूल पीछे छूटेंगे और बेसिक शिक्षा के विद्यालय आगे बढ़ेंगे। बहुत सारे जिलों में बहुत ही अच्छा कार्य हुआ है। पता नहीं आप लोगों ने विद्यालय गोद लिए कि नहीं, लेकिन इधर के हमारे तमाम मा० विधायकों ने एक-एक, दो-दो, तीन-तीन विद्यालय गोद लिये हैं, अच्छा काम किया है। कल मैं फिरोजाबाद में था। फिरोजाबाद में बेसिक शिक्षा के लगभग सभी विद्यालयों में नया बदलाव आया है, यह आपको देखने को मिलेगा।

सरकार ने पैसा नहीं लिया। विधायक निधि का इस बार मुझे पैसा मिला तो मैंने कहा कि बेसिक शिक्षा के विद्यालय में फर्नीचर लगा दो। इस दृष्टि से हम लोग इस कार्यक्रम को आगे बढ़ाने जा रहे हैं।

आप गरीब की बात करते हैं और गरीबों का ही हमेशा शोषण करते हैं। गरीबों का कार्य सही मायने में बिना भेदभाव के कोई कर रहा है तो हमारी सरकार कर रही है। बजट में इसके प्राविधान भी किए हैं। हम लोगों ने इस प्रकार की व्यवस्थाएँ की हैं और इस प्रकार के कार्यक्रमों को आगे बढ़ा रहे हैं। यह लोग गरीबों की चर्चा करते हैं तो इनसे पूछा जाना चाहिए कि मिट्टी पर रॉयल्टी किसने लगाई थी? 10 वर्षों तक प्रदेश की जनता का शोषण मिट्टी के नाम पर कौन करता रहा? मुझे प्रसन्नता है कि हमारी सरकार ने प्रदेश की जनता को मिट्टी में रॉयल्टी से मुक्त कर दिया है। प्रदेश की जनता से मिट्टी के नाम पर कोई रॉयल्टी हमारी सरकार नहीं लेगी। हमने तो ईंट भट्ठे वालों का आह्वान किया है, ईंट भट्ठा के जो व्यवसायी हैं उनसे भी कहा कि ईंट के दाम वह कम करें। हम उनको भी मिट्टी में रॉयल्टी फ्री कर देंगे। ईंट के दाम कम होंगे तो गरीब के लिए सुविधा होगी। हमारे विकास की योजनाएँ आगे बढ़ेंगी। मिट्टी पर रॉयल्टी बहुजन समाज पार्टी ने लगाई थी और उसकी आड़ में दोनों दल हमेशा प्रदेश की जनता का शोषण करते रहे हैं। हम लोगों ने एक और निर्णय लिया है कि जो गरीब, जो दलित, जो वंचित गाँव में जिस जमीन पर है, अगर वह आरक्षित भूमि नहीं है, यानी जिस भूमि पर जिसकी नवैयत बदल नहीं सकती, उस प्रकार की भूमि नहीं है तो उस भूमि का पट्टा हम उसके मकान बनाने के लिए उस गरीब को ही उपलब्ध करवाएँगे। यह निर्णय भी हमारी सरकार ने लिया है। साथ ही साथ हम लोगों ने यह भी व्यवस्था सुनिश्चित की है कि जहाँ पर वह आरक्षित भूमि पर कब्जा किए हुए हैं उसको सुरक्षित रूप से एक अच्छी जमीन का पट्टा उपलब्ध कराकर उसके लिए मकान बनाने की कार्यवाही भी हमारी सरकार करेगी। इस दिशा में आप लोग 12-15 वर्षों तक क्या कर रहे थे? यह लोग शोषण करते थे। प्रदेश के अन्दर जितने बड़े भू-माफिया हैं, जिन्होंने सत्ता के संरक्षण में सरकारी जमीनों

पर कब्जा किया है, यह कब्जा हटेगा, हर हाल में हटेगा। हर हाल में उन कब्जों से मुक्ति दिलाने की कार्रवाई हमारी सरकार करेगी। यह गरीबों की बात करते हैं, अफसोस है 1525 से अधिक ऐसे गाँव हैं, जिन गाँवों में आजादी के बाद कोई सुविधा नहीं मिल पाई। जो वन्य गाँव हैं, उन गाँवों में तो वोटिंग राइट तक नहीं था। आज भी लोग तालाब का पानी पीते हैं। कोई पक्का मकान वहाँ पर नहीं है, बिजली नहीं है, सड़क नहीं है। हमारी सरकार उनको सभी योजनाओं से आच्छादित कर रही है। युद्धस्तर पर कार्य प्रारम्भ हुआ है। हम लोग उसको वहाँ तक पहुँचाएँगे।

देश के अन्दर देश की सीमाओं की रक्षा करता हुआ जो सैनिक शहीद होता है, हम लोगों ने दो प्रकार की योजनाएँ लागू की हैं, 01 अप्रैल, 2017 से लेकर अब तक जितने भी जवान देश की सीमा पर शहीद हुए हैं, उन शहीद जवानों के परिवार के एक आश्रित को हम प्रदेश के अन्दर नौकरी देंगे। साथ ही साथ शहीद गाँव बनाकर गाँव की सड़क को बनाना, गाँव को बुनियादी सुविधाओं से आच्छादित करना, गाँव का तोरण द्वार उस शहीद के नाम पर बनाना, मूर्ति को स्थापित करके हम श्रद्धांजलि व्यक्त करेंगे। यह कार्य प्रमुखता के साथ प्रदेश सरकार ने किया है। इसीलिए मुझे नेता प्रतिपक्ष से कहना है कि हम तो अभी इसकी तस्वीर सुधारने में लगे हैं, आप लोग हैं कि आग लगाने में लगे हैं। मजहब किसी को इसकी इजाजत नहीं देता। हम हैं इस आग को बुझाने में लगे हैं।

मुझे बताते हुए प्रसन्नता हो रही है कि प्रदेश के अन्दर हम लोगों ने 'उत्तर प्रदेश इन्वेस्टर्स समिट' भी किया है। उत्तर प्रदेश की दृष्टि से और देश की दृष्टि से भी यह एक बहुत ऐतिहासिक इवेन्ट था क्योंकि जब हम भारत की बात करते हैं, आदरणीय प्रधानमंत्री जी के न्यू इण्डिया के विजन की बात करते हैं, तो नव भारत के निर्माण के लिए आवश्यक है कि उत्तर प्रदेश के अन्दर विकास दिखना चाहिए। विकास होना चाहिए। विकास अन्तिम पायदान तक खड़े हुए व्यक्ति तक पहुँचना चाहिए। प्रदेश का युवा पलायन करे, प्रदेश के नौजवान को देश के सामने जा करके हीन भावना का सामना करना पड़े, ऐसी स्थिति

नहीं होनी चाहिए। प्रदेश के अन्दर ऐसी स्थिति बनाई गई है। वह कहीं जाता था, अपनी पहचान छुपाता था। इसलिए हम लोगों को उत्तर प्रदेश में निवेश और रोजगार के लिए अलग-अलग पॉलिसी बनानी पड़ी। पिक एण्ड चूज़ की प्रथा समाप्त हो, हमने पॉलिसी बनाई है। औद्योगिक विकास की अलग बनाई है। टेक्सटाइल की अलग बनाई है। फूड प्रौसेसिंग की अलग बनाई है। एवियेशन की अलग बनाई है। फोकस सेक्टर की अलग बनाई है। अलग-अलग पॉलिसी हम लोगों ने तैयार की हैं। देश के चोटी के उद्योगपतियों को और अन्य उद्योगपतियों को हम लोगों ने बुलाया और मुझे प्रसन्नता हुई कि प्रदेश के बारे में लोगों का परसेप्शन बदला है। यह है टीम स्पिरिट, यही है एक टीम वर्क। हर एक मंत्री, हर एक विधायक ने उससे अपने आप को जोड़ा है। उसका ही परिणाम है कि यू०पी० इन्वेस्टर्स समिट सफलतम इन्वेस्टर्स समिट था, देश के अन्दर का और उसने एक मैसेज दिया कि उत्तर प्रदेश बदल रहा है। पहली बार उत्तर प्रदेश में 4 लाख 68 हजार करोड़ रुपये के निवेश का प्रस्ताव है। पहले तो लोग कहते थे क्या होगा, कौन आएगा उत्तर प्रदेश में? स्वाभाविक रूप से जो पहचान इन लोगों ने उत्तर प्रदेश की बनाई थी तो वे लोग यही सोचते थे कि वही होगा जो उनकी सोच थी, लेकिन हम लोगों ने इस तस्वीर को बदला है। मेहनत करनी पड़ी है, परिश्रम करना पड़ा है। एक-एक व्यक्ति लगा है, अपने अनुसार मेहनत की है। औद्योगिक विकास मंत्री पूरे देश के अन्दर गए हैं। वित्त मंत्री अपने तरीके से कार्य-योजना बनाए हैं। अलग-अलग मा० मंत्रियों ने अपने अनुसार पॉलिसी तैयार करने के बाद उस सेक्टर के जो भी उद्यमी थे। उनके साथ एक संवाद स्थापित किया। मंत्री के स्तर पर, मुख्यमंत्री के स्तर पर, वरिष्ठ अधिकारियों के स्तर पर और नहीं तो इससे पहले केवल उनसे कमीशन लेने के लिए ही लोग संवाद करते थे, प्रदेश में निवेश के लिए नहीं करते थे। उस मानसिकता को बदला गया। प्रदेश का परसेप्शन बदला। आज देश का हर उद्योगपति भी इस बात को कहता है, दुनिया का बड़े से बड़ा उद्योगपति भी कहता है कि उत्तर प्रदेश निवेश का सबसे अच्छा स्थल है। क्योंकि इस प्रकार का माहौल तैयार किया गया था।

आज उनको सुरक्षित वातावरण हम दे रहे हैं। आज इसके लिए हमने एक पॉलिसी तय कर दी है कि अगर आप उस पॉलिसी के दायरे में आते हैं तो आप आईए। आपको शासन सुविधा देगा। पहले ऐसा नहीं होता था, पहले पसन्द और नापंसद होती थी। हमने पसन्द और नापसन्द की दुर्व्यवस्था को दरकिनार करके पॉलिसी तय की है। अलग-अलग सेक्टर की पॉलिसी तय हुई। पॉलिसी के अनुसार उद्यमी अब निवेश के लिए आ रहे हैं। हमारा प्रयास है कि इस महीने हम 25000 करोड़ रुपये के निवेश के प्रस्ताव को पहली बार क्रियान्वित करने जा रहे हैं। हमारा प्रयास है कि अगले महीने फिर इसी प्रकार के प्रस्ताव को हम आगे बढ़ाएँगे। यह प्रस्ताव प्रदेश के विकास के साथ-साथ प्रदेश के यूथ के लिए है, उसके रोजगार के लिए, उसकी नौकरी के लिए आवश्यक है।

यह पहली बार हुआ है कि प्रदेश के अन्दर जिलों को हम लोग 'वन डिस्ट्रिक्ट, वन प्रोडक्ट' के अन्तर्गत भारत सरकार की योजना के साथ जोड़ रहे हैं। प्रधानमंत्री मुद्रा योजना के साथ, प्रधानमंत्री स्टैण्ड अप योजना के साथ, स्टार्ट अप योजना, प्रधानमंत्री स्वरोजगार योजना, यह ढेर सारी योजनाएँ हैं। इनके साथ हम प्रदेश के लोगों को जोड़ रहे हैं। हमारा विश्वास है कि हमारा औद्योगिक विकास मंत्रालय एवं इससे जुड़े हुए हमारे माननीय मंत्री और अधिकारीगण सभी मिल करके आने वाले तीन वर्ष के दौरान प्रदेश के बीस लाख यूथ को सीधे-सीधे नौकरी और रोजगार देने जा रहे हैं। जितने निवेश के प्रस्ताव हमारे पास आए हैं, अगर इन सबको हम प्रदेश के अन्दर लागू करवाने में सफल हो जाते हैं तो तैंतीस लाख से अधिक लोग प्रदेश के अन्दर नौकरी और रोजगार पाएँगे। यह प्रयास पहले क्यों नहीं किए गए, क्योंकि पहले लोगों की हवेलियाँ बनती थीं। उनके बैंक बैलेन्स बढ़ते थे। विदेशों में उनके एकाउण्ट बढ़ जाते थे। तमाम अन्य चीजें उनकी बढ़ जाती थीं। वह स्वयं अमीर होते थे, लेकिन प्रदेश गरीब हो जाता था। आज यह नहीं है, आज तस्वीर बदली है और उसी तस्वीर को बदलने के लिए हम लोग आए हैं। उत्तर प्रदेश इन्वेस्टर्स समिट ने जहाँ यह चीजें साफकी हैं, वहीं साथ ही साथ नौकरी के

अवसर बढ़ाए हैं। हम लोगों ने प्रदेश के अन्दर अधीनस्थ चयन सेवा आयोग, उच्चतर चयन सेवा आयोग का गठन कर दिया है। अन्य तमाम आयोगों के गठन या तो पूरे हो गए हैं अथवा प्रक्रियाधीन हैं। लेकिन उसमें आप देखिए, हर क्षेत्र में इन्होंने कुछ न कुछ ऐसा करके छोड़ा है कि उन नौजवानों को कुछ लोगों के पाप की सजा मिल रही है।

हम देखते हैं कि शिक्षा मित्रों के साथ क्या हुआ। शिक्षा मित्रों के साथ यह लोग ईमानदारी बरते होते तो आज एक लाख से अधिक शिक्षा मित्र सड़कों पर नहीं होते। इन लोगों ने उनके साथ भेदभाव किया है, इन लोगों ने उनके साथ विश्वासघात किया है। साढ़े तीन हजार रुपये प्रतिमाह का मानदेय उनको मिलता था, हम लोगों ने उनका मानदेय बढ़ाकर दस हजार रुपये प्रतिमाह कर दिया। हमारी सहानुभूति उनके साथ में है, लेकिन उनके जीवन के साथ इन लोगों ने खिलवाड़ किया है। पुलिस की भर्ती आप देख लीजिए, हमारा युवा सड़कों पर दौड़कर प्रैक्टिस करता है, फिजिकली वह अपने आपको फिट करता है, लेकिन जब भर्ती आती थी तो फिर कुछ न कुछ उसमें शुरू हो जाता था। आप तो बलिया वालों के साथ भी न्याय नहीं करा पाए, आप जौनपुर वालों के साथ न्याय नहीं करा पाए। बलिया और जौनपुर से अच्छा नौजवान कहाँ मिल सकता था, लेकिन आप लोगों ने उनकी भर्ती में योगदान नहीं दिया है। एक लाख बासठ हजार सब इंस्पेक्टर, पुलिस कॉन्स्टेबल और फॉलोवर्स के पद खाली पड़े हैं। सुप्रीम कोर्ट ने रोक लगाई थी, क्योंकि न्यायालय को मालूम था कि जो लोग सत्ता में हैं उनकी नीयत साफनहीं है जिससे यह लोग प्रदेश के साथ भेदभाव करेंगे। न्यायालय को अधीनस्थ सेवा चयन आयोग की बीस हजार की भर्ती पर रोक लगानी पड़ी। शिक्षकों के चयन की प्रक्रिया पर न्यायालय को रोक लगानी पड़ी थी। मुझे बताते हुए यह प्रसन्नता हो रही है कि चार लाख सरकारी नौकरियों की भर्ती के अधियाचन हम लोग जारी कर चुके हैं और इन पदों पर प्रदेश के योग्य लोगों को मेरिट के आधार पर हम लोग नौकरी देने जा रहे हैं।

ग्रुप सी और ग्रुप डी की नौकरियों में हम लोगों ने इन्टरव्यू की प्रथा समाप्त कर दी है। आरक्षण खत्म नहीं किया है, आरक्षण दिया जा रहा है और

आवश्यकता पड़ेगी तो अति पिछड़ी और अति दलितों के आरक्षण पर भी विचार करेंगे। चिन्ता मत कीजिए, एकाधिकार समाप्त करेंगे। घबराइए नहीं। हर गरीब, हर दलित, हर वंचित जिसको अधिकारों से आप लोगों ने वंचित किया है, हमारी सरकार उनको सम्मान दिलाएगी। उसके लिए हम लोग कमेटी गठित कर रहे हैं क्योंकि आजादी के बाद जिन लोगों को समाज की मुख्यधारा से जोड़कर सम्मान मिलना चाहिए था, वे वंचित हैं। उनका इस्तेमाल किया गया है, उनका शोषण किया गया है। शासन की योजनाओं से उनको वंचित किया गया है। आज उन्हें सम्मानजनक ढंग से उनका अधिकार दिलाने के लिए हमारी सरकार प्रतिबद्ध है। हम इस कार्य को करेंगे। नौकरी लेकर आए हैं और नौकरी देंगे भी। पूरे प्रदेश के अन्दर देंगे, बिना भेदभाव के देंगे। ग्रुप-3 और ग्रुप-4 की नौकरी जिसमें यह लोग भेदभाव करते थे, जिसमें इन लोगों द्वारा लेन-देन होता था। कोई सोचता था कि यू०पी०एस०सी० की परीक्षा में 40 लाख से लेकर 60 लाख तक भर्ती करने के लिए पैसे लिए जाएँगे। वह सब गलतफहमी के शिकार हैं, वह सब जेल जाएँगे। पूरी जाँच तो होने दीजिए। पारदर्शी तरीके से पूरी व्यवस्थाएँ लागू होंगी और अगर किसी ने भेदभाव किया प्रदेश के नौजवानों के साथ तो न केवल उसको हम जेल भेजेंगे, उसकी सम्पत्ति भी कुर्क करने का कार्य भी करेंगे।

कहते हैं कि केन्द्र सरकार ने सौतेला व्यवहार किया है। मैं आश्चर्यचकित था कि केन्द्र सरकार भारतीय जनता पार्टी की 2014 में आई। 2014 में आने के बाद सरकार ने बिना भेदभाव के राज्यों का आवंटन बढ़ाया। आवास योजना का रहा हो, ओ०डी०एफ० का रहा हो, बेसिक शिक्षा का रहा हो, स्वास्थ्य सेवाओं का रहा हो या फिर किसी भी अन्य योजना का, विद्युतीकरण का हो, ग्राम्य विकास का हो। विद्युतीकरण की स्थिति यह थी कि यह प्रस्ताव ही नहीं भेजते थे। यह केवल भारतीय जनता पार्टी की सरकार आने के बाद ही नहीं, मैं गोरखपुर से सांसद था, मैं इस बात को सोचता था कि प्रदेश को पैसा मिले, पता लगता कि अभी तक अपनी कार्य-योजना बनाकर नहीं भेजी है। पिछले कार्यों का ब्यौरा नहीं भेजा है। यह इनकी स्थिति थी। यह लोग

एन०ओ०सी० नहीं भेजते थे। कोई नई कार्य-योजना नहीं भेजते थे क्योंकि पैसा डायवर्ट हो जाता था। उसका परिणाम यह है कि यह लोग कहते हैं कि केन्द्र सरकार भेदभाव कर रही है। केन्द्र सरकार ने कोई भेदभाव नहीं किया है। केन्द्र सरकार की वही योजनाएँ हैं जो आवास की योजना प्रदेश सरकार के लिए थी, इन्होंने नहीं बनाई। हम लोगों ने अपील की, वे सारे-के-सारे आवास हमें मिले। दो साल के आवास प्रदेश सरकार ने एक साल में बनाकर तैयार कर दिए। हमारा कौशल था हम पैसा ले लिए। आपके पास कौशल नहीं था तो आप लोग नहीं ले पाए। प्रदेश में डेढ़ सौ लाइफसपोर्ट एम्बुलेन्सेस मिलनी थीं। 75 जिलें हैं। हर जिले में दो-दो लाइफसपोर्ट एम्बुलेन्स होती। उसमें वेन्टीलेटर भी है, उसमें सभी सुविधाएँ हैं। 2014 में भारत सरकार देना चाहती थी, लेकिन इन लोगों ने नहीं लिया। देश के अन्दर यह पहली बार हो रहा था, जब कोई सरकार अपनी पार्टी के नाम पर योजना चला रही थी।

सरकार पार्टी की नहीं होती है, सरकार सरकार होती है। सरकार को उस लेवल से ऊपर उठकर काम करना होगा, लेकिन समाजवादी के नाम पर योजनाएँ चलाना, यह सब क्या है। आप प्रदेश के साथ मजाक कर रहे हैं इसलिए आप केन्द्र की उन योजनाओं को लागू नहीं करेंगे। इनको लगता था कि कहीं ऐसा न हो कि केन्द्र सरकार की योजनाएँ बड़ी हो जाएँ और इनकी योजनाएँ छोटी पड़ जाएँ। कहीं केन्द्र की योजनाओं का लाभ जनता को मिल जाए तो फिर ऐसा न हो कि जनता उनसे सवाल पूछे कि केन्द्र की योजनाओं में यह लाभ मिल रहा है और इसमें यह प्राविधान है। आपकी योजनाओं में तो कम ही लोगों को लाभ मिल पा रहा है। इन्होंने उसको लागू नहीं किया। लाइफसपोर्ट एम्बुलेन्स उत्तर प्रदेश के अन्दर इन्होंने नहीं आने दी। 150 लाइफ सपोर्ट एम्बुलेन्स से कितने लोगों की जान बची होती, अगर 2014 से 2017 के बीच यह लोग लाए होते। जब हमारी सरकार आई तो 150 लाइफसपोर्ट एम्बुलेन्सेस उपलब्ध हुईं। रेस्क्यू वैन, महिलाओं के कल्याण के लिए, उनकी सुरक्षा के लिए हर जिले में लागू होनी थी। मात्र 15 जिलों में लागू हुई। भारत सरकार पैसा देना चाहती थी। महिला और बाल विकास विभाग बराबर कह

रहा था इनको कोई फुर्सत नहीं थी। आज प्रदेश के अन्दर हर जिले में रेस्क्यू वैन चल रही है। प्रदेश के अन्दर और भी योजनाएँ हैं। गलती आपकी है, केन्द्र सरकार की नहीं है। केन्द्र सरकार भरपूर पैसा देना चाहती थी। आप उस पैसे का उपयोग नहीं कर पाए। आप करना ही नहीं चाहते थे।

आप कहते हैं कि प्रधानमंत्री जी कहते हैं कि किसानों की हैसियत चार गुनी बढ़ी है। निश्चित रूप से प्रदेश में बढ़ी है। पता नहीं आप खेतीबाड़ी पर ध्यान देते हैं कि नहीं देते हैं। क्योंकि अब तो आप मालदार हो गए हैं। हमें नहीं लगता कि आप खेती में जाते होंगे। आज पहली बार गेहूँ का समर्थन मूल्य प्रदेश के किसानों के लिए 1735 रुपये हम लोगों ने घोषित किया है। 10 रुपये अतिरिक्त देंगे और 5500 केन्द्र पूरे प्रदेश में स्थापित करेंगे। कोई भेदभाव नहीं है। प्रत्येक किसान को हम लोग इस व्यवस्था से लाभान्वित करने जा रहे हैं। प्रदेश के अन्दर गेहूँ क्रय 2016-17 की तुलना में 2017-18 में चार गुना अधिक हुआ है। आप लोग आढ़तियों के माध्यम से खरीदते थे। हमारी सकार ने किसानों से सीधे खरीदा है। हम फिर इस बात को कह रहे हैं कि प्रदेश के अन्दर पहली सरकार है जिसने इतनी बड़ी मात्रा में 50 लाख मी०टन का आँकड़ा दे दिया है कि यहाँ तक हम लोग लेंगे। क्योंकि यहाँ तक हमारे पास गोदाम मौजूद हैं। नहीं होंगे तो भी, अगर किसानों के पास गेहूँ होगा तो हम किसान से खरीदेंगे। किसी को निराश नहीं होने देंगे। किसानों की आय को बढ़ाने की दिशा में सन्तोषजनक और सम्मानजनक दाम उसको मिलना है। आपके समय में किसान को 900 और एक हजार रुपये भी नहीं मिल पाता था। आज उसे समर्थन मूल्य के बराबर और उससे ज्यादा दाम मिल रहा है। 1735 रुपये और इस बार 110 रुपये प्रति कुन्तल बढ़ाया है। 10 रुपये अतिरिक्त राज्य सरकार उनको देगी। 120 रुपये प्रति क्विन्टल प्रत्येक किसान को गत वर्ष की तुलना में अधिक दाम दिए जा रहे हैं। तब भी आप कह रहे हैं किसानों के लिए कुछ नहीं किया। धान 43 लाख मी०टन किसानों से लिया गया। पैसा 24 घण्टे के अन्दर किसानों के खाते में आर०टी०जी०एस० के माध्यम से दिया गया। यानी जिस बात के लिए आपको विपक्ष में रहकर धन्यवाद देना चाहिए था कि

किसानों के बारे में कार्य हो रहा है। धन्यवाद देने के बजाय आप लोग उस मुद्दे को छूना भी नहीं चाहते हैं क्योंकि किसानों से आपको कोई मतलब नहीं है और किसानों के बारे में आप सोचना भी नहीं चाहते हैं।

आपने बहुत सारे अन्य मुद्दों की बात की। एल०ई०डी० स्ट्रीट लाइट की बात की। एल०ई०डी० स्ट्रीट लाइट के बारे में आपने चर्चा की थी। हमारी सरकार ने निर्णय लिया है। हमारे पास प्रदेश के अन्दर 653 नगर निकाय हैं। जिसमें 16 नगर निगम हैं, 199 नगर पालिकाएँ हैं, 438 नगर पंचायत हैं। इन सभी में फेज वाइज़ हम लोगों ने एल०ई०डी० स्ट्रीट लाइट लगाने का फैसला लिया है। लेकिन एल०ई०डी० स्ट्रीट लाइट का प्रदेश सरकार कोई पैसा नहीं ले रही है। यह सब फ्री में लगेगा। एल०ई०डी० स्ट्रीट लाइट लगाने के बाद बिजली की उससे जो बचत होगी, उस बचत की राशि से ही वह लोग सात वर्ष तक मेण्टीनेन्स करेंगे तथा पूरी व्यवस्था को भी देखेंगे। पूरा शहर, हर गाँव, हर नगर निकाय जगमगाता हुआ दिखाई देगा। हम लोग कई शहरों में लगा चुके हैं। यह प्रक्रिया लगातार आगे बढ़ रही है। यह घोटाला नहीं है यह प्रदेश की समृद्धि का आधार है। प्रदेश में ऊर्जा की जो बचत होती है, वही हम लोग गाँव में देते हैं। शहरी क्षेत्र में बिजली की बचत पर बात हो रही है और उसके बाद हम लोग ग्रामीण क्षेत्र में बिजली दे रहे हैं।

मान्यवर, नेता प्रतिपक्ष कहते हैं कि एक वर्ष में कोई कार्य ही नहीं हुआ है। मुझे लगता है कि आप यहाँ भाषण दे सकते हैं। भाषण देने में कोई दिक्कत नहीं है लेकिन अगर आप एक सिरे से नकार दें और फिर आपने कहा कि 'एकलव्य का अँगूठा' याद करिए गोरखपुर में अखिलेश निषाद को गोली से आपकी सरकार ने मारा था, किसी और ने नहीं मारा था। जब निषाद जाति के लोग आरक्षण की माँग कर रहे थे तो उसको मरवाने का काम किसी और ने नहीं किया था, वह आपकी सरकार ने किया था। समाजवादी पार्टी की सरकार ने किया था। 'एकलव्य का अँगूठा' उधर काटा जाता है, इधर नहीं। इधर तो एकलव्यों के उत्थान के लिए कार्य होता है। 'मछुआ आवास' यहाँ से बनाए जाते हैं। उनके लिए विशेष कार्य–योजना लेकर हमारी सरकार आ

रही है और यह पहली बार हो रहा है जब श्रृंगवेरपुर के विकास के लिए भी हमारी सरकार एक योजना के साथ आ रही है। वहाँ पर पर्यटन विभाग ने विशेष योजना भी प्रारम्भ कर दी है। जिसका कार्य वहाँ पर चालू हो गया है। आप लोग समाज को बाँटना चाहते हैं। अभी भी विभाजनकारी मानसिकता से आप लोग उभर नहीं पाए हैं। मैं आश्चर्य करता हूँ कि पशुपालन विभाग ने पता नहीं क्यों राम गोविन्द जी से किसी आरोग्य मेले का उद्‌घाटन नहीं कराया है। मैं कहूँगा कि उनको ले जाकर उद्घाटन कराना चाहिए। वह जिस परम्परा से आते हैं, वह ज्यादा अच्छा बता सकते हैं। उनको व्यवहारिक ज्ञान ज्यादा है। अपने व्यावहारिक ज्ञान से भी आप लोगों को लाभान्वित कर सकते हैं। मैं आपसे अपील करूँगा कि आप बलिया में जाईए, अपनी विधानसभा क्षेत्र में किसी पशु आरोग्य मेले का उद्घाटन करिए। यह बहुत अच्छे मेले हैं। पशु पालकों से जुड़े हुए जितना भी पशुधन है उसके लिए उसमें बहुत अच्छा कार्य हो रहा है। हम लोगों ने कमिश्नरी हेड क्वार्टर पर, जिला मुख्यालयों पर फिर ब्लॉक मुख्यालयों पर तथा न्याय पंचायत पर इसको लगाने की एक नई परम्परा की शुरूआत की है। मैं चाहूँगा कि आप सभी लोग उसमें जाइए और उन सब कार्यों को आगे बढ़ाइए।

कहते हैं कि कर्ज माफनहीं किया है। मान्यवर, कभी-कभी सदन में हमें सच भी बोल लेना चाहिए। मुझे लगता है कि मैं आपसे इस बारे में फिर अपील करूँगा कि अच्छा होता कि आप सही तथ्यों को रखते। क्योंकि सरकार तो कार्य-योजना बनाएगी। उसको लागू करने का कार्य तो हम सबको मिलकर करना होगा। अगर आप सही जानकारी देंगे तो प्रदेश की जनता लाभान्वित होगी। बहुत बार होता है कि जनता में जागरूकता का अभाव होता है। वह विकास की योजनाओं से वञ्चित हो जाते हैं। अगर पब्लिक में अवेयरनेस हो, पब्लिक में जागरूकता हो तो विकास की योजना को उन तक लागू करने में कोई दिक्कत नहीं होगी। इसी दृष्टि से चर्चा के लिए सदन बुलाया जाता है।

यह कहना कि किसी सदस्य के पास कोई सुझाव नहीं। हम लोगों ने कई बार इस बात की अपील की कि सदन में व्यापक चर्चा होनी चाहिए। हर एक

सदस्य के पास अपने क्षेत्र की राजनीतिक, सामाजिक, आर्थिक और भौगोलिक परिस्थिति के अनुसार अपना एक नया आइडिया होता है। उसका एक नया नजरिया होगा। उस नए नजरिये के साथ प्रदेश के अन्दर हम उस प्रकार योजनाएँ लागू करेंगे। उस नजरिये को स्वीकार किए जाने की आवश्यकता है इसलिए चर्चा के लिए सदन बुलाया जाता है, आरोप-प्रत्यारोप के लिए नहीं। विरोध के लिए, विरोध हो इस बात के लिए चर्चाएँ नहीं होती हैं। हमने एक सार्थक पहल की है। आपके पास अच्छे आइडियाज होंगे तो हम अवश्य स्वीकार करेंगे। सरकार के अच्छे कार्यक्रम हैं उनको आप स्वीकार करिए, अपने क्षेत्र में आप लागू करिए। अपने क्षेत्र में उसे लागू करेंगे तो आप ही को उसका लाभ होगा। अगर आप नहीं करना चाहेंगे तो हमारे मंत्रीगण जाकर उसका उद्‌घाटन और शिलान्यास कर लेंगे। हम लोग चाहेंगे की आप लोग यह सब करना चाहें तो अच्छा होगा। इस दिशा में एक प्रयास होना चाहिए और प्रदेश के विकास के बारे में हम लोगों को सोचना चाहिए। इस दिशा में बेहतर प्रयास प्रदेश के अन्दर किया गया है। चूँकि इसी सप्ताह हम लोग यू०पी० कोका पर चर्चा करेंगे तो उस दिन हम लोग कानून व्यवस्था पर विस्तृत ब्यौरा रखेंगे। लेकिन प्रदेश में इन्वेस्टर्स समिट के माध्यम से चोटी के उद्योगपतियों ने और दुनिया के बड़े-बड़े उद्योगपतियों ने प्रदेश की कानून-व्यवस्था के बारे में जो विचार रखे हैं वह प्रदेश के परसेप्शन को प्रदर्शित करता है कि प्रदेश में व्यापक सुधार हुआ है। व्यापक सुधार की उन सम्भावनाओं को ध्यान में रखते हुए हम सबको इसे स्वीकार करना चाहिए कि प्रदेश के अन्दर बहुत कुछ हुआ है। बहुत कुछ आने वाले समय में होने जा रहा है। इसलिए कानून-व्यवस्था के बारे में जो चीजें हैं, वह सामने आ चुकी हैं। उस पर भी हम लोग व्यापक चर्चा करेंगे।

डार्क जोन के बारे में, जो प्रदेश के अन्दर 172 विकास खण्ड थे, नलकूप के कनेक्शन नहीं मिलते थे। सन् 1994 में एक शासनादेश जारी कर दिया गया। उसके बाद से ये बन्द हो गया। माननीय मुलायम सिंह जी उस समय मुख्यमंत्री थे। उन्होंने उस समय 194 डार्क जोन पर कनेक्शन देने पर रोक लगा दी थी। यह किसानों के लिए नहीं था यह उन उद्योगों के लिए था जिनमें

जल की खपत ज्यादा होती है, जैसे पेप्सी है, कोला है ये जो उद्योग लगाए जाते हैं, उनमें व्यापक पैमाने पर जल की आवश्यकता होती है। इन डार्क जोनों में उन उद्योगों को न लगाने की बात थी। ये उसके लिए नहीं था कि आप किसानों को नलकूप के कनेक्शन ही न दें। मशीन चलाने के लिए कोई रोक नहीं थी। मैंने पूरा शासनादेश देखा है और मैं इस बात को कह सकता हूँ कि 1994 में दिए गए एक गलत आदेश ने प्रदेश के 172 विकास खण्डों के किसानों को पूरी तरह से तबाह-सा कर दिया। डीजल से वह चलाता था, लेकिन कनेक्शन नहीं मिलता था। ट्यूबवेल पर रोक लगे, ऐसी बात नहीं है। वह डीजल से चलाता था और पम्पिंग सेट डीजल से चलाने पर उसको 25 रुपये प्रति यूनिट पड़ता था और बिजली से 80 पैसे से कम उसे पड़ जाता था। हमारी सरकार आने के बाद हम लोगों ने उन क्षेत्रों में भी विद्युत के कनेक्शन सभी लोगों को उपलब्ध करवाए हैं क्योंकि किसान उसके दायरे में नहीं आता था और किसानों की बात करने वाले बड़ी-बड़ी डींगे हाँकने वाले लोग कहते थे कि हम किसानों के हितैषी हैं। उन क्षेत्रों के लिए भी हम लोगों ने अपनी योजना लागू की और उस कार्यक्रम को हम लोगों ने आगे बढ़ाने का कार्य किया है। प्रदेश के अन्दर बहुत कुछ कार्य इस दौरान हुआ है, हो रहा है और आगे होने जा रहा है।

तीन सिटी में हम लोग मेट्रो लेकर आ रहे हैं। तीन सिटी में तत्काल मेट्रो की कार्य-योजना स्वीकृत करने के लिए हम लोग भारत सरकार को प्रस्ताव भेज चुके हैं, उसकी डी०पी०आर० बना चुके हैं। कानपुर, आगरा और मेरठ में 33 हजार करोड़ की ये परियोजनाएँ हैं। हम लोग इस कार्य-योजना को तत्काल लागू करने के लिए तैयार हैं। प्रदेश सरकार पूरी तत्परता के साथ इन कार्यों के साथ अपने आपको जोड़ रही है। 01 लाख 60 हजार किलोमीटर सड़कों को गड्ढा-मुक्त करने के बाद नवीनीकरण की कार्यवाही प्रारम्भ हुई है। हम लोगों ने प्रदेश के अन्दर अन्य कार्य-योजनाओं को भी लागू करने की दिशा में एक नया प्रयास प्रारम्भ किया है। मैं आज के इस अवसर पर बताना चाहता हूँ कि हमारे पास कुछ चेक आए हैं, मैं देख करके यह ताज्जुब

करता हूँ कि यह 2015–16 के हैं और 2015–16 के जो चेक हैं, उस समय आपकी ही सरकार थी और बलिया जिले के ही हैं और किसी जिले के नहीं हैं। बलिया के हैं और सिकन्दरपुर तहसील से जुड़े हुए हैं। उसमें किसानों को जो मुआवजा मिलना था तो उसमें पहले यह हुआ कि इनको बेयरर चेक दे दिए जाएँ। बेयरर चेक की जो कीमत थी, वह थी 7038 रुपये, 7038 रुपये का वह चेक था लेकिन जब इसमें कहा गया कि जो भी पेमेण्ट होगा, वह एकाउण्ट पेयी होगा और आर०टी०जी०एस० से उसके एकाउण्ट में भेजिए, उसको काट करके फिर 3600 रुपये कर दिया गया। यानी इसका मतलब वह 7038 रुपये उस किसान को नहीं मिलता, वह कुछ लोगों को मिलता, किसी पार्टी के वर्कर्स को मिलता। इस प्रकार के 01 नहीं, 03–03 चेक मेरे पास हैं, हम इसकी जाँच भी करवाएँगे। यह हर जिले में हुआ होगा। यह प्रदेश की जनता के साथ विश्वासघात है, प्रदेश के किसानों के साथ, प्रदेश के गरीबों के साथ। उन किसानों के साथ किस प्रकार का अन्याय होता रहा है कि अगर आप बेयरर चेक देंगे तो उसमें एमाउण्ट ज्यादा होगा। लेकिन जब भारत सरकार ने कहा कि नहीं, कोई भी पेमेण्ट होगा, मुआवजा होगा, वह मुआवजे की राशि किसान के एकाउण्ट में सीधे जानी चाहिए। यह डी०वी०टी० के माध्यम से होना चाहिए, आर०टी०जी०एस० के माध्यम से होना चाहिए। अब उसकी राशि काट करके आधी कर दी गई। यह लगातार इस प्रकार की स्थिति हर किसान के साथ हुई है। प्रदेश के अन्दर शोषण का एक नया ताण्डव इन लोगों ने शुरू किया था। वे लोग आज यहाँ पर शराफत और ईमानदारी का पाठ हम लोगों को सिखाने आते हैं। इसलिए महोदय, इस अवसर पर जो विभिन्न विभागों ने एक वर्ष के दौरान अच्छा कार्य किया है, उसको और भी बेहतर करने की दिशा में हमारी यह सरकार और हमारे सभी माननीय मंत्रीगण पूरी तरह प्रतिबद्ध हैं। प्रदेश के अन्दर वित्तीय अनुशासन को बनाए रखते हुए, प्रदेश के हर तबके के लोगों के लिए अच्छा बजट हमारे वित्त मंत्री ने प्रस्तुत किया है। मैं इसके लिए उन्हें हृदय से साधुवाद देता हूँ। जिस दिन इन्होंने इस सदन में बजट प्रस्तुत किया था, देश के अन्दर की जो टॉप की 03 न्यूज थीं और

जिसमें सबसे अच्छे रिएक्शन थे, उनमें से उत्तर प्रदेश का बजट भी था। बिना भेदभाव के यह कार्य सरकार कर रही है। मैं फिर इस बात को कह सकता हूँ। मुझे केवल दो मुद्दों पर इस बात को कहना है। हम लोगों ने सरकार के एक वर्ष पूरे होने पर एक 'एण्टी करप्शन पोर्टल' का गठन किया है। मैं चाहूँगा कि करप्शन के मुद्दे पर सरकार ने जीरो टॉलरेन्स की जिस नीति के तहत कार्य करने की प्रतिबद्धता दोहराई है, हम लोग इस बात को देखें, बार-बार कहने के बावजूद भी, पुराने जो संस्कार हैं वह अचानक जाएँगे नहीं। उनको दुरूस्त करने के लिए, शोधन करने के लिए नयी प्रक्रिया के तहत यह 'एण्टी करप्शन पोर्टल' हम लोग लॉन्च कर चुके हैं।

कहीं भी कोई ऐसी वारदात होती है, उसकी वीडियो, उसकी आडियो उससे जुड़े हुए कोई प्रमाण दें। पूरी प्रतिबद्धता के साथ हमारी सरकार करप्शन के खिलाफ, क्राइम के खिलाफ हमारी सरकार पूरी सख्ती के साथ लड़ेगी। सरकार प्रदेश की जनता को सुरक्षा का वायदा देती है। आदरणीय प्रधानमंत्री ज़ी के विकास और सुशासन के मन्त्र को सबका साथ और सबका विकास के अभियान के साथ लागू करना चाहती है। साथ ही साथ एक अन्य जो मुद्दा आता है, वह है अक्सर हमारे माननीय सदस्य इसकी चर्चा करते हैं। मौरंग, बालू और गिट्टी के दाम पर बोलते हैं। हर व्यक्ति जानता है कि यह समस्याएँ किसने पैदा की हैं। इस समस्या को मैं तो बार-बार पिछली बार भी कहा था कि प्रदेश के अन्दर खनन से जितनी आय नहीं होती थी, उससे ज्यादा आपके खनन मंत्री की आय हुआ करती थी। यह प्रदेश की सच्चाई है, वास्तविकता है। मुझे यह बताते हुए प्रसन्नता है कि कभी हाईकोर्ट, कभी सुप्रीम कोर्ट, कभी एन०जी०टी० यह लगातार इसको अवरूद्ध, उसमें उनके स्टे होते थे, उनकी रोक होती थी, उन सबके बावजूद हम लोग अब तक पिछले वर्ष प्रदेश की जितनी आय थी उसकी लगभग दोगुनी आय प्रदेश की हो चुकी है। हम लोगों ने इस बारे में स्पष्ट कर दिया है कि 31 मार्च तक खनन चाहे वह बालू हो, मौरंग हो, गिट्टी हो उसका दाम 2016 के दाम से कम होते हुए दिखाई देना चाहिए। किसी भी स्थिति में हम इसको प्रदेश के अन्दर लागू करने जा रहे हैं।

इस बात को हम पूरी मजबूती के साथ प्रदेश के अन्दर लागू करेंगे। आज के इस अवसर पर हो सकता है कि हमारे नेता प्रतिपक्ष और हमारे प्रतिपक्ष में बैठे हुए कुछ मित्रों को सरकार की उपलब्धियाँ अच्छी नहीं लग रही होंगी, क्योंकि बहुत सारे लोगों को यह लगता है कि सरकार अच्छा कार्य करेगी तो कहीं ऐसा न हो कि फिर बाद में बेरोजगारी की नौबत आ जाए। मुझे लगता है कि गलतफहमी के शिकार न हों। इस बात को देखें, हम लोग तो केवल एक बात कह सकते हैं कि –

"चिराग जिसे आँधियों ने पाला है, उसे हवा नहीं बुझा सकती है"

मैं इसी के साथ ही अपने वित्त मंत्री जी को प्रदेश के हर तबके को ध्यान में रखकर एक बेहतर बजट प्रस्तुत करने के लिए हृदय से धन्यवाद देता हूँ। उनकी पूरी टीम को हृदय से धन्यवाद देता हूँ कि उन्होंने पूरी तन्मयता के साथ प्रदेश के अन्दर प्रदेश की जनता की आशा और आकांक्षाओं के अनुरूप बजट इस सदन में प्रस्तुत किया। मैं सभी पक्षों से अपील करूँगा कि इस बजट को पास कराने में वह सभी लोग अपना सहयोग करें, जिससे समय पर इस बजट को हम जारी भी कर सकें। अगले वर्ष जब हम लोग नया बजट प्रस्तुत करेंगे, तब तक जो आज 97 फीसदी, 98 फीसदी या 99 फीसदी की बात की है, तब हम लोग आएँगे तो 100 फीसदी बजट हमारा जनता के हित में, प्रदेश के विकास में खर्च हो सके। आपने भी बड़ी सौहार्दता के साथ, बड़ी उदारता के साथ मुझे समय दिया, बोलने का अवसर दिया, मैं इसके लिए आपका आभारी हूँ, धन्यवाद!

सन्दर्भ : दिनांक 22 मार्च, 2018, वित्तीय वर्ष 2018–19 के आय–व्ययक पर साधारण चर्चा।

मैं इस बात को कह सकता हूँ कि पिछले एक वर्ष के दौरान इस प्रदेश में पर्व और त्यौहार लोगों के चेहरे पर खुशहाली लाने के बजाय लोगों में भय और दहशत पैदा करते थे कि पता नहीं कब क्या हो जाए, लेकिन जब से हमारी सरकार आई तब से पर्व और त्यौहार बहुत शान्तिपूर्ण ढंग से सम्पन्न हुए। इस दौरान प्रदेश के अन्दर नगर निकाय के चुनाव हुए। शान्तिपूर्ण ढंग से नगर निकाय के चुनाव सम्पन्न हुए।

जनता की सुरक्षा सरकार की प्रतिबद्धता

अध्यक्ष जी, मैंने प्रस्ताव अभी माननीय सदन के सम्मुख रखा है, जो उत्तर प्रदेश संगठित अपराध नियन्त्रक विधेयक, 2017 के बारे में है। इस माननीय सदन ने 21 दिसम्बर को यह विधेयक पारित किया था। उसके उपरान्त विधान परिषद् में यह विधेयक गया था। विधान परिषद् में किन्हीं कारणों से यह विधेयक अस्वीकार हुआ। पुनः विधानसभा में पारित करने के लिए प्रस्तुत विधेयक पर मुझे कुछ बातें केवल इस रूप में करनी है कि भारत सरकार ने 1990 के दशक के प्रारम्भ में उत्तर प्रदेश के अन्दर के एक गठजोड़ का खुलासा करवाया था। एक कमेटी गठित की थी। जिसने राजनेताओं, भ्रष्ट प्रशासनिक तन्त्र और माफिया गिरोहों के आपसी साँठ-गाँठ से सुरक्षा को होने वाली व्यापक क्षति के बारे में स्पष्ट चेतावनी दी थी। आज यह जो संगठित अपराध है, यह केवल एक जनपद का विषय नहीं रहा, एक राज्य का विषय नहीं रहा, बल्कि एक राष्ट्रीय, अन्तर्राष्ट्रीय विषय बन चुका है। आपने कल ही देखा होगा कि ए०टी०एस० ने टेरर फण्डिग के एक बहुत बड़े खुलासे का रहस्योद्घाटन किया है। इससे पहले भी साइबर क्राइम के बारे में बहुत सारी ऐसी बातें इस सदन के सामने और हम सब के सामने आती रही हैं, जिसका शिकार समाज का आम नागरिक ही नहीं, बल्कि समाज का प्रबुद्धजन भी और माननीय जनप्रतिनिधिगण भी समय-समय पर होते रहे हैं। इन सब को देखते हुए अपराध की प्रकृति, अपराध का दायरा बढ़ने के साथ-साथ प्रदेश में भी संगठित अपराध पर प्रभावी नियन्त्रण करने के लिए एक अधिनियम की आवश्यकता बहुत दिनों से महसूस की जा रही है क्योंकि बार-बार सार्वजनिक

जीवन में कार्य करने वाले जनप्रतिनिधि के ऊपर जो टिप्पणियाँ होती हैं, जिस प्रकार के माहौल में उन्हें कार्य करना होता है, उन स्थितियों में आवश्यक है कि कोई भी लोक कल्याणकारी सरकार उस प्रदेश की जनता की सुरक्षा के प्रति पूरी प्रतिबद्धता के साथ कार्य करे। अपनी उसी प्रतिबद्धता को दोहराते हुए हम लोग पुनः यहाँ पर इस विधेयक को ले करके आए हैं। उत्तर प्रदेश देश का सबसे बड़ा राज्य है। विभिन्न प्रदेशों से हमारी सीमायें मिलती हैं। हमारे प्रदेश की एक बड़ी सीमा नेपाल से भी मिलती है। सीमाएँ खुली हैं, उन खुली हुई सीमाओं और प्रदेश और देश के रिश्तों को देखते हुए आज आवश्यकता है, एक ऐसे कानून की जो कानून संगठित अपराध में संलिप्त तत्वों पर कठोरता तो कर ही सके साथ ही साथ आम जनमानस को बिना भेदभाव के सुरक्षा की गारण्टी भी दे सके। इस दृष्टि से प्रदेश के अन्दर पिछले एक वर्ष के दौरान एक माहौल देने का कार्य हुआ है। मुझे बताते हुये प्रसन्नता है कि जो प्रयास इस दौरान हमारी सरकार ने प्रदेश के अन्दर किए, उसके बहुत अच्छे परिणाम भी सामने आए हैं। लेकिन उस सबके बावजूद इस बात को महसूस किया जा रहा है कि उत्तर प्रदेश जैसे राज्य के लिए अपराध पर पूर्ण नियन्त्रण करने के लिए एक कठोर कानून की आवश्यकता है। एक वर्ष के दौरान सभी पर्व और त्यौहार प्रदेश के अन्दर सकुशल सम्पन्न हुए।

अभी हाल ही में रामनवमी का पर्व मनाया गया, वासन्तीय नवरात्रि का पर्व बहुत शान्तिपूर्ण ढंग से, सौहार्दपूर्ण तरीके से पूरे प्रदेश के अन्दर सम्पन्न हुआ। भगवान राम की जन्मभूमि उत्तर प्रदेश है। उत्तर प्रदेश में बहुत अच्छे ढंग से और शान्तिपूर्ण ढंग से पर्व मनाया गया है। मैं इस बात को कह सकता हूँ कि पिछले एक वर्ष के दौरान इस प्रदेश में पर्व और त्यौहार लोगों के चेहरे पर खुशहाली लाने के बजाय लोगों में भय और दहशत पैदा करते थे कि पता नहीं कब क्या हो जाए, लेकिन जब से हमारी सरकार आई तब से पर्व और त्यौहार बहुत शान्तिपूर्ण ढंग से सम्पन्न हुए। इस दौरान प्रदेश के अन्दर नगर निकाय के चुनाव हुए। शान्तिपूर्ण ढंग से नगर निकाय के चुनाव सम्पन्न हुए। अन्य उपचुनाव भी बहुत शान्तिपूर्ण ढंग से सम्पन्न हुए। प्रदेश के अन्दर एक जवाबदेही

का शासन लाने का प्रयास हुआ है। पेट्रोलिंग के लिए पुलिस को बाध्य किया गया है। डायल-100 की गाड़ियाँ जो वसूली के लिए कुख्यात हो चुकी थीं, उनकी जवाबदेही सुनिश्चित की गई है। उनमें मैनपावर और टू-व्हीलर्स बढ़ाए गए। उसका परिणाम है कि इस दौरान प्रदेश के अन्दर डकैती के मामलों में कमी आई, हत्या के मामलों में कमी आई, रोड-होल्ड-अप के मामलों में कमी आई, फिरौती के प्रकरण में कमी आई, अनुसूचित जातिजनजाति के व्यक्तियों पर घटित होने वाली घटनाओं में काफी कमी आई और आगजनी की घटनाओं में भी काफी कमी पूरे प्रदेश के अन्दर देखने को मिली है।

पुलिस ने अपनी प्रभावी भूमिका का निर्वहन किया है। इस दौरान कुख्यात अपराधियों से आपसी मुठभेड़ में भी काफी बड़ी मात्रा में कार्रवाई पुलिस ने की है। 188 अपराधियों पर एन०एस०ए० की कार्रवाई हुई। 177 अपराधियों के विरुद्ध गैंगेस्टर एक्ट के अन्तर्गत कार्रवाई करते हुए लगभग 150 करोड़ रुपये से अधिक की सम्पत्ति की जब्ती की कार्रवाई भी पुलिस ने इस दौरान प्रदेश के अन्दर की। पुलिस की जो व्यापक कार्रवाई हुई है, इसमें अवैध आग्नेय शस्त्र भी पुलिस ने बरामद किए। जिनमें फैक्ट्री निर्मित बन्दूक 106, पिस्टल 97, रिवॉल्वर 57, रायफल 74, एस०एल०आर० 1, कार्बाइन 1, बड़ी मात्रा में कारतूस और डेटोनेटर बरामद हुए हैं। देशी निर्मित 141 बन्दूकें भी बरामद हुईं, पिस्टल 12732 बरामद हुईं, रिवॉल्वर 527 बरामद हुए, रायफल 105 बरामद हुई, स्टेनगन 3 बरामद हुईं और तमाम प्रकार के अन्य आग्नेय शस्त्र भी उन माफिया और आपराधिक गिरोहों से पुलिस ने बरामद करने में सफलता प्राप्त की। थ्री नॉट थ्री की जो रायफल थी 58547, इसके बदले हम लोगों ने आधुनिक इन्सास रायफल पुलिस को उपलब्ध करवाने में भी सफलता प्राप्त की है। प्रदेश के अन्दर इस दौरान आतंकवादी निरोधक दस्ता ए०टी०एस०, इसकी स्ट्रेन्थनिंग की कार्रवाई भी हुई। वर्षों से इनकी माँग के अनुरूप जो पदों का सृजन होना चाहिए था, 316 पदों का सृजन वहाँ पर प्रदेश सरकार ने किया, बजट आवंटन की कार्रवाई हुई। साथ-साथ ए०टी०एस० की कार्रवाई में आई०एस०आई०एस० से लश्कर-ए-तैय्यबा,

बब्बर-खालसा और अन्य आतंकी समूहों से जुड़े हुए आतंकियों के खिलाफ प्रभावी ढंग से कार्रवाई करते हुए उनकी गिरफ्तारी भी करने में ए०टी०एस० को सफलता प्राप्त हुई। एस०टी०एफ० ने भी इस दौरान बहुत प्रभावी कार्रवाई की, एस०टी०एफ० के पुनर्गठन की कार्रवाई भी हम लोगों ने की, जिसमें 267 जो अतिरिक्त पद सृजित होने थे, उस कार्रवाई को पूरा करते हुए उनकी जो अन्य आवश्यकताएँ थीं, उन आवश्यकताओं को पूरा किया गया। जिसके कारण बहुत प्रभावी कार्रवाई एस०टी०एफ० ने इस दौरान की। जिसमें 706 कुख्यात अपराधियों की गिरफ्तारी, 57 पुरस्कार घोषित अपराधियों के खिलाफ भी कार्रवाई हुई। एस०टी०एफ० की कार्रवाई में पाँच दुर्दान्त अपराधी भी मुठभेड़ में एस०टी०एफ० के हाथों मारे गए। प्रदेश के अन्दर संगठित अपराध को नियन्त्रित करने के लिए जो हो सकता था, एस०टी०एफ० ने किया। इस दौरान 846.63 किलोग्राम चरस, 7268.6 किलोग्राम गाँजा, 3712 पोस्ता डोडा और 3.47 किलोग्राम हीरोइन, 403 अवैध अस्त्र, 6669 अवैध कारतूस एवं बड़ी मात्रा में अवैध शराब और 90 चार पहिया वाहन, 38 ट्रक, 57 दो पहिया वाहन भी एस०टी०एफ० ने बरामद किए और लगभग 95 लाख 62 हजार 4 सौ रुपये भी एस०टी०एफ० ने इस दौरान बरामद किए।

प्रदेश के अन्दर जब भी कोई प्राकृतिक आपदा आती थी तो हम लोगों को एन०डी०आर०एफ० या फिर आर्मी पर निर्भर होना पड़ता था। पी०ए०सी० की जो फ्लड यूनिट थी, लगभग-लगभग प्रदेश के अन्दर समाप्त कर दी गई थी। हम लोगों ने प्रदेश के अन्दर स्टेट डिजास्टर मैनेजमेण्ट फोर्स का गठन करने के लिए फिर से प्रयास किया है। एस०डी०आर०एफ० के नई कम्पनियों के गठन की प्रक्रिया हम लोगों ने आगे बढ़ाई है। किसी भी प्रकार की प्राकृतिक आपदा से प्रदेश अपनी पुलिस और अपने फोर्स के माध्यम से उनसे निपटने में सक्षम हो सके, यह कार्यवाही हमारी आगे बढ़ चुकी है। उनकी कम्पनियों की ट्रेनिंग वर्तमान में चल रही है। एक ओर जहाँ प्रदेश के परसेप्शन को बदलने में बहादुर जवानों ने अच्छा प्रयास प्रारम्भ किया है, वहीं दूसरी ओर शहीद होने वाले जवानों के बारे में भी प्रदेश सरकार ने कार्य किया है और इस दिशा

में उत्तर प्रदेश पुलिस के शहीद होने वाले जवानों की जो अनुग्रह राशि थी, उसको हमारी सरकार ने 20 लाख से बढ़ा करके 40 लाख किया है। उनके माता-पिता को मिलने वाली जो राशि 5 लाख थी उस राशि को बढ़ा करके हम लोगों ने 10 लाख रुपये किया है।

वर्षों से जवानों को मिलने वाली पौष्टिक आहार भत्ते की जो राशि थी, उसमें बढ़ोत्तरी नहीं हो पाई थी। हमारी सरकार ने इस भत्ते की राशि को 950 रुपये से बढ़ाकर 1350 रुपये किया है। मुख्य आरक्षी और आरक्षियों को मिलने वाली राशि को 1000 रुपये से बढ़ाकर 1500 रुपये किया है। उप-निरीक्षक और लिपिक संवर्ग के लिए 900 रुपये से बढ़ाकर 1200 रुपये की व्यवस्था की है। डी०जी०पी० की प्रशंसा के जो मेडल हैं, इनकी संख्या 200 से बढ़ा करके 900 की गई है। जिससे पूरे प्रदेश के अन्दर अधिक से अधिक लोग इससे लाभान्वित हो सकें। मुझे बताते हुए प्रसन्नता हो रही है कि उत्तर प्रदेश पुलिस को एक वर्ष के दौरान देश के अन्दर चार अवॉर्ड भी प्राप्त हुए हैं। जिसमें फिक्की अवॉर्ड और बेस्ट प्रैक्टिसेज इन स्मार्ट पुलिसिंग, 2017 में पुलिस एक्सीलेंस अवॉर्ड उत्तर प्रदेश पुलिस को मिला है। सोशल मीडिया फॉर इम्पावरमेण्ट डिजिटल इनऐबल अवॉर्ड उत्तर प्रदेश पुलिस को प्राप्त हुआ है। पुलिस के जवानों के लिए भी जो अन्य सुविधाएँ होनी चाहिए थी, इसके लिए भी हम लोगों ने प्रदेश के अन्दर कार्य किया है। उनके लिए 10 साधारण बैरक, सात क्राइम ब्रांच, 87 महिला बैरक और दो महिला प्रशासनिक भवन, 13 थानों के प्रशासनिक भवन, 195 हॉस्टल, दो पुलिस चौकी प्रशासनिक भवन, ग्यारह अग्निशमन केन्द्र, 100 आवासीय भवन, 46 आगन्तुक कक्ष तथा अन्य कुल 523 भवनों के कार्य को भी इस दौरान उत्तर प्रदेश पुलिस की दृष्टि से बना करके पूरा किया गया है।

मुझे बताते हुए प्रसन्नता है कि भारत सरकार ने देश के अन्दर टॉप के सबसे बेस्ट जो 10 थानों का चयन किया था, उसमें से दो उत्तर प्रदेश के थाने थे। उसमें से एक लखनऊ का गुडम्बा थाना, यह तीसरे नम्बर पर रहा और दूसरा मैनपुरी का घिरौर थाना। यह दो थाने देश के अन्दर सर्वोच्च थाने माने गए।

प्रदेश के अन्दर इस दौरान बजट में भी हम लोगों ने कुछ व्यवस्थाएँ करने का प्रयास किया है। खासतौर पर अग्निशमन की दृष्टि से अक्सर मा० विधायकगण एक बात की चर्चा करते थे कि फायर टेण्डर की स्थापना हो। यह सीजन है और रोज अग्निकाण्ड की घटनाएँ हो रही हैं। मुझे बताते हुए प्रसन्नता है कि इस बार हम लोगों ने प्रदेश के अन्दर 130 तहसीलें ऐसी हैं, जहाँ पर फायर टेण्डर नहीं है। हम इस बजट में 52 तहसीलों में फायर टेण्डर की स्थापना करने जा रहे हैं। उसके लिए धनराशि की व्यवस्था हम लोगों ने कर दी है। हम लोगों का प्रयास है कि प्रत्येक थाने में बेहतर पुलिसिंग के लिए उनके पास अच्छे वाहन होने चाहिए। इस बार हम लोग हर थाने में दो-दो वाहन उपलब्ध कराने जा रहे हैं। जिससे जनता को बेहतर सुरक्षा उपलब्ध कराने में पुलिस सफल हो सके। विधि विज्ञान प्रयोगशालाओं के निर्माण की कार्यवाही के लिए भी हम लोगों ने प्रदेश के बजट में बेहतर व्यवस्था उपलब्ध करवाई है। पुलिस आधुनिकीकरण के साथ हम लोगों ने इसको जोड़ने का प्रयास किया है। जो हमारे विपक्ष के मित्रों की अनावश्यक एक आशंका है। उनको बोलने का अधिकार है। लेकिन विरोध के लिए विरोध हो, मुझे लगता है कि यह उचित नहीं है।

प्रदेश की जनता की सुरक्षा की प्रतिबद्धता जनता के द्वारा चुने गए हर जनप्रतिनिधि का दायित्व है। यह हमारी प्राथमिकता होनी चाहिए। लेकिन जनता के प्रति सहानुभूति की बजाय जब हम अपराधियों के लिए सहानुभूति व्यक्त करते हैं, घोषित माफियाओं का महिमामण्डन करने का प्रयास करते हैं, स्थिति तब बिगड़ती है। मैं यही अपील कर रहा हूँ कि यू०पी० कोका का जो यह कानून हम ले करके आए हैं, यह अधिनियम देश के अन्दर बने किसी भी उस प्रकार के कानून से बेहतर कानून होने जा रहा है। इसकी व्यापक सम्भावना है। मैंने पिछली बार भी इस सम्बन्ध में अपने भाषण में यहाँ पर इस सदन के सामने प्रस्तुत किया था। 1986 के गैंगेस्टर एक्ट की तुलना में क्यों हमें यू०पी० कोका को लाने की आवश्यकता महसूस हुई है। मैंने पिछली बार सदन में हुई चर्चा में इस बात को उस समय भी रखा था। यू०पी० कोका का

महाराष्ट्र या कर्नाटक के कानून के साथ तुलनात्मक अध्ययन भी हम लोगों ने सदन के सम्मुख प्रस्तुत किया था। मैं चाहूँगा कि यह प्रदेश के हित में हो। संगठित अपराध या फिर किसी भी प्रकार के उस अपराध को जो प्रदेश के अन्दर माहौल खराब करता है, प्रदेश के परसेप्शन को खराब करता है, प्रदेश की गलत छवि देश और दुनिया के सामने प्रस्तुत करता है, इसमें चाहे वह बाहुबल के आधार पर ठेकों का हथियाना हो, फिरौती के लिए अपहरण हो, अवैध खनन या अवैध शराब व्यवसाय हो, संगठित रूप से वनों की अवैध कटान का मामला हो, नकली दवाओं का उत्पादन व वितरण का मामला हो, गैर-कानूनी तरीके से सरकारी सम्पत्तियों को हड़पना, कब्जा करना, रंगदारी टैक्स वसूलना तमाम ऐसे कृत्य हैं जिसके कारण प्रदेश की छवि खराब होती है। किसी भी ऐसे अपराध को जिससे राष्ट्रीय सुरक्षा को खतरा पैदा होता हो, इन सबको इस दायरे में लाने का प्रयास किया गया है और इसमें बहुत अच्छी व्यवस्थाएँ दी गई हैं। कोई इसका दुरुपयोग नहीं कर सकता। इसमें इसीलिए इसके बारे में पूरी व्यवस्था दे दी गई है कि इस अधिनियम में अभियोग उन्हीं व्यक्तियों के विरूद्ध पंजीकृत किया जाएगा जिनके विरूद्ध 5 वर्ष के भीतर एक से अधिक अभियोग में आरोप-पत्र प्रेषित किए गए हों और सक्षम न्यायालय द्वारा उन पर चार्ज फ्रेम किया गया हो। इस अधिनियम के अन्तर्गत पंजीकृत होने वाला जो अभियोग है उसके लिए कमिश्नर और परिक्षेत्र के आई०जी० या डी०आई०जी० स्तर के अधिकारी का अनुमोदन आवश्यक है। अभियोग पंजीकृत होने के बाद विवेचना के उपरान्त आरोप-पत्र निर्गत करने से पूर्व जोनल स्तर पर आई०जी० या ए०डी०जी० स्तर के अधिकारी से फिर अनुमति लेना अनिवार्य होगा। यह व्यवस्था भी इसमें की गई है। संगठित अपराध करने वाले गिरोह पर नियन्त्रण और उनकी गतिविधियों पर निगरानी हेतु प्रमुख सचिव, गृह की अध्यक्षता में एक तीन सदस्यीय कमेटी गठित की गई है। जिला स्तर पर जिलाधिकारी की अध्यक्षता में एक कमेटी गठित की गई है। माननीय उच्च न्यायालय के एक सेवानिवृत्त न्यायाधीश की अध्यक्षता में एक अपीलीय प्राधिकरण का गठन भी इसमें करने की व्यवस्था की गई है

जिसमें महानिदेशक स्तर का एक पुलिस का अधिकारी होगा और एक प्रमुख सचिव स्तर का शासन के द्वारा नामित अधिकारी होगा। इस अधिनियम के अन्तर्गत जो भी अभियोग होगा उस अभियोग की सुनवाई के लिए विशेष न्यायालय के गठन का प्राविधान है।

तमाम प्रकार की व्यवस्थाएँ दी गई हैं, जिससे कहीं भी कोई भी व्यक्ति इस कानून का दुरुपयोग नहीं कर सकता है। विधान परिषद् में जब यह अधिनियम यहाँ से पारित होने के बाद गया था तो विधान परिषद् ने प्रवर समिति को इसको रेफर किया था। प्रवर समिति की बैठक में न कोई संशोधन किसी सदस्य ने दिया था और न ही कोई ऐसी बात वह लोग सामने लेकर आए थे। जिसके बाद प्रवर समिति ने कोई भी संशोधन इसमें प्रस्तावित न होने के बाद इसको यथारूप विधान परिषद् को वापस किया था। संगठित अपराध में राष्ट्रीय सुरक्षा के साथ छेड़-छाड़ करने वाले तत्व समाज की व्यवस्था और सुरक्षा के साथ खिलवाड़ करने वाले तत्वों के साथ यह कानून उपयोग में लाया जा सके। प्रदेश के अन्दर हम एक बेहतर सुरक्षा का वातावरण दे सकें, समाज के अन्तिम पायदान पर खड़े हुए लोगों को भी न्याय मिल सके इस दृष्टि से इस अधिनियम को पुनः मैं इस सदन में प्रस्तुत कर रहा हूँ। मैं अपील करूँगा कि जिस रूप में इस सदन ने इस अधिनियम को पारित किया था, उसको उसी रूप में पुनः पारित करके प्रदेश के अन्दर व्यापक सुरक्षा का वातावरण बनाने में पूरा सदन इसमें अपना योगदान दे। बहुत-बहुत धन्यवाद!

माननीय अध्यक्ष जी, नेता प्रतिपक्ष और बसपा तथा कांग्रेस के माननीय नेताओं ने जो बातें यहाँ रखी हैं, उससे उनकी खिसियाहट को समझा जा सकता है। जिस प्रकार की तथ्यहीन बातों को उन्होंने यहाँ पर इस सदन में रखा है, इससे सदन की गरिमा बढ़ी नहीं, बल्कि घटी ही है और उनमें जवाब सुनने का सामर्थ्य भी नहीं है इसलिए सदन से वॉक आउट करते हैं। जो भी अधिनियम संगठित अपराध को नियन्त्रित करने की दृष्टि से लाया गया है, वह संविधान-सम्मत है, जनहित में लाया गया है, प्रदेश की सुरक्षा को सर्वोच्च प्राथमिकता देते हुए लाया गया है। लोकतंत्र की बात वे करते हैं, जिन्होंने

लोकतंत्र की सर्वाधिक धज्जियाँ उड़ाई हैं, वे लोकतंत्र की दुहाई देते हैं। लोकतंत्र को जिन्होंने लूटतंत्र बना दिया था, वे लोकतंत्र की दुहाई देते हैं। मुझे कभी-कभी अफसोस होता है कि जर्मनी का समाजवाद नजीरवाद में बदल गया था। इटली के प्रति मोह रखने वाले जो हमारे मित्र हैं उनका समाजवाद फासीवाद में बदल गया था। उत्तर प्रदेश का समाजवाद परिवारवाद में बदल गया है। यह हर व्यक्ति जानता है।

राजनीति का अपराधीकरण और अपराधियों का राजनीतिकरण किसने किया है, यह पूरा देश और पूरी दुनिया जानती है। प्रदेश के अन्दर जो अच्छा हो सकता था, वह सरकार ने किया है और उस अच्छे में भी अच्छा होने की जो गुंजाइश है, उस ओर अच्छे के लिए हम लोगों ने इस कानून को लाने की आवश्यकता महसूस की है और सारी बातें स्पष्ट कर दी हैं। अपराध में संलिप्त तत्व का सहयोगी कोई भी हो, मुझे लगता है कि वह भी उसके दायरे में आएगा। संगठित अपराध के बारे में बहुत स्पष्टता के साथ कहा गया है। खासतौर पर किसी व्यक्ति द्वारा अकेले या संयुक्त रूप से या संगठित अपराध, सिंडीकेट के सदस्य के रूप में या किसी ऐसे सिंडीकेट के निमित्त हिंसा का प्रयोग या हिंसा, दबाव या धमकी, प्रलोभन या लालच के साधन द्वारा आर्थिक लाभ प्राप्त करने के उद्देश्य से स्वयं के लिए या किसी अन्य व्यक्ति के लिए अन्य लाभ या बगावत को बढ़ावा देने के लिए, अन्य अवैध साधनों से किसी अवैध क्रियाकलाप को जारी रखना, आतंक फैलाना, बलपूर्वक या हिंसा द्वारा सरकार को उखाड़ फेंकने के लिए विस्फोटकों या आग्नेयास्त्र, अन्य हिंसात्मक साधनों का प्रयोग करके जीवन या सम्पत्ति को नष्ट करना, राष्ट्र विरोधी हिंसात्मक गतिविधियों में लिप्त होना या सरकार या अन्य लोक प्राधिकार को मृत्यु या बर्बादी की धमकी देकर फिरौती के लिए बाध्य करना। अगर इन सभी घटनाओं को ये लोग जायज मानते हैं, अपने संस्कारों से ये लोग मानेंगे भी लेकिन कोई भी लोक कल्याणकारी सरकार और लोकतान्त्रिक सरकार इस प्रकार के कृत्यों को जायज नहीं मान सकती है। इसके लिए एक कठोर कानून की आवश्यकता आवश्यक है। फिरौती के लिए किसी को अगवा करना या अपहरण करना,

किसी सरकारी, जिसमें केन्द्र सरकार भी है, ठेके में स्थानीय निकाय, सरकारी उपक्रम या सार्वजनिक क्षेत्र की कम्पनी या सरकारी निकाय, अन्य प्राधिकरण या निजी कम्पनी, फर्म या संगठन के ठेके में बोली लगाने से, हिस्सा लेने से किसी अन्य अवैध साधन द्वारा शक्ति या शक्ति प्रदर्शन से किसी को रोकना, धन देकर किसी व्यक्ति को जान से मारना या मरवाना, रिक्त सरकारी या निजी भूमि या विवादित भूमि या भवन पर शक्तिपूर्वक जाली दस्तावेज के द्वारा अवैध कब्जा करना, बाजारों, फुटपाथ विक्रेताओं, मण्डियों, ठेकेदारों और व्यवसाय करने वालों से अवैध रूप से धन संग्रह करना। यानी ये समाज के अन्तिम व्यक्ति को भी सुरक्षा की गारण्टी देने वाला, फुटपाथ पर जो भी ठेला, रेहड़ी लगाते हैं, जो लोग शक्ति के बल पर उनसे अवैध धन दोहन करते हैं, ऐसे तत्वों के खिलाफभी इस प्रकार की कार्यवाही करने, मनीलॉण्ड्रिग का अपराध करना जैसा कि 'प्रिवेन्शन ऑफमनी लॉण्ड्रिग एक्ट 2002' में पारिभाषित है, जाली दवाओं या जो अवैध शराब है, उसका विक्रय करना या उसका निर्माण करना, अब इस प्रकार के कृत्यों को भी यह लोग जायज ठहरा रहे हैं। मुझे लगता है कि कहीं न कहीं प्रदेश के हित में हम लोगों ने व्यापक जनहित को ध्यान में रखकर इस कानून की आवश्यकता महसूस की है।

मैं आज के इस अवसर पर एक बार पुनः आपसे अपील करूँगा कि विधान परिषद् में कोई संशोधन नहीं है। उन्होंने पूरे विधेयक पर बिना किसी चर्चा को वहाँ पर महत्व दिए हुए, उसको निरस्त कर दिया है। हम चाहेंगे कि विधानसभा में यह पुनः पारित करके प्रदेश की आम जनता को सुरक्षा प्रदान करने की दृष्टि से बनाए गए इस कानून में हम सबको सहयोगी बनना चाहिए, इसलिए हमने यह विधेयक यहाँ पर प्रस्तुत किया है।

सन्दर्भ : 27 मार्च, 2018, उत्तर प्रदेश संगठित अपराध नियन्त्रण विधेयक, 2017 पर चर्चा।

मैं चाहूँगा कि कार्यक्रमों में आपकी सहभागिता भी होनी चाहिए। लोकार्पण के कार्यक्रमों में दलीय भावना से ऊपर उठकर आप लोग भी जाएँ। इस प्रकार का हम लोग एक शासनादेश पुनः जारी करेंगे कि जिनकी विधानसभा है, लोकसभा है, उन सब में नाम सब के आएँ। सम्मान सभी जनप्रतिनिधियों को समान रूप से मिलना चाहिए। यह व्यवस्था लागू होगी और पूरी प्रतिबद्धता के साथ लागू होगी। किसी प्रशासनिक अधिकारी के द्वारा कोई कार्यक्रम का उद्घाटन या शिलान्यास न हो, बल्कि जनप्रतिनिधि ही उसका शिलान्यास या उद्घाटन करें।

दलीय भावना से ऊपर उठकर विकास कार्यों में जनप्रतिनिधियों की सहभागिता आवश्यक

माननीय जनप्रतिनिधियों की जिम्मेदारी को और उनके ऊपर जितना वर्कलोड है, उसको भी हम बहुत अच्छी तरह समझते हैं। जनप्रतिनिधि कोई भी हो, इस पक्ष का हो, उस पक्ष का हो, जनता के प्रति जवाबदेह है। उसके पास अधिकार नहीं है, लेकिन जवाबदेही उसकी हो जाती है।

अगर न भी बने तो 5 साल में चुनाव के समय जनता के प्रति अपनी जवाबदेही के लिए उन्हें जाना ही पड़ता है। एक बहुत बड़ी जिम्मेदारी है। लेकिन उस सबके बावजूद मुझे लगता है कि हम लोगों को अपनी सुविधाओं की माँग स्वयं नहीं करनी चाहिए क्योंकि इस पर टोका-टाकी होती है, टिप्पणियाँ होती हैं, लोगों को दस प्रकार से ऊँगली उठाने का अवसर प्राप्त होता है। यह एक ऐसी स्थिति है कि जवाबदेही भी होती है, लेकिन जवाबदेही के साथ-साथ जब हम लोग अपनी मांग को स्वयं रखने का प्रयास करते हैं तो हम लोगों को कठघरे में भी खड़ा किया जाता है। माननीय सुरेश श्रीवास्तव जी बहुत वरिष्ठ सदस्य हैं, एक अनुभवी सदस्य हैं। उन्होंने कुछ बातें यहाँ पर रखी हैं। मुझे लगता है कि बहुत सारे हमारे विपक्ष के मित्रों को तो प्लॉट की आवश्यकता ही नहीं होनी चाहिए, उनके यहाँ कोठियाँ पहले से बनी हुई हैं। लेकिन नए सदस्यों को सचमुच कठिनाई होगी। उसके लिए क्या नियम बन सकते हैं, क्या व्यवस्थाएँ बन सकती हैं, विषय पर आने वाले समय में सरकार विचार कर सकती है। क्योंकि अभी तो हमें 2022 तक प्रदेश के अन्दर हर गरीब के सिर को छत उपलब्ध करवाना है। हमारी पहली प्राथमिकता होगी कि हर

गरीब को सिर ढ़कने हेतु आदरणीय प्रधानमंत्री जी की मंशा के अनुरूप एक आवास उपलब्ध करवाना है। 8 लाख 85 हजार आवास इस साल 2017–18 में दिए थे और 10 लाख का नया प्रस्ताव हम लोग लेकर आए हैं। माननीय विधायकों को तो लखनऊ में आवास मिला ही है। माननीय संसदीय कार्य मंत्री जी ने सभी को आवास उपलब्ध कराए हैं। कुछ बहुत महत्वपूर्ण और मामले माननीय विधायकों के हैं। एक अच्छा प्रस्ताव उन्होंने रखा कि विधायक निधि को अगर समाप्त कर दिया जाए और विधायकों को एक सुनिश्चित राशि दे दी जाए, मुझे लगता है कि इस पर जरूर विचार करना चाहिए। विकास के लिए एक सुनिश्चित राशि हो। लेकिन जब तक विचार नहीं होता है, जब तक यह व्यवस्था नहीं होती है, तब तक विधायक निधि चलेगी। विधायक निधि क्षेत्रीय निधि है। इसमें कुछ आवश्यक संशोधन भी किए जाने की आवश्यकता है। उसमें तात्कालिक रीति से मुझे लगता है कि एक प्रस्ताव उनका बहुत अच्छा था कि हम इसको समाप्त करके उनके प्रस्तावों को लेकर, उन पर कार्य प्रारम्भ करें। बहुत अच्छी व्यवस्था होगी अगर इस पर पूरा सदन सहमत हो। हमें इस दिशा में आगे बढ़ने के लिये प्रयास करना चाहिए। एक तन्त्र विकसित करना चाहिए। नोडल एजेन्सी तय कर लें। उस नोडल एजेन्सी के माध्यम से माननीय विधायकों के प्रस्तावों पर एक समयबद्ध ढंग से कार्य की क्वालिटी को बनाते हुए कार्य सम्पन्न किए जाने चाहिए।

प्रदेश के अन्दर लोकार्पण या शिलान्यास का कोई कार्यक्रम होगा। उसमें दो–तीन चीजें स्पष्ट हैं कि किसी भी जनपद में कोई भी कार्यक्रम हो, अगर प्रदेश सरकार का या केन्द्र सरकार का कोई माननीय मंत्री वहाँ जाता है, तो माननीय मंत्री मुख्य अतिथि हैं, तो माननीय सांसद से आप अध्यक्षता करवा लें। माननीय विधायकगण विशिष्ट अतिथि के रूप में वहाँ पर रहें और पत्थरों में, शिलापट में उनका नाम आना चाहिए। मैं चाहूँगा कि कार्यक्रमों में आपकी सहभागिता भी होनी चाहिए। लोकार्पण के कार्यक्रमों में दलीय भावना से ऊपर उठकर आप लोग भी जाएँ। इस प्रकार का हम लोग एक शासनादेश पुनः जारी करेंगे कि जिनकी विधानसभा है, लोकसभा है, उन सब में नाम सब के आएँ।

सम्मान सभी जनप्रतिनिधियों को समान रूप से मिलना चाहिए। यह व्यवस्था लागू होगी और पूरी प्रतिबद्धता के साथ लागू होगी। किसी प्रशासनिक अधिकारी के द्वारा कोई कार्यक्रम का उद्घाटन या शिलान्यास न हो, बल्कि जनप्रतिनिधि ही उसका शिलान्यास या उद्घाटन करें। यह महत्वपूर्ण है और यह होना चाहिए। इसको हम लोग लागू किए हैं और करेंगे भी। लेकिन दो चीजें थीं, एक– इस पर हाउस कोई एक राय बना लेता है, एक सुनिश्चित राशि के बारे में, वह भी बनाया जाना चाहिए। जब तक नहीं बनता है, मैं चाहूँगा कि तब तक हम लोग विधायक निधि की राशि को डेढ़ करोड़ से बढ़ा करके दो करोड़ फिलहाल करते हैं।

मैं सभी मा० विधायकों को इस बात से आश्वस्त करता हूँ कि जो राशि की बढ़ोत्तरी हुई है, उसको इस रूप में पहले स्वीकार करें। जी०एस०टी० से उसको हम मुक्त करेंगे। जी०एस०टी० की राशि की व्यवस्था हम अलग से करेंगे। सौ–सौ हैण्डपम्प की व्यवस्था प्रत्येक मा० विधायक को अतिरिक्त हम लोग देंगे।

जुलाई में जो घोषणा की गई थी, उसके अनुरूप अभी 40 प्रतिशत हैण्डपम्प के प्रस्ताव भी नहीं जा पाए हैं। हैण्डपम्प केवल ग्रामीण क्षेत्र के लिए ही नहीं हैं, शहरी क्षेत्र के लिए भी हैं। मैं चाहूँगा कि सभी मा० विधायक अपने प्रस्ताव जल्दी भेजें, जिससे हैण्डपम्प स्थापित हो सकें। शहरी क्षेत्र में हम लोग एक व्यवस्था और देंगे कि जहाँ पर हैण्डपम्प की आवश्यकता नहीं है या हैण्डपम्प वहाँ पर ठीक ढंग से कार्य नहीं कर सकते, दो हैण्डपम्प को मिला करके एक सबमर्सिबल लगाने की व्यवस्था भी हम लोग इसके माध्यम से उनको उपलब्ध कराएँगे।

जनता जब जनप्रतिनिधियों के पास जाएगी, तो उनके पास कुछ होना चाहिए कि वह अपने अनुसार उन क्षेत्रों में हैण्डपम्प दे सकें या सबमर्सिबल की व्यवस्था कर सकें इस दृष्टि से यह व्यवस्था हम लोग दे रहे हैं। पिछले प्रस्ताव को भी अगर आप ले लें, जुलाई में जो हम लोगों ने घोषित किया था, उन सबको भी ले लें तो एक बड़ी संख्या हमारे पास अभी भी है। यह दोनों

सदनों के लिए है। विधानसभा और विधान परिषद् दोनों सदनों में बराबर लागू होगी। 503 सदस्यों को हम यह सुविधा दे रहे हैं। प्रदेश के अन्दर बड़ी मात्रा में हैण्डपम्प लगेंगे, तो काफी राहत आम पब्लिक को मिल सकती है लेकिन युद्ध स्तर पर इसे करना होगा। समय पर हमें प्रस्ताव देने होंगे। प्रयास होने चाहिए कि हैण्डपम्प जहाँ लगें, वह सार्वजनिक भूमि पर हो, सार्वजनिक स्थल हो, व्यक्तिगत घर पर न हो। क्योंकि जब हम किसी के व्यक्तिगत घर में देंगे तो फिर अन्य लोग उससे वञ्चित होंगे। सार्वजनिक स्थान पर अगर हम इस सुविधा को देते हैं, तो आमजन उससे लाभान्वित होता है।

यह व्यवस्था शहर और ग्रामीण दोनों में बराबर लागू होनी चाहिए। ई–टेण्डरिंग में इमरजेन्सी के कार्यों को करने में कभी–कभी कठिनाई होती है। कोई वी०आई०पी० मूवमेण्ट होता है, इमरजेन्सी में कोई कार्य करना होता है, एक लाख तक की हमारी सीमा है और एक लाख की सीमा के ऊपर के लिए ई–टेण्डरिंग होना, एक लम्बी प्रक्रिया उसमें हो जा रही है, जिससे इमरजेन्सी में कोई भी कार्य तत्काल वहाँ पर नहीं हो पा रहे हैं। उससे एक व्यावहारिक कठिनाई सामने आई है। उस व्यावहारिक कठिनाई को देखते हुए इस ई–टेण्डरिंग की सीमा को हम लोग बढ़ाना चाहते हैं। उसको बढ़ाने की दृष्टि से मुझे लगता है कि मा० नेता प्रतिपक्ष इसके पक्ष में भी नहीं हैं। ई–टेण्डरिंग में 01 लाख की सीमा को बढ़ाकर 05 लाख कर रहे हैं। इमरजेन्सी के कार्यों को 10 लाख रुपये तक हम लोग छूट देने जा रहे हैं। यह व्यवस्था मुझे विधायक निधि और इससे सम्बन्धित कार्यों की दृष्टि से करनी थी।

यह हमारा बजट सेशन है और आज बजट सेशन का अन्तिम दिन है। स्वाभाविक रूप से माननीय जनप्रतिनिधि और सभी तबके से जुड़े हुए जो भी हमारे सहयोगी हैं, उन सबके साथ–साथ इस विधान भवन की पूरी कार्यवाही को सकुशल सम्पन्न करने और अपने अथक परिश्रम से, अपनी मेहनत, लगन और निष्ठा से जो यहाँ पर कर्मी काम कर रहे हैं, विधानसभा सचिवालय के कर्मचारी हैं। इन सबको पिछले वर्ष भी हम लोगों ने पुरस्कार स्वरूप 8500 रुपये प्रदान करने की घोषणा की थी, इस बार इस धनराशि में 1000 की और

अतिरिक्त बढ़ोत्तरी की जा रही है और अब यह 9500 रुपये की धनराशि हो जाएगी।

मुझे लगता है कि बहुत अच्छे ढंग से पूरे सदन की कार्यवाही को यहाँ पर सम्पन्न करने में सभी पक्षों ने अपना योगदान दिया है। अच्छे ढंग से सदन चले, यह हम सबकी मंशा होनी चाहिए। सदन चर्चा का विषय बने। प्रदेश की जनता के हितों को ध्यान में रखकर हम लोग अपने इस सदन को उतनी ही समृद्धि प्रदान करें और इसमें करने का प्रयास भी हुआ है। अलग-अलग क्षेत्र से जुड़े हुए सदस्य जब अपनी बात को कहते हैं तो बहुत अच्छे ढंग से वह अपनी बात रखने का प्रयास करते हैं। उनके क्षेत्र की सामाजिक, भौगोलिक, आर्थिक स्थिति क्या है? हम उसकी तुलना उन क्षेत्रों से करते हैं, जो विकास की प्रक्रिया में आगे बढ़ चुके हैं। कभी-कभी मुझे लगता है कि हम लोग उन लोगों के साथ न्याय नहीं कर पाते हैं, लेकिन एक अच्छा प्रयास हुआ है। मैंने सदन की सभी तरह के डिबेट्स को देखा है, उनको सुनने का प्रयास किया है। सदन 08 फरवरी से प्रारम्भ हुआ और 27 मार्च तक विधानसभा की कार्यवाही चली है। मुझे लगता है कि इतने लम्बे समय तक जब सत्र पहली बार चला है। कार्य-दिवस कम हुए होंगे। यह अलग विषय है। लेकिन इतने लम्बे समय तक विधानसभा का बजट सत्र पहली बार चला है। अभी कुछ विधेयक लेकर मा० संसदीय कार्यमंत्री जी पहले से ही बैठे हुए हैं। यानी यह बजट सत्र अभी और चलेगा। आज मा० संसदीय कार्यमंत्री जी की तरफ से आप सबके लिए दोपहर के भोजन की भी व्यवस्था है। आप सभी सादर आमन्त्रित हैं, भोजन के लिए।

अध्यक्ष जी, आपने बहुत अच्छे ढंग से सदन को यहाँ पर चलाया है। आपका जो मार्गदर्शन इस दौरान पूरे सदन को प्राप्त हुआ है, मुझे लगता है कि हर पक्ष का सदस्य उससे अभिभूत है। आपके मार्गदर्शन में सदन की कार्यवाही को इसी प्रकार से निरन्तरता देने को उत्साहित है, उत्सुक है। मैं इस अवसर पर मा० सदस्यों को एक बार पुनः इस बात को ले करके कि सरकार आपके विकास के एजेण्डे के प्रति पूरी प्रतिबद्धता के साथ, आपके साथ खड़े होकर

कार्य करेगी। हर प्रकार का सहयोग मा० सदस्यों को करेगी। विकास के मुद्दे पर किसी भी मा० सदस्य को हम लोग पीछे नहीं होने देंगे, पिछड़ने नहीं देंगे। हर क्षेत्र तक विकास पहुँचेगा और पूरी मजबूती के साथ हम पहुँचाने का काम करेंगे। जो प्रस्ताव आएँगे उन प्रस्तावों को विधायक निधि के विकल्प के रूप में हमें क्या कुछ करना है, इस पर अवश्य विचार करना चाहिए। मुझे यही बात कहनी थी। धन्यवाद!

सन्दर्भ : 27 मार्च, 2018, मा० सदस्यों की विधायक निधि राशि बढ़ाए जाने की माँग पर चर्चा।

भारत के विदेश मंत्री के रूप में अटल बिहारी वाजपेयी जी ने संयुक्त राष्ट्र महासभा में हिन्दी में अपना ओजस्वी भाषण देकर ऐतिहासिक पहल की थी और मातृभाषा हिन्दी को एक नई पहचान और सम्मान दिलाने का कार्य किया था। भारतीय संसद की गौरवशाली परम्पराओं को समृद्ध करने के लिए अटल जी को सर्वश्रेष्ठ सांसद का पुरस्कार भी प्रदान किया गया। इसके साथ-साथ उनको राजनीतिक और संसदीय क्षेत्र में अमूल्य योगदान के लिए पद्म विभूषण सहित अनेक सम्मानों से विभूषित किया गया। राष्ट्र के प्रति श्री अटल बिहारी वाजपेयी जी की सेवाओं के दृष्टिगत उन्हें देश का सर्वोच्च सम्मान 'भारत रत्न' प्रदान किया गया था।

देश में सुशासन की आधारशिला के प्रतीक अटल जी

अध्यक्ष जी, इस सम्मानित सदन को मुझे बड़े दुःख के साथ सूचित करना पड़ रहा है कि भारत के पूर्व प्रधानमंत्री श्री अटल बिहारी वाजपेयी जी का दिनांक 16 अगस्त, 2018 को लम्बी बीमारी के बाद निधन हो गया है। भारतीय राजनीति के शिखर पुरुष श्रद्धेय श्री अटल बिहारी वाजपेयी जी का निधन भारत की राजनीति के एक महायुग का अवसान है। भारत के लोकतांत्रिक इतिहास में श्रद्धेय अटल जी जैसा विराट व्यक्तित्व मिलना कठिन है। अटल जी का व्यक्तित्व बहुआयामी और पृथक था। वे एक सर्वमान्य नेता थे, जिनका सभी राजनीतिक दल सम्मान करते थे। उनका 6 दशक का निष्कलंक राजनीतिक जीवन भारतीय राजनीति में सदैव याद किया जाएगा।

अटल जी ने डॉ० श्यामा प्रसाद मुखर्जी और पं० दीनदयाल उपाध्याय जी के मार्गदर्शन में राष्ट्रसेवा के संस्कार ग्रहण किए थे। उन्हीं संस्कारों के बल पर उन्होंने राजनीति को मूल्यों और सिद्धांतों से जोड़कर इस देश में सुशासन की एक आधारशिला रखी थी। उत्तर प्रदेश को यह सौभाग्य प्राप्त है कि उत्तर प्रदेश श्रद्धेय अटल जी की जन्मभूमि और कर्मभूमि रहा है। प्रदेश के बटेश्वर में अटल जी का जन्म हुआ था और उत्तर प्रदेश में ही सर्वाधिक समय तक प्रतिनिधित्व करते हुए उन्होंने अपनी कर्मभूमि के रूप में उत्तर प्रदेश को ही चुना। अटल जी ने एम०ए० की शिक्षा डी०ए०वी० कॉलेज, कानपुर से ग्रहण की थी। उत्तर प्रदेश के बलरामपुर से वे पहली बार वर्ष 1957 में लोकसभा में पहुँचे थे। प्रधानमंत्री के रूप में श्री अटल बिहारी वाजपेयी जी ने लोकसभा में लखनऊ संसदीय क्षेत्र का प्रतिनिधित्व किया और लखनऊ से वह 5 बार

लोकसभा के लिए निर्वाचित हुए। श्री अटल बिहारी वाजपेयी वर्ष 1967, 1971, 1977, 1980, 1991, 1996, 1998, 1999 तथा वर्ष 2004 में 10वीं बार लोकसभा के सदस्य निर्वाचित हुए। इसके अतिरिक्त वे वर्ष 1962 एवं 1986 में राज्यसभा के भी सदस्य रहे। वे श्री मोरारजी देसाई की जनता पार्टी सरकार में वर्ष 1977 से 1979 तक विदेश मंत्री रहे। 1968 से 1973 तक भारतीय जनसंघ के अध्यक्ष, 1977 से 1980 तक जनता पार्टी के संस्थापक सदस्य तथा 1980 से 1986 तक भारतीय जनता पार्टी के अध्यक्ष भी रहे। श्री अटल बिहारी वाजपेयी जी 16 मई, 1996 से 31 मई, 1996 तक भारत के प्रधानमंत्री तथा 1996 से 1997 तक लोकसभा में विपक्ष के नेता रहे। 1998 से 1999 तक तथा 13 अक्टूबर, 1999 से मई, 2004 तक पुनः भारत के प्रधानमंत्री के रूप में उन्होंने देश की अमूल्य सेवा की। श्री अटल बिहारी वाजपेयी जी के लिए राष्ट्रहित सर्वोपरि था। उन्होंने आधारभूत ढाँचे के विकास और भारत की अर्थव्यवस्था को सुदृढ़ करने की दिशा में बहुआयामी कार्य किए। उनका मानना था कि देश के विकास का केन्द्र बिन्दु ग्रामीण भारत ही हो सकता है इसलिए अपने प्रधानमंत्रित्व काल के दौरान उन्होंने इस देश के विकास की आधारभूत योजना 'प्रधानमंत्री ग्रामीण सड़क योजना' को लागू किया और उसे मूर्त रूप भी दिया। जिसके कारण देश के ग्रामीण इलाकों को पक्के मार्गों से जोड़ने में सफलता प्राप्त हुई। उन्होंने स्वर्णिम चतुर्भुज योजना, सर्वशिक्षा अभियान और इस देश की संचार क्रान्ति जैसी अनेक विकासपरक योजनाओं की आधारशिला भी रखी।

देशहित और उसके विकास में उनके अमूल्य योगदान का सदैव स्मरण किया जायेगा। उन्होंने हमेशा शान्ति और सौहार्द की वकालत की, परन्तु देश की सुरक्षा, अखण्डता और प्रतिष्ठा पर उन्होंने कभी भी कोई समझौता नहीं किया। परमाणु शक्ति का सफलतापूर्वक परीक्षण करके अटल जी ने भारत को परमाणु शक्ति सम्पन्न राष्ट्रों की अग्रणी पंक्ति में लाकर खड़ा किया। कारगिल युद्ध के दौरान धैर्यपूर्वक और साहसिक कार्यवाही करते हुए उन्होंने अपने कुशल नेतृत्व का परिचय देते हुए देश के सम्मान को आँच नहीं आने

दी थी। देशहित में साहसिक और कठोर फैसले लेने वाले श्री अटल बिहारी वाजपेयी जी एक संवेदनशील कवि भी थे। अटल जी के संघर्षमय जीवन, परिवर्तनशील परिस्थितियों, राष्ट्रव्यापी आन्दोलन, जेल जीवन आदि अनेक आयामों के प्रभाव और अनुभूतियों ने उनकी कविताओं में हमेशा अभिव्यक्ति पाई। राजनीति में आने से पहले अटल जी ने पत्रकारिता के क्षेत्र में सक्रिय रहते हुए राष्ट्रधर्म, पांचजन्य और वीर अर्जुन आदि राष्ट्रीय भावनाओं से ओत-प्रोत पत्र-पत्रिकाओं का सफलतापूर्वक सम्पादन भी किया। एक ओजस्वी वक्ता और प्रखर सांसद के रूप में अटल जी की विशिष्ट पहचान थी। चाहे वह संसद हो या अन्य कोई मंच, जब वे किसी विषय पर बोलते थे तो विरोधी भी उनकी बातों को बड़ी गम्भीरता से सुना करते थे।

भारत के विदेश मंत्री के रूप में अटल बिहारी वाजपेयी जी ने संयुक्त राष्ट्र महासभा में हिन्दी में अपना ओजस्वी भाषण देकर ऐतिहासिक पहल की थी और मातृभाषा हिन्दी को एक नई पहचान और सम्मान दिलाने का कार्य किया था। भारतीय संसद की गौरवशाली परम्पराओं को समृद्ध करने के लिए अटल जी को सर्वश्रेष्ठ सांसद का पुरस्कार भी प्रदान किया गया। इसके साथ-साथ उनको राजनीतिक और संसदीय क्षेत्र में अमूल्य योगदान के लिए पद्म विभूषण सहित अनेक सम्मानों से विभूषित किया गया। राष्ट्र के प्रति श्री अटल बिहारी वाजपेयी जी की सेवाओं के दृष्टिगत उन्हें देश का सर्वोच्च सम्मान 'भारत रत्न' प्रदान किया गया था। श्री अटल बिहारी वाजपेयी जी के निधन से देश ने अपना एक महान सपूत खो दिया है। अटल जी के निधन से राष्ट्र को जो क्षति हुई है, उसकी भरपाई होना कठिन है। मैं सदन के सामने इस प्रस्ताव को इस अनुरोध के साथ प्रस्तुत कर रहा हूँ कि इस सम्मानित सदन की भावनाओं को स्वर्गीय अटल बिहारी वाजपेयी जी के परिवारजनों तक आप पहुँचाने का कष्ट करेंगे। धन्यवाद!

सन्दर्भ : दिनांक 23 अगस्त, 2018, भारत के पूर्व प्रधानमंत्री श्री अटल बिहारी वाजपेयी के निधन पर शोकोद्गार।

मैं भारत सरकार तथा आदरणीय प्रधानमंत्री जी का इस बात के लिए आभार व्यक्त करना चाहता हूँ। इस देश का अन्नदाता किसान इस योजना से लाभान्वित हुआ है। इसीलिए हमारी सरकार ने शुरू से ही किसानों पर फोकस करते हुए अपनी योजनाएँ बनाई हैं। किसानों को ध्यान में रखकर जो योजनाएँ बनाई गई हैं, उनमें मुख्य रूप से जो चीजें थीं उनमें खासतौर पर किसानों की फसल ऋण माफी कार्यक्रम है। उत्तर प्रदेश पहला राज्य है जिसने प्रदेश के अन्दर फसल ऋण माफी के कार्यक्रम को सफलतापूर्वक पूरा किया है।

लोकतंत्र में संवाद हर समस्या का समाधान

माननीय अध्यक्ष जी, अनुपूरक बजट 2018–19 जो हमारी सरकार की ओर से हमारे वित्त मंत्री जी द्वारा इस सदन में प्रस्तुत किया गया है, यह अनुपूरक बजट उत्तर प्रदेश सरकार का अब तक का सबसे बड़ा अनुपूरक बजट है। चूँकि सरकार की मंशा स्पष्ट है कि सरकार गाँव, गरीब, किसान, नौजवान, महिलाएँ और समाज के प्रत्येक तबके के हित के लिए बिना भेदभाव के कार्य करेगी। इसलिए वास्तविक तथ्य सामने न आ जाएँ और जिन लोगों ने इस प्रदेश को और इस प्रदेश की जनता को हमेशा अँधेरे में रखा है, वे स्वयं कटघरे में न खड़े हो जाएँ, इसलिए उनको एक बहाना चाहिए था और बहाना उनको मिला। सदन से वॉक आउट उनका एक बहाना था। लेकिन वास्तविकता है कि उनकी सरकार के समय के वे कारनामें प्रदेश की जनता के सामने न आने पाएँ इसलिए वे लोग भागे हैं, उन्होंने वाकआउट किया है।

चूँकि यह अब तक का सबसे बड़ा अनुपूरक बजट है, तो अनुपूरक बजट के जो कुछ बिन्दु हैं, उनको सबके सामने रखा जाए। खासतौर पर जो चीजें अब तक हुई हैं। मुझे लगता है कि बहुत महत्वपूर्ण बदलाव देश के अन्दर देखने को मिला है। हम सब जानते है कि इस देश के अन्दर 2014 में एक बहुत महत्वपूर्ण परिवर्तनकारी क्षण था, जब आदरणीय श्री नरेन्द्र मोदी जी के नेतृत्व में भारतीय जनता पार्टी के नेतृत्व की सरकार केन्द्र में बनी। सरकार ने किसानों को केन्द्र में रख करके अपनी कार्य–योजना प्रारम्भ की। आजादी के बाद लगातार जिस बात को लेकर किसानों के लिए माँग हो रही थी, वह बात थी कि किसानों के लिए न्यूनतम समर्थन मूल्य को उनकी लागत का डेढ़ गुना

किया जाए। हम सब आभारी हैं कि भारत सरकार ने रबी और खरीफदोनों फसलों के लिए न्यूनतम समर्थन मूल्य को लगभग दोगुना और कुछ फसलों में 3 से 4 गुने तक की वृद्धि करके किसानों को बहुत बड़ी राहत दी है। मैं भारत सरकार तथा आदरणीय प्रधानमंत्री जी का इस बात के लिए आभार व्यक्त करना चाहता हूँ। इस देश का अन्नदाता किसान इस योजना से लाभान्वित हुआ है। इसीलिए हमारी सरकार ने शुरू से ही किसानों पर फोकस करते हुए अपनी योजनाएँ बनाई हैं। किसानों को ध्यान में रखकर जो योजनाएँ बनाई गई हैं, उनमें मुख्य रूप से जो चीजें थीं उनमें खासतौर पर किसानों की फसल ऋण माफी कार्यक्रम है। उत्तर प्रदेश पहला राज्य है जिसने प्रदेश के अन्दर फसल ऋण माफी के कार्यक्रम को सफलतापूर्वक पूरा किया है। उसकी अन्तिम किश्त भी इस अनुपूरक बजट में लगभग 1500 करोड़ रुपये हमने किसानों को समर्पित किया है। किसानों से सम्बन्धित यह जो बातें सामने आती हैं, स्वाभाविक रूप से गन्ना किसानों की बात सामने आ जाती है।

अनुपूरक बजट इसलिए महत्वपूर्ण है कि जब मार्च, 2017 में सरकार आई थी तो वर्ष 2011-12 से ले करके वर्ष 2016-17 तक गन्ना किसानों के गन्ना मूल्य का भुगतान चीनी मिलों पर था। सत्ता और चीनी मिल मालिक आपस में मिल करके गन्ना किसानों का शोषण किस रूप में करते थे, 5 वर्ष का, 6 वर्ष का गन्ना मूल्य का बकाया किसानों का चीनी मिलों पर था, लेकिन सरकार के स्तर पर कभी भी कोई प्रभावी कार्यवाही करने का प्रयास नहीं हुआ। हमारी सरकार आई और हम लोगों ने गत वर्ष गन्ना किसानों के गन्ना मूल्य के भुगतान के लिए जो कार्यवाही प्रारम्भ की उसका परिणाम था कि किसानों में भी गन्ना के दायरे को बढ़ाने की दिशा में एक नया कार्य हुआ। वर्ष 2016-17 में जहाँ 20.54 लाख हेक्टेयर क्षेत्रफल गन्ना का था, वहीं वर्ष 2017-18 में 22.99 लाख हेक्टेयर क्षेत्रफल गन्ना का बढ़ा। इस वर्ष क्षेत्रफल बढ़ करके 26.72 लाख हेक्टेयर हुआ है। यानी काफी वृद्धि हुई है।

इस प्रदेश में 34 लाख गन्ना किसान हैं। उन गन्ना किसानों का प्रदेश की सरकार पर एक विश्वास जागृत हुआ है कि प्रदेश की सरकार गन्ना किसानों

के हितों के लिए कार्य करेगी, उनके गन्ना मूल्य का भुगतान करेगी। प्रदेश की सरकार ने भी इस दिशा में बेहतर प्रयास करके किसानों के गन्ना मूल्य का भुगतान यथासम्भव कराया है। अकेले इस वर्ष गन्ना किसानों का जो गन्ना मूल्य का भुगतान है, वह विभिन्न चीनी मिलों पर लगभग 35 हजार करोड़ रुपये का है। जिसमें से 25 हजार करोड़ रुपये का गन्ना मूल्य का भुगतान अब तक प्रदेश सरकार की पहल पर हुआ है। गत वर्ष के गन्ना मूल्य के भुगतान को लें तो इस वर्ष अब तक हमारी सरकार 35 हजार करोड़ रुपये का गन्ना मूल्य का भुगतान गन्ना किसानों को करवा चुकी है। जो अब तक की सबसे बड़ी धनराशि है। जो गन्ना किसानों के हित के लिए प्रदेश सरकार ने किसानों को दिया है।

प्रदेश में 120 लाख मी०टन चीनी का उत्पादन भी हुआ है। यह पहली बार है कि जब 15 अक्टूबर से लेकर जून के अन्तिम सप्ताह तक चीनी मिलें प्रदेश में चली हैं। इतना लम्बा सीजन चीनी मिलों का कभी नहीं रहा। लेकिन इस वर्ष अन्तर्राष्ट्रीय बाजार में चीनी के दाम कम होने के कारण इसका प्रभाव स्वाभाविक रूप से चीनी मिल मालिकों पर भी पड़ा है। किसानों पर भी पड़ने की सम्भावना थी। इसलिए किसानों को राहत देने के लिए इस अनुपूरक बजट में प्रदेश की जो हमारी चीनी मिलें हैं, चाहे वह को-आपरेटिव की हो या फेडरेशन की हों, उनके गन्ना मूल्य के भुगतान की राशि को भी हमने अनुपूरक बजट में स्थान दिया है। साथ ही साथ इस बात की भी व्यवस्था की है कि 15 अक्टूबर तक हमारा प्रयास हो कि अधिकतर गन्ना मूल्य का भुगतान किसानों का हो सके। इसके लिए प्रदेश सरकार ने ऋण की व्यवस्था की है। हम लोगों ने 4 हजार करोड़ रुपये चीनी मिलों को देने की व्यवस्था भी इसमें की है। जो भी चीनी मिल मालिक इस ऋण को लेगा, वह ऋण सीधे किसानों के खाते में जाए। वह किसी अन्य के एकाउण्ट में न जाकर, सीधे किसानों के खाते में जाए।

इसके साथ-साथ प्रदेश में जितनी चीनी का उत्पादन हुआ है, उस चीनी पर प्रति कुन्तल साढ़े चार रुपये का एक अनुदान चीनी मिल मालिकों को भी

देने का निर्णय किया है। उसकी 500 करोड़ रुपये की राशि की व्यवस्था हम लोगों ने इन अनुदान माँगों में रखी है। इसलिए किसानों के हित के लिए जितना बड़ा कार्य विगत साढ़े चार वर्ष में केन्द्र की सरकार ने चाहे वह प्रधानमंत्री फसल बीमा योजना के माध्यम से हो, कृषि सिंचाई योजना के माध्यम से हो या फिर स्वायल हेल्थ कार्ड के माध्यम से हो, किसानों के लिए एम०एस०पी० की घोषणा का हो, उसको किया है। पहले उत्तर प्रदेश में रबी और खरीफकी फसल में किसानों की उपज को खरीदा नहीं जाता था, उसको समर्थन मूल्य के बराबर दाम नहीं मिलता था। आलू उत्पादन करने वाले किसानों को भावान्तर योजना के अन्तर्गत पहली बार विगत वर्ष हम लोगों ने राशि दी थी। इस बार भी हम लोगों ने उसमें भरपूर सहायता की है। इसी प्रकार से गेहूँ क्रय इस वर्ष लगभग 53 लाख मी०टन हुआ है। जो उत्तर प्रदेश के इतिहास में कभी भी नहीं किया गया। 43 लाख मी०टन धान का क्रय प्रदेश के अन्दर किया गया। जो पहले कभी नहीं हो पाया।

प्रदेश के अन्दर लम्बी सिंचाई परियोजनाओं को अभी प्रधानमंत्री जी जून में आए थे और उन्होंने बाण सागर परियोजना को राष्ट्र को समर्पित किया। योजना आयोग ने सन् 1973 में इस परियोजना को बनाया था। 1978 में तत्कालीन प्रधानमंत्री स्व० मोरार जी देसाई जी ने इस परियोजना का शिलान्यास किया था। लेकिन कछुआ चाल से परियोजना चलती रही। मध्य प्रदेश ने अपने हिस्से का कार्य वर्ष 2006 में पूरा कर लिया। मध्य प्रदेश के किसानों में खुशहाली आई। लेकिन उत्तर प्रदेश के अन्दर विगत 15 वर्षों के अन्दर सरकार के नाम पर जो लोग आए थे, इन लोगों ने किसानों के साथ कितना बड़ा धोखा किया कि पैसा ही नहीं देते थे। पैसा देते थे तो उसमें अपना ठेकेदार बैठाते थे। इसका परिणाम यह होता था कि कार्य होता ही नहीं था। विगत एक वर्ष के दौरान हमने इस अभियान को अपने हाथ में लिया। चाहे बाण सागर परियोजना हो, सरयू नहर परियोजना हो, मध्य गंगा परियोजना हो या फिर बुन्देलखण्ड की वह 06 परियोजनाएँ जो वर्षों से लम्बित थीं इन सबको हम लोगों ने केन्द्र के साथ, नाबार्ड के साथ बातचीत करके एकमुश्त धनराशि उपलब्ध कराने का

कार्य किया। आदरणीय प्रधानमंत्री जी द्वारा मिर्जापुर में बाण सागर परियोजना का लोकार्पण किया जा चुका है। एक लाख हेक्टेयर खेती इससे सिंचित हो रही है। एक लाख 70 हजार किसान सीधे-सीधे इस परियोजना से लाभान्वित होने जा रहा है। जब हम इसको ड्रिप एरिगेशन के साथ जोड़ेंगे तो यह योजना और भी क्षेत्रफल को, खेती को सिंचाई के लिए जल उपलब्ध करा सकती है। किसानों के हित के लिए किए जाने वाले इन तमाम कार्यक्रमों को हम लोगों ने अपने इस अनुदान माँगों के भी दायरे में लाने का प्रयास किया है।

हम आदरणीय प्रधानमंत्री जी के आभारी हैं कि आजादी के बाद एक बात जो लगातार होती रही है, वह थी कि इस देश में पिछड़ी जाति आयोग को संवैधानिक दर्जा मिलना। पिछड़ा वर्ग आयोग को संवैधानिक दर्जा देने का कार्य पहली बार हुआ है। हम इसके लिए आदरणीय प्रधानमंत्री जी का और केन्द्र सरकार का आभार व्यक्त करते हैं। इस अनुपूरक बजट में पिछड़ी जाति से जुड़े हुए छात्र-छात्राओं के लिए हम विशेष योजना लेकर आए हैं। खासतौर पर इतनी बड़ी संख्या में इन योजनाओं को यहाँ पर देने का काम हुआ है। विगत वर्षों में अनुसूचित जाति और जनजाति से जुड़े हुए लोगों के हितों के साथ सरकार द्वारा खिलवाड़ होता रहा है। उन्हें छात्रवृत्ति से वंचित किया गया। इसके ऐसे अनेक उदाहरण हम लोगों के पास हैं। यह सच्चाई सामने न आ जाए, इसके लिए इन लोगों ने एक व्यवस्था बनाई है कि सदन से वॉक आउट कर जाओ। यह सच्चाई सामने आनी चाहिए। इस दृष्टि से मैं कुछ तथ्य आपके सामने रखूँगा, क्योंकि पिछड़े वर्ग से जुड़े हुए छात्रों के लिए हम लोगों ने छात्रवृत्ति की जो व्यवस्था की है, उस छात्रवृत्ति की व्यवस्था के साथ-साथ विगत वर्ष में हम लोगों ने धनराशि कार्य के लिए उपलब्ध कराई है। वर्ष 2016-17 में दशमोत्तर छात्रवृत्ति में 34 लाख, 96 हजार छात्र-छात्राएँ लाभान्वित हुए थे। 2017-18 में 41 लाख, 21 हजार छात्र-छात्राओं को हम लोगों ने लाभान्वित किया। इस वर्ष हम लोग 45 लाख छात्र-छात्राओं को दशमोत्तर छात्रवृत्ति प्रदान करने जा रहे हैं। इसी प्रकार से 2016-17 की जो छात्रवृत्ति थी, वह पिछली सरकार ने वितरित नहीं की थी। जब हमारी सरकार

आई तो मार्च के बाद ही उस छात्रवृत्ति को हमारी सरकार के द्वारा वितरित किया गया है। इसी प्रकार से शुल्क प्रतिपूर्ति में भी विगत वर्ष हम लोगों ने 2016-17 के 30 लाख 81 हजार छात्र-छात्राओं को और 2017-18 के 33 लाख 89 हजार छात्र-छात्राओं को इस योजना से लाभान्वित किया है। इस वर्ष इसका दायरा बढ़ाकर 38 लाख छात्र-छात्राओं को हम शुल्क प्रतिपूर्ति से लाभान्वित करने जा रहे हैं। इस प्रकार से पूर्व दशम जो छात्रवृत्ति है, विगत वर्ष हम लोगों ने वर्ष 2016-17 के भी 10 लाख 70 हजार छात्रों को इस योजना से लाभान्वित किया है। 2017-18 के भी 14 लाख, 22 हजार छात्र-छात्राओं को इससे लाभान्वित किया है। इस वर्ष 17 लाख छात्र-छात्राओं को इस योजना से सरकार लाभान्वित करने जा रही है। इसके लिए भरपूर धनराशि की व्यवस्था इस अनुपूरक माँग में की गई है।

इस समय देश के अन्दर तेजी के साथ एक माँग उठी है। खासतौर पर असम की सरकार ने उस कार्य को तेजी के साथ आगे बढ़ाया है कि एक राष्ट्रीय नागरिकता रजिस्टर, एन०आर०सी० हो। आपने अभी दो दिन पूर्व देखा होगा कि मा० न्यायालय ने प्रदेश के अन्दर आतंकी गतिविधियों में संलिप्त कुछ आतंकियों को सजा दी है। यह वही आतंकी हैं, जिनके लिए पिछली सरकार ने उनके सारे मुकदमें वापस लेने की चेष्टा की है। अगर न्यायालय हस्तक्षेप नहीं करता तो यह आतंकवादी प्रदेश और देश के अन्दर न जाने कितने अन्य स्थलों को दहलाते। यानी राष्ट्रीय सुरक्षा के मुद्दे भी सामने न आने पाएँ, राष्ट्र की सुरक्षा के लिए जो लोग खतरनाक हैं, समाज की सुरक्षा के लिए जो खतरनाक हैं, उन लोगों के मुकदमों को वापस लेना, यह राष्ट्र-द्रोह से कम नहीं है। मुझे लगता है कि समाजवादी पार्टी की सरकार ने कुत्सित चेष्टा करने का प्रयास किया था। आज इस देश के अन्दर असम की सरकार ने एन०आर०सी० के मुद्दे पर जो स्टैण्ड लिया है, मुझे लगता है, वह एक सार्थक पहल है। हमें तय करना चाहिए, कौन हमारा नागरिक है, कौन नागरिक नहीं है? इस देश का नागरिक कौन है, कौन नहीं है? हम शरणार्थियों को सम्मान दें, उन्हें हर प्रकार की सुविधा दें। यह भारत की नीति रही है। लेकिन घुसपैठिये के रूप में आ

करके जो लोग भारत के गरीबों, भारत के वंचितों और भारत के नागरिकों के हकों पर डकैती डालने का कार्य करते रहे हैं, इस प्रकार की छूट किसी को नहीं दी जा सकती है। मुझे लगता है एक बहुत सराहनीय पहल हुई है। सुप्रीम कोर्ट के आदेश पर यह पहल हुई है। इस पहल का हम स्वागत करते हैं।

इसी प्रकार से अन्य तमाम योजनाएँ जो प्रदेश और देश के हित के लिए हो सकती हैं, केन्द्र सरकार के द्वारा प्रारम्भ की गईं और प्रदेश सरकार ने अपने को उनके साथ जोड़ा है। अनुपूरक माँगें हैं, उन अनुपूरक मांगों में उसको हम लोगों ने समावेश करने का प्रयास किया है, खासतौर पर आयुष्मान भारत। आयुष्मान भारत इस देश की अब तक की स्वास्थ्य बीमा की सबसे बड़ी योजना है, जिसमें इस देश के लगभग 50 करोड़ लोग सीधे-सीधे लाभान्वित होने जा रहे हैं। इसमें 10 करोड़ ऐसे परिवारों को 2011 के एसीसीसी की रिपोर्ट के अनुसार जो लोग उस योजना से आच्छादित होने हैं, जिनके नाम हैं, ऐसे 10 करोड़ परिवारों को 5 लाख रुपये प्रति वर्ष की स्वास्थ्य बीमा की सुविधा से लाभान्वित करना, उत्तर प्रदेश तेजी के साथ इस दिशा में कदम बढ़ा रहा है। जब हमारे विपक्ष के मित्रगण यहाँ पर अपनी बात कह रहे थे, वास्तव में इनकी बात दलितों, वंचितों को अपमानित करने वाली बातें हैं। अपनी सरकार के समय इन लोगों ने 15 वर्षों तक उस तबके का पूरी तरह शोषण किया, उनके साथ अन्याय किया, उनको हर प्रकार से तबाह करने का प्रयास किया, उन्हें शासन की योजनाओं से वंचित करने का कार्य किया। पहली बार हो रहा है, चाहे वह प्रधानमंत्री आवास योजना हो, चाहे वह प्रधानमंत्री उज्ज्वला योजना हो, चाहे वह आदरणीय प्रधानमंत्री जी की जो फ्लैगशिप की स्कीम है, स्वच्छ भारत मिशन के अन्तर्गत प्रत्येक उस परिवार के पास एक-एक व्यक्तिगत शौचालय उपलब्ध कराने की योजना हो, इन सभी योजनाओं में उत्तर प्रदेश ने लम्बी छलांग लगाई। 2014 में स्वच्छ भारत मिशन की घोषणा हुई थी। अक्टूबर, 2014 से मार्च, 2017 तक प्रदेश के अन्दर कुल 28 लाख शौचालय, लगभग ढाई वर्ष के अन्दर प्रदेश में बन पाए थे। विगत 15 महीनों के दौरान हमारी सरकार ने 01 करोड़ 25 लाख शौचालय बनाए हैं। हमारी

सरकार 01 करोड़ 25 लाख शौचालय बनाती है, 01 वर्ष 03 महीने में और समाजवादी पार्टी की सरकार ढाई वर्ष में बनाती है, 28 लाख शौचालय। इसके साथ ही अगर शहरी क्षेत्र में हम देखें तो इस दौरान 06 लाख 19 हजार 945 शौचालयों का निर्माण हुआ।

प्रधानमंत्री आवास योजना में अगर हम देखेंगे तो बहुत परिवर्तन देखने को मिला है। समाजवादी पार्टी की सरकार के समय प्रधानमंत्री आवास योजना में एक भी आवास गरीब के नहीं बने। वर्ष 2016-17 में समाजवादी पार्टी की सरकार में 30 हजार 6 सौ लोहिया आवास बनाए गए। प्रधानमंत्री आवास योजना में एक भी गरीब को उन्होंने इस योजना से लाभावन्वित नहीं किया। जबकि इस योजना में हर गरीब को एस०ई०सी०सी० के सर्वे में जिसका नाम आया है, उस गरीब को जो पात्रता रखता है, उसको 1 लाख 20 हजार रुपये आवास के लिए, 12 हजार रुपये शौचालय के लिए और 90 दिन की मनरेगा की मजदूरी के बराबर उसको धनराशि अतिरिक्त उपलब्ध होती है। यानि लगभग डेढ़ लाख एक गरीब परिवार को मिल सकता है।

इसी प्रकार से प्रधानमंत्री आवास योजना के अन्तर्गत शहरी क्षेत्र में जो आवास इस दौरान बनाए गए, उन आवासों में इस वर्ष हम लोग लगभग 4 लाख 32 हजार आवास शहरी क्षेत्र में गरीबी रेखा के नीचे जीवन-यापन करने वाले परिवारों को देंगे। जिसमें ढाई लाख का अनुदान सरकार दे रही है। जिसमें डेढ़ लाख भारत सरकार का है और एक लाख प्रदेश सरकार की तरफसे है। पिछली सरकारों ने कभी इसमें रुचि नहीं ली। किसानों के ऋण माफी में कन्नौज के अन्दर 65 हजार 2 सौ 74 किसानों का ऋण भारतीय जनता पार्टी की सरकार जब आई उसके बाद माफहुआ है। हम लोगों ने स्वच्छ भारत मिशन के अन्तर्गत 67 हजार 645 शौचालय वर्ष 2016-17 में बनाए तथा विगत एक वर्ष के दौरान 01 लाख 23 हजार 731 शौचालयों का निर्माण वहाँ पर किया। प्रधानमंत्री आवास योजना कन्नौज में जीरो थी, लेकिन जब हमारी सरकार आई, उसके बाद 8395 गरीबों को प्रधानमंत्री आवास योजना से वहाँ लाभान्वित किया गया है।

प्रधानमंत्री आवास योजना–शहरी में समाजवादी पार्टी की सरकार के समय जीरो और जब हमारी सरकार आई तो ऐसे 943 गरीबों को प्रधानमंत्री आवास योजना–शहरी में लाभान्वित किया गया। मुख्यमंत्री सामूहिक विवाह योजना में 230 जोड़ों के सामूहिक विवाह का कार्यक्रम वहाँ पर सम्पन्न हुआ है। प्रधानमंत्री उज्ज्वला योजना में जो निःशुल्क एल०ई०डी० वितरित किए गए थे, उसमें समाजवादी पार्टी की सरकार के समय जीरो और जब हमारी नई सरकार आई तो इस सरकार ने 63882 परिवारों को निःशुल्क एल०ई०डी० लाइट्स वितरित कीं। सौभाग्य योजना में इन्होंने एक भी गरीब को विद्युत कनेक्शन वितरित नहीं किया, लेकिन जब हमारी सरकार आई तो हमारी सरकार के समय 72410 लोगों को अब तक वहाँ पर सौभाग्य योजना से निःशुल्क विद्युत कनेक्शन उपलब्ध करवाए गए हैं। प्रधानमंत्री उज्ज्वला योजना में सरकार आने के बाद 61408 लोगों को लाभान्वित किया गया है। आँगनबाड़ी केन्द्र समाजवादी सरकार के समय 08 बने और हमारी सरकार के समय 99 बने। इसी प्रकार से निराश्रित महिला पेंशन समाजवादी पार्टी के समय 14095 थी और जब हमारी सरकार आई तो 14699 हो गई।

अनुसूचित जाति–जनजाति को जो अन्य तमाम योजनाओं से लाभान्वित किया जाता है, उसमें भी 139 लोगों को लाभान्वित किया गया है। इसी प्रकार गेहूँ क्रय में जब समाजवादी पार्टी की सरकार थी तो उस समय वर्ष 2016–17 में 3584 मीट्रिक टन केवल खरीदा गया और जब हमारी सरकार आई तो विगत वर्ष 33564 मीट्रिक टन और इस वर्ष 43582 मीट्रिक टन गेहूँ का क्रय सीधे किसानों से किया गया। यानी उनसे 10–12 गुना ज्यादा गेहूँ का क्रय उन क्षेत्रों में हुआ है। ये तो वे क्षेत्र हैं जिनको ये लोग समाजवाद का गढ़ मानते हैं, बाकी प्रदेश की स्थिति क्या रही होगी। इसी प्रकार से हमारे पास मैनपुरी के आँकड़े हैं। यानी ये आँकड़े इस बात को बताते हैं कि इन्होंने काम नहीं किया, कारनामे बहुत किए हैं। वे कारनामे किस रूप में हैं ? एक कारनामा है पूर्वांचल एक्सप्रेस–वे का। बड़ी चर्चा होती थी। ये लोग कहते हैं कि ये तो हमने बनाई थी, ये नाम हमने रख दिया था। योजना किसी व्यक्ति की नहीं

होती है। सरकार संचालित करती है, लेकिन योजना उस प्रदेश की जनता की होती है, योजना प्रदेश की होती है। प्रदेश की योजना को अपनी व्यक्तिगत प्रॉपर्टी बनाने का प्रयास हुआ, क्योंकि यहाँ राजनैतिक वातावरण ही नहीं है। जहाँ लोगों ने राजनैतिक एवं लोकतांत्रिक व्यवस्था को परिवारवाद के दायरे में, जातिवाद के दायरे में कैद करके कुन्द कर दिया हो। उन लोगों से लोकतंत्र की बात करना, लोकतान्त्रिक मूल्यों पर बातचीत करना एक हास्यास्पद बात हो जाती है। यही स्थिति हम लोगों को तब लगती है, जब प्रदेश की किसी परियोजना को समयबद्ध ढंग से हमारी सरकार पूरा करती है और कुछ नेता उस पर टिप्पणी करते हैं।

पूर्वांचल एक्सप्रेस-वे के लिए जब हम लोगों की सरकार मार्च, 2017 में आई थी तो 20 प्रतिशत जमीन भी अधिगृहीत नहीं थी। लेकिन बिना जमीनीभूमि अधिग्रहण के इन लोगों ने जो बिड उस समय एक्सप्रेस-वे के निर्माण में निकाली थी। यानी भूमि अधिग्रहण का कार्य अलग से केवल निर्माण के लिए, सिविल वर्क के लिए 15200 करोड़ रुपये इन्होंने उसके बारे में तय किया था कि इतने में यह एक्सप्रेस-वे बनेगा। उनसे ज्यादा जमीन हमने अधिगृहीत की। 94 फीसदी जमीन अधिग्रहीत करके आदरणीय प्रधानमंत्री जी से हम लोगों ने पूर्वांचल एक्सप्रेस-वे का शिलान्यास करवाया है। इस समय डेढ़ वर्ष के बाद जब एक्सप्रेस-वे बन रहा है तो डेढ़ वर्ष के बाद इसकी लागत बढ़ने के बजाय घटी है। 11800 करोड़ में हम इस एक्सप्रेस-वे को बना रहे हैं। इन समाजवादियों से पूछना चाहिए कि ये 3000 करोड़ रुपये किसकी जेब में जाता। ये 3000 करोड़ रुपये कौन लोग डकारने जा रहे थे? क्या प्रदेश की जनता को वे लोग इसका जवाब देंगे? क्या एक उत्तर प्रदेश जैसे राज्य में जहाँ पर एक बड़ी आबादी सुविधाओं से वंचित है, आवास से वंचित है, शौचालय से वंचित है, बिजली से वंचित है, सम्पर्क मार्गों से वंचित है, अच्छी स्वास्थ्य सुविधा से वंचित है, वहाँ पर एक योजना में 3000 करोड़ रुपये की डकैती। यह डकैती के सिवाय और कुछ नहीं है। प्रदेश के अन्दर एक लूटतंत्र मचा रखा था। इस लूट पर पड़ा हुआ पर्दा कहीं छट न जाए, इसके लिए यह सब

घड़ियाली आँसू बहाने का कार्य हो रहा है। ये जो मुकदमें बताए जा रहे हैं, ये मुकदमे एक भी भारतीय जनता पार्टी की सरकार के समय दायर नहीं हुए हैं। ये सपा और बसपा के समय में हुए हैं। मुझे तो आश्चर्य होता है कांग्रेस के नेता को जब मैं देखता हूँ तो लगता है बेगाने की शादी में अब्दुल्ला दीवाना। वह उछल-उछलकर जबरदस्ती जाते हैं। समाजवादी पार्टी के नेता कहते हैं कि राहुल हमारे नेता नहीं हो सकते, क्योंकि वह इस योग्य नहीं हैं कि उन्हें प्रधानमंत्री के पद का उम्मीदवार बनाया जाए। वह हमारे गठबन्धन के नहीं हैं, लेकिन वह जबरदस्ती चिपके जाते हैं। चिपको आन्दोलन उत्तर प्रदेश के अन्दर चल रहा है। बसपा कहती है कि सपा से हमारी दूरी वैसी ही है। पता नहीं कितनी दूरी है। मुझे लगता है कि होशियार लोगों के लिए आवश्यक होता है कि वे किसी दूसरे को ठोकर खाकर देखते हुए सम्भल जाएँ। अगर स्वयं ही ठोकर खाने और बार-बार ठोकर खाने का कोई आदी है तो ईश्वर उनकी मदद करें, उस ठोकर से उन्हें बचाएँ। लेकिन विधानसभा को, सदन को बन्धक बनाना, हर बात को लेकर वेल में आ जाना, हरेक कार्य को बाधित करना उचित नहीं है।

बाढ़ के मुद्दे पर बाढ़ मंत्री ने यहाँ पर जवाब दिया होगा कि कौन लोग बाढ़ सम्बन्धी कामों में व्यवधान कर रहे थे और कितनी धनराशि बाढ़ कार्यों के लिए सरकार ने खर्च की है। समाजवादी पार्टी की सरकार के समय जितनी राशि थी उससे कई गुना राशि हमारी सरकार ने बाढ़ क्षेत्रों में कार्य हेतु खर्च की है। विगत वर्ष की तुलना में इस वर्ष ज्यादा पानी बरसा है। नदियाँ कई बार ओवरफ्लो हो चुकी हैं। खतरे के निशान से ऊपर जा चुकी हैं। कुछ ही गाँवों को छोड़ दिया जाए तो सामान्य रूप से उत्तर प्रदेश में विगत एक वर्ष के अन्दर बाढ़ के बचाव के लिए किए गए कार्यों के लिए और पीड़ितों को राहत देने के लिए जो कार्य हुआ है, वह अभूतपूर्व है। मैं कह सकता हूँ कि हमारी सरकार उसके प्रति पूरी संवेदनशील है। लेकिन कुछ लोगों ने बाढ़ बचाव के कार्यों को ठेके-पट्टों से जोड़ दिया था। जब भी वहाँ विकास के कार्यों के लिए कोई जाता था, यहाँ से सरकारी अभियन्ता जाते थे, सरकारी योजना वहाँ जाने

के लिए बनती थी तो वही स्थिति जो यहाँ पर है कि हर कार्य के लिए वेल में आ जाना, हर कार्य के लिए कार्यस्थल पर धरने पर बैठ जाना, इस मंशा के साथ कि हम यह कार्य नहीं करने देंगे, जब तक यह ठेका हमें नहीं मिलेगा, तब तक कार्य नहीं होगा। अब हमने ठेके की प्रथा ही बन्द कर दी है। हमने ई–टेण्डरिंग कर दी है। अब ई–टेण्डरिंग के माध्यम से जो रजिस्टर्ड ठेकेदार होगा, जिसके साथ एग्रीमेण्ट होगा वह वहाँ जाएगा समयबद्ध ढंग से कार्य करेगा। उसका परिणाम है कि आज मैं कई जनपदों में होकर आया हूँ। हम लोगों ने इस दौरान बहुत सारे इनोवेशन किए हैं कि बाढ़ बचाव के लिए क्या कार्य किए जा सकते है। बेहतर कार्य हुआ है। विगत वर्ष प्रदेश के 24 जिले बाढ़ से बहुत बुरी तरह प्रभावित थे। मुझे स्वयं स्टीमर से निकलकर विभिन्न गाँवों में जाना पड़ा था। हमारे मंत्रिगण, विधायकगण और हमारे सांसदगण गए थे, अधिकारियों को फील्ड में रूकना पड़ा था।

इस वर्ष बाढ़ बचाव से पूरा प्रदेश अब तक लगभग सुरक्षित है। कुछ दर्जनभर गाँवों को छोड़ दिया जाए, जहाँ पर पानी है। लेकिन हम अगले वर्ष तक उसकी भी समस्या का समाधान निकालने की तैयारी कर रहे है। लेकिन हर एक मुद्दे का राजनीतिकरण करना, हर एक मुद्दे पर सदन को बन्धक बनाने का कुत्सित प्रयास करना लोकतंत्र में इसकी इजाजत किसी को भी नहीं दी जानी चाहिए। लोक सदन चर्चा का विषय होना चाहिए। सरकार ने बार–बार कहा है कि हम हर मुद्दे पर चर्चा करने को तैयार हैं लेकिन फिर भी बार–बार बन्धक बनाने का प्रयास, बार–बार व्यवधान डालने का प्रयास इस स्तर पर किया जा रहा है। यह समझ से परे है। महोदय, इस दौरान अन्य तमाम क्षेत्रों में भी कार्य हुए। मैं एल०ई०डी० स्ट्रीट लाइट के लिए कहना चाहूँगा कि प्रधानमंत्री जी ने पूरे देश के अन्दर एक अभियान चलाया और बार–बार इस बात को कहा कि उर्जा संरक्षण की दिशा में बहुत बड़ा कार्य हम कर सकते हैं।

हम पर्यावरण के बचाव के लिए भी बहुत बड़ा कार्य कर सकते हैं और खासतौर पर एल०ई०डी० स्ट्रीट लाइट बदल करके। हम लोगों ने प्रदेश के अन्दर 16 नगर निगमों में जितनी भी परम्परागत स्ट्रीट लाइटें थीं, हाइलोजन

थे इन सबको एल०ई०डी० स्ट्रीट लाइट में बदलने के लिए भारत सरकार की संस्था ई०एस०एस०एल० के साथ एक समझौता किया। इस बात का हमारा समझौता था कि हम एल०ई०डी० स्ट्रीट लाइट का एक भी पैसा नहीं देंगे। रिप्लेस करने का कोई पैसा हम नहीं देंगे। 7 वर्षों तक गारण्टी संस्था को लेनी पड़ेगी और जो डिफरेन्स बिल में आएगा उसी से वह लोग अपनी प्रतिपूर्ति करेंगे। मुझे बताते हुए प्रसन्नता है कि प्रदेश के अन्दर जो लगभग 12 लाख एल०ई०डी० स्ट्रीट लाइटें हैं इनमें 6 लाख स्ट्रीट लाइटें, एल०ई०डी० स्ट्रीट लाइटों में बदल चुकी हैं। दूसरा जो इसका बहुत बड़ा पहलू आया है 225 मिलियन किलोवाट आवर, यानि यूनिट की बचत हुई है। इससे भी बड़ी बात यह है कि प्रदेश को 250 करोड़ रुपये प्रतिवर्ष इसके माध्यम से बचत हो रही है यानि हमने पर्यावरण को भी बचाया है हमने राजस्व की भी बचत की है। इसको चर्चा का विषय क्यों नहीं बनाने का प्रयास हो रहा है? अगर मैं विद्युत विभाग के द्वारा इस दौरान किया गया कार्य यहाँ पर रखूँ, यह जो आँकड़े हैं यह वास्तव में देखे जा सकते हैं। किस प्रकार से बेहतर करने का प्रयास प्रत्येक विभाग ने अपने स्तर पर पूरे प्रदेश के अन्दर किया है। इसमें खासतौर पर विद्युत विभाग ने विगत 15 महीनों के दौरान जो कार्य किए हैं, उसमें 72 हजार मजरों तक विद्युतीकरण का कार्य हुआ है 47 लाख से अधिक गरीबों को निःशुल्क विद्युत कनेक्शन उपलब्ध कराए गए थे। इन लोगों के समय में जिस विद्युत कनेक्शन के लिए 20 हजार, 25 हजार रुपये एक गरीब को खर्च करना पड़ता था तब भी 10 बार जाना पड़ता था।

कैम्प लगाकर विद्युत विभाग जगह-जगह उन्हें विद्युत का कनेक्शन उपलब्ध करा रहा है, निःशुल्क विद्युत कनेक्शन उपलब्ध करा रहा है। एक बड़ा कार्य इस दिशा में आगे बढ़ रहा है और बहुत अच्छे ढंग से इस कार्य को आगे बढ़ाने का कार्य किया जा रहा है। लेकिन इस कार्य को यह लोग स्वीकार करने को तैयार नहीं हैं क्योंकि इन लोगों को ऐसा लगता है कि कहीं यह सच्चाई जनता के सामने अगर आ गई तो इन लोगों को अभी तो कम से कम वहाँ बैठने के लिए ही जनता ने मौका दे दिया है कहीं ऐसा न हो कि

अगली बार वहाँ से भी इनको महरूम होना पड़े, इसलिए इनके द्वारा प्रयास होता है कि इस सदन को चर्चा का केन्द्र बिन्दु कतई न बनने दिया जाए। इस दौरान विगत 15-16 महीनों में 33।11 केवीए के 380 विद्युत सब स्टेशन के कार्य को भी सफलतापूर्वक विद्युत विभाग ने सम्पन्न किया है। साथ-साथ जो तकनीकी और वाणिज्यिक हानियाँ होती थीं विद्युत विभाग में, इसमें बड़ा सुधार हुआ है। खासतौर से अगर आप देखेंगे तो यह 32.80 प्रतिशत से घट करके आज 27.67 प्रतिशत हुई है। इससे प्रदेश को 3400 करोड़ की बचत इस हानि को रोकने से प्रदेश को और ऊर्जा विभाग को हुई है। लाइन लॉस में उत्तर प्रदेश बदनाम था विद्युत चोरी के मामले को लेकर। प्रदेश के अंदर लाइन लॉस अब 30 प्रतिशत तक आया है और इस तीस प्रतिशत के कारण तथा अन्य जो सुधारात्मक कार्य हुए हैं उसके कारण प्रदेश में राजस्व की बचत हुई है। जिसके कारण भारत सरकार के सहयोग से पण्डित दीनदयाल उपाध्याय ग्राम ज्योति योजना आई०सी०डी०एस० तथा अन्य योजनाओं के माध्यम से 72 हजार से अधिक मजरों में विद्युतीकरण कार्य करने में हम लोग सफल हुए हैं। साथ ही साथ 47 लाख 60 हजार परिवारों को नि:शुल्क विद्युत कनेक्शन उपलब्ध करवाने में भी हम लोगों को सफलता प्राप्त हुई है। यह कुछ महत्वपूर्ण आँकड़े थे जिस पर हम लोगों ने अनुदान माँगों में धनराशि की व्यवस्था की है, इसलिए इनको यहाँ बताना आवश्यक था। इसके अलावा प्रदेश को इस दौरान 08 नए मेडिकल कॉलेज मिले हैं चिकित्सा शिक्षा के क्षेत्र में। मैं माननीय सदन को अवगत कराना चाहता हूँ।

विगत वर्ष या इससे पहले के वर्ष में इस सदन में या अन्य जगह आप लोग बार-बार इस बात को सुनते रहे होंगे कि कैसे बड़ी मात्रा में वेक्टरजनित बीमारियों से मौतें होती थी। मस्तिष्क ज्वर यानि इन्सेफ्लाइटिस से, डेंगू से, कालाजार से, चिकनगुनिया से अन्य तमाम प्रकार की बीमारियों से। लेकिन विगत एक वर्ष के दौरान जो कार्य किया गया उसके बहुत अच्छे परिणाम सामने आए हैं। मुझे इस सदन को अवगत कराना है कि इस दौरान जो कार्य हुए हैं सरकार ने भी मुक्त हस्त से इन सब कार्यों के लिए सहयोग किया है।

स्वास्थ्य विभाग, चिकित्सा शिक्षा विभाग, महिला कल्याण एवं बाल विकास विभाग, ग्राम्य विकास विभाग, पंचायती राज विभाग, नगर विकास विभाग सभी 06 विभाग और स्वास्थ्य विभाग को नोडल विभाग बना करके हम लोगों ने कार्य किया। विगत वर्ष हम लोग आए थे, नए आए थे कार्य-योजना हमारी बनी थी, कार्य चल रहा था तब भी हम लोगों ने एक बड़ा कार्य किया। विगत वर्ष और उसके पहले के वर्षों केआँकड़ों को अगर मैं सदन के सामने रखूँगा तो पूरा सदन चौंकेगा कि वास्तव में इतना बड़ा कार्य इस दौरान हुआ है। इस मामले में जो विगत वर्ष के आँकड़े मेरे पास हैं उसके अनुसार विगत वर्ष गोरखपुर के बी०आर०डी० मेडिकल कॉलेज जिसमें इंसेफ्लाइटिस से सर्वाधिक मौतें होती थी। विगत वर्ष वहाँ पर इस महीने यानि अगस्त महीने में 400 से अधिक पेशेंट भर्ती हुए थे। 86 से ज्यादा की मौत हुई थी। इससे पहले वर्ष भी यही स्थिति थी और लगभग 40 वर्षों से कार्य चल रहा था। लेकिन इस बार जब 06 विभागों ने सामूहिक रूप से काम किया उसका परिणाम किस रूप में सामने आया कि अगस्त महीने में बी०आर०डी० मेडिकल कॉलेज में 400 की तुलना में केवल 80 पेशेंट आए हैं और विगत वर्ष जहाँ 86 मौतें हुई थीं इस बार केवल 06 मौतें अब तक हुई हैं। इतना बड़ा कार्य, इसके लिए हर एक तबके को लगना पड़ा स्वास्थ्य विभाग को, चिकित्सा शिक्षा विभाग को, महिला कल्याण एवं बाल विकास विभाग को, ग्राम्य विकास विभाग को, पंचायती राज विभाग को, नगर विकास विभाग को। इन सबने टीम वर्क के साथ काम किया। स्वच्छता के कार्यक्रम चलें, विशेष अभियान चलें फरवरी में, अप्रैल में, जुलाई में। अप्रैल माह के अन्दर पूरा एक पखवाड़ा वैक्सीनेशन के लिए समर्पित किया गया। 0 से 15 वर्ष तक के प्रत्येक बालक-बालिका का वैक्सीनेशन किया गया। उन गाँवों में पेयजल की व्यवस्था ग्रामीण क्षेत्र में ग्राम्य विकास विभाग ने और शहरी क्षेत्र में नगर विकास विभाग ने की।

स्वच्छता के विशेष अभियान चलाए गए, जागरूकता के अभियान चलाए गए, ट्रेनिंग के कार्यक्रम चलाए गए, बी०आर०डी० मेडिकल कॉलेज में बेड्स बढ़ाए गए, हर डिस्ट्रिक्ट हास्पिटल में 10 से लेकर 15 बेड के आई०सी०यू०,

पिडियाट्रिक्स के आई०सी०यू० बनाए गए। सी०एच०सी० में तीन-तीन बेड के आई०सी०यू० का निर्माण किया गया। 64 हजार आँगनबाड़ी कार्यकत्रियों को और अन्य पैरामेडिकल के स्टाफ को ट्रेनिंग दी गई। 500 के आस-पास चिकित्सकों को और पिडियाट्रिशियन को ट्रेनिंग दी गई और आज उसका परिणाम है कि जो विगत वर्ष आँकड़े मौत के 86 थे इस वर्ष घटकर 6 पर आ गए हैं। मुझे लगता है कि टीम वर्क से जब कोई काम होगा तो उसके परिणाम इसी प्रकार से आएँगे। यह जितने भी कार्य थे यह पिछली सरकारों के पाप के स्मारक थे।

इनके भ्रष्टाचार के कारण इस प्रकार की स्थितियाँ प्रदेश के अन्दर होती थी। आज प्रदेश के अन्दर कानून की स्थिति में भी भारी सुधार हुआ है। महोदय, अगर 2016 में डकैती की घटना को आप देखें तो 168 डकैती पड़ी थी और 2018 में इसी दौरान केवल 96 घटनाएँ सामने आई हैं। इसी प्रकार से अन्य तमाम घटनाओं में चाहे वह लूट की घटनाएँ हों, हत्या की घटनाएँ हों, रोड होल्ड अप की हों, फिरौती की हों, दहेज मृत्यु की हों और बलात्कार की हों इन सभी घटनाओं में भारी कमी इस दिशा में हुई है। मेरा यह मानना है कि प्रदेश की आज की कानून व्यवस्था पर जो प्रश्न खड़ा कर रहा है उसको किसी एक नई दृष्टि की आवश्यकता है। यह जानबूझ करके इसको हम दृष्टि-दोष कह सकते हैं। 15 वर्षों में आज प्रदेश की कानून व्यवस्था सबसे अच्छी है। पिछले 16 महीनों में एक भी दंगा उत्तर प्रदेश के अन्दर नहीं हुआ।

प्रदेश के अन्दर इस दौरान हम लोगों ने प्रभावी ढंग से जो कार्य किया उसका परिणाम है कि आज प्रदेश के अन्दर निवेश आ रहा है। फरवरी में हम लोगों ने जो इन्वेस्टर्स समिट किया था। लोग पहले हँसते थे कि उत्तर प्रदेश में निवेश क्योंकि उत्तर प्रदेश की ऐसी तस्वीर बना करके रख दी गई थी। उत्तर प्रदेश का इस प्रकार का वीभत्स दृश्य प्रस्तुत कर दिया गया था कि उत्तर प्रदेश का मतलब अराजकता जहाँ हो, गुण्डागर्दी जहाँ हो, एक ऐसी उत्तर प्रदेश की तस्वीर बना दी गई थी। आज क्या है आज देश और दुनिया का हर उद्योगपति उत्तर प्रदेश के अन्दर निवेश करने के लिए इच्छुक दिखाई दे रहा है,

वह आ रहा है। अभी 29 जुलाई को हम लोगों ने आदरणीय प्रधानमंत्री जी से इन्वेस्टर्स समिट में जो हमारे साथ समझौते हुए थे उन समझौतों में से सात हजार करोड़ रुपये की परियोजनाओं के शिलान्यास का कार्य पूरा किया है। बहुत शीघ्र 50 हजार करोड़ रुपये की नई परियोजनाओं के शिलान्यास का कार्य हम आगे बढ़ाने जा रहे है। बहुत शीघ्र इन योजनाओं को डिफेन्स कॉरिडोर के लिए हम लोगों ने बजट में व्यवस्था की है।

बुन्देलखण्ड के पिछड़ेपन को भी दूर करने के लिए हम लोग एक नया एक्सप्रेस-वे बनाने जा रहे हैं। एक्सप्रेस-वे के साथ डिफेन्स कॉरिडोर का निर्माण हो, इसके लिए धनराशि की व्यवस्था हम लोगों ने इसमें की है। एक सकारात्मक सोच का परिणाम है। हमने नकारात्मक दृष्टि से कभी भी व्यवस्था को आगे बढ़ाने का प्रयास नहीं किया क्योंकि हम सबका यह मानना है कि सकारात्मक सोच प्रदेश को आगे बढ़ा सकती है। हम आभारी हैं आदरणीय प्रधानमंत्री जी के जिन्होंने उत्तर प्रदेश को डिफेन्स कॉरिडोर के लिए चुना है। डिफेन्स कॉरिडोर के लिए आगरा, अलीगढ़, लखनऊ, कानपुर, झाँसी, चित्रकूट इस पूरे क्षेत्र का चयन करके इस दिशा में भारत की माननीय रक्षा मंत्री जी के साथ, भारत सरकार के रक्षा मंत्रालय के सभी वरिष्ठ अधिकारियों के साथ कई दौर की बैठक प्रदेश सरकार ने की। निवेशकों की स्टेप होल्डर्स की कई दौर की बैठकें सम्पन्न हो चुकी हैं और मेरा यह मानना है कि बहुत शीघ्र हम लोग इन स्थलों पर ढाई लाख नौजवानों को रोजगार देने वाले डिफेन्स कॉरिडोर को मूर्त रूप में लाने का भी प्रयास करेंगे। मैं धन्यवाद देना चाहूँगा वन मंत्री को और उनकी पूरी टीम को यद्यपि पूरी सरकार और सभी विभागों ने उनके साथ सहयोग किया था, लेकिन लीड उन्होंने किया था, नेतृत्व उन्होंने किया था। पहली बार प्रदेश में साढ़े नौ करोड़ वृक्षारोपण हुआ है। एक जनान्दोलन बना, जनसहभागिता से कार्य हुआ। मुझे भी तीन जगह जाने का अवसर प्राप्त हुआ और मैं देख रहा था कि लोगों में उत्सुकता है। बच्चे हों, बालक हों, नौजवान हों, प्रौढ़ हों, बुजुर्ग हों, महिलाएँ हों या पुरूष हों, सरकारी सेवक हों या गाँव में रहने वाला व्यक्ति हो, जनप्रतिनिधि हो या समाज के किसी

भी तबके का व्यक्ति हो हरेक ने इस अभियान के साथ बढ़-चढ़ करके भाग लिया। औपचारिकता नहीं बनी बल्कि वृक्षारोपण के क्षेत्र में लोगों ने जुट करके इस अभियान को सफल बनाया है। पहली बार उत्तर प्रदेश ने साढ़े नौ करोड़ वृक्षारोपण एक दिन में किया।

अगले वर्ष के लिए भी एक बड़ा लक्ष्य ले करके वन विभाग चल रहा है। हमें विश्वास है कि अगले वर्ष इससे बड़े टारगेट को लेकर वन विभाग चलेगा। प्रदेश के अन्दर हम लोग वनाच्छादन व्यापक रूप से दें जिससे उत्तर प्रदेश की आने वाली पीढ़ी को इसका लाभ मिलता हुआ दिखाई दे। मैं जो बात कर रहा था कि प्रदेश के अन्दर मेडिकल एजुकेशन में पिछली सरकार ने मेडिकल कॉलेज के लिए ऐसी-ऐसी जगह दे दी थी। अपने व्यक्तिगत लोगों को लाभान्वित करने के लिए जहाँ यह बन पाना कठिन था। योजनाएँ इसलिए बनती थीं कि उनके लोग लाभान्वित हो सकें। प्रदेश की जनता उनके लिए महत्वपूर्ण नहीं थी। प्रदेश की जनता के लिए वह कार्य करें, इसके लिए वे कार्य नहीं करते थे। उनके एजेण्डे में प्रदेश की 22 करोड़ जनता नहीं थी, प्रदेश का किसान नहीं था, प्रदेश का नौजवान नहीं था, प्रदेश की महिलाएँ नहीं थीं, प्रदेश का गरीब और प्रदेश का वंचित नहीं था, उनके एजेण्डे में सीमित लोग थे उन सीमित लोगों के लिए योजनाएँ बनती थीं। जब हम लोग विगत वर्ष आए थे तो भारत सरकार के सहयोग से पाँच नए मेडिकल कॉलेजेज जो डिस्ट्रिक्ट हॉस्पिटल्स थे उनके बनने की कार्यवाही प्रारम्भ होनी थी, वह प्रारम्भ नहीं हो पायी थी क्योंकि सरकार की उसमें रुचि नहीं थी।

प्रदेश में अच्छी शिक्षा हो, अच्छी मेडिकल एजुकेशन हो, हमारी हर स्तर की शिक्षा अच्छी हो, इसमें उनकी कोई रुचि नहीं थी। रुचि लेने के लिए उस प्रकार की दृष्टि होनी चाहिए। जैसी दृष्टि-वैसी सृष्टि। जब दृष्टि ही नहीं तो सृष्टि को बनाएँगे कैसे ये लोग। इनकी रुचि ही नहीं थी, उनकी रुचि का विषय ही नहीं था। उनको तो ऐसा कार्य चाहिए था, जिसमें 15 हजार करोड़, 16 हजार करोड़ की योजना बना दें और जमीन में 5 हजार करोड़ हों और बाकी सब इनकी जेब में जाए। मेडिकल कॉलेज चूँकि भारत सरकार मॉनीटर करती है,

इसलिए उन्होंने नहीं बनने दिया। मुझे बताते हुए प्रसन्नता है कि ये जो पाँच मेडिकल कॉलेजेज फैजाबाद, बस्ती, फिरोजाबाद, शाहजहाँपुर, बहराइच में विगत वर्ष भारत सरकार के सहयोग से प्रारम्भ हुए थे, जब हम लोग आए थे तो इन सबकी जो प्रोग्रेस थी वह जीरो से लेकर 15 प्रतिशत के बीच में थी। एक वर्ष में फैजाबाद की प्रोग्रेस है 65 फीसदी, बस्ती की 62 फीसदी, फिरोजाबाद की 55 प्रतिशत, शाहजहाँपुर की 45 प्रतिशत और बहराइच की 52 प्रतिशत। इस वर्ष आठ नए मेडिकल कॉलेज भारत सरकार से हमें प्राप्त हुए हैं जिन्हें एटा, फतेहपुर, गाजीपुर, हरदोई, मिर्जापुर, प्रतापगढ़, सिद्धार्थनगर और देवरिया में बनाया जाएगा। इन जनपदों में बनाने के लिए केन्द्र सरकार ने अपना अंश दे दिया है और प्रदेश सरकार भी इस मामले में अपनी राशि इसके साथ दे रही है। ताकि आठों के आठों स्थानों पर मेडिकल कॉलेज निर्माण की कार्यवाही प्रारम्भ हो सके। यह कार्यवाही युद्धस्तर पर प्रारम्भ होने जा रही है, जिसको हम आगे बढ़ाने जा रहे हैं। इसके अलावा जब प्रदेश की बात आए तो स्वाभाविक रूप से अमेठी और रायबरेली की बात तो होगी ही होगी। अमेठी और रायबरेली की स्थिति क्या थी, इसे हर कोई जानता है। वहाँ डिस्ट्रिक्ट हेडक्वार्टर तक नहीं था, सी०एम०ओ० का कार्यालय भी नहीं था। बाढ़ के कटाव से बचाव के लिए जो कार्य होने थे, वह भी हमारी सरकार ने जब पैसा दिया, तब बाढ़ से बचाव के कार्य वहाँ पर किए गए।

रायबरेली में एम्स की घोषणा हो गई थी, लेकिन एम्स के कार्य को युद्धस्तर पर पूरा करके अभी प्रारम्भिक चरण की ओ०पी०डी० का कार्य हम सफलतापूर्वक रायबरेली में प्रारम्भ कर चुके हैं। उसको वृहद स्तर पर व्यवहारिक रूप से प्रारम्भ करने की दिशा में कदम उठा रहे हैं। इसके अलावा गोरखपुर एम्स के लिए भी कार्य युद्धस्तर पर चला है। गोरखपुर एम्स के लिए जमीन की पूरी औपचारिकता हमारी सरकार आने के बाद पूरी हो पाई है। वहाँ प्रदेश सरकार के स्तर पर जो सुविधाएँ दी जानी चाहिए थीं वह सारी सुविधाएँ हम लोगों ने देना प्रारम्भ किया है। भारत सरकार के सहयोग से गोरखपुर, इलाहाबाद, कानपुर, आगरा, झाँसी एवं मेरठ इन छः मेडिकल कॉलेजों में

08 नई सुपर स्पेशिएलिटी को प्रारम्भ करने के लिए भारत सरकार ने कुछ धनराशि की व्यवस्था की है। इन सभी मेडिकल कॉलेजेज में से चार में हमारा कार्य युद्धस्तर पर चल रहा है। हमारा प्रयास है कि दिसम्बर तक यह सभी कार्य पूरे हो जाएँगे। दो मेडिकल कॉलेज कानपुर एवं आगरा को भी युद्धस्तर पर आगे बढ़ाने का प्रयास हो रहा है। इन विभिन्न क्षेत्रों में जो प्रोग्रेस हम कर पाए हैं, इसमें पूरी सरकार एवं सभी जनप्रतिनिधियों ने मिलकर सामूहिक प्रयास किया है। आज उसके परिणाम सबके सामने हैं। यह टीम वर्क है।

इस बजट में हम लोगों ने कुछ अन्य कार्य-योजनाओं को भी आगे बढ़ाने का कार्य किया है। खासतौर पर इस देश ने अभी 16 अगस्त, 2018 को पूर्व प्रधानमंत्री श्रद्धेय अटल बिहारी वाजपेयी जी को खोया है। उनके देहावसान से भारत की राजनीति के साथ-साथ जीवन के प्रत्येक क्षेत्र में जो एक योग्य मार्गदर्शन और कुशल नेतृत्व श्रद्धेय अटल जी से प्राप्त होता था, उससे भारत वंचित हुआ है। प्रदेश सरकार ने अनुपूरक माँगों में बहुत सारी ऐसी बातें रखी हैं जो श्रद्धेय अटल जी को समर्पित हैं। खासतौर पर श्रद्धेय अटल जी की पैतृक जन्मभूमि बटेश्वर में एक स्मारक बनाने की संस्कृति विभाग और पर्यटन विभाग से जो कार्यवाही प्रारम्भ करने के लिए कहा गया है, उस धनराशि की व्यवस्था हम लोगों ने इस बजट में की है। उनकी उच्च शिक्षा कानपुर के जिस डी०ए०वी० कॉलेज में हुई थी, उसमें सेण्टर ऑफ एक्सीलेन्स के लिए हम लोगों ने धनराशि की व्यवस्था इस बजट में की है। सार्वजनिक जीवन में उनका पदार्पण बलरामपुर लोकसभा सीट से हुआ था। बलरामपुर जनपद जो आज श्रावस्ती लोकसभा सीट के रूप में है, वहाँ पर हम लोगों ने के०जी०एम०यू० का एक सेटेलाइट सेण्टर और बाद में श्रद्धेय अटल जी के नाम से एक मेडिकल कॉलेज बनाएँगे। बलरामपुर जनपद उनके सार्वजनिक जीवन में पदार्पण का जनपद रहा है और के०जी०एम०यू० प्रदेश का एक प्रतिष्ठित चिकित्सा संस्थान है। उस अति पिछड़े जनपद में के०जी०एम०यू० के मार्गदर्शन में मेडिकल एजुकेशन और वहाँ की बेहतर स्वास्थ्य सुविधाओं के लिए एक सेण्टर और मेडिकल कॉलेज के रूप में उसे विकसित करने की कार्यवाही हम लोग करेंगे।

इसके साथ ही एक चिकित्सा विश्वविद्यालय श्रद्धेय अटल जी के नाम पर हमारी सरकार प्रदेश के अन्दर बनाने जा रही है। जो प्रदेश के सभी मेडिकल कॉलेजों को उसके साथ सम्बद्ध करने का कार्य करेगा। यह कार्य हम लोगों ने प्रदेश के अन्दर इस अवसर पर करने का निर्णय लिया है।

बहुत सारे कार्य अन्य क्षेत्रों में भी हम लोगों ने प्रारम्भ कराए हैं। केन्द्र, राज्य सरकार की योजनाओं का फोकस गरीब, किसान, नौजवान, महिलाएँ और समाज के उस तबके पर है, जो वास्तव में शासन की योजनाओं से वंचित था। आज आप किसी भी गाँव में जाएँगे प्रधानमंत्री आवास योजना आपको दिखाई देगी। हर गाँव में स्वच्छ भारत मिशन के अन्तर्गत श्रद्धेय प्रधानमंत्री जी के मार्गदर्शन में हर गरीब के घर के पास एक शौचालय दिखाई देगा, इज्जत घर दिखाई देगा। केन्द्र और प्रदेश सरकार की जो योजनाएँ हैं, इन योजनाओं का केन्द्र बिन्दु वास्तव में वह गरीब बने, जिसे केवल जाति के आधार पर इन लोगों ने व्यवस्था की मुख्यधारा से जुड़ने से रोका था। आज जब वह फोकस में आया है, उसको कनेक्शन मिल रहा है, उसको सुविधा मिल रही है, उसको कनेक्टिविटी मिल रही है, उसको चलने के लिए अच्छी सड़क मिल रही है, उसको हर प्रकार की सुविधाएँ जब मिलनी शुरू हुई हैं, तो हमारे विपक्ष में बैठे हुए मित्रों को कष्ट होना स्वाभाविक है क्योंकि उनके पैरों के नीचे की धरातल खिसकती हुई दिखाई देती है। अपने पैरों के नीचे की खिसकती हुई धरातल को देखकर आज एक छटपटाहट अपने स्वयं के वजूद को बचाने की है। लेकिन मैं अपने विपक्ष के मित्रों से कहना चाहूँगा कि श्रद्धेय अटल जी ने एक बात कही थी कि-"छोटे मन से कोई बड़ा नहीं होता और टूटे मन से कोई खड़ा नहीं होता।" सरकार के सकारात्मक योगदान में आप सब सहभागी बनें। सरकार एक सकारात्मक योगदान चाहती है।

हमने शुरू के दिनों में कहा था कि सदन चर्चा का मंच बनना चाहिए। प्रदेश से जुड़ी हुई हर योजना के बारे में यहाँ चर्चा होनी चाहिए। प्रदेश के विकास के बारे में सत्तापक्ष और विपक्ष को मिलकर के आगे बढ़ना चाहिए। लेकिन जब विकास किया हो तो विकास में रुचि हो। यहाँ तो केवल अपने महलों को

बनाने में लोगों की रुचि रही है। स्वयं का घर बन जाए बाकी किसी का घर न बने इसीलिए तो प्रधानमंत्री आवास योजना को प्रदेश के अन्दर लागू नहीं करने दिया था। गरीबों के स्वास्थ्य के लिए योजना को लागू नहीं करने दिया गया था। बेसिक शिक्षा विद्यालय के बच्चों को किस प्रकार की यूनिफॉर्म दी गई थी यह किसी से छिपा हुआ नहीं है। इसलिए उस खिसियाहट को मिटाने के लिए ये लोग बार-बार सदन में व्यवधान पैदा करने का प्रयास करते हैं, वॉक आउट का बहाना बनाते हैं। प्रदेश के अन्दर एक नवसृजित वातावरण को कहीं न कहीं यह दिखाने का प्रयास कर रहे हैं कि इस नए माहौल के अनुरूप जो विकास का माहौल बना है, सुरक्षा का माहौल बना है, प्रदेश को समृद्धि की ओर अग्रसर करने का माहौल बना है, उस माहौल को ये लोग कहीं न कहीं बाधित करना चाहते हैं। इस बाधा को मुझे लगता है कि सारे सदन को मिल करके अपने आप दूर करना चाहिए। हम मिल करके शासन की योजनाओं को जिस तबके के लिए बनी है, उन तक ईमानदारी से पहुँचवा दें, लाभार्थियों तक पहुँचवा दें, केन्द्र और प्रदेश सरकार की योजनाएँ ईमानदारी से लोगों तक पहुँच जाएँ। अब वह खेल नहीं चलेगा जिसमें जाति के नाम पर प्रदेश को बाँटने का कार्य होता था। प्रदेश को तमाम अन्य वादों के आधार पर बाँटकर के प्रदेश के सामाजिक ताने-बाने को छिन्न-भिन्न करने का जो कुत्सित प्रयास होता था, वह अब नहीं चल पाएगा।

उत्तर प्रदेश को 2019 में जनवरी महीने में जनवरी से मार्च तक कुम्भ के आयोजन करने का एक सौभाग्य प्राप्त हो रहा है। यह दुनिया का सबसे बड़ा आध्यात्मिक और सांस्कृतिक आयोजन है। देश के 06 लाख गाँवों को कुम्भ के साथ जोड़ने का कार्य हो रहा है, मैं आज पूरे सदन से यह कहूँगा कि हम लोगों का प्रयास होना चाहिए कि प्रदेश की 60 हजार ग्राम पंचायतें कुम्भ के साथ जुड़ें। हर गाँव से कुछ न कुछ लोग जरूर कुम्भ में आएँ। कुम्भ में होने वाले विभिन्न कार्यक्रमों में सहभागी बनें। कुम्भ की तैयारी युद्धस्तर पर चल रही है। अब तक का सबसे अच्छी कुम्भ की दृष्टि से बुनियादी ढाँचागत विकास की जो कार्यवाही होनी चाहिए, वह अब हो रही है। दुनिया के

192 देशों को हम कुम्भ में बुला रहे हैं। देश के 06 लाख गाँवों को भी हम कुम्भ में आमन्त्रित कर रहे हैं। हर जाति, हर मत, हर सम्प्रदाय, हर पंथ के धर्माचार्यों को, उनके अनुयायियों को कुम्भ के आयोजन में हम जोड़ने का काम कर रहे हैं। हर रंगकर्मी को, हर कलाकार को, हर संस्कृतिकर्मी को हम कुम्भ में आमन्त्रित करने का कार्य कर रहे हैं। समाज के अलग-अलग तबके में कार्य करने वाले लोगों को, पर्यावरणविदों को, समाज-सेवा के क्षेत्र में कार्य करने वालों को, टेक्नोक्रेट को तथा विभिन्न क्षेत्रों में कार्य करने वालों को भी हम कुम्भ में आमन्त्रित कर रहे हैं। कुम्भ के इस आयोजन को पूरा करने के लिए हम लोगों ने अभी से इसकी कार्यवाही प्रारम्भ कर दी है।

कुम्भ के पहले 05 बड़े वैचारिक कुम्भ का आयोजन किया जाएगा। वाराणसी, तीर्थराज प्रयाग, लखनऊ, आगरा और अयोध्या इन स्थलों पर वैचारिक कुम्भ के आयोजन वृहद स्तर पर होने जा रहे हैं। कहीं पर महिलाओं को केन्द्र बिन्दु बनाकर के, कहीं पर युवाओं को केन्द्र बिन्दु बनाकर के, कहीं पर पर्यावरणविदों को केन्द्र बिन्दु बनाकर के, कहीं पर सामाजिक समरसता का माहौल किस रूप में हो सकता है, इसको केन्द्र बिन्दु बनाकर के, कहीं पर अन्य समाज से जुड़े हुए उन सभी पक्षों को लेकर के हम लोगों ने इस वैचारिक कुम्भ का आयोजन पहले किया है। साथ ही साथ हमें एक और अवसर प्राप्त होने जा रहा है। माह जनवरी, 2019 में प्रवासी भारतीय दिवस का आयोजन पहली बार उत्तर प्रदेश को करने का सौभाग्य प्राप्त हो रहा है। 20, 21 और 22 जनवरी, 2019 को वाराणसी में प्रवासी भारतीय दिवस होगा। जिसमें दुनिया के अलग-अलग देशों में रहने वाले लगभग 6 हजार से अधिक प्रवासी भारतीयों को उत्तर प्रदेश के वाराणसी में आकर के अपने पुरखों की भूमि को देखने का अवसर प्राप्त होगा। उत्तर प्रदेश को 'अतिथि देवो भवः' के इस आयोजन के साथ जुड़ने का एक अवसर प्राप्त होगा। प्रयागराज हो या वाराणसी दोनों हमारी प्राचीन नगरियाँ हैं, हमारी आध्यात्मिक नगरियाँ हैं। गंगा की अविरलता और निर्मलता के लिए हम लोगों ने कार्य प्रारम्भ किया है। हम लोगों का प्रयास है कि 15 दिसम्बर तक गंगा की धारा को हम पूरी

तरह निर्मल करने में सफल हो जाएँ। इसके लिए जहाँ एस०टी०पी० लगनी है वहाँ एस०टी०पी० लगेगी और जहाँ पर अन्य तकनीकी की आवश्यकता पड़ेगी, उस तकनीकी को ले करके कुम्भ को दिव्य कुम्भ और भव्य कुम्भ के रूप में हम आयोजित करेंगे।

सामूहिक जागरूकता में आप सबकी बड़ी भूमिका हो सकती है। सामूहिक जागरूकता में आप सबका सहयोग हम लोग चाहेंगे। क्योंकि आयोजन एक व्यक्ति का नहीं, केवल सरकार का नहीं, उत्तर प्रदेश का आयोजन बने। इस देश का आयोजन बने। इस दृष्टि से हम लोग अपने स्तर पर गंगा किनारे जो भी जनपद पड़ते हैं, जो भी गाँव पड़ते हैं, जो नगर पड़ते हैं, जो कस्बे पड़ते हैं, गंगा जी में उनकी गन्दगी नहीं जानी चाहिए। गंगा जी की अविरलता और गंगा जी की निर्मलता के लिए एक वृहद अभियान अभी से प्रारम्भ होना चाहिए। यमुना जी के किनारे जो गाँव हैं, जो कस्बे हैं उन गाँवों और कस्बों में हमने अभी से ओ०डी०एफ० की कार्यवाही गंगा जी के किनारे पूरी कर दी है। यमुना जी के किनारे युद्धस्तर पर चल रही है। अन्य कार्यवाही भी हमारी युद्धस्तर पर चल रही है। मैं पूरे सदन से इस बारे में अपील करूँगा कि सभी लोग मिलकर के इन दो आयोजनों को पूरी भव्यता के साथ उत्तर प्रदेश के अन्दर करने के लिए अपना योगदान दें। जिससे हम लोग पूरी भव्यता के साथ, पूरी दिव्यता के साथ इस आयोजन को उत्तर प्रदेश के अन्दर कर सकें और उत्तर प्रदेश को टूरिज्म के देश के सबसे बेहतर डेस्टीनेशन के रूप में प्रस्तुत कर सकें।

एक अवसर है हमारे सामने देश और दुनिया को दिखाने के लिए कि नहीं, उत्तर प्रदेश वह नहीं है, जो आज से दो-ढाई वर्ष पहले था। उत्तर प्रदेश जिस बात के लिए बदनाम होता था, आज उत्तर प्रदेश में वह नहीं है। नई सरकार आने के बाद देश के अन्दर यह मैसेज स्पष्ट है कि उत्तर प्रदेश के अन्दर गुण्डागर्दी करने का मतलब क्या है? उत्तर प्रदेश में तो उसके लिए जगह नहीं ही रहेगी, यह तय है। उत्तर प्रदेश में कानून को हाथ में लेने की छूट किसी को नहीं दी जा सकती, लेकिन सुरक्षा सबको सरकार देगी। हर एक की सुरक्षा, हर एक का संरक्षण, हर एक की समृद्धि, हर एक का विकास बिना भेदभाव के

विकास की योजनाओं के साथ जोड़ने का काम सरकार करेगी। जन सहयोग से जो कार्यक्रम होते हैं, उसके परिणाम भी उतने अच्छे होते हैं। जो बेहतर परिणाम विभिन्न क्षेत्रों में आए हैं, उन बेहतर परिणामों को और आगे बढ़ाने की दिशा में कार्य किए जाने की आवश्यकता है।

इस अनुपूरक बजट में जो एक माँग हम लोगों ने रखी है वह है वाराणसी से भदोही। मार्ग बना है। मुझे लगता है 250 करोड़ रुपये होगा सम्भवतः। यह समाजवादी पार्टी की सरकार के समय में ठेका हथियाने के लिए काम हो गया, लेकिन गरीबों का मुआवजा नहीं बाँटा गया। वह मुआवजा आज हम लोगों को देना पड़ रहा है। यह कार्य होता था इन लोगों की सरकार के समय में। यानी कार्य हो गया है युद्धस्तर पर, उसको बाद में हम लोगों ने बढ़ाया। जब कार्य हो गया तो पता लगा कि वहाँ पर किसी भी किसान को कम्पनसेशन ही नहीं मिला है। तब उस कम्पनसेशन के लिए अनुदान माँगों में व्यवस्था हम लोगों को करनी पड़ रही है। वह व्यवस्था भी हम लोग दे रहे हैं। इसमें एक और चीज आप देख रहे होंगे, एक बड़ी राशि है जो उत्तराखण्ड के पेंशनर्स को दी जा रही है। स०पा० और ब०स०पा० दोनों सरकारों में जिन लोगों ने यहाँ पर कार्य किया था और उत्तराखण्ड चले गए थे, उनकी पेंशन ही बन्द कर दी थी। 1300 करोड़ रुपये पहले हम इसमें दे रहे हैं। जिन कर्मचारियों ने उत्तर प्रदेश में कार्य किया था, उनकी पेंशन को भी ये लोग रोक दिए थे। यानी इन्होंने तय कर लिया था कि आने वाले समय में कर्मचारियों को वेतन भी नहीं देना है, पेंशन भी नहीं देना है क्योंकि मानसिकता वैसे ही नहीं आती है, इनकी सोच एक नकारात्मक सोच है और उस नकारात्मक सोच के कारण इन्होंने यह स्थिति पैदा की है। हमारी सरकार ने अनुदान माँगों में इसकी व्यवस्था की है कि जिन्होंने प्रदेश की सेवा में अपना योगदान किया है, उनका सम्मान करना, उनके हितों को संरक्षण देना, प्रदेश सरकार इसके लिए पूरा योगदान दे रही है। उत्तराखण्ड के सभी कर्मियों को जो इन योजनाओं से वंचित थे, उनके लिए भी हमने व्यवस्था इसमें की है।

गर्मियों में आग लगती है। फायर टेण्डरिंग नहीं रहता है। पहली बार हमने फायर टेण्डर की बड़ी मात्रा में व्यवस्था की है और प्रयास किया है कि हर

माननीय विधायक को जहाँ भी उसकी माँग है, उसके अनुसार थाना या फायर टेण्डर दे सकें, एक अग्निशमन केन्द्र वहाँ दे सकें इसकी व्यवस्था की गई है। प्रदेश, देश के उन राज्यों में है, जिन्होंने पोषण मिशन को सफलतापूर्वक अपने यहाँ प्रारम्भ किया है। होमगार्ड के जवान बहुत दिनों से अपनी माँगों को लेकर माँग करते थे, धरना देते थे, उनके मानदेय को बढ़ाने का कार्य भी हमारी सरकार कर रही है। अनुपूरक माँगों में हमने उसकी भी व्यवस्था की है। आँगनबाड़ी कार्यकत्रियों के मानदेय को बढ़ाने की व्यवस्था अपने इस अनुपूरक बजट में की है। इस पर भी कार्रवाई होने जा रही है। मैं इस बारे में कह सकता हूँ कि सरकार हरेक नागरिक के हितों की रक्षा करने के लिए पूरी तरह प्रतिबद्ध है। प्रदेश के विकास में जो योगदान देगा उसके हितों को संरक्षण देना इस सरकार का नैतिक दायित्व है। सरकार अपने इस नैतिक दायित्व का निर्वहन करेगी। मेरा यह मानना है कि लोकतंत्र में संवाद से हर समस्या का समाधान हो सकता है।

प्रदेश सरकार लोकतान्त्रिक मूल्यों पर विश्वास करती है। लोकतान्त्रिक मूल्यों के आधार पर समस्या का समाधान सरकार चाहती है। हमारी सरकार ने बहुत अच्छी प्रोग्रेस की है। खासतौर से जी०एस०टी० के मामले में जिन राज्यों ने बेहतर प्रदर्शन किया है, उसमें उत्तर प्रदेश अग्रणी है। इसमें बहुत अच्छे परिणाम प्रदेश में आए हैं। खासतौर पर जो जी०एस०टी० से जुड़े फीगर हमारे पास हैं, काफी अच्छा परिणाम उसका हमारे सामने है। 2016–17 में जिस समय वैट था, केवल 27 हजार 270 करोड़ की जी०एस०टी० आई थी। आज के दिन हमारी सरकार में यह राशि 42974 करोड़ की आई है। काफी अन्तर आया है, काफी चीजें बढ़ी भी हैं। खनन में सपा की सरकार के समय में जो राजस्व प्राप्त हुआ था वह 505 करोड़ था। वह इस सरकार के समय में 1134 करोड़ रुपये आया है।

आबकारी मंत्री सोच रहे होंगे कि उनकी बात नहीं हो पा रही है। लेकिन बड़े ट्रांसपेरेण्ट तरीके से इन्होंने अपने कार्य को किया। बहुत अच्छे ढंग से लागू किया। आश्चर्य तो यह होता है कि विगत वर्ष तो शराब के जितने भी ठेके थे,

समाजवादी पार्टी की सरकार दो साल का एक साथ कर देती थी। प्रदेश को उसका लॉस होता था। उस समय 2016-17 में प्रदेश के अन्दर आबकारी से केवल 4711 करोड़ रुपये प्राप्त हुए थे। इस दौरान प्राप्त हुए हैं 8369 करोड़ रुपये। दोगुने से ज्यादा का अन्तर है। यह आँकड़े इस बात को बताते हैं कि कहीं न कहीं समाजवादी पार्टी में कारनामे चलते थे। यह कारनामे प्रदेश की जनता को लूटने के चलते थे। उसके माध्यम से इन्होंने प्रदेश के अन्दर हर एक क्षेत्र में लूटने का काम किया है। आप स्टाम्प और निबन्धन में देखें 2016-17 में 4951 करोड़ रुपये प्राप्त हुए थे, 2018-19 में 5344 करोड़ रुपये प्राप्त हुए हैं। परिवहन में 2016-17 में 1664 करोड़ रुपये प्राप्त हुए थे और 2018-19 में 2343 करोड़ रुपये प्राप्त हुए हैं।

हम लोगों ने रक्षाबन्धन के दिन बहनों के लिए परिवहन विभाग की सारी बसें मुफ्त में चलाने की कार्रवाई पूरे प्रदेश में की थी। इसी प्रकार से भू-राजस्व में 2016-17 में 105 करोड़ रुपये प्राप्त हुए थे। 2018-19 में 351 करोड़ रुपये प्राप्त हुए हैं। ऊर्जा के क्षेत्र में 2016-17 में 96 करोड़ रुपये प्राप्त हुए थे। 2018-19 में 489 करोड़ रुपये प्राप्त हुए हैं। यह आँकड़े इस बात के गवाह हैं कि प्रदेश में इन विभागों के माध्यम से उस समय की सरकार बहुत सारे गुल खिला रही थी। यह सब चीजें सामने न आने पाएँ, इसलिए स्वाभाविक रूप से बहुत से लोग भागेंगे। लेकिन मैं आपका आभारी हूँ कि मा० वित्त मंत्री जी द्वारा जो अनुपूरक बजट यहाँ पर प्रस्तुत किया गया है, उस पर आपने मुझे बोलने का अवसर दिया है। मुझे लगता है कि इस बजट से आप सभी सहमत होंगे। इन सभी कार्यों के अलावा अन्य तमाम जो योजनाएँ हैं, उन सबको लागू करने और इन योजनाओं को समाज के हर तबके तक पहुँचाने में आप सबका योगदान इसी प्रकार से होगा।

हर विभाग ने बहुत अच्छा कार्य करने का प्रयास किया है। हर क्षेत्र में किया है। मुझे लगता है कि आने वाले समय में यह प्रदर्शन और बेहतर होगा। अगर हम देखेंगे तो विगत वर्ष की तुलना में अब तक जो धनराशि खर्च हुई है, यह 52.94 प्रतिशत अधिक खर्च हुई है। जो हमारा मूल बजट पास हुआ है,

यह बजट प्रदेश के विकास के लिए, एक सन्तुलित विकास के लिए प्रस्तुत किया गया अनुपूरक बजट है। हम इसके माध्यम से उन तमाम योजनाओं को आगे बढ़ाने का कार्य करेंगे, जो प्रदेश के लिए, गाँव के लिए, गरीब के लिए, किसान के लिए, नौजवान के लिए, प्रदेश के बेहतर भविष्य के लिए, बुनियादी ढाँचागत विकास के लिए चाहे वह बुन्देलखण्ड एक्सप्रेस–वे हो, चाहे पूर्वांचल एक्सप्रेस–वे हो, चाहे वह जेवर में अन्तर्राष्ट्रीय एयरपोर्ट का निर्माण हो, चाहे वह चीनी उद्योग की बेहतरी के लिए हो, चाहे वह गाँवों की कनेक्टिविटी के लिए हो, अच्छी सड़कें गाँवों में मिलें, अच्छी बिजली गाँवों में मिले, स्वास्थ्य की बेहतर सुविधाएँ गाँवों में मिलें, इन सब कार्यों में भी हम लोग और बेहतर करने में सफल होंगे। इन शब्दों के साथ मै अनुरोध करूँगा कि इस अनुपूरक बजट को सदन पास करे।

सन्दर्भ : दिनांक 29 अगस्त, 2018, अनुपूरक बजट 2018–19 पर चर्चा।

□□

THE TRIBES AND CASTES OF THE NORTH-WESTERN PROVINCES AND OUDH

THE
TRIBES AND CASTES
OF THE
NORTH-WESTERN PROVINCES
AND OUDH

W. CROOKE

IN FOUR VOLUMES
VOL. IV

GYAN

Published by

GYAN

Gyan Publishing House
5, Ansari Road
Daryaganj, New Delhi-110002
Phone: 011-47034999, 9811692060
E-mail: books@gyanbooks.com

Distribution Network
gyanbooks.com
India, USA, Canada, UK, Australia, France

ISBN : 978-81-212-4170-0 (Set)
ISBN : 978-81-212-4714-6 (HB)
First Published, Calcutta, 1896

2nd Impression 2020

Printed at: Gyan Press, Delhi.

The
Tribes and Castes of the North-Western Provinces and Oudh Vol. IV
Author: W. Crooke

THE

TRIBES AND CASTES

OF THE

NORTH-WESTERN PROVINCES AND OUDH.

VOLUME IV.

M

Monas, Maunas.—A sept of Râjputs found almost exclusively in the Benares Division. According to their own account they take their name from their eponymous ancestor Maunas or Monas Rishi. Their original home is said to have been Amber or Jaypur, and the legend goes that a party of them, coming to bathe at Benares, envied the fertile plain, which is now the Bhadohi Pargana of the Mirzapur District, and conquered it from the Bhars, from whom it took its name. Their immigration from their home in Rajputâna is fixed by the tribal legend at some six or seven hundred years ago. The enquiries, however, of Mr. Duthoit go to show that the Bhar rule in Bhadohi survived the Muhammadan conquest of Kanauj by some two centuries, during which it was in dependence on the Kantit Gaharwârs, and the rise of the Maunas power in Bhadohi cannot be fixed with certainty before the time of Sâgar Râê, whose descendant Jodh Râê, in the third generation, obtained a grant of the pargana from the Emperor Shâhjahân. At one time they enjoyed considerable property, and used, it is said, to give their daughters in marriage to the ruling families of Mânda and Kantit; but in the general anarchy which ensued on the downfall of the Mughal Empire, they suffered from the aggressions of more powerful neighbours, in particular the famous Balwant Sinh of Benares. The Maunas say that their Râja, Siu Bakhsh Sinh, was fraudulently induced to give up to Balwant Sinh the royal grant (*Shâhi farmân*) by which he held the pargana from the Mughal Government. At any rate, whether this be true or not, the greater part of the Maunas territory was absorbed into the Benares Râj, and forms a considerable portion of the domains of His Highness the Mahârâja of Benares. Naturally in the Mutiny the sept gave much trouble. They are now, as a rule, in great poverty, and till as tenants the lands their forefathers used to own. They are held in little estimation, and now-a-days give and take girls from the septs of the Gaharwâr, Bais, and Bisen of Mirzapur and Benares. In Jaunpur they are reported to take brides from the Bisen, Raghubansi, and Chaupat Khamb septs, and to give brides to the Raghubansi, RâjKumâr, Durgbansi, and Bais.

2. In Bhadohi of Mirzapur, which is one of the chief seats of the sept, the Maunas say that their original seat was Amber in Rajputâna, and some fifty generations ago some of them started on a pilgrimage to Gaya. Bhadohi was then ruled by the Bhars, and one of their Râjas ordered a Brâhman, named Siva Man, to give his daughter in marriage to the son of the Râja. The Brâhman appealed to many of the neighbouring Râjas for protection: but they failed him, until the party of Maunas Râjputs took up his cause and finally captured Chauthâr, which was the chief stronghold of the Bhars. Thus they gained the country. Their last Râja was Takht Sinh, who was overcome by the first Râja of Benares. Their *gotra* is Maun. They take brides from the Bisen, Bais, Bachgoti, BhatKariya, Bhanwag, Rikhbansi, Raghubansi, Saunakh, and Tisahiya septs; and give girls to the Gaharwâr of Mânda and Bijaypur, Bachgoti, and Sombansi. The Maunas of Bhadohi do not intermarry with Baghels, as some of their brethren do. There are two grades in the sept—one the real Maunas, and beneath them others, who were introduced by being allowed to eat with the genuine Maunas. The latter marry in inferior septs and families.

Distribution of the Maunas Râjputs by Census, 1891.

Districts.	Number.	Districts.	Number.
Agra	16	Ballia	287
Bânda	2	Gorakhpur	24
Allahâbâd	1,938	Azamgarh	401
Benares	582	Faizâbâd	1
Mirzapur	9,144	Sultânpur	1
Jaunpur	1,721	Bârabanki	52
Ghazipur	60		
		Total	14,229

Mongil.[1]—A sept of Râjputs in Oudh. They are said to have preceded the Bhars. One family of them is found in Sujanpur Ta'aluqa Adharganj.

Mughul, Mughal.—One of the four great Muhammadan sub-divisions known in Europe under the form Mongol. Mr. Ibbetson,[2] writing of the Panjâb, does not attempt to touch upon "the much debated question of the distinction between the Turks and Mughuls. In the Delhi territory, indeed, the villagers accustomed to describe the Mughuls of the Empire as Turks, used the word as synonymous with 'official,' and I have heard my Hindu clerks of Kâyasth class described as Turks, merely because they were in Government employ. On the Biloch frontier the word Turk is commonly used as synonymous with Mughul. The Mughuls proper probably either entered the Panjâb with Bâbar, or were attracted thither under the dynasty of his successors; and I believe that the great majority of those who have returned themselves as Mughuls in the Eastern Panjâb really belong to that race." In these Provinces they say that they take their name from their ancestor Mughul Khân.

2. In the last Census they are classed under three sub-divisions: Chaghtai, Qazalbâsh, and Turkmân. Writing of Afghânistân Dr. Bellew[3] says:—"What the origin of these new clans was, whether they were conquered and converted Pathâns, who became absorbed into the dominant tribe, and thus, by the mere force of numbers and other favouring circumstances of the period, gave them both their language and social code of laws; or whether they were kindred tribes of Turks imported by Sabaktakîn (that is, 'the one called Sabak;' as Alaptakîn, 'the one called Alap,' *takîn* being the distinctive affix of the names of Turk slaves), the founder of the Turk Tâtar (as distinguished from the Mongal or Mughul Tâtar) dynasty at Ghazni, is not clearly ascertained. Without excluding the possibility of their increase by the occasional immigration of other kindred Turk clans from across the Oxus, it may be considered more probable that the increase in the clans of the Ghilji took place mostly by the absorption and adoption of subjugated native tribes; for we find several instances of Chaghatai Turk clans living in close proximity to the Ghilji, yet quite distinct from them, and entirely ignor-

---

1 *Partâbgarh Settlement Report*, 1888.
2 *Panjâb Ethnography*, paras. 506, 507.
3 *The Races of Afghânistân*, 101.

ant of any kindred connection with them. Such Turk clans are the Bayât about Ghazni and Herât, the Cârlûgh, Chûng, and Mughal Turk (Yaka, Chirikcha, etc.) of Balkh, etc. Such also are the Mongol and Chaghatai Turk clans of Mangal, Jâji, Jadrân, Khitâi, etc., who are settled about the Pewâr and the head-waters of the Kurram river and who were brought to these situations on the invasions of Changhis and Tymûr—the Tâtar scourges of the world during the thirteenth and fifteenth centuries. These clans, with the exception of the Jadrân, though they have almost entirely lost the typical physiognomy of their race, their mother tongue, and, indeed, everything else, but their names, which would connect them with their original stock, hold themselves entirely distinct, political relations always excepted, from the Ghilji, who are their neighbours."

3. Other clans in these Provinces are the Qazalbâsh or Qizilbâsh, "red heads," Uzbak, Turk, Kai, Chak, Tâjîk. In the Panjâb the main tribes are the Chaghtai and Barla. Some of these, especially the Chaghtai, are claimed by the Bhatti Jâdons to have descended from them when they were rulers of Ghazni and Zabalistân. The last Imperial family was drawn from the Chaghtai. The Jhojha also call themselves Mughul, but they are supposed to be slaves of Mughul or low caste Hindus converted to Islâm by some Mughul nobleman. They are not suffered to intermarry with the Râjput Musulmâns, or with any of the pure Muhammadan tribes.[1]

Distribution of the Mughuls according to the Census of 1891.

Districts.	Chaghtai.	Qazalbâsh.	Turkmân.	Others.	Total.
Dehra Dûn	108	...	...	93	201
Sahâranpur	477	1	30	1,916	2,424
Muzaffarnagar	305	16	832	578	1,731
Meerut	880	5	40	1,181	2,106
Bulandshahr	780	17	9	1,657	2,463
Aligarh	16	...	101	785	902
Mathura	112	56	15	215	398

[1] Williams, *Oudh Census Report*, 76; Râja Lachhman Sinh, *Bulandshahr Memo.*, 191. *sq.*

Distribution of the Mughuls according to the Census of 1891—contd.

DISTRICTS.	Chaghtai.	Qazalbash.	Turkmân.	Others.	TOTAL.
Agra	520	26	76	1,400	2,022
Farrukhâbâd . .	375	...	27	673	1,075
Mainpuri . . .	100	...	...	117	217
Etâwah	162	...	9	460	631
Etah	264	2	15	415	696
Bareilly	1,162	...	1	2,040	3,203
Bijnor	1,341	7	...	489	1,837
Budâun	809	26	3	618	1,456
Morâdâbâd . . .	713	77	2,015	9,629	12,434
Shâhjahânpur . . .	721	2	39	561	1,323
Pilibhît	338	...	...	406	744
Fatehpur	708	...	...	594	1,302
Bânda	103	2	10	299	414
Hamîrpur . . .	...	...	...	468	468
Allahâbâd . . .	42	...	...	487	529
Jhânsi	65	...	...	213	278
Jâlaun	122	...	218	317	657
Lalitpur	10	...	1	53	64
Benares	123	...	...	997	1,120
Mirzapur	55	...	...	265	320
Jaunpur	...	...	...	548	548
Ghâzipur	227	...	18	319	564
Ballia	17	...	...	193	210
Gorakhpur . . .	332	3	11	943	1,289
Basti	81	...	...	1,696	1,777
Azamgarh . . .	139	...	256	1,632	2,027
Kumaun	...	...	...	10	10

Distribution of the Mughuls according to the Census of 1891—concld.

DISTRICTS.	Chaghtai.	Qazalbâsh.	Turkmân.	Others.	TOTAL.
Garhwâl	...	...	...	40	40
Tarâi	1	...	...	143	144
Lucknow	1,370	673	37	11,143	13,223
Unâo	249	6	6	646	907
Râê Bareli . . .	211	27	...	362	600
Sîtapur	1,084	69	50	1,225	2,428
Hardoi	...	1	...	427	725
Kheri	864	...	...	520	1,384
Faizâbâd	1,102	190	...	1,378	2,670
Gonda	780	...	86	527	1,393
Bahrâich	429	15	20	883	1,347
Sultânpur	118	...	...	784	902
Partâbgarh . . .	38	...	5	348	391
Bârabanki . . .	721	...	...	466	1,187
TOTAL .	19,038	1,237	3,982	52,416	76,683

Mukeri.—A Muhammadan tribe, which was separately enumerated at the last Census, but which is usually treated as a sub-caste of the Banjâra, under which head some account of them will be found.

Distribution of the Mukeri according to the Census of 1891.

DISTRICTS.	Number.	DISTRICTS.	Number.
Mathura	1	Bânda . . .	18
Farrukhâbâd . .	79	Hamîrpur . . .	75
Shâhjahânpur . .	201	Allahâbâd . . .	140
Pilibhît . . .	18	Jhânsi . . .	38
Cawnpur . . .	14	Jâlaun . . .	74

Distribution of the Mukeri according to the Census of 1891 —concld.

Districts.	Number.	Districts.	Number.
Ghâzipur . . .	140	Sîtapur . . .	41
Ballia	69	Kheri	6
Gorakhpur . . .	361	Faizâbâd . . .	9
Basti	868	Bahrâich . . .	535
Azamgarh . . .	1,834	Sultânpur . . .	1,032
Lucknow . . .	273	Partâbgarh . .	150
Unâo	13	Bârabanki . . .	174
Râê Bareli . . .	80	Total .	6,243

Murâo [1] (Sanskrit *mûla*, "a root," Hindi *mûli*, "a radish").—A tribe of cultivators and gardeners. They are really the same as the Koeri and Kâchhi, with whom they agree in manners and customs.

Internal structure.

2. At the last Census they were recorded in nine sub-castes:—Bhadauriya, who take their name from the Pargana of Bhadâwar, South of Agra, which also gives its name to a well known Râjput sept; Bhagta from Bhagat, a vegetarian; Hardiya or growers of turmeric (*haldi*); Kâchhi, the name of a distinct tribe; Kachhwâha, which is also the title of a famous Râjput sept; Kanaujiya from Kanauj; Saksena from the old town of Sankisa in the Farrukhâbâd District; Sakta or worshippers of the female energies of nature (*sâkti*); and Thâkuriya or the Thâkur sub-caste. In Faizâbâd we find the Hardiya or Hardiha, who are again sub-divided into the Bhaktiya or Bhaktiha and the Saktiya or Saktiha; the Kanaujiya and the Tanraha. In Farrukhâbâd they divide themselves into the Saksena, Haldiya, and Bâghwân, or keepers of gardens (*bâgh*). The Murâo sub divisions, according to the Census returns, are 232 in number. Those most important locally are the Bakandar and Mîtha of Bareilly; the Bhukarwâl of Morâdâbâd;

[1] Partly based on notes by M. Râm Saran Dâs, Faizâbâd, and the Deputy Inspector of Schools, Farrukhâbâd.

the Purabiya of Shâhjahânpur and Pilibhît; the Bâhman of Basti; the Dhakuliya of Lucknow, who take their name from the water-lift (*dhenkli*) which they use; the Mewâr of Sîtapur, Hardoi, and Kheri; the Pachhwahân of Kheri; the Malikpuri of Gonda; and the Kalaphartor of Bârabanki.

Religion, customs, and occupation.

3. The Murâos are orthodox Hindus. In Faizâbâd the Bhaktihas put a necklace (*kanthi*) on every child immediately after birth; this is done by the Saktihas immediately after initiation. Their chief deities in Faizâbâd are Mahâbîr, Pârvati, Mahâdeva, Sîtala, and Phûlmati. The Saktihas worship Kâli, and two tribal godlings, Karai and Gorai. There the Saktihas and Tanrahas eat goats, sheep, and pork, which the Bhaktihas, Hardihas, and Kanaujiyas refuse. Their occupation throughout the Province is gardening, cultivation, and, in particular, the growing of the more valuable crops, such as opium, tobacco, sugarcane, vegetables, etc. They are a most industrious, hardworking, quiet people, and about the most thriving class of agriculturists in the Province.

Distribution of Murâos according to the Census of 1891.

DISTRICTS.	Bhadauriya.	Bhagta.	Hardiya.	Kâchhi.	Kachhwâha.	Kanaujiya.	Saksena.	Sâkta.	Thakuriya.	Others.	TOTAL.
Dehra Dûn	...	...	560	...	...	94	...	...	...	52	706
Sahâranpur	...	...	...	1	...	10	...	...	...	29	40
Muzaffarnagar	...	...	...	...	...	3	...	...	...	6	9
Meerut	...	...	...	...	...	...	...	...	...	13	13
Bulandshahr	...	...	...	...	...	...	...	...	...	614	614
Aligarh	...	...	35	...	...	...	...	...	...	1,326	1,361
Agra	...	...	...	...	...	...	...	...	...	5	5
Bareilly	784	...	10,823	1,412	1,234	...	54,634	...	...	2,838	71,725
Bijnor	...	...	...	...	...	...	...	...	...	30	30
Budâun	...	...	6,839	5,843	776	...	74,463	...	...	573	88,494
Morâdâbâd	...	...	1,739	1,224	8	11	894	...	...	9,974	13,850
Shâhjahânpur	1,429	...	4,347	...	7,672	251	13,491	...	...	1,160	28,350

Distribution of Murâos according to the Census of 1891—concld.

Districts.	Bhadauriya.	Bhagta.	Hardiya.	Kâchhi.	Kachhwâha.	Kanaujiya.	Saksena.	Sâkta.	Thakuriya.	Others.	Total.
Pilibhît	1,870	...	3,066	2,191	3,386	8	11,270	...	...	4,343	26,134
Cawnpur	...	...	9	...	...	215	...	...	...	26	250
Fatehpur	...	...	4,293	4	...	11,255	...	...	...	2,150	17,702
Bânda	...	9	669	...	22	901	...	49	38	455	2,143
Hamîrpur	...	...	...	...	...	1	...	...	...	97	98
Allahâbâd	...	959	72	...	...	10,028	...	1,428	...	748	13,235
Jhânsi	...	...	...	...	...	...	...	...	...	14	14
Jaunpur	...	...	...	...	...	...	...	...	...	82	82
Gorakhpur	...	105	260	...	...	145	...	...	...	142	652
Basti	...	4,650	24,478	...	...	1,960	...	...	...	1,860	32,948
Tarâi	...	...	541	6	...	...	2,133	...	...	40	2,720
Lucknow	...	...	687	169	55	4,460	...	...	10,044	981	16,396
Unâo	...	1	60	...	...	3,843	...	...	356	274	4,534

Râê Bareli	...	44	40,373	134	1	8,964	...	...	...	1,075	50,591
Sîtapur	...	...	212	644	...	5,717	...	..	16,582	15,656	38,811
Hardoi	...	15,233	...	...	...	2	...	...	...	666	15,901
Kheri	3	...	1,207	54	491	11,842	...	...	6,039	16,227	35,863
Faizâbâd	...	4,713	25,654	...	...	4,410	...	570	...	361	35,708
Gonda	...	...	32,278	...	...	11,472	1,818	...	...	1,192	46,760
Bahrâich	...	...	16,644	33	...	8,384	...	...	339	535	25,935
Sultânpur	...	1,759	35,354	242	32	2,799	...	1,274	...	2,016	43,473
Partâbgarh	...	651	3,818	52	...	17,599	...	3,180	...	1,533	26,833
BâraBanki	...	...	6,540	...	...	15,220	...	...	573	600	22,933
TOTAL	4,086	28,124	220,558	12,009	13,677	119,594	158,703	6,501	33,971	67,693	664,916

Muriya, Muriyari.—An endogamous sub-caste of Mallâh. Dr. Buchanan [1] calls them Muriyâri Mâlas, and says they came from the upper banks of the Ganges. Their only tradition is that their progenitor was a certain Kaldâs, who came from the South country. Their social position is much the same as that of Kurmis and Koeris, and Brâhmans will take water and certain kinds of sweetmeats from their hands. Those in Bhâgalpur, who have taken to cultivation, call themselves Maghaiya or men of Magadha, and profess to look down on the boating and fishing members of the caste, whom they represent as having come from the North-West Provinces.[2]

Musahar.—A Dravidian jungle tribe found in the Eastern districts of the Province.[3] Mr. Nesfield, in his elaborate monograph on the tribe contained in Volume LXXXVI of the *Calcutta Review*, prefers to call them Mushera, and remarks that the ordinary derivation of the word, as meaning "rat-catcher," is probably incorrect, as "rat-catching" or "rat-eating" is by no means the peculiar, or even a permanent, characteristic of the tribe; and the name in Upper India at least is pronounced by the natives of the country as Mushera and not as Musahar ("rat-taker") or Musaha ("rat-killer"). "In an old folk tale, which has recently come to my knowledge, the name is made to signify 'flesh-seeker' or 'hunter' (being derived from *mâsa*, 'flesh,' and *hera*, 'seeker'), and a legend is told as to the event which led to the tribe being driven to maintain itself by hunting wild animals. Probably, however, both derivations are fanciful Hindi versions of a name which is not of Hindi origin.[4]" Mr. Nesfield's account of the Musahars, however interesting and complete, must be accepted so far with caution, as he seems to have included among them the aggregate of the Dravidian tribes who inhabit the Vindhya-Kaimûr plateau and the valley of the Son with the hill country to the South of that river. Mr. Risley [5] rightly prefers to call them Musahar. The Mirzapur tribe have the following legend to explain their origin: When

---

[1] *Eastern India*, I, 172.

[2] Risley, *Tribes and Castes* II, 109, *sq.*

[3] These, or some of the kindred Dravidian races of the Vindhya range, are probably those referred to in the *Ain i Akbari* (Jarrett's Translation, II, 159) as people in the vicinity of Chunâr "who go naked, living in the wilds, and subsist by their bows and arrows and the game they kill."

[4] *Calcutta Review*, LXXXVI, 2.

[5] *Tribes and Castes*, II, 113.

Paramesar created the first man of each caste, he gave each a horse to ride on, and a tool to work with. The others took each his tool and mounted his horse; but the Musahar began to dig a pair of holes in the belly of his horse in which he might fix his feet as he rode. Paramesar saw his folly and ordered that his descendants should live on rats, which they should dig out of the earth. When Paramesar had finished eating, the Musahar began to lick his leaf platter (*patari*). Seeing this, Paramesar said: "These are low people. They shall always lick the platter;" and so they have been degraded ever since. In connection with this Mr. Nesfield notes that the horse is a tabooed animal to the genuine Musahar, as the ass is to the Dom, the dog to the Bâwariya, the sheep to the Kharriyas of Manbhûm, and the pig to the Musalmân.[1]

Traditions of origin.

2. Mr. Nesfield quotes several interesting legends to explain the origin of the tribe. They are called Banmânush or "man of the forest;" Deosiya, from their great ancestor Deosi; Banrâj or "king of the forest;" Maskhân or "eater of meat." Sometimes a Musahar will say that his is a sub-division of the Ahîr tribe, but, in point of fact, they are the hereditary enemies of Ahîrs, as all their legends testify, and many are the petty raids they have made against them for the possession of cattle and forest.[2] One legend traces their origin to the Chero tribe: "At the foot of the Pipri wood lived a Chero warrior and king named Makara Durga Râê. He levied tribute from the peasantry on the Ganges plain near Chunâr. At a distance of twenty or thirty miles on the North bank of the river lived, in the fort of Gaura, an Ahîr, named Lorik,[3] who possessed large herds of cattle. Between the two princes there had been a long-standing friendship: the bond of union was a man named Sânwar, who, with his twin-brother Subchan, had been deserted by his mother immediately after their birth. Sânwar was reared by Lorik's mother as her own child; and Subchan, the other orphan, was similarly adopted by Birmi, the wife of Makara, the Chero king. But the friendship was broken when Lorik in search of adventures left Gaura and went on a distant expedition to Hardi, a city much further East,

---

[1] *Loc. cit.*, 26.

[2] Nesfield, *loc. cit.*, 3.

[3] For the regular Lorik legend, see under *Ahîr*.

with his mistress whose husband was still alive.[1] Meanwhile, Sânwar remained in charge of the cattle at a pasturage called Boha.

3. "When Lorik had been absent for twelve years, the mother of the woman who had eloped with him presented herself before Makara, and, throwing a basketful of gold before his feet, implored him to avenge the insult. She showed him how easy it would be to make a sudden descent on Boha and catch Sânwar unawares, and how he could then cut off the head of Sânwar as a substitute for that of Lorik, and capture the deserted wife of Lorik in revenge for the capture of her own daughter. The Chero king hesitated to incur the resentment of Lorik, but yielding to the solicitations of his wife Birmi, and after sacrificing five boys to his guardian goddess, he set out against Sânwar, taking with him Deosi, the bravest and most warlike of his seven sons. But Sânwar, as it happened, had left Boha for Gaura immediately before Makara arrived there with his forces. So the watchmen and keepers of the cows were left defenceless, and were without a leader when Makara commenced his attack. These were soon defeated, and the cows were about to be seized and driven to Pipri as booty, when the bulls turned round and, making a joint attack against the enemy, drove him back to his own side of the river.

4. "After sacrificing seven more boys, and thus making sure of the help of his goddess, Makara made a second attack on Boha, and, after killing Sânwar in single combat, carried off his head as a trophy. The cattle and Gaura, the stronghold of Lorik, fell into the hands of Makara. On learning this news, Lorik determined to revenge himself on the Chero king, and attacked Pipri, which he was unable to capture until one of his men entered the fort in disguise and drugged the liquor of the Cheros at the Holi festival, on which Lorik entered the place and massacred Makara and all his subjects. At the time of this disaster, Deosi, son of Makara, happened to be absent, and being taunted by his elder brother, Shyâmjît, with deserting his father in his extremity, he was expelled by his family and driven to become a flesh seeker or hunter in the jungle, and was known as Musahar. Hence his descendants are called Deosiya, and, to the end of his life, he continued to attack the Ahîrs: hence the traditional enmity between the castes, and the

---

[1] Hardi also appears in the Bengal legend, and the woman is called Chanâyin.—Cunningham, *Archæological Reports*, XVI, 28.

proverb *Jab tak jīwē Deosiya, Ahīr na chajē gāē*: 'As long as a Deosiya is alive, the Ahîr will get no good out of his cows.'

5. "Then he invented the digging instrument (*gahdāla, gadhāla*), characteristic of the tribe, and with this he one day slew Lorik, but was himself killed by Shyâmjît, son of Sânwar. Near the ruins of Pipri, at the confluence of two rivers, and in the very middle of the stream, there is an image carved out of a natural monolith of the goddess Behiya, to whom Makara sacrificed—first five and afterwards seven boys,—and who was once the guardian goddess of Pipri. In her right hand she holds a dagger, sword, and in her left the half of a human skull for holding charcoal. All this is carved out of stone: a long red tongue projects from her mouth, smeared with the blood of human victims. According to the Musahar legend, she was originally the guardian goddess of Sânwar, the elder brother of Lorik; but when Makara, the Chero, had won her over to his own side by the sacrifice of so many boys, and when Sânwar had been slain, she left Gaura, the house and stronghold of the Ahîrs, and took up her residence in Pipri under the patronage of the Cheros."[1]

6. The legend further relates "that when Pipri, in its turn, was captured by Lorik and ploughed up with asses, she fled out of the fort to escape the threatened indignity, and posted herself in mid-stream in the confluence of the two rivers, where she still remains, nursing her wounded pride. The natives round Pipri now call her by the name of Nikundi, and she is doubtless one of the numerous forms of the death goddess Kâli. Pipri is now uninhabited, and has been so ever since it was ploughed up with asses by Lorik, the Ahîr. No Ahîr, or other Hindu, will live in it. But to Musahars it is sacred, as Gaya to a Buddhist, or Mount Athos to a Greek. Every Musahar (unless long separation by time and place has made him forget the place in which his ancestors were born, and from which they were banished) would see Pipri if he could before he dies, and would like to have his corpse thrown into the river by which the fort is surrounded. Meetings of the tribe are stealthily held here at midnight, and the imagination is left to guess at the orgies celebrated at such gatherings. Musahars attempt even to live there. But the Ahîrs of the neighbourhood combine together to expel them, and thus the old traditions are kept alive."[2]

---

[1] Nesfield, *loc. cit.*, 12, *sq.*
[2] Nesfield, *loc. cit.*, 7 *sq.*

7. By another legend, "Musahars are a rejected offshoot from Chhatris, as, by the previous one, they are a rejected offshoot from Ahîrs. Between Chandels[1] (as the story runs, and so far the story is correct) there was deadly and unceasing warfare. At last all the Chandels were slain except a single woman, who escaped and fled into the forest. Her son became the founder of the tribe called after him Banmânush or Musahar. But, as he could not prove his origin from the Chandel Chhatri, neither he nor his descendants have been admitted into the Chhatri fraternity."[2]

8. Another legend again is told by the Brâhmans: "Arjuna, one of the five heroes of the Mahâbharata, had retired temporarily into the forest to meditate on the 108 names of Siva. In order to test the steadfastness of his devotion and tempt him to break the current of his thoughts, the god caused a wild boar to run in front of him. But Arjuna, notwithstanding his passion for hunting wild game, was proof against the temptation, and completed his devotions before he got up to seize his bow and arrow. The boar, on being chased by Arjuna, led him on through the bushes till he reached a hermit's hut, where Siva and his wife Pârvati had already seated themselves in bodily form, in the disguise of a Savar and Savari: he holding a *gahdâla* (the Musahar implement) and she supporting a basket on her head. Arjuna and the Savar both commenced pursuing the boar, and when the animal had been hunted down and killed, a contention arose as to who had the right claim to it. It was agreed that the matter should be decided next day by a wrestling match.[3] Arjuna wrestled with the disguised god all the day till sundown, when he pleaded that he must go and repeat his evening devotions: to which his antagonist consented. Through the intensity of these devotions it dawned on him that he had been wrestling, not with a Savar, but with the divine being himself disguised as a Savar, on which he was now meditating. Returning to the hermit's hut, where the disguised Siva still was, he threw himself at the feet of his divine antagonist, received a blessing, and returned to his four brethren. Now, in the hermi-

---

[1] Whom Mr. Nesfield would identify with the Chero.

[2] Nesfield, *loc. cit.*, 14.

[3] These wrestling matches with divine beings are common in folklore; *e.g.*, Jacob.—See Conway, *Demonology*, I, 239; II, 134.

tage where these events took place, there was a maiden of unknown parentage, who used to wait on the hermit and prepare his food; and whom the hermit loved and cherished as a daughter. The maiden had just completed her period, and had gone, as the custom is, to bathe and purify herself in the waters of the adjoining river. On her return to the hermitage she found Siva seated there in the disguise of a Savar, with Pârvati by his side in the disguise of a Savari. The eye of the god fell on her. From the glance of that eye she became pregnant, and gave birth in due course to twins, one a male and the other a female, who bore an exact resemblance to the Savar and Savari whom she had seen in the hermitage. The hermit, judging from the uncouth features and dark complexion of the babes that she had been guilty of unchastity with some wild man of the woods, sent her out of his hermitage. From the two children whom she had borne, one a male and the other a female, sprang the Musahar tribe, the men of which are still noted for using the *gahdâla* and the women for carrying baskets."[1]

9. These legends are interesting as illustrating the connection between the Musahar, Chero, and Savar or Seori tribes. It is also curious to mark the survival of the custom of human sacrifice to the aboriginal gods: and the traditional descent of the caste from a female ancestress, with which Mr. Nesfield compares the descent of the Kanjar tribe from Nathaiya, the husbandless mother of their deified hero Mâna, and of the Aryas themselves from Aditi, the great mother of gods and men.[2] We may also note the tolerance of intercourse between brother and sister which marks a very early social stage.[3]

Tribal organization.

10. Mr. Nesfield divides the tribe into three sub-tribes, which do not intermarry or eat with each other. These are the Jangali or Pahâri, "men of the forests and mountains," who have maintained the largest share of their primitive speech and customs and who stand entirely aloof from their descendants in the open plain, whom they regard as degenerate; the Dehâti or Dehi, who have become partially Hinduised and live within reach of settled and semi-civilized communi-

[1] Nesfield, *loc. cit.*, 15, *sq.*
[2] Lubbock, *Origin of Civilization*, 146, *sq.*
[3] See instances collected in Westermarck, *History of Human Marriage*, 290, *sqq.*

ties ; the Dolkârha, who have a peculiar occupation, for which they are disowned and condemned by their brethren, *viz.*, that of carrying palanquins (*doli*) for hire, whence they obtain their name. But at present the tribe is clearly in a state of flux, and the more Hinduised branch of the tribe in Mirzapur have now the following occupational exogamous septs—the Khadiha, who work at carrying manure (*khad*) ; the Bhenriha, who say they take their name from living together in the jungles like sheep (*bhenr*) in their pen ; the Kharwâra, who say they are so called because they collect grass (*khar*) and make platters (*dauna, patari*) of leaves ; the Kuchbandhua, who make the brush (*kûncha*, Sanskrit *kuncha*) used by weavers in cleaning thread ; and the Rakhiha, who are said to derive their name because they cower in the ashes (*rákh*) during cold weather. Again, among the Musahars who live near towns, we find in Mirzapur two endogamous sub-divisions : Dhuriya, "men of the dust ;" and Jaiswâr, a name common to many low castes, and said to be a local term derived from their supposed connection with the town of Jais in the Râê Bareli District of Oudh.

11. As regards the division of the tribe into palanquin-bearers and men of the jungle, Mr. Nesfield quotes a legend that a Musahar, named Anseri, who lived on the Kantit estates in Mirzapur, used to work as a field watchman, but he and his sons, in the absence of the regular bearers (*Kahár*), were once forced to carry a litter in a marriage procession, and were expelled by his brethren. Ansâri, the reputed founder of this sub-caste, is now beginning to supersede Deosiya, the eponymous leader, and this branch is beginning to take to fishing. Mr. Nesfield assumes that Ansâri means the divider (*ansa* meaning "half"), and hence he was the man who broke up the tribe into two halves—the Dolkârha, on one side, and the Bindrabani or Banmânush, on the other.[1] In Bengal, the organization of sub-castes and sections is much more elaborate, but there appear to be only two real sub-castes which are of local origin : the Tirhutiya and Maghaiya, who take their name from Tirhût and Magadha. According to Mr. Nesfield, the Dolkârha eat the flesh or carrion of horses and rear fowl, whereas the Bindrabanis whether of the hills or plains, do not touch either. The complete

---

[1] *Loc. cit.*, 236, *sq.*

Census returns show 137 sub-divisions. Many are borrowed from Râjput and other tribes, such as Ahîr, Bachgoti, Baghel, Bais, Chandel, Chauhân, Dabgar, Donwâr, Dor, Gaharwâr, Gusâin, Gwâl, Gwâlbans, Kewatiya, Kharbind, Kharwâr, Khatri, Lodh, Palwâr, Raghubansi, Râwat. With these are other local groups, such as Bijaypuriya, Bindrabâsi, Bishnpuriya, Ghâzipuriya, Jaiswâr, Kanaujiya, Purabiya, Sarwariya. Those of most local importance are the Bankhadwa, Chauhân, Jangali, Jaiswâr, and Mughra of Jaunpur, and the Baghochhiya of Gorakhpur.

Law of exogamy.

12. In Mirzapur, though the internal organization of the tribe seems to be very unsettled, it appears that the Khadiha, Kharwâra, and KuchBandhua are exogamous and intermary on equal terms. Similarly, the Bhenriha and Rakhiha intermarry. This rule of exogamy is reinforced by the prohibition against marrying the daughter of the maternal uncle, sister, or father's sister.

Mr. Nesfield [1] states the rule of exogamy as follows:—"On the mother's side, a girl cannot be given in marriage to the son of her mother's sister, or of her mother's brother. On the father's side, she cannot be given to the son of her father's sister or of her father's brother, or to the son or grandson of any of her father's aunts or uncles. Thus, on the mother's side, the prohibition goes back to only one generation, and on the father's to two." On the other hand, among the more Hinduised endogamous sub-castes, the Dhuriya and Jaiswâr in Mirzapur, the rule appears to be that the descendants of the maternal grandfather (*nâna*) and that of the father's sister's husband (*phûpha*) are barred. At the same time they say that they intermarry with agnates or cognates after five or six generations, or when all remembrance of relationship has been lost. They have a tribal council (*panchâyat*), presided over by a hereditary president (*chaudhari*). The offences enquired into are charges of adultery and fornication. Inter-tribal infidelity is punished by both parties being fined. The fine is heavy—liquor, pork, rice, and pulse to the value of R30; eight annas worth of tobacco; and one rupee's worth of hemp (*gânja*). Connection with a man or woman outside the tribe involves excommunication, and such persons are called "those outside the tribal mat" (*tât bâhar*).

[1] *Loc. cit.*, 232.

13. Among some of the Mirzapur Musahars, the rule appears to be that, if husband or wife indulge in habitual adultery, either can divorce the other with permission of the council. According to Mr. Nesfield, "Divorce, except for the one offence of infidelity, is not practised or tolerated. Such an offence very rarely occurs; and the habitual chastity of one partner ensures that of the other. If, however, a wife is accused of unchastity by her husband, and has been declared guilty by the assembly, her position is one of great difficulty. No married man can take her in addition to his own wife, for bigamy is disallowed. No unmarried man, or widower, can take her of his own free will, without incurring the penalty of excommunication. A man cohabiting with such a woman could, of course, retire with her and live in a state of isolation in the corner of some jungle, as some couples do from choice; but if he sought to ally himself to one or two other households for mutual aid and protection, he would for some time be rejected altogether, and could only obtain admission at last by incurring what is to him the heavy penalty of banqueting the other households for several days in succession. The separation of man and wife is so much disliked and discouraged by tribal opinion that a wife cannot be divorced, except on the most direct proof of guilt, or by a successful appeal to some ordeal, if the accuser is rash enough to expose himself to such an uncertain test. Frivolous charges, or improbable suspicions, if the husband is so imprudent as to bring them before an assembly, are dismissed with contempt, and the accuser is hooted for his pains. Supposing, however, that unchastity is proved, and a sentence of divorce is pronounced by the assembly, the ceremony by which divorce is effected is as follows: An earthen pot is placed between the husband and wife, and an assembly is called to witness it. After it has been lying there for some time, the man gets up and breaks it with the tribal tool, indicating thereby that the union between them is broken beyond repair. This ceremony is called *khapparkuchi* or breaking the pot."[1] There appears to be a difference of practice as regards the levirate. Among some of the Mirzapur Musahars the younger brother of the deceased husband can claim the widow. If he abandons his claim and she marries an outsider, the late

Widow marriage and divorce.

[1] *Loc. cit.*, 236, *sq.*

husband's brother has the right to the custody of the male children while the female children go with the mother. According to Mr. Nesfield, however, the widow, while she is still young enough to re-marry, has no claim upon the younger brother of the deceased husband, nor has he upon her. If she comes to terms with some widower who desires to re-marry, the union is sealed by them by simply eating and drinking together in the presence of witnesses who are invited to share in the repast.[1]

Customs of marriage.

14. Among some of the Mirzapur Musahars, the marriage is arranged by the brother-in-law of the boy. The father of the bride then comes to the bridegroom's house with three or four relatives with a rupee and a quarter and a dish to perform the betrothal (*barrekhi karna*), a square (*chauk*) is made in front of the hut, and five platters (*dauna*) are filled with liquor and placed in the square. The two fathers sit in the square opposite each other. The fathers change platters five times and drink the contents. The clansmen are then treated to liquor, and get a feast of pork and rice. Some of the more Hinduised Musahars pay a Pandit four annas for fixing a lucky day before the wedding. Five days before the wedding day, they have the ceremony of the lucky earth (*matmangara*).[2] On the same day the marriage shed (*mâuro*) is put up. It consists of a bamboo at each of the four corners, and in the middle a bamboo near which is placed a representation of some parrots (*suga*) sitting on a branch. Near this is fixed, on a platform made of the lucky earth, the sacred jar (*kalsa*), which is decorated with mango leaves, and over it is placed a saucerful of pulse (*urad*) and a lighted lamp. The bride is bathed in a mixture of curds and water in which the bridegroom has been first bathed. At the bride's door, her father worships the feet of the bridegroom (*pair pûja*). Some curds and treacle are sent from the bride's house for the bridegroom, but he only touches it with his tongue. The bridegroom at the actual service marks the ploughshare fixed in the middle of the marriage shed with red lead, and then applies it to the parting of the bride's hair. They, then, with their garments tied, walk five times round the ploughshare, while the bride's brother pours a little parched rice into a winnowing fan which the bridegroom holds.

---

[1] *Loc. cit.*, 237.

[2] For this ceremony, see *Bhuiya*, para 14.

15. Next morning his father shakes the pole of the marriage shed, and the bride's father has to give him a present (*mānro hildi*). One special portion of the ceremony is that the bride's mother takes the pair away into a field at some distance, and warns the husband to treat his wife for the future with consideration. During this exhortation, the bride is supposed to weep violently. This and the shaking of the pole of the pavilion are probably survivals of marriage by capture. When the bride comes home, her entrance is blocked by her husband's sister, and then she has to cook for all the relatives. Next day, as is usual with these tribes, the marriage jar (*kalsa*) and festoons (*bandanwār*) are thrown into a neighbouring stream. The jar is taken out, refilled with water, and brought home. With this water the bride makes some mud plaster and constructs a little shrine, at which she offers a small sacrifice to the evil spirits which live in the old trees about the village. The ordinary ceremony thus described is called *charhauwa*. Besides this are the *dola*, which is done by poor people, where there is no ceremony at the bride's house and the girl is merely brought home and the clansmen fed, and *gurāwat*, when two people exchange sisters.

16. The ceremony which Mr. Nesfield[1] describes is a rude form of the *dola* marriage above described: "The girl sets out to the house of the affianced bridegroom, accompanied by her parents, or by any other male or female relatives who may be invited to go with her. Previous to their arrival at the bridegroom's hut, a fowl's egg is placed at the entrance. The youth to whom she is to be married then comes out to receive her. The girl is presented to him by her mother. Taking her by the hand, and holding her hand firmly in his own, he leads her up to the mouth of the hut, and breaks the egg with his foot. On his completing this act (which he can only perform when holding her hand, so that it may be considered a joint action), the company present raise a simultaneous shout of *ku!* which means 'hurrah!' By holding her hand firmly in his own, he signifies that he has accepted her. The Hindu ceremony of *pani grahana*, usully regarded as a purely Aryan rite, may perhaps after all be of non-Aryan origin. By breaking the fowl's egg with his foot while he is in the act of hold-

[1] *Loc. cit.*, 226.

ing her hand, he signifies that he has renounced all desire for any other woman: and she, by allowing him to hold her hand while he performs this act, signifies to him and to the company that she, on her part, has renounced all desire for any other man; for the fowl, it will be remembered, is an animal which Musahars do not rear, and which they avoid almost as scrupulously as the horse. The girl is then made to enter the hut, the youth directing her to the door. On entering the hut she takes hold of the feet of the youth's mother and touches them with her forehead, signifying by this that she intends to do honour to her son as his wedded wife. The mother-in-law then gives her blessing in the following words (some of which are of Hindu and others of the Musahar language): *Bhú magnú maharin hilo sohâgin ramali kanto rasa kio*: 'Remaining in the blissful state of marriage, do thou give delight to thy husband.' The youth then leaves the hut, the bride remaining with her newly made mother-in-law. This closes the first part of the ceremony.

17. "The next part begins with the cooking of a kind of rice (which, in the Musahar language, is called *kutki*) [1] into a paste or gruel thin enough to be drunk. This decoction is poured into cups made of the leaves of the *Mahul* tree, one cup being provided for each adult present, including the bride and bridegroom. Here it should be understood that rice is the sacred grain among several of the Kol tribes, a sanctity which it shares with barley in Hindu or Brâhmanical marriages.[2] When the rice paste or gruel is ready, and each *Mahul* cup has been filled, the company are made to sit round in a ring, and the bride is brought out of the hut and made to take her seat in the middle with the bridegroom. The bridegroom then kisses her on the mouth in token that he is to be her husband: and she in turn kisses his feet, and strokes his back up and down with her hand, in token that she is to be his and will tend him as a dutiful wife. This ceremony is called *mukhra chumba*

---

[1] *Kutki* is really a millet (*panicum miliare*).

[2] "No sanctity attaches to wheat in Hindu marriages: but rice and barley are indispensable in such ceremonies, and little branches of mango. Wheat is nowhere, nor are any other grains, but rice and barley, recognised at such times. Barley is frequently alluded to in the Vedas as the food of the Aryas. Rice and mango are indigenous to India. The most natural inference to be drawn from this is that wheat found its way into India at a later date, but was unable to deprive the older grain (rice) of its already acquired sanctity." On the sacrificial use of barley, see Schrader, *Prehistoric Anti uities*, 292.

('kissing the mouth'), or *munh dekhna* ('seeing the face'), or *kar pherna* ('moving the hand up and down'). When the pair have given this public token that each has accepted and appropriated the other, the cups are distributed, one to each person, and every person present, including the bride and bridegroom, swallows the contents of his own cup. Immediately after this, the following couplet is repeated in unison by all the company, excepting only the bride and bridegroom themselves, to whom the words are addressed: *Kutki ki pích bandi, máhul ká dauna, Bodi boda byáh bhyau lena na dena*: 'The rice paste has been prepared in the *Mahul* cup; the maid and the youth are married—no giving or taking.' Then there is a general shout of *ku!* or 'hurrah!' which means that the ceremony is completed.

18. "It seems most probable that each of the two rites described above was originally a complete marriage ceremony by itself, but they have now been so long associated in practice that neither could be safely omitted. The blessing pronounced by the bridegroom's mother on the bride at the close of the first rite implies that she (the bride) is now fully married. 'Do thou give delight to thy husband.' Similarly the words spoken by the witnesses at the close of the second ceremony imply that there is nothing left to complete the validity of the marriage. 'The rice paste has been eaten; the youth and girl are married; hurrah!' What gives the binding force in the first ceremony is the joining of hands, while the groom breaking the eggs, and the formal reception inside the bridegroom's house or hut, the *deductio in domum*, as the Romans would have called it, form a parallel ceremony of their own. What gives the binding force in the second ceremony is the fact of the bride and bridegroom eating together some rice paste or gruel cooked in the bridegroom's own fire: and this the Romans would have identified with a marriage rite of their own, known as *confarreatio*." The prominent part taken by the mother on both sides is taken by Mr. Nesfield to be a survival of the matriarchy.[1] At marriages, Musahars pay worship to Deosi, the male ancestor and founder of the tribe, and sometimes a piece of cloth with some sweetmeats is set aside in honour of Savari, their more remote female ancestor, or to Mother Bansapti, their great goddess and pro-

---

[1] He quotes similar customs among the Kurs of Sarguja from Dalton, *Ethnology*, 234.

tector. In the worship of Devi it is, again, the mother of the bridegroom who acts as priestess and sacrificer: and, again, it is rice which is used as the sacred grain. The first act in this worship is to take some unhusked rice, remove the husk with her own hand, grind the grain, mix it with water, knead it, and cook it into a pancake. All this and whatever follows must be done with the right hand only. The pancake so cooked is then besmeared with honey, the wild honey which Musahars are so clever in collecting from the woods, and which is, therefore, a fit offering to the deified ancestor from whom they learnt the art. Taking this pancake with her, together with some rice beer, a piece of yellow cloth, some more honey, some wild fruits and flowers, some *dūb* grass, and a live kid or lamb, she proceeds to the clay figure or mound intended to represent Deosi. Then, after sprinkling some river water in front of the figure or mound in order to purify the spot (for Musahars, like Hindus, are worshippers of rivers, and believe in the purifying influence of their water), she deposits all her offerings, except the kid or ram, on a plate or plates made of *Mahul* leaves. She then strikes pure and new fire by the sacred process of rubbing one stick on another,[1] and with this fire she cooks the offerings. Her object in thus cooking the offerings is to enable the deified Deosi to inhale the scented smoke, a vaporous invisible being like Deosi, being not fit to inhale any but vaporous substances.[2] She then decapitates the goat with a single blow of the axe, and places the bleeding, uncooked head as an offering of blood and life before the image. Then, touching the earth with the forehead, she repeats or sings the following four lines (every word of which, except the second, is in the Musahar language):—

Deosi bába hit timro magnu maharin Indra hadariya potis ri.
Boglo pokpa dudhali chimla niberi hit timri boglo pokpari,
Popaki imiriya chimla chimli thammo ri,
Kemali Indra hadariya hutmu chimlo teplis kero ri:

'Come into the world, O Father Deosi! from the palace of Indra.
Eat food cooked by the mother of the bridegroom: come and eat the food.
Having eaten these offerings, bestow thy blessing on the bride and bridegroom;

---

[1] For this, see *Korwa*, para. 13.

[2] This is exactly the idea of the Homeric sacrifices—*Iliad*, I, 317: "High rose to heaven the savoury steam and the curls of wreathed smoke."—Blackie's translation.

Then return to the palace of Indra! O ancestor! and behold again the dances of the dancing-girls.'

"The singing or intonation of these words completes the ceremony. The carcase of the victim is then carried back to the hut, where it is cooked in the evening for the marriage feast, with which the day is brought to a close. The bride and bridegroom are the most honoured guests in this banquet, and the festivities of the day generally close with some singing and music after Musahar fashion. Next morning the newly-wedded pair quit the paternal hut or cave and go out into the forest to seek their fortunes together and found an independent home.[1]"

Birth ceremonies.

20. Unlike many of the kindred tribes, the Musahars have protective ceremonies during pregnancy. When the pregnancy is announced, a sacrifice of pork and liquor is offered to Mahâbali, a sort of ill-defined tribal god, who may perhaps be identical with Deosi. A cock and spirits are offered to Pahlwân, "the wrestler," who is considered an evil spirit (*bhût*), some betel and sweetmeats to the goddess Phûlmati, and a young ram to the Baghaut, or shrine of a person killed by a tiger. The customs, as in the case of marriage, differ in the two divisions of the tribe. Among the Musahars of the plains the mother, during delivery, sits on two bricks or stones, and it is immaterial what direction she faces. The cord is cut by the Chamârin midwife and buried on the spot where the child was born, a fire being lighted over it. They have the sixth and twelfth day ceremonies (*chhathi, barahi*) performed in the usual way. Among the more primitive branch of the tribe, as described by Mr. Nesfield,[2] "As soon as labour commences, a fire is lighted near the woman and kept burning till the labour is over. Into this fire, rice, grain, and rice straw are immediately thrown; and as soon as the child is born, its body is gently rubbed over with the ashes by the woman who acts as midwife — the child's paternal aunt. The cord, as soon as it is cut, is put with the after-birth into another fire kept burning at the door of the hut or cave: a curious analogy to which is furnished in certain Irish folk-sayings current at the present day, in one of which it is said that 'an after-birth must be burned to preserve the child from the fairies,' the fairies being, in this instance, evil-hearted goblins whose propensities are the same as those of the Indian *bhûts*. The hair of

[1] Nesfield, *loc. cit.*, 229.
[2] *Loc. cit.*, 246.

a bear and a slip of wood torn from an *ásan* or *deodár* tree are kept inside the hut, so long as the woman and child remain there. For one whole day and night at least a peacock's feather is dropped occasionally into the fire, which is still kept burning at the mouth of the hut. From the second to the tenth day, if the child is a male, or to the fifteenth, if it is a female, some powder of the burnt *chiraunji* nut is rubbed occasionally on its body: the longer period being deemed necessary for the female on account of its power of resistance to malignant spirits being considered less. When all these ceremonies are completed, the mother and child have a final purifying bath in water mixed with the ashes of rice straw."

21. According to Mr. Nesfield,[1] the plain Musahars place much reliance on the protective power of peacock feathers. They do not keep a bear's bone in the hut, and sometimes wash the bodies of the mother and child with liquor. It may be noted that the parturition impurity extends to all the women of the house; for the men, during eleven days after the birth, cook for themselves outside the house, and keep apart from the women. The husband does not cohabit with his wife for three months after her confinement. Mr. Nesfield [2] describes the custom at naming a child: "On the day fixed for the naming, a sacrifice is offered to Barkê Bâba, the 'grandfather,' *viz.* Deosi, the founder of the tribe. Two names are given—one being the name of some Devi, or rather a name selected from among the numerous titles by which the Devi or indigenous goddess is known, such as Bangari, Nikundi, Bahiya, Britiya, Mohani, Rânkini, etc. The other name is taken from the tree near or under which the child was born, or from some hill near which or on which the family reside. Thus if a male child is born under a *Jigan* tree, it is called Jignu. Possibly in this custom we may see the germ of totemism on the male side, which, though undeveloped among Musahars, so far as I can discover, is found among certain other Kol tribes in Chutia Nâgpur. The name given to a daughter is fixed by the mother according to her own fancy. There is no ceremony of any kind attending the giving of the name, and no rule regulating the selection. The following are among the names commonly given to females: Birmi, Mughni, Ghanni, Kumâni, Jajiya, but I am unable to trace their meaning." The plain Musahars have the usual custom of

[1] *Loc. cit.*, 248.
[2] *Loc. cit.*, 248, *sq.*

boring children's ears, which is done at the age of five or six by a Sunnâr. This is called among them "the distribution of betel" (*pân bakheri*), and is accompanied by a tribal feast of pork, rice, and liquor, and songs to the music of their drum (*huruka*). After this the child must conform to caste regulations in the matter of food.

22. The plain division of the tribe burn their dead in the usual way on the edge of a stream, into which the ashes are thrown. When they return home they chew a leaf of the bitter *nîm*, as a mark of mourning, and the chief mourner throws a piece of lighted charcoal behind him to bar the ghost. Like the kindred tribes, they fix up a bunch of reed grass (*jurai*) near the water's edge, which the chief mourner waters every morning as an abiding place for the spirit. On the tenth day, the clansmen shave their heads, and the brother-in-law (*bahnoi*) of the dead man, who officiates as priest, offers a lump of flour to the dead man's spirit. When he comes home, he takes an earthen-potful of food and lays it out in the jungle for the use of the dead. Then a hog is sacrificed, and, being cooked with rice, is eaten by the clansmen. The death impurity lasts ten days. According to Mr. Nesfield,[1] the tribe in Singrauli, south of the Son,[2] simply leave the corpse in the place where the man or woman died. If he or she died in the jungle, or in the open air, they cover the body with leaves and bushes and go away. If he died inside the cave or hut, no other covering is considered necessary. The place is thenceforth abandoned by the survivors, who take no relic of the dead with them when they migrate to another part of their hill or jungle. There is safety, as they believe, in this precaution. For if they took with them a limb or bone from the dead man's body, the ghost would probably follow, and they cannot be sure that its company would be more to their benefit than to their injury. Their safest course is, then, to leave the corpse intact on the spot where the departed breathed his last, trusting that the ghost will not forsake the vicinity of the body in which it lately resided: *tumulum circumvolat umbra*. Musahars of the Son valley have a ceremony almost as rude. They simply throw the corpse into the river or its nearest tributary. The body floats in the water and is carried out of sight, until at last,

Death ceremonies.

---

[1] *Loc. cit.*, 237.

[2] There are, apparently, no people in Singrauli who called themselves Musahars, and Mr. Nesfield is, probably, referring to tribes like the Korwas and Parahiyas, who practise these customs, but are very unwilling to give any information on the subject.

perhaps, it may reach the Ganges : which river is regarded by many of the Kol tribes with a respect equal to that paid to the Son. The custom of river burial is exemplified in what Dr. Oldham has recorded of a Savari woman whom he accidentally met with in the Ghâzipur District. Her husband had died on the march and she had carried his bones in a sack for over a hundred miles in order to throw them into the Ganges.[1] Water burial must be a very ancient custom in the Musahar tribe; for this, according to the legend, was the way in which the corpse of Deosi himself, the reputed founder of the tribe, was disposed of.

23. "Other Musahars have retained the water ceremony, but have made some approach towards cremation also. They carry the body to the river bank, and, having washed it in river water, tie a cloth made of cotton or of *deodár* bark fibre round the loins. The corpse is then laid on the ground, with its face upwards, and the head towards the north, the region of Indra, to which it is hoped the soul will take its flight. The spot on which the head and feet were laid is marked off for the purpose of paying future obsequies. The son of the deceased, or, if there is no son, his brother or brother's son or other male relative next of kin, takes a handful of straw, (rice straw, if possible), and, placing it on the face of the dead body, sets fire to it. The face is merely singed : but it has had the contact of fire, the great purifying element, so much used in all parts of the world in lustral ceremonies. The chief mourner then takes the body by the feet, and, using all his strength, throws it into the river. In this simple rite we see the germ of the Hindu ceremony of cremation followed by that of immersion—a rite in which the Vedic custom of cremation and the indigenous custom of water burial appear to have met each other from opposite directions, thus giving rise to the composite ceremony which Hindus now practise. Among Musahars, as among Hindus, the contact of fire is interdicted to persons who have died of small-pox; for small-pox is believed to be of the same substance with Sîtala, the goddess who presides over the dreaded malady, and it is thought that by burning such a corpse, they will be burning or otherwise offending the goddess herself. The same interdict applies to persons who have died of cholera and for similar reasons Other Musahars practise a rite in which earth sepulture is the leading characteristic, but qualified by some show of water

[1] *Memoir of the Ghâzipur District*, 50.

burial and cremation, and this composite rite appears to be of frequent practice among Dehâti or village Musahars wherever they may be found. The body, as above mentioned, is washed in river water, and the loins are bound round with a cloth of cotton or *deodár* fibre, and fire fed with rice straw is put on the face. The corpse, however, instead of being thrown into the water, as in the preceding rite, is deposited by the chief mourner in a tomb about two yards long and one broad, the earth having been excavated for this purpose with the tribal tool, the *gahdála.* The face, as above, is placed towards the North. If the deceased was a man, the body is placed on the right side of the tomb; if a woman, on the left.

24. The explanation given of this is that man and woman were originally a single body, just as now man and wife are one flesh, and that the right or stronger half belonged to the male and the left or inferior to the female. It was further explained that when the two halves split asunder, each half became a whole and perfect body, one a complete man and the other a complete woman, and that the primeval pair thus formed were the first ancestors of mankind." [1] Some of the village Musahars leave the corpse in the grouud for six months after sepulture, committing it to the care of their guardian goddess, Bansapti: at the close of the six months the remains are taken out of the earth and burnt, and the ashes are thrown into the river. The cremation ceremony that is now performed is called *lakhári.* Some of the lowest caste of Hindus, those that are halting between the custom of earth sepulture, handed down from their ancestors, and the rite of cremation as taught and practised by Brâhmans, adopt a similar compromise, burying the corpse in the earth for the first six months, and then disinterring and burning what remains of it. Those tribes, or families, who practise this ambiguous rite, commit the body during the six months of sepulture to the care of the earth goddess, Bhuiyân (so commonly worshipped by the lower castes); just as Musahars commit it to the forest goddess, Bansapti, Bansatti, Bânsuri, or Bandevi.[2]

---

[1] These aboriginal burial grounds are scattered over all the hill country of Mirzapur. From some excavations made, it appears as if the body was partially cremated and then buried. These graves have the sides and tops covered with flagstones. On this, see Lubbock, *Prehistoric Times*, 103. Mr. Nesfield compares this with the Eve legend.—*Loc. cit.*, 239.

[2] Nesfield, *loc. cit.*, 240.

25. The method in which the dead are propitiated varies according to the manner the corpse is disposed of. Some avoid the ghost by leaving the place and conveying no relic away with them. Those who dispose of the dead by simply throwing them into a river, make an offering of food and water every day for some nine days in succession at the foot of a *deodār* tree, the nearest one they can find to the spot from which the body was thrown. The soul of the dead is believed to reside in this tree as long as the obsequies are continued : and from this tree the ghost descends to receive the offerings.[1] The offerings are usually made at midday, and are presented by the chief mourner, that is, by the man who threw the corpse into the river. They consist generally of cooked rice mixed with honey, the flesh and eggs of the tortoise, the flesh of the lizard (*goh*), the porcupine (*sahi*) the boar, the crab (*kekra*)—all kinds of flesh in fact which the man or woman while living considered a luxury. Different offerings are presented on different days, not all at once. Those who before throwing the corpse into the river lay it decently out, place the head towards the North, and put fire on the face, perform the same kind of obsequies as the preceding, but with more system and formality. Instead of presenting the offerings at the foot of a *deodār* tree, they present them at the spot were the body was laid out before it was thrown into the river. For the first four days the offerings are laid at the South end of the spot—that at which the feet of the deceased were laid—and the offerings during those days consist of rice beer, rice pancakes mixed with honey, the flesh and eggs of the tortoise. At the time of presenting the offerings, the mourner repeats the following words (all in the Musahar language) :—

The propitiation of the dead.

Timro hutmu, Indra, hadaria potis !
Boglo magno pokha bahru bal :
" Come, O dead one, from the palace of Indra !
Come and eat the food of the world.
Take it and return to thy palace ! "

26. The offerings remain for some time at the spot where they were laid : after which the mourner removes them to his own cave or resting place (in which he is forced to live apart during the continuance of these rites, cooks the flesh and rice, throws one mouthful on the fire for the dead, addressing him again in the same words, and

---

[1] On those tree spirits, see Tylor, *Primitive Culture*, II, 215, and II, 10.

then takes his own meal of what remains. From the fifth to the eighth day the same process is repeated; but the offerings during these days are placed on the West side of the spot, the diet remaining the same as during the four days preceding. On the ninth day, the offerings are placed on the North side, that is, the part where the head of the deceased was laid, and the flesh diet is now changed from tortoise to crab. This is continued till the twelfth day. On the thirteenth day, the offerings are placed on the East side and the flesh diet is changed from crab to porcupine. This is continued for one day more. On the fifteenth, the mourner goes no more to the spot, but, after being shaved, re-visits his family, who then, with the Patâri or tribal priest, solemnize a feast of the dead, consisting chiefly of rice beer and hog's flesh.[1] Then follows the shaving of the head and face of the chief mourner, which is done not by the mourner himself, but by the brother of his mother or by some son of that brother, or by the husband of his mother's sister or by some son of his mother's sister. When the shaving has been completed, the shaved man and his shaver boil some strips of bark torn from an *ásan* or *deodár* tree, and, after straining off the fibre, wash their face and body in the sacred water. He is then at last fit to enter the family cave or hut."[2] Last comes the general tribal feast of the dead. For a woman the offerings are made for nine instead of fourteen days, as in the case of a man.

27. The explanation given is that the woman carries the child for nine months before it is born, whereas the father keeps his son with him for fourteen or fifteen years, that is, till he is old enough to marry and go out and maintain himself independently in the forest. In some parts, the period of mourning is extended for a married woman from nine days to twelve, and the explanation, then, is that three more days are added in recognition of three days of weakness and suffering attending child-birth. Thus, in the case of the married woman, the final feast of the dead, which closes the days of mourning, takes place either on the tenth or the thir-

---

[1] Here Mr. Nesfield is mistaken. The Pathâri or Patâri is certainly the tribal priest only of the Majhwârs or Mánjhis, who are quite distinct from Musahars. In fact, Mr. Nesfield seems, in regard to the latter, to have combined information, some of doubtful accuracy, regarding the mass of more primitive aboriginal population along the valley of the Son.

[2] Here, again, Mr. Nesfield must be incorrect. According to Watt, *Dictionary of Economic Products* S. V. *cedrus*, the *deodár*, is purely a Himalayan tree. Thor is plenty of the *ásan* (*terminalia glabra*) in the jungles of South Mirzapur.

teenth day: while that for a man takes place on the fifteenth day. Again, there is a distinction as to the amount of hair to be shorn off before the mourner can be considered pure enough to be readmitted into his family. If the deceased was a man, it is necessary that he should be relieved of his beard and whiskers as well as of the hair of his head. If the deceased was a woman, it is enough that he should part company with the hair of his head only: for, as a woman has no beard or whiskers, there is no need (they think) to have such appendages shorn off on her account." [1]

Religion.

28. The ordinary Musahars, in Mirzapur, do not worship any Hindu gods. They worship, with prayers and sacrifices, one Sadalu Lâl, about whom it is not known exactly whether he was one of their ancestors or not. He is worshipped in Sâwan with the sacrifice of a hog and the oblation of liquor. In connection with him, ancestors generally are worshipped. They also worship the village deities (*dih*) with a hog, liquor, flowers, and a piece of cloth. Disease and death are attributed to evil spirits (*bhût*), to whom hogs and liquor are offered under a banyan or *pîpal* tree, in which they are believed to reside. They recognise five different kinds of ghosts: Nat and Pahlwân, who are supposed to belong to the Nat tribe; Daitya, the spirit of a Brâhman or Chhatri; Ahîr of an Ahîr; and Teliya Masân of a Teli. In Bârabanki, according to Mr. Nesfield,[2] they worship one Maganpâl under the title of Banrâj or "forest king." As before described, they worship the tribal ancestors, Deosi and Ansâri, the latter "under the name of Dûla Deo," which is now understood to signify the "dooly god." The offerings paid to this divinity consist of the head of a ram or goat, the eggs of the lizard (*goh*), and a piece of yellow cloth. These are presented to him on a large plate made of *dhâk* leaves. Treacle and butter are offered to him through fire. The month in which these offerings are chiefly made is Baisâkh (April), the commencement of the marriage season amongst Hindus, when litters are in much request, and when the god is, therefore, especially propitious." [3] Like all jungle tribes, they worship Baghaut (whom Mr. Nesfield's inform-

---

[1] Nesfield, *loc. cit.*, 244, *sq.*

[2] *Loc. cit.*, 258.

[3] The conversion of Dulha Deo, the Gond god of marriages (*Central Province Gazetteer*, 106, 275) into Dûla Deo, the god of the litter, is curious, if correct. For Dulha Deo, see *Introduction to Popular Religion and Folklore*, 75.

ants converted into Bhâgwat Deo), the ghost of a person killed by a tiger. They also have in their villages images of Mahâbir or Hanumân, the god-monkey in his phallic form. "The great active power in the universe, according to Musahar belief, is Bansapati, Bansatti, or Bânsuri, the goddess who (as her name implies) personifies and presides over forests. By her command the trees bear fruit, the bulbs grow in the earth, the bees make honey, the tussar worm fattens on the *âsan* leaf, and lizards, wolves, and jackals (useful for food to man) multiply their kind. She is the goddess of child-birth. To her the childless wife makes prayers for the grant of offspring. In her name and by her aid, the medicine man or sorcerer expels devils from the bodies of the possessed. In her name and to her honour, the village man kindles a new fire for lighting a brick kiln. Woe to the man who takes a false oath in the name of Bansatti." [1]

29. "Bansapti is worshipped by Musahars in their own houses or huts. They make a platform (*chauri*) in the corner of the hut, about one inch in height, above the level of the floor, and nine inches in breadth and length. This little square is made of clay, and the sacrifice is smeared with river water or cowdung. This is the altar on which the offerings to her are placed—an altar without an idol; for there is no mound, idol, or other visible symbol under which Bansatti is worshipped. On ordinary occasions, the offerings consist of flowers, fruits, grasses, roots, &c., brought fresh from the jungles : and the days on which the offerings are made are Monday and Friday. If the worshipper has any special favour to ask, he cuts the ball of his finger with some blades of the sacred *kusa* grass, and lets four or five drops of blood fall on the altar, a survival, as we may readily infer, from the now obsolete custom of human sacrifice." [2] Her special festival is in the second half of the month of Baisâkh. On that day it is supposed that Bansapti is married to Gansâm (whom Mr. Nesfield takes to be derived from Ghanasyâma one of the titles of Krishna),[3] whom Musahars call Dâu

---

[1] Nesfield, *loc. cit.*, 264.

[2] Nesfield, *loc. cit.*, 265, *sq.*

[3] This, however, is more than doubtful, and it looks much more as if Gansâm, the local god of the Kols, was introduced into the Hindu pantheon as Ghanasyâma, "the thick, dark rain cloud," a title of Krishna.

Gansâm, or "uncle Gansâm," or Bansgopâl. To him, in his phallic manifestation, a cone-shaped pillar of mud is erected.

30. Among the village Musahars the phallic deity Gansâm is replaced by Bhairon, whose vehicle is a dog. A little mud pillar, in the shape of a lingam, is erected in his honour, and among the plains men of the Gangetic valley he has become a sort of village guardian deity. He is probably of aboriginal origin, and has been introduced into the Hindu pantheon in the form of Bhairava, "the terrible one," who, like his Dravidian prototype, in this form, rides on a dog, and is called Swaswa, "whose horse is a dog." Some of the village Musahars, in Mirzapur, consult for their marriage ceremonies Upâdhya Brâhmans, who are held in contempt by their brethren. Four festivals are observed by the tribe in addition to the special tribal festival in Baisâkh: the Phagua or Holi; the Khichari or Khicharwâr, in the end of Mâgh (January—February); the Pancheinyân, generally taken as equivalent to the Nâgpanchami, or snake feast, on the 5th of the light half of Sâwan; and the Kajari or women's festival in the rains.

General superstitions.

31. Their ideas, as regards omens, do not differ from those of the kindred tribes. Friday and the number five are lucky. To meet a fox on the road is lucky, and a jackal the reverse. They swear on Bansapti and the tiger, and on liquor poured on the ground in honour of Parihâr, who is really a member of the Pânchonpîr or Ghâzi Miyân cycle, but who, according to Mr. Nesfield,[1] has become a god of wine in the hill tracts, and is represented in the plains by Madain, the deity of liquor (*mada*). They have a water ordeal, in which the two disputants dive, and the man who comes up first is considered to have been discarded by the pure element, and loses his case. They have the common oath by swearing on the head of a son. When the oldest woman in a Hindu household drives out poverty (*Daridr khedna*) on 15th Kârttik by beating a sieve in the house, and then throwing it away, Musahars, who wish to obtain the powers of a sorcerer (*ojha*), lurk about, and, when the woman comes out, rush at her with loud cries and snatch her sieve from her. She is supposed to be a witch (*tona*), and the man who can first seize her fan inherits the powers. The man thus affected has to rush off and propitiate the offended deity by a sacrifice to Sadalu.

[1] *Loc. cit.*, 280.

To cure a person affected with witchcraft, the *ojha* makes three marks on the ground with a piece of iron, which he then waves five times round the head of the patient with a prayer to Sadalu to make the exorcism effective. Witches generally attack young children, and the result is that they are seized with vomiting.

Social customs.

32. Women are tattooed on the wrists, cheeks, and nose. They believe that Paramesar will brand a woman in heaven who desires to enter without these protective marks. Men wear earrings (*pagara*), bracelets (*dharkaua*), and arm ornaments (*bijayath*). The women wear two kinds of nose rings—the *nathiya,* in the side of the nose, and the *bulâq,* in the septum. They have ear ornaments (*karanphûl*), bead necklaces, and glass bangles (*chûri*). The village Musahars have now begun to abstain from beef, and will not touch a Dom or Dhobi, or eat with Chamârs, Doms, or Dharkârs. They will not touch the wife of the younger brother, the wife of the elder brother-in-law, or the mother of the son's wife. The hill Musahar eats the flesh of the cow and buffalo, and was, as the legends show, until lately, a professional cow-lifter. Their clothes are of the coarsest and scantiest description. The use of the bark fibre, as described by Mr. Nesfield,[1] seems now totally abandoned, and careful enquiry in the Mirzapur hill tracts has failed to verify the assertion that any one of them now lives the life of the cave troglodyte. Their houses are generally low huts or booths of branches. According to Mr. Nesfield,[2] they have a prejudice against living under a thatch, but this hardly prevails now among the tribe in Mirzapur. They generally live in small scattered communities like other savages.[3]

Industries.

33. Mr. Nesfield has prepared an elaborate account of their industries.[4] These he classifies into the collection and sale of medicinal roots and herbs, wild honey, manufacture and sale of leaf plates, sale of wood for fuel, collection and sale of gum, the sale of the live lizard (*goh*) used by burglars in fixing their rope on the roofs of houses,[5] the lighting of brick kilns, the watching of fields

---

[1] *Loc. cit.*, 38.

[2] *Loc. cit.*, 34.

[3] Spencer, *Principles of Sociology,* I, 452.

[4] *Loc. cit.*, 40, *sqq.*

[5] It is said that the lizard is thrown up, attached to the rope, and, clinging to the roof enables the burglar to climb up.—Nesfield, *loc. cit.*, 46.

and crops by night, field labour, making of catechu, rearing the tussar silk worm. Now-a-days, in Mirzapur, their chief occupation is that of carrying palanquins. They are short, stout, hardy, little fellows, and make excellent bearers.

Distribution of the Musahars according to the Census of 1891.

Districts.	Banmânush.	Kharêbind.	Kharwâr.	Other sub-castes.	Total.
Allahâbâd	...	361	...	1,142	1,503
Benares	...	...	2,560	322	2,882
Mirzapur	...	...	4,506	891	5,397
Jaunpur	1,010	253	1,660	1,989	4,912
Ghâzipur	...	...	1,535	723	2,258
Ballia	...	...	8	192	200
Gorakhpur	...	...	...	14,993	14,993
Basti	227	...	...	...	227
Azamgarh	...	...	...	1,877	1,877
Râê Bareli	412	...	...	...	412
Faizâbâd	2,140	...	...	76	2,216
Gonda	12	...	...	...	12
Sultânpur	2,011	...	...	394	2,405
Partabgarh	242	...	...	978	1,220
Bârabanki	68	...	...	80	148
Total	6,122	614	10,269	23,657	40,662

N

Nâgbansi.—A sept of Râjputs in Gorakhpur, of whom Dr. Buchanan[1] writes :—"There are in this District a good many Nâgbansis, some of whom call themselves merely by that name, while others call themselves Vayasas, a name which in the account of Shâhâbâd has been written Vais. The Vayasas or Vais, however, universally admit that they are Nâgbansis, and that they assumed the name of Vayasa from Vayaswara, a town between Lucknow and the Ganges, where they were long settled, and from whence they came to this District, some generations ago, in consequence of a famine. Some of these, with whom I conversed, agreed with the account which I received at Shâhâbâd, and looked upon themselves as descended of the great dragon (*nâg*), and, as such, claimed a superiority over all other Râjputs, the great dragon being a personage of a good deal more consequence than the Rishis, from whom the others claim a descent. They said, and perhaps believed, that should a serpent from ignorance or mistake bite one of them, the poison would do them no injury. But I had no opportunity of putting their faith to the trial, that was proposed by the chief of Nâgpur. Other Vayasas, however, altogether disclaimed this extraction and gave one as fully difficult of belief. There was, they say, a certain very holy personage named Vasishtha, well known to all Hindu scholars, who had a cow known to all, and named Kâmdhenu. This was a very precious animal, which was coveted by Viswamitra, king of Gadhipur, who threatened to take her by force. Vasishtha was much afflicted at this, and Kâmdhenu seeing his grief, asked him if he meant to part with her. To this he replied that he had no wish of this kind, but had no power to resist the king; on which a number of warriors sprung from the cow, overthrew Viswamitra and, having killed most of his armies and children, reduced him to become a Brâhman, in which character he became an eminent saint. On this occasion the Singhâr Râjputs sprang from the horns of the cow, the Hâras from her bones, the Kachhoyas from her thighs, the Chandels from between her horns, and the Tilokchandras from the root of her nose. The great king Sâlivâhana was of this tribe, and having had three hundred and sixty wives, was ancestor of many Râjputs, among whom are the

[1] *Eastern India*, II, 461.

Vayasas who derive their name from Vayaswara, as already mentioned. Those who claim descent from the cow, account in this way for their being called Nâgbansi; they say that a child of a Tilokchandra was in habit of feeding daily with milk a serpent which he found in a wood. After some time the serpent was highly pleased and told the child to call his descendants Nâgbansi; and that he would make him a great Râja, which accordingly happened. Bhîma was one day poisoned by his cousin Duryodhana and the body thrown into the river. It so happened that in that vicinity the daughter of a dragon had long been in the habit of praying to Siva, and was a great favourite; but on that day she had offered flowers which were rather decayed, on which the irascible god cursed her, and declared that she should have a corpse for a husband. The afflicted damsel (for the dragons of the lower world, both male and female, have human shape whenever they please) went to Siva's spouse and told her the hard sentence. On this the goddess upbraided her husband for bestowing so severe a punishment for so trifling an offence. It was, therefore, agreed that Bhîma should be restored to life after the fair dragon had married his body and he had by her a numerous offspring. The Nâgbansi Râjputs in the female line are thus descended of the devil, and if Bhîma's mother had been what she ought, might by the father's side be descended of the Moon; but the good man Pandu had nothing to do in the matter, and the lady, his wife, had Bhîma to the god of wind. This, I am told, is the story which the Nâgpur Râja wishes to be believed, and he probably thinks that the bar of bastardy so long ago and in such circumstances is no great blot on his scutcheon. In this District the tribe is very numerous, but have chiefly come lately from the West, and possess no considerable estates, so that no family can be traced to the time when the Cheros, their real ancestors, held the country."

2. This local account of the connection between the Nâgbansi Râjputs and the Tilokchandi Bais of Oudh is interesting. The Oudh legends will be found under the head *Bais*.

Nâi,[1] **Nâo, Nâu.**—(Sanskrit *nápita*, according to some a corruption of *snápitri*, "one who bathes") the Hindu barber caste. In

[1] Based on enquiries at Mirzapur and notes by Pandit Baldeo Prasâd, Deputy Collector, Cawnpur; Mr. W. Cockburn, Jâlaun; M. Chhotê Lâl, Archæological Survey, Lucknow; Mr. W. H. O. N. Seagrave, District Superintendent of Police, Basti, and the Deputy Inspector of Schools, Bareilly and Agra.

NÂI.

Bundelkhand he is also known as Khawâs which was a title for the attendant on a grandee; and Birtiya or "he that gets his maintenance (*vritti*) from his constituents." When he is a Muhammadan he usually calls himself Hajjâm, which means in Arabic "a scarifier." It is curious that the Nâi, who is the great gossipmonger of the country side, has so little in the way of traditions about his own caste. According to one account they are descended from a Kshatriya father and a Sûdra mother; according to Parâsara from a Kuveri father and a Pattikâra mother. Another tradition is that Siva created them to cut the nails of Pârvati. The tribal saint of barbers is Sen or Sain Bhagat, whose name according to Muhammadan tradition was really Husain. He is said to have been a resident of Partâbpura, a village in the Phillaur Tahsîl of Jalandhar District. According to Prof. Wilson, whose authority was the Bhaktimâla, he was a devout worshipper of Vishnu and his descendants were for some time the family Gurus of the Râjas of Bandhugarh. One day he was so entranced in his devotion that he forgot to attend the Râja to shave him; when he came later on in the day to apologise he found to his amazement that the Râja had been shaved as usual. It then became clear that the deity had really come in person and officiated for his absent votary. His votaries are mostly barbers and are found in the Western Panjâb.

Internal structure.

2. At the last Census the barbers were enumerated in a Hindu and Muhammadan branch. Of the Hindus the following sub-castes were recorded: Banbheru, which is said to mean "quarrelsome;" Bâri, which is the name of a caste who have been separately described; Golê, which is also a sub-caste of Kumhârs; Kanaujiya and Mathuriya, "residents of Kanauj and Mathura" respectively; Sainbhagat, who take their name from the tribal saint; Sribâstab from the city of Srâvasti, and Ummara, which is the name of one of the Banya tribes. But besides these there are many others. Thus to the east of the Province we find the Sribâstab, Kanaujiya, Bhojpuriya, or "residents of Western Bengal;" Audhiya or Awadhiya from Ajudhya; Magahiya from Magadha or Bihâr; Byâhta who pride themselves on prohibiting widow-marriage and taking only virgin brides (*byâhta*), and Musalmâni which is another term for the Hajjâm. In Lucknow we have the Sribâstab; Chamarmunda or "those who shave Chamârs;" the Kumhra who do the same service for Kumhârs, and the Usarha. In Jâlaun are the Sribâstab; Ummarê; Husrentê; Bawar, and Bhe-

niya. In Bijnor are the Golê, Pachhâhi or "Western" and the Purbiya or "Eastern;" and the Bhimbru who are apparently the same as the Banbheru. In Basti are found the Sarwariya, which is the name of a well-known Brâhman tribe and means "a resident of Sarjupâr or the land beyond the river Sarju:" the Kanaujiya and the Turkiya or Turkish Muhammadan branch. Lastly, in Cawnpur we find the Sribâstab; Ummar and Râthaur, the name of a famous Râjput sept. Here the barbers refer their origin to Srinagar or Kashmîr. In the Hills again they are reported to have regular *gotras* like the higher classes, such as Chanwal, Kasyapa and Bhâradwâjâ. The complete returns of the last Census show 888 sub-divisions of the Hindu and 197 of the Musalmân branch of the tribe. Those of most local importance are the Bahlîmi, Deswâla and Gaur of Sahâranpur, the Bulehra and Deswâla of Muzaffarnagar; the Turkiya of Bareilly and Gorakhpur; the Golê of Bijnor; the Bais, Sulaimâni and Turkiya of Basti; the Purabiya and Turkiya of Kheri, and the Pîrzâda of Gonda.

Marriage rules.

3. The Nâis generally observe the usual rule of exogamy which bars marriages in their own family, and those of the maternal uncle and father's sister as long as relationship is remembered. To the East of the province the marriage age is ten or eleven, and a man may marry as many wives as he can afford to keep. They have the usual triple form of marriage—*Charhaua, dola,* and *sagâi*; the last for widows. In the first two the binding part of the ceremony is the worshipping of the feet of the bridegroom (*pânwpûja, pair pûja*) by the father of the bride and the *Sendurdân* or marking of the forehead of the bride by the bridegroom with red lead. The *dola* form is adopted only by poor people. Widows are re-married by all the sub-castes except the Byâhta. The ceremony merely consists in dressing the woman in a suit of new clothes provided by her lover who also gives her a set of jewelry. From Jâlaun it is reported that Nâis will not marry in their own village because they consider residents of the same village brothers and sisters. One origin of this feeling may be the desire so strongly felt by barbers to keep the constituents or persons they serve (*jajmân*) in the same family; but at the same time it illustrates an important principle which is at the bottom of one plausible theory of the origin of exogamy. Thus Dr. Westermarck [1] maintains "that there is an innate aversion to sexual intercourse between people living very closely together from early

[1] *History of Human Marriage*, 320.

youth, and that, as such people are in most cases related, this feeling displays itself chiefly as a horror of intercourse between near kin."

Religion.

4. Nâis belong to all the recognised Hindu sects—some being Vaishnavas, some Saivas and some Sâktas. As we have seen, to the West of the province their tribal saint is Sain Bhagat. To the East their clan deities are Phûlmati, a form of Devi, Bhairon Bâba, who is a genuine village godling and has been adopted, as has been shown elsewhere,[1] into the Brâhmanical pantheon as Bhairava, one of the most terrible forms of Siva, and Birtiya or Birtiha. These deities are worshipped on any lucky day in the month of Chait:—Phûlmati with the sacrifice of a ram or chicken and the offering of a piece of cloth dyed with turmeric; Bhairon Bâba with only a ram; Birtiha, who is a low class godling, with a young pig and an oblation of spirits. Their marriage and other domestic ceremonies are regulated by Brâhmans, who to the West are drawn from the Kanaujiya or Sanâdh tribes and to the East from the Sarwariya. In Basti they worship Mahâbîr and Bhâgawati and to the West Sain Bhagat and some Muhammadan saints like the Miyân of Amroha or Jalesar and Zâhirpîr. They cremate their married dead and dispose of the ashes in the Ganges or one of its tributaries. The unmarried dead are either buried or thrown into a river after a sort of perfunctory cremation (*jal pravâh*). They perform the usual *srâddha*, but in a less complete way than as is usual among the higher and more orthodox castes.

Occupation and social status.

5. The barber's trade is undoubtedly of great antiquity. In the Veda[2] we read—"Sharpen us like the razor in the hands of the barber;" and again, "Driven by the wind, Agni shaves the hair of the earth like a barber shaving a beard." In early times they must have enjoyed considerable dignity; Upâli the barber was the first propounder of the law of the Buddhist Church.[3]

6. A village song from Bundelkhand gives a very graphic description of his functions. *Sabsé Nâi bara khilâri; Lekar sil naharni, chhura kari tayyâr churâuri; Choti pakar sabon komûnda, baghal, mochh aur dârhi; Gola phirva sir men rakhkar*

[1] *Introduction to Popular Religion and Folklore*, 67.

[2] Wilson, *Rig Veda*, IV, 233: X, 142-4: Rajendra Lâla Mitra, *Indo Aryans*, I, 219.

[3] Oldenberg, *Life of Buddha*, 159. Spence Hardy, *Eastern Monarchism*, 238.

kalam nukîli kârhi ; Mûnd mûnd kar pet chalâvai, kheti karê na bâri ; Peti baghal dabâkar lota hâth liyê rujgâri.

"Of all men the barber is the greatest trickster. With his whetstone, nail parer and razor he gets ready his tool wallet. He catches people by the topknot and clean shaves them, armpit, moustache and beard. Leaving a round tonsure on the head, he points off the side-locks. By clean shaving he fills his belly. Neither field nor garden has he. With his wallet under his arm and his brass water pot in his hand, he makes his living." This, however, describes only one and perhaps not the most important function of the barber. Besides shaving and shampooing his constituents, he acts as a village menial; prepares the tobacco at the *chaupâl* or village rest-house and waits on strangers and guests. As we have seen in dealing with various castes, his duties in connection with marriages and other similar functions are numerous and important. He acts as the general village matchmaker, a duty which his wandering habits of life and his admittance into respectable households admirably fit him to discharge. He is always on the look-out for a suitable match for the children of his employers, and his powers of lying and exaggerating the beauty of a girl and the qualities of a marriageable youth are highly developed. He also acts as confidential envoy and carries announcements of marriages, invitations and congratulations at pregnancy and child-birth. In the absence of a Brâhman he takes up the duties of a hedge priest and can bring a wedding or a funeral to a successful issue. But he will not bear news which is inauspicious, such as that of a death. This is carried by the Bhangi, Chamâr, Balâhar, Dusâdh or other village drudge. Besides this he is the rural leech, bone setter, tooth drawer and performer of petty operations, such as lancing boils and the like. For this business he takes the name of Jarrâh who is usually a Nâi. If a Muhammadan he usually performs circumcision; but some Hindu Nâis perform this operation for their Musalmân neighbours. Akin to him are the Jonkâra or leech applier, which is the name of one of the Kori sub-castes, the Kânmailiya or ear cleaner and the Mahâwat who is a Nat and does cupping with a cow's horn and carries some rude lancets and a bamboo pipe with which he sucks the matter out of abscesses and sore ears. The functions of these craftsmen all more or less closely trench upon those of the Nâi.

7. It is rather surprising then, that with all these important

and confidential duties intrusted to him, his social position is not higher than it is. We have seen that menial tribes have their own Nâis and most of the barbers who serve Europeans are Muhammadans, because this employment would offend his high caste Hindu clients. The Nâi is not much higher in the social scale than one of the minor grades of handicraftsmen. The reason of this is that his duty of surgery brings him in contact with blood, and he has not only to cut the first hair of the child and thus contracts some of the parturition impurity, but he also has to shave and cut the nails of the corpse before cremation. He also shaves the heads of the mourners, and his wife, as we have seen in dealing with the birth customs of various castes, succeeds the Chamârin midwife and acts as a sort of monthly nurse. She also brings out the bride at the marriage ceremony where she is very much in evidence. All this tends to procure for her a somewhat doubtful reputation.

8. Nâis drink spirits and eat the flesh of goats, sheep and deer. They eat the leavings of Brâhmans, Kshatriyas, Vaisyas and Kâyasths. All Hindus will drink water at their hands, and part of their trade is to attend feasts, wash the feet of the guests, hand round the dishes and remove the leavings. Chamârs and other outcaste tribes will eat *kachchi* cooked by them and many high castes will eat *pakki* prepared by them.

9. The barber is one of the most important members of the village community. His wandering habits and his right of entry into households give him great facilities for the collection of gossip, and the place where he carries on his business, usually in the open air, becomes, like the Roman *tonstrina* or the Florentine barber's shop immortalised in "Romola," the centre of village talk and intrigue. He is a prosperous craftsman, receiving not only annual dues from his constituents, but special fees for marriages, confinements, circumcisions, and so on. The wit and wisdom of the country side is much devoted to the Nâi. "These four are always foul—the barber, the midwife, the leech and the butcher" (*Nâi, dâi, baid, quassâi, in ka sutak kadhi na jâê*). "In a barber's wedding every one is a Thâkur." (*Nâu kê bârât men Thakurê Thâkur*). Hence he gets the mock honorific title of Thâkurji. "The barber washes others' feet but is ashamed to wash his own" (*Ân kâ gorva dhoê naunya, âpan dhovat lajâê*), and lastly, "Every one must bow his head to the barber" (*Hajjâm ke âgê sab kâ sir jhukta hai*).

Distribution of the Nâis according to the Census of 1891.

DISTRICTS.	Banbheru.	Bâri.	Golâ.	Kanaujiya.	Mathuriya.	Sainbhagat.	Sribâstab.	Umrâ.	Others.	Hajjâm (Musalman).	TOTAL.
Dehra Dûn	204	43	36	...	...	...	77	...	631	272	1,263
Sahâranpur	4,118	302	32	...	...	...	28	...	3,577	11,088	19,145
Muzaffarnagar	5,324	579	2,089	...	...	1	50	...	619	5,567	14,229
Meerut	6,894	...	12,990	...	...	...	3	...	1,400	8,710	29,997
Bulandshahr	1,741	...	6,684	...	1	...	...	...	6,663	3,570	18,659
Aligarh	...	...	6,660	...	535	...	236	...	13,529	893	21,853
Mathura	18	...	5,360	...	3,069	2	43	...	5,517	286	14,295
Agra	20	...	112	...	16,423	...	548	...	3,948	281	21,332
Farrukhâbâd	...	...	...	8	250	...	14,648	...	879	616	16,401
Mainpuri	...	...	82	...	4,294	...	7,146	...	3,561	77	15,160
Etâwah	...	...	...	...	467	...	12,626	87	2,137	94	15,411
Etah	...	...	203	...	9,463	...	1,411	...	2,062	813	13,953

Bareilly	...	...	2,532	...	13	...	10,261	...	1,638	4,026	18,470
Bijnor	8,501	...	127	...	...	...	54	...	55	10,585	19,322
Budâun	...	...	4,447	...	5,059	9	2,880	...	759	3,196	16,350
Morâdâbâd . . .	2,183	6	6,739	...	1	...	31	...	1,090	12,729	22,779
Shâhjahânpur . . .	...	...	...	...	199	...	13,478	...	1,217	2,883	17,777
Pilibhît	16	...	17	...	30	...	5,908	...	1,459	1,411	8,841
Cawnpur	6	...	30	48	11	...	22,469	...	1,151	328	24,043
Fatehpur . . .	...	...	...	1	...	...	13,727	1,922	272	1,754	17,676
Bânda	...	...	...	2	...	...	9,867	...	209	183	10,261
Hamîrpur . . .	...	...	...	...	3	...	916	2,267	1,328	108	4,622
Allahâbâd . . .	...	...	9	98	...	486	15,334	8,769	2,581	3,793	31,070
Jhânsi	...	...	...	...	...	284	5,433	...	2,094	25	7,836
Jâlaun	...	...	...	...	33	...	7,053	...	854	16	7,956
Lalitpur	...	...	...	...	...	...	53	1,381	6,651	...	8,091
Benares	...	...	...	2,906	...	45	6,126	3	1,824	3,513	14,417
Mirzapur . . .	...	...	...	4,043	...	...	11,900	...	595	2,397	18,935
Jaunpur	...	...	...	...	...	852	13,747	...	513	6,402	21,514

Distribution of the Nâis according to the Census of 1891—contd.

Districts.	Banbheru.	Bâri.	Golê.	Kanaujiya.	Mathuriya	Sainbhagat.	Sribâstab.	Umrê.	Others.	Hajjâm (Musalman).	Total.
Ghâzipur	...	...	...	8,348	...	12	200	...	543	4,905	14,008
Ballia	...	...	...	11,843	...	...	7	...	277	1,871	13,998
Gorakhpur	...	...	...	30,306	...	22	794	...	10,969	8,665	50,783
Basti	...	...	...	2,559	...	...	7,028	...	12,513	13,002	35,102
Azamgarh	...	...	...	8,357	...	19	3,967	...	1,145	9,173	22,661
Kumaun	...	...	...	...	...	..	...	...	117	...	117
Garhwâl	...	..	...	...	...	...	...	...	18	...	18
Tarâi	519	...	454	...	6	...	326	...	20	2,314	3,639
Lucknow	1	...	...	176	4	...	10,149	...	1,084	3,217	14,631
Unâo	300	...	...	14	...	...	19,107	...	2,220	585	22,226
Râê Bareli	...	...	...	147	105	14	17,632	...	1,877	1,853	21,628
Sîtapur	...	...	...	...	...	...	11,201	...	752	11,280	23,233

Hardoi	...	...	...	...	129	...	16,945	...	245	1,419	18,738
Kheri	...	...	...	...	121	...	9,601	...	555	6,092	17,269
Faizâbâd	...	...	...	...	...	1,495	13,196	...	1,114	4,777	20,582
Gonda	...	...	...	...	...	...	14,353	...	3,330	10,953	28,636
Bahrâich	...	...	...	5	...	...	5,467	...	6,347	9,601	21,420
Sultânpur	...	...	6	34	...	2,245	10,620	...	3,395	4,525	20,825
Partâbgarh	...	...	...	35	5	464	11,450	5	1,976	2,478	16,413
Bârabanki	...	...	...	...	...	5	12,966	...	758	10,711	24,440
GRAND TOTAL	29,845	930	48,609	68,930	40,221	5,955	341,062	14,434	118,101	193,937	862,024

HINDUS	668,087
MUHAMMADANS	193,937
TOTAL	862,024

Naithâna.—A class of Hill Brâhmans who belong to the middle class and Bhâradwâja *gotra*. "They ascribe their origin to Jwâlapur near Hardwâr in the Sahâranpur District, whence they came some thirty generations ago and took service with Râja Sona Pâla. They belong to the Gaur Division and owe their name to the village of Naithâna. They are distinct from both Sarola and Gangâri, but the better class of Naithâna Brâhmans intermarry with the former and the poorer with the latter. They affect service especially."[1]

Nakhi.—A Saiva order, so called because they allow their nails (*nakh*) to grow long. This appears to be the only difference between them and Atîts or Sannyâsis. Most of them live by begging, but some have a private income from trade. They are very vain of their austerity (*tapasya*).

Na'lband.—(*Na'l* "a horse shoe," *band*, "fastening") the farrier and horse shoer. They are Muhammadans, some calling themselves Shaikh and others Pathân. These divisions are endogamous. They observe the usual Muhammadan customs. Those who are well-to-do marry their daughters as infants; some defer marriage till 15 or 16. Widows re-marry by the Nikâh form which is equivalent to the Hindu *sagâi*. Among lower class Muhammadans the term Nikâh, which properly means the orthodox ceremony of marriage,[2] has been appropriated in this degraded sense. Widow-marriage does not appear to be common, but a widow may marry the younger brother of her late husband or a stranger to the family. Infidelity in the wife warrants divorce, but the fact must be proved to the satisfaction of the tribal council. They belong to the Sunni sect, and specially revere, like many of the inferior Muhammadan tribes, the Pânchonpîr and Shaikh Saddu, the latter of whom is propitiated by the offering of a he-goat and sweet cakes fried in butter (*gulgula*) with garlands of flowers. They also burn incense (*lobân*) in his honour. They so far follow Hindu usage as to offer sweetmeats (*halwa*) and cakes to the sainted dead at the Shabibarât and on Friday when there is sickness in the family.

Occupation.

2. Their occupation is farriery and treatment of horses and is thus equivalent to the Hindu Sâlotari (Sanskrit, *Sâlihotra*[3] "one who receives oblations of rice or corn," and hence a horse).

---

[1] Atkinson, *Himalayan Gazetteer*, III, 269.

[2] See Hughes *Dictionary of Islâm*, 318

[3] On this see Max Müller, *Lectures on the Science of Language*, I, 167, note.

Nânakpanthi, Nânakshâhi.—A general term which seems to be used in rather an uncertain way to denote various kinds of Sikh Faqîrs. They all take their name and derive their doctrine from Nânak, a Khatri of Talwandi, in the Lahore District, who was born in 1469 A.D. and died in 1538-9 A.D. "Nânak combined the excellencies of preceding reformers and he avoided the more grave errors into which they had fallen. Instead of the circumscribed divinity, the anthropomorphous god of Râmanand and Kabîr, he loftily invoked the Lord as the one, the sole, the timeless Being; the Creator, the Self-existent, the Incomprehensible, and the Everlasting. He likens the Deity to Truth, which was before the world began, which is and shall endure for ever, as the ultimate cause and idea of all we know or behold. He addresses equally the Mula and the Pandit, the Darvesh and the Sannyâsi, and tells them to remember that Lord of Lords who had seen come and go numerous Muhammads, Vishnus, and Sivas. He tells them that virtues and charities, heroic acts and gathered wisdom are nought of themselves; that the only knowledge that availeth is the knowledge of God, and then as if to rebuke those vain men who saw eternal life in their own act of faith, he declares that they can only find the Lord on whom the Lord looks with favour. Yet the extension of grace is linked with the exercise of our will, and the beneficent use of our faculties. God, said Nânak, places salvation in good works and uprightness of conduct; the Lord will require of man what he has done, and the teacher further required timely repentance of men, saying "If not until the day of judgment the sinner abaseth himself, a punishment shall overtake him."[1]

2. And yet Mr. Maclagan[2] says: "There is nothing in his doctrine to distinguish it in any marked way from that of the other saints who taught the higher form of Hinduism in Northern India. The unity of God, the absence of any real distinction between Hindus and Musalmâns, the uselessness of ceremonial, the vanity of human wishes, even the equality of castes are topics common to Nânak and the Bhagats; and the Adi-granth or sacred book, compiled by Nânak, is full of quotations from elder or contemporary teachers, who taught essentially the same doctrines as

[1] Cunningham, *History of Sikhs*, 44.
[2] *Panjâb Census Report*, 148.

Nânak himself. Nor in spite of the legends relating to him, does he appear to have had any very remarkable following during his lifetime. And yet the persons now returning themselves as his special adherents very largely outnumber the followers of any of the Bhagats or reformers of the same period. The particular success of Nânak's teaching, as compared with that of the other reforming teachers, had its foundation in a variety of circumstances, of which not the least important were the character of his successors and the nature of the people who listened to him. Most of the other Bhagats were men of the south-east, teachers from Benares, Rajputâna and Delhi. Nânak alone had his origin in the Panjâb proper, removed equally from the centre of the Empire and of Hinduism, and found his following among castes who possessed such sterling qualities as the Panjâb Khatris and Jats. But if Nânak had no successors, or successors of no moment, his following would doubtless have remained a trifling one; and it must not be supposed that the large number of Nânakpanthis shown in our tables would have been so returned if Sikhism had not had subsequently a political history."

3. "The Nânakpanthis of the sixteenth and seventeenth centuries were a sect much as the Kabîrpanthis and Dâdupanthis are sects,—a sect with certain wide opinions differing from the ordinary Hindu orthodoxy and distinguished from other sects more by the character of its Gurus and the organisation of their adherents than by any remarkable differences of doctrine. The Nânakpanthis of to-day are known roughly as Sikhs who are Sinhs, followers of the earlier Gurus, who do not think it necessary to follow the ceremonial and social observances inculcated by Guru Govind Sinh. Their characteristics are, therefore, mainly negative; they do not forbid smoking; they do not insist on long hair, or the other four *kakkas*; they are not baptized with the *pâhul*; they do not look on the Brâhman as superfluity, and so forth. The chief external difference between the Nânakpanthi Sikh and the followers of Guru Govind Sinh is the disposal of the hair; the former, like the Hindu, shaves all but the scalp lock (*bodi, choti*) and hence is often known as a Muna or Munda ("shaven") or Bodiwâla Sikh, while the Sikh proper wears long hair. They are also known as Sajhdâri. The only form of baptism known among the Nânakpanthis is the ordinary Hindu practice of drinking the footnectar of the Guru and this is not very common. It is known as *Charankâ*

pâhul or "foot baptism" as opposed to *Khandê kâ pâhul* or "sword baptism" of the Govindi Sikhs. It will thus be seen that from one point of view there is very little difference between a Nânakpanthi and an ordinary lax Hindu."

The Nânakpanthis of the North-Western Provinces and Oudh.

4. In these Provinces also the term Nânakshâhi seems to be a general term applied to all followers of Nânak, and includes six sections: Udâsi, Nirmala, Kûkapanthi, Akâli, Sutharashâhi and Ragreti. Some are said to be initiated by shaving the hair and washing the body with curds and water; others do not shave the hair and let it grow all their lives. Their body is bathed in Ganges water which the initiate has to drink, and he also washes the feet of the Guru and drinks the water (*charanamrita*). After this the *mantra* or formula *satya nâma* is whispered into his ear, and when he reaches a higher stage he receives the *mantra-tatwa masi mâha vâkya*. Any of the four great divisions (*varna*) may join the order and there is no condition of age. The habits and guise of the various sections differ.

(1) Among Udâsis some have the hair shaved, some let it grow long. They wear a narrow waistcloth (*kopin*) dyed with red ochre (*geru*) and an *anchala* or cloth round the waist. They carry a water vessel (*kamandal*) like Sannyâsis. Those who are heads (*mahant*) of a monastery wear a head dress (*sâfa*) dyed with vermilion.

(2) The Nirmalas dress like the Udâsis, but keep their hair long and sometimes wear white clothes.

(3) The Kûkapanthis wear the hair uncut and wear a turban and ordinary clothes. They live a family life (*grihasth*) and carry a white rosary.

(4) The Akâlis wear the hair long and wear a waist band (*jânghiya*) and a black, and sometimes a white, turban. They are sometimes family men and sometimes wandering ascetics. They wear an iron ring (*chakra*) in the turban and an iron rosary. To the Brâhmanical thread (*janeu*) they tie a small knife and wear an iron ring (*kara*) on the waist.

(5) The Suthrashâhis are both house-keepers and mendicants. They beat two sticks together and sing the praises of Guru Nânak or some other worthy of the sect. They wear a white dress with a strip of black cloth round the neck and a turban of the same colour. This cloth is usually of wool.

(6) The Ragretis are said to be the lowest of all and to be like Chamârs. They are followers of Guru Govind Sinh. They are apparently the same as the Rangretas of the Panjâb where they are classed as a sub-division of the Chûhra sweepers.

5. Udâsis and Nirmalas live on cooked food which they beg both at houses and at regular alms-houses (*kshetra*). Many of them have an income of their own or are maintained by rich disciples. They ask for alms with the cry *Nárâyan!* They will eat *kachchi* prepared by a Brâhman, Kshatriya or Vaisya and will take *pakki* from a Sûdra. They will drink water from the hands of any of the four classes. The ascetic class do not marry; those who adopt a family life marry in their own sect. Some keep concubines and those who are of Sûdra origin allow widow marriage. Ascetics eat only once a day; the others twice. The use of tobacco, spirits and meat is prohibited. But some of the Udâsis smoke and use snuff. Those who have adopted a family life eat and drink according to the custom of the caste from which they originally sprang. They have cooking vessels like ordinary Hindus. They do not officiate as priests in Hindu temples. Their own temple is known as *sangat*, and the *granth* or sacred book of Nânak is worshipped there. Their chief place of pilgrimage is Amritsar, but they also go to Jaggannâth, Badrikâsrama, Setbandh Rameswar and Dwârika, where they worship the idols of the shrine. They salute each other with the phrase "*Jay Guru ki fateh!*" "Victory to the Teacher." Udâsis in saluting each other use the word *Dandwat* "obeisance." The Grihasthas and Mathdhâris, the family men and abbots are cremated; the bodies of the ascetic class are thrown into a river. Besides the Granth they revere the five deities (*Panchdeva*), Brahma, Vishnu, Siva and the Sâkti. The duties of those who act as Gurus are to read the Scriptures, to ponder over the Vedanta philosophy, to give religious instruction according to the Upanishads, to give advice to their disciples. Whatever their disciples offer the Gurus take and in all religious matters they are consulted.

Occupation.

Nânbâi, Nânbâ, Nânpaz.—(Persian *Nán* "bread") the baker caste. In the cities they call themselves Rotiwâla or Biskutwâla "biscuit maker." He either purchases flour himself, and sells English bread (*dabbal roti*) or he cooks dishes prepared by his customers. All those recorded at the last census were Muhammadans. The caste is, of course, entirely occupational and they intermarry freely with other Muhammadans.

Distribution of Nânbâis according to the Census of 1891.

Districts.	Numbers.	Districts.	Numbers.
Meerut	89	Ghâzipur . . .	64
Mathura . . .	3	Gorakhpur . . .	743
Agra	120	Azamgarh . . .	58
Farrukhâbâd . . .	135	Lucknow . . .	243
Mainpuri . . .	19	Unâo	48
Etâwah	71	Râê Bareli . . .	12
Etah	10	Sîtapur	33
Budâun	21	Hardoi	56
Morâdâbâd . . .	55	Kheri	13
Shahjahânpur . . .	290	Bahrâich . . .	32
Cawnpur . . .	25	Sultânpur . . .	22
Fatehpur . .	3	Partâbgarh . . .	11
Lalitpur . . .	1	Total .	2,177

Nandwâni.[1]—A sept of Oudh Râjputs, who were, in Sîtapur, the predecessors of the Gaur Râjputs.

Naqshbandi, Naqshbandiya.—An order of Muhammadan Faqîrs which was founded by Khwâja Pîr Muhammad Naqshband, whose tomb is in the Kasar-i-Urfân at Bukhâra. "This man and his father were both manufacturers of brocade, hence the name Naqshband or the 'pattern maker.' The sect was introduced into India by Shaikh Ahmad Sirbandi, whose priestly genealogy is traced back to Abu-Bakr, the first Khalîfa. The Naqshbandis worship entirely by the *zikr-i-khafi* or the 'silent process,' sitting perfectly calm and quiet, and repeating the Kalima under their breath. They often sit immersed in meditation (*murâqabah*), quite motionless, with the head bent, and the eye closed or fixed on the ground. All singing and music they utterly repudiate, and are

[1] *Sîtapur Settlement Report*, 39.

extremely strict adherents of the institutes and traditions of orthodox Muhammadanism. The spiritual guides of the order do not sit apart from their disciples, but, ranging them in a circle, seat themselves by their sides, with a view of communicating their own mystic virtues to the minds of their followers by some sort of hidden magnetism.[1]" They have a practice of going about begging with a lamp in their hands, whence the proverb *Chirâgh raushan murâd hâsil,* "The lamp is lighted and the wishes fulfilled."

Distribution of the Naqshbandis according to the Census of 1891.

Districts.	Numbers.	Districts.	Numbers.
Sahâranpur . . .	7	Gorakhpur . . .	6
Muzaffarnagar . . .	1	Azamgarh . .	491
Mainpuri	92	Lucknow . . .	5
Etâwah	13	Faizâbâd . . .	27
Pilibhît	1		
Allahâbâd . . .	15	Total .	658

Narauliya.—An influential Râjput sept in Ghâzipur, who claim to be a branch of the Parihâr, and to take their name from Narwar in Gwâlior. They are among the earlier settlers and say that their ancestors killed the Chero Râja, while he was in a state of intoxication, and occupied his dominions. They are inordinately proud, passionate, and extravagant, and have lost a large part of their ancestral property. They claim to belong to the Kasyapa *gotra.*[2]

Nat[3] (Sanskrit *nata,* "a dancer,") a tribe of so-called gypsy dancers, acrobats, and prostitutes who are found scattered all over the Province. The problem of the origin and ethnological affinities of the Nats is perhaps the most perplexing within the whole range of the ethnography of Northern India, and the enquiries, of which

[1] *Panjâb Census Report,* 196.

[2] Oldham, *Ghâzipur Memo.,* I, 61.

[3] Based on information collected at Mirzapur and notes by Bâbu Badri-nâth, Deputy Collector, Kheri; M. Niyâz Ahmad, Fatehpur; A. B. Bruce, Esq., C. S., Ghâzipur; Bâbu Sânwal Dâs, Deputy Collector, Hardoi; M. Gopâl Prasâd, Nâib Tahsîldar, Etâwah; the Deputy Inspectors of Schools, Shâhjahânpur, Budâun, Bijnor.

the result is given here, leave its solution almost as uncertain as ever. The real fact seems to be that the name Nat is an occupational term which includes a number of different clans who have been grouped together merely on account of their common occupation of dancing, prostitution, and performance of various primitive industries.

2. The same people are found also beyond the boundaries of these Provinces. Thus they appear to be identical, at least in occupation, with the Kolhâtis of Bombay, who are also known as Dombari, and are "rope dancers and tumblers, as well as makers of the small buffalo horn pulleys which are used with cart ropes in fastening loads. They also make hide combs and gunpowder flasks. When a girl comes of age, she is called to choose between marriage and prostitution. If, with her parents' consent, she wishes to lead a married life, she is well taken care of and carefully watched. If she chooses to be a tumbler and a prostitute, she is taken before the caste council, a feast is given, and with the consent of the council she is declared a prostitute. The prostitutes are not allowed to eat with other Kolhâtis, except with their own children. Still, when they grow old, their caste-fellows support them. They worship Amba Bhawâni, Hanumân, Khandoba, and the cholera goddess Mariâi; but their favourite and, as they say, their only living gods are the bread-winners or hunger-scarers, the drum, the rope, and the balancing pole."[1]

3. Of the same people in the Dakkhin, Major Gunthorpe[2] writes:—"The Kolhâtis belong to the great Sânsya family of robbers and claim their descent from Mallanûr, the brother of Sânsmal. There are two tribes, Dukar Kolhâtis and Kam or Pâl Kolhâtis. The former are a non-wandering criminal tribe, whereas the latter are a non-wandering criminal class. Depraved in morals, the males of both tribes subsist to a great extent by the prostitution of some of their females, though let it be said to the credit of the former that they are not so bad as the latter. They labour for themselves by cultivating land, by taking service as village watchmen, or by hiring themselves to villages to destroy that pest of Indian farmers, the wild hog, and above all they are professional robbers.

---

[1] *Bombay Gazetteer*, XX, 186, *sq*.

[2] *Notes on Criminal Tribes*, 46, *sqq*. The Kolhâtis take their name from *Kolhât*, the bamboo on which they perform.—*Bombay Gazetteer*, XII, 123, *sq*.

Kam Kolhâtis, on the other hand, are a lazy, good-for-nothing class of men who, beyond making a few combs and shuttles of bone, will set their hands to no class of labour, but subsist mainly by the immoral pursuits of their women. At every large fair may be seen some of the portable huts of this tribe, made of grass, the women decked in jewels and gaudy attire sitting at each door, whilst the men are lounging lazily at the back. The males of the Dukar Kolhâti tribe are a fine manly set of fellows, and obtain the distinction of Dukar, 'hog' from the fact of their hunting the wild, and breeding the domesticated pig."

4. Again we have in Bengal[1] a people known as Nar, Nat, Nartak or Nâtak, who form the dancing and musician class of Eastern Bengal; on the other hand many of the people whom in these Provinces we class as Nats, such as the Bâzigar, Sapera, and Kabûtri, are classed in Western Bengal with the Bediya, who in Northern India are undoubted kinsfolk of the Sânsya, Hâbûra, and similar vagrant races.

5. Lastly, of the same people in the Panjâb, Mr. Ibbetson[2] writes :—"The Nat, with whom I include the Bâzigar, form a gypsy tribe of vagrant habits, who wander about with their families, settling for a few days or weeks at a time in the vicinity of large villages or towns, and constructing temporary shelters of grass. In addition to practising acrobatic feats and conjuring of a low class, they make articles of grass, straw, and reeds for sale; and in the centre of the Panjâb are said to act as Mirâsis, though this is perhaps doubtful. They often practise surgery and physic in a small way, and are not free from suspicion of sorcery. They are said to be divided into two main classes, those whose males only perform as acrobats and those whose women, called Kabûtri, perform and prostitute themselves. About three-quarters of their number returned themselves as Hindus, and most of the rest as Musalmâns. They mostly marry by circumambulation (*phera*) and burn their dead; but they are really outcastes, keeping many dogs, with which they hunt and eat the vermin of the jungles. They are said especially to reverence the goddess Devi, Guru Tegh Bahâdur, the Guru of the Sikh scavengers, and Hanumân, or the monkey god, the last because of the acrobatic powers of monkeys. They very generally

---

[1] Risley, *Tribes and Castes*, II 129.
[2] *Panjâb Ethnography*, section 588.

trace their origin to Mârwâr; and they are found all over the Province, except on the frontier, where they are almost unknown."

6. There seems, then, very little doubt that under the general name Nat are included various tribes; some of whom are closely allied to the vagrant, criminal races, like the Sânsyas, Beriyas, and Hâbûras; and as we shall find a well pronounced totemistic section system among some of the so-called sub-castes, it seems possible that they have decided Dravidian relationship.

Tribal organisation.

7. As has been already stated, the tribal organization of the Nats is most complex. Everywhere they merge with the regular vagrant tribes, and where to draw the line is practically impossible. In the last Census, about two-thirds of the Nats in these Provinces declared themselves as Hindus and one-third as Muhammadans. Of the Hindus we find ten main sub-castes:—The Brijbâsi, who take their name from their supposed country of origin, Braj or Mathura, and its neighbourhood. Next come the Guâl or "cowherds," some of whom claim a Jât and others an Ahîr origin. The Jogila seem to be connected in name with the vagrant, criminal Jogis. The Kabûtara, who take their name from the pigeon (*kabûtar*), are prostitutes so-called from characteristic wooing of the bird. The Kalabâz is literally "a tumbler or juggler." The Karnâtak is supposed to come from the Karnâta country, the modern Karnâtic in Madras. The Mahâwat is so called from the Sanskrit *Mahâmâtra*, "a great officer of state" or an "elephant driver," an occupation to which the word is now generally applied. The Mîrdaha is literally "a village ruler" (Persian, *mîrdah*), and now-a-days the word is usually applied to a man who carries a chain for a surveyor. The Râthaur is the name of a famous Râjput sept; and Sapera (Sanskrit, *sarpahâraka*) is literally "a snake catcher."

8. But this is far from exhausting the tribal organization of the Nats. Thus Mr. Carnegy [1] divides the Oudh Nats into eight sub-castes:—First, the Gwâliyâri Nats or those of Gwâlior, with three sections, Kapûri, Bhâtu and Sarwâni. Of these the Kapûri appear to take their name from the Sanskrit *karpura*, "camphor;" the Bhâtu are seemingly the same as the Bhâtu or Bhântu, a sub-

---

[1] *Notes*, 17.

caste of the Sânsyas. The men of this sub-caste buy cattle for butchers, while the women are cuppers, dentists, and aurists. They are Hindus, bury their dead, and drink inordinately. Secondly, the Sânwat, who are Muhammadans. They also supply butchers, and sing the praises of Alha and Udal, the heroic Banâphar warriors, who were afterwards subject to the Râthaurs, from whom this sub-caste claims descent. Thirdly, Brijbâsi, who are Hindus. The men walk on high stilts and the women show their confidence by dancing and singing under them. They eat pork, drink spirits and bury their dead. They say that they came to Braj or Mathura after the capture of Chithor, which is the starting point of the traditions of so many other castes. Fourthly, the Bachgoti, who are Hindus and connected by Mr. Carnegy with the Râjput sept of the same name. The men wrestle and play single stick; the women are depraved. They bury their dead. Fifthly, the Bijaniya or Bajaniya, who seem to take their name from the music (*bâja*) accompanying their performances. They are Hindus and dance on the tight rope. They are addicted to drinking; they bury their dead in an upright position. Sixthly, the Bariya, who are Hindus. They do not perform, but attend feasts and eat scraps. The women are depraved and all are addicted to drinking. They bury their dead. Seventhly, the Mahâwat, who are Musalmâns by religion. They are said to be expert in treating rheumatism and deal in cattle. Drinking is confined to the seniors on the occasion of deaths. Lastly come the Bâzigar, or common conjurers, who are given to drinking. They bury their dead.

9. In addition to this enumeration the present survey has produced a long set of diverse lists from different districts. The confusion, as already indicated, seems to have sprung from the practical impossibility of distinguishing the Nat from his allies, the Sânsyas and similar tribes. Thus, in Mirzapur we find the Bajaniya, Byâdha, Karnâtak, Kashmîri, Kalabâz, Mahâwat, Bâdi and Malâr. From Shâhjahânpur comes a list of Hindu sub-castes, including the Bhântu, who are Sânsyas, with the Guâl, Ghara, Kalabâz, Kabûtariyà, and Lakarbâz, or performers on stilts. From Kheri we find the Bhatiya, who are perhaps the Bhâtu of Shâhjahânpur; the Kingariya, who are discussed in a separate article; the Kanjar, who, of course, forms a tribe of his own; the Gulahla, Kalabâz, Râjnat, and Dhârhi, who again are usually classed as a quite different group. The list from Budâon gives Guâl and

Brajbâsi, with, as sections, the Kakhera or Kanghigar, "comb makers," and the Banjâra, where we meet a distinct group. In Hardoi we find the Kalabâz, Karnâtak, Brijbâsi, and Bâgula; in Bijnor, the Bâdi, Guâl, and Keutâr, the last of whom are possibly connected with the Kewats. The sub-castes of the Muhammadan Nats are much less well established. In Ghâzipur we find the Panjâbi, Goriya, and Hagiya; in Fatehpur, the Meghiya, Dariya, Chhijariya, and Krîm or Karîm.

10. The complete Census returns show 386 sections of the Hindu and 205 of the Musalmân Nats. They have, as might have been expected, largely adopted the names belonging to other castes and septs, such as Bhântu, Chamargautam, Chamarmangta, Chamar-nat, Chamar Sangla, Chamarwa, Chandel, Chauhân, Chhatri, Dhîmar, Dhobi, Dom, Ghosi, Gond, Gûjar, Guâl, Guâlbans, Jâdon, Kâbuli, Kanchan, Kâyasth, Khatri, Kori, Korwa, Kormangta, Mainpuri Chauhân, Panwâr, Paturiya, Râjput, Râthaur, Sakarwâr, Teli. With these are the usual local groups: Brijbâsi, Chithauriya, Daryâbâdi, Gangapâri, Indauriya, Jaiswâr, Jaypuriya, Kanaujiya, Kâshipuri, Lâhauri, Mathuriya, Panjâbi, Râmpuriya, Sribâstam. The Musalmân branch show an equally curious mixture of names. We have many distinctively Hindu titles as Bâhman, Bais, Bhadauriya, Chauhân, Gaur, Gûjar, Râthaur, and Tomar; regular Musalmân names like Chisti, Ghori, Khwâja Mansûri, Khwâja Miyân, Lodi, Mughal, Nawâb, Naumuslim, Pathân, Sadîqi, Shaikh, Turkiya, and Yûsufzai; occupational terms and those connecting them with other gypsy tribes, such as Bâzigar, Beriya, Bûchar, ("Butcher"), Dom, Fîlwân ("elephant driver"), Kanchan, Mangta ("beggar"), Pahlwân ("wrestler"), Randi ("prostitute"), Sânpwâla and Sapera ("snake men"), and Tawâif.

The Eastern Nats.

11. The information at present available is much more complete for the Eastern Nats, and it may be well to describe some of their sub-castes with more or less detail.

The Bajaniya Nats.

12. The Bajaniya Nats of Mirzapur have seven sections, which are obviously of totemistic origin. These are Makriyâna which take their name from *makri*, "a spider," which no member of the section will kill; Gauharna, which are called from *goh* the Gangetic alligator or lizard known as the *goh sânp*, which none of them will harm; Deodinâik or "leader given by God," the members of this section are generally

headmen (*chaudhari*) of the tribe; Bahunaina or "the fly," which takes its name from having many eyes; this insect none of them will injure; Gagoliya of which they are unable to give any explanation; Sânpaneriya, none of whom will kill the snake (*sânp*); and Sûganâik, none of whom will injure the parrot (*suga*). These sections are exogamous, but there is no other prohibition against intermarriage, and it is notorious that Nats marry very close blood relations. They say that they were originally residents of Mârwâr, and passed into Mirzapur through Bundelkhand. The migration is said to have occurred about a century ago. They have no other tribal tradition, except that they were created by Parameswar, whose pleasure it was that they should be acrobats and rope-dancers.

13. They have their own council known as Panth, presided over by a head man (*mutâna*), who is assisted by a messenger (*harkâra*), whose business is to collect the elders for meetings. No woman can be divorced for simple adultery. Her paramour is merely fined five rupees, which is spent on drinking. They cannot marry again while the first wife is alive. They purchase brides, the price according to tribal custom being twenty-five rupees in cash, four rupees worth of sugar, one rupee worth of pulse (*dâl*), one rupee worth of *ghi*, two rupees worth of wheat, some turmeric and cakes.

14. Concubinage is not allowed. Widows can marry by the ordinary form, which they call *ghughuna*. When the connection is sanctioned by the headman, the future husband goes to the house of the widow, puts bangles and a nose-ring of silver on the woman. Her friends then take the pair into a closed room, where they are left some time to themselves, and in the meantime wine is served round to the brethren. Next morning the husband takes his wife home, and the business is over. The levirate is allowed on the usual conditions; if she marry a stranger, she loses all right to the goods of her first husband.

15. A Chamârin midwife attends the mother only for one day. The mother is kept secluded for six days with a fire and a box of iron for holding lamp-black (*kajranta*) near her. The ceremony on the sixth day is known as *huabar*. The mother bathes and then goes to the nearest well with the bosom of her sheet full of parched grain, with four pice, some powdered sugar and ginger, and two roots of turmeric. When she comes to the well, she lights a lamp, and collecting the lamp-black in her iron box, marks several lines

with it and some vermilion on an earthen pot, and puts red lead on the parting of the hair of the women who go with her. She bows in obeisance to the well and returns home, where the parched grain is distributed among her women friends. At the same time the father serves round wine to his male friends, and after that the mother is considered pure.

16. The betrothal is settled by the father of the boy paying five rupees to the girl's father, which is spent on wine for the brethren. A feast is given and the father of the bride sends a bead necklace and a handkerchief for his future son-in-law.

17. When the wedding day is fixed, the bride-price is sent in advance. This is usually five days before the wedding, and during that time the pair are kept at their own houses in a thatched shed in the courtyard. This shed, contrary to the usual Hindu custom, is surrounded with screens. We have here probably a survival of the custom of seclusion at puberty. Every day the pair are anointed with turmeric and oil. A friend takes the bridegroom on his shoulder to the house of the bride, and when they reach her door her relatives make a square, in each corner of which a brass *lota* is placed. A pice is put into each *lota*, and the four vessels are joined with a string. Into this enclosure the pair are led, and inside it they make five circuits. This is the binding part of the ceremony. The bride returns to the house and the bridegroom to his friends. That night is spent in eating and drinking, and next morning the bride puts on a dress purchased out of the bride price. The pair stand at the door, and the bride's mother waves a plough yoke (*júa*) over their heads for good luck. Then the bride and bridegroom are taken home on the shoulders of two male friends. At the door the boy's mother again waves a plough yoke over them, and the boy, seizing the yoke, runs and demolishes with it the nuptial shed (*mánro*) in the courtyard. This concludes the marriage.

18. They bury their dead in their own cemetery. When a person dies they put a copper coin in his mouth as a viaticum. The corpse is taken on a bier and buried with the head to the north and the feet to the south. When the grave is filled, they pour some wine on the ground, and they do the same at the house of the deceased, where wine is served round when they return after the burial. The ceremonies for the repose of the soul are done some months later, when they can afford to do so. They go to the river side and cook cakes, rice, and pulse. Then they spread a cloth

on the ground, on which the ghost is supposed to sit, and the nearest relative taking an earthen cup (*purwa*) and a knife in his hand plunges into the water. He puts the knife on the cup and sits down till the cup, which is placed on his head, gets full of water. This cup full of water he brings out and places under the cloth on which the ghost is supposed to be sitting. Again he places four cups of water, one at each corner of the cloth, and connects them with a thread so as to form a square. In the enclosure thus formed they place a little of each kind of food for the refreshment of the ghost, and pray to it to partake of the food. They then wait for a few minutes while it is supposed to be eating, and then they address it: "Go and join those who have departed before you." Until this ceremony is performed, the ghost will not pass quietly to the world of the dead. They have no idea of ceremonial impurity, resulting from death.

19. Their tribal deities are Hulki Mâi, the goddess of cholera, the Vindhyabâsini Devi, Durga-Kâli, and Parameswar. They worship these collectively every year when they return from their annual wanderings. This worship is done in the family kitchen and the only sacrifice is a he-goat with sweet bread and wine. This is their chief festival, and is done either on the tenth (*dasmîu*) of Kârttik or at the *Holi*. Whenever, during the year, any trouble comes upon them, they make a special offering of sweet bread and wine to the deified ancestors, all of which, after presentation, they consume themselves.

20. They regard the Dom and the Hela with special dislike. They do not eat beef or vermin, such as rats; but they eat fowls, fish of every kind, crocodiles, tortoises, and the *nîlgâê* deer. They drink spirits and use *gânja, bhang,* and palm wine (*târi*), but not opium. No respectable Hindu will take food or drink from their hands. They will eat food prepared by any one except a Dhobi, Pâsi, Dharkâr, Dom, or Chamâr. The men wear short drawers (*janghiya*) turban (*pagri*), a necklace of white beads (*guriya*), and earrings (*bâli*). The women wear a petticoat (*lahnga*), boddice (*choli*), a black and white bead necklace and ear-rings.

21. The men are rope-dancers and acrobats. The women beg and prostitute themselves. They usually live in out-of-the-way hamlets away from the village, and during the cold and hot weather they wander about from fair to fair and to the houses of rich people, usually sleeping under trees in the course of their journeys.

22. The Byâdha are another tribe of these vagrants. They take their name from the Sanskrit *Vyâdha*. "a hunter." They are a short, black race, with very large dark eyes, very black hair, which they keep long and unkempt, short beard, whiskers and mustache, and a short, rather broad, nose. Those of Mirzapur are unable to name any of their exogamous sections, and their rules of intermarriage are very vague. They do not even maintain the ordinary formula that the line of the paternal uncle (*chacha*), maternal uncle (*mâmu*), paternal aunt (*phûphu*), and maternal aunt (*mâosi*) are to be avoided. In short, they have practically no prohibited degrees Thus a man will marry his son to his own sister's daughter, to his maternal aunt's daughter, and so on.

The Byâdha Nats.

23. The marriage negotiations are carried on by the maternal uncle (*mâmu*) of the boy, a custom which may be a survival of the matriarchate. Sometimes one of the meaner Brâhmans goes with the envoy. When the match is settled the boy's maternal uncle, brother-in-law, and some of his female relations go to the house of the bride and pay the bride-price, which consists of twenty rupees in cash, a set of glass bangles (*chûri*), a cocoanut, a betel-nut, and a suit of clothes. These things are given to the mother of the bride. They return after fixing the marriage day. A pavilion (*mâuro*) is erected at the boy's house, and next day he starts for the bride's house. They have no regular Purohit or family priest, but the lucky dates for these events are ascertained from some village Brâhman. All the relations, including the women, which is absolutely opposed to all Hindu usage, accompany the procession. On that day the bride's father entertains the whole party with goat's flesh and rice.

24. When the time comes for the marriage, the bridegroom takes his seat in the pavilion with the bride seated beside him, her mother shading her face with the end of her sheet. Then the bride's female relations rub the pair vigorously with a mixture of oil and turmeric. This is done three times while the ceremony goes on. The binding part of the rite is the rubbing of the parting of the bride's hair with red lead, which is done by the brother-in-law of the bridegroom, the husband of his sister. This is, of course, contrary to all Hindu usage; the boy usually does this rite himself. During the marriage the girl's father performs no rite, which again is very unorthodox. They have no retiring-room

(*kohabar*) ceremony as among low Hindu castes. When the marriage is over, her father dresses the bride in new clothes, gives her a *lota*, and sends her off at once with her husband. The age for marriage is fifteen for boys and ten or twelve for girls: as a rule it takes place immediately when the pair have attained puberty.

25. Widows are married by the *sagâi* form and the levirate prevails under the usual condition that she marry the younger, not the elder, brother of her late husband. If the younger brother do not claim her, she may marry an outsider with leave of the tribal council. Nothing is paid to the parents of the widow. Her lover is expected to give a goat to the council. When this is done, he puts some oil on the widow's head, while her sister's husband (*bahnoi*) rubs red lead on the parting of her hair. He then takes her off to his house.

26. At child-birth the mother is isolated and attended by the Chamârin midwife. After the fifth day is the *chhathi* or sixth-day rite when the brethren (*âtma*), men and women, are fed. The Chamârin, who is known as *soin*, bathes the mother and baby, and gives their clothes and those of the other members of the household to a Dhobi. All the men have their hair shaved. The birth pollution ceases on the twelfth day (*barahi*), when the mother and child are bathed again. The husband keeps away from his wife for twenty days after her confinement. The Chamârin among these people plasters the delivery-room,—a duty which, among other Hindus, is usually done by the husband's sister (*nanad*). The menstrual pollution lasts for five days, during which the woman is isolated, and her husband cooks for her.

27. These Nats say that they came originally from Ratanpur and Bilâspur in the Central Provinces. They bury their dead, not in a regular cemetery, but in any convenient place north of the village. The grave lies North and South, and they profess not to care in which direction the corpse is laid. A woman is buried face upwards and a man face downwards. After the burial, they all bathe and return to the house of the deceased, where they sit for a while in the courtyard, wash their hands, and then go home. No food is cooked in the house that day; the family are fed by a neighbour. On the tenth day the brethren assemble at some tank or stream and have their heads shaved. No sacred balls (*pinda*) are offered. They return to the house of mourning and there they are feasted. If the son of the deceased can afford it, he gives a cup

and plate (*lota, thâli*) and a female calf to a Brâhman. This concludes the death rite.

28. All who can afford it have an annual propitiation of the dead (*barsi*). They do not on this occasion feed the brethren, but give a Brâhman some brass vessels. Then he stands up and raising his hands says :—" Children of the dead man ! Live in happiness !" They have no regular fortnight of the dead (*pitrapaksha*), and no *srâddha*.

29. In the month of Sâwan, they worship Hariyâli Devi, " the goddess of greenery," who watches the crops. To her a fire offering (*hom*) is made in the field with sugar and *ghi*. In Phâlgun they burn the old year (*sambat jalâna*) when they drink and eat good food. They observe no other Hindu festival except the Phagua or Holi. On some day in the light fortnight of Asârh, they worship their deceased ancestors (*purakh log*). They make a fire offering with sugar and *ghi*, and sprinkle a little spirits on the ground. This worship is done by the head of the family at home. Their tribal deity is Bhawâni Devi, who is worshipped every third year in the light fortnight of Phâlgun. To her is offered a black goat, which is fed on rice before being sacrificed. The worshipper does the sacrifice himself. When sickness or other trouble comes upon them they sometimes get the Baiga to sacrifice a goat to the village gods (*deohâr*). Men and women both eat the flesh of the victims to Bhawâni. She has no temple, but most people make a stone or mud platform near their houses, where she is supposed to dwell. When they eat, they throw a little food and water on the ground for the ancestral ghosts, and say—" If any of you are hungry, come and eat."

30. The women of this tribe do not tattoo; this is done by the Bâdi Nats. The women get themselves tattooed with little spots on both wrists: but the custom is not well defined. If an unmarried woman is caught in an intrigue with a member of the caste, the council order him to pay twenty rupees to her father, and she is then made over to him by a sort of informal marriage. In the same way, if a married woman is caught with a man her paramour pays the husband twenty rupees and takes over the lady. If her lover be of another caste she is permanently expelled. They profess to have stringent rules to enforce chastity among their women, but they are not free from the suspicion of occasionally prostituting their girls. They have no occupation but begging, and do not dance, play, sing,

or perform acrobatic feats. Their women wear glass bangles (*chûri*), bead necklaces (*guriya*) of all colours, anklets (*pairi*) and arm ornaments (*churla*). They do not wear nose-rings. They will eat all ordinary meat except beef, monkeys, horses, tame pigs, and snakes They swear by the words : "If I lie, may I eat beef," or on their sons' heads; or they fill a *lota* of water and swear by Kansâsur Deota, "the godling of brass." Until a child is five or six years old they do not care what he eats ; but when he arrives at that age he is obliged to conform to caste custom, and to commemorate this event, if they can afford it, they put a silver bangle on his wrist.

The Karnâtak Nats.

31. This sub-caste of Nats is quite distinct from the Bajaniya, but they have the same sections, Gohna or Gouharna, Makriyâna, Suganâik, Deodinâik, Gagoliya, Sânpaneriya and Waniawaraha. These are exogamous ; but like all Nats they are very careless about prohibited degrees, and first cousins are allowed to marry. The highest section is the Deodinâik, and then follow the Suganâik, Gohna, Gagoliya and Sânpaneriya. Some of them are Hindus and some Muhammadans. Those who are Hindus worship the Vindhyabâsini Devi of Bindhâchal or Durga. They will eat the leavings of all high castes and are hence known as Khushhâliya or "those in prosperous circumstances." They dance on ropes and with cow horns tied to their feet ; their women do not tattoo other women. Some of the better looking girls are reserved for prostitution, and these are never married in the tribe. One condition of marriage among them is that both parties should be of the same age. The Muhammadan branch in Etâwah allow the levirate, and a widow can marry either the elder or younger brother of her late husband. There, it is said, they will admit any one into the tribe except a Bhangi, Dhânuk, Chamâr, Teli, Dhobi or Bâri. When the initiate is not a Muhammadan they send for the Qâzi, who recites the *Kalima* over him. A girl who is seduced, whether her paramour be a tribesman or not, can be restored to caste rights on payment of a fine ; but if her lover be a low caste man, like a Dom or Dharkâr, she is permanently expelled. If her lover be a Brâhman or Râjput, she is admitted back, and can be married in the caste.

Kashmîri Nats.

32. These people have no occupation except loafing, begging, and prostituting their women. Very few of the women are married in the tribe, and even the married women are sometimes prostituted. Most of their

real wives are girls of other castes, who are bought by them or kidnapped. This is a costly and dangerous business; hence the number of old bachelors among them is very large. When they do marry in the tribe they observe no prohibited degrees and marry cousins. No regard is paid to the paternity of their children. Some of them are Hindus and some Muhammadans. The Hindus employ low Brâhmans as their priests, and burn their dead. The Muhammadans bury. Hindus worship their ancestors in the month of Kuâr, and to the east of the Province their favourite deities are the Vindhyabâsini Devi of Bindhâchal and Garbara Devi. These are worshipped in the month of Aghan with the sacrifice of a goat and an offering of cakes and sweetmeats. The Hindu branch do not eat beef and pork. They eat mutton, goat's flesh, venison, and the like. They will not eat the flesh of the horse, camel, jackal or rats. The Muhammadans do not eat pork, but use beef and drink spirits. They eat the camel and fowls and the other animals which the Hindu branch of the tribe eat.

The Kalabâz or Gara Nats.

33. This branch of the Nats has exogamous sections, but few of them are able to give a list of them. In Hardoi their sections are Savâi, Ghughasiya, Panchhiya, Jimichhiya. Their tradition is that they were once Kshatriyas, and were forced to deny their caste when Alâ-ud-dîn conquered Chithor in 1303 A.D. Another account of them is that their first ancestor was a Dhînwar, and that they were begotten by him from a Teli woman. They wander about the country in rude huts (*sirki*) made of reeds. To the east of the Province they appear to conduct their marriages in one of these huts with a rude form of the circumambulation (*bhanwari*) ceremony. They have a strange legend that Parameswar was once incarnated as a Nat at Sambhal in the Morâdâbâd District, and became such an accomplished acrobat that in one bound he fixed a cart and in a second some mill stones in a tree which no Kalabâz has been since able to take down. Their occupation is rope-dancing and other acrobatic feats. They are fairly strict Hindus, and are said not to prostitute their women In Oudh their favourite deity seems to be Hardeo or Hardaur Lâla, the godling of cholera. From Etah it is reported that a distinction is drawn between the Baghaliya Nats, who dance on ropes, and the Kalabâz, who do somersaults and other athletic feats. They are very fond of singing the Alha song to the accompaniment of the drum. During the rains these people move about from vil-

lage to village. It is understood that only one party encamps in the village at a time, and no other party is allowed to intrude on them until the performance is over. Wilful intrusion of this kind is severely punished by the tribal council. Even if any other body of Nats perform there, the fees go to the party which is first in possession of the place. The women do not perform or dance, sing or beg. They have regular circles within each of which the bones of the dead of the tribe are buried under a masonry platform, as is the rule among the Hâbûras, and to these the tribal worship is performed.

The Mahâwat Nats.

34. The Mahâwat Nats take their name from the Sanskrit *Mahâmâtra* "a high officer of state" or "an elephant driver." They say themselves that keeping elephants was their original occupation, and that from this they derive their name. They are also known as Baid, "physician;" (Sanskrit *Vaidya*) and Lohângi, because they use surgical instruments of iron (*loha*) in treating their patients. They say that they are divided into four endogamous sub-castes; Turkata Pahlwân, Kapariya, Chamarmangta and Lohângi Nats. Of these the first and fourth are Muhammadans and the second and third Hindus. The Turkata Pahlwâns teach wrestling and athletic exercises and their women tattoo. The Kapariyas are dealt with in a separate article. The Chamarmangta are so called because they beg (*mângna*) from Chamârs. In Mirzapur the true Lohângi Nats marry second cousins. They fix their earliest settlement at Kara Mânikpur on the Ganges. They say that they are descended from Hathîla who has now been deified as one of the Pânchon Pîr. They worship him with prayers and the sacrifice of a fowl in the month of Jeth. This worship is done by Dafâlis, who, while they make the offering sing songs in honour of Hathîla. The proper offering to him is a red cock. This sacrifice is offered only by married men, and they alone are allowed to consume the offering.

35. Their domestic ceremonies are of much the usual Nat type. They pay as a bride-price twenty or some multiple of twenty rupees. Infidelity in women is punished by a compulsory feast, and similarly a man is put out of caste if he cohabit or eat with a Domin or women of the menial tribes. They have a tribal council, the chairman of which is appointed at each sitting. The levirate and widow marriage are allowed under the usual conditions. Even when they profess to be Muhammadans, it is alleged that they perform no rite

of circumcision (*musalmâni*). They have practically no marriage ceremony. The girl's father attires her in a new dress, puts bangles and ear-ornaments (*tarki*) on her and then she is sent into the hut where her husband receives her. If he can afford it, he feeds the brethren. They bury their dead in any convenient place. When they bury a corpse, they put his tools with him, so that he may be able to support himself in the next world. When any one falls sick, they sacrifice fowls at the graves of their ancestors and make an offering of spirits and tobacco.

36. They are nominally Muhammadans, but carry out hardly any of the rules of the faith. They worship the goddess known as Bhîtari and Sâyari, and their deified ancestor Hathîla. Bhîtari is worshipped on a Monday or Tuesday in the fields with a sacrifice of goats, which only the married males are allowed to eat. She is the protectress of their camp and children. Sâyari is the patroness of their trade and is worshipped in the tent or hut with an offering of a black cock and some spirits. The Devi of Bindhâchal also receives the sacrifice of a goat. The only festival which they observe is the Kajari, when they sing, drink, and practise a good deal of rude licentiousness. They have the usual fear of ghosts and demons. When a child suffers from the Evil Eye, they get a handful of dust from an exorcisor, and wave it over the child's head. They drink spirits, eat beef, goat's flesh, mutton, fowls, camels, venison, etc. They abstain from pork. They will not eat from the hands of a Dom, Dhobi, Musahar, Kol, or similar low castes, and no one will eat their food.

37. The Mahâwat has all the appearance of a degraded outcaste. He wears dirty clothes and a filthy rag as a turban, keeps his hair long and unkempt, and has round his neck strings of coral beads or *ghumri* seeds. In his ears he wears iron rings. The women wear a petticoat (*lahnga*), sheet (*sâri*), with strings of beads round their necks, bracelets, and thick anklets. The men carry in a wallet rude lances (*nashtar*), a cupping horn (*singhi*), and some hollow bamboo pipes, with which he extracts by suction the matter out of abscesses and sore ears. It need hardly be said that he is quite ignorant of cleanness and antiseptics, and his instruments must be responsible for much horrible infection. He takes the "worm" out of carious teeth, bleeds and lances abscesses, and cleans the wax out of ears, in which department of his business he is known as Kânmailiya (*Kân* "ear," *mailiya*, "filth"), Khutkarha or Khuntkarha, "the man of

the spike" (*khúnta*) or Singhiwâla. He wanders about the villages calling out *Baid ! Baid !* "Who wants a doctor?" He is altogether rather a loathsome vagrant. Some of them are skilled fishermen and trap hares.

The Bâdi Nats.

38. The Bâdi sub-caste of Nats are said to take their name from the Sanskrit *vâdya*, "a musical instrument." They are also known as Pâras Bâdi (*pâras*, "the philosopher's stone") and Tumriwâla Madâri (*tumri*, "a hollow gourd"). In Mirzapur they specially beg among the Mânjhis. They profess to have seven exogamous sections. These, when compared with those of the Mânjhi-Majhwârs, are, in many cases, identical, and they explain that like the Patâris they were priests of the Majhwârs. It will be seen that the Patâris also follow the section organization of the Majhwârs, and there must apparently have been some ancient connection between the tribes. As might have been expected, the explanation given of these section names is in some respect different from that of either the Mânjhis or Patâris, but there seems little doubt that they are in the main of totemistic origin. The names of the sections, as given by the Mirzapur Bâdis, are Jaghat, which they say is a kind of snake; Urê, which they say means "a pig"; Marai, "a kind of tree;" Neta, which they say means "the mucus of the nose," in which form they came out of the nose of their first ancestor. The Neshtri was one of the Vedic priests, and the name may represent their ancient office, but is more probably some totem which has now been forgotten. The next section is Netâm, which is found among the Majhwârs. Of its meaning the Bâdis can give no explanation. Jhinjhariya is said by them to mean "a kind of bamboo." Next comes the Oika section. This is also found among the Majhwârs. The Bâdis have an absurd story that a Bâdi woman had a son by a Muhammadan, and after they had admitted him to tribal rights, they called him Oika "What? Who?" because they could not admit him to any regular section.

39. Their account of themselves is that they came from Garh Mandla, in the Central Provinces, with the Majhwârs, and there is nothing in their appearance and manners which makes it improbable that they may really be of Gond descent, and may have been beggar priests who accompanied the Majhwârs when they emigrated along the hills towards the East.

40. The legend of their connection with the Majhwârs they

tell in this way :—Mahâdeva Bâba once created four men. To one he gave the musical instrument known as *nâgdaman* or "snake pipe," with which serpents are expelled, and his own drum, the *damaru*, whereby they might earn their living by playing and begging ; to the second, he gave the musical instrument known as the *kikari*, by playing which he might support himself ; to the third, he gave a loom, and he became a Panka ; to the fourth, he gave the means of smelting iron, and he became an Agariya. This legend thus brings the Bâdis into contact with the Agariyas and Pankas who are certainly of Dravidian origin. The first man, according to the story, came to the Majhwârs, who fed him and appointed him to be the receiver of their alms. These sections are divided into three groups, of whom the Jaghat, Marai, and Jinjhariya intermarry; so do the Urê and Neti, and, lastly, the Netâm and the Oika.

41. They have a tribal council under a hereditary chairman (*mahto*), who arranges marriages, sanctions divorces and fines those who offend against caste rules. The fine ranges, according to the means of the offenders, from one and quarter to twenty rupees. If he fail to pay the fine, he is excommunicated for twelve years. The intermarriage of first-cousins is allowed, and they marry by preference their cousins on the mother's side.

42. Widow marriage and the levirate are allowed. There is no ceremony in widow marriage, except that the Mahto admonishes them in the presence of the brethren to behave well to each other. In the marriage ceremony there is nothing peculiar, except that the father or mother of the bride washes the feet of the bridegroom, a rite which is known as *nah chhorwa.* When the bridegroom goes to fetch his bride, he carries a bow and arrows, and most part of the rite is done at the house of the bridegroom, possibly a survival of marriage by capture.

43. The Bâdis of Mirzapur cremate their dead, unless they are unmarried, in which case they are buried The ritual is practically the same as that in force among the Majhwârs.

44. The religion of the Bâdis is largely made up of ancestor worship. They offer to them, at the Holi, goats, cakes, and sweetmeats, as a propitiation. They say that formerly the Patâris officiated as their priests, but now do so no longer. They accept no services from Brâhmans. Their chief objects of worship, except their deceased ancestors, are Juâlamukhi, Bûrhi Mâta "the old mother" and Masân, the deity of the cremation-ground. Juâlamu-

khi and Bûrhi Mâta are worshipped on the seventh day of Sâwan Juâlamukhi receives a she-goat and cakes; Bûrhi Mâta, a libation of milk and treacle mixed together. This worship is performed in the court-yard of the house. They worship Masân at any time when trouble overtakes the household. At the last Census 1,929 persons recorded themselves as worshippers of Masân.[1] They also regard their snake pipe (*nâgdaman*) as a fetish. A piece of ground is plastered, the instrument laid within it, and a white cock is sacrificed. Some spirits is also poured on the ground. Mari is worshipped when cholera appears in the village. She receives the sacrifice of a hog and a libation of spirits. When snakes appear in considerable numbers, they lay milk and parched rice at their holes. They observe only three festivals, the Sâwani, when they worship Juâlamukhi and Bûrhi Mâta; the ninth (*naumi*) of Chait, when there is a worship of Bûrhi Mâta, and the Holi, when they worship the sainted dead. They particularly respect the cotton tree (*semal*) which is the abode of Bhûts. They swear on the head of their sons or by holding a pig's tail at the shrine of their deity. They have a special detestation for the Dom. They will not eat beef, but they use all the animals, birds, and fish which are eaten by the Majhwârs and similar Dravidian races. They will not eat meat while the funeral rites of a member of the sub-caste are being performed. Wine is the only intoxicant they habitually use. They salute one another by the *pâélagi* form, and seniors give a blessing to their juniors. Only Korwas and Doms will eat from their hands. They will eat *Kachhi* cooked by Ahîrs and Majhwârs. The women wear a sheet (*sâri*) nose-rings, ear ornaments (*tarki*) and arm ornaments, known as *lahsaniya churla* and heavy anklets (*pairi.*)

45. The Bâdi is a loafing beggar, who wanders about among the Majhwârs and begs alms, playing on the *nâgdaman* pipe, the drum (*damaru*) and the cymbals (*jhânjh*). The special business of the women is tattooing girls, and when marching through villages you will often hear a girl shrieking, and, on enquiring the cause you will find her tied down on a bed, while her friends sing to encourage her to bear the pain, and a Bâdi woman operates on her arms, breasts or legs, with two or three English needles tied together with thread. The punctures are rubbed with a mixture of lampblack and milk. The best lampblack is produced from the smoke of the wood of the *salai* tree.

---

[1] *For Masân see Introduction to Popular Religion and Folklore, 84.*

46. This sub-caste is said to take its name from the Sanskrit, *mallaka-kâra*, "the maker of a cocoanut-oil vessel." Those in Mirzapur refer their origin to Lohârdaga in Chota Nâgpur, and say that they were originally Sunârs. They even now procure Brâhmans and barbers from that part of the country whence they say they emigrated some two generations ago. They have their own tribal council known as *Kutumb bhâi* or "the family of the brethren," with a president (*mahto*). Offences against caste discipline are punished by fines usually amounting to twelve or thirteen rupees. This is spent in food and drink for members.

The Malâr Nats.

47. The prohibited degrees are first-cousins on both sides. The usual age for marriage is twelve, or when the pair attain puberty. Marriages are arranged by the friends on both sides, but runaway matches appear not to be uncommon. The price of the bride is fixed by tribal custom at sixteen rupees. Polygamy is allowed, and the only privilege of the senior wife is that she alone is allowed to perform the worship of the family gods. Infidelity in women is forgiven on a fine being paid to the council. The council has the power of ordering divorce and a divorced woman can be remarried in the caste by the *sagâi* form, after she provides a dinner for the brethren. Widow marriage and the levirate are permitted under the usual conditions. Their domestic ceremonies are much the same as those of the Majhwârs, among whom they live.

48. They are Hindus by religion and their tribal deities are Kâli, Bûrhi Mâi and Bhairon. They worship Kâli at the Naurâtra of Chait in the house chapel (*deoghar*) with an offering of a goat, and cakes, milk, and wine. Bhairon receives the same offering, but to him a blood offering is very seldom made. The women have no gods peculiar to themselves. They fast on Sundays and offer to the sun godling, Sûraj Nârâyan, rice boiled with milk in a new earthen pot. They bow to him as he rises in the morning. They also bow to the new moon, but have no special form of worship. They occasionally consult a Sakadwîpi Brâhman, but the real tribal priest is the Mahto or headman. He acts for them at marriages and deaths. Most houses have a chapel (*deoghar*) with a mound of earth, on which are rude representatives of the tribal gods. They swear on the feet of Brâhmans, on a leaf of the *pîpal* tree or *tulasi* leaf, by holding a cow's tail or a piece of copper. They worship Hariyâri Devi, "the goddess of greenery," as the protectress of crops.

49. They eat pork, mutton, goat's flesh, venison, fowls, and fish.

Before they eat, they offer a little food to Devi. No one but a Dom will eat food cooked by them, and they will eat and drink from the hands of Kharwârs and Majhwârs.

50. Their chief occupation is making brass or pewter rings, boxes to hold the lime used in chewing betel (*chunauti*), and various ornaments used by women.

51. From Etah it is reported that among the Guâl Nats, when a child is born, the clansmen are invited to be present at the naming rite. Food is distributed, but the attendance of a Brâhman is unnecessary. Among the Kalabâz Nats, a Brâhman is sent for on the tenth day after birth, and he names the child, receiving in return a ration of uncooked grain (*sîdha*).

Patois of the Nats.

52. There is a class of Nats known as Tasmabâz, who are so called because they practise one of the numerous games played by thimble-riggers in England, which was taught to them in 1802 by a British soldier.[1] The game is played thus:—A strap is doubled and folded up in different shapes. The art is to put the stick in such a place that the strap (*tasma*), whence they derive their name, when unfolded, comes out double. They have an argot of their own of which the following are examples:—When they are sitting on the road side and see a yokel coming, they say *Dhurayi*; *Taradé* means "to begin to play;" *Asradé*, "give back the money to this fellow or he will make a row;" *Hakeri*, "a European;" *banriwâla* "a policeman;" *Hanswâla*, "a mounted officer;" *Thoa*, "an official;" *Beli* means "one of the gang informing." In one of the earliest accounts of the Bâzigar Nats, Captain Richardson[2] gives some specimens of their patois, most of which consist of mere inversions of syllables. Thus, *Kâg* (*âg*), "fire;" *nâns* (*bâns*), "bamboo;" *koâd* (*yâd*), "remembrance;" *komar* (*umr*), "age;" *naldsh* (*talâsh*), "search;" *Kindustân* (*Hindustân*), "India;" *nagîr* (*faqîr*) "beggar;" and so on. The Bajaniya Nats of Mirzapur call mother *jâ*; son, *dikaro*; wife, *biari*; brother-in-law, *bauhewi*; father-in-law, *hâro*; mother-in-law, *kau*; elder brother's wife, *bhadai*; father's sister, *phoi*. Their numerals are—one *ek*, two *baidna*, three *tâna*, four *syarna*, five *pân*, six *sad*, seven *hât*, eight *âth*, nine *nau*, ten *dahad*.

---

[1] *Selection, Records of Government, North-Western Provinces*, I, 312, *sq.*

[2] *Asiatic Researches*, VII, 451, *sq.*

Distribution of Nats according to the Census of 1891.

Districts.	Brijbâsi.	Guâl.	Jogila.	Kabûtra.	Kalabâz.	Karnâtak.	Mahâwat.	Mirdâh.	Râthaur.	Sapera.	Others.	Muhammadans.	Total.
Dehra Dûn	...	...	...	...	...	...	...	...	...	...	...	28	28
Sahâranpur	...	...	...	...	...	...	...	...	...	...	266	468	734
Muzaffarnagar	...	...	...	...	...	...	...	...	...	...	251	354	605
Meerut	...	442	...	...	...	...	...	...	...	37	1,046	461	1,986
Bulandshahr	...	64	...	...	...	...	...	37	226	15	556	702	1,600
Aligarh	...	...	...	...	...	...	...	...	...	...	244	193	437
Mathura	...	...	...	...	...	...	...	5	...	42	279	57	383
Agra	15	...	...	6	...	88	...	77	249	2	480	198	1,115
Farrukhâbâd	378	25	...	...	207	4	...	2	39	...	710	136	1,501
Mainpuri	98	...	...	29	63	96	...	2	148	127	788	62	1,413
Etâwah	16	189	...	26	32	145	...	7	134	211	737	198	1,695
Etah	105	...	...	...	112	7	...	...	97	...	564	91	976

Distribution of Nats according to the Census of 1891—continued.

DISTRICTS.	Brijbâsi.	Guál.	Jogila.	Kabûtra.	Kalabâz.	Karnâtak.	Mahâwat.	Mirdah.	Râthaur.	Sapera.	Others.	Muhammadans.	TOTAL.
Bareilly	1,244	398	49	81	40	141	...	...	...	...	555	25	2,533
Bijnor	...	...	...	306	...	...	...	...	...	...	1,210	154	1,670
Budâun	71	816	285	15	169	8	...	...	92	...	987	382	2,825
Morâdâbâd	40	699	...	47	40	30	...	..	19	18	321	304	1,518
Shâhjahânpur	551	2	52	...	359	...	...	...	89	...	1,406	49	2,508
Pilibhît	302	...	31	...	155	...	...	...	73	...	565	303	1,429
Cawnpur	129	...	...	...	2	45	10	...	10	...	724	102	1,022
Fatehpur	101	...	...	...	...	...	...	...	...	...	270	486	857
Bânda	...	...	...	...	...	...	...	...	...	...	105	195	300
Hamîrpur	...	...	...	...	...	...	...	...	...	...	83	352	435
Allahâbâd	61	..	...	...	...	33	...	...	20	...	1,648	636	2,398
Jhânsi	...	...	...	...	...	...	...	19	...	...	33	282	334

Jâlaun	...	...	...	...	...	...	...	...	...	...	3	518	521
Lalitpur	...	...	...	...	...	6	...	...	...	...	...	321	327
Benares	42	...	...	...	...	...	...	...	107	...	291	235	675
Mirzapur	...	...	...	...	...	429	...	...	...	...	310	323	1,062
Jaunpur	44	...	...	...	...	128	...	...	...	...	394	772	1,338
Ghâzipur	54	...	...	...	...	...	...	...	243	...	322	1,100	1,719
Ballia	8	...	...	...	...	...	...	...	...	...	310	157	475
Gorakhpur	186	...	...	433	...	...	...	...	376	...	104	2,826	3,925
Basti	180	...	...	...	...	...	...	...	309	...	208	3,013	3,710
Azamgarh	142	...	...	...	77	...	...	...	176	...	201	1,327	1,923
Tarâi	5	75	...	108	6	...	...	...	...	...	77	53	324
Lucknow	13	...	12	39	...	...	...	...	...	...	497	324	885
Unâo	461	...	...	138	154	227	...	...	...	...	627	96	1,703
Râê Bareli	127	...	...	...	...	...	...	...	...	...	436	456	1,019
Sîtapur	59	...	206	281	1	56	38	...	344	...	811	461	2,257
Hardoi	586	50	587	...	354	64	...	...	...	...	714	1	2,356
Kheri	659	...	...	421	...	...	118	...	142	...	424	67	1,831

Distribution of Nats according to the Census of 1891—concluded.

Districts.	Brijbâsi.	Guâl.	Jogila.	Kabûtra.	Kalabâz.	Karnâtak.	Mahâwat.	Mirdah.	Râthaur.	Sapera.	Others.	Muhammadans.	Total.
Faizâbâd	98	...	...	...	...	44	126	...	91	...	383	567	1,309
Gonda	63	...	...	...	...	6	...	...	457	...	622	178	1,326
Bahrâich	459	...	...	...	...	...	40	...	66	...	695	376	1,636
Sultânpur	...	...	...	...	...	...	...	...	...	...	441	292	733
Partâbgarh	22	...	...	...	...	2	2	...	...	...	5	392	423
Bârabanki	...	83	...	...	...	...	...	..	271	...	520	629	1,503
Total	6,319	2,843	1,222	1.930	1,771	1,559	334	149	3,778	452	22,223	20,702	63,282

Naumuslim (*Nau*, "new" *Muslim*—" Muhammadan ").—A term applied to recent converts to Islâm. It is often particularly selected by fresh Râjput converts. These, however, in the lists of the last Census, are given under the head Râjput, such as the Lâlkhâni and similar tribes, who have been separately discussed. Many of them have only imperfectly adopted Islâm, and still retain several of their own tribal customs in connection with birth, death, marriage, inheritance, etc.

Distribution of the Naumuslim according to the Census of 1891.

Districts.	Ahir.	Banya.	Brâhman.	Chamâr.	Kâyasth.	Kori.	Mâli.	Others.	Total.
Dehra Dûn	...	...	...	...	...	...	...	147	147
Sahâranpur	...	...	...	...	...	...	...	1,886	1,886
Muzaffarnagar	3	...	1	1	1	...	794	1,010	1,810
Meerut	2	...	...	...	...	...	4	28,960	28,966
Bulandshahr	...	...	...	...	...	...	1	821	822
Aligarh	...	...	...	...	...	...	...	12,357	12,357
Mathura	...	...	...	1	...	...	...	61	62
Agra	3	...	2	6	...	1	...	98	110
Farrukhâbâd	...	...	1	...	6	20	...	860	887
Mainpuri	...	8	...	...	...	...	...	101	109
Etâwah	1	7	16	8	...	...	...	165	197
Etah	18	299	30	...	...	5	...	2,045	2,397
Bareilly	...	...	...	...	...	...	...	406	406

Bijnor	...	...	...	...	...	...	...	1,277	1,277
Budâun	15	1	2	2	2	...	77	2,896	2,995
Morâdâbâd	100	...	1,323	223	12	...	239	14,645	16,542
Shâhjahânpur	136	...	...	11	3	28	1	797	976
Pilibhît	1	...	...	...	7	7	...	269	284
Cawnpur	...	...	...	2	...	...	...	496	498
Fatehpur	...	...	32	3	4	...	50	6	95
Bânda	...	...	40	...	...	...	...	1,576	1,616
Hamîrpur	...	...	...	...	...	...	...	16	16
Allahâbâd	...	...	...	1	454	...	267	395	1,117
Jhânsi	1	1	...	4	...	...	...	25	31
Jâlaun	...	...	...	...	...	...	...	20	20
Benares	...	...	...	...	...	...	64	...	64
Mirzapur	...	...	...	...	...	...	68	...	68
Jaunpur	555	...	...	...	...	1	147	46	749
Ghâzipur	3	...	...	27	...	...	15	358	403
Ballia	...	...	...	...	...	...	...	184	184

Distribution of the Naumuslim according to the Census of 1891—concluded.

DISTRICTS.	Ahîr.	Banya.	Brâhman.	Chamâr.	Kâyasth.	Kori.	Mâli.	Others.	TOTAL.
Gorakhpur	3	3	...	2	1	...	92	262	363
Basti	1,766	...	...	...	...	...	662	19	2,447
Azamgarh	...	27	...	...	...	...	71	117	215
Tarâi	...	...	...	...	...	...	57	95	152
Lucknow	2	...	...	...	...	...	157	201	360
Unâo	56	...	...	1	...	2	...	29	88
Râê Bareli	...	4	...	...	19	...	...	137	160
Sitapur	...	4	...	...	...	...	155	266	425
Hardoi	...	...	...	...	...	...	...	945	945
Kheri	...	...	10	1	...	2	...	80	93
Faizâbâd	...	...	...	...	...	...	273	23	296
Gonda	1,145	...	...	...	...	...	1,374	...	2,519
Bahrâich	2	...	...	...	...	...	1,826	4	1,832

Sultânpur	...	...	...	...	...	...	119	108	227
Partâbgarh	...	...	...	...	801	...	5	34	840
Bârabanki	3	...	3	2	8	26	97	252	391
TOTAL .	3,815	354	1,460	295	1,318	92	6,615	74,495	88,444

Nikumbh.—A sept of Râjputs chiefly found in the Eastern districts. The word *nikumbha* in Sanskrit means the plant *Croton Polyandrum,* and is perhaps connected with *kumbha,* "a jar." They are, according to General Cunningham,[1] of the race of the Kings of Ajudhya "from which sprang Mândhâtri, Sâgara, Bhâgîratha, and Râma. Kuvalayaswa, the great-grandfather of Nikumbha, having conquered the demon Dhundhu, acquired the title of Dhundhumâra, "slayer of Dhundhu," and gave his name to the country which is now known as Dhundhâr or Jaypur. Here his descendants remained under the name of Nikumbhas, and to them is ascribed the foundation of most of the old forts and cities in Alwar and Northern Jaypur. Under Mândhâtri and Sâgara they came in collision with the Haihayas and Talajangas on the Narbada, where a branch of their race still held territory in the tenth century. Two inscriptions have been found in Khândes,—one, dated A.D. 1153; and the other, in 1216 A.D.,—in the latter of which the reigning king is said to have been of the great Solar race from which "the King Nikúmbha, best of princes, sprang; in whose line Mândhâta was famous, as well as Sâgara, Bhâgiratha and others." In the former, the reigning prince is said to be "celebrated in the race—the illustrious Solar race, in which the Nikumbha was born whose descendant was Râma." Of this race, as Colonel Tod[2] says, "to which celebrity attaches in all the genealogies, we can only discover that they were proprietors of the district of Mandalgarh prior to the Gahlots, that is, they preceded the Sisodiyas in Mewâr." But a writer in the *Rajputâna Gazetteer*[3] adds that "had his enquiries extended to Alwar, he would have discovered that local tradition declares the Nikumbhas to have been the earliest possessors of the fort and town of Alwar, and of the surrounding territory." General Cunningham concludes from these data that "it would seem that the Nikumbhas were among the earliest Aryan settlers in Râjputâna. During the lapse of many centuries they lost their central provinces, and at the time of the Muhammadan conquest only the two out-lying districts of Khândes on the South and Alwar on the North remained to them. The name of Nikumbha has been supplanted in Northern India by that of the Raghuvans'a or "descendant of Raghu," one of the ancestors

---

[1] *Archæological Reports,* XX, 8, *sqq.*
[2] *Annals* I, 28,
[3] III., 172.

of Dasaratha and Râma. The Nikumbhas, who settled in this region, retained their early tribal name, while their brethren of Ayodhya assumed the name of Raghuvansi."

The Nikumbhas of the North-Western Provinces and Oudh.

2. In Hardoi[1] the Nikumbhas say that they came from Alwar about 1450 A.D. Another account makes them out to be a Kachhwâha or Sûrajbans clan which left Aral or Arwal in Jaypur and alternately served the Tomar Râja of Delhi and the Râthaur of Kanauj. They derive their name from the good work (*nek kâm*) they did in the service of these monarchs. Others say that the name means "low caste" or "illegitimate." They were the original Thâkur settlers in Farrukhâbâd[2] in the old Pargana of Pipargâon, now included in Muhammadâbâd. The Azamgarh[3] branch are said to have come from Jaunpur, sixteen or seventeen generations ago, being called in by a Brâhman to save his daughter from marriage with a Râjbhar. The family became Muhammadan under the Sultâns of Jaunpur. Those in Gorakhpur have the title of Sirnet, which they gained in the time of one of the Emperors of Delhi. Then, as now, they only raised the hand to the head, and never bowed, when making obeisance. The Emperor, annoyed at this apparent want of respect, had a sword placed across the doorway, and some of them, maintaining their position, were decapitated.[4] The Râjas of Basti, Unwal, and Rudrapur, in the Gorakhpur District belong to this sept. Those in Ghâzipur trace their descent from Vikrama Deva, brother of Akhraj Deva, Râja of Unwal, in Gorakhpur, who, when he came to bathe at the confluence of the Sarju and the Ganges, founded a colony there. They endeavour to keep up their connection with Gorakhpur, and nearly a hundred years ago their headman, Bâbu Râghunâth Sinh, visited Unwal and planted groves and dug wells at his own expense.

3. In Farrukhâbâd they claim to belong to the Garga *gotra*, give girls to the Chandel, Bhadauriya, Kachhwâha, Chauhân, and Pramar septs: and marry brides from the Chamargaur, Râthaur, Gaharwâr, Sombansi, and Ujjaini. In Unâo they say they belong to the Bhâradwâja *gotra*; take wives from the Gaur, Dhâkrê, Bais, and Janwâr; and give girls to the Sombansi, Râthaur and Chauhân.

---

[1] *Settlement Report*, 74.
[2] *Settlement Report*, 13.
[3] *Settlement Report*, 63.
[4] For a similar story *see* Bernier, *Travels*, 161.

Distribution of Nikumbh Râjputs according to the Census of 1891.

District.	Number.	District.	Number.
Farrukhâbâd . .	898	Mirzapur . . .	53
Mainpuri . . .	57	Jaunpur . . .	2,279
Etâwah . . .	19	Ghâzipur . . .	560
Etah	32	Ballia	3,896
Bareilly . . .	35	Gorakhpur . . .	50
Budâun . . .	44	Basti	40
Morâdâbâd . . .	6	Azamgarh . . .	4,433
Shâhjahânpur . .	755	Lucknow . . .	427
Pilibhît . . .	114	Sîtapur . . .	158
Bânda	9	Hardoi . . .	3,698
Allahâbâd . . .	34	Kheri	1,051
Jâlaun	46	Partabgarh . . .	3
Benares . . .	216	Total .	18,904

Nimbârak.—A Vaishnava order who have not been separately recorded at the last Census. The word means "the sun in a *nîm* tree," a curious designation, which is thus explained, "The founder of the sect, an ascetic by name Bhaskarâcharya, had invited a Bairâgi to dine with him, but unfortunately delayed to go and fetch his guest till after sunset. Now the holy man was forbidden by the rules of his order to eat except in the day-time, and was greatly afraid that he would be compelled to practise an unwilling abstinence; but at the solicitation of his host the Sun god, Sûraj Nârâyan, descended upon the *nîm* tree, under which the repast was spread, and continued beaming upon them till the claims of hunger were fully satisfied. Henceforth the saint was known by the name of Nîmbârka or Nîmbaditya. Their doctrines, so far as they are known, are of a very enlightened character. Thus their doctrine of salvation by faith is thought by many scholars to have been directly borrowed from the Gospel; while another article in their creed, which is less known but equally striking in its divergence from ordinary Hindu sentiment, is the continuance of conscious individual existence in a future world, when the highest reward of the good will be, not extinction, but in the enjoyment of the visible presence of the Divinity whom they have served upon earth; a state, therefore, absolutely identical with Heaven, as our theologians define it. The one infinite and invisible God, who is the only real existence, is, they maintain, the only proper object of man's devout contemplation. But as the incomprehensible is utterly beyond the reach of human faculties, he is partially manifested for our behoof in the book of creation, in which natural objects are the letters of the universal alphabet, and express the sentiments of the Divine Author. A printed page, however, conveys no meaning to any one but a scholar, and is liable to be misunderstood even by him; so too with the book of the world. And thus it matters little whether Râdha and Krishna were ever real personages; the mysteries of divine love which they symbolise remain though the symbols disappear."[1]

2. From enquiries made at Benares it appears that initiates are accepted from among Brâhmans, Kshatriyas, Vaisyas, and all Sûdras from whose hands high caste Hindus can take water. No regard is paid to social status, but no one is accepted who is addicted to drunkenness or incontinency, or who eats and drinks from the hands of persons of other creeds. The formula of initiation is *Sri Krishna sarnam mama*, "I seek refuge in Sri Krishna;" or *Sri mukund charanamsarnam prapadye*, "O Sri Krishna! give me refuge at thy feet;" or *Sri Krishanaynamah*, "I salute thee, Sri Krishna." When the candidate is initiated he is taught to be truthful, to abide by the rules of the order, to be peaceful, to fast on the eleventh (*ekâdashi*) of the month, to trust in Sri Krishna for all earthly and heavenly blessings, to avoid slandering and backbiting, to abstain from flesh and spirituous liquor, and to instruct the disciples.

3. They have a great respect for the Guru, whom they constantly visit; but he does not come to them unless specially invited. When a disciple visits his Guru, he brings a money present, and receives in return some consecrated food (*prasâd*). Those of the sect who are family men live at home; the ascetic class in monasteries. The latter are supplied with food and other necessaries of life by the Guru.

---

[1] Growse, *Mathura*, 131 *sq*.

Niranjani.—Classed in the last Census as an order of the Gusâîns and found only in very small numbers in these Provinces. They are apparently a Panjâb order, founded by Handâl, the cook of Guru Amar Dâs (A.D. 1552-1574). Bâba Handâl worshipped God under the title of Niranjana, "without collyrium or ointment, pure." According to Mr. Maclagan[1] their chief claim to notice is their rejection of the ordinary burial customs of the Sikhs and Hindus. The memorial ceremony (*kirya karam*) is not observed and the bones are not taken to the Ganges. They have special marriage rites of their own, and do not reverence the Brâhmans. There is a Gurudwâra or Darbâr Sâhib of Bâba Handâl at Jandiyâla in the Amritsar District, where the Niranjanis chiefly resort.

Distribution of the Niranjanis according to the Census of 1891.

DISTRICTS.	Numbers.	DISTRICTS.	Numbers.
Dehra Dûn . . .	7	Jhânsi . . .	2
Hamîrpur . . .	5	Jâlaun . . .	13
Allahâbâd . . .	1	Bahrâich . . .	1
		TOTAL .	29

Males	18
Females	11

Nirola.—A class of Hill Brâhmans who are considered to be somewhat lower in the social scale than the Sarolas and contain in themselves in a separate class a number of sub-divisions known generically as Dubhâgi; for they neither eat from the hands of Sarola or Gangâri, nor intermarry with them. They have several *gotras*, such as Kasyapa, Angiras, etc., and hence the name Nanagotri given to them. Their principal sub-divisions are Dhûsâli, Jamlogi, Batanwâl, Kandhâri, Baramwâl, Silwâl, Poldi, Bilwâl, Garsâra, Thalwâl, Gugleta, Kimoti, Maikota, Darmwâra, Dyolki, Kandyâl, Thalâsi, Phalâta, Gatyâl, Dhumakwâl, Sanwâl, Managwâl, Bamola, Binjâl, and Ganai. Most

[1] *Panjâb Census Report*, 158.

of these names are derived from some village. All intermarry with each other, and now follow agriculture, service, peddling, and providing for the wants of the pilgrims to Kedârnâth, who are regarded as their legitimate prey and shorn accordingly.[1]

Niyâriya.—(Hindi *niyâra*, *nirâla* "separate, distinct").—A refiner of precious metals, who washes the sweeping of the shops of goldsmiths and similar craftsmen, and extracts the gold and silver. The caste, such as it is, is purely professional and though some families have made it their hereditary occupation and call themselves Pathân or Shaikh Niyâriyas, many outsiders, such as weavers and others, practise the trade. Those to the east of the Province ascribe their origin to Kota and Bûndi, from whence they say they emigrated about a century or so ago. They are Muhammadans and practise the usual Musalmân ceremonies at birth, marriage, and death.

Occupation.

Mr. Hoey[2] thus describes the way the trade is carried on in Lucknow. "Having his *aqua fortis* ready the Niyâriya takes the melted mixture of gold and silver filings or clippings (*rawa*) and melts it in a crucible (*ghariya*), and when it is in a liquid state, he pours it from a height into a vessel containing water. This fall into water makes each large drop of liquid metal remain separate. Then all those pieces of metal are placed in a glass phial (*âtish shîshi*) prepared to resist the action of fire. These phials are like balloons covered with a coating of mud so as to leave only a circular portion of the glass exposed at one side for the use of the operator watching the action of the acid. The narrow neck of the balloon is of course turned up vertically to prevent the contents from spilling, and it is not closed up in any way. The mud used to cover the glass is called *pîlimatti*. Having placed one hundred *tolas* of metal drops in the phial the Niyâriya pours upon it two hundred *tolas* of acid. He then places the phial on a charcoal fire, and when the action of the aqua *fortis* and fire has become complete, the liquid is poured off. The gold lies in the bottom of the phial and the silver passes off with the acid, which is poured into a mud vessel in which there are pieces of copper. The silver adheres to the copper and is scraped off and thrown again with the acid into

---

[1] Atkinson, *Himalayan Gazetteer*, III, 28.

[2] *Monograph on trades and manufactures*, 156 *sq*.

another mud vessel in which there is no copper. The Niyâriya then places a cloth-strainer over an empty mud vessel and lays over the cloth a sheet of bamboo paper. He pours the silver and acid into this strainer, and the silver settles on the paper, the acid passing through the cloth into the vessel below. The silver is then further cleared by burning in an earthenware pan containing cold charcoal ashes ground to powder. In these ashes a lead is made about the size of the hollow of the hand. The silver is laid in this hollow with a piece of lead and covered over; charcoal fire is laid above the ashes and blown with a pair of bellows. This clears the silver completely." He also melts down old ornaments for silversmiths.

Distribution of the Niyâriya according to the Census of 1891.

DISTRICTS.	Hindus	Muhammadans.	TOTAL.
Sahâranpur	2	...	2
Muzâffarnagar	6	2	11
Meerut	18	...	18
Aligarh	3	...	3
Etâwah	...	1	1
Bijnor	...	7	7
Fatehpur	...	12	12
Hamîrpur	...	35	35
Jâlaun	...	2	2
Benares	33	15	15
Ballia	...	...	33
Gorakhpur	...	33	33
Basti	...	2	2
Azamgarh	...	9	9
Tarâi	...	2	2
Lucknow	...	18	18
Sîtapur	...	31	31
Faizâbâd	...	9	9
Gonda	...	4	4
Bahrâich	...	9	9
Sultânpur	...	2	2
TOTAL	65	193	258

O

Ojha.—A word commonly derived from the Hindi *ojh*, "entrails," in the sense that this class of exorcisor, like the Roman Haruspex, inspects the entrails of the victim. This, it is hardly necessary to say, the Indian diviner never does. It is almost certainly a corruption of the Sanskrit *upâdhyaya*, "a teacher." The term is used in various senses. In the first place it is used to designate the devil priest, or diviner of the aboriginal races, such as those of Dravidian origin. Some account of the position and practices of this functionary has been given in another place.[1] Next, it is appplied to a special class of inferior Brâhmans who perform the same duties for the more Hinduised races. Thirdly, it is used as a title of the Maithila Brâhmans of the Eastern Districts. Mr. Sherring[2] is obviously in error in saying that "formerly the Ojha was always a Brâhman; but his profession has become so lucrative that sharp, clever, shrewd men in all the Hindu castes have taken to it." The process has certainly been quite the reverse of this, and the Ojha Brâhman is, without any doubt, a direct importation into Hinduism from the demonolatry of the aboriginal races, from which much of the coarse worship of Mahâdeva and the Sâktas has been probably derived.

2. The Ojha Brâhman is a follower of the Tantras, the most debased form of modern Hinduism. "Whole Tantras," writes Sir M. Monier Williams,[3] "teach nothing but various methods of making use of spells for acquiring magical power. Some give collections of charms for making people enamoured, for destroying enemies and rivals, for producing or preventing diseases, for curing blindness, for injuring crops. Others simply describe the most effectual modes of worshipping the Sâktis, Mahâvidyas, Mâtris, Yoginis, Vatukas, or by whatever name the innumerable manifestations of Siva and his wife may be called. Others confine themselves to an explanation of the Yantras, Bijas, and Mudras (intertwining of the fingers) belonging to each manifestation, the places suited for the worship of each, the names of trees and plants sacred to each, or permeated by each, and the days of the year allotted to each. Some few touch on nearly every conceivable topic of human knowledge, and

---

[1] *Introduction to Popular Religion and Folklore*, 96.
[2] *Hindu Castes*, I, 37.
[3] *Brâhmanism and Hinduism*, 206.

contain, here and there, really interesting matter." On account of these functions the Ojha is often known as Panchamakâri, because the conditions under which he performs the rites are represented in five words, each of which begins with *ma-madya*, "wine," *mânsa* "meat," *matsya*, "fish," *mudra*, "mystic intertwining of the fingers," and *maithuna*, "sexual intercourse."

Distribution of Ojha Brâhmans according to the Census of 1891.

DISTRICTS.	Numbers.	DISTRICTS.	Numbers.
Dehra Dûn . . .	16	Morâdâbâd . . .	57
Sahâranpur . . .	18	Pilibhît . . .	4
Bulandshahr . . .	6	Cawnpur . .	23
Aligarh . . .	403	Allahâbâd . . .	1
Agra . . .	371	Jhânsi . . .	12
Farukhâbâd . . .	41	Jâlaun . . .	1
Mainpuri . . .	6	Tarâi . . .	5
Etah . . .	89	Bahrâich . . .	5
Budâun . . .	103		
		TOTAL .	1,161

Orh.—A tribe recorded in the recent Census as a sub-caste of Koris and almost entirely confined to Bulandshahr and Aligarh. They appear to have their origin in Central India. "The Ods in Kâthiâwâr are professional pond diggers. The yclaim to be Kshatriyas, the descendants of Bhâgîratha, son of Sâgara. According to the *Râs Mâla*, Sindh Râj sent for a number of Ods from Mâlwa to dig the Sahasraling Lake at Pâtan. He fell in love with one of them, called Jasma, and wished to take her to his palace. She declined and tried to make her escape. He pursued her, and, on overtaking her, slew several of the Ods. Jasma committed suicide, cursing the king, and declaring that the lake should never hold water. The curse was removed by the sacrifice of Mayo Dhed. The Ods lead a wandering life, coming to Kâthiâwâr for work, and returning to their houses in Mârwâr and Central India during the rains."[1] In the Dakkhin they are known as Vadar.[2] Of the Ods in the

[1] *Bombay Gazetteer*, VIII, 158, *sq*.
[2] *Ibid*, XV, 347; XVI. 64; *Indian Antiquary*, III, 155.

Panjâb Mr. Ibbetson writes:[1] "The Od or Odh is a wandering tribe, whose proper home appears to be Western Hindustân and Rajputâna; at least the Ods of the Panjâb usually hail from those parts. They will not, as a rule, take petty jobs; but prefer small contracts on roads, canals, railways and the like, or will build a house of abode and dig a tank or even a well. They are vagrants, wandering about with their families in search of employment on earthwork. They settle down in temporary reed huts on the edge of the work; the men dig, the women carry the earth to the donkeys, which they always have with them, and the children drive the donkeys to the spoil bank. In the salt range tract they also quarry and carry stone; and in parts of the North-West Provinces they are said to be wandering pedlars. They eat anything and everything, and though not unfrequently Musalmâns, especially in the West, are always out-caste. They have a speech of their own, called Odki, of which I know nothing, but which is very probably nothing more than the ordinary dialect of their place of origin. They wear woollen clothes or at least one woollen garment. They claim descent from one Bhâgîratha, who vowed never to drink twice out of the same well, and so dug a fresh one every day till one day he dug down and down and never came up again. It is in mourning for him that they wear wool, and in imitation of him they bury their dead even when Hindu, though they marry by the Hindu ceremony. Till the re-appearance of Bhâgîratha they will, they say, remain out-caste. They are said to claim Râjput or Kshatriya origin and to come from Mârwâr. They worship Râma and Siva. They are, for a vagrant tribe, singularly free from all imputation of crime." In Bihâr they are described as a sub-caste of Luniyas.[2]

The North-Western Provinces Branch.[3]

2. There can be little doubt that the Orhs of these Provinces are of the same race as those already described. They have the same tradition of descent from Bhâgîratha, son of Râja Sâgara, and a woman named Gandharani. They are not allowed to marry in their own *gotra* or that of their mother or grandmother. They lead a settled life, and do not admit outsiders. Marriage is both infant and adult, and sexual license before marriage is neither recognised nor tolerated. Polyandry is

---

[1] *Panjâb Ethnography*, para. 573.

[2] Risley, *Tribes and Castes*, II, 150.

[3] Mainly based on notes by M. Âtma Râm, Head Master, High School, Mathura.

not permitted, but polygamy is allowed. They marry in the way common to all respectable Hindu castes, and the binding part of it is the perambulation (*bhanwar*) of the pair round the sacred fire. Widow marriage is allowed, and the ceremony is known as *dharaicha*. The widow is allowed full freedom of choice; but she can marry by the levirate any of the younger brothers of her late husband. A wife can be divorced for infidelity, and such a woman can be married again by the *dharaicha* form.

Religion.

3. They are usually Hindus of the Vaishnava sect. Their special godlings are the Miyân Sâhib of Amroha in the Morâdâbâd District, whom they worship in any month except Muharram; Devi in Chait and Kuâr; Masâni of Karanbâs and Zâhir Pîr in Sâwan and Bhâdon; Kuânwâla, "the god of the well," in Sâwan, and the ordinary Hindu gods. The offering to these godlings consists of sweetmeats (*batâsha*) and cocoanuts, which the priests receive. They employ Brâhmans as their priests, and these are received on terms of equality with other Brâhmans. They burn their dead and leave their ashes on the burning ground. No ceremony, except the ordinary *srâddha* in the month of Kuâr, is performed.

Occupation.

4. Their occupation in Mathura is the weaving of coarse cloth (*dobra*), and most of them still follow this trade. But some of them have taken to agriculture and landholding and are dealers in grain, and lend money and grain usually on very usurious rates in the villages.

Social rules.

5. They eat meat, fish, and fowls, and drink spirits. They abstain from the flesh of monkeys, cows, pork, and uncloven-footed animals, crocodiles, snakes, vermin, and the leavings of other people. They are thus in these Provinces in a far higher grade than their vagrant brethren in the Panjâb.

Distribution of Orhs according to the Census of 1891.

DISTRICTS.	Numbers.	DISTRICTS.	Numbers.
Dehra Dûn	41	Farrukhâbâd . .	5
Meerut	936	Etâwah . . .	1
Bulandshahr . . .	5,876	Etah	86
Aligarh	2,966	Morâdâbâd . . .	60
Mathura	763	Jhânsi	2
Agra	15		
		TOTAL .	10,751

Oswâl.[1]—A wealthy and respectable trading class found in small numbers in these Provinces. They derive their name from the town of Ossa, Osi, Osiya or Osanagar, in Mârwâr.

Traditional origin.

2. The tribal legend runs as follows: About Sambat 222 (165 A.D.) there was a Râja in Osanagar who had no issue. He heard that an ascetic named Sri Ratan Sûri was practising austerities in a jungle near the town, and he went to pay his respects to him. The ascetic told him that he would obtain his desires within a year; and accordingly within a year a son was born to him. The people of the town, fearing that the success of this prophecy would induce the Râja to become a Jaina, excluded the disciples of Sri Ratan Sûri from the town. Then Osadevi, the guardian goddess of the place, told the saint to convince the Râja by a miracle. So she took a small hank (*pûni*) of cotton and passed it along the back of the saint, when it immediately became a snake and bit Jaychand, the son of the Râja, in the toe, while he was asleep beside his wife. Every means was tried to save his life, but he died. As his corpse was about to be burnt, Sri Ratan Sûri sent one of his disciples and stopped the cremation. Then the Râja came with the body of his son and stood with hands clasped before the saint. He ordered that it was to be taken back to the place where the prince had been bitten, and that the princess was to lie down beside it as before. At midnight the snake returned and licked the bite, when the prince was restored to life. Then the Râja, with all his court and people, became a Jaina. He and his family became the *gotra* now known as Srisrimâl; his servants that of Srimâl, and the Kshatriyas Oswâl. When the Brâhmans of the place heard of these conversions, they asked the saint how they were to live, as all their clients had become Jainas. The saint directed that they should remain as their family priests and be known as Bhojak or "eaters." The Kshatriyas, who were thus converted, consisted of eighteen *gotras*. Subsequently other Kshatriyas were converted to Jainism by the Jaina priests, and in order to distinguish them from the original Oswâls, who were converted by Sri Ratan Sûri, they were called Khara Oswâl. In Sambat 1167 (1110 A.D.) Sri Jiudat Sûri, now known throughout the Jaina world as Dâdaji, converted about a lakh of people into Oswâls,

[1] Based on enquiries at Mirzapur, and notes by Bâbu Vishnu Chandra, Deputy Collector, a member of the tribe.

and no addition has been made to the caste since then. The Kachh tradition is somewhat different from this. "The Oswâls from Os, Parinagar and Budhesar in Pârkar say, that forced to leave Pârkar on account of the misconduct of their chief, they went to Sindh, and finding the Musalmân element too strong, came to Kachh. They are of three sub-divisions Vîsa, Dasa, and Pâncha. The Dasas separated about three hundred years ago, wishing to introduce widow marriage. They afterwards gave up the practice, and within the last few years a small off-shoot introduced it and were named Pânchas. Another story is that the Srimâl King Desal allowed none but millionaires to live inside his city walls. One of the lucky citizens, a Srimâli Vânya, named Ruâd, had a brother named Sâad, whose fortune did not come up to the chief's standard of wealth. Forced to live outside, he asked his brother to help him to make up the required million, but meeting with no encouragement, he and Jay Chand, a discontented son of the king of Srimâl, and many Srimâlis, Râjputs, and others, left Srimâl, and settling in the town of Mandavad called it Osa or 'the frontier.' Among the settlers were Srimâli Vânyas, Bhatti, Chauhân, Gahlot, God, Gohil, Hâda, Jâdav, Makwâna, Parmâr, Râthaur, and Thâr Râjputs, all devout worshippers of Sivá. Ratan Sûri, a Jaina, by working miracles, converted Jay Chand, then king, and all the settlers to the faith, and calling them Oswâls formed them into one caste. This is said to have happened in 166 A. D. Tod gives a different account of their origin, claiming them as descendants of the Solanki kings of Anhilvâda (942—1240) who gave up the sword for the till. Chiefly image worshipping Jainas in religion, their family goddess is Satya in Pârkar." [1]

Tribal organization.

3. The annexed list gives the names of the exogamous *gotras* of the Oswâls as found in the Eastern Districts of these Provinces. The Bombay tradition as to the division into Dasa and Bîsa is as follows:—"An Oswâl widow, contrary to the rule against widow marriage, lived with a Jaina priest and had two sons by him. The sons grew rich and hit upon the following plan to force their caste fellows to overlook their illegitimate descent. At the town of Raya, where there was a large number of Oswâls, they made grand preparations for a dinner, and asked the Oswâls, who, not knowing that the hosts were of illegitimate descent, attended the party in large numbers. A widow told

[1] *Bombay Gazetteer*, V, 52.

her son the history of the men who were giving the feast, and he went before the assembled Oswâls and begged of them to allow his mother to re-marry. They asked him why he had come there to make this request, and he told them the story of the birth of the two brothers who had invited them to dinner. On hearing that their hosts were out-caste, there was a sudden confusion among the guests. Those who had touched the food joined the two brothers, and were called Dasa, while those who had not touched the food remained pure or Bîsa. The terms seem to mean Bîsa or 'twenty to the score,' that is pure blood, and Dasa or 'ten in the score,' or half caste."[1]

Exogamy.

4. As already stated, the *gotras* or sections are exogamous. As stated from Benares the rule is that a man cannot marry in his own *gotra ;* he cannot marry a girl whose father's or maternal grandfather's *gotra* is the same as that of his father or maternal grandfather. He cannot marry the elder sister of his deceased wife; but can marry her younger sister. There is no formula defining the prohibited degrees. Difference of religion or sect is no bar to marriage, as, for example, a Digambari Oswâl, or worshipper of the naked idols, can marry a Swetambari girl, or one who worshipped the clothed idols, or a Jaina Oswâl boy can marry a Vaishnava Oswâl girl or *vice versâ.* It is said that in South Western India an Oswâl can marry in the Khandêwâl, Porwâl, and other similar tribes, the only condition being that both parties should be Jainas.

Marriage ceremonies.

5. In these Provinces the ceremony of betrothal is performed by sending the *tika,* one or two rupees, with a cocoanut and sweetmeats. The betrothal generally takes place when the girl is between seven and eleven years of age. The consent of the parents of the boy and girl is invariably necessary, and the girl is not allowed any freedom before marriage. A betrothal can be annulled, but there is no rule for the repayment of the expenses incurred. With the seventh circuit round the sacred fire, the marriage is complete. As the Oswâls are foreigners to these Provinces, the customs followed in Bombay may be quoted: "Boys are married between fifteen and twenty-five and girls between eight and fifteen. The boy's father, with from ten to fifty castemen, visits the girl and presents her with a silver

---

[1] *Bombay Gazetteer,* XVI, 45.

ring worth four annas or one rupee. The girl's father treats the company to betel and her priest puts the silver ring on the girl's finger. The girl's father returns the visit, presenting the boy's younger brother with one or three rupees, and treats the guests to betel. Cocoanuts are served in the presence of both fathers, the priest fixes a lucky day for the marriage. Some days before the marriage, the boy's father presents the girl with ornaments, invitation cards are sent round, and the boy and the girl are rubbed with turmeric paste. The turmeric rubbing takes place, at least, a month before the marriage. A thread tinged with turmeric powder is cut in two and each of the pieces is passed through an iron ring and tied round a piece of lac bangle, and one of the threads is fastened to the girl's right foot and the other to the boy's right hand. The month between the turmeric rubbing and the marriage is a time of gaiety. The friends and relations of the boy and girl in turn send one of their household to the boy's or the girl's house. The messenger places a cocoanut and silver coin in the boy's and girl's hand and asks him or her to come to their house in the evening. After sunset the boy or girl is seated on horse-back with music, and a band of friends is taken to the entertainer's house, the procession being known as *gadganer* or 'entertaining the bridegroom or bride.' The house is brightly lighted, and carpets are spread in front on which the guests are seated. The women of the house and the guests take their seats in the verandah and sing Mârwâri songs. The women go on singing till the sister of the boy or the girl waves a light, and is presented with a cocoanut and a silver coin. On the marriage day the girl's priest goes to the boy's, and formally asks his family to the wedding. The bridegroom is seated on horse-back, and with music in front and a band of friends behind is taken to the temple of the bride's village Mâruti. The marriage party leave the bridegroom at the temple and go to the bride's house, where her father welcomes them, and betel is served. The Brâhman priest tells the bridegroom's father the lucky moment for the wedding, and the party return to the temple with music. When the lucky hour draws near, it generally falls when it is growing dusk, the bridegroom lays a packet of betel leaves, a nut, and a copper before the village Mâruti, bows and starts on horse-back to the bride's house. On reaching the bride's booth, a stick is handed to the bridegroom, and he strikes with it at the entrance of the porch (a survival of marriage by capture), bows to the pictures of

Ganpati, is presented by the bride's father with a turban worth from one to twenty-five rupees, and dismounts.

"6. Until the lucky hour for the marriage the guests amuse themselves, watching dancing-girls in the marriage hall, or return home to take their food, while the bridegroom, with five or six of his men, steps into the house and bows to a betel-nut Ganpati, lays before it sandal paste, rice, flowers, red powder, vermilion, and scented powder (*abír*), burns frankincense before it, waves lamps filled with clarified butter round it, and offers sugar. The pair are seated in a booth on a soft cushion laid on a carpet, and a Brâhman priest makes an altar of black earth, kindles the sacred fire (*hom*) on the altar, and drops into the fire clarified butter, grains of barley, and bits of sandal-wood. The pair look on in silence and are not allowed to move from the place until the fire worship is done. When the fire worship is over, the priest tells the pair to walk four times round the altar. Then comes the daughter-giving (*kanyâdân*), when the bride's father pours water on the bridegroom's hands with a money gift varying from one to one hundred rupees. The Brâhman priest is paid five to one hundred rupees, and the bridegroom takes the girl to his house with music and friends. At the boy's house, the pair again sit before the betel-nut Ganpati, which is set on a heap of rice, and their priest lays flowers and red powder before it. When the Ganpati worship is over, the bride's women take her home, and the first wedding day is ended. The bride's parents, who have fasted all day, dine with the bride when she comes back from her husband's house. No caste feast is given this day. Next morning, in the bride's house, a list is made of households to be asked to dine, and the list is given to the priest, who goes round to the houses named, ending at the bridegroom's. At noon the invitations are again sent through the priest as in the morning, and the bridegroom's party goes to the bride's, and is treated to a sumptuous dinner, with a party of the bride's friends and relations. The Brâhman priests cook and serve the guests with food, not allowing any of the guests to touch them, and themselves eating when the others are done. At night the guests are treated to a rich supper, and the party retire after betel is served. The third day passes like the second. On the fourth comes the cloth-presenting ceremony (*phal*), when the marriage party goes with music to the bride's. The bridegroom is seated on a seat somewhat higher than the rest, and the bride's friends and relations arrive. A low wooden stool is set before the bridegroom, and on the stool a bell-metal dining dish marked with upright and crossed lines of vermilion. A metal cup is set in the dish, and a silver coin is dropped in the dish in the name of the family gods. The bride's father presents the bridegroom with as rich a dress and ornaments as he can afford, or at least with a cocoanut, and turbans are handed to his male friends. The bride's party throws red powder at the bridegroom's, who depart taking the pair with them."[1]

Birth ceremonies.

7. No ceremony is performed during pregnancy except for the first child, when the *satmâsa* or seventh month ceremony is performed. The mother goes to her father's house, where she is presented with a dress and sweetmeats and a feast is given. The midwife and servants attend the mother for twelve days after her accouchement. After the child is born, its astrological horoscope (*janampatri*) is prepared on the sixth day (*chhathi*), the mother and child bathe before sunrise, the child is for the first time dressed and decorated with ornaments, and the mother and child worship the Sun. On the twelfth day (*barahi*), mother and child bathe before sunrise and a feast is given. On the *maswân*, after a month, the mother and child visit her father and receive dresses and ornaments for the mother and clothes and toys for the child. The father is unclean during the twelve days after his wife's delivery, and is not permitted to worship the gods. In Bombay when a "child is born, a little cold water is poured over it, and close to it a metal plate is beaten with a rod (to scare off evil spirits). The navel cord is cut, and the woman is bathed in warm water. Some of them dig, and others of them do not dig, the bath water hole in the lying-in room. Those who do not dig the hole, bathe the child in a large and deep metal tray. The mother and child are laid on a cot under which an earthen jar with burning cow-dung cakes is placed. On the first and three following days the child is given a rag soaked in castor oil to suck. From the fourth the mother suckles the child, and is given to eat a pounded mixture of cummin seed and molasses mixed with clarified butter. During the first three days, her diet is wheat flour boiled in clarified butter mixed with sugar, and from the fourth she eats rice and pulse with clarified butter. On the fifth day, a few among them worship the image of Satvâi placed on a stone

---

[1] *Bombay Gazetteer*, XV, 79, *sqq*.

slab, as among the Kunbis of the district, while, as a rule, all of them place sandal paste flowers, turmeric powder, vermilion and fruit with sweet food cooked in the house before an inkstand, reed pen and paper with or without an image of the goddess Satvâi. They say that the worship of the image of Satvâi is not a Mârwâr custom, and the habit has been adopted by their women since they settled in Ahmadnagar. Lamps of dough filled with clarified butter are lighted and set before the goddess, or the pen, ink and paper, and in the place where the mother and child are bathed. These lamps are placed so that the child may not see them; if the child see the light, it is likely to fall sick. Unlike local castes they do not worship Satvâi on the twelfth day, nor do the child's aunts name it. A Brâhman priest generally attends the naming on the thirteenth, and fixes the name after consulting his almanac. A cradle is hung in the lying-in room, and the mother's female friends and kinswomen are called and formally cradle and name the child."[1]

Disposal of the dead.

8. The adult dead are cremated; bodies of children are thrown into a river, and, where this is not possible, are buried. The ashes are thrown into a river, and, where it is not possible to do this, they are left on the place where the body was burnt. When the corpse is placed on the pyre, the nearest relative of the deceased, who acts as chief mourner, puts five pieces of firewood on the corpse and with fire in his left hand goes three times round the pyre and then sets it alight. When the burning progresses, he cracks the skull to allow the soul to escape (*kapâlkriya*). No ceremonies are performed for the propitiation of ancestors in general,-childless ancestors or those who die by a violent death. They do not perform the *srâddha*; no person officiates as priest at the cremation, nor are any prayers repeated. In Bombay "after death the body is placed on a low stool, bathed and dressed in new clothes. A woman who dies before her husband is dressed in a new robe, her hair is decked with flowers and her body with ornaments. These honours are not shown to a widow's body. Poor Oswâls lay their dead on a bamboo ladder-like bier, like that used by Brâhmans. The rich use a raised bamboo seat with a bamboo covering like an English umbrella, fastened to it, and ornamented with small parti-coloured flags decked with tinsel. When the bier is used, the body is laid on

---

[1] *Bombay Gazetteer*, XVII, 59.

the back with the face to the sky. If the canopied chair (*mád*) is used, the body is kept in a sitting position. Two dough balls with a copper coin in each are tied in a piece of cloth, which is put in a bell-metal cup and tied on the bosom of the dead. The funeral party starts for the burial ground with the bier on their shoulders, the barber going before, carrying a fire-pot, and the chief mourner following with the others who are all men. Unlike local Brâhmanic Hindus, they have no rule against the fire-pot carrier turning round and looking back. This rule is intended to bar the return of the ghost from the burial ground. As they draw near the burning ground they halt, lay down the body, and throw the dough balls to the left and right. They go to the nearest water, strip the body of its ornaments, and hand them to the next of kin, when he returns home. The pile is made ready and the body is laid on it, and the fire is kindled by the son or nearest relation. When the body is burnt, they bathe in the nearest water and go home. Neither the bearers nor the mourners are held to be impure, and nothing is done to clean the house or the spot where the death took place. Next day the mourning family, both men and women, visit Pârasnâth's temple, and lay one *ser* of Indian millet before the god, bow to him, and go home. They do not gather the ashes of the dead, nor do they perform any mind-rites, nor keep the yearly death day. Their only observance is that, on some day between the twelfth day after the death and at the end of a year, the caste people are treated to a dinner of sweetmeats and the dead are forgotten "[1]

Religion.

9. Some Oswâls are Swetambari and others Digambari Jainas. Swetambari Oswâls worship Sri Jiudat Sûrji, Sri Kusal Sûrji, Sri Chand Sûrji, who were Achâryas or high priests of Kartargachha and famous by the name of Dâdaji. Their footprints are generally worshipped, and the offering is taken by the Bhojak already described, or in their absence, by any Brâhman. The offering consists of fruits, sweetmeats, uncooked rice, and money. Some also, in imitation of the Hindus, amongst whom they live, worship snakes and trees like the *pípal*. They all worship the sun and fire, particularly at marriage. The chief places of pilgrimage are Sikharji, the Pârasnâth Hill in Hazâribâgh District, Champapur in the Bhâgalpur District, Pavapur in Bihâr, Benares, Ajudhya, Sidhachâl in Bhav-

---

[1] *Bombay Gazetteer*, XVII, 81.

nagar, Girvar Hill in Jûnagarh, Kesariyaji in Udaypur, and Mount Abu. Such pilgrimages are usually undertaken in the cold season. For ceremonial purposes Bhojaks are employed, and, in their absence, Brâhmans of any tribe. The real priests are the Jaina Jatis. In temples are worshipped the twenty-four Arhat or Tirthankara: Adinâtha or Rishabhanâtha, Ajitanâtha, Sambhunâtha, Abhinandananâtha, Sumatinâtha, Padmaprabhunâtha, Suparswânatha, Chandraprabha, Suvidhanâtha or Pushpadanta, Sîtalanâtha, Sri Ansanâtha, Vasupadya, Vimalanâtha, Anantanâtha, Dharmanâtha, Santanâtha, Kunthunâtha, Aranâtha, Mallinâtha, Munisuvrata, Neminâtha, Naminâtha, Pârasnâtha, Vardhamana or Mâhavîra. Of course no animal sacrifice of any kind is allowed in the Jaina temples. The Swetambari Oswâls read the Kalpa Sûtra and pray and fast during the eight days of Parjûshana, which commences on the twelfth or thirteenth of Bhâdon. The Digambari Oswâls observe the Parjûshana for ten days, commencing from the twentieth of Bhâdon. This is their greatest religious festival. Nine days in Chait and Kuâr are set apart for the *navakâra mantra* or the Jaina *gâyatri*, beginning from the twenty-first of each of these months. During this time prayer and fasting are performed. On the twenty-first of Kârttik in each year, they fast and worship Gyân or true knowledge; on thirtieth Kârttik, tenth of Pûs, and eighteenth Baisâkh, the deities are carried about on cars. On the nineteenth and twentieth of Chait, women, whose husbands are alive, worship Gangaur, as Hindus do, and entertain their friends. Similar feasts of joy are held on the eighteenth of Sâwan. This is known as Tîj. Like Hindus they observe the Holi, Rakshabandhan, Dasmi, Divâli, Basantpanchmi. The winter solstice, Makar Sânkrant, commonly known as the Khicharwâr, is also observed. There is no regular propitiation of the dead, but those who have long lived under Hindu influence believe in ghosts and use the ordinary means of repelling them.

Social rules.

10. Animal food is universally prohibited. Like other respectable Hindus, they will not touch Doms, Bhangis, and similar menial castes. They follow the usual Hindu taboos regarding food and family intercourse. When they salute each other, they raise the right hand. Brâhmans and Jatis are saluted with joined hands. Elders and Brâhmans return the salute with the *asîs* and Jatis say in return *Dharma lâbh*. In Bombay "they neither eat flesh nor drink liquor on pain of loss of caste. On the second, fifth, eighth, and eleventh of each lunar

fortnight, they do not eat vegetable. Even on other days few eat onions or garlic. Most men take a pill of opium in the morning and at noon after food. They shave the head except three knots, one on the crown, and one above each ear, a practice which has given them the name of Trishendi, or "three knotted."[1]

The eighty-four sections of the Oswâls.

Thatha.	Bachhâwat.	Vaid.	Sikhâwat.
Barhiya.	Chhorâwat.	Bora.	Mirich.
Sethiya.	Darhiwâl.	Bothara.	Palecha.
Lorha.	Kumât.	Jhâvag.	Ulencha.
Dâga.	Rampuriya.	Rawâni.	Jhovarh.
Kojar.	Daftari.	Bhandâri.	Lembu.
Pârakh.	Sekhâni.	Bhansâli.	Tâuk.
Kodhâri.	Bhâtera.	Sihâni.	Tikuliya.
Dugarh.	Monot.	Chaurariya.	Dosi.
Nuniya.	Guguliya.	Sânr.	Brahmachiya.
Nunâwat.	Lokar.	Katâri.	Kachhab.
Seth.	Khater.	Srimâl.	Gandhi.
Palâwat.	Birar.	Srisrimâl.	Jhajlani.
Sucheti.	Bhuteriya.	Singi.	Chauthâliya.
Hirâwat.	Picha.	Pitaliya.	Bhurant.
Surâna.	Vinayakiya.	Tugaliya.	Rauswâsi.
Thajer.	Kochar.	Mauhata.	Marori.
Kukara.	Goriya.	Parsâni.	Dadha.
Dhepaiya.	Syâmsukh.	Modi.	Ranka.
Dhamâwat.	Pagariya.	Nâpharan.	Phophariya.
Barariya.	Dudheriya.	Râêdâsani.	Dugar.

Distribution of the Oswâls according to the Census of 1891.

DISTRICTS.	Numbers.	DISTRICTS.	Numbers.
Dehra Dûn . . .	6	Aligarh	19
Sahâranpur . . .	16	Mathura . . .	21
Muzaffarnagar . . .	4	Agra	102
Meerut	1	Farrukhâbâd . . .	2
Bulandshahr . . .	16	Etâwah	34

[1] *Bombay Gazetteer*, XV, 77.

Distribution of the Oswâls according to the Census of 1891—concld.

DISTRICTS.	Numbers.	DISTRICTS.	Numbers.
Etah	1	Jâlaun	12
Budâun . . .	113	Lalitpur . . .	17
Cawnpur . . .	14	Benares	67
Fatehpur . . .	1	Mirzapur . . .	3
Bânda	4	Kheri . . .	2
Allahâbâd . . .	37		
Jhânsi	12	TOTAL .	504

P

Pachhtoriya.—A sept of Râjputs found in the eastern districts who claim to be of Dikshit origin and take their name from Pachhotar in the Ghâzipur District. They hold a fairly respectable rank. One branch of them has been converted to Islâm.[1]

Pahâri (*pahâr*=a hill).—A general term for the hillmen of the higher and lower Himâlayas. The name is applied to a considerable sept of Râjputs in Dehra Dûn, who are probably allied to the Khasiya (*q.v.*).

Pahriya.—A caste of messengers and village watchmen so called because they do watch and ward (*pahra*). In the hills they are a branch of the Doms. In the plains they are probably an occupational offshoot from some of the menial tribes.

Distribution of the Pahriya according to the Census of 1891.

Districts.	Numbers.
Gorakhpur	344
Basti	19
Gonda	88
Bahrâich	44
Total	495

Palliwâl.—A sub-caste of Banyas who take their name from the town of Palli or Pâli in Mârwâr. According to Mr. Sherring they are supposed not to be true Vaisyas and to have Bargûjar blood in their veins. They emigrated westward in the time of Alâ-ud-dîn Ghori.

[1] *Census Report*, 1865: *Appendix B*, 122: Elliott, *Chronicles of Unao*, 35, *note*.

Distribution of Palliwâl Banyas according to the Census of 1891.

Districts.	Hindus.	Jainas.	Total.
Meerut	...	2	2
Bulandshahr . . .	1	5	6
Aligarh	156	399	555
Mathura . . .	154	281	435
Agra	98	1,609	1,707
Farrukhâbâd . . .	29	351	380
Etah	...	33	33
Cawnpur . . .	...	114	114
Jâlaun	8	...	8
Lalitpur	3	...	3
Gorakhpur . . .	405	...	405
Lucknow . . .	...	4	4
Bârabanki . . .	...	57	57
Total .	854	2,855	3,709

Palliwâl.—A local tribe of Brâhmans who, like the Banya sub-caste of the same name, take their title from Pâli, the commercial city of Mârwâr. They belong to the Kanaujiya division of the Pâncha Gauda. Colonel Tod had a theory that as they worshipped, among other things, the bridle of a horse, they were survivors of the priests of the Palli Scythian race. They are said to give a bride-price at marriage. They appear all over Upper India as money-lenders, merchants and cultivators. A great misfortune fell upon them in 1156 A. D. when Sivaji, the founder of the Râthaur dynasty and son of the King of Kanauj, passed Pâli on his return from a pilgrimage to Dwârika. The Brâhmans of Pâli sent a deputation to him asking for protection from the two evils which prevailed—the Mînas of the Aravalli range and the lions. Sivaji relieved them from both; but the opportunity to acquire land was too good to be lost, and on the festival of the Holi he put the leading Brâhmans to death and seized Pâli.[1]

[1] *Annals of Râjasthân*, II, 15.

Distribution of Palliwâl Brâhmans according to the Census of 1891.

Districts.	Numbers.	Districts.	Numbers.
Sahâranpur . .	1	Farrukhâbâd . .	3
Muzaffarnagar . .	61	Etah . . .	48
Meerut . . .	397	Cawnpur . . .	67
Bulandshahr . .	213	Jâlaun . . .	102
Aligarh . . .	154	Lalitpur . . .	6
Mathura . . .	343	Jaunpur . . .	122
Agra . . .	114	Total .	1,634

Palwâr, Paliwâr.—A sept of Râjputs confined almost altogether to the Gorakhpur Division and the Faizâbâd District. According to the Faizâbâd tradition,[1] one Prithivirâj Deo, Sombansi, known also as Mûr Deo or Bhûr Deo, came from the village of Pâli in the district of Hardoi in 1248 A. D. and took up his residence in the village of Rannupur, where he accepted service under the Bhars. From his native place he and his descendants gave up the name of Sombansi and adopted that of Palwâr. He is said to have formed a connection with a fairy (*deokanya*) or a witch (*dâin*), and by her he had a son Haribar Deo, who formed attachments with an Ahîrin and a Bharin, of whom there are multitudinous descendants in the Azamgarh District. These descendants have become known as Dainiyas or "children of the witch" and Bantariyas or "dwellers in the woods." Tradition says that on one occasion, soon after the birth of her son, this lady of the woods was engaged in the homely office of baking cakes, when her infant, which lay some paces off, began to cry. She had either to neglect the baby or the cakes; when, as her husband arrived, he saw his fairy wife assume supernatural and gigantic proportions, so as to allow of the baking and nursing to go on together. When she saw she was discovered she disappeared for ever, leaving the child as a legacy to her astonished husband.

2. According to another version of the legend the founder of the sept was one Patrâj of the Sombansi tribe, who is said to have

[1] *Settlement Report*, 153.

migrated from the neighbourhood of Delhi to Bandipur in Faizâbâd, where he made himself famous in his contests with the Râjbhars. He had four wives of different castes—a Râjput, an Ahîr, a Bhar and one whose caste is unknown. Their descendants were the Palwârs, Ahiriniya, Bhariniya and Dainiya.[1]

3. In a third version they claim a connection with Sandi-Pâli, which the Sombansis of that place deny. On this the Palwârs change ground and refer their origin to Pâli near Delhi, or to a village of that name in the Partâbgarh District, which is likely enough, as that is one of the chief seats of the Sombansi sept in the present day.[2]

4. Some interest has been taken in the tribe on account of the Chaurâsi or group of eighty-four villages which Sir H. M. Elliot attributed to them in the Gorakhpur District. On this Mr. Carnegy writes[3]:—"Sir H. M. Elliot, in his extraordinary article in his Supplemental Glossary on Chaurâsi, speaks of a collection of eighty-four villages in Pargana Anaula (should be Bhawapâr) in the Gorakhpur District, where their possessions, which have been mostly confiscated for their proceedings in 1857, are said by the tribe to have commenced with eighty-four *bîghas* of land and soon to have swelled into eighty-four full villages. But the fact is the whole of the Gorakhpur, Faizâbâd and Azamgarh Palwârs spring from one common ancestor. The system of reckoning by Chaurâsi and Biyâlisi, so much dwelt on by Sir H. M. Elliot, is uncommon in this part of Oudh—in fact few natives understand it; but the number 49 seems with these very Palwârs to have a special charm. For instance, they talk of *unchâs kos kâ bhât*, which means that on the occasion of ceremonial gatherings of the tribe to commemorate a birth, marriage or death, all the members inhabiting a circle of 49 *kos*, which area is supposed to represent their proprietary possessions, are invited to attend and eat the bread of sociability. Of these, however, the Surhurpur (Bandipur) branches are debarred from eating and drinking with the tribe by reason of illegitimacy; and Atrauliya branch because it is stained with blood. Members of these branches on such occasions are obliged to content themselves with having dry rations served out to them in lieu of cooked viands. The absurdity of the former of these exclusions, and of the system

[1] *Census Report, N.-W. P.*, 1865, II, 112, *sq.*
[2] *Census Report*, 200.
[3] *Faizâbâd Settlement Report*, 206, *sq.*

PANKA.

of caste generally, is forcibly illustrated by the following instance: A female of the Surhurpur illegitimate branch and another of the Birhar legitimate branch both married into the orthodox Râjkumâr family of the Râja of Dera, and thereafter both branches were alike admitted to the Râja's social board. Both parties then eat and drink with the Râja, but they still will not eat and drink with each other; and they thus remain a living confutation of the mathematical axiom that things that are equal to the same thing are equal to each other. *Unchâs kos ki kumak* is another common expression with these people, which means that the proprietors within an area of 49 *kos* were wont in the king's time to make common cause in opposing the aggressions of the Meopur faction of the Râjkumârs and all others."

5. The turbulence of the sept in Gorakhpur during the Mutiny led to the confiscation of nearly all their possessions, and they have now fallen on evil days and possess little rank or influence.

6. In Faizâbâd the Palwârs give brides to the Gargbansi, Sûrajbansi, Chandel, Bachgoti, Bais and Chauhân septs. In Azamgarh they claim to belong to the Bhârgava *gotra*; take brides from the Bais, Râthaur, Bisen, Chauhân, Raghubansi, Donwâr and Chandel septs; and marry their daughters to members of the Sûrajbans, Kalhans, Râjkumâr, Raghubansi, Sirnet and Chandrabansi septs.

Distribution of Palwâr Râjputs according to the Census of 1891.

Districts.	Number.	Districts.	Number.
Agra . . .	29	Azamgarh . .	7,664
Jâlaun . . .	5	Kheri . . .	1,206
Jaunpur . . .	11	Faizâbâd . . .	5,587
Ghâzipur . . .	80	Sultânpur . .	177
Gorakhpur . . .	3,376	Bârabanki . .	14
Basti . . .	231		
		Total .	18,380

Panka, Panika.—A low weaving and watchman tribe in South Mirzapur. They are the same people who are known in Bengal as Pân, Panwa, Paur, Pâb, Panika, Chik, Chik Baraik, Ganda, Mahato, Sawâsi or Tânti. In Mirzapur they are known as Panka,

Panika or Pankiya and Kotwâr, the last of which, in relation to their occupation as village watchmen, means "keeper or porter of a castle" (Sanskrit *kota* or *koshtha pâla*). The name Panka or Panika is usually taken from *panik*, which means the elastic bow which the weaver uses to extend the cloth as it is woven; but the Bengali synonyms for the caste make this uncertain. Colonel Dalton was disposed from their appearance to believe them of Aryan or Hindu, rather than Dravidian origin, and describes them as "in all probability remnants of the Aryan colonies that the Hos subjugated.[1]" This is disputed by Mr. Risley,[2] who remarks that "the most cursory examination of the exogamous divisions of the Pâns affords convincing evidence of their Dravidian origin." Though they have lost in Mirzapur their totemistic septs, still their appearance clearly indicates their connection with the Dravidian races like the Majhwârs. They say that Parameswar created the first man of the caste out of water (*pâni*) and appointed him his water-carrier. One day Parameswar sent him to bring fire. He went in search of fire to a place where the Majhwârs were eating, and they gave him a share of their food. He returned to Parameswar, who taxed him with eating with such degraded people. He denied the charge, but Parameswar gave him a blow on his back and he immediately vomited up a quantity of rice and pulse. So Parameswar turned him out of Heaven, and the Pankas have since then gone down in the world and eat with Majhwârs. The Mirzapur Pankas describe themselves as emigrants from Bâhmandeva in Rîwa, and fix the date of their arrival some eight or ten generations ago.

Tribal organization and exogamy.

2. They have lost, if they ever possessed, the elaborate scheme of totemistic septs which are found among the Pâns of Bengal. Their rules of exogamy prohibit marriage with the daughter of the maternal uncle or of their father's sister, and they also do not marry in their own family as long as the members are united and live together, no matter how distant relatives may reside under the same roof. This abhorrence of marriage between persons residing closely together from early youth is, according to one theory, the basis of the rule of exogamy.[3] They have a tribal council known as

---

[1] *Descriptive Ethnology*, 185.

[2] *Tribes and Castes*, II, 156.

[3] See Westermarck, *History of Human Marriage*, 320, *sqq*.

kutumâyat or kabildâri.[1] There is no permanent president, but at each meeting the most respectable person present takes the chair.

Rules of marriage.

3. Differences of wealth or social position (except the practice of degrading employments, such as shoe-making) are not a bar to marriage. Polygamy is permitted, but they can seldom afford more than one wife. If there are more wives than one, the head wife alone is mistress of the household and shares in the family worship. If an unmarried girl is detected in an intrigue with a clansman, her parents have to give a tribal feast and she is then restored to caste: but if her lover be an outsider, she is permanently expelled. The bride price amounts to five rupees in cash and two maunds of rice and pulse. The rules as to physical defects in bride and bridegroom agree with those of the allied tribes.

Divorce.

4. Divorce is permitted in case of adultery in either party or if either eat with a low caste person like a Dom, Chamâr or Dusâdh. But the intention to divorce must be announced before, and sanctioned by, the tribal council.

Widow marriage and the levirate.

5. Widow marriage and the levirate are permitted on the usual conditions.

Succession, adoption and relationship.

6. The rules on these subjects correspond in every way with those of the Majhwârs.

Birth customs.

7. The woman is delivered on a cot and is attended by a Chamâin midwife, who cuts the cord and buries it under the cot. The woman receives no food for two days: on the third she gets rice and cakes made of pulse and pumpkin (*konhrauri*). They have the usual sixth day (*chhathi*) and twelfth day (*barahi*) ceremonies, after which the woman is clean and resumes her household work. A husband does not cohabit with his wife for three or four months after her confinement.

Adoption ceremony.

8. The only ceremony in adoption is the announcement of the fact and the exchange of mutual promises before the leader of the council.

Marriage ceremonies.

9. The marriage ceremonies do not appreciably differ from those of the cognate tribes. The betrothal is clenched by the boy's father sending to the bride's

---

[1] The first name means "family council," Sanskrit *kutumba*=the household; the latter an importation from the Arabic *qabîl*=kindred.

house five rupees and three or five sers of coarse sugar (*gur*). This is called *neg bharna.* Three days before marriage is the *matmangar* ceremony (see *Bhuiya* [1]). When the procession reaches the door of the bride, the relatives of the bridegroom distribute betel-nut among those of the bride, who return the compliment. After the procession returns to the reception place (*janwánsa*), the bride's mother goes there with five sers of coarse sugar and three tooth brushes (*datuan*): with these the bridegroom has to clean his teeth and she makes him smell the sugar. His father then sends the "offering" (*charhaua*) to the bride—two sheets (*sári*) and five sers of sugar. At the actual ceremony the bride's sister fills the hands of the bride and bridegroom with rice and dried mangoes. Then the bridegroom rubs some red lead (*sendur*) on the branch of the cotton tree (*semal*) fixed up in the marriage shed (*mánro*) and then smears it over the nose, forehead and parting of the bride's hair. This is the binding part of the ceremony. After this they are taken into the retiring room (*kohabar*) (for the significance of which, see *Majhwár.*[2]) There the bridegroom has again to smell some sugar. On returning home there is the usual feast, and a day or two afterwards the bride and bridegroom go to "drown the nuptial jars" (*kalsa*) in a neighbouring stream, and on their way home they worship every *pípal* and banyan tree they meet, and rub red lead on their trunks. This form of marriage is called *charhauwa.*

Marriage by sagâi.

10. The form of marrying a widow by *sagái* is very simple. The man has to pay three rupees as the bride price to her relations, then he brings her home, and as she enters the house he rubs red lead on the parting of her hair and puts palm leaf ornaments (*tarki*) in her ears. On that day he feasts the clansmen.

Death ceremonies.

11. Unmarried children and people who die of epidemic disease are buried: others are cremated.[3] When the mourners return home they pour a little oil on the ground and sit down and console the chief mourner. He goes to the riverside and fixes a bundle of reed grass into the ground, which he and the women of the household water every day at noon

---

[1] *Para.* 14.

[2] *Para.* 18.

[3] This is the custom also in Bengal; Ball, *Jungle Life* 322, *note*; Risley, *Tribes and Castes*, II, 159.

until the obsequies are completed.[1] The death impurity lasts ten days, when the obsequies are concluded by a tribal feast.

Religion.

12. They profess a sort of bastard Hinduism. They are much afraid of evil spirits (*bhût*) which commonly reside in *mahua*, *pîpal* or banyan trees. These are periodically propitiated by offerings of goats and fowls performed by the Baiga. They do not employ Brâhmans in any of their religious ceremonies. Their two great festivals are the Holi and Dasami (Dasahra); but they in no way follow Hindu usage on these festivals, and offer a burnt offering to the marriage god Dulha Deva, who is represented by a piece of rudely cut stone on a mud platform. His worship is performed by the Baiga. They observe the Nâgpanchami festival, but do not appear to have as is the case in Bengal, any special worship of the snake as the ancestor of the tribe.[2]

Demonology and ancestor worship.

13. They believe that old wells, streams and trees are haunted by evil spirits. The Baiga raises a regular yearly subscription to provide for their worship; and offers to them young pigs, fowls and goats, with a burnt offering (*hom*) of sugar and butter. The tenth day of the second half of the month of Kuâr is devoted to the worship of the dead, to whom food and a burnt sacrifice are offered. On the tenth day after a man or woman dies a young pig is sacrificed. At the end of the proceedings they invoke the spirits of the dead in a low voice in these words—"Now live for ever in this house and do not trouble our children." Every day till the tenth day they lay out food at night for the dead along the road by which the corpse was taken to cremation or burial. They are constantly in the fear of the spirits of the dead, and whenever they have a bad dream or a nightmare they offer a burnt sacrifice (*hom*) to them.

Various superstitions.

14. Women tattoo themselves on the arms in some conventional pattern. If they fail to do this, a woman in the next life is reborn as a Turkin or the wife of a Muhammadan, on whom they look with special abhorrence. They have the usual omens. They swear by putting a piece of iron in a drinking vessel of water which is held in the hand. No

---

[1] On the significance of this ceremony, see *Biyâr*, para. 14.
[2] Risley, *Tribes and Castes*, II., 159.

Panka will violate such an oath. They have a firm belief in witchcraft, and think that a witch can kill a man by looking at him; hence old women suspected of witchcraft are carefully avoided. They also believe that a witch can turn meat into a mass of blood and maggots merely by looking at it. Most diseases are due to demoniacal influence, which is treated by the Baiga. They have a firm belief in the Evil Eye which is avoided by the use of sundry amulets.

Social customs.

15. They regard the cow as Lakshmi, the goddess of wealth, and will not eat beef. Any one eating it is put out of caste. Besides the flesh of the cow and buffalo, they will not eat the horse, ass, camel, jackal, lizard or crocodile. They eat pigs, fowls, fish and all kinds of jungle game. The men eat first and women after them. Some men wear a special religious necklace (*kanthi*), and these, when they eat, throw a little bread and water on the ground as an offering to the earth goddess Dharti Mâta. They use liquor and tobacco freely. They salute elders in the form *pâêlagi*, and the reply is *asîs*, or a blessing. They respect their women, who work at spinning thread which the men weave. They are very hospitable to clansmen but fear strangers. They will not touch a Chamâr or Dharkâr, nor the wife of the younger brother. The father-in-law and mother-in-law of a married couple do not touch or speak to each other.[1] They will eat food cooked by a Brâhman and no one else. None but a Dom or Ghasiya will touch their leavings.

Occupation.

16. They work as weavers and village watchmen. The loom is known as *dongi*. The main kinds of cloth which they make are the *darap*, *charas* and *bhagua*. The *darap* is a woman's thick sheet worth about two rupees. The *charas* is a loin cloth for men like the Hindu *dhoti*: the *bhagua* a small cloth worn under the loin cloth only by Majhwâr women, for which they get a fancy price.[2] They often work up cotton into cloth for their customers, and for weaving a *dhoti* receive three sers of *kodo* or *sânwân* millet. Their dress presents no peculiarities. The women wear pewter anklets (*pairi*), glass wrist bangles (*chûri*), a wristlet (*berawa*) and a nose-ring (*nath*). As may be anticipated from their customs, they are regarded as pure village menials and their social status is very low.

---

[1] See Lubbock, *Origin of Civilisation*, 11, *sqq*.
[2] See *Majhwâr, para.* 60.

Pankhiya.—A peculiar class of Muhammadans who are found in the low lands (*khâdir*) of the Ganges in Shâhjahânpur and some of the neighbouring districts. They profess to be strict Muhammadans, but transgress the law of Islâm by eating turtles, crocodiles and other animals usually regarded as forbidden food. They appear to be a fairly well-to-do cultivating class, and their hamlets show a stock of cattle, goats and poultry much larger than that possessed by ordinary Hindu cultivators.[1]

Distribution of the Pankhiyas according to the Census of 1891.

DISTRICTS.	Number.	DISTRICTS.	Number.
Cawnpur . . .	65	Ghâzipur . . .	6
Allâhâbâd . . .	41	Basti	550
Benares . .	8	Azamgarh . . .	111
Jaunpur . . .	132		
		TOTAL .	913

Pant, Panth—(Sanskrit *pathin*, "a path in morals or religion") a class of Hill Brâhmans, who ascribe their origin to Mahârâshtra or the Marhâta country. They belong to the Bhâradwâja, Parâsara and Vasishtha *gotras* and the Madhyandinya *sâkha*. They say that some twenty-one generations ago their ancestor Jayadeva came to Kumaun. In the tenth generation his descendants divided into four branches, named after Sarma, Srinâtha, Nathu and Bhaudâs. Sarma became a physician, Srinâtha, the spiritual preceptor of the Râja, Nathu, a teacher of Paurânik theology, and Bhaudâs, a soldier. The last-mentioned acquired in camp and court a habit of eating flesh like his Khasiya soldiers, and his descendants retained the custom. But the others confined themselves to vegetable food, as their present representatives do, and even oblige their wives, who come from flesh-eating clans like the Tiwâris and Joshis, to do the same. The Bhâradwâja Pants intermarry with Tripâthis or Tiwâris, Joshis and Pâures. They rarely marry Pants of the two other *gotras*, and their customs and habits and manner of eating and drinking resemble those of other

[1] *Imperial Gazetteer*, XII, 317, *sq*.

Hill Brâhmans. Their favourite object of worship is the Vaishnava Sâkti.[1]

Panwâr.—A noted sept of Râjputs who in name represent the ancient Pramâra race. Colonel Tod[2] calls them the "most potent of the Agnikula or fire races." "The world is the Pramâr's" is an ancient saying, and Naukot Marusthali signifies the nine divisions into which the country from the Satlaj to the ocean was divided among them. By another theory they represent the Pauravas, the famous race which, after the time of Alexander, was predominant in Râjasthân under the name of Pramâra. They are mentioned in the Veda and Mahâbhârata, where the first kings of the Lunar race are represented as being Pauravas who reigned over the realms included between the Upper Ganges and the Jumna. They are the Porouaroi or Poruaroi of Ptolemy.[3] General Cunningham,[4] on the contrary, would identify these last with the Parihâr sept. The popular account of them is that they were the third in order of creation from the Agnikunda, and were hence called Pramâra or "first strikers."

2. In Bombay the Pramâras, who are called a detachment from the Agnikula tribes of Mount Abu, like the others under the same fictional appellation, are, according to Dr. J Wilson,[5] descendants of Kulis. Their traditions centre round the State of Dhâr, the Râja of which is still a member of the sept. In remembrance of their heroic defence of the capital they repeat the verse—

Jahân Puâr tahân Dhâr hai ;
Aur Dhâr jahân Puâr ;
Dhâr bina Puâr nahîn ;
Aur nahîn Puâr bina Dhâr.[6]

"Where the Puâr is there is Dhâr; and Dhâr is where the Puâr is; there is no Dhâr without the Puâr and no Puâr without Dhâr." They claim that the great Râjas Bhoja and Vikramaditya of Ujjain were members of their sept, and allege that they were kings of Mâlwa for ten generations after Râja Vikramaditya. The Puâr dynasty of Mâlwa ended with Jaychand; then Jîtpâl estab-

---

[1] Atkinson, *Himalayan Gazetteer*, III, 421.
[2] *Annals*, I, 98, 102.
[3] McCrindle, *Indian Antiquary*, XIII, 362.
[4] *Archæological Reports*, IX, 55, *sq.*
[5] *Indian Antiquary*, III, 227.
[6] Tod, *loc. cit.*, II, 263.

lished the Tomar dynasty which lasted one hundred and forty-two years and was succeeded by the Chauhâns for one hundred and sixty-seven years.[1] They have now a poor reputation in Central India, because they are said to have intermarried with Marhatta Sûdras and the poorest Râjput chief would disdain to eat with them or give them his daughter in marriage.[2] Colonel Tod asserts that the famous Mauryas were the Mori, a branch of the Pramâra clan, which occupied Chithor in the eighth century. Their *gotras* or sections in Râjputâna are Delât; Kalât; Doding; Kheyât and Pokhariya, of which the Delât is the most numerous.[3] The men of the Pokhariya section like to be called Râwat, but are generally called Mer. The chief men are called Gameti. They are an industrious race, generally taller and better built than the Chauhân Mînas. The Kalâts will not give their daughters in marriage to this section, but will take wives from them, and they intermarry freely with the Hindu Chîtas and Barârs and the other Mer clans. Their customs are the same as the Chauhân Mînas.

The Panwârs of the North-Western Provinces and Oudh.

3. In these provinces their expulsion from Ujjain under their leader Mitra Sen is ascribed to the attack of the Muhammadans under Shahâb-ud-dîn Ghori. The story[4] runs that Râja Bijaypâl of Bayâna wished to bring about an alliance between his daughter and the son of Râja Sindpâl of Ujjain, and with this view sent an embassy with presents. Sindpâl, however, objecting to the proposed marriage, ordered the ambassadors to return, but his son Lakhansi meeting them on his own account accepted the proposal, and in spite of his father's objections, brought back the party to Bayâna and there the marriage took place. Villages were then assigned to the prince and princess for maintenance. These, however, proving insufficient, the daughter was sent back to her father some little time after to solicit a further grant. But all that Sindpâl gave his daughter was a sword, which she was instructed to deliver to her husband Lakhansi. He then interpreting the gift, whether rightly or wrongly, to mean that he should extend his possessions by its means, seized and added to his territories fourteen hundred villages, giving them over to his followers. At various times they moved northwards, their first halting-place being the Pargana of

[1] Malcolm, *Central India*, I, 26.
[2] *Ibid.*, I, 130.
[3] *Râjputâna Gazetteer*, II, 45.
[4] *Census Report, North-Western Provinces*, 1865, B, Appendix 67, *sq.*

Khairagarh, where they are landlords and cultivators. They have in course of time become dispossessed of many of their estates, bartering them for less substantial wealth to Gûjars and Brâhmans.

4. In Farrukhâbâd[1] they trace their colonization to Râja Sindpâl Sinh, who is said to have settled the Pargana of Amritpur by the favour of the Râja of Khor. His sons quarrelled with, and were expelled by, Partit Râê, the Kâyasth minister of the Râja, but one son Basant Sâh returned and recovered his estate. The Bulandshahr[2] branch say that they came from Nâgpur and Ujjain after their expulsion by Shahâb-ud-dîn Ghori.

5. The Khidmatiya, Barwâr, or Chobdâr are said to be an inferior branch of them, descended from a low-caste woman. No high-caste Hindu eats food or drinks water touched by them. According to the Aîn-i-Akbari[3] a thousand men of the sept guarded the environs of the palace of Akbar, and Abul Fazl says of them :—"The caste to which they belong was notorious for highway robbery and former rulers were not able to keep them in check. The effective orders of His Majesty have led them to honesty; they are now famous for their trustworthiness. They were formerly called Mâwis. Their chief has received the title of Khidmat Râê. Being near the person of His Majesty, he lives in affluence. His men are called Khidmatiyas."

6. In Unâo[4] the Panwârs have two colonies in different parts of the district. In the Morâwan Pargana they occupy about thirty villages. They say that their ancestor, Narhar Sinh Panwâr, distinguished himself in the siege of Chithor under Akbar Shâh and received a grant of this tract of land as a reward for his services. He founded the village of Narhai Chak, which is called after his name. These Panwârs must have been once a powerful clan; but the great encroachment of the Bais reduced them to complete insignificance, and deprived them of a large portion of their land. In Sîtapur,[5] also, they fix the time of their emigration in the time of Akbar. In Gorakhpur[6] they are said to have driven the Bisens out of Bhâgalpur, whence the latter retired to Majhauli. In Ghâzipur they trace their origin to Jhânsi and they

---

[1] *Settlement Report*, 13.
[2] *Census Report*, 1865, I, Appendix 17.
[3] Blochmann, I, 252.
[4] Elliott, *Chronicles*, 55.
[5] *Settlement Report*, 57.
[6] Buchanan, *Eastern India*, II, 365.

are known by the name of Ujjaini. The head of the sept in that part of the country is the Râja of Dumrâon who traces his descent in eighty-six generations from Vikramaditya. The great Râja Sâladitya, who at the beginning of the seventh century overcame the Gupta dynasty, was king of Mâlwa and no doubt belonged to this clan.[1] In Jhânsi they are regarded as a shade higher than the Bundelas and in consequence all powerful chiefs take their daughters in marriage. "They are needy and as proud as Lucifer and will always eke out their living by robbery if they can."[2] In Mahona of the Lucknow District they have, from their connection with the Delhi Court, adopted some Musalmân practices, such as fastening their coats to the left and paying reverence to the *tâziahs* emblematical of the martyrs Hasan and Husain, which are carried about at the Muharram, and they have before their residence a large stone which they hold in almost sacred reverence. They say that they brought it from Delhi and that it is their symbol of right to their estates which were granted to them by the Delhi Emperor; he is said to have enjoined them to take it as the foundation for their future settlement. Whenever a new Râja succeeds, he places upon it an offering of flowers, sweetmeats, and a few rupees.[3]

7. In Jâlaun the Panwârs give brides to the Bais, Bhâlê Sultân, Nikumbh, and Ahhan, and marry girls of the Chauhân, Kachhwâha, Parihâr, Sengar, Bhadauriya, Râthaur, and Chandel septs. In Unâo they marry their daughters to Dikhits beyond the Ganges, Gaurs, Chandels, Kachhwâhas, Chauhâns, Hâras, and Râthaurs; and their sons to Chauhân and Dikhit girls.

Distribution of the Panwâr Râjputs according to the Census of 1891.

DISTRICTS.	Hindus.	Muhammadans.	TOTAL.
Dehra Dûn	2,265	...	2,265
Sahâranpur	251	313	564
Muzaffarnagar	136	486	622
Meerut	1,794	...	1,794

[1] Oldham, *Memorandum*, 1, 56, *sq*.
[2] Sleeman, *Journey through Oudh*, I, L V.
[3] *Settlement Report*, LXI.

Distribution of the Panwár Rájputs according to the Census of 1891—contd.

DISTRICTS.	Hindus.	Muhammadans.	TOTAL.
Bulandshahr	1,513	553	2,066
Aligarh	817	...	817
Mathura	683	2,686	3,369
Agra	7,366	12	7,378
Farrukhâbâd	2,994	8	3,002
Mainpuri	819	...	819
Etâwah	504	...	504
Etah	624	5	629
Bareilly	243	...	243
Bijnor	233	...	233
Budâun	778	123	901
Morâdâbâd	2,035	...	2,035
Shâhjahânpur	4,699	...	4,669
Pilibhît	310	...	310
Cawnpur	4,609	41	4,650
Fatehpur	1,263	...	1,263
Bânda	2,299	28	2,327
Hamîrpur	1,240	10	1,250
Allahâbâd	517	...	517
Jhânsi	1,045	5	1,050
Jâlaun	671	...	671
Lalitpur	3,241	1	3,242
Benares	465	88	553
Mirzapur	126	...	126
Jaunpur	4,105	7	4,112
Ghâzipur	691	783	1,474
Ballia	2,248	191	2,439

PARAHIYA.

Distribution of the Panwâr Râjputs according to the Census of 1891—concld.

Districts.	Hindus.	Muhammadans.	Total.
Gorakhpur	3,267	125	3,392
Basti	1,370	7,366	8,736
Azamgarh	1,465	1,417	2,882
Tarâi	3,214	...	3,214
Lucknow	2,664	1	2,665
Unâo	2,140	95	2,235
Râê Bareli	1,097	61	1,158
Sîtapur	2,845	587	3,432
Hardoi	6,143	...	6,143
Kheri	9	348	357
Faizâbâd	3,265	343	3,608
Gonda	336	...	336
Bahrâich	91	25	116
Sultânpur	705	73	778
Partâbgarh	190	...	190
Bârabanki	1,108	22	1,130
Total	80,563	15,803	96,366

Parahiya, Parhaiya.—A Dravidian tribe found in small numbers in Pargana Dudhi in Mirzapur. The word is said to mean, in Gondi, "burners of the jungle." Bishop Caldwell[1] writes:—"It has been said that the name Pareiya or Pariah is synonymous with that of the Pahariyas (from *pahâr*, 'a hill') a race of mountaineers, properly called Malers, inhabiting the Râjmahâl Hills in Bengal: and hence it is argued that the Pareiyas may be considered, like the Pahariyas, as a race of non-Aryan, non-Dravidian aborigines. It is an error, however, to

[1] *Comparative Grammar*, 549.

suppose that there is any connection between these two names. The word Pariah, properly Pareiya, denotes not a mountaineer, but a drummer, a word regularly derived from *parei*, 'a drum,' especially the great drum used at funerals. The name Pareiya is, in fact, the name of a hereditary occupation, the Pareiyas being the people who are generally employed at festivals, and especially at funerals, as drummers." Dr. Oppert[1] considers it means a mountaineer, from the Dravidian root *para*, "a hill."

Appearance.

1. Those I have seen in Dudhi are a very wild looking set of men, about five feet three inches in height: not as robust as the Korwas, but still a strong, active race. Some have very scanty beards and moustaches. Some shave the front of the head, while others keep all their hair and leave it entirely unkempt. Colonel Dalton noticed considerable variety of features among them. Some, he thinks, might be classed as Negro, others as Mongolian. The former were dark and prognathous; the latter bright copper coloured, with flat, broad faces, and slightly oblique eyes.[2] He thinks that they are closely akin to the Bhuiyârs.[3] Mr. Forbes also notices the variety of type among them, and remarks that they are so athletic and powerful, that "as strong as a Parahiya" has passed into a proverb.[4] In Mirzapur they are renowned for their swiftness in running.

Traditions of origin.

2. The members of the tribe in Mirzapur fix their head-quarters in the villages of Jhânsi and Uspar, in Sarguja, close to the British frontier. They have emigrated from there in quite recent times, and the emigration is still going on. They still go to their original home at the festivals of the Râmnaumi and Dasahra. There is no temple there, but in one of the chief men's houses there is a shrine to Devi called "the House of God" (*deoghar*). There they worship the goddess, by each man throwing a little butter and resin (*dhûp*) on the fire as a burnt offering (*hom*). After that, butter cakes (*pûri*) are offered and consumed by the worshippers.

---

[1] *Original Inhabitants of Bharatavarsa*, 32, *sq.*

[2] *Descriptive Ethnology*, 131.

[3] *Ibid.*, 284, note.

[4] *Settlement Report on Palamau*, quoted in Hunter, *Statistical Account of Bengal*, XVI., 297.

Tribal organisation and rules of exogamy.

3. The Mirzapur people profess ignorance of the totemistic septs recorded by Mr. Risley.[1] They must marry within the tribe and the only prohibited degrees are that a man cannot marry his daughter to the son of his brother or cannot marry himself into the family of his children. These are perhaps about the most simple rules of exogamy to be found in any tribe in these Provinces. They have a tribal council called "the brotherhood" (*bhaiyári*). The rules do not differ from those in the allied tribes. The usual punishment is a two days' feast to the brethren. Adultery, or fornication with a person of another caste, is punished with excommunication for five years. The president (*Mahto*) is a hereditary permanent official. If any one disobeys his orders, he is tied up and beaten with rods. Polygamy is recognized, but as a rule a man does not take a second wife unless the first is barren.[2] The senior wife rules the household and shares in the family worship: if she is not treated with respect, they believe that the family goes to ruin. The wives live apart in separate huts. Polyandry is forbidden. Intertribal incontinence in women is easily condoned, but young women are kept shut up at night and not allowed to go about alone. In the case of intrigues in the tribe, the offenders are brought before the council, and are not allowed to sit on the tribal mat (*tát*) until they feed the clansmen. Men or women found misbehaving themselves with a stranger to the tribe are permanently expelled. The marriage age is 12 for both boys and girls. The marriage is arranged by the boy's father under the advice of the Mahto. The bride-price is one measure (*paseri*) of *sánwán* millet, five rupees in cash, and five cakes. This is the invariable rate fixed by tribal custom.

Divorce.

4. Divorce is easily managed. Either husband or wife can leave the other whenever they please. If the wife leaves her husband without due cause shown to the satisfaction of the Mahto, her relations are obliged to refund the bride-price. In ordinary cases of divorce, all that is necessary is to inform the Mahto. A divorced man or woman can re-marry.. In the case of illicit connections, the children follow the

---

[1] *Tribes and Castes*, II., App., 118.
[2] Westermarck, *History of Human Marriage*, 488

caste of the father, but a son of a Parahiya by a strange woman will not be admitted to full caste rights.

Widow marriage and the levirate. Adoption.

5. Widow marriage and the levirate are permitted as among Bhuînhârs (para. 8). The same is the case with adoption, (*ibid.*, para. 9).

Beena marriage.

6. The custom of Beena marriage (*gharjaiyân*) prevails. In this case the man who serves for his bride acquires no rights from his father-in-law but inherits his father's estate.

Succession.

7. All they know about succession is that a man's sons are his heirs, and that the eldest son gets somewhat in excess of the others, as the Mahto directs. If there are no sons, the nearest agnates inherit.

Relationship.

8. No Parahiya can name more than three generations in the ascending line—father, paternal grandfather, and maternal grandfather,—and sons and daughters and grand children in the descending line.

Birth ceremonies.

9. The birth ceremonies agree closely with those of the allied tribes like the Bhuînhârs (para. 12), but they are attended by the Chamâin midwife, who buries the cord under a tree in the jungle. On the third day at the exact time the child was born, the Dhobi comes and carries off the dirty clothes to the wash, and the baby is washed by the midwife. Then the mother is bathed and dressed in clean clothes by the husband's sister (*nanad*), who also re-plasters the delivery-room. Though this is done on the third day, they know it as the sixth-day ceremony (*chhathi*). A month after the Dhobi again takes away the mother's clothes and washes them. The mother bathes, throws away all the earthen vessels, which were in the delivery-room (*saur*), and changes the water pots in the house. Then she cooks for the family and is pure. The extension of the period of impurity, as compared with those in the cognate tribes, marks the strong dread felt by primitive races of the menstrual and parturition discharges.[1]

Puberty ceremony.

10. There is no actual ceremony at puberty, but the initiation of the child into caste is represented by the ear-boring (*kanchhedan*), which takes place in

[1] On this question, see *Majhwâr*, para. 35.

the fifth year, and after which the child must conform to caste regulations in the matter of food.

Marriage ceremony.

11. The marriage ceremony closely follows that of the Bhuînhârs, and there is a clear survival of marriage by capture in the custom by which, when he comes to be married, the bridegroom marches straight into the inner room and drags out the bride to the marriage shed, while she carries on a pretended struggle with him. The binding portion of the ceremony is the marking of the forehead of the pair by the bride's father with a mixture of curds and rice. There appears to be no trace of the Palamau custom by which oil or *ghi* is poured over the head and allowed to run down the face.[1] If the betrothal is annulled by either side the bride-price must be returned.

Death ceremonies.

12. Unmarried persons and those who die of small-pox or cholera are buried: all others are cremated. As among all the other Dravidian races, the dead are buried with the head to the South.[2] When a corpse is burnt, the feet are placed to the South. The ashes are floated away (*serwa dena*) by being thrown into a running stream on the day of cremation. The final ceremony, the "tenth" (*daswân*), is done on any day which may be convenient. On that day all shave and wash their clothes, and when they come to the house of the dead man, each one touches with his finger a mixture of oil and turmeric; after which they eat together, and the death impurity ceases.

Ancestor worship.

13. At this "tenth day" ceremony they kill and eat a goat in the name of the deceased, that he may not return and trouble them. When the dead are neglected, they return in evil dreams and bring death and disease. They are propitiated by offering a sacrifice under a *sâl* (*shorea robusta*) tree. In the month of Aghan, there is a special worship of the dead, when a cock and goat are sacrificed in their honour. The worshippers cower down in abject terror and murmur "Fathers! protect our children and our cattle."

Religion and festivals.

14. They pretend to be Hindus, but their worship is of a non-Aryan type. They worship the Dih, or collective village gods, and a female deity, Sairi

[1] Forbes, *Settlement Report*, quoted in the *Statistical Account of Bengal*, XVI., 297.
[2] Dalton, *Descriptive Ethnology*, 158.

Devi[1] with offerings of fowls, goats, and a burnt sacrifice (*hom*). The time for this worship is on a Monday in the months of Sâwan or Baisâkh. They have no temple, but offer the sacrifice under a *sâl* (*shorea robusta*) tree. At the same time they worship deceased ancestors and propitiate Mother Earth (*Dharti Mâta*) by pouring a little milk or liquor on the ground. They do not seem to have any knowledge of Gohet, which is one of their local gods in Lohârdaga.[2] Any one may make this offering. In each house there is a small mud platform dedicated to the sainted dead. The village gods and Sairi Devi are worshipped at the ordinary village shrine under a tree in the jungle. In all cases of sacrifice, the worshippers consume the offering. They have three festivals—the Sâwani, Baisâkhi, and Phagua or Holi. On the two first, so called from the months in which they take place, they offer a burnt sacrifice (*hom*), a goat, and a fowl to the local gods and Sairi Devi. These festivals are held in the light fortnight of the month and usually on a Monday or Friday: but Monday is more usual. At the Phagua, they do not burn the Holi, but, as at the other festivals, drink and practise rude debauchery. They believe that evil spirits (*bhût, pret*) live in the *mahua, sâl,* and *pîpal* trees: at such trees they make offerings and will not cut them or climb their branches. They also believe in a vague way that Devi lives in certain hills and mountains where they occasionally offer a goat. For this animal they have a peculiar respect.[3] Before they sacrifice a goat, they feed the animal on a few grains of rice, and then pour water on its head before sacrifice. This is called "the worship of the goat" (*bakra pûjan*). Sometimes, after worship, the goat is released in the jungles as a scape-goat, and this is particularly done when they worship Devi during an epidemic of small-pox.

Omens, oaths, ordeals.

15. Their omens, oaths, and ordeals are the same as those of cognate tribes like the Bhuiyârs and Bhuiyas. Dreams are interpreted by the senior man of

---

[1] The common explanation of her name is because "she moves about" (Arabic *sair*); but this is very improbable. She may be connected with Sewanriya, who appears to be a deity of boundaries; see *Bhuînhâr*, para. 16.

[2] Risley, *Tribes and Castes*, II., 164.

[3] It is curious that the Bengal Parahiyas have a tradition that their tribe formerly held sheep and deer sacred, and used the dung of these animals to smear floors with, as they now use cowdung.—Dalton, *Descriptive Ethnology*, 131, note.

They were possibly the tribal totems. The Mirzapur Parahiyas seem to have transferred this feeling of respect to the goat.

the family, and always imply the displeasure of the sainted dead. Disease always comes from them, and in such cases an Ojha is consulted. Of the Evil Eye, they assert they have no knowledge.

Taboos.

16. Beef is not eaten, but they admit that this rule is of modern growth and in imitation of their Hindu neighbours. They will not touch a Dom, Chamâr, Ghasiya, or Dharkâr. They will not eat food cooked by any one but a clansman. Women are not allowed to eat pork or to join in worship. A man cannot touch his younger brother's wife, and connection with her is considered the worst form of incest. They will not mention by name the dead, nor their fathers, nor the headman of the tribe.

Social customs.

17. They will not eat beef or the flesh of the horse, camel, ass, alligator, monkey, lizard, or snake. Any other kind of meat is allowed. Women are not allowed to eat pork. The men eat before the women, and they have no ceremony at meals. They do not smoke the water-pipe (*huqqa*), but use those made of leaves known as *chungi*,[1] and chew the dry tobacco (*surti*). They use *bhang* and liquor freely, which are believed to keep off malaria, but habitual drunkenness is considered discreditable. They salute each other in the form known as *pâélagi*, but they are now beginning to do the ordinary *salâm* to strangers and superiors. Generally, in the presence of a superior, they stand on one leg, take off what answers to a turban, and bow the head to the ground. They speak a sort of broken Hindi much intermixed with Mundâri and Gondi. They rank fairly high among these jungle tribes, having much the same status as the Chero. Chamârs, Dharkârs, and Doms will eat food cooked by them, and they pride themselves on their abstinence from beef as a mark of respectability. Kalwârs drink with them, but will not take water from their hands. The men wear earrings of gold or brass in both ears: the women pewter anklets (*pairi*) and brass wristlets (*churla*). They now do a little cultivation, but quite recently they never stored any grain, plucking and parching the crop as it got ripe. They usually pay about three rupees per annum for as much land (*tora*) as they can cultivate with a single plough. They make a living by cutting and selling wood and bamboos, and by collecting and exchanging forest produce, such as lac, silk-cocoons, and various dyes, fibres, etc. But they are

---

[1] See *Korwa*, para. 13.

a miserable people, living in little huts, apart from each other, along the hills, and with little clan feeling or effective tribal organization.

18. The following account of their brethren just across the border in Palamau may be quoted:—"In their habits and customs they present a curious mixture of the Hindu and the Aborigines: they are certainly not pure Mundas: they may be Kurkus, who are a branch of the Munda family. They differ so much in personal appearance, that it is difficult to assign them any distinct physiological features. I have seen many of them that might almost be mistaken for Korwas, while others are a tall, fair, handsome race of men, with features rather Aryan than otherwise, and so athletic and powerful, that the expression 'as strong as a Parhaiya' has almost passed into a proverb: these last have none of the Negrito stamp about them. Many of them are to be found residing in the plains, but they generally choose the more jungly villages, and reside in a separate hamlet (*tola*): some are good cultivators, but the majority, like the Brijiyas, live in the hill ranges, and roam about from spur to spur, clearing small patches of ground, and cultivating a few hardy crops: they also bring down to the plains honey, bees-wax, resin, lac, and other jungle products, which they barter for grain, salt, tobacco, and cloth. Most of them have Brâhmans as priests, and employ the barber at marriages. Hindus of every class will drink water from their hands, and eat any food, but rice, that has been cooked by them: and, strange to say, they carry their Hindu prejudices so far that they will not eat *ghi* that has been kept in a jar (*kuppa*) made of cow hide. They always smear the cooking-places with cowdung, and eat barefooted like the Hindus. They know nothing whatever of their former history: in fact the only ancient custom of the tribe that I have been able to discover is that they formerly held deer and sheep sacred, and used the manure of these animals, where we now use cowdung. Notwithstanding their affectation of Hinduism, they still adhere to many of their old customs, which decidedly point to their origin. Marriage rarely takes place before the age of puberty. In their wedded life they are chaste and moral: before this takes place, the intercourse between the sexes is unrestricted. They never marry out of their tribe, and any woman found misbehaving with a male of an alien tribe is at once outcasted; and so with the males. Notwithstanding the employment of Brâhmans and barbers, their marriage ceremony is

The Palamau Parahiyas.

simple and decidedly aboriginal. I have never witnessed one of their marriages, and am unable, therefore, to describe all that takes place: but the principal part of the ceremony consists in pouring *ghi* or oil upon the forehead of the bride, and allowing it to run down the face. If it trickles from the centre of the forehead straight down the ridge of the nose, the fates are propitious and the marriage will be a happy one: if, on the contrary, the *ghi* or oil trickles down to the right or left, it is a sign either that the girl will shortly die or prove unfaithful: and very often in this case the marriage is broken off, and the maiden has to wait till another seeks her hand." [1]

Paramahansa.—A general term for any notable ascetic, more especially one of the higher order of Sannyâsis and more particularly Dandi Sannyâsis. "He is the ascetic who is solely occupied with the investigation of Brahma, or spirit, and who is equally indifferent to pleasure or pain, insensible to heat or cold, and incapable of satiety or want. Agreeably to this definition, individuals are sometimes met with who pretend to have attained such a degree of perfection; in proof of it, they go naked in all weathers, never speak, and never indicate any natural want. What is brought to them as alms or food by any person is received by the attendants, whom their supposed sanctity or confederation of interest attaches to them, and by these attendants they are fed and served on all occasions as if they were as helpless as infants. They are usually included among the Saiva ascetics, but it may be doubted whether the classification is correct." [2]

Pardesi (Literally "foreigners").—A class of thieves and swindlers who, in the old Criminal reports, are classed with the Jogis of Aligarh and the Daleras of Bareilly. In 1868, a gang of them was captured and convicted in Gorakhpur, since when nothing more has been recorded of them. But recent enquiries show that there are still twenty-five families of them in Gorakhpur and about as many in the adjoining district of Champâran, where, however, they do not appear under that name in Mr. Risley's lists. The Gorakhpur Pardesis are still suspected of swindling in the disguise of *faqîrs* or pilgrims. They are not shown separately in the returns of the last Census.

Parihâr.—(Sanskrit *parihâra* "repelling") A sept of Râjputs

---

[1] W. L. R. Forbes, *Report*, p. 45.
[2] Wilson, *Essays*, I., 231 *sq.*

whose name is popularly derived from the fact that, when the first of the race issued from the *Agnikunda* or "fire-pit," he was placed as guardian of the gate (*prithahdwára*). The story how they supplanted the Kachhwâhas is given in connection with that sept. The Parihâr dynasty of Gwâlior [1] lasted for seven generations from 1129 to 1211 A.D. Kutab-ud-dîn Aibeg took the city in 1196; during the short reign of Azam it was re-taken by the Hindus, who held it till 1232 A.D., when the Parihâr dynasty became extinct. To the south of the Bolingæ Ptolemy places the Porvaroi with their three towns, named Bridama, Tholobana, and Malaita. They were probably either the Parihâr or Panwâr Râjputs, who occupied this part of the country from a very early date. The Parihâr Râja of Uchahara traces his lineage to a very remote date. As the Parihârs are said to have been subjected by the Kalachûris they were probably in possession of the country before the Kalachûri conquest of Kalinjar and the establishment of the Kalachûri or Chedi era in 249 A.D. They claim to have preceded the Chandels and Baghels in Bundelkhand and Rîwa. The Mahoba Khand [2] mentions the Parihâr minister of Parmâl, the Chandel, in the twelfth century and must therefore, be at least contemporary with the Chandels. The head of the family now lives in the Native State of Jagni. They call themselves descendants of Govind Deva, and Sârang Deva grandson of the celebrated Parihâr Râja Jhajhâr Singh of Hamîrpur who emigrated there from Mârwâr. According to Colonel Tod [3] the capital city of the Parihârs was Mandâwar, from which they were treacherously expelled by Chondu, the leader of the Râthaur exiles from Kanauj. He notes that there is a considerable colony of them at the confluence of the Chambal with the Sindh and the Kuâri, "who are the most notorious body of thieves in the annals of Thag history."

The Parihârs of the North-Western Provinces and Oudh.

2. They have maintained this evil reputation as inhabiting in Etâwah [4] "that intricate and inaccessible net-work of ravines that abuts on the Pachnadi as the confluence of the Jumna, Chambal, Sindh, Kuâri, and Pâhuj is here called. They have been a particularly lawless and desperate community." They here fix their rise after the defeat of Anangpâl of Delhi. Some of them have

---

[1] Cunningham, *Archæological Reports*, II., 376, *sq*.
[2] *North-Western Provinces Gazetteer*, I., 267.
[3] *Annals*, I., 108, *sq*.
[4] *Census Report, N.-W. P., 1865* I., *App*. 85.

recently raised their importance by marriages with Chauhân and Sengar families. The sept in the Unâo[1] District inhabit the Pargana of Sikandarpur and possess a Chaurâsi or estate of eighty-four villages. According to their tradition they came from Jigini or Srinagar in Kashmîr. "About three hundred years ago, in the time of the Emperor Humayun, a Dikshit girl from Parenda was married to the son of the Parihâr Râja, who lived in Jigini across the Jumna. The bridegroom came with a large escort of his friends and brotherhood to celebrate the marriage and the party on their journey passed through Sarosi. As they sat round a well (the locality of which is still shown, though the well has fallen) they asked who were the lords of the fort which stood not far off. They were told that it was held by Dhobis and other Sûdras who held the neighbouring country. The procession then went on to Parenda and, returning, conducted the bride to her home. Just before the Holi festival, a party headed by Bhâgê Sinh returned, waited for the evening of that riotous feast, and then, when the guards of the fort were heavy with wine, and no danger was looked for, suddenly attacked and slaughtered them and made themselves masters of the surrounding country." Their property became reduced because the law of primogeniture did not apply in the sept, and it gradually became divided among the heirs. They intermarry with the Kachhwâhas and Chauhâns of the West, but have to pay heavily for their brides. They seem to have disputed with the Gautams for the territory on the Jumna below Kâlpi, but were both finally overcome by the Chandels. Dr. Buchanan[2] asserts a connection between the Eastern branch and the Bhars; but in Gorakhpur they are held in good repute. In Azamgarh[3] they say that they came from Narwan and settled in Pargana Muhammadâbâd, whence they were driven out by the Gaharwârs. In Jâlaun they give brides to the Bais and Gautam septs; and take girls in marriage from the Kachhwâha, Bhadauriya, Chandel and Râthaur. In Hamîrpur they marry their girls to the Mainpuri Chauhâns, Bhadauriyas, Jâdons and Râthaurs; and their sons to girls of the Dikshit, Bais, Chandel, Gautam, Sengar, Gaur and Chauhân of the Cawnpur District. Their *Gotra* is said in Agra to be Kasyapa.

---

[1] Elliott, *Chronicles*, 53, *sqq*.

[2] *Eastern India, II.*, 463, Dr. Oppert (*Original Inhabitants of Bharatvarsa*, 93) would connect their names with the Dravidian Pâradas.

[3] *Settlement Report*, 62.

Distribution of the Parihâr Râjputs according to the Census of 1891.

DISTRICTS.	Number.	DISTRICTS.	Number.
Meerut . . .	20	Jâlaun . . .	2,410
Aligarh . . .	8	Lalitpur . . .	428
Mathura . . .	34	Benares . . .	5
Agra	2,772	Mirzapur . . .	126
Farrukhâbâd . .	996	Ballia	407
Mainpuri . . .	685	Gorakhpur . . .	93
Etâwah . . .	3,324	Azamgarh . . .	1,146
Etah	93	Tarâi	8
Bijnor	37	Lucknow . . .	68
Budâun . . .	58	Unâo	2,498
Morâdâbâd . . .	22	Râê Bareli . . .	721
Shâhjahâupur . .	52	Sîtapur . . .	191
Pilibhît . . .	11	Hardoi . . .	223
Cawnpur . . .	3,162	Kheri	84
Fatehpur . . .	1,646	Faizâbâd . . .	1
Bânda	732	Bahrâich . . .	134
Hamîrpur . . .	3,277	Sultânpur . . .	292
Allahâbâd . . .	1,346	Partâbgarh . . .	189
Jhânsi	4,162	Bârabanki . . .	419
		TOTAL .	31,880

Parwâl; Parwâr, a sub caste of Banyas, enumerated in the former Census in Bundelkhand, Cawnpur and Agra, but who are not found in the returns of the Census of 1891. To the east of the Province they have two endogamous sub-divisions—Samaiya and Parwâl and twelve *gotras* with twelve sections (*mûl*). These *gotras* with their sections are thus given in Mirzapur:—

(1) Bachhalya with sections—Nârd; Pachlori; Dhumsar; Chharir; Rakari; Kadua; Barê Sareri; Ahari; Kathari; Jageswar; Nagâich; Tahari.

(2) Goil with sections—Bâr; Nagari; Kharo; Bhuri; Lubâich; Chhola; Baisâkhiya; Karkach; Godhu; Sara; Gâgaro; Barahad.

(3) Bâsil with sections—Deda; Deriya; Bala; Haidam; Doha; Raka; Râvandim; Chhalkar; Sakheswar; Sadravad; Chandari; Pahu.

(4) Khohil with sections—Setsâgar; Kahala; Rathiya; Chhorari; Rohrairi, Kharhat; Sonharu; Lagait; Bagari; Khadhari; Birâri; Dhokhadari.

(5) Gohil with sections—Chhatra; Gaha; Mamala; Mahâdim; Baromaro; Indradhar; Baru; Kharahat; Punhara; Gabari; Papihad; Khalasi.

(6) Mâthil with sections—Mar; Rodo; Bâhil; Kathahai; Sakahman; Mandlari; Kharaich; Jhulari; Idoha; Gausil; Bhariwaro; Bharhuri.

(7) Kausil with sections—Bahuriya; Masta; Richa; Osil; Kochhichar; Gagwâro; Suchaha; Sirerê; Pabubarê; Chachâri; Basawalo; Sarbsola.

(8) Bharil with sections—Bharu; Big; Khona; Iga; Kuba; Pâbub; Kuchari; Bhagwant; Harari; Bagari; Horir; Gahori.

(9) Kâsil with sections—Ujiya; Divkar; Sarbchhâi; Sola; Digaya; Puthwar; Dhana; Lata; Dhodhara; Dogar; Sanga; Indmur.

(10) Phâgil with sections—Sobar; Gaghari; Phâgil; Buhrerê; Chhirari; Baresara; Mangala; Balaichrê; Jajarê.

(11) Kohil with sections—Padmâwat; Bebaro; Ghachi; Chhagati; Dahari; Horari.

(12) Bâchhil with sections—Irari; Bibikuttam; Basil; Gaha; Gâjaro.

This list is imperfect in the names of some of the sections, but it illustrates the fertility of invention exercised in establishing this tribal organisation.

Rule of exogamy.

2. A man cannot marry in his own *gotra* or in any of its sections; in the section of his maternal uncle, father's maternal uncle, grandmother's maternal uncle, maternal grandfather's maternal uncle, maternal grandmother's maternal uncle.

3. In their marriage ceremonies the Parwâls agree with those of the Mârwâris up to the stage where the procession goes to the house of the bride. But when the bridegroom reaches the door one peculiar ceremony is performed. They do not at this time worship Gauri and Ganesa as other Hindu castes do, which is known as the *duârpûja*. Among the Parwâls the bridegroom is there decorated with bangles and ear-rings and then joins his party at the reception place (*janwânsa*). Another special ceremony, known as *bol*, is also performed. In this the bride's father returns to the bridegroom Rs. 2-8 out of the sum paid by his father at the betrothal. Then the bride in a litter and the bridegroom on a horse walk round the nuptial shed—a ceremony called *bindâyaki*. On this day the father of the boy feeds his relatives and friends on sweetmeats which is known as the *chabeni* or "giving of parched grain." On the fourth day the ceremony of *ganauna* is done. The bride and bridegroom, dressed in new clothes, stand under the marriage shed and the bride takes some rice and sugar in her hands and walks seven times round the shed. When she finishes the seventh circuit she puts the rice and sugar in the hands of her husband. On the fifth day is the *palaka upachâr*. The pair sit on a cot and on it is laid the dowry. After this the pair go to the place where the wedding party is being entertained and distribute sweets among them. Then the bride's brother takes her home. Next is the *keura* when the women of the bride's family go to where the bridegroom's party are halting and sing songs of abuse directed against the father of the bridegroom—a survival of marriage by capture. After this is the *phâg*. It consists in the relatives of the bride throwing coloured water on the friends of the bridegroom, as is done at the Phagua or Holi. They receive fresh clothes from the girl's father to replace those that have been soiled. Last comes the ceremony of *kahas bandhâi*. The father of the bridegroom distributes presents to dependents, such as the barber, washerman, etc., and the bridegroom comes to the bride's house and opens one of the fastenings of the marriage shed (*mânro*) and receives some money or ornaments from his wife's father.

Marriage ceremonies.

Pâsi; Passi [1] (Sanskrit *pâshika*, "one who uses a noose") a Dravidian tribe principally found in the Eastern Districts of the

[1] Based on enquiries at Mirzapur and notes by M. Sayyid Ali Bahâdur, Deputy Collector, Partâbgarh; Mr. E. J. Kitts, C. S.; M. Mahâdeo Prasâd, Head Master, High School, Pilibhit.

PÂSI.

Province and in Oudh. Their original occupation appears to have been tapping various kinds of the date tree for its sap, which is fermented into târi. Mr. Nesfield's idea that the name implies that they have recently emerged from the savage state of noosing birds does not seem to be justified by actual facts.

Traditions of origin.

2. The Mirzapur tradition of the origin of the tribe runs thus:—One day a man was going to kill a number of cows. Parasurâma was at that time practising austerities in the jungle. Hearing the cries of the sacred animals he rushed to their assistance, but the cow-killer was aided by his friends. So Parasurâma made five men out of *kusa* grass and brought them to life by letting drops of his perspiration fall upon them. Hence arose the name Pâsi from the Hindi *pasîna* "sweat" (Sanskrit *prasvinna*, "covered with perspiration"). The men thus created rescued the cows. Then they returned to Parasurâma and asked him to provide them with a wife. Just at that moment a Kâyasth girl was passing by and her Parasurâma seized and made over to the Pâsis—a remarkable survival of a tradition of primitive polyandry. From them sprang the Kaithwâs sub-caste.

3. In parts of Oudh they have a tradition which professes to explain their connection with other possibly allied tribes on the basis of a series of ridiculous folk etymologies. Thus the Râjpâsis say that they are a branch of the Pâsis and originally came from Gujarât. Tilok Chand, instead of being the eponymous hero of the Bais Râjputs, was according to them a Bhar king and called his family Râjbansi or "those of royal lineage" and from this came the name Râjpâsi. After a time they fell out and some took to their beds (*khatya*) and were called Khatîks; others took to the trees in a grove (*bâgh*) and were called Bâchhal; while the remnant were called Râjpâsi or "royal" Pâsis. It is said that the Pâsis and Arakhs there always claim kindred with the Bhars.[1] All through Oudh the Pâsis have traditions that they were lords of the country and that their kings reigned at Sandîla, Dhaurahra, Mitauli and Râmkot in the Districts of Kheri, Hardoi and Unâo.[2] Râmkot, where the town of Bângarmau in Unâo now stands, is said to have been one of their chief strongholds. The last of the lords of Râmkot, Râja Santhar, threw off his allegiance to Kanauj and

---

[1] *Lucknow Settlement Report*, XXIV.
[2] *Oudh Gazetteer*, II., 207.

refused to pay tribute. On this Râja Jaychand gave the Gânjar country to the Banâphar heroes, Alha and Udal and they attacked and destroyed Râmkot, leaving it the shapeless mass of ruins which we now find it.[1] Similar traditions prevail in other parts of Oudh. In the Kheri District the Pâsis, Râjpâsis, Arakhs, Mothis and Khatîks are looked on as kindred castes. The Râjpâsis of that part of Oudh say that they are descended from Ratan Dat Sinh, a Thâkur of Pataungarh, near Nîmkhâr, and a Pâsi woman who bore him several children. His descendants went so far as to claim a marriage alliance with the Ahban Râjputs. The head of the clan is said to have yielded consent on the ground of the Râjput paternity of the Râjpâsis, and to have invited the whole of the tribe to the betrothal feast. He plied them well with wine to which the tribe is to this day much addicted, and while they were in a state of drunken insensibility, some seven or eight hundred of them were put to death and their estates seized by the victors. Those who escaped are said to have fled and settled in Bângar, Mahmûdi and the northern part of Sîtapur.[2]

4. Another legend tells that during the time Parasurâma was incarnate there was an austere devotee called Kuphal who was asked by Brahma to demand of him a boon, whereupon he requested that he might be perfected in the art of thieving. His request was granted and there is a well-known verse regarding the devotions of Kuphal, the pith of which is that the mention of the name of Kuphal, who received a boon from Brahma, removes all fear of thieves; and the mention of his three wives—Mâya (illusion), Nidra (sleep) and Mohani (enchantment) deprives thieves of success in their attempts against the property of those who repeat these names.

5. There is also a tradition that a descendant of Kuphal, named Karan, who dwelt in the jungle and is now deified by his race, had two wives, the one a Chhatri and the other an Ahîrin. From the former of these, it is asserted, sprang the Râjpâsis and Bhîls and from the latter the Khatîks.

6. Still another tradition runs that the Pâsis came originally from Kacchh and settled in Kanauj. According to this form of the tribal legend there were four brothers who were called out to

---

[1] Elliott, *Chronicles of Unâo*, 24.

[2] Carnegy, *Notes*, 61 *sq.* *Sîtapur Settlement Report*, 88.

fight, and of these Mohan alone responded to the summons. He was killed and of him were sprung the Râjpâsis, while the descendants of the other brothers, who lived to fight another day, are known as Arakhs, Marghas and Thothos. A heroic Pâsi, named Siu of Barniya figures prominently in the legend of Alha and Udal.

7. In the Partâbgarh form of the story the Pâsis, Arakhs, Khatîks and Pachhars are all one. The original Pâsis had a great fight with the Râja of Newâr. Some of them were cowards and hid under a cot (*khatya*) whence they came to be called Khatîks; others behind an *Arka* plant (*Calotropis gigantea*) whence they came to be named Arakhs. Again it is said that there was a Pâsi, named Mahiyan, who was in the service of the Râja of Newâri, and he was the Râja's watchman. One day his pigs trespassed into the fields of a Murâo, named Koeli. He preferred a complaint to that Râja and demanded nine lakhs of rupees as damages. The Râja offered to give him four lakhs, but he insisted, in addition, that Mahiyan should be banished from the kingdom. When Mahiyan was ordered to go into banishment he refused and, summoning his castemen, defeated the army of the Râja; but he spared his life and compelled him to pay a fourth (*chauth*) of his revenue to the Pâsis. This is said to have happened just before the wars of Alha and Udal.

8. Another story current in Partâbgarh is that the ancestor of the tribe was one Ratan Daksha. When Parasurâma destroyed the Kshatriyas he killed Râja Vena as well as the others, and then the Râni kept the corpse of her husband and implored Parasurâma to create from it a man to continue the race. Parasurâma touched the head of Râja Vena and out of it sprung a man of dark complexion with a bow and arrows in his hand. He was the first Râjpâsi and to him was entrusted the duty of watchman of the kingdom. In the form of the story current in Pilibhît the Rishis were offended with Râja Vena for his impiety and killed him; but at the prayer of his Râni they formed a man out of his sweat (*pasîna*) and he was the first Pâsi.

9. From all this mass of tradition it may be gathered that there is a close connection between the Pâsis, Arakhs, Mothis and Khatîks, which from their appearance and manners is not antecedently improbable. Mr. Carnegy tries to make out a closer connection between the Pâsis and other Râjput tribes of Oudh, such as the Bais, than is perhaps warranted by the facts.

10. As might have been anticipated from the discrepant legends of their origin and connection with other tribes, the internal organisation of the caste cannot be ascertained with absolute certainty. At the recent Census they were enumerated in six sub castes—Arakh, Baurâsi, Kaithwâns, ·Mothi and Râjpâsi. In Mirzapur the Pâsis name five endogamous sub-castes—Kaithwâs who, as already stated, claim Kâyasth origin; Bhar, a tribe which though perhaps allied to the Pâsis it is more convenient to discuss separately; Pasmangta who are said to be begging Pâsis (*Pâsi mângua*, "to beg") and to be so called because they receive alms from other Pâsis at marriages; Baurâsi said to be so called because one of the five original Pâsis created by Parasurâma or Parameswar once ran amuck (*baurâna*). To the east of the Province Pâsis are often designated by the ge--ral term Pâsi-Baurâsi. Last come the Pahri who are said to take their name from their duty of keeping guard (*pahra*); they are often classed as a distinct tribe. Mr. Sherring[1] from Benares gives another list—Jaiswâra, who like the Banya and other clans of the same name take their title from the old town of Jais; Kainswât or Kaithwân, who correspond to the Kaithwâns or Kaithwâs of the other lists; Gûjar, who, of course, are a distinct tribe; Tirsuliya, who take their name from the *trisûla* or three-bladed knife with which they pierce the stem of the palm tree. Dr. Buchanan[2] makes a curious mistake in connecting the name of this sub-caste with the sacred *tulasi*, because they have planted the sacred *Ocymum*, called *tirsûli* in the vulgar tongue, and have thus become a sort of Hindus. Next in Mr. Sherring's list follow the Pasiwân; Chirya-mâr or "bird-killers" (*chirya-mârna*) who are more properly included among Baheliyas, a possibly allied tribe; Byâdha (Sanskrit *vyâdha*, "a hunter") who also come more properly under Baheliyas; Bihâri or "residents of Bihâr" and Bhar which it is advisable to treat separately. In Bihâr[3] there are four sub-castes—Byâdha, Gaiduha, a word which seems to mean "milkers of cows" (*gâé-duhna*);—Kamâni and Tirsuliya, of whom the Byâdha say that their original occupation was cultivating the water chestnut (*singhâra*); but they now tap date trees like the other sub-castes. A list from Partâb-

Tribal organisation.

---

[1] *Hindu Tribes and Castes*, I., 389.
[2] *Eastern India*, I., 175.
[3] Risley, *Tribes and Castes*, II., 166.

garh, again, gives, Râjpâsi, Gûjar, Kaithwâns, Guâl, who are really Ahîrs, Mangta, Baurâsi, Arakh, Khatîk and Pachhar. From all this it seems obvious that the term Pâsi is merely occupational and includes a number of distinct tribes, whose only connection is the common occupation of extracting the juice of the date palm. The complete Census returns show 305 Pâsi sub-divisions of the familiar type. Those of the greatest local importance are the Baheliya and Bhîl of Budâun, the Aheriya and Bhîl of Morâdâbâd; the Parasarâmi of Allahâbâd and Fatehpur, the Boriya of Fatehpur; the Rewâs of Bânda; the Baheliya and Bharê of Mirzapur; the Baheliya, Manwâs and Tarmâli of Ghâzipur; the Chaurâsi of Basti, Sultânpur and Bârabanki; the Bhadauriya of the Tarâi; the Banya of Lucknow; the Boriya, Mahtiya and Parasarâmi of Unâo; the Boriya of Râê Bareli; the Bachar, Dhânuk and Khatîk of Sîtapur; the Banya of Gonda; the Bachar, Chunarha, Dhânuk and Khatîk of Bahrâich.

Marriage rules.

11. It does not appear that Pâsis actually introduce outsiders into the caste, but it is reported from Partâbgarh that if a woman of the tribe become pregnant by a stranger to the tribe and her child be born in the house of her father or husband it will be accepted as a Pâsi of pure blood and admitted to all tribal privileges. The rule of exogamy prevailing in the endogamous sub-castes is not very rigidly fixed. Many Pâsis say that they bar all near relations generally. In Mirzapur they fix the prohibited degrees as the families of the maternal uncle, paternal uncle, maternal and paternal aunts for seven generations in the descending line. Marriage questions are decided by the tribal council (*panchâyat*) which is presided over by a chairman (*chaudhari*) selected at each meeting from among the most influential adult males present. The council deals specially with cases of immorality and pollution caused by journeys across "the black water" (*kâlapâni*) which the criminal pursuits of the tribe occasionally necessitate. When a woman is detected in an intrigue with a clansman the relations on both sides have to give a tribal feast and the offenders are then admitted to caste. In the same way if a man offend with a strange woman he has to purchase his re-admission; but if a woman intrigue with a stranger she is permanently expelled. Concubinage, even with a woman of the tribe, is in Mirzapur punished by expulsion. Immorality in both sexes, provided it be inter-tribal, is lightly regarded. Marriage

takes place from the age of five or seven to sixteen; but infant marriage is the rule. No bride or bridegroom price is taken; out the friends of the girl are expected to give something to the relations of the bridegroom by way of dowry. If either party become blind or leprous after marriage a separation can be procured with the leave of the council. Widow marriage and the levirate both prevail. If the deceased husband leave a brother, who is of age to marry and is not already married, he is expected to take over the widow. The regular *sagâi* marriage is performed only in the case of virgin widows and they are as a rule married to widowers. In the case of widows whose marriage has been consummated there is practically no ceremonial of any kind and such a woman can with the permission of the tribal council live with a man as his acknowledged mistress (*rakhui*). This form of union is recognised after a tribal feast. In the ordinary *sagâi* the only ceremony is that the intended husband goes to the widow's house with a few friends taking with him some jewelry (generally five articles for luck) and a suit of clothes. The friends on both sides eat together and during the night in a dark room the man marks the parting of the woman's hair with red lead and next morning she is dressed in her new clothes and taken home. In the case of the levirate there is no fiction of ascribing the children of the subsequent union to the elder brother. If the widow marry an outsider she loses all rights in the property of her late husband. If she marry her husband's brother he has the usufruct of the property of his late brother and manages it until the sons of the first marriage come of age, when they succeed.

Adoption and succession.

12. The Pâsis of Mirzapur profess to be able to state elaborate rules on the subject of adoption in imitation of those prevailing among the higher Hindu castes; but practically a man only adopts his brother's son with leave of the council and there is no recognised religious element in the transaction. The same is the case with succession. A man's heirs are his sons or in default of sons his associated brethren. Primogeniture is so far recognised that the eldest son gets a quarter share in excess as compared with his younger brothers. Widows have a life interest, but this depends on their continuing chaste and not marrying by *sagâi*. In default of a daughter or a daughter's son the inheritance devolves on him who performs the funeral ceremonies of the deceased.

13. During pregnancy the Eastern Pâsis make vows and a sacrifice to Birtiya, the village pantheon (*dih*) and to Phûlmati Devi. If the mother has an easy delivery these deities are honoured with an offering of spirits (*khappar*) and a hog (*mâl*). They have no ceremony on the sixth day (*chhathi*). The Chamârin midwife attends for six days and receives as her remuneration four sers of grain and four pice, if the baby be a boy, and half that amount if it be a girl. On the twelfth day is the *barahi* ceremony when the house is cleaned and the earthen pots replaced. Mother and child are bathed by the barber's wife, her hand and toe nails are cut and her feet stained with lac dye (*mahâwar*). Then the father of the child sacrifices a young hog to Birtiya and pours a libation of spirits on the ground. After this he invites a few of the tribesmen and feeds them on the pork and boiled rice. By this dinner the birth impurity is finally removed. When the mother goes first to draw water from the well after her confinement she places a handful of rice on the platform and bows down to it. The husband does not cohabit with his wife for six months after her delivery. The only ceremony of initiation is the ear-boring (*kanchhedan*, *kanbedha*) which is done by the village goldsmith when the child is five or six years old. His fee for doing this is one pice. The family feed on choice food that day and from that time the child has to conform to caste rules in the matter of eating and drinking.

Birth ceremonies.

14. The marriage is of the usual low caste type. The negotiations are commenced by the father of the bride who goes to the boy's house with the salutation *Râm! Râm!* as he enters. The boy is sent for and approved. The Pandit is called in and approves the horoscopes of the pair (*râsbarg*). His future father-in-law gives the boy a rupee and this completes the betrothal (*mangni*). Then follows the *tilak* or marking of the boy's forehead by his father-in-law. This is known to the east of the Province as the "water drinking" (*pâni pîna*) and the bride's Brâhman and barber take with them a betrothal gift consisting of a tray (*thâli*), a cocoanut (*nâriyal*), one or two pieces of cloth, some sweetmeats and one rupee or eight annas in cash. A feast of rice and pork follows and on that day the wedding day is fixed. Then comes the rite of *matmangara* or collection of the sacred earth (for which see *Bhuiya*, paragraph 14) and the erection of the nuptial shed (*mânro*), which is made of four bamboos

Marriage ceremonies.

and contains in the centre a plough beam (*haris*) and some wooden images of parrots (*suga*). On that day the Pandit binds round the wrist of the boy a bracelet (*kankan*) consisting of iron surrounding a mango leaf and some mustard seed to keep off ill-luck. Next follows the anointing of the bride and bridegroom with oil and turmeric, and on the day before the procession starts the boy's father sacrifices a hog and pours a libation of spirits on the ground in honour of Agwân Deva, the herald deity who presides over enterprises, the Pânchon Pîr and the goddess Phûlmati. The other ceremonies are of the usual type. The binding part of the marriage ceremony is the bridegroom rubbing some red lead on the ploughshare set up in the nuptial hut and smearing some on the parting of the bride's hair, after which they revolve five times round the ploughshare. Next follows the *kohabar* ceremony when the married pair retire into an inner room. The significance of this rite is explained in paragraph 18 of the account of the Majhwârs. Five days after the return of the bride with her husband, the bridegroom's sister flings the marriage festoons (*bandarwâr*) into running water with the sacred water pots, (*kalsa*), and on her way back she worships every banyan and *pîpal* tree she comes across with an offering of rice and water.

Death ceremonies.

15. The dead are disposed of in the usual Hindu fashion. They usually cremate their dead, but sometimes bury them when epidemic disease prevails. When they bury, the head of the corpse is usually laid towards the north and the feet to the south, while the face is slightly turned to the east. Immediately after death a little sugar is put into the mouth of the corpse. After cremation the relatives chew a leaf of bitter *nîm* as a sign of mourning and then eat a little sugar as a protection against demoniacal influence. The cremation is generally followed by a drunken revel at the village grog-shop. Next morning the chief mourner arranges a habitation for the vagrant spirit (*pret*) by fixing some blades of *kusa* grass on the bank of a tank. On this he regularly pours water during the ten days of mourning, and food is left out every night for the use of the ghost along the road by which the body was removed for cremation or burial. The ashes are usually left on the site of the pyre, but some who are more careful collect them for ultimate disposal in the Ganges or some other sacred river.

16. To the east of the Province some of the more advanced Pâsis are often members of the Sâkta sect, but few ever become regularly initiated. Many of them in Mirzapur worship Bandi Mâi, a form of Devi. She has no regular temple, but nearly every house has a platform (*chauri*) in her name and an image of brass or silver is placed upon it. This image is adorned with a necklace (*mâla*) and at every marriage in the family a fresh bead is added to the necklace, of gold for a boy and of silver for a girl. She is worshipped specially at marriages with the sacrifice of a castrated goat (*khassi*) cakes (*pûri laddu*), sweetmeats, rice, milk, flowers and betel leaves. There is no holiday in her honour but she is specially worshipped whenever a vow is made or any particular blessing craved. Others worship Agwân Deva, Phûlmati or the Pânchon Pîr. To these deities pigs and liquor are offered. The household worship of the Pânchon Pîr is often represented by an iron spear (*sâng*) with three points or by five wooden pegs buried in the floor of the court yard. In Partâbgarh they have a large collection of local gods, such as Kâradeva, Miyân, Kambîra, Kshetrpâl or Bhûmiya and Bahirwâr. To the last two pigs and liquor are offered which are consumed by the worshippers. These offerings are made on a Wednesday or a Saturday. In Pilibhît Bhûmiya, or the godling of the soil, is known as Bhûmsen. But Pâsis, like all the lower Hindu castes, are very catholic in their worship and will visit the tomb of any saint (*pîr*) or martyr (*sayyid, shahîd*) which is convenient. They offer water every day to the souls of their deceased ancestors in the first fortnight of Kuâr. In the east of the Province some Pâsis again have quite another set of deities, such as Râm Thâkur, who perhaps represents Râma, Mahâbîr and Bhaironnâth. Râm Thâkur is honoured with the sacrifice of a castrated goat at weddings. Mahâbîr and Bhairon receive a bloodless offering, the former *laddu* sweetmeats and the latter cakes (*bara*) made of the flour of the *urad* pulse. When small-pox breaks out Sîtala Mâi is specially worshipped by women. When the time comes for tapping the date palms they collect a few friends and burn some incense over the sickle (*hansuli*) used for the purpose, and over the wooden strop on which it is sharpened. All classes of Brâhmans will officiate at their marriages and other ceremonies, and do anything for them which does not involve touching them or anything in their houses. Their festivals are those ordinarily observed by Hindus, the Phagua or Holi, Dasami, Diwâli, Kajari, Khichari and Tîj.

Religion.

17. Their demonolatry is that common to the lower class of Hindus. They believe that old trees are occupied by evil spirits (*bhût*) or demons (*deo, bîr*) and to these collectively a pig is offered in the month of Aghan and a little spirits poured on the ground. They generally perform the *srâddha* rite, and some of the wealthier of them go even as far as Gaya for that purpose. They will not cut down or injure the *pîpal* tree which they believe to be the abode of Vasudeva.

Social status and occupation.

18. To the east of the Province the women wear bracelets of glass or lac (*chûri*) on their wrists, necklaces (*guriya*), nose-rings (*nathiya*), ear ornaments (*karanphûl*), heavy pewter anklets (*pairi*). The men wear an ear ornament (*lurka*) and round the neck a gold coin or bead or an image of Sîtala, if the wearer have escaped a severe attack of small-pox. If he has lost his first wife and married another he will hang an image of the dead woman round his neck. This is also very commonly worn as a protective by the second wife and is known as "the co-wife" (*sautin*). Any present made to the new wife is always first offered to this image in order to avoid any jealousy on the part of the ghost. They swear on water or on the head of their eldest son. They believe strongly in witchcraft, possession by evil spirits, the demoniacal theory of disease and the Evil Eye. In such cases the Ojha or Syâna is consulted. They will not eat the flesh of the cow, buffalo, alligator, monkey, horse, jackal or lizard; most of them eat pork, fowls and field rats, sheep, goats and deer, but no meat is eaten in the fortnight in Kuâr sacred to the dead. Women eat apart from and after the male members of the family. They use tobacco and spirits and the latter often to excess. They salute castemen by the form *pâêlagi* and their seniors by *Râm! Râm!* Low castes like Chamârs and Bhangis will take water from their hands. As a rule they will eat *kachchi* cooked by their own castemen or by Brâhmans, and *pakki* cooked by a Brâhman, a Râjput, respectable Banyas such as Agarwalâs or Rastâogis or by a Halwâi.

19. A few are landowners, but most of them are day labourers, collectors of palm-juice, or makers of grindstones or curry stones. They bear on the whole an indifferent reputation and in the east of the Province many of them are noted thieves and burglars, who often make long journeys and commit serious crime.

General Sleeman says that in his time it was supposed that there were one hundred thousand families of Pâsis in Oudh, who were skilful thieves and robbers by profession and were formerly Thags and poisoners as well. They generally formed the worst part of the gangs kept up by refractory landowners "who keep Pâsis to fight for them, as they pay themselves out of the plunder and cost little to their employers. They are all armed with bows and arrows and are very formidable at night. They and their refractory employés keep the country in a perpetual state of disorder." Things, of course, have much improved since the British occupation of the Province but "even now in the Bângar the Pâsis pride themselves on taking some evidence of their prowess—a penknife, a handkerchief, from the tents of the English officers who visit their jungles for sport, and with whom they are generally on the best of terms".[1]

---

[1] *Journey through Oudh*, 25.
Sitapur Settlement Report, 87.
Hardoi Settlement Report, 5.

Distribution of Pásis according to the Census of 1891.

DISTRICTS.	Arakh.	Baurâsi.	Gûjar	Kaithwân.	Mothi.	Râjpâsi.	Others.	TOTAL.
Debra Dûn	...	648	231	92	...	69	244	1,284
Sahâranpur	...	122	78	7	...	6	529	742
Muzaffarnagar	...	12	...	9	...	...	6	27
Meerut	...	...	...	...	...	...	699	699
Mathura	...	...	...	...	...	...	14	14
Agra	...	...	...	...	...	...	11	11
Farrukhâbâd	...	8	4	...	...	9	15	36
Mainpuri	...	3	...	...	...	1	32	36
Etâwah	...	...	...	3	...	...	31	34
Etah	...	...	...	...	...	...	3	3
Bareilly	...	...	...	156	...	...	184	340
Bijnor	...	...	...	...	...	...	8	8
Budâun	...	...	8	...	...	...	6,738	6,746
Morâdâbâd	...	...	...	...	...	...	7,199	7,199

Shâhjahânpur	4	59	1,330	95	72	14,218	3,166	18,944
Pilibhît	18	5,826	2,742	183	...	2,657	348	11,744
Cawnpur	...	...	193	96	...	15	889	1,193
Fatehpur	...	2	9	29,552	...	88	1,206	30,857
Bânda	...	14	5	1,623	125	...	437	2,204
Hamîrpur	...	4	...	14	...	...	5	23
Allahâbâd	...	...	52	109,242	...	...	3,098	112,392
Jhânsi	...	...	...	13	...	...	98	111
Jâlaun	...	...	...	...	...	...	12	12
Lalitpur	...	...	...	10	...	...	2	12
Benares	...	...	...	3,283	...	...	1,641	4,924
Mirzapur	...	...	...	19,139	782	2,138	475	22,534
Jaunpur	...	...	...	29,456	...	...	1,070	30,526
Ghâzipur	...	...	...	37	...	...	4,785	4,822
Ballia	...	...	...	...	...	...	677	677
Gorakhpur	...	14,155	7,109	10,145	...	...	17,267	48,682
Basti	...	10,413	6,909	,098	...	...	324	18,744

Distribution of Pâsis according to the Census of 1891—concld.

Districts.	Arakh.	Baurâsi.	Gûjar.	Kaithwân.	Mothi.	Râjpâsi.	Others.	Total.
Azamgarh	...	...	...	22,421	...	...	65	22,484
Tarâi	...	...	1	1	...	7	912	921
Lucknow	102	169	29,971	67	4,638	39,107	1,602	75,656
Unâo	68	1,270	29,848	129	...	19,314	31,792	82,421
Râê Bareli	...	50,049	10,434	26,243	...	17	14,325	101,248
Sîtapur	3,020	14	13	...	1,043	95,653	5,157	104,900
Hardoi	...	8	22	...	74	85,308	627	86,039
Kheri	8,567	242	49	...	1,218	63,880	559	74,515
Faizâbâd	...	2,786	34,623	...	...	...	337	37,746
Gonda	...	14,061	22,011	...	315	168	1,110	37,665
Bahrâich	117	8,623	21,470	29	...	4,221	15,635	50,095
Sultânpur	...	23,455	2,687	6,598	...	...	1,973	34,722
Partâbgarh	...	...	127	61,993	...	...	239	62,459
Bârabanki	4,314	75,615	5,931	...	...	26,653	10,315	122,828
Total	16,210	207,558	175,857	321,914	8,267	353,535	135,961	1,219,311

PATHÂRI.

Patâri.—A branch of the Majhwâr tribe, who have now become their family priests. Two explanations of the name have been given: one connects it with the Sanskrit *patravârnika* in the sense of "a scribe" or "recorder," in which case they may have been originally priests and genealogists of the Gond Majhwârs. Another theory connects the word with *pât* which in Gondi appears to mean "a sacred place". Thus in Mandla to propitiate evil spirits the Gonds set up rude shrines (*pât*) which are "sometimes merely a bamboo with a piece of rag tied to the end, a heap of stones, or perhaps only a few pieces of rag tied to the branches of a tree. However, the spirit is supposed to have taken up his abode there, and in consequence on the occasion of any event of importance happening in the Gond's family, the spirit has his share of the good things going, in the shape of a little spirit, and possibly a fowl sacrificed to him."[1] The same word apparently originates Pât who is a mountain deity of the Kurs, and Mainpât which is the holy plateau of Sarguja, looked upon with reverence by these Dravidian tribes.[2] The word Patâri or Pathâri with synonyms Pradhân and Gugya appears as a sept of the Gonds of Mandla.[3] Of the Gond Pradhân Mr. Hislop writes: "The Pâdâl also named Pathâdi, Pardhân and Desâi is a numerous class found in the same locality as the Râj Gonds, to whom its members act as religious counsellors (*Pradhâna*). They are in fact the Bhâts of the upper classes, repeating their genealogics and the exploits of their ancestors, explaining their religious system and assisting at festivals on which occasions they play on two sorts of stringed instruments (*kingri* and *jantar, yantra*). For their services they receive presents of cows and bullocks, cloth, food and money."[4] This is pretty much the position of the Patâri among the Mirzapur Majhwârs.

Tribal organisation.

2. The Mirzapur Patâris are divided into four exogamous groups (*jund*) which each contain a number of septs (*kuri*) mostly totemistic. These septs are practically analogous with those of the Majhwârs (*q.v.*). In the first exogamous group we have six septs—Markâm, Poiya, Kusro, Soi, Neti and Serlo: in the second twelve—Tekâm, Marpachi, Netâm, Pusâm, Kariyâm, Sindrâm, Kerâm, Oima,

---

[1] *Central Provinces Gazetteer*, 275.
[2] Dalton, *Descriptive Ethnology*, 231, 135, 223.
[3] *Central Provinces Gazetteer*, 273.
[4] Hislop, *Papers*, 6.

Dadâichi, Koâchi, Ulagwati, Kargati: in the third Marâi, Sarota, Soiyâm, Sarotiya, Bandaru, Karbê, Kursenga, Purkela, Masrâm, Armor, Ârpati and Karpati: in the fourth Korâm, Poika, Armon, Pâwalê, Chichâm, Balariya, Otê, Urich, Salâm. Most of these are analogous to the Majhwâr septs and, as there shown, many of them are totemistic. A closer analysis of the Central Provinces' septs of Gonds will probably show that this is generally the case.

Tradition of origin.

3. The Patâris say that they were originally Majhwârs: the whole tribe was descended from seven brothers. When they could find no one else to act as family priest (*purohit*) they compelled the youngest of the seven to undertake the duties. The curious part of the arrangement is however that a Majhwâr must be attended as his priest by a Patâri of the same sept as his own. Thus a Markâm Patâri acts as priest to a Majhwâr of the Markâm sub-division and so throughout the tribe. The result is that the parishioners or constituents of a Patâri are scattered over a large area and he has to undertake long journeys in order to pay his periodical visits. The system under which, by a specialisation of function this class of aboriginal local priests was formed, is very instructive in its analogies to what was probably the method by which the tribe of Brâhmans with its numerous local sub-divisions was organised.

Tribal council.

4. Their tribal council is exactly on the same system as among the Majhwârs.

Marriage rules.

5. The rules of marriage agree with those of the Majhwârs, but there appears to be no hypergamy. They marry rather earlier than Majhwârs—at the age of ten for boys and nine for girls. The bride price fixed by invariable tribal custom is ten sers of sesamum (*tili*), ten sers of the *urdi* pulse, twelve measures (*panseri*) of rice, four measures of coarse sugar, three rupees in cash and a cloth (*dhoti*) for the bride. Formerly part of the bride price used to consist of liquor but this gave rise to such an amount of quarrelling that about four years ago the tribal council decided that coarse sugar (*gur*) was to take the place of liquor. A wife, who makes a practice of adultery, who wastes the family property or thieves, may be discarded with leave of the council. If a man does not support or ill-treats his wife she can leave him, and such divorced women can marry again by the *sagâi* form. Polygyny is allowed and the children of all the

wives rank equally as heirs. Concubines are not allowed: illegitimate children follow the caste of the fathers, but the clansmen will not eat with or intermarry with them.[1]

Widow marriage.

6. When a man dies the council marry his widow to some widower in the tribe. The consent of the parties and the kindred of the first husband is essential. On a day fixed the man eats at the widow's house. Next day he takes her home and puts on her a set of bangles and ear ornaments (*chûri, tarki*) and pays to the husband's younger brother, who accompanies her, twelve rupees, a turban and a loin cloth which are regarded as the equivalent of the bride price. The levirate is allowed on the usual conditions. They practise Beena marriage in the usual *gharjaiyân* form.

Domestic ceremonies.

7. The domestic ceremonies are practically the same as those of the Majhwârs.

Social position.

8. The position of the Patâri is decidedly low. He is looked upon with contempt as a beggar, and he is discredited because, like the Hindu Mahâbrâhman, he takes the clothes, utensils, etc., of the dead man which are given to him in the belief that he will pass them on for the use of the deceased in the next world. And although they are the family priests of the Majhwârs, the latter show their contempt for them by refusing to eat with them or drink water from their hands.

Pâthak.—(Sanskrit *pâthaka*, "a reciter, teacher") a functional division of Brâhmans, who like the Upâdhyâya, are devoted to the instruction of youths in religious knowledge and the manner of performing rites and ceremonies. The term *pâtha* is technically applied to the modes of recitation of the Vedic texts, of which there are five—Samhita, Pada, Krama, Jata and Ghana.

Pathân.—One of the chief Muhammadan tribes. There has been much controversy on the origin of the term. To quote Dr. Bellew, the latest and best authority on the ethnology of these races, "The origin of the name Pathân, and the nationalitics originally represented by it, carries us back to very early times. The term Pathân is not a native word at all. It is the Hindustâni form of

---

[1] This was exactly the position of the same class (*spurii*) under Roman law. "These children irregularly conceived, have a mother, but no legal father: they do not come under the paternal power of the father, like the child of lawful marriage and cannot be legitimated." Letourneau, *Evolution of Marriage*, 202.

the native word Pukhtâna, which is the plural of Pukhtûn or Pakhtun (the *a* as in our *pack*) as it is pronounced by the Afrîdi. And Pukhtûn is the proper patronymic of the people inhabiting the country called Pukhtûnkhwa, and speaking the language called Pukhta or Pukhto. What the meaning of the word Pukhta, from which Pukhtûn and its derivatives are held to come, may be a matter of speculation. By some it is supposed to be the same word as the native Pukhta, "a ridge" or "hill" in distinction to Ghar, "a mountain chain" or "peak"; the two words corresponding respectively to the Persian Pushta and Koh. Be this as it may, and there is no denying the fact that the name PukhtûnKhwa, "the Pukhtûn coast or quarter", is very well in accordance with the character of the country in its physical aspect; there is also the fact that in the time of Herodotus, four centuries before our era, this very country was called Pactiya or Pactiyaca, and its natives Pactiyans. In Western Afghânistân the harsh *kh* is changed into the soft *sh*, and Pukhtûn becomes Pushtûn, Pukhtu becomes Pushtu, and so on. By some Pukhtûn tribes, the Afrîdi notably, Pukhtûn, Pukhtu, etc., are pronounced Pakhtûn, Pakhtu, etc., and this brings the words nearer to the Pakhtues of Herodotus. In short, the Pakhtûn or Pukhtûn of to-day, we may take it, is identical in race and position with the Pactiyan of the Greek historian."[1]

2. The popular account is, it is almost needless to say, different. Modern genealogists trace the descent of Afghâns, Pathâns and Ghilzais from Kais or Kish, the father of Saul, and they say that the Prophet, pleased with the services of Kais named after his forefather, gave him the title of Pathân, the Syrian word for "rudder" and bade him direct his people in the true path. By one authority the name Afghân is said to mean "wailing";[2] but another explanation is more probable. Ashvaka, a name of Sanskrit origin was used as a territorial appellation of Gandhâra. This word, derived from *asva*, "a horse," signifies merely the "cavaliers." It was less an ethnic, in the rigorous acceptation of the word, than a general appellation applied by the Hindus of the Panjâb to the tribes of the region of the Kophes, renowned in antiquity for the excellence of its horses. In the popular dialects the Sanskrit word took the usual form Assaka, which reappears

[1] *The Races of Afghânistân*, 56, *sq.*
[2] Benjamin, *Persia*, 112.

scarcely modified in Assakâni or Assakeni in the first historians of the expedition of Alexander and subsequent writers. It is impossible here not to recognise the name Avghân or Afghân.[1] The theory which has been proposed by which Pathân is connected with the Hindi *pâtha*, "the top of a hill" is as untenable as that which derives their title Khân from the Dravidian tribe of Khândhs.[2] The latter word has been by others derived from the Sanskrit *asu* or *swâmin*, meaning "lord."

Tribal traditions.

3. To quote Dr. Bellew, again: "The traditions of the Afghâns refer them to Syria as the country of their residence at the time they were carried away into captivity by Bukhtanasar (Nebuchadnezzar) and planted as colonists in differents parts of Persia and Media. From these positions they, at some subsequent period, emigrated eastward into the mountainous country of Ghor, where they were called by the neighbouring people Bani Afghân and Bani Isrâîl, or "children of Afghân" or "children of Israel." In corroboration of this we have the testimony of the Prophet Esdras to the effect that the ten tribes of Israel, who were taken into captivity, subsequently escaped and found refuge in the country of Arsareth, which is supposed to be identical with the Hazârah country of the present day, and of which Ghor forms a part. It is also stated in the Tabaqât-i-Nâsiri, a detailed account of the conquest of this country by Changhiz Khân, that in the time of the native Shansabi dynasty there was a people called Bani Isrâîl living in that country, and that some of them were extensively engaged in trade in the countries around." Mr. Thorburn[3] quotes in support of their Jewish extraction, some peculiar customs obtaining among the tribes of purest blood, for instance the Passover-like practice of sacrificing an animal and smearing the doorway with its blood in order to avert calamity, the offering up of sacrifices, the stoning to death of blasphemers, the periodical distribution of land and so forth, and he points out that most of the learned men who reject the tradition of Jewish descent have no personal acquaintance with the Afghân people.

Tribal organisation.

4. Though the tribal organisation of the Pathâns in these Provinces is much less closely defined than along the Panjâb frontier, Mr. Ibbetson's

---

[1] St. Martin quoted by McCrindle, *Indian Antiquary*, VI., 343, *sq.*
[2] Râja Lachhman Sinh, *Bulandshahr Memorandum*, 192.
[3] Quoted by Ibbetson, *Panjâb Ethnography*, paragraph 390, *sqq.*

remarks on this subject deserve quotation : "The tribe is probably far more homogeneous in its constitution among the Pathâns than among the Biloches. Sayyid, Turk and other clans have occasionally been affiliated to it, but as a rule people of foreign descent preserve their tribal individuality, become merely associated, and not intermingled, with the tribes, among whom they have settled. Even then they generally claim Pathân origin on the female side, and the tribe is usually descended in theory at least from a common ancestor. The *hamsáyah* custom by which strangers are protected by the tribe with which they dwell is in full force among the Pathâns as among the Biloches. But with the former, though it does protect in many cases families of one tribe who have settled with another, it seldom accounts for any considerable portion of the tribe ; and its action is chiefly confined to traders, menials and other dependants of foreign extraction who are protected by, but not received into, the tribe. Thus a blacksmith living in an Utmanzai village will give his clan as Utmanzai ; but his caste will, of course, remain Lohâr. The nation is divided genealogically into a few great sections which have no corporate existence, and the tribe is now the practical unit, though the common name and traditions of common descent are still carefully preserved in the memory of the people. Each section of tribe, however small, has its leading man who is known as Malik, a specially Pathân title. In many, but by no means in all, the tribes, there is a Khân Khel or chief house, usually the branch of the tribe, whose Malik is known as Khân, aud acts as chief of the whole tribe. But he is seldom more than their leader in war and their agent in dealing with others ; he possesses influence rather than power ; and the real authority rests with the Jirgah, a democratic council composed of all the Maliks. The tribe, clan and sept are alike distinguished by patronymics formed from the name of the common ancestor by the addition of the word *zai* or *khel*, *zai* being the corruption of the Pashto *zoe*, meaning "son," while *khel* is an Arabic word meaning "association" or "company." Both terms are used indifferently for both the larger and smaller divisions. The stock of names being limited, the nomenclature is exceedingly puzzling, certain names recurring in very different tribes in the most maddening manner. Moreover, the title which genealogical accuracy would allot to a tribe or clan is often very different from that by which it is known for practical purposes, the people having preferred to be called by the name of a junior ancestor who had acquired local renown. The frontier tribe, whether within or beyond our border, has almost without exception a very distinct corporate existence, each tribe, and within the tribe each clan, occupying a clearly defined tract of country, though they are in the Indus valley often the owners merely rather than the occupiers of the country, the land and smaller villages being largely in the hands of a mixed population of Hindu origin who cultivate subject to the superior rights of the Pathâns. These people are included by the Pathâns under the generic and semi-contemptuous name of Hindki; a term very analogous to the Jat of the Biloch frontier, and which includes all Muhammadans who, being of Hindu origin, have been converted to Islam in comparatively recent times."

Tribes of the Pathâns of North-Western Provinces.

5. At the last Census the Pathâns of these Provinces were classified under the following chief tribes:—Afrîdi, Bagarzai, Bangash, Barech, Bunerwâl, Daûdzai, Dilazâk, Durrâni, Ghilzai, Ghorgashti, Ghori, Kâkar, Qizilbâsh, Khalîl, Khaṭak, Lodi, Mehmad, Muhammadzai, Rohilla, Tarîn, Urmuz, Ushturyâni, Warakzai, Wazîri, Yâqûbzai and Yûsufzai. The following notes are mainly taken from the writings of Dr. Bellew and Mr. Ibbetson.

The Afrîdi Pathâns.

6. They represent in name and position the Aparytæ of Herodotus. One of the four great divisions of the Pactiyæ of Herodotus was that of the Gandhâri, the other three were the Aparytæ or Afrîdi, the Satragyddæ or Khatak, and the Dadicæ or Dadi, all alike of Indian origin. "The original limits of the Afrîdi country probably comprised the whole of the Safed Koh range and the country on the base of it on the north and south sides, to the Kâbul and Kurrum rivers respectively; whilst its extent from east to west was from the Pewâr ridge or the head waters of the Kurrum further west to the Indus, between the points of junction with it of the Kâbul and Kurrum rivers, in the former direction." Of the character of the tribe Dr. Bellew writes: "Looking at the Afrîdi as we find him to-day, it is difficult to imagine him the descendant of the mild, industrious, peace-loving, and contemplative Buddhist, abhorrent of the shedding of blood or the destruction of life of even the minutest of God's creatures; or even to imagine him descended from fire-worshipping ancestors, whose tender care for life was

almost equal to that of the Buddhist, and whose sincere and punctilious devotion to the observances of the minute ceremonies and ordinances of their religion was surpassed by none. The Afrîdi of to-day, though professedly a Muhammadan, has really no religion at all. He is to a great extent ignorant of the tenets and doctrines of the religion he professes, and even if he knew them, would in no way be restrained by them in the pursuit of his purpose.

7 "Whatever he may have been as a Buddhist or as a fire-worshipper, he has now sunk to the lowest grade of civilisation, and borders upon the savage. Entirely illiterate, under no acknowledged control, each man has his own king, the nation has dwindled down to a small community of less than three hundred thousand souls, mostly robbers and cut-throats, without principles of conduct of any kind, and with nothing but the incentive of the moment as the prompter to immediate action. Even among his own nationality (the Pathân), he is accounted the faithless of the faithless, and is held on all sides to be the most fierce and stealthy of all enemies. As we know him merely in the character of an independent neighbour, he is a wily, mistrusting, wolfish, and wilful savage, with no object in life but the pursuit of robbery and murder and the feuds they give rise to."

The Bangash Pathâns.

8. The Bangash Pathâns are regarded by Dr. Bellew as perhaps of Scythic descent, and are supposed to have come into their present positions with the Scythic irruption. They originally lived about Gurdez in Zurmat, but in the latter part of the fourteenth century they increased in numbers, and being pressed upon by the Ghilzai, emigrated eastward *en masse* and settled in Kurram. They are descended from Luqmân, and have absorbed several tribes of doubtful origin. Their chief settlement in these Provinces is at Farrukhâbâd, and a very complete account of them has been given by Mr. R. S. Whiteway.[1]

The Bunerwâl Pathâns.

9. The Bunerwâl tribe take their name from the Buner country, north-east of Peshâwar.

The Daûdzai Pathâns.

10. The Daûdzai occupy the left bank of the Kâbul river as far down as the junction of the Bara.

---

[1] *Calcutta Review*, 1865.

11. The Dilazâk Pathâns were the inhabitants of the Peshâwar valley before the Pathân invasion, and are apparently of Scythic origin, and came into the Panjâb with the Jâts and Katti in the fifth and sixth centuries. "They soon became powerful and important, and ruled the whole valley as far as the Indus and the foot of the northern hills. In the first half of the thirteenth century the Yûsufzai and Momand drove them across the Indus into Chach-Pakhli. But their efforts to regain their lost territories were such a perpetual source of disturbance that at length Jahângîr deported them *en masse* and distributed them over Hindustân and the Dakkhin. Scattered families of them are still to be found along the left bank of the Indus in Hazâra and Râwalpindi." [1]

The Dilazâk Pathâns.

12. The name Durrâni is derived either from *durr-i-daurân*, "pearl of the age," or from *durr-i-durrân*, "pearl of pearls." The title was adopted by Ahmad Shâh Abdâli, when he ascended the throne, in allusion to the Abdâli custom of wearing a pearl stud in the right ear. According to Dr. Bellew [2] :—"The special Afghân tribe is called Abdâli, and is more commonly known since the time of Ahmad Shah, the first independent sovereign of Afghânistân of this race, by the name Durrâni. The Durrâni comprise the following chief divisions or clans: Saddozai, Populzai, Barakzai, Halakozai, Achakzai, Nurzai, Ishâqzai, and Khagwâni. Their home and fixed seat is in Kandahâr Province, the former country of the Gandhâra, who, at an early period of our era, spread into the present Hazâra country along the courses of the Helmand and Arghandâb rivers. Members of each clan, however, are found in small societies scattered all over the plain country up to Kâbul and Jalâlâbâd, and they are there settled mostly as lords of the soil or military feoffees, the people of the country, so far as concerns the agricultural community, being their tenants or serfs."

The Durrâni Pathâns.

13. According to Mr. Ibbetson, "the Ghilzai are a race probably of Turkish origin, their name being another form of Khilchi, the Turkish word for 'swordsman,' who early settled, perhaps, as mercenaries rather than as a corporate tribe, in the Siahband range of the Ghor mountains,

The Ghilzai Pathâns.

---

[1] Ibbetson, *loc. cit.*, para. 415.
[2] *Loc. cit.*, 20.

where they received a large admixture of Persian blood. The official spelling of the name is still Ghaleji at Kâbul and Kandahâr. They first rose into notice in the time of Mahmûd Ghaznavi, whom they accompanied in his invasions of India. Not long afterwards they conquered the tract between Jalâlâbâd and Kelât-i-Ghilzai, and spread east and west over the country they now hold. In the beginning of the eighteenth century they revolted against their Persian rulers, established themselves under Mîr Wais as independent rulers at Kandahâr, and overran Persia. But a quarter of a century later they were reduced by Nâdir Shâh, and their rule disappeared, to be succeeded not long after by that of the Durrâni." Dr. Bellew tells the romantic legend of Bîbi Matto and Shâh Husain, whose son was called Ghalzœ, "son of a thief," the father having stolen his daughter's honour, whence the name Ghilzai.

14. He adds: "As a race the Ghilji mix little with their neighbours, and indeed differ in many respects, both as to internal government and domestic customs, from the other races of Afghânistân. Those small sections of the people who are settled in the plain live in villages and follow agricultural pursuits, but the great majority of the tribe are pastoral in their habits of life, and migrate with the seasons from the lowlands to the highlands with their families and flocks and easily portable black hair tents. They never settle in the cities, nor do they engage in the ordinary handicraft trades, but they manufacture carpets, felts, etc., for domestic use, from the wool and hair of their cattle. The pastoral clans are notoriously predatory in their habits, and continually at feud amongst themselves and with their neighbours. Physically they are a remarkably fine race, and in stature, courage, and strength of body, are second to none in Afghânistân. But they are very barbarous people, the pastoral clans especially, and in their wars excessively savage and vindictive. Several of the Ghilji or Ghilzai clans are almost wholly engaged in the carrying trade between India and Afghânistân and the northern states of Central Asia, and have been so for many centuries, to the exclusion almost of all the other tribes of the country. The principal clans employed in this great carrying trade are the Niâzi, Nâsar, Kharoti, and to some extent the Sulaimân Khel. From the nature of their occupation they are collectively styled, or individually so far as that goes, Povinda and Lawâni or Lohâni. These terms, it appears, are derived from the Persian word *parwinda*, 'a bale of merchandise,' and *rawâni*, 'a traveller.'"

15. The term Ghorgusht is a corruption of Ghirgisht or Ghurgusht, the third son of Kais. The word is only an altered form of Girgis or Ghirghis, "wanderer on the steppe," and indicates the country whence this people originally came, namely, Northern Turkistân.

The Ghorgushti Pathâns.

16. The Ghori Pathâns, who are very numerous in the Provinces, appear to take their name from the Ghor country to the east of Herât. They are usually classed as a sub-division of the Kand, one of the septs of the Bani Isrâîl, or pure Afghâns.

The Ghori Pathâns.

17. Of the Kâkar Pathâns Dr. Bellew writes[1]:—"The Kâkar of Afghânistân are a people of Scythian origin, and of kindred race with the Gokkar or Ghokhar, who are settled in Chach and Râwalpindi on the other side of the Indus, and other parts of India. According to the Afghân account, Kâkar was the grandson of Ghurghusht or Ghirghisht, by his second son, Dani. And this Ghirgh was the youngest of the three sons of Kais or Kish, the great ancestral progenitor of the Afghân nationality of modern times. It has already been shown how the name of the first son, Saraban, was merely the adoption of the race name of the people whom the Afghân genealogists classified together as one set of the descendants of Kais, and the fact of their Râjput origin might then have been made clearer by tracing up the descent to more recent times. Saraban had two sons, Sharjyûn and Krishyûn, which are evidently transformations of the commor Râjput names, Surjan and Krishna, and they have been still more altered by transformation into Muhammadan names, Sharjyûn being changed into Sharffuddîn and Krishyûn into Khyruddîn. Similar traces of Indian affinity are to be found in almost all the Afghân genealogical tables, and it is only what we might expect when we remember the tradition that the five Pândava brothers about the time of the Mahâbhârat emigrated to the Panjâb and Afghânistân as far as Ghazni and Kandahâr, and there established independent kingdoms which lasted for several centuries."

The Kâkar Pathâns.

18. Mr. Ibbetson calls the Qizilbâsh Pathâns "a tribe of Tartar horsemen from the Eastern Caucasus, who formed the backbone of the old Persian army and of the force with which Nâdir Shâh

The Qizilbâsh or Qazalbâsh Pathâns.

[1] *Loc. cit.*, 91.

invaded India. Many of the great Mughal ministers have been Qizilbâsh, and notably Mîr Júmlah, the famous minister of Aurangzeb. They are said to take their name from a red cap of peculiar shape which they wear, and which was invented by the founder of the Sophi dynasty of Persia, an intolerant Shiah, as the distinguishing mark of that sect, and which his son, Shâh Tumasp, compelled Humayun to wear when a refugee at the Persian Court. There are some twelve hundred families of Qizilbâsh in the city of Kâbul alone, where they were located by Nâdir Shâh and exercise considerable influence in local politics."

The Khalîl Pathâns.

19. The Khalîl occupy the left bank of the Bara river and the country along the front of the Khibar Pass. They have four main clans: Matuzai, Barozai, Ishâqzai and Tilarzai, of whom the Barozai is most powerful.

The Khatak Pathâns.

20. To quote Mr. Ibbetson again: "The Khataks are descended from Luqmân, surnamed Khatak. He had two sons, Turqmân and Bulâq. The descendants of the latter are still known as the Bulâqi section; while Tarai, son of Turqmân, rose to such distinction that the whole section, including two main clans, the Tari proper and the Tarkai, is called by his name. The Khatak are a fine, manly race, and differ from all other Pathâns in features, general appearance, and many of their customs. They are the northernmost of all the Pathâns settled on our frontier who speak the soft or Western dialect of Pushto. They are of a warlike nature, and have been for centuries at feud with all their neighbours and with one another. They are active, industrious, and a favourable specimen of Pathân, and are good cultivators, though their country is stony and unfertile. They are great carriers and traders, and especially hold all the salt trade with Swât and Buner in their hands. They are all Sunnis. The Marwat, the hereditary enemy of the Khatak, says: 'Friendship is good with any one but a Khatak; may the Devil take a Khatak,' and 'a Khatak is a hen, if you seize him slowly, he lies down: and if suddenly, he clucks.' Another proverb runs thus:—'Though the Khatak is a horseman, still he is a man of but one charge.'"

The Lodi Pathâns.

21. "To the Ghilzai and Lodi, the latter of whom gave a dynasty to Upper India," according to Mr. Ibbetson, "and especially to the former, belong almost all the tribes of warrior traders who are included under the term

Pawinda, from *parwinda* the Persian word for 'a bale of goods,' or perhaps more probably from the same root as *powal*, a Pushto word for 'to graze.' They are almost wholly engaged in the carrying trade between India and Afghânistân and the Northern States of Central Asia, a trade which is almost entirely in their hands. They assemble every autumn in the plains east of Ghazni, with their families, flocks, herds, and long strings of camels laden with the goods of Bukhâra and Kandahâr, and forming enormous caravans, numbering many thousands, march in military order through the Kâkar and Wazîri country to the Gomal and Zhob passes through the Sulaimâns. Entering the Dera Ismâîl Khân District, they leave their families, flocks, and some two-thirds of their fighting men in the great grazing grounds which lie on either side of the Indus, and while some wander off in search of employment, others pass on with their laden camels and merchandise to Multân, Rajputâna, Lahore, Amritsar, Delhi, Cawnpur, Benares, and even Patna. In the spring they again assemble, and return by the same route to their homes in the Hills about Ghazni and Kelât-i-Ghilzai. When the hot weather begins, the men, leaving their belongings behind them, move off to Kandahâr, Herât, and Bukhâra, with the Indian and European merchandise which they have brought from Hindustân. In October they return and prepare once more to start for India."

The Muhammadzai.

22. The Muhammadzai of the Census returns are perhaps the same as the Muhammad Khel, the largest sept of the Daulatzai. The present rulers of Bhopâl belong to this tribe.

The Rohilla Pathâns.

23. The country known as Pukhtûn Khwa, to which reference has already been made, is called by outsiders and foreigners, on the side of India almost exclusively, by the name of Roh, which has the same meaning as Koh, "a mountain;" Rohilla hence means "a Highlander." Their occupation of the country called after them Rohilkhand is quite modern. After the death of Aurangzeb in A.D. 1707 the dissensions among the Hindus of Bareilly gave a chance to Ali Muhammad Khân, the leader of the Rohilla Pathâns, to obtain possession of the country. In A.D. 1744 he conquered Kumaun as far as Almorā, but two years after he was defeated by the Emperor Muhammad Shâh in the Bareilly District. He was succeeded by the famous Hâfiz Rahmat Khân, and in his latter days he came in contact

with Warren Hastings, when the name of the Rohillas for the first time attracted attention.[1] They assert that they are of Coptic origin, and say that, driven out of Egypt by one of the Pharaohs, they wandered westward till they arrived under that part of the mountains known as Sulaimâni Koh, or "the hill of Solomon," where they halted. The Rohilla has been always notorious for bravery and turbulence. Shore[2] says that in his time the Rohilla soldiers would submit to be flogged within an inch of their lives with a leathern martingale, but to be struck with a whip or cane would be an indelible disgrace and very likely to be resented by a stab or a bullet.

The Tarîn Pathâns.

24. Dr. Bellew[3] writes of these: "The tribal traditions are to the effect that about three or four hundred years ago the Yûsufzai or Mândar and Mohmand tribes of Áfghâns were settled on the Gwara Margha and the headwaters of the Tarnak and Arghasan rivers, as neighbours and allies. Beyond them, lower down the course of these rivers, were the Tarîn, another tribe of Afghâns, who still occupy the same positions, and the valley of Peshîn. Their lands were in the summer subject to droughts, and were besides in great part waste, owing to the exhaustion at that season of the tributary streams and the diminished volume of the rivers. The consequence was a contest for the better lands, and the Tarîn tribes, being the stronger of the two parties, gradually encroached on the fat pastures of the Mândar and Mohmand tribes and finally dispossessed them of their lands."

The Ushturyâni Pathâns.

25. Of the Ushturyâni, whom Mr. Ibbetson[4] calls Ushturâni, he says: —"They are the descendants of Hannar, one of the sons of Ushtaryâni, a Sayyid, who settled among and married into the Shirâni section of Afghâns. They were settled with the Shirânis to the south of the Takht-i-Sulaimân, and till about a century ago were wholly pastoral and engaged in the carrying trade. But a quarrel with their neighbours, the Mûsa Khel, put a stop to their annual westward migration, and they were forced to take to agriculture. They still own a large tract of country, in

---

[1] For their history, see *Morâdâbâd Settlement Report*, 12, *sq.*
[2] *Notes*, II., 490.
[3] *Loc. cit.*, 63, *sq.*
[4] *Loc. cit.*, para. 400, *sq.*

which indeed most of them live, cultivating land immediately under the hills and pasturing their flocks beyond the border. Their territory only includes the eastern slopes of the Sulaimâns, the crest of the range being held by the Mûsa Khel and Zmari. They are divided into two main clans, the Ahmadzai and Gagalzai, and these again into numerous septs. They are a fine, manly race, many of them in our army and police, and they are quiet and well behaved, cultivating largely with their own hands. A few of them are still carriers. They are much harassed by the independent Bozdâr (Biloch). They are all Sunnis."

The Wazîri Pathâns.

26. Of the Wazîri Pathâns, Dr. Bellew says[1]:—"The Wazîri, who displaced the Khatak or Shattak, as it is pronounced in the Western dialect of Pushtu, from his ancient seat on the Sulaimân range from the Sattagydia of Herodotus, for he is the only one of the ancient authors who has mentioned this people, appear to be identical with the Wairsi or Vairsi of the early Muhammadan historians. The Wairsi were a division of the Sodha tribe, which itself was a branch of the Pramâra Râjput. The Wazîri appear to have made their first assault against the Khatak about five or six hundred years ago, at a time when the country was sorely afflicted with famine; and the route they took was across the Shâm plain into the adjoining valley and district of Barmal. Here they settled and remained for some time before making a further forward move. Hence they occupied the whole of the ancient Khatak country from the Shâm plain on the South to the Kohât Valley on the North. They are a powerful and entirely independent tribe, and mostly pastoral and nomad in their habits of life. In personal appearance they are very different from other Pathân tribes and retain many customs peculiar to themselves."

The Yûsufzai Pathâns.

27. The history of the Yûsufzai Pathâns is given in detail by Dr. Bellew and Mr. Ibbetson. They now hold Swât, Buner, and the Lundkhwâr and Rânizai Valleys in the North-West of Yûsufzai.

Character of the Pathâns.

28. Mr. Ibbetson's remarks again deserve reproduction:—"The true Pathân is perhaps the most barbaric of all the races with which we are brought in contact in the Panjâb. His life is not so

[1] *Loc. cit.*, 89.

primitive as that of the gypsy tribes, but he is cruel, bloodthirsty and vindictive in the highest degree; he does not know what truth and faith is, in so much that the saying *Afghân beimân* has passed into a proverb among his neighbours, and though he is not without courage of a sort, and is often curiously reckless of his life, he would scorn to face an enemy whom he could stab from behind or to meet him on equal terms if it were possible to take advantage of him, however meanly. It is easy to convict him out of his own mouth. Here are some of his proverbs:—'A Pathân's enmity smoulders like a dung fire:' 'A cousin's tooth breaks upon a cousin:' 'Keep a cousin poor but use him; when he is little, play with him; when he is grown up, he is a cousin, fight him:' 'Speak good words to an enemy very softly; gradually destroy him root and branch.' At the same time he has his code of honour which he observes strictly, and which he quotes with pride under the name of Pakhtûnwâli. It imposes upon him three chief obligations: *Nanawatai*, or the right of asylum, which compels him to shelter and protect even an enemy who comes as a suppliant; *Badal*, or the necessity to revenge by retaliation; and *Melmastia*, or open-handed hospitality to all who may demand it. Of these three, perhaps, the last is greatest. And there is a sort of charm about him, especially about the leading men, which almost makes one forget his treacherous nature. As the proverb says: 'The Pathân is at one moment a saint and the next a devil.' For centuries at least he has been on our frontier subject to no man. He leads a wild, free, active life in the rugged fastnesses of his mountains; and there is an air of masculine independence about him which is refreshing in a country like India. He is a bigot of the most fanatical type, exceedingly proud, and extraordinarily superstitious. He is of stalwart make, and his features are often of a markedly Semitic type. His hair, plentifully oiled, hangs straight to his shoulder; he wears a loose tunic, baggy drawers, a sheet or blanket, sandals, and a sheepskin coat with its wool inside; his favourite colour is dark blue; and his national arms the long, heavy Afghân knife and the matchlock or *jazail*. His women wear a loose shift, wide, wrinkled drawers down to their ankles, and a wrap over the head, and are, as a rule, jealously secluded. Both sexes are filthy in their persons.

29. "Such is the Pathân in his home among the fastnesses of the frontier ranges. But the Pathâns of our territory have been much softened by our rule and by the agricultural life of the plains,

so that they look down on the Pathâns of the hills, and their proverbs have it:—'A hillman is no man;' and again, 'Don't class burrs as grass or a hillman as a human being.' The nearer he is to the frontier, the more closely the Pathân assimilates to the original type; while on this side of the Indus, even in the riverain itself, there is little or nothing, not even language, to distinguish him from his neighbours of the same religion as himself. The Pathâns are extraordinarily jealous of female honour, and most of the blood feuds for which they are so famous originate in quarrels about women. As a race they strictly seclude their females, but the poorer tribes and the poorer members of all tribes are prevented from doing so by their poverty. Among the tribes of our territory a woman's nose is cut off if she be detected in adultery; and it is a favourite joke to induce a Pathân woman to unveil by saying to her suddenly 'You have no nose.' The Pathân pretends to be purely endogamous, and beyond the border he probably is so; while even in British territory the first wife will generally be a Pathân, except among the poorest classes. At the same time Pathân women are beyond the Indus seldom, if ever, married to any but Pathâns. They intermarry very closely, avoiding only the prohibited degrees of Islâm. Their rules of inheritance are tribal and not Muhammadan, and tend to keep property within the agnatic society, though some few of the more educated families have lately begun to follow the Musalmân law. Their social customs differ much from tribe to tribe, or rather perhaps from the wilder to the more civilised sections of the nation."

30. In these Provinces, perhaps, the best class of Pathâns are those from Rohilkhand, who are active, intelligent, and good rulers of men; many of them hold appointments in the Revenue, Police, and other Government Departments.

Distribution of the Pathâns

DISTRICTS.	Afridi.	Bakarzai.	Bangash.	Barech.	Bunerwâl.	Dândzai.	Dilazâk.	Durrâni.	Ghilzai.	Ghorgashti.	Ghori.	Kâkar.	Qazalbâsh.
Dehra Dûn .	63	...	44	...	...	...	...	...	42	...	115	218	...
Sahâranpur .	131	11	92	31	7	1	95	3	83	19	334	3,787	...
Muzaffarnagar .	593	5	6	1	18	4	4	18	12	...	262	2,630	...
Meerut . .	95	188	202	...	1	2	966	8	8	...	3,006	997	11
Bulandshahr .	33	...	12	3	...	49	3	182	404	...	1,867	81	...
Aligarh . .	96	...	169	...	...	...	1	8	123	...	5,529	8	...
Mathura . .	32	...	44	...	1	...	4	...	21	...	1,574	19	...
Agra . .	499	1	195	...	5	37	75	9	56	...	3,961	49	9
Farrukhâbâd .	3,658	15	4,043	...	...	25	403	11	309	...	3,293	1,240	...
Mainpuri . .	401	27	172	...	...	...	12	...	72	...	2,369	78	...
Etâwah . .	88	...	207	...	...	...	...	...	17	...	1,781	33	...
Etah . .	253	...	761	...	...	19	101	2	86	...	...	279	...
Bareilly . .	1,104	517	...	1,432	31	...	172	65	630	138	3,850	71	...
Bijnor . .	24	...	...	...	...	...	65	...	57	...	199	502	...
Budâun . .	153	19	593	741	206	9	607	7	65	40	6,232	5	...
Morâdâbâd .	186	2	178	578	943	36	755	11	125	...	2,740	262	...
Shâjahânpur .	609	1,070	1,117	23	1	524	2,668	62	126	...	3,807	486	...
Pilibhît . .	160	281	82	...	...	...	...	...	212	...	1,254	...	...
Cawnpur . .	196	...	611	8	...	4	74	29	35	...	1,879	...	...
Fatehpur . .	141	...	24	...	...	...	11	35	47	...	2,314	16	...
Bânda . .	27	5	28	...	...	...	10	2	88	...	6,162	148	...
Hamîrpur .	11	5	59	...	1	...	1	...	36	...	1,605	64	...
Allahâbâd .	80	9	4	...	...	..	596	105	...	...	722	14	...
Jhânsi . .	13	...	52	...	...	...	4	11	41	...	1,166	44	...
Jâlaun . .	21	...	124	...	...	...	4	11	68	...	1,823	...	.
Lalitpur . .	18	1	...	...	...	...	3	2	...	...	346	7	...
Benares . .	66	...	32	...	...	...	...	59	26	...	207	79	...
Mirzapur . .	...	...	...	...	...	...	20	...	411	..	...	...	...
Jaunpur . .	14	...	...	...	...	...	483	41	34	...	1,499	...	...
Ghâzipur . .	4	...	...	...	...	...	34	...	15	...	29	70	...
Ballia . .	...	...	...	...	...	...	...	...	...	...	44	...	...
Gorakhpur .	27	...	11	...	...	...	233	21	75	..	715	1,605	...
Basti . .	...	28	...	...	...	19	...	...	74	...	912	16,539	...
Azamgarh .	6	...	...	...	...	...	79	...	...	...	2,479	372	...
Kumaun . .	...	...	...	...	...	...	...	...	...	...	...	...	...
Garhwâl . .	...	...	...	...	...	...	...	...	...	...	68	...	...
Tarâi . .	29	...	87	...	515	...	...	1	...	1	671	...	...
Lucknow .	1,421	18	180	9	...	...	102	55	91	...	1,788	215	16
Unâo . .	356	48	62	...	...	...	129	129	90	...	5,672	263	...
Râê Bareli .	431	...	87	...	...	...	...	25	202	...	768	540	...
Sitapur . .	233	23	119	...	...	5	22	80	20	...	2,515	1,235	...
Hardoi . .	600	1,163	121	...	...	...	43	69	5	...	5,780	1,534	...
Kheri . .	140	340	56	...	...	622	86	7	68	...	3,369	697	...
Faizâbâd . .	24	...	...	...	...	...	...	4	40	...	523	1,210	53
Gonda . .	6	...	5	...	...	6	...	...	2	...	410	10,057	...
Bahrâich . .	317	...	91	3	20	16	...	40	52	...	2,315	2,909	...
Sultânpur .	72	...	8	...	...	...	423	2	59	...	414	286	...
Partâbgarh .	107	4	6	...	...	...	33	8	8	...	1,266	83	...
Bârabanki .	302	...	58	...	...	...	...	...	...	...	85	327	...
TOTAL .	13,840	3,780	9,742	2,828	1,749	1,378	8,321	1,116	4,035	198	89,712	49,049	89

according to the Census of 1891.

Khalil.	Khatak.	Lodi.	Mehmad.	Muhammadzai.	Rohilla.	Tarin.	Jrmuz.	Ushturyâni.	Warakzai.	Wazîri.	Yaqûbzai.	Yûsufzai.	Others.	Total.
...	12	248	...	95	140	...	...	...	20	...	...	672	1,346	3,015
259	45	1,172	3	220	1,009	134	...	...	67	101	...	5,608	1,870	15,082
7	16	1,719	4	121	627	104	...	...	448	1	...	2,680	2,152	11,432
...	233	770	...	78	609	24	...	...	5	...	...	6,512	4,294	18,009
207	46	641	36	42	15	53	...	...	5	...	...	2,262	4,174	10,110
...	79	3,636	...	33	123	...	...	...	118	109	...	2,064	4,242	16,338
...	56	737	23	2	42	...	...	...	4	...	...	822	1,790	5,171
3	66	3,469	...	30	371	72	...	...	46	2	...	2,899	6,425	18,270
68	2,109	1,281	50	718	108	46	...	...	1,487	...	...	2,956	11,274	33,086
...	2	890	...	48	22	5	...	...	78	7	...	718	4,059	8,860
...	4	1,118	...	41	109	9	...	...	58	8	...	872	4,091	8,436
53	181	2,120	9	994	47	48	...	...	386	38	4	1,291	3,922	10,594
25	335	1,144	...	980	546	388	...	...	144	...	43	5,185	24,338	41,138
58	75	707	...	1,086	527	565	...	...	9	...	...	2,641	2,539	9,054
...	692	1,131	21	716	264	102	183	...	45	..	9	2,160	10,668	24,668
23	710	1,435	358	645	490	529	...	...	76	20	78	4,527	6,325	21,032
780	182	549	3,460	842	1,601	2,098	...	...	1,083	...	...	4,221	14,084	39,394
20	355	849	88	756	444	73	53	...	319	...	18	2,113	6,408	13,489
25	5	2,455	2	6	171	52	...	...	23	51	...	4,101	7,067	16,794
16	31	1,578	26	208	95	...	...	...	27	1	...	1,696	2,796	9,062
1	...	618	...	18	65	...	...	...	17	6	...	630	3,125	10,950
...	...	266	...	17	16	11	...	...	5	1	...	871	2,248	5,226
...	16	6,381	...	10	153	51	...	9	...	...	...	4,689	6,844	19,664
...	...	291	5	29	76	...	...	...	...	...	...	611	2,610	4,953
...	...	548	23	...	23	...	...	...	75	...	...	527	2,683	9,430
...	...	74	...	8	7	...	...	...	...	...	...	91	1,334	1,891
...	11	1,741	...	66	117	2	...	...	...	...	..	2,346	3,976	8,728
...	...	3,529	...	5	45	104	...	...	6	...	...	2,437	2,220	8,777
...	...	4,159	...	...	...	37	...	...	...	...	...	2,121	5,138	13,516
7	199	2,045	...	2	58	18	78	...	...	1	...	2,499	3,451	8,510
...	...	1,333	...	...	206	...	...	...	49	...	...	774	2,427	4,883
1	...	6,037	...	11	642	1	...	...	...	12	...	3,995	7,732	21,118
...	...	6,237	...	...	264	...	...	...	...	...	...	1,731	4,003	29,807
3	...	2,058	...	66	14	3	...	...	...	...	...	4,482	10,542	20,104
...	...	...	...	...	...	...	...	...	...	...	...	...	7	7
...	...	101	...	...	...	...	...	...	...	...	...	...	281	450
...	...	73	...	337	18	13	...	...	117	...	...	810	1,663	4,335
38	41	2,678	123	158	197	199	...	...	131	59	...	7,172	10,375	25,066
24	25	2,175	34	61	75	76	...	...	412	...	...	959	3,387	13,977
27	15	3,609	...	33	42	31	21	...	250	...	...	641	2,280	9,002
48	8	3,306	...	216	109	8	...	...	53	...	...	2,525	5,018	15,543
129	20	1,538	307	487	386	370	1	...	12	...	...	1,173	5,677	19,415
5	...	2,812	38	246	237	185	...	...	...	29	...	2,116	3,549	14,602
...	...	2,500	...	...	57	...	...	...	...	...	...	4,025	5,099	13,335
...	...	8,080	...	6	101	...	...	...	...	...	...	3,121	5,818	27,612
11	6	4,427	7	447	139	24	...	...	29	...	6	3,821	6,251	21,353
...	73	2,621	...	9	32	...	...	...	...	...	...	1,193	1,904	6,705
...	164	6,028	2	...	65	42	...	...	...	...	...	1,170	10,378	19,330
16	17	3,778	...	7	28	10	...	...	6	...	...	2,164	5,321	12,120
1,854	5,819	106,992	4,619	9,900	10,532	5,488	336	9	5,610	446	158	114,693	249,210	700,393

Patwa, Patua [1]—(Sanskrit *pata*, "woven cloth;" Hindi *pât*, "silk").—The caste of braid and silk fringe makers. They are also generally known by the name of 'Ilâqêband or 'Alâqêband (*'ilâqa*, *'alâqa*, "connection"), who are usually Muhammadans practising the same occupation: Pathâr, Patahra, Pathera.

Tribal traditions.

2. One tradition states that when Mahâdeva was about to be married to Pârvati, a goldsmith brought the wedding jewelry for the bride, and as there was no one to string them, Mahâdeva formed the "silkman" to do the duty. The Eastern Patwas trace their origin to Baretha in the Faizâbâd District and to Balrâmpur in Gonda. In Ahraura, in the Mirzapur District, there is a small community of them who make silk cloth from the cocoons collected in the jungles south of the river Son. They take the title of Sinh, and say that they are emigrants from Kot Kângra, where they were originally Katauj Râjputs, a sept which does not appear in Mr. Ibbetson's lists. In the Panjâb they say they are Khatris. In Hamîrpur they claim descent from Gokul in the Mathura District, and say that their ancestor was one Biha, a Pânrê Brâhman; they separated from the Brâhman stock on account of some quarrel about eating, and their brethren are now called Patiya Brâhmans and act as their family priests. They also assert that the Gahoi Banyas are a branch of the same stock. In Farrukhâbâd they claim their origin from Ujjain. They are apparently a purely occupational caste, and are probably composed of many different elements.

Tribal organization.

3. At the last Census they were recorded under the sub-tribes of Agarwâla; Deobansi, or "the race of a god;" and Kharwâr, which is the name of an undoubtedly Dravidian tribe. In Benares, according to Mr. Sherring, their divisions are Khârêwâl or Khandêwâl, which is the name of one of the Banya tribes; Khara, or "genuine," Deobansi; Lahera, or makers of ornaments in lac (Sanskrit *laksha-kâra*); and Jogi Patwa. In Mirzapur there is a sub-caste known as Khanrawa, who are said to take their name for some unexplained reason from *khânr*, or coarse sugar, and to be out-castes. In Lucknow their sub-castes are Gauriya, Rewar, and Tânti. In Hamîrpur they have a

---

[1] Based on enquiries at Mirzapur and notes by M. Râm Sahây, Teacher, Tahsîli School, Mahoba, Hamîrpur; M. Jamunadîn, Teacher, Sumerpur School, Hamîrpur; M. Chhote Lâl, Archæological Survey, Lucknow; and the Deputy Inspector of Schools, Ballia and Farrukhâbâd.

number of local sections which take their name from the villages in which they originally settled. These are Chhâniyân, who are named from the village of Chhâni; Ratha from Râth; Tarela; Barauniya; Sikarwâr; Kariya; Nasâniyân; and Jeorahiya. Here it is said that the sub-castes are exogamous, which is certainly a mistake. But these local divisions or sections practise hypergamy among themselves. Thus the Chhâniyân, Nasâniyân, and Barauniya give their daughters in marriage to the Tarela, Ratha, and Jeorahiya, but will not marry their sons in these groups.

Marriage rules.

4. The sub-castes are endogamous and follow the usual formula of exogamy, which prohibits intermarriage in the family of the paternal and maternal uncles and aunts for two or three generations, or as long as any relationship is remembered.

Domestic ceremonies.

5. The domestic ceremonies are of the normal type practised by respectable natives of the same social standing.

Religion.

6. Patwas are generally Vaishnavas of the Kabîrpanthi or Satyanâmi sect. To the east of the Province their clan deities are Mahâbîr, the Pânchonpîr, and Hardiha or Hardaul Lâla, who is the household godling. On the tenth of the light half of Kuâr they offer flowers and sweetmeats to Mahâbîr, Mahâdeva, Narsinha, and Nârâyana. At the Nâgpanchami festival, in the month of Sâwan, they let a ram loose in the name of Devi, and throw over it a mixture of sugar and pepper dissolved in water. Some are Nânakpanthis, and these at the Khichari festival, at the end of the month of Mâgh, worship the scriptures (*granth*) with an offering of the Halwa sweetmeat. This is known as *karâhprasâd*, or "the offering from the boiler." In Ballia some worship Durga and Bhairon and some a local saint known as Ganinâth. These deities are worshipped on the tenth day of the waxing moon in the month of Kuâr. Unmarried girls are excluded from this worship, and only women married by the regular ceremony, and not women married by the *sagâi* or *kâj* form, are allowed to attend. In Hamîrpur they specially worship Hardaul Lâla, prayer to whom averts danger at marriage and pregnancy, and brings good rain and keeps off storms. In addition to these they worship a crowd of godlings, such as Sati, Dhyân Dâs, Gharîb Dâs, Goswâmi, to whom worship is done by making a fire-sacrifice (*hom*) and burning some incense (*dhûp*). To the east of the

Province they have no shaving ceremony (*múnran*) for children and never cut their hair. At death they only cut their nails as a sign of mourning, rub their bodies with mustard oil (*karua tel*), and their heads with oil-cake. Their priests are Tiwâri Brâhmans of the Sarwariya tribe.

Occupation.

7. Some of the Patwas weave silk from the indigenous cocoons. The 'Ilâqêband, who, as already stated, is usually a Muhammadan, makes coloured cords of silk or cotton thread used for the threading of beads and the binding together of ornaments such as the *bázuband* or armlet, which consists of several pieces joined together in an elastic band, and he also makes braid, fringe, petticoat strings (*nára*), and girdles for drawers (*izárband*). The Patwa does pretty much the same work; but the Musalmân occasionally adds to this whip-making as part of his business, which the Hindu does not. He buys up plain cotton and silk thread and dyes it himself, not, however, usually employing fast colours. The Lahera sub-caste is said to be so called because they chiefly use the lac dye (*láh-lákh*) for this purpose. In Lucknow some are wealthy traders, selling lac trimming (*lachka*), *kalabatún*, or gold and silver thread, false gems and pearls, and they make up embroidery, presentation robes (*khil'at*) and necklaces for entertainments (*hár*), etc.[1] The country Patwa very commonly deals in women's spangles and forehead ornaments (*tikuli*), and he sells various kinds of cosmetics, substances for making caste-marks, and common medicines.

Distribution of Patwas according to the Census of 1891.

DISTRICTS.	Agarwâla.	Deobansi.	Kharwâr.	Others	Muhammadans.	TOTAL.
Dehra Dûn . .	...	...	...	8	...	8
Sahâranpur . .	...	...	...	343	15	358
Muzaffarnagar .	...	22	...	202	1	225
Meerut . .	...	...	...	202	10	212
Aligarh . .	...	...	...	33	...	33
Mathura . .	...	3	35	136	...	174

[1] Hoey, *Monograph*, 118, *sq.*

Distribution of Patwas according to the Census of 1891—contd.

DISTRICTS.	Agarwála.	Deobansi.	Kharwár.	Others.	Muhammadans.	TOTAL.
Agra . . .	...	...	...	528	...	528
Farrukhâbâd .	...	175	...	217	...	392
Mainpuri . .	55	3	...	64	...	122
Etâwah . .	19	...	...	278	...	297
Etah . . .	37	3	...	105	...	145
Bareilly . .	...	...	...	824	...	824
Bijnor . .	...	93	...	325	...	418
Budâun . .	...	101	...	404	...	505
Morâdâbâd . .	...	70	...	257	5	332
Shâhjahânpur	...	837	...	103	...	940
Pilibhît . .	...	366	...	42	...	408
Cawnpur . .	...	246	...	410	...	656
Fatehpur . .	...	407	...	171	...	578
Bânda . .	...	88	...	894	...	982
Hamîrpur . .	...	18	...	543	...	561
Allahâbâd . .	...	745	...	449	27	1,221
Jhânsi . .	...	...	...	163	...	163
Jâlaun . .	...	...	...	286	...	286
Lalitpur . .	...	...	...	315	...	315
Benares . .	...	58	...	819	...	877
Mirzapur . .	...	975	...	196	2	1,173
Jaunpur . .	...	651	...	...	...	651
Ghâzipur . .	...	166	9	352	...	527
Ballia . . .	...	1,902	3	373	...	2,278
Gorakhpur . .	...	121	75	2,044	4	2,244
Basti . . .	...	118	1,281	160	...	1,559

Distribution of Patwas according to the Census of 1891—concld.

DISTRICTS.	Agar-wâla.	Deobansi.	Kharwâr.	Others.	Muham-madans.	TOTAL.
Azamgarh . .	...	342	48	312	44	746
Tarâi . . .	...	43	...	35	...	78
Lucknow . .	...	466	...	219	...	685
Unâo . . .	...	464	...	118	...	582
Râê Bareli . .	...	763	...	100	...	863
Sîtapur . .	...	729	...	194	...	923
Hardoi . .	...	945	...	13	...	958
Kheri . . .	...	760	...	202	...	962
Faizâbâd . .	...	48	359	337	12	756
Gonda . .	...	...	1,525	65	...	1,590
Bahrâich . .	...	113	...	703	...	816
Sultânpur . .	...	136	193	483	8	820
Partâbgarh . .	...	453	135	57	...	645
Bârabanki . .	...	356	...	168	37	561
TOTAL .	111	12,786	3,663	14,252	165	30,977

Pauhâri.—A variety of Bairâgis, who are said to derive their name from the Sanskrit *payas*, "milk," *ahâra*, "food," in reference to their rule of abstinence. The Pauhâriji of Paikauli in the Gorakhpur District is a notable personage, who wanders over that and the neighbouring Bihâr Districts with a large train of followers. He has branch establishments at Baikunthpur, Ajudhya, Allahâbâd, and other places.

Pâwariya, Pânwariya.—A tribe of Muhammadan singers and dancers who take their name from *pânwara* (*pânw*, foot), the mat or carpet on which they sing and play. They are apparently very closely akin to the Dhârhi and Kingariya, under which heads some account of these people has been given.

Distribution of the Pâwariya according to the Census of 1891.

Districts.	Numbers.
Gorakhpur	147
Azamgarh	365
Total .	512

Pokharna.—A division of Brâhmans of whom only a few scattered families are found in these Provinces. According to the account generally received they take their name from the sacred lake of Pokhar or Pushkar, and by one legend they were the navvies who dug the lake, and who were raised to the rank of Brâhmans for their services. By their own story they were named Pushpakarna, "having a flower in the ear," because they offered flowers to Lakshmi, and, being cursed by Pârvati for refusing to eat flesh, migrated from Jaysalmer to Sindh, Cutch, Multân, and the Panjâb. Other castes affirm that the Pokharna is the illegitimate offspring of a Brâhman devotee and a Mohani fisherwoman, who independently undertook to ferry the holy man across the stream.[1] They wear the sacred thread, putting it on with little ceremony, generally at a relation's marriage, or at some place of pilgrimage. High caste Brâhmans do not eat with them. Among members of the same *gotra*, marriage is not allowed. On the sixth day after childbirth, the women of the family, singing as at a marriage, bring a clay horse from the house of the mother's father to the husband's house. At marriages the men dance in the procession and the women sing immodest songs.[2]

2. In the Panjâb they still worship the pickaxe with which they excavated the Pushkar Lake. They are the hereditary Brâhmans of the Bhâtiyas of Rajputâna, and are more strict in caste matters than the Sarasvatas. They are found in some numbers in the Western Districts of the Panjâb.[3]

Potgar[4]—(Hindi *pot*, "a bead;" Sanskrit *protakâra*).—A small caste of bead-makers found only in the village of Naurera, Tahsîl Patti, in the Partâbgarh District, and numbering only 92 persons. They say that they were originally Kshatriyas, but have

[1] Burton, *Sindh*, 310.
[2] *Bombay Gazetteer*, V, 44.
[3] Ibbetson, *Panjâb Ethnography*, para. 513.
[4] From a note by Mr. D. Calnan, C. S.

no tradition as to how they came to adopt their present occupation. They wear the Brâhmanical cord. They do not admit outsiders into the caste. They follow the customs of high caste Hindus. They will not touch liquor or eat any kind of flesh, and are strict vegetarians. They will not eat or smoke with any caste other than their own. A full account of the bead manufacture has been given by Dr. Watt.[1]

Prânnâthi.—A Hindu religious order which takes its name from one Prânnâth, a Kshatriya, who, being versed in Muhammadan as well as Hindu learning, composed a book called the Mahitâriyal, in which the Qurân is reconciled with the Vedas. He lived in the latter period of the reign of Aurangzeb, and is said to have acquired great reputation with Chhattrasâl, Râja of Bundelkhand, for whom he discovered a diamond mine. They appear in the Census returns chiefly in the Gorakhpur Division; but Professor Wilson says that Bundelkhand is the chief seat of the order, and at Panna is a building dedicated to the use of the sect, in one apartment of which, on a table covered with gold cloth, lies the volume of the founder.[2]

2. "As a test of the disciple's consent to the real identity of the Hindu and Muhammadan creeds, the ceremony of initiation consists of eating in the society of members of both communions; with this exception, and the admission of the general principle, it does not appear that the two classes confound their civil or even religious distinctions; they continue to observe the practices and ritual of their forefathers, whether Musalmân or Hindu, and the union, beyond that of the community of eating, is no more than any rational individual of either sect is fully prepared for, or the admission that the God of both and of all religions is one and the same."

Distribution of the Prânnâthis according to the Census of 1891.

Districts.	Numbers.
Pilibhit	7
Lalitpur	13
Gorakhpur	26
Basti	23
Total	69

[1] *Dictionary of Economic Products*, I, 426, *sqq*.

[2] *Essays*, I, 351. For an account of the religious books of this sect, see Growse, *Mathura*, 230, *sqq*.

Pundîr.—A sept of Rajputs who appear to belong to the Dahîma, one of the thirty-six royal tribes, of whom Colonel Tod[1] writes:—"The Dahîma has left but the wreck of a great name. Seven centuries have swept away all recollection of a tribe who once afforded one of the proudest themes for the song of the bard. The Dahîma was the lord of Bayâna and one of the most powerful vassals of the Chauhân Emperor, Prithivi Râja. Three brothers of this house held the highest offices under this monarch, and the period during which the elder, Kaunas, was his minister, was the brightest in the history of the Chauhân. But he fell a victim to blind jealousy. Pundîr, the second brother, commanded the frontier at Lahore. The third, Châond Râê, was the principal leader in the last battle, where Prithivi Râja fell, with the whole of his chivalry, on the banks of the Kâgar. Even the historians of Shahâb-ud-dîn have preserved the name of the gallant Dahîma, Châond Râê, whom they style Khandê Râê; and to whose valour, they relate, Shahâb-ud-dîn himself nearly fell a sacrifice. With the Chauhân, the race seems to have been extinguished." The original seat of the Panjâb[2] Pundîrs was Thanesar and the Kurukshetra of Karnâl and Ambâla, with local capitals at Pûndri, Ramba, Hâbri and Pûndrak; but they were dispossessed by the Chauhân under Râna Har Râê, and for the most part fled beyond the Jumna. From this event most probably their settlement in these Provinces dates. In the Duâb they say that they came from Hardwâr in the Sahâranpur District. Their leader is said to have been Râja Damar Sinh, who established himself at Gambhîra in Pargana Akrâbâd of the Aligarh District. Their fort was Bijaygarh, which took its name from Bijay, brother of Damar Sinh. It was captured in 1803 at the cost of the lives of Colonel Gordon and other British officers. It has now passed into the hands of the Râja of Awa. These Duâb Pundîrs hold a respectable rank and intermarry with the higher Râjput septs.

2. In the Upper Duâb they are reported to give girls to the Bargûjar, Chauhân, Gahlot, Kathiya, Tomar, Chhokar, and Bhatti; and to take brides from the Bargûjar, Chauhân, Gahlot, Tomar, Bais, and Bhatti septs.

---

[1] *Annals*, I, 128.
[2] Ibbetson, *Panjâb Ethnography*, section 445.

Distribution of the Pundîr Râjputs according to the Census of 1891.

Districts.	Hindus.	Muhammadans.	Total.
Dehra Dûn	...	1	1
Sahâranpur	18,120	7,267	25,387
Muzaffarnagar	7,128	3,875	11,003
Meerut	...	15,680	15,680
Bulandshahr	991	122	11,113
Mathura	285	5	290
Agra	98	1	99
Mainpuri	29	7	36
Etâwah	1	...	1
Etah	1,693	22	1,715
Budâun	247	...	247
Morâdâbâd	54	...	54
Bânda	438	...	438
Allahâbâd	12	...	12
Gorakhpur	7	...	7
Basti	4	...	4
Râê Bareli	2	...	2
Bahrâich	...	24	24
Sultânpur	31	...	31
Total	29,140	27,004	56,144

Purohit—(Sanskrit *purohita*, "one placed foremost or in front").—One of the functional divisions of the Brâhman caste. In Vedic times the Purohit was regarded as a confidential and virtuous minister of state; but in Manu he is placed in a lower class than other Brâhmans. At the same time the institution of the Purohit, who was not only a mere house priest but a political functionary, goes back to that early period of history when the Turanians and Indians lived peaceably as one nation. His high position in early times is shown by the assertion that the gods do not accept the food offered by a king who has no house priest, and by the fierce contest for the office which arose between the families of Vasishtha and Visvamitra.[1]

2. The functions of the Purohit in modern times are confined to the performance of the less intricate rites, those of more ceremonial intricacy and importance being left to the Achârya, Hotri, Bidua, and other priests of higher rank. He helps his master to perform the annual *Sráddha,* acts the part of a Brâhman, who must be fed before his employer breaks his fast, officiates at the family-shrine of the household gods, helps the barber to find a husband for his master's daughter, cooks for him on a journey, and arranges for the feeding of Brâhmans. He sometimes does a vicarious pilgrimage for his employer, and the extension of these functions to the richer members of the lower castes is the chief method by which they are brought within the fold of Brâhmanism.

3. Of these Brâhman priests Sir Monier-Williams writes:[2] "His anger is as terrible as that of the gods. His blessing makes rich, his curse withers. Nay, more, he is himself actually worshipped as god. No marvel, no prodigy in nature, is believed to be beyond the limits of his power to accomplish. If the priest were to threaten to bring down the sun from the sky or arrest it in its daily course in the heavens, no villager would for a moment doubt his power to do so. And indeed the priests of India, in their character of Brâhmans, claim to have worked a few notable miracles at different times and on various occasions. One of their number once swallowed the ocean in three sips, another manufactured fire, another created animals, and another turned the moon into a cinder. The priest confers incalculable benefits on the community of which he is a member by merely receiving their presents. A cow given to him secures heaven of a certainty to the lucky donor. The consequences of injuring him are terrific. A man who does him the smallest harm, must make up his mind to be whirled about after death, for at least a century, in a hell of total darkness."

Purwâl, Purwâr.—A sub-caste of Banyas who are believed to take their name from Puri or Jagannâth. According to Mr. Sherring[3] they live in large houses in Benares and are persons of conse-

---

[1] Muir, *Ancient Sanskrit Texts,* I, 128. Note: Manu, *Institutes,* XII, 46. Haug, *Aitareya Brâhmanam,* I, 67: II, 528. Max Müller, *Ancient Sanskrit Literature,* 485, *sqq.*

[2] Monier-Williams, *Brâhmanism and Hinduism,* 457.

[3] *Hindu Castes,* I, 283.

quence. The sub-caste is divided into twenty branches. Some are Vaishnavas and some Jainas.

Distribution of Purwâl Banyas according to the Census of 1891.

Districts.	Hindus.	Jainas.	Total.
Sahâranpur	1	7	8
Bulandshahr	...	5	5
Mathura	9	86	95
Agra	434	4,048	4,482
Farrukhâbâd	664	15	679
Mainpuri	336	237	573
Etâwah	9,621	7	9,628
Etah	...	3,159	3,159
Bareilly	519	...	519
Budâun	41	...	41
Pilibhît	42	...	42
Cawnpur	1,859	20	...
Fatehpur	40	...	40
Bânda	189	164	353
Hamîrpur	512	64	576
Allahâbâd	36	...	36
Jhânsi	189	1,504	1,693
Jâlaun	1,167	...	1,167
Lalitpur	...	6,694	6,694
Ballia	25	...	25
Gorakhpur	6,183	...	6,183
Lucknow	13	...	13
Sîtapur	4,078	...	4,078
Kheri	685	...	685
Gonda	156	..	156
Bahrâich	3,063	...	3,063
Bârabanki	1,041	...	1,041
Total	30,903	16,010	46,913

Q

Qâdiri, Qâdiriya.—An order of Muhammadan Faqîrs, who are the followers of Abdul Qâdir Jilâni, who is buried in Bâghdâd. The Arabs, who have no hard *g* letter, alter to Jilân the name of his birth-place Gilân, a tract between the Caspian and the Black Sea. He is also known as Pîran-i-Pîr and Pîr Dastgîr, "the saint of saints, the helper of the helpless," and as Ghaus-ul-Azam, Ghaus-ul-Sumdâni, Mahbûb Subhâni, and so on. He was born in 1078 A.D., and died in 1166 A.D., and was buried at Bâghdâd, where he held the post of guardian of Abu Hanîfa's tomb.[1] Mr. Maclagan writes:[2]—"Most of the Sunni Maulavis of the Panjâb belong to this order, as does also the Akhund of Swât. They practise both the silent and the loud form of service (the *zikr-i-khafi* as well as the *zikr-i-jalli*). In youth they shout the *Kalima* with a particular intonation of the words *illah 'illâhu*, but afterwards articulate it with suppressed breath. They reject musical accompaniments, and seldom indulge in songs, even unaccompanied by music, in their religious devotions. They wear green turbans, and one of their garments must be of ochre, a colour first used by the saint Hasan Basri. The repetition of the Darûd, or salutation to the Prophet, bears a conspicuous part in the ceremonial of this order. Their chief places of sanctity in the Panjâb are the Khânqâh of Maulâna Muhammad Fâzil in Batâla; the Mausoleum in Lahore of Shâh Muhammad Ghaus, whose disciples are found as far as Kâbul, Ghazni, and Jalâlâbâd; the shrine of Tâhir Bandagi in Lahore, and that of Shâh Kamâl at Hujra Shâh Muqîm in the Montgomery District. There is also a shrine of his between the fort and the city at Ludhiâna, where the saint is said to have left his tooth-brush. A fair, called the Roshani Fair, is held here on the 14th of Rabi-us-Sâni; cattle are tied up at night at the shrine for good luck, and are said to keep watch (*chauki*) at the shrine, and women who desire off-spring make offerings."

2. The order has a special interest, as it was into this that Sir R. Burton was initiated before his famous pilgrimage to Makka and Madîna. The curious may consult the record of the journey for a copy of the diploma investiture which he received[3]

---

[1] Beal, *Oriental Dictionary*, *s. v.*
[2] *Panjâb Census Report*, 194.
[3] *II*, 327.

Distribution of the Qâdiris according to the Census of 1891.

Districts.	Numbers.	Districts.	Numbers.
Debra Dûn	71	Bânda	8
Sahâranpur	316	Hamîrpur	6
Muzaffarnagar	164	Allahâbâd	78
Bulandshahr	759	Jhânsi	1
Mathura	13	Lalitpur	14
Agra	2	Ghâzipur	129
Farrukhâbâd	21	Gorakhpur	21
Mainpuri	22	Tarâi	453
Etâwah	36	Lucknow	32
Etah	65	Râê Bareli	110
Bareilly	1,152	Sîtapur	2
Budâun	206	Faizâbâd	236
Morâdâbâd	294	Gonda	1
Shâhjahânpur	401	Bahrâich	15
Pilibhît	677	Bârabanki	129
Fatehpur	2	TOTAL	5,436

Qalâigar (Arabic *qalâi*, "tin").—The man who tins the copper cooking-vessels, which are so widely used both by Muhammadans and Christians. The caste, so-called, is purely occupational, and all who entered their names as such at the last Census were Muhammadans.

Distribution of the Qalâigars according to the Census of 1891.

Districts.	Numbers.	Districts.	Numbers.
Muzaffarnagar	4	Tarâi	12
Budâun	22	Lucknow	
Morâdâbâd	31	Gonda	1
Fatehpur	3	Bahrâich	1
Jhânsi	2	Sultânpur	2
Ghâzipur	10	TOTAL	89

Qalandar.—A caste of Muhammadan Faqîrs, bear and monkey leaders. According to Mr. Platts, the word is used for the original *kalandar*, "a rough, unshaped block or log." They trace their origin to the Saint Bo 'Ali Qalandar, who died in 1323-24. Of him many wondrous tales are told. He used to ride about on a wall, but at last settled down at Pânipat. "The Jamna then flowed under the town, and he prayed so continuously that he found it convenient to stand in the river and wash his hands without moving. After seven years of this he got stiff, and the fishes ate his legs; so he asked the river to step back seven paces and let him dry. In her hurry to oblige the saint, she retreated seven miles, and there she is now. He gave the people of Pânipat a charm which drove away all flies from the city. But they grumbled and said they rather liked flies, so he brought them back a thousandfold. The people have since repented. There was a good deal of trouble about his funeral. He died near Karnâl, and there they buried him. But the Pânipat people claimed his body, and came and opened his grave; on which he sat up and looked at them till they felt ashamed. They then took some bricks from his grave with which to found a shrine; but when they got to Pânipat and opened the box, they found his body in it; so he now lies buried both at Pânipat and Karnâl."[1]

Occupation.

2. The Qalandar of these Provinces is generally a lazy, swindling rascal, some of whom go about with snakes; others with tame bears and monkeys. He wears round his neck several strands of white stones or beads and glass. He also carries a bead rosary (*tabîsh*), and usually on his right wrist two or a single brass bangle. On his right leg he has an iron chain. He also has a vessel (*kishta*), made of cocoanut shell (*daryâi nâriyal*), and a brass *lota*. Somtimes he has an iron bar as well. He announces his approach by twanging the *damaru*, or little drum, shaped like an hour-glass. Those who have monkeys, the male being generally called Maula Bakhsh and the female Zahûran, make them dance to amuse children. Those who have bears, make them dance, and allow for a consideration little boys to ride on their backs, which is believed to be a charm against the small-pox. They also sell some of their hair, which is a favourite

[1] Ibbetson, *Panjâb Ethnography*, section 224: Lady Burton, *Arabian Nights*, I, 81; VI, 227.

amulet against the Evil Eye. Some go about as ordinary beggars. Though they wander about begging they are not absolute vagrants, as they have settled homes and families.

Domestic ceremonies.

3. Marriage among them takes place at the age of from ten to twenty. They follow in all their ceremonies the rules of the Sunni sect of Muhammadans, to which they belong. Some of them have taken to the trade of the Bisâti, and make tin frames for lanterns and small boxes (*dibiya*) out of tin. All Muhammadans will eat and smoke with them. No Hindu, except a Dom or a Ḍharkâr, will touch their food.

The Criminal Qalandar.

4. The Qalandar is our old friend the Calendar of the *Arabian Nights*. Most of them are merely loafing beggars; but in Rohilkhand there appears to be a branch of them known as the Langrê, or "lame," Qalandars, who are said to be Rohillas from Râmpur.[1] They were formerly residents of Hardoi, and devoted themselves to stealing horses and ponies, which were passed from Oudh to British territory and *vice versâ*. Shâhâbâd, in Hardoi, was regarded as their head-quarters, and there they had the name of Machhlê. On the annexation of Oudh, they divided into gangs, and nominated one Bânkê as their leader (*sargiroh*), with two assistants, known as the Bhaṇḍâri, or purveyor, and Kotwâl, or police officer. On the celebration of the marriage of any of their members they continue, if possible, to assemble together and distribute food and wine to the best of their ability; on the occasion of marriage ceremonies among the Khatris, when any of the gangs are present, gifts of food and money are given to them, which they designate their *birt*, or "maintenance." This is also the name given to what they receive on certain occasions when religious ceremonies are performed. They are very superstitious, and have their own omens and signs, some of which are considered lucky, and others the reverse. Thus the barking of a hyæna behind them or on their left is considered a bad omen.

Mode of thieving.

5. This tribe, or rather the numerous gangs composing it, proceed through districts disguised and call themselves Langrê Qalandar or Rohillas of

---

[1] Report of Mr. H. Ross, District Superintendent of Police, Pilibhit.

Râmpur. In Râmpur and the neighbourhood they use the former, and towards Lucknow the latter. They travel about in the cold and hot weather, but in the rains they settle down and occupy themselves in begging. Their wives and children accompany them, but they do not encumber their movements with any luxury, such as cattle, furniture, etc., having only one or two ponies for the transport of their personal effects, in addition to which, hidden among their quilts and blankets, are reins, ropes, and headstalls for the stolen ponies. This is undoubtedly the reason why they have hitherto never been classed as a criminal tribe, nor have raised suspicion as to their real character. They pass the night under trees or in the fields, or, if near a populous place, in a convenient grove. During the day, disguised as beggars, they mark down the horses and ponies which they purpose to steal. When they obtain a fair number of animals, they pass off as horse-merchants, and make their escape as rapidly as possible. Animals stolen near Lucknow are sold in the northern parts of Oudh and the North-West Provinces—their chief markets being Bilâspur in the Râmpur State, Durâo in the Tarâi, and Chichait in Bareilly. They chiefly frequent the districts of Pilibhît, Kheri, Bahrâich, and the Tarâi, as they are close to Nepâl, where ponies and fodder are plentiful.

Thieves' argot of the Langrê Qalandars.

6. These people have a regular thieves' argot of their own, of which the following are examples :—

Bidna . . . . Man.
Bidni . . . . Woman.
Basta . . . . Rupee.
Bairgi . . . . Cot.
Botay . . . . Sheet, quilt.
Bajrin . . . . Gun.
Bodi . . . . Hair tuft.
Châl . . . . Hair.
Chetha . . . . Flour.
Chiki . . . . Fire.
Chitya . . . . Cat.
Chimmi . . . . Fish.
Charya . . . . Tree.
Chirma . . . . Colt.
Dhaind . . . . Burglary.

Dhun	Ear.
Dúdrín	Leg.
Dhurd	Grain.
Dhurcha	Red pepper.
Dhungara	The *Singhára* nut (water caltrop).
Dhingaila . . .	Bullock.
Dhingaili	Cow.
Dhúwar	Pig.
Dhung	Sheep.
Dhujjá	Cock.
Dhuttar . . .	Camel.
Dhúhari	Sugarcane.
Dhulludár . . .	Police Officer.
Dhuddah	Duck.
Dhurangi	European.
Dhúsa	Mouse.
Ealakh	Oil.
Ghutrín	Eyes.
Ghummar	Elephant.
Ghuttani	Eight annas.
Ghurka	Water pot, jug.
Jurha	Pony.
Jurhi	Pony mare.
Khunji	Buffalo.
Kumdár	Comrade.
Khuranga . . .	Donkey.
Khurchna . . .	Pipe, *huqqah*.
Khunnay	House.
Khail	Wine.
Lilka	Butter, *ghi*.
Lung	Rope.
Morhay	Tooth.
Mattáo	Tank, pond.
Maikrín	Goat.
Mogán	Jackal.
Mithkar	Sugarcane.
Mukki	Sheep.
Mohidár	Village Watchman.
Markni	Bludgeon.

Nudli	Village.
Niklu	Bread
Oi	A well.
Phirkni	Cart.
Pecha	Pice.
Patki	Grass.
Ráp	Foot.
Ratáila	Stomach.
Ratki	Wheat.
Rípún	Shoe.
Surpna	Nose.
Thunda	Boy.
Thundi	Girl.
Thúb	Hand.
Tena	Head.
Thum	Grain.
Tundul	Rice.
Theman	Salt.
Thimman	Coarse sugar (*gur*).
Thimjái	Sweatmeat.
Thubbák	Reins.
Thokay	Jungle.
Urkna	Grain.
Dhulludár áya hai, paté hoé.	The Sub-Inspector is coming, run away.
Khurchna tudlo	Smoke the *huqqah*.
Oi sé chayan marap láo	Fetch the water from the well.
Phirni par dhurrup lo	Get into the cart.
Dhurangi bakussa	A European approaches.
Khunnay men dhaind lagi	A burglary has been committed in the house.
Mohidár bakussa, jurhi thokay men khon áo.	A watchman is coming, take the pony into the jungle.
Nukka nudli men hurka	A dog is barking in the jungle.

Distribution of the Qalandars according to the Census of 1891.

Districts.	Numbers.	Districts.	Numbers.
Dehra Dûn . . .	13	Ghâzipur . . .	106
Meerut	317	Ballia	241
Bulandshahr . . .	644	Gorakhpur . . .	929
Aligarh . . .	36	Basti	3,833
Mathura . . .	23	Lucknow . . .	11
Agra	11	Unâo	8
Farrukhâbâd . .	19	Râê Bareli . . .	207
Bareilly . . .	157	Sîtapur . . .	62
Pilibhît . . .	73	Kheri	74
Cawnpur . . .	8	Faizâbâd . . .	316
Fatehpur . . .	12	Gonda	4
Allahâbâd . . .	265	Bahrâich . . .	10
Benares . . .	25	Sultânpur . . .	58
Mirzapur . . .	63	Bârabanki . . .	93
		Total .	7,628

Qassâb, Qassâi—(Arabic *qasab*, "to cut"), the butcher caste.—They are usually separated into two endogamous sub-castes: Gaû, Gawa or Gorû Qassâi, who kill cows and buffaloes, and Bakar Qassâi, who kill only goats. The latter is also known by the names Chik, Chikwa or Buzqassâb (Persian *buz*, "a goat"). The Chiks are all Hindus, and have various sub-castes, one of which is Khatîk. The Qassâbs are all Muhammadans of the Sunni sect, and follow the ordinary Muhammadan rules of exogamy and inheritance. Marriage usually takes place at the age of fifteen or sixteen, and when there are two or three marriageable youths in a family, they are generally married at the same time to save expense. Special reverence is paid in the east of the Province to the Pânchon Pîr, and in particular to Ghâzi Miyân, to whom fowls, cakes (*malîda*), sweetmeats, and garlands of flowers are offered. The food, after dedication, is consumed by the worshippers. At the Shab-i-bârât festival, they offer food to the sainted dead. The Gaû-qassâb, from his trade, is naturally an object of detestation to orthodox Hindus. A common proverb runs : *Jahân sagarê gâon qassâi, tahân ek Ramdâs ki kâ basâi?* "How can a single servant of God live in a village of butchers?" In effecting his purchases, he often has to assume disguises, and sometimes procures his supplies through the agency of Nats. In Lucknow [1] there are two classes of Qassâbs : Kameladâr and Ghair Kameladâr, *Kamela* meaning the "shambles;" the former are slaughtermen, who sell wholesale, and the latter are retailers of meat, who buy from them and sell at shops. The former always count the hide their profit, and the latter sell at a fixed charge of one anna per ser for meat with bone, and one and a half annas per ser for boneless meat. Chikwas sometimes combine in a partnership of three or more; one remains in charge of the cattle yard and the other two go to neighbouring villages and buy up sheep and goats. Both Qassâbs and Chikwas again deal in hides.[2] Some, again, add to their meat business a trade in cloth and stone: a few hold land as non-occupancy tenants. "The Indo-Europeans all make their appearance in history as meat-eating peoples, and only among the Hindus did animal food as early as Vedic times give way more and more to a vegetable diet, obviously because of the climate."[3] In Vedic times the Vaikarta was the butcher, who cut up and distributed the flesh of the sacrificial victim, and the custom is distinctly recognized and prescribed by Manu.[4] In Buddhist times, however, we learn that in Madhyadesa "they do not keep swine or fowls, they do not deal in living animals, nor are there shambles or wine shops round their markets."[5]

Distribution of Chiks and Qassâbs according to the Census of 1891.

Districts.	Chik.		Qassâb.	
	Khatík	Others.	Bakar-qassâb.	Others.
Dehra Dûn . . .	...	...	...	79
Sahâranpur . . .	...	...	...	11,751
Muzaffarnagar . . .	...	...	17	12,170

[1] Hoey, *Monograph*, 163.
[2] SeeH oey, *ibid*, 90, *sqq.*
[3] Schrader, *Prehistoric Antiquities*, 315.
[4] *Institutes*, V, 32, *sqq.*
[5] Beal, *Fahhian*, 55.

Distribution of Chiks and Qassâbs according to the Census of 1891—contd.

Districts.	Chik.		Qassâb.	
	Khatîk.	Others.	Bakar-qassâb.	Others.
Meerut	...	...	...	16,013
Bulandshahr	...	...	906	8,384
Aligarh	...	...	291	5,461
Mathura	...	...	...	5,418
Agra	...	...	...	4,300
Farrukhâbâd	...	1,936	403	1,245
Mainpuri	...	551	...	1,019
Etâwah	34	812	...	745
Etah	..	722	...	2,947
Bareilly	...	287	2,394	242
Bijnor	...	...	766	8,500
Budâun	...	532	341	1,746
Morâdâbâd	...	...	33	6,851
Shâhjahânpur	...	585	533	2,519
Pilibhît	...	43	146	2,404
Cawnpur	2	1,774	40	2,040
Fatehpur	...	95	10	2,554
Bânda	...	778	38	134
Hamîrpur	...	541	...	575
Allahâbâd	...	409	621	2,675
Jhânsi	...	15	48	293
Jâlaun	...	138	...	30
Benares	...	...	...	1,295
Mirzapur	...	74	40	552
Jaunpur	...	...	540	1,240
Ghâzipur	...	...	...	1,945

Distribution of Chiks and Qassâbs according to the Census of 1891—concld.

Districts.	Chik.		Qassâb.	
	Khatik.	Others.	Bakar-qassâb.	Others.
Ballia . . .	...	...	8	385
Gorakhpur	...	...	19	1,524
Basti	...	...	1,256	248
Azamgarh	...	...	124	2,510
Târai	...	2	...	696
Garhwâl	...	...	8	...
Lucknow	...	25	2,954	2,161
Unâo	...	...	297	2,380
Râê Bareli	...	11	1,929	1,448
Sîtapur	...	...	1,183	1,388
Hardoi	13	50	1,559	892
Kheri	...	1	1,183	829
Faizâbâd	...	...	570	1,105
Gonda	...	...	231	1,909
Bahrâich	...	...	918	675
Sultânpur	...	...	1,191	520
Partâbgarh . . .	...	...	506	301
Bârabanki	...	...	1,962	1,263
Total .	49	9,381	23,155	1,25,361

R

Râdha : Bhagat.[1]—A tribe found chiefly in Rohilkhand and Oudh. The people returning themselves as Bhagat in the last Census returns are probably the same people. In Bareilly they have three endogamous sub-castes : the Bhatela, Khatiya, and Bichauri. The rule of exogamy is that common to all tribes of this grade. According to tribal usage polygamy is forbidden; but this regulation is violated by the chief men of the tribe. They know nothing of their origin except that they are in some way connected with Râdha, the mistress of Krishna. They are perhaps, like the Kingariyas, akin to the great Nat race. They have now settled down and do not admit outsiders to their tribe. Those who can afford it practise infant marriage ; the poor seldom marry till they are adult. The women are allowed no license either before or after marriage. Polyandry is prohibited as well as widow marriage. A wife detected in adultery is expelled from the house. They are Hindus and worship Parameswar, Devi, Mahâdeva, the Ganges, and the Miyân of Amroha, who is honoured with a sacrifice of sweet cakes (*gulgula*) and goats. These offerings are received by the Madâris who attend his shrine. Men and women both worship this godling. They engage Brâhmans for their religious and *quasi*-religious ceremonies. Such Brâhmans are received on equal terms with their brethren. They burn their adult dead and bury children. The ashes are consigned to the Ganges or any of its tributaries. They perform the usual *srâddha* in the month of Kuâr as a propitiation to the spirits of the dead.

Occupation.

2. Their profession, as is shown by their name, is singing and dancing, and it has been so from time immemorial. Their musical instruments are the *tabla*, or tambourine, and the *sârangi*, or guitar. Some of them have now turned to cultivation. They do not, like other similar tribes, prostitute their girls or married women. They abstain from intoxicating liquor, and eat no meat but that of goats.

---

[1] Based on notes by the Deputy Inspector of Schools, Bareilly.

Distribution of the Râdhas and Bhagats according to the Census of 1891.

Districts.	Râdha.		Bhagat.	
	Males.	Females.	Males.	Females.
Sahâranpur	1	...	1	...
Farrukhâbâd	60	64	82	103
Mainpuri	4	6	5	2
Etâwah	...	...	2	10
Etah	...	...	76	51
Bareilly	29	28	12	2
Budâun	8	5	6	5
Morâdâbâd	1	...	...	...
Shâhjahânpur	281	282	...	...
Pîlibhît	64	74	...	...
Cawnpur	1	...	...	...
Bânda	3	1	1	3
Benares	67	57	...	...
Tarâi	7	4	...	...
Lucknow	8	10	...	...
Sîtapur	359	376	...	...
Hardoi	772	662	...	...
Kheri	313	304	...	...
Bahrâich	107	130	...	...
Râmpur	18	33	...	...
Total	2,036	2,029	252	233

Râdha Swâmi.—A small sect, containing at the last Census only 188 adherents, mostly residents of Mathura; is said to have been founded by Râê Sâlig Râm, late Postmaster General of these Provinces. The tenets of the sect seem to differ little from those of the modern reformed Vaishnavas.

Râdha Vallabhi.—A Gusâîn order founded by Hari Vans, of whom Mr. Growse[1] says:—"His father Vyâsa was a Gaur Brâhman of Devaban in the Sahâranpur District who had long been childless. He was in the service of the Emperor, and on one occasion was attending him on his march from Agra, when at last his wife Târa gave birth to a son at the little village of Bâd, near Mathura, in the Sambat year 1559. In grateful recognition of their answered prayers, the parents named the child after the god they had invoked and called him Hari Vans, *i.e.*, 'Hari's issue.' When he had grown up he took to himself a wife by name Rukmini, and had by her two sons and one daughter. After settling his daughter in marriage, he determined to abandon the world and live the life of an ascetic. With this resolution he set out alone on the road to Brindaban, and had reached Charthâwal near Hodal, when there met him a Brâhman, who presented him with his two daughters, and insisted on his marrying them, on the strength of a divine command which he said he had received in a vision. He further gave him an image of Krishna with the title of Râdha Vallabha, which, on his arrival at Brindaban, was set up by Hari Vans in a temple that he had erected between the Jugal and the Koliya Ghâts on the banks of the Jamuna. Originally he had belonged to the Mâdhvâcharya Sampradâya, and from them and the Nimbâraks, who also claim him, his doctrine and ritual were professedly derived. But in consequence of the mysterious incident by which he had been induced to forego his intention of leading a celibate life, and to take to himself two wives, or rather in consequence of his strong natural passions which he was unable to suppress and therefore invented a fiction to excuse, his devotion was all directed, not to Krishna himself, except in a very secondary degree, but to his fabled mistress Râdha, whom he deified as the goddess of lust."

2. After quoting some of his poems, Mr. Growse goes on to say: "If ever the language of the brothel was borrowed for temple use it has been so here. But, strange to say, the Gusâîns, who accept as their gospel these nauseous ravings of a diseased imagination, are for the most part highly respectable married men, who contrast rather favourably with the professors of rival sects that are based on more reputable authorities. Several of them have a

---

[1] *Mathura*, 185, *sqq*.

very good knowledge of literary Hindi; but their proficiency in Sanskrit is not very high.

3. "To indicate the fervour of his passionate love for his divine mistress, Hari Vans assumed the title of Hit Ji, and is popularly better known by this name than by the one which he received from his parents. His most famous disciple was Vyâs Ji of Orchha, of whom various legends are reported. On his first visit to the Swâmi he found him busy cooking, but at once propounded some knotty theological problems. The sage, without any hesitation, solved the difficulty, but first threw away the whole of the food which he had prepared, with the remark that no one could attend properly to two things at once. Vyâs was so struck with this procedure that he then and there enrolled himself as his disciple, and in a short space of time conceived such an affection for Brindaban that he was most reluctant to leave it, even to return to his wife and children. At last, however, he forced himslf to go, but he had not been with them long before he determined that they should themselves disown him, and accordingly he one day in their presence ate some food from a Bhangi's hand. After this act of social excommunication, he was allowed to return to Brindaban, where he spent the remainder of his life, and where his Samâdh or tomb is still to be seen."

Distribution of the Râdha Vallabhi Gusâîns according to the Census of 1891.

DISTRICTS.	Numbers.	DISTRICTS.	Numbers.
Muzaffarnagar . .	30	Morâdâbâd	2
Agra	70	Lalitpur	5
Mainpuri	5	Gorakhpur	13
Etah	13	Gonda	111
Bijnor	3	TOTAL .	252

Males	160
Females	92

Raghubansi.—A sept of Râjputs connected with the Nikumbh (*q. v.*). Those in Sultânpur [1] profess to be lineally descended from Raghu, an ancestor of Râma, and claim to have been settled in

[1] *Settlement Report*, 135.

their present abode ever since the time of their eponymous ancestor. For centuries they resisted successfully the threatened encroachments of the Bachgotis; and maintained intact a frontier marked by a little nameless affluent of the Gumti. It was not till within the half century of disorder and misrule which preceded the annexation of the Province, that they succumbed, and even now, though only in a subordinate position, they retain no considerable portion of their ancient heritage In Sîtapur[1] they have suffered much in recent times, and are gradually dying out. In their estates a tradition exists that the cultivation of sugar is fatal to the farmer, and that the tiling of a house brings down divine displeasure upon the owner; hence to this day no sugar is grown and not a tiled house is to be seen.

2. In Sultânpur they marry girls of the Bilkhariya, Tashaiya, Chandauriya, Kath Bais, Bhâlê Sultân, Chandel, and Palwâr septs; and give brides to the Tilokchandi Bais, Mainpuri Chauhâns, Sûrajbansis of Mâhul, Gautams of Nâgar, Majhauli Bisens, Râjkumâr and Bachgoti. Their *gotra* is Kasyapa. In Jaunpur they take brides of the Nikumbh, Gaharwâr, Chaupat Khamb, Bais Bisen, Kâkan, Singhel, Sombansi, and Ujjaini.

Distribution of the Raghubansi Râjputs according to the Census of 1891.

Districts.	Numbers.	Districts.	Numbers.
Sahâranpur	9	Bareilly	59
Meerut	21	Budâun	342
Aligarh	46	Morâdâbâd	95
Mathura	19	Shâhjahânpur	1,396
Agra	83	Pilibhît	114
Farrukhâbâd	210	Cawnpur	261
Mainpuri	221	Fatehpur	479
Etâwah	294	Bânda	1,725
Etah	414	Hamîrpur	614

[1] *Oudh Gazetteer*, III, 390.

Distribution of the Raghubansi Râjputs according to the Census of 1891—concld.

Districts.	Numbers.	Districts.	Numbers.
Allahâbâd . . .	403	Lucknow . . .	269
Jhânsi	57	Unâo	324
Jâlaun	33	Râê Bareli . . .	797
Lalitpur . . .	10	Sîtapur . . .	611
Benares . . .	15,197	Hardoi . . .	156
Mirzapur . . .	2,935	Kheri	431
Jaunpur . . .	17,412	Faizâbâd . . .	2,921
Ghâzipur . . .	2,956	Gonda . . .	11
Ballia	151	Bahrâich . . .	175
Gorakhpur . . .	1,445	Sultânpur . . .	3,687
Basti	997	Partâbgarh . . .	90
Azamgarh . . .	2,477	Bârabanki . . .	1,249
Tarâi	20	Total .	61,216

Rahwâri[1] (*rahwár*, "quickpaced, active").—A caste of camel owners and drivers, also known as Riwâri, Râêwâri. Of these people Abûl Fazl writes[2] :—"Raibâri is the name given to a class of Hindus who are acquainted with the habits of the camel. They teach the country-bred *lok* camel so to step as to pass over great distances in a short time. Although from the capital to the frontiers of the Empire, into every direction, relay horses are stationed, and swift runners have been posted at the distance of every five *kos*, a few of these camel riders are kept at the palace in readiness. Each Raibâri is put in charge of fifty stud *arwánahs*, to which, for the purpose of breeding, one *bughur* and two *loks* are attached." Colonel Tod,[3] writing of the Raibâris, says :—"This term is known throughout Hindustân only as denoting persons employed in rearing

[1] Largely based on a note by Bâbu Atma Râm, Head Master, High School-Mathura.

[2] Blochmann, *Aín-i-Akbari*, I, 147, *sq*. For a complete account of the camel, see Watt, *Economic Dictionary*, *s.v.*

[3] *Annals*, II, 357.

and tending camels, who are there always Muslims. Here they are a distinct tribe and Hindus, employed in rearing camels, or in stealing them, in which they evince a peculiar dexterity, uniting with the Bhattis in the practice as far as Dâûdputra. When they come upon a herd grazing, the boldest and most experienced strikes his lance into the first he reaches, then dips a cloth in the blood, which, at the end of his lance, he thrusts close to the nose of the next, and, wheeling about, sets off at speed, followed by the whole herd, lured by the scent of blood and the example of their leader." Of the Bombay branch of the tribe we are told that "in Kachchh they say they came from Mârwâr, and this is supported by the fact that the seat of their tribe goddess Sikotra is at Jodhpur. The story of their origin is that Siva, while performing religious penance (*tap*), created a camel and a man to graze it. This man had four daughters, who married Râjputs of the Chauhân, Gambhîr, Solanki, and Pramâr tribes. These and their offspring, were all camel drivers. Tall and strongly made, with high features and an oval face, the Rahwâri, like the Ahîr, takes flesh and spirits, and does not scruple to eat with Musalmâns. He lives for days solely on camel's milk. Except a black blanket over his shoulders, the Rahwâri wears cotton clothes. This waist cloth (*dhoti*) is worn tucked through his legs, and not wound round the hips like a Râjput's. They live much by themselves in small hamlets of six or eight grass huts. They are described as civil and obliging, honest, intelligent, contented, and kindly. They are very poor, living on the produce of their herds. Each family has a she-camel called Mâta Meri, which is never ridden, and whose milk is never given to any one but a Hindu."[1]

The Rahwâris of the North-West Provinces.

2. They pretend to possess a complete set of *gotras;* but no one can even attempt to give a full list of them. A man cannot marry in his mother's or grandmother's *gotra*. They claim to be Râjputs, but cannot designate any particular sept as that from which they have sprung. They do not admit outsiders into their tribe. Both infant and adult marriages are allowed, and no sexual license on the part of the girls is tolerated before marriage. Polyandry is prohibited, and polygamy allowed up to the extent of three wives at a time. The marriage is celebrated in the usual Hindu fashion, and the perambulations

---

[1] *Bombay Gazetteer*, V, 80; see also VII, 137, *sq.*

(*bhánwar phirna*) round the nuptial shed are the binding part of the ritual. A widow may marry again by the *dharícha* form, and the levirate is permitted, but it is not compulsory on the widow to marry the younger brother of her late husband. A wife can be expelled from the house for infidelity, and for no other cause. Such a woman may marry again in the tribe by the *dharícha* form.

Religion and customs.

3. The Rahwâris are Vaishnavas and worship Bhagwân. They worship Devi in the months of Chait and Kuâr, as well as Zâhir Pîr in Bhâdon. They eat the offerings themselves, which consist of sweetmeats and fruits. They employ Brâhmans as their family priests, and such Brâhmans are received on an equality with those who do the same service for other castes. They burn their dead. Poor people leave the ashes on the cremation ground; those who can afford it take them to the Ganges or Jumna. They do the *sráddha*, and some even go to Gaya for that purpose. Their primary occupation is rearing, tending, and letting out camels for hire. Some have purchased land, others cultivate as tenants, and others are landless labourers. They eat the flesh of cloven-footed animals, fowls, and fish; but not monkeys, pork, beef, flesh of whole footed animals, crocodiles, snakes, lizards, jackals, rats, or other vermin, or the leavings of other people. They can eat *pakki* in the same dish with Jâts, and can use their tobacco pipes, and they will also smoke with Gûjars; but they will eat *kachchi* only with their own caste. The Rahbâri, as he appears in these Provinces, has rather an evil reputation for high-handedness, and he is proverbially deceitful and untrustworthy.

Distribution of the Rahwâris according to the Census of 1891.

DISTRICTS.	Numbers.	DISTRICTS.	Numbers.
Muzaffarnagar	39	Mainpuri	34
Meerut	18	Etah	4
Bulandshahr	89	Jhânsi	2
Mathura	454	Ghâzipur	4
Agra	254	TOTAL	898

Raikwâr.—A sept of Râjputs who claim to be of Sûrajbansi origin. Their settlement in Bahrâich[1] dates from about 1414 A. D.,

[1] *Settlement Report*, 28, sq.

when, during the anarchy that prevailed through Hindustân on the decline of the house of Tughlaq, the two brothers, Pratâp Sâh and Dondi Sâh, Sûrajbans Râjputs, migrated from Raika in Kashmîr, whence they profess to take their name, and finally took up their abode at Râmnagar in the Bârabanki District. His sons overcame the Bhar Râja and acquired his estate about 1450 A.D., and since then the Raikwârs have been masters of the western part of the district. In the time of Akbar, Harihar Deva, fifth in descent from Pratâp Sâh, who had been summoned to court to explain a breach of good manners in levying toll from one of the Princesses as she passed through his estate on a pilgrimage to the shrine of Sayyid Sâlâr, rendered such assistance to the Emperor in his campaign against the rebellious Governor of Kashmîr, that he was granted nearly nine parganas. The connection of the Unâo[1] family with the great Râjas on the banks of the Ghâgra had been entirely broken off; but when they began to rise in political importance they sought to renew it, and Mitthu Sinh and Bakht Sinh went to Râmnagar and claimed brotherhood with the Râja. He heard their story and entertained them with hospitality, and sent them out food. Amongst other things he provided tooth-brushes made of the wood of the *nîm* tree. All other Râjputs place a special value on this wood; but the Raikwârs alone are forbidden to use it. The rejection of these tooth-brushes by his guests proved to him that they were truly of his own kin. The brother of the founders of the families of Baundi and Râmnagar[2] was Bhairwanand. His nephews concocted a prophecy that their uncle should be sacrificed to secure the future greatness of the family, and he gave up his life for their sake. A platform, erected in the village of Chanda Sihali, marks the tradition that Bhairwanand fell into a well and was allowed to drown there in the hope that the prophecy would be fulfilled and their rule continue for ever. To the present day Raikwârs make an annual pilgrimage to the platform of Bhairwanand.

2. In Râê Bareli[3] their sons marry girls of the Bisen and Trans-Ghâgra Bais; their daughters marry in the Bais, Panwâr, and Amethiya septs. In Bareilly they select brides from the Bâchhal

---

[1] Elliott *Chronicles*, 44, *sq*.

[2] *Manual of Titles in Oudh*, 10; *Oudh Gazetteer*, I, 117, 120 *sq*., 257, 285, 288.

[3] *Settlement Report*, Appendix C.

and Gautam septs; their sons marry Janghâra, Bhûr and Katheriya girls. In Farrukhâbâd they claim to belong to the Vasishtha *gotra;* their girls marry in the Sombansi, Râthaur, and Chauhân septs; their sons, in the Katheriya, Gaur, Baisgaur, Nikumbh, Jaiswâr, Chamâr Gaur, Ujjaini, and Parihâr. In Unâo their daughters marry Dikhits, Gaharwârs, Janwârs, Chauhâns, and Chandels; their sons, Mahrors and Gahlots. In Unâo they say they belong to the Bhâradvâja *gotra;* they take brides from the Bisen, Ahban, Katheriya, Gaur, and Chandel, and give brides to the Sombansi, Chandel, Gaur, Chauhân, Tomar, and Ahban. In Hardoi,[1] during the Mutiny, they were remarkable for their lawlessness, and it was in attacking their fort at Ruiya that the lamented Adrian Hope was killed.

Distribution of the Raikwâr Râjputs according to the Census of 1891.

DISTRICTS.	Hindus.	Muhammadans.	TOTAL.
Dehra Dûn	1	...	1
Sahâranpur	...	14	14
Muzaffarnagar	...	606	606
Mathura	2	...	2
Agra	1	...	1
Farrukhâbâd	623	32	655
Mainpuri	87	...	87
Etâwah	80	...	80
Etah	39	...	39
Bareilly	355	..	355
Budâun	760	...	760
Morâdâbâd	41	...	41
Shâhjahânpur	99	10	109
Pilibhît	2	10	12
Cawnpur	261	...	261
Fatehpur	116	...	116

[1] *Settlement Report*, 184.

Distribution of the Raikwar Rajputs according to the Census of 1891—concld.

DISTRICTS.	Hindus.	Muhammadans.	TOTAL.
Bânda	28	...	28
Hamîrpur	63	...	63
Allahâbâd	401	45	446
Jhânsi	4	...	4
Jâlaun	462	1	463
Lalitpur	3	...	3
Benares	1	...	1
Jaunpur	95	...	95
Ghâzipur	228	...	228
Ballia	701	...	701
Gorakhpur	843	14	857
Basti	881	...	881
Azamgarh	1,025	...	1,025
Lucknow	407	...	407
Unâo	2,070	431	2,501
Râê Bareli	168	39	207
Sîtapur	1,165	62	1,227
Hardoi	2,073	...	2,073
Kheri	306	9	315
Faizâbâd	1,758	...	1,758
Gonda	737	...	737
Bahrâich	4,247	350	4,597
Sultânpur	282	42	324
Partâbgarh	916	116	1,032
Bârabanki	2,578	17	2,595
TOTAL	23,909	1,798	25,707

Râin.—A gardening and cultivating caste found in the Meerut and Rohilkhand Divisions, with both a Hindu and Muhammadan branch. They are the same as the Arâins of the Panjâb, of whom Mr. Purser writes[1] :—" The Arâins say they came from Sirsa, Raniya, and Delhi, and were originally Hindu Râjputs. They claim to be descended from Râê Jaj, the grandson of Lava, founder of Lahore. Jaj was the ruler of the Sirsa territory, and on that account was called Râê; and his descendants became subsequently known as Arâin. They became Muhammadans chiefly in the time of Shahâb-ud-din Ghori, or at the end of the twelfth century. Some three hundred years ago they came to this part of the country. Some of the Arâins of the Jâlandhar Tahsîl say they are the descendants of Râja Bhûta, fifth in descent from Râja Karan, and were settled in Uchh. They were forcibly converted by Mahmûd of Ghazni. They then migrated to Sirsa, and thence at various times came into the Panjâb. They had to leave Uchh because they refused to give a lady, called Basanti, to the king. This is clearly proved by this verse, which also shows the straits they were reduced to—

Uchh na dîtê Bhûtian chata Basanti nâr ;
Dâna pâni chuk gaya ; châban moti hâr.

'The Bhûtas neither gave Uchh nor the lady Basanti ;
food and water were exhausted ; they had to eat pearls.'

2. " One of the chief Arâin clans is called Bhutta. They are generally supposed to be converted Kambohs, and say they are legitimate, and the Kambohs the illegitimate, offspring of a common ancestor. In my enquiries they would admit no relationship. It would seem they were originally located on the lower Indus, and that one section of them settled on the Ghaggar. When this river dried up, they moved into the Jumna and Cis-Satlaj tracts ; and perhaps spread along the foot of the hills and across the line of movement of their brethren, who were moving up the valleys of the great rivers. By some they are said to be the same stock as the Sainis ; but this is certainly not a common tradition, and the assertion is probably based on the fact that the Arâins are called in Persian Bâghbânân, which is the translation of *Mâli*, or gardener, and that Saini is only a local term for the *Mâlis*. It may be noted that Mahr is a title among the Arâins, and also among the Gûjars."

---

[1] *Jalandhar Settlement Report*, 82, *sq.*

3. From Hissâr Mr. Fagan writes:—"In Hissâr they are exclusively Musalmân and claim Râjput descent, their ancestor having lost caste by taking to agriculture. Their *gotras* appear to bear Râjput names, such as Siroha, Chauhân, and Bhâti. There is however one *gotra* called Katma, which is said to consist of the true Arâins, who are not Râjputs. The tradition of the Sirsa Râins is that they were expelled from Uchh, near Multân, by their enemies, and escaped by abandoning their military rank and taking to market gardening, the tribal occupation of their neighbours, the true Râins. They came and settled on the Ghaggar, and up to the famine of 1795 A.D. they are said to have held the whole of the Ghaggar valley from Bhatner up to Tohâna in Fatehâbâd. The famine, combined with the attacks of the marauding Bhatti Râjputs, weakened their hold on the land, and they finally broke before the Châlîsa famine of 1783 A.D. (*Sambat 1840*) and many of them emigrated to Bareilly, Pilibhît, and Râmpur in the North-West Provinces. On the advent of British power they again expanded, principally in Sirsa. One clan deny any connection with the Musalmân Kambohs, which the Sirsa Râins appear to admit."

4. Mr. Ibbetson says[1]:—"The Satlaj Arâins in Sirsa say that they are, like the Arâins of Lahore and Montgomery, connected by origin with the Hindu Kambohs. Mr. Wilson thinks it probable that both classes are really Kambohs who have become Musalmâns, and that the Ghaggar Arâins emigrated in a body from Multân, while the others moved gradually up the Satlaj into their present place. He describes the Arâins of the Ghaggar as the most advanced and civilised tribe in the Sirsa District, and he considers them at least equal in social status to the Jâts, over whom they themselves claim superiority."

Distribution of Râins according to the Census of 1891.

DISTRICTS.	Hindus.	Musalmâns.	TOTAL.
Dehra Dûn	...	135	135
Sahâranpur	131	1,168	1,299
Muzaffarnagar	12	2,099	2,111

[1] *Panjâb Ethnography*, 267.

Distribution of the Râins according to the Census of 1891—concld.

DISTRICTS.	Hindus.	Musalmâns.	TOTAL.
Mathura	...	1	1
Bareilly	...	1,918	1,918
Morâdâbâd	...	1	1
Pilibhît	...	5,197	5,197
Jhânsi	...	3	3
Gorakhpur	3	...	3
Tarâi	...	4,573	4,573
Bahrâich	...	2	2
TOTAL	146	15,097	15,243

Râj, Râj Mistri, Thawai (in Persian *Me'mâr*).—The mason and bricklayer caste. The word Râj means either a "head workman" (Hindi *râja*) or is a corruption of the Persian *râz*; Mistri is a corruption of the Portuguese *mestre*; Thawai of the Sanskrit *stha pati*. The caste is a purely occupational one, and is recruited from many of the lower castes, among whom Chamârs are very numerous.

Distribution of the Râj Mistris according to the Census of 1891.

DISTRICTS.	Hindus.	Musalmâns.	TOTAL.
Sahâranpur	318	166	484
Muzaffarnagar	390	166	556
Meerut	246	77	323
Bulandshahr	577	4	581
Aligarh	285	2	287
Mathura	54	...	54
Agra	8	56	64
Farrukhâbâd	16	189	205
Mainpuri	181	...	181

Distribution of the Râj Mistris according to the Census of 1891— contd.

DISTRICTS.	Hindus.	Musalmâns	TOTAL.
Etâwah	157	2	159
Etah	145	90	235
Bijnor	...	258	258
Budâun	41	327	368
Morâdâbâd	26	290	316
Shâhjahânpur	12	122	134
Pilibhît	...	3	3
Cawnpur	...	38	38
Fatehpur	...	158	158
Hamîrpur	26	1	27
Allahâbâd	21	35	56
Jhânsi	123	3	126
Jâlaun	10	...	10
Benares	...	98	98
Jaunpur	...	109	109
Ghâzipur	...	10	10
Gorakhpur	34	128	162
Basti	...	112	112
Azamgarh	...	12	12
Tarâi	...	5	5
Lucknow	2	5	7
Unâo	...	249	249
Râê Bareli	...	184	184
Sîtapur	...	4	4
Hardoi	4	4	8
Kheri	145	36	181
Faizâbâd	...	90	90

Distribution of the Râj Mistris according to the Census of 1891—concld.

DISTRICTS.	Hindus.	Musalmans.	TOTAL.
Gonda	...	28	28
Bahrâich	171	...	171
Sultânpur	...	238	238
Partâbgarh	...	21	21
Bârabanki	73	148	221
TOTAL	3,165	3,468	6,633

Râji ("the royal people").—A tribe, apparently of non-Aryan affinities, found in Askot, in Kumaun, and in small numbers along the lower Himâlayan ranges.

Traditions of origin.

2. They have been identified with the Râjya Kirâtas, who, in early Sanskrit literature, are joined with the Sakas and Savaras as Dasyus, and are placed by the Varaha Sanhita between Amaravana and China, or between Jagesar and Tibet; and the title will mean either "the princely Kirâtas" or the "the Kirâtas of Râjya."[1] The Râjis have often been noticed by ethnographers whose speculations have been based on a few lines by Mr. Traill.[2] It is there said that the Râji represent themselves as descendants of one of the aboriginal princes of Kumaun, "who with his family fled to the jungle to escape the destruction threatened by an usurper. Under the pretension of royal origin, the Râwats or Râjis abstain from offering to any individual, whatever his rank, the usual Eastern salutation." He also states that there is a total dissimilitude of language between the Râjis and Kumâunis, and that the Doms may have been descended from these Râjis, "the former being, for the most part, extremely dark, almost black, with crisp, curly hair, inclining to wool." This, until the present enquiries, is the only account that has been given on any authority regarding the Râjis; yet

[1] Muir, *Ancient Sanskrit Texts*, II, 365, 491; Wright, *Nepâl*, 89, 106, 110, 312; *Journal, Asiatic Society of Bengal*, 1849, pages 733, 766; 1858, page 446, quoted by Atkinson, *Himalayan Gazetteer*, II, 364, *sqq*.

[2] *Report, Kumaun*, 19, 57; *Asiatic Researches*, XVI, 150.

Professor Ritter found in it confirmation of the opinion that a Negro race may have been among the aboriginal inhabitants of the Himâlaya and Kuen-lun. There is no foundation for the statement that the Doms have curly hair inclining to wool. Out of hundreds that have come under notice, not a single one can be said to have any Negroid characteristic, though many are of an extremely dark complexion, like the other similar servile castes in the plains. Dr. Pritchard[1] conjectured that the Râjis would be found to resemble the other numerous aboriginal tribes found along the Himâlayan border, all "possessing the physical character of the Bhotiyas in general and very unlike the Doms." Dr. Latham[2] too expresses his conviction that the Râjis are "the equivalents to the Chepang of Nepâl." Captain Strachey noticed "nothing very remarkable about them, except an expression of alarm and stupidity in their faces, and they are perhaps darker and otherwise more like lowland Hindustânis than the average Kumaun *Pahâris*." They manufacture wooden bowls for sale and "live under temporary huts, frequently moving from place to place amidst the jungles of Chipula; their principal subsistence being certain edible sorts of wild plants and what game they can catch, and they occasionly get presents of cooked food from the villagers. They have a dialect of their own, but some of them can communicate with their civilized neighbours in *Pahâri* Hindi." The scanty vocabulary of the Râji languages that has been collected supports the connection with the tribes of Nepâl suggested by Dr. Latham.

Fresh enquiry.

3. The following more particular account of the Râjis has been prepared from notes by Bhawâni Singh, Teacher of the Deoliya Kot School in the Almora District:—

Traditions and marriage.

4. They are known by two names: Râji and Râwat. These names are used by the people themselves as well as by outsiders. They say that they are descended from the servants of the Râja of Kutpur, by whom they were expelled for some fault. Since then they have been wandering about in the hills and forests, living on jungle produce. At the time of their expulsion the Râja of Kutpur was Nîl Kapâl, but they cannot say how many

[1] *Researches*, IV, 206, 231.

[2] *Ethnology of the British Colonies*, 132; Atkinson, *loc. cit.*, 366.

years ago he lived. This Kutpur family, they say, reigned for thirty-eight generations—from Vikramadítya to Biram Deo. All the members of the tribe consider themselves equal and intermarry freely. Their appearance, in the opinion of this observer, suggests a doubt as to whether they are not the degraded descendants of one of the higher castes. Their tribal deity is Bâgh Nâth, "the tiger lord," who has a shrine at Kutpur, supported by an endowment of villages. They practise the ordinary Hindu law of exogamy; but they are not allowed to marry two sisters. They are monogamous, but can keep concubines. The bridegroom's father or, in default of him, some near relation, arranges the marriage. If the parties are minors, the consent of the parents is essential. Some small bride-price is usually paid. Part of this is paid a few days before the marriage, and the balance when the husband brings home his bride. The greater part of it becomes the special property of the bride, and if she be divorced, which can be done if she proves unfaithful or contracts leprosy, she takes away with her her own share of the bride-price. A divorced woman, can marry again, and the offspring of regular marriages, widow marriages, and those contracted with divorced women, all inherit equally the property of their father. The levirate is allowed with the usual restriction that it is only the younger brother of the husband that can marry his widow. If the widow marries an outsider, the guardianship of her children by her first husband falls to the brother of her late husband. They succeed to the whole estate of their father; if there be no sons, his brethren succeed.

Birth ceremonies.

5. The baby is named five days after birth, and on that day the family eat specially good food. There is no trace of the couvade and no custom of adoption.

Betrothal.

6. When a boy attains majority, his father goes and arranges the price of a bride for him. He pays over something in advance to close the bargain, and is then feasted, and remains there for the night. Then a date is fixed, and the boy's father comes with his friends and relations and takes the bride home. A betrothal cannot be annulled by the friends of the girl once they have received part of the bride-price in advance. The only ceremony at the reception of the bride into the family of her husband is that his mother rubs some yellow pigment on her forehead as she enters the house.

7. They bury their dead in any convenient place in the jungle. The clothes of the dead person and the sheet in which the corpse is wrapped are laid over the grave and not removed by the friends. It may be conjectured that the idea is to provide clothing for the naked spirit in the next world.

Disposal of the dead.

8. The children of the deceased and his younger brothers get their heads, beards, and moustaches shaved, and the hair is thrown on the grave as a sacrifice to the spirit of the dead man. They appear to perform no ceremony in the nature of the *sráddha*, and no loss of ceremonial purity results after death, childbirth, or menstruation.

Ancestor worship.

9. They call themselves Hindu by religion. They worship Devi in the month of October under a large tree with an offering of cooked food and animal sacrifice. When any one gets ill, they worship the gods, ghosts, and demons of the jungle; but they erect no temples in their honour, and make no pilgrimages. They appear to have no caste initiation ceremony, and no priests. Their religious duties are performed by the eldest male member of the family. The worship of Devi is performed publicly by day; but that of the ghosts and demons, secretly by night. The special offering to Devi consists of goats; the demon and ghosts are propitiated by a sacrifice of fowls. These offerings are made on the tops of hills or under some large trees. After the offering is made, the meat is consumed by the worshippers.

Religion.

10. Their festivals are the Kark Sankrânt, or "passage of the sun into the sign of Cancer;" and those of Aries and Capricornus, *Mekha, Makara ki Sankrânt;* marriage days and after childbirth. On these festivals they eat specially good food themselves and entertain their relations and friends. They believe that demons and ghosts inhabit the tops of mountains, rivers, wells, and wherever water accumulates. If, after a visit to the jungle, a person becomes ill, they attribute the attack to the wrath of the jungle demon. It is then necessary to propitiate him with appropriate sacrifices. The fields are haunted by a special demon known as Chhal, who is, as a rule, benignant. Though they keep no annual feasts in their honour, they live in excessive dread of the ghosts of their deceased relations. These ghosts are of two kinds: some are worshipped as

Festivals.

the protectors of the household; and others because, if neglected, they bring disease and death.

Omens.

11. Their chief omens are derived from throbbing of various parts of the body. Thus the throbbing of the left eye or of any member on the left side of the body forebodes evil; the opposite is the case with the throbbing of any member on the right side of the body.

Evil Eye.

12. They are much in dread of the Evil Eye, and of demoniacal influence generally: the favourite precaution is to bestow opprobrious names of their children.

Magic and witchcraft.

13. They are not skilled in any special form of magic or witchcraft, but certain persons occasionally fall under the influence of a demon, and in a state of ecstasy pour out incoherent expressions, which are regarded as oracles. In such cases the family guardian demon is invoked to expel the malignant intruder, and he instructs them which form of worship or sacrifice should be used to bring about this result. The name of this family demon is Baitâl, the Sanskrit Vetâla.

Social rules and occupation.

14. They are not allowed to eat food which has been touched by Doms, Dhobis, and similar foul castes. Their chief business is to act as the pioneers of civilization by clearing the jungle. In this occupation they believe themselves to be much exposed to the attacks of the demons of the jungle; and in order to ward them off, they bury in the earth some animal bones or hang them on a tree close to the spot where they are working. They eat the flesh of cloven-footed animals and fish. They drink spirits freely when procurable. There is no food or drink specially reserved for males. All members of the family eat together in the same plastered enclosure (*chauka*), within which they place the leaf vessels in which they take their food. They are said never to use any form of salutation, either to strangers or to relatives and friends; the reason of this is, that they pretend to be of royal blood, and consider themselves inferior to no man. They are very shy in their intercourse with strangers; but those who gain confidence are well received and hospitably entertained on the roots and fruits which form their ordinary food. Usually when they see a stranger approaching, they run away and hide in the jungle. They have a dialect of their own, which is not intelligible to outsiders, and this

language is always spoken by the women and children. Most of the adult males are able to communicate with strangers in rude *Pahâri* Hindi. They are constantly on the move in search of jungle produce of various kinds; and it is only recently that they have begun to settle down and have taken to a rude form of cultivation in which they burn down scrub jungle and sow the seed in the ashes. This is the *dahya* cultivation of the Central Indian Plateau. At present one of their chief industries is the making of rude vessels out of the wood of the *genti* tree; these they exchange in the villages bordering on the jungle for scraps of coarse cloth and grain. When they acquire any grain by barter in this way or by cultivation, they hide it away in caves or tie it up in leaves and hang it from the branches of trees. Meanwhile, they live on any roots and fruits they can secure, and return to their grain stores only when pressed by extreme hunger. Some roots and fruits they hide away in caves for use in time of need. Their cultivation has hitherto been of the most casual and careless kind; but in recent years they have been helped by Government to obtain cattle and implements, and the younger generation show signs of taking more steadily to cultivation than their forefathers. The bride-price is almost invariably paid in coarse earthen or wooden vessels and implements for digging jungle roots.

15. From this account they appear to be in about the same stage of culture as the Korwas of Mirzapur.

2. **Râjkumâr** (Sanskrit *râja kumâra,* "a prince").—A sept of Râjputs in Oudh and the Eastern Districts. The term Râjkumâr is commonly applied to the junior branches of all houses in which a Râj exists, and thus there are Râjkumâr Bais, Râjkumâr Kânhpuriya, and Râjkumâr Bachgoti. It is to the last of these that the term is most generally applied, and the only explanation suggested of their appropriation of the title is that it is to distinguish them from their brethren the Rajwârs, who could once pride themselves on their chief being a Râja. With them alone the distinction has superseded the broader appellation of the clan.[1] The clan to which Bariyâr Sinh, the common ancestor, belonged, has now five branches, from which circumstance it is likened to the five fingers of a man's hand; these are the Chauhân, the Râjkumâr, the Rajwâr, the

[1] *Sultânpur Settlement Report,* 152.

Bachgoti, and the Khânzâda.[1] The Râjkumârs, through Bariyâr Sinh, claim direct descent from Râja Kundh Râj, brother of Prithivi Râja of Delhi. Opinions are divided as to the birthplace of Bariyâr Sinh. Some fix it at Sambhal near Morâdâbâd; some at Sâmbhar in Ajmer. By one account his emigration was due to the defeat of the Delhi Chauhâns; by another story his father, who had already twenty-two sons, married a young bride and she insisted that her son should succeed to the title; so Bariyâr Sinh and his brothers were driven to go abroad and seek their fortunes. The chief families of the sept are Dera, Meopur, Nânau, and Pâras Patti. The history and traditions of the sept have been elaborately illustrated by Mr. Carnegy. One of the earliest accounts of Râjput infanticide referred to the Râjkumârs.[2]

2. In Sultânpur it is reported that they take brides from the Bilkhariya, Tashaiya, Chandauriya, Kath Bais, Bhâlê Sultân, Raghubansi, and Gargbansi; and give girls to the Tilokchandi Bais, Mainpuri Chauhâns, Sûrajbansi of Mâhul, Gautams of Nagar, Bisens of Majhauli, Kânhpuriya, Gahlot, and Sombansi. Their *gotra* is said to be Vatsya. In Jaunpur it is said that they take brides from the Raghubansi, Bais, Chaupat Khamb, Nikumbh, Dhanmast, Gautam, Gaharwâr, Bisen, Panwâr, Chandel, Saunak, Drigbansi; and give girls to the Kalhans, Sirnet, Gautam, Sûrajbansi, Bachgoti, Rajwâr, Bisen, Kânhpuriya, Gaharwâr, Baghel, and Bais.

Distribution of the Râjkumâr Râjputs according to the Census of 1891.

Districts.	Numbers.	Districts.	Numbers.
Mathura	199	Bânda	2
Agra	4	Allahâbâd	216
Farrukhâbâd	2	Jhânsi	11
Morâdâbâd	27	Benares	199
Pilibhît	1	Mirzapur	115
Cawnpur	12	Jaunpur	5,745
Fatehpur	4	Ghâzipur	38

[1] *Faizâbâd Settlement Report*, 129; Elliot, *Chronicles of Undo*, 43.
[2] *Asiatic Researches*, IV, 340: *Calcutta Review*, I, 377.

Distribution of the Râjkumâr Râjputs according to the Census of 1891—concld.

Districts.	Numbers.	Districts.	Numbers.
Ballia	6	Sîtapur	2
Gorakhpur . . .	285	Faizâbâd	1,575
Basti	337	Gonda	10
Azamgarh . . .	212	Bahrâich	23
Lucknow	29	Sultânpur . . .	15,299
Unâo	8	Partâbgarh . . .	123
Râê Bareli . . .	219	Bârabanki . . .	61
		Total	24,764

Râjput (Sanskrit *râja-putra,* "son of a king").—The warrior and land owning race of Northern India, who are also known as Thâkur, "lord" (Sanskrit *thâkkura*), or Chhatri, the modern representative of the ancient Kshatriya. All or most of the Râjput tribes in these Provinces have legendary accounts of their origin from the country known as Rajwâra, Rajasthân or Rajputâna. As General Cunningham writes [1]:—"The term Rajputâna is at present restricted to the States lying between the Jumna and Narbada, of which the Jumna forms the eastern boundary; but previous to the Mahratta conquest it really extended from the Satlaj on the west to the Chhota Sindh River of Mârwâr on the east.

2. "Within these limits the old States of Rajputâna may be conveniently divided into three large groups according to their relative positions, as Western, Eastern, and Southern.

3. "Western Rajputâna including the Râthaur States of Bikâner and Mârwâr; the Jâdon-Bhatti State of Jâysalmer; the Kachhwâha States of Jaypur and Shaikhâwati; and the Chauhân State of Ajmer.

4. "Eastern Rajputâna would include the present Narûka-Kachhwâha State of Alwar; the Jât States of Bharatpur and Dholpur; the Jâdon State of Karauli; the British Districts of Gurgâon, Mathura, and Agra; and the whole of the Northern Districts of Gwâlior, which still bear the names of their old Râjput proprietors,

[1] *Archæological Reports,* XX, 1, *sqq.*

as Jâdonwati, Tomargâr, Kachhwâhagâr, Bhadaurgâr, and Khichiwâra.

5. "Southern Rajputâna including the two Chauhân States of Bundi and Kotah, with the whole of Mewâr and Mâlwa.

6. "In ancient times the whole country lying between the Arvali Hills of Alwar and the Jumna was divided between Matsya on the west and Surasena on the east, with Dasûrana on the south and south-west border. Matsya included the whole of the present Alwar territory, with portions of Jaypur and Bharatpur. Bairât and Muchâri were both in Matsyadesa; while Karnân, Mathura, and Bayâna were all in Surasena. To the east was Panchâla, including the Antarveda and Rohilkhand. The Surasenas were Yadavas or Yaduvansis. A large portion of their old country is still in the possession of the Jâdon Râja of Karauli. Their chief towns were Methora and Kleisobaras, Mathura and Krishnapura. The Yadavas first succumbed to the great Maurya dynasty of Magadha, and were afterwards overwhelmed by the Indo-Scythians under the Satrap Rajubul and his son Saudâsa. It next fell under the Gupta dynasty, the power of which was broken by the death of Skanda Gupta in 319 A.D. At the time of Hwen Thsang's visit in 635 A.D., the King of Mathura was a Sûdra, but a few centuries later the Jâdon Râjputs were in full possession of both Bayâna and Mathura. Nearly the whole of Eastern Rajputâna, therefore, belonged to the Yaduvansi or Jâdon Râjputs. They held one-half of Alwar with the whole of Bharatpur, Karauli, and Dholpur, besides the British Districts of Gurgâon, Mathura, and the greater part of Agra west of the Jumna. It seems possible also that they may have held some portions of the present Gwâlior territory, lying along the Chambal River, opposite Karauli."

7. It was on the death of Harsu Vardhhana, the famous king of Kanauj, who reigned from 607 to 650 A.D., that most of the Râjput families would seem to have risen to power. The Tomaras of Delhi, the Chandelas of Khajuraho, and Sisodiyas of Chithor, as well as the Kachhwâhas of Narwar and Gwâlior, all begin their genealogies from that time.[1] As far as the eastern part of the Province is concerned, Sir C. Elliott[2] suggests that the amount of pressure from the Muhammadan invaders determined the character of the Râjput colonisation.

---

[1] *Archæological Reports*, II, 311.
[2] *Chronicles of Unâo*, 28, *sq.*

The Chauhâns are scattered over a wide extent of country and broken up into many small estates, while the powerful Gahlots of Chithor and Kachhwâhas of Amber maintained their independence for three centuries more and threw out hardly any colonies. The Oudh Râjputs may be divided into three great classes : the Bisen, Gaharwâr, and Chandel were settled in the pre-historic period ; the Gautam, Janwâr, Chauhân, Raikwâr, Dikhit, and Sakarwâr emigrated after the incursion of Shahâb-ud-dîn Ghori at the close of the twelfth century ; the Gahlot, Sengar, Panwâr, Gaur, and Parihâr came after the establishment of the Muhammadan power ; the Râwat and Mahror are indigenous to Unâo and are not found elsewhere. According to the Ghâzipur traditions, only from fifteen to thirty generations have elapsed since the first advent of their forefathers. Except the Hayobans and Kinwâr septs, all the tribes name places in the north, north-west, or west as the homes of their race. Malwâ, Bundelkhand, the Ganges-Jumna Duâb, the country beyond the Jumna from Agra to Delhi, Oudh, and the country beyond the Ghâgra, all are named as the old home of tribes now found in Ghâzipur.[1] The Oudh septs which claim an extra-provincial origin, trace their descent to single Chhatri leaders and not to troops of Râjput invaders. Such are the Bais of Baiswâra, who claim descent from Tilokchand, who came from the Central Provinces, and the Râjkumârs, from Bariyâr Sinh Chauhân of Mainpuri, through whom they claim kindred with Prithivi Râja of Delhi. With these exceptions none of the clansmen of Eastern Oudh claim Western origin.[2]

8. The traditions of the septs, which have been separately referred to, exemplify the fact that many of them are probably connected closely with the aboriginal races, and that there are grave grounds for suspecting the purity of their descent. Thus the Kânhpuriya and Bandhilgoti septs are traditionally descended from misalliances between two Brâhman brothers and women of the Ahîr and Dharkâr castes. The Chamar Gaur are supposed to be descended from a Chamâr father and a Gaur woman. Within the memory of man an Amethiya chieftain has, according to General Sleeman, taken to wife the daughter of an *ex*-Pâsi village watchman and raised up orthodox seed unto himself. The Râotârs, another

[1] Oldham, *Memo.*, I, 45.

[2] Carnegy, *Journal, Asiatic Society of Bengal*, 1876.

numerous clan, have the same traditional parentage (Brâhman-Ahîr) as the Kânhpuriyas. They are said to take their name from Râwat, an Ahîr chief. The Palwârs are alleged to be descended from a common ancestor who had four wives, of whom only one was of his own status, the others being of the Bhar, Ahîr, or other lower castes. The Bhâlê Sultân are in some way akin to Ahîrs, and there is a lower grade of the Bais with whom the real Tilokchandi branch will not intermarry.[1] The same process of the adoption into the Râjput body is still going on in the case of the Khasiyas of the lower Himalayan range and along the Vindhyas, as in the case of the Singrauli Râja in South Mirzapur, who has in quite modern times developed from a Dravidian Kharwâr into a Benbans Chhatri. Under the head of Jât will be found some considerations which lead to the belief that they are ethnologically identical with the Râjputs.

9. This process of corruption is aided by the results of infanticide. The difficulty among some septs of procuring wives has led to the introduction of low caste girls in the guise of high-born brides into many Râjput families. In many places a regular trade has arisen with the object of supplying girls of this kind. In some cases doubtless the husband is the victim of a deliberate fraud on the part of the match-maker or go-between; but in numerous instances there seems little doubt that the arrangement has the sanction of tribal custom; and even when a man finds that he has been induced to receive a low-born girl as his wife, the dread of a scandal prevents him from giving publicity to the matter.

10. Râjputs are endogamous and the septs are exogamous. As will be seen from the rules of intermarriage given in the separate articles on these septs, they practice what Mr. Ibbetson calls hypergamy, by which he means the rule according to which a Râjput prefers, if possible, to marry his daughter in a sept of higher rank than his own, while he will take a bride for his son from a sept of inferior social status. One form of this is embodied in the formula—*Beti pûrab, larka pachchham,* that is to say, a girl may be married to the eastern or inferior septs, while the son must seek a bride among the blue-blooded septs of the west; like the Mainpuri Chauhâns or the Râthaurs. Many Râjput youths, owing to the scarcity of girls, the result of infanticide, do not marry at all, and

---

[1] Carnegy, *loc. cit.*

form temporary connections with women of the low wandering tribes, such as Nâts, Kanjars, Beriyas, and the like. There has thus grown up in many of the septs two classes of different social rank: one the offspring of wives of legitimate descent, married in the orthodox way; the other the descendants of irregular connections with low caste women. Such people, as a rule, if they marry at all, marry in their own grade, and, unless they are wealthy, find it impossible to procure brides of unequivocal ancestry. It is needless to say that this connection of Râjput youths with women of these criminal races is a fertile source of crime. Gypsy gangs hang round Râjput villages and are supported and protected. During recent epidemics of violent crime in these Provinces, it has always been found that the dacoit bands were largely recruited from these half-bred Râjputs and their criminal associates.

11. The country legends abound with instances of the conflict between the Râjput and the Brâhman in pre-historic times. As a survival of this it may be noted that, in Bundelkhand, Brâhmans will not allow the navel string (*nára*) of Râjput children to be buried in their villages lest the latter tribe may some day supplant and dispossess them.[1]

Distribution of Râjputs according to the Census of 1891.

Districts.	Hindus.	Muhammadans.	Aryas.	Jainas	Sikhs.	Total.
Dehra Dûn	46,065	677	131	...	3	46,876
Sahâranpur	37,806	21,089	59	...	56	59,010
Muzaffarnagar	21,911	20,526	82	...	...	42,519
Meerut	60,954	30,656	215	1	13	91,839
Bulandshahr	84,351	31,406	1,585	...	...	117,342
Aligarh	77,856	808	188	...	2	78,854
Mathura	59,005	8,040	31	355	14	67,445
Agra	93,232	5,501	82	73	67	98,955
Farrukhâbâd	58,802	1,697	92	...	...	59,591

[1] Elliot, *Supplemental Glossary, s.v. Athmana.*

Distribution of Râjputs according to the Census of 1891—contd.

Districts.	Hindus.	Muhammadans.	Aryas.	Jainas.	Sikhs.	Total.
Mainpuri	53,175	329	46	...	...	53,550
Etâwah	54,743	522	52	...	3	55,320
Etah	60,036	4,911	236	...	...	65,183
Bareilly	35,013	6,358	5	...	24	41,400
Bijnor	84,183	3,265	79	...	...	87,527
Budâun	60,999	5,636	152	...	5	66,792
Morâdâbâd	59,065	8,194	182	...	6	77,447
Shâhjahânpur	64,503	3,596	59	...	...	68,158
Pilibhît	10,078	950	159	...	...	111,187
Cawnpur	88,031	785	121	...	...	88,937
Fatehpur	44,830	6,141	...	...	...	50,971
Bânda	51,926	1,653	...	2	8	53,589
Hamîrpur	35,085	457	...	...	...	35,542
Allahâbâd	53,131	2,173	...	...	...	55,304
Jhânsi	18,075	146	23	...	18	18,262
Jâlaun	35,155	328	...	...	...	35,483
Lalitpur	15,887	39	...	...	...	15,926
Benares	51,203	1,446	...	...	...	52,649
Mirzapur	63,171	210	...	...	147	63,528
Jaunpur	112,242	3,903	...	...	...	116,145
Ghâzipur	85,406	13,746	43	...	2	99,197
Ballia	139,194	1,385	...	...	...	140,579
Gorakhpur	97,487	10,833	...	...	1	98,321
Basti	50,938	39,465	...	...	...	90,403
Azamgarh	130,168	15,405	...	...	...	145,573
Kumaun	255,536	...	...	...	...	255,536
Garhwâl	231,953	...	...	...	...	231,953

Distribution of Râjputs according to the Census of 1891—concld.

Districts.	Hindus.	Muhammadans.	Aryas.	Jainas.	Sikhs.	Total.
Tarâi . . .	16,557	536	5	...	...	17,098
Lucknow . .	26,565	1,308	28	...	119	28,020
Unâo . . .	60,766	2,028	26	...	28	62,848
Râê Bareli . .	69,664	7,757	...	...	6	77,427
Sîtapur . .	37,693	9,057	...	...	10	37,760
Hardoi . .	79,365	2,283	...	...	...	81,648
Kheri . . .	26,361	11,887	23	...	...	38,271
Faizâbâd . .	68,880	11,662	...	...	10	80,552
Gonda . .	61,361	27,431	...	...	...	88,792
Bahrâich . .	23,462	11,812	6	...	290	35,570
Sultânpur . .	88,547	25,497	...	...	...	114,044
Partâbgarh . .	61,487	4,795	...	...	...	66,282
Bârabanki . .	40,515	7,504	...	...	17	48,036
Total .	3,251,418	375,833	3,710	431	849	3,632,241

Ramaiya[1] (Sanskrit *ram*, Hindi *ramna*, "to wander").—A pedlar class found in small numbers to the west of the Province. The Ramaiya of the east of the Panjâb is the Bhâtra, under another name. "The Bhâtra claims Brâhman origin, and his claim would appear to be good, for he wears the sacred thread, applies the *tilak*, or forehead mark, and receives offerings at eclipses in that capacity. He is probably a low class of Gujarâti or Dakaut Brâhman, and, like them, practises as an astrologer in a small way. The Bhâtras of Gujarât are said to trace their origin to the south beyond Multân. The Bhâtras hawk small hardware for sale, tell fortunes, and play on the native guitar, but do not beg for alms."[2] The Ramaiya of these Provinces, who is a pedlar and beggar, is properly a Sikh; but he is now so thoroughly domiciled here that it is difficult to

[1] Mainly based on notes by Pandit Janardan Dat Joshi, Deputy Collector, Bareilly.

[2] Ibbetson, *Panjâb Ethnography*, para 552.

distinguish him from other Hindus. Begging is recognized by him as an honourable profession, and a Ramaiya who is rich will have no hesitation in marrying his daughter to another Ramaiya who gains his living by begging. They trace their origin to Amritsar, and say they first began to come into these Provinces about four generations ago. Some of the wealthier members of the caste in Bijnor still draw their Brâhmans, their priests, or barbers, from the Panjâb. Some of them say that they are the direct descendants of the Guru Govind Sinh.

Tribal organization.

2. Their sections, as given in the Census returns, indicate that they are a very mixed race and made up of elements foreign to the races of these Provinces. Of the Hindu branch we find Bamra, Bank, Barsari, Bhalira, Bhât, Bhatti, Bisâti, Dargal, Gajra, Gaur, Gûjar, Gujarân, Hardoiri, Kathak, Nomâin, Râdi, Râê, Rânipâri, Râthaur, Sinha, and Siphmatua; of the Muhammadan branch, Banjâra, Râjput, Ramai.

Tribal council.

3. The tribal council (*panchâyat*) includes representatives from every family in the village, and is under a headman (*chaudhari*). The office is permanent and is conferred on the richest and most influential man in the community.

Marriage rules.

4. The rule of exogamy is that a man must marry in a *gotra* different from his own, and avoid connections with near relatives on the female side, such as the daughter of his sister or aunt. He may not have two sisters to wife at the same time, but there is no rule against his marrying the younger sister of his late wife. They very seldom marry more than one wife, and then only with the object of getting an heir. Girls are married from five to ten years of age; it is exceptional for a girl not to be married till fifteen, and the richer the family is the greater tendency there is towards infant marriage. The bride gets presents of jewelry from both sides, but there is no bride price paid. There is no formal divorce, but a wife detected in adultery is turned out of the house. Widows are married by the form known as *kâj*, *kârao*, of which the feast to the clansmen is the most important part. The levirate is allowed if the younger brother of the late husband is himself unmarried. She has power to marry an outsider if her brother-in-law does not claim her.

Birth customs.

5. The woman is attended by some elderly woman of the family, or by a *dâi*, or professional midwife, if she be procurable. At the birth of a son,

charity is distributed to Brâhmans and to the poor, and the child is named by the Brâhman on the eleventh day.

Marriage ceremonies.

6. The betrothal is marked by the distribution of some coarse sugar to the clansmen by the father of the bridegroom, and then the engagement is announced. The binding portion of the marriage ceremony is the walking of the pair seven times round the sacred fire.

Death ceremonies.

7. They burn their dead. The ashes are thrown into some river and some of the fragments of the bone are kept to be consigned to the Ganges. The corpse is tied on a bier, a *pinda* is offered, some gold is put in the mouth, and with an appeal for aid to Guru Govind and the words *Râm! Râm!* it is cremated. They do not perform the regular *srâddha*; on the third day (*tîja*), the clansmen bathe and eat at the house of the deceased; they are regarded as impure by their neighbours until this ceremony is done. On the tenth day, the Brâhman is given food, clothes, bedding, and other necessaries for the use of the spirit in the other world. This ceremony is repeated on the first anniversary of the death, and after this nothing more is done. On the last day of the Kanâgat fortnight, they place food on the house roof for the use of the deceased ancestors. A little water is then sprinkled, and the Ramaiya with folded hands invokes the spirits of the departed, and first of all that of Guru Govind. Those who make the pilgrimage to Gaya, even once in their lives, omit this ceremony. The invocation and all the prayers are in Hindustâni. They call this the *srâddha*; but of course it does not conform to the regular ritual. They employ Brâhmans as their priests, but consider it more meritorious to give charity to the son of a sister or daughter than to a Brâhman.

Religion.

8. By religion they are Sikhs, and particularly respect the Guru and the Grantha. But they also worship the ordinary Hindu deities, such as Ganesa, Devi, Siva, and Bhûmiya. They visit the Sikh temples at Patna, Amritsar, Dehra Dûn, and Nânakmatha, of which the last is the favourite. The married pair after the ceremony go to the temple of Bhûmiya and make an obeisance. They also worship snakes, like ordinary Hindus, and respect the *pîpal* tree. Some visit the tomb of Guru Râm Râê in the fair during the month of Bhâdon. Their temple is known as Dharmsâla or Nânakshâhi Dharmsâla. It bears the flag of the Guru, and contains the holy book known as the Granth Sâhib. During the Dasahra they hold a festival known as

the Parva, when they assemble at the Dharmsâla to hear the Granth Sâhib read. The praises of the Guru are recited, and some *halwa* if purchased with the contributions of those present, is distributed. The most binding oath is by the Granth Sâhib, and then by the Guru; in ordinary cases the oath is taken by Ganesa or one of the ordinary Hindu deities. Women are not allowed to visit the Dharmsâla.

Social rules.

9. They eat no food forbidden to ordinary high caste Hindus. When they eat they throw a little food into the fire in the name of the Guru. Their salutation is *Wâh Guruji ki fateh*, "Victory to the Guru." When inferiors salute superiors, they say *Matha teko*, "I lay my forehead at your feet." They will not eat *kachchi* prepared by any one but a casteman, not even by a Brâhman. *Pakki* can be eaten if cooked by any Hindu of respectable caste.

Occupation.

10. They live by petty trading and begging. Those who are pedlars sell coral beads and medicines. Those who beg, have a sort of picture (*patta*) representing the gods and the various hells. One important part of it is a drawing of a miser dragging a chain in hell, which they show to people to stimulate them to give alms. They do not appear to rob or steal at home, but in more distant parts of the country their conduct is not free from suspicion, and some are notorious swindlers.

11. To this may be added the following account of the tribe by Mr. F. S. Bullock, C. S.:[1]—"The Ramaiyas have been for years past settled down in the Bijnor District in the Chândpur and Dhâmpur Tahsîls. Altogether they are found in thirty-five or forty villages, but chiefly in large groups in the villages of Nûrpur, Rohunagli, Nahilpur, and Harupur. I believe this to be the only district in India in which they have settled down in any number; but they live in a few villages in the Panjâb, *viz.*, in Delhi, Amritsar, and Patiyâla, one village (Chilkhâna) in Sahâranpur, two villages (Chând pur and Soron) in Aligarh, and Bettiah and Bhâgalpur in Bengal. They are pedlars by profession, and sell precious stones and *boxwâla* goods, such as mirrors, combs, soap, candles, and stones. They call themselves Sikhs by religion, and they worship Guru Nânak, and

[1] *North-West Provinces Census Report*, 1891, I, 322.

say they came from the Panjâb. Some shave their heads, and some do not. In fact they seem to have two sects, and account for it thus:—Guru Nânak had two sons: Srichand, who founded the Sâdhu Branch; and Lakshmi Dâs, who founded the Sikh Branch. The descendants of Srichand shave and look like Hindus, but they are a drunken lot, eat meat, but do not worship the cow. They travel all over India, chiefly in the Dakkhin, while the Sikhs travel chiefly in the Panjâb. The small number of males as compared with females in Bijnor is accounted for by the fact that the males travel about and earn their living, while the women stay at home. They do not cultivate, but are well off and earn large sums by peddling goods."

Distribution of the Ramaiyas according to the Census of 1891.

DISTRICTS.	Hindus.	Muhammadans.	TOTAL.
Dehra Dûn	4	...	4
Sahâranpur	156	...	156
Muzaffarnagar	95	158	253
Meerut	308	...	308
Bulandshahr	4	...	4
Bareilly	53	...	53
Bijnor	2,980	...	2,980
Morâdâbâd	58	...	58
Pilibhît	21	...	21
Târai	86	...	86
TOTAL	3,765	158	3,923

Males . . . 1,372
Females . . 2,993

Rânghar, Rângar.—A sept of Muhammadan Râjputs principally found in the Upper Ganges-Jumna Duâb. According to Colonel Tod[1] the word is derived from *rana*, "strife," in the sense of "turbulent;" but this is very doubtful. Mr. Ibbetson[2] says:—

[1] *Annals*, I, 487.
[2] *Panjâb Ethnography*, para. 446; *Census Report, North-Western Provinces*, 1865, I, Appendix 8

" Rângar is a term sometimes contemptuously applied in the Eastern and South-Eastern Districts of the Panjâb to any Musalmân Râjput. I am told, however, that in Fîrozpur and Gurdâspur, there are small Râjput colonies known only by this name; and, if so, it is probable that they have emigrated from the Delhi territory. If a Hindu Chauhân Râjput become a Musalmân to-morrow, he would be called a Chauhân Râjput by both himself and his neighbours of both religions; but his Hindu brethren would call him Rânghar, which he would resent as only slightly less abusive than *chotikat*, a term of contempt applied to those who have, on conversion to Islâm, cut off the *choti* or Hindu scalp lock."

2. The Bhatti or Jaiswâr Râjputs of Bulandshahr claim descent from Râja Dalip, son of Jaswant Râo, of Nânamau near Bithûr in the Cawnpur District. He is said to have had two sons named Bhatti and Rânghar. The descendants of the latter were converted in the time of the Sultân Qutb-ud-dîn and Alâ-ud-dîn, and were called Rânghars after their eponymous ancestor.[1]

3. Again, according to Sir H. M. Elliot,[2] many of the Kankauriya and Naigâniya Ahîrs have been converted to Islâm and are known as Rânghars. In the Dûn they are said to be descendants of strangers of Pundîr extraction from Sahâranpur, who gained a footing during the decline of the Garhwâl kingdom. There are very few of them, and they are being gradually absorbed by marriage with hill women.[3] In Hariyâna their sections are said to be Jât, Satrola, and Raghu.[4] The sept, in fact, seems to be a sort of cave of Adullam for out-castes of various tribes.

4. The Rânghars have always borne an evil reputation for turbulence. This is shown by the many proverbs concerning them:—*Gujar, Ranghar, do; kutta, billi, do; ye chár na ho; to khulé kiwáré so*: "The Gûjar and the Rânghar are a pair; so are the dog and the cat; if it were not for these four, you might sleep with open doors." Another says:—*Yár Dom ne kiya Rángharya; aur-na dekha aisa harya*: "A minstrel made friends with a Rânghar and found no worse thief than he."

---

[1] *Census Report, North-Western Provinces*, 1865, I, Appendix 16.
[2] *Supplemental Glossary*, *s. v. Ahîr.*
[3] Williams, *Memo.*, 27.
[4] *Indian, Antiquary*, VI, 341; *Journal Asiatic Society, Bengal*, 1868.

Distribution of the Rânghars according to the Census of 1891.

Districts.	Numbers.	Districts.	Numbers.
Dehra Dûn . . .	138	Bijnor . . .	2,256
Sahâranpur . . .	368	Pilibhît . . .	168
Muzaffarnagar . .	1,174	Cawnpur . . .	2
Meerut . . .	2	Jhânsi . . .	7
Bulandshahr . . .	21	Lalitpur . . .	5
Mathura . . .	5	Tarâi . . .	166
Agra . . .	44	Lucknow . . .	23
Mainpuri . . .	16	Unâo . . .	2
Etah . . .	4		
		Total .	4,401

Rangrez [1] (*Rang* = "colour;" *rez, rekhtan* = "pouring").—The dyer caste. The Census returns show in the Hindu Branch, which is very scantily represented in the Provinces, as one sub-caste—Haral. There are 81 sections of the Muhammadan Branch, which are of the usual type,—some territorial, like Desi, Deswâla, Gaur, Multâni; others occupational or connected with other tribes or castes, such as Bhât, Chandelwâl, Chauhân, Ghosi, Guâl Pathân, Kamângar, Khatri, Quraishi, Nîlgar, Pathân, Shaikh, Sadiqi, and Usmâni. In Mirzapur there are three endogamous sub-divisions: Rangrez, Mauâlê (who take their name from the town of Mau in Azamgarh), and Mârwâri Rangrez. Each of these again is broken up into a Pathân and Shaikh sept, which are also endogamous. They appear to aim at the full prohibited degree of Islâm,[2] but practically only sisters' daughters are excluded. Religious differences are so far regarded that a Sunni cannot marry a Shiah. All marriages are local, and are contracted with those families with which they have been accustomed to eat and smoke. They believe themselves to be descendants of one Khwâja Bali, who was a very pious man, about whom the following verse is current:—*Khwâja*

[1] It is really a Hindustâni corruption of Persian Rangraz—*Aîn-i-Akbari*, Blochmann, I, 307.

[2] *Qurân, Sûrah*, IV, 26, 27.

Bali Rangrez Rangé Khuda ki sez: "Khwâja Bali dyes the bed of God."

Marriage rules.

2. They do not admit outsiders into the caste; if any one happen to be admitted, he cannot be married in the caste. Marriage takes place at the age of ten or twelve; and polygamy is allowed. Marriage is by three forms: *Charhauwa,* when the bridegroom goes in procession and marries the bride at her house; *Dola,* used by poor people, when the bride is brought home quietly and married at the house of the bridegroom; *Sagâi,* for widows. The binding portion of the ceremony is, in all cases, the recital of the Sharah. A widow can marry her deceased husband's younger brother or an outsider; the levirate does not seem to be enforced. A man can divorce his wife for adultery, and a wife, her husband, if he is converted to another religion. All divorce is by leave of the tribal council. Divorced women can remarry, but there is a prejudice against it, and the friends of such a woman have to make it worth the man's while to take her over.

Religion.

3. They are mostly Sunni Muhammadans, and their tribal deities are Ghâzi Miyân and the Pânchon Pîr. They are worshipped jointly on the first Sunday in Jeth with offerings of parched barley flour (*sattu*), cucumber (*kakri*), melon (*kharbûza*), and sweetmeats. Ghâzi Miyân is also worshipped after marriages with an offering of boiled rice, curds, and a fowl. This offering is known as *kandûri.*[1] With Ghâzi Miyân the Pânchon Pîr are also worshipped with an offering of sweetmeats and garlands of flowers. They bury their dead in a graveyard in the usual Muhammadan fashion, and at the festivals of the 'Id and Shab-i-bârât make offerings of vermicelli (*siwaiyan, senwai*), milk, and *halwa* sweetmeats to the spirits of deceased ancestors. They also offer them bread and meat at the festival of the Baqar-'Id.

Occupation and social status.

4. Their trade is dyeing cloth; the process has been very fully described by Mr. Hoey.[2] Owing to foreign competition the trade has become much reduced in recent years, and many of them

[1] *Kandûri* or *sahnak* is properly the term used for a special worship of Fâtima, the daughter of the Prophet, by the most virtuous women. No male is ever allowed to see the food cooked as an offering on this occasion.

[2] *Monograph on Trades and Manufactures,* 165, *sqq.*

have now taken to agriculture and petty shopkeeping. Their women are reputed chaste. They indulge in liqour, but secretly, and the practice is reprobated. They eat the flesh of goats, sheep, cows, buffaloes, camels, and fowls, and all fish except the fresh water shark (*gúnch*). All Muhammadans eat and smoke with them. The women will not eat food touched by Hindus. Only Chamârs and Doms eat their leavings. Their social status is low, and they rank about on a level with Julâhas and other low Musalmân castes.

Distribution of the Rangrez according to the Census of 1891.

Districts.	Hindus.	Muhammadans.	Total.
Dehra Dûn	...	48	48
Sahâranpur	...	1,581	1,581
Muzaffarnagar	...	4,239	4,239
Meerut	...	4,919	4,919
Bulandshahr	...	1,679	1,679
Aligarh	...	502	502
Mathura	...	616	616
Agra	...	878	878
Farrukhâbâd	...	667	667
Mainpuri	...	193	193
Etâwah	...	519	519
Etah	...	488	488
Bareilly	...	1,392	1,392
Bijnor	...	2,556	2,556
Budâun	...	515	515
Morâdâbâd	1	1,176	1,177
Shâhjahânpur	...	805	805
Pilibhît	...	495	495
Cawnpur	2	382	384
Fatehpur	...	356	356

Distribution of the Rangrez according to the Census of 1891—concld.

Districts.	Hindus.	Muhammadans.	Total.
Bânda	...	20	20
Hamîrpur	...	581	581
Allahâbâd	5	311	316
Jhânsi	...	133	133
Jâlaun	...	123	123
Lalitpur	...	81	81
Benares	...	304	304
Mirzapur	...	86	86
Jaunpur	...	481	481
Ghâzipur	...	543	543
Ballia	...	762	762
Gorakhpur	...	1,131	1,121
Basti	...	231	231
Azamgarh	...	1,136	1,136
Tarâi	...	573	573
Lucknow	...	467	467
Unâo	...	244	244
Râê Bareli	...	680	680
Sîtapur	...	136	136
Hardoi	...	193	193
Kheri	...	467	467
Faizâbâd	...	648	648
Gonda	...	320	320
Bahrâich	...	198	198
Sultânpur	...	531	531
Partâbgarh	...	163	163
Bârabanki	...	586	586
Total	8	35,135	35,143

Rangsâz (*Rang*, "colour," *sâz*, *sâkhtan*, "making").—The caste of painters and varnishers. With the almost entire disappearance of the palanquin their business has reduced; but there is a considerable trade in carriage painting and house painting in the larger cities and towns.

Distribution of the Rangsâz according to the Census of 1891.

DISTRICTS.	Hindus.	Muhammadans.	TOTAL.
Sahâranpur	...	245	245
Muzaffarnagar	1	240	241
Meerut	...	452	452
Bulandshahr	...	28	28
Mathura	...	1	1
Farrukhâbâd	17	...	17
Mainpuri	29	15	44
Etâwah	...	22	22
Etah	...	36	36
Budâun	...	6	6
Morâdâbâd	...	38	38
Shâhjahânpur	4	22	26
Cawnpur	1	12	13
Fatehpur	...	18	18
Hamîrpur	...	39	39
Allahâbâd	...	3	3
Jhânsi	...	11	11
Jâlaun	...	87	87
Gorakhpur	...	24	24
Azamgarh	7	14	21
Unâo	...	8	8
Râê Bareli	...	12	12
Sîtapur	...	7	7

Distribution of the Rangsâz according to the Census of 1891—concld.

DISTRICTS.	Hindus.	Muhammadans.	TOTAL.
Hardoi	10	19	29
Gonda	...	15	15
Bahrâich	...	8	8
Sultânpur	17	18	35
Partâbgarh	1	...	1
TOTAL	87	1,400	1,487

Rastâogi, Rastaugi.—A sub-caste of Banyas found nearly all over the Province. Those in Oudh have, according to Mr. Carnegy, one peculiarity, that their women will not eat food cooked by their husbands. There they are said to have come originally from Amethi, and have three endogamous sub-divisions: Amethi, Indrapati, and Mauhariya. In Mirzapur they name two sub-divisions: Purbiha or Purbiya, "Eastern," and Pachhiwâha, or "Western," which have their boundary at Allahâbâd. It has been found impossible to obtain a complete list of their *gotras* and sections at Mirzapur. Religious differences are a bar to marriage. Thus, those who worship Hardiha Deva or Hardaur Lâla, do not intermarry with the votaries of Mahâbîr or the Pânchón Pîr. The Mirzapur Rastaugis say they came here from Delhi about the time of the Mutiny. They marry between the ages of eight and twelve. Widow marriage is forbidden. They can marry two wives. They are generally initiated into the Râmanandi sect, and their priests are Gaur Brâhmans, who have come with them from the West. The use of meat and spirits is forbidden.

Occupation.

2. In Mirzapur they generally keep shops for the sale of cloth (*bazzâzi*) and brass vessels. "In Lucknow," according to Mr. Hoey,[1] "there are two special classes of money-lending by the account-book (*bahi*), practised chiefly by Rastaugis: *augahi* and *rozahi*. *Augahi* is lending of money to be repaid with interest at 20 per cent. in monthly instalments. Thus, if a Rastaugi lends on the 1st January R10, he receives one rupee on the first of each month for twelve months, and thereby realises R12, of which R2 are interest. A Ras-

[1] *Monograph*, 144.

taugi's *augahi bahi* is a curiosity. It is ruled like a chess-board, but has twelve columns. As each month's instalment is realized, it is entered in a square until the twelve squares are filled. He generally also keeps a separate *bahi* in which the principal is noted when lent. It may, however, be noted in the margin of his check-pattern account. *Rozahi* is money lent to be realized in daily instalments with interest at 25 per cent. Thus, if a rupee be lent, one half anna (*taka roz*) will be realized daily. The account of this money is kept in a similar way, but the account-book will be ruled in lines of forty squares. A Rastaugi keeps his accounts by locality; that is, he has several 'fields' (*khet*). Debtors are called *asâmi*, and the amount to be collected is 'rent' (*lagân*). A separate set of account-books is kept up for each *khet*, and a servant (generally a Brâhman) is employed to collect at each *khet*."

Distribution of Rastâogi Banyas according to the Census of 1891.

Districts.	Numbers.	Districts.	Numbers.
Sahâranpur . . .	8	Jhânsi	1
Muzaffarnagar . . .	107	Jâlaun	3
Meerut	3,109	Benares	888
Bulandshahr . . .	799	Mirzapur . . .	97
Agra	22	Ghâzipur . . .	442
Farrukhâbâd . . .	814	Ballia	1
Etâwah	1	Gorakhpur . . .	167
Etah	37	Basti	496
Bijnor	554	Azamgarh . . .	420
Budâun	892	Tarâi	100
Morâdâbâd . . .	1,679	Lucknow . . .	1,966
Pilibhît	9	Unâo	1
Cawnpur . . .	292	Râê Bareli . . .	35
Fatehpur . . .	488	Faizâbâd	56
Bânda	91	Gonda	81
Hamîrpur . . .	3	Bahrâich . . .	21
Allahâbâd . . .	453	Total .	14,133

Râthaur (Sanskrit *râshtrakûta,* "royal house").—A famous sept of Râjputs. Besides that already given, which is probably correct, there are various explanations of their name. According to the tradition current in Mârwâr,[1] the family deity of its rulers was, in the Krita Yuga, or first epoch, Mansa Devi; in the Treta Yuga, Râshtra Sena; in the Dwapara Yuga, Pankhâni; and in the present or Kali Yuga, Nâganechi. The legend runs that the authors of the human race were Mâya and Brahma. In the first epoch the female deity was called Mansa as at her desire (*manas*) the world was formed. Then she successively took the names of Pankhâni, "the winged one," and Râshtra Sena, "the falcon of the State." The name arose because the goddess Râshtra Sena gave her blessing (*vara*) on the present Râthaur race. In the present epoch the name of the deity was again changed to Nâganechi, because when Duhâr, the grandson of Sivaji (the original founder of the Râthaur dynasty in Mârwâr), succeeded his father as ruler, he went to the Karnâtak, where the Râthaurs ruled previous to becoming kings of Mârwâr, for the purpose of bringing the image of the goddess to his own land. When the cart containing the image came to the village of Nâgana of Mârwâr, the vehicle came to a standstill. Upon this he built a temple for her there, and she took her present name, which means "resident of Nâgana." The same story is told at Mathura of the image of Kesava Deva.[2] Another derivation of the name of the sept is that they sprang from the spine (*raht*) of Indra. They are the Oraturæ of Pliny's lists. He notes of them that their king had only ten elephants, though he possessed a strong force of infantry.[3]

History of the clan.

2. The history of the sept begins in 1050 A.D., when they expelled the Tomars from Kanauj, which once more became a famous kingdom and the rival of Delhi both in extent and magnificence. Here Jay Chand, the last of the dynasty, celebrated the Aswamedha, or horse sacrifice, and here in open day did Prithivi Râja, the daring Chief of the Chauhâns, carry off the willing daughter of the Râthaur king in spite of the gallant resistance of the Banâphar heroes, Alha and Udal. The war that ensued between Delhi and Kanauj paved

---

[1] *Rajputâna Gazetteer,* II, 246.
[2] Growse, *Mathura,* 120.
[3] *Indian Antiquary,* VI, 341.

the way to the Muhammadan invasion; until finally, in 1191 A.D., Muhammad Ghori, after the fall of Delhi, marched on Kanauj and defeated Jay Chand at Benares, where he was drowned in the Ganges. Thus ended the Râthaur kingdom in the Ganges-Jumna Duâb.[1]

3. Subsequent to these events, Sivaji, who was by one account the grandson, and by another the nephew, of Jay Chand, entered Mârwâr on a pilgrimage to Dwârika, and halting at the town of Pâli, displayed his valour by routing a body of marauders. The Brâhmans requested his protection, and he established himself there and became the founder of the Râthaur dynasty of Mârwâr. In less than three centuries after their migration from Kanauj the Râthaurs occupied an area of 80,000 square miles. Colonel Tod[2] estimated their numbers in his time, in spite of the ravages of war and pestilence, at half a million of souls. This estimate must have been much too high. The Census of 1891 shows the total Râthaur population of Rajputâna to be 173,909, of whom 86,858 are in Mârwâr. The Mughal Emperors owed half their conquests to the one hundred thousand Râthaurs (*lâkh talwâr Râthaurân*) who served under them. In Bikâner[3] they have fewer prejudices than their more Eastern brethren: they will eat food without enquiring by whom it was dressed, and will drink either wine or water without asking to whom the cup belonged. The opium draught (*piyâla*) is a favourite with every one who can afford it.

The Râthaurs of the North-Western Provinces and Oudh.

4. According to Dr. Hoernle[4] the so-called Râthaurs were a branch of the Gaharwârs, and it may well be that about the time of Mahipâla a separation occurred in the Gaharwâr clan, possibly on religious grounds. For the Pâlas professed Buddhism, while the Chandras were Brâhmanists. The secession was marked by the departure of the latter to Kanauj, and by a change in nomenclature —Chandra and Râthaur for Pâla and Gaharwâr. The contempt for the Gaharwârs, alluded to by Colonel Tod, may perhaps be accounted for by their heretical faith in the time of the Pâlas. The head of the family in these Provinces is the Râja of Râmpur in the Etah

[1] Cunningham, *Archæological Reports*, I, 283.
[2] *Annals*, II, 24.
[3] *Ibid*, II, 218.
[4] *Indian Antiquary*, XIV, 98,*sq*.

District, who claims to be thirty-ninth in descent from Jay Chand. Besides these there are two other families of the genuine Râthaurs in the Central Duâb, those known as the Dhir Sâh ki Sâkha and the Khimsipur Râo family; of the former the Râja of Kurâoli is the head, but he acknowledges fealty to the Chief of Râmpur. In Mathura they are represented by the Râja of Kishngarh, and the Farrukhâbâd branch claim descent from Parjan Pâl, and through him to Jay Chand. Of the same stock is the Usait family in Budâun. The Eastern branch is of much lower status. In Gorakhpur they do not marry in the higher tribes, and the Azamgarh family allege that they conquered the Râjbhars some nineteen or twenty generations ago.[1]

5. In Farrukhâbâd they claim to belong to the Kasyapa *gotra*. They give girls in marriage to the Bhadauriya, Kachhwâha, and Chauhân, and receive brides from the same septs. In Aligarh they marry Chauhân, Gahlot, Sakarwâr, Jangâra, Chandel, Bundela, Dhâkrê, Tomar, Pundîr, and Solankhi girls, and give brides to the Gahlot, Pundîr, Sakarwâr, Chauhân, and Jangâra septs.

Distribution of the Râthaur Râjputs according to the Census of 1891.

DISTRICTS.	Hindus.	Muhammadans.	TOTAL.
Dehra Dûn	9	...	9
Sahâranpur	195	16	211
Muzaffarnagar	89	213	302
Meerut	152	...	152
Bulandshahr	242	22	264
Aligarh	1,975	...	1,975
Mathura	339	1	340
Agra	1,529	2	1,531
Farrukhâbâd	6,815	3	6,818
Mainpuri	3,098	5	3,103
Etâwah	2,025	...	2,025

[1] *Mainpuri Settlement Report*, 20; *Mathura Settlement Report*, 35; *Farrukhâbâd Settlement Report*, 13; Buchanan, *Eastern India*, II, 458.

Distribution of the Râthaur Râjputs according to the Census of 1891—contd.

Districts.	Hindus.	Muhammadans.	Total.
Etah	6,537	19	6,556
Bareilly	3,002	...	3,002
Bijnor	31	...	31
Budâun	4,215	101	4,316
Morâdâbâd	795	...	795
Shâhjahânpur	5,774	3	5,777
Pilibhît	928	...	928
Cawnpur	2,417	1	2,418
Fatehpur	328	31	359
Bânda	170	25	195
Hamîrpur	233	...	233
Allahâbâd	162	...	162
Jhânsi	143	...	143
Jâlaun	1,180	...	1,180
Lalitpur	181	...	181
Benares	46	14	60
Mirzapur	48	...	48
Jaunpur	1	...	1
Ghâzipur	121	4	125
Ballia	1,699	...	1,699
Gorakhpur	1,691	...	1,691
Basti	1,135	127	1,262
Azamgarh	3,137	82	3,219
Tarâi	129	...	129
Lucknow	204	3	207
Unâo	598	...	598
Râê Bareli	1,151	1	1,152

Distribution of the Râthaur Râjputs according to the Census of 1891—concld.

DISTRICTS.	Hindus.	Muhammadans.	TOTAL.
Sîtapur	1,992	103	2,095
Hardoi	3,114	2	3,116
Kheri	3,117	222	3,339
Faizâbâd	50	...	50
Gonda	438	...	438
Bahrâich	395	38	433
Sultânpur	114	...	114
Partâbgarh	131	...	131
Bârabanki	682	...	682
TOTAL .	62,557	1,038	63,595

Rauniyâr, Roniyâr.—A sub-caste of Banyas confined to the Benares and Gorakhpur Divisions. Mr. Nesfield derives the word from *ravan* in the sense of "crying or hawking wares for sale." Others derive it from *rauna*, to "shout;" but having regard to the special occupation which they follow, the word may possibly be a corruption of *lavanakâra*, or "a person engaged in the salt trade."

Tribal organization.

2. In Mirzapur the Rauniyârs have two endogamous sub-divisions: Khariha and Samariha or Sambhariya. These they say are descended from two brothers, one of whom dealt in *khâra*, or alkaline salt, and the other in *Sâmbhar*, or the salt which comes from the lake of that name in Rajputâna. A man must marry in his own sub-division, and their rule of exogamy is that a man cannot marry in the family of his maternal uncle, father's sister, his own family or that of his sister, as long as any recollection of relationship exists. In Mirzapur they say that they are emigrants from Patna, whence they came some four or five centuries ago. On the contrary the Rauniyârs of Bihâr say that they have come from these Provinces.[1] In Champâran

[1] Risley, *Tribes and Castes*, II, 198.

they have broken up into two endogamous groups: Chhatri and Samri (who are probably akin to the Samarihas of Mirzapur): the former of whom claim to be Râjputs from the North-West Provinces, who were degarded for intermarrying with women of the Banya caste.

Marriage.

3. Rauniyârs marry at the age of nine or ten. They cannot take a second wife in the lifetime of the first unless she be barren. As in Bengal they make no concealment of the fact that they allow widow marriage.[1]

Religion.

4. Some of them are Saivas, but they appear to prefer the Vaishnava sect. In Mirzapur they employ Sarwariya Brâhmans as their priests, but in Bihâr they say that they are usually served by those of the Sâkadwîpi tribe.

Occupation.

5. In these Provinces they say that their real business was selling salt, whence they derive their own name and that of their two endogamous groups. But they are very often what is known as *pheriwâlas* or *ladahas* and wander about with bullocks from village to village, collecting grain and other country produce, which they exchange for salt, sugar, etc. They are generally men of small capital.

Social rules.

6. Those who are not initiated into any particular sect use meat and spirits; but there is no drinking allowed at meetings of the tribal council, and if a man is found drunk at such occasions, he is put out of caste. Brâhmans and Kshatriyas in Bihâr are said to eat *pakki* from their hands; but this is not the case in Mirzapur. They will eat *kachchi* cooked by Brâhmans and *pakki* cooked by Halwâis, Brâhmans, and Kshatriyas.

Distribution of the Rauniyâr Banyas according to the Census of 1891.

DISTRICTS.	Numbers.	DISTRICTS.	Numbers.
Farrukhâbâd . .	1	Gorakhpur . . .	4,321
Mirzapur . . .	649	Azamgarh . . .	14
Ghâzipur . . .	474	Gonda . . .	2
Ballia	2,703	TOTAL .	8,164

[1] O' Donnel, *Bengal Census Report*, 204.

Rawa.—A caste confined to the Western Districts, who call themselves low Râjputs, and say they came into this part of the country in the time of the Emperor Shâhjahân. The women of this caste procure divorce in a peculiar way. All they have to do is to throw a cowdung cake (*upla*) from outside into the house. Seeing this done, the husband separates finally from his wife without any further formality. They rarely rise above the grade of farm servants.

Distribution of the Rawas according to the Census of 1891.

Districts.	Numbers.
Muzaffarnagar	6,042
Meerut	8,270
Bijnor	11,139
Total .	25,451

Rohtaki.—A sub-caste of Banyas who claim descent from a certain Râja Rahat, the founder of Rohtâsgarh. The foundation of it is, however, more usually ascribed to Râja Rohitaswa, the son of Harischandra. They are more probably a local sub-caste deriving their name from the Rohtak District in the Panjâb. They are said to be very careful in religious observances. Râja Lachhman Sinh[1] says they are numerous in Sayâna in the Bulandshahr District; but the last Census shows none of them in that District.

Distribution of Rohtaki Banyas according to the Census of 1891.

Districts.	Numbers.	Districts.	Numbers.
Shâhjahânpur . .	1	Bijnor	835
Muzaffarnagar . .	118	Morâdâbâd	460
Meerut	4	Pilibhît	1
Agra	29	Lucknow	10
Bareilly	28	Total .	1,486

[1] *Memo. of Bulandshahr*, 168.

Ror.—A small caste of cultivators in the Western Districts. Of their kinsmen in the Panjâb Mr. Ibbetson writes:[1]—"The real seat of the Panjâb Rors is in the great *dhâk* jungles south of Thanesar on the borders of the Karnâl and Ambâla Districts, where they hold a *Chaurási*, nominally of eighty-four villages, of which the village of Amîn, where the Pândavas arranged their forces before their last fight with the Kauravas, is their head village. But the Rors have spread down the Western Jumna Canal into the lower parts of Karnâl and into Jînd in considerable numbers. They are fine stalwart men of very much the same type as the Jâts, whom they almost equal as husbandmen; their women also working in the fields. They are more peaceful and less grasping in their habits than the Jâts, and are consequently readily admitted as tenants, where the latter would be kept at arm's length. Of their origin I can say nothing certain. They have the same story as the Aroras, of their having been Râjputs, who escaped the fury of Parasurâma by stating that their caste was *aur*, or 'another.' The Aroras are often called Roras in the east of the Panjâb; yet I can hardly believe that the frank and stalwart Ror is of the same origin as the Arora. The Amîn men say that they came from Sambhal in Morâdâbâd; but this may be only to connect themselves with their neighbours the Chauhân Râjputs, who certainly came from there. But almost all the Rors seem alike to point to Badli in the Jhajjar Tahsîl of Rohtak as their immediate place of origin, though some of them say they came from Rajputâna. Their social status is identical with that of the Jâts; and they practise *karewa*, or 'widow marriage,' though only, they say, within the caste. Their divisions appear to be exceedingly numerous; some of them are Sagwâl, Maipla, Khichi, and Jogrân."

2. In Sahâranpur the Rors claim to have been created at Kaithal by Sri Krishna in the war of the Mahâbhârata. Their marriage ceremonies resemble those of Jâts and Gûjars; they permit widow marriage; and the levirate is practically compulsory. They eat mutton, fish, pork, and venison, and drink spirits. It is said that they will eat *kachchi* and *pakki* and drink and smoke with Jâts and Gûjars.

3. From an account of the Rors of Bijnor supplied by the District Officer, it appears that the tribal tradition of their origin

[1] *Panjâb Ethnography*, section 476.

is that when Râma Chandra severed his connection with Sîta, she was pregnant, and went into the jungle under the protection of the Rishi Vâlmîki. She bore a son there, who was named Lawa, and one day, when she was leaving the house, she put the child in charge of the Rishi. The child followed his mother, and the Rishi missing him, and supposing him to be dead, constructed another child out of a wisp of *kusa* grass. When Sîta returned and saw the other child, she asked what it all meant. The Rishi said, "*roraphora*" (apparently meaning 'this useless thing') "is also your son." Hence they were called Rors.

4. They are supposed to have emigrated to Bijnor some four centuries ago from a place called Fatehpur Pundri in the Karnâl District. Half this village was owned by the Rors, and half by a colony of Sayyids. The Sayyids quarrelled with the Rors, who were forced to emigrate under their leader Mahi Chand. By another story they were originally Tomar Râjputs of Delhi, which they were forced to leave after the conquest of their tribe. By a third account, their emigration from Delhi took place in the time of Aurangzeb.

5. They marry and perform their other family ceremonies in the usual manner common to respectable Hindus. Widows can marry again, and the levirate, though permissible, is not compulsory on the widow. There is no regular form of divorce, but a wife detected in adultery is expelled from the tribe by the decree of the tribal council, and cannot subsequently on payment of a penalty be readmitted to caste rights.

6. Their chief occupation is agriculture, to which they add the making of hemp matting and twine (*tât, sutli*).

7. They eat mutton, goats' flesh, and fowls. They will not eat beef, monkeys, or vermin. They will not eat *kachchi* cooked by any caste but their own. They will smoke with Jâts and Gûjars, and eat *pakki* cooked by them or any superior caste.

Distribution of Rors according to the Census of 1891.

Districts.	Numbers.	Districts.	Numbers.
Dehra Dûn . .	3	Etâwah	5
Sahâranpur . .	3,320	Bijnor	614
Muzaffarnagar . .	475	Benares	41
Mathura . . .	1		
		Total .	4,459

S

Sadgop, Satgop (also known as **Châsa**).—A cultivating caste of Bengal Proper, who are supposed to have separated themselves from the Guâlas by abandoning pastoral pursuits and taking exclusively to agriculture. Mr. Risley has given a full account of the tribe.[1] Those found in these Provinces are only Bengal pilgrims.

Distribution of the Sadgops according to the Census of 1891.

DISTRICTS.	Numbers.	DISTRICTS.	Numbers.
Sahâranpur . . .	6	Allahâbâd . . .	22
Mathura . . .	144	Gorakpur . . .	2
Etâwah . . .	3	TOTAL .	177

Sâdh—(Sanskrit *sâdhu*, "pure, saintlike").—The word Sâdh ordinarily means nothing more than a Hindu ascetic or devotee; but it is applied in a special sense to a sect of Hindu Unitarians, which had its origin in the Panjâb, but has now widely spread into these Provinces. In the Sambat year 1600 (1543 A.D.) Bîrbhân of Bijesar, near Narnaul, is said to have received a mysterious communication from Udho Dâs, who was a pupil of Râê Dâs, the founder of the Satnâmi sect, of which some account has been given in connection with the Chamârs. To Bîrbhân was communicated the present creed of the Sâdhs. Udho Dâs gave at the same time to Bîrbhân sundry marks by which he might know him at his re-appearance—*First*, that whatever he foretold should happen; *second*, that no shadow should be cast by his figure; *third*, that he would tell him the thoughts of his heart; *fourth*, that he would be suspended between heaven and earth; *fifth*, that he would bring the dead to life.

2. The Sâdhs of these Provinces are known by that name to outsiders, but they generally use the name Satnâmi among themselves. Adults are required to wear a white dress; and ornament and the use of rich apparel of every kind are prohibited. They never wear a cap, but use instead a turban of a peculiar shape. They are enjoined by their religion never to tell a lie and never to take an oath. They are in the same way prohibited from using

[1] *Tribes and Castes*, II, 212.

any kind of intoxicant or any article which borders upon luxury. Wine, opium, *gánja, bhang,* betel and tobacco are abominations to them. They have an intense respect for animal life, which extends to even the smallest insect, and the use of any kind of animal food is strictly denounced. They will salute no one but the Divine principle, which they term Sat or "The Truth;" and when they meet a European or any superior they salute merely by raising the hands to the level of the breast. They detest idolatry and all outward forms of religious belief. They are very reticent about their beliefs, and it is only with the greatest difficulty that it has been possible to obtain a copy, which is probably incomplete, of the book of religious songs (*báni*) which embody the principles of their faith. All controversy or argument on religious matters with strangers to the sect is reprobated. Their religious books, known as *pothi,* are written in Bhâsha, or ordinary Hindi, and are not the work of any single author, but contain a number of songs, many of which are taken from the writings of Nânak and Kabîr. These books are read almost daily in their chapel or meeting-house, which is known as *jumlaghar,* or "house of assembly," or *chauki,* "station." The service takes place in the evening, when all members of the sect, male and female, attend. This is their only form of worship.

Regulations of the sect.

3. It has been held judicially that the ordinary Hindu law of succession applies to them. The principal seats of the sect in this part of India are Delhi, Agra, Jaypur, and Farrukhâbâd. There is a small colony of them in Mirzapur, who do not appear in the Census returns. They live by calico printing. They deny that there are any caste divisions among them. They are endogamous, and in arranging their marriages they pay no regard to wealth or station. To recognise any distinctions of rank is forbidden, and the only disqualification is the violation of the rules of the sect and the practising of any degrading or sinful occupation. They all eat and drink together, and any jealousy, hatred, or quarrels between the members are considered disgraceful. They appear to have no regular formula of exogamy; marriage with near relations is forbidden, and they will not marry in a family with which any previous connection by marriage is remembered. They all live together in the same *muhalla,* or "quarter," and are always ready to assist each other and provide for the poor, widows, and orphans of the sect. They are hard-working and industrious; it is considered disgraceful to be

dependent for support on another; beggary is unknown among them.

4. Children are betrothed in infancy, and marriage is solemnised at the age of twelve, fourteen, or sixteen. No bride-price is given, but the bride usually receives a dowry. Polygamy is not approved and polyandry is unknown, and the very idea of such an institution is most abhorrent to them. As they all live close together, their betrothals are arranged privately among themselves. When the father of the youth contemplates his marriage with a certain girl, he sends a man or woman of his family as an envoy to the father of the girl. As they have no horoscopes there is none of the almost endless bother which accompanies the preliminaries of a betrothal among respectable Hindus, in order to ascertain if the match is unobjectionable from the astrologer's point of view. If the father of the girl agrees to the proposal of the marriage, he feeds the envoy with sweetmeats or makes him drink some milk, and gives him money. This settles the engagement (*mangni pakki*).

Marriage.

5. When the pair reach puberty the marriage day is fixed. The notice of the appointed date is sent by the father of the girl, and on receipt of the message the father of the youth calls a meeting of the members of the sect, to whom the approaching marriage is announced. The envoy is fed and is given a present of a turban and a sheet. During all this time the songs known as Mangal or "rejoicing," of which examples are given below, are sung. From that day begins the usual anointing (*ubtauni*) of the bride and bridegroom. Every day the members of the sect assemble at the meeting-room (*chauki*), and the Mangal is recited. On the wedding day the father of the bride gives a feast to the members of the sect at noon. In the evening the bridegroom, accompanied by his father and friends, goes to the house of the bride, where they are all seated on a white floor-cloth. Opposite them the pair are seated on two cushions. After sitting in this way for a short time, the garments of the bride and bridegroom are knotted together, and both of them move four times round the cushions, while some member of the sect reads the Mangal verses. This constitutes the whole of the marriage service. The binding portion of the service is the revolutions round the cushions of the bride and bridegroom. All then return to the house of the bridegroom, and the bride stays for a short time at the

house of the bridegroom; she is then escorted home by her brother, and, when it is so arranged, she comes permanently to live with him; but there is no further ceremony like the Hindu *gauna*.

Divorce.

6. They divorce their wives only when they have committed some offence which renders them liable to excommunication from the sect. In this case all that is done is to announce the fact before a meeting of the members of the sect. They arrange most of their affairs before a council of the caste, and they very seldom have recourse to the Courts.

Religion.

7. As already stated, the Sâdhs are Unitarians and worship one God, the Author of the universe, under the name of Satya Guru or Satya Nâm. There is no material representation of Him of any kind. By meditation on Him, and the practice of virtue, they believe that they attain ultimately absorption into the Divinity. Their religion teaches them that they should give alms only in secret, and not to strive after riches or the hoarding of wealth. The following are the rules of the faith:—

(1) "Worship one God, Who is the Creator of all and has power to destroy. None is higher or loftier than He; and man should not in wantonness worship any stone, metal, wood or tree, or other created thing. Rather, all honour and renown are due to Him. He is the only God and His the only word. Whoever fixes his thoughts on anything near him, errs and sins; and whoever sins goes to Hell.

(2) Preserve a modest and humble demeanour and fix not your heart on things of this world; and perfectly carry out the principles of your faith. Do not practise what is contrary to your faith, and this some Sâdhus deny, saying that the order is—" First feed one's own people; feed no stranger."

(3) Never speak falsely, and curse not the earth, the water, the trees, nor the beasts. Use your tongue only in praise of God, and never spoil any one of his land, wealth, or beasts. Steal not their goods; be not critical of them or their possessions; and be content with what you have. Think not upon what is evil; and cast not your eye upon what is shameless or unlawful, be it man or woman, dance or pastime.

(4) Think not on evil words, but employ yourselves in the

praise and glory of God; and amuse not yourselves with stories, nor fables, nor singing, nor music, but only with hymns.

(5) Do not greedily desire anything, whether wealth or beauty, and take not what belongs to another. God is the giver of all; and as you put your trust in Him, so you will receive.

(6) When you are asked "Who are you?" say, "I am a Sâdh." Make no mention of caste, and enter not into controversy. Rely firmly on the strength of your religion; rest not your pride and hopes on man.

(7) Wear white clothes; use not antimony, nor belladonna, nor henna. Wear not caste marks, either on the body or forehead. Put on no chaplet, nor Brâhmanical thread, nor jewels.

(8) Eat vegetables, not flesh, nor certain kinds of fish. Eat no betel. Snuff not up sweet perfumes, smoke not, and make no use of opium. Lift not up your hand and bow not your head before any idol or man.

(9) Slay not; tyrannise over no one; give no evidence on oath; take nothing by force.

(10) Let each man have one wife; and each wife have one husband. A married man should not eat the leavings of his wife; but a wife should eat what is saved from her husband's food, as is customary; and the wife should obey her husband.

(11) Assume not the guise of faqîrs and ask not for alms; take no presents; fear not magic; before you trust in anything, test it well. The assembly of good men is your place of pilgrimage. Recognise good people before they salute you.

(12) The Sâdh should observe no particular days. Pay no attention to the intercalary months, nor the months themselves. Do not look upon as your own the voice of any bird or beast. Seek only the word of God, and be content therewith."

Writing from Fatehgarh Mr. Steel says:—"In spite of the injunction to say, when asked who they are, 'I am Sâdh', there was a marked tendency in the recent Census operations to put down the Sâdhs as Hindus. Also the order to wear plain clothes is more honoured in the breach than the observance, the wealthy Sâdhs of Farrukhâbâd being very gorgeous in their attire. A story is told (perhaps by their enemies), but denied by the Sâdhs themselves, that in Nawâbi times their funeral ceremony consisted in tying the corpse in a standing position to a tree with its face to the wind and leaving it so. This used to take place north of the city of Farrukhâbâd. It is said that the practice was interdicted in consequence of the remonstrances of the English Officers at the Fatehgarh Cantonment. The whole story is probably a Brâhmanical invention."

8. Marriage songs of the Sâdhs:—

Darshan dé Guru! param sanehi!
Tum bina dukh páwai mori dehín!
Nínd na áwé, ann na bháwai!
Bar bár mohín birah satáwai;
Ghar angana mohín kachhu na suháé;
Fajar bhai par birah na jáé.
Nainan chhútai salhal dhára;
Nis din panth nihárún tumhára.
Jaíse mín marai binu níra,
Aisé tun bina dukhat sharíra.

"O most beloved preceptor! Let me see thee!
My frame aches without thee! I feel no desire for sleep or food!
Again and again, I grieve for separation from thee;
I feel no pleasure in my house or courtyard;
When the morn dawns the pain of separation does not leave me.
Floods of tears flow from mine eyes;
I consider thy doctrine night and day.
As a fish without water, so does my frame ache without thee."

Dukhat tum bina; rotat duáré; pargat darshan díjiyé.
Binti karún meré sániya bali jáún, bilam na kíjiyé!
Bibid bibid kar bhayáún byákul bina dekhen chit na rahai.
Tapat juála uthat tan men, kathin dukh mero ko sahái.
Augun aprádhi dáya kíjai augun kachhu na bicháriyo.
Patil pánwan rakhu pati ab pal chhin na bisáriyo.
Dáya kíjo, daras díjo, ab ki badi ko chhoriyo.
Bhar bhar nayanan nírkhi dekhon nij saneh na toriyo.

"My frame aches without thee! I am wailing at thy door! Now appear and let me see thee.
O my Lord! I pray thee make no delay!
I have become restless through weeping and wailing.
I cannot live without the sight of thee.
Flames rise within me and consume my frame. Who can endure my pain?

I am full of faults and sin; do thou have mercy upon me.
Take not my faults and failings into thy regard!
O thou that freest the soul from sin! maintain my honour!
Forget me not even for a moment, and have mercy upon me!
Show me thy form and forget my sins of the present!
Cast thine eyes full upon me, and sever not thy love from me!"

9. Death song of the Sâdhs:—

Tujhé bináña kiya pari tu apna nibet?
Bájai tál bajant re man báwaré! Sutari na chher?
Par haqq chháro haqq pichháro. Samajhwála pher.
Jhútha bázi jagat ka, man báwaré! Sun shahd ki ter.
Káya to nagri sakal bhamari pánch jamen ser.
Guru gyán kharag sam bhal lé, man báwaré!
Yam karai na zer.
Tera jíwana chhin pal ek, jag men phir na aisi ber.
Tera para jaház samudra men, man báwaré! phir sakai pher.
Sabhi musáfir ráh ké sab kharé kamar kasé.
Lená hoé so lijiyé, man báwaré, bíti ját aber,
Kar sumaran Sát Guru chháro dund duhel.
Tíjé bhám milain Sát nám sé, man báwaré! man báwaré, jagat ki na zer.

"What hast thou to do with others? Guard against the danger that awaits thee!
Why needest thou awake the sleeper?
Abandon what is unreal. Recognise what is real.
This is only the perversion of the understanding.
O foolish mind! The things of this world are false; so saith the Voice of Truth.
The body is like a city; in it are five lions.
Gird on the sword of the knowledge of the Preceptor, and then, O foolish mind! thou needest not fear the Lord of Death!
Thou livest for a moment, yea for the twinkling of an eye.
Thou shalt never have such time at thy disposal.
Thy bark has sailed into the deep; O foolish mind! If thou canst steer it safe to the yonder shore:
All thy fellow-passenger stand ready with their loins girt.
Take what thou desirest to take, O foolish mind! The time is fast passing away.

Leave the noise and tumult of the world. Repeat the True Name.

Then shalt thou gain the third virtue (God) through the True Name; and then, O foolish heart! thou shalt have no longer to endure the labour of this world!"

Distribution of the Sâdhs according to the Census of 1891.

DISTRICTS.	Numbers.
Farrukhâbâd	1,866
Cawnpur	4
TOTAL .	1,870

Sahariya.[1]—A tribe, which is apparently of Dravidian origin, found in Lalitpur and some of the adjoining parts of Bundelkhand. They do not appear in the returns of the last Census, having apparently been included with the Soiri. The name of the tribe is usually derived from the Arabic *sahara*, "a wilderness," which is familiar as the name of the great desert of Northern Africa; but this, of course, is out of the question. It may perhaps be conjectured that the name is connected with that of the Savaras, the name in Sanskrit writers of the aggregate of the Kolarian or Dravidian tribes who dwelt in the highlands of Central India, and included races like the Kols, Mundas, Kurkus, Bhîls, Bhuiyas, and their kinsfolk. Some account of them will be found in connection with the Soiris. Another name for these Sahariyas of Bundelkhand is Râwat, which comes from the Sanskrit *Râja-dûta*, " King's messenger," or *Râja-putra*, "King's Son."

Tribal organization.

2. The Sahariyas of Lalitpur are divided into a number of exogamous sections (*gotra*), such as the Sirausiya, Kodoriya, Thegotiya, Sanauliya, Rajauriya, Jachoriya, Kusmorwa, Sarosawa, Chakardiya, Chirauncha, Kurwariya, Bagauliya, Sanhauriya. Of the origin of these names the tribe can give no account. Further enquiry will probably show that some of them at least are of totemistic origin. These

[1] Principally based on a note by Mr. H. C. Ferard, C. S.

sections are, as has been already said, exogamous. But as is usual, the rule of exogamy is reinforced by the prohibition of intermarriage between at least first and second cousins. Of their origin and history they can give no account. In Lalitpur they profess to be indigenous to the district.

Marriage rules.

3. When the bride is admitted into the family of her husband, she has to perform the rite of *confarreatio*, which is known among them as *dudha bhāti*, or "the eating of boiled rice with milk." A man may marry as many wives as he pleases, but he cannot take a second wife in the lifetime of the first, unless she is barren or suffering from some serious disease. Concubinage, with the leave of the tribal council, is permitted. Unmarried girls are obliged to be chaste. If an unmarried girl is detected in an intrigue with a man of the tribe, she and her relations are put out of caste, until they feed the brethren; she can then be married, usually to her paramour. As far as possible infant marriage is the rule, and a girl should not remain unmarried after the age of ten. There is no regular bride-price, but by tribal custom the father of the bridegroom pays eight rupees to defray the expenses of the marriage. If a married woman is found intriguing with an outsider, she is permanently expelled, and this, being done with the sanction of the tribal council, operates as an absolute divorce, and such a woman cannot be remarried or taken as a concubine by a member of the tribe, on pain of the man she lives with being also excommunicated. But if her paramour be a member of the tribe, the matter is brought before the council, and on giving the necessary dinner to the brethren, her husband can take her back, if he be so disposed; if he refuse, she is made over as a concubine to the man who seduced her. Children, the offspring of an adulterous connection with a stranger to the tribe, are not admitted to full caste rights, and, being considered as of a lower grade, find husbands and wives for themselves as best they can among persons of their own rank. Widow marriage and the levirate are allowed under the usual restrictions. If the deceased husband leave a brother who has no wife, and is of the suitable age, he generally takes over the widow of his brother; but under no circumstances can an elder brother take the widow of his younger brother. If a widow marry an outsider, she loses all right to the custody of her children and to a share in the goods of her late husband. The heirs of a man are his sons, and

there is no trace of the fiction by which the children of the levir are attributed to his dead brother.

Birth rites.

4. There is no ceremony during pregnancy. The mother is attended by a midwife of the Basor tribe, and on the tenth day the birth impurity is removed by the *daswán* rite, when the brethren are feasted; or, if the family is very poor, some boiled gram (*ghughuri*) is distributed among them. There is no trace of the couvade and no rule of adoption.

Marriage ceremonies.

5. When the match has been arranged by the parents of the parties and their friends, the father of the boy, accompanied by a few of his brethren, goes to the house of the bride, and taking her in his lap puts a rupee and some sweetmeats in her hand. The party are then entertained, and next morning, as he is going away, the father of the girl gives a rupee to the father of the boy, which fixes the betrothal. On the wedding day, the bridegroom and his relatives go to the house of the bride, and a mark (*tilak*) is made on his forehead. Next day the pair walk five times round the shed in the presence of the brethren, and this concludes the marriage. No Brâhman is employed, and the ceremony is carried out by an old man of the tribe or the brother-in-law of the bride.

Death rites.

6. The dead are cremated, except those who are unmarried or those who die of some epidemic disease. The ashes are thrown into some neighbouring stream, and the mourners have their heads shaved. There is no rite of the nature of the *Sráddha*, and no funeral priest is employed. The man who fires the pyre is impure for three days. A woman is impure for three days after her menses, and for ten days after her confinement. The impurity after the menstrual period is removed by bathing.

Religion.

7. They are chiefly worshippers of Bhawâni, but they also reverence Râma and Krishna. They have no special ancestor worship, and do not employ Brâhmans in any of their domestic rites, which are conducted by the sister's son or by some old man of the tribe. They propitiate demons and evil spirits with the sacrifice of a goat; sometimes the ear of the victim only is offered. When an animal is sacrificed, the worshippers consume the flesh themselves. They have also various local deities, such as Gonr, Narasinha, Sânwar, Goraiya, Katiya, Tholiya, Somiya, and Ahay Pâl,—most of which appear to be deified

worthies of the tribe. They swear standing in water or with a piece of hot iron in the right hand. They have the usual belief in the demoniacal theory of disease, witchcraft, and the Evil Eye.

Social rules.

8. They eat mutton, goats' flesh, and pork, and drink spirits. They salute each other in the form—*Râm! Râm! Sîtarâm! Râdha Krishna!* Their mode of life is the collection of various kinds of jungle produce and cultivating on the edge of the forest. They are classed generally as a criminal tribe, but it has not been as yet found necessary to take any special coercive measures against them. The chief offences to which they seem to be addicted resemble those of the Sanaurhiyas—burglary, petty theft, and an occasional robbery or dakâiti.

Sâîn, Sânîn, Sâni.—(Sanskrit *syâmika, svâmi,* "lord, master") —An order of Muhammadan ascetics. The term is very usually employed in a general sense to designate any religious Muhammadan mendicant. In the Panjâb, the Sâîns or Gulâbdâsis are a Sikh sect, who, according to Mr. Ibbetson,[1] are chiefly interesting in the near approach of their doctrines to Epicurianism. They disbelieve in the existence of God, and venerate only living persons of their own persuasion. They are profligate both in profession and practice—esteeming wine, women, and personal enjoyment, and all that life offers which is worth having, and seeing no wrong in adultery and incest. These have, of course, no connection with the Muhammadan order of the same name in these Provinces.

Distribution of the Sâîns according to the Census of 1891.

DISTRICTS.	Numbers.	DISTRICTS.	Numbers.
Sahâranpur . . .	525	Bânda . . .	12
Muzaffarnagar . .	1	Hamîrpur . . .	3
Farrukhâbâd . . .	2	Jhânsi . . .	8
Bijnor	4,131	Ghâzipur . . .	78
Pilibhît . . .	68	Gorakhpur . . .	167
Fatehpur . . .	20	Basti . . .	92

[1] *Panjâb Ethnography,* para. 268.

Distribution of the Sâins according to the Census of 1891—concld.

Districts.	Numbers.	Districts.	Numbers.
Tarâi	7	Gonda	34
Lucknow	34	Bahrâich	116
Unâo	19	Bârabanki	204
Sitapur	489		
Kheri	645	Total	6,655

Saini.—A gardening and cultivating tribe found only in the Meerut Division and Bijnor. As is shown by their sub-castes, they are very closely allied with the Mâli, if not identical. From Jâlandhar Mr. Purser writes[1]:—"According to their own account the Sainis were originally Mâlis and lived principally in the Mathura District. When Mahmûd of Ghazni invaded India, the ancestors of the Sainis came into these parts, and, finding the land suitable for cultivation, settled down here and went not back to their homes. The explanation of the name Saini is that they were such good agriculturists and did such wonders with the land that the natives called them the Rasaini tribe (from *rasái*, "cleverness, skill"), and in course of time the first syllable was lost and the present name Saini left. They are admirable cultivators, and surpassed by none in industry and skill. They do more market gardening than the Jâts, and perhaps even than the Arâins, but this is in addition to, and not in place of, ordinary farming. They have no bad qualities to distinguish them which call for special notice. The Sikhs among them pay much respect to the Granth Sâhib, and in every village have a copy of it, which is read diligently in the audience of the people. Men of this tribe not seldom take service and especially in the cavalry." In Jâlandhar, according to another account,[2] they claim Râjput origin, and say they are connected with the Arâins, though the latter know nothing of the relationship. In Ambâla they are described as an ill-conditioned set, first-rate cultivators, but refractory and intriguing. Another derivation of their name current in these Provinces is that it is taken from *sánna*, which is the technical word for mixing up the chopped

[1] *Settlement Report*, 84.
[2] Ibbetson, *Panjáb Ethnography*, 267.

millet fodder with chaff and water for farm cattle. In their customs and manners they are identical with the Mâli.

2. In Sahâranpur many of them breed ducks for the markets in the adjoining hill stations.

Distribution of the Sainis according to the Census of 1891.

Districts.	Baheniya.	Bhâgirathi.	Golê.	Phûlmâli.	Others.	Total.
Dehra Dûn . .	...	...	...	...	97	97
Sahâranpur . .	2,265	2,898	7,191	...	7,910	20,264
Muzaffarnagar . .	1,816	19,022	578	47	1,714	23,177
Meerut . . .	221	4,265	...	...	3,022	7,508
Agra . . .	...	...	...	...	1	1
Bijnor . . .	7,184	37,663	126	...	3,386	48,349
Benares . . .	...	...	...	...	18	18
Tarâi . .	...	...	...	...	1	1
Total .	11,486	63,848	7,895	47	16,149	99,425

Saiqalgar, Siqligar, Sikligar—(Arabic *saiqal*, "a polisher")—The caste of armourers and polishers of metals. They are also known as Bâriya (*bâr*, " the edge of a weapon", Sanskrit *pâli*) or Sânwâla, Sândhara (*sân*, " a grindstone"), but these are especially cutlers and razor setters. In Mirzapur some call themselves Shaikh and others Pathân, and these do not intermarry. In Benares they say that they were originally Râjputs from Mârwâr.[1] At Mirzapur they trace their origin to Partâbgarh, and call themselves the descendants of Dâud or David, probably in reference to the passage in the Qurân which says (*Surah* XXI, 79-80) : " We taught him (David) the arts of making coats of mail (for before his time plates of metal were used) for you among mankind in general, that they might defend you from your suffering in warring with your enemies." They follow the ordinary Musâlman rules of exogamy, marriage, and inheritance. Widow marriage and the levirate are recognised,

[1] Sherring, *Hindu Tribes and Castes*, I, 317.

Religion. 2. They pay special reference to the Pânchon Pîr, Shaikh Saddu, Kâli Bhawâni, and Ghâzi Miyân. To the Pânchon Pîr and Ghâzi Miyân the offerings consist of melons, mangoes, parched gram, pulse, cakes (*bari*), boiled rice, sugar, curds, and clarified butter. When cholera rages, they sacrifice a goat to Kâli Bhawâni. Shaikh Saddu is more specially venerated in Oudh. His visitations cause melancholy and hypochondria. He is worshipped by the distribution of sweets to the poor and the sacrifice of a black goat. He once found a magic lamp, the powers of which he abused, and was torn in pieces by the Jinn.[1] By the Saiqalgars he is worshipped with an offering of sweet cakes (*gulgula*) and the sacrifice of a goat.

Occupation and social status. 3. Since the disarming of the country the trade of the armourer and cutler has become depressed. The ordinary Siqligar seen in towns is a trader of no worth, and his whole stock-in-trade is a circular whetstone (*sân*) worked by a strap between two posts fixed in the ground. He sharpens a four-bladed knife, a pair of scissors or two razors for a pice (three pies). Their status is that of ordinary Muhammadans of the lower artizan class.

Distribution of the Saiqalgars according to the Census of 1891.

DISTRICTS.	Hindus.	Muhammadans.	TOTAL.
Dehra Dûn	45	...	45
Sahâranpur	12	312	324
Meerut	18	33	51
Bulandshahr	...	23	23
Aligarh	...	74	74
Mathura	8	42	50
Agra	49	43	92
Farrukhâbâd	8	...	8
Mainpuri	3	70	73

[1] For a full account of this worthy, see Mrs. Mir Hasan Ali's *Observations on the Muhammadans of India*, II, 324, *sqq*.

Distribution of the Saiqalgars according to the Census of 1891—continued.

Districts.	Hindus.	Muhammadans.	Total.
Etâwah	2	39	41
Etah	...	7	7
Bareilly	2	18	20
Budâun	23	9	32
Morâdâbâd	...	17	17
Shâhjahânpur	88	112	200
Pilibhît	23	11	34
Cawnpur	53	14	67
Fatehpur	...	4	4
Hamîrpur	...	12	12
Allahâbâd	...	65	65
Jhânsi	1	...	1
Jâlaun	...	53	53
Lalitpur	...	1	1
Jaunpur	...	103	103
Ghâzipur	...	72	72
Gorakhpur	...	305	305
Basti	...	107	107
Azamgarh	...	234	234
Tarâi	148	...	148
Lucknow	86	7	93
Unâo	1	...	1
Râê Bareli	...	89	89
Sitapur	12	230	242
Hardoi	1	116	117
Kheri	66	181	247
Faizâbâd	...	130	130

Distribution of the Saiqalgars according to the Census of 1891—concluded.

DISTRICTS.	Hindus.	Muhammadans.	TOTAL.
Gonda	...	265	265
Bahrâich	54	260	314
Sultânpur	...	190	190
Partâbgarh	1	85	86
Bâ(r)abanki	...	113	113
TOTAL	704	3,446	4,150

Sâkadwîpi, Sâkaldwîpi.—A tribe of Brâhmans who take their name from the land of Sâkadwîpa, which has been identified with the Kâbul Valley which was occupied by the Sâkas in the first century before Christ. In the Mahâbhârata the Sâkas are associated with the other Dasyu races of the North-Western Frontier, and we are told that Saineya, the charioteer of Krishna, "made the beautiful earth a mass of mud with the flesh and blood of thousands of Kambojas, Sâkas, Savaras, Kirâtas, Varvaras, destroying thy host;" and the same record affirms their connection with the Aryas in the verses:—"These tribes of Kshatriyas, *viz.*, Sâkas, Yavanas, Kambojas, and Drâviras have become Vrishalas from seeing no Brâhmans." How it came to pass that these Kshatriyas lost their Aryan status is thus related:—"Satyavrata was degraded to the condition of a Chandâla, or outcast, and called Trisanku on account of three sins (*tri sanku*),—of killing a cow, displeasing his father, and eating flesh not properly consecrated. But on his repentance and feeding the family of Visvamitra during a twelve years' drought, he was transported to Heaven. His descendant Bahu was vanquished by the tribes of Haihayas and Talajhangas and died in exile. To him a posthumous son, named Sâgara, was born, who nearly exterminated the Haihayas and would have also destroyed the Sâkas had they not applied to their family priest Vasishtha for protection. The priest desired Sâgara to refrain from the slaughter of those who were as good as dead; for he had compelled the tribes to abandon the duties of their caste and all association with the twice born, and Sâgara thereupon imposed upon them peculiar distinguishing marks. He made the Yavanas shave their heads completely, the Sâkas to shave the upper half of their heads, the Pâradas to wear their hair long, and the Pahlavas to let their beards grow. He deprived them of all religious rites, and thus, abandoned by Brâhmans, they became Mlechchhas.[1]" This notable instance of early ethnography shows that the writers of the early Paurânik periods believed that these Scythian races, some of whom like the Chinese shave the fronts of their heads, were of common origin with themselves. "They, at the same time," as Dr. Muir notes,[2] "erroneously imagined that these tribes had fallen away from Brâhmanical institutions; thus assigning to their own polity an antiquity to which it could in reality have no claim." What real connection there may be between these Indo-Scythian Sâkas and the Sâkadwîpi Brâhmans it is now impossible to ascertain.

Tribal legend.

2. The legend of their origin is thus told by themselves: Sûraj Nârâyan, the Sun god, married the daughter of Visvakarma, the craftsman of the gods. When she was incommoded by the heat of her spouse, she went and complained to her father; but he said that he could not interfere unless Sûraj Nârâyan himself asked him to come with her to Visvamitra. When he arrived, Visvakarma told him that the only way by which his heat could be diminished was by cutting him into twelve pieces. Sûraj Nârâyan agreed to have this operation performed, and thus came to existence the twelve units (*kala*). As Visvakarma was cutting the Sun's body with his file, eighteen fragments fell in Sâkadwîpa and from these sprang the eighteen divisions of Sâkadwîpi Brâhmans. It may be noted in passing that Sun worship prevailed largely among the Indo-Scythian tribes. The story goes on to say that Sri Krishna, by the advice of the Sun, summoned these Brâhmans from Sâkadwîpa to cure his son Samba, who had been stricken with leprosy. They came flying through the air on the back of Garuda and effected the cure, for which they would take no remuneration. Again they started on the back of Garuda for Gaya, where the Râja Suloma was afflicted with the same disease. Him they also cured, and the Râni was so pleased that she secretly made to some of them a gift (*dâna*) of five

---

[1] Professor Wilson's *Works*, VIII, 294.
[2] *Ancient Sanskrit Texts*, I, 488.

villages, the names of which she wrote on betel leaves, and made the Brâhmans chew. Seeing them degraded by thus accepting a reward for their services, Garuda refused to take them back again, so they were obliged to settle at Gaya. But four of them were so conscious of the disgrace which resulted from the treachery of the Râni, that they retired to the holy land of Badarinâth (*Badari ka âsrama*), and there died in the Himalayan snow. The four who thus lost their lives were Suratkrita, Sutaya, Sudhrama, and Sumati. The remaining fourteen founded the existing *gotras* of the Sâkadwîpis—Mihransu, Vasu, Parâsara, Kaudinya, Kasyapa, Garga, Bhrigu, Bhabhyamati, Sûryadatta, Nala,. Arkadatta, and Kausila. They have in these Provinces at least no division by local areas (*dih*) and their system of exogamy depends altogether on the *gotras*.

3. Their titles are Misra, Pâthak, and Pânrê. In Bengal, according to Mr. Risley[1] their tribal organization is different: "It is a curious fact that although the Sâkadwîpi have the standard eponymous *gotras* of the Brâhman caste, their marriages are regulated not by these, but by ninety-five divisions (*pur*) of the local or territorial type, that is to say, a Sâkadwîpi man may marry a woman of his own *gotra* who in theory is descended from the same mythical ancestor or Rishi as himself, but may not marry a woman whose forefathers are shown by the name of her *pur* to have come from the same village or the same tract of country as his own. To abandon the *gotra* altogether, and to substitute for it exogamous divisions based on a wholly different order of facts, involves so serious a departure from orthodox usage that one is inclined to doubt whether the Sâkadwîpi can never have been organised on the orthodox lines. This doubt is borne out by the statement made by Mr. Sherring that the test applied to a stranger pretending to be a Sâkadwîpi is to offer him what iscalled *jhûtha pâni*, or water from a vessel from which another person has drunk,—a custom prohibited by all strict sects of Hindus. Should the stranger not be a Sâkadwîpi, he will refuse the water, probably with some indignation, as by drinking it, his caste, whatever it was, would be broken. If a Sâkadwîpi, however, he will take it willingly."

4. Whatever may be the case in Bengal, there seems little doubt that in these Provinces the Sâkadwîpi follow the ordinary Brâhman formula of *gotra* exogamy; and it is perhaps possible that the

---

[1] *Tribes and Castes*, I, 159.

rule which, according to Mr. Risley, prevails in Bihâr, represents a falling off from the stricter rules of the Western Branch of the tribe. In these Provinces the Sâkadwîpi act as family priests and astrologers and seem to have a preference for the Tantrika rites.

Distribution of Sâkadwîpi Brâhmans according to the Census of 1891.

Districts.	Numbers.	Districts.	Numbers.
Sahâranpur . . .	7	Gorakhpur . .	12,272
Meerut	11	Basti	6,736
Bulandshahr . . .	1	Azamgarh . . .	2,697
Mathura . . .	2	Tarâi	1
Farrukhâbâd . . .	3	Lucknow	121
Mainpuri	179	Râê Bareli . . .	471
Bareilly . . .	3	Sîtapur	1,313
Morâdâbâd . . .	15	Hardoi	5
Pilibhît	4	Kheri	495
Cawnpur	24	Faizâbâd . . .	4,545
Bânda	22	Gonda	8,263
Benares	1,773	Bahrâich . . .	14,526
Mirzapur	657	Sultânpur . . .	1,554
Jaunpur	47	Bârabanki . . .	7,121
Ghâzipur	1,938		
Ballia	2,381	Total .	67,186

Sakarwâr.—A sept of Râjputs who take their name from some place named Sikri. This, by one account, is Fatehpur Sikri, where Akbar built his famous palace near Agra. "In Unâo[1] they are the

[1] Elliott, *Chronicles*, 43, *sq.*

least considerable of all the clans who figure in these chronicles, and their weakness has had the common effect of destroying their ancestral pride and effacing the memory of their old traditions. None of them can give a clear account of where they came from, or what their history has been. But there seems reason to believe that they are a portion of the same Sakarwârs, who, emigrating into Oudh from the West, settled in the Faizâbâd District, near Dostpur. These latter are certainly earlier colonists than the Bachgoti and Râjkumâr Râjas, who have now nearly succeeded in reducing them to servitude, and whose immigration was contemporaneous with that of the Chauhâns of Chauhâna. The latter probably colonised their present position in 1350 A. D., and belong to the first class of colonists; and, consequently, if the above line of reasoning be correct, the Sakarwârs, who are earlier than them, belong to the first class also."

2. They appear to have held North Gorakhpur [1] before the Sirnets. They are the strongest Hindu landowners in Ghâzipur,[2] except the Kinwâr Bhuînhârs. They claim to have been originally Misr Brâhmans from Fatehpur Sikri. They have split into a Râjput and Bhuînhâr branch, and some are Muhammadans. In Azamgarh[3] the Râjputs ignore the Bhûinhâr branch; but the latter assert that they are of the same stock, which is generally believed. They call themselves Gadiya, and derive the name from an ancestor named Gâd, or one who was afflicted with ringworm (*gâd*). Another story is that he was a Râja Gâdh, who was the founder of Ghâzipur and the ancestor of the Sakarwâr as well as the Kausik sept. In the Azamgarh story he lived at Sikrigarh, near Lahore, which was the home of the sept. Another branch moved into the hills and are known as Parbatiya. They settled in Pargana Nizâmâbad after expelling the Suiris. The Muhammadan branch in Sultânpur trace their origin to one Pûran Mal, who is said to have been converted to Islâm in the time of Tamerlane, or more probably of one of his successors.

3. It is reported that the Sakarwârs give and take brides to and from the Bhadauriya, Dhâkra, Gahlot, Kachhwâha, Panwâr, and Parihâr septs.

---

[1] Buchanan, *Eastern India*, II, 458.
[2] Oldham, *Memo.*, I, 64.
[3] *Settlement Report*, 30, 57.

Distribution of the Sakarwâr Râjputs according to the Census of 1891.

Districts.	Hindus.	Muham-madans.	Total.
Bulandshahr	31	17	48
Mathura	228	34	262
Agra	10,001	13	10,014
Farrukhâbâd	276	...	276
Mainpuri	384	3	387
Etâwah	340	...	340
Etah	405	3	408
Budâun	349	...	349
Morâdâbâd	506	...	506
Shâhjahânpur	35	...	35
Cawnpur	46	10	56
Fatehpur	112	...	112
Bânda	56	...	56
Allahâbâd	57	1	58
Jhânsi	24	...	24
Jâlaun	112	3	115
Benares	485	13	498
Mirzapur	5	...	5
Jaunpur	121	116	237
Ghâzipur	5,616	6,101	11,717
Ballia	1,776	31	1,807
Gorakhpur	2,702	141	2,843
Basti	585	103	688
Azamgarh	2,179	284	2,463
Lucknow	90	9	99
Unâo	222	...	222
Râê Bareli	444	...	444

Distribution of the Sakarwâr Râjputs according to the Census of 1891—concluded.

DISTRICTS.	Hindus.	Muhammadans.	TOTAL.
Sîtapur	341	11	352
Hardoi	2,448	...	2,448
Kheri	128	11	139
Faizâbâd	618	1,473	2,091
Bahrâich	16	...	16
Sultânpur	897	1,194	2,091
Partâbgarh	234	23	257
Bârabanki	18	...	18
TOTAL .	31,887	9,594	41,481

Saknyâni, Shaknyâni.—A class of Hill Brâhmans. Common report makes them the progenitors of both Sarolas and Gangâris, and the name is said to be derived from the great Sâka race. Others connect the name with a colony of ascetics who lived near Tapuban and Rikhikes; others again assign the name to a great grove of *sakin* trees, whose bluish flowers are used in worship, and which gave the name of Sakinyâni to the parent village and Saknyâni to the people. Those who remained on the banks of the Ganges became known as Gangâris. They intermarry with Ghildyâls, Unyâls, Ingwâls, Dâdais, and Naithâna and Bughâna Brâhmans.[1]

Sanâdh.—A tribe of Brâhmans most numerous in the Central and Lower Ganges-Jumna Duâb and Rohilkhand. Sir H. M. Elliot lays down the boundaries of the Sanâdh country as follows :[2]—"They touch the Kanaujiyas on the North-West, extending over Central Rohilkhand, and part of the Upper and Central Duâb, from Pilibhît to Gwâlior. The boundary line runs from the north-west angle of Rampur, through Richa, Jahânâbâd, Nawâbganj, Bareilly, Farîdpur, to the Râmganga; thence through Salîmpur and the borders of Mehrâbâd; thence down the Ganges to the borders of

[1] Atkinson, *Himalayan Gazetteer*, III, 271.
[2] *Supplemental Glossary*, S. V. *Kanaujiya*.

Kanauj; thence up the Kâlinadi to the western border of Alipur, Patto, through Bhongânw, Sij, Bibâmau, and down the Jumna to the junction of the Chambal. Instances, of course, occur of occupation by either party on the other line, but they are very rare. On the North-West the Sanâdh are met by the Gaur Brâhmans, whose boundary line is also sufficiently definite to admit of description. It runs through the Râmpur territory as far as the Râmganga, thence through Sarauli, Seondara, Narauli, Bahjoi, Râjpura, Dabhai, and the western border of Koil, Chandausi, Noh-Jhil, and Kosi."

2. There is much doubt as to the origin of the name. According to one authority [1] it is derived from *sana*, "austerity," and *adhya*, "wealth," a conjunction which applied to a Brâhman would imply "one possessed of the wealth of religious austerities." According to others, *sana-adhya* means "absorbed in asceticism." Mr. Nesfield, without much apparent reason, would connect the name with that of the criminal Bundelkhandi tribe known as Sanaurhiya. They claim to be a sub-branch of the Kanaujiya, and the tribal legend as given by themselves tells how Râma, on his return from Lanka, assembled a large number of Brâhmans at the great Rudâyan tank, near Shâhpur Tahla, in Pargana Azamgarh of the Etah District, to perform a *sanâha yuga*, or sacrifice. At the conclusion of the ceremony, he distributed among them grants of land and money, and hence the name Sanâdh, either from the ceremony in which they participated, or from the Sanskrit root *sana*, "to obtain as a gratuity." There is a curious resemblance between this story and the account given of themselves by the Tagas of Meerut and the Nâgars of Bulandshahr. Most of the Sanâdhs of Etah represent themselves as the descendants of the Brâhmans of Râma's days; a few belonging to the Dandotiya *al* say that they came from the Gwâlior territory, where the Emperor Akbar had given them a group of eighty-four villages (*chaurâsi*) on the banks of the Chambal. These villages, known as the Dandtoghar Chaurâsi, are said to be in the possession of the Sanâdhs to the present day. The Bhateli Brâhmans of Etah are an offshoot of the Sanâdhs. In Etâwah Sanâdh Brâhmans of the Singhiya and Merha *gotras*, the former with the title Chaubê, are found in Pargana Auraiya. They trace

---

[1] Râja Lachhman Sinh, *Bulandshahr Memo.*, 153.

their origin to one Vasudeva or Bâsdeo, and are said to have been among the earliest immigrants. According to their family traditions, Bâsdeo came and settled at Sahabda or Sabhad under the protection of the Sengar Râjputs, and then one of them went to Delhi as late as the reign of Shahâb-ud-dîn Ghori and obtained some service. In the reign of Akbar they obtained a grant of land near Auraiya, and assumed the title of Chaudhari, or were appointed to the office. Some of the family have since borne the title, and in the neighbourhood of Auraiya they still retain many villages. The Singiyas derive their name from Singiya, a tract near Delhi, from which they came into the Etâwah District. They say that Garga Achârya, the spiritual preceptor of Krishna, belonged to their family. The Merhas profess to have been the family priests of the Bhareh Râjas. Besides these, two other important *gotras* of the Sanâdhs are settled in Etâwah. In the fourteenth century, when Alâ-ud-dîn captured Rinthambor, Hari Pant, a famous Pandit, came to Etâwah, accompanied by Ugra Sen of the Mathuriya *gotra* of the Sanâdhs; similarly the Svarna *gotra* are said to have come with Sumer Sâh.[1]

3. The Sanâdhyas are not purely endogamous. It would appear that wherever their habitat, as shown above, joins that of the other tribes, intermarriage is not infrequent. Thus in Farrukhâbâd, where they meet the Kanaujiyas, both intermarry. In the same way in the Bulandshahr District they intermarry with the Gaur. But here, for some time, and perhaps in some cases even now, a sort of hypergamy prevailed, that is to say, the Gaur and Kanaujiya married Sanâdh girls, but did not give their own daughters to a Sanâdh in marriage. This distinction is, it appears, being obliterated by degrees.

Tribal organization.

4. One division among the Sanâdh Brâhmans is into the "three-and-a-half houses" (*sárhé-tîn ghar*) and the 'ten houses" (*das ghar*). The former are considered superior, and a system of hypergamy prevails among them by which "the three-and-a-half houses," for a money consideration, take brides from the "ten houses," and do not give them girls in exchange. The result of this is that the former find no difficulty in marrying even at an advanced age.

5. The Rohilkhand legend tells that Adisur was Râja of the Pargana of Kot Satâsi in the Budâun District. He had four famous

---

[1] *Gazetteer, North-Western Provinces*, IV, 38, 274.

Pandits in his Court. To the four sons of the chief Pandit, known as Misraji, he gave four villages for their support, *viz.*, Sarâha, Rahariya, Târapur, and Bhatta. These originated four sections, the Misras of Sarâha, Rahariya, and Târapur, and the Pâthaks of Bhatta. These four, being descended from the same ancestor, cannot intermarry. The second Pandit was named Sankhadhâra. He had also four sons, and to them the Râja gave four villages: Auni, Dhamai, Reunai, and Parsara. Hence arose four sections, the members of which being of the same stock cannot intermarry: Auni kê Sankhdhâr, Dhamai kê Sankhdhâr, Reunai kê Sankhdhâr, and Parsara kê Sankhdhâr. The village of Auni is close to Budâun, and is still in the possession of these Brâhmans. The descendants of the third Pandit are called after him Parâsari, and from the villages held by his descendants spring four sections, *viz.*, Para, Chandâwali, Pipara, and Ubra. The section taking its name from Ubra is known as Trigorâyat, because their ancestor had mastered the three Vedas. The others are known as Parâsari. These four, being of the same stock, cannot intermarry. The fourth Pandit had only two sons to whom the Râja gave two villages: Dungarpur and Kataiya. These are known as the Misras of these two places. The fourteen families thus enumerated constitute the "three-and-a-half houses."

6. There is also some connection between the Sanâdh and the Kataha or Mahâbrâhman. The story runs that this same Râja Adisur was once going on a pilgrimage, when he became seriously ill. The Râja of Nâgadesa, where he was at the time, sent him a skilful physician, who restored Adisur to health. His patient was so pleased that he gave him the name of Kashtaha, or "remover of trouble," of which Kataha is without much probability said to be a corruption It is alleged that Râja Adisur compelled the "three-and-a-half houses" to intermarry with these Katahas, an assertion which clearly marks some fall in status of which the real explanation has been forgotten.

Domestic rites.

7. The domestic rites of the Sanâdhs are of the normal type. At marriage they have a ceremony which seems to be peculiar to them called *nitasuti*. The bridegroom is made to sit behind the bride, and behind him the eldest man of the family and the other relations sit in a line. The barber's wife moves a milk churner (*rai*) and a bundle of thread over the heads of all the men and women present. Then one or more vessels of sweetmeats are shown to the bride and she is asked

if they are full or empty. If she says that they are full, it is a good omen; if she says that they are empty, the marriage will not be prosperous. After this potter's wheel is worshipped. Some make an image of it on the wall of the house, others go to the potter's house and worship his wheel there.

8. The Sanâdh Brâhmans have, on the whole, a doubtful reputation, and are not much respected among the other Brâhmanical tribes. Many, in addition to some priestly functions, hold land and cultivate, but they will not hold the plough themselves.

9. The Sanaurhiya, a thieving tribe of Bundelkhand, claim kindred with the Sanâdh Brâhmans. According to one story they were excommunicated, because they attended the rite (*jag*) held by Râmchandra when he was defiled by the blood of the Brâhman Râvana. Others say that they were degraded, because they did not attend the sacrifice performed by Brahma at Brahmavartta or Bithûr.

Distribution of Sanâdh Brâhmans according to the Census of 1891.

Districts.	Numbers.	Districts.	Numbers.
Dehra Dûn	148	Budâun	41,817
Sahâranpur	222	Morâdâbâd	8,022
Muzaffarnagar	329	Shâhjahânpur	14,840
Meerut	1,051	Pilibhît	10,027
Bulandshahr	8,477	Cawnpur	759
Aligarh	76,209	Fatehpur	381
Mathura	63,345	Bânda	1,211
Agra	106,381	Hamîrpur	4,371
Farrukhâbâd	6,087	Allahâbâd	1,070
Mainpuri	42,691	Jhânsi	8,606
Etâwah	36,659	Jâlaun	15,155
Etah	44,070	Lalitpur	3,498
Bareilly	31,630	Benares	468
Bijnor	382	Mirzapur	704

Distribution of Sanâdh Brâhmans according to the Census of 1891—concluded.

Districts.	Numbers.	Districts.	Numbers.
Jaunpur . . .	411	Sîtapur . . .	1,056
Ghâzipur . . .	149	Hardoi . . .	908
Ballia	69	Kheri . . .	1,844
Gorakhpur . . .	2,110	Faizâbâd . . .	610
Basti	1,429	Gonda . . .	2,320
Azamgarh . . .	474	Bahrâich . . .	1,306
Kumaun . . .	9	Sultânpur . . .	1,532
Tarâi	634	Partâbgarh . . .	399
Lucknow . . .	548	Bârabanki . . .	2,867
Unâo	113		
Râê Bareli . . .	814	Total .	548,261

Sanaurhiya, Sanorhiya.—A so-called caste of criminals in Bundelkhand. They seem to have escaped separate enumeration at the last Census by recording themselves as a tribe of Brâhmans, and, in fact, they claim to be akin to the Sanâdh Brâhmans of the Ganges-Jumna Duâb.[1] Attention was first distinctly called to their criminal propensities in 1851, when they were called Uthaigiras or Sanorhiyas, and were estimated to number 4,000 in Tehri State, 300 in Bânpur, and 300 in Datiya. The Râjas of Tehri and Bânpur gave them protection, receiving presents in return, and frankly admitted this when addressed by the Political Agent.

2. The Sanaurhiyas are not a caste but a confraternity recruited by the initiation of promising boys from all castes except sweepers and Chamârs. A census taken of them in 1882 showed that they then included Brâhmans, Lochans, Telis, Thâkurs, Kanjars, Ahîrs, Dhîmars, Sunârs, Kurmis, Lodhas, Nâis, and Dhobis. One account of their origin is that they are Sanâdh Brâhmans who were excommunicated, because they attended the feast given by Râm Chandra when he was defiled with the blood of Râvana. Another story is

[1] See Mr. D. T. Robert's note in connection with the Police Commission of 1890.

that they were degraded for not attending the sacrifice performed by Brâhma at Brahmavartta or Bithûr. A third account is that they came from Delhi about two centuries ago. It is quite obvious that they have no claim to rank as Brâhmans. They possess a slang vocabulary of their own, confine themselves to thefts by day, and are said entirely to abstain from nocturnal theft, house-breaking, and crimes of violence: so much so that members of the confraternity offending in this way are excommunicated. They never steal near home and begin their depredations at least a hundred miles away. But they visit all parts of India, including Calcutta, Bombay, and Madras. They assume the disguise of respectable merchants and travellers, and their favourite method of shop-lifting is by the agency of a boy, whilst one or two of the gang as customers engage the shop-keeper in conversation and lead him to display his goods. A gang will be absent on an expedition sometimes for a year at a time. The fascination of their profession is so great that they say "Once a Sanaurhiya, always a Sanaurhiya." In various distant cities one or more Sanaurhiyas used to reside, apparently carrying on an honest business, but really acting as receivers of stolen goods. The Criminal Tribes Act was extended to them in 1874, and Mr. Robert's note contains full details of the supervision exercised over them since that time. The result, as in so many cases, has been far from satisfactory.

Sanjogi—(Sanskrit *samyogi*, "joined").—Classed at the last Census as an order of Hindu ascetics. The word, or its equivalent *Grihasti*, "householder," appears to be equally applied to those who have so far abandoned the practices of the ascetic orders as to marry and lead a family life.

Distribution of the Sanjogis according to the Census of 1891.

Districts.	Numbers.	Districts.	Numbers.
Bulandshahr	31	Fatehpur	1
Agra	758	Bânda	22
Etah	6	Hamîrpur	66
Budâun	12	Allahâbâd	1
Cawnpur	4	Jhânsi	142

Distribution of the Sanjogis according to the Census of 1891—concluded.

DISTRICTS.	Numbers.	DISTRICTS.	Numbers.
Jâlaun . . .	178	Basti . . .	741
Lalitpur . . .	136	Hardoi . . .	31
Ghâzipur . . .	539	Gonda . . .	36
Ballia . . .	832		
Gorakhpur . . .	996	TOTAL .	4,538

Sannyâsi—(Sanskrit *sannyâsi*, "abandonment of the world,")—a term which is often used in very vague and uncertain senses.—It properly means the ascetic stage of life through which every Brâhman should pass. But the term is specially applied to the followers of the famous reformer Shankar Achârya. "The Saivas," writes Mr. Maclagan,[1] "have generally been defenders of the faith against innovation. The final struggles against Buddhism in the south and centre of the peninsula gave rise to one sect of Saivas, known henceforth as Sannyâsis, and the contest against the innovating Bhagats of Northern India in the fifteenth century gave rise to another sect now known as the Jogis." Some account from local sources of Shankar Achârya and his disciples has been already given under the head of the Gusâîns. Mr. Maclagan's account from the Panjâb tradition is somewhat different and may be given here: "Shankar Achârya, the well-known Sanskrit commentator, a very vigorous defender of orthodoxy, is supposed to have lived in the ninth or tenth, or, according to Professor Monier Williams, in the eighth century, and to have helped in the final extinction of Buddhism in India. Shankar Achârya is said to have had four pupils, from whom are derived the ten classes of Sannyâsis,—from Padman Achârya, the Tîratha and Âsrama classes; from Sarûpa Achârya, the Bana and Arana; from Tarnaka or Tânk Achârya, the Giri, Sâgara, and Parvata; and from Prithodar or Prithivi Achârya, the Puri, Bhârthi, and Sâraswati. According to others the order is divided into four Maths,—the Joshi Math containing the Giri, Puri, and Bhârthi; the Sangri Math containing the Bana, Arana, and Tîratha; the Narârâ-

[1] *Panjâb Census Report*, III, *sq*.

gini Math containing the Parvata and Asrama; the Brahmachâri Math containing the Sâraswati and Dandi. The fact that there are ten groups of Sannyâsis is well known, but different versions are given of the names. Of eight lists which I have before me from different parts of the Province the Giri, Puri, Arana, and Bhârthi appear in all, but one or other of the following names, Astâwar, Jati, Bodla, Dandi, Anandi, Datta, Achârya, Kar, Nirambhê, or Pari is often substituted for one or other of the remaining six class-names. According to some account only eight of the classes are really Sannyâsi, the Bhârthi being Jogis, and the Dandi, Vaishnavas. Three classes only—the Nirambh, Asrama, and Sâraswati—are allowed to wear or use arms. Five of the sub-divisions are said to be recruited from Brâhmans alone, *viz.*, the Sâraswati, Achârya, Arana, Bana, and Ananda; the other five being open to the public.

2. "A man of any caste may become a Sannyâsi, but in practice the order is made up of Brâhmans and Khatris mainly; and, according to some, the true Sannyâsi will partake of food only in the house of a Brâhman and a Khatri. The members of the sect are supposed to be strict celibates, but of late not a few of them have taken to marriage, and still continue to beg though married. They are, as a rule, of a higher class than the Jogis, and their morality is of a higher order, but scandals about their enticing away the wives of rich Hindus are said to be not infrequent, though generally hushed up. The whole order is in theory devoted to contemplation and abstracted from the cares of this world, and a large number of Sannyâsis are actually religious mendicants without wives and without money, who wear ochre-coloured clothes and distribute quack medicines, who refuse to touch a coin or to take in alms more food than will suffice for the day; but there are also many who work in business and are men of great wealth.

3. "In fact the order is sometimes divided into three groups called after the three philosophical qualities (*guna*): the Rajoguni, who are the principals of religious houses (*akhâra*) and live in the world; the Tamoguni, who are ascetics who live on charity, begging for the wants of the day; and the Satoguni, who do not even beg but trust to support from Heaven and their neighbour.

4. "The Sannyâsis are professedly followers of the Vedânta system of philosophy which was promulgated by their leader Shankar Achârya, and the books based in that philosophy are held specially sacred by them. They are, as has already been noticed, a

sect not indigenous in the Panjâb, and their chief places of pilgrimage,—Benares, Amarnâth, Narsinhnâth, etc.—are outside the Province. They are especially remarkable for some customs which are foreign to the Hindus of this and most parts of India. In the first place, they do not generally wear the scalp-lock (*choti*), but either wear all their hair or shave it all. Further, the true Sannyâsi does not, it is said, wear the sacred thread (*janeu*). And, again, their usual custom is not to burn their dead, but to bury them or throw them into rivers. When buried, the dead are placed in a sitting posture facing East or North-East, and the hands and arms are rested on crutch."

5. In these Provinces the rite of initiation takes, according to one account, three days. On the first day, his body is purified with milk, *ghi*, cow-dung, cow-urine, and curds, and all his hair, except the scalp-lock, is shaved off. On the third day, the *homa* and *srâddha* are performed and his scalp-lock and Brâhmanical cord are removed. Then the *mantras* of the order are recited into his ear by the Guru, and he receives a *dand* or bamboo stick with a piece of red cloth tied to one end of it. Then he is known as Dandi. Only Brâhmans can become proper Sannyâsis. There is no condition of age. Most become members of the order on account of trouble, as the verse runs —*Nari műi, ghar sampatti nâsi; Mũnd murâi, bhâĕ Sannyâsi.* "When a man's wife dies and he loses his home and property, he shaves his head and becomes a Sannyâsi."

6. The sectarial mark is the *tripund*: three horizontal lines drawn on the forehead. Their dress is the *kopin* or small loin cloth with a broader piece of cloth rolled round the hips. They carry a water-pot known as *kamandal* and a rosary of the *rudrâksha* berry. They get their food either at alms-houses (*kshetra*) or from charitable Hindus. When they ask for alms they say *Nârâyan*, "Great God." The respectable title for them is Swâmi, "Lord." The proper Sannyâsi ought to eat a meal of only milk, fruits or vegetables once a day, and they are particular in abstaining from meat and other substances, such as garlic (*lahsan*), which are supposed to excite passion. They do not cook for themselves. They prefer to eat food cooked by a Brâhman or Kshatriya; but if such a person is not present, they can eat from the hand of a Vaisya or Sûdra. Their cooking vessels are of the usual Hindu pattern, and they are careful not to use the vessels belonging to a member of another religion. They do not enter Jaina temples, but visit all the ordinary Hindu

shrines. But they practise no form of idol worship, as they themselves have attained the rank of deities. They salute each other in the words *Namo Nârâyan.* They salute their religious guides and other eminent Sannyâsis by falling before them. They chiefly worship Nârâyana, but until they obtain the rank of complete saintship, they also revere Ganesa, Rudra, Bhâgawati, and Sûraj Nârâyan, the Sun godling.

7. Nizâm-ud-dîn Ahmad in the *Tabakât-i-Akbari* describes a terrible fight between a body of Jogis and Sannyâsis at Thânesar in the presence of the Emperor Akbar, when the Jogis were defeated.[1] General Goddard, in his march through Bundelkhand, was attacked by a body of two thousand Sannyâsis called Saiva Nâgas.[2]

Distribution of the Sannyâsis according to the Census of 1891.

Districts.	Numbers.	Districts.	Numbers.
Dehra Dûn	37	Pilibhît	34
Sahâranpur	137	Cawnpur	6
Muzaffarnagar	101	Fatehpur	5
Meerut	43	Bânda	23
Bulandshahr	119	Hamîrpur	40
Agra	35	Allahâbâd	19
Farrukhâbâd	11	Jhânsi	142
Mainpuri	3	Jâlaun	17
Etâwah	7	Lalitpur	84
Etah	25	Ghâzipur	113
Bareilly	82	Ballia	651
Bijnor	30	Gorakhpur	1,069
Budâun	14	Basti	3
Morâdâbâd	38	Garhwâl	1,077
Shâhjahânpur	19	Tarâi	67

[1] Dowson's Elliot, *History*, V, 318.
[2] Pennant, *Hindustân*, II, 192.

Distribution of the Sannyâsis according to the Census of 1891—concluded.

DISTRICTS.	Numbers.	DISTRICTS.	Numbers.
Lucknow . . .	17	Faizâbâd . . .	218
Unâo . . .	1	Gonda . . .	13
Râê Bareli . . .	37	Bahrâich . . .	1
Sîtapur . . .	10		
Hardoi . . .	58	TOTAL .	4,406

Males	2,668
Females	1,738

Sânsiya.[1]—A vagrant thieving tribe who were at the time of the last Census confined to the Western Districts of the Province. Of their name no satisfactory account has been given. Some derive it from the Sanskrit *svâsa,* "breathing," or *srasta,* "separated;" others with *svagânika,* "one who has to do with dogs," or *svapâka,* "dog-cooking," a person of a degraded and outcaste tribe, who, by the older law, was required to live outside towns, to eat his food in broken vessels, to wear the clothes of the dead, and to be excluded from all intercourse with other people; he could possess no other property than asses and dogs, and his office was to act as public executioner and to carry out the bodies of such as die without kindred. It is true that these are now-a-days the functions of the Dom, but the mode of life of the Sânsiya is sufficiently degraded to make it perhaps possible that he may have inherited the name. The Sânsiya is no doubt the near kinsman of the other degraded wandering races who occupy the same part of the country, such as the Kanjar, Beriya, Hâbûra, and Bhâtu. Their tribal legends, so far as they have been recorded, do not throw much light on their history of origin. Some of them allege that they are a sub-caste of Nats; but the Nats do not acknowledge kinship with them. Another of their legends appears in various forms. By one account when the Agnikula or fire-born races were created, the Chauhân Râjputs created the Sânsiyas to act as their bards and sing their

[1] Principally based on an excellent report by Mr. F. W Court, District Superintendent, Police, Aligarh; notes collected at Mirzapur and by the Deputy Inspector of Schools, Bijnor.

praises. Their first ancestor was, it is said, one Sâns Mal or Sahasman, who has given his name to the tribe. He is said to have had three sons: One was born early in the morning when these people take their morning draught of butter milk (*chhânchh*) and hence sprang the Chhânchhdih section. The second was born at midnight, which is said in their patois to be called *karkhand*, and hence the section known as Karkhand. The youngest was born at noon, and as this is the time they milk their buffaloes, he was called Bhains. Bhains, it may be noted, is a section of both the Beriyas and Kanjars, which tends to establish the connection between the tribes, and Kâra also means a "young buffalo." So the designation of these sections may be perhaps either totemistic or occupational. Another story makes out their ancestor to have been Sâns or Sahâns Sinh, a Râthaur Râjput. His house once fell down in the rainy season, and he could not afford to rebuild it; so he and his descendants took to living in wigwams. He is said to have had three sons—Chandu Sinh, Gaddu Sinh, and Beri Sinh,—all their descendants took to a jungle life and lived by collecting *khaskhas* grass and catching vermin. The women of Beri Sinh's family took to prostitution, and they are the present Beriyas; those of Chandu Sinh were called Chanduwâla; and those of Gaddu or Giddu Sinh, the present Gidiyas. These legends are of little value except to prove the identity of a number of castes of the same social standing and occupation, who are known in the Central Duâb as Beriyas, in the Upper Duâb as Gidiya, Hâbura or Bhâtu; in Mathura and Bhartpur as Radhiya or Radhua Kanjars; and in Rajputâna as Gharkhulo or "those who live with their doors open." According to another legend there were two brothers—Sâns Mal and Malanûr—from the former are descended the Sânsiyas and Kanjars; from the latter the Beriyas or Kolhâtis and the Doms and Mângs.[1]

Tribal organization.

2. As we have seen, the more degraded members of the tribe recognise three exogamous sections: Chhânchhdih, Karkhand, and Bhains. Those who are rather more advanced and lay stress on their alleged Râjput descent profess to have sections taken from the names of well-known Râjput clans, such as Chauhân, Khâgi, Pundîr, Gahlot, and Samhâr. There is again another endogamous division of them into

---

[1] Gunthorpe, *Notes on Criminal Tribes*, 46.

Kalka or those of pure Sânsiya blood and Malla, whose mothers were Sânsiya women and their fathers men of other castes. That the tribe is much mixed is quite certain. It is well known that they habitually kidnapped girls of other castes. Of the seven gangs in the Aligarh District it was recently ascertained that the women leaders of four were women of other tribes, who had been either kidnapped or introduced into the tribe. Even now it is admitted that they will take into the tribe men of almost any tribe except the lowest menials. The only ceremony is that the convert is made to eat and drink with members of the tribe.

The Sânsiyas as bards.

3. Another very curious fact about them is that they act as a sort of Bhâts or bard and genealogists to some tribes of Jâts and to some Chauhân Râjputs. Many of the Sânsiyas of these Provinces refer their origin to Bhartpur, where they allege they were bards to the original ruling family. So in the Panjâb we find that in Hoshiârpur[1] they receive an allowance from the Jâts known as *birt*. "Towards them they hold the same position as that of Mirâsis or Doms among other tribes. Each Jât family has its Sânsi; and among the Jâts of the Malwa and Mânjha, the Sânsi is supposed to be a better authority on genealogy than the Mirâsi; for this he takes a fee at marriages. If the fee is not paid, he retaliates effectually by damaging crops or burning ricks." This fact is corroborated by Mr. Ibbetson[2] in relation with various other Jât and Râjput tribes of the Panjâb. How this connection can have arisen it is impossible to say; but the case of the Patâris, the degraded priests of the Mânhis, is a case in point, and the relation between these tribes furnishes a possible analogy which may account for the creation of the degraded Brâhman tribes, like the Mahâbrâhman and Dakaut.

Marriage rules.

4. In addition to the prohibition of marriage within the section there is the additional prohibition against marrying in the families of first-cousins, until at least three generations have passed since the last connection by marriage. They generally marry in the same neighbourhood, but the feeling seems to be in favour of selecting a bride from another camp, which is perhaps one of the most primitive forms of

---

[1] *Settlement Report*, 106.
[2] *Panjâb Ethnography*, para. 577.

exogamy.[1] We have also probably a survival of the matriarchate in the rule by which the match is arranged by the *phúpha* or father's sister's husband of the bride or bridegroom. Besides this the marriage and funeral ceremonies are performed by the son-in-law (*dhiyána*) or by a connection through a female (*mán*). As among all nomadic tribes, owing to the comparative weakness of female infants, girls are in a deficiency. At the last Census there were only 1,955 women to 2,332 men; hence brides are in demand, and a heavy bride-price is charged for a suitable girl. In Aligarh it is reported that a bride sometimes costs as much as four or five hundred rupees, all of which is spent in drinking and debauchery during the ceremony. The marriage ceremony is analogous to that of the Kanjars. The bridegroom, after the match is arranged, arrives with a body of his friends, and there is a pretence of seizing the bride by force if she be not peaceably surrendered. He then seizes her in the presence of the assembled elders, drags her seven times round the marriage shed, and marks her forehead with red lead, and this makes them man and wife. Widow marriage does not need even this amount of ceremonial. The man is generally expected to repay to the relations of the first husband what they have spent on the first marriage; in the case of the levirate this compensation is, of course, not paid.

Death ceremonies.

5. The real vagrant Sânsiyas often merely expose their dead in the jungle. In Aligarh it is said that the Chanduwâla Sânsiyas cremate the corpse; with the others burial is the rule. Where they bury their dead they seem to have come under the influence of the example of their Muhammadan neighbours. Some members of the tribe, who were deported to Mirzapur after the proclamation, professed to adopt the following rules:—A pice is put in the mouth of the corpse immediately after death as a viaticum, when it is washed and wrapped in a piece of new cloth, which should be five yards long, and carried by four men to the burial ground on a cot. The corpse is buried with the head to the West and the feet to the East. After bathing the mourners return home. The chief mourner remains apart for four days and cooks for himself. At every meal he lays some food outside his hut for the spirit of the deceased. On the fourth day the brethren are fed on rice, pulse, sugar, and *ghi*, and on the twen-

---

[1] Westermarck, *History of Human Marriage*, 330, *sqq*.

tieth and fortieth day, the four men who carried the corpse to the grave are fed in the same way.

Religion.

6. The religion of the Sânsiyas is of a very elementary type. They have a vague idea of a great God, whom they call Bhagwân, or Parameswar, or Nârâyan; but of his character and functions they can give no satisfactory account. Some of them worship Devi or Kâli in the same vague way whenever they are sick or in trouble. They are, like all the allied races, continually in fear of the malignant ghosts of the dead, who, if not duly propitiated, turn into *Bhûts* or evil spirits and injure the survivors. They have nothing in the way of a *srâddha*, and one way of propitiating the *Purkha log* or "sainted dead" is by feeding some of the unmarried girls of the tribe in their honour. They also have a vague belief in a godling known as Miyân, who may be Ghâzi Miyân or the saint of Amroha and Jalesar. He is, they say, the king of the serpents, and when they do honour to him they and their families are safe from snake bite. They believe, of course, in the demoniacal theory of disease, and when they fall sick call in a Syâna or Ojha to mark down the ghost, which is causing the mischief, and suggest the appropriate sacrifice which should be made to him.

Oaths and ordeals.

7. They do not pay much regard to an oath on the Ganges or on the heads of their sons or daughters. They have three binding forms of oath: *First*, they kill a cock and pouring its blood on the ground swear over it; *secondly*, they throw some salt into a cup of spirits, and, throwing it on the ground, swear over it; *thirdly*, they crush a leaf of the *pîpal* tree in their hands and swear. When a woman is suspected of infidelity and denies the charge, she is made to undergo the following ordeal: Five leaves of the *pîpal* tree are placed on the palm of her hand, one over the other. She has then to take in her hand a red-hot *gadaila* or "spud," which is the national implement of the tribe, and used by them in digging out vermin, etc. With this she has to walk five steps, and if her hand shows no sign of burning, she is pronounced to be innocent. Similarly, of the Kolhâtis of the Dakkhin, Major Gunthorpe writes:—"The ordeals men and women of this race have to pass through to prove their innocence, if they deny an accusation, are curious. For a woman seven leaves of the *pîpal* tree are placed, one over the other, in the open palms of both hands. A wet thread is wound seven times round both hands and leaves. An axe

made red hot is then placed on the leaves, and she bears it seven paces forwards and throws it into a bundle of thorns. Should the metal have penetrated the leaves and burnt her hands, she is guilty; but if not, she is considered innocent."[1]

Gang system.

8. The organization of these separate gangs, to which reference has already been made, as practising a sort of rule of exogamy among themselves, is curious, and may be illustrated by the condition of things which until recently prevailed in the Aligarh District. The Sânsiyas there used to be divided into seven gangs (*gol*), of which the leaders of five, *viz.*, those led by Roshaniya, Harro, Pâncho, Giyâso, and Kallo, were women; and two were led by men, Hariya and Lachiya. The reason that women so often command Sânsiya gangs is because so many of the males are habitually in jail. Of these the gangs of Roshaniya, Harro, Pâncho, Giyâso, and Hariya used to be all one gang, which was known in the Mathura District as the gang of Sewa. His brother Mathura separated from him and formed a separate gang. On Sewa's death his gang broke up into two parts—one called after Teja, nephew of Sewa, and the other after Hulâsi, son of Sewa. When Hulâsi was imprisoned, the gang was called after his wife Bela; and when Teja was also sent to jail, his gang was named after Roshaniya, wife of Belha, son of Sewa; and when Mathura also got into trouble, his wife Pâncho took command of his gang. When the two sons of Harro, widow of Hulâsi, grew up, she started a separate gang of her own, and into this gang was absorbed the gang of Bela. Again, when Teja was released from jail, he formed a separate gang, which was known as that of his wife Giyâso. The gang known as that of Kallu sprang from a Nat woman who formed an amour with a Jât, and had a large family who followed the gypsy life of their mother and finally intermarried with Sânsiyas and became recognised members of the tribe. This gang is still known as Bânswâli, because its foundress used to dance on a bamboo (*bâns*). Finally, the gang known as Lachiya's, who were really Beriyas from Nohkhera in the Etah District, came to Aligarh in recent years and became amalgamated with the regular Sânsiya gangs. All these facts are very significant in considering the question of the origin of the present Hindus. If, as we have good rea-

---

[1] *Notes on Criminal Tribes*, 49.

son to suspect, the same process of amalgamation of castes owing to sexual intrigue and the formation of caves of Adullam, like these existing vagrant tribes, has been going on for ages, the anthropometrical evidence in favour of the practical unity of the existing races ceases to be surprising.

9. That the Sânsiyas are one of the most audacious criminal tribes in the Province is now admitted and formed the justification for the recent stringent proceedings which have been taken against them. In the year 1890, they were all simultaneously arrested; the younger members were removed to a reformatory, and the elders distributed throughout the Province in the hope that they would adopt an honest course of livelihood, an expectation which has certainly not been realised. In the Upper Duâb careful enquiry conclusively proved that they had no other means of livelihood except dakâiti, road robbery, thefts from vehicles, threshing floors and persons sleeping in the fields. In the course of their operations, unlike the Hâbûra or Beriya, they were always ready to commit violence, and have been known to cause serious bodily injury and even death with the heavy bludgeons, which in recent years they had substituted for short clubs which they carried when they first came in contact with our Police, and which soon became an inconvenient means of identifying them and were consequently abandoned. When bent on highway robbery, their usual *modus operandi* was to hide by the side of the road and suddenly attack passengers or the drivers of vehicles with showers of stones. If this failed to compel them to abandon their property, they fell on them with their bludgeons. Another device was to disguise themselves as constables, and in the course of a mock search to rob travellers. They do not usually take the plundered property to their camp for a considerable time, but bury it at a distance. They use the railway freely in going to and returning from the scene of crime. On their journey they do not stay at *sarâis* or other recognised halting-places, but encamp outside a village or town, and, being well dressed, pretend to be Banjâras or merchants. Their operations extend to a very considerable distance, and some few years ago a series of dakâities in the Panjâb was traced to one of the Aligarh gangs.

The Sânsiyas as criminals.

10. They dispose of stolen property through Kalwârs and Sunârs; they will not take it with them to the shop, the intending purchaser has to accompany them to the jungle, and, strange to say, the Sânsiya is usually found very honest in such transactions. If

they take stolen property into their camp, the jewelry is deposited in the hollow legs of their beds, and the clothes hidden as stuffing of quilts, etc. The women sometimes appropriate some of the stolen jewelry for their own use, and when a search is made hide it in a way which cannot be described. Other jewelry is generally at once broken up. On arrest both men and women habitually give false names in order to conceal their identity, and hence the men greatly dread the punishment of flogging, as it marks them; for this reason they generally behave themselves well in jail so as to avoid corporal punishment. They are very averse to incriminating each other; if any of them turn approver, he is tried by the tribal council. The usual penalty is a fine of one hundred rupees for every person he has incriminated, and if he cannot pay the fine they will realize it by seizing his property or even a marriageable daughter. They never dare in such cases to complain to a Magistrate In fact all their disputes are settled by the council, and they are never seen in Court. When a member of a gang is arrested, his companions will provide for his wife and family, and when any stolen property has been acquired, the wife of a man arrested gets her husband's share.

The position of the women.

11. Owing to the constant absences of the men on thieving excursions and in jail, the women have gained a position of unusual influence in the tribe. Many of them, as we have seen, become leaders of gangs. They are, as a rule, affectionate, faithful wives, and the men are very much influenced by their advice. When a party of Police approaches a camp, the women all commence to call out at once *bhîtari ! bhîtari !* "To your tents !" which is the signal for the men to escape. While search is being made, the women will resist to the utmost of their power, and they are in the habit of throwing all sorts of filth over the officers engaged, hence all Police dread the duty of searching a Sânsiya camp. Another plan is to take their babies in their arms and fling them round their heads in the hope that the search will be discontinued to save the lives of the children. They have a thieves' argot very like that of the Hâbûras. Of the corresponding dialect in the Panjâb it has been shown by Dr. Leitner[1] that it is not a real patois, but merely a perversion of Panjâbi according to a regular system. This is also certainly the case with the argot of these Provinces.

---

[1] *Analysis of Abdul Ghafûr's Dictionary*, 17.

12. There seems little doubt that the real vagrant Sânsiya will eat all kinds of meat, vermin and the leavings of almost any tribe except perhaps sweepers. In Aligarh it is reported that they will eat with sweepers when engaged with them in the commission of crime. Those who are beginning to settle down claim, however, a much greater degree of purity and pretend not to eat *kachchi* except from high castes like Brâhmans, Râjputs and Banyas. The vagrant branch of the tribe live under portable reed mats (*sirki*). The men, as a rule, sleep till 9 A. M., sleep again during the day, eat again at 5. P. M. and then spend the night on the prowl. The women help by going about begging and pretending to sell roots and other jungle medicine; they thus obtain entrance into respectable houses and obtain information which is of use to their male relations. They are very fond of dogs and keep a number of them to guard the camp. The camp is usually pitched on one of the high sandy ridges which are such a prominent feature in the landscape of the Upper Duâb. They are no doubt guided in this by sanitary considerations and the sand is a convenient hiding place for property and the meat and hides of stolen animals. They themselves keep numerous bullocks and donkeys which they use for the carriage of their huts and goods, as well as cows and goats for milk; these they habitually let loose in the fields adjoining their camp. Hence the Sânsiya is not by any means a favourite visitor to a respectable village, and they could not wander about with impunity, as they were in the habit of doing, were it not that they were protected by landowners and merchants who shared in their plunder. Every true Sânsiya woman must have her ears bored, and some time ago this fact was used in Court to prove the identity of a kidnapped girl.[1]

Social habits.

Distribution of the Sânsiyas according to the Census of 1891.[2]

Districts.	Hindus.	Muhammadans.	Total.
Sahâranpur	3,043	...	3,043
Muzaffarnagar	71	3	74

[1] *Reports Nizâmat Adâlat; Mussammat Darbo*, 10th April 1852.

[2] This, of course, does not represent the present distribution of the caste since they were brought under the operations of the Criminal Tribes Act.

Distribution of the Sânsiyas according to the Census of 1891—concluded.

Districts.	Hindus.	Muhammadans.	Total.
Meerut	852	...	852
Bulandshahr	36	...	36
Agra	16	...	16
Etâwah	1	...	1
Bijnor	12	...	12
Budâun	5	...	5
Morâdâbâd	26	...	26
Cawnpur	49	...	49
Bânda	5	...	5
Hamîrpur	15	...	15
Tarâi	19	...	19
Lucknow	10	...	10
Kheri	20	...	20
Bahrâich	13	...	13
Sultânpur	91	...	91
Partâbgarh	3	...	3
Total	4,287	3	4,290

Sâraswati.—A tribe of Brâhmans who take their name from the river Sâraswati, the lost river of the Indian desert. It now loses itself in the sands near Bhatner in Rajputâna, and by devout Hindus is supposed to flow underground until it joins the Ganges and Jumna at the sacred confluence of Prayâg at Allahâbâd. One legend accounts for its disappearance in the sand by telling how Mahâdeva, the father of Sâraswati, in his drunken passion attempted to violate her modesty, and she dived under the earth to escape his attack. The river gained its name from Sâraswati, the goddess of learning, under whose auspices the sacred literature of the Hindus assumed shape and authority. This river appears to have been to the early Hindus what the Ganges, which is named only twice in the Veda, became to their descendants.[1]

Tribal organisation.

2. The Sâraswatis, who in these Provinces are found principally in Agra, Mathura, Aligarh and Morâdâbâd, are ranked among the Pancha Gauda and are the chief Brâhmans of the Panjâb proper. Dr. Wilson[2] gives a list of their sections which are said to number no less than four hundred and sixty-nine. Mr. Sherring,[3] on information received from Benares, divides them into four great classes, the Panjâti, who should by their name have five clans; the Ashthans, with eight clans; the Barahi, with twelve clans; and the Bâwanjâti, with fifty-two clans. It has, however, been found quite impossible to secure a complete and consistent account of these *gotras*. As Pandit Râdha Krishna, Dr. Wilson's authority, admitted, such a list could only be prepared by the collation of the registers kept by the Pandas of Hardwâr, Thânesar and Mathura, who keep genealogies of every family of note, any member of which has visited the holy place within the last three or four centuries.

Domestic rites: Birth.

3. After the bride has come to live with her husband the first period of menstruation which occurs is a season of rejoicing. The women of the household and their friends assemble and sing songs of joy; sweetmeats are sent to the houses of friends. On the fourth day when the bride is pure, she is bathed and dressed in her best clothes and jewelry, and in the evening her husband's sister leads her and her husband into a room where they are shut up together for the night. When pregnancy occurs, at the end of the third or fifth month, the tribal deities are worshipped and an offering of sweetmeats made of rice and sugar is made to them, which after dedication are distributed to the friends of the family. At the completion of the seventh or ninth month the same rite is performed on a more extensive scale. When the child is born the *nandi mukh srâddha* for the propitiation of the sainted dead of the household is done. A Chamârin is called in who cuts the umbilical cord, which she buries under the bed on which the mother lies. The mother and child are bathed and the eldest woman of the family plasters with

---

[1] Wilson, *Vishnu Purâna*, *Preface* LXVII; Muir, *Ancient Sanskrit Texts*, V, 338.
[2] *Indian Caste*, II, 124, sqq.
[3] *Hindu Castes*, I, 62, sqq.

cow-dung the place where the cord has been buried and scatters some washed rice over it. Then the friends assemble and each of them gives a pice or two to the Chamârin as a reward for cutting the cord (*nârkatâi*). Songs are sung on this occasion. The baby does not suck its mother's breast for three days after birth; in the interval it drinks cow's or goat's milk. On the fourth day one of the women friends washes the mother's breast and receives a present. Then the child begins to suck. The Chamâr midwife remains in attendance until the fifth day and is then succeeded by the barber's wife, who remains till the twelfth day. On the evening of the sixth day the women assemble and make images of men and women on the wall, which are worshipped by the mother. On that day, for the first time, she eats grain. Up to that time she is given fruit and milk. On the eleventh day she is bathed and puts on fresh clothes and then worships the tribal deities. This rite is done in the family kitchen In the evening she cooks *kachchi* and distributes it to the relatives and friends. After this, under the guidance of the family priest, she worships Ganesa and the Navagraha or nine planets. She sits down with her husband and their garments are knotted together as at the time of marriage. The baby is also dressed in fresh clothes. The mother again bathes on the twentieth, thirtieth and fortieth days, and on these occasions Ganesa is worshipped again with an offering of the *halwa* sweetmeat. This is distributed among the friends of the family. After the fortieth day the birth impurity is finally removed.

Childhood rites.

4. At the sixth month comes the "grain feeding" (*anna, prâsana*). This is done on the eighth or ninth day of the waxing moon. The eldest member of the family takes the child in his or her lap and makes the baby sip a little food, usually rice milk (*khîr*) off a rupee, which becomes the perquisite of the person who feeds him. After a year the rite of "the year knot" (*baras gânth*) is performed. Some *halwa* sweetmeat is cooked in a pot, in which is then placed some red powder (*rori*) and washed rice. A little *halwa* is offered to Ganesa and the rest is distributed to friends. This rite is done on every subsequent birth-day until the fifth. In the third or fifth year the ceremonial shaving (*múnran*) is done in the usual way. The women take the child to a shrine, worship the razor of the barber and the mother takes the child in her lap and gets him shaved. The

kanchhedan, kanbedha or ear piercing is often done at the same time. The child makes an offering to the family god, sweets are distributed and songs are sung.

Marriage rites.

5. The marriage rites are of the usual form. As a rule the bride does not live with her husband until after the *gauna* rite which takes place after one, three, five, or seven years from the marriage. During the first year certain gifts are sent to her from her house on festivals. The technical phrase is *teohâr bhejna*. Thus at the Kajari feast in the month of Sâwan, her husband's friends send her a coloured sheet (*chundari*), some henna (*mehndi*), fine clothes, cards and backgammon (*ganjifa, chausar*), sweetmeats and cakes, cowries and dice, red powder and coloured rice. The bride's family also send some clothes for the mother of the bridegroom. Similar gifts are sent at the Holi.

6. The *gauna* (Sanskrit *gamana* "going") generally takes place in Aghan or Phâlgun. The husband and his friends go to the bride's house and are entertained on choice food in a place (*janwâsa*) arranged for their reception. When the auspicious moment arrives, the bridegroom in his best clothes and with a sword in his hand, possibly a survival of marriage by capture, goes to the house of the bride. In the courtyard a platform is made on which a water jar (*kalas*) and images of Gauri and Ganesa are placed. The garments of the pair are knotted together and in the knot some betel-nut, turmeric, and money are placed. The bridegroom sits in a square (*chauk*) with the bride behind him and Gauri and Ganesa are worshipped. The bride's hand is placed on that of her husband and the Pandit repeats texts. Her mother comes up with a dish containing red powder (*rori*), sweetmeats, and money, and marking his forehead with the powder, puts the sweets and money in the corner of his sheet. The Pandit sprinkles water over the pair with a wisp of *Kusa* grass and the bride and bridegroom go to the *janwâsa*. The barber's wife carries a tray full of large *laddu* sweetmeats. The girl's father stands before the father of the boy and says:—"I place my daughter under your protection. I am to blame in everything. My daughter will serve you." The girl's mother says the same to the boy's mother and both of them accompany this appeal with a money present. Then the bride returns to her father's house and weeps and embraces each of her female relations. She is given a box containing the *sohâg* or paraphernalia of a married woman, sweets, bangles, red lead, etc., which are taken with her by a

woman. Half the dowry is paid in cash by the father of the bride who after blessing the pair dismisses them.

7. When the pair get home they are met at the door by a female servant with a pitcher of water into which they drop some copper coins. The bride's mother-in-law then looks at the bride's face and gives her a present, known as *mukh dikhâi*. The other female friends do the same. Two or three days after the pair worship the Ganges and the family deities and the rite is concluded.

Death ceremonies.

8. The corpses of the boys who have not been invested with the Brâhmanical cord and those of unmarried girls are wrapped in a clean sheet and thrown into a river. No rites are performed for the propitiation of their ghosts. The adult dead are cremated in the usual way. The younger brother usually fires the pyre of his elder brother; or this duty is performed by the father, which is the greatest misfortune which can befall him. The only difference between the customs of the Sâraswata and Sarwariya Brâhmans in this respect is that the former feed Brâhmans (*brahm bhoj*) on the seventeenth and the latter on the thirteenth day after death. It is also peculiar to them that when an old man dies they make rejoicings. The head of the corpse is smeared with red powder and sprinkled with red water. It is carried to the cremation ground to the sound of music, and from the date of death up to the tenth day the women sing, and sweetmeats and betel are distributed. For a year after on the day of death a Brâhman is fed.

The Shenavis of Bombay.

9. In Bombay the Sâraswati Brâhmans are known as Shenavi, which seems to be a corruption of Chhiânavê as they are supposed to have ninety-six sections. "In Gujarât, besides acting as family priests, they follow many callings, reading holy books, drawing horoscopes, teaching private schools, trading, and serving as accountants, soldiers and constables. Once the holders of high offices, they have long lost their special position, and are now degraded, eating with and serving as the family priests of Kshatriyas, Lohânas, and Bhansâlis, whom they say they saved from Parasurâma's persecutions. In religion Saivas and goddess worshippers, (their chief deities being Ambika, Asapurna, Bhawâni, Kumâri, and Mahâlakshmi) their family deity is Sâraswati, whose chief place of worship is on the river of the same name. Not careful to keep the ordinary Brâhman rules, they allow widow marriage, and freely

travel across the seas to collect payments for their patrons, Cutch Vânya traders settled in Mozambique and Africa.[1]

"Dr. Wilson says that they are Shukla Yajurvedis. In using animal food they abstain from that of the cow and tame fowls; but eat sheep, goats, deer, wild birds of most species, and fish killed for them by others. They also eat onions and other vegetables forbidden in the Smritis. They are generally inattentive to sectarian marks. They dress like the Hindu merchants and Amîns of Sindh, though using white turbans. They shave the crowns of their heads, but have two tufts of hair above their ears. Their physiognomy is supposed by some to be not so distinctly of the Aryan type as that of other Brâhmans. They are partial to the Gurmukhi written character used in the Panjâb."

10. In these Provinces they are the special family priests of the Khatris. They have in recent times commenced to intermarry with the Gaur.

Distribution of Sâraswati Brâhmans according to the Census of 1891.

Districts.	Number.	Districts.	Number.
Debra Dûn	8,261	Bijnor	714
Sahâranpur	1,278	Budâun	1,623
Muzaffarnagar	500	Morâdâbâd	3,901
Meerut	2,461	Shâhjahânpur	271
Bulandshahr	1,016	Pilibhît	89
Aligarh	8,136	Cawnpur	615
Mathura	7,419	Fatehpur	52
Agra	2,943	Bânda	31
Farrukhâbâd	386	Hamîrpur	20
Etâwah	290	Allahâbâd	259
Etah	230	Jhânsi	337
Bareilly	1,239	Jâlaun	22

[1] *Bombay Gazetteer*, V, 43.

Distribution of Saraswati Bráhmans according to the Census of 1891 —concluded.

Districts.	Number.	Districts.	Number.
Lalitpur . . .	10	Sîtapur . . .	174
Benares . . .	2,586	Hardoi . . .	172
Jaunpur . . .	32	Kheri	124
Ghâzipur . . .	48	Faizâbâd . . .	306
Gorakhpur . . .	33	Gonda . . .	23
Kumaun . . .	1	Bahrâich . . .	150
Garhwâl . . .	26	Sultânpur . . .	16
Tarâi	102	Partâbgarh . . .	6
Lucknow . . .	1,069	Bârabanki . . .	46
Unâo	317		
Râê Bareli . . .	55	Total .	47,389

Sarbhangi.—An order of Hindu ascetics who are said to take their name from their complete isolation (*sarva-bhanga*) from all others. There seems to be little or nothing to distinguish them from the ordinary Bairâgi.

Distribution of the Sarbhangis according to the Census of 1891.

Districts.	Number.	Districts.	Number.
Muzaffarnagar . .	29	Lucknow . . .	5
Shâhjahânpur . .	1	Sîtapur . . .	1
Pilibhît . . .	1	Kheri . . .	3
Fatehpur . . .	1	Bahrâich . . .	2
Hamîrpur . . .	4		
Jhânsi . . .	9	Total .	56

Males . 44
Females . 12

Sarpakariya.—A Râjput sept found in Azamgarh who say they are descended from a serpent (*sarpa*). Some of them are Chhatris and some Bhuînhârs. They are of low standing among Râjputs, but rank high among Bhuînhârs.[1]

Sarwariya.—A division of the Kanaujiya Brâhmans, who take their name from living beyond the river Sarju (*Sarjupâr, Sarayu-pâra*). They say themselves that they settled on the east of the river Sarju in the time of Râja Aja, grand-father of Râma. Mr. Risley[2] gives from Bihâr a legend of their origin which as he says "throws light upon the part which misunderstood tradition may play in the growth of popular tradition. Once upon a time there were two brothers, Kanha and Kubja; they lived in Kanauj, and their descendants were called Kanaujiya Brâhmans. Now Râm Chandra, King of Ajudhya, wished to perform the great sacrifice of a horse, and sent for the Kanaujiya Brâhmans to help him. When they were starting, their father made them promise not to take any present for what they were going to do. But it seems that the sacrifice was of no effect unless the Brâhmans were duly rewarded. The Râja knew this, and caused diamonds to be hidden in the packets of betel which he gave to the Brâhmans. When they got home their father asked them if they had taken any presents, and they said they had not. But when the packets of betel were opened the diamonds were found, and these Brâhmans were at once turned out of their caste, so they went back to the king, ready to curse him for his treachery. But he appeased them with smooth words and with grants of land to dwell on, and the grants were made in this way. The king shot an arrow as far as he could, and the place where it fell was the boundary of the land. Now the name of an arrow is *sar* so these Brâhmans were called Sarwariya."

Tribal organisation.

2. The Sarwariya Brâhmans have the usual Brâhmanic organisation of sections (*gotra*) and local groups (*dih*); there are two superior sections in these Provinces:—

1. Garga *gotra*, called Sukla with the following groups (*dih*): Mâmkhor, Mehra, Bhenri, Bakrua, Kanail, Majhganwa.

---

[1] *Settlement Report*, 29.

[2] *Tribes and Castes*, I, 157.

2. Gautama *gotra* ; title Tivâri ; sections Sarya, Sohgaura, Dhatura, Deoriya, Sirjam, Chetiya. The last are properly speaking Tivâris of Burhiya Bâri, of Gorakhpur. Below these are thirteen inferior sections:—

1. Vatsya *gotra* ; title Misra ; *dih* Payâsi.
2. Vatsya ; title Dûbê ; *dih* Samadari, Sarari.
3. Kasyapa ; title Dûbê ; *dih* Brihatgrâma.
4. Kasyapa ; title Misra ; *dih* Dharmpura.
5. Gautama ; title Gurdaban Dûbê ; *dih* Kanchani.
6. Savarna ; title Pânrê, Panreya ; *dih* Itiya.
7. Savarna ; title Pânrê, Panreya ; *dih* Itâri.
8. Kasyapa ; title Pânrê ; *dih* Triphala.
9. Gard Mukha Sandilya ; title Tivâri ; *dih* Pinri, Nadâwali, Târa, Majauna.
10. Vatsya ; title Pânrê ; *dih* Nâga Chauri.
11. Vatsya ; title Misra ; *dih* Ratanmâla.
12. Vatsya ; title Tivâri ; *dih* Pâla.
13. Kasyapa ; title Misra ; *dih* Rârhi.

In addition to the above there are some whose claim to rank among the higher Sarwariya Brâhmans is not fully accepted. Such are the Parwa Dûbê of Kantit, the Pâthak of Sonaura, the Tiwâri of Bhargo, the Ojha of Karaili, the Pânrê of Thokawa, the Upâdhyâya of Khoriya, the Chaubê of Nepura, the Dûbê of Latihai. These Brâhmans, however, intermarry with the higher grade Sarwariya.

The Pantiha and Tutaha.

3. Sarwariya Brâhmans pay much regard to their *pânti* or rank which now hardly means anything more than a certain amount of prejudice in the matter of eating and drinking only with persons of equal or superior rank. The Pantiha Brâhmans will not eat *pakki* cooked by Kshatriyas ; on the other hand those who are not Pantiha will eat *pakki* cooked by Kshatriyas whose lineage is undoubted. Pantiha Brâhmans will not allow their women to use the flour mill or rice pounder, and would rather die than get the work of preparing the grain done by their women. But the number of Pantihas is said now to be so rapidly diminishing that they find it difficult to marry without violating the prohibited degrees. All have fallen into the lower grade known as Tutaha or "broken," with a few exceptions. If a Pantiha marries the daughter of a Tutaha he falls into the status of the latter. Pantihas at present belong only to the higher sections, those of Garga, Gautama and Sandilya. These

three of the highest grade are exogamous and so are the thirteen lower divisions; but a kind of hypergamy prevails, and while the higher three divisions give daughters to the lower, they do not take brides from them. The Pantihas of the lower grades exchange brides indiscriminately. But there is a constant effort to rise in the social scale on the part of those of inferior grade by contracting marriage alliances with those of higher status. When a man emigrates he takes his *dih* with him and the area of the group is thus constantly extending.

Domestic rites: Birth.

4. When a woman is five months gone in pregnancy she invites her mother-in-law and entertains her on cakes, sweetmeats and milk. Five Brâhmans are also fed at the same time. The woman gives her mother-in-law a present of a sheet (*sâri*), petticoat (*lahnga*) and boddice (*choliya*), accompanied with a present in cash varying with the wealth of the family. If her father-in-law be alive she gives the garments suitable to a married woman; if he be dead, only two white sheets are presented. Up to the eighth month of her pregnancy the expectant mother wears a blue sheet as a protective against the Evil Eye. At the end of the eighth month eight sweet cakes (*pua*) are sent to the houses of each of the near relations. From that day the woman gives up wearing her blue garment, and the mother lays her head at the feet of her mother-in-law and makes her a present of two rupees, known as *pânw lagâi*.

5. When the baby is born, if it be a boy, the *nandi-mukh srâddha* is done as described in the case of other Brâhmans. The father, after this ancestor worship is over, binds the umbilical cord with his Brâhmanical thread and buries it in the confinement room. A fire is kept burning over it for six days; during this time whoever wishes to enter the confinement room washes his feet and then dries them by holding them over fire. This repels the evil spirits which may have accompanied him from outside. This also keeps off the dreaded demon Jamhua, which represents the infantile lockjaw resulting from the cutting of the cord with a blunt instrument and the neglect of sanitary precautions. On the sixth day the mother bathes at an auspicious moment selected by the Purohit. She bathes again on the tenth and twelfth day and then acquires a sufficient degree of purity to allow her to be touched by her relatives. But she cannot touch the drinking water of the family, or cook for them. On the day the child is born the mother-

in-law puts in an earthen pot the seeds of the Embelia ribes (*bâé birang*) and water, and in another *nîm* leaves and water. The former is drunk by the mother and she uses the second for bathing. On the third day the mother-in-law grinds some pepper (*pîpar*) and gets two rupees as a present. On the sixth day the mother dyes seven or nine sheets with turmeric; one is given to the Chamârin, Nâin, and Bârin, and the rest to the wives of Brâhmans. The Pandit who prepares the horoscope is also rewarded and a sheet is given to the Dhobin who washes the clothes used at the delivery. People of other castes will not drink water at the house of a man whose wife has been delivered for twelve days. On the twelfth day the house is cleaned, the old earthen vessels replaced and the birth impurity is removed.

6. When the baby is a month old it is bathed and a piece of red thread tied as an amulet round the wrists, feet, waist, and neck. Each thread has seven tassels, three yellow and four red. These threads are changed every month up to the sixth month when they are replaced by ornaments of gold or silver which are also regarded as protectives against demoniacal influence. The ornaments for a child consist of bangles (*kara*) on the wrist and feet, a waist chain (*kardhani*), and a necklace (*humel, kahula*) to which are attached seven charms (*yantra*). Then the child is dressed in a coat and cap and the *anna-prâsana* rite or "feeding with grain" is performed as elsewhere described. At the first birthday what is known as the *varsha karm* is done. The child is made to drink a mixture of milk and sesamum which is first offered to the tribal goddess.

7. After the third year the ceremonial shaving (*mûnran*) is done.

The shaving.

For three days before the rite the women sing, a small silver razor is made costing a rupee and a quarter. The child is rubbed with the condiment known as *ubtan* during this time. On the third day the barber touches the child's head with the silver razor and then shaves the head with his own razor. The mother holds the child in her lap and receives the hair as it falls on a broad wheaten cake. She preserves the hair till she has occasion to go to Prayâg when she lets it float away in the sacred junction (*Triveni*) of the rivers. With the hair ten copper coins are also thrown into the stream. At the fifth year the ear-piercing (*kanchhedan*) is done at some favourite shrine.

8. The marriage and death rites are of the usual type as elsewhere described.

Other domestic rites.

9. Of the Sarwariya Brâhmans of Gorakhpur Dr. Buchanan[1] writes :—" The Sarwariya Brâhmans, and all the sacred order here imitate their example, do not eat rice cleaned by boiling, that is purchased in the market. What is cleaned without boiling may be anywhere purchased ; yet the distinction is very slight, for the Brâhman women never clean the rice themselves, and low women are employed to boil the rice before it is cleaned. The conscience is saved by this operation being performed in the Brâhman's house, and by the water used being drawn and carried home in his vessels, for this is done by the low women employed to clean the grain. The Brâhmans here in general decline to eat parched grain purchased from a shop, and sweetmeats consisting of grain and sugar fried in oil they altogether reject ; but they use the confections made of sugar and curds, and they carry grain to the parchers' shop, who prepare it before them, and this they eat without scruple. They never eat either of these refreshments without purifying the place on which they sit with cow-dung and water ; a ceremony which elsewhere is only considered necessary at regular meals. They eat goat's flesh both when sacrificed and when killed on purpose, but will not purchase a joint from the shop of a professed butcher. They also eat deer, porcupines and hares, partridges, quails, pigeons, turtle doves, and wild ducks of several kinds.

Social customs.

" It is admitted that according to the written law they might eat wild hog, lizards, turtles and wild pullets, but anyone who presumed to do so would infallibly lose caste. Two or three Pandits are shrewdly suspected of drinking in the worship of the goddess, but they keep it as secret as possible, as, if clearly proven, they would undoubtedly lose caste. The Brâhmans and all the women, except of the lowest dregs of impurity, never smoke tobacco except as a medicine ; but for this restraint they make up by chewing. Brâhmans may without loss of caste intoxicate themselves with hemp ; but it is only used to any considerable extent by those who have abandoned the pleasures of the world for a religious life."

---

[1] *Eastern India*, II, 472.

Distribution of Sarwariya Brâhmans according to the Census of 1891.

DISTRICTS.	Number.	DISTRICTS.	Number.
Dehra Dûn . . .	219	Pilibhît . . .	355
Sahâranpur . . .	273	Cawnpur . . .	835
Muzaffarnagar . .	108	Fatehpur . . .	6,436
Meerut . . .	255	Bânda . . .	57,392
Bulandshahr . . .	38	Hamîrpur . . .	237
Aligarh . . .	615	Allahâbâd . . .	177,975
Mathura . . .	200	Jhânsi . . .	251
Agra	111	Jâlaun . . .	28
Farrukhâbâd . . .	807	Lalitpur . . .	64
Mainpuri . . .	239	Benares . . .	77,196
Etâwah . . .	104	Mirzapur . . .	152,341
Etah	98	Jaunpur . . .	146,345
Bareilly . . .	235	Ghâzipur . . .	29,936
Bijnor	120	Ballia . . .	12,630
Budâun . . .	73	Gorakhpur . . .	241,791
Morâdâbâd . . .	79	Basti	185,086
Shâhjahânpur . .	218	Azamgarh . . .	103,728

Distribution of Sarwariya Brâhmans according to the Census of 1891 —concluded.

DISTRICTS.	Number.	DISTRICTS.	Number.
Tarâi	17	Faizâbâd . . .	194,937
Lucknow . . .	1,932	Gonda . . .	197,993
Unâo . .	303	Bahrâich . . .	41,322
Râê Bareli . . .	23,144	Sultânpur . . .	155,534
Sîtapur . . .	636	Partâbgarh . . .	123,039
Hardoi . . .	527	Bârabanki . . .	18,565
Kheri . . .	474	TOTAL .	1,909,277

Satnâmi.[1]—A Hindu religious order who take their name from their invocation of Satyanâma, "The God of truth." There are at least two classes of people called by the same name.

2. There is first, the sect founded by Jag-Jîwan Dâs of Sardaha in the Bârabanki District, who was born in 1682 A.D. He was a Chandel Thâkur, and his chief disciples were Gusâîn Dâs, an Upâdhya Brâhman, Devi Dâs, a Chamar Gaur Thâkur, Dulam Dâs, a Sombansi Thâkur and Kheni Dâs, a Tiwâri Brâhman. He established some connection with Islâm; and two of his disciples were of that creed. They profess to adore the True Name alone, the one God, the Cause and Creator of all things, void of sensible qualities (*nirguna*), without beginning or end. They borrow, however, their notions of creation from the Vedânta philosophy, or rather from the modified form in which it is adapted to vulgar apprehension; worldly existence is illusion or the work of Mâya, the primitive

[1] *Indian Antiquary*, VIII. 289 sqq.; *Oudh Gazetteer*, I, 362; Wilson, *Essays*, I, 356; *Central Provinces Gazetteer*, 412.

character of Bhawâni, the consort of Siva. They recognise, accordingly, the whole Hindu pantheon, and although they profess to worship but one God, pay reverence to what they consider manifestations of his nature visible in the Avatâras, particularly Râma and Krishna. Their moral code is much the same as that of all Hindu ascetics, and enjoins indifference to the world, its pleasures and its pains; devotion to the spiritual guide; clemency and gentleness; rigid adherence to truth; the discharge of all ordinary social or religious obligations, and the hope of final absorption into the One Spirit with all things. There is thus but little difference between them and some of the Vaishnava sectaries. The sacred book of the sect is the Aghavinsa or "Sin remover." The Bâba died at Kotwa, five miles from Sardaha in 1761 A.D. Meat, *masûr* pulse and intoxicating liquors are prohibited, as well as the egg-plant (*baingan*) at least locally. The story goes that Râja Devi Bakhsh, late Ta'aluqdâr of Gonda, married in the family of the high priest, and on the occasion of his marriage he was entertained as a guest with his whole suite. But he declined their hospitality unless served with flesh. The Satnâmis at last prepared a curry of *baingan*, pronounced a prayer upon it, and when served out, it was found to be flesh. From thenceforth the Satnâmis renounced the eating of *baingan* as a thing convertible into meat. Smoking seems to be allowed.

3. Caste distinctions are not lost by profession. On the contrary its professors seem to be careful not to interfere with caste prejudice and family customs. Fasts are kept, at least to a partial extent on Tuesday, the day of Hanumân, and on Sunday, the day of the Sun. A good deal of liberality is shown towards local superstitions. Incense is weekly burnt to Hanumân under the title of Mahâbîr, whilst Râma Chandra seems to come in for a share of adoration. The water in which the Guru's feet have been washed is drunk only when the Guru is of equal or higher caste than the disciple. Satnâmis seem regularly to observe the festivals of their Hindu brethren. Their distinctive mark is the *andu*, or black and white twisted thread worn on the right wrist. The full-blown Mahant wears an *andu* on each wrist and each ankle. Their caste mark (*tilak*) is a black, perpendicular streak. The bodies of the dead are buried, not cremated. Marriage customs are those of the family to which the Satnâmi belongs.

4. The other class, known by the name of Satnâmi, are the Râê Dâsi Chamârs of parts of the Central Provinces. The creed preached by Râê Dâs seems to have been very similar to that of Ghâsi Dâs, the celebrated Satnâmi teacher, who started the revival among the Chamârs some seventy years ago. This seems hardly to have reached these Provinces.

Distribution of the Satnâmis according to the Census of 1891.

Districts.	Number.	Districts.	Number.
Muzaffarnagar . .	109	Moradâbâd	2
Meerut	2	Pilibhît . . .	21
Bulandshahr . . .	54	Mirzapur . . .	6
Farrukhâbâd . . .	1	Ghâzipur . . .	25
Mainpuri . . .	3	Faizabad . . .	26
Etah	1		
Bareilly	332	Total .	583

Saun—A tribe recorded at last Census to the number of 1 in Morâdâbâd and 256 in the Tarâi. They represent in the hills the Kurmi of the plains and will do any kind of labourer's work except carrying palanquins. Their principal occupation is mining, and the reason they give for not carrying litters is that all castes will not drink water from their hands, though drinking it from the hand of the Kahâr.[1] In the Tarâi they show 63 sections. They claim to be a branch of the Khasiya Râjputs. They do not appear to be regularly domiciled in the Tarâi, but come in the cold weather for work and return in the hot season.

Sayyid; Sayyad—(said to be derived from *sûd*, "increase, gain") one of the four chief divisions of Muhammadans. They call themselves the descendants of the famous martyrs Hasan and Husain, the sons of Ali the fourth Khalif, and Fâtima the daughter of the Prophet. How many of these are true Sayyids it is impossible to say. Many of them came with the early Muhammadan invaders and asserted some priestly pretensions which were in many

[1] Atkinson, *Himalayan Gazetteer*, III, 451.

cases rewarded by gifts of revenue-free land which their descendants still enjoy. Many of these now recorded as Sayyids have no real claim to the title. The common proverb quoted in the article on the Shaikhs says: "Last year I was a butcher, this year I am a Shaikh; next year if prices rise, I shall become a Sayyid." According to Mr. Ibbetson[1] the apostles who converted the Pathâns to Islâm were called Sayyids if they came from the West and Shaikhs if from the East. The characteristic qualities of a Sayyid as described by Farishta on the occasion of his dissipating the doubt whether Khizr Khân, the protégé of Taimûr, was really a Sayyid, were modesty, politeness, hospitality, compassion, charity, learning and bravery; but it is needless to say that few of the modern Sayyids reach this high ideal.

Tribal organisation.

2. The tribal organisation of the Sayyids is confusing because some of the divisions take their name from an eponymous ancestor and some are merely territorial. At the last Census they were enumerated in a large number of divisions—Abbâsi, which is also one of the Shaikh subdivisions and takes its name from Abbâs, the paternal uncle of the Prophet; Abidi, "worshippers of God;" Bani Fâtima, the descendants of Fâtima, the daughter of the Prophet. She married Ali the cousin of Muhammad and was the mother of the martyrs Hasan and Husain from whom the Sayyids generally are said to be sprung; Baqri (*baqar*, "an ox") Bâghdâdi, "residents of Bâghdâd"; Bukhâri, "residents of Bukhâra"; Chishti, followers of the Saint Salîm Chisti of Fatehpur Sikri; Hâshimi, also a Shaikh division, named after Hâshim, the great grandfather of the Prophet; Hasani, from the martyr Hasan; Hasani-ul-Husaini, from the two martyr brethren; Husaini from Husain; Ja'fari, also a Shaikh division, who take their name from Ja'far, one of the Imâms; Jalâli possibly from Al-Jalâl, a term used by the Sûfi mystics to express that state of the Almighty which places him beyond the understanding of His creatures; Qâdiriya, which is the name of a special sect who deny absolute predestination and believe in the power (*qadr*) of man's free-will; Kâzimi (*Kâzim*, "the restrainer of anger"); Naqwi; Pîrzâda, "descendants of some saint;" Riswi; Sabzawâri from Sabzwâr one of the chief cities of the Persian Province

[1] *Panjâb Ethnography*, para. 515.

Khurasân, between Mashad and the Caspian sea; Siddîqi, from As-Siddîq, "he who speaks the truth," a title given by the Prophet to the first Khalîf Abu Bakr; Taqwi, "the abstinent." Tirmîzi, residents of a place called Tirmîz in Persia; Ulwi or Ālawiya, who believe the Khalîf Ali to have been a prophet; Uskari and Zaidi.

3. Abul Fazl, Sayyid, of Wâsit in Irâq, is the ancestor of most of the renowned Muhammadan families in Upper India—the Bârha and Bilgrâmi Sayyids, and in Khairâbad, Fatehpur Haswa and many other places branches of the same stem are found. Sayyid Muhammad, the fourth in descent from him, was the ancestor of the Bilgrâm family.[1]

4. The Sayyids of Jais in Râê Bareli are another famous Oudh family who are said to have been settled since the thirteenth century. They are well known for learning and the Mujtahids of Lucknow, literally "one who strives" to attain a high position of scholarship and learning, the highest degree among Muhammadan divines, belong to the family. The Bilgrâm Sayyids are also famous for having produced many poets and learned men. They claim to have invaded Oudh in the time of Shamsuddîn and to have founded Bilgrâm on the site of a city named Srinagar.[2]

5. But perhaps more famous are the Sayyids of Bârha[3]; Sadat-i Bârha. They claim descent from Fâtima the daughter of the Prophet, and by one account came into these Provinces with Mahmûd of Ghazni. Their head-quarters are in the Muzaffarnagar District and a few colonies of them are found in Amroha of Morâdâbâd and Sikandra of the Allahâbâd District. There are various theories as to the origin of the name. Some say that, scandalised by the debaucheries of the Mîna Bâzâr of Delhi, which they considered unsuited to their sacred character, they obtained leave to reside outside (*bâhar*) of the town; others that it was the chief town of twelve (*bârah*) which belong to the clan. As Professor Blochmann remarks, whether the derivation from the Hindi numeral *bârah* be correct or not, there is no doubt that the etymology was believed to be correct in the time of Akbar and Jahângîr; for both the Tabaqât and the Tuzuk derive the name from the twelve

---

[1] *Hardoi Settlement Report*, 63; Elliot, *Chronicles of Unâo*, 93.

[2] Williams, *Oudh Census Report*, 74.

[3] Elliot, *Supplemental Glossary*; S. V. Blochmann, *Aîn-i-Akbari*, I, 390; *Census Report*, 1865; *N. W. P.*, I, 6, *Appendix*; Ibbetson, *Panjâb Ethnography*, para. 515.

villages in the Duâb of Muzaffarnagar, which the Sayyids held. Like the Sayyids of Bilgrâm, the Bârha family trace their origin to Sayyid Abul Farah of Wâsit; "but their *nasabnâma* or genealogical tree was sneered at, and even Jahângîr in the above-quoted passage from the Tuzuk, says that the personal courage of the Sayyids of Bârha, but nothing else, was the best proof that they were Sayyids. But they clung so firmly to this distinction, that some of them even placed the title of Sayyid before the titles which they received from the Mughul Emperors, as Sayyid Khân Jahân (Sayyid Abul Muzaffar) and others. But if their claim to be Sayyids was not firmly established, their bravery and valour has become a by-word. Their place in battle was the van (*hurâwal*), they claimed to be the leaders of the onset, and every Emperor from the time of Akbar gladly availed himself of the prestige of their name. They delighted in looking on themselves as Hindustânis. Their military fame completely threw to the background the renown of the Sayyids of Amroha, of Mânikpur, the Khânzâdas of Mewât, and even families of royal blood as the Safawais."

6. They are divided into four branches—the Tihanpuri with Jânsath in the Muzaffarnagar District as their chief town; the Chatbanûri or Châtrauri of Sambalhara; the Kûndliwâl of Majhara and the Jagneri of Bidauli on the Jumna. Of these, the Muhammadan historians mention only the Kûndliwâl and the Tihanpuri. Besides these divisions they have private marks of recognition which they say have been very successful in excluding impostors from the tribe. Particular families have a sort of totemistic designations, such as "dog," "ass," "sweepers," etc., which are said to be derived from the menial offices which some of the Sayyids of this family are reported to have performed for the Emperor Humâyun when reduced to extremities in his flight from Shîr Shâh. As Sir H. M. Elliot remarks: "the improbability of men assuming such humiliating designations without a good cause, gives some colour to the story; particularly when we learn the devotion of the Emperor's attendants, which is so amusingly described by his right reverential Aftâlchi, Jauhar, in the Tazkirat-ul-Vikaya."

7. "The histories of India," writes Professor Blochmann, "do not appear to make mention of the Sayyids of Bârha before the times of Akbar; but they must have held posts of some importance under the Sûrs, because the arrival of Sayyid Mahmûd in Akbar's

camp is recorded by all historians as an event of importance. He and other Sayyids were, moreover, at once appointed to high *mansabs.* The family boasts also traditionally of services rendered to Humâyun; but this is at variance with Abul Fazl's statement that Sayyid Mahmûd was the first who served under a Timuride. The political importance of the Sayyids declined from the time of Muhammad Shâh (1131 to 1161) who deposed the brothers Sayyid Abdullah Khân, and Sayyid Husain Ali Khân, in whom the family reached the greatest height of their power. What a difference between the rustic and loyal Sayyid Mahmûd under Akbar, and the above two brothers, who made four Timurides Emperors, dethroned and killed two and blinded and imprisoned three. They made Farrukh Siyar, Rafi'uddarajât, Rafi'uddaula, and Muhammad Shâh Emperors; they dethroned and killed Jahândâr Shâh and Farrukh Siyar, whom they had moreover blinded; and they blinded and imprisoned Princes A'azzuddîn, Ali Tabâr, and Humâyun Bakht."

Distribution of the Sayyids

Districts.	Abbâsi.	Abidi.	Bani Fâtima.	Baqri.	Bâghdâdi.	Bukhâri.	Chishti.	Hashimi.	Husani.	Hasan-ul-Husaini.	Husaini.	Jâfri.
Dehra Dûn .	...	29	...	...	...	47	...	...	...	...	177	...
Sahâranpur .	3	4	2	2	3	1,598	...	271	...	...	1,899	58
Muzaffarnagar .	8	19	9	44	...	97	7	17	...	1	2,619	110
Meerut . .	8	17	8	9	12	902	...	8	...	22	1,883	306
Bulandshahr .	15	4	19	...	62	928	174	2	...	...	759	34
Aligarh . .	...	...	...	1	47	494	1	4	...	...	1,725	185
Mathura . .	3	3	...	...	...	120	...	4	...	...	240	66
Agra . .	54	126	18	2	4	111	16	40	...	...	1,056	278
Farrukhâbâd .	6	37	18	13	7	613	...	...	...	2	489	31
Mainpuri . .	1	...	...	...	...	17	146	33	...	...	188	156
Etâwah . .	14	19	8	2	7	19	...	...	...	21	169	38
Etah . .	1	33	2	...	7	178	...	1	...	...	762	28
Bareilly . .	203	14	66	...	256	1,392	105	82	...	9	2,273	113
Bijnor . .	...	...	...	...	...	715	2,273	100	...	...	1,948	32
Budâun . .	...	27	...	17	2	128	...	47	...	...	849	111
Morâdâbâd .	...	259	15	230	12	83	...	4	...	...	10,607	153
Shâhjahânpur .	...	1	...	...	21	501	28	16	...	656	710	36
Pilibhit . .	12	55	11	...	17	215	39	5	278	2	...	12
Cawnpur . .	40	205	1	4	2	312	...	36	...	14	827	420
Fatehpur . .	22	104	33	5	6	39	...	...	...	73	543	108
Bânda . .	19	75	16	4	1	59	...	9	...	...	9	50
Hamirpur. .	5	50	3	1	14	46	...	82	...	26	240	38
Allahâbâd . .	42	289	7	1	13	137	9	104	...	26	1,491	362
Jhansi . .	54	...	...	...	31	31	26	...	...	...	113	16
Jâlaun . .	...	...	...	...	3	8	75	20	...	...	51	12
Lalitpur . .	...	...	...	...	...	10	...	...	...	...	14	10
Benares . .	3	158	...	40	...	3	...	...	...	...	609	265
Mirzapur . .	1	...	...	...	...	...	...	34	...	...	495	90
Jaunpur . .	...	...	...	...	...	14	...	122	...	...	1,048	281
Ghâzipur . .	7	...	...	...	7	13	...	...	...	...	874	32
Ballia . .	29	...	...	...	...	17	...	152	...	...	151	...
Gorakhpur .	1	231	31	1	...	72	4	...	...	7	474	49
Basti . .	...	67	71	...	771	11	...	...	...	...	1,304	9
Azamgarh. .	37	56	6	1	...	12	...	20	...	...	2,123	222
Kumâun . .	...	...	...	...	...	...	...	...	...	...	...	...
Garhwâl . .	...	...	...	...	...	...	...	...	...	...	...	...

according to the Census of 1891.

Jalâli.	Qâdiriya.	Kuzaimi.	Naqwi.	Pîrzâda.	Qizwi.	Sabzwâri.	Siddiqi.	Taqwi.	Tirmizi.	Ulwi.	Askari.	Zaidi.	Others.	TOTAL.
2	...	4	...	56	7	7	10	...	...	...	...	...	292	631
19	125	160	47	8	150	180	6	...	658	78	15	127	1,133	6,646
5	107	766	108	35	46	302	25	...	234	110	95	5,236	2,659	12,659
80	57	296	...	...	2,801	220	...	41	51	37	...	500	2,798	10,056
2	9	8	633	...	1,430	29	29	915	14	23	...	57	727	5,873
...	28	4	...	103	294	79	10	35	...	88	...	...	1,492	4,595
4	...	...	138	...	213	...	20	...	19	...	...	18	1,381	2,229
122	20	32	7	...	890	...	71	54	13	59	2	12	3,307	6,294
68	2	51	4	55	255	...	43	493	582	414	67	106	2,744	6,100
61	1	75	...	28	346	10	165	75	1	67	...	25	2,517	2,912
2	11	36	107	...	224	...	...	...	3	43	...	...	1,805	2,528
3	4	4	26	14	55	18	23	...	5	17	8	50	1,383	2,622
557	5	10	...	...	178	70	...	...	2	...	46	1,037	2,184	8,602
19	...	1	...	11	344	238	...	345	476	1	...	3,342	2,162	12,007
122	...	1	119	...	117	62	...	...	...	...	...	25	1,877	3,504
201	14	54	2,313	...	909	10	...	...	20	49	...	523	2,327	17,783
106	43	15	...	9	134	...	...	20	163	16	...	...	1,324	3,799
137	...	17	...	...	2	9	3	29	41	1	...	73	957	1,915
...	63	64	10	18	1,039	...	110	83	57	60	3	53	3,456	6,927
54	21	39	264	...	430	102	...	715	31	95	5	368	1,969	5,026
26	24	28	118	...	483	4	42	...	8	8	...	47	1,177	2,597
640	12	61	13	...	72	...	39	...	...	17	...	28	1,096	2,483
156	...	546	...	31	4,141	230	42	1,152	12	190	1	394	4,131	13,507
20	21	10	...	...	88	...	33	32	39	5	...	87	1,085	1,691
3	22	26	...	...	85	5	24	28	15	24	...	17	1,093	1,511
1	2	...	..	...	36	4	11	4	6	1	...	...	268	367
...	...	56	...	...	429	...	...	...	...	26	...	...	1,334	2,973
...	...	35	...	...	229	...	...	...	...	...	...	...	1,325	2,209
4	...	58	...	...	1,005	2	40	...	...	142	96	561	1,445	4,818
6	...	284	...	...	336	216	23	22	271	24	...	189	976	3,280
...	...	...	...	...	122	...	1	...	...	...	...	...	279	751
13	4	73	...	1	131	1	1	15	5	24	...	17	2,178	3,333
...	31	...	...	...	1,314	...	...	51	...	14	...	...	2,647	6,290
7	...	334	...	3	940	19	...	...	137	629	137	473	1,680	6,836
...	...	...	...	...	...	...	...	...	...	...	...	...	36	36
...	...	...	...	...	...	...	...	...	...	...	...	...	41	41

Distribution of the Sayyids according

DISTRICTS.	Abbâsi.	Abidi.	Baui Fâtima.	Baqri.	Bâghdâdi.	Bukhâri.	Chishti.	Hashimi.	Husani.	Hasan-ul-Husaini.	Husaini.	Jáfri.
Tarâi . .	...	...	31	...	...	177	...	...	...	...	121	...
Lucknow . .	4	1,909	17	121	...	58	...	94	...	170	1,507	379
Unâo . .	...	...	3	29	...	41	...	66	...	112	169	119
Râê Bareli .	...	73	58	...	...	5	1	6	...	132	261	228
Sîtapur . .	1	148	1	3	...	89	119	39	...	13	98	67
Hardoi . .	5	32	...	...	...	156	...	...	...	3	510	70
Kheri . .	...	54	1	...	...	84	...	19	...	...	211	131
Faizâbâd . .	4	103	11	...	...	1	...	73	...	...	1,148	53
Gonda . .	...	70	99	...	...	...	...	...	...	...	160	68
Bahrâich . .	2	102	18	47	19	11	40	27	...	...	230	175
Sultânpur .	...	141	77	...	56	25	...	9	...	...	565	47
Partâbgarh .	121	4	13	...	...	45	...	9	...	3	40	63
Bârabanki .	...	...	18	39	77	71	...	...	...	...	833	...
TOTAL .	725	4,518	691	716	1,457	9,705	3,063	1,555	278	1,292	44,962	5,111

to the Census of 1891—concluded.

Jalâli.	Qâdiriya.	Kuzaimi.	Naqwi.	Pîrzâda.	Qizwi.	Sabzwâri.	Siddiqi.	Taqwi.	Tirmizi.	Ulwi.	Askari.	Zaidi.	Others.	TOTAL.
...	27	...	...	...	...	...	...	31	...	6	...	...	182	575
34	46	1,319	...	2	4,812	...	43	511	8	277	127	125	3,347	14,910
...	...	59	...	...	833	...	108	345	...	52	38	283	1,525	3,782
...	...	132	1,194	42	370	37	10	...	49	7	...	112	933	3,650
11	...	47	...	2	707	...	...	92	...	32	...	478	1,763	3,710
48	12	31	461	...	1,258	...	...	...	178	14	...	796	1,998	5,572
117	...	72	27	20	264	...	...	...	127	6	...	609	1,359	3,101
...	...	181	756	...	2,116	...	...	...	...	325	...	935	2,398	8,104
...	...	...	...	...	4,614	...	...	13	...	57	...	998	873	6,952
6	16	194	151	...	293	49	3	...	...	67	126	301	1,352	3,229
...	...	58	...	35	456	40	...	92	...	165	...	442	1,089	3,297
15	13	11	257	...	256	39	18	...	...	18	...	48	1,108	2,081
...	...	151	60	34	2,592	...	...	...	1	504	80	610	2,447	7,517
2,671	740	5,403	6,813	512	37,896	1,982	953	5,193	3,226	3,792	846	19,102	79,709	242,811

Sejwâri.[1]—A small caste found only in the Lalitpur District. The story told of their origin is that when Maharâja Devi Sinh, of Chanderi, went to attack Maler Kotla, he brought from there four boys, one of whom he appointed to arrange his bed (*sej*), whence their name. They enumerate fourteen exogamous sections :—Gadoi or Garoi; Hâra; Nachhniwâr; Bhâradwaj; Chobdâr; Sâni; Pachauri; Sikhaiya; Hardwâr; Gond; Kasâbka; Sawâr; Kachhwâr. They still regard Chanderi as their head quarters. They have a tribal council (*panchâyat*) of which the Panch or President is not hereditary, but is elected to act from time to time by the votes of the members.

Marriage rules.

2. A man may not marry in his own section nor the daughter of his maternal uncle or father's sister. He cannot marry or keep as a concubine a woman of another caste. He may marry two sisters. They generally marry their daughters in the sections from which they take their brides. Polygamy is allowed, and all the wives hold equal rank. Widows are allowed to marry. When a widow agrees to marry a man, she gives him her silver finger ring and he shows it to his brethren and informs them that he has arranged to marry such and such a widow. The giving of the ring is understood to mark the engagement and is known as *nânon*. After he brings home the widow he feeds his brethren. Girls have no liberty before marriage, and infidelity is punished by a fine on both parties. Until her parents pay the fine, the girl cannot be married in the tribe. Girls are married at the age of nine and boys at ten. The marriage is arranged by the girl's barber. A marriage is invalid without the consent of the girl and her parents. It is only widows who are allowed to select husbands for themselves. The girl's parents, if they can afford it, are expected to give her a dowry, the amount of which is fixed by the barber. A marriage cannot be annulled on account of any physical defects appearing in either party after the ceremony has been performed. A man can divorce his wife in the presence and with the sanction of the tribal council for habitual infidelity. Divorced women can marry again by the inferior form, and the children of divorced women who marry again, widows and regularly married brides rank equally for the purpose of inheritance. The levirate is allowed

---

[1] Mainly based on a note by Bâbu Bijay Bahâdur Sinh, Diwân, Lalitpur.

under the usual restriction; but the widow may, if she please, marry an outsider. When she does so, her husband's brother has the right of custody of the children of her first marriage, and they succeed to their father's goods, while their mother gets nothing. But if she marries the younger brother of her husband, she has a right to maintenance out of the estate of her first husband. There is no fiction whereby the children of the levir are affiliated to his late brother.

Domestic ceremonies.

3. While a woman is pregnant, they rub her head with powdered gram and water; but none of them can give an explanation of the custom. A woman of the Basor caste acts as midwife, and her place is then taken by the barber's wife. After the birth there are singing and dancing, and alms are distributed. When the child is a boy, the brethren are fed on the tenth day; if it be a girl, on the sixth day. There is no trace of the couvade. The mother remains secluded after her confinement for only three days. They have no rule of adoption. When boys arrive at puberty, the hair of their faces and heads is shaved with great solemnity.

4. The marriage arrangements are made by the family barber. When the matter is settled, the bridegroom gives the barber a rupee as his fee. Then the wedding day is fixed, and once that is done the match cannot be broken off. The various stages are:—the *abtauni* or anointing of the pair; the setting up of the marriage shed (*mânro*); the presentation of jewelry to the bride; the marking her forehead with red lead (*sendûrdân*); the giving away of the bride (*kanyâdân*) and the revolution round the central pole (*bhanwar*). The binding portions of the ceremony are the walking round the shed and the giving away of the bride.

Death rites.

5. They burn their dead and throw the ashes into the Ganges. At the time of cremation they are particular to perform the rite of *ara* or *kapâlkriya* by breaking the skull to allow the spirit to reach the other world. They do not perform the regular *srâddha*. But to remove his impurity, the officiating Brâhman makes the man who fired the pyre offer a sacred ball (*pinda*) to the manes of the dead. The death impurity lasts ten days, and that of a woman after her confinement for three days.

Religion.

6. The Sejwâris do not adopt the tenets of any particular sect. Their priests are Jhijhautiya Brâhmans and, like the Bundelas, whose servants

they are, they are worshippers of Râma and Krishna. The women worship snakes at the Nâgpanchami and the banyan tree at the Barsait festival. But they are not allowed to enter the temples of the higher Hindu gods. They are very much afraid of demons which they propitiate with offerings of cocoanuts and *athwâi* or a mixture of eight ingredients, of which treacle, cardamoms, and turmeric are the chief part. They believe in the Evil Eye which can be obviated by moving some mustard and salt over the head of the child.

Social rules.

7. They will not touch Doms or Mehtars. They eat pork, mutton, deer's flesh, and fish. They will eat only from the hands of Brâhmans and Râjputs and members of their own tribe. Their social rank is very low. They serve the Bundelas as menial servants, some serve as village watchmen and act as guards for bankers. A few cultivate lands as tenants without occupancy rights. At times of rejoicing, such as marriages and births, they get presents from their Bundela masters.

Distribution of the Sejwâri according to the Census of 1891.

District.	Number.
Lalitpur	386
Total	386

Sengar.—A sept of Râjputs who, like the Gautam, claim descent from Singhi or Siringhi Rishi, whose daughter Basantiya is said to have been married to Somapâla, King of Kanauj. They say that their ancestor Pûran Deva emigrated to the Dakkhin and thence to Dhâr. From thence they were forced to go to Bandhugarh in Rîwa, and thence to Kanâr in Jalaun, near Jagmohanpur in Etâwah. Their Râja Bisukh Deva or Sukh Deva founded the modern house. His date lies between 1065 and 1165 A.D. He married Deva Kula, daughter of Jay Chand Râthaur, of Kanauj, and after his defeat by Shahâb-ud-dîn Ghori the power of the Sengars increased and the river Basindh was renamed Sengar in their honour.[1]

[1] *Census Report, North-Western Provinces, I, Appendix* 81, *sqq.*

2. Their occupation of Oudh [1] dates from about 1527 A.D., when Shaikh Bayazîd, one of the Afghân generals of the Lodi Dynasty, submitted to Bâbar. This officer had in his service two Sengars from Jagmohanpur, across the Jumna, by name Jagat Sâh and Gopâl Sinh. They raised and commanded a cavalry regiment, which was cantoned near the village of Simri, in Pargana Asoha of the Unâo District, and after his defeat they settled quietly down in the Pargana, making Kantha their head-quarters. "For eleven generations they remained peaceably there, keeping the Lodhas, who had been the original proprietors, in subjection. During this time they were joined by another family of the same clan, who followed them from Jagmohanpur and settled in Parsandan. In the eleventh generation, the Lodhas, who had never thoroughly acquiesced in their loss of position, suddenly rose against the Sengars, and killed the majority of them, but allowed the women and children to escape. The fugitives did not think it safe to go to their brotherhood in Parsandan, but fled to Jagmohanpur, and returning thence with an accession of strength, the sons of the murdered Sengars, Askaran on Gopâl's side, and Garbu on Jagat Sinh's side, recovered their father's possessions in the country."

3. The Ghâzipur [2] branch trace their origin to Phaphûnd in Etâwah. They worship under the name of Nâth Bâba, a deified member of the tribe named Amar Sinh. Before the establishment of British authority they managed to secure for themselves an unrivalled reputation for courage, independence, and insubordination. They have now abandoned their old turbulent habits; they behaved well during the Mutiny, and are now loyal and peaceful citizens. In Jâlaun [3] they claim to have come from Lanka or Ceylon and to be descended from Singhi Rishi. They seem to have been originally Brâhmans who intermarried with Râjputs. According to General Sleeman,[4] the Sengars are almost the only class of Râjputs in Bundelkhand, Baghelkhand, Rîwa, and Sâgar, who used to put their female infants to death; in Oudh they are almost the only sept who do not.

4. There is a tribe in Gujarât called Sanghar who are on perhaps doubtful authority, connected with them. They are more pro-

---

[1] Elliott, *Chronicles of Undo*, 45, *sq.*

[2] Oldham, *Memo. I.* 575, *sq.*

[3] *Gazetteer North-Western Provinces, I.* 209.

[4] *Journey through Oudh, I,* 312, note.

bably allied to the Panjâb Chhângars and perhaps to the Zingari of Europe.[1]

5. In Jâlaun they give brides to the Chandel, Bais, Bisen, and Parihâr septs, and marry their sons to the Kachhwâha, Bhadauriya, Râthaur, Sisodiya, and Hâra. In Ballia they take brides from the Karchhuliya, Bisen, Donwâr, Haihobans, Kâkan, Raghubansi, Kausik, Nikumbh, Sakarwâr, Udmatiya, and Pachhtoriya septs. They give their daughters to the Bais, Haihobans, Ujjaini, Kausik, Sirnet, Râjkumâr, Sûrajbans, Parihâr, Karchhuliya, Raghubansi, Sombansi, Udmatiya, Nikumbh, Barwâr, Kinwâr, Chauhân, Kâkan and Pachhtoriya. Their gotra is said to be Gautam.

Distribution of the Sengar Râjputs according to the Census of 1891.

Districts.	Numbers.	Districts.	Number.
Muzaffarnagar	2	Lalitpur	100
Bulandshahr	56	Benares	79
Aligarh	74	Mirzapur	42
Mathura	13	Jaunpur	8
Agra	171	Ghâzipur	1,913
Farrukhâbâd	1,451	Ballia	32,189
Mainpuri	649	Gorakhpur	1,553
Etâwah	11,164	Basti	213
Etah	28	Azamgarh	282
Budâun	21	Lucknow	73
Morâdâbâd	43	Unâo	2,775
Shâhjahânpur	21	Râê Bareli	716
Pilibhît	43	Sîtapur	183
Cawnpur	5,233	Hardoi	198
Fatehpur	1,028	Kheri	75
Bânda	395	Faizâbâd	163
Hamîrpur	557	Gonda	15
Allahâbâd	595	Bahrâich	47
Jhânsi	601		
Jâlaun	6,656	Total	59,425

Shaikh, Shekh (an Arabic word meaning an "elder," "chief," "a venerable old man").—The name should properly be applied to tribes of pure Arab descent; but it has now been applied to a much more vulgar use, and is adopted by converts from the

[1] *Bombay Gazetteer, V,* 95, *XIII,* 713.

meaner Hindu tribes to Islâm. This is marked in the common proverb—*Peshayîn Qassâb bûdem, badazân gashtem Shaikh; ghalla chun arzân shawad, imsâl Sayyid meshawem*—"The first year I was a butcher, the next a Shaikh; this year, if prices rise, I shall be a Sayyid."

2. At the last Census the Shaikhs of these Provinces were enumerated in the following tribes:—Abbâsi, who take their name from Abbâs, the paternal uncle of Muhammad; Ansâri from Al-' Ansâr, "the helpers," a term used for the early converts of Al-Madînah, but when all the citizens of Al-Madînah were ostensibly converted to Islâm, they were all named 'Ansâr, while those Muslims who accompanied the Prophet from Makkah to Al-Madînah were called Muhajirûn or "exiles"; Bahlîm; Bani Isrâîl or "children of Israel"; Farîdi or followers of the famous Saint Bâba Farîd Shakkarganj of Pâk Pattan in the Montgomery District; Farûqi, who take their name from the Khalîf Umar, surnamed Farûq, "the discriminator between truth and falsehood"; Hâshimi, after Hâshim, the great-grandfather of Muhammad, who according to the tradition, was surnamed Hâshim on account of his liberality in distributing bread (*hashm,* "to break bread") to the pilgrims at Makkah; Ja'fari after Ja'far, a cousin of Muhammad, who from his charity was called Abul Masâkin, "the father of the poor"; or Ja'far, one of the twelve Imâms; Khurasâni, "residents of the land of Khurasân"; Kidwai; Qureshi, after the Arabic tribe to which the Prophet belonged; it is hence the favourite tribe to which persons of doubtful origin claim affinity, and many of them are probably not of genuine Arab descent; Milki, probably the same as the Maliks, who were originally a Persian tribe, though more recently the word has been used as a title, like Khân or Beg; Pîrzâda or "offspring of the saint"; a term of very wide meaning which may mean the descendants or followers of any spiritual guide; Siddîqi, who take their name from the first Khalîf, Abu Bakr, who received from the Prophet the title of As Siddîq or "one who speaks the truth"; Sulaimâni from Solomon; 'Ulwi or 'Alawîyah, who take their name from the Khalîf 'Ali Murtaza and 'Usmâni from 'Usmân, the fourth Khalîfa.

3. The Shaikhs, of course, follow, or pretend to follow, all the rules of Islâm. This the real Shaikhs do; but those who are recent converts from Hinduism, maintain many of the practices of the castes from which they have been drawn.

Distribution of Shaikhs according to the Census of 1891.

DISTRICTS.	Abbâsi.	Ansâri.	Bahlim.	Bani Isrâîl.	Farîdi.	Farûqi.	Hâshimi.	Jâ'fari.	Khurasâni.	Kidwai.	Qureshi.	Milki.	Pîrzâda.	Siddiqi.	Sulaimân.	'Ulwi.	'Usmâni.	Others.	TOTAL.
Dehra Dûn	180	347	...	...	...	35	...	...	...	...	1,685	...	...	3,211	...	...	100	1,282	6,840
Sahâranpur	99	3,555	22	8	...	1,077	17	...	2	...	4,194	153	...	10,907	...	7	836	2,269	23,146
Muzaffarnagar	77	1,086	24	2	...	696	85	...	35	1	5,063	...	33	10,078	1	230	443	1,935	19,794
Meerut	23	562	311	1	1	551	...	...	6	...	11,778	...	...	12,281	66	5	88	5,491	31,164
Bulandshahr	302	2,426	29	155	...	122	11	...	92	...	7,509	...	7	9,701	2	9	97	2,352	22,814
Aligarh	30	933	...	410	25	971	...	...	134	...	8,080	...	17	3,202	...	...	290	3,029	17,121
Mathura	27	79	48	45	...	61	...	1	191	...	3,618	...	...	2,833	...	...	16	6,075	12,994
Agra	20	341	119	55	3	407	8	1	228	...	14,231	2	...	6,016	1	5	159	11,359	32,955
Farrukhâbâd	336	252	151	20	27	226	...	...	4	33	10,148	10	3	10,307	23	42	322	4,620	26,524
Mainpuri	121	96	18	2	...	63	...	...	30	...	2,607	4	...	2,690	...	...	23	7,652	13,306
Etâwah	127	143	...	1	...	73	11	...	...	...	2,075	3	...	3,563	...	35	23	4,664	10,718
Etah	20	203	137	997	44	210	1	...	6	...	4,788	3	...	1,988	1	...	44	5,537	14,029
Bareilly	158	1,017	25	895	...	177	90	...	...	...	26,689	...	...	12,718	419	7	309	11,453	53,957
Bijnor	...	4,84[illegible]	...	...	...	305	...	..	...	...	27,479	...	...	19,142	...	4	150	5,565	57,486
Budâun	101	1,636	16	467	27	811	...	...	...	...	10,670	...	...	14,732	15	50	338	11,541	40,404
Morâdâbâd	697	1,809	31	473	108	2,761	139	8	57	...	26,703	...	...	93,675	...	61	678	34,612	161,813
Shâhjahânpur	148	429	...	180	24	639	11	...	38	...	8,767	...	...	7,083	131	22	257	5,601	23,330

Pilibhit	4	16	67	91	2	26	5	...	1	...	4,792	...	...	2,579	...	...	61	4,005	11,643
Cawnpur	339	226	73	3	51	571	5	2	51	4	9,060	...	...	19,688	...	29	71	12,807	42,988
Fatehpur	...	254	5	4	103	889	2	234	...	...	2,595	...	52	18,523	65	26	976	5,488	29,216
Bânda	12	369	...	123	94	937	...	...	93	...	1,709	51	...	4,055	2	...	16	4,408	11,875
Hamirpur	18	49	23	2,855	1	27	...	19	25	...	699	...	...	1,526	4	45	291	3,582	9,264
Allahâbâd	1,764	1,552	...	5	...	976	460	165	...	...	4,783	1,146	1	43,484	34	150	1,856	9,687	66,063
Jhânsi	17	101	26	7	2	35	5	...	72	...	1,803	...	...	1,756	5	...	39	4,370	8,238
Jâlaun	37	79	136	...	...	34	...	...	...	...	1,705	...	...	1,621	...	3	48	5,413	9,076
Lalitpur	7	21	36	...	...	6	...	...	...	1	123	...	15	332	...	...	1	1,075	1,617
Benares	29	666	...	...	...	114	11	117	...	...	3,044	14	...	16,538	...	...	3	5,339	28,875
Mirzapur	41	483	...	...	...	191	...	...	...	...	2,067	122	...	12,995	...	...	35	11,494	27,428
Jaunpur	433	2,471	...	...	11	1,032	23	75	8	...	2,584	297	...	11,701	...	79	...	4,516	23,230
Ghâzipur	151	472	...	...	5	280	...	34	24	...	921	156	...	12,111	24	...	30	1,056	15,264
Ballia	560	1,714	...	...	...	206	...	1	...	...	1,269	34	...	4,242	...	...	86	870	8,982
Gorakhpur	63	4,151	...	3	...	248	8	...	70	824	6,061	180	24	16,137	...	...	542	4,444	32,755
Basti	432	1,045	1,126	...	...	1,733	...	...	...	...	10,106	728	...	26,260	...	...	1,811	13,339	56,580
Azamgarh	360	6,670	...	5	17	1,899	43	...	13	...	13,315	520	1	27,853	99	422	1,974	7,913	61,104
Kumaun	...	...	...	...	...	...	...	...	...	...	...	...	...	377	...	...	...	1,642	2,019
Garhwâl	...	...	...	...	...	...	...	...	...	...	...	...	...	47	...	...	...	2,570	2,617
Tarâi	...	55	549	...	...	...	...	...	...	...	2,404	...	...	8,857	...	...	20	2,996	14,881
Lucknow	201	1,345	...	19	...	584	35	...	18	95	9,529	81	...	24,287	1	371	285	15,498	52,329
Unâo	47	691	...	32	15	539	36	...	24	81	777	31	5	11,934	...	...	404	7,398	22,014
Râê Bareli	11	642	...	...	...	375	...	...	...	115	860	36	9	6,739	19	...	289	4,169	13,264
Sîtapur	15	352	...	123	...	188	22	...	...	210	2,356	447	...	10,419	...	1	138	3,774	18,045

Distribution of Shaikhs according to the Census of 1891—concluded.

Districts.	Abbâsi.	Ansâri.	Bahlîm.	Bani Isrâîl.	Farîdi.	Farûqi.	Hâshimi.	Jâ'fari.	Khurasâni.	Kidwai.	Qureshi.	Milki.	Pîrzâda.	Siddîqi.	Sulaimâni.	'Ulwi.	'Usmâni.	Others.	Total.
Hardoi	9	674	...	3	...	805	...	4	...	5	2,083	...	...	15,157	1	19	586	8,090	27,436
Kheri	2	496	...	...	20	199	...	...	30	...	1,748	67	...	4,975	...	12	154	2,347	10,050
Faizâbâd	231	1,508	...	...	...	781	...	2	172	...	4,313	288	...	14,074	...	...	208	7,246	28,818
Gonda	67	744	595	...	...	1,643	...	...	...	469	7,583	37	...	26,771	...	11	2,018	1,060	40,998
Bahrâich	6	2,077	11	1	8	412	15	...	23	524	2,766	174	8	10,040	44	...	58	2,287	18,454
Sultânpur	176	407	...	...	6	380	...	...	4	87	4,377	106	...	4,067	...	41	51	1,285	10,987
Partâbgarh	89	111	...	...	10	2,010	83	24	1	...	3,751	400	..	9,458	...	5	146	6,098	22,286
Bârabanki	130	5,996	...	242	...	520	1	...	...	1,222	1,328	325	9	17,876	...	16	386	7, 818	35,769
Total	7,817	55,192	3,578	7,232	604	26,825	1,127	687	1,452	3,671	286,595	5,416	185	610,586	957	1,707	16,756	302,171	1,332,566

Singraur.[1]—A tribe found only in the Fatehpur District to the number of 9,388. They claim to be Râjputs and descendants of one Sringi Rishi, who migrated from Ajudhya to Benares. They marry in the orthodox way, and widow-marriage is forbidden. They will eat *kachchi pakki* only with their own Brâhman family priest or members of their own tribe. Their claim to be Râjputs does not appear to be universally admitted, and by one account they are really Lodhas. Under their leader Daryâo Sinh they gave much trouble in the Fatehpur District during the Mutiny, and it is only in the Khâga and Khakhror Tahsîls that their pretensions to Râjput origin are to any extent recognised.

Sirnet.—A sept of Râjputs found principally in the Gorakhpur Division. There are various accounts of the origin of the name. According to one story they got the title from some Muhammadan king in whose service they were. Their chief was in the habit of wearing on his head a cloth of gold called *'net*, and the king, not choosing to recollect the Hindu name, called him Sirnet or "the man with the golden cloth on his head" (*sir*). By another account they take their name from some place called Srinagar. A third legend is told in connection with the Nikumbh sept and tells how one of them allowed his head to be cut off on a sword placed across the door-way in preference to bowing his head before one of the Delhi Emperors. Dr. Oldham suggests that the name is derived from *sira* "head" and *neta* (*Sanskrit netri*, "a leader"[2]). All these are mere speculations and of little value.

2. The Oudh story[3] is that the Sirnet kingdom of Bânsi in the Basti District was founded by Banwâri, the third son of Jaswant Sinh, Dikshit; but the Sirnets of Bânsi claim a higher rank than this legend would give them, and do not acknowledge any connection with the Dikshits. The Unaula Râja told Dr. Buchanan that they came from Assam.[4] The Gorakhpur branch ascribed the origin of the Satâsi Raj to Chandra Sen, who was an emigrant from Lahore. He treacherously murdered the Domkatâr or Donwâr Râja and seized his dominions. In Basti they are said to allow their daughters to grow up to womanhood, and do not allow them to marry.[5] In

---

[1] Mainly based on a note by M. Hashmatulla, S. C. S.
[2] *Ghâzipur Memo.*, I, 59, sq.
[3] Elliott, *Chronicles of Unâo*, 35.
[4] *Eastern India*, II, 353.
[5] *Selections of Records, North-Western Provinces*, I, 217.

Ghâzipur they call themselves Nikumbh and claim kinship with the Gorakhpur family, as represented by the Râjas of Unaula, Bânsi, and Rudrapur. "They are one of the most noble looking races in the District and are generally well disposed and on good terms with the District officials; but quite ready to join in a general rebellion to recover their estates."

Distribution of the Sirnet Râjputs according to the Census of 1891.

DISTRICTS.	Number.	DISTRICTS.	Number.
Fatehpur . . .	18	Azamgarh . . .	474
Bânda . . .	1,196	Lucknow . . .	6
Hamîrpur . . .	1	Râê Bareli . . .	153
Allahâbâd . . .	86	Faizâbâd . . .	56
Benares . . .	5	Bahrâich . . .	57
Ghâzipur . . .	5	Sultânpur . . .	338
Ballia . . .	495	Partâbgarh . . .	192
Gorakhpur . . .	11,810		
Basti . . .	459	TOTAL . .	19,486

Soeri, Soiri, Suiri.—A small tribe found in parts of the Allahâbâd and Benares Divisions, about whom there has been much not very fruitful speculation. According to Mr. Risley [1] they are known by the names of Savar, Sabar, Saur, Sar, Sayar, Suir, Siwiri, and are "a Dravidian cultivating and servile tribe of Orissa, Chota Nâgpur, Western Bengal, Madras, and the Central Provinces. Colonel Dalton regards them as Dravidian, while Fredrick Muller, General Cunningham, and Mr. R. Cust place them on linguistic grounds in the Kolarian group of tribes. The evidence from language, however, is meagre and inconclusive; while, on the other hand, it is tolerably certain that the Savars, scattered and partially Hinduised as they are, represent the main body of an ancient race, an isolated fragment of which survives in the Malê or Saur of the Râjmahâl hills."

2. General Cunningham [2] identifies them with the Sauras about

[1] *Tribes and Castes*, II, 241, *sq*.
[2] *Archæological Reports*, XVII, 112, *sq*.

Dâmoh and Sâgar. The origin of the name Savara, he says, "must be sought for outside the language of the Aryans. In Sanskrit *Sàvara* simply means 'corpse.' From Herodotus, however, we learn the Scythian word for an axe was *sagaris* and as *g* and *v* are interchangeable letters, *savar* is the same word as *sagar*. It seems, therefore, not unreasonable to infer that the tribes who were so called took their name from their habit of carrying axes. Now it is one of the striking peculiarities of the Savaras that they are rarely seen without an axe in their hands. This peculiarity has been frequently noticed by all who have seen them." In opposition to this it may be urged that the word Savara, if it be, as some believe, derived from *sava* "a corpse," comes from the root *sav*, "to cause to decay," and need not necessarily be of non-Aryan origin, while, on the other hand, no distinct inference can be drawn from the use of the axe by the Savaras, when it is equally commonly used by various other Dravidian jungle tribes, such as Korwas, Bhuiyas and the like.

3. Of the Savaras, who are supposed to have been the ancestors of the existing race, not much is known. Of them Sir W. Hunter writes[1]—"The Savaras appear in very early Sanskrit writings and are spoken of with more than usual detestation. As the Sûdras or aboriginal tribes, who had been subdued into the servile caste of the Aryan Commonwealth, sprung from the feet of Brahma, so the Savaras and other forest races, who successfully withstood the invaders, proceeded from the sweat of a cow.[2] They were goblins, they were devils, they were raw eaters, they were man-eaters, and the Vishnu Purâna has concentrated the national antipathy towards them in its picture of a dwarfish race, with flat noses and a skin the colour of a charred stake. Another sacred text assures us that they were as black as crows, with tawny hair, red eyes, a chin jutting out, short arms and legs, and the typical flat nose. A third Sanskrit sage adds a protuberant belly, drooping ears and an ogre mouth. They seem to have made their individuality very strongly felt in ancient India. The beginning of their territory long marked the last point of the Aryan advance. They are often spoken of as border tribes, who resisted the Sanskrit invaders, scattered armies, and earned for themselves the name of the 'terrible Savaras.' Their

[1] *Orissa*, I, 176, *sq*.
[2] Muir, *Ancient Sanskrit Texts*, I, 391.

name even found its way into Greek geographies, and the ancient kingdom of Kalinga was known to the distant islands of the Indian Archipelago, while still a *terra incognita* to Northern India." On the whole it seems at least probable that the name Savara was a generic title for the aggregate of the Dravidian races who inhabited the line of hills which rise along the south of the valleys of the Jumna and the Ganges. It is thus that they appear in the Katha Sarit Sâgara of Somadeva and in one of these tales the Savara is described as running up "stained with dust, bow in hand, with his hair tied up in a knot behind with a creeper, black himself and wearing a loin-cincture of *vilva* leaves," in short very much like what the Juângs and similar tribes were almost to the present day.[1]

4. Modern observers give much the same account of them. Dr. Ball[2] describes the Savaras of Ganjam as small but wiry, often very dark in colour, and sometimes quite black, which agrees with Mr. Sterling's[3] account of the tribe in Orissa. "Their hair is generally tied in a top-knot, and sometimes it is cut short over the forehead, two long locks being permitted to hang over the ears. A few individuals have frizzled shocks, with which no such arrangement is attempted. Most of the men have small square beards. Of these races in Bengal, with whose appearance I am most familiar, they reminded me most strongly of the Bhumij, who belong to the Munda family; but I could also perceive in them some points of resemblance to the Dravidian Pahâriyas of the Râjmahâl hills. They have not, however, the manly bearing and good physique of the latter. Their manner of dancing resembles that of the Râjmahâl Pahâriyas, as I have on one occasion witnessed it, rather than that of either the Santâls or Kols."

5. Writing of Ghâzipur Dr. Oldham[4] says that the Soiri strongly resemble the gypsies of Europe; their women wear a tartan dress, and often have a kind of horn projecting from the forehead as an ornament. They live in light and easily moved booths, made of grass and reeds; are fond of intoxicating drinks, and eat the flesh of swine and oxen. They procure the wives for their young men by kidnapping female children, and live principally by jugglery, coin-

---

[1] Tawney, *Translation*, II, 384.
[2] *Jungle Life*, 267.
[3] *Orissa*, 42, quoted by Risley, *loc. cit.*
[4] *Memo.*, I, 57.

ing false money, and theft. They bring the bones of deceased relatives from long distances to the Ganges, which seemed to Dr. Oldham to indicate that the Ganges valley was once the home of the tribe. Another name of them is, he says, Sânsi, but they will seldom admit the name of either Sânsi or Soiri, and commonly say that they are Banjâras, Kanjars or Nats.

6. At the last Census the Soiris are found to have disappeared from the Districts of the Benares Division, except Benares itself. The fact is that within one decennial period the process of converting them into Râjputs has so far advanced that they now call themselves Sûrajbansis, and repudiate the name of Soiri. This is a very remarkable example, like that of the Kharwârs who have become Benbans Râjputs, of a process which has no doubt gone on extensively in former times, and by means of which there is no doubt that more than one of the Râjput septs has been formed. But in their appearance the so-called Sûrajbansi Râjputs of Mirzapur show unmistakeable signs of non-Aryan origin, and there cannot be any doubt that they belong to the Dravidian branch and are closely akin to the Kols and Cheros who live in their neighbourhood. They assert that they give daughters to respectable septs like the Raghubansi, Bais, and Chandel, and receive girls from the Bais. But there is good ground for believing this to be incorrect, and the real fact seems to be that, if they ever intermarry with Râjputs, it is only with bastard members of some sept which bars marriage with such people. There is in almost every Râjput sept a class of people who are in the Western Districts as Gaurua and to the East as Suraitwâl who are the result of connections of Râjput youths who find a difficulty, owing to infanticide or poverty, in finding respectable wives, with Natnis, Kanjarins or other prostitutes. Such children are, of course, excluded from full tribal privileges, and it is with them that tribes like the Soiri, who are on their promotion to become a regular Râjput sept, form marriage alliances.

7. These Mirzapur Soiri Sûrajbansis have no very distinct tradition of their origin. Some of them say that they were once rulers of the Majhwâr Pargana in the Benares District, whence they were expelled by the Barhauliya Râjputs. They allege that they still procure priests, who are Sarwariya Brâhmans, from the village of Keshopur in that Pargana.

Others say that, like the legitimate Sûrajbansis, they came from Ajudhya. Another account is that their first ancestor was a person named Garg, a Gautam Râjput, who settled at Bardiha near Mânda, in the Allahâbâd District, and kept as his mistress a Bhar girl, whose father he had treacherously killed. He is said to have lived in the time of Jay Chand of Kanauj. His descendants are alleged to be the present Soiri-Sûrajbansis.

8. However this may be, there is ample evidence from the customs of the tribe that they are not genuine Râjputs. Thus, they manage their tribal affairs by means of a tribal council (*panchâyat*) which no genuine Râjputs do. They permit widow marriage and the levirate, and they have, as might have been expected, to pay heavily for brides, and for this reason many of them are unable to contract a regular marriage. Only those who are married wear the Brâhmanical cord (*janeu*), and they have no regular rite of investiture, but merely hang it over their shoulders as they are going through the marriage ceremony. Again, they drive the plough with their own hands, which no real Râjput will do; and contrary to standard custom, when they are cremating the dead, they throw a handful of mustard seed (*sarson*) on the pyre. In other respects they follow the usual standard form in their domestic ceremonies. In fact, in their desire to be regarded as genuine Râjputs they are particularly careful to maintain a pretence of extreme orthodoxy.

9. They worship Mahâbîr, Mahâdeva, Sîtala Mâi, and Amina and Bandê, two of the deified quintette of the Pânchon Pîr. A special worship of these deities is performed at the Naurâtra of Kuâr. Mahâbîr and Mahâdeva receive an offering of sweetmeats, a Brâhmanical cord, a piece of cloth dyed in turmeric, a burnt offering (*hom*), and a lamp lighted with *ghi*. To Amina and Bandê they offer a plate of sweet cakes (*rot*), rice cooked with milk (*jaur*), and an image of Amina made of silver. To the Pânchon Pír generally they present sweet cakes (*malîda*) and a sacrifice of a goat or fowl, which is done by a Dafâli. To Sîtala Mâi they present a goat, cakes, and some *halwa* sweetmeat in the months of Chait and Kuâr. Mahâbîr is usually worshipped on a Tuesday in the month of Sâwan. All these offerings are consumed by the worshippers themselves, except that to the Pânchon Pîr which is taken by the Dafâli officiant.

10. They do not eat beef or drink spirits. They eat goat's flesh, mutton, venison, and birds like pigeons. None of the higher castes will take food or water from their hands. They naturally hold a low social rank, and are not regarded with more respect than Koiris. They are, in the Mirzapur District, in poor circumstances. None of

them are landlords; a few cultivate as tenants, but the most of them are landless day labourers and serve as messengers or as stone cutters in the quarries about Chunâr. In Mirzapur, at least, they appear to have abandoned their old criminal habits, and are now a quiet, depressed race of people who very seldom come under the notice of the Courts.

Distribution of the Soiris according to the Census of 1891.

DISTRICTS.	Number.	DISTRICTS.	Number.
Allahâbâd . . .	468	Benares . . .	2,023
Jhânsi . . .	3,058		
Lalitpur . . .	12,273	TOTAL .	17,822

Solankhi, Solanki.—A sept of Râjputs. One derivation of the name is from the Sanskrit *sulakshana*, "having auspicious marks." They are supposed to have succeeded the Chavadas at Anhalwâda about 931 A. D.[1] The Bhâl and, according to others, the Baghel sept are an offshoot from them. Another name for them, Chalukiya, is said to be derived from the fact that when created out of the Agnikunda they were formed in the hollow of the hand (*chullu, challu*). Of them Colonel Tod writes:[2]—"Though we cannot trace the history of this branch of the Agnikulas to such periods of antiquity as the Pramâra or Chauhân, it is from the deficiency of materials, rather than any want of celebrity, that we are unable to place it in this respect on a level with them. The tradition of the Bard makes the Solankis important as princes of Suru on the Ganges, ere the Râthaurs obtained Kanauj. The genealogical tree claims Lokot said to be the ancient Lahore, as a residence, which makes them of the same branch (*sâkh*) Madwâni as the Chauhâns. Certain it is that in the eighth century we find the Langahas and Togras inhabiting Multân and the surrounding country, and the chief opponents of the Bhattis on their establishment in the desert. They were princes of Kalyân on the Malabâr coast, which city still exhibits vestiges of ancient grandeur. It was from Kalyân that a scion of the Solanki tree was taken and engrafted on the royal stem of the Chawaras of Anhalwâra Patan."

[1] Dr J. Wilson, *Indian Antiquary*, III, 227.
[2] *Annals*, I, 102.

In the reign of Chaond Râê, the son of this prince Bhojrâj, the kingdom of Anhalwâra was devastated by Mahmûd of Ghazni. Colonel Tod divides the Solankhis of Rajputâna into sixteen branches: Baghel, Bîrpur, Behila, Bhurta, Kalâcha, Langaha, Togra, Briku, Surki, Sirwariya, Raoka, Ranikiya, Kharâra, Tantiya, Almecha, Kalamor.

2. The Solankhis in these Provinces hold a respectable rank and give their daughters to Chauhâns, Bhadauriyas, and Jâdons; they take brides from the Katiyâr, Tomar, Râthaur, Bâchhal, Bais, Gaur, Pundîr, Bargûjar, and some Chauhân families.

Distribution of the Solankhi Râjputs according to the Census of 1891.

Districts.	Number.	Districts.	Number.
Sahâranpur	6	Jhânsi	88
Meerut	184	Jâlaun	104
Bulandshahr	375	Lalitpur	33
Aligarh	864	Benares	60
Mathura	154	Mirzapur	12
Agra	456	Jaunpur	39
Farrukhâbâd	864	Ballia	426
Mainpuri	773	Gorakhpur	842
Etâwah	57	Basti	237
Etah	5,636	Azamgarh	7
Bareilly	264	Lucknow	73
Budâun	1,553	Unâo	71
Morâdâbâd	131	Râê Bareli	10
Shâhjahânpur	359	Sîtapur	65
Pilibhît	75	Hardoi	115
Cawnpur	60	Kheri	109
Bânda	94	Sultânpur	4
Hamîrpur	78		
Allahâbâd	27	Total	14,305

Sombansi.—A sept of Râjputs who claim to be of the race of Soma or the moon. Of them Mr. Bennet[1] writes:—"This tribe are found at the beginning of connected history at the Fort of Jhûsi near Allahâbâd. They have no further traces of an immigration, and their tradition connects them for an indefinite period with their present dominions. The family worship is paid to five saints, four of them princes of the Sombansi blood, and the fifth a Gaharwâr Râja of Benares, who successfully abstracted themselves into nonentity during the Dwâpara Yuga. The principal of these, Ala Rikh or Rishi, gave his name to the town and Pargana of Alarikhpur, contracted into Aror, and since named Partâbgarh, and is perhaps identical with the Atap Rikh of Dalmau tradition, who resided in the Ganges forests, and whose teaching enabled Dal and Bal to attain their wide dominion." A reference to these worthies will be found in the article on the Bhars. "Two remarks may be made here: first, that the worship of the manes of their ancestors is common to all the Sombansis and several low castes in their neighbourhood. Barê Purukh ("the great old man") is one of the favourite local penates, and Kârê Deo, the snake, the chief object of home devotion which he shares with Siâu, the jackal. Another is that the most ancient tradition discovers the Sombansis on the northern, and the dawn of history on the southern, bank of the Ganges. An intermediate tradition, attested by the numerous remains of their peculiar forts, points to the existence of a Bhar Râj in the territory before and after occupied by the Chhatris. The commencement of the pedigree is, as usual, marked by some historical convulsion. Sakrâma Sinha had three sons—one of whom went to Nepâl, the second to Hardoi, while the third remained at Jhûsi. The son of the last was cursed by a Muhammadan Faqîr, Shaikh Taqi, and lost his kingdom. The usual posthumous son was born in exile, and, with the name of Lakhana Sena, founded the kingdom of Aror. One of his sons was a convert to Islâm, and in the eighth generation some subordinate centres of power began to branch off from the main Râj. No prince of this race attained distinction before Partâb Sinh, who, in the last quarter of the seventeenth century, consolidated the power of his clan, built a huge new fort at Aror, which has since been known by his name, and assumed all characteristics of independent sovereignty between the territories of the Bach-

[1] *Clans of Râê Bareli*, 34, *sq.*

gotis, the Râja of Mânikpur, and the Kânhpuriyas whom he subsequently defeated."

2. There is a section of the sept called Chauhâna,[1] said to be descended from Bhîm Sen, who fought the Râkshasa Handavi and married his daughter. In Farrukhâbâd[2] the Pargana of Khakatmau was entirely overspread by the Sombansis of the Baiyâgar (*Vyâgra*) *gotra*. They trace descent from Randhîr Sinh, who lived thirteen generations ago. They founded the Chând dynasty in Kumaun, and trace their descent, some to Jhûsi, and some to Nepâl. The Rautela of Kumaun are descendants of a junior branch.[3]

3. In Sultânpur they are reported to take brides from the Bilkhariya, Tashaiya, Chandauriya, Kath Bais, Bhâlê Sultân, Raghubansi, Gargbansi, Râj Kumâr, Bachgoti, and Bandhalgoti: and to give brides to the Tilokchandi Bais, Mainpuri Chauhâns, Mahal Sûrajbansis, and Bisens of Majhauli. They claim to belong to the Sûrya *gotra*. In Farrukhâbâd they are said to give brides to the Sûrajbansi, Râthaur, Chauhân, and Bhadauriya, and to receive girls from the Bamtelê, Chamar Gaur, Panwâr, and Gaharwâr. In Bareilly they take girls from the Salwant Gaur, Bargûjar, Tomar, Tânk, Bais, and Pundîr; and give girls to the Katheriya, Chauhân, Bhadauriya. In Hardoi they say that they belong to the Vyâgra *gotra*; take girls from the Chandel, Gaur, Gaharwâr, Pramâr, Bais, Ahban, and Nikumbh; while they give brides to the Chauhân, Râthaur, and Bhadauriya.

Distribution of the Sombansi Râjputs according to the Census of 1891.

DISTRICTS.	Hindus.	Muhammadans.	TOTAL.
Sahâranpur	1	...	1
Muzaffarnagar	2	...	2
Meerut	2	...	2
Bulandshahr	196	...	196
Mathura	16	...	16

[1] *Partâbgarh Settlement Report*, 112.
[2] *Settlement Report*, 13.
[3] Atkinson, *Himâlayan Gazetteer*, II, 497, *sq.* 504, 772, III, 432.

Distribution of the Sombansi Râjputs according to the Census of 1891—continued.

Districts.	Hindus.	Muhammadans.	Total.
Agra	30	...	30
Farrukhâbâd	4,521	27	4,548
Mainpuri	366	...	366
Etâwah	126	...	126
Etah	83	7	90
Bareilly	2,488	197	2,685
Budâun	333	...	333
Morâdâbâd	133	386	519
Shâhjahânpur	2,200	8	2,208
Pilibhît	268	...	268
Cawnpur	1,214	...	1,214
Fatehpur	83	...	83
Banda	31	...	31
Hamîrpur	503	1	504
Allahâbâd	2,847	...	2,847
Jhânsi	115	...	115
Jâlaun	115	...	115
Lalitpur	2	...	2
Benares	394	51	445
Mirzapur	46	...	46
Jaunpur	2,515	32	2,547
Ghâzipur	2,006	...	2,006
Ballia	85	...	85
Gorakhpur	617	...	617
Basti	179	697	876
Azamgarh	8,891	153	9,044
Tarâi	126	...	126

Distribution of the Sombansi Râjputs according to the Census of 1891—concluded.

DISTRICTS.	Hindus.	Mahammadans.	TOTAL.
Lucknow	935	12	947
Unâo	501	...	501
Râê Bareli	2,770	89	2,859
Sîtapur	1,936	13	1,949
Hardoi	14,793	180	14,973
Kheri	1,910	604	2,514
Faizâbâd	1,300	...	1,300
Gonda	3,167	...	3,167
Bahrâich	1,002	67	1,069
Sultânpur	1,939	507	2,446
Partâbgarh	19,823	64	19,887
Bârabanki	377	269	646
TOTAL	80,987	3,364	84,351

Sorahiya, Surahiya, Surâya.—A tribe of boatmen, fishermen, and cultivators in the Eastern Districts. They are usually classed as a sub-caste of Mallâh. According to Mr. Risley "there is a shadowy connection between the Surahiya and the Châîn. The former use the water vessels and *huqqas* of the latter, but the Châîn assuming a higher rank, will smoke, but will neither eat nor intermarry with the Surahiya. The Surahiyas have no tradition of their own except the common one that their ancestors came from the West."

"They profess to be orthodox Hindus, and employ Maithil Brâhmans for religious and ceremonial purposes.

"In practice, however, the greater gods of the Hindu pantheon receive only occasional worship, and the working religion of the caste is concerned with the mysterious group known as the Pânch Pîr, Koil Bâba, the boatman's deity, and Amar Sinh, a canonised Surahiya, who seems to be their special patron. In his honour a part of the house is daubed with cowdung on stated days of every month in the year except Pûs (December-January) and Chait (March-April), and goats, rice, sweetmeats, *ghi*, etc., are offered, and incense burned, the worshippers afterwards partaking of the offerings themselves. In point of social standing the Surahiyas rank immediately below the group of castes from whose hands Brâhmans will take water. Thus Koiris, Barârs, Gangotas, who belong to that group, will accept sweetmeats from Surahiyas, but will not eat boiled rice in their houses. The characteristic occupation of the caste is boating and fishing.

"Dr. Wise describes them as enterprising and hardy sailors, often met with in Eastern Bengal during the cold season, in large trading vessels laden with grain pulse and fuller's earth, which is sold to Mahâjans, and a cargo of rice shipped for the return voyage. They are very muscular and large boned, and their physique offers a striking contrast to that of the average Bengali boatman. Some Surahiyas have taken to cultivation, and hold land as occupancy and non-occupancy tenants. Their number, however, is comparatively small, and there are at present no signs of their developing into a sub-caste : in fact, even cultivating Surahiyas are ready to engage themselves as boatmen."[1]

Sûd.—A Panjâbi tribe of whom only a very small number is found in these Provinces. Of them Mr. Ibbetson writes :[2]—"The Sûds are almost entirely confined to the lower hills and the districts that lie immediately under them as far west as Amritsar. Their head-quarters are at Ludhiâna and the neighbouring town of Machhiwâra. They are almost wholly mercantile in their pursuits, though occasionally taking service as clerks, and occupy a social position markedly inferior to that of either the Banya or the Khatri. They wear a sacred thread (*janeu*) made of three instead of six strands, and many of them practise widow marriage. With the exception of a few, who are Sikhs, they are almost all Hindus, but are, in comparison with the other mercantile classes, very lax in the observance of their religion. They indulge freely in meat and wine, and in habits, customs, and social position resemble very closely the Kâyasths. The tribe is apparently an ancient one, but I can obtain no definite information as to its origin. I attempted to make enquiries from some leading Sûds, but the result was the assembling of a

---

[1] Risley, *Tribes and Castes*, II, 283, *sq.*
[2] *Panjâb Ethnography*, section 537.

Panchâyat, the ransacking of the Sanskrit classics for proof of their Kshatriya origin, and a heated discussion in the Journal of the Anjuman.

2. They are divided into two main sections : the Uchandiya or Sûd of the Hills, and the Newandiya or Sûd of the Plains. I find, however, that some of the Sûds of Hoshyârpur trace their origin from Sirhind. They also distinguish the Sûds who do not practise widow marriage from those who do, calling the former Khara and their offspring Gola, Doghla (hybrid) or Chikân. These two sections, of which the latter corresponds exactly with the Dasa and Gola Banyas already described, do not intermarry. The Sûds forbid marriage in all four *gotras*, and here again show how much less their tribal customs have been affected by their religion than have those of the Banyas and Khatris. They are of good physique, and are an intelligent and enterprising caste, with great power of combination and self-restraint; and they have lately made what appears to be really successful effort to reduce their marriage expenses by general agreement. The extensive sugar trade of Ludhiâna and generally the agricultural money-lending of the richest part of that district are almost entirely in their hands. They are proverbially acute and prosperous men of business, and there is a saying:—'If a Sûd is across the river, leave your bundle on this side.' The husbandman of the villages is a mere child in their hands."

Distribution of the Sûd according to the Census of 1891.

Districts.	Number.	Districts.	Number.
Sahâranpur . . .	12	Jhânsi . . .	23
Muzaffarnagar . .	1	Gonda . . .	29
Mathura . . .	80		
Allahâbâd . . .	2	Total . .	147

Sunâr, Sonâr;[1] in the Hills **Sona** (Sanskrit *Suvarna-kâra*, "a worker in gold"); in Persian Zargar—the gold and silver-smith, who also engages in money-lending, pawnbroking, and general trade. The internal organization and tradition of the tribe seem

[1] Based on enquiries at Mirzapur and notes by the Deputy Inspectors of Schools, Dehra Dûn, Pilibhit, Shâhjahânpur.

to indicate that it is probably originally occupational and may have been recruited from various sources.

Tradition of origin.

2. The tradition of their origin is thus told by the Sunârs of the Eastern Districts: There was in ancient times a Niyâriya, or purifier of gold, who lived near a jungle where Devi lived with the Râkshasa Sonwa Daitya, whose body was of pure gold. The goddess became tired of her demon lover and ordered the Niyâriya whose name was Mair, to destroy him. Mair approached the demon and offered to clean his body which had become very dirty. The demon allowed him to experiment on his little finger and was satisfied with the result. Then Mair told him that he could clean his whole body if he would agree to mount the fire. The Râkshasa consented, and Mair arranged a pyre, on which he placed the demon, and then laid pieces of lead on his head and breast, so the demon was consumed, and Devi blessed Mair with the promise that he and his descendants should always possess gold and silver and work in the precious metals.

3. The Bengal story adds that Mair was covetous and stole part of the demon's head, and, being detected with it by Devi, she cursed him and his descendants with poverty.[1]

4. According to the Bombay account: In the beginning of the world a pair were produced out of the fire: the male with a blow pipe, and the female with a burning hearth holding molten gold.[2]

5. By another legend current in Northern India, Devi created Mair out of the dirt (*mail*) of her body, and induced him to destroy her demon lover. In another form of the same story, Mair was created from the dirt scraped from the body of a Mâi or holy woman, and in return he rescued her from a golden demon by throwing him into the fire. In this version a Sarrâf seizes the golden ingot, and the Mair, who contented himself with the stray pieces of gold, received the Mâi's blessing, so that he does prosper to this day. Others again say that the gold demon was named Mâika Asura, and that from him was derived the name of Mair.

Tribal organization.

6. At the last Census the Sunârs were recorded under eight main sub-castes: Ajudhyabâsi, "residents of Ajudhya," Bâgri, which is also the name

[1] Risley, *Tribes and Castes*, II, 256.
[2] *Bombay Gazetteer*, XVII, 133.

of a well-known Râjput sept; Chhatri or Kshatriya, which are probably the same as the Tânk Sunârs of the Panjâb, who profess to be degenerate Kshatris or Aroras; Deswâli or "indigenous;" Kanaujiya or "residents of Kanauj;" Khatri, who are perhaps connected with the Chhatri sub-caste already referred to; Mair, who are apparently the original Sunârs of Upper India; and the Rastaogi, which is also the name of one of the Banya sub-tribes.

7. To the east of the Province the internal structure of the caste is very elaborate. There are three groups or sub-tribes, which, according to Mr. Sherring's [1] account from Benares, should contain respectively twelve (*bârah mûl*), fifty-two (*bâwan mûl*) and twenty-two (*bâîs mûl*) sections. It has been found practically impossible to procure a complete list of these sections. The following is the enumeration in Mirzapur. The names given by Mr. Sherring have been given in parenthesis where they apparently correspond—Tântê (Tâtê), Phankê (Phaphê), Thâkur (Thâkur), Rajghatiya (Rajghatiya), Anguriya (Anguriya), Sugawa Bair, Sinh Tarora (Tandora), Andhâri kâ khatanga, Râmtul (Râmtuli), Banwadhiya, Niyâriya, and Nawagiriha (Naugrahiya). Mr. Sherring adds three more—Phûl, Aldemaua, Nautakiya. He gives for the Sinh Tarora or Tandora sub-division thirteen minor clans: Sinh Tandora, Amlohiya, Jhanjhiya, Sugvahair, Naktunâik, Alona, Nujariya, Tahakhiya, Ghosiwâl, Khâspuri, Purhiya, Ghatkiya, and Pûrabi. Of these the Sugnahair is perhaps the same as the Sugawa Bair of the Mirzapur enumeration. Mr. Sherring does not give the sections of the other sub-tribes. The second group should, it is said, include ten sections, of which only nine are known in Mirzapur: Lâl, Mânik, Husainâbâdi, Tankiya, Teliya, Sergharlotiya, Agariya, Bilaiya, and Kuthawa. The third group, according to Mirzapur enumeration contains thirty sections: Dewaiya, Kataiya, Chûrihâra, Bahariyâbâdi, Naubariya, Narhaniha, Teraha, Mardaniya, Qâzipuriya, Badipuriya, Mânikpuriha, Bilâlapuriha, Hâjipuriha, Bigwa, Saharbâdiya, Kutmutiya, Sutaha, Thâna, Chikaniya, Charokota, Mathaiwân, Kith, Panadaha, Bâbhan, Sunâra, Amawatiya Bilâra, Khatanga, Sarawaniya, and Lawaniya. Many of these sections appear to be of local origin; others, as the Chûrihâra and Bâbhan Sunâra, may indicate real or pretended connection with

---

[1] *Hindu Tribes and Castes*, I, 314, *sq.*

other castes. It is a good example of the extreme fertility with which castes like these produce their sections that there is no likeness between these lists and those given from Bengal and Bihâr by Mr. Risley.[1]

8. There is, again, another classification in parts of Mirzapur of Uttarâha, "Northern;" Dakkhinâha, "Southern;" Purabiya, "Eastern;" and Pachhainwa, or "Western." In Bhadohi, north of the Ganges, there is a section known as Bhatkhauwa, so called, it is said, because a Sunâr cohabited by force with a Kâyasth woman, and her descendants were afterwards admitted to the tribe after eating rice (*bhât khâna*). Another section is known as Kukar Khauwa or "dog-eaters," because once, when a house was burnt down, a dog was burnt, and they ate its flesh, believing it to be that of a goat.

9. In Rohilkhand the Chhatri sub-caste is said to be so called because, when Parasurâma was annihilating the Kshatriyas, one of them took refuge with some Sunârs and adopted their trade to save his life. They are said to have no less than four hundred and eighty-four sections, some of whom, according to a list from Pilibhît, are Amethi, Gonthi, Mangaiyân, Musarma, Haraihila, Karaihila, Tataila, Ugar, Bhuinganiya, Bhujwâr, Bachhrâjpuriya, Sûirajpuriya, Chandwariya, Nainhân, and Mediya,—all of which are said to be the names of their head-quarters. The complete census returns show 1,627 sub-divisions of Sunârs, of which those of most local importance are the Desi of Sahâranpur; the Pachhâdê of Meerut and Morâdâbâd; the Mahar of Agra; the Sundha of Fatehpur, Allahâbâd, and Bânda; the Deogayân of Benares; the Audhiya of Lalitpur; the Badhauliya and Ganga of Mirzapur; the Indauriya and Jalesariya of Jaunpur; the Bholiya of Ghâzipur; the Jaiswâr and Kanak of Ballia; the Fatehpuri and Sakarwâr of Gorakhpur, the Magahiya, Sarwariya, and Sikandarpuriya of Basti; the Deogayân of Azamgarh; the Syâmkrishna of Gonda.

10. Besides these there are other numerous sections, which are said to be merely occupational or recruited from menial tribes, and are not accepted by the genuine Sunârs for purposes of marriage. All Sunârs appear to practise hypergamy and marry, when possible, their daughters in a section of

---

[1] *Tribes and Castes*, II, 129.

rank superior to their own. The sub-castes are endogamous, and the sections exogamous. The strict rule is that a man cannot marry in his own, his mother's, his paternal grandmother's, his maternal grandmother's, his father's, paternal or maternal grandmother's section, or in that in which a brother or sister has been already married. In working out the connection the sections of both bride and bridegroom should be considered. They also do not marry within seven generations in the descending line. But it would seem that this rule is falling into abeyance, and the tendency appears, at least in the eastern part of these Provinces, for the sections to coalesce into larger groups, such as the Uttarâha, Dakkinâha, etc., which are becoming endogamous, and isolate themselves by some special observances, such as the maintenance or abolition of widow marriage, and then fall back on the ordinary exogamous formula, which bars intermarriage between the first cousins on both sides.

Tribal council.

11. The Sunârs have a tribal council (*panchâyat*) presided over by a permanent chairman (*mukhiya, chaudhari*). Offences against morality or caste usage are usually punished by two compulsory feasts,—one *pakki* and the other *kachchi*, at the expense of the offender. More serious offences are punished by compulsory pilgrimages, and by feeding and giving alms to Brâhmans, particularly to the tribal priests.

Marriage rules.

12. The Mair Sunârs admit widow marriage, which most of the others profess to prohibit; but the rule is not sufficiently precise to be defined. Polygamy is so far admitted that a man can marry again in the lifetime of his first wife with the approval of the council. As has been already noticed, there is so far a tendency towards hypergamy that parents desire to marry their daughters into a family of a higher rank than their own, while sons are married into families of the same or lower social rank. Concubinage is forbidden, and if a man keeps a strange woman he is put out of caste. Girls before marriage have a certain amount of freedom, but a girl detected in pre-nuptial infidelity is expelled from the family, and if her friends hesitate to take this step, they are put out of caste and not re-admitted until they pay a fine. Marriages are usually arranged by a Bhât. Girls are usually married at the age of ten or twelve; but the practice varies, the richer Sunârs having a preference for infant marriage. Those of higher rank give a dowry with their daughters; while those of a lower grade take money for their girls and often marry them to

the highest bidder. It seems to be understood, however, that the bride-price should be spent on the marriage ceremony and the feast which accompanies it. A man may, with the previous sanction of the council, repudiate an unfaithful wife; and a woman can, similarly, with the permission of the council, leave her husband if he be impotent, but, of course, she cannot be re-married by the regular form.

Birth ceremonies.

13. There is nothing peculiar in the birth ceremonies. There are the usual observances on the sixth (*chhathi*) and twelfth (*baraki*) day after confinement. The menstrual impurity lasts for three days; on the fourth the woman is purified by bathing. The time for the final ablution of the mother is fixed by the Pandit, who even decides what is the lucky direction in which she ought to sit while undergoing the final bath of purification. The Chamâr midwife receives as her fee, in addition to a money present, a sieve full of barley or rice which is known as *akhat* (Sanskrit *akshata*). On each of the two ceremonial bathings the barber's wife distributes, at the houses of the brethren, a preparation of ginger, molasses, and butter, known as *baina*, for which at each house she receives a present. They have the usual initiation into caste by means of the ear-boring (*kanchhedan, kanbedha*). They also wear the sacred cord (*janeu*); but this is not assumed with any special ceremony, and the investiture is done at marriage.

Marriage ceremonies.

14. The marriage ritual, on the whole, corresponds with that of the higher caste Hindus. Rich people marry their daughters by the respectable (*charhauwa*) form; poorer people use the *dola* rite, where the ceremony is performed at the house of the bridegroom.

Disposal of the dead.

15. The dead are cremated according to the standard form. They perform the annual *srâddha*, and some of the wealthier class go even to Gaya for this purpose.

Religion.

16. In Oudh a Sunâr, named Munna Dâs, who died nearly a century ago, established a sect the members of which have an annual fair at the tomb of their spiritual leader at Mandwa in the Kheri district.[1] Some of their special customs are to *salaam* with both hands, to abstain from flesh meat, and to worship an unlighted lamp. To the east of the Province, if they are regularly initiated into any sect, it is

[1] *Oudh Gazetteer*, II, 201.

the Râmanandi or Nânakpanthi. Their tribal deities are Mahâdeva, the Pânchon Pîr, Hardiha or Harda Lâla, Ambika and Phûlmati Devi. These deities are worshipped in the months of Jeth and Sâwan. The Pânchon Pîr receive an offering of cakes (*malîda*), *sharbat*, and garlands of flowers. The priests of the Pânchon Pîr are drawn from the Dafâli caste and receive a share of the offerings. They have also a special tribal Pîr, known as Mîran Sâhib, who is worshipped on Thursdays with an offering of sweets. Kâlika and the other deities receive cakes (*pûri*), pottage (*lapsi*), sacrifices of sheep and goats, and pieces of coloured cloth (*chunari*). Their priests are of the ordinary respectable Brâhman class. The meat offerings made by the worshippers are consumed by them after dedication. The family gods are worshipped in a special room in the house, where a platform (*chabûtra*) is erected in their honour.

Festivals.

17. They observe the ordinary Hindu holidays. On the full moon of Asârh, they mix various grains together, parch them, scatter them in the corners of the house, and make a sacred circle all round outside to guard the family from evil. Snakes are worshipped at the Nâgpanchami, trees on Saturday, the Sun on Sunday, and the Moon at full moon. The special women's holiday is the Tîj or third day of the light half of Bhâdon. Women fast the whole night and day and with singing go and bathe in a stream or tank. But on the previous evening they keep silence as they go to bathe. They worship Bâwan or Bâmana, the dwarf incarnation of Vishnu, on the twelfth of the light half of Bhâdon. They also fast at the Anant, and, on breaking their fast, they eat only wheat bread and milk. The special girl's holiday is the Dasahra or the tenth of the bright half of Jeth, when they throw dolls into the water. They respect the *nîm* tree as the abode of Sîtala and the *pîpal* as the home of the other gods. Dead people often become troublesome ghosts and are worshipped by their relations.

Social customs.

18. Women are tattooed on the wrists. If this be not done, they will be unable to find their mothers in the next world. They swear on Ganges water, on their own heads, on the heads of their sons, standing in water, or by putting *pîpal* leaves on their heads. They believe in magic and witchcraft, to relieve the effects of which they employ Ojhas or Syânas drawn from the lower castes. To obviate the effects of the Evil Eye, a child is usually taken to a mosque and

the Maulavi is asked to breathe over him when the service is over. They worship and protect the cow.

19. They will not touch a Chamâr, Dom or similar degraded castes. Some of them drink, but the habit is reprobated. As an intoxicant and tonic they use *bhang*. They eat the flesh of goats, sheep, and deer, but not beef or pork. Like all respectable Hindus, they will not eat onions, but use garlic instead, and they will not eat turnips or the *kaddu* pumpkin. They will eat the leavings of no one except those of their Guru. They salute their brethren in the forms *Râm ! Râm !* or *Jay Râm ! Sîtarâm !* They are said to respect women more than other castes of the same social level. They eat *pakki* cooked by Brâhmans and Râjputs, and *kachchi* cooked by clansmen or by their Guru.

Occupation.

20. The best account of the business of the goldsmith is that given by Mr. Maclagan for the Panjâb. Their business is making jewelry and money-lending and pawn-broking. They are very often "fences" and receive and dispose of stolen jewelry. They have a slang vocabulary of which a long list has been given by Sir H. M. Elliot.[1] There are, according to Mr. Hoey,[2] four classes of work in Lucknow: plain work (*sâda*) in which there is no ornamentation, such as ordinary gold and silver bangles; *chitâi* or mat-work, which includes all work in which there are cut or engraved designs of flowers, letters, inscriptions, etc.; *jarâo* or *murassa*, which includes all work involving the setting of stones and raised and joined work; *jaldâr*, which is of various classes, European goods, filigree, etc. Besides this there is a large business done by Sunârs in the manufacture of silver and silver-gilt vessels for the Indian market, and teapots, sugar-bowls, tumblers, etc, for English people. When manufacture of ornaments or vessels involves enamelling and gilding, these processes are not performed by the gold or silversmith, but by other artisans, known as the Mînasâz or Mulammasâz.

21. The occupation of the Sunâr is certainly very ancient, as the deities in the Rigveda are constantly represented as wearing gold jewelry. Gold was undoubtedly very extensively found and used in the earliest times in India.[3]

---

[1] *Supplemental Glossary*, 245.
[2] *Monograph*, 184.
[3] Rajendra Lala Mitra, *Indo Aryans*, I, 277: Schrader, *Prehistoric Antiquities*, 172, 185.

22. The Sunâr has a very indifferent reputation for honesty. "The ornament is the wearer's, but the gold remains with the goldsmith" (*Sona Sunâr kâ, abhran sansâr kâ*) is a common proverb. To the west of the Province they tell how a Sunâr made the gold of his own Guru disappear before his very eyes, and then complimented the Guru on his miraculous powers. Another tale describes how a Sunâr wasted away with regret because he made a nosering for his mother without alloying it, and a variant of the tale goes on to tell that he never stopped till he cut off his mother's nose to get the jewel back. So they say *Sunâr apni mâ ki nath men se bhî churâta hai*—"A goldsmith will steal a piece of his own mother's nosering." Another Sunâr went to the temple of Badari Nârâyan in Garhwâl and finding that his iron ring on touching the statue became gold, cut off one of the god's fingers for his private use. But the stump began to ooze with unmistakable blood and from that day to this no Sunâr dares to come near the idol for fear of being struck blind.

Distribution of the Sunárs according to the Census of 1891.

DISTRICTS.	Ajudhya-bâsi.	Bâgri.	Chhatri.	Deswâli.	Kanaujiya.	Khatri.	Mair.	Rastâogi.	Others.	Muhammadans.	TOTAL.
Dehra Dûn	...	26	...	22	...	...	...	...	494	...	542
Sahâranpur	...	454	73	765	...	...	761	...	2,882	...	4,935
Muzaffarnagar	...	564	...	3,317	...	...	108	...	642	35	4,666
Meerut	...	22	...	4,632	...	...	1,312	...	2,461	...	8,427
Bulandshahr	...	...	...	479	...	...	1,033	...	2,679	113	4,304
Aligarh	...	...	...	...	...	...	1,466	...	3,139	...	4,605
Mathura	...	...	...	...	...	1	3,751	...	573	1	4,326
Agra	137	...	598	...	...	157	181	1	4,994	5	6,073
Farrukhâbâd	43	...	2,918	...	25	...	53	19	2,623	...	5,681
Mainpuri	...	...	2,315	...	...	...	...	...	1,900	...	4,215
Etâwah	551	33	1,426	...	199	240	249	53	2,031	...	4,782
Etah	...	...	1,608	...	8	...	72	7	1,773	...	3,468
Bareilly	21	...	1,857	...	...	...	122	3,996	1,320	...	7,316

Distribution of the Sunârs according to the Census of 1891—continued.

Districts.	Ajudhya-bâsi.	Bâgri.	Chhatri.	Deswâli.	Kanaujiya.	Khatri.	Mair.	Rastâogi.	Others.	Muhammadans.	Total.
Bijnor . . .	...	...	...	390	...	...	3,862	...	108	...	4,360
Budâun . . .	...	...	1,886	...	...	...	707	606	1,305	...	4,504
Morâdâbâd . . .	...	...	...	...	...	...	3,195	949	1,733	124	6,001
Shâhjahânpur . .	...	...	3,128	...	...	19	210	1,078	1,241	...	5,676
Pilibhît . . .	...	21	1,186	...	...	...	682	942	159	...	2,990
Cawnpur . . .	1,785	...	2,690	...	107	800	9	158	2,213	...	7,762
Fatehpur . . .	895	...	759	...	29	124	8	...	3,109	...	4,924
Bânda . . .	3,612	56	42	...	8	1,684	...	...	942	...	6,344
Hamîrpur . . .	5,201	...	...	...	...	1,065	...	...	143	...	6,409
Allahâbâd . . .	514	...	64	...	61	12	9	19	7,427	...	8,106
Jhânsi . . .	844	...	...	...	...	1,705	...	...	814	...	3,363
Jâlaun . . .	1,358	...	23	...	...	1,470	...	...	928	...	3,779
Lalitpur . . .	6	...	42	...	...	95	...	...	1,774	...	1,917
Benares . . .	124	...	...	...	...	2,091	303	...	4,795	...	7,313

Mirzapur . . .	994	...	...	...	...	...	...	...	4,800	...	5,794
Jaunpur . . .	258	...	...	...	...	...	...	...	5,959	...	6,217
Ghâzipur . . .	474	...	...	...	19	282	...	...	7,895	...	8,670
Ballia . . .	225	...	...	...	266	...	...	...	8,969	...	9,460
Gorakhpur . . .	4,644	66	...	262	49	798	3	...	11,430	...	17,252
Basti . . .	2,024	..	...	...	...	...	...	...	7,735	...	9,459
Azamgarh . . .	2,290	93	...	...	128	444	...	...	5,414	...	8,369
Kumaun . . .	...	...	...	...	...	...	...	...	681	...	681
Garhwâl . . .	...	...	...	...	...	...	...	...	4	...	4
Tarâi . . .	...	...	...	...	...	...	491	179	302	11	983
Lucknow . . .	7	...	1,107	...	69	18	9	1,172	2,802	...	5,184
Unâo . . .	223	...	824	...	4	...	...	139	2,833	...	4,023
Râê Bareli . .	120	...	497	...	14	42	16	239	3,935	...	4,863
Sîtapur . . .	2	...	1,378	...	22	...	1	1,333	1,237	...	3,973
Hardoi . . .	...	...	2,411	...	...	...	...	1,142	294	...	3,847
Kheri . . .	...	...	1,328	...	...	...	406	1,207	334	...	3,275
Faizâbad . . .	332	...	73	...	...	311	151	38	3,986	3	4,894

Distribution of the Sunârs according to the Census of 1891—concluded.

DISTRICTS.	Ajudhya-bâsi.	Bagri.	Chhatri.	Deswâli.	Kanaujiya.	Khatri.	Mair.	Rastâogi.	Others.	Muham-madans.	TOTAL.
Gonda	...	175	40	...	28	...	...	1,374	3,532	...	5,149
Bahrâich	7	...	789	14	...	...	1,483	301	1,400	2	3,996
Sultânpur	...	...	...	7	36	...	...	...	3,956	24	4,023
Partâbgarh	...	...	6	...	17	...	...	...	2,663	2	2,688
Bârabanki	...	846	53	5	17	...	...	1,175	3,340	...	5,436
TOTAL	26,691	2,356	29,121	9,893	1,106	11,358	20,653	16,127	137,703	320	255,328

Sunkar.[1]— A small caste of labourers entirely confined to Bundelkhand. They appear to have no traditions of origin. They have a number of exogamous *gotras*, some of which are Margiya, Gotiya and Jaraliya. A man cannot marry in his own *gotra* or in a family with which another marriage connection has been formed within the memory of man. Both infant and adult marriage is allowed. Neither polyandry nor polygamy is allowed. The marriage ceremony is by the usual form of *bhanwar* or revolutions round the marriage shed. Widows are allowed to marry and the levirate is preferred, but is not compulsory on the woman. In widow marriage the only observance is the feast to the brethren when the bride is brought home with her husband. A woman can be divorced for adultery with the consent of the tribal elders (*mukhiya*). A divorced wife may remarry in the caste according to the form allowed in the case of widow marriage.

2. They are Hindus and generally worship Devi. Their chief local god is Hardaul Lâla, who is worshipped at marriages. They burn their dead, and if a river be near the ashes are consigned to it; if not they are left on the burning ground. They offer the usual libations of water to the manes of the dead and feast the brethren.

3. Their chief occupation is dyeing cloth with the *âl* dye and making what is known as *khârua* cloth. Some of them burn lime and collect road metal (*kankar*) on the roads. They are allowed to eat goat's flesh and fish and drink spirits. They will not eat or drink with any of the menial castes, and no higher caste will take food or water from their hands.

Distribution of the Sunkar according to the Census of 1891.

DISTRICTS.	Number.	DISTRICTS.	Number.
Bânda . . .	1	Jâlaun . . .	497
Hamîrpur . . .	352		
Jhânsi . . .	546	TOTAL .	1,396

Sûrajbans, Sûrajbansi (Sanskrit *Sûrya-vansa*, "the race of the sun").—A modern sept of Râjputs who claim to be the represen-

[1] Principally based on a note by M. Râdha Raman, Deputy Collector, Jhânsi.

tatives of the famous solar race of Ajudhya. The Malla Râjas of Nepâl assert that they are sprung from Ansuvarma, who, according to the Chinese pilgrim Hwen Thsang, belonged to the Sûrajbansi family of the Lichchhavis of Vaisali near Patna.[1] The famous tradition, accepted by Colonel Tod, represents that in 224 A. D., Kanak Sen left Ajudhya with a large following and migrated westward to Gujarât. "This tradition, however, is opposed to the widely received story that Vikramaditya, of Ujjain, visited Ajudhya about 50 B. C., and found it totally desolate and covered with forest, and, after discovering the sites of the ancient temples and palaces, rebuilt them in their original splendour. Granting, however, that this discrepancy is one of dates and not of facts, this migration of the Sûrajbansis from Ajudhya to Gujarât, and finally to Chithor, is the only tangible fact we have to lay hold on the early history of Oudh."[2] The Pahâri Chhatri Râja, who now holds the Pargana of Khairgarh, in the Kheri district, asserts[3] that his family governed at Sâraswati till the time of Râja Suthurot, whose son Marchhan Deva moved with his subjects to Ajudhya, where they reigned for one hundred and two generations till the time of Pitra Sen, who became King of Bhârat Khand or Northern India. There they reigned for eighteen generations, and then they moved to Kaphâr, in Kumaun, where forty-two more of them successively sat on the throne. The forty-second, Sârang Deva, emigrated to Kâthaur. The twentieth generation brings them down to Arjuva Pâla, who was a contemporary of the Emperor Akbar. "They claim then to have governed in different parts of India for more than two hundred and twenty generations prior to the sixteenth century. In spite of this long descent, it may be remarked that the family is hardly considered Chhatri at all; and even when they managed to marry their daughters to the Ahbans, Janwârs, and Raikwârs, they had to pay large sums as bribes. Further, none of these places or parganas appear on the map of Kumaun, and the whole story is probably one of those fictions in which the bards of India are so fertile."

2. According to the legend current in Faizâbâd,[4] their ancestor

---

[1] Atkinson, *Himalayan Gazetteer*, II, 514.
[2] Elliott, *Chronicles of Undo*, 21.
[3] *Oudh Gazetteer*, II, 130.
[4] *Settlement Report*, 212.

came from Kumaun three hundred and fifty years ago and settled at Sultânpur, a suburb of Faizâbâd. He and his sons served a merchant named Dandâs Sahu, who had excavated a large tank in the neighbourhood, to which he gave his name. There dwelt hard by, in the village of Belahri Shâh Bhîkha, a hermit of great repute. On one occasion the merchant found the hermit washing his teeth at the edge of the tank, and admonished him for so doing. This so enraged the hermit that he vowed that in future not even donkeys should drink at the tank, and in consequence water is rarely found in it. The merchant died childless, and his property fell into the hands of his Sûrajbans servant, and thus the present family came to be founded. In Râê Bareli[1] their sons marry Chauhân and Bisen girls, and they give brides to the Amethiya and Bais. There is a flourishing branch in Ghâzipur, who claim to have expelled the Bhars.[2]

3. There is another sept of illegitimate Sûrajbansis who are probably included in the enumeration of the last census. They are described under the head of Soiris.

4. According to one account the Sûrajbansis take wives from the Bachgoti, Râjkumâr, Bandhalgoti, Sombansi, and Kalhans septs; and give girls to the Sirnet, Gautam, and Baghel. The poorer members of the sept are said to sell their daughters to rich Râjputs of any clan irrespective of social rank.

Distribution of the Sûrajbans Râjputs according to the Census of 1891.

DISTRICTS.	Number.	DISTRICTS.	Number.
Sahâranpur . . .	110	Agra	211
Muzaffarnagar . .	13	Farrukhâbâd . .	30
Meerut . . .	155	Mainpuri . . .	2
Bulandshahr . . .	2,294	Etâwah . . .	4
Aligarh . . .	11	Etah	134
Mathura . . .	45	Bareilly . . .	98

[1] *Settlement Report, Appendix* C.

[2] Oldham, *Memoir*, I, 65.

Distribution of the Sûrajbans Râjputs according to the Census of 1891—concluded.

DISTRICTS.	Number.	DISTRICTS.	Number.
Bijnor	185	Gorakhpur . . .	1,581
Budâun . . .	12	Basti	14,670
Morâdâbâd . . .	222	Azamgarh . . .	551
Shâhjahânpur . .	111	Kumaun . . .	184
Pilibhît . . .	56	Tarâi	49
Cawnpur . . .	166	Lucknow . . .	241
Fatehpur . . .	5	Unâo	9
Pânda	187	Râê Bareli . . .	55
Hamîrpur . . .	49	Sîtapur . . .	194
Allahâbâd . . .	429	Hardoi . . .	185
Jhânsi . . .	12	Kheri	458
Jâlaun	13	Faizâbâd . . .	4,124
Lalitpur . . .	2	Gonda . . .	826
Benares . . .	1,295	Bahrâich . . .	415
Mirzapur . . .	6,786	Sultânpur . . .	315
Jaunpur . . .	285	Partâbgarh . . .	172
Ghâzipur . . .	3,769	Bârabanki . . .	2,777
Ballia . . .	855	TOTAL .	44,382

Suthrashâhi.[1]—An order of Hindu mendicants who are found in very small numbers in these Provinces.

Of them Mr. Maclagan writes :—"The origin of this order is a little doubtful. According to one account, Suthra Shâh was a Budwâl Khatri of Bahrâmpur, in the Gurdâspur district, who became a disciple of Guru Arjan, and was called Suthra, "pure," from his truthfulness. Another story is that he was a follower of Guru Har Govind, and various tales are told of the quarrelsomeness and somewhat coarse humour which he displayed in the days of that Guru. Professor Wilson, again, says that the Suthra-

[1] *Panjáb Census Report,* 154 ; Wilson, *Essays,* I, 272, *sq.* ; Ibbetson, *Panjáb Ethnography,* paragraph 522 ; Cunningham, *History of the Sikhs,* 65.

shâhis look to Guru Tegh Bahâdur as their founder. Dr. Trumpp, on the other hand, states that the founder of this sect was a Brâhman named Sucha, and that they took their origin under Guru Har Râê. His view is supported by a story, which says that when Guru Har Râê was summoned by Aurangzeb to Delhi, Suthra Shâh took his place and so pleased the Mughal by his wit and wisdom that he was given special permission to levy a *paisa* from every shop in the realm. On the strength of this his spiritual descendants are most importunate beggars and will seldom leave a shop till they get alms. They proceed along the bâzârs with black caste marks on their foreheads and black woollen ropes (*seli*) twisted round their heads and necks, clashing together a couple of short staves (*danda*) and shouting mystic Panjâbi songs indifferently in honour of Guru Nânak and the goddess Devi. They perform the funeral ceremonies of the Hindus, burn their dead, and throw the bones into the Ganges; but they neither wear the Brâhmanical thread nor keep the scalp-lock. They indulge freely in intoxicants and seldom cease from smoking. Their profligacy is notorious and they are said to be composed mainly of spendthrifts who have lost their wealth in gambling. They are recruited from all castes, and they always add the title Shâh to their names. "They have," says Trumpp, "a Guruship of their own, and receive novices (*chela*); but there is no order or regular discipline among them." They live chiefly in large towns, and their principal Gurudwâra is at Lahore. They are also said to have shrines at Nâgar Sain, near Benares, and at Patiâla; but as a rule they have no sacred places and spend their time in roving mendicancy."

2. Whenever they visit these Provinces they are regarded with extreme abhorrence, partly on account of the coarse way in which they demand alms and abuse and lampoon those who do not give in to their demands, and partly because they have the reputation of enticing away the sons of respectable people to join the order. Some of them say that they are the followers of one Jhakkar Shâh. Their distinctive mark is a straight line across the forehead made in black, and the ebony (*abnûs*) wood sticks which they beat together as they beg. A proverb current in the Eastern Districts says, in allusion to their rapacity,—*Kehu mûê, kehu jiyê, Suthra ghor batâsa piyê*: "Any one may live or die, but the Suthrashâhi must have his drink of sugar and water."

T

Taga.[1]—An important cultivating and land-owning tribe confined almost altogether to the Upper Ganges-Jumna Duâb and Rohilkhand. They are divided into a Hindu and Muhammadan branch.

Traditional origin.

2. The Tagas claim to be of Brâhmanical origin, as Sir H. M. Elliot writes:[2]—"They state that they were invited from Bengal to these parts by Râja Janamejaya for the purpose of exterminating snakes; which fable, though sufficiently ridiculous in itself, no doubt veils under an allegorical type a most important historical fact. The circumstances attending the sacrifice of the snakes by Janamejaya are preserved by local tradition in almost the same form as they are given in the Adi Parva of the Mahâbhârata. A garrulous old Taga, who has perhaps never read or even heard a line of that poem, will tell you how Râja Parichat (Parikshita) was bitten to death by a snake, notwithstanding all the precautions he took to avoid it by seating himself on a platform in the middle of the Ganges; how that Utang (Utanka), a Muni, persuaded Janamejaya, who had lately returned victorious from Takshasila, to avenge his father's death; how that they were all exterminated, except Takchak (Takshaka), brother of the Adityas, and Bâsuk (Vâsuki), sovereign of the Nâgas of Patâla; when, towards the end of the sacrifice, Astik, a holy man (of whose birth some marvellous paticulars are given), came forward and obtained the promise of Janamejaya to spare their lives, which promise he dare not break, as it was exacted by a Brâhman; and how that he was thus foiled in his object of sacrificing the chief offenders whom he had reserved for the close of the ceremony in order that none of their followers might come to their assistance.

"It was for the purpose of officiating at this serpent sacrifice that Janamejaya is said to have invited Brâhmans from Gaur. After they had performed all that he requested of them, he offered them remuneration, which some rejected, and others received in the shape of land; on which account they were called Tagas from having

---

[1] Based on notes by M. Muhammad Ali, Head Master, Zillah School, Bijnor; H. Frazer, Esq., C.S. Bijnor.

[2] *Supplementary Glossary: S.V. Gour Taga.*

consented to a relinquishment (*tyág*) of their creed as Brâhmans, by pursuing agriculture, which they are forbidden by the Shâstras to practise.

3. "Those who continued to retain their titles and privileges as Brâhmans took up their abode chiefly in Hariyâna, while the Tagas remained in the neighbourhood of Hastinapur, within a circle of about one hundred miles round the ancient capital, where they are found to this day. This is the usual account.

"It is remarkable, however, that almost all the clans of Tagas state that they came from Hariyâna, not from Gaur, and even derive their names from places in that country, as, for instance, the Chûlat who say that their name is derived from Chûla in Bikanîr; and the Bikwâns, of Pur Châpar, who came from Bikanîr. It is, therefore, far more probable that the Brâhmans were already tenants of Hariyâna, that they must have settled there before Janamejaya's reign, and that the Tagas only, and not the Brâhmans, owe their residence to that powerful Râja; otherwise it is difficult to reconcile the apparent contradiction that he called Gaur Brâhmans from Bengal, and Gaur Tagas from Hariyâna; or it may be that the Brâhmans were invited from Gaur by Janamejaya, and afterwards settled in Hariyâna, and that the Tagas were invited by some succeeding Prince or Princes, after the Brâhmans had fully established themselves in Hariyâna; so that the occupation of the country round Hastinapur by the Tagas may be later than the occupation of Hariyâna by the Brâhmans. But what militates against this, and confirms the other hypothesis, is that it is expressly stated in the concluding section of the Mahâbhârata that Janamejaya, 'having concluded the ceremonies of the sacrifice on which he had been engaged, dismissed the multitude of Brâhmans and other pious mendicants who had thronged to the place, loaded with presents, to their several abodes.'"

4. It is of course dangerous to press the details of a legend like this too far. Mr. Ibbetson[1] attempts to explain the difficulty of their legendary connection with Hariyâna by the fact that they give Safîdon in Jhînd, on the border of Hariyâna, as the place where the holocaust took place, and the name of the town is not improbably connected with the snake (*sánp*). Whether, as Sir H. M. Elliot believed, their name was to be connected with the Takkas, who are

[1] *Panjáb Ethnography*, para. 477.

believed to have been a Scythian race, with the snake as their totem or not, there seems reason to believe that the Tagas are probably the earliest inhabitants of the Upper Jumna lowlands (*khâdir*), holding villages that have been untouched by the course of the stream for a longer period than most of their neighbours.

5. Lower down the Ganges-Jumna Duâb, the Tagas, Gaur Brâhmans, and Nâgars of Bulandshahr firmly believe that Ahâr in that district (said to be derived from *ahihâra*, "serpents destroyed") was the spot where their ancestors assisted Râja Janamejaya in the snake sacrifice and got largesses and assignments in return. Another legend gives a less respectable account of their origin. It is said that having been tempted by the munificent gifts offered by a certain Râja to married Brâhmans, a Gaur bachelor took in his company a common prostitute to the Râja's Court to pass as a married man and obtain the gift. The device succeeded, but was soon after discovered, and then to escape the Râja's displeasure the Brâhman kept the prostitute for good as his wife. The progeny of this pair imitated the pure Brâhmans by wearing the Brâhmanical cord (*tâga*), and hence they are called Tagas, or Brâhmans, in no other respect than that of wearing the cord. As an argument in support of the story, it is said that Taga women are still uncommonly fond of ornamenting their persons, a peculiarity supposed to be derived from their original ancestress.[1]

6. On the whole it seems not unreasonable to believe that, like the Bhuînhâr Brâhmans of the eastern part of the Province, the Tagas may have been originally Gaur Brâhmans, who lost status by abandoning priestly functions and taking to agriculture. At the same time their appearance, and the recognition of the Dasa or inferior grade, who allow widow marriage and are admittedly not of blue blood, leads to the inference that there has been at one time some admixture with other races. How far they really intermarry with other Brâhmans is not quite certain. In Gurgâon [2] it is said, that some thirty years ago one Gordhan, a Taga, was about to marry his daughter to a Gaur Brâhman; but a council of Gaurs forbade it. Sir H. M. Elliot says that in the Dehli territory the Gaur Brâhmans and the Tagas frequently intermarry; but that the practice is not observed by the Gaurs of the Duâb and Rohilkhand.

---

[1] Râja Lachhman Sinh, *Bulandshahr Memo.* 134, 159, *sq.*
[2] *Settlement Report*, 32.

Tribal organization.

7. The records of the last Census show no less than one hundred and fifty-five sections of the Hindu and fifty-five of the Muhammadan branch. Many of these are well known Râjput or Brâhman tribes, such as Bâchhal, Bais, Bargala, Chauhân, Chandel, Dikhit, Gaur, Sanâdh, Vasishtha. These appear to be exogamous groups framed on the Brâhman or Kshatriya model. But the really important division is into Dasa or Daswân, Bîsa or Biswân the "tens" and the "twenties," the former of whom allow widow marriage, which the latter prohibit. If a Bîsa allows this objectionable practice, he falls at once into the Dasa grade.

Marriage.

8. The Dasa and Bîsa form two endogamous groups, and within these groups they follow the usual rules of Brâhmanical exogamy. Polyandry and sexual license before marriage are strictly prohibited. Polygamy is allowed only when the first wife is barren. The age for marriage is from eight to fifteen. There is no legalised divorce; a faithless wife is simply expelled from the house. There is no bride-price; but it is usual to give a dowry with the bride. The domestic ceremonies are of the standard orthodox type.

Religion.

9. The Hindu branch appear chiefly to worship Mahâdeva. They are very careful to propitiate the sainted dead of the household. One way of appeasing the spirit of the dead man is to make an unmarried boy drink milk under a *pîpal* tree on the death day in every fortnight for a year, and then on each succeeding anniversary. Their priests are generally Gaur Brâhmans of an inferior grade.

Occupation.

10. The Tagas are a fine sturdy set of yeomen, all or nearly all occupied in agriculture. They are not as good farmers as the Jâts in their neighbourhood, but much more industrious and respectable than the Gûjars.

Distribution of the Tagas according to the Census of 1891.

District.	Hindus.	Muhammadans.	Total.
Dehra Dûn	12	...	12
Sahâranpur	15,961	2,855	18,816
Muzaffarnagar	12,792	6,637	19,429

Distribution of the Tagas according to the Census of 1891—concld.

DISTRICT.	Hindus.	Muhammadans.	TOTAL.
Meerut	43,290	12,049	55,339
Bulandshahr	6,508	40	6,548
Bijnor	10,952	...	10,952
Budâun	21	...	21
Morâdâbâd	9,822	6,537	16,359
Shâhjahânpur	1	...	1
Tarâi	49	...	49
Hardoi	1	...	1
TOTAL	99,409	28,118	127,527

Tambâkugar, Tamkhera.—A dealer in tobacco (*tambâku*) This is hardly a caste, but was recorded as such in some of the Census schedules. One of the earliest references to tobacco in India is in the memoirs of the Emperor Jahângîr [1] where he writes:—"As the smoking of tobacco (*tambâku*) had taken very bad effect upon the health and mind of many persons, I ordered that no one should practise the habit. My brother Shâh Abbâs, also being aware of its evil effects, had issued a command against the use of it in Irân· But Khâni Alam was so much addicted to smoking that he could not abstain from it and often smoked."

Tamboli, Tamoli.[2]—(Sanscrit *tâmbûla*, the pungent and aromatic leaf of the *piper betel*).—The caste which is devoted to the cultivation and sale of *pân* (Sanskrit *parna*, "the leaf," *par excellence*). The man who cultivates the plant is properly called Barai (*q. v.*); but the respective functions of the Tamboli and Barai are not clearly defined. In Benares, according Mr. Sherring,[3] there is no real distinction between them. There the Tamboli sells betel-nut as well as *pân*, and appears to be more of a wholesale trader

[1] Dowson's Elliot, VI, 851; *Indian Antiquary*, I, 164.

[2] Based on enquiries at Mirzapur and notes by M. Chhotê Lâl, Archæological Survey, Lucknow; Mr. A. B. Bruce, C. S., Ghazipur.

[3] *Hindu Tribes and Castes*, I, 330.

than the Barai. The sub-castes of both Tambolis and Barais are very similar, and if there is any real distinction it is very ordinarily overlooked.

Internal structure.

2. At the last Census they were enumerated under the sub-castes of Chaurasiya, who seem to take their name from Pargana Chaurâsi in the Mirzapur District; Barai, Jaiswâr, from the town of Jais in the Râê Bareli District; and Kathyâr. In Agra we find the Barai, Chaurasiya, and Kathwâr, who are probably the Kathyâr of the Census enumeration and do not allow widow marriage. In Gorakhpur are the Tenduhâra, who are named from the *tendu* (Sanskrit *tinduka*) the tree *diospyros embryopteris*, the fruit of which is occasionally eaten, and the Jaiswâr. In Lucknow we find the Chaurasiya, Jaiswâr, Sribâstav, who are named from the town of Srâvasti, the present Sahet-Mahet of Gonda, and the Jaunpuriya. In Ghâzipur we have the Nâsarkhâni, Chaurasiya, Bhadesiya, and Mathesiya or Madhesiya, who are residents of Madhyadesa, "the middle land." Another enumeration from Ghâzipur gives the sub-castes as Nâsarkhâni, Kharwâra, and Turk or Muhammadan Tambolis. In Allahâbâd are the Chaurasiya, Jaiswâr, and Sribâstav. The complete Census lists show 244 sub-divisions of the usual type, many taken from well known castes and septs, such as Aheriya, Bagheli, Baiswâla, Chhatri, Gaur, Gaharwâr, Jâdon, Janwâr, Kahâr, Kâyasthwâr, Kalwâr, Luniya, Nâgbansi, Nandbansi, Raghubansi, Râjput, Râthaur, Râwat, Thâkur, with local sub-divisions, like Aharwâr, Ajudhyabâsi, Bindrabani, Chaurasiya, Gangapâri, Jaiswâr, Jamunapâri, Jaunpuriya, Kanaujiya, Mathuriya, and Sribâstavi. All these are endogamous, and the only regular rule of exogamy is that a man cannot intermarry with a family with which, during human memory, his family has been connected by marriage.

Domestic ceremonies.

3. Among the better classes marriage usually takes place in infancy, and the bride does not come to live with her husband until she is nubile, when there is a second ceremony (*gauna.*) All the Tambolis, except the Kathyâr sub-caste, appear to allow widow marriage and the levirate, but the latter is not compulsory on the widow. Polygamy is allowed, and a man can put away his wife by leave of the tribal council if she is guilty of adultery or of some other act which involves excommunication from the caste. In their domestic ceremonies the Tambolis follow the orthodox rules current among the

trading castes of the same social grade. They cremate their adult dead and perform the usual *sráddha*. At marriage the Tambolis of the east of the Province have a rite, which seems special to them' called *Ahorbahor*; the bride and bridegroom jointly pay five visits to the family of the other before they finally live together.

Religion.

4. By preference they seem to be usually Vaishnavas. But they have no special connection with any particular sect. In Lucknow some are said to be Saivas, Sâktas, Nânakshâhis or Kabîrpanthis. There some worship Brahm Gusâîn and Narsinha, and some affect the Vamachâri worship of Bhîtari Devi. Early in the morning, when they open their shops, they burn some incense before the little wooden box in which they keep their *pán*, with a view to propitiate Lakshmi, the goddess of wealth. In November the Tambolis of Ghâzipur go to a place called Magha, in the Patna District, where a particularly fine kind of *pán*, called *Magahi pán*, is grown. There is here a temple known as that of Sokha Bâba, containing a lingam of Mahâdeva, which they all worship and invoke prosperity in their trade. Some of the offerings are brought home and distributed among friends and relations. On their return, an offering of a bundle and a quarter of the leaves is made to Mahâbîr on a Tuesday, which is his day.

Occupation and social status.

5. The special occupation of the caste is the cultivation and sale of *pán*. The leaves are made up and sold in bundles of two hundred each, known as a *dholi* of *pán*. There are numerous varieties. Mr. Hoey [1] enumerates in Lucknow the *Kapúri*, *Kaker*, *Bangla* or Bengali, *Begami*, *Desáwari* or "foreign," and *Kalkatiya* or Calcutta *pán*. Abûl Fazl names six varieties.[2] "The leaf called Bilahri is white and shining, and does not make the tongue harsh and hard. It tastes best of all kinds. After it has been taken away from the creeper, it turns white with some care after a month, or even after twenty days, when greater efforts are made. The Kakar leaf is white, with spots, and full, and has hard veins. When much of it is eaten the tongue gets hard. The Jaiswâr leaf does not get white, and is profitably sold, mixed with other kinds. The Kapûri leaf is yellowish, hard, and full of veins, but has a good taste and smell. The Kapûrkant leaf is yellowish-green, and

---

[1] *Monograph*, 189.
[2] Blochmann, *Aín i-Akbari*, 1, 72.

pungent like pepper; it smells like camphor. You could not eat more than ten leaves. It is to be had at Benares, but even there it does not thrive in every soil. The Banglah leaf is broad, full, hard, plushy, hot and pungent." The leaf is made up for sale with catechu (*katha*), lime (*chúna*), betel-nut (*supári*), and cardamoms (*ilâchi*), and is then known as *bîra* or *gilauri*.

6. The Tamboli, from his connection with the production and sale of what is almost a necessity in Indian life, holds a fairly respectable position. They observe a high degree of personal purity, and will eat *kachchi* only if cooked by a member of their own caste, and *pakki* cooked by a Brâhman or Halwâi. They will eat goat's flesh and fish, but not, of course, beef or pork. Many of them are Bhagats, and avoid the use of meat and spirituous liquor, the latter of which is permitted to those under no special vow. They have a special reverence for the conservatory (*bhît*) in which the creeper is raised, which is carefully protected from any kind of ceremonial pollution, and for the scissors (*sarauta*) used in preparing the leaf. *Pân* of course finds a place in the popular wisdom of the country-side:—

Suhbat achchhi baithê khâiyê Nâgar pân. Buri suhbat baithkê kataiye nâk aur kân—"Sit in good company and eat Nâgar betel: sit in bad company and you get your nose and ears cut off."

Bina vasîlê châkari, bina dhâl kê jwân, ye tînon phîke lagên, bina tamâku pân—"Service without a patron, a young man without a shield, and betel without tobacco are all four tasteless."

Distribution of the Tambolis according to the Census of 1891.

Districts.	Hindus.					Muhammadans	Total.
	Barai.	Chaurasiya.	Jaiswâr.	Kathyâr.	Others.		
Dehra Dûn . .	24	62	12	...	37	...	135
Sahâranpur . .	...	7	...	...	97	...	104
Muzaffarnagar . .	...	11	...	...	61	...	72
Meerut . . .	...	...	...	...	320	3	323
Bulandshahr . .	...	...	...	...	94	77	171
Aligarh . . .	...	...	...	5	429	8	442

Distribution of the Tambolis according to the Census of 1891—continued.

Districts.	Hindus.					Muhammadans	Total.
	Barai.	Chaurasiya.	Jaiswâr.	Kathyâr.	Others.		
Mathura . . .	...	24	1	...	510	13	548
Agra	...	164	...	44	448	44	700
Farrukhâbâd . .	...	1,276	...	837	81	...	2,194
Mainpuri . . .	...	178	12	404	241	...	835
Etâwah . . .	25	721	...	34	162	...	942
Etah . . .	...	2	...	218	106	29	355
Bareilly . . .	18	305	...	579	20	...	922
Bijnor . . .	...	...	...	20	73	...	93
Budâun . . .	...	...	...	252	95	...	347
Morâdâbâd . .	...	...	...	...	222	40	262
Shâhjahânpur . .	36	197	...	1,533	160	...	1,926
Pilibhît . . .	...	51	6	...	491	...	548
Cawnpur . . .	56	5,261	52	6	363	...	5,738
Fatehpur . . .	...	2,658	...	...	269	...	2,927
Bânda . . .	22	912	6	9	337	...	1,286
Hamîrpur . . .	17	702	...	...	172	...	891
Allahâbâd . . .	...	183	...	...	...	...	183
Jhânsi . . .	...	25	2	454	33	...	514
Jâlaun . . .	...	440	...	...	509	...	949
Benares . . .	...	1,146	172	...	1,117	...	2,435
Mirzapur . . .	...	429	...	...	31	...	460
Jaunpur . . .	...	11	...	...	...	...	11
Ghâzipur . . .	...	2	...	...	...	39	41
Gorakhpur . . .	41	146	559	...	325	...	1,071
Basti . . .	...	...	...	...	217	11	228
Azamgarh . . .	...	...	...	...	60	...	60

Distribution of the Tambolis according to the Census of 1891—concluded.

Districts.	Hindus.					Muhammadans	Total.
	Barai.	Chaurasiya.	Jaiswâr.	Kathyâr.	Others		
Kumaun	...	...	...	...	35	...	35
Garhwâl	...	...	...	...	...	...	...
Tarâi	...	1	...	15	127	...	143
Lucknow	...	5,307	492	50	749	...	6,598
Unâo	105	8,500	2	1,029	340	...	9,976
Râê Bareli	...	6,505	786	906	662	...	8,859
Sîtapur	730	960	1,901	1,970	797	...	6,358
Hardoi	...	483	...	...	14	...	497
Kheri	183	...	1,163	...	24	...	1,370
Faizâbâd	...	2	545	...	48	...	593
Gonda	...	...	347	...	13	...	362
Bahrâich	...	39	3,933	...	1,625	6	5,603
Sultânpur	...	1	136	...	273	...	410
Bârabanki	...	2,517	1,993	...	884	...	5,394
Total	1,257	39,228	12,120	8,365	12,671	270	73,911

Tânk.—A sept of Râjputs in the Western Districts. Regarding the Tak or Takshak Colonel Tod has various curious speculations.[1] General Cunningham[2] says that the Takkas of the hills are Turanians, "because they are certainly not Aryas." M. St. Martin identifies the Ganganoi or Tanganoi of Ptolemy with the Tangana of the Mahâbhârat and the Tânk Râjputs.[3]

2. The Tânk Râjputs in Mainpuri[4] say that they are Yaduvansis, and claim kinship with the Yâdava princes of Jaysalmir and Kurâoli. They originally settled in a cluster of twelve-and-half villages round Kosma, in the Ghiror Pargana, which still

[1] *Annals*, I, 111; Dowson's Elliot, *History*, I, 504, Appendix.
[2] *Archæological Report*, II, 6, 899.
[3] *Indian Antiquary*, XIII, 376.
[4] *Settlement Report*, 21.

remains the seat of the clan. In former times they were noted for their predatory habits, and even now the character of the heads of the clan is not above suspicion. During the reign of Akbar, the Kosma men, headed by the two sons of their late chief, attacked and plundered some imperial stores passing through the District, and as a punishment for this daring robbery, one of the brothers was carried off to the capital and there compelled to embrace the Muhammadan faith.

3. This accounts for the singular division even now existing of the Kosma family into two sections: Kosma Musalmân and Kosma Hindu. It is a curious fact that Ja'afar Khân, the head of the Muhammadan section, is, equally with Gulâb Sinh, the head of the Hindu branch, looked up to by the whole Tânk community, and his joint headship is fully recognised by every member in matters affecting the internal economy of the clan. The customs of the Muhammadan brotherhood still partake greatly of a Hindu character. At the ceremonies attendant on births, marriages, deaths, and at meetings of the tribal council amongst the Hindu brotherhood, Ja'afar Khân is always summoned and takes a prominent part.

Distribution of the Tânk Râjputs according to the Census of 1891.

District.	Numbers.	District.	Numbers.
Sahâranpur	13	Budâun	5
Meerut	58	Morâdâbâd	43
Bulandshahr	21	Shâhjahânpur	229
Mathura	52	Pilibhît	104
Agra	147	Cawnpur	159
Farrukhâbâd	128	Bânda	1
Mainpuri	1,104	Jhânsi	647
Etâwah	110	Jâlaun	87
Etah	52	Ghâzipur	1
Bareilly	4	Tarâi	17
		Total	2,982

Tarkihâr [*tarki*, "a woman's earring," so called because originally made of the palm (*târ*) leaf; *kâra* maker].—The caste who make women's ear ornaments out of the palm leaf. They are a purely occupational caste. They call themselves in Mirzapur Bais Râjputs. In Gorakhpur they apparently pretend to be Brâhmans, as, according to Dr. Buchanan [1] "twenty-six houses of Brâhmans, but of what kind is not known, have suffered disgrace by making earrings of palm leaves, and are excluded from intermarriage with others; still, however, they are entitled to receive the whole Gâyatri, and should be exempt from cápital punishment." The Census returns show 37 endogamous sections of the Hindu and two of the Musalmân branch, which are all of the type already familiar among these minor castes. They practise the ordinary rule of exogamy, which forbids marriage in the family of the paternal and maternal uncle and the paternal and maternal aunt for three generations. Girls are married between the ages of five and eleven. A man can marry a second time while his first wife is alive, only with the sanction of the tribal council (*panchâyat*), but this permission is given only on the condition that the applicant gives two feasts to the clansmen.

Marriage.

2. To the east of the Province marriage is conducted in the four standard forms: *charhauwa* for respectable people, *dola* for poor people, *sagâi* for widows, and *adala badala* or exchange when two families agree to exchange daughters, which Dr. Westermarck calls the simplest way of purchasing a wife.[2] In the regular forms of marriage the binding portion of the ceremony is the solemn giving away of the bride (*kanyâdân*) to the bridegroom by her father and the rubbing by the bridegroom of red lead on the parting of the bride's hair (*sendûrdân*). Widows can remarry by *Sagâi*, which they assert to be a practice of comparatively recent origin among them. The levirate is permitted under the usual conditions, but is not obligatory. The only ceremony in widow marriage is the bridegroom eating with the friends of his future wife, dressing her in a suit of clothes and ornaments provided by her future husband; and giving a feast to his clansmen when he introduces her into his family.

---

[1] *Eastern India*, II, 454.
[2] *History of Human Marriage*, 390.

3. They are orthodox Hindus and to the east of the Province employ Tiwâri Brâhmans of the Sarwariya tribe as their family priests. They usually worship Devi in her form as Bhâgawati, the Pânchon Pîr, and especially Ghâzi Miyân: to the south of Mirzapur, Hardiha Deva or Hardaur Lâla. These deities receive an offering of sweetmeats, cakes (*malída*), betel leaves, garlands of flowers, and occasionally a cock is sacrificed. This is not consumed by the worshippers but presented to a Muhammadan faqîr. Bhâgawati is sometimes worshipped by pouring a mixture of pepper, sugar, and water (*mirchwân*) at her shrine.

Religion.

4. Their primary occupation is making the *tarki*, a cylinder of folded palm leaves nearly an inch in diameter and with an outer boss decorated with beads, etc., which is worn by low caste Hindu women stuck through a hole in the lobe of the ear. They also go about to fairs and sell red lead (*sindur*), and forehead spangles (*tikuli*), which are worn by married women. They also sell various kinds of spices. They use liquor and eat the flesh of sheep, goats, deer, and fish. Brâhmans will drink water from their hands. Only Chamârs and menial tribes will eat *kachchi* or *pakki* cooked by them. They eat *pakki* cooked by all the Vaisya tribes, expect Kalwârs, Telis, and Bharbhûnjas.

Occupation.

Distribution of the Tarkihârs according to the Census of 1891.

DISTRICT.	Hindus.	Muhammadans.	TOTAL.
Cawnpur	59	...	59
Fatehpur	105	...	105
Bânda	309	8	317
Allahâbâd	347	6	353
Mirzapur	7	...	7
Jaunpur	48	...	48
Gorakhpur	13	...	13
Azamgarh	3	...	3

Distribution of the Tarkihars according to the Census of 1891—concluded.

District.	Hindus.	Muhammadans.	Total.
Lucknow	811	...	811
Unâo	123	...	123
Râê Bareli	361	...	361
Faizâbâd	33	...	33
Gonda	9	...	9
Bahrâich	96	...	96
Sultânpur	147	...	147
Partâbgarh	200	...	200
Bârabanki	62	...	62
Total	2,733	14	2,747

Tarmâli.—A sub-caste of Pâsis who have been separately enumerated at the last Census. They take their name from *târ-malna* "to press the toddy palm tree." They are recorded to the number of 27 only in Faizâbâd.

Tawâif (plural of *taifa*, "a troop or company of dancing-girls"[1]).—The caste of dancing-girls and prostitutes. The term is a general one, but is more generally applied to those who are of the Muhammadan faith. The Hindu branch is often called by the title Pâtar, Patoriva, Pâtur, Paturiya from the Sanskrit *pâtra*, "an actor." Kanchan, which is usually derived from the Sanskrit *kanchana*, "gold" (but this is far from certain), is usually regarded as the equivalent of Tawâif and denotes the Muhammadan branch. The ordinary prostitute, of whatever religion she may be, is often known as Randi (*rânr*), Sanskrit *randa*, "mutilated," "a widow," from which class, where widow marriage is prohibited, the class is commonly recruited, or Kasbi (Arabic *Kasb*, harlotry). The large class who prostitute *sub rosâ* or live as kept mistresses

[1] Mainly based on enquiries at Mirzapur and notes by Chaudhari Dhyân Sinh, Moradâbâd; M. Chhotê Lâl, Lucknow; M. Sayyid Ali Bahâdur, Partâbgarh.

are generally known as Khânagi, "domestic" (*khâna*, "a house") or Harjâi, "a gadabout." The last Census classes most of the Hindu dancing-girls and prostitutes as Paturiya, and the Muhammadans as Tawâif. The lists of the so-called sub-castes of the Paturiya contain a number of names, no less than forty-nine in all, which it is impossible to class by any definite principle. Of these the best known are the Bharua (Sanskrit *bhâta*, "wages"), who is a pimp or pander; Gandharap, who represent, in name at least, the Gandharva of the old mythology, who lived in the sky, prepared the *soma* juice for the gods, were partial to women, over whom they exercised a mystic influence; Kanchan, Kasbi, Kashmîri, who are usually classed with Nats, the Râmjani (Sanskrit *râma-jani* "charming woman,") whose name the English sailor and soldier corrupts into Rummy Johnny; and the Râsdhâri, a name which means "singer," and is specially applied at Mathura to a set of Brâhmans who perform a sort of miracle play describing the loves of Krishna and his consort Râdha.[1]

2. Similarly the term Tawâif includes a number of distinct classes. Among these are the Gandharap, Kanchan, Kashmîri, Paturiya, and Râmjani, already mentioned, among the Hindu class, and the Baksariya or "those who come from Baksar" in Bengal; the Hurukiya, who take their name from the *huruk* (Sanskrit *hudduka*), the small drum, shaped like an hour glass, to which they dance; the Kabûtari, who is usually classed with the Nats, and is so called because she has the flirting ways of a pigeon (*kabûtar*); the Mangta or "beggars;" the Mirâsi, who is a Dom singer; the Miskâr or Mîrshikâr, "the chief huntsman," who is a Baheliya; and the Nâik or Nâika (Sanskrit *nayaka*, "leader"), a term specially applied to the mistress of a brothel. In addition to these is the Gaunhârin or "attendant" (Sanskrit *gamanadhâra*), who attends at festivals and occasions of rejoicing, and sings and dances to the music of the violin (*saringi*) and the drum (*tabla*); the Brajbâsi or "resident of the land of Braj," who, like the Râsdhâri, is associated with the dances in honour of Krishna and Râdha; and the Negpâtar, who receives dues (*neg*) for performances.

3. Of such a miscellaneous class as this it is impossible to give more than some notes of the more interesting sub-divisions.

---

[1] Growse, *Mathura*, 75, *sq.*

The Nâiks of Kumaun.

4. Of the Kumaun Nâiks Mr. Atkinson writes:[1] —"The Nâiks, whose pretty village in the Râmgarh valley and settlements at Haldwâni are so striking, owe their origin to the wars of Bharati Chand with Doti, when the first standing armies in Kumaun took the field, and the soldiers contracted temporary alliances with the women of the place, whose descendants became known as Khatakwâla, and eventually, Nâik The offspring of these professional prostitutes, if a male, is called Nâyak or Nâik; and if a female, Pâta. They soon became celebrated all over India, and in 1554 A.D. Shîr Shâh undertook the siege of Kalinjar to secure possession of a Pâta kept by Kirat Sinh. Notwithstanding their origin the Nâyaks contrive to belong to that well-abused *gotra*, the Bhâradvaja, and to the great mid-Hind *Sákha*. They even wear the sacred thread, though with only three strands, like the common Khasiya. They marry their sons into Râjput families on paying a considerable sum, but devote all their daughters to prostitution. Nâyaks live by cultivation and trade, and their villages in the Bhâbar are about the best. The son can succeed to the property of his uncle, and the daughters can leave their property to any relative. If a daughter has a son, he performs her funeral ceremonies; if not, her brother performs them. They are attached to the left hand *Sákta* ceremonial, and eat animal food, and are, strange to say, reported to be careful in ceremonial observances. They have a story of their own; of a brother and sister going on pilgrimage to Badarinâth, and the latter falling into evil ways; but the account first given is more probable, and has better evidence to support it."

5. According to another story one of the Kings of Kumaun had two slave girls: one of whom married a Râjput, and her descendants are known as Râjkanya; and the other, who married a Hill Chhatri, was the ancestress of the Pâtars. The Pâtars are Hindus and worship Devi, Bholanâth, Kallu Pîr, and Bhairon. Their girls are trained in singing and dancing and prostitute themselves. They are not married in their own tribe, which procures wives by purchase from other castes. When they are nubile the Pâtar girls marry a *pîpal* tree, and then commence their career of prostitution. The Râjkanyas dance in the temples of the Hindu gods, and among them prostitution is said to be rare.

[1] *Himalayan Gazetteer*, III, 448.

6. Of ten classes of prostitutes found ordinarily in the plains, two, the Râmjani and Gandharap, are practically all Hindus : the Magahiya, Chhâta, Janghariya Naurangi, Mirâsi, Gaunhârin, Domin and Akâshkâmini are nearly all Muhammadans. None of these marry their daughters. When their sons reach marriageable age they purchase a girl of some low Hindu or Muhammadan tribe and marry her to him. These married women are not allowed to prostitute. The sons, as they grow up, are supported by the earnings of the girls, and act as their pimps and attendant musicians (*bhanrua*). They wander about from one inn (*sarâi*) and town to another in search of business, and attend marriages and festivals, where they sing and dance. Hindus have, generally, as their personal god (*Ishtadevata*) Krishna, and as their guardian deity Mahâdeva. They employ the very lowest class of Brâhmans in their domestic ceremonies, and cremate their dead.

Other Hindu prostitutes.

7. Muhammadans admit any Musalmân girl to their society, and Hindus, after they have embraced Islâm. They are continually recruited from Hindu widows, and discarded or deserted wives. When a girl is seven or eight years old, she is put under the instruction of a Dhârhi or Kathak, who teaches her to dance and sing. At the commencement of her education, some sweetmeats are offered at a mosque, and then distributed among Muhammadan faqîrs. At the first lesson the master is given a present in money and some sweetmeats, and their fees are about four or five rupees *per mensem.* When the girl reaches puberty and the breast begins to develop the rite of *angiya* or the "assumption of the boddice" is performed. On this occasion some of the brethren are feasted. After this the girl is sold to some rich paramour. This is known as *Sir dhankâi* or "the covering of the head." When she returns after her first visit to her paramour, the brethren are feasted on sweetmeats. After this follows the rite of *missi*, which takes its name from the black powder used in colouring the teeth.

Muhammadan prostitutes.

She is dressed like a bride and is taken in procession through the streets and afterwards takes her seat at a party (*mahfil*), where the brethren assemble and sing and dance. Her teachers (*ustâd*) are remunerated, and the brethren are fed on *kachchi* and *pakki* according to the means of the family. This feast may be postponed ; but in that case she cannot stain her teeth until it is duly performed, and some sort of entertainment of the brotherhood is obligatory. This rule is said now at Lucknow to be gradually relaxed. The *missi* represents the final initiation into a life of harlotry. After the rite of *missi* the girl ceases to wear the nose-ring, and hence the ceremony is sometimes known as *nathni utarna,* the taking off of nose-ring.

Temporary marriage.

8. Some of these girls contract what are known as temporary or usufructuary marriages (*mut'ah*). In the *Aîn-i-Akbari* there is a curious account of a discussion in the presence of the Emperor Akbar as to the legality of such unions. The case was finally thus summed up by Badâoni. Imâm Malik, and the Shiahs are unanimous in looking upon *Mut'ah* marriages as legal; Imâm Ash-Shâfi' and the great Imâm Ali Hanîfah look on *mut'ah* marriages as illegal. But should at any time a Qâzi of the Malaki sect decide that *mut'ah* is legal, it is legal, according to the common belief, even for Shâfi's and Hanîfahs. Every other opinion on this subject is idle talk. This pleased the Emperor, and he at once appointed a Qâzi, who gave a decree which made *mut'ah* marriages legal.[1]

Social tolerance of prostitutes.

9. One curious point as regards Indian prostitutes is the tolerance with which they are received into even respectable houses, and the absence of that strong social disfavour in which this class is held in European countries. This feeling has prevailed for a lengthened period. We read in the Buddhist histories of Ambapâta, the famous courtesan of Visala, and of the Princess Salawati, who was appointed courtesan, and the price of her favours fixed at two thousand masurans.[2] The same feeling appears in the folk-tales and early records of Indian castes.[3] It has been supposed that this idea is based on the prevalence of communistic marriage.[4]

The Saint Tânsen.

10. Tânsen, the celebrated musician, is a sort of patron saint of dancing-girls. He was a native of Patna and a disciple of the famous Hari Dâs Gusâîn, of Bindraban. He went to the court of Akbar, became a Muhammadan,

---

[1] Blochmann, *Aîn-i-Akbari,* I, 173.

[2] Hardy, *Manual of Buddhism,* 244.

[3] Tawney, *Katha Sarit Sâgara,* I, 354; II, 621: *Dâbistân,* II, 154.

[4] Darwin, *Descent of Man,* II, 361: Lubbock, *Origin of Civilisation,* 96: Wake, *Serpent Worship,* 149: Robertson Smith, *Kinship,* 143: Westermarck, *History of Human Marriage,* 80.

and is buried at Gwâlior. It is said that he used to listen to the men singing at the well and appropriate their melodies. His contemporary and rival Brij Baula was able, it is said, to split a rock with a single note. The story goes that he learnt his bass from the creaking of the flour-mill. It is believed that chewing the leaves of the tree over the grave of Tânsen gives an astonishing melody to the voice, and singing girls make pilgrimages there for this purpose.[1]

Distribution of castes of Prostitutes and Dancing-girls according to the Census of 1891.

District.	Hindu.	Musalmân.			Total.
	Paturiya.	Tawâif.		Others.	
		Bakariya.	Harkaya.		
Dehra Dûn	...	...	...	11	11
Sahârunpur	43	...	...	707	750
Muzaffarnagar	2	1	1	537	541
Meerut	...	...	...	571	571
Bulandshahr	1	...	...	474	475
Aligarh	4	...	4	250	258
Mathura	...	3	...	87	90
Agra	2	...	105	272	379
Farrukhâbâd	182	236	...	1,036	1,454
Mainpuri	...	...	26	500	526
Etâwah	...	...	513	581	1,094
Etah	...	...	...	1,080	1,080
Bareilly	...	...	...	74	74
Bijnor	...	...	...	260	260
Budâun	98	...	...	591	689
Morâdâbâd	[illegible]	...	...	211	219

[1] Bholanâth Chandra, *Travels*, II, 68, *sq.*: Sleeman, *Rambles*, II, 333, *sq.*: Cunningham, *Archæological Reports*, II, 370; XXI, 110.

Distribution of castes of Prostitutes and Dancing-girls according to the Census of 1891—continued.

District.	Hindu.	Musalmân.			Total.
		Tawâif.			
	Paturiya.	Bakariya.	Hurkaya.	Others.	
Shâhjahânpur	59	...	...	593	652
Pilibhít	...		...	90	90
Cawnpur	106	...	7	943	1,056
Fatehpur	18	18	...	479	515
Bânda	75	...	...	89	164
Hamírpur	7	...	...	72	79
Allahâbâd	159	...	...	360	519
Jhânsi	...	...	...	61	61
Jâlaun	11	...	6	103	120
Lalitpur	...	...	...	9	9
Benares	301	...	...	125	426
Mirzapur	74	...	...	84	158
Jaunpur	763	...	...	170	933
Ghâzipur	807	...	...	854	1,661
Ballia	117	...	...	213	330
Gorakhpur	207	...	...	1,490	1,697
Basti	69	...	...	27	96
Azamgarh	1,160	...	...	426	1,586
Kumaun	63	...	...	...	63
Tarâi	...	...	...	21	21
Lucknow	21	22	...	567	610
Unâo	21	9	...	335	365
Râê Bareli	5	...	42	545	592
Sîtapur	16	4	4	1,371	1,395

Distribution of castes of Prostitutes and Dancing-girls according to the Census of 1891—concluded.

DISTRICT.	HINDU.	MUSALMÂN.			TOTAL.
		Tawâif.			
	Paturiya.	Bakariya.	Hurkaya.	Others.	
Hardoi	7	...	...	1,801	1,808
Kheri	...	...	...	850	850
Faizâbâd	2	...	...	87	89
Gonda	180	...	...	324	504
Bahrâich	36	...	10	936	982
Sultânpur	86	...	...	612	698
Partâbgarh	...	...	...	395	395
Bârabanki	...	...	...	684	684
TOTAL	4,710	293	718	21,958	27,679

Teli[1]—(Sanskrit *tailika, taila,* "oil expressed from sesamum, mustard, etc.,").—A large caste of pressers of oil and traders in various commodities. The caste is probably a functional group which Mr. Risley[2] thinks must have been recruited from the respectable class of Hindu society, because "oil is used by all Hindus for domestic and ceremonial purposes, and its manufacture could only be carried on by men whose social purity was beyond dispute." Whatever the case may be in Bengal, in Northern India there is no special idea of purity attached to the Teli; in fact it is probably not too much to say that the reverse is the fact. Mr. Ibbetson[3] says of the Panjâb:—"The Teli is of low social standing, perhaps about the same as that of the Julâha, with whom he is often associated, and he is hardly less turbulent and troublesome than the latter."

Tribal traditions.

2. The tribe seems to be singularly destitute of traditions of origin. In most of our Districts all they can say is that they are indigenous. The

[1] Based on enquiries at Mirzapur and notes by the Deputy Inspectors of Schools, Farrukhâbâd, Agra, Azamgarh, Basti.

[2] *Tribes and Castes*, II, 305.

[3] *Panjâb Ethnography*, paragraph 647.

sub-divisions with local names derive, of course, their origin from the places which supply their title. In Mirzapur they tell a story that there was once a man who had three sons and owned fifty-two *mahua* trees (*bassia latifolia*). When he became aged and infirm, he took his sons to the grove and told them to divide them among themselves. After some discussion they decided not to divide the trees, but the produce of them. One of them fell to collecting the leaves and he became a Bharbhûnja or grain-parcher, who still uses leaves in his oven; the second collected the flowers and corollas and, having distilled them, became a Kalwâr; the third collected the kernels (*koina*), crushed them and became a Teli.

Internal structure.

3. At the last census the Telis were classed in a number of endogamous sub-castes: Byâhut, who are so called because they do not allow widow marriage and marry virgin brides by the standard form (*byâh*); Jaiswâr, named from the old town of Jais in the Râê Bareli district; Jaunpuri, who trace their origin to Jaunpur; Kanaujiya to Kanauj; Mathuriya to Mathura; Râthaur, which is the name of a famous Râjput sept; Sribâstab from the ancient city of Srâvasti, now represented by the ruins of Sahet-Mahet in pargana Balrâmpur of the Gonda district; and Umarê, which is the name of one of the Banya sub-castes. It will be observed how largely local designations appear in this list. Besides these among the Muhammadan branch, we find the Bahlîm, Desi, Doâsna and Ekâsna. In Mirzapur we find the Kanaujiya, Sribâstava, Pachhiwâha or "Western;" Byâhuta, Bhainsaha, who carry goods on the male buffalo (*bhainsa*), Chachara, who are said to take their name from their fondness for the *chachar* (Sanskrit, *charchara*), the special song sung at the Holi festival; and the Turkiya or Muhammadan Teli. In Benares, according to Mr. Sherring,[1] the divisions are the Byâhutbans, the same as the Byâhuta mentioned above; the Kanaujiya; Jaunpuriya; Sribâstav; Banarasiya, or those of Benares, Jaiswâra; Lâhauri, from Lahore; and the Gulhariya and Gulhâni; of all of whom the Gulhâni are the lowest. The Jaunpuriya are said not to deal in oil but in pulse (*dâl*). In Farrukhâbâd we have the Râthaur, Parnâmi, Rethi, Jaiswâr, Sriwâr, Mathuriya, and Bhiân. In Basti we find the Biâhut. Jaunpuri, Kanaujiya, Turkiya, and Saithwâr, which last is a Kurmi sub-caste. In Pilibhît are the Purbiya or

---

[1] *Hindu Tribes and Castes*, I, 301.

"Eastern," Bhadauriya, which is a well-known Râjput sept, the Râthaur, Tilbhurjiya or parchers of sesamum. In Azamgarh the sub-castes are Jaunpuri, Byâhut, Kalaunjiya, which is possibly a corruption of Kanaujiya, Barbhaiya or "the greater brethren," Madhesiya or "dwellers in the middle land," Madhya-desa, which is, according to tradition, the country lying between the Himâlaya on the north, the Vindhya range on the south, Vinasama or Kurukshetra on the west, Prayâga or Allâhâbâd on the east; and Turk or the Musalmân Branch. In Agra we have the Râthaur, Chamâr Teli and Musalmân Teli. To the east of the Province again they are divided into the Pachpiriya or worshippers of the Pânchon Pîr, and the Mahabiriya or devotees of Mahâbîr. All these sub-castes are endogamous. In Azamgarh it is said that this is certainly the case with the Jaunpuri, Byâhut, and Barbhaiya; but that the Kalaunjiya and the Madhesiya sometimes intermarry. The census returns show 742 sections in the Hindu and 239 in the Muhammadan branch. Of these those of the greatest local importance are the Kaithiya of Mainpuri, the Parnâmi of Cawnpur, the Surahiya of Allahâbâd, the Bâtra of Jhânsi and Lalitpur, the Mâhur of Mirzapur, the Baraniya, Kaithiya, Mukeri and Parnâmi of Jaunpur, the Dakkhinâha and Jhijhautiya of Gorakhpur and Basti, the Bahrâichiya of Bahrâich, and the Makanpuri of Partâbgarh. To the east of the Province the rule of exogamy seems to be that a man cannot marry in his own family (*kul*) or in that of the maternal uncle or father's sister until at least three generations have passed. In Farrukhâbâd a man cannot marry a near relation or the descendant of a common ancestor or of a blood relation on the father's or mother's side as long as any relationship is remembered; he cannot marry two sisters at the same time, but he may marry the sister of his deceased wife.

Marriage customs.

4. Marriage customs of the Telis are of the usual respectable kind. All except the Byâhut, allow widow marriage. There are usually three forms of marriage: *Byâh, Shâdi, Charhaua* or *Charhêkê,* when the marriage takes place according to the orthodox ritual at the house of the bride; *dola* when the ceremonies are done at the house of the bridegroom; and *dharauna* or *sagâi* for widows. Among the more respectable families the preference is for the marriage of a girl in infancy (*kunwâri*), and it is considered disreputable to keep a girl who has menstruated (*rajasthala, rajasula*) unmarried. To take the rules in Azamgarh

as an example, in *dharauna* or widow marriage, the binding portion of the rite is "foot worship" (*pâê-pûj*), when the father of the woman puts her hand in that of the bridegroom. In ordinary marriages the rite of *tilak* is performed twice, and if after the first the boy dies, the girl will not be regarded as a widow and can be married by the rite of *pâê-pûja*. The two occasions on which the *tilak* rite is performed are at betrothal (*mangani*) and at marriage. At betrothal the form is that the bride's father comes to the house of the bridegroom; at the appointed time he washes, first the right, and then the left foot of his future son-in-law, and throws some rice at his feet. Next, with the point of his thumb directed towards the boy's nose, he makes four lines, with curds, on his forehead; on the curd mark he sticks seven grains of rice, and touches the boy's forehead with the sacred *kusa* grass, water, curds, rice, and red sandalwood. During the *tilak* rite at marriage, if the bride be less than eleven years old, she is seated in the lap of her father; if above that age, on a leaf mat (*pattal*). After the *tilak* rite the girl's father puts her hand in that of her husband and lets some *kusa* grass, water, rice and money fall into his hand. A widow generally marries the younger brother of her late husband; but the levirate is not enfored, and the woman's right of choice is recognised. A wife can be divorced for adultery and a man for adultery with a woman of another caste. In both cases the sanction of the tribal council is essential.

Religion.

5. The Turkiya, Bahlîm, Desi, Doâsna and Ekâsna Telis are Muhammadans; the others are Hindus, but they seldom procure initiation into one of the standard sects. Their clan deities to the east of the Province are Ghâzi Miyân and other members of the quint^tte of the Pânchon Pîr, Hardiya or Hardaur Lâla, the godling of cholera, Mahâbîr and Mahâdeva. Ghâzi Miyân is worshipped with an offering of goats, fowls, rice, boiled with pulse (*khichari*), bread, garlands of flowers, a head dress (*muraith*), and a small loin cloth (*langot*). The other members of the Pânchon Pîr receive similar offerings. Bread, a Brâhmanical cord, and rose perfume (*'itr*) are offered to Mahâbîr and Mahâdeva. Hardiya receives, during cholera epidemics, a sacrifice of goats, fowls, and young pigs. In the Central Duâb a sacrifice of a goat or ram is made to Devi and to Shaikh Saddu, who is the women's godling. Any one can do the Devi sacrifice, but Shaikh Saddu is served by a Mujâwar. Among god-

lings of the aboriginal races they acknowledge Jakhai Deota, whose priest is a Dhânuk. They are served by Brâhmans of the usual officiant classes. They cremate their dead and perform the funeral rites according to the orthodox ritual.

Occupation and social status.

6. Their special business is the manufacture of oil, and in almost every bâzâr the Teli may be seen driving his little blind-folded ox round his oil mill. But the recent extension of the use of foreign mineral oils must be seriously interfering with his business. Medicinal oils are made by the Gandhi. The Teli usually makes at least three kinds of oil.[1] The first class includes linseed (*alsi, tîsi*), mustard (*sarson*), poppy-seed (*dânaposta, khashkhash*), black mustard (*tûya*) *mahua*, cocoanut (*gola nâryal*), sesamum (*til*), *eruca sativa*, (*lâhi*), safflower (*kusum*), *gehuân*, a wheat grass yielding grain, and the berries of the *nîm* tree (*nîmkauri*). These are all crushed and oil expressed from them in the ordinary mill (*kolhu*). Castor oil (*rendi kâ tel*) forms a class in itself. The third class consists of some oils of a medicinal nature, such as that from the almond (*bâdâm*). Those who work the oil mill treat it as a sort of fetish and a representative of Mahâdeva, and worship it at the Dasahra festival. Many of them have taken to shopkeeping of various kinds, money-lending, dealing in grain, and agriculture. As a rule Telis will eat goat's flesh, mutton, fowls, and fish. Those of the Sribâstav sub-caste are said to eat pork. They will drink spirituous liquor. In Azamgarh the Barbhaiya sub-caste are said to be peculiar in refusing to wear any torn clothes, and if they cannot afford new clothes prefer to go partly unclothed. They are said to worship like Brâhmans. As has been already said, the social position of the Teli is not a high one. *Kahân Râja Bhoj, kahân Lakhu Teli?*—"What comparison is there between a real gentleman and a Teli upstart even if he be made of money?" *Teli kya jâné mushk ki sâr?*—"What can a Teli know of the smell of musk?" The women say *Teli khasam kiya rukha khâwé*—"Marry a Teli and live on dry crusts." The Teli's ox is, of course, proverbial, *Teli ke bail ko ghar hi kos pachâs*—"Though he stays at home the Teli's ox does his hundred miles," and *Teli ka bail* is the common term for the man who slaves for nothing.

---

[1] See Hoey, *Monograph*, 191, *sq.*

Distribution of Telis according to the Census of 1891.

Districts.	Hindus.									Muhammadans.					
	Byâhut.	Jaiswâr.	Jaunpuri.	Kanaujiya.	Mathuriya.	Râthaur.	Sribâstab.	Umarê.	Others.	Bâhlîm.	Desi.	Dosâna.	Ekâsna.	Others.	Total.
Dehra Dûn	437	212	...	...	...	...	...	...	90	157	...	...	...	2,668	3,564
Sahâranpur	1	91	...	...	...	...	...	...	248	573	4,048	4,276	1,434	37,438	48,109
Muzaffarnagar	...	...	...	...	...	...	...	...	8	50	326	8,550	...	3,358	12,292
Meerut	...	...	...	...	...	129	...	...	863	...	...	1,995	3,057	11,673	17,717
Bulandshahr	...	...	...	...	...	...	...	...	783	498	...	...	...	7,369	8,650
Aligarh	...	...	...	...	...	1,197	...	...	1,218	1,432	...	...	...	6,884	10,731
Mathura	...	...	...	...	...	659	...	...	1,274	...	...	...	...	4,427	6,360
Agra	...	...	...	4	...	7,204	1	...	1,417	...	...	...	...	4,513	13,139
Farrukhâbâd	15	...	...	88	32	14,743	83	...	260	...	...	...	...	...	15,221
Mainpuri	...	...	...	8	...	9,503	2,295	...	883	...	...	...	...	57	12,746
Etâwah	...	...	...	32	265	12,737	...	...	1,256	...	...	...	...	...	14,290

Etah . . .	6	...	75	1	4,093	5,446	...	...	804	24	...	...	...	1,261	11,710
Bareilly . .	...	...	...	...	3,150	14,885	...	...	579	156	...	...	...	3,382	22,152
Bijnor . .	...	...	...	...	...	4	...	...	...	...	...	...	255	12,750	13,009
Budâun . .	...	...	...	...	3,773	6,958	...	...	211	369	21	...	...	3,703	15,035
Morâdâbâd .	...	...	...	...	...	233	...	...	151	85	...	...	...	14,183	14,652
Shâhjahânpur .	...	37	...	8	6	23,629	83	...	560	...	...	...	...	7	24,330
Pilibhît . .	2	69	37	64	2	10,450	...	...	608	500	2	...	...	343	12,077
Cawnpur . .	80	1,405	...	148	...	19,342	5,284	1,657	1,871	...	...	...	...	...	29,787
Fatehpur . .	40	118	...	15	...	...	11,557	278	1,148	...	...	...	...	5	13,161
Bânda . .	426	3	...	6	...	6	8,929	1,699	1,467	...	...	...	...	...	12,536
Hamîrpur . .	...	...	...	...	80	3,241	6,817	405	736	..	...	...	...	...	11,279
Allahâbâd . .	20,785	...	...	68	...	8	4,814	440	2,484	...	...	...	...	48	28,647
Jhânsi . .	...	6	...	...	...	753	751	...	7,536	...	...	...	...	4	9,050
Jâlaun . .	1,083	...	...	...	12	7,638	67	...	1,328	...	...	...	...	...	10,128
Lalitpur . .	...	...	...	...	...	...	...	...	6,963	...	...	...	...	...	6,963
Benares . .	15,645	...	1,273	1,077	...	...	...	...	2,455	...	...	...	...	...	20,450
Mirzapur . .	23,610	45	330	561	293	...	...	...	286	...	...	...	...	107	25,232

Distribution of Telis according to the Census of 1891—concluded.

District.	Hindus.									Muhammadans.					
	Byâhut.	Jaiswâr.	Jaunpuri.	Kanaujiya.	Mathuriya.	Râthaur.	Sribâstab.	Umarê.	Others.	Bahlîm.	Desi.	Doâsna.	Ekâsna.	Others.	Total.
Jaunpur	...	...	...	3,708	...	...	...	...	19,381	...	...	...	...	201	23,290
Ghâzipur	478	19	3,925	15,291	...	...	...	...	3,886	...	...	...	...	...	23,599
Ballia	45	...	259	23,987	...	...	...	...	254	...	...	...	...	...	24,545
Gorakhpur	1,072	440	24,040	54,462	...	...	47	...	6,056	245	...	...	...	1,437	87,799
Basti	22,282	438	6,469	1,425	...	...	...	...	2,934	1,847	...	...	...	4,930	40,325
Azamgarh	119	99	14,939	11,013	...	...	45	...	2,819	...	...	...	...	1,803	30,837
Tarâi	...	...	...	...	...	493	...	...	893	16	...	...	...	2,652	4,054
Lucknow	79	11,665	...	101	...	617	...	35	1,664	1,549	...	...	...	710	16,420
Unâo	1	10,529	1	26	44	9,005	...	...	812	...	...	...	...	...	20,418
Râe Bareli	...	13,133	17	204	...	...	...	...	8,217	27	...	...	...	174	21,772
Sîtapur	4	8,442	6	4,038	...	6,809	211	105	808	4,540	...	...	...	664	25,627

Hardoi . .	...	760	...	1	...	28,296	...	...	295	...	...	...	...	107	29,459
Kheri . .	...	5,604	...	2,524	...	9,857	1	...	73	733	...	...	...	187	18,979
Faizâbâd . .	4,432	1,523	8,812	236	...	...	191	...	478	1,396	...	...	...	925	17,993
Gonda . .	19,850	627	2,313	...	...	...	11	...	51	2,776	...	...	...	3,581	29,209
Bahrâich . .	4,931	5,433	107	10	...	229	...	1	2,177	3,079	...	...	...	5,096	21,063
Sultânpur . .	6,364	3,752	4,450	260	...	...	...	...	2,572	...	...	...	...	666	18,064
Partâbgarh .	11,202	31	402	65	...	...	...	...	3,885	...	..	...	...	6	15,591
Bârabanki .	...	9,939	...	4	...	...	...	...	758	4,604	...	...	...	6,665	21,970
TOTAL .	132,989	74,420	67,455	119,435	11,750	194,071	41,187	4,620	95,500	24,656	4,397	14,821	4,746	143,984	934,031

Thâru.[1]—A tribe which has its head-quarters in the Himâlayan Tarâi and colonies in the Gorakhpur Division and Northern Oudh. Mr. Nesfield, who has given an elaborate account of these people, says:—"To the east they extend about as far as the river Kusi, where they come in contact with the Mechas, a tribe similar to themselves in habits and features, and inhabiting that portion of the Tarâi which separates the plains of Bengal from the hills of Sikkhim. To the west they extend as far as the river Sârda, which flows between Kumaun and Nepâl. At this point they dovetail with another forest tribe similar to themselves in appearance and culture, the Bhuksas. The strictly Bhuksa country commences from the Gola or Kicha river, about thirty miles to the west of the Sârda, and extends westward as far as the Ganges, while a few straggling villages are to be found still further west as far as the Jumna. Between the Sârda and the Gola rivers there is a debateable tract, about thirty miles wide, in which both tribes occasionally reside. In one village at least, and probably in more, the inhabitants are the progeny of mixed parentage, although intermarriage between the tribes is not openly allowed by either."

Origin of the name.

2. Many attempts have been made to explain the origin of the Thâru.[2] Some of these are sufficiently absurd. Thus some derive it from *tahrê*, "they halted," after their alleged flight into the forest; others from *tarhua*, "wet," in allusion to the swampy nature of the tract in which they live. A Pandit told Mr. Carnegy that it was derived from *thal* (Sanskrit *sthala*, "firm ground"). They say themselves that they are Râjputs who ran away after the great fight at Hastinapur, and that their name means "Quaker," from *thatharâna*, "to tremble." Others say that the name simply means "residents of the Tarâi." Another suggestion is that it is derived from the Hindi *Athvâru*, "an eighth-day serf," a man who is bound to give his lord one day's labour in the week. "But," as Mr. Nesfield says, "this implies what is not true. The Thârus are remarkable

---

[1] Largely based on Mr. J. C. Nesfield's valuable article in the *Calcutta Review* (XXX-I) and the *Gospel in Gonda* by Rev. S. Knowles, with notes from M. Chhedi Lâl, Deputy Inspector, Schools, Gorakhpur; M. Mumtâz Ali Khân, Assistant Manager, Balrâmpur Estate, Gonda, and Bâbu Badari Nâth, Deputy Collector, Kheri.

[2] *Oudh Gazetteer*, II, 126; *North West Provinces Census Report*, 1867: I, 61; *North-West Provinces Gazetteer*, VI. 358; *Journal, Asiatic Society of Bengal* 1847, page 450; Carnegy, *Notes*, 8, Knowles, *loc. cit.*, 213.

for their indolence, aversion to service, and incapacity for sustained field labour, and they have never been in the position of serf to any landlord. Had this been the case, they would have sunk long ago into the ranks of Arakhs, Pâsis, Chamârs, Koris, and other Hindu castes of the lowest rank, who serve as field labourers or bond-slaves to landlords in the open plain, and have lost the free life of the forest which Thârus still enjoy."

3. A more probable attempt has been made to connect it with some local root. Mr. Knowles says that it comes from a verb used by the hillmen, *thârna*, "to paddle about;" and hence Thâru means "a paddler." By another account *thâr* means "wine," and the name Thâru, or "wine bibber," was given them by one of the Kshatriya Râjas of the plains, who, when he invaded the hill country, was amazed at their drunken habits. "Another etymology," says Mr. Nesfield, "suggested is from *thâr*, which, in the colloquial language of the lowest classes, but not in the language of books, signifies, "forest;" and thus Thâru would mean "man of the forest," a name which correctly describes the status of the tribe. On the whole, however, it is safer not to search for any Hindi etymology, but to consider the name as sprung from the language of the tribe itself, which is now for the most part obsolete. An aboriginal name underived from any Sanskrit or neo-Sanskrit source is the fit appellative of an aboriginal, casteless and un-Brâhmanized tribe whose customs have been only slightly modified by contact with those of the Aryan invader."

Traditions of origin.

4. The origin of the Thârus has formed the subject of much controversy. One account is thus given by Dr. Buchanan:[1]—"The Gurkhas seem to have been soon expelled from Magadha by a people called Thâru, who are said to have descended from the hills and extended themselves over every part north of the Ghâghra at least. Of this people very numerous monuments are shown, and from these they would appear to have been an industrious, powerful race, as the number of great buildings in brick which they have left is very considerable. The Thârus, in fact, pretend to be the proper descendants of the Sun, and their having expelled the Gurkhas from their usurped estates, and their having descended for that pur-

[1] *Eastern India*, II, 341, *sq.*

pose from the hills, are not incompatible with that pretension. Their claims to rank are, however, treated with the utmost contempt, because they are an abomination to the Brâhmans, and indulge in all the impurities of eating and drinking." He goes on to say that they retain in their features strong marks of a Chinese or Tartar origin, although it must be confessed that these marks are somewhat softened, and that the faces of the men especially do not differ so much from those of the Hindus as those of a pure Chinese do. Still, however, a difference is observable even in the men, and in the women and children is very closely marked.

5. The tradition in East Oudh is that after the fall of the Buddhist dynasty of Kanauj, the Thârus descended from the hills and occupied Ajudhya. They dispossessed the Buddhists, called in Râja Sri Chandra, of Srinagar, in the hills about Badari Nâth, who drove back the Thârus, and, marching north, founded Chandravatipur, now known as Sahet-Mahet, or, as Mr. Hoey would call it, Set-Met or Srâvasti. Lassen, in his account of the later dynasty of Kanauj, describes an inscription which records that Sri Chandra Deva, the first of the great Râthaur Princes who came to the throne in 1072 A.D., was protector of the sacred places of Ajudhya and Kosala or Srâvasti.[1]

6. On the other hand they asserted to Mr. Knowles[2] that they were immigrants from the Dakkhin or the south country. In Bijnor they claim Chithor as their place of origin and refer to Jaymal and Patta. They say that they were driven out, apparently in the third siege of Chithor, by Akbar in 1567 A.D., and that they were originally Râjputs, who lost caste by using intoxicating liquor and rearing fowls. They never claim a Gurkha or hill origin. Interspersed with them are other tribes, generally called Thâru, but quite distinct, such as Gaharwâr, who also claim to be Râjputs. They never intermarry or eat with the Thârus, abstain from liquor, and never eat fowls. Others, again, as the Dangras, are looked down on as a lower caste by

---

[1] Mr. W. C. Benett, *Indian Antiquary*, II, 13, quoting Lassen: *Alterthumsk*, III, 751 Colebrooke, *Essays*, II, 286; *Asiatic Researches*, XV, 447, 457; *Journal Asiatic Society, Bengal*, X, 101.

[2] *Loc. cit.*, 209.

the Thârus.[1] Regarding the Chithor story, Mr. Nesfield says:— "Some Thârus know nothing about this tradition, and those who do are not able to tell you whether it was the sack by Alâuddîn (A.D. 1303), or that by Bahâdur Shâh (A.D. 1533), or that by Akbar (A.D. 1567). The story is absurd on the face of it; not the slightest allusion to Thârus in connection with any of these events is made by the Muhammadan historians. The fiction of having come from Rajputâna was invented by some of the clans merely to raise themselves in their own and their neighbour's estimation. There is scarcely a hunting tribe or caste in Upper India which has not set up a similar claim."[2]

6. He quotes another legend which centres round Raksha or Rikheswar, their patron saint or founder. "Both names are evidently corruptions of some obsolete Thâru word which has been toned down to suit the Hindi accent. According to the legend in vogue among the Thârus of Kheri, this deified founder was a son of the renowned aboriginal King, Râja Ben or Vena, whose name is still rife in many of the oldest cities of Upper India and Bihâr, as one who held the rank and title of Chakravartti or universal Emperor in the olden time. In Manu's Institutes[3] he is stigmatised as the first king who allowed a man to marry the wife of his deceased brother. According to Manu he died from the effects of his unbridled lusts. According to the Vishnu Purâna, he was beaten to death by a gang of saintly men armed with blades of holy grass, all of which had been consecrated with magic words. Benbans is still a title of several Dravidian tribes on the Vindhyan range. Rikheswar or Raksha was banished, it is said, from his father's court, and ordered, with his band of male followers, to seek for a new home in the north, from which they were never to return. Setting out on their wanderings, they took as their wives any women whom they could steal or capture on the road, and in this way the Thâru tribe was founded. It was not till they had reached the Sub-Himâlayan forest, in which they still dwell, that they decided to rest and settle. The soul of Raksha is still believed to hover among the people of his tribe, just as in ancient days he led them safely through the wide

[1] Mr. E. Colvin, *Census Report, North-West Provinces*, 1865, I, Appendix 60, *sqq*.

[2] *Loc. cit.*, 33.

[3] IX, 66.

wilderness into a new and distant settlement; so in the present day he is said to be the guardian and guide of men travelling on a distant journey. No Thâru ever sets out from his village for such a purpose without first propitiating him with gifts and promising him a sumptuous feast of flesh, milk, and wine on his return. His presence is represented by a mound of mud, with a stone fixed in the middle, and he delights in seeing the blood of a live capon dashed against this stone and to feel its blood trickling down the side. One peculiarity of this god is that he is deaf, an emblem of his antiquity; and hence vows and prayer are addressed to him in a stentorian tone of voice. The title Gurua, which is generally prefixed to his name, implies that during his residence on earth he was famous as a wizard or medicine man, and acquired through this means the kingship or leadership of his tribe."

Ethnical affinities of the Thârus.

8. Dr. Oldham[1] believes that the Thârus are Indian aborigines and certainly very different from the Tartar Highland races. That the tribe has suffered much admixture is quite certain. Mr. Nesfield[2] writes:—"Owing to the intermarriages which have taken place within the last two or three centuries between Thâru men and Nepâlese women the physiognomy of the Thâru tribe has acquired, in some instances, a slightly Mongolian cast, which shows itself chiefly, but not to a striking degree, in slanting eyes and high cheek bones. In other respects their physical characteristics are of the strictly Indian type. They have long, wavy hair, a dark, almost a black, complexion, and as much hair on the face and body as is usual with other natives of India. In stature, build, and gait they are distinctly Indian and not Mongolian; nor have they any traditions which connect their origin with Nepâl." One of Mr. Risley's[3] correspondents remarks on the scantiness of their beards, but this peculiarity may be due to crossing with Nepâlese or Mech. Mr. Knowles[4] says that "some of the women are very fair, and are good looking both in face and figure; though they generally partake of the Mongolian style of features. They prove themselves genuine

[1] *Nepâl*, 151.
[2] *Loc. cit.*, 37.
[3] *Tribes and Castes*, II, 313, note.
[4] *Loc. cit.*, 210.

daughters of Eve by their love of finery. They love to adorn themselves with heavy silver armlets, bracelets, anklets, nose-rings and necklaces of beads and many coloured shells. They wear their long black hair, not tied up in a knot, but rolled into a long horn behind. A more frequent application of water would make their bright yellow skins look more fair and healthy. Their toe and finger nails are nearly all destroyed from being so constantly soaked in water during the rice-sowing season."

9. The most probable explanation based on the available evidence seems to be that the Thârus are originally a Dravidian race who, by alliances with Nepâlese and other hill races, have acquired some degree of Mongolian physiognomy.

Internal organisation.

10. As might have been expected from the wandering habits of the Thârus and the varying influences to which they have been exposed, they tend to break up into a number of sub-tribes which are very intricate and not easily analysed. Those in Muhamdi of Kheri are said to be divided into three endogamous groups: Bâna, Batûr, and Malwariya; the last of whom take their name from Malwâra, a province of the Tarâi, lying east of Kanchanpur. In Gonda, according to Mr. Carnegy,[1] they have six endogamous groups: (a) Gurbans Katheriya, who are said to take their name from being of the race of Guru Rikheswar. They used to wear the Brâhmanical thread, but do not do so now. They drink spirits, eat flesh and fish, but not pork, and they employ washermen, barbers, and oil-pressers. They marry by the rites of *tilak* and *phaldân*; (b) Dingoriya or Dingariya, who rear pigs and poultry, shave themselves and wash their own clothes, using for this purpose the ashes of the *âsan* tree (*Terminalia alata tomentosa*). They remove dead cattle with their own hands, and are their own oil-pressers. They disregard all marriage ceremonies, and all that is necessary is for the friends to assemble, kill and eat a pig, and make the girl over to her husband. They will smoke, but will not eat with the Mânjhi Musahras; (c) Tharkomahra, who perform the same mean occupations and ceremonies as the Dingoriya, but in addition they make earthen vessels, and they smoke with none of the other sub-tribes; the name is a corruption of Thâru-

[1] *Notes*, 9, *sqq*.

Kumhâr; (*d*) the Mânjhi Musahra, who may be connected ethnically, as they are by function, with the Musahars of the Vindhyan plateau, who differ from the Dingariya in that they are fishermen and carry the litters of the Gurbans Katheriya, Dingariya, and Purabiya; (*e*) the Purabiya or "Eastern" drink spirits and eat flesh, cultivate land and employ washermen, barbers and also Chamârs, to remove dead cattle. They smoke with the Dingariya and marry like Gurbans Katheriya; (*f*) Dhaikar, who are mendicants and get fixed annual alms from the other five classes. They eat with the Dingariya, and worship a godling of their own, named Kharag.

11. According to Mr. Nesfield,[1] in Gorakhpur the Thârus divide themselves into two great sections: the Pachhami or "Western" and the Pûrabi or "Eastern;" but what or where the dividing line is to be found has not been stated. The "Western," it is said, call themselves Chhatris, and refuse to eat with the "Eastern." The "Eastern," again, divide themselves into the "Upper Eastern" (*Barka*) and the "Lower" (*Chhutka*). Among each of these again is a large number of smaller clans, some of the names of which are Dagwariya, Nawalpuriya, Marchaha, Kupaliha, Jogithâru, Kosithâru, Kawasiya, and Garhwariya.[2] A different account of the divisions and sub-divisions of the tribe is given in the Gonda district. There the tribe divides itself into two great sections: the Dingariya (who are the Dingoriya of Captain Thorburn) and the Kathariya, the first of which indulges in pork, and the second, according to their own statement, abstain from it. Other witnesses, however, deny that the Kathariya abstain from swine's flesh. As to the smaller sub-divisions into which both sections are sub-divided, there are such diversities of statement that it is impossible to get at the truth."

12. The Jugi Thârus, according to Mr. Knowles,[3] supply the Kanphatas or ear-pierced priests for the temple sacrifice at Tulasipur, as they are adepts in striking off by a single blow the heads of the goats and buffaloes brought as an offering to Devi. The two-fold division into Dangariya and Kathariya is also given

---

[1] *Loc. cit.*, 39, *sq.*
[2] *North-Western Provinces Gazetteer*, VI, 358.
[3] *Loc. cit.*, 116.

by Mr. Benett,[1] and is confirmed by a correspondent from the Gonda district, who does not, however, admit that the Dangariyas abstain from pork. The names of the sub-sections, according to another authority in the Gonda district, are Pûrabiya, Dangariya Kathariya, Amara, Tharjogi, Khuna, and Dingar. A correspondent from Kheri gives them as Gorhwaliya, Pachhihân or "Western," Malwariya, Dangariya, Suhaniya, and Râji, which last is usually regarded as a separate tribe. In Gorakhpur, besides the list already given, another enumeration as follows was furnished: Pachhâha (Barka, Chhutka), Kathariya, Dangariya, Khon, Khusiya, Marchaha, Kachla, Kanphata, Sarkohar, Nawalpuriha The Thârus of Kumaun gave another list which contains only five names: Thâr, Batta, Mahtam, Râwat, and Barwâik; the last three of which seem to depend merely on status. The Thârus of Bhinga, on the edge of the Bahrâich district, gave another list containing seven names: Dangariya, Kathariya, Khond, Dakhar, Râji, Musahar, Bot. In another part of the Bahrâich district the names given were Kusmaha, Kathariya, Bantar, Dakhar, Dundwâr, Kachla, Rotar, and Jogi.

13. Another carefully prepared list comes from Balrâmpur in the Gonda district. It gives Dangwariya, Katheriya, Umra, Jogi, Dhaker, Pûrabiya, Batâr, Khusiya, Dhîmar, Unchdih, Kumhâr, Khûn, Rautâr, Detwâr, Kuchhila, Râjbatâr, Dhakwâl, Mandaha, Musahar, Dendwâr, Pradhân, Boksa. Of these it is said that the Dangwariya take their name from a place called Dang, which is somewhere in Nepâl; the Kathariya from a place called Kathâr in Deokhur. Of the Umra it is said that the name is a corruption of Dayamûr, "root of mercy," the title of the Kshatriya Chief who adopted the manners and customs of the Thârus and finally joined them. Of the Jogi Thârus the legend runs that a Sâdhu once kept a woman of the Thâru tribe as his mistress, and their descendants became known as Jogi Thâru. They still perform some of the rites of the Jogis. Thus, they bury their dead and erect over the grave a mound (*samâdh*). They eat and drink from the hands of the Dangwariya Thârus; but the Dangwariyas will not take food from their hands. This is rather like the relation of the Patâris and Mânjhis. Formerly it is said that they used to admit

[1] *Oudh Gazetteer*, III, 502.

to their clan a Dangwariya male who cohabited with one of their women or a Dangwariya woman who lived with one of their men. This custom has now ceased in British territory, but still prevails in the hills. The Dhaker are reported to be a branch of the Dangwariya. They are mendicants, who beg only from Thârus, and are endogamous. The Khûn are hardly found in British territory. They live by fishing and by attending sacred places, where they dive for and collect fragments of gold and coral which are thrown into the sacred stream with the ashes of the Hindu dead. The Pradhân are found in the direction of Hardwâr and are the same as the Mahton or Mahtam of the other lists. The Census returns show 73 sections of the tribe. Some of these are taken from Râjput septs or the names of other tribes, such as Bhagat, Gadariya, Jogi, Kathariya, Raghubansi, Râwat, and Râna; others are territorial, as Bijnauriya ("those of Bijnaur"), Jaunpuri, Kâshigauhân, Moṭipurha, Nawalpurha; most of them are, however, purely local titles, which must await wider knowledge of the geography of the Tarâi and its neighbourhood and the local patois of the tribe before their meaning can be ascertained.

14. The truth seems to be that the tribal organization of the Thârus is not well established and is constantly changing under the influence of the local surroundings, and that the landmarks between the Thârus and allied tribes, such as the Bhoksas and Râjis, are very uncertain. The extensive lists given by Mr. Risley from Bihâr contain some of the names which have been already enumerated, but it is fruitless to attempt to work out the analogies in detail.

Marriage customs.

15. Of the marriage customs of the Thârus, Mr. Nesfield writes:—"Until the nuptial ceremony has been completed, and the woman has become the recognised property of some individual man, she is regarded as the common property of the clan, and is treated accordingly; till then there is no restriction of intercourse. Even when the marriage knot has been tied, it is not very difficult to get it unloosed; for the contract is not binding for life, or invested with anything like a sacred character, as it is with the Hindus, and men can and do change their wives in a spirit of mutual accommodation.[1] It

[1] *Oudh Gazetteer*, III, 503; and see Letourneau, *Evolution of Marriage*, 52.

should be added, however, that so long as the contract between the man and woman lasts, the latter is as chaste and faithful as any wife could be." At the same time it should be stated that some of the Thârus repudiate the idea that pre-nuptial license or anything in the form of communal marriage is tolerated.

16. The usual age for marriage on the woman's part is about seventeen or eighteen, and a man usually makes his first marriage at about that age. The Bengal Thârus practise both infant and adult marriage and one sub-division of them are said to tolerate sexual intercourse before marriage.[1] There is no betrothal in infancy, except among some clans which have come more completely under the influence of Hinduism. According to Mr. Nesfield, " the marriage contract is arranged, not by the parties themselves, but by the fathers on either side; and the pair for whom the negotiation is made have no power either to choose or refuse. The father of the youth goes over to the village or clan in which the father of the young woman resides, and after making his proposals for the price to be paid for her, offers him a drink of wine, and if the present is accepted, the bargain is closed. The contract once made is faithfully kept by both parties. The price paid for the woman may be in cash or kind, and its value depends on the means of the purchaser or the attractiveness of the woman." In Bihâr[2] the bride-price is supposed to be nine rupees, but is liable to vary according to the means of the family. " The choice of the bride is limited by the rule of exogamy; in other words she must not be a blood relation to the husband chosen for her, nor of the same village, but of some outside village or clan. Wife capture is secretly practised to some extent among the Thârus. Thay have been known to carry off girls by stealth from the Bhuksa tribe conterminous with their own borders on the Sârda river, and from the Nepâlese tribes living on the outer spurs of the Himâlaya mountains; and this practice of getting wives from Nepâl will explain the slightly Mongolian cast of face which has now become rather common, though not universal, among the Thâru tribe. But though the fact of wife capture has become almost obsolete, the form is still preserved in the manner in which the bride is conducted to her new home. The father of the bridegroom never goes to take her away from her own clan or village

[1] Risley, *loc. cit.*, II, 314.
[2] *Ibid*, II, 314.

unless he is accompanied by a select bodyguard of fellow tribesmen. They enter the bride's house in the evening, eat and drink all they can get there in the way of pig, goat, wine, rice, and *ghi;* and then carry her off on the following morning led by a band of men dancers, men singers, and men musicians, while the bride herself screams and cries as if she were being led off by violence. All this implies a demonstration of force, though no such thing as force is really anticipated or intended."

Marriage by capture.

17. It is needless to say that much the same fiction of capture is found in the marriage usages of other tribes as well as the Thârus. Thus, writing of the Eastern Districts of the Panjâb joining on to these Provinces, Mr. Ibbetson[1] says: "The strict rule of tribal exogamy which still binds all classes, both Hindu and Musalmân, excepting, however, the priests and traders, who observe only the prohibitions of the Sanskrit scriptures, especially the rule against marrying from neighbouring village, the formal nature of the wedding procession, which must be as far as possible mounted on horses, and in which males only may take part, the preparatory oiling of the bridegroom, the similar treatment of the bride being, perhaps, a later institution,—all point to marriage by capture. So does the use of the bloody hand at both villages. The marking all the turnings from the village gate to the bride's house may be a survival of a very common intermediate stage, where the bridegroom visits the bride by stealth. The rule that the procession must reach the girl's village after midday, must not enter the village, but remain outside in a place allotted to them, the fight between the girl's and boy's parties at the door of the bride's house, the rule that the girl shall wear nothing belonging to herself, the hiding of the girl from the boy's people at the wedding ceremony,—all point to marriage by capture. So does the rule by which the boy's party must not accept food at the hands of the girl's people after the wedding, and must pay for what they eat on the succeeding night, and the fiction by which the girl's father is compelled to ignore all payment of money by the bridegroom's friends. The bloody hand stamped on the shoulder of the boy's father by the girl's mother as he departs, and the custom which directs the girl to go off bewailing some one of her male relatives,

---

[1] *Panjâb Ethnography,* 184; and see McLennan, *Studies,* 33, *sqq.*; *Primitive Marriage,* 27, *sqq.*

who has lately died, saying 'Oh! my father is dead! 'Oh! my brother is dead' are very marked; as is the fight with sticks between the bride and bridegroom. Finally we have the rule that after the ceremonial goings and comings are over, the wife must never visit her father's house without his special leave, and the fact that the village into which his daughter is married is utterly tabooed for her father, her elder brother, and all her near elder relatives. They may not go into it, or even drink water from a well in that village, for it is shameful to take anything from one's daughter or her belongings. Even her more distant elder relations will not eat or drink from the house into which the girl is married, though they do not taboo the whole village. The boy's father can go to the girl's village by leave of her father, but not without. Similarly, all words denoting male relations by marriage are commonly used as terms of abuse, as, for instance, *susra*, *sâla*, *bahnoi*, *jamâi*, or father-in-law, wife's brother, sister's husband, and daughter's husband. Of these the first two are considered so offensive that they are seldom used in their ordinary sense." It is necessary to say that many of the conclusions of Mr. Ibbetson, as thus given, have been disputed.[1]

18. Among the Thârus, to complete the analogy to the old custom of wife capture, there is no celebration of nuptial ceremonies after the bride and bridegroom have come to their journey's end. As soon as they enter the house appointed for they are, *ipso facto*, man and wife. Mr. Risley [2] remarks that slight traces of the form of capture may perhaps be discerned in the ritual, but these are not very marked among the Thârus of Bihâr. "Brâhmans officiate as priests, and the brother-in-law of the bride usually takes a prominent part in the proceedings. In the Mardaniya and Chitwaniya sub-tribes the bridegroom's party, instead of being entertained by the bride's people, are expected to feast the latter for three days before the bride is produced. No second ceremony (*gauna*) is performed when the bride goes finally to live with her husband. When she is married as an adult, she goes to her husband at once, and in all cases it is deemed proper for her to spend one night at her husband's house immediately after marriage. On the occasion of this visit she and the relations who accompany her

---

[1] *Panjâb Census Report*, I, 336.

[2] *Loc. cit.*, II, 314, *sq.*

are entertained at a feast called *dulhi bhatâwan*, 'giving rice to the bride,' which celebrates her formal admission into the sept to which her husband belongs. If she is still an infant, she is taken back next day to her parents' house by her brother-in-law, and remains there until she has attained sexual maturity."

19. Among the Dangariyas of Gonda it is forbidden to introduce women of low castes, such as the Kori, Chamâr, or Musalmân; but if one of the sept can induce a woman of a caste higher than his own to live with him, the union is recognised, and children born of the pair are regarded as legitimate and enjoy full tribal rights.

20. In Gorakhpur the betrothal is arranged by neighbours and friends on both sides, and the pledge of the engagement is the sending of twelve cups (*tarahi*) of spirits by the father of the bridegroom to the house of the bride. When this is accepted the engagement is complete. There are three forms of marriage ceremony in vogue: the *Pachhiwâhân* or "Western," the *Purbiha* or "Eastern" and the *Bhoj* or "Banquet." The most respectable form, in which the rites are done at the house of the bride, whose father provides a suitable dowry, is known as *Pachhiwâhân*. In the *Purbiha* form no dowry is given. The *Bhoj* is the least respectable of all, and is only done by the very lowest members of the tribe. The binding portion of all three forms is the *sendûrbandhan*, when the youth applies vermilion (*sendûr*) to the parting (*mâng*) of the girl's hair.

21. Thâru marriages are usually done in the early spring; but this is not essential, and they have not reached the stage when the rite cannot be done except on a lucky day selected by a Brâhman astrologer. Polygamy, divorce in the form of the expulsion from the house of the faithless wife with the approval of the council, widow marriage, and the levirate under the usual restrictions are all allowed. Divorced women can marry again like widows, and both classes are distinguished by the title *urari*, or "selected," from women who were married as virgins by the full ritual. The social status of a married widow or divorceé is, however, inferior to that of a regularly married wife; but for the purposes of succession both rank alike.

Birth rites.

22. Of the Thâru birth rites Mr. Nesfield[1] writes:—"After the birth of a child the mother is not allowed to taste food or water for two days. On the

[1] *Loc. cit.*, 16.

third day she is allowed to drink as much wine as she desires, and some is rubbed over her body. Thâru women assist each other at the time of childbirth. They are said to be very skilful in midwifery, and Chamâr women are not employed for such purposes as among Hindus. They have a form of lustral ceremony or baptism for the benefit of new-born babes. On the day of its birth the child is immersed in water, while the oldest man in the family pronounces over it certain auspicious words. After the immersion ceremony is over, the child is fumigated with fire and smoke; a tuft of dry *kâns* or *kusa* grass is dug out by the roots. After placing the head of a snake and the sting of a scorpion inside the tuft, they set it on fire, holding the flame as near as possible to the place where the child is lying. The ingredients taken from the snake and scorpion are intended to render the child proof for the remainder of his life against the attack of secret enemies of all kinds. An iron tool is kept in the room where the child sleeps to avert the Evil Eye. When the child is four or five months old, a name is selected for it, and this is bestowed before an assembly of friends by the oldest man in the household."

23. Among the more Hinduised Thârus of Gonda, a Chamârin is sometimes called in at births, and after six days her place is taken by the wife of the barber. All Thârus, except the Kathariyas, starve the mother after delivery, and she is not fed without a preparatory offering of *laddu* sweetmeats to Bhâgawati. On the twelfth day the birth pollution is removed by a bath. There is no trace of the couvade.

Adoption.

24. Among the Thârus if a man is childless, he adopts one of his nephews, in preference the son of his elder brother. He assembles the clansman and taking the boy in his lap, he puts his cap on his head, which signifies that he is his son. Among the Dangwariya sept in Gonda, when a man marries a widow he very often adopts her son by her first marriage, and the son thus adopted receives a larger share of the inheritance than the issue of the marriage with his mother.

Death customs.

25. Earth burial seems to have been the usual way in which the Thârus formerly disposed of their dead; but cremation is now taking its place, except in the case of those who die of cholera or small-pox; these are always interred.

"After cremation the ashes are scattered in the nearest river. Before, however, the corpse has been disposed of by either rite, it is usual to paint it with vermilion and expose it for one night on a mound outside the house. From this mound, as from a stronghold, the spirit of the dead is supposed to scare away wild animals from the crops.[1] Whether the body is buried or burnt, the ceremony is always performed on the southern side of the village, a notion probably borrowed from the Hindus, who consider that the north is the region commonly frequented by divine spirits, and the south by human souls.[2] The man who puts the first fire to the funeral pyre is considered to be unclean from having brought himself within dangerous reach of the contagion of death. He is therefore, kept at a distance for ten days after cremation, and compelled to live entirely alone. On the expiry of the tenth (or the thirteenth as some Thârus relate) the friends of the deceased meet at the house where he died, and after undergoing the ceremony of shaving, they hold a feast of the dead. The banquet prepared for this purpose consists of cooked flesh and wine, the scent and smoke of which are intended to refresh the departed soul; the solid parts, that is, the flesh and wine, themselves are consumed by the living." Mr. Nesfield [3] suggests that the funeral feast consumed by the relations developed into the feeding of Brâhmans, because while offerings to the dead should be made through fire, Manu [4] taught that "there is no difference between fire and a Brâhman," and that an oblation of food to such a holy man is "an offering in the fire of a sacerdotal mouth."

26. "In certain rare cases the burial rite is performed in a manner distinct from either of those already described. A man noted above his fellows for wisdom in counsel, bravery in the chase, or knowledge of the magical or medicinal arts, is buried under the floor of the house in which he was living before his spirit departed. The house thenceforth becomes a temple, and ceases to be used as a dwelling-place for man.[5] The soul of the dead becomes its

---

[1] With this compare Spencer, *Principles of Sociology*, I, 257, *sqq.*; Tylor, *Primitive Culture*, II, 150.

[2] Manu, *Institutes*, III, 206; for the situation of Yamapura or Yamasodana, see Monier-Williams, *Brâhmanism and Hinduism*, 290.

[3] Spencer, *loc. cit.*, I, 155, *sqq.*; Tylor, *loc. cit.*, II, 30.

[4] *Institutes*, III, 212, 91 : 168.

[5] Spencer, *loc cit.*, I, 251.

occupant, and it lives there to bless those whom it has left behind. At periods of three or six months after the death, the friends and neighbours of the deceased assemble round his grave or temple and make an effigy in clay, parts of which are painted in various colours, intended to reproduce the appearance of resuscitated life. His worshippers fall down weeping and wailing before the image, and place offerings of cooked flesh and wine at its feet. Presently, at a given signal, as soon as the soul of the dead is believed to have been propitiated by the scent of roast meat and the fumes of wine, they commence to dance and sing with every expression of joy; and the proceedings of the day are closed with consuming the solid parts of the offering."

27. According to another account from Gonda, the dead are cremated, except those who have died without heirs, and these are buried. The Jogi Thârus, as already stated, raise a mound (*samâdh*) over the graves of their dead. When a corpse is cremated, they bury the ashes on the spot or throw them into a neighbouring stream. Only a few, who are more completely Hinduised, carry the bones to the Ganges. When a person dies of pestilence, the body is buried for the time, and, when the plague is over, disinterred and cremated. They shave the hair of the corpse, cut the nails, bathe it, and rub it with *ubtan*, consisting of ground mustard mixed with turmeric and water. It is then carried on a cot to the cremation ground. The mourners take with them some pulse, rice, ghi, and some earthen vessels. Before the corpse is burnt, they make two fire-places on which they place two vessels, in which each of the mourners, by turn, cooks some rice and pulse. Then the corpse is placed upon the pyre, and the chief mourner walks seven times round it and sets fire to it. On their return to the house of the deceased, his widow and children wash some copper pice in water and sprinkle it over the party of mourners. The relatives supply some spirits and the friends *sharbat*, which are mixed together and drunk by all present. The man who burns the pyre secludes himself ten days in the case of a dead man and nine days for a woman. The Kathariya and Dangwariya septs keep a lamp burning in the house for ten days after the death to give light to the ghost when it comes to visit its home. On the tenth day they feast their clansmen, and on the thirteenth Brâhmans. The other Thârus perform the rites in the ordinary Hindu way.

28. The religion of the more primitive branches of the Thârus is based on a belief in ghosts and consists of little else; the Thârus of the plains are becoming rapidly Hinduised. The soul is believed to survive the body, wandering forth into space and frequenting the haunts of the living sometimes with malignant, sometimes with friendly, intentions. "One Thâru, on being questioned what became of the soul after death, gave an answer, which verifies, with remarkable closeness, the explanation of the ghost theory given by Dr. Tylor. He said that at the time of sleep his soul or second self leaves him and wanders about at will; and as he was not able to say where his soul goes to or what it does during the intervals of sleep, so he could not pretend to say what became of it after the final sleep of death had set in.[1]"

Religion.

29. Mr. Knowles, whose knowledge of the beliefs of the Thârus is unique, writes[2]—"It was to be expected that this people would be very superstitious. The *bhûts* or demons lurking in the forest trees, especially the weird *semal* or cotton tree (*bombax heptaphylla*) and the *prets* or spirits of the dead lead there a very miserable life. When the last ray of light leaves the forest, and the darkness settles down upon their villages, all the Thâru men and women and children huddle together inside their fast-closed huts in mortal dread of these ghostly beings, more savage and cruel than the leopards, tigers, and bears that now prowl about for their prey. Only the terrible cry of "Fire" will bring these poor fear-stricken creatures to open their doors and remove the heavy barriers from their huts at night; and even in the day time, amid the hum of human life, the songs of the birds, and the lowing of the cattle no Thâru—man, woman or child—will ever venture along a forest line without casting a leaf, a branch, or a piece of old rag upon the Bansati formed at the entrance of the deep woods, to save themselves from the many diseases and accidents the goblins and malicious spirits of the forests can bring upon and cause them. The Bansati or 'good spirit' of the woods is a square space cut in the ground six feet by six covered with pine branches."

30. The Thâru patron saint Raksha or Rikheswar has been already mentioned. Mr. Risley[3] thinks that he is identical with the

[1] Nesfield, *loc. cit.*, 18, *sq.*; Tylor, *Primitive Culture*, I, 436, *sqq.*
[2] *Loc. cit.*, 214.
[3] *Ibid*, II, 315.

Rikhmun of the Musahar Bhuiyas. Malignant spirits "cause fever, ague, cough, dysentery, fainting, headache, madness, bad dreams, and pains of all sorts. In fact the Thârus have no conception of natural disease, and no belief in natural death, except what is faintly conceived to be the result of physical decay. Their state, therefore, would be one of utter helplessness, were it not for the reputed skill of medium men or sorcerors, who profess to have the power to control the spirits of the air, or to interpret their grievances or wants. In the Thâru language these men are called Bararar; but the titles of Guru, Gurua, Bhagat, Nyotya, Ojhait, all of which are borrowed from the Hindi, are now in common use, though even of these the last two are probably of aboriginal or non-Sanskritic origin. The power of the medicine man is tremendous. He has a host of liege spirits at his command. Not only can he expel a fiend from the body of a sufferer, but he can produce suffering or death by driving a malignant spirit into the body of his foe. In order to exorcise an evil spirit, he holds in his left hand some ashes of cowdung, or grains of mustard seed, or wild nuts, and after breathing some mystical virtue into them by the utterance of a spell, he causes the patient to eat them, or has them attached to his arm. One of the spells uttered at such times is as follows. It is addressed to Kâlika, the Thâru goddess of death and patroness of the magical arts:—

Gurhai Gur sair, Gur tantra mantra, Gur;
Lakhai niranjan; toka sohai phulka bhâr;
Hamka sohai gun vidya kai bhâr;
Yahân kai vidya nahîn,
Kâmru Kâm kai vidya;
Jaisê vidya Kâmru Kâm kai lâgai, waisê vidya lâgai mor.

The language is that of bad and scarcely intelligible Hindi and may be rendered thus:—

"The Guru Kâlika is great; she is everything; she is magic by deeds (*tantra*); she is magic by words (*mantra*). She points out the way to relief. Thou, O Kâlika, deservest to be heaped with flowers! I too deserve to be heaped with secret wisdom, the wisdom of Kâmru Kâm, not the wisdom of the country. Whatever effect the knowledge of Kâmru Kâm produces, such effects let my knowledge produce also."

31. Mr. Knowles[1] says:— "Their religion is as simple as them-

[1] *Loc. cit.*, 212.

selves. A very primitive piece of wood in the shape of a Mahâdeva stone, near which is erected a long stick, with a bit of red cloth fastened to the top, is all they have as an object of worship; and I found a very few in a village pay any attention even to this. They have some idea of a Supreme Being they call Nârâyan, who gives them sunshine and rain and harvests; but they have no proper idea how this great, far-off Being is to be approached and worshipped. I found about five Thârus, who had taken to themselves the luxury of a Brâhman Gura from Balrâmpur, and who carried on *pûja* in the usual Hindu orthodox way."

32. "The goddess who presides over life and death, and whom the Thârus believe to be the supreme power in the universe, is Kâlika, one of the numerous forms of Devi, Durga or Kâli, at whose name all India trembles, especially the low tribes and the casteless tribes, among whom she originally sprung. One of her titles in Oudh is Sonmat or Sonwat, "the crescent headed;" Chândika Devi is the goddess of the Bhars, and her name means the same. Mari, the patron goddess of Kanjars, is also worshipped by them. She appears to be identical with Samai or Samaiya, who, according to Dr. Buchanan,[1] is a Thâru deity. Medicine men look to Kâlika as the special patroness of their art. To the fair sex she is the goddess of parturition, and her aid is specially invoked by women who have had no children. All classes combine to give her a periodical ovation, accompanied by much dancing, banqueting, and drinking of wine, about the middle of October. Thârus also take part in the huge animal sacrifice performed at the celebrated altar in Devi Pâtan, in the Gonda district. Such is her thirst for blood that at this time twenty buffaloes, two hundred and fifty goats, and two hundred and fifty pigs are slaughtered daily, for ten days continuously. The sacrifice is vicarious, the blood of the buffaloes, etc., being intended as a substitute for that of human victims. This loathsome festival is thronged with visitors from the plains of India and from the hills of Nepâl, Sikkhim and Bhutân."[2]

33. "Another deity revered by Thârus, and like Kâlika of indigenous or non-Aryan origin, is her consort Siva, known chiefly among Thârus by the name of Bhairava, 'The Terrible,' Thâkur, 'The Lord,' and amongst Hindus by that of Mahâdeva, 'The

---

[1] *Eastern India*, II, 389.
[2] Nesfield, *loc. cit.*, 27.

Great God.' He, like his spouse, is a god of destruction and thirst for blood. But he is chiefly worshipped by the Thârus as the author of reproduction, of which a stone lingam, as among Hindus, is made the symbol. It is more usual, however, for a Thâru to erect a mud mound in front of his house, and fix an upright pole in the centre, to represent tho presence of this phallic divinity. Nature worship among Thârus is represented by two deities of some importance. One is Madhu the god of intoxicating liquor, specially of the rice wine made by themselves. He represents the goddess Varunani, Varuni, Mada or Sura of Vaishnavism.[1] The other is Dharchandi, 'the patroness of cattle,' though her name would imply that she was at first intended to personate the Earth. Her shrine, like those of the deities already named, is a mound of clay. The mound dedicated to Dharchandi is studded with short wooden crosses, on which rice, pulse, and other produce of the fields are offered, and always on plates of leaf. Her shrine is so placed that all the cattle of the village, together with the swine, sheep, and goats, pass it on going out to graze, and repass it on their return. When the cattle sicken or die, larger and more valuable offerings are made. Neither of these deities is known or worshipped by other natives of Upper India." In Champâran, Kuân is worshipped as a village deity by casting sweetmeats down a well (*kuán*) and smearing vermilion on its rim.[2]

34. In Gonda, besides the worship of Mahâdeva and Bhâgawati, the Jogi Thârus worship a deified worthy known as Ratinâth. They have also minor village deities, known as Garar Bîr, Kâli, and Deohâr, or the collective village pantheon. Bhâgawati is worshipped on the tenth of Kuâr with a sacrifice of a pig or a fowl and with an offering of milk and wine. At the same time the brethren are fed on sweetmeat. If there are several Thâru families in a village, they will each feed the brethren on successive days. Those who are poor feed only one member of each family of the brethren. Mahâdeva is worshipped daily with an offering of sandal, washed rice (*achhat*), flowers, incense, a lighted lamp, and water. The worship of Garar Bîr and Kâli is done in the months of Jeth, Bhâdon, and Aghan. In the months of Jeth and Bhâdon the offering consists of a pig, goat, ram, fowl, wine, and milk. In Aghan they

---

[1] Monier-Williams, *Brâhmanism and Hinduism*, 108.

[2] Risley, *loc. cit.*, II, 316.

offer the *maguri* fish (*macropteronatus magur*), fowls, eggs, rats, wine, and milk. The above is the rule among the Dangwariya Thârus. The Kathariya offer a ram in Asârh, and in Aghan a mixture of new rice, *ghi*, and sugar. The offerings are consumed by the worshippers. The worship of these deities is often carried on by a general subscription among all the Thâru residents of the village.

35. In Gorakhpur their chief objects of worship are Mahâdeva and Bhawâni. They have also a crowd of minor godlings, such as Sâwan, Lutta, Mangan, the Jâk and Jâkni, who are field godlings; Brahm, a deified Brâhman ghost; Mari, the goddess of death, and Bâgheswari, the tiger goddess. Of the origin and attributes of these godlings they are quite ignorant. Sâwan, Lutta, and Mangan receive a sacrifice of a cock at the Naurâtri; Bâgheswari is worshiped through a Gurua or Ojha with an offering of rice-milk. After sowing the autumn crops, Jâk and Jâkni receive an offering of some oilcake and a chicken. At the same time a cock is offered to Mari. Brahm is worshipped at any time of sickness or other trouble with an oblation of milk.

Animal and plant worship.

36. Thârus hold three animals sacred above all others, and these they would deem it a sacrilege to destroy—the cow, the serpent, and the monkey,—of which the cow and monkey are probably adored through the example of their Hindu neighbours. The snake has a special service at the Nâgpanchami. The only tree to which they appear to show any particular respect is the *pîpal*.

Festivals.

37. In the spring Thârus observe the annual festival of fire, an observance "resembling, in many respects, the Holi of the Hindus, and known to Thârus themselves by this and no other name. A mound of earth is prepared, in the centre of which a pole is fixed in a vertical position, the phallic emblem of reproductive energy. Offerings of turmeric, hemp, *dhatûra*, and other pungent or odorous herbs are placed upon the pole and mound by the assembled people. Straw and stubble and sticks are then piled around the pole; and the oldest or most respected man in the assembly puts fire to it. After the bonfire has burnt itself out, they amuse themselves with dancing, playing the drum and cymbals, pelting each other with coloured powder, singing amorous songs, and cracking lascivious jokes. The evening is spent in feasting on roast meats and rice and drinking wine. The only difference between this and the Hindu form of the Holi is

that the same gods and demi-gods are not honoured in the one as in the other, and that the Thârus have retained the old phallic emblem, which among Hindus has gone entirely out of use."[1] As has been shown elsewhere,[2] this probably represents a more primitive form of the usage than that at present prevailing among Hindus. We have met a similar usage among the Dravidian tribes of Mirzapur, who burn the old year (*sambat jalâna*) in the form of a stake. In Gorakhpur, where the Thârus have come more completely under Brâhmanical influence, they observe all the ordinary Hindu festivals.

Social status and occupation.

38. Mr. Nesfield[3] has given an elaborate account of the social life of the Thârus. They live by hunting and fishing, gathering forest fruits and vegetables, grazing cows and buffaloes, making *ghi*, keeping pigs, fowls, and goats, and practising a rude form of agriculture. "As hunters they despise and shun such vermin as jackals, snakes, and lizards. The animals which they chiefly hunt are the wild boar, the deer, the antelope, and other large game in which their forests still abound. They also lay snares for the porcupine (*sahi*) and eat its flesh, which is considered to bear some resemblance to that of the pig. Sometimes, but only when they are pressed for food, they will eat field rats. They are fond of hares when they can catch them, and they are not averse to the flesh of the river tortoise. When the stock of meat happens to become larger than they can consume at once, their mode of preserving it is by cutting it into strips and drying it in the sun."

39. Mr. Knowles[4] remarks that though the men and boys go about almost in a nude state, with only a piece of cloth hung loose in front, held by a string fastened round the waist, yet the wives and daughters of the tribe are so well clothed that only the arms and feet are left exposed.

40. In Gonda they eat pork, and the flesh of deer and those cloven-footed animals which ordinary Hindus eat, fowls, fish, both scaled and scaleless, tortoises, rats and hares. They will not eat beef, or the flesh of the monkey, crocodile, snake, lizard, jackal, and

---

[1] Nesfield, *loc. cit.*, 30.
[2] *Introduction to Popular Religion and Folklore*, 391, *sq.*
[3] *Loc. cit.*, 3, *sqq.*
[4] *Loc. cit.*, 210.

other vermin. This is also the case in Gorakhpur; but here there seems to be an increasing tendency towards the restrictions in force among Râjputs, of whom they claim to form a branch. In Gonda all Thârus will smoke together. The Kusumha, Dahel, Lampochhna and Parpariya or Palpharaha septs eat *kachchi* and drink together. These will not eat with Kumhâr Jogi and Dhaker. But the latter will eat from the Kusumha. The Dangwariya and Katheriya will eat *pakki* together. The Brâhmans and Kshatriyas of the hills will not touch food from any Thâru; but they will drink water drawn by members of the Dangwariya sept. The Brâhmans of the plains will drink water drawn by the Katheriyas. Their chief fishing implements are the hook and line, the net and the funnel-shaped basket. They often poison the water and catch fish in this way. Their favourite root is a plant of the yam species, which grows freely at the foot of the hills. Wild rice, the flower of the *mahua* tree (*bassia latifolia*) and the fruit of the wild fig tree are gathered in their several seasons. Until recently they used to cultivate in a rude way by cutting and burning down the jungle, but now they cultivate the transplanted rice throughout the Tarâi, and they have a valuable source of food in the plantain which grows plentifully around their villages. Mr. Knowles[1] writes that "the rice which is not carefully taken out of the husk and is therefore all broken, is their principal food. They eat three times a day. At what answers to our breakfast they eat a meal of boiled rice; at what we call our tiffin they make a meal of boiled rice-water, and at our dinner time they make a more substantial meal of pulse and rice and the meat of any game they may have shot or caught in the jungle. But they never eat bread of any kind. Little wheat is grown and that for market. The first meal is called *kalwa* or *kalewa* (Sanskrit *kalya-varta*); the second *mingi* and the third *beri*." The women do the largest part of the sowing, weeding and harvesting, while the men engage in hunting, fishing, etc., which they regard as the proper occupation of their sex. "The only kind of labour, which a Thâru will undertake, is that of elephant-driver to some Râja. Their skill as elephant-drivers is admitted everywhere; and latterly they have acquired the art of catching wild elephants from the forest and taming them for the Râja of Balrâmpur and other noblemen."

---

[1] *Loc. cit.*, 211.

Villages and houses.

41. Their villages, according to Mr. Knowles,[1] are from one to two miles distant from each other, and the houses are all made of wood or grass. The outside grass walls of each house are plastered over with red mud. They never use cowdung for this and other household purposes as is usual with the people outside the jungle; that they use only for manure. The cattle sheds are protected from beasts of prey by strong wooden palings. The wells in the village are kept from falling in by boards being let down and fastened together. The houses are large, cool and commodious, and generally raised on poles, like those of the Dyaks described by Mr. Wallace,[2] in order to protect the inmates from damp and malaria. They contain large jars of red clay in which food grain and seed rice are kept Dr. Buchanan[3] remarks that "the huts of the Thârus have straight ridges, and in general are much wider and longer than those of other natives. But one hut usually serves as the residence of a family, which in the southern parts of the District would have three or four huts round a yard. On one side of the hut is usually a garden, neatly fenced and containing tobacco, mustard and a few plantain trees. The Thârus keep cows, buffaloes, sheep, goats, fowls, and pigeons, and this live-stock occupies an open end of their hut separated from the dwelling apartments by a hurdle wall."

42. "Every little village," writes Mr. Nesfield[4] "is a self-governing community. Disputes are decided by a council of elders, and this is sometimes presided over by a headman who, in the Thâru language, was formerly called Barwâik, but who is now dubbed even by themselves with the ordinary Hindu title of Chaudhari. The office of headman is not hereditary. The man selected is one whose age, experience and knowledge of the magical and medicinal arts entitle him to more respect than the rest; and he acquires the status of headman by tacit consent and not by formal election. The decisions of the council or the headman are obeyed unreservedly; and there is no such thing known as a Thâru taking a fellow tribesman before a tribunal outside his own community. Litigation between Thârus and Hindus is equally unknown. Amongst themselves the Thârus are, for the most part, a peaceful and good-natured race,

---

[1] *Loc. cit.*, 211.
[2] *Malay archipelago*, 59.
[3] *Eastern India*, II, 40.
[4] *Loc. cit.*, 6, sq.

following without question, as if by a law of nature, the customs and maxims of their ancestors."

43. Their strongest form of oath is placing the hand on the lingam of Mahâdeva or on the shrine of Kâlika. "A less potent oath, and one evidently derived from the Hindus, is by holding water in the palm of the hand, the water being supposed to have come from the Ganges. When two persons accuse each other of some fault, and it is known that one or other must be guilty, resort is had to the floating test. The two disputants are flung simultaneously into deep water, and the one who rises first is declared guilty. Another kind of ordeal practised by them consists of throwing a coin into a bowl of boiling oil or boiling water, and thrusting in the arm to take it out. If the arm comes out unblistered the person is declared innocent."

Tools: industries.

44. "The tools and weapons used by the Thârus are not made by themselves. The share of the plough, the point of the spear, the blade of the axe or hatchet, and the blade of the hoe with which they dig the yam are procured from Lohârs. The recollection of stone weapons survives even in tradition. The curved knife (*khukhuri*) is procured from Nepâl. Their plough is of the same design as that used by Hindus, but more simple, for the upright pole (*jangha*), to which the oxen are attached is in the same piece of wood with the curved part to which the iron share is fastened." They work in bamboo, reeds, and fibres, and make baskets, snares, nets, and similar appliances for hunting and fishing. A peculiar article of dress is the broad leaf umbrella worn over the head to keep off the sun and rain.

Dances.

45. They have a national dance performed by boys or men, never by girls or women. "A boy of fifteen or sixteen is dressed as a woman, and his partner beats a small drum suspended from the neck. The pair advance and retreat with a gliding motion, and represent with coarse fidelity the advances of the lover and the coyness of the maid. As they proceed they warm to the work; and I shall never forget the ecstatic but somewhat ludicrous rapture which shone in the face and spake in every limb of the drummer after two hours of the exercise and the infusion of a large amount of raw spirits. Every now and then the dancing gives place to a dramatic interlude, in which a dullard is made the butt of the rough and occasionally

obscene wit of the leading actor. These scenes were invariably the vehicle of satire, and the Brâhmans of the plains and Sir Jang Bahâdur of Nepâl were visited with unsparing ridicule."[1]

Intoxicating drinks.

46. They make their principal intoxicating drinks from rice. This rice liquor is drunk more or less every day, and every member of the family—from the oldest to the youngest—drinks it. "They say by only thus drinking they can be kept alive in these forests, especially in the rains. The water in the village wells is certainly not fit to drink without some disinfecting process, and the Thârus themselves say that drinking it would kill a *desi* or person living outside the forest in a week. Of course they drink to excess on special occasions. Every now and then they have a big *nâch* or dance of a very degrading kind. In it they act a regular play in which there is a plot and a grand finale. A Nepâl prince who carries off a beautiful Thâru girl figures in it. The women take part in it, and I am told the curtain had better fall over the last act."[2]

Sorcery and witchcraft.

47. Like all secluded races the Thârus are notorious for witchcraft and in the plains, Thâruhat or "the Thâru country" is a synonym for witch land. "Every Thâru woman," says Mr. Knowles,[3] "after the marriageable age, is supposed by those who live outside the Thâru country to possess the *tona* or power of the Evil Eye to bewitch and enchant; so that she has the power to turn a *desi* or stranger into a wild animal or destroy him slowly by consumptive fever. This, I find, is one reason why all the natives outside the forest dread the Thârus and fear to live among them The forest officer has had the greatest difficulty in getting carpenters and masons to come out and build his house, because they were afraid of Thâru *tona*. The power of the Evil Eye displays itself in two forms : the major curse being known as *lohna*, which commences with violent wasting away, and results invariably in a rapid death. For the lesser (*bej*), recovery may be expected; it displays itself in a low fever accompanied with diarrhœa. The fever and dysentery of the Tarâi keep the superstition alive. Both men and animals are sup-

[1] *Oudh Gazetteer*, III, 504.

[2] Knowles, *loc. cit.*, 212. It has been generally believed that the Thârus are proof against malaria : but the Bengal returns (*Census Report*, 173) shows that they are unusually short lived.

[3] *Loc. cit.*, 214.

posed to be subject to this malignant influence; but a handsome bachelor is considered the most likely victim. The souls of those who are thus affected remain for ever in the power of the enchantress, and when she dies she becomes a Bhukchm, a malignant demon, commanding a troop of the souls she has slain. Among the lower castes of Hindus, and especially the Kewats and Châis, whose traditional descent from the Kaivartas or Nishâdas stamps them as non-Aryan, are found individuals who possess the secret antidote to the fascination. At Pipra Ghât on the Râpti, between Utraula and Tulasipur, there is an especially famous exorcisor, who has a large school of pupils."[1]

Social life.

48. The only caste with whom the Thârus live on in intimate terms is that of the Banjâras. The honesty of the Thârus is proverbial. It is said that when a family flies into the hills they will always leave any arrears of rent that may be due tied up in a rag to the lintel of their deserted house. It is said that husband and wife never quarrel. "This is not," says Mr. Knowles,[2] "because the women are kept under; for they seem as free and independent in their movements as the men. A Thâru woman will look as straight at you when you speak of her as a European woman will. I noticed another good trait in the social character of these people. The parents seem as fond of the girls as of the boys, and make no degrading distinction as the natives of the plains do. The Thâru's word of endearment for his wife is *jâni*. He calls his daughter a *bâbu* and his son a *bhaiya*—"My love," "my lord," "my brother."

Distribution of Thârus according to the Census of 1891.

DISTRICTS.	Number.	DISTRICTS.	Number.
Bareilly	8	Tarâi	15,332
Pilibhît	46	Kheri	1,975
Gorakhpur	3,072	Gonda	2,475
Basti	208	Bahrâich	2,311
Kumaun	65		
		TOTAL .	25,492

[1] *Oudh Gazetteer*, III, 503.
[2] *Loc. cit.*, 210.

Thathera[1]—(Probably derived from Sanskrit *tashta-kâra*, " one who polishes ")—The caste of braziers and makers and sellers of brass and copper vessels. It is not easy to ascertain exactly the difference of function between the Kasera and Thathera. According to Mr. Nesfield:[2] " The Kasera's speciality lies in mixing the softer metals (zinc, copper, and tin), and moulding the alloy into various shapes, such as cups, bowls, plates, etc. The Thathera's art consists in polishing and engraving the utensils which the Kasera supplies." In the Panjâb it would seem that the Kasera is the capitalist dealer, while the Thathera is the skilled artizan.[3] But these functions seem to overlap, and in Mirzapur the term Thathera seems to be more generally applied to the craftsman who makes ornaments out of the alloy known as *phûl*.

Tradition of origin.

2. Curiously enough, there is, in Oudh, a widespread tradition that the Thatheras were lords of the land before the Râjput invasion.[4] Mr. McMinn hazards the speculation that the Thatheras of Oudh legend were Bhars; others say that they were Thârus. But all this is mere speculation, and we really know nothing as to the people who are referred to. The tribe in Mirzapur say that they came from Bengal some three or four generations ago, and they name a place called Nasirganj in the Shâhâbâd District as their head quarters. In Lucknow they say that they were originally Kshatriyas, and they have the stock story that, when Parasurâma destroyed the Kshatriya race, one of their women, who was pregnant, was protected by a certain Kamandala Rishi, and that her offspring founded the caste of Thatheras. They add that their original home was a place called Ratanpur in the Dakkhin. In Benares, according to Mr. Sherring,[5] they wear the Brâhmanical thread and claim to hold a place intermediate between the Kshatriyas and Vaisyas. The caste is obviously purely occupational.

Internal organization.

3. The internal organization of the caste is very complex. At the last Census no less than three hundred and fourteen sub-castes were recorded, but

[1] Based on enquiries at Mirzapur and notes by M. Chhotê Lâl, Lucknow; Pandit Baldeo Prasâd, Deputy Collector, Cawnpur.

[2] *Brief View*, 29.

[3] Johnstone, *Monograph on Brass and Copper Ware*, 17.

[4] Elliott, *Chronicles of Unâo*, 25; *Oudh Gazetteer*, I, 22, 221, *sq.* 270, 275. *Hardoi Settlement Report*, 75, 85, 100, 165, 227.

[5] *Hindu Tribes*, I, 321.

it is at present impossible to say how many of these represent endogamous, and how many exogamous, groups. In Mirzapur there are two endogamous groups, Awadhiya or "those of Oudh," and Bhusantiya. In Lucknow the chief exogamous groups are Bhariya, Bangariya, Barwâr, Daundiya Kheriya, who take their name from the famous Bais Râjput stronghold on the Ganges, Gurha, Barhariya, Tusaha, Gulraha, Dandiya, Jarseth, and Lodh.

Exogamy.

4. The exogamous groups practise the usual rule which excludes the line of the paternal and maternal uncle and the paternal and maternal aunt for three or four generations, or until all knowledge of relationship is lost.

Marriage.

5. They marry in the orthodox way by the forms known as *byâh* or *charhaua* and *dola*. Widow marriage and the levirate are allowed under the usual restrictions.

Religion.

6. Some Thatheras are Saivas; but most of them are Vaishnavas. In Mirzapur they worship Mahâbîr, the Pânchon Pîr, and Devi in the form of Bhâgawati. Mâhabîr is worshipped in the months of Sâwan or Kuâr and on the birth of a child with an offering of sweetmeats, fried gram (*ghughuri*), bread, and the erection of a flag (*jhanda*) in his honour. The Pânchon Pîr are worshipped at marriages and at the festivals of the Diwâli and Khichari; at marriages with an offering of a head-dress (*maur*) and food, on the Diwâli with parched grain (*lâi, chura*), and at the Khichari with *khichari* or rice boiled with pulse. They worship as a fetish the furnace (*bhatti*) in which the metal they work up is melted. In Lucknow their anvil (*nihâi*) and hammer represent a deity known as Kalawati Kanya or "the skilful maiden." Their domestic ceremonies are superintended by a low class of Brâhmans, who, in Lucknow, are Tiwâris.

Social customs and status.

7. They drink spirits and eat goat's meat and mutton as well as fish. They eat *pakki* cooked by Brâhmans, Râjputs, and Halwâis; but *kachchi* only if cooked by one of their own caste. Banyas and all lower castes eat *pakki* cooked by them; but *kachchi* cooked by them is eaten only by Nâis and other castes of similar social standing.

Distribution of the Thatheras according to the Census of 1891.

Districts.	Hindus.	Musalmâns.	Total.
Dehra Dûn	9	...	9
Sahâranpur	71	17	88
Muzaffarnagar	91	252	343
Meerut	37	...	37
Bulandshahr	10	...	10
Aligarh	129	...	129
Mathura	347	...	347
Agra	133	...	133
Farrukhâbâd	304	...	304
Mainpuri	81	...	81
Etâwah	94	...	94
Etah	39	...	39
Bareilly	32	...	32
Bijnor	148	216	364
Budâun	31	...	31
Morâdâbâd	60	...	60
Shâhjahânpur	356	...	356
Pilibhît	29	...	29
Cawnpur	247	...	247
Fatehpur	492	...	492
Bânda	259	...	259
Hamîrpur	86	...	86
Allahâbâd	1,398	...	1,398
Jhânsi	546	...	546
Jâlaun	87	...	87
Lalitpur	137	...	137

Distribution of the Thatheras according to the Census of 1891 —concluded.

Districts.	Hindus.	Musalmâns.	Total.
Benares	470	...	470
Mirzapur	143	...	143
Jaunpur	907	...	907
Ghâzipur	806	...	806
Ballia	414	...	414
Gorakhpur	1,631	...	1,631
Basti	1,605	...	1,605
Azamgarh	1,826	...	1,826
Tarâi	12	37	49
Lucknow	702	...	702
Unâo	1,233	...	1,233
Râê Bareli	129	...	129
Sîtapur	347	...	347
Hardoi	55	...	55
Kheri	777	...	777
Faizâbâd	354	...	354
Gonda	2,136	...	2,136
Bahrâich	533	...	533
Sultânpur	513	...	513
Partâbgarh	430	...	430
Bârabanki	547	...	547
Total .	20,823	522	21,345

Thavai—(Sanskrit *sthapati*, "a master-builder").—The caste of masons and bricklayers. At the last Census they appear to have been included under Râj (*q. v.*). They are the Thavi of the Panjâb, who is a mason and bricklayer in the hills, and claims to have been originally a Brâhman, who was degraded because he took to working in stone. The caste is purely occupational and contains both Hindus and Muhammadans; the latter say that their first *ustád* or teacher was Bâba Ibrahîm, or father Abraham. The Hindu branch say the same of Viswakarma, the architect of the gods. The Muhammadan branch worship their tools at the Id festival, and offer sweetmeat to them. The Hindu Thavais, when they commence work in the morning, say *Viswakarma ki jay ho*, "Glory to Viswakarma."

Tiyar, Tiar.—A Dravidian boating and fishing tribe in the Eastern Districts, sometimes classed as a sub-tribe of the Mallâh. The word is possibly derived from Sanskrit *tívara*, "a hunter or fisherman." According to Mr. Risley's account[1] their customs on the whole correspond with those of the allied fishing and boating tribes. They are apparently the same as the so-called Teehurs of Oudh, who furnish one of the stock instances of communistic marriage. They are said to "live almost indiscriminately in large communities, and even when two people are regarded as married the tie is but nominal."[2] Though there may be considerable laxity of sexual intercourse among a people, the males of whom are compelled by their profession to leave the women for considerable intervals, the statement is perhaps exaggerated. The Tiyars also furnish one of the best modern cases of human sacrifice. The account given by Mr. Goad,[3] after describing how the bodies of two murdered men were found in 1865 in a hut in the Benares district, goes on to say:—"Two of the Tiyar caste had been down to Bengal in charge of some boats; when they returned they brought a letter addressed to the Tiyar caste calling on them to become vegetarians (*bhagat*); they were not to kill fish, nor eat them any more. This letter appears to have been circulated among the Tiyar caste in the Benares, Azamgarh, and Ghazipur districts, and which resulted in the above assemblage, on which occasion they acted a regular play by five men representing five deities,—Râm, Mahâbîr, Mahâdeo Senior (*sic.*), Zetbut (*sic.*), and Mahâdeo Junior (*sic.*)—that is to say, the three defendants—Beni, Pirthi Pâl, and Bassi represented the deities

---

[1] *Tribes and Castes*, sqq., II, 328.

[2] Lubbock, *Origin of Civilisation* 89, quoting Watson and Kaye, *The People of India*, II, plate 85.

[3] Quoted by Dr. Chevers, *Medical Jurisprudence*, 406, *sqq.*, from Lewin's *Police Guide*, 205.

Râm, Mahâbîr, and Mahâdeo Junior, and the deceased Shiubharat and Râm Sewak, Mahâdeo Senior and Zetbut; and by the order of Râm, Mahâdeo Junior, and Mahâbîr slew Zetbut and Mahâdeo Senior, Râm having promised to bring them to life again. This appears to be a most curious case, as nothing of the kind has been heard of before. The actors in this affair are a low caste, and next to savages, so that it is difficult to get a proper meaning to the catastrophe."

2. The same is the name of a clan of Râjputs in Sultânpur. Mr. Millet[1] describes them as nearly an extinct race, who are said to have been at one time lords of Pargana Sultânpur. "They succeeded the Bhadaiyâns, the conquerors of the Bhars and were in turn overcome by the Bachgotis, whose star is at present in the ascendant. The order of succession is chronicled in the following doggerel lines :—

Bhar mâr Bhadaiyân :
Bhadaiyân mâr Tiyar :
Tiyar mâr Bachgoti.

The Tiyars gave their name to one of the old sub-divisions of the pargana, Tappa Tiyar, and this, perhaps, rather than the entire pargana, was the extent of their dominions. At present they have nothing more than a right of occupancy in a few acres in their own Tappa. Regarding the Tiyars very little is known. Mr. Carnegy[2] considers them to belong to the Solar race; they themselves say that they are descended from immigrants from Baiswâra, who received a grant of the Bhadaiyâns territory from the Râja of Benares. Mr. Millet suggests a connection between their name and the Tarâi or Tîrabhukti (Tirhût).

Tomar (Sanskrit *tomara*, "a club") **Tunwar.**—A famous sept of Râjputs. Though a sub-division of the Yadubansi the are usually reckoned as one of the thirty-six royal races. They furnished India with the dynasty of Vikramaditya. Delhi was rebuilt by Anangpâl Tomar in A.D. 731—736 and became his capital and that of several of his successors; but, according to General Cunningham,[3] there is reason to believe that subsequently the Tomar capital was removed to Kanauj, where it remained for several generations prior to the invasion of Mahmûd of Ghazni. Shortly after that the small town of Bâri, north of Lucknow, became the

---

[1] *Sultânpur Settlement Report*, 134, *sq.*
[2] *Notes*, 27.
[3] *Archæological Reports*, I, 141, *sqq.*; 283.

capital till about 1050 A.D., when the Tomars returned to Delhi before the growing power of the Râthaurs; and then Anangpâl, the Second, rebuilt the city and erected the Lâlkot There is an inscription of his on the iron pillar, dated 1052 A.D., and just a century after Anangpâl III was defeated by Visala Deva, Chauhân, in 1151-52 A.D. The history of the dynasty has been worked out with great detail by General Cunningham.

2. The Tomar dynasty of Gwâlior was founded by Bîr Sinh Deva, who was probably a member of the Delhi family, and, according to the annalists, declared his independence in the time of Alâ-ud-dîn Khilji; but there is a difficulty about the dates, and General Cunningham [1] believes that the rise of the Tomars must have taken place during the few troubled years that immediately preceded the invasion of Timûr. His successor, Dungar Sinh, who came to the throne in 1424, raised the kingdom to great prosperity and began the great rock sculptures. Their power reached its zenith in the reign of Mân Sinh, who succeeded in 1486 A.D., and the kingdom was finally destroyed by Ibrahîm Lodi in 1519 A.D., who captured the capital.

3. In these Provinces the present status of the clan does not correspond with the splendour of its traditions. The Janghâra of Budâun claim to be of this stock; but their genealogical lists do not substantiate their assertion. They fix their immigration in the time of Shahâb-ud-dîn (1202—1206 A.D.). In Morâdâbâd [2] they fix their settlement at Sambhal at 700 A.D., where it is said to have lasted till 1150 A.D., the time of the rise of the Chauhâns. The Bareilly clan claim to have entered the district under their leader Hansrâj, and expelled the Guâlas in 1388, and the Ahîrs and Bhîls between 1405 and 1570 A.D.[3] The Batola of Garhwâl claim to be another branch of the same stock.[4] In the Eastern Districts they are not considered to be of high rank, a fact which Dr. Buchanan [5] explains in his quaint way by alleging that the last princes of the race were "abominable heretics."

4. In Sîtapur they marry girls of the Gaur, Ahban, Bâchhal, or Janwâr septs.

---

[1] *Ibid*, II, 381, *sq.*
[2] *Settlement Report*, 8.
[3] *Settlement Report*, 224.
[4] Atkinson, *Himalâyan Gazetteer*, III, 276.
[5] *Eastern India*, II, 463.

Distribution of the Tomar Râjputs according to the Census of 1891.

Districts.	Hindus.	Muhammadans.	Total.
Sahâranpur	1,005	16	1,021
Muzaffarnagar	307	1,362	1,669
Meerut	391	...	391
Bulandshahr	482	3,344	3,826
Aligarh	1,436	...	1,436
Mathura	1,042	38	1,080
Agra	5,521	37	5,558
Farrukhâbâd	769	...	769
Mainpuri	2,976	2	2,978
Etâwah	2,128	15	2,143
Etah	2,265	57	2,322
Bareilly	29	...	29
Bijnor	67	207	269
Budâun	2,987	70	3,057
Morâdâbâd	1,201	107	1,308
Shâhjahânpur	989	...	989
Pilibhît	280	2	282
Cawnpur	958	...	958
Fatehpur	911	...	911
Banda	584	23	607
Hamîrpur	76	...	76
Allahâbâd	268	...	268
Jhânsi	270	...	270
Jâlaun	4	...	4
Lalitpur	184	...	184
Benares	157	...	157
Ghâzipur	2	5	7

Distribution of the Tomar Râjputs according to the Census of 1891—concld.

DISTRICTS.	Hindus.	Muhammadans.	TOTAL.
Ballia	389	...	389
Gorakhpur	86	135	221
Basti	...	408	408
Azamgarh	1	171	172
Tarâi	158	...	158
Lucknow	105	3	108
Unâo	115	27	142
Raê Bareli	177	...	177
Sîtapur	1,882	1	1,883
Hardoi	1,227	...	1,227
Kheri	1,164	9	1,173
Faizâbâd	151	...	151
Bahrâich	29	...	29
Sultânpur	12	...	12
Partâbgarh	61	...	61
Bârabanki	69	...	69
TOTAL	32,915	6,039	38,954

Turk (Sanskrit *turushka*), a term properly applied to the Mongolian Turkomâns of Turkistân. Sir H. Yule [1] shows that the distinction which we now make between Turk and Turkomân was popular as early as the twelfth century. On the Biloch frontier the word Turk is equivalent to Mughal, and it is often used by Hindus for any official of foreign birth. In the Panjâb even Hindu clerks of the Kâyasth caste are sometimes called by this name. The Dravidian tribes very often call any Muhammadan a Turk.

2. In these Provinces there is a large cultivating caste in the Tarâi known as Turk, and in Azamgarh the term is applied to a

[1] *Marco Polo*, I, 44.

section of the Koeris. Those in the north of Rohilkhand are described as a more manly people than the Naumuslim and appear to have come into the district at an early period with some of the Sayyid colonies.[1]

3. From a report received from the Râmpur State it appears that the Turks claim to be originally emigrants from Turkistân, whence they came in the train of the army of Shahâb-ud-dîn Ghori. They deny that they have ever admitted converts from Hinduism; but they are more Hindu in their customs than other Muhammadans. They marry early, earlier than even the many Hindu castes, and for the ceremonial shaving of their children prefer the month of Baisâkh. They care little about the seclusion of their women. They are endogamous, and if a Turk marries a woman of another Muhammadan tribe he is put out of caste. The women wear a peculiar dress, the scarf and drawers, which are generally of coarse cloth, being dyed blue and lined with red. The drawers are very loose above the knee and tight over the ankle. They have sections whose names are derived from local appellation and do not influence marriage. Their profession is agriculture.

Distribution of the Turks according to the Census of 1891.

Districts.	Number.	Districts.	Number.
Allahâbâd . . .	7	Tarâi	4,953
Gorakhpur . . .	7	Lucknow . . .	9
Garhwâl . . .	18	Rampur . . .	34,008
		Total .	39,002

[1] *Morâdâbâd Settlement Report*, 22; *Azamgarh Settlement Report*, 34.

U

Udâsi (Sanskrit *udas*, "to sit separate or apart from").—An order of Hindu ascetics who are said to have been founded by Sri Chand, the son of Nânak.[1] "The Udâsis were distasteful to the third Guru, Amar Dâs, who excommunicated the order; but it appears to have been revived by Bâba Gurditta, the son of the sixth Guru, Har Govind. Gurditta proclaimed his mission in the following manner: There was on a hill near Râwalpindi a Muhammadan faqîr called Budhan Shâh, to whom Bâba Nânak had entrusted some milk to be kept till his successor should come to claim it. This faqîr, seeing Gurditta approach, requested him to appear in the form of Bâba Nânak, and Gurditta having acquiesced, earned the title of Bâba and a claim to considerable sanctity. He lived mainly at Kirtârpur, but he died at Kiratpur, where there is a handsome shrine in his honour, built on an eminence commanding a fine view. At Kiratpur there is also a shrine known as Mânji Sâhib, where Bâba Gurditta is said to have discharged an arrow, which fell in the plain below at a place called Patâlpuri, long used as a burning ground for the Sodhis. Gurditta is said also to have been known merely as Bâbaji.

2. "The Udâsis are divided into four orders (called Dhuân, 'smoke,' from the fires round which they sit), named after four noted Udâsis, *viz.*, Phûl Sâhib, whose shrines are at Bahâdurpur and Chini Ghâti in the Hoshyârpur district; Bâba Hasana, whose shrine is at Charankaul, near Anandpur; Almast Sâhib, who is represented at Jagannâth and Naini Tâl; and Govind Sâhib, who is represented at Shikârpur in Sindh and at the Sangalwâla Gurudwâra in Amritsar. There are also sections called Bhagat Bhagwân and Sangat Sâhib, but it does not appear clearly whether these are separate sections or subordinate to, or identical with, some of the above. The Bhagat Bhagwâns are said to have a Gurudwâra at Patna. They are the followers of one Bhagat Gir of that city, who was converted by Dharm Chand, the grandson of Nânak.

3. "The Sangat Sâhibiya will not eat with others. They were founded by Bhâi Bhâlu, who, according to one version of the story, was a Jât merchant of the Mâlwa country; and, according to another,

[1] *Panjâb Census Report*, 151.

a carpenter of Amritsar. He was, while yet in darkness, a follower of Sultân, but was persuaded by Guru Govind Sinh to throw over the form of worship and adopt the name of Sangat Sâhib. Another legend ascribes the origin of the Sangat Sâhibiya to Bhâi Pheru. It is said that a large number of Jâts, carpenters, and Lohârs belong to this section. They have a Gurudwâra in the Lahore district, and the Brahmbhût Akhâra at Amritsar. Each sub-division of the Udâsis has a complete organization for collecting and spending money, and is presided over by a principal Mahant, called Sri Mahant, with subordinate Mahants under him.

4. "The Udâsis are recruited from all castes and will eat food from any Hindu. They are almost always celibates and are sometimes, though not usually, congregated in monasteries. They are generally found wandering to and fro from their sacred places, such as Amritsar, Dera Nânak, Kirtârpur, and the like. They are said to be numerous in Mâlwa and in Benares. In the Panjâb returns they appear strongly in Jâlandhar, Rohtak, and Fîrozpur. It is a mistake to say that they are not generally recognised as Sikhs; they pay special reverence to the Adi-granth, but also respect the Granth of Govind Sinh and attend the same shrines as the Sikhs generally. Their service consists of a ringing of bells and blare of instruments and waving of lights before the Adi-granth and the picture of Bâba Nânak. They are, however, by no means uniform in their customs. Some wear long hair, some wear matted locks, and others cut their hair. Some wear caste marks (*tilak*); others do not. Some burn the dead in the ordinary Hiudu way; some, after burning, erect monuments (*samâdh*); others apparently bury the dead. They are for the most part ascetics, but some are said to be engaged in ordinary secular pursuits. The ordinary dress of the ascetics is of a red colour, but a large section of them go entirely naked, except for the waist-cloth, and rub ashes over their bodies. These, like the naked sections of other orders, are known as Nangê; they pay special reverence to the ashes with which they smear their bodies and which are said to protect them equally from either extreme of temperature. Their most binding oath is on a ball of ashes.

5. "In Ludhiâna the Udâsis are mostly Jâts by origin, the disciple and successor (*chela*) being usually chosen from this tribe and are found to be in possession of the Dharmsâlas in Hindu villages, where they distribute food to such as come for it and read the Granth,

both of Bâba Nânak and of Guru Govind Sinh, though they do not attach much importance to the latter. The head of the college is called Mahant and the disciples *chelas*. They live in Sikh as well as in Hindu villages, and it is probably on this account that they do not quite neglect Guru Govind Sinh. They rarely marry; and if they do so, generally lose all influence, for the dharmsâla becomes a private residence closed to strangers. But in some few families it has always been the custom to marry, the endowments being large enough to support the family and maintain the institution; but the eldest son does not in this case succeed as a matter of course. A *chela* is chosen by the Mahant or by the family. If a Mahant whose predecessors have not married, should do so, he would lose all his weight with the people."

6. In these Provinces perhaps the most important Gurudwâra of the Udâsis is that at Dehra, which was built in 1669 A.D.[1] The Mahant is the richest man in the Dûn. His election from among the disciples (*chela*) of the last deceased Mahant was formerly guided by the Sikh chiefs of the Panjâb, a fee (*nazarâna*) of five hundred rupees being presented by the British Government at the installation with the complimentary gift in return of a pair of shawls. The distinctive head-dress of the sect worn by the high priest and his disciples is a cap of red cloth, shaped like a sugar loaf, worked over with coloured thread and adorned with a black silk fringe round the rim. Some of the more ignorant Udâsis have a legend in defiance of all chronology, that Gorakhnâth was the first disciple of the order, and was converted by Nânak. Once, they say, there was a contest between Nânak and Gorakhnâth which of them was the greater. To try his power Nânak assumed the form of a fish, and Gorakhnâth failed to catch him. But when Gorakhnâth took the shape of a mosquito, Nânak seized him. Then Gorakhnâth admitted his inferiority and became the disciple of Nânak. The form of initiation is that the Guru bathes the disciple and smears his body with ashes, and with the same substance makes a long and slightly curved mark on his forehead. Then the initiate washes the feet of the Guru and four of his senior disciples with water which he drinks. If he can afford it he then feasts the brethren. They will eat and drink from the hands of all but the lower class of

[1] Atkinson, *Himâlayan Gazetteer*, III, 197.

Hindus. They always repeat an invocation to the Creator in the words *Satya Srî Kartâr*; and they salute the brethren in the words *Gor lagâta hûn*—"I salute your feet." The use of intoxicants is strictly forbidden by the rules of order, but many use *gânja* and opium. Here they appear always to cremate their dead. Some of the ashes are occasionally kept, and a monument, which they call *jantri*, is erected over them.

Distribution of the Udâsis according to the Census of 1891.

DISTRICTS.	Number.	DISTRICTS.	Number.
Debra Dûn	652	Hamîrpur	1
Saharânpur	357	Allahâbâd	70
Muzaffarnagar	35	Jhânsi	6
Meerut	158	Benares	9
Bulandshahr	6	Mirzapur	23
Aligarh	2	Jaunpur	33
Agra	10	Ghâzipur	66
Farrukhâbâd	38	Ballia	227
Mainpuri	11	Azamgarh	12
Etâwah	5	Garhwâl	14
Etah	28	Tarâi	17
Bareilly	64	Lucknow	35
Bijnor	105	Râê Bareli	3
Budâun	2	Sîtapur	204
Morâdâbâd	270	Kheri	46
Shâhjahânpur	3	Faizâbâd	58
Pilibhît	64	Gonda	17
Cawnpur	7	Bahrâich	73
Fatehpur	13	Sultânpur	42
Bânda	5		
		TOTAL	2,791
		Females	770

Ujjaini.—A sept of Râjputs who take their name from the city of Ujjain, the Ozene of the Greeks. In Azamgarh[1] they can tell no more of their history than that they emigrated sixteen generations ago; they once held the greater part of pargana Gopâlpur, but were obliged to give way to the Kausiks. In Cawnpur[2] they carry back their first settlement to the arrival from Ujjain of Sûr Sâh, a Panwâr Râjput, by invitation of his connection Jay Chand, of Kanauj, who invested him with the title of Râja of the Ujjainis. They are thus really of Panwâr origin. In Sultânpur[3] they are said to have succeeded the Bhars. It may be noted that some of the Bais and other Râjput septs in Oudh also claim their origin from Ujjain.

2. In Farrukhâbâd they claim to belong to the Garga *gotra*; give girls to the Chandel, Bhadauriya, Kachhwâha, Chauhân, and Pramâr; and marry their sons to the Chamar Gaur, Râthaur, Gaharwâr, and Sombansi. In Ballia their *gotra* is Saunak. They take wives from the Haihobansi, Barwâr, Nikumbh, Kinwâr, Raghubansi, Sengar, Sakarwâr, Chandel, Maharwâr, and Pachhtoriya. They give brides to the Bisen, Sirnet, Râjkumâr, Baghel, Bais, Kausik, Nâgbansi, Raghubansi, Chauhân, and Haihobansi.

Distribution of Ujjaini Râjputs according to the Census of 1891.

Districts.	Number.	Districts.	Number.
Farrukhâbâd	740	Basti	211
Mainpuri	40	Azamgarh	551
Etâwah	121	Lucknow	38
Shâhjahânpur	40	Unâo	482
Cawnpur	5	Sîtapur	105
Hamîrpur	3	Hardoi	269
Allahâbâd	5	Faizâbâd	77
Benares	157	Gonda	15
Mirzapur	4	Bahrâich	19
Jaunpur	19	Sultânpur	207
Ghâzipur	242	Partâbgarh	4
Ballia	775		
Gorakhpur	457	Total	4,586

[1] *Settlement Report*, 60.
[2] *Ibid*, 22, 25.
[3] *Oudh Gazetteer*, I, 25.

Ummar.—A sub-caste of Banyas found in considerable numbers, except in the Meerut, Agra, and Kumaun divisions. An attempt has been made to connect their name with that of the Umras, who are described by Colonel Tod as a branch of the Sodhas, and who gave their name to Umarkot. Those to the east say that they emigrated from the neighbourhood of Ajudhya about three generations ago. To the east they are divided into three endogamous groups—Til Ummar, Derh Ummar, and Dûsra, of which the last holds an inferior position. Widow marriage is not allowed. They agree in their customs with the Kasaundhan (*q. v.*). Their clan deities to the east of the Province are Mahâbîr, Mahâdeva, and Devi. To Mahâdeva and Mahâbîr they offer sweets, Brâhmanical cords, gram, and flowers on the twenty-eighth day of Sâwan. They worship Devi at the Naurâtri with offerings of cakes (*sohâri*), sweetmeats (*halwa*), and a burnt-offering of camphor. Their priests are Sarwariya Brâhmans.

Occupation and social life.

2. The Ummar are shopkeepers and usually sell provisions and tobacco. The use of meat and spirits is prohibited. Their priests, but not other Brâhmans, eat *pakki* prepared by them. Banyas eat *pakki* but not *kachchi* cooked by them. They will eat *pakki* cooked by Brâhmans and by other Banyas, but *kachchi* only if cooked by one of their own sub-caste.

Distribution of Ummar Banyas according to the Census of 1891.

DISTRICTS.	Number.	DISTRICTS.	Number.
Bulandshahr . . .	1	Pilibhît . . .	639
Mathura . . .	17	Cawnpur . . .	7,548
Agra . . .	35	Fatehpur . . .	2,972
Farrukhâbâd . .	883	Bânda . . .	622
Mainpuri . . .	1	Hamîrpur . . .	4,371
Etâwah . . .	168	Allahâbâd . . .	645
Bareilly . . .	61	Jhânsi . . .	1,178
Morâdâbâd . . .	1	Jâlaun . . .	302
Shâhjahânpur . .	1,752	Lalitpur . . .	1

Distribution of Ummar Banyas according to the Census of 1891—concld.

Districts.	Number.	Districts.	Number.
Benares . . .	424	Hardoi . . .	2,744
Mirzapur . . .	3,893	Kheri . . .	1,114
Jaunpur . . .	3,731	Faizâbâd . . .	14
Gorakhpur . . .	611	Gonda . . .	969
Basti . . .	537	Bahrâich . . .	1,447
Azamgarh . . .	270	Sultânpur . . .	216
Lucknow . . .	3,122	Partâbgarh . . .	2,934
Unâo . . .	812	Bârabanki . . .	1,655
Sîtapur . . .	823	Total .	46,513

Unâi, Unâya.—A sub-caste of Banyas chiefly found to the east of the Province. They take their name from their *dih* or place of origin, Unâo. To the east they have formed two endogamous groups: the Unâi and Unâwa Unâi, the latter of whom are held in higher estimation because they prohibit widow marriage. They are practically all Hindus, the Jainas being very few among them.

Distribution of Unâi Banyas according to the Census of 1891.

Districts.	Number.	Districts.	Number.
Farrukhâbâd . .	3	Râê Bareli . . .	1
Shâhjahânpur . .	27	Sîtapur . . .	2,268
Pilibhît . . .	284	Hardoi . . .	10
Cawnpur . . .	4	Kheri . . .	1,073
Benares . . .	38	Faizâbâd . . .	31
Jaunpur . . .	1,501	Gonda . . .	661
Gorakhpur . . .	4,657	Bahrâich . . .	2,966
Basti	241	Partâbgarh . . .	8
Azamgarh . . .	2	Bârabanki . . .	2,354
Lucknow . . .	1,766	Total .	17,895

Utkala.—A tribe of Brâhmans who take their name from Odra or Orissa, of whom a few are found in these Provinces. According to Mr. Beames [1]: "Tradition relates that all the original Brâhmans of Orissa were extinct at the time of the rise of the Gangavansa race of kings, but that ten thousand Brâhmans were induced to come from Kanauj and settled in Jaypur, the sacred city, on the Baitarani river. The date of this immigration is not stated, but the fact is probably historical, and may have been synchronous with the well-known introduction of Kanaujiya Brâhmans into the neighbouring province of Bengal by King Adisura in the tenth century. When the worship of the idol Jagannâth began to be revived at Puri, the Kings of Orissa induced many of the Jaypur Brâhmans to settle round the new temple and conduct the ceremonies. Thus there sprang up a division among the Brâhmans, those who settled in Puri being called the Dakkhinatiya Sreni, or Southern Class, and those who remained at Jaypur the Uttara Sreni, or Northern Class. The latter spread all over Northern Orissa. Many of the Southern Brâhmans are also found in Balasore, and the divisions of two classes are fairly represented in most parts of the district, though the Southern Class is less numerous than the Northern. The former are held in greater esteem for learning and purity of race than the latter."

2. The divisions of the Utkala Brâhmans are most extensive and intricate. As they are scantily represented in these Provinces, it will be sufficient to refer the reader to the lists given by Messrs. Sherring, Risley, and Dr. Wilson.[2]

Distribution of the Utkal Brâhmans according to the Census of 1891.

Districts.	Number.	Districts.	Number.
Sahâranpur . . .	4	Fatehpur . . .	3
Muzaffarnagar . .	1	Jâlaun . . .	2
Mathura . . .	26	Gorakhpur . . .	6
Mainpuri . . .	185	Lucknow . . .	1
Bareilly . . .	8	Sîtapur . . .	1
Shâhjahânpur . .	11		
Cawnpur . .	2	Total .	250

[1] Risley, *Tribes and Castes*, I, 160.
[2] *Hindu Tribes*, I, 73, *sq.*; *Indian Caste*, II, 222, *sq.*

V

Vallabhachârya, Gokulastha Gusâîn.—A sect who take their name from the great heresiarch Vallabhachârya, who was born in 1479 A.D., being the second son of Lakshman Bhat, a Talanga Brâhman of the Vishnu Swami Sampradaya. "By the accident of birth, though not by descent, he can be claimed as a native of Upper India, having been born at Champaranya, a wild solitude in the neighbourhood of Benares, whither his parents had travelled up from the South on a pilgrimage. Their stay in the holy city was cut short by a popular emeute, the result of religious intolerance; and the mother, who was little in a condition to encounter the distress and fatigue of so hasty a flight, prematurely gave birth on the way to an eight-months' child. Either from an exaggerated alarm as to their own peril, or as was afterwards said, from a sublime confidence in the promised protection of Heaven, they laid the babe under a tree and abandoned it. When some days had elapsed and their fears had subsided, they cautiously retraced their steps, and finding the child still alive and uninjured on the very spot where he had been left, they took him with them to Benares." By another form of the legend the scene of Vallabhachârya's miraculous deliverance is fixed at Chunâr, and the parents are said to have thrown the child into a well which is known as the Achâraj kûp, or "wonderful well." Hence the place is visited by large numbers of Vallabhachârya pilgrims, who have erected a temple there dedicated to Mahâ Prabhu. The slaughter of fish and other animals is specially prohibited within the sacred precincts and bathing in the sacred well is supposed to be a remedy for leprosy and barrenness in women.

Principles of the sect.

2. The sect has acquired rather disgraceful notoriety in connection with the famous Mahârâja libel case which was tried in Bombay in 1862. The proceedings of this remarkable trial have been reprinted in a book entitled "The History of the sect of the Mahârâjas of Vallabhachâryas in Western India," which gives a full account of their history, tenets, and religious practices. From this authority [1] we learn that a "Vallabhachâryan temple consists of three separate compartments. The central one is larger and more open than the

[1] Page 99, *sq.*

other two, being intended for the accommodation of the numerous worshippers who daily throng there. Of the remaining two, one is the residence of the Mahârâja, and the other is dedicated to the worship of the image of Krishna. The temples are numerous all over India, especially at Mathura and Brindaban. In Benares there are two very celebrated and wealthy temples, one of which is dedicated to Krishna under the name of Lâlji, and the other to the same god under the name of Purushottamji. Those of Jagannâth and Dwârika are also particularly venerated, but the most celebrated of all these establishments is that at Sri Nâthadwâra in Mewâr. The image is said to have transported itself thither from Mathura, when Aurangzeb ordered the temple it stood in to be destroyed. The present shrine is modern, but very richly endowed, and the high priest, a descendant of Gokulnâthji, is a man of great wealth and importance.

3. The image Thakurji, or the idol, in the different temples is either of stone or brass, and represents Krishna in various attitudes, corresponding to those which he is alleged to have assumed in the several periods of his earthly existence, either when performing uncommon feats and miracles, or living at particular places, or engaged in particularly interesting scenes. Each of these is worshipped under a different name; that of Sri Nâthji, being the most important and most honoured, is at Nâthadwâra. Krishna is here represented as a little boy in the act of supporting the mountain Govardhan on his little finger, to shelter his playmates from a heavy shower of rain which had overtaken them when at play. This image is always splendidly dressed, and richly decorated with ornaments, which are often of the value of several thousand pounds." For further particulars of the sect generally full information may be obtained in the authority from which this quotation has been made.

4. Of the sect at Mathura Mr. Growse[1] writes:—"Unlike

The Mathura Vallabhachârya.

other Hindu sects, in which the religious teachers are usually unmarried, all the Gusâîns among the Vallabhachâryas are invariably family men and engage freely in secular pursuits. They are the Epicureans of the East, and are not ashamed to avow their belief that the ideal life consists rather in social enjoyment than in solitude and mortifica-

---

[1] *Mathura*, 261, *sqq.*

tion. Such a creed is naturally destructive of all self-restraint, even in matters where indulgence is by common consent held criminal; and the profligacy to which it has given rise is so notorious that the Mahârâja of Jaypur was moved to expel from his capital the ancient image of Gokul Chandrama, for which the sect entertained special veneration, and has further conceived such a prejudice against Vaishnavas in general, that all his subjects are compelled, before they appear in his presence, to mark their foreheads with the three horizontal lines that indicate a votary of Siva. However, as in many other forms of religion, and happily so in this case, practice is not always in accordance with doctrine. Though there may be much that is reprehensible in the inner life of the Gusâîns, it is not at Gokul obtruded on the public, and has never occasioned any open scandal, while the present head of the community, Gusâîn Parushottam Lâl, a descendant of Bitthalnâth's sixth son Jadunâth, deserves honourable mention for his exceptional liberality and enlightenment."

5. At all Vallabhachârya temples, the daily services are eight in number, *viz.*, 1st, Mangala, the morning levée, a little after sunrise when the god is taken from his couch and bathed; 2nd, Sringâra, an hour and a half later, when the god is attired in all his jewels and seated on his throne; 3rd, Gwâla, after an interval of about three-quarters of an hour, when the god is supposed to be starting to graze his cattle in the woods of Braj; 4th, Râj Bhog, the midday meal, which, after presentation is consumed by the priests and distributed among the votaries who have assisted at the ceremonies; 5th, Uttâpan, about 3 P.M., when the god awakes from his siesta; 6th, Bhog, the evening collation; 7th, Sandhya, the disrobing at sunset; and 8th, Sayan, the retiring to rest. Upon all these occasions the ritual concerns only the priests, and the lay worshipper is only a spectator, who evinces his reverence by any of the ordinary forms with which he would approach a human superior.

6. On the full moon of Asârh there is a curious annual ceremony for the purpose of ascertaining the agricultural prospects of the year. The priests place little packets of the ashes of different staples, after weighing them, in the sanctuary. The temple is then closed, but the night is spent in worship. In the morning the packets are examined. Should any of the packets have increased in weight, that particular article of produce will yield a good harvest; and should

they decrease, the harvest will be scanty in proportion to the decrease.

Distribution of the Gokulastha Gusâîns according to the Census of 1891.

DISTRICTS.	Number.	DISTRICTS.	Number.
Fatehpur . . .	1	Faizâbâd . . .	26
Gorakhpur . . .	3	TOTAL .	30

CASTE INDEX.

[The references are to paragraphs. The castes to which asterisks are attached are the subject of special articles.]

A

Abâdpura—Balâhar 1.
Abakahon—Banarwâr.
Abar—Ahîr 3.
'Abbâsi—Bihishti 1 : Habashi : Sayyid 2 : Shaikh 2.
Abhîra—Ahîr 1.
*Abhyâgat.
'Abidi—Sayyid 2.
Abkâr—Kalwâr 1.
Ablapuriya—Halwâi 2.
Ahri—Gandhîla 2.
Achârwâla—Halwâi 6.
Achârya—Bhât 2 : Brâhman 9 : Dasnâmi.
Adhana—Gûjar 6.
Adhaniya—Madâri 1.
Adhela—Kanjar 3.
Adhoi—Bhoksa 4.
Adhrij—Arakh 3.
Adi Gaur—Gaur : Joshi 7.
Afrîdi—Pathân 6.
Agari, Agariya—Dom 42.
*Agariya—Darzi 2 : Sunâr 7.
*Agarwal, *Agarwâla—Beldâr 2 : Bhâtiya 6 : Chhîpi 3 : Darzi 2 : Kanjar 5 : Kewat 2 : Kumhâr 2 : Mallâh 3 : Mochi 3 : Patwa 3.
*Agastwâr.
*Aghori. *Aghorpanthi.
Aghwân—Banjâra 12.
*Agnihotri.
Agrabansi—Beldâr 2.
*Agrahari, Agrehri—Chhîpi 2.
Agwariya—Barhai 2.
Ahalpuriya—Halwâi 2.
*Ahar—Ahîr 10.
Ahâriya—Gahlot 1.
Aharwâr—Barai 3 : Chamâr 4 : Gaddi 2 : Joshi 4 : Kewat 2 : Kori 2 : Tamboli 2.
*Ahban.
*Aheriya—Pâsi 8 : Tamboli 2.
*Ahîr—Gadariya 2 : Gaddi 2 : Musahar 11.
Ahîrbansi—Kasera 2.
*Ahiwâsi.
'Ahl-i-Quraish—Banjâra 12.
Airan—Agarwâla 1.
Ajmar—Chamâr 3.
Ajmeri—Khâgi : Mahesri 2.
*Ajudhyabâsi, Ajudhya—Agrahari 2 : Barai 3 : Beldâr 2 : Boriya : Chhîpi 2 : Dhobi 2 : Dhuniya 4 : Hâbûra 3 : Halwâi 2 : Kanjar 5 : Kasera 2 : Kathak 3 : Kewat 2 : Khatîk 1 : Koiri 2 : Kumhâr 2 : Kurmi 5 : Lohâr 4 : Luniya 3 : Manihâr 2 : Sunâr 6 : Tamboli 2.

***Akâli**—Nânakpanthi 4.
Akâsh Bhânwari—Banarwâr.
Akâsh Kâmini—Tawâif 6.
***Akâshmukhi.**
Akhpuriya—Halwâi 2.
Akrethiya—Kurmi 6.
***Alakhgir.** }
Alakhiya. }
Alakhnâmi. }
Alandiya—Ahar 2.
Alapuriya—Manihâr 2.
Alâqeband—Patwa 1.
'Alawiya—Sayyid 2: Shaikh 2.
'Alipuriya—Halwâi 2.
Aliya—Banjâra 12.
Alamnagari—Halwâi 2.
Alampuriya—Manihâr 2.
Allahâbâdi—Kanjar 1 : Mochi 3 : Also see Illahâbâdi.
Alona—Sunâr 7.
Alwi—Banjâra 12.
Amalpuriya—Halwâi 2.
Amara—Thâru 12.
Amargarh—Jâdon 2.
Amariya—Kâchhi 2.
Amawatiya—Sunâr 7.
Ambashtha—Kâyasth 10.
***Amethiya**—Dhobi 2 : Rastâogi : Sunâr 9.
Amisht—Kâyasth 10.
Amlakhiya—Bhât 3.
Amlohiya—Sunâr 7.
Amrapuriya—Beriya 3.
Amritpuriya—Halwâi 2 : Khâgi 2.
Amrutiya—Chamâr 3.
Anad—Khatri 15.
***Anant panthi.**
Andhâri ka khatanga—Sunâr 7.
Anfi—Irâqi 2.
Angarkha—Manihâr 2.
Angi—Irâqi 3.
Angiras—Bhuînhâr 11 : Joshi 8.
Anguriya—Sunâr 7.
Anrukh—Gandharb 2.
'Ansâri—Dafâli 2 : Dhuniya 4 : Gâra : Shaikh 2.
Antarbedi } Bhangi 20 :
Antarvedi } Boriya : Chamâr 3 : Lodha 2.
Antavâsin } Bhangi 2.
Antêvâsin }
***Apapanthi.**
Aphariya } Ahîr 5.
Aphiriya }
Aradhya—Jangam 2.
Arakh—Boriya : Gandharb 2 : Pâsi 8.
Aranya—Dasnâmi.
Aril—Dharkâr 1.
Arjariya kot—Jhijhotiya 2.
Armor } Majhwâr 3.
Armu }
Arora—Ror.
Arpatti—Majhwâr 3.
Aryapanth—Kanphata 2.
Asadpuriya—Halwâi 2.
Asandhhâri—Gusâîn 7.
***Ashiqân**—
Asrama—Dasnâmi.
Asrent—Dom 7.
Astâwar—Dasnâmi.
Asthâna—Kâyasth 11.
Astiya—Basor 1.
Astra—Chaubê 2.
Asuriya—Bhuînhâr 11.

Aswâl—Gangâri.
Atariha—Dhânuk 2.
Ateriya—Kahâr 5.
Athariha, Athariya—Bhuînhâr 11 : Kumhár 2 : Kurmi 5.
Athbhaiya—Bhadauriya.
Athsaila, Athsela—Bhât 3, 4.
*Atît—Kingriya 2.
*Atishbâz—Darzi 2.
Audha—Barai 3.
Audhâr—Kurmi 6.
Audhbâsi—Bharbhûnja 1.
Audhiya—Chhîpi 2 : Dhârhi 2 : Dhuniya 4 : Gaddi 2 : Halwâi 2 : Koiri 2 : Meo 4 : Nâi 2 : Sunâr 9 : Thathera 3.
Audhiyâr—Bhangi 21.
Augar—Mahesri 2.
Aughar—Aghorpanthi : Jogi 2.
Auji—Dom 41.
Aurana—Agarwâla 1.
Aurangâbâdi—Halwâi 2.
*Awadhût.
Awasthi—Jhijhotiya 2.
Ayâziya—Madâri 1.
*Azâd.
Azamgarhiya—Chamâr 4 : Koiri 2.

B

Bâba Hasna—Udâsi 2.
Bâbhan—Bhuînhâr: Sunâr 7.
Bach, Bacha—Bais 7 : Gandhârb 2.
Bachanwâr—Bhangi 21.
*Bachgoti—Beldâr 2 : Musahar 11 : Nat 7.
Bachgotra Chauhân—Luniya 3.
Bachguâr—Bohra 4.
Bâchhal, Bâchhar, Bâchhil—Ahîr, 10 : Arakh 3 : Beldâr 2 : Darzi 2 : Gaddi 2 : Kathak 3 : Kurmi 6 : Manihâr 2 : Parwâl 1 : Taga 6.
Bachhiliya—Parwâr 1.
Bachhrâjpuriya—Sunâr 9.
Bachor—Pâsi 8.
Badahrê—Khatri 15.
Badalna—Kumhâr 2.
Badan, Badana—Banarwâr: Banjâra 12.
Badhai—Dom 41.
Badhak, Badhik—Bharbhûnja 1: Darzi 2 : Hâbûra 3 : Kanjar 3.
Badhuriya—Mallâh 3.
Badhauliya—Sunâr 9.
Badhi—Barhai.
Bâdi—Bhât 3 : Dom 42 : Nat 9, 37.
Bâdipuriha—Sunâr 7.
Badlân—Bhangi 21.
Badniyâr—Bâwariya 7.
Bagauliya—Sahariya 2.
Baghâri—Baidguâr.

*Bâghbân—Rain 2.
Bâghdâdi—Sayyid 2.
*Baghel } Balâhar 1 : Basor
Baghela } 1 : Belwâr :
Bagheli } Dhânuk 2 : Gadariya 2 : Ghosi 1 : Kathak 3 : Musahar 11 : Tamboli 2.
Baghochhiya—Bhuînhâr 11 : Musahar 11.
Bâghwân—Kunjra 2 : Murâo 2.
Bâgri—Arakh 3 : Bhangi 20: Chhîpi 3 : Jâdon 2 : Joshi 4 : Kadhera : Mochi 3 : Sayyid 2 : Sunâr 6.
Bagula—Nat 9.
Bagulha—Luniya 3.
Bagura—Bâwariya 6.
Bahadsiya—Hâbûra 3.
Bahâdurpuriya—Kathak 3.
Bahajbana—Gandharb 2.
Bahâli—Hâbûra 3.
Bahaniya—Hâbûra 3.
Bahâri—Mahesri 2.
Bahariya—Bais 7 : Harukiya.
Bahariyâbâdi—Sunâr 7.
Bâharwâla } Bhangi 1 :
Bâharwâr } Chamâr 3.
Bahas—Hâbûra 3.
Bahel—Khatri 15.
*Baheliya—Beldâr 2 : Boriya: Dhuniya 4 : Dusâdh 5 : Kanjar 1 : Kumhâr 2 : Manihâr 2 : Pâsi 8.
Baheniya—Kâchhi 2 : Mâli 3 : Saini.
Baheriya—Ahar 2.
Bahîka—Kâthi 1.
Bahlîm } Banjâra 12 : Bha-
Bahlîmi } thiyâra 2 : Bihishti 1 : Gâra : Nâi 2 : Shaikh 2 : Teli 3.
Bâhman—Barhai 2 : Murâo 4 : Nat 8.
Bâhman Gaur—Balâhar 1.
Bâhmangot—Basor 1.
Bahmaniya—Hurkiya : Kurmi 5.
Bahrâichi } Dafâli 2 : Dho-
Bahrâichiya } bi 2 : Dhuniya 4 : Gaddi 2 : Harjala : Julâha 2 : Kumhâr 2 : Manihâr 2 : Teli 3.
Bahrâri—Banjâra 12.
Bahri—Khatri 13.
Bâhuki—Banjâra 12.
Bahrûp } Banjâra 11 :
Bahrûpiya } Bhând.
Bahunaina—Nat 11.
Baid—Darzi 2 : Kanjar 3 : Nat 33.
*Baidguâr—Banjâra 20.
Baiga—Bhuiyâr 1.
Baikata—Gadariya 2.
Baira—Baranwâr.
*Bairâgi—Koiri 2.
Bairswa—Dom 42.
*Bais—Balâhar 1 : Beriya 3 : Bhangi 20 : Bihishti 1 : Chhîpi 3 : Chûrihâr 2 : Dalera 2 : Darzi 2 : Dhobi 2 : Gaddi 2 : Joshi 4 : Julâha 2 : Kahâr 5 : Kanjar 5 : Kathak 3 : Khâgi 2 : Kharâdi 2 : Mochi 3 : Musahar 11 : Nâi 2 : Nat 8 : Taga 6.

Baisgari—Ahar 2.
Baiswâla—Tamboli 2.
*Bisawâr } Arakh 3: Barai 3 :
Baiswâri } Beriya 3 : Bhangi 20, 21: Boriya : Chhîpi 3 : Darzi 2 : Kadhera : Khâgi 2 : Kanjar 3 : Kori 2 : Koiri 2 : Kurmi 5 : Manihâr 2.
Bajâj—Baranwâr.
Bajaniya—Nat 7, 11.
Bajauriya—Mârwâri 6.
Bajbhân—Gandharb 2.
Bajdhâr—Baheliya 2.
*Bâjgi.
Bâjpei.—Jhijhotiya 2.
Bajutheb—Agariya 3.
Bakaiya—Ahîr 10.
Bakandar—Murâo 2.
Bakarha—Bhând.
Bakarkasâu—Gadariya 2.
Bakarqassâb } Khatîk 1 :
Bakarqassâi } Qassâb.
Baksariya—Balâhar 1 : Bhuînhâr 11 : Dhuniya 4 : Dom 7 : Chûrihâr 2 : Kathak 2 : Tawâif 2.
*Balâhar—Arakh 3: Basor 1.
Balahi } Bohra 4.
*Balâi }
Bâlakchamariya—Bhangi 20.
Balant—Meo 4.
Balapura—Gaddi 2.
Balbhadaraut—Kachhwâha 2.
Baldua—Mahesri 2.
Balgai—Dom 8.
Balipuriya—Halwâi 2.
Baliyân—Chamar 3 : Jat 19.
Ballâi—Kahâr 6 : Kori 2.
Ballamtiriya—Kându.
Balliya—Mallâh 3.
Bâlmîk } Kâyasth 12 :
Bâlmîki } Bhangi 21.
Baloch—Biloch.
Balot—Meo 4.
Balrâmpuri—Dhârhi 2.
Baltent—Bhar 4.
Bâmhan—Chûrihâr 2 : Darzi 2 : Gaur Râjput 2.
Bamhaniya—Bhând Chamâr 3 : Gadariya 2.
Bamhila—Basor 1.
*Bammargi.
Bamra—Ramaiya 2.
Bana—Thâru 10.
Banaj—Kol 4.
Banal—Gandharb 2.
*Banâphar.
Banârasi } Boriya :
Banârasiya } Lohâr 4: Teli 3.
*Banarwâr.
Banaudh } Banjâra 14 :
Banaudhiya } Bhangi 20 : Chamâr 3 : Sunâr 7.
Banâwar—Chhîpi 2.
Banbheru—Nâi 2.
Banbîrpota—Kachhwâha 2.
Banchhor—Kapariya 2.
Bandariya—Barhai 2.
Bandarwâr—Banarwâr.
*Bandhalgoti }
Bandhilgoti }
Bandhugoti }
*Bândi
Bandi—Irâqi 3.
Bandichhor—Khatîk 1.

Bandijan—Bhât 3.
Bandwâri—Banjâra 12.
Bangachwâr—Agariya 3.
*Bangâli—Beriya 3: Kanjar 5.
Bangâli Gusâîn—Gauriya.
Bangar—Mahesri 2.
Bangariya—Thathera 3.
Bangash—Bihishti 1: Pathân 8.
Banghar—Mahesri 2.
Banha—Balâhar 1.
Banhchariya—Kingriya 2.
Banhkata—Kingriya 2.
Bani Fâtima—Sayyid 2.
Bani Hâshim—Hijra 2.
Bani Israîl—Shaikh 2.
Baniwâl—Bhangi 30: Halwâi 2.
*Banjâra, Banjariya—Ahar 2: Barai 3: Bihishti 1: Bisâti: Dhuniya 4: Hâbûra 3: Jhojha 1: Kanjar 5: Manihâr 2: Ramaiya 2.
Banjhalwâr—Agariya 3.
Bank—Ramaiya 2.
Bankar—Dabgar 1: Dhâlgar 1.
Bankarwâr—Manihâr 2.
Banmânush—Musahar 2.
Bannait—Baiswâr 2: Chûrihâr 2.
Banohra—Hâbûra 3.
Banrâj—Musahar 2.
Bansit—Baiswâr 2.
*Bânsphor—Bhangi 21: Dhârhi 2: Dom 7: Domar.
Banswâr, Banswariya—Bhât 4: Kori 2.
Bantar, Bantariya—Thâru 12: Kându.
Banthela—Bhând.
Banwâr, Banwariya—Bâwariya 7: Hâbûra 3.
*Banya—Barai 3: Beriya 3: Julâha 2: Khâgi 2: Pâsi 8.
Banyâna—Darzi 2.
Bâori—Kadhera: also see Bâwariya.
Baragwâr—Agariya 3.
Baraha—Bhând.
Barahhazâr—Chero 6.
Barahi—Saraswata 2.
*Bârahseni.
Bârahzâti—Khatri 13.
Barai—Dalera 2: Tamboli 1, 2.
Baraik—Panka 1.
Baraiya—Barai.
Baramkali—Harjala.
Baraniya—Teli 3.
*Bâranwâl, Baranwâr—Bhangi 20.
Barâr, Barariya—Basor 1: Kanjar 3.
Barasi—Bhuînhâr 11.
Bara Sudaya—Gujarâti Brâhman 9.
Barauniya—Patwa 3.
Barausiya—Ahîr 5.
Barbhaiya—Teli 3.
Barchandi—Hâbûra 3.
Barchi—Bhangi 21.
Bardbansi—Chero 6.
Bardhân—Chero 6.
Bardhiha, Bardhiya, Bardiha—Kumhâr 2: Kurmi 5.

Bardwâr } Chamâr 3 : Koiri 2.
Bardwâri }
Bareiya—Gadariya 2.
Bareli—Darzi 2.
Barendra—Bangâli.
Bareriya—Ahar 2.
Baresra—Kumhâr 2.
Bargadda—Banjâra 12.
*Bargah } Ahîr 4, 9, 10.
Bargâha }
Bargâhi }
Bargaiyan—Kurmi 6.
Bargala } Dhuniya 2 : Taga 6.
Bargali }
*Bargi.
Bargotiya—Khangâr 3.
Bargpuriya—Halwâi 2.
*Bargûjar—Bhangi 20, 21 : Bhât 2 : Bhoksa 4 : Dalera 2 : Darzi 2 : Dhuniya 2, 4 : Gâra : Julâha 2 : Kadhera : Kathak 3 : Khatîk 1 : Manihâr 2 : Meo 4 : Mochi 3.
Bargyân—Bhât 2.
Barh—Jât 21.
*Barhai.
Barhaiya—Barhiya.
Barhaniya—Bhoksa 4.
Barhariya—Thathera 3 : Biyâr 1.
Barharwâr—Gadariya 2.
Barhauliya—Barholiya : Mâli 3.
Barhel—Dom 7.
Barhi—Barhai.
*Barhiya.
*Barholiya.
Bâri—Joshi 4 : Kahâr 5 : Nâi 2.
Bariya—Nat 7 : Saiqalgar.
Barjatwa—Chamâr 3.
Barla—Mughal 3.
Barlang—Bhangi 21.
Barmaniyân—Barhai 2.
Barmâr—Bâwariya 7.
Baroda—Dom 41.
Barohi—Bhangi 30.
Barothi—Ahîr 5.
Barpagwa—Bhât 4.
Bartun—Jâdon 2.
*Barua—Bhât 3 : Dharkâr 1 : Kanjar 3.
Barubansi—Chero 6.
Barwa—Ahîr 10 : Bhât 3.
Barwâik—Thâru 12.
*Barwâr—Bhangi 21 : Bhât 3 : Bhuînhâr 11 : Biyâr 1 : Dusâdh 5 : Joshi 4 : Kol 4 : Mochi 3 : Thathera 3.
Barwariya—Lodha 2.
Barya—Dom 42.
Baryal—Mahesri 2.
Basgarh—Basor 1.
Bashara—Âzâd.
Bâsil—Parwâl 1.
Basobiya—Basor 1.
Basodhiya—Bhât 3.
*Basor } Balâhar 1 : Bhangi 21 : Bhât 3 : Dângi 2 : Domar : Khangâr 3 : Mochi 3.
Basora }
Basoriya }
Bata—'Irâqi 3.
Batal—Dom 41.
Batar—Gûjar 6.

Bâtham, Bathawa, Bathma, Bathmi—Bharbhûnja 1 : Bohra 4 : Darzi 2 : Dhobi 2 : Kadhera : Kahâr 5 : Kalwâr 4 : Kanjar 5 : Kewat 2 : Kisân 1 : Kurmi 6 : Lodha 2 : Mallâh 2 : Manihâr 2.
Batsil—Agarwâla 1.
Batra—Teli 3.
Batta—Thâru 12.
Batur—Thâru 10.
Baturha—Gandharb 2.
Baurâsi—Pâsi 8.
Bauri—Bâwariya 9.
Bâwan—Kamboh 3.
Bâwan Goli—Kamboh 3.
Bâwanjati—Khatri 13 : Saraswata 2.
Bawar—Nâi 2.
*Bâwariya.
Bazâz Bartya—Mârwâri 6.
Bâzigar—Nat 4, 8.
Bedbâf—Dom 39.
Bedi—Khatri 13.
Bediya—Beriya.
Begi—Bihishti 1 : Mahesri 2.
Behara—Kahâr 1.
Behâri—Dom 8.
Behna—Dhuniya : Ghosi 1.
Bel—Kamboh 3.
Belbhariya—Chamâr 3.
*Beldâr—Dhângar 2 : Kanjar 1.
Belhariya—Bhuînhâr 11.
Belkhariya—Kumhâr 2.
*Belwar—Bhâtiya 6 : Dhângar 2 : Dhobi 2 : Dusâdh 5.
Belwariya—Khatîk 1.
Bem—Dom 41.
Bemuwâr, Bemwâr—Bhuînhâr 11.
Benawa.
*Benbans, Benbansi—Ahîr 5 : Bânsphor 2 : Dabgar 1 : Darzi 2 : Dhâlgar : Dhângar 2 : Dharkâr 1 : Domar : Jhojha 1 : Kharwâr 2.
Bendpâri—Kamboh 3.
Bengâli—Bangâli.
Bengar—Dabgar 1.
Bentbansi—Dharkâr 1.
Beonriha—Bhuiyâr 1.
Bera—Dom 41.
Beri—Khatri 15.
*Beriya—Banarwâr : Kanjar 1 : Nat 8.
Berwâr—Barwâr.
Beshara—Azâd.
Bhadana—Gûjar 6.
*Bhadauriya—Beldâr 2 : Beriya 3 : Bhangi 20, 21 : Bharbhûnja 1 : Bhât 2 : Chamâr 3 : Darzi 2 : Dhobi 2 : Gaddi 2 : Kâchhi 2 : Kori 2 : Lodha 2 : Murâo 2 : Nat 8 : Pâsi 8.
Bhaddal—Agarwâla 1.
Bhaddali—Joshi 1.
Bhaddari—Jogi 3.
Bhadesiya—Tamboli 2.
Bhadohiya—Kathak 3.
Bhadwariya—Bhadauriya.
*Bhagai, Bhagta, Bhagtaha—Ahîr 5 : Barai 6 : Bhar 4 : Bhât 4 : Bhuînhâr 11 : Chamâr 22 : Kâchhi 2 : Luniya 3 : Murâo 2 : Râdha : Thâru 13.

Bhagat Bhagwâṇ—Udâsi 2.

Bhagawatiya } Bhangi 21 :
Bhagwatiya } Kori 2 : Luniya 3.

Bhâgîrathi—Lodha 2: Luniya 3 : Mâli 3 : Saini.

Bhagrî—Ahar 2.

Bhâgulpuriya—Darzi 2.

Bhainhar—Kori 2.

Bhainiwâl—Jât 17.

Bhains } Beriya 3 : Gha-
Bhainsa } siya 2 : Kan-
Bhainsaha } jar 3 : Sânsiya 2 : Teli 3.

Bhainsara—Ahîr 5.

Bhainswâr—Kalwâr 4.

Bhaiwadh—Bhuînhâr 11.

Bhaiyator—Gadariya 2.

Bhaktiya—Koiri 2.

Bhakwa—Gandharb 2.

Bhâl—Gâra.

Bhâlê—Bhâṭiya 6.

*Bhâlê Sultân.

Bhalira—Ramaiya 2.

Bhall—Bhuiyâr 2.

Bhallê—Khatri 15.

*Bhând.

Bhandâri—Kurmi 5 : Mahesri 2.

Bhaudauliya—Kori 2.

Bhandela—Bhând.

Bhanes—Kanjar 3.

*Bhangi—Beriya 2 : Gaddi 2 : Julâha 2.

Bhangiwâla—Kanjar 5.

Bhaniha—Bhuiyâr 2.

Bhankâwat—Kachhwâha 2.

Bhanolê—Mâli 3.

Bhânr—Bhând.

Bhaṅreriya—Husaini : Joshi 1.

*Bhântu.

Bhânwag—Bais 7.

*Bhar.

Bharadih—Bais 7.

*Bhâradwaj } Bhar 4 : Bhât
Bhâradwaja } 2, 4 : Bhatiya 5 : Bhuînhâr 11 : Chaubê 2 : Joshi 4 : Kathak 3 : Sejwâri 1.

Bharariya—Gadariya 2.

Bharat—Bhar 1.

Bharatduâri—Kumhâr 2.

Bharatí—Dasnâmi.

Bharatwâr—Chaubê 2.

Bharauniya—Ahîr 10.

Bhar Bhuînhâr—Bhar 4.

*Bharbhûnja—Kându.

Bharda—Khangâr 3.

Bhardela—Basor 1.

Bharê—Pâsi 8.

Bhaṛeriya Tiwâri—Jhijhotiya 2.

Bhârgava—Bhûinhâr 11 : Dhûsar 1.

Bharil—Parwâl 1.

Bhariya—Kasera 2 : Thathera 3.

Bharka—Dhobi 2.

Bharmâre—Mallâh 3.

Bharosiya—Ahîr 10.

Bharpatwa—Bhar 1.

*Bharsaiyân.

Bharsiya—Dusâdh 5 : Kahâr 6.

Bharsiyân—Bharsaiyân.

Bharta—Khangâr 3.

Bhartari—Jogi 3.

Bharthariya—Ahar 2.
Bhartrinâth—Kanphata 2.
Bharu—Kanjar 4.
Bharua—Kathak 1: Tawâif 1.
Bharwariya - Chamâr 3.
Bhasiru—Khatri 15.
*Bhât—Darzi 2: Gaur Râjput 2: Julâha 2: Meo 4: Ramaiya 2: Rangrez 1.
Bhatara—Bhât 3, 4.
Bhatela—Râdha 1.
*Bhathiyâra.
Bhatiya—Bohra 4: Nat 9.
Bhatkariya—Bais 7.
Bhatkhauwa—Sunâr 8.
Bhatnâgar—Bharbhûnja 1: Bhât 2: Kâyasth 8.
Bhatra—Mahesri 2.
Bhatti—Ahîr 10: Banjâra 12: Bihishti 1: Gadariya 2: Gaddi 2: Gâra: Gûjar 6: Hâbûra 3: Ramaiya 2.
Bhâtu—Bhântu: Kanjar 1: Nat 7.
Bhaura—Gurkha.
Bhawâni—Mâli 3.
Bhayâr—Chamâr 3.
Bhemua—Kâchhi 2.
Bheniya—Nâi 2.
Bhenriha—Musahar 10.
Bherihâra—Barai 4.
Bhiân—Teli 3.
Bhijauriya—Ahar 2.
*Bhikha Sâhib.
Bhikhpuriya—Halwâi 2.
*Bhîl—Barhai 2: Bhathiyâra 2: Pâsi 8.
Bhilaur—Bhangi 21.
Bhimbru—Nâi 2.
Bhimpuriya—Koeri 2.
Bhirgudi—Ahîr 5: Kahâr 6.
Bhîtari } Bais 7: Nat 35.
Bhîtariya } Bais 7: Nat 35.
Bhogta—Kharwâr 2.
Bhoi—Kahâr 1.
Bhojpuri Râwat-Bhangi 20.
Bhojpuriya—Chûrihâr 2: Dhobi 2: Joshi 4: Kalwâr 4: Luniya 3.
Bhok—Mallâh 3.
Bhokar—Bhangi 21.
*Bhoksa.
Bholiya—Sunâr 9.
Bhomiyân—Mâli 3.
Bhond } Belwâr. Kahâr 6.
Bhonda } Belwâr. Kahâr 6.
Bhongiya—Baheliya 2.
Bhonrelê Dûbê—Jhijhotiya 2.
Bhontiya—Mallâh 3.
Bhorak—Ahiwâsi 2
Bhorar—Bhatiya 6.
Bhosiya—Lodha 2.
*Bhot.
Bhotiya—Bhot: Gurkha.
Bhrigubansi—Bhûinhâr 11.
Bhudi—Bhatiya 6.
Bhugta—Kharwâr 2.
Bhuinganiya—Sunâr 9.
*Bhuînhâr—Bhuiya 4: Bhuiyâr 2: Kunjra 2: Luniya 3.
*Bhuiya—
*Bhuiyâr.
Bhûj—Bharbhûnja 1.
Bhujkalaura—Kalwâr 4.
Bhujua—Bharbhûnja 1.

Bhujwâr—Sunâr 9.
Bhukarsi—Kurmi.
Bhukarwâl—Murâo 2.
Bhukiya—Banjâra 12.
Bhuksa—Bhoksa.
Bhûl—Dom 42.
Bhulnihai—Kanaujiya.
Bhumiyân—Bhangi 21.
Bhunsaiha—Kathak 3.
Bhur—Kurmi 6.
Bhurji—Bharbhûnja 1.
*Bhurtiya—Ahîr 8 : Boriya.
Bhusangar—Ahar 2.
Bhusautiya—Thathera 3.
Bhûsar—Bhuiyâr 2.
Bhusela—Dhânuk 2.
Bhusiya—Chamâr 3 : Lodha 2.
Bhutta—Râin 2.
Biâr—Biyâr.
Bichauri—Râdha 1.
Bidaniya—Kumhâr 2.
Bidâwati—Bâwariya 2.
*Bidua.
Biganandi—Bairâgi 2
Bigwa—Sunâr 7.
Bihâni—Mahesri 2.
Bihâri—Pâsi 8.
Bihârwâla—Kanjar 5.
Bihipuriha—Kalwâr 4.
*Bihisti.
Bijaniya—Khangâr 3 : Nat 7.
Bijaypuriya—Musahar 11.
Bijhoniya—Bais 7.
Bijilwâr—Gangâri.
Bîjmargi—Bâmmargi 2.
Bijnauriya—Thâru 13.
Bikwâns—Taga 3.
Bilaiya—Sunâr 7.
Bilâlpuriya—Sunâr 7.
Bilâra—Sunâr 7.
Bilehniya—Ahîr 5.
Bilgotiya—Khangâr 3.
Bilkhariya—Bâri 3 : Bhangi 20, 21 : Dharkâr 1.
Billimâr—Khatri 14.
*Biloch.
Bilpurwâr—Bhangi 30.
Bilûch—Biloch.
Bilupuriya—Halwâi 2.
Bilwâr—Belwâr.
Bin—Kol 4.
Binaunân—Lodha 2.
*Bind—Bhar 5 : Kanjar 5 : Kewat 2 : Luniya 3 : Mallâh 3.
Bindrabani, Bindrabanbâsi, Bindrabâsi—Tamboli 2 : Barai 3 : Musahar 11.
Bindwâr—Beldâr 2.
Binnâni—Mahesri 2.
Birha—Dom 2.
Birhariya—Ahîr 10 : Bhûînhâr 11 : Chamâr 3.
Birmbhât—Bhât 3.
Birramiya—Bhûmhâr 11.
Birthariya—Golapûrab 1.
Birtiya—Kurmi 6.
Biruâr—Bhuînhâr 11.
*Birwâr—Barwâr. Rajput : Berwâr.
Bîsa—Agarwâla 1 : Taga 6.
Bisaili—Chamâr 3.
Bisari—Barhai 2.
*Bisâti—Ramaiya 2.
*Bisen—Gaddi 2 : Julâha 2.
Bisensob—Bhangi 20.

*Bishnoi.
Bishnpuriya—Kathak 3: Manihâr 2: Musahar 11.
Biswân—Taga 6.
*Biyâr—Bhar 5.
Bodala—Kahâr 6.
Bodiwâla—Nânakpanthi 3.
Bodlê, Bodlân—Dasnâmi: Jât 19.
Bohat—Kanjar 4.
Bohra—Bhatiya 6.
Bora—Darzi 2.
Boriya—Dhârhi 2: Pâsi 8.
Bot, Bota—Bhot: Kahâr 5: Kurmi 5.
Boxwâla—Bisâti.
Brajbâsi—Beriya 3: Bariya: Kanjar 3: Kasera 2: Koiri 2: Nat 6, 8: Tawâif 2.
Brempuri—Harjala.
Brahma—Kanphata 2.
*Brâhman.
Brâhmaniya—Bhât 4.
Brahmbhât—Bhât 4.
Brijbâsi—Brajbâsi.
*Brindabani.
Bûchar—Gûjar 6: Khatîk 1: Nat 8.
*Bughana.
Bujar—Luniya 3.
Bukarra—Halwâi 2.
Bukhâri—Sayyid 2.
Bulâhar—Balâhar.
Bulbulha—Chhîpi 2.
Bulehra—Nâi 2.
Bunbun—Bhuiyâr 2.
Bundel, *Bundela—Bhât 2: Kathak 3.
Bundeliya—Bhangi 20.
Bunerwâl—Pathân 9.
Bungariya—Dusâdh 5.
Bunjahi—Khatri 13.
Bunkar—Kori 2.
Burbak—Banarwâr.
*Burhela.
Burki—Banjâra 12.
Burkiya—Bhând.
Burtiya—Banjâra 12.
Buzqassâb—Qassâb.
Byâdha—Nat 9, 21: Pâsi 8.
Byâhta, Byâhut—Kalwâr 4: Lohâr 4: Nâi 2: Teli 3.

C

Chachara—Teli 3.
Chagâba—Gond 3.
Chagtai—Mughul 2.
Châhu—Barwâr Râjput.
*Châi, Châîn, Chaini—Bhar 5: Bind 2. Kahâr 5: Kewatu 2: Mallâh 3.
Chailta—Halwâi 2.
Chak—Gadariya 2: Mughul 3.
Chakardiya—Sahariya 2.
Chakauriya—Dângi 2.
Chak Bais—Bais 7: Kumhâr 2.
Chakchainiya—Kâchhi 2.

Chakhri—Kumhâr 2.
Chakirâba—Banjâra 12.
Chakiya—Ahîr 10.
Chakseniya—Kâchhi 2.
Chalanmahrâo—Khatîk 1.
*Chamâr—Agarwâla 8 : Chhîpi 3 : Darzi 2 : Dom 41, 42 : Gaur : Julâha 2.
Chamarbans—Gaddi 2.
Chamar Barhai—Barhai 2.
*Chamar Gaur—Balâhar 1 : Joshi 4.
Chamar Gautam—Nat 8.
Chamariya—Bhangi 20 : Kumhâr 2.
Chamarmangta—Chamâr 3 : Kanjar 1 : Nat 8, 33.
Chamarmûnda—Nâi 2.
Chamar Nat—Nat 8.
Chamar Sangla—Nat 8.
Chamar Sûjiya—Darzi 2.
Chamar Teli—Teli 3.
Chamarwa—Nat 8.
Châmi—Bâwariya 6.
Chamkel—Bânsphor 2.
Chamoli—Gangâri.
Chamrel—Dom 7.
Chanahiya—Bhangi 21.
Chanâl—Kanjar 4.
Chanamiya—Bais 7.
Chananu, Chananawa } Biyâr 1 : Kurmi 5.
Chanau—Kurmi 5.
Chanchara—Kându.
Chandak—Mahesri 2.
Chandâl, Chandâla, Chandaliya } Bhangi 2, 21, 30 : Dom 1 : Kanjar 4.
Chandan, Chandanawa } Biyâr 1: Gadariya 2.
Chandaul, Chandauliya, Chandauriya } Banjâra 12 : Chamâr 3 : Sunâr 9.
Chandbharag—Kanphata 2.
*Chandel, Chandela, Chandeli, Chandelwâl, Chander } Baheliya 2 : Bhangi 20 : Chamâr 3 : Darzi 2 : Gadariya 2 : Gaddi 2 : Gâra : Gûjar 6 : Kahâr 5 : Kapariya 2 : Khâgi 2 : Kurmi 6 : Manihâr 2 : Meo 4 : Musahar 11 : Nat 8 : Rangrez 1 : Taga 6.
Chandpuriha, Chandpuriya } Halwâi 2 : Khâgi 2 : Kurmi 6.
*Chandrabansi—Bhât 2.
Chand Râe—Chamâr 3.
Chandraseniya—Bhadauriyar.
Chandrauliya, Chandrâwal } Kori 2 : Kurmi 6.
Chandwâr—Kamkar 2.
Changilê—Bhât 4.
Chanwar—Ahîr 10.
Chapar—Kori 2.
Châran—Banjâra 2 : Bhât 8.
*Charandâsi.
Charandha—Kalwâr 4.
Chargoriha—Bhuiyâr 2.
Charkha—Banjâra 12.
Charokota—Sunâr 7.
Charwâr—Bohra 4.
Châryâri—Dhuniya 4.
Chârzâti—Khatri 13.
Châsa—Sadgop.

Chatbanûri } Sayyid 6.
Chatrauri } Sayyid 6.
Chauâna—Sombansi 2.
Chaubê—Bharbhûnja 1: Jhijhotiya 2.
Chaudhari } Baiswâr 2: Banarwâr: Bhuînhâr 11: Chero 6: Dom 8: Ghosi 1: Jhojha 1: Kapariya 2: Kurmi 6: Mallâh 3.
Chaudhariya } Baiswâr 2: Banarwâr: Bhuînhâr 11: Chero 6: Dom 8: Ghosi 1: Jhojha 1: Kapariya 2: Kurmi 6: Mallâh 3.
*Chauhân—Baidguâr: Banjâra 11, 12, 15: Barai 3: Barhai 2: Bâri 3: Bâwarriya, 6, 7, 12: Beldâr 2: Beriya 3: Bhangi 20, 21, 23: Bharbhûnja 1: Bhathiyâra 2: Bhoksa 4: Bihishti 1: Bind 2: Boriya: Chamâr 3: Chhîpi 3: Chûrihâr 2: Dalera 2: Darzi 2: Dhobi 2: Dhuniya 2, 4: Dom 8: Gaddi 2: Gandhîla 2: Gâra: Ghosi 1: Golapûrab 3: Habashi: Hâbûra 3: Jât 20: Jhojha 1: Jogi 3: Joshi 4: Julâha 2: Kâchhi 2: Kadhera: Kahâr 6: Kanjar 5: Kathak 3: Khâgi 2: Khatîk 1: Kunjra 2: Luniya 3: Manihâr 2: Meo 4: Musahar 11: Nat 8: Rangrez: Sânsiya 2: Taga 6.
Chauhâniya Misr—Kumhâr 1.
Chauhatt—Agrahari 2.
Chauhela—Bhangi 21.
Chaukhar—Chaubê 2.
Chaunsathiya—Ahîr 10.
Chaupata Khamb.
Chaurâsi } Bhât 3, 4: Barai 3: Chamâr 3: Dhârhi 2: Gâra: Halwâi 2: Julâha 2: Kamboh 3: Lohâr 4: Luniya 3: Moch 3: Pâsi 8.
Chaurasiya } Bhât 3, 4: Barai 3: Chamâr 3: Dhârhi 2: Gâra: Halwâi 2: Julâha 2: Kamboh 3: Lohâr 4: Luniya 3: Moch 3: Pâsi 8.
Chaurâsi Goli—Kamboh 3.
Chaurâsi Kanha—Kamboh 3.
Chausaki—Kalwâr 4.
*Chauseni—Khatîk 1.
Chelaha—Chûrihâr 2.
Chenr—Bhând.
*Chero—Kol 4.
Chhachhûndar—Khangâr 3.
Chhagoriya—Chamâr 3.
Chhâhari—Beriya 3.
Chhahzâti—Khatri 13.
Chhakrê—Ahar 2.
Chhânchdih—Sânsiya 2.
Chhaniyân—Patwa 3.
Chhappariya—Kurmi 5.
Chhata—Tawâif 6.
Chhatarpuriya—Chhîpi 2.
Chhatrabhujant—Kâchhwâha 2.
Chhatri—Baheliya 2: Beriya 3: Chhîpi 3: Darzi 2: Gaddi 2: Gandharb 2: Kamboh 3: Kasera 2: Kathak 3: Nat 8: Rauniyâr: Râjput 1: Sunâr 6: Tamboli 2.
Chhiânavê—Agarahri 2:
Chhibari—Joshi 4.
Chhijariya—Nat 9.
Chhilatiya—Dhânuk 2.

*Chhîpi—Bhangi 21.
Chhiraura—Chubê 2.
Chhirkilât—Meo 4.
Chhokarzâda—Jâdon 2.
Chhonkar—Dhobi 2 : Jât 21.
Chhota Samudaya—Gujarâti Brâhman 9.
Chhoti Sen—Gadariya 2.
Chhotkana—Gûjar 6.
Chhunkari—Dhuniya 2.
Chhuriyapel—Chhîpi 2.
Chichâm—Majhwâr 3.
Chik—Khatîk 1 : Pankha 1. Qassâb.
Chikaniya—Sunâr 7.
Chikbarâik—Pankha 1.
Chikchikwa—Kharwâr 2.
Chikwa—Gadariya 2 : Qassâb.
Chirâr—Gahlot 3.
Chirauncha—Sahariya 2.
Chirklot—Meo 4.
Chiryamâr—Ahar 1 : Baheliya 2 : Chhîpi 3 : Dalera 2 : Bhathiyâra 2 : Hâbûra 3 : Pâsi 8.
Chithauriya. } Dhobi 2 :
Chithoriya. } Kâchhi 2 : Nat 8.
Chishti. } Madâri 1 :
Chishtiya. } Sayyid 2.
Chitlangya—Mahesri 2.
Chobdâr—Arakh 3 : Kalwâr 4 : Sejwâri 1.
Chodsi—Kamboh 3.
Cholimargi—Bâmmargi 2.
Chopar—Ghosi 1.
Chopra—Khatri 15.
Chotya Chauhân—Banjâra 12.
Chuadha—Khatri 15.
Chuhân—Bhangi 24.
Chûhar. }
Chûhara } Bhangi 1.
Chuhra }
Chûlat—Taga 3.
Chunâr. } Bhangi 21 :
Chunâra. } Dom 41 : Pâsi
Chunarha. } 8.
Chungelê—Bhat 3.
Chunyâra—Barhai 2 : Dom 42.
Churel—Jât 21.
Churelê—Bhangi 21 : Kâchhi 2.
Chureliya—Dom 7.
Churiha—Kamkar 2.
Chûrihâr. } Chhîpi 3 :
Chûrihâra. } Sunâr 7.
Churiya—Kamkar 2.
Churiya Guâl—Ahîr 7.
Chutelê—Bhangi 21.

D

Dabas—Bâwariya 6.
*Dabgar—Musahar 11.
Dâbi—Bâwariya 6.
Dadai—Gangâri.
Dadaichi—Majhwâr 3.
Dadavê—Gond 2.

Dadhich—Gaur 2.
*Dâdupanthi.
*Dafâli.
Daga—Mahesri 2.
Dagwariya—Thâru 11.
Daiha—Jât 20.
Dahait—Kol 4.
Dahariya—Kahâr 5.
Dahima—Ahîr 5.
Dahman—Barhai 2.
Dahngâl—Meo 4.
Dahuna—Jât 20.
Dakaut—Husaini : Meo 4.
Dakhar—Thâru 12.
Dakkhinâha—Barai 3 : Barhai 2 : Bâri 3 : Biyâr 1 : Chamâr 3 : Chûrihâr 2 : Dhobi 2 : Kahâr 6 : Kalwâr 4 : Kathak 3 : Kharot : Koiri 2 : Kumhâr 2 : Lohâr 4 : Manihâr 2 : Sunâr 8 : Teli 3.
Dakkhinatiya Sreni—Utkala 1.
Dakkhini—Dafâli 2.
Dakkhinwâr—Bhât 2 ; 3.
Daksha—Chaubê 2.
Dalâmau—Agrahari 2.
Dalât—Meo 4.
Dalê—Bâwariya 7.
Dalel—Gujar 6.
*Dalera—Khâgi 2.
Dali—Hâbûra 3.
Dalpuriya—Bhât 2.
Dalwariya—Bhangi 28.
Dammari—Mahesri 5.
Damrauniya—Kahâr 5.
Danderi—Banjâra 12.
Dandi—Dasnâmi.
Dandiya—Thathera 3.
Dandwâr—Bhuiya 4.
Dangan—Kamboh 3.
Dangarha—Kâchhi 2.
*Dângi.
Dankmardan—Bhangi 21.
Danya—Joshi 8.
Daras—Dhâlgar.
Dargal—Ramaiya 2.
Dari—Dabgar 1.
Dariya—Nat 9.
Darji—Chhîpi 3.
Dars—Kori 2.
Darshani, Darshaniya—Kanphata 1: Mâli 5.
Darsiya—Gadariya 2.
Darswâr—Ahîr 10.
*Darvesh.
Darwar—Meo 4.
Darya—Dom 42.
Daryâbâdi—Kumhâr 2 : Nat 8.
*Darya Dâsi.
*Darzi—Dom 41, 42 : Mânihâr 2.
Das—Dom 41.
Dasa—Agarwâla 1 : Golapûrab 4 : Taga 6.
Dasati—Bohra 4.
Dasaundhi, Dasaundhiya—Bhât 3, 4 : Luniya 3.
Dasghar—Bhât 4.
Dasgopâl—Kanphata 2.
*Dasnâmi.
Dasput—Bhuiyâr 2.
Dastarband—Darzi 1.
Daswân—Jât 19 : Taga 6.
Datta—Dasnâmi.
Dâûdzai—Pathân 10.
Daundiya Kheriya—Thathera 3.

Daurâha—Dorha.
Daurâni—Mahesri 2.
Daurha—Dorha.
Dauriha—Dharkâr 1.
Dauwa—Ahîr 5.
Dê—Jat 11.
Dehâti } Musahar 10.
Dehi } Musahar 10.
Dehiya—Jât 12.
Dehliwâl } Beldâr 2 : Dhobi 2.
Dehliwâla } Beldâr 2 : Dhobi 2.
Demrot—Meo 4.
Deobansi—Patwa 3.
Deodinâik—Nat 11.
Deogayân—Sunâr 9.
Deohariya—Bhuiyâr 2.
Deorâj—Luniya 3.
Deosiya—Musahar 2.
Derhummar—Ummar 1.
Deriya—Banarwâr.
Desi—Bâri 3: Beldâr 2: Bhând: Bhangi 21: Bharbhûnja 1: Chamar 3: Dhârhi 2: Jhojha 1: Koiri 2: Kumhâr 2: Rangrez 1: Sunâr 9: Teli 3.
Deswâl } Beriya 3: Bhangi 21: Bohra 4: Jât 11, 18: Manihâr 2: Nâi 2: Rangrez 1.
Deswâla } Beriya 3: Bhangi 21: Bohra 4: Jât 11, 18: Manihâr 2: Nâi 2: Rangrez 1.
Deswâli—Bawariya 2: Bhangi 21: Gandhi 1: Ghosi 1: Jhojha 1: Kahâr 6: Lohâr 4: Mâli 3: Sunâr 6.
Deswâr—Ahîr 10: Dhobi 2.
Deswâri—Chhîpi 2.
Detwâr—Thâru 13.
Devdâs—Bhatiya 5.
Dewaiya—Sunâr 7.
Dewar—Gond 3.
Dewâsi—Kamboh 3.
Dewat—Kalwâr 4.
Dhaba—Dhâlgar.
Dhâighar—Khatri 13.
Dhaikar—Thâru 10.
Dhajpanth—Kanphata 2.
*Dhakara—Dhânuk 2: Kanaujiya.
Dhakarya—Chhîpi 3.
Dhakauliya—Bhangi 21: Kâchhi 2.
Dhaker—Thâru 13.
Dhakeri—Dhuniya 2.
Dhaki—Dom 41.
Dhâkra—Dhâkara.
Dhakwâl—Thâru 13.
*Dhâlgar—Dabgar 1.
Dhâlwâl—Barhai 2.
Dhaman—Chamâr 3: Kamboh 3: Kori 2: Lohâr 4.
Dhandara—Bâwariya 6.
Dhandhal—Bâwariya 6.
Dhandin—Bâwariya 7.
Dhanesh—Darzi 2.
*Dhângar—Banarwâr: Dhuniya 4.
Dhangra—Bhoksa 4.
Dhângya—Banjara 12.
Dhani—Kamboh 3.
Dhankikya—Banjâra 12.
Dhankûta—Banjâra 12: Bharbhûnja 1.
Dhaman—Barhai 2.
Dhanor—Kahâr 5.
*Dhânuk—Basor 1: Bânsphor 2: Beriya 3: Bhangi 21: Darzi 2: Kadhera: Pâsi 8.
Dhanwân—Khatri 15.

Dhanwariya—Barai 4.
Dhanyasha—Agarwâla 1.
Dhâr—Mallâh 3.
Dharaun—Chamâr 3.
Dharavnê—Chhîpi 2.
Dharbansi—Ahîr 10.
*Dhârhi—Dom 42 : Dusâdh 5 : Kathak 3 : Nat 9.
*Dharkâr—Bânsphor 2 : Dom 7 : Dusâdh 5.
Dharm—Gaur 3.
Dharora—Ahîr 10.
Dhauma—Agarwâla 1.
Dhaunchak—Kahâr 6.
Dhaunsiya—Dom 7.
Dhauriya—Dângi 2.
Dhê—Bhangi 19 : Jât 11.
Dhelana—Agarwâla 1.
Dhelphor—Bhangi 20 : Bhar 4 : Dhârhi 2 : Kurmi 5 : Mallâh 3.
Dhenk—Banarwâr.
Dhenkaliya—Kâchhi 2.
Dhenwar—Gurkha.
Dhiman—Kori 2.
Dhîmar—Kahâr 1, 5 : Mallâh 1 : Nat 8 : Thâru 13.
Dhindhor—Ahîr 5 : Chamâr 3.
Dhindhwâr—Kurmi 6.
Dhingar—Gadariya 2.
Dhînwâr—Kahâr 5.
Dhiyar—Dom 41.
*Dhobi—Dom 17, 41, 42 : Kathak 3 : Nat 8.
Dhobibans—Kanjar 4.
Dholakiya—Kâchhi 2.
Dholdhâr—Kamboh 3.
Dholi—Barhai 2 : Dom 41, 43 : Gond 2.
Dholri—Ahîr 10.
Dhongiya—Bhar 4.
Dhorpahi—Banjâra 12.
Dhuma—Chaubê 2.
Dhuna—Dhuniya : Kadhera : Mochi 3.
Dhunar—Dom 41 : Khagi 2.
Dhundhal—Gûjar 6.
Dhundhiya—Chamâr 3.
Dhundhiya Khera—Kharâdi 2.
Dhuneb—Basor 1.
*Dhuniya—Joshi 8.
Dhûnsar—Dhûsar.
Dhurana—Gangâri.
Dhuriya—Ahîr 10 : Chamâr 3 : Kahâr 2, 5 : Kându : Mallâh 3 : Musahar 10.
*Dhûsar.
Dhusiya—Bind 1 : Chamâr 4.
Dhut—Mahesri 2.
Dibhan—Barhai 2.
Dichhit—Kewat 2.
Dihlawi—Kâyasth 13.
Dikhit, *Dikshit—Beldâr 2 : Bhât 2 : Bhuînhâr 11 : Jhijhotiya 2 : Kathak 3 : Taga 6.
Dilazâk—Pathân 11.
Dilliwâl—Bhât 2 : Bihishti 1 : Dabgar 1 : Darzi 2 : Manihâr 2 : Kumhâr 2 : Lodha 2 : Mâli 3 ; Mochi 3.
Dilwâri—Banjâra 2:Chhîpi 2.
Dimar Râthaur—Bhoksa 11.
Dimri—Gangâri.
Dina—Kahâr 6.
Dinar—Gandhi 1.

Dingal—Meo 4.
Dingariya—Hâru 10.
Dingoriya—Hâru 10.
Dirhor—Ahîr 5.
Dirhwar—Ahar 2.
Disauriya—Dângi 2.
Diswâr—Ahîr 5.
Dîwân—Joshi 8.
*Diwâna.
Doâsna—Teli 3.
Dobhal—Gangâri.
*Dogar.
Doghar—Dogar.
Dohar—Ahîr 10 : Chamâr 4.
Dojwâr—Dhânuk 2.
Dokhar—Gadariya 2.
Dolidhauwa—Chamâr 4.
Dolkarha—Musahar 10.
*Dom—Bhangi 21 : Dharkâr 1 : Hâbûra 3 : Kanjar 1 : Nat 8.
Domahra—Dom 7.
Doman—Ahar 2.
*Domar—Balâhar 1 : Bhangi 21 : Chamâr 3 : Gaddi 2.
Dombari—Nat 2.
Domin—Tawâif 6.
Domkatâr—Bhuînhâr 11 : Dom 1.
Dom Mirâsi—Mirâsi.
Domra—Dom 7, 20.
Domtikâr—Dom 1.
Domwâr—Dom 1.
Donrwâr—Chaubê 2.
*Donwar—Barai 3 : Bâri 3 : Bhuînhâr 11 : Musahar 11.
Dophansiya—Bharbhûnja 1.
*Dor—Musahar 11.
*Dorha.
Dospuriya—Bhât 4.
*Drâvira.
Drigpuriya—Halwâi 2.
Duâlbandhi—Kharwâr 2.
Dûbê—Bhuînhâr 11 : Halwâi 2.
Dûbêpuriya—Halwâi 2.
Dugal—Khatri 15.
*Dugdha.
Dugugiya—Bhoksa 4.
Dukauha—Bhât 4.
Dûm—Dom 41.
Dûmar—Bhântu.
Dûm Mirâsi—Mirâsi.
Dundwâr—Tharu 12.
Dunhan—Dhânuk 2.
Dûnr—Ahîr 5.
Dunsua—Chhîpi 2.
Dunwâr—Donwâr.
Dunwariya—Bhoksa 4.
*Durgbansi.
Durki—Banjâra 12.
Durrâni—Pathân 12.
*Dusâdh—Bhar 4 : Chamâr 3 : Dhânuk 2 : Dhârhi 2 : Kadhera.
*Dûsar.
Dusaya—Chhîpi 2.
Dûsra—Kâyasth 7 : Ummar 1.
Dutiya—Kahâr 6.
Dyâs—Bâwariya 7.
Dyondi—Gangâri.

E

Ekâsna—Teli 3.
Ekka—Dhângar 2.
Eksariya—Bhuînhâr 11.
Ekthauliya—Kanjar 3.

F

Faizâbâdi—Chamâr 3: Julâha 2.
Farîdi—Shaikh 2.
Farûqi—Bihishti 1: Shaikh 2.
Fatehpuri—Sunâr 9.
Fîlwân—Nat 8.
Firdosiya—Madâri 1.

G

Gadahla—Gandhîla 1.
Gadar—Jât 21.
*Gadariya—Bhangi 20: Dom 39: Kathak 3: Meo 4: Thâru 13.
*Gaddi—Ahîr 5: Banjâra 12: Ghosi 1.
Gaddi Gûjar—Ghosi 1.
Gaderiya—Barai 3: Gadariya.
Gadh—Bhât 3.
Gadhaiya—Chhîpi 2.
Gadhara—Kisân 1.
Gadhara—Kâchhi 8: Kumhâr 2.
Gadhîla—Kumhâr 2.
Gadhwa—Bhât 3.
Gadi—Kamboh 3.
Gadiya—Lohâr 3.
Gadoi—Sejwâri 1.
Gagoliya—Nat 11.
Gagra—Bhangi 30.
Gaharwâr—Baldâr 2: Kathak 3: Kurmi 5: Musahar 11: Tamboli 2.
*Gahlaut } Gahlot } Banjâra 12: Barai 3: Bhangi 21: Ghosi 1: Jogi 3: Kadhera: Kahâr 6: Meo 4: Sansiya 2.
*Gahoi.
Gaiduha—Pâsi 8.
Gairola—Gangâri.
Gajbhîm—Bhât 3.

Gajgoti—Khangâr 3.'
Gajra—Ramaiya 2.
Gamel, Gamela—Ahîr 5 : Kadhera : Lohâr 4.
Ganaiti—Kamboh 3.
Ganda—Panka 1.
Gandena—Gandhîla 2.
Gandharap, Gandharb, Gandharv—Beriya 3 : Tawâif 1.
*Gandhi—Teli 6.
Gandhikar—Gandhi 1.
Gandhîla—Khatik 1.
Gandwâl, Gandwâr—Ahîr 5 : Gandharb 2.
Ganga—Gadariya 2 : Sunâr 9.
Gangâl—Gangâri.
Gangapâri—Beldâr 2 : Bharbhûnja 1 : Bihishti 1 : Chamâr 3 : Dhuniya 4 : Julâha 2 : Kori 2 : Kurmi 5 : Nat 8.
*Gangaputra—Bhât 2.
Gangarâmi—Hijra 2.
*Gangâri.
Gangaur—Oswâl 8.
Gangauri—Tânk 1.
Gangelê—Jhijhotiya 2.
Gangoha—Bhar 4.
Gangwâni—Agrahari 3.
Gangwâr—Bhât 3, 4 : Kanjar 5.
Gangwati—Bhangi 21.
Ganreriya—Gadariya.
Gâorâni—Bhând.
*Gâra.
Garali—Bâwariya 7.
Garariya—Gadariya.
Garauthiya—Bhangi 21.
'Garag, *Garg, Garga—Agarwâla 1 : Bhuînhâr 11 : Bind 2.
Gargbans—Bais 7 : Bhuînhâr 11 : Garg.
Gargeya—Chaubê 2.
Gargya—Bhuînhâr 11 : Joshi 8.
Garhwapâri—Bhât 4.
Garwariya—Thâru 11.
Gariya—Kahâr 5.
Garoi—Sejwâri 1.
Garoriya—Ahîr 10.
Garpetha—Dhânuk 2.
Garuhaiya—Dhânuk 2.
Garwâla—Agarwâla 1.
Gatru—Kamboh 3.
Gauda—Gaur : Kâyasth 17.
Gauharna—Nat 11.
Gaunhârin—Tawâif 2.
Gâuqassâb—Qassâb.
*Gaur—Arakh 3 : Bandi : Banjâra 15 : Bâwariya 7 : Beldâr 2 : Belwâr : Beriya 3 : Bhât 2 : Bhatiya 6 : Bihishti 1 : Darzi 2 : Dhobi 2 : Dhuniya 4 : Ghosi 1 : Julâha 2 : Kadhera : Kathak 3 : Kâyasth 17 : Kewat 2 : Kumhâr 2 : Mochi 3 : Nâi 2 : Nat 8 : Ramaiya 2 : Rangrez 1 : Taga 6 : Tamboli 2.
*Gaurahar—Khâgi 2.
Gaurithân—Banjâra 20.
*Gauriya—Barai 3 : Dusâdh 5 : Hâbûra 3 : Mallâh 3 : Patwa 3.
*Gaurua—Bargala.

Gausel—Bânsphor 2.
*Gautam } Agarwâla 1 : Beldâr 2 : Bhuînhâr 11 : Joshi 4 : Kapariya 2.
Gautama }
Gautamiya—Bhuînhâr 11 : Jhijhotiya 2.
Gauthiwâra } Jât 19 : 21.
Gauthwâra }
Gawal—Agarwala 1.
Gawaqassâb—Qassâb.
Gaya—Chero 6.
Gaymar—Dom 7.
Gel—Ahîr 10.
Gemar—Dom 7.
Generâli—Bhangi 32.
Gepar—Dom 7.
Ghairkameladâr—Qassâb.
Ghamra—Kanjar 4.
Ghanik—Kahâr 5.
Ghara—Nat 32.
Gharê—Banjâra 12.
Gharbâri—Atît 1 : Bânsphor 1.
*Gharûk—Kahâr 5.
*Ghasiya.
Ghasiyâra—Ghasyâra.
Ghaskata—Golapûrab 3.
*Ghasyâra.
Ghatiya—Chamâr 3 : Gangaputra 1.
Ghatkiya—Sunâr 7.
Ghatwâl—Jât 14.
Ghatwar iya—Kahâr 6.
Ghâzi—Jhojha 1.
Ghâzipuri Râwat—Bhangi 20.
Ghâzipuriya—Musahar 11.
Ghei—Khatri 15.
Ghildyâl—Gangâri.
Ghilzâi—Pathân 13.
Ghissâra—Lohâr 3.
Ghogh—Kewat 2 : Mallâh 3.
Ghoi—Kurmi 6.
Ghoraha—Bhât 4.
Ghorcharâo—Khatîk 1.
Ghorcharha—Ahîr 5 : Bâri 3 : Chamâr 3.
Ghorgotiya—Khangâr 3.
Ghorgushti—Pathân 15.
Ghori—Banjâra 12 : Bihishti 1 : Gâra : Jhojha : Nat 8 : Pathân 16 : Rangrez 1.
Ghoriwâl—Banjâra 12.
Ghosi—Ahîr 5 : Beldâr 2 : Boriya : Dhârhi 2 : Gaddi 2 : Manihâr 2 : Meo 4 : Nat 8.
Ghosiwâl—Sunâr 7.
Ghosiya—Ahar 2 : Beriya 3 : Chamâr 3.
Ghughasiya—Nat 32.
Ghulâm—Barhai 2 : Barwär 1.
Ghurcharha—Boriya.
Ghussar—Kanjar 2.
Gidhiya—Mochi 3.
Gidhlê—Agariya 3.
Gidhmâr—Beriya 3.
Gidiya—Bâwariya 6.
*Gindauriya.
Gird—Ahîr 5.
Girdaha—Kalwâr 4.
Girdharpuriya—Ahîr 10.
Giri—Dasnâmi.
Gobhil } Agarwâla 1 : Bhuînhâr 11.
Gobhila }
Gochhar—Ahar 2.
Godhi—Jât 21.
Godiya—Bhar 5.

Gohal } Gandhîla 2 : Kanjar
Gohar } 3.
Goher—Kanjar 3.
Gohil—Parwâl 1.
Gohiya—Khangâr 3.
Gohorwâriwâl—Bhât 4.
Goil—Agarwâla 1 : Parwâl 1.
Goin—Agarwâla 1.
Goirar—Agariya 3.
Gokain—Barhai 1.
Gokulastha Gusâîn—Vallabhachârya.
Gokulbansi—Barhai 2.
Gokuliya—Ahîr 10.
Gola—Bâwariya 7 : Chhîpi 2 : Kahâr 5 : Kumhâr 2 : Luniya 3 : Mâli 3 : Nâi 2 : Saini.
*Golahrê.
*Golapûrab.
Golar—Kasera 2.
Golherê—Kalwâr 4.
Goli—Bhuksa 4.
Goliwâla—Dabgar 1.
*Gond—Kalwâr 4 : Kahâr 6 : Nat 8 : Sejwâri 1.
Gonda—Ahîr 5.
Gondal—Kurmi 6.
Gondar—Barai 3 : Dusâdh 5.
Gondhi—Bâwariya 6.
Gondiya—Ahîr 10.
Gond Majhwâr—Majhwâr.
Gonr—Gond 1 : Halwâi 2 : Kahâr 5 : Kându.
Gonraha—thak 3.
Gonthi—Sunâr 9.
Gopâlpuriya—Chûrihâr 2.
Gorait—Chamâr 3.
Gorakhi—Dhuniya 4.
Gorakhpanthi—Jogi 2.
Gorakhpuri—Barai 3 : Beldâr 2 : Gaddi 2 : Kasera 2 : Kunjra 2.
Gorchha—Gurchha.
Gorê—Kamboh 1.
Goriya—Bhar 4 : Kewat 2 : Mallâh 3 : Nat 9.
Gorkha—Gurkha.
Gotela—Basor 1.
Gothalwâr—Chhîpi 2.
Gotiya—Kahâr 5 : Lohâr 4 : Sunkar 1.
Gotwâla—Jât 19.
*Govindpanthi.
Govind Sâhib—Udâsi 2.
Goyit—Kurmi 5.
Gozruniya—Madâri 1.
Grihasti—Sanjogi.
Guâl—Banjâra 12 : Bihishti 1 : Chamâr 3 : Ghosi 1 : Meo 4 : Musahar 11 : Nat 6, 8 : Pâsi 8.
Guâlbans } Ahîr 5, 7, 10
Guâlbansi } Ghosi 1 : Harjala : Musahar 11 : Nat 8.
Guâliyâri—Nat 7.
Guâl Pathân—Rangrez 1.
Guâr—Arakh 3 : Banjâra 11, 12.
Gudar—Ahîr 5.
Gugâwat—Kachhwâha 2.
Gujahna—Dusâdh 5.
*Gûjar—Bâwariya 7 : Bihishti 1 : Boriya : Dhuniya 4 : Gaddi 2 : Gaur : Kadhera : Meo 4 : Nat 8 : Pâsi 8 : Ramaiya 2.
Gujara—Bind 2.

Gujarân—Ramaiya 2.
Gûjar Gaur—Darzi 2 : Jhoshi 7.
Gujarâti—Dhârhi 2 : Joshi 4 : Kori 2 : Kurmi 5 : Mochi 3.
Gujarha—Bhând.
Gujariwâla—Bhât 3.
Gujariya—Dom 7.
Gulâbdâsi—Sain.
Gulahla—Nat 9.
Gulfarosh—Mâli 5.
Gulhâni—Teli 3.
Gulhârê—Kalwâr 4.
Gulhariya—Teli 3.
Gulraha—Thathera 3.
Gundaka—Mârwâri 6.
Guninâtha—Kându.
Gunnar—Beriya 3.
Guranawa—Bhîl 1.
Gurbans—Thâru 10.
*Gurchha.
Gurer—Kalwâr 4.
Gurha—Thathera 3.
Gurhâbâdi—Lohâr 4.
Guriya—Goriya : Mallâh 3.
*Gurkha—Dalera 2.
Guror—Kalwâr 4.
Gursariya—Basor 1.
Gurunâtha—Kahâr 6.
Gurung—Gurkha.
Gurwâl—Kahâr 6.
*Gusain—Musahar 11.

H

*Habashi.
Habibiya—Madâri 1.
Habshi—Habashi.
*Hâbûra—Kanjar 3, 5.
Hadoti—Jâdon 2.
Hagiya—Nat 9.
Haidarâbâdi—Julâha 2.
Haihobans—Hayobans.
Hairi—Aheriya 1.
Hajâri—Baheliya 2.
Hâjipuriha, Hajipuriya—Halwâi 2 : Sunâr 7.
Hajjâm—Nâi.
Halâlkhor—Bânsphor 2 : Bhangi 1.
*Halwâi.
Hamar—Gûjar 6.
Hamîrpuri, Hamîrpuriya—Bharbhûnja 1: Bhât 2.
Hanafi—Bihishti 1 : Habashi.
Hândê—Khatri 15 : Kamboh 1.
Hânri—Bhangi 19.
Hanriyânwa—Kol 4.
Hans—Gadariya 2.
*Hâra—Boriya : Meo 4 : Sejwâri 1.
Haraihila—Sunâr 9.
Haral—Rangrez 1.
Haranwâl—Gadariya 2.
Harchanni—Dom 7, 23.
Hardaha—Chero 6.
Hardainiya—Kâchhi 2.

Hardâspura—Chaubê 2.
Hardiha } Kâchhi 2: Kahâr
Hardiya } .6: Kisân 1: Koiri 2: Kurmi 5: Mâli 3: Murâo 2.
*Hardoi.
Hardoiri—Ramaiya 2.
Hardwâr—Sejwâri 1.
Hardwâri } Darzi 2 : Joshi
Hardwariya } 4 : Kurmi 5.
Hargadi—Chaubê 2.
Hari—Bhangi 19.
Haridâs—Jâdon 2.
Haripuriya—Dhârhi 2.
*Harischandi.
Hariya—Manihâr 2.
Hariyâna—Gaur.
Harjâi—Tawâif 1.
*Harjala.
Harphor—Chamâr 3.
Harwariya—Kol 1.
Hasani—Sayyid 2.
Hasain-ul-Husaini—Sayyid 2.
Hasanpuri—Bhând : Kathak 3 : Julâha 2.
Hâshimi—Sayyid 2 : Shaikh 2.
Hastinapuri—Bhât 2.
Hatâr—Banjâra 2.
Hatheliya—Kumhâr 2.
Hathgotiya—Khangâr 3.
Hathichighar—Dhânuk 2.
Hatkar—Dhângar 1.
Hatthi—Kamboh 3.
Hatwâl—Gangâri.
Hatyâra—Dom 1, 7, 21.
Haulaniya—Jât 12.
*Hayobans.
Hazâri—Baheliya 2 : Dhânuk 2 : Dom 8.
Hâzirpuriya—Halwâi 2.
Hela—Bhangi 21 : Bhar 4 : Gûjar 6 : Jât 11.
Heri—Aheriya 1.
Heriya—Mahesri 2.
Hethjhauli—Kanphata 2.
*Hijra.
Hindiya—Banjâra 12.
Hindoliya—Kathiyâra 1.
Hinduaiya—Bhangi 26.
Hindubalana—Hâbûra 3.
Hinduiya—Bâri 3.
Hirangot—Khangâr 3.
Hirnotiya—Kathiyâra 1.
Hiwan—Gandharb 2.
*Hotri.
Hubariya—Madâri 1.
Hurkha—Bhând.
*Hurkiya } Dom 43 : Gaddi
Hurukiya } 2 : Kathak 3 : Koiri 2 : Tawâif 2.
Husainâbâdi—Sunâr 7.
*Husaini—Sayyid 2.
Husrentê—Nâi 2.

I

Ilâqêband—Patwa 1.
Ilha—Dhângar 2.
Illahâbâdi } Ahîr 7 : Gada-
Illahâbâsi } riya 2 : Halwâi 2 : Koiri 2.

Imdâdnagari—Halwâi 2.
Imiliya—Kahâr 5.
Inâyati—Jâdon 2.
Indauriya—Balâhar 1 : Halwâi 2 : Joshi 4 : Nat 8 : Sunâr 9.
Indrapati—Rastâogi.
Irâki } Kalwâr 4.
*Irâqi } Kalwâr 4.
Islâmpuriya—Halwâi 2.
Ismâîlpuriya—Meo 4.
Itrfarosh—Gandhi 1.
Itrsâz—Gandhi 1.

J

Jachoriya—Sahariya 2.
*Jâdon } Banjâra 11 : Bhangi 20
Jâdonbansi } Bihishti 1 : Darzi 2 : Kathak 3 : Kadhera : Kamboh 3 : Kanjar 5 Kurmi 6 : Meo 4 : Mochi 3 : Nat 8 : Tamboli 2.
Jadua—Kurmi 6.
Jaduâr—Hâbûra 3.
Jadubans } Ahîr 5 : Barai
Jadubansi } 3 : Bhangi 20 : Bhoksa 4 : Chhîpi 3 : Dalera 2 : Ghosi 1 : Jâdon 4.
J'afari—Sayyid 2 : Shaikh 2.
Jâga—Bhât 3, 7.
Jagarhâr—Manihâr 2.
Jagatpuriya—Halwâi 2.
Jagawa—Bhât 4.
Jagbasa—Gandhi 1.
Jagiya—Chamâr 3.
Jagjâdon—Bharbhûnja 1.
Jagneri—Sayyid 6.
Jagu—Mahesri 2.
Jaimini—Agarwâla 1.
Jaini—Chhîpi 2.
*Jais—Kadhera.
Jaisari ka Bhatra—Bhât 4.
*Jaiswâr } Barai 3 : Bar-
Jaiswâra } hai 2 : Beriya 3 : Bhangi 20 : Bhât 2 : Bhatti 4 : Bhîl 1 : Chamâr 4 : Darzi 2 : Dhobi 2 : Golapûrab 3 : Kahâr 5 : Kalwâr 4 : Kanjar 5 : Kewat 2 : Khâgi 2 : Kharâdi 2 : Koiri 2 : Kori 2 : Kunjra 2 : Kurmi 5 : Lodha 2 : Manihâr 2 : Mochi 3 : Musahar 10, 11 : Nat 8 : Pâsi 8 : Sunâr 9 : Tamboli 2 : Teli 3.
Jaitha—Majhwâr 3.
Jaithariya—Bhuînhâr 11.
Jaiwâr—Maithila 2.
Jajapuriya—Halwâi 2.
Jajahutiya—Jhijhotiya.
Jakhar—Jât 15.
Jâlak—Mallâh 1.
Jalâl—Bhoksa 4.
*Jalâli—Dhuniya 4 : Sayyid 2.

Jalâliya—Dhânuk 2.
Jalâlpuriya—Darzi 2. Khâgi 2.
Jalchhatri—Dhobi 2 : Mallâh 3.
Jalesariya—Barhai 2 : Sunâr 9.
·Jaliyân—Kahâr 6.
Jalkhatri—Bhathiyâra 2.
Jallâd—Dom 1, 7, 21 : Kanjar 3, 5.
Jalpachhar—Dhobi 2.
Jalwar—Bhoksa 4.
Jamaduva—Chaubê 2.
Jamâlpuriya—Bhangi 20.
Jamnapâri—Bhangi 20 : Dhârhi 2 : Kasera 2 : Kharâdi 2 : Tamboli 2.
Janakpuri—Bhangi 20: Halwâi 2.
Janeudhâri—Barhai 2.
Jangali—Beriya 3: Kathak 3: Musahar 10.
*Jangam.
*Janghâra } Barhai 2.
Janghariya } Bhangi 21 : Bihishti 1 : Tawaif 6.
Janghra—Barhai 2.
Jangria—Bhât 3.
*Jangra.
Janjariya—Ahîr 5.
Janta—Ghasiya 2.
Janwâr—Beriya 3 : Chamâr 3 : Darzi 2 : Dhângar 2 : Meo 4 : Mochi 3 : Tamboli 2.
Jaraliya—Sunkar 1.
Jarant—Kharot.
Jariya—Gurkha : Kisân 1 : Kurmi 6 : Mallâh 3.
Jaroha } Bhând.
Jaroyân }
Jarrâh—Nâi 6.
Jarseth—Thathera 3.
Jaruhâr—Kurmi 5.
Jarwariya—Ahîr 5.
Jasaundhi—Bhât 4.
Jasâwat—Jâdon 2.
Jasnubali—Bhangi 21.
Jashar—Dhânuk 2.
*Jât—Banjâra 12 : Bihishti 1 : Bind 2 : Dafâli 2 : Gaddi 2 : Mochi 3.
Jatarni—Jât 19.
*Jati—Dabgar 1 : Dasnâmi.
Jatlot—Chamâr 4.
Jatua—Chamâr 4 : Kori 2.
Jauhari—Manihâr 2.
Jaunpuri } Barai 3 : Bhangi
Jaunpuriya } 20 : Bharbhûnja 1 : Bhât 2 : Gadariya 2 : Halwâi 2 : Kalwâr 4 : Kasera 2 : Koiri 2 : Kunjra 2 : Tamboli 2 : Teli 3 : Thâru 13.
Jaypuri Gaur—Joshi 7.
Jaypuriya—Halwâi 2 : Nat 8.
Jaysalmer—Bhatiya 6.
Jebkatra—Châi 4.
Jeni—Chhîpi 2.
Jeorahiya—Patwa 3.
Jethwant—Bind 2 : Kahâr. 6.
Jhaloi—Banjâra 12.
*Jhamaiya—Kurmi 6.
Jhanjhiya—Sunâr 7.

Jharkat—Mahesri 2.
Jhatwatiya—Banarwâr.
Jhijhautiya } Kanjar 4: Teli 3.
*Jhijhotiya }
Jhinjhariya—Nat 37.
Jhitiya—Basor 1.
*Jhojha—Dafâli 2.
Jholiya—Lohâr 4.
Jhuar—Dhângar 2.
Jhunjhunwâla—Mârwâri 6.
Jhura—Kurmi 6.
Jimichhiya—Nat 32.
Jodhpuriya—Aheriya 1.
Jog—Maithila 2.
Jogeli—Bengâli 2.
*Jogi—Bhîl 7: Kanjar 1: Kingriya 2: Patua 3: Thâru 13.
Jogila—Nat 6.
Jôgi Thâru—Thâru 11.
Jogiya—Bhangi 20.
Jogrân—Rôr 1.
*Johiya
Jolâha—Julâha.
Jonkâha } Arakh 3: Bhar 5: Kori 2: Nâi 6.
Jonkâra }
Jonkiya }
Jonkiyâra }
Jonmanê—Chaubê 2.
Joriya—Kori 2.
*Joshi—Bind 2.
Jugelê—Dhânuk 2.
Jugir—Dom 7.
Jugud—Gaur 3.
Jujhaina—Bhât 3.
*Julâha—Chûrihâr 2: Gâra: Meo 4.
Junediya—Madâri 1.
Juriya—Kahâr 6: Kori 2: Manihâr 2.
*Jyotishi.

K

Kabara—Mahesri 2.
Kabâri } Bharbhûnja 1: Kâchhi 2: Khatîk 1: Kunjra 1.
Kabariya }
Kabîrbansi } Kadhera: Kori 2.
*Kabîrpanthi }
Kâbuli—Nat 8.
Kabûtara } Kànjar 3. Nat 6. Tawâif 2.
Kabûtari }
Kabûtarwâla }
Kachcha—Kâyasth 13.
Kachhâr—Beriya 3.
*Kâchhi—Bâghbân: Bohra 4: Hurkiya: Kadhera: Murâo 2.
Kachhiya—Chhîpi 3.
Kachhiyâna—Manihâr 2.
Kachhlohiya—Lohâr 4.
Kachhmâli—Mâli 3.
Kachhot—Chhîpi 2.
*Kachhwâha } Banjâra 15. Beriya 3. Bhangi 20: Bhât 2: Darzi 2: Dhânuk 2: Gadariya 2: Golapûrab 2: Jogi 3:
Kachhwâhiya }
Kachhwaya }

Kâchhi 2 : Kadhera : Kahâr 6 : Kanjar 5 : Kewat 2 : Koiri 2 : Kurmi 5 : Mallâh 1 : Meo 4 : Mochi 3 : Murâo 2.
Kachhwâna—Chûrihâr 2.
Kachhwâr—Kori 2 : Sejwâri 1.
Kachla—Thâru 12.
Kachni—Banjâra 12.
Kadam—Chamâr 3.
Kadha—Kahâr 6.
Kadhar }
*Kadhera }
Kâfir—Habashi.
Kahâr-Chamâr 3 : Tamboli 2.
Kahariya—Kunjra 2.
Kahatwâr—Bhuînhâr 11.
Kahoji—Kamboh 3.
Kahto—Biyâr 1.
Kâi—Mughal 3.
Kâin—Bhatiya 6.
Kainswat—Pâsi 8.
Kairâti—Barhai 2 : Kurmi 6.
Kaithal—Gaur 3.
Kaithel } Bhând : Dom 7.
Kaithela }
Kaithiya—Bharbhûnja 1 : Boriya : Dhânuk 2 : Dhobi 2 : Halwâi 2 : Kori 2 : Teli 3.
Kaithla—Bhând.
Kaithwâns—Boriya : Pâsi 8.
Kaivarta—Kewat 1.
Kaiyân-Bohra 1 : Chamâr 4.
*Kâkan—Chûrihâr 2.
Kâkar—Pathân 17.
Kakara—Joshi 4.
Kakariya—Banarwâr.
Kakhar—Khatri 13.
Kakhera—Nat 9.
Kakli—Kamboh 3.
Kalabâz—Nat 6, 32.
Kalâl—'Irâqi 1 : Kalwâr 4.
Kâlapaltan—Bhangi 32.
Kalaphartor—Murâo 2.
Kalâr—Kalwâr 4.
Kalaunjiya—Teli 3.
Kalawant } Bhangi 21 :
Kalawata } Manihâr 2.
Kaldâr—'Irâqi 3.
Kalesa—Meo 4.
*Kalhans—Gurchha 2.
Kalka—Sânsiya 2.
Kalkamaliya—Bâwariya 2.
Kalkanaur—Habûra 3.
Kalkatiya—Kunjra 2.
Kallâni—Mahesri 2.
Kâlpi—Hurkiya.
Kalsa—Bhat 4.
Kalsakhi—Meo 4.
Kalsi—Bânsphor 2.
Kalsiyân—Gûjar 6.
*Kâlupanthi.
Kalûri—Kamboh 3.
*Kalwâr—Halwâi 2 : Tamboli 2.
Kalyânaut—Kachhwâha 2.
Kalyâniya—Banarwâr.
Kâma—Bohra 4.
Kamângar—Kadhera : Rangrez 1.
Kamâni—Pâsi 8.
Kamar—Dom 41.
Kamarha—Bhând.
Kamariha—Ahîr 5, 7 : Kori 2.
Kamariya—Ahîr 5 : Kori 2.
*Kamboh—Gaddi 2.

Kamboja—Kamboh 2.
Kâmchor—Beriya 3.
Kamdhaj—Kanphata 2.
Kameladâr—Qassâb.
*Kamkar—Kahâr 5.
Kampuwâla—Dhobi 2.
Kamro—Majhwâr 3.
Kanak—Sunâr 9.
Kanas—Gûjar 6.
Kanaudha—Ahîr 5.
Kanauj-ke-meharê—Khatri 14.
*Kanaujiya—Ahîr 10 : Barai 4 : Bâri 3 : Beldâr 2 : Bhar 4 : Bharbhûnja 1 : Bhât 3 : Bihishti 1 : Bind 2 : Biyâr 1 : Boriya : Chamâr 3 : Chhîpi 2 : Chûrihâr 2 : Dabgar 1 : Darzi 2 : Dhârhi 2 : Dhobi 2 : Dusâdh 5 : Gaddi 2 : Gandharb 2 : Ghosi 1 : Gurchha 2 : Halwâi 2 : Joshi 4 : Julâha 2 : Kâchhi 2 : Kahâr 6 : Kalwâr 4 : Kându : Kanjar 3, 5 : Kasera 2 : Kathak 3 : Khatîk 1 : Koiri 2 : Kori 2 : Kumhâr 2 : Kurmi 5 : Lohâr 4 : Mâli 3 : Manihâr 2 : Mochi 3 : Murâo 3 : Musahar 11 : Nâi 2 : Nat 8 : Sunâr 6 : Tamboli 2 : Teli 3.
Kanchan—Hurkiya : Nat 8 : Tawâif 1.
Kanchhariya—Ahîr 10.
Kandera—Dhuniya.
*Kandewâl. }
Kandewâla. }
Kandiya—Bharbhûnja 1.
*Kându } Bharbhûnja 1.
Kandua }
*Kanet.
Kanghigar—Nat 9.
Kanghiwâla—Kanjar 3.
Kanha Thâkur—Kharâdi 2.
*Kânhpuriya—Barai 3 : Beriya 3 : Bhangi 20 : Chûrihâr 2 : Dalera 2 : Darzi 2 : Julâha 2 : Kadhera : Kewat 2 : Meo 4.
Kanîkê—Banjâra 12.
Kâniwâla—Bhând.
*Kanjar—Bharbhûnja 1 : Nat 9.
Kanjriwâl—Bhât 7.
Kanju—Gandhi 1.
Kankanî—Mahesri 2.
Kankauriya—Ahîr 5.
Kankhandi—Jât 19.
Kanmailiya—Nâi 6.
Kanothi—Banjâra 12.
*Kanphata—Jogi 2 : Thâru 12.
Kans—Dhûsar 2.
Kantaha—Mahâbrâhman.
Kantak—Darzi 2.
Kanwar—Dhângar 1.
Kanûri } Gângari.
*Kanyûri }
Kapahi—Banjâra 12.
Kapâlika—Aghori : Kanphata 10.
Kaparchirua—Kingriya 2
Kapariya—Beriya 3 : Gandhi 1 : Nat. 33.
Kapilâni—Kanphata 2.
Kapilgotri—Bhûinhâr 11.
Kaprahti—Goli.

Kapri—Mâli 3.
Kapriya—Bâwariya 2.
Kapûr—Khatri 13.
Kapûri—Nat 7.
Kar—Dasnâmi.
Kara—Ahar 2.
Karai—Kamboh 3.
Karaihila—Sunâr 9.
Karaiya—Kalwâr 4.
Karan—Kâyasth 16.
Karandha—Kalwâr 4.
Karas—Kamboh 3.
Karataha—Mahâbrâhman.
Karaul—Baheliya 2.
Karawai—Bhil 1.
Karbak—Mallâh 1.
Karenawa—Bhuînhâr 11.
Kareya—Banjâra 12.
Kargar—Hâbûra 3.
Kargati—Majhwâr 3.
Kariâha—Chero 6.
Kârigar—Hâbûra 3.
Karîm—Nat 9.
Kariya—Bâri 3.
Kariyâm—Majhwâr.
Kariya Misra—Jhijhotiya 2.
Karjwa—Kurmi 6.
Karkhand—Sânsiya 2.
Karmai—Bhuînhâr 11.
Karnâni—Mahesri 2.
***Karnâta**.
Karnâtak—Beriya 3 : Kanjar 5 : Nat 6, 30.
Karni—Kamboh 3.
Karot—Luniya 3.
Karpatti—Majhwâr 3.
Karpê—Majhwâr 3.
Karraha—Bhând.
Karua—Bhuiyâr 2.
Karyâl—Gangâri.
Kasâbka—Sejwâri 1.
Kasana—Gûjar 6.
Kasarbâni }
***Kasarwâni** }
Kasauliya—Banarwâr.
Kasauncha—Kumhâr 2.
***Kasaundhan**.
Kasbi—Tawâif 1.
***Kasera**—Thathera 1.
Kasgar—Kumhâr 2.
Kâshi—Biyâr 1.
Kâshiganhar—Thâru 13.
Kâshipuri—Nat 8.
Kâshiwâla—Beldâr 2.
***Kashmîri**—Beriya 3 : Bhând: Gandharb 2 : Kunjra 2 : Nat 31 : Tawâif 1.
Kâsib—Bohra 4.
Kâsil—Agarwâla 1 : Parwâl 1.
***Kâsip**.
Kâsipgotra—Bind 2.
Kastora—Kumhâr 2. Agarwâla 1.
Kasyap } Bhuînhâr 4 :
Kasyapa } Kanaujiya.
Kataha—Mahâbrâhman.
Katahriya—Basor 1.
Kataiya—Sunâr 7.
Katari—Lodha 2.
Katariya—Banarwâr.
Katâriya—Basor 1 : Meo 4.
Kataya—Chaubê 2.
Katera—Dhuniya.
Katha—Ahîr 10.
***Kathak**—Ramaiya 2.
Kathar—Kathiyâra 1.

Kathariya—Dhânuk 2: Dhobi 2: Lodha 2: Thâru 13.
Kath Bais—Bais 7: Kharâdi 2.
***Katheriya**—Ahîr 10: Banjâra 12: Barai 3: Bhangi 20, 21: Bihishti 1: Gaur. Râjput 2.
***Kâthi.**
Kathik—Kathak.
Kathiya—Ahar 2: Bhând.
Kathiyâr, Kathiyâra—Chamâr 3: Kurmi 5.
Katholiya—Banarwâr.
Kathuâr—Tamboli 2.
Kathyâr—Tamboli 2.
Katiha—Bhât 4.
Katila—Bhând.
Katiyâr—Barai 4: Kadhera: Kori 2.
Katorâha—Dusâdh 5.
Katua—Katwa: Kori 2.
Katulya—Gond 2.
***Katwa.**
Katwâr—Kurmi 5.
Katyâyana—Bhuînhâr 11: Kanaujiya.
Kauriya—Ahîr 10.
***Kausik**, Kausika—Agarwâla 1: Bhûinhâr 2: Joshi 8.
Kausikiya—Bhangi 2.
Kausil—Parwâl 1.
Kavasiya—Tharu 11.
Kavirâj—Bhât 4.
***Kâyasth**—Bhând: Bharhûnbja 1: Darzi 2: Kathak 3: Mochi 3: Nat 8.
Kâyasthbansi—Bhangi 21.
Kâyasthwâr—Tamboli 2.
Kâzimi—Sayyid 2.
Kedara—Kanjar 4.
Keliya—Bhât 3, 4.
Kerâm—Majhwâr 3.
Keutâr—Nat 9.
Kevala—Gaur.
***Kewat**—Bind 2: Dhârhi 2: Luniya 3: Mallâh 1, 3.
Kewatiya—Musahar 11.
Kewat ke Bhât—Bhât 4.
Kha—Bhând.
Khadiha—Musahar 10.
Khadwâra—Kahâr 5.
Khagâr—Arakh 3: Khangâr.
***Khâgi**—Bâwariya 7: Kahâr 5: Kisân 1, 4: Lodha 2: Sânsiya 2.
Khagoriha—Bhuiyâr 2.
Khâha—Dhângar 2.
Khaimadoz—Darzi 1.
Khairâbâdi—Halwâi 2: Harjala: Julâha 2: Meo 4.
Khairaha—Bhuiya 29: Kharwâr 2.
Khairpuriya—Kahâr 6: Luniya 3.
***Khairwa.**
Khaiyât—Darzi 1.
Khakhara—Banjâra 12.
Khâkrob—Bhangi 1.
Khalîl—Pathân 19.
Khalkatiya—Chamâr 3.
Khalkhar, Khalkhur—Beriya 3.
Khalli—Ahîr 5.
Khallu—Khatîk 1.
Khalranga—Khatîk 1.
Khalsa—Kalwâr 4.
Khan—Banjâra 14.

Khânagi—Tawâif 1.
*Khandelwâl—Patwa 3.
Khandit—Baiswâr 2.
Khandiya—Jât 22.
*Khangâr—Bohra 4 : Boriya.
Khangaraut—Kachhwâha 2.
Khangrela—Basor 1.
Khannê—Khatri 13.
Khanrawa—Patwa 3.
Khanarkhâl—Hâbûra 3.
Khânsat—Mahesri 2.
Khânzâda—Bhâlé Sultân 3.
Khapariya—Kapariya : Kingriya 2.
Khapribandh—Kurmi 5.
Khar } Kharê } Ahîr 10 : Bind 1 : Chero 6 : Kahâr 6 : Kâyasth 7 : Khatîk 1 : Patwa 3.
Kharâdi—Barhai 2.
Kharâha—Bhangi 23.
Kharagwâr—Kahâr 5.
Kharaiha—Dhânuk 2.
Kharâont—Luniya 3.
Kharautiya—Bhangi 21 : Mallâh 3.
Kharchurwa—Kharwâr 2.
Kharêbind } Kharêbindi } Beldâr, 2 : Dhuniya 4 : Kewat 2 : Kurmi 5 : Mallâh 3 : Musahar 11.
Kharêwâl—Patwa 3.
Khargbansi—Lodha 2.
Khargotiya—Khangâr 3.
Kharîdâha—Kalwâr 4.
Khariha—Kâchhi 2 : Rauniyâr 2.
Khariya—Bhangi 28: Dusâdh 5.
Kharkhari—Ahîr 5.
Kharkhiya—Madâri 1.
Kharluniya—Khâgi 2.
Kharmona—Kahâr 6.
Kharmorha—Kahâr 6.
*Kharot—Beldâr 2 : Kewat 2.
*Kharwâr } Kharwâra } Barai 3 : Bhar 4 : Bind 2 ; Darzi 2 : Kahâr 5 : Kewat 2 : Musahar 10 : Patwa 3 : Tamboli 2.
Kharya—Bhând.
Khas—Kanet : Mallâh 3.
*Khasiya—Kanet.
Khaspuri—Sunâr 7.
Khatak—Pathân 20.
Khatakwâla—Tawâif 4.
Khatana—Gûjar 6.
Khatanga—Sunâr 7.
Khatangiya—Ghasiya 2.
Khataniya—Kanjar 3.
Khatâri—Kamboh 3.
Khâti—Barhai 2.
Khati Bishnoi—Barhai 2.
Khatîk—Balâhar 1 : Dusâdh 5 : Pâsi 8.
Khatiya—Kori 2 : Mâli 3 Râdha 1.
Khatkariha—Bhuiyâr 2.
Khatkul—Kanaujiya.
*Khatri—Bhând : Bharbhûnja 1 : Kathak 3 : Khatîk 1 ; Mâli 3 : Manihâr 2 : Musahar 11 : Nat 8 : Rangrez 1 : Sunâr 6.
Khatwatiya—Banarwâr.
Khanna—Hâbûra 3.
Khawâni—Bhât 7.
Khawâr—Kahâr 5.

Khawâs—Kurmi 6 : Nâi.
Khelaniya—Banarwâr.
Khemka—Mârwâri 6.
Khemkarani—Luniya 3.
Khetgariyâr—Kapariya 2.
Kheti—Bhând.
Khetwâl—Boriya.
*Khichi—Ror 1.
Khidmatiya—Arakh 3.
Khilji—Banjâra 12.
Khodari—Gandharb 2.
Khohil—Parwâl 1.
Khokhar } Khatîk 1 :
Khokhara } Banjâra 12.
Khokhata—Mahesri 2.
Khokhrân—Khatri 13.
Kholi—Bhangi 30.
Khon—Thâru 12.
Khoro—Ahîr 5.
Khosiya—Ahîr 5.
Khubar—Gûjar 6.
Khumbani—Kachhwâha 2.
Khumbâwat—Kachhwâha 2.
Khun—Thâru 13.
Khunkhuniya—Ahîr 5.
Khuntait—Bhar 5.
Khuntkarha—Nat 36.
Khurasâni—Bihishti 1 : Halwâi 2 : Shaikh 2.
Khurankh—Dhângar 1.
Khushbûsâz—Gandhi 1.
Khushhâliya—Nat 30.
Khusiya—Thâru 12.
Khutant—Bhar 4.
Khutel—Jât 21.
Khutkara—Nat 36.
Khwâja—Hijra 2.
Khwâja Mahar—Dhuniya 4.
Khwâja Mansûri—Dhuniya 4 : Nat 8.
Khwâja Miyân—Nat 8.
Khwâja Muhammadi—Dhuniya 4.
Khwâja Sarai—Dhuniya 4 : Hijra 2.
Khwâjazâd—Hijra 2.
Khyâliya—Mahesri 2.
Kichar—Kâchhi 2.
Kidwai—Shaikh 2.
Kingariya } Dhârhi 1 :
Kingriha } Nat 9.
*Kingriya }
Kinnarâmi—Aghori.
*Kinwâr—Bhangi 20 : Bhar 4 : Bhuînhâr 11.
Kira—Kahâr 5.
*Kirâr.
Kiratâ—Ahîr 3.
Kiri—Banjâra 12.
Kirtaniya—Gaur 2.
Kirtiya—Bhangi 26.
*Kisân—Boriya.
Kishnaut—Ahîr 5, 10.
Kistwâr—Bhuînhâr 11.
Kith—Sunâr 7.
Koâichi—Majhwâr 3.
Kochar—Khatri 15.
Kodiyâra—Bâwariya 12.
Kodokhânê—Khatri 14.
Kodoriya—Sahariya 2.
Koeri—Koiri.
Kohali—Khatri 15.
Kohâr—Kumhâr 1.
Kohil—Parwâl 1.
Koikopâl—Gond 2.
Koilabhutâl—Gond 2.
Koireriya—Baheliya 2.

*Koiri.
Koitor—Gond 2.
Koiya—Ghasiya 2.
Kokapâsi—Chamâr 3.
Kokâs—Barhai 3 : Kathiyâra 1.
Kokâsbansi—Barhâi 2.
*Kol—Chero 6.
Kolaha—Bhuînhâr 11.
Kolâm—Gond 2.
Kolapuri—Kunjra 2.
Kolhaniya—Bhuînhâr 11.
Kolhâti—Bhântu : Nat 2.
Koli—Bâwariya 6 : Darzi 2 : Dom 41,42 : Julâha 2.
Kolipanwâr—Jhojha 1.
Koliwâla—Dhâlgar.
Koliya—Chhîpi 3 : Kathak 3.
Konhâr—Kumhâr 1.
Kor—Ahîr 5.
Kora—Banjâra 12, 15.
Korâku—Korwa 2.
Korâm—Gond 3 : Majhwâr 3.
Korânch—Kându.
Korbiyâr—Bâwariya 12.
Korchamra—Chamâr 4 : Kadhera : Kori 2.
Korcho—Majhwâr 3.
*Kori—Bâwariya 7 : Chamâr 4 : Chhîpi 3 : Dhânuk 2 : Gaddi 2 : Koiri 2 : Meo 4 : Mochi 3 : Nat 8.
Korichhpaparband—Dom 39.
Koriya—Kewat 2.
*Kormangta—Nat 8.
*Korwa—Nat 8.
Koshta—Kori 5.
Kosi Thâru—Thâru 11.
Kota—Mâli 3.
Kotâha—Bhuînhâr 11.
Kothâri—Mahesri 2.
Kothiwâl—Bhangi 32.
Kothiha—Baheliya 2.
Kothiya—Bhangi 21 : Dusâdh 5.
Kotrâha—Bhuinhâr 11.
*Kotwâr—Banjâra 12: Panka 1.
Kotyâl—Gangâri.
Krîm—Nat 9.
Kuchaniya—Dusâdh 5.
Kuchbandhawa—Musahar 10.
Kuchbandhiya } Beriya 3.
Kuchbandiya } Kanjar 1 : Luniya 3.
Kuchhila—Thâru 13.
Kudkâha—Balâhar 1.
Kujar—Dhângar 2.
Kujra—Dusâdh 5.
Kûkapanthi—Nânakpanthi 4.
Kûkarkhauwa—Sunâr 8.
Kulasresh ta—Kâyasth 15.
Kulha—Chamâr 3.
Kulhar—Khatri 15.
Kulhiya—Bhadauriya.
Kulîn—Bhât 4.
Kulpariya—Basor 1.
Kulsreshta—Kâyasth 15.
Kulwant } Mallâh 3.
Kulwat } Mallâh 3.
Kumbhâr—Kumhâr 1.
Kumbhilak—Mallâh 1.
*Kumhâr—Thâru 13.
Kumhra—Nâi 2.
Kunbi—Kurmi 1.

Kûnchband, Kûnchbandh, Kûnchbandhiya—Bânsphor 2: Kanjar 3.
Kundaher—Dom 7.
Kundal—Bohra 4.
Kundera—Barhai 2: Kunera.
Kundliwâl—Sayyid 6.
Kuner, *Kunera—Barhai 2.
*Kunjra—Manihâr 2.
Kuntel—Bhar 4.
Kupaliha—Thâru 11.
Kupendiya—Chhîpi 2.
Kuppêsâz—Dabgar 1.
Kur—Ahîr 5: Korwa 1.
Kurariya—Khangâr 3.
Kuri—Banjâra 12.
Kuril—Chamâr 4.
Kuriya—Patwa 3.
*Kurmi—Beldâr 2.
Kursenya—Majhwâr 3.
*Kurwar.
Kurwariya—Sahariya 2.
Kusbandhiya—Kanjar 5.
Kusha—Kâchhi 2.
Kushta—Kori 2, 5.
Kusmaha—Thâru 12.
Kusmoriya—Sahariya 2.
Kûsro—Majhwâr 3.
Kusumgotiya—Khangâr 3.
*Kûta.
Kutâha—Bhât 4: Chero 6.
Kûtamâli—Kûta.
Kutichâr—Gusâîn 7.

L

Labâna—Banjâra 2, 12.
Lachauli—Kâyasth 13.
Laddha—Mahesri 2.
Lahariwâl—Bhât 4.
Lâhauri—Barhai 2: Bhât 3: Lohâr 4: Nat 8: Teli 3.
Lahera—Patwa 3.
Lakara—Dhângar 2.
Lakarbâz—Nat 9.
Lakarha—Manihâr 2.
Lakarhâr—Kanjar 3.
Lakariha—Dhânuk 2.
Lakariya—Kurmi 5.
Lakarkata—Barhai 1.
Lakhauna—Kahâr 6.
Lakhauriya—Bhât 3.
Lakhautiya—Bharbhûnja 1: Mahesri 2.
*Lakhera, Lakheri, Lakhiya—Chûrihâr 1: Manihâr 2.
Lakhmi—Agrahari 2.
Lakhnawa, Lakhnawi—Halwâi 2 Harjala.
Lakshmana—Kanphata 2.
Lâl—Sunâr 7.
Lâla—Ghosi 1.
Lâlbegi—Bhangi 1, 19: Kanjar 5.
*Lâlkhâni.

Lâlkurti—Bhangi 32.
Lâlman—Chamâr 3.
Lalwanê—Khatri 14.
Langotiya—Dom 7.
Langra—Qalandar 3.
Lapsi—Chaubê 2.
Lathor—Jât 21.
Laukiya Chauhân—Kalwâr 2.
Laungbarsa } Balâhar 1:
Laungbasa } Dhânuk 2:
Laungbasta } Lohâr 4.
*Lautamiya.
Lawaniya—Sunâr 7.
Lilar—Ghosi 1.
Lingadhâri—Jangam 3.
Lingâyat—Jangam 1.
Litta—Dom 7, 19.
Lodh } Bharbhûnja 1:
*Lodha } Domar: Hâbûra
Lodhi } 3: Harjala: Kadhera: Kanjar 5: Kathak 3: Khâgi 2: Khatri 11: Kunjra 2: Luniya 3: Thathera 3.
Lodi—Dafâli 2: Nat 8: Pathân 21.
Logvarsha—Lohâr 4.
Lohangi—Nat 33.
*Lohâr—Dom 41: Gûjar 6.
Lohâr Barhai—Barhai 2.
Lohat—Kurmi 6.
*Lohiya—Kanjar 3: Mahesri 2.
Lokhariya—Banarwâr.
Loleri—Basor 1.
Loniwâl—Ahîr 5.
Loniyan—Chamâr 3.
*Lorha.
Lota—Barhai 2: Lohâr 4.
Lundâvat—Meo 4.
Lungtaya—Dom 7.
*Luniya—Beldâr 2: Boriya: Dângi 2: Kadhera: Kanjar 5: Kewat 2: Tamboli 2.
Lurkaji—Kamboh 3.

M

Machal—Bhangi 21.
Machhar—Mallâh 3.
Machhmâra—Kahâr 1.
*Madârî } Bhathiyâra 2:
Madariya } Dafâli 2: Dhuniya 4: Gadariya 2: Julâha 2.
Mâdhavâcharya—Bairâgi 2.
Madhesiya—Dhârhi 2: Dusâdh 5: Halwâi 2: Kându: Koiri 2: Tamboli 2: Teli 3.
Madhpuriya—Dângi 2.
Madhubansi—Halwâi 2.
Madhupuriya—Kathak 3.
Madhuriya—Bhât 3.
Madhyasreni—Bangâli.
Madkul—Bhatiya 6.
Madyâl—Gond 2.

Magadhiya } Bânsphor 1 :
Magahi } Barai 4 :
Magahiya } Barhai 2 :
Bhuiya 4 : Dhânuk 2 : Dhobi 2 : Dom 7 : Dusâdh 5 : Kându : Kewat 2 : Koiri 2 : Lohâr 4 : Luniya 3 : Nâi 2 : Sunâr 9 : Tawâif 6.

Magar—Gadariya 2 : Gurkha.

Magarâha—Dhobi 2 : Kalwâr 4.

Magariha—Bânsphor 2.

Magarwâr—Joshi 4.

Maghariya—Arakh 3 : Ghosi 1.

Mahâbâdi—Halwâi 2.

Mahabiriya—Teli 3.

***Mahâbrâhman.**

Mahâduâr—Dhobi 2.

***Mahâjan**—Banya 1 : Kalwâr 4.

Mahâlodhi—Lodha 2.

Mahalua—Ahîr 10.

Mahalwâr—Bhuiya 4.

Mahâpachar—Ahar 2.

Mahâpâtr—Bhât 3, 4 : Mahâbrâhman.

Mahar—Ahar 2 : Kahâr 5 : Kumhâr 2 : Lodha 2.

***Mahârâshtra.**

Maharua—Ahîr 10 : Barai 3.

Mahatiya—Kisân 1.

Mahâwar—Kahâr 5.

Mahâwat—Nâi 6 : Nat 6, 33.

Mahâwati—Bânsphor 2.

Mahendra—Khatîk 13.

Maherê—Khatri 13.

***Mahesri**—Kurmi 6.

Maheswari—Bhatiya 6 : Bohra 4 : Mahesri.

Mahîgîr—Bhathiyâra 5.

Mahista—Beriya 3.

Mahobiya—Barai 3 : Boriya.

Mahohar—Mallâh 3.

Mahpê—Khatri 15.

Mahra—Bhoksa 5 : Kahâr 1 : Lodha 2.

***Mahror.**

Mahrora—Baidguâr.

Mahtam—Thâru 12.

Mahtama—Dom 7.

Mahtheh—Bhuiya 4.

Mahtiya—Kol 4 : Pâsi 8.

Mahto } Biyâr 1 : Chero 6 :
Mahton } Luniya 3 :
Panka 1.

Mahuâr—Kharot.

Mahuâri—Kathak 3.

Mahul—Beldâr 2 : Lohâr 4 :

Mahuli—Agrahari 2.

Mahur—Barhai 2 : Dhûsar 2 : Kisân 1 : Kori 2 : Mâli 3 : Sunâr 9 : Teli 3.

Mahuriya—Lodha 2.

Mahwariya—Korwa 1.

Maila—Ahîr 5.

Maini—Jât 21.

Mainpuri—Bhangi 20.

Mainpuri—Chauhân, Musahar 11 : Nat 8.

Mainpurikâ Bhâtra—Bhât 4.

Mainpuriwâla—Bhât 3.

Mainpuriya—Beriya 3; Halwâi 2 : Kanjar 5 : Kasera 2.

Mainu—Bhadauriya.

Maipla—Ror 1.
Mair—Sunâr 6.
Maithani—Gangâri.
***Maithila.**
Maitreya—Agarwâla 1.
Maiwarha—Bind 1.
Majhganwiya—Bhât 4.
Majhurâya—Bhîl 1.
***Majhwâr.**
Majnûn—Ahîr 10.
Majraut—Ahîr 10.
Makhanpuri } Chûriha
Makhanpuriya } 2 : Kahâr 6 : Teli 3.
Makhdûmpuriya—Halwâi 2.
Makotri—Kamboh 3.
Makriyâna—Nat 11.
Mal—Beriya 1 : Kurmi 5 : Mahesri 2.
Mâl—Kamboh 3.
Malaguri—Gangâri.
Malak—Jât 14.
Malakâna—Malkâna.
Malakpuriya—Meo 4.
***Malang.**
Malar—Nat 9, 45.
Mâlavi—Kahâr 5.
Mâlavi Gaur—Joshi 7.
Malhan—Banarwâr.
***Mâli.**
Malik—Domar : Kathak 3 : Lohâr 4.
Malikpuri—Murâo 2.
***Malkâna.**
Malla—Sânsiya 2.
***Mallâh**—Bind 2 : Dalera 2 : Dom 42 : Kadhera : Kahâr 5 : Kewat 2 : Luniya 3.
Mâlpânrê—Mahesri 2.
Maltiya—Khangâr 3.
Mâlu—Mahesri 2.
Malua—Jât 19.
***Malûkdâsi.**
Mâlwar—Bhangi 29.
Malwariya—Banjara 14 : Thâru 10.
Manchaura—Bhuînhâr 11.
Mandaha—Thâru 13.
***Mandahâr.**
***Mandarkiya.**
Mandavaya—Agarwâla.
Mandik—Kathak 3.
Mandniyâriya—Bâwariya 7.
Mangaiyân—Sunâr 9.
Mangal—Khatri 15.
Mangali—Kathak 3.
Mangalpuriya—Halwâi 2.
Mangarâha—Dhobi 2 : Luniya 3.
Mangasha—Dhobi 2.
Manglauri—Bhangi 20.
Mangta—Bânsphor 2 : Nat 8 : Pâsi 8 : Tawâif 2.
Manho—Gandharb 2.
Manhpachhar—Ahîr 10.
***Manihâr**—Chûrihâr 1.
Manihariya—Banarwâr.
Manik—Sunâr 7.
Mânikpuri } Bhangi 20 :
Mânikpuriha } Sunâr 7.
Manipuriya—Banarwâr.
***Mânjhi**—Gurkha : Majhwâr 1 : Mallâh 1.
Mânjhi Musahara—Thâru 10.
Mansûri—Dhuniya 3.
Mantri—Mahesri 2.
Manûri—Gangâri.
Manwa—Kurmi 5.
Manwar—Kori 2.

Manwâs—Pâsi 8.
Maqsûdabâdi—Halwâi 2.
Marada—Mahesri 2.
Marai—Majhwâr 3, Nat 37.
Maraiya—Kanjar 3.
Marâtha—Darzi 2.
Marauthya—Banjâra 12.
Marchaha—Thâru 11.
Mardaniya—Sunâr 7.
Mardârbatti—Hâbûra 3.
Margiya—Sunkar 7.
Marhotra—Khatri 13.
Markâm—Agariya 3.
Ghasiya 2: Majhwâr 3: Gond 3.
Marpachi—Majhwâr 3.
Marsi—Gûjar 6.
Marudharân—Mahesri 2.
*Mârwâr—Hâbûra 3.
*Mârwâri—Bhatiya 6: Chhîpi 2: Dhobi 2: Joshi 7: Rangrez 2.
Maskâr—Baheliya 2.
Maskân—Musahar 2.
Maskhauwa—Beldâr 2.
Masrâm—Majhwâr 3.
Mastnâth—Kanphata 2.
Matar—Dharkâr 1.
Matêpur—Kathak 3.
Mathaiwân—Sunâr 7.
Mathapati—Kathak 3.
Mathdhâri—Gusâîn 7.
Mathesiya—Tamboli 2.
Mathesri—Kanphata 2.
Mathil—Parwâl 1.
Mathiya—Ahîr 10.
Mathu—Dhobi 2.
Mathur—Darzi 2: Dhobi 2: Kâyasth 13: Kewat 2: Mâli 3.
Mathurabâsi—Kathak 3.
Mathuriya—Bandi: Banjâra 2: Bâri 3: Barhai 2: Bhangi 20, 21,: Bharbhûnja 1: Bhât 2|: Chaubê 1: Chhîpi 2: Darzi 2: Dhânuk 2: Dhobi 2: Dhuniya 4: Gaddi 2: Golapûrab 3: Julâha 2: Kahâr 6: Khâgi 2: Kumhâr 2: Lohâr 4: Manihâr 2: Nâi 2: Nat 8: Tamboli 2: Teli 3.
Mathuriya Ojha—Lohâr 5.
Matiyawâr—Kahâr 6.
Mattu—Kanjar 4.
Mauala—Rangrez.
*Mauhar.
Mauhariya—Rastâogi.
Maula—Jât 19.
Mauliha—Lohâr 4.
Mauliya—Lohâr 4.
Maunas—Bhar 4: Bind 2 Monas.
Mazhabi—Bhangi 25.
Meghiya—Mâli 3: Nat 9.
Meharhotra—Khatri 14.
Mehra—Kumhâr 2.
Mehtarânpuri—Bhangi 20.
Mehtariya—Halwâi 2: Kadhera: Kathak 3: Kunjra 2
*Meo.
Mertwâr—Chhîpi 2.
Mewafarosh—Khatik 1: Kunjra 1.
Mewâr—Ahîr 10: Kurmi 6: Murâo 2.
Mewâra—Bâwariya 12.

Mewâti—Bihishti 1: Gaddi 2 : Kanjar 5 : Mâli 3 : Meo 1.
Milki—Shaikh 2.
Milku—Chhîpi 2.
Mîna—Meo 1.
Mîna Meo—Meo 1.
***Mirâsi**—Dafâli 2 : Tawâif 6.
Mirdaha—Chûrihâr 2 : Nat 6.
Mîrshikâr—Tawâif 2.
Mirzapuri—Bhuînhâr 11 : Julâha 2 : Kunjra 2 : Meo 4.
Miskâr—Baheliya 2 : Tawâif 2.
Misra—Chaubê 2 : Kathak 3.
Misrikha—Halwâi 2.
Mistri—Barhai 1.
Mîtha—Murâo 2.
Mittal—Agarwâla 1.
***Mochi**—Chamâr 3 : Dabgar 1 : Dom 41.
Modiya—Sunâr 9.
Mohâhar—Chamâr 3.
Mohan—Lodha 2.
Mohanmûrat—Bhât 4.
Mohânw—Kathak 3.
Mokha—Gaḍariya 2.
Molak—Ahîr 5.
Momi—Kamboh 1.
Momîn—Dhuniya 4 : Julâha 2.
***Monas.**
***Mongil.**
Monkhra—Bhând.
Morel—Basor 1.
Morha—Kahâr 6.
Motariya—Banarwâr.
Mothi—Arakh 3 : Pâsi 8.
Motipurha—Thâru 13.
Muâsi—Korwa 1.
Muazzamnagariya—Joshi 4.
Muchhâri—Banjâra 12, 15.
Mudgala—Agarwâla 1.
Mughal—Banjâra 12 : Bihishti 1 : Bisâti : Mughul : Nat 8.
Mughal—**Bharsawa**—Gâra.
Mughra—Musahar 11.
***Mughul.**
Mugm—Bâwariya 6.
Muhammadâbâdi—Halwâi 2.
Muhammad Hanafi—Dhuniya 4.
Muhammadi—Dhuniya 4 : Gâra : Julâha 2.
Mujâwir—Dafâli 2.
Mujhar—Banjâra 12.
Mujwâr—Ahîr 5.
***Mukeri**—Banjâra 12, 14 : Bhathiyâra 2 : Bihishti 1 : Darzi 2 : Dhuniya 4 : Manihâr 2 : Teli.
Mukhannas—Hijra.
Muki—Kamboh 3.
Mukund—Jâdon 2.
Mukundpuri—Bhangi 20.
Mulâna—Mâli 3.
Multâni—Barhai 2 : Bhangi 20, 21 : Gâra : Julâha 2 : Rangrez 1.
Multânwâri—Beriya 3.
Muna—Nânakpanthi 3.
Munaharbhâl—Bhîl 1.
Munda—Kol 1 : Nânakpanthi 3.
Munderiya—Kahâr 5.
Mundhara—Mahesr 2.
Mundiya—Ahar 2.
Mungariya—Dom 7.

Munna Dâsi—Apâpanthi.
Munwar—Kâchhi 2.
Murâbâdi—Halwâi 2.
Murâi—Kâchhi 2 : Manihâr 2.
*Murâo—Bâghbân : Kâchhi 2.
Murarkha—Ahar 2.
Murhâwat—Banjâra 12.
*Muriya—Mallâh 3.
Muriyâna—Ahîr 10.
Muriyâri—Kewat 2 : Mallâh 3 : Muriya.
Murli—Kamboh 3.
*Musahar—Bhuiya 4 : Luniya 3 : Thâru 12, 13.
Musalli—Bhangi 1.
Musalmâni—Bhând: Nâi 2.
Musarma—Sunâr 9.
Mushera—Musahar 1.

N

Nabinagar kâ langota—Bhât 4.
Naddâf—Dhuniya 1 : Kadhera.
Nâga—Dâdupanthi 2.
Nâgar—Barhai 2 : Bohra 4 : Chamâr 3 : Gujarâti Brâhman 10 : Maithila 2.
Nagarband—Dom 7.
Nagarha—Dharkâr 1.
Nagari—Gûjar 6.
Nagariha—Kalwâr 4.
Nagas—Agarwâla 1.
Nagauri—Ahar 2 : Bhât 3.
Nagauwa—Ahîr 5.
Nâgbansi—Barai 3: Barhai 2 : Chero 6 : Tamboli 2.
Nagendra—Agarwâla 1.
Nâggotiya—Khangâr 3.
Nagraniyân—Bhât 4.
Nahali—Hâbûra 3.
Nahar—Bânsphor 2 : Baidguâr.
Nahargotiya—Khangâr 3.
Naharkarai—Dom 7.
*Nâi—Meo 4.
Naihatha—Bais 7.
Nâik—Banjâra 13 : Tawâif 2, 3.
Nâika—Tawâif 2.
Naikan—Kathak 3.
Naikanpuriya—Chûrihâr 2.
Nainhan—Sunâr 9.
Naipâli, Naipaliya, Naipariya—Halwâi 2. Kurmi 6.
Naiphiriya—Banarwâr.
*Naithâna.
Nakchhikna—Chamâr 3.
Nakhatiya—Bhând.
*Nakhi.
Nakhsikhana.—Khatri 14.
Naktharia.—Banarwâr.
Naktunâik—Sunâr 7.
*Na'lband.
Namahrin—Gandharb 2.
Nâma sûdra—Bhangi 1.
Namdawâla—Gadariya 3.
Nâmdeo—Darzi 2.
Namni—Gandharb 2.
*Nânakpanthi.
Nânakpuri—Bhangi 20.

Nânakshâhi.—Barai 3 : Bhangi 21 : Kadhera. Nânakpanthi.
Nanauliya.—Bhuînhár 11.
Nânba } Bhathiyâra 2.
***Nânbâi** } Bhathiyâra 2.
Nandak.—Hâbûra 3.
Nandbans } Ahîr 5, 7 : Banjâra 12 : Tamboli 2.
Nandbansi } Ahîr 5, 7 : Banjâra 12 : Tamboli 2.
Nandê—Khatri 15.
Nandiya—Jogi 3.
***Nandwâni.**
Nanet—Dom 7.
Nânpaz—Nânbâi.
Nanwag—Bais 7.
Nâo—Nâi.
Nâpan—Bhuiyâr 2.
Naqqâl—Bhând.
***Naqshbandi** }
Naqshbandiya }
Naqwi—Sayyid 2.
Nara—Jâdon 2.
Narai—Kahâr 5.
Naraigana—Koiri 2.
***Narauliya.**
Narayaniha—Bind 1.
Narhanrha—Sunâr 7.
Nariniya—Panarwâr.
Nâritor—Beriya 3.
Nariyarha—Agrahari 2.
Narûka—Kachhwâha 2.
Nasalkhâni—Barai 4.
Nasaniyân—Patwa 3.
Nasarkhâni—Barai 4 : Tamboli 2.
***Nat**—Beriya 3 : Kanjar 1, 3.
Nâtak—Bânsphor 2.
Nâth—Dom 41.
Nathamîr—Banjâra 12.
Natharin—Mahesri 2.
Nathâwat—Kachhwâha 2.
Nathu—Kahâr 6 : Mallâh 3.
Natkhol—Khatri 14.
Nâu—Nâi.
Naubariya—Sunâr 7.
Nauchhirak—Chhîpi 2.
Naugiriha } Sunâr 7.
Naugiriya } Sunâr 7.
***Naumuslim**—Bhând : Lálkhâni 2 : Nat 8.
Nauni—Gangâri.
Naurangâbâdi—Halwâi 2.
Naurangi—Tawâif 6.
Nauratan—Bhangi 21.
Nautakiya—Sunâr 7.
Nautiyâl—Gangâri.
Nawâb—Nat 8.
Nawalpurha } Tharû 11,13.
Nawalpuriya } Tharû 11,13.
Nawandiya—Sûd 2.
Nawar—Kahâr 5.
Nâyak—Jhijhotiya 2.
Nayapura—Chaubê 2.
Negauriya—Bhoksa 4.
Negiwâla—Bengâli 2.
Negpâtar—Tawâif 2.
Neoriya—Basor 1 : Dharkâr 1.
Neta—Nat 37.
Netâm—Majhwâr 3: Nat 37.
Neti—Majhwâr 3.
Newar—Dom 41 : Gurkha.
Nîch—Audhiya 1.
Nigoti—Chamâr 4.
Nihang—Akâli.
Nikhâd—Gadariya 2 : Kahâr 6 : Kewat 2 : Mallâh 1.
Nikhar—Gadariya 2.

*Nikumbh—Kamkar 2.
Nîlgar—Rangrez 1.
Nimâwat—Bairâgi 2.
*Nîmbârak—Bairâgi 4.
Nimgotiya—Khangâr 3.
Nimikharak Swâmi—Bairâgi 2.
Nimkhar—Halwâi 2.
Nirambh—Dasnâmi.
*Niranjani.
Nirbân—Ahîr 5, 10.
Nirbâni—Bhangi 21.
Nirmala—Nânakpanthi 4.
*Nirola.
Nirveriya—Dângi 2.
Nishâda—Kewat 2 : Mallâh 2.
Niskhalank—Mahesri 2.
*Niyâriya—Dângi 2 : Kathak 3 : Sunâr 7.
Nizâmâbâdi—Kanjar 5.
Noiban—Kahâr 6.
Nomâin—Ramaiya 2.
Nona—Chamâr 3.
Nonela—Bhând.
Noriya—Kahâr 5.
Nujariya—Sunâr 7.
Nunera—Chamâr 3.
Nuniya—Kadhera : Luniya 1.
Nûrbâf—Chûrihâr 2 : Julâha 3.
Nyakotiya—Kâchhi 2.

O

Odh—Kori 2 : Orh.
Odrain—Bandi.
Oghar—Aghori 4.
Oika—Majhwâr 3 : Nat 37.
Oima—Majhwâr 3.
Ojha—Darzi 2 : Kadhera : Lohâr 4.
Ojha Gaur—Barhai 2.
Ojhyâl—Gond 2.
Olku—Majhwar 3.
Ora—Ahar 2.
Orâon—Dhângar 1.
Orh—Beldâr 2 : Dom 42 : Jhojha 1 : Kori 2 : Luniya 3.
Oswâl—Bhatiya 6.
Otê—Majhwâr 3.

P

Pâb—Panka 1.
Pachauri—Sejwâri 1.
Pachbhaiya—Gandharb 2.
Pachhâda—Bâwariya 7 : Gadariya 2 : Jât 11 : Kahâr 5 : Sunâr 9.

Pachhâin, Pachhainiya, Pachhainwa, Pachhaiyân — Chhîpi 2 : Kasaundhan 1 : Khatri 15 : Sunâr 8.
Pachhami—Bhoksa 1.
Pachhar—Pâsi 8.
Pachhayanaut—Kachhwâha 2.
Pachhiwâha—Agrahari 2 : Banjâra 12 : Kasera 2 : Rastâogi : Teli 3.
*Pachhtoriya.
Pachhwâhân—Barai 3 : Bharbhûnja 1 : Chamâr 3 : Dhârhi 2 : Halwâi 2 : Kalwâr 4 : Kasarwâni 1 : Kasera 2 : Kathak 3 : Kewat 2 : Murâo 2 :
Pachkauta, Pachkewata — Luniya 3.
Pachpiriya—Halwâi 2 : Teli 3.
Pachrauliya—Joshi 4.
Padal—Gond 2.
Padar—Banjâra 12.
Padhân—Ghosi 1.
Pagahiya—Dhobi 2.
*Pahâri—Musahar 10.
Pahari, Pahariya — Bâwariya 7 : Dom 41 : Kol 4 : Kumhâr 2.
Pahlwân—Kanjar 5 : Nat 8.
Pahri—Dom 42 : Dusâdh 5 : Pâsi 8.
*Pahriya—Dângi 2.
Paihwar—Gadariya 2.
Pajai—Kumhâr 6.
Pajhasiya—Chamâr 3.
Pakhâwaji—Mirâsi.
Palakra—Meo 4.
Palauta—Lohâr 4.
Palhariya—Chhîpi 2.
Paliwâr—Palwâr.
Paliya—Chaubê 1.
*Palliwâl—Bhatiya 6.
*Palwâr—Dusâdh 5 : Musahar 11.
Pân—Panka 1.
Panariha—Chero 6.
Panchadari—Kanaujiya.
Panchmakâri—Ojha 2.
Panchambar—'Irâqi 3.
Panchapiriha—Bind 1.
Panchauli—Kâyasth 13.
Panchhiya—Nat 32.
Panchlatiya—Banarwâr.
Pandaru—Majhwâr 3.
Pandobansi—Chero 6.
Pandûbi—Mallâh 3.
Panika—Panka 1.
Panisap—Chhîpi 2.
Panjâbi—Chhîpi 3 : Dabga 1 : Darzi 2 : Kanjar 5 : Nat 8.
Panjati—Saraswata 2.
Panjibaddh—Maithila 2.
Panjtakya—Banjâra 12.
Panjzâti—Khatri 13.
*Panka.
*Pankhiya.
Pankiya.—Panka 1.
Panot.—Banjâra 12.
Panr.—Panka 1.
Pânrê.—Bhuînhâr 11 : Chaubê 2.
Pansariya.—Barai 3.
*Pant.
Panth.—Pant.
Pantiha.—Sarwariya 3.
Panua.—Panka 1.

*Panwâr—Banjâra 11, 12; 15: Bâwariya 7: Bhoksa 4: Bihishti 1: Chamâr 3: Darzi 2: Dhângar 2: Dhuniya 4: Dusâdh 5: Gadariya 2: Golapûrab 3: Hâbûra 3: Jât 19, 21: Kahâr 6: Kathak 3: Kâthi 4: Mâli 3: Manihâr 2: Nat 8.
Panwâri—Bhangi 21.
Panwariya—Barai 3.
Papankh—Kanphata 2.
*Parahiya.
*Paramhansa.
Paramtâri—Luniya 3.
Parâsara—Bhatiya 5: Bhuînhâr 11: Joshi 4.
Parasbâdi—Nat 37.
Parasiya—Bhuînhâr 11.
Parasrâmi—Boriya: Pâsi 8.
Paraswân—Agariya 3.
Parauniya—Basor 1.
Parchhatti—Dom 39.
*Pardesi—Kadhera.
Paretiya—Barhai 2.
Parhaiya—Parahiya.
Pari—Dasnâmi.
Paribais Chhatri—Kasera 2.
*Parihâr.
Parikha—Gaur 3.
Parinmalot—Kachhwâha 2.
Pariya—Chhîpi 2: Dângi 2.
Parnâmi—Kâchhi 2: Teli 3.
Parodiya—Kumhâr 2.
Parsaniya—Khangâr 3.
Parsariya—Bais 7.
Parsotiya } Julâha 1:
Parsutiya } Kori 12.
Partâbgârhi—Barai 4.
Partâni—Mahesri 2.
Partiya—Bhoksa 4.
Pârvata—Dasnâmi.
*Parwal } Mahesri 2.
Parwar }
*Pâsi—Baheliya 2: Boriya: Dusâdh 5.
Pasiwân.—Pâsi 8.
Pasiya—Baheliya 2.
Paskauta } Kahâr 6 Lu-
Paskewata } niya 3.
Pasmangta—Pâsi 8.
Passi—Pâsi 1.
*Patait—Bhar 5.
Patanwâr—Kurmi 5.
Pâtar—Tawâif 1.
*Patâri.
Patariha—Kâchhi 2: Kurmi 5: Lodha 2.
Patariya—Jhijhotiya 2: Kisân 1: Tawâif 1.
Pataun—Bhar 4.
Patbandhi—Kharwâr 2.
Pâtha—Bhât 4.
Pâthak—Ahîr 5: Bhuînhar 11: Chaubê 2: Dhobi 2: Jhijhotiya 2.
Pathân—Banjâra 12: Bhând: Bihishti 1: Dhuniya 4: Gaddi 2: Ghosi 1: Hijra 2: Jhojha 1: Julâha 2: Nat 8: Rangrez 1.
Pathrauta—Bhangi 24.
Patiwân—Bhar 5.
Patlê—Kapariya 2.
Patolbans—Bhar 4.
Patra—Dângi 2: Kori 2.
Patsariya—Bais 7: Banarwâr.

Pattari—Kanjar 4.
Pattariha—Bâri 3.
Pattharâha—Bhangi 23.
Patthargoti—Bhangi 21 : Chamâr 4.
Patthariha—Kurmi 5.
Pattharkat—Kanjar 35.
Pattharphor—Bhangi 19.
Pattharwâr—Bhangi 21.
Patua—Bhând : Patwa.
Pâtur—Tawâif 1.
Paturiya—Beriya 3: Hurkiya : Kathak 3 : Nat 8 : Tawâif 1.
*Patwa.
Pâuhâri.
Pawalê—Majhwâr 3.
Pâwanriya, Pâwariya } Dhârhi 1.
Payâgwâr—Agrahari 2.
Payâsi Misr—Bhuînhâr 11.
Pemaniyân—Mâli 3.
Pesadeli—Dom 7.
Phagil—Palwâr 1.
Phankê—Sunâr 7.
Phanswâr—Kanjar 5.
Pharli—Hâbûra 3.
Phokha—Jât 21.
Phuhihâra—Barai 4.
Phûl—Sunâr 7.
Phûl-mâli—Mâli 3 : Saini.
Phulmati—Murâo 3.
Phûl-panwâr—Bhangi 21.
Phûl-sâhib—Udâsi 2.
Phûl-singhiya—Gadariya 2.
Phulwariya—Bhât 4.
Pichhauriha—Dhânuk 2.
Pihâna ka Tândan—Khatri 14.
Pihâniwâl—Bhât 4.
Pipalayân—Gaur 4.
Piparâha—Barwâr 2.
Pipariha, Pipariya } Bhât 4. Khangâr 3.
Pîrzâda—Nâi 2 : Sayyid 2 : Shaikh 2.
Pitarhanda—Bhând.
Pitarpuri—Bhât 4.
Piyâzi—Kâchhi 2.
Poiya—Majhwâr 3.
*Pokharna.
Pomâr—Gûjar 6.
Portê—Majhwâr 3.
Posâm—Gond 3 : Majhwâr 3.
*Potgar.
Pradhân—Ghosi 1 : Kharwâr 2.
Prâgwâr—Agrahari 2.
*Prânnâthi.
Prâyagâha, Prayâgwâl } Gangaputra 2. Koiri 2.
Pundelot—Meo 4.
*Pundîr—Gâra : Kadhera : Kumhâr 2 : Sânsiya 2.
Pundpaliya—Mahesri 2.
Puniya—Kâchhi 2
Purâbi, Pûrabayia, Purbiha, Purbiya } Agrahari 2 : Baheliya 2: Balâhar 1 : Banjara 14: Barhai 2 : Basor 1: Beldâr 2 : Bhând : Bharbhûnja 1 : Bhoksa 1 : Chamâr 4 : Chhîpi 3 : Chûrihâr 2 : Dhuniya 4 : Dhobi 2 : Gaddi 2 : Ghosi 1 : Halwâi 2 : Hurkiya : Julâha 2 : Kâchhi 2 : Kalwâr : 4 Kasarwâni 1 :

Kasaundhan 1 : Kasera 2 : Kathak 3 : Khatri 15 : Koiri 2 : Kumhâr 2 : Kunjra 2 : Lodha 2 : Lohâr 4 : Manihâr 2 : Murâo 2 : Musahar 11 : Nâi 2 : Rastâogi : Sunâr 7, 8 : Thâru 10.
Purhiya—Sunâr 7.
Puri—Dasnâmi : Khatri 15.
Puriya—Banarwâr.
Purkela—Majhwâr 3.
*Purohit.
*Purwâl } Banarwâr ;
Purwâr } Bhuînhâr 11.

Q

Qâdiri } Sayyid 2.
Qadiriya }
*Qala'igar.
*Qalandar—Kanjar 1. Manihâr 2.
*Qassâb. }
Qasâi. }
Qawwâl—Bhând.
Qazalbâsh—Mughul 2. Pathân 18.
Qâzipuriya—Sunâr 7.
Quraishi—Bihishti 1. Dafâli 2 : 'Irâqi 3 ; Rangrez 1 : Shaikh 2.

R

Rabisi—Gandharb 2.
Râchhband—Kanjar 3.
*Râdha
*Râdha-swâmi.
*Râdha-vallabhi.
Râdi—Ramaiya 2.
Râê—Bhât 3 : Bhuiyâr 2 : Gadariya 2 : Kalwâr 4 : Ramaiya 2.
Râê Anghar }
Râê Asar }
Râê Badhûcha } Bhatiya 5.
Râê Balaya }
Râê Bhudariya }
Râê Bibar }
Râê Bora }
Râê Chamuja } Bhatiya 5.
Râê Chandan }
Râê Daiya }
Râê Danda }
Râêdâs—Bhar 4 : Kadhera.
Râêdâsi—Chamâr 4.
Râê Degchanda }
Râê Dhadhâl }
Râê Dhadhâr } Bhatiya 5.
Râê Dhaga }

Râê Dhakkar
Râê Dhara
Râê Dhavan
Râê Dhiran
Râê Dutaya
Râê Gagla
Râê Gujariya
Râê Ghaga
Râê Gugalgandhi
Râê Gurugulâb
Râê Hariya
Râê Jabba
Râê Jagta
Râê Jaydhan
Râê Jiya
Râê Jiyala
Râê Jujargandhi
Râê Kajariya
Râê Kandhiya
Râê Kapûr
Râê Karangona } Bhatiya 5.
Râê Kartari
Râê Khiyara
Râê Korhaiya
Râê Koya
Râê Kukanr
Râê Lakhanbanta
Râê Maidaya
Râê Malan
Râê Mocicha
Râê Mogaya
Râê Mota
Râê Multâni
Râê Naêgandhi
Râê Nagobabla
Râê Nisat
Râê Padamshi
Râê Palija
Râê Panchal
Râê Panchloriya
Râê Paregndhi
Râê Parijiya
Râê Pawar
Râê Phurasgandhi
Râê Povar
Râê Praima
Râê Râja
Râê Ramaiya
Râê Rariya
Râê Rika
Râê Saraki } Bhatiya 5.
Râê Sijballa
Râê Sodhiya
Râê Soni
Râê Suara
Râê Suphla
Râê Sûrya
Râê Tambol
Râê Thula
Râê Udesi
Râê Ved
Râêwari—Rahwâri.
Rafki—'Irâqi 3.
Rafugar—Darzi 1.
Raghubansi—Ahîr 10 : Baheliya 2 : Beriya 3 : Darzi 2 : Joshi 4 : Kamboh 3 : Khâgi 2 : Kathak 3 : Meo 4 : Musahar 11 : Tamboli 2 : Thâru 13.
Raghuwâl—Gond 2.
Ragreti—Nânakpanthi 4.
Raha—Banjâra 12.
Rahti—Bohra 1.
Rahtu—Bhatiya 6.
*Rahwâri.
*Raikwâr—Bhuînhâr 11: Gadariya 2 : Kahâr 5 : Kanjar 6 : Kathak 3 : Khâgi 2 : Manihâr 2.

Râin.
Râj—Kadhera.
Rajaipur—Kathak 3.
Rajar—Dusâdh 5.
Rajauliya } Ahar 2 : Ahîr 5 :
Rajauriya } Bhangi 21 : Halwâi 2 : Khatîk 1 : Sahariya 2.
Rajâwat—Kachhwâha 2.
Râjbansi—Ahîr 10 : Barai 3 : Bhoksa 4 : Kanjar 5.
Râjbatâr—Thâru 13.
Râjbhar—Bhar, 1, 4.
Râjbhât—Bhât 3.
Rajghatiya—Mallâh 3 : Sunâr 7.
Râj Gond—Gond 2.
*Râji—Thâru 12.
Rajkanya—Tawâif 5.
*Râjkumâr—Kanjar 5 : Chamâr 3.
Râjmistri—Râj.
Râj Nat—Beriya 3 : Nat 9.
Râjpâsi—Boriya : Pâsi 8.
Râjpuriya—Mâli 3.
*Râjpût—Banjâra 12 : Bâwariya 7 : Beldâr 2 : Bisâti : Chhîpi 3 : Dafâli 2 : Darzi 2 : Dhobi 2 : Dhuniya 4 : Gâra : Ghosi 1: Golapûrab 3 : Jhojha 1: Joshi 4 : Julâha 2 : Kadhera : Kamboh 3 : Kanjar 5 : Khâgi 2 : Kunjra 2 : Manihâr 2 : Mochi 3 : Nat 8 : Ramaiya 2 : Tamboli 2.
Rajwariya—Kol 4.
Râjya—Kirâta—Râji 2.
Rakhiha—Musahar 10.
Rakhpâsi—Boriya.
Râki—'Irâqi 1.
Râma—Bhîl 1.
Ramai—Ramaiya 2.
*Ramaiya.
Râmanandi—Bairâgi 2 : Chamâr 3 : Manihâr 2.
Ramâni—Kahâr 5.
Ramânuja—Bairâgi 2.
Râmjani—Kanjar 5 : Tawâif 1.
Râmnagar } Bhangi 32 :
Râmnagari } Halwâi 2.
Ramasiya—Mochi 3.
Râmpura } Chaubê 2 :
Râmpuriya } Kumhâr 2 : Nat 8.
Ramsan } Gandharb 2.
Ramsi }
Ramtul—Sunâr 7.
Râna—Ahîr 10 : Bhât 3 : Kanphata 2 : Thâru 13.
Ranaiya—Jhijhotiya 2
Randi—Nat 8 : Tawâif 1.
Rângar } Dafâli 2.
*Ranghar }
Rangi—'Irâqi 3.
Rangiya—Chamâr 3.
Rangreta—Bhangi 25.
*Rangrez—Meo 4.
*Rângsâz—Kadhera.
Rânîji kâ Tândan—Khatri 14.
Rânipâri—Ramaiya 2.
Rânki—'Irâqi 1 : Kalwâr 4
Râo—Bais 7 : Kanet.
Râontra—Jâdon 2.
Râra—Kanjar 3.
Rârh—Kurmi 5.

Rârhi—Bangâli.
Râsdhâri—Tawâif 1.
Râsmel—Basor 1.
*Rastâogi } Sunâr 6.
Rastâugi }
Rasûlpuriya—Halwâi 2.
Ratanjât—Arakh 3.
Ratha—Patwa 3.
*Râthaur—Banjâra 11,12,15 : Bâwariya 12 : Bharbhûnja 1 : Bhât 2 : Bhoksa 4 : Chhîpi 3 : Darzi 2 : Dhuniya 4 : Gadariya 2 : Gaddi 2 : Gâra : Hâbûra 3 : Kanjar 5 : Kathak 3 : Khâgi 2 : Koiri 2 : Nâi 2 : Nat 6, 8 : Ramaiya 2 : Tamboli 2 : Teli 3.
Râthauriya—Gaur Râjput 2 : Meo 4.
Râthi—Bhangi 21 : Gûjar 6 : Jât 19 : Mahesri 2.
Rattâvat—Meo 4.
Rattu—Beriya 3.
Ratûri—Gangâri.
*Rauniyâr.
Rautâr—Luniya 3 : Thâru 12.
Rautel } Ahir 10 : Barai 3 : Gadariya 2 : Kol 4.
Rautela }
Rauteli }
Rautiha } Baiswâr 2 : Kahâr 6 : Khangâr 3 : Kol 4.
Rautiya }
Rauwa—Bhât 4.
*Rawa.
Râwal—Gûjar 6.
Rawâni—Kahâr 5 : Kându.
Râwat—Ahîr 5 : Bais 7 : Bari 3 : Beriya 3 : Bhadauriya : Bhând : Bhangi 21 : Bhîl 1 : Bind 2 : Chhîpi 3 : Dhânuk 2 : Dhuniya 4 : Ghandharb 2 : Jât 21 : Kahâr 6 : Kathak 3 : Kurmi 6 : Lohâr 4 : Manihâr 2 : Meo 4 : Musahar 11 : Râji 4 : Sahariya 1 : Tamboli 2 : Thâru : 12, 13.
Regwa—Manihâr 2.
Reli—Chhîpi 2.
Renrkûta—Bharbhûnja 1.
Rethi—Teli 3.
Rewar—Patwa 3.
Richhatiya—Jhijhotiya 2.
Rikhbans—Jât 19.
Rikhpuriya—Manihâr 2.
Rishivans—Bhatiya 5.
Riswi—Sayyid 2.
Riwâri—Rahwâri.
Rohendi—Ahîr 10.
Rohilla—Pathân.
Rohingar—Gadariya 2.
*Rohtaki.
Rolapâl—Bhangi 21.
Ronida—Kahâr 6.
Roniyâr—Rauniyâr.
*Ror } Jhojha 1 : Khatri 13.
Rora }
Rotiha—Kâchhi 2.
Ruhela—Chhîpi 3.
Rukmaiya—Baheliya 2.
Runiya—Dom 51.
Rupiya—Banarwâr.
Ruriha—Dhânuk 2.
Ruriya—Dom 42.
Rustamnagariya—Halwâi 2.

S

Sabhu—Mahesri 2.
Sabrwâl—Khatri 15.
Sâbungar—Chûrihâr 2.
Sabzwâri—Sayyid 2.
Sabzfarosh } Kunjra 1.
Sabzifarosh }
Sachân—Kurmi 5.
Sadar—Bhangi 32.
Sâdât-i-Bârha—Sayyid 5.
*Sadgop.
*Sâdh—Chhîpi 2.
Sadîqi—Baidguâr: Bhând: Bhathiyâra 2: Bihishti 1: Dafâli 2: Gandhi 1: Ghosi 1: Irâqi 3: Jhojha 1: Julâha 2: Nat 8: Rangrez 1: Sayyid 1: Shaikh 2.
Safed-bâf—Julâha 3.
Sagahiya—Chamâr 3: Khatik 1.
Sagar—Gadariya 2: Manihâr 2.
Sâgara—Dasnâmi.
Sagiya—Baheliya 2.
Sagwâi—Ror 1.
Sahani—Khatri 15.
Saharbadiya—Sunâr 7.
*Sahariya.
Sahasri—Bhatiya 6.
Sahiya—Dom 41.
Sahjâd—Majhwâr 3.
Sahjan—Kurmi 6.
Sahla—Gadariya 2.
Sahmal—Gandharb 2.
Sahrâwat—Jât 16.
Sahrwârdiya—Madâri 1.
Saigal—Khatri 15.
Saijâd—Domar.
Sailiya—Gadariya 2.
*Sâin—Kadhera.
Saina—Basor 1.
Saînbansi—Bais 7.
Sainbhagat—Nâi 2.
Saingala—Agarwâla 9.
*Saini—Mâli 3.
Sainikhor—Khâgi 2.
Sainthwâr—Kurmi 5.
Saiqalgar—Lohâr 3.
Saithwâr—Kurmi 5: Teli 3.
Sajhdari—Nânakpanthi 3.
*Sâka.
*Sakadwipi }
Sakaldwîpi }
Sakarwâr—Ahîr 10: Basor 1: Bhât 2: Bhangi 20: Bhuînhar 11: Chamâr 4: Chhîpi 3: Darzi 2: Dhobi 2: Jât 21: Kori 2: Kurmi 6: Mochi 3: Nat 8: Sunâr 9.
Sakatiya—Koiri 2.
Sakauriya—Kachhi 2.
*Saknyâni.
Sakoriya—Kachiyâra 1.
Saksena—Bharbhûnja 9. Gaddi 2: Halwâi 2: Joshi 4: Kâchhi 2: Kadhera: Kanjar 5: Kâyasth 9: Kisân 1: Koiri 2: Lodha 2: Mochi 3: Murâo 3.
Sakt. } Chamâr 3: Kâchhi 2: Kahâr 6: Murâo 3.
Sâkta }

Salâm—Majhwâr 3.
Salîm-shâhi—Bhathiyâra 2.
Saliyâli—Gandharb 2.
Saloriya—Kâchhi 2.
Solotari—Na'lband 2.
Samaiya—Dom 28.
Samâna—Kurmi 6.
Samand—Dom 7.
Samangot—Basor 1.
Samanya—Jangam 2.
Samariha—Rauniyâr.
Samariha—Ahîr 5.
Samel—Bohra 4.
Samhâr—Sânsiya 2.
Samri—Mâli 3 : Rauniyâr.
Samsoil—Kurmi 6.
Samudra—Bânsphor 2.
Samudraphen—Kapariya 2
Sana—Châubê 2 : 'Irâqi 2.
***Sanâdh**—Belwâr : Taga 6.
Sanâdhya—Gaur.
Sanauliya—Sahariya 2.
***Sanaurhiya**—Kahâr 6 : Lodha 2 : Sahariya 2 : Sanâdh 9.
Sanâwar—Manihar 2.
Sanbhariya—Banarwâr · Rauniyâr.
Sandhani—Mahesri 2.
Sandhara—Saiqalgar.
Sandhauwa—Kurmi 5.
Sandil, Sandilya—Barai 3 : Bhat 2 : Bhuînhâr 11 : Kanaujiya.
Sanganeri—Chhîpi.
Sangat Sâhib—Udâsi 2.
Sangeriyân—Jât 21.
Sanghâr—Sengar 4.
Sangotiya—Khangâr 3.
Sâni—Bâghbân : Sâîn : Sejwâri 1.
Sânîn—Sâîn.
***Sanjogi.**
Sankarpuriya—Chûrihâr 2.
Sankat, Sankata, Sankatua—Kanjar 3 : Kurmi 5 : Luniya 3.
Sankhwâr—Kori 2: Kurmi 6: Lodha 2.
Sânkla—Kamboh 3.
Sankrita—Kanaujiya.
***Sannyâsi**—Atît.
Sanpaneriya—Nat 11.
Sânpwâla—Nat 8.
Sanras—Bhatiya 5.
***Sânsiya**—Kadhera : Kanjar 1.
Sant—Kalwâr 4.
Santâl—Kharwâr 1.
Santoriya—Ahîr 5.
Sanwâla—Saiqalgar.
Sanwan—Agariya 3.
Sanwariya—Khatîk 1.
Sanwat—Nat 7.
Sapahar—Bhât 3.
Sapera—Kanjar 5 : Nat 6, 18.
Saptasati—Bangâli.
Saqqa—Bihishti 1.
Sarai—Nat 32.
Sarâmat—Jât 21.
Saranpuriya—Kathak 3.
Sarâogi—Banya 4 : Mârwâri 6.
Saraswâr—Gadariya 2.
Saraswata—Bhât 2.
Saraswati—Dasnâmi : Kadhera.
Sarâwat—Jât 19.
***Sarbhangi.**
Sardiha—Bânsphor 2.

Sardu—Khangâr 3.
Sârhê tîn ghar—Bhât.
Sarjupâri—Arakh 3 : Barai 3
Sarkhiya—Dom 7.
Sarki Dotiwâla—Dom 44.
Sarkohar—Thâru 12.
Sarmodhna—Kahâr 6.
Sarmoriya—Basor 1.
Sarola—Gangâri.
Sarasawa—Sahariya 2.
Sarotiya—Majhwâr 3.
*Sarpakariya.
Sarpos—Bhar 4.
Sarrâf—Mârwâri 6.
Sarwâni—Nat 7.
Sarwar—Biyâr 1.
Sarwariya—Bâri 3 : Barhai 2 : Beldâr 2 : Bhangi 20 : Bhât 2 : Chamâr 2 : Dângi 2 : Darzi 2 : Dhârhi 2 : Dhobi 2 : Gaddi 2 : Halwâi 2 : Julâha 2 : Kanjar 5 : Kathak 3 : Kewat 2 : Koiri 2 : Kunjra 2 : Manihâr 2 : Musahar 11 : Nâi 2 : Sunâr 9.
Satchuliha—Dom 7.
Satgop—Sadgop.
Satkaha—Luniya 3.
*Satnâmi—Sâdh 2.
Satnâth—Kanphata 2.
Saurangi—Bâwariya 7.
Savara—Soeri 3.
Sawandiya—Bâwariya 12.
Sâwant—Dom 8.
Sawar—Sejwâri 1.
Sawasi—Panka 1.
Sayari—Nat 35.
*Sayyid—Bihishti 1 : Dhuniya 4 : Gaddi 2 : Gâra : Ghosi 1 : Habashi.
Sayyidpuri—Bhangi 20.
*Sejwâri.
Semariya—Barai 4.
Semarwâr—Luniya 3.
Senbansiya—Bhât 4.
*Sengar, Sengara—Chûrihâr 2 : Gadariya 2 : Kathak 3 : Lodha 2 : Lohâr 4.
Sengarwâr—Khatîk 1.
Seohara—Kalwâr 4.
Serain—Bândi.
Sergharlotiya—Sunâr 7.
Sesotiya—Ahîr 5.
Setbanda Rameswar—Barhai 2.
Seth—Chamâr 3 : Khatri 13.
Sethi—Khatri 15.
Settiyân—Banarwâr.
Sethrâê—Agrahari 2.
Sewara—Kalwâr 4 : Kingriya 2.
Shahâbâdi—Julâha 2.
Shâhi, Shâhimal—Gandharb 2.
Shâhjahânpuriya—Halwâi 2.
Shâhmansûri—Dhuniya 4.
Shâhpurî—Bhând.
Shaikh—Baidguâr : Banjâra 12, 14 : Bhând : Bhangi 19 : Bihishti 1 : Bisâti : Dhuniya 4 : Gaddi 2 : Gandhi 1 : Gâra : Ghosi 1 : Habashi : Hijra : 'Irâqi 3 : Jhojha 1 : Julâha 2 : Nat 8 : Rangrez 1.

Shaikhâwat—Bhangi 21.
Shaikh Haidar—Gâra.
Shaikhpuriya—Chûrihâr 2.
Shaikhra—Bhangi 27.
Shaknyâni—Saknyâni.
Shekh—Shaikh.
Shenavi—Saraswata 9.
Shjah—Dhuniya 4.
Shikchi—Mahesri 2.
Shirâzi—Bhâthiyâra 2 : Mochi 3.
Shîrshâhi—Bhathiyâra 2.
Shukl—Bhuînhâr 11.
Shuklbans—Barai 3.
Siddh—Gaur 3.
Sihor—Kalwâr 4.
Sihoriya—Gujarâti Brâhman 7.
Sikandarpuriya—Chûrihâr 2 : Sunâr 9.
Sikarwâl—Bargûjar 6.
Sikarwâr—Patwa 3.
Sikatpuriya—Bhât 3.
Sikhariya—Sejwari 1.
Sikhri—Gandhi 1.
Sikligar—Saiqalgar.
Sikrauriya—Joshi 4.
Silauta—Joshi 4.
Silwâl—Joshi 8.
Simariya, Simarloka } Ghasiya 2.
Simli Chauhan—Banjâra 12.
Simmal—Kurmi 6.
Simwâl—Gangâri.
Sindrâm—Majhwâr 3.
Sindurâha—Chero 6.
Singal—Meo 4.
Singha—Bhangi 28.
Singhâl—Agarwâl 1.
Singhaniya—Mârwâri 6.
Singhariya—Kâhâr 5.
Singiwâla—Bangâli : Kanjar 3.
Singraul, Singraur } Kurmi 5, 6.
Singrauriya—Kâchhi 2.
Sinha—Ramaiya 2.
Sinh Tarora—Sunâr 7.
Sinmar—Jât 19.
Sinsiniwâl, Sinsiniwâr } Jadon : Jât 21.
Siphmatua—Ramaiya 2.
Siqligar—Saiqalgar.
Siqtiya—Madâri 1.
Siransiya—Sahariya 2.
Siriyâr—Bhângi 30.
Sirkiband—Kurmi 4.
Sirkiwâla—Kanjâr 5.
Sirmaur—Kapariya 2.
*Sirnet.
Sirohiwâl—Bhât 4.
Sirsa—Jhijhotiya 2.
Sirswâl—Bhangi 30 : Chamâr 3.
Sirso—Majhwâr 3.
Sisariya—Ahîr 10.
Sîsgar—Manihâr 2.
Sisi—Bhuînhâr 2.
Sisodiya—Gahlot 1.
Sîtal—Gandharb 2.
Sîtalpuriya—Chûrihâr 2.
Sitoliya—Ahîr 5.
Siubaranpota—Kachhwâha 2.
Siudâs—Chamâr 3.
Siunârâyani—Chamâr 18.
Siupuriya—Halwâi 2.
Siurâjpuriya—Halwâi 2 : Sunâr 9.
Siyâhmaliya—Lohâr 4.
Siyarê—Ahîr 10.

Siyârmar—Ahar 2.
Sobraniyân—Bhuînhâr 11.
Soda—Bhangi 21 : Kanjar 3.
Sodhi—Khatri 13.
*Soeri—Kadhera.
Sohâgpuriha—Baiswâr 2.
Sohâm—Gond 3.
Sohar—Ahîr 10.
Soharê—Kalwâr 4.
Soharki—Bawariya 6.
Soima—Majhwâr 3.
Soiri—Soeri.
Soiyâm—Majhwâr 3.
Sokhwa—Barai 4.
*Solankhi } Bâwariya 7.
Solanki } Bâwariya 7.
Darzi 2 : Hâbûra 3.
Solasinghi—Chûrihâr 2.
Somal—Gandharb 2.
Somalti—Gangâri.
Somâni—Mahesri 2.
*Sombansi—Boriya : Kasera 2 : Kewat 2 : Khâgi 2.
Son—Kanjar 3.
Sonach—Basor 1.
Sonakiya—Jhijhotiyâ 2.
Sonâr—Sunar.
Sondeli Misra—Jhijhotiyâ 2
Sondi—Barhai 2.
Sonhar—Mallâh 3.
Soni—Mahesri 2.
Sonmukhiya—Banarwâr.
Sonra—Kanjar 3.
Sonwan—Agrahari Ghasiya 2.
Sonwar—Bhuînhâr 11.
*Sorahiya—Chamâr 3: Kahâr 6 : Kewat 2 : Mallâh 3.
Sorhaniya—Bhuînhâr 11.
Sosaniya—Barhai 2.
Sothiyân—Banarwâr.
Soti—Chaubê 2 : Jhijhotiyâ 2 : Maithila 2.
Sowâti—Khatri 15.
Sravanriya—Gangaputra 3 : Sunâr 7.
Sri—Gaur.
Sribâstab } Baheliya 2 : Barai 3 : Bharbhûnja 1: Chhîpi 3: Chûrihâr 2: Dabgar 1 : Darzi 2 : Dhâlgar : Dhângar : Dhobi 2 : Halwâi 2 : Joshi 4 : Kanjar 1 : Kâyasth 7 : Kewat 2 : Lohâr 4 : Mallâh 2: Mochi 3 : Nâi 2 : Nat 8: Tamboli 2 : Teli 3.
Sribâstam }
Sribâstav }
Sribâtham }
Srivâstavya }
Srinârâyani—Chamâr 18.
Sripat—Dabgar 1.
Sri Vaishnava—Bairâgi 3.
Sriwâr—Teli 3.
Srotiya—Maithila 2.
Suador—Dom 7.
Suariha } Kumhâr 2.
Suariya } Kumhâr 2.
Subbhn—Gurchha 2.
*Sûd.
Sudarvans—Bhatiya 2.
Sudhara—Mahesri 2.
Suganâik—Nat 11.
Sugawabair } Sunâr 7.
Sugawahair } Sunâr 7.
Suhaniya—Thâru 12.
Suidaha—Bhuiyâr 2.
Suiri—Soeri.
Sûji—Chamâr 3 : Dom 43.
Sukl—Gaur 2.
Suklpuriya—Chûrihâr 2.

Suklwâla—Gaur.
Sulaimâni—Bhathiyâra 2: Nâi 2: Shaikh 2.
Sulankhi—Kadhera.
Sultânaut—Kachhwâha 2.
Sultânpuriya—Meo 4.
Sumer—Majhwâr 3.
*Sunâr.
Sunarha—Halwâi 2.
Sunâri—Joshi 4.
Sunâwar—Chhîpi 2.
Sundar—Bari 3.
Sundi—Bohra 4.
Sungha—Kalwâr 4: Sunâr 9.
*Sunkar.
Sunkhar—Khatîk 1.
Sunni—Dafâli 2: Dhuniya 4: Julâha 2.
Sûnri—Kalwâr 4.
Sunwân } Ghasiya 2: Kori 2: Kurmi 2.
Sunwâni }
Sûpabhagat—Bhangi 21: Domar.
Supach—Dom 1.
Sûpwâla—Kanjar 3.
Surab—Mâli 3.
Surahiya—Mallâh 3: Sorahiya.
Suraitwâl—Khatri 14.
*Sûrajbans } Baheliya 2: Chero 6: Chhîpi 2: Darzi 2: Halwâi 2: Kamboh 3: Kanjar 5: Kathak 3: Kharwâr 2: Koiri 2: Soeri 6.
Sûrajbansi }
Sûrajpuriya—Chûrihâr 2.
Suraya—Sorahiya.
Suri—Khatri 15.
Surîn—Khatri 13.
Surohan—Bhuînhâr 11.
Sûradhwaja—Kâyasth 14.
Sutaha—Sunâr 7.
*Suthra-shâhi—Nanakpanthi 4.
Suvarna—Barwâr 2.
Suyador—Balâhar 1
*Swâmi Sâdhu—Dâdupanthî 2.
Swâng—Barwâr 2.
Syâmi—Bohra 4.
Syâmkrishna—Sunâr 9.
Syâmpuriya—Halwâi 2.

T

Tabâri—Bhoksa 4.
Tachariya—Kându.
Tafuriya—Madâri 1.
*Taga—Darzi 2.
Tageli—Bhadauriya.
Tahakhiya—Sunâr 7.
Tahala } Barwâr 2: Hâbûra 3.
Tahla }
Tahelê—Dhânuk 2.
Tairan—Agarwâla 1.
Taitariya—Agarwâla 1.
Tajik—Mughul 3.
Tâjpuriya—Chûrihâr 2: Halwâi 2.
Takka—Tânk 1.
Talâm—Barwâr 2.
*Tambâkûgar.
Tambakûwâla—Kunjar 2.

*Tamboli—Barai 1: Dom 41: Julâha 2: Kadhera.
Tamkhera—Tambâkûgar.
Tamoli—Tamboli.
Tamota—Dom 42: Kasera 2.
Tamta—Dom 41: Kasera 2.
Tanbara—Manihâr 2.
Tanbina—Khatîk 1.
Tanbuna—Chamâr 3.
Tanchara—Agrahari 2: Darzi 2: Kandu: Kasera 2.
Tandan—Khatri 13, 14.
Tandar—Banjara 12.
Tandeya—Agarwâla 1.
Tanganoi—Tânk 1.
Tânk—Barhai 2: Bhangi 20, 21: Chhîpi 2: Darzi 2: Dhângar 1: Gaddi 2: Kalwâr 4: Kasera 2: Sunâr 6.
Tankiya—Sunâr 7.
Tanraha—Murâo 2.
Tânti—Panka 1: Patwa 3: Sunâr 7.
Tantua—Chamâr 4.
Tapariya—Mahesri 2.
Taqwi—Sayyid 2.
Tarakiya—Bhand.
Tarela—Patwa 3.
Târêmûk—Lohâr 3.
Tarîn—Pathân 24.
Tarîn Pathân—Banjâra 12.
*Tarkihâr—Chûrihâr 2.
Tarkiharya—Bhangi 21.
Tarkiya—Dom 7.
Tarboiyi—Barhâî 2.
Tarmala—Kurmî 6.
*Tarmâli—Pâsi 8.
Tarwariya—Lodha 2.
Tasalha—Gadariya 2.
Tasiha—Bânsphor 2.
Tasmabâz—Nat 50.
Tauhar—Banjâra 12.
Tayal—Agarwâla 1.
*Tawâif—Beriya 3: Nat 8.
Tekbara—Gaur.
Tekma—Majhwâr 3.
*Teli—Banjâra 12: Bangâli 2: Beriya 3: Dom 41: Gaddi 2: Julâha 2: Nat 8.
Teliya—Bharbhûnja 1: Sunâr 7.
Teliyabans—Bharbhûnja 1.
Tenduhâra—Tamboli 2.
Tengariya—Ahîr 5.
Tenkalai—Bairâgi 3.
Teraha—Sunâr 7.
Terah-Hazâr—Chero 6.
Teshan—Bhangi 32.
Thadu—Dhâlgar.
Thagwariya—Banarwâr.
Thail—Domar.
Thâkur—Beldâr 2: Beriya 3: Golapûrab 3: Kanjar 5: Râjput 1: Sunâr 7. Tamboli 2.
Thakurâhân—Kathak 3.
Thâkur Bais—Bhangi 20.
Thakurel—Jât 2?.
Thakuriya—Barwâr 2: Kâchhi 2: Kol 4: Kurmi 5: Murâo 2.
Thâna—Sunâr 7.
Thapalyâl—Gangâri.
Thapri—Kamboh 3.
Thâr—Thâru 12.
Tharepâra—Kahâr 5.
Tharjogi—Thâru 12.

Tharkari—Domar.
Tharkomahra—Thâru 10.
*Thâru.
*Thathera—Kându : Kasera 5.
Thavai—Râj.
Thegotiya—Sahariya 2.
Thengar—Gadariya 2.
Thenwân—Jât 22.
Thenwar—Jât 21.
Thingal—Agarwâla 1.
Tholiya—Mâli 3.
Thotyâl—Gond 2.
Tiar—Tiyar.
Tibaiya—Chaubê 2.
Tiga—Dhângar 2.
Tihanpuri—Sayyid 6.
Tihara—Halwâi 2.
Tikaitganji—Halwâi 2.
Tikâm—Majwâr 3.
Tikuliya—Kumhâr 2.
Tilâm—Barwâr 2.
Tilbhunja—Halwâi 2.
Tilbhunjua—Bharbhûnja 1.
Tilbhurjiya—Teli 3.
Tilgarh—Kamângar.
Tilokbans—Hijra 2.
Tilokchandi—Bais 1.
Tilokchandi Bais—Nâgbansi.
Tilokpuriya—Halwai 2.
Tilsâri—Bais 7.
Tilummar—Ummar 1.
Tingal—Agarwâla 1.
Tingar—Chamâr 3.
Tîratha—Dasnâmi.
Tîrgar—Kamângar.
Tirhûtiya—Dusâdh 5.
Tirik } Dhângar 2.
Tirki }
Tirmîzî—Sayyid 2.
Tirsulîya—Pâsi 8.
Tirua—Dom 44.
Tirvâh—Bhuiya 4.
Tîtar—Banjâra 12.
Titiha—Bhuînhâr 11.
Tittal—Agarwâla 1.
Tivâri—Bhuînhâr 11 : Chaubê 2 : Jhijhotiya 2.
*Tiyar—Bhar 5 : Kewat 2 : Mallâh 3.
Todarmali—Chûrihâr 2.
Tolakiya—Gujarâti Brâhman 7.
*Tomar—Baidgûar : Banjâra 12 : Bihishti 1 : Chhîpi 3 : Darzi 2 : Gaddi 2 : Ghosi 1 : Gûjar 6 : Jât 20 : Julâha 2 : Kadhera : Kahâr 6 : Khâgi 2 : Khatîk 1 : Meo 4 : Mochi 3 : Nat 8.
Tomra—Kathak 3.
Topiwâl—Bâwariya 7.
Tori—Banjâra 12.
Torikoriya—Koiri 2.
Tosaniwâl—Mahesri 2.
Totala—Mahesri 2.
Tuar—Joshi 4.
Tulasi—Ahîr 10.
Tumariya—Lohâr 4.
Tumariwâl-Madâri—Nat 37.
Tundal—Agarwâla 1.
Tunwar—Banjâra 11 : Bâwariya 6 : Bhokas 4 : Tomar.
*Turk—Ghosi 1 : Mughal 3. Tamboli 2.
Turah—Kahâr 5.
Turâi—Bâwariya 7 : Tahâr 5.
Turaiha—Bhangi 21 : Mallâh 3.

Turkata—Kanjar 1 : Nat 33.
Turkatna—Chamâr 3.
Turki—Bibishti 1.
Turkiya—Baheliya 2 : Banjâra 12 : Bhangi 20 : Chamâr 3 : Darzi 2 : Dhuniya 4 : Gaddi 2 : Kahâr 6 : Nâi 2 : Nat 8.
Turkmân, Turkomân—Bihishti 1 : Mughul 2.
Tusaha—Thathera 3.
Tusiya—Madâri 1.
Tutaha—Sarwariya 3.

U.

Uchahri—Gadariya 2.
Uchakka—Châi 4.
Uchanduja—Sûd 2.
*Udâsi—Nânakpanthi 4
Udhomaina—Gandharb 2.
Ugar—Sunâr 9.
Ujhâdon—Barhai 2.
Ujharha—Bhând.
Ujjain—Chamâr 3 : Panwâr 6.
*Ujjaini—Dhobi 2.
Ujjainpuriya, Ujjainwâl—Bhangi 20, 21.
Ukat—Barhai 2.
Ulangwati—Majhwâr 3.
'Ulwi—Sayyid 2 : Shaikh 2.
*Ummar—Barai 3 : Chhîpi 3.
Ummara—Chamâr 3 : Nâi 2 : Teli 3.
Umariya—Barhai 2.
Umrân—Kurmi 5.
*Unâi, Unâya
Ûnch—Audhiya 1.
Ûnchdih—Thâru 13.
Unta—Gandhi 1.
Untwâr—Kanjar 3.
Unyâl—Gangâri.
Upâdhya—Bhoksa 4 : Bhuînhâr 11.
Upal—Khatri 15.
Upamanyu—Joshi 8 : Kanaujiya.
Uprautiya—Barhai 2, 3.
Urauriya—Joshi 4.
Uriya—Chamâr 3.
Urrê—Majhwâr 3 : Nat 37.
Usarbarsa—Dom 7.
Usarbhola—Barhai 2.
Usarha—Nâi 2.
Usari—Kathak 3.
Ushturyâni—Pathân 25.
Uskari—Sayyid 2.
Usmâni—Dhuniya 4 : Rangrez 1 : Shaikh 2.
Usrehti—Kurmi 6.
Uthaigira—Châi 4.
*Utkala.
Uttam—Kurmi 6.
Uttarâha—Agrahari 2 : Baheliya 2 : Barai 3 : Beldâr 2 : Chamâr 3 : Dafâli 2 : Dhobi 2 : Julâha 2 : Halwâi 2 : Kalwâr 4 ; Kunjra 2 : Lohâr 4 : Sunâr 8.
Uttarasreni—Utkala 1.
Uzbak—Mughul 3.

V

Vadakalai—Bairâgi 3.
Vaidik—Bangâli.
Vaikarta—Qassâb.
*Vallabhâchârya—Bairâgi 2.
Vâlmîki—Kâyasth 12.
Vana—Dasnâmi.
Vaneli—Gadariya 2.
Vasala—Agarwâla 1.
Vasishtha—Agarwâla 1: Bhuînhâr 11: Taga 6.
Vastradhâri—Dâdupanthi 2.
Vatsya—Bhuînhâr 11.
Vij—Khatri 15.
Virakta—Dâdupanthi 2.
Vîra Saiva—Jangam 3.
Vishnuswâmi—Bairâgi 2.
Visvakarma—Lohâr 4.

W

Waika—Majhwâr 3.
Walariya—Majhwâr 3.
Wazîri—Pathân 26.

Y

Yâr Muhammad—Gâra.
Yuchi—Gûjar 1.
Yunglot—Meo 4.
Yûsufzâi—Nat 8: Pathân 27.

Z

Zadiya—Madâri 1.
Zâidi—Sayyid 2.
Zangi—'Irâqi 3.

SUBJECT INDEX.[1]

A

Adhajatiya rite—Kâchhi 8.

Adoption,—Aheriya 7 : Ahîr 17 : Audhiya 6 : Bhuiya 9 ; 12 : Bhuiyâr 9 : Biyâr 6 : Chamâr 10 : Dusâdh 10 : Ghasiya 8 : 'Irâqi 5 : Jât 28 : Kharwâr 8 : Kol 8 : Majhwâr 33 : Thâru 24.

After birth, disposal of—, Majhwâr 35.

Aghornâth, worship of—, Lohâr 11 : Mâli 4.

Agarsen / Agrasen } legend of—, Agarwâla 1.

Agricultural beliefs and rites,—Golapûrab 16 : Kol 23 : Korwa 12 : Majhwâr 56.

Agwân Deva, worship of—, Bhar 6 ; 9 : Luniya 5 : Pâsi 12.

Ahay Pâl, worship of—, Sahariya 7.

Ahîr, worship of—, Musahar 28.

Ahorbahor rite,—Tamboli 3.

Airi, worship of—, Dom 51.

'Ali, worship of—, Gandhi 2.

Amar Sinh, worship of—, Goriya : Sorahiya.

Ambika, worship of—, Sunâr 16.

Amina Devi, worship of—, Biyâr 16 : Dharkâr 6 : see Panchpîr.

Amma, worship of—, Soeri 9.

Amulets,—Aheriya 6 : Kol 21.

Ancestor worship,—Agariya 18 : Audhiya 9 : Baiswâr 4 : Bânsphor 7 : Basor 7 : Bhangi 57 : Bhuiya 26 : Bhuiyâr 14 : Biyâr 15 : Chamâr 17 : Chero 15 : Chûrihâr 4 : Dhângar 14 : Dhânuk 6 : Dharkâr 6 ; 8 : Gandhi 2 : Ghasiya 17 : Jât 31 : Kanjar 15 : Khangâr 6 : Kharwâr 14 : Kol 16 : Korwa 12 : Luniya 5 : Majhwâr 38 : Nat 28 : Parahiya 13 : Râji 8 : Sânsiya 6 : Taga 8.

Angârmati Bhawâni, worship of—, Dharkâr 9.

Annaprâsana, rite of—, Baranwâl 2 : Brâhman 20 : Gujarâti Brâhman 18.

Anointing rite,—Aheriya 3 : Ahîr 20 : Bhar 6 : Nat 23.

Anthropometry,—Introduction, Chapter II.

Aonla tree, sacred—, Aheriya 13.

[1] The references are to articles and paragraphs.

Arhat, worship of—, Oswâl 8.
Articles for the use of the dead,—'Irâqi 10.
Atan, worship of—, Khandelwâl 4.
Athîlê, worship of—, Kalwâr 11 : see **Hathîla, Panchpîr.**
Athmâsa, Athwânsa } rite,—Baranwâl 2 : Halwâi 4.

B

Bâba Ibrahîm, worship of —, Thawai.
Bâba Nahuk, worship of—, Gautam 3.
Bâba Sabharâm, worship of —, Gûjar 11.
Bâbhan, worship of—, Khatîk 7.
Bâbi Pîr, worship of—, Kurmi 12.
Baburi, worship of—, Khandelwâl 4.
Bachelors, — Introduction, VI., 14.
Bachelor's hall,—Dhângar 6 : Dom 45.
Bachhrâj Kunwar, worship of—, Majhwâr 42.
Badhan, worship of—, Dom 51.
Baghaut, worship of—, Bhuiya 25 : Kol 18 : Musahar 20.
Bâgheswari, worship of— Majhwâr 6.
Bâghnâth, worship of—, Râji 4.
Bâhak Rishi, legend of—, Bâwariya 9.
Bahirwâr, worship of—, Pâsi 14.
Bahura feast—, Barwâr 9.
Baiga, the—, Agariya 19 : Korwa 12.
Baisâkhi feast,—Agariya 20.
Baitâl, a demon,—Râji 13.
Bâlaji, worship of—, Banjâra 8.
Bâlasundari, worship of—, Kanphata 5.
Balchan, worship of—, Dom 51.
Bal Râja, worship of—, Bhar 3.
Bamat, worship of—, Khatîk 7.
Bamboo, worship of—, Dharkâr 1, 11 : unlucky,— Bhangi 61.
Bandê, Bandi } worship of—, Dusâdh 14 : Goriya : Kându 5 : Kasera 4 : Pâsi 14 : Soeri 9.
Bangara, Bangarâm } worship of—, Ahîr 25.
Bangle-making—Chûrihâr 5.
Banhiya Bîr, worship of—, Dharkâr 9.

Banjâri, worship of—, Kalwâr 11.
Banru Bîr, worship of—, Bhar 7 : Chamâr 17.
Bansari, worship of—, Thâru 29.
Banspati } worship of—,
Bansapti } Bhar 10 : Kol 18 : Musahar 29.
Baradeo, worship of— Gond 10 : Kol 17 : Majhwâr 39.
Barahi rite,—Agarwâla 1 : Bânsphor 5.
Barahi phirâna rîte,—Agarwâla 6.
Barai, worship of—, Aheriya 11.
Baram Gusâîn, worship of—, Bhangi 60.
Barê Pîr, worship of—, Bhât 8 : Chûrihâr 4.
Barê Purukh, worship of—, Kalwâr 11.
Bariyâr Sâh, worship of—, Majhwâr 43.
Barka Itwâr feast,—Rarwâr 9.
Barkê Bâha, worship of—, Musahar 21.
Barna Bhawâni, worship of—, Dhângar 12.
Barun, worship of—, Mallâh 7.
Barwaniya pûja,— Goriya.
Barwat, a demon,—Majhwâr 40.
Basandhar chhûna rite,—Bishnoi 11.
Bâwàn Ganga, legend of—, Dusâdh 2.
Beena marriage,—Bhuiyâr 10 : Chero 8 : Ghasiya 9 : Gond 5 : Introduction VI., 27 : Kharwâr 9 : Majhwâr 12 : Parahiya 6.
Behiya, worship of—, Musahar 5.
Ber tree, unlucky—, Bhangi 61.
Betel, cultivation of—, Barai 7 : Tamboli 5.
Betrothal,—Kol 13.
Bhâgawati, worship of—, Barwâr 8 : Kându 5 : Kewat 4 : Mallâh 7 : Nâi 4 : Tarkihâr 3 : Thathera 6.
Bhagwân, worship of—, Ahiwâsi 6 : Banjâra 18 : Sânsiya 6.
Bhainsâsur, worship of—, Ghasiya 2.
Bhairava } worship of
Bhairon } —, Kahâr
Bhaironnâth } 11 : Kanphata 6 : Musahar 30 : Nâi 4 : Nat 47 : Pâsi 14 : Patwa 6 : Tawâif 5 : Thâru 23.
Bhairwanand, worship of—, Raikwâr 1.
Bhatwân, rite—Baheliya 6.
Bhausi, worship of—, Dom 51.
Bhawâni, worship of—, Baiswâr 1 : Barai 6 : Bâwariya 8 : Bhât 8 : Chamâr 17 : Darzi 3 : Dom

34 : Gond 9 : 'Irâqi 11 : Kanjar 14 : Khatîk 7 : Kumhâr 5 : Sahariya 7 : Tharu 35.

Bheliya, worship of—, Dom 51.

Bhîtarâi } worship of—, Bhîtari } Bâri 6 : Tamboli 4.

Bholanâth, worship of—, Dom 51 ; Tawâif 5.

Bhopa, a witch finder,— Bhîl 7.

Bhuiyân, worship of—, Kanjar 14.

Bhûmiya, worship of—, Dângi 11 : Golapûrab 12 : Kâchhi 8 : Pâsi 14 : Ramaiya 7.

Bhûmsen, worship of—, Pâsi 14.

Bîbi Fâtima, worship of—, Luniya 5.

Bibiha Deva } worship of—, Bibiha Devi } Bâri 6 : Barhai 4.

Bidur Bhagat, legend of—, Luniya 2.

Bihâi rite—, Kanjar 11.

Bihâi mâta, worship of—, Lohâr 6.

Bihi, worship of—, Lohâr 4.

Birahi, worship of—, Kâchhi 8

Bird catching,—Baheliya 10.

Birmha Deva, worship of—, Kol 3.

Bîrnâth, worship of—, Ahîr 25.

Birth ceremonies, passim.

Birth fiends,—Kol 12.

Birtiha } worship of—, Birtiya } Ahîr 23 : Bâri 6 : Bhar 7 : Bhât 8 : Chamâr 17 : Dharkâr 9 : Kahâr 11 : Khatîk 7 : Mallâh 7.

Bisari, worship of—, Kâchhi 8.

Blacksmiths, wandering—, Lohâr 3.

Blood-covenant—, Dharkâr 7 : Kol 13.

Blood, dread of—, Bhangi 54 : Bhuiyâr 6.

Boat, worship of—, Kewat 4.

Boundaries, god of—, Ghasiya 18.

Boys dressing as women,— Khatîk 5.

Brahm, worship of—, Khatîk 7 : Majhwâr 47.

Brahma Deota, worship of—, Kalwâr 11.

Brahman Deva, worship of—, Khatîk 7.

Brahm Gusâîn } worship Brahma Gusâîn } of—, Kâchhi 8 : Tamboli 4.

Bride, purchase of—, Agariya 7 : Basor 3 : Bânsphor 4 : Bhuiya 6 : Chamâr 7 : Chero 8 : Dhângar 6 : Dharkâr 3 : Dom 25 : Hâbûra 4 : Introduction VI., 28 : Kapariya 5 : Kharwâr 5 : Khatîk 2 : Kol 13 : Korwa 5 :

Maithila 3: Majhwâr 15, 24: Nat 22: Thâru 16.
Bride-price, refund of—, Kol 7.
Buddhi Prasâdi, worship of—, Bhangi 60.
Bûrha Bâba, worship of—, Aheriya 11.
Bûrha Deo, worship of—, Majhwâr 6.
Bûrhi mâi, Bûrhi mâta, worship of—, Nat 43, 47.
Burial rites,—passim.
Burial, position in—, Majhwâr 37: rules of—, Nat 17.

C

Camel-breeding,—Rahwâri.
Cane work,—Dom 39.
Caste, origin of—, Introduction Chapter I.
Châmar, Châmara, Chamar Devi, worship of—, Aheriya 11: Chamâr 17: Chhîpi 5: Dhuniya 2: Gadariya 8: Gûjar 11: Kăchhi 8.
Chamar chathiya, feast of—, Agarwâla 5.
Chamariya, worship of—, Kumhâr 5.
Chain worship,—Banarwâr: Gond 10: Majhwâr 47.
Châmunda Devi, worship of—, Golapûrab 12: Jât 31: Kahâr 13.
Chanda Kartâl, worship of—, Bharbhûnja 3.
Châdika, worship of—, Thâru 32.
Chand Sinh, worship of—, Goriya.
Charan ka pâhul rite—, Nânakpanthi 3.
Chaumu, worship of—, Dom 51.
Chausathi, Chausati, worship of—, Kându 5: Kalwâr 11.
Chawan, worship of—. Khandelwâl 4.
Chhal, worship of—, Râji 10.
Chhamâsa rite,— Audhiya 5.
Chhath, Chhath Bâba, worship of—, Dusâdh 14, 16: Ghasiya 18.
Chhathi rite,— Majhwâr 35.
Chhurmal, worship of— Dom 51.
Children, deities of—, Lodha 6.
Chithariya Bîr, worship of —, Kol 18.
Chitragupta, legend of—, Kâyasth 4.

Cholera, exorcism of—, Korwa 12.
Circumcision,—'Irâqi 8.
Cities, tribal names derived from—, Introduction IV., 2.
Cohabitation restricted,—Bhar 7 : Bhuiyâr 12.
Communal marriage,—Beriya 3 : Dom 46 : Introduction VI., 1 : Thâru 15 : Tiyar.
Confarreatio rite—Agariya 8 : Aheriya 8 : Ahîr 22 : Baiswâr 3 : Introduction VI., 30 : Kanjar 10 : Kol 14 : Majhwâr 10, 22 : Mallâh 4 : Musahar 18 : Sahariya 3.
Consummation immediate, of marriage—, Ahîr 21 : Bânsphor 6 : Dharkâr 7 : Kanjar 10 : Kol 14 : also see Kohabar.
Contemptuous tribal titles–, Introduction IV., II.
Cook-house, respect for—, Majhwâr 39.
Corpse, articles left with—, Majhwâr 37 : watching of—, Kharwâr 13.
Cotton tree, sacred—, Dharkâr 6 : Dom 29 : Thâru 29.
Council, tribal—, Agariya 4 : Aheriya 3 : Ahîr 14 : Ahiwâsi 3 : Audhiya 3 : Baheliya 3 : Baiswâr 2 : Bânsphor 3 : Bhangi 32 : Bhar 5 : Bhuiya 5 : Bhuiyâr 5 : Bind 3 : Biyâr 2 : Chamâr 6 : Dângi 3 : Dhângar 5 : Dharkâr 2 : Dom 24 : Dusâdh 5 : Ghasiya 3 : Jât 25 : Kâchhi 3 : Kahâr 7 : Kalwâr 6 : Kapariya 4 : Kharwâr 4 : Koiri 3 : Kol 5 : Korwa 4 : Majhwâr 9 : Nat 12.
Couvade,—Agariya 15 : Baheliya 5 : Chamâr 9 : Majhwâr 36.
Cow, respect for—, Gindauriya : Golapûrab 12 : Jât 31.
Cremation ground, worship of—, Mallâh 7.
Crime, methods of—, Aheriya 15 : Audhiya 12 : Badhak 2, 3 : Banjâra 9, 20 : Barwâr 13, 15 : Bâwariya 12 : Beriya 7 : Biloch 4 : Dalera 4 : Dom 9 : Gûjar 12 : Hâbûra 12 : Kapariya 11 : Khangâr 8 : Qalandar 4 : Sahariya 8 : Sanaurhiya : Sânsiya 9.
Crows, eating food by—, Bânsphor 9.

D

Dahya cultivation,—Bhuiyâr 22 : Majhwâr 6,4 : Râji 14.
Daitya, worship of— Musahar 28.

Dal, an Ahîr hero—, Ahîr 3.
Dance, of males disguised as women,—Chamâr 12 : tribal—, Kharwâr 17 : Majhwâr 44 : Thâru 45
Dang Diwâli, feast,—Ahîr 26.
Danteswari, worship of—, Ahîr 25.
Darya Khân, legend of—, Meo 1.
Dashtaun, rite,—Aheriya 6.
Dâûd, the Saint, Saiqalgar 1.
Dâûji, worship of—, Ahiwâsi 6 : Hâbûra 8 : Jât 31.
Dayâl Sinh, worship of—, Goriya.
Death rites, passim.
Demoniacal possession,—Bhar 10.
Demonology,—Chamâr 24 : Dhângar 14 : Dom 33 : Golapûrab 14 : Kâchhi 8 : Kanjar 17.
Deohâr worship,—Dom 34 : Majhwâr 39: Thâru 34: see Dih.
Deonâth, worship of—, Dharkâr 9.
Deota, worship of—, Kanjar 15.
Depilation—Kol 2.
Devi, worship of—, Aheriya 11 : Ahîr 23 : Audhiya 10. Baiswâr 5 : Bâjgi 7 : Bânsphor 8 : Barhai 4 : Barwâr 8 : Beriya, 6 : Bharbhûnja 3 : Bhât 8, Bhîl 14 : Bhot 5 : Chamâr 17 : Chero 13 : Chhîpi 5 : Dhânuk 7 : Dharkâr 9 : Dhuniya 2 : Gindauriya: Gurehha 5 : Hâbûra 10 : Khairwa 6 : Khatîk 7 : Kisân 3 : Kumhâr 5 : Kurmi 12 : Lodha 5 : Mâli 4 : Orh 3 : Râdha 1 : Rahwâri 3 : Râji 9 : Ramaiya 7 : Sunkar 2 : Tawâif 5.
Dhamin Deva, worship of—, Kanjar 15.
Dhappu Dhâm, legend of—, Janghâra 1.
Dharchandi—worship of—, Thâru 33.
Dharm Sinh, worship of—, Jât 31.
Dharti mâta, worship of—, Bhuiya 21 : Bhuiyâr 16 : Biyâr 16 : Dusâdh 17 : Kharwâr 15 : Koiri 4 : Panka 15 : Parahiya 14 : and see Earth worship.
Dhyân Dâs, worship of—, Patwa 6.
Digging spud,—Korwa 14.
Dih, worship of—, Bargâh, 3, Bhuiya 21 : Chero 13 : Kharwâr 15 : Kol 17 : Korwa 12 : Kumhâr 5 : Majhwâr 39 : Mâl 2 : Mallâh 7 : Musahar 28 : Parahiya 14.
Diksha, rite,—Dikshit Brâhman.
Disease, exorcism of—, Beriya 7 : demoniacal theory of—, Kharwâr 18.
Divorce—Agariya 9 : Baheliya 4 : Baiswâr 2 : Bhangi 52 : Bhuiya 7 : Bhuiyâr 7 : Biyâr 4 : Chero 8 : Dângi 4 :

Dhângar 6 :'Irâqi 3 : Kharwâr 6 : Khatîk 2 : Kol 7 : Korwa 6 : Majhwâr 25 : Musahar 18 : Panka 4.

Dolarohana rite,—Brâhman 18.

Dowry, marriage with—, Introduction VI., 29.

Dreams—Kol 20 : Majhwâr 48, 54.

Drum, worship of—, Chamâr 14 : Kanjar 20 : Kharwâr 17.

Dula Deo, Dulha Deo } worship of—, Barhai 4 : Bâwariya 11 : Dharkâr 9 : Ghasiya 12, 18 : Gond 10 : Kharwâr 15 : Kol 19 : Kumhâr 5 : Majhwâr 21 : Musahar 28.

Durâsin, worship of,—, Dharkâr 9.

Durga, worship of—, Bâmmargi 2 : Kâchhi 8 : Kamkar 3 : Kapariya 9 : Kasera 4 : Lohâr 8 : Nat 18 : Patwa 6.

E

Earboring rite,—Baranwâl 2 : Bhar 7 : Dharkâr 5 : Ghasiya 13 : Parahiya 10.

Earth-worship,—Bhuiya 21 : Thâru 33 : see Dharti Mâi.

Eclipse demon,—Dom 15.

Eldest son, rights of—, Kol 10.

Eponymous tribal titles,—Introduction IV., 5.

Euphemism,—Kharwâr 17 : Kol 22.

Evil Eye,—Baiswâr 6 : Beriya 7 : Bhar 10 : Bhuiya 27: Bhuiyâr 20 : Dângi 12 : Dom 37 : Golapûrab 12 : Hâbûra 10 : Kâchhi 9 : Khairwa 6 : Majhwâr 55 Râji 11 : Thâru 22, 47.

Exogamy,—Introduction V: —of gangs,—Kanjar 7 : origin of—,Nâi 3 : Panka 2 : Sânsiya 4.

Exorcism,—Bhuiya 27 : Kanjar 13.

F

Family. the,—Introduction IV., 13.

Fan, mystic use of—, Baiswâr 3.

Festivals,—passim.

Fetishism,—Amethiya : Banarwâr : Barhai 4 : Bihishti 3 : Bind 7 : Chhîpi 5 : Darzi

3 : Kandu 5 : Lohâr 11 : Majhwâr 47 : Tamboli 6 : Thâru 31.

Field ghosts,—Dharkâr 11 : Kharwâr 17 : Majhwâr 17.

Field goddess,—Ghasiya 18.

Fire offering,—Agariya 19 : Agnihotri 3.

First cousins, marriage of—, Majhwâr 7.

Food for the dead,—Baheliya 7 : Baiswâr 4 : Bânsphor 7 : Bhuiya 20 : Bhuiyâr 14 : Dhângar 11 : Khatîk 6 : Korwa 12 : Nat 17 : Pâsi 13.

Foot washing rite,—Barai 5 : Baiswâr 6 : Kharwâr 12.

Funeral feast,—Thâru 25.

G

Gâêyon kâ deota,—worship of—, Jât 31.

Gaja Dewat, worship of—, Chamâr 17.

Gajpati Râê Durga, worship of—, Gautam 2.

Game-catching,—Beriya 2.

Gandak, worship of—, Dom 28, 31.

Gandharva marriage,—Kol 14.

Ganesa, worship of—, Baiswâr 3 : Bind 7 : Koiri 5 : Mallâh 4 : Ramaiya 7.

Ganganâth, worship of—, Dom 51.

Ganges, worship of—, Ahiwâsi 6 : Dafâli 4 : Basor 7 : Dhuniya 2 : Gindauriya : Kanjar 10 : Khatîk 7 : Mallâh 7 : Mârwâri 14 : Râdha 1.

Ganinâth, worship of—, Patwa 6.

Gansâm, worship of—, Gond 10 : Kol 17 : Musahar 29.

Garar Bîr, worship of—, Thâru 34.

Garbara Devi, worship of—, Nat 31.

Garlic, prohibited food—, Agarwâla 10.

Gauna rite,—Agarwâla 6.

Gauri, worship of—, Baiswâr 3 : Bind 7 : Kori 8.

Gauripati, worship of—, Bhât 8.

Ghantarâm, worship of—, Ahîr 25.

Ghât, worship of—, Mallâh 7.

Ghatoi Bâba, worship of—, Mallâh 7.

Ghatoriya, worship of—, Dhobi 7 : Kahâr 11.

Ghaus Pîr, worship of—, Chûrihâr 4.

Ghâzi Miyân, worship of—Bhând 2: Bhangi 59: Bhathiyâra 4: Chûrihâr 4: Dafâli 7: Gandhi 2: Kalwâr 11: Kathak 4: Kingriya 6: Kunjra 3: Rangrez 3: Saiqalgar 2.

Ghosts,—Agariya 21: Bhuiya 25: Biyâr 18: Dharkâr 10: Dom 37: Gond 8: Kanjar 13: Korwa 12: Majhwâr 40: Thâru 29.

Ghosts, barring of—, Aheriya 9: Baheliya 5: Basor 6: Bhangi 54: Dom 30: Majhwâr 37.

Giri Râj, worship of—, Jât 31.

Gohet, worship of—, Parahiya 14.

Gonr, worship of—, Sahariya 7.

Goraiya, worship of—, Dhângar 12: Goriya: Murâo 3: Sahariya 7.

Gorakhnâth, worship of—, Udâsi 6.

Goril, worship of—, Dom 51.

Goswâmi, worship of—, Patwa 6.

Gûga, worship of—, Bhangi 58: Bhîl 14: Jât 31: see Zâhir Dîwân.

Guninâth, worship of—, Kându 5.

Gusâîn Bâba, worship of—, Basor 7.

Gyân, worship of—, Oswâl 8.

Gypsies—Beriya 1: Dom 61: Jât 10: Kanjar.

H

Hamsâyah, custom—, Pathân 4.

Hankwa rite—, Kalwâr 9.

Hanumân, worship of—, Ahiwâsi 6: Balâi 3: Dhânuk 8: Kându 5: also see Mahâbîr.

Hardaul, Hardaul Lâla, Hardaur, Hardiha, Hardiya } worship of—, Baheliya 8: Banjâra 18: Barai 6: Bâri 6: Bharbhûnja 3: Chûrihâr 4: Gond 9: Halwâi 5: Kahâr 11: Kalwâr 11: Kamkar 5: Patwa 6: Rastâogi 1: Sunâr 16: Tarkihâr 3: Teli 5.

Harischandra, legend of—, Bhangi 8: Dom 23: Harischandi 1.

Hariyâi mâi, Hariyâli Devi, Hariyâri Devi } worship of—, Bind 11: Ghasiya 18: Kol 23: Nat 28.

Haru, worship of—, Dom 51.
Hatadiya, worship of—, Banjâra 10.
Hathîla } worship of—,
Hathîlî }
Kalwâr 11 : Nat 35 : and see Pânch Pîr.
Hathlewa rite,—Mârwâri 12.
Hazâri Sinh, worship of—, Jât 31.
Hazrat Jilâni, the Saint—, 'Irâqi 2.
Hell, theory of—Bhuiyâr 16.
Holi feast—Agariya 20 : Thâru 37.
Horoscopes, calculation of —, Jyotishi.
Houses,—Chero 18 : Thâru 41.
House worship,—Aheriya 13.
Hulkimâi, worship of—, Nat 18.
Human sacrifice,—Banjâra 7 : Bhuiya 26 : Mahârashtra : Musahar 9 : Tiyar.
Hunting, modes of—, Bâwariya 3.
Hypergamy,—Bhât 4 : Biyâr 1 : Dharkâr 1 : Gûjar 6 : Jât 24 : Jhijhotiya 2 : Kharwâr 2 : Khatri 14 : Majhwâr 8 : Nat 39 : Patwa 3 : Râjput 10.

I

Ilias, legend of—,Bhangi 12
Imâm Husain, worship of—, Gandhi 2.
Imâm Sâhib, worship of—, Luniya 5.
Impurity ceremonial—Golapûrab 11.
Incest—Musahar 9.
Infanticide—Jât 8.
Infidelity, prenuptial—tolerated,—Kol 6.
Initiation,—Agariya 16 : Aghori : Bhangi 41 : Bisnoi 6 : Dikhit Brâhman : Diwâna 2 : Gusâîn 7 : Hâbûra 8 : Jangam 3, 4 : Kabîrpanthi 4 : Nîmbârak 2.
Inoculation,—Mâli 5.
Iron manufacture,—Agariya 30.

J

Jagatdeo, worship of—, Meo 9.
Jageswar, worship of—, Chamâr 17.

Jaina faith—Jati 2 : Oswâl 8.
Jâk, worship of—, Thâru 35.
Jahkhai } worship of—,
Jakhiya }
Aheriya 11 : Balâhar 5 : Gadariya 8 : Kanjar 15 : Kathiyâra 5 : Lodha 5 : Teli 5.
Jâkni, worship of—, Thâru 35.
Jamhua,—A birth demon, Koiri 7 : Majhwâr 35.
Jamhuâhi Devi } worship
Jamuâhi Devi } of—,
Kachhwâha 2.
Janta Deo, worship of—, Ghasiya 2.
Jarasandha, legend of—, Kahâr 3.
Jata Rohini, worship of—, Majhwâr 40.
Jay Sinh, worship of—, Goriyo.
Jhakkar Shâh, a saint—Suthrashahi 2.
Jhalai, worship of—, Kachhwâha 4.
Jhambaji, legend of—, Bishnoi.
Jhîwarni, worship of—, Kahâr 13.
Jîwan, legend of—, Bhangi 9.
Jîwan Shâh Bâba, worship of—, Basor 7.
Jiyan, worship of—, Khandelwâl 4.
Jokhaiya, worship of—, See Jakhai.
Juâlamukhi Devi, worship of—, Beriya 6 : Kharwâr 1, 15 : Nat 43.
Jungle, given as a dowry,—Bhar 10 : Kanjar 7 : Korwa 10.
Jus primæ noctis,—Ahîr 20 : Barwâr 3 : Kol 6 : Introduction VI., 3.
Juthahiya Bhawâni, worship of—, Dom 35.

K

Kabîr, legend of—, Kori 1.
Kâla Deo, worship of—, Bânsphor 8 : Baheliya 8 : Chamâr 17.
Kâla Mehar } worship of—,
Kâla Pîr }
Jât 31.
Kalawati Kanya, worship of—, Thathera 6.
Kalbisht } worship of—,
Kalchan }
Dom 51.
Kâlê Gora, worship of—, Bhangi 60.
Kâli Bhawâni, worship of—, Banjâra 12 : Basor 7 : Bâwariya 8 : Beriya 2, 6 : Bhuiya 21 : Gadariya 8 :

Gharûk 2 : Hâbûra 8 : Kamkar 3 : Kapariya 9 : Kewat 4 : Kingriya 6 : Kumhâr 5 : Lohâr 11 : Mal 2 : Mâli 4 : Mallâh 7 : Murâo 3 : Nat 18, 47 : Saiqalgar 2 : Thâru 34.

Kâlika } worship of—,
Kâlika mâi } Bânsphor 8 : Bhangi 31 : Bhar 9 : Chûrihâr 4 : Dafâli 7 : Darzi 3 : Kalwâr 11 : Thâru 32 : Tawâif 5.

Kalsa, a sacred jar—, Bhuiya 16.

Kâlu Bîr, worship of—, Baheliya 5, 8.

Kâlu Deo, worship of—, Banjâra 18.

Kâlu Kahâr, worship of—, Kahâr 11 : Kâlupanthi.

Kâlu Sayyid, worship of—, Bhoksa 10.

Kaluwa, worship of—, Dom 1.

Kalyâni, worship of—, Khandelwâl 4.

Kama!^ji, worship of—, Goriya.

Kambira, worship of—, Pâsi 14.

Kanchhedan rite,—Brâhman 21

Kaneriya Bâba, worship of—, Khangâr 6.

Kanyâdân rite,—Agarwâla 6.

Kâra Deo, worship of—, Pâsi 14.

Karai, worship of—, Murâo 3.

Karama, a tribal dance,—Kharwâr 20.

Karâr Bîr, worship of—, Khatîk 7.

Kârê Deo, worship of—, Bhar 10.

Kâshi Bâba, worship of—, Bind 9.

Kâshi Dâs, worship of—, Bhar 9.

Kâshinâth, worship of—, Ahîr 24.

Katiya, worship of—, Sahariya 7.

Katyûri Râjas, worship of—, Dom 51.

Kela Devi, worship of—, Hâbûra 8.

Ketu, worship of—, Dusâdh 14 : Joshi 4.

Kewal, worship of—, Goriya.

Khabish, worship of—, Dom 51.

Khair Mâta, worship of—, Gond 10.

Khanta } an implement,—
Khanti } Kanjar 20 : Korwa 13.

Khappar kuchi rite,—Musahar 13.

Kharag, worship of—, Thâru 10.

Khetyâr Devi, worship of—, Bhuiyâr 22.

Khwâja Bali, legend of—, Rangrez 4.

King, selection of—, Gandharb 4.

Kinnarâm, worship of—, Gandharb 4.
Kohabar rite—Kol 14 : Majhwâr 18.
Koila Bâba, worship of—, Goriya : Sorahiya.
Kopa Bhagat, worship of—, Kumhâr 5.
Korapuri rite—Kalwâr 8.
Korhaniya, worship of—, Kumhâr 5.
Kori katori rite,—Dhobi 3.
Koti Râni, worship of—, Majhwâr 43.
Krichchhra, rite,—Agnihotri 2.
Krishna, worship of—, Gahoi 4 : Gond 9 : Kachhwâha 5: Kumhâr 2 : Mahesri 3 : Sahariya 7 : Sejwâri 6.
Kshetrapal, worship of—, Dom 51 : Pâsi 14.
Kuânwâla, worship of—, Chamâr 17 : Hâbûra 6 : Kâchhi 8 : Lodha 5 : Orh 3 : Thâru 33.
Kûkarmari, worship of—, Dom 34, 37.
Kuldeo, worship of—, Luniya 5
Kurehna, worship of—, Lohâr 11 : Mâli 4.
Kuri dhakelwâna } rite—
Kuri metna } Dharkâr 7 : Majhwâr 20.
Kurmundan, rite—Kol 23.

L

Lagan, rite,—Aheriya 8.
Lakhdâta, worship of—, Jât 31.
Lâlbeg, legend of—, Bhangi 3.
Lâlmani, worship of—, Kâchhi 8.
Lata Dhoba, rite,—Lohâr 6
Latu, worship of—, Dom 51.
Levirate, the—, Aheriya 5 : Barhai 3 : Bâri 3 : Barwâr 3 : Basor 3 : Bhând 2 : Bhar 5 : Bhuiya 8 : Bhuiyâr 8 : Bihishti 2 Bind 4 : Biyâr 5 : Chamâr 8 : Chero 8 : Dhângar 7 : Dhânuk 3 : Dharkâr 3 : Dom 59 : Gadariya 4 : Ghasiya 7 : Gûjar 8 : Introduction VI., 8—'Irâqi 4 : Kahâr 9 : Kewat 3 : Kharwâr 7 : Khatîk 3 : Kol 8 : Kori 3 : Korwa [illegible] : Kurmi 9 : Luniya 4 : Majhwâr 24 : Mallâh 5 : Panka 5.
Loha, worship of—, Khandelwâl 4.
Lohâsur Devi, worship of—, Agariya 19.
Lona Chamârin, legend of—, Chamâr 3.
Lorik, legend of—, Ahîr 11.
Lutta, worship of—, Thâru 5.

M

Madain, worship of—, Kalwâr 11 : Musahar 31.

Madâr Sâhib, a saint,—Beriya 6 : Dhânuk 7 : Kâchhi 8.

Mâdho Bâba, worship of—, Kahâr 11.

Madhu worship of—, Thâru 3.

Maganpâl, worship of—, Musahar 28.

Mahâbali, worship of—, Musahar 20.

Mahâbîr, worship of—, Banarwâr : Barai 6 : Bargâh 3 : Bâri 6 : Bharbhûnja 3 : Barhai 4 : Bhât 8 : Gond 9 : Kahâr 11 : Kându 5 : Kasarwâni 2 : Kasaundhan 3 : Kewat 4 : Koiri 9 : Kori 2 : Kurmi 12 : Lohâr 11 : Luniya 5 : Mallâh 7 : Murâo 3 : Nâi 4 : Pâsi 14 : Patwa 6 : Rastâogi : Soeri 9 : Tamboli 4 : Teli 5 : Thathera 6 : and see Hanumân.

Mahâdâni, worship of—, Majhwâr 41.

Mahâdeva, worship of—, Ahîr 23 : Beldâr 4 : Bharbhûnja 3 : Bhuiyâr 16 : Bind 9 : Biyâr 16 : Gandharb 8 : Ghasiya 18: Gindauriya : Gond 9: Gurchha 5 : Halwâi 5 : Jât 31 : Kamkar 3 : Kapariya 9 : Kharwâr 15 : Majhwâr 39 : Mallâh 7 : Murâo 3 : Râdha 1 : Soeri 9 : Sunâr 16 : Taga 8 : Teli 5.

Mahâ Kâli, worship of—, Mâli 4.

Mahâ Lakshmi, worship of –, Mallâh 7.

Mahâ Saraswati, worship of –, Mallâh 7.

Maheni, legend of—, Hayobans.

Mahesa Râkshasa, worship of—, Kânhpuriya 1.

Mahton Bâba—, Basor 7.

Makhdûm Shâh, a saint,—Bhangi 31

Mainpât, worship of—, Patâri 1.

Mair, legend of—, Sunar 2.

Mâna / Mâna Guru } worship of—Kanjar 2, 14.

Mândar Devi, worship of—, Kharwâr 17.

Mangan, worship of—, Thâru 35.

Mânro hilaî, rite,—Ahîr 22.

Mantri pûja—, Baiswâr 3: Halwâi 3.

Manukh Deva, worship of—, Dusâdh. 14.

Marang, worship of—Goriya.

Mari, worship of—, Kanjar 14.

Nat 43 : Thâru 32.

Mari masân, worship of—, Doṁ 37.
Mariyâi, worship of—, Banjâra 8.
Marriage, age for—, Introduction VI, 13: by capture, Bhuiya 16; Bhuiyar 13: Dusâdh 12: Gadariya 6: Ghasiya 14.— — Introduction VI., 16: Kanjar 7: Lohâr 10: Majhwâr 17: Mârwâri 11: Musahar 15: Nat 41: Thâru 16, 17:—by exchange,—Barhai 3: Bhuiya 19: Dharkâr 1: Ghasiya 15: Introduction VI., 26:—Kanaujiya: Meo 9: Musahar 15: Tarkihâr 2: ceremonies, passim; run-away—, Gond 6:—Introduction VI., 25; temporary —, Tawâif 8:—time for—, Kol 6.
Masân } worship of—, Aheriya 11: Dom 51: Mallâh 7: Orh 3.
Masâni }
Mâta, worship of—, Aheriya 11: Bhîl 14: Chhîpi 5: Dhuniya 2: Gond 10: Jât 31: Julâha 4: see Sîtala.
Maternal uncle, position of—, Agariya 8: Majhwâr 14
Maternity, recognition of—Majhwâr 16.
Matmangar, rite,—Agariya 8: Ahîr 19: Baheliya 6: Baiswâr 3: Bânsphor 5: Basor 5: Bhar 6: Bhuiya 15: Bind 7: Chamâr 12: Dharkâr 6: Dhobi 3: Dhuniya 3: Dom 29: 'Irâqi 9: Kharwâr 12: Khatîk 5: Koiri 4: Kol 13: Majhwâr 19: Musahar 14: Panka 9.
Matriarchate, the —, Agarwâla 1: Dharkâr 8: Introduction VI., 31: Kol 7: Musahar 18: Sânsiya 4.
Maurchhat, rite,—Dângi 11.
Mayûra, the Rishi—, Bisen 1: Kâkan: Mal.
Measuring rite,—Majhwâr 20.
Mehar pûja,—Khangâr 6.
Mekhâsur, worship of—, Aheriya 11.
Milk, prejudice against—, Kol 22.
Mîran } legend of—, Kathiyâra 4:— worship of,— Chhîpi 5: Dhuniya 2: Kâchhi 8: Khatîk 7: Sunâr 16.
Mîran Sâhib }
Mirga Râni, worship of—Majhwâr 43.
Mitthu Bhukhiya, worship of—, Banjâra 8.
Miyân Sâhib, a saint,—Aheriya 11: Baheliya 8: Banjâra 15, 18: Dhânuk 7: Kathiyâra 3: Kisân 2: Koiri 4: Lodha 7: Nâi 4: Orh 3: Pâsi 14: Râdha 1.
Moon worship,—Baheliya 8 Bânsphor 8.
Mother, isolation of—, Majhwâr 35.

Mountain god,—Dharkâr 9.
Mûchak Râni, worship of—, Kharwâr 16.
Muhammad, worship of—, Luniya 5.
Mukhta, worship of—, Khandelwâl 4.
Mûla sânti, rite,—Brâhman 17.
Munh dikhâi, rite,—Aheriya 4 : Khatîk 3 : Koeri 6.
Munna Dâs, worship of— Sunâr 16.
Mûnran rite,—Brâhman 21 : Gujarâti Brâhman 19.

N

Nâdu Bîr, worship of—, Bhuiya 22.
Nâg, worship of—, Kol 18 : Majhwâr 40.
Nâga Bâba, worship of—, Khangâr 6.
Nâgarsen, worship of—, Chamâr 17 : Kâchhi 8.
Nâgbeli, worship of—, Bâri 6.
Nâgin, worship of—, Khandelwâl 4.
Nakh katâya ——————
Nail cutting, rite—, Koiri 7.
Nâmdeo, worship of—, Chhîpi 5 . Dhuniya 6.
Names, Contemptuous—, Kahâr 12 : double—, Baheliya 9 : Bhar 10 : Golapûrab 12 : selection of— Kol 12.
Naming of children }
Nâm karm, rite } Agarwâla 1 : Korwa 9 : Mallâh 6 : Musahar 21.
Nânak, worship of—, Banjâra 8 : Kanjar 15.
Nandi mukh srâddha,—Baranwâl 2 : Bhât 6.
Nârada Muni, legend of—, Aheriya 12 : Kahâr 4.
Nara sinha, worship of—, Bâri 6 : Bhangi 60 : Lohâr 11 : Mâli 4 : Sahariya 7 : Tamboli 4.
Nârâyan Deo, worship of—, Gond 10 : Sânsiya 6.
Nârâyana bali, rite, Audhiya 9 : Mallâh 6.
Nat, worship of—, Musahar 28.
Nathiya, worship of—,Kanjar 15.
Neg bharna, rite, Panka 9.
Nihâran, rite—, Kori 3.
Niman Parihâr, worship of, Baheliya 5.
Nîm tree, respect for—,Golapûrab 2 : Raikwâr 1.

Ningo.
Ningo Bâghiya } worship of—, Majhwâr 6, 39.
Niyoga, the—, Introduction VI. 8.
Nona Chamârin, legend of—, Chamâr 2.
Nose cutting, Kol 6.
Nudity, a spell—, Chamâr 2.

O

Oaths,—Agariya 26 : Ahiwasi 7 : Baheliya 9 : Baiswâr 6: Bâjgi 9: Bânsphor 9: Beriya 7: Bhangi 60: Bhar 10: Bhuiya 27: Bhuiyâr 20: Biyâr 20: Dângi 12: Dharkâr 11: Dom 40. 60 : Dusâdh 17 : Golapûrab 13: Hâbûra 10 : 'Irâqi 12 : Jât 32 : Kahâr 12 : Kalwâr 14 : Kharwâr 18 : Khatîk 8 : Kol 21 : Korwa 12 : Majhwâr 52 : Musahar 31 : Nat 47 : Panka 14 : Sahariya 7 : Sânsiya 7 : Thâru 43.
Occupation, a basis of caste, Introduction,—Chapter III.
Occupational tribal titlês Introduction IV., 10.
Oil-mill fetish,—Teli 6.
Omens,—Bârwâr 10 : Bhuiya 27 : Bhuiyâr 20 : Biyâr 20 : Dom 37 : Kahâr12 : Kanjar 18 : Kharwâr 17 : Kol 20 : Korwa 12 : Majhwâr 50 : Musahar 31 : Râji 11.
Onions, prohibited food,—Agarwâla 10.
Ordeals,—Kahâr 12 : Kanjar 23 : Sânsiya 7.
Ornaments, use of—, Bhangi 61.
Outsider, marriage with—, Bhangi 40.
Ox, worship of—, Banjâra 10.

P

Pachîsi, custom of—, Khatîk 2.
Pahâr Pândo, worship of—, Dharkâr 9.
Pahlwân, worship of—, Kanjar 15 : Musahar 20.
Panchdeva, worship of—, Nânakpanthi 5.

Panch mangari, rite,—Bâri 3.

Pânch Pîr, worship of—, Aheriya 11 : Ahîr 23 : Banjâra 14 : Baheliya 5 : Barai 6 : Bargâh 3 : Barhai 4 : Barwâr 8 : Beldâr 4 : Bhând 2 : Bhangi 58 : Bhar 9 : Bharbhûnja 3 : Bhathiyâra 4 : Bihishti 3 : Bind 1 : Chhîpi 5 : Chûrihâr 4 : Dabgar 3 : Darzi 3 : Dharkâr 9 : Dhobi 7 : Dhuniya 3 : Ghosi 2 : Halwâi 5 : Julâha 4 : Kahâr 11 : Kalwâr : 11 : Kându : Kanjar 15 : Kasarwâni 2 : Kasaundhan 3 : Kasera 4 : Koiri 9 : Kori 4 : Kumhâr 5 : Kunjra 3 : Lohâr 11 : Luniya 5 : Mâli 4 : Mallâh 7 : Manihâr 1 : Pâsi 12 : Patwa 6 : Qassâb : Rangrez 3 : Rastâogi : Saiqalgar 2 : Sorahiya : Sunâr 16 : Tamboli 3 : Teli 5 : Thathera 6.

Panchwâsa, rite,—Audhiya 5.

Pânrê Bâba, worship of—, Mâlavi 1.

Pânw puja—Baheliya 6 : Kalwâr 9.

Parachhan rite,—Baiswâr 3.

Parameswar, worship of—, Banjâra 15 : Bhuiya 21 : Dom 34 : Gandhîla 3 : Gurchha 5 : Kapariya 9 : Nat 18 : Râdha 1 : Sânsiya 6.

Parameswari, worship of—, Chamâr 17.

Parasurâma legend of—, Khatri 8.

Parbha, worship of—, Kanjar 14.

Parihâr, worship of—, Baheliya 8 : Kalwâr 11.

Pârvati, worship of—, Gandharb 8 : Gindauriya : Murâo 3.

Pât, worship of—, Patâri 1.

Paternity, admission of—, Kol 12.

Pâthana, rite,—Brâhman 22.

Pathwâri Devi, worship of —, Golapûrab 2.

Peacock's feathers, influence of—, Musahar 21.

Perfumes, manufacture of —, Gandhi 3.

Personal tribal titles,—Introduction IV., II.

Petmanganiya rite,—Kanjar 6.

Phagua feast—Agariya 20 : see Holi.

Phûlmati Bhawâni, worship of—, Barhai 4 : Bhar 9 : Kalwâr 11 : Kol 18 : Musahar 20 : Nâi 4 : Pâsi 12 : Sunâr 16.

Pickaxe, worship of—, Pokharna 20.

Pilâi rite,—Ahîr 20.

Pilgrimages,—Majhwâr 45.

Pîpal tree, sacred,—Aheriya 13 : Bhar 9.

Pipes of leaves,—Korwa 13.

Piyâla rite,—Dhuniya 3.

Planets, worship—, Gujarâti Brâhman 15.

Pole, worship of—, Nat 2.
Pollution, ceremonial,—Aheriya 10.
Polyandry—Ahîr 15: Gûjar 7: Introduction VI., 4: Jât 26: Lohâr 10.
Polygamy—Bhar 5, 6: Bhuiyâr 6: Introduction VI., 15: Majhwâr 10:—result of hard labour—Kol 6
Prabha, worship of—, Kanjar 14.
Prajapati, worship of—, Kumhâr 5.
Prajapatya, rite,—Agnihotri 2.
Priests, tribal—, Majhwâr 45.
Primogeniture,—Majhwâr 27.
Prostitution,—Gandharb 3: Tawâif 9.
Puberty ceremonies,—Bhuiya 13: Bind 6: Ghasiya 13.
Punkâ balana, rite,—Kahâr 11.
Pûrabi Devi, worship of—, Barhai 4.
Purification,—Dângi 10.
Pyârêji, worship of—, Gûjar 11: Jât 31.

Q

Qâzi Sâhib ki chauki, rite,—Diwâna 3.

R

Râdha Krishna, worship of —, Bundela 3.
Râê Dâs, a religious reformer,—Chamâr 18.
Rahu, worship of—, Dusâdh 14: Joshi 4.
Râja Ben, legend of—, Thâru 7.
Râja Chandol, worship of —, Kharwâr 15: Korwa 12: Majhwâr 43.
Raja Lâkhan, worship of—, Kharwâr 15: Kol 18.
Râjput tribes, tribal titles derived from—, Introduction IV., 9.
Raksel, worship of—, Kol 18.
Raksha, worship of—, Thâru 7.
Râma / Râmchandra } worship of —, Gond 9: Kachhwâha 5:

Lodha 5 : Sahariya 7 : Sejwâri 6.
Râm Thâkur, worship of—, Pâsi 14.
Randeo, worship of—, Jât 31.
Ratan Pânrê, worship of—, Majhwâr 47.
Ratinâth, worship of—, Thâru 34.
Ratjaga, rite,—Aheriya 8.
Rats, used as food,—Beldâr 3 : Bind 11.
Recitation, religious—, Koiri 10.
Relationship—Chero 9 : Dharkâr 4 : Kol 10 : Korwa 8 : Majhwâr 34.
Rikheswar, worship of—, Thâru 7.
Rings used in worship—, Majhwâr 39.
River, tribal names derived from rivers—, Introduction IV., 2 : worship—, Dom 40 : Kewat 4 : see Ganges worship.
Roads, goddess of—, Golapûrab 1.
Rope worship—Nat 2.

S

Sadalu Lâl, worship of—, Musahar 24.
Sahjâdi, worship of—, Dafâli 7.
Sahjamal, worship of—Aheriya 11.
Sakat chauth, feast,—Barwâr 9.
Sakrâi Mâta, worship of—, Khandelwâl 4.
Sâl, a sacred tree,—Agariya 8.
Sâlivâhana legend of,—Bais 5.
Salutation, modes of—, Baheliya 9 : Bânsphor 9 : Barwâr 12 : Basor 8 : Beriya 7 : Bhangi 61 : Bhar 10 : Bhuiya 28 : Bhuiyâr 22 : Bind 11 : Dhânuk 9 : Dharkâr 12 : Golapûrab 18 : Jât 32 : Kachhwâha 5 : Khatîk 8 : Kol 24 : Korwa 13 : Majhwâr 58 : Oswâl 9 : Panka 15 : Ramaiya 8.
Saini, worship of—, Dom 51.
Sairi Devi, Sâyari Devi } worship of—, Chamâr 17 : Chero 13 : Kalwâr 11, 12 : Parahiya 14.
Samai, worship of—, Bânsphor 8 : Bhar 10 : Dom 31: Kumhâr 5 : Thâru 32.
Sânsmal, legend of—, Sânsiya 1.
Sânwar, worship of—Sahariya 7.

Saraswati, worship of—, Kathak 4.
Sârda, worship of—, Bhât 8.
Sarwar Lakhi, worship of—, Bhoksa 10
Sati, worship of—, Bais 8 : Banjâra 8 : Kându 5 : Patwa 6.
Sat jug ki Kursi,—Bhangi 41.
Satvâi, worship of—, Lohâr 3 : Oswâl 7.
Satya Nârâyan, worship of—, Bind 9.
Saubhari Rishi, legend of—, Ahiwâsi 1.
Sâwant, worship of—, Thâru 35.
Sâwant Sinh, worship of—, Jât 31.
Sayyid, worship of—, Basor 7 : Beriya 6 : Kâchhi 8 : Pâsi 14.
Sayyid Hasan, worship of—, Bhând 2.
Sayyid Mard, worship of—, Kâchhi 8.
Sayyid Mohsin Khân, worship of—, Lodha 5.
Scapegoat, the—Kol 18 : Majhwâr 53.
Sen Bhagat, worship of—, Nâi 1 : sept the, Introduction IV., 13,
Sewanriya, worship of—. Bhuiyâr 16 : Biyâr 16.
Shahîd } Shahîd Mard } worship of—, Basor 7 : Pâsi 14.
Shâh Madâr, legend of—, Madâri 3.
Shaikh Saddu, legend of—, Bhangi 58 : Jât 31 : Saiqalgar 2 : Teli 5.
Shaikh Sana, worship of—, Gandhi 1.
Shaikh Zainuddîn, worship of—Gandhi 1.
Shaving—Baranwâl 2 : Dhobi 6 : Kalwâr 8 : Korwa 11 : Majhwâr 35.
Sickle—worship of—Pâsi 14.
Siloman Bâba, worship of —, Kahâr 11.
Sing Bonga, worship of—, Kol 17.
Singursâl, worship of—, Kându 5
Sinha Bâba, worship of—, Bâwariya 11.
Sister's son, respect for—, Bhuiyâr 18 : Dom 30: Kol 13.
Sîta, worship of—, Kachhwâha 5
Sitala worship of—Chero 13: Dhângar 12. Golapûrab 12 : Gûjar [illegible] : Halwâi 5 : Kâchhi [illegible]. Kasera 4 : Khatîk 7 : Kori 4 : Kumhâr 5 : Kurmi 12 : Mallâh 7 : Mârwâri 14 : Murâo 3 : Pâsi 1 : Soeri.
Sitârâm, worship of—Majhwâr 39.
Sites, religious, tribal names derived from—Introduction IV., 4.

Siva, worship of—, Ramaiya 7 : see Mahâdeva.
Siva Bhaiya, worship of—, Banjâra 8.
Sivâna, worship of—, Ghasiya 18.
Small-pox goddess; see Mâta, Sîtala.
Snake, legend, of—Agarwâla 1 : Bachgoti 2 :—pipe fetish, Nat 43 :—worship, Agarwâla 1, 3 : Baheliya 8 : Bais 8 : Bâjgi 7 : Bânsphor 8 : Bhîl 14 : Chero 6 : Gindauriya : Jât 31 : Kharwâr 17 : Kol 18 : Lohâr 8: Taga 4.
Sokha Bâba, worship of—, Barai 6 : Tamboli 4.
Somiya worship of—Sahariya 7.
Sonmat, Sonwat } worship of—Thâru 52.
Sorcery,— Khairwa 6 : Thâru 30, 47.
Soul, theory of—Majhwar 48 : Thâru 28.
Srâvana, legend of,—Gangaputra 3.
Succession, Agariya 12 : Bhuiya 10 : Bhuiyâr 11 : Biyâr 8 : Dhângar 8 : Gandharb 7 : Ghasiya 10 : 'Irâqi 6 : Kharwâr 10 : Kol 19 : Majhwâr 26.
Sugar cane, unlucky,—, Raghubansi 1.
Sunstroke, caused by Bhavâni, Dharkâr 10.
Sun worship—Baheliya 8 : Chamâr 17 : Gindauriya : Kalwâr 12 : Kându 5 : Kâthi 2 : Kharwâr 15 : Kol 17: Lohâr 8 : Majhwâr 39 : Nîmbârak.
Supa Bhagat, Supach Bhagat } a saint—Arakh 3 : Balâhar 3 : Bânsphor 1 : Basor 1 : Bhangi 5: Dom 13.
Surâj Deo, Sûrajnârâyan } worship of—Chamâr 17 : Gond 10.
Surdhir, worship of—Kurmi 12.
Surgery, rural—Nat 36.
Sword worship,—Baiswâr 8.

T

Taboos,—Agariya 28 : Barwâr 11 : Basor 8 : Bhar 10 : Bhuiya 28 : Bhuiyâr 21 : Chero 17 : Dângi 13 : Dhângar 15 : Golapûrab 15 : Kâchhi 10 : Kahâr 12 : Kalwâr 14: Kapariya 10: Khairwa 7 : Kharwâr

19 : Kol 22 : Majhwâr 51 : Panka 15 : Parahiya, 16.
Taka uthâoni rite, —Koiri 4.
Tambi, worship of—, Khandelwâl 4.
Tanks, —Bhar 3.
Tanning, —Chamâr 27.
Tânsen, a saint, —Tawâif 10.
Tattooing, Agariya 22 : Aheriya 13 : Bhuiya 28 : Bhuiyâr 19 : Bind 11 : Biyâr 19: Chero 15: Dhângar 15: Dharkâr 11 : Dom 37 : Gond 4 : Majhwâr 2 : Musahar 32 : Nat 44.
Tejaji, worship of—, Jât 31.
Telhardi, rite—, Agarwâla 6.
Teliya masân, worship of—, Musahar 2.
Terha Deva, worship of —, Chamâr 17.
Territorial titles of castes, Introduction Chapter IV., para. 1.
Thâkurdeo } Thâkurji } worship of —, Gandharb 8 : Gond 10 : Kurmi 12.
Thieves' argot,—Barwâr 17 : Bâwariya 5 : Hâbûra 13 : Qalandar 5 : Nat 50.
Tholiya, worship of—, Sahariya 7.
Threshold, respect for—, Korwa 12.
Tiger, ghost,—Dharkâr 11 : superstitions regarding —, Kharwâr 17.
Tiled houses, unlucky,—Raghubansi 1.
Timangari, rite,—Bâri 3.
Tîrthankara worship,—Oswâl 8.
Toe ring, respect for—Dharkâr 12.
Tools, worship of —, Thathera 6.
Totemism,—Agariya 3 Baghel 2 : Baiswâr 2 : Bhangi 11, 23 : Bhuiya 4 : Bhuiyâr 2 : Biyâr 1 : Châi 1 : Chero 6 : Dhângar 2 : Dharkâr 1 : Dhuniya 2 : Ghasiya 2 : Kâchhi 1 : Kalhans : Kanjar 18 : Kathiyâra 2 : Khangâr 3 ; Kharwâr 1 : Majhwâr 3, 49 : Musahar 21 : Nat 11, 37 : Parahiya 14 : Sahariya 2.
Totemistic tribal titles,—Introduction IV., 12.
Towns, tribal titles derived from—, Introduction, IV., 5.
Tree,—marriage—,Ahîr 20 : Gadariya 6 : Tawâif 5 : spirits,—Musahar 25 : Thâru 29 : worship,—Agariya 24 : Agarw[illegible] : Bânsphor 5 : Bho[illegible] Bhuiy[illegible] 25 : Dângi 11 : Dhângar 10 : Dharkâr 10 : Dhuniya 2 : Dom 40 : Gaur Râjput 4 : Gindauriya : Golapûrab 12 : Kalwâr 12 : Kapariya 9 : Kharwâr 12 : Kurmi 10 Lohâr 3, 8 : Majhwâr 6 Nat 43 : Panka 12.
Tribal nomenclature, —Introduction, Chapter IV.

Tribes, ancient, tribal names derived from—, Introduction, IV., 7.
Tulja Devi, worship of—, Banjâra 8.
Turkin, a ghost—, Majhwâr 40.
Turnip, prohibited food,—Agarwâla 10
Twins, propitiation for birth of—, Aheriya 6.

U

Unmarried people, contempt for—, Kol 5.
Upanâyana, rite,—Brâhman 23 : Gujarâti Brâhman 21.

V

Vahir nisarana rite,—Brâhman 19.
Vâlmîki, a saint,—Aheriya 12 : Baheliya 1.
Varuna, worship of—, Mallâh 7.
Vatsa, legend of—Bachgoti.
Vena Raja—Thâru 7.
Village, form of—, Thâru 41.
Village gods, worship of,—Dom 34 : see Dih, Deohâr.
Vindhyabâsini Devi, worship of—, Ahîr 23 : Bânsphor 8 : Bhangi 31 : Chamâr 17 : Kanjar 15 : Nat 18.
Visali, worship of—, Kâchhi 8.
Viswakarma, worship of—Barhai 4 : Lohâr 2 : Thawai.

W

Weeping in salutation, Majhwâr 58.
Well worship, Baheliya 5 : Chamâr 17: Hâbûra 6 : Kâchhi 8; Lodha 5: Orh 3: Thâru 33: see Kuânwâla.
Wheel, worship of—, Kumhâr 5.

Widowhood, period of—, Kol. 8.

Widow marriage,—Agariya 10 : Aheriya 5 : Ahîr 16: Baheliya 4: Baiswâr 2 : Bânsphor 4: Barai 5: Barhai 3: Bâri 3: Barwâr 3 : Basor 3 : Bhând 2 : Bhar 5: Bhel 8: Bhuiya 8: Bhuiyâr 8: Bind 4: Biyâr 5 : Chamâr 8: Chero 8: Dângi 5: Dhângar 7: Dhânuk 3: Dharkâr 3: Dusâdh 8 : Gadariya 4 : Ghasiya 7 : Gond 7: Gûjar 8. Introduction VI., II: Jât 27: Kahâr 9 : ' Irâqi 4: Kathiyâra 2: Kewat 3: Kharwâr 7: Khatîk 3: Kol 8: Kori 3 : Korwa 7: Kurmi 9 : Lohâr 10: Luniya 4: Majhwâr 24: Mallâh 5 : Musahar 13: Nat 13 : Panka 5: —, compulsory,—Kol. 6.

Witchcraft, — Banjâra 4 : Bhoksa 11: Bhuiya 27 : Bhuiyâr 20 : Biyâr 20 : Chero 16 : Dom 37 : Golapûrab 14 : Irâqi 12 : Kâchhi 9: Kahâr 12: Kanjar 17 : Majhwâr 53 : Musahar 31 : Râji 18 : Thâru 47.

Wives on trial,—Ghasiya 5.

Women, diet of—, Kol 24 : —excluded from betel gardens—Barai 7: status of—, Majhwâr 59.

Y

Year, burning of—, Biyâr 17: Ghasiya 2.

Z

Zâhir dîwan, Zâhir Pîr, worship of—, Aheriya 11: Balâi 3: Banjâra 18 : Bâwariya 8 : Bhangi 58 : Chamâr 17 : Hâbûra 10: Jât 31: Kathiyâra 4 : Kori 4 : Nat 4: Orh 3 : Rahwâri 3: and see Guga.

Zainuddîn, worship of—, Jât 31.